（上卷）

——农业与农村

■ 夏振坤 著

武汉大学出版社

图书在版编目（CIP）数据

夏振坤文集.上卷,农业与农村/夏振坤著.—武汉：武汉大学出版社，
2021.12

　　ISBN 978-7-307-22816-0

　　Ⅰ.夏…　Ⅱ.夏…　Ⅲ.①夏振坤—文集　②农业经济—文集
Ⅳ.①C53　②F3-53

中国版本图书馆 CIP 数据核字（2021）第 271905 号

责任编辑：陈　红　　　责任校对：汪欣怡　李孟潇　　　版式设计：马　佳

出版发行：**武汉大学出版社**　（430072　武昌　珞珈山）
　　　　　（电子邮箱：cbs22@whu.edu.cn　网址：www.wdp.com.cn）
印刷：武汉精一佳印刷有限公司
开本：787×1092　1/16　印张：30.75　字数：729 千字　插页：8
版次：2021 年 12 月第 1 版　　2021 年 12 月第 1 次印刷
ISBN 978-7-307-22816-0　　　定价：428.00 元(全三卷)

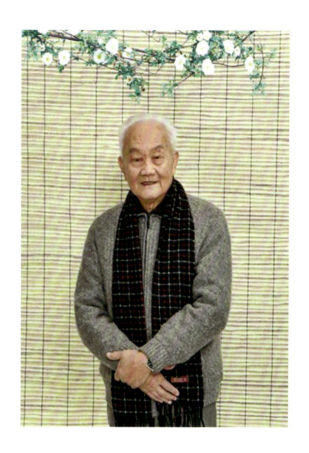

行走在守正创新与求真致用之间

——写在《夏振坤文集》出版之际

张艳国

在《夏振坤文集》即将付梓出版之际，夏老师希望我说几句话，我感到十分荣幸，也十分乐意。作为长期在夏老师身边生活、学习和工作的学生和助手，我得到夏老师精心培育和悉心教诲，并得以不断成长进步，值此机会，与读者分享夏老师学术收获的喜悦，谈谈自己学习受教的体会，这也是我义不容辞的责任和义务。我一看到在湖北省社会科学院、武汉大学出版社的大力支持下，由邹进泰所长负责编选并经过夏老师亲自审定的煌煌三大册鸿篇巨制，真是喜从中来，不能自已，油然而生敬意和感慨。中国文化始祖孔子说："信而好古"①。这是强调学术传承的重要性，有继承才有创新；古人又说："问渠哪得清如许，为有源头活水来。"②这是重视学术发展源正流清，做到慎终追远。中国自古就有后学为前辈学者总结学术经验、学术思想与方法，并编辑整理选集、文集、全集、学术资料的文化传统，远者如《论语》《孟子》，近者如《中国现代思想史资料简编》（蔡尚思主编，浙江人民出版社，1982—1983 年出版）、"走向世界"丛书（钟叔河主编，湖南人民出版社、岳麓书社，1985—1989 年出版）等，生生不息，代代相传，世代弘扬。如今，他们编选并出版我国老一代学术名家标志性人物之一夏振坤研究员、教授的代表性成果，这是值得礼赞和肯定的，因为这对于梳理学术史、研究前辈的治学方法，为建设中国特色、中国风格、中国流派、中国气派的哲学社会科学学科体系、学术体系和话语体系大有裨益。"社会大变革的时代，一定是哲学社会科学大发展的时代。"③哲学社会科学的大发展，一定要依靠"大先生"组织、带头和引领，才能取得成功。

夏老师于 1928 年 2 月 14 日出生在江西省九江县（今柴桑区，2017 年撤县并区）莲溪乡夏家村一户世代书香之家，小名夏宝鍠，由乃祖夏殿传先生所起，据说属相缺金，所以用了一个带"金"的"鍠"字；字冬日，至今沿用，夏老师将他的诗集命名为《冬日诗集》，在他的画作、书作上也留印"冬日"。学名镇坤，因小学教师余先生认为有歧视和压制妇女的意思，改名为"振坤"，取《周易》之意。此后，夏老师遂以夏振坤名世。他在经历家乡私塾、家族小学、上海工部局小学、江西豫章中学（插班过紫阳中学）教育和接连的战乱以及颠沛流离之苦后，于 1947 年 8 月在武昌考上了湖北农学院，在校加入中国共产党，

---

① 张艳国：《〈论语〉智慧赏析》，人民出版社 2020 年版，第 113 页。

② （南宋）朱熹：《观书有感》，《宋诗一百首》，上海古籍出版社 1978 年版，第 104 页。

③ 习近平：《在哲学社会科学工作座谈会上的讲话》，《人民日报》2016 年 5 月 19 日，第 2 版。

并积极组织"护校反搬迁"斗争，获得成功；大学毕业后留校任教，并担任校党委书记童世光同志的秘书。1951 年暑假，他考取中国人民大学计划系研究生，主攻农业经济，在苏联专家的指导下系统学习了《资本论》《社会主义由空想到科学的发展》《反杜林论》《联共(布)党史简明教程》《列宁文选》《社会主义经济问题》和毛主席著作等，毕业后学校拟让他留校任教，但因湖北省方面坚决要人，遂回校工作。回校后，夏老师为新成立的华中农学院(由武汉大学农学院与湖北农学院组建)及其农经系立下了汗马功劳，并进入系领导班子。夏老师先后担任湖北省社会科学院党组成员、副院长、党组书记、院长、院学术委员会顾问。1996 年他从湖北省社会科学院主要领导岗位上退下来之后，受原华中理工大学(今华中科技大学)校长杨叔子院士和世界著名经济学家张培刚教授之邀，出任该校经济学院首任院长，重点抓博士点建设并获得成功(1999 年)。在湖北省社会科学院、华中科技大学工作期间，他创立了农业经济学硕士点、西方经济学博士点；在担任湖北省社会科学院农村经济研究所硕士研究生导师、中国社会科学院农村经济研究所博士生导师、武汉大学经济与管理学院博士研究生导师、华中科技大学经济学院博士研究生导师期间，他为国家培养了一大批从政、经商、从教和进行科研的骨干人才，其中很多人成为业界精英，为中国特色社会主义现代化建设做出了重要贡献。2005 年，经他再三请求，中共湖北省委宣传部暨湖北省社会科学院同意他离休。2010 年，经他一再请求，华中科技大学最终同意他辞去经济学院学科带头人、博士生导师职务。但是，离休后"一身轻松"的夏老师静下心来，全身心的笔耕不辍，研究、写作、吟诗、作画、练书法，不亦乐乎！他将离休后的书斋生活誉为人生的"充满光焰的第三青春期"(第一青春期为青年时代，为探求救国救民真理而奋斗；第二青春期为改革开放新时期，政治上重获新生并走上重要领导岗位，在行政与教研"双肩挑"岗位上尽忠职守。)①，取得了丰硕成果。

夏老师是我国著名的马克思主义经济学家，尤其是在中国农村经济学、发展经济学、文化经济学和经济发展战略、中国现代化研究、中国特色社会主义发展与世界文明走向等领域，为推进教学改革、人才培养和学科建设，作出了巨大贡献，赢得了同行专家、学术界的高度评价和广泛尊敬；是我国马克思主义经济学界具有崇高威望的国家级学科带头人之一，是为后学所景仰的"大先生"；被学术界誉为才、学、识高度契合、道德文章写在祖国大地上辛勤耕耘的"战略型经济学家"。

一、献身学术之路

夏家虽然是书香世家，但是，在夏老师出生之时，夏家早已破败不堪，生活的艰难困苦与寻常百姓家无异。好在家有知书达理的祖母训导，他后来深情地回忆说："我在感情上，之所以对我的祖母久远情深，就是因为她为人忠恕的人格和丰厚的传统文化，在我个性和知识尚未形成之前，给予了我言传身教的潜移默化，进入了我的灵魂，一生挥之不去。她，是我的真正的做人、做事、做学问的第一个启蒙老师。厚德载物，忠恕为本。"②虽然旧式教育使他"吃了不少苦头"，但是，《孟子》所说的"富贵不能淫，贫贱不能移，威

---

① 相关资料参见夏振坤：《岁月流年》(未刊稿)；万云先：《风雨同舟五十载——金婚纪念》(未刊稿)。

② 夏振坤：《岁月流年》(未刊稿)，第 8 页。

武不能屈"的大丈夫精神，却在幼年夏老师心中深深地扎下了根，影响了他一生。此后，在读小学、中学时，他都遇上了人生中的良师，如"声色凄厉讲述《最后一课》"的余先生、和蔼可亲的姚老师、耐心教歌的李老师、要求"文必己出"的吕老师、"敦厚诚挚、口直心善"的夏家光校长、"严肃认真、一丝不苟"的王言勃教导主任、"热情坦率、平易近人"的英语老师喻瘦龄、"条理清楚、深入浅出、引人入胜"的历史教师刘适（石泉）等，他们不仅教他知识文化，而且还教他做人的道理，他们用高尚的文明、情操影响他、培育他，特别是在校园里学唱的《孤岛天堂》等抗日歌曲铭心刻骨，令他终生难忘。智商是从娘胎里带来的，情商则是社会环境的产物。身处黑暗生活中，哪怕是一丝丝微弱的亮光，也能照亮人生的行程。正是经历幼年丧父、家贫如洗的苦寒磨炼，抗战流离失所、颠沛求学的磨砺，在祖母、母亲的呵护教导和众多好老师的教育培养下，中学毕业时的夏老师不仅具有记忆惊人、举一反三、触类旁通的智商，而且还养成了悲天悯人、爱家敬国、同情共感的情商。历经十五年私塾、小学、中学的教育，他表现出过人天赋，出手能写得一手好文章，放歌能唱一曲好声音，尤其是在16岁那年的逃难途中，张口就能即情老练地用古体诗抒发自己的思想感受："鄱阳扁舟百尺澜，茫茫一片朔风寒。迷离惶恐何方去？回首狼烟故垒残。"①年少的磨难和历练，为夏老师立志精忠报国，做岳飞、文天祥那样的英雄人物，打下了坚实的思想品德基础；而目睹国破家恨、遍地狼烟的民族苦难，在情感上升华，在学业上精进，为他日后选择跟随共产党，走上"科学救国""教育救国"的学术之路，奠定了牢固的知识情感基础。

人生的道路无疑是自己选择的，但选择人生行程的力量全在于人所处的时代，在于所处时代的具体环境；人们不同的处境，决定人的不同应对方式。在中学时期，夏老师开始接触到马克思主义理论和中国共产党地下组织宣传的进步思想，并阅读了毛泽东《新民主主义论》、艾思奇《大众哲学》等革命书籍，思想倾向进步，同情中国共产党领导的革命运动。特别是进入大学阶段，更加积极地在思想上向共产党靠拢，经常"在半夜躲在被窝里，打着手电筒，偷看'禁书'"，如饥似渴地阅读《整风文件》《论联合政府》《论共产党员的修养》《资本论》《新观察》《群众》等革命或者进步的书刊，"共产党新民主主义纲领和联合政府的主张，使我当时有如拨云见日，义无反顾"②。1948年冬天，在共产党员鲁汉军同志的介绍下，中共汉口市委地下党组织负责人金本富主持了夏老师在汉口六渡桥茶馆秘密宣誓入党的仪式。这个历史细节一直镌刻在夏老师心里，历经70多年之后依然没有模糊，在中国共产党百年华诞前夕，他在回忆文章中说："我之所以誓言永远跟党走，绝不是'随大流'，而是出于我的切身体验而作出的自觉选择……对于党的初心与使命牢记在心，自觉地把小我放入'一切为了中国的现代化'的毕生追求中。"③夏老师入党后更加积极地学习中国共产党的基本理论，在中华人民共和国成立初期，他比较系统地学习了马克思主义政治经济学原理和农业经济学专业知识，特别受到著名学者马哲民（1899—1980）、

---

① 《二度逃难过鄱阳湖》，见夏振坤：《心路集》（未刊稿），第2页。

② 夏振坤：《岁月流年》（未刊稿），第52、53页。

③ 夏振坤：《一个普通共产党员的誓言》，张忠家：《中国共产党百年长江情·红色篇》，湖北省社会科学院2021年。

胡伊默（1900—1971）教授的悉心指导。而当时他亲历汉口解放，思想上受到极大震撼，其喜悦之情无以言表，他在诗中写道："夏至寒收旧阙摧，大军漫野过江来。倾城空巷作狂舞，岁尽春临万卉开。"①1950 年他提前毕业，留校担任马列主义教研室助教，并兼任人事科学生辅导组组长、学校主要领导秘书。他在中国人民大学读研期间，第一年主要由苏联专家主讲理论基础课和专业课，主要学习马列主义理论、马克思主义政治经济学、中国革命史和俄语；第二年主要是结合自己的专业方向，在导师指导下自学自修。在读期间，他受到俄国导师罗果夫斯柯伊教授的悉心指导和喜爱，导师传授给他读书、思考、探寻问题的方法，几十年后，夏老师在谈到自己进入学术道路的起步经历时无限感激地说："收获最大、印象最深的，还是我的研究生导师，苏联专家罗果夫斯柯伊教授教我的读书方法。"②多年后，他在自己出版的重要著作中，还不忘向导师致以崇高敬意，文字中流露的真情十分感人③。

从中国人民大学学成归来，夏老师感觉一切都是新的：新建立的家庭、新组建的学校、新成立的农经系，新上农业经济学的课程。他适逢新中国开始"一五规划"建设，整个国家欣欣向荣，朝气蓬勃，加上国家号召"向科学进军"，文化教育仿佛进入了"科学的春天"一般。这种新的感觉和未来发展的新诱惑，如同李大钊在著名的《新的！旧的！》文章中所说的，一切都是新的！新青年打起精神，"想在种种方面开辟一条新路径，创造一种新生活""享享新文明的幸福，尝尝新生活的趣味"④。他鼓足干劲、满腔热诚地将自己的聪明才智投入国家建设需要、新建大学需要的工作中。1956 年，夏老师的科研工作开始起步了，他运用马克思主义政治经济学原理结合当时正在全国轰轰烈烈开展的社会主义改造运动，聚焦农业农村农民，发表了长篇论文《论我国农业社会主义改造的道路》（《华中农业学院学报》1956 年第 1 期）；随后又运用农村经济学的专业理论和知识，关注社会生活中的一个具体问题"家庭副业"，发表了《为什么不能轻视家庭副业》一文（《湖北日报》理论版，1956 年 8 月 10 日）。这两篇文章选题，正好构成宏观研究与微观研究的两个视角，形成关注重大理论问题与重点实践问题的两个类型，以此为开端，夏老师日后的学术研究在宏观与微观相结合、理论与实践相统一的两个维度上展开，初露端倪和锋芒，并最终形成了自己的学术风格和科研硬核。

从 1957 年夏季开始，夏老师的"新生活"被骤然打乱，到 1976 年党中央一举粉碎"四人帮"，全面实行拨乱反正，在长达近二十年的时间里，他不仅离开了讲台，当不成老师，而且还被迫改行当农民，全家过着动荡不定的漂泊生活。个人的人生转折，其实与国家、民族、政党的命运往往是密切联系在一起的。根据唯物史观，从来就没有超越社会关系而存在的个人历史。在这个历史转折时期，一方面，夏老师"重新振作了起来"，有再一次"获得解放"的幸福之感，他"在管理农场的同时，参加了一些农经系的教学与农经系的农机学会活动，在国内、省内的刊物上开始发表一些论文和进行一些农村调查，受到有

① 《武汉解放》（1949 年 5 月 16 日），见夏振坤：《心路集》（未刊稿），第 3 页。
② 夏振坤：《岁月流年》（未刊稿），第 63 页。
③ 参见夏振坤：《夏振坤选集》扉页："谨以此书敬献给我已故的老师：马哲民教授、胡伊默教授、罗果夫斯柯伊教授。"湖北人民出版社 1998 年版。
④ 李大钊：《新的！旧的！》，《李大钊文集》上册，人民出版社 1984 年版，第 540 页。

关部门的肯定和老前辈们的关爱"①。另一方面，随着拨乱反正的深入开展，国家农业部和中共湖北省委也将夏老师的政治安排提上日程。经过几次三番"征求意见"和"交换意见"后，上级尊重夏老师"不愿做官"的意愿，将他调离华中农学院，不是到省直厅局任职，而是到新复院不久的湖北省社会科学院担任党组成员、副院长。就这样，夏老师在省属科研机构的领导岗位上，沐浴着改革开放的春风春雨，在整个 20 世纪 80—90 年代，他都积极地投身到反对"两个凡是""真理标准"大讨论、联产承包责任制、农村经济体制改改革、社会主义初级阶段理论、社会主义市场经济体制改革的目标取向，生产力力标准、"三个有利"标准与坚持中国特色社会主义道路，区域经济发展模式与"中部崛起"战略等重大理论与实践问题的研究、阐释与宣传之中，并在《中国社会科学》《经济研究》《经济学动态》《中国农村经济》《社会主义研究》《人民日报》理论版、《光明日报》理论版发表了一大批高质量的厚重论文，其中多篇论文被《新华文摘》全文转载。他围绕湖北发展战略进而研究中部发展战略问题，撰写了多篇调研报告，受到省委省政府、市委市政府，国家机关，党和国家领导人的重视和批示肯定。他主持编写教材《农机化技术经济学》(中国机械工业出版社，1985 年)、《中国农村经济学概论》(湖北人民出版社，1986 年)、《中国县经济改革与发展》(经济管理出版社，1987 年)、《发展经济学新探》(武汉出版社，1997 年)等多部，推动了高校、研究院所经济学领域教材编写质量提升，为改革开放新时期经济学教材编写做出了重要贡献。他围绕学术热点问题和改革发展的实践需求，出版十余部有学术影响的著作，代表性的有：《中国农业发展模式探讨》(独著，华中师范大学出版社，1987 年)、《生产力标准泛论》(与朱志杰合著，武汉大学出版社，1988 年)、《论改革与发展》(独著，论文集，湖北教育出版社，1989 年)、《摆脱迷惘——社会主义经济制度学术对话》(与张寄涛合著，武汉大学出版社，1990 年)、《中国农业改革与发展》(独著，论文集，武汉大学出版社，1993 年)、《社会主义与改革的理论探索》(与张艳国合著，武汉出版社，1993 年)、《绿色革命之路——大国农业发展理论与模式》(独著，湖北人民出版社，1994 年)等。这些著作获得了很高的学术评价和奖励，如著作《中国农业发展模式探讨》获得第三届湖北省社会科学优秀成果一等奖(1987)、《社会主义与改革的理论探索》获得湖北省首届社会科学优秀成果奖二等奖(1994)，论文《中国转向市场经济体制的释疑——兼论市场经济与社会主义的相容性》获得中共中央宣传部1993 年度精神文明建设"五个一工程"一篇好文章奖(1994)、《走出思想认识误区 掌握市场经济真谛》获得中共中央宣传部全国报纸理论宣传一等奖(与初玉岗合作)等。其间，他长期担任湖北省社会科学院主要领导，尽忠职守，殚精竭虑，为构建有特色有活力、有力服务区域经济社会发展的地方社会科学院学术体系、科研体系、管理体系，贡献"湖北经验"，作出了突出贡献②；他曾担任国家社会科学基金项目经济学类评审专家、国务院学位委员会

---

① 夏振坤：《岁月流年》未刊稿，第 96 页。

② 他在任上提出争取把湖北省社会科学院建设成为"省委省政府信得过离不开的理论智囊和全国一流的地方社科院，出优质咨询报告、出上乘科研成果、出高素质人才"，即"两争三出"，受到省委省政府和中国社会科学院肯定和支持，并固化为办院方针，一直坚持下来。那时，"由于当时全国各省的社科院，都处于草创时期，我们的这一套做法，引起了各兄弟院所的兴趣，纷纷前来'取经'"。参见夏振坤：《岁月流年》(未刊稿)，第 107 页。

经济学科评议组成员，为促进我国经济学学科建设和组织重大科研项目作出了突出贡献；他担任湖北省经济学团体联合会执行主席，为促进经济学团体积极参与区域经济改革发展、积极建言献策，活跃学术研究，作出了突出成绩。1991 年，他被评为国务院津贴专家；2010 年，他被湖北省委省政府授予首批"荆楚社科名家"称号(13 人)[①]。

进入 21 世纪后，夏老师逐步从教学科研岗位上退下来，尽管他年逾古稀，但依然对我国改革发展的重大理论与实践问题保持着浓厚的兴趣，持续跟进学术热点，站在学术研究的最前沿，从哲学、文化、历史与科技发展的新视点，深沉地探索经济学研究的新路径、社科研究成果有效服务社会全面进步与人的全面发展的新形式。他在发表系列论文的基础上，还出版了多部受到同行专家好评的学术专著和论文集，如《时代潮流中的现中国代化》(独著，武汉出版社，2005 年)、《发展的多维视角——反思与前瞻》(独著，华中科技大学出版社，2014 年)、《发展与文明》(独著，湖北人民出版社，2018 年)、《耄耋探索集》(独著，论文集，湖北人民出版社，2013 年)等。尽管夏老师目前已过鲐背之年，但他依然每日读书、思考、做笔记、写论著，"从不偷懒"，尚有未刊发的著作《新科技革命与社会主义未来》《新科技革命与社会变迁》《读史随笔》《温故知新集》《重读〈马克思恩格斯选集〉笔记》以及《夏振坤回忆录》《冬日诗集》等数部之多。加上已经公开出版、发表的论著，其著述总量超过 1000 万字。

社会科学的学术高度是哲学，社会科学的学术厚度是历史文化。因此，从社会科学本身来讲，不可能从根本上运用自身理论与方法解决本领域的自身问题。愈是后来，夏老师愈是尝试跳出经济学的传统视野和方法研究经济领域的问题，走向哲学、政治学、文化学、历史学，乃至现代科技领域，寻求跨学科综合研究的途径与方法。因此，夏老师这些深潜于中国历史底部乃至人类文明发展的全局、站在新一轮科技革命滚滚而来的时代潮流最前端、运用哲学思维与文化视域对当代中国改革发展、中国特色社会主义道路的现代化前景所做的新锐研究，超出了传统经济学的研究范围和学术包容，他以新中国历史发展为纵向思维轨迹，以人类文明发展特别是社会主义新形态与当代科技革命的兴起为横向思维依据，以中国改革开放和社会主义现代化建设为问题域(研究载点)，将马克思主义理论与当代哲学社会科学发展的新动态有机结合起来，在研究中贯穿马克思主义政治经济学的理论原则和方法，力求做到"经济学要有新发展"，在很多方面形成了自己的新视域、新视点和新话语，极大地推进了马克思主义经济理论、马克思主义中国化的发展，充分体现了他作为一位优秀的马克思主义经济学家的政治坚定、理论自觉、创新品格和文化情怀，也充分体现了他作为一位有责任感、有使命感的优秀学者的社会担当精神、追求真理精神和为民报国精神，在他身上充分体现了中华优秀传统文化"朝闻道，夕死可矣"[②]"为天地

---

① 据《湖北日报》报道：2010 年 11 月 16 日上午，湖北省社会科学工作大会在武昌隆重召开。大会首次命名表彰了湖北首批 13 名"荆楚社科名家"。

② 张艳国：《〈论语〉智慧赏析》，人民出版社 2020 年版。

立心，为往圣继绝学"①与"坚持和发展中国特色社会主义，需要不断在实践和理论上进行探索、用发展着的理论指导发展着的实践"②的有机结合。

二、学术思想贡献

此次《夏振坤文集》收录的论文或著作节选，主要围绕着农业与农村、发展与现代化、发展与未来三个专题展开，并以此分为上、中、下三卷，便于读者阅读。但唯其以"文集"作为书名，这就规定了本书只是夏老师全部著述中的一部分代表性文字和思想内容，为读者展示了作者学术思想的一条线索和进入作者思想世界进行观察的基本学术依据。

宏观地说，夏老师继承和发扬了马哲民、胡伊默、朱剑农（1910—1986）、宋涛（1914—2011）先生以来前辈学者重视马克思主义经济理论的整体性、指导性、实践性研究，理论与实际相结合、中国与外国相融通的优良学风，他把研究的重点放在马克思主义基本经济理论研究及其在实践中科学运用方面（说马克思主义经济理论中国化也无不可），既守正创新，而又求真致用；既有实践研究的理论高度，又具有学术研究的实践指向；既有遵循学理追求真理的内在逻辑，又具有学术研究强烈的现实关怀意识；既体现了马克思主义经济理论对于实践问题的工具理性，又高扬了马克思主义经济理论高度人文关切的价值理性。夏老师与中国社会主义建设、改革开放和中国特色社会主义建设一路同行，他参与了许多理论与实践重大问题的争论、讨论、研究，实现了宽领域多方面的理论创新。这样一种理论创新，气势宏大，内涵丰富，具有实践的长久生命力，颇具理论与实践有机结合的人文意境，恰如他在《高山流水》一诗中所抒发的意蕴："沥沥岩头涧，渊源在远山。奔腾常不息，宁静赴春江。"③

1. 对马克思主义经济理论的拨乱反正

实践的偏差乃至错误，来源于思想的混乱，本质上源于理论的错乱。"文化大革命"结束后，人们痛定思痛开始进行深刻的思想剖析和理论反思。在当时的思想界，除了全国规模的针对"两个凡是"而展开的"真理标准讨论"外，还有一个很有影响的理论讨论，那就是由著名经济学家孙冶方倡导的"尊重价值学说，按照经济规律办事"的思想观点，迅速在经济学领域形成思想解放热潮。夏老师以极大的政治勇气和理论勇气参与这场讨论，并发表了颇具震撼力的新见解。

忽视价值学说，违反价值规律，在经济领域总的反映是违背经济规律，无限放大人的主观意志，这在实践上就表现为"蛮干"，就会出现"人有多大胆，地有多高产"的蠢事。从理论深处看，就是迷失了生产力与生产关系谁是第一性的问题，违背了社会生产关系一定要适合生产力状况的客观规律，颠倒了生产力与生产关系的辩证法。夏老师在《经济研

---

① 北宋哲学家张载（1020—1077）依据《易传》《孟子》指出读书人的社会责任感和学术追求："为天地立心，为生民立命，为往圣继绝学，为万世开太平"，现代哲学家冯友兰（1895—1990）将其归结为"横渠四句"。参见张立文：《为天地立心》，《光明日报》2016年12月19日。

② 习近平：《在哲学社会科学工作座谈会上的讲话》，《人民日报》2016年5月19日，第2版。

③ 《高山流水》（2015年3月15日），见夏振坤：《心路集》（未刊稿），第105页。

究》(1982 年第 10 期)发表《试论生产力与生产关系的相互关系》的文章，老题新说，话中有话，对于重新确立马克思主义基本经济理论的科学论述，支持和深化关于尊重价值学说和价值规律的讨论，起到了积极作用，并对马克思主义经济理论在中国发展正本清源起到了促进作用。

当然，在文章中，夏老师不是简单地复述唯物史观以及政治经济学关于生产力与生产关系的论述，而是聚焦"生产力如何作用于生产关系""生产关系在怎样的条件下才能促进生产力的发展"这两个问题进行追问和阐释。这在当时，不仅是理论界关注的重大问题，也是社会上人们广泛关心的重大问题，因此，具有很强的理论针对性和现实引导性。夏老师认为，生产力与生产关系它们各自都有若干个内在层次，这些层次相互交错，使生产力与生产关系彼此紧密联系为一个辩证统一的整体。这个整体可以分为三个层次：内涵层、外形层和边缘层。在它们各自的内涵层外都有一个外形层，而在两个外形层之间又有一个共同的边缘层。"生产力决定生产关系，就是通过这个边缘层实现的。"①而生产关系对于生产力的促进作用是有条件的，并不是无条件的；是间断性的，而不是连续性的。创造一个生产关系有利于生产力发展的良好条件，就必须是在生产关系形成了一个良性的"系统反馈"条件后才能实现，只有在生产关系的形式适合生产力水平的基础上才是可能的。这实质上反映了经济行为在"权、责、利"三个方面的密切结合，使劳动者与管理者都关心生产工具的改进、生产技术的改善、运筹管理的合理化和劳动者本身素质的提高，从而培育、积累发展生产的内在动力。在理论分析上紧紧抓住生产力与生产关系的辩证性问题，说明在什么情况、什么条件下，生产关系才能促进生产力进步和发展。这篇论述不仅对经济领域在理论上拨乱反正起了重要的支持作用，也为当时正在全国展开探索的经济体制改革中围绕生产力发展正确适时适度调整生产关系，起到了理论支撑作用。

此外，夏老师还先后发表了《论农业中生产力和生产关系的层次运动与系统协调》(《农业经济论丛》第 5 辑，1981 年)、《生产关系要适合生产力性质的规律与农业生产责任制》(《江汉论坛》1983 年第 5 期)、《唯物史观与经济发展》(《江汉论坛》1997 年第 7 期，《新华文摘》1997 年第 11 期全文转载，中国人民大学书报复印资料中心《哲学原理》1997 年第 9 期全文转载)等系列论文，并出版了《生产力标准泛论》专著予以系统论述。

2. 对社会主义经济改革与发展的时代性思考

进入改革开放新时期，改革与发展成为鲜亮的时代主题。从改革开放起步阶段过来的人都有亲身深切的体会："不坚持社会主义，不改革开放，不发展经济，不改善人民生活，只能是死路一条。"②由于改革也是为了发展创造条件，促进发展，因此，从本质上讲，改革也是发展。在这个意义上说，改革是打破发展常规实现另外一种形式的发展。从党的十一届三中全会确定改革开放的基本国策以来，在发展的共识性上人们是一致的。"贫穷不是社会主义"，社会主义就是要摆脱贫穷；"发展太慢也不是社会主义"，社会主

---

① 《夏振坤选集》，湖北人民出版社 1998 年版，第 214 页。
② 《邓小平文选》第 3 卷，人民出版社 1993 年版，第 370 页。

义就是要加快发展，更多地实现发展成果由全体人民共享①。这在今天，这恐怕已经成为全社会的常识了。但是，历史地看，过程性地看，这一共识并不是从一开始就有的，它是在人们的讨论、争论，甚至是通过思想斗争之后才形成的；这个常识的获得，并被大家所接受，也是如此。

从改革开放一开始，改革发展就受到来自"左"的、右的两个方面的干扰破坏，从本质上讲，它们都是否定改革开放。"左"是要走闭关锁国、僵化保守的回头路，右是要走"全盘西化"的邪路。回头路是不发展的死路，邪路是发展不了的歪路。在改革发展问题上"左"的干扰破坏，就是凡事都要"问一问"姓"资"还是姓"社"，用社会性质来裁量社会生活领域的种种具体问题。由于害怕姓"资"，人们就放不开胆子、动不了脑子、迈不开步子，就成了"小脚女人"走路，于是就造成了新的思想束缚。这在20世纪八九十年代之交，尤其明显，直到邓小平1992年初视察南方，发表重要讲话，才一扫笼罩在人们思想上的阴云和疑团。在计划与市场争论问题上，也得力于小平同志一锤定音："计划多一点还是市场多一点，不是社会主义与资本主义的本质区别。计划经济不等于社会主义，资本主义也有计划；市场经济不等于资本主义，社会主义也有市场。计划和市场都是经济手段。"②

正是在80年代末90年代初的激烈争论中，夏老师冷静思考，周密论证，以极大的理论气魄在关键时刻在《中国社会科学》（1992年第4期，写作于1991年下半年）发表了《计划、市场与经济发展》一文，论证了社会主义改革和发展都离不开计划和市场这两种经济手段的重大问题，提出在当时不能排斥市场的社会作用，中国更多地是需要运用市场的手段促进经济社会发展。从学术史的角度看，这是当时跳出用姓"资"还是姓"社""左"的思维看待计划与市场，较早且最具代表性最具权威性的论文之一。夏老师首先运用历史性、整体性眼光考量计划与市场在国家发展中所起的作用，他认为，迄今为止，还没有一个国家完全地依靠国民经济计划或完全地依赖市场成功地解决了它的经济发展问题。因此，对于计划与市场，必须做一分为二的辩证分析。在中国，研究和设计计划与市场相结合的具体形式，应当考虑几个原则性问题，做到排除两者的弱点而充分吸纳两者的优点，将立体性、交叉性与网络性有机结合起来，形成"有中国特色的计划与市场结合"的"立体交叉网络模式"③。他最后预言，"我相信，经过长期不懈的努力，有中国特色的社会主义市场，必将在中国大地上发育成熟"④。正是在这年10月党的十二大上，党中央确立了社会主义市场经济改革的目标取向，统一了全社会思想，极大地凝聚了人心。

此外，他在《人民日报》理论版、《光明日报》理论版、《社会主义研究》等报刊发表了诸如《经济发展战略新论》（《江汉论坛》1995年第2、6期，《新华文摘》1995年第5期全文转载，中国人民大学书报复印资料中心《社会主义经济理论与实践》1995年第9期全文转载）、《经济发展中值得研究的几个问题》（《经济学动态》2003年第12期）、《再论经济发

① 《邓小平文选》第3卷，人民出版社1993年版，第255页。
② 《邓小平文选》第3卷，人民出版社1993年版，第373页。
③ 夏振坤：《耄耋探索集》，湖北人民出版社2013年版，第129页。
④ 夏振坤：《耄耋探索集》，湖北人民出版社2013年版，第138页。

展中的文化问题》(《江汉论坛》1996 年第 1 期，中国人民大学书报复印资料中心《文化研究》1996 年第 2 期全文转载)、《试论发展的终极价值》(《社会科学动态》2017 年第 5 期)等一系列有影响的论文，出版了《发展与文明》专著。从 20 世纪 90 年代中期以后，夏老师在研究发展问题中十分重视中国历史文化、世界文明与哲学价值观，从而将历史、文化与哲学的理论与方法引入、融汇到经济发展研究中，形成了一系列新观点、新话语，受到学术界重视。

3. 对中国农业发展模式的前瞻性研究

我国自古就是一个农业大国，农业在国民经济中占有举足轻重的地位。古人很早就说，"无农不稳，无粮则乱"；又说，"一夫不耕，或受之饥；一女不织，或受之寒"；"仓廪实而知礼节"[①]。新中国成立后，农业在国家社会政治生活中依然具有十分重要的基础性地位，"手中有粮，心中不慌"；反之，农业搞不好，不仅是农民，而且全民都要饿肚子，危及社会安定。农业基础地位的牢不可动与大量农业人口的广泛存在，也就决定了我国在世界上是最大发展中国家的基本面貌和实际国情。进入改革开放新时期，我国的改革正是从农村破局起步的，农村改革爆发出来的巨大能量成为中国改革发展的有力引擎。"中国的事情能不能办好，农业的发展状况具有决定性意义。"[②]四川、安徽、甘肃、云南、广东等地的农民自发探索"包干到组、包产到户"的做法，拉开了中国农村经济改革的序幕；而农村经济体制改革的全面展开，就成功地拉开了中国改革开放和社会主义现代化建设的大幕。

从农业国向工业国转变，不是简单地甩农兴工，而是正确处理农业与工业现代化的关系，实现农业现代化。没有农业现代化，就没有社会主义现代化。从党的十一届三中全会开始，我国正是从农业改革开始推动农业现代化的。可见，农业发展既是一个世界性课题，也是中国发展绕不开的重大前沿性问题。夏老师迎难而上，从改革开放开始就关注、跟踪我国农村改革实践，并进行深入、超前研究，出版了《中国农业发展模式探讨》专著。他立足于我国农业发展社会主义道路的规定性，从中国农业的范畴、结构出发，锁定中国发展模式的问题意识，遵循农业发展模式所具有的阶段性、层次性和整体性内在要求，揭示了现代农业发展的八种模式形态：适应农业模式、生态农业模式、三维立体农业模式、农工一体化模式、庭院经济模式、家庭经济模式、合作经济模式和村镇经济模式，进而指出我国最终将走向城乡融合，从而消除城乡差别。在研究中，夏老师运用了结构分析理论与方法，即系统理论与方法，这在当时，其研究视野是开阔的，也是先潮的，因此，所得结论具有超前性就是必然的了。当下我们谈论农村发展，或者到农村旅游，享受农家乐，一定会涉及生态农业、家庭农业和庭院经济，这已经是日常的内容了。可是，在 20 世纪 80 年代中期，在理论上作出这样的创新设计，我们就不能不佩服夏老师的预见性先进性。在本书出版之际，著名科学家钱学森教授致信夏老师表示肯定和祝贺，说"这是一本能跟上我国农村飞跃发展的书，它也预示了中国农村在 21 世纪要走的路"。钱学森先生到底

---

① （西汉）贾谊：《论积贮疏》，《汉书·食货志》，中华书局 2000 年版。
② 本书编写组：《中国共产党简史》，人民出版社 2021 年版，第 231~232 页。

是战略科学家，他既读懂了本书，也感知了本书对中国农业未来发展的期许，特别欣赏本书对农业发展模式的研究，比"一字形"农业、"十字形"农业、"飞鸟形"农业理论更深刻些①。著名经济学家张培刚教授高度评价本书，他认为，本书的"突出特点是力图按照马克思主义与中国实际相结合的原则，在总结我国农业发展30年正反经验的基础上，运用系统思维和动态思维的方法，吸收了党的十一届三中全会以来农业中的丰富创造，提出了'矩阵模式'的总体设想"；这一总体设想，"这种分析与研究方法，具有鲜明的创新精神"，标志着"在探索有中国特色的农业发展道路方面，迈出了有价值的一步"，为理论研究和实践探索提供了一个可供共同研究的样本，值得推荐②。30多年过去了，当人们回头再看张培刚先生的上述评论，我们依然不能不敬佩张老是如此地具有很高的学术品鉴力，他精当地评论和热情地推介，是那么经得起历史的检验！

在成书前后，夏老师围绕我国农村改革与农业发展模式问题发表了一系列高质量论文，如《农业发展模式若干基本理论问题》(《中国农村经济》，1985年第5期)、《论农村经济体制改革》(《经济体制改革》，1985年第6期)、《中国农村的改革与发展》(《中国农村经济》，1988年第9期)、《关于农民工浪潮的理论思考》(《经济研究》，1989年第10期)、《论社会主义新农村及其实现途径》(《中国农村经济》，1992年第4期)、《论新世纪的中国农业发展》(《华中农业大学学报》，1999年第1期)等。这些论文极大地丰富和完善了作者关于中国农业现代化、现代农业发展模式、"三农"问题有效解决途径的设计和思想。

4. 挺立时代潮流对中国现代化的深入研究

随着资本主义登上历史舞台，人类就进入了现代化发展轨道。现代化极大地提高了社会生产力，极大地创造了社会财富，也加速了人类文明创新。虽然现代化是一种新的文明形态，是人类文明的发展方向，但是，由于率先现代化的国家是西方列强，他们在现代化过程中将资本主义、帝国主义和殖民主义的"掠夺本性"暴露无遗，他们仗着率先现代化的优势，通过坚船利炮，"把一切民族甚至最野蛮的民族都卷到文明中来了"③。中国自从鸦片战争起，虽然也做着现代化的美梦，但是，总是挨打，以致"国家蒙辱、人民蒙难、文明蒙尘"④。伟大民族复兴与现代化相辅相成，它们一起成为近代以来中国社会的主题。

如何追赶时代？如何实现现代化？从孙中山喊出时代最强音"振兴中华"⑤，到走在中国特色社会主义大路上，我们正在创造中国式现代化新道路。这既是一种实践创造，也是一种理论创新。新的探索需要无数仁人志士投入其中，为中国式现代化贡献自己的力量。夏老师正是在这样一种历史背景和时代条件下从事中国现代化研究的。应该说，夏老师研

---

① 张培刚：《中国农业发展模式探讨·序》，华中师范大学出版社1987年版。

② 张培刚：《中国农业发展模式探讨·序》，华中师范大学出版社1987年版。

③ 《马克思恩格斯选集》第1卷，人民出版社1972年版，第255页。

④ 习近平：《在庆祝中国共产党成立100周年纪念大会上的讲话》，人民出版社2021年版，第2页。

⑤ 《孙中山全集》第1卷，中华书局1981年版，第19页。

究中国现代化问题，一方面是他研究中国经济发展的延伸与深化，因为他认为，"中国经济发展的核心问题，就是现代化问题"①；另一方面，也是他关注中国特色社会主义前途命运的驱使，"占人类1/5的浩浩大军由农业社会迈向工业—信息社会，近10亿的人口由农村即将转入城市。这，不能不称为有史以来的惊天之举，不能不把它看做是一股波澜壮阔的历史洪流"，未来的中国，究竟是怎样的啊？新的世纪交替，新的世代转换，也激发了古稀老人的历史紧迫感和学者使命感，他说："正当我们迈着沉重的步伐，奔向百年憧憬的历史目标之时，世界历史，又翻过了一页，进入了一个崭新的时代。这民族复兴之洪流，如何融入日新月异的世界大潮，借国际之新风，圆我现代化之旧梦，正检验着13亿炎黄子孙的伟大智慧！"②夏老师敏锐地观察到随着新世纪到来，人类社会正在进入工业化信息化新时代，这对现代中国来说，是搭上这班现代化末班车的绝好机遇啊！2005年，他的新著《时代潮流中的中国现代化》出版了。与从历史学角度研究中国现代化的著作③不同，夏老师主要立足于经济学的专业知识，进行跨学科的综合研究，按他自己的定位，这是一本从属于发展经济学的著作，因为它是由西方经济学专业博士研究生课程的讲稿脱胎而来。因此，本书具有以下特点：第一，研究的视角是力图站在时代发展新趋势的高度，把中国的现代化作为一个动态的系统工程进行审视。第二，研究的目的既是从历史背景和国际背景的角度探讨中国现代化的历史教训和国际可供借鉴的经验，为中国实现现代化提供必要的启示；又是从制度选择、对外开放、农业基础、文化重塑等重大方面，系统探讨中国现代化的路径。第三，从研究的方法来说，它不是静止地就现代化论现代化，而是把中国现代化作为世界时代大潮流中的一个有机的巨大能量场的扩展而进行考察；它不是孤立地就经济现代化而讨论现代化，而是从经济、政治、社会、文化等多维角度来综合探索中国现代化道路；它不是局限于探讨现代化的硬指标，而是从现代化的价值取向、思维范式和战略策略的宽广层面来探求中国现代化的理念与对策。第四，明确了中国现代化的价值目标。根据马克思主义所说"人的全面解放"的本质价值及其内涵，总的来说，中国现代化所应实现的目标是"四位一体"的，它具有丰富的内涵要素：人民幸福，社会和谐，和平发展(双赢发展，人类进步)，生态优化④。

在写作本书的过程中，夏老师还围绕经济发展与中国现代化专题发表了一系列有影响的论文，如：《中国现代化与精神文明建设》(《当代财经》，1996年第7期)、《东亚崛起与经济发展》(《经济评论》，1997年第4期)、《长江文化与中国早期现代化》(与张艳国合作，《学术月刊》，1998年第4期，中国人民大学书报复印资料中心《中国近代史》1998年第6期全文转载)、《中国资本主义近代化迟滞原因新说》(与占俊英合作，《中州学刊》，2002年第1期)等。

---

① 夏振坤：《时代潮流中的中国现代化》，武汉出版社2005年版，第297页。
② 夏振坤：《时代潮流中的中国现代化》，武汉出版社2005年版，卷首语。
③ 代表性的著作有罗荣渠：《现代化新论——世界与中国的现代化进程》(增订本)，商务印书馆，2004年版；章开沅、罗福惠：《比较与审视：中国早期现代化研究》，浙江人民出版社1993年版；虞和平：《中国现代化历程》，江苏人民出版社2007年版等。
④ 夏振坤：《发展的多维视角——反思与前瞻》，华中科技大学出版社2014年版，第120页。

5. 站在社会主义初级阶段眺望人类未来

人类社会与宇宙间的万事万物一样，都有一个发展的过程，而发展过程有它自己发生的起点、发展的若干阶段和最后的终点。如果不坚持发展的过程论和阶段论，我们就要犯极大的错误，轻则走弯路，重则受挫折，"交学费"，付出代价。中国社会主义建设背景是地大物博、人口众多、历史悠久、工业化底子薄、没有经过资本主义充分发展阶段，社会主义可以继承的资金、生产力和科学技术也很少，这就决定我们走着一条与众不同的社会主义发展道路，需要探索，需要立足国情，走自己的路，建设有中国特色的社会主义。我们曾经"错把目标当起点，错把理想当现实"，迷信别国模式，照搬套用；迷信书本，搞教条主义，忽视了实际情况。按照马克思主义的要求，具体问题具体分析，一切从实际出发，实事求是，就是要从我们跨越了资本主义的"卡夫丁峡谷"这个最大的国情出发①，不用"西欧各国"的"历史必然性"套用中国社会发展②。在探索社会发展道路问题上，一定要保持头脑清醒，按照马克思主义要求的"一切都取决于它所处的历史环境"③，探寻发展道路的历史方位、战略策略、路线方针、政策方法。

党的十一届三中全会以后，党中央集中全党全国各族人民的智慧，找到了一条建设中国特色社会主义的"自己的道路"④，明确了中国特色社会主义所处的历史方位和发展阶段，即社会主义初级阶段，并制定了党在社会主义初级阶段的基本路线；保持党在社会主义初级阶段的基本路线一百年不动摇，被写进了中国共产党党章和国家宪法，要求全党和全社会予以遵循。夏老师较早地(党的十三大召开之前)参与了关于社会主义初级阶段的研究，他发表了题为《社会主义初级阶段及其经济特征初探》的论文(《江汉论坛》，1987年第9期)。他是在全国范围内围绕社会主义初级阶段的经济特征，直奔主题，深刻讨论社会主义初级阶段内涵的学者之一。他对问题的研究具有广阔容量，对新问题的认识具有相当深度。关于社会主义的规范性与阶段性，他指出，现在来看，我们不妨估计，整个社会主义的发展也会经历三个基本阶段：初级阶段、成长阶段、成熟阶段。"对于东方社会主义国家来说，进入成长阶段的时间可能要长得多"。关于中国国情及其制约性，他指出，中国革命胜利后，建设社会主义所面临的社会经济条件，较之马克思当年创立科学社会主义所依据的社会经济背景，在发展阶段上有着很大的差距，这主要体现在生产社会化水平低、物质资料的生产水平不高、社会阶层不仅没有分化为两大阵营，而且还有大量的中间阶层存在。在此制约下，只能"由初级阶段逐步过渡到成熟的社会主义的道路"。他指出，处在社会主义初级阶段上，谋发展，搞建设，必须紧扣其经济特征：一是在所有制上以社会主义公有制为主导，多种经济成分并存；二是在经营方式上实行所有制与经营权分离，允许多种经营方式并用；三是在分配方式上实行以按劳分配为主，多种分配原则并行；四是在宏观调节上实行以间接调控为主、直接调控为辅，建立统一的市场体系。最

---

① 《马克思恩格斯全集》第19卷，人民出版社1963年版，第436页。
② 《马克思恩格斯全集》第19卷，人民出版社1963年版，第442页。
③ 《马克思恩格斯全集》第19卷，人民出版社1963年版，第451页。
④ 《邓小平文选》第3卷，人民出版社1993年版，第3页。

后，他站在科学社会主义立场上强调，当无产阶级政党处在一个落后的国家开始建设社会主义的时候，必须从自己的国情出发，遵循历史唯物主义理论，立足于发展社会生产力，在现实与目标之间扎扎实实地建立起一个据点，"采取一系列中间的社会主义过渡模式，以期最后达到目标模式"。从学术史角度回顾，这是当时对社会主义初级阶段经济特征以及所应采取的经济政策说得最清楚、最明白，也是最贴近党中央后来在有关文件中关于社会主义初级阶段话语表述的文章之一。

站在社会主义初级阶段的具体国情和理论立场上，为充分论证并宣传我国社会主义经济体制改革的市场目标取向，他又先后撰写了《社会主义市场经济初析》(《江汉论坛》，1992 年第 12 期，《新华文摘》1993 年第 3 期全文转载)、《中国转向市场经济体制的释疑——兼论市场经济与社会主义的相容性》(《江汉论坛》，1993 年第 10 期)两篇文章。这两篇文章产生了积极的学术理论影响，前者被《新华文摘》全文转载，后者获得中共中央精神文明建设"五个一工程"一篇好文章奖。这在全国来说，应该算是翘首了。前一篇文章的最大看点是，从确立市场经济改革取向的理论认识及其意义，重点说到实践，认为社会主义市场经济体制的建立是一个历史过程，在此过程中，改革发展将围绕市场体系全面建立、政府职能完全转变、企业制度全面更新、市场规范真正确立来展开。有专家将此归纳为"三全一真"理论。后一篇文章的最大亮点是，在论述市场经济与社会主义具有相容性的同时，揭示了在经济转轨过程中应该防止出现的一些"误区"：防止"全民皆商"，坚持社会分工；防止"撒手不管"，坚持"职能转换"；防止"只见树木不见森林"，坚持配套改革。他强调，在这个过程中，在思想上必须有"持久战"的准备，在工作上要有细致的配套改革与发展措施，这样才能充满信心地建立起崭新的社会主义市场经济体制，促进中国经济社会发展。说理的充分性，阐释的科学性，提示问题的精准性，建议的可操作性和务实性，或许就是该文斩获大奖的内在原因吧！

在 20 世纪八九十年代之交，夏老师紧扣社会主义初级阶段的基本判断和基本路线，坚信改革开放必然成功，中国特色社会主义充满活力，前景无限广阔。他在《社会主义研究》《江汉论坛》《湖北日报》"理论周刊"等连续发表了《社会主义国家改革大潮的历史思考》《科学社会主义的历史业绩》《正确认识科学社会主义实践中的失误》《历史发展的常规性、变异性与社会主义》等系列文章，在科学社会主义理论与中国特色社会主义实践的结合部上，牢牢把握历史与现实、理论与实践、时间与空间、成功与失误、原因与结果、内因与外因等重大关系问题，科学论证了中国特色社会主义发展的历史性、人民性依据，牢牢占据了历史主动的客观性高地①。

随着人类进入 21 世纪，中国特色社会主义进入了新的百年行程。如何看待新世纪中国特色社会主义的生机活力、意义价值？夏老师发表《社会主义与未来》(《社会科学动态》，2019 年第 5、6 期)长文，他以国际共产主义运动历史和中国社会主义历史为依据，论述"充满憧憬的未来"。他认为，以中国特色社会主义历史为坐标，中国式现代化新道路，是对东方文明走向现代文明乃至为未来社会奠定基础的伟大创新；中国特色社会主义文明新形态，将给整个人类文明的演进"辐射"积极的价值。他由此判断，中国特色社会

---

① 参见张艳国：《夏振坤社会主义理论研究述评》，《江汉论坛》1999 年第 2 期。

主义将是一个漫长的历史过程，只有这样才能回答"我们要在建设有中国特色的社会主义道路上继续前进"的重大课题①。

此外，夏老师重视经济发展战略研究，特别是他将经济发展战略的理论与方法运用于湖北省情研究、区域经济社会发展战略选择当中，他是最早构思并提出"中部崛起"战略的学者之一。"中部崛起"由省战略（1987年12月）上升为国家战略（2006年4月，国务院出台了《关于促进中部地区崛起的若干意见》）②，这对于确立湖北省在中部地区崛起中筑牢战略支点、走在发展前列的定位，具有十分重要的意义和价值。限于篇幅，这里就不展开了，将来有机会再专文论述。

三、学术情操、品格与方法

古人说："文以载道。"③这是说写文章是为了传播知识，追求真理。低一点讲，是求知；高一点讲，是问道。文章不能白写，一定要有作者的思考、情怀和写作目的。又说："文如其人。"④这是指文章所表达的鲜活思想，来自作者的情感，文章的风格、情趣，与作者相近或相似。文以载道与文如其人，相辅相成；好文章来自好思想，好思想来自好作者。作者有情操、品格、理想、信念、意志、情怀，笔下一定有思想、有力量，能感染人，能影响人，能提升人。因此，了解、研究作者的思想，必须了解作者本人，走进其内心世界。夏老师是一个怎样的人？他自己是这样认识自我的：将有限的生命融入"远无止境的认识"中，与"深化认识"一路同行；将自己全部的人生内化为"永无尽头的学问"；他勉励自己："做人，愿经得起实践的检验；做学问，愿经得起历史的推敲。"⑤而他的同事、朋友、学生则是这样评价他的，譬如在庆祝夏振坤教授八十华诞学术研讨会上，湖北省社会科学院原党组书记、院长、知名党建专家邓剑秋同志（1938—2011）在讲话中从五个方面做了全面刻画："德高望重的长者，才高八斗的学者，敢于创新的勇者，思维敏捷的智者，宽厚大度的仁者。"⑥这是十分准确、形象的描述，也是很有代表性的看法。我认为，这幅"画像"蕴藏着夏老师极不平凡的有高度、有温度、有厚度、有力度的人生追求、情操、品格、理想、信念、意志等要素。

夏老师生在旧中国，少年时饱受国破家败的苦难，青年时在党的指引下成为一名光荣的共产主义战士，是改革开放和中国特色社会主义伟大事业给了他追梦圆梦的人生机遇和事业舞台，使他成长成才、成名成家，得以报效祖国、服务人民、为党尽忠。在夏老师一生追求真理、追求进步、钻研学术的人生历程中，他有自己强烈的爱恨情仇。夏老师爱父

---

① 《邓小平文选》第3卷，人民出版社1993年版，第383页。

② 夏老师谦逊地说他自己是"中部崛起"战略的首倡人之一。参见夏振坤：《湖北"中部崛起"提法的由来》，《武汉文史资料》2010年第3期。

③ （北宋）周敦颐《周子通书·文辞》说："文，所以载道也。轮辕饰而人弗庸，徒饰也，况虚车乎？文辞，艺也；道德，实也。"

④ （北宋）苏轼：《答张文潜书》："其为人深不愿人知之，其文如其为人。"

⑤ 夏振坤：《夏振坤选集》，湖北人民出版社1998年版，写在前面。

⑥ 邓剑秋：《长者风范 学者楷模》；徐长生，张艳国：《经济、社会与中国现代化——庆祝夏振坤先生八十华诞学术论文集》，华中科技大学出版社2008年版。

母、妻子、子女，爱家庭；他爱亲人、朋友，爱学生，乐于助人，诲人不倦；他爱祖国爱人民，具有强烈的爱国主义情怀；他爱党爱社会主义，他感激是党教育培养了他，是中国特色社会主义成就了他；他热爱生活，热爱自然，年轻时他展开歌喉歌唱生活、赞美自然，年老了他拿起画笔描绘美好生活、展示大自然的多姿多彩。他恨日本鬼子，恨国民党反动派，恨一切坏人坏事，恨一切假丑恶，他的恨只有公义，没有私情。一辈子走来，他抱定战胜困难、迎接人生成功的必定信心，从不怨天尤人，从不动摇懈怠，从不投机取巧，总是以满腔的热情温暖和积极的生活态度投身到工作中去，"修己达人""立己立人"。他的这种家国情怀、为民情怀、乐生情怀，铺垫了他立志奋斗、自强不息、坚韧不拔、中庸平和、与人为善的高尚情操。他的学术研究、诗文书画中都映现出这些高尚情操。因为他有崇高追求，有人生目标，有家国情怀，有学者使命，所以他热爱生活，热心实践，乐于探求真理，他始终保持着对生活、对实践的好奇心、欣赏心和追问心，所以，他坚定地与时偕行、与时俱进。他坚信，"生活之树常青，实践是一切真理性理论的沃土"。①

几十年风风雨雨、大浪淘沙的锤炼，练就了夏老师笃定沉稳、忠贞坚守、勤思好学、踏实苦干的品格，形成了气场强大的人格魅力。古人表彰的"德艺周厚，其名必善焉"②，就是学品与人品的完美结合。夏老师将人品与学品熔铸在一起，显示出"唯有人品学自高"的高雅精致。他的每一篇论文、每一部著作、每一首诗歌、每一帖书画作品，无不飘溢着一种"玉树临风""清风拂面"式的崇高美、刚健美、和谐美。年少时，夏老师保持独立人格，即使生活窘迫也绝不愿意给达官贵人当"干儿子"；青年时夏老师坚守君子人格，说真话道实情，即使受冤屈也无怨无悔；中年时夏老师意气风发，坚定自己的人生理想，与祖国人民心心相印、气息相连，"吹尽狂沙始到金"；老年时夏老师安享上天的赐予，修身养性，怡情乐生，"而不知老之将至"，他还在抒发"只争朝夕"的豪情(见未刊稿《我在追求什么!》)。古人说，"真性情才是真英雄"；我认为，高品格才是真英雄。夏老师数十年劈波斩浪、负重前行而又轻松自如、得心应手，他生命的活力与创新的内力既来自他独有的崇高品格，来也自他特有的对未来的信心和憧憬。

夏老师老而弥坚，愈发明确自己的学术追求，知道自己是在"干什么"。他在欢度古稀时进行了一番人生回顾和学术梳理，说道："我来自灾难深重的旧中国。出身贫寒，童年丧父。饱受国破家亡、颠沛流离之苦。我自幼就萌生了救国兴邦的强烈企望。直到今日，每每回想起青少年时代的国难家恨，就心潮翻滚，久久不能平静。""也许是这种经历的熏陶，从青年时代至今，对于个人名利进退兴趣索然，对于追风弄权更是深恶痛绝。爱吾中华，守我人格，与人为善，于己寡求。我的治学目标也由此而立：一切为了中国的现代化。凡是有关中国经世济民的问题，我都感兴趣。只要精力能及，我都愿意去钻研一番，以求究竟。"③20年之后，他依然以"强大的动力、良好的心态、神圣的追求"坚守这一目标，雷打不动，"不为生而悬悬，不为死而戚戚。尽我应尽职责，做我想做之事"。④

---

① 夏振坤：《中国实践是产生伟大理论的沃土》，《湖北日报》2013年4月7日。
② 张艳国：《〈颜氏家训〉精华提要》，人民出版社2020年版，第272页。
③ 夏振坤：《夏振坤选集》，湖北人民出版社1998年版，写在前面。
④ 夏振坤：《岁月流年》(未刊稿)，第133页。

　　夏老师一生追求进步，他所从事的学术事业具有"追赶时代，跟上时代""与时偕行，与时俱进"的鲜明风格；数十年来，夏老师在教书育人、社科研究中，发愤忘食，乐以忘忧，勤学不厌，诲人不倦，体现了"忧国忧民"的鲜明特征。夏老师的学术人生十分丰满，极其精彩，"是一位始终站在时代最前列、置身于社会变革最深处思考问题，始终炽爱着学术研究并笔耕不辍的大学者，是一位具有学术厚度、实践深度和时代力度的思想家，他给予我们思想的营养，值得我们好好学习和认真研究"。① 几十年来，夏老师孜孜不倦地埋头书海、乐此不疲地追踪实践，明事理，探学理，求真理，行走在守正创新与求真致用之间。守正，就是坚持哲学社会科学研究正确的政治方向和学术方向；创新就是在继承中发展，用新思想、新概括、新阐述、新观点、新方法、新认识奋力推进学术研究。因此，守正是他治学的底色，创新是他治学的亮色。求真，就是探寻真知，做"真学问"，不哗众取宠，不人云亦云，"本着'不唯上，不唯书，只唯实'的态度""本着对历史负责的态度，尽力实事求是"②；致用，就是用科学的结论、用思想的智慧启发人们，发挥哲学社会科学的社会功能，为社会全面进步和人的全面发展服务。因此，求真是他治学的原则和坚守，致用是他治学的追求和目的；守正创新是他从事学术研究的前提条件，求真致用是他学术人生的目标归宿。夏老师常用他自己在 70 岁时总结的"兼容并蓄，别立新宗"和"守而不僵，新而不流"两句话来激励自己③，以此表述自己的学术思想。我认为，这既是经验之谈，又是哲学总结。时隔 20 年之后，在他 90 华诞之际，夏老师又深刻凝练了自己的学术之道，用四词八字予以概括："兴趣、责任、中庸、系统"。他说，"中庸观和系统论是我的方法"，兴趣和责任是他投身学术、心无旁骛的动力，动力和方法支撑了他全部的学术人生④。

　　在夏老师心里，不管自己成为什么"家"，无论自己取得多大的学术成就，能做一名光荣的"中国共产党党员"，这才是自己人生最大的满足和幸福。在庆祝中国共产党百年华诞之际，夏老师说："我虽已进入耄耋之年，却如 70 多年前入党的少年那般，仍然怀揣着对党的赤诚初心，自豪幸福地说：'我是共产党员！'"⑤始终保持政治上的清醒和坚定，永远做一名有责任有坚守的普通共产党员，这是夏老师学术人生的另一面情怀，也是其学术人生最深厚的底蕴和最强大的优势。这当然也是夏老师留给后学最大的一条智慧启发和最宝贵的一笔思想财富。我相信，随着时间的推移，它必将无限放大其文化价值，福惠后人，泽被学术！

　　最后，祝愿夏老师万老师永葆学术活力，幸福健康快乐！

2021 年国庆假期于南昌瑶湖畔光风霁月斋

　　①　朱虹：《传承弘扬学术思想，造福赣鄂两省——在夏振坤学术思想研讨会上的讲话》，《社会科学动态》2018 年第 10 期。

　　②　夏振坤：《发展与文明》，湖北人民出版社 2018 年版，第 175 页。

　　③　夏振坤：《夏振坤选集》，湖北人民出版社 1998 年版，夏振坤自题。

　　④　夏振坤：《为学之道：兴趣、责任、中庸、系统》，《社会科学动态》2018 年第 10 期。

　　⑤　夏振坤：《一个普通共产党员的誓言》，张忠家：《中国共产党百年长江情·红色篇》，湖北省社会科学院 2021 年。

　　本文作者：张艳国，1964 年生，湖北仙桃人，历史学博士、博士后。1985 年 6 月至 2008 年 12 月在湖北省社会科学院工作，1997 年 5 月，破格晋升为研究员。曾任《江汉论坛》编辑部副主任兼副主编、科研教育管理处处长兼研究生办公室主任，政治学与法学研究所所长，院学术委员会副主任兼秘书长，院和谐社会研究中心常务副主任，中国近现代史、政治学专业硕士研究生导师，兼任武汉大学中国文化研究院、华中师范大学中国近代史研究所博士研究生导师，获得湖北省有突出贡献中青年专家、全省宣传思想文化首批"四个一批"人才(理论类)等荣誉称号。现任南昌师范学院校长、江西师范大学中国社会转型研究省级协同创新中心主任、首席专家，二级教授，中国史、马克思主义理论一级学科博士点博士研究生导师、博士后合作导师，获得国家"万人计划"哲学社会科学领军人才(国家高层次人才特殊支持计划)、中宣部文化名家暨"四个一批"人才、国务院津贴专家等荣誉称号，兼任教育部国家教学指导委员会历史学类委员(第四、五届)、全国行业职业教育教学指导委员会暨教育部职业院校教学(教育)指导委员会文化艺术类委员、本科教育审核评估专家、研究生教育与学位论文评审专家、社科项目评审专家、人才项目评审专家等。

总　目　录

1

目　　录

2018年6月9日在夏振坤研究员学术思想研讨会上的讲话

  我首先衷心地感谢省委宣传部、省社科联、省社会科学院为我开了这么一个隆重的研讨会，费了很大的功夫，非常感谢！我感谢来自我故乡江西师范大学的同志不远千里来到武汉，为我的这件事也操了很多心！我感谢我的母校华中农业大学为了这件事也费了很大心力！我还要感谢华中科技大学经济学院，这虽然不是我的母校，但相当于我的母校，我在那里当了几年院长，建立了深厚的感情，像徐长生、张建华我们都是好朋友，是忘年交！我还要感谢我的一些学生，不远千里从四面八方到这里来聚会。我和我学生的关系实在就像父子一样，非常融洽，有深厚的感情！我还要着重地感谢省社会科学院老干处和农经所（这是我的老基地），无论是学术还是生活都对我无微不至地关心，像农经所所长邹进泰（当年也曾是我的学生）是随叫随到，半夜里我生了病，一个电话打过去马上就来送我上医院。老干处对我的关怀，使我退下来之后的这20多年成为一个黄金时代。你们年纪稍大一点的同志要有信心，退下来以后不是画句号了，还大有可为呀！我在这20多年所读的书可以说是我前几十年读的10倍以上，我的知识长进是用数量没法衡量的。老干处为我的生活、工作和家庭各个方面给予的关怀那是无微不至的，我也要借这个机会表示特别的感谢和深深的感恩！

  今天大家对我的学术思想评价，我觉得总的来说是拔高了，确实是拔高了，我没有那么大的成绩，我没有那么大的影响。我这个人活了90年，先天不足，后天失调。我在华中农业大学和华中科技大学讲过这个话，我就不展开了。所以就决定了我这个人，你说我是个专家，深度不够，你说我是个著名经济学家，我真不敢当。对金融学，我还是个小学生，我炒股都炒不到，不会炒，也不想学。人家说你这经济学家怎么不会炒股呢？我面红耳赤，没有办法回答。作为专家，我深度不够；若说我是个通家，我也不敢当，因为我的广度不够，很多东西我还是不懂。所以说，我只能是一个小杂家，这个比较合适。

  大家说讨论我的学术思想，我确实不敢当，可以叫作什么呢？叫"为学之道"，这比较合适。我的"为学之道"是什么？我也没有想过这个问题，原来一直在往前走、往前冲，我根本没有想过后面的事情。这次开这个会，开我的学术思想会，我自己怎么说呢？自己要有个引导啊。我想了两天，就叫"为学之道"，这个比较合适。

  我的这个"为学之道"概括起来就八个字："兴趣""责任""中庸""系统"。怎么说呢？我活到老学到老，到现在还在努力不止，还在打电脑，为什么呢？兴趣加责任是我的动力，这个动力是无穷尽的。我后面还有许多事情要做，我也希望老天爷多给我几年时间。

  中庸观和系统论是我的方法。关于中庸观，我看今天的问题也好、研究社会主义问题也好，其他问题也好，我都是本着中庸的态度对待；《中庸》有几十章，每一章都很短，但是它的精华在第三十章。第三十章的"万物并育而不相害。道并行而不相悖。小德川流；大德敦化。此天地之所以为大也"是《中庸》的根本。要包容，无过无不及，要恰到好处，不能走极端，这是中庸的中心。要兼容共生，万事万物都是这样，大到宇宙，小到家庭生活都是这样，朋友之间也是这样。关于系统论，我在 20 世纪 80 年代曾经高度地、跨越性地迷恋系统论。我为什么会认识钱学森先生呢？就是因为系统论的关系跟他认识了，他认识了我，我认识了他，不然我不会认识他，他是大科学家，我怎么会认识他呢？其实我们中国人早就懂系统论(思想)，宋朝的大诗人苏东坡曾经有一首关于庐山的诗："横看成岭侧成峰，远近高低各不同。不识庐山真面目，只缘身在此山中。"这首诗被系统学界公认为巅峰之作，大家都受这首诗的影响。这说明我们研究任何问题，不能只待在系统内部看这个系统，必须站在更高一层的系统上，比方说你坐在直升机上才能看清楚庐山的真面目，而且你要围绕庐山转一趟，在天上你才能看到它的真面貌。所以，若就系统研究系统，那是死路一条，只能是钻牛角尖，而且得不出正确的结论，就像盲人摸象一样。所以，系统论在对我整个学术生涯的方法上有极大的帮助。我的学生邹进泰经常跟着我搞咨询活动，他说："每一次您说的话总好像有一点不说是振聋发聩，起码给人有很大的启发，是什么道理？"我跟他说，这是从系统外看系统，你那个县怎么好，自吹自擂不行，你要站在整个国家的高度，至少要站在整个湖北省的高度来看你的县，你那个县才有个正确定位。不然连个位都定不了，你怎么深入研究它呢？你不是夸大了它的作用，就是缩小了它的作用。所以，系统论对我的启发很大。我的"为学之道"就是这八个字，下面我讲一讲我的兴趣。

我研究社会科学没有功利主义，即使是我当湖北省社会科学院的党组书记也好、当院长也好，我也没有多少功利主义。我在华中科技大学当了 6 年的院长，每个月给我一点补贴，我是一分钱都没要，我都敬献给我的老师张培刚先生做研究。兴趣从哪里来？开头我自己也没有搞清楚，后来想啊想啊，想到了一个根源。我对社会科学的兴趣来源于哪里呢？来源于太史公司马迁。我高中时候学的《报任安书》那篇文章里面有三句话影响了我一生："究天人之际，通古今之变，成一家之言"，第三句话我不敢当，但对我又有很大的诱惑。我很想"成一家之言"，但我先天不足后天失调，我哪里有心、有时间"成一家之言"？但这几句话对我确实影响很大。开始确实有点好高骛远，口气太大，但是后来我学了王阳明的"心学"。王阳明"心学"的核心在哪里呀？我说就是一句话："要把心做大！"一个人要把自己的心做大一点，不要小心眼，心做得越大视野越开阔，包容心就越大。从宇宙的观点看问题的话，你的鸡毛蒜皮的小苦恼、小折腾，包括我当年 20 年的弯路，站在宇宙的观点看算个啥呀？一个人的得失，而且是暂时一点得失，算个什么呀？算不了什么！要心胸开阔、视野开阔！所以王阳明的"心学"我也很迷恋，希望你们也看看。关于他有三本书，网上可以买到，很启发人。就是根据这样的理想，我乐此不疲，从年轻到现在我还在读、还在想、还在写。我现在还有一大摞关于新技术革命、人工智能的新书准备去看，乐此不疲，兴趣浓厚。我没有多少功利，就是为了这个兴趣。

当然也有责任。我这个人一生感觉是三层身份，具有三层责任。第一我是中国人，第二我是中国的文人、有知识的人，是中国的精英，第三我是中国共产党人。这三层身份，使我具有三种责任。作为一个中国人，我有责任来思考中国这几十年的变迁发展，如何把它理论化，所以，我们生在这个时代的人应该考虑一下，特别是你们这一代人，"中国发展的政治经济学"让你们去完成，我只能出点小主意。中国人搞了近 40 年改革，创造了今天的经济奇迹。如果理论上没有一个系统化东西、没有一个教科书、没有一个专著，怎么说明我们是有规律性的？我们没有一个东西怎么交代呀？所以，作为一个中国人，这个问题必须解决。我和我的学生经常谈这个问题，我们必须承担责任，我也承担一点责任。

作为一个中国的精英、文人，有责任思考中国传统文化如何现代化。我在《发展与文明》一书的第二篇和第三篇就是在试探性研究这个东西。怎么现代化？现代化照搬孔子行吗？那肯定不行。中国传统文化现代化这个问题是谁的责任？是我们这一代，还有像伍新木这一代、李杰伟这一代，我们这三代如果不能完成这个任务，那是愧对历史的。中国人搞了半天，自己都说不清楚自己为什么胜利了，那多丢人呢。

作为一个共产党人，我们宣誓为共产主义奋斗终身，这个共产主义究竟是什么样子？所以，共产主义理论时代化我们必须搞，每个共产党人、特别是理论界的共产党人责无旁贷，包括我自己在内。把共产主义的理论时代化，要与现时代的事实和思考的东西对接起来。我在《发展与文明》一书里涉猎了一点，高科技的发展使得共产主义的实现完全有可能，我是越来越相信这一点的。当然了，不是劫富济贫，不是强力消灭私有制，而是在财富充足和人们素质普遍提高的基础上，我们中国古人说的大同思想和现在说的人类命运共同体如何对接起来。

我的这些想法，可能有些天马行空，用古人说的话，叫作"高山仰止，景行行止"，虽不能至，但我心向往之。我不仅心向往，而且我还在做，当然做也只能做一点点，抛砖引玉，尽力而为吧。

我这个人，说我自己也说不明白，我只是简单介绍一下我自己的想法，我的指导思想就上面八个字"兴趣、责任、中庸、系统"。前 4 个字是动力，这个动力推动我不断地前进，我希望上帝还给我 10 年，我还想多做点事，当然做得不一定好，但是我会尽我自己的努力。后 4 个字是方法，它帮我理清思路，提高效率。我就说到这里吧，谢谢大家！

（沈堃博士整理）

农业发展战略若干基本理论问题

在当前关于农业发展战略问题的讨论中，之所以出现了类似农业现代化问题讨论那种众说纷纭的情况，我们认为一个重要的原因，乃是对"什么是农业"这一将随着整个社会经济发展水平，特别是随着社会分工水平的变化而不断发展的概念及其科学范畴缺乏一个共同的认识。因而，由此而产生的从各自视野出发的判断推理，必然又带来各自不同范畴的设想与建议。这样一来，就不利于有关部门为我国农业的发展战略进行整体性决策。为此，本文试图运用系统思想(或从"系统观念"的角度)，就我国当前以及今后相当长的历史时期内农业的科学范畴、农业发展的目标、农业系统结构特征等三个基本理论问题进行一些初步的探讨，并由此展开对我国农业结构的某些典型模式提出一些初步的设想，以供讨论。

一、农业的科学范畴

农业是一个具有历史性的范畴。在社会发展不同的历史阶段，农业系统的范畴不是固定不变的，如对于古代农业、近代农业以及现代农业，由于社会经济发展水平的不同，特别是社会分工的发展水平不同，作为一个系统，它们便具有不同的范畴或边界，这正如在某些原始的非洲国家和在高度社会化的美国，农业的范畴显然各异一样。因此，研究农业的范畴，从而据此制定农业发展战略，必须切实地从本国具体的国情出发。

我国的农业正处于由传统农业向现代农业过渡的历史阶段。这种过渡性，一方面表现为：我国农业已不再是长期停滞的单一种植业结构，而是在注重粮食生产的同时朝着农、林、牧、渔、副、工的综合结构发展；已不再是自给自足的自然经济，而是朝着供应、生产、销售与消费的社会化发展；已不再是单纯地依赖自然条件和劳动力进行经营，而是朝着环境、生物、劳动、技术和管理等各种资源综合利用发展。另一方面表现为我国农业上述三个方面的过渡还处于开始阶段，并没有完成和实现这种一体化、社会化和科学化。

这种历史状况就决定了我国的农业系统既不像原始社会那样与农村系统等同，又不像先进国家只包括农业生产系统，而是处在一种具有两重性的发展阶段，即它既要包含整个农业生产系统，又要包含一部分农村生态和社会系统。不如此，我国的农业系统便不能正常运转。也由于这样，研究我国的农业问题，决不应脱离农村问题，必须以农村问题为基本依托，同时又不能只限于农业的生产系统。

为了确切地划分我国农业系统边界，下面我们试从农业系统的上层系统——农村大系统开始，进行一个大致的系统层次的剖析，由此从上下层次的相互关系来初步廓划我国农业系统的范畴。

农村大系统由众多层次的亚、子系统所组成。这里主要剖析一下我国农村中与本文有

关的四个层次:

第一层,农村大系统。所谓农村,这是相对城市而言的。因此,它的基本范畴大体包括大、中城市以外的广阔空间。具体包含生态系统和农村社会系统两个亚系统。用集合的语言可以表述为:农村大系统是生态系统与农村社会系统之并;或可以表示为:

农村大系统=农村生态系统∪农村社会系统

农村生态系统,又包含自然生态和社会生态等子系统;农村社会系统,又包含农村经济、农村政治、农村文教、农村科技等子系统。农村社会系统的发展,既受到生态系统的制约,又会回过头来优化或恶化生态系统。

第二层,农村经济系统。它一方面是农村生态系统与农村社会系统之交,另一方面又是农业与农村非农业之并。如下式:

农村生态系统∩农村社会系统=农村经济系统=农业系统∪农村非农业系统

第三层,农业系统。它一方面是农村生态系统与农村经济系统之交,另一方面又是农业生态系统与农业经济系统之并。同理,用集合的形式可以表示为:

农村生态系统∩农村经济系统=农业系统=农业生态系统∪农业经济系统

从历史观点看,农业系统是一个发展变化的范畴,但从一个时期或阶段来看,农业系统的范畴又具有一定的相对稳定性。根据我国的实情(表现为对农业系统目标的要求),在相当长的历史时期中,农业系统的科学范畴应包含农业生态系统和农业经济系统。

农业生态系统,又包含田间生态、林区生态、草原生态、湖泊生态等系统;农业经济系统,又包含农业生产、农业流通、农业分配、农户消费以及部分产品初级加工等系统。

第四层,农业生产系统。它是农业生态系统与农业经济系统之交。即:

农业生产系统=农业生态系统∩农业经济系统

农业生产系统这一范畴的划分,说明它是农业生态与农业经济这两个相互关联的上级系统的边缘系统,其实质内容只是某些农业初级(生物)产品的生产系统,因而,它又可说成是农业生物生态子系统与农业经济系统中生产子系统(包括生产过程孙系统与生产管理孙系统)之并。也因此,那种把农业生产系统看作包括农业生态与农业经济两个上层系统的认识,实质是扩大了农业生产系统的客观范畴。

以上对农村大系统几个层次的廓划见图1。

根据上述对农村大系统的层次划分,我国农业的远景发展,应以农村大系统为依托,确立上一层控制下一层、下一层服从上一层的"农村—农村经济—农业—农业生产"多级目标集。

农业的发展,必须服从整个农村建设,因此,应首先确定农村大系统的目标。根据我国的国情,农村发展的目标是:创立一个人口适度、繁荣富庶、具有高度精神文明和物质文明的社会主义农村系统。在推进农业现代化的过程中,必须对农村进行全面规划,综合治理。使大城市、中小城市和农村集镇合理布局,使大工业与农村工业合理分工。围绕各大经济区形成多级城市领导农村的网络体系。建设围绕城市面向农村的完善的能源、交通、通信、贮藏系统。实行以党的领导为核心的、高度民主的乡村管理体制。建立以马克思列宁主义毛泽东思想为指导的农村道德伦理规范。实现多层次的文化科学普及。实现农村居住条件和文化娱乐的现代化。使广大农村经济发达,交通便利,居住舒适,环境优美,生活富裕,道德高尚,工农差别明显缩小。而要达到这一目标,就必须使农村保持一个适当的人口密度,使环境、生物与人口之间保持合理的物质循环与能量转化。

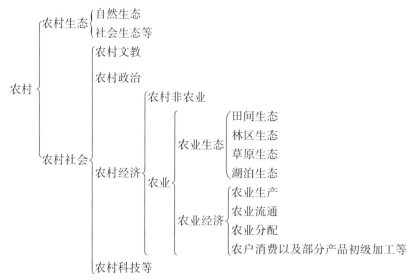

图1　农村大系统

　　根据农村大系统的目标要求,农业发展的总体目标是:创立一个全面发展,多级结构,适度社会化,高经济效率的农业系统,建成具有中国特色的社会主义大农业。

　　农业的全面发展,表现为以农村集镇为中心,农业生产为主体,农村工业、农村商业、农村服务业的协调发展,生产与消费的同步增长,经济与生态的良性循环。

　　农业的多级结构,表现为以适用技术为主体,传统技术、先进技术并用,以生物技术为主体,化学技术、工程(机械)技术并存的多级技术结构;与这种生产力结构相适应的以社会主义公有制为主体的,混合所有制、个体所有制并存的多级所有制结构和以劳力利用为主体的农业资源多级利用结构。与此相适应,还将建立集体优越性与个人积极性密切结合的生产—流通结构和国家、集体、个人三者利益统筹兼顾的分配—消费结构。

　　农业的适度社会化,表现为我国农业社会化程度将可能不会像某些资本主义发达国家那样高,正如我国的农业专业化可能不会像某些发达国家那样狭窄一样。当然,专业化与社会化并进,是社会分工的一般规律,农业也不例外,一方面农业本身的职能将朝着"农业前—农业—农业后"的方向进行分解,另一方面农业经营又朝着"农工商一体化"进行综合。但是,由于农业生产本身的特性,过度的专业化社会化并不能像在工业中那样获得较好的经济效益和生态效益。同时,还应看到某些外国的片面专业化和高度社会化,是在劳动力缺乏、低价能源的背景下,走无机农业的路子所形成的,虽然对农业现代化起了很大作用,但却也带来不少的副作用。食物链过于简化,物质与能量的再循环受到阻滞,农业生态系统的稳定性下降。如日本的农业又不得不回过来发展"集落农业"。而我国劳力众多,能源严峻,不能也不应走别人已经走过的老路。应该在有机农业与无机农业相结合的基础上走出一条有利于生态平衡的"因地制宜,适当集中"的农业专业化道路,走出一条能充分利用劳力和节约能源的农业社会化道路。

所谓经济效率，是指产品产出量与综合劳动耗费量（活劳动与物化劳动）的比率关系。高经济效率表现为单位农产品的社会劳动大幅度节约，或单位综合农业耗费的产品产出量大幅度提高。这样，经济增长率便会大于资源增加率，从而形成一个良好的经济循环。要获得这种高经济效率，在我国主要是求诸质量性要素的改善，而不是数量性要素的增加。在质量性要素中，一是农业生产专业化的发展，二是农业不变资本结构的变化。即在综合劳动消耗不增加或微量增加的情况下，活劳动消耗份额的下降大于物化劳动消耗份额的增加；在物化劳动消耗份额中，则是消极部分（如农业建筑）比重的减少和积极部分比重的增加；在积极部分中，又是肥料消耗的增加大于机器设备的增加；在肥料消耗中，又必须使有机肥料的增加和化肥的增加保持较稳定的比例。

根据农业系统的总体目标，将其分解成若干级的目标子系统，是农业发展战略开发的首要步骤。如果把农业系统作为一级系统，则如前所述，二级是农业生态和经济系统，三级是农业生产系统，四级是种植业、畜牧业等系统，五级是粮食、经济作物、畜禽等生产系统，如此等等。与此相适应，可建立起多级目标系统。

从农业系统的总目标出发，农业生态和经济系统的目标是：创立一个合理、高效、相对稳定的农业生态和经济系统。系统的合理性，表现为生物因素、非生物因素和人之间保持合理的比例关系，不超过任一因素的负荷能力，能维持住整个系统的自我调节能力，最终反映为生态效益与经济效益的良性协调。系统的高效性，一方面表现为其物质、能量、经济的转换量最大；另一方面表现为物质、能量、经济的转换率最高。前者主要通过生物、工程和管理措施，减少系统的阻碍因素，扩大系统的物质流、能量流和经济流来实现；后者主要通过物质与能量的多级利用，建立"无废料循环"和采用新技术实现。这种高效系统，有机体种类和数量最多，生物量最大，经济效益最高。系统的稳定性，表现为上述的合理性与高效性能够动态地保持较长时间的综合平衡状态。所谓动态平衡，意味着系统中一个要素发生变化，其他要素通过反馈自控或人工补偿，及时进行系统调节，而在新的基础上实现新的平衡，不断由较低效能的平衡过渡到较高效能的平衡。合理的生态经济结构，是系统优化的基础；相对稳定的生态平衡，是系统优化的条件；高效率的物质、能量与经济的转换，是系统优化的结果。

农业生产系统，作为农业系统中的三级系统，其目标是：创立一个高产、优质、低消耗的农业生产系统。系统的高产，表现为单项产量的提高。农业生产系统的优质，表现为产品蛋白质含量的增加和有害物质含量的减少。农业生产系统的低耗，既表现为投入产出的比值最大，又表现为能量转换效率最高。

我国耕地不足，农业资源多样。过去受狭义农业思想的束缚，虽提出过"以粮为纲，全面发展"的方针，但在实践上则局限于15亿亩耕地，解决食物问题单一地在谷物上下功夫。要摆脱这种状态，必须从理论到实践树立综合农业和广义食物的战略思想，立足于农业整体资源的综合利用，以144亿亩土地和22亿亩海洋大陆架为对象，逐步建立起农、林、牧、渔、工、副布局合理的综合农业生产结构；立足人民整体需要的全面满足，以人体综合营养为标准，逐步建立起粮、豆、菜、肉、蛋、奶、鱼、糖、酪、酒、茶的广义食物结构。

农业生产结构的调整,必须顺乎规律,因势利导,不可拔苗助长,操之过急。一般地说种植业是林、牧、渔、工、副业的基础,粮食是发展其他食物的生产条件。但是,第一,这并不意味着先必须将种植业和粮食生产发展到尽善尽美的地步再去发展其他各业,那样做就重新回到过去"左"的道路上去了。各业之间既存在不可逆的有序性,又存在能动的反馈性。第二,也不意味着全国各地区都千篇一律地以种植业为主体。例如,在农区和牧区、林区、渔区就不一定采取同样的生产结构模式。因此,因地制宜地建立以不同农业部门为主体的综合发展的生产生态结构,是创立高产、优质、低耗农业生产系统的必经之途。

二、农业系统结构特征

由对上述两个问题的分析,我们对农业系统的范畴进行了一个粗略的廓划,并对其目标完成了初步的设计。然而我们探讨农业发展战略问题的主要任务,则是要进一步认识和设计农业系统的功能结构,这样才可能从整体或全局上提出真正有战略意义的农业发展目标,以及实现这一目标的战略发展步骤,切实可行的战略措施等。

当前,学术界对农业结构的研究和描述已有"一字形"农业、"T字形"农业、"十字形"农业、"飞鸟形"农业以及"绿三角"等多种学说。在这些研究的基础上,我们想进一步提出对农业系统结构性的一点粗浅认识。

如前所述,从农业与外界的基础关系上,我们首先确定了农业系统的基本范畴(或边界),这是我们进而提出农业内部结构的前提与基础。从系统的观点看,农业系统结构指系统构成要素及要素间关系的集合,但就农业这个庞大而复杂的大系统而言,农业宏观的结构要素是不宜和不可能列举出系统内所有必要元素的,也不能由人们的需要出发来确定或选择某些要素作为"关键"或"本质"要素来列举的。况且,用这样的列举方式来描述农业的结构要素,更不利于概括系统各要素间的本质联系。对于前面所提到的当前学术界种种关于我国农业系统结构的描述形式,我们认为尚有不足或不够全面,值得进一步商榷。

我们的看法是:农业系统结构要素的概括形式,应从系统内部价值功能立场或势能立场出发,并以价值功能结团或势能结团(这些结团又都是一类价值功能或势能要素的子集合)的形式表述为宜。同时,系统结构要素间复杂的多维关系也可概括为功能价值结团之间的有机联系。这是因为,农业系统是在为满足人类生存从而对经济与环境有一定需要的目标上而建立的,农业系统这一目的性,就决定了其构成要素必须具有完成一定目标的价值功能性,这也是任何一个人工目的系统构成要素所共同的本质属性。无此属性的任何元素都不能属于系统范畴内的构成要素。因此,判定或选择任何一个系统的构成要素,就必须从系统内价值功能或势能这一基本立场出发。同时也因为,农业系统的本质结构原来是一个多元的立体网络结构,在这个复杂的网络结构中,所有的构成要素对于系统的整体运转来说,一方面尽管都具有相互间不可替代的同价值特性;而另一方面,各要素间复杂的网络关系从价值功能的角度来看,其空间上的分布却在客观上存在着相对密集与相对稀疏的状态。这就是说,系统中的结构要素,实际上可以看作以一类关系密集的要素结团形式而存在的;系统要素间的关系同样也是以要素结团间的关系形式而表现的。由此,我们便可以把这些功能结团称为价值功能团或势能团。同时,又可以把农业这个大系统的结构概括为价值功能团以及它们之间的关系集合。

结合前面我们对农业系统包含农业生态和经济系统的理解，农业系统的结构要素可具体归纳为三个基本价值功能团，即：生物生产、资源开发及经济运转（农产品增值开发）价值功能团，它们相互作用，相互关联，形成农业系统整体的合成功能。然而，以三个结团为代表的系统各要素间的有机联系，并不是像现行的某些描述形式所表达的那样仅仅是发生在一个平面领域内，也不是像某些比拟"飞鸟"这样形象的描述中所能简化的那样简单。究其关系的本质，乃是一个以三维关系子集为主体的在空间中所形成的丛错交联的关系集合。因此，我们认为农业系统合乎科学的结构性，应该概括为由上述三个价值功能团及其相互之间的关系构成的一个三维空间结构。我们认为，这一概括形式，既不会使农业系统构成要素的多元属性因简化而失其科学性、全面性，又不致因系统内的复杂关系而使我们难以弄清楚农业系统各要素间的本质关系。

农业系统三维空间结构的具体内容还可以进一步展开为：

第一维，即生物生产功能维。它既包含我们通常所指的农（种植业中的农作物）、林、牧（牧业中的畜禽）、渔（水生物）、微生物及虫等以生长或繁殖功能进行生产的生物要素集，同时又包含这些生物间由自然法则所规定的相互促进、相互制约的生态有机关系集。

第二维，即资源开发功能维。这一维中，既包含农业自然再生产所必需的且又是可为系统所能利用的资源部分，如光、热、水、气、土等生态资源功能要素，又包含农业经济再生产所必须投入的且为系统所能控制的资源部分，如劳力、工具、肥料、农药、技术、管理等经济资源功能要素；同时为求得投入的经济性，各类有限资源间还存在着相互促进、相互补充、相互替代以及相互制约的有机联系（此处，值得再加以注明的一个概念是，资源作为系统输入形式，之所以我们能够把其中的一部分作为系统构成要素，是因为这一部分输入资源是系统可以利用或者可以控制的成分，因而这样划分是在原则上不同于"绿三角"把环境因素笼统地作为系统要素的划分方法。）

若从农业的现实系统来看，生物维与资源维的共同机制形成了农业初级（生物）产品的整个生产经济活动，且完成提供社会与农业本身所需的全部农畜初级产品的功能。因此，该两维共同运转的结果，实际上也就构成了农业生产子系统的整体机制。由此，结合我国农业的实际情况，长期以来，或者说在向商品农业、现代农业转化之前的我国农业系统结构，其本相乃是由生物—资源两维相互作用而构成的一个两维平面结构，这一结构特征也就决定了我国农业长时期只能维持着农畜初级产品的简单再生产性质，以及仅能完成自给自足、小农经济的低功能运转。所以，我国当前农业经济发展的客观形势，已经表明两维的农业平面结构是与我国国情不相融洽的一种不完善的农业结构，只有当农畜初级产品进一步向商品生产、商品经济转化，而且这一转化过程同时又发生在农业系统内部时，则我们的农业系统结构才可能由两维平面向完善的三维空间结构进步。

第三维，即经济运转功能维，它将既包括发生在农业内部的农业初级产品的加工生产、产品流通、分配、消费，又包含产品或商品的贮藏、运输等价值增值要素，以有利于这一增值过程的系统内的农村工业、农村商业、农村服务业等经济运转要素；也包含各要素间相互影响的有机联系。这一维的现实内容，即我们习惯所说的"农、工、商"综合体中的"工"与"商"以及"产、供、销"等农畜初级产品经济增值部分的丰富外延。可以想象得出,这一维的丰富内容又都是发生在前两维平面之上的空间领域中,因而,舍弃哪一维,"农、工、商""产、供、销"综合结构都将不可能成立。只有各维均能协调发展,我国的农业空间结构才可能不断完善或优化。

上述农业结构空间中的各维(或各功能团),随着科学的进步与经济的发展,客观上都将沿着各自的维向而不断深化发展,随之而来的,便是农业整体三维空间的扩大。这也就说明,我国的农业系统运转机制乃是通过自身结构的不断优化,从而不断地提高系统自身的功能来满足人类不断增长的需要。

综合上述,对我国农业系统三维空间结构特征的认识,将有利于我们始终能从农业的整体或全局的角度出发,以及把握住系统构成要素的本质属性来认识、设计、规划、改造或管理好农业系统,客观地处理好农业与环境、系统整体与局部等关系,这样,才有可能真正强化农业系统整体功能,从而才能使农业系统完成处于国民经济基础或"四化"基础这一客观地位的战略任务。

三、农业系统结构模式举例

从系统的观点出发,我们认为,所谓系统的模式,即特定环境条件下客观系统结构的一般形式。因此,关于农业系统结构模式的讨论,我们的观点是:既要从农业系统环境的特征出发,同时又要紧密结合上述农业系统结构特征来考虑。即农业系统与环境的关系尤其突出,不同地域甚至同一地域不同的自然与社会经济环境将产生不同的系统模式(结构的个性表现);然而,从我国的国情出发,任何优良的农业系统模式其基本结构形式又必定都是上述的三维空间结构(模式的共性表现)。模式的差别可以说只是表现为结构的三维空间形状上的某种差异;其差异的本质原因,也可以说仅仅是因为某一特定环境下所决定的各维与环境融洽的优势不同,即系统的特定环境不同,其结构的主体维(优势维)或主体维中的主体元(优势元)便有差异。例如,自然条件与耕地、劳力、技术等社经条件均适宜种植业发展的特定环境下的农业系统模式,其主体维可以判定是生物生产维或该维中的农田作物功能要素应作为主体元。而其他两维及其功能要素,则以生物主体维或作物主体元为中心,形成物质、能量、经济、信息多级输入、输出、反馈的网络耦合关系,从而构成了一个以主体维或主体元为重心的结构模式。又如,当种植业的生物生产水平已达到较高程度(类似苏州这样的农田作业的高产区),而运用科学来继续提高自然资源的利用效率以求更高产出水平则尚有一段过程,加之这些地区又有相当丰富的经济资源,则这类地区经济运转维便具备相对的优势,因而在这些地区形成以经济运转或农业商品价值开发为主体的结构模式就显得十分自然了。因此,只有把握了农业系统结构特征以及结构与环境的本质联系,再由此来探讨某一特定环境下的农业结构模式,我们认为才是符合客观的,也才真正具有实际的意义。

本文仅对我国农业系统中某些具有典型意义的以生物生产功能维为主体的结构模式作一粗浅描述,其目的是以举例的方式来说明我们对农业结构模式的上述基本观点。

优化的农业生物生产主体维结构模式,必须能够满足如下要求:第一,系统的输入和输出,能始终保持动态的平衡,使系统得以保持稳定和永续利用。农业生态系统不同于自然生态系统,它的食物链简化,封闭性减弱,大量能量输出,必须有相应能量的输入,才能保持系统的养分平衡，否则，系统机能将会衰退。因此，任何农业生产生态结构均必须增加辅助能的补充投入。而在投入的辅助能中，无机能与有机能又应保持合理的比例。据我国一些典型地区的研究，无机 N 与有机 N 的投入比达到 1∶2 以上时，N 的增产效率最高。为此，任何系统模式均应尽量做到农牧结合。以浙江省"杭嘉湖"地区为例，该区近23 年中，将粮食增产总量的近 1/3 用于畜牧业，因而 23 年来猪的饲养总头数增长 17.6倍。1981 年猪牛的粪肥总量 2.73 亿担，按每担增产粮食 10 斤计，其可增产粮食约 27 亿斤，比投入的饲料粮还多 16 亿斤。因此，该地区每亩施肥量包括化肥达到 50 个纯 N 的高水平，亩产粮食持续保持在 1500 斤以上，10 个县的商品粮占全省商品粮总量的 35%以上。

第二，系统的物质循环周期短，效率高。为此，系统中的植物、动物、微生物之间的物质与能量转化要能建立多级输入输出关系，构成一个综合利用、反复利用的"无废物"多级循环。典型的模式，就是广东珠江三角洲的桑基鱼塘系统。在这个系统中，耕地仅占全省的 32%，但能提供全省 50% 左右的商品粮、60% 的甘蔗、96% 的蚕茧、80% 的鱼。之所以能具有如此高的效率，主要是因为这个系统有一个"桑—蚕—鱼—桑""稻—猪—鱼—稻"的多级再循环的合理结构。

第三，必须具有健全的为保证系统目标而自我控制的反馈机制。特别明显，当一个系统发生掠夺式的经营，使系统机能趋向衰退时（如掠夺性使用土地、滥伐森林、重伐轻育等），必须建立起一种系统内在的有负反馈机制的"调节器"。这种"调节器"，要求建立一种使引起偏差的趋向同生产者的物质利益呈相反方向发展的责任制。建立这种责任制的前提，则要求在系统中把维持系统稳定性的子系统同可能引起偏差的子系统置于一元化的控制之下。如在林业系统中，应将森工子系统同育林子系统置于同一个控制系统之下。

上述三个条件能否满足，取决于是否具备一个共同的前提，即系统结构必须高度适应它的环境。我国自然条件千差万别，农业生物生产系统为主体的结构模式当然也应因地而异。大体上可以设想为三种基本模式：

1. 以种植业为主体的生物生产系统结构模式

在这种系统中，物质流、经济流和信息流至少存在三级转换：首先国民经济系统、农村经济系统向农业生产系统输入各种资源与信息；这种输入流进入农业生产系统后，分为两个支流，大部分输入种植业，小部分输入多种经营；然后，种植业通过植物和微生物的加工转换为粮食、原料、饲料等物质资源和经济力、剩余劳力等经济资源，其中大部分输出给农村经济系统和国民经济系统，一部分输出给多种经营；多种经营的各部门在接受了上面两级输入后，通过动植物和机械的加工分别输出水热养分、生活生产资料、经济力、剩余劳力等资源和污染，这些输出要素一方面在多种经营各部门之间相互输出输入，另一方面会同种植业的输出流向农村经济系统、国民经济系统输出。而这个输出流中，又会有一部分反馈到整个农业生产系统的输入端，对农业生产系统进行调节和控制。以种植业为主体的生物生产系统结构模式如图 2 所示。

在以种植业为主体的系统中，要求一般以粮食生产为中心，以求得整个系统的稳定性。多种经营要在生态上改善粮食生产的小气候（主要靠林业），在物质上保证耕地的养

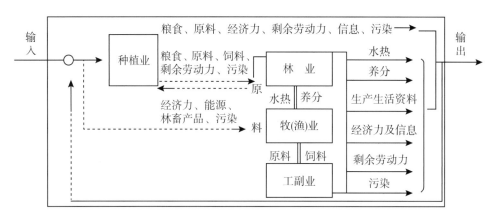

图 2   以种植业为主体的生物生产系统结构模式

分循环平衡(主要靠工副业),最终获得整个系统以粮食为主的产出量最大,商品率最高,经济效益最好,能量浪费最小。以江苏吴江县桃源公社为例,该社密切结合本地水田、桑园、湖面的环境条件,创立了一个"三水(水浮莲、水葫芦、水花生)促三养(养湖羊、兔、猪),三养促三熟(麦稻稻、油稻稻、肥稻稻),三熟夺高产"的"粮—水—牧—粮"的高效人工系统。全公社林业(包括桑)覆盖率在20%以上,改善了田间小气候,三麦早熟三天,早稻不烂秧。全公社人均养羊、猪2.07头,兔3.4只,每亩耕地平均增施有机肥14担。同时,罱湖泥壅桑,桑树高产,蚕茧缫丝增收,又回过来大大充实了粮食增产的经济力。因此,这个社能一直坚持100%的"双三制",粮食单产一直稳定在1200斤以上,比苏州地区平均高27.87%;1981年每个劳力贡献商品粮607斤,比全地区多5.9%;人均分配202元,比全地区平均水平多40元。

2. 以畜牧(或渔)业为主体的生物生产系统结构模式

在这种系统中,物质与能量等同样也存在多级转换。所不同的,一是上级系统在粮食、饲料的输入上要大于前一模式;二是剩余劳动力存在着由辅助部门到主体部门的反流向。以畜牧(或渔)业为主体的生物生产系统结构模式如图3所示。

在以畜牧业为主体的系统中,应以养畜为中心求得整个系统的稳定性。多种经营的目标是:不断改善草原的生态环境,在保持水土的原则下适当增强粮食与饲料的自给力,减少畜产品初级产品的输出和扩大加工产品的输出,最终获得整个系统畜产品产出量、商品率、经济效益和能量转换率最高。其中,最重要的是要维护草原的生态平衡,不违背"十分之一定律",使草、畜、人之间,不同采食习性的牲畜之间有一个合理的比例,使每种牲畜的畜群有一个合理结构,以减轻草场的压力,加快草地的更新和优化。

3. 以林业为主体的生物生产系统结构模式

这种系统模式除主体部门不同外,其他大致与第二种模式相同,只是工副业一般在系统中占有较重要的地位和系统输出的污染很少。以林业为主体的生物生产系统结构模式如

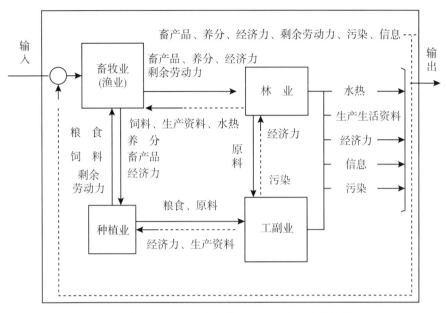

图3　以畜牧(或渔)业为主体的生物生产系统结构模式

图4所示。

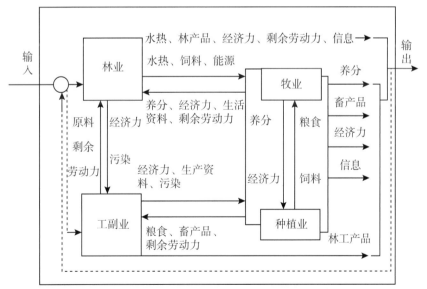

图4　以林业为主体的生物生产系统结构模式

在这种系统中，应以森林抚育为中心求得整个系统的稳定性。森林工业必须在保证林区以至整个社会系统的生态平衡基础上进行采伐，在综合和充分利用林区资源的原则下开展加工，使采伐同更新抚育比例适当。林区发展种植业与畜牧业，应以"利用资源，以短养长"为目标,而不能以追求农畜产品的自给率和商品率为目标,以不破坏林业资源为极限。最终获得整个系统的复被率不断提高,蓄积量不断增大,林产品不断增加,经济收入稳步增长。

除此之外,当然还可以进一步细分为以蚕桑为主体的生产生态系统、以果树为主体的生产生态系统等。在种植业为主体的系统中,也还可以细分为棉花、水稻等不同作物为主体的生产生态系统。

(本文主体部分发表于《系统工程理论与实践》1984 年第 2 期,与何信生合作,本书收录时做了原则修改)

中国农业发展模式问题
——农业发展的大战略

我国是一个社会主义国家，由于上层建筑具有以前一切经济形态所不可能有过的对经济发展的巨大指导与控制作用，因此，研究与创立既符合客观经济与自然发展规律又适应我国国情的农业结构模式理论——农业发展的大战略，就显得特别的迫切。党的十一届三中全会以来，我国学术界先后提出了多种农业结构模式的理论。在这些研究成果的基础上，我和何信生提出了"农业三维网络结构"的设想。① 现在看来，那个设想还不够全面。第一，它还没有完全跳出静态分析的框框，未能全面概括我国农业两个"转化"的阶段性；第二，它还没有完全跳出平面分析的框框，未能全面揭示我国农业发展的多层次性。下面，根据我国农业近 5 年来的丰富实践和理论界新的研究成果，对我国农业发展的结构模式进一步作一次动态的、多层次的考察。仅希望能引起更多的共鸣，起一个抛砖引玉的作用。

一

在《关于我国农业系统范畴及结构模式概念开发的研究》②一文中，我们曾提出"农业是一个具有历史性的范畴"这样一个命题，主张研究不同国家的农业发展模式，必须从本国的历史背景出发，因国而异，不能从"绝对精神"的原则出发，把各国本来是不同发展水平的农业用一个固定的模式框死，否则，便会妨碍以至破坏本国农业的发展。

我国农业的社会主义建设是在特定的历史条件下进行的。我国农业的特殊历史背景是什么？我认为主要有三点：(1)中华人民共和国成立初期，我们还是一个小农经济的汪洋大海，而且地区间的发展又极不平衡的国家，我国还没有经历商品经济充分发展的历史阶段；(2)我们的农业现代化是与工业化同步进行的，而工业化本身又没有经历资本积累的历史阶段，因此在农业发展过程中不仅不能得到工业积累的支援，反而还要为工业化的资金积累作贡献；(3)地主制经济在中国农村有着悠久的渊源，加上农业生产本身在空间上的分散性与时间上的间断性，致使家庭在经济生活中占有特殊的地位，以家庭为经济单位的社会惯性比城市中要顽固得多。

---

① 见夏振坤、何信生：《农业发展若干基本理论问题》，《系统工程理论与实践》1984 年第 2 期。

② 见夏振坤、何信生：《关于我国农业系统范畴及结构模式概念开发的研究》，《系统工程理论与实践》1984 年第 2 期。

所有这些情况说明，我国农业从经济发展阶段来看，在20世纪50年代还基本上处于资本主义以前的发展阶段，社会分工还没有充分发展(例如，畜牧业、手工业和农村商业都还没有最终从农家经济中分离出来)，农村文化与社会基础设施十分落后，资金与技术极为匮乏，等等。一句话，整个农村的经济关系基本上仍处在自给自足的自然经济关系之下，还不具备直接实行社会主义现代化大生产的条件。正如列宁所说："没有建筑在现代科学最新成就上的大资本主义技术，没有一个使千百万人在产品的生产和分配中最严格遵守统一标准的有计划的国家组织，社会主义就无从设想。""为了使'我们'能顺利地解决我国直接向社会主义过渡的任务，就必须懂得，需要经过哪些中间途径、方法、手段和补助办法，才能将资本主义以前的各种关系过渡到社会主义去。全部的关键就在这里。"①这就是说，为了过渡到社会主义现代化的大生产，必须补上商品经济这一课，必须有一个生产力大发展的阶段，必须有一个资金、技术、人才、交通、通信、管理能力以及农民心理的积蓄与演进的过程——中间阶段。

而在党的十一届三中全会以前，我们没有懂得列宁所说的"各种关系过渡"的深刻含义，不理解在小生产与社会主义大生产之间需要有一些"中间途径"的重要性。在原有的自然经济思想(或曰"抑商"思想)的支配下，又加上了"生产关系决定论""精神决定论"等"左"的"理论指导"，在农业模式的宏观决策上，从20世纪50年代后期开始，便产生了一系列的重大失误。

首先，在经济结构上采取跳跃式。企图由小生产直接地、迅速地跳到"一大二公"的社会主义大生产。而且，在所有制结构上追求"纯而又纯"，连自留地也被当作"资本主义尾巴"割掉了。

其次，在生产结构上采取一元式。在"以粮为纲"的口号下，实际上把农业的范畴缩小到"粮食农业"的狭窄领域，发展经济作物和多种经营都被视为"异端"，大搞"劳力归田"，反对农业商品化。

最后，在技术上采取对抗式。为了增产粮食，在一些不宜种粮的地方，大搞"让高山低头，叫湖水让路"的对抗性措施，毁林造地，围湖造田，毁草种粮……山区搞"人造平原"，湖区搞"水灾搬家"，对着老天爷干，严重破坏了生态平衡，效益也是极低的。同时，不顾农民的经济水平，盲目搞高投资、高能耗的机械化、化学化，农民所得实惠不多，有的地方甚至造成"越化越穷"的局面。

这种做法一直延续到70年代。由于它违背了经济与自然规律，不符合我国的国情，农民的习惯与思想跟不上，严重地挫伤了生产积极性；文化与管理跟不上，造成普遍的"瞎指挥"；技术与资金跟不上，造成"平调"之风盛行，无效与报废工程不断出现，等等。而后两种情况更大大加剧了前一种情况的严重程度，致使我国农业从20世纪50年代后期开始，生态环境恶化，生产结构单一，经济徘徊、停滞，严重地抑制了我国农村社会分工和生产力的发展，使整个农业还停滞在自给自足和半自给自足的水平上。

积30年之经验．我国农业的发展，再不能采取那种跳跃的、单一的和对抗的模式了，必须按照低投资、低能耗、多层次、多形式、高效益的原则，设计既适合我国国情又符合

① 《列宁选集》第4卷，人民出版社1972年版，第509页。

新的技术革命趋向的最优模式。

二

从上述历史背景出发，根据生产力与生产关系相结合的原则，考虑到30年来正反两方面的经验，特别是党的十一届三中全会以来广大农民的创造和新技术革命将带来生产分散化小型化的趋势，我国农业发展的模式应该满足如下要求：

（1）要从现有社会分工水平出发，有利于促进农村的分工分业和商品经济的发展；

（2）能充分调动农民家庭经营的积极性，并有利于逐步推进以家庭经营为基础的多种形式的合作与多阶段的发展，直到工农融合化；

（3）有利于加速农业内部的资金积累过程，少依赖国家投资，去实现农业现代化；

（4）能做到农村剩余劳动力大部分离土不离乡，有利于城市与工业布局的合理化；

（5）有利于最合理地利用各种农业资源，最有效地开发农业产品，达到生态与经济的良性循环。

按照这些要求，我认为，我国农业发展的基本模式，似应是一个"矩阵型"的动态网络模式。总的来说，它应包括纵向（时间发展）的四个阶段：适应农业——生态农业——立体农业——农业工业化；横向（空间叠加）的四个层次：庭院经济——家庭经济——合作经济——村镇经济。其结构见表1-1。

表 1-1　　　　　　　　　　　　农业结构基本模式

阶段层次	庭院经济	家庭经济	合作经济	村镇经济
适应农业	家庭副业	适应性耕作	适应性多种经营	"三就"企业
生态农业	生态庭院	生态农场	生态企业	生态村镇
立体农业	兼业经营	专业化经营	农工商联户	农工商一体化
农业工业化	家庭作坊	家庭工业	农工合作企业	工农融合体

以上各个阶段同各个层次的交汇点，都有一个相应的经营形态，当然表中所列的形态名称不一定确切，有待进一步完善。

下面，让我们分别对上述矩阵结构进行具体分析。

三

考虑到我国农业的商品化、现代化是从一个底子薄、灾害多、发展极不平衡的基础上起步的，为了以最少的投资获得最大的经济与生态效益，并保证最稳定的增长速度，一般地说，结构上应循着适应农业、生态农业、立体农业、农业工业化四个基本阶段发展。

1. 适应农业

所谓适应农业，是与对抗农业相对而言的。它是以适应自然为主，改造自然为辅来利用自然发展农业生产。适应农业包括如下内容：

（1）对于农业生产上的障碍性因素，主要采取调整生产结构的措施，建立适应本地区自然条件的最优农业生产体制。例如，在黄土高原，就不应再搞"人造平原"，盲目发展粮食生产，而应实行种草植树，逐步建立以牧业为主体的"牧林农"混合模式。在半干旱高原地区和湖北的"三北岗地"，就不应再搞大规模的"多级提灌"发展水田和水浇地，而应实行"旱作农业"，发展旱地作物和旱地耕作法。在大山区，不应再搞劈山造田，而应以林牧为主，逐步建立起"林牧农"混合模式。在易涝湖区（如湖北的"四湖"地区），不应再搞"排低淹高"的蠢事，而应逐步建立以"水体农业"为主体的"农渔牧"混合模式。

（2）对于常年性自然灾害，采取以避灾为主、抗灾为辅，生物措施为主、工程措施为辅的方针。我们的祖先自古以来为了与自然灾害作斗争，创造了许多适应性的耕作制度和生物技术措施，诸如多旱地区的"阴畦"，多雨地区的"高垄"，山区的"等高种植"，湖区的"深水栽培"等，这都是我们发展适应农业极宝贵的经验。湖北监利、沔阳等县农民在滨江地区创造了"筑台种树、林粮间作，冬粮夏鸭，水退收麦，水涨收鸭"的模式。湖北汈汊湖在退田还湖区采取"冬排、春种、夏蓄、秋收"的模式，在还湖区，冬天排干挖深沟养种鱼，春天种谷稗作鱼饵，夏天在关键时进水调蓄并养鱼，秋冬之交排水收鱼，亩产达 $50\sim150$ 公斤。这都属于适应性的农业模式，能做到调蓄与开发兼顾。

（3）属于农业范畴的工副业，一般可从就地取材、就地加工、就地销售的行业或产品起步，积累资金和经验，然后逐步向高档和远销的领域开拓。

当然，适应农业绝不是我国农业发展的目标，而只是一个起步的阶段（这个阶段有的地方可能已经完成，有的可能还未开始）。通过这一阶段，我们得以建立一个因地制宜的扎扎实实的立足点，然后在这个立足点的基础上，向"生态农业"发展。

2. 生态农业

关于生态农业，国内论述很多，但目前还没有一个公认的统一概念。什么叫生态农业？我个人不成熟的看法是：所谓生态农业是利用人、生物与环境之间的能量转换定律和生物之间的共生、相养规律，结合本地资源结构，建立一个或多个"一业为主，综合发展，多级转换，良性循环"的高效无废料系统，达到能量转换率最高、物质产出量最大、资源保护最好、经济效益最佳的目的。

长期以来，我国农民在这方面创造了很多成功的模式。例如珠江三角洲的桑基鱼塘系统就是一个典型的生态农业系统雏形。在这个系统中，耕地仅占全省的32%，但能提供全省50%左右的商品粮，60%的甘蔗，96%的蚕茧和80%的鱼塘，其所以能具有如此高的效率，主要是因为这个系统内建立了一个比较稳定的"桑—蚕—鱼—桑""稻—猪—鱼—稻"的一业为主、多级转换的生态循环模式。又如江苏吴江县桃源公社，密切结合该公社水田、桑园、湖田的资源条件，创立了一个三水（水浮莲、水葫芦、水花生）促三养（养湖羊、兔、猪）、三养促三熟（麦稻稻、油稻稻、肥稻稻）、三熟促高产的"粮—水—牧—粮"

的高效人工生态系统。

这种生态循环模式不仅可以定性，而且可以定量。特定的生态系统各要素之间的能量与物质转换系数，是可以测定或进行经验统计的。例如 3~3.5 公斤粮食可以转换 1 公斤鱼(湖北沔阳)，1 头奶牛的粪尿一年可转换 75 公斤鱼(黄石市花湖农场)，1 头育肥猪生长周期的粪尿可转换 50 公斤鱼(中国科学院水生生物研究所)，1 公斤家禽粪可转换 1 公斤鱼(同上)，等等。这样，利用这种物质转换比例，便有可能设计出各种生态农业的循环模式来。江苏农村就有这种定量的"鸡—猪—蘑菇—蚯蚓—鸡"生态循环模式，每个循环可出售五种产品(蛋、猪肉、蘑菇、蚯蚓、蚯蚓土)，据说可得纯收入约 2000 元。湖北省沔阳县老台渔场，将原来的冷浸田挖低填高，20 米宽的高埂，40 米宽的鱼塘，埂上植苏丹草、黑麦草，塘中养鱼，建成"饲基鱼塘"系统。据饲料专家测定，25 公斤草可转换 1 公斤草鱼，每公斤草鱼的粪又可转换 0.38 公斤鲢鱼。

可见，生态农业是投资最少、能耗最低、公害最小的农业。它能最有效地利用我国农村丰富的劳力资源和多结构的自然资源，它能最合理地达到经济效益与生态效益的高度统一。随着新技术革命的发展，生态农业与生物工程密切结合起来，将会进入一个崭新的阶段。

因此，我国农业在适应农业的基础上，积极建立起多种多样的生态农业模式，将是继承和发扬我国农业的优良传统，绕开西方"三高农业"(高投资、高能耗、高公害)的老路向新技术革命进军的必由之路，将是多快好省地实现我国农业现代化的最优途径。

生态农业，可以有多种层次的模式。从主要的层次来说，农、林、牧、副、渔五业之间，相互存在着物质、能量、经济的转换关系：农业(种植业)向其他各业输出粮食、原料、饲料、劳力等；同时又需要其他各业输入水热、养分、能源、经济力和其他生产资料。林业向其他各业输出水热、能源、材料、经济力等。其他各业均有类似情况。只要善于科学地利用这种转换关系，便可以建立起各种高效的人工生态循环系统。可以是以作物栽培为主体的"农—林—牧—农"模式，也可以是以林业为主体的"林—农—牧—林"模式；可以是以牧业为主体的"牧—林—农—牧"模式，也可以是以水产为主体的"渔—牧—农—渔"模式，等等。每业之中又可以有许多下一个层次的生态循环系统。

建立生态农业还必须在系统内正确解决五个关系：人口与能源的比例关系、森林覆盖与国土面积的比例关系、有机肥与无机肥的比例关系、生物防治与化学防治的比例关系和工业污染与环境保护的关系。

生态农业，是为了解决农业的集约化问题。要使农业进一步发展，农民迅速富裕，还必须在生态农业的基地上发展立体农业，使生态农业与立体农业交织发展，以解决农业的商品化问题。

3. 立体农业

我们讲的立体农业，不是通常直观的立体农业(如山区的立体种植、湖中的立体养殖)，而是一个经济学的概念。

所谓"立体农业"，就是说，农业发展到一定阶段，应成为一个"三维立体网络结构"，不仅有它的广度和深度，而且有它的"高度"。任何一个农业系统，都是由它的广度×深度

×高度而构成的大小不等的立体空间。农业的广度，包含农、林、牧、渔、草、虫、微等这样一些生物生产领域的开拓。随着科学技术的发展，人们利用生物的生长发育功能生产各类初级产品的领域将不断扩大，故农业广度的开拓又称为"生物生产功能维"，它在实际上表现为复杂不等的生物生产结构。结构愈单一，农业的广度就愈狭窄，摄取的太阳能就愈少；反之，就愈宽阔愈多。农业的深度，包含可控的温、光、水、气、土、劳、工、肥(饲)、技、管等这样一些资源要素的开拓。随着科技与经济力的发展，人们对这些资源要素的利用程度将不断加深。例如电脑自控的温室栽培，对温、光、气的利用率就大大提高，土壤的改良、沙漠的利用程度、劳力素质的提高、机械化的发展、复合肥料的使用、技术的进步和管理的革命等都极大地改善了各种资源的状况。所以，这种深度的开拓又称为"资源开发功能维"，它在实际上表现为素质不一的资源利用结构。结构愈优良，农业的深度就愈大，资源能量转换率就愈高，生物生产功能的发挥就愈好；反之，就愈小、愈低、愈差。

农业的广度和深度这两"维"，构成为农业系统的"平面"，这种农业自古有之，只是水平不同而已，它形成一种"初级产品农业"，属自给自足的自然经济范畴。由于它是"初级产品"(自然形态的产品)，故产品的价值量不大，经济收入不高，摆脱不了贫困的状况，农业发展的资金因而也十分匮乏。由于它是自给自足，属封闭性系统，商品率很低，与国民经济大系统的交换甚少，故系统的活力和生机都是低水平的。这种"平面农业"，也就是习惯所说的自给性农业，它的立体空间极小，经济上的自生力和生产上的回旋余地都不大，一遇天灾人祸，便易大起大落，系统不稳定，产出量不多。在我国许多落后的农业区，基本属于这种状态。生态农业如不向立体农业过渡，就只能处于这种状态。要改变这种状态，就要发展农业的"高度"。所谓农业的"高度"，包含农产品加工、贮藏、运销等这样一些增值环节的开拓。随着社会分工和商品经济的发展，人们对这种环节的叠加层次也就不断增多。故这种高度的开拓称为"经济增值功能维"，它在实际上表现为商品生产与商品流通不同发展水平的农村产业结构，包括不同层次的乡镇企业结构。结构愈复杂，农业的高度就愈高，多种农业初级产品的转换形态就愈多，转换的层次也愈精细，农业的经济收入和农业的立体空间就愈大。随着高度的不断开拓，农业的商品化程度便不断提高，农民也随之而不断富裕起来。只有从"平面农业"的战略转移到这种"立体农业"的战略，农业的经济自生力和生产回旋余地才会大大扩展，系统的产出量才会大大增加，系统才会保持高度的稳定性，才能实现农业的"两个转化"。

根据"三维立体农业"的理论，我国农业建设的总体目标，应该是努力扩展这个空间三条边线的长度，从而达到扩大"立体空间"的目的。扩大"立体空间"的现实含义是什么呢？它包含：抗逆力、调蓄力、自生力三个机能要素。抗逆力主要是指农业系统对自然灾害的抗御能力；调蓄力主要是指农业系统对外界经济冲击与干扰的适应协调能力；自生力主要是指农业系统自身扩大再生产的能力。这三个机能的优化，取决于前面说的"三维"开拓的综合效果。例如，农业的抗逆力不仅取决于"资源开发"结构(特别是水利)的优劣，而且取决于生物生产结构(特别是林业)的优劣，还要取决于"经济增值"结构(特别是工副业)的优劣。即是说，要生物措施、生态措施、经济措施综合治理，才能提高系统抗御灾害的能力。

这种立体空间的大小，可以综合地表示某个农业系统素质的优劣。我们试以湖北农业与江苏农业做一概略的对比，就可以形象地看到这两个农业系统的差异。我们试以农、林、牧、渔产值指标反映"生物生产功能维"的长度，以有效灌溉面积占耕地总面积之比、机械化程度、亩平施氮量等指标反映"资源开发功能维"的长度，以乡镇企业产值指标反映"经济增值功能维"的长度。以湖北的这些指标数值为1，则江苏这三方面的数值分别为1.5、2、3。

这两个农业系统的立体空间的容积，湖北如是 $2 \times 2 \times 1 = 4$，则江苏为 $3 \times 4 \times 3 = 36$。江苏为湖北的9倍！这就是为什么江苏农业在抗逆力、调蓄力和自生力方面均显著优越于湖北的量的说明。

因此，在发展农业的问题上，必须明确树立一个指导思想，在平面农业的基地上，建立起多梯级的立体行业结构，使我们的农业不再停留在"平房"水平，而应是一层高于一层的"摩天大厦"。这方面，广东省斗门县作出了良好的样板。他们以甘蔗生产为基地，建立起了三个立体开发的行业系列。

如果我们每个县以至每个村都能建立起这样的"立体模式"，使农工商混合发展，生物生产与经济增值相互促进，我国的农业和农村就会迅速地富裕起来，两个"转化"就会更快地实现。

4. 农业工业化

实现农业的"两个转化"是我国农业发展的中期目标。我国农业发展的远景目标是实现农业的工业化。

一部农业发展史，是人类利用自己的经验和知识，逐步扩大对自然界的可控度，从而达到自身目的的历史。在原始的狩猎时代，人类对自然的控制能力极低，未开发的自然生态系统是处于纯自然再生产状态，那时仅能供养3000万人的食物。随着经验的积累和科学技术的发展，人类对自然的控制能力不断增强，农业中自然再生产的比重逐渐减少，经济再生产的比重逐步增加，目前已能供养40亿人口了。可以设想，新的科学技术革命将进一步提高人类对自然界的控制能力，就像在工业生产中所发生的过程那样，农业生产也将实现以经济再生产为主，自然再生产也将会退居到次要的地位。

所谓农业工业化，并不是说农业完全变成加工工业那样的生产方式，而是指整个农业生产过程也能像工业那样，由人类的经济活动完全控制，少受或不受自然条件的干扰或限制。目前农业的基本特征是经济再生产与自然再生产相交织，一旦实现了这种全程控制，自然再生产的因素就变得无足轻重了，从而农业与工业的界限也就模糊不清起来，便可达到农业工业融合化的境界。现代的自控温室栽培，已为这种远景提供了依据。由于生物工程、新材料、电子计算机和机器人的发展和应用，荒原、海洋和沙漠都将进入农业生产的版图，农业的概念也将发生根本的变化。实现农业工业化必须依靠科学技术的高度发展，故农业工业化也可以称为农业科学化。

总之，我国农业发展的四个阶段，也可以说是由适应化到集约化，再到商品化，最后到科学化。这四个阶段，并不是绝对分割的，而是呈犬牙交错的态势，甚至也可能是同步或跳跃式发展的。

四

考虑到我国农业生产力发展的不平衡和多层次性，还应在较长的历史时期内利用农民家庭经营的积极性，故上述农业发展的每个阶段，生产关系结构和经营形态都会是多层次的叠加状态，庭院经济、家庭经济、合作经济以至村镇经济将是同时并存、相互交叉重叠的。这将是我国农业中社会主义经济体系的重要特色。

1. 庭院经济

庭院经济，本来不是一个独立的经营层次，它是从属于家庭经济的，但考虑到我国人多耕地少，居住面积、城镇面积还在日益扩大，大力发展庭院经济对缓和人口与耕地的矛盾意义重大，故把它作为一个层次来对待。这方面，石家庄农业现代化研究所已做了成功的研究。根据他们的研究，可以看到这样一个前景：如果很好地利用庭院空间发展商品生产是大有可为的，有可能做到在居民点用地逐步增加的情况下，整个土地的收入不致减少。因为，每亩庭院占用地的经济收入为高产农田的 5.92 倍。

庭院经济，一般是从家庭小副业开始的，它也会过渡到生态庭院、立体庭院或庭院工业等发展阶段。当然，不是每个庭院都会一律如此过渡。我们前面所举的"鸡—猪—蘑菇—蚯蚓—鸡"的生态循环模式，就是在庭院中进行的。随着现代化的实现，庭院经济也不一定会消失，因为那时工作日大大缩短，人们的生活追求多样化。庭院经济可能将会以新的形态，作为人们一种娱乐消遣的形式而继续存在和发展。

2. 家庭经济

家庭经济，是以家庭作为一个经营实体进行生产、流通、分配与消费。如前所述，由于农业生产的特殊条件和中国几千年的小农家庭经济的传统，以家庭经营为基础去实现农业的专业化、社会化和合作化，可能是在较长的历史时期内不可避免的。家庭经济将作为我国农业多层次经营形式中的基本形式，或称"细胞"，它是农业经济活动的直接承担者，是执行国家指导性计划的基本单位，是政府的主要纳税人，是农村生活的基础。家庭经济，随着生产力和社会分工的发展，也会经历适应性耕作、生态农场、专业化经营和家庭工业等若干阶段。

土地承包后，农户提高了生产积极性，有了经营自主权，又最了解自己所承包的对象（土地、山林等）的习性，故较之过去"一刀切"的瞎指挥，大大有利于实行适应性农业，并能很快地向集约经营的生态农业过渡。湖北省洪湖县农民刘贤成承包了一片低洼易涝田，这片田过去种粮经常歉收，他承包后便改成"鱼藕鸡鸭综合养殖"，田改为塘养鱼植藕，田边的坡上养鸡养鸭，坡上的禽粪冲下来为鱼藕提供了丰富的饲料与肥料，塘里为鸭群提供了游息处和饲料，生产很快搞上去了。这就是以家庭经济为基础实现由适应农业向生态农业过渡的一个好典型。家庭经济在生态（集约）农业发展到一定程度后，随着资金的增加、技能的提高、市场信息的沟通，必然要进一步向专业化经营以至家庭工业发展。

专业化经营与家庭工业的发展，必然要求社会化的协作。家庭经济绝不是一个静止不变的形态，我们承认它将长期存在并作为农村经济的"细胞"，绝不等于说它是孤立存在的，它的内涵与外延都必将随着本身专业化的提高和外部经济商品化社会化的发展而发展，逐步走向多形式的联合与合作。当然，这个道路是漫长的，而且是错综复杂的。

3. 合作经济

这里所说的合作经济，绝不是过去那种"归大堆"的集体化。它不是凭借组织措施的合并，而是按经济发展的需要而顺乎自然的社会化协作过程。

以家庭为单位的经营，随着分工分业愈来愈细，发展到一定规模，劳力、资金、生产资料、现代化装备以及市场信息等都会发生矛盾，这不是一家一户的力量所能解决的。这时必然会突破家庭的框框，一部分专业大户会实行雇工经营，更多的将会采取多种形式的联合与合作经营的形式。看来，我国的农业合作经济，可能会出现如下几种趋势：

(1)农业家庭经济中的资源开发功能，逐步从农户中分化出来，出现一系列独立的机械专业化、水利专业化、种子专业化、植保专业化、技术专业化等，这些专业化功能可以是专业户承担，可以是集体企业承担，也可以是国营企业承担。这些"产前""产中"性服务单位同农业生产领域的家庭经济实行松散的联合或实质的合作经营。

(2)农业家庭经济中的经济增值功能，也将逐步分化出来，出现一系列加工专业化、贮藏专业化、运输专业化、销售专业化、信息专业化等，这些专业化功能同样也会是多种经济成分承担的。这些专业户(企业)作为"产后"服务单位与农业生产领域的家庭经济也会实行多种形式的联合或合作经营。

(3)随着城市横向辐射力的加强，城乡、工农之间的经济网络将会大大发展起来，城市企业将不断向农村进行扩散和联合，必然会形成许多大大小小的农工商、建筑业、服务业、联运业等联合企业，农村的家庭经济、家庭工厂、联户企业等将有相当大的一部分会成为城市大中企业的"子公司"、附属厂或"作坊"，成为社会主义大企业的附属经济形态。但这种合作不是吞并，在经济上仍会保留家庭经济或联户经济的法人地位，只是实行产供销的统筹协调。

(4)根据我国的特殊情况，还可能出现一种特殊的合作经济，这就是资金富裕户与劳力富裕户的合作、技术专长户与资金、劳力充裕户的合作、信息灵通户与其他专业户的合作等。这种合作有两种发展可能：一是由于分配不合理而演变为资金富裕户或技术专长户对劳力充裕户的剥削；二是如果能科学地将资金、技术、劳力、信息等投入都按合理的系数折合成股份，实行民主管理，按股分红，则仍不失为一种特殊的合作经济。

4. 村镇经济

村镇经济，应是农业经济的最高层次。再往上去，到乡镇经济，应属农村经济的范畴了。

村镇经济，是以村镇为中心的经济小网络，它以小集镇为依托，成为县经济大网络中的直接与农业家庭经济联结的最基层结合点。它以自己的村镇工业、商业、服务业为农业家庭经济或合作经济提供产前、产中、产后服务或从事这些服务的中转工作，同时又以村镇经济所积累的资金、人才直接扶持种植业和养殖业的发展，帮助农民致富。因此，村镇经济是工农交融的经济，村镇企业是农民的企业，它对于农业的腾飞和农民的致富，关系最为直接，必须大力发展。

村镇经济，最初是从队办企业起家的。在党的十一届三中全会以前，由于依靠平调，政企不分，管理落后，布点盲目，故大部分濒于不景气的状态。党的十一届三中全会以后，才如雨后春笋般蓬勃发展起来。由于村镇企业以市场调节为主，以家庭经营与合作经营为主，因此具有最大的活力，发展的势头方兴未艾。

村镇经济，一般是从"三就"企业发展起来的。随着农村商品经济的发展，它也将经历生态村镇、农工商一体化到工农融合化等若干由低级到高级的阶段向前发展。当然这种阶段性，也不是绝对划一的。所谓生态村镇，是指建立起一个人口、经济、环境协调发展的村镇经济—社会系统。在这个系统中，人口适度，经济发达，环境优美，生态与经济循环良好。所谓农工商一体化，是指以农业生产为基础，使产前部门(为农业服务的工业和生产资料的供应)、产中部门(农机、植保、肥料、水利)和产后部门(加工、运输、销售)以村镇为中心形成专业化的社会化联合。

工农融合体，是农业经营的最高形态。目前在一些先进地区出现的"工农结合体"可能是这种形态的雏形。例如，苏州市有些村镇企业将纯农户吸收进企业作为"农业工人"，农户仍按承包责任制种植承包田，产量上交企业，农民享受企业职工待遇，国家负担全部由企业承担。这样，种植业就成为村镇企业的一个"车间"了！在这种工农一体化的企业里，工人和农民的差别基本上消失了。这种"结合体"，只有村镇经济的大发展才能办到。

（发表于《中国农村经济》1985年第5期）

中国农业发展模式探讨

第一章　总　论

第一节　中国农业发展的社会主义道路

一、社会主义的规范性与阶段性

社会主义和共产主义是无产阶级的崇高理想，是人类社会发展的必然归宿。但是，社会主义却不是什么"善良愿望"或"最高理性"，它是经济关系发展到特定阶段的产物，是后资本主义的发展阶段。马克思、恩格斯把社会主义由空想变为科学，就在于他们摒弃了空想社会主义者们的唯心史观，发现和运用了唯物史观，创立了剩余价值学说，并以此为基础，科学地论证了社会主义取代资本主义的必然性以及取得胜利的途径。

马克思当时勾画的社会主义的规范，是以无产阶级革命首先将在资本主义最发达的一系列国家同时取得胜利为大前提的。在那些国家中，高度社会化的生产力同生产资料私人占有的资本主义生产关系的矛盾日益尖锐；被资本呼唤出来的巨大生产力，使物质资料的生产达到了相当丰富的程度；资本主义的分配关系造成两极分化，社会分裂为资产阶级与无产阶级两大阵营。在这种历史条件下，比资本主义更为先进的能够使生产力从资本主义桎梏下解放出来的社会主义生产方式，自然应该以全面公有化、高度计划化和由按劳分配逐步过渡到按需分配作为它的基本规范。这种规范，除了把计划与商品经济对立起来这一点还有争议之外，大体上是建立在科学的基础之上的。它从人类社会发展的宏观高度最本质地概括了社会主义作为后资本主义的历史阶段的特征，是社会主义同资本主义的本质区别。如果不认定这种区别，就等于否定社会主义取代资本主义的必要性了。

但是，历史的进程没有完全符合马克思的预测，而是在一些欠发达的东方国家相继取得了无产阶级革命的胜利，这些国家原来或者是资本主义欠发达，其基本矛盾还未充分尖锐化（如俄国等），或者还处于半封建状态（如中国等）。在这种经济基础上，如何开始建设社会主义呢？虽然列宁批判了第二国际和孟什维克关于放弃夺取政权和发展资本主义的机会主义，提出了利用无产阶级掌握的政权加速发展生产力以创造社会主义的物质基础的天才思想，但是，究竟如何既不违背马克思关于社会主义的规范，又能结合本国具体国情选择有效的社会主义发展模式和道路，这个问题在马列主义经典作家那里并没有现成的答案。

过去的大半个世纪,从苏联到中国,几乎都是不考虑本国生产力的发展阶段,照搬马克思建立在高度社会化生产力基础上的社会主义规范模式,全力推行公有化和计划化,限制乃至排斥商品经济,实行大统大包的经济管理体制。实践证明,这种做法从某种角度来说,对于一个落后的国家,虽在工业化初期有利于集中资金和社会安定,但越往前发展,就越显示出其经济效率不高,限制和阻碍了生产力的发展,使社会主义的优越性不能充分地发挥和显示出来。

这里就给一切真正的社会主义者提出了以下历史性的课题:如何把社会主义的规范性同社会主义的阶段性正确地结合起来?如何把目标与起点区别开来?邓小平同志在党的十一届三中全会以后,提出了建设有中国特色的社会主义,党的第十二次全国代表大会又进一步明确我国正处在社会主义的初级阶段。这都为我们探索与解决上述问题敞开了大门,指明了方向。

我们知道,资本主义从16世纪资产阶级革命算起,经历了数百年时间,由不成熟到成熟,由成熟到衰退。在这整个过程中,大体经历了三个基本阶段:自由资本主义、垄断资本主义、国家垄断资本主义。而且在它的前期,无论是政治上还是经济上都有过许多反复和起落,才逐渐趋向稳定。而社会主义这个崭新的社会制度,诞生还只有70年。它也必然经历由不成熟到成熟,由不够稳定到稳定发展,也会经历三个基本阶段:初级阶段、成长阶段、成熟阶段。对于东方社会主义国家来说,初级阶段的延续时间可能会比民主德国和捷克等国长得多。

二、中国国情及其制约性

中国在1949年革命胜利后,建设社会主义所面临的社会经济条件,较之马克思当年创立科学社会主义所依据的社会经济背景,在发展阶段上有着很大的差距。

第一,生产社会化水平很低。中华人民共和国成立初期,我国还是一个小农经济的汪洋大海,而且地区间的发展又极不平衡,在绝大部分地区,农业生产还停留在中世纪的手工劳动状态,在少数落后地区,甚至还没有脱离原始的"刀耕火种"。由于长期受到封建主义和帝国主义相勾结所形成的巨大桎梏,农业中的社会分工处于一种呆滞状态,手工业与商业有相当大的部分仍然与农业胶合在一起,以农户为载体,未能充分分离出来,整个农业基本处于资本主义以前的发展阶段。

据统计,1949年我国农业人口占全国总人口的82.6%,农业产值占工农业总产值的70%,而农业生产资料的购买额仅占社会商品零售额的4.8%;农村购买消费品额则占社会消费品零售额的58%以上;在农业内部结构上,种植业占82.5%,林牧副渔业仅占17.5%,而种植业中,按产值计粮食作物又占绝大比重,经济作物分量较小。这些数字说明,中华人民共和国成立初期我国还是一个农业国,农业商品化程度很低,农业内部的分工还没有得到较大的发展,工业和城市也还处于欠发达的阶段。

第二,物质资料的生产水平不高。不仅在农业中,而且整个国民经济的生产水平也不高。1949年按农业劳动力平均的农产品产量都很低,粮食仅1369斤,直到1977年也仅有1932斤,其他畜产品则更少,见表1-1。

表 1-1		按农业劳动力平均的农产品产量比较		单位:斤/人
国家	粮食	肉类	蛋类	牛奶
中国*	1932	50	14	7
苏联	18749	1038	237	6902
罗马尼亚	6849	468	89	1437
墨西哥	5281	386	121	1133
日本	5719	631	604	1752
法国	31745	3767	635	25139
美国	174675	13607	3032	43275

* 中国为 1977 年的数字,其他国家均为 1976 年的数字。

资料来源:农业部政策研究室:《中国农业基本情况》,农业出版社 1979 年版。

由于农业劳动生产率不高,我国平均每人占有的农产品数量在 1978 年以前连温饱水平也难以保证。如 1949 年全国人均占有粮食 418 斤,棉花 1.6 斤,油料 9.5 斤,生猪 0.11 头,直到 1975 年上述 4 项农产品人均占有量也仅达到 619 斤、5.2 斤、9.8 斤、0.3 头。

第三,社会阶层远未分化为两大阵营,中间阶层大量存在。1949 年全国 18082 万劳动者中,城市职工 809 万人,占 4.47%;城镇个体劳动者 724 万人,占 4.00%;农村个体劳动者 16549 万人,占 91.52%。后两者共占 95.52%。在农村人口中,土改前地主与富农不到 10%,而各阶层的个体农民则占 90% 以上。这说明,无论是农村还是城市,当时的中间阶层大量存在,占有绝对优势。

在中华人民共和国即将诞生前夕的党的七届二中全会上,毛泽东同志当时十分清晰地看到了这些特殊的国情,指出:"中国的工业和农业在国民经济中的比重,就全国范围来说,在抗日战争以前,大约是现代性的工业占百分之十左右,农业和手工业占百分之九十左右……这也是在中国革命的时期内和在革命胜利以后一个相当长的时期内,一切问题的基本出发点。"[①]并据此制定了正确的新民主主义政策,即:没收帝国主义及其走狗的官僚资本,使国营经济掌握国民经济命脉,成为领导成分;在相当长的时期内允许有利于国民经济的城乡资本主义成分的存在和发展,实行"节制资本"政策。从 1949 年到 1953 年,国民经济迅速得到了恢复,证明新民主主义政策是完全符合我国国情的。后来制定的党在过渡时期的总路线,提出了工业化和两个"改造"(对资本主义工商业的改造和对农业、手工业的改造),预计完成的时间也是很长的。

但是,由于我国当时面临的国际环境,一方面有帝国主义的封锁以至入侵的危险,迫使我们不得不优先从政治、军事上考虑问题;另一方面又只有苏联那种社会主义模式可供

① 《毛泽东著作选读》下册,人民出版社 1989 年版,第 657~661 页。

借鉴；同时对国情制约性的考虑逐渐淡化了。于是，造成后来过早过急地彻底消灭了私有制，实行无所不在的公有化，实行大统大包无所不管的计划化，限制了商品经济的发展。在农村中，从1956年开始，过早、过急、过于粗糙地推行了农业高级合作化以至公社化；在生产关系上，搞一刀切的集体化模式；在经济形态上，排斥商品经济，推行产品经济；在农业管理上，大搞行政命令瞎指挥。这样在土改基础上一度萌动的社会分工和商品经济又遭到抑制。特别是"文化大革命"致使我国的农业经济直到党的十一届三中全会以前，仍旧处于一种畸形的落后状态；粮食、棉花虽产量有所增加，但多种经营却有萎缩的趋势；农业机械虽则人为地增加了，但农民受益不大，反而增加经济负担；农村的商品生产与商品流通基本上萎缩了，土改后刚刚复苏不久的农村集镇也随之而衰败，个别地方甚至消失了……总之，我国的农业由于在小生产的基础上，急于推行产品经济模式，便不得不变成一种在"大生产"外壳下的半自给自足的自然经济。

从统计资料中便可以看到，从1949年到1975年，中间经过了26年，虽然粮棉产量和农田基本建设有较大提高与改善，但是农村经济的社会分工并无多大的改变，产业结构调整缓慢。农业劳动生产率仍然不高，农业商品化进程迟缓，一句话，农业生产力处于一种胶着性停滞不前的状况，参见表1-2。

表1-2   **1949—1976年社会分工和农业生产力发展情况**

年份	农业人口		农业劳动力		城镇职工		农业产值占工农总产值的比重(%)	种植业产值占农业总产值的比重(%)	农业生产资料购买占社会商品零售总额的比重(%)
	数量（万人）	占总人口的比重（%）	数量（万人）	占总劳力的比重（%）	数量（万人）	占总劳力的比重（%）			
1949	44726	82.6	16549	91.52	809	4.47	70.0	82.5	4.8
1952	49191	85.6	17317	83.5	1603	7.73	58.5	83.1	5.1
1957	54035	836	19310	812	3101	1304	435	806	69
1962	56024	833	21278	821	4321	1668	336	789	100
1965	60416	833	23398	816	4965	1732	298	758	122
1970	69694	845	27814	808	6216	1805	228	747	154
1975	78142	850	29414	781	8198	2147	285	693[*]	18.0

* 为1976年的数字。

资料来源：国家统计局：《中国统计年鉴1980》，中国统计出版社1981年版；农业部政策研究室：《中国农业基本情况》，农业出版社1979年版。

由上表可见，农业人口、农业劳动力从农业中转移出去的比重甚小，城镇职工主要是自然增长，据估计，城镇人口增长额中只有1/3为机械增长。农业内部的分工也处于胶着状态，农业中有机构成提高缓慢，对工业的依赖不大，仍处于一种半自给状况之中。党的十一届三中全会以来，虽有了很大的发展，但总的说来，我国的农业还处在由传统农业向现代农业转化、由半自然经济向商品经济转化的阶段。

这种情况表明，在小生产的基础上过急、过高地实行高度公有化、计划化的发展模式，不仅不能迅速推动社会生产力的发展，相反会成为它发展的桎梏。

社会主义必须建立在社会化的大生产基础之上，而社会化大生产所需要的基本条件，则是自然经济所无法提供的。这些条件是：

（1）相当完备的基础设施和社会服务体系。建立在高度社会分工基础上的大生产，与"小而全""大而全"的经营方式是毫不相容的，对能源供输、交通系统、通信设备、供排水等基础设施要求很高，对产前、产中、产后、金融、信息、财贸、生活等社会服务体系依赖极大，在这种条件还不具备的情况下，人为地拔高"一大二公"的"大生产"，只会得不偿失，效益低下，而且难以为继。

（2）较严密的社会统计监督系统和较高的标准化水平。大生产是一种社会性的高度协作，一环扣一环，任何一环的脱节都会造成社会性的失调乃至危机。因此，如果没有统一的标准化和以此为基础的"最严格遵守"的社会统计监督系统，大生产就无法正常运转。社会主义大生产要求更高，不仅要在生产领域，而且要在分配领域切实保障按劳分配，保障不受"寄生虫的危害"，也需要标准化与统计监督。而这种标准化与统计监督，正是列宁所说的"建筑在现代科学最新成就上的大资本主义技术"的重要组成部分。

（3）要有整批整层的具有现代素质的人。这种现代素质不仅包含现代科学技术与技能素质，而且包含现代商品经济意识的素质，还包含组织管理与协调现代大生产的能力素质。需要具有这种素质的人，包括从普通劳动者直至国家高层领导人。否则，社会化的现代大生产这部庞大机器，就会处于缺乏合格的操纵者、管理者以至指挥官的状态，其效果是可想而知的。

除此之外，当然像资金积蓄、技术装备等都是十分重要的条件。

显然，上述这些条件在我国社会主义建设的起步阶段，从总体上说，基本不具备，从而形成对"直接过渡"的巨大约束。而要基本形成这些条件不是一蹴而就的，是需要经过商品经济大发展的整个历史阶段才能办到的。那么，我们是退回去"补资本主义的课"，还是依照列宁所说利用掌握的政权，采取灵活的"中间途径、方法、手段和补助办法"，大力发展社会生产力，为社会主义大生产逐步创造出必要的物质基础呢？毫无疑问，我们必须走后一条道路，即有中国特色的社会主义道路。

中国不能"退回去补资本主义的课"，而必须实行有中国特色的社会主义，这并不是人们臆想出来的，从而也不是谁可以随意加以否决的。这是因为：第一，在中华人民共和国成立之前的一百多年间，中国就有许多人曾试图在中国建立资本主义制度，但都没有成功，这是历史的定论。因为国际环境已发展到了帝国主义阶段，在一个封建半封建的大国，想要在帝国主义包围蚕食的环境中演变为真正独立的资本主义国家已不可能了，正如现代猿猴不再可能演变为人类一样，它失去了演进的大环境。所谓"亚洲四小龙"的发展，一则地域极小，二则它们并无真正的独立，而不过是国际资本的附庸而已。我国能走这样的路吗？第二，中国要振兴、富强，如果没有国家的统一，社会的安定，一切都是空谈。历史已经证明，除了中国共产党没有任何一个党能做到这一点。但是，如果走资本主义道路，必然会导致取消中国共产党的领导，国家就会陷于混乱之中，还奢谈什么经济大发展？所以，结论只能是：既无条件直接实行社会主义的规范模式，又不能退回去走资本主义道路，只能在共产党的领导下，根据本国的国情，走有中国特色的社会主义道路，即由初级的社会主义逐步过渡到成熟的社会主义道路。

三、社会主义初级阶段及其经济特征

如前所述，在东方社会主义国家，由于"资本主义以前的各种关系"（包括经济关系、宗法关系、政治关系、心理关系等）还大量遗存，大生产所需的基本条件还不够具备，所以目前还处于社会主义的初级阶段，或初级社会主义阶段。

初级社会主义阶段，首先是一种过渡阶段。新生的社会主义形态，其体制与机制还未发育成熟，甚至还没有成型；旧的前社会主义的各种形态，其体制与机制也还未完全消失；过去30年形成的旧的体制与机制，更是大量存在，甚至还在发展。因而，这个阶段的经济、社会乃至文化生活展现出一种复杂纷繁的格局以及某种新旧之间的摩擦乃至"撞车"的现象，从某种意义上说，也是难以完全避免的。初级社会主义阶段，从而也是一种奠基阶段。在这个阶段，社会主义通过利用一切可能利用的因素（包括非社会主义因素）来发展社会生产力，加快社会分工的进程，尽快地创造出社会主义大生产所需要的物质、技术、文化和观念心理基础，在摩擦与斗争中使自己成长壮大起来，最后取代前社会主义的各种关系而进入社会主义的成长阶段。

因此，社会主义初级阶段，经济上就具有如下特征：

(1) 在所有制上以社会主义公有制为主导，多种经济成分并存

生产资料实行社会公有，是社会主义制度与资本主义制度的根本区别，是我们所追求的长远目标。但是，公有化绝不是一种行政措施，可呼之即出的，它是一个经济发展的过程。马克思提出公有化，是以资本主义的生产力高度社会化与生产资料私人占有的基本矛盾为前提的。列宁指出："只有把社会关系归结于生产关系，把生产关系归结于生产力的高度，才能有可靠的根据把社会形态的发展看作自然历史过程。不言而喻，没有这种观点，也就不会有社会科学。"[1]正是基于这一观点，列宁认定国家垄断资本主义是无须中间阶段地过渡到社会主义的最好条件。因为国家垄断资本主义代表的是高度集中的社会化生产力，只需在生产关系上实行公有化就可以了。所以，从本质上说，是生产力的社会化水平决定生产关系的公有化水平，不能脱离生产力社会化程度去盲目追求公有化的水平。具体地说，哪个社会主义国家的社会化程度高一些，其公有化水平就可能高一些；哪个地区社会化程度高一些，其公有化水平也可能高一些；哪个部门、行业以至企业社会化程度高一些，其公有化水平也可能高一些；反之，社会化程度低的国家、地区、行业乃至企业，其公有化水平就宜低一些。我国生产社会化水平还不高，农村则更低，所以在现阶段还只应以公有制为主导，允许多种所有制形式并存，即允许个体经济以至私人经济在较长时期内存在，在一定限度内发展。在不同的地区、行业和企业中，可视其社会化程度，在结构比例上可以有所不同。

---

① 《列宁选集》第1卷，人民出版社1995年版，第8页。

社会主义公有制的主导作用，首先是从国民经济的整体来看的。在全国企业总资产中，公有性质的资产占主体地位，能源、金融、邮电通信、交通等经济命脉，掌握在国家手中。这样，就可为国民经济在总体上沿着社会主义轨道运行提供物质基础。个别地区、少数部门和企业，即使因生产社会化水平低而实行非公有制占主要比重的模式，由于它们一方面不能影响国民经济的大局，另一方面在金融能源等重大要素上对公有经济的依赖性，从而只能作为社会主义经济体系中的补充部分，在大的方面按照社会主义经济规律运行。即使在局部和短期内有越轨行为，公有经济也有能力加以调控。社会主义公有制的主导地位，其次还表现为公有制本身是多形式、多层次的，不局限于传统的两种形式，即全民所有制和集体所有制。在农村，不仅只是双层经营的地域性合作经济，而且包括专业化合作的联合体，劳动人民合股集资的合作经济或集体经济以及各种以公有制经济为主体的横向经济联合的联合企业等。而且各种公有制形式的企业，也不是纯而又纯的，往往是夹杂着不同程度的私有制因素。例如，劳动力的私人所有，部分生产资料的个人所有以及分配中在不同隶属关系、不同企业之间存在着差别等。

在多种所有制形式并存的格局下，农村个体经济和私人经济将会长期存在。国家要发展，农民要富裕，靠单一的种植业把劳动力都陷在田里，是办不到的，农村产业和农业劳动力都必须向非农化转移。而这一转移，如仅仅依靠国家和集体的力量，也是办不到的，必须国家、集体、个体一齐上。既然存在着个体经济，而个体经济则是"十字路口"的经济，它发展到一定程度，要进一步扩大规模，便会有两种选择：合作？雇工？实际上是两者并存的。故允许个体经济长期存在，私人经济的出现，就是难以避免的。问题在于我们如何正确地认识和处理这个问题。我认为，必须把理论问题与政策问题区别开来：对于雇用几十人甚至百人以上的"大户"，在理论上应如实地承认它属私人经济，有剥削，不能阉割马克思的剩余价值学说，而要维护理论的严肃性；在政策上则可以允许它在一定范围内存在与发展，这有利于促进农村生产力的发展。对于私人经济的违法行为，则要加强管理，进行必要的制裁。在规模发展到可能左右市场时，就应及时进行控制和引导，在未来逐步将其引向合作经济。

（2）在经营方式上实行所有权与经营权的分离，允许多种经营方式并用

各种所有制经济都可以实行所有权与经营权的分离，采取承包经营、租赁经营、挂户经营，也可以实行各种所有制之间的合伙经营和股份制经营。

在所有制不变的情况下，采取多种灵活的经营方式，这并不是社会主义的创造。在封建主义制度下，就曾经实行过这种分离，即维护封建土地私有制的同时又实行庄园式或租佃式等多种经营方式。资本主义制度更是如此，尽管有家庭经营、租赁经营、联合经营、股份制经营等多种多样的经营方式，但资本主义私有制却并未丝毫动摇。这是因为，生产关系是一个包含若干个层次的系统：内涵层、外形层和边缘层。内涵层，是生产关系的核心层，即所有制关系，它处于相对稳定的状态。外形层，是生产关系的实现形式，即所有制形式、经营管理方式和分配形式等，它植根于内涵层而又可与之分离保持相对的独立性与灵活性。任何一种社会形态都可在保持其主体生产关系的内涵层的前提下，随着生产力的发展，同步改变其生产关系的外形层，即进行不同深度的体制改革，以维护代表主体生

产关系的阶级的根本利益。在社会主义条件下，也完全可以而且应该这样做。

（3）在分配形式上实行以按劳分配为主，多种分配原则并行

在社会主义初级阶段，既然存在多种所有制和多种经营方式，自然也就不可避免地存在多种分配原则。大量的是按劳分配（因为以公有制为主导），同时也存在按资金、技能、生产资料、资源进行分配的原则。而且在一个企业中，也允许同时存在几种分配的原则，例如在合股企业中，既主要按劳分配，也允许按股分红。当然不允许不恰当地增加分红的比例，以变相地扩大消费基金。

在这种情况下，必然会出现劳动者个人收入上差别的扩大。但是，这是先富后富、大富小富的差别，大家或先或后，或大或小、参差不齐地共同走向富裕之路。这与资本主义条件下那种穷者愈穷以至成为无产者，富者愈富个别成为亿万豪富的两极分化，是有根本区别的。但共同富裕也决不等于同步富裕或同等富裕。30年来的经验说明，欲追求同步或同等富裕，实际上大家都不能富裕。

（4）在宏观调节上实行以间接调控为主、直接调控为辅

我们在前面曾讲过，高度计划化的经济管理模式是高度社会化的生产力所要求的，而不是小生产所要求的。计划化绝不是一种随心所欲的东西，它必须在公有化和社会化的两个基础上才能真正建立起来。发达的资本主义国家有社会化的基础但没有公有制，所以不能实行真正的计划化；但当它进入国家垄断阶段之后，计划性水平却有了提高。社会主义初级阶段，一方面公有化水平还不很高，另一方面还未基本摆脱小生产的羁绊，社会化水平更低，同样也难以实行严格的计划化。只有到社会主义国家生产社会化水平全面而大幅度提高之后，才可能过渡到马克思所设想的那种高度计划化的经济模式。

因此，现阶段我们还只能实行以宏观间接调控为主的有计划的商品经济。有计划的商品经济模式可以概括为：除了少数影响国计民生的大中企业实行直接计划之外，一般是计划调控市场，市场调节企业，即国家通过经济与法律手段调控市场的运行，而让企业在受到计划调控的市场中"自由游泳"。当然，要做到这一点，必须通过改革创造各种必需的条件，诸如理顺价格关系，建立统一的市场体系，完善企业行为的内部机制等。

总之，马克思主义关于社会主义的规范模式的基本点，是我们为之而奋斗的长期目标。当无产阶级政党处在一个落后的国家开始建设社会主义的时候，必须从自己的国情出发，遵循历史唯物主义，立足于发展社会生产力，在现实与目标之间，扎扎实实地建立起一个个前进的据点，采取一系列中间的社会主义模式，以期最后达到目标模式。

四、有中国特色的农业发展道路

根据社会主义初级阶段的经济特征，中国农业中社会主义的发展将经历一条曲折而特殊的道路。这条道路除了具有上述社会主义初级阶段的各种经济特征之外，还表现为如下一些特点：

第一，在所有制方面，将会是社会主义因素与非社会主义因素长期并存，形成多元化经济形态结构，最后过渡到以社会主义合作经济为主体的格局。

第二，在经营方式方面，将会是家庭经营与集体经营乃至其他多种经营方式长期结

合，交叉重叠发展，形成多层次的经营结构。

第三，在技术发展方面，将会是中国传统技术现代化的过程与外国现代技术中国化的过程相交织，形成多梯级的技术结构；发扬劳动资源丰富之长，缓解资金与耕地不足之短，走集约化的道路。

第四，在工农关系方面，将会是工农互促，主要依靠农村工业化来推动农业现代化，避免资本主义伤农兴工的弊端。

第五，在城乡关系方面，将会是城乡通开，协调发展，城乡共富，避免走资本主义城乡对立的老路。

总之，这将是一条迂回前进、有利于不断促进社会生产力发展的道路。它是使商品经济在农业中得到充分发展的道路，是使农业社会主义化同农业现代化共同发展的道路，是使农业经济增长同农业生态优化相互促进的道路，是使农业发展同农民富裕同步实现的道路。这条道路将会使农业的社会主义发展得到广大农民的支持，并使我国有限的农业资源得到较好的保护与持续利用，从而将会证明它是马克思主义与中国实际相结合的道路。

有中国特色的农业发展道路，是探索中国农业发展模式的基本背景。在本书以后的全部论述中，我们将力图依据社会主义初级阶段的特征和有中国特色的农业发展道路进行展开。

第二节　中国农业的范畴、结构与模式

一、范畴、结构与模式的关系

模式，是事物结构的概括表现形式。结构，是处于一定范畴之内的诸要素的联系方式。所以，研究事物的发展模式，必先研究事物的结构；而欲判明事物的结构，则又必先确定事物的范畴。探索中国农业的发展模式，故必须从确定中国农业的范畴和结构开始。同时，由于事物的范畴和结构具有层次性和动态性，因此事物的发展模式也必然具有多样性和动态性。探索中国农业的发展模式，故也必须注意其层次性和动态性。

二、中国农业的科学范畴

农业是一个具有历史性的范畴。在社会发展不同的历史阶段，农业系统的范畴不是固定不变的，如对于古代农业、近代农业和现代农业，由于社会经济发展水平的不同，特别是社会分工的发展水平不同，作为一个系统，它们便具有不同的范畴和边界。由于各国经济发展的不平衡，即使当今世界，也能看到农业范畴具有历史特性的现象。例如，在某些近于原始状况的非洲国家，由于社会经济发展水平低，社会分工水平也必然较差。因此，农业系统(作为经济范畴)与农村系统的边界一般是混淆不清的；与此相反，在生产力高度发达的美国，农业中的产前行业与产后行业相继分化独立出去，农业的范畴愈来愈向单纯的(即使包含资源和生物两个独立状态子集)农业生物初级产品生产方面缩小。以1980年美国农业的统计资料来考察，在230万个美国农场企业中，农业劳动力的统计数只有

377万人，即一个农场只有一个半劳力，而实际为农场产前与产后的服务部门的人员数有1200万~1500万，却不被计入农业劳动力数内；农业产值的统计也是上述概念。这种农业的概念，显然只指农业生物的初级生产。因此，对于农业范畴的勾画，不应从"绝对精神"的标准出发，而应从历史发展的客观现状出发，并以能达到一个在特定时空内获得既满足需要又经济高效的目标功能为原则。所以，我们研究农业范畴，并据此制定农业的发展战略，就更应该切实地从本国具体国情出发。

我国农业，从整体来说，生产力的现代化水平不高，基本上还是依靠手工劳动和传统技术；农村的专业化、社会化还是刚起步，农户经营的"小而全"状况大量存在，农业服务，农村运销以至农产品加工等经济活动，还没有最终从农业和农户中分离出来成为完全独立的行业。因此，我国农业还处在由传统农业转向现代化农业、由自然经济向商品经济、由"小而全"向专业化社会化的过渡阶段。

这种历史现状就决定了我国农业的系统范畴既不像落后国家那样与农村经济系统等同，又不像发达国家那样只包括农业生物产品生产系统，而是处于一种具有两重性的发展阶段，既包含农业生物生产子系统，又包含尚未从农业中分离出去的服务、农产品运销和加工等子系统。这样，我国农村农业的系统边界，是指从农户到村镇范围内的(含国营农、林、牧渔场)种植业、畜牧业、林业、水产业、虫菌养殖业、农业服务业、农产品运销业和农产品加工业。

这种农业范畴的确定，比较有利于调动农民的生产积极性，有利于农业内部的资金积累与人才开发，有利于农村分工分业的发展，有利于农村经济、社会、生态的协调发展。如果不这样，把一些还处于萌芽状态的服务、运销加工等经济活动，人为地从农业系统中分割出去，划归工商系统，这就势必会抑制农村经济的发展势头，从而削弱农业扩大开放性循环的进程。

根据以上对我国农业系统范畴的界定，在我国，所谓农业，即是指以利用生物生长发育将太阳能转化为化学能为基础，进行初级加工与经营以获取产品与价值的经济部门。

三、中国农业的结构模式

基于以上农业范畴的界定，中国农业结构同发达国家是不完全一样的。发达国家的农业结构只包括植物与动物两个生产子系统及其关系集，而我国则还应包括加工性生产和农业内部流通子系统及其关系集。其总体模型见图1-1。

这个农业总体模型，概括而形象地表述了中国现阶段农业的科学范畴，它既有别于美英这类发达国家的农业范畴，又有别于少数极不发达国家的农业范畴。这种过渡性的农业范畴，是符合我国当前的历史现实的。

农业系统范畴的确定及其总体模型的建立，为进一步研究农业的内部结构及其模式准备了前提和基础。

从宏观上说，农业系统不同于工业系统，它是一个已存在的系统，不是一个从无到有的系统。因而，研究农业系统结构优化的问题，既要按系统目标和功能的要求进行设计，又要从系统的现状出发，进行"改装性"的设计。如不注意这一特殊性，像在工业系统中

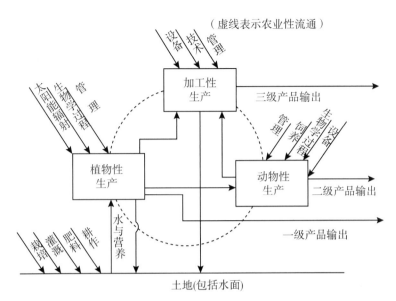

图 1-1　农业总体模型[①]

据 CRW SPEDDING：An Introductionto Agricultural Systems 第 10 页图改制而成。

那样，进行"开创性"设计，就会脱离实际，变成无法实施或者会给实践带来极大损害的纯"目标型"结构。

　　而在党的十一届三中全会以前，我们尚不理解现状与目标模式之间必须采取一系列中间过渡模式的必要性；尚不理解前面列宁所说的"各种关系过渡"的深刻含义，不理解在小生产与社会主义大生产之间需要有一些"中间途径"的重要性。在原有的自然经济思想（或曰"抑商"思想）的支配下，又加上"生产关系决定论""精神决定论"等"左"的"理论指导"，在农业模式的宏观决策上，从 20 世纪 50 年代后期开始，便产生了一系列的重大失误。

　　首先，在经济结构上采取跳跃式。企图由小生产直接地、迅速地跳到"一大二公"的社会主义大生产。而且在所有制结构上追求"纯而又纯"，连自留地也被当作"资本主义尾巴"割掉了。

　　其次，在生产结构上采取一元式。在"以粮为纲"的口号下，实际上把农业的范畴缩小到"粮食农业"的狭窄领域，发展经济作物和多种经营都被视为"异端"，大搞"劳力归田"，反对农业商品化。

　　最后，在技术上采取对抗式。为了增产粮食，在一些不宜种粮的地方，大搞"让高山低头，叫湖水让路"的对抗性措施。毁林造地，围湖造田，毁草种粮……山区搞"人造平原"，湖区搞"水灾搬家"，对着老天爷干，严重破坏了生态平衡，效益也极低，又不顾农民的经济水平，盲目搞高投资、高能耗的机械化、化学化，农民所得实惠不多，有的地方甚至造成"越化越穷"的局面。

这种做法一直延续到70年代。由于它违背了经济与自然规律，不符合我国的国情，农民的习惯与思想跟不上，严重地挫伤了其生产积极性；文化与管理跟不上，造成普遍的"瞎指挥"；技术与资金跟不上，造成"平调"之风盛行，无效与报废工程不断出现……而后两种情况更大大加剧了前一种情况的严重程度，致使我国农业从20世纪50年代后期开始，生态环境恶化，生产结构单一，经济徘徊、停滞，严重地抑制了我国农村社会分工和生产力的发展，使整个农业还停滞在自给自足和半自给自足的水平上。

积30年之经验，我国农业的发展，再不能采取那种跳跃的、单一的和对抗的模式了，必须按照低投资、低能耗、多层次、多形式、高效益的原则，设计既适合我国国情又符合新的技术革命趋向的最优模式。

从上述历史背景出发，根据生产力与生产关系相结合的原则，考虑到30年来正反两方面的经验，特别是党的十一届三中全会以来，广大农民的创造和新技术革命将带来生产分散化小型化的趋势，我国农业结构的模式应该满足如下要求：

（1）要从现有社会分工水平出发，有利于促进农村的分工分业和商品经济的发展；

（2）能充分调动农民家庭经营的积极性，并有利于逐步推进以家庭经营为基础的多形式的合作与多阶段的发展，直到工农融合化；

（3）有利于加速农业内部的资金积累过程，少依赖国家投资去实现农业现代化；

（4）能做到农村剩余劳动力大部分离土不离乡，有利于城市与工业布局的合理化；

（5）有利于最合理地利用各种农业资源，最有效地开发农业产品，达到生态与经济的良性循环。

按照这些要求，我国农业结构的基本模式，应该是一个"矩阵型"的动态网络模式。总的来说，它应包括纵向（时间发展）的四个阶段：适应农业——生态农业——立体农业——农业工业化；横向（空间叠加）的四个层次：庭院经济——家庭经济——合作经济——村镇经济。其结构见表1-3。

表1-3 　　　　　　　　　　　　农业结构基本模式

阶段层次	a 庭院经济	b 家庭经济	c 合作经济	d 村镇经济
A 适应农业	Aa 家庭副业	Ab 适应性耕作	Ac 适应性多种经营	Ad "三就企业"
B 生态农业	Ba 生态庭院	Bb 生态农场	Bc 生态企业	Bd 生态村镇
C 立体农业	Ca 兼业经营	Cb 专业化经营	Cc 农工商联户	Cd 农工商一体化
D 农业工业化	Da 家庭作坊	Db 家庭工业	Dc 农工合作企业	Dd 工农融合体

这种矩阵结构（见图1-2），在发展过程中，随着技术的提高和资金投入量的增加，矩形内的各个经营形态将会呈斜面地向更高的梯级过渡。

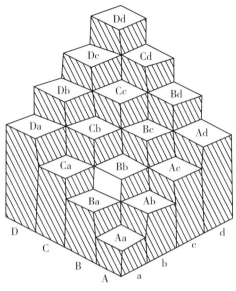

图 1-2　农业梯级分离结构

第三节　农业发展模式的阶段性

考虑到我国农业的商品化、现代化是从一个底子薄、灾害多、发展极不平衡的基础上起步的，为了以最少的投资获得最大的经济与生态效益，并保证最稳定的增长速度，一般地说，在生产力结构上应循着适应农业、生态农业、立体农业、农业工业化四个基本阶段发展。

一、适应农业

所谓适应农业，是与对抗农业相对而言的。它是以适应自然为主、改造自然为辅来利用自然发展农业生产。适应农业包括如下内容：

第一，对于农业生产上的障碍性因素，主要采取调整生产结构的措施，建立适应本地区自然条件的最优农业生产体制。例如，在黄土高原，就不应再搞"人造平原"，盲目发展粮食生产，而应实行种草植树，逐步建立以牧业为主体的"牧林农"混合模式。在半干旱高原地区和湖北的"三北岗地"，就不应再搞大规模的"多级提灌"，发展水田和水浇地，而应实行"旱作农业"，发展旱地作物和旱地耕作法。在大山区，不应再搞劈山造田，而应以林牧为主，逐步建立起"林牧农"混合模式。在易涝湖区（如湖北的"四湖"地区），不应再搞"排低淹高"的蠢事，而应逐步建立以"水体农业"为主体的"农渔牧"混合模式。

第二，对于常年性自然灾害，采取以避灾为主、抗灾为辅，生物措施为主、工程措施为辅的方针。我们的祖先自古以来为了与自然灾害作斗争，创造了许多适应性的耕作制度和生物技术措施，诸如多旱地区的"阴畦"，多雨地区的"高垄"，山区的"等高种植"，湖区的"深水栽培"等，这都是我们发展适应农业的极宝贵的经验。

第三，属于农业范畴的工副业，一般可从就地取材、就地加工就地销售的行业或产品起步，积累资金和经验，然后逐步向高档和远销的领域开拓。

当然，适应农业绝不是我国农业发展的目标，而只是一个起步的阶段(这个阶段有的地方可能已经完成，有的可能还未开始)。通过这一阶段，我们得以建立一个因地制宜的扎扎实实的立足点，然后在这个立足点的基础上，向"生态农业"发展。

二、生态农业

长期以来，我国农民在这方面创造了很多成功的模式。例如，珠江三角洲的"桑基鱼塘系统"，就是一个典型的生态农业系统雏形。在这个系统中，耕地仅占全省的32%，但能提供全省50%左右的商品粮，60%的甘蔗，96%的蚕茧和80%的鱼塘，之所以能具有如此高的效率，主要是因为这个系统内建立了一个比较稳定的"桑—蚕—鱼—桑""稻—猪—鱼—稻"的一业为主、多级转换的生态循环模式。又如，江苏吴江县姚源公社，密切结合该公社水田、桑园、湖田的资源条件，创立了一个"三水(水浮莲、水葫芦、水花生)促三养(养湖羊、兔、猪)、三养促三熟(麦稻稻、油稻稻、肥稻稻)、三熟促高产"的"粮—水—牧—粮"的高效人工生态系统。

这种生态循环模式不仅可以定性，而且可以定量。特定的生态系统各要素之间的能量与物质转换系数，是可以测定或进行经验统计的。例如3~3.5公斤粮食可以转换1公斤鱼(湖北沔阳)，一头奶牛的粪尿一年可转换75公斤鱼(黄石市花湖农场)，一头育肥猪生长周期的粪尿可转换50公斤鱼(中国科学院水生生物研究所)，1公斤家禽粪可转换1公斤鱼(同上)等。这样，利用这种物质转换比例，便有可能设计出各种生态农业的循环模式来。

可见，生态农业是投资最少、能耗最低、公害最小的农业。它能最有效地利用我国农村丰富的劳力资源和多结构的自然资源，它能最合理地达到经济效益与生态效益的高度统一。随着新技术革命的发展，生态农业与生物工程密切结合起来，将会进入一个崭新的阶段。

因此，我国农业在适应农业的基础上，积极建立起多种多样的生态农业模式，将是继承和发扬我国农业的优良传统，绕开西方"三高农业"(高投资、高能耗、高公害)的老路向新技术革命进军的必由之路，将是多快好省地实现我国农业现代化的最优途径。

生态农业，可以有多种层次的模式。从主要的层次来说，农，林，牧，副，渔五业之间，相互存在着物质、能量、经济的转换关系：农业(种植业)向其他各业输出粮食、原料、饲料、劳力等；同时又需要其他各业输入水热、养分、能源、经济力和其他生产资料。林业向其他各业输出水热、能源、材料、经济力等。其他各业均有类似情况。只要善于科学地利用这种转换关系，便可以建立起各种高效的人工生态循环系统。可以是以作物栽培为主体的"农—林—牧—农"模式，可以是以林业为主体的"林—农—牧—林"模式，可以是以牧业为主体的"牧—林—农—牧"模式，也可以是以水产为主体的"渔—牧—农—渔"模式等。每业之中又可以有许多下一个层次的生态循环系统。

建立生态农业还必须在系统内正确解决五个关系：人口与能源的比例关系、森林覆盖与国土面积的比例关系、有机肥与无机肥的比例关系、生物防治与化学防治的比例关系和工业污染与环境保护的关系。

生态农业，是为了解决农业的集约化问题。要使农业进一步发展，农民迅速富裕，还必须在生态农业的基地上发展立体农业，使生态农业与立体农业交织发展，解决农业的商品化问题。

三、立体农业

我们讲的立体农业，不是通常直观的立体农业（如山区的立体种植、湖中的立体养殖），而是一个经济学的概念。

所谓"立体农业"，就是说，农业发展到一定阶段，应成为一个"三维立体网络结构"，不仅有它的广度和深度，而且有它的"高度"。任何一个农业系统，都是由它的广度×深度×高度而构成的大小不等的立体空间。农业的广度，包含农、林、牧、渔、草、虫、微等这样一些生物生产领域的开拓。随着科学技术的发展，人们利用生物的生长发育功能生产各类初级产品的领域将不断扩大，故农业广度的开拓又称"生物生产功能维"，它在实际上表现为复杂不等的生物生产结构。结构愈单一，农业的广度就愈狭窄，摄取的太阳能就愈少；反之，就愈宽阔愈多。农业的深度，包含可控的温、光、水、气、土、劳、工、肥（饲）、技、管等一些资源要素的开拓。随着科技与经济力的发展，人们对这些资源要素的利用程度将不断加深。例如电脑自控的温室栽培，对温、光、气的利用率就大大提高，土壤的改良、沙漠的利用程度、劳力素质的提高、机械化的发展、复合肥料的使用、技术的进步和管理的革命等都极大地改善了各种资源的状况。所以，这种深度的开拓又称为"资源开发功能维"，它在实际上表现为素质不一的资源利用结构。结构愈优良，农业的深度就愈大，资源能量转换率就愈高，生物生产功能的发挥就愈好；反之，就愈小、愈低、愈差。

农业的广度和深度这两"维"，构成为农业系统的"平面"，这种农业自古有之，只是水平不同而已，它形成一种"初级产品农业"，属自给自足的自然经济范畴。由于它是"初级产品"（自然形态的产品），故产品的价值量不大，经济收入不高，摆脱不了贫困的状况，农业发展的资金因而也十分匮乏。由于它是自给自足，属封闭性系统，商品率很低，与国民经济大系统的交换甚少，故系统的活力和生机都是低水平的。这种"平面农业"，也就是习惯所说的自给性农业。它的立体空间极小，经济上自生力和生产上的回旋余地都不大，一遇天灾人祸，便易大起大落，系统不稳定，产出量不多。在我国许多落后的农业区，基本属于这种状态。生态农业如不向立体农业过渡，就只能处于这种状态。要改变这种状态，就要发展农业的"高度"。所谓农业的"高度"，包含农产品加工、贮藏、运销等这样一些增值环节的开拓。随着社会分工和商品经济的发展，人们对这种环节的叠加层次也就不断增多。故这种高度的开拓称为"经济功能增值维"，它在实际上表现为商品生产与商品流通不同发展水平的农村产业结构，包括不同层次的乡镇企业结构。结构愈复杂，农业的高度就愈高，多种农业初级产品的转换形态就愈多，转换的层次也愈精细，农业的经济收入和农业的立体空间就愈大。随着高度的不断开拓，农业的商品化程度便不断提高，农民也随之而不断富裕起来。只有从"平面农业"的战略转移到这种"立体农业"的战略，农业的经济自生力和生产回旋余地才会大大扩展，系统的产出量才会大大增加，系统才会保持高度的稳定性，才能实现农业的"两个转化"。

如果我们每个县以至每个村都能建立起这样的"立体模式"，使农工商混合发展，生物生产与经济增值相互促进，我国的农业和农村就会迅速地富裕起来，"两个转化"就会更快地实现。

四、农业工业化

实现农业的"两个转化"是我国农业发展的中期目标。我国农业发展的远景目标是实现农业工业化。

一部农业发展史，是人类利用自己的经验和知识，逐步扩大对自然界的可控度，从而达到自身目的的历史。在原始的狩猎时代，人类对自然的控制能力极低，未开发的自然生态系统是处于纯自然再生产状态，那时仅能供养3000万人的食物。随着经验的积累和科学技术的发展，人类对自然的控制能力不断增强，农业中自然再生产的比重逐渐减少，经济再生产的比重逐步增加，目前已能供养40亿人口了。可以设想，新的科学技术革命将进一步巨大地提高人类对自然界的控制能力，就像在工业生产中所发生的过程那样，农业生产也将实现以经济再生产为主，自然再生产将退居次要的地位。

所谓农业工业化，并不是农业完全变成加工工业那样的生产方式，而是指整个农业生产过程也能像工业那样，由人类的经济活动完全控制，少受或不受自然条件的干扰或限制。目前农业的基本特征是经济再生产与自然再生产相交织，一旦实现了这种全程控制，自然再生产的因素就变得无足轻重了，从而农业与工业的界限也就模糊不清起来，便可达到农业工业融合化的境界。现代的自控温室栽培，已为这种远景提供了依据。由于生物工程、新材料、电子计算机和机器人的发展和应用，荒原、海洋和沙漠都将进入农业生产的版图，农业的概念也将发生根本的变化。实现农业工业化必须依靠科学技术的高度发展，故农业工业化也可以称为农业科学化。

总之，我国农业发展的四个阶段，也可说是由适应化到集约化再到商品化，最后到科学化。这四个阶段并不是绝对分割的，而是呈犬牙交错的态势，甚至也可能是同步或跳跃式发展的。

第四节　农业发展模式的层次性

考虑到我国农业生产力发展的不平衡和多层次性，还应在较长的历史时期内利用农民家庭经营的积极性，故上述农业发展的每个阶段，生产关系结构和经营形态结构都会是多层次的叠加状态，庭院经济、家庭经济、合作经济以至村镇经济将是同时并存、相互交叉重叠的。这将是我们农业中社会主义经济体系的重大特色。

一、庭院经济

庭院经济，本来不是一个独立的经营层次，它是从属于家庭经济的。但考虑到我国人多耕地少，居住面积、城镇面积还在日益扩大，大力发展庭院经济对缓和人口与耕地的矛盾意义重大，故把它作为一个层次来对待。这方面，石家庄农业现代化研究所已做了成功的研究。根据他们的研究，可以看到这样一个前景：如果很好地利用庭院空间发展商品生产是大有可为的，有可能做到在居民点用地逐步增加的情况下，整个土地的收入不致减少。因为每亩庭院占用地的经济收入为高产农田的 5.92 倍。

庭院经济，一般是从家庭小副业开始的，它也会过渡到生态庭院、立体庭院或庭院工业等发展阶段。当然，不是每个庭院都会一律如此过渡。随着现代化的实现，庭院经济会不会消失？不一定。因为那个时候工作日大大缩短，人们的生活追求多样化。庭院经济可能将会以新的形态，作为人们一种娱乐消遣的形式而继续存在和发展。

二、家庭经济

家庭经济，是以家庭作为一个经营实体进行生产、流通、分配与消费。由前所述，由于农业生产的特殊条件和中国几千年的小农家庭经济的传统，以家庭经营为基础去实现农业的专业化、社会化和合作化，可能是在较长的历史时期内不可避免的。家庭经济将作为我国农业多层次经营形式中的基本形式，或称"细胞"。它是农业经济活动的直接承担者，是执行国家指导性计划的基本单位，是政府的主要纳税人，是农村生活的基础。家庭经济，随着生产力和社会分工的发展，也会经历适应性耕作、生态农场、专业化经营和家庭工业等若干阶段。

土地承包后，农户提高了生产积极性，有了经营自主权，又最了解自己所承包的对象（土地、山林……）的习性，故较之过去"一刀切"的瞎指挥，大大有利于实行适应性农业，并能很快地向集约经营的生态农业过渡。湖北省洪湖县农民刘贤成承包了一片低洼易涝田，这片田过去种粮经常歉收，他承包后便改成"鱼藕鸡鸭综合养殖"，田改为塘养鱼植藕，田边的坡上养鸡养鸭，坡上的禽粪冲下来为鱼藕提供了丰富的饵料与肥料，塘里为鸭群提供了游息处和饲料，生产很快搞上去了。这就是以家庭经济为基础实现由适应农业向生态农业过渡的一个好典型。家庭经济在生态（集约）农业发展到一定程度后，随着资金的增加、技能的提高、市场信息的沟通，必然要进一步向专业化经营以至家庭工业发展。

专业化经营与家庭工业的发展，必然要求社会化的协作。家庭经济绝不是一个静止不变的形态，我们承认它将长期存在并作为农村经济的"细胞"，绝不等于说它是孤立存在的，它的内涵与外延都必将随着本身专业化的提高和外部经济商品化社会化的发展而发展，逐步走向多形式的联合与合作。当然，这个道路是漫长的，而且是错综复杂的。

三、合作经济

这里所说的合作经济，绝不是过去那种"归大堆"的集体化。它不是凭借组织措施的合并，而是按经济发展的需要而顺乎自然的社会化协作过程。

以家庭为单位的经营，随着分工分业愈来愈细，发展到一定规模，劳力、资金、生产资料、现代化装备以至市场信息等都会发生矛盾，这不是一家一户的力量所能解决的，必然会突破家庭的框框，一部分专业大户会实行雇工经营，更多的将会采取多种形式的联合与合作经营的形式。

根据我国的特殊情况，还可能出现一种特殊的合作经济，这就是资金富裕户与劳力充裕户的合作、技术专长户与资金、劳力充裕户的合作、信息灵通户与其他专业户的合作等等。这种合作有两种发展可能：一是由于分配不合理而演变为资金富裕户或技术专长户对劳力充裕户的剥削；二是如果能科学地将资金、技术、劳力、信息等投入都按合理的系数折合成股份，实行民主管理，按股分红，则仍不失为一种特殊的合作经济。

四、村镇经济

村镇经济，应是农业经济的最高层次。再往上去，到乡镇经济，应属农村经济的范畴了。

村镇经济，是以村镇为中心的经济小网络，它以小集镇为依托，成为县经济大网络中的直接与农业家庭经济联结的最基层结合点。它以自己的村镇工业、商业、服务业为农业家庭经济或合作经济提供产前、产中、产后服务或从事这些服务的中转工作，同时又以村镇经济所积累的资金、人才直接扶持种植业和养殖业的发展，帮助农民致富。因此，村镇经济是工农交融的经济，村镇企业是农民的企业，它对于农业的腾飞和农民的致富，关系最为直接，必须大力发展。

村镇经济，最初是从队办企业起家的。在党的十一届三中全会以前，由于依靠平调，政企不分，管理落后，布点盲目，故大部分濒于不景气的状态。党的十一届三中全会以后，才如雨后春笋般蓬勃发展起来。由于村镇企业以市场调节为主，以家庭经营与合作经营为主，因此具有最大的活力，发展的势头方兴未艾。

村镇经济，一般是从"三就"企业发展起来的。随着农村商品经济的发展，它也将经历生态村镇、农工商一体化到工农融合化等若干由低级到高级的阶段向前发展。当然，这种阶段性，也不是绝对划一的。所谓生态村镇，是指建立起一个人口、经济、环境协调发展的村镇经济-社会系统。在这个系统中，人口适度，经济发达，环境优美，生态与经济循环良好。所谓农工商一体化，是指以农业生产为基础，使产前部门(为农业服务的工业和生产资料的供应)、产中部门(农机、植保、肥料、水利)和产后部门(加工、运输、销售)以村镇为中心形成专业化的社会化联合。

工农融合体，是农业经营的最高形态。目前在一些先进地区出现的"工农结合体"，可能是这种形态的雏形。例如苏州市有些村镇企业将纯农户吸收进企业作为"农业工人"，农户仍按承包责任制种植承包田，产量上交企业，农民享受企业职工待遇，国家负担全部由企业承担。这样，种植业就成为村镇企业的一个"车间"了！在这种工农一体化的企业里，工人和农民的差别基本上消失了。这种"结合体"，只有村镇经济的大发展才能办到。

第五节 农业发展模式的整体性

一、农业结构及其模式是生产力与生产关系的统一

农业结构及其模式，既不只是生产力的问题，也不只是生产关系的问题，而是两者的辩证统一。单纯地从生产力与技术发展的角度考察农业结构及其发展模式，如同单纯地从生产关系角度的考察一样，都是不科学的，在实践中也是难以奏效的。长期以来，由于片面地强调生产关系对生产力的反作用，造成不顾生产力的状况，一味拔高生产关系，引起

农业生产的停滞和破坏。但是的确存在着片面强调生产工具直接决定生产关系的倾向，认为只要把拖拉机开进农村，社会主义大集体的生产关系便可巩固与发展。这两种倾向，实质上都是对生产关系适合生产力性质的规律缺乏具体剖析和系统了解。

生产力与生产关系是两个有机的系统。这两个系统不仅各有其内在的结构与层次，而且相互联系、相互制约、相互渗透而构成一个更大的生产方式系统。如果我们仅满足于生产力决定生产关系，生产关系又反作用于生产力这种一般的论述，且对这两个系统及其相互关系不做深入细致的系统分析，探索其内在的层次运动规律，就很难弄清究竟生产力如何决定生产关系，生产关系又究竟怎样反作用于生产力的问题，从而也就很难弄清农业结构的运动规律，便容易犯形而上学的毛病。

二、生产工具如何形成生产力

过去人们往往认为有什么样的生产工具，就会有什么样的生产关系或生产关系的具体形式。因为马克思曾说过："所有制是现存生产工具的必然结果。""手推磨产生的是封建主义的社会，蒸气磨产生的是工业资本家为首的社会。"[⑦]但是，我们能不能就此推论：在手工工具的条件下，就一定不能实行合作化；或者拖拉机开进农村，农民就一定会联合起来；或者农村有了拖拉机，大集体经济组织形式就一定会巩固，事实显然不是这样。我国农业30年的实践说明，不能在生产工具与生产关系之间直接画等号。马克思这一论断，是对过去复杂的历史所做的高度概括，我们不能简单地、直线地理解它。

我认为，生产工具并不是直接作用于生产关系，在生产工具与生产关系之间存在着广阔的"中间层"。其中，主要的是两个相互衔接的程序：生产工具必须形成生产力；形成的生产力必须给直接劳动者带来新的经济利益。因此，我们研究生产工具、生产力如何作用于生产关系的问题就应该分为两个步骤，即首先要弄清生产工具怎样才能形成生产力，然后再弄清生产力如何作用于生产关系。

生产工具在怎样的条件下才能形成生产力呢？

生产力是一个社会经济范畴，人类在改造自然、取得生活资料的过程中历史地形成的物质力量。它是一种集合力，是由若干要素集合而成的系统功能。这些要素是：

（1）生产工具的适应性与经济性。这是生产力发展的基础要素。从农业发展的特定历史阶段来看，一种新的生产工具必须在取得对农艺适应性的基础上，比旧的生产工具具有更高的社会劳动生产率（全部劳动消耗的生产率），即更能节约社会劳动。如果不是这样，无论在哪一种情况下，也不可能形成劳动力与生产工具的真正结合。在历史上，铜器代替石器是这样，铁器代替铜器也是如此，机器取代铁器亦复如是。在美国，拖拉机发明最早，只是到20世纪60年代以后才与劳动力结合，形成新的农业生产力。究其原因，主要是在20世纪60年代以前，当时的机器造价高昂，人力低廉，较之人畜力工具并不具有更高的社会劳动生产率。在我国的现实生活中，为什么有些地方过去强行搞机械化还是化不起来，为什么有些机器推而不广，购而不用，基本原因也在此。

（2）劳动力的熟练程度。直接劳动者必须具有与特定生产工具相适应的熟练程度。这一点对于中世纪的生产工具来说不重要。但对于现代化的生产工具来说，则必不可少。与现代的生产工具相结合的劳动力，仅依靠本能的属性和经验积累，已经远不能适应其对熟练程度的要求，必须不断提高劳动者的科学文化水平。马克思在谈到大工业发展对劳动者素质的要求时曾讲过："承认工人尽可能多方面的发展是社会生产的普遍规律，'必须用'全面发展的个人'来代替'局部个人。"①我国农村中，之所以每千台拖拉机死亡 5.1 人，年死亡数达到 12 万人，与无证机手占 50%以上的非熟练状况是密切相关的。

（3）人们的运筹水平与管理能力。如果我们承认生产力是一个众多因素集合的系统，那么我们就应该承认运筹与管理是生产力本身的组成部分。对于现代化来说，这显得更为突出，可以说，如果没有相应水平的运筹管理，劳动力与生产工具便不可能结合，庞大的生产系统便不能运转。反之，当人们的运筹管理能力低下时，低一级的劳动力与生产工具的结合形式可以比高级的结合形式更具有现实性。

（4）社会基础结构的状况。即交通、运输、能源、信息等这些生产力的"循环系统"和"神经系统"的状况。这一因素在现代商品经济条件下愈来愈具有举足轻重的地位。交通、运输和能源，既是生产力发展的外部条件，又是现代生产系统的动脉。现代生产力需要有相匹配的交通运输手段才能配置和运转，需要有相应的能源才能发动，这是众所周知的。因此，它们都应是生产力系统的组成部分。现代生产力的运转和提高，与信息的传输是完全不可分割的。

（5）科学技术水平。这一要素是前面各要素的"添加剂"和"催化剂"。特别是现代生产中，生产工具的质量、劳动力的素质、管理水平和基础结构等，无不在很大程度上取决于社会的科学技术水平。

所有上述要素在特定的时间和空间都是按照各自间相适应的水平相互联系、相互制约，通过系统协调而形成特定的生产实体和辅助层，这两个小层次便构成生产力的内涵层。

这种"系统协调"，具体地说，一般是顺序地按照下列层次的局部协调来实现的：首先是功能性协调，即生产工具系统内部的协调，要求工具功能完整化。如机器这样的生产工具，便是要求动力机、传动机、工作机之间的协调。显然，如无这层协调，机器上的上述任何一部分，对农业便不能形成生产工具的功能。其次，是实体性协调，即生产工具、劳动力和劳动对象实现协调，形成生产力实体。这一层协调又可分为两个方面，一是生产工具与相应熟练程度的劳动力实现协调，属于基础性协调。仍以机器为例，先进的机器生产工具，如由文盲或缺乏相应技术水平的劳动力来驾驶，不仅不能发挥机器的正常效能，甚至会造成人机两伤。二是，如不能实现适应性协调，机器不能满足农艺要求，则即使它的功能性协调是高度完善的，机器也无法用于农业生产。再次，是整体性协调，即生产力实体层与辅助层的协调，通过这一协调形成生产力的内涵层。这一层协调，又包括生产力实体分别与基础结构和运筹管理的协调。最后，是环境性协调，即整个农业生产力内涵层与社会经济条件的协调，只有实现了这一层协调，才能真正形成现实的农业生产力。这一系统协调过程，见图 1-3。

所有这些协调，便构成生产力的系统协调，这种系统协调具有如下特性：第一，有序性。在四个层次之间，具有不可逆性。如不先实现功能性协调，便无从实现实体性协调

---

① 《资本论》第 1 卷，人民出版社 1975 年版，第 354 页。

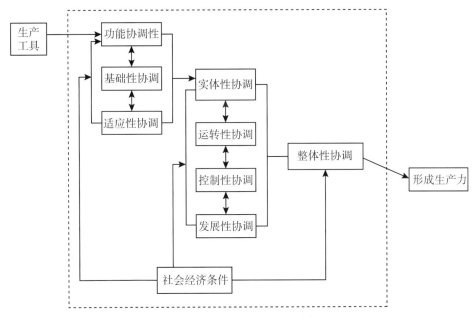

图 3-3　生产工具形成生产力的系统协调过程

等。第二，均衡性。在各层次内部，要求各要素协调共进，取得相对平衡。即使多数要素都很先进，只要有一个要素过于落后，也不能使生产力获得新的质变；反之亦然。第三，比例性。各要素之间都存在量的比例，如机器与农具的比例，机具与驾驶人员的比例，生产工具与劳动对象的比例，生产工具与能源和运输力的比例等。

所谓生产力的水平，取决于所有这些要素和系统协调状况。任何一个要素的"异军突起"，也不能改变生产力的性质。以我国农业机械化为例，从我国的一般国情来说，机器在农村还不能创造出比人畜力更高的社会生产率，即不比人畜力更便宜；农村劳动力的熟练程度还不能适应机器生产工具的要求；农村干部的管理能力和社会基础结构还都相当落后。因此，新的生产工具——农业机器还没有具备全面置换人畜力工具的"系统协调"，从而难以实现同劳动力的普遍结合。当然，从局部来看，有的地区可能具备了，有的地区可能部分具备了，要做具体分析。但是，对于没有具备"系统协调"的地方，如果硬性推行机械化，便不能形成新的生产力，便会造成增产不增收，减产减收甚至越化越穷的局面。

三、生产力如何作用于生产关系

上面阐述了生产工具如何形成生产力的看法。那么，形成的生产力如何作用于生产关系呢？或者说，生产力如何决定生产关系呢？

生产力与生产关系是两个相互交错的系统，两者之间有着若干个层次，使生产力与生产关系彼此紧密连成一个辩证统一的整体。生产力就是通过这种"层次序列"决定着生产关系。

上面第一节我们所说的生产力诸要素的"系统协调"，属于生产力的第一个层次，即内涵层。生产关系系统中的"生产资料所有制"部分，同样属于生产关系系统的内涵层。这两个内涵层并不是直接发生关系。例如，两个细胞，并不是由它们的细胞核发生联系，而是由"胞间连丝"沟通起来的。我们的任务，就是要揭示出这两个内涵层是通过哪些层次而相互联系，从而实现它们之间的物质与信息的交流。

通过对生产力和生产关系的运动过程的观察，我们就会发现，在它们各自的内涵层外面，都有一个外形层，而在两个外形层之间又有一个共同的边缘层。生产力决定生产关系，就是通过这个边缘层实现的。

下面，我们就来具体分析一下这种层次运动。

生产力的外形层，就是生产力内涵的表现形式。我认为，生产力内涵素质集中表现为生产工具与劳动力的结合水平；而不同程度的这种结合水平，则又表现在劳动协作水平和劳动过程的控制水平两个具体方面。换句话说，生产力内涵素质，决定着生产工具与劳动力的结合水平；而不同程度的这种结合水平，则又表现在劳动协作水平和劳动过程的控制水平两个具体方面。换句话说，生产力内涵素质，决定着生产工具与劳动力的结合水平；生产工具与劳动力的结合水平又决定于分工水平和劳动控制水平。

一般地说，生产力内涵素质愈高，劳动分工的程度也愈高；在分工协作劳动的条件下，单个劳动者之间就产生了协调动作的问题；动作的协调便要求工效协调做保证；要保证工效协调，就产生了对劳动过程实行控制的问题。人类社会从古代到现代资本主义，随着生产力内涵素质的不断质变，经历了各个生产工具与劳动力结合的阶段，各个阶段取决于与那种结合水平相适应的分工水平和劳动控制水平。

在我国农业中，大多数地区仍处于手工工具与经验劳力的结合水平，还没有超越自然经济的阶段。在农业生产中，各种农事操作，正如马克思所说的那样，基本上可以由同一个劳动者按照时间的先后顺序去完成，而没有发展到固定的、系统的"分离开来，孤立起来，在空间上并列在一起，每一种操作分配给一个手工业者，全部操作由协作工人同时进行"①的那种分工水平。我们知道，分工是协作的基础，在这种基本工序还未专业化的条件下，真正劳动协作的客观要求并未形成。当然，生产者出于生产资料的不足，会形成某种换工互助的要求。但是，这种简单的协作，由于它不是建立在新的生产力所造成的劳动专业化分工的基础之上的，劳动者在客观上有随着自有生产资料的完备化(包括潜在的完备化)而重新从事独立个体劳动的可能性，因此是不巩固的，而且规模也只应是较小的。如果不顾这种客观制约性，人为地强制实行大规模的固定性协作劳动，由于缺乏序列性生产资料所造成的控制能力，劳动过程的可控性便会大大降低，生产的发展便会受到阻碍。这就是生产力的内涵层决定着生产力的外形层的大致情形。

这样，生产力的层次运动便推进到边缘层的前沿。边缘层包括：劳动协作形式、劳动的统计监督、剩余产品量、物质利益以及劳动者的积极性等多种要素。这些要素受劳动协作水平和劳动控制水平的制约，同时又制约着生产关系的外形层并接受其反作用，具有生产力与生产关系的双重属性，故称边缘层。

下面我们来分别剖析一下上述各要素如何进行层次运动和系统协调的大致情形。劳动

---

① 《资本论》第1卷，人民出版社1975年版，第374~375页。

协作或劳动组织形式，决定于劳动分工水平。农业中，是采取生产队的劳动组织形式，还是采取小组或家庭式的劳动组织形式，是不以人们主观意愿为转移的。如前所述，在农业劳动过程还未形成专业化分工的条件下，如果采取生产队这种劳动组织形式，由于劳动者个体对集体劳动过程的依附性不大（缺乏这种依附性的物质承担者——序列生产资料与劳动者的专业化分工），游离性较强，劳动过程的可控性不高，劳动的责任划分不明，工效不易保证，劳动的统计与监督也就难以确切可靠。对于劳动数量和产品分配的统计与监督问题，列宁曾把它提到与寄生虫作斗争和争取社会主义胜利的道路的高度予以强调，他说："要使社会主义社会不受这些寄生虫的危害，就必须对劳动数量，对物质的生产和分配组织全民的计算和监督。"①劳动数量的统计监督水平，固然与文化水平有密切关系，但从根本上看，如果劳动过程可控性差，劳动组织不严密，从而劳动责任划分不明确，则对劳动数与质的统计监督的准确性，便没有可靠的物质前提了。劳动过程的可控性和劳动组织的严密性，不是随心所欲的，是受生产力水平所制约的。如果劳动分工水平及由它决定的劳动协作和生产责任形式超过了生产力的水平，就会出现劳动过程失控和劳动责任混淆不清的状况。在这种情况下，劳动的统计监督便带有很大的随意性；这种随意性便会通过产品分配的"折射"，冲击劳动者的物质利益，降低积极性，阻碍生产的发展。

物质利益，是物质范畴，而不是精神范畴；是现实范畴，而不是假设范畴。我们所说的物质利益，是社会性的、现实的物质利益（也包括那种呼之欲出的物质利益）。这种物质利益，促使社会去改进生产力的各种要素的形态和素质，从而推动生产力系统的发展。从这个意义上说，社会性的发展生产的积极性，就是建立在这种物质利益的基础之上的。物质利益的实现程度，既受生产力水平的制约（绝对量），又受分配关系的制约（相对量）。在社会主义条件下，分配是否合理，又受劳动统计监督水平所制约。因此，当我们的生产力系统各层次间和生产关系，特别是分配形式与生产力系统之间是处于协调状态时，农产品量便会增长，可分配的产品便会绝对增加，产品的分配便会相对合理，劳动者的物质利益便会从绝对和相对两个方面得到保证，发展生产的积极性便会巨大提高。反之，如果我们脱离了生产力内涵素质，采取了过大的劳动协作——劳动组织形式，过高的公有化生产关系形式，则产量便会停滞甚至下降，可分配的产品便会减少，加上分配的不合理，劳动者的物质利益同样会从两个方面受到抑制，积极性便会下降。

以上便是生产力的外形层如何决定边缘层的大致情形。

下面我们再进一步剖析生产力系统是如何通过边缘层制约生产关系外形层的。生产关系的外形层，包括相互联系的三个组成部分：生产资料的支配形式、生产过程的管理形式和产品的分配形式。

一定的生产资料支配形式、生产管理形式和产品分配形式，总是与一定的劳动组织形式和劳动统计监督水平相联系的。个体的劳动组织，便要求单个劳动者对简单手工工具实行个体直接支配；也就不存在所谓劳动统计与分配问题。集体的劳动组织（由于它出现的基础是带有序列性的生产资料和协同性的劳动过程），如仍实行生产资料的个体直接支配，便会成为对生产力发展的阻碍，便要求群体劳动者通过一定的组织程序对生产资料实

①　《列宁选集》第3卷，人民出版社1972年版，第397页。

行群体性的直接支配；要求实行民主管理(代议制或大会制)；要求根据统计监督水平实行直接劳动者可能控制的分配形式。集体经济领导下一家一户的劳动组织或"家庭作坊"，都要求实行群体支配大型序列性的生产资料与个体支配小型分散性的生产资料相结合，实行集体干预与家长管理相结合的管理形式；要求在完成国家义务、集体提留的前提下实行"包干"分配形式。如果我们不是对生产关系的具体形式同受生产力水平所决定的劳动组织形式与劳动统计监督水平进行这种对应的匹配，生产关系与生产力之间的物质流和信息流便会发生紊乱，生产关系便会阻碍生产力的发展。

生产责任制，是劳动组织与生产关系外形层之间的边缘范畴。它既包括劳动组织与管理形式，又包括产品的分配形式，还包括一部分生产资料的支配形式。因此，一定的农业生产责任制形式，必须与一定的生产力水平相适应。我国农村在实行生产责任制以前，之所以生产徘徊不前，主要原因就在于超越了生产力的发展水平，硬性实行过大过高的劳动组织形式和生产关系具体形式。具体地说：(1)违背了马克思主义关于分工是协作的基础的原理，在农业生产力还没有形成专业化分工的条件下，长期推行越来越大的协作形式和劳动组织形式，从而使劳动过程的可控性越来越小，劳动的统计监督很不确切可靠，造成分配上的平均主义，从而导致积极性下降，工效很低，产量上不去。(2)在简单手工工具的条件下，借助于个体农民缺乏生产资料而产生换工互助的要求，实行合作化，这是正确的。但是，在实行合作化以后，却没有及时地大力发展生产力，使落后的生产力迅速与先进的生产关系适应上去，相反，对本来适于个体支配的生产资料继续保持群体性的而且越来越高级的支配形式。这就必然使劳动者与生产资料日趋脱离，权力集中到少数人手中。广大社员缺乏民主权利，少数人还得以侵占集体的劳动成果，更使积极性趋于下降。农业生产责任制，之所以能巨大地促进生产力的发展，也就在于它的协作水平、劳动组织形式和生产关系形式适合于我国当前的生产力水平。

四、生产关系在怎样的条件下才能促进生产力的发展

生产关系对生产力的反作用是有条件的，不是无条件的；是间断性的，而非持续性的。总的来说，必须在生产关系形成了一个良性的"系统反馈"的条件下，才能促进生产力的发展。形成这种良性反馈的具体条件是：

第一，生产资料的支配形式，既能保证劳动者对生产资料的高效利用，又能促使其对生产资料的关心和有效改进。即使劳动者与生产资料处于同向的结合状态。所谓同向结合，就是结合的方式能够使生产资料的利用与改进同劳动者的物质利益处于一致的方向，使不同发展水平的生产资料同相应素质的劳动力处于对应匹配的状态，其目标是使劳动者具有主动支配生产资料、改进生产资料以及发展生产的权力感。在社会主义条件下，这种权力感，可以是在所有权、支配权、使用权的个人直接统一的基础上形成的，如在全民的与集体的企业中那样。

第二，生产过程的管理形式，要能够使劳动者与管理者对劳动生产过程，实行有效的共同干预，以保证劳动者对生产资料的支配权。这种共同干预的管理形式，应根据协作水平和文化水平，采取适当的民主形式，确保直接劳动者能有效地参与管理过程，以监督与校正管理系统的功能，防止其偏离社会主义的生产目的，其目标是使劳动者对生产发展具

有明确的责任感。

第三，产品的分配形式，要能够保证劳动者随着生产的发展而获得递增的物质利益，以造成一种推动生产发展的系统的、社会性的动力，其目标是使劳动者与管理者对于生产的发展具有强烈的利益感。

权是基础，责是保证，利是动力，缺一不可。我们的任务是要使生产关系的具体形式，能够实际形成一种劳动与管理者都关心生产工具的改进、生产技术的改善、管理运筹的合理化和劳动者文化技术素质提高的强大内在动力。

这里，要强调一点，生产关系对生产力的作用属于"反作用"，生产关系系统对生产力系统的输入属于"回输"（反馈）。因此，生产关系系统能否形成对生产力系统的"良性反馈"，不能从生产关系系统本身找寻"基因"，而必须从生产关系系统状态是否符合生产力系统的约束方面去寻找。上面说的三个条件，只有在生产关系的形式是适合生产力水平的基础上才成为可能。

五、结论

根据以上全部的分析，可以得出如下几点认识：

（1）生产力与生产关系是同属于生产方式大系统的两个相互联系的、具有相对独立性的系统。生产力系统对生产关系系统的输入，一般地决定着生产关系的状况，生产关系系统的输出，又可有条件地反馈给生产力系统，影响着生产力系统的状态，生产力的决定论与生产关系的反馈论，既有主从之分，但又不可分割。生产关系是在一定生产力基础上的生产关系；生产力是在一定生产关系控制下的生产力。谁离开谁，都会变得不可理解。因此，人们企图脱离生产力去追求生产关系的提高，正如企图脱离生产关系去探索生产力的发展一样，都是主观片面的。

（2）生产力系统与生产关系系统，都不是几种要素的简单合并，而是各有其内部的有机结构与层次，且各要素与层次之间存在着按规律相互输入输出的关系，从而集合为一种系统功能。因此，要判明生产力与生产关系并探索其发展途径，就必须从剖析生产力与生产关系的内部结构及其相互关系入手。只有这样，才能找到两者相互联系、相互作用的层次与程序，从而找到它们发展的必备条件和步骤。从动态的观点看，生产力系统处在经常的变化之中，生产关系的外形层（生产关系的具体形式）则因时因地根据生产力的状态而不断地调整着，而生产关系的内涵层（所有制与分配制）则处于较大的稳定状态；而在生产力系统中，内涵层是最活跃的层次，外形层随着生产力内涵层的变化而变化，边缘层则具有相对的稳定性。

（3）一定的历史阶段上的社会经济条件所形成的社会性的、现实的物质利益，可以造成一种社会性的客观需要。这种客观需要能够以极大的力量推动生产力向前发展，而这种物质利益是从生产力发展的胞胎里发育而来的，但要使之成为一种社会性的客观需要，则需首先通过局部范围而后逐步扩展的生产关系（通过分配关系）使物质利益能成为现实的可获取的利益。

（4）以上全部分析与综合，对实际工作的意义在于：第一，要因时因地根据农业生产力的内涵素质，采取相适应的协作方式、劳动组织与生产责任制形式。生产责任制形式与生产力是否相适应，其判别标准是：①劳动过程是否可控；②对劳动数量与质量的统计监督是否可靠；③产量是否增长。第二。根据发展了的生产力，及时调整生产关系的具体形式，以促进生产力的进一步发展。调整的契机在于：①劳动者对生产的关心是否普遍下降；②劳动过程中的信息是否反馈失灵；③劳动者的物质利益是否普遍停滞或下降。第三，根据生产关系具体形式的发展，有阶段地、稳步地在调整所有制结构的基础上完善和发展农业结构模式。

◎ **本章参阅文献：**

1.《资本论》人民出版社 1975 年版。

2. 马洪，孙尚清：《中国经济结构问题研究》，人民出版社 1981 年版。

3.《外国经济结构文集》，中国社会科学出版社 1980 年版。

4. 朱嘉明：《国民经济结构学浅说》，知识出版社 1984 年版。

5. 于光远：《论生产力经济学》，吉林人民出版社 1983 年版。

6.《生产力规律研究》，经济科学出版社 1985 年版。

7. 邹镇秀：《农业结构和农业研究领域的探讨》，《农业经济问题》，1983 年第 8 期。

8. 陈可文：《试论我国多部门农村经济结构的建立和发展》，《农业经济问题》1984 年第 5 期。

9. C. R. W. Spedding：An introduction to agricultural systems。

10. 夏振坤：《农业发展模式的探讨》，《中国农村经济》1985 年第 5 期。

11. 夏振坤：《论农业中生产力与生产关系的层次运动与系统协调》，《农业经济论丛》1985 年第 5 期。

第二章　适应农业及其模式

第一节　适应农业引论

一、农业的适应性与适应农业

农业是一个对自然条件依赖性较大的物质生产部门。可以说，农业的发展，基本上是伴随着人类征服自然能力的前进节拍的。在农业中，人类征服自然包含两个方面：适应自然与改造自然。由于农业中的许多自然因素——如阳光、气候、降雨等，还远非人的能力所能控制，至少在未来相当长的历史阶段内，还将是以适应自然为主，改造自然为辅。这种状况，愈是经济技术落后的国家和地区则愈显得突出。

我国是一个发展中的大国，不仅经济技术发展不平衡，而且自然灾害较多。从全国来讲，有占全国土地面积 52.5% 的终年缺水少雨的北方干旱、半干旱地带，也有大片多雨易涝的南方多雨、湿润地带；有占国土很大比重的山地丘陵，也有水土丰润的平原河谷；有近34亿亩的可用草地，也有数千万亩的可养殖的内陆水面……这些不同的地带，在不同的季节，自然因素的变化也不一样，大部地区冬春少雨多旱，夏秋多雨多洪涝。特别是在一些高山区，阴坡与阳坡，山上与山下，小气候都不大一样。面对这种千差万别的自然条件和土地资源，又缺乏足够的经济与技术力量，农业要发展，首先必须从适应自然入手，从大自然挑战的薄弱环节上寻找发展农业的突破口，从顺应自然中探索改造自然的蹊径，而不是像过去那样，立足于改造自然，采取一些力不能及的对抗性措施。这一点，在第一章中已述及。

但是，农业的适应性同适应农业则是两个不同的概念。前者是客观范畴，是客观存在的规律性要求。后者则是客观印象通过了人们主观的加工，而后又加诸客观的范畴。或者说，适应农业这个范畴，是根据农业的适应性规律，通过人们的主观总结摸索而形成的一种农业经营方式。

30年来，在农业发展的指导思想上，尽管提出了"因地制宜"的口号，但实际上却被"一刀切"的做法所淹没殆尽。这种忽视甚至无视农业适应性规律的倾向，在党的十一届三中全会以前，是带有全国性的。在达到《农业发展纲要》所要求的单产指标的要求下，农业生产中的瞎指挥盛行，使许多本来具有较丰富资源，可以采取多种开发与经营方式而致富的地区长期处于"富饶的贫困"状态，农业未能得到应有的发展。位于湘鄂川黔边界的武陵山区即一例，这个地跨四省的山区，地上拥有极为丰富的林、特、果、药和动物资源，地下蕴藏着储量居全国前列的各种矿产资源，还有极其丰富的水能资源，是一个资源十分富有的山区。但由于在党的十一届三中全会以前，不顾农业发展的适应性要求，片面推行全国一律的"以粮为纲"模式，毁林种粮，致使自然生态遭到比平原更大的破坏。水土流失面积不断扩大，湖北鄂西自治州地区超过了中华人民共和国成立初期，湖南铜仁地区每县每年流失的土壤不下500万吨（相当于失去5000亩土地）。由于森林的破坏和水土流失的加剧，旱水灾害发生频率由过去的十年一遇提高到三年两旱甚至一年一遇了。

这种违背农业适应性规律的做法，在党的十一届三中全会以后，有了基本的转变。但不等于说，这种短期行为赖以存在的机制就完全不存在了。对于一个经济、文化比较落后的发展中国家来说，欲使农业得以健康稳定地发展，一方面要坚决消除经济发展上的"过热症"，另一方面则要牢固树立适应农业的指导思想。这一点具有重大的战略意义。

二、适应农业的概念

那么什么叫"适应农业"呢？很可惜，在现在的辞典上还难找到回答。然而，我国农民几千年的丰富实践，为我们作出这一概括提供了足够的素材。

我们的祖先自古以来为了同严峻的自然条件和自然灾害作斗争，创造了许多适应性的耕作制度和生物技术。诸如：多旱地带的"阴畦"，多雨地带的"高垄"，山区的"等高种植"，湖区的"深水栽培"，为避开病虫害与杂草的"水旱轮作"，为防止高温地带地表蒸发的"辅石栽培"等。湖北汮漢湖水网地带，为了适应夏季行洪、冬季落干的自然环境，农民和技术人员创造了"冬排、春种、夏蓄、秋收"的"种稗—蓄水—养鱼"的农业经营模式。太湖流域的农民，也创造了多种避开自然灾害的熟制和耕作方法。所有这些都是我国农业发展的宝贵遗产，都是建立适应农业的可靠依据。

根据我国农业实践经验，所谓适应农业，是指遵循农业适应性规律，以有机农业为主体，采取相互配合的生物技术和栽培管理措施，以顺应和利用自然环境来发展农业的一种经营方式。

这就是说，适应农业与对抗农业不同：

第一，它是立足于适应自然，而非立足于改造自然，先适应，后改造。改造自然是人类梦寐以求的理想。但由于它是要从根本上消除农业的限制性因子，而其中有一些是目前人类技术水平所不能及的，有一些虽则技术上可行而经济力量无法做到。所以改造自然条件的前提是十分苛刻的，不是落后国家和地区所应采取的一般道路。适应自然，则无须从根本上消除农业限制性因子，只需掌握某些限制因子的运动规律，避其害，趋其利，为我所用，发展农业。当然，适应不是被动消极的，应是从适应中掌握限制因子的内在规律和外部条件，为进一步改造它创造条件。

第二，它是实行避灾为主，抗灾为辅的方针，而不是相反，就如军事学上的"敌来我走，敌退我追"战术那样，"灾来我避，灾过我奇"。洪涝、干旱、病虫、霜冻等，几乎一切灾害，都是有间隙性和起伏性的，不会是终年持续不变的。这样，就给人们以"可乘之机"，以退为进，发展适应农业。当然，避与抗不是绝对分割的，一方面避灾的目的是抗御灾害，夺取丰收；另一方面大局上采取避灾方针，并不排斥局部性的抗灾措施(例如工程排水、药剂治虫等)。

第三，它采取生物措施为主、工程措施为辅的技术路线，而不是相反。例如，在沟壑纵横的黄土高原，实行种树种草，涵养水土；发展牧业和农业，而不是大搞"人造平原"；在干旱、半干旱地带，采用旱作多熟制和旱地耕作法，而不是盲目地搞大规模的"多级提灌"工程等。

因此，适应农业是因地制宜发展农业的起始阶段。

三、适应农业的基本要求

根据上述适应农业的概念，发展适应农业应力求满足如下基本要求：

(一)农作制度的适应性

作物栽培，是农业的主体。作物生产过程，是通过绿色植物利用太阳能，制造和积累有机质的过程。作物的生长发育，离不开温、光、水、气、养料这些基本要素，而多数又是以土壤为载体，通过人类的劳动进行调节的。这种情况就决定了农作物生产的特殊性：第一，经济的再生产过程与自然的再生产过程密切地交织在一起，使作物生产具有严格的地域性和强烈的季节性。各种作物、各种作物的不同品种，对于气候、土壤和季节都有严格的选择性。第二，生产时间与劳动时间的不一致，生产过程的连续性和劳动过程的间断性并行，使作物生产劳动具有明显的不均衡性，劳动力和生产资料利用在一年之中极不均衡。第三，各种作物，既有消耗土壤的一面，又有培养地力的一面，从而使土壤不会像工厂的机器那样越用越坏，只要安排合理，便可能越用越肥。

按照这些特点，建立具有适应性的农作制度，便要求从当时当地自然与经济条件出发，以用地与养地相结合为前提，实行合理的轮作、复种、间作、套种方式，采用最优的作物结构和品种结构，力求最大限度地占领农业生产的空间与时间，充分有效地提高光能与土地资源的利用率，为社会提供日益丰富的农产品。党的十一届三中全会以前，在南方农业改制过程中，虽然取得了很大成绩，但却也产生过三次不看条件，生搬硬套，强行推广的重大失误：50年代的"籼改粳"，60年代的"旱改水"，70年代的"单改双"。这"三改"尽管在一些地区是成功的，但在不少地方由于违背了适应性规律，则造成了重大损失。

这段历史经验说明，无论是农作制度、高产作物还是高产品种，都具有相对性，都要求满足适应性要求。哪怕是最先进的农作制度、最高产的作物、最优良的品种，脱离了它所适应的条件，都不能达到增产增收的目的，甚至会破坏农业的基础。

所以，实行具有最优适应性的农作制度，是建立适应农业的基础。

(二)生产经营的适应性

基于我们对农业范畴的理解，尽管种植业是农业的基础，但它却不是农业的全部结构。因此，建立合理的农作制度，还不是适应农业的全部要求，它还要求进一步建立具有适应性的生产经营结构。

生产经营的适应性，包含两个基本方面：生产结构的适应性和经营结构的适应性。农业生产结构，主要指农、林、牧、副、渔的结构比例以及相应的产品结构等；农业经营结构，主要指生产、加工、运销的配合以及相应的经营方式等。一个特定的农业系统，大到一个农业区域，小到一个农户，采用何种生产结构和经营结构，则受到市场需求、资金供应、技术水平和基础设施等制约。作为一个处在由半自然经济向商品经济转化过程中的农业系统，又面对着发育还不健全的市场系统和基础设施，在调整自己的生产经营结构时，一般地说，首先必须从适应当地当时的市场和基础设施起步，采取适应性的经营，然后再求更大的发展。否则，由于信息不灵，资金与技术跟不上以及供销渠道不畅会造成失误。

(三)生产要素组合的适应性

劳动力、工具与装备、劳动对象和管理，构成农业生产的基本要素。这些要素按一定的结构模式进行组合，便形成一定的农业生产力。要素组合的适应性，一方面要求各要素之间相互适应，另一方面要求组合的水平要适应当地当时的社会经济条件。这方面的理论阐述，我们在第一章第五节已讨论过了。这里，只用举一个典型的例子就可以更加明白了。如果我们从加拿大引进一整套高度系列化的农业机器体系到我国南方农村来使用，那么马上就会遇到一系列的不适应现象：首先，就是农户买不起；其次，即使国家给了钱，经营规模和田区布局也不能适应；最后，即使在国营农场中可以运行，但节省出来的大量劳力也难以安排；留下的极少数劳力由于社会化服务跟不上，辅助性劳务(生产资料供应与产品运销等)和生活服务问题也难以解决，其效果肯定不会好。

因此，生产要素的组合也必须注意适应性。

(四)微观与宏观调节的适应性

要建立适应农业，在微观上要给农场经营者以自主权，使其具有重要的法人资格，成为真正的独立商品生产者。在宏观上，要实行分区指导，变高度集中的直接调控为相对分散的间接调控。否则，适应农业的原则是根本无法实施的。30年来，农业上一度风行的"瞎指挥"的根子就在这里。

任何一种调节机制，都不是孤立存在的，它首先要受到生产力社会化水平和生产关系性质的制约。当农业还未真正摆脱自然经济的状态，还存在多种所有制的情况下，就必须给直接生产者以更多的自主权；国家就不宜实行过分的直接干预。

第二节　适应农业的发展模式

由于农业资源千差万别，因此适应农业的发展模式也是多种多样的。这里，只列举几种典型模式。

一、"旱作农业"模式

在我国许多干旱、半干旱地带，农业发展的限制性因子就是缺水。即降水少、径流小、地下水位低。在党的十一届三中全会以前，在农业技术改造上全国一律化地强调"水利是农业的命脉"，在水源奇缺的北方干旱地区，竟也提出"全面实行水利化""抗旱抗到天低头"等脱离实际的口号，搞"多级提灌，引水上源"的大工程。其结果，虽也增加了一些灌溉面积，但总的结果是得不偿失，并没有基本改变这些地区农业落后的面貌。如山西仍有70%的耕地无法灌溉。

为了探索干旱、半干旱地带农业稳产高产的道路，山西省张沁文同志提出了"水路不通走旱路"的主张，认为解决干旱问题不能就水论水，应该充分利用自然，适应自然，"顺天时、量地利"，在水源不足、地形复杂的条件下，不能强调搞"人定胜天"的水利工程，而应抓好土地平整、土地改良、增施肥料，合理布局耐旱作物，选用耐旱品种，采用深耕深翻、蓄水保墒一整套纳墒耕作法，推行"旱作农业"。

"旱作农业"模式，就是以改土为基础，以旱地耕作为中心，蕴含还林还草，发展多种经营，增加有机肥料，采用优良品种等措施，使春夏季降雨大部储存在土壤中，形成一个"土—肥—水—种"相生相养的农田物质小循环系统，达到抗旱夺丰收的目的，其模型示意见图2-1。

这种模式，由于利用了肥水互促(有机肥为主)的原理，在田间小循环中，创造了一个较良好的作物生长环境。据山西的材料，这种改良过的土壤，每亩可蓄水 $130m^3$，如果全省旱地均达到此水平，则其蓄水总量相当现有水库常年蓄量的6倍。该省壶关县晋庄大队，实行旱作农业，谷子亩产稳定在800斤以上。闻喜县东官庄大队，旱地小麦亩产稳定在500斤以上。

二、"水体农业"模式

我国长江中下游分布着5000多个大大小小的淡水湖泊，这些湖泊过去长期没有得到开发，利用率很低。湖湾岸汊不见绿色，鲜鱼亩产大多几斤到十几斤。湖面的光能利用率不到0.1%，仅为农田光能利用率的1/20~1/10。

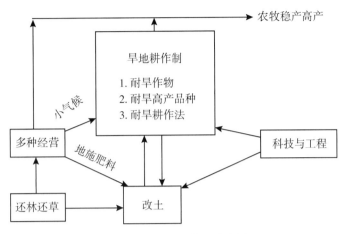

图 2-1 旱作农业模型示意图

在过去"以粮为纲"的思想指导下，一度大量围湖造田，"叫湖水让路"。湖北省1000多个湖泊，经过大量围垦，只剩下300多个了。这些围垦地带，由于常年受到涝渍威胁，防渍排涝，耗费大量人力物力财力，产量不高，不少地方每斤粮食分摊的抽水费高达0.15元以上，造成连年亏损，垦民多不安心，成为政府的一个包袱。更为严重的，是由于水面大量减少，调蓄容积大幅度下降，每年汛期，使大片原属保收农田反倒受到洪渍威胁，造成一种"排低淹高"违反自然规律的反常局面。

党的十一届三中全会以来，湖北省采取了一系列措施，退耕还湖，恢复行洪区，并在此基础上探索利用泛区和湖面建立水体农业的模式。其中汉阳县东荆河泛区，利用泛期挟带的营养物质和行洪区的水生植物，初步建立了一种特殊的水体农业模式(见图 2-2)，达到了渔业、狩猎、芦苇三丰收。

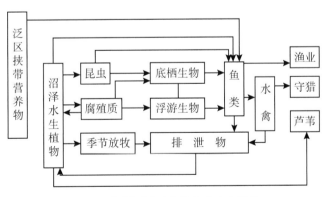

图 2-2 东荆河泛区水体农业生态结构

中国科学院南京地理与湖泊研究所从1982年起，在太湖进行了"水体农业"的试验。根据湖区的水、土、空间和光能资源等条件，研究开辟一项与陆地农业并列的水中生产领域，采取各种适应湖泊条件的生物技术措施，把湖区变成水上绿色田园，达到渔农双丰收。

这个"水体农业"系统，包括三个子系统：消浪带(以漂浮植物水花生为主体，将水面分隔成若干大方格以阻止风浪进入格内，保证格内水生作物的生长)—水生作物(芡实、菱茭白、深水稻、莼菜等)—鱼类。

这种水体农业不仅使水面增加了许多绿色作物的产量，而且使鱼类有了更好的栖食、洄游和产卵的环境，从而亩产量可达千斤。在试验区内的光能利用率已提高到1%左右①。

"水体农业"模型示意见图2-3：

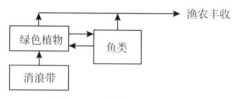

图2-3 "水体农业"模型

水体农业，在我国还处于试验阶段，但它却是一种极有前途的农业发展模式之一。因为它突破了传统的种植业离不开土壤的观念，为开拓农业生产新领域打开了思路。其实，作物生长发育并非靠吸取土壤本身，而是吸取土壤里贮存的养分和水。在我国，有丰富的水生粮食和蔬菜作物资源，只要方法对头，开发的前景未可限量。发展水体农业便是主要的途径之一。

三、"草地农业"模式

我国北方，有广阔的草原地带和干旱的黄土高原。由于长期以来，毁林毁草垦荒，单打一地种粮食，造成水土流失，草原沙化，土质贫瘠，灾害频仍，地越种越薄，粮越种越少，人越过越穷：越穷越垦，越垦越瘠，越瘠越穷，陷于难以自拔的恶性循环之中。

在过去"农业学大寨"时期，企图通过平整土地，"人造小平原"，搞"百里长渠"引水工程，发展灌溉农业。但由于它根本违背了自然规律，又未跳出"粮食农业"的小圈子，耗资亿万元，报废工程不少，却未能解决灌溉问题，从而也未解决吃粮问题。

党的十一届三中全会以后，党中央号召这些地区实行"反弹琵琶"，种草种树，发展畜牧，以牧促农。几年来，不少地方已开始见效，出现了"草多畜多、肥多、粮多"的新局面。例如，著名的贫困地区——宁夏回族自治区的固原地区，实行草地农业模式，1981—1984年共种草种树152.4万亩，4年造林面积相当于过去30年的存林面积。大家畜由1980年的25万头增到30万头，羊饲养量大增。1984年较1980年，工农业总产值增长20%，粮食总产值增长21%，人均产粮560斤，人均收入100元，比1980年增1倍以上，3年解决了初步温饱问题。

---

① 蔡名照：《南京地理研究所的水体农业前景诱人》，《人民日报》1985年。

这种"草地农业"（见图 2-4），是以人工草场为基础，以牧业为主体，创造一个肥丰水足的发展种植业的良性生态环境，实现牧农并茂。

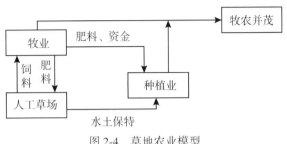

图 2-4　草地农业模型

"草地农业"，适于生态环境受到严重破坏的干旱地区。自然生态环境是农业的根基。在那些地区，由于根基的毁坏，水土流失十分严重，农业也就无法存在了。因此，要发展这种地区的农业，必须从恢复它的根基——自然生态环境入手：建立人工草场以保持水土，为农牧业提供饲料；牧业发展了，肥料与资金也有了。这样就为种植业的存在与发展提供了基本的条件。这种"草地农业"模式，是农业指导思想上的一次革命。因为它跳出了以过去那种就农业论农业，就粮食抓粮食的小生产落后而狭隘的农业指导思想，进入了以生态促农业、以牧促粮的科学而开放的农业指导思想。农业的发展，粮食的增产，都是需要一定的(有时是苛刻的)环境条件的。当这种环境条件基本具备时，在农业和粮食生产系统内部进行某些强化和改良措施，有时是可以见效的；然而在这种环境条件已基本不具备的地方，如果也这样做，那就不仅没有效果，反会更加恶化环境条件，造成一种极其危险的恶性循环。从环境改良入手，造就一个粮食作物生长的良好环境，这就是"草地农业"的精华所在。

四、"沼泽农业"模式

我国南方由于上游水土流失严重，不少浅湖逐渐沼泽化了。1983 年较之中华人民共和国成立初期湖底高程平均增高 0.1~0.96 米。这些沼泽地带既不能养鱼，也不宜种植作物，往往长年荒芜。

湖北汉川的洪北湖等地区，采取湖中套渠，挖渠筑堤，渠中养鱼，堤上植桑养蚕，造林放牧，形成别具一格的"沼泽农业"模式。具体做法是，根据湖泊的自然条件，开挖成"田"字形的人工渠系，面积大小不等，一般 1000~4000 亩一块。每个田字格内，建排灌设备一套，可排可灌。养鱼实行三配套，渠内育种、寄养，成鱼养在未挖渠的大面积浅水中。这就解决了调蓄与养殖的矛盾。湖底降低一米多，旱季不干，雨季多蓄，为养殖和调蓄均创造了良好条件，从而提高了鲜鱼产量，增大了调蓄容积，而且还可增产大量饲料和蚕茧。

适应农业的模式是多种多样的，有利用轮作换茬方式避开季节性灾害的模式，有利用作物习性和灌水方法适用盐碱地的模式，有错开栽培季节以避开涝渍的模式等。由于篇幅所限，恕不一一列举。

第三节 适应农业的层次性

适应农业是一个总的概论。由于农业中存在着多个经营层次，故适应农业在不同的经营层次中，往往会以不同的形式存在与发展。

一、家庭副业

这是存在于农户庭院经济中的一个经营层次。家庭副业包括家庭种养业和家庭手工业两个基本部分，主要是利用农户的闲散劳力、劳动时间和宅旁园地从事饲养、果蔬、编制等小规模的非主业生产。这些生产基本还处于社会分工的萌发阶段，多为适应当地当时的消费习惯、生产条件和劳动者本身的素质而发展起来的。

消费习惯的适应性：农民从事家庭副业，首先是适应自给性消费习惯，逐步转向本地初级市场所反映的消费(包括生产与生活消费)需求。这是处于适应性副业的发展阶段。随着信息的沟通，交通的发展，流通渠道的拓宽，农民商品意识的增强，才会逐渐由适应性副业转向深购远销。

生产条件的适应性：农民在开始经营家庭副业时，一般总是利用现有的庭院、自留地、设备和闲散劳动力与劳动时间，从事一些拾遗补阙的生产项目。例如，塘上搭瓜棚、窗外架葡萄，宅旁种菜养花以及小规模的畜禽饲养等。一般投资很少，效益较好。随着市场的发展和资金的增加，才会逐步由适应现有的生产条件转向创造新的生产条件。

劳动者素质的适应性：作为家庭副业，当然是依靠农户内部的劳动者进行。而劳动者本身的技能结构和熟练程度，就成为发展家庭副业的主要限制因子。因此，作为适应农业的一个经营层次，家庭副业首先必须适应农户内部劳动者的素质，否则，经营的风险性就会大大增加。

二、适应性耕作

适应性耕作，是存在于农户承包经济中的一种耕作方式。在前面第一节曾讲过适应农业对农作制的适应性要求，这种适应性要求具体可以分解为四个方面：空间的适应性、时间的适应性、气候的适应性和灾害的适应性。

空间的适应性，是对土地资源的最充分利用。这种"充分利用"包括两方面的含义：从广度上立足于全部土地资源的总体布局，从深度上立足于单位面积上挖掘增产潜力的集约布局。总体布局的适应性，诸如在南方低山丘陵地区的"山脚茶麻带，山麓楠竹腰，山顶松杉帽"的总体布局模式；一些人多地少地区的"田中植稻，稻田养鱼，田埂种豆"模式；山区的各种林、果、药、材的立体布局模式等。这方面，河北省衡水地区提供了很好的经验。该地区将900万亩耕地按"三三制"进行总体布局：300万亩土肥水足的耕地保证粮食稳产高产；300万亩土地种植棉花；300万亩沙荒盐地发展林果牧草。1985年虽然粮食面积减少，而总产由80多万吨增至130多万吨，棉花增产近4亿元，林果畜牧也有了很大的发展。集约布局的适应性，主要指因地制宜地种植多种高产作物、高产品种等。

时间的适应性，即是对生产季节的最大利用。诸如通过各种适地适时的间作套种和混作以求得一个生产年度内产量最大；通过各种轮作换茬方式以求得一个周期内产量最大等。这方面我国农民几千年来创造了极为丰富的经验。

气候的适应性，即是对光热资源限制的适应性利用。诸如有些地区为避开无霜期短的限制因子而采用早熟品种，四川西部为避开热量不足的限制因子而将双季稻改中稻等。

灾害的适应性，即是对常发性自然灾害的回避性耕作方式。诸如北方小麦区为防御霜冻而采取的"压麦措施"，西北干旱多风地带为防止水土流失而采取的铺石栽培方法等。

三、适应性多种经营

适应性多种经营，是存在于农村合作经济中的一个经营层次。以整个家庭农场为单位，进行综合性的适应性经营，即因地制宜地确定农场的生产结构，安排农、林、牧、副、渔和种养加工的比例，达到经济效益最高。因此，它的外延较之家庭副业、适应性耕作更大一些。

多种经营，是农业商品生产发展的必然趋势。一般地说，当粮食领域的商品生产发展到一定程度之后，就会出现粮食转化和劳动力转移的问题，也即调整产业结构的问题。在我国由于还处于二元经济向现代经济的转变阶段，各地区的发展又极不平衡，因此无论是粮食的转化还是劳力的转移，都难以完全甚至不能主要靠城市大工业来承担。这种转化和转移必然呈现一种多层次、多梯状的状态，即农业内部转化、农村工业转化与城市工业转化并举；与此同时，劳动力向多种经营转移、向农村小城镇转移与向大中城市转移并举，并以前两个层次为主。而且，由于前两个层次特别是第一层次受到人才、技术、设备的限制，多限于初中级技术梯度，这也是我国二元经济转换过程中的重大特色。

因此，当我国农业由单一的粮食生产向多种经营转化起步时，要从现时农村经济发展的阶段特征出发，特别注意适应性经营。我们在前面家庭副业部分所提出的适应性要求，基本也适用于适应性多种经营。

四、"三就"企业

"三就"是指就地取材、就地加工、就地销售；"三就"企业，即指那种按这些原则经营的小企业。"三就"企业，是存在于村镇经济中的一个经营层次，它又是乡镇企业的起步阶段。

中国的乡镇企业，是一个相当复杂的经济范畴。这是因为乡镇企业的发展是伴随中国农村工业化的整个过程的，它是处于不断变化之中的经济形式：由低级到高级、由不定型到定型，采取多种形态而发展着。一般地说，是从农民家庭手工业分化出来，经过农村手工作坊，到初级的村办企业，逐步发展为具有行业特征的中小企业。当然这是指典型的、自然成长的那一类乡镇企业，不包括那些乡镇政府集资兴办的名为集体实为地方国有的企业。

在这种农村社会分工发展的过程中，不仅在经营归属上会出现多个层次，而且在发展发育成熟度上也具鲜明的阶段性。"三就"企业，就属于那种尚不成熟的发展阶段。因此，对于"三就"企业不应一概加以否定，而必须采取历史的态度对待它。应该如实地承认，"三就"企业是一个较适合我国大多数欠发达地区农村产业革命起步的发展形式，因为它较能适应那种地区基础设施落后、信息不灵、人才和技术缺乏以及市场不发达等条件。

第四节　适应农业的发展方向

农业经营，按其投入的密集度划分，可分为非集约、准集约、集约化和高集约等若干梯度。适应农业，则处在非集约至准集约的梯度间，因而它是合理农业的起步阶段。

推动适应农业向前发展的有两大要素，一是科学技术的发展，二是经济实力的加强。随着这两个要素的增长，适应农业中将不断注入先进的生产技术措施和工程技术措施，农业的经营便由粗放逐步转向集约，演变为各种形式的生态农业。

适应农业与生态农业，其界限不容易划分得十分清楚，两者是一个渐进式的发展过程。一般地说，适应农业发展到高级水平就自然而然地进入了生态农业的领域。如果一定要确立某种标志的话，那么，不妨这样认为：适应农业较之生态农业来说，投入较少，食物链较短，物质能量转换率较低，不一定都是循环式；从历史发展阶段来说，适应农业是"工业化前农业"，生态农业则是"工业化后农业"。

◎ **本章主要参考文献**

①杨宝荃，张沁文：《北方地区发展农业的技术战略思想探讨》，《农业发展战略问题论文选编》(6)，1983 年。

②黄佩民等：《我国北方旱地农业发展战略》，《农业发展战略问题论文选编》(6)，1983 年。

③城野宏等：《农业观念的根本转变——城野理论与应用》，《国外农业科技》1979 年第 5 期。

④夏振坤：《试论作物布局的经济评价》1978 年(油印本)。

第三章　生态农业及其模式

第一节　生态农业引论

一、生态农业产生与发展的客观必然

生态农业的出现，是农业生产发展到一定阶段的产物，是农业生态系统演变、现代农业(以高能耗为特征) 发展的客观必然。

农业生态环境的恶化态势急需遏制。随着人类在农业生态系统中支配地位的提高，人们对生态环境的作用强度和规模也不断升级，使得生态环境持续恶化，表现在：一是土地资源尤其是耕地资源的短缺。一方面水土流失、土壤沙化和盐渍化使耕地不断减少；另一

方面人口增加使得人均占有量不断降低。中华人民共和国成立初期，我国人均耕地 2.7 亩，到目前只有 1.4 亩。二是土地资源退化。许多茂密的山林变为不毛之地，耕地土壤有机质下降，土壤结构变坏。三是部分生态因子的异常变动频次增加，幅度增大。干旱、洪涝成灾次数和强度都呈增加趋势。此外还有生物资源的退化与枯竭等。撒哈拉沙漠的扩张，美索不达米亚文明的兴亡等，都是破坏生态环境的前车之鉴。① 而造成这种破坏的主要原因之一，就是不合理的农业生产模式。要遏制农业生态系统的这种恶化态势，客观上要求农业生产模式更为科学、合理，永续。

这种农业已不能满足我国人口与社会经济发展对农产品的需求。我国农业尤其是在山区和欠发达地区的农业，在很大程度上还没有超脱出适应农业的范畴，如山区的等高种植、休闲耕作，用轮作换茬方式避开季节性灾害等生产模式。但是这种模式生产力水平较低，单位面积产量，一般较现代农业低。如水稻生产，菲律宾传统农业生产方式的产量只有每亩 1250 公斤。而现代农业的美国每亩达 5800 公斤。② 我国 20 世纪 60 年代以前，较为典型的适应农业亩产也只有 100 公斤左右。人均劳动生产率，适应农业更低于现代农业。每个农业劳动力负担的耕地面积，我国只有 4.8 亩，仅仅只有日本的一半、美国 1263 亩的 0.4%。每一农业劳动力创造的产值，我国为 403 美元，日本为 2020 美元，美国达 73282 美元。③ 此外，适应农业抗逆能力弱，对各种自然灾害的抵抗能力较差。显然，适应农业模式远远适应不了我国社会经济的发展要求，既难以满足我国人民生活和工业生产对农产品的需要，也不利于我国农民迅速致富，达到 20 世纪末小康水平的战略目标。

那么，以高能耗投入为主要特征的"石油"农业或工业化农业是否可作为我国现代农业生产模式的最佳选择呢？事实上，我国自 1949 年后，尤其是近 20 年来，通过兴修水利，提高旱涝保收面积，推广农业机械化，迅速增加化肥农药投入等手段，正逐渐步入现代农业。全国农用机械总动力，中华人民共和国成立初期只有 25 万马力，到 1984 年则达 2.65 亿马力，增加了 1000 多倍。中华人民共和国成立初期，我国很少施用化肥，到 20 世纪 80 年代初，我国每公顷施用量已达 153 公斤，超过世界平均量 77.9 公斤的近一倍，也超出了同期美国（86.7 公斤）、苏联（80.9 公斤）施用水平的近一倍。也正是由于这种投入的增加，我国的农业生产水平才有了较大幅度的提高，粮食生产由中华人民共和国成立初期的每亩 176 斤增长到 1984 年的每亩 481 斤，每亩耕地种植业产值从 43.1 元增加到 133.7 元。④ 尽管如此，我国仍未完全步入发达的以高耗能为特点的现代农业阶段。遵循这样一种模式继续发展，不仅不符合我国的特定国情，而且这种模式本身有其不可克服的痼疾。

首先，高的商品能投入，受着能源短缺的严重制约。据联合国粮农组织测算，现代化农业生产方式生产水稻，每公顷的商品能投入比传统性农业生产方式的投入要高约 78.9

---

① E. 埃克霍姆：《土地在丧失》，科学出版社 1982 年版，第 44，102 页。
② G. 巴尼：《公元 2000 年环境》，科学出版社 1986 年版，第 77 页。
③ 《技术经济手册·农业卷》，辽宁人民出版社 1986 年版，第 1372~1373 页。
④ 《技术经济手册·农业卷》，辽宁人民出版社 1986 年版，第 81，99~10 页。

倍,而产量只高约 3.6 倍(见表 3-1)。据世界观察研究所的资料,全世界已探明的石油贮量只够开采 37 年,最终可采储量也只够 117 年。[1] 化石能源短缺,替代能源和可再生能源受技术和资源的制约,不能满足日益增长的能耗需求。我国农业能量投入比发达国家限制因素更多。尽管我国化石能源尤其是煤炭储量较高,却难以直接供给集约生产的广大农村区域。而且我国能源供应一直较紧,分配给农业的数量十分有限,使许多地区排灌、脱粒、耕耘等用油、用电都得不到保障。此外,在我国目前的科学技术和生产力水平下,即使能源较充裕,也不可能迅速直接投入农业生产中。

其次,高投入的报酬递减现象明显,生产成本上升。20 世纪 50 年代,世界每增施一吨化肥,可增产谷物 11.8 吨,70 年代为 8.3 吨,而 80 年代只有 5.8 吨。[2] 而我国在 20 世纪 50 年代,每单位化肥能带来 4 单位的粮食增产,而到了 70 年代,每单位化肥还不能带来 1 单位的粮食增产。1950 年,国际市场上 32.73 升小麦可换一桶石油,进入 80 年代则要 220 升以上。据美国农业部报告,1982 年农民出售农产品的价格低于其生产成本。1983 年,农民纯收入为 220 亿美元,而农民负债达 2150 亿美元,几乎是纯收入的 9 倍。我国主要农产品的生产成本,80 年代比中华人民共和国成立初期大都增加了一倍以上,大豆增长近 7 倍。

表 3-1　　　　　　　　　　　用不同生产方法生产水稻所需商品能[3]

项　　目	单位	现代化 (美国)	过渡性 (菲律宾)	传统性 (菲律宾)
能源总投放	10^6 焦耳/公顷	64885	6386	173
产量	公斤/公顷	5800	2700	1250
单位产量能量投放	10^6 焦耳/公顷	11.19	2.37	0.14

最后,高投入带来的环境影响也日趋突出。我国北方地区大量抽用地下水灌溉,水资源短缺现象越来越突出。化肥、农药大量施用对土壤肥力的破坏引起的环境污染也比较严重。可见,在我国持续高能投入发展农业来实现农业现代化,不仅现实条件不允许,而且即使发展了,其副作用的影响对我国农业的持续发展也十分不利。

农业的发展模式和方向,一直是一个世界性的探讨课题。尤其是近 10 多年来,国内外学者提出了许多模式,如有机农业、生物农业等,国内也有"生态学大农业"[4]"十字形大农业"[5]等探索性观点。生态农业也正是在这样一种历史条件下出现并在理论与实践上得到不断发展的农业发展模式。

---

① L. 布朗:《经济·社会·科技》,科学技术文献出版社 1984 年版,第 12 页。
② L. 布朗:《经济·社会·科技》,科学技术文献出版社 1984 年版,第 243 页。
③ G. 巴尼:《公元 2000 年环境》,科学出版社 1986 年版,第 77 页。
④ 侯学煜:《生态学与大农业发展》,安徽科技出版社 1984 年版。
⑤ 于光远:《于光远经济短篇小论集》,山西人民出版社 1984 年版。

二、生态农业的特征及意义

生态农业这个名词最早由美国学者 W. 艾布瑞克梯（William Albrecht）于 1970 年提出。随后通过一些国际活动在世界范围内加以宣传倡导并开展试验和推广工作。近年来，国内在理论与实践上已做了大量工作。如何确切地定义生态农业？许多人认为，生态农业是利用人、生物与环境之间的能量转换定律和生物之间的共生相养规律，结合本地资源，建立一个或多个一业为主、综合发展、多级转换、良性循环的高效无废料系统，达到能量转化率最高、物质产出量最大、资源保护最好、经济效益最佳的目的。也有人强调经济的一面，认为生态农业"实为生态经济，侧重点在经济"，着重研究"食物链上每个环节上所生产的商品"，经过市场而形成的"财源"。也有人把生态农业概括为不同层次上的"生态平衡"。[①]

我们认为，生态农业是一种具有系统整体性的农业发展模式，它使得农业发展的生态、经济、社会效益达到最佳组合，形成最优整体效益，保证农业得以持续发展。具体地说，就是遵循生态学原理及经济规律，科学合理地利用、模拟生物与环境之间、生物种类之间的相互关系，强化或加速自然再生产过程，使其最大限度地获取农产品的同时，保护和改善生态环境，满足社会对农产品的需求。在这样一种模式下，很难要求生态效益、经济效益和社会效益三个目标同时达最大值，只能是在相互协调状况下的最优组合，因而也就不能只侧重于研究"食物链上每个环节所生产的商品"所转化的"财源"，也不仅仅是达到不同层次的"生态平衡"，而是要研究它们在这一模式中的最佳协调值。基于上述认识，可从下列方面来理解其含义。

（1）生态学含义。世界观察研究所所长布朗认为："世界已陷入了全面的生物和农业赤字中""世界不仅在消耗利息，也在消耗本金"。[②] 可见生态学问题是生态农业的基本前提。确切的生态学内容应该是：①所要求的生态平衡，不是自然状况下的简单平衡，而是与经济、社会效益相协调的生态平衡。如对于可垦殖的荒地，在自然状况下，它可能成长为草地生态系统、森林生态系统，作为一个大的区域生态系统中的子系统，起着涵养水源、保持水土、净化大气的作用。但由于人口压力，社会需要较多的第一性初级生产品，在不破坏大区域生态平衡的基础上，就应垦殖用于粮食生产。如果粮食需求过剩，社会需要较高营养级上的食品，还可以进行食物链营养级的一次或多次转化，这样既可增加经济效益，又可满足社会需要，而且也没有破坏大区域的生态平衡。②要求稳定的生态系统能够保持，衰退的生态系统得以恢复，保持生态系统的良好功能状态，从而使整个生态农业体系得以持续发展。例如，对于保持区域生态系统稳定的森林、湖泊等子系统，就不能砍伐、围垦；对于水土流失地、过牧地，就应采取措施，促使其恢复。③在生态农业设计中，应考虑并遵循生态学原理，如物种的生物学习性、能量的单向流动与能量转换效率、养分的循环、物种多样性与系统稳定性、生态系统的动态变化规律等。④生态农业要求不同类型、不同模式的生态平衡，如自然状态的生态平衡（森林生态系统）、超额取出、补

① 国务院农村发展研究中心：《农业发展战略问题选集》（5），1982 年。

② L. 布朗：《经济·社会·科技》，科学技术文献出版社 1984 年版，第 19 页。

充能量的平衡模式(农田生态系统、养殖系统)、家庭生态农业、小区域生态平衡、大气域或流域的生态平衡模式等。⑤生态农业系统要求农业系统以外的环境保持良好状态,不应输入影响该体系生态平衡的物质,如酸雨、有毒污染物,以免引起农业生态系统的崩溃。

(2)经济学内容,是生态农业的一个主要目标,它体现在:①某一食物链环节上的经济效益。美国生态学家 Odum 曾做过这样的计算,10 英亩苜蓿地可养 4.5 头肉牛(每头体重 1 吨),此时从苜蓿到牛的能量转换率为 8%;猪的转换效率可达 20%;如果养乳牛,则为 15%。三种情况都属于同一食物链营养级的转换,在社会对三种产品都需要的情况下,就应选取经济效益好的能量转换形式。②系统的经济效益,如以养貂为主的食物链系统,有三个生产环节:绿色植物即饲料植物,草食动物包括牛、羊、兔和肉食动物貂,是从系统中获取奶、肉的效益好,或是貂皮的效益好,或是两者都获取的效益好?在保持这一系统正常运转的前提下,经营者可以根据经济效益来抉择。③间接的经济效益,据阿·尔·康斯坦季诺夫的研究,农田防护林通过对水文气象因子的影响,防御尘风暴和土壤侵蚀,可使谷物增产量高于 10%;[①] 还有许多目前尚不能精确定量的效益,如森林净化大气、保持水土、涵养水源、保持生物种类等,不能像有的系统那样直接产出商品,但仍是生态农业经济学含义的一个重要组成部分。④经济效益须服从于生态效益和社会效益。

(3)生产力进步、社会发展的内容,也是生态农业概念的一个不可缺少的组成部分。这一组成部分在许多生态农业研究中,或是被忽视,或是重视不够。社会要持续发展,不能停留在一个水平上。第一,我们不仅要利用生物工程、酶工程、遗传工程的最新技术成就,也要用系统论、信息论、控制论、微电子技术等现代化手段管理生态农业。第二,我们必须吸取石油农业的长处。降低劳动强度,提高农业劳动生产率。缩小工农差别,是社会发展的必然,这就要求一定的能量投入。在美国,90 公斤标准重的肉猪,生长期只要 4.5~5 个月,每生产 1 公斤猪肉,仅耗料 2.5~3 公斤;养鸡,八周龄可达 2 公斤,每耗料 2 公斤,即可产 1 公斤鸡肉。用的是什么料?是需要能耗的配合饲料。我国当前的饲养业中配合饲料所占比例少,粮食消耗多,饲料转化率低。这也是一个生态和经济问题。粮食生产也是这样,我们不能停留在 8 亿农民搞饭吃的水平上。第三,要求农村的产业结构趋于合理,实行区域内农、林、牧、副、渔、工、商、运(输)、信(信息、通信)综合发展,形成系统内外物流、能流、财流、信息流之间的良性循环与转换。

这两方面内容的关系如何呢?生态平衡是经济发展与社会进步的前提和保证,反过来又可促进生态系统的平衡;经济发展是社会进步的动力,社会进步需要经济发展的推动,又可促进经济的发展。它们之间既密不可分,又彼此独立。生态平衡不能表明经济发展与社会进步,经济发展同样也不能完全表明生态平衡和社会进步。我们不能只顾其一而不顾其余,要使它们协调起来,构成最佳组合。

生态农业作为一种新型的农业生产体系,其最大特点在于系统整体性。生态农业的属性,不是农业生态系统、农业经济系统的简单加和,而是整体的系统属性。一方面它作为整个社会技术经济系统的一个功能整体,进行物质和能量交换,促进人类社会的协调进

---

① 阿·尔·康斯坦季诺夫:《林带与农作物产量》,中国林业出版社 1983 年版。

步；另一方面该系统的全部要素，包括环境、生物、技术，经济等，按生态规律和经济规律的要求是统一的，如资源开发与环境保护，经济发展与生态平衡都是协调的，不是部分的，更不是矛盾的。我们不能设想生态农业能离开生态平衡讲经济效益，撇开经济效益去谈生态平衡。同时，这一整体包括许多互相联系又相对独立的各种组分，如生态环境、农业生产过程(产前、产中、产后)以及各个生产行业。这些组分的有机组合构成不同层次、不同功能的亚系统或子系统。

生态农业的第一特点是自我维持性与外力强控性的统一。自我维持，指生态农业遵循生态学原理，应用生态工程方法，生产过程自身有自我调节和稳定的特性，如植物转化太阳能，动物摄食植物。而外力强控，则是按照人们的主观意愿，或是删节生产过程(环节)，或是强化或减弱某一过程(环节)，以获取高效产出。这就有别于有机农业，它强调对生产过程的人为干扰及对系统的投入；也不同于"石油农业"，它遵循并利用农业生态自身的规律性。因此，从本质上讲，生态农业是一种耗散(指系统不断地消耗能量)结构，通过与外界不断地交换物质和能量，从而产生自组织现象，形成新的、稳定的有序结构，实现无序向有序、较低的有序向较高的有序的转化。也就是说，通过机械能、化肥、管理等各种形式的能量投入，使远离平衡态的农业生态关系放大为巨涨落，达到新的高物质产出的稳定态。一旦外部能量输入减少或终止，这种有序平衡结构就会瓦解。

多样化生产是生态农业的又一显著特点。农业生产过程是自然再生产过程和经济再生产过程密切交织的社会生产活动。自然再生产的多种可能与经济再生产的多种选择所形成的多种组合，是生态农业多样化生产的客观基础。比如第一性生产者，农作物与林水、粮食作物与经济作物、喜光植物与耐阴植物，它们在时间与空间上、经济效益上都存在一定的差距。动物、植物及腐生物在食物链及营养级水平上所处的层次也各不相同。这就决定了在某一特定时间范围内可以进行多种产品的生产。发达的专业化生产常常人为地割断各种生产者之间的相互联系，而传统的有机农业又不能把这种联系科学合理地加以利用，使得资源浪费和效益低下。生态农业则是"一业为主，多种经营"，综合发展，多级转换，良性循环，进行高效、多样化农产品生产。

生态农业的重大意义，首先在于它符合我国现阶段农业生产实际，有利于加速农业现代化进程。①与我国山多、地形多样的自然地理特征相适应，生态农业可以充分合理利用各种自然资源，进行多种产品生产。②与我国目前联产承包责任制相适应，分散、小型、多样化地进行生态农业生产，有利于调动农民积极性，吸收农业剩余劳动力，加速农民致富进程，提高经济效益。③与当前的技术经济水平相适应，我国农业难以承受高投入、高能耗模式，生态农业有利于加强自身机制，稳健发展。

其次，生态农业通过不断集约化的生物再循环系统把整个农村的生产和生活纳入良性循环的轨道，充分利用了生物种类之间、生物与环境之间的相互关系，在确定的农业生态系统内获取高而持续的产出，以满足我国人民和国民经济建设对各种农产品的需求。

最后，生态农业实现了有机废物循环利用，一方面，在生物产品与能源产品的生产上实现无废物化，既使资源得到了充分利用，又消除了污染源，是综合解决农村目前面临的环境、资源和发展问题的一个有效途径。另一方面，将有机化合物转化为能源产品，如甲烷之类的气体燃料(沼气)及用以代替石油制品的其他液体燃料，为解决我国农村能源问题开辟了新的途径，从而有效地促进了农业生态环境的维护与改善。

第二节　生态农业发展模式与主要类型

一、生态农业的系统组分

研究生态农业的发展模式，首先必须弄清这一农业生态经济系统的组成部分。它不同于农业生态系统，因为它包括技术经济系统的成分；它也不是一个经济系统，因为它受生态系统的制约。从组成上讲，它包括三大部分：农业生态系统、农业经济系统和社会控制管理系统。

(一)农业生态系统

任何生态系统都包括生物组分与非生物组分两部分。生态农业系统中的农业生态系统与生态系统的一般构成是一致的。但是，它不同于自然生态系统，因为其生物成分，并非自然的杂乱组合，而是经过人类长期选择的可以满足人类社会经济某种目的的经济种类，即各种经济动物、植物和微生物，尽管伴随这些种类也有许多人类所不希望的有害种类，如杂草、害虫等；其非生物环境，也不是自然状态下的原生环境，而是经过人为改造和部分得到控制的环境；因而其相互关系，也不是天然条件下的杂乱食物网络，而是定向、定量的转移。

(二)农业经济系统

生态农业系统中的农业经济系统，包括经济过程的各个环节，如投入与费用、积累与消费、生产(生物性生产、加工性生产)等。这些组分的共同特点在于它们融合于自然再生产的各个环节，与生态学过程相交织。

(三)社会控制管理系统

一般地说，传统的农业生态经济模式都在一定程度上包括农业生态系统和农业经济系统，而体系内的社会控制管理系统比较弱。由于农业生态系统的自身循环和农业经济系统的相对独立(产品生产、分配、消费可以只在一个经济实体内实施)，因此传统的农业在很大程度上处于封闭和半封闭状态。生态农业是一种远离平衡态的耗散结构，必须由系统内部的社会控制管理成分将原系统内的微涨落放大为巨涨落，成为一种社会化生产的有序稳态结构。这些控制成分主要包括：社会控制成分，如土地的所有权与经营权、食物链结构与生产类型的决策控制等；开放性管理成分，主要为各种形式的输入(新技术、工艺、良种、信息等)输出(产品)渠道与监督等，以保证生态农业处于开放状态；综合效益评价，从社会发展需要出发，进行生态农业的效益评价，而不仅仅是生态平衡或经济效益，以客观、全面地认识生态农业系统。

二、生态农业的一般模式

上述三个子系统互相联系，构成生态农业整体系统。农业生态系统是基础，是农业经济系统和社会控制管理系统的作用对象，农业经济系统受着农业生态系统的制约和社会控制管理系统的节制；而社会控制管理系统本身没有特定的物质生产结构，它作用于农业生态系统和农业经济系统，进行系统的总体控制。系统的各个组成元素遵循生态规律、经济规律及生态经济规律而表现出来的相互关系，即生态农业总体模式的基本构架（见图3-1）。在这一模式中，我们可以找到物流、能流和财流三个基本运转体系。

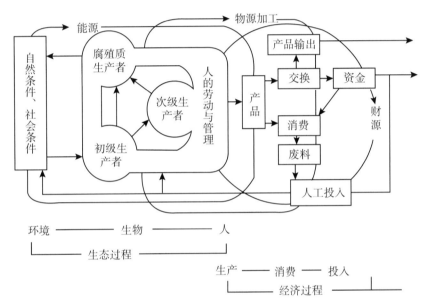

图 3-1　生态农业系统模型

（1）物流：物质在生态农业体系中是周而复始循环运转的，包括物质的自然生态小循环和生态经济大循环。前者指环境、植物、动物、微生物的食物获取与归还的自然循环过程；后者则包括人类从各个生产环节中获取物质产品又将废弃物和投入的物质返还于各个生产环节。

（2）能流：能量补充是生态农业体系运转的原动力。主要来源包括两部分。一部分来自自然的太阳能，只能作用于初级生产者（绿色植物），另一部分则是可作用于农业生态系统各个环节（环境、植物、动物、微生物）的人为补充能（如良种选育、新技术引用、机械能投入等）。它与物质不同，只能单向流动，不可循环：生物的散失热能（呼吸）是不能利用的，可利用的能量结合于物质中以产品的形式输出；随着营养级的升高，单位产品的能量贮量增加，但由于能量转化过程中的损耗，能量总量是递减的。

（3）财流：即资金的流动状况。生产者生产的产品，一部分为系统内自身消费，余者以商品形式通过交换转换为资金，从而实现财流。其主要特征为：它是循环的，循环过程中的表现形式是变化的，既可以是货币形式，也可以是物质产品形式；它必须结合生态农业的生产过程。

生态农业的社会控制管理，并不直接参加到上述流动中，但它通过对生态过程和经济过程各个环节的控制，而实际上控制着各种流程的流向和流量，从而使生态农业体系高效、和谐运转。比如对于自然环境的利用，改善和保护生态环境，生产方式和生产产品的选择，规模和强度的确定等，除了生态和经济的作用机制外，还必须根据社会需要，进行能流、物流、财流的合理导向与节制。生态农业模型的理论表达式，有人认为是农业生态系统与农业经济系统两个子集的交集。但是，这种表述不能把生态农业与一般的农业生态经济系统区别开来。实际上由于农业生产是自然再生产和经济再生产的并和，不论过去的、现在的乃至将来的农业生产，都在一定程度上符合这种表述，只是规模、程度、水平的差异而已。生态农业的突出特点在于根据生态经济原理对系统的社会控制和系统的开放性。因此，生态农业(EA)除了是农业生态(Eg)和农业经济系统(Ec)的函数外，也是社会控制管理系统(Sc)的函数。即：

$$EA = f(Eg, Ec, Sc)$$

根据前面的讨论，它们的逻辑关系为：

$$EA = Sc \cap (Eg \cup Ec)$$

Sc，Eg，Ec 都是多变量子集，它们相互作用所形成的有一定结构和功能的生态农业系统 EA 也是多因素集合。

单就模式自身还不能综合评价生态农业体系的优劣，而要通过这种模式的结构和功能，应用一系列指标进行科学评判，这将在后面进一步讨论。

三、生态农业的主要类型

前面的讨论只是一般意义上的概括。在生态农业的实践中，由于自然环境和生产产品的多种多样，以及技术经济发展的不平衡，生态农业也就有不同的类型。

划分生态农业类型的方法很多，根据生态农业的环境基质，可以分为水体生态农业、旱地生态农业、基塘式生态农业等；根据生态农业工程设计的性质目的，可以分为结构调控型(调控生态农业的结构以达高产)、环境调控型(强调部分生态农业系统如林场、湖区等对环境的调控作用)、自净利用型(无废料生产的生态农业)等；根据生态农业的循环运转方式，可分为并生循环式、串生循环式、丛生循环式、水陆循环式、复合循环式等生态农业。一般说来，类型划分应表现生态农业的结构、功能、水平，反映生态农业的基本特征。根据生态农业的营养级构成及产品携带的能量，将生态农业划分为以下三个不同类型可以较好地满足上述要求。

(一)绿色型生态农业

这种生态农业的最大特点在于利用不同植物种群对地上地下营养空间的不同要求，在时间空间上进行科学合理的配置，以达到充分利用营养空间和高产出的目的。但是，这种类型由于结构不完全(缺第二性生产者、腐生生产者)，生产产品单一(为植物性产品)，系统内的许多能量(如秸秆、凋落物)不能得到充分转化利用而造成消费；能量投入及技术水平要求和总体效益水平较低。典型的例子如：

1. 立体空间利用类型①

云南植物研究所模拟天然的森林群落，利用不同生物学习性的乔木、灌木及草本种类对阳光及地下根系分布的不同要求，高低错落，种植多种植物，既充分合理地利用了有限的营养空间，又利用了种间关系，创造了各自适宜的生长环境（见图3-2）。其生态设计原理及效益在于：①橡胶树的高大树冠，可以为下层植物庇荫；②下层茶树和砂仁为耐荫植物，覆盖地面，可以增加地温，避免橡胶树寒害（烂脚病）；③群落组成复杂，增加了凋落物，既可保持水土，涵养水源，又可大大提高土壤有机质；④林中益虫、益鸟增多，减少了病虫危害。十多年来，这个200多亩的人工群落与自然森林群落一样，没有喷过药，也未施过肥，生态与经济效益双丰收。

橡胶树 5~6m
\
萝芙木 3~4m

茶树 1m
\
砂仁地表

图 3-2　云南西双版纳橡胶林人工群落的垂直层次结构

2. 时序替代轮作类型

许多作物的生长期较短；不同植物适合于不同季节生长。这样，通过轮作使生境营养空间满足多种作物的需要，在时间上相继，不致浪费。苏北地区的棉—麦—豆—绿（肥）轮作养地模式，南方油—稻—稻、麦—稻—稻等轮作模式，使得在有限的生境营养空间内获取了尽可能多的产出。

（二）食物链型生态农业

这种生态农业结构较为复杂，除生产者（绿色植物）外，还包括消费者（动物）和（或）还原者（微生物），它根据生态系统食物链营养级关系，将初级产品（植物性）转化为次级产品（动物性）和（或）还原性产品（沼气、真菌）。不仅产品较为多样，所携能量更高，而且将许多人们不能直接利用的第一性产品及废弃品如草、秸秆、粪便等转化为有价值的肉、奶、蛋、菌等，从而提高了资源利用率，因而生态经济效益较之于前者要好些，但所需的技术、管理水平相应也要高些。主要模式有：

1. 共生模式

在这种模式下，动物、植物生活在同一时空范围内，但获取的主要产品之间并没有直

---

① 参见西南农业大学：《生态农业论文汇编》，重庆生态农业研究所1986年版，第33页。

接的物质与能量的转换，它们和谐共生。如稻田养鱼的稻—红萍—鱼模式。稻谷与鱼没有物质和能量上互为输入输出的关系，水稻光合作用转化太阳能，鱼则吃一些浮游生物，又如水域内的鱼—虾—芦苇—鸭共生模式、林牧共生模式等。

2. 基塘式

这种模式指各种成分的副产品或废弃的物作为能量与物质互为输入输出的来源。最有名的是珠江三角洲的基塘生态工艺。如桑基鱼塘，基上的桑林及作物是有机物的生产者，蚕是第一消费者吃桑叶生产茧、蛹，排出蚕沙；鱼是第二消费者，吃蚕蛹、蚕沙及青饲料、浮游生物；塘底由于有机物的沉积和微生物的分解，可作为桑基的好肥料，形成了一个动植物相互作用、物质循环使用的人工生态系统，构成桑茂、蚕壮、鱼肥、泥好、群盛的有机联系，达到了很高的资源利用效率。

3. 链锁式

这种模式为典型的食物链型生态农业。低一个营养级次的产品主要用于能量转换，如养蚯蚓喂鸡、青饲料喂湖羊、湖羊羔养水貂等。

4. 自净式

这种模式要求在腐生生产者参与下，将生态农业的有机废物做能源化、资源化处理。如上海市东风农场养有奶牛 750 头，日排牛粪 40 吨，除一部分用作肥料施入农田外，大部分留在牧场周围，既影响了环境卫生，又消费了这些有机废物。上海交通大学应用生物技术和生态系统工程原理，成功地进行了沼气开发和综合利用研究，实现了有机废物的能源化、资源化。[①]

5. 复合式

这种模式系统组成复杂，食物链环节多，物质、能量转换利用充分，效益好。例如广东省顺德县新阜大队第三生产队的桑基鱼塘，运行效果较好；但是，该队人多地少，生活燃料尤其缺乏。他们将基塘式与自净式结合运行，利用废弃有机物发展沼气，大大减少了基塘地区原来物质循环中能量的损失(见图3-3)，收效良好。①部分解决了农村能源不足的矛盾。全队每年可节柴 13 万斤。1979 年还兴建了功率为 12 千瓦的沼气发电站；②人畜粪便、杂草经过发酵后，变为肥效高的有机肥，全队一年可为农业生产提供优质有机肥 30 万斤；③基塘的生产效益增加。1981 年平均亩产为：甘蔗 13331 斤，桑叶 4945 斤，蚕茧 310 斤，塘鱼 745 斤。集体分配人均 420 元，成为当地农业生产量高、农民生活富裕的生产队。

---

① 《生态农业科研协会材料》，1986 年。

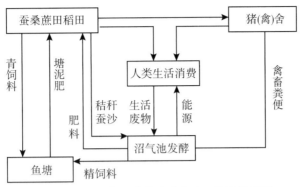

图 3-3　基塘沼气生产模式中能流、物流循环图

(三) 综合型生态农业

这是一种较高层次的生态农业，因为它不仅仅是农业生态系统的模拟与再创，而且还包括对产品的深度加工和产后处理，如贮藏、运销。其主要特点在于农业经济子系统环节增多，产品经过增值，经济效益大为提高；要求有较高的技术、管理及一定资金。在农业生产发达地区和城郊地区，这一模型较为普遍。最典型的是种养加模式和农—工—商模式。

南京市江宁县古泉村农村生态工程试验场，进行了以沼气为中心，养殖为基础，种植、养殖、腐生利用、加工多级循环利用的综合型生态农业试验，其系统模式见图 3-4。

这个试验场，建有年产 10 万只鸡的养鸡场 1 个，年产 400 头猪的养猪场 1 个，精养鱼塘 6.6 公顷，50 立方米分离式沼气池 2 个，500 平方米菇床，0.13 公顷的葡萄园以及加工厂等，形成以能源 (沼气) 为纽带的种养加大循环。大循环中又有四个小循环。

——种植业与养殖业的循环：前者为后者提供饲料，后者为前者提供肥料 (经过生产沼气)；

——禽畜与能源、加工的循环：每天进入沼气池的禽畜粪便约 2 吨，年可产沼气 1095 立方米，提供了生活加工用能，生活及加工废料又可进入沼气池产沼气；

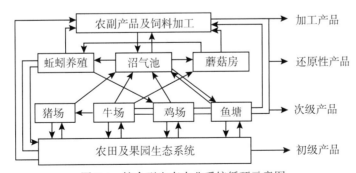

图 3-4　综合型生态农业系统循环示意图

资料来源：引自李正方等：《农村生态工程实验场建设初报》，1986 年。

——沼渣、蘑菇、蚯蚓、鸡、猪的循环：利用沼渣生产蘑菇，年产约2500公斤，蘑菇脚土产蚯蚓，年产鲜蚓5.2吨，每公斤鲜蚓产鸡肉1.14公斤，可产肉鸡5928公斤，鸡粪掺和精料喂猪，可节约20%的精料，而且猪增重快；

——沼液、鱼的循环：每公顷鱼塘年施沼液129吨，鲜鱼产量比施用同样鲜猪粪提高11.83%。

这个高效的循环生产体系，使绿色植物固定的太阳能得到了最充分的利用，仅仅是有机废料，经过了产沼气、产蘑菇、养蚯蚓、养鱼等多重利用，效益便大增。

农工商型的生态农业，则是将种—养—加的商品产品进行深度处理，包括贮藏、运输和销售，使产品再次增值经济效益大为提高。

第三节 生态农业的目标与管理

一、建立生态农业系统的目标

前述关于生态农业的分类，是为研究与叙述的方便，而在现实生活中要设计与建造一个生态农业系统，就必须严格地按照当地当时的自然条件与经济条件、社会需要与自身需要择优而行。

建造生态农业的总目标，是要使农业乃至社会保持高效而持续的发展。而要实现这一最高层次的系统目标，又必须由一组二级目标的实施来保证，包括：系统总产出最大、系统持续性最优、风险承受力最强。每一个二级目标又包含若干三级目标等。因而它是一个多层次的目标集(见图3-5)。

按这样多层次、多功能的目标集建立起来的农业生态系统，将是一个既优化又安全的生态经济系统。

二、生态农业的约束条件

生态农业采取什么模式及其结构要素的组合，绝不是理论的优化概念，它总是受到特定环境的约束。因此，"优化""安全"都是相对于特定条件下的最优和针对某种风险的安全。

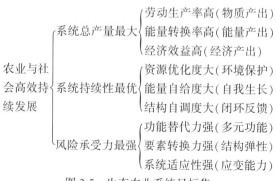

图3-5 生态农业系统目标集

环境给予生态农业系统的约束条件，就一般而论主要有：

（1）市场需求。生态农业绝不是自给自足的自然经济，而是集约化的商品经济，为出卖而生产是生态农业的一个基本动因，因此，市场需求就成为生态农业的重大约束条件。

市场也可称为商品的销路；市场需求是指具有购买能力的商品需求量。而购买能力又取决于居民收入水平、消费结构和商品的价格等。这样，一种农产品商品市场是否行销，生产者是否有利，一方面要受到居民收入水平、消费结构和市场价格的制约；另一方面又要受到生产者的生产成本、运输距离和运输条件以及产品的自然属性的制约。

因而，特定生态农业系统的结构与模式，首先就要看这种结构所输出的产品，在市场上能否行销并且使生产者获得满意的纯收益。如果是肯定的，生产者才会有积极性；否则就不会采取那种模式，而采用其他更为有利的结构模式。例如，"鸡—猪—蘑菇—蚯蚓—鸡""丝瓜—蚯蚓—牛蛙、鸭、鱼—丝瓜"这一类的生态农业结构，一般均出现在经济发达地区和大中城市的郊区。一则居民收入水平与消费结构使其对鸡、蘑菇、牛蛙、鱼等商品的需求量大；二则运输距离较近，损耗较低，运费较廉。因而是可行销，又有利可图。如果是在边远的贫困山区，本地市场容量小，运到大中城市运费又过于高昂，而且途中损耗必大。这种结构模式就成为不可行的了。

（2）技术水平。一定的生产结构总是同一定的技术结构相适应的。低功能的技术结构如果承担高功能的生产结构，经济效益肯定是很差的。像蘑菇、牛蛙、水貂、乳牛等生产项目都要求有较高的技术，这是不言而喻的。所以，在建造生态农业系统的结构模式时，必须考虑技术水平这一约束条件。

（3）经营形式与规模。生态农业系统不是一个孤立存在的生产力系统，它总是存在于一定的生产关系和经营形式之中的。后者的性质与规模，必然要对生态农业的结构模式发生反作用。一般说来，单家独户小规模经营的家庭经济，就难于承担食物链很复杂的生态农业结构，因为资金、技术，劳动力以及其他资源都跟不上去。而联合大规模经营的合作企业，如只承担转换级很少的生态农业结构，则其各种资源就不能得到充分利用，甚至不易维持本系统的良性循环。

（4）经济发展水平。生态农业模式的确定及其正常运转，受到经济发展状况的制约。尽管生态农业总的来说是一个低输入的系统，但它不同于有机农业，需要能源输入、新技术引入，以及生态农业环境的改善，该系统的高效运转，没有经济实力是难以实现的。

（5）土地负荷率。人口与土地的比值，往往与农业经营方式有着十分密切的关系。土地负荷率高的地方，生态农业发展的约束条件就较少；反之就较多。同时，前者也较易于形成高度集约的生态农业模式。

（6）自然条件。光、温、水、气、土壤等自然资源状况，对"绿色型生态农业""食物链型生态农业"的约束较大，有时甚至起决定作用。例如，干旱地区就难以发展"基塘式生态农业"，在较严寒带，就不宜采用"生物—能源（沼气）"的生态农业模式。

（7）大生态环境。生态农业系统是大的生态系统的一部分，不能不受制于大的生态环境。例如，在水土严重流失、生态循环恶化的黄土高原地带，生态农业系统必然要以资源保护型的模式为主。在水资源受到工业严重污染的地区，生态农业的结构或是增加生物净化污水的链节，或是避开污水资源的直接利用等。

三、生态农业的运行机制

由于生态农业是自然再生产和经济再生产的交织，因此生态农业系统的运行机制，必然包括自然的和社会经济两个方面。由于具体情况的差异，这两种机制的作用力不一定均等，在特定时空里有倾斜状况。

(一)自然运行机制

生态系统是生命有机体与非生物环境在空间里的有机组合，它是一定范围内生物与非生物之间、生物与生物之间、非生物因子之间相互联系、相互作用、相互制约，同时又相互依存，不断进行物质与能量转换、信息交换的动态体系。农业生态系统尽管是一个人工生态系统，但自然运行规律是一致的。表现为：

(1)自生性。与自然生态系统一样，生态农业有其自然运行的内在机制。一是生物过程的有序运行，生命可以在没有附加能源的基础上自我维系；二是系统物质的自然循环；三是食物链营养级的能量转换，食物网络关系是自然的。因此，农业生态系统是具有一定程度的封闭循环，依靠自然的太阳能，即可自然运行。

(2)自调性。指农业生态系统内生物与环境、生物与生物之间存在的相互关系，可以进行有效的自我调节。这种关系包括：共生相养，互相利用与促进；自然竞争，优胜劣汰；自然演替，趋向和谐以及环境容量对生物种类与种群数量的制约等。

(3)稳定性。由于农业生态系统的自生性与自调性，使之有一定的稳定性。表现为：一是系统的有序性高，结构、营养关系较为稳定；二是对风险的承受能力较强。

(4)地域性。生态农业，既然是按照生态学原理构筑的系统，它必然是严格地根据不同地区的生态环境因地制宜地进行设计，否则就无法符合生态规律的要求，这是显而易见的。因此，生态农业不可能有一个全国统一的模式，中国的生态农业也不会与外国同一个式样。

(二)社会经济运行机制

经济过程作用于生态过程，其社会经济属性是不言而喻的。我们不会任其自然运行，而是根据人们的主观意愿，按照社会经济的需要利用、控制生态农业体系的自然运行机制。这是因为：①目的要求。生态农业的自然运转，不尽符合人类的目的要求，我们需要第二性产品，它很可能大量产出的是第一性产品；我们需要这样一种初级产品，它却自然产出的是另一种产品。比如，人们需要更多的肉奶蛋等第二性产品，而在现实中往往会有大量的牧草、饲料粮食等第一性产品，不符合社会需要。②经济要求。生态农业自然运转的经济效益不一定好，比如，同样的土壤、气候资源、生产甲种产品经济效益高，生产乙种产品的效益可能较差；生产初级产品的效益不高(如牧草)，但次级产品的效益较高(如肉、羊毛)；有的食物链循环体系经济效益好，有的就不好。而人们进行经济活动的经济效益是不容忽视的。因此，生态农业的运行，必须服从经济规律，如价值规律等。为了满足上述要求，人们通过各种手段来调控生态农业的运行，主要有：

(1)调整生态农业的结构。对自然运行的结构进行调整，包括两方面内容。一是加长或缩短食物链结构，如草—牛—奶、肉，就可以加上养貂，如果草场过牧退化，则貂、牛都可不养了，让草场恢复。二是变换食物链环节，如草—羊，可以改为草—牛或鹿，或是将草场改为林场，又如将棉花改为水稻等。

（2）能量投入。生态农业基本上是人为保持的一个体系，为使其高效正常运转，必须投入能量，包括知识、技术、化石能等。

（3）环境控制与改良。生态农业体系易受到各种自然灾害的影响，人们可以根据当前的技术水平和资金状况，对生态农业的环境现状进行改良和调控，如污染控制、水源涵养、营造防护林、挖渠排水、抽水灌溉等。

（三）两种运行机制的统一

生态农业体系的运行是上述两种机制相互作用的结果。自然运行机制是基础，其基本程序受自然规律的支配，是不以人的意志为转移的。我们只能认识它、利用它，而不能盲目改变它。如生态农业系统通过物质的循环与能量的单向流动，将牧草转化为牛肉，通过排泄和尸体腐烂，物质可以全部归还给环境。但牧草所转化的太阳能通过牛的呼吸及微生物分解消耗散失掉了，不可能再还回草原。又如30亩牧场才能养一头牛，如果养两头甚至更多的牛，必然导致牧场退化，生态农业系统崩溃。

但是社会经济机制不是对自然机制进行简单的利用，而是能动地适应。这种适应包括认识它、利用它，并在遵循自然规律与经济规律的前提下改善它，使之更加符合社会经济的要求。两种机制相互作用的结果，便形成了特定时间空间的生态农业体系。

四、生态农业的经营层次

生态农业作为一个系统，有自己的层次结构。每一个特定的层次，即是一个相对独立的生态农业子系统。从生态农业经营的角度出发，按照目前我国农业生产的经营格局，可以划分为以下四个经营层次。

生态庭院。即以农户甚至部分有庭院的城镇居民的庭院住宅为基地，建立起来的生态农业系统，如利用禽畜养殖的废料进行沼气发酵、沼渣生产蘑菇或蚯蚓。其特点在于经营规模小，产品种类较少，主要是第二性产品和还原性产品，大多作为兼业经营。

生态户。以农户承包（包括自留地）的全部土地，包括农田、果园、山林、水面等为基地，利用自然的生态关系或生态工程设计建立起来的生态农业小循环。其主要特点：一是系统结构较为复杂，包括初级生产者（大田农作物、山林）、次级生产者（家禽、家畜）和腐生生产者（甲烷菌、蘑菇等），可以成为一个较为独立的循环。二是专业化程度低，产品生产批量小，商品率较低。三是系统开放程度较低，外部输入少。我国目前实行联产承包责任制后，大部分农户属于这一层次。

生态企业。即以联户经营或农业生产联合体的土地、养殖场、加工企业为整体建立起来的生态农业体系。它不同于生态庭院和生态户，其经营规律和水平都较高，专业化分工协作程度高，系统也更为开放。

生态村镇。生态村镇可以有两种理解。一种是该村镇的所有农户均为生态农户，即许多微型生态农业小循环的集合体；另一种是该村镇作为一个整体，第一性生产与第二性生产、生物产品生产与加工生产相协调，使得在该区域内人口与资源相适应，农业与工业相协调，经济建设与生态环境同步发展的宏观生态农业体系。后者才是层次结构意义的生态农业。其主要特点是经营规模较大、专业化程度较高；系统更为开放，与外界物质与能量的交换批量大；系统有序化程度高，生产效益好。菲律宾马亚农场是国际上的一个成功典型，国内在这一层次的建设经营实践中，也出现了不少成功的例子。它们不限于生态户和生态企业的建设，而将全村作为一个宏观整体，使系统内的农林牧副渔形成了一个良性循环。

还可以设想更为宏观的生态农业经营层次，但在我国的自然条件及目前的技术经济状况下，在系统设计、经营管理及效益上，运行难度较大。

五、生态农业的经营与管理

(一) 生态农业的营建途径

在我国目前既成的农业生产格局下，建设生态农业的途径主要有两条：即自然生态模拟和生态工程设计。

自然生态模拟，主要是仿效自然生态系统的组成、结构及种间关系，在一定的自然环境空间内进行种间的合理时空配植，达到和谐、高效的目的。如根据森林植物群落的成层现象和各种植物生态位习性，将高大的喜光乔木与较耐阴的中等乔木和耐荫的灌木、草本(如中药材)进行科学搭配，构成一个生产木材、林副产品(各种树脂、果品及中药材等)的生态农业系统。间作套种，农田防护林体系等，都是对自然群落结构与功能的模拟。这种方法营建的生态农业体系，工程投入少，控制管理简单，对自然营养空间的利用充分。但其有机物质的转化利用率不高，许多不能得以充分利用。这种生态农业有较好的综合效益，尤其是对环境的保护和自然生态系统的维护，效益卓然。

生态工程设计，是根据生态系统的一般原理、结构和功能，进行系统设计，采用工程方法，人工创造生态农业体系的运转环节和环境设施，将自然的生态过程加以浓缩、强化，从而达到循环利用、高额产出的目的。如腐生生产环节沼气生产，我们知道自然系统中甲烷细菌能分解有机物，释放甲烷气体，但自然状态下的效率低，不能直接利用。采用工程方法建造沼气池，使这一过程强化浓集，就能将这一腐生环节的产品利用起来。又如禽畜养殖，自然系统的密度及生产率都较低，但经过生产工程设计，人为构造食物链流程，就能高密度、高效能产出。这种途径，工程投入量大，系统结构复杂，控制管理难度较大，但物质利用充分，能量转化率高，生产效益好。

不论采用哪种方法，都要求在生态学基础上进行浓集加工。这种浓集的形式有：①增大单位环境空间的种群密度，使物质和能量增大；②增加生态过程环节，使物质和能量得到转化和浓集，尤其是人们不能直接利用或利用价值不高的物质，如杂草、秸秆、有机废物等；③强化生态过程，包括两方面内容，一是创造和维持生态循环的良好环境条件；二是加速生态循环过程，使单位时间的物质与能量的周转次数增加。

(二) 生态农业的模式选择

由于特定区域的自然条件、技术水平、生产目的等各不相同，不可能有一个固定不变的通用模式。

在城镇郊区，技术条件好，经济基础强，市场容量大，一般要求食物链环节多。专业化生产程度高，物质利用充分，废物生成少，产品经过深加工、精加工的综合型生态农业或食物链型生态农业经营层次比较高，主要是生态企业和生态村镇，如养殖场、奶牛场、养鸡场、蘑菇生产坊等，通过工程设计，进行肉、奶、蛋、水果、食物菌及其加工品的大规模高效率生产。

在比较发达的农业区域，一般都是我国的商品农产品基地，人口密集，技术经济条件较好，生态农业类型的选择范围较广，可以是绿色型，也可以是食物链型，还可以是综合型。这类地区的一个突出问题是农民生活用能紧张，因此，包括沼气生产的食物链型生态农业更为适宜些。

一些山区、牧区，自然条件较为严峻，技术经济状况较差，一定距离内的市场容量十分有限，而且这些地区都处于自然生态环境的脆弱地带，利用不合理或利用强度过大，都会造成生态系统的退化。考虑到这些情况，采用自然模拟方法，建立各种类型的绿色型生态农业或食物链型生态农业较为合适。

对于任意的生态农业体系，都不是一成不变的。一方面自然界本身在变，另一方面社会经济状况也在变。这就使得生态农业的具体模式，不可能一劳永逸，要根据自然的、社会经济的变化而不断调整。有的同志认为，生态农业应"以森林为核心，保护和提高生态平衡的状况和水平为目标"。[1] 有的同志则强调经济效益。对于特定地区或特定时间可以这样说，但不能一概而论。这是因为，单个效益最优，并不意味着整体效益最优。譬如说，生态平衡，第一，这种平衡是变化的，受自然机制的作用，有的是不以人的意志为转移的，如沧海桑田。第二，这种平衡的维护和提高，需要经济的发展，山区人民的温饱问题解决不了，想要制止毁林开荒、退耕还林是困难的，如果改善生态环境，更需要经济的发展。第三，这种平衡的目的，是社会经济的持续发展，如果是为了平衡而平衡，这种平衡也就没有意义了。如果说，山区的生态农业以森林为核心，在平原就不确切了，也不一定适应全国的生态农业体系，因为森林可以反映山区的生态农业整体效益状况，在平原地区显然就不适宜了。

(三) 生态农业的管理

生态农业的管理包括两个层次，即生态农业运转体系的实体管理及生态农业的宏观管理。

生态农业运转模式的管理，主要包括系统结构调整、物质和能量流量与流向控制、适度规模控制等问题。由于生态农业经营实体的内在动力和一个主要目标在于经济效益，因

---

[1] 《人民日报》1988 年 9 月 28 日。

此，经济目标在系统综合目标中占有突出地位。以经济效益为主的综合评判是这一层次管理决策的基础。

结构调整，包括生产级结构及物种结构的调整。前者有种植、养殖、腐生生产等生产级，经营者可以根据技术、资金、劳力、市场等因素，确定一种或一种以上的生产级结构。而物种结构，是在生产级结构确定以后，选择何种作物或禽畜进行生态农业生产。从表3-2可见，同类土地，选择不同的作物配植，经济效益大不相同。

表3-2　　　　　　　　不同作物配植经济效果比较(四川省蓬溪县)

作物名称	土类	亩产(斤)			亩收入 (元)	亩成本 (元)	亩纯收入 (元)
		粮	油	果			
豆、油、玉、苕、果	乙	758	84	3320	1034.66	167.31	867.35
豆、油、玉、苕	乙	952	30	—	104.44	84.14	20.30
豆、油、玉、苕、果	丙	913	60.6	1247	531.98	162.30	369.68
豆、油、玉、苕	丙	766	43	—	106.84	74.45	32.39

资料来源：引自《技术经济手册·农业卷》，辽宁人民出版社1986年版，第577页。

物质和能量流量与流向控制。调整好结构以后，投入的物质、能量并非均匀地用于各个营养级或生物种，比如生产费用投入，是主要投向大田农作物，还是投向家禽家畜养殖？生产的第一性产品如粮食、饲料，有养猪、养鸡、自己消费、商品出售等流向，需要根据经济对象及经济效益来确定其分配去路，从而实行优化控制。

适度规模控制。通常认为，较具规模的专业化生产效益好，但在当前我国农村，显然不适宜高度分化的专业化生态农业生产。生态农业的经营规模，实际上是技术经济条件和规模效益的对立统一。在条件允许情况下，一般都希望扩大规模，提高生态农业的经营层次，如生态庭院向生态户、生态企业的转变。

生态农业宏观管理的主要内容是区域乃至全国水平上对生态农业的指导及生态农业系统之间的协调、生态农业与外部环境的协调等。国家或区域在生态农业的技术开发与推广、产品种类与质量等方面，需要加强宏观指导与控制，不同生态农业系统(实体)之间的生产与管理，需要加以协调、组织。同时，由于生态农业是一个开放体系，需要经常大量地与外部环境进行物质与能量交换。一方面，在总体水平上向生态农业体系的投入量与从中取出量应保持顺差，以利生态农业体系的正常运转与完善；另一方面，是城市与工矿企业排出的污染物应在生态农业体系所能承受的范围内，大气污染所引起的酸雨，造成土壤酸化，肥力衰退，土壤生产力降低以至丧失。有毒元素对土壤、水域的污染，也是一个不容忽视的问题。而且还包括宏观生态环境的调控，如森林、草原、湖泊及自然保护区等自然生态系统的建立与完善，无疑也是生态农业体系不可缺少的外部环境。

生态农业的管理还有一个宏观与微观的协调问题。在微观上可行，有时可能不利于整体的良性运转。因此，无论宏观与微观，都需要进行评价，并将评价结果作为生态农业经营管理与决策的客观依据。对此，将在下节讨论。

第四节　生态农业体系的效益评价

一、生态农业效益评价的意义与要求

生态农业是一个多组分、多网络的复杂系统，其结构、功能、规模等系统状态，只有通过合理评价，才能从本质上得以客观确切地认识；同时，还可以发现生态农业建设中的不足，从而明确发展和完善的方向与重点。通过对不同类型、不同结构的生态农业在不同地区、不同条件下的评价结果，进行比较分析，这就为生态农业的科学经营管理提供了依据。可见，通过对生态农业系统的客观评估，对于正确反映生态农业的水平，完善系统建设，科学地组织经营管理，都有着极为重要的意义。

进行生态农业的科学评价，首先必须反映生态农业的本质特征，对于生态农业，可以从不同方面、不同层次、不同目的进行评价，但作为一个农业生产体系，一定要抓住本质特征及内在关系，简单明了地加以评判。即使是特殊目的的评估，也要防止各种指标数据的简单罗列。对于从属或非主要的特征，可根据评价工作的要求，采用不同权重或相应途径，以全面确切地加以评价。

其次，应有一定的规范性。生态农业体系内各种生产模式的评价，生态农业与其他农业生产方式的评价，要具有可比性，不能这种情况设置一种评价方法，另一种情况又设置另一种评价方法。要使得这种评价综合考虑各种情况，确立相应的规范，如宏观评价规范、微观经营实体评价规范等。

生态农业的评价，还必须简单实用。目前许多关于生态农业的评价，都力求全面、细致、科学、深入，这确实有有利的一面。但是，对于许多情况，则不一定实用。例如，对于微观经营实体的评价，显然不宜太繁杂，有些指标如森林覆盖率、自然度，就不能够用于这一层次的评价。

生态农业的评价还应具有综合性。任何生态农业系统都不仅仅是一个效益问题，而是要使系统的结构、功能等状态得以综合地反映。只有这样，才能揭示生态农业的发展态势与潜力，防止片面、静止的评价。

二、生态农业系统评价的指标体系

生态农业的评价指标实际上是生态农业系统的状态指标，这些状态变量组成一个客观反映生态农业系统的变量集合(或矩阵)，即生态农业的指标体系。

生态农业体系的状态指标，不仅包括该系统的结构、功能、规模等特征，还要包括系统各组分之间的相互联系、功能因子的相互作用、整体水平及动态趋向等内容；不仅需要单一指标，而且还需要综合指标。因此，这一指标体系包含许多子集(见表3-3)。

表 3-3 生态农业评价指标体系

A. 系统结构指标集

Aa 生态结构指标

    Aa_1 非生物环境构成

    Aa_{11} 自然气候构成：光、热、水、气

    Aa_{12} 土地类型构成：耕地、林地、牧地、非农地

    Aa_{13} 土壤肥力构成：肥沃、较肥沃、一般、较贫瘠、贫瘠

    Aa_{14} 地貌类型构成：山地、丘陵、平原、水域

    Aa_2 生物种类构成（不包括无评判价值的生物如杂草、蚊蝇）

    Aa_{21} 生产者、消费者、还原者构成（指种数和生物量）

    Aa_{22} 生产者构成：农作物、林种、牧草

    Aa_{221} 农作物构成：粮、棉、油、麻

    Aa_{222} 林种构成：用材林、经济林、防护林

    Aa_{23} 消费者构成：禽、畜、渔

    Aa_{24} 还原者构成：虫(蚯蚓)、菌(细菌、真菌)

Ab 经济结构指标

    Ab_1 农工商结构

    Ab_{11} 农工商产值构成

    Ab_{12} 农工商劳动力构成

    Ab_2 第一性产品构成：农、林、牧草产品

    Ab_{21} 产值构成

Ab_{22} 劳动力构成

    Ab_{23} 投入构成

    Ab_3 第二性产品构成：禽、畜、渔

    Ab_{31} 产值构成

    Ab_{32} 劳动力构成

    Ab_{33} 投入构成

Ac 技术构成：先进技术、一般技术

B. 系统功能因子评价指标集

Ba 生态效益指标

    Ba_1 生态效率指标

    Ba_{11} 光能利用率

    Ba_{12} 第一性生产能量产投比(系统能量输出/系统附加能量输入)

    Ba_{13} 第二性生产能量产投比或饲料能量转化率

    Ba_{14} 腐生生产能量产投比

    Ba_{15} 能量利用率

    Ba_{16} 能量转换率：各生产级能量输出与投入各生产级的附加能量总和之比

    Ba_2 生态效应指标

    Ba_{21} 森林覆盖率

Ba_{22} 水土流失强度

Ba_{23} 污染类型及污染强度

Ba_{24} 小气候变化趋势

Bb 经济效益指标

  Bb_1 土地生产率指标

    Bb_{11} 单位土地面积产值

    Bb_{12} 单位土地面积净产值

    Bb_{13} 土地盈利率

  Bb_2 劳动生产率

    Bb_{21} 农业劳动生产率

    Bb_{22} 农业劳动净生产率

  Bb_3 资金生产率

  Bb_4 投资效果

    Bb_{41} 投资回收率

    Bb_{42} 基建投资总收益率

  Bb_5 产品成本效果

    Bb_{51} 单位产品成本

    Bb_{52} 成本利润率或成本纯收入率

    Bb_{53} 单位销售成本利润

Bc 社会效果指标

  Bc_1 系统产品商品率

  Bc_2 系统内科技教育普及率

    Bc_{21} 科技推广应用周期

    Bc_{22} 九年制义务教育普及率

    Bc_{23} 文盲率

  Bc_3 信息流通便捷程度

    Bc_{31} 电话普及

    Bc_{32} 邮政传递

    Bc_{33} 交通设施

  Bc_4 精神生活满足程度

    Bc_{41} 景观卫生条件

C. 系统整体水平评价指标集

  Ca 生态经济效果

  Cb 系统规模

    Cb_1 人均土地面积

    Cb_2 人均资产总量

  Cc 系统开放度

  Cd 系统优化度

  Ce 系统动态属性

  Cf 系统控制水平

    Cf_1 系统可控性

    Cf_2 系统抗逆性：抗旱、灌溉、排涝保证率

(一)系统结构指标集

主要反映生态农业体系的各种结构现状。包括：①生态结构，是生态农业的基本条件和基础。非生物环境决定自然生产力的大小，生物构成则是生态农业的物质生产内容。②经济结构，包括生态农业经济再生产的各种组分、比例，是经济分析的基本素材。③技术构成，表现生态农业的技术结构状况，这一组指标的主要作用是通过对生态农业系统静态的客观描述，揭示该体系的各种结构是否协调、合理，进行系统的功能原因分析，如实地反映生态农业发展的层次和水平。

(二)系统功能因子评价指标集

功能因子，指各构成组分之间在系统运转过程中相互关系的表述指标，表明系统各个环节的运转速率或效果，是系统整体功能评价的依据因子。其中有的指标因子，还可以作为系统整体功能的表征，用以揭示系统的综合效益。按生态农业功能的表现形式，可将功能指标因子归为三类，即生态效益、经济效益和社会效益。生态效益主要包括自然生态循环各运行环节的速率和流量，以及运转过程的宏观效应。前者即为生态效率，其本质特征在于能量利用或转化率。后者为生态效应，即在生态效率的实现过程中产生的对系统的各种影响状况。经济效益是一组反映系统运转过程中经济效果的分析指标，包括经济资源利用率和经济价值转化率。社会效益指标，不仅仅是社会公益性发展状况，而且是生态农业系统水平、潜力及系统持续性的表征。在生态农业体系的建设和运转过程中，如果不注重和提高社会效益，那么，很可能某一运转环节甚至整个体系都会崩溃。这些指标主要有：①系统产品商品率，它是满足社会物质生活需要的衡量指标。②系统内科技教育普及率，包括科技普及程度及速率、义务教育普及程度及水平，以及文盲率等，是生态农业发展和提高各种效益的后劲所在。③信息流通便捷程度。及时的信息交流和物质沟通，是生态农业自身效益和社会效益得以实现的重要保证。④精神生活满足程度，指生态农业体系及其运转过程中所产生的景观卫生水平及消遣娱乐享受条件与消费状况。之所以强调社会效益指标，是因为生态农业是一种耗散结构，有关其向有序化的转变及实现，社会效益指标水平是很好的权衡标准。

(三)系统整体水平评价指标集

系统的结构与功能，并不能反映总体的水平。评价一个系统，最终还是要有一组揭示总体特征的综合指标。

(1)系统规模：以系统所占据的空间面积和资产的人均占有量表示，用以反映该系统所处的经营层次。

(2)系统优化度：指生态农业系统相对自然系统的优化程度，可用在同一范围内生态农业系统的物质、能量或产值量与系统自然状态下的相应产出潜力或自然生产力之比表示。这种自然潜力是在一定的生态因子自然组合条件下所具有的产量。因此，在不同的生态结构(光，热、水、气、土壤、生物种类)下的自然生产力是不同的，这样就可以进行不同生态系统优化利用程度的横向比较。可以下述方式计算：

$$系统优化度 = \frac{生态农业系统产出}{同范围自然生产潜力}$$

(3)系统开放度：即系统的开放程度，可以用系统的产品商品率表示，或用系统外附加能量投入与自然补给能量之比表示。系统外补充能量，包括各种形式的能量输入，如技术、信息、机械能、化肥等。

(4)生态经济效价：它可将系统的生态效益和经济效益综合为一个指标，避免了经济效益或生态效益单一指标的片面性，因而可以较好地反映生态经济系统的水平。例如水稻和棉花，它们的生态效率——光能利用率可能相同，但其经济价值相差较大；即使是水稻，稻谷与稻草分别贮存的太阳能可能相差无几，而经济价值则相差甚远。生态经济效价即可进行综合比较。可以下述方式计算：

$$生态经济效价 = 能量产投比 \times 资金产投比$$

或者

$$生态经济效价 = 产品能量(卡) \times 产品价值(元)$$

(5)系统动态属性：指系统的上述指标在单位时间(多为年)内的变化速率。

(6)系统控制水平：用以描述对系统结构的可控程度。包括自然环境抗逆能力(防洪、排涝、抗旱、光、温调节)和生物组合调整水平(如种群结构、密度、病虫害防治等)。

上述指标从体系构成上考虑，比较全面，但在实际应用中对某一特定评价对象，则不一定全部搬用。因而，第一，要注意评价指标的选取。根据评价的目标、对象、深度，选取相应的指标系列，有的可能只要 3~5 个指标，有的可能还要设置更多的指标。第二，需要弄清指标属性，进行标准化处置。生态农业指标，兼有定性描述和定量尺度，因此，有相对指标与绝对指标之分。相对指标指相对于某一个基数的比率或相互比较的等级系列，前者如年增长率、能量利用率，其值是经过客观数据计算获得的，因而为客观相对指标。后者如水土流失强度，常人为地划分为若干等级，因此称为主观相对指标。绝对指标如产值、种类数等，都是确切的客观数据。在进行系统的评价以前，必须明确指标的属性，并进行标准化处理，以利于指标的综合、计算和比较。第三，指标值可以为正，也可以为负，视该指标对系统总体的正负影响而定。

三、生态农业的评价层次

根据需要，可以进行不同层次的生态农业评价。主要有：

(1)单因子评价，即只对能够反映生态农业本质特征和状态的某一个指标进行评价，或是在生态农业系统诊断分析的基础上，对某一个关键因子或主导因子进行评价。

(2)环节水平评价，即对生态农业运转体系的某一个环节进行全面评价，包括该环节的结构、功能、水平等内容。例如养殖场(第二生产环节)，可以对这一环节的生态结构(如种类组成)、经济结构(如产值、投入)、生态效益(饲料、能量转化利用率)、经济效益(劳动生产率、产品成本效果)等进行综合评价，从而揭示这一生产环节的水平和待改进的问题。

(3)系统总体评价，即对生态农业系统的评价，通过对结构的解析和效益的分析，客观地反映系统的水平。

一般可将评价总体分为两类，一类是生态经营实体，如生态户、生态企业，对其评价常侧重于效益，尤其是经济效益。指标选取量较少，不一定要做全面详尽的分析。另一类是宏观总体评价，侧重于层次较高的区域总体水平，选用的指标较多，对结构与功能的分析较细致，常用作宏观控制与决策的依据。

四、生态农业的评价方法

生态农业的评价方法很多，目前已向定量化、模型化发展。主要有：

经验打分法。在获取大量区域性的各种生产信息和参数后才可运用，简便易行，尤其适于大面积农业考察。但评价较为粗放，主观影响大。

单项目标评价法。即对系统有代表性的或反映本质特征的单项目标进行评价。此法简便易行，适合于不同生态农业系统的横向比较。但所包含的信息量有限，不能反映生态农业的全貌，难于做更深入的分析。

多指标综合评价。目前已有较多运用。系统的各个指标的不同属性构成一个状态矩阵，多指标综合评价即是采用多元分析手段对这一系统状态矩阵进行评价，其方法是，首先确定各指标的权重，得一权重向量，然后通过状态矩阵将权重向量进行线性变换，最后得出评价向量。但指标的选择和权重分配难以确定，往往带有一定的主观色彩。

模型模拟分析法。这是一种综合评价方法。通过模型借助计算机进行动态模拟，适于系统评价与分析，以模型的建造大体可分为三步。一是收集各种必要的数据，用以进行指标选择和关系确定；二是通过解耦进行递归分析，以分辨系统层次及变量间的关系；三是系统整合，通过变量间的关系(运算)，把各变量联系起来，通过检验甚至必要的试验，确认模型的可靠性。此时即可将待评价系统的数值指标输入计算机，得出评价结果。根据这一模型，还可改变系统的输入和参数，进行系统分析和未来预测。但模型状态变量的选择有待于大量调整与实验，常常由于某些参数不确切而难以获得满意的结果。

第五节　生态农业的发展趋向

尽管生态农业的雏形可以追溯到很久以前，但人们有意识的研究和实践的历史并不长。正由于它适合于生产力水平不高、经济不是很发达，而环境、人口、粮食、资源、生态等问题又十分严峻的第三世界国家的基本国情，可以在有限的时间空间范围内，获取尽可能多的产出而不至于产生副作用，满足人民生活和国民经济发展的需要，因此在全世界范围内引起了足够的重视，许多国家已获得令人满意的成果。菲律宾的马亚农场，原只是一座面粉加工厂，自20世纪60年代开始生态农业建设，至今已发展成为一个包括农场、饲养场和渔场的综合性农场及包括牲畜屠宰场、肉类加工厂和罐头厂的综合性种养加联合企业。整个农场占地36公顷，饲养有25000头猪、70头牛和10000只鸭。十多年来，该农场重视科研和生产实践的结合，开展了有机废料生产沼气以及其他途径的综合利用研究，建立了一个卓有成效的有机废料循环系统，使整个农林牧副渔生产形成一个符合生态学原则的良性循环，结果不仅使农场获得了很大的经济效益，同时在资源的合理利用、环境与生态状况的保护和改善方面也取得了极好的效益，被认为是当今生态农业建设的典范。1980 年亚洲基金会在马亚农场召开了国际会议，认为生态农业不仅是发展中国家保护资源、发展生产、保护环境和生态的方向，而且也是整个人类经济发展中充分利用自然资源，防止污染应遵循的基本原则。国内珠江三角洲的基塘生态工艺、北京留民营生态农业系统建设等也都成效卓然。[1]

世界上许多发达国家已经认识到高投入的常规(石油)农业的不良影响，近年来人们也进行了许多农业发展新模式的探讨与实践，如有机农业、生物农业、自然农业以及生态农业等。但工业化国家的生态农业，其内涵主要在于建立和管理一个生态上自我维持的低输入、经济上可行的小型农业系统，旨在使其生长期不对环境造成明显变化的前提下，具有最大的生产力。[2] 上述各类型倡导者的基本观点在于强调减少农业生产的化石能投入，保持和改善自然生产力。尽管在保护环境、减少农产品污染等方面有突出成效，但其生产率较低，劳动量大，经济效益差，常有一定的封闭性趋向。如英国的家庭生态农场、联邦德国的生物农业，在这些国家发展缓慢，也很少得到政府的支持。我国的生态农业强调生态效益与社会经济效益的统一，显然不宜向上述方向发展。

我国的生态农业将按其自身的特点在建设中不断完善。①进一步提高系统可控性。生态农业的自然再生产过程受到自然的束缚，尤其是自然环境因子的灾害性变化，生产过程所需的特殊条件等内容使生产受到干扰，实现不了稳定、高效的目标。通过生态农业设计和生态农业工程来减轻或抑制灾害因子的影响，保证良好的生产环境，使生态农业系统在有效的控制下运行，以达到有序化的持续。②计算机优化管理。通过对生态农业系统结构与功能的分析，建立不同类型的计算机管理软件，进行生态农业系统模拟和优化，不断地调整结构和物质与能量的流向流量，以应对环境和市场等各种因子的变化，使之处于高级和谐状态，产生最优的整体效益。③向多样化发展。生态农业的经营，将包括生态庭院、生态农户、生态企业、生态村镇等各种层次，形成以生态村镇和生态企业为主、辅之以生态庭院和生态农户的多层次生态农业体系。生态农业的类型也将由于不同地貌、不同生境、不同技术经济结构及不同社会背景而出现模式分化，形成各具特色的生态农业系统。④生态农业的宏观管理将得到加强。生态农业的微观经营实体将更趋于灵活和多样；但对较大区域或全国的宏观管理，将通过咨询、预测、价格、行政措施等各种手段进行强化，以保证宏观上生态农业体系的良性运转。例如，从全国水平来说，生产环境、第一性、第二性产品生产子系统的布局、比例，都应根据生态经济的原理来进行控制，例如不能试图通过毁林开荒、围湖造田这种破坏生态效益的途径来扩大第一性产品的生产。

生态农业是农业发展上的一个崭新阶段，它可以极大地优化农业系统本身及其环境，大大提高农业生产力。但它毕竟还不是我国农业发展的最高阶段。因为生态农业还基本上属于"平面"农业的范畴，即输出的产品大多数还属"原料"形态。因而它虽较适应农业经济效益更高，但农产品的经济增值潜力并未充分发掘出来。

要充分发掘这种经济增值潜力，使农业更加富裕，使农村经济更加繁荣，就要逐步实现由生态农业向"三维立体农业"的过渡。

[1] 卞有生：《生态农业基础》，中国环境科学出版社 1986 年版。
[2] 参见西南农业大学：《生态农业论文汇编》，重庆生态农业研究所 1986 年，第 24~34 页。

◎ **本章主要参阅文献**

①钱学森:《关于新技术革命的若干基本认识问题》,《迎接新的技术革命》,1984 年。

②于光远:《访问一个生态农场》,《经济研究》1984 年第 3 期。

③王耕今:《农业生产中有关生态平衡的几个问题》,《农业发展战略问题论文选编》(5),1983 年。

④石山:《生态问题与农业发展战略》,《农业发展战略问题论文选编》(5),1983 年。

⑤叶谦吉:《生态农业》,《农业发展战略问题论文选编》(5),1983 年。

⑥杨挺秀:《论生态农业》,《农业发展战略问题论文选编》(5),1983 年。

⑦夏振坤:《生态农业论》,《农林辩证法》1986 年第 2~3 期。

⑧夏振坤、潘家华:《生态农业及其发展模式初探》,《农村发展探索》1986 年第 6 期。

第四章　三维立体农业及其模式

第一节　三维农业引论

一、平面农业与立体农业

目前,社会上流行一种"立体农业"的概念,它或者从直观的农学角度,把高矮间作解释为"立体农业";或者从生态学角度,把生物间的"食物链"解释为"立体农业"。如果这些只是作为一种形象的比喻之词,并无不可。但若要作为一种新理论、新概念,则值得商榷。我们知道,一个理论体系、一门新学科,如果不能从旧有的理论体系独立出来,不能同其他学科的对象区别开来,就很难成为一种真正的新理论或新学科。而前面所说的"立体农业"的理论体系,就很难和耕作学、生态学区别开来,它是完全可以用耕作学的范畴和生态学的概念来加以表述的,从而它也就没有存在的必要了。

农业是一个多功能的系统。然而在其繁多的功能中,按照价值相似而结团的法则,可以归纳为三大功能团:资源开发功能团、生物生产功能团和经济增值功能团。无论是上面所讲的"立体农业",还是前面两章讲的适应农业和生态农业,都主要是开发与利用一定的资源从事生物性生产,基本上只具有两种功能。就如两条边只能形成一个平面那样,双功能结构的农业只能是平面农业,它们的系统产出,大都是自然形态的稻、麦、棉、油料、猪、鸡、鱼、木料、虫、菌等没有经过人工加工改变形态的食物和原料,在经济上属于初级产品,并未进入价值再增值的领域。这种平面农业虽然也能容纳生产力相当程度的发展,但由于它价值增值率不够大,扩充再生产的经济实力还不够强,因而又反过来限制了资源的开发和生物生产规模的扩大,从而其发展又是很有限度的。

我们说的立体农业则是一个经济学的概念。它是指在资源开发与生物生产两个功能团组合的平面农业的基础上,发展起经济增值功能,使那些自然形态的产品通过人工再加工,多次改变形态,并加入贮藏、运输等要素,大幅度地提高其价值。就如在平面上建造起一层又一层的高楼大厦那样,使农业由平面布局向高空布局发展。只有这样的立体农业才能使农业经济兴旺发达起来,使农村商品经济迅速地发展起来,使广大农民共同富裕起来。

二、三维农业的概念

农业系统是一个要素众多、关系复杂的大系统。农业系统的存在与发展,需要有温、光、水、气、土等资源,需要进行植物和动物的生产,还需要对生物产品进行人工的加工、贮存、包装、运输以至销售。然后才能最终完成农业系统的最终目标——满足社会对生存资料的需要。在这些众多的要素中,按照前面所说的价值相近而结团(或聚集)的法则,温、光、水、气、土等属于近似的价值,它们都是为农业的存在与发展提供资源要素,故可集合为"资源开发利用功能团"。农林、牧、渔、虫、菌等都属于生物性生产要素,可集合为"生物生产循环功能团"。加工、贮存、包装、运销等都属于经济增值和运转的要素,可集合为"经济增值运转功能团"。

由于这三大功能团中的要素单位是随着科学技术的发展而不断地增加的,每一个要素本身的功能也是在不断地改进和发展,因此它们都是一种矢量(或向量)。这三组集合的矢量分别向纵深、广延和垂直的三个不同的方向延伸,便形成三维空间。

因此,我们所说的"三维农业",就是由资源开发利用、生物生产循环和经济增值运转三大维向构成的具有深度、广度和高度的立体网络农业系统。

这三维结构之间存在着蛛网状的内在联系。例如,生物生产离不开资源开发,而资源开发每提高一步,则生物生产也必随之提高;反之,资源开发不力(如水灾、土瘠、无力防御寒潮等),同样也会降低生物生产的效率。经济增值也离不开生物生产。生物生产每增长一步则经济增值的源泉也必随之涌流出来;反之,生物生产下降,经济增值的原料就会匮乏。生物生产也离不开经济增值,经济增值的发展,必然会促进生物生产的投入;反之,经济增值不发展,生物生产就缺乏扩大再生产的实力和动力。同样的道理,资源开发与经济增值也存在着相互约束、相互促进的关系。一个农业系统,如果其经济增值维愈发达,则它内在的开发资源的经济实力就愈大,对系统外的依赖性就愈小,从而系统的稳定性就更大。我国有一些多灾地区,多少年来,就水治水,就旱治旱,农业系统内部无力承担多少投资,而主要是依赖国家大量投资,结果效益并不理想。如果运用"三维"互促的系统思想,采取迂回战术,积极发展同水旱限制因素关系较小的乡镇企业,把经济增值维延伸起来,再以其自身的经济力量去治水治旱,无论宏观效益还是微观效益都会很好。

三维结构的各要素之间也同样存在着网状的内在联系。农林牧渔等要素之间的耦合关系,在生态农业中已讲过了,加工、贮存、运销之间的相互消长关系,是经济常识,无须赘言。资源开发维中的温、光、气、土各要素之间则更是如此。再肥的土壤,如果温光不足，无水灌溉，也不会得到充分的开发利用；土壤瘠薄，即使有水，也长不出丰产的庄稼；灌溉条件很好，如果土壤物理性状不良，透气性很差，灌溉效益也会大打折扣；反之，如果土壤有机质丰富，即使灌溉不足，它也能有效地保墒……这种水肥互促，温光相长，气水相克的辩证关系也是一目了然的。

三、三维农业的层次性

三维立体农业也和适应农业和生态农业一样，由于所有制关系和经济层次的不同，而存在于不同的空间之中。

兼业经营。农户以务农为主，在庭院中兼营小规模的加工和贩运，属小商品经营性质。由于它主要是利用自我消费不完的产品、务农以外的剩余劳动时间以及庭院小资源进行经济增值的活动，因此批量小、商品率低、经济力量也不大。

专业经营。随着商品经济的发展，分工分业会不断地深化，有些农户就会专门从事（或主要从事）某一维中的某一要素的经营。如在资源开发维中就会出现机械专业户、治虫专业户、育种专业户、水利专业户等；在生物生产维中就会出现粮食专业户、养猪专业户、养鱼专业户、养菌专业户等；在经济增值维中就会出现加工专业户、货栈专业户、运输专业户等。这些专业经营在微观上是分散的，在宏观上则仍是整体的三维农业。

农工商联户。专业化愈发展，对社会化的要求就愈迫切。有一部分专业户便可能在生产服务（资源开发）、原料供应（生物生产）和加工贩运（经济增值）方面双边或多边地进行联户经营，通过联户合作的形式建立三维农业。

农工商合作企业。这是较农工商联户经营又高一层次的三维农业。不仅联合的紧密度、规模更高更大，而且经济成分也更多样化。因为这不只是农户之间的联合，而且包括跨所有制和跨地域的联合。

第二节　三维农业的结构模式

一、三维农业的一般模型

前面讲过，农业按其各要素功能结团的法则，分为资源开发利用维、生物生产循环维和经济增值运转维。现分述如下：

（1）资源开发利用维。包括人力可控的并用之于农业的温、光、水、气等自然资源；人工制造的肥、工具（机械）设备、信息、科技等经济资源；还有自然与人工复合的资源，如土地、水利、病虫天敌等复合资源。这是农业系统的条件维。

（2）生物生产循环维。包含植物种植、畜禽养殖、森林抚育、鱼类养殖、虫菌繁殖等，都是依靠吸取太阳能和生物生长发育而实现生产循环的一系列要素。这是农业系统的基础维。

（3）经济增值运转维。包含加工（和多级深加工）、贮藏、包装、运销等要素和环节。这是农业系统的发展维。三维农业一般模型见图4-1。

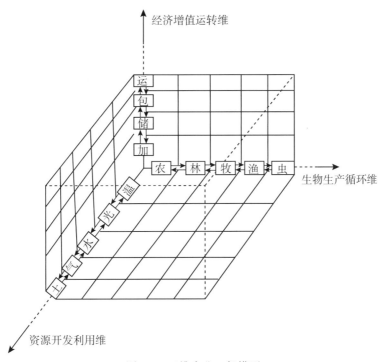

图 4-1　三维农业一般模型

从这个模型示意图中可以看到：

第一，资源开发利用维，代表农业的纵线（深度）；生物生产循环维，代表农业的横线（广度）；经济增值运转维，代表农业的垂线（高度）。这三条线，即深度×广度×高度，便构成农业系统的立体空间。

第二，在三维中任何一维的要素增加，都意味着这个立体空间的扩大。例如，生物生产循环维中新增加养菌、试管生物等，资源开发维中新增加沙漠和海洋的利用，经济增值维中新增加农商联营等，所有这些新要素的增加，即等于各该边线的延长，从而都必然相应地扩大了农业的领域（空间）。

第三，各维中任何一个要素素质的提高或边界的扩展，也都意味着这个立体空间的扩大。例如，生物生产循环维中，各业经营规模的扩大、劳动生产率的提高；资源开发利用维中，温、光、气可控度的提高（如温室栽培）、复合肥料的发展、机械化水平的提高、水利设施的改善等；经济增值运转维中，深加工、精加工的发展、包装工艺的提高、运输能力的扩大等，也都同时延长了各自的边线，从而也就扩大了农业的领域（空间）。

这种立体空间的大小，可以综合地表示某个农业系统素质的优劣。我们试以湖北农业与江苏农业做一概略的对比，就可以形象地看到这两个农业系统的差异。以 1983 年农、林、牧、渔的产值指标反映"生物生产循环维"的长度，以有效灌溉面积占耕地面积之比、机械化的程度、亩均施氮量等指标反映"资源开发利用维"的长度，以乡镇企业产值指标反映"经济增值运转维"的长度，并以湖北的这些指标数值为 1，则江苏的这些数值分别为

1.5、2、3，见图4-2。

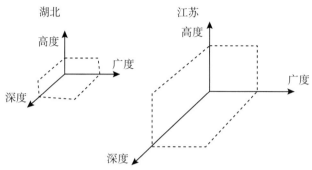

图4-2　湖北与江苏三维农业对比

这两个农业系统的立体空间容积，湖北如是 $2 \times 2 \times 1 = 4$，则江苏为 $3 \times 4 \times 3 = 36$。江苏为湖北的9倍。这就是为什么江苏农业显著优越于湖北的量的说明。

二、三维农业模式举例

(一)高度开发型模式

所谓高度开发型，即在三维的发展中，以发展经济增值运转维为重点的农业系统，在资源开发利用与生物生产循环两维所构成的平面农业的基础上，大力发展加工业、贮运业等，使村镇企业循着产品不断向深加工的系列而一个梯级一个梯级地发展起来。这即是说，在发展农业的问题上，必须明确树立一个指导思想，即在平面农业的基础上，建立起多梯级的立体行业结构，使我们的农业不再停留在"平房"水平，而应是一层高于一层的"摩天大厦"。这方面，广东省斗门县做出了良好的样板。他们以甘蔗生产为基础，建立起了三个立体开发的行业系列(见图4-3)：

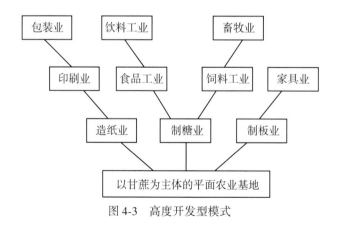

图4-3　高度开发型模式

由于实行了这种"高度"开发的"斗门战略"，全县由穷变富，三年面貌大改观。

(二)广度开发型模式

所谓广度开发型，即在三维的发展中，以发展生物生产循环维作为重点的农业系统。此系统在资源开发利用和经济增值运转两维具有相当水平并在其支撑下大力发展种养业，形成一种高度集约化、商品化的农业系统。在江苏太湖流域就有许多这样的模式。现举其中一种为例，见图4-4。

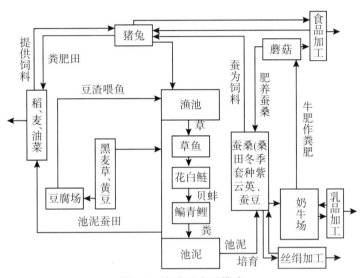

图4-4　广度开发型模式

从这个系统结构及其循环机制可以看到，由于生物生产布局合理，使各生物生产要素之间所需的饲料、肥料、饵料等资源形成内部相互利用的食物链，从而反过来促进了粮、畜、鱼、菌、桑的发展；由于食品、乳品、丝绸等加工业的发展，在经济上又以更大的动力支持着奶牛、猪、兔、蚕桑等生物生产循环维的发展。这样，生物生产便在三维良性循环的基础上向更广阔的空间开拓。

(三)深度开发型模式

所谓深度开发型，即在三维协调发展的基础上，着重在资源开发利用方面进行系统的优化，为其他两维更大的发展造就更好的环境。这种模式一般在农业自然条件比较严峻的地区更为适用。其三维之间的循环关系见图4-5。

关于以上三种模式，一般地说来，第一种模式多出现在大中城市郊区或商品经济比较发达的地区；第二种模式多出现在典型的农业区或商品农产品基地；第三种模式则多出现在生态恶化的地区或新的农垦区，但也不尽然，随着科学技术的发展以及资源危机的加剧，这种模式将会在新技术的基础上被赋予新的目标和新的内容。同时，也不能排斥三种模式在一个地区内交叉运用。

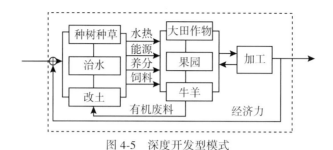

图 4-5　深度开发型模式

第三节　三维农业的功能

一、"立体空间"的经济含义

根据三维农业理论，农业建设的总体目标应该是努力扩展其深度、广度和高度，从而达到扩大农业系统的"立体空间"的目的。

那么，"立体空间"是一个几何学的概念。它在经济上意味着什么呢？或者说，"立体空间"的经济功能是什么呢？

我们知道，任何一个经济系统都是开放系统，只是开放的程度不同罢了。既是开放系统，它就有必要保持同外界环境的输入输出关系，同时也要受到外界环境的干扰。而外界环境的输入和干扰，则是系统自身所难以控制的，农业系统更是如此。在这种情况下，要保持系统的稳定性，主要取决于系统结构的优化。一般地说，系统结构要求愈简单，它对环境的适应力就愈小，从而稳定性就愈低。反之系统结构要素愈复杂，它对环境的适应力就愈大，从而稳定性愈高。

三维农业结构较之适应农业和生态农业结构，是更为复杂而高级的结构。三维结构的要素愈多、愈发达，则农业系统的立体空间愈大，要素间的相互补充、相互替代的几率愈大，当某一个要素输入不足或受到干扰时，用其他要素来替代或缓解的能力就更大，即所谓"东方不亮西方亮"，系统内部的回旋余地更为宽阔。农业是一个受人们难以驾驭的自然力干扰极大的系统。管理农业系统必须树立一个十分重要的指导思想，即要尽最大努力增强农业系统对多变的外界环境的适应力；而要提高其适应力，就得优化其结构——大力发展三维结构，扩大农业的立体空间。

三维立体空间的适应性功能，又可分解为抗逆、调节和自生三个分功能。下面加以分别论述。

二、三维农业的抗逆功能

所谓抗逆功能，即主要指农业系统对自然灾害的防御能力。适应农业，只能采取避灾的办法来缓解灾害的损失。生态农业，则除了避灾之法以外，还可以采取增大食物链，使某一个要素环节(如种植业)受灾的损失由另一个要素环节(如水产业)来弥补，从而使总收入不致减少，以保持系统的稳定性。但所有这些平面农业的抗逆功能，都是不够强大的，因为它们缺乏足够强大的经济支撑力。只有三维农业，由于它有发达的经济增值运转维，它能利用系统内的经济力量来强化防灾降灾措施，因此其抗逆功能大大高于平面农业。

在抵御自然灾害的问题上，人们长期受着"就灾论灾"的思想指导，采取"兵来将挡，水来土掩"的方针，虽能奏效一时，但未能根本解决问题，而且代价也相当昂贵。

以水利建设为例，据杨挺秀的统计分析，[①] 尽管中华人民共和国成立以来水利灌溉事业发展很快，水田和水浇地面积增加了 3 亿多亩，但由于生态环境的破坏，水旱等自然灾害反而日益频繁。详见表 4-1 和表 4-2。

表 4-1　　　　　　　　　　　　**1949 年以来水利灌溉发展情况**

年份	耕　地		旱　地		水　田		水　浇　地	
	亿亩	%	亿亩	%	亿亩	%	亿亩	%
1949	14.68	100	10.78	73.5	3.42	23.3	0.48	3.3
1981	14.86	100	7.73	52.0	3.78	25.5	3.34	22.5
增减变化	+0.18		−3.05		+0.36		+2.86	

表 4-2　　　　　　　　　　　　**不同时期受灾、成灾面积比较**

时　期	受灾面积		成灾面积	
	亿亩	%	亿亩	%
20 世纪 50 年代	3.2881	100	1.3664	100
20 世纪 60 年代	5.1696	157	2.5714	188
20 世纪 70 年代	5.6869	173	1.7859	131
20 世纪 80 年代初	6.3234	192	3.0795	225

注：20 世纪 60 年代缺 1967—1969 年的数据；1959—1961 年受灾、成灾面积均有夸大；20 世纪 80 年代的数据为 1980—1981 年两年的平均数。

按照三维农业的系统思想，对于自然灾害的防御，应采取"三维并进、外线围歼"的方针。这就是说，对于某种自然灾害，实行治理与开发并举，治灾同治穷兼顾。工程措施，是直接针对"资源开发利用维"的某一个或几个要素（如水、土等）的治理，其固然重要，但如果"单维独进"，往往事倍功半。如果在此同时，采取生物措施，调整生产结构以避开灾害（如水灾多发区增加淡水养殖面积和改为水体农业）；同时，积极发展乡镇企业，增加农业内部的经济实力，用自身的力量去抗御灾害，改善资源要素。这样三管齐下，既可大大减少国家投资，又可使农民早得实惠。例如苏州地区 1949—1977 年全区农田基本建设总投资一共是 35670 万元，其中社队自筹投资就有 17000 万元，占 47.66%。

---

①　杨挺秀：《论生态农业》，《农业发展战略问题论文选编》（5），1983 年。

1977 年以后乡镇工业支农的投资就更多了。又如无锡县建设旱涝保收高产稳产农田的投资，如全靠国家投资，需要 9 亿元，50 年才能完成；结果 93% 靠社队自己发展乡镇工业进行投资，7 年就完成了。这就是"三维治理"的最好例证，也是三维农业具有最优抗逆功能的有力说明。

因此，我们的治灾思想必须根本转变：突破正面对抗的防御思想，转为综合围歼的主动进攻思想，即变治标为治本。绝大多数的农业灾害并不都是自然因素形成的。往往既有自然因素，又有人为因素；在人为因素中，既有经济的因素，也有技术的乃至政策的因素。例如，南方有些水灾的形成，除了大气环流的自然因素外，既有上游森林破坏的原因，又有盲目围湖造田的原因，而围湖造田又与"以粮为纲"政策息息相关。北方有些旱灾的形成，既有雨量分布的自然因素，又有生态恶化的因素，还有盲目推广水浇地的因素等。因而，要消灭这种灾害，就得治本清源，从消除它产生的多种原因着手。否则，只抓住个别因素进行单项治理，是难以根本奏效的。三维农业理论就为这种综合治灾思想提供了可靠的依据。

三、三维农业的调节功能

所谓调节功能，主要是指农业系统对市场经济冲击与干扰的应变协调能力。任何一个中观或微观的农业系统，在有计划的商品经济条件下，都要受到商品市场的调节，都存在个别劳动能否实现为社会劳动的问题。对于一个没有建立三维结构的农业系统来说，如果发生了产品滞销或跌价亏损，就会马上破产或一筹莫展，系统的稳定性就会丧失。但是，对于具有发达的三维结构的农业系统，情况就会好得多。例如，水果滞销就可以扩大果品加工规模，鲜奶跌价就可以扩大乳品加工。加工的产品就不限于临近的市场，而可以远销他地，且便于贮存。这样农业系统内部的自我调节能力，便大大高于平面农业，在商品竞争的态势下，便可保持其稳定状态，立于不败之地。

因此，农业的经营也必须改变，突破过去那种计划导向的产品经济经营思想，转向市场导向的商品经济经营思想。在旧的产品经济体制下，农民生产什么，产量多少，都是由国家计划安排的，只要按计划生产出来的产品，不愁国家不统购包销，所以严格地说也谈不上什么经营思想。在有计划的商品经济条件下，市场机制愈来愈完善，在农村中尤其如此。农民生产什么，生产多少，能否卖出去，会不会赔本，都存在风险。在这种市场挑战面前，农业经营者较之工业经营者来说，既有其劣势，也有其优势。其劣势就在于农产品有很大一部分属鲜活商品，不便贮存与长距离运输，这一点不及工业产品，所以往往造成大量农产品由于滞销而毁坏变质。其优势则在于农产品的可塑性，其再加工性比工业产品好。因而，农业经营必须扬长避短，充分利用农产品可塑性的特点，发展三维农业，做到"东方不亮西方亮，黑了南方有北方"，在市场风险中尽可能立于不败之地。

四、三维农业的自生功能

所谓自生功能，主要是指农业系统依靠自身的力量改善生活和扩大再生产的能力。由于三维农业具有较强的经济增值结构，较之出卖自然形态产品的平面农业，其经济效率要高得多。例如，出卖每百斤蚕茧农民只得纯收入不到百元，而加工成生丝纯收入即可在

380 元以上，如再加工成绸缎纯收入还可再翻一番（以上系 1980 年的价格）。其他农产品均有类似情况（见表 4-3）。

表 4-3　　　　　　　　　**1982 年世界五种主要加工产品每吨价值增值**

加工产品名称	初级产品出口价格（美元）	加工产品出口价格（美元）	加工后的价值增值（美元）	价值增长（%）
小麦面粉	177.22	243.84	71.62	42
棉子油	141.59	527.64	386.05	273
大豆油	242.97	483.26	240.29	99
菜子油	329.26	484.20	155.14	47
乳制品	283.63	1314.62	1030.74	363

资料来源：Fao Tiade Yearbook，1983，Vol. 37。

因此，农村治穷思想也应转变，变平面开发为立体开发，变单向开发为多向开发。农民要致富，决不能"吊死在一棵树上"。粮食与种植业是农业的基础，不能放松。但是，如果只是单向、平面地开发粮食与种植业，致富的速度就不可能快，致富的幅度也甚小，必须在粮食与种植业的基础上，进一步扩展生物生产结构，大力建立与发展经济增值结构，才能使农民和农村更快地富裕起来。这方面江苏省赣榆县做出了样板，提供了一个成功的模式。赣榆县是苏北的一个穷县，1980 年农民人均收入只有 89 元。1982 年他们转变了治穷思想，立足于土地资源的立体开发和多向开发。在沿海，利用 23 万亩滩涂，把昔日荒滩变成了鱼虾贝藻的生产基地。在养殖业基础上，建立起加工系统、保鲜系统和包装材料生产系统。在山区，实行退耕还林，发展果树，建起各种果品加工业。在平原，实行粮、草、菜、柳的全方位转化，有些编织工艺品打入了国际市场。5 年来，粮食产量平均年递增 8%，乡镇工业从无到有，发展到近万家企业，1986 年总产值较 1980 年增长近 10 倍，全县农民人均收入增到 600 多元，实现了初步富裕。[①]

第四节　三维农业的发展条件

发展三维立体农业，是农业产业结构调整的第二层次，即农牧林渔的生态型结构向种养加工的立体型结构转化，由集约化向商品化转化，这并不是在任何情况下都可以实现的，是有条件的。从宏观上来说，三维立体农业的发展水平，取决于生物生产水平、资源开发水平、市场发育水平。

一、生物生产与三维农业

农产品加工、运销的发展，必须有稳定发展和充裕的初级产品生产基地，才能保证其

---

① 参见隋明海：《土地——赣榆致富之母》，《经济日报》1987 年 4 月 24 日。

原材料和粮食的供应。这种稳定而持续发展的生物生产结构，只有在比较发达的生态农业的基础上才能形成。

当然，这并不是说，一定要等到农、林、牧、渔生产已经发展到很高水平之后，才能开始发展经济增值行业，其间并无一个截然划分的界线。但是，一般地说，总要先解决了农户的温饱问题，农产品自给有余，商品率有了显著提高之后，才具有进一步加工转化的物质基础。举例来说，粮食人均产量至少要达800斤以上，才有可能较大规模地发展畜牧业和其他多种经营，从而才有可能进一步发展加工业。近几年农村产业结构调整中，就有一个较为共同的现象，即较发达的平面农业，较充足的粮食，是产业结构调整的前提。凡是农牧基础较好、人均产粮在900斤左右的地区，调整的速度与效果就较快较好。反之就较慢较差(少数有特殊资源可供开发者例外)。

这种平面农业促立体农业的运动，并不是单向的运动，而是一种相互反馈、螺旋上升的运动。生物生产的发展为加工增值提供基础，加工业的发展又回过来促进生物生产的进一步发展，使两者形成相生相长、不断提高的良性循环。

二、资源开发与三维农业

三维立体农业，不仅要在生物生产开拓具有较大广度的基础上才能发展起来，而且要在资源开发达到相当深度的条件下才能发展起来。这是因为，立体农业是充分合理地利用自然资源与经济资源的农业，是向农业的广度与深度开发的农业。具体地说：

第一，立体农业要求对土地、水面、山林等自然资源进行充分的开发利用。这是为了保证加工增值有充足的多样化的原材料来源，同时也为发展三维立体农业准备必要的资金。从全国来说，现阶段发展农业的资金主要不能靠国家投资，而要靠农业内部积累。农业内部的积累，则主要是依靠劳力和土地，土地是财富之母。很多地方的经验说明，在我们这样一个底子薄的国家，要使农业尽快发展起来，要使农民尽快富裕起来，首先必须依靠丰富的劳力资源去挖掘多样化的土地资源的潜力，我们前面说的苏北赣榆县就是这样走过来的。很难设想，当大量的自然资源被闲置，70%以上的农业产值仅仅来自耕地的情况下，有能力发展三维立体农业。

第二，要充分地开发利用自然资源，就必然相应地要求有较高的经济资源开发水平，特别是工具、设备、技术水平。自然资源的开发深度，总是和经济资源的开发深度同步的。荒山的开发，水面的利用，不仅需要有必要的机械设备，而且还需要有娴熟的育林养殖技能。随着科学技术的发展，海涂可以变成粮仓，沙漠将会变成良田。经济资源的开发，不仅对于自然资源的开发意义重大，而且对于发展立体农业本身，即加工增值的发展，也是绝不可少的。农产品加工而成的商品，一般地说，市场饱和度较高，有一些消费弹性也较小，因此，商品的竞争比较剧烈。缺乏较好的设备和技术，就很难生产出具有竞争力的产品，从而也就难以占领市场。

三、市场发育与三维农业

三维立体农业，是商品化的农业，不是自给自足的农业。从本质上说，从宏观角度来说，是商品生产决定商品交换，引起市场的形成；但从反作用来说，特别是从微观角度来说，没有形成一定的市场容量，就激发不了农民商品交换的热情，从而也刺激不了商品生产的发展。这两个命题似乎是矛盾的，其实不然。因为微观的市场容量是可以借助宏观的商品化冲击波来加以扩大的。

一个微观的农业经济系统，当它处于自给自足的封闭状态时，如某些偏僻的山区那样，生产是为了自身的消费，为了获取使用价值，从而发展生产的热情是十分有限的。在此情况下，不可能形成发展商品生产的强大动力，也就没有必要去扩展生物生产的广度，开拓加工增值的高度和相应地进行资源的开发，三维立体农业在这种地区是难以发展起来的。如果这个地区修通了一条铁路或公路，连接到了外界一些商品经济比较发达的地区，由于经济势差和资源梯度的关系，这个封闭地区原来不值钱的东西，慢慢变成了"宝贝"。外界工业生产的消费品远较自给性生产的消费品更加物美价廉。这样，一方是资源和廉价劳力，另一方是技术与工业商品，商品交换的径流便日益增大起来。到了一定的时候，农民生产为了交换，为了获得更多价值的商品化意识，便会很快增长起来，"为什么老是出卖初级产品，把钱让别人赚去呢"？只有在这种阶段，农民才具有发展三维农业，即高度商品化的农业的强大动力。

一般地说，农产品商品率等于零或低于30%的地区，根本无条件发展三维立体农业。在商品率达到70%左右的地区，才具有健康发展三维农业的优良环境，才可能获得较好的经济效果。

第五节　三维农业的经济评价

一、三维农业经济评价的内容

对于一个或多个三维农业系统的评价，可以包括两个基本方面：绝对评价与相对评价。

(一) 绝对评价

绝对评价，是指对某特定的三维农业系统本身进行独立的经济评价。

一个三维农业系统经济素质的优劣，最终要依其经济效果的大小进行判别。但经济效果不是随意产生的，它取决于该系统的经济功能如何。而经济功能的优劣，则又取决于该系统的经济技术结构。换句话说，即是结构决定功能，功能决定效果。

这里就提出了一个问题：为什么功能不等于效果？这是因为，任何一个经济系统都不是孤立存在的，它总是依存于比它更大的更上一级的经济系统——环境，受到环境的制约、影响与干扰。这个环境，包括市场、上级经营组织以及政府的政策等。一个特定的三维农业系统，即它具有优化的结构与功能，也只能说它具备获得良好经济效果的可能性。这种可能性能否变为现实的效果，还要看在商品竞争的大环境中系统价值的实现程度，或对风险的克服程度。这样来认识问题至少有一个好处：使人们不会孤立地去看待结构与功能，而会用更多的精力去研究系统对外界环境的适应性。这一点尽管十分重要，但却往往被人们所忽视。

因此，对一个三维农业系统的经济评价应该包括三个基本内容：经济结构的评价、经济功能的评价和经济效果的评价。

经济结构评价。经济结构是一种多维结构，它包含相互渗透的三大结构，即基本结构、流程结构和地域结构。基本结构，又包含生产关系结构和生产力结构；流程结构，又包含生产结构、交换(流通)结构、分配结构和消费结构；地域结构，又包含自然地域结构和经济地域结构等。其中生产关系结构还可细分为所有制结构、经营方式结构；生产力结构还可细分为劳动力结构、技术结构、资源结构等；流通结构又可细分为市场结构、运输结构、通信结构等。作为一个特定的三维农业系统，对它的结构评价，当然不必牵扯到这些方面，主要只需从生物生产结构、资源开发利用结构和产业发展结构三个方面进行分析评价即可。生物生产结构的评价，主要以种植业与多种经营(林、牧、渔……)之间的比例是否合理，各业之间物质与经济的循环是否流畅等为内容。资源开发利用结构的评价，主要以全部土地资源是否充分利用，劳力与资金投放结构是否合理，有机技术与无机技术比例是否恰当，能源结构是否符合当地条件等为内容。产业发展结构的评价，主要以生物生产与加工、运销之间是否协调，初级产品与加工产品之间的比例是否恰当，它们之间的有序性是否建立等为内容。

经济功能的评价。经济功能是以经济结构为基础产生的特定系统所具有的直接经济效率，它包括系统对各种资源的利用效率，系统对完成某种经济目标所具备的能力等。对一个特定的农业三维系统来说，资源利用效率，主要以该系统对土地、劳力、资金、能源以至光能的利用效率为内容；完成经济目标的能力，主要以为社会提供商品产品的能力、为系统本身提供的经济增值能力等为内容。

经济效果的评价。经济效果是为实现某种目标所耗费的劳动总量同所获得的最终成果之间的比较，它是系统价值的最后实现程度。三维农业的经济效果集中表现为系统的总投入同总产出的比较，既可以用使用价值表示，也可以用价值表示。

(二)相对评价

相对评价，是两个以上的三维农业系统的比较评价。上述绝对评价的内容基本也适用于相对评价，只需将它们在若干三维农业系统之间进行对比即可。

二、三维农业经济评价的指标体系

根据上述评价内容，指标体系分三个子集。

(一)经济结构评价指标集

经济结构评价指标集，又可分为三类：
生物生产结构评价指标，包括如下具体指标：

①农业部门产值构成 $= \dfrac{总值 - 种植业产值}{农林牧渔草等总产值} \times 100\%$

一般地说，其数值愈大，结构愈优；反之愈劣。

②农业中劳力占用构成 $= \dfrac{\text{总劳力} - \text{种植业占用劳力数}}{\text{农林牧渔草等占用总劳力数}} \times 100\%$

评价如上。

资源开发结构评价指标，包括如下具体指标：

①土地资源利用系数 $= \dfrac{\text{已利用面积}}{\text{土地（水面）总面积}}$

一般地说，其数值愈大，土地资源的开发利用结构愈好；反之，就说明这个系统还欠发达。

②劳动力智力构成 $= \dfrac{\text{熟练劳动数}}{\text{劳动力总数}}$

这个数值愈高，说明劳动资源的开发水平（智力开发水平）愈高，系统结构愈优。

③机械化程度 $= \dfrac{\text{机械完成的工作量（标亩／年）}}{\text{农业总工作量（标亩／年）}} \times 100\%$

④农业资金有机构成 $= \dfrac{\text{农业生产资料总价值}(C)}{\text{农业劳动力总价值}(V)}$

这两个公式所得的数值愈高，说明该系统商品化的程度愈高，对自然生产力的依赖愈小，资源开发度愈深。

⑤旱涝保收系数 $= \dfrac{\text{旱涝保收面积}}{\text{耕作总面积}}$

一般地说，其数值愈大，说明对自然灾害的防御能力愈强，系统的稳定性愈高。其中，旱涝保收面积，不只是指水利化面积，也包括通过各种非水利化措施所达到的旱涝保收面积（这一点在适应农业一章中已经讲过）。

⑥每亩化肥施用量 $= \dfrac{\text{化肥施用总量（折合）}}{\text{总耕作面积}}$

经济增值结构评价指标，包括如下具体指标：

①产业构成 $= \dfrac{\text{乡镇企业产值} + \text{农户非农产值}}{\text{农业系统总产值}}$

这个数值反映了一个三维农业系统的经济增值运转维的发育水平，其数值愈大，水平愈高。农业系统总产值包括整个系统种、养、加工、运销的产值总和。

②初级产品转化率 $= \dfrac{\text{系统内加工转化量}}{\text{初级产品总产量}} \times 100\%$

这一指标可作为上一指标的辅助指标。

（二）经济功能评价指标集

该指标集包括如下具体指标：

①土地生产率 $= \dfrac{\text{总产值}}{\text{土地总面积}}$（元/亩）

②劳动生产率 $= \dfrac{\text{总产值}}{\text{劳动力总人数}}$（元/人）

③资金周转次数 $= \cfrac{365}{\text{一定资金量一次周转的时间(日)}}$ (次/年)

④百元产值能耗 $= \cfrac{\text{总耗能量}}{\text{总产值}} \times 100$

⑤百元产值劳耗 $= \cfrac{\text{消耗劳动日总量}}{\text{总产值}} \times 100$ (人日/百元)

以上指标从不同角度反映了一个三维农业系统的经济功能优劣。前三个指标,数值愈高,说明该系统经济素质愈优,获得经济效益的可能性便愈大。后两个指标则相反。

(三)经济效果评价指标集

该指标集包括满足系统的经济效果和满足社会的经济效果两个方面的指标。
前者包括:

①投入产出率 $= \cfrac{\text{年总产值(包括在产品)}}{\text{年总投入额(包括折旧)}} \times 100\%$

②成本利税率 $= \cfrac{\text{年利润 + 年纳税额}}{\text{年总成本额}} \times 100\%$

③人均纯收入 $= \cfrac{\text{年总产值 - 年物资成本}}{\text{系统总人数}}$

后者包括:

产品商品率 $= \cfrac{\text{进入商品流通的价值}}{\text{产品总价值}} \times 100\%$

(四)比较评价

结构比较。两个以上的农业系统按三维结构原理进行综合评价,可通过考察结构空间值求得比较结果。

为了阐明农业系统结构的比较方法,我们首先考察两个农业系统相比较的情况。设系统甲三维结构值分别用 a_1i、b_1j、c_1k 表示,系统乙三维结构值分别用 a_2i、b_2j、c_2k 表示,分别计算两个系统的结构空间值。

$$A_1 = \frac{1}{n}\sum_{i=1}^{n}\frac{2a_1i}{a_1i + a_2i} \times \frac{1}{m}\sum_{j=1}^{m}\frac{2b_1j}{b_1j + b_2j} \times \frac{1}{l}\sum_{k=1}^{l}\frac{2c_1k}{c_1k + c_2k}$$

$$A_2 = \frac{1}{n}\sum_{i=1}^{n}\frac{2a_2i}{a_1i + a_2i} \times \frac{1}{m}\sum_{j=1}^{m}\frac{2b_2j}{b_1j + b_2j} \times \frac{1}{l}\sum_{k=1}^{l}\frac{2c_2k}{c_1k + c_2k}$$

其中,n 为生物生产循环维中被比较因素数目,它是一个变化的值,视被比较的农业系统实际情况而定,书中我们列出了农业部门产值构成和农业中劳力占用构成两个因素;m 为资源开发利用维中被比较因素数目,l 为经济增值运转维中被比较因素数目,m、l 的值也都是可变的,书中资源开发利用维我们列出了土地利用系数、劳动力智力构成、机械化程度、农业资金有机构成旱涝保收系数和亩施化肥量等 6 个因素;经济增值运转维列出了产业构成和初级产品转化率 2 个因素。

比较计算结果 A_1 和 A_2，若 $A_1 > A_2$，则说明系统甲比系统乙的结构优；若 $A_1 = A_2$，则说明两个系统优劣程度相似；若 $A_1 < A_2$，则说明系统乙比系统甲的结构优。

同样，对于 t 个农业系统相比较，可用如下公式计算：

$$A_r = \frac{1}{n} \sum_{i=1}^{n} \frac{ta_r i}{\sum\limits_{r=1}^{t} a_r i} \times \frac{1}{m} \sum_{j=1}^{m} \frac{tb_r j}{\sum\limits_{r=1}^{t} b_r j} \times \frac{1}{l} \sum_{k=1}^{l} \frac{tc_r k}{\sum\limits_{r=1}^{t} c_r k} \quad (r=1, 2\cdots\cdots t)$$

比较计算结果：

$\text{Max } A_r (r=1 、 2\cdots\cdots t)$ 为最优。

依次类推，即可得出 t 个农业系统相比较的结果。

功能与效果比较也可以用上面诸相应指标进行直接评比。

第六节　三维农业的发展趋向

三维农业是我国农业发展的高级阶段，其集约化、商品化水平都较高，已基本实现了由自给性农业向商品化农业的转化。发达的三维农业系统也大体实现了由传统农业向现代农业的转化。因此，这种标准的三维农业，目前只是在我国部分先进地区存在。

即使如此，三维立体农业毕竟还不是我国农业的远景目标，它本身在发展生产力方面仍有明显的局限性。

第一，从社会分工的进程来看，加工、运销活动，不可能永远存在于农业系统这个狭窄范围之中，终究会进一步完全、最终地从农业中分离、异化出去，成为同农业平级的独立产业(二次、三次产业)。因而，处于三维农业阶段的加工、运销活动，其规模是不大的，其企业化水平是不高的，故其社会经济效率也是不能同城镇企业相比拟的。

第二，从工农关系来看，三维农业虽然在一个经济系统内部协调了农业与工业脱节的问题，但由于处于农业范畴内的加工活动，终究十分有限，它难以在更大的范围、更高的层次上实现农业同工业的有机结合。

因此，当三维农业充分地发展、大量地出现之后，这些局限性便会逐渐暴露出来。到那时，三维立体农业便会朝着农工一体化的方向发展。

◎ **本章主要参阅文献：**

①钱学森：《创建农业型的知识密集产业》，《农业系统科学与综合研究》1985 年创刊号。

②联合国粮农组织：《二十世纪末的农业》，1986 年。

③于光远：《于光远经济短篇小论集》，山西人民出版社 1984 年版。

④夏振坤、何信生：《关于我国农业系统范畴及结构模式概念开发的研究》，《系统工程的理论与实践》1984 年第 2 期。

⑤杜玠：《系统工程原理》(内部发行)。

⑥尼·伊·茹科夫：《控制论的哲学原理》，上海译文出版社 1981 年版。

第五章　农工一体化及其模式

第一节　我国农业发展的远景

一、农业发展的大趋势

农业与非农业的发展，经历了一个否定之否定的历史演进过程。从人类社会第二次大分工开始，手工业从农业中分离出来，第三次大分工时，商业又从农业中分离出来。商品经济在氏族社会末期就开始发展。然后，氏族社会崩溃，又经历了漫长的奴隶社会和封建社会，直到资本主义的兴起使生产力神奇般地被呼唤出来，从而也把农业和工业的分离和对立推到了顶峰。

列宁讲过，资本主义完全割断农业和工业的关系，但同时又以自己的高度发展为这种联系准备新因素，使工业同农业结合起来，其基础是自觉地运用科学、集体劳动的联合，人口的重新分布(一方面消灭农村的偏僻状况、与外界隔绝和未开化状态，另一方面消灭大量人口集中在大城市的反常现象)，[①] 使工业脱离农业范畴而自发发展的漫长时期中，工业内部的社会分工与专业化高度地发展，工业的这种发展又推动着农业中的社会分工和专业化的发展。特别是第二次世界大战后，随着科学技术的发展以及资本集中的加剧，社会经济组织一体化、标准化的要求愈来愈强烈，无论是工业还是农业，局限于本身内部的专业化与社会化都已不能满足生产力进一步发展的要求了。于是农业同工业在新的基础上实行更高水平的一体化的社会化协调，便被历史地提到经济发展的日程上来了。无论在北美还是在西欧，农工综合体、农工联合公司都大量出现，即是在社会主义的东欧和苏联，它们也相继产生。这样农工一体化就依照历史辩证法的规律成为当今农业发展的一大趋势。

我国农业还处在由半自然经济向商品经济过渡的阶段，不仅农业中的社会分工和专业化还没有充分发展起来，就是在工业中(当然也包括商业)也还没有真正摆脱"大而全""小而全"的自然经济影响。因此，农工一体化还不是我国农业发展的近期目标，甚至也不是中期目标。但是，这个大趋势则是带有普遍意义的，中国也不会例外。目前，我国少数先进地区，随着农村工业的大发展，二元经济结构有进一步加剧的趋势。例如，苏州农村就出现了工农业发展新的不平衡：1985 年，农业收入由 16.6 亿元增加到 21.5 亿元，增长 30%，但工业收入则由 10.4 亿元增到 93 亿元，增长 8 倍(均以 1978 年为基数)。由于农业生产效益大大低于工业生产，农民特别是青年农民种田的兴趣大大低于务工。在这种情况下，如无正确对策，农业确有萎缩的危险。而农工一体化正是摆脱这一矛盾的必然发展阶段。它可以在更大一些范围内促进社会分工，扩大农业经营规模，提高农业的技术装备

---

① 《马克思恩格斯选集》第 1 卷，人民出版社 1972 年版，第 24~28 页。

水平，有力地推动农业向新的台阶发展。我们的任务是在大力发展生态农业、三维农业的基础上，明确无误地朝着农工一体化的远景目标前进。

二、农工一体化的概念

我国的某些理论家和实际工作者往往都容易犯一种通病，即形而上学的毛病。当实行开放、打开大门之后，看到外国大量出现农工一体化现象，于是在国内也曾鼓吹起一股"农工商一体化"热潮。曾几何时，这种没有社会根基的"热潮"便很快冷却下去了。之所以出现这种现象，原因之一就在于对"农工一体化"的内涵与外延存在不少模糊的观点。

首先，农工一体化不是农工"合并化"，农业同工业的一体化发展，是在生产力——社会分工——专业化高度发展的基础上的产物。它是在商品经济发展后期出现的，而绝不可能在商品经济发展初期出现。在我国农业专业化社会化还未发展起来，资金集中的程度还很低的条件下，采取行政手段，人为地把农业企业、工业企业、商业企业进行合并，挂上"××农工商联合公司"，不仅徒有虚名，而且会妨碍生产的发展。事实上，就有不少这样的"公司"，由于束缚了生产者的手脚，造成很大浪费，而陷入名存实亡的状况。农工一体化是生产力发展的结果，而决不能用行政力量去"制造"出来。

其次，目标模式不等于现实模式。外国的先进东西，我们是要学习的，但有许多先进的模式是有严格的条件的。特别是农业，是一个既存的系统，不像许多工业系统那样可以"平地起高楼"，从无到有地去构筑它。农业系统面临的是一个改造旧系统，逐步使它过渡到目标模式的问题。所以，研究农业发展战略，仅有优化的目标模式是远远不够的，还必须有从系统现状出发，通过一系列的准优化、次优化的阶段模式，才能最终达到目标模式的彼岸。农工一体化是先进国家经历了百年的生产力发展而达到的一种模式。因此，不能把这种目标模式一下搬到我国现实中予以立即实行，而必须通过设计一系列的阶段模式进行过渡，然后才有可能实现。

那么，什么叫"农工一体化"呢？农工一体化是在生产力高度发展引起社会分工深化和农业工业化的基础上产生的，是农业部门同与农业有关的产前产后部门与企业之间，在经济上、生产上以至组织上结成一体，相互融合的经济过程，是农业与工业在生产方式上差别接近消失的生产力发展阶段。因此，农工一体化是生产社会化最发达的形式。

在农工一体化的条件下，农业生产过程、与农业有关的工业生产过程和农产品的运销过程，结成了统一的整体，各自成为一个协调运行过程中的不同"车间"；在农业生产中，经济再生产过程牢牢地控制着自然再生产过程，使农业的最大特征——自然再生产占主要地位接近于消失，从而农业和工业的差别也随之而模糊起来。

由此可见，农工一体化绝不是三大部门的简单相加，它与早已存在过的农业、工业、商业之间的传统经济联系是完全不同的一种崭新的经济范畴。从联邦德国的情况来看，至少有如下区别：

第一，过去的部门之间是一种相互独立的、自发发展的和非固定的经济联系关系；农工一体化条件下，各部门之间则是一种相互依存、协调发展的有组织的经济关系，相互之间由共同的利害关系而结成共同体。

第二，过去的农业生产者同其他有关部门之间的关系，主要是工商垄断组织同一般中小农民的关系；在农工一体化条件下，这种关系便逐渐变为企业主之间的关系或垄断组织与农业合作组织之间的关系了。

第三，过去那种传统的经济联系，使各部门各企业保持着一种"自由市场"的关系，农民可以自由地选择交易对象；而在农工一体化条件下，这种"自由市场"便逐步被有控制的市场所取代，农民的"自由权"也就逐步丧失，而变成垄断资本的附庸。

我国目前还未出现成熟的农工一体化形态，还难以准确地说明我国农工一体化的特有内涵。但从资本主义国家农工一体化特征来推论，可以大致看到，首先，在社会主义条件下，资本主义农工一体化在生产力方面的特征基本是相似的，例如上述第一点就是这样。其次，在社会主义农工一体化条件下，农业生产者同其他有关部门之间的关系，将由城镇公有工商企业或企业集团与分散的家庭经济之间的关系，转变为一个大企业中平等的股份持有者之间的关系，或城镇工商企业与农业合作经济之间的关系。最后，在社会主义工农一体化的条件下，农民的家庭经济既然已逐步成为城镇工商企业的一个有机组成部分，因而其产供销也必然有相当大的份额要被纳入企业集团的统一计划之中，其"自由权"也会逐步缩小，被有计划的市场所控制。

第二节　农工一体化的标志与发展条件

一、农工一体化的标志

农工一体化的主要标志有：农业生产力的工业化；农业管理方法的工厂化；农产品规格质量的标准化；农业生产对自然条件的依赖日益减少。

(1)农业生产力的工业化。随着工业的发展，工业文明像一股强大的浪潮冲向农业和农村。按照工业的生产方式改造农业，几乎成为一切发达国家的必经历史阶段。农业中资本有机构成日益提高，以至超过了工业，随之而来的是农业劳动力流向非农业部门，农业劳动生产率大大提高。农业中，随着机器的采用，科学技术的改革以及管理方法与生产方式适应新的生产力要求，农业专业化也就日益具有了工业专业化的特征。在畜牧部门，按照种畜(禽)培育、幼畜(雏禽)饲养(孵化)、成品畜(禽)育肥等分化为各种独立的生产部门；在种植业中，也按照育种、育苗、栽培、植保、收割、贮运等分化为许多新的专业化部门。

在我们列举"工业化农业"或者"石油农业"的弊端时，千万不能采取历史虚无的态度，认为它在人类生产史上似乎本来是不应该发生的。历史总是按照否定之否定的规律发展的。"石油农业"尽管弊端很多，但它也有历史功绩，而且也可以说是不能绝对"跳跃"的。只能把它的弊端有意识地缩到最小限度(例如，推行生态农业)，但却不能从根本上绕开它。

有的人以某些发达国家现在发展"无公害农业"为例证，企图说明我国现在就应该完全绕开"石油农业"，而直接实行牛耕、人锄，不用机械和肥料、农药……我认为这是一种善良的愿望，是不可能付诸实践的。发达国家搞"无公害农业"，是在一个全新的科学技术水平上对"石油农业"的扬弃，它如果不经过农业的工业化阶段，那同样是不可思议的。试问：在我国现有条件下，就实行不用机械、不用化石能源的农业经营，我们的生物技术(例如种子的丰产性)跟得上吗？劳动力的素质跟得上吗？消费者的购买力承受得了吗？……那么，我国的农业承担得了如此巨大的"四化"需要吗？历史总是划分为若干个发展阶段，我们决不能用别人已走在前面阶段的标准来要求还处在起步阶段的实践，那是不符合历史辩证法的。"石油农业"的消极方面，可以作为我国的借鉴，尽可能趋其利、避其害，但是农业工业化的路子，我们还必须走下去。

(2)农业管理方法的"工厂化"。随着生产力的工业化，管理方法自然就不可能继续沿用家长式的方法和行帮式的陈规了。计划性、科学性和组织性，也日益接近于工厂化了。在农工联合企业中，为了确保产前、产中、产后各环节的协调，产、供、销的统一，其管理方法更加"公司化"了。

(3)农产品规格质量的标准化。由于科学技术的高度发展，专业化分工的不断深化，劳动者素质的大幅度提高，生产批量的大大增加，农产品规格质量的标准化便有了可靠的保证。

(4)农业生产对自然条件的依赖日益减少。农业劳动实际上变成了另一种形式的工业劳动。农业生产长期以来受着自然条件的极大制约，由于温、光、水、热的限制，自然灾害的侵袭，农业生产具有明显的季节性和较大的起伏性。但是，当农业发展到农工一体化阶段后，情况就大不一样了。由于工业性的装备不断武装农业和生物技术的高度发展，农业就有可能将自然再生产过程基本纳入人工的控制之下，日益摆脱自然环境对生物学过程的影响。畜牧工厂和现代温室栽培就是这一进程的体现。在美国，禽蛋的生产就没有什么季节性了。1935—1939年，美国食用鸡的产量70%集中在下半年，特别是11—12月份。最高产量月份(11月)占全年产量的16.8%，最低产量月份(2月)只占3.3%。而到了20世纪60年代，秋季和冬季的产量已上升到年产量的1/2弱。最高月产与最低月产的比率不过是1.3∶1。产量的季节性波动基本消失了。

以上农工一体化的标志说明，农工一体化不仅仅是一个生产关系的概念，其首先或本质是一个生产力的概念，是生产力与生产关系相统一的概念。

二、农工一体化的发展条件

农工一体化形成与发展的总前提是生产力的高度发展。具体地说，包括以下主要条件：

(1)社会分工的加深。随着生产力的发展，农业三维结构中的许多要素，逐步从农业系统中相继独立出来，成为新的经济部门，并且规模不断地扩大。例如，农产品加工、食品工业已在许多国家成为销售额最大的经济部门。这种大规模的专业化分工，就使得农业前部门、农业后部门和农业部门之间的关系变得空前地密切起来，在客观上形成一体化的经济需要。

(2)工商部门的高度发展。农村和城市工商部门，随着资本的积聚和集中而巨大地膨胀起来，从而控制农产品来源的需求愈来愈强烈。这样就势必推动工商部门打入农业，建立农工一体化公司，以获得大批量的、集中而均衡的、标准化的农产品。

(3)农业本身规模经济的发展。随着农业中技术水平、专业化、社会化水平的极大提高，农业经营规模不断扩大，农产品的商品率也就大大提高了，从而对农业后部门的依赖性日益加深。同时，对农业前部门供应生产资料的依赖也大为加强。这样旧有的合同式的、松散的经济联合形式已不能满足农业发展的要求了，这也就成为推动农工一体化的条件。

（4）第三产业的高度发展。各种生产性和非生产性的服务和劳动部门都充分地发展起来，以保证农工一体化所需的社会化服务。

（5）国家政策的干预。农业发展到一定程度，规模效益问题、产业结构问题、宏观社会效益问题，都会被提到政府的议事日程上来，无论是社会主义国家还是资本主义国家都不会例外，那时，国家就将在政策上促进农工一体化的发展。

第三节　农工一体化的模式

一、农工一体化总体模型

农工一体化同"三维农业"有着某种相似之处，它们的区别，除了前者的生产力——技术处于一个更高的程度之外，最重要的不同就在于它已超出了一家一户乃至一个企业内部的多维发展，是在社会范围内实行不同部门、企业之间的一体化联营。无论其技术水平还是经营规模，都是三维农业模式所不能比拟的。或者也可以说，农工一体化是"宏观的三维农业"，其总体模型见图5-1。

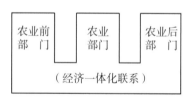

图 5-1　农工一体化模型

二、农工一体化具体模型

按经济流程来划分，有纵向一体化（垂直一体化）和横向一体化（水平一体化）。纵向一体化，是沿着生产资料供应——农业生产——农产品加工销售的垂直方向进行的以农业生产为中心的一体化，由以上各部门的几个或多个企业紧密地联结成统一的工艺过程。养猪纵向一体化模式见图5-2。

横向一体化，就是产前、产中、产后的任何环节中，专业相同的几个或多个企业，在经济、组织上结成统一的工艺过程。如若干个养猪场、乳牛场、加工场等之间的一体化。这种一体化，在资本主义条件下，多半是大企业对中小企业的吞并过程；在社会主义条件下，则是以大企业带小企业的过程。

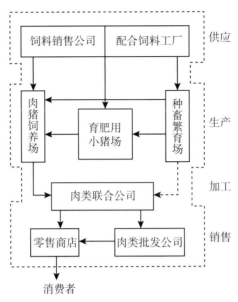

图 5-2 养猪纵向一体化模式示意图

此外，按纵向一体化的程度或侧面不同，又可区分为完全的纵向一体化和不完全的纵向一体化。后者又可分为前向一体化和后向一体化。后向一体化，即以生产资料供应的工业和商业企业为主体，或者直接办农场或者与农业企业实行经济与组织的联营。前向一体化，即以农产品加工运销的工商企业为主体，或者直接办农场，或者与农业企业实行一体化。

以上模式，多是根据国外的情况进行设想的。我国的情况有所不同，国情复杂，专业化的规模也不可能完全达到像美国、加拿大那样的程度。所以，未来农工一体化的模式，可能会是更加多样。

农工一体化的发展，最终将使生产效率最大限度地提高，社会需要得到充分满足，消除工农业劳动的本质差别，实现工农业劳动者之间的真正平等，消灭城乡之间的本质差别。

第四节 农工一体化的层次性

由于农工一体化在我国农村尚未大量出现，这里只能从国外的经验和我国的初步实践，推测出我国未来的农工一体化可能出现的层次性。考虑到我国农村生产力发展的不平衡性，农工一体化的发展，可能将会是多层次并存，相互交叉重叠。大体可能有若干成熟度不同的层次：家庭作坊与家庭工商业、农工综合体、工农联合企业。

一、家庭作坊与家庭工商业

这两种形态，只是农工一体化的雏形，是农工一体化的"胚芽"形态。它或者是依附于小城镇工商业的一种辅助经济，或者是通过加工订货、包购包销等形式同城市大工业

(商业)建立了相当固定联系的附属经济。但不论是前者还是后者，都还不能被视为严格的农工一体化。因为它们的生产力发展水平还较低，其经营上的自主性和组织上的游离性都较大，距"一体化"还差之甚远。

二、农工综合体

农工综合体，是在"三维农业"的基础上发展起来的。随着三维立体农业的发展，农户为了追求规模效益，专业化的规模便日益扩大。三维的发展已不是在一家一户之中进行了，而是在农村宏观经济中实现。这种专业分工的深度和广度，已不是目前的专业户水平了。有一些是大型的家庭专业经营，有一些是大规模的合作专业经营。这些规模较大的专业经营单位，由于社会化协作的需要，便按工业的管理方法，以农业专业户为基础，以乡镇企业为主干，将产前与产后大型专业户或合作社联合起来，形成农工综合体。这种农工综合体，无论是经营规模还是管理方法，都大大超过小型专业户基础上形成的联合体。

例如，江苏省常熟市琴南乡的元和村，从1984年秋就开始这种一体化的尝试。该村凭借村经济的实力，用16万元的工业利润购买了系列化的成套农业机械，成立了农机站，并推动农业的规模经营，让该村不到2%的劳力，承包了全村的所有耕地，组成附属于村合作经济的四个合作农场，由农机站合作农场提供产前、产中、产后的服务。农场实行独立核算，自负盈亏，还负担农业税并向全村居民提供平价粮食。第一年粮食平均亩产比全市高109斤，劳均产粮2700多斤，劳均产值5400多元，劳均收入1245元，比务工农民的劳均收入还高出21%，农场还向村合作经济上交利润2200元。①

这个事例也从另一个侧面说明：要解决我国农业的规模经营(土地经营集中化)和"农业后劲"问题，要充分发挥农业本身的经济效益，农工一体化是一条很有生命力的途径。

三、工农联合企业

工农联合企业，是比农工综合体在生产力发展水平上更高一层的经营形态。从生产力水平上看，它是用现代技术装备的；从经营方法上看，它是近于工业的；从经营规模上看，它是企业化的；从一体化的广度上看，它是超农业的，是以乡镇工商业乃至城市工商业为主体和农业中的各类企业实行经济、组织的一体化。

这种高层次的农工一体化，是在生产力高度发展的基础上建立的，具体地说，要在农业生产工业化的基础上才是有可能的。据日本《钻石》周刊报道，在日本已出现了近似"植物工厂"的工厂化农业。从营养液栽培到人工光照的全控型植物工厂掌握了人工小气候的控制技术。到那时，传统的农业生产已根本改观，农业和工业的生产方式已基本上没有多大差别，人类不再"靠天吃饭"，不再作为大自然的奴隶。在那种生产力基本一体化的条件下，工业和农业的经营和组织也就没有多大差别并完全一体化了。

◎ **本章主要参考文献：**

①《马克思恩格斯选集》第1卷，人民出版社1972年版，第24~25页。

---

① 见《人民日报》1986年4月29日。

②尼·米·安德鲁耶娃:《美国农业专业化》,农业出版社 1979 年版。

③裘元伦:《西德农业现代化》,农业出版社 1979 年版。

④《现代美国农业论文集》,农业出版社 1980 年版。

⑤联合国粮食组织:《二十世纪末的农业》,美国驻华大使馆 1986 年版。

⑥叶·巴·古宾:《农工一体化条件下经济规律的作用》,农业出版社 1983 年版。

第六章　庭院经济及其模式

第一节　庭院经济引论

一、庭院经济的概念与范畴

前面二至五章,我们从生产力的角度分析了我国农业系统发展的四个基本阶段及其内在结构和模式。从本章开始,我们将逐章讨论上述各发展阶段的生产关系并分析它们的不同经营层次。

庭院经济,是从属于家庭经济的一个附属经营层次。但是,在充分利用家庭资源和增加社会财富方面,它愈来愈显示出巨大的生产力。例如,湖北省松滋县 1985 年已有 13 万户农民建立了不同类型和规模的庭院经济,占总农户的 80%。有的区庭院经济的收入已占到全区农副总收入的 29.3%,户平 777.57 元,其中 5000 元以上的有 13 户,所以农民有"一亩庭院胜过十亩田"的说法。

典型的庭院经济,是指农户充分利用自己家庭小院内各种资源和剩余劳动力与劳动时间,从事高度集约化的商品生产的一种经营形式。庭院经济,就其本身的经济性质来说,属于个体经济的范畴。因为它的生产资料、劳力、资金和产品都属私人所有,不受集体经济的约束和国家计划的调节。但是,从宏观来看,庭院经济并不是一种独立的经济形态,它要以家庭经济性质为转移。例如,当家庭经济属个体经营性质时,庭院经济当然就是个体经济的附属形态;当家庭经济属合作经营性质时,它就成为合作经济的附属形态;当家庭经营属雇工经营性质时,它便是私人经济的附属形态了。

目前我国农村的农户家庭经济可以分为两个部分。一部分是承包经济,即从村合作经济中承包的土地和其他经营项目的那一部分;另一部分则是自营经济,即是庭院经济和少量非庭院工副业的那一部分。所以,庭院经济确切的范畴应是农户家庭经济中自营经济的一个部分。

作为自营经济一部分的庭院经济,显然与承包经济既有密切的联系,又有区别。其最本质的区别就是它属于纯粹的自有自营经济,既不受村合作经济的约束,也不受国家计划的约束。在生产经营上,完全受市场需求所调节;在收入分配上,全部归农户自己所得;在财产占有上,永久为农民个人所有。由于这种特性,农民在这部分经济里的经营积极性、创造性比在承包经济中更高,而且往往主要是为了谋求货币收入,发展高度商品化的生产。例如湖北松滋县全县农户庭院经济中,完全自给自足的户只占总庭院经济户数的17%,庭院经济商品收入占到农户总收入30%以上的户数占到总户数的33.7%。[1]

二、庭院经济的战略地位

(一)庭院经济是社会商品农产品的重要来源

庭院经济在满足社会对商品农产品需要方面,可以发挥总量与结构两个方面的功能。

第一,从总量上来看,我国城镇现阶段有一些副食品(如家禽、猪肉、蛋、菜等)还有相当大一部分,甚至主要部分是依靠农户的庭院经济供给的。在苏联,也有1/4的主要商品农产品是靠农庄社员的宅旁园地供给的。

第二,从结构上来看,随着经济的发展,城乡居民经济收入不断提高,人们的消费结构和消费水平也将不断改变和提高。庭院经济在这方面就可成为大田经济的重要补充。它不仅种植果树、蔬菜、花卉、药材等植物产品,而且还可以生产畜产品、蘑菇、牛蛙等高级动物蛋白产品以满足市场的需要。不仅如此,这些产品的生产需要高度密集的知识和技术,在这方面,庭院经济较之大面积的经济更有其优势,其单产远远高于大面积的水平,可以在小面积上产出高额的高级农产品及其加工制品。

(二)庭院经济是挽救一部分被侵土地资源的最佳方式

据统计,第六个五年计划期间,全国耕地减少了3680万亩,1986年又比上年减少900多万亩,湖北省每年按一个县的耕地面积减少。其中,相当一部分是被农民建住宅所占用。我国本来是一个耕地不足的国家,耕地如此惊人地被蚕食,再过几十年后,我们的农业还有何立足之地。

对这一问题,首先,必须导之以理、绳之以法,严加制止。其次,对那些被占用的庭院且难以退耕的土地,加以再利用,也不失为一个补救措施。据估计,全国农村约有2亿户农户,平均每户如占有可利用庭院和宅旁土地0.2亩,全国合计就是4000万亩。每亩庭院的产值如能平均高于大田生产的10倍,则等于救回了约4亿亩的耕地。这是相当可观的一个数字。

(三)庭院经济可以提供"无形的"就业机会

联产承包之后,农村劳动力大量过剩。发展庭院经济可以容纳可观的闲散劳动时间以至剩余劳动力,显著减轻社会就业压力。据湖北省松滋县估计,近几年来该县约有25万个辅助劳动力已经转入了庭院生产,而且还有一部分正式劳动力也开始向庭院经济转移。

---

[1] 参见熊邦卫:《庭院经济的经济属性及其特点》;黄平仲:《浅谈庭院经济发展的趋势》(均为油印本)。

（四）庭院经济是农业商品化、集约化、专业化、科学化的好学校

庭院经济投资少、规模小、效益高，风险不大，生产资料与劳动者结合得最直接、最密切，农民在这个小天地里，便于学习商品生产的知识，培养商品经济意识，一些新技术的采用在这里也有较优良的条件。事实说明，庭院经济一般是农村商品经济的发源地，是某些小型新技术的先驱，是专业经营、集约经营的起点。

正是由于上述情况，庭院经济绝不是一个无足轻重、可有可无的经济形式，它在宏观上具有不可忽视的战略性意义。

三、庭院经济发展的阶段性

庭院经济，作为一种农业经济形式，有一个由低级向高级发展的过程。在此过程中，会经历许多不同的阶段，概括起来可能会有四个基本阶段：家庭副业、生态庭院、综合经营、家庭作坊。

一般地说，庭院生产是从单项的小副业，如养几只鸡鸭、种两分蔬菜等开始的。这种家庭副业，主要是为了农户自身消费的需要，是自给性生产。只有当家庭内消费有余时，才拿到集贸市场上去卖，所以商品率很低。

随着商品经济的发展，市场引力的增大，农民技能的提高，这种自给性的家庭副业，便会逐渐向商品性生产转移。为了充分、高效地利用这有限的庭院，以获取更多的收益，一般充分利用空间和废料以降低成本的生态庭院，就自然地出现了。在一个小小的庭院中，通过巧妙的立体布局和循环利用，而形成一种微型的农业生态系统。《人民日报》报道过的"马大嫂的小钱院"，就是一个典型的例子。在她的小院里，就布置有三分藕塘、半分鱼池、四层"兔楼"，还有猪栏、鸡窝和一分菜园，形成了一个"菜—兔、猪、鸡—鱼、藕"的生态小循环，一年纯收入可达1300元之多。

随着生态庭院的兴起，人们对商品经济的兴趣便大大增加，一些有技术和资金条件的农户便会在生态庭院的基础上，发展起加工、运销业务。这样，庭院经济便会由生态庭院进一步向综合经济的三维立体经营发展。例如，河北省栾城县西官二大队的庭院经济，几乎是家家有项目，户户无闲人，四季有活干，成了"不出家门的工厂"。

可以设想，随着农工一体化和合作经济的发展，不少庭院经济将会通过乡镇工业甚至城市工业的扩散，成为这些工业企业的"家庭作坊"，承担某种或几种零部件或半成品的"来料加工"和农产品加工生产，但又不放弃其大田经营主业。

第二节　庭院经济的发展模式

一、庭院经济的一般模式

庭院经济的一般模式，可以概括为："四化一高"，即：面积小型化、内容多样化、劳力辅助化、经营集约化、经济效益高。

面积小型化。庭院经济当然只限于庭院，它是和大田生产相对应的。大则一亩左右，小则几厘面积，它可以被称为"拾遗"性农业，因为它是利用那些本来列入农业经济"另册"的资源而发展起来的。

内容多样化。庭院经济，严格地说是一种适应性经济，它是适应院内既有资源、劳力和技术而发展起来的。为了充分利用房前屋后各种各样的资源，其经营的内容较多，一业为主，多种经营。如有的农户池中养鱼喂鸭，池上搭架种瓜；园中种果树，树下种药材，养蚯蚓，又用蚯蚓喂鹌鹑等。总之，通过立体布局和生态循环，在有限的小面积上力求获得更多产品。

劳力辅助化。庭院经济主要是依靠辅助劳动力进行的。联产承包后，劳动功效大大提高，大田生产一般很少利用辅助劳力，这部分人就转入庭院经济。据石家庄现代化研究所对30户庭院经济的调查，从事庭院经济的劳力，平均年龄52.2岁（其中55岁以上的14人，占46.7%；残弱人员占23.3%）。

经营集约化。由于庭院是追求小面积上的高产出，加上肥源近、劳动场所近，从而可以做到劳动与肥料的密集投入，精耕细作，复种指数高，光能利用率高，因此，其集约化水平是大田生产远不能比的。

经济效益高。由于多种经营，廉价劳力和集约化水平高等因素，因此投入产出率也是很高的，其亩产值一般是大田生产的十倍左右，高的可达到数十倍。

二、劳动密集型庭院经济

劳动密集型庭院经济，一般是庭院经济的初级阶段，在传统技术基础上，从事一些传统的经营项目，诸如种菜、养猪、鸡、鸭之类的劳动密集型生产。

这种类型的庭院经济，多存在于商品经济还不甚发达、市场需求比较单一、劳力素质还不够高的地域。它所从事的项目也多系初级性生产，一般农民，特别是老弱劳力都可以承担。

由于这种庭院经济主要是依靠延长劳动时间、增加劳动量的投入，因此，它是很辛苦的，经济效益相对其他类型的庭院经济来说也不够高。但是，这种类型的庭院经济可以充分利用农户的现有设备、闲散劳动时间和老弱劳力，不需要大量的资金投入，在我国农村中还占多数。其中，有一部分农户通过经营这种庭院生产，积累了资金，提高了技能，在市场的推动下，就会向资金集约型或技术集约型庭院经济转移。

三、资金集约型庭院经济

资金集约型庭院经济，一般是庭院经济发展的较高阶段，它是在引进工业技术和设备的基础上，从事种、养和加工相结合的一种庭院经济。这种经济，有的是种、养、加工一条龙式的经营方式；有的则是兼营方式，即一方面从事庭院的种养业，另一方面又从事纯粹的工业生产。前者为利用自有原料开设磨坊、油坊，从事编织和豆制品加工等；后者为开设铁、木匠作坊，从事服装加工、刺绣、零配件加工等。

这种类型的庭院经济，其发展是有条件的：

第一，商品经济比较发达，有市场的推动，产品有销路，特别是横向经济联系的加强，工业企业有扩散的愿望，农民有进一步发展生产的积极性。

第二，农户本身有一定的资金积累，或者信贷市场比较开放。

第三，有相应的技术力量。

这一类型的庭院经济，劳动生产率较高，但投入也较大。它已经超过了利用既有设备和闲散劳动时间的范畴，对家庭经济整体来说，它属于外延扩大再生产的副业，对于从事这种生产活动的劳动者来说，则是一种专业化的经营。

这种庭院经济中，有一部分经营十分有利的项目的农户会随着经营规模的不断扩大，而放弃承包的责任田，从事专业化的家庭经营，逐步成为家庭作坊和家庭工厂，演变为独立的个体经济和私人经济。

四、技术密集型庭院经济

这一类型的庭院经济，同资金集约型庭院经济有某些类似之处，都属较高发展形态的庭院经济。不同之处在于，技术密集型的庭院经济，主要是依靠高技能和知识的投入，辅以必要的资金投入。像养貂、食用菌、工艺品、乳牛饲养都属这一类型的庭院生产。

湖北省松滋县"蛇王"赵成武所经营的庭院，就是一个典型的技术密集型的庭院经济模式。赵成武掌握了祖传的捕蛇、养蛇和制蛇药的特种技能，家中喂养蛇 1000 余条，每年向国家交售大量的金钱白花蛇和蛇肝、蛇胆、蛇毒、蛇肉干，还自制各种蛇药。1986年共提取蛇毒 0.4 公斤，制药物"金钱白花蛇干"3300 条，用蛇胆、蛇毒、蛇油配上中草药加工制作的膏、丹、丸、散等品种 50 多个，可治风湿偏瘫、高血压、肝病等多种疑难病症。据说，用他配制的蛇药治病康复率在 90% 以上。目前，他在县委和有关部门的支持下，正在筹建蛇类自然资源研究所。像这样的庭院经济，没有高超的技能是办不起来的。

第三节　庭院经济的扶持与引导

一、庭院经济需要大力扶持

庭院经济具有不可忽视的战略意义，但它本身却又是一种经济上比较脆弱的经济形式。这种脆弱性表现在如下几个方面：

第一，经济实力上的软弱性。庭院经济，就绝大多数来说，都是规模极小的家庭副业，资金、技术力量相当微薄，如无外界扶持，其发展往往是缓慢的。

第二，经营渠道上的依附性。没有稳定的生产资料供应渠道，也缺乏产品的可靠销售渠道，一般是完全由市场进行调节的。因此，当供销市场繁荣时，它的发展就加快；当供销市场紧缩时，它的发展就迟缓甚至停止。而它本身又无力独立地组织供应与销售，容易受中间商贩的欺骗和压级压价，有的地方中间商贩的收购价只相当于市场价格的一半。信息的闭塞，往往使其处于依附状态。

第三，商品化倾向的伸缩性大。在经营有利时，商品率可能很高，甚至可以压缩自给性部分；在经营少利或无利时，可以退回到自给性的生产。

这种情况要求社会主义公有经济加强对庭院经济的必要扶持，一般地说，可以从三个方面进行：①给予适当的政策支持。诸如，所有制与经营方式的放开，价格与税收的优惠，对中间商贩投机行为的制裁等。②建立以家庭经济(包括庭院经济)为对象的社会服务体系，包括小商品市场、民间技术协会、民间信息咨询、民间金融合作等。有了这种服务体系，庭院经济才可能迅速发展起来。③进行典型示范。培养带头人、专业户，使其带动周围的一村一片。

二、庭院经济必须积极引导

庭院经济虽属纯粹的自有自营，但不等于可以放任自流，让其自生自灭，否则，由于它的脆弱性，是难以迅速发展的。故除了给予必要的扶持以外，还应在生产与经营上进行积极的引导。

第一，向生态化引导。引导农民按"食物链"原理，在小庭院中对所生产的各种项目建立各具特色的、可以相互利用废料的良性循环系统。这样既可提高物质与能量的利用率，多次增值，提高经济效益；又可减少污染，净化居住环境。

第二，向立体化引导。一方面，引导农民最充分地利用庭院空间，建立立体的空间布局，使地下、地面、空中都被充分地利用起来：地下可以养蚯蚓和虫类，地面可以种植植物，空中可以搭棚架种植藤本植物或进行多层养殖等。另一方面，引导农民建立庭院园艺、庭园养殖、庭院加工、庭院商业的立体产业结构。

第三，向专业化引导。这里说的专业化，是指两种特定的含义：一是引导农民逐步专门从事庭院经营，而把承包的土地向种田能手集中，促进大田经营的规模化；二是促进庭院经营的区域专业化，而不是要求庭院内的专业化，在庭院内应一业为主，多种经营，各个庭院在一片区域内形成专业生产带。这样，便可以使公共服务设施的配置更为可行、更为有利。例如，松滋县王家桥区，实行"园—区—带"的行业化格局，户户有小橘园，村组建场办大园，大小橘园相连成小区，乡乡连成一个柑橘专业化带。这样，在这个区内建立起柑橘的技术、供销、信息、加工等社会服务体系，就有了足够规模的服务对象。

第四，向联合化引导。庭院经济发展到一定阶段，便可能与村镇企业或城市工商业实行协作与联合，逐渐变成它们的家庭作坊。

第四节　庭院经济的发展趋向

庭院经济在我国有巨大的发展潜力。可以说，只要农业生产的间歇性特点不消除，只要我国人多地少的局面不改变，庭院经济就有其存在与发展的基础。

在农村，庭院经济可能会有两种发展趋向。

第一，融合的趋向。即随着商品生产的进一步发展，庭院经济同大田经济在生产结构上实现一体化，大田生产原料，庭院进行加工，融合成为一个有机的一体化系统。

第二，分离的趋向。即随着社会分工的进一步发展，农户可能彻底舍弃大田生产(土地转包)而专门从事某种专业化的庭院经营。

这两种趋向在农村中都是可能出现的，有的地方事实上已初露端倪了。

在城市中，庭院经济也是可能得到发展的。特别是随着人们生活水平的提高，庭院经济的系统目标，将会由追求经济收入而转向追求业余娱乐。利用城市住宅周围的小块空隙土地，甚至在凉台上，从事养花种草，饲养奇珍异兽，成为一种业余的消遣。"阳台农业"在未来很可能将会成为都市中的一种时髦行业。

◎ **本章主要参阅文献：**

①于光远：《于光远经济短篇小论集》，山西人民出版社 1984 年版。

②于光远：《庭院经济的科学》，《人民日报》1984 年。

③扬章生：《发展庭院经济大有可为》，《经济信息报》1984 年。

④阮成仁：《发展庭院经济大有可为》，《湖北日报》1985 年 11 月 24 日。

⑤松滋县委：《松滋县农村庭院经济典型简介》，1987 年。

第七章　家庭经济及其模式

第一节　家庭经济引论

一、家庭经济的概念

自从我国农村进行了以家庭为单位的联产承包制改革以后，家庭经济这种经济形式便大量普遍地出现了。这种既陈旧又新鲜的经济形式的出现，引起了中外理论家们的极大兴趣，众说纷纭。有的只承认它是"家庭经营"，不认为它是"家庭经济"，因为经营方式可以与所有制分离，从而不会妨碍它的公有制性质。有的则主张称之为"家庭生产方式"，因为"家庭经济"据说属于中世纪的经济形态。有的则干脆把"家庭经济"与过去的单干画上等号。

所有这些看法，不无一定的依据，但似乎都有失偏颇。

家庭经济，不是一个专有名词，它是泛指那种以家庭作为一个经营实体进行生产、流通、分配和消费的经济形式。由此，家庭经济在不同的社会形态下，便具有不同的经济性质。在中世纪，存在着依附于资本的个体家庭经济；我国土改之后，也一度大量存在农民自有自营的家庭经济；合作化以后，也仍然保留着受到限制的、部分自有自营的、以自留地与家庭副业形式存在的家庭经济。

我们现在研究的是新型的家庭经济，是社会主义条件下的家庭经济。

首先，它不同于封建制度下的小农家庭经济。它拥有比后者先进得多的生产力；它和主体经济形态之间不存在剥削与被剥削的关系；它是开放的商品经济而不像后者那样属封闭的自然经济。

其次，它也不同于资本主义条件下的个体家庭经济。现代资本主义条件下的家庭农场，虽然在生产力发展水平和经营规模上比我国目前的家庭经济走在前面，但我国家庭农场却不存在资本主义条件下的农场之间的激烈竞争、"大鱼吃小鱼"的兼并和垄断资本的附庸关系。

最后，它也不同于土改后的单干户。那时的单干户，生产资料十分缺乏，几乎没有什么公共的生产设施(如水利系统、产供销服务系统)，是完全的个体私有制而且同城市社会主义经济的联系比较脆弱，是一种"十字路口"的经济。现在不仅家庭经济内部结构发生了变化，而且其环境也发生了深刻的变化。从内部结构来说，一方面生产力结构大不相同了，现在无论是生产工具、生产设备还是劳动力素质，都是 20 世纪 50 年代的个体农户所不能比拟的；另一方面生产关系结构也发生了很大的变化，农民是在公有的土地上经营，不是完全的私有者，而且同村经济组织存在着承包的关系。从外部环境来说，今天的农户家庭经济处于一个强大的社会主义经济体系的"包围"之中，尽管它也存在着各种不同发展趋向的可能(这一点后面将详细述及)，但比起 20 世纪 50 年代初期，城市还存在大量资本主义工商业的情况，也是不可同日而语的。

二、家庭经济的依附性

家庭经济是一种历史悠久的经济形式。它已经产生和存在了几千年。从夫权制时代的一夫一妻制家庭经济到现代资本主义的家庭农场，从来都不是一个独立的经济形式。它总是依附于当时特定的主体经济形式的。

夫权制时代的一夫一妻制小家庭经济，可以说是最早的家庭经济。它开始从属于家族公社的公有制，即除了大家族的集体生产和集体分配之外，小家庭还有自己的小生产和部分私有财产。后来随着生产力的提高，小家庭经济上升为主导地位，但仍然保留有大家族的公有经济。

在奴隶社会和封建社会，都存在个体农民家庭经济。奴隶制下的个体农民家庭经济，虽然各国情况差异很大，或者是完全独立的个体经济，或者是不完全的个体经济，如有的还同某种形式的公有制残余相联系，但就依附于奴隶制经济这一点来讲则是共同的。封建社会的农奴、农民的个体家庭经济，是同封建的土地所有制相联系的，除自耕农外，多数的个体农民家庭经济并不完全占有生产资料，耕种的土地大部分不属于自己，产品大部分也不能归自己支配。如中国几千年封建社会中长期存在的"男耕女织"式小农经济，就是作为东方封建土地所有制的必要组成部分的依附的农民家庭经济。再如在西欧中世纪的庄园经济中，所存在的以农奴占有份地为基础的家庭经济，也不是独立的个体农民经济，而是封建所有制的一个必要环节。

资本主义社会的家庭经济，有的是独立的个体经济，有的是依附于资本主义企业的，是资本主义生产的"厂外部分"，它属于资本主义"厂外制度"的范畴。如农业中，与资本主义大生产相联系的家庭农场，至今仍广泛存在于绝大部分资本主义国家。这种家庭农场，虽然大多属于独立的个体经济，但也必须程度不同地依附于资本主义大中型农业企业和土地资本家。

以上论述说明，以家庭作为一个经营实体进行生产、流通、分配和消费全过程的经济形式，从未在任何社会形态下的社会经济生活中占据统治地位，成为一种独立的经济形式，从来只是一种依附于一定主体经济关系的经济形式。

家庭经济的这种依附性，是家庭经济系统的内部结构特征决定的。首先，决定于家庭经济再生产过程的非独立性。这一点在商品经济的条件下更为明显：无论是生产资料的供应渠道还是产品的销售渠道，主要都是控制在主体经济体系的手中，家庭经济自身是没有多少独立行动的能力的。因此，要维持家庭经济的再生产循环，它就不能不使自己捆到主体经济的车轮子上面去。其次，也决定于家庭经济的资金周转能力的脆弱性。在前资本主义条件下，它要依赖高利贷者；在资本主义条件下，它则要依附于金融资本。

因此，我们研究家庭经济的社会属性，与其把注意力放在它的内部结构上，毋宁把更大的注意力放在它的外部环境上。我们考察某种经济形式的社会属性，一个十分重要的方法，就是要从孤立的、静态的方法，转到系统的、动态的方法上来。任何一种非主导经济形式都不是孤立地存在于超时间、超空间的状态的，它总是存在于特定的社会-经济大环境之中，并服从于当时当地主体经济体系的运动目标和机制。最典型的例子就是合作社。正如列宁所指出的："合作社在资本主义国家条件下是集体的资本主义组织。"[①]而在社会主义制度下，"合作企业与私人资本主义不同，因为合作企业是集体企业，但它与社会主义企业没有区别，因为它占用的土地和使用的生产资料是属于国家即属于工人阶级的。"[②]

这对于我们正确理解为什么社会主义条件下还允许家庭经济的存在与发展是很重要的。即使家庭经济会有多种所有制结构，但只要在宏观上保证社会主义经济形态的主体地位(如在社会生产领域公有制占主导地位，流通领域国营和集体商业的主导作用等)，则任何形式的家庭经济都会成为社会主义经济体系的一部分，它对主体经济的冲击方面会被主体经济的控制方面所抑制。

三、家庭经济发展的阶段性

家庭经济既然以家庭为基本生产经营单位，那么，从生产力角度考察，它不仅是一种体现生产、流通、分配与消费的社会再生产过程的生产关系具体形式，而且是一种在家庭范围内合理组织生产力诸要素，发展商品生产的生产力表现形式。因而，随着生产力水平的提高和商品经济的发展，可能会经历若干由低到高的发展阶段：适应耕作、生态农户、综合农场、农工专业场等。

适应耕作是农户联产承包初始阶段的一种形态。承包的农户，由于生产资料和资金还不多，技术水平也不高，还只能利用传统的技艺和现有的生产资料，在承包的耕地上进行适应自然的耕作。现在我国农村的绝大多数农户都属于这种情况。

生态农户是家庭经济的集约化阶段。农户承包若干年后，随着资金的积蓄，技术的提高，在外界市场需求的推动下，一些条件较好的农户，便可能以种植业为依托，发展多种经营，建立小规模的生态农场。如湖南省常德县长岭岗乡长岭岗村农民曾发清，从单纯种粮发展为综合经营饲料加工和饲养业，实行种植、养殖和加工结合，经济效益和生态效益显著。1984年，全家总产值达16800元，除去各项开支和税收，纯收入11600元。他的具体做法是：首先，从改革农作制度入手，调整粮食品种结构。考虑到用稻谷养猪、养

---

① 《列宁全集》第33卷，人民出版社1959年版，第427页。
② 《列宁全集》第33卷，人民出版社1959年版，第428页。

鸡，猪增重慢，鸡产蛋率低，于是扩种多种高能量的精饲料，改肥、稻、稻为麦（或油）、稻、稻和玉米、稻连作，从而使精饲料的自给率由过去的42%提高到了72%。其次，开展饲料加工。为了发展养殖业，他筹款买了一台饲料粉碎机，将自己生产的大麦、玉米、黄豆、稻谷及玉米秸秆粉碎后，和进菜饼、贝壳粉等制成配合饲料，喂养生猪和家禽。1984—1985年两年间，他每年除自己生产配合饲料18000多斤，转化粮食12000多斤外，还帮助附近农民加工配合饲料13万斤。最后，还把养殖业作为突破口，发展畜、禽、鱼类生产，从而既促进粮食的转化、增值，又促进整个农业生态系统中物质和能量的良性循环，提离了经济效益。1984年，养猪114头，出栏肉猪和良种小猪86头，饲养耕牛3头、种鸡220只，上交鲜蛋650斤，产鱼400尾。1985年养猪120头，饲养种鸡600只，经营鱼塘4亩。由于养殖业发展，他承包的大田作物，每季每亩用优质有机肥110担，除早、晚稻秧田用70斤尿素外，大田没有施过化肥。种田成本大大降低。1985年整个种植业的农本费用只有210多元。[①]

综合农场是家庭经济发展的商品化阶段。在生态农业的基础上，进一步扩大经营规模，发展起加工和贮运业，形成一种综合经营的、规范较大的家庭农场。湖北省襄阳县韩天有兄弟农场就是这样的家庭农场。1984年7月，王坡村韩天有兄弟3户，6个劳力共同承包了白龙堰农场。该场面积600亩，其中山林100亩，可耕地250亩，荒坡地250亩，承包期限10年。合同规定10年内共上交14750元，前5年每年上交1225元，后5年每年上交1725元。农场开办后，他们根据市场需要对生产经营活动做了全面安排。当年用拖拉机开荒地250亩，种植小麦130亩，预留西瓜地130亩，养牛5头，养猪20头，养羊80只，购买20匹马力拖拉机一台，农忙务农，农闲跑运输，对劳力实行了明确分工：韩天有，初中毕业生，33岁，负责全面工作，兼管账目；其父韩正海，55岁，当过多年生产队长，分管农业生产，兼管山林和喂养耕牛；其弟韩飞，初中毕业生，当挖掘机手；其妻与嫂子，分别承包养羊、养猪。1985年，农场获得了好收成。收小麦29000斤，其中出售9000斤，并供应城乡市场西瓜80万斤，羊20只，猪7头，农业和运输业共收入33200元，劳平收入1443.5元，劳平产粮1260.8斤。经过近两年建设，农场固定资产成倍增长，原来只有价值约3000元的十多间破房子，现在已有拖拉机、机引犁及半机械化的脱粒机、喷雾器等，价值近2万元。100亩山林也管理得井井有条。从1986年秋季开始，自筹资金5000元，把电引进农场，为增加粉条加工、米面加工等经营项目创造条件，并解决水利灌溉的问题，还准备试种水果、药材等高产值经济作物，以把家庭农场逐步办成一个以经营种植业为主的小型商品生产基地。[②]

显而易见，这种综合性的家庭农场，已不同于过去小而全的、自给自足的小农经济，它是一种更高水平的、面向市场、商品率很高的经济形态，它同城乡工商企业有着千丝万缕的横向经济联系，有的在某种程度上已开始出现松散的或实质的联合。

农工专业场是家庭经济发展的高级阶段，或称工业化阶段。也就是说，通过横向经济联系和联合的发展，不少家庭农场将会进一步演变为乡、村办企业和城市工商企业的原料

---

① 《人民日报》1985年11月14日。
② 《湖北农村工作通讯》1986年增刊。

专业化基地或零部件专业生产的"家庭车间"，成为农工一体化公司的附属单元。我国经济发达地区的苏南等地农村，就已经出现了这种"农工一体化"的雏形。从苏南及京沪郊区农村看，大体有以下几种形式：

（1）家庭农场（种粮大户、畜禽大户等）被纳入乡村办工厂。

（2）乡村企业办"农业车间"（包括"农业生产车间"和"农业服务车间"）。

（3）乡村企业建立农副产品基地。

（4）以乡村企业为基础建立农工商公司，下设农业分公司。

（5）厂村合一，以厂带村，农工一体。

这里，无论是哪一种类型，都是从吸收少量的从事农业的农民为乡村企业职工入手，促进家庭农场企业化、专业化和工农生产一体化。我们由此看到了我国农业工业化与农工一体化的灿烂前景。

第二节　家庭经济的发展模式

一、家庭经济的多种模式

从生产关系的角度考察，家庭经济会由于不同的所有制结构而表现为多种发展模式。根据生产关系要适合生产力性质规律的要求以及我国农业生产力发展的多阶段性和地域间的梯度性，农业中的生产关系也必然相应地会由于生产力的阶段性与梯度性交织而出现多层次性。对于家庭经济来说，也会出现所有制和经营模式的多样性。

现在看来，这种多样性的经营模式，主要的可能有三种：个体经营型家庭经济模式、联合经营型家庭经济模式，雇工经营型家庭经济模式。

二、个体经营型家庭经济模式

个体经营型家庭经济，是以生产资料的完全个体所有制为基础，独立经营，自负盈亏，具有完全法人地位的家庭经济。

这种模式的家庭经济，具有以下的主要特点：

第一，自有自营。所有权、经营权与占有权完全统一于家长，家庭占有全部的生产资料和产品，国家计划只能通过调节市场和预购合同才能对它发生作用。

第二，规模不大。这种模式的家庭经济，一般还属于小经济，主要是利用全家自有的生产要素进行小规模的生产，其商品量和经济实力都是不大的。

第三，独立劳动。一般没有剥削，不雇用固定工人，属劳动者范畴。

目前，在原来集体经济基础薄弱，而现在商品经济依然发展缓慢的地方所出现的一些自营专业户，就属于个体经济家庭经济模式的典型。同时，这种模式在乡镇工商业中大量存在。此外，在某些双层经营体制不健全的地方，由于承包农户自有生产资料的大量增加和"统"方约束力的微弱，那里的家庭经济实际上已和个体经营模式无多大差别。

三、联合经营型家庭经济模式

这种模式的家庭经济，既包括目前"双层经营"比较健全的合作经济中的家庭经营层次，也包括新型的经济联合体中的家庭经营层次，它是现阶段我国农村家庭经济的主要模式。

这种模式的家庭经济，主要特点有以下三个方面：

一是基本生产资料公有与部分非基本生产资料私有相结合，土地这个最基本而又不可代替的生产资料实行公有户营，农户是经济实体，但还只是相对独立的经济实体；

二是家庭的分散独立经营与地域性或专业性合作经济组织的集中统一经营相结合，以家庭经营为基础；

三是与上述两点相适应，产品分配形式由过去集体所有制经济的"统一核算，公有分发"变为"分户核算，户属上交"。

基于上述特点，这种模式的家庭经济私有制是不完全的，也不是完全的独立经营、自负盈亏，可以说是一种不完全的家庭经济，或者说是掺杂了合作经济的家庭经济。

四、雇工经营型家庭经济模式

家庭经济，由于它的依附性，是一种可塑性大的经济形式。在非社会主义条件下，它既可能维持个体经济的现状，也可能走向资本主义经营；土改以后，在我国社会主义制度刚刚建立的条件下，它既可能走向互助合作，也可能走向资本主义式的经营。现阶段，由于我国建立起社会主义经济制度30多年，公有制经济占绝对优势，家庭经济在一般情况下，不可能导致资本主义。但是要看到，无论是双层经营体制下的家庭经济还是纯粹的个体经济，当其专业化规模发展到一定限度之后，要继续发展，就势必要突破一家一户的框框。因而，在客观上也存在着两种可供家庭经济发展的备选方向：联合？还是雇工？事实上，这两种情况都已经出现了：一部分专业户走上联合经营的道路，确也有一部分专业户则走上雇工经营的道路。

这种现象，可以说是商品经济发展的必然，不足为怪。问题在于对这种雇工经营的家庭经济——私人经济，应有正确认识与政策。

第一，可以把理论问题与政策问题分开。理论上明确私人雇工经营的性质与政策上允许它存在是两码事。所以，我们在理论上如实地承认雇工经营有剥削，维护马克思主义的严肃性。这完全不排斥在政策上允许它适度地存在与发展。这在历史上是有先例的。苏联在新经济政策时期是这样处理的。我国在中华人民共和国成立初期也曾是这样做的。

第二，允许私人经济适度存在与发展，是我国经济发展的需要。苏联新经济政策时期，列宁在《论粮食税》等著作中曾多次主张，在小生产占优势的国家，不能直接过渡到社会主义大生产，必须有一个"中间阶段"。在这个阶段，列宁曾设想通过国家资本主义和合作社两种形式，大力发展社会生产力，利用资本主义来加强社会主义，然后过渡到社会主义大生产，并认为，国家资本主义较之小生产的散漫与落后，更接近于社会主义。我国的现实情况也表明，在国家法律和政策范围内，从事正当经营的私人经济，对繁荣农村商品经济、提高管理效率以及解决农村一部分剩余劳力出路，都有一定的积极作用。

第三，重要的一点在于允许私人经济适度存在与发展绝不是我们的目的。这样，在政策上应划清三条界线：第一条是允许发展同有意扶植的界线。允许它发展，是指利用其自身的积累去扩大再生产，绝不意味着国家有意识地在财政信贷上去扶植和制造这种经济形式。有些地方发放巨额贷款(甚至是无抵押的)给一些"甩手掌柜"，人为地制造"万元大户"的做法是不对的。第二条是允许存在同放任自流的界线。允许私人经济适度存在与发展，是以服从国家监督为前提的。列宁认为新经济政策时期的国家资本主义是接受无产阶级国家管理与监督的资本主义，这是十分重要的。对于私人经济消极的一面，必须保持清醒的头脑；对于它违犯国家政策法规的行为，必须坚决取缔。否则，就会冲击社会主义的主体经济。第三条是政策标准与政治标准的界线。从政策标准来看，雇工是允许的；但从政治标准来看，劳动者与非劳动者，无产阶级先进战士与一般群众，依靠自己及家庭成员劳动致富与依靠大量雇工致富，以及先富起来的带头人与钻政策空子的暴发户等，则是不能混淆的。

第三节　家庭经济在我国长期存在的依据

为什么家庭经济在我国长期存在？理论界和实际部门有各种不同看法，有的侧重于生产力发展水平(尤其是生产工具水平)论证其必然性(简称"生产工具落后必然论")，也有的主要以农业生产特点论证农业不同于工业，因而长期存在家庭经济(简称"农业生产特点决定论")，等等。这些都从一个方面说明了我国农业家庭经济长期存在的依据，但是，说理略欠全面。我认为应从农业生产力发展的特殊方式、家庭经营的历史渊源和我国农业资源的约束三个方面分析问题。

一、农业生产力发展的特殊方式

第一个依据是农业生产力发展的特殊方式。现在讨论生产关系必须适合生产力性质时，往往把"性质"同"水平"等同起来，这是不全面的。生产力性质，应包含两个方面：生产力发展水平和生产力发展方式。农业中家庭经营会长期存在，把原因仅归结到生产力发展水平，显然缺乏充分说服力，它无法解释为什么世界上无论是不发达国家还是发达资本主义国家，都广泛存在着家庭经营。这种家庭农场作为一种与专业化社会化和商品化相联系的现代家庭经营，的确与高度发达的生产力水平不无关系，但仅以生产力发展水平这一条却不能解释这种家庭经营形式本身存在的原因，即为什么农业中不采取其他形式而必须是以家庭为单位的较小规模经营。如果我们在生产力水平之外，再联系农业生产力发展的特殊方式来考察，就可能找到比较全面准确的答案。

所谓农业生产力发展的特殊方式，主要是指农业生产力的发展与自然生产力的发展是交织在一起的，农业生产的对象主要是有生命的动植物。所以，农业生产力发展的方式有三个方面与工业不同：

第一，集中的趋势与分散的趋势并存。一般而言，工业越集中效益越高，但农业生产并不是越集中效益越高。如过去实行人民公社体制"一大二公"，并没有促进农村经济的专业化、社会化和商品化，相反的还阻碍了这一进程。现在有的发达国家，已注意发展无公害农业，既不用机器，也不用化肥农药，而是充分利用自然资源和自然力，来获取农作物的高产。随着农业科学技术的发展，农业中分散的趋势会越来越加强。但由于它的生物技术是第一流的，有高产的种子和高超的栽培技术，它的产量并不下降。因此，农业中的规模经营效益和工业中的规模经营效益极限是有差异的，在一定的自然技术条件下，农业经营规模是有一定限度的，而不是越大越好。

第二，协作方式与独劳方式交织在一起。它既要有协作又要有独立劳动、个体劳动。在农业中，不能完全用简单协作代替独劳，除个别季节、个别环节上需要许多人的简单协作以外，大量的是在社会分工基础上的独立劳动和在复杂协作条件下的独立劳动。此外，一般情况下，农业生产过程的社会分工程度远远低于工业。

第三，产品、作业的标准化与个性化的不可替代。在工业中产品有一定规格，可以用量具来测量。而在农业中不可能像工业那样搞标准化。因为农业的劳动对象是有生命的动植物，有极强的个性。例如，番茄可以变成方的，形状可以控制，但大小还是控制不住，不可能完全标准化。个性化的产品和季节性的作业，更大程度地要求发挥劳动者个人的责任心和积极性来保证其劳动质量。在这种情况下，劳动组合规模过大，个人的责任心和积极性就难以控制。这是我们过去的经验所证明了的。所以农业的规模在一般情况下，不可能达到工业协作的规模。

正如上述，农业中生产力发展方式的特点必然要求更多地依靠劳动者的个人责任心和劳动质量来保证生产过程的有效控制。在此情况下，生产资料与劳动力的结合形式，一般地说是越直接越好，规模也不宜过大。这样，家庭经营无疑便有着巨大的优势。

因此，只要农业中经济再生产还未占据绝对统治地位，自然再生产的因素不退于十分次要的地位，家庭经营方式便有着滋生的土壤。

二、家庭经营的历史渊源

第二个依据是中国农村的家庭经营有着悠久的历史渊源。我国封建制度延续几千年，而中国的封建地主阶级不是采取普鲁士或俄罗斯式的庄园经营方式，却是采取分散租赁方式。几千年来，以家庭为单位的经营习惯，在中国农民中根深蒂固，家庭在中国农村生活中占有特殊的地位。

第一，我国农民家庭作为基本生产经营单位源远流长。中国历史上出现私有制家庭之后，农民家庭作为一种经营单位，基本上没有受到外部力量的较大冲击以至瓦解。尤其是在漫长的封建社会里，家庭愈来愈成为一个生命力顽强的社会经济细胞。农业合作化以后，虽然建立了集体生产组织，但仍然保留自留地和家庭副业的生产和经营，它是家庭消费的一个重要来源。20多年来，家庭副业这个家庭经营（尤其是发挥生产职能）仍然存在。

第二，传统的道德伦理观念对我国的农民家庭有着较强的维系作用，家庭血缘关系具有相当的稳固性。由于农民家庭集多种职能于一身，往往采取三代、四代同堂的形式，以便实行家庭内部分工，更好地执行家庭职能。特别是由于家庭经济生活状况主要取决于家庭本身的条件，这种通过血缘关系和婚姻组成的家庭，其成员具有维护和发展家庭经济利益的共同积极因素，也就是有较大的内在凝聚力。所以，我国农民家庭不仅仅是一般的社会细胞，还是富有活力的细胞，能够更好地发挥本身在一定限度内，借助自身的内力，自我维持、自我调节、自我修补的功能。

第三，农民家庭的生产职能和生活消费职能具有某种不可分割性，即使在集体农业生产条件下，如果人为地分割开两者，也会影响劳动者积极性的发挥。生产直接决定分配和消费，这对于只有最终产品的农业尤为明显。集体农民迫切要求生产和分配、消费紧密联系起来，与集中劳动、集中经营相适应，实行评工记分和按工分分配的计酬方法，造成生产和分配之间的迂回曲折，家庭基本上只管生活消费，而缺少生产的主动权。以家庭为单位，把生产和消费统一起来，既不妨碍集体统一经营优越性的发挥，又有利于劳动者积极性、主动性的发挥。

我国农民家庭的上述特点，归根结底，也就是要求以家庭作为生产经营的基本单位，更好地实行劳动者与生产资料的结合、劳动者之间的结合，组织和调动劳动者的主动性和积极性。

尤其需要强调的是，农业经济体制改革对家庭职能带来了积极的影响。首先，家庭组织社会物质再生产的职能得到了恢复和发展。现在的家庭生产已开始由自给自足的自然经济，逐步转向商品经济，其目的已不光是为了消费，也是为了交换，已开始注意经济效益，开始由单纯的生产转向生产经营，由封闭型变为开放型。家庭成员开始自觉服从懂生产、善经营、具有经济头脑的人的安排与领导，传统的以长者为家庭首脑的模式逐步为以能者为家庭首脑的模式所取代。其次，家庭消费职能的内涵不断扩大。随着家庭生产职能的恢复和发展，维持生存用的消费品的数量极易得到满足，可供消费的物质产品和精神产品的渐趋丰富和日益多样化，消费职能在农村家庭生活中占据着日趋重要的地位。最后，家庭的人口再生产职能、教育职能和精神慰藉职能也受到普遍重视。

正因为家庭的重要地位及其职能，所以，家庭关系作为一种历史悠久的社会关系、血统关系，也不能不对我国农业劳动组织和经营方式产生重大的影响。我认为，如果说资本主义在农业中的发展，由于各国封建制度影响的不同采取了两种不同的经营方式，即"普鲁士"和"美国式"，那么，社会主义在农业中的发展为什么不可以采取多种经营形式，如"苏联集体农庄式"和"中国家庭经营式"呢？

这里，值得提出的是，中国农村由于没有真正经历一个资本主义发展的历史阶段，因此封建制度下小农经营方式的习惯势力，便会对农村社会主义的发展模式（是指模式，而不是实质）产生直接的影响。

三、我国农业资源的约束

第三个依据是中国人多地少，耕地资源不足，是世界上人平耕地面积最少的国家之一。这种基本国情，要求农业实行集约经营，以提高单位面积产量为主攻方向，并充分利用一切农业资源（包括劳动资源）。此外，我国自然地理条件尤为复杂多样，山区、丘陵占很大比重。所以，在现阶段我国大部分地区农业生产手段比较落后，仍然以手工劳动、畜力劳动为主的条件下，较小规模的家庭经营方式，可以充分发挥劳力资源多的优势，有利于实行手工劳动、畜力劳动和简易机械工具的有机结合，能比大规模的集中经营方式具有大得多的优越性；能便于实行精耕细作，采用先进生物技术，挖掘各种农业资源的潜力。

家庭经济的存在，并不构成对农业现代化的威胁。这是因为：

第一，家庭经济的规模是可以扩大的，这在美国已有例证。

第二，农业现代化的模式是多种多样的。美国、加拿大是一种模式，日本也是一种模式，中国也将有符合自己国情的模式。可能会是以生物技能为主的、小型机械化的、主要依靠社会化服务的农业现代化模式。这种模式的农业现代化，同家庭经济并无根本冲突。

第三，农业现代化的实现，可以采取家庭与社会配备相结合的方式进行。在我国未尝不可以采取以社会配备为主，通过社会化的社会主义农业服务体系，为千家万户的家庭经济提供多种符合我国国情的现代化技术与管理服务。

第四节　家庭经济运行机制分析

一、目标分析

农户家庭作为生产组织系统，其生产经营是有明确的目标的。在社会主义商品经济条件下，农户家庭经营目标的形成，可以从三个方面来考察：①环境方面——社会对农户的各种限制。农户经济目标的制定是受社会环境影响的。如政府通过指令性计划或定购合同，使农户完成产量目标；或政府通过经济调节手段，使政府目标与农户目标达到相互接近；或商品生产者之间相互竞争，促使农户追求最大利润目标。②组织方面——作为一个系统的农户家庭目标。农户家庭既是生产单位，又是消费单位，决定了农户家庭所寻求的目标是多方面的，包括继续存在、发展、赢利和稳定性。③个人方面——组织参与者的目标。个人参与者的目标与农户目标经常是既一致又矛盾的，必须满足参与者一定程度的需要，使他们对农户作出贡献。然而，期望个人目标与农户目标完全一致，并使两者都得到最大的满足是不现实的。

显然，上述三个目标之间，既有其统一的方面，又存在着矛盾冲突，但是，作为自主的经济实体，农户经济目标必须产生于其内部动机。现阶段劳动仍是谋生手段，劳动者的物质利益是农户活动的内在动机，农户的经济目标也由此产生。外部环境只是农户实现其经济目标的约束因素。尽管农户的某些具体目标会因外部环境的改变而改变，但这并不反映农户内在目标的变化，这是因为：①任何农户家庭的经济目标都是由自身利益决定的，从外部强加的目标，只有在与其内在目标基本一致的条件下，才能构成真正的目标；②脱离农户自身的利益需要，硬性地为它规定一个生产目标，就会压抑农户的生产积极性；③达到满足社会需要的目标，并不要求每个农户的生产目标与它直接同一，而是可采用迂回的方法；④即使个别农户追求自己的经济目标会产生某种不利后果，也不能否认其自身目标的存在，这只能说明我们的经济调节机制还不健全。

二、生产机制分析

生产机制是农户最主要的职能机制。通过这一机制，农户把输入要素转化为输出。从社会角度来看，这是人类劳动目的性的体现。从农户角度来看，这种输出则要以盈利为经济目标。但价值不是悬空的精灵，而是寄寓于商品载体之中的。因此，良好的生产机制对于农户是举足轻重的。就目前来看，农户家庭生产机制主要有以下几个特点：

(1)农户家庭生产经营是在社会主义公有制前提下建立起来的，在这里最有意义的是在"两权分离"基础上以经营责任制为内容的契约关系的形成，使所有者与经营者、农户彼此间的约束硬化，进而形成新的农户家庭内在生产经营机制。首先，承包经营的广泛性，割断了经营者与所有者的依附和依赖关系，在竞争机制下，经营者的积极行为获得了动力，从而可以大大强化其责任感。其次，契约的权利、义务的规范性使所有者与经营者、农户之间的利益和责任明确化。最后，契约法律属性使所有者与经营者、农户各自的行为获得了硬化约束。合法的契约，对契约当事人双方有着不容置疑的约束力，并可直接成为强制执行的基础。

(2)农户是以经营者动机——投入资金的价值增值——追求利润动机为主要动力的经济系统。这是因为作为一个独立的经济实体，对于农户家庭生产来说，价值形成过程在量上延续到怎样的程度，仍然是一个具有重要意义的问题。如果劳动者创造的价值只等于劳动者本身再生产所必需的生活费用，或者说只能补偿劳动者的劳动能力的再生产所耗费的价值，而没有提供任何剩余劳动，那么，我们就不能说这种劳动是真正生产性的劳动。只有价值形成过程并不停留在必要劳动时间这一点，而是突破必要劳动时间向前继续伸延，从而提供或多或少的剩余劳动时，这种劳动才是真正生产性的劳动。关于这一点，恩格斯曾指出："人类社会脱离动物野蛮阶段以后的一切发展，都是从家庭劳动创造出的产品除了维持自身生活的需要尚有剩余的时候开始的。劳动产品超出维持劳动的费用而形成的剩余，以及社会生产基金和后备基金从这种剩余中的形成和积累，过去和现在都是一切社会的，政治的和智力的继续发展的基础。"①因此，社会主义的家庭生产的主要动机，仍然是获得尽可能多的利润。

(3)目前我国农户家庭普遍还保留着两个值得注意的特点：第一，不同程度的半自给。1985年全国样本农户总收入的34.7%和总支出的33.5%仍属非商品性质。第二，经营规模狭小。全国平均每个农户的耕地面积不足0.51公顷，差不多是全世界最小的农户；加上绝大多数农户家庭兼营多种土地产品、工副商业和劳务，因此产品经营规模更为狭小。这就决定了农户的生产经营受外部环境的影响很大：①通过定购合同，依赖于国家计划的保障。据国家统计局1985年对6万多农户的抽样调查，生产性纯收入占农户经营纯收入的88%，其中农业大田生产收入占66.3%。②市场成为农民追逐的目标，但承受价格风波的实力很小，其经营规模一旦超过一定范围(如集市贸易)，市场风险就会陡然增加，在这种情况下，农户就不得不通过少买少卖，扩大自给性活动。

(4)决策人的文化水准在经营过程中起着举足轻重的作用。然而事实上，目前农民文化水平普遍不高，加之市场透明度低，因此决定了农户决策行为比较单一而直观，没有根据自己的技术和积累潜力，进行多目标的比较、抉择。此外，农户经营普遍存在着安稳至上、害怕冒尖、眼光短浅的小农意识，使得生产决策存在两个滞后，即价格滞后，示范滞后，由此决定了决策人对价格的反应，体现为其感应功能和反馈速度都不理想。

---

① 《马克思恩格斯选集》第3卷，人民出版社1972年版，第233页。

三、积累机制的分析

(一) 农户家庭积累的特点

从理论上来讲，农户家庭内部积累一般包括资金积累和劳动积累。我们只讨论资金积累，简称家庭积累。与企业单位的积累相比，农户家庭积累有以下几个明显特点：

(1)家庭积累与家庭生活消费不能事先划分。在农户生产收益中，扣除了国家税收和集体提留外，一般包括两个部分，一部分是用于扩大再生产的积累性资金，另一部分是用于生活保障的消费资金。由于现在大多数农户没有实行家庭会计核算，以上两种资金就以一个总额的形式存在于农民手中，除非它们在各自的使用领域得到实现，否则是不能被区分的。

(2)家庭积累的弹性很大。从理论上讲，家庭总收入扣除生产费用、税金、集体提留、生活和文化开支、消费品储备后，应视为家庭积累。实际情况却并非如此，因为扣除以上支出后的剩余资金，在未来的使用中还面临三种选择：或投入扩大再生产，或改善生活条件，或继续储存下来。这就使家庭积累具有很大的弹性。如果生产门路多，投资效益高，农民就会将全部家庭积累投入再生产，甚至动用消费储备，这时计算家庭积累就比预计的大。反之，如果生产门路少，投资效益低，农民就会把剩余资金用于改善生活条件，这时计算的家庭积累就少。

(3)家庭积累具有分散性、保守性。一方面家庭积累是农民家庭自行创造、自行掌握的资金，它必然分散在千千万万个农户家庭手中，这是其分散性。另一方面，农民现在还普遍不富裕，积累资金来之不易，不愿轻易投放，这是它的保守性。这一特点使资金不易集中于整体的、战略性的投资。

(二) 影响农户家庭积累的制约因素

从家庭积累的特点我们可以看出，影响农户家庭积累的因素，一般包括分配、销售，供给三个基本因素。

1. 分配因素

农户家庭，作为一个独立的经济实体，与集体经济相比，其分配关系有了很大的变化。主要表现为农户家庭不仅是一个生产单位，而且是一个消费单位，这就决定了农户家庭收入分配过程中，必然受到多种因素的制约，其中包括利益原则、伦理原则以及消费需要等。从实际分配情况看，由于家庭中生产和消费是交织进行的，这样农民在确定积累时，就不可能像过去集体经营那样，到决算时将纯收入的一部分预先转为积累基金专项储存起来，而只是在一个生产和消费阶段结束时，有多少剩余资金投入再生产就使用多少资金。这样形成的积累往往又由于农户内部的平衡机制不健全，而不断遭到消费基金的侵蚀。从目前来看，影响资金积累的分配因素有以下几个方面：

(1)农户内部自我监督机制不健全，影响了分配关系及分配目的。目前来看，农户家庭内部的分配关系，主要是初级的血缘和婚姻关系，劳动者与经营者(同时也是劳动者)

之间不是以企业关系而是以父子、夫妻关系进行分配，他们收入的大小不完全遵循按劳分配原则。因此所有者与经营者之间，不存在严格的制约，农户的利益实际上就是农户每个成员的利益。在这种情况下，家庭成员作为消费动机的承担者，必然要求尽量提高经济收入，这种分配势必影响家庭积累增长的速度。

（2）社会保障机制不健全，增加了内部消费负担。从目前来看，农村劳动力相对过剩，城乡之间又未形成劳动力流动机制，社会保障福利不健全，加上历史和文化传统的影响，使得农户不得不负担过剩劳动力及全体家庭成员升学、婚葬、生活福利、医疗教育、文化生活、居住安排等支出。农户实际上成为一种多重职能的社会组织，因而很难做到严格意义上的经营核算。这必然影响农户将资金投入生产。

（3）法制的不健全导致农民负担过重。在承包经营的分配中，承包者上交的依据和数量界限至今没有法律保护，名目繁多，农民负担过重。虽然三令五申，多次强调减免，但令不行，禁不止。据统计，武汉市郊区农民负担（包括各种税收、提留、摊派），1984年为16844万元，1985年为31181.2万元，1985年比1984年增长85.1%，1984年民民纯收入为118633.7万元，1985年为123735万元，1985年比1984年增长4.3%，农民负担增长的速度远远大于农民纯收入增长的速度。其中农民负担占农民纯收入的比重已由1984年的14.2%上升为1985年的25.2%。据有关专家分析，目前农民合理负担的标准大体上以农民纯收入的7%～8%为合适，但事实上，农民的负担已远远超过这个数字，因此，这种"鞭打快牛"的政策，严重挫伤了农民生产投资的积极性。

（4）市场竞争的机会不均等及收入的不均等造成消费的超前发展。按道理来说，农户之间的收入有差别是正常现象。但是在外部环境条件不同的情况下，农户之间存在着机会不均等的竞争，这使农户的实际贡献不可能在收益上得到如实的反映。这种由不均等竞争带来的不均等的收入分配使一部分因机会而先富裕起来的农民的消费超前发展，并形成攀比。例如农民旅游，购买小卧车以及其他超过当前农村经济和生活水平的消费，尤其表现在房屋建筑上，大批资金凝结于非生产性不动产。据统计，1978年到1984年间，农民人均住房投资增长7.8倍，全国约有半数的农户修建了新房，累计建房面积达34亿平方米，而生产性投资在农民全年总支出中约占20%。

2. 销售因素

目前武汉市郊区农户家庭积累面临销售因素的影响，主要有以下两个方面：

（1）原有体制下的统购包销的滞后效应及其形成的利益分配结构仍在发挥作用，这样造成的结果是，通过合同定购实际上将农产品的一部分销售风险转移给消费者，另一部分则通过国家财政补贴进行消化。一年来的实践表明，由于财政负担过于沉重，加之消费者怨声四起，政府不得不出面重新指令农民完成低价供给，对于原有的政府年度计划事实上仍在一些部门滥用实行，结果使农民形成对国家政策一年一变的反应心理，迫使农户决策出现短视行为，从而阻碍了积累动机的形成。

（2）市场环境不稳定。主要表现在一方面取消了原有的集中计划，而另一方面却没有相应的市场调节加以补充，其结果是价格波动频繁，市场变化无常，给农民安排生产带来了困难。以蔬菜为例，1985年武汉市蔬菜零售价格平均比上一年提高35%，即或以农贸市场价格为基数,上升也是明显的。若以 1984 年同期价格为 100,1985 年鲜菜价格指数则为 139.3,其中小白菜、竹叶菜、菠菜指数增长最多,分别为 244.7、242.6、202.3,超过一倍多。涨价的同时,价格波动幅度也很大,据统计,1985 年蔬菜价格最高月份的上升幅度为年平均上升幅度的 2~3 倍。如此变动的市场环境,对于刚刚步入商品经济社会的农户家庭来说,由于经济实力很弱,因此难以对价格的周期性波动进行自我调节。为了避免风险,他们不得不通过少买少卖,减低销售压力。

3. 供给因素

就生产要素的供给情况来看,影响农民家庭积累的主要因素包括:

(1)资源分配没有法律保障。在耕地方面:①农户家庭的人口变动,对耕地的长期承包产生了压力,土地管理没有制度保证,一方面种田能手由于土地不足而无法扩大生产规模;另一方面有相当一部分农户,由于兼业经营,而把农业当副业,采取粗放经营。②承包土地的流转方式至今仍含糊不清,除了政策上承认土地转包外,实际上土地的"无偿转让""非法买卖""弃耕撂荒"现象相当严重。在非耕地承包方面,由于分配形式不是按人口均分,因此农民之间互相侵犯的行为较多。由此可见,在这种资源承包范围内,还不足以培植农户对生产长期投资的观念。

(2)生产资料由国家统一供给。由于目前农业生产资料市场还未形成,农户的生产资料仍通过国家列入计划,然后由物资供销部门分配供应。这样的结果是,国家供应什么,农户使用什么,没有多大选择余地。虽然近几年开始实行定购合同挂钩供应(供给与农户指令的接受和物资供给是配套的),但由于其供应数量有限,同样没有选择的余地。显然在这种供给机制下,生产资料供给不丰实,且无选择余地,农户即使有资金也无法在更大空间范围内重组资源。

(3)缺乏农村技术市场。就目前来看,由于受过系统技术培养的有组织的技术力量,以及对技术力量的培养手段仍集中在国家手里,技术同生产的沟通采用何种方法尚未明确,以往技术参与生产是借助行政手段,现在离开行政手段,转变为经济手段,还有许多工作要做。一方面作为农户家庭在经营心理上,对有偿采用新技术的要求并不迫切;另一方面作为技术宣传,推广体系由于经费缺乏,技术人员待遇低下,加上政府政策不明,因此技术同生产的隔离还没有真正打通。此外,就农村自身的技术力量来看,其数量和质量远远不能适应农业生产发展的需要。

以上分析,从不同侧面讨论了影响农户家庭积累的主要因素。可以看出,农户家庭积累动机一般产生于三种行为准则:出自利益考虑,出自销售考虑和出自供给考虑。由此可见,农户家庭积累实际上是分配、销售、供给三个因素的函数。

四、家庭经济运行优化的控制

家庭经济运行作为一个动态系统,实际上是一个输入资金、技术、信息和劳动,输出产品或劳务,辐射出经济能量,具有自我组织能力的耗散结构。这种结构的特点说明,它在与外界环境有物质和能量交换的条件下,在外界环境对系统有恒定的持续"干扰"作用下,在系统内部存在着随机起伏和多种变化可能的条件下,系统能够自发地组织成为新的有序程度更高的系统。由于这种系统的目标是内生的和可变的，因此其经济运行的优化只能控制影响系统在达到自身目标时所必需的内、外部条件。具体地说，包括两个方面：

（一）进一步完善农户内部机制，促使家庭经济运行合理化和农户经济行为长期化

不仅从外部，而且在农户内部培养一种健全的自发机制，使家庭经济持续稳定地发展，是当前我们面临的重要课题。对此，提出如下一些基本思路：

1. 完善土地承包制

对农户要进行有效控制，必须建立健全控制组织系统，明确各自职能，有效地执行控制任务。首先，在土地所有制方面，要尽快明确土地所有权的体现者，明确所有者和使用者各自的权利和义务。承包不仅要联系产量，而且要与农民的投入、土地使用情况及地力变化挂钩，使承包者从切身的物质利益上感到土地投资对自己有利，而掠夺式经营对自己有害。

其次，在土地使用权方面：①要增强农民的稳定感和归属感。即要稳定延长土地承包期的政策，包括土地使用权立法，这是保持已经高涨起来的广大农民的生产积极性的重要前提，只有使广大农民相信土地可以长期承包使用，去掉怕变的思想顾虑，他们对土地经营才有长远打算。②对土地投资实行投资补偿。所谓对土地投资补偿，实质上是级差地租Ⅱ潜在形态的预先支付，也就是以地域合作经济组织为调节范围和调节主体，对每一户承包土地期末的收益水准与期初收益水准之间的差额进行支付。实行土地投资补偿后，不管承包期内农户对土地的投资能否完全获得收益，也不管下一个承包期是否还由他继续承包，或者在承包期还未结束时，他是否需要把土地转包出去，都不会使投资者因为原来对土地追加了投资，而在经济上吃亏。这样有利于调动农户向土地投资的积极性，有利于改造低产田，有利于进行具有长远效益的基本建设。③在制度上将农户自有财产与国家、集体财产区别开来，以避免不合理的摊派。合理负担只能限于国家税收、集体公积金和公益金，只有做到这一点，才能使农民对通过自身积累的自有资金有更大的支配权，从而享有更大的收益。

最后，在土地流动中，提倡土地自由转包，逐步实现土地集中。转包使土地逐步向种田能手集中，是农业分工分业、发展商品生产的客观要求，反过来它又促进分工分业和商品生产的发展。它有助于提高土地产量和农业劳动生产率，有利于农村种植业以外新产业的发展和土地相对集中，促进农业生产适度规模的形成，促进农民学习、使用新技术和提高农业生产的集约经营水平。

2. 健全微观机制

农户内部微观机制包括农户自我监督机制、成本竞争机制，劳动力流动机制、社会保障机制等。其中，最主要的是农户自我监督机制和社会保障机制。

第一，建立农户内部自我监督机制。主要包括：①划清农户经营者的责任和利益与劳动者的责任与利益，真正确立独立的经营者利益，使经营者重视利润目标，强调效率和收益。②由满足最低生活需要的分配方式改为按投资或劳动分配。③有条件的地区可采用生产费贮备存款的方式，保证扩大再生产资金的供给。

第二，建立健全社会保障机制。国家、集体或农户都应筹集一部分资金用于社会福利事业，以帮助那些人口多劳力少的农户或老弱病残的农民，使劳动者尽可能处在同等竞争的条件下，以促进农户积累投资的积极性。

(二)创造合理的外部环境，加速微观机制的形成

创造良好的家庭经济运行的外部环境，涉及两个基本方面。首先是建设市场环境，主要包括：

(1)改革不合理的价格体系和价格体制，使价格能够反映市场供求状况和资源的稀缺程度，这样才能给农户正常的市场信息，保证资源的合理配置。

(2)注意调整农业与工商业的收益关系，使农业生产的收益与工商业大体相当。只有这样，农民才乐于从事农业生产，才会有积累和扩大生产的积极性。

(3)进一步开放生产要素市场，尤其是生产资料市场与资金市场，为农户积累提供更便利的供给条件，使农户能够在更广阔的空间重组资源，形成不同要素的最佳组合。

(4)大力加强社会服务体系。主要包括：①提供技术咨询服务，扩大农户的决策视野，为引导农户作出有利于长远发展的决策创造前提条件和内在动力。②建立农民技术协会，充分挖掘农村中的技术力量，利用他们的经验、手艺等，并通过他们起到联结科技、教育、信息、咨询的作用。③扩大城乡间的横向经济联合，尤其是加强农商间、农工间多渠道的联合，使产供销关系稳定化、可靠化。

其次，是关于流通领域的组织问题。当前应主要抓好创建和完善组织两项工作。

(1)创建新型组织是当前流通领域的一项迫切任务。为了减少农民的市场风险，农民普遍欢迎建立一个在农户与城市之间能够代表农民共同利益的中间组织。这种组织的特点是，它既是独立的经济组织，又不是单纯以自身利润最大化为经验目标，农民对它在分散风险上存在依赖关系，在追求利润上又存在制约关系。如日本的"农协"就是最典型的承担这种功能的组织。目前市场上出现的由农民自己组织的各种营销公司，正是这种组织形式。农民通过自我服务，减少了利益的中间流失，可以取得农民多得、国家不少收、消费者不多支的效果。

(2)在市场组织过程中，如果离开掌握着大部分商业设施和经营人员的国营商业和供销社，去组织市场流通是不现实的；但国营商业和供销社不进行改革，其发展也是没有前途的。从目前来看，国营商业改革的主要问题是实现组织结构的调整和功能的转变。具体地说，国营中小型零售企业应进一步向自负盈亏方向发展，企业自组货源，可以根据市场状况自行定价。这样可以鼓励零售企业下乡自采货源，并与农民联营或订立长期合同，有利于扶持生产、搞活流通。而国营批发企业和大型零销企业的主要任务是承担稳定市场，保护生产者和消费者利益的功能。对于这一类企业更多的不是强调其企业性，而是其责任，应该强化其自身利益与责任的联系。为了保证上述不同功能企业的组织调整正常进行，国家应在法律、税收制度、利润分配上给予支持和扶持。其中最为迫切的任务应是改变现有财政补贴政策。若是补贴的使用，既服务于价格稳定，又服务于提高市场的组织，财政补贴便具备了改革的意义。供销社的改革，应朝着前面第一点中所述的"中间组织"

的方向发展。

◎ **本章主要参阅文献：**

    ①《列宁全集》第 22 卷，人民出版社 1972 年版。

    ②考茨基：《土地问题》1955 年版。

    ③曾蔼祥等：《建立农业服务体系发展新型的家庭经济》《农业经济问题》1983 年第 6 期。

    ④司沛文：《对农业家庭经营形式的新认识》，《农业经济问题》1983 年第 6 期。

第八章　合作经济及其模式

第一节　合作经济引论

一、中国农村经济发展的目标模式

合作经济问题，必须被纳入农村经济目标模式的整体中予以考察。

关于我国农村经济发展的目标模式，近几年已有不少论述。综合起来，可做如下表述：以社会主义合作经济为主体，多种经济形式协调发展，多层经营方式相互补充，多种产业综合发展，城乡互促，工农共富，最终实现农村现代化、工农一体化、城乡融合化。

这个模式包含两个基本内容，即：农村经济内部的结构模式和农村经济与城市经济的关系模式。其中，农村经济结构模式，又包含所有制结构、经营结构和产业结构等三个主要方面。在相当长的历史时期内，我国农村所有制模式，将会是以社会主义所有制为主体的、社会主义所有制、半社会主义所有制和非社会主义所有制协调发展的格局。社会主义所有制除了大量的合作经济而外，还有少量的全民所有制经济；半社会主义所有制主要指那些建立在公有和劳动者私有相结合的生产资料的基础上的、实行按劳与按资相结合的分配制度的经济形式；非社会主义所有制则是指纯粹的个体经济和私人经济。此外，还会存在少量的混合所有制，即社会主义所有制经济同私人经济进行联合的经济形式（当然，这是一种过渡性的经济形式）。上述各种所有制的经济形式，又可采取多层次的经营方式，这种多层次的经营结构模式是相当复杂的。一般地说，合作经济将会是以家庭经营为基础，集体经营、联户经营同时并存，全民经济将会是以国营为主体，承包经营（家庭或集体承包）和租赁经营相互补充；私人经济也会采取家庭经营、集团经营和租赁经营等多种方式。以上所有制结构和经营结构，都同时存在于农村三大产业之中。农村产业结构模式，是以第一产业为基础，第二产业为主导，第三产业为纽带的三大产业综合发展的格局。

从这一目标模式中可以看到：合作经济不仅是未来农村经济的主体形式，而且是引导与限制私人经济的一种方式，还是实现城乡融合的重要途径。

二、合作思想的历史反思

合作制思想源远流长。有资产阶级合作思想，有空想社会主义的合作思想。只是到马克思、恩格斯，才发展成为科学社会主义的一部分。正是如此，后来几乎所有的马克思主义者研究合作制问题都是以马克思、恩格斯合作理论作为出发点的。现在看来，如同对待马克思关于社会主义条件下商品经济命运的理论必须进行历史的反思一样，马克思、恩格斯的合作制思想也必须进行历史的反思。其实，马克思、恩格斯的合作制理论是他们的无产阶级革命策略总体系的一部分。由于当时是设想无产阶级在一些最发达的资本主义国家同时起义而取得胜利，在资本主义高度发展的基础上建立起来的社会主义经济，当然很有可能是以高度社会化和严密组织性为特征的计划-产品经济，从而合作社也会设想为高度集中劳动与统一经营的劳动组合型模式。但是，后来无产阶级革命的历史进程并不是马克思、恩格斯原先所设想的模式，而是在资本主义链条的薄弱环节首先取得了胜利。这些经济发展处于后进阶段的国家，都在不同程度上面临大力发展商品经济的任务。因此，对于当时同计划-产品经济联系在一起的合作制理论，就必须按照现在计划-商品经济的历史条件进行扬弃；吸收与继承其合理的内核，排除其不符合现今历史条件的个别命题与原理。我认为，从马克思、恩格斯到列宁的合作制理论，其精髓主要是以下四点：

①在小农还大量存在的地方，农业要实现社会主义大生产，只能通过自愿互利的联合加以实现；在农民还不愿意的时候，要善于等待，决不能剥夺小农。②联合起来的合作经济，不一定都是生产领域的合作，也包括(或者更重视)流通领域的合作。不一定都是劳动联合，也可以包括资金与土地的联合。③联合是一种经济趋向，而不是组织行为。联合起来的大生产，绝不是在那种各种操作基本上可以由一个劳动者按照时间的先后顺序完成的基础上把劳动力简单集中的"大呼隆"，这种简单协作的"大生产"，在奴隶制下早就有了；马克思讲的大生产，是在社会分工高度发展的基础上，各项操作发展到固定的、系统的"分离开来，孤立起来，在空间上并列在一起，每一种操作分配给一个手工业者；全部操作由协作工人同时进行"[1]的那种社会化大生产。④为了鼓励小农的联合，国家可以提供必要的社会帮助。

这些原理和思想，是马列主义合作制理论的基本原理，对于我国当今的农村合作经济——有计划的商品经济条件下的合作经济是仍然具有巨大指导意义的。

三、新型合作经济的概念

根据上述理解和我国30多年来正反两方面的经验，社会主义的农村合作经济，似可定义为：从事农村经济活动的农民与手工业者，根据商品经济发展——特别是专业化的发展的需要，为了共同的个人物质利益，按自愿互利方式，相互协作或联合，或者同非农村领域的经济实体进行协作与联合，以从事经济活动的经济组织形式。

这个定义说明：

---

[1] 《资本论》第1卷，人民出版社2004年版，第202页。

第一，社会主义的合作经济是劳动者之间的经济联合。马克思主义之所以主张发展合作经济，说到底，是为了解决个体劳动者实现由小生产到大生产的过渡问题，而不是为了解决非劳动者由私有制到公有制的转变问题。因此，非劳动者之间的合股联营，不是合作经济，而是资本集中；非劳动者同劳动者（或其代表，即国家）之间的合股联营，也不是严格的合作经济，而是一种过渡的混合经济。

第二，合作经济是在专业化基础上产生了社会化协作的需要而进行的联合，不是人为的组织合并，新的合作化的原因，不是从人们头脑中去寻找，而主要来自两方面：一是农户经济内在专业化分工及其规模的发展，二是社会服务体系的吸引力不断加强与完善。而这两方面，都取决于有计划商品经济的高度发展。可以说，在相当长的时间内，我国农村合作经济的主要形式，将会是以产前、产中、产后服务为纽带的、以流通领域为重心的、以家庭经营为基础的经济联合体。

第三，劳动者之间的联合，是建立在具有某种共同性的个人物质利益相互协调的基础之上的。我认为，在农民的经济联合问题上，不应该存在与劳动者个人物质利益无关的"共同种益"，而是联合的各方为了扩展个人的物质利益，找到了某种利益的"结合点"，于是以这种结合点为基础联合起来，使各自的物质利益得到更为有效的发展。例如，加工专业户为了获得可靠的原料来源和产品的销路，种植专业户为了使农产品的销路得到保障，贩运专业户为了得到稳定的货源，三方面在产供销互补这一结合点上联合起来，便可使各方面的利益都得到有效的提高。所以，共同利益不能脱离农民的个人利益。否则，就难以贯彻互利原则。这一点特别重要。

第四，这种联合不限于生产领域和农业部门，可以在农村经济的各种领域和部门中以及在这些领域和部门之间进行；也不限于农村内部，可以跨行业、联城乡、超地域，实行多种形式的协作与联合。

这样，我们要发展的新的合作经济，同过去那种劳动组合式的"集体经济"，虽有其共同点（都属社会主义的公有制）的一面，但更多则是存在差异的一面。一般地说，过去的集体经济基本上是用行政的办法合并而成的；生产资料是高度公有化的，实行集中劳动统一经营与核算；而且主要是地域性的生产领域的集体化。现在的合作经济是在专业化发展的基础上，由劳动者自愿联合起来，而且有退出和改变合作内容的自由；除了土地和部分公共性生产设施保持公有外，劳动者个人可以占有其他各种生产资料，并长期保障其家庭所有权；实行以家庭为单位进行劳动和双层经营体制，在非农业的合作经济（如大多数的乡镇企业）中既可以家庭经营，也可以集体经营，既可以独立劳动，也可以集中劳动，以按劳分配为主，资金与资源也可以按股分红；合作的领域更是大大超越了原来集体经济的范畴。因此，现在的合作经济不宜再沿用"集体经济"这个名称了，它的内涵与外延已是一个全新的概念，它的生命力是过去那种集体经济所无法比拟的。

四、我国农村合作经济发展的阶段性

在我国农村中，合作经济有一个由松散协作到实体联合、由低级到高级的发展过程。从我国目前情况来看，可能会经历四个基本阶段：临时性协作、固定性协作、小型联合体和大中型联合企业。而且前几个阶段可能要经历相当长的历史时期。

临时性协作，系合作各方出于短期性的需要，通过口头协议或书面合同所进行的协作与合作。这种合作在新的合作经济发展初期是大量存在的。合作的约束力只在单项或少数内容方面和短期内有效，临时性需要满足了，协作也就终止了。它随时都有解体的可能，是不稳定的。这种现象是和社会上的商品经济发展程度分不开的。但是，它对于发展农村经济，对于培养农民新的合作习惯和意识，则是有积极作用的。

固定性协作，则是合作各方出于长期性的需要，通过正式合同(一般具有法律约束力)进行的协作与合作。这种协作较之前一阶段的情况，稳定性较大，一般是农村商品经济有了较大发展，作为真正的商品生产者与经营者的各方，都有取得比较长期而稳定的资源和市场的需求，只有在这种条件下，才会有固定性协作的愿望。

以上两个阶段的协作形式，都不改变协作各方的法人地位以及所有制和隶属关系，经营与管理各自独立进行，没有公共积累，只承认合同的约束。

小型联合体，则进入了实质性的合作阶段，联合的各方通过统一的规章制度，或者是统一经营，统一核算，或者是双层经营、分级管理、分级核算，但都有公共积累。参加联合的各方，虽在分级经营和管理上仍保留了相当的独立性，但也不具有完全的法人地位，具有法人地位的只有一个——联合体。目前，不少地方使用"联合体"的名称时有一定的紊乱，往往把固定性的协作等同于联合体了。联合体应该是合作经济的较高级形式，是社会分工深入发展的产物。当社会分工发展到联合的各方专业化充分展开，离开了紧密的固定的联合，互相都无法独自存在与发展时(只有到了这种情况下)，联合体才会应运而生。

大中型联合企业，是合作经济的高级发展阶段，在经济性质上同联合体有许多相似之处，但在社会分工的水平、企业化水平、经营规模上都是小型联合体所不能比拟的。同时，联合企业中各单元的独立性比起联合体来就更小了，对联合企业整体的依附性更大了。其中，乡镇企业的统一性更大，农业生产领域的联合企业统一性相对较小，原来的家庭农场可能就会成为大中型联合企业中的一个个"农业车间"或"家庭作坊"。

后两个阶段的合作经济，在农业中可能采取生产资料集体所有和家庭所有并存的格局。原有各家各户的自有生产资料无须实行公有化，仍保留家庭所有；公有生产资料主要依靠公共积累添置。随着积累的不断增加，公有生产资料占有绝大比重，以致农民感到自有的那一丁点私有财产已微不足道了。只有到了那个时候，农村合作经济体系才会完全巩固起来，农民也才会最终摆脱小私有的习惯势力。

第二节　农村合作经济的模式

一、合作经济模式分类

党的十一届三中全会以来，我国农村经过以联产承包制为中心的巨大历史变革，已从根本上改变了原来"集中劳动、统一管理、统一分配"的单一集体经济的旧模式，形成了以合作经济为主体、多种经济形式、多种经营方式并存的格局和多样化的合作经济体系。它具体表现在：

一是联产承包制的普遍建立，将我国农村原来的569万个生产队，改造成家庭经营与合作经营相结合的新型合作经济。在农、林、牧、渔等业中，除了双层经营制合作经济外，还有承包经营、租赁经营、合伙经营、股份制经营及不同所有制形式联合的合作经营。

二是为数众多的乡镇企业经过调整改革，已由单一的集体经营，发展成为集体、联合、个体经营同时并存的乡镇企业体系。乡村集体企业（原社队企业）通过实行经理承包、职工集体承包、个人承包等形式的责任制，获得新的生机和活力。目前，由乡村集体企业、农民联营企业和个体独资企业等组成的一千多万家乡镇企业，已成为农村经济的重要支柱。

三是基层供销合作社通过清股、扩股、改选领导机构和领导成员，初步恢复了合作商业的性质，增强了组织上的群众性、管理上的民主性、经营上的灵活性。目前，全国已有90%以上的农民成了供销社的股东。

四是农村信用社在改革中也有很大发展。据统计，到1984年年底，全国乡一级有独立核算的信用社58000多个，乡以下有29700多个信用分社和333000多个信用代办站。平均2个村就有一个信用服务机构，入股农户达80%以上。同时民间信用组织也有了一定的发展，在全国农村基本形成了一个比较完整的信用合作网络。

五是伴随着城乡有计划商品经济的发展，农村新的经济联合体也雨后春笋般地发展起来。它们广泛分布在农、林、牧、渔以及工业、商业、运输业、服务业、建筑建材业等各个领域，其中从事第二、第三产业的占大多数。联合的形式多种多样，有农户与农户联合、农户与集体的联合，也有农户与国营企业的联合。城乡之间、地区之间开展多形式、多层次、多成分的经济技术合作与联合的势头越来越猛。新经济联合体的崛起，为我国农村合作经济增添了一支新的生力军。

既然我国农村合作经济将是多层次、多阶段、多形式的，那么，它的发展模式也会是多种多样的。为了研究的方便，我们可以从合作方式与合作内容两个方面，进行交叉分类。即在合作方式上分为：服务方式、积聚方式、集中方式、扩散方式；在合作内容上分为，要素合作、环节合作、地域合作，这种纵横两个系列的交叉，便形成了12种基本模式：要素服务型、环节服务型、地域服务型、要素积聚型、环节积聚型、地域积聚型、要素集中型、环节集中型、地域集中型、要素扩散型、环节扩散型、地域扩散型。

二、服务型合作经济模式

所谓服务型模式，即是随着农村分工分业的发展，一些产前、产中、产后的服务行业将会从农业中分离出来，同时，原来双层体制中的"统"的一方，由于村办工商企业的发展，经济实力的增长，服务职能的强化，因此增强了对家庭农场的帮助。这些服务行业和村办企业，通过服务和"以工补农"等形式把千家万户农民吸引到自己的周围，形成多种形式的协作与联合，构成农村社会主义大生产的社会化网络。

在此，重要的问题是如何引导与加强农村的社会服务体系。这种服务体系主要包括三个层次：第一，全民所有制经济的转轨。一方面国营商业面向家庭经济发挥其强大的服务职能；另一方面原有的政府职能机构转变为实体性的服务公司，如农业、农机系统的下属站和"公司"由行政职能机构转变为服务部门。第二，新老合作经济组织强化服务职能。

一方面村级经济必须立足农业，为农户服务，加强"统"的经济吸引力，像在苏南地区那样工农一体化，把变形的合作经济完善化；另一方面供销社、信用社要搞好改革，积极参与服务行业，发挥产前、产后的服务作用。第三，在农村鼓励以服务行业为主的专业户和联合体，并引导它们面向家庭农场(特别是纯农业的专业户)，发展横向联合，形成新型的合作经济。

服务型模式，按其合作内容又可分为要素服务型模式、环节服务型模式和地域服务型模式。

所谓要素服务型模式，是指地域性合作经济组织以及专业户或联合体，以资金、机械、植保、劳务、技术为服务内容，同农业生产领域的家庭经济结成协作与联合关系。如湖北省大冶县保安镇农科村原来集体经济实力比较雄厚，有水利化、园田化、机械耕作和科学种田的较好基础。实行联产承包后，他们注意充分发挥村和村民小组①两个层次地域合作经济的优势，坚持充分结合、协调发展的原则，为广大承包农户提供产前、产中、产后比较完备的服务：①种子服务。由村向科研单位引进优良品种，先交科技户试种，然后再推广。高价调进，平价到户(农户拿常粮换)，差价由村补贴。1983—1985年，这个村共调进良种11万斤，有效地提高了单产，稳定和增加了总产。1985年与1982年相比，耕地面积计划调减了370亩，占原面积的14.6%；粮食总产由312万斤上升为322万斤。②生资服务。化肥、磷肥、农药、地膜等农用生产资料由村办商店组织供应。需求计划由各村民小组长负责统计上报，资金由村垫付，运费由村补贴。③植保服务。全村配一名植保员，利用广播等手段向农户预报虫情和传授防治技术，各组配一名查虫员，负责查虫和指导、督促农户杀虫。④机械服务。水田的耕、耙、稻、麦的脱粒由村民小组长统筹安排，农机手从村机械服务队领机作业。⑤水利服务。村排涝站负责排涝，各组还配备了一名管水员，负责农田用水和抽水抗旱。⑥多种经营服务。为了发展林、牧、渔业，该村兴建了25亩苗圃和一座年加工能力300吨的鸡、猪饲料加工厂，配备了一名养鱼技术员，服务了群众，促进了生产。1985年年底，农户利用渠堤坝坡种植水杉2800多株，这一年产鱼35000斤，提供商品猪620头。保安镇农科村健全服务体系，为家庭经济提供系列化、社会化的服务，有力地促进了该村经济的发展。

在我国经济发达地区或比较发达地区的农村，大都采取上述的地域性合作经济组织为主，实行全面社会化服务的做法。而在经济发展中等水平以及部分欠发达地区，服务形式则主要是原来合作经济和新型联合体、专业户一齐上，以新型联合体或专业户为主，提供或资金、或机械、或植保、或技术等某一两个方面的服务。

所谓环节服务型模式，指为农业专业户提供生产资料供应和产品销售等方面服务的协作与联合，这方面地域合作经济组织、联合体和专业户可以发挥作用，尤其是供销社可以发挥重大作用。各地实践表明，专业户、联合体在环节服务上，尤其是产品销售服务上，起着生力军的作用。江苏省建湖县近几年来，出现了乡、村、组、户、联合体五个层次从事购销服务的好形势。到1985年，全县除乡、村、组集体办购销组织154个外，还有购销联合体385个，个体购销户6200户，从事购销服务业的有12500多人，购销总额达1.2

---

① 该村实行村、村民小组与地域性合作经济组织合一，即"两块牌子，一套班子"的形式。

亿元，占全社会商品零售总额的 46%。① 又如浙江省江山县坛石乡有一支深受群众欢迎的农民生猪购销队伍。1983 年以来，他们采取各种形式把生猪销售搞活了，解除了农民"卖猪难"的后顾之忧，增加了养猪户的经济收入，促进了养猪业的发展。目前全乡生猪购销户已由开始的 4 户发展到 50 多户，他们收购生猪的活动范围，已由本乡、本县扩展到外县、外省。这些农民进入生猪购销领域，打破了独家经营，促使食品站改进服务态度和经营方法。以前食品站收购生猪时，估算出肉率和评定等级都由收购员说了算。农民生猪购销队伍出现后，食品站也改进了经营方式。现在他们下乡串户，踏栏预约或聘请当地农民预约，大大方便了群众。②

改革后的供销社在生产资料供应和产品销售等方面的主渠道作用也得到了较好的发挥。如湖北省南漳县供销社，根据地处山区的实际，加强了农副产品经营，促进了千家万户商品生产的发展。一是与农民签订农副产品销售合同。县供销社及时组织了 370 名职工，集中一个月的时间，与农民签订了 20152 份合同，金额达 1140 万元，占农副产品收购计划的 87%；二是为农民发展商品生产提供广泛的服务。坚持开展技术培训、技术辅导、技术交流、技术咨询等活动，还搞了技术承包，建立了农民科技示范户。仅这些科技示范户，一年就提供价值 123 万多元的商品，户均 2600 多元。三是自办或联办加工业，为广大农户提供加工服务。主要是食品加工和土特产加工，已办厂 22 家，1985 年创产值 200 万元以上。四是大力推销农副土特产品。在上海、无锡、宜昌等地开设销售窗口，并与省内外 224 家工厂建立了销售关系。仅 1984 年，县供销社就组织了 110 人的推销队伍，先后与全国 26 个省、市、区的 220 个单位签订了 3373 份农副产品销售合同，成交额为 1020 万元。③

所谓地域服务型模式，主要是跨乡镇、跨城乡的为农村家庭经济提供服务的各种协作与联合。随着农村分工分业和商品生产的发展，跨地域性的合作服务正在增加。在一些商品经济发展较快的地方尤为明显。

此外，还有综合服务型合作经济。其突出表现是一些地区的农村已形成了以合作经济为主体，多形式、多层次、多渠道的社会化服务体系。山东省诸城县根据家庭承包制的实际情况和千家万户农民发展商品生产的要求，对本县的各种服务组织加以组织、指导和理顺，建成了八大专业化服务体系，加强了对农业、畜牧业生产的系列化服务，发展完善了家庭承包制，保证了全县农牧业的稳步发展。1986 年全县粮食总产达 6.6 亿公斤，农业总收入 8.2 亿元，农民人均收入 540 元。这八大服务体系是：

（1）农经管理服务体系。农经管理改行政管理型为经营服务型；改农经人员任免制为选聘制；改经管人员固定补贴为联产计酬；改单纯会计核算为合同、审计、核算、咨询等综合服务。

（2）农业技术服务体系。全县组织科技人员成立了示范、推广、培训三结合的农业技术服务中心，在 35 个乡镇设立了农技推广站，形成了上下相通、左右相连的农业科技服

① 《建湖县民间购销业的十种形式》，《农村工作通讯》1986 年第 6 期。
② 《各地农民办合作商业的实践》，《农村工作通讯》1986 年第 4 期。
③ 《改革中的供销合作社》，《农村工作通讯》1986 年第 4 期。

务网络。

（3）良种推广体系。县、乡、村分别设有良种服务公司、良种服务站和良种服务组。

（4）畜牧兽医服务体系。县设畜牧兽医服务中心，乡建服务站，村设专业队或畜牧兽医员，户设技术员，全县形成 3000 人的县、乡、村、户配套成龙的畜牧生产专业服务队伍。

（5）农业机械服务体系。全县健全了四条农机服务线，即：维修服务线、供应服务线、技术培训服务线和科研推广服务线。

（6）水利灌溉服务体系。全县设 5 个灌溉所、14 个灌溉站、58 个灌溉段，配备管理人员 345 名，并改革了管理体制，完善了岗位责任制。

（7）果树生产服务体系。在已有 50 多名专业技术人员的基础上，选聘 1400 多名农民技术员，形成了县、乡、村果树服务网。

（8）劳务输出服务体系。县、乡、村普遍建立了劳务服务组织①。

三、积聚型合作经济模式

所谓积聚型模式，即是在家庭经济的基础上，逐步出现大大小小的专业户，随着专业户的专业化规模不断扩大，有相当部分将会在自愿互利的基础上，走向联户经营和联合经营。这也是杜润生同志所说的由"小而全"到"小而专"再到"专而联"的内部积聚模式。这种模式，是一种渐进的方式，切不可操之过急。

积聚模式又因合作内容的不同而分为要素积聚型模式、环节积聚型模式和地域积聚型模式。

所谓要素积聚型模式，主要是指各农户、各专业户以及联合体之间在劳力与资金上的互补性协作以及技术与劳力上的互补协作等。据湖北新洲县的调查，1281 个联合体中，劳资互补性联合的占总数的 77.6%，以资金为主的联合占 11.4%，以劳力协作为主的联合占 8%，以技术协作为主的联合占 3%。

所谓环节积聚型模式，主要指各农户、各专业户以及联合体之间在产、供、销上的协作与联合。如福建省漳平县永福乡盛产各类名花，素有"高山花园"之称。1985 年全乡花农 2700 多户，花卉面积 2000 亩，涌现了 955 户花卉专业户和 150 个联合体。在发展花卉商品生产过程中，个体花农和联合体在生产技艺、产品推销、财务管理等方面都遇到了一些自身难于克服的困难。为适应花卉生产需要，1982 年，由 5 户花农带头成立了分户生产、联合经营的永福花果联合公司。由于公司发挥了联营的优势，提供了多方面的服务，参加公司的花圃联合体达 83 个，花农 731 户。公司像一条纽带联结了千家万户花农，收到明显的规模效益和经济效益。

所谓地域积聚型模式，主要指各种跨地域的专业户之间、联合体之间的协作与联合。在这类跨地域的联合中，跨村、跨乡的专业户联合较多，联合的内容大都为某个环节、某个要求上的联合。跨县、跨省的联合、全面的联合比较少。②

---

① 《建立专业化的服务体系》，《农村工作通讯》1987 年第 3 期。
② 《分户生产联合经营》，《农村工作通讯》1986 年第 2 期。

四、集中型合作经济模式

集中型模式，包括两种类型：一是通过合股集资联合兴办各种合作企业，国营与集体之间、集体与集体之间、国营、集体与个人之间，均可进行这种资金的集中。二是通过土地向种田能手的集中，实现更大规模的农业经营，在此基础上进行各种形式的协作与联合。

前一种集中，目前在乡镇企业中大量存在，今后随着金融体制的改革和统一市场的形成，将会更大地发展。后一种集中，目前进展缓慢，承包农户一般不愿最终放弃土地。其主要原因，固然同小农心理习惯有关，但根本的原因，还是农民害怕政策多变，留有"后路"。不然，就很难解释为什么一些"万元户"的非农专业户都仍然不愿放弃承包土地这种怪现象。目前在这方面有所突破的主要是两个地区的少数农村：一是珠江三角洲地区，二是苏南地区。如台山县 1984 年出现劳平 5 亩以上的大耕户 4013 户，占农户的 2.3%。无锡县蓉南村把原来由 337 户、454 个劳力承包的 529 亩责任田，集中到 60 户、70 个劳力承包，剩余劳力被安排进村办企业。这两个地方之所以能实现土地承包的集中，除了商品经济发达、非农收入稳定地高于农业等一般性条件外，还有其特殊的条件。台山系侨乡，政策落实得好，侨属、港属出国的多，干部和知识分子家属进城的多。这些人离开农村后，其承包的土地就自然而然地集中到未离乡的人手中去了。无锡蓉南村，则由于村办企业十分发达，农、工、副三业的劳力都可以被纳入村办企业职工的编制，在完成生产任务的前提下，各业劳动报酬都实行工业企业的标准，福利待遇一视同仁。从这两个例子中，都可以看到农民没有后顾之忧，所以才能最后实现土地的集中。

集中型模式，也可按合作的内容不同而分为要素集中型、环节集中型和地域集中型。目前，我国农村不仅产前、产后的合作较快，同时股金合作生产社也有所发展。如河北省冀县供销社按经济区域建立专业生产合作社，将分散生产、经营的农户纳入合作经济组织中，解决了农户自己办不了或办不好的产、供困难，取得了显著效果。专业社是按产品、行业成立的单项生产服务组织，农户自愿入社，具有一定生产能力的农户交纳股金，方可入社。股金面额为 100 元，生产规模大的可以一户多股。社员优先享有种子、秧苗、原料的供应，并且在技术管理等服务上享有优惠待遇。同时，按照专业社的要求搞好生产。专业社建立社员大会制度，社务委员会由大会推举产生，供销社出人任专业社社长，副社长从社员中选聘。专业社实行合作经营、分散生产，其产品收购、销售、加工、储藏，委托供销社代办，付给一定的手续费。收购资金用入股金（供销社入股资金为总额的 60%）解决，如有不足，由供销社借入（只付息不分红）。社务委员会协调产销各方面的关系，并做好技术、经营管理指导。本着"利益均沾、风险共担、让利于民"的原则，所得利润实行年终按比例分配。其中产值产量分配占 50%，股金占 40%；专业社提 5% 作为公共积累，5% 作为奖励基金。中途退股者不得参加利润分配。

五、扩散型合作经济模式

扩散型，即是城市企业向农村进行产品与行业的扩散，从而形成许多大大小小的附属厂（场）依附于这些大中企业的联合体。北京的"白兰道路"就属这种形式。在一些城乡一体的新型城市，扩散型合作经济发展较快。如湖北省随州市，从城市三个大中型企业——湖北齿轮厂和两个汽车挂车厂开始，通过向农村扩散产品零部件的方式，与乡镇工业和专业户、联合体实行经济联合，既促进了城市带农村、大工业带乡镇工业的工业生产网络的形式，又带动了农村合作经济的蓬勃发展。湖北齿轮厂1984年以来，通过扩散产品、转移设备和技术，实行专业化协作，先后向均川、洪山、何店和西川等区镇扩散机床设备100多台(套)，形成了五个分厂，协作加工90多个品种，各种零部件170万件。这三个企业向农村扩散产品的做法，被当地誉为"齿轮道路"，并在全市范围内推广。到1986年，随州市已有16家企业向14个农村区镇的68个乡镇企业和100多家专业户、联合体扩散产品零部件178种，设备85台，扶持资金43万元，帮助乡镇企业培训技术工人417人。仅1985年，这种联合就为乡镇工业、专业户和联合体增加产值2400多万元。除了扩散产品零部件这种主要形式外，还有合资经营、补偿贸易、产销挂钩，工商联营等城乡联合形式。现在全市已有4家工厂在农村建立了5个原料基地。

显然，这种城市企业产品扩散的形式，必然使农村的家庭经济、乡镇企业中有相当一部分成为城市大中企业的子公司，附属厂(场)或作坊，形成一种新型的融合经济。这种合作，不是大鱼吃小鱼，也不是吞并，双方是自愿互利的，可以仍旧保留家庭经济与乡镇企业的法人地位，不实行"归大堆"，只进行产供销的统筹协调。

扩散型合作经济的发展，潜力极大，前途无量，将是我国实现城乡融合的重要途径。

第三节　合作经济与其他经济形式的关系

一、合作经济与家庭经济

现在谈到家庭经营，一般都把它作为合作经济的一个经营层次来对待，这当然是对的，但却是很不够的。这是因为，不仅现有的"双层经营"按照合作经济的要求，有一个由不完善到完善的过程问题，还有一个家庭经营的发展趋向问题。至于双层经营，绝非合作经济的唯一形式，这一点，则更是众所周知的。

毋庸讳言，现有的双层经营在大多数地方还处于一种"变型"或"换马"的阶段，严格地说，离真正的合作经济还有相当距离。这是由于这种双层经营方式，实际上是否定原有"三级所有，队为基础"的模式而形成的一种变通方式，它批判了原有"队"的内容而继承了"队"的形式(尽管将"队"字改成了"村"字)，它并非在社会分工与专业化发展的基础上产生的。正因为如此，家庭经营与统一经营之间的经济纽带是很脆弱的：前者对后者的经济依赖性很少，后者对前者的服务与吸引力也不大。双方除了土地承包、上交提留和少量公共生产设备的管理等几项经济联系外，几乎就不存在什么经济协作与联合的关系。其中，当然也有少数"统一经营"名存实亡的，也有一部分因村办工业发达，实行"以工补农"，而使双层经营体制趋向完善的，但在当前这些都非主体。从主体上看，双层经营有一个由"变通"状态向"正常"状态变形过渡的问题，而发展商品经济，发展村办企业，加强"统一"部分对"家庭"部分的服务与吸引，正是这一"变型"或"换马"的必由之路。所以说，现有双层经营体制还必须经历一个由不完善的合作经济到完善的合作经济的发展过程。

同时，双层经营体制中的家庭经营这一层次，还存在两种可能的发展趋向。一种趋向，是随着"换马"的实现，而从旧的集体模式彻底转变为新的合作模式。另一种趋向，则是随着家庭自有生产资料比重的巨大增加，统一的部分在经济与管理上都跟不上，就可能朝个体经济乃至私人经济发展。实际上，家庭经营、家庭经济、个体经济的界限，理论上可以较易说明，实践中则是较难分清的。因此，在研究与处理家庭经营同合作经济的关系时，不应简单化与静态化。即是说，家庭经营不一定会绝对地成为新的合作经济的一个经营层次，它还可以从"双层经营"的框架中游离而出成为个体经济，这就为我们的领导部门提出了一项加强政策领导与经济引导的严肃任务。

二、合作经济与私人经济

我国目前存在的私人经济同 20 世纪 50 年代初的私人工商业的环境条件是大不相同的，由于社会主义公有经济的绝对优势，国民经济命脉和经济杠杆掌握在国家手里，私人经济在一定范围内还有促进生产力发展的作用，特别是在从自然经济、半自然经济向商品经济转化过程中具有不能忽视的作用。

第一，私人经济把闲散的生产要素结合在一起形成新的生产力，客观上有利于整个社会生产力的提高；

第二，私人经济是解决农村剩余劳力出路的有效途径之一，私人企业安排同样多的劳动力比国营、集体企业所需资金要少；

第三，私人经济可以为国家增加一定积累，如果组织管理工作做好，私人经济也可以成为国家财政收入的一个来源。

第四，私人经济的存在和发展，可以同公有制经济展开竞争，促进公有制经济改善经营管理，提高服务质量，也可以补充公有经济的不足，有利于搞活流通和市场，从而满足人民生活多种多样的需要。

私人企业的弊端，主要在于两个方面：一是从企业内部来看，私人企业中的雇主占有大量资金和生产资料，有生产和经营的决策权，并实际上占有雇工的大部分剩余劳动；二是从社会方面来看，私人企业的发展会带来一些社会问题，特别是在目前价格不合理、管理制度不健全的情况下，会产生一些投机行为，出现一些"暴发户"等。

总的来说，现阶段我国农村少量的私人经济，还不至于对社会主义公有制经济构成严重的威胁。所以，对于私人经济，完全不必要再来进行一次国有化。私人经济在我国可能将经历一条"并存——融合——合作"的道路。

所谓"并存"，即是私人经济作为社会主义合作经济的一种补充，在社会所允许的限度内同其他经济形式并存。所谓"融合"，即是当私人经济的发展开始构成对社会主义基础的威胁时，将可采取经济的办法（例如参与制）使公有成分融入私人经济，成为一种混合型经济，从而促使其按社会主义要求运行，以致最后演变为合作经济。也可采取杠杆干预的办法（例如累进税），促使私人经济朝合作经济转化。

从并存到合作，当然将会是一个相当长的"进化"过程。在此过程中，正确的引导将起决定性作用。这方面在实践上还没有多少经验可以总结。但从总的方向来看，加强国家的宏观控制(以经济与法律手段为主,必要的行政手段为辅),造成一种使私人经济的消极作用难以自由泛滥的社会环境,则是使私人经济在未来向合作经济转化的必不可少的条件。

第四节　新旧合作指导思想的区别

一、合作的动因不同

从合作的动因来说,新的合作经济与旧的合作经济是不一样的,区别在于新的合作经济是经济发展的需要,而旧的合作经济主要是政治任务的需要。过去搞合作化,是认为农村有两极分化的危险,社会主义不能建立在两种基础上。这主要是政治上的考虑,经济上可不可能,就没有考虑。事实说明,仅仅从政治任务出发是不行的。什么叫经济需要呢?经济需要说到底是发展商品生产的需要。发展商品生产就要实行专业化的规模经营,没有一定的规模经营就没有较高的效益,没有效益在市场竞争中就会面临被动的局面。这就是专业化导致社会联合化的需要。因此,在我们实际工作中就要考虑,我们农村的商品生产到了什么程度,农村的专业户占了百分之几十,是不是到了不搞社会化的联合,生产就不能进一步发展的地步。我们现在的合作经济就要根据专业化的发展、规模、效益的要求,来因势利导地进行社会化联合,因此,商品经济——专业化规模——社会化联合,这是一个过程,是一个程序,要根据这一程序的思路来考虑我们合作经济是大发展还是不能大发展。这种指导思想和过去那种单纯追求政治任务是完全不一样的。

二、合作方式的区别

过去的合作是强制性的组织合并,当然要排除1956年以前的情况。1956年以前没有大的强制,是正确的、健康的,但在高级社的后期就出现了一刀切,人为地组织合并。现在不是那样的方式,而是采取自愿联合的方式。所谓自愿联合就是说各户农民之间,农民与乡镇企业之间和经济发展的共同需要和经济利益的联结点。比如一个种黄豆的农户,他的黄豆需要别人批量地推销,一个打豆腐的专业户需要有稳定的黄豆来源,一个贩运户需要有货源,这三者之间有了共同利益的结合点,他们就自然联合起来了。互利是自愿的基础,没有互利谈不上自愿。所以,我们搞合作经济首先应看他们是否互利,有没有共同利益的结合点,有了结合点,这种联合才是自愿的,自愿是互利的表现形式。

三、合作模式的区别

过去全国只有一种模式,都是"三级所有,队为基础",今后是多种模式,一个村可能有几个社,一个社可能有几个层次,这个社可能与那个社联合,形成交叉重叠、多层次、多元的模式。湖北省公安县有家禽蛋产品联合公司,它是镇上的集体企业,经营鸭子、禽蛋和羽绒制品等,是集体合作企业。这个集体合作企业把国营的食品收购站联合进去了,把食品站也搞活了,国营食品站反过来还要依附于它。这个联合公司有自己的汽车队，产品行销港澳、深圳，还有羽绒服装厂。这种联合，按过去的观点，老大还要与老二联合，这怎么行呢？现在这个观念正在被打破，没有老大、老二、老三，谁有本事谁领头，集体经济有本事，国营经济就可以给他当小兄弟。食品站也愿意，因为依靠这个联合公司，它就可以不愁销路了，全部卖给它。这就是一种新型的合作经济。

四、实现合作的途径的区别

过去的合作化靠搞运动，搞"化"，毕其功于一役，今后的合作就不是这样了。我们主要是靠演进的方式，靠专业化、社会化发展的演进，顺乎自然，或前或后，或左或右，进入合作经济的范围。这样，它的副作用就少得多，有些条件不成熟的就不会有社会压力，所以报纸上的宣传也千万不要造声势，要因势利导地演进。

五、个人与合作组织关系的区别

过去那种合作经济、集体经济是单一性的隶属关系，一个社员只能入一个社，入了社还不能随便退社。虽然社章上说有退社自由，实际上不敢退社。没有社员的身份，在农村就没有政治地位。今后，个人与组织的关系，既是自由式的，又是多重性的；既可进又可出；既可以入这个社，也可以入那个社。例如，一个种植业的专业户，既可以入机耕合作社，也可以入植保合作社，还可以入供销社组织的合作社，可以有多重身份，没有隶属关系。

新的合作的指导思想与旧的合作的指导思想是不同的体系。原来的指导思想是建立在计划产品经济的基础之上，排斥商品经济。新的合作的指导思想是建立在计划商品经济的基础之上，所以它是比较灵活的、多样化的。

第五节　双层经营合作制的发展趋向

真正的合作是在专业化、社会化的基础上的合作，那才是牢固的合作。现在双层经营的合作是一种什么样的合作呢？对这个问题，现在有种种看法。一种看法认为是单干；另一种看法认为已经"化"了，已经是合作化，不需要再搞什么合作；第三种看法认为这种方式已经没有多大潜力了，要再来搞一次合作化运动等。这些看法都不全面。对双层经营问题，我认为应从以下几个方面来理解。

一、特殊背景

双层经营是对过去那种"三级所有，队为基础"的扬弃。既有继承的方面，又有批判的方面；既有扬的方面，又有弃的方面。我们要辩证地看待这一现象。扬了属于"统"的方面。从统的方面，村这一级经济应发扬光大，使村这一级经济能更好地发挥它的实力，提高它的服务功能。"分"的方面属于弃，是一种抛弃、批判，以户为单位进行经营是批判的方面。既有扬，又有弃。现在看来，在实行农业生产责任制的过程中，凡是保存和发扬了队办企业的，现在日子就好过，双层经营就比较像样子，合作经济就比较稳定。特别是像苏南，大队企业一个也没有散，更没有分，越办越好，所以现在能够以工补农，以工促农，双层经营的合作制就相当稳固。而有的地方则分掉了，拆掉了，先是顶着不办，后来顶不住又撒手不管。所以，目前的双层经营呈现"两头尖，中间大"的状况。办得特别好的是少数；彻底散伙，变成单干的也是少数；大部分是有一点统，但统的不多。因此，对双层经营的合作经济，须进一步完善。

二、两种趋向

双层经营存在着两种发展趋向，特别是对那种统的方面很弱的地方，确实存在着两种趋向。一种趋向是随着村经济服务功能的增强，走向巩固和发展，最后走向农工一体化。这是一种好的、积极健康的趋向。还有另一种趋向是村经济办不起来，经济实力太弱，服务功能谈不上，只有那种包干抽税的功能，这样的合作经济可能有解体的危险，我们是唯物主义者不能不承认这个事实。农户会从双层经营的体制中游离出来，成为个体经济，甚至成为私人经济、雇工经营，事实上也是如此。这也用不着害怕，也不要去强力制止它，看几年再说。只有一个标准，看它是否有利于发展社会生产力和农民致富，如果有这样的积极因素，我们就不应该去限制它，但要加强管理和引导。

三、转轨变型

双层经营必须转轨变型。原来的双层经营应该有计划地引导它们转轨变型。什么叫转轨变型？就是说双层经营这样的合作经济，说到底并不是在生产力专业化分工的基础上形成的，它是对"三级所有，队为基础"进行了扬弃，保留了部分合理的，扬弃了部分不合理的，以这样变通的方式保留下来了，但它本身并不是真正专业化的联合。所以我们的工作就应该做到怎样使它们转轨变型。所谓转轨变型包括两层意思：村一级从当前的只搞提留逐渐转变为建立服务体系；要改变过去那种行政隶属关系，变成一种经济合作的关系。包产到户的农户与村经济的关系不是行政隶属关系，是经济联合的关系，这样我们的合作经济才会有强大的生命力。

总之，双层经营的问题绝不是推倒重来，而是有一个改造和演变的过程，要继承原来的基础，在新的商品经济的大环境中，使它发展成为一种具有新的质的合作经济。

◎ 本章主要参阅文献：

①《马克思恩格斯选集》第 4 卷，人民出版社 1972 年版。
②《列宁选集》第 4 卷，人民出版社 1972 年版。
③杜润生：《联产承包制和农村合作经济的发展》(内部文稿)。
④王贵宸等：《对双层经营方式的再思考》《中国农村经济》1985 年第 9 期。
⑤杨承训：《合作制向商品经济体系的复归》，《中国农村经济》1986 年第 8~9 期。
⑥夏振坤：《我国农村合作经济初析》，《农村发展探索》1986 年第 5 期。
⑦夏振坤：《农村合作经济若干理论问题》，《赣江经济》1986 年第 11 期。
⑧夏振坤：《论农村合作经济及其模式》，《学习月刊》1986 年第 5 期。

第九章　村镇经济及其模式

第一节　村镇经济引论

一、村镇经济是农业系统的最高层次

农业作为一个系统，从它的最接近中心的层次——庭院经济向外延伸，依次为家庭经济、合作经济，而后到达农业系统的最外圈层——村镇经济，这是农业系统的"边境"，再向外延伸，乡镇以上的便是农村经济大系统，即农业系统的环境。

一般地说，村镇经济系统包含着许多大大小小的合作经济单元，在合作经济周围又联系着千千万万个家庭经济单元，在家庭经济的内腔中又存在着内容丰富的庭院经济。这很可能会是中国式的社会主义农业经营体系的重大特点。

为什么村镇经济属于农业系统呢？其理由有三：

第一，村镇经济和农民的家庭承包经济，在现阶段构成"双层经营"合作经济的整体，在经济上是不可分的。

第二，在村镇中的居民，绝大多数都是从事农业生产的农民；从事农村工商运输业的，也多是兼业农民或其家属。

第三，这有利于"兴工促农""以工补农"，有利于农业剩余劳动力的转移，使工农互促共富，加速我国农村经济的发展。

二、村镇经济的概念

我国的村镇经济，目前在绝大多数地区还未形成一个完整成型的系统，所以要对它给出一个比较成熟的概念，还有一定的困难。这里只能根据先进地区的情况做一初步的概括。

村镇，是农村社区的基层单位，是农村小城镇的最低层次。它以原有的自然村庄为依托，在农业生产的基础上发展起一定规模的工、商、服务业，聚居着一定的人口，形成大大小小的村镇经济系统。因此，村镇经济，是以村镇为中心，以农业为基础，以农民为基本居民，三大产业结合发展的经济小网络。村镇经济，上面承受着城市经济、县城经济、乡镇经济的来潮，下面联结着广大的农民家庭经济的汪洋大海。村镇经济的这种地位，使它具有如下功能：

第一，村镇经济是农村商品经济的前沿阵地。农村发展商品经济的主力军，是亿万农民。而村镇经济则是农民学会商品经济的初级学校，是提高农民发展商品生产积极性的直接"催化炉"，是农村商品流通的第一中转站。因此，村镇经济的发展水平，在很大程度上决定农村商品经济的发展速度和水平。

第二，村镇经济是农村合作经济的中枢和生长点。合作经济中的各种模式，大多数都

是以村镇经济为依托或通过它的中转而发展、完善起来的。其一，村镇经济以其自身的经济实力，以工补农，兴工促农，使双层经营的合作经济臻于完善。其二，村镇经济以其服务功能直接为家庭经济提供产前、产中、产后服务，把农户吸引到联合轨道上来。其三，村镇经济以其工商企业，最短距离地直接向农民家庭经济进行扩散，促进农村农工一体化的发展。

第三，村镇经济的发展使都市的文明最终进入农民家庭，创造了千千万万个有效的接收站和传播站。一个普通的农民学会开机器、知道看电影、学文化技术等，往往都是村镇经济发展所带来的实惠和进步。

第四，村镇经济是连通城乡、发展横向经济联系的"第一桥"。城市与乡村，工业与农业，谁离开了谁都发展不了。要清除城乡阻塞、工农分离的局面，就必须有"桥"。县城当然是一级中转站，它是城市与农村的"结合部"。但从我国近期的情况来看，仅靠县城显然远远不够。因为一方面县城经济覆盖面还不大，加之农村交通还很不发达，单靠县城解决不了流通网点和基础设施的均匀分布问题。许多地方在距县城十几公里以外，就解决不了"买难卖难"的问题。因此，必须依靠众多的小集镇建设来弥补这一巨大的不足。而村镇经济的发展正是这种通开城乡的"第一桥"。

第二节　村镇经济发展模式

一、村镇经济发展模式

村镇经济与乡镇经济，有许多相似之处，但它们有一个根本不同的地方，就是村镇经济是工农直接结合的经济，乡镇经济则不一定具有这一属性。

我们从前面村镇经济的功能中就可以导出村镇经济的目标模式，它应该是以农业为基础，以农民为主体，工农结合，一体发展，相互促进，共同繁荣。

具体地说：第一，村镇经济要立足农业来发展二、三产业，要重点发展农产品加工业和利用农业剩余劳力与其他资源的工业、商业、运输业等。要使二、三产业的发展能够直接促进农产品的增值。第二，村镇经济，要立足于农民，促进农民的共同富裕。村办企业，原则上是农民的企业，其合法利益不得侵犯。第三，村镇经济，要立足于工业和农业的一体化发展。如果说工业和农业在任何地方都存在相互联系、共同发展的关系，那么，在村镇经济系统中工业和农业则不只是这样一般性的关系，而是更为直接、密切，以至于是在一个合作企业内部的关系。

从这一目标模式出发，可能会派生出一系列的具体发展模式。就我国目前的情况来看，大致有如下几种典型模式。

二、亦工亦农型模式

亦工亦农型，又称"全工全农型"，即兼业型村镇经济模式。这种模式的特点是在一个村镇中，所有农民既务农、又务工。上班时间从事工业劳动，业余时间进行农业耕作和管理劳动。在经济发达或比较发达地区的农村，未实行农工一体化之前，大都采取这种模式。如上海市宝山县杨行乡东街大队(又叫东街村)共 10 个生产队,590 户、1977 人、1071 个劳动力、1683 亩耕地,现有 2 个村办企业、3 个联营厂、4 个队办厂。从 1983 年初以来,一直是实行"全工全农"即亦工亦农的管理体制。所谓"全工全农",就是本村的全体劳动力(男 17~60 周岁、女 17~55 周岁),人人进工厂企业,人人分口粮田和责任田,白天搞工业,早晚搞农业,工农结合。这种模式的显著特点是:

(1)村经济的指挥系统得到加强。村管理委员会下设工业、农业和副业三个领导小组,负责组织、指挥全村的工农业生产和经济工作,调解、处理全村生产、生活中的问题。各村民小组仅设一名组长和一名组长助理,负责农业技术措施的落实检查及植保、排灌等工作。

(2)农业成为农户的兼业,社员白天在企业做工,早晚在农田干活,务农时间仅是全部劳动时间的一小部分,农业不再是农户的主业,而是成了"早晚农业""兼业农业"。

(3)社员同时具有三重身份:既是集体企业的工人,又是种田的农民,也是承包田上相对独立的生产者和经费者。

(4)社员收入来自三个部分:一是集体企业的劳动报酬;二是生产队统一经营的收入;三是承包田上的自营收入。在三部分收入中,集体企业分配的约占 2/3。①

上述东街大队可以说是亦工亦农模式的典型。苏南江阴县、无锡县著名的华西村和堰桥乡等,也属于这种模式。这种模式中农民人人分有口粮田和责任田,人人又都按体力和技能分配有适当的工业工种。这种模式在农工一体化发展的初期,适应生产力性质以及农民的觉悟水平和基层干部的管理水平,是有其必然性和重要作用的:一是有利于稳定农业、促进工农,加快农村生产力的发展。因为实行亦工亦农,人人进厂务工,人人承包种田,所谓"分工平等"的愿望得到满足,从而稳定了农心。二是有利于收入增加,提高全体社员的生活水平。实行亦工亦农后,农业产量稳定,工业不断发展,加上家庭副业全面增长,农民收入水平年年提高。三是有利于改善社员之间、干群之间的关系。实行亦工亦农,干部、群众人人分责任田,缩小了社员之间在劳动条件和分配收入上的差距,消除了观念上的距离,使邻里和睦,干群关系融洽。据东街大队对 50 名社员和干部进行的民意测验,赞同亦工亦农的占 84%。

亦工亦农模式,由于"家家农副工,户户种粮田",也存在一些明显的问题。根据东街大队调查,主要是:其一,村办企业背上了包新生劳动力就业和退休金两个沉重的包袱。亦工亦农后,男女职工退休年龄由原来的 70 周岁分别下降到 60 周岁,退休人员剧增。1982 年退休人员只有 152 人,1985 年达 331 人,全年支付的退休金也由原来的 1.7 万元,剧增到 6.18 万元;其二,劳务收入明显减少。东街大队毗邻市区,历史上有搞劳务收入的习惯,最高的一年有近 200 人搞劳务,全年收入 24 万元。实行亦工亦农后,劳力大部分进了厂,1985 年仅有 46 人搞劳务,劳务收入显著减少。其三,在相当时间内,企业劳动生产率呈下降趋势。1983—1984 年村办企业新增职工 262 名,占整个企业的 1/3 多。新职工增加过快,引起劳动生产率下降。1982 年人均工业产值 4273 元,1983 年下降为 4071 元,1984 年继续下降为 3848 元,1985 年虽然略有回升,但仍未恢复到 1982 年的

---

① 《上海农村经济》(上海农村合作经济专辑)1986 年增刊。

水平。上述问题中,一、三两个问题带有普遍性。它说明亦工亦农到了一定程度,就可能导致农业的"萎缩"。由于农业缺乏足够的劳动时间和必要的技术投入,往往会形成"三老"(老头子、老太婆、老病号)局面。

三、以工补农型模式

以工补农型模式,或以工建农的模式,一般都是农业劳力大量转移到工副业中去了,村办企业比较发达,经济实力较强。用村办企业的资金来武装农业,加强对农业的物质技术改造,并从村办企业中提取一部分利润,采取各种形式来补助农业户,使其经济收入不至于过分低于务工的农民,以稳住粮食生产。

这种模式,在苏南、上海郊区和浙江部分地区比较普遍。如常熟市一些村,有90%的劳力在村办企业中务工,每年从村办工业企业中提取十数万元以至几十万元,为农业办机械站,并使务农劳力的工资收入不低于务工的劳力。以工补农的形式也多种多样。以浙江为例,大致有以下几种形式:①减轻粮农的社会负担。这些村都有一定的经济收入,经济条件属中等水平,一般可支付全村的社会性开支,而不必再由务农社员分摊社会负担。②补贴农业生产费用。实行这种形式的村,经济条件较好,除有能力支付社会负担外,还有条件对粮食生产费用进行一些补贴。③补贴培养地力。这种形式主要是补贴养猪、积土肥和积绿肥,以增加有机肥料,促进农业生产。④补贴农田基本建设。在村办企业比较发达的村进行农田基本建设。投工由农民负担义务工,投资由集体补贴,以改善生产条件,保障粮食稳产高产。⑤按商品粮和承包责任田补贴。实行这种形式的都是村办工业比较发达的地方,补贴对象主要是承包责任田、承包商品粮交售任务的农户或粮食专业大户,通过调节务工和务农收入差距,以鼓励多产商品粮,保证国家定购合同的完成。①

这种模式,对稳定农业生产,对农民的共同富裕,起了积极的作用。但有些地方,单纯从拉平工农收入出发,对工业企业提取过多,甚至超过了企业的经济负担能力。这样,一方面助长了平均主义,使务农社员缺乏发展农业生产的强大动力,滋生了依赖思想;另一方面又挫伤了务工劳力的积极性,导致"以工补农"变成了"以农伤工",这对发展村镇经济是不利的。因此,应该考虑将以往的"以工补农",逐渐转变为"以工建农"和"兴工促农",即一方面要将工业提取的钱多用于改善农业生产条件,促进农业的技术进步;另一方面应将补贴同农业生产成果直接挂钩,刺激农民不断提高劳动生产率和商品率。为此,在苏南地区农村出现了两类的"以工补农",即种粮大户(家庭农场)+社会化服务和合作农场(或农业专业户)+专业化服务。这两种形式的共同点是,通过村以及乡办工业的发展,实行专业化、社会化以支持推动农业的规模经营发展,大幅度提高农业生产率(包括劳动生产率和土地生产率)。

所谓种粮大户+社会服务化,其特点是由乡和村提供农业的社会化服务,商品粮生产向种田大户集中。如昆山县陆杨乡41个种粮大户,或向村合作经济组织承包耕地,或直接与乡农业服务公司发生承包关系,承包规模多在几十亩到一百多亩地。由乡、村建立的农机、农技、植保、水利等专业队伍为他们提供配套服务,并实行优惠措施。这些专业服

---

① 《形式多样的"以工补农"》,《农村工作通讯》1986年第4期。

务队伍以所提供的商品粮承包指标,接受乡、村补贴,乡、村给他们以最低收入保障。这个乡的 17 个种粮大户,劳均年收入 2300 多元,是全乡务农劳均收入的 3 倍。现在苏南地区种粮大户已发展到近 2 万户。这种形式,由于保持了双层经营、户营为主的特点,在乡、村经济有一定实力但程度不一的地方适应性较广并有一定的吸引力。这种形式称为"陆杨乡模式"。

所谓合作农场+专业化服务,其特点是村一级经济力量雄厚,农业(主要是商品粮的生产)承包给一部分劳力组成的农场或专业队进行,农机、植保和农技等专业化服务,或者由村一级的专业队提供,或者直接由农场和农业队提供。劳均耕地一般有二三十亩,农机等物质装备的投资由村里提供。如常熟市琴南乡元和村,全村 13 个自然村庄,639 户,1874 人,1355 个整半劳力,集体耕地 556 亩,人均耕地只有 3 分多。原来这 3 分地由一家一户承包耕种,劳动者亦工亦农。根据本村村办工业实力雄厚和农业机械化程度高的特点,1984 年秋,该村创办了 4 个合作农场,由 4 名担任过生产队长的妇女当场长,承包全村 521 亩地,挑选 319 个种田能手。村里给配套 80 多台农机具,又花了 8 万多元健全了水利设施,并成立农机站,为各农场提供耕种、管理、收获"一条龙"有偿服务。农场内部实行独立核算,自负盈亏,先按劳每月取酬 105 元,年终超过承包合同的收入,实行"上不封顶",因灾减少收入部分由村里补贴。1985 年,三麦亩产比全市平均水平高 97 公斤,劳均产值达 5090 元,比 1978 年增长 11.6 倍,超过村办工业劳均产值的 30%,收入也高于务工农民的 21%。这种形式称为"元和村模式"。①

以上陆杨乡和元和村两种形式说明,"以工补农"只有向"以工建农"发展,才是正确的方向。

四、农工一体型模式

农工一体型模式,或融合于工业企业之中,或成为村合作企业的一个车间。从苏南以及沪、京郊区农村实践看,农工一体型模式大致有以下几种形式:

一是村办企业设立农业车间。它在上海市郊、浙南和苏南农村等地实行,其中苏南比较普遍。上海市宝山县淞南乡塘桥大队集体经济比较发达,服务项目比较齐全。根据生产发展和群众的需要,从 1985 年"三秋"开始,东塘等 4 个生产队(连片的 301 亩耕地)联合起来(土地所有制不变),试办了一个名为农业车间的粮食经济实体。它的特点是:大队发包,专业组承包,农忙由务工社员突击完成收种任务。具体做法是:①农业车间作为大队合作经济组织的承包单位,实行独立核算,自负盈亏。配车间主任一名,负责生产指挥、出勤考核;另配电工一名;核算管理业务由大队财会人员兼理。②农业车间的田间管理联产承包给 5 名老农(其中 1 名系大拖司机),每人年平均报酬有 1200 元(司机 1400元)。按包产指标(全年亩产 1150 斤)结算奖赔,超奖减赔的比例都是 20%。③机械作业部分,实行有偿服务。由大队农机服务组包干负责,随叫随到。④作物播种移栽和施有机肥等突击性农活,由所在队参加企业的 180 名务工社员平均负担,务工社员务农的报酬由农业车间支付。⑤乡、村合作经济组织对农业车间实行"以工补农",按提供的粮食数量

---

① 《经济日报》1986 年 5 月 2 日。

每斤补贴 7 分，与专业大户一视同仁。粮食按平价供应给 4 个队的农户作口粮。⑥农业税和积累按规定标准由农业车间提交，积累仍划归土地所属的生产队。①

村办企业设立"农业车间"促使农业经营规模有所扩大，为大批农业劳动力转向非农业经营创造了条件。这种形式在苏南发展较快。如江阴县，已有 147 个村在村办企业里设立了"农业车间"，总人数已达 2300 人，其中机耕人员 803 人，管水人员 721 人，植保人员 417 人，农技人员 284 人，管理人员 75 人，这些专业人员纳入村办企业，有利于稳定为农业服务的专业队伍，有利于适当扩大土地经营规模，有利于为农户提供优质低偿的服务。②

二是将家庭农场(种粮大户或养禽大户)纳入村办企业。在村办企业内，家庭农场的主要任务是专业种田或饲养畜禽，按时完成国家和集体的交售任务。其分配又有两种情况：一种是苏南式，基本报酬以工为准，实行超产奖励如江阴县的种粮专业户被纳入乡村两级企业的共有 121 个村的 4003 户、6035 个劳动力，承包上交商品粮数是 1155.3 万斤。种粮大户的劳动力被吸收为乡村企业工人后，直接与企业签订承包合同，做到："平时生产各有责任，基本报酬以工为准，福利待遇一视同仁，超产奖励各跳龙门。"另一种是浙江式，即对种粮大户或养禽大户，由企业按月发工资，享受工厂待遇，但不发奖金，种粮或养禽收入仍归专业大户。如鄞县邱隘镇有 20 亩以上承包田的 52 户粮食专业大户，分别吸收户主为乡办或村办企业职工，每月发给基本工资，承包 20~30 亩的，每月发给工资 52 元，30 亩以上的每月 62 元，粮食收入仍归专业承包大户。③

三是村办或乡办企业建立农副产品基地。如苏南无锡县，到 1985 年 10 月底为止，建立综合农副产品基地的乡村企业近 200 个，拥有耕地 1456 亩，水面 5779 亩，另外有 178 个企业建立了养猪基地，58 个企业建立了养禽基地，合同规定应上交肉猪 463 头，家禽 43819 只。乡、村企业建立农副产品基地的形式多种多样，主要有：①利用本厂有种植、养殖业务的职工，回家搞种植、养殖，与企业签订承包合同，但仍保留企业的一切待遇；②几个厂联合开发、建立基地；③厂组(村民小组)、厂户挂钩，由企业投资，产品分成；④由企业投资，并由企业组织经营；⑤由乡村合作组织投资、建立基地。④

四是以村办企业为基础兴办农工商公司。这种形式的基本特点是，充分利用村办企业的经济实力，根据商品经济的要求，合理调整产业结构，促使农、副、工三业和服务业专业化。北京市房山县窦店村，有 1183 户、4159 人，1658 个劳动力，5230 亩土地。党的十一届三中全会以来，这个村一方面注重对农业的物质投入，改善农业生产条件，提高农业机械化水平，把科学技术引入农业生产的各个方面，以稳固农业这个基础；另一方面，按照商品经济的要求，从实际出发，选择、调整自己第二、第三产业发展的方向，组织系列化生产体系，充分发挥产业结构的整体优势和综合效益，发展多样化的横向经济联系，

① 《上海农村经济》(上海农村合作经营专辑)1986 年增刊。
② 《以工建农是发达地区发展农业的新途径》，《中国农村经济》1986 年第 3 期。
③ 《以工建农是发达地区发展农业的新途径》，《中国农村经济》1986 年第 3 期；《形式多样的"以工补农"》，《农村工作通讯》1986 年第 4 期。
④ 《以工建农是发达地区发展农业的新途径》，《中国农村经济》1986 年第 3 期。

从而促进了农、林、牧、副、渔、工、商、建、运、服务等各业的全面发展。在这种形势下，1982 年下半年，这个村以村办企业为基础，按照自愿互利、等价交换的商品经济原则，把各业联系起来，组成了相互依存、共同发展的经济联合体。即全村成立农牧工商总公司，下设农牧业、工业、商业三家分公司，分公司下面又按照专业化生产的要求，组织了 67 个承包单位，把原来的 14 个生产队改成 14 个农牧场。各承包单位全部实行单独经济核算，各单位之间不再是行政隶属、无偿调拨的关系，而是用经济合同紧密联系起来的有偿经济关系。在收入分配上逐步完善并确定了三个"略高于"的分配原则，即农牧业劳动者的收入略高于村办工业工人；劳动强度大、生产条件差的行业及工种的收入略高于其他行业及工种；创利高、对国家和集体贡献大的企业略高于一般企业。这种农工一体化形式的好处在于：①统分结合和责权利结合，既发挥了集约经营、规模经营的优越性，又调动了承包单位和劳动者个人的积极性；②在为企业服务方面发挥了越来越大的作用；③比较有效地调节了各业收入水平和积累与消费的比例，使从事各业的劳动者在收入上既有差别，又不悬殊，体现了按劳分配和共同富裕的原则，保证了劳动力的相对稳定，也保证了发展生产的资金积累，使各行业相互促进，协调发展。1985 年，窦店村工农业总收入达到 1139 万元，人均收入 920 元，公共财产累计 1387 万元，分别比 1977 年增长 10.7 倍、10.5 倍和 10.9 倍。劳动力就业结构也有了改变，10.9% 的劳动力种田，6.5% 的劳动力从事畜牧业生产，82.6% 的劳动力从事工业和第三产业。①

窦店村的实践，从一个侧面展示了我国农村经济专业化、商品化和现代化的前景。类似窦店村的农工一体化形式，不仅在苏南地区较普遍，而且在全国大中城市郊区农村同样存在，只是数量较少而已。

五是厂村合一，以厂带村，以厂建村，农工一体。这是近几年间从沿海到内地的发达地区农村所新出现的一种形式。上海市崇明县大新乡前卫大队（村）是 1969 年围垦海滩后建立的一个新村。全村 424 亩土地、103 户、297 人，经过十多年艰苦奋斗，从本村位于市郊、人多地少的实际出发，走出了一条厂村合一、以厂带村、农工一体、横向联合、协调发展的新路。前卫村实行厂村合一、以厂带村，是各种客观、主观条件综合作用的结果。首先，村工业的发展，给前卫村经济增添了新的活力；要求实行厂村合一，农工一体。1981 年、1985 年，前卫村先后与长征农场联办鞋油厂，与上海牙膏厂联合生产牙膏，村办工厂大大发展。到 1985 年，村办工业产值达 676 万元，占全村总产值的 98.8%，村办工业税后利润 111 万元，村办工业已成为全村经济的主体。这要求村工作重心逐步转到农工一体化生产、大力发展商品经济上来，要求全村各业生产组织形式及管理体制为适应农工一体化要求进行改革。其次，商品经济和分工分业的发展，为厂村合一、以厂带村创造了劳动力条件。近几年，前卫村各业生产专业化逐步发展，已形成了粗具规模的植保、农水、良种、农资服务体系，劳动力结构也发生了变化。1978 年各业劳力人数分布是：农业 140 人，副业 6 人，工业 25 人；而 1986 年则为农业 25 人，副业 12 人，工业 460 人（其中大多数从外村、外单位招收）。这样一个劳动力结构，客观上要求改变"家家分田、人人种田"的局面，也为厂村合一、以厂带村创造了劳动力条件。最后，目前前卫村村干

---

① 《窦店村是怎样发展商品经济的》，《红旗》1987 年第 3 期。

部的管理水平，也与前卫村的耕作范围、土地情况、人口数量和以厂带村、农工一体的格局基本相适应。基于上述条件，前卫村从 1986 年 1 月开始，将村民委员会、村合作经济组织和村企业领导班子合为一体，交叉兼职，以厂带村，由村经济管理委员会对全村的农工副各业经济活动进行一体化领导，从组织形式上解决厂村一体化的问题，以适应厂村合一、以厂带村的要求。现在全村 90% 以上的劳动力转向村办企业，专心致志从事工业生产，只有 25 人的农业专业队承担了全村 250 亩粮田、40 亩菜园、25 亩果园的种植经营任务；12 人的副业专业队担负着全村 30 亩精养鱼塘和林副业场(包括鸡、鸭、猪)的生产经营任务。前卫村厂村合一、以厂带村的实践，取得了很大成功。1978 年，前卫村农工副各业产值仅为 34.41 万元，1985 年猛增至 683.6 万元，增长了近 19 倍；人均收入从 310元提高到 1001 元，增长了 2 倍多。现在，前卫村正在巩固已有的横向经济联合，逐步向农副业生产集约化、种养加工业系列化、产供销一体化、工业自动化和厂村合一、农工一体化发展。①

在内地发达的极少数村，也开始形成了厂村合一的农工一体化形式。如湖北省新洲县河头村，是个人多地少的平原村。全村 345 户、1390 人、506 亩耕地，人平仅三分六厘地。1976 年，他们依靠集体经济的力量，办起"汽车车身厂"。近年来，他们打破单一农业经济结构，依靠汽车车身厂，全面发展农村工业；把农村机构建立在汽车车身厂，把农业作为工厂"车间"，坚持走农村工业化、农工一体化的道路。现在汽车车身厂有职工 534人，占全村总劳力的 76%，拥有固定资产 230 万元，自有资金 177 万元，流动资金 70 万元。1985 年全村工农业总产值 561.1 万元，其中汽车车身厂占 87.2%，居各业之首。村人平纯收入达 1085 元，比 1978 年的 141 元增长了 6.7 倍。这个村已初步形成了厂村合一、以厂建村的经济格局。②

还有其他一些形式的农工一体化。

总之，上述农工一体型模式，是村镇经济发达阶段，必须在村办工商业高度发展的基础上才是可行的。

第三节　村镇经济建设的几个关系

一、工业发展与农业发展的关系

集镇大多是随着乡镇工业的发展而兴旺起来的。随着村镇工业的发展，集镇繁荣，经济增长速度便大幅度提高，财政收入明显增长，"无工不富"的概念就这样形成了。苏南地区就是这样走过来的，是符合事实的。不过，不少地方却由此走入极端，把苏南经验绝对化，照搬照抄，以至出现重工轻农，抓财政收入忽视农民实惠的倾向，如任其自发发展下去，有危及农业发展的可能。

对于"苏南经验"，应有具体分析：其一，苏南经验在苏南乃至发达地区是成功的，

---

① 《上海农村经济》(上海农村合作经济专辑)1986 年增刊。
② 《湖北农村工作》1986 年增刊

为我国农村的发展提供了一个出色的模式。但是对于我们这样发展极不平衡的大国，苏南模式决不应当是唯一的模式，一则不是所有的地方都能有苏南那种历史的、社会的、经济的条件，不一定都能照搬；二则，根据生产力合理布局的要求，也不需要全国都变成苏南的模样。其二，"苏南经验"，也并不是只抓村镇工业而不顾其他。"以工补农""以富带穷"的经验就是苏南首先创造的。其三，即使是在苏南也并不是没有问题，工业发展与农业发展的协调问题还是存在的，"农业萎缩"的危险性并没有排除。正因为如此，在发展乡镇工业和发展农业的关系上，应强调改变过去补农的办法，实行用乡镇工业的资金来武装农业，加强对农业的物质技术改造，改善农业生产条件和经营方式，建立和健全农业服务体系。所以改"以工补农"为"以工建农"，实质上是变"补血"为"造血"，增强农业本身的"造血功能"，从而能从根本上增强农业的素质和实力，促进农工副各业的稳步协调发展。

为了在集镇建设中正确处理工业与农业的关系、政府财政收入与农民实惠的关系，是否应该强调三点：第一点是集镇建设不能搞一个模式。费孝通同志早就提出过：集镇发展存在五种模式（商品流通中心、农村工业中心、旅游中心、交通枢纽、政治文化中心），还可以加上一个为附近大型厂矿服务的"生活服务中心"。应该因地制宜地选定集镇的主体功能和相应的发展模式，不搞千篇一律。第二点是通过宏观控制和政策干预搞好城市工业与乡村工业的分工。除了少量确有竞争实力的行业和产品外，农村工业应立足于自己的资源优势，立足于农产品加工业和小矿产以及有本地特色的手工业。这样既能保持生产的稳定性，又可使工业的发展与农业的增值统一起来，促进农业的发展。第三点是乡镇工业的结构要多样化，积极扶持和鼓励村办、户办、联户办。这样就与农民的实惠挂得更紧。

二、村镇规模与市场容量的关系

在集镇建设中，也要防止"大锅饭"思想的危害。有的地方为了"改变面貌"或出于建设的热情，盲目追求"大、高、新"，一不顾经济效益，二不顾财力。在穷乡僻壤造高层商业大楼，人口不多却大搞方格街道，贫困山区也修起了高级宾馆和办公大楼等。盲目扩大规模，提高规格，却较少考虑有多大的市场，有多大的商品流通量，有多少顾客光临，有多少工商人口；资金投下去了，几十年才能收回。

之所以能这样搞，基本原因还是由于存在着财政与信贷的"大锅饭"，不要自己掏钱，也不会追求个人的责任。如果要个人或集体自愿集资来建设，肯定就不会出现这种局面。

集镇本来是商品经济发展的产物，它也必定是要随着商品经济的发展水平而逐步扩展自己的规模。规模是受市场制约的。人们可以通过科学预测，预计市场扩大的可能。因势利导地适当超前从事集镇的基础设施建设，可以能动地促进商品经济的发展，但决不能不考虑市场的吞吐量而主观追求集镇规模的扩大。

三、经济发展与生态保护的关系

生态保护问题，是外国人吃了一百年的亏才总结出来的教训。可是我们的某些建设者至今还是"执迷不悟"。目前在一些集镇密集、乡镇工业发达的地方，环境污染日益严重，特别是一些电镀、印染、化工、采掘行业集中的集镇，水污染、土污染、空气污染、噪声污染，加上粪坑遍地，垃圾成堆，尘土飞扬，生态的恶化胜过大城市，实在令人担心。有的地方搞"电镀乡"，黄水横流，人畜无水吃，庄稼无法灌溉，人虽富了，资源完了，这个富是绝对持久不了的。

这个问题，要大声疾呼。一方面应加强经济与生态关系的教育；另一方面应规定凡农村缺乏环保能力的行业和产品，城市不准向乡村扩散；更重要的是国家要坚决贯彻执行环保法。

◎ **本章主要参阅文献：**

①《江苏省小城镇研究论文选》，江苏人民出版社 1984 年版。

②张雨林：《城—镇—乡网络和小城镇的整体布局》，《经济研究》1985 年第 1 期。

③夏振坤：《建设集镇，通开城乡，发展农村经济》，《乡镇经济研究》1986 年第 2 期。

第十章 城 乡 融 合

第一节 城乡融合引论

一、城市与乡村的辩证法

城市与乡村，都是具有历史性的范畴。在人类发展的历史长河中，城市与农村经历了和将要经历三个辩证发展的阶段，即由一体到分离，又由分离到融合。

众所周知，在远古时代，并没有农村与城市之分。城市，是在人类社会的一定历史阶段才出现的，是社会分工和商品经济发展的产物。在奴隶社会和封建社会，已经开始了城乡分离的过程。但由于当时社会分工和商品经济还不甚发达，城堡多为奴隶主和封建贵族生活作乐的场所和政治中心，城乡的分离还处于萌动形态。资本主义大工业的兴起，摧毁了手工业，瓦解了自然经济，商品经济的巨大洪流冲破了一切中世纪的宗法禁锢，要求成千成万的劳动力集中起来劳动，要求工业集中起来互相协作，从而引起人口的迅速集中，形成了一批又一批的大中城市。

城市的兴起和发展，在历史上起了伟大的积极作用。它推动了社会生产力的巨大发展，创造了灿烂繁荣的近代工业文明，把人类社会的生活方式推到了一个崭新的高度。1975 年同 1900 年相比，全世界大城市数目迅速增加，200 万人口以上的特大城市数增加 23.7 倍。但是，在资本主义条件下，大城市的恶性膨胀不可避免地带来了一系列的弊端。诸如：能源压力严峻，市政建设紧张，失业增加，污染严重，治安恶化等，造成所谓的城市危机。此外，由于城市的兴起是以牺牲农村为代价的，从而引起了城乡之间的严重对立，造成乡村的衰落。其中，农村人口大量向城市转移，是乡村衰落的重要原因。据美国社会学家的统计，第一次世界大战之后，美国全国人口的增长越快，各地农村的衰落也越快，而且面也越宽。① 20 世纪 50 年代以来，一些发达的资本主义国家，为了扭转这种畸形发展的趋势，试图通过发展新的小经济中心，使集中起来的大城市人口分散开去，建设"没有城市的城市文明"。

美国《建设一个持续发展的社会》一书的作者莱斯特·R. 布朗呼吁："政府政策不能再继续鼓励城市化趋向了！"他认为过去美国政府的粮价政策和公共投资政策都是偏爱城市，照顾城市居民而牺牲粮食生产者和乡村居民的政策，它势必在客观上鼓励乡村居民盲目流向城市。他还认为，城市化的趋势是有限度的，不可能无限度地加速下去。因为从全世界范围来说，越来越多的城市依赖北美地区农村生产的粮食。城市化的加速发展一直是同北美谷物外销量的巨大增加密切相连的——从 1950 年的 1400 万吨一直增加到 1980 年的 13100 万吨。可是北美谷物出口的增长趋势绝不是无穷大，还能维持多久让人担心。

布朗的观点是有道理的，而且是有代表性的。乡村人口城市化，是一个有历史局限性的趋势。事实上，不少资本主义国家的政府也意识到了这一点，采取了一系列政策来推进城市人口分散化。

但是，在资本主义条件下，要根本清除城乡之间的变态发展，一般地来说是办不到的。因为，它无法消灭城乡对立的经济基础，无法根本消除"工业、商业、信用系统的整个发展过程所造成的对农民的剥夺和大多数农村居民的破产"。② 只有建设社会主义制度，"通过消除旧的分工，进行生产教育，变换工种，共同享受大家创造出来的福利，以及城乡融合，使全体成员的才能得到全面的发展。"③ 恩格斯在这里第一次提出了"城乡融合"的概念，并进一步指出实现这一目标的两个标志，一是工人和农民之间阶级差别的消失，二是人口分布不均衡（指城乡之间）现象的消失。

在社会主义条件下，城乡关系是建立在城乡之间、工农之间根本利益一致的基础之上的相互支援、共同发展的新型关系。农村是城市生存的基础，城市是农村发展的先导，通过城市领导农村、支援农村，农村服务城市、支援城市、城带乡、乡促城，互为资源，互为市场，相互服务，最后实现城中有乡、乡中有城，达到共同繁荣、城乡融合的目的。

二、城乡融合的概念

所谓城乡融合，是一个经济学与社会学的概念。它是指在生产力高度发展的基础上，使城市与乡村之间，经济均衡布局，人口均衡分布，文化均衡发展，城市与乡村之间的基本差别完全消失。

这就是说，城乡融合的内涵，包括三个基本方面：

第一，经济上的融合。通过城乡之间的横向联合和相互渗透，建立起多种形式的融合经济。这种融合经济，一般地说，又包括生产力的融合和生产关系的融合两方面。

生产力融合，首先是产业的融合。从根本上改变了长期以来农村搞农业、城市搞工业的传统格局，实现了城乡之间三大产业交融发展。不仅在农村中同时存在着第一产业、第二产

---

① R. D. 罗德菲尔德等：《美国的农业与农村》，农业出版社 1982 年版，第 68 页。
② 《斯大林选集》下卷，人民出版社 1979 年版，第 577 页。
③ 《马克思恩格斯选集》第 1 卷，人民出版社 1994 年版，第 243 页。

业和第三产业，就是在城市中，既有大量的第二、第三产业，同时也出现了城市农业，诸如城市花卉业、城市畜牧业，城市养菌业等。从经济社会发展总趋向来看，城市与乡村的差别逐步缩小以至融合，其内在的基本要素，就是这种三大产业跨地域的交融发展。农村通过工业化消除与城市的差别，城市通过生态化消除与乡村的差别，这种三大产业在城市与乡村的交叉发展，势必会导致更高形态的生产力融合——跨城乡的工农一体化。

跨城乡工农一体化的过程，实际上就是发展城乡之间横向经济联系与联合的过程。城乡之间横向经济联合，必然要冲破所有制、隶属关系的界限，出现生产关系上的融合。过去单一所有制逐步地将被复合的所有制所代替，全民所有制、集体所有制与个体所有制各自都不是独立存在的形态了，它们或者互相渗透，或者成为一个公司、一个企业集团中的不同层次。垂直的隶属关系将逐步被横向的联合关系所代替，企业的自主权将大大增加，与过去的"条条""块块"之间主要是纳税与收税、守法与执法、计划与监督的关系。

这种融合经济的发展，是消除城乡之间本质差别的原动力。

第二，人口的融合。长期以来，乡村居住着大量的农业人口，城市聚集着拥挤的工业人口。随着经济融合进程的加速，这种人口分布格局也将逐渐被打破。一个城乡之间人口与劳动力的交流运动，在各个国家都在不同程度上展开了，其结果便是形成融合居民。

我们分析一下我国先进地区农村的情况和国外发达国家农村变化的情况，就可以看出，这种人口交融运动，包含着两个基本的流向，农村就业非农化，城市人口回流化。这两个流向，前者一般出现在工业化的时期，后者则一般出现在后工业化的时期。

农村就业非农化，往往是从兼业开始的，这种农业人口同时又干着非农业性的工作现象，在美国出现过，在日本大量存在，在我国一些农村工业发达的地方也普遍出现了。随着社会分工的进一步发展，农民收入结构进一步非农化，兼业化就逐步成为完全的非农化。不同的是，在国外这一非农化过程，一般是伴随着农村人口大量涌入城市；而在我国则是部分地迁入农村集镇，大部分住在村庄，工作在集镇。例如，美国 1920—1950 年的30 年间，约有 2/3 的青年是出生在农村的，一度形成了一个青年向都市转移的运动。而在我国目前则尚未出现。

但是，由于城市病态的加剧和农村居住条件的改善，特别是交通系统的改进，在第二次世界大战以后，越来越多的国家的城市居民在继续留城工作的前提下，搬到了农村居住，出现了一股人口回流的运动。美国的 C. 比里写道："第二次世界大战之后数十年内，在美国成为家常便饭的、从农村向城市的人口流动已经停止，一般说来，这种趋势甚至已经逆转。在 1970 年到 1973 年，非大城市地区人口增加了 4.2%，而大城市地区只增加了2.9%。在许多美国人看来，主要城市地区的吸引力已经减少，而农村和小城镇居民区的吸引力已经增加，从经济方面和别的方面来说都是这样。"①

这种人口交融运动，便使得城市与乡村、职业结构与居民结构渐渐地变得差别不大了。

第三，生活方式的融合。过去那种城市享受全部人类创造的文明，而乡村则处于愚昧落后状态的情况，将随着经济融合与就业结构的变化而逐渐改变。过去在城市中才能享受

---

① R. D. 罗德菲尔德等:《美国的农业与农村》，农业出版社 1982 年版，第 484 页。

的教育、保健、文化娱乐、居住设施以及公共服务等，在乡村也将逐步享受得到；过去只有在农村才能享有的清新空气、幽美环境以及新鲜副食等，也将随着城市庭院化和城市农业的发展而逐步为城市居民所享受。

总之，经济融合推动着人口和文化的融合，而文化的融合又反过来加速着经济和人口的融合过程。

第二节 城乡融合的条件

城乡融合，是经济社会发展的高级阶段，不是一蹴而就的，它所要求的条件是十分苛刻的。

一、城乡经济一体化

城乡经济一体化，是农工一体化在更大范围突破城乡界限的一种扩大化形态。它将三大产业在城乡之间进行广泛的联合，造成一种城乡经济相互渗透、相互补充、相互促进、共同繁荣的局面。这也是具有中国特色的社会主义的重要内容。

实现城乡经济一体化，只能在农村商品生产高度发展的基础上才有可能。这是因为：

第一，只有商品经济的高度发展，才能形成城乡一体化的强大动力。具体地说，从农村方面来说，必须具有"兴工求富"的强烈发展欲望；从城市经济来说，必须具有"自我膨胀"的强烈扩张欲望。这两种欲望，便汇交成一股强大的动力，推动城乡一体化的发展。但是，要形成这样两种欲望，如果不改革经济体制，不大大增强企业的活力，使城乡企业产生发展商品生产谋求更大发展的冲动，便不可能形成。以北京市为例，一方面在农村经济体制改革和产业结构调整的推动下，该市近百万农村劳动力转向二、三产业，作为北京第二工业战线的 16000 个乡镇企业，为落实首都城市建设任务和吸收城市工业低散的产品生产作出巨大贡献；另一方面城市企业在城市体制改革和发展商品经济的推动下，又有150 多个工艺性协作和合资经营项目扩散到农村。过去几年，城乡之间达成 35000 个协作和联合项目以及 160 亿元的物质协作，这都大大推进了城乡一体化的发展。

第二，只有在商品经济高度发展的基础上，才会形成城乡一体化的良好环境。良好环境，即是包括产品、生产资料、技术、劳力和资金的统一市场。只有形成了这种统一的市场，才会使城乡之间相互具有"引力"，以保证城乡一体化的顺利发展。

二、交通体系的改变

城市与乡村的交融发展，首先靠交通联系，这是不言而喻的。但是，这不是一般水平上的交通联系所能解决的。因为在城乡融合条件下，对交通条件的要求是高标准的：

第一，要能保证具有较远距离的城乡企业的原材料和半成品能及时运到生产车间，产品能够及时运达市场。

第二，要能保证城乡居民能够远距离就业。住在乡村可以及时地赶到城市上班。

第三，要能保证住在乡下可以远距离地采购生活用品，实现市场的非地域化。

显然，要做到这些，交通体系——包括工具、机构、管理必须实现一次巨大的革命。不仅要乡乡通车，而且要有全天候公路、舒适的交通工具、廉价的收费标准、周到的服务等。

从美国的材料来看，由于交通的高度发达，美国农村居民已不满足于就近从事商业活动，而是到更多更大的贸易中心去从事商业活动和采购生活必需品。从这种事例可以看到，只有交通的高度发达，才能促进农村封闭状态的结束，才能加速城乡经济融合，才能推进农业人口非农化，才能保证城市人口的回流。

三、通信手段的革命

通信手段的革命，对城乡融合起着巨大的推动作用。这是因为：

第一，现代通信技术普及农村各个角落，便可以保证在农村办企业同样可以像他们在城市中那样与国内外商业单位保持一切接触，而不会丧失商业机会。

第二，电子通信技术在农村的普及，便可保证在农村生活，可以获得同在都市生活近似的生活质量。这样使人口不至大量流向大都市，并可使都市人口回流。

四、教育、保健方式的改变

电化教育的普及和质量的提高，可以使农村居民接受和城市居民同等的教育。医疗网点的合理分布，医疗技术与技艺的提高以及流动医疗保健方式的普及，使人们在农村居住具有与城市居住相同的安全感。

五、文化娱乐水平的提高

要使乡村居民可以享受到在城市中所能享受的文化娱乐，这是实现"人口融合"的必要条件。电视机的普及，特别是"娱乐卫星系统"的出现，将为创造这种条件提供广阔的天地。

第三节　农村走向城乡融合的标志与指标

一、农村实现融合的标志

在这里我没有使用"乡村城市化"或"农村城镇化"这两个概念，因为它们不能全面而确切地表达城市与乡村实现融合这一客观过程。"乡村城市化"或"农村城镇化"这种提法，很容易造成把"城市"或"城镇"当作乡村或农村发展的目标模式，把城市的"样板"不加扬弃地搬到农村来，这是不可取的。因为，如前所述，城市不仅有其先进的方面，而且有其病态的一面。城乡融合的过程，绝不是乡村单方面演变为城市的过程，而是城市与乡村相互吸收先进和健康的、舍弃落后和病态的一种双向演进过程。从农村方面来说，实现这种融合的标志，大致有如下五个：

第一，农村与城市在产业结构上接近。在农村，在农业劳动生产率巨大提高的基础上，非农产业较快地发展起来，成为社会总产值中的主体。与此相适应，人口也相对集中到小集镇并且非农化了。

以美国为例，1970 年由于制造工业向农村和小城镇分散，有 40% 以上的人在制造工业就业的县（263 个）比有 40% 以上的人在农业就业的县（104 个）多出一倍半以上。在我国苏南地区，这个数字则更大一些。

第二，农村与城市经济收入水平的均衡化。由于城乡产业结构的接近和劳动生产率的提高，原来的农村地区的居民收入水平将逐渐接近或超过城市居民的平均收入水平。

第三，农村家庭结构城市化。经济的融合，带来就业方式的变化，必然引起家庭模式的变化。由于农村非农企业和小城镇的大发展，许多青年农民外出工作，离开家庭和父母而独立生活，传统的家庭观念日益淡薄了，旧有的直系家庭模式逐步瓦解了。在农村也像在城市一样，将会出现大量的以一对夫妇和未婚子女为单元的"核心家庭"。据程贵铭在太原市南郊亲贡乡杨家堡村的调查，这种"核心家庭"在那里已占到总家庭数（322户）的59.3%。可以肯定，随着城乡融合进程的发展，这个比率还会进一步提高。

第四，农村居住条件和公共事业与设施的现代化。这方面包括住宅水平、医药条件、劳动保护、社会保险以及商业网点等都趋于接近城市的水平。

第五，农村居民科学文化素质的城市化。这包括学前教育、儿童入学率、劳动者的职业教育、工程技术人员的比率等均趋向接近城市的水平。农村实现了由劳动密集向知识密集的转化。

二、城乡融合的评价指标

农村与城市的分界线，一般是比较难以确切划清的。这不仅是由于行政隶属关系的干扰，而且是由于两者的边界处于经常变动之中。为了计算的方便，下面不妨把县城以下的地区都归之于农村，县城以上的大中城市都归之于城市。据此，试设计如下指标体系：

城乡融合度
- 经济融合度
  - a_1：城乡有机构成比
  - a_2：城乡产业结构比
  - a_3：城乡社会产值比
- 人口融合度
  - b_1：城乡人口就业结构比
  - b_2：城乡人口文化素质比
- 生活融合度
  - c_1：城乡消费结构比
  - c_2：城乡娱乐水平比

（总指标）（二级指标）（三级指标）

其中：

$$a_1 = \frac{农村三大产业平均有机构成}{城市三大产业平均有机构成}$$

$$a_2 = \frac{农村二、三产业与一产业的比率}{城市二、三产业与一产业的比率}$$

$$a_3 = \frac{乡村人平国民生产总值}{城市人平国民生产总值}$$

$$b_1 = \frac{乡村非农就业人口比率}{城市非农就业人口比率}$$

$$b_2 = \frac{乡村万人中拥有专科生以上人数}{城市万人中拥有专科生以上人数}$$

$$c_1 = \frac{\text{乡村非基本需要支出占总支出比率}}{\text{城市非基本需要支出占总支出比率}}$$

$$c_2 = \frac{\text{乡村人平文化娱乐投资额}}{\text{城市人平文化娱乐投资额}}$$

这样：

①经济融合度 $= \frac{1}{3}$ （$a_1 + a_2 + a_3$）

②人口融合度 $= \frac{1}{2}$ （$b_1 + b_2$）

③生活融合度 $= \frac{1}{2}$ （$c_1 + c_2$）

则：

城乡融合度 $= \frac{1}{3}$ （①+②+③）

第四节　我国走向城乡融合的展望

一、道路的长期性

城乡融合是消灭城乡差别的结果，是马克思主义者所追求的长远目标之一。如前所述，城乡融合是一个经济、社会、文化乃至生活习惯和价值观念的综合演进过程。资本主义发展了三百年，它也只是在生产力、社会设施等方面实现了相当程度的城乡近似化，而在生产关系和观念心理方面它却无法真正消除城乡之间的对立。

我国是一个发展中的社会主义国家，没有多少资本主义生产力的"遗产"，因此，要达到城乡融合的境界，可能要经历比三百年还更多的时间。更何况我国是一个幅员广阔、经济发展又极不平衡的大国，后进地区实现城乡融合的目标可能会更长一些。

二、模式的多样性

我国是一个大国，在走向城乡融合的过程中，可能会出现多种多样的模式。其中，可能有四种基本模式。

（1）下延式。即以大中城市为中心，以其经济、社会、文化的辐射力，使其周围的大批农村地区逐步提高到城市的水平。在一些历史较久并具有强大经济实力的大中城市及其周围广大地区，可能将按这种方式走向城乡融合。

（2）上升式。即在离大城市较远而农业与农村小城镇较发达的农业区，可能通过小城镇的膨胀升级，并使其周围的农业现代化，最后实现城乡融合。

（3）交流式。即在城市群之间的地区，由于各个城市的交流辐射，这些城市与城市之间的农村地区逐步城市化了。

（4）跳跃式。现代大城市的辐射作用，往往并不限于"圈层式"，而是可以跃过圈层直接与遥远的农业区实行横向联系。在一些交通与信息发达的地区，这是完全可能的一种模式。

三、发展的非对抗性

在资本主义国家，城乡对立是不可根治的顽症。在那里，城乡的接近与一体化，是通过漫长的、残酷而痛苦的过程实现的。在社会主义条件下，由于城乡之间不存在阶级对立，国家可以在宏观上加以控制，从而将会是通过城市与农村之间的相互合作、相互促进、相互提携的非对抗性方式走向融合。

◎ 本章主要参阅文献：

①《马克思恩格斯选集》第 1 卷，人民出版社 1972 年版。

②莱斯特·R. 布朗：《建设一个持续发展的社会》，科学技术文献出版社 1984 年版。

③R. D. 罗德菲尔德等：《美国的农业与农村》，农业出版社 1982 年版。

④茨文新等：《江苏片农村经济发展趋向和对策》(油印本)。

⑤程贵铭：《从太原市南郊亲贤乡的发展看市郊农村城市化的趋势》(油印本)。

⑥程尚南：《论我国的乡村城市化道路》(油印本)。

⑦周玉等：《从新民县看城乡结合振兴的新潮势》(油印本)。

后　记

本书是一本总结现在同时又探索未来的专著。我试图以马克思主义的基本原理和我们党在新时期的方针政策，结合我国农村在党的十一届三中全会以来的丰富实践，探索我国农业发展的特殊的社会主义道路问题——即有中国特色的社会主义道路。既从生产力的方面，又从生产关系的方面进行综合的分析，尽可能避免脱离生产力的状况去研究生产关系的发展。既注意探讨目标模式，又考虑过渡模式，尽可能避免脱离起点去片面地研究目标模式。由于是一种探索，理论上是欠成熟的，有待进一步根据实践进行完善，并希望得到经济学界和实际部门的指教。

在写作过程中，得到湖北省社会科学院农经所和科研处同志们的帮助。陈文科同志协助整理了第七、八、九章的材料和部分撰写工作；潘家华同志协助整理了第三章的材料和部分撰写工作；黄沛同志协助撰写了第七章的第四节；邹进泰同志协助进行全书初稿的校对和个别公式的计算。在此，表示深切的谢意。

作　者

1987 年 7 月

(选自《中国农业发展模式探讨》，华中师范大学出版社 1987 年版)

绿色革命之路

——大国的农业发展理论与模式

自　序

　　摆在面前的这部书稿，总算是完成了我多年来的一个心愿。我从中国农村中来，又从事了数十年的农业经济教学、科研和实际工作，总感到像中国这样一个发展中的社会主义大国，农业与农村的发展，实在太重要了。而恰恰是这样一个重要的领域，我们的理论、政策和实践的模糊性与摇摆性都是那样的大。这种切身的感觉，驱使我自不量力早就想写一本全面系统总结40年中国农业与农村的实践经验，并尽可能对照国际的先例，加以理论化、政策化以探索大国农业发展问题的书。

　　1987年我出版的那本《中国农业发展模式探讨》(华中师范大学出版社)一书，只能是我上述想法的一个初步尝试。由于时间不足，只限于生产力发展与生产关系改进这根主线，未能展开，更没有系统地总结40年实践的经验。对于这本书，我一直是不满足的。所以从1988年开始，我又重新整理资料，参阅国内外有关文献，用了3年的时间，写完了这本书。这两本书，可以说是姊妹篇。两者都是以发展模式为核心对象，前一本以研究农业发展的总体阶段模式为重心，后一本则以研究要素、环节的具体模式为重心。

　　对于这本书，我也不能说是很满足了。由于知识结构的老化和精力的有限，提出再高的标准，可能对于我来说已是力不从心。但我自认为，就我的水平和努力，确实已可以算是尽了心了。尽我力所能及的程度，在这本书中我觉得在如下几个方面做了一些开创性的努力。

　　其一，对于中国封建社会为何延续几千年的问题，在本书第二章，从自然经济、宗法体系和封闭性的多角度进行了综合探索，提出"惯性结构"概念，并以此为基轴，在新的历史背景下，审视了中国农村发展滞后的本质原因。

　　其二，比较系统深入地探讨了有中国特色的农场制度问题。在第五章中，对生产关系决定于生产力性质的规律进行了开创性的探讨，提出这个规律应包含两层内容：生产力水平决定生产关系的性质，生产力存在形式则决定生产关系的表现形式。以此为据，论证了农业中家庭经营必将长期存在的依据，并预测中国的家庭经营将会经历半宗法式经营、企业化经营(家庭农场)和农工一体化的三次"蛹化"。在第十二章中，进一步论述了中国农场制度的目标、条件和基本模式。

　　其三，在旧著《中国农业发展模式探讨》一书中提出的"三维农业"的基础上，本书第六章进行了理论的扩展，提出了"农业经济发展空间"的新概念，在周铁虹的协助下进行了横断面和纵断面的测算，论证了发展方式选择，从而为"立体农业"和中国农业发展阶段的转换，提出了较为科学的、可计量的基础。

其四，在全面分析了中国农地制度可以选择的三种方案(国有户营、私有私营、村有户营)利弊的基础上，在第七章中提出了"集体所有，三权分离，自由租赁，联片种植，股份合作"的目标模式。其中关于所有权(田底权)、承包权(田面权)、经营权(使用权)的"三权分离"，已被实践证明是现中国既可明晰产权关系，又可推动土地经营自动集中的可行模式。

其五，在第八章中，比较全面地总结了中国农业劳动力转移的特征，在此基础上提出了中国农业劳动力转移的"四个阶段"和"四种模式"及阶段与模式的相应关系图式。在此基础上，对刘易斯和费-拉二元发展模型同中国实际间的差异性进行了分析，并在周铁虹的协助下，对此模型的修正进行了初步探讨。

其六，在本书第九章，通过总结中国20世纪80年代以来农业资金形成与运行的经验教训，提出再塑农业投资机制的"结构转换战略"，从农业投入结构、投资主体结构、比较利益结构、财政目标结构和农村金融市场结构等多维角度探讨了投资机制转变的内涵。在此基础上，提出了中国农业中资本形成的"三级过渡"模式，即由"催化模式"到"注入模式"再到"返还模式"。

其七，针对中国农业社会化服务体系发展的艰难，在第十二章中，提出社会化服务业必须与专业化同步发展的思路，论证了中国农业专业化社会化发展的两个基本阶段：地域专业化(联片种植、养殖、加工)促社会化服务业阶段，社会化服务反促农户专业化阶段。并从中国实际出发，提出中国农村社会化服务体系的"多元化、蛛网形、层次式"离散模式。

其八，根据社会主义市场经济发展趋向，在第十三章，提出了中国市场发育"三部曲"的设想：由计划培育市场到市场完善计划再到市场与计划有机结合，论证了计划与市场结合的"立体交叉网络"模式。并循此思路，提出了"多主体、开放式，以小城镇为中心、区域市场为基础、专业化批发市场为纽带，同全国统一市场相对接"的农村市场模式。

其九，在十三章中，对农产品价格形成理论进行了探索，提出了"双重生产价格标准论"；以土地生产率为标准的生产价格调节农业内部的资源配置，以劳动力报酬为标准的生产价格调节农业与非农业之间的资源配置。以此为基础，论证了农产品价格改革的"全方位、波浪式放开与外围复式掩护相结合"的积极审慎思路。

以上的研究，有的属对既有经验的概括提高，有的则属超前性预测，都是不成熟的探索。改革和发展都在进行之中，理论的探索自然也远远没有终结。我只想这本书能起到一个提出问题的作用，但愿能引起更大的共鸣，把有中国特色的农业与农村发展理论与模式的探索不断地深入下去。

作者

1992 年 12 月 29 日

第一编　历史的轨迹

第一章　中华人民共和国成立前的中国农村

　　早在20世纪30年代初期，以薛暮桥同志为首的一批经济学界老前辈，在党的领导下，就全面地开展了对中国农村问题的研究与论战，创办了《中国农村》杂志，积累了一大批卓越的研究成果。这在历史上曾经作为中国共产党制定新民主主义纲领的重要依据之一，有过它不可磨灭的历史功绩。60年后的今天，我们重温这些历史篇章，仍鲜明地感到其新激之气不减当年，它们对于今人研究中国社会主义改革与发展的道路，依然是一个十分可贵的宝藏，从中可以得到许多有益的启迪。

　　薛暮桥同志在30多年前就曾说过："中国是个农业国家，农村社会构成中国社会的极大部分，因此农村经济的研究，对于整个社会性质的认识自然占有重要地位。"①研究中国农村经济，可以说是研究整个中国经济社会的一把钥匙。这不仅是针对新民主主义革命时期说的，我认为对现代的社会主义改革和发展，几乎也具有同样的意义。这种判断的主要依据如下：

　　第一，中国的城市化虽然经过了40年的发展，但农村社会迄今还是中国社会的主体。11亿人口中8亿在农村。农村经济社会的状况，依然还是研究和解决整个中国问题的起点。

　　第二，社会的改革与发展是不能割断历史的。尽管经历过疾风暴雨式的革命变革，但一次革命——哪怕是最彻底的革命，也不可能全部、干净、彻底地消除旧社会的一切痕迹与弊端。今天的改革与发展，必须切合中国的国情，才能获得成功。而这些"国情"，仍然可以从40年前的农村社会性质（包括经济的、社会的、文化的、心理的）中找到其渊源。

　　所以，研究中国的社会主义改革，探索中国社会主义的发展，都不能绕开对中国的农业与农村的研究（从这一点来说，不懂得中国农业与农村的经济学家，还不能算作一个成熟的中国经济学家）。而对中国农村的研究，又必须以中华人民共和国成立前的中国农村作为起点。美国学者珀金斯，在这一点上，与我们有近似的见解。他说："如果对延续了六个世纪的这个时期的中国农业加以研究，能使我们辨别中国现代化时期以前农村经济的某些特征，那么这方面的知识倒过来又有助于我们对20世纪50年代和60年代中国农业和中国共产党的农业政策的理解。"②

一、鸦片战争以前中国农村长期停滞的原因

　　中国的封建社会，自周秦以来，一直延续了几千年。在中世纪，它曾为世界创造了极为光辉的封建文明，成为"先进亚洲"的中心。可是，到了近代，它却成了阻碍中国工业

化的桎梏。这一点已成定论。

对于中国封建社会为什么会延续几千年的问题，学术界曾经展开过长期的讨论。只是到近 20 年，这种讨论逐渐淡化了。其实，现在看来，我们在现实的社会主义改革与发展中遇到的许多问题，包括改革开放的依据问题，如果不从中国农村的历史渊源中去寻找答案，就缺乏深层的"国情"根基，就缺乏统一全民思想的强大基础，就缺乏更加明晰的政策依据。

我不是一个历史学家，在这方面发言权不多。但由于研究中国农业与农村的社会主义发展，无法绕开这个问题，所以不得不从这里开始。

在旧中国，农村社会是整个中国社会的基础和缩影。农村社会，几千年来表现为一种十分坚韧的惯性结构。对内，顽强地沿袭着几乎是千年一贯的"祖宗章法"（当然并不排斥属于"量变"性的进步）；对外，极力地抵制几乎所有的"异己"文化（当然并不排斥某些"技术"性的文化，以"洋为中用"）。这种"惯性结构"之所以如此坚韧难摧，我以为支撑着它的是三大支柱，即：建立在零细小农基础上的自然经济；以"万世师表"的伦理教义为灵魂的宗法体系；雄踞"中心"唯我独尊的封闭状态。自然经济是这种惯性结构的基础；宗法体系是这种结构的灵魂；封闭状态则是这种结构得以长久维系的桎梏。三者的因果循环关系见图 1-1。

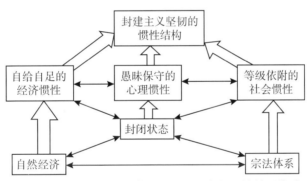

图 1-1　自然经济、宗法体系和封闭状态的因果循环关系

以自给自足的小生产为特征的自然经济，一方面由于社会分工的迟滞，与外界交换甚少，必然形成经济上的封闭停滞状态；无力抗拒自然，在天灾人祸面前只能靠宿命论维持心态平衡必然导致安于贫穷、因循守旧的心理惯性；另一方面，在自然经济条件下，人口被固着在土地上，在狭小的社区范围内繁衍生息，必然构成不断叠加的宗法体系。因此，自然经济是三大支柱的经济基础。只要保存了这种基础，宗法体系就是无法摧毁的，封闭停滞状态也是难以彻底打破的。

宗法体系是中世纪的主要标志之一，它是封建社会得以维系的社会基础。如上所述，宗法体系是自然经济的产物，但它的强化又可以回过头来巩固自然经济的秩序，抑制商品经济的发展。同时，宗法体系的自然基础就是近亲繁衍。而近亲繁衍就会造成社会人口智商的下降。人口素质下降，又会加剧愚昧守旧的心理惯性和自给自足的经济惯性。宗法体系的内涵就是森严的人身依附关系：子依附于父，妻依附于夫，奴依附于主，臣依附于君……所以，我们说宗法体系是三大支柱的"灵魂"。不摧毁这种体系，自然经济就有强大的社会基础，商品经济的发展就面临着巨大的社会心理障碍；封闭状态的解体，就会受到强大习惯势力的掣肘，如商品经济的规则往往被宗法体系的准则所"置换"，即一例。

封闭隔绝状态，从根本上来说，原是自然经济派生物，随着商品经济的发展，这种状态便会解体。但是，这是从一般的、长远的规律来说的。在一定的时限内或特殊的条件下，封闭却可以延缓乃至阻碍自然经济和封建制度的解体。马克思就曾经讲过："与外界完全隔绝曾是保存旧中国的首要条件。"[③]例如，在一些大山区，由于与世隔绝，经济社会发展至今仍十分迟缓，贫愚交加，难以自拔。其中，最重要的原因就是人口素质十分低下，由于地域封闭和近亲繁衍，地方病和痴呆傻人口数占有不小的比例(见表1-1)。

表1-1　　　　　　　　　湖北某县地方病与痴呆傻人数占总人数比重[④]

地 区 类 别	地甲病人数		地克病人数		痴呆傻人数	
	人数	%	人数	%	人数	%
大高山(4 个乡)	49767	32.07	543	1.09	4016	8.07
二高山(12 个乡镇)	270590	25.88	2925	1.08	12090	4.46
低山丘陵(5 个乡镇)	130798	13.58	518	0.39	2168	1.66

这种人口结构势必阻碍经济发展和社会进步。因此，我们认为从现实社会演进的契机来考虑，封闭隔绝状态是中国封建社会得以维系几千年和中国农村长久陷于落后状况的重大桎梏。例如，地理上的囿闭，使交通、信息等就不如非封闭地域方便灵通，社会分工的推力和商品交换的外在诱因就不如后者强大，人口流动的激发机制就比后者微弱得多等。

但是，自然经济、宗法体系和封闭状态，并非中国所独有，为什么唯独像中国这样的国家在历史上表现得如此顽固呢？就现有史学与文化史学的研究成果来看，大体有如下几个原因：

第一，旧中国的自然经济是建立在土地自由买卖的细小经营之上的。远从战国时期开始，中国农村土地就一直可以自由买卖，加上地租率很高，还有很多超经济的剥削，这样就形成了一种商品化的逆向机制：一方面，社会的财富持有者热衷于土地兼并，然后出租给小佃农，坐收高额地租而不愿意去投资于手工业和商业。这样就无法形成"地租—工商业—利润"的转化机制，而只能是"地租—土地兼并—更多的地租"这种静态循环机制。另一方面，广大小农无力承租大量的土地，在高额地租压榨之下，一般只能维持简单再生产(有的甚至连简单再生产也维持不了)，无法形成"积累"。即使有点"余钱剩米"，也难以形成"积累—手工业—利润"的机制，而只能是"积累—购入小块土地—自给自足"的静态循环。在这种情况下，自然经济向商品经济的转化，当然会十分艰难和缓慢。所以，早在56年前陶直夫先生就说过："这些零细经营就数量而言是目前中国农业经营的支配形态；同时它们就是中国半封建关系最深渊的、最永久的根基。"[⑤]

第二，宗法体系的伦理化。宗法体系本来在任何国家(只要它经历过封建阶段)都是有的，但在中国儒家在伦理理论上对其进行了升华。"修身、齐家、治国、平天下"，家庭与国家同构化，并以"君君，臣臣，父父，子子"的律条形成金科玉律的"万世经典"，将宗法关系伦理化、宗教化、道德化。谁违背了它，就是"离经叛道"，就是"背祖逆宗"。这就使得宗法关系、封建专制主义和社会上严森的等级制度相互盘根错节，成为一个难以触动的、千年因循的习惯势力。它一方面回过头来强化着自然经济，另一方面顽固地阻碍着商品关系的发展。

第三，千年一贯的"重本抑末"国策。这一点同前面两点有密切的关系。如果要评价世界各国封建阶级的自觉程度的话，那么，可以说中国的封建阶级是最成熟的一个。它一方面动用了全部的上层建筑来维护其封建专制制度"天人一体"的合理性、合法性、永久性；另一方面千方百计地抑制"第三阶级"（首先是商人）的成长。它既排斥了"神权"，又抑制了"人权"。"重本抑末"或"重农抑商"正是这个基础上的必然产物。因为千千万万分散的自然经济群落，乃是封建专制主义的最理想、最坚固的根本。当然，在历史上也不能说没有出现过鼓励商品经济发展的时期（如明代），但从总体上看，说"重农抑商"是千年一贯的国策，并不为过。

第四，封闭的地域与独尊的心态。我们不是地理决定论者，更不是精神决定论者。但是，这不等于否定地理条件和民族心态可能在一定限度内加速或延缓社会的发展。不然的话，就无法解释像尼泊尔、缅甸这些国家为什么会比印度和泰国发展迟缓许多。鸦片战争以前的中国不仅有地域上的围闭性，而且以"中央之国"唯我独尊，视东南西北的外邦为"夷、蛮、戎、狄"。这种地理和心态上的封闭性，不可能不在某种程度上（至少在政策的层面）延缓着中国农村社会的近代化进程。

以上四个方面的特殊原因，不是单独起作用的，而是相互交叉、结成一体阻碍着旧中国（特别是中国农村）自然经济、宗法体系、封闭状态的自然解体过程。

二、鸦片战争以后中国农村的半封建、半殖民地化

帝国主义的洋枪大炮轰破了闭关自守的中华帝国的大门，惊醒了中华民族唯"华"独尊的迷梦。从此，中国和中国农村演变为一个半殖民地、半封建社会。

在这种历史条件下，前面所说的"惯性结构"以及它的"三大支柱"是否改变了呢？或者说，改变了多少呢？

首先，自然经济开始解体，但没有根本触动。正如陶直夫先生在1935年所说，资本主义入侵并没有改变中国的农业国性质。"一世纪以来列强资本的入侵，以及20多年来国内民族工业相当的发展，都没有变更这个事实。这是因为：第一，列强资本之在中国，其唯一的任务是在奴役中国大众，取得最大利润；而绝不在使中国的人民也沾到所谓'近代资本主义产业'的恩泽。第二，列强资本与中国民族资本的矛盾，以及列强资本在此矛盾之中占到绝对的优势，使国内民族工业非但不能长足发展，甚至还备受摧毁"⑥。

正是在这种背景下，国外农产品的竞争和国内市场的狭窄不稳定，加上国内战乱频仍，扩大商品经营规模的风险极大；相反，出租土地稳收地租最可靠。所以，地主虽集中了全国土地的50%，普鲁士式的经营地主并不多见；富农虽也占有20%左右的土地，但大多数仍是坐收地租。⑦资本主义商品生产在外国资本入侵后一百多年间，除了城市和城市周围的小片农村之外，在广阔的中国农村并没有发展起来。因而，自然经济虽开始解

体,但并没有基本改变。根据美国德·希·珀金教授的估算,直到 20 世纪初,中国的农产品贸易总额(包括出口)仅只有将近 10 亿两银子,约占当时农产品总产值的 20%。其中,农村地方出产的农产品向国内和国外市场的运销额,总计只有 4.5 亿两银子,占农产品总值的 7% 至 8%。[8]这种低微的农产品商品率,说明中国农村从总体来看,依然还是一个自然经济的王国。

其次,宗法体系在大城市及其辐射圈内有所解体,但在广大农村和小城市依然如故。在欧洲,中世纪的宗法体系是伴随着人口的流动(人口的城市化、移民化)而彻底解体的,而人口的流动又是伴随着商品经济的发展而加快的。"西风东渐"后的中国,是否也完成了这一过程呢? 没有。由于我们在前面所述及的自然经济未能彻底解体的原因,从 1840 年到 20 世纪 30 年代,中国的工业化和城市化过程十分缓慢。从表 1-2 看,虽然不十分准确,但仍可大致说明问题。

表 1-2　　　　　　　　中国城市人口及其占全国总人口的比重　　　　　　单位:万人

		1913 年	1938 年	1953 年
全国总人口估计		43040	50310	59260
其中:10 万人口以上城市的人口		1685	2732	4894
城市人口占总人口的比重(%)		3.91	5.43	8.16
其中①	长江流域及东南沿海总人口估计②	23590	36440	29210
	其中:10 万人口以上城市的人口	996	1089	1530
	城市人口占总人口的比重(%)	4.22	4.12	5.24
	云南、贵州、广西总人口估计	3740	4510	5210
	其中:10 万人口以上城市的人口	10	64	185
	城市人口占总人口的比重(%)	0.26	1.42	3.55

资料来源:根据《中国农业的发展(1368—1968)》一书中所列表 7-1、表附 1-5、表 5-1 的数字换算而成。

从表 1-2 可以看到,从 20 世纪初到 30 年代末,城市人口所占比重仅仅只提高约 1.5 个百分点。而在大西南这些内陆偏远地区,城市化进展则更慢,起点尤低。长江流域及沿海较发达的省份,起点虽较高,但进展也不快。由于都市工业化进展迟滞,当时估计有 3000 多万名农村剩余劳动力滞留在穷困的农村中。[9]这种情况,一方面说明当时人口流动极少,宗法体系在农村依然固存;另一方面还说明,这种超廉价的劳力为超经济剥削提供着活土,出租土地白白收取地租较之投资经营资本主义农场大为有利,从而成为阻碍农业

---

①　第一栏为 1900—1910 年的数据,第二栏为 1933 年的数据,第三栏为 1953 年的数据。

②　包括四川、湖北、湖南、江西、安徽、江苏(中华人民共和国成立前不包括上海)、浙江、福建、广东。

资本主义发展的重要原因之一，这又回过去进一步加固了宗法关系和自然经济。

最后，封闭隔绝状态在宏观上被打破了，但在微观上仍顽强地固守下来。帝国主义的坚甲利兵，轰开了中国的大门，从宏观上说中国再也不可能"闭关锁国"了。到20世纪初，"通商口岸"前后共开辟40个之多。但几乎全部属于沿海、沿长江的城市，广大的内陆地区大体上还是处于封闭或半封闭状态。这方面的实证比较困难，主要是资料的取得十分困难。在此，只好利用"运输吨位"和"对外输出"两个指标来说明（分别见表1-3和表1-4），以便从侧面来推测一般。

表 1-3 运 输 吨 位

	铁路	汽船	汽车
（以千吨计）			
1949 年以前	136650	12640	8190
1952 年	132170	14320	22100
（以百万吨公里计）			
1949 年以前	40400	12830	460
1952 年	60160	10610	770

资料来源：《伟大的十年》，人民出版社 1959 年版，第 146～148 页。

对"1949 年以前"的吨位数，美国学者珀金斯持怀疑态度。他认为"中国国营铁路 1939 年的货运量只有 3436 万吨；而满洲铁路 1936 年的运量有 5073.4 万吨，而且这个数字几乎在整个 40 年代都没有多大变动"，即是说，根据他的资料铁路货运量要比表 1-3 中的少 5000 多万吨。这个差额可能是"其他铁路"的运量，但在中国并不存在国营以外的铁路。交通的发达程度，是同封闭性成反比例的。上述这种微小的现代交通货运量，也从一个侧面说明了封闭的严重程度。而且这些铁路、航线和公路，基本上都分布在东北、东南和沿海，在大西南、大西北和整个农村地区几乎都是空白。

表 1-4 海关贸易在总产量中所占比重

农产品	年产量			对外输出	
	1931—1937 年	1908 年	占总产量比重(%)	1928 年	占总产量比重(%)
茶	3992	1576	39.48	904	22.64
丝	322	152	47.20	213	66.15
棉花	19600	650	3.32	1256	6.41
烟草	18300	150	0.82	190	1.04
糖（甘蔗）	18720	274	1.46	23	0.12

资料来源：根据《中国农业的发展（1368—1968）》一书中的表 9-13 中的数字计算而成。

对外贸易所占份额，是一个国家开放程度的重要经济标志之一。表 1-4 所列农产品，在现代经济中全部是商品性的农产品。即一般不是农民为了自己消费而生产的产品。即使如此，除了茶丝之外，出口率都是极低的。这说明这些产品中，相当大的一部分是被农户自身的生活消费和家庭手工业以及地域内的手工业所消耗。经济上的地域封闭性，可见一斑。

总之，帝国主义入侵的一百多年，中国的民族资产阶级并没有充分发展起来，它没有能力完成本来应该由它完成的历史任务——清除中世纪的废墟，在上面建设起现代化的大厦。这个任务，只得由中国的无产阶级来完成了。

三、结语

在我们简短地回顾了中华人民共和国成立之前中国农村的发展历史之后，我们能得到什么启示呢？我认为至少有如下几点：

(1)中国农村受着封建主义的羁绊，直到中华人民共和国成立前资本主义也没有得到明显的发展，中国仍然是一个半殖民地半封建的、生产力十分落后的农业国。"冰冻三尺，非一日之寒"，这种千年形成的社会桎梏，绝非短期内(不管采取什么办法)所能根本改变、脱胎换骨的。如果说，封建主义相对不发达的西欧由农业国转变为现代工业国经历了300年的时间，我们中国这种先进的封建大国，即使可能利用现代的世界文明加以缩短，但也不会短于100年。这应该成为我们制定中国农村长期政策的"基本出发点"。忘记了这一点，就容易犯急躁冒进的错误。

(2)封建主义的根本当然是地主土地所有制，但这还不够，还有更深层次的社会文化根基——坚韧的惯性结构。在中国历史上，不乏"平均地权"的农民革命，但为什么后来又演变为"改朝换代"呢？原因很简单，没有新的生产方式来替代它。其结果必然是消灭了旧的封建主之后，慢慢地在"惯性结构"的旧的土壤中又生长出来新的封建主。因此，一次社会变革，如只是消灭封建土地所有制，实行"耕者有其田"是远远不够的，还必须彻底摧毁自然经济、宗法体系和封闭状态这三大支柱，使任何形式的封建主义都无法再借尸还魂。欲彻底摧毁这"三大支柱"就须大力发展商品经济，正如马克思所说，商品经济是摧毁一切中世纪堡垒的强大推土机。

(3)中国的民族资产阶级无力承担这一历史任务，这一任务历史地落到中国无产阶级身上。在20世纪初，已经发展到相当强大的国际资产阶级，为了抢夺资源和霸占市场，逐渐同中国的封建势力勾结起来维护其殖民利益，"欲胁多官以制百姓，胁朝廷以制官民"(李鸿章语)。外国资本主义这样做是一箭双雕：既维护了其商业利益，又抑制了它的竞争者——中国的民族资产阶级。在这种历史背景之下，中国的资产阶级一部分就投靠了帝国主义，成为官僚买办阶级；另一部分则苟延残喘得不到发展。历史证明，企望依靠这种脆弱的民族资产阶级来解决封建主义的桎梏，完成民主主义革命，是根本不可能的。国民党在初期虽也提出过"耕者有其田"的主张，但后来外迫于帝国主义的压力，内制于同封建势力千丝万缕的联系——国民党内无论是其上层还是社会基础中都有大量的封建地主——逐渐走向其反面，成为封建主义的保护神。这样，解决由农业国转变为现代工业国，彻底摧毁中世纪羁绊，彻底解放农民的任务，很自然地落到中国无产阶级身上了。

◎ **注释：**

①《〈中国农村〉论文选》，人民出版社 1983 年版，第 34 页。

②帕金斯：《中国农业的发展（1368—1968）》，上海译文出版社 1984 年版，第 5 页。

③《马克思恩格斯选集》第 1 卷，人民出版社 1994 年版，第 692 页。

④刘佑庭等：《山区人口素质的一个严重问题》，《人口研究》1989 年。

⑤《〈中国农村〉论文选》，人民出版社 1983 年版，第 128 页。

⑥《〈中国农村〉论文选》，人民出版社 1983 年版，第 116 页。

⑦《〈中国农村〉论文选》，人民出版社 1983 年版，第 155 页。

⑧帕金斯：《中国农业的发展（1368—1968）》，上海译文出版社 1984 年版，第 157～158 页。

⑨《〈中国农村〉论文选》，人民出版社 1983 年版，第 126 页。

第二章　1978 年以前的中国农村

一、1949—1956 年的复苏

中华人民共和国成立后，人民民主专政的国家，为在全国范围内彻底消灭阻碍中国社会进步的桎梏——半封建半殖民地制度，促使"三大支柱"全面解体，使中国人民彻底从"惯性结构"中解脱出来，提供了完全可能。中华民族在漫漫的千年长夜中，第一次看到了工业化的曙光，充满了迈向一个现代文明强国的希望。

中华人民共和国成立后，在为恢复国民经济而斗争的同时，便在全国范围内展开了土地改革运动（在此以前，1947 年 9 月便制定了《中国土地法大纲》，在拥有 1.2 亿人口的解放区完成了土地改革）。从 1950 年 6 月中央人民政府颁布《中华人民共和国土地改革法》到 1952 年仅用了两年多一点的时间便在全国范围内彻底摧毁了封建制度的根基——地主土地所有制，解放了中国农民这支世界上最大的劳动力大军。与此同时，人民政府在城市中没收了帝国主义和官僚资本主义的财产，建立起了全民所有的国营经济，扶持民族工商业健康发展。这样，城乡配合，上下一心，中国人民在短短的三年时间内，胜利完成了实现国家财经状况基本好转的任务，开始了第一个社会主义建设的五年计划。

1949—1956 年，这是我国经济社会发展最好的历史时期之一。在这个时期中，由于在农村极大地调动了农民发展生产的积极性，在城市确立了国有经济的主导地位和鼓励民族资本主义和个体经济适度发展，从而整个社会欣欣向荣，物质丰盛，市场繁荣，物价稳定，工农业生产达到和超过历史最高水平，在历史上第一次出现复苏的局面。

这样，一方面，在城市工商业的推动下，商品经济的发展出现了一个新的浪潮；另一方面，在农村废除了地主土地所有制，扫清了发展农村商品经济、实现农业现代化的道路。在这两个方面的冲击下，农村的自然经济、宗法体系和封闭状态开始出现了全面解体之势。

首先,农村自然经济弱化。社会分工是商品经济的基础,而商品经济则是摧毁自然经济堡垒最强大的武器。土地改革以后,农民第一次获得自己的土地和生产资料,生产积极性空前高涨,发家致富的愿望与日俱增。在此基础上,农业生产得到迅速的恢复与发展,农村的分工分业出现了百年来第一次真正的萌动。许多农民,特别发达地区的农民和一般地区的中农和富裕中农,除了务农之外,积极从事手工业和商业活动,有相当一批"能工巧匠"开始离农独立从事手工业生产和商业经营,有少部分流入城市加入了工业产业大军和服务行业。农业劳动者占全社会劳动者的比重,由 1949 年的 91.5% 降到 1957 年的81.2%;农业总产值占工农业总产值的比重也由 1949 年的 70% 下降到 1956 年的 48.7%。

在城乡社会分工发展的基础上,商品经济像雨后春笋般地萌发起来。农产品的商品率由中华人民共和国成立前的 20% 左右提高至 1952 年的 30.54%,1957 年又进一步提高到40.52%。[①]在社会商品零售总额中,农业生产资料的零售额由 1952 年的 14.1 亿元,增长到 1957 年的 32.6 亿元,提高了 131.21%;乡村零售额由 1952 年的 151.2 亿元,增长到235.8 亿元,提高了 55.95%。这些情况都说明,在这个时期,农村商品关系和农业的商业化有了长足的发展,农村经济的自给自足程度较中华人民共和国成立前有了明显的降低,自然经济出现了全面解体的迹象。

其次,宗法体系松动。1949 年前后,由于大批农民参加解放战争,大量农村干部进入城市,大批知识分子支援边疆建设,中国出现了历史上又一次的人口迁徙高潮。加上农村经济分工分业的发展,部分农民进城做工经商,中国城市人口出现了迅速增长的趋势。

表 2-1 中国人口结构(城乡)的变化

	总人口	城镇人口		乡村人口	
	万人	万人	占总人口比重(%)	万人	占总人口比重(%)
1949	54167	5765	10.6	48402	89.4
1952	57482	7163	12.5	50319	87.4
1956	62828	9185	14.6	53643	85.4
1958	65994	10721	16.2	55273	83.8

资料来源:国家统计局:《中国统计年鉴 1987》,中国统计出版社 1987 年版。

在表 2-1 中,全国总人口 1956 年比 1949 年只增加 15.99%,而同期城镇人口则猛增59.32%,农村人口同期仅增加 10.83%,低于全国平均增长率。这说明,在城市增加的人口中,除了自然增长之外,还有大量由农村转入的人口。

人口的流动,对瓦解宗法体系具有决定性的作用。中华人民共和国成立初期的土地改革、农村政权建设和合作社的发展,使中华人民共和国成立前那种由地主阶级控制的宗法体系受到了致命的打击。在整个 20 世纪 50 年代,中国农村的宗族房头势力大大削弱,共产党的组织和人民政权体系,逐步上升为中国农村社会的主要凝聚中枢。

最后,农村的封闭性开始被打破。农村的封闭性,是同交通和商品交换的发展呈逆向关系的。在三年的恢复和第一个五年计划期间,由于商品经济的发展和交通运输建设的扩展，农村的封闭性受到了削弱，特别是在商品经济发达的地区和交通干线的附近农村，农村社会的开放度明显提高，农民的愚昧保守性逐步减弱，农村的社会经济素质向提高的方向发展。

总之，在1949—1956年这一个时期，中国共产党认真实行了切合中国国情的新民主主义政策。一方面，坚持了以国营经济为主导、多种经济成分为补充的总体经济政策，调动了全社会发展生产力的积极性，有效弥补了国有经济实力的不足；另一方面，坚持了"自愿互利"的发展农业互助合作的原则，使1955年以前的农业社会主义改造工作得以健康发展，不仅没有破坏农业生产力，相反还促进了生产力的发展。正如《中国共产党中央委员会关于建国以来党的若干历史问题的决议》所总结的："对个体农业，我们遵循自愿互利、典型示范和国家帮助的原则，创造了从临时互助组到常年互助组，发展到半社会主义性质初级农业生产合作社，再发展到社会主义性质的高级农业生产合作社的过渡形式。"在当时，曾计划用三个五年计划或更多一点的时间来完成这一改造过程。因此，在这个时期，整个农村经济的发展，基本上是健康、稳定、欣欣向荣的。如果按照原定方针和计划，继续稳定发展一个时期，存在于中国农村数千年之久的自然经济、宗法体系和封闭状态，便会出现划时代的突发式解体，中国农业与农村的现代化就可能更快地到来。

二、1957—1978年的曲折

《中国共产党中央委员会关于建国以来党的若干历史问题的决议》指出："在一九五五年夏季以后，农业合作化以及对手工业和个体商业的改造要求过急，工作过粗，改变过快，形式也过于简单划一，以致在长期间遗留了一些问题。"在农村全面地"兴无灭资""割资本主义尾巴"，一直断断续续愈演愈烈地延续了21年。在这一时期中，农村经济走过了一段严重扭曲而畸形发展的道路。在此曲折发展的时期中，农业（主要是粮、棉、油）虽有所增产，农田基本建设也有其成功的一面，但多种经营和农村工商业都退后了，土地改革后萌发起来的商品经济发展势头被抑制了，农村社会分工停滞了，整个农村经济趋向萎缩与停滞。

（一）对形势估计的偏差

历史的经验说明，政策上的偏差，往往是由对形势估计的错误所引起的；而对形势的估计，又往往受指导思想的正确与否所左右。

毛泽东早在中华人民共和国成立前的七届二中全会上就明确地说过："在为什么应当采取这样的经济政策而不应当采取别样的经济政策这个问题上，在理论和原则性的问题上，党内是存在许多糊涂思想的。这个问题应当怎样来回答呢？我们认为应当这样地来回答。中国的工业和农业在国民经济中的比重，就全国范围来说，在抗日战争以前，大约是现代性的工业占百分之十左右，农业和手工业占百分之九十左右。这是帝国主义制度和封建制度压迫中国的结果，这是旧中国半殖民地和半封建社会性质在经济上的表现，这也是在中国革命的时期内和在革命胜利以后一个相当长的时期内一切问题的基本出发点。从这一点出发，产生了我党一系列的战略上、策略上和政策上的问题"。[②]正是根据这一"基本出发点"，中国共产党七届二中全会才规定如下的战略方针："在革命胜利以后，迅速地恢复和发展生产，对付国外的帝国主义，使中国稳步地由农业国转变为工业国，由新民主主义国家转变为社会主义国家。"也就是将"由农业国转变为工业国"和"由新民主主义国家转变为社会主义国家"作为两个战略步骤来进行。这一决策应该说是完全符合中国实际因而完全正确的。

但是，在土地改革之后，农村出现了一些新的情况与问题，主要是中农化趋势和局部的阶级分化问题。前者，表现在一些土改完成得较早的老区，中农和富裕中农以及具有独立生产能力的新中农，不愿参加互助合作，或者参加后又要退出来。当时，在东北、华北乃至河南豫北地区，确有不少退组退社的现象出现。后者，主要表现在新富农和出卖土地户的出现。据中共山西省委在 1950 年对武乡 6 个村(老区)的典型调查，中农户达到总户数的 86%(土地占总土地面积的 88.7%)，出卖土地的占总户数的 11.8%(所卖土地占土地总面积的 2.28%)。根据 1952 年中共中央东北局对 18 个村的调查，富农占农村总户数的 1.8%(占土地的 3.9%)。同年根据山西忻县地委对 102 个村的调查，新富农占总户数的 0.18%，新富裕中农占 0.9%。[③]以上情况在老区和先完成土改的地区是有相当代表性的。而在新解放区，则还没有达到这种程度。

对以上的新情况、新问题，应当如何估计，如何评价，并在此基础上应当采取怎样的政策，在当时，这确是关系到中国农村乃至整个国家前进方向的大问题。其实，现在看来，这个问题的实质乃是：由于土地改革和短短的经济恢复时期所达到的成就，是否七届二中全会所分析的"基本国情"已经改变？如果确实改变了，那就应该抛弃新民主主义程序的稳定性，使社会生产力有一个较长的发展过程，然后在适当的时机再"由新民主主义国家转变为社会主义国家"。

面对这一历史性课题，中国共产党党内一些领导人，提出了"巩固新民主主义秩序"的主张，其精华要义是相互关联的三点：

第一，认为当时中国的生产力水平还很低，远远还未完成农业国工业化的任务，不具备向社会主义全面过渡的条件。首先不应过高地估计"战前最高水平"，因为所谓战前最高水平，也不过一个半殖民地半封建的残败不堪的民不聊生的水平，是一个连人民温饱也远未解决的农业国水平。同时，也不应过高地估计第一个五年计划前期成就的期望值。并且指出，农村"三马一犁一车"的水平，还算不了富农，只不过是一个中农的水平，即使这个水平，当时也不过 10% 而已，离农村富裕还差之甚远。因此，在相当长的时间内，必须努力"完成新民主主义的建设事业，使中国由农业国进到工业国。在此以后，还要进到社会主义和共产主义社会去。"[④]

第二，农业的社会主义改造，不能仅仅依靠农业自身的条件，必先有了国家工业化的基础，才能使个体的小农经济走上社会主义大农业的轨道。这首先要清醒地判断土改之后农民变工互助积极性的性质，究竟是真正的社会主义的积极性，还是贫穷求助的积极性。(对于贫困求助的这种积极性，我个人曾称之为"生产资料互补的积极性")，因此，随着经济的发展，个体经济都能独立生产了，变工互助势必会缩小。这种预见，在后来的 1953 年、1954 年的新解放区也出现了。

第三，不能用平均主义去战胜资本主义，只有在实现了工业化，人民普遍富裕之后，才具备消灭私有制的条件；在此之前，富农和资本主义有某种程度的发展，并不可怕，企图通过组织合作社就可以直接进入社会主义社会,那只是一种空想。刘少奇在一份重要的批语中说道:"在土地改革以后的农村中,在经济发展中,农民的自发势力和阶级分化已开始表现出来了。党内已经有一些同志对这些自发势力和阶级分化表示害怕,并且企图去加以阻止或避免。他们幻想用劳动互助组和供销合作社的办法去达到阻止或避免此种趋势的目的。……这是一种错误的、危险的、空想的农业社会主义思想。"⑤

其实,刘少奇的这些主张,并不完全是他本人的创造,而是符合马克思主义基本原理的,特别是符合列宁的新经济政策思想的,甚至也同毛泽东在七届二中全会时的思想是前后一贯的。

但是,由于当时全党马克思列宁主义理论水平还不够高,建设社会主义还没有经验,加之只有唯一的苏联的社会主义模式可供借鉴,对于在一个社会生产力十分落后而发展又极不平衡的大国中建设社会主义,缺乏思想准备和理论准备。因而,过分夸大了农村阶级分化的严重性和危害性,过早否定了城市资本主义工商业的"两重性",也过低地估计了建成社会主义社会的艰巨性和复杂性,从而超越了中国共产党七届二中全会所确定的方针步骤,作出了过早结束新民主主义阶段,"跑步进入"社会主义的抉择。

(二)超越客观规律的农村政策

在当时,由于党的威信极高,革命战争的胜利和土地改革的完成所激发起来的人民群众的政治热情高涨,从1953年12月通过党在过渡时期的总路线,到1955年年底,全国500人以上的大型私营工厂已基本实行了公私合营,农村加入农业生产合作社的农户已占到全国总农户的40%以上。到1956年年底,全国基本完成了对农业、手工业和资本主义工商业的社会主义改造。由原来1953年预计的"在10年到15年或者更多一些时间"又一次只用3年时间就把它基本完成了。由于生产关系变革超越了生产力的发展状况,从此,中国农村经历了21年曲折发展的艰苦时期。农村经济政策在许多方面违背了客观经济规律和自然规律。表现在:

第一,所有制结构的超前。中国农村所有制变革的超前,可概括成"三部曲":1955年下半年开始的过快、过粗、过于简单划一的高级合作化;1958年的"一大二公"的公社化;"文化大革命"时期的"割资本主义尾巴"。在当时某些人的头脑中,似乎全社会的生产、分配、交换、消费,人们的衣、食、住、行,简直都应无所不包地由国家计划来直接安排。这种所有制结构上的绝对"纯洁化",可以说是连苏联和东欧也望尘莫及。

但是,人们恰恰忘记了马克思主义的基本原理:公有制取代私有制以及取代的程度是有条件的。恩格斯曾经明确地指出过:"能不能一下子就把私有制度消除呢?答:不,不能,正象不能一下子就把现有的生产力扩大到为建立公有经济所必要的程度一样。因此,象征显著即将来临的无产阶级革命,只能逐步改造现社会,并且只有在废除私有制所必需的大量生产资料创造出来之后才能废除私有制。"所谓"大量生产资料创造出来"的含义,恩格斯还做了如下注解,即:生产的规模"既可满足社会全体成员的需要,又有剩余去增加社会资本和进一步发展生产力"。⑥显然,这种生产规模,只有高度发达的社会化大生产才能办得到。这里,还应该注意一点,恩格斯这句话,还是就当时西欧,特别是英国的生产力水平而言的。也就是说,即使是像当年英国那样的生产力水平,在无产阶级胜利后,也不能"一下子就把私有制废除"。20 世纪 50 年代初中期，中国的生产力水平如何呢？让我们先同英国 19 世纪的情况做一对比(见表 2-2)。

表 2-2 中国(1952 年) 和英国(1850 年) 若干经济指标的比较

| | | 英国 | 中国 | |
			绝对数	以英国为 100
人平工业品产量	棉纱(磅)	32.67	3.04	9.30
	煤(吨)	2.72	0.12	4.41
	生铁(吨)	0.21	0.0034	1.62
	铁路(公里)	0.0013	0.00005	3.85
人口分布	城市(%)	52.0	12.5	
	农村(%)	48.0	88.0	
劳动力分布	第一产业(%)	14.0	88.0	
	第二、三产业(%)	86.0	12.0	
出口制造品占出口总额的比重(%)		85.0	17.9	

资料来源：英国数字根据《资本主义史 1500—1980》(米歇尔·博德) 第 106~111 页资料换算而成，其中铁为 1860 年值，铁路为 1870 年值。中国数字根据《中国统计年鉴 1987》换算而成。

从这一比较中就可以清晰地看到：中国的社会分工程度还处于资本主义前期阶段的水平，农村人口还占绝大部分；中国的工业化还刚刚起步，二、三产业仅占 12.0%；中国的现代生产规模较之当年的英国还差之甚远，更何谈"满足全体社会成员的需要"？

下面，我们再从中国国内主要经济指标来看看小生产与大生产各自所占份额(见表2-3)：

表 2-3 按经济类型分的国民经济主要比例关系(%)

年份		1952	1957
全社会劳动者比例	全民所有制	7.6	10.3
	城镇个体劳动者	4.3	0.4
	乡村劳动力	88.0	86.5
国民收入生产额比例	工业	19.5	28.3
	农业	57.7	46.8
	商业	14.9	15.6
	其他	7.8	9.3
工业总产值比例	全民所有制	76.2	80.1
	集体所有制	3.3	19.0
	城乡个体	20.6	0.8

续表

年　份		1952	1957
社会商品零售总额比例	全民所有制	16.2	37.2
	集体所有制	18.2	41.3
	合营	0.4	16.0
	个体	60.9	2.7
	农民对非农居民销售	4.3	2.8

资料来源：国家统计局：《中国统计年鉴1990》，中国统计出版社1990年版，第27~29页。

从表2-3可以更清楚地看到，现代化大生产在劳动就业和国民收入中所占份额还很小，在商业领域中还不占优势，农业和城乡小生产在整个国民经济中还处于主体地位。所以，直到1957年，中国依然还是一个小生产占绝对优势的国家，现代化大生产的基础仍十分薄弱。党的七届二中全会所做的国情估计，并没有改变。显然，在这种生产力的基础上，推行全面公有化的条件并不成熟。我们只能继续实行以社会主义公有制为主导，以多种经济成分为补充的"节制资本"的新民主主义政策。只有这样，才能充分调动一切积极因素发展社会生产力，以取得向社会主义社会全面过渡的绝不可少的物质技术基础——强大的社会化大生产。

第二，农村生产结构单一化。1957年以后，整个农村的生产结构趋向单一化。表现在三个层次上：

(1)农村社会总产值中，农村工业、农村商业、农村建筑业趋向萎缩和徘徊，农业总产值始终占农村总产值的70%左右。直到1978年，农村社会总产值中，农业总产值占68.6%，农村工业占19.4%，农村建筑业占6.6%，农村运输业占1.7%，农村商业占3.7%。

(2)农业总产值中，林、牧、副、渔等多种经营呈萎缩徘徊趋势，作物栽培始终占有70%以上的份额(见表2-4)。

表2-4　　　　　　　　　　　　农业总产值构成(%)

年份	1952	1957	1978
农业总产值	100.0	100.0	100.0
其中：作物栽培	83.1	80.6	76.7
林业	0.7	1.7	3.4
牧业	11.5	12.7	15.0
副业	4.4	4.3	3.3
渔业	0.3	0.4	1.6

资料来源：国家统计局：《中国统计年鉴1987》，中国统计出版社1987年版。

可以看到，副业和渔业受"割资本主义尾巴"的影响，萎缩停滞，牧业与林业增长甚微。

(3)作物种植业中，粮食始终占作物种植业总值的70%以上，除棉花糖料的产量稍有增长之外，其他作物多处于徘徊不前的状态(见表2-5)。

表2-5　　　　　　　　　　　主要农作物产量　　　　　　　　　单位：万吨

年份	1957	1962	1965	1975
粮食	19505	1600	19453	28452
棉花	164	75	209.8	238.1
糖料	1189.3	378.2	1537.5	1914.3
蚕茧	11.2	4.5	10.5	19.4
茶叶	11.2	7.4	10.1	21.1
水果	324.7	271.2	323.9	538.1

资料来源：国家统计局：《中国统计年鉴1987》，中国统计出版社1987年版。

以上3个70%说明，在1957—1978年，我们的农村产业政策是违背经济和自然规律的，是一种封闭式的小农经济政策。单打一地抓粮食，不仅使丰富多样的农村资源闲置浪费，甚至受到破坏，而且粮食本身也不能得到显著的增产，直到1978年也未能解决人民的温饱问题。

这种农村生产结构单一化现象出现的原因是值得研究的。在农村领导工作中，确实过分强调了"以粮为纲"，并不恰当地同干部政绩联系起来，这对于促使生产结构单一化是起了显著作用的。但是，这只是表层的原因。我认为，就深层来看，农村生产结构的单一化，是农村生产关系单一化的必然结果。更确切地说，是以落后生产力为基础的生产关系单一公有化的必然结果。其依据有四：

(1)观念制约：把非农化同社会主义道路相对立，把商品经济与资本主义等同，这就极大地禁锢了广大农村干部和农民的思想，视"非农"为歧途，视"务农"为上策。

(2)资金制约：由于生产力落后，农业乃至工业都未经过资金原始积累过程，要发展多种经营和农村的二、三产业，由谁来投资？国家和集体无能为力，私人又不敢投资(因为那不是公有制)。因而，只能单打一地抓资金占用率低的种植业和粮食生产。

(3)供给制约：在小生产基础上实行的公有化，是一种供给机制十分脆弱的农业体制。一方面，工业无力支援农业；另一方面，农业不仅难以自保，而且还要承担沉重的"支工"任务，为工业化提供积累。农业有机构成极低，无力抗衡自然灾害，更难以采用先进技术。因而，整个农产品供给量不高，结构单一，仅保粮、肉、菜而已。城市居民消费的替代弹性很低，"手中无粮，心中发慌"。如遇天灾，波动就很大。这势必反过来迫使各级领导要狠抓粮食生产，在资金与物力匮乏的情况下，有时就顾不得其他的生产了。

(4)人口素质制约：农村人口在"一律归田"的人民公社体制下，绝大多数只习惯于传统的种植业生产，没有经过商品经济的"培训"，除了种田之外，不会其他。原有的"能人"也大多在历次运动中被当作"走资本主义道路"的典型批判，不受重用。在这种状况下，发展多种经营和工商业，又受到管理干部和熟练劳动力的巨大限制。

第三，农业技术改造不顾经济和自然规律。应该说，在1957—1978年，农业的技术改造还是取得了可观的成就。1978年与1957年比，农业机械总动力由12.1亿瓦特增至1175亿瓦特，机耕面积的比重由2.4%增至40.9%，有效灌溉面积由24.5%增至45.2%，每亩化肥施用量由0.2公斤增至5.9公斤，每亩耕地用电量由0.1千瓦小时增至17千瓦小时。但也应看到，这些成就是在某种盲目而痛苦的摸索中得到的，是付出了昂贵的代价的。由于人们不尊重客观规律，在农业技术改造过程中，也出现了一些十分荒唐的"壮举"。

——1958年，为贯彻大跃进路线，实现"超英赶美"，大放"卫星"，"亩产万斤粮"，闹出许多荒唐的笑话；

——为了粮食"上纲"，不看各地条件，一律要求粮食自给，大搞"让高山低头，叫河水让路"，毁林造地，围湖造田，毁草种粮；

——"农业学大寨"，大搞农田基本建设，不少地区是有显著成就的，但一些地区照搬照套，山区搞"人造平原"，湖区搞"水灾搬家"（开垦了低处，淹没了高处）；

——不顾劳动力转移情况和经济发展水平，盲目武断地推行农业机械化，下指标，定期限，忙了机器闲了人，丢了投资无效益，甚至出现"先进的穷队""越化越穷"的现象；

——在推广先进技术措施方面，取得了不少成就，如水稻的"三改"，玉米的杂交，薄膜育秧，果树整枝嫁接等，收到显著成效。但是，到后来，特别是到了"文化大革命"期间，技术推广上形成了一种公式化、政治化的倾向，不顾千差万别的自然条件和经济差异，"一风吹""一刀切"，不执行就实行"抓革命，促生产"，搞批斗。

由于在技术改造上不尊重自然规律和经济规律，不仅在经济上产生负面效果，而且严重破坏了生态平衡，造成农业自然灾害面积的扩大和频率的增加。从1957年到1978年，受灾面积扩大2164万公顷，扩大了74.24%，成灾面积扩大682万公顷，扩大45.53%，成灾面积始终占50%左右。其中，水灾成灾面积呈下降趋势，而旱灾成灾面积呈上升趋势。[⑦]当然，这种情况，与宏观的气象因素有关，但同毁林种粮、乱伐滥垦也是分不开的。

技术改造上的这种盲目性，当然基本原因是干部和群众的科学素质不高，再加上建设上的急性病和政治上的速胜论（尽快进入共产主义），自然就会导致不顾客观规律的蛮干了。

（三）农村经济社会发展的停滞

上述政策上的偏颇，致使中国农村在1957年以后的20年间未能取得应有的发展，而且呈现一种畸形的停滞状态，经济徘徊不前，社会封闭增加，以致到党的十一届三中全会以前，还处于一种半自然经济的发展阶段。具体表现在如下几个方面：

第一，自然经济的回归。土地改革后，中国农村商品经济曾出现一个十分可喜的萌动势头。我们过急地终止了新民主主义政策，致使这种势头被抑制了下去。商品经济与自然经济在客观上存在着一种此消彼长的对应关系，"逆水行舟，不进则退"，商品经济受抑，必然就导致自然经济的回归。

自然经济的回归，是从社会分工的停滞开始的。由于在当时的政策之下农村劳动力无法向非农转移，所以 20 年来农业人口始终占总人口的 80% 以上，农业劳动力始终占总劳动力的 70% 左右(见表 2-6)。

表 2-6 社会分工进展情况 单位：万人

年份	农业人口	农业人口占总人口的比重(%)	农业劳动力	农业劳动力占总劳动力的比重(%)
1952	49191	85.6	17317	83.5
1957	54035	83.6	19310	81.2
1960	53134*	80.3	17016	65.7
1975	78142	85.0	29456	77.2
1978	79014*	82.1	28373	70.7

* 为乡村人口数。

资料来源：国家统计局：《中国统计年鉴1990》，中国统计出版社 1990 年版。

自然经济的回归集中表现在两方面，一是商品流通的萎缩，二是农村自给自足性未根本改变。

商品流通的萎缩，可从商业机构和从业人员的大量减少反映出来：

1978 年与 1952 年比较，商业机构(不包括批发)减少 424.5 万个，减少 77.2%；从业人员减少 345.1 万人，减少 36.2%。而其中主要是减少集体、合作和个体的部分，这部分主要是集中在农村。

表 2-7 社会零售商业、饮食业、服务业机构和人员

年份	机 构		其中：集体、合作、个体	
	万个	以1952年为100	万个	以1952年为100
1952	550.0	100.0	546.0	100.0
1965	128.2	23.4	115.8	21.2
1978	125.5	22.8	115.2	21.1
年份	人 员		其中：集体、合作、个体	
	万个	以1952年为100	万个	以1952年为100
1952	952.9	100.0	896.2	100.0
1965	511.9	53.7	357.0	39.8
1978	607.8	63.8	409.1	45.6

资料来源：根据《中国统计年鉴1990》换算而成。

农村生产的停滞、流通的萎缩，必然造成农村经济的自给自足性难以被摆脱。据统计，主要农产品的商品率基本没有提高：1978 年与 1952 年相比，收购量占总产量的比重，粮食由 24.6% 下降到 20%，棉花由 86.5% 微升至 94.3%，食用油由 78.8% 下降到 55.9%，肉与水产大体持平。[8] 农民家庭平均每人商品性和自给性生活消费品支出构成，也是 20 年无大变化，商品性支出只占消费的 39.7%，自给性消费仍占 60.3%。其中，食品的自给部分占 75.9%，衣着占 11%，住房占 4.9%，燃料占 68.1%，用品及其他占 12.3%。[9]

第二，农民未能摆脱贫困状况。直到 1978 年，农民家庭人平纯收入仅 133.57 元，比 1957 年略有增加，而其中绝大部分属"实物收入"，货币收入可以说是微乎其微。甚至在一些中等发达地区，农民连买盐的现金都十分缺乏。这主要是人民公社体制下，没有什么商品性的生产，而家庭副业又大大萎缩的结果。在此情况下，农民的生活消费水平自然是很低的（见表 2-8）。

表 2-8　　　　　　　　　　农民家庭平均每人生活消费支出　　　　　　　　单位：元

年份	1957	1965	1978	1978 年/1957 年(%)
1. 生活消费品支出	69.63	92.53	112.90	162.14
其中：食品	46.59	65.11	78.59	168.68
2. 文化生活服务支出	1.23	2.58	3.16	256.91
合　计	70.86	95.11	116.06	163.78
恩格尔系数	0.6575	0.6846	0.6771	

资料来源：根据《中国统计年鉴 1987》换算而成。

21 年，农民的人平生活消费支出仅仅增长 63.78%（45.2 元），而恩格尔系数则提高 0.0196。处在贫困线以下。这还是一个平均数，在一些不发达地区，更可想而知了。例如，1978 年，甘肃省农民人平纯收入为 98.4 元，河北农民人平纯收入 91.5 元。

第三，社会供给短缺化。1957—1978 年的 21 年间，全国人口增加 31606 万人，但是主要农产品的社会消费供应额却徘徊不前。以粮食、食用植物油和猪肉等项的社会消费零售额为例：

21 年的漫长时间，粮食供应量仅增长 27.5%，植物油反下降 15.1%，猪肉仅增长 9.7%，水产品及棉布也增长不多（见表 2-9）。在这个时期，20 世纪 50 年代那种市场繁荣、购销两旺的景象没有了。市场萧条，商品奇缺，处处排长队，"开后门"，人民生活水平普遍下降。

表 2-9　　　　　　　　　　　主要农产品社会消费零售量

年份	粮食		植物油		猪肉		水产品		棉布	
	万吨	以1957年为100	万吨	以1957年为100	万吨	以1957年为100	万吨	以1957年为100	亿米	以1957年为100
1957	3723.5	100.0	103	100	176.5	100.0	142.4	100.0	42.9	100.0
1962	329.5	88.5	39	37.8	52.7	29.8	114.6	80.5	23.8	55.5
1975	4196.5	112.7	83	80.6	425.9	241.3	187.1	131.4	60.2	140.3
1978	4750	127.5	87.5	84.9	467.5	109.7	219	153.8	63.7	148.5

资料来源：根据《奋进的四十年》换算而成。

第四，农村集镇的衰落。农村集镇，是农村商品经济发展状况的集中窗口。在20世纪50年代，随着土地改革后商品经济的复苏，中华人民共和国成立前濒临破产的农村集镇，一度活跃起来，一些经济发展较快的地区，许多农村的能工巧匠和买卖人离开了田地到集镇来从事手工业生产或做小生意，这使得一些集镇又热闹起来了。

但是，这种趋势没能维持多久。由于过快过粗地推行了手工业和"夫妻店"的社会主义改造，后来又实行"劳力归田"的政策，商品经济发展受到抑制。应该说，这种抑制在农村比在城市更为严重。原来一些集市贸易渐渐消失，原来喧闹的农村集镇又逐渐冷清了。商店减少，作坊关门。有些集镇在"文化大革命"时期，基本变成了单纯的居民点——居民在人民公社从事农业劳动，只不过是住在集镇的小街上而已。有些集镇居民，干脆就迁到生产队中去了。据统计，1973年全国小城镇非农业人口由1952年的3952万人减到3663万人；占全国总人口的比重由5.98%下降到4.1%。[⑩]据湖南省统计局等单位统计，该省建制镇由1957年的241个减少到1975年的204个，减少15.35%，建制镇人口，由1957年的138.65万人一度降到1962年的87.75万人，到1975年也只增长到255万人(可能主要是自然增长)。[⑪]

据广东省的统计，该省农村的乡镇非农业人口由1957年的70.7万人，一度下降到1975年的62.9万人。以上这些数字，都不是很全面，而且也可能会有统计口径上的变化因素。但是，从中也可以看到一点，即在这一段历史时期，农村集镇确实没有多大的发展，这是没有疑问的。

总之，在1957—1978年的21年间，中国农村走过了一段十分曲折的路。在这一个历史时期，正如《中共中央关于建国以来党的若干历史问题的决议》所表达的那样，既取得了很大的成就，也遭到过严重的挫折，党的工作指导方针上有过严重的失误。这种失误，在农村所造成的后果，归纳起来是三点：

第一，挫伤了土改后农民迸发出来的生产积极性，在相当程度上造成农业生产力的破坏。

其实，早在1954年就已经出现了一些征兆。当时，某些地区由于过于性急地推行高级合作社运动，采取了一些粗暴的做法，侵犯了农民的利益(特别是中农的利益)，在统购统销中违反政策，把农民口粮也收了，造成农民不满和紧张。在这种情况下，破坏生产力的现象便时有发生。全国各地都曾出现大量杀猪宰鸡、砍树毁桑的现象。对这一严重情况，毛泽东曾作过批示："生产关系要适应生产力发展的要求，否则生产力会起来暴动，当前农民杀猪宰牛就是生产力起来暴动。"[12]为此，中央根据邓子恢同志的建议也作过四个紧急指示(《关于整顿和巩固农业生产合作社的通知》《关于大力保护耕畜的紧急指示》《关于在少数民族地区进行社会主义改造问题的指示》《关于迅速布置粮食购销工作安定农民生产情绪的紧急指示》)，但由于并未从路线、方针的高度认识问题，只是临时治标，并未能防止日后"大跃进"和"文化大革命"对生产力更大的破坏。特别是在"文化大革命"中，发展生产力被当作"唯生产力论"来批，按劳分配被作为"反动的资产阶级法权"来批(注：资产阶级法权在马克思主义理论中并不是贬义词，而在"文化大革命"时期却被当作一种与社会主义不能共容的反动东西了)，广大农民在超强度的劳动下，辛苦终年，仍不得温饱，更不用谈什么经济实惠了，因而极大地挫伤了他们的生产积极性。

第二，推迟了农村乃至整个社会的分工进程。社会分工是生产力发展的标志，是商品发展的基础。正如我们在前面所叙述的那样，由于违背客观经济规律的农村政策，人为地阻止了农业人口向非农转移的趋势，中国农村的社会分工至少推迟了20年。

第三，加剧了农村的封闭性，强化了农村的宗法血缘关系，造成城乡阻塞，工农分家，整个农村经济靠行政命令来运转。由于城乡人口流动的"冻结"以及商品流通的单一化(国家包起来)，城市和农村实际上形成了相互脱节的两个"自我循环"的体系：城市工业(特别是重工业)不为农业服务，也不以农村为市场，而是自我服务、自成市场，城市的就业机会也是以城市人口为对象自我消化；农村除完成统派购任务外，也不存在什么进入市场的问题(因为国家禁止农产品自由上市)，农业剩余人口也只能"窝"在农业中，"一个人的事三个人做"。这样的城乡阻塞、工农分离的格局，造成双方都无法发展。农业不发展，还可以"穷对付"，反正不用国家财政掏钱；工业不发展，就业问题就随着人口的膨胀而尖锐化了。于是便出现了一个"百万知识青年下农村""接受贫下中农再教育"的运动，把就业转嫁给农村。在这种扭曲的情况下，经济杠杆实际上不起什么作用了(因为没有横向经济联系，没有城乡沟通的市场)，只能依靠等级依附式的行政命令来推动多种经济活动：春催耕，夏催耘，秋催收，冬催缴。

这三方面的后果，集中到一点，就是延缓了中国农村现代化的进程，从而也延缓了中国由传统农业国向现代工业国转变的进程。这就不得不迫使党在十一届三中全会以后，进行拨乱反正，重新开始这一中华民族不能不经历的进程。

三、结语

21年的曲折路程，使中华民族在走向现代化的事业上丧失了一次历史机遇。但是，如果我们朝前看，对于一个新兴阶级的不成熟性，对于一个全新事业的探索性，则应给予应有的理解。当然，仅仅是理解是不够的，还应从中吸取应有的教益，"吃一堑，长一智"，庶几有补于未来。回顾这21年正反两方面的经验，至少有如下几个问题是值得我们思考和解决的：

(一)商品经济与工业化的关系问题

在一个落后的大国，不经过商品经济的发展，能不能实现由农业国向现代工业国的转变？或者说，能不能在工业(城市)与农业(乡村)相互隔绝的状态下实现工业化？这个问题，实际上是过去过"左"的农村政策乃至城市政策的重要理论渊源之一。21年的折腾，实质上就是围绕如何看待商品经济，社会主义允许不允许商品经济的存在与发展，以及发展到多大的程度这个问题颠来倒去。

这里，首先涉及一个理论问题，即：什么是工业化？如果把"工业化"仅仅理解为工业企业的增加，工业产值超过工农业总产值的70%就叫工业化，那么这种"工业化"几乎是可以通过财政增加投资，增设工厂就可能达到的。事实上，无论是斯大林时代的苏联或是党的十一届三中全会以前的中国，大体上都是这样理解，都是这样实行，同时也都是按这种标准而宣布实现了"工业化"。而为了实现这样的工业化，便不可能不严酷地"吮吸"农业与农村以取得资金和廉价原料，致使农业发展远远落后于城市工业；由于农业的落后，粮食与副食品的缺乏，又不可能不用强制的手段增加农民的劳动强度，乃至动员"人人都有两只手，不在城里吃闲饭"，迫使"劳力归田"。这种"片面工业化——农业瘸脚——人口回归农业——工业化更加困难"的"怪圈"，一直缠绕着中国达21年之久。

无论是马克思主义经济学或者现代西方经济学，从来都没有如此狭窄地界定"工业化"范畴。马克思在《资本论》中一再阐述：大工业革命，必引起整个社会一系列的革命。个别产业部门生产方式的革命，引起别的生产部门的革命；工业的革命，引起农业生产的革命；工业和农业的革命，引起"社会生产过程的一般条件"的革命(如交通与运输的革命)；还将引起"社会经营方式的革命"，引起"劳动新的机能及劳动过程"的革命……⑬张培刚教授对"工业化"的定义，接近于马克思主义上述原理："'工业化'可以被定义为一系列基要的'生产函数'连续发生变化的过程。这种变化可能最先发生于某一个生产单位的生产函数，然后再以一种支配的形态形成一种社会的生产函数而遍及于整个社会。"⑭据此，我个人认为，工业化应该是一个国家由传统的农业国转向现代工业国的过程。这个过程，绝不只是某种数量的变化，而是全社会的整体位移。它包括经济的、社会的、文化的质变——用现代工业文明取代传统农业文明。

如果我们这样来界定"工业化"，那么，第二个问题是：没有商品经济的高度发展(这当然包括城乡之间广泛的商品流通与资源流动)能不能实现现代化？显然是不能的。一般的政治经济学知识告诉我们，实现国家工业化的条件是很多的，但其中至关重要的有两条，第一条就是解放农业劳动力，并使之具有日渐提高的现代文化素质。换句话说，就是在工业化的同时，必须有农业劳动力的非农化和农村文化的城市化过程。否则，工业化是无法实现的。历史上，资本主义工业化，首先是通过剥夺小农以造就大量的"像鸟一样无拘无束的无产者"(马克思语)的产业后备军来实现的。中国在1949年前之所以未能实现工业化，关键也就是封建的土地制度使农民束缚在土地上没有人身自由。1957—1978年中国的工业化之所以步履艰难也正在于城乡分割阻止了劳动力的非农化。而这种劳动力的非农化，显然和商品经济的发展是绝对分不开的。至于工农业劳动力的现代文化素质如果没有商品经济的充分发展，就可能培育出来，甚至他们连离土离乡的"勇气"也不会有。

除了这个至关重要的条件之外，工业化还需要一个重要的条件，就是农业的商业化。重工业的发展，需要粮食和农村市场，轻工业的发展除了粮食和市场之外，还需要大量的原料。如果农业处在自给自足的自然经济条件下，就不可能提供这些。工业化必然同农业商业化并进，这也是经济常识，无须在此多费笔墨。

(二) 向社会主义过渡与工业化的关系问题

我们的目标是向社会主义过渡，这是毫无疑义的。这里的问题是时机选择的问题，即是按照党的七届二中全会确定的步骤，先推行工业化然后再向社会主义全面过渡呢？还是在没有工业化的情况下就全面过渡？这个问题，如果从反面来讲，也可以说是社会主义能不能建立在小生产基础上的问题。其实，这并不是一个新问题。早在一百多年前，马克思对空想社会主义就做过批判。后来，列宁和民粹主义进行过斗争。无论是傅立叶还是民粹主义，都是反工业化的"社会主义"。他们厌恶资本主义的工业化，而主张在未来的社会主义社会中，人们的主要劳动应投入农业，从而实现消灭工农差别。这种企望跳过资本主义工业化"卡夫丁"峡谷的反工业主义思想，在相当的程度上同我国刘少奇同志所批评的"农业社会主义"的思想是一脉相承的——都是小资产阶级的社会主义思想。以为在商品经济与工业化还未充分发展的小生产基础上，就可以直接过渡到社会主义社会。这正是1957—1978年间生产关系不断革命的又一个重要思想根源。

列宁在新经济政策时期，给我们留下了许多十分宝贵的遗训。在总结军事共产主义政策失败的教训时，列宁明确地说："我们原来打算(或许更确切说我们是没有充分根据地假定)直接用无产阶级国家的法令在一个小农国家里按共产主义原则来调整国家的生产和产品分配。现实生活说明我们犯了错误"。[15]据此，列宁一再强调"不能实现从小生产到社会主义的过渡""没有建筑在现代科学最新成熟上的大资本主义技术，没有一个使千百万人在产品的生产和分配中最严格遵守统一标准的有计划的国家组织，社会主义就无从设想"。因此，在一个小生产占极大优势的国家，为了"能顺利地解决我国直接向社会主义过渡的任务，就必须懂得，需要经过那些中间途径、方法、手段和补助办法，才能将资本主义以前的各种关系过渡到社会主义去。全部的关键就在这里"。[16]

列宁在这里十分肯定地说了不能在小生产的基础上直接过渡到社会主义，必须经过一些中间阶段。为什么不能直接过渡？列宁指出了两点：缺乏"大资本主义技术""资本主义以前的各种关系"还存在。这两方面是互为关联的。什么是"大资本主义技术"呢？总的来说，当然是指现代大工业的物质技术基础，即社会化的生产力。社会主义绝不是原始公社，它是高度社会化的大生产。它必须以现代化的先进生产力为其基础。这种生产力，不能仅仅理解为"大机器"(当然这是首要的)。除此之外，还要至少包含如下三个内容：① 相当完备的基础设施和社会化服务体系。建立在高度社会分工基础上的大生产，与"小而全""大而全"的经营方式是毫不相容的。它对能源供输、交通运输、通信、供排水等基础设施要求很高，对产前、产中、产后、金融、信息、生活等的社会化服务体系依赖性极大。在这种条件还不具备(小生产肯定无法具备)的情况下，人为地制造"一大二公"的"大生产"，显然是难以运转的。仅仅有"大机器"，也是不行的。20世纪80年代初，国营友谊农场五分场二队，引进了全套的美国农业机械系列，使该场的职工由原先的七、八在是人减到几十人,劳动生产率是提高了几十倍。可是,化肥运到火车站,没有力量搬回来;小孩没有办法上幼儿园和小学,因为一个三十几人的队办不了学校,去别的队相距又太远;人数太少无法喂猪,又没有供应,肉也吃不上了……这个例子充分说明,即使有了"大机器",如果没有完备的基础设施和服务体系,也不能形成现代的生产力。而后一方面,我们国家的发展水平还差得很远,这也是为什么处处都是工厂农场"办社会",从而经济效率不高的原因。②严密的社会统计监督系统和严格的标准化水平。大生产是一种建立在高度专业化基础上的社会化协作,一环扣一环,彼此充分独立而又相互依存,任何一环的脱节都会造成社会性失调乃至危机。因此,必须有严格的标准化规范并使全社会"最严格遵守"的社会统计监督系统,否则,大生产就无法运行。③整批整层的具有现代素质的人,包含现代科学技术与技能素质,现代商品经济意识素质和管理与协调现代大生产能力的素质。从普通劳动者直到国家的高层管理者,都应在不同程度上具备这种素质。否则,社会化的大生产这部庞大而复杂的经济机器,就会处于缺乏合格的操纵者、管理者乃至指挥官的状态。以上所有这些方面,都应属于"大资本主义技术"的范畴。当然列宁这是从历史的角度来说的,因为从历史上看,这些"大技术"是由资本主义制造出来的。但这完全不等于说,只有"资本主义"才能制造出来。我国 10 年改革的经验说明,商品经济才是培育这种"大技术"的"工作母机"。而商品经济可以是资本主义的,也可以不是资本主义的。

而在我国,特别是在 20 世纪年代,显然还不具备这种"大资本主义技术"。之所以不具备,是因为在当时我们还没有工业化,"资本主义以前的多种关系"还大量存留着。这里的"多种关系"包括自然经济的小生产关系,等级依附的宗法关系,以及形形色色的中世纪的习惯势力。显然,在这种小生产汪洋大海的条件下,是难以直接过渡到社会主义的。但是,我们却是快步跨入了社会主义社会。而没有像列宁所说的那样,采取多种中间的途径、方法、手段和补充办法,经过一整个的"过渡时期"(注意,之所以叫作"时期",是因为不是几年,而是 10 年、20 年……),以便把资本主义以前的多种关系"过渡到社会主义"去。这种过快、过粗的直接过渡,虽然也强制性地积累起了工业化的初步基础,但付出的代价太大,而且使整个经济发展呈现出许多畸形和变态:

——社会机能的分割阻塞着工业的聚集效应,使企业与社会同构化,从而大大掣肘了经济效率的提高;

——温情脉脉的"人情"冲击着标准化的监督,使宗法原则经常取代了商品经济原则,造成经济行为的扭曲变形;

——缺乏现代素质的人管理着现代化的物质装备,大大降低了物质要素的效能……

这一切畸形的后果,集中到一点,就是使现存的社会主义建设产出成本大大高于现代的发达资本主义。据世界银行 1984 年经济考察团发布的《中国:长期发展问题和方案》中的资料:1980 年每美元国内生产总值的能耗(公斤标煤),中国是 2.9,日本是 0.51,美国是 1.05;每美元国内生产总值所消耗的货运量(吨公里),中国是 3.1,日本是 0.41,美国是 1.8。这就是说,同样的产出量,中国要比日本多消耗约 5 倍的资源,比美国多消耗约 1 倍的资源。这正是我们经济实力不足,社会不富裕的经济原因。

(三)社会主义与非社会主义的关系问题

以上两个问题，实质上都同如何正确对待非社会主义因素(其中，首先是资本主义因素)有密切关系。这是一个十分敏感而又无法回避的问题。中国农村在1957年实行战略转变的提前，关键也在这个问题。

在一个生产力十分落后的国家，要建设起现代大生产的社会主义社会，这是一件"前无古人"的事业。在前面两个问题中，我们阐述了社会主义不能建立在小生产的基础之上，而必须建立在现代大工业的基础之上；发展现代大工业，又不能离开商品经济的高度发展。那么，怎样才能让商品经济发展起来？怎样才能使工业化顺利实现？

在这个问题上，始终存在着两种思路的分歧，是单一地依靠"纯而纯"的公有经济来实现呢，还是以公有经济为主导并充分利用非公有经济的能量来加以实现呢？无论是国际共运70年的经验，还是中国过去30年的经验，都说明前一种思路是脱离实际的，效果不好。一则在资本主义"遗产"贫乏的基础上建立起来的公有经济，力量太小，还没有强大到足以推动整个社会的现代化进程；二则无法调动全社会发展经济的积极性；三则(更为重要的)在小生产占优势的条件下建立的公有经济，严重地缺乏动力机制，而且诱发平均主义和懒惰思想，使得整个经济活动的效率不高，资源的浪费较大，造成发展迟滞。

其实，后一种思路才是真正符合马克思主义经典作家的原意的。恩格斯在《流亡者文献》中说过："只有在社会生产力发展到一定阶段，发展到甚至对我们现代条件来说也是很高的阶段，才有可能把生产提高到这样的水平，以致使得阶级差别的消除成为真正的进步，使得这种消除持久巩固，并且不致在社会的生产方式中引起停滞或甚至衰落。但是生产力只有资产阶级手中才达到了这样的发展水平。可见，就是从这一方面说来，资产阶级正如无产阶级本身一样，也是社会主义革命的一个必要的先决条件。因此，谁竟然肯定说在一个虽然没有无产阶级然而也没有资产阶级的国家里更容易进行这种革命，他就只不过是证明，他需要再学一学社会主义初步认识。"[17]恩格斯在这段话里，十分明确地提示我们，只有在生产力高度发展的阶段，消除阶级差别的社会主义革命，才会"成为真正的进步"，否则便会"引起停滞或甚至衰落"。而在发展生产力这方面，资本主义是有其历史作用的。

列宁则说得更为明确。他在新经济政策时期的许多重要文献中，一再阐述了在由小生产向社会主义过渡的时期，必须利用资本主义(包括国家资本主义)，而且完全可能利用资本主义来加强社会主义。我认为列宁所说的利用资本主义加强社会主义，包含三层意思：首先是要大力发展商品流通，特别是城乡之间的商品流通，商品经济的发展，必然会出现某种私有经济和资本主义因素，但这不可怕，因为它有利于生产力的发展；其次要充分利用国家资本主义的形式，国家资本主义列宁称之为受无产阶级国家控制的资本主义，认为这是他所说的"中间的形式"之一；最后即使少量纯粹的私人资本主义，只要它有利于社会生产力的发展，也允许其存在。只有这样，才能在无产阶级政权的约束之下，有条件地利用多种非社会主义因素以促进生产力的迅速发展，促进管理能力的普遍提高，为真正向社会主义的全面过渡创立足够的物质技术基础和经营管理基础。这应是"利用资本主义加强社会主义"的本质内涵。只有这样，才能做到恩格斯所说的"使得这种消除持久巩固"。

我们还应该看得更远一些：即使到了成熟的社会主义阶段，是否就不允许有一点"资本主义"因素存在呢？还不能这样说。因为纵观历史上任何一个社会发展阶段，都不是"纯而又纯"的清一色的一种生产方式。在封建社会，有奴隶制的残余，有资本主义的萌芽；在资本主义社会，有封建制的残余，也有社会主义的萌芽因素。但都是以占统治地位的生产方式为主体的。在未来高度发达的社会主义社会，会不会也存在某种资本主义的残余，也会有共产主义的萌芽呢？这是不能匆忙下结论的问题。

◎ **注释：**

①根据《1990 年中国统计年鉴》的资料，1952 年农业总产值为 461 亿元，农副产品收购总额为 140.8 亿元，1957 年农业总产值为 537 亿元，农副产品收购总额为 217.5 亿元。农副产品收购总额包括：商业部门的收购额、外贸收购额、工业和其他部门的收购额，非农居民和农民的购买额。

②《毛泽东选集》第 4 卷，人民出版社 1960 年版，第 1431 页。

③以上材料来自《中国农业合作化运动史料》《东北局关于推行农业生产合作化的决议》《西南区农村工作会议参考材料》。

④刘少奇在中国共产党成立三十周年庆祝大会上的讲话。《新华月报》1951 年 7 月号。

⑤《农业集体化重要文件汇编》上册，第 33 页。

⑥《马克思恩格斯选集》第 1 卷，人民出版社 1972 年版，第 218~219 页。

⑦国家统计局：《中国统计年鉴 1990》，中国统计出版社 1990 年版，第 389 页。

⑧国家统计局：《奋进的四十年》，中国统计出版社 1980 年版。

⑨国家统计局：《中国统计年鉴 1987》，中国统计出版社 1987 年版。

⑩席蓉、徐荣安：《我国小城镇现状》，《湖北小城镇经济理论与实践》1985 年。

⑪湖南省社科院小城镇课题组：《湖南小城镇研究文集》1985 年。

⑫中共中央文献研究室：《三中全会以来重要文献汇编》下册，人民出版社 1982 年版，第 955 页。

⑬《资本论》第 1 卷，人民出版社 2004 年版。

⑭张培刚：《农业的工业化》，华中科技大学出版社 2009 年版，第 70 页。

⑮《列宁选集》第 4 卷，人民出版社 1992 年版，第 571 页。

⑯《列宁选集》第 4 卷，人民出版社 1992 年版，第 524~525 页。

⑰《马克思恩格斯全集》第 18 卷，人民出版社 2006 年版，第 610、611 页。

第三章　改革与发展的十年

一、十年巨变：划时代的突破

1978—1988 年，中国农村经历了翻天覆地的变化，无论从历史的高度还是社会的深度来评估，这种变化都可以说是划时代的。它对中国农村乃至整个中国现代化的发展，都将产生巨大而深刻的影响。如果说，20 世纪 50 年代初中期中国农村所经历的那次变革是以生产关系为主轴的革命，那么 80 年代所经历的这次变革（虽然以生产关系的改良为起点），则是以生产力为中心的飞跃。这种变化可概括为四个基本方面：

（一）农村商品经济的大发展

以"包产到户"为中心的农村生产责任制改革，结束了人民公社。在以双层经营的合作经济为主体的条件下，实行了所有制结构的多元化，经营形式的家庭化，自主经营，按产分配，多劳多得，发展流通，农村商品经济空前地发展起来。

表 3-1 中的机构与人员，分别增长了约 9 倍和 4 倍，其中集体和个体部分，主要在农村（包括乡镇），增长得更多一些。社会商品零售总额中，农村部分也比全国平均增长率高。这说明，相比 1978 年以前，农村的商品经济发展势头明显地大于城市。这同中国的改革是从农村首先开始有着密切的关系。这种商品经济发展的速率，在中华人民共和国成立的 40 年中，是空前的。这也说明，农村的自然经济又一次开始了它的解体过程。自然经济的解体，最明显地反映在农民家庭生活消费结构中商品性部分的增加和自给性部分的减少（见表 3-2）。

表 3-1   **零售商品机构、人员及社会商品零售总额**

年 份		1978	1988	1988 年/1978 年(%)
社会零售商业、饮食业服务业机构和人员	机构(万个)	125.5	1266.9	1009.48
	其中：集体、合作、个体	115.2	1234.1	1071.26
	人员(万人)	607.8	3030.9	498.66
	其中：集体、合作、个体	409.1	2565.3	626.32
社会商品零售总额	全国(亿元)	1558.6	7440.0	477.00
	其中：农村	810.4	4222.4	521.0
	农业生产资料销售额	293.7	1027.2	349.74

资料来源：根据《中国统计年鉴 1990》综合换算而成。

表 3-2   **农民家庭人平生活消费品支出构成的变化(%)**

	年份	合计	食品	衣着	住房	燃料	其他
商品性	1978	39.7	24.1	89.0	95.1	31.9	87.7
	1986	62.8	44.1	98.1	98.2	21.9	99.6
自给性	1978	60.3	75.9	11.0	4.9	68.1	12.3
	1986	37.2	55.9	1.8	1.8	78.1	0.4

资料来源：根据《中国统计年鉴 1987》综合整理而成。

在农民家庭人平生活费和支出中，食品份额所占比例明显减少，恩格尔系数由1978年的0.6771进一步下降为1986年的0.5635。[1]农产品的商品率也有了明显的提高：农副产品收购总额占农业总产值的比重，由1978年的39.93%提高到1989年的51.81%(557.9亿元：1397亿元；3386亿元：6535亿元)，11年提高了将近12个百分点。[2]

(二)农村非农化的大突破

随着人口与劳动力依附于土地状态的解除，农村社会分工和商品经济迅速发展，农村工业化取得了长足进展，10年来，农村的乡镇企业由1978年的152.42万个发展到1988年的1888.16万个，增加1138.79%。其中，工业企业由1978年的79.4万个增加到1988年的773.52万个，增加874.2%；同期，农业企业由49.46万个，减少到23.28万个，减少52.93%。同期，乡镇企业职工人数由2826.56万人，增到9545.46万人，增加237.7%。其中，吸收农村剩余劳动力6000余万人。乡镇企业的总产值，由493.07亿元增长到6495.66亿元，增长12.17倍。1988年，乡镇企业总产值净增部分占整个社会总产值净增部分的28%，占工业产值净增部分的30%，占农村社会总产值净增部分的60%。同年，农民纯收入的增加有25%来自乡镇企业，发达地区在80%以上。

在非农化的基础上，人口结构和就业结构首先发生了重大变化：从表3-3中可以清晰地看到，经过10年乡镇企业和非农化的发展，中国的人口结构第一次有了突破性的转换：市镇人口和乡村人口约各占一半。当然，在统计口径上有些出入，即市镇人口中包括一部分非建制镇和村的非农业人口，但从大的趋势上看，农业人口占绝大比重的阶段则无疑地过去了。就业结构的变化，则是明确无误的。

表3-3　　　　　　　　　　人口结构与就业结构的变化

	年份	1978	1988	1988年/1978年(%)
人口结构	总人口(万人)	962.59	109614	113.87
		100.0	100.0	
	其中：市镇人口	17245	54369	315.27
	比重(%)	17.9	49.6	
	乡村人口	79014	55245	69.92
	比重(%)	82.1	50.4	
就业结构	社会劳动者总人数	40152	54334	135.38
	(万人)	100.0	100.0	
	其中：一产业	28373	32308	113.87
	比重(%)	70.7	59.5	
	二产业	7067	12295	173.98
	比重(%)	17.6	22.6	
	三产业	4712	9731	206.52
	比重(%)	11.7	17.9	

资料来源：根据《中国统计年鉴1990》综合换算而成。

农村非农化的进程，其次反映在农村产业结构的变化上（见表3-4）：

表 3-4 　　　　　　　　　农村产业结构的变化（%）

年份	1978	1988
农村社会总产值	100.0	100.0
其中：农业	68.6	46.8
农村工业	19.4	38.1
农村建筑业	6.6	7.1
农村运输业	1.7	3.5
农村商业	3.7	4.5
农业总产值	100.0	100.0
其中：作物种植业	76.7	55.9
林业	3.4	4.7
牧业	15.0	27.2
副业	3.3	6.7
渔业	1.6	5.5

资料来源：国家统计局：《中国统计年鉴1990》，中国统计出版社1990年版。

中国农村所发生的以乡镇企业为主要载体的非农化大进军，不仅促进了我国国内经济的发展，加速了农村的社会分工，推动了农村产业结构的调整，而且也促进了我国外向型经济的发展。1987年，乡镇企业出口创汇额超过50亿美元，创汇企业达2万家，交货总额占全国出口产品收购总额的近1/6。

（三）农业生产率的显著提高

中国农村乃至整个改革的重大特点，就是在进行结构转换的过程中，不仅没有像西方国家那样造成农业的一度破坏和衰退，相反却显著地提高了农业的生产率，这就有力地支援了农村乃至整个国民经济的改革与发展，而且这也是中国改革定会取得最后胜利的先兆。

农业劳动生产率的提高和土地生产率的提高是很显著的（见表3-5）：

表 3-5 　　　　　　　农业劳动生产率与土地生产率的变化

	年份	1978	1984	1988	1989	1988年/1978年（%）
劳动生产率	农业劳动力（万人）	28373	30927	32308	32440.5	113.87
	农业总产值（亿元）	1397.0	3214.13	5865.27	6534.73	419.85
	劳平产值（元）	492.37	1039.26	1815.42	2014.37	368.71

年份		1978	1984	1988	1989	1988年/ 1978年(%)
土地 生产率	耕地总面积(万亩)	150000	—	143484	—	95.65
	亩平产值(元)	93.13	—	408.77	—	438.92
	其中:粮食播种面积(万亩)	180881	168236	165184	168307	91.32
	粮食总产(万吨)	30477	40731	39408	40755	129.30
	平均亩产(公斤)	168.49	240.54	238.57	242.15	141.59

资料来源:根据《中国统计年鉴1990》综合换算而成。

表3-5说明,10年间,农业劳动力仅增加13.87%,农业总产值则增长319.85%,劳动生产率提高268.71%;按耕地面积计算的土地生产率提高338.92%;在粮食播种面积减少8.68%的情况下,由于单位面积产量提高41.59%,总产量增长29.30%,打破了多年来粮食产量徘徊不前的局面。这个事实充分证明,单打一地抓粮食生产,不仅粮食产量上不去,多种经营和工副业也被抑制了,而立足于全方位地抓农村经济、抓大农业,不仅粮食产量上去了,而且农业多种经营和农村工副业都发展了。

农业生产率显著提高,与农业剩余劳动力的非农化有密切关系,但主要的还是由于农业有机构成有了明显的提高。1978年以后,由于农民收入的增加,生产积极性高涨,农户作为投资的主体开始形成,加上国家财政用于农业的支出在1983年以前都维持在占财政总支出的10%以上,因此农业机械化、电气化水平以及化学肥料施用量都有了很大的提高(见表3-6)。

表3-6 农机总动力、农用化肥施用量及农村用电量的变化

年份	1978	1988	1988年/1978年(%)
农机总动力(亿瓦特)	1175	2657	226.13
农用化肥施用量(万吨)	884	2141.5	242.25
农村用电量(亿千瓦小时)	253.1	712.2	281.39

资料来源:国家统计局:《中国统计年鉴1990》,中国统计出版社1990年版。

1989年以来,农民家庭平均每户生产性固定资产原值达到1126.07元,比1985年的792.52元增加42.09%,比1978年就增加得更多了。

由于农业生产率的提高,在1985年以前农业不仅没有拉工业化的后腿,而且促进了城乡经济的繁荣,各种农产品市场供应充足,人民生活的充裕程度超过了20世纪50年代。1985年以后,粮、棉、油特别是棉花生产虽出现了徘徊,但市场供给仍然是充足的。从主要农产品按人口平均的产量中便可以得到说明(见表3-7):

表 3-7		按人口平均的主要农产品产量			单位：公斤
年份	1978	1985	1988	1989	1988 年/1978 年(%)
粮食	319	363	362	369	113.48
棉花	2.3	4.0	3.8	3.4	165.22
油料	5.5	15.2	12.1	11.7	220.00
肉猪	0.17	0.23	0.25	0.26	147.06
猪牛羊肉	9.0	16.9	20.2	21.1	224.44
水产品	4.9	6.8	9.7	10.4	197.96

资料来源：国家统计局：《中国统计年鉴 1990》，中国统计出版社 1990 年版。

(四) 农村封闭性的打破

10 年的改革与开放过程中，随着商品经济的大发展，人口的流动，交通信息的发展，农村不再是以前那种停滞闭塞的状况了。商品观念在增强，文化素质在提高，传统观念在削弱，生活方式在改变……沿海和大城市周围固然如此，即使在一些穷乡僻壤乃至边远山区，也可以看到：小工厂动工了，跑买卖的人多起来了，青年农民的衣着也在赶新潮了，有的房上也架起天线了……这说明，10 年的改革对中国农村惯性结构的解体，对农村由传统结构向现代化转换，起了多么大的催化作用。

中国农村这一巨大变化，究竟是什么原因？需要有一个科学和理性的分析。我认为导致农村巨变的深层原因是：

第一，亿万农民，特别是文化技术素质较高的农民，在人民公社体制下长期积淀起来的要求生产自主的强烈愿望随着实行家庭承包，农民重新获得了土地，而迸发出了"发家致富"的积极性，这种积极性在承包初期，由于乡镇企业和第三产业还未发展起来，所以，被集中地倾注到了农业的经营领域上。

第二，30 年所积累起来的生产力中的物质要素，由于长期没有找到与其相适应的生产关系实现形式而未能被释放出来，一旦推行了家庭联产承包以调动生产力中人的要素的积极性并使其充分地释放出来，整个农业生产力便得以迸发式地发展。

这又一次证明，生产工具、科学技术要能形成现实的生产力，必须找到一种使劳动者与经营者明确无误地感到通过这些新的物质要素的动用可以获取新的更大的物质利益的生产关系形式。否则，就只是一种潜在的生产力，而无法形成现实的生产力。显然，在人民公社大一统的生产关系之下，由于：第一，高度集中的生产计划所形成的"瞎指挥"，使这些物质生产要素难以因地制宜地得到合理有效的利用；第二，即使得到利用，社员群众也得不到多少现实利益，所以是难以形成现实生产力的。而只是由于找到了包产到户这种生产关系实现形式，使劳动者与经营者感到完全可能获得新的更大的物质利益，又可因地制宜地使其得到合理有效的利用，所以才能释放出如此巨大的能量。

第三，在"文化大革命"之后，党正确地实行了"休养生息"的政策，轻赋提价，减少干预，使广大农民安心生产并得到了实惠，这一点可用如下两组数字说明(见表 3-8)：

表 3-8　　　　　　　　　　　　　　　　**价 格 指 数**

	年份	1952	1965	1978	1979	1980	1983
农副产品收购价格总指数	以 1950 年为 100	121.6	187.9	217.4	265.5	204.4	321.3
	以上年为 100	101.3	99.2	103.9	122.1	107.1	102.2
农村工业品零售价格总指数	以 1950 年为 100	109.7	118.4	109.8	109.9	110.8	114.8
	以上年为 100	99.5	96.3	100.0	100.1	100.8	101.6

从表 3-8 可以看到，农副产品收购价格总指数在 1978 年以前的 28 年间只提高了 117.4%，而 1978 年以后的短短 5 年间提高了 103.9%；而农村工业品零售价格总指数在 5 年间只上升了 5%，农民从中得到了很大实惠。

二、困惑：新徘徊的出现

(一) 种植业的徘徊

中国农村的改革，大体可分为两个阶段：1979—1984 年是以推行家庭联产承包制为中心的改革阶段；1985 年至今，则转入改革统派购制度，原来预期以此为契机推动农村的商品经济进一步发展。改革的进程表明：前一阶段取得了意想不到的成功，而到 1985 年以后，情况却发生了意想不到的变化：整个农业虽有了长足的发展，但是以粮食、棉花生产为主体的种植业却出现了新的徘徊(见图 3-1)。

从图 3-1 可以看出：农业各业中除了种植业和林业是在 1984 年开始下降徘徊外，其他多种经营仍是发展趋势，特别是副业和渔业。

而在种植业中也不是全面徘徊(见表 3-9)：

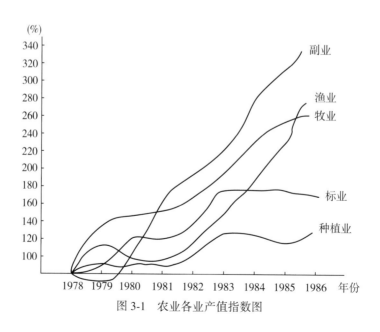

图 3-1　农业各业产值指数图

表 3-9 种植业主要产品产量 单位：万吨

年份	粮食	棉花	油料	甘蔗	水果	烤烟
1978	30477	216.7	521.8	211.6	657.0	105.2
1979	33212	220.7	643.5	2150.8	701.5	80.6
1980	32056	270.7	769.1	2280.7	679.3	71.7
1981	32502	296.8	1020.5	2966.8	780.1	127.9
1982	35450	359.8	1181.7	3688.2	771.3	184.8
1983	38728	463.7	1056.0	3114.1	948.5	115.1
1984	40731	625.8	1191.0	3951.9	984.5	154.3
1985	37911	414.7	1578.4	5154.9	1163.9	207.5
1986	39151	354.0	1473.8	5021.9	1347.7	137.4

资料来源：国家统计局：《中国统计年鉴1987》，中国统计出版社1987年版。

从表 3-9 可以看出：在种植业中，主要是粮食和棉花在 1984 年以后开始出现徘徊和下降趋势，其他主要产品的产量均呈上升趋势。但由于种植业在农业中始终占有 50% 左右的份额，而粮食和棉花在种植业中又占有较大份额，加上粮食在国民经济生活中的地位，所以粮棉生产出现的新徘徊局面，不能不对农业乃至整个国民经济产生重大影响，引起人们的关注和忧虑。

(二) 乡镇企业的问题

乡镇企业却有了很大的发展，但也出现了一些问题，主要是：

第一，盲目重复布局问题。乡镇企业由于是"计划外"的发展，又分散在全国各地，信息不灵，干部决策素质不高等原因，确实有着明显的盲目性。出现生产与原料、市场脱节，重复过量布点，落后的加工技术浪费了一些本来可以生产出高档商品的原料，乃至同城市先进加工工业争原料争市场等不尽合理的现象。这显然对社会整体经济效益是不利的。

第二，管理混乱的问题。乡镇企业的管理混乱主要表现在政企一体和企业内部制度不健全两大方面。由于大多数企业是在乡镇政府直接领导下筹建起来的，它们既是政府部门的财政来源，又是各种"计划外"开支的"小金库"，加上企业内部制度不健全(有些企业甚至没制度)，便造成财务、物资、产品管理上的许多混乱现象，腐败之风也就乘虚而入，甚至危及乡镇企业的生存。

第三，污染环境问题。乡镇企业中有相当一部分由于盲目上马和缺乏治理污染的知识和财力，造成了农村环境的污染，有少数严重危及农业资源的继续利用，成为一大公害。

由于乡镇企业在发展中出现了上述一些问题，一度引起某些非议，造成局部地区对发展乡镇企业的方针产生某种犹豫和彷徨。

(三)原因分析

出现上述徘徊和彷徨，原因何在呢？总的来说，我认为在于价值规律的自发作用，商品经济的大潮冲击着农村经济的各个领域，价值规律的作用范围必随着商品经济的浪头而拓展。这从主流上看应该是一种积极的、进步的趋向。但由于我们对社会主义条件下如何引导商品经济健康地发展，在理论上、政策上缺乏准备。因此，当商品经济一哄而起时，宏观调控、政策引导跟不上，几乎处于一种自发的发展状态，我们知道，即使在资本主义条件下，价值规律如任其完全自发地作用，也一样会带来许多消极后果。对于这种情况，应进行历史的分析。具体地说：

第一，随着农村产业结构调整的加速，农村工业和小城镇兴起，在中国农村也出现了二元经济结构。这对于像中国这种超前推行重工业倾斜发展的人口众多的不发达国家，几乎可以说是走向现代化的必由之路。而农村二元经济结构一经产生，势必导致农民机会成本与比较利益观念的发育与强化。在农产品价格没有完全放开的情况下，农民的这种利益冲动必然会引起其重工轻农，重流通轻生产。由于非农业生产收入和非生产收入的比较利益显著地大于农业生产，农民对农业生产，特别是粮棉生产的兴趣不断下降。这可以从农民家庭平均每人纯收入的结构变化中间接得到说明(见表3-10)：

表3-10 农民家庭平均每人纯收入

	农业生产性收入		非农业及非生产性收入	
	绝对数(元)	比重(%)	绝对数(元)	比重(%)
1978	113.47	85.0	20.10	15.0
1984	250.36	70.5	104.97	29.5
1985	263.81	66.3	133.79	33.7

这里，对于农村改革前期的农民积极性问题，也应做历史的分析：农民谋求脱贫致富的积极性，还没有脱离小生产的范畴。一则满足于"小富即安"，处于"商品——货币——商品"的半自给型的小商品生产状态。缺乏企业家的扩张素质，他们往往将货币转变为"贮存手段"或用之于生活消费；二则这种积极性本身也是很脆弱的，因为全国的市场还极不发达，价格体系又未理顺，随时都有可能因产供销任何一个环节的失调或价格的变动而丧失承受力；三则务农的积极性更是由于农村产业结构单一化的局面还未改变，一旦工商业发展起来，就很难维系住了。

第二，农用土地产权不明，实行土地所有权与使用权分离后，所有权归属行政性质的村，其缺乏有效的经济动力去行使所有者的经营监督职能，使用权归农户，则既缺乏内在的长期利益机制，又缺乏外在规范，于是以机会成本观念为基础的短期行为势必驱使农户采用类似过去佃农一样的掠夺经营行为。宁愿花钱买化肥而不愿种植绿肥和积有机肥，使土壤肥力不断下降。如素有种植绿肥传统的湖北省洪湖市农村，1986年绿肥种植面积由1979年的55.23万亩减到19.42万亩。等于少投入氮236.35万斤，磷57.3万斤，钾

164.73 万斤。该市农业有机肥与无机肥的投入比现为 0.37∶0.63（较合理的投入比应为 0.5∶0.5）。据该市农牧部门对全市 5 个区 40 户，476.8 亩承包田的各种作物养分投入及支出的盈亏情况调查，亩平均养分投入与支出比：N1∶1.4，P1∶1.6，K1∶3.3。投入支出相抵，土壤每亩亏损 N7.21 斤，P2.8 斤。农田地力显著下降。[①]

第三，随着城市经济体制改革的推进，工业产品价格逐步放开，农用生产资料的价格由于长期低于其价值，自然也要上涨。由于前一段时间农用工业的产量下降而供给短缺加上不正之风，更加剧了涨价的幅度。这就造成农产品成本大幅度提高，甚至显著地超过了平均价格（指定购价与议价的中数）。农民在前几年由于国家提高农产品价格而获得的利益，现在由于工业品涨价、粮食等农产品价格未放开又有完全丧失的危险。这怎能不挫伤农民种粮的积极性呢？由于 1984 年以后新的"剪刀差"的扩大，农民纯收入年增长率呈下降趋势（见图 3-1）：

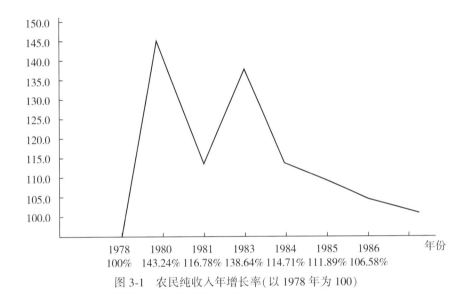

	1978	1980	1981	1983	1984	1985	1986	年份
	100%	143.24%	116.78%	138.64%	114.71%	111.89%	106.58%	

图 3-1　农民纯收入年增长率（以 1978 年为 100）

资料来源：据《中国统计年鉴 1987》中的资料换算而成。

第四，农业投入速率呈递减趋势。由于经济过热，工业投资热有增无减，地方财政包干又造成地方性农业投资的空位，致使财政支出中农业支出所占份额，由 1983 年的 10.3%，下降至 1986 年的 8.3%，1987 年又下降到 6.5%，到 1988 年进一步下降到 5.8%。农业投资占基本建设总投资的比重，由 1980 年的 9.3%，下降到"六五"时期的 5.1%，到 1986 年以后进一步下降到 3%。30 年造成的农业生产物质要素，是有其使用周期的，由于得不到继续的维修、完善和更新，年久失修，效用递减，使农业对自然灾害的承受能力日趋下降。这种农业投资的"空位"和工业"过热"，从本质上来说也应是价值规律自发作用的一种表现。

第五，乡镇企业发展中带盲目性的一面，更是价值规律自发作用的结果。乡镇企业的大发展，吹响了中国农村产业革命的号角，推动了中国社会的巨大进步，这是应该予以充分肯定的。但各级地方政府直至广大农民受比较利益的驱使，"趋之若鹜"，缺乏必要的宏观调控和政策引导，以致产生了一些不健康的现象，这应是前进中的问题，是可以通过加强计划指导，实行正确的乡镇企业产业政策来加以克服的。

第六，原来由生产队承担的各种负担现在必然转移到农户，按承包土地面积分摊，承包越多，负担越大。加上对农民富裕的程度估计过高，这种负担有增无减，南方一般每亩达30至40元，多的在50元以上，每人达30元左右(见表3-11)：

表3-11　　　　　　　　　　　农民人均负担表(元/人)

	全国	江苏	湖南	江西	安徽	湖北
1983 年	16.32	28.05	13.87	14.43	15.43	24.04
1987 年	22.69	28.32	19.70	17.90	27.64	34.72
年递增率(%)	3.95	0.26	9.17	5.54	15.69	9.63

资料来源：《楚天农调》1988 年第 25 期。

以上分析说明，随着农村产业结构的调整，商品经济的发展，原来"包产到户"阶段推动农业大发展的因素，会随着农村价值规律作用的强化，农民商品意识的增强，就业选择余地的拓宽等环境的变化而逐渐弱化。而我们领导思想上缺乏预见，过于乐观地、静态地看待了"包产到户"的"威力"，不但未能及时采取有力对策，反面大幅度地减少农业投资，削弱支农工业，又不断地加重农民的负担，从而造成了1985 年以后的局面。

三、深化改革思路

深化农村改革与发展是一项复杂的系统工程，孤立地采取某一单项的措施，是不能生效的。这同第一步改革"包产到户"有极大的不同。如果在思路上不进行更新，仍然只想用单一简单的办法，那就很容易诱发旧体制的复归。当然农民是不会愿意的。这就可能又出现某种"折腾"，引起农村经济乃至社会的大混乱。如果说，农村第一步改革是单一的"一包就灵"的思路，那么，农村第二步改革必须转向系统的"配套推进"的思路。具体地说应从培育市场、促进分工、强化服务、调整利益、健全宏观调控等五个方面协调推进。

(一)培育市场

首先必须改变一种观念：即依靠"放手""让权"不能有效形成市场。过去一放一让的结果也说明：商品交换是活跃了，有积极的一面；但消极现象也出现了，腐败滋生，分配不公等。正常的市场应包含四个基本要素：

第一，市场主体，必须是独立的商品生产者经营者，自主经营，自负盈亏，优胜劣汰。

第二，市场客体，必须是具有竞争机制的商品、资金、劳务、生产资料等完整的市场体系；

第三，市场规则，必须遵循等价交换原则，在市场面前人人平等，依法治市。

第四，市场信息，必须能全面、准确、及时地反映社会成本和供求关系。

显然，我国农村，这些要素有的还不具备或不完全具备。要达到这种成熟的市场境界，一要靠改革，二要靠发展。完全靠改革，或下一道行政命令，并不能马上就能建立起市场，市场本身有一个生长发展过程。第一、三条主要靠改革，也有发展问题；第二、四条主要靠发展，当然，也有改革问题。总之，绝不是"一改就灵"。西方资本主义国家的市场规则，是经过几百年才形成目前的规范的。当然，社会主义条件下不需要那么长的时间，但也不是在很短的时间内就能建立和健全市场体系的，苏联提出的"500天计划"是不可能实现的。

目前在变形的买方市场情况下，正是培育市场的良好时机。具体操作可以有：①扩大商品市场，如粮食市场，价格放开，国家建立粮食储备体系，通过调控粮食储备来引导市场。棉花可实行跨省交易，多渠道流通。②开辟要素市场，如生产资料市场、资金市场、劳务市场和技术市场等。对一些自发性的市场(如劳务市场)应有计划地加以引导，而不是行政取缔。③农产品价格改革也面临良好时机，重点调，全面放，双轨合一，让市场达到均衡。薛暮桥同志说，管住货币，放开价格，从而理顺价格，平整市场，以促进改革深化。我赞成这种观点。第二次世界大战后初期的联邦德国币制改革成功也说明了只要管住货币，价格就能放开，通货膨胀也能控制住，现在的中国人民银行要成为真正的中央银行，而不是财政部门的出纳和附庸。

(二)促进分工

其实培育市场，发展农村商品经济，本身也有一个"取向"问题，是宏观取向还是微观取向？是流通取向还是生产取向？我认为应是后者。培育市场的基础在于市场主体，没有主体，市场本身就没有基础。社会分工是商品经济的基础，也是市场的基础。马克思说："一个民族的生产力发展的水平，最明显地表现在该民族分工的发展程度上。"②从实践上说，按客观规律促进社会分工的发展，是发展商品经济、培育市场的必然方向。从理论上来说，生产的专业化是社会分工的基本标志，所以，当前一定要从微观生产领域入手，积极推动农业的专业化和特别是农业生产领域内部的专业化。微观的专业化，这样才能奠定社会主义商品经济市场的牢固基础。纵观中外农业商业化的经验，可以得到这样的启示：即专业化程度决定农户需求对市场的依赖程度，决定农户产品商品率提高程度，决定农村市场容纳量，决定商品经济发展程度。

农村改革与发展牵牛鼻子的东西就是促进农业内部的分工和专业化。10年改革农村在非农化分工方面有了进步，取得了可喜成绩；但农业内部自身的分工发展迟缓，农户经营还没有完全摆脱半自给性，还是某种程度的小而全。因此推动农业内部的进一步分工和专业化生产，潜力还极大。

(三)强化服务

首先从未来农业合作经济的基本模式来看，农业终究要走向社会化大生产，但农业大生产可以有多种实现形式：①集体式大农场(如苏联的集体农庄)；②家庭式大农场，以家庭经营为单位，经营规模大(如美国、加拿大)；③依附式小农场(如日本)。在我国，除了部分国营农场、边疆地区的家庭大农场外，基本上应采取"依附式"的模式，即家庭小农场加社会化大服务网络。前者依附于后者，将农户经营变成社会主义大生产体系中的一个小小"车间"——"家庭作坊"。我们完全可以模拟依附小农场制，只是换了主体，依附的经济服务体系性质不同(见表3-12)：

表3-12   模拟依附小农场制

资本主义		垄断资本主义的服务体系
	家庭小农场依附于	
社会主义		社会主义的服务体系

所以，建立社会化服务体系的问题，不是一个小问题，而是一个能否坚持社会主义农业发展道路的大问题。

现在的问题是如何促进社会化服务体系的生成。社会化服务体系可分为三个层次：产前、产中、产后。促进社会化体系的发展，我认为应遵循三个原则：

第一，分流原则。即产中服务以村经济为主，联合体及个体为辅；产前、产后以国营、合作经济为主，村经济、联合体和个体经济为辅。这样做的优点在于产中服务及时，因地制宜，便于协调；产前产后服务村经济力不能及，涉及宏观经济，由国营、合作经济来作为服务主体，比较恰当。

第二，并进原则。即改旧与建新并进。现在是建新多，忘了旧的供销社和信用社改革。日本"农协"的经验很有参考价值，可以设想在现存的供销社和信用社基础上改成"中国农业服务协会"，旧体制改装新内容，可大大减少社会组织机构的改革成本，何乐而不为？当然对供销社和信用社的改革应实行干部民选化、经济独立化、经营商业化、业务多元化。日本"农协"为什么能起那么大的作用？主要是民选，经济独立，"农协"的理事会成员中2/3是当过农民的，经费靠会员交纳，靠自己经营企业，国家补贴微乎其微。

第三，互动原则。服务与服务对象要互动。服务在经济上要求自负盈亏并有盈利。这就要求有足够的服务对象；而且要求对象是有足够规模的专业化生产。日本的"方田制"对我们搞地域性专业化很有启发，我们可以推进"成片种植""成片养殖""成片加工"……在不需改变家庭经营方式的前提下推行专业片、专业村等发展。当然不能用行政办法来推行，可以采用经济政策及市场信号来引导。例如，对成片种植的农户，生产资料供应实行批发价，而零星种植实行零售价；成片种植的农产品大批量收购实行优惠价，小批量的农产品则要扣除运费和手续费等。这也可同时促进农户间联合与合作的发展。

(四) 调整利益

当前，迫切需要调整粮食、油料(特别是芝麻)和棉花方面的利益关系。

粮食要尽快改变"下面骂，中间怨，上面急"的状况。农民有一副对联曰："马去羊来以大换小，贱卖贵买以多换少"，横幅为"怎么得了"。这形象地反映了比较利益不合理，伤了农民的心。对于利益结构的不协调，应采取"分层治理"方针：①想方设法调动农民种粮的积极性，应该调整粮价，但可不实行普调，而是采取结构调价、优质优价，促进品种向优化方向转换；及时消灭白条子。据了解，粮食收购资金有些被挪作他用，因此资金还有潜力可挖；这里应注意压低农用生产资料价格不是办法，这会影响农生产资料部门的生产积极性；②提高商业部门经营粮食的积极性，可实行国家贴息办法，谁经营得多，就补贴得多(有一个上限也可以)；经营单位有价格浮动权(有一个浮动幅度)；③分流，即分层负担：中央和省只收购贮备粮、调剂粮，大中城市的口粮和工业用粮实行市县直接挂钩，建立城乡直接互助的合同制；市场调节用粮由国营粮食批发市场经营，实行国家贴息；鼓励居民个人贮粮；④增强消费者的承受力，减少平价粮，放开粮食市场，适当增加粮贴并纳入工资。

总起来说，协调利益的关键在于加快农产品价格改革的步伐。

(五) 健全宏观调控

计划与市场相结合，其中健全计划对经济运行的宏观调控是一个重要方面，在农业和农村这一领域中，如何具体实施？我认为主要调控如下四个方面：

①调控主要农产品市场。国营、合作商业通过吞吐机能，实现平抑物价的作用；同时配套改革要解决贴息问题；国营、合作商业企业的职工利益与吞吐效果挂钩，而不能单纯与营业额挂钩，要注意社会宏观经济效益。

②制订与引导执行农业与农村长远发展规划，包括长期与近期的产业政策，通过价格、信贷等经济杠杆引导其实现。

③确定农业财政投资增长率及其结构比例。财政投资主要用于农民无力承担的重大基础设施建设，如大中型水利工程、骨干仓储运输设施、农村骨干交通系统、农业科研教育副业、大型生态保护工程等。

④控制农村信贷额度及其结构比例。按农村产业政策发放，使资金投放与农村产业结构合理化趋向一致。

四、结语

回顾1978—1988年中国农村的10年改革，是人类历史上一次十分伟大的实验。它包含着许许多多非常宝贵的经验和教训，有待于人们去发掘和总结。我以为，主要的有如下几方面。

(1)像中国这样欠发达的社会主义国家的改革，选择经济改革先行，农村改革突破的策略，是成功的。第一，人们必须先解决吃、喝、住、穿，然后才能从事政治、科学、艺术、宗教等。从经济改革开始，可以使社会首先得到改革的实惠，从而提高改革的凝聚力和承受力。这样就可以大大降低改革的风险。第二，对于一个欠发达的国家来说，农民和农业问题，始终是基本的问题，在革命时期如此，在改革时期也如此。因为走向现代化的首要问题是消除二元经济结构，促进农业劳动力的转移，实现产业的非农化和人口的城镇化。中国的经济改革首先从农业和农村突破，正是抓住了改革的原始动力。第三，我们的改革是社会主义制度的自我完善，是一种改良，是为使社会主义生产关系体系能更好地容纳和促进社会生产力的发展。因此，就本质来论，它是一种在保证政权稳定并为了政权稳定自上而下推行的改革，而不是自下而上的制度革命。因此，就经济改革入手，然后逐步渐变式地推及上层建筑方面的自我完善，使之更好地适应经济基础，无疑是正确的选择。

（2）从总体来说，无论改革还是发展，都需要城市与农村协同并进，任何一方的蹩脚，都会妨碍对方的前进。在 1978 年以前，城乡阻塞造成国民经济发展的停滞局面。1978 年以后，农村改革先行一步，启动了商品经济的闸门。但在 1984 年之后，由于城市的响应不足，农村的改革与发展便逐步显露出徘徊不前的状况。究其原因，不外乎两点：第一，现代经济的发展，是城市领导乡村。农村第一步改革，依靠原有的物质装备和农民的积极性，将农业生产力向前推进了很大一步，这基本上只能说将过去 30 年积淀起来的潜力挖掘出来了。但再进一步向前发展，由于没有城市财力、技术、政策各方面的有力支援，特别是缺乏城市的体制改革响应，于是农村就步履维艰了。第二，农村商品经济的萌动，需要有城市更为广阔的市场(劳务市场、商品市场、投资市场)给予催化升华。由于城市改革迈步艰难，给农村提供的市场太狭小了，就好像嫩芽出土遇上障碍物，只能扭曲地冒出头来，出现畸形发展。对这一点，开始是缺乏足够认识的。表现为从一开始我们就对农村第二步改革同第一步改革的差别，缺乏足够的思想准备。第一步以推行家庭联产承包制为中心的改革由于仅限于农业生产领域，并且是调整农民与集体经济的利益关系，使农民获得了"第二次解放"，这种发自农民内心的强大动力，几乎是自发的，主要是依靠而且只是依靠农民的个体积极性就可以推动改革的实现，政府基本上只需宏观指导与鼓励，无须进行艰苦的组织管理工作。而第二步改革就不大一样了，农村改革进一步深化由农业生产领域扩及它的环境——流通、工业乃至城市，要求进一步调整农业与国民经济各部门乃至国家的利益关系，使农村商品经济得以充分发展起来。这就要牵动社会各方面的利益再分配，要求国民经济各部门实行配套改革，需有各方面的积极性，才能实现改革的目标，因而，政府就不能像第一步改革那样放手，必须实行十分复杂而又艰巨的改革系统工程。

（3）改革与发展既密不可分，但又不能相互取代。而我们在农村改革过程中，忽视了农业发展问题。现在看来，当前的农业问题有的属改革问题，有的则属发展问题，不改革就难以发展，但若舍去发展单纯抓改革同样不能成功。如农业后劲不足的问题，其中就有投资增长和资源合理配置与组合、产业政策、技术更新等发展方面的问题，它们虽受改革的牵制，但究其本身来说还是不能完全用改革去解决，在这方面必须有相应的发展政策与发展战略。

（4）实行有计划的商品经济，既要充分发挥价值规律在市场中的调节作用，但又不能任其完全自发地调节。在农村改革过程中，先是对农民的经济行为转向受价值规律的支配估计不足，后又放任自流，未能采取有效的宏观调控措施。在农产品价格改革上，该调未调，该放不放；在农业产业政策上，直到 1989 年以前也未有所作为等。而要确保国家对农村市场的调控作用，除了必要的政策法规之外，更重要的是要建立公有经济对农村经济能起引导作用的经济势力和组织体系。显然，在改革的初期，在一片"包干"声中，在相当一部分地区，原来社队公有经济大大削弱乃至瓦解了。从农村改革中，也可以清楚地看到，计划与市场相结合问题，不仅是一个理论和政策问题，而且有一个经济力量的平衡和组织体系的衔接问题。否则，计划与市场相结合，便会流于空泛。

(5)"农业是国民经济的基础",不是权宜之计,是一个根本性、长期性的命题。这对于不发达的大国尤其如此。土地有限,人口膨胀,资源流失,生态恶化,在这个大背景下,农业问题永远是一个不能掉以轻心的大问题。在农村第一步改革取得巨大成就之后,我们对农业的乐观情绪过于膨胀,甚至不少人以为中国的农业问题、粮食问题似乎基本解决了。于是,投资不断减少,领导普遍放松,农业工业和农业服务事业大大削弱。这说明,我们对农业问题的长期的严峻性认识不足。一遇"老天爷帮忙"或短期性因素而获丰收,就容易放松警惕。这是值得引以为戒的。

注释:

① 洪湖市农委:《我市农业继续发展面临的制约因素及对策》。

②《马克思恩格斯选集》第 1 卷,人民出版社 1972 年版,第 25 页。

第二编 理论与模式

第四章 农业与经济发展

农业这个古老而永恒的生产部门,是人类生存与发展的渊源和基础。关于农业对整个经济发展、关于农业在整个经济发展中的地位与作用,过去许多经济学家和领袖人物都有过大量的精辟论述。[①]我们在这里不打算再重复地讨论这种理论上的重要性,而试图从实证的角度,探讨中国经济发展过程中,农业发展对它的影响结构和影响量度。

一、农业与工业发展

作为从农业胎胞里孕育和分离出来的工业,一旦到了它成长膨胀成为独立的生产部门之后,人们就往往容易忽视了它即使变成了一个擎天的巨人,也仍然不能脱离它母亲——农业的乳汁。

农业发展的状况对工业发展的影响,总的来说,存在着一种"滞后效应"。它在食物供给和生产要素流出方面制约着工业的发展,而这种制约作用往往不是在当年甚至近期内表现出来的,有一个长短不一的滞后期。而且,随着工业化的发展,这种滞后效应,是呈收缩型的。

(一)要素制约

工业的发展(特别在其初中期),意味着生产要素(资金、劳力、原料)由农业部门不断地流向工业部门。但农业对这种流动的承受力,则是受着农业自身的发展水平所限制的。一般地说,在工业化的前期,要素流动量与流动速率要大于工业化的后期。在工业化前期，资金与劳动力通过"剪刀差"和人口流动，大量流入工业制造部门，但达到"转向点"之后，由于工业产业结构的变化和工业积累机制的强化，这两种资源的流动就会出现零增长和负增长。以农产品为原料和食物的价值在制造业增加值中所占的比重也呈下降趋势。例如，据世界银行统计，20 世纪 70 年代中期，17 个低收入国家上述比重的平均值是46%，43 个中收入国家是 41%，而 18 个工业化国家则是 14%。

中国还处于工业化的前期，因此农业的发展状况，对工业发展的直接影响就更大。如果资金、劳动力向工业转移过大过快，超过了农业发展水平的承受力，农业就会出现萎缩和波动，结果势必要退回来"大办农业"。1958—1962 年的经济周期，大起大落，1988—1990 年的经济治理整顿，都充分说明了这一点。

(二) 食物制约

工业的发展，在初中期，一般意味着食物(农产品食物)消费者的增加和生产者的减少。"食之者众，生之者寡"，就需要一个前提条件，即更少的人能生产出更多的食物。

即：
$$LX < L'X' \tag{1}$$

式中，L 为转移前的农业劳动力数，X 为转移前的单位产量；L' 为转移后的农业劳动力数，X' 为转移后的单位产量(劳动生产率)。

由于 $L > L'$，故：$X' > X$；即：$X' = Xa$ \tag{2}

由于 $X' > X$，故 $a > 1$。即是说在转移后，农业的技术水平必须高于转移前的技术水平。换句话说，工业的发展，有赖于农业的技术进步，从而使农业劳动生产率得以相应的提高，使较少农业劳动者可以生产出等于和大于转移前的农产品量，以保证工业日益增加的劳动大军的食物供给。

在工业化阶段，特别在工业化粗放增长时期，农业劳动生产率，食物与农产品原料供给，劳动力转移和工业发展这几个变量之间存在着密切的相关性。就中国的情况来看，大体上存在以下的相关关系：

(1) 当农业劳动生产率的增长率接近或大于农业劳动力转移率增长时，农产品供应增加，物价平稳；工业成本相对持平，工业增长率呈提高趋势；

(2) 当农业劳动生产率的增长率明显小于农业劳动力转移率增长时，农产品供给相对减少，物价波动，工业成本上升，工业增长率呈下降趋势。

其中，工业增长率的波动，要滞后 1~2 年。

在党的十一届三中全会以前，农业的波动会滞后性地引起工业波动，这是一个公认的现象。党的十一届三中全会以后的 10 年，这种波动性仍然存在，只不过是波幅小一些而已。从表 4-1 中可以看到，1984 年以前，一般是农业劳动力非农化速度同农业劳动生产率提高的速度大体相近，工业增长率维持在 10% 左右摆动。1984—1988 年，农业劳动力转移速率加快，一般在 10% 以上，工业在此期间的速率也上升到 15.20%。之所以能如此，除了工业自身的因素之外，与农业劳动生产率在此期间有较大幅度的上升是分不开的，农业劳动生产率最低是 1986 年，仍增长 10.43%，最高的是 1988 年增长 23.16%，均高于1984 年以前。

表 4-1　　　　　农业劳动生产率、农业劳动力非农化与工业增长指数

年份	农业劳动生产率指数 （以上年为 100）	农业劳动力非农化指数 （以上年为 100）	工业增长指数 （以上年为 100）
1979	120.17	104.97	108.81
1980	111.35	111.42	109.27
1981	110.93	106.49	104.27
1982	109.89	104.31	107.82
1983	109.70	115.03	111.19
1984	117.94	134.08	116.28
1985	111.67	114.43	121.39
1986	110.43	112.61	111.67
1987	115.01	108.82	117.69
1988	123.16	106.41	120.79

资料来源：根据《中国统计年鉴》1985 年、1987 年、1990 年的相关数字换算而来。

从中国的情况出发，使农业劳动生产率的提高略大于农业劳动力的转移速度，使农业劳动力转移速度略高于工业发展速度，可能是最优选择。

（三）市场制约

工业要发展，对于大国来说，需要有国内市场。在工业化前期，国内市场一般主要是农村市场。而农村市场的大小，则要取决于农业和农村的分工与专业化发展。这一点，我们在本章的第二节将要详细地论述，此处从略。

二、农业与国内市场

农业的发展状况，同国内市场的发育、市场的运行和物价都有着密切的关系。

（一）农业与市场培育

发展中国家在发展阶段大都面临着一种二元经济结构。在二元经济结构下，由于农业的封闭性、自给性还未消除，农村居民的消费（包括生产性消费）有相当部分是从自身的产品中取得，用货币到市场上购买生产资料与生活资料的份额相对较少。这样，一方面，农产品进入市场交换的比例相对不大，致使市场上农产品的商品供应量相对较少；另一方面，农民由于交换不足而持有的货币微乎其微，因而使工业品的市场也就相对狭小，这就从两个方面（供与求）妨碍工业乃至整个国民经济的发展。要解决这个问题，只有推进二元经济向一元经济的转换，不断提高农业对国民经济其他部门（特别是工业部门）的关联度，不断消除其封闭性和自给自足性，从而走向商业化。社会分工是商业化的基础，推进农业的专业化与社会化，是必经之途。这一点，马克思早已做过精辟的论述。这是农业发

展与市场发育的基本关系。

在中国,不可忽视的是,农村居民占有极大比重,因此,直到20世纪80年代,农民的货币收入,始终是整个社会商品购买力的重要来源,如表4-2所示:

表4-2　　　　　社会商品购买力来源和社会商品零售额中农业与乡村的份额　　　单位:亿元

年份	社会商品购买力来源			社会商品零售总额		
	本年货币收入总额	其中:农民的货币收入[②]	农民收入占比(%)	社会零售总额	其中:乡村零售	乡村占比(%)
1957	570.5	246.9	43.3	474.2	235.8	49.7
1962	649.6	222.3	34.2	604.0	285.5	47.3
1965	789.7	332.2	42.1	670.3	331.4	49.4
1970	946.6	394.0	41.6	858.0	458.0	53.4
1975	1410.5	558.8	39.6	1271.1	664.2	52.0
1978	1765.2	698.7	39.6	1558.6	810.4	54.7
1980	2536.0	1079.6	42.6	2140.0	1189.7	55.6
1981	2746.7	1204.4	43.8	2350.0	1324.0	56.3
1982	3026.2	1352.0	44.7	2570.0	1480.0	57.6
1983	3440.6	1593.2	46.3	2849.4	1670.0	58.6
1984	4456.9	2079.5	46.7	3376.4	1999.3	59.2
1985	6545.4	2671.0	47.3	4305.0	2517.0	58.5
1986	6805.0	3195.0	47.0	4950.0	2856.0	57.7
1987	7573.0	3461.0	45.7	5820.0	3350.0	57.6
1988	9603.0	4452.0	46.0	7440.0	4222.4	56.7

从表4-2中可以看到,农民的货币收入大部分时间占货币收入总额的40%以上,乡村的社会商品零售额大部分时间占社会商品零售总额的一半以上,而且自20世纪80年代以来这两个比例还呈提高的趋势。这种情况说明,即使在二元经济结构下,由于中国农村人口过多,农民的购买力仍然是国内市场绝对不可忽视的份额。这种状态,可能随着农村人口非农化的过程会有所减弱,但却不是短时期内所能基本改变的。

这种国情至少说明两个问题,一是研究中国的国内市场问题,如果不重视农村市场和农业的发展,是不可能研究清楚的;二是始终要把农业的发展问题,作为保证国民经济持续稳定发展的绝对不可忽视的关键问题。

(二)农业与市场运行

农业的发展和农村市场的发育与整个国内市场的运行状况,也有着密切的关系。在中国,1978 年以前和 1978 年以后,便是鲜明的对比:1978 年以前,扼制农业和农村的商业化进程,致使农村市场萎缩进而导致整个国内市场萎缩。1978 年以后,由于首先从农村推行家庭联产承包责任制,农村的社会分工迅速发展,农村市场的发育有力地推动了整个市场的发育,这是一个方面。另一方面,也由于农业的商业化还处在初级阶段,农村市场的不规范性也必然会影响整个国内市场运行的规范度和成熟度。要看到,在我国乃至一般发展中国家,在市场主体中,大量的是农民或刚刚由农民转化过来的商品经营者与生产者。

(三)农业与市场价格

农业状况还对市场物价乃至通货膨胀有着重大影响。在我国,由于食品需求弹性很小,可替代性也不大,因此食品需求的刚性大。我国从 1949 年前到 70 年代,都是"粮为百价之首"。粮食供给不足,粮价上涨,则经过一段时间的滞后,其他物价也螺旋式地跟着上涨,乃至引发通货膨胀,所以"无粮不稳"成为经济工作中的重要戒律。

当然,引起通货膨胀有多种原因,食物供给匮乏,只是其中一个重要诱因。在食品供给与通货膨胀之间,存在着如下趋向性的关系:①如果工业劳动生产率大于或等于工资增长率,工资增长率大于或等于食品价格上升率,就不会引发通货膨胀;②如果食物生产与供给的增长速度小于保证价格稳定所需要的增长速度(供不应求),就会出现前述的物价波动。但是,如果不发生货币供给政策和储蓄政策上的失误,也不见得就一定会引发通货膨胀。这在社会主义国家,就更加明显。由于社会主义国家计划机制的作用,货币政策与储蓄政策的宏观可控制性强,因此在相当的程度上不会出现通货膨胀,即使出现也往往容易抑制住。中国在 20 世纪 60 年代发生的农业波动,引起物价上涨和市场萎缩但都没有造成通货膨胀,就很能说明这一点。

从表 4-3 可以清晰地看到,粮食生产波动直接引起农业总产值的波动,农业总产值的波动滞后一年就引起食品零售价格的波动,进而带动整个物价总指数的波动。这是因为当时的产业结构中,粮食占农业的 70%,农业又占整个国民经济的 70%,但当时并没有引发通货膨胀。

表 4-3　　　　　　　　　　　**粮食、农业产出指数与物价指数**(以上年为 100)

年份	粮食生产指数	农业总产值指数	食品零售价格指数	全国物价总指数
1953	101.77	103.10	106.90	103.4
1954	101.61	103.40	103.40	102.3
1955	109.39	107.60	101.40	101.0
1956	107.90	105.00	100.20	100.0

续表

年份	粮食生产指数	农业总产值指数	食品零售价格指数	全国物价总指数
1957	101.19	103.60	102.60	101.5
1958	102.53	102.40	100.50	100.2
1959	85.00	86.40	101.00	100.9
1960	84.41	87.40	104.10	103.1
1961	102.53	97.60	122.10	116.2
1962	108.47	106.20	104.40	103.1
1963	106.25	111.60	90.60	94.1
1964	110.29	113.50	95.70	96.3
1965	103.75	108.30	100.30	97.3

随着工业化的进展，产业结构发生了巨大的变化。农业产出状况对整个物价指数的影响就呈弱化趋势。例如，1978年以后，粮食生产也出现过1980—1981年和1985—1986年两次波动，总产分别下降3.5%和7%，但农业总产值指数和物价指数基本稳定没有引起明显的波动。这是因为粮食与农业的份额在整个GNP的总值中相对减少了，同时食物的可替代性也较以前增加了。至于1988年的物价大波动，主要不是由农业引起的。

这种变动趋势，可以从图4-1中看到。

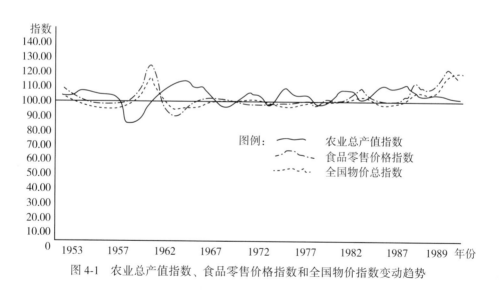

图4-1 农业总产值指数、食品零售价格指数和全国物价指数变动趋势

从这个图中可以看到三点：①全国物价总指数与食品零售价指数基本上是同步波动的，只是到1984年以后才开始拉开距离，说明在我国，食品供给状况对价格总水平具有很大的影响，"民以食为天"，食物在整个消费结构中占有很大的比重；②价格的波动与农业总产值的波动基本上是反向对应的，1958年那次波动最为明显，而且物价的峰值相

比农业总产值谷值滞后一年；③我国的产业结构与消费结构已开始发生重大的变化，农业的状况对物价乃至国民经济的直接影响已相对减弱。

三、农业与对外贸易

(一) 农产品出口的历史背景

发展中国家在工业化阶段，由于工业本身还处在发展时期，不具备大量出口的竞争能力，因此一般首先要依赖出口农业产品及其制品以换取武装工业所需的外汇，且至少是主要依靠出口农产品及其加工制品。

之所以如此，是与国际历史背景分不开的。众所周知，一些老牌的资本主义国家，在它们工业化阶段，主要是依靠所谓"原始积蓄"来聚积资本的。在国内残酷地剥夺农民与小生产者，在国外大肆掠夺殖民地的财富与劳动力。第二次世界大战以后，这种历史条件已不复存在了。其一是人类文明的进步。殖民主义已声名狼藉；其二是发展中国家自身原先大多数就是殖民地，它们不可能再去掠夺别的殖民地。因此，发展中国家(特别是社会主义国家)只能依靠国内的积累来发展工业化。国内积累，分为两大部分，一部分是通过农业的贡献聚积资金，另一部分则主要通过出口农产品及其制品换取必要的外汇以进口新的工业技术。这种情况，当然会随着自身工业化的发展而逐渐弱化，但都不是短时期内所能改变的。以中国为例，在出口贸易中，农产品初级产品和以农产品为原料的制成品，直到 20 世纪 80 年代末，仍占出口贸易的 40%以上(见表 4-4)。

表 4-4　　　　　　　　　　　　　农业与出口贸易　　　　　　　　　单位：亿美元

	绝　对　数		构　成　（%）	
	1988	1989	1988	1989
出口总额	475.16	525.38	100.00	100.00
一、初级产品	144.06	150.78	30.32	28.47
其中：农产品	104.56	107.51	22.01	20.47
二、工业制品	331.10	374.60	69.68	70.30
其中：1. 以农产品为原料的产品	64.56	69.94	13.59	13.31
2. 服装鞋类	55.99	72.26	11.78	13.76

对于一个欠发达的国家来说，出口农产品及其制品(包括半成品)，确实存在着矛盾：本国的工业化需要增加商品农产品的供给，出口势必要减少这方面的供给，这是一种情况；还有一些国家国内农业十分落后，粮食尚难以自给，还要出口农产品以换取外汇，有的还要用一部分外汇再进口食物，似乎并不合算，这是另一种情况。对于前一种情况，政府可以通过抑制国内消费的政策，"勒紧裤带搞建设"，同时在引进中注意要包括一些可以提高农业产出率的新技术，以缓解国内市场对农产品供给的压力。对于后一种情况，一

方面可以将农产品的出口控制在不过分减少粮食的限度之内；另一方面可以优化农产品出口结构，即发展那些可以不占用粮食生产的土地生产的农产品以供出口。

(二)农产品出口的积极意义

但是，从根本上来说，发展中国家在工业化前期依靠出口农产品及其制品以进口工业化所必需的技术与装备，乃是一种历史必然的阶段。这是因为：

——农业无法产生新的工业技术，必须依靠引进，要引进就要有外汇，当然，有人也许会说，第一个工业化的国家向谁引进呢？但是，不应该忽视一个真理：当历史条件已经允许用一个月的时间就可以得到新的技术装备的时候，为什么还要花费漫长的时间重复别人已经做过的试验与发明来获得它呢？那岂非浪费劳动和金钱？而且永远也无法赶上发达国家。

——出口农产品本身，就可以有力推动农业乃至农产品加工业的技术进步和结构调整，出口意味着面向国际市场的竞争，本国的农产品能否在国际市场上占领份额，就取决于品种、规格、质量、成本乃至供货时间和供货信誉等综合性的技术结构与管理水平。这就必然会迫使国内的农业部门和农产品加工部门乃至整个经贸部门改进技术，调整结构，加强管理，达到"以外促内"的效果。

——出口农产品及其制品的过程，还是一个学习现代商品经济的过程。实际经验说明，一个国家如果不尽可能早地加入国际市场竞争中，就不可能了解对本国工业化所不可少的信息与知识，也就无法确立自己追赶先进国家的目标和途径，那就会永远落后。在本国工业品还具有竞争优势时，首先出口农产品加入国际市场，虽然在直接经济效益上会有所失，但从长远来说得到的将会比失去的更多。

——直接利用外资(外债与国外投资)，当然也是解决外汇不足的途径之一，但这绝不是主要的途径，一则举债是要还的，没有出口如何还债？二则出卖资源抵债，必会影响民族独立。三则于一个大国来说，外债也解决不了其庞大的需要，以中国来说 1978—1989 年实际利用的外资只有 577.85 亿美元，按 1:6 的汇率折算，也只有 3467 亿元人民币；而同期全国进口总额累计则高达 10934 亿元，外资只占总进口额的 31.7%，更何况在引进的外资中，有相当大的一部分(大约 1/3)并不能用于进口技术装备，而是用于国内的基础建设等方面。所以，出口农产品及其制品，乃不得已而必须为之的事。

四、农业与经济增长

我们在上面从三个方面，即工业发展、市场和外贸以及农业发展状况所产生的影响做了分别探讨，从这些方面分析的结果就可以看到，农业与整个国民经济增长是息息相关的。

根据我国经济 40 年的实际情况，农业的增长情况与整个经济增长率的相关性很大。按照《中国统计年鉴》所公布的数据，以当年价格计算，1953—1989 年平均：农业总产值的增长率每增加一个百分点，社会总产值的增长率则增加 2.176 个百分点，全国社会商品零售总额增长率则增长 1.817 个百分点；1958—1962 年平均(按 1958 年不变价计)：农业总产值增长率每下降一个百分点，则社会总产值增长率下降 0.093 个百分点。我国 20 世纪 60 年代初的那次经济大波动，实际是由农业的大滑坡引起的。80 年代末的这次经济不景气，虽然有多种原因，但农民实际收入下降显然是其中的一个重要原因，据统计，1980 年至 1984 年全国农民人均纯收入(扣除物价因素)年平均增长 15.1%，到"七五"期间则只增长 2.4%，其中 1989 年还下降 31.6%。

有关方面计算，我国 90 年代要实现国民生产总值年平均增长 6% 的增长率，消费市场则每年需扩大 1400 亿元的购买力，其中农民要实现 600 亿~700 亿元，相当于总购买规模的 50% 左右。而农民要能提供这样的购买力，则其实际收入按人平均必实现年平均增长 5% 的速度，这就要求农业和农村经济要有一个较大增长。[③]

综上所述，农业的发展问题，绝不是一个可有可无、可急可缓的问题。在整个工业化阶段，乃至在实现了工业化以后，对于我国这样一个人口众多的大国，农业始终是一个关系国民经济全局的基本问题。

五、农业发展程度的指标

(一) 指标体系

在衡量一个发展中国家的农业发展程度(注意这里是讨论发展问题，而不是增长问题)时，客观上存在着许多标志。在这一节中，我们只想就其中几项带有本质性的标志加以论述。

我们在第一编第二章中，曾经初步地讨论了工业化、现代化的问题。我们的观点是：一个国家的工业化，或一个国家的发展，意味着由传统的农业文明转向现代的工业文明，这是一个全方位的结构转换。根据这一命题，结合本章所阐述的农业对经济发展的作用，衡量农业发展的程度主要应从三个方面进行：农业专业化分工程度(外部的与内部的)、农业的现代化水平和农业的商业化程度。据此，可采用如下指标：

1. 农业的产业关联度

这是引用西方经济学中的一个范畴，其内涵是指农业部门与其他物质生产部门在投入产出流程中的经济联系程度，联系程度越低，说明农业的专业化社会化程度越差，反之则反映农业的专业化分工越发达。

具体地说，当农业还处在自然经济条件下时，它的生产资料(投入)几乎不需要其他物质生产部门的供给，大都由农业内部的物资要素(家内劳动力、自然肥料、自产的种子……)进行投入；它的产品绝大部分是用于农业内部的消费，没有多少出售给其他物质生产部门。在这样的状态下的农业，是自给自足的传统农业，它同其他产业的关联度是极低的。这说明，整个社会分工和农业内部的分工都处在落后的水平上。随着商品经济的发展，农业及其他生产部门的专业化分工也随之而发展，各产业之间的联系也就逐渐加强起来。农业部门的生产要素(如雇用劳动力、机器、化学肥料、优良品种的种子……)要依赖其他产业的输入，农业的产品绝大部分不是用于自身的消费，而是作为其他产业的生产资料去被加工。

为了进行量化分析，将农业部门所输入的生产投入物资称为"上游联系"，将农产品作为中间性的商品输出给其他产业，成为其他产业的投入物资，称为"下游联系"。这样，

就可得到如下一组公式:

$$B = \frac{G}{A} \tag{3}$$

$$F = \frac{A}{G'} \tag{4}$$

$$C = B + F \tag{5}$$

式中: B 为农业的上游联系系数, F 为农业的下游联系系数, A 为农业总值, G 为农业部门购入中间投入物资的价值, G' 为农业部门售给其他产业的中间产品价值, C 为农业的总关联系数。

2. 农业的有机构成

马克思在剖析资本积累的一般规律利润转化为平均利润时, 创立了"资本有机构成"的范畴, 把由资本技术构成决定并且反映技术构成变化的资本价值构成, 叫作资本的有机构成, 即投入的总资本中, "生产资料的价值和劳动力的价值即工资总额的比率"。③马克思是为了揭示资本剥削的实质及其规律性而设计的这个范畴, 但是, 从生产力的角度来看, 却可以一般地作为衡量经济的技术构成或技术水平的范畴, 也就是衡量经济的物质技术先进程度的指标; 有机构成低表明技术落后, 发展程度低; 有机构成高, 表明技术先进, 发展程度高。这个指标, 自然也可以作为衡量农业发展程度的指标, 它可以反映农业生产力的一体化程度。其计算公式为:

$$H = \frac{C}{V} \tag{6}$$

式中: V 为农业中的劳动力价值, C 为农业中的生产资料价值。农业中劳动力的价值, 是一个不便计算的数值, 一般可以用劳动力总数乘以当时当地的平均工资额。

3. 农产品综合商品率

农产品的商品率, 是衡量农业商业化的综合标志。由于有些殖民地式的农业经济, 尽管其整个农业处于自给自足的不发达状态, 但是为了满足宗主国工业原料的需要而实行某种农作物畸形的专业化生产, 因此只计算单一农产品的商品率, 并不能准确反映该国的农业商业化水平。所以, 应由"农产品综合商品率"来加以衡量。其计算公式为:

$$X = \sum_{i=1}^{n} \frac{R_i}{W_i} \tag{7}$$

式中: R 为农产品的出售部分, W 为农产品总产量, n 为各类农产品总数。这个公式, 存在着一个汇总的问题, 可以先分别对各种农产品进行计算, 而后按各种产品的价值在整个农业总产值中所占比例确定权重, 分别将其商品率乘以权重然后相加, 便为农产品综合商品率之值。其计算公式为:

$$X = \frac{R_1}{W_1} \times B_1 + \frac{R_2}{W_2} \times B_2 + \cdots \frac{R_n}{W_n} \times B_n \cdots \tag{8}$$

考虑到各种农产品出售部分的统计资料有时不易取得, 也可采取一种更为粗放的计算方法, 即: 用社会农副产品收购总额除以农业总产值。

(二)中国的现状

根据上述指标体系和计算方法,我们对中国农业发展现状做一粗略的分析。

(1)农业的产业关联度。由于统计资料不全面,分行业的统计与计算几乎不可能,只就农业总体联系度进行计算。同时,"农业购入其他产业部门的中间产品的价值"这个数值也是不完全的,从目前的统计年鉴中只能得到"农户经营总支出"这个数值,"农业部门售给其他产业部门的中间产品",也只能用"工业和其他部门收购的农副产品"这一数值代替。这样,我们得到的1989年全国农业的"联系系数"是:

$B = 2738$ 亿元 $\div 6534$ 亿元 $= 0.419$

$F = 657$ 亿元 $\div 6534$ 亿元 $= 0.101$

$B+F = 0.419+0.101 = 0.52$

我国台湾1966年的联系系数:农业中的食品生产为1.90,农业中的原料生产是1.50,用于农业的营运资本是2.46,食品加工是2.16。大陆的农业总联系系数,显然大大低于20世纪60年代的台湾,这说明大陆农业经济的发展水平还处于现代化的初始阶段。

(2)农业的有机构成。在这个指标计算时,最大的难点仍然是相关统计资料问题,为求得一个大概的数值,姑且用"全国农户经营总支出"代表"农业中生产资料的总价值"(考虑到我国目前农户经营采用工资雇用工人的情况还不普遍,故农户经营支出大体上都是购买生产资料的),用"乡村企业工资总额"除以"乡镇企业劳动力总数",求得农村平均年工资额,然后乘以当年的农业劳动力总数,其积就权作"农业工资总额"。

这样,便得下面两组数值(分别见表4-5和表4-6):

表4-5

年份	乡村企业人数	乡村企业工资总额(元)	人平年工资(元)
1988	0.48969亿	512.1亿	1047.24
1989	0.47202亿	542.0亿	1148.31

表4-6

	农业劳动力总数(万人)	平均年工资	农业劳动力价值(亿元)	全国农户经营总支出(亿元)	H值
1988	30351.5	1047.24	3178.50	2292.1	0.721
1989	31455.7	1148.31	3611.12	2738.0	0.758
平均			6789.62	5020.1	0.739

从0.739这个数值来看,中国的农业有机构成还是相当低的。农业技术构成,还是以人力劳动为主体,现代化的物质技术装备还是较少的。

（3）农产品综合商品率，这个指标，我们采用了第二种较粗放的计算公式，其结果见表4-7。

表4-7   中国农产品综合商品率的变化

年份	农业总产值（亿元）	社会农副产品收购总额（亿元）	X 值
1952	461	141	0.305
1957	537	217	0.405
1970	1058	348	0.329
1980	1922	842	0.438
1984	3214	1440	0.448
1985	3619	1680	0.467
1986	4013	1990	0.496
1987	4676	2369	0.507
1988	5865	2998	0.511
1989	6535	3386	0.518

从表4-7可以看到，中国的农产品综合商品率在20世纪80年代有了显著的提高，但其绝对水平还是较低，农业的自给部分仍占有很大的比重。

根据以上三大指标的数值，可以大致看出中国农业的专业化、社会化、现代化和商业化的水平还是不高，在结构转换上还未实现基本转变。

六、结语

（1）农业是国民经济的基础，这是一个永恒的命题。随着科学技术的发展，农业的生产方式及其存在形式可能会相继出现种种划时代的变化，但是，将太阳能转化为化学能的过程永远是人类生存的基础，在发展中国家，这个基础就更显突出。

（2）在发展中国家，经济发展政策始终要把农业专业化、社会化、现代化、商业化放在基础的位置，立足于农业的发展去求得工业乃至整个国民经济的发展。工业化与经济发展如果脱离农业的发展操之过急，那就有出现危机的可能。这在发展中的大国更为明显。

（3）为了农业发展与工业发展乃至国民经济发展取得协调，在量度上必须建立起一套比较科学而有效的计算方法。

注释：

①在这方面，库兹涅茨（1961）曾提出"四种贡献"的理论。
②这组数字包括农民出售产品收入和劳务收入。
③《资本论》第1卷，人民出版社2004年版。

第五章　社会主义大农业的模式选择

一、问题的提出

以"包产到户"和人民公社体制瓦解为特征的农村改革，在中国率先突破了旧有的高度集中的产品-计划经济体制，它极大地解放了农村生产力，使中国经济发展实现了一次真正的跃进。

但是，我们也不能不看到，随着工业化和城市化的进一步发展，随着社会主义市场经济的启动，随着我国经济走向国际化，这种分散性的家庭小商品生产的农业，开始愈来愈难以适应国家工业化和经济国际化的新形势。这个问题在20世纪90年代将日益突出起来。在90年代我国农业将面临三大矛盾：

一是农业投资集中化趋向同投资主体分散脆弱的矛盾。我们在以前的研究中，曾指出过"包产到户"模式在发展农业上具有极限性。[①]之所以如此，主要是因为农村生产关系的改革使得在过去30年中积累起来的生产力和物质要素找到了释放其能量的生产关系表现形式，使广大农民劳动者的强劲积极性同那些物质要素成功地结合起来，形成农业生产力迸发式的发展。但是，这些在过去所形成的物质要素，终究是很有限的，而且是会磨损的。如果长期依赖劳动投入的积极性而没有相当水平的物质投入，则农业发展的势头便会有逐渐弱化的趋势。因此，我们提出，中国农业的改革在第一步以生产关系的调整为主轴的阶段之后，应紧接着开始第二步以生产要素合理组合为主轴的阶段。这主要是指我国农业要进一步发展，仅仅依靠改革来调动劳动投入的积极性，已是远远不够的，必须同时依靠发展措施大力增加农业生产要素的物质投入及其合理组合。我国农业发展即将进入由劳动投入为主向物质投入为主的转变阶段，由政策启动为主向科技启动为主的转变阶段。然而，现实的微观基础——一家一户，分散经营的半自给性的小商品生产方式，很难承担这种集中投资的历史任务。而且，土地产权模糊和农产品价格的扭曲，使得在投资主体分散的毛病上又加上一个投资农业积极性不高的病症。关于这一点，1985年以后，政府、集体、农户对农业投资的份额普遍下降，即是明证。

二是大市场的需求同小批量生产的矛盾。20世纪80年代的10年中，我国的工业化与城市化有了很大的进展，人民生活有了很大改善，市场需求在数量上急剧增加，在结构上迅速改变，在标准化上有了更高的要求。这种大市场对农产品需求的新变化，可以概括为三个方面：第一，随着90年代农业人口非农化速度的加快，市场对农产品供给总量的需求将大幅度增加；第二，随着人民生活水平的提高以及消费结构的改变，市场对农产品的供给结构和花色品种的选择性将显著提高；第三，随着社会文化水平的提高和消费价值观念的改变，市场对农产品的标准化要求也将发生明显的变化。

但是，目前城市猪肉的供应基本上还是靠一家一户的小规模饲养，禽蛋供应在大多数省份也是依靠向千家万户去收购。还有不少工业原料和城市粮油副食品的供应也大体处于这种状况。这种小批量生产，不仅在数量上满足不了非农人口的需求，而且增加收购与运销成本，还难以满足标准化的商业经营要求。

显然，这种大市场与小批量的矛盾如果不能及时解决，必将会成为我国工业化与城市化的制约因素。

三是国际竞争的挑战同农业经营落后的矛盾。经济国际化，是生产力发展的大趋势，中国不能例外。随着开放步伐的加快，特别是恢复我国在关税及贸易总协定的缔约国地位之后，这个矛盾将日益尖锐起来。

我国农产品面对的挑战者，将是一些高度商业化、规模化、企业化和科技化的大农业生产出来的产品。这些产品大多具有成本低、批量大、质量好、标准化程度高的品质。我国目前这种半自给性的、非企业化经营的小农业，容纳不了多少先进技术，生产成本低但销售成本则很高，标准化水平更难以适应国际市场的要求，因而是难以迎接这个国际竞争的挑战的。日本在这方面有些经验对我国是有用的。日本农业由于经营规模过小，全国每个农户经营土地的面积1.2公顷，欧洲是它的14.5倍(17.4公顷)，美国是它的153.7倍(184.5公顷)。尽管日本农业的机械化、科技化水平很高，但它的运用成本则由于经营规模过小而大大高于欧洲和美国。这样日本农产品不少在国际市场缺乏竞争力(见表5-1)。

表5-1　　　　　农产品零售价格国际比较[2](1987 年 10 月，以东京为 100)

	东京	纽约	柏林	伦敦	巴黎
肉	100	40	52	71	54
鸡蛋	100	71	136	130	133
腊肠	100	94	90	33	62
食用油	100	82	87	103	59

中国的农业不仅规模小，而且远远没有企业化，是处于一种传统的经营方式之下，更难以参与日渐剧烈的国际农产品竞争。

我们可以看到：以上三大矛盾，集中到一点，就是：经济发展的大趋势同农业中的小生产方式的矛盾，即面对着小生产的困惑。要解决这些矛盾，迎接新的挑战，必须找到我们的出路，这个出路就是有中国特色的社会主义大农业的模式。这就是 90 年代深化中国农村改革与发展的主题。

二、小生产的困惑：国际经验

在工业化的过程中，几乎所有的国家都会面临一个农业与工业如何协调发展的问题。一方面是日益社会化的工业大生产，另一方面却是一家一户的分散的农业小生产。这个矛盾不解决，正如我们在前面所述，农业就可能成为工业乃至国民经济发展的障碍。

世界工业化国家，为解决这一历史性课题，先后不一地经历了将近 100 年的时间，从小农业转向农业大生产方式的角度来看，各发达国家的农业大生产大体可以归纳为以下三种基本模式。

(一) 家庭式大农场与农业服务公司相结合

这种模式的基本特点是：①以家庭为基本经济单位，农场主也就是家长；②规模大，每个家庭农场所经营的土地面积，在美国平均是2380亩(1977年)，加拿大和澳大利亚比这个数字更大；③有机构成高，从而劳动生产率高，如美国平均一个农场1.5个劳动力，负担680亩以上的耕地(1977年)；④家庭农场在经济上完全依附于垄断资本的社会化专业服务体系，产前、产中、产后的各项农业与商业服务均由各种与农业相独立的专业化公司所承担。例如，1980年美国230万个农场中，从事农业生产的劳动力只有377万人，而直接为农业服务的部门的劳动力则高达1200万~1500万人。这一模式的主要代表是英国和美国。

1. 英国

英国是一个老牌的资本主义国家，也是农业由小生产转向大生产开始得最早的国家。

早在17世纪末到18世纪，世界新市场的开拓使欧洲纺织业特别是毛纺业兴盛起来，毛纺织业的兴起则极大地刺激着羊毛的需求。在这个背景下，英国掀起了一个历史闻名的"圈地运动"。1845年英国政府公布了总圈地条例，直到1875年结束。采取暴力剥夺的方式，驱使大批小农背井离乡，成为无产者，消灭了自耕农，资本主义农场取代了封建领主，在此基础上形成了英国农业的资本主义土地所有制。

大农场主，依靠雇用农业工人，并与城市资产阶级取得妥协，进行资本主义式的经营，逐步推进农业的专业化、社会化、商业化和现代化，实现了由小生产到大生产的转变。马克思早在1850年就明确说过："英国的资产阶级与大部分大土地所有者之间建立了长期的联盟，而这种联盟使英国革命在本质上有别于用分散土地来消灭大土地所有制的法国革命。""这些土地所有者一方面供给工业资产阶级以手工工场所必需的劳动力，另一方面又能使农业的发展与工商业状况适应。"并指出："这个和资产阶级有联系的大土地所有者阶级(它其实在亨利八世时就已经出现了)与1769年的法国封建地主不同，它对于资产阶级的生存条件不但不加反对，反而完全抱容忍的态度。这个阶级的地产事实上不是封建性的财产，而是资产阶级性的财产。"

英国家庭农场的规模较大，在1976年6月，英格兰和威尔士平均为47公顷(605亩)，苏格兰为64公顷(810亩)，北爱尔兰为25公顷(375亩)。[③]20世纪60年代以来，农场的兼并与集中趋势日强，农场的总数由1964年的44.5万个减到1977年的27.5万个，减少38.2%。50公顷以上的大农场不断增加，50公顷以下的中小农场则不断减少。英国农场的专业化、商业化水平是很高的，按专业化类型，分为乳业、牲畜、猪禽、作物、园艺和综合六大类。在专业化分工的基础上，农工综合体也迅速发展起来，农工综合体从业人员在全国劳动力总数中的比例1970年达到12%，其中农业部门占22.9%(670万人)，农业前导部门占7.2%(210万人)，农业后续部门占69.9%(2050万人)，[④]农工综合体的就业人数已大大超过整个农业的就业人数。

2. 美国

美国是一个移民国家，在历史上没有经历过封建社会，也没有出现过封建土地所有制。关于这一点，恩格斯有过一段论述："美国是一个独特的国家，它是沿着纯粹资产阶级的道路发展起来的，没有任何封建的旧东西，但在发展过程中却从英国不加选择地接受了大量的封建时代遗留下来的意识形态残余。"⑤在由传统农业文明转向近现代工业文明，由小生产农业转向大生产农业方面，美国的确享有得天独厚的优越条件，它一方面没有中世纪关系的束缚，另一方面又有丰富的土地资源，在国有化土地基础上，把国有土地分级或售给农民，成为自由农场主的私有土地，然后，由自由的小农经济分化、集中而自发地发展为资本主义的家庭大农场。这正是列宁所说的"美国式道路"。

农业中资本主义发展的"美国式道路"，充满着血腥味。其中，最重要的例子是向西部扩展和兼并墨西哥的领土。1776 年美国宣布独立时的领土为 369000 平方英里，1853 年扩大为 30266890 平方英里，到达了太平洋西岸；美国从墨西哥掠夺到的土地约等于今日美国国土总面积的 1/3。而在这广阔的土地上，原先居住着众多的印地安人。扩张土地过程，也就是灭绝人性地屠杀印地安人的过程。例如加利福尼亚在 1850 年尚有 10 万印地安人，到 1860 年则只剩 3 万人，有的地方整村整片地被歼灭了。从这个角度来说，"美国式的道路"实际上也就是印地安人的文明和种族毁灭的道路。

尽管如此，一个现代的、繁荣的资本主义大农业体制，还是在那种充满血污和眼泪的、灭绝人权的土地上迅速地建立起来了。美国资本主义大农业的发展，同时并存着两条路线：一方面在土地兼并和集中的基础上形成的资本主义粗放经营的大农场；另一方面则是在较小规模的土地进行集约经营的大生产。关于这一点，列宁在《美国资本主义发展的新材料》一文中有过十分精辟而详细的论述。无论是哪一条路线，美国的农业都是世界上现代化、专业化、社会化水平最高的，劳动生产率也是很高的，从而对工业乃至整个国民经济的贡献也是最大的。

特别值得一提的是美国农业的专业化、社会化分工与协作。美国属后工业化国家，社会分工达到很高的水平。在农业中，不仅形成了具有较高规模经济的地域专业化分工(如玉米带、棉花区、奶牛区、小麦区等)、农场专业化分工(一个农场只生产一种产品或一个品种)，而且深入工艺(或工序环节)的专业化，并向着农工一体化、农业工业化的高级阶段发展，使整个农业乃至国民经济成为高度社会化的大生产体系，农场一般只进行中间产品的直接生产。产前的上游工序，产后的收获、加工、贮运、销售等，产中的播种、中耕、植保施肥等，均有专业性的服务公司提供十分周到的服务。以农业机械化为例，1977 年，美国有 1.5 万家农机经销店，平均每县 7~8 家。"前门店，后门厂"，为农户提供各种农机具与零件，提供修理和技术咨询等服务。由于经销店之间竞争，它们十分讲究服务周到，尽力方便用户，随叫随到，24 小时内保证将货物送到，还建立产品目录与用户档案，征求意见并改进供给。

(二)家庭式小农场附属于农业服务体系

这种模式的基本特点，除了家庭经营和服务体系同第一种模式近似外，主要是两个：一是每户经营规模较小，日本是 18.75 亩(1989 年)，法国 279.5 亩(1975 年)，原联邦德国介乎日本和法国之间。第二是由于这些国家一般人多地少，虽然农业有机构成也很高，但在提高农业劳动生产率的同时，还十分注意提高土地产出率。这种模式虽然基层经营单位规模不大，但由于它的产前、产中、产后都同社会化的服务网络保持着高度的经济协作，实际上是城市垄断资本所牢牢控制住的"农业生产车间"，没有多少独立性，所以它仍然属于社会化大生产，或者称为大生产体系中的附庸。这一模式的主要代表是德国和日本。

1. 德国

近代以前的德国，是一个封建势力相当强大的国家。一方面，在土地制度方面，长期存在容克式大地主土地占有制，直到 1939 年，1.5 万户(占总农户数的 0.3)拥有 100 公顷以上的大土地所有者占有全部土地(包括耕地、草地、牧场、森林)面积的 27.8%；而户平 20 公顷以下的小农占农户总数的 59%，2~20 公顷的一般农户占总农户的 36%。[⑥]与这种土地占有关系相适应，在租佃关系方面，也是小农的小块承租占优势，纯资本主义的租赁关系发展迟滞。另一方面，德国城市资本主义工商业的发展，远远落后于英国。18 世纪正当英国工业进行产业革命之时，德国还处在工场手工业阶段。当时，德国的资产阶级自由化还处在一种比较软弱的地位。资产阶级革命席卷欧洲，德国也不能例外。但由于德国封建势力的强大，资产阶级相对脆弱，因此德国的资产阶级革命是一场并不彻底的革命。在农村，它不是像在英国、法国那样用革命手段废除容克式的地主封建土地制度，而是资产阶级与地主阶级实行一种妥协，由农奴制的地主经济通过改良缓慢地转化为资本主义的容克式经济，由原来的小块租佃制的小农逐步分化为资本主义的大农。这就是所谓的"普鲁士道路"。

正由于此，德国的农业在第二次世界大战以前，始终发展缓慢。希特勒战败以后，粮食发生了严重的恐慌，吃饭问题成了全国头等大事。这迫使联邦德国政府采取一系列的重大措施，推行农业的现代化与大生产化。除了机械化、化学化、良种化技术改造措施之外，就是用资本主义的大农场排挤小农的办法，扩大农业的经营规模。在 1949—1977 年，农户减少了一半，其中 10 公顷以下的小农户减少了 2/3。除此之外，还采取了土地整理实行连片种植，实行绿色计划把人口稠密区的农户移民至人口稀疏区，奖励农民退休以交出耕地，扶植善于经营的资本主义农场等措施以扩大农场的经营面积。为此，政府付了数十亿马克。

推行这一系列措施的结果是联邦德国的农业确有巨大的发展。家庭农场的平均经营规模由 1949 年的 7 公顷增加到 1978 年的 14 公顷。1946—1955 年，农业年平均增长速度达到 7.4%。在这以后，也维持在 3%左右。

但是，如同所有资本主义农业一样，在生产力方面虽然发生了巨大的革命，而由于资本主义狭隘的生产关系，城乡之间、工农之间的矛盾并不能根本解除。在 20 世纪 70 年代，联邦德国不仅有 1/3 的农户入不敷出，经济状况下降，而且一度出现土地抛荒的所谓"社会荒"，即在农业现代化的条件下，经营小块土地不合算，大农不愿意经营，小农则愿意到非农业部门去就业。

2. 日本

从明治维新到第二次世界大战后的初期，日本农业一直是半封建关系占统治地位，是以佃农制度与家族经营为主要特点的小农经营。

第二次世界大战以后，日本政府迫于粮食危机和农民运动，进行了所谓的"农地改革"，地主阶级被消灭了，农民摆脱了封建剥削。由于日本国土狭小，人口众多，耕地只占国土的14%，人平仅有0.049公顷，不及世界平均数的10%。所以，土改之后，农场经营更细散化了。1950年与1940年比，户平经营面积由1.07公顷降为0.82公顷，但因农民积极性提高，农业生产很快恢复到战前的水平，并于1955年达到了稻米自给。1956年日本政府颁布了《新农村建设综合对策纲要》，调整农业生产结构，淘汰"不合格农户"，并大力推行农业技术改造。从此，日本农业走上了现代化的轨道。

到目前为止，日本的农业实现了高度集约化、高度专业化与社会化。1987年，在全国人平只有0.53亩面积上，大米自给有余，其他农产品自给率分别是：谷物30%、肉类76%、小麦14%、大豆6%，综合农产品自给率在71%，农户平均收入高于城市一般市民收入。

虽然日本的农业在现代化上取得了惊人的成就，但却有致命的弱点。首先，是分散而细小的家庭经营，既不易有效保障城市的供给，又使农业现代化的社会成本过高。例如，日本虽然较好地实现了机械化，但因农场面积过小，机械利用率低，机械保有量偏大。据1976年的统计，每百亩耕地拥有拖拉机马力，日本是42.2马力，联邦德国是36.4马力，美国是10.7马力。直到1989年，日本农业的机械化水平除翻整地达100%，插秧达52%外，其他都不算高，明显低于美国和联邦德国。

其次，小规模的农场，在国际农产品竞争中处于不利地位。这一点，前面已述及。

再次，是工业与城市不断地吞噬着农用地。伴随着日本工业的高速增长和城市的急剧扩大，农业用地大量被侵占。据日本农村统计协会统计：全日本耕地面积由1960年的607.1万公顷减到1989的527.9万公顷，减少了13.05%，如果不算北海道开垦的26万公顷，则其余都府县的耕地在30年间减少20.52%，其中南关东及大阪府减少36%以上。

最后，也是最为严峻的问题是农业的萎缩。如前所述，日本是一个人口众多而国土资源严重匮乏的国家，但是由于工业的畸形发展，人口大量涌入大都市，就全国平均数看，每平方公里达323人(1987年)，是我国的3倍。但60.6%的人口集中到仅占国土面积2.8%的大城市里，农村人口特别是农业人口严重不足。农户总数由1946年的569.8万户减到1988年的26万户，其中同期专业农户由305.6万减少到61.4万户，第一兼业户由166.7万户减到60.4万户，第二兼业户由97.4万户增到302.2万户，整个兼业户已占到农户总数的85.2%，难怪有位日本学者惊呼："再过10年，你们再来日本恐怕看不见农业了。"

面对上述问题，日本政府采取了多种措施。首先是采取了强化社会化服务网络的办法和扩大农户土地经营规模的办法。在政府的支持下，日本"农协"迅速发展，1954年以后便形成了全国性的服务网络，由中央农协，到都道府县农协，一直延伸到市町村以至自然村。100%的农户都是农协的组合员。农协不仅承担了50%以上的生产资料供应，90%左右的农产品销售，而且垄断了农村的金融信贷，负责农户的技术指导乃至互济和卫生等工作。农户实际上只是依附于农协这个庞大的垄断资本的生产车间，一个农户只生产一种农产品，生产以后的收购、分类、加工、运销都是农协的事了，当然，也有少量产品由个体批发商进行收购。此外，近几年来，为了扩大农地经营规模，日本政府也采取了一系列措施。如：规定每户经营土地的最低限，推行"方田制"和租赁制，强化长子继承制等。

对于耕地的流失和农业的萎缩，在资本主义私有制的条件下，可以说是不治顽症。日本政府虽然颁布了农业与工业分区规划和不准在农业区购买土地建工厂的法令，但由于土地是私有的，因此并不能根治耕地流失的问题。日本政府也采取了诸如改善乡村生产与生活条件，鼓励城市居民到农村移民和种菜等政策措施，由于垄断资本的"工业倾向"，尽管一些治标性的措施可收到局部效果，但却无法根本扭转农业进一步萎缩的趋势。从1960年到1987年，日本的综合农产品自给率由91%下降到71%，其中谷物由80%下降到30%，大豆由30%降到6%，肉类由91%降到76%。

(三) 集体式的大农庄附属于高度集中的计划体制

这种模式主要是社会主义国家曾经实行过的集体化大农业，它的特征是统一经营，集中劳动，集中分配，家庭作为一种经济实体则基本被消灭了，只保留了它作为生活单元的外壳。农庄、公社和生产合作社在生产与经营上已没有自主权，而成为国民经济计划控制下的一个个"生产车间"。这种模式的典型代表是苏联。

苏联是世界上出现的第一个社会主义国家。由于当时的国际背景和毫无经验，苏联在工业化过程中，对农业的大生产采取了激进的"全盘集体化"路线。所谓全盘集体化路线，就是在消灭富农阶级的基础上，自上而下地动员农民加入全面公有、集体经营、集中劳动、统一分配为基本特点的集体农庄。从1929年开始，到1933年结束，只用了4年的时间就完成了集体化运动。

这种高度集中的集体大农庄体制，是把农业和工业协调发展，全部一律地纳入了国家统一的行政管理之下，通过指令性计划，全面控制了农业的生产、分配和整个经营活动。集体农庄基本上没有生产与经营的自主权，这种体制，显然使农业与农民处于十分不利的地位：一方面和工业一样管得很死，但却不能享受工业与工人的社会保障待遇（国家不承担农民的工资和生活责任），处于一种不平等的状态；另一方面，完全无视农业生产的特点，无法因地制宜地发挥农庄与农民的主动性和创造性。

这种在实际上是过度抽吸农业与农民的大生产体制致使苏联农业在20世纪50年代以前没有多大的发展，从1940年到1952年的十多年间，苏联农业总产值仅仅增加10%。除粮食以外的农产品十分匮乏，农民生活改善不大。因此，从1953年开始，苏联农业开始了某种改革，如撤销拖拉机站，降低义务交售定额，提高农产品收购价格等。此后，改革经历几起几落，中间出现停顿和回流。虽然苏联农业较50年代有了显著的发展，但由于没有真正触动那种忽视商品经济的高度集中的计划体制和集体农庄体制，真正的改革并不很成功，没有根本解决农业发展远远落后于工业发展的问题，造成苏联食品和轻工业制品的长期短缺，人民生活质量不高。

(四) 启迪

综观以上3种模式和5个国家，在实现由传统农业国到现代工业国的结构转换中处理农业大生产化问题方面，除了属于资本主义本性的东西之外，既有可供借鉴的经验，又有引以为戒的教训。这些在探索有中国特色的大农业体制方面都值得参考。具体地说，如下几点对中国农业的大生产化是有启迪的。

(1)在农业实现大生产经营过程中，消灭家庭经营看来是不可取的。前述5个国家，除苏联外，都保存了家庭经营的形式，尽管这4个国家生产力十分发达，现代化水平很高。而苏联消灭了家庭经营，效果并不好。这是为什么？我认为主要是三个原因：第一，是生产关系决定于生产力性质的规律在农业中表现的特殊性。我认为这一规律实际包含两重内容，一是生产力水平决定生产关系的本质，二是生产力存在形式决定生产关系的表现形式。农业生产的本质特征是经济再生产与自然再生产相交织，自然再生产的连续性与经济再生产的间断性并存。这种本质特征就决定了农业生产力的存在与发展形式同工业生产力显著不同，在工业中生产力基本是集中与集聚的方式，而在农业中生产力则是集中与分散两种方式并存；在工业中劳动力是协作方式逐步取代独劳方式，而在农业中劳动力则是协作方式与独劳方式相互不可替代；在工业中生产对象(产品、作业)的标准化是绝对的，而在农业中生产对象则是标准化与个性化交织在一起。这种生产力的特殊存在形式，就要求既要发挥系列化生产工具与农业机械的作用，又要更多地依赖单个劳动者的个人责任心来保证生产过程的持续和农艺质量，而不像在工厂的流水作业线上工人只能服从机械的运作。从总体上，可以这样说：在工业劳动中是人服从于机械；在农业劳动中，则往往是机器服从人。因此，对于农业中的生产关系(主要是经营形式)，必须尽可能地实行生产资料与劳动力的直接结合，规模也不宜太大。显然，家庭经营方式便具有很大优越性。

第二，土地资源的有限性和不可替代性。资源都是稀缺的，但相对来说作为农业的资源——土地的约束性，显然比工业的各种资源的约束性要大得多。这样，充分有效地利用土地，不断提高土地生产率，对于人多地少的地区固然重要，即使对于人少地多的地区，从长远来说也是不可忽视的。而规模过大的集中经营的大农场，在这方面显然不及适度规模的家庭农场更为有效。这也是美国在历史上曾一度推行农场兼并而后又退回到中等规模家庭农场的原因之一，也是中国由"一大二公"的公社退回到包产到户的原因之一。

第三，农业是一个原生型的古老生产部门，从一开始就以家庭血缘关系为纽带，一直延续了几千年。这种习惯势力与前述两个原因融在一起，便形成了一种十分坚韧的惯性。

(2)大生产优于小生产的定律，在农业中主要不是表现为"内张式"，而表现于"外联式"。工业大生产的优越性固然也与"外联"有关，但它的基础仍然是"内张"，即单个企业的大规模经营。但在农业中，由于前面说的那些原因，则往往要通过在企业之外(家庭经营之外)实行经济联合的方式来实现大生产化。之所以如此，一方面是家庭经营的顽强性，另一方面还有一个农业无法解决的原因，即农业部门内部不能提供技术更新的物质条件，必须依赖工业部门。这种农业的依附性，无论在资本主义条件下还是在社会主义条件下都是存在的，农业的大生产或农业的社会化必须走农工商联合的道路，必须通过农业企业成为城市工商业的"附庸"的方式实现。

(3)关于"外联式"的农业生产，美国、日本都提供了较为成功的模式，即专业化的家庭经营加社会化的服务体系。日本的做法，对中国更具有现实意义。特别是近几年来，日本政府大力推行"方田制"。通过土地平整将农用土地规划成大片的"方田"，大则几十公顷，少则几公顷。在"方田"之内，不改变家庭经营的基础(由若干农户分户经营)，由"农

"及有关的社会化服务组织负责产前、产中、产后服务。农户的生产资料和产中服务都由服务组织提供，农户生产出来的产品全部（不须自加工）交售给"农协"。这样家庭农场实际成了城市垄断资本所控制的千千万万个"农业车间"。

（4）农工综合体和农工商联合企业，将会是农业大生产化的高级形式。这仍然不会消灭家庭经营，而只是在家庭经营企业化的基础上，使社会化服务的外在性变为内在性，使家庭与社会服务的松散型联合变为紧密型的母子公司。

三、中国的国情

（一）中国工业化的特殊历史背景

中国是一个发展中的社会主义大国。中国的工业化较之上述工业化大国，有许多独特背景。

1. 国家工业化与农业现代化同时并进

由于历史的原因，中国的近代化推迟了一个世纪。当主要的资本主义国家纷纷实现了工业化历史任务的时候，中国还是一个落后的农业大国。中国机器大工业的发展基本上不是本国社会分工自然发展的产物，在中华人民共和国成立前是外国资本入侵而发展起来的，在中华人民共和国成立后，是受资本主义所迫自上而下推动发展的。国际形势的紧迫，使中国不可能像欧美资本主义工业化国家那样，沿着先工业后农业现代化的老路缓慢地发展。必须把这两大任务捆在一起，一并加以完成。只有这样，才能尽可能地缩短同先进国家的差距，立于世界民族之林。

由于农业的现代化同工业化并进，从有利的方面说，我们可能避免许多工业化过程中对农业的破坏；从不利的方面说，农业则面临双重负担（既要负担工业化资金积累任务，又要承担自身现代化的资金积累）和农业人口就业不足的困难（城市大工业一时还难以提供大量就业机会）。这种情况显然同前述英美诸国的情况不同，它们首先通过疯狂地剥削农业破坏生态而实现工业化，产生严重的工农对立、城乡对立后回过来利用工业积累修复农业，利用工业提供的大量就业机会让农业剩余人口涌入大城市。中国作为发展中的社会主义国家，既不可能这样，也不允许走这种道路。

2. 重工业倾斜的工业化路线

在中华人民共和国成立后的初期，由于严峻的国际环境（如朝鲜战争）和苏联的经验，中国的工业化采取了重工业优先发展的战线。这种工业化路线，当时是迫不得已的，但却是不正常的。它的积极成果是在较短时间内奠定了基础工业的基础，有了保障独立的经济实力。但却带来了许多消极的后果，其中最重要的就是造成长期的"无发展的增长"。社会总产值虽然有了显著的增加，但是经济社会结构则没有基本的转换；人口结构、劳动力结构、产业结构、消费结构等，仍然还是在农业国的边界内游离。其原因就在于重工业的自我内部循环，无法给农业剩余人口提供新的就业机会。

（二）农村人口众多，资源相对不足

中国是一个人多地少的国家，可开发利用的农用土地资源也是十分有限的。这一点也同美国、苏联、加拿大等大国有明显的差别。

根据世界各国的经验，我认为一个国家的"资源富集度"对它农业现代化的模式有直接的影响。所谓资源富集度，是指土地资源与人力资源之比。一般地说，资源富集度高的国家（地多人少），宜实行大规模、低地租、高工资、高有机构成、高劳动生产率的模式，由资金密集型的大农业向技术密集型大农业发展。而资源富集低的国家（地少人多），则宜实行小规模、高地租、低工资、高土地生产率的模式，由劳动密集型大农业逐步转向技术密集型大农业。中国显然属于后一种情况。

（三）家庭作为农村社会细胞的历史渊源

中国封建社会延续几千年，地主阶级不是采取普鲁士式或俄罗斯式的庄园经营模式，而是采取把土地分割成细小规模的租佃经营模式。几千年来，在这种家庭经营的基础上，形成了一种东方特有的伦理观念，使其每个成员具有极力维护和发展家庭与家族经济利益的共同积极因素，具有相互照应与扶持的内在凝聚力。

土地改革去掉了家庭经营的封建外壳，于是其发展经济的原动力曾一度高涨。由于农业合作化，家庭作为一个经营单位不存在了，但作为一个家庭副业的生产单位和生活消费单位的职能仍保留下来，所以"自留地"的经营效益远远高于公共经营土地。人民公社化却将家庭的经济职能几乎都消灭了，结果出现了农业生产的大滑坡。1978年以来，在农村推行家庭联产承包责任制，使中国农业生产奇迹般地越上了一个新的台阶。这一段历史从正反两个方面说明农业的家庭经营在中国具有不可忽视的地位。

（四）自然灾害频仍

中国是一个多灾害的国家。中华人民共和国成立以来，农业的受灾面积始终占耕地面积的40%左右，成灾面积占受灾面积的50%左右。其中，尤以水旱灾害为甚，一般要占整个受灾面积的80%以上。据统计，世界干旱区主要集中在非洲和亚洲，欧美各国这方面的灾害就少得多（见表5-2）。

表5-2　　　　　　　　　　　　**世界各大洲干旱面积**　　　　　　　　　单位：万平方公里

	非洲	亚洲	欧洲	北美	南美
总面积	3020	4400	1010	2423	1797
干旱面积	1766	1440.5	64.4	435.5	283.5
干旱面积占比（%）	58.5	32.8	6.4	17.9	15.8

资料来源：《世界自然地理手册》，知识出版社1984年版。

水旱灾害往往是一家一户的力量所难以抗御的。治水问题，要求集中的权力和集体的力量。马克思在论及"亚细亚生产方式"时，曾在这方面做过精辟的论述。

以上四个方面的基本国情，要求我们在选择中国农业的现代化与大生产化模式上，必须注意如下原则：农业现代化的资金来源，不能过多地依赖工业，要开创多种渠道，特别是农业和农村自身的资金来源。农业剩余劳动力的非农化，不能过多地依赖大城市，首先应该开创农村非农化的新道路。既要发挥家庭经营的积极性与生命力，又发挥集体力量抗御自然灾害的优越性，必须寻求一种使家庭经营牢牢地依附于直至融合于社会主义生产体系的有中国特色的农业专业化社会化模式。

四、基本模式的构想

(一)社会主义新农村的总体设想

根据对中国国情的分析，在中国农村建设有中国特色的社会主义，究竟应采取何模式，是一个值得探讨的大课题。依据中央提出的原则和国际共产主义运动的经验，我以为有中国特色社会主义的新农村的基本目标，总起来说，似应包含：经济繁荣，共同富裕；政治民主，社会稳定；文化丰富，进步健康。

1. 经济繁荣，共同富裕

社会主义在经济上同资本主义的根本区别，就在于它具有更高的劳动生产率和实现劳动人民的共同富裕。在农村，就体现在农村经济的繁荣兴旺和农村居民的共同富裕，消除经济上的阶级对立。

要达到这个目的，农村在经济方面的发展模式，应该是：以合作经济为主体，以现代大农业为基础，三大产业协调发展，工农并进，城乡互助的专业化、社会化、现代化、富裕化的农村经济模式。

——农村发展坚持以社会主义公有制为主体，多种经济成分协调发展的所有制结构。在农村，公有制的载体包括少量的国营农场(农垦公司)和国有商业，主要是各种各样的社会主义合作经济。首先是双层经营的地域性农业合作经济，其次是各种形式的集体经营的乡镇企业，最后是国营和集体的为农户家庭经营产前、产中、产后服务的专业化社会服务业和经济联合体(包括供销合作社、信用合作社、经济联合社等)。个体经济与私营经济在农村将会有较大的发展，但主要是在第三产业、少量的第二产业和属开发性的第一产业。

——农村必须坚持以农业为基础。农业始终是国民经济的基础，当然更是农村经济的基础。作为基础的农业，不能长期停留在小生产阶段，必须经过专业化社会分工实现大生产化。在中国则主要是通过专业化农户经营同专业化的大社会服务体系相结合的途径来实现大生产化。也就是说，中国既不能走美国式的家庭大农场与农业服务公司一体化的道路，也不能回到过去苏联式的那种集体大农庄与高度集中的计划相结合的老路，而是借鉴日本式的家庭小农场与社会化的大服务体系相结合的形式，并将垄断资本的服务体系换成社会主义服务体系的内涵。

在坚持以农业为基础的前提下，还必须积极推进农村工业化，实现农村三大产业协调发展。由于历史的原因,中国的农业现代化必须同工业化同时并进。这样一来,农村现代化会面临资金与就业两大困难,要求另辟蹊径,开辟资金来源和非农就业途径。农村工业化,正是在这种历史与社会背景下,成为中国工业化和农业现代化的必经之途。乡镇企业在中国广大农村蓬勃发展,正是反映了这一客观必然性。这就历史地决定了中国的社会主义新农村必然是以现代化大农业为基础,农村工业、农村第三产业协调发展,相互促进的产业格局。农村农业的发展,为农村二、三产业的发展提供原始积累和劳动后备;农村的第二、三产业的发展,为农业的现代化输入资金和提供新的就业机会。只要相互掌握得当,便会形成三大产业共存共荣的良性循环。农村的第三产业主要是为农业提供产前、产中、产后服务的社会化服务行业。

——在农业现代化与农村工业化过程中,城市与乡村之间,不存在资本主义工业化时期那种尖锐的阶级对立,城带乡、市带县,在新的基础上巩固与发展工农联盟,正是有中国特色的社会主义的组成部分。

2. 政治民主,社会稳定

社会主义在政治上同资本主义的根本区别,就在于消除了资产阶级同劳动人民的根本对抗,实现劳动人民的真正民主,从而使社会具有更大的稳定性。

要达到这个目的,中国农村在政治方面的发展模式应该是:以村民自治为基础,受到社会主义国家政权有效领导和健全的社会群众组织相配合的,既有民主又有集中,既有统一意志又有个人心情舒畅的高度稳定的农村政治模式。

——村民委员会,既是社会主义民主在农村基层的具体实现形式,又是社会主义国家政权在农村的基层组织。它一方面充分集中表达广大村民的意愿,另一方面切实贯彻国家的法律、法规和政策,全面履行自治职能,组织村民自我管理、自我教育、自我服务,履行依法应尽的义务。

——农村党的组织,是社会主义农村政治生活的核心与灵魂。党的基层组织村党支部,通过密切联系群众、帮助群众和党的示范作用宣传和贯彻党和政府的路线方针政策,成为领导广大农民走社会主义道路的基层堡垒。

——各种社会性的群团组织,既是代表各种民意的社会组织,又是农村党组织和村民委员会的有效助手。它们一方面充分反映本组织群众的切身利益和意愿,另一方面在本组织成员中协助贯彻党和政府的路线方针政策。

3. 文化丰富,进步健康

社会主义在文化上同资本主义的根本区别,就在于摒弃资本主义文化中反历史、反人民以及一切腐朽没落的糟粕,继承一切优秀的文化传统,建立与发展进步的、人民的和健康的文化。

农村社会主义的文化发展模式应该是:以民族优秀传统文化为基础的、受到社会主义精神文明所熏陶的、广大农民喜闻乐见、积极健康、丰富多彩的农村文化模式。

总之,社会主义新农村的总目标是:经济繁荣兴旺,政治和谐稳定,广大农民物质生活丰裕,精神生活充实,生态环境优美,健康水平提高,人口增长适度,公益事业发展,社会治安良好。

(二)社会主义大农业的基本模式

根据以上对社会主义新农村的总体构想，中国大农业的基本模式，可做如下表述：以适度规模的家庭农场为基础，以各种社会化服务组织为纽带，与城市社会主义大工业实行多种形式的经济联合的高度专业化、商业化、企业化的社会主义大农业。

1. 适度规模的家庭农场

中国农业的微观基础，在未来必将经历一个由目前的半宗法式的家庭经营向企业化的家庭农场转变的过程。这种新型的农场制度，将是具有规模经济的，高度专业化、企业化、商业化的，有良好经济效率的。

——中国是个人多地少的国家，除了极少数边疆地区，一般不可能实行大农场制度，只能讲求适度规模。所谓适度规模，有两层含义：适合本国土地人口结构的土地经营面积和适合本国技术资金结构的集约经营水平。只有这两个方面合理组合起来，才能实现规模经济。在中国这样的大国，看来应该选择以集约规模为主，以土地规模为辅，在集约规模中宜选择以劳动集约(生物技术)为主，以资金集约(机械技术)为辅的规模经营模式。模式追求的目标，宜以提高土地生产率为主，以提高劳动生产率为辅。这种模式的选择，是以中国的人口、土地、农业技术基础和工业化的发展趋势为依据的。中国20世纪50年代末的"人民公社"那种"一大二公"模式之所以失败，基本原因就在于它脱离了这种国情。

——农场的专业化、企业化、商业化，是现代化农场制度的基本标志，是商品经济发展的必然趋势。未来家庭农场，在这些方面也会有自己的特点，中国农场的专业化，可能将会是一种家庭农场小型专业化依附于地域性大规模专业化的模式。由于中国农场不可能实行家庭大农场模式，因此家庭农场的专业化只能是小型的。这种小型的专业化，难以适应城市与工业的需求，其出路只能以推行地域专业化(联片种植与养殖)，让地域专业化包容家庭农场专业化的方式，来实现农业的专业化。中国农场的企业化，可能会是在家庭成员血缘关系的基础上逐步蜕变为现代契约关系，不可能像英国家庭农场那样，直接建立起在雇用关系基础上的契约关系。中国的家庭农场，将会在上述有中国特色的专业化、企业化的基础上实现农业的商业化。

与这种家庭小农场制度相适应，将建立起一种既保持土地集体所有又允许自由流动的农地制度。这种农地制度的最佳选择是：土地村有、有偿承包、自由租赁，股份合作。土地村有，可保证集体所有权；有偿承包，既可保证家庭农场的经营权，又可维护集体经济的土地所有权；自由租赁，可以推动土地要素的商品化和合理组合，促进土地经营的适度集中；股份合作，是未来真正能体现集体与农户之间产权明晰、利益协调的高级形式。

2. 多种形式的社会化服务

按照社会主义市场经济的新秩序，中国农业的宏观调控，将会是政府主要通过各种形式的社会化服务组织的中介作用加以实现的。根据中国的国情，农业社会化服务体系，可能将是在农村市场充分发育的基础上逐步建立起以宏观计划为导向，以集团服务组织为主体，多种服务实体为辅助的多元化经营；产前、产中、产后适当分解，合理分工的产业体系。

——随着社会主义市场经济的发展，农业社会化服务的管理体制，将实现由官办到民营的根本转变。政府只是通过计划与政策的宏观间接调控，行使导向职能，社会化服务组织，将同政府脱钩，实现自主经营、自负盈亏、自求发展。

服务行业的民营化，包含多种形式，首先，是合作性质的服务体系，它可能将会是在现有供销社、信用社改组联合的基础上，通过内部机制的根本转换，形成类似日本"农协"式的，网络覆盖全国的农业服务体系。其次，是各种地域性的小型服务联合体。最后，是专业性的个体商贩，还有国营企业的为农业直接服务和承包式的分支机构等。

这些社会化的服务实体，都会是以市场调节为主，并间接受到政策、杠杆的引导。计划不能直接调节其经济活动。在市场价值规律的引导下，可能将会自然地形成某种社会分工，产前、产后的社会化服务主要由全国性的合作服务网络来承担；产后的社会化服务，主要由地域性的(如村经济组织、企业集团等)专业化服务实体来承担。集中的大批量的服务，由合作组织或专业化公司承担；零星的小批量的服务，也允许个体商贩承担。

3. 新型的工农关系

这种有中国特色的大农业，由于千家万户家庭农场都采取不同形式与社会化服务体系保持着千丝万缕的联系，它们的产供销都高度地依赖于这些服务组织，而这些服务组织则又直接或间接地受到城市社会主义大工业的调控，有的甚至就是大工业的分支机构，因此，工业和农业之间便会在社会主义市场经济的基础上逐步建立起一种等价交换、平等联合与竞争的新型关系。

五、发展的途径："五三"战略

为实现上述社会主义新农村和社会主义大农业的目标，中国农村经济的发展与改革的全部战略与政策，都应遵循如下的途径与原则：

(一)经济结构：三级转换

我们在前面已经叙述过，中国的城市工业化并非"自然发育"起来的，而是在外界的环境逼迫下超越式地发展，加上中华人民共和国成立30年来长期执行的重工业倾斜方针，因而城市化发育和非农业的就业机会远远赶不上愈来愈饱和的农村剩余人口，使得中国的工业化不可能像某些老牌西方国家那样同农业剩余劳动力转移同步进行。这样，我们就不可能实现由旧的二元经济结构直接过渡到现代一元经济结构，而必须在中间经历一个过渡阶段，即农村工业化阶段。因此，中国由传统农业向现代化工业国的结构转换，将可能经历三个历史阶段。

第一阶段，由旧的城乡二元结构向双重二元结构或多元结构转换。如前所述，中国的国情决定我们不可能像一些发达的资本主义国家那样，直接由旧的二元结构进入一元结构，而必须有一个农村工业化的中间阶梯，以此来弥补城市化与工业化发展的不足。这也就是说，通过在农村发展乡镇企业和小城镇，来部分地解决农业剩余劳动力的转移和农业现代化的资金问题。乡镇企业用"以工补农"的形式部分地偿还农业对工业的贡赋,在局部范围内缓解二元结构引起的农业与工业之间的比较利益问题,促进农业现代化的发展。与此同时,农业剩余劳动力向各层次乡镇企业和农村集镇转移。据统计,"六五"与"七五"期间,乡镇企业吸纳的劳动力在9500万人以上,占同期城镇新增劳动力总数的60%;1989年全国镇的人口比1978年增加18667.5万人,其中除了少部分属自然增长外,绝大部分都是由农业人口转入。1988年农村非农总产值达6669.42亿元,占当年农村社会总产值的53.2%;"六五"期间乡镇企业向农村提供建农资金57.8亿元,是同期国家财政农业投资总额的2倍。

第二阶段,多元结构稳定发展的阶段。鉴于中国是一个人口超饱和而经济发展又极不平衡的大国,一方面农业剩余人口的转移,是一个漫长的过程,他们不可能一下涌入大城市;另一方面从长远来看,集中发展少数大城市并不利于全国经济的均衡发展,在农村工业化的基础上逐步建设一大批中小城市更适应中国的国情。这两方面都不是短时期内所能实现的,有一个相当长的发展过程。在这个过程中,先进的大城市大工业与相对传统的农村相对应的二元结构,同农村中相对先进的农村工业(小城镇)与传统农业相对应的二元结构交叉并存,形成了一种特殊的双重二元结构,也可称之为多元结构。在这个阶段,乡镇企业和农村二、三产业将会有很大的发展。许多镇将会上升为小城市,一批小城市将会发展成为中等城市,一部分中等城市将会发展成为大城市。这些城市的经济实力将会大大增强,它们通过地方国民收入的再分配,实行"兴工建农",调整本地区的农产品价格和增加对农业的投资,在较大的中观领域(一个县、一个市乃至一个省)调整农村内部乃至城乡之间工业与农业的比较利益问题,以更大的规模推进农业的现代化,促进双重二元结构向更高的一元结构转化。在这个过程中,农业剩余劳动力除继续向乡镇企业和小集镇转移外,还会大量跨地区开放式地向中小城市和部分大城市转移。

第三阶段,双重二元结构或多元结构向新的一元结构转化阶段。由于在上一阶段农村工业化有了极大的发展,已经出现了一大批分布比较均衡的中小城市和新兴的大城市,农业与工业之间的差别已大大缩小,城市工业的现代化已接近实现,它的积累机制已大大地强化。在农村的二元结构已渐趋消失,农村已有了大片大片的地区变成了城市,实现了城市化,从而农村与城市之间的差别也大大缩小了。这样,就具备了双重二元结构向新的一元结构转换的条件。在这种条件下,国家就可能通过国民收入再分配,实行"强工兴农"的政策,即全面地提高农产品价格,基本消灭"剪刀差",大幅度地增加农业投资和各种对农业现代化的优惠政策,全面地推进农业的技术革命,实现农业的工业化。在这个阶段,农业剩余劳力就有可能大量地向大中城市转移。到了这时候,我国的城乡之间,工农之间的基本差别就开始走向消失。

(二)家庭经营:三次"蛹化"

家庭经营将在我国长期存在下去,但这是就其实质而言,其外在形式则将随着商品经济的发展而不断变化。由于每次变化都改变了它存在的形式及其与外界环境的关系,但却仍保存其作为"家庭"的本质,因此这种变化不妨称为"蛹化"。就我国而言,在整个工业化的过程中,可能要经历三次基本的"蛹化"。

第一次"蛹化"，由宗法血缘式的经营蛹化为小商品经营。在我国实行家庭联产承包责任制的初期，实际上在绝大多数地区，农户的经营仍未基本消除自然经济的烙印，生产结构"小而全"，经营的主要目标是自给自足而不是市场，管理方式是绝对的家长制和成员对家长的血缘依附关系。这种情况，即使到现在，在一些不发达的地区(特别是山区)也仍然如此。随着农村商品经济的发展，农户家庭经营逐渐发生变化，社会分工促使农村非农产业有了很大发展，农村市场的扩大促使农户经营的专业化也逐渐发展了。生产结构开始突破"小而全"，自给自足的分量逐步减少，面向市场的逐步增加。但由于无法突破土地的经营规模，因此还是一种小商品生产。就我国绝大部分内陆地区来说，目前还处于这个"蛹化"阶段。

第二次"蛹化"，由小商品经营蛹化为企业经营。商品经济与社会分工进一步发展，一方面更为广大的市场和规格化批量化的消费需求，促使农户进一步实行专业化生产和商业化经营；另一方面在这个基础上社会化的服务体系也就得以发展与完善起来，"双层经营"体制更臻健全，从而使得农户可以摆脱过去许多"自我服务"与"自我消费"的事务，逐渐把本身所从事的生产活动完全纳入社会大分工之中，成为真正专业化与企业化的生产经营。在这种情况下，家庭虽然存在，但其经营机制已完全不同于自然经济条件下的自给机制，而是完全面向市场进行较大批量的专业化生产，家庭成员之间再不是过去那种"温情脉脉"的血缘关系，而逐渐演进为契约化的核算关系，农户与农户之间既有社会分工，又有商业竞争，农户(农场)与各种服务体系之间则是规范化的产、供、销和各种服务的契约关系。农户家庭经济，实际上是社会主义大生产体系中一个个"农业车间"，没有多大的独立性了，这种情况，在我国目前一些发达的沿海地区已经出现了。

第三次"蛹化"，由企业化经营蛹化为农工商一体化。社会分工与商品经济继续大发展，一方面激烈的市场竞争要求上规模上质量，另一方面农户的独立性不断淡化和比较利益观念的不断强化，必然驱使农户的家庭小农场同各种工商企业乃至城市大企业之间实行更加紧密的联合，使农户的生产只是一个大企业实体中的一个有机组成部分。企业内部的分工，将调整农户成员的就业方式，扩大单位农户的土地经营规模。这时，"家庭"作为生活实体仍将被保留，但家庭结构已逐渐城市化了("核心家庭")，作为生产实体则逐渐脆弱而成为一种"承包组合"。当然，全面地实现这一步转化，还是相当遥远的事情。

(三) 乡镇企业：三次调整

在中国，发展乡镇企业是繁荣农村经济、增加农民收入，促进农业现代化和国民经济持续发展的必由之路。由于乡镇企业，是以农民为主体，以传统工业技术为基础，以不完全的市场信息为导向发展起来的，往往又受到地方政府"财政冲动"[⑦]的干预，因此在发展初期难免会有一哄而起，盲目发展，管理混乱和造成污染公害等问题。在发展到一定程度之后，必须进行产业结构与产品结构的调整，以优化资源配置，提高产品质量，减少农村污染，提高经济、社会与生态效益。我国目前正在进行这一调整。

在第一次调整的基础上，乡镇企业将会有一个更健康和更大规模的发展。但是这种发展主要是面向地域性的市场和部分国内市场，国际市场只占很小的分量。随着市场的开拓，开放的加速，同行业厂家的增多，商品竞争将会剧烈起来。旧有的以传统工业技术为基础的状况，将会愈来愈没有竞争力。特别是当国营大中型企业的改革逐步深化、逐渐搞活之后，这种竞争态势将会更加严峻。这将迫使乡镇企业势必转入第二次大调整——技术革命。在此过程中，经营得好的企业，积累机制旺盛，实现技术更新会早些，就会在竞争中立于不败之地并得到发展；经营得不好的(主要是产业与产品的调整在上一阶段没有到位的)可能就会被淘汰。

经过技术结构有大调整，优胜劣汰，乡镇企业的面貌将会大为改观，它同城市企业可能就没有什么差别了。此外，随着国营企业机制转换的完成，国营企业同乡镇企业在机制上的差别大大缩小，竞争大大加剧。这就创造了条件为乡镇企业同城市企业、乡镇企业与乡镇企业实行联合化集团化铺平了道路。这时乡镇企业就将进入第三次大调整。通过跨地域、跨城乡的集团化，实现城乡协作，优势互补，以城带乡，协调发展，走向国际市场。

当然，以上三大调整是就总体趋向而言的，在实际中则是参差交错进行的。在地区之间，企业之间，有先有后，由点到面，波浪式地向前推进。

(四)合作经济：三种形式[8]

坚持公有制为主体，壮大集体经济实力，是农村走社会主义道路的根本保证。农村的公有制和集体经济，则体现为各种形式的社会主义合作经济。

社会主义的合作经济，同资本主义的合资经营是有本质区别的。后者是剥削者的联合，前者则是劳动者的联合。新的合作经济同过去的人民公社也是有原则差异的。后者是脱离社会分工的客观进程且带有明显强制性而加以组织的，前者则是在生产的专业化社会化基础上自愿互利地联合起来的。因此，这里所说的社会主义合作经济是指：在专业化社会分工的基础上，劳动者之间、劳动者集团之间为共同实现各自的物质利益而自愿互利地联合起来从事经济活动的经济形式。

按照这种意义的合作经济，在我国农村可能会有许多形式，但就其本质来划分，大体是三种基本形式：

一是双层经营的地域性合作经济。把家庭承包经营引入集体经济，形成统一经营与分散经营相结合的双层经营体制，是我国农业合作经济的一项基本制度和基本形式。这样，既能充分调动家庭经营的积极性和创造性，又能有效发挥集体力量在社会化服务和抗御灾害方面的优越性，并把两者有机地结合起来。统一经营的这部分，在中国主要包括村一级的集体经济(目前一般叫村经济联合社)，还包括国营和合作的为家庭农业服务的社会化服务组织(现在是国营商业和代销、信用合作社等)。

二是各种经济联合体。这是一种农户之间完全建立在专业化分工基础上的自愿联合。其中，一种是生产要素互补与积聚性的合作，如资金、劳力、技术、机械等互补性的专业化协作式的合作；第二种是经济环节之间相承性的合作，如生产资料(原料)供应、生产与加工、运输与销售等相互承接式的合作。这类联合体，是一种十分有生命力的经济组织形式，因为它是绝对自愿互利的。随着商品经济的发展，它必将得到更为普遍的发展。

三是农工商一体化联合。这将是我国农村合作经济的高级形式。随着城乡商品经济的高度发展，一方面家庭经济的专业化规模化将进一步提高，对市场的依赖性将进一步增强；另一方面工商业(特别是新兴的城市)中与农业关联度较大的企业，在商品市场激烈竞争之下，为了确保更为有利的原料与初级产品以提高自身的竞争力，需要与农业生产基地建立起更为紧密的协作关系。这两个方面，出于大家相互的需要，便会逐步通过契约形成农工商联合。联合的组织形式，将由低级到高级发展，直到成为紧密的农工商的联合公司，农户的家庭农场乃至整个村经济，便会成为这种合作经济实体的农业子公司。这种类型的合作经济，前途无量，它是生产力发展的必然趋向，是社会化大生产的代表，是实现城乡融合的重要途径。

(五)分类指导：三类地区

中国是一个发展极不平衡的大国，对于前述的四个方面在实施过程中，都不应千篇一律地采用一种模式，一个速度，必须因地因时制宜。从总体上说，至少应区分三类基本地区，进行有区别的分类指导。

第一类地区，工业化农业区。这类地区，一般是大中城市的郊县和大型工矿企业的周边地区。这类地区，是大城市与大工业的前沿腹地，有的还是城市化的预备地区。因此，在这类地区将会在结构转换上率先进入一元经济结构；家庭经济蛹化的第一阶段可能很短而进入第三阶段的速度更快；乡镇企业调整的第二、第三两个阶段可能分辨不清，同时进行；合作经济可能会是以农工商联合的企业为主要形式。

第二类地区，集约化农业区，或基本农业区。这是商品农产品比较集中的地区，是国家农业的命脉地区。像我国这样的大国，必须巩固地建设好这种基本农业区。保护农业资源，是这类地区的首要任务。为此，在经济发展上，决不应照搬第一类地区的模式。其结构转换，可以不必经过第二阶段，以免破坏资源和污染环境。直接由国家投资，采取高投资、高科技、高产出、高效益的开发式农业，剩余劳动力直接进入大城市与大工业，实现由旧的二元结构直接转到新的一元结构；乡镇企业宜立足农业，主要发展无污染的农产品加工业和向农业广度与深度进军的多种经营；合作经济可能会以双层经营的地域性合作经济为主要形式。

第三类地区，保护性农业区。一般是生态遭到严重破坏(如黄土高原地区)或保护其生态平衡对农业全局性发展具有举足轻重的地位的地区。这类地区，恢复与保护生态，是压倒一切的至高原则。这类地区，在结构转换过程中，剩余人口不应强调"离土不离乡"而应鼓励人口外流，大力减少单位面积上的人口负荷量，这是恢复与保护生态的重要前提，乡镇企业应以发展林果茶特农工商一体化的开发性实业为主，尽力发展"无公害工业"。

注释：

① 夏振坤：《中国农村十年改革的回顾与前瞻》，何康、王郁昭：《中国农村改革的十年》，中国人民大学出版社 1990 年版。

② 夏振坤：《日本农业现状的考察》，《中国农村经济》1991 年第 1 期。

③ 英国《1968—1975 年农业结构的变化》第 77 页。

④于维需：《英国农业》，农业出版社1981年版，第132~171页。

⑤《马克思恩格斯全集》第36卷，人民出版社1974年版，第522页。

⑥裘元伦等：《西德的农业现代化》，农业出版社1980年版，第2~6页。

⑦所谓"财政冲动"是指地方政府为了增加财政收入积极扶持乡镇企业的发展，这其中也难免会有盲目性。

⑧关于合作经济及其形式问题，在我所著《中国农业发展模式初探》一书中的合作经济一章中曾有详细的论述，故此处只扼要地进行表述。

第六章　经济发展空间与理论的构思

前五章回顾了中国农业发展的历史轨迹，展望了中国农业要走的发展道路，这为中国农业发展进程中的定量分析提供了依据。从系统科学的角度来看待农业发展问题，可以说农业发展是农业经济发展系统的变化、演替过程。因此，有关中国农业发展的定量分析应当在农业经济发展系统的框架中进行。

一、农业三维空间概念的发展

农业经济发展系统同其他类型的社会系统一样，与非社会系统有着十分不同的特性。在农业经济发展系统中，人的作用是处于主导地位的。由于农业经济发展系统是一个十分复杂的开放性巨系统，因此，其变异度较之非社会系统高得多。所以，用简单系统的描述方法是难以对其进行恰当的描述的。若将农业经济发展系统内的基本要素按一定的规则予以分类，则可形成若干个要素的集合。若从资源开发、生物生产、经济增值三个基本环节着眼，农业经济发展系统内的基本要素则可形成三个要素集合：①农业资源开发要素集合；②农业生物生产要素集合；③农业经济增值要素集合。若每个要素集合均可用恰当的方法转换成农业经济发展系统的状态变量，则可由以上三个要素集合构成一个系统状态空间。显而易见，这个状态空间是三维的。因此，用上述方法所描述的农业经济发展系统的状态空间可简称为农业三维空间。

农业三维空间是三维的农业发展空间。农业发展系统、工业发展系统均是经济发展系统的子系统。若将经济发展系统内的基本要素按一定的规则予以分类，也可形成若干个要素的集合。若每个要素集合均可用恰当的方法转换成经济发展系统的状态，则可由这些要素集合构成一个经济发展系统的状态空间。这样的空间可简称为经济发展空间。其维数可根据系统要素集合的个数来确定。用类似的方法可引出农业发展空间、工业发展空间、农村发展空间、城市发展空间等概念。经济发展系统的状态由状态变量在经济发展空间中的对应点来确定。这个点就是系统的描述点。因此，描述点的变化可以反映系统的变化。不同时间描述点的集合可以描述经济发展系统的演替过程。

经济发展系统内各要素间的相互作用及联系、系统内各要素与经济系统外的相互作用及联系是异常复杂的。因此，要将经济发展系统的各个要素集合转换成经济发展系统的状态变量，就应找到可以从整体与要素、要素与要素、结构与功能等不同方面反映系统状态的指标。这样，通过适当的量化方法就可用若干指标集合所组成的"弹性指标群"来实现要素集合向状态变量转换。所谓弹性指标群是就指标确定过程的特点而言的。由于经济发展系统的复杂性、模糊性，仅凭主观想象来挑选指标是不行的，只有在反复测算和校验中才能找出符合实际的指标群。在测算和校验中一旦发现指标不能恰当地反映经济发展系统的状态就应将其删除。所以，弹性指标群就是根据测算及校验情况动态地确定指标的指标群。可见，确定恰当的指标群是一个反复的校验过程。指标越多，试验成本一般就会越高。因此，根据所研究问题的特点，尽可能地挑选较少的指标来组成指标群才是切合实际的。

进行经济发展空间测算除了选用合适的指标外，还须有互相协调的评分方法。对于社会系统的测量、测算，尤其是定性定量测量均须合理的加权分析方法。这些方法包括定性、定量、定性与定量结合三种类型。定性类型的加权方法主要有特尔比较打分法。定量类型的加权分析方法主要有聚类分析法、系数法。定性与定量结合的加权分析方法主要有模糊测算法、AHP法，孤立地、短暂地运用这些方法均可能得到令人困惑的结果。只有在上述的"反复测算和校验"时综合地运用各种加权分析方法才能得到合理的加权分析结果。在加权分析的基础上，运用"组间差法"等数据深加工方法，可设计一个与弹性指标群配套的弹性评分区间表来反复测算和校验经济发展空间及其子空间。

运用上述方法，对江苏等5省1987年的经济发展空间及子空间进行测算，其结果见表6-1至表6-6：

表6-1　　　　　　　　　　　　　　**经济发展空间指标序号表**

指标序	指标名称	单位	指标序	指标名称	单位
1	工农业劳动生产率	元/人年	9	单位耕地沼气池数	个/百公顷
2	工农业相对生产率(%)		10	耕地化肥投入	千克/百公顷
3	识字率(%)		11	农业净产值生产率	千元/人年
4	农业劳力比重(%)		12	农业人均生产纯收入	元/人
5	职工人均工资	千元/人	13	工业劳动生产率	万元/人年
6	居民消费水平	百元/人	14	总产值投资效果	百元
7	农业劳动生产率	元/人年	15	集体企业人均工资	千元/人
8	土地产粮率	百千克/公顷			

说明：表中指标1~6归属于综合发展维；指标7~12归属于农业发展维；指标13~15归属于工业发展维。

表6-2　　　　　　　　　5省经济发展空间指标测算表（1987年）

累计及指标序	江苏	安徽	湖北	湖南	广东	累计及指标序	江苏	安徽	湖北	湖南	广东
总计	49	25	35	29	45	总计	49	25	35	29	45
1	4	2	3	1	3	9	3	3	1	2	1
2	3	2	2	1	3	10	5	5	4	5	5
3	2	1	2	3	3	11	3	3	1	1	3
4	4	2	3	1	3	12	2	2	1	1	2
5	3	2	2	3	4	小计	20	17	13	14	15
6	3	1	2	2	3	13	3	3	1	1	3
小计	19	10	14	11	19	14	4	4	2	2	3
7	3	1	2	1	1	15	3	3	1	2	4
8	4	3	4	4	3	小计	10	10	4	5	10

表6-3　　　　　　　　　农业发展空间指标序号表

指标序	指标名称	单位	指标序	指标名称	单位
1	农业劳动生产率	千元/人年	9	耕地化肥投入	kg/百公顷
2	农业劳均粮食产量	百千克/人	10	灌溉面积比重（%）	
3	农业劳均肉类产量	千克/人	11	农业净产值生产率	千元/人年
4	农业劳均水产品产量	千克/人	12	农业人均生产纯收入	千元/人
5	土地产粮率	百千克/公顷	13	农业劳均自由上市量	百元/人年
6	农业劳均耕地	亩/人	14	农业劳均乡镇企业投资	百元/人
7	单位耕地农机动力	千瓦/亩	15	自由上市额交通密度	万元/千米
8	单位耕地沼气池数	个/百公顷			

说明：表中指标1~5归属于生物生产维；指标6~15归属于资源开发维；指标11~15归属于经济增值维。

表6-4　　　　　　　　　5省农业发展空间指标测算表（1987年）

累计及指标序	江苏	安徽	湖北	湖南	广东	累计及指标序	江苏	安徽	湖北	湖南	广东
总计	44	24	36	29	39	总计	44	24	36	29	39
1	3	1	2	1	3	4	2	1	2	1	4
2	1	1	1	1	1	5	4	3	4	4	3
3	2	1	2	2	2	小计	12	7	11	9	13

累计及 指标序	江苏	安徽	湖北	湖南	广东	累计及 指标序	江苏	安徽	湖北	湖南	广东
6	3	2	2	1	1	11	3	1	2	1	3
7	3	1	2	2	3	12	2	1	1	1	2
8	3	1	2	1	3	13	2	1	3	2	3
9	3	1	2	1	1	14	4	1	2	1	2
10	5	4	5	5	5	15	3	2	2	1	3
小计	17	9	13	10	11	小计	14	6	10	6	13

表 6-5 　　　　　　　　　　　　工业发展空间指标序号表

指标序	指标名称	单位	指标序	指标名称	单位
1	工业劳动生产率	万元/人年	3	集体企业人均工资	千元/人
2	总产值投资效果	百元			

表 6-6 　　　　　　　　　　　　5 省工业发展空间指数测算表 (1987 年)

累计及指标序	江苏	安徽	湖北	湖南	广东
总计	10	4	5	5	10
1	3	1	2	1	3
小计	3	1	2	1	3
2	4	2	1	2	3
3	3	1	2	2	4
小计	7	3	3	4	7

说明：以上 6 表计算数据均取自《中国统计年鉴》。

从表 6-2 的测算结果中可以看出：5 省中，江苏的经济发展水平最高，其次为广东，安徽的经济发展水平最低。比较 5 省经济发展空间各维的测算值，发展空间测算值最小的安徽，其农业和工业发展维的测算值也最小。广东与江苏的综合发展维测算值比其他三省高。广东的农业发展维测算值比湖北略高一点，而工业发展维测算值则高出不少。

从表 6-4 的测算结果中可以看出：安徽的农业发展空间测算最小，各维的测算值也最小，湖南次之。湖北、广东的农业发展空间测算值均比安徽、湖南大，且综合发展维的测算值也比它们大，又都比江苏小。从农业发展空间指标测算值来看，广东比湖北高一点。湖北的资源开发维测算值较广东高，而广东经济增值则比湖北高。

表 6-6 的测算结果表明：1978—1987 年，广东的工业发展水平提高较快，而湖北、湖南的工业发展水平仍与江苏有较大的差别。

以上的测算及分析告诉我们：农业发展除了依靠国民经济综合发展、工业经济发展的支持外，还可由农业发展空间中经济增值维带动其他维发展。江苏农业经济增值维测算值较其他省均高，因此其农业经济发展水平相应也高些。广东农业经济增值维测算值仅比江苏略低一点，比其他三省都要高，因此农业发展水平提高的潜力较大。根据表 6-3，对 1989 年江苏、湖北、广东 3 省农业发展空间进行测算就可证明这一点。测算结果见表 6-7。

表 6-7　　　　　　　　　　　3 省农业发展空间指标测算表（1989 年）

累计及指标序	江苏	湖北	广东	累计及指标序	江苏	湖北	广东
总计	50	41	50	总计	50	41	50
1	5	3	5	9	5	5	5
2	1	1	1	10	4	4	4
3	2	2	2	小计	16	15	15
4	3	2	4	11	4	3	4
5	4	4	4	12	3	2	3
小计	15	12	16	13	3	4	5
6	2	2	1	14	5	3	4
7	3	2	4	15	4	2	3
8	2	2	1	小计	19	14	19

说明：计算数据取自《中国统计年鉴》。

表 6-7 说明：1989 年广东的农业经济发展空间指标测算值已达到了江苏的水平，比湖北高出了不少。1989 年湖北的农业经济发展水平有所提高，但与广东的差距却明显地变大了，因此，湖北应及早落实"稳住粮棉、突破加工、进军山水、疏导流通"的农业发展战略措施，在经济增值方面实现较大的突破，以带动整个农业经济的发展。

二、阶段、模式的演替

农业发展模式类型与农业发展阶段的划分一般有原始农业、传统农业、近代农业、现代农业、有机农业、无机农业、灌溉农业、干旱农业等提法。这些概念对研究人类农业发展史来说是很有价值的，但对于研究 20 世纪以来的农业发展进程来讲则显得过于笼统。而且，近代农业、现代农业的提法是根据发达国家的农业发展进程概括出来，例如，用现代农业概念对美国进行研究，可认为 1950 年美国已处于现代化农业发展阶段，但就化学化水平来讲，1950 年美国亩均施用化肥才 7.7 公斤，与中国 1970 年的化肥施用水平差不多，而与日本 1960 年时的化肥施用水平相比则低得多。从良种化水平来看，1950 年美国的种质优良程度也不会比 1970 年中国的水平及 1960 年日本的水平高。表 6-8 中的数据可以更清楚地说明这一点。

表 6-8

年 份 单位耕地化肥投入量比较	1986—1987 年	1987—1988 年
中国为美国的倍数	1.90	2.52
中国为泰国的倍数	7.40	7.20
中国为高收入发达国家平均水平的倍数	1.49	2.20

说明：计算数据取自《世界银行发展报告》。

此外，美国农业现代化的特征是机械化、大规模生产，而日本农业现代化的特征是化学化、小规模生产。泰国农业现代化进程的特征则是农产品及其加工产品的大量出口。用现代农业概念是不能反映这些特征的。因此，对 20 世纪以来的农业发展模式类型与农业发展阶段应进行更深入的研究。

农业发展阶段的主要特征与农业发展主导模式类型的运用程度有着紧密的联系。所谓农业发展主导模式类型就是在相当长的时期中及相当大的范围内占主导地位的农业发展模式类型。20 世纪以来，农业发展模式的名称与提法固然很多，但能成为主导模式类型的只有 4 个：①适应型：这是人们在经济发展水平较低、对自然的控制能力较弱时为了满足基本生活需要而采用的一类以适应自然为主，改造自然为辅的农业发展模式。一般来讲，灌溉农业模式、干旱农业模式均属于这一类型。②增值型：这是人们在基本的温饱需要得到满足后而采用的一类强化资源开发、促进生物生产并通过加工、贮藏、运输等各种手段大幅度提高农业净产值与农业生活水平的农业发展模式。一般来讲，无机农业模式、立体农业模式都属于这一类型。③生态型：这是人们为了实现健康生活需要和保护资源而采用的一类农业发展模式。④工厂型：这是人们为了实现舒适生活需要、保护自然资源并且大大改善农业生产者工作条件而采用的一类农业发展模式。通俗地讲，适应型也可称为温饱型、增值型也可称为富裕型、生态型也可称为健康型、工厂型也可称为舒适型。

农业的发展可根据各主导模式类型演替的时序、科技进步程度、控制自然的能力、需要实现的程度分为四个阶段(见表 6-9)：

表 6-9   **农业发展阶段**

适应型农业	增值型农业	生态型农业	工厂型农业
先	成为主导模式类型的时间顺序		后
低	主导模式类型科技进步的程度		高
大	主导模式类型依赖自然的程度		小
温饱	富裕	健康	舒适
低	需 要 的 实 现 程 度		高

这样的农业发展阶段划分是建立在经济发展系统规范性概述的基础之上的，既体现了发展阶段与发展模式的内在紧密联系，又体现了农业经济发展系统与经济发展系统的从属关系。农业发展阶段可以用农业发展空间来描述，我们根据前面的论述可大致地描绘出四个阶段中各主导模式类型处于鼎盛时期的农业发展空间。图 6-1 中 a、b、c、d 四个点分别代表适应型、增值型、生态型、工厂型空间测算值。

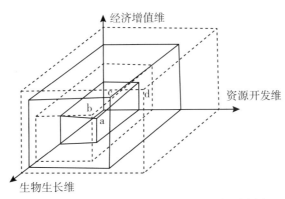

图 6-1　农业发展四阶段的农业发展空间示意图

从各国的农业发展状况来看，发达国家农业一般都处在增值型农业发展阶段的末期，并正在向生态型农业发展阶段迈进；而发展中国家则大都处于适应型农业发展阶段或增值型农业发展阶段的初期。

图 6-2 表示农业发展阶段演替的情况。图 6-2(a) 中 L_1、L_2、L_3、L_4，分别是适应型、增值型、生态型、工厂型等四个主导模式在发达国家的动态发展曲线，图 6-2(b) 中 L'_1、L'_2、L'_3、L'_4 分别为适应型、增值型、生态型、工厂型等四个主导模式类型在发展中大国的动态发展曲线。图 6-2(a) 中，A、C、E、G 分别表示四个农业发展模式类型在发达国家农业发展中的最大运用范围。图 6-2(b) 中，A′、C′、E′、G′分别表示四个农业发展模式类型在发展中大国农业发展中的最大运用范围。B、D、F、B′、D′、F′分别是三个农业发展阶段在图 6-2(a) 与图 6-2(b) 中的分界点。

图 6-2(a) 大致反映了西方发达国家农业发展阶段的演替情况。目前，发达国家大致处在 H 点至 I 点之间的时段，即增值农业发展阶段的末期。由于生物高技术的发展，发达国家农业在向生态型农业模式类型占主导地位的农业发展阶段迈进。

图 6-2(b) 大致反映了像中国这样的人口众多的发展中大国的农业发展阶段演替情况。20 世纪以来，发展中大国的农业长期处于欠发达状态，以追求温饱为目的的适应型农业发展模式长期处于主导地位。第二次世界大战后，发展中大国的农业发展取得了较大的进展，尤其是近 10 年来，由于农业改革、绿化革命等积极因素的推动，发展中大国的适应型农业发展模式类型大都通过了 A′点，进入了适应型农业发展阶段的末期及增值型农业发展阶段初期。即图 6-2(a) 与图 6-2(b) 中 $t_H \sim t_I$ 和 $t'_H \sim t'_I$ 时段。由于后发展效应，发展中大国此时既可借鉴发达国家在增值型农业发展阶段所运用的成熟经验，又可在小范围内借鉴与尝试发达国家正在探索的生态型农业模式类型、工厂型农业模式类型的经验及措施。

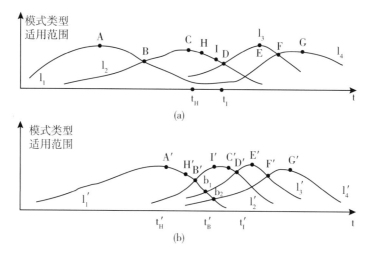

图 6-2　农业发展阶段演替图

这样，在发展中大国的农业发展中形成了以适应型农业模式类型、增值型农业模式类型为主，生态型农业模式类型、工厂型农业模式类型为辅的各类模式组合。到达 B′点以前，模式组合以适应型为主，其他三种模式模型的运用范围依次为：增值型、生态型、工厂型。到达 B′点之后，模式组合以增值型为主，其他三种模式类型的运用范围依次为：适应型、生态型、工厂型。随着世界农业科技的突破与发展，生态型、工厂型农业发展模式类型将逐步成熟，适应型农业发展模式将逐步与生态型、工厂型农业发展模式融合并在运用范围的大小顺序上让位于生态型、工厂型农业发展模式类型。图 6-2(b)中的 b_1、b_2 点表明了未来发展中的第二种状况，在图 6-2(b)中的 t_H'~t_B' 时段，适应型农业发展模式型占主导地位。此外，还有"适应-生态型农业发展模式""适应-增值型农业发展模式""适应-工厂型农业发展模式"等以适应型农业发展模式类型为主、其他农业发展模式类型为辅的组合模式及"增值型""生态型""工厂型"等单纯型模式。同样，在 t_B'~t_I' 时段，增值型农业发展模式类型占主导地位，辅之有增值-适应型、增值-生态型、增值-工厂型等组合模式、"适应型""生态型""工厂型"等单纯模式。运用农业发展空间测算技术可大致地确定农业发展处于什么样的时间段(时段)。前面的农业发展空间测算结果表明：江苏、广东已大体进入 t_B'~t_I' 时段，湖北、湖南则还处于 t_H'~t_B' 时段。运用农业发展空间测算技术对1952—1986 年中国农业经济发展系统的动态变化进行测算可以看出中国农业发展阶段演替的大致趋势(分别见表 6-10，表 6-11 和图 6-3)。

表 6-10　　　　　　　　　　　　农业发展空间动态测算指标序号表

指标名称	农业劳动生产率指数(%)	农业居民消费水平指数(%)	农业控制自然程度指数(%)
维别	生产维	增值维	适应维

表6-11 中国农业发展空间动态测算表

年份＼指标序	1	2	3	合计	年份＼指标序	1	2	3	合计
1952	1	1	2	4	1970	1	2	2	5
1953	1	1	2	4	1971	1	2	4	7
1954	1	1	1	3	1972	1	1	5	8
1955	1	1	1	3	1973	1	2	5	8
1956	2	1	1	3	1974	1	2	5	8
1957	1	1	2	4	1975	2	2	6	10
1958	1	1	2	4	1976	1	2	5	8
1959	2	1	2	4	1977	1	2	4	7
1960	1	1	3	4	1978	2	2	3	7
1961	1	1	1	2	1979	3	2	2	7
1962	1	1	0	1	1980	3	3	1	7
1963	1	1	0	1	1981	3	3	1	7
1964	1	1	0	1	1982	3	4	1	8
1965	1	1	0	2	1983	4	4	1	9
1966	1	1	0	2	1984	4	5	1	10
1967	1	1	1	3	1985	4	5	1	10
1968	1	1	1	3	1986	5	5	1	11
1969	1	1	2	4					

从测算结果可以看出，我国农业发展从总体上处于图6-2(b)中的 $t'_H \sim t'_L$ 时段，即由适应型农业阶段向增值型农业阶段转换的时段，而不处于向生态型农业阶段转换的时段。成熟的生态型农业模式类型的特征应是投入少、低消耗、循环多、公害小、高效益。要实现这些特征，仅仅依靠我国现有的农业技术体系是不可能做到的。要在大范围内运用具有以上特征的生态型农业模式，必须形成一整套新型的农业高新技术体系。这包括农业生物转换技术等。这种新型农业技术体系涉及生物工程、新能源等不少高新科技研究领域，因而需要在国际经济科技合作的基础上逐步地开发与应用。因此，我国现阶段以常规技术手段为特征的生态农业仅仅是生态型农业发展模式类型的初级形式。对中国农业来讲，农业生态问题中首要的就是保护地力的问题。现阶段在我国试验的生态农业模式难以在大范围内起到保护地力的作用，因为农田的物质投入、有机肥的使用只有通过农业收入的增加与比较利益的调整才有可能得以实现。这只有增值型农业发展模式才有可能做到这一点。

三、发展方式的选择

前面我们讨论了农业发展阶段的模式演替问题，并提出了农业发展阶段演替曲线。在一个大的农业发展阶段中划分的若干时段所对应的模式有着自身的特点，并可与另一类时段模式形成组合模式。组合模式、单纯模式的再组合可形成矩阵式的组合模式群。对应图

6-2(b)中的 $t'_H \sim t'_I$ 时段可以列出表 6-12 所示的矩阵式组合模式群。这个组合模式群共有 70 种可能的模式组合形式。

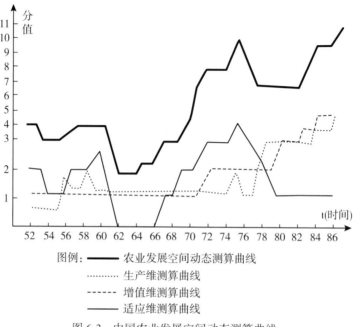

图 6-3　中国农业发展空间动态测算曲线

说明：图中适应维曲线下降导致同时期中国农业发展空间动态测算曲线出现 U 字形变化。这是农业发展阶段转换过程中不可避免的现象，随着增值型农业发展模式类型主导地位的加强，适应维指标将会向好的方向变化。

表 6-12　　　　　　　　　　　**矩阵式组合模式群表**

经营模式维／时段模式维	适应型	增值型	适应增值	适应生态	适应工厂	增值适应	增值生态	增值工厂	生态型	工厂型
家庭型										
家庭—合作										
家庭—庭院										
家庭—村镇										
庭院										
合作										
村镇										

说明：表中的家庭-合作等组合模式是家庭经营模式为主，合作经营模式为辅的组合模式。表中空格(共 70 个)表示时段维模式与经营维模式维之间的组合模式。

　　面对表 6-12 中众多的模式组合形式就有了一个选择的问题，若将组合模式的选择看成一个系统，将选择中的基本要素转换成状态变量，那么用如下的空间可以形象地表示组合模式选择的过程(见图6-4)。

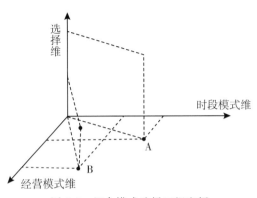

图 6-4　组合模式选择三组空间

图 6-4 中 A、B 相当于表 6-12 中的组合模式,组合模式 A 的评价值相对 B 要高,即 A 在选择维上的对应状态变量值高于 B。因此,组合模式 A 被选择运用于实际经济活动中去的可能性比 B 大。将以上想法扩展到 N 个待选维(时段维、因素维……)所形成的组合形式的选择上就可用一个 N+1 维空间来表示组合形式的选择。这里的组合形式可定义为发展方式。发展方式的选择可看作是一个经济发展系统按照阶段发展战略的要求,对与多个时段、多个因素对应的模式、形式、方法的各种组合形式进行选择及调整这种选择的过程。霍尔曾从工程组织系统的实践中归纳制定了系统发展规划的三维方法。在社会系统的实践中仅用工程系统实践中归纳出来的方法是不够的,还必须在实践中探索其他方法的可行性。在经济发展空间测算实践中,可通过一些定性的方法感知到前面所提到的 N 维组合形式中处于重要地位的几种组合形式,这使得 N+1 维空间可大大地简化。由于信息加工、处理的工作量在发展方式选择中占很大的比重,因此我们可将其从选择维中分离出来。这就可以初步归纳出这样一个发展方式选择三维空间形式(见图6-5)。

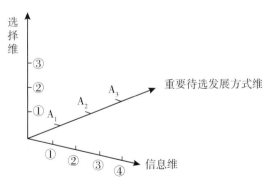

图 6-5　发展方式选择三维空间

说明:信息维:①信息搜集;②信息处理;③信息初次加工;④信息深层加工。
　　　　选择维:①明确选择所用的价值尺度;②运用多种手段进行多价值尺度评价;
　　　　　　　　③从重要待选发展方式中进行选择。
　　　　重要待选方式维:A_1、A_2、A_3……均为通过调研及定性方法感知出来的重要待选方式。

经济发展系统是复杂、多变、模糊的，因此，发展方式的选择是一个反复测算、分析、综合，多方面校验、修改的过程，只有不断实践，才能逐步认识这个过程的规律性。图 6-2 中所描述的阶段转换方式即是农业发展中所涉及的一类发展方式。运用以上原理分析转换方式可初步地了解发展方式的选择过程，并有助于我们形成理论的构思。

首先，我们来做信息搜集、处理、加工的工作。按照前述的发展空间测算方法对中、日不同时点的农业发展空间进行测算，其结果见表 6-13：

表 6-13　　　　　　　　　中日比较：农业发展空间指标序号表

指标序	指 标 名 称	单 位
1	农业劳均产粮	百千克/人
2	农业劳均产肉	千克/人
3	农业劳均生产水产品	千克/人
4	粮食单产	百千克/公顷
5	单位面积耕地肉类产量	千克
6	每公顷耕地施用化肥	千克
7	灌溉面积比重(%)	
8	农业产品加工创汇额与农业国民收入之比(%)	

说明：表中指标 1~5 归属于生物生产维；指标 6~7 归属于资源开发维；指标 8 属于经济增值维。

用这个指标群可以对中、日两国不同时点的农业发展空间进行测算，其结果见表 6-14。

表 6-14　　　　　　中国(1987 年)、日本(1960 年)农业发展空间测算表

累计及指标序	1987 年中国各指标测算	1960 年日本各指标测算	累计及指标序	1987 年中国各指标测算	1960 年日本各指标测算
总计	21	22	总计	21	22
1	1	1	小计	12	12
2	3	2	6	4	5
3	2	5	7	3	3
4	3	3	小计	7	8

说明：中国的计算数据取自《中国统计年鉴》，日本的计算数据取自《战后日本经济社会统计》《现代日本农业》。

表 6-14 的测算结果表明，1987 年中国农业发展空间的测算值与 1960 年日本农业发展空间测算值相当接近。中国的生物生产维测算值与日本大致相同，但中国农业生物生产的特点是发展养猪业，用粮食换肉，而日本农业生物生产的特点则是大力发展远洋渔业、增

加水产品产量。此外，1960年日本在单位耕地面积上所用的化肥也比1987年的中国农业多。

1960年对日本农业意味着什么？让我们来看看两个数字：日本每户农民全年农业收入平均每年的递增速度，在1952—1960年期间为1.9%；在1960—1969年期间为9.5%。这两个数字表明1960年的日本农业正处在由适应型农业发展阶段向增值型农业发展阶段转变的转折点。那么1987年是不是中国农业实现阶段转换的转折点呢？让我们也来看看几个数字：中国农民消费水平平均每年增长速度，在1952—1978年期间为1.7%；在1978—1987年间为8.1%。中国农业劳动力人均创造的农业国民收入平均每年的递增速度，在1952—1977年期间为-0.3%；在1978—1987年期间为5.1%。这些数字表明，1978年以后中国农业就开始由适应型农业发展阶段向增值型农业发展阶段过渡。由于1978年以前长期积累的一些问题的影响和发展因素及发展条件上的差异，中国不可能像日本那样迅速地实现阶段的转变，而只能采用过渡的方式逐步地实现这个转变。所以，1987年中国农业发展程度虽与1960年的日本农业很接近，但要在1987年后立即实现日本农业在1960年后所实现的那种阶段转变是困难的。因此，1987年不是中国农业实现阶段转换的转折点而只是中国农业发展转换过程中与1960年日本农业发展程度很接近的一个时点。为了更清楚地证实这个判断，我们首先来分析一下日本农业发展阶段转换前后的情况。通过对日本经济数据的计量分析，我们可建立以下两个方程式：

$$1951—1960年 \quad J_1 = 0.55 + 0.057J_2 \tag{1}$$
$$(1.072)$$
$$SE = 0.216 \quad DW = 1.6 \quad R^2 = 0.125$$
$$1961—1970年 \quad J_1 = -0.696 + 0.11J_2 \tag{2}$$
$$(7.291)$$
$$SE = 0.444 \quad DW = 2.077 \quad R^2 = 0.867$$

式中，J_1——日本每个农户全年农业收入；

J_2——日本农产品委托人指数。

从(1)、(2)式可以看出：1961—1970年期间，日本农户全年农业收入与农产品委托人指数有着较紧密的联系，SE值、DW值、R^2值均比1951—1960年期间的相应值高。这说明日本农产品物价是现实发展阶段转换的一个重要因素。1951—1959年，日本农产品物价指数平均年增长0.2%，而1960—1970年，日本农产品物价指数平均年增长速度提高到6.7%。在这两个时期，日本的农业生产资料价格涨幅比较小，一般不超过3%。可见农产品价格上涨使日本农户在1960—1970年期间每年的收入得到了较大提高。日本农产品价格持续上涨靠什么来支撑呢？在日本农业内部找原因是难以解释的。我们还是通过计量分析式来寻找答案。

$$1961—1970年 \quad J_1 = -2.731 + 0.08J_3 \tag{3}$$
$$(15.782)$$
$$SE = 0.212 \quad DW = 1.114 \quad R^2 = 0.968$$
$$1951—1960年 \quad J_4 = 6.524 + 0.36J_5(-1) \tag{4}$$
$$(6.396)$$

$$SE = 1.153 \qquad DW = 1.037 \qquad R^2 = 0.835$$

$$1961{-}1970 \text{ 年} \qquad J_4 = 13.224 + 0.237 J_5(-1) \tag{5}$$
$$(7.432)$$

$$SE = 3.413 \qquad DW = 0.787 \qquad R^2 = 0.872$$

式中，J_3——日本农业与工业相对价格指数；

$\qquad J_4$——日本农业国民所得；

$\qquad J_5$——日本工业国民所得。

1951 年后，日本工业产品价格指数基本稳定，而农业产品价格指数则有了较大幅度的提高。从(3)式中可以看出，农业收入与相对价格指数有着较紧密的联系。结合(4)、(5)式可以看出 1961 年后，日本的农业国民所得与工业国民所得的联系较 1951—1960 年期间强，1960—1970 年的 SE 值、R^2 值均比 1951—1960 年期间高，但 DW 值变差。为了更细致地研究问题，我们再做两个计量分析式：

$$1951{-}1956 \text{ 年} \qquad J_4 = 11.47 + 0.242 J_5(-1) \tag{6}$$
$$(24.357)$$

$$SE = 0.531 \qquad DW = 2.504 \qquad R^2 = 0.986$$

$$1956{-}1965 \text{ 年} \qquad J_4 = 11.805 + 0.245 J_6(-1) \tag{7}$$
$$(24.845)$$

$$SE = 0.539 \qquad DW = 2.593 \qquad R^2 = 0.986$$

式中，J_6——日本制造业国民所得。

说明：以上所用计算数据均取自《战后日本经济社会统计》《农业白皮书附属统计表》。

以上计算结果表明：(6)、(7)式的 R^2 值、J_4 值、SE 值、DW 值均比(4)、(5)式好。日本农业与日本制造业的联系强度在 1956—1965 年期间是相当高的。可见，在日本农业发展阶段转换过程中工业尤其是制造业是支撑农业发展的一个重要因素。

根据以上分析可以认为，日本农业发展阶段转换的迅速实现是工业尤其是制造业迅速发展的结果，制造业的迅速发展，使维持农产品价格持续上升的财力有了保证。在其他因素(如农业技术进步、兼化)的配合下，持续的价格刺激使农户的务农积极性提高、农业收入稳步增长，从而顺利地完成了农业发展阶段的转换。这样的阶段转换是通过外部的支撑使农户的农业收入迅速地增长而实现的，故可称之为外部支撑型的阶段转换。日本实现这种类型的阶段转换有其特定的发展条件：①1964 年以前，外向发展的竞争者很少。②美国市场对日本的开放是日本制造业迅速发展的重要前提条件。③日本农业劳动力转移的问题不像其他国家那样严重。没有这样的发展条件时如何实现阶段转换？我们再来分析一下美国与泰国农业发展阶段转换时的情况。

美国农业发展阶段转换是一个较长的过程。这个过程大致始于 1910 年，完成于 1940 年。由于美国土地多、劳力短缺，因此农业机械化是美国农业发展阶段转换的主要内容之一。随着农业机械的大量使用，农产品的生产能力迅速地得到提高。这样就可将更多的种植业产品投入畜牧业，实现种植业产品的增值。1910—1940 年，美国种植业生产指数提高了 26 个指数点，而畜牧业生产指数了也提高了 39 个指数点。机械化与畜牧业发展使美国农业的劳动生产率、商品生产率大大提高，也使农民的收入得到较快的增长，从而实现了农业发展阶段的转换。这样的阶段转换是通过农业内部的增值来实现的，故可称之为内部增值型的阶段转换。

泰国的阶段转换是近 10 年内所完成的。泰国吸取了一些发展中国家牺牲农业发展工业的教训，充分利用优势农副产品的深度加工大量出口创汇，大大提高了农副产品的附加价值，从而实现了农业发展阶段的转换。这样的阶段转换是通过农副产品的深度加工增值而实现的，故可称之为加工增值型的阶段转换。泰国与中国一样都是发展中的亚洲国家。从农业劳动力在全部劳动中所占的比重来看，1960 年泰国比中国高 9 个百分点；1980 年泰国比中国高 5 个高分点。因此，泰国的阶段转换经验较之日本、美国的经验更有借鉴意义。

我们通过国际发展比较概括出 3 种阶段转换的类型。这样就确定了 7 种可能存在的待选转换方式(见表 6-15)：

表 6-15   **7 种待选转换方式**

转换类型	外部支撑	加工增值	内部增值	加工增值 外部增值
外部支撑	方式 1	方式 2	方式 3	
加工增值		方式 4	方式 5	
内部增值			方式 6	方式 7

从测算校验及经验中可感知方式 4 至方式 7 为重要待选发展方式。在发展方式选择中首先要明确评价发展方式的价值尺度。符合我国国情的阶段转换方式，第一，应有利于巩固社会主义经济；第二，应有利于劳动就业；第三，应有利于调动各方面的积极性；第四，应有利于经济发展水平稳步提高；第五，应有利于社会科技进步。在明确发展方式评价的价值尺度的基础上，按图 6-5 中信息维、选择维的工作程序并运用多种手段进行多价值尺度的分析，可得出以下结论：

(1)中国所面临的条件与日本 1960 年所处的发展条件是完全不同的。现在世界上发展外向经济的国家很多，进入国际市场尤其是重化工业的国际市场越来越困难。因此，完全实行日本农业阶段转换方式是不符合中国实际的。但这并不妨碍我们灵活运用外部支撑型阶段转换方式，通过加快工业技术进步、提高工业经济效益及出口创汇效益来改善国家财政状况以缓解农产品价格长期上涨所带来的沉重负担。

(2)中国人口多，尤其是农业人口多，而且耕地有限。因此，完全实行美国农业发展阶段转换方式也是不符合中国实际的。但这并不妨碍我们灵活运用内部增值型阶段转换方式，以提高农业生物技术进步程度为重点并带动土地生产率、商品生产率、物质及能量的转换效率的提高，以增加农民的农业收入，缓解农村就业矛盾。

(3)中国粮食短缺问题将长期存在。因此，中国这样一个 10 亿人口的大国不可能完全实行泰国的农业发展阶段转换方式。但这并不妨碍我们灵活运用加工增值型阶段转换方式，通过农副产品的深度加工增值来推动农业发展阶段的转换。

综上所述，在中国农业发展阶段的转换过程中，我们应选择第 7 种转换方式、灵活而综合地运用 3 种类型的阶段转换方式，在加快科技进步的基础上，在各方面的配合下，稳步地实现中国农业发展阶段的转换。

四、结语

我们在经济发展空间横断面测算、纵断面测算、发展方式选择中形成了一系列的理论构思，这表明经济发展空间作为经济发展系统的规范性描述方法确实有着其他方法不可替代的作用。经济发展空间的各维之间、各指标之间主要有以下几种联系方式：

（1）互动联系方式。由于经济发展空间是经济发展系统的状态变量空间，因此经济发展系统及各子系统所对应的经济发展空间、农业发展空间、工业发展空间……之间；各维之间；各指标之间都存在着相互联系与作用。某一个空间的一个指标或一支维的变化可以引起其他各种变化。

（2）替代联系方式。各空间之间、各维之间、各指标之间存在着相互替代、补偿的作用。当然，这样的替代与补偿作用有一个范围，不可能任意地替代与补偿。

（3）中介联系方式。在经济发展各层次、各子系统及对应的空间里，互动联系方式、替代联系方式是通过人的活动所引起的中介作用来实现的。人们在经济发展过程中主观能动性的充分发挥是经济发展系统正常运行、经济发展水平提高的基本途径。

这三种联系方式是经济发展空间方法得以成功运用的重要基础。运用定性定量相结合的方法，通过反复地测算与校验，经济发展系统分析人员能够逐步逼近地描述出经济发展系统的实际状态，从而有可能从总体上更深入地探索经济发展系统的规律性。

第三编　生产要素的合理组合

第七章　农用土地及其合理组合

一、土地与农业

（一）特殊的生产资料

土地，这个人类生存与繁衍的基础，是经济学中一个永恒的课题。威廉·配第曾有过一句名言："劳动是财富之父，土地是财富之母。"马克思说得更为深刻："土地是一切生产和一切存在的源泉。"是人类"不能出让的生存条件和再生产条件"。[①]就农业来说，土地的意义就更为直接和重要。迄今为止的一切科学成就，都还不能逾越如下事实：土地是农业生产不可替代的生产手段和劳动对象，没有土地就没有农业。

作为农业生产资料的土地，具有如下的基础特征：

(1)数量的不可增加性。地球是有限的，作为地球表面及其上下空间的土地，自然也是有限的，它在数量上是不可能再生或增加的。作为农业生产资料的农用土地，则更是有限的。由母质到能用于植物生产的土壤，需要经过一个极为漫长的物理与化学的风化过程。所以农用土地一经破坏，要恢复起来是十分困难的。

(2)质量的可更新性。马克思讲过："全部旧机器必然会被更有利的机器所取代……与此相反，只要处理得当，土地就会不断改良。"[②]土地既然是地球整体一部分，所以它是永远不可能被消灭的；但是，它的质量则是可以改变的。只要利用得好，土地不仅不会像机器那样被磨损掉，而且可以越用越肥。废弃了的土地，经过一定时间的改造，也是有可能复耕的。所以，土地是一种可能永续利用的生产资源。也是从这个意义上说，土地也是人类的劳动对象，它可以凝聚人类的劳动，从而具有价值并可以使价值不断增值。

(3)收益率的可变动性。一部既定的机器，它的生产率是既定的、有极限的。一块土地，在既定的技术水平下，它的生产率或收益往往出现递减的趋势；但在新的技术水平上，土地报酬递减的现象则会消除。

农用土地的以上特征，说明它是一种特殊的生产资源：既有其稀缺的一面，又有其永续利用的一面；既是生产手段，又是劳动对象；其收益在一定的时间区间内是递减的，但从长远来说又具有无尽潜力。因此，土地这种农业生产要素的利用同其他生产要素的利用具有不完全一样的规律和要求。

(二)土地利用方式对农业发展的影响

从总体上说，土地利用方式包含三个基本方面，即：农地制度、经营规模和生产结构。农地制度又包含土地所有、土地经营、土地使用的体制结构及其相互关系。经营规模主要指单个农户(农场)经营土地的面积。生产结构则是指在土地上种植或养殖的作物结构或动物结构等。

农地制度，是土地利用上的根本问题，属土地利用的生产关系方面。这体现一种特定的产权关系和以此为基础的利益关系。因此，它从根本上影响人们利用土地的积极性和生产率，决定着土地利用的制度成本。中国农业发展的历史，最典型地说明了农地制度对农业发展的决定性作用。在旧中国，由于封建地主土地占有制，农民只不过是被束缚在土地上的奴隶，不仅严重地阻碍了中国农业的发展，而且延缓了整个中国的近代化进程。这一点，我们在第一章已做了详细的论述。中华人民共和国成立后，土地改革消灭了封建土地制度，实现了"耕者有其田"，土地的所有权、经营权和使用权都统一于农户，曾一度高度激发了农民的生产积极性，使中国农业比较迅速地恢复到战前水平。人民公社化，将土地所有权、经营权和使用权全部收归集体，极大地挫伤了农民的生产积极性，使中国农业未得到应有的发展。20世纪80年代以来，实行了土地集体所有制基础上的"两权分离"的新土地制度，农户获得了土地的经营权与使用权，又一次极大地调动了农民的生产积极性。由于发挥了集体统一服务与农户分散经营的两重优越性，从而把中国农业推向一个新的台阶。

经营规模，是土地利用的外延，虽与生产关系有关，但本质属生产力的方面。大规模经营较之于小规模经营，一般具有更多的优越性。这是经济学的定论。因为它可以提高农业经营的生产率，降低生产成本，从而使自身的农产品具有价格竞争的优势。但是，人们有时忽略了这一命题是以比较适合的生产关系为前提的。即是说，是在比较合理的土地所有制与经营制度的基础上，大规模经营在生产力诸要素的组合上比小规模经营具有更大的优越性。我并不是随意提出这个命题的，中国和亚洲其他国家的经验可以充分说明这一点。中国在人民公社时期，土地经营规模不可谓不大，一个公社几万亩至几十万亩，后来一个生产队也有几千亩，一个国营农场也有几十万亩，但其生产率与经济效益是人所共知的。20 世纪 80 年代以来，每户只有几亩、十几亩，国营农场实行"家庭农场，双层经营"的改革，生产率与经济效益却大幅度上升了。印度在 70 年代，50% 的农户只拥有 9% 的耕地，而 15% 的大农户则拥有 60% 的耕地；马来西亚 35% 的农户拥有 15% 的耕地，大农户只占农户的 1%，拥有耕地量只占 5%，64% 的农户属中等规模(1~5 公顷)的农户。但中等规模的马来西亚的农业生产状况却比规模更大的印度要好。[3]问题主要是印度农村封建的土地关系更为严重。这种情况说明，土地经营规模应该追求适度的大规模，不是愈大愈好。所谓适度，主要是与生产力的发展水平相适应。

生产结构，是土地利用的内涵，属土地利用的生产力配置结构方面。生产结构是否合理，直接影响农户(农场)的收益率，决定着农业经营的机会成本。一般地说，适合市场需求的专业化生产较之"小而全"的生产结构，其收益率更高，机会成本更低。

总之，农地制度决定土地利用的积极性，从而影响着农业发展的制度成本；经营规模决定土地利用的生产率，从而影响着农业经营的生产成本；农业生产结构决定农户经营的收益率，从而影响着农业经营的机会成本。农地利用方式，是一种由农地制度、经营规模、生产结构三个基本要素进行不同内涵的组合而形成的不同的经济结构。不同的结构，具有不同的农业发展空间。

(三) 影响土地利用方式的因素

一种土地利用方式(结构)的形成，是一个很复杂的问题，它受到社会的、经济的、自然的诸多因素的制约，而且会因各种因素的变化而不断发展。

社会制度。每个占主导地位的生产方式必然要求建立与它相适的土地所有制。一般地说，地主土地所有制或庄园主所有制是封建主义生产方式的基础，土地个人所有制是资本主义生产方式所需要的；土地公有制是社会主义生产方式所需要的。当然，也有特殊例外。如 7 世纪末的阿拉伯封建帝国就是实行土地国有制，一切土地都归国家所有、属君主支配。这是由于当时的阿拉伯民族没有明确的土地私有观念，在征服过程中挤压了许多已是封建主义国家的土地，从而也吸纳了相当程度的封建的生产方式，把国有土地划分为君主直接占有的、分封的和清真寺占有的三类。美国在资本主义发展前期由于特殊的历史背景曾实行过土地国有制，日本在战前曾较长期地保留了地主土地所有制等。但是，这些特殊情况，只存在于一段特定的历史时期，随着资本主义的发展，最后还是过渡到了符合资本主义所需要的土地个人所有制。

生产力发展水平。生产力与技术水平对土地利用方式的影响，可以从多种角度进行探讨。首先，生产力与技术的状况决定着对农业资源开发利用的广度与深度，从而影响着土地上的生产结构。在十分落后的状况下，人们还只能利用十分有限的农业资源，只能选择十分单一的种植结构，而现代农业技术的发展，则可以拓展更为广阔的国土资源并提高其利用效率，从而人们可以建立更为多样的生产结构。例如，过去广阔的海涂长期处于荒芜状态，现在则随着科学技术的发展而建立起了日益兴旺的海涂养殖业。其次，生产力与技术的状况决定着农业生产过程空间的可控性和时间的准确性，从而影响着土地经营规模和经营方式。在中世纪的传统农业技术的条件下，人们对农业的自然灾害没有防御能力和控制能力，对农业生产季节的保障率也很低，因而只可能采取小规模的小生产经营方式，而在现代化农业技术条件下，人们对自然的可控性大大增加，农业生产季节的保障体系大为增强，从而也就有可能采取大规模的大生产经营方式了。最后，生产力与技术的状态最终还要决定以土地为基础的人与人的关系，从而影响着土地占有方式。总的趋势是，生产力发展，社会分工随之而发展，国民经济的社会化必然要求土地占有(特别是经营权占有)的社会化。但是，近现代的历史说明，在农地占有社会化方面，一般较之工业领域有一个滞后期，而且往往是通过两权分离先实行土地经营与使用的社会化。

资源富集度。前面讲过，所谓"资源富集度"是指人口与资源之间的对应关系。在土地问题上，就是人口与土地资源之间的比率关系。一般地说，人地关系对土地利用的影响表现在三个方面：一是资源富集度愈低较之资源富集度愈高的地方，人们对土地占有的愿望就愈强些；二是人均耕地少的地方，其经营规模要小于人均耕地多的地方；三是人均耕地少的地方大多采取技术与劳动集约型的生产结构，人均耕地多的地方则大多采取资金集约型或粗放型的生产结构。

市场的发育。在现时代，土地利用的状况，在很大程度上要受到市场机制的调节。自给自足的、"小而全"的经营方式，只能存在于市场不发育的环境中，随着市场的充分发育，土地利用必会走向企业化、商业化、专业化。市场的需求，必然会通过价格与成本信号来引导土地利用的生产结构调整。土地距市场的远近，必然会影响经营者的级差收益。如此等等。

历史渊源。一个国家或一个国家内的特殊地区，由于过去漫长的历史过程中所形成的某种习惯力量或价值观念，往往也会影响农业土地利用的方式。例如，列宁在考虑革命后俄国的土地制度时，就曾经以俄罗斯在沙皇时代仍然大量存在庄园农奴制，农民对土地私有的观念并不浓厚为依据，认为俄国必须实行土地国有制。实践证明，这是符合当时俄国的国情的。而中国则不然，中国的地主经济存在几千年了，土地自由买卖在中世纪就已盛行，加上中国又是一个耕地匮乏的国家，所以农民对土地的占有存在着根深蒂固的习惯势力。显然，中国与俄国就不可能实行一样的农地制度。

二、中国农地制度的三种供选方案

1. 第一方案：国有户营

这种方案的优点是：土地国有，在原则上是符合社会主义制度的本质要求的；土地国有，可以更有效地进行土地规划，使土地得到较合理的利用；土地国有，还可能便于推行农业的规模经营，促进土地集中。

但是，从实际情况来说，这个方案是不可行的。原因是：

第一，国家财力难以承受。土地收归国有，决不能无偿剥夺，巨大的赎买费是财政难以承担的，此其一。村及村以下的政权维持费用，就理所当然地由国家承担，而不能由"集体"分摊了。此其二。

第二，农民接受不了。前面讲过，中国农民同土地有几千年的历史渊源，20世纪80年代以后实行了"包干到户"的责任制。如果又回过来实行土地国有，农民是接受不了的，即使组织上服从，其生产积极性也会受到极大的挫折。何况90年代的农民，已经不是50年代的农民了。

第三，土地经营机制还会进一步削弱。目前土地集体所有，产权不明晰尚且使土地经营机制脆弱，使土壤肥力有下降趋势。如果实行土地国有，村与集体管理机构的责任心将会进一步被削弱，国家如要建独立的土地基层管理机构，在目前无论是人还是财力都是办不到的。

第四，政府的社会风险会增大。农村人口膨胀是一颗潜在的"定时炸弹"，中国的工业化速度难以同步地保证农村人口的转移。目前，从承包土地的调整到新增人口的就业，都是由"集体"承担了。这种社会风险是由农民自己消化了。如果在土地国有的情况下，这种风险就转到政府身上了。

第五，对农业的发展可能产生不利影响。绝对地租的消失，会在农产品价格的形成和劣等地的利用等方面产生对农业发展不利的作用。

2. 第二方案：私有私营

中国应不应该、能不能够实行土地私有化，一方面要取决于我国的社会制度，另一方面还要取决于我们的国情。我国是社会主义国家，不能全面推行私有化制度，这是显而易见的。但只是这一个理由还不够充分，还要考虑我国的具体情况：其一，中国是一个土地资源相对匮乏的国家，人平国土面积为世界平均数(45.5亩)的32.9%，人平耕地面积为世界平均数(5.5亩)的27.3%，耕地面积只占土地面积的10.4%(按14.9亿亩计)，远低于印度(57%)、法国(34%)、美国(20%)。其二，中国现行的是直系平均继承制，这是不利于资源集中的。其三，我国的商品经济发展还处在初期阶段，价格体系的理顺和市场规范的建立绝不是短期内所能实现的。

在这种国情下，如果推行土地私有化，固然会在一定程度上提高农民经营土地的积极性，其短期行为会有所削弱，但总的来说将会是弊大于利的：

首先，土地占有规模将进一步细小化，这同现代化的规模经济要求是背道而驰的。目前平均每户经营不过6~7亩，由于计划生育在农村贯彻不易，按每户平均生2.5个孩子计，到了下一代，每户就只能经营2.4~2.8亩了，再过一代人就会使我国农户变成"芝麻"农户了。也许有人会说，为什么不实行长子继承制呢？我也曾经这样想过，但是，一则是传统习惯势力，二则是我国的非农就业机会还不如土地就业机会可靠，中国农民目前还无法接受。国务院发展中心农业部黄禾青同志等做了一个很好的调查。这个调查说明280个样本村的村干部，有83.4%的人不同意实行单嗣继承制(见表7-1)。

表 7-1 村干部对土地单嗣继承的态度(%)

村组别 干部心态	贫困村	下中等 收入村	中等 收入村	上中等 收入村	高收入村	全部 样本村
应 该	3.8	7.7	8.1	11.1	14.0	9.1
不应该	96.2	88.5	83.9	73.3	79.0	83.4
不知道	0.0	3.8	8.0	15.6	7.0	7.5

资料来源：国务院发展研究中心：《农村调研》1991 年第 8 期。

其次，耕地的流失会更趋严重。土地一旦作为私有财产，就是可以自由买卖的。但是在我国的市场宏观调控还不健全，工农产品价格体系还未理顺的条件下，土地出售的趋向将可能绝大部分是非农买主，农用地便会大规模地流失。

最后，农地经营在某些地区可能更加粗放化。在农业本身的综合比较效益还没有达到或超过工商业之前，在许多农村工业化发达的地区和大城市周边地区，农用土地的经营可能还会进一步粗放化，而且由于土地私有，政府更难进行干预。

上面三种情况，显然是同我国农业改革与发展的目标背道而驰的。不仅如此，对于像我国这样一个土地资源相当吃紧的国家，这将会酝酿一场深刻的农业危机。因为耕地这种资源一旦遭到破坏，要恢复起来是要几十年甚至几百年的。

正由于此，在中国一切了解国情的人都不会同意土地私有化的主张，就是农村干部也大多认为不应该实行土地私有制。我们以前面所说的国务院发展研究中心农业部的调查为例，有近80%的村干部持这一态度(见表7-2)。

表 7-2 村干部对土地私有的态度(%)

村组别 干部心态	贫困村	下中等 收入村	中等 收入村	上中等 收入村	高收入村	全部 样本村
应 该	23.1	9.6	12.8	13.3	13.9	13.5
不应该	73.1	86.5	79.1	77.9	74.4	79.0
不知道	3.8	3.9	8.1	8.8	11.7	7.5

资料来源：国务院发展研究中心：《农村调研》1991 年第 8 期。

3. 第三方案：村有户营

这一方案，实质是对我国现行农地制度的基本肯定并加以科学地扬弃。关于我国目前农业土地所有者的结构，农业部在 1987 年对 1200 个村进行了调查，结果见表 7-3。

表 7-3 1200 个村土地所有状况(%)

	样本村汇总	东部	中部	西部
以村为所有者	34	48	43	11

	样本村汇总	东部	中部	西部
以村民小组为所有者	65	49	57	89
以自然村或联队为所有者	1	3	0	0

资料来源：农业部课题组：《中国土地制度改革与农业结构调整》，《农村经济文稿》1992年第9~10期。

从这个调查中可以看到两点：一是目前以村和村民小组为土地所有者的占绝大多数；二是愈是发达地区，以村为所有者的比重愈趋增大。它说明，随着经济的发展，以村为"集体所有"的形式将是可能的趋向。

所谓"科学地扬弃"，就是说对现有的农地制度既要保留其合理内核，即集体所有，家庭经营，又要克服其存在的弊端，补充其不足之处。综观现行的农地制度存在的主要问题是三个：一是土地产权不够明晰。表现在由于权属不清而引发的侵权和虚置；国家侵权与农户侵权都造成"集体"所有权不完整，甚至集体所有权的虚置，影响了集体管理与经营土地的主动性与积极性。二是土地经营权不规范、欠稳定。承包农户的经营权也存在界限不清的问题，以经营权混同为所有权（农户自行转让）者有之，经营权易主频繁（3~5年调整一次）太不稳定者更是普遍现象，造成承包农户经营土地的短期行为。三是绝对平均主义，土地流转机制脆弱，土地实行按人头平均分配承包，没有规范化的土地流转市场，没有形成土地转让的经济机制，使土地的规模经营进展十分迟缓。这些问题，都是我们在设计农地制度时应加以考虑的。

三、模式的基本构想

对于我国农地制度改革的目标模式，我们的基本构想是：三权分离、自由租赁、联片种植和股份合作。

(一)三权分离

这是指所有权（田底权）、承包权（田面权）和使用权（经营权）的分离。

——土地所有权归村社，实行集体所有制。集体的所有权应体现在：①在服从国家统一规划下的土地最终处置权。克服目前这两方面都不完全到位的弊端，既使集体拥有实际处置权，又使这种处置权不违背国家合理利用土地资源所进行的必要的宏观调控。②发包租赁权。这个权目前是基本到位的，但由于目前承包与就业几乎完全搅混在一起，集体对发包与租赁的对象没有什么选择余地。③收益权。包括两层收益：一是绝对地租和大部分级差地租Ⅰ的收益，二是原生级差地租的收益。前者，目前政府通过订购差价占有过多而集体所得偏少；后者指在发包时由于土地质量（过去的投资）的差异所带来的收益差异，目前集体几乎没有这方面的收益权而全部归经营者所有。这一点大大阻碍了土地所有者对土地使用进行监测的责任，造成土地增值机制的微弱，使"永续利用"缺乏基础。④所有者的组织基础要到位。即是说，全村的农民作为土地的集体所有者，要有一个有效的民意组织，这个组织一方面要能够集中反映村民的集体意见，另一方面又有权力控制村民委员会或其他执行机构对土地的日常与处置。目前，这种组织基础，实际上是不存在的。今后可以设想在土地股份化的基础上组成各村的"土地股份合作社"一类的组织，合作社设立董事会、监事会和办事机构。办事机构可与村委会合署办公。

——土地初始经营权归承包农户，实行家庭经营。为什么叫"初始"经营权呢？这是考虑到"自由租赁"的关系，经营权可能被反复转让，所以把第一次从村集体承包过来的经营权称为初始经营权，以兹区别。这种初始经营权，就其本质内涵来说，就是俗话说的"田面权"。目前，这种经营权包括：①种植权。这种权力是指农户有权根据自己的决策自由种植，政府只能运用经济杠杆进行引导，而不能用行政命令决定农户该种什么，不该种什么。目前，由于市场不发达，土地经营者还要接受国家对部分农产品的订购计划，因此种植权是不完整的。②投资权。土地经营者有权在承包的土地上进行短期或长期的投资，以改进土地耕作的条件和提高土壤的肥力。③产品处置权。经营者对自己所生产的全部产品，可以按照自己的选择进行处置。目前，农户要交纳实物农业税和完成计划订购的产品销售计划，使得产品处置权残缺，这在现阶段是难免的，今后，随着商品经济进一步发展和国家财力的充实，农业税可改为货币交纳，计划订购可改为期货交易。④收益权。土地经营者的收益权，是指在完成国家税收和集体租金前提下的收益权。这种收益除了补偿生产成本之外，主要是由经营者追加的投资而产生的级差地租。目前，由于工业化积累的需要，国家通过低于市场的订购价向土地经营者征收了相当大的部分收益，[④]随着工业积累机制的增强，这种负担应逐步减少乃至消除，而改行农业税的土地调节税（少部分的级差地租Ⅰ）。⑤继承权。子女在合同有效期内可以继承初始承包者的"田面权"。这是为了强化土地经营者的经营机制，弱化其短期行为。⑥租赁权。承包者可在保有田面权的情况下，将自己无力经营或不愿经营的土地转租给其他农户或企业作农业生产之用，并收取一定的租金。

土地使用权归土地的实际经营者。这有两种情况：一是土地的实际经营者就是土地的承包者，这样初始经营权与使用权完全统一。二是土地的实际经营者是二手租赁者，即承包者又转租给他人种植，这样初始经营权与使用权就分离了。

(二) 自由租赁

现行的"集体所有，平均分配，家庭经营"的农地制度，从长远来说，将会使土地利用陷入三重的两难境地：一方面我国人口膨胀土地十分稀缺，另一方面由于土地流转机制微弱，在一些经济发达地区土地经营行为短期化粗放化甚至被荒置；一方面我国现代化进程要求土地经营规模化，另一方面土地平均分配机制固定化使土地经营不断细小化；一方面农民受习惯观念的影响不愿放弃所承包的土地；另一方面却又要求土地使用的集中化。这种互相矛盾的倾向，在现行农地制度下是难以解决的。

要走出这种两难境地，只有在前述"三权分离"的基础上推行自由租赁制，使土地准商品化。确切地说，就是土地"田面权"的有偿自由流转。土地的承包者（初始经营权拥有者）在保持其土地承包权（田面权）的情况下，可以通过契约有偿地租赁给他人耕种，在合同期内，出租者向承租者获得过去投资所应得的级差地租Ⅱ和代表土地所有者征收一部分级差地租Ⅰ(租金),承租者则得到承租后新增级差地租Ⅱ,即土地租赁金中包含两个部分,一部分是要转交给村集体的土地承包费,另一部分是出租者自得的收益。在此前提下,土地承租者便可以获得前述承包者除继承权以外的全部权利,并履行对国家的义务。

实行这种自由租赁制,便可以在确保土地公有的基础上既照顾农民不愿放弃承包土地的传统心态,又可有效地推动土地使用的规模化。也许有人会说,农民之所以不愿放弃小块土地,是因为缺乏稳定的非农就业机会与收入,一旦工业化发展到可以提供大量稳定就业机会以后,这种保守心态便会立即消失。我认为这种愿望过于乐观。不可否认在一些传统的商品经济发达地区或20世纪80年代后集体经济迄今未改变的地区,是可能的。但就绝大多数地区来说,则是不可能的。例如,在珠江三角洲的农村,农民90%以上的收入来自非农,许多农民基本上成了以非农产业为主的专业户,但仍然不愿放弃所承包的土地,土地向务农大户集中的进展十分缓慢。这也可以从日本的情况中得到论证。日本是一个早已实现了工业化的国家,60%以上的人口集中(转移)到了大城市,专业农户由1960年的30%减至1988年的15%,一兼户(以农为主的)由34%减至14%,而二兼业户(以非农为主)则由36%增至71%。⑤即使在这种情况下,日本农民也不愿放弃小块土地。这个问题被日本的经济学家们称为农业的"不治之症"。

(三)联片种植

上述自由租赁制的设想,虽可以从根本上解决我国农村土地集中经营问题,但这个过程是比较缓慢的。之所以说比较缓慢,是因为所需要的基本前提是农村非农化的大发展,这是需要时日的。目前,我国农村土地经营的集中化趋势之所以迟滞,主要是三个原因:一是农民的传统观念不愿放弃承包土地,二是怕政策不稳定,留条"后路",三是种植大户因缺乏有效的社会化服务而困难重重举步维艰。前面两个原因,如实行"三权分离,自由租赁"是可以解决的,但是第三个原因就解决不了。要解决第三个问题,固然从根本上来说要依靠有计划商品经济的大发展,促进农村的非农化进程(特别是第三产业的发展),但是这里存在一个容易逾越的"百慕大"怪圈:一方面,专业大户如没有社会化服务就难以存在与发展,另一方面,社会化服务体如没有足够的专业大户或有规模的服务对象又无法生存。这正是目前我国农村改革与发展的症结所在,正是农村社会分工发展缓慢的关键原因。

在几年前,我曾提出过要解决这道难题,必须在不改变家庭承包经营的前提下,推行成片种植,鼓励区域专业化。后来我赴日本农村考察,看到了他们的"方田制",使我更加坚定了这个方向。几年来,在我国农村的一些地方,已经陆续出现了这种土地联片种植的经营模式。在广州称为"商品基地型联合经营",在江苏称为"丰产方",山东称为"区域联片规模经营"等。

案例:

江苏金坛以丰产方为载体　促进农村社会化服务建设

(解放日报1990年12月7日)

本报金坛专讯,秋粮丰收,稻谷满仓。江苏金坛"丰产方"建设和农村社会化服务体系的建设结出了喜人的果实，家庭联产承包责任制较好地解决了农民责、权、利三者结合的问题，促进了农业生产的发展。但是，随着生产力的逐步提高，生产的商品化和服务功能小农化这对矛盾日益尖锐。如何深化改革？金坛县根据本地实际情况，从1986年起开始试步。

金坛县的具体做法是：在不改变家庭经营形式的前提下，将一家一户分散经营的田块连接成片由乡村各类服务组织对农业生产的全过程，如茬口布局、作物供种、田间管理、栽培等提供服务，争取粮食高产丰收，而收获的作物仍旧归农民所有。

这种"丰产方"建设和农村社会化服务配套的做法，开始并没有受到大部分农民的宠爱。1987年，为了推广这一做法，金坛县的农技人员尝试着与农户签约，保证亩产丰收，不达指标赔偿损失。就这样，当时也只组织起50亩以上的水稻"丰产方"40个，总面积3124亩，棉花50亩以上"丰产方"6个，共300亩。但是，试验方上的社会化服务却是动真格的，集中体现在五个方面：

统一供种。引进优良种繁育，淘汰其他相形见绌的品种，送种到村到户，种子差价实行补贴。

统一管水。疏通水渠，专业管水人员根据水稻、小麦需水规律，科学灌水，同时节约了农田用水的成本。

统一植保。为植保队伍配备专用设备，根据实际情况，实行大面积放药。专人植保还避免了经常性的农药中毒事故。

统一机耕。保证作物耕作标准化，减轻了体力劳动，又不耽误农时。

统一肥料运筹。测土配施肥，改过去单用氮肥为有机肥、复合肥结合，根据植物生育进程，定用肥时间。根据田间作物长势，定用肥数量。

由于这五个统一与科学种田、专业化分工、规模经营连在一起，适应了当前的生产力发展水平，而农民又从试验方上看到了实际成效。因此，1988年开始，农民不断地自愿要求加入"丰产方"。到目前为止，水稻50亩以上"丰产方"已达265个，总面积91037亩，其中万亩连片的方有3个；小麦"丰产方"50亩以上的57个，总面积45000亩，万亩方1个；棉花、油菜比为1：6，而未参加的农户投入产出之比为1：2.5，从实际收益看，参加"丰产方"的农户每亩收入要比未参加的多80元。

目前，金坛"丰产方"建设和农村社会化服务体系建设正向深度和广度发展，全县农民逐步摆脱小农经济的生产方式，向农业专业化生产过渡。

联片种植制与自由租赁制是可以互相结合的。其一，田面权的所有者（承包户）不会变。其二，实际经营者（承租户）虽可以变化，但必须服从联片种植的统一要求。其三，联片中的农户数（承租者）将会随着农村专业化社会化的发展而不断减少，甚至由一个农户或企业集中租赁，成为现代化的大农场。

(四) 股份合作

随着整个有计划商品经济秩序的建立与稳定，随着农村上述农地制度的成型，随着农民现代经济意识的增强，便有可能在"集体所有，自由租赁，联片种植"的基础上发展成为股份合作。这应是村有户营农地制度的进一步升华。

股份合作的主要内容是：①土地折价，按价计股；②承包户按自己所包土地的价格面额入股；③村成立土地股份合作社，根据自愿互利原则，各社之间乃至一乡、一县可按经济发展需要联合起来成立松散的联社或紧密的土地资产股份公司；④合作社或公司对土地经营实行招标租赁制，鼓励规模性租赁；⑤一旦发展到土地股份公司阶段，国家和其他土地持有者也可以入股，这就便于实现国家宏观的经济调控了。

四、土地集中：规模经营

(一) 规模的经济界限

农地经营规模，从总体上说是大规模优越于小规模，但这是假定在其他主要条件都相同的情况下才能成立的。在实践中，绝不是规模越大越好，而是一个适度规模的经济界限。我们从下列统计中，便可以看到这一点。

用这个材料来说明适度规模问题，当然还不够理想，因为"人均耕地"，还不是经营规模的直接指标，而是经营规模的基础性指标。虽然如此，它还是可以大致反映各村的平均经营规模，因为绝大部分地区土地是按人口平均分配承包的。从表7-4中，可以看到三个问题：第一，3亩以上样本村的纯收入在最低组(300元以下)中所占比例反而最大(27.0%)，0.2~0.5亩样本村的纯收入在最高组(900元以上)中所占比重则名列前茅。这说明，不是规模越大越好。第二，从总体分布来看，中等收入的村集中在0.5~3亩这个区间，中等以上收入的村则集中在1~3亩这个区间，而不是3亩以上规模的村。这说明在我国现有生产力水平下，规模过大一般并不能带来好的经营效益。第三，上述规模与效益的反差现象正好说明了中国的现实：人少地多的多为经济欠发达地区，广种薄收，所以收益较低；地少人多的则多为经济较发达的地区，集约经营，故而收益较高。这种情况告诉我们只能选择适度的规模，这种"适度"则要依各种条件的组合效应而定。

表7-4　　　　26省市253个样本村的收入水平与耕地规模(1988年)

	人均纯收入(元)					
	合计	300以下	301~450	451~650	651~900	900以上
	100.00%	10.28%	20.55%	33.99%	17.79%	17.39%
	(253村)	(26村)	(52村)	(86村)	(45村)	(44村)
合计	100.00%	100.00%	100.00%	100.00%	100.00%	100.00%
0.2~0.5亩	7.14%	7.7%	1.9%	1.1%	13.3%	19.0%
0.5~0.8亩	13.49%	15.4%	9.6%	16.1%	8.9%	16.7%
0.8~1.0亩	15.87%	26.9%	13.5%	17.2%	13.3%	11.9%
1.0~1.5亩	29.37%	11.5%	40.4%	33.3%	28.9%	19.0%
1.5~3.0亩	20.24%	11.5%	19.2%	23.0%	22.2%	19.0%
3.0亩以上	13.89%	27.0%	15.4%	9.3%	13.4%	14.4%

资料来源：《农村调研》1991年第6期。

一般地说，影响土地经营规模的因素是很多的，从自然因素来说，有地形、地貌、土地稀缺度等，从经济社会因素来说，有人口密集度、技术结构、资金供给、市场远近、种植结构等。这些因素，在不同的国家和地区，在不同国家与地区的不同发展阶段往往是差异很大的，不能同日而语。所以，确定土地经营适度规模的经济界限，是一个十分复杂而困难的问题。

在这里，我们只能通过假设其他因素相同和不变，来静态考察各个因素对土地经营规模的影响。

——山区、丘陵区的土地经营规模显然会小于平原区的规模。

——人多地少区显然会小于地多人少区的土地经营规模。

——精细作物(如花卉)种植区的规模显然会大大小于粗放作物(如小麦)种植区的规模。

——资金密集型的经营规模一般会大于技术密集型的经营规模。

——市场的远近对土地经营规模的影响，则比较复杂，必须同种植结构、资源供给等因素结合起来考虑。例如，鲜活产品专业化农场，离市场近的就会比离市场远的规模大，但如果资金供给充裕，运输装备先进，离市场远的规模也会扩大起来。

就我国现阶段一般情况而言，土地资源相当稀缺，劳力资源则十分丰裕，这是较长时期内起作用的限制性因素，资金匮乏、流通不畅和市场发育不足等也是在近期内起作用的限制性因素。在这种条件下推行土地的规模经营，总的来说，必须十分慎重。具体地说，必须注意掌握如下经济界限：

第一，土地经营的规模化程度必须服从土地生产率的提高，在中国占世界7%的耕地要养活占世界近1/4的人口，这一严峻的事实是我们考虑经济问题的重要立足点之一。在有机农业基础上实行精耕细作，保证较高的单位面积产量，这是中国农业的优良传统。在推行农业的一体化、规模化过程中，必须尽可能保持这一传统，配合以石油农业的各种技术推广，使传统技术与现代技术、有机技术与无机技术合理地结合起来并都能得到充分的利用。例如关于农业的机械化，在中国一般地区就不可能实行加拿大式的大型机械化模式，而必须以提高(至少是维持)土地生产率为主，以提高劳动生产率为辅，农机的机种、机型、工艺操作等都必须服从农艺的要求。否则，机械化虽可推进现代化，但却会降低单位面积产量。

第二，土地经营的规模、机械化水平与农业剩余劳动力转移这三个变量之间有着密切的相关性。土地经营规模扩大有赖于机械化水平的提高，而机械化水平的提高又有赖于农业剩余劳动力的转移。因而，土地经营规模要取决于剩余劳动力的转移程度。

第三，土地经营的规模化不应超越家庭经营的经济范畴。关于这一点，我们在前面第三节已经比较详细地论述过了。

(二)土地集中机制

适度的规模经营，不应该通过行政命令来实现。这方面我们过去有过沉痛的教训。现在的问题，是要探索出一种既符合中国国情又使土地的经营趋向集中的经济机制。

从宏观上看，土地集中机制的形式，有赖于一系列条件的发育。

土地的准商品化,是土地自动集中机制形成的基础。土地作为一种生产要素,如果是不能自由流动的,那就根本谈不上自动集中,只能依靠行政强制。而土地的自由流动,则必须以承认土地是商品为理论前提,承认土地有其价值与价格,可以在市场上流通。这里就有一个问题,在土地公有制的条件下,如何实现土地的商品化?我认为,在土地集体所有的条件下,可做如下界定:

——土地既是生产资料又是生产对象,它凝结了人类的劳动,所以它具有价值,这是毫无疑义的;

——农用土地既属集体所有,不是全民所有,因而其所有权仍然可以在集体与集体之间、集体与全民之间进行转让(交换),在这种情况下土地是完全的商品,具有其完整的价格形态。

农用土地不能在私人之间进行所有权的转让,只能按我们前面所说的进行经营权(田面权)的转让,这种情况下土地则是不完全的商品,只具有不完整的价格形态。

这样,土地在我国只能实行准商品化。为推动土地自动集中,这种准商品化还是可以起很大作用的。为此,就需要有一个土地经营权让渡的土地市场。这个市场的主体,主要是千万个村经联社(目前)和村土地股份合作公司(未来),以及由这些分散的主体进行更大的联合或联系的经济实体。国家对这种土地市场必须进行宏观调控。

农业剩余劳动力的转移是土地自动集中机制形成的前提,我们在前面曾讲到土地经营的规模化进程必须与农业剩余劳动力转移的进程相适应。可以设想几亿劳动力都窝在目前有限的农地上,并以此为主要的就业门路,那么土地经营只会愈来愈细化,而不可能集中化。欲使土地经营走向集中化,就必须进行釜底抽薪,推动农业剩余劳动力的非农化。

市场及市场竞争的充分发育,是土地经营自动集中机制形成的环境。上述的"基础"与"前提",只是为土地集中提供了可能性,要变可能性为现实性,则需要有一种强大的推动力,这种推动力是客观而不是主观的。那么,什么东西都能成为这种推动力呢?有计划商品经济的进一步发展,农业的进一步专业化、商业化、市场对农产品的标准化、批量化的要求愈来愈高,围绕着批量化、标准化乃至供货服务,家庭农场(农户)之间必将展开激烈的商业竞争,抢夺市场。在这种大环境下,"小农"就愈来愈处于不利地位,经营规模较大的家庭农(农户),就有可能通过租赁性的兼并合作,把那些无力应付市场竞争的小土地经营户联合到自己的经济实体中来,或把其土地经营权租赁过来。

疏导性的政策,是土地集中机制形成的催化剂。例如,实行鼓励规模经营的税收政策、信贷政策乃至各种服务政策和价格政策等。

最后,促进农民对持有土地的传统观念的更新,也是土地集中机制形成的一个不可忽视的条件。日本农民为了保持"祖业",顽强地不愿放弃小块土地,最典型地说明了这个问题。不过,由于我国不存在土地私有制,这个问题的解决,可能比日本的难度会小一些。

由按人口平均承包制到实现真正的土地经营规模化,必须经过若干过渡的阶段。一般地说,可能会经历三个阶段:

第一阶段,由目前"两田制"双向承包到放开租赁,形成土地市场。这一阶段,主要是完成土地的准商品化。为土地的流动创造观念的、体制的和市场的基础。

第二阶段，由放开租赁到联片种植。这一阶段，在上阶段土地流动机制大体形成的基础上，加以政策的因势利导，通过招标竞争租赁，逐步形成以家庭经营为基础的、具有较大规模的地域专业化。

第三阶段，由联片种植到股份合作，稳定发展符合中国实际的适度土地经营规模化。

五、土地资源的开发

土地作为"三维农业结构"中"资源开发维"的一个要素，存在着两个基本的开发方向：外延式开发和内涵式开发。

(一)农地的外延开发

农用土地，是整个国土地资源的一部分，而且是较小的一部分。国土面积虽然是一个常数，但农用土地的外延开发还是有一定余地的。以我国为例，农用耕地面积只占总面积的 10.5%~13%（按 20 亿亩计），今后可能开发的宜农荒地尚有约 5 亿亩，可供林业和放牧的后备资源约 13 亿亩，还有广阔的海涂。但是，这些后备资源的开发是要具备十分苛刻的条件的：

第一，市场的扩大。即社会对农产品(广义)需求的扩大，使得最劣的土地上生产农产品也能获得地租收入。对土地后备资源的开发程度往往首先取决于这种市场的扩展程度。

第二，科技的进步。人类对于土地的外延开发能力，往往是与当时的科学技术水平紧密地联系在一起的。在远古狩猎时代的技术，只能养活 3000 万人，有了农业以后，技术有了提高，可以养活 4 亿人；从产业革命到今天，人类已经能够养活 40 亿人口了。这固然有内涵开发的一方面，但外延的扩大也是很明显的。随着科学技术的进一步发展，原来的沙漠、盐碱地、不毛之地也可以保证农作物的高产。

第三，生产结构的变化。这方面最明显的例子是原来未能充分利用的海涂，由于养虾业的兴起而被广泛地开发出来了。随着海洋水产业的进一步发展，越来越广阔的海洋水面也将被纳入农用地的范畴。

(二)农地的内涵开发

农地的内涵开发，不是依赖扩展土地的空间(面积)去增加农产品的产出，而是依赖在既定的空间(面积)内主要依靠科学技术提高土地单位面积的产出。如果说外延开发既可以采取粗放经营，又可以取集约经营，那么内涵开发只能采取集约经营。

集约经营即单位面积上投资的追加。而这种投资的追加，在既定的技术状态下，到达一定极限(转向点)是会引起报酬递减的，这就是所谓的"土地报酬递减规律"。关于这个规律，我国学术界已有定论，我不想多费笔墨。在这里，着重研讨在土地报酬递减规律起作用的背景下，如何寻找一种合理的思路，使土地的追加投资和技术进步取得协调，以实现土地报酬的最大化或投资效益的最大化。

考虑到土地报酬递减规律只是在技术不变的阶段起作用，随着技术的新突破，这个有限的规律便会在一定时间内消失，又随着新技术的相对稳定达到一定转向点，这个规律又会重现……我们可以设想一种"阶段交叉投资增长模式"(见图7-1)：

技术Ⅰ——投资——递增——(转向点)递减……
技术贮备——技术Ⅱ——投资——递增——(转向点)……
技术贮备——技术Ⅲ……

图7-1　阶段交叉投资增长模式

这种模式要求：第一，投资的追回以技术有效为极限，超过了"转向点"之后就不应该继续追加投资；第二，在上一阶段处于"递增"时，就应开始进行新一轮的技术贮备，待上一轮进入"转向点"之后就要上新的技改方案；第三，在新技术推广后，再开始新一轮的追加投资。如此循环往复，把农业的技术进步同土地的递加投资在合理的区间内协调推进，一浪一浪地将土地的内涵开发深入下去。

这种模式的实现，还需要解决两个条件：一是监测系统，二是技术推广系统。前者，通过定点跟踪，掌握报酬递减的"转向点"信息，为土地投资的合理化提供微观与宏观决策的依据。后者组织技术贮备与技术推广的实施。

◎ 注释：

①《马克思恩格斯选集》第2卷，人民出版社1972年版，第109页；《马克思恩格斯全集》第25卷，人民出版社1974年版，第950页。

②《马克思恩格斯全集》第25卷，人民出版社1974年版，第880页。

③秋野正胜等：《现代农业经济学》(中译本)，农业出版社1981年版，第153～160页。

④据蒋亚平在《中国农地制度现状及其分析》一文中估计，目前国家实际上每年通过隐性方式从农村土地上抽走了200亿～500亿元的地租(按每年平均收购粮食500亿公斤，每公斤差价0.4～1.0元计)，每亩平均隐性租为13～33元。见《中国农村经济》1991年第7期，第33页。

⑤夏振坤：《日本农业现状考察》，《中国农村经济》1991年第1期，第60页。

第八章　农业劳动力转移及其模式

一、劳动力非农化的一般规律

(一)经济发展的历史课题：结构转换

发展经济学研究的主题就是不发达国家如何由以农业为主的社会经济结构，转变为以工业为主的社会经济结构，也就是农业国的工业化问题。几乎可以说，任何一个国家都必须经历这样一个"结构转换"的历史过程，或称"过渡时期"。费景汉和拉尼斯认为："这种'过渡时期'在英国发生于1780—1820年，而在日本……则是在1870—1910年"。[①]第二次世界大战之后，大批殖民地、半殖民地国家获得独立，开始了自己的工业化进程。这个问题又重新引起了国际经济学界的关注，形成了比较系统的发展经济学。

什么叫"结构转换"？正如我在本书第二章中所说，它决不能简单地理解为"工业产值大于农业产值"。总的来说，是指一个国家由传统的社会经济结构转变为现代的社会经济结构。具体地说，主要是指农业部门中的人力资源与物力资源向非农业部门、主要是现代工业部门流动，从而造成社会的产业、就业、收入、人口、消费、贸易乃至文化诸多结构的本质变化。例如，产业结构中，一次产业呈相对减少，二、三次产业呈相对和绝对增加乃至占绝大比重的趋势，这反映为产业的非农化过程；就业结构与人口结构中，农业就业人口呈绝对减少，非农就业人口呈绝对增加趋势，这反映为人口城镇化过程；消费结构中，农村居民与企业自给性消费呈绝对减少乃至接近于零，商品性消费呈绝对提高趋势，这反映为农业、农村专业化商业化的过程；文化结构中，呈农业的封闭性、独立性不断削弱，工业文明强化渗透的趋势，这反映为文化的现代化城市化过程等。这是一种全方位的结构转换，从而可以称作社会经济的整体位移。

在这种结构转换过程中，最主要的或起主导作用的要素，是劳动力的转移。即劳动力（人口）由传统的农业部门向商业化现代化的非农业部门（二、三产业）转移。费景汉和拉尼斯正确指出："欠发达经济的主要的、公认的社会问题，是它的农业部门存在着所谓人口过剩。这意味着人口对稀缺的自然资源，主要是土地的长时期的压力：最初是不好的，经过一段时间就变得越来越糟的土地和劳力（或资源赋有）的比率。"又说："劳力剩余欠发达经济的显著特点，是农业部门占主导地位，这个部门以普遍的隐蔽性就业不足和人口增长率为特征，与之同时存在的是一个很小的但有希望日益增长的工业部门。在这样一个二元（两个部门）结构中，发展问题的核心可以说在于这种经济的重心会逐渐地从农业部门转向工业部门。"[②]可以说，劳力剩余由传统的农业部门移向工业部门（泛义的工业部门），是发展问题的核心中的核心。

（二）剩余劳动力转移的四种模式

综观世界各国的转换历史，大体有四种基本模式。

第一种，封闭型模式。即在农业内部，动员剩余劳力和物力，形成农业内部资本积累，以提高农业本身的产出率和收益率，从而推进农业的现代化。我国在党的十一届三中全会以前，基本属于这一模式。在人民公社体制下，劳力不准外流，动员剩余劳力从事农业基本建设，精耕细作（包括提高复种指数、推行密植）等。这种模式具有致命的弱点。如①缺乏农业外部的"拉力"，无参照系，没有非农高收入的吸引力，动力机制非常脆弱；②缺乏农业内部的"推力"，工农、城乡分割、政策限制，剩余劳力推不出去；③也难形成产品与劳力需求的"弹性效应"，基本无市场机制，产品经济何谈"弹性"？所以，经济效益差，边际利润率下降；技术进步缓慢，劳动生产率低；而且由于缺乏动力机制，只能靠行政强制手段来推行。

第二种，开放型模式。即主要通过市场机制（价格、收入、工资等）引导农业的剩余劳力转到非农产业，以此推进农业的现代化和国家工业化。这一模式需要三个基本条件：①劳动力的人身自由和市场放开；②非农部门工资、利润率高于农业，并能造就大量新就业机会；③农业的技术进步可以保证农业劳动生产率相应地提高，不出现"李嘉图陷阱"。日本前期、中国台湾以及党的十一届三中全会后部分沿海地区，基本上属于此模式。这一模式，由于是市场自发调节，在工业化超前推行的国家和地区，就容易产生"盲流"现象——"转移度"超过了非农和城市的承受力。

第三种，外延型模式。即扩大农业的外延，不仅把农业看作是"资源供应部门"，而且也是"资源加工部门"，将工业技术向广义农业扩散，促进广义农业与农村工业的高速增长，造就农村内部的就业机会，从而促进农业剩余劳动力与物力向农业的广度和农村非农业的转移，以实现农业与农村的现代化。这一模式需要的基本条件是：①城乡之间的市场通畅；②农村集镇的基础设施要有必要的投资，以保证农村工业能优化结构，具有竞争力；③农产品价格基本放开，否则也会出现"李嘉图陷阱"，稳不住农业。印度、中国现今一般地区大体如此，这一模式可以部分截住"盲流"，但难以根本解决问题，原因在农村与城市的反差效应太大。

第四种，复合型模式。即政府将工农业经济发展与城乡就业结合起来纳入宏观计划，特别是省及省以下的政府，通过经济社会发展规划、产业与就业政策以及各种经济杠杆来调控劳务市场(不能简单采取关、卡、截的行政办法)由市场来引导农业剩余劳力有秩序地分层次转移，这方面还没有多少成熟的经验，还只是一种设想的模式。

(三)劳动力转移与农业发展的关系

在讨论农业剩余劳力转移与农业发展的关系之前，先回顾一下马克思关于人口压迫生产力同生产力压迫人口的区别的论述，是很有意义的。马克思曾讲过："就是这种过剩人口对生产力的压力，迫使野蛮人从亚洲高原侵入古代世界各国……到现在，北美的印第安部落的情况也还是这样。这些部落的人口增长，使它们彼此削减了生产所必需的地盘。因此，过剩人口就不得不进行那种为古代和现代欧洲各民族的形成奠定基础，充满危险的大迁徙。""现代的强迫移民，情况则完全不同。现在，人口的过剩完全不是由于生产力的不足而造成的；相反，正是生产力的增长要求减少人口，借助饥饿或移民来消除过剩人口。现在，不是人口压迫生产力，而是生产力压迫人口。"[③]张培刚对这个问题做了进一步的阐述："我们必须分清劳动力从一个地区移至另一个地区，与劳动力从农业部门转入其他生产部门的区别。劳动的移民，在大多数场合，只是由于饥饿或当地劳力供应过多而产生的压力所引起的。亚洲诸国的移民，例如从印度及中国移民至南太平洋各地就是一个典型的例证……劳动力自农业转入其他生产部门则不同，因为这种转移主要的是由于某一经济社会所发生的技术变化，或是由于其他部门，如工商业的扩充，引起了对劳动力需要的增加。这种意义的劳动转移，是一种职业或就业的变动。因此，可以引起也可以不引起区域间的劳动移民。"[④]

我引用上面两段话的用意，是为了以此作为探讨劳动力转移对农业发展作用的起点。这些起点是：第一，人口压迫生产力型的转移和迁徙，对农业发展并无直接意义；只有生产力压迫人口型的转移，才能推动发展。第二，后一种转移在这里说明了一个方面的动因，即非农现代部门扩张的需要。第三，这种转移可以引起也可以不引起劳力在区域间的迁徙。这三点作为我们研究劳力转移对农业发展作用的起点是重要的。但是，却是不够的，特别对于发展中的大国更是不够的。

综观多个发展中国家的特征，对于欠发达经济过渡到成熟的现代经济的"根本问题，是以足够快的速度，将它的隐蔽失业的农业劳力重新配置到具有较高生产率的工业部门，以保证逃离马尔萨斯陷阱"。⑤这是对于整个经济的作用。这种农业劳动力的重新配置，无疑不仅仅会对整个国民经济的发展，而且也会对农业本身的发展起巨大的作用。

(1)农业剩余劳动力的转移，会推进农业的规模化与现代化。我们在前面第七章(土地问题)中曾经提到这个问题。在那一章里，我们阐明了"资源富集度"，即土地与劳动力的比率关系与土地经营规模乃至农业机械化之间的内在制约的关系。一般地说，农业剩余劳力转移到生产率更高的工业部门，便可以缓解发展中国家农村膨胀的人口对土地资源的压力——这种压力是推行农业现代化措施难以逾越的障碍——改变土地与劳动力之间的比率，为扩大土地经营规模，从而为推行农业现代化措施开辟道路。

(2)农业剩余劳动力的转移，可以使农民与农业分享工业化的成果。农民转到现代化工业部门，一般是受到现代工业部门比农业部门更高的收入所吸引。这样，一方面对转移了的原农业劳动者来说，增加了收入，分享了工业化的经济成果，改善了自己和家庭的经济地位；另一方面，这部分转移劳力的收入剩余，又会返还到农业部门，成为农业用现代工业成果武装自己的资金来源。这一点，在西方一些国家，由于是采取"彻底式"的转移(剩余劳动力离农后，就彻底与农村割断了联系)，表现得不明显；但在东方绝大多数国家，由于是采取"游离式"的转移(离农后，仍然同农村保持血缘的经济的联系，乃至兼业性的)，所以表现得就特别明显。

(3)转移可以引起迁徙，从而有利于提高农村居民的现代化素质。在一些发展中的大国，或先进的大国在发展阶段，农业剩余劳动力由传统部门向现代部门的转移，往往也引起农村人口由相对传统的地区向相对发达的地区的迁徙。如美国在发展时期人口由东部地区向西部地区的大迁徙；我国目前农村剩余劳动力由内陆欠发达地区向沿海较发达地区的迁徙。这种人口流动，开阔了农民的视野，培养了他们的现代化意识，进而直接或间接地提高了农村人口的素质。

(4)人口迁徙，有利于打破农村的宗法血缘体系。残存在农村的中世纪的宗法血缘体系，是现代化的重大桎梏。这一点，我们在第一章中已有过较详细的论述。要打破这种桎梏，最有效的途径就是促进人口的流动。这个道理，既可以用美国的例子来说明——美国是一个世界性移民合众国，几乎完全没有中世纪的宗法关系残留下来，也可以用一般国家的城市，特别是新兴城市来说明——在城市的居民，也大多是由各地的移民所组成，因而相对于农村来说，中世纪的宗法关系也不是很多。

二、一般因素分析

农业剩余劳动力向工业部门的转移，受到多种因素的综合影响。在这些因素中，工业部门的劳动生产率、人口增长、市场发育以及政策性因素等，显然起着主要的作用。下面，让我们采取静态的方法来对各个因素的作用进行相对孤立的一般性分析。

(一)非农部门投资增长

从一些发展中大国的一般情况来看，工业化过程中所能新提供的就业机会，对于农业剩余劳动力的转移起着决定性的作用，而在发展中国家，由于大体还处于工业化的外延型阶段，因此工业就业机会又取决于工业投资的增长率。所以，费景汉-拉尼斯模型认为：由资本积累吸纳的劳动力恒等于资本积累的增长率。

当然，这一模型的成立是以如下两点为前提的：

①劳动供给的无限性；②劳动供给对工资反应的弹性无穷大，在这种条件下，劳动力转移同工业投资增长，可以有如下的关系式：

$$L = C/R \tag{1}$$

式中：L 为可转移的劳动力数量；

$\quad\quad$ C 为新增资本量；

$\quad\quad$ R 为每增 1 个就业机会所需社会平均成本。

这里，又涉及 R 值的计算问题。这个问题是比较复杂的，有些方面甚至是无法定量的，但从主要变量来说，大体可以成立如下的关系式：

$$R = \sum (a + b + c + d + e)/L \tag{2}$$

式中：a 为迁移费；b 为安家费；c 为新增劳动力所需生产设备添置费；d 为培训费；e 为城市基础设施增添费。

劳力转移与工业投资的如上关系，只是就一般总量关系而言的，没有考虑结构问题。工业投资的结构不同，对劳动力转移的"拉力"及其结构也不会是一样的。这一点，在后面再专门论述。

(二)比较利益

农业与非农业在比较利益上的差别，是发展中国家工业化前期，吸引农业剩余劳动力向工业部门转移的重要因素。之所以会产生这种比较利益上的差别，主要是两个原因：工农产品"剪刀差"的存在和劳动报酬在二元经济中的差别。

在发展中国家(特别是大国)，工业化前期，资本(资金)的来源主要靠农业贡赋，因而"剪刀差"在相当长的时期内不仅是难免的，而且是必需的。这样就从宏观上决定了农业与非农业之间必然会产生比较利益上的差别。

关于劳动报酬在二元经济中的差别，西方发展经济学家做过较明晰的论述。总的来说，农业部门由于还基本处在传统阶段，农户(或家庭农场)由家庭成员承担劳动任务并分享劳动收入，每个家庭劳动成员的实际"工资"是由家庭平均生产力这种"内在变量"来确定的，即农业部门的实际工资水平取决于平均生产率。工业部门，由于存在商品竞争，企业就业的均衡水平处在劳动边际生产率与工资相等的那点上，因此其工资是由市场竞争这种外在变量确定的，即工业部门的工资水平取决于边际生产率。[6]加上在工业化前期，农业中隐性失业的存在，所以在微观上就会造成农业劳动者和工业劳动者之间比较利益上的差别。

这种比较利益上的差别，正是推动农业剩余劳动力向非农部门转移的强大"拉力"，至少在工业化的整个历史阶段会是这样。

(三) 工业的有机构成

前面讲过,工业投资既有总量问题,又有结构问题。所谓结构,主要是指轻工业与重工业的结构比例,这涉及工业化的路线问题。

一般地讲,<u>重工业多为资金密集与技术密集型的结构</u>,其有机构成较高,吸纳的劳动力较少。轻工业与第三产业一般有机构成较低,劳动密集型相对居多,单位投资量所吸纳的劳动力也较多。一个国家的工业化如果采取重工业倾斜或技术密集型的路线,那么,它就可能因此而出现农业发展同工业化不协调的局面。反之,如果采取由轻工业而重工业、由劳动密集而技术密集的发展路线,则更有利于农业剩余劳动力转移同工业化的同步发展。

(四) 农业劳动生产率

农业劳动生产率同农业剩余劳动力转移这两个变量之间有着十分重要的联系。一般地说,农业劳动生产率的状况,决定着农业剩余劳动力的规模;农业劳动生产率的提高,可以创造新的劳动力剩余。具体分析,可以有下列三种情况:

(1)边际劳动生产率为零,即:

$$MP_L = 0 \qquad (纳克斯模型)$$

在这种情况下,劳动力的转移不会影响农业的产出,即所谓"零值剩余劳动力"全部转移出去,也不会引起农业产出的下降。

(2)边际劳动生产率为正数但低于"平均消费"或"维持生存"的工资,即:

$$0 < MP_L \leq SW \qquad (刘易斯模型)$$

在这种情况下,农业如果没有技术进步,没有劳动生产率的提高,农业劳动力的转移就会引起农业产出的下降。

(3)农业技术进步——劳动生产率的提高,可以"创造"新的"零值剩余"。

上述第一种情况,即在农业技术构成不变的情况下,如果农业劳动力转移而又不引起农业产出的下降,就说明存在着"隐蔽性失业"。因而,也可以说,隐蔽性失业量等于农业劳力流出量达到农业产出的边际生产率等于工资的那一点。

根据以上分析,那种认为农业劳动力转移到工业部门只是由于后者较高的比较利益所吸引的观点,显然有失偏颇。农业劳动生产率的提高,同样也是农业劳动力转移的一个重要的催化剂。张培刚教授在他的《农业国工业化问题初探》一书中做了详尽的分析。他列举了布莱克关于"拉"与"推"的观点之后,指出:"当推的力量发生作用时,农场劳动者之所以离开农场,是因为他们不能再在那里谋生。在用机器代替劳动力时就会发生这种情形。"农业机械化以及农业中的技术进步,就会提高农业劳动生产率,农业劳动生产率的提高,正是使农业劳动流向工业部门的"推力"。

(五) 变量综合分析

以上我们从四个主要因素进行了静态分析。当然还有许多变量,例如人口的增长,农民的"闲暇满足"等,都会影响农业劳力向工业部门的转移。由于篇幅所限,不能一一展开。这里,我想就目前研究所及,对若干变量之间的相关性,做一点综合分析。

1. 工业投资、农业政策与农业劳动力转移

这三个变量之间,在一个农业大国中,至少存在如下三种规范性的对应关系:

第一种关系,当工业所能提供的新的就业机会小于农业剩余劳动力供给时,要特别注意对农产品价格实行必要的保护政策,使其保持在使农业收入可以缓解农业劳动力转移速度的水平;同时,还应维持某种城乡间人口流动的政策壁垒。只有这样,才能使农业劳动力的转移既不削弱农业的发展,又不致冲击城市与工业的发展,使它们都能得以健康地进行。如果不是这样,工业与农业的比较利益反差太大,在这种情况下,便会出现"盲流"现象,影响经济的协调和社会的稳定。

第二种关系,当工业所能提供的新的就业机会等于农业剩余劳动力供给时,政策上要全面放开城乡市场和工农产品价格,平抑城乡之间的政策反差,包括弱化或取消城乡间人口流动的政策壁垒。只有这样才能使工业对普通劳动力的需求很容易同工业的劳动力供给大体均衡,使农业劳动力转移度同工业农业协调发展一致。如果不是这样,继续维持城乡间的政策壁垒,就会抑制工业农业方面的发展。

第三种关系,当工业所能提供的新的就业机会大于农业剩余劳动力供给时,在政策上,必须大幅度增加农业投资,特别是能够提高农业有机构成——劳动生产率的投资,以避免出现"李嘉图陷阱"。这一点是十分清楚的,农业剩余劳动力的转移具有强烈的自发性一面,它绝不会顾及农业产出的减少而有所约束。一旦农业剩余劳动力转移度大大超过了"零值剩余"而农业劳动生产率又未有相应的提高,则农业产出便会大幅度下降,甚至出现农业萎缩的局面。

2. 资源结构、投资结构与农业劳动力转移

这三个变量之间,大致存在如下两种基本的相关性:

第一种,在土地稀缺小于劳动力稀缺的条件下,劳动力的转移速率,主要取决于农业投资增长率。在这种情况下,农业劳动生产率水平的提高,是保证劳力转移而不引起农业产出下降的关键。而提高农业劳动生产率,则有赖于农业有机构成的提高,例如,实行农业机械化,这就要求农业投资的增长。

第二种,在土地稀缺大于劳力稀缺的条件下,农业劳动力的转移速率,主要取决于工业投资增长率。在这种情况下,农业中大体处于"劳动供给无限"的状态,劳动力的转移一般不会引起农业产出的下降,只要工业能提供新的就业机会,转移就可以实现。所以关键就在于工业的投资增长率。

3. 工资水平、生活条件与农业劳动力转移

这三个变量之间,存在着如下四种相关关系:

第一种关系,当工业工资水平(以下均指平均水平)高于农业工资水平,工业生活条件优于农村生活条件时,农业劳动力处于绝对转移阶段。也就是说,在这种条件下,农业

劳动力只要有就业的机会就一定会转移到工业部门。

第二种关系，当工业工资水平低于农业工资水平，工业生活条件优于农业生活条件时，农业劳动力处于有选择的转移阶段，在这种条件下，虽然农业收入相对高于工业收入，但由于"闲暇满足"需要上的差异，不同的农业劳动者具有不同的选择取向；收入取向重于"闲暇"取向者就可能不转移；"闲暇"取向重于收入取向者，仍会转移。

第三种关系，当工业工资水平高于农业工资水平，农村生活条件优于工业（城市）生活条件时，农业劳动力也处于选择的转移阶段。在这种条件下，情况就同上一种关系颠倒过来："闲暇"取向重于收入取向者，就不会转移；收入取向重于"闲暇"取向者，则仍会转移。

第四种关系，当工业工资低于农业工资，农村生活条件又优于城市生活条件时，劳动力（人口）便会出现回流趋势。这种情况在不少发达国家已经出现。

三、中国的背景

（一）反常的逆向转移

中国早在 20 世纪 50 年代，就已存在劳动力过剩的问题。在合作化以前，全国很多地方存在着劳动力过剩的问题。农业合作化以后，毛泽东又在一个批语中指出："这也是一个带普遍性的问题，根据这两个合作社的情况，按照现在的生产条件，就已经多余了差不多三分之一甚至更多的劳动力。向哪里找出路呢？主要地区是在农村。"[⑦]其实，毛泽东两次所说的劳动力过剩是有某种质的差别的。按照马克思的区分方法，合作化以前的劳动力过剩基本上属于"人口压迫生产力"性质的过剩。由于封建主义和官僚资本主义的长期压榨，中国农村生产力十分落后，土地改革虽然从生产关系方面消除了生产力发展的桎梏，但在短短的数年内，显然难以解决生产力的质的突破问题，同时，当时城市的工业化还未开始。这样，巨大的农业劳动大军，只有沉积在有限的耕地上。合作化以后，情况有了变化。当时，劳动的协作的确在一定程度上"创造了新的生产力"，农业劳动生产率有了提高，开始进入"生产力压迫人口"的阶段。

问题在于，当时对于农业剩余劳动力的出路，并未找到符合中国国情的有效模式，而是选择了"封闭型"转移模式，在农业内部甚至是在种植业内部寻找剩余劳动力的出路。大搞农田基本建设，大兴农田水利……应该说，这种模式曾起过积极的作用，使种植业抗御自然灾害的能力有了增强，但是，由于这种模式是受着自然经济思想的支配，把农业的发展当作一种封闭的系统，自求"解放"，因此一开始就决定了这种思路是违背客观规律的，是无法真正解决中国农业劳动力的转移及其合理组合问题的。

1958—1978 年 20 年的实践充分说明，在这一历史时期，由于农业"关起门"来搞"大干快上"，瞎指挥，"大呼隆"盛极一时，对劳动力低效而浪费式地使用，处处搞"大兵团"作战（包括田间作业）。特别是农田基本建设和水利工程盲目兴办，使劳动力被大批投入工地，而田间劳动力出现严重的短缺。加之工业化在 60 年代初出现重大萧条，[①] 于是号

---

① 那次工业化的大波动，一方面是工业上的瞎指挥造成的，另一方面也是由于农业的瞎指挥造成农业大波动而反弹到工业与城市。

召"劳力归田""人人都有两只手,不在城里吃闲饭"。大力充实农业第一线的劳动力,在农村收缩多种经营和小集镇,在城市动员大量职工及家属返乡务农。据统计,1958年全国工业、建筑工业共新增职工1900万人,相当原有职工的2倍。其中,从农村招收1000万人左右。在农村,由于"大办"钢铁、水利等,农业劳力实际比1957年减少3800万人。该年,工农业劳力比由上年的1:13.8下降到1:3.5。1958年以后,由于大力实充农业第一线劳力(当时要求农业第一线劳力达到农村劳动力的80%),1961年全国城镇人口减少1300万人,精简职工950人,同年农业劳力增加2730万人,恢复到1957年的水平。3年调整过后,城镇人口共减少2600万(职工近2000万)。1964年城镇化水平从1963年的16.8%仅上升到18.4%,到1978年一直徘徊在这个水平上。其间,1968—1977年,还有数百万机关干部和知识分子下放到农村,大量知识青年插队落户当农民。

这种劳力与人口的逆向转移是反常的,在世界上也是"史无前例"的。说它反常,是因这违背了农业劳动力非农化和城市化的一般规律;说它是"史无前例"的,是因为只有在中国当时那种特殊历史背景下才可能出现。

劳动力逆向转移的后果是多方面的,但集中到一点,就是推迟了中国社会分工和工业化的进程。从表8-1就可以看到,搞了近30年的工业化,社会分工结构基本未变,农业劳动力转移甚微。

表8-1 中国社会劳动力结构变化(%)

年份	总计	按三个产业分类		
		一产业	二产业	三产业
1952	100.00	83.5	7.4	9.1
1957	100.00	81.2	9.0	9.8
1940	100.00	65.7	15.9	18.4
1975	100.00	77.2	13.5	9.3
1978	100.00	70.7	17.6	11.7

资料来源:国家统计局:《中国统计年鉴1990》,中国统计出版社1990年版,第117页。

由于农业中剩余劳动力转移不出去,巨大地麻痹了农业生产力的革新机制,造成农业劳动生产率的长期徘徊(见表8-2)。

表8-2 农业相对劳动生产率变化(%)

年份	农业劳动力占社会总劳动力之比(A)	农业纯收入占国民收入之比(B)	农业相对劳动生产率 $C = \dfrac{B(100-A)}{A(100-B)}$
1951—1955	83.3	53.6	23.1
1956—1960	69.1	37.6	26.9

年份	农业劳动力占社会 总劳动力之比(A)	农业纯收入占国民 收入之比(B)	农业相对劳动生产率 $C = \dfrac{B(100 - A)}{A(100 - B)}$
1961—1965	81.2	46.7	20.3
1966—1970	81.4	45.2	18.5
1971—1975	78.5	39.6	17.9
1976—1980	73.7	38.5	22.3

资料来源：转引自《经济研究》1988 年第 2 期，第 71 页。

据穆光宗统计分析，1951—1978 年，农业劳动力剩余度从 31% 上升到 52%。这种主要由于政策偏颇造成的剩余劳动力的沉淀，决定了以后农业劳动力转移的重大特色。

(二) 人口膨胀

人口问题，是经济发展的一大课题。在当今世界上，有些发达国家困惑于人口不足，而更多的发展中国家则苦恼于人口膨胀。这是因为在人口、资源、财富之间有一个最优均衡关系。根据最优人口理论，"任何处于某个特定时期的国家，只要非劳动资源的供应是固定的，与人均国民收入最大化相适应的只有一种人口规模。"[⑧]这种观点就是说，如果人口低于适度水平，或者高于这个水平，人均国民收入都会低于应该达到的数值。因为前者没有足够的劳力去充分有效地利用已有的非劳动资源，造成非劳动资源的部分闲置；后者又由于劳动力过多，造成了报酬递减。

我国属于后一种情况。由于过去人口政策的失误和社会历史原因，在中华人民共和国成立以后，人口增长过快(见表 8-3)。

表 8-3   中国人口增长及结构变化

年份	总人口		城镇人口		乡村人口	
	万人	以 1949 年为 100	万人	比重(%)	万人	比重(%)
1949	54167	100.00	5765	10.6	48402	89.4
1952	57482	106.12	7163	12.5	50319	87.5
1956	62828	115.99	9185	14.6	53643	85.4
1958	65994	121.88	10721	16.2	55273	83.8
1978	96259	177.71	17245	17.9	79014	82.1
1979	97542	180.08	18495	19.0	79047	81.0
年平均增长	1445.8	1.98%	424.3		1021.5	

资料来源：国家统计局：《中国统计年鉴 1978》，中国统计出版社 1978 年版。

1949—1979 年，30 年间人口以 1.98% 的平均增长率增长，其中，1949—1957 年平均年递增率达 2%，1962—1973 年平均递增率达 2.6%，而城乡之间的分布结构基本没有多大变化。这说明，在人口膨胀的压力之下，不仅农村人口处于绝对过剩的状态，城市也处于相对的人口过剩状态，这就不能不大大抑制了农业剩余劳动力向工业部门的转移。以至农业劳动力过剩的情况，在 20 世纪 50 年代的基础上更趋严重。据统计，到 1978 年，不仅农村存在着大量的隐性失业，在城市(包括建制镇)本身的"待业"人口也达到 530 万人(其中待业青年为 249 万人)，待业率达 5.3%，这就是说，城镇的失业人口中，不仅有新增的(待业青年)，而且有 53% 是原曾就业而重新失业的。

(三)城市化发展迟滞

历史上封建半封建桎梏的长期束缚，加上中华人民共和国成立后高度集中的产品经济抑制商品经济发展，致使城市化的进程十分缓慢。在这方面，缺乏完整的历史统计资料。据美国珀金斯所著的《中国农业的发展 1368—1968》一书中的资料，列表如下(见表 8-4)：

表 8-4 　　　　　　　　　　　城市人口占全国总人口的比重

年份	1913	1933	1953	1957
全国人口(万人)	43040	50310	58260	64650
城市人口为总人口的比重(%)	3.40	4.88	8.16	10.24
其中：云南、贵州、广西	0.26	1.42	3.55	4.60

由表 8-4 可见，中华人民共和国成立前的近 40 年间，人口的城市化仅提高约 4 个百分点，在一些落后省份进展更为缓慢(该书的统计口径与我国不完全一致，特别是中华人民共和国成立后的数字同我国统计局的数字有明显差异。按我国统计年鉴的统计，1949 年全国总人口为 54167 万元，市镇人口为 5765 万人，占总人口的 10.6%；1953 年总人口为 58796 万人，市镇人口为 7926 万人，占总人口的 13.5%。可能是该书剔除了市镇人口中的农业人口所致。)

从表 8-5 中便可以看到这种情况：

表 8-5 　　　　　　　　　　　按人口分组的市数(1989 年年底)

	按总人口分组				按非农业人口分组			
	市数(个)	占市数比重(%)	人口数(万人)	占人口的比重(%)	市数(个)	占市数比重(%)	人口数(万人)	占人口的比重(%)
总计	446	100.0	31571	100.0	446	100.0	14613	100.0
10 万人以下	13	2.9	71	0.22	116	26.0	781	5.34
10 万~30 万人	88	19.7	1930	6.11	218	48.9	3769	25.79
30 万~50 万人	108	24.2	4316	32.05	28	6.3	1917	13.12

续表

	按总人口分组				按非农业人口分组			
	市数（个）	占市数比重（%）	人口数（万人）	占人口的比重（%）	市数（个）	占市数比重（%）	人口数（万人）	占人口的比重（%）
50万~100万人	144	32.3	10118	32.05	28	6.3	1917	13.12
100万~200万人	77	17.3	9480	29.87	21	4.7	2665	18.24
200万人以上	16	3.6	5706	18.07	9	2.0	3406	23.30

资料来源：国家统计局：《中国统计年鉴1990》，中国统计出版社1990年版，第93页。

这里引用的是1989年的数据，照说是没有代表性的，因为1989年已经改革开放十多年了，城市化已经大为前进了。但因没有1978年的数据，只好利用这组数据了。即使如此，也可以看到，虽然经历了十多年的改革，我们城市化的基础仍是很低的。可想而知，在1978年就更低了。在这个表中，可以看到：第一，总的来说我国的城市总量不多，百万人口以上的特大城市更少；第二，由于"市带县"体制扩大了人口城市化的规模，如除掉市人口中的农业人口，则50万人口以下中小城市便由46.8%提高到87.0%，其中30万人口以下的城市竟占74.9%；而50万以上的大城市则由53.2%降为13%。

我们从表8-6中可以进一步看到，市镇的总人口中，镇的人口占到了30%左右。

表8-6　　　　　　　　　　　　　**全国市镇人口**

年份	总计		市人口		镇人口	
	万人	比重（%）	万人	比重（%）	万人	比重（%）
1949	5765	100.0	3593.4	62.3	2171.6	37.7
1954	9252.9	100.0	5767.5	62.3	3485.4	37.7
1956	9715	100.0	6343.4	65.3	3371.8	34.7
1958	13885	100.0	9793.6	71.6	3891.5	28.4
1978	17245	100.0	11929.3	69.2	5315.6	30.8
1979	18495	100.0	12940	70.0	5555.8	30.8

资料来源：国家统计局：《奋进的四十年（1949—1989）》，中国统计出版社1989年版。

从以上的资料可以看出，城市化进展的迟滞，直接抑制了农业剩余劳动力的转移进程。在长达20多年时间里，由于中国城市缺乏强大的"拉力"，农村的隐形失业愈来愈严重。大量的、不断增加的剩余劳力积淀在农业中，便不能不造成农业劳动生产率和农业边际生产率长期徘徊乃至下降。如1952—1956年，中国每个农业劳动力平均生产粮食由1893斤增加到2079斤，每增加一个农业劳动力可增产粮食4706斤。1956年以后，便一直低于这个水平,直到 1978 年才达到 2080 斤。[①]

(四) 政策的偏颇

由于在理论上认定高度集中的计划经济是社会主义的本质特征,否定商品经济是社会主义的内在之物,从而导致了一系列抑制社会分工、工农交换和城乡联系的政策。其中,最主要的是重工业倾斜政策的持续化,排斥农业人口非农化的政策,建立在短缺经济基础上的户籍制度等。

1. 重工业倾斜政策的持续化

重工业倾斜的工业化政策,对于一个处于国际关系紧张下的初生的社会主义大国来说,有其客观必要性。但是一旦国际关系缓和后,就应及时加以调整,因为它不符合产业发展的客观规律。这一点,前面已经述及。具体地说,在中国的第二个五年计划开始,就应该实行这种调整。

但由于机械地理解了马克思关于两部类的学说,照抄照搬了苏联的经验,致使重工业倾斜政策继续延续到 20 世纪 70 年代末。这从两个基础方面钳制了农业剩余劳力的转移:一方面高有机构成的重工业,创造不了多少新的就业机会,甚至连城市的新增劳力(自然增长)也难以容纳,造成大量知识青年下农村的局面。另一方面,重工业对资金的大量需求,必然增加对农业的征赋,这就不能不妨碍农业有机构成和劳动生产率的提高,从而使"生产力压迫人口"的局面在中国农村长期未能真正形成。这样既削弱了"拉力",也抑制了"推力"。

2. 压制农业人口非农化的政策

由于视商品、市场为资本主义,因此形成了一系列成文与不成文的排斥城乡之间、工农之间商品流通与交换的规章制度。特别是在"文化大革命"期间,把农民进城做小买卖当作"违法"的异端,加以批判打击。这就从根本上堵塞了社会分工的发展和农业人口非农化的道路。

3. 建立在短缺经济基础上的户籍制度

户籍制度本身并没有多少可以非议的。问题是我国户籍制度是以短缺经济为背景的,户籍与粮油配给、工资和福利、就业方式等挂在一起,这就在城乡之间形成了一道难以逾越的壁垒。加上人口膨胀,城市又发育不足,势必又大大增加了户籍鸿沟的硬度。在旧体制下,农民进城一无粮油供给,二无就业权利。在一段时间内,形成了一种奇怪的"工者恒工,农者恒农"的世袭体制,出现了"农转非"[②]这种世界上少有的独特现象。这不仅压

[①] 边际生产率的计算:粮食总产量之差(1952—1956)/农业就业人数之差(同期) = (3855 - 3278)(亿斤)/(1.8543 - 1.7317)(亿人) = 4706 斤/人。

[②] "农转非"是中国户籍管理中的一个专有名词,是指农村户籍的人口转到城市户籍,必须经过政府批准给予"农转非"的指标,才能在城市获得正式的户籍。

抑了农业剩余劳力的转移, 而且损害着工农联盟的基础。

四、有中国特色的劳动力转移

(一)基本特征

由于上述历史背景和社会条件, 中国农业劳动力的转移, 不能不具有明显的特色。

1. "崩泻式"转移与农业超常规增长

这个特征, 主要存在于 20 世纪 80 年代前期。前已述及, 由于在 80 年代以前积淀了巨量的 "零值劳动力", 在 80 年代初一旦启开了商品经济闸门, 这种过度饱和的剩余劳动力便像山崩水泻似地涌入农村的非农部门和市镇的工业部门(见表 8-7)。

表 8-7　　　　　　　　　　农村人口与劳动力转移规模　　　　　　　　　　单位:万人

	乡村人口		农业劳力转入非农业规模			
	万人	占总人口的比重(%)	农村非农	转入城镇	合计	以上年为100
1978	79014	82.1	3150	148.4	3298.4	
1979	79047	81.0	3190	219.2	3409.2	103.36
1980	79565	80.6	3502	346.6	3848.6	112.87
1981	79901	79.8	3692	438.6	4130.6	107.33
1982	80387	79.2	3805	504.6	4309.6	104.33
1983	79369	76.5	4340	572.8	4912.8	114.00
1984	70469	68.1	5888	695.8	6583.8	134.01
1985	66288	63.4	6714	846.0	7560.0	114.83
1986	61968	58.6	7522	1012.5	8534.5	112.89
1987	57711	53.4	9130	1179.3	9309.3	109.08
1988	55245	50.4	8611	1339.2	9950.2	106.88

资料来源:按《中国统计年鉴 1990》有关资料换算而成。

从表 8-7 可以看出, 乡村人口的比重每年平均以 3.52 个百分点下降, 1984 年是转向点, 第一次突破了乡村人口占 70% 以上的界限, 不仅相对数下降, 绝对数也减少了。当然, 这可能与 "市带县" 体制的推行有关。按 1989 年 50 万以上人口的城市统计, 农业人口占总人口的 22%, 以上类推。1984 年乡村总人口 70469 万人应加上 7289 万人, 实际乡村人口应为 77758 万人, 比上年仍减少 2.03%, 占总人口的 75.14%。考虑到 1984 年 "市带县"尚未大量铺开,当时农村人口在市镇人口中的比重肯定会小于22%。因此,1984年乡村人口的比重低于70%应是符合实际的。与此同时,这10年中,农业劳动力的非农化则以平均每年11个百分点的速度上升,其中,1984年前后是第一个高峰,最高峰值为34%以上,1983—1986年平均是18.63%。这比人口的数字更可靠一些。据不完全统计,这10年中,农业剩余劳力转移8000多万个。这种转移的规模在中国是空前的,就其绝对量来说,也是世界少有的。

在人口与农业劳动力大量转移的同时,农业净产值与劳动生产率不仅没有下降,而且增长率竟达到二位数的超常规增长(见表8-8)。

表8-8　　　　　农村劳动力、农业净产值、粮食的增长趋势　　　　单位:万人

年份	劳动力		净产值		粮食	
	万人	以上年为100	亿元	以上年为100	亿斤	以上年为100
1978	27488	93.67	986	108.00	30477	107.8
1979	27835	101.26	1226	124.34	33212	108.97
1980	28334	101.79	1326	108.16	32056	96.52
1981	28980	102.28	1509	113.80	32502	101.39
1982	30062	103.73	1723	114.18	35450	109.07
1983	30350	100.96	1921	111.49	38728	109.07
1984	30080	89.11	2251	117.18	40731	105.17
1985	30351	100.90	2492	110.71	37911	93.08
1986	30468	100.39	2720	109.15	39151	103.27
1987	30870	101.32	3154	115.96	40298	102.93
1988	31456	101.90	3818	121.05	39407	97.79
10年平均递增率(%)	1.34		14.5		2.6	

年份	劳平产出率			
	按净产值		按粮食	
	元	以上年为100	斤	以上年为100
1978	359	115.3	11087	115.1
1979	440	122.8	11932	107.6
1980	468	106.3	11314	94.8
1981	521	111.3	11215	99.1
1982	573	110.1	11792	105.1
1983	633	110.4	12760	108.2
1984	748	118.2	13541	106.1

年份	劳平产出率			
	按净产值		按粮食	
	元	以上年为100	斤	以上年为100
1985	821	109.7	12490	92.2
1986	893	108.8	12849	102.9
1987	1022	114.5	13054	101.6
1988	1214	118.8	12528	96.0
10年平均递增率(%)		13.0		1.2

资料来源：根据《中国统计年鉴1990》有关资料换算而成。

从表8-8中可以看到，1978—1988年，农业劳力因为大量转移(加上自然增长的抵消因素)，平均年增长率只有1.34%，基本稳定；农业净产值则大幅度上升，平均年递增14.5%，粮食不仅未减少产出，而且平均也能维持2.6%的增长率，高于劳动力的增长率。因此，每个劳动力平均的产出，无论按什么指标计算均有增加；按净产值计算高达13.0%，按粮食计算则为1.2%。但应说明，农业劳动力不都是从事粮食生产的，实际从事粮食生产的劳力平均生产的粮食量肯定会大于这个数字，此其一；粮食的增长率就其本身的属性来说，也是不可能达到收入增长率的水平的，此其二。总的来说，1978—1988这10年间，在中国出现了劳动力大量从农业转向非农业的同时，农业产出不仅未下降，而且出现了大幅度增长的现象，特别是在1984年(含1984年)前出现了持续性的超常规增长的现象。

还应该说明的是，这一特征是在农业的整体技术并未有根本改变的条件下出现的。这一方面可以大致证实中国农业中在过去积淀的"零值劳力"数量之庞大，另一方面也预示这种特征是不会持久的，因为边际生产率必将会随着劳动剩余的过量转移(如果不能配合农业技术革命)而逐渐下降(见表8-9)。

表8-9 　　　　　　　　　　**农业新增劳动力的生产率**

年份	本年新增劳动力(万人)	本年新增净产值(亿元)	每新增1个劳动力的生产率(元)
1979	347	240	6917
1980	499	100	2004
1981	646	183	2833
1982	1082	214	1978
1983	288	198	6875
1984	−270	330	
1985	271	241	8893

年份	本年新增劳动力(万人)	本年新增净产值(亿元)	每新增1个劳动力的生产率(元)
1986	117	228	19487
1987	402	434	10796
1988	586	664	11331
1989	985	391	3969

2. 多元结构的出现

发展中国家在工业化过程中,出现二元经济结构是一般的规律。但这种规律性的现象,在不同的国家表现的形式可能会不一样。在中国,由于我们在前面所说明的原因,庞大的农业剩余劳动力很难直接转向大中城市(当然是就其主流而言),刚刚从沉睡中苏醒的城市,还来不及为接纳这样数量惊人的"客人"作好准备。但是,中国农民擅长自力更生谋求出路,他们不要政府的投资,自己进行形形色色的"原始积累",就在农村办起了工厂、商店,以获取比农业更高的收入。这样,在广阔的中国农村就出现了一个相对城市大工业较为落后,而相对于传统农业又较先进的农村非农部门,或者叫非规范化的非农就业部门。一个农村工业化的潮势,便在中国农村势不可挡地发展开来。这就形成了一种"多元结构":一方面,是现代的城市与传统的农村;另一方面,在农村又出现了相对现代化的农村工业部门与其他非农部门和相对传统的农业部门。

这种多元结构的直接表现,就是人口城市化慢于工业化,农村城镇化慢于农村工业化。前者,可从下列数字中证实(见表8-10)。

表8-10　　　　　　　　外出劳动力去向及构成(1986年)　　　　　　　　单位:人

		合计		其中					
				浙江省		河北省		青海省	
		数量	比重(%)	数量	比重(%)	数量	比重(%)	数量	比重(%)
劳动力总数		189006	100.00	10839	100.0	7051	100.0	63813	100.0
外出劳动力		26993	14.97	1759	16.3	489	6.9	11840	21.5
其中	常年外出	5596	20.70	882	50.1	207	42.3	666	5.6
	季节外出	21397	79.30	877	49.9	282	57.7	11174	94.4
去向	村镇	17854	66.10	890	50.6	362	74.1	11033	93.2
	中小城市	7941	29.50	551	31.3	88	18.0	807	6.8
	大城市	1024	3.80	318	18.4	39	8.0	—	—
	出国	174	0.6	—	—	—	—	—	—

资料来源:庾德昌等:《全国百村劳动力情况调查资料集1978—1986年》,中国统计出版社1989年版,第30页。

从表 8-10 中的数字可以看出，非农化劳力中季节性(兼业)外出者占 79.30%，去本地农村及外地农村的非农部门和集镇就业的占 66.10%，而进入大中小城市的仅占 29.50%，进入大城市就业的就更少了。这正说明了双重二元结构的转移特征——非农化的劳力中，非结构性地转移到镇以下的乡镇企业中者居多。

关于这种有中国特色的"多元结构"，国内学者以及我本人论述颇多，不想在这里搞重复劳动。只想着重探讨一下两个问题：一是它的积极意义，二是它的消极作用。

我认为这种多元结构，至少有如下四个方面的积极意义：

第一，就业成本较低，适合我国资金短缺的国情。据测算，城市全民所有制经济每增加 1 亿元的投资，可吸纳劳动力 1 万人左右；而集体企业(包括乡镇企业)每投入 1 亿元投资则可吸纳 5 万人左右，对于一些村办企业，吸纳量就更多了。这主要是由于城市大中企业的投资中市政配套设施所占用的资金远远高于农村。

第二，就业增值率较高，适合我国"隐形失业"量大的国情。在一般情况下，城市工业就业增值率较农村就业增值率为低。如美国的调查显示，农村与小城镇每增加 1 个工业就业机会，随之就可在当地产生其他的就业机会 1.74 个，较城市为高。[9]这主要是由于在大中型城市工业形成群落，集聚效应大于农村。

第三，就业风险分流，适合我国社会保障体系脆弱的国情。将近 1 亿劳动力在乡镇企业中就业，每年都有大批的企业倒闭，但是却没有在社会上引起什么波动。原因就在于这些"农民工人"都有一份"失业保险"——土地。厂里干不下去便可退回农村去种田。可以设想，如果在城市工业中有大批国营工厂倒闭，几十、几百万工人要失业，那就是一大社会问题了。这对于我国目前缺乏社会保障和劳动力市场发育很差的现状，的确有其积极的作用。

第四，可以直接带动农业的现代化。目前的乡镇企业中有很大的一部分是村办企业。据统计，按企业个数计算村办企业占全部乡镇的 72%，按企业人数计算村办企业占全部乡镇企业的 48%(见表 8-11)。

表 8-11 　　　　　　　　　　村办企业占有比重(1986 年)

	乡办工业	村办工业
企业个数(万个)：	42.55	109.19
占比(%)	28.04	71.96
企业人数(万人)：	2274.88	2116.65
占比(%)	51.80	48.20
企业总收入(亿元)：	1259.45	964.10
占比(%)	56.64	43.36

资料来源：国家统计局：《中国统计年鉴 1987》，中国统计出版社 1987 年版。

村办企业实际就是农民的企业，它们的发展不仅改变着劳力和土地的比率关系，满足了农业机械化、现代化的客观需要，而且直接积累了农业现代化所需的资金。据不完全统计，1978—1988 年乡镇企业用于"以工补农"和"以工建农"的资金，累计达 348.8 亿元，约相当于同期国家农业投资总额 1725.42 亿元的 20.22%，相当于同期国家财政用于农业基建投资 450.98 亿元的 77.34%(见表 8-12)。

表 8-12   乡镇企业"以工补农"资金

A	B	A 占 B 的比重(%)	备 注
1978—1988 年乡镇企业"以工补农"资金总额	同期国家农业投资总额(亿元)	$100 \times \dfrac{A}{B}$	备 注
348.8	1725.42	20.22	根据文献[1][2][3][4][5]估算
	C	A 为 C 的比重(%)	
	同期全国财政用于农业基建投资(亿元)	$100 \times \dfrac{A}{C}$	
	450.98	77.34	

[1]农业部：《1989 年中国农业统计资料》，农业出版社 1990 年版。
[2]张毅：《中国乡镇企业：艰辛的历程》，法律出版社 1990 年版。
[3]国家统计局：《中国统计年鉴》，中国统计出版社 1989 年版。
[4]国家统计局农村社会经济统计司：《中国农村统计年鉴》，中国统计出版社 1989 年版。
[5]国家统计局农村社会经济统计司：《中国农村统计年鉴》，中国统计出版社 1990 年版。

但是双重二元结构也带来一些负面的影响。邓一鸣认为，在单层二元结构时期，农业靠扩大耕地面积和提高单位面积产量两条腿，支撑一个工业化，而在双重二元结构下，耕地不仅不能扩大而且每年以 797 万亩的速度减少，只能靠一条腿(提高单产)来支撑两个工业化(城市工业化和农村工业化)。[⑩]农村工业化和小集镇的兴起(还应包括农民宅基地的扩大)，使耕地大量流失。

3. 兼业现象

兼业问题，即农民具有双重就业身份，既务农，又务工；既是农民，又是工人。兼业现象，按就业空间区分，有就地兼业与异地兼业之分；按就业结构区分，有以农为主的兼业和以非农为主的兼业之别。在中国现阶段，大量的还属前者，即就业兼业和以农为主的兼业。从前表 8-10 中就可以看到季节性外出兼业的劳动力占 79.30%，能进入城市就业的也只占 33.3%。从 1978—1989 年农民家庭收入结构的变化中也可以说明这一点(见表 8-13)。

表 8-13   农民家庭平均每人纯收入   单位：元

年份	1978	1980	1985	1986	1987	1988	1989
纯收入	133.57	191.33	397.60	432.76	462.55	544.94	601.51

	年份	1978	1980	1985	1986	1987	1988	1989
其中	农业收入	113.47	149.62	263.81	278.98	300.97	345.64	371.65
	非农收入	20.1	47.71	133.79	144.78	161.58	190.30	229.86
	非农收入占比（%）	15.01	21.80	33.65	33.46	34.93	36.57	38.21

资料来源：国家统计局：《中国统计年鉴 1990》，中国统计出版社 1990 年版，第 313 页。

非农收入占比尽管由 1978 年的 15.01% 提高到 1989 年的 38.21%，但仍是少数，农业收入仍占主体。

这种农民兼业现象，可能是东方国家带有一种共性的问题。一则由于东方大多数国家在工业化过程中，没有西方的那种"游民阶层"；二则东方国家地主经济存留几千年，农民对土地的眷恋之情成为一种根深蒂固的习惯势力。

兼业现象，应该辩证地看待：既有其积极的一面，又有其消极的一面。关于这种积极作用与消极作用，我们在前面评价二元经济时，曾做了概述。当然，兼业现象并不是多元结构的必然产物，两者是可以分离的；二元结构可以不产生兼业现象（如在西欧和美洲），现代一元结构也可以产业兼业现象（如在日本）。所以，兼业问题评价又有其特殊的个性。

从积极作用方面来说，除了前述多元结构的积极作用之外，主要还有两点：一是在工业化过程中，保持了相对和谐的工业与农业的关系、城市与农村的关系，避免了资本主义国家一般都会经历的工农、城乡之间的激烈对抗和震荡。在中国这一点尤其突出：工支农、城带乡，实现了"和平过渡"。二是为乡镇企业的发展提供了十分优越的工资与就业的"弹性"，从而大大降低了工业化的社会成本，这也是乡镇企业之所以具有相对竞争力的原因之一。

这种兼业性转移的消极方面表现为：一是表层性。即它还只是社会分工的"前奏曲"，还没有形成稳定的社会分工，因而它具有较大的"游离性"和"可逆性"。二是低级性。现阶段中国农业剩余劳动力的转移主要是由"副业"转化而来，农民"可进可退"地追求农业以外的"补充收入"，因而其就业性质还没脱离"拾遗补缺"的初级阶段。这样就缺乏一种高标准的激励机制去驱使农民为提高个人素质和企业规模而参与竞争。三是非结构性。由于东方农民与土地关系的特点，加上前述两种原因，农业剩余劳力的转移不是全家转移，而是在一家之中个别成员的转移。这种性质的转移，从近期看固然可以减少工业化的风险系数，但从长远来说不利于土地经营规模化。日本虽然早已实现了工业化，但却至今为此问题而困扰。[11]

根据以上正反两面的分析比较，在我国农业劳动力转移过程中出现的"兼业现象"，虽然有其不可忽视的积极作用，我们应该加以充分利用；但从长远来看，这对我国的现代化，特别是农业的现代化，将会产业越来越显著的阻滞作用。

4. 靠投资拉动

发展中国家的工业化，就一般情况而言，可能大体要经历三个基本发展阶段：外延型发展阶段、内涵型发展阶段和科技型发展阶段。工业化前期，主要属外延型发展，而外延发展则主要靠投资推动。投资的增长在很大程度上决定剩余劳动力的转移量。这一点至少在中国表现得较为明显。据估算，1981—1990 年，非农劳动力增长同非农产业投资增长的相关系数约为 $R = 0.719$。

(二) 转移的阶段性及其模式

农业剩余劳动力转移的阶段性，取决于经济结构转换的阶段性。中国劳动力转移可能会经历四个阶段：

第一阶段，由半自然经济到畸形二元经济的转换阶段。大体上是 1949—1979 年这 30 年，由于在本章前面几节所陈述的原因，在这个阶段，农业与工业、乡村与城市都是采取封闭式的内循环发展方式。这种封闭式的发展便使得农业剩余劳动力几乎不可能转向城市和农村的非农部门，而只能转向农业的内部开发领域：兴修水利，土地整理，精耕细作，提高复种指数和种植密度等。实践已经证明，这种转移方式由于极端缺乏农业内部的动力机制(农民不仅没有因为这种转移而增加收入，相反却更加劳累和牺牲"闲暇")和农业外部的支撑机制(城市工业搞内循环，在产品经济条件下城乡间没有统一的市场机制，不仅不能给农业以有力的财力支撑，而且大量依靠农业贡赋发展工业)，其经济的、政治的、社会的效果都是很糟的，到后来不得不依赖行政命令进行强迫式的运行。更为重要的是，这种转移方式造成了一种中国所特有的畸形二元结构：一方面是封闭的传统而低效的农业部门，另一方面是封闭的相对现代化而运行艰难的城市工业部门。

在产品计划经济体制下缺乏市场的融合机能和激励机制，致使这种畸形二元结构只能像"积木"那样维持一种十分脆弱的整合。到 20 世纪 70 年代，甚至连这种不牢固的整合也难以维持下去，造成国内经济与政治关系日益紧张。

第二阶段，由畸形二元经济到双重二元经济或多元经济转换阶段。也就是 80 年代以来的这个新的历史时期，这个阶段可能要延续到 21 世纪初叶。中国共产党十一届三中全会以来，我国在总结历史经验的基础上，对经济建设(当然包括工业化)的路线进行了拨乱反正。在理论上承认了商品经济与社会主义的共生性，在政策上积极地引入了市场机制，首先从农村改组了那种高度集中的产品经济模式，然后逐步向城市推移。这一历史性的转变，使原来互相封闭的工农、城乡关系出现了一个大复苏，畸形的二元经济便以极高速度向多元经济转移。这一点前面已有详细的阐述。

农业剩余劳动力的转移在这个阶段中，又可能会经历若干个小阶段：以第二产业为主的阶段，以第三产业为主的阶段和技术与规模大调整阶段。从全国来说，在 80 年代农业剩余劳动力主要是向第二产业转移(见表 8-14)。从表 8-14 中可知，第二产业(工业、建筑业)的就业比重高达 57.4%。

表 8-14　　　　　　　　　1117 个自然村劳力转移的就业结构

	合计		浙江		河北		青海	
	人数	比重(%)	人数	比重(%)	人数	比重(%)	人数	比重(%)
被调查的转移总人数	70216	100.0	3970	100.0	2269	100.0	24643	100.0
其中：1. 农业	2179	3.1	154	3.9	—	—	996	3.9
2. 工业	24092	34.3	1468	37.0	1242	54.7	5393	21.9
3. 建筑业	16198	23.1	1011	25.5	436	19.2	3968	16.2
4. 交通邮电	5248	7.5	357	9.0	117	5.2	1909	7.7
5. 商业	3822	5.4	221	5.6	135	5.9	1265	5.1
6. 饮食服务	3010	4.3	436	11.0	99	4.4	697	2.8
7. 其他	15667	22.3	323	8.0	240	10.6	10445	42.4

资料来源：庚德昌等：《全国百村劳动力情况调查资料集 1978—1986 年》，中国统计出版社 1989 年版。

为什么不是首先大量转向第三产业呢（第三产业转移成本低，转移容量高）？这同中国的特殊背景有关：第一，由于在整个 80 年代中国城市大中型国营工业的改革步履蹒跚，结构失衡造成工业品供给短缺，为乡镇工业的大发展提供了十分广阔的市场空间；第二，由于刚刚从贫困线下解放出来的农民并无多少资金积累，乡镇工业中主要是乡、镇、村政府投资兴办的集体企业居多，而在过去一段时间按我国的统计口径第三产业是不算产值的，这样政府的"政绩效应"就势必驱使其多办第二产业；第三，城市工业的"基建热"，为农村建筑业的兴起提供了机会；第四，也是由于从上到下对第三产业的认识不足，政策上也缺乏鼓励措施。

但是，可以肯定，随着城市国营大中型企业改革的深化和完成，乡镇企业所面临的挑战必将越来越大。此外，农民手头所积累的资金比过去多了，随着政策的进一步放开，非公有制经济将会有一个新的发展，这其中可能大量的投资方向将是第三产业。所以，第二个小阶段，农业劳动力转移将可能主要是转向第三产业。与此同时，现有的第二产业中的乡镇企业为适应市场的挑战，在产业结构、技术结构、组织结构上也会经历一次调整：一些缺乏竞争力的行业、过于落后的技术、规模过小的企业将会被淘汰；在发达地区的乡镇企业将会转向高技术、高档次和行业联合的内涵扩大再生产。与之相适应，现有乡镇企业劳动大军中有一部分素质差的劳动力也可能转向第三产业。

随着城市改革与农村改革衔接的完成，社会主义有计划商品经济（或称社会主义市场经济）运行机制的基本形成，农村乡镇企业必将经历一个技术革命和组织创新的时期。有相当一批的乡镇企业实际上已同城市大中型企业没有多大差别，或者是进行了集团化联合，有相当一批农村集镇由于乡镇企业的升级扩大而演进成了中小城市。在这种条件下，农业剩余劳动力将主要是转向中小城市。在这种过程中，很可能会出现一种跨地域、跨行业的"接力转移"的现象：即中小城市和素质较高的乡镇企业的劳动力会有一批转向大中型城市的现代二、三产业，农村乡镇企业中一批素质较高的劳动力就会进入中小城市递补之，农村乡镇企业空出来的就业机会则直接由农业剩余出来的劳动力来填补。当然，这种"接力"绝不是绝对的，也会出现交叉转移与直接进入大中城市的现象。

第三阶段，由多元经济到新的一元经济的转换阶段。大体上是21世纪初叶到中国工业化实现。在上一阶段的基础上，农村工业化有了极大的发展，劳动力素质也有了很大的提高，在广阔的农村已经出现了一大批分布比较均衡的中小城市和一部分新兴的大城市。农业的现代化有了实质性的进展，它同现代工业的经济差别已大大缩小，城市工业的积累机制已大大强化。在这种情况下，农村的二元结构已渐趋消失，农村已有大片大片的地区变成了城市，农村与城市之间的本质差别也大大缩小。这样就具备了由多元结构向新的一元经济转换的条件。在这个阶段，国家就有可能通过国民收入再分配，全面地增加农业投资，对农业现代化实行各种优惠政策，农业就进入了全面技术革命时期，进而实现农业现代化，到了这个阶段，农村劳动力就有可能大量结构式地向大中城市转移了。

关于我国农村人口究竟是应该以向小城镇转移为主，还是以向大中城市转移为主的问题，在我国是有争议的。我个人认为，从近中期看，以向中小城镇转移为主，既是发展阶段性的必然，也有其合理性；但从长远来看，则是值得置疑的。关于这个问题，我们可以从日本的经验中得到某种启发。日本的人口密度远大于我国，每平方公里约为308人，高出我国2倍。但在农业中平均每户经营面积都有18.9亩，也高出我国2倍以上，而且森林覆盖率竟达到国土面积的70%以上。日本之所以能如此，就在于它60%的人口集中到了只占2.8%的大中城市里去了。[12]我国也是一个人口超饱和的国度，从长远来看，要恢复生态平衡，扩大农地经营规模，推进农业现代化，缓解以至消除现今耕地大量流失的现象，如果长期维持"小城镇扩张"的局面，则是办不到的。根据工业发展的规律性，我国到了由双重二元经济向新的一元经济过渡的阶段，除了已有的小城镇有相当一批逐步成长为大中城市之外，新的小城镇发展势头将会显著减弱，甚至有一批旧的小城镇还会衰落。那时，农村人口和农业剩余劳动力将随着农业现代化的进程而直接流入大中城市。

第四阶段，人口与劳动力向农村回流的阶段。这是后工业化阶段。现今世界各发达国家的历史表明，工业社会在经历了工业、就业与人口的大规模集中之后，还将会出现一个分散阶段或回流阶段。在美国和西欧正在经历这个过程。如美国村镇工业就业占全国总就业的比重由20世纪50年代末的21%上升到70年代末的29%。[13]但对我国来说，这将是一个比较遥远的未来的事。

与上面转移阶段性相适应，农业剩余劳动力的转移模式，将不会是千篇一律和始终不变的。从我国的实际情况出发，可能会有四种基本模式：内部转移模式、迁徙转移模式、结构转移模式和回流转移模式。

1. 内部转移模式

所谓内部转移，即指在农村内部转移，确切地说是指在原社区的农村范围内的转移。这种模式又可分为三种亚模式：

——不离土不离乡。即农业剩余劳动力在本社区内离开了原农业部门，转移到林、牧、副、渔等多种经营部门或承包荒山、荒坡、荒湖等进行开发式的经营。

——半离土不离乡。即在本社区内部分时间从事非农经济活动，部分时间仍从事农业生产；或农闲从事非农经济活动，农忙从事农业生产。

——离土不离乡。即在本社区内，剩余劳动力个人完全脱离了农业部门，独立地、稳定地从事非农职业，转移到附近的农村集镇定居，从自己的家庭中分离出来了。这种情况以青年人居多。

2. 迁徙转移模式

即异地转移，脱离了原来的社区，远距离地转移到外地去就业。这种模式又可以分为三种亚模式：

——离乡不离土。即剩余劳动力个人离开原有社区到外县、外省去从事农、林、牧、渔的生产。这种情况，具有某种"递补"性，即工业发达地区，由于农业劳动力的过度转移，而造成农业产出下降；而工业欠发达地区剩余劳动力又因缺乏本地的就业机会而转移不足，这样就会出现这种跨地域的"递补"转移，实现劳动力供需均衡。在中国的江苏（苏南与苏北）、珠江三角洲与湖南等省之间，目前正是这样。除了这种由农业区向工业化农区转移外，还存在由集约农区向粗放农区的转移和由人稠地区向人稀地区转移的情况。

——离乡半离土。即离开原社区去从事非农经济活动，但农忙季节仍回故乡务农，这也可称为异地兼业。显然这种离乡不可能距离太远。

——离乡又离土。即作为剩余劳动力本人已经既脱离了原农村社区，又脱离了农业部门，稳定地从事非农职业。这其中有的是进入小城镇，有的是进大中城市。

3. 结构转移模式

所谓结构转移模式，就是从社会宏观就业结构的实质性变化来判别的一种转移。这种转移，属于既离土离乡又全家彻底转移的性质，或者称之为不留退路的转移。如果说，前面的两种模式都具有可逆性的话，那么，这种模式的转移在相当长的时限内则是不可逆的，也因此称之为"结构"性的转移。

4. 回流转移模式

即人口由市中心转向市郊乡村，大中城市转向农村小城镇；劳动力由城市工业部门转向农村工业部门或乡村第三产业。处于后工业化的资本主义发达国家，一般都经历了：工业化与大城市兴起，农业劳动力与乡村人口大量涌入工业部门和大城市；城市过度膨胀，农村相对衰退，城乡不平等加剧，大城市的"城市病"滋生；高新技术革命，企业小型化趋势，交通、信息与服务业的高度发达，为工业分散化、人口与劳动力回流化创造了条件；人口与劳动力逆向转移等历史阶段。

以上四种模式同前述的四个阶段，两者有一定内在关联性。在剩余劳动力转移的第一阶段，大量的是内部转移，部分迁徙转移，少量结构转移。到第二阶段，内部转移仍继续进行，但迁徙转移将会大量出现，结构转移也会有所增加。到第三阶段，内部转移虽然还未完全停止，但主流已是迁徙转移和结构转移了；到第三阶段的后期，少量的回流转移也可能出现。到第四阶段，回流转移将会大量出现，同时还会有在新的条件下的内部转移。

上述模式与阶段的相关性，主要是由如下的条件所决定的：人的素质、市场的发育、交通信息的发展状况、城市化的进展以及工业的发展历史阶段等。

五、二元发展模型与中国

(一)从刘易斯到乔根森

阿瑟·刘易斯是第一个在张培刚的农业国工业化理论的基础上提出发展中国家转变为工业社会的系统理论与发展模型的人。他第一次明确提出"二元经济"概念并建立了有名的"刘易斯模型"。刘易斯认为，在发展中国家，存在着明显的二元经济结构：传统的占统治地位的农业部门和现代的发达的资本部门。在工业化的过程中，农业部门的劳动力必然流向现代部门。这种劳动力的转移，既有利于推行农业的现代化，又有利于工业部门的发展，并使整个社会产出大幅度增加。而劳动力的转移率，则有赖于资本部门中利润的增长率，一直继续到所有剩余劳动力转移到资本部门为止。这一理论对研究发展中国家的工业化问题，提供了更具有现实可操作性的结构理论，把张培刚的理论推进到了一个新的局面。

但是，刘易斯模型却有其局限性，经济学界不断有人对它提出了质疑。其不足之处，主要是三个方面：其一，具有明显的相对性，例如，"劳动力无限供给"问题，这是具有很大时限性和空限性的。其二，忽视了一些重要的变量。例如，农业劳动生产率、人口增长以及城镇也有剩余劳动力等。其三，有的假设并不符合实际情况，如工业工资不变等。

费景汉-拉尼斯(FR)两人在刘易斯模型的基础上进行了补充与修正。他们主要认识到刘易斯忽视农业作用的缺点，肯定了农业劳动力转移应以农业劳动生产率的提高为前提，从发展的角度提出了转移三阶段的理论，并建立了相应的模型。按照 FR 模型，农业剩余劳动力的转移，可分为三个基本阶段：第一阶段，仍假定劳动力供给为无穷大，农村存在一部分边际生产率等于零的过剩劳动力。这阶段也就是由自然经济向二元经济转换的阶段。这一阶段的模型，实际上就是刘易斯模型。第二阶段，劳动力无限供给状况消失，此时农业部门的边际产品为正数；农业劳力向工业部门的转移就会引起农业产品的减少，故农业劳动生产率必须有相应的提高。这一阶段，是二元经济向农业商业化转换的阶段。第三阶段，农业现代化、商业化实现了，农业劳动力向工业部门的转移基本停止，或转移速度递减。这一阶段就是现代一元经济阶段。

无疑，FR 模型比刘易斯模型前进了一大步。其重要贡献在于突出了工农业平衡增长在二元经济阶段的重要性，提出了农业劳动力的转移取决于农业技术进步、人口的增长和工业资本量的增长等。但是，它的缺陷也逐步引起人们的注意。其一，是 FR 模型没有真正涉及欠发达国家农业落后的原因。其二，是有些学者对第一阶段农业中存在边际生产率为零的假设有怀疑。其三，是认为 FR 模型没有对工资雇用劳动同家庭劳动两者进行区别。

乔根森模型，被西方经济学界称为"新古典主义增长理论在欠发达国家的应用"。不过，印度加塔克和英格森特则认为："实际上，乔根森模型具有古典和新古典两种理论成分。一方面，和刘易斯、费景汉-拉尼斯一样，乔根森假设，欠发达国家可能存在剩余劳动力，但他不是在农业劳动的边际生产率为零的意义上承认剩余劳动力的存在。分析的方法仍然是二元结构模型，这一模型由工业和农业构成"。[14]他们提出农业技术进步则是混合利用劳动和资本。对于乔根森模型，也有大量的不同看法。主要是认为农业同时兼用劳动与资本不可能是平列的，在时空上必有侧重的一面；同时，忽视服务部门对经济与农业增长的作用，也是其重要缺陷。

对于从刘易斯到乔根森的二元发展模型及其理论，是否真正适合发展中国家的情况，是否能有效地指导发展中国家的经济发展，中外经济学界都是有争论的，英格森特等甚至认为"刘易斯和费景汉-拉尼斯模型的某些假设，在实践中没有得到证实"。[15]我们认为，应该进行一分为二的评价。任何一个理论，都不可能囊括全部真理，更何况是一个模型？但从方向上看，刘易斯和费景汉-拉尼斯模型(以下简称 L-FR 模型)对于发展中国家由传统农业国向现代工业国转变，的确提供了一个有说服力的、具有指导意义的"结构转换理论"。它使得"工业化""现代化"的方向由一般抽象而模糊的观念进入一种可捉摸而且结构较严密的体系，尽管它是不完善的。事物是不断发展的，我们完全可以在他们研究的丰硕基础上向前迈进。

(二) 中国现实的差异

中国农业剩余劳动力转移存在着许多特殊情况，这一点在本章前面的部分已做了较详细的阐述。在这一节里，主要是针对 L-FR 模型，对建立符合中国国情的模型需要考虑的一些变量同 L-FR 模型的假设之间所存在的差异，进行初步的陈述。

第一，L-FR 模型及其全部理论，可以说都是以一种较为定型的市场经济为背景的。而中国则是处于劳动力转移同体制改革并进的历史阶段，大多数发展中国家也是处于自然经济与半自然经济向成熟的市场经济过渡阶段。中国农业的落后，就现阶段来说，也在于体制改革还未完全到位。体制的创新，既有一个机制转换的过程，又会有曲折起伏。这其中所涉及的变量及其趋向，就远不是 L-FR 模型，特别是刘易斯所设想的那样简单。例如，在中国农业剩余劳动力转移受到原计划体制中"户籍制度"的约束，转移与回流往往交错出现，这就不是 L-FR 模型所能解决的。

第二，L-FR 模型，特别是刘易斯模型，是以静态的观点看待"0 值剩余劳力"问题，即以某个国家的农民"一贫如洗"为出发点的。但是，发展中国家的经济学家们都苦于人口的恶性膨胀，即使农民的生活超过了"最低生存费"，也会不断制造出大量的"隐形失业大军"乃至"0 值剩余劳力"来。

第三，在发展中国家，包括中国，经济发展问题绝不只是农业和工业两个部门所能解决的。在城市，不仅存在现代工业部门，而且存在许多并不现代化的非农部门(特别是服务业)；城市本身还有一个剩余劳动力就业总量。如中国，城镇到 20 世纪 80 年代还始终存在 2%左右的待业率。在农村，不仅是单纯的传统农业部门，同时还存在形形色色的不规范的非农就业部门。这样，劳动力转移往往呈现一种多部门交叉的态势，不是简单地由传统农业部门转向现代工业部门。这种不规范的或现代化水准很低的非农性转移(如进城当保姆，搞传统性的建筑业等)，在发展中国家，同样对"结构转换"和农业现代化有积极的意义。

第四，L-FR 模型，很少考虑上层建筑对"结构转换"的影响。而在东方发展中国家，特别是在社会主义国家，在某种程度上政府政策往往会起决定性的作用。例如，在中国20 世纪 80 年代以前和 80 年代以后的变化，在很大程度上就是因政策的变更而产生的。又如，在印度，宗教和种族制度也极大地妨碍着"结构转换"的进程。

第五，L-FR 模型认定农业剩余劳力转入现代部门之后，便可改变农业中的"人地比率关系"，从而推进农业的现代化。但在东方发展中国家，即使是像日本这样的发达国家，这个过程比模型描述的也要复杂得多。东亚国家，特别是像中国，没有经历过较长时期的庄园农奴制，农民对土地的依恋远远大于西方。所以，在农业剩余劳动力转移过程中，就会出现一种"非结构性"的转移，或曰"兼业式"转移，而且会持续一个很长的时期(日本至今还没有消失)。这也是 L-FR 模型所未能解决的问题。

以上只是从主要的方面来说的，即使是以上几点，也可以充分地说明，在利用 L-FR模型来研究中国问题时，绝对不可生搬硬套，必须从中国的实际出发。而要建立一种符合中国国情的模型，绝非轻而易举的事，要经过周密而审慎的调查研究，才可能产生有成效的结果。

(三)模型的探讨

农业劳动力的转移受着众多因素的影响，前面所提及的人口增长、市场发育、政策性因素、农业劳动力转移模式等因素均对农业劳动力的转移产生影响。运用定性与定量相结合的研究方法，经过反复估算与分析，可将与农业劳动力转移相关的因素分为两大类，一类为模式影响因素，另一类为非模式影响因素。通过对两大类因素的研究与分析，可以更有成效地研究与农业劳动力转移有关的模型。

农业劳动力转移的阶段性特征是世界农业发展进程的阶段性特征在农业劳动力转移进程中的具体反映，而世界农业发展进程中的阶段性特征又与农业发展主导模式类型的运用程度有着紧密的联系。所谓农业发展主导模式类型，就是在相当长的时间中及相当大的范围内占主导地位的农业发展模式类型。20 世纪以来，世界农业发展进程中的主导模式类型有二种。第一种为适应型主导模式类型，这是人们在经济发展水平较低、对自然的控制能力较弱时为满足基本生活需要而采用的一类以适应自然为主、改造自然为辅的农业发展模式。第二种为增值型主导模式类型，这是人们在基本温饱需要得到满足后而采用的一类强化资源开发、促进生物生产并通过加工、贮藏等运输手段大幅度地提高农业净产值与农民生活水平的农业发展模式。农业发展主导模式与世界农业劳动力转移之间的相互关系可用图 8-1 来予以说明。

图 8-1(a)中 I_1、I_2 分别是适应型、增值型等两个主导模式类型在发达国家的动态发展曲线模型。图 8-1(b)I_1'、I_2' 分别是适应型、增值型等两个主导模式类型在发展中大国的动态发展曲线模型。图 8-1(c)中的曲线 I 为 20 世纪以来世界农业劳动力转移曲线，是根据历年的《世界发展报告》及"patterns of development (1950—1970)"等文献绘制的。在图 8-1(a)中，A、C 分别表示两个农业发展主导模式类型在发达国家农业发展中的最大运用范围。在图 8-1(b)中，A'、C' 分别表示两个农业发展主导模式类型在发展中大国农业发展中的最大运用范围。B、B' 分别是两个农业发展主导模式类型在图 8-1(a)与图 8-1(b)

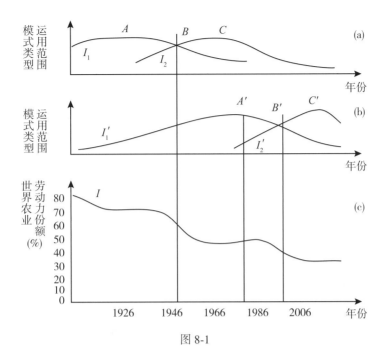

图 8-1

中的分界点。

　　图 8-1(a)大致反映了 20 世纪以来西方发达国家农业发展主导模式的演替情况。图 8-1(b)大致反映了像中国这样的人口众多的发展中大国的农业发展主导模式演替情况。20 世纪以来，发展中大国的农业长期处于欠发达状态，以追求温饱为目的的适应型农业发展模式长期处于主导地位。第二次世界大战后，发展中大国的农业发展取得了较大的进展。尤其是近 10 年来，由于农业改革、绿色革命等积极因素的推动，发展中大国的农业发展大都通过了 A' 点，进入了适应型主导模式向增值型主导模式转换的阶段。图 8-1(c)大致反映了世界农业劳动力转移的阶段性特征与农业发展主导模式的演替有着紧密的联系。在 20 世纪 50 年代以前，农业劳动力转移主要是在适应型农业发展模式的影响下进行的。根据这一农业劳动力转移进程而提出的 L-FR 模型及乔根森模型反映了当时农业劳动力转移的特征。随着时间的推移，现代农业劳动力转移进程中出现了许多 L-FR 模型及乔根森模型中未能考虑的情况，这使得农业劳动力转移尤其是发展中大国的农业劳动力转移往往呈现出一种多部门交叉、多种转移模式并存的态势而不是简单地由传统农业部门转向现代工业部门。因此，在适应型主导模式向增值型主导模式转换的农业发展进程中，必须用新的农业劳动力转移模式来反映当代发展中大国农业劳动力转移的特征。根据反复测算与比较，可建立如下的多部门农业劳动力转移模型来描述当代发展中大国农业劳动力转移的进程。

$$Y = Y_0 \exp(At^B) \tag{1}$$

$$B = F(M_1, M_2, \cdots, M_i, \quad N_1, N_2, \cdots, N_j) \tag{2}$$

　　上两式中，Y 为农业劳动力份额，Y_0 为 Y 的初始值，A 为基准系数，t 为时间变量，B 为因素综合使用函数，M_1，M_2，$\cdots$，M_i 为 i 个模式影响因素，N_1，N_2，$\cdots$，N_j 为 j 个非模

式影响因素。

对(1)式求导,并设 B 不变,则有

$$dY/dt = ABY_0 t^{B-1} \exp(At^B) \tag{3}$$

由(3)式可知,若 A<0,则有:当 B=0 时,农业劳动力转移为持平状况;当 0<B<1 时,农业劳动力转移为负加速转移状况;当 B=1 时,农业劳动力转移为匀速转移状况;当 1<B<2 时,农业劳动力转移为递增加速转移状况;当 B=2 时,农业劳动力转移为匀加速转移状况;当 B>2 时,农业劳动力转移为超加速转移状况。

根据以上结果,对图 8-1 进行研究,可以发现,在世界农业劳动力转移进程中,20 世纪 30 年代至 50 年代为 20 世纪农业劳动力转移的第一个递增加速转移阶段,其 B 值约为 1.1;20 世纪 80 年代至 20 世纪末将是 20 世纪农业劳动力转移的第二个递增加速转移阶段,其 B 值约为 1.4。

在前述研究结果的基础上,运用定性与定量相结合、国际比较与国情研究相结合的方法,通过反复测算可建立中国的多部门农业劳动力转移模型。

$$Y_C = Y_{C0} \exp(A_C t_C^{B_C}) \quad (t>0) \tag{3}$$

$$B_C = F_C(M_{C_1}, M_{C_2}, \cdots, M_{C_i}, \quad N_{C_1}, N_{C_2}, \cdots, N_{C_j}) \tag{4}$$

上两式中,下标 C 代表中国,M_{C_1} 为迁徙转移模式因素,M_{C_2} 为内部转移模式因素,M_{C_3} 为结构转移模式因素,其他符号的含义仍同(1)式、(2)式。

图 8-2 为中国农业劳动力转移曲线,是根据历年的《中国统计年鉴》及《中国农村经济统计大全》等文献绘制的。图 8-2 中,b 点以前的阶段为中国农业劳动力转移的第一阶段即从半自然经济到畸形二元经济的转换阶段。在这一阶段中,M_{C_1} 占主导地位,M_{C_2} 次之,M_{C_3} 的影响小于 M_{C_1}、M_{C_2}。图 8-2 中,b 点之后中国已进入农业劳动力转移的第二阶段,即由畸形二元经济向多元化(多部门交叉、多模式并存的农业劳动力转移进程)经济转换阶段。在这一阶段中,M_{C_2} 逐渐上升为主导地位,M_{C_1} 逐渐下降到次要地位,M_{C_3} 的作用与影响将日益增大。

图 8-2

在畸形二元经济向多元化经济转换的过程中尤其要注意转移速度应与非农产业所提供的新的就业机会相适应,否则就很可能出现经济发展进程中的失衡现象。1977 年至 1979

年，中国农业劳动力转移处于超加速转移状况(其 B 值约为 2.8)，结果导致了明显的城市就业问题。后经数年的高速转移，农业劳动力转移速度开始变缓(其 B 值约为 1.1)，因而使城市就业问题有了一个顺利解决的基础。1983 年到 1985 年，中国农业劳动力转移再度处于超加速状况(其 B 值约为 3.0)，而其后几年的调整仅使得 B 值下降为 1.5，这为后来的农业劳动力盲流现象的出现提供了重要的前提条件。因此，今后农业劳动力的转移速度应根据式(4)、式(5)的估算结果，使 B 值在 0.8 至 2.2 之间调整，防止再度出现失衡现象。

从以上的研究中可以看出，中国多部门农业劳动力转移模型既具有二部门剩余劳动力的模型(L-FR 模型)及乔根森模型所没有的优点，又能解释中国农业劳动力转移进程中的复杂现象，因而可为研究中国农业劳动力转移问题提供了一种新的思路。

注释：

① 费景汉、拉尼斯：《劳力剩余经济的发展》，华夏出版社 1989 年版，第 1 页。

② 费景汉、拉尼斯：《劳动力剩余经济的发展》，华夏出版社 1989 年版，第 6、8 页。

③《马克思恩格斯全集》第 8 卷，人民出版社 1961 年版，第 619 页。

④ 张培刚：《农业国工业化问题初探》，华工出版社 1984 年版，第 56 页。

⑤ 费景汉、拉尼斯：《劳力剩余经济的发展》，华夏出版社 1989 年版，第 167 页。

⑥ 英格森特等：《农业与经济发展》，华夏出版社 1985 年版，第 8 页。

⑦ 中共中央办公厅：《中国农村的社会主义高潮》，人民出版社 1956 年版。

⑧ 马乐科母·吉利斯等：《发展经济学》，经济科学出版社 1990 年版，第 219 页。

⑨ 理查佳·芝茨第尔：《现代化农业对于农村发展的影响》，波哥曼出版社 1982 年版。

⑩《中国农村经济》1989 年第 7 期。

⑪ 详见拙作《日本农业现状考察》，《中国农村经济》1991 年第 1 期。

⑫ 详见拙作《日本农业现状考察》，《中国农村经济》1991 年第 1 期。

⑬ 理查佳·芝茨第尔：《现代化农业对于农村发展的影响》，波哥曼出版社 1982 年版。

⑭ 加塔克、英格森特：《农业与经济发展》，华夏出版社 1987 年版，第 117 页。

⑮ 加塔克、英格森特：《农业与经济发展》，华夏出版社 1987 年版，第 127 页。

第九章　农业资金形成与运行及其模式

一、资金积累与农业发展

(一)"资本形成"理论：从马克思到舒尔茨

迄今为止，全部经济发展与经济增长的经验表明，没有足够的投资，要想获得经济的发展或增长，几乎是不可能的。而投资则来源于积累与储蓄。"积累(储蓄)—资本(资金)—增长(发展)"这一关系定式，是世所公认的。

马克思在论及资本主义生产方式的产生与资本积累的关系时曾讲过，资本主义生产，是以资本及劳动力已经有较大量存在于商品生产者手中为前提，而资本的积累，却又是要以资本主义生产为前提，这似乎是陷入了一个怪圈。因此，必须"假定在资本主义积累之前，有一种原始积累，不是资本主义生产方式的结果，但是它的出发点"。[①]这里，马克思是研究资本积累与资本主义生产方式的产生之间关系，但是其中却寓含着一般性的道理，即以大生产为基础的生产方式(无论是什么社会性质的方式)，都必然要求有"较大量"的资金积累为前提。

到了20世纪中期，哈罗德和多马先后提出了"资本决定论"，即认为，影响经济增长的变量中，储蓄率或投资率实际是起决定作用的，因而资本就成为经济增长的决定性因素。"哈罗德-多马模式"显然带有局限性，因为它是以资本-产出比不变为前提的。而现实中，特别是20世纪中期以后，技术的进步不断引起资本劳动配合比的变化。因此，这个模式比较适合于工业化前期的发展中国家或地区。

60年代初，美国经济学家舒尔茨提出"人力资本论"。他将资本划分为两类，一类属常规资本，另一类属人力资本。人力资本就是对人的体力与智力的投资，即提高人(劳动力)的素质的费用。他认为，实际经济增长率会大于"常规资本"等要素的投入增长率，原因就在于它是由人力资本带来的。这一理论，是对哈罗德-多马模式的补充与发展。

关于资本形成的理论，从亚当·斯密、马克思到舒尔茨，尽管时代背景不同，立场不一致，但也有其继承性的一面。我们撇开生产方式的性质不论，社会化大生产——无论在工业还是在农业中——的产生和发展(增长)，都离不开资金积累这个前提，或者叫作"资本形成"。资本，既包括物质资本，又包括人力资本；在人力资本的投入中，除了舒尔茨所说的用于提高人的素质的费用之外，还应该包括直接的劳动量的投入，这在经济落后的发展中国家和农业中更具有现实意义。

(二)农业投资的内涵与特性

我们在这里研究的农业投资，实际包括两重范畴：一是为农业的发展，即由传统转向一体化的投资；二是为农业的增长，即扩大规模的投资。当然，在实际生活中，这两者是难以区别开来的。所以，我们对农业投资只应做一个广义的界定，即农业投资是为农业的现代化和扩大农业再生产能力，改善农业生产条件而投入的全部资本(资金)，包括常规资本和人力资本。

农业投资在载体上也可分为两大部分，直接的投资和间接的投资。前者指直接投入农业领域的那部分投资，如农业的基本建设投资和直接生产性投资。后者指农业外部与改善农业生产条件直接有关的那部分投资，如农用工业、农业技术推广以及农业科教等方面的投资。这后一方面的间接投资，边界是比较难以划分清楚的，是一个模糊范畴。

由于农业生产的特点，农业投资较之非农部门的投资，具有其自身的特殊性：

(1)滞后性。投资的发生与投资效益的实现，在农业中由于生产周期受自然再生产的制约，较之非农部门有一个更为明显的滞后周期。这种滞后周期的长短，取决于由资本投入到农业产业之间所需时间的长短。例如农用工业的投资滞后期,显然会比改良土壤长;兴修水利的投资滞后期,要比购买塑料薄膜长等。这就要求农业投资须根据投资对象的不同进行超前安排。

(2)交叉性。由于农业生产受土地报酬递减现象的约束,农业投资往往比非农投资更要求同技术进步交叉配合,以便它们都能发挥投资效益。例如,肥料投入的增加,如果不与品种改良或土壤改良等其他技术进步措施相配合,到了一定极限,投资的边际效益就会递减。

(3)地域性。由于农业生产的地域性,投资结构、投资运行与投资效果,均会受到地域性的影响。兴办一个钢铁厂,无论在什么地方,其投资结构与运行是大同小异的,投资效果虽与选址有关,但它不是本质因素。而投资一个奶牛场就不一样了,在不同地域,饲料基地、厩舍结构、机械设施等方面投资所占比重及其经营规模与方式,显然都会有较大的差别。在种植业方面这种差异性就更大了。

(4)风险性。所有生产部门的投资都会有风险性。但在农业部门,由于自然的不可控性,甚至是难以预测性,风险性相对来说就更大一些。这就使得投资者对投资效益的预期,不能不带有不同程度的非确定性,从而会影响其投资的积极性和投资规模。

(三)农业投资与农业增长

农业部经济政策研究中心的研究报告表明,农业投资的波动对农业生产波动的相关系数达 0.401。1952—1988 年,国家支农资金经历 13 个波动周期,平均每 2.9 年出现一次,每次波幅达 43.7%。同期,农业信贷出现 14 个波动周期,平均每 2.7 年出现一次,平均每次波幅为 41.5%。其中,特别是农业基本建设拨款波动的波幅最大(74.3%)、最频繁。

当然,农业生产的波动性,一般地说并不全取决于投资的波动性;但投资的波动性会加剧农业的波动性,则是无疑的。而我们中国近 40 年来,之所以农业生产波动如此频繁,且波幅较大,除了自然性的原因之外,投资方面也是其重要的原因。

我们在上面曾述及农业投资效应的滞后性特征,要求其适度的超前性。但是,在过去那种高度集中的计划经济体制下,工业的过度倾斜和信息失真迟滞,使得农业投资不仅不可能超前,反而形成一种滞后性的"同步调节",往往是农业投资与农业波动形成两条"对称"的曲线。农业增长,投资减少;农业滑坡,投资增加。如此反复循环,这显然是不符合农村投资要求的。因而不能缓解农业波动,反而加剧了它。

(四)影响农业投资效率的因素

在相同的农业增长率条件下,农业资金运用效率(或称农业投资效率)同农业投资率呈反比例关系。即资金运用效率愈高,投资率可以相对降低;投资效率愈低,则所需投资率便愈高。

所谓农业投资效率,包含两个方面:一是在投资数量不变的条件下,使农业投资的效应最大化;二是在投资效应相同的条件下,减少投资数量,缩短投资转化为现实生产力的周期。从这个含义出发,影响农业投资效率的主要因素是:

1. 体制因素

对于社会主义国家来说，体制因素对投资效率的影响要远远大于资本主义国家。特别是在过去那种高度集中的计划经济模式下，更显突出。在体制因素中又主要是投资的决策体制和投资的实施体制。

一般地说，投资决策体制对投资效率的影响，主要在两个方面：其一，决策主体与投资效益的内在统一程度。决策者与预期投资利益之间有无关系，这在很大程度上对农业投资效率起决定性的作用。这个问题，在过去集中计划体制下，表现得十分尖锐。重大投资决策者(计划及财政部门)同农业投资效益之间并无直接的利害关系，特别是同决策者本人更无任何利益的预期性，往往造成投资上的随意性与盲目性层出不穷。在当时的那种体制下，没有也不可能建立社会性的投资个人风险责任制。即使投资亿万元，报废了也不会引起决策者本人的任何经济损失。这正是旧的计划经济下，农业乃至国民经济投资效率不高的体制原因之一。其二，投资决策主体与市场信息之间的灵通程度。信息是决策的依据。在市场经济条件下，投资决策者主要是依据瞬息万变的市场信息进行投资方向、结构与规模的决策，信息支撑体系比较完备，从而较好地保证了决策的科学性与准确性。但是在旧的计划经济条件下，由于市场不发达，信息主要依靠等级式的综合，一级一级传到中央决策部门。这种信息支撑体系弊端很大，其一会造成信息失真，其二会造成信息滞后。显然，这对投资的效率是不利的因素。

投资实施体制对农业投资效率的影响，主要表现在：投资实施主体之间与投资效益的协同程度。农业投资的实施，特别是一些大型项目的实施，往往涉及多个部门。这些部门，在过去的中国，都处在"政企一体"的体制之下，从而都与其本部门的特殊利益纠缠在一起，因此投资的实施主体往往同各管理部门的自身利益混淆不清，不易协同。造成投资的实施过程，充满矛盾与摩擦，相互扯皮，相互制约，往往延误时间，影响质量。这在过去的社会主义国家，可以说是司空见惯的事情。

2. 市场因素

农业投资效率，除了受上述体制因素的影响之外，还要受市场化程度的影响。

首先，投资效率要取决于投资回收周期，而后者又受资金周转率的影响，资金周转率则又要受市场化程度的影响。显然，在市场经济条件下，由于竞争的驱使，资金周转率是经营的生命线，而在旧的计划经济条件下则是难以做到的。

其次，投资效率还要取决于配套效应。某一项目的投资，需要有关项目的投资配套，这在农业中更显突出。而这种配套效应则与资源配置有密切关系。我们知道，投资的自动配套机制乃至前面说的周转率，在很大程度上都要取决于生产要素的流动性，或商品化程度，特别是"存量"的流动性。这一点在旧的计划体制下是根本做不到的，无论是新增投资还是配套投资，都要靠"增量"。这显然就会大大降低资金周转的周期并影响配套投资的迅速到位。

3. 技术因素

在投资效应相同的条件下，缩短投资转化为现实生产力的周期是提高农业投资效率的重要途径之一。而缩短投资转化为生产力的周期，在很大程度上则要取决于技术进步。在农业中，由于存在土地报酬递减的问题，技术进步就更显得重要了。由于技术问题，本书有专章叙述，此处不赘述。

4. 自然因素

在农业中，投资运用效率同自然因素的相关性，远比非农部门高，这是众所周知的。这里所说的自然因素，既包括动态的自然因素，如气候的变化对农业投资的效率会产生直接影响；又包括静态的自然因素，如土地的区位不同带来的级差地租也不会一样等。

二、中国的实证分析

中华人民共和国的农业投资，可分为两个基本阶段，前 30 年和后 10 年（截至 1989 年）。

（一）改革前的三十年

在 1979 年开始的改革以前，中国农业中资本的形成是十分缓慢的，基本上是采取人力资本替代物质投入的方式。

这种情况同中国工业化的特殊背景有密切关系。早期的工业化国家在开始工业化时，农业与工业的比较劳动生产率，大多在 0.6 以上。而中国，在 1952 年，仅为 0.21。[②]这样就会出现矛盾：农业要能有力地支撑工业化，就必然迅速提高劳动生产率，而要提高农业的劳动生产率，就要向农业注入大量资金。但是，工业化本身却又要求资金大量向非农部门集聚。这就会陷入一种两难的境地。

在这种特殊的历史条件下，出路只能是：实行对农产品低价强制收购政策（"剪刀差"），将大部分农业剩余集中到国家手中，投入工业化。与此同时，为了工业与城市的农产品供给，并以此为限，有限地返还一小部分给农业。为了弥补由于投资不足可能导致的农业萎缩，在农业中则采取以活劳动投入（人力资本）替代物质投入的方式，进行大规模的农业基本建设和精耕细作。在这种必然性的另一面，也有主观工作失误的地方。一是重工业积累机制长期脆弱，形成对农业过重和过长的压力。二是为使农民进行这种大规模而无休止的活劳动投入，就得求助于行政权威，而且变得十分粗暴，致使强迫命令与"瞎指挥"层出不穷。

据统计，1954—1978 年国家通过对农业实行不等价交换取得的资金共 5100 亿元，同期农业部门上缴税收 978 亿元，同期国家的支农支出 1577 亿元。农业部门剩余的净流出为 4500 亿元。[③]这相当于前 30 年国营工业所形成固定资产的一半。

在这种大量农业剩余流向工业的情况下，农民所得的收入必然是比较少的。直到 1978 年，全国农业人均年收入仅为 72.92 元，其中现金收入只有 19.58 元。每个农户平均拥有住房价值为 500 元，储蓄 30 多元，余粮 30 公斤和一些简单的农具。在这种收入水平下，农民根本没有什么积累与投资的能力。

由于农业中集体与个人都没有投资的能力，因此在过去 30 年间，包括国家投资在内，农业年平均投资额占农业总产值的比重仅为 7%，大大低于发达国家的 15%～30%，也低于一般发展中国家 10% 的水平。直到 1978 年年末，农村拥有的固定资产与流动资金累计起来只有 3902 亿元，平均每个劳动力只有 1219 元，农业生产的物质条件与技术装备显然无法得到改善。

这种低积累的状况，虽然比中华人民共和国成立前显著提高，但较之工业化的需要和国际一般水平，则显得过低。这正是 20 世纪 80 年代以前，中国工业化与农业现代化步履蹒跚，陷入"李嘉图陷阱"的重要原因。

(二)改革后的 10 年

20 世纪 80 年代以来，由于农村实行了家庭联产承包责任制的改革和城乡商品经济的长足发展，国家大幅度提高了农产品价格并基本取消了对农户的行政性约束，允许并鼓励农民的非农化。这样，农业资金的形成模式和运行方式便发生了巨大的变化。

(1)投资主体的多元化。在改革前的 30 年中，由于高度集中的计划经济和全面公有化的所有制结构，投资主体是一元化的，即主要是政府。随着家庭承包的普及，投资主体便多元化了，既有政府，又有各种经济实体，还有千家万户的农民。

(2)投资机制的市场化。随着改革的不断深化，农业投资机制也逐渐由原来的纯属政府的计划行为向社会性的市场行为转化。特别是在 1984 年以后，由于城市改革的启动和统派购制度的取消，价值规律的作用范围大为扩展，比较利益对投资方向的导引作用大为增强。

(3)农业剩余的流出显著减少。据有关部门计算，1952—1978 年，农产品价格比其价值低 45.9%(流入国家手中)，1979—1989 年，这种流失率则由于农产品价格调高而降低为 28.9%。[④]

(4)单位农产品收入中为农民所得的比例提高。据统计，1978 年农民人均纯收入 133.57 元，农户储蓄总额 55.7 亿元，户平均储蓄 32.1 元，1989 年农民人均纯收入 601.5 元，农户储蓄总额 1412.1 亿元，户平均储蓄 656.7 元。

以上的变化，为农业资金形成模式和运行方式的转轨提供了基础条件，在实际上也表现出农民短期投资的积极性有了提高，地方融资的灵活性有所增强。但是，由于改革不配套，一方面它推动了投资机制的市场化，另一方面市场信号却没有基本放开，失真的价格信号便把投资引向非农部门，农业的投资却普遍下降了。

首先，国家的农业投入呈不断减少趋势。国家对农业基本建设的投资，1979 年为 62.41 亿元，占整个基建投资的 12.6%，1981 年为 24.15 亿元，占 7.3%，1989 年回升到 50.65 亿元，但在基建投资中的比重也不过是 8.3%。财政用于农业副业与支农的支出占财政总支出的比重，1979 年为 7.1%，1987 年为 5.5%，1989 年为 6.6%。农用工业的国家投资，"五五"期间为 101.7 亿元，"六五"期间降为 44.8 亿元。在农业信贷资金投入比重方面，1979 年全国农贷余额占农村贷款余额的 30.7%，1987 年则降为 23.5%。

其次，农村集体对农业的投资也是下降趋势。1981 年农村集体固定资产投资总额中，农业投资占 40.4%（33.8 亿元），1982 年这一比重降为 33.5%，1986 年进一步降到 8.1%（绝对数比 1982 年减少 62%）。乡镇企业支农资金 1984 年以后比 1984 年以前减少一半，由 1979—1983 年累计 165 亿元减少为 1984—1988 年累计 77 亿元。[⑤]

至于广大农民的生产投资，则是一种"马鞍形"变动趋势。第一阶段，1980—1983 年，农户的积累率与生产性积累率是逐年上升的。积累由 1980 年的 12.4% 上升到 1983 年的 20%，积累额增加 2.3 倍。其中，生产性积累增加 3.4 倍，非生产性积累增加 1.4 倍。生产性积累占全部积累比重由 25.4% 增加到 31.6%。投资主体开始由集体为主转到以农户为主。第二阶段，1984—1986 年，积累率下降 1.9%，生产性固定资产积累下降得更快，而非生产性投资率持续上升。1987 年以后，积累与生产性投资又开始回升。该年积累率回升到 18.8%，其中生产性积累比 1986 年增长 53.2%，1982 年基本保持稳定。1989 年又开始下降。[⑥]另据农业部经济政策研究中心研究报告中的计算，1988 年农户的资金存量达 4878 亿元，相当于 1980 年的 22 倍，占农村全部存量的比重，由 1980 年的 14% 上升到 1986 年的 60%。80 年代前期，农户对农业的投入保持了 4 年连续增加的势头，用于农业的固定资产数额由 1981 年的 20 亿元上升到 1984 年的 139.73 亿元，增长约 6 倍，但是到 1986 年，这项投资额便降到 71.81 亿元，直到 1988 年还未恢复到原水平。

如果我们把农产品与工业品之间的不等价交换剔除不计，仅就农业与农村税收和可计算的财政农业投入进行计算，也可以看到，80 年代农业资金的净投入仍是呈递减的趋势（见表 9-1）。

表 9-1　　　　　　　　　　　　农村资金流入流出净值　　　　　　　　　　单位：亿元

年份	财政的农业支出总额 A	乡镇企业支农资金 B	农业税金 C	乡镇企业税金 D	农业资金净投入 E=(A+B)-(C+D)
1980	149.95	22.0	27.7	26.0	118.25
1981	110.04	17.0	28.4	34.0	64.64
1982	120.49	14.0	29.4	45.0	60.09
1983	132.87	13.5	33.0	58.9	54.47
1984	141.29	6.6	34.0	79.1	33.99
1985	153.62	8.8	42.1	108.6	11.72
1986	184.20	6.9	44.5	137.7	8.90
1987	195.46	8.5	51.8	168.1	−15.90
1988	202.00	11.6	73.7	236.5	−96.60

资料来源：根据《中国统计年鉴》1981—1989 年的数据整理而成。

（三）原因分析

20 世纪 80 年代，投资主体的多元化和投资机制的市场化，照说应该促进农业投入的显著增加，但为什么都导致农业投资机制弱化的趋向呢？总的来说，是改革不配套造成的。一方面投资主体与投资行为逐步放开了，而另一方面经济杠杆(价格、财政等)的改革则迟滞不前甚至错位，生产要素(如土地)的商品化水平还很低。这样放开了手脚的投资主体受到比较利益的驱使，必然被失真的市场信号引向不合理价格造成的高利部门。这正是农村投资非农化倾向的主要原因。下面分别就政府、集体和农户的具体原因做一简要分析。

1. 政府减少农业投资的原因

关于政府减少农业投资的原因，应将中央政府和地方政府的投资行为分开来加以分析。

就中央政府来说，主要是认识上偏颇和财力不足。前者是指受 20 世纪 80 年代农村改革初期的经验所限制，以为政策可以替代物质投入，改革可以替代发展措施，从而在主观上放松了对农业物质条件改善的关注。后者又包括两个方面的原因：一方面，1984 年后推行的城市改革，主要是以中央向地方放权让利为轴心，这样就必须使中央财政有所减弱；另一方面对地方推行"财政包干"后，有许多过去的补贴仍然由中央负担，使财政负担日增，如 1978 年粮棉油价格补贴为 11.14 亿元，1989 年则达到 300 亿元。

就地方政府来说，虽然也有认识上的原因，但主要的是体制上的原因。所谓体制原因，包含三方面的因素：第一，中央权力部分下放后，进一步强化了地方政府的"政企一体"机能；第二，价格体制改革不到位，形成农业与非农业在比较利益上的反差有了进一步的扩大，造成市场的"导向错位"；第三，"财政分灶吃饭"必然强化了地方政府的"财政激励"机制。这三个方面结合到一起，势必就会驱使地方政府凭借"政企不分"的条件，为了追求财政收入最大化目标，使投资大幅度向非农产业倾斜——农业难以提供较多利税。

2. 农户减少农业生产投资的原因

农户减少直接投资的原因，是多种多样的，也是比较复杂的。首先，是补偿过去 30 年生活条件上的"欠债"，分散了生产性投资的份额。表现为生活消费支出的增长大于生产投资的增长：1987 年与 1985 年比较，农户现金支出中用于生产资料的部分增长 22.9%，而用于生活消费的支出增长 35.5%；其中，用于住房的投资由 1984 年的 265.83 亿元增长到 1987 年的 610.83 亿元。其次，是农业比较利益偏低，农户投资的非农化选择增强。1986 年估计，农村第一产业每个劳动力的净收入为 861 元，第二、三产业每个劳动力的净收入为 1977 元，后者为前者的 2.3 倍。再次，是土地产权关系模糊，村经济没有对土地增值的监督机能，农户更缺乏长期投资的预期利益保障，这就必然导致土地利用上的短期化行为。最后，目前农户的小规模经营和资金借给的分散性与细小性，也难以适应农业进一步技术改革的要求。

3. 集体减少农业投资的原因

集体主要是指村经济"统"的那一部分。村经济集体投资，总的趋势是增加的：1982 年全国集体投资总额 131.39 亿元，1983 年降到 110.68 亿元，1984 年为 174.83 亿元，

1985 年为 199.23 亿元，1986 年为 245.35 亿元，1987 年为 365.71 亿元，1988 年为
456.74 亿元。但农业投资在总投资中的比重则是急剧下降的，由 1982 年的 39.6%降到
10.4%。1988 年又进一步降到 9.4%。[⑦]这种情况主要是由于比较利益驱动和各级政府的非
农化"示范"效应。

从以上对政府、集体、农户投资行为的分析中可以看到，农业投资的趋减，主要是投
资主体的放开和农业客体的诱因脆弱之间的错位所造成的。无论是价格、产权、规模乃至
政策等方面，都未能形成对农业投资的强大诱因，从而产生农业投资的需求不足。需求尚
且不足，何来强劲的投资行为？这是农业收入问题的核心所在。

三、机制与模式的转换

(一)机制的再塑

根据前面对农业投资一般规律和中国农业投资现状的分析，显然农业资金要素的合理
组合，首先要求从理顺农业投资机制做起。当前，必须按照市场经济的大格局和中国农业
在 20 世纪 90 年代发展的目标再塑农业投资机制。总的设想是推行结构转换战略。

1. 改变农业投入结构

20 世纪 90 年代中国农业面临市场经济剧烈竞争的大趋势，要求改变过去的劳动力投
入为主、资金投入为辅的旧结构，迅速转到以资金投入为主、劳动投入为辅的新结构。其
依据如下：

第一，劳力投入的边际效益已达临界线。据国家计委经济研究所计算，1978 年前，
农业劳动力每增加 1%，农业总产值则增长 0.5%，1979 年以后，这一贡献下降到 0.2%
（降低 60%）；1978 年前每增加 1%的物质投入，农业总产值增长 0.6%，1979 年以后则上
升到 0.85%。即 1979 年以后劳动力投入每增加 10%，农业总产值仅增长 2%，而资金投
入每增加 10%则可使农业总产值增长 8.5%。我们知道，在技术状况无根据改变的条件
下，投入任何要素到达一定极限后，便会引起土地报酬递减的现象，劳动力的投入也不能
例外。这说明，中国的农业已到了要根本改变技术结构的时候。否则，继续实行以劳动力
投入为主的投入结构，将会引起农业的停滞。

第二，中国的工业化与城市化要求农业劳动生产率有更大的提高。20 世纪 90 年代将
是中国工业化与城市化的高峰期，与此相适应，农业劳动力和产品剩余将要为工业与城市
作出更大的贡献。如果农业的劳动生产率没有显著的提高，就会制约工业化与城市化的速
度。而大幅度地提高农业劳动生产率，则要求大幅度增加对农业的资金投入，这是毫无疑
义的。

2. 理顺农业投资主体结构

农业生产经济再生产与自然再生产相交织的特性，决定了农业生产既是物质财富的生
产，又是农业资源还原更新的生产。农业投资，必须由日常生产的经营性投资和生态保护
与开发的政策性投资两大部分构成。前者遵循价值规律；后者遵循生态规律。

据此，农业投资主体结构必须建立起合理的分工机制，即以农户投入为基础，农户、集体和银行信贷承担经营性投资为主，国家与地方财政承担政策性投资为主的投资主体结构。前者包括一般经营性和扩大再生产的投资，以及与此相关的第三产业的投资；后者包括全国性与地域性农业基础设施投资、发展性投资、宏观调控性投资，以及与此相关的第三产业投资。

3. 理顺比较利益结构

逐步改变过去那种管住基础产品价格、放开加工制造业产品价格的价格管理结构，稳住加工制造品价格、放开基础产品价格，最后全面放开价格，是理顺比较利益结构的关键。大力推进技术进步，增强加工制造业消化成本上升的能力，又是关键的关键。其目标是逐步缩小"剪刀差"，使农业，特别是粮棉油生产能获得社会平均利润，使农业的投资-产出比进一步接近乃至略超过加工业。

4. 改变财政目标结构

以转变政府职能、推进政企分开的改革为契机，使财政职能目标由过去的"双重结构"转变为"单一结构"。即由过去既维护发展与稳定又追求利润最大化的双重目标，转变为以维护社会稳定与长远发展为主的单一目标。财政不再直接介入以盈利为主要目的的建设项目，税收主要用于社会稳定与长远发展为目的的事业。与此相适应，尽快改"分灶吃饭"为分税制。

5. 完善农村市场结构

以上各项结构转换的目标，都有赖于农村市场体系的形成，都要求各投资主体的投资行为，各利益实体的经济行为通通被纳入市场经济的运行轨道。在这方面，主要涉及农村资金市场与土地市场。农村资金市场应逐步放开，优化农村集资融资机制，发行农业开发债券，积极推行开发式农业与农工商联合的股份制，推进农村保险事业；财政投资也应该采取专项基金和投资公司的市场经济形式等。农村土地市场应在"三权分离，自由租赁，联片种植，股份合作"总体模式(见本书第七章)的基础上，逐步建立起土地公有的准土地市场(使用权市场)，使土地产权关系进一步明晰，土地增值机制切实形成。

(二) 模式的转换

农业投资模式的选择可分为资本形成模式和投资运行模式两类。

1. 资本形成模式

根据我国工业化的进程，农业资本形成宜采取"三级过渡"模式，即由少量常规资本催化人力资本模式，过渡到多元常规资本注入农业模式，再过渡到工业大规模常规资本返还农业模式。

(1)催化模式，是目前为止正在实行的模式。由于前面所说的特殊历史背景，国家不得已实行"剪刀差"的办法筹集工业化的资金，因此不得不实行以劳动力投入为主，少量常规资本为辅以资金催化劳动力的投资模式。但是，现在已到了必须改变这一模式的时候。

（2）注入模式，就是农户投资为基础，政府、信贷部门、集体乃至各种经济实体（包括国内外企业）多元化地注入常规资本，放开融资、集资市场，调动一切投资积极性来开发农业和与农业有关的各种行业。这正是目前的努力目标，估计在中国的国有企业改革到位以前，这将是农业资本形成的主要模式。

（3）返还模式，即工业将自己的积累大规模地返还给农业，推动和实现农业的现代化。这是世界工业化的一般规律，但是有条件的，主要的条件就是工业化已经达到了工业积累机制高度强劲，不仅不需要农业的支援（贡赋），而且可以大量支援农业的境界。以美国为例，美国工业大规模支援农业，是在工业化全面奠定了基本物质条件，工业经济效益高涨的条件下开始的，其人均 GNP 已超过 1000 美元，人均钢产量达到 0.57 吨，人均原油产量达到 1.3 吨。其他国家，大同小异。中国目前显然离这一水平还有很大距离，要走到这一步，首先必须使国有企业的改革到位，从而工业的总体积累机制才有可能由弱变强，工业经济效益才有可能大幅提高。

在这"三级过渡"过程中，特别是由第二种模式（注入模式）向第三种模式（返还模式）的过渡中，应该注意调控工农业的发展速度，以免出现新的"李嘉图陷阱"。根据农业部政策法规司对世界 32 个人均国民收入 1000 美元以上国家的分析，在人均国民收入 300~1000 美元的发展阶段，工农业增长速度的比例，一般以保证在 3∶1 左右为宜。他们认为我国以保持 2~3∶1 为宜。

2. 投资运行模式

农业投资的运行，必须彻底改变过去那种"病来求医"的被动方式，由"同步"模式转向"交错"模式，或"超前"模式。

过去 40 年的经验说明，"病来求医"的同步投资，必然会产生"共振"效应，会加剧农业的被动性。今后，应改行"无病先防"，按照农业投资的滞后性规律，在农业增长波峰期即开始增加投资，使之到波动本应扩张时能开始见效，使之得以平缓波幅。在农业回升时，则应稳住投资。这样便可以使农业投资起到缓解和"消力"的作用。与此同时，每次投资高峰前，都应有新的技术储备，这样就可以使新的投资是高起点的投资，是技术内涵更大的投资。这样便可以使农业资金的投入不致引起实际效益的下降。

注释：

①《资本论》第 1 卷，人民出版社 1953 年版，第 901 页。

②国家计委研究所：《农业资金运动与农业发展》，《经济研究》1991 年第 6 期。

③张忠法等：《我国农业发展中的资金问题》，《中国社会科学》1991 年第 1 期。

④国家计委研究所：《农业资金运动与农业发展》，《经济研究》1991 年第 6 期。

⑤国家计委研究所：《农业资金运动与农业发展》，《经济研究》1991 年第 6 期。

⑥农户投资潜力课题组：《农户投资潜力的研究》，《经济研究》1991 年第 10 期。

⑦国家统计局：《中国统计年鉴 1991》，中国统计出版社 1991 年版。

第十章　农业技术运用及其模式

一、技术的作用与内涵

技术对农业发展的作用，是十分明显的。"刀耕火种"的原始技术，一般来说，只能支撑一种古代农业。今天，只是残留在少数十分偏僻的地区，如我国的大山区、非洲某些落后地区以及印度支那半岛的少数贫困山区。这种原始的农业技术，需要大量的土地才能供养极少数的人口，所以农业乃至整个社会发展都是十分缓慢的。用现代标准来看的"传统技术"，一般来说，也只能支撑起中世纪的传统农业。这种农业技术，当今在发展中国家还大量存在。传统技术，虽较原始技术有了显著提高，但其劳动生产率仍然是低下的，这种技术支撑的农业所能养活的人口仍然不会很多，因而农业以外的经济部门发展的可能性就不会很大很快。这也是中世纪之所以经历了一个漫长时期的原因。现代工业技术进入农业，推动了农业技术的革命，农业技术的现代化支撑起了一个崭新的现代农业。由于农业劳动生产率与土地生产率大幅度提高，农业供养的人口由中世纪的4亿人猛增到40亿人，从而大大推动了农业和整个经济社会的大发展。在历史上技术对农业发展的作用，历史学家已经做过十分精辟的研究，在这里，我只想做一个简单的回顾，而后转向研究为什么技术会起到这种作用以及技术这个词的内涵问题。

我们都知道，存在于地球上的可供农业生产的资源是有限的，或者说是稀缺的。上面讲的农业发展的历史阶段，当然有制度和社会发展的因素，但归根结底乃是技术水平的限制。换句话说，人们对有限的自然资源的开发利用所获得的财富的多少，最终要取决于当时、当地人们的技术水平。具体地说，技术对农业发展的作用，可以概括如下：

(1)技术可以改进农业生产工具，从而可以提高人们对农业生产过程的主观调控能力和对自然资源的开发能力。在刀耕火种的耕作技术下，不仅农业生产过程完全是"望天收"，人们对自然条件和灾害处于毫无控制能力的状态，而且也无力对自然资源进行稳定性的开发。现代温室栽培技术则大大强化了人们对农业生产过程的人工调控能力，"三江平原"的开发也只有在机械耕作技术的条件下才能成为现实。随着现代化农业综合技术的运用，沙漠的改造也将是可能的事了。

(2)技术可以提高能量的转换效率，从而可以提高农业的资源产出率和利用率。育种技术的创新，可以大大提高太阳能的利用率，使单位面积产量大幅度增长。土壤改良技术和滴灌技术的推广，可以显著降低耕作与灌溉成本，增加产量，从而使农业的投入产出率不断提高。

(3)技术可以提高农业劳动者的素质，从而使农业生产过程中的工艺不断提高。这一点在商业化农业地区和现代化精细农业地区表现得更为明显。

(4)技术可以优化农业生产要素的组合，从而提高农业的整体生产能力。组合出生产力，已被当代许多科技成就所证实。同样的生产要素，由于组合方式的不同，其综合技术性能和生产率可大不一样。科学的组合与监测，则有赖于一种更为先进的技术例如电子计算机技术。

（5）技术还可改善农业生产系统以外的经济环境，使农产品的贮藏、加工、运销条件发生巨大的变化，从而推动农业的整体进步。

从上述对技术的作用的分析中，可以看到，技术这个范畴的内涵是相当丰富的。它渗透到生产要素的一切领域，因而它本身就是生产力的要素，而且是生产力的综合要素。

二、由传统农业到现代农业

(一) 概念

什么是"传统农业"？什么是"现代农业"？我认为传统农业与现代农业的区别，可以概括为五个方面：

（1）从劳动方式上看：传统农业是主要依靠手工工具技术的手工劳动；现代农业是主要依靠机械技术与生物技术的机械化劳动。

（2）从技术形成上看：传统农业的技术是依靠农民个人的经验积累，"是个别农民修修补补的结果"；现代农业的技术当然有继承传统技术的一面，但就其根本体系来说则是依靠科学的发展与创新，没有科学的发展也就没有现代技术。

（3）从生产目的上看：传统农业是以自然经济为背景的，是自给自足的；现代农业则是以商品经济为背景的，是商业化的农业。

（4）从经营规模上看：传统农业由于它的手工劳动方式和自给自足的目的，因此是小规模的经营，是一种小生产方式；现代农业，由于它的机械化劳动方式和商业化的目的，因此必须是大规模的经营，是一种社会化的大生产方式。

（5）从发展速度上看：传统农业是一种技术发展缓慢的农业，现代农业则是一种技术更新周期短，发展迅速的农业。

(二) 目标

农业现代化，就是由传统农业过渡到现代农业。它是一切发展中大国经济现代化的基础。

农业现代化的目标，是全面实现农业生产、农村经济、农业生态的现代化和合理化。具体地说，包括：①创立一个高产、优质、低消耗的农业生产系统；②创立一个全面发展、高度专业化、社会化、高经济效率的农村经济系统；③创立一个合理、高效、良性循环的农村生态系统。

技术的现代化，是农业现代化的基础，它又必须服从农业现代化的目标，必须为上述农业现代化目标的实现提供物质技术保证。因此，农业技术的现代化，其目的是：

为提高动植物的能量转换率，提供更为有效的人工调控手段；为适应现代经济的需求，改变动植物的生物学特性；为更广泛更科学地利用与开发自然资源，提供更为先进的物质技术手段；为提高农产品附加价值，提供比嫁接更为有效的工业技术；为改善农业生产的环境，提供更趋合理的生态技术。

三、农业技术运用的模式

农业技术的运用,不能脱离具体的地点、时间和条件。正由于此,我们必须研究农业技术运用的模式问题。

农业技术运用模式,可分为两大层次:宏观的发展模式和微观的运作模式。

(一)农业技术发展模式

技术发展模式,在农业中主要取决于"资源密集度",即农用地与人口的比率。在人多地少地区同地多人少地区,农业技术发展的方向和侧重点是不一样的,前者技术发展主要追求劳动生产率的提高,以缓解劳动力之不足,故技术发展采取机械技术为主、生物技术为辅的模式;后者技术发展主要追求土地生产率的提高,以缓解土地资源之不足,故技术发展则多采取生物技术为主、机械技术为辅的模式。

尤吉罗·海亚米和费农·W. 拉坦在他们所著的《农业发展:国际展望》一书中,对于每个男性劳动者的农业产量和每公顷农地产量所做的国际比较,为我们提供了最好的说明。根据他们整理的数据,人均产量(劳动生产率)最高的依次是新西兰、澳大利亚、美国、加拿大这些地多人少的大规模机械化的国家,而每公顷产量(土地生产率)最高的则依次是中国、日本、荷兰、毛里求斯这样一些人多地少的小规模机械化的国家。两种战略的差异涉及不同的技术,这些不同的技术通常称为机械系列以及生物系列的技术。机械系列指拖拉机、联合收割机以及其他取代离开了农场到城里去的劳动力的机械。生物系列指通过使用经改良的作物品种去提高产量。机械技术是一种"替代型"技术,生物技术是一种互补型技术。

中国,从总体上说,是一个人多地少的国家,因而,农业技术发展宜采取生物技术为主、机械技术为辅的模式,即互补型模式。但这并不排斥在一部分地多人少的地区,例如三江平原、新疆农区,实行机械技术为主、生物技术为辅的替代型模式。

(二)农业技术运作模式

这个问题,实质上是探讨农业技术如何普及推广到农业生产过程中去的方式问题。根据中国农村近十几年来的经验,大体有如下几种模式:

1. 技术承包模式

技术承包,又分个人承包和集团承包两种,前者是个别少数科技人员承包农户的单项技术或规模较小的技术,后者则是多学科、多部门、多人员联合承包一些综合技术和大范围的技术改造任务。

这种模式,由于它建立在服务者与接受者双方自愿互利并有契约约束的基础上,又允许政府、科技各部门有关人员自愿参加,因此具有较强的动力机制、较宽的技术容量和较可靠的实施能力。这种模式受到农民的欢迎,符合中国目前科技普及推广体系不够完善的实际需要,因而是具有生命力的。

2. 丰产方模式

以大面积联片种植的专业化生产为对象，对它的各项技术和各项社会化服务进行综合配套实施，这是"丰产方"模式的本质特征。在江苏南京、常州等市，都采用了这种模式。它们建立了大大小小的各种专业化生产的"丰产方"，多则几十万亩一方，少则几千亩一方。在"丰产方"内，不改变家庭经营基础，实行布局、品种、管理、技术、植物保护等"五统一"，组织各有关部门的技术人员竞争承包，政府、供销社和各种社会服务部门的职能部门负责生产要素的保障。这种模式很像日本目前推行的"方田制"。

由于这种模式把技术推广同专业化、社会化、规模化结合起来了，把农业的利益同技术人员和政府部门的利益结合起来了，因此是一种高形态的技术运用模式，具有强大的生命力，可能将是有中国特色的农业专业化、规模化和现代化模式的雏形。

3. 农民技术协会

这是农民自己组织起来的一种技术普及组织，开始是由农民中间一些技术能手，"田秀才"自发地组织起来，相互交流生产经验与技术信息，慢慢形成一定的组织形式，开展技术咨询和指导活动，进而从事一些小型分散的技术承包业务。在此基础上，逐渐建立起技术研究会或农业技术协会。

这种模式的特点，主要是农民自身的组织不带有行政的强制性，地缘性较强，因此具有较强的群众基础和地区特色，发展稳定，易于向经济实体过渡。将这种模式同前述两种模式配合起来推进具有很大的可行性。

4. 国家技术工程

运用国家财力和计划手段，在较大范围内集中地、自上而下地推行某种重大农业技术项目的计划(有单项的，有综合的)，这是目前发展中国家经常采用的一种农业技术普及和技术改革的方式。印度以改良品种为核心的"绿色革命计划"和中国以普及实用技术为内容的"星火计划"，都属于这一类模式。

这种模式由于技术目标明晰，财力与技术支撑强大，又有政府的权威推动，因此容易形成技术进步的声势，易于打破习惯势力，大都取得了良好的实效。

四、科技兴农系统工程

(一) 科技兴农是一项系统工程

从本质上看，科技兴农的主要工作是组织、协调、配套、推动和总结，是一项社会组织系统工程。它是一个"过程系统"，包含三个子系统。

(1)调控系统。调控系统是科技兴农的指挥和协调系统，是国家职能部门促进农村科技进步的作用系统，它的功能是政策配套、杠杆调节和组织实施。在我国，对科技兴农起调控作用的主要是各级科学技术委员会、各级政府中主管农业生产乡镇企业的部门和各级财政金融机构。

（2）工作系统。工作系统是科技兴农的实际操作系统，它是由科技教育、科技研制、科技普及和推广等工作环节组成的。工作系统是将科技成果传递到实际生产实践中去的中介和桥梁，在科技兴农中起着关键作用。

（3）接收系统。接收系统是科技兴农的终端系统，是科技成果在农业和农村工业中的具体运用，它包括农业生产过程和农民经营活动。科技兴农的落脚点是农业生产实践活动，它能够对调控系统和工作系统的各种工作进行评判，并形成反馈。科技成果的吸纳由国营农场、农村合作经济组织、乡镇企业和农户承担。

上述三个子系统之间相互连接和协调，科技成果就能够源源不断地被注入农村。依托一定的组织和机构，按照特定的制度、方法和程序，合理组织各方力量，开展确有成效的科技兴农工作，将科技潜在的生产力转化成农村经济的现实生产力，这便是科技兴农系统工程。

（二）科技兴农系统的目标

科技兴农系统的总目标是："科"畅其流，使科技能量转化为经济能量的数值最大化。农业本质是一个不断进行物质循环和能量转换的生态-技术-经济复合系统，在原始农业和传统农业中，农业主要依靠自然力的作用来获取动植物产品，其物能流转换小，基本上适应当时的社会经济状况。进入 20 世纪以来，一方面人口与可耕地矛盾日益突出，仅仅依靠农业本身的物质能量和生物自然生理机能从事农业生产远不能满足需要，另一方面科技发展成就已经能够改变生物生理机能和从农业外部输入能量，于是科学技术与物质装备不断地涌入农业，科技进步因此在农业生产率增长中的作用越来越大。科学技术是人类智慧的结晶，有形和无形的科学技术成果都是被储存起来的潜在能量，在适当的环境条件下便会释放出来，形成现实的社会生产力。

"科"畅其流，就是要形成科技成果顺利进入农业生产领域的通道，建立和健全农村科技流通机制。它既包括科技因素的合理流动和优化组合，又包括科学技术成果从研制到农业生产实际应用各环节的衔接和贯通。科技能量转化为经济能量的数值最大是科技兴农系统的量化目标，它可以用科技能量占农产品能量比重、科技能量在农业上的转化效率和农业生产率增长中科技贡献份额等指标来衡量。科技能量转化为经济能量的数值最大是相对的。科技应用应考虑到农业生态系统的承受力，以不造成对环境的破坏为原则；科技能量转化为经济能量的数值又是动态变化的，正常条件下是数值不断增大，即人类对农业生物控制能力不断增强，投入农业生产中的物质及装备不断增多。

由于各子系统功能不同，科技兴农系统的总目标可以分解为三个子目标；调控系统的目标是为"科"畅其流创造必要的环境和条件；工作系统的目标是多产生农业上适用科技成果，将现代科技成果尽量多地转移到农业生产实践中；接收系统的目标是积极创造条件，尽量多地把科技潜在生产力转化为现实的农村生产力。

（3）科技兴农系统协调运行的关键是培育机制，这既是科技兴农系统协调运行的内在要求，又是目前科技兴农工作中的薄弱环节。为此，应分别对不同的子系统采取相应的培育对策。

就调控系统而言，要建立农业职能管理的一体化机制。由目前职能管理肢解状态变为在农委总体协调之下一体化协同作战，克服政出多门。科技兴农是一项复合工程，它涉及多个部门和方面，在目前多部门抓科技兴农的情况下，一方面各自为政、工作不协调，另一方面力量分散，很难实施综合性的大型科技兴农项目。解决这一问题的有效办法就是由农委来统一调度科技兴农各方力量，协调各方利益和行政关系，制定统一的科技兴农法规，建立一体化的科技兴农职能管理机制。

就工作系统而言，要建立商品化的"三点一线"式联动机制。将大专院校、科研院所和机关这"三点"中的科技教育、研制和普及推广力量由科学技术协会这"一线"联系起来，按照知识商品化原则实现科技成果研制——推广——生产实用的连续传动和快速转移。目前需要解决两个问题，一是涉及科技兴农各部门之间的互利问题，应按它们在科技兴农中的贡献大小确定合理的利益分配比例；二是要解决科技普及推广腿短问题，要列项目、给经费、算成果、评职称，充分调动科技人员在科技普及推广方面的积极性和创造力，这部分工作要由科协来完成。

就接收系统而言，要建立内在的依靠科技进步的机制。农业生产发展的现实需要是农业科技进步的最大推动力。我国目前"一家五六亩，分在七八处"的半自给性小商品生产，虽然可能吸纳一些常规技术，但其内在的依靠科技进步促进经济发展的机制则是相当脆弱的。要改变这一状况，增强农业内部对科技的接纳力，一是要逐步实现农户经营的企业化、专业化和适度规模化。为此，可以采取"反弹琵琶"的办法，即推行成片种植、养殖和集中加工，促进农业生产的社会化服务体系的进程。二是要在宏观农业布局上实行"三配套"，即专业试验区、地域专业化和农产品商品基地三配套。按照比较利益原则将农业生物配置在最适合其生长发育的地域上，不仅可以提高农业生产率，还能够为科学技术在农业上的应用创造条件。为此，要保护基本农业区，明确农业专业县(包括粮食专业县、棉花专业县等)在建设农业专业试验区的同时建立农产品商品基地，在实现农业生产地域专业化的同时扩大农业生产规模，进而由此增强农业内部对科学技术的吸收能力，最终达到科技兴农的目的。

五、农业技术进步速率

在这一节中，主要想初步探讨一下影响农业技术进步速率的因素及其相互关系。这种因素关系式可以表述如下：

$$Y = M(X_1 X_2 X_3 X_4) \tag{1}$$

式中，Y 为农业技术进步速率，M 为体制函数，X_1 为收入驱动，X_2 为农业生产要素替代几率，X_3 为技术商品化程度，X_4 为经营规模。

农业技术进步速率最关键的相关因素是经济体制，具体地说就是农业商业化的程度。在不同经济体制下，如在高度集中的计划经济体制下和在市场经济体制下，农业技术进步的速率是显著不同的。在前一种体制下，收入分配上的平均主义倾向使农业生产者的收入驱动是十分薄弱的；农业生产要素替代几率是极其低微的；技术不可能商品化；经营规模脱离了生产力水平过度膨大等。所以技术进步的机制脆弱，速率较低。而在市场经济条件，情况就倒过来了。以我国为例，改革开放以后，农民的收入驱动大增，技术商品化有了发展，这都促进了农业技术进步速率的提高。此外，由于农业生产要素替代几率尚很小，农户经营规模很小，这又成为农业技术进步的限制因素。这种情况说明，中国的市场改革还在发展之中，社会主义市场经济的新秩序尚未完全形成。

要素替代的自由度。这种自由度则取决于它们的商品化程度。显然，在旧的计划经济体制下，这种自由流动与替代是不允许的。因而，也就不可能在要素之间进行自由选择。我认为要素替代商品化，是要素流动的前提，要素流动则是要素替代的前提，而要素替代又是农业中技术选择的前提。有人认为，在20世纪80年代以前中国虽缺乏要素替代的可能性，但却推行了农业机械(以机械替代劳动力)的技术选择。其实，这是一种误解，20世纪80年代以前的农业机械化，除少数项目(如灌溉、运输、脱粒等)之外，从总体上说是行政命令的产物，它基本上不反映客观的必然性，从而也不能代表农民对技术替代的自由选择趋向。这一点，我在农业机械化一章中将较详细地论及。

技术商品化，技术市场的充分发育，显然是农业技术进步的直接因素。但是，这需要两个条件：其一是技术产品的商品化，其二是农业的商业化。没有前一个条件，在技术无偿转让的情况下，既不能调动科技人员发展技术、推广技术的积极性，也会造成农业生产者对技术的轻视和浪费，没有后一种条件，在没有市场竞争的情况下，农业生产者也不可能有强烈的依靠技术进步的动力。以上是两个直接条件，还有一个间接条件，那就是科技人员劳动力的个人所有。非如此，无法从根本上提高科技人员的经济地位，无法实现科技人才的合理配置，从而也难以大幅度地推进科技副业及其商品化的发展。

第十一章 农业机械化及其经济效果

一、社会经济条件分析

30年来，我们靠行政手段，没有能召唤出一个农业机械化；凭善良愿望，没有能被恩赐一个农业机械化；搞国外引进，也没有能购买到一个农业机械化。这一切都说明：农业机械化绝不是一个主观随意的、独立的经济过程，是有着它本身所特有的经济规律性的。

一般说来，农业机械化的发展，取决于两方面的因素：一是农业生产的发展在客观上有了用机械代替人力的需要；二是在机器、资金、能源等物质条件上有现实的可能。这两个方面是缺一不可的。这种发展过程可用图11-1来概括。

从图11-1中可以看到，农业劳动力的状况、工业发展水平、资金积累水平、农用能源供应水平和农业生产环境等社会经济条件对农业机械化的发展及其经济效果存在着客观的制约性。农业机械化既被这些条件所推动，又受这些条件所限制。

(一)农业机械化的客观前提

农业机械化，是农业中生产力诸因素辩证发展的过程，它是不以人们主观愿望为转移的。世界上一些实现农业机械化的国家，一般都是由于工业的迅速发展，农村的劳动力大量流入大工业，造成农业中劳动力的缺乏，人力作业费高昂，从而激起了用机器代替人力

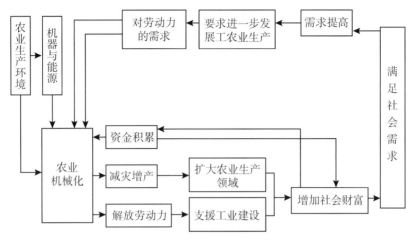

图 11-1　农业机械化发展过程

的客观经济需要。因此也可以说，在农业机械化的过程中，始终都存在机器与劳动力的竞争(排斥性)。在劳动力充足，人力作业费低廉的地方，一般地说，农业机械化比较不容易大面积发展。这是因为，农业机械化是用机器取代人力，而机器要能取代人力，其前提是使用机器必须比使用人力更便宜。或者是机器更便宜(成本降低或国家补贴)，或者是人力更昂贵了(劳动力减少或劳动工资更高)，两者必居其一。而劳动力不足的程度又取决于农村多种经营的发展水平和工业的就业可能。

农业劳动力对农业机械化的这种制约性见图 11-2。

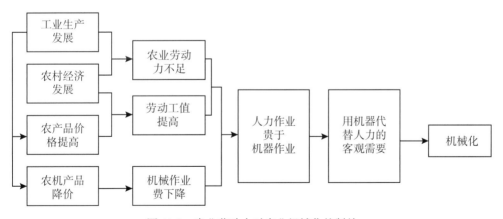

图 11-2　农业劳动力对农业机械化的制约

从图 11-2 可以看到，人力作业费贵于机器作业是形成用机器代替人力的客观需要的条件，而只有当客观上形成了用机器取代人力的经济需要时，农业机械化才能顺利推开，如果我们不顾这一客观前提，硬性推广农业机械化，等于是拔苗助长，欲速则不达，经济效果必不会好。

认识到这一点，对于我们中国的农业机械化具有重要意义。从全局来看，我国农业中劳动力十分充足(过剩)，农村经济和工业又不发达，剩余劳动力的就业问题一时还难以全面解决，因而，全面推进农业机械化的客观需要短期内还难形成。但从局部来看，全国仍有劳动力不足的地区，全年仍有劳动力紧张的季节和环节，在这些地区、季节和环节上，也会形成农业机械化的客观需要。

在这种情况下，我们是推行农业机械化，然后设法安排剩余劳动力的出路，还是首先着眼于发展工农业经济，减少农业中劳动力的密度，从而造成对机械化的客观需要，在此基础上逐步推行农业机械化呢？这个问题，并非我国独有。美国的经济学家林德瓦尔在他的《农业上使用的动力——机器和人力》一文中也提道："对于西方世界里所发生并将在其他各处发生的人和机器的关系问题：究竟是机器促使农业劳动者转移到城市，还是在城市工业方面的就业机会吸引农业劳动者到城里，而造成对农业机械化的需要呢？"（《农业经济译丛》1979 年第二期）这个问题实质上是将农业机械化看作是一个主观人为的过程还是一个客观发展过程的问题。因为，第一，农村剩余劳动力的广泛就业是农业机械化的前因，农业机械化是农业劳动力大量转移的后果。反果为因，是违背客观规律的做法。第二，我们不是为机械化而机械化，机械化必须服从发展农业生产的目的。是由于农业生产的发展，引起农村劳动力不足，才有机械化的需要，而不是相反。

在我们农业机械化的实践中，也充分证明，先搞机械化，后安排剩余劳动力的做法，多半是凭借行政手段，由上而下搞起来的。这种做法的经济效果是很糟的，它造成机械劳动力两窝工，农业增产不增收，甚至越化越穷的局面。湖北省 1978 年与 1965 年相比，农机马力提高 6.5 倍，但同时农业劳动力也增加 19.6%。1949 年在没有拖拉机的条件下，每个农业劳动力平均负担耕地 6.7 亩；而到 1979 年在每亩平均拥有 0.17 亩农机马力的条件下，每个农业劳动力平均负担耕地反而降为 3.87 亩，下降 42.2%。其中如刘集公社，从 1957 年到 1979 年，农机马力平均每年以 22.1% 的速度增长，农业劳动力平均以 1.4% 的速度增长，而每百元费用的产值则平均每年以 1.8% 的速度下降。

所以，无论是从理论上讲还是从我国的国情出发，都必须采取第二种做法，顺乎自然、因势利导，避免拔苗助长。只有这样，才能有利于充分利用我国农村丰富的劳动力资源；只有这样，才能使农业机械化的局部经济效果服从农业增产增收的总体经济效果；也只有这样，才能使农业机械化的发展与农村经济、社会条件的发展相适应，从而使其更具有生命力。因此，我国农业的动力结构将是人、畜、机长期并存的局面，这种局面可能延续到 20 世纪末，在我国城乡经济的发展还不能大规模地提供就业机会以前，农业机械化是不会全面实现的。

(二) 工业发展水平是农业机械化的物质基础

农业机械化，就是用现代化的生产力来改造农业，而这种新的生产力，是不能由农业本身创造出来的，必须由工业来武装农业。一些实现了农业机械化的国家，如美、日、英、法等，大都是在实现工业化的基础上开始农业机械化的。苏联在十月革命后，也是在大力推行工业化的基础上，用了近 10 年的时间积极建立起农机制造工业，然后才有农机化的大发展。这一方面可为农业提供比较齐全和质优价廉的农机产品，另一方面也为农机化准备了必要的社会技术力量。我国则可以说是工业化农业机械化基本同时并进的。这一特点决定了我国农业机械化在速度与规模上不应硬套外国的经验。

农机工业发展水平对农业机械化的制约性，表现在：①有无符合农业生产要求的机械；②使用机械能否带来经济效果；③技术服务水平。其中，使用机器能否对经济有利，在很大程度上取决于机器的可靠性、耐用性、利用率（设计）、油耗水平和制造成本。例如，拖拉机与柴油机的大修间隔国外一般是6000~8000小时，而我国是2000~4000小时；马力小时油耗国外一般是160~180克，而我国生产的柴油机则为190~195克；我国一台"东—28"拖拉机相当于91000斤稻谷，而日本一台20马力拖拉机则只要11000斤稻谷。显然，这些因素都会给使用机器的经济效果带来直接影响。而农业机械的这些经济性能，不仅取决于农机工业的发展水平，而且取决于整个工业，特别是冶金工业、机械工业和材料工业的发展水平。

工业发展水平对农业机械化的制约性见图11-3。

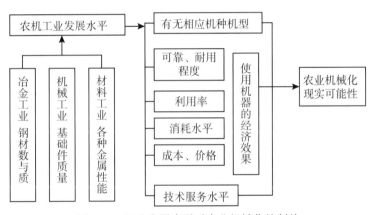

图 11-3　工业发展水平对农业机械化的制约

（三）工农业积累水平是农业机械化的财政基础

用现代工业创造出来的物质技术来装备农业，必须投入大量的资金。马克思说过："农业本身的进步总是表现在不变资本部分对可变部分的相对增加上。"①农业机械化也可以说是以人们的物化劳动去换取劳动的更大节约。

世界各国农业机械化资金的来源，主要是靠工业积累，还没有一个国家是依靠农民本身的积累实现机械化的，以美国为例，美国1977年全国农场总资产6343亿美元，比1950年的1325亿美元增加5018亿美元，而1950—1977年全国农场的纯收益总共只有4290亿美元，相当于同期新增资产总额的85.5%。这就是说，即使把美国农场28年（包括1950年）的全部纯收益都作为积累，也只能添置实际新增资产的85.5%。可见，即使在美国，如果不是通过用工业积累来扶持农业，农业也根本不可能具有现在这样的现代化水平。①

① 《资本论》第3卷，人民出版社2004年版，第860页。

其他各先进国家均有类似情况。

这种共同性，绝不是偶然的。这是农业的特殊性所决定的：一方面，农业生产的季节性、地域性、分散性和综合性，决定了农业投资的需求量大，利用率低、占用期长。如美国，钢铁业每销售 1 美元产品只要 0.5 美元的固定资产，而农业则要 8 美元生产性资产，才能生产 1 美元的农产品。农业机械在一年之中一般只能利用几十天，最多如拖拉机只能利用 200 天左右，回收期大多数也在十年以上。另一方面，农业再生产周期长，资金周转慢，决定了农业积累速度低。一方面需要量大，另一方面积累量又少，在这种情况下，企图完全依靠农业本身的积累搞机械化，几乎是不可设想的。当然，各个国家由于历史背景不同，在资金来源的问题上，也是有着差异性的，经济发达国家与发展中国家显然就不会是一个样的。我国是发展中的社会主义国家，工业底子不厚，农业落后贫穷，又不能向外掠夺殖民地。所以我国农业现代化的资金积蓄，将是一个较长的历史过程。据统计，1950—1978 年农业总产值平均每年递增 4.3%，净产值只递增 3.4%。而净产值中，只有公积金中的一部分能用于购买机械。所以，在目前工业积累还难以大量支援农业的情况下，农业机械化的速度不可能快。作为资金来源，应采取国家扶持为主的方针。

对于资金问题，还必须进行动态分析。我们知道，资金问题取决于两个基本方面：①农机化对资金的需求量；②农村可形成的农机购买力。而这两方面都是在发展变化的。

资金需求量，首先取决于农机产品价格，而农机产品价格在社会主义条件下一般是趋向下降的。1959—1978 年，我国 11 种主要农机产品普遍降价 3~6 次，降价率一般都在 30% 以上。如"东方红—75"拖拉机成本降低 55.3%，价格下降 38%；"铁牛—55"拖拉机成本降低 36.5%，价格下降 33%。资金需求量还取决于农业专业化程度而农业专业化程度则是趋向提高的。农机购买力，则取决于农业内部积累水平和工业积累支农的可能，而这两个因素也将随着经济的发展而逐步增加。

这种动态的制约性见图 11-4。

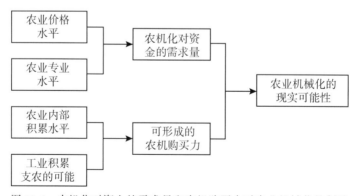

图 11-4　农机化对资金的需求量和农机购买力对农业机械化的制约

(四) 能源是农业机械化的生命线

世界各农业现代化的国家，大多是"高能农业"或"石油农业"。在其商品能源消耗结构中，农机第一，化肥第二，而在不发达国家中则相反（见表 11-1）：

表 11-1　　　　　　　1972—1973 年度投入农业的商品能源数量与结构　　　单位：$c×10^{15}$ 焦耳

地区	化 肥		农 机		灌 溉		农 药		总 计	
	用量	占比(%)	用量	占比(%)	用量	占比(%)	用量	占比(%)	用量	占比(%)
发达国家总计	2478	39.5	3589	57.2	72.2	1.2	130.4	2.1	6270	82.4
发展中国家总计	903	67.6	297	22.2	103.9	7.8	32.3	2.4	1336	17.6
全世界	3381	44.5	3886	51.1	176.1	2.3	162.7	2.3	7606	100.0

资料来源：联合国粮农组织。

之所以当代农业生产离不开商品能源，是由于现有的农业增产技术，主要是依靠集约投入商品能源——机械化、电气化、增施化肥农药等。一般来说，商品能源的投入量与谷物产量正相关（见表 11-2）：

表 11-2　　　　　　　商品能源的投入量与谷物产量的关系

地　区	能源投放量/公顷	能源投放量/工人	产出/公顷	产出/工人
	10^9焦耳		公斤	
发达国家	24.8	107.8	3100	10506
发展中国家	2.2	2.2	1255	877
全 世 界	7.9	9.9	1821	1671

资料来源：FAO. The state of food and agriculture 1976，Rome，1977.

但是，我们应该看到，资本主义的"石油农业"也可以说是"浪费石油的农业"。例如，美国，在 1974—1975 年，每获得 1 卡农产品须投入 1.4 卡的能量，如果把整个加工耗用的能量算进去，则要投入 7 卡的能量。即是说，能量利用率仅为 14%。这样对能量的巨大浪费，是资本主义现代农业的"肿瘤"。因此，当目前遇到世界性能源危机的时候，资本主义各国的农业便遭到巨大的困难，有些资产阶级经济学家甚至提出回到"耕牛农业"的主张。

我国在农业机械化的过程中，必须吸取外国的教训，不能走"高能农业"的道路。据估计，我国石油可开采量约 91.5 亿吨，如按年开采 1.3 亿吨计，到 2040 年左右便将开采完总量的 80%。因此，现在年开采量不能超过 0.9 亿吨。与此相适应，农用柴油的供应量便有下降的趋势。在农用能源这一重大制约因素的影响下，我国农业机械化现阶段必须实行劳、畜、机、电并举,以劳畜为主的方针。在拖拉机、内燃机的发展上必须与农用柴油供应的可能性相适应,并应积极发展二次能源、水力发电以及其他多种能源,采取各种节能措施。

农用能源对农业机械化的制约性见图11-5。

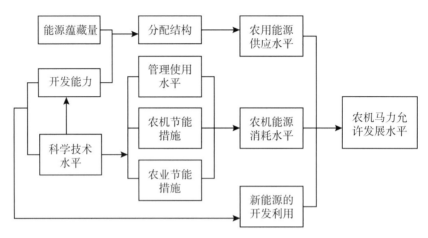

图11-5 农用能源对农业机械化的制约

(五)农业生产环境与农业机械化

农业机械化是为农业生产服务的,必须在农业生产环境中进行。所谓农业机械化,也就是一定的机器系统与一定的农业生产环境相结合并获得经济效果。

农业生产专业化,是现代农业发展的必然趋势,也是农业机械化发展的客观要求。显然,一个农场专业化程度愈高,所需要配备的农机具便愈少,经营的规模愈大,农机的利用效率便愈高。

美国路易斯安那州水稻地区农场,由于实行水稻生产专业化,一季牧草,一季水稻,每英亩农机投资,小型农场为53.1美元,中型农场为23.4美元,大型农场为8.82美元。我国北方旱作区农机化每亩所需投资在7~10元居多,友谊农场五分场二队,如引进机械全部配套后,也只需12.5元左右。而南方复种指数高,作物种类多,专业化水平低于北方,故农机化每亩所需投资,就高于北方。其中,江苏无锡春雷大队就高达840元。这些情况都说明了农业生产专业化对农业机械化的影响。从这个角度来说,农业机械化的程度与效率也要取决于农业生产专业化的程度。

但是,由于我国地少人多,自然与农业条件复杂,农业生产专业化当然一般不可采取美国那样大片单一化的方式。同时,也必须吸取日本农业机械化过程中水田作物单一化,从而使农业生产力大幅度下降的教训。即不应片面地让我国农业耕作方式去适应外国农业机械,而应该使农机与农艺相互适应,相互结合,走我国"因地制宜,适当集中"的农业专业化道路。

耕作制度与机械化存在着密不可分的关系。机械化是为一定的耕作制度服务的,耕作制度则必须依靠一定的机械化手段才能获得更好的经济效果。因此，农业机械必须适应特定的种植制度、土壤耕作方法和施肥灌溉方法，否则便难以推广应用；同时，耕作制度也必须考虑机械作业的要求，否则就难以提高自身的效率。例如北京郊区农机装备水平本来是相当高的，每马力平均负担耕地13.16亩，高于苏联的23.25亩，但大面积推广三种三收制，致使拖拉机无法进地，除了机耕比率和小麦机播比率分别为74.7%和93.7%外，其他作业机械化程度都很低，70%~95%仍靠手工操作。

农机与农艺结合，必须遵循如下原则：第一，按照因地制宜、用养结合、稳产高产、便于机械作业等要求，确定耕作制度；第二，由于农机投资大，研制周期长，农艺变化不宜频繁；第三，在一个生产队内，农艺类别应尽可能单纯比、规格化、专业化，农艺布局应可能集中成片，以减少农机投放量和提高机械工作效率；第四，农机设计要注意一机多用、机动灵活、可靠性和耐用性，以适应农业生产的季节性、多样性和恶劣的工作条件。

地块的长度与大小，道路系统是否完善，对农业机械的工作效率、消耗水平以至作业成本有着直接的影响。而作业成本的大小，又对农机化经济效果起着决定作用。据测定，南方丘陵区中型四轮拖拉机耕水田，班次时间利用率仅为59%~66%。这就是说，由于田块太小，有34%~41%的消耗是无效的。

除了上述三方面外，一些生产关系与上层建筑的因素，如农业生产的社会组织形式，农村文化水平等都反作用于农机化的进程。

农业生产环境对农业机械化的制约性见图11-6。

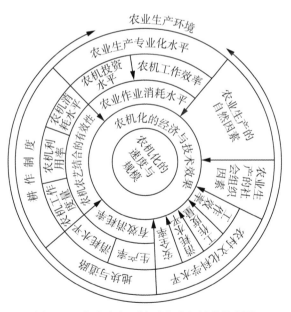

图11-6　农业生产环境对农业机械化的制约

根据以上分析，一个国家农业机械化的速度与规模，都必受这一系列社会经济条件所制约，它不可能离开农业环境和工业系统的发展而孤军独进。我国农业机械化必将与农业劳动力的转移规模、工业发展水平、工农业积累水平、能源供应水平和农业生产环境的改善等条件相适应,由选择性机械化逐步过渡到全面机械化。

(六)农业机械化经济条件的系统综合

上面我们对影响农机化的主要经济条件进行了逐项分析,阐明了各种条件的特性与层次。但是这些条件(或因子)在实际的农机化过程中,不是互不干涉的,而是作为一个整体(总系统)中的各个有机部分(分系统)相互联系、相互影响而发挥集合力的作用。这种综合的运动过程可以倒过来归纳如下。

农业机械化作为一种过程的结果,直接取决于两个因素:农业中是否形成用机器代替人力的客观需要和机械化所需物质条件是否具备。前一因素以人力作业贵于机械作业为前提;后一因素以机器有效,资金与能源的可能为前提。

上述直接因素又取决于一系列中间因子,人力作业贵于机械作业这一条件的形成,取决于机器作业费下降或人力变得昂贵起来,或者两者兼备。机器有效,取决于有无适合农艺的机器和使用机器是否经济合算以及管理水平。资金与能源的保证,取决于需求量(消耗量)与提供的可能。而这一切则取决于工农业经济发展水平和农业劳动力转移的规模。

所以这些中间因子又都是受着最终因子——发展工农业生产,以满足日益增长的社会需求所推动。

这一系统综合过程可用方框图表示如下(见图11-7)。

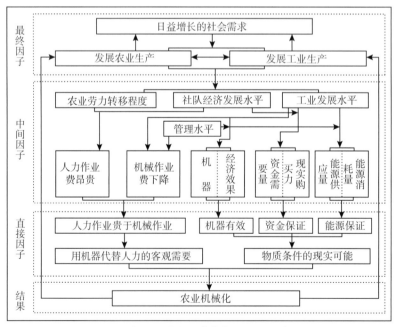

图11-7 农业机械化经济条件的系统综合过程

二、国情与模式

(一)农业机械化的目标模式问题

一个国家、一个地区究竟应搞什么样的机械化，并不是随心所欲的。因为农机化的实施，如前所述取决于许多因素，有自然条件、经济条件和社会环境等。农机化只有当它基本适应当国当地的自然、经济、社会环境，才能产生真正的经济效果、社会效果和工艺效果，才能真正转化为现实的生产力。

那么，在这些国情、地情条件中，最重要的是什么呢？根据各国的经济来看，起决定作用的是"人地关系"或"资源密集度"，即土地与劳动力的对比关系。一般地说，土地稀缺大于劳力稀缺的条件下，应该实行以提高土地生产率为主的农业机械化；土地稀缺小于劳力稀缺的条件下，则宜采用以提高劳动生产率为主的农业机械化。

我国就总体而言(不排斥部分边疆地区的例外)属土地稀缺严重而劳动力十分充裕的国家。所以，我国的农业机械化的总体目标应该是以提高土地生产率为主并兼顾劳动生产率，即是说，提高劳动生产率必须以保证充分合理地利用土地，提高土地产出率为前提，而不应是相反。

具体地说，就是"四主模式"，即：中小型为主，一机多用为主，农机服从农艺为主，以提高土地生产率为主。这就是有中国特色的农业机械化模式。

(二)农业机械化的功能问题

与上面一个问题有关的就是中国的农业机械化，主要应该完成哪些功能？我以为主要是五个：

第一，为提高单位面积产量服务。中国耕地资源十分匮乏，人口负荷重，在越来越少的土地上要养活膨胀的人口，除提高单位面积产量别无他途。叫中国搞加拿大或澳大利亚那样广种薄收的机械化，中国是搞不起，也不能搞的。因此，中国的机械化必须有利于精耕细作，能促进农业的集约经营。

第二，为农业剩余劳动力转移服务。农业劳动力的非农化是现代化的必需过程。在中国，这种转移不可能一下子都涌进大城市，甚至也不可能都涌入中小城市，而要采取多层次的转移。向国土开发的深度和广度进军，向大农业的多种经营进军，为剩余劳动力提供农村内部新的就业门路，也是农业劳动力转移的一条现实可行而且潜力不小的出路。为此，农业机械的研制与推广，应在这方面下大功夫。

第三，为抗御自然灾害服务。中国是一个多灾害的国家，农业每年受灾的面积都很大，成灾面积占受灾面积的比例都较大。包产到户以来，由于人们认识上的不够全面，重视家庭经营的积极性无疑是对的，但轻视了集体力量抗御自然灾害的优越性则是不对的。对于健全双层经营、统分结合的合作经济，农机化有不可推卸的责任。

第四，为改善农业生产条件服务。比如兴修水利、改良土壤、改造低产田、平整土地以至消除笨、重、险的劳动工种方面，农机化也大有用武之地。

第五，为发展农业的社会服务产业服务。中国农业的大生产化，看来主要将会采取家庭经营的企业化加上社会主义服务体系的模式。为农户经营提供系列化的产前、产中、产后服务，多方位地发展农业服务产业，将会是我国农村进一步改革与发展的主题。农机部门必须看到这一即将要展开的大趋势，为农村服务产业的发展提供各种适用的机器。

(三)农业机械化的资金问题

我国的农业现代化，由于历史的原因，只能与工业化同时并进。这个大背景决定了我国工业不但不能拿出大量的资金来支援农业的现代化，相反，还在不同程度上要农业支援。因此，现在想依靠政府投入大量资金来发展农业机械化是很不现实的。

但是，这并不是说就没有出路了，许多先进地区的经济证明用农村工业化推动农业机械化，是条成功之路。农村乡镇企业的发展和农村第二、第三产业的发展，至少可为农机化带来两大推动效应：一是农业的劳动力转移加快了，农业内部人地比例发生了变化，对农机化的需求增加；二是农村和农民逐步富裕，有钱买得起机器。这应该是目前我们中国农机化资金的主要来源。

除此之外，大力发展开发性农业，用优惠政策吸引城市企业、农业集体与个人乃至外商投资兴办各种较大规模的现代化农场，这在深化改革、加大开放的局面下，将会是一个很有生命力的途径。

(四)农业机械化的速度问题

农业机械化是一项十分复杂而庞大的社会工程。如前所述，它受到诸多自然的、经济的、社会的条件所制约。因此，农机化的发展速度绝不是主观热情所能决定的，我认为，在研究农机化速度问题时，应该遵循如下原则：

第一，农机化的速度要与农业劳力转移的速度相适应。我们过去曾多次讲过，只有当使用机器比使用人力更经济合算时。农机化才可能推开，如果农业剩余劳力没有转移出去，用工就会比用机器更为低廉，农机化就难以发展。

第二，农机化的速度要与农村经济收入水平相适应。经济收入水平不仅决定农民对农业机械的购买能力，而且影响着农民的价值观念。当农民还处于贫困状态时，某些农活如果是人力勉强能够完成的，即使有了机器可以替代它们，农民也宁愿付出辛苦的劳动而舍不得去买机器。当农民开始富裕之后，他就不会以牺牲休息去节省金钱了，只要使用机器合算，他就会购买机器；当农民已经很富裕，或者非农收入大大超过农业收入，即使用机器耕作本身并不合算，他也愿意购买机器来换取他的文化生活时间或从事非农经济活动的时间。

第三，农业机械化速度要同农业经营规模的发展相适应。这里说的经营规模不仅指土地规模，还包括畜群规模、养殖规模以及集约化程度。一般地说，经营规模同机器需求及其使用效率是呈正相关，集约化程度同机器的技术层次和系列化程度也呈正相关的。

第四，农业机械化速度要同农机本身的发展相适应。显而易见，农机化首先必须有农机本身，既有数量问题，又有机种机型及相应的配套农具的问题。回想20世纪70年代那次机械化"高潮"，许多机种、机型乃至配套农具是空白，却要求在短期内全面实现机械化，实在是不可思议。

三、经济分析的主要内容与计算方法

(一)农业机械化的总体经济分析

我们把一国、一省、一个地区以至一个企业的农业机械化作为一个总体工程来看待,这个工程是合算还是不合算,经济效果是大还是小,必须进行总体评价。任何一种农业机械化模式总体的经济效果表现为:农机化的总投入必须小于它的总产出。

农机化总投入包括农机投资和辅助性投资($A=a+a_2$),农机化总产出应表现为农业净产值的增加,即计算期的净产值总额比对照期净产值的增加额($B=b-b_2$)。这样便可得到如下公式:

$$(a+a_2)<(b-b_2) \quad 或$$
$$(b-b_2)-(a+a_2)>0 \tag{1}$$

作为总体经济效果的绝对值,也可列为下式:

$$S=(b-b_2)-(a+a_2) \tag{2}$$

假设,农机化以前的对照期农业净产值为 400 万元。投入农机化总投资 50 万元后,如计算净产值仍为 400 万元,则其经济效果为 -50 万元;如净产值为 450 万元,则其经济效果为零;只有当净值增到 450 万元以上,才算获得了经济效果。

根据分析评价的不同要求和取得数据的可能性,可单年计算(机械投资部分则以折旧形式摊入),可多年累计计算,也可按多年的平均值计算。

而要达到使 B 大于 A,农机化的模式必须满足三个约束条件:①农机作业必须比人畜力作业节约社会劳动;$K_1-K_2<0$;②机械化后节约出来的劳动力必须被用于扩大生产领域;使化后总产值比化前的增加;$Q_1-Q_2>0$;③机械化必须显著改善农业生产环境,使化后单产比化前提高;$R_1-R_2>0$,从而,最后总合达到农业净产值的增加。

1. 社会劳动的节约

一种新的生产工具要能取代旧的生产工具,必须具备一个前提条件:它能带来社会劳动的节约。农业机械化也是这样。机器要能取代人畜力工具,就必须做到使用机器比使用人畜力更便宜,或者是机器更便宜了(成本降低或国家补贴),或者是劳动力更贵了(劳动力减少或劳动工值更高),两者必居其一。这样在机器与人畜力之间,客观上存在着一种竞争性(排斥性)。那么,机器如何才能在竞争中处于优势呢?这里就有一条经济界限,农机的制造与运用所消耗的物化劳动必须少于它所代替的活劳动。从这意义上说农业机械化就是以人们过去的劳动换取现在劳动的更大节约。

根据这个原理,设农机制造与运用所耗费的物化劳动为 C,使用农机节约的活劳动为 V,则上述经济界限可用下式表述:

$$C<V \quad 或 \quad V-C>0$$

大于零,说明能带来社会劳动的节约,从而成本降低,净产值增加;小于零,说明不能带来社会劳动的节约,从而成本提高,净产值下降。

上式可进一步分解为:

$$C=C_1+C_2-C_3 \qquad V=L(V_1-V_2)$$

式中：C_1 为亩折旧费(在计算整个机器的经济界限时也可作为机器的购置费)。

C_2 为每亩油料及修理费(在计算整个机器的经济界限时可乘以机器有效使用年限中的总作业量)；

C_3 为同种作业人畜力操作的亩物质消耗价值(说明同 C_2)

L 为当地的平均日工资

V_1 为人力作业的每亩活劳动消耗(说明同 C_2)；

V_2 为机器作业的每亩劳动消耗(说明同 C_2)。

这样我们就得到一个农业机器采用与否的经济界限总公式：

$$C_1+C_2-C_3<L(V_1-V_2) \tag{3}$$

或 $\qquad L(V_1-V_2)-(C_1+C_2-C_3)>0$

作为农机化节约社会劳动经济效果的绝对值也可列为下式：

$$S_1=L(V_1-V_2)-(C_1+C_2-C_3)$$

从这个公式中可以看到：①C_1、C_2 愈小，农机采用的可能性便愈大，反之愈小；②V_1 愈大，V_2 愈小，农机采用的可能性便愈大，反之愈小；③L 愈高，农机采用的可能性便愈大，反之愈小。

根据上式，我们对武汉郊区 1979 年主要作业进行试算，其结果见表 11-3。

表 11-3　　　　　　　　　　　　机械作业的社会劳动节约量

项目	计算单位	人畜力作业(人日)	机械作业(人日)	劳动节约	劳动价值	机械作业(元)	人畜力作业(元)	净消耗	总劳动节约量(元)
序号	1	2	3	4	5	6	7	8	9
旱地耕翻	亩	0.25	0.04	0.21	0.28	0.965	0.76	0.205	0.075
水田耕翻	亩	0.29	0.05	0.24	0.312	1.20	0.87	0.33	-0.018
水稻脱粒	亩	0.2	0.15	1.85	2.41	1.80	3.03	-1.23	3.64
棉花打药	亩	2.0	0.40	0.60	0.78	0.23	—	0.23	0.55
运输	10千克/吨	5.0	0.15	4.85	6.30	2.00	—	2.00	4.30
水稻抽水	亩	2.0	0.20	1.80	2.34	0.30	—	0.30	2.04
插秧	亩	2.5	0.16	0.90	1.17	1.45	—	1.45	-0.28
碾米	百斤谷	0.67	0.06	0.61	0.79	0.26	0.10	0.16	0.63

从表 11-3 可以看到，之所以脱粒、灌排这些机械受欢迎，主要是这些机械节约大量社会劳动，比人畜力操作合算得多；之所以拖拉机老跑运输，也主要是它比人畜力运输省工省费且大大减轻了劳动强度；之所以翻耕作业(在南方丘陵区)一般是在劳动高峰季节用机械多，而农闲或水田翻耕则不能消灭牛耕，也主要是机械节约的社会劳动有限，甚至不节约，大苗插秧机之所以推而不广购而不用，还是由于它既省不了多少活劳动，又要支

付大量的物化劳动。

由此可见，决定农业机器是否被采用的主要经济界限，就在于机器所消耗的过去劳动是否少于它所代替的活劳动。

因此，在评价一种农机化模式是否经济有效，首先应根据以上经济界限总公式，计算其是否能带来社会劳动的节约。

这个公式一般是用于计算每亩劳动节约量的，如果用于计算一个地区农业企业总体劳动节约量，便可用下式：

$$\sum S = \sum_{i=0}^{n} \left[L(V_1 - V_2) - (C_1 + C_2 - C_3) \right] Y_i \tag{4}$$

式中：Y 为每种机械的总作业量。

2. 生产领域的扩大

农业机械化的经济效果，不仅直接地从机械节约社会劳动获得，而且间接地从腾出劳动力、扩展农业生产的领域（发展多种经营与工副业，扩大种植面积与生产规模等）由此而增加农业总产值获得。总产值的增加，在一般情况下，便可导致净产值的增长。

扩大生产领域增加的总产值效果，可以从每亩土地平均总产值增加额上得到明确的反映（假设土地总面积不变），则农机化扩大生产领域的经济界限应是：农机化前每亩土地平均总产值应小于农机化后的每亩平均总产值。如下式：

$$\frac{Q_1}{C} < \frac{Q_2}{C} \quad 或 \quad \frac{Q_2 - Q_1}{C} > 0 \tag{5}$$

式中：Q_1 为农机化前的总产值；

Q_2 为农机化后的总产值。

C 为计算对象的土地总面积。

为了精确地计算由于机械化节约出来的劳动力扩大生产领域所带来的经济效果的绝对量。还可在杨名远（华中农学院）的研究基础上，得出"节省劳动力的利用效果"的计算公式：

$$S_2 = (Q - W^a) b \tag{6}$$

式中：W 为机械化后节约出来的劳动力数数；

Q 为节约的劳动力所创造的新价值总量（只包括扩大生产广度的部分）；

a 为计算期以前每个劳动力的平均工资收入；

b 为原始数据的可靠性系数。

Q 值之所以只包括广度增益部分，是因为深度增益难以分开，而且在后面计算增产效果中会犯重复计算的毛病。之所以要乘以可靠性系数，是因为 W 值容易与自然增值相混淆，Q 值也不易与工副业等原有的规模因挖潜而增值的部分相区分。

3. 生产环境的改善

机械作业，可以减少因灾害和延误农时所造成的损失，可以提高栽培与管理的质量，可以为作物提供较好的土壤环境和水热条件，从而可能提高单位面积产量（这里之所以只提单产，是由于扩大面积的增产效果包含于上面"扩大生产领域"的效果中。以免重复计算）。

由于改善生产环境所形成的增产效果,可用下式计算:

$$S_3 = \left[(Y_2 R_2 - Y_1 R_1) - (Y_2 - Y_1) R_1 \right] L - C_4 \tag{7}$$

式中：Y_1 为机械化前的播种面积；

$\quad\quad Y_2$ 为机械化后的播种面积；

$\quad\quad R_1$ 为机械化前的平均单产；

$\quad\quad R_2$ 为机械化后的平均单产；

$\quad\quad L$ 为产品单价；

$\quad\quad C_4$ 为增产部分除机务成本以外的物质费用。

根据以上三个方面的分析,农业机械化的总体经济效果,便可由(2)式引申为下式：

$$S = \sum (S_1 + S_2 + S_3) \tag{8}$$

(二) 单一机组的经济分析

单一机组的经济分析是农机化经济分析的基础。因为单机的经济性对农机化的经济效果在很大程度上起决定作用。

单一机组经济分析的总要求是高效、优质、低耗,从而获得比人畜力(对新机器来说,就是比旧机器)更高的劳动生产率或社会劳动节约率。高效,即比人畜工具或机器具有更高的生产效率。在农业中由于生产时间与劳动时间的不一致,还要求机器在一年之内具有更大的利用率。优质,即机器的作业质量,必须能为动植物的生长提供更好的外部条件。低耗,即机器的物化劳动消耗与活劳动的占用必须尽可能地少,从而使机器单位作业的劳动消耗水平低于人畜力(如系新机器,则应低于旧机器)的消耗水平。

基于上述要求,单机经济分析可采用如下 5 个主要技术经济指标：

(1)台时生产率(作业量/小时) $= \dfrac{\text{作业总量}}{\text{田间作业时间(小时)}}$

这一指标是反映机器技术经济性能的主要指标之一。田间作业时间还应包括转弯、加油、加水时间。台时生产率的高低,取决于机器效能的实际发挥和机器工作过程中时间利用的情况,故作为辅助性指标,还可以采用实际工作效率(实际台时生产率/额定台时生产率)和班次时间利用率(纯工作时间/班内延续时间)两个指标,这两个指标既反映机器的设计制造水平,又反映机器水平和机器工作条件(地貌、地块、作物等)的适应程度。

(2)机组年利用率(%) $= \dfrac{\text{年作业总班次}}{\text{年可能出车班次}}$

年可能出车班次 $= 365 -$ 由于气候不能出车的天数

在合理使用年限不变的情况下,机组的年利用率又取决于机器的技术状况、耐用性和综合利用的程度。故可辅以另外两个指标：技术完好率(技术状况完好时间/计算期总时间)和综合利用系数(机组可从事作业的种数×100/100)。

(3)作业质量合格率(%) $= \dfrac{\text{符合作业质量标准的作业量}}{\text{作业总量}}$

这一指标是经济分析的前提条件。如果某种机器作业质量合格率不及80%,则这种机械就没有进行分析的必要。

(4)单位作业耗用人工日(人工日/作业单位)= $\dfrac{\text{农机作业消耗的人工日}}{\text{单机作业总量}}$

这是反映机器活劳动占用水平的指标，任何机器，如果活劳动占用过多，取代人畜力作业的可能性就小。

(5)单机作业成本(元/作业单位)= $\dfrac{\text{折旧费+油耗费+修理费+管理费+人工劳动报酬}}{\text{单机作业总量}}$

这是反映机器经济性能的综合指标。单位作业成本，既反映设计制造的经济效果(出厂价格、油耗、耐用性和活劳动占用等)，又反映使用过程的经济效果(利用率、技术状况、农机服务水平以及组织管理水平等)。

上述技术经济指标的计算都是从各个侧面评价机组的经济效果，且都是事后性的被动评价。因此，对于主动的经济定量，特别是对于经济预测就嫌不够。这就需要在此基础上，进一步按照一定的方程，对各种经济指标，确定其经济效果最优的临界点。

我们从前面的农机经济界限总公式(3)式中可以看到：影响农机被采用的主要因素有5个：机器的购价、机器运用的物质消耗水平、人工作业的活劳动消耗水平、机器作业的劳动消耗水平和平均日工资水平，下面让我们来对这5个因素进行分析计算，以求得其经济临界点。

(1)机器的购价。机器的购价(一般指销售价格)，通过折旧费摊入农机作业成本。在机器使用年限不变的情况下，购价愈高，折旧费愈大，从而C值也愈大，达到经济界限的可能性便愈小。因此，制造部门与销售部门，应尽力降低制造成本与销售费用，使机器的销价降到经济临界点以下。

机器购价的经济临界点的计算公式如下：
$$C_1 < L(V_1 - V_2) - C_2 + C_3 \tag{9}$$

以"湖北—74"型插秧机为例，假设正常使用5年，年平均插秧400亩，亩运用费3.0元(不包括劳动报酬，下同)，平均日工资5.0元，人工插每亩人工日2.5个，机插每亩耗人工日1.6个(包括辅助工)，则：

$C<5×(2000×2.5-2000×1.6)-2000×3$

$C<3000(元)$。

即：这种插秧机的经济临界价格是3000元，只能小于此数，不能大于此数。

如果要算出价格补贴的经济临界点，可将机器的实际购价减去临界价。

(2)机器运用的物质消耗水平(农机的运用费)，是随着农机作业量的增加而增加的。但由于机器可靠性、操作人员技术熟练程度和农机服务的社会化水平等差异，单位作业的运用费与这三方面成反比，在其他条件不变的情况下，如能使运用费降到经济临界点以下，也可以使机器的采用变得有利。其每亩物质消耗的经济临界点的计算公式如下：
$$C_2 < L(V_1 - V_2) + C_3 - C_1 \tag{10}$$

仍以"湖北—74"型插秧机为例，亩折旧为2.13元，其余一切条件同前。

$$C_2 < 5 × (2.5 - 1.6) - 2.13$$
$$C_2 < 2.37(元 / 亩)$$

（3）机器的活劳动消耗水平。使用机器的目的，是节约更多的劳动，去从事多种经营和工副业，以创造出更多的社会物质财富。如果机器活劳动占用水平过高，其采用的可能性便愈小，以至于等于零。因此，农机设计，必须把机器的活动劳动占用降到最低限度。其经济临界点的计算公式如下：

$$V_2 < V_1 - \frac{C_1 + C_2 - C_3}{L} \tag{11}$$

例子与条件同前。

$$V_2 < 2.5 - \frac{5.4 + 3}{5}$$

$$V_2 < 0.82(\text{人工日}/\text{亩})$$

这就是说，"湖北—74"型插秧机即使其他条件不变，如能使其每亩人工日消耗由 1.6 降到 0.82 个以下，也可使机插达到经济合算。

（4）人工作业的活劳动消耗水平。实际情况说明，凡是单位作业消耗活劳动愈多的项目，机械代替人力的可能性便愈大。之所以脱粒、灌排、加工这些机械广受欢迎，主要是因为这些作业项目活劳动消耗很大。因此，在研制与推广某种农机时，确切计算农机所服务的作业项目人工作业与机械作业的活劳动消耗水平，对于预测其经济效果是重要的。人工作业活劳动消耗水平的经济临界点的计算公式如下：

$$V_1 < V_2 + \frac{C_1 + C_2 - C_3}{L} \tag{12}$$

（5）平均日工资水平。我们在前面（3）式中可以看到，机械在农业中能否采用推广，与农业中劳动力价值的高低有直接关系，劳动日工资高低又取决于农村劳动力的供求状况：①在经济收入基本不变的情况下，劳动力供应超过要求的幅度愈大，日工资便愈低。②收入增长率大于劳动增长率，日工资便趋向提高。③在经济收入不变或增长的情况下，劳动力减少的幅度愈大，日工资便愈高。

那么日工资要高到什么程度，机器才能被采用呢？其经济临界点可用下式计算：

$$L > \frac{C_1 + C_2 - C_3}{V_1 - V_2} \tag{13}$$

我们还是利用插秧机的例子，一切条件同前。

$$L > \frac{2.13 + 3}{2.5 - 1.6} = 5.7(\text{元})$$

这就是说，"湖北—74"型插秧机在前面假设的各种条件下，只有当地日工资提高到 5.7 元以上，或者投放到别的日工资高于 5 元的地区，才能被农民接受。

以上数学公式的计算都是为了演算方便，采取了变动一个条件，其他条件静止的方法。但在实际生活中，各种条件都是在变化的，所以必须结合实际情况进行计算分析。

（三）农业机械配备量的分析

在解决单机经济合理性之后，就要研究各种单机配备量问题。

农业机械配备量，是指相同机种在一个农业生产单位内的配备数量。农机配备量与农机作业完成期限和农机利用率成反比,与农机作业成本则成正比。因此,农机配备量经济分析的基本要求是以最节约的配备量达到适时耕作的目的,或者说是在适时耕作、成本最低的条件下配备尽可能少的台数。

基于这一要求,评价农机配备量的经济合理性,可采用如下三个技术经济指标:

①作业适时完成率(%) = $\dfrac{\text{适时完成的作业量}}{\text{年作业总量}}$

②年出勤率(%) = $\dfrac{\text{年出勤总班次}}{\text{年可出勤班次(365 天减去气候不正常天数)}}$

③单项作业成本(元/作业单位) =

$\dfrac{\text{折旧费 + 物质消耗费 + 修理费 + 管理费 + 人工费}}{\text{单项作业总量}}$

以上三项指标的计算,均分别按机种的在册总数为单位合计进行,可确定几种方案进行对比评价。

为了确定一个农业生产单位的各项作业所应配备的相应机种最佳配备量,除了进行上述指标对比评价外,还必须计算出确切的配备台数。

我们知道,一般地说,机种配备台数决定于该机种的生产率和需要完成的作业量,而农业生产季节性,使不少作业分散在全年各个阶段(如耕地间断地进行多次)。每个阶段应完成作业量和完成作业的期限(天数)是不相同的,因此,必须采取加权平均的方法求出全年平均日作业量,然后除以机种的班次生产率,便可得出适宜的配备台数。

设:A 为作业量,a 为完成期限(天),Q 为班组生产率,M 为配备台数,则:

$$M = \frac{\frac{A_1}{a_1} + \frac{A_2}{a_2} + \frac{A_3}{a_3} + \cdots + \frac{A_n}{a_n}}{Q}$$

对于一机多用的机种,可将多种作业量和生产率均折合为"标亩"进行计算。为了简便,上述方程式可改为下式:

$$M = \frac{\frac{1}{n}\sum_{i=1}^{n}\frac{A_i}{a_i}}{\frac{1}{n}\sum_{i=1}^{n}Q_i} \tag{14}$$

但是,这一方程所求出的配备台数,只考虑了作业完成期限这一个因素,而没有考虑节约社会劳动(经济界限)这个因素,因而是不完善的。为求得经济上最合理的配备台数,就必须求出经济临界的班组生产率。我们可以从前面界限总公式即(3)式中推导出经济临界班组生产率的公式来。

设:D 为经济临界班组生产率,E 为年折旧费,F 为出勤日数,C_1 为亩折旧费。

则 $C_1 = \dfrac{E}{DF}$,代入(3)式中,并移项,得:

$$D > \frac{E}{F\left[L(V_1 - V_2) + C_3 - C_2\right]} \tag{15}$$

将根据(15)式计算出来的经济临界生产率(单机),代入(14)式中,则经济临界的机种配备台数 M 的计算公式如下:

$$M \geqslant \frac{\dfrac{1}{n}\sum_{i=1}^{n}\dfrac{A_i}{a_i}}{\dfrac{1}{n}\sum_{i=1}^{n}Q_i} \tag{16}$$

我们仍以插秧机为例,设某大队有早稻 1500 亩,须 15 天内插完,中稻 1000 亩,须 20 天内完成,晚稻 1600 亩,须在 8 天内插完,并根据前面单机经济分析的条件,求出经济临界班组生产率为 21 亩,则这个大队最经济的插秧机配备量为:

$$M \geqslant \frac{\left(\dfrac{1500}{15} + \dfrac{1000}{20} + \dfrac{1600}{8}\right) \div 21}{3} \geqslant 5.56(台)$$

不过,在实际中,经济临界的班组生产率一般不易达到,故在计算过程中,可先按(14)式算出适宜的配备量,再按(16)式计算出经济临界的配备台数,然后将两个数折中。

同时,以上计算是按全年平均负荷进行的,没有考虑高峰期,因此在作业高峰农机配备量便嫌不足。为克服这一缺陷,可先按(16)式单独计算出高峰期的 M 值,然后根据适中的作业完成期限,在高峰期 M 值与平均负荷 M 值之间进行适当调整。

(四)农业机械系统的经济分析

农机系统的经济分析,是在单机分析和配备量分析的基础上进行的。农机系统,就是指完成某种农作物(或林、牧、渔)生产全过程各环节的机械化,所配备的相互配合的一系列机械。如水稻生产的机器系统就包括:翻耕平整机械、育秧设备、插秧机械、中耕除草与植保机械、排灌与施肥机械、收割脱粒机械、运输机械、烘干装置、种子分级机械以及仓储机械等。当然,这种机器系统可以是高水平的,就是各个环节都有相应的机器;也可以是不完全的,即其中有些环节仍保留人畜力作业或半机械化农具。

农机系统化的主要目的,是获得农业生产过程机械作业的最大连续性,全面地克服自然灾害,全面地及时耕作,从而使农业劳动生产率得以大幅度的提高以促进农业劳动力向新的生产领域转移。农机系统经济分析的基本要求是:节约投资,合理负担,提高劳动生产率,缩短农业生产的工作时间,可采用如下五项主要技术经济指标进行分析:

①每亩耕地农机化投资额(元/亩) $= \dfrac{\text{农机及辅助投资总额}}{\text{耕地总面积}}$

这是综合反映农机系统投资水平的指标,它与农机配备量和农业生产专业化水平有密切关系。这个指标必须与机械化程度和增产增收率指标结合比较才有意义。

②马力平均年作业量(标亩/马力) $= \dfrac{\text{年机械作业总量}}{\text{年在册农机总马力}}$

或　　　每亩平均农机作业量系数(%) $= \dfrac{\text{全年农机完成总标亩}}{\text{总播种面积}}$

这两个指标是反映农机系统利用率和实际达到的机械化水平的指标。这两个指标严格地说不属经济效果指标，只应作为辅助性指标。因为这两个指标不能真实反映出农机化所达到的程度，且易造成盲目追求马力数的副作用。"机具比"也应作为这两个指标的辅助性指标，因为合理的机具比是提高农机利用率，增加马力平均作业量的途径之一。

③马力平均活劳动年节约量(人工日/马力) = $\dfrac{农机系统活劳动年节约总量}{农机马力总数}$

上式中，农机系统活劳动年节约总量等于各环节人力作业(旧机器)所耗用的人工日减去农机化后(或采用新机器后)各环节所占用工作人员的人工日耗用量。在计算该指标时，选按每一项作业单独计算，然后加总便是总节约量，其计算公式如下：

$$V = \sum_{i=1}^{n} V_1 - \sum_{i=1}^{n} V_2$$

这项指标可以反映每投入一马力的农机能节约多少活劳动。

④作物生产过程的工作时间节约量(日、时) = 作物生产全过程中人畜力(或旧机器)的实际工作天数(时数)−机械化后(或采用新机器后)的实际工作天数

一个有 500 亩水田，50 个劳动力的生产单位，中稻生产全过程，从耕翻到入仓，各环节实际工作日数大约要 110 天；而在其具有初步机器系统并配合化学除草后，工作时间就可减到 40 天左右。时间的节约与活劳动的节约有密切关系，但不是一回事，因为前者还可以保证农时，减少由于延误农时所造成的损失(在收获上特别明显)。因此这是反映机器系统经济效果不可缺少的指标。

⑤作物(或其他农产品)的成本(元/斤) = $\dfrac{包括机械作业费用在内的全部费用}{该种作物总产量}$

这是反映农机系统综合经济效果的指标。农机配套与机器系统经济合理，就可以使机器得到充分有效的利用，就可以把自然灾害减到最低限度，就可以最大限度地节约活劳动和缩短工作时间，就可以使农机作业成本降到最低，从而集中地反映为农产品成本的降低。

第四编　组织与运行

第十二章　农业的专业化与社会化

一、社会分工与专业化社会化

生产与经营活动的专业化与社会化，是社会分工的产物，而专业化与社会化的发展，又把社会分工不断推向更高的水平。

马克思在《资本论》中，曾详细地描述和论证了资本主义前期手工业的分工与协作的发展过程及其相互关系，并且论述了社会内部的分工同工场内部的分工的差别。[①]这为我

们研究这一章的问题提供了有益的基础。

(一)社会分工是农业发展的基础

回顾一下人类经济发展的历史,就可以清楚地看到:作为原生部门的农业,它的任何一次质的发展,都是同社会分工的突破密切地联系在一起的。从古代来说,畜牧业与农业分离,手工业独立于农业,商业分化成一个产业部门,每一次社会大分工都把农业生产力向前推进了一大步。从近现代来看,第二产业、第三产业的大发展、大分化、农业内部种植业与养殖业的进一步大分工,种植业内部各种专业性分工的发展,使农业实现了一次空前的技术大革命,一个崭新的现代农业从传统农业中脱胎出来,它的劳动生产率所达到的高超水平是中世纪农业望尘莫及的。

为什么社会分工的发展会推动农业的发展呢?一些以封闭、静止的观念研究农业问题的人们是不大容易理解这个问题的。要真正理解这个问题,必须从农业的本质机能说起。

严格意义的农业是一种利用自然和生物的自然机能,通过人类劳动的调控生产物质财富的部门。就其本身内在机能来说,它只能利用现成的(当然这种"现成的"是动态的概念)生产手段来调控自然力,它不能改进与制造生产手段中最重要的东西——生产工具。而农业的发展从根本上说又必须依赖生产工具的改进乃至革新。这样,囿于农业本身来追求农业的发展,显然是走进了"死胡同"。农业的发展,从本质上看(当然不排除那些细枝末节的农艺改良),要依靠农业外部,特别是工业的发展。此其一。

其二,由于农业生产活动的分散性与地域性很强,如果农业处于一种单一的孤立的发展状态,它必然是自给自足型的自然经济,这种经济是缺乏动力机制的,从而其发展必然是缓慢的。只有当非农业部门充分发展,特别是商业部门充分发展之后,由于对农产品需求的增加,农业才能获得更为强劲的发展动力。

现代经济还证明,运输业、信息业、金融业等的分工和发展都为农业的发展提供了更为广阔的机会和条件。

综上所述可以看出,农业发展问题绝不是一个孤立的问题,而是社会经济综合进步的结果,这种进步则是建立在生产力的社会分工的基础之上的。

(二)农业的专业化社会化及其层次性

社会分工、专业化、社会化这三个范畴在实际经济生活中是完全分不开的。社会分工,一般地直接表现为专业化的进程,所谓分工,就是一部分社会资源(包括劳动力资源)用于生产或经营这一部分产品或活动,一部分资源则用于另一种产品或活动,这本身就意味着专业化的发展。当然,专业化的水平与规模是不一样的,有一个发展过程,但是属专业化性质则是无疑的。在中世纪,一部分劳动力和土地主要用于种植粮食,另一部分劳动力和土地则主要用于牧羊,这是一种分工和专业化。在现代,一部分劳动力从事田间作物的管理,另一部分劳动力则专业从事机械化作业,这又是一种分工和专业化,只不过是层次和深度的差异罢了。专业化必然要依赖社会化。在专业化发展的同时,必然要求社会化的协作,而且专业化愈细狭、规模愈大,对社会化的要求就愈高。否则,各个专业性生产与经营者之间的"连带"链条就会中断,所有的生产者与经营者的经济过程就会中止。

马克思曾以饲畜业者、制皮业者、制鞋业者三种专业性生产者为例，说明这三种独立生产某一种产品的劳动者，由于他们都是专业化生产，这三种生产物之间又有着"连带"性，因而他们之间就需要有一种社会化的联系，才能使三者协作起来制造出最终产品——皮鞋。这种联系必须有两个基本条件，从内部来说，牲畜、皮革和皮鞋都必须作为商品存在；从外部来说，必须存在一个社会化的市场。[②]因此，我们不能离开社会分工来谈专业化，也不能离开专业化来谈社会化。专业化是基础，社会化是条件，社会分工则是两者的总括。经济愈是发达，这种原来由一个劳动者或一个经济实体所完成的过程，便会愈来愈被分割成众多分工细密而又相互依存、保持千丝万缕联系的社会化群体来完成。

农业的专业化社会化，是一个具有层次性的概念群。就现有经济发展水平来看，至少应包含三个层次，农业企业或家庭农场内部的专业化分工，农业企业或家庭农场之间的专业化分工和农业地区专业化。

——农业企业或家庭农场内部的专业化分工，在小规模农业的国家，一般主要是工序的专业化，如有的劳动者以从事机械作业为主，有的劳动者则以从事田间管理或者是别的经营活动为主，而且这种专业化分工的界线往往带有一定模糊性（非绝对固定的）。因此，农业企业内部的协作，既有相承性（流水作业）的，也有平行性（大家同时从事某一个工序）的。

——农业企业或家庭农场之间的专业化分工，一般按其所生产的主要产品进行。如水稻专业化、棉花专业化、花卉专业化、生猪专业化、奶酪专业化等。在发达国家，这种企业专业化达到很高水平，以至一个家庭农场只生产一种产品。在发展中国家，则多是"一品为主，多种经营"。企业的专业化，对农业的社会化服务要求很高，离开了产前、产中、产后乃至生活的各种社会化服务，企业的专业化就无法存在和发展。从这个角度来说，农业企业的专业化是社会化服务业发展的原动力，社会化服务则是农业企业专业化的保证。两者是谁也离不开谁的。这一点往往被人们所忽略。

——农业地区专业化，农业区划（布局），生产集中化，是几个同向的关系密切的范畴。农业区划是一种主观导向行为，它是国家根据不同地域的特点，对农业生产进行地理上的宏观分工。它对农业的地域专业化起着间接引导作用或指导作用。农业地区专业化，是农业区划成果的载体或结果，它是指每个划定的农业区域内的主要配置部门及其合理组合。农业区划（布局）与农业地区专业化，都体现为农业生产部门在特定地区的相对集中化的结构。

（三）农业专业化与工业专业化的区别

由于农业生产的特殊性，农业专业化同工业专业化既有共性又有差别。这里只阐述其差别的方面。

——从专业化的重心来看，农业专业化是"后倾"式的，工业专业化是"前倾"式的。即按专业化的三个层次（企业内部、企业之间、地域之间）来划分，农业专业化的重心是倾向于后两个层次，工业专业化则倾向于前两个层次。其原因是：第一，农业生产受气候影响，具有很大的季节性和灾害性，不可能像工业那样把生产资源在企业内部固定地按生产环节或生产种类进行分配，对劳动者实行固定的专业化分工；只能进行相对的分配与分工，在农忙季节或灾害性天气下，这种分配与分工往往就会被突击性的平行协作所取代。所以，农业专业化在企业内部的工序专业化上较之工业表现得并不充分。第二，农业生产对土地与其他自然条件的依存性远远大于工业，由于农业企业所占有的土地条件不同，不同农业区域气候条件的差异，因此农业企业间的专业化、特别是农业地区专业化，较之工业则具有更大的不可替代性。例如，热带地区的农业专业化结构，就不可能用温带地区的专业化结构去替代，沙壤土农场的专业化结构一般也难以用死黄土农场的专业化结构置换等。这种情况，在工业中显然要简单得多。工业虽然也有地区专业化，但主要是受资源和经济发展基础的制约，而且较之农业具有更大的人工再塑性和替代性。

——从专业化规模来看，农业专业化是以"外联"规模为主，"内扩"规模为辅；工业专业化则反之。在农业中，生产集中化主要表现为地域专业化，而不是像工业那样表现为集中在越来越大的企业里。这一点，我在本书第六章的第二节中已做过论证了。

——农业生产的专业化同劳动力的兼业化往往并存发展。

二、农户经营企业化

(一) 专业化的必然趋势

农户经营企业化，是农业专业化的必然结果，是农业专业化的要求。农户经营企业化，也就是中国式的家庭农场体制的最后形成。

我在本书第六章最后一部分中，曾论及中国的农户经营会经历"三次蛹化"，其中第二次"蛹化"就是由小商品经营向企业化经营蛹变。之所以认定将经历这一次蛹变，既是考虑了国际农业发展的经验，也是对应了中国农业专业化的历程。

社会分工与专业化，是经济发展的一般趋向，农业也不能例外。经过20世纪80年代的改革开放，中国城乡商品经济有了巨大的发展。但是，旧的计划经济体制的改革迟滞不前，导致价格改革不到位，致使中国市场发育的进程过慢。由于市场发育不全，农户经营徘徊在小商品生产阶段的时间也就拉长了。那种囿于半自给半商品性的小生产，不可能产生专业化的内在动力。所以整个20世纪80年代，农业专业化的发展是不快的。建立在这种半自给性生产基础上的农户经营，具有显著的"可进可退"性，即进可多出售产品，退可多增加家庭消费，其竞争机制是比较脆弱的。因而，农户本身对经济核算、科学管理、信息决策等企业化经营的要求则是淡薄的。

90年代，随着改革开放的进一步扩大，随着社会主义市场经济的发展，上述状况必将发生急剧的改变。我们在本书第六章第一节也指出过，随着社会主义大市场的发育和完善，价格体制改革的逐步推进，市场需求(导向)对农户经营的诱导力必将大幅度增强，农民将会逐步懂得，搞小而全的生产远不如进行大批量的专业化生产有利。市场需求愈大，农民的这种专业化生产的动力就愈强大。进行完全面向市场的专业化生产，就要应付竞争，就要进行经济核算和科学管理，就要依靠科技进步，从而就会逼使农户改行企业化经营，力求降低成本，改进产品质量，提高产量，以保证在激烈竞争中立于不败之地。

(二) 中国式家庭农场的建立

中国农业的现代化，要求建立起一种完全能够适应现代农业运作的微观基础即现代农场制度。这种现代农场制度的基本要求是：

——高劳动生产率，为了适应现代经济的大发展及城市化的膨胀，农业必须保持较高的劳动生产率。现代农场必须转向高有机构成的机械化耕作，并使剩余劳动力转移到非农部门，高劳动生产率则要以高投入为前提。为此，现代农场要求具有较强的积累机制和投资冲动，具有较宽松的吸纳投资的能力。

——高商品率。现代农场必须是纯粹的商业性农场，根除任何自然经济的痕迹。农场的产品完全是以市场为导向并进入市场交换的，农场的需求完全是依赖市场供给的。国际经验表明，只有这种高商品率的农场制度，才能成为现代市场经济的牢固微观基础。

——高技术更新机能。在市场经济条件下，激烈的竞争驱使科学技术日新月异地发展，企业与市场如果缺乏强劲的技术更新机能，便会被淘汰。这是一目了然的。现代农场，由于是商业性的企业，完全参与市场竞争，因此必然具有高技术更新机能。

使中国目前的"家庭经营"真正转到符合上述三项基本要求的现代农场体制，是一个逐步的、较长的发展过程。在这个过程中，必须通过改革与发展，创立如下主要条件：

第一个条件：农业专业化的发展。农业专业化的高度发展，是现代农场制度建立的基础性条件。在中国 20 世纪 50 年代末到 70 年代，曾经有过一种带有普遍性的理论偏误，即认为现代化的社会主义大农业企业 (在中国称为"人民公社")，只需实行生产关系上的集体化和生产力上的机械化就可以建立了。因而，人为地运用政府权威，大张旗鼓地强行扩大集体化规模和农业的机械化，结果失败了。

那次失败的根本原因，就在于背离了经济学的基本原理，犯了主观主义错误。这里所说的基本原理主要是指：社会分工与专业化，是建立现代化农业(包括现代农场制度)的基础，而这种农业的社会分工与专业化的进程，又需要商品经济与市场充分发展的大环境。显然，在当时那种高度集权的计划经济模式下，既不可能有这种大环境，也不可能发展经济学意义的社会分工与专业化。

专业化为什么是"三高"农场制度的基础性条件呢？因为只有在专业化生产的条件下，才能形成不断提高劳动生产率的规模效应和扩张动力；只有在专业化生产的条件下，才能形成生产与消费完全依赖市场的机制；只有在专业化生产的条件下，技术进步才真正具有经济容量。

第二个条件：农地制度的更新。农地制度的更新，是现代农场体制的重要前提。我在本书第七章中已经详细地论述了中国农地制度的改革问题。目前的农地制度，还是一种过渡型的，或者说是不完全成型的。它还是处在由原来"三级所有，队为基础"的计划型农地体制向未来市场经济体制变异过程中。正因为如此，这种农地制度如果不按市场经济原则进行更新，则会妨碍现代农场体制的建立。其主要表现为：(1)土地产权不明晰，妨碍依托土地进行扩大再生产的激励机制的生成；(2)土地流动的自由度太低，缺乏土地使用自动集中的机制。这些情况下，欲推行高劳动生产率、高商品率、高技术更新机能的农场体制，显然是既缺乏动力，又缺乏客观条件。

为了建立"三高"现代农场体制,就必须进一步推行农地的准商品化。所谓"准商品化",就是在保持现行土地所有制的条件下,实行所有权、承包权、经营权的分离,允许自由租赁,即是在"经营权"的范畴内使土地成为商品,自由流动;承包者长期不变,承包权可以继承;所有者与承包者在租赁经营过程中,可以分别获得绝对地租和部分级差地租的收益。

第三个条件:农业企业家群体的形成。现代农场制度,既然是实行企业化经营,则过去的那种半宗法式的农户"家长",显然是不能胜任的,必须造就一批企业家人才,即有市场经济意识,有科学技术知识,有组织管理才能的社会主义"农场主"。如果没有形成这样一大批有见识、有才能、有胆识的农场经营管理者,现代农场制度则是不能最终确立的。

(三) 中国式家庭农场的模式

中国式的家庭农场,目前尚缺乏成型的样板。这里,只有根据理论的推导和已有经验的预测,提出一些模糊的设想,总的来说,这种新的农场可以设定为:以血缘关系为基础,以经济契约关系为纽带,以市场为导向,严格按工业企业基本原则进行经营与管理的中国现代家庭农场。

——以血缘关系为基础,即是说农场的成员基本上是由一些有血缘关系的人所构成员。至少是农场的基本成员,都具有父子、直系亲属等血缘关系。

——以经济契约关系为纽带,即是说农场的成员虽大体具有血缘关系,但这只是自然属性的关系,他们之间的经济关系已经起了根本变化,与过去那种半宗法式的家庭经营不同,这时则是通过契约(合同)关系进行维系。父子等血缘关系退居次位,雇用与被雇用的关系则升居首位了。因此,农场成员也有被解雇的可能性。

——以市场为导向。新的家庭农场,在经营机制上发生了根本性的脱胎换骨,它已经没有旧的那种自给自足、半自给自足的痕迹,像工业企业一样,生产、流通、分配、消费都融入市场调节中,按市场信号进行。

——严格按工业企业基本原则进行经营与管理,包括实行经理负责制(合作、联营式的农场则实行董事会下的经理委托责任制),严格的会计审计制度,成本核算,供、产、销的商业化经营等。

显然,这种新型的农场,外壳上虽然仍是"家庭",内容上则是现代化的企业。它的基础是现代市场经济,它的机制是市场竞争,它的动力是现代产权制度。

三、农业专业化的外部条件

农业专业化的发展,除了取决于农业内部社会分工的发展之外,还要取决于农业外部社会分工的发展。就农业这个特定的部门来说,外部分工往往是内部分工的契机,它可以能动地促进农业内部的社会分工。

(一) 交通运输的发展

世界工业化的全部史实说明,交通是工业化的先导行业。交通干线伸向哪里,工业文明就传播到哪里，商品流通与商品交换就扩展到哪里，从而社会分工与专业化也延伸到哪里。

在社会主义国家中，人们往往忽视交通的伟大作用，其理论原因则是认为一种新的生产方式出现，是取决于生产领域中的质变，而不取决于流通领域。这显然是机械地理解了生产决定论。应该看到，生产决定是从社会总体上来说的，但在新的生产方式成长发展的过程中，有一个地域梯度推进的时间差：往往是沿海、沿江、沿湖先发展起来了，然后通过交通干线的兴建与延伸，逐步把新生产方式向腹地与边远地区扩散开来；城市先发展起来，然后通过交通干线的延伸，一步步向农村和山区拓展。农村专业化生产也不会例外。

农业是国民经济的一个部门，农业中新的生产方式的产生与发展，一般要取决于城市与工业，而其中的纽带就是交通。关于专业化的农业产生与发展，一般是在城市工业专业化发展达到相当规模之后，由于工业对农产品商品化的要求，通过交通的发展，而逐渐地把农业由自然经济转变为商业性的专业化生产。

交通之所以对农业专业化具有如此重大的作用，主要在于：（1）交通为农业社区送来了新的商品，刺激起农村居民新的需求，为了实现这种需求，就必须出卖自己的产品。这是农业生产商业化的最初动因。（2）交通又为农业销售自己的产品提供了更大空间与市场，在市场比较利益的驱动下，农业便会选择那些效益高的种类进行规模化的生产，以降低成本，提高产量和减少运输损失。这是农业专业化的基本动力。（3）交通为农业专业化生产源源不断地提供新的市场信息和新的物质装备，使农业专业化的不断提高与发展成为可能。（4）交通还为原先处于封闭静态的农村人口的流动提供了可能，从而为打破旧的宗法体系，消除旧的小生产文化创造了决定性的条件。

（二）农村市场的发展

专业化，是一种高度商业化的经济方式，它的全部经营活动都必须以客观上存在一个较为发达的市场为前提。反过来说，没有一个相对发达的市场，专业化生产是不可能的。道理是很简单的：家庭农场转向了专业化生产方式，它的全部产品都是为了上市场销售，如果市场渠道不通，生产就会中断，生产者便会受到巨大损失，此其一；其二，既然全部产品都是为了出售，那么农村内部的全部消费品（生产性与生活性），则必须依赖市场供给。如果市场体系不完全，供给不及时，品种不足，则农场的再生产（包括劳动力的再生产）就会停止。

这里所说的市场，当然包括各种各样的市场，如生产资料市场、资金市场、技术与信息市场、生活品市场等。从发展过程来看，生产资料市场、农产品销售市场、资金市场、生活品供应市场对农业专业化的初始发展阶段是至关重要的，必须首先培育。回顾中国20世纪80年代初中期曾经风靡一时的"专业户"，之所以不少由兴起走向萎缩，就是因为农村市场的发展未能跟上，许多专业户是人为地扶持起来的。这说明有些人还不甚明白专业化生产与市场发育的内在联系，以为凭主观愿望就可以制造出一批专业户来。

（三）社会化农业服务业的发展

我们在本章前面讲过，专业化与社会化是一个问题（社会分工）的两个方面，谁也离不开谁。专业化是社会化的基础,社会化是专业化的条件。在交通与市场发展的基础上,社会化农业服务业的发展,显然是农业专业化的必备条件。

在中国,农户生产的专业化同社会化服务业的发展,将会是一个相生相长、交错互动、由粗而细的演进过程,孤立地突出任何一方,都是难以操作的。

这是因为,一方面农业专业化生产离不开社会化的商业服务,这一点前面已说得很清楚了;另一方面社会化服务业又要求有一定规模的服务对象——专业化的规模,否则就不可能经营有利。所以单方面地鼓吹社会化服务,而不致力推进农业内部的专业化发展是片面的,是不可能真正实现的。今后社会化服务业的发展,不能循着旧的计划经济的思路,搞"赔本买卖",而必须按市场经济的思路,从增强社会化服务内部激励机制着手来推动其发展。要具备增强的激励机制就要有经济效益,要有经济效益就得有足够的服务批量,要有足够的服务批量就得有足够的专业化规模。但是,专业化生产规模又要依赖社会化服务的发展。这岂不是走进了两难的"怪圈"吗?

实际并非如此。在实际进程中,我们完全可以循着地域专业化→社会化服务体系的生成→全面(多层次)专业化的思路推进。即是说,把我国农业专业化社会化分作两个基本阶段:首先,是以地域专业化促社会化服务业的阶段。在不改变或基本不改变现行家庭经济规模的基础上,积极鼓励农户实行"联片种植""联片养殖"和"联片加工",一个村、一个社区基本上生产一种或数种农产品,形成地域专业化。从生产方面来说,对社会化服务的需求就会显著增加;从社会化服务方面来说,服务的对象集中联片就会产生足够的规模,既可保证边际收益率,又可能降低服务成本(分散在各处,成本就会提高),这样,社会化服务业的生存与发展才有了客观经济基础,从而可较顺利地成长完善起来。这是第一阶段。社会化服务体系初步生成之后,家庭农场之间和农场内部的专业化社会化推进到第二阶段,即以社会化服务反促专业化更深层次发展的阶段。当然,这两个基本阶段并不是截然划分的,而是一个相互交错的互动过程,是一个反复更替的过程。这个过程,使农业的专业化与社会化相生相长,由低而高、由粗放到细密地发展起来。换句话说,即使进行到第二阶段以后,这个过程也不会终结。在新的基础上又会把地域专业化推向新的高度,从而又进一步推动社会化服务业向更细微分工、更宽广辐射方向发展;更高水平的服务业则又会把农业企业及其内部的专业化向更深的层次拓展……如此循环往复,不断把农业的社会分工引向新的领域。

四、专业化社会化模式的选择

(一)农业生产专业化模式

从中国的实际出发,农业专业化似应采取如下基本模式:以地域专业化为纽带,以家庭农场专业化为核心,以农工商一体化为目标,逐步建立中国式的专业化现代农业。这是一种动态结构模式。

——以地域专业化为纽带,本章前节已做了初步阐述。可以设想,在农业区划成果的基础上,积极利用政策导向和社会化服务,鼓励农户联片种植、养殖与加工,形成区域性的生产规模和产品批量。在初期完全可以不用改变现行的承包格局,但每家每户生产结构基本一致。这样，就便于采用机械化作业和现代技术的运用，便于兴办良种繁育、技术推广、产品收购加工等为主产品服务的各种辅助企业和事业单位。我曾经实地考察过好几个这样的联片种植与养殖的村，有的是联片种柑橘的，有的是联片养肉鸡的，农民称之为"柑橘村""养鸡村"，它们都属于专业村。在这些村里或附近，农科所、种苗场、种鸡场、收购站都营业兴旺。例如，种鸡场为各家各户提供仔鸡与饲料，农科所为他们提供有关技术及培训，收购站因为有足够的收购批量所以也能自负盈亏，双方相得益彰，共生共荣。当然，这种地域专业化还是初步的，范围也较小，但随着生产的发展，它便会向广度与深度不断扩展下去。

——以家庭农场专业化为核心，是指整个农业专业化的基础，还应该是农业企业间的专业化分工，以逐步提高农场的规模效益。地域专业化或联片种植养殖，如果没有家庭农场专业化的基础，则是一句空话。但在相当长的时期内，家庭农场专业化的规模可能是不大的。这与土地的集中程度和资本的形成规模是分不开的。所以就必须以联片生产的外延群体规模来补充。家庭农场的专业化，就必然会是在地域专业化的大格局中的一个个组成部分，必须服从地域专业化和总体布局。例如，统一品种，统一季节，统一技术措施，统一交货等。

——以农工商一体化为目标，是指农业专业化发展的总趋势是农工商一体化。农业与非农业，在历史上经历了一个否定之否定的发展过程。在古代，经过第二、三次社会大分工，工业和商业从农业中分离出来，后来又经过资本主义阶段的大发展，把农业与非农业的发展推进到一个新的高峰，同时也把双方的对立推到极端。资本集中的加剧和科学技术的发展，使工农业的社会分工达到一个转折点，这个转折点的特征就是，纷繁复杂的高度专业化分工的各种行业，如果没有具有组织保障的高度社会化的协调，经济循环就无法进行下去。资本的跨行业跨地域的集中，也为这种社会化和联合提供了可能性。于是，农业与二、三产业在新的基础上又逐渐走上了由分到合的一体化道路，这对中国来说，当然还是一种远景。农工商一体化的实质，是把社会化服务的外在性质变为内在性质，由松散的协调变为组织行为。

上述农业专业化模式，是一种动态结构模式。如果把整个农业专业化作为一个历史过程，不妨将这个过程划分为三个基本阶段：初级阶段、成长阶段和成熟阶段。在初级阶段，重心放在低级的地域专业化及在其大格局中的农户小规模专业化。此时农户经营还未进入企业化阶段，所以整个专业化的规模不会很大，专业化的质量不会很高，其商品率虽有很大增长但可能还未消除某种自给性的生产。在成长阶段，以农户经营转向企业化为基本标志，随着土地自由租赁机制的形成，专业化的重心便可以逐步转到家庭农场专业化这个层面上来。由于家庭农场经营规模因土地集中而逐渐扩大，农场有机构成的提高以及城市工商业对农村的进一步渗透，因此无论是农场专业化还是地域专业化的规模与质量都会发生质的飞跃，农业商业化与现代化基本实现。在成熟阶段，以工业化的完成和城乡逐渐融合为主要标志，农业和工商业之间、城市与乡村间的经济联系日益紧密，企业集团化的趋势日益扩展，这就为农工商一体化开辟了道路。

(二)农村经济社会化模式

严格地讲,这里所说的社会化模式,不是广义的社会化概念,而是狭义的社会化服务体系的模式。

作为为农业服务的社会化服务业,显然必须与农业的专业化发展同步同质,据此,中国农村社会化服务业的发展模式,在近中期适宜采取多元化、蛛网形、层次式的离散型模式。

——多元化。农业社会化服务,按其客观需要来说,内容十分庞杂。按服务的性质包括农业公共服务和农户经营服务。公共服务又包括水利、道路等基础设施和各种农业技术与信息服务,农户经营服务又包括产前、产中、产后且涉及许多行业的服务门类。这样庞杂的事业,靠任何一个单独的主体都是难以兴办起来的,必须调动国家、集体、企业、个人各方面的积极性,在所有制经营形式、运行方式上必须实行多元化,不拘一格,鼓励发展。

——蛛网形。即众多的社会化服务主体,可以遵循市场经济的法则实行横向协作、联合乃至兼并,以不断扩大服务规模,提高服务质量,降低服务成本,在竞争中不断改进对农业的社会化服务。这其中,最重要的是反垄断、反包办,特别是要防止旧的集权式的计划经济做法,提倡市场面前一律平等,平等竞争,平等联合。只要对发展农业有利,各种横向协作的方式都应允许。

——层次式。千头万绪的服务业,必须划分层次,在符合经济规律的前提下进行适当的社会分工。不能一哄而上,齐头并进,那就会浪费资源且不易达到社会化服务的目的。整个社会化服务业大体可分为三个基本层次:基础性服务层次、流通性服务层次和生产性服务层次。基础性服务,主要是前面所说的公共服务,由于它存在明显的"外部效益"问题,任何一个经济实体来承担都有困难,因此应以政府为主要承担者(包括县、乡乃至省政府)。这也不排斥小型的、明显具有地区性的基础设施服务业可由村或大的企业集团来承担。流通性服务,主要是指产前的生产资料供给与信贷支持和产后的销售、运输、加工贮藏等服务。由于它超越了微观领域,一般让个别农户和村来承担力不能及,主要应该由那些信息灵敏、渠道畅通、有较大投资实力的商业集团、合作经济组织(如供销社、农协)或大批发商来承担。在专业化的基础上,将来在农业中可能会产生各种以产品为龙头的专业性行业协会,农户自己组织起来解决本行业的社会化服务问题。直接生产领域的服务,即所谓"产中"的服务,由于它的时限性与地域性十分强,跨地域远距离的主体便难于满足,故宜以本地的服务实体承担为佳,主要应由村办第三产业和本地域的集体与个体服务实体来承担。或者,本地实体同上述第二层次的集团、合作组织、协会实行纵向联合,作为上述跨地域实体的分支机构来承担。

这种离散型的社会化模式,在中国可能会延续相当长的历史时期,直到农工一体化的专业化社会化形式普及化以前,它将会是一种基础模式。

在这里还必须指出,社会化服务业的发展本身,也是一个专业化发展的过程。从经济学的意义来说,与其叫社会化服务,还不如叫专业化服务更为确切。因为一切为农业提供服务的企业都是专业化的。

注释：
① 《资本论》第 1 卷，人民出版社 2004 年版，第 390~426 页。
② 《资本论》第 1 卷，人民出版社 2004 年版，第 390~426 页。

第十三章　市场经济与农村市场

一、社会主义者的艰难历程

(一)认识上的三次飞跃

社会主义国家，由排斥商品货币关系到承认市场经济，是一次划时代的革命。这期间，由于思想的禁锢和认识受实践的制约，在计划与市场的关系上经历过多次反复。以中国为例，随着改革实践的发展，人们在认识上逐步提高，实现了理论上的三次飞跃。

第一次飞跃：由"限制论"到"补充论"。由于理论和经验的限制，长期以来我们都认定计划经济是社会主义的基本特征之一，而商品与市场则是同社会主义本质不相容的，认为，哪里有商品经济，哪里就会滋生资本主义。由此，便产生了一系列限制商品货币关系的政策。这种限制政策，在"文化大革命"中，发展到消除城乡之间买卖关系和消灭"自发势力"的根子——农民自留地的荒谬地步。

20 世纪 80 年代开始，随着农村以家庭联产承包责任制为中心的改革，亿万农民推动了农村商品经济的大复苏，使农业在几十年来破天荒第一次实现了超常规的增长。这一无法否认的事实，教育了人们，使大家开始认识到商品经济确实比过去那种过度集中的计划模式，具有更大的活力，于是，开始承认在社会主义条件下，还必须利用商品经济，使其作为社会主义计划经济的一种有益补充。在这一阶段，代表性的理论就是"板块论"，大的由计划管住，小的让市场调节，实行"计划经济为主，市场调节为辅"的方针。这在认识和实践上，应该算是一次飞跃，即由限制到补充的飞跃。

第二次飞跃：由"补充论"到"结合论"。20 世纪 80 年代中期，随着改革开放的深入与扩展，特别是沿海地区经济的迅猛发展，一方面，城市改革步履蹒跚难以适应经济发展和农村深化改革的需要，使人们愈来愈感到旧的"补充"模式已经过时，实践已远远超越了它；另一方面，特区和沿海地区发展的经验也充分证明，放开市场才能搞活企业，从而才能促进经济的迅速发展。于是人们进一步认识到，在社会主义初级阶段，商品经济不仅不能逾越，而且是社会主义的本质内涵，不是外在之物，必须加以大发展，才能促进社会生产力的发展。由此，中国共产党第十三次全国代表大会正式确立经济体制改革的目标，是建立社会主义的有计划的商品经济，实行计划与市场相结合，具体的运行模式是"国家调控市场，市场引导企业"。后来又改为"计划经济与市场调节相结合"。应该说，这是我们在理论上的又一次飞跃，即由"补充"到"结合"的飞跃。

第三次飞跃：由"结合论"到"基础论"。理论的力量在于它的彻底性，并给人以明确无误的指导信息。应该承认，"结合论"较之"补充论"虽是一大进步，但是不够彻底。它没能解决计划与市场谁是基础的问题，在计划与市场谁主谁从、谁多谁少的问题上，仍然似是而非。而其中的实质，则是没有正面回答"计划经济"究竟是不是社会主义的本质特征问题。正由于此，在 20 世纪 80 年代后期，人们的认识反反复复，莫衷一是。理论上的困惑，使得改革——特别是国有经济的改革步履蹒跚，一些老工业基地处境艰难，国营企业的亏损面不断扩大。而反过来，在沿海地区，在一些国有经济(计划)不占优势的新兴工业区，经济发展都蒸蒸日上。这种鲜明的反差又一次教育了人们：如果再不突破旧的"计划经济"禁锢，再不确立市场经济应有的地位，我国的改革与发展将会遇到重大的障碍，甚至有"功亏一篑"之虞。

正是在这种背景下，小平同志在总结正反两方面经验的基础上，明确地提出了计划经济与市场经济不是社会主义与资本主义的本质区别，两者都是经济手段的科学论断。这一论断如春雷掠空，澄清了理论的是非，指明了改革的方向。中国共产党第十四次代表大会，依据邓小平同志的思想，取得了一致的共识，郑重确定了社会主义市场经济为经济体制改革的目标，市场在社会主义国家宏观调控中对资源配置起基础性作用。这样在理论与政策上完成了由"结合论"到"基础论"的伟大飞跃。认识上的这一飞跃对未来经济发展的巨大催化作用是绝对不能低估的。

从以上三次认识上的飞跃中，可以清楚地看到，是一日千里的改革开放的伟大实践一次又一次地使人们不断更新观念，使认识与理论得以逐步提高和升华。

这又一次证明：实践是理论的第一源泉；实践是检验真理的唯一标准。

(二) 市场经济是商品经济的高级形式

市场经济，就其本质来说，是生产力社会化的必然产物，是商品经济发展的高级形式。

我们回顾一下商品经济的发展史，就可以看到，商品经济是一种超越社会制度的经济形态。在它的发展过程中，大体经历了三个基本阶段(或形式)：小商品经济、原型市场经济和现代市场经济。

1. 商品经济的萌发阶段：小商品经济

小商品经济，或简单商品经济的出现，可以追溯到原始社会的后期，跨越了奴隶社会和封建社会。这一点，马克思在《资本论》中有过精辟的论述。这种小商品经济是以小生产自然经济为背景的一种新的萌芽形态的经济形态。当时，人们生产的目的是"自给自足"，而不是为交换而生产，只是将少量剩余的生产品个别地、偶然地拿去交换别的自己所需要的产品，马克思以"商品——货币——商品"来代表这种小商品经济的运行规律。

在小商品经济条件下，由于市场极度不发达和生产的自给自足性质，生产资源的配置显然不可能通过市场机制实现，也更谈不上通过计划机制实现，而是一种集需求信息与资源配置行为于一体的分散性、封闭性和随意性的原始配置方式。

2. 商品经济的发展阶段：原型市场经济

资本主义生产方式的确立，使资产阶级在它不到 100 年的统治中，"仿佛用法术"创建了生产力飞跃发展的奇迹。它"把一切封建的、宗法的和田园诗般的关系都破坏了"，[①]自给自足的小生产彻底被摧毁了，城市大工业兴起了，国内市场统一了，世界市场开拓了……社会分工的大发展，把生产力和专业化、社会化推进到空前的高度，实现了需求与生产的高度分离，以致任何一个生产者（企业）依靠自身的全部智慧也无法解决生产什么，生产多少，为谁生产的问题，要解决这个问题，只能求助于市场。

这样，市场便成了一只"无形的手"，凌驾于社会之上指挥着千千万万个企业的生产，指挥着全社会的分配、流通、消费。这就是我们所说的"原型的市场经济"，或称自由竞争时代的市场经济。这种市场经济在历史上就是由社会化的大生产所呼唤出来的。

在这种自由竞争的原型市场经济条件下，生产资源的配置完全是通过市场信号的波动，自发地（没有干预地）引导加以实现的。这种资源的配置方式，在历史上起过十分巨大的革命作用，它使社会生产力的发展超过了"过去的一切世代创造的全部生产力"的总和。但是，它却使人类社会从此变成了自己所创造出来的市场的奴仆。

3. 商品经济的高级阶段：现代市场经济

原型的市场经济把生产力奇迹般地呼唤了出来，但当时那种狭隘的自由资本主义的生产关系，却逐渐无法驾驭它了。马克思、恩格斯曾经生动地描绘道："这个曾经仿佛用法术创造了如此庞大的生产资料和交换手段的现代资产阶级社会，现在象一个魔法师一样不能再支配自己用法术呼唤出来的魔鬼了。"[②]1929 年爆发的那次震撼了整个资本主义世界的大危机，就是这一矛盾的集中暴露。这次几乎使资本主义丢了性命的危机，导致了资本主义经济学的大转折，导致了由"无形的手"一统天下的自由放任的市场经济转到了以"无形的手"为基础并加进了"有形的手"（政府干预）的现代市场经济。关于这一点，刘涤源教授在他的新著《凯恩斯主义研究（上卷）：凯恩斯就业一般理论评议》中有一段很好的概括："1929—1933 年经济大危机严重地震撼了资本主义体系。这次经济大危机是资本主义经济危机史上一个重大转折点，导致了资本主义庸俗经济学说的一次重大转化：原来占统治地位以市场经营论为中心内容的马歇尔新古典经济学说顿行衰落，转换为以政府干预为主轴的罗斯福'新政'，随之涌出的'凯恩斯革命'逐渐成为风靡西方各国的主导经济学说。"[③]其后，虽几经曲折起落，供给学派、现代货币主义等相继更替兴衰，但现代的资本主义市场经济已经不是过去那种完全自由放任的经济了。几乎所有的发达资本主义在维护原有市场经济基本框架的同时，都在不同程度上通过政策、规划、计划等手段实行政府对经济运行的干预，绝对的"无形的手"的市场，现代实际上是没有的。

这种现代市场经济，在以市场机制作为资源配置的基础方面，同原型的市场经济没有实质的差别，而只是在宏观方面加强了政府干预的作用，通过各种经济和政府的导向作用对市场运行和国民收入再分配施加影响。资产阶级在运用"有形的手"调节供求均衡，缓和经济危机，改良式调和过度的两极分化，保障社会稳定等方面，积累了丰富的经验，的确在一定的程度上弥补了"无形的手"的缺陷，延缓了资本主义的衰亡。但由于其制度本质的局限，并不能根本消除危机和阶级对立。

从上面的分析中可以看到，市场经济是生产力社会化自然演进的结果，不过，这种由小商品经济到市场经济的演进，在历史上是由资产阶级来完成的，从而在其外壳上也就难免会带有某些资产阶级的烙印。然而，我们却不能由此判定市场经济是资产阶级的"专利"。正如不能因为资产阶级在历史上开创了一个"机器的采用，化学在工业和农业中的应用，轮船的行驶，铁路的通行，电报的使用……"的现代化时代，而把上述一切都当作社会主义的异己之物一样。

(三)市场经济选择的必然性

经济学的基本问题，就是研究如何更有效地利用有限的(或稀缺的)生产资源生产出更多的物质财富，以满足社会需求的理论与方法。资源产出率高，谓之经济效益高；反之则是经济效益低。这是一个社会是否繁荣昌盛的基础。而资源产出率则要取决于资源配置的方式与方法。

排除中世纪不论，迄今为止资源配置的基本方式不外乎两种：市场的配置与计划的配置。

1. 计划经济下的资源配置

社会主义国家过去70年的实践表明，那种排斥市场机制的典型的计划经济，为求得总供给与总需求的均衡，不能不依赖中央的高度集权，中央计划机关通过带有命令性的经济计划，用行政手段一级一级地配给资源，确定生产任务和分配最终产品。这种资源配置方式，显然要遇到一系列的麻烦：计划决策者的主观偏好，信息的迟滞与失真，计算上的困难以及机构的臃肿。这一切都是滋生官僚主义的温床，使生产往往与社会需求脱节。在具体经济生活中表现为：比较有利于宏观调控，而不利于微观搞活；政府扩张意识强烈，而社会激励机制萎缩；容易实现单一目标，难以保证多目标的协调发展；易于实现总量均衡而较难实现结构均衡；适用于简单的经济系统，很难适应复杂的经济系统。

正是由于这种资源配置方式造成动力机制萎缩和经济运行呆滞，致使过去的社会主义国家资源浪费严重，生产结构失调，经济效率不高，社会主义的优越性未能充分显示出来。实践证明，过去这种高度集中的计划经济模式，在资源配置上基本是失败的，社会主义国家必须寻找新的模式。这正是20世纪80年代经济体制改革的基本历史背景。

2. 市场经济下的资源配置

市场经济，是通过市场信号的波动，自下而上地引导资源的流动与配置，引导从生产、分配、流通到消费的运行，自动实现供给与需求的均衡(总量的与结构的)。这种资源配置方式需要具备的前提是：市场主体的多元性；生产要素的全面流动性(商品化)；生产与经营领域的自由进入性(非垄断性)；市场信号的非干扰性(非刚性)。

由于市场经济的这种特质，它较之计划经济，社会激励机制(动力)远为强劲，资本形成速率高，而且速度与效益比较容易统一；在市场导向下，需求引导生产，较计划经济能更好地实现供给需求在结构上的均衡；在市场条件下，强烈的竞争机制和灵敏价格机制，可以有效地促进资源利用效率的提高，特别是在微观领域，可以强迫企业采用新技术，改善经营管理，从而推动资源产出率的提高和产品消耗率的下降。这就是市场经济具有更高的经济效率的原因。当然，市场经济由于它本身所具有的无政府状态，必然会在分配上造成两极分化，在经济发展上会造成周期性的危机。这些都是市场经济的共性。

3. 社会主义市场经济的选择

前面说过，市场经济就其本质来说是社会化大生产的产物。社会主义和资本主义一样，都是建立在社会化大生产的基础之上的社会。因此，社会主义国家实行市场经济的经济体制，本来是应有之义。

首先，市场经济所要求的前提条件，在社会主义社会也是可以满足的。

——市场主体的多元性，可以通过公有制为主体，其他经济成分为补充，公有制企业实行两权分离、成为相对独立的经济实体的方式解决。

——生产要素的全面流动性，完全可以通过各种生产要素的商品化解决：劳动力这一生产要素，如果承认马克思所说的"重建个人所有制"包含消费资料的个人所有和劳动力的个人所有，则也是可以成为商品的；只不过在社会主义社会这种特殊的商品同其他商品不完全一样，它具有交换价值和人的尊严这两重属性。

——生产与经营领域的自由进入性，就绝大多数的产业与行业来说，在社会主义社会也是不成问题的，特别是当国有企业的改革到位以后，这个问题更不是问题了。

——市场信号的非干扰性，不是绝对的，即使在资本主义条件下也不是绝对的。所谓非干扰性主要是消除市场信号的"刚性"，包括国家的宏观调控，也必须以市场供求关系为基础。显然，这也正是社会主义价格体制改革的目标模式。

其次，社会主义的实践也充分表明，凡是市场机制强于计划机制、市场为主计划为辅的国家、地区和企业，都比那些旧的计划经济模式改变不多的国家、地区和企业经济发展快得多，效果好得多，更富有生机和活力。例如，中国比苏联市场取向改革进行得更成功，中国稳定发展，苏联解体；沿海比内地市场机制更强，沿海欣欣向荣，内地发展迟缓；乡镇企业相比国营企业，前者是市场调节，后者是计划调节，一个生机勃勃，一个亏损面不断扩大。

再次，在社会主义条件下，市场经济的共性同资本主义条件下基本上是相同的。一方面，在社会主义条件下，市场经济在资源配置方面的一切优点都表现了出来，社会主义国家的经济效率必将大幅度提高。另一方面，分配差距拉大在一定时期内是不可避免的；周期性的经济危机在一定程度上也是可能出现的。这就给我们的宏观调控提出了更高的要求。由于社会主义国家有共产党的统一领导和公有制经济的主导地位，在克服市场经济的弱点方面，显然比资本主义国家更有优势。

最后，社会主义条件下的市场经济同资本主义条件下的市场经济也有本质区别，这种本质区别主要是两个：

——市场主体结构的不同。资本主义市场主体结构，是资产阶级私有制企业占绝对统治地位，其他经济形式的企业则是从属地位。社会主义市场主体结构，则是社会主义公有制企业占主体地位，其他经济成分的企业（个体、私有、外资等）则属补充地位。

社会主义公有制能否与市场经济相容呢？按照资产阶级经济学的观点，似乎市场经济只能建立在私有制的基础上。这是不对的。其实，市场经济所要求解决的条件不是"属谁所有"的问题，而是要求解决"自主经营"的问题。而社会主义条件下，对公有企业实行所有权与经营权的分离，是完全可以做到自主经营的。股份制的实施，将为"两权分离"提供最好的形式。在股份经济的条件下，公有经济的主体地位将不体现为有百分之几十的企业属公有企业而将体现为公有经济控制了百分之几十的股份。

——市场运作最终结果的不同。资本主义市场运作的终极结果，是少数个人(寡头)的财富大积累。社会主义市场运作的最终结果，则是人民大众的共同富裕。由于这种目标上的本质差异，在资本主义市场经济条件下，往往是牺牲公平去追求效率，而且也只能在不妨碍效率或为了提高效率的前提下，改良式地照顾公平。而在社会主义市场经济条件下，则要求兼顾公平与效率。

公平与效率能否得兼？长期以来，社会主义国家也没有能找到一种使两者得以兼顾的模式，往往是牺牲效率去追求公平，造成平均主义与低效率。问题的症结，我认为就在于企望将公平与效率都放在微观领域中加以解决的错误思路。正确可行的模式，应该是一种"分离模式"，即：宏观解决公平，微观追求效率。具体地说，就是国家通过国民收入再分配(税收、社会保障、公益事业)解决"有限公平"，企业内部则应严格实行优胜劣汰。之所以叫"有限公平"，是因为平等不能脱离当时的经济文化发展水平。社会主义国家在这方面，应该比资本主义国家具有根本的优越性。

总之，由计划主导型经济转向社会主义市场经济，是一个十分复杂的过程。就基本内容来说，当然是一种机制的转变，是一种资源配置方式的改变。但却不仅仅是这些，它势将交织着利益与权力的纷扰，有时甚至是比较尖锐的。因而，某种阵痛也是难以避免的。正由于此，国家的宏观调控不是可以放松，相反却是要求加强，当然，这种"加强"不是回到过去那种行政命令的干预，而是要学会利用各种经济的、法律的杠杆，有计划地引导这种过渡的进程，规范人们的经济行为。这就好像积蓄已久的大水库，一朝放水，决不能把闸门一下子全部抽掉，而必须有步骤地逐渐抽开，否则，下游就会泛滥成灾。

二、市场与计划的辩证统一

(一)一分为二

对于计划与市场，必须做一分为二的辩证分析。总结各种不同体制下经济发展的经验，可以大致看出，市场对于经济发展的作用有以下几个方面：

第一，加速资本形成。在发展中国家，政府的干预在促进资本形成，特别是规模形成方面，无疑发挥着显著的作用。但是，也应看到，如果只有单纯的政府行为，而无市场的作用，则资本形成的速度不可能很快，效果可能较差，特别是经济结构不易优化。在市场机制的作用下，资本形成的主体更多，可以弥补政府主体的不足；资本流动的速率更大，可以大大提高资金的边际产出率；更明显地是可能更多地吸引外资，并使内引大于外流。同时，市场不发育和分割的状态既阻碍了国内投资，还妨碍资金在地区间流动。

第二，提高资源微观利用效率。在市场条件下，强烈的竞争机制和灵敏价格机制，可以有效地促进资源利用效率的提高，特别是在微观领域，可以强迫企业采用新技术、改善经营管理，从而推动资源产出率的提高和产品消耗率的下降。

第三，风险分流。发展的过程是充满着风险的。如果在市场缺位的情况下，一切风险都得由政府承担下来，这不仅力不能及，而且影响政府的信誉。但是，在市场的条件下，情况就不一样了，不仅可以减少某些风险的出现，而且可以由市场消化某些已出现的风险。中国1989年的调整，之所以没有出现1963年那种大量劳动力被动员回乡、市场物资严重匮乏、人民生活急剧下降的局面，其中一个重要的原因我认为就在于1989年存在一个比1963年远为发达的市场。它消除了一部分失业(存在着劳务市场)，缓和了一部分工人的收入下降(以第二职业的收入弥补)。这一点可能有些人还没有清楚地看到。

第四，培养人的经营素质。在千变万化、风险丛生的市场中营运，较之在一切"等、靠、要"的非市场环境中，显然更容易锻炼出符合现代化大生产所需要的经营管理人才。这是不言而喻的。

第五，强化民族凝聚力。民族凝聚力的强弱，直接影响到对发展风险的社会承受力。我们观察一些发展中国家(包括社会主义国家)发现，之所以某些国家一度出现剧烈的社会震荡、政变乃至分裂，当然有严重的政治原因，但从基础方面来分析，缺乏统一的国内市场，恐怕是起了重要的作用的。这是因为，统一的国内市场可以大大加强全民族在经济上的相互依存性，在此基础上便会产生一种强大的"民族认同感"。这种"民族认同感"在日本发展过程中曾起过的非凡作用，是人所共知的。它可以使全民耐住最艰难的挫折而保持社会的稳定发展。

前面阐述了市场在经济发展中的作用，只是想说明市场对发展是不可少的，但绝不能认为市场是万能的。市场机制也有其本身难以克服的弱点。这种弱点，概括起来大体是：第一，难以保证发展的社会效益。第二，难以保障基础设施与公益事业的建设。第三，难以克服风险投资的障碍。第四，无法解决分配上的差异悬殊趋向。

同样，对于计划机制和政府干预，也应进行一分为二的分析。计划机制对于经济社会发展的积极作用方面，在绝大多数社会主义国家中都曾经显示出来了。即使在发达的资本主义国家中，政府的干预也程度不一地发挥了作用。这些作用是：由国家在全社会范围内调节生产社会化与生产资料私有制之间的矛盾，在一定程度上确实缓和了这种矛盾(当然不可能根除这个矛盾)；在有限程度上纠正了市场私有制调节的某些弊端，如自发性、盲目性与破坏性，从而使第二次世界大战后迄今尚未出现像20世纪30年代那样的大危机(这也可能与"大周期"有关)；利用国家的力量实现了科学技术的重大突破，如许多高科技企业均属国有；为经济发展创造了较好的环境。

尽管计划机制具有上述市场机制所不具有的优点，但它同样也具有自身的弱点。现实中社会主义国家的计划经济往往表现出如下的缺点：

第一，容易束缚企业的活力。由于计划机制往往依靠自上而下的等级服从体制，而且还要采取种种保护政策，这就势必会削弱企业自主经营的权力，并且会使企业滋长对政府的依赖性，这两个方面都会大大降低企业的竞争活力。在改革前社会主义计划经济的体制下，企业更是政府的"附庸"。生产凭指令性计划指标，产品由政府统购包销，企业没有自我发展的动力与能力，当然也就没有竞争和技术进步的内在要求。

第二，容易出现决策的随意性。千变万化的市场信息往往要通过多层的传递才能到达计划机关，这就容易造成信息的滞后与失真；加以计划决策人并非企业经营者，缺乏直接的利益关系，因而其价值判断往往并不符合直接生产经营者的价值判断。这样，经济决策就很可能偏离经济发展的实际，而造成损失。①

第三，经济运行缺乏灵敏性。在典型的计划机制下，经济的运行一般是通过金字塔式的组织体系一级一级地推动，"市场上帝"在这里不起作用，"上级"才是真正的"上帝"。这样，信息、决策、传递、监督、评估、校正诸多程序是通过许多机构(而不像在市场机制下只由企业一个机构)去完成的。这必然就要缓慢得多，对于变化了的客观情况，就不容易作出及时而灵活的调整。

第四，容易滋生腐败。计划机制如果没有十分发达的市场机制相配合，势必要依赖权力推动。而权力如果缺乏有效的制约机制，就必然会滋生腐败现象，这种情况在第三世界国家中屡见不鲜。

第五，难以保障经济发展的质量与效率。

以上缺点的全部后果，就集中在容易追求产量忽视效益，注重数量轻视质量，控制总量不顾花色品种，扩大投入而产出不能相应提高……

由于市场与计划的缺点，当今世界的经济学家，不论他属于哪一流派或立场，大多数人倾向于两者必须结合起来。正如纳夫齐格尔所说，没有一个政府完全依赖集中计划，也没有一个政府完全依赖市场。大多数欠发达国家选择了集中计划和市场两者之间广泛密切的配合。④

(二)计划与市场结合的三阶段

计划与市场的结合结构和结合深度有一个成长过程，要受到时间的约束。一般地说，在我国，可能会经历三个基本阶段：计划培育市场阶段、市场完善计划阶段和市场与计划有机融合阶段。

目前，我国的市场处在发育初期，需要政府有计划地通过政策干预来培育，还处在"计划培育市场"的阶段。在这里，应该澄清一种误解，即认为市场似乎只需要一"放"就会立即发展起来。多年的经验说明，简单地"放手"或"放开"，虽然商品交换是活跃了，但随之而来的腐败滋生、分配不公等问题，却成了社会公害。这是因为，正常的市场应该包含四个基础要素，即：一是市场主体必须是独立的商品生产者和经营者，自主经营，自负盈亏，优胜劣汰；二是市场客体必须是个包含商品、资金、劳务、信息、技术等完整的有竞争机制的市场体系；三是市场规则必须遵循等价交换原则；四是市场信息必须能够较全面、准确、及时地反映社会成本和供求关系。显然，这些要求的形成与完善，单纯地依靠"一放了事"是很难办到的，至少在现实的社会主义国家是不可取的，因为这样将会造成不可收拾的恶果。例如，市场主体的形成和成熟，有赖于有计划地推进企业改革，而企

---

① N.斯尼里瓦桑曾指出："计划经济模式在作出困难的政治和社会经验抉择时，不可能摆脱计划制订者价值判断的影响，忘记了这一主要事实，就可能导致十分不幸的后果。"见《发展经济学的新格局》一书，经济科学出版社，1987年版。

业改革的完成又有赖于市场客体的完善、政企分开的改革、企业预算约束的硬化，特别是有赖于专业化社会化分工的发展，地区封锁和部门垄断的打破，经济杠杆运用的成熟以及各种市场基础设施的建设和市场机构的建立等，市场规则与市场信息的规范化，更是一个较长的发育过程，还有赖于价值观念的转变。在这个过程中，有一个自然发育的问题，同时还需要政府运用行政干预因势利导地加快其发展，减少发展过程中的消极作用。因此，我把这个阶段称为计划培育市场阶段。

所谓市场完善计划阶段，是循着否定之否定的规律，在上阶段市场发育趋近成熟的基础上，在计划与市场的交互作用过程中使计划体制、计划方法、杠杆运用乃至计划人员的素质得到改造和提高。当然，这个阶段与上一阶段并非截然划分，而是一个交叉重叠的发展过程，只是各个阶段的重心有所不同，前一阶段侧重有计划地培育市场，第二阶段则侧重于利用市场机制来使计划机制科学化规范化，使两者走向衔接。"计划"绝不是先验性的东西，从其体制、机制到具体计划方法，都有一个由不完善到完善、由不够科学到科学化、特别是由衔接性低（同市场）到衔接性高的发育过程。这个过程的完成，也绝不是计划机关坐在会议室里可以想出来的，而是要经过计划与市场有机融合充分发育，在市场与计划的交互作用过程中，逐步成熟化。所以，一旦市场培养到一定时限之后，便会转入市场完善计划的阶段。显然，在这个过程中，商品生产将会有极大的发展，生产的社会化程度必将大大提高，在客观上对生产管理社会化的要求也就会日益增长，加上经过前一阶段计划机制完善化、科学化的提高，因而便会逐步进入计划有效调控市场，市场引导企业阶段。现在理论界有些意见之所以相互抵触，争论不休，我觉得这与把计划与市场的结合看作一种静态的可以一步到位的思路有很大关系。实际上这是不可能一步到位的。

三、中国农村市场的发育与模式选择

(一)国情与特点

中国的市场发育，在历史上走的是一条曲折起伏的道路，甚至可以说，在中国，市场的发育从来没有经历过一种"自然演进"的历史阶段。在中华人民共和国成立以前，由于封建主义的桎梏和帝国主义的入侵，中国的资本主义和商品经济未能得到顺利而充分的发展。与之相对应，市场的发育呈明显的嵌入性（限制性的通商口岸）、买办性、依附性（依附于国际资本）和不均衡性。中华人民共和国成立以后，特别是土地改革完成到"三大改造"全面完成以前，中国的市场曾经有过短暂的"自然发育"瞬间。但是，由于众所周知的原因，从20世纪50年代后期开始，中国市场实际上走进了萎缩时期。

党的十一届三中全会以后，中国市场发育开始了一个新的跃进时期，逐步开创了一条以国家政策为支撑，以农村市场为先导，"涟漪式"地向城市扩展，然后回过来又由城市率领农村的特殊的市场发育道路。

就世界一般的市场发育规律来看，大都是经过以城市带领农村的"自然演进"道路而发育成熟的。商品经济首先是在封建基础比较薄弱的边缘城市发展起来，如欧洲的威尼斯、热那亚、米兰等，而后逐步向其他城市、乡镇和农村扩展。换句话说，西方发达国家的市场发育，在历史上走的是一条城市的社会分工促农村的社会分工、城市的商品化促农村的商品化、城市的市场化促农村的市场化的"原型"道路。这显然同中国当前市场发育的道路大异其趣。

中国市场发育之所以采取了上述特殊道路，这是由于如下历史背景决定的：①中国的市场"解禁"是首先从农村开始的。由于1978年以后开始的中国经济体制改革，首先是以农村的家庭联产承包责任制拉开序幕的，以农户为单位的经营方式，势必要求市场的相应发育，这是客观推动主观政策的过程。②在农村实行"两权分离"以后，农业与非农业的社会分工便随之而迅速地发展起来，这种分工的速度与广度大大超过了城市。社会分工是商品经济的基础，也是市场发育的基础，从而农村市场以及以农村产品为内容的城市集贸市场便雨后春笋般地发展起来。③在农村这广阔空间，计划经济从来也没有实行过"包下来"的"父爱主义"，农户、农村企业不存在什么吃国家的"大锅饭"问题，因而为市场主体的自主经营、自负盈亏提供了良好的土壤。这一点较之城市国营企业就具有更大的转轨灵活性，特别是农村乡镇企业一开始就是"计划外"，客观逼使其必须面向市场，由市场调节其产、供、销活动。

正是在这种历史背景下，20世纪80年代中国市场的发育开创了一条不平常的道路：由农村的初级市场波及城市的农贸市场；由农民的贩卖活动波及城市居民的贩卖活动；由农产品的交易波及小工业品的交易；由消费品波及生产资料；由个体、集体的市场活动波及国营企业的市场活动，以至单一的商品市场向多种生产要素市场扩展……中国农民，在20世纪80年代推动中国市场发育方面，又一次发挥了"主力军"的作用。

在这一潮势的推动下，中国的国内市场有了惊人的发展。全国零售商品、饮食业、服务业机构由1978年的125.5万个增加到1989年的1138万个，增长806.8%；从业人员由607.8万人，增加到2829.4万人，增长365.5%。1989年同1979年相比，社会商品零售额由1800亿元增长到8101.4亿元，增长350.1%。1989年国营与集体零售额为5858.5亿元，占总零售额的72.3%，个体与私营零售额为2243.9亿元，占27.7%；城市零售额为3533.9亿元，占43.6%，农村零售额为4567.5亿元，占56.4%（1979年为54%）。农户平均每人消费支出中，商品性消费由1978年的44.84元增至1989年的343.42元，增长665.9%，包括食品在内的消费品的商品部分第一次超过了自给部分，占生活消费支出总额的68.67%。④整个商品零售总额中，消费品占87.3%，农业生产资料占12.7%。此外，像劳务市场、资金市场、技术市场以至信息市场等，都有不同程度的发展，与此同时，价格形成机制也有了改变，由计划定价的逐步减少，由市场调节的逐步增加。"据国家计委一课题组调查，省级以上经济管理部门下达的指令性计划产品产值占工业总产值的比重仅为16.2%"，"国家统配物资品种由256种减为26种，部管物资指令性分配的由316种减少到45种"。⑤

从以上材料中可以看到，10年来中国市场的发育已进入一个新阶段。其主要标志是：①以消费品为主体的市场覆盖面已遍及城乡，基本上实现了按照市场需求安排生产（特别是在农产品方面）；②这部分商品的价格刚性已大为削弱，农产品除少数几种外基本是随行就市，轻纺工业品基本做到了按季节浮动，家用电器等耐用消费品也大体是按市场供求关系进行浮动；③在农村和一部分城市集体企业中，生产要素已大体可以自由流动；④农户经营自给性已大为降低，对市场的依赖性也就显著地加强了。农村已成为巨大的国内市场。

(二) 中国农村市场发育的障碍因素

在整个 20 世纪 80 年代，中国农村市场虽然有了很大的发展，但是应该看到，这仅仅是初步的，距离一个成熟的现代市场，还差之甚远，具体表现在：市场体系残缺不全，覆盖面还不大，广大农村的农户还在为买难卖难而苦恼，这严重地挫伤了农民商品生产积极性；农产品价格还未普遍放开，农村市场信息失真，往往造成对生产者的错误导向；农村市场的基础设施还十分滞后，农产品运销、仓储和加工设施极端缺乏和陈旧，无法承担农业生产与消费市场之间的纽带作用，市场的规范性极差，假、冒、伪、劣，欺行霸市屡抑不止，地区封锁与行业分割也比较严重等。

以上这些问题，总的来说基本上是市场发育初级阶段难以避免的。具体分析起来，可以归纳为如下几个障碍性因素：

1. 城市市场发育的掣肘

现代经济是城市主导型经济。城市发展状况决定着乡村发展，在市场发育问题上尤显突出。这是一般的经济规律。

在中国 20 世纪 80 年代的农村改革推动了城市改革这一特定的史实，可能会引起人们的误解，以为农村在任何问题上都会带动城市，形成某种近似农村主导型的想法。这是缺乏分析的结果，其实，经过仔细分析，便可以看到，20 世纪 80 年代初的农村先导现象的产生，有着特殊的历史背景：其一"包产到户"只涉及生产领域，是生产决策权、土地经营权由生产队向农户的让渡，是劳动力的支配权由集体向农民自身的让渡；它在农业内部便可以得到解决，无须牵涉其他经济部门。其二，在 20 世纪 80 年代初，由于旧的计划经济体制在城市里根深蒂固，而农村则相对薄弱，又有受"一大二公"集体经济模式之害最深的广大农民的支持，因此首先从农村突破改革的障碍，这是很自然的。其三，即使如此，农村的先行改革如果没有得到城市(党政首脑机关)的同意，也是搞不成功的。

所以，应该分清楚，农村改革推动了市场的初步发展是一回事，而要形成一个成熟的农村市场需要城市市场的充分发育和带动则是另外一回事。一旦农村改革进入流通领域，进入以市场为取向的全面改革，问题就出现了。首先，农民在包产到户基础上积极增产出来的产品，要求能及时出售。但过去 30 年的计划经济所造成的城乡分割，使商业流通渠道单一化，承担不了蓬勃发展起来的农村商品生产的要求；商业与运输业的改革不到位，造成"卖粮难""卖棉难"诸多尖锐的问题，大大抑制了农民发展商品性农业的积极性。其次，农民生产自主权、产品处理权的强化，必须要求趋利避损，但由于城市整个价格改革不到位，特别是粮棉油大宗产品的价格仍管得较严，基本没有放开，这就会把农民发展市场经济的积极性导向非农部门，使农产品的市场化、商品化出现严重的不平衡状态(如水产品、副食品发展很快，订购量大的农产品则相对停滞)。最后，由于城市整个市场取向的改革在 20 世纪 80 年代摇摆不定，市场规范化——显然只能由城市决策而无法由农村决策——很差，农民作为小商品生产者，在市场经济方面的文化素质与经营惯例都十分贫乏，这样势必造成现行市场还处于一种初级的混沌状态。许多假、冒、伪、劣、坑、蒙、拐、骗的商业行为，往往是先由城市而波及农村，农民相对更无法制观念，结果造成农村"后来居上"的局面。

2. 微观基础的制约

市场发展的基本条件就是市场主体的多元化、自主化与专业化。通过 14 年的改革，多元化的问题基本解决了，但是自主化的问题，农业尚未完全解决（城市国营企业则差之更远）。虽然取消了统派购制度，但订购制在执行过程中往往形成统购制的复归，特别是在粮棉产区连种植面积也属于指令性计划。至于专业化问题，在农业与非农业之间，有了明显的发展，但在农业内部，无论是专业化的哪一个层次都发展得相当缓慢。这不能不阻滞着农村市场的发育。

我们在本书第十二章中讲过，农户经营的专业化、企业化，是农村市场发育的基础，农村市场发育，又回过来成为农户专业化、企业化进一步发展的外部条件。专业化与市场化之所以存在这些密切的关系，其内在联系无非就在于农户经济活动的社会化（反过来说就是农户自给性的全面消失）。一个高度专业化的家庭农场，它的全部生产要素和生活资料及其服务性劳务都离不开农场外部的专业化协作；它内部生产的全部产品，都是为市场而生产，都要拿到市场上去销售。这样，便从市场需求和市场供给两个方面扩大了市场的容量，推进着市场化的发展。所以，可以说，农户的专业化同市场化是正相关的。

3. 改革错位的影响

20 世纪 80 年代中期开始的财政体制改革，就其积极方面来说，实行地方财政包干，"分灶吃饭"，对于过去那种中央大一统的财政体制，确是一种突破，从而提高了各级地方政府的积极性，对发展地方经济特别是促进乡镇企业的发展，起了明显的作用。但是，也应承认，这种包干式的财政改革，就其本质来说并不符合现代大生产的要求。现代市场经济要求打破一切地域与行政壁垒（在一国之内尤其如此），使经济活动畅通无阻地在国内统一市场中驰骋。而"分灶吃饭"的财政体制，把财政收入同行政辖区捆在一起，这势必大大强化了地方保护主义，地区封锁，以邻为壑，既阻滞了技术进步与产业结构调整，又妨碍了全国统一市场的形成。

4. 交通落后与信息闭塞

如果说社会分工是商品经济和市场发育的基础，那么交通的发展则是社会分工的催化剂或是先行官，还是信息的传播导体。

中国目前一些内陆地区和山区，之所以社会分工迟滞和市场极不发达，同这些地区交通闭塞有着密切的关系。这种情况，在山区看得最为明显。在一些既无铁路又不通公路的偏僻山乡，几百年来农民都只知道种粮糊口，伐木为薪，日出而作，日没而息。人们安于现状，"一杯黄酒一盆火，除了皇帝就是我"。根本不知工业、商业为何物，出卖自己的产品被认为是可耻的事。在这种情况下，社会分工如何得以发展呢？但是，铁路修通了，外来人多了，带来了从未见过的新商品、新生产方式。山区原来不值钱的东西却能卖到钱了，拿钱又可以买到比自己生产好得多的日用百货了……这就必然诱使原来安于现状的山民们也出去闯市场了。这样，社会分工的闸门也就慢慢地拉开了。

(三)农村市场的模式选择

农村市场，是全国统一市场的一部分，农村市场的模式当然首先应以全国统一市场模式为基本，并根据农村的特点加以具体化。

随着中国社会主义市场经济体制的逐步确立，中国农村市场可能会形成如下基本模式，即：多主体、开放式，以小城镇为中心，以区域市场为基础，以专业性批发市场为纽带、同全国统一市场对接的农村市场。

——多主体，在农村表现为以国有与合作经济为主导，以个体商业为主力，以私营商业为补充的市场主体结构。

——开放式。开放式表现在两个方面，其一是农村市场较之城市市场，具有更大的自由进入性。其二是农产品价格全部放开。

——以小城镇为中心。小城镇是中国农村与城市的接合部，也是农村经济和市场的发展极。星罗棋布的农村小城镇，是未来都市的雏形，它本身已初步具有扩散与吸纳的市场功能。农村市场，就是以一个个小城镇为据点，蛛网状地将其流通触角伸向农村的四面八方，进行商品、信息、技术、劳力、资金的小规模集散。

——以区域市场为基础。由于农业生产的地域性与分散性，初级市场必然带有地域性的色彩：粮食专业化地区必然市场的主体商品是粮食；山区市场的主体商品必然会是山货。在其市场形式、内容等方面都会带有地域的烙印。当然，这里所说的区域市场，并不是以行政区划来划分的，它是以经济活动最佳流向为机制的、超越行政地理界线的经济区域。

——以专业性批发市场为纽带、同全国统一市场对接。区域市场与全国统一市场相对接的"接合部"，主要是专业性批发市场。关于专业性批发市场，政府可以按市场经济原则合理布局进行组建，也可以让企业集团、私人和外商在一般经营领域中发展。一般地说，粮食、棉花、茶叶等重要农产品的批发市场，国家应控制主要的份额。通过发达的专业性批发市场的"网结"便把全国统一市场的大网结成了。

应该说明，这种农村市场模式，是以近中期中国农村的现状为背景的。如果到了将来农工一体化全面展开之时，这种模式就会发生本质的变化。

四、农产品价格问题

(一)理论依据

马克思在《资本论》第三卷中，详尽地阐述了地租对农产品价格形成的作用，并提出了劣等土地的产品价值是农产品市场价格形成的基础这一科学假设。在当前中国，由于土地有限，土地所有权的垄断(集体所有)和土地经营权的垄断(农户承包)依然存在以及人口膨胀对农产品需求的剧增等因素，一方面固然要在原有土地上追加投资以提高单位面积产量，另一方面还必须开发利用劣等土地。这样，由劣等土地的农产品价值决定农产品市场价格的基础还是存在的。

在改革以前，社会主义国家的农产品价格政策，在理论上都是以此为基础的。但是，这只能是一个"基础"，是制定价格的一种思想取向。实际的价格形成往往受到更多的限制。首先，是农产品成本的计算，在方法论上困难很多，其说不一。这是众所周知的。更重要的是在计划经济条件下，价格的确定要受到国家财力和居民工资水平的掣肘。因为这两者，特别是工资水平，在计划经济条件下是缺乏弹性的。更何况还要通过"剪刀差"来积累工业化的资金。因此，在实践中的农产品统购统销价格，都是一种限制性价格，它明显地要低于实际可能形成的市场价格，也往往低于劣等地农产品价值。这正是20世纪80年代以前中国农民生产积极性不高而政府强制性干预不断升级的经济原因。30年的经济教训说明，马克思讲的劣等地产品价值决定市场价格，是对市场经济条件下经济自然运行结果的一种科学的事后性的概括，却不能作为事先制定计划价格的可操作的依据。所以，在过去计划经济时期没有能完全照此办理，今后在社会主义市场经济条件下，更会是如此。

(二)"双轨制"与扭曲

由于20世纪80年代的改革，农产品价格形成部分地引入了市场机制，突破了过去计划管理的一统天下，逐步演变成计划与市场并存的双重形成机制。开始时是一部分关系国计民生大局的重要商品实行完全的计划价格，另一部分商品则实行完全的市场价格。价格形成便分为放开和未放开两大块。执行的结果是，价格放开的那部分产品(如水产品、蔬菜等)，农民生产积极性高，市场供给很快地丰富起来；而未放开的那部分产品(如粮、棉、油等)，由于价格的扭曲，生产大起大落，短缺便导致强化管理，越管则价格刚性就越大，致使生产出现徘徊。后来，迫于上述情况，又改行对"管住"的那块农产品在完成定购合同任务后，可以自由上市，实行市场调节。这样就形成了价格的"复式双轨"和"双重扭曲"，管住的一块与完全放开的一块的"双轨"和管住的一块中订购价与市场价的"双轨"。这种复式双轨，必然产生两块间比价的扭曲和管住的那块中计划价与市场价比价的扭曲。后一种扭曲又加剧了前一种扭曲。这正是农产品市场信号失真，结构调整艰难的原因。

(三)农产品价格改革

农产品价格，是关系到全国人民生活水平和社会稳定的大事。农产品价格改革，一要考虑到国家财政的承受能力，二要考虑到亿万农民的收入，三要考虑广大城市居民的经济与心理承受力，四要考虑以农产品为上游产品的工业的成本消化能力，五要考虑整个国家的货币大环境，等等。正因为如此，在农产品价格改革上，如稍有失误，便会波及整个国民经济的正常发展和整个经济改革的顺利进行。

从1979年开始，中国的农产品价格改革就起步了。十几年来，国家对农产品的价格改革，采取因势利导、调放结合、稳步出台的方针，从总体上说是成功的。但由于缺乏经验，在进行过程中，也曾出现过暂时的涨落。大体上说，经历了三个阶段，1979—1984年为第一阶段，1985—1989年的治理整顿是第二阶段，1990年以后为第三阶段。第一个阶段，采取"以调为主，以放为辅"的方针，先后对物价进行几次较大的调整，特别是较大幅度地提高了粮、油、猪、蛋等主要农副产品的收购价格，并对粮棉油等产品实行超购加价政策，扩大议价收购比重。在1978年以后的5年间，农副产品收购价格指数提高104％。与此同时将肉、禽、蛋、水产品等8种主要副食品的零售价格也提高了15％到42％，同时给每个职工每月发副食品提价补贴。国家根据"调整服从稳定"的原则，对一些工农产品，有升有降。这6年间，全国零售物价总水平累计上升17.8％，而同期全民所有制职工平均工资提高86.9％，农民家庭每人平均纯收入由1978年的113.47元增加到1985年的263.84元，增长132.5％。⑥

1985—1989年为第二阶段。这一阶段是采取"以放为主，以调为辅"的方针，除了粮、油、棉等部分关系国计民生的重要商品及劳务价格外，消费品价格(包括大部分农产品)基本全部放开。一些重要的副食品的购销价格，分别实行国家指导价格和市场调节价格。粮食取消统购改为合同订购。这个阶段，有些生产周期较短的副食品商品，由于放开了价格，产量迅速上长，供给迅速增长，以水产品和禽蛋最为明显。但是，1984年信贷失控，使当年的货币投放比上年增长49.4％，到1985年货币环境已开始不如以前稳定了。虽经1986、1987年的紧缩与膨胀摇摆不定的调控，到1988年又再度"过热"起来，从而引发了1949年以来第二次最大的通货膨胀。当年末市场货币流通量由上年的1308亿元猛增到2134亿元，增长63.1％。1988年年末零售价格总水平累计上涨45％左右。主要农产品价格波动幅度较大，不合理的比价又逐步复归，农民在第一阶段得到的实惠，这时又开始逐渐丧失了。在这种情况下，开始了治理整顿。但是，应该看到，20世纪80年代末的这次通货膨胀，并不是农产品价格放开所导致的，恰恰相反由于粮油等主要农产品价格被计划管死，农民在这次通货膨胀中遭受了巨大损失。这次通货膨胀，主要原因是多年积累的货币超经济发行所潜伏的隐性通货膨胀，经过1988年工业品价格放得过猛和工资外消费基金变相剧增的催化，而暴发成显性通胀。

通过治理整顿，农产品价格改革进入了一个新的阶段。14年的改革与发展和治理整顿，为农产品价格的全面改革创造了一个比较宽松的大环境。

——首先，经过治理整顿，通胀率已显著下降，货币大环境是最好的时期；

——1991年开始的市场疲软，显示了我国在日用商品市场方面已开始出现相对的买方市场，人们在心理上的"短缺性"抢购冲动已大大淡化；

——经过十几年的价格改革，"粮为百价之首"的计划经济价格形成机制已不复存在，不可能出现放开粮价会带动物价全面上升的局面；

——14年的改革与发展，使人民生活水平显著提高，消费结构也已发生变化，恩格尔系数下降，粮食的消费在整个食物中的比重显著下降；

——近几年虽然局部地区发生自然灾害，但在总体上农业是增产的，粮食是增产的，贮备是充足的。

1992年出台的部分调高粮食售价，减少计划供应的改革，在社会上完全没有引起什么波动，集贸市场的粮价也没有上扬，就充分证明以上的估量是符合实际的。因此，不失时机地一个省一个省地(先产粮省、后其他省)全面放开粮、油、棉花的价格，实行全面的市场调节，是可行的。如果错过这个时机，一旦在未来年份中又出现"过热"的新一轮的经济波动，那就会贻误价格改革的大局。

(四)农产品价格改革的模式

在讨论改革模式之前,我想在马克思地租理论和生产价格理论的基础上,结合中国14年改革与发展的实践经验和社会主义市场经济发展的前景,首先探讨一下今后农产品价格改革与价格宏观调控的理论参照系问题。

国内有的学者提出以土地生产率为标准的生产价格,应作为决定农业资源配置的标准的理论。我以为是有道理的,但还不够全面,因为它不能回答资源在农业与非农业之间的配置决定机制问题。因此,我想把这个理论,扩大为"双重生产价格标准"论。即:以土地生产率为标准的生产价格,调节农业内部的资源配置;以劳动力报酬为标准的生产价格,调节农业与非农业之间的资源配置。这样,在价格改革与宏观调控上,就有了一个更为全面的指导思路。

在讨论了理论参照系之后,让我们再回到农产品价格改革的模式选择上来,根据前面的理论和实践经验,考虑到社会主义市场经济发展的进程,中国当前农产品价格改革,似应采取"全方位波浪式放开与外围复式掩护相结合"的模式。

——所谓全方位放开,是指农产品价格从总体上讲势必要全面放开,不仅品种要全面放开,而且地域也要全面放开。取消现行的合同订购制,改为期货收购制。农产品放开的风险系数,显然要大大低于现有的工业特别是基础工业产品。因为:第一,农业生产投资周期短于工业生产,容易"掉头";第二,农户经营自主权大于国营工业企业;第三,农业生产的市场调节机制比较强劲。国家根据国民经济的需要通过期货市场收购必要的农产品。

——所谓波浪式放开,是指充分利用价格的扩散效应,哪个地区可供需均衡就先放哪个地区,哪项农产品丰收就先放哪项农产品,放一个地区波及周边地区,放一项产品波及关联产品,这样一浪一浪式地朝着全面放开前进。通过波浪式放开,逐步理顺工农产品之间、农业内部之间的比价。

——所谓外围复式掩护,是指在放开农产品价格的同时,要从两个方面对农业生产进行保护,一是收购保护,二是价格保护。考虑到中国农村广阔、交通不畅、信息不灵的状态不是短期内所能改变,农户生产的盲目性和销售渠道不通的情况暂难避免。因此,国家应制定农产品的最低保护价,在年初通过国营批发(期货)市场预订一部分产品。如果农户遇到了销售障碍,批发市场除按年初议价收购预订部分外,还应按最低保护价超额收购适当部分;如果农户可以自销,则按预订合同数量收购。最低保护价以略高于成本低于议价为原则。期货预购,可视情况预付一部分定金,这样可以缓解农户流动资金不足。批发市场的预付定金和按最低保护价超额收购与议价收购的差额,均由专设的"农产品采购基金"支付。

五、农村市场的宏观调控

(一)宏观调控的目标

国家对农村市场的宏观调控,是社会主义市场经济体制的重要组成部分。国家对农村市场进行宏观调控的目标，总的来说是：通畅、均衡、增长、互利。

——通畅，即是农村内部和城乡之间的购销渠道、融资渠道、信息传播等通达畅流。宏观调控这方面的目标就是理顺关系，消除梗阻。

——均衡，即是保证农产品、农村资金、农业生产资料及其他要素在需求与供给间的均衡。宏观调控在这方面的目标就是监测失衡，及时引导结构调整。

——增长，即是农业必须保持适当的增长率，这种增长率一般应与工业与城市化的增长相适应。宏观调控在这方面的目标，就是通过调控投资与信贷规模，协调工农业的发展速度。

——互利，即是农村市场的运行应该使国家、城市、农村各经济阶层都能获得自己应该得到的利益，最终达到共同富裕。其中，最主要的是保障农业与工业之间、乡村与城市之间的互利。

(二) 调控机制

1. 价格调控

价格是市场的灵魂。建立健全灵敏的价格调控机制，是国家对农村市场进行宏观调控的核心。世界主要发达国家在调控农产品价格方面积累了许多经验。对我国有参考价值的主要有三个方面：其一是建立农产品最低保护价格制度。即当市场上农产品(或某项农产品)供过于求，价格疲软下滑时，为保护农民的利益，国家制定最低保护价格予以收购。其二是实行农产品补贴制度。即国家根据国内与国际农产品市场的预测，如若需要调减某项农产品的种植面积，以保证其价格不致大幅下降，则给予减少种植面积的农场以补贴(按面积)。其三，建立国家主要农产品的库存贮备并进行吞吐调节。

2. 批发(期货)市场调节

在社会主义市场经济的总体格局中，国家必须建立一批国有农产品批发市场，这些批发市场同时又是农产品的期货市场。这些批发市场，一方面密切配合国家的指导性计划对主要农产品按有倾向性的价格进行期货交易，以引导农民的生产方向；另一方面通过吞吐作用对农产品市场价格进行扬抑调节。这种批发市场，基本上按市场经济原则进行经营，但国家对其吞吐农产品过程中可能产生的损失，按优惠原则给予定额财政补贴，

3. 社会化服务调控

我在本书的第五章和第十二章中，对社会化服务体系在国家宏观调控中的作用，有过基本的阐述，日本的"农协"在这方面的经验是值得中国借鉴的。可以设想，中国现有的供销合作社和信用合作社，如果加以改革和调整，是完全可以成为类似于日本"农协"的社会经济组织。通过这种社会化服务组织，把家庭农场产前的加工订货和生产资料供应与产后的产品销售运输都用经济契约的办法联系、控制起来，这对于从宏观上调控农村市场的运行方向，无疑是具有重要作用的。

4. 财政信贷调节

财政干预，对农村市场是一种非经常性的调控手段和间接调控手段。所谓非经常性，是指在农产品市场供需失衡的情况下，才会利用财政补贴以减少产量或刺激需求；所谓间接性，一方面是指财政通过对农业投资的干预(发展支农工业的投资、农业基础设施的投资、农业科技事业的投资等)，发展农业生产，保证农产品的市场供给；另一方面是指通过税种税率引导农村的产业结构调整，以保证农村市场和农产品市场的供给。

农业信贷，主要是指国家的农业信贷，则是农村市场直接的经常性的调节杠杆。国家通过信贷杠杆，调控农村的金融市场，刺激或抑制农产品的生产结构与销售走向；通过直接生产性信贷，扶植或抑制农业生产的种类与规模；通过调节农产品采购资金，保障农产品及时进入市场流通。

5. 农业保险

农业保险，对中国来说，将是农村市场宏观调控的一种新的机制。随着农业保险的发展，国家将会增加一个可以调控农业生产结构、保护生产者利益、促进农产品市场供给的强有力的手段。

以上所列的宏观调控机制，都是利用经济参数对市场进行调控，从而引导农村与农业的资源配置方向与结构，以间接保证国家农村经济计划目标的实现。

注释：

①《马克思恩格斯选集》第 1 卷，人民出版社 2012 年版，第 402~403 页。
②《马克思恩格斯选集》第 1 卷，人民出版社 2012 年版，第 406 页。
③刘涤源：《凯恩斯主义研究(上卷)：凯恩斯就业一般理论评议》，经济科学出版社，1989 年版。
④统计数字均引自国家统计局：《中国统计年鉴1990》，中国统计出版社 1990 年版。
⑤李剑阁：《论走出"放乱收死"的循环》，《经济社会体制比较》1991 年第 2 期。
⑥国家统计局：《中国统计年鉴1990》，中国统计出版社 1990 年版。

第十四章　农业与农村发展的总述

在这本书快写完之前，还想利用剩下的有限的篇幅，把我对中国农业与农村发展的总的看法做一个概略的描述。

在一个发展中的大国，欲求得到整个国民经济由传统结构向现代结构的根本转换，必须始终把农业问题放在基础地位。农业的进步是整个经济现代化的起点和归宿。所谓"起点"，是说在发展中大国的工业化的资金积累和劳动力供给上主要首先得依靠农业的剩余。如果农业不能提供源源不断的这种剩余，工业化则会进入死胡同。所以在整个工业化过程中，都必须使农业保持相应的增长率，否则就可能陷入"李嘉图陷阱"。所谓"归宿"，是说如果没有农业的现代化，整个国民经济的现代化便不可能最终完成。明显的例证是，如没有农业的专业化与商业化，便不可能最终形成全国统一市场；如没有农业的集约化与机械化，便不可能实现国民经济在整体上的结构转换。

但是对于一个发展中的大国来说，欲解决农业的现代化问题，必须把它与农村的现代化问题结合在一起来解决。这是由于第二次世界大战后的一大批发展中大国（包括中国），社会分工由于殖民主义的压榨而发展迟滞，城市化落后，农村发展处于混沌状态，农业的现代化往往同农村工业化分不开，同农村小城镇发展分不开。这显然不同于西方发达国家工业化时期城市与农村、工业与农业的壁垒鲜明的分工状况。在这些国家，如果只囿于农业的领域企望寻求农业现代化的出路与方案，必然是不可行的。

对于这样一些大国，农村经济的发展目标，必须是渐进而多阶段递进式的。这是由于过于贫穷，在传统与现代之间的差距比发达国家工业化时期大得多。以中国为例，农村经济发展，将会由低级到高级，依次是"温饱——小康——富裕——优美"四级递进目标。温饱是解决脱贫问题，中国 20 世纪 80 年代已基本实现；小康是解决初步富裕问题，可能 20 世纪 90 年代随着中国农村工业化的完成便可以实现；富裕是解决与发达国家的基本差距问题，农业现代化的实现是其主要标志；优美是在富裕的基础上实现生态环境的优化，城乡差别接近消失，人口出现回流，那是 21 世纪中叶以后的事了。

在实现上述目标的过程中，必须分阶段地培养社会发展动力，形成上下呼应的大势，这是经济学家和国家决策者们必须十分注意的课题。许多大国的经验说明，只靠个别政党或领袖人物的善良愿望，如果没有广泛的社会积极性，即使非常美好的发展计划也会失败。因此，在尽可能加快发展速度的同时，必须兼顾人民群众的实惠，正确处理积累与消费的关系。一般地说，积累率宜保持在 30% 左右为宜，宜采取非平衡发展，特别是在工业化与农业现代化初期不宜采取大推进模式。在转变社会经济运行机制问题上，必须充分考虑这些国家经济社会的后熟性和人民对新事物的承受力脆弱等因素，一些过激的做法，被证明都是不成功的。

技术进步在整个农业与农村的发展中具有举足轻重的地位。但是，在发展中大国，技术进步绝不意味着简单地购买一批批先进技术装备来"武装农业"。事情远非那样简单。对于农业来说，先进技术一般原属它的外在之物。这种外在之物，要转变成农业的内在之物，即转化为农业的现实生产力，这中间还有一个比较复杂的移植再生的过程。通过"移植"，使之逐渐适应特定农业系统的社会、经济、自然环境，才能真正形成生产力。为什么一些发达国家的先进技术（包括农业机器）被搬到发展中国家后往往得不到推广普及？原因就在这里。

综观现有发展中大国的农业经济与农村经济理论，就其大体来说，还处于不成熟阶段。或者是以马克思主义经济学的一般原理，简单地对发展中国家的问题做一些原则性的推论；或者是把西方经济学（包括发展经济学），照抄照引到发展中国家的经济问题上来，因而，对发展中大国的农业与农村发展问题，难以起到真正的指导作用。这恐怕也是迄今世界上还找不到一个发展成功的大国范例（而只是一些小国和小地区）的理论原因。这也说明，发展中大国的经济发展问题，特别是农业与农村的发展问题，还是一个有待开拓的研究领域。这也为发展经济学提出了新的任务。

主要参考文献

①《资本论》,人民出版社 1975 年版。

②薛暮桥、冯和法:《〈中国农村〉论文选》,人民出版社 1983 年版。

③张培刚:《农业国的工业化问题》,湖南出版社 1991 年版。

④刘易斯:《二元经济论》,北京经济学院出版社 1989 年版。

⑤熊彼特:《经济发展理论》,商务印书馆 1990 年版。

⑥帕金斯等:《发展经济学》,经济科学出版社 1990 年版。

⑦费景汉等:《劳力剩余经济的发展》,华夏出版社 1980 年版。

⑧谭崇台:《发展经济学》,上海人民出版社 1989 年版。

⑨金德尔伯格等:《经济发展》,上海译文出版社 1986 年版。

⑩拉尼斯等:《发展经济学的新格局》,经济科学出版社 1987 年版。

⑪加塔克等:《农业与经济发展》,华夏出版社 1987 年版。

⑫夏振坤:《中国农业发展模式探讨》,华中师大出版社 1987 年版。

(选自《绿色革命之路》,湖北人民出版社 1994 年版)

农村改革十年回顾与前瞻

一、"包产到户"的威力及其有限性

1. 农村 10 年巨变

1978—1988 年，是中国农村发生翻天覆地变化的 10 年。这 10 年的变化，无论从历史的高度和社会的深度来评估，都可以说是划时代的。它对中国农村乃至整个中国现代化的发展，都产生了巨大而深刻的影响。这种巨大的变化表现在各个方面，概括起来可归结为三大基本变化：

（1）人民公社体制的解体与农村商品经济的复苏。政社企合一、高度集中统一的人民公社体制，在中国社会发展史上将会被作为一次重大历史事件而记入史册。它带来了以下几方面的负面影响：①挫伤了土改后农民迸发出来的生产积极性；②推迟了农村社会分工的进程，使农村产业结构、生产结构单一化，自然经济依旧；③强化了农村宗法血缘体系，是人身依附的复归。三方面结合起来，扼杀了中国农村在土改后一度出现的商品经济萌发的势头，加剧了农村的封闭性——城乡阻塞，延缓了现代化进程。

以"包产到户"为中心的农村改革，从此结束了这一历史时期。由于所有制结构的多元化、经营形式的家庭化、生产的自主化、实行按产分配以及农村流通的解禁等，中国农村商品经济空前发展起来。绝大多数农民开始解决了温饱问题。

（2）人口和劳力依附于土地的解除与农村社会分工迅速发展。突出地表现为农村产业结构多样化，农业内部的多种经营有了很大的发展，8 亿农民中有 1 亿从事非农产业。农村总产出巨大增加，社会财富大量涌流。

（3）农民观念形态的变化与现代意识的增加。这主要表现在商品观念增强，文化素质提高，传统观念削弱等方面。

2. 巨变的原因分析

中国农村发生这一巨大变化的原因究竟是什么，需要有一个科学和理性的分析。否则，就容易被表象所迷惑，把某些表层的直接导因当成了深层的根源，从而过分地夸大了"一包就灵"的效应。

我认为导致农村巨变的深层原因是：

（1）亿万农民，特别是文化技术素质较高的农民，在长期的人民公社体制下积淀起了要求生产自主的强烈愿望，一旦实行家庭承包，重新获得了土地，就迸发出来了"发家致富"的积极性。这种积极性在承包初期，由于乡镇企业和第三产业还未发展起来，因此被集中地倾注到了农业的生产经营领域上。

(2)30 年所积累起来的生产力物质要素,由于没有找到与其相适应的生产关系实现形式而未能被释放出来,一旦推行了家庭联产承包责任制,调动了人的积极性,这些物质要素的作用就被充分地释放出来,使农业生产力得以进发式地发展。

这又一次证明,生产工具、科学技术要能形成现实的生产力,必须找到一种使劳动者与经营者明确无误地感到通过这些新的物质要素的运用,可以获取新的更大的物质利益的生产关系形式。否则,就只是一种潜在的生产力,而无法形成现实的生产力。显然,在人民公社大一统的生产关系之下,由于:①高度集中的生产计划所形成的"瞎指挥",这些物质生产要素难以因地制宜地得到合理有效的利用;②即使得到利用,社员群众也得不到多少现实利益,因此是难以形成现实生产力的。而只有找到了包产到户这种生产关系实现形式,使劳动者与经营者感到完全可能获得更大的物质利益,又可因地制宜地使其得到合理有效的利用,才能释放出如此巨大的能量。这是一方面。另一方面,也应看到,30 年形成的物质要素,总是有其有限的使用周期的,如不能得到继续的补充、完善与提高,到了一定期限之后,其效用便会消失。

(3)在文化大革命之后,党和国家正确地实行了"休养生息"的政策,轻赋提价、减少干预,使广大农民安心生产并得到了实惠。

这一点可用如下两组数字说明(见表 1)。

表 1　　　　　　1952—1983 年农副产品收购、农村工业品零售价格总指数

项目	年份	1952	1965	1978	1979	1980	1983
农副产品收购价格总指数	以 1950 年为 100	121.6	187.9	217.4	265.5	284.4	321.3
	以上年为 100	101.3	99.2	103.9	122.1	107.1	102.2
农村工业品零售价格总指数	以 1950 年为 100	109.7	118.4	109.9	109.9	110.8	114.8
	以上年为 100	99.6	96.3	100.0	100.1	100.8	101.6

资料来源:国家统计局:《中国统计年鉴 1987》,中国统计出版社 1987 年版。

从表 1 可以看到,农副产品收购价格总指数在 1978 年以前的 28 年间只提高 117.4%,而在 1978 年以后的短短 5 年间就提高了 103.9%;而农村工业品零售价格总指数在 5 年间只上升 4.9%。农民从中得到了很大的实惠。

3. "包产到户"效用的有限性

从上面三个原因的分析中,可以看出,无论哪一个因素,其作用弹性都是有极限的。

——农民谋求脱贫致富的积极性,还没有脱离小生产的范畴。一则满足于"小富即安",处于"商品——货币——商品"的半自给型的小商品生产状态,缺乏企业家的扩张素质;二则这种积极性本身也是很脆弱的,因为全国的市场还极不发达,价格体系又未理顺,随时都有可能因产供销任何一个环节的失调或价格的波动而丧失承受力;三则务农的

积极性更是由于农村产业结构单一化的局面还未改变，一旦工商业发展起来，就很难维系住了。

——调整后的生产关系有利于释放出既有的生产力潜能，但这也是阶段性的。一则既有的生产力潜能有限度，如不继续得到更新就会逐渐消失，前已述及；二则现有"家庭承包"这种生产关系的实现形式，在继续发展生产力方面，其容量似嫌过小，既受环境的很大扰动，又缺乏内在的强大实力与动力。

——国家的"休养生息"政策，在整个大体制没有改动的条件下，极易受到非农业增长的冲击和财政支撑力波动的掣肘，能否继续维持一个相当长的时期，是很难预料的(这一点，已为以后的事态发展所证明)。

二、农村产业结构调整的可喜进展及其问题

1. 乡镇企业的巨大发展

在农村 10 年改革中，特别是 1985 年以后，农村工业化取得了可喜的进展。10 年来，农村的乡镇企业由 1978 年的 152.42 万个发展到 1987 年的 1744.64 万个，其中，工业企业由 79.4 万个增加到 708.25 万个，农业企业由 49.46 万个减少到 23.12 万个，吸收剩余劳动力近 6000 万人；1988 年企业职工有 8800 多万人，占农村劳动力总数的比重由 1978 年的 9%增加到 1987 年的 22.6%；乡镇企业的社会总产值净增部分占全国社会总产值净增部分的 28%，占工业产值净增部分的 30%，占农村社会总产值净增部分的 60%；农民纯收入的增加有 25%来自乡镇企业，在发达地区则高达 80%。

乡镇企业的大发展，不仅促进了我国国内经济的发展，加速了农村社会分工，推动了农村产业结构的调整，而且也促进了我国外向型经济的发展。1987 年，乡镇企业出口创汇超过了 50 亿美元，创汇企业达 2 万家，交货总额占全国出口产品收购总额的近 1/6。

2. 乡镇企业大发展的依据

我始终认为，在中国如果没有乡镇企业的健康发展，就没有中国的现代化。中国由传统农业文明走向现代工业文明，不可能循着其他国家那种农业人口直接涌入大城市的老路，也就是说不可能由城乡二元经济结构直接转向新的城乡一元经济结构，而必须在中间嵌入一个梯级，即农村二元结构——传统的农业和准现代化的农村工业(大部分是乡镇企业)。

其依据有三：

(1)没有乡镇企业的健康发展，就不可能有农业剩余劳动力的大量转移，没有剩余劳动力的大量转移，就难以实现规模经济；而规模经济是农业现代化的前提之一。在中国，如果农业不能现代化，整个国家的现代化就没有了基础。

(2)中国的城市化发育迟滞，布局又极不均衡，很不适应现代经济发展对"发展极"的需要。如果全部依赖现有的大工业和国家投资去新建一批批城市，那是很难想象的。而乡镇企业的蓬勃发展，必将带起一大批小城镇的兴起，随着产业结构的调整和高级化，这些小城镇中必有相当一批将发展成为新兴的中等城市，就像在苏南已经出现的那样。这样，

在中国辽阔的版图上，就将出现一个崭新的大中小城市星罗棋布、分布均衡的新局面。这些城市将是带动整个中国走向现代化的许许多多个"发展极"。

(3)中国现有城市大工业，大多是20世纪五六十年代奠定的基础，在当今日益剧烈的国际竞争面前，都面临着一个愈来愈迫切的技术改造和产业调整的历史任务。现代资本主义国家在产业调整过程中，是将传统的劳动密集型产业向第三世界转移，利用发展中国家低廉的劳动力继续获取高额利润，而在国内则转向新兴产业，谋取更大的国际竞争力量。而我们作为一个发展中的社会主义大国，既没有力量也没有必要向更落后的国家转移，我们自己国内就有着广阔的农村和欠发达地区可以采取内循环式的产业调整。这样一举两得，既推动了农村和广大欠发达地区的发展，又促进了大城市工业的技术改造与产业更新。

从以上三个方面就可以清楚地看到，否认乡镇企业发展的意义，贬低其存在的价值，完全是一种战略和理论上的近视，是违反中国现代化利益的。而乡镇企业如雨后春笋般在中国大地上兴起本身，也正说明它是中国现代化所呼唤出来的，是一种客观必然，是不以人们主观意愿为转移的。

3. 乡镇企业存在一些问题

10年来，除了少数原来"社队企业"有较好基础的地区外，绝大部分乡镇企业都是从无到有、白手起家，依靠亿万农民和农村干部的"脱贫致富"积极性而发展起来的。简直可以说是20世纪的世界奇迹。作为一种新生事物，它必然会带有明显的不完善和弊端。这些不完善和弊端，则是在农村工业化缺乏资金、技术、干部、信息和体制准备的条件下产生的。主要表现在如下三个方面：

(1)盲目重复布局问题。乡镇企业由于是"计划外"发展的，又分散在全国各地，信息不灵，干部决策素质不高，确实有着明显的盲目性。这造成生产与原料、市场脱节，重复过量布点，落后的加工技术浪费了一些本来可以生产出高档商品的原料，乃至同城市先进加工工业争原料、争市场等不尽合理的现象。这显然对社会整体效益是不利的。

对这个问题，我认为应从三个方面考察分析。第一，这是农村工业化起步阶段在所难免的，它是可以通过制定"乡镇企业产业政策"，并以此为依据发挥经济杠杆的宏观调节作用来逐步加以引导和制约的；第二，这同全国的经济"过热"和数量型发展战略分不开，"分灶吃饭"和"政绩效应"更加剧了这种趋向，随着全国的经济"降温"和战略调整，可能随之而有所抑制；第三，还要考虑城市大工业也应该进行产业结构的调整，一则可以把传统的加工业转移到原料产地的乡镇企业中，实行横向联合，二则可以将某些工业的粗加工、初加工环节扩散到乡镇企业中去建立多种形式的企业集团，这样便可以大大缓解相互争原料、争市场和浪费原料的问题。

(2)管理混乱的问题。乡镇企业管理混乱主要表现在政企一体和企业内部制度不健全两大方面。由于大多数企业是在乡镇政府直接领导下筹建起来的，既是当地政府部门的财政来源，又是各种"计划外"开支的"小金库"，加上企业内部制度不健全(有些企业甚至没有制度)，造成财务、物资、产品管理上的许多混乱现象，腐败之风也就乘虚而入，甚至危及乡镇企业的生存。这个问题，应该通过清产核资，建立乡镇企业的产权制度，彻底实行政企分开，率先试行初级股份制——股票不上市的股份制，从而使企业成为独立的法人，政府通过税收杠杆征税，凭借股票份额获取红利来解决。与此同时，整顿企业内部的规章制度，最后实现乡镇企业的真正企业化。与此相适应，还应发展企业的行业协会。

（3）污染环境问题。乡镇企业中有相当一部分由于盲目上马和缺乏治理污染的知识和财力，造成了环境污染，有少数甚至严重危及农村资源的继续利用，成为一大社会公害。对这个问题，应根据环境保护法，制定乡镇企业防治污染的法规来解决，对于一些污染严重而农村又无力治理的行业和产品，可通过立法严禁向农村扩散。

4. 乡镇企业面临产业调整的阶段

从全国来说，乡镇企业应该说有了一个较大的发展，它吹响了中国农村产业革命的号角，推动了中国社会的巨大进步。与此同时，也带来了一些问题与困惑。这本来是任何事物发展应有的辩证法。

我认为，为了乡镇企业健康发展（发扬其积极方面，克服其消极方面），当前我们应该引导乡镇企业进行产业调整。这方面，当然首先应该制定乡镇企业的产业政策。在制定乡镇企业产业政策的指导思想上，我认为应该贯彻分类指导的原则。我曾经一再主张，对农村和农业的发展应根据区位理论划分三个基本区，进行分类指导。这三个基本区是：

（1）工业化农业区。一般是大中城市邻县和大型工矿企业周围的农村。这类地区作为大城市与大工业的前沿腹地，其产业结构宜本着城乡一体布局的原则，采取接收大工业扩散的产品或行业与立足本地资源开发或加工并重的政策，并可以有条件地发展外向型产业。

（2）集约化农业区。一般是在集中的农产品商品基地区域。这类地区是国家农业的命脉地区，保护农业生产应放在优先位置予以考虑。因而，其乡镇企业的发展，决不能照搬工业化农业区的模式，否则会动摇整个农业的基础。这类地区的产业结构，宜本着立足农业的原则，发展农副产品的精加工，发展不破坏农业资源开发的产业（如制砖以外的建材工业，目前的黏土制砖业对耕地资源破坏太大，应进行原料替代的改造），同时还应鼓励农民向山水进军，搞开发性农业，发展农业多种经营的乡镇企业。与此同时，在以上的基础上，也不排斥发展某些创汇产品。我认为，过去批判的"三就地"中，除了"就地销售"过于狭窄之外，就地取材、就地加工在这一类地区仍然是可行且必要的。

（3）保护性农业区。一般是如果生态环境遭到严重破坏或打破其生态平衡，将会影响农业全局性发展的地区。如黄土高原、一般山区等。这类地区，除了某些重要的矿产开发外，一般应以生态效益为最高原则，以发展林果茶特农工商一体化的开发性乡镇企业为主，尽可能地发展"无公害工业"，其剩余劳动力不必强调就地消化，可以鼓励外流，以减少生态保护区内的人口-资源压力，促进其生态环境的恢复与保持。

三、进一步深化农村改革的困惑

1. 新徘徊的出现

中国农村的改革大体可分为两个阶段，1979—1984 年是以推行家庭联产承包责任制为中心的改革阶段；1985 年至 1988 年，则转入统派购制度改革阶段。原来预期以此为契机，来推动农村的商品经济进一步发展。改革的进程表明，前一阶段取得了意想不到的成功，而到 1985 年以后，情况却发生了意想不到的变化，乡镇企业虽有了极大的发展，但农业——主要是粮食、棉花生产却出现了新的徘徊。1978—1986 年农业各业产值指数见图 1。

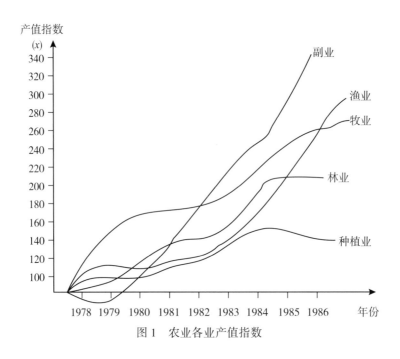

图 1　农业各业产值指数

从图 1 可以看出，农业各业中除了种植业和林业是在 1984 年开始下降徘徊外，其他多种经营仍是发展趋势，特别是副业和渔业。

而在种植业中，也不是全面徘徊(见表 2)。

表 2　　　　　　　　　　　　　　种植业主要产品产量表　　　　　　　　　单位：万吨

年份	粮食	棉花	油料	甘蔗	水果	烤烟
1978	30477	216.7	521.8	2111.6	657.0	105.2
1979	33212	220.7	643.5	2150.8	701.5	80.6
1980	32056	270.7	769.1	2280.7	679.3	71.7
1981	32502	296.8	1021.5	2966.8	780.1	127.9
1982	35450	359.8	1180.7	3688.2	771.3	184.8
1983	38728	463.7	1055.0	3114.1	948.5	115.1
1984	40731	625.8	1191.0	3951.9	984.5	154.3
1985	37911	414.7	1578.4	5154.9	1163.9	207.5
1986	39151	354.0	1473.8	5021.9	1347.7	137.4

资料来源：国家统计局：《中国统计年鉴 1987》，中国统计出版社 1987 年版。

从表 2 可以看出，在种植业中，主要是粮食和棉花在 1984 年以后开始出现徘徊和下降趋势。由于种植业在农业中始终占有 50% 左右的份额，而粮食、棉花在种植业中又占有较大份额，加上粮食在国民经济生产中的地位，因此粮棉生产出现的新徘徊局面，不能不对农业乃至整个国民经济产生重大影响，并引起人们的关注和忧虑。

2. 问题的症结

我认为在讨论问题的症结之前，应该先弄清当前农业问题的性质。绝不是像有些同志说的那样，似乎我国农业不应该出问题。这种议论是不符合客观实际的。情况恰恰相反，当前农业出现的问题，是农村经济由封闭的半自然经济向开放的商品经济转变过程中必然要出现的现象，不出现这些问题倒是不正常的。问题只在于我们主观上认识迟了一些，政策与措施未能及时地跟上去，甚至采取了某些反向行为，致使我们对自然会出现的问题未能做到因势利导，进而将新旧摩擦减少到最低限度。

下面，让我们来全面地剖析中国目前农业出现新徘徊局面的直接原因，大体有如下 5 个：

(1) 随着农业产业结构调整的加速以及农村工业和小城镇兴起，在中国农村也出现了二元经济结构。这对于像中国这种超前推行重工业倾斜发展的人口众多的不发达国家，几乎可以说是走向现代化的必由之路。而农村二元经济结构一经产生，势必导致农民机会成本与比较利益观念的发育与强化。在农产品价格没有完全放开的情况下，农民在这种利益的驱动下，必然会重工轻农，重流通轻生产，对农业生产、特别是粮棉生产的兴趣会不断下降。这可以从农民家庭平均每人纯收入的结构变化中间接得到说明 (见表 3)。

表 3   农民家庭平均每人纯收入

项目 年份	农业生产收入		非农生产及非生产收入	
	绝对数 (元)	占比 (%)	绝对数 (元)	占比 (%)
1978	113.47	85.0	20.10	15.0
1984	250.36	70.5	104.97	29.5
1985	263.81	66.3	133.79	33.7

资料来源：国家统计局：《中国统计年鉴 1987》，中国统计出版社 1987 年版

(2) 农用土地产权不明。实行土地所有权与使用权分离后，所有权归属村集体，使其缺乏有效的经济动力去行使所有者的经营监督职能；使用权归农户，则导致既缺乏内在的长期利益机制，又缺乏外在的规范。于是以机会成本观念为基础的短期行为，必驱使农户采用类似过去佃农一样的掠夺行为。宁愿花钱买化肥，而不愿种绿肥和积有机肥，使土壤肥力不断下降。

(3) 随着经济体制改革的推进，工业产品价格逐步放开，农用生产资料的价格由于长期低于其价值，自然也要上涨。前一段农用工业品的产量下降，供给短缺，加上不正之风，更加剧了涨价的幅度。这就造成农产品成本大幅度提高，甚至显著地超过了平均价格

(指定购价与议价的中数)。农民在前几年由于国家提高农产品价格而获得的利益，现在由于工业品涨价，而粮食等农产品价格未放开，又有完全丧失的危险。这怎能不挫伤农民的积极性呢？

由于1985年以后新的"剪刀差"的扩大，农民纯收入年增长率呈下降趋势(见图2)。

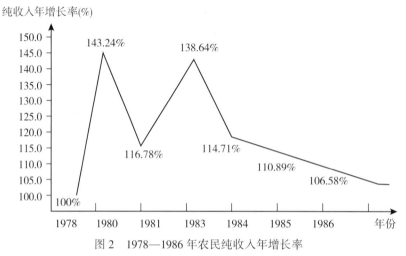

图2　1978—1986年农民纯收入年增长率

资料来源：据《中国统计年鉴1987》中的资料换算而成。

（4）实行家庭承包之后，工业投资热有增无减，造成农业投资减少，集体服务又难以跟上，致使农业基础设施年久失修，降低了农业对自然灾害的承受能力。

（5）原来由工业生产承担的各种负担，现在必然转为农户按承包土地面积分摊，承包越多，负担越大。加上对农民富裕的程度估计过高，这种负担有增无减，南方一般每亩为30~40元，多的在50元以上，每人达30元左右(见表4)。

表4　　　　　　　　　　　农民人均负担表　　　　　　　　　　单位：元/人

年份	全国	江苏	湖南	江西	安徽	湖北
1983	16.32	28.05	13.87	14.43	15.43	24.04
1987	22.69	28.32	19.70	17.90	27.64	34.72
年递增率(%)	8.95	0.26	9.17	5.54	15.69	9.63

资料来源：《楚天农调》1988年第25期。

以上分析说明，随着农村产业结构的调整和商品经济的发展，原来"包产到户"阶段推动农业大发展的因素，会随着农村价值规律作用的强化和农民商品意识的增强以及就业选择余地的拓宽等环境的变化而逐渐弱化。而我们在指导思想上缺乏预见，过于乐观地、静态地看待了"包产到户"的"威力"，不但未能及时采取有力对策，反而大幅度地减少农业投资，削弱支农工业，又不断地加重农民的负担，从而造成了近几年来的这种严峻局面。

3. 反思

回顾 10 年来的农村改革，我们有些什么问题值得反思呢？我在 1988 年所写的《论我国农村的改革与发展》①一文中，有过一段叙述，现抄录如下：

"第一，从一开始我们就对农村第二步改革同第一步改革的差别，缺乏足够的思想准备。第一步以推行家庭承包制为中心，由于仅限于农业生产领域，并且是调整农民与集体经济的利益关系，使农民获得了'第二次解放'，这种发自农民内心的强大动力几乎是自发的，主要是依靠农民的个体积极性就可以推动改革的实现。政府基本上只需宏观指导与鼓励，无须进行艰苦的组织管理工作。而第二步改革就大不一样了，农村改革的进一步深化，是由农业生产领域扩及它的环境——流通、工业乃至城市，要求进一步调整农业与国民经济各部门乃至与国家利益的关系，使农村商品经济得以充分发展起来。这就要调动社会各方面的积极性，才能实现改革的目标。因而，政府就不能像第一步改革那样放手，必须进行十分复杂而又艰巨的改革系统工程。

第二，在农村改革过程中，忽视了农业发展问题。现在看来，当前的农业问题，有的属改革问题，有的则属发展问题，不改革就难以发展。但若舍去发展单纯抓改革同样不能成功。如农业后劲不足的问题，其中就有投资增长、资源合理配置与组合、产业政策、技术更新等发展方面的问题。它们虽受改革的牵制，但究其本身来说还是不能完全用改革去解决的，在这方面必须有相应的发展政策与战略，并需进行大量的工作。

第三，整个国民经济改革开放之后，对农民的经济行为转向受价值规律支配的速度与深度估计过低。先是对实行订合同后农民待价惜售估计不足，继则对乡镇企业兴起后农民的效益比较又估计不足，近年来对农业生产资料涨价对农业生产的影响还是估计不足。如果继续这样下去，该放不放，该调不调，使农民对农产品价格改革失去信心，农业将会出现全面大滑坡的危险。

第四，对'农业是国民经济的基础'的长期性、根本性有所摇摆。第一步改革取得巨大胜利之后，对农业的乐观过于膨胀，以致认为农业问题、粮食问题在我国似乎基本解决了。于是，投资不断减少，领导普遍放松，农用工业和为农业服务的事业被大大削弱等。加上财政分灶吃饭后，发展乡镇工业的投资冲动大大超过了农业，现在回过头来看，该是重新强调农业基础的时候了。

第五，我们对整个农业和农村的改革与发展，特别是对改革的目标模式、基本步骤，缺乏一个比较明确的总体构想。造成在前进中碰到了新的问题，往往就莫知所从，难以及时拿出得力的对策。"

四、农村改革的目标

前面说过，农村经济改革同城市改革一样，这些年来都是在没有一个明确的总体设计下进行的，对于改革目标模式，缺乏一个大体明确的构想。如果说要总结 10 年经验教训

---

① 夏振坤：《论我国农村的改革与发展》，《中国农村经济》1988 年第 7 期。

的话，我认为这应该是最重要的一条。

中国农村的改革，究竟要改向何方？改到一个什么样子？全国上下缺乏一种共识。但我们必须研究农村改革的目标。因为，改革只是一种手段，它是为发展服务的。这样，我们的研究就应分两个步骤进行，首先研究农村发展的目标模式，然后再探讨改革的目标。

1. 农村经济的发展目标

由传统的农业文明转向现代的工业文明，这是我国整个国民经济文化发展的总方向。在经济上即由传统落后的农业同现代先进的工业并存的二元经济结构，转向工农之间、城乡之间发展趋于共荣、效益趋于均衡、收入趋于共富的一元经济结构。

在这个总的方向下，农村的发展必须立足于推动在旧的一元经济结构基础上分离出来的农村二元经济结构的健康发育，并进一步促进其向城乡新的一元经济结构发展，逐步形成以现代农业为基础，三大产业协调发展，工农互促、城乡畅通的富裕化、现代化的社会主义新农村。作为农村大系统中的子系统农业，则是在家庭经营的基础上逐步建立起适度规模的、与各种社会化服务体系相联合的企业化、专业化、商品化的现代大农业。

为实现这一目标模式，我们的全部发展战略和政策都应注意如下三个方面：

(1) 要有利于逐渐调整农村工农业之间、城乡之间的利益关系，在发展生产力的基础上，有步骤地促进农村二元经济结构的趋近。具体地说，可以设想通过微观的"以工补农"到中观的"兴工促农"，再到宏观的"强工兴农"三大步来逼近上述目标。

"以工补农"的实质是由微观(企业、合作经济组织)来部分地承担缩小在宏观领域中造成的"剪刀差"的任务；或者说由企业来部分地偿还农业对工业的贡献。所以，它绝不是所谓的"工业对农业的恩赐"，严格地讲，也不能说是"抽工业效益补农业效益"，它的确切提法似应是"返工还农(效益)"。这样，便可以在局部范围的微观领域中，部分地缓解二元经济结构引起的农业与工业之间的比较利益问题，促进农业的进一步发展。它的前提是农村乡镇企业应有较大发展，农业剩余劳动力向集镇转移，农业的规模经营有相当的发展，农村经济基础雄厚。

"兴工促农"的实质是在中观(一个县、市或一个省)范围内，在大力发展城市化的基础上，通过地方国民收入的再分配调整农产品价格和增加农业的投入，以便在较大的中观领域中缓解农村内部和城乡之间的比较利益问题，促进二元经济结构向更高一级的一元经济结构转化。它的前提是该县、市或省的地方工业和中小城市有了相当充分的发展，工业自我积累能力基本形成，基本不需要或较少需要农业积累的支持。与此同时，农业剩余劳动力大量转向中小城市，农业的专业化、社会化水平有了显著提高。

"强工兴农"则是在全国的宏观范围内，在基本实现工业现代化的基础上，通过国民收入的再分配，全面提高农产品价格，基本消灭"剪刀差"，大幅度增加农业投资，实行农业的工业化革命。与此同时，农村剩余劳动力进一步向城市转移。这也就是发达国家在完成工业现代化以后所奉行的用大量工业积累返还农业、支持农业现代化的政策。通过这一政策的实施，整个工农之间、城乡之间的二元化经济结构便可以朝着新阶梯的一元化经济结构发展了。农村的工农之间、城乡之间的经济便可走上良性循环的康庄大道。

由"以工补农"到"强工兴农"，是由点到面，由局部到整体的渐进积累过程，必须以有利于社会生产力的发展为根本原则。

（2）要有利于持续地打破城乡分割的内循环，推动城乡之间的商品生产与商品交换，在发展城市经济的基础上，逐步调整城乡之间的利益关系，促进城乡二元经济结构的转换。具体地说，应该由目前基本处于单向内生式的农村内部积聚，过渡到这种内生式积聚同双向外生式的大工业开发并行，并以后者为主。

所谓双向外生式的开发，即是一方面大城市的企业集团、金融集团大规模地投资搞开发性大农业；另一方面农民大批大批地离土离乡进入大中城市开发城市三大产业。这样，一方面实现了农业由小生产到大生产的转换；另一方面历史地破坏了遗存几千年的农村宗法体系，最终解决了消灭封建残余的根基问题。

当然，这一过程是相当长的，可能会延续到社会主义整个初级阶段的结束。但是，在这方面每迈出一步，必须以有利于城市经济健康发展为原则，不能搞牺牲城市经济发展去"填补"农村的平均主义。

（3）要有区别地分类指导，不能搞全国、全省"一刀切"。由低阶的一元经济结构到二元经济结构，再由二元经济结构发展到高阶的一元经济结构，这是就全国总体而言的。但这绝不意味着全国每个地域都一个模式、一个程度地经历这种阶段。

像我们中国这样一个人口众多的大国，不可能依赖进口农产品来养活自己，必须保留与建设好若干片"基本农业区"，或叫"集约化农业区"。在这种农业区内，可以不经过二元经济的充分发展，而依靠宏观的结构三级转换，直接由低阶一元经济结构进入高阶一元经济结构，建立起高投入、高科技、高产出、高效益的现代农业基地。

这样的政策有如下好处：

第一，可以避免或缩小乡村工业化造成农业资源的污染和破坏，有效地保护十分有限而又极为宝贵的农业资源（特别是耕地）。

第二，可在局部范围内超前实现向高阶一元化结构的转换，为全面的结构转换提供经验。集中的传统粮棉区、国营农场以及待开发的可垦地域是这种选择的最佳对象。

第三，可为外向型经济提供高度商品化、标准化的农业原料基地，为城市农副产品提供可靠的永续性的生产基地。

对于这种农业区，就不能采取常规的循序渐进的建设方法，而必须率先采取"双向外生式"的大工业开发方式，从农村外部引入资金、人才、装备乃至经营方式，与此同时促进农业剩余劳动力大批地向城市大工业转移。

2. 改革目标的选择

根据农村的发展目标，农村的全部经济改革都必须朝着上述结构转换的大方向使劲，而不能逆向而行。正如整个国民经济的改革应逐步把旧的高度集权的产品经济模式，改造成为受国家调控的有组织的市场模式那样，农村经济改革必须朝着发育农村市场，推进农村与农业的企业化，逐步消除城乡与地域的分割状态，发展横向契约关系的目标前进。

为此，从总体和长远来说，农村的改革必须解决如下五个问题。

（1）大力促进农村市场的发育，建立农村商品经济新秩序。没有市场的发育，就谈不上农村三大产业的协调发展，无法实现工农互促和城乡畅通，社会化服务体系更难以生成,从而农业的规模化、商品化、现代化也就会步履维艰。

现在的问题是,用什么标志来衡量农村市场发育程度?我以为其主要标志是三个:运作主体、市场渠道和运行秩序。

首先要看农村商品经济的运作主体是否搞活了。目前农村市场的运作主体,主要是农户、个体经营者、乡镇企业、供销社、信用社和少量国营商业企业。改革目标,就是要创造一切条件,使这些运作主体都成为真正独立的商品生产者或经营者,使他们对于自有的生产要素、产品与商品都具有基本的自主权(包括占有权、使用权、让渡权、出售权等),而且在各个运作主体之间都严格按等价交换、平等交易原则发生关系。这一点,目前的改革进程显然还没有达到。除了个体经营者比较接近之外,农户乃至乡镇企业都还没有成为真正独立的商品生产者或经营者。大量的乡镇企业还没有摆脱政府的直接干预,甚至成为后者的"小金库";农户特别是粮棉生产农户,"死"的一块更死,"活"的一块活不起来。最近在治理整顿中,有些地方几乎是回到了"统购统销"时代。而供销社、信用社和国营商业企业的改革举步维艰,基本还没有脱离原来的"官商"运行方式。市场的主体不活,主体间的平等贸易还未能真正贯彻,市场如何能够发育起来?

其次,要看各种市场的渠道是否疏通了。农村的商品市场、资金市场、劳务市场、生产资料市场乃至技术与信息市场,都是市场客体。这些客体的体系是否形成,渠道是否疏通,是农村市场发育程度的另一个重要标志。显然,目前改革的进程与此相距更大。问题的关键在于我们在观念上没有能突破仅仅囿于经济领域去考虑市场问题的狭窄思路,没有把市场的发育同农民村社自治和农村社会组织的发育结合起来考虑。而后者正是实现农村现代化的必要条件。正是前一种观念,使我们不是彻底解除"怕乱"的"保姆心态",总想凭借国家权力,一竿子插到底。在实践中便难以突破"主渠道"的组织模式,并且一有机会便要强化它。供销社、信用社的改革之所以停滞不前,除了某些历史上遗留的客观困难之外,主要原因就在此。对于多成分、多渠道的农村市场体系,特别是农民自动组织起来的合作性市场组织(如"股金社")缺乏积极的领导和主动的扶持。

最后,还要看市场运行的秩序是否建立起来了。农村商品经济秩序是相对于旧有的产品经济秩序而言的。这种秩序包含三个基本内容:明晰的产权关系、严明的买卖规则和规范的政府行为。三者缺一不可。这方面的改革,主要取决于政企分开和建立乡镇企业与农业企业制度以及土地制度。显然这些改革还没有迈开步伐。

(2)以马克思主义地租理论为指导建立新的土地制度。首先,土地产权不明,缺乏地租理论、地租分配理论的指导,对当前造成诸多弊端:

一是农产品价格的制定缺乏科学依据。长期以来,农产品价格大大低于其价值,造成农村贫困。这与不承认社会主义条件下仍然存在地租范畴有关。此外,在社会主义条件下,(中国)既存在所有权的垄断,又存在经营的垄断。马克思曾指出,地租就是土地所有权在经济上实现自己、增强自己的形态,而从未一般地把它与"私"有权联系起来。既然存在所有权(村社)的垄断,也就存在农产品市场价值同社会生产价格的差额——绝对地租;既然存在经营的垄断(承包户),也就存在农产品的社会生产价格同个别生产价格的差额——级差地租。只是高度集中的计划体制不承认地租范畴,造成农产品价格长期偏低,致使农业生产积极性下降。

二是土地资产价值的淡薄和模糊，造成土地占用紊乱难以抑制和土地转让机制薄弱。大量的无偿或低价占用，造成农村乡镇企业、小城镇乃至私人盖房大量滥占耕地。地租范畴不明，土地转让价格如何确定？因此难以形成自动集中的机制。

三是土地利用上无法监测控制，使土地这种资产的保值、增值无保证。这是掠夺性使用土地的一个原因。

其次，要消灭以上弊端，根本出路在于建立我国的农业土地制度。

总的设想：三权分离，自由租赁。

这种土地制度应包括如下四方面的内容：

一是土地所有权属村社（共有）。村社可成立"村土地合作社"或"土地资产经营公司"。土地所有者，担负土地的发包、监测、奖惩以至对违法（《土地法》）经营者收回承包权的职责。

为什么不能实行土地私有？我认为在中国应不应该实行土地私有化，必须考虑现实的三个国情：其一，中国是一个农用土地资源十分匮乏的国家，人多地少，而且由于人口膨胀人均土地愈来愈少；其二，中国目前实行的是直系平均继承制（而不是长子继承制），即使可以在实行土地私有化的同时配合实行长子继承制，但要使这种法律真正生效还需要一个相当的过程；其三，在近中期内，我国的价格体系还难以基本理顺。在这种国情背景下，如果实行土地私有化，会是一种什么样的后果呢？固然，它的积极方面，将会刺激农民对土地进行某些长期性的投资，可能使农业在一定周期内有所发展，集约化水平会有所提高。但是，由于存在上述三个背景条件，私有化势必会产生三种消极机制：第一，是土地占有规模不断细化的机制。土地既为私有财产，就要派生出继承权问题，在长子继承制尚未能冲破习惯势力而普遍生效的条件下，势必会不断分割细化，这完全是可能的。第二，是土地非农化机制。作为私有财产的土地是可以自由出卖的，但在工农业产品价格体系未能理顺的条件下，被出售土地的走向，绝大部分不可能是种植大户，而会是非农买主，农用耕地将可能进一步大规模地流失。第三，是土地经营粗放化机制。在农业本身的综合比较效益还不可能达到或超过工商业之前，在许多农村工业化发达的地区，农用土地的经营还将继续粗放化，而且由于是私有的，政府更难以进行干预。显然，这三种机制是同我们改革与发展的要求背道而驰的，而且蕴藏着深刻的农业危机——对于像我国这样农用土地资源十分匮乏的国家，将意味着什么，是不言自明的。而且耕地这种资源一旦遭受破坏，要恢复起来是要几十年甚至几百年的。

为什么又不能实行国有化？裴长洪提出了四点理由：第一，国家财政无力赎买，村干部归谁养？第二，由于全国一律化，村干部更加不关心土地的经营与管理；第三，会把农村就业压力、各种矛盾都压到政府身上；第四，将使绝对地租消失，更使国民收入再分配不利于农村。我认为这是对的。

二是土地承包权（占用权）归承包农户，长期不变，可以继承，增人不增地，减人不减地。在法律上承认承包者的占用权（在遵守国家《土地法》的条件下）。

这样，第一，可解除农民的"后顾之忧"，使其放心进行土地建设性投资，减少短期行为；第二，可稳定土地占有关系，不必年年"调整"，且可收到抑制人口增长的功效；第三，便于土地管理的连续性。

三是土地使用权归实际的土地经营者,实行有偿自由租赁制,强化土地经营者的法人地位。

土地的使用可以是承包者,也可以由承包者租赁给其他农户或从事农业的企业经营。这样,可促进土地的自动集中,形成规模经营;可促进形成新型的农业企业制度和土地资产制度,推动公有制条件下的土地商品化;可有效地保护土地资源,使社会爱惜土地——价值化、增值化。

四是建立三方面的地租分配制度。

——绝对地租归土地所有者,即归村社;

——级差地租Ⅰ大部分归村社,少部分归国家——农业税;

——级差地租Ⅱ归投资者(经营者)。其中:承包与经营一体户,自无问题;承包户投资后又转租赁给其他人的,则按投资有效期(一般合同有效期)收取租金;新经营者投资所获级差地租Ⅱ则应归新经营者所得。

计算方法见表5。

表5   级差地租Ⅰ与Ⅱ的计算方法(理论)   单位:元

土地等级	亩数	假定投入成本	生产物	实际投入成本	生产物	单价	收益	级差地租=Ⅰ+Ⅱ
甲	1	100	6	200	13(6+7)	25	325	125=50+75
乙	1	100	5	150	8(5+3)	25	200	50=25+25
丙	1	100	4	100	4	25	100	0=0

说明:1. 收益-成本=级差地租差额;

2. 甲、乙等地与丙地等额成本所产出的生产物收益-该次成本=Ⅰ;

3. 甲、乙等地追加部分所产出的生产物收益-追加部分的成本=Ⅱ;

4. 成本中包括劳动支出。

表2的计算如下:

甲等地的Ⅰ=6×25-100=50(元)

甲等地的Ⅱ=7×25-100=75(元)

乙等地的Ⅰ=5×25-100=25(元)

乙等地的Ⅱ=3×25-50=25(元)

绝对地租的计算:

由于农业所有权的垄断(在目前的村社公有条件下),农业的有机构成又低于工业,因此在投入相同死劳动量的情况下,农业的活劳动投入量要大于工业,从而产生了一个农产品价值量高于社会生产价格的"差额",这个"差额"就是绝对地租存在的"依据"。据此,农业每亩死劳动量(物资投入费用)所占用的活劳动量同工业相等的死劳动量所占用的活劳动量的差额就应是绝对地租额。现在,假定农业每亩物质费用30元,每亩投入活劳动20个人/日,而工业中每30元的物质费用平均只需投入活劳动2个人/日,社会劳动力平均价格为 5 元/人/日，则每亩绝对地租额为：

$$\left[\left(\frac{20}{30}\right) - \left(\frac{2}{30}\right)\right] \times 5 = 3(元)$$

这样，前述农产品价格就不应是 25 元/5000 公斤，而应是 28 元/5000 公斤。丙等地也能得到地租。

(3)积极推进农户经营的企业化、专业化。目前建立在家长制基础上的半自给性的家庭联产承包经营方式，只是改革的起步，绝不是改革的目标。随着改革发展的深入，家庭承包经营必将经历一个由小生产向企业化、商品化大生产的蛹化蜕变过程。

工业化与城市化不能同小生产的农业长期并存，这是经济发展的一般规律。否则，劳动生产率低下、经济规模狭小的农业无法承担愈来愈大的工业与城市对农产品的需要。但是，农业由小生产转到大生产，其途径可以是多种多样的。发达的资本主义国家大体上经历过三种方式：一是强制性剥夺的方式，如英国的"圈地运动"；二是农场兼并的方式，如美国前期大农场吞并小农场那样；三是社会化控制方式，即通过大资本集团对家庭农场产前、产中、产后的社会化服务，使后者变为前者的附庸，这种方式在当今资本主义国家相当普遍。

看来，我国农业基本上可以借鉴上述第三种方式，并有条件地吸取第二种方式来实现大生产化。具体地说，在不改变家庭经营的形式下，发展适度规模经济，通过社会化服务体系的合作与联合，使农户的家庭农场实行规模化、商品化、企业化，这应是农业改革的重要目标。显然，我国目前的农村改革进程，离这个目标还相当遥远。我们的任务，是促使近期的各种改革措施逼近这个目标，而不应当是相反。湖北有的地区设想：以农村为单位建立"村农工商合作公司"，由村民大会选举董事会，再由董事会任命经理，作为村一级的经济组织，承担对农户的产前、产中、产后服务，进行村经济开发，管理村社公有土地。供销社、信用社以及其他有垂直系统的经济组织到乡镇为止，不再往下延伸，而依靠村公司开展业务活动。这种设想不失为一种农村经济企业化、社会化的思路。

(4)弱化纵向隶属关系，打破地域分割状态，发展横向社会契约关系。社会契约关系，是现代商品经济社会的基本纽带。哪里存在强大的垂直隶属关系，哪里就没有商品经济的自由发展。

为实现这一目标，在改革上应该加快如下措施的出台：①割断政府直接干预乡镇企业经营活动的"脐带"，强化企业与农户的经济法人地位；②利税分流，修改"分灶吃饭"的财政体制；③推动地域性共同市场的发育乃至形成无阻碍的全国统一市场；④鼓励跨地域的横向经济联合；⑤强化与完善《经济合同法》的实施。

(5)形成农村产业(包括农业)投资环境。几十年政经不分的产品经济，使得我国农村产业的投资环境远未形成。目前，农民赚了钱宁可"大操大办"或贮藏货币，也不愿向土地和乡镇企业投资，从而形不成强大的社会投资主体。具体分析其原因，一是由于价格体系未理顺，农业比较效益低微，投资无利可图；二是产权不明，承包权不稳，加上意识形态上的"余悸"，使资金所有者感到投资风险太大；三是法制不健全，契约无保障，往往由于单方毁约而不能收回投资；四是乡镇企业政企不分，政府成为投资主体，社会资金持有者难以涉入。

显然，以上这些影响农村产业投资环境形成的障碍因子，只有通过价格改革、产权改革、政治体制改革以及加强法制建设，才能最终消除。

五、近期深化农村改革的思路

前面说的改革目标，不是一蹴而就的。其原因是多方面的，但最关键的原因是农村改革要受制于整个改革的进程。当全国的价格改革、财政金融体制改革、农产品采购制度改革，特别是政治体制改革还不能大步进行的条件下，农村改革欲迈开大步也是不现实的。

但是，这决不等于农村改革无所作为，恰恰相反，只要我们选择切实可行的有限目标，农村改革还是有可能继续深化的。记得我在1988年《中国农村经济》第8期那篇文章中，曾建议中国农村的改革应及时由生产关系调整为主转移到以生产要素合作组合的阶段。现在，我在此基础上还要再补充一句，即：为实现农村生产要素的合理组合，必须由制度的改革转到机制的再造。即是说，在整个国家的体制改革还不能迈大步的情况下，在农村内部采取一些不牵扯或基本不牵扯整个国家全局的改革措施，以促使某些得以引导农村生产要素合理组合机制的发育。

1. 促进农用土地自动集中机制的生成，推动土地要素的合理组合——规模经济

一家一户几亩地的小农业，不可能长久地支撑迅速发展的大工业城市，这一点在前面已论及。现在看来，这种矛盾已经始露端倪了。但是，在现有的运行机制下，土地很难向种田能手集中。一则小生产者对土地眷恋的习惯势力，即使非农收入大大超过农业收入也不能放弃承包权；二则政策不稳定，要留一个"后路"；三则种植专业大户因缺乏社会化服务而困难重重，难以发展。

因此，要形成一种农民自动的土地集中机制(而不是行政命令或政治压力的机制)，似应从如下几方面进行改革：

(1)实行"三权分离"。这样一方面可以照顾农民不愿意轻易放弃土地的心理习惯，又可促进经营上的自动集中势头，解除农民的"后顾之忧"。另一方面可以明晰公有土地的产权关系，加强村经济组织在经营土地方面的积极性和监督机制。这一点前面已有叙述。

(2)鼓励成片种植养殖，推行区域专业化(专业片、专业村等)，而不改变目前家庭承包的格局。区域专业化，是促进社会化服务体系发育的基础。目前，关于以发展社会服务来促进规模经济的发展，已成为经济界的共识。但如何使社会化服务体系得以形成？这个问题在操作上并未完全解决。我认为，目前就大部分地区来说，主要期望村级经济来负担社会化服务或主要靠国家投资来建立各种服务组织，不太现实，而应寄希望于个体和合作的服务专业户或专业合作组织。但这种经济实体的发育成长，必须有足以保证其边际效益的服务对象。而这种足够满足服务工作需求的对象，如靠农业专业大户的发展，不仅太缓慢，而且会落入互相掣肘的"怪圈"。但如果发展区域专业化，便可解开这个"死结"，用区域专业化促进服务社会化，服务社会化则可回过来促进专业大户和农户企业化的大发展。

(3)国家在推动土地自动集中方面应制定一些疏导性的政策。例如按每户经营土地的面积不同，实行差额农业税和贷款利率，经营面积越大，每亩的负担愈少等。

2. 促进农业内部积累与投资机制的发育，推动集约经营的发展

中国的工业由于长期采取数量型增长战略，至今自我积累机制还相当脆弱。因而，中国还没有进入用工业积累大规模返还农业的历史阶段。国家财政在力所能及的范围内适当增加投资，不仅可能而且必要——过去的确过少。但是，如果期望主要依赖国家投资来解决农业投入不足的问题，近期内显然也很不现实。因此，农业还必须"向内运动"，从而提高农业自身的积累能力和增强农村内部的投资动力。

为此，首先必须努力提高农业本身的经济效益。农业本身的经济效益不显著提高，农业内部的积累与投资机制便缺乏物质基础。这方面，有三个基本途径：一是发展规模经济，这一点在前面已有论述。二是放开农产品价格，尽快结束"双轨制"，摆脱目前"谷贱伤农"的两难局面。为了保证大城市和国家的商品农产品的需要，可采取"增、建、议"对策，即适当增加实物粮食税；大城市与粮油副食品集中产区对口加强商品化农业基地建设，发展开发农业；缺粮省区可与产粮省区建立平等互利的区域性"共同市场"，议价调剂余缺。粮棉油价格如再不放开，长期拖下去，势必会出现危机。三是因地制宜地下扎实工夫推广适用技术，鼓励技术承包与技术转让，并健全法律保障体系。

其次，要采用各种保护政策，促使农业企业家成长壮大，培育农业投资主体。强化农业内部投资机制，首先需要有强大的投资主体。这种投资主体，显然不是既缺乏扩大再生产的能力，又缺乏扩大再生产冲动，一家只种几亩地的小生产者所能胜任的。在专业户基础上孕育出来的新型农业企业家才能承担起中国农业现代化的历史重任。这一点，我们过去是认识不足的，以为旧有的"一包就灵"可以解决农业的深化改革和现代化发展问题，这只是一种幻觉。

最后，要放手搞活农村流通。农村供销社、信用社的改革要加速进行，发展多形式、多渠道的农村供销、金融体系。更重要的是应鼓励农民在完成农业税和合同任务以后（真正实行分户结账）的内销、联销和合作经销，允许农民在自愿互利的基础上建立相应的社会组织。

3. 促进劳动力合理流向机制的发育，实现农业剩余劳动力分层次的健康转移

由传统农业文明走向现代工业文明，必然要伴随一个农业劳动力与人口的非农化问题。前面已讲过，我国由于农村人口太多而大城市又极不发达，加上现代发达国家已出现的"城市病"，不可能也不应该走西方发达国家和一些第三世界国家那种让农业人口自发地直接涌向大城市和发达地区的老路。

乡镇企业和小城镇的兴起，正是适应了中国现代化的这种特殊国情，它是人民群众伟大首创精神的体现。中国的现代化过程中，农业剩余劳动力势必要经过一个"三级跳"的转移过程：由种植业转到多种经营，由多种经营转到乡镇企业及小城镇，再由乡镇企业和小城镇大量转到中等城市（新兴的居多），少量的转到大城市。当然，这也不排斥部分的"二级跳"或"一级跳"。

欲形成上述劳动力分层健康转移的机制，一方面，要改革和调整目前国家对大城市过于偏好的制度与政策，鼓励中小城市发展。否则，大城市对农民的吸引力超过了大城市自

身的承受力(包括就业机会、工作与生活设施以及文化发展等)就会出现严重的经济和社会问题。目前,特别是要适当调整大城市与农村和中小城市之间在工资福利制度、物价补贴政策以及生活条件方面过度悬殊的现状。另一方面,就是要积极健康地推动乡镇企业的发展。

(发表于何康、王郁昭:《中国农村改革十年》,中国人民大学出版社 1990 年版,1990 年获国务院农业发展研究中心优秀论文奖)

新世纪中国农业的发展思路

到 21 世纪中叶，我国将实现国家的社会主义现代化，这其中自然也包括农业与农村的现代化。我国农业与农村发展如何迎接新世纪的挑战，这是不能不研究的课题。

一

经过 20 年的改革开放，中国农业与农村发生了极其巨大的变化。概括起来，可以说基本实现了三大突破，即体制的突破、机制的突破和结构的突破。

首先，我国农业实现了由集体农业体制转向家庭农业体制的突破。这一过程，在 20 世纪 80 年代前期就完成了。由人民公社集体化的农业体制向家庭承包双重经营的农业体制的过渡，取得了良好的效果。这一突破重点解决了农民生产积极性的问题。

其次，我国农村实现了由自然经济转向市场经济的突破。农村过去城乡封闭、工农分割的格局在 20 世纪 80 年代中期以后，逐步被打破了。以粮为纲的农业内部自我循环式的自然经济，在农民进城择业和乡镇企业兴起两大潮流的冲击下迅速解体。农业商业化和农村工业化取得巨大进展。这一突破重点解决了农业的运行机制问题。在城乡之间、工农之间开始形成以市场为基础的配置资源机制，工农互促，城乡一体。

最后，我国农业实现了由传统农业转向现代农业的初步突破。在前述两个突破的条件下，我国农业的技术基础自 20 世纪 80 年代后期以来，有了明显的改进。机械操作代替手工操作，化石能源取代自然能源，良种的采用、设施农业的建设、农艺的技术改良等，都有了长足的进展。这一突破重点解决了农业生产力的革新问题。在此基础上，农业劳动生产率有了很大的提高，农产品产量有了突破性的增长，农业发展的同时，为城市工业化提供了源源不断的剩余劳动力。

这三个方面的突破，使我国农业与农村告别了计划经济，开始告别传统耕作，为走向市场化、现代化，奠定了良好的基础。

二

21 世纪我国农业与农村的战略任务将是实现双重转换，即农业的工业化和农业的市场化。前者，是由以农业为主导的传统经济向工业为主导的现代经济的结构性转换，这是一般发展中国家共有的问题。后者，是由计划经济向市场经济的体制性转换，这是社会主义国家特有的问题。

面对这个双重转换,我国的农业虽然在前 20 年打下了良好基础,但仍存在诸多不适应之处。概括地说,存在四个矛盾:

第一,是小生产与大市场的矛盾。从国内来说,工业化、城市化迅速地推进着非农化的进程。国内市场不仅从总量上而且从结构上对农产品供给形成越来越大的压力;不仅从供给内涵上而且从供给方式、供给时限和服务质量上对农产品提出越来越高的要求。从国际来看,我国经济将加快同全球化的国际经济接轨。发达国家的农业,在规模经济、科技含量、价格竞争、产品质量与标准化以及营销策略等各方面都占有优势。面对这两方面的大市场竞争,我国的现有农业却是一种"微型农业",处于没有完全市场化的小生产状态。由于规模过小、经营方式落后、成本高、效益低、批量小、品质差、信息不灵、运销渠道不畅,我国农业在竞争中处于十分不利的地位。

第二,是低效益与高投资的矛盾。我国农业要迎接国内需求与国际竞争的双重挑战,首先必须加大投入、加快技术改造,尽快实现由粗放经营到集约经营、由"靠天农业"到设施农业的转变。而这种高投入的农业,是目前我国以劳动追加为主的低效益农业所难以承担的。

第三,是农业劳动力大转移与对农业劳动力高素质要求的矛盾。前 20 年,农业剩余劳动力的转移,有力地推进了乡镇企业的兴起和农村工业化的发展,有效地促进了农业劳动生产率的提高和农民收入的增加。但是,应该看到,我国农业劳动力的转移已接近或超过了"零值劳动力"的限度,而且从结构上说,转移出去的大多是农业中的较高素质的劳动力。如果不注意及时提高农业劳动生产率,不及时强化农村教育与培训,面对农业现代化对农业劳动力素质愈来愈高的要求,我国的农业发展便会出现尖锐的矛盾。

第四,是污染加剧与可持续发展的矛盾。乡镇企业与小城镇的发展,一方面大大推动了中国农村的现代化进程,另一方面也在不断加剧"公害搬家"的趋势。如不采取适当适时的有力措施,农业的污染、生态的破坏,将造成不可收拾的局面,农业的可持续发展问题在 21 世纪初必将尖锐化。

三

综观上述成就和矛盾,我们在农业的功能定位和发展农业的方略上必须实现战略性的转变。农业是国民经济的基础,这在总体上是不变的。但在其内涵结构上,随着工业化的发展和国民经济结构的巨大变化,农业在国民经济中的基础功能主要在以下三个方面突出起来:第一,产品供给功能,这在前面已做了表述。第二,市场份额功能,这是极具开发潜力的功能。可以说,世纪之交我国国民经济能否持续快速增长,在很大程度上将取决于农村市场的开发程度。第三,生态环境功能,这一功能今后将日益显示其重要性。我们必须根据变化了的农业功能来调整农业改革与发展的方略。

农业在总体改革与发展思路上必须实行五个根本转变:即由市场放任取向转向市场规范取向;由政策激励取向转向制度创新取向;由提高价格取向转向降低成本取向;由粗放

扩张取向转向集约经营取向;由农民自筹取向转向政府及社会投入取向。下面简要分述之。

市场放任取向,在改革发展的初期是必需的,而且具有很大的诱导效应。但中外经验都证明,自由放任的市场会有诸多弊端,必须有政府的适度干预,必须建立严密的游戏规则。当前必须迅速由"放任"的思路转向规范的思路。要逐步整顿各种农村市场,依法治市,把农村市场化的成熟度提高一大步。同时,面对国际竞争的加剧,我国农业经营必须尽可能消除垄断,强化竞争规则,培育竞争能力。

关于政策激励,"给政策"(实为放权)在过去的改革发展中极大地调动了农业发展的积极性与创造性。但是,这种政策驱动的潜力终究是有限的。在百业俱兴、对手如林的条件下,虽仍有政策可供,但却不起主要作用了,而且有"过度保护"之弊。现在则是要在制度(包括体制、组织、形式)创新方面下功夫了,否则就难以继续前进。

靠提高农产品价格来刺激农民的生产积极性,在20世纪80年代是可行和有效的。但在90年代以后以至未来,这个策略将不可取。其一是因为财政及居民难以承受,其二是我国的农产品价格已普遍高于国际价格,如果放开市场,便毫无竞争能力。所以,必须由过去以提高价格为主的取向转向以降低农产品成本为主的取向,提高规模经济,增加科技含量,改善经营方法,减少流通环节,降低交易费用。

在工业化初期,工业和农业采取粗放的扩张战略,是必需的和不可避免的。但在工业化中期以后,农业和工业一样,都必须实行由粗放经营向集约经营的战略转变。对此,国家已有明确的决策。就农业而言,不如此,就难以实现农业由低效向高效的转变,就难以抑制住农业环境恶化的趋势,就难以推进乡镇企业的改造提高,就难以实现工农业的协调发展。

农民自行筹资,政府不花或少花钱,这是过去在工业化启动阶段不得已而为之的做法。现在,面临着国际化大市场的强大竞争和国内城市化对农产品的需求压力,已经不是"小敲小打"的农户投资所能解决的;同时,我国的工业化至少已进入中期阶段,应该到了"反哺农业"的时候。像农业基础设施残缺陈旧的问题,农村道路和储运系统落后的问题、农业技术推广机构建设与设备简陋的问题,农业机械化和设施农业的问题乃至生态恶化和水利工程问题,等等,都无不需要投入大量的资金,这已经不是农户和村镇的力量所能及的。我们的思路再不能满足于过去那种"农民自己解决自己的问题"的状态,必须由"农民自筹"的老框框转到"政府投资"为主的新思路上来。

四

根据上述总体思路,结合我国近中期的现实,我国农业与农村的现代化和市场化宜通过如下途径逐步加以实施:

1. 起步:产业化经营

产业化经营,是目前比较现实可行的途径,国家已作为政策加以确定。但是,什么是农业产业化经营？它解决什么问题？其科学内涵是什么？如何去实现？这些问题，众说纷纭，似乎还未取得共识。

产业化经营，就是要按照现代大工业经营方式来改造农业的传统经营方式。这是一个社会生产方式的根本变化，必需假以时日，绝不是一哄而起所能奏效的。

推行农业产业化经营主要是为了解决小生产与大市场的矛盾和农业的弱质性与提高农业自身效益的矛盾。通过产业化经营，可以加强农业同工商业之间的产业关联度，逐步实现农业与工商业的一体化经营。一方面，可以解决工商业稳定合格的上游产品(原料)的供给来源(基地)，另一方面，又可以解决农业稳定有利的产品销售市场。这样就把千家万户的"农业车间"(家庭经营)同广大的市场紧密地联系起来了。产业化经营使农户的产品销路有了保障，而且价格是合同确定的，这就为稳定农民的生产积极性、增加农民收入提供了制度保障。同时产业化经营还能提高农户的专业化、规模化水平，促进农业资本的聚集和集中。

所以农业产业化经营是有着丰富的科学内涵的。首先，农业产业化经营的实质是推进农业的商业化。农业的商业化是工业化过程中的必经阶段。一方面，城市工商业为了获得稳定的合乎要求的农产品原料，必然要求农业也能按工业化的方式来经营，达到批量化、标准化、及时化的要求；另一方面，工业产品要开拓农村市场，必须彻底摧毁农业的自给自足性生产(自然经济)，这就是马克思为什么说商品经济是摧毁中世纪残余的推土机的含义。其次，农业产业化经营的基础是农业生产的专业化。如前所述，城市工商业之所以要求农业改变经营方式，是为了获得批量化、标准化的原料，如果没有专业化的生产，零零星星，什么都有，收购工作就不胜其烦，而且会大大增加交易成本。同时，对农民来说，只生产一样产品，只销售一种商品，而且有利可图，又何乐而不为？最后，农业产业化经营的条件是农业服务体系的社会化。由生产(车间)到消费者手中这期间有许许多多的中间环节，过去靠农民自己来完成，所以效率极低，成本很高。要产业化经营，就必须建立一系列有专业化经营基础的社会服务系统，使农户安心按照加工订货的合同进行生产，产品出来以后的事由像日本"农协"那样的组织去完成。这就必然大大提高农户的积极性和生产效率。正由于这样，农业产业化经营的结果必然是农业的高效化。

推进农业产业化经营是一个持久而复杂的过程，不可能一蹴而就。大体来说，应具备三个基础条件：首先，要有具备较强经济实力的"龙头企业"，它确有获得批量性农产品原料或上游产品的内在需要(而不是拉郎配)。其次，要有比较健全而规范的社会服务组织，包括收购、运输、储藏、加工、销售等，如能像日本"农协"那样一条龙的大集团经营或建立农工商联合企业当然很好，在目前条件下，由供销社、各种民间联合体、甚至个体、私营服务组织联合经营也不失为一种选择。最后，要逐步引导农户进行专业化经营，逐步消除自给性生产。在这个过程中，健全市场规则，树立商业信誉，建设一系列标准化的贮运设施，加强法制管理是不可少的。

2. 疏导：推进城市化

要提高农业的规模化，要推进农业的机械化、现代化，要改善生态环境，要增加农业的效益，如果不"疏散"农村过密的人口，就都是一句空话。没有大规模人口非农化，就没有中国农业的现代化。人口的非农化是一个较长的历史过程。在这个过程中，总是伴随着城市化的过程，而且呈现出明显的层次性与阶段性。我国的城市化，不仅仅是已有城市扩大规模的问题，更主要的还是要发展起一批新兴的城市。城市化问题必须与农业与农村的现代化问题紧密结合起来加以审视，不能就城市化论城市化。如果把这两大问题联系在一起来考虑，城市化应遵循以下原则：

第一个原则，耕地保护原则。中国是一个耕地稀缺的国家。在城市化过程中难免要挤占一些耕地，但一定要把这种趋势压缩到最低限度。第二个原则，推动农业规模经营原则。日本的经验已经证明，"兼业农户"是农业现代化的不治之症。它极大地阻碍了农民的结构性迁徙，从而阻碍了农业的规模化经营。在我国，农村小城镇是没有多少吸引力的，要做到农民彻底离农，农民就必须进入大中城市，成为城市的正式居民。第三个原则，劳动转入非农产业后的边际效益最大化原则。现代工业是讲求"聚集效应"的，聚集效应大、产业的边际效益便高。大中城市，由于产业关联度高，具有发达的基础设施和配套行业，其聚集效应显然大于"村村点火"的分散的乡镇。所以，从长远来说，乡镇必须经历一个由分散到集中(集中到县城周围)的过程，农业劳动力的转移也将经历一个由近及远的过程(进入城市)。

根据以上原则，我国的城市化拟采取如下方针：积极发展大中城市，重点发展小城市，大中小城市协调布局，有计划地发展小集镇。

上述原则和方针，是从目标模式来提出的，不是一步可及的。在执行过程中有其阶段性与层次性。大体说来，可分为三个基本阶段：

第一阶段，起步阶段。大致是 20 世纪 80 年代到 90 年代前期。这一阶段的基本特征是：①部分信息灵通人口盲目地外出打工；②乡镇企业如雨后春笋，"处处冒烟"；③农村小集镇兴起，摊子越铺越大。这一阶段对国民经济的增长和农村现代化的推动贡献不小，但盲目性也不少，造成农村的污染也不轻，耕地被盲目破坏的现象也很严重。

第二阶段，分化重组阶段。大体是 90 年代中期以后。这一阶段的基本特征是：①相当一批素质较高的流动人口开始结构性转移，在城市中稳定下来，而更多的仍属盲目的季节性外流，也有少数开始返回农村创业；②乡镇企业开始大分化，部分高素质的企业实现了集团化、高级化，向现代企业制度靠拢，不少企业则濒临倒闭或私有化；③农村小集镇中一部分产业聚集度较高的更加兴旺而向小城市转化，一部分发展停滞，少数开始萎缩。

第三阶段，稳定阶段。这可能要到 2020 年以后。预计这个阶段的特征可能是：①大部分剩余人口已结构性转入大中城市，但仍会有少量的兼业户；②"乡镇企业"的名称可能会消失，因为一些已实行了现代企业制度的大中小企业同一般城市企业没有什么差别，一些经营不佳的企业则被城市企业兼并或淘汰了；③农村集镇大部分成为村社自治机构的所在地，相当的一批则上升成为小城市，少数则可能自然萎缩消失了。

3. 治本：农户经营的企业化

要最终实现农业现代化，实现农业与国民经济的协调发展，就必须在农业与农村建立起一整套符合社会主义市场经济要求的制度与组织体系，这是我们在 21 世纪前期必须完成的系统工程。这项工作显然是十分艰巨的，而且现在还处于设想阶段。

总的说来，稳定家庭经营的方针是长期不变的，这不仅是短期内稳定农民生产积极性的需要，而且从长期战略来考虑，农业这个特殊的产业，由于其经济再生产与自然再生产相互交织，只有用家庭经营的方式来经营，才能发挥最好的功效。

但是，家庭经营并不排斥规模化和现代化。在国外，很多发达国家是通过"公司+农户"的方式来实现的。垄断资本所控制的农业服务公司同分散的家庭农场建立某种较稳定的契约关系甚至紧密的联合体，成为大公司下的一个"农业车间"。与此同时，家庭经营为了与大公司经营方式接轨，也自然地逐步改行企业化管理。这样就从制度与组织上解决了二元经济结构问题和工农业的协调发展问题。

在中国，要建立这样的家庭农场制度，当然是不能性急的，但这个方向必须明确，否则，过去那种"集体化"的思维还会死灰复燃。今后，中国要彻底解决工农业一体化协调发展的问题，同样可以走这种"公司+农户"的道路，只不过是把西方的垄断资本控制的"公司"变为社会主义主体经济控制的公司就可以了。至于具体的组织形式，有待我们去创新。可以是较大规模的家庭农场(如有些地方出现的开发性的农场经营)，可以是一家一户的在专业组织协调下的家庭车间，也可以是股份合作组织。

4. 基础：农业的技术革命

实现农业的现代化，根本的基础还在于技术和生产力革命。在农业中基本实现机电工具替代手工农具，化石能源替代自然资源，科学农艺替代经验农艺，现代设施取代传统设施，复杂劳动取代简单劳动。显然，这不是什么小改小革，而是一场深刻的生产力变革。

对于我们这样一个资源匮乏、人口众多、发展不平衡的大国，目前又面临着信息革命和经济全球化的严峻挑战，既不能循着传统工业化的老思路，又不能照搬后工业化国家的做法，似应遵循如下原则：

第一，迅速与国际先进农业科技接轨的原则。面对知识和信息革命的大潮，中国虽然不能全面、整体地进行响应(因为我们还处在工业化历史阶段)，但可能而且必须进行"梯度响应"。即：在有限的尖端领域，进行直接响应，赶超世界先进水平；在教育领域，进行储备响应，尽快培养出一大批跟上知识经济发展形势的新生科技队伍；在传统产业领域，进行嫁接响应，实行传统工艺、农艺技术与新兴技术的嫁接改造。

第二，合理利用农业资源的原则。中国耕地贫乏，又是贫水国家，能源储量并不充裕。所以，一切农业技术必须以节地、节能、节水作为主要选择标准。在北方，应大力推行节水农业技术，在南方，应大力推行节地与节能的农业技术。要争取以最少的土地、最少的用水、最低的能耗获取最大的农业产出。

第三，充分利用劳动力并保障就业的原则。农业必须大幅度地转移劳动力，提高劳动生产率，这是一个方向。但是，我国恐怕很难达到像澳大利亚、美国那样的农业劳动生产率。因为我国的人口基数太大了，城市化的结果能达到80%的人口非农化，就很不错了，在农业中仍然会留有不少的人口。所以，农业技术的选择要以生物技术(互补技术)为主体，追求土地生产率的提高。机械技术的推广必须服从"使用机器比使用人力更便宜"的经济法则，不可盲目进行政府干预。

第四，有利于保护与优化生态环境的原则。当前，在发展乡镇企业中，要特别注意防止"公害支农"，要建立乡镇企业项目监审制度，着手清理与整治乡镇企业的污染源，逐步做到开发与环保兼顾。

依据以上原则，当务之急，我们认为应该实施"两头抓"的战略。即：一头大力抓好有限的农业高科技工程。应该把中国农科院建设成为中国的农业"硅谷"，并实行科教一体化，与中国的农业大学建立密切的联合体制，打破目前中国农科院与农业大学各自封闭运行的体制。中国农科院应建立农科院的院士制度，以广揽全国农业科技人才，形成强大的合力。另一头，应切实抓好农业的科普工程。要大力建设农村信息网络(电视的普及，电脑的推广)，强化网上科普活动，克服目前科普工作中的小手工方式和"肠梗阻"现象；要切实加强农村的科普机构与设施，落实与改善科普人员的职称、待遇和工作条件；要建立农民与科研单位和农业院校的业务联系制度和院校师生下基层推广与实习的制度。

(选自《耄耋探索集》，湖北人民出版社 2013 年版)

中国农村经济学导论

在 20 世纪 80 年代，中国农村开始了一场动人心弦的大变革。它奇迹般地解放了农村生产力，以活生生的事实冲击着人们的传统观念，改变着人们的思维方式，从而引起了全世界的注目。正如恩格斯所说，对"一切社会变迁和政治变革的终极原因，不应当在人们的头脑中，在人们对永恒的真理和正义的日益增进的认识中去寻找，而应当在生产方式和交换方式的变更中去寻找，不应当在有关的时代的哲学中去寻找，而应当在有关的时代的经济学中去寻找"。①

《中国农村经济学》就是在这种时代的召唤下，试图从经济学的角度来总结这一伟大的历史变革时代，并从中探索我国农村的社会主义发展道路，为建立真正称得上马克思主义的、中国化的中国农村经济学起铺路石的作用。

第一节　农村经济的科学范畴

一、国民经济是一个特大系统

农村经济是国民经济的一部分。国民经济作为一个特大系统是一种多维结构。就其主要方面来说，包括产业结构和地域结构。就产业结构而言，包含第一产业、第二产业、第三产业及其相互关系。就地域结构而言，包含城市经济、农村经济、海洋经济及其相互关系。可以设想，在不久的将来还会出现太空经济这一新的领域。

过去的传统观念总是把第一产业与农村经济混为一体，至少是把前者仅仅归属于后者。显然，这种观念已经落后于经济的发展。在现实生活中，不仅农村中同时存在着第一产业、第二产业和第三产业，就是在城市中既有大量的第二、三产业，也出现了城市农业，诸如城市花卉业、城市畜牧业、城市养虫业、城市养菌业等。

因此，国民经济系统结构模式，已不能用简单的直线图来描述了，而应该是一种网络模式(见图1)：

这就是说，无论在城市经济还是农村经济以至海洋或太空经济中，三大产业都是并存的，只不过是发展水平、经营内容和所占比重不尽相同罢了。

我们这样来描述国民经济系统，至少有下述理由：

(1)从现代城市化运动规律来看，20 世纪以来，城市化同"郊外化"几乎是并行的过程。城市的郊外和中心城市结成社会和经济的一体关系，并转化为城市的地域范畴。而且

---

① 《马克思恩格斯选集》第 3 卷，人民出版社 1995 年版，第 741 页。

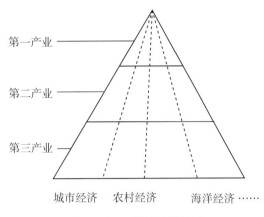

图 1　国民经济网络结构图

随着城市市区的不断膨胀，郊区的边界也在不断地外延，中心城市与卫星城市及其郊区不断外延的结果，便形成"城市群"与"城市带"。在这种地域之中，城市和城市、城市和郊外都在经济社会上结为一个整体——系统，即城市经济系统，在这个边界之外，即为农村经济系统。它们两者都同时存在三大产业。城市经济系统中有第一产业，这是城市化过程中的必然结果。

（2）从经济社会发展的总趋势来看，城市与乡村的差别必将逐步缩小以至消失。这种缩小与消失过程的内在要素就是三大产业跨地域交叉发展，就是生活环境的相互接近。农村要在经济上消除与城市的差别，必须在第一产业的基础上发展第二、第三产业，城市要在生态上消除与农村的差别，必须发展第一产业。随着科学技术的发展以及人口与土地比率的缩小和人们生活兴趣的变化，城市庭院农业将会作为一种新兴产业而发展起来。

（3）从中国的特殊国情来看，走"城乡交融、工农一体"的发展道路，有利于劳动力离土不离乡，有利于城市与工业布局均匀化，有利于社会生产力的加速发展。这种道路也正是一种城市与农村三大产业相互渗透和交叉发展的道路。

二、农村经济与城市经济

1. 农村经济与城市经济都属历史性范畴

在人类发展的历史长河中，农村与城市经历和将要经历由一体到分离，又由分离到融合的发展过程。

在远古时代，并没有农村与城市之分。城市是在人类社会发展到一定历史阶段才出现的，是社会分工和商品经济发展的必然产物。马克思说过："一切发达的、以商品交换为媒介的分工的基础，都是城乡的分离。可以说，社会的全部经济史，都概括为这种对立的运动。"[1]

---

[1]　《资本论》第 1 卷，人民出版社 1975 年版，第 390 页。

在奴隶社会与封建社会，已经开始了这种城乡分离的过程。但由于当时社会分工和商品经济还不甚发达，故城乡的分离还处于一种萌芽形态。只是到了资本主义社会，资本主义大工业的兴起，摧毁了手工业，瓦解了自然经济，商品经济的巨大洪流冲破了一切宗法禁锢，要求大量的劳动力集中起来劳动，要求工业集中起来互相协作，从而引起人口的迅速集中，形成一批一批的大中城市。这些城市的兴起，是以牺牲农村居民的利益和掠夺农村资源为代价的，从而引起了城市与农村之间的严重对立。在现代资本主义国家，城市与农村都有了新的发展：一方面，农村已基本实现了现代化；另一方面，城市人口已占社会总人口的 1/3 以上，有的国家高达 80%。尽管城乡之间经济利益的对立仍然存在，但在生产力发展水平方面已经逐步接近，从而为消灭城乡差别准备了良好条件。

在社会主义社会，城乡对立虽然消灭了，但城乡分离仍然存在。由于社会主义社会消灭了城乡根本对立，随着生产力进一步大发展，商品经济进一步高涨以及农村经济的高度发展和农村城镇化，城乡之间的本质差别就会逐步消失，就可能在高水平上最后实现城市与农村的融合。

可见，农村经济和城市经济一样，同属历史性的范围。作为系统的边界在不同的历史发展阶段，因而也必然是不完全一样的。

2. 农村经济与城市经济的定义区分

从上面对于农村与城市的历史描述中可以看到，城市从农村中分离出来以后，集中了大量的人口、劳动力、资金以及第二、第三产业，同时也存在少量的逐步发展的第一产业，成为一定地域内的经济中心、政治中心和文化中心。因此，城市经济应该是一个以第二、第三产业为主体，三大产业协调发展，人口、劳动力、资金、技术密集度较高，经济综合功能较大，经济发展水平较高，并可起领导作用的经济系统。

那么，与城市的定义相对应，农村经济则是一个以第一产业为基础，三大产业协调发展（随着经济的发展，所含的第二、第三产业的比重愈来愈大），人口、劳动力、资金、技术密集度较低，经济综合功能较小，经济发展水平较低的不能独立发展的经济系统。这个定义说明：①农村经济与城市经济的根本区别在于后者是以农业为基础。以农业为基础，包括以农业的产品、劳动力和资金为基础，或围绕农业的需要而发展。②农村经济系统单位面积拥有的经济实力显然是较少的。特别是由产业结构、行业结构、产供销结构、基础设施结构等所构成的经济综合功能，更是远不如城市经济系统。③由于以上特点，农村经济从发展的角度来说，它不能自行解决自身的技术改造，必须依靠城市经济，这从一个方面反映了城市经济所具有的领导作用。

3. 农村经济与城市经济的交叉融合

农村经济作为一个系统，是与城市经济相对立的，但两者的边界却不是泾渭分明的。在商品经济的条件下，农村经济决不会是一个封闭系统，它不仅要同城市经济系统进行物质、能量与信息的交换，而且在经营和组织上也要同城市经济横向联合与交叉发展。因此，两者的边界是比较模糊的。

随着商品经济的发展，产业之间、城乡之间的界限都被打破了。无论在农村还是城市，都出现了大量的混合经济，即工农混合经济，工业或农业与第三产业的混合经济以及多种所有制之间联合的混合经济。在农村与城市之间也出现了大量的融合经济，即城乡联合工业、城乡联合农业、城乡联合第三产业以及三大产业的联合经济（见图2）。

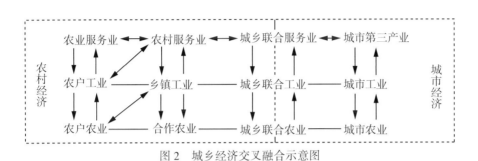

图2　城乡经济交叉融合示意图

由图2可见，这种城乡交融的经济运动，正是推动城乡差别消失，最后实现城乡融合的主要因素。

三、农村经济系统的外延与内涵

1. 外延的双重性

农村经济，作为一个经济系统来说，是国民经济系统中的一个地域性系统要素。它是和城市经济、海洋经济等平级的系统。

农村经济作为一个社会系统来说，又是农村社会系统中的一个部门性系统要素，它是和农村政治、农村文化、农村意识等平级的系统。农村社会系统与农村生态系统之并为农村系统；而农村生态系统与农村社会系统之交则为农村经济系统。如下式：

农村生态系统∪农村社会系统＝农村系统

农村生态系统∩农村社会系统＝农村经济系统

2. 内涵的多维性

农村经济是在农村这个特定的地域中各种经济关系和经济活动的总体，它包含着一个庞大的、相互联系的多维性结构体系。

作为一个经济过程系统来说，它包含管理控制子系统和经济流程子系统。前者又包含政策、计划、指令、措施等要素；后者又包含生产、流通、分配、消费等环节。管理控制子系统通过各种要素对后者的输入进行监测，对后者的流程进行调节，以期达到预期的目标。经济流程子系统则以自身经济循环的输出反馈给管理控制子系统，以校正或补充控制行为。

作为一个经济形态系统，农村经济系统包含横向的所有制结构和纵向的经营结构。前者包含社会主义所有制（合作经济与全民经济等）、半社会主义所有制（建立在公有生产资料基础上的个体经济）、非社会主义所有制（私人经济与国家资本主义经济）和混合所有制（社会主义所有制经济与非社会主义所有制经济的合资联营经济）。后者包含家庭经营、联合经营、租赁经营等多种经营层次。社会主义所有制是农村经济的主体，在农村经济生活中起领导作用，其他几种所有制都是依附于社会主义所有制作为一种补充形式而存在，起着有益的作用。各种经营层次，则是作为空间叠加、相互渗透的形式而并存，即各种经营形式都是可以相互交叉和相互包含的，我中有你，你中有我，成为叠加状态。同时，在横向的所有制结构与纵向的经营结构之间，也是一种网状关系，每种所有制形式，大都可能有多种经营层次。

作为经济部门系统来说，农村经济包含农村农业、农村工业、农村商业、农村运输业、农村服务业等产业，形成以农业为基础、以农村工业为主导、以农村商业、运输业和服务业为纽带的农村产业结构。

此外，作为经济资源系统来说，农村经济还包含国土资源和经济资源两个子系统。前者又包含土地、水面、草原、能源、气候等要素；后者又包含劳动力、资金、技术、工具等要素。

综合以上各个侧面，农村经济系统是一个多维网状结构，它包含三个维向：即生产力、生产关系和经济流程。经济部门结构属于生产力的布局，经济资源结构属于生产力的要素；经济形式属于生产关系。整个农村经济系统是按照经济流程结构周而复始地循环运转，生产力是这种循环运动的物质流和能量流；生产关系则是生产力运动的形式。这样就构成为一个"内容—形式—过程"融为一体的完整的运动。

四、农村经济的战略地位

农村经济是一个古老的经济领域。人类现有的一切物质文明和精神文明以及愈来愈复杂的社会分工，追根溯源都是首先从农村这块土壤上生长、壮大起来的。因而，农村经济是一个民族发展的渊源，是整个社会经济滋生的起点。

农村经济在现实社会经济生活中，又是社会经济存在与发展的基础、城市兴起的胞胎和生态环境的屏障。社会经济存在与发展所需的食物、劳动力和资源，绝大部分都是靠农村经济输送的。新兴城市几乎都是在农村经济的胎胞里孕育、生长，然后脱胎而出的。人类的生态环境的优化，主要取决于包围着城市的农村生态系统，取决于山林的覆盖和水土的涵养，取决于广大农村的土壤、空气和水的净化。

因此，农村经济在整个社会经济发展中具有国民经济大战略的立足点的战略地位。

第二节　中国农村经济的特点及其发展道路

一、经济现象的共性与个性

研究任何经济现象，既要注意它的共性，又要从它的个性出发，使两者科学地结合，才能准确地掌握某种经济现象的运动规律，并有效地控制它为社会服务。

经济现象的共性，即指某一特定经济形态、经济现象、经济范畴的一般特性。在较长历史阶段中，它基本上不因时空不同而发生实质性的变化，具有较大的稳定性，故属于经济形态、经济现象、经济范畴的最本质的层次，如果偏离了它就会改变事物的性质，成为同原有形态、现象和范畴完全不同的东西。

经济现象的个性，是指其共性在不同的时间或空间所表现出的不同的形态或形式以及量的结构上的差异，它是经济形态、经济现象、经济范畴的外形层次，具有较大的可塑性。在一定的临界线之内，个性的变化，并不会引起经济现象的质的改变。

经济现象的共性寓于个性之中，通过个性的运动来表现自己和发生作用。这样就派生了两种现象：一方面是个性必须以共性为轴心上下摆动，接受共性的引力作用，摆幅不能超过轴心的"磁场极限"；另一方面是共性必须在个性的范围内存在并起作用，离开了个性共性就无法存在。

经济现象中的共性与个性都是相对而言的，要依研究的对象而区分。我们现在是研究农村经济，那么，世界各国农村经济的一般特性就是它的共性，中国农村经济的自有特性就是它的个性。

二、农村经济的一般特点

农村经济同城市经济比较，具有如下特点：

(1) 外生变量大，可控性较差。由于农业在农村经济中占有特殊的地位，农村的第二产业和第三产业有相当大一部分又是以农业的产品为原料或劳动对象，因而系统运转会受到诸如气候、生物、水文等不可控的外生变量的较大影响，系统的稳定性不完全取决于人的控制能力。

(2) 系统边界比较模糊。由于农村是孕育城市的温床，旧城市的扩大，新城市的产生，都是同农村范畴的缩小同步的，因此农村经济系统的边界，一方面是处在经常的变化之中，另一方面也难廓划得十分明晰。

(3) 封闭性较大。由于农村社会的血缘关系密切，人口流动性较城市小，加上生产的自给性和信息的闭塞性均大于城市，故经济上的封闭性较大。

(4) 生产的分散性。由于农村是一个宽广的领域，很多生产种类对土地又具有极大的依赖性，基础设施的建设受到地理和投资的限制，以及市场容量等约束，因此在农村中生产集中的程度远小于城市，专业化、社会化程度不可能达到城市经济的那种规模。

(5) 技术发展上的依附性。如果说城市特别是中心城市是经济技术发展的火车头，那么，农村经济就是车厢，它必须在城市经济的带动下，技术才能不断进步。这是由于农村经济系统本身的经济局限性所致，如经济功能的单纯性，投资能力不足，人才与技术的相对稀疏，物质装备对城市的依赖等。

农村经济的这些特性，要求我们在这个系统进行人工改造和控制时应该注意如下几点：①经济模式应注意其综合性和松散性；②经济发展应注意其渐进性和积累性，特别要考虑"城市覆盖面"的因素；③经济运行应特别注意加强自身组织能力；④经济管理应注意以间接管理为主。

三、中国农村经济的特点

中国农村经济，除了具备以上一般的特性之外，由于历史和现实条件的特殊，又有其独具的特点。

1. 受历史背景影响所形成的特点

中国几千年来是一个封闭性的大国，上层满足于"地大物博"开拓性较小，农民安土重迁，怕冒风险。因此，中国农村经济的惰性远较欧美诸国大。

所谓经济惰性，是指经济系统维持原状、排斥外界干扰的一种习惯势力。中国农村在几千年积累的基础上所形成的那种可独立于其他系统的低级运行机制，几乎达到了"无为而治"的地步。在过去封闭的自然经济条件下，它可以很容易地维持住农村经济系统的低功能的稳定性。而在商品经济条件下，这种惰性就成为经济发展的一种阻滞因素，欲使农村经济的发展产生跃迁，往往需要有突发的"脉冲式扰动"，诸如划时代的政策干预，大规模的资金技术投入以及社会环境的根本性变迁等。

对于这种惰性要善于因势利导。在农村经济变革时期要善于限制它、削弱它，以尽快地实现经济转折，像在推行农业生产责任制时期那样。而在阶段性的变革完成以后，又要善于在新的基础上复苏它，以保证农村经济持续稳定的发展，不能无间隙地"消灭惰性"，如在农村第一步改革基础完成之后就应该如此。我们如能得心应手地交替削弱和利用这种经济惰性，便可在农村以至全国的大舞台上导演出有声有色的历史话剧来。

封建制地主经济在中国农村有着悠久的历史渊源，致使家庭在中国农村生活中具有特殊的地位。中国封建社会延续几千年，中国的地主阶级不是采取普鲁士和俄罗斯式的庄园制经营，而是采取把土地租佃给佃户耕种的地主制经营。几千年来，以家庭为单位的经营习惯，在中国农民中根深蒂固，家庭在农村经济生活中长期占有特殊的地位。

如果说，资本主义在农业中的发展，由于各国封建制度的影响不同而采取了两种不同的经营方式，即所谓"普鲁士道路"和"美国式道路"，那么，社会主义在农业中的发展，为什么不可以采取多种经营方式——如"苏联集体农庄式"和"中国家庭经营式"呢？同上述两个特点有关，封建宗法的习惯势力在中国农村中有着深厚的基础。"宗族房头"在中国农村潜伏势力很大；"人情大于法"，经常冲击着正常的经济秩序。在设计中国农村经济的管理方式和权力机制时，必须考虑到这一特点，防止宗法势力的抬头。

2. 受现实环境制约以及上层建筑的巨大干预作用所形成的特点

我国是一个社会主义国家，党的政策威力和领袖人物的权威等，对经济生活的领导作用是十分巨大的。这种作用如果符合客观规律，就会对农村经济的发展起着重大的推动作用，就像党的十一届三中全会以后所发生的情况那样。在研究中国农村经济问题时，必须充分估计到这一特点，正确处理上层建筑与经济发展的关系，研究使上层建筑的行为符合经济发展要求的合理机制。

农村社会的韧性较大。中国农村居民由于长期的贫穷和文化落后，养成了一种对逆境惊人的承受力。这种韧性往往容易掩盖经济决策失误的严重程度，使问题不能及时暴露出来，造成损失的叠加和纠偏的滞后。这种韧性，一方面，对于健康的社会经济改革是一种有利因素，另一方面，对于某种错误的扰动却又是一种消极的"麻醉剂"。

平均主义思潮相当普遍。平均主义是小生产者的思潮，中国几千年的自然经济致使在中国农村中长期把平均主义误解为社会主义。这种平均主义思潮，可以说无时无刻不在干扰着农村商品经济的发展和按劳分配原则的贯彻，阻滞着党在农村的经济政策的执行。

3. 中国农村经济内部结构的特点

（1）社会分工的迟缓性。在中国农村这片广阔的土地上，由于生产发展的动力历来就没有能够充分地得到激励，因此社会分工长期处于一种呆滞状态，许多非农行业迟迟停留在胚胎阶段，不能最终从农业中分离出来成为独立的行业，致使中国农村经济的内部结构至今仍带有明显的混沌性和游离性。因此，在研究和处理中国农村经济有关的对象和范畴时，决不能从经典经济学的一般概念出发，而要紧紧地把握住这种社会分工的过渡状态，采取正确的政策与方法来激励过渡的加速，以利于农村社会分工分业的发展，否则就会继续延迟这一过渡的进程。

（2）系统素质的低阶性。中国农村社会分工的迟延，致使农村生产力还基本处于手工劳动阶段，产业结构仍处在由单一化向多元化过渡之中。与此相对应，劳动者与干部的素质、资源的利用、技术的运用都处在低水平上。这种情况，一方面使系统对外界的输入——从新技术、科学管理的吸收能力到政策指令的贯彻——的接收力较差；另一方面反馈回路也不畅通，往往造成信息"放大化"和"变形化"。这些特点就造成中国农村经济系统的运行机制有序性较低，自我组织能力不强。面对这样一个低阶性系统，对农村经济进行宏观指导和物质信息输入时一定要切实估量其吸收能力，要讲求合适的度量和可行的方法，不能"拔苗助长"，否则欲速则不达。

（3）系统自生力不够强。中国的现代化由于历史的原因，工业和农业、城市和农村基本上是同步进行的。城市工业化没经历一个资金积蓄的准备阶段，因而它不仅无力用工业积累来支援农村，相反，它还要农村来分担一部分工业积蓄的任务。这样，农村经济的自我扩展能力就相当有限了。

（4）经济发展的不平衡。中国机器大工业的发展基本上不是本国社会分工自然发展的产物，而是外国资本侵入而发展起来的。因此，在原通商口岸与交通干线周围地区同边远的交通闭塞地区，形成多层次的经济发展梯度，这在农村中表现得更为明显。这种经济发展的不平衡性，甚至使先进地区和落后地区相差了几个历史发展阶段。因此，在我们设计中国农村经济的发展模式和进行宏观指导时，必须采取分类指导和"富民"方针，促进农村内部的资金积累，提高农村经济系统的自生力。

四、农村经济社会主义发展的中国式道路

从上述国情出发，中国农村经济的社会主义发展，将经历一条既具有共性又具有鲜明个性的道路。

中国农村社会主义经济发展的道路可以概括为：在坚持社会主义合作经济为主体的前提下，多种经济形式协调发展，多种经营方式相互补充，农村集镇与产业均衡分布、综合发展，经济、社会与生态良性循环，城乡互促、工农共富，最终实现城乡融合、工农一体化。具体地说包括如下几个方面：

1. 多目标

社会主义在农村发展的根本目标是大力发展社会生产力,使农村经济全面繁荣,满足全体居民日益增长的物质与文化需要。

由于我国农村的社会主义现代化,是在一个较低的基点上起步的,在发展生产、繁荣经济的过程中还必须同时完成一系列"补课"的任务,即还要兼顾一些发达国家在农村现代化起步以前就已经完成了的任务。诸如:资金与技术的准备问题,劳动就业问题,基础设施的建设问题,经济体制的改革问题等。因此,我国农村的社会主义现代化不能只追求经济增长和劳动生产率的提高,而必须是一个多元的目标集,从经济、社会、生态各个方面来保证根本目标的实现,保证经济增长同社会公平的协调。这个目标不只是一般的社会主义目标,对于像我国这样的发展中国家来说还具有其特殊的意义。首先,我们是经济发展与经济体制改革同步。经济体制改革是一种社会变革,如不能取得社会广泛的支持是不可能成功的。要取得社会的支持,就必须协调社会各阶层、各集团之间的利益,并遵从社会公平原则。其次,我国农村经济的增长,不可能寄希望于系统外的突发性的集中投资,而须依靠系统内部社会性的投资积极性。如果不实现社会公平,这种积极性是激发不起来的。

保证增长速度与经济效益的同步。在一个经济运行机制比较成熟的经济系统中,经济的增长速度同经济效益之间存在着内部平衡机制,经济效益可以通过闭环回路反馈来自动调节速度。没有效益的速度,一般不可能出现。但是,在我国这样的运行机制极不健全的农村经济系统中的情形就不是这样,速度与效益是完全可能背离的。因此,农村经济发展所追求的目标不能仅仅是速度,而是要使速度与效益同步增长,主要从效益中求速度。

保证经济效益与生态效益相结合。这个目标,既是作为一般的社会主义目标,又是发展中国家具有其特殊含义的目标。我国农村像其他发展中国家一样,经济的发展都面临着人口的增长和资源的保护两大问题的挑战。实现经济效益与生态效益相结合,就意味着实现经济、人口与资源之间的良性循环。同时,中国农村经济发展,将绕过西方国家"三高"(高投资、高能耗、高污染)的老路,按生态农业、生态乡镇、生态农村的模式发展。

保证劳动生产率与劳动力利用率的共同提高。中国农村拥有世界上最巨大的过剩人口,因此,农村经济的发展决不能单纯地追求劳动生产率的提高,在采用先进技术时,必须同时考虑剩余劳动力的就业问题;考虑劳动力离土不离乡的问题。例如,农村的机械化就要以劳动力的转移为前提,在劳动力无法转移的情况下,推广机械化必然是徒劳的。因此,中国农村的技术结构在相当长的时间内将会是以适用技术为主体。中国农村的机械化应该首先从可以创造新的就业机会的地方入手。

2. 多形式

长期以来,我国农村政策受着经济形式一元化的思想支配,认为社会主义社会只能存在单一的社会主义公有制,而且这种单一的公有制经济也只能一律地实行集体经营。实践证明,这既不符合客观经济规律,也不符合我国农村的实际情况。由于我国农村生产力的多层次和生产力发展的多形式,在较长的时期内,经济形式将会是以合作经济为主体,全民、集体、个体和私营等多种形式协调发展，各种经济形式又可采取家庭、联户、合股、租赁以及国营等多种经营方式相互补充，并长期保留家庭经营这一层次。

3. 多途径

社会主义农村，必将以合作经济为主体。但是，这种合作经济无论是内容还是形成的方式，同过去那种"三级所有，队为基础"的集体经济都有极大的区别。新的合作经济，将采取完全自愿互利的方式，在专业化基础上所产生的社会化协作的需要调节着经济联合或协作。

由于合作的内容、合作的层次以及合作的条件不同，合作经济的形成和发展可能会有多种多样的途径：有的是在家庭经营基础上逐步出现大大小小的专业户，随着专业化规模不断扩大，有相当一部分会走向联户经营和联合经营，但可以不改变生产资料的家庭所有关系；有的是通过合股集资实现生产的集中，进行集体经营，如大多数乡镇企业那样；有的是城市企业向农村扩散，形成城乡协作与联合的企业或母子厂，双方不是吞并的关系，所有制与隶属关系不变，只是进行供产销的统筹协调；有的是随着农村分工分业的发展，一些产前、产中、产后的服务行业将会从农业中分离出来，并通过本身的服务活动把农户和乡镇企业吸引到周围，从而形成多种形式的协作与联合。

4. 城乡交融

如前所述，资本主义国家是走过了一段城市剥削农村的道路之后再实现农村经济现代化的。我们是社会主义国家，则不能也不会重走那条城乡对立的老路。中国农村现代化道路的重大特色之一，就是城乡交融、相互提携、共同实现现代化。一方面，各级城市通过经济辐射作用有意识地带动农村经济的发展，农村经济的发展不仅直接扩大了城市企业的生产规模，而且也扩大了城市经济的市场，回过来又可刺激城市经济的更大发展。另一方面，广大农村以城市为服务对象，不断调整自己的产业结构，以至直接投资于城市各产业，支援城市经济的发展。城市经济的发展既扩大了它对农村的扩散作用，又扩大了农村经济的市场，回过来又可刺激农村经济的更大发展。如此循环往复交融发展，形成一个良性的经济大循环。

第三节　中国农村经济学的性质与对象

一、中国农村经济学的性质

中国农村经济学是一门地域经济学，而不是部门经济学。

经济现象是一种多维立体网络，它可以而且必须从各种不同的侧面进行研究。部门经济学是用分解的方法，对经济系统中各个不同的物质生产部门的运动规律进行分别的研究，因而形成了农业经济学、工业经济学、商业经济学、基本建设经济学等。这无疑对现在以至将来都是必需的。但是，经济的发展愈来愈趋向于综合配合、交叉渗透，三大产业往往是你中有我，我中有你。而且，在不同地域的这种综合交叉又表现为不同的规律性，如我们在第一节所阐述的那样，在城市经济领域和农村经济领域，各产业部门的结构、组合方式和运行机制都很不一样，这样，就有必要建立一系列的地域经济学，如城市经济学、农村经济学、海洋经济学、特区经济学以至未来的太空经济学等。

可见，农村经济学作为一门地域经济学根本无须取代农业经济学。它只是站在更高的层次，用综合的方法来研究农村这个特定地域的经济规律，即研究农村地域内全部产业的合理配置的规律及其条件与效果。

具体地说：农业经济学是以单一部门(农业)为研究对象的，农村经济学则是以多部门的综合运动为研究对象的；农业经济学是研究单元部门的经济结构和运行机制的合理化问题，农村经济学则是研究整个地域(农村)的经济结构与运行机制的合理化问题；农业经济学主要是研究农业内部的经济问题，农村经济学则是从农业同其他部门的相互关系及其合理结构的角度来研究农业；农业经济学的研究方法以纵向分析为主，农村经济学的研究方法则以横向综合为主。

中国农村经济学，则是研究中国这个特定国家的农村地域的各部门综合运动的规律及其条件与效果。

(1)农村经济学是边缘科学，而不是纯基础理论科学。作为地域经济学的农村经济学，它不是研究一般的经济规律与经济范畴，这是理论经济学——政治经济学与生产力经济学的任务。它是研究一般的经济规律与经济范畴在农村这一特定地域的具体运用问题，是利用理论经济学的研究成果来研究农村的经济结构与运行机制的合理化问题。它既要运用政治经济学的研究成果，又要运用生产力经济学的研究成果。作为边缘科学的农村经济学，也不同于纯应用科学。像经济战略学、经济政策学、市场经济学、资源经济学等应用性的学科，是直接研究具体的经济行为的规范化的问题。显然，农村经济学具有较高一级的层次，它是将理论经济学的研究成果引入农村经济，根据农村经济的特殊条件探索一般的经济规律与经济范畴在农村的表现形式，用以指导各个农村应用经济学科的研究。

(2)农村经济学是宏观经济学，而不是微观经济学。农村经济学是把农村作为一个完整的宏观经济系统，研究它的总体运动规律和运动形式。虽然在研究中也要涉及各个具体的产业部门、经济环节与措施以至农村企业等中观和微观经济问题，但都是把这方面的研究成果作为构成农村经济学体系的材料，用以揭示它们之间的结构关系，揭示它们同农村经济总体运动的关系，为农村经济系统的总体发展的优化建立理论体系。

二、中国农村经济学的对象与任务

毛泽东同志说："科学研究的区分，就是根据科学对象所具有的特殊的矛盾性。因此，对于某一现象的领域所特有的某一种矛盾的研究，就构成某一门科学的对象。"[①]这就是说，矛盾的特殊性是构成科学研究对象的区分的基础。这只是指构成一门科学研究对象的可能性，不是说每一个具有矛盾特殊性的经济现象都会立即成为现实的一门科学。

一种经济现象，只有当它的发展已经形成了系统，具有自身独立于其他系统的结构和功能时，才会在现实成为一门独立科学的研究对象。

① 《毛泽东选集》第1卷，人民出版社1951年版，第284页。

前面各节中，我们比较明晰地廓划了农村经济与城市经济的系统范畴，说明了中国农村经济系统的特有结构与功能，可见农村经济系统，特别是中国农村经济系统，不仅具有其矛盾的特殊性，而且已经形成了可以独立于其他系统的系统结构和功能。因此，它完全可以成为而且必须作为一门独立科学的研究对象。

根据对农村经济学的性质的理解，中国农村经济学的研究对象是：中国农村经济这个特定地域经济系统的内部结构与功能、系统与环境的关系及其发展趋向。或者说，中国农村经济学是研究中国农村经济系统的总体运动规律，并从中探索最佳系统结构与功能的科学。

这个定义说明：中国农村经济学要研究中国农村中生产力与生产关系的整体矛盾运动，研究中国农村经济系统结构的最优化组合，以获得最大的整体功能和综合效益，要研究中国农村经济系统同外部环境(国民经济和农村)的约束关系，一方面探索最佳的系统适应性，另一方面研究改造环境条件的可能性；要研究中国农村经济的发展前景，研究中国农村现代化、工业化、人口城市化，以实现城乡一体化，并预测未来在中国消灭城乡差别的特殊道路。

据此，中国农村经济学的研究内容主要包括：中国农村经济的发展历史、中国农村经济的生产力结构(产业结构、资源利用结构等)及其合理化、中国农村生产关系结构(所有制结构、经营结构、利益分配结构等)及其合理化、中国农村经济流程结构(生产、流通、分配、消费)及其有序化、中国农村经济与环境条件的关系及其协调化，以及中国农村经济发展战略。在研究以上内容时都应按县城经济、乡镇经济、村镇经济及家庭经济等不同的层次进行具体分析。

第四节　中国农村经济学的理论基础

一、三大理论源泉

1. 历史唯物论

经济学本身首先应该是一门历史的科学，如果离开历史观，可以说一切经济现象都无从解释。根据历史唯物论的要求，必须把农村经济作为一个历史范畴；必须把一切农村经济如实地放到特定的历史条件下予以考察；必须把生产力与生产关系的矛盾运动作为农村经济发展过程的一根红线；必须从物质利益关系来考察和寻找各种经济现象的终极原因。

2. 马克思主义政治经济学

迄今为止，马克思主义政治经济学是人类比较准确地说明社会经济运动的本质及其规律的理论体系，这是毫无疑义的。马克思主义政治经济学关于商品价值的学说，关于资金循环与再生产的理论，关于社会主义经济规律的理论等，对研究中国农村经济学始终具有极大的指导作用。

由于中国农村经济学是一门边缘科学，它的研究不能仅仅停留在一般规律的研究上，它要运用政治经济学所揭示的规律来研究农村经济的一些具体的经济范畴，如经济形式、经济结构、经营规模、资源分配、经济效益等。因此，它还要利用生产力经济学、生态经济学、社会学等学科的研究成果。

3. 广义系统论

系统科学的出现是科学发展史上的一个重要里程碑，广义系统论则是系统科学到马克思主义哲学的桥梁。

唯物辩证法是关于物质普遍联系的科学方法论。它揭示了客观世界是由众多相互联系、相互依赖、相互制约的事物及其运动所形成的统一整体。系统论则是唯物辩证法的"拟化"——具体化、精确化。

系统论不仅承认事物的相互联系，而且进一步揭示了事物与过程的系统联系和信息联系。所谓系统联系，即事物与过程之间是以系统的形式相互联系的，系统又可分为许多等级和层次。对于某一特定等级的系统来说，其上等级的诸系统是它的环境，在环境与系统之间存在着输入输出关系，这种输入输出关系形成系统与环境之间相互依存的约束条件和环境对系统给定的运动目标。在系统内部，各个要素又按功能结团原则分为若干层次，形成该系统的子系统、孙系统等。要素之间、层次之间，同样通过输入输出关系形成系统的结构。任何系统都是按一定结构而存在的，结构的优劣决定系统功能的高低，结构的崩溃就意味着系统的灭亡。所谓事物与过程的信息联系，即事物与过程之间是通过信息交换来实现它们之间的联系的。事物的相互作用，都可以用信息进行传递。事物的系统与系统之间、系统内部各要素之间、系统与环境之间的输入输出集中，既包含物质能量流，又包含信息流。自动控制系统是通过信息反馈机构使系统的工作变量经常保持在容许值范围之内而实现的，社会组织系统也是通过与外界的能量与信息的交换和信息反馈机制以加强自身的自控调节来保持其稳定态的。从这个意义来说，信息传输结构的优劣决定系统组织程度的高低，没有信息联系也就没有系统。

系统论还揭示了事物相互联系的整体性。如果说近代科学的工作方法是分解，那么，现代系统论的工作方法则是综合，讲的是整体观。所谓系统的整体观，就是说任何一个特定的系统都是作为一个整体存在而起作用的，整体的功能是一种与各要素的个体功能完全不同的新功能，它不等于各要素功能之和，各要素的功能是从系统的整体功能得到判别的标准。因此，系统论的工作方法是先认识整体，然后从局部与整体的联系中去认识局部，也即是先综合，后分析。

二、经济系统论

农村经济是农村生产力与生产关系矛盾运动的总和。生产力与生产关系是两个有机的系统，两者各有其内在的结构与层次，并相互联系、相互制约、相互渗透而构成一个更大的生产方式系统，正是这种系统的矛盾运动推动着农村经济的发展。

1. 经济结构论

经济结构包含生产力结构和生产关系结构及它们之间的关系。

　　从生产力的内部结构来看，它是一个多维结构，主要包括生产力要素结构、生产力组织结构和生产力运动结构等。

　　生产力要素结构，包含相互联系的两个基本层次：实体层与辅助层。前者指一定素质的劳动力使用特定性质的工具作用于劳动对象，形成特定历史阶段的生产力实体。后者指一定水平的科学技术和运筹管理能力以及社会基础设施（信息、能源、交通、通信等）等辅助性要素，使生产力的实体层得以运转和合理组合，形成现实的社会生产力。而上述诸结构要素，又可分为劳动力结构（年龄结构、受教育结构、技能结构等）、生产工具结构（动力结构、功率结构等）、技术结构、管理结构以及基础结构等。在我国农村中，上述诸结构不仅要素本身的素质较低，而且由于科技水平与管理水平的限制，组合水平也不高。特别是农村基础设施落后，对农村生产力实体功能的发挥起着很大的限制作用。

　　生产力组织结构，即指一定的生产力要素结构按照一定的模式进行组织和运转。它包含生产力布局结构、生产力规模结构、专业化分工结构等。所谓生产力布局结构，指三大产业的比重及其相互关系的产业结构和不同地区的产业分布及其相互关系的地区布局结构。产业结构又包含部门结构，如第一产业中包括种植业、畜牧业、林业、水产业等，第二产业中包括重工业、轻工业、建筑业、运输业等。部门结构下面又包括行业结构，行业结构下面又包括产品结构。生产力组织结构，一般因其结构要素的比重不同而形成各种不同的模式，如以重工业为主的"重型结构"，以农业轻工业为主的"轻型结构"以及"重轻型""轻重型"等。又可按资源自给程度区分为"资源型""加工型"和"全面型"等不同模式。还可按投入要素的密集度区分为"劳力密集型""资金密集型"和"知识密集型"等模式。也可按市场的内向或外向性质区分为"内向型"或"外向型"模式等。所有这些结构模式，都受到一个国家、一个地区的经济、社会、资源、人口以至文化教育等的约束，且因时发生着变化而非千篇一律，这在农村经济的发展问题上表现得尤为突出。

　　生产力运动结构，是指生产力系统在运动过程中所形成的时间序列结构。一般地说，它包括有序的三个基本层次：内涵层（前述的要素结构）、外形层和边缘层。内涵层是生产力的实质部分，它的结构决定着后两个层次的结构；外形层的结构包含劳动分工结构和劳动过程控制结构，这两种结构又集中表现为劳动力与生产资料的结合结构。边缘层的结构包含劳动协作结构（或劳动组织形式）、劳动监督结构和剩余产品结构以及由此而派生的物质利益分配结构。之所以称为边缘层，是由于这一层次的结构既有生产力的性质，又有生产关系的性质，生产力决定生产关系，就是通过这一层次的"渗透运动"具体实现的。

　　生产关系也具有其内部的层次与结构。它的边缘层是和生产力系统的边缘层交叉重叠的，一定的边缘层结构决定着生产资料支配结构、生产过程管理结构和产品分配结构，这三种相互制约的结构体系构成为生产关系的具体形式，形成生产关系的外形层。这种外形层结构从雏形到成熟，通过反复的客观经济运动（涨落）而渐趋稳定，形成生产关系的内涵层——生产资料所有制结构和社会财富分配结构。

　　从农村经济运动的总体来说，生产力结构与生产关系结构是经济运动整体结构的不可分割的两个结构维向。生产关系是在一定生产力基础上的生产关系，生产力是在一定生产关系控制下的生产力。谁离开谁，都变得不可理解。因此，企图脱离生产力性质去拔高生产关系，正如企图脱离生产关系去探索生产力的发展一样，都是不符合客观规律的。

一般地说，生产力结构决定着生产关系结构，生产关系结构稳定以后又回过来对生产力结构产生重大影响。但是生产力决定生产关系是绝对的，而生产关系促进生产力则是有条件的，社会主义条件下，生产关系促进生产力发展的条件主要是：①生产资料的支配形式，既能保证劳动者对生产资料的高效作用，又能促使其对生产资料的关心和有效改进；②生产过程的管理形式，要能够使劳动者与管理者对劳动生产过程实行有效的共同干预，以保证劳动者对生产资料的支配权和对产品的分配权；③产品的分配形式，要能够保证劳动者与管理者随着生产的发展而获得递增的物质利益，以造成一种推动生产发展的内在动力。这三个条件只有在生产关系的形式是适合生产力水平的基础上才是可能的。

2. 经济发展动力论

在经济结构论中，讲到农村经济的发展归根结底是由生产力的发展决定的。那么，生产力的发展又靠什么来推动呢？

作为一种普遍的社会行为而非微观的个别行为，作为一种原始的推动力而非表面的因果关系，农村生产力发展的动力是那种社会性扩大物质利益的需求。这种扩大物质利益的需求的形成，是生产力与生产关系矛盾运动的集中表现和结合点。因为这种需求的社会性的出现，所以生产力是它的物质承担者，生产关系则是它的社会催化剂。具体地说，科学技术的创新为生产力出现新的突破提供了可能性，从而也为物质利益的绝对量的增加提供了可能；这种可能必然诱发出能够实现这种可能性的新的生产关系，或生产关系具体形式的萌动。一旦这能够实现更大的物质利益的生产关系或它的具体形式经过若干次涨落而成为喷薄欲出的红日时，一种社会性的新的物质利益的追求，便会成为推动社会生产力发展的巨大能源。同时也就突发式地成为推动生产关系变革的原动力。一旦这种符合生产力发展需要的新的生产关系或它的具体形式全面地确立，它就会回过来以更大的加速度推进生产力迅猛发展。党的十一届三中全会以后，我国农村生产力的迅速发展，雄辩地证明了这一点。我国农村生产责任制的出现，绝不是在中华人民共和国成立初期那种生产力基础上的还原运动。经过 30 年的建设，我国农业科学技术有了显著的提高，农村基本建设打下了较好的基础，农村基础设施也较 20 世纪 50 年代大有改进，特别是城市大工业为农村生产力的发展准备了较好的物质技术基础。本来早已具备了生产力新的突破的可能性，由于没有找到实现这种突破的生产关系的具体形式，从而未能形成社会性的对新的物质利益的追求，特别是"左"的指导思想压抑了这种社会要求。尽管如此，客观经济发展，还是在自发地诱发着对"一大二公"的生产关系的批判，各地农民都曾自发地搞过"包产到户"即是证明。只是到党的十一届三中全会以后，去掉了上层建筑的不适当干预，一个史无前例的对物质利益的社会性追求，以不可阻挡之势冲破了人民公社体制形式，建立家庭承包的新形式，把农村生产力(包括农业和乡镇企业)迅速地推到了一个崭新的高度。

因此，在现有生产力水平的基础上，不断调整生产关系的具体形式，建立能调动社会性冲动的物质利益分配结构，是人们自觉利用客观经济规律促进经济向新的高度发展的基本途径。在农村主要是通过价格、税收、提留等杠杆，建立起个人与集体之间、农民与国家之间、城市与农村之间、生产与流通之间、农业与工业之间、地方与中央之间"共利"的利益分配结构，并随着经济的发展不断地调整这种结构，以推动农村生产力的不断发展。如不能建立这种"共利"结构，任何一方得利过多而损害另一方，都不能形成社会性的扩大物质利益的需求，生产力的发展就会受到压抑。

3. 经济技术发展梯度论

现代技术的存在形态包括三个层次，即单项技术、以单项技术为中心的相关技术群和技术体系。这三个层次既可相互叠加，也可相互分离。前者是尖端突破形态，后两者代表宏观技术水平。技术体系是一个地区或国家的技术梯度的总体状况，决定着先进地区、中间地区以及落后地区技术发展的等级分布。但这并不排斥先进地区会存在落后的单项技术或技术群，后进地区也会出现先进的单项技术或技术群。

因此，技术梯度推移论可做如下表述：从宏观和总体来说，在一国内部由于地区间经济、社会、资源、观念的不平衡性，生产力、技术发展水平形成了一种先进地区、一般地区、落后地区的梯度。这些不同梯度地区的经济实力、社会基础设施、技术与产品配套能力、文化教育水平以及价值观念发展水平等，就历史发展阶段来看，存在着明显的差异。而一般地说，先进技术对上述诸条件的要求较高，适用技术的要求则较低，因而，作为技术整体推移的趋向，必须遵行从高到低的梯度顺序，不可能出现整个技术体系的跳跃。但是，这并不排斥某些单项技术或单元技术群体的传递会突破这种整体格局，而表现为跳跃式。特别是那种对资源(物质资源)的选择大于对社会经济条件的选择的先进技术——如采矿技术、农产品加工技术等，完全可能跳跃梯级。

但是，这种梯度格局绝非永恒不变的。一般地说，由于技术群体跳跃的积累、经济环境的巨大变迁(交通大动脉的兴建、大型矿产的开发等)以及突发性事变(战争等)等诸多原因，落后地区往往也会在较短时期内变成先进地区。

农村相对来说，是个欠发达的经济区域，它吸收先进技术的社会经济条件不如城市。因此，作为技术体系的发展，目前应以适用技术为主；对于先进技术则应以资源开发型的单项技术或技术群体为主；同时，还应选择适当的被引进地区，并积极打好人才、信息、基础设施方面的基础，为引进技术的消化、扩散和系列化创造条件。

三、经济非平衡稳定论

平衡与稳定既有联系又不相同。从热力学的角度来说，所谓平衡，是指宏观系统在与外界环境没有物质交换的条件下，各要素之间的关系不发生任何变化(当然不排斥微观元素的变化)。平衡态是一种稳定态，是静止的稳定，"死"的稳定。而稳定却不一定就是平衡，布鲁塞尔学派所创立的耗散结构理论认为：一种远离平衡态的系统，通过与外界进行物质与能量的交换，形成一种新的非平衡态下的稳定的有序结构，这种稳定则是动态的、"活"的稳定态——耗散结构。

一切生命或有生命物体参加的系统，都是这种远离平衡态的耗散结构。生命系统是一种开放系统，只能与它的环境共存，它必须通过与环境交换物质和能量，不断进行新陈代谢、吐故纳新，引入负熵流来抵消熵产生，从而才能维持这种结构的稳定。如果一个人体系统与外界完全隔绝，与外界的物质与能量交换都中断了，不要几分钟，新陈代谢的功能就会停止，熵趋向极大而达到"热力平衡"，这就意味着死亡——结构的崩溃。

农村经济系统也是这样的开放性的耗散结构，它也最忌讳出现"热力平衡"。

在过去那种僵化的体制下，我国的经济系统对内封闭、对外闭关，排斥商品生产与商品交换，推行"大而全""小而全"的自然经济模式，这实际上接近于切断了系统与环境之间的物质与能量交换，使系统的人流、物流、资金流、信息流都有趋向"热力平衡"的危险。"干部终身制"加"职工铁饭碗"，使人的新陈代谢机制萎缩，再加上"单位所有制"，人才不能流动，这样，人的素质就趋向低能化，人的"热流"（积极性）就趋向无序化。排斥商品竞争，企业吃国家的"大锅饭"，加上"地方保护主义"，产品与企业的新陈代谢机能也大大受到抑制，产品"三十年一贯制"，企业素质奇差，完全不能适应现代经济竞争的环境。价格、税率、利率不能浮动，资金又不能自由转移，没有形成"经济势差"，致使财流"波平如镜"，走向无序。由于不讲市场调节，不搞竞争，信息量自然就少得可怜，而且有些根本不是信息，而是"扰动"（假信息），造成错误的决策。

由上可见，过去那种体制下的经济系统由于切断了与环境的交换联系，就像一根导线切断电源马上电位差就会消失一样，确实存在"热力平衡"的危险。

根据耗散结构理论，要使这种趋向无序化的系统重新恢复生机，建立有序结构，就必须加大加快经济系统与外界的物质与能量的交换，把本系统的那些陈旧了的元素淘汰掉，把外系统的新鲜元素（包括信息、技术、人才、资金、管理等）吸收进来，系统的新陈代谢机能就会恢复，自组织力就会加强，生机盎然的局面就会出现。所以，"对内搞活，对外开放"势在必行，不仅对外要开放，而且对内也要开放，不开放，就无法形成"负熵流"（经济上的"负熵流"，似为"竞争"条件下的人、财、物的输入形成不断拔高的势能差），从而也就无法抵销"熵产生"。

从耗散结构理论还可以导出一条结论：不能再沿用"平衡结构"理论来指导经济系统，特别是农村经济-生态系统的发展。"经济平衡""生态平衡"应为"经济稳定""生态稳定"所取代，专讲"平衡"，既不符合客观系统的实际，又易忽视建立新的稳定态的头等重要性，甚至还会导致某些"还原"系统（特别是在生态学领域）的片面性，宏观的经济系统和生态系统在时间上是不可逆的。

四、经济系统适应论

社会经济系统是农村经济系统的环境，农村经济系统又是农村企业系统的环境。要搞活企业，搞活农村经济，都有一个适应环境的问题。经济活力就是表现为对千变万化的商品竞争环境的高度的适应能力，从而保持系统的稳定并取得发展。

所谓适应，是指在变化的环境中为维持一个系统的生存能力，系统本身改变其结构和行为方式，以达到最佳的、起码是容许的职能的过程。

自然界大量的高度有组织的系统，由于它们具有对环境变化的适应性，其发展与自我再生能力使这些系统的秩序和有组织状态不仅不丧失，而且还能随着时间的推移而不断地加强。例如，恒温动物对外界温度变化的体温调节机制；猫的瞳孔大小随环境中光的强弱而自动调节……人类在这种启示下，在机械学领域也模拟出了一些人工控制系统使之能自动适应环境条件的变化。

这些事例说明：任何一个系统要正常地发挥其职能，决定其工作条件的那些变量都不得超过容许值的范围。如动物的体温、发动机的转速、蒸汽锅炉的压力与温度、恒温箱的温度、抽水马桶水箱的水位等。

由于系统不能脱离环境而存在，这些变量也必然要受到环境条件的变化所造成的影响。这样，只有那些建立了"体内平衡器"的系统才具有适应能力。这种"体内平衡器"能对系统工作条件的任何变化作出反应，通过闭环反馈机制使其主要指标保持在容许值范围之内。如温血动物通过血液流量来调节体温以适应环境的温度，发动机通过调速器来调节转速以适应工作对象的要求，恒温箱通过热敏元件来保持工作所需要的温度，抽水马桶水箱通过空心球调节其水位等。小到一个企业，大到一个国民经济系统，如何建立这种类似的"体内平衡器"或闭环回路结构以适应千变万化的商品竞争环境，是一个值得探索的大课题。

从控制的角度看，经济系统与机械系统不完全相同，它兼有闭环与开环两种控制机能，似应建立一种"组合控制系统"。这种系统应包含的要素为三个基本部件：控制对象，即经济系统运转行为；控制装置，即信息加工调节机构；执行元件，即管理职能机构。这种系统还包含五种信息要素：即系统流位(系统状态)信息、控制调节信号、执行指令、市场与社会扰动信息和控制的目标值或容许值。

显然，关键在"体内平衡器"。以一个企业来说，如果它仅靠厂长或经理，肯定实现不了这种功能。目前，有些实行了厂长负责制而机制不完善的企业，之所以出现厂长滥用权力或经营失控(如滥发奖金、非法牟利等)的现象，可能这是其重要的原因。一则厂长的权力没有制约，没有负反馈，成了"开环系统"；二则个人的智力与精力无法行使多源信息的加工——判断(探索)——决策的功能；三则在协调企业利益与职工利益、社会利益上，不能引入负熵流，使无序性增加。

因此，企业系统的"内部平衡机构"似乎是一个复合性的多元件系统，至少应包含两个方面：①"内部权力平衡机构"。国营企业中包含三个元件，即厂长负责制、职工代表大会和智囊团；合作企业中包含厂长负责制、董事会和智囊团。②"内部利益平衡机构"。国家制定的破产法规和产品经营法规等，为造成系统内的负熵流提供了外部条件。而在企业内部，则须找到一个使企业的眼前利益与长远利益、社会利益的"结合部"，使各方利益的"流位信息"都能全面地反馈到这个"结合部"，然后由这个"结合部"发出控制调节信号去校正系统的行为。在农村通过"企业股份化"来建立这种"利益平衡"机制，使国家、部门、地方和职工个人都成为股票持有者，这样，各方的眼前利益与企业长期利益都可以在"股票价格"上统一起来。这是一种可供选择的设想。

(选自《中国农村经济学概论》，湖北人民出版社 1989 年版)

中国农村合作经济初析

我国农村合作经济问题，引起了人们越来越大的兴趣。这不仅是因为我国农村生产责任制的推行，突破了旧有合作制的理论与实践，而且因为其关系到我国农村今后的发展方向。本文拟就农村经济发展模式、新的合作经济的实质、家庭经营与合作经济的关系、私人经济同合作经济的关系以及合作经济的发展道路等方面的问题做一初步分析。

一、中国农村经济发展的目标模式

合作经济问题，必须被纳入农村经济目标模式的整体中予以考察。

关于我国农村经济发展的目标模式，近几年已有不少论述，综合起来，可做如下表述：以社会主义合作经济为主体，多种经济形式协调发展，多层经营方式相互补充，多种产业综合发展，城乡互促，工农共富，最终实现农村现代化、工农一体化、城乡融合化。

这个模式包含两个基本内容，即：农村经济内部的结构模式和农村经济与城市经济的关系模式。其中，农村经济结构模式，又包含所有制结构、经营结构和产业结构等三个主要方面。在相当长的历史时期内，我国农村所有制模式，将会是以社会主义所有制为主体的社会主义所有制、半社会主义所有制和非社会主义所有制协调发展的格局。社会主义所有制除了大量的合作经济以外，还有少量的全民所有制经济；半社会主义所有制主要是指那些建立在公有和劳动者私有相结合的生产资料基础上的、实行按劳与按资相结合的分配制度的经济形式；非社会主义所有制则是指纯粹的个体经济和私人经济。此外，还会存在少量的混合所有制，即社会主义所有制经济同私人经济进行联合的经济形式（当然，这是一种过渡性的经济形式）。上述各种所有制的经济形式，又可采取多层次的经营结构模式，这种多层次的经营结构模式是相当复杂的。一般地说，合作经济将会是以家庭经营为基础、集体经营、联户经营同时并存；全民经济将会是以国营为主体，承包经营（家庭或集体承包）和租赁经营相互补充；私人经济也会采取家庭经营、集团经营和租赁经营等多种方式。以上的所有制结构和经营结构，都同时存在于农村三大产业之中。农村产业结构模式是以第一产业为基础、第二产业为主导、第三产业为纽带的三大产业综合发展的格局。

由于本文的主题和篇幅所限，对以上农村经济目标模式的论证难以展开。只能通过对这一目标模式的简略陈述，从总体上说明合作经济在农村经济中所处的重要地位及其同经营方式与产业结构的相互关系。

二、新的合作经济的实质

合作制思想源远流长，有资产阶级的合作思想，也有空想社会主义的合作思想，正是由于马克思、恩格斯的研究，才发展成为科学社会主义的一部分。正因为如此，后来几乎所有的马克思主义者都研究了合作制问题，并且，都是以马克思、恩格斯的合作制理论作为出发点的。现在看来，如同对马克思关于社会主义条件下商品经济命运的理论必须进行历史反思一样，对马克思、恩格斯的合作制思想也必须进行历史反思。其实，马克思、恩格斯的合作制理论是他们的无产阶级革命策略总体系的一部分。由于当时是设想无产阶级在一些最发达的资本主义国家取得胜利，且在资本主义高度发展的基础上建立起来的社会主义经济，有可能是以高度社会化和严密组织性为特征的计划-产品经济，从而合作社也会被设想为高度集中劳动与统一经营的劳动组合型模式。但是，后来无产阶级革命的历史进程并不像马克思、恩格斯原先所设想的那样，而是在资本主义链条的薄弱环节首先取得了胜利。在这些经济发展处于较落后阶段的国家，都在不同程度上面临着大力发展商品经济的任务。因此，对于当时马克思、恩格斯同计划-产品经济联系在一起的合作制理论，就必须按照现在计划-商品经济的历史条件进行扬弃：吸收与继承其合理的内核，排除其中不符合现今历史条件的个别命题与原理。我认为，从马克思、恩格斯到列宁的合作制理论，其精髓主要是如下四点：

①在小农还大量存在的地方，农业社会主义大生产，只能通过自愿互利的联合加以实现。在农民还不愿意的时候，要耐心等待，决不能剥夺小农。②联合起来的合作经济，不一定都是生产领域的合作，而且也包括（或者更重视）流通领域的合作；不一定都是劳动联合，而且也可以包括资金与土地的联合。③联合是一种经济趋向，而不是组织行为。联合起来的大生产，绝不是在那种各种操作基本上可以由一个劳动者按照时间的先后顺序完成的基础上把劳动力简单集中的"大呼隆"，这种简单协作的"大生产"早在奴隶制下就有了；马克思主义讲的大生产，是在社会分工高度发展的基础上，各项操作发展到固定的、系统的"分离开来，孤立起来，在空间上并列在一起，每一种操作分配给一个手工业者，全部操作由协作工人同时进行"的那种社会化大生产。① ④为了鼓励小农的联合，国家可以提供必要的社会帮助。

根据上述理解和我国 30 多年来正反两方面的经验，社会主义的农村合作经济，似可定义为：从事农村经济活动的农民与手工业者，根据商品经济发展，特别是专业化的发展的需要，为了共同的个人物质利益，按自愿互利方式相互协作或联合，或者同非农村领域的经济实体进行协作与联合，以从事经济活动的经济组织形式。

这个定义说明：第一，社会主义的合作经济是劳动者之间的经济联合。马克思主义之所以主张发展合作经济，说到底，是为了解决个体劳动者实现由小生产到大生产的过渡问题，而不是为了解决非劳动者的由私有制到公有制的转变问题。因此，非劳动者之间的合股联营，不是合作经济，而是资本集中；非劳动者同劳动者（或其代表即国家）之间的合股联营，也不是严格的合作经济，而是一种过渡型的混合经济。

第二，合作经济是由于在专业化基础上产生社会化协作的需要而进行的联合，不是人为的组织合并。新的合作化的原因，不是出自人们的头脑中的主观臆想，而主要是来自两个方面：一是农户经济内在专业化分工及其规模的发展；二是社会服务体系的吸引力不断加强与完善。而这两个方面都取决于有计划商品经济的高度发展。可以说，在相当长的时

---

① 《资本论》第 1 卷，人民出版社 1975 年版，第 375 页。

期内，我国农村合作经济的主要形式，将会是以产前、产中、产后服务为纽带的、以流通领域为重心的、以家庭经营为基础的经济联合体。

第三，劳动者之间的联合，是建立在具有某种共同性的个人物质利益相互协调的基础之上的。我认为，在农民的经济联合问题上，不应存在与劳动者个人物质利益无关的"共同利益"，而是联合的各方为了扩展个人的物质利益，找到了某种利益的"结合点"，于是以这种结合点为基础联合起来，使各自的物质利益得到更为有效的发展。例如，加工专业户为了获得可靠的原料来源和产品销路，种植专业户为了使农产品的销路得到保障，贩运专业户为了得到稳定的货源，三方面在产供销互补这一结合点上联合起来，便可使各方面的利益都得到有效的提高。所以，共同利益不能脱离农民的个人利益，否则，就难以贯彻互利原则。

第四，这种联合不限于生产领域和农业部门，可以在农村经济的各种领域和部门中以及在这些领域和部门之间进行；也不限于农村内部，可以跨行业、联城乡、超地域，实行多种形式的协作与联合。这样，我们要发展的新的合作经济，同过去那种劳动组合式的"集体经济"虽有共同(都属社会主义公有制)的一面，但更多的则是差异的一面。一般地说，过去的集体经济基本上是用行政的办法合并而成的，生产资料是高度公有化的，实行的是集中劳动和统一经营与核算，而且主要是地域性的生产领域的集体化。现在的合作经济是在专业化发展的基础上由劳动者自愿联合起来而且有退出和改变合作内容的自由，除了土地和部分公共性生产设施保持公有以外，劳动者个人可以占有其他各种生产资料并长期保持其家庭所有权，实行以家庭为单位进行劳动和双层经营体制。在非农业的合作经济(如大多数的乡镇企业)中既可以家庭经营，也可以集体经营；既可以独立劳动，也可以集中劳动，以按劳分配为主，资金与资源也可以按股分红。合作的领域更是大大超越了原来集体经济的范畴。因此，现在的合作经济不宜再沿用"集体经济"这个名称了，它的内涵与外延已是一个全新的概念，它的生命力是过去那种集体经济所无法比拟的。

三、家庭经营与合作经济

现在，谈到家庭经营，一般都把它作为合作经济的一个经营层次来对待，这当然是对的，但却是很不够的。这是因为，不仅现有的"双层经营"按照合作经济的要求，有一个由不完善到完善的过程问题，还有一个家庭经营的发展趋向问题。至于双层经营绝非合作经济的唯一模式这一点，则更是众所周知。

毋庸讳言，现有的双层经营在大多数地方还处于一种"变型"式"换马"的阶段，严格地说离真正的合作经济还有相当大的距离。这是由于这种双层经营方式，实际上是否定原有的"三级所有，队为基础"模式而形成的一种变通方式，它批判了原有"队"的内容而继承了"队"的形式(尽管将"队"字改成了"村"字)，它并不是在社会分工与专业化发展的基础上产生的。正因为如此，家庭经营同统一经营之间的经济纽带是很脆弱的，前者对后者的经济依赖性很少，后者对前者的服务与吸引力也不大，双方除了土地承包、上交提留和少量公共生产设施的管理等几项经济联系以外，几乎不存在什么经济协作与联合的关系。其中，当然有少数"统一经营"名存实亡了，也有一部分因村办工业发达、实行"以工补农"而使双层经营体制趋向完善，但在当前这些都非主体。从主体上看，双层经营有一个由"变通"状态向"正常"状态变型过渡的问题。而发展商品经济和村办企业，加强"统一"部分对"家庭"部分的服务与吸引，正是这一"变型"或"换马"的必由之路。所以说，现有的双层经营体制还必须经历一个由不完善的合作经济到完善的合作经济的发展过程。

同时，双层经营体制中的家庭经营这一层次还存在着两种可能的发展趋向。一种趋向是随着"换马"的实现，而从旧的集体模式彻底转变为新的合作模式。另一种趋向则是随着家庭自有生产资料比重的增加，统一的部分在经济与管理上都跟不上，从而可能朝个体经济乃至私人经济发展。实际上，家庭经营、家庭经济、个体经济之间的界限，理论上可以较易说明，实践中则是难以分清的。因此在研究与处理家庭经营与合作经济的关系时，不应简单化和静态化。即是说，家庭经营不一定会绝对地成为新的合作经济的一个经营层次，它还可能从"双层经营"的框架中游离出去成为个体经济，这就为我们农村的领导部门提出了一个加强政策领导与经济引导的重大任务。

我们之所以要研究家庭经营的完善与引导，乃是由于家庭经营这一经济现象在我国不会是短暂的。家庭经营长期存在的原因，理论界已经做过许多探讨，下面我想再做一点补充。我认为，家庭经营之所以在我国将会长期存在与发展，主要的依据有：

第一个依据，是中国农村的家庭经营有着悠久的历史渊源。我国封建制度延续了几千年，但却没有采取普鲁士或俄罗斯式的庄园经营方式。几千年来，以家庭为单位的经营习惯在中国农民中根深蒂固，家庭在中国农村生活中占有特殊的地位。如果说资本主义在农业中的发展，由于各国封建制度影响的不同采取了两种不同的经营形式，即"普鲁士式"和"美国式"，那么，社会主义在发展农业中为什么不可以采取多种经营形式呢？

第二个依据，是中国人多地少，耕地资源不足。这就要求农业实行集约经营，以提高单位面积产量为主攻方向，并充分利用一切农业资源。在这种情况下，较小规模的家庭经营方式就比大规模的统一经营方式具有更大的优越性。它便于实行精耕细作，便于采用先进的生物技术，便于挖掘各种农业资源的潜力。

第三个依据，是农业中生产力的发展方式特殊。目前，理论界讨论生产关系必须适合生产力性质时，往往把"性质"同"水平"等同起来，这是不全面的。生产力性质，应包含两个方面：生产力发展水平和生产力发展方式。把农业中之所以家庭经营会长期存在的原因仅仅归结为生产力发展水平低，显然缺乏说服力，它无法解释美国仍然存在家庭经营这一现象。但是，如果把原因归结为农业生产力发展的特殊方式，则是有充分理由的。众所周知，农业生产受自然再生产的制约，劳动场所分散，生产工具序列化低，劳动对象多是生物，这样，农业中生产力发展的方式，便具有集中趋势与分散趋势并存、协作方式与独劳方式交织、标准化与个性化不可替代等特点。生产力发展方式的这些特点，就必然要求更多地依靠劳动者的个人责任心和劳动质量来保证生产过程的有效控制。在这种情况下，生产资料与劳动力的结合形式，一般地说越直接越好，规模也不宜过大。这样，家庭经营无疑便有着巨大的优势。

四、私人经济与合作经济

我认为私人经济同个体经济是两个性质不同的经济形式，尽管两者有某种共同之处。两者都是以生产资料私有制为基础，但个体经济主要是依靠业主自身及其家庭成员的劳动，而私人经济则主要是依靠雇工劳动。

无论是在双层体制中成长起来的家庭经济还是个体经济，其专业化规模发展到一定限度之后，要继续发展都势必要突破一家一户的框框。前面已经说过，客观上存在着两种可供家庭经济进一步发展的备选方向。事实上确有一部分专业户走上了联合经营的道路，而另一部分则走上了雇工经营的道路。这是商品经济发展的必然现象，是不足为怪的。问题在于对这种私人经济如何认识与引导。

首先，应如何认识和处理。第一，可以把理论问题与政策问题分开。理论上如实地认定是剥削，以维护马克思主义的严肃性。当然，这并不排斥在政策上允许它适度地存在与发展。这在历史上是有先例的，苏联在新经济政策时期是这样处理的，中华人民共和国成立初期也曾是这样做的。第二，允许私人经济适度存在与发展，是我国经济发展的需要。马克思主义者不应是虚无的理想主义者，而应是唯物的现实主义者。列宁在《论粮食税》等著作中曾多次主张，在小生产占优势的国家，不能直接过渡到社会主义大生产，必须有一个"中间阶段"。在这个阶段，列宁曾设想通过国家资本主义和合作社两种形式，大力发展社会生产力，利用资本主义来加强社会主义，然后再过渡到社会主义大生产。列宁认为，国家资本主义较之小生产的散漫和落后，更接近于社会主义。我国现实情况也表明，在国家法律和政策范围内从事正当经营的私人经济，对繁荣农村经济，克服农民的贫穷和愚昧，提高管理效率，都有一定的积极作用。第三，重要的一点在于允许私人经济适度存在与发展绝不是我们的目的。在政策上我们应划清三条界线：第一条是允许发展同有意扶植的界线。允许它发展，是指利用其自身的积累去扩大再生产，这绝不意味着国家有意识地在财政信贷上去扶植和制造这种经济形式。有些地方，发放巨额贷款(甚至是无抵押的)给一些"甩手掌柜"，以制造"万元大户"，这种做法是不对的。第二条是允许存在同放任自流的界限。允许私人经济适度存在与发展，是以服从国家监督为前提的。列宁将新经济政策时期的国家资本主义定义为接受无产阶级国家管理与监督的资本主义，是十分正确的。对于私人经济消极的一面，必须保持清醒的头脑，对于它违犯国家政策法律的行为，必须坚决取缔。否则，就会冲击社会主义的主体经济。第三条是政策标准同政治标准的界线。从政策标准来看，雇工众多的大户是允许的，但从政治标准来看，劳动者与非劳动者，无产阶级先进战士与一般群众，先富起来的带头人与钻政策空子的暴发户等，则是不能混淆的。

其次，应如何引导。我国目前存在的私人经济同20世纪50年代初的私人工商业相比，其环境条件是大不相同的。由于社会主义公有经济的绝对优势，国民经济命脉和经济杠杆掌握在国家手里，对于这种少量的私人经济，完全不必在将来再进行一次国有化。私人经济，在我国可能将经历一条"并存——融合——合作"的道路。

所谓"并存"，即是私人经济作为社会主义合作经济的一种补充，在社会所允许的限度内同其他经济形式并存。所谓"融合"，即当私人经济的发展开始构成对社会主义基础的威胁时，可采取经济的办法(例如参与制)使公有成分融入私人经济，成为一种混合型经济，从而促使其按社会主义要求运行，以致最后演变为合作经济。也可采取杠杆干预的办法(例如累进税)促使私人经济朝合作经济转化。

从并存到合作将会是一个相当长的"进化"过程。在此过程中，正确的引导将起决定性作用。这方面在实践上还没有多少经验可以总结。但从总的方向来看，加强国家的宏观控制（以经济与法律手段为主，必要的行政手段为辅），造成一种使私人经济的消极作用难以自由泛滥的社会环境，则是使私人经济在将来向合作经济转化的必不可少的条件。

五、我国合作经济的发展道路

由于我国农村合作经济将会是多层次、多形式的，因此它的发展道路也不会只有一条，而会是通过各种各样的途径殊途同归于社会主义。从目前的经验来看，可能会有如下不同的道路：

一是积聚的道路。即在家庭经济基础上，逐步出现大大小小的专业户，随着专业户的专业化规模不断扩大，有相当大一部分会在自愿互利的基础上走向联户经营或联合经营。这将是今后的主要途径。

二是集中的道路。即通过合股集资的办法联合兴办各种合作企业，这可能将会是农村工业与农村商业的主要发展道路。

三是扩散的道路。即城市企业向农村进行产品与行业的扩散，从而形成许多大大小小的附属或依附于这些大中企业的联合体。北京的"白兰道路"就属这种形式。这样，农村的家庭经济、乡镇企业就会有相当一部分成为城市大中企业的子公司、附属厂（场）或作坊，从而形成一种新型的融合经济。这种合作不是大鱼吃小鱼，不是吞并。双方是自愿互利的，也可以仍旧保留家庭经济与乡镇企业的法人地位，不实行"归大堆"，只进行产供销的统筹协调。

四是吸引的道路。即随着农村分工分业的发展，一些产前、产中、产后的服务行业将会从农业中分离出来。许多原属双层经营体制中的"统"的一方由于村办工业的兴起或服务职能的强化而增强了对承包农户的吸引力。这些服务行业与村办企业，通过本身的服务和"以工补农"，把千千万万个农户吸引到自己的周围，形成多种形式的联合，构成农村社会主义大生产的社会化网络。因此，大力发展农村第三产业，国营商业与供销社积极参与第三产业，具有深远意义。

五是演化的道路。即现今还存在的少数"三级所有、队为基础"的社队，目前仍保留着旧有体制，实行统一经营与分配，这与它们强大的集体经济基础是分不开的。但随着商品经济的发展，这些集体经济实体也会慢慢发生变化：扩大横向联合，去掉纵向从属关系；增加等价交换部分，减少吃"大锅饭"部分，最后演化为新型的合作经济。

以上归纳的这些道路，是为了理论叙述的方便。在实践中绝不会是齐步前进、泾渭分明的。看来很可能会呈现出一种参差交错、由少到多、由低到高的发展态势。因此，不会在某一天宣布合作化开始，从而也很可能不会在某一天宣布合作化结束。

总之，合作经济既是一个老问题，又是一个新问题。我国农村的社会主义实践给合作经济问题增添了极为丰富的新内容和新课题。有许多问题在实践中不易划清界限，在理论上很不成熟，有待于我们不断地探索，不断地修正，不断地发展。

（发表于《农村发展探索》1986年第5期）

论我国农村的改革与发展

一、农村改革的反思

我国农村以推行家庭联产承包责任制为中心的第一步改革，取得了出乎意料的成功，使我国农业多年徘徊不前的凋敝局面为之一扫，使人们对我国农业与农村的发展又重新看到了光明，充满了希望。但是，自 1985 年转入以改革统派购制度为中心的第二步改革以来，虽然在市场发育、农村产业结构调整、所有制放开等方面取得了相当的进展，却也出现了人们始料所不及的订购合同制回生与农业新的起伏徘徊局面，第二步改革步履维艰。

这种严峻的形势，引起了广泛的关注、议论和反思。回顾 1985 年以来，我国农村的改革与发展有些什么经验教训值得总结呢？我认为有如下几点：

（1）从一开始我们就对农村第二步改革同第一步改革的差别，缺乏足够的思想准备。第一步以推行家庭承包制为中心的改革由于仅限于农业生产领域，并且是调整农民与集体经济的利益关系，主要是依靠而且只需依靠农民的个体积极性就可以推动改革的实现，政府基本上只需宏观指导与鼓励，无须进行艰苦的组织管理工作。而第二步改革的情况就大不一样了。农村改革的进一步深化，便由农业生产领域扩及它的环境——流通、工业乃至城市，要求进一步调整农业与国民经济各部门乃至国家的利益关系，使农村商品经济得以充分发展起来。这就要牵动社会各方的利益再分配，要求国民经济各部门实行配套改革，需有各方面的积极性，才能实现改革的目标。因而，政府就不能像第一步改革那样放手，必须进行十分复杂而又艰巨的改革系统工程。

（2）在农村改革过程中忽视了农业的发展问题。现在看来，当前的农业问题，有的属改革问题，有的则属发展问题。不改革就难以发展，但若舍去发展单纯抓改革同样不能成功。如农业后劲不足的问题，其中就有投资增长与结构、资源合理配置与组合、产业政策、技术更新等发展方面的问题，它们虽受改革的牵制，但究其本身来说还是不能完全用改革去解决，在这方面必须有相应的发展政策与战略并需进行大量的工作。

（3）对整个国民经济改革开放之后农民的经济行为转向受价值规律支配的速度与深度估计过低。先是对实行订购合同后农民待价惜售估计不足，继则对乡镇企业兴起后农民的效益比较又估计不足，近年来对农业生产资料涨价对农业生产的影响还是估计不足。如果继续这样下去，该放不放，该调不调，使农民对农产品价格改革失去信心，农业将会出现全面大滑坡的危险。

（4）对"农业是国民经济的基础"的长期性、根本性在认识上有所摇摆。第一步改革取得巨大胜利之后，对农业的乐观情绪过于膨胀，以致认为农业问题、粮食问题在我国似乎基本解决了。于是，投资不断减少，领导普遍放松，农用工业和为农业服务的事业被大大削弱……加上财政分灶吃饭后，发展乡镇工业的投资冲动大大超过了农业。现在回过头来看，该是重新强调农业基础的时候了。

(5)我们对整个农业与农村的改革与发展，特别是改革的目标模式、基本步骤，缺乏一个比较明确的总体构想。摸着石头过河，碰到了新的问题，往往就不知所从，难以及时拿出得力的对策。

二、农业问题的症结

在农村改革方面，议论得最多的是农业问题，而且最担心的也是农业问题。那么农业问题的症结何在呢？

我认为在讨论问题症结之前，应该先弄清当前农业问题的性质。绝不是像有些同志说的那样，似乎我国农业不应该出问题，而现在出现这个比较值得担心的形势主要是改革的失误造成的。这种议论是不符合客观实际的。情况恰恰相反，当前农业出现的问题，是农村改革与发展的必然现象，不出现这些问题倒是不正常的。问题只在于我们主观上认识迟了一些，政策与措施未能较及时地跟上去，甚至采取了某些反向行为，致使我们对自然会出现的问题未能做到因势利导，并将新旧摩擦减小到最低限度。

下面，我们就从因子分析入手，全面地剖析我国目前农业出现新徘徊局面的直接因子，大体有如下五个：

(1)随着农村产业结构调整的加速，农村工业和小城镇兴起，农村二元经济结构势必导致农民机会成本与比较利益观念的发育与强化。在农产品价格没有完全放开的情况下，农民的这种利益驱动必然会引导其重工轻农，重流通轻生产。应该说，这是农民对价格信号反应灵敏的一种表现。

(2)农用土地产权不明。集体所有却缺乏来自所有者方面的有力监督；个人使用则害怕政策多变不愿进行长期性投资。这就很容易产生类似过去佃农一样的掠夺经营的短期行为。加上机会成本的考虑，农民宁愿花钱买化肥而不愿种绿肥和积有机肥，使土壤肥力不断下降。

(3)随着城市经济体制改革的推进，工业产品价格逐步放开，农用生产资料的价格也上涨了。前一段农用工业的产量下降，更加剧了涨价的幅度。这就造成农产品成本大幅度提高，甚至显著地超过了订购价格(湖北每斤稻谷成本0.18元，订购价0.15元)。农民在前几年由于国家提高农产品价格而获得的利益，现在由于工业品涨价而粮食等农产品价格未放开又有完全丧失的危险。这怎能不挫伤农民种粮的积极性呢？

(4)实行家庭承包之后，由于国家农业投资的减少和集体服务未能跟上，农业基础设施年久失修，降低了农业对自然灾害的承受能力。

(5)原来由生产队承担的各种负担现在必然转移到农户，按承包土地面积分摊，加上对农民富裕的程度估计过高，这种负担有增无减，南方一般每亩30元以上，多的在50元以上，等于拿走了每亩总收入的20%以上。农民还能有多少种田的兴趣呢？

从上面五种情况来看，前三种情况虽然有工作未跟上的因素，但基本上是客观价值规律作用的结果；后两种情况尽管有客观原因，但基本上是由于主观认识偏颇和工作不力所造成的。而综观两类原因，前者应是基本的、主要的，是必然要出现的。

对于这种必然会出现的事情，我们应该如何认识呢？我认为，一方面，从总体和本质方面来看，这不仅不是"农业悲观论"的依据，相反恰恰是我国农业发展过程中的一个进步趋向，它正好说明我国农村商品经济已有了长足的发展。试问，如果不是商品经济的发展，不是价值规律作用范围的扩大，不是农民商品意识的增强，能出现这种现象吗？另一方面，从现实和工作方面来看，我们必须在充分尊重价值规律的前提下，采取因势利导的有力对策。

三、现实的对策

总的来说，必须以价值规律为指导，以提高农业比较效益为中心，一手抓价格改革，一手抓生产要素的优化组合，使整个农村经济良性协调发展。

1. 关于农产品价格改革

价格不能长期低于价值，否则生产就会萎缩，这是价值规律的必然要求。"剪刀差"必须逐步缩小，否则农业就会萎缩，这也是价值规律的必然要求。不承认这一点，就会付出昂贵的代价。农产品价格改革是不能离开整个价格改革而孤立进行的。由于种种客观与主观的原因，我国的价格改革处于一种不改不行、要改又步履维艰的困难局面。摆在我们面前的选择是有限的：或者维持现状，继续保持"死一块、活一块"的农产品价格体制（"双轨制"）；或者改弦易辙。但是，前种局面是绝不可能久拖的。其一，这种办法，在实际上是一种扶植中间（流通环节）挫伤两头（农民生产者与城市消费者）的办法，目前从种种迹象看来，这两头的承受力已到了临界线的边缘。其二，随着沿海外向战略的逐步推进，价格放开的冲击波势必要逐层向内地乃至全国扩延，要挡也挡不住。

价格改革，目前理论界有种种思路，卫大匡的"涟漪式"理论不失为一种新思路。但是，仅仅这一种方式看来还不够，需要采取综合措施。这种综合措施应全面处理好三方面的关系，即：第一，放开地区与未放开地区的关系；第二，放开商品与未放开商品的关系；第三，也是最重要的，是价格放开与社会承受力的关系。第一种关系，卫大匡同志已做了论述（见《经济学周报》1988年4月10日）。第二种关系，主要是指商品之间的替代关系，使用价值相互可以替代的诸种商品，视其供求关系状况，先放开供求大体平衡或放开后可率先做到供应增加的品种，与此同时控制另一种或数种供不应求或难以在短期内大幅增加供应量的品种，以使消费者有一个选择余地，增强其承受弹性。第三种关系，包括消费者的承受力，生产者（企业）的反应力和财政的支撑力。这方面要求价格放开的幅度必须同收入政策的放开幅度、企业改革深入的程度和财政状况取得同步。看来欲迈开价格改革的大步，放开收入政策势在必行，广东已作出了先例，效果基本是好的。东欧诸国也有类似经验。非如此，消费者的承受力太弱，光靠财政加工资又难以办到。但是，只此一着仍有造成物价与工资（及劳动报酬）轮番上涨的风险。因此，必须"釜底抽薪"，即强化企业对市场价格信号反应的灵敏度，真正做到"一涨就多，一多就平"。要做到这一点，从根本上说，必须通过企业（特别是国营企业）股份化，形成资本在企业之间、行业之间、部类之间自由转移的机制。否则，死的一块更死、活的一块更乱（倒爷横行）的局面是难以改变的。

从长远来看，我们要实行"国家调节市场，市场引导企业"的模式，不走这条路，也是难以实现的。

目前农用生产资料大幅度上涨，要做具体分析。其中，一部分是不正之风造成的，我们必须坚决反对，并采取必要的行政措施加以制止；一部分则是不可避免的，因为原来它们的价格一般就低于价值，而更基本的则是生产这些商品的企业还没有搞活，这些企业还缺乏按市场价格信号及时有效调整自己的生产结构与投资方向的自主权，即缺乏我们上面所说的资本自由转移的机制。

由此可见，农产品价格放开势在必行，但应采取坚定而审慎的方针：超前推行放开收入政策和深化企业改革，在此基础上波浪式地在地域之间、商品之间坚定不移地逐步放开。按赵紫阳同志所说的该放的就放，该调的就调的原则办。当前，最迫切的是为粮食、棉花价格从"双轨制"过渡到单轨制创造条件，第一步不妨考虑试行中价收购政策。其他农副产品则大部分放开，按地区间的紧缺情况、商品使用价值替代可能情况，放一批，控一批，而后视生产供应增长情况逐步全面放开。

2. 关于农业生产要素的优化组合

价格改革是当前解决农业徘徊问题的主要出路之一，但不是唯一的。同时，由于价格改革的难度大，延续的时间长，农业的发展决不能单纯地等待价格放开。在进行价格改革的同时，我们还必须着力从事农业生产要素的优化组合工作。尽管这方面的进程同价格导向有密切的关系，在此我们姑且撇开这个因素，以便于分析农业本身优化组合的可能性。

总的来说，我认为我国农业的改革与发展大体可能会经历三个战略阶段：以调整生产关系为主的阶段、以合理组织生产力为主的阶段、以全面的技术革命为主的阶段。即是说，在农村第一步改革调整了生产关系的基础上，及时转到以常规技术为基础的生产力合理组织上来，大力发展商品经济，积累必要的资金与提高农村人的素质，随着城市工业化基本完成然后大规模地实现农业技术革命。

生产力的合理组织，在这里主要指生产要素的优化组合。即通过经济引导和财政支持，使劳动力、土地、资金、技术、生产对象等诸生产力要素充分而高效地投入农村经济循环，形成最佳组合，在没有根本改变物质技术装备的条件下，实现其最高的整体效应，全面地提高各个产业的经济效益，特别是有效地提高农业本身的经济效益。这种生产要素的优化组合，包括相互交错的各个方面：第一，首先要求劳动力与土地的优化组合。一方面要消除"一个人的活三个人干，一个人的饭三个人吃"，促进剩余劳动力的转移，提高农业劳动生产率；另一方面要充分调动务农农民长期经营土地的积极性，增加以劳动积累为主的对土地的投入，达到提高劳动力利用率和劳动力经营土地的收益率的效果。第二，要求资金与土地的优化组合。充分调动农民将有限的资金最大限度地投入土地建设的积极性，降低其非生产消费的冲动，使资金与土地的结合规模达到当地当时的最佳结构。第三，要求生产对象、劳动力、土地、技术的优化组合，在既定的土地经营规模下对生产对象进行合理组合(包括成片集中种植和建立田间生态小循环)，有针对性地大力推广各种适用技术，以提高种植结构的群体功能和土地经营效益。

积极推进农业的专业化与社会化，是实现上述生产要素合理组合的根本途径。只有提高农业的专业化水平，才能提高农业的规模效益，从而才能淡化农民由于机会成本所促使的轻农、弃农行为。但是，专业化问题在近年来似乎被人们淡忘了。原因之一，是由于土地向种田能手集中十分困难，进展极为缓慢。我认为，这是对专业化问题缺乏全面的理解所致。农业专业化，不仅包括个别农场(农户)扩大土地经营规模形式，而且包括不改变农户土地经营规模而实行地域专业化(成片种植)的形式，还包括在相同土地面积上追加投资以提高集约化水平的形式。我认为当前以后两种形式更为可行，特别是第二种形式。地域专业化，不改变家庭所有制和承包范围，一村一片相对集中地种植一种植物，或养殖一种动物，这从社会角度来看就有了较大的规模，便于促进社会化服务体系的发展(社会化服务行业要求有足够的服务对象，否则就无利可图，难以发展)。社会化服务体系发展起来后，又可回过来推动土地向种田能手集中的进程(目前种植专业大户难以发展，除其他原因外，资金供应不足，技术与信息服务跟不上，生产资料供应与产品销售渠道不畅等是重要原因)，如此循环往复，相生相长，便可以将农业的专业化与社会化水平不断地推向前进。也即是说，通过推行(经济鼓励)成片种植与养殖的地域专业化的"反弹琵琶"战略，来促进社会化服务体系的发育成长，最后推动专业户、专业企业的成长壮大。这里所说的社会化服务体系，是指按商品经济原则进行经营的、多成分的、多行业的(包括产、供、销、金融、信息、技术、教育培训等)服务业。

四、深层的思考

我们在分析农业问题的症结时，曾述及我国农业出现新徘徊的首要原因是农村二元经济结构所引起的农业与非农业经济收入的差别拉大。其实，这是深层结构上的原因，它是研究我国农村经济发展战略、制定农业发展政策的长远的、基本的立足点。欲根本解决我国的农业、农村问题，总的来说，我们的全部战略与政策，必须立足于推动在旧的一元经济结构基础上分离出来的二元经济结构的发育，并进一步促使其向新水平的一元结构转化，即由低阶一元结构到二元结构，再由二元结构提高到高阶的一元结构，从而逐步造成农村中的工农业之间、城乡之间经济社会发展的机会趋于均等，效益趋于均衡，收入趋于共富。

这是从目标模式上来界定的，在实施过程中绝不可能一蹴而就，更不能"拔苗助长"，而是一个经济(商品经济)、社会、文化全面发展的过程，是一个结构的转换过程，是一个生产力由量变到质变的演进过程。在这一较长的过程中，一切农业、农村和经济社会政策都应注意如下三个方面：

(1)有利于逐渐调整农村工农业之间的利益关系，在发展生产力的基础上有步骤地促进农村二元经济结构的趋近。具体地说，可以设想通过微观的"以工补农"到中观的"兴工促农"，再到宏观的"强工兴农"三大步来逼近上述目标。

"以工补农"的实质是由微观(企业、合作经济组织)来部分地承担缩小在宏观领域造成的"剪刀差"的任务；或者由企业来部分地偿还农业对工业的贡赋。所以，它绝不是所谓的"工业对农业的恩赐"，严格地讲，也不能说是"抽工业效益补农业效益"。它的确切提法似应是"返工还农(效益)"。这样，便可以在局部范围的微观领域中部分地缓解二元结构引起的农业与工业间的比较利益问题，促进农业的进一步发展。它的前提是该企业或合作组织在经济上有较大发展，特别是工业生产有雄厚基础。

兴工促农的实质是在中观(一个县、市或一个省)范围内，在大力发展城乡工业化的基础上，通过地方国民收入的再分配调整农产品价格和增加农业的投入，以便在较大的中观领域中缓解农村内部和城乡之间的比较利益问题，促进其二元结构向更高一级的一元结构转化。它的前提是该县、市或省的工业自我积累能力基本形成，基本不需或少需农业积累的支持。

强工兴农则是在全国的宏观范围内，在基本实现工业化的基础上，通过国民收入的再分配，全面提高农产品价格，基本消灭"剪刀差"，大幅度增加农业投资，实行农业的工业化革命。这也是发达国家在完成工业化以后所奉行的用大量工业积累返还农业，支持农业现代化的政策。通过这一政策的实施，整个工农之间、城乡之间的二元经济结构便可朝着新阶梯的一元化结构发展了。农村的工农业之间、城乡之间的经济便可走上良性循环的康庄大道。

由"以工补农"到"强工兴农"，是由点到面、由局部到整体的渐进积累过程，必须以有利于社会生产力的发展为根本原则。

(2)有利于持续地打破城乡分割的内循环，推动城乡之间的商品生产与商品交换，在发展城市经济的基础上，逐步调整城乡之间的利益关系，促进城乡二元经济结构的转换。具体地说，应该由目前基本处于单向内生式的农村内部积聚过渡到这种内生式积聚同双向外发式的大工业开发并行，并以后者为主。

所谓双向外发式的开发，即一方面大城市的企业集团、金融集团大规模地投资搞开发性大农业；另一方面农民大批大批地离土离乡进入大中城市参与开发城市三大产业。这样，一方面就实现了农业由小生产到大生产的转换；另一方面也就历史地破坏了遗存几千年的农村宗法体系，最终解决消除封建残余的根基问题。

当然，这一过程是相当长的，可能会延续到社会主义整个初级阶段。但是，在这方面每迈出一步，必须以有利于城市经济健康发展为原则，不能搞牺牲城市经济发展去"填补"农村的平均主义。

(3)要有区别地分类指导，不能搞全国、全省"一刀切"。由低阶的一元结构到二元结构，再由二元结构发展到高阶的一元结构，这是就全国总体而言的。但这绝不意味着全国每个地域都一个模式、一个程度地经历这种阶段。

像我们中国这样一个人口众多的大国，不可能依赖进口农产品来养活自己，必须保留与建设好若干片"基本农业区"，或叫"集约化农业区"，① 在这种农业区内，可以不经过二元经济的充分发展，而依靠宏观的结构三级转换，直接由低阶一元结构进入高阶一元结构，建立起高投入、高科技、高产出、高效益的现代农业基地。

这样的政策有如下好处：

第一，可以避免或缩小乡村工业化造成的农业资源的污染和破坏，有效地保护十分有限而又极为宝贵的农业资源(特别是耕地)。

---

① 我曾经主张在全国和某些重要的农业省，将农村划分为三大基本区和工业化农业区，并集约化农业区和生态化农业区，并在乡村工业化、农业发展、小城镇建设等方面实行有区别的政策。

第二，可在局部范围内超前实现向高阶一元结构的转换，为全面的结构转换提供经验。集中的传统粮棉产区、国营农场以及待开发的可垦地域是这种选择的最佳对象。

第三，可为外向型经济提供高度商品化、标准化的农业原料基地，为城市农副产品供应提供可靠的永续性的生产基地。

对于这种农业区，就不能采取常规的循序渐进的建设方法，而必须率先采取"双向外发式"的大工业开发方式，从农村外部引入资金、人才、装备乃至经营方式。与此同时，促使农业剩余劳动力大批向城市大工业转移。

（发表于《中国农村经济》，1988 年第 7 期，选入《中美经济合作国际研讨会论文集》第 2 辑）

再论农村的改革与发展

我在 1988 年第 7 期的《中国农村经济》上发表的《论我国农村的改革与发展》一文中，曾论及若干有关农村改革与发展的重大问题，一则由于篇幅所限，未能充分展开；二则由于当时实践与认识的局限，有些问题未能明晰阐述。

经过半年多来的调查与思索，我觉得有必要对其中的几个问题做进一步的探讨。

一、农村改革的目标问题

这些年来农村改革同城市改革一样，对于改革的目标模式缺乏一个明确的构想。中国农村的改革，究竟要改向何方？改到一个什么样子？我看大家缺乏一种共识。正是由于此，一旦改革遇到了困难，种种有失偏颇的议论就出来了。其中，最典型的是两种：一是回归论，即认为改革放得太开了，还应回到原来的计划经济的"笼子"中来；二是私有化论，即认为农村改革之所以深入不下去，主要是土地产权不明晰，而要解决产权问题，舍私有化别无他途。

对于第一种议论，在理论上表现甚少，故不想多费笔墨。而第二种议论正处于理论讨论阶段。我认为至少在中国近期内是不可行的。这并不是从意识形态方面考虑的，而是从中国近中期的国情来考虑的。在中国应不应该实行土地私有化，必须考虑现实的三个国情：其一，中国是一个农用土地资源十分匮乏的国家，人多地少，而且由于人口膨胀人均土地愈来愈少；其二，中国目前实行的是直系平均继承制（而不是长子继承制），即使可以在实行土地私有化的同时配合实施长子继承法，但要使这种法律真正生效还会有一个相当的过程；其三，在近中期内我国的价格体系还难以基本理顺。在这种国情背景下，如果实行土地私有化，会是一种什么样的后果呢？固然，它的积极方面是，将会刺激农民对土地进行某些长期性的投资，可能农业会在一定周期内有所发展，集约化水平会有所提高。但是，由于存在上述三个背景条件，私有化势必会产生三种消极机制：第一，是土地占有规模不断细化的机制。土地既是私有财产，就要派生出继承权问题，在长子继承制尚未能冲破习惯势力而普通生效的条件下，势必会不断分割细化，这是完全可能的。第二，是土地非农化机制。作为私有财产的土地是可以自由出卖的，但在工农产品价格体系未能理顺的条件下，出售土地的走向，绝大部分不可能是种植大户，而会是非农买主，农用耕地将大规模地流失。第三，是土地经营粗放化机制。在农业的比较效益还达不到或超过工商业之前，在农村工业化发达的地区，农用土地经营将继续粗放化，而且由于土地是私有的，政府更难以进行干预。显然，这三种机制是同我们改革与发展的要求背道而驰的，对于像我国这样农用土地资源十分匮乏的国家，将意味着什么，是不言自明的。

这里，我们应该得到一个有益的启示，即：在采取任何一项重大改革措施时，一定要切实而冷静地考虑，不要为后续的改革与发展特别是为改革与发展的目标设置新的障碍。无论是"回归"的主张，还是土地私有化的主张，恰恰就是忽视了我国农村改革的目标。改革是为发展服务的，改革的目标必须服从发展的目标。

什么是我国农村发展的中期目标？我认为可以分两个层次：农村是以现代农业为基础，逐步建立起三大产业协调发展、工农互促、城乡畅通的新农村，实现我国农村的富裕和现代化；农业是在家庭承包的基础上，逐步建立适度规模的与各种社会化服务体制相联系的现代大农业，实现农业的企业化、专业化、商品化。

为实现这种发展目标，我国农村改革必须实现如下目标：

1. 大力促进农村市场的发育，建立农村商品经济秩序

我认为，我国整个改革的大方向，应是逐步把我们过去那种高度集权的产品经济模式改造成为受国家计划调控的有组织的市场经济模式。任何改革的领域和措施，都不应偏离这个大方向，农村改革也不能例外。因为没有市场的发育，就谈不上农村三大产业的协调发展，无法实现工农互促和城乡畅通，社会化服务体系更难以生成，从而农业的规模化、商品化、现代化也就会步履维艰。

现在的问题是，用什么标志来衡量农村市场的发育程度。我以为其主要标志是三个：经营主体、市场渠道和运行秩序。

首先，要看农村市场经济(或商品经济)的经营主体是否搞活了。目前农村市场的经营主体，主要是农户、个体经营者、乡镇企业、供销社、信用社和少量国营商业企业。改革的目标，就是要创造一切条件使这些经营主体都成为真正独立的商品生产者或经营者，他们对自有的生产要素、产品与商品都具有基本的自主权(包括占有权、使用权、让渡权、出售权等)，而且在各个经营主体之间都严格按等价交换、平等贸易原则发生关系。关于这一点，目前的改革进程显然还没有达到。除了个体经营者比较接近之外，农户乃至乡镇企业都还没有成为真正独立的商品生产或经营者。大量的乡镇企业，还没有摆脱政府的直接干预，甚至成为后者的"小金库"；农户，特别是粮棉生产农户，"死"的一块更死，"活"的一块活不起来。最近在治理整顿中，有些地方几乎是回到了"统购统销"时代。而供销社、信用社和国营商业企业的改革举步维艰，基本还没有脱离原来的"官商"运行方式。市场的主体不活，主体间的平等贸易原则还未能真正贯彻，市场如何能够发育起来？

其次，要看各种市场的渠道是否疏通了。农村的商品市场、资金市场、劳务市场、生产资料市场乃至技术与信息市场，都是市场的客体。这些客体体系是否形成，渠道是否疏通，是农村市场发育程度的另一个重要标志。显然，目前改革的进程与此相距更大。问题的关键在于我们在观念上没有能突破仅仅囿于经济领域去考虑市场问题的狭窄思路，没有把市场的发育同农民村社自治和农村社会组织的发育结合起来考虑，而后者正是实现农村现代化的必要条件。正是前一种观念使我们不能彻底解除"怕乱"的"保姆心态"，总想凭借国家权力，一竿子插到底。因此，在实践中便难以突破"主渠道"的组织模式，并且一有机会便要强化它。供销社、信用社的改革之所以停滞不前，除了某些历史上遗留的客观困难之外，主要原因就在此。对于多成分、多渠道的农村市场体系，特别是农民自动组织起来的合作性市场组织(如"股金社")缺乏积极的领导和主动的扶持。

最后，还要看市场运行的秩序是否建立起来了。农村商品经济秩序，是相对于旧有的产品经济秩序而言的。这种秩序包含三个基本内容：明晰的产权关系、严明的买卖规则和规范的政府行为，三者缺一不可。这方面的改革主要取决于政企分开和建立乡镇企业与农业企业的企业制度以及土地制度。显然这些改革还没有迈开步伐。

2. 积极推进农户经营的企业化、专业化

目前建立在家长制基础上的半自给性的家庭联产承包经营方式，只是改革的起步，绝不是改革的目标。随着改革的深入发展，家庭承包经营必将经历一个由小生产向企业化、商品化大生产的蛹化蜕变过程。

工业化与城市化不能同小生产的农业长期并存，这是经济发展的一般规律，否则，劳动生产率低下、规模狭小的农业无法承担愈来愈大的工业与城市对农产品的需求。但是，农业由小生产转到大生产，其途径可以是多种多样的。发达的资本主义国家大体上经历过三种方式：一是强制性剥夺的方式，如英国的"圈地运动"；二是农场兼并的方式，如美国前期大农场吞并小农场；三是社会化控制方式，即通过大资本集团对家庭农场产前、产中、产后的社会化服务，使后者变为前者的附庸，这种方式在当今资本主义国家相当普遍。

看来，我国农业基本上可以借鉴上述第三种方式，并有条件地吸取第二种方式来实现大生产。具体地说，在不改变家庭经营的形式下，发展适度规模经济，通过社会化服务体系的合作与联合，使农户的家庭实现规模化、商品化、企业化。这应是农业改革的重要目标。显然，我国目前的农村改革进程离这个目标还相当遥远。我们的任务，是使近期的各种改革措施，尽量逼近这个目标，而不应当是相反。湖北有的地区设想：以农村为单位建立"村农工商合作公司"（由村民大会选举董事会，再由董事会任命经理），作为村一级的经济组织，承担对农户的产前、产中、产后服务，进行村经济的开发，管理村社公有土地。供销社、信用社以及其他有垂直系统的经济组织到乡镇为止不再往下伸，依靠村农工商合作公司开展业务活动。这种设想不失为一种农村经济企业化、社会化的新思路。

3. 弱化纵向隶属关系，打破地域分割状态，发展横向社会契约关系

社会契约关系，是现代商品经济社会的基本纽带。哪里存在强大的垂直隶属关系，哪里就没有商品经济的自由发展。

为了实现这一目标，在改革上应该加快如下措施的出台：（1）割断政府直接干预乡镇企业经营活动的"脐带"，强化企业与农户的经济法人地位；（2）利税分流，修改"分灶吃饭"的财政体制；（3）推动地域性共同市场的发育乃至形成无阻碍的全国统一市场；（4）鼓励跨地域的横向经济联合；（5）强化与完善《经济合同法》的实施。

4. 改善农村产业（包括农业）的投资环境

几十年政经不分的产品经济，使得我国农村产业的投资环境远未形成。目前，农民赚了钱宁可"大操大办"或贮藏货币，也不愿向土地和乡镇企业投资，从而形不成强大的社会投资主体。具体分析其原因，一是由于价格体系未理顺，农业比较效益低微，投资无利

可图;二是由于产权不明晰,承包权不稳,加上意识形态上的"余悸",资金所有者感到投资风险太大;三是法制不健全,契约无保障,往往由于单方毁约而收不回投资;四是乡镇企业政企不分,政府成为投资主体,社会资金持有者难以涉入。

显然,以上这些影响农村产业投资环境形成的障碍因子,只有通过价格改革、产权改革、政治体制改革以及加强法制建设,才能最终消除。

二、近期深化农村改革的思路

前面说的改革目标,不是一蹴而就的。其原因是多方面的,但是关键的原因是农村改革要受制于整个改革的进程。当全国的价格改革、财政金融体制改革、农产品采购制度改革特别是政治体制改革还不能大步出台的条件下,农村改革欲迈开大步也是不现实的。

但是,这决不等于农村改革无所作为。恰恰相反,只要我们选择切实可行的有限目标,农村改革还是有可能继续深化的。记得我在 1988 年《中国农村经济》第 7 期的那篇文章中曾建议中国农村的改革应及时由生产关系的调整为主转到以生产要素的合理组合为主的阶段。现在,我在此基础上再补充一句,即:为实现农村生产要素的合理组合必须由制度的改革转到机制的再造。即是说,在整个国家的体制改革还不能迈大步的情况下,在农村内部进行一些不牵涉或基本不牵涉整个国家全局的改革,以促使某些农村生产要素合理组合机制的发育。

1. 促进农用土地自动集中机制的生成,推动土地要素的合理组合——规模经济

一家一户几亩地的小农业,不可能长久地支撑迅速发展的城市大工业的需要,这一点在前面已论及。现在看来,这种矛盾已经开始显露。但是,在现有的运行机制下,土地很难向种田能手集中。一是小生产者对土地的习惯势力,即使非农收入大大超过农业收入,农民也不愿放弃承包权;二是政策不稳定,要留一个"后路";三是种植专业大户因缺乏社会服务而困难重重,难以发展。

因此,要形成一种农民自动的土地集中机制(而不是行政命令或政治压力的机制),似应从如下几方面进行改革:

(1)实行"三权分离"。即将所有权、承包权、经营权予以分离。所有权归村"农工商合作公司"或"村土地合作社"(这种合作社只管理土地,不干预农户的经济活动);承包权归原承包户,长期不变,可实行长子继承制;[①] 经营权可实行有偿(按级差地租Ⅱ)自由租赁制。这样一方面既可以照顾农民不愿轻易放弃土地的心理习惯,又可促进经营上的自动集中势头,解除农民的"后顾之忧"。另一方面可以明晰公有土地的产权关系,加强村经济组织在经营土地方面的积极性和监督机制。

(2)鼓励成片种植、规模养殖,推行区域专业化(专业片、专业村等)而不改变目前家庭承包的格局。区域专业化是促进社会化服务体系发育的基础。目前,发展社会服务以促进规模经济已成为经济界的共识,但如何使社会服务体系得以形成?这个问题在操作上并未完全解决。我认为,目前就大部分地区来说,主要企望村经济来提供社会化服务或主要

---

① 实行长子继承制,增人不增地,既可防止土地占有细化,又可抑制人口增长。

靠国家投资来建立各种服务组织，不太现实，而应寄希望于个体和合作的服务专业户或专业合作组织。但这种经济实体的发育成长，必须有足以保证边际效益的服务对象。而这种足够满足服务工作量需求的对象，如靠农业专业大户的发展，不仅太缓慢，而且会堕入互相掣肘的"怪圈"。如果发展区域专业化，便可解开这个"死结"，用区域专业化促进服务社会化，服务社会化则可回过来促进专业大户和农户企业化的大发展。

（3）国家在推动土地自动集中方面应制定一些疏导性的政策。例如按每户经营土地的面积不同，实行差额农业税和贷款利率，经营面积越大，每亩的负担愈少等。

2. 促进农业内部积累与投资机制的发育，推动集约经营的发展

中国的工业化由于长期采取数量型增长战略，至今自我积累机制还相当脆弱。因而，中国还没有进入用工业积累大规模返还农业的历史阶段。国家财政在力所能及的范围内适当增加农业投资，不仅可能而且必要（过去的确过少）。但是，如果企望主要依赖国家投资来解决农业投入不足的问题，近期内显然也是不现实的。因此，农业还必须"向内使劲"，以提高农业自身的积累能力和增强农村内部的投资冲动。

为此，首先必须努力提高农业本身的经济效益。农业本身的经济效益不显著提高，农业内部的积累与投资机制便缺乏物质基础。这方面有三个基本途径：一是发展规模经济，这一点前面已经论及。二是放开农产品价格，摆脱目前"谷贱伤农"的两难局面。为了保证大城市和国家的商品农产品需要，可采取"增、建、议"对策，即适当增加实物粮食税；大城市与粮油副食品集中产区对口加强商品化农业基本建设，发展开发性农业；缺粮省区可与产粮省区建立平等互利的区域性"共同市场"，议价调剂余缺。粮棉油价格放开问题，不能长拖不决。三是因地制宜下扎实工夫推广适用技术，鼓励技术承包与技术转让，并健全法律保障体系。

其次，要采取各种保护政策，促使农业企业家成长壮大，发育农业投资主体。强化农业内部投资机制，需要有强大的投资主体，这种投资主体显然不是一家种几亩地的既缺乏扩大再生产的能力，又缺乏扩大再生产冲动的小生产者所能胜任的。在专业户基础上孕育出来的新型农业企业家，才能承担起中国农业现代化的历史重任。这一点，我们过去是认识不足的，以为"一包就灵"可以解决农业的深化改革和现代化发展问题，这只是一种幻觉。

最后，要放手搞活农村流通。农村供销社、信用社的改革要加速进行，发展多形式、多渠道的农村供销和金融体系，更重要的是应鼓励农民在完成农业税和合同任务以后（真正实行分户结账）的内销、联销和合作经销，允许农民在自愿互利的基础上建立相应的社会组织。

3. 促进劳动力合理流向机制的发育，实现农业剩余劳动力分层次的健康转移

由传统农业文明走向现代工业文明，必然要伴随一个农业劳动力与人口的非农化问题。我国由于农村人口太多而大城市又极不发达，加上现代发达国家已出现的"城市病"，不可能也不应该走西方发达国家和一些第三世界国家那种让农业人口自发地直接涌向大城市和发达地区的老路。

乡镇企业和小城镇的兴起，正是适应了中国现代化的这种特殊国情，它是人民群众伟大首创精神的体现。中国的现代化过程中，农业剩余劳动力，势必要经过一个"三级跳"的转移过程：由种植业转到多种经营，由多种经营转到乡镇企业及小城镇，再由乡镇企业和小城镇大量转到中等城市(新兴的居多)、少量的转到大城市。当然，这也不排斥部分的"二级跳"或"一级跳"。

欲形成上述劳动力分层健康转移的机制，一方面，要改革和调整目前国家对大城市过于偏好的制度与政策，鼓励中小城市的发展。否则，大城市对农民的吸引力超过了大城市自身的承受力(包括就业机会、工业与生活设施以及文化发展等)，就会出现严重的经济和社会问题。目前，特别是要适当调整大城市与农村和中小城市之间在工资福利制度、物价补贴政策以及生活条件方面过度悬殊的现状。另一方面，就是要积极健康地推动乡镇企业的发展。

三、乡镇企业的发展问题

1. 发展乡镇企业的大方向必须坚定不移

我始终认为，在中国如果没有乡镇企业的健康发展，就没有中国的现代化。前面讲过中国由传统农业文明走向现代工业文明，不可能循着其他国家那种农业人口直接涌入大城市的老路。也就是说不可能由城乡二元经济结构直接转向新的城乡一元结构，而必须在中间嵌入一个梯级：农村二元结构——传统的农业和准现代化的农村工业(大部分的乡镇企业)。

其依据有三：第一，没有乡镇企业的健康发展，就不可能有农业剩余劳动力的大量转移；没有剩余劳动力的大量转移，就难以实现农业的规模经济；而规模经济是农业现代化的前提之一。在中国，如果农业不能现代化，整个国家的现代化就没有基础。

第二，中国的城市化发育迟滞，布局又极不均衡，很不适应现代经济发展对"发展极"的需要。如果全部依赖现有的大工业和国家投资去新建一批批城市，那是很难想象的。而乡镇企业的蓬勃发展，必将带起一大批小城镇的兴起，随着产业结构的调整和高级化，这些小城镇中必有相当一批将发展成为新兴的中等城市，就像在苏南已经出现的那样。这样，在中国辽阔的版图上，就将展现崭新的大中小城市星罗棋布、分布均衡的新局面。这些城市将是带动整个中国走向现代化的许许多多个"发展极"。

第三，中国现代城市大工业，大多是20世纪五六十年代奠定的基础，在当今日益剧烈的国际竞争面前，都面临着一个愈来愈迫切的技术改造和产业调整的历史任务。现代资本主义国家在产业调整过程中，是将传统的劳动密集型产业向第三世界转移，利用发展中国家低廉的劳动力继续获取高额利润，而在国内则转向新兴产业，谋取更大的国际竞争力量。而我们作为一个发展中的社会主义大国，既没有力量也没有必要向更落后的国家转移，我们自己国内就有着广阔的农村和欠发达地区可以采取内循环式的转移，这种转移的对象，就是大量的乡镇企业。这种内循环式的产业调整，一举两得：既推动了农村和广大欠发达地区的发展，又促进了大城市工业的技术改革与产业更新。

从以上三个方面就可以清楚地看到，否认乡镇企业发展的意义，贬低其存在的价值，完全是一种战略和理论上的近视，是违反国家整体利益的。而乡镇企业如雨后春笋般在中国大地上兴起，它本身正说明这是一种客观必然，而不是以人们的主观意志为转移的。

2. 乡镇企业确实也存在一些亟待解决的问题

(1)盲目重复布点问题。由于乡镇企业由于是"计划外"的发展，又分散在全国各地，信息不灵，干部决策素质不高等原因，确实存在明显的盲目性，造成生产与原料、市场脱节，重复过量布点，落后的加工技术浪费了一些本来可以生产出高档商品的原料，乃至同城市先进加工工业争原料、争市场等不尽合理的现象。这显然对社会整体经济效益是不利的。

对这个问题，我认为应从三个方面考察分析。第一，这在农村工业化起步阶段是难以避免的，可以通过制定乡镇企业产业政策加以引导和制约。第二，这同全国性的经济"过热"和数量型的发展战略分不开，"分灶吃饭"和"政绩效应"更加剧了这种趋向，随着全国的经济"降温"和战略调整是可能随之而有所抑制的。第三，随着城市大工业进行产业结构调整，一是可以把传统的加工业转移到原料产地的乡镇企业中，实行横向联合；二是可以将某些加工业的粗加工、初加工环节扩散到乡镇企业中去建立多种形式的企业集团，这样便可缓解城市工业和乡镇工业相互争原料、争市场和浪费原料等问题。

(2)管理混乱问题。乡镇企业的管理混乱主要表现在政企一体和企业内部制度不健全两个方面。这个问题，应该通过清产核资，建立乡镇企业的产权制度，彻底实行政企分开，率先试行初级股份制——股票不上市的股份制，从而使企业成为独立的法人，政府通过税收杠杆征税，凭借股票份额获取红利来解决。与此同时，整顿企业内部的规章制度，最后实现乡镇企业的真正企业化。与此相适应，还应发展乡镇企业的行业协会。

(3)污染环境问题。乡镇企业中有相当一部分由于盲目上马和缺乏治理污染的知识和财力，造成了农村环境污染，有少数严重危及农业资源的继续利用，成为一大公害。对这个问题，应根据环境保护法，制定乡镇企业防治污染的法规来解决，对于一些污染严重而农村又无力治理的行业和产品，可通过立法严禁其向农村扩散。

3. 调整乡镇企业的产业结构

为了乡镇企业健康发展(发扬其积极的方面，克服其消极的方面)，当前我们应该引导乡镇企业进行产业调整。首先应该制定乡镇企业的产业政策。在制定乡镇企业政策的指导思想上，应贯彻分类指导的原则，根据区位理论划分三个基本区。

(1)工业化农业区。一般是大中城市邻近县和大型工矿企业周围的农村。这类地区作为大城市与大工业的前沿腹地，其产业结构应本着城乡一体布局的原则，采取接收大工业扩散的产品或行业和立足本地资源的开发或加工并重的政策，并有条件地发展外向型产业。

(2)集约化农业区。一般是集中的商品农产品基地。这类地区是国家农业的命脉地区，应把保护农业资源放在优先位置。乡镇企业的发展，不能照搬工业化农业区的模式。这类地区的产业结构，宜本着立足农业，以工促农的原则，发展农副产品的精加工深加工，发展不破坏农业资源开发的产业(如制砖以外的建材工业，目前的黄土制砖业对耕地资源破坏太大，应进行原料替代的改造），同时还应鼓励农民向山水进军，搞开发性农业，发展农业多种经营的乡镇企业。与此同时，也不排斥发展某些创汇产品。过去批判的"三就地"中，除了"就地销售"过于狭窄之外，就地取材、就地加工在这一类地区仍然是必要的可行的。

(3)保护性农业区。一般是指生态环境遭到严重破坏或保护其生态平衡对农业全局性发展有影响的地区。如黄土高原、一般山区等。这类地区，除了某些重要的矿产开发外，一般应以维护生态效益为最高原则，以发展林果茶特农工商一体化的开发性乡镇企业为主，尽可能地发展无公害工业，其剩余劳动力不必强调就地消化，可以鼓励引导外流，以减少人口和资源压力，促进生态环境的尽快恢复。

(发表于《中国农村经济》1989年第8期)

农业机械化的经济分析

多年来，我国农业机械化取得了很大的成绩。应该承认，农业机械化的发展，对于我国农业抗御自然灾害，保证稳产增产，是起了显著作用的。

但是，也应该看到，我们投入农业的机械与获得的机械化程度是很不成比例的，经济效果不高，距基本实现农业机械化相差甚远，到 1978 年为止，全国种植业机械化水平，机耕只占 45.28%，机灌与自流灌溉占 45.2%，机播不到 10%，机收仅有 2.1%，至于林、牧、副、渔的机械化水平就更谈不上了。造成这种状况，并不是农机化本身的过错，而是我们在推行农机化过程中，没有严格按农机化所特有的经济规律办事，自觉或不自觉地把农机化当作一个主观随意的过程，对于农机的设计、制造、投放等，缺乏调查论证，不做切实的经济分析，不首先考虑其经济效果所致。往往是"上面一句话，下面一阵风""领导有什么给什么，下面给什么要什么"。这样搞机械化，怎么可能不出现"生产部门吃不饱，农民买不到，销售部门大积压，使用部门不配套"和"点上越化越穷，面上想化没有"的局面呢？

现在是我们冷静地坐下来总结经验教训，包括认真研究如何解决农机化经济分析问题的时候了。

一、农业机械化经济分析的含义

什么是农业机械化的经济分析？简单地说，农业机械化经济分析就是计算农业机械化装备、措施和方案的经济效果。

搞农业机械化，首先就要有机械，而机械本身具有两重性。机器能不能运转自如，适应性如何，能否满足农艺要求，是否经久耐用，这些属于技术分析的范畴，是技术效果问题。这需要解决技术可行性问题，但是，机器的制造、运用，是要消耗人力、物力的。人们花费这些人力和物力，其结果是获得了更多的经济利益，还是获得了更少的经济利益呢？人们投入一元钱是收回了一元五角，还是只收回了几角钱呢？这些就属于经济分析的范畴，是经济效果问题。这需要解决经济合理性问题。

例如，一个工厂生产拖拉机，就有一个经济效果问题。常州市手拖厂，1965 年搞小而全的生产，每台成本 3363 元，每万元费用亏损 65.14 元，1975 年改为专业化生产，每台成本降到 1927 元，每万元盈利 436 元。说明不同的生产方法就有不同的经济效果。

又如机器插秧，也有经济效果问题。湖北新州县机器插秧每亩成本 3 元左右，刘集公社 1 个人 1 天可插 1 亩，劳动日值仅 1.14 元，机插就不如人插；双柳公社，3 人才能插 1 亩；有些大队每劳动日值达 1.50 元，如用人插每亩成本达 4.50 元，人插就不如机插有利。

所以，我们说，农业机械化经济分析，就是对农机的设计、制造、投放、运用的经济效果进行有科学根据的分析、计算和评价，以保证农机化在技术可行的基础上达到经济有利。

那么，什么是经济效果呢？

概括地说，经济效果就是农机化所消耗的社会劳动（物化劳动和活劳动）与产生的有用效果之间的比率关系。用公式可以作如下表达：

$$农机化经济效果 = \frac{农业有用效果}{农机化劳动消耗}$$

这里有两种基本情况：一是同等的农机化消耗产生的农业有用效果愈大，经济效果就愈好；二是同等的农业有用效果，所消耗的劳动愈少，经济效果也会愈好。

在实际评价经济效果过程中，按评价的目的和对象的不同，经济效果是各种各样的。

1. 单项经济效果与综合经济效果

单项经济效果，是指单项作业本身的经济效果。综合经济效果则是指某项机械作业及其辅助作业的综合经济效果。单项经济效果也可指某一机种进行作业的经济效果，而综合经济效果则指整个机器系统全部的经济效果。例如，用"湖北—74 型"插秧机插秧，3 人一台班插 15 亩，平均一人可插 5 亩，单项效果看来不错。但是，如果加上辅助作业的 23 人，平均每人工日就只能插 0.58 亩，综合效果就不好。但如配以温室育秧（肥水秧）机插体系，经济效果就会大大提高，每人工日就可插 1.16 亩，比人工高出 1 倍。

2. 阶段经济效果与最终经济效果

阶段经济效果，是指机械化过程中某一作物生产过程或机器系统的经济效果。最终经济效果，是指农机化最终产出——增产增收的经济效果。往往有这种情况，阶段效果不是很好，但最终效果很好；也有阶段效果不错，但最终效果不好；当然也有两种经济效果都好的情况。北京四季青公社有一台联合收割机，耗油很多，用不起，但是 1979 年麦收时遇连阴雨，由于用联合收割机收麦，没有霉烂，仅交一级麦就净增收入 12 万元，可买 4 台联合收割机。这就属于第一种情况。湖北新洲刘集公社，机械化办得很早，排灌、加工、脱粒、插秧、耕整、植保、播种等大都基本实现了机械化，阶段效果是不坏的。但是由于机械投放过多，劳力没有及时安排出路，最终效果不是很好。1979 年与 1957 年比，农机马力增加 80 倍，生产费用增长 7 倍，农业产值和劳动生产率仅增长 1 倍，而每百元费用的产值反而下降了 36%。这是属于第二种情况。

3. 直接经济效果和间接经济效果

直接经济效果，是指机械使用后，眼前或短时间内就可以产生的经济效果；间接经济效果，则是指要通过其他经济过程才能产生出来的经济效果，或者要到多少年以后才能产生的经济效果。

一个生产大队，通过实现机械化，使劳动力大量剩余下来了，如果它不能及时将这些劳动力用于创造新的价值，造成机械劳动力两窝工，其直接效果就不好；但如果及时将剩余劳动力用于发展社队企业，广开财路，使大队增加收入。这样，其直接经济效果和间接经济效果都是好的。在农业基本建设中，用机械化施工耗费很大，从直接经济效果来看是负数；但由于兴修了水利，平整了土地，就会在长期内获得大量的经济利益。

4. 个别经济效果和社会经济效果

个别经济效果，是指一个企业（场、厂、社、队）内的经济效果；社会效果，则是从社会总体利益来衡量的经济效果。某些引进成套国外农机的场社，本场本队的劳动生产率10倍以上的增长，但抽出来的劳动力造成大量亏欠，增加了国家的财政开支，这不能被认为社会经济效果是好的。

至于有些农业机械，乱分乱配，张冠李戴，需少配多，讲排场，只锦上添花，不搞雪中送炭等现象，那就根本谈不上经济效果。

总之，综合的、最终的、社会的经济效果，是衡量农业机械化经济效果的最高标准，它反映了社会主义基本经济规律的要求，我们在评价农机化经济效果时，必须以此为准则，处理好上述四个方面的关系。

二、农业机械化技术经济分析的重要性

国内外经验说明，一种农业机械能否推广，仅仅在技术上可行是远远不够的，决定性的因素是经济上是否合算，这就给技术经济分析工作提出了重大的任务。

1. 技术经济分析，是农机研究设计的重要依据

农机研究设计部门的技术人员必须用经济的原则指导自己的设计。在设计过程中必须处理好各种经济界限。

第一，是农机规格品种与农业生产需要之间的经济界限。一般地说，农机规格品种愈多，满足农业生产需要的可能性便愈大。但是，农机品种规格多了，农机工业生产条件就愈复杂，固定设备投资就愈多，生产批量愈小，生产费用就愈多。这就须通过技术经济分析，做到在尽可能少的规格品种（包括系列）下满足农业生产的需要。例如，福建等14个省市，联合设计的南方水田犁系列，用13种基本型代替了原有的四五十种水田犁，而且有80%的零件通用互换，从20马力到75马力的拖拉机都有合适的配套犁，就是一个很好的说明。当然，还可以通过在工作机上配备多种成系列的工作部件（如联合收割机上的不同割幅的割台）来解决这个问题。这样投资就可大大节约。

第二，是机器的结构重量与额定功率之间的经济界限。结构重量愈轻，金属消耗便愈少，制造成本一般也愈低，机器的机动性也愈大。但是，结构重量轻到一定极限，就不能正常发挥其牵引功率，这在工程用或集材用拖拉机或推土机方面更是如此。这也须通过大量的技术经济分析和考核来确定其合理的经济系数。据法国的材料，结构比重量不小于50公斤/马力，才能发挥其最大牵引力。

第三，是主机（动力机）的输出轴与变速必须考虑多种配套农具的需要。国外目前向无级变速侧功率输出发展。这对于复式作业和提高田间时间利用率很有意义。我们国内在主机设计方面，在许可的条件下对这方面也考虑不够。如湖北随县农机所研制的一种与

东—20配套的"预备棉行旋转锹"(棉田道沟机),现在成本是1200元左右。如果"东—20"在设计时,能设计一个最低速100转/分的挡位,就不需补配几个减速齿轮,金属材料就可节省1/4到1/3,制造成本可降低1/3到2/5。

第四,是农机采用的钢种、钢材与农机耐用性之间的经济界限。钢种钢材品级愈低,费用愈低,但耐用性便愈差。这是我们过去农机"一年好,二年坏,三年当作废铁卖"的主要原因之一。在设计中,必须既要考虑提高钢种、钢材的品级,以提高其耐用性;又要考虑降低成本,这两方面,不一定绝对矛盾。如我国五铧犁机架,如采用冷管型钢代替热轧型钢,不仅可以提高耐用性,而且每台可节约钢材200公斤,减少钢材耗量40%。

第五,也是最重要的,是要考虑农机设计成本与农民购买力之间的界限。农机设计成本与农民购买力之间并不是一个单纯的双边关系。即是说,在农民购买力既定的条件下,绝不是说农机成本愈高,农民就愈买不起,问题还须决定于农机本身的经济性。这一点后面还要做具体分析。

当然,农机设计的基本出发点,还是农机作业质量必须适应农业的要求,这是技术经济评价的前提,而农业生产是多变化的,绝大部分又是在室外进行的。从这个意义上说,农机设计比任何其他机器设计更困难。也因为如此,农机设计还必须考虑最好的安全措施,使故障与人身事故最少。这既具有很大的经济意义,也是社会主义制度本身所不能不考虑的。

2. 技术经济分析是农机制造的重要依据

农机制造的经济效果,集中反映在投资的节约和制造成本的降低。要达到这一目的,必须进行一系列的技术经济分析工作。

首先,是农机工业布局与专业化的经济分析。由于农机工业布局紊乱,产品布点重复分散和"大而全""小而全"的生产方式,投资大,浪费多,批量小,成本高。如能按照农机区划进行合理布局和产品布点,实行专业化生产,批量和质量就会大大提高,资金占用便可大大减少,成本也可降低。据1979年上半年统计,全国仍有60多个厂在生产"195"柴油机(1978年为140个厂),其中产量在万台以下的48个厂中,亏损厂21个,占44%,如果把这些亏损厂的生产任务安排在其他不亏损的厂或企业生产,就可以提高产量,减少消耗,降低成本。过去,按照苏联模式建设起来的一些"全能厂",投资大,劳动力占用多,生产效率不高。而一些农机工业比较发达的国家,中小专业化企业占绝大多数。美国占90.3%(1963年),法国占90.5%(1977年),联邦德国占70%(1959年),日本占70%(1972年),意大利400~500人的厂占绝大多数(1976年)。

其次,是农机产品需要量的经济预测。产销计划,必须建立在科学的经济预测基础上。在我国社会主义条件下,自下而上地测定农机产品(包括产品结构)的社会需要量,不仅是可能的,而且是必需的。这样,既可加快农机化的速度,降低农机制造成本,又可以将库存量降到最低经济限度,减少资金的积压。过去,由于盲目生产,农民需要的农机产品无处买,农民不需要的却大量积压。全国机电产品库存达450亿元之巨。湖北省库存农机产品待报废的有数千万元。在产品结构方面,头大尾小,湖北1978年农机总产值中,机占83.9%、具占16.1%。全国1965—1978年,机具比由1:3.55降到1:2.1,要改变这种状况，必须大力加强技术经济的分析和预测工作。

此外，在农机生产过程中，采用什么样的流程和工艺对于降低制造成本，都有着重要的影响，都需要进行大量的技术经济分析工作。

3. 技术经济分析是农机投放的重要依据

投资少，见效快，收益大，是农机投放技术经济分析的主要原则。为贯彻这一原则，必须做到如下几个方面的经济合理性：

第一，机器性能与地域适应性之间的经济合理性。不同的机种、机型，对不同的地域和作业对象，其适应性与经济效果不是相同的。如果不注意这个问题，从社会来说会造成浪费，减缓机械化速度；从农业企业来说，会造成资金积压，降低农机利用率，提高生产成本。过去，由于不注意这方面的经济分析，乱分乱配，造成很大后遗症。如新洲县联合公社 143 台拖拉机，共 20 种机型，其中适应性良好的仅 5 种型号，全部 1664 台农业机械中，使用良好的只有 163 台，仅占全部农机投资的 15.39%。这就是说，84.61% 的农机投资没有取得应有的效益。

第二，机器配备量与企业规模之间的经济合理性。机器的配备量愈多，农作业完成的期限便愈短。但如超过了企业生产规模的限度，配备量愈多，利用率愈低，农业生产成本愈高，农机化反会变成"灾难"。新洲县刘集公社是我国农机化的先驱，为我国农机化作出了很大的贡献。但由于过去各方领导在农机配备上不讲经济效果，投放过多，反成了该社的负担。农民由过去"爱机器"变成了"怕机器"。

第三，机器生产率与农业企业专业化程度之间的经济合理性。机器的生产率愈高，完成的作业量便愈大，对农业企业专业化的要求便愈高。否则，机器就会产生"无用武之地"的问题。贵州册亨县研制成 6B—250 型桐果剥壳机，技术先进，每小时可剥壳 400 斤左右。但不少生产队的桐果产量仅够一天加工，因此仍难以推广。这就需要使农业企业专业化水平与这种机械之间取得协调发展。

在农机投放上，还有个"锦上添花"，还是"雪里送炭"的问题。也就是农业机械投放到什么地方经济效果最大的问题。例如大型喷灌装置，投放到三江平原的友谊农场五分场二队，1979 年仅小麦就增收 19 万元，一年基本收回投资。而投放到河北栾城县，毁掉了原有的灌溉系统，又按喷灌的要求重新投资，这是不符合经济原则的。

除此之外，像农业机械化的使用、淘汰和更新等各个领域，都必须进行大量的技术经济分析工作。由于本节只为说明农机化技术经济分析的重要性，故不一一阐述。

三、农业机械化经济分析的主要内容和计算方法

一种新生产工具要取代旧的生产工具，必须具备一个前提条件，即它能带来社会劳动的节约。农业机械化要能取代人畜生产工具，其经济界限就在于：农机的制造与运用所消耗的社会劳动必须少于相同作业的人畜力操作所消耗的社会劳动，或农机的制造与运用所耗物化劳动必须少于它所代替的活劳动。这也是农机化经济分析的基本出发点。

设农机制造与运用所耗物化劳动为 C，使用农机所节约的活劳动为 V，则上述经济界限，可用下式表达：

$$C < V$$
$$或\ V-C > O$$

大于零，说明能带来社会劳动的节约，从而成本降低，纯收入增加；小于零，说明不能带来社会劳动的节约，从而成本提高，纯收入减少。

其中：C＝农机购价(C_1)＋农机运用的物质消耗价值(C_2)－同一作业项目人畜力作业的物质消耗价值(C_3)；

V＝（人工作业的活劳动消耗(V_1)－机械作业的活劳动消耗(V_2)）×平均日工资（或平均日工值）L。

$$日工值 = \frac{农业净产值总额}{劳动力总数 × 平均年出勤天数}$$

这样我们就得到一个农机采用与否的经济界限的总公式：

$$C_1+C_2-C_3 < L(V_1-V_2) \tag{1}$$

也可列为：$L(V_1-V_2)-(C_1+C_2-C_3) > O$

从这个公式中，可以看到：①C_1、C_2愈小，农机采用的可能性便愈大，反之愈小；②V_1愈大，V_2愈小，农机采用的可能性便愈大，反之愈小；③L值愈高，农机采用的可能性便愈大，反之愈小。

在进行农机化经济分析时，我们首先必须依据上述经济界限总公式计算出各种经济临界点，分析农机取代人畜力劳动的可能性。这种计算分析，应贯穿农机设计、制造、投放、使用和更新等全过程。同时，还应借助于技术经济指标的计算分析，全面地评价农机化各个环节、各个侧面的经济效果，并将其作为计算经济临界点的基本数据。

1. 单一机组的经济分析

单一机组经济分析是农机化经济分析的基础。因为单机的经济性对农机化的经济效果，在很大程度上起决定作用。

单一机组经济分析的总要求是：高效、优质、低耗，从而获得比人畜力（对新机器来说，就是比旧机器）更高的劳动生产率或社会劳动节约率。高效，即比人畜力工具或旧机器具有更高的生产效率。在农业中由于生产时间与劳动时间不一致，还要求机器在一年之内具有更大的利用率。优质，即机器的作业质量，必须能为动植物的生长提供更好的外部条件。低耗，即机器的物化劳动消耗与活劳动的占用必须尽可能地少，从而使机器单位作业的劳动消耗水平低于人畜力（如系新机器，则应低于旧机器）的消耗水平。

基于上述要求，单机经济分析可采用如下五个主要技术经济指标：

（1）台时生产率（作业量/小时）＝作业总量/田间作业时间（小时）

这一指标是反映机器技术经济性能的主要指标之一。田间作业时间还应包括转弯、加油、加水时间。台时生产率的高低，取决于机器效能的实际发挥情况和机器工作过程中时间利用的情况。故作为辅助性指标，还可以采用实际工作效率（实际台时生产率/额定台时生产率）和班次时间利用率（纯工作时间/班内延续时间）两个指标，这两个指标既反映机器的设计制造水平，又反映机器运用水平和机器工作条件（地貌、地块、作物等）的适应程度。

（2）机组年利用率（％）＝年作业总班次／年可能出车班次（365－由于气候不能出车的天数）

在合理使用年限不变的情况下，机组年利用率愈高，单位作业的固定费用便愈低，经济效果便愈好。机组的年利用率又取决于机器的技术状况、耐用性和综合利用的程度。故可辅以另外两个指标：技术完好率（技术状况完好时间／计算期总时间）和综合利用系数（机组可从事作业的种数×100／100）。

（3）作业质量合格率（％）＝符合作业质量标准的作业量／作业总量

这一指标是经济分析的前提条件。如果某种机器作业质量合格率不及80％，则这种机器就没有进行经济分析的必要。

（4）单位作业耗用人工日（人工日／作业单位）＝农机作业消耗的人工日／单机作业总量

这是反映机器活劳动占用水平的指标，任何机器，如果活劳动占用过多，取代人畜力作业的可能性就小。

（5）单机作业成本（元／作业单位）＝ $\dfrac{折旧费＋油耗费＋修理费＋管理费＋人工劳动报酬}{单机作业总量}$

这是反映机器经济性能的主要指标。单位作业成本，既反映设计制造的经济效果（出厂价格、油耗、耐用性和活劳动占用等），又反映使用过程的经济效果（利用率、技术状况、农机服务水平以及组织管理水平等）。

上述技术经济指标的计算，都是从各个侧面评价机组的经济效果，且都是事后性的被动评价。因此，对于主动的经济定量，特别是对于经济预测，就有所欠缺。这就需要在此基础上进一步按照一定的方程式，为各种经济指标确定其经济效果最优的临界点。

我们从前面的农机经济界限总公式中可以看到：影响农机能否被采用的主要因素有机器的购价、机器运用的物质消耗水平、人工作业的活劳动消耗水平、机器作业的活劳动消耗水平和平均日工资水平（或平均日工值）。下面让我们来对这五个因素进行分析计算以求得其经济临界点。

（1）机器的购价

机器的购价（一般指销售价格），通过折旧费摊入农机作业成本。在机器使用年限不变的情况下，购价愈高，折旧费愈大，从而 C_1 值也愈大，达到经济界限的可能性便愈小。因此，制造部门与销售部门应尽力降低制造成本与销售费用，使机器的销价降到经济临界点以下，机器购价的经济临界点计算公式如下：

$$C_1 < L(V_1 - V_2) - C_2 + C_3 \tag{2}$$

以"湖北—74"型插秧机为例，假设正常使用5年，年平均插秧400亩，亩运用费0.36元（不包括劳动报酬，下同），平均日工值1.3元，人工插每亩耗人工日2.5个，机插每亩耗人工日1.6个（包括辅助工）则：

$$C_1 < 1.3 \times (2000 \times 2.5 - 2000 \times 1.6) - 2000 \times 0.36$$
$$C_1 < 1620（元）$$

即：这种插秧机的经济临界价格是1620元，只能小于此数，不能大于此数。

如果要算出价格补贴的经济临界点，则可将机器的实际购价减去临界价。

（2）机器运用的物质消耗水平

农机的运用费,是随着农机作业量的增加而增加的。但由于机器可靠性、操作人员技术熟练程度和农机服务的社会化水平等的差异,单位作业的运用费与这三方面成反比,在其他条件不变的情况下,如能使运用费降到经济临界点以下,也可以使机器的采用变得有利。其每亩物质消耗的经济临界点计算公式如下式:

$$C_2 < L(V_1 - V_2) + C_3 - C_1 \tag{3}$$

仍以"湖北—74"型插秧机为例,亩折旧为1.13元,其余一切条件同前。

$C_2 < 1.3 \times (2.5 - 1.6) - 1.13$

$C_2 < 0.04(元/亩)$

(3)机器作业的活劳动消耗水平

使用机器的目的是节约更多的劳动,去从事多种经营和工副业,以创造出更多的社会物质财富。如果机器活劳动占用水平过高,其被采用的可能性便较小,以至于等于零。因此,农机设计必须把机器的活劳动占用降到最低限度。其经济临界点的计算公式如下:

$$V_2 < V_1 - \frac{C_1 + C_2 - C_3}{L} \tag{4}$$

例子与条件同前。

$$V_2 < 2.5 - \frac{1.13 + 0.35}{1.3}$$

$$V_2 < 1.36 \text{人(工日/亩)}$$

这就是说,对于"湖北—74"型插秧机,即使其他条件不变,如能使其每亩人工日消耗由1.6降到1.36以下,也可使机插达到经济合算。

(4)人工作业的活劳动消耗水平

实际情况说明,凡是单位作业消耗活劳动愈多的作业,机械代替人力的可能性便愈大。之所以脱粒、灌、排、加工这些机械广受欢迎,主要是这些作业活劳动消耗很大。据我们调查,水稻脱粒、灌水和加工,每亩消耗的人工日均是机械作业的10倍以上。这三项作业活劳动与物化劳动的亩节约量分别是3.64元,2.04元和3.78元。因此,在研制与推广某种农机时,确切计算该农机所服务的作业对象的人工作业与机械作业活劳动消耗水平,对于预测其经济效果是有其积极意义的。人工作业活劳动消耗水平的经济临界点计算公式如下:

$$V_1 > V_2 + \frac{C_1 + C_2 - C_3}{L} \tag{5}$$

(5)平均日工资水平(或平均日工值)

我们在前面公式(1)中可以看到,机械在农业中能否被采用推广,与农业中劳动力价值的高低有直接关系。劳动日值高低又取决于农村劳动力的供求状况:①在经济收入基本不变的情况下,劳动力供应超过要求的幅度愈大,日工值便愈低。②收入增长率大于劳动增长率,日工值便趋向提高。③在经济收入不变或增长的情况下,劳动力供给减少的幅度愈大,日工值便愈高。

那么,日工值要高到什么程度,机器才能被采用呢?其经济临界点可用下式计算:

$$L > -\frac{C_1 + C_2 - C_3}{V_1 - V_2} \tag{6}$$

以上数学公式的计算，都是为了演算方便，采取了变动一个条件，其他条件静止的方法。但在实际生活中，各种条件都是在变化的，所以必须结合实际情况进行计算分析。

2. 农业机械配备量的分析

在解决单机经济合理性之后，就要研究各种单机的配备量问题。

农业机械配备量，是指相同机种在一个农业生产单位内的配备数量。农机配备量与作业完成期限和农机利用率成反比，与农机作业成本成正比。因此，农机配备量经济分析的基本要求是以最节约的配备量达到适时耕作的目的。或者说在适时耕作、成本最低的条件下配备尽可能少的台数。

基于这一要求，评价农机配备量的经济合理性，可采用如下三个技术经济指标：

（1）作业适时完成率（%）= 适时完成的作业量/年作业总量

（2）年出勤率（%）= 年出勤总班次/年可出勤班次（365 天–气候不正常天数）

（3）单项作业成本（元/作业单位）

$$M = \frac{折旧费 + 物质消耗费 + 修理费 + 管理费 + 人工费}{单项作业总量}$$

以上三项指标的计算，均分别按机种的在册总数为单位合计进行，可以确定几种方案进行对比评价。

为了确定一个农业生产单位的各项作业所应配备的相应机种的最佳配备量，除了进行上述指标对比评价外，还必须计算出确切的配备台数。我们知道，一般地说，机种配备台数决定于该机种的生产率和需要完成的作业量。而农业生产的季节性，使不少作业分散在全年各个阶段（如耕地一年就要不连续地进行多次）。每个阶段应完成的作业量和完成作业的期限（天数）是不相同的。因此，必须采取加权平均的方法求出全年平均日作业量，然后除以机种的班次生产率，便可得出适宜的配备台数。

设：A 为作业量，a 为完成期限（天），D 为班组生产率，M 为配备台数，则：

$$M = \frac{\left(\dfrac{A}{a} + \dfrac{A_2}{a_2} + \dfrac{A_3}{a_3} \cdots\cdots \dfrac{A_n}{a_n}\right) / D}{n} \tag{7}$$

对于一机多用的机种，可将多种作业量和生产率均折合为"标亩"进行计算。为了简便，上述方程式可改为下式：

$$M = \frac{1}{n}\sum_{i=1}^{n}\left(\frac{A}{a}\right)\frac{1}{n}\sum_{i=1}^{n}D_i \tag{8}$$

但是，这一方程式所求出的配备台数，只考虑了作业完成期限这一个因素，而没有考虑节约社会劳动（经济界限）这个因素，因而是不完善的。为求得经济上最合理的配备台数，就必须求出经济临界班组生产率。我们可以从前面经济界限总公式即公式（1）中推导出经济临界班组生产率的公式来。设：d 为经济临界班组生产率，E 为年折旧费，F 为出勤日数，C_1 为亩折旧费，则 $C_1 = \dfrac{E}{DF}$，代入(1)式中，并移项，得：

$$d > \frac{E}{F\left[L(V_1 - V_2) + C_3 - C_2\right]} \tag{9}$$

将根据公式(9)计算出来的经济临界生产率(单机)，代入式(8)，则经济临界的机种配备台数 m 的计算公式如下：

$$m \geqslant \left[\sum_{i=1}^{n}\left(\frac{A}{n}\right) i \cdot \frac{1}{n}\right] \Big/ \sum_{i=1}^{n} a_i \cdot \frac{1}{n} \tag{10}$$

我们仍以插秧机为例，设某大队有早稻1500亩，须15天内插完；中稻1000亩，须20天内完成，复晚1600亩，须在8天内插完，并根据前面单机经济分析的条件，求出经济临界班组生产率为21亩，则这个大队最经济的插秧机配备量为：

$$m \geqslant \left[\frac{\dfrac{1500}{15} + \dfrac{1000}{20} + \dfrac{1600}{8}}{3}\right] \Big/ 21$$

$m \geqslant 5.56$ 台，即 6 台。

不过，在实际中经济临界班组生产率一般不易达到，故在计算过程中，可先按公式(8)算出适宜的配备量，再按公式(10)计算出经济临界的配备台数，然后将两个数折中。

以上是按全年平均负荷进行计算的，没有考虑高峰期，因此在作业高峰期农机配备量便嫌不足。为克服这一缺陷，可先按公式(10)单独计算出高峰期的 m 值，然后根据适中的作业完成期限，在高峰期 m 值与平均负荷 m 值之间进行适当调整。

3. 农业机械系统(包括配备结构)的经济分析

农机系统的经济分析，是在单机分析和配备量分析的基础上进行的。农机系统，就是指完成某种农作物(或林、牧、渔)生产全过程各环节的机械化，所配备的相互配合的一系列机械。如水稻生产的机器系统就包括：翻耕平整机械、育秧设备、插秧机械、中耕除草与植保机械、排灌与施肥机械、收割脱粒机械、运输机械、烘干装置、种子分级机械以及仓储机械等，当然这种机器系统可以是高水平的，就是各个环节都有相应的机械；也可以是不完全的，即其中有些环节仍保留人畜力作业或半机械化农具。

农机系统化的主要目的，是获得农业生产过程机械作业的最大连续性，全面地克服自然灾害，全面地及时耕作，从而使农业劳动生产率得以大幅度的提高以促进农业劳动力向新的生产领域转移。农机系统经济分析的基本要求是：节约投资，合理负担，提高劳动生产率，缩短农业生产的工作时间，可采用如下五项主要技术经济指标：

(1)每亩耕地农机化投资额(元/亩) = $\dfrac{\text{农机及辅助投资总额}}{\text{总面积}}$

这是综合反映农机系统投资水平的指标，它与农机配备量和农业生产专业化水平有密切关系。这个指标必须与后面的机械化程度和增产增收率指标结合比较才有意义。

(2)马力平均年作业量(标亩/马力) = 年机械作业总量/年在册农机总马力

或每亩平均农机作业量系数(%) = 全年农机完成总标亩/总播种面积

这两个指标是反映农机系统利用率和实际达到的机械化水平的指标。"马力平均年作业量"和"每亩平均农机作业量系数"这两个指标，严格地说不属经济效果指标，只应作为辅助性指标。因为这两个指标不能真实反映出农机化所达到的程度，且易造成盲目追求马力数的副作用。"机具比"应作为这组指标的辅助性指标，因为合理的机具比是提高农机利用率，增加马力平均作业量的措施之一。

（3）马力平均活劳动年节约量（人工日／马力）= $\dfrac{系统活劳动年节约总量}{农机马力总数}$

上式中农机系统活劳动年节约总量 = 各环节人力作业（或旧机器）所耗用的人工日 - 农机化后（或采用新机器后）各环节所占用工作人员的人工日耗用量 $\left(V=\sum\limits_{i=1}^{n}V_{1i}-\sum\limits_{i=1}^{n}V_{2i}\right)$。先按每一项作业单独计算，然后加总便是总节约量。这项指标可以反映每投入一马力的农机能节约多少活劳动。

（4）作物生产过程的工作时间节约量（日、时）= 作物生产全过程中人畜力（或旧机器）的实际工作天数（时数）- 机械化后（或采用新机器后）的实际工作天数

一个有 500 亩水田，50 个劳动力的生产队，中稻生产全过程，从耕翻到入仓，各环节实际工作日数大约要 110 天；而在具有初步机器系统并配合化学除草后，工作时间就可减到 40 天左右。时间的节约与活劳动的节约有密切关系，但不是同一概念，因为前者还可以保证农时，减少延误农时所造成的损失（在收获上特别明显）。因此，这是反映机器系统经济效果不可缺少的指标。

（5）作物（或其他农产品）斤成本（元／斤）= 包括机械作业费用在内的全部费用／该种作物总产量

这是反映农机系统综合经济效果的指标。农机配套与机器系统经济合理，就可以使机器得到充分有效的利用，把自然灾害减到最低限度，最大限度地节约活劳动力和缩短工作时间，把农机作业成本降低到最低，从而集中地反映为农产品斤成本的降低。

为了比较确切地掌握农机系统与农机配备的数量，最好不要仅计算出一个农业企业或部门经济适宜的每亩马力水平，以避免造成积压或不足。这种计算是比较复杂的，而且有些因素是不易捉摸的。为了简便起见，可以试用如下两种比较粗放的方法。

第一种是以农业企事业单位的经济能力为基础的计算法。具体地说，就是按其每亩的积累水平来确定其经济上可能负担的每亩马力水平。设：G 为每亩平均公积金（元），K 为每一额定马力平均的机器初置费，则经济上适宜的每亩额定马力水平 P 的计算公式如下：

$$P<\frac{G}{K} \tag{11}$$

其中，每一额定马力平均的机器初置费用 K，可根据当时当地所配备的机械，分别求出其每马力平均初置费然后予以平均。设 C 为初置费，H 为额定马力，则：

$$K\geqslant\sum_{i=1}^{n}\left(\frac{C}{H}\right)_{i}\cdot\frac{1}{n} \tag{12}$$

例如，某公社每亩平均公积金为 30 元，当地可配农机为 A、B、C、D 四种。这四种机械的马力平均初置费，先按公式（12）计算，则：

$$K = \left(\frac{13000}{55} + \frac{9000}{35} + \frac{1600}{12} + \frac{1600}{3} \right) \times \frac{1}{4} = 290.043(元)$$

则该公社经济适宜的每亩额定马力水平为：

$$P < \frac{30}{290.043} = 0.103(马力 / 亩)$$

这种计算方法是十分不精确的，也是不大合理的。因为它只考虑了经济能力一个因素，未考虑机械利用是否经济有效的因素，也未考虑折旧提成的因素。在一些未实行机械折旧提成的社队，该计算结果可以作为投放机械的参考数据。

第二种是以每亩经济临界的折旧费为基础的计算方法。

即：按前面的公式（2）$[C<L(V_1-V_2)-C_2+C_3]$，求出各种机械的每亩经济临界折旧费加总后被马力平均初置费除。其计算公式为：

$$\frac{P \sum_{i=1}^{n} [L(V_1 - V_2) - C_2 + C_3] i \cdot \frac{1}{n}}{K \cdot A}$$

例同前，设四种机械的经济临界折旧费分别为：0.90，0.52，1.20，0.81，则经济适宜的每亩额定马力水平为：

$$P < \frac{(0.90 + 0.52 + 1.20 + 0.81) \times \frac{1}{4}}{290.043 \times 0.06}$$

$$P<0.049(马力/亩)$$

这一计算法，也不一定合理可行，有待实践修正。根据国外资料，每英亩耕地的马力最佳值是按下式进行计算的：

$$P = \sqrt{\frac{DW}{AK}}$$

式中：D 为由于农时延迟而造成的每一单位面积工作小时的平均损失费；W 为单位耕地面积每年要求的额定马力；

A 为折旧费；

K 为每马力平均的机器初置费。

由于我国目前农村原始数据和计算能力还不够具备，这一计算方法可能不易采用。

4. 农业机械化的综合经济分析

农机化的综合经济分析，也就是机械化最终经济效果的综合评价。这种分析应从农业机械化的目的出发回答如下几方面的问题：

第一，每生产一台机器要占用多少固定资产？这是从社会经济效果来考虑投资利用的经济合理性问题，也是衡量农机制造的经济效果。如长春拖拉机厂每生产一台拖拉机要占用固定资产10462元，天津拖拉机厂要占用17070元，而上海丰收拖拉机厂则只占用1282元。其评价指标如下：

$$每台农机生产力平均固定资产占用(元 / 台) = \frac{农机厂固定资产总额(元)}{农机生产能力(台)}$$

第二，农业中每投入一农机马力，能带来多少农业有用价值的增加？在正常情况下，随着农机马力的增加，劳动生产率会相应提高，多种经营与工副业相应发展，从而农业有用价值也相应增长起来。如果不是这样，就没有达到农机化的预期经济目的。其评价指标如下：

$$\text{马力平均农业企业总产值(元／马力)} = \frac{\text{包括社队企业在内的总产值}}{\text{农机总马力}}$$

也可采用"马力增长与总产值增长比率"这一指标。

第三，农业中每投入一农机马力，能使农业劳动生产率提高多少？农业劳动生产率的高低，对国民经济的发展具有重大意义。而农业机械化则是提高农业劳动生产率的主要途径。因此，农业机械化的综合经济效果，也必须表现为农业劳动生产率的相应提高。在现实生活中，往往农机马力的增加率大大超过劳动生产率的提高率，甚至马力增加，劳动生产率下降，这是不符合农机化经济要求的其评价指标如下：

$$\text{马力平均的农业劳动生产率} = \frac{\text{每一农业劳动力平均的年产量(产值)}}{\text{农机总马力}}$$

也可以采用"马力平均农产品商品量""单位产品的活劳动消耗量"等辅助指标。

第四，每投入一农机马力，能使农民收入增加多少？农业机械化，如果不带来农民收入的相应增加，便是没有生命力的。而农民收入的多少，舍弃人口自然增长这一因素不计，主要决定于净产值的多少(总产值减去物质费用)。因此，其评价指标如下：

$$\text{马力平均净产值(元／马力)} = \frac{\text{农副业净产值(元)}}{\text{农机总马力}}$$

还可辅以"每百元费用平均的总产值""人平均收入"等指标。

第五，农机化投资多少年可以收回？也就是投资回收期问题。投资回收不能按与农机化无关的所有因素带来的盈利额计算，那是不确切的，必须按由于农机投资所带来的盈利额(如农机化盈利额和由于农机化节约了劳动力开展多种经营而产生的盈利额等)来计算回收期。

一个生产单位农业机械化经济效果的总体评价，可采用下列方程式计算：

$$R = \sum_{i=1}^{n} V_i - \sum_{i=1}^{n} C_i \tag{13}$$

即全年农业机械的活劳动总节约量减去全年农机化的物化劳动总耗量，公式(13)中的 V 与 C 的值，可分别由下面的公式求出：

$$\sum_{i=1}^{n} V_i = \sum_{i=1}^{n} [L(V_1 - V_2) \cdot S] \, i$$

$$\sum_{i=1}^{n} C_i = \sum_{i=1}^{n} [(C_1 - C_2 - C_3) \cdot S] i$$

式中：S 为各种机械的年作业面积；

V_1，V_2 分别为每亩的人工作业活劳动消耗和机械作业劳动消耗；

C_1，C_2，C_3 也为每亩消耗数。

R 值如等于零或负数，经济效果就不好。R 值愈大，说明农机化带来的劳动生产率愈高，净产值愈大，从而投资补偿期也愈短。

农业机械化的经济分析，还必须严格注意目的、条件和时间的可比性，必须按照经济规律的要求注意经济效果的全面性和长期性。

（发表于《农业技术经济论文选》，农业出版社1982年版）

论科技兴农系统工程

一、科技兴农是一项系统工程

从本质上看，科技兴农的主要工作是组织、协调、配套、推动和总结，是一项社会组织系统工程。它是一个"过程系统"，包括三个子系统。

(一)调控系统

调控系统是科技兴农的指挥和协调系统，是国家职能部门促进农村科技进步的作用系统，它的功能是政策配套、杠杆调节和组织实施。在我国，对科技兴农起调控作用的主要是各级科学技术委员会、各级政府中主管农业生产和乡镇企业的部门以及各级财政金融机构。

(二)工作系统

工作系统是科技兴农的实际操作系统，它是由科技教育、科技研制、科技普及和推广等工作环节组成的。工作系统是将科技成果传递到实际生产实践中去的中介和桥梁，在科技兴农中起着关键作用。

(三)接收系统

接收系统是科技兴农的终端系统，是科技成果在农业和农村工业中的具体运用，它包括农业生产过程和农民经营活动。科技兴农的落脚点是农业生产实践活动，它能够对调控系统和工作系统的各项工作进行评判，形成反馈。科技成果的吸纳由国营农场、农村合作经济组织、乡镇企业和农户承担。

上述三个子系统之间相互连接和协调，科技成果就能够源源不断地被注入农村。依托一定的组织和机构，按照特定的制度、方法和程序，合理组织各方力量开展确有成效的科技兴农工作，将科技潜在的生产力转化成农村经济的现实生产力，这便是科技兴农系统工程。

二、科技兴农系统的目标

科技兴农系统的总目标是："科"畅其流，使科技能量转化为经济能量的数值最大化。农业的本质是一个不断进行物质循环和能量转换的生态-技术-经济复合系统。在原始农业和传统农业中，农业主要依靠自然力的作用来获取动植物产品，其物能流转换小，基本上适应当时的社会经济状况；进入 20 世纪以来，一方面人口与可耕地矛盾日益突出，仅仅依靠农业本身的物质能量和生物自然生理机能从事农业生产远不能满足需要，另一方面科技发展成就已经能够改变生物生理机能和从农业外部输入能量，于是科学技术与物质装备不断地涌入农业这个高度知识密集型的产业，科技进步因此在农业生产率增长中的作用越来越大。科学技术是人类智慧的结晶；有形和无形的科学技术成果都是被储存起来的潜在能量，在适当的环境条件下便会释放出来，形成现实的社会生产力。

"科"畅其流，就是要形成科技成果顺利进入农业生产领域的通道，建立和健全农村科技流通机制，它既包括科技因素的合理流动和优化组合，又包括科学技术成果从研制到农业生产实际应用各环节的衔接和贯通；科技能量转化为经济能量数值最大化是科技兴农系统的量化目标，它可以用科技能量占农产品能量比重，科技能量在农业上的转化效率和农业生产率增长中科技贡献份额等指标来衡量。科技能量转化为经济能量数值最大化是相对的，即科技应用应考虑到农业生态系统的承受力，以不造成对环境的破坏为原则；科技能量转化为经济能量的数值又是动态变化的，正常条件下是数值不断增大，即人类对农业生物控制能力不断增强，投入农业生产中的物质及装备不断增多。

由于各子系统功能不同，科技兴农系统的总目标可以分解为三个子目标：调控系统的目标是为"科"畅其流创造必要的环境和条件；工作系统的目标是多产生农业上适用科技成果，将现成科技成果尽量多地转移到农业生产实践中；接收系统的目标是积极创造条件，尽量多地把科技潜在的生产力转化为现实的农村生产力。

三、科技兴农系统的运行

科技兴农系统协调运行的关键是培育机制，这既是科技兴农系统协调运行的内在要求，又是目前科技兴农工作中的薄弱环节。为此，应分别对不同的子系统采取相应的培育对策：

就调控系统而言，要建立农业职能管理的一体化机制，由目前职能管理肢解状态变为在农委总体协调之下一体化协同作战，克服政出多门。科技兴农是一项复杂工程，它涉及多个部门和方面，在目前多部门抓科技兴农的情况下，一方面各自为政、工作不协调，另一方面力量分散，很难实施综合性的大型科技兴农项目。解决这一问题的有效办法就是由农委来统一调度科技兴农各方力量，协调各方利益和行政关系，制定统一的科技兴农法规，建立一体化的科技兴农职能管理机制。

就工作系统而言，要建立商品化的"三点一线"式联动机制。将大专院校、科研院所和政府机关的"三点"中的科技教育、研制和普及推广力量由科学技术协会这"一线"联系起来，按照知识商品化原则实现科技成果由研制——推广——生产实用的连续传动和快速转移。目前需要解决两个问题，一是涉及科技兴农各部门之间的互利问题，应按它们在科技兴农中的贡献大小确定合理的利益分配比例；二是要解决科技普及推广腿短问题，要列项目、给经费、算成果、评职称，以充分调动科技人员在科技普及推广方面的积极性和创造力，这部分工作可由科协来完成。

就接收系统而言，要建立内在的依靠科技进步的机制。农业生产发展的现实需要是农业科技进步的最大推动力。我国目前"一家五六亩，分在七八处"的半自给性小商品生产，虽然可能吸纳一些常规技术，但其内在的依靠科技进步促进经济发展的机制则是相当脆弱的。要改变这一状况，增强农业内部对科技的接纳力，一是要逐步实现农户经营的企业化、商品化和适度规模化。为此可以采取"反弹琵琶"的办法，即推行成片种植、养殖和集中加工，促进农业生产的社会化服务体系的生成，反过来促进农户经营的企业化、商品化和适度规模化的进程；二是要在宏观农业布局上实行"三配套"，即专业试验区、地域专业化和农产品商品基地三配套，按照比较利益原则将农业生物配置在最适合其生长发育的地域上，这不仅可以提高农业生产率，还能够为科学技术在农业上的应用创造条件。为此，要保护基本农业区，明确农业专业县（包括粮食专业县、棉花专业县等）在建设农业专业试验区的同时建立农产品商品基地，在实现农业生产地域专业化的同时扩大农业生产规模，进而由此增强农业内部对科学技术的吸收能力，最终达到科技兴农的目的。

四、科普与发展生产力

（一）在新形势下，要大力提高科学普及工作的社会职能

邓小平同志最近讲：科学技术是生产力，这还不够，应该是第一生产力。我认为邓小平同志的这一概括反映了当今世界经济发展的大趋势。事实果真如此，我们只要看一看当代资本主义的发展就很清楚了。资本主义在第二次世界大战以后之所以能够有这样大的发展，主要是依靠科学技术。它的阶级矛盾并没有变化，社会基础也没有彻底改变，为什么能够有那样大的发展？就是因为应用了新的科学技术。那么科学技术如何转变为现实生产力？我个人认为，从系统论的观点来看，它中间还有若干个环节，还有一系列结构转换的过程，如果没有中间的环节和结构的转换，科学技术成果是不能变成现实生产力的。这一点，我认为我们中国人的认识还远远不够。科学技术转变为生产力要经过四个步骤，第一步科学技术转化为生产工具或改善其他生产要素；第二步这些改善了的生产工具或其他生产要素要能通过与生产对象等取得协调形成生产力的实体；第三步生产力的实体要通过普及推广工作与劳动者使用得到协调适应；第四步要与当时当地的社会经济条件相适应。最后才会形成现实的社会生产力。没有这四个步骤，科学技术成果就无法变成现实生产力。但是从现实看来，国家对科普工作的投资是极其微弱，而且科普工作人员本身的待遇、地位也有待提高。美国有很多推广博士、教授，我们暂时没有，应该把科普工作者的地位和大学教授提到一样高的水平，这样才能说我们的工作走上了正轨。我经常在有关会议、场合谈这个观点，我们从事科普工作的同志们也应该有这样的雄心壮志，不要有自暴自弃的想法，应该把我们的事业当作一项伟大的事业来看待，献身于这个事业。

（二）科普工作要为农村改革作贡献

从经济上来看，农村可以分成两大块，一块是乡镇企业，一块是农业。乡镇企业的发展我认为主流是好的，现在有各种各样的议论，对乡镇企业责难颇多，我们要分析，有合理的部分，也有不那么合理的部分。乡镇企业在中国大地上之所以能够如雨后春笋般地发展起来，本身就说明它绝不是一种偶然的现象，绝不是由领导人的指挥棒人为地制造出来的，它反映了中国经济发展的客观必然，这一点是不以人们意志为转移的。我个人认为，乡镇企业的发展是中国由传统农业文明转向现代工业文明必经的阶梯，没有这个阶梯，我

们的这个转化就有可能推迟。为什么这样说？我国是一个人口众多，经济落后、发展极不平衡的大国，我国由传统农业文明转向现代工业文明的过程，很难设想像某些先进的资本主义国家所经历的那样，农村的剩余人口能够直接涌向大城市。一方面我国的大城市不多，本身就未发育起来，即数量不多，质量不高，就业机会很少；另一方面人口众多，很难一步跳跃。因此我个人认为，我们由传统转向现代，非要经历三大战略步骤，或者说是战略阶段：第一步是传统的二元结构（落后的农业与先进的城市工业这个二元结构）转向多元结构，或称复合二元结构，即中间插上一个乡镇企业和小城镇的发展。这就使农业剩余劳动力能够有一个转移的机制和就业的机会，从而推动农业规模经营和劳动生产力的提高；第二步由上述多元结构转换到新水平的二元结构，通过乡镇企业的发展以及通过以工补农、以工建农等一系列的关系，使农业的现代文明和乡镇工业的现代文明大体上持平，但它离城市工业文明还有一个历史时间；第三步由新的二元结构转换到一元结构，也就是城乡一体化。我个人认为，中国经济的发展必须经历这三大步骤。要经历这三大步骤，乡镇企业和小城镇工业的发展就是不可少的一个阶梯。因此，我们的科普工作在这样一个大潮中有很多事情可做。当然，我们也承认乡镇企业存在着很多问题，如乱用乱占耕地、重复布点、产品质量不好、信誉不高、破坏了生态平衡等。我认为这些问题是前进中的问题，不能因噎废食，任何事物都不可能尽善尽美，乡镇企业也是如此。因此在解决乡镇企业一系列的问题中，我们科普工作有很多事可做。第一是生态知识的普及问题，过去我们做得很不够，今后应该进一步加强，要向一些乡镇企业的决策部门或企业家们积极宣传，当然这个问题最根本的解决途径还要看我们对乡镇企业制定的产业政策，使一些农村难以接受的高污染的产业不向农村扩散；第二是管理知识的普及，乡镇企业产品的质量不高，其中就有一个管理跟不上的问题，所以这方面我们也要加强；第三就是如何提高产品的质量和工人文化素质，这方面我们科普工作也有很多事情可做。

从农业方面来说，农业的形势是严峻的，最近在全国体制改革理论讨论会上，我们几位同志向中央提交了一份意见书。农业问题是严峻的，特别是粮棉油的形势、农民的情绪、干群关系都是严峻的。当然我国农业的改革取得了伟大成绩这是不可否认的，但形势是在不断变化，在新情况下又出现了新的严峻形势。农业出现这种严峻形势的基本原因我认为有三个，第一个是比较利益问题；第二个是剪刀差问题；第三个是土地产权不明。一是在农村广大农民之所以重商重工轻农，首先是比较利益问题，乡镇企业和农村商业的发展使农民有一种机会成本的打算，资金是投在工业、商业合算还是投在农业合算，这就有个比较，那么肯定是工业商业的效益高，农业即使不出现剪刀差，它的效益也没有工商业大，这就是一个比较利益问题；其次就是剪刀差，党的十一届三中全会后，我们的剪刀差有所减少，但农用生产资料的大幅度涨价和农业中的双轨制造成了农业的剪刀差不是缩小了，而是扩大了，用农民的话说现在不是剪刀而是火钳，比剪刀大得多，剪刀差就使得农民不愿意种粮、棉、油；再次就是土地产权不明，土地究竟归谁所有说不清楚，土地产权的主体不明，所以它的投资主体也就不明，谁来进行产权性的投资，无法落实，村集体不会投资，因为它没有经营机制，农民只是经营者、承包者，究竟是10年、15年、还是2年3年谁也说不清，因此也不会投资，掠夺性地使用土地在全国皆然，土地质量大幅度下降。关于这个问题我们科普工作也有很多事情可做，科普工作最现实的一个问题就是大力培养技术能手，提高农户的经营效益，从而缓解农用生产资料涨价给农民带来的负担；再就是普及合理利用土地的知识；最后还有人口问题，普及计划生育和人口知识也很重要。我认为，要从根本上解决我国的人口问题，就必须改变我们现行的人口政策，取消户口制度，鼓励人口在全国、全世界范围内流动。我国的人口问题是一个深刻的问题。

(三) 提倡自然科学、技术科学与社会科学的联盟

在农村科普工作中我们希望提倡自然科学、技术科学和社会科学的联盟。从组织上，科协和社联应该加强联合，互相沟通信息，配合行动，自然科学和社会科学是不可分割、相辅相成的，两者谁也离不开谁。希望两科加强联盟，双方携起手来，为贯彻中央深化改革的方针，为实现农村现代化而共同奋斗。

（发表于《科技日报》1990 年 5 月）

湖区经济开发泛论

一、问题的提出

湖区经济是我国经济学界较少涉猎的一个领域。而我国恰恰是一个湖泊众多的国家，仅湖泊面积就有一亿多亩，与湖泊相联系的经济区域面积就更大了。据不完全统计。我国南方湖区占南方国土面积的 18%。仅太湖湖区、鄱阳湖区、洞庭湖区、江汉湖群区，1985 年共有人口 9489.48 人万人，约占全国人口的 10%，粮食、棉花、油料的商品率各为 20%、90%、30% 以上。[①] 在国民经济中占有不可忽视的地位。

长期以来，湖区经济理论研究的滞后，致使湖区经济的发展多少带有一定的自发性，对大多数湖区来说，未能充分发掘其潜力，具体分析，大致有如下几个原因：

第一，结构单一。人们习惯于把湖区经济的开发视为水产业的开发，乃至渔业的开发。但是，实践证明，单打一地发展水产业，由于粮食及其他副食品供应跟不上，会影响发展水产业的积极性；储运，加工跟不上，造成水产品的大量损失；饵料、防疫跟不上，会降低水产品的产量与效益；由于水旱灾害防御体系不完善，生产起伏波动较大，等等。这大多是湖区经济开发中生产结构过于单一化必然会产生的后果。

第二，水陆分家。由于把湖区仅仅局限于湖泊水体，同沿湖的陆地(含山林)分别归属于不同的主管部门(一般前者归属于水产部门，后者归属于农业部门)。这样分家而治，便破坏了水体与陆地(含山林)之间本来存在的生态经济循环，无法统筹协调发展。不仅如此，还往往造成水产系统与农村系统的矛盾和对抗。例如，在大水年份农业系统便抗议水产系统淹没了土地，而水产系统则不愿意大量排水；在旱年则反过来水产系统又抗议农业系统把耕地扩延到了湖区，而农业系统则不愿意退耕。

第三，行政壁垒。一些大型湖泊，往往跨越数省、数县(市)，由于我国旧体制强调经济发展服从于行政区划，壁垒森严互相牵制，难以统筹协调地进行开发。许多资源丰富的湖泊，长期处于无人负责，乱捕滥垦纠葛不断、生态环境恶化的状态。少数湖泊与大型水库，由于山权水界纠纷，甚至完全不能开发。例如湖北省的洪湖、梁子湖、漳河水库在不同程度上就处于这种状况。湖泊资源未能有效地开发利用，也影响了整个湖区经济的发展。太湖水系的整治，就因为省、市之间长期不能协调而搁浅，因而影响了上海经济区的更好发展。

第四，城乡分割。长期封闭式的准自然经济体制，使城市与农村，工业与农业处于一种自我内循环状态，很自然地把城市经济完全排斥于湖区经济的范畴之外，使湖区经济的

---

① 江苏省社会科学院：《上海经济区经济论文集》第 1 集，第 151 页。

发展限于纯农业式的低水平发展，几乎完全依赖湖区农渔业的内生式增长，以极为缓慢的速度艰难地向前移动。在大多数湖区，一方面是传统的落后的湖区农业，另一方面在附近却是迅速现代化的湖区城市工业，呈现出明显的二元经济结构。

以上这些情况还不能算是终极原因。之所以造成结构单一、水陆分家、行政壁垒和城乡分割，除了体制与政策上的根源之外，对于整个湖区经济的发展缺乏明确而系统的理论指导，不能不是一个深层的根源。

二、研究范畴

湖区经济，作为一个科学研究的对象，其科学的范畴是什么？

本文第一部分所列的四个方面，都同湖区经济的范畴不清有关。结构单一，虽与发展阶段有关，但这与在思想上把湖区经济等同于水产经济或渔业经济不无关系。水陆分家，则显然受国土资源的概念所束缚，把湖区经济当作国土经济同等对待。行政壁垒与城乡分割，则是把经济区域当成了行政区划，是在自然经济与产品经济基础上形成的概念。

湖区经济，首先应是一种区域性的经济网络。它不是行政区划，而是商品经济发展的区域，其边界是超行政隶属关系的，而且是模糊的。它像山区经济、海岛经济一样，是一种围绕某种特殊的自然经济资源而发展起来的区域性经济，它的边界伴随着商品生产与商品流通的触角，犬牙交错，经常处于变化之中。

其次，湖区经济这种区域经济，是环绕着湖泊（和湖泊群）而发展起来的。湖区经济之所以称为湖区经济，当然必须是以湖泊的开发为基本特色，而其展开的经济活动与经济关系的总和，就像山区经济必须是以山区开发为基本特色一样。从人类文明发展史来看，湖泊是古代人类文化发源的重要基地。在远古时代，人类依靠捕捞水生动物为生，逐渐由采集现成的食物而发展到湖畔种植，在滨湖肥沃的土壤上产生了许多古老的文化。而后又经过漫长的分工分业，发展起手工业、商业，最后到现代工业。我国南方的太湖湖区、江汉湖群区、洞庭湖区、鄱阳湖区等，都是这样发展起来的。从近代经济的发展来看，由于湖泊有供水供电之利，舟楫旅游之便，许多人口密集的社区和城市是依托湖泊之利而发展起来的。最典型的例子，就是美国的五大湖经济区域和我国的太湖经济区域。

再次，湖区经济作为一种区域经济而非部门经济，它的发展目标必须是以农业为基础，农工商协调发展的经济系统。湖区经济既然是一种区域的商品经济网络，它必然要求产业结构的多元化。以湖区广义农业为基础，发展湖区工业、湖区商业、湖区运输业、湖区服务业、湖区旅游业等。只有这样，才能增强湖区经济发展的聚集效应，才能增加湖区农业产品的附加值，才能促使湖区经济的繁荣和现代化。单一地发展农业，就做不到这一点。因此，湖区经济应该是一个诸种产业优化组合的有机系统。

最后，基于上述内涵，湖区经济的发展方式，应该是水陆相依、城乡交融。十分明显，要形成一种围绕湖泊开发为特色的农工商协调发展的经济网络，如果采取水陆分家、城乡分割的发展方式，那是根本无法实现的。区域中的水体开发与陆地开发要求协调一致，互为依托；双方除自身具有相对独立的发展内容外，还必须使水体的开发为陆地开发提供副食品、水源、能源、原料、娱乐的资源；同时，陆地的开发也要为水体的开发提供粮食、饵料、技术、装备、加工、储运、销售以及生活设施等条件。区域中的农村发展与城镇发展必须交流融会，相互支持；两者除了自身的内循环外，农村发展要为城镇发展输送后备劳动力、农副产品、初级加工等资源；城镇发展与要为农村发展提供资金、技术、信息、人才以及各种大的循环条件。

综上所述，湖区经济这一范畴，似可归纳为如下含义：环绕着湖泊或湖泊群发展起来的、农工商协调发展的、水陆相依、城乡交融的区域性商品经济网络。

三、系统分析

湖区经济这个系统，是具有层次性和阶段性的。所以，它的开发与发展也具有层次性与阶段性。不同的层次与阶段有不同的结构要求。

一般地说，湖区经济系统存在着由内向外的三个基本层次：水体经济、湖泊经济和湖域经济。

水体经济，是指以水陆岸为界限的水体生态经济系统的经济关系总和。以水资源、水生生物乃至水底矿物的开发为主体，根据湖泊所处的地理位置与经济发展阶段，可分别建立起以水产为基础，水运、水电、旅游综合发展的开发结构；以水运为基础，其他各方面综合发展的开发结构等。这一圈层的开发，目前小湖泊领先于大湖泊。从客观上说，是因为大湖泊往往受到跨界纠纷、资金短缺和技术困难等的制约，致使大多数大型湖泊的水体开发还十分落后，宝贵的资源长期处于沉睡状态。从主观上说，30年来，水产、水运、水利、水电在体制上的分家，又加上"以粮食为纲""水利是农业的命脉"压倒一切，只保水利不顾其他，造成鱼道堵塞，航路割断，破坏了生态平衡和水系联系，大大抑制了水产和水运的发展，使湖区水体变成了一个个封闭的几乎处于静态的系统。

湖泊经济，是指以湖泊水体为核心加上滨湖有限的陆地(山林)在内的、水陆相依的生态经济系统的经济关系总和。它属湖区经济的第二圈层。这个圈层的开发，除水体资源外，还有滨湖沼泽、耕地、山林、牧地的开发。在这个圈层内，可以建立起以发达的种植业为基础的"种、养(水)、加"综合开发结构；可以建立起以商品化林果业为基础的"林、水、加"综合开发结构；也可以建立起以集约化水产业为基础的综合开发结构；还可以建立起以现代化畜牧业为基础的"牧、水、加"综合开发结构等。采取何种结构，当然要因地制宜。这个圈层的开发，除了应注意经济优化之外，还应特别注意生态环境平衡，滨湖山地应防止水土流失，滨湖耕地应减少农药对水体污染，滨湖牧场应优化水体食物链，滨湖沼泽的开发应注意给行洪蓄洪留有余地，滨湖的工业更应特别注意废气、废水的净化等。

湖域经济，是湖区经济系统的外圈，是指湖泊和湖泊资源后续开发利用直接联系、或直接借助于湖泊资源而求得自身发展的毗邻地域内经济关系的总和。在产业结构上，包含滨湖农村经济和滨湖城市经济，例如有的城市像苏州、无锡、湖州等，就是紧挨湖泊而发展起来的。在这个圈内，有的是以城市经济为中心运转的，湖泊水体的供水、旅游、航运功能大于直接生产功能；有的是以农村经济为主体进行运转的，湖泊水体的直接生产功能大于其他功能，不能一概而论。

以上是从横向剖析的角度分析了湖区经济的三个基本层次，从纵向发展来看，湖区经济的开发还会经历三个基本阶段：初步开发阶段、中度开发阶段和深度开发阶段。这三个阶段一般是随着社会分工的演进和商品经济的发展而递进的。

初步开发阶段，社会分工还未展开，湖区基本还处于自然经济状态，传统的农业同落后的捕捞业与手工业并存，相互实现了自给自足式的内循环。中度开发阶段，社会分工显著发展，湖区经济由自然经济向商品经济过渡。一般地说，出现了传统的农业与准现代的农村工业（大多数的乡镇企业）这种二元经济结构，湖区经济逐步由封闭的内循环转向开放的外循环。深度开发阶段，社会分工充分展开，区域内商品经济相当发达，与区外整个国民经济形成了统一的市场，农业的现代化使二元结构逐步演进为新的一元结构，前述三个层次的资源得到充分开发利用，生态平衡在新的水平上得到恢复与提高，出现城乡融合共荣的新局面。

四、开发方式转变

根据以上理论，我认为我国湖区的开发应在观念与政策上做根本的转变。

第一，要由行政式开发转向经济式开发。大多数湖区开发的实践证明，以行政系统作为开发主体，弊多利少，对跨界湖泊尤甚，这是当前许多湖区难以摆脱初步开发状态的首要原因。应该转向按经济原则建立各个层次的开发公司，实行股份制经营。只有这样，才可能根本理顺各方各级的产权关系，协调各方的利益，为整个湖区经济的统筹开发良性循环创造一个必不可少的大前提。

第二，要由单一式开发转向综合立体开发。30年来，水利、水产、水运、种植、畜牧、工业各行其是，单项开发，不仅难以产生相生相长的集合效应，相反还使渔农矛盾、渔牧矛盾、"三水"（水利、水产、水运）的矛盾、林牧矛盾层出不穷甚至十分尖锐。吸取过去的教训，一方面应对湖区经济发展进行进一步规划，目标是做到各行各业协调发展，各个层次良性循环；另一方面在开发主体上应鼓励多建区域性的综合开发公司，少搞行业性的单项开发公司。

第三，要由封闭式开发转向开放式开发。也就是内生式开发要与外拓式开发相结合，实行内联外引。有些小型湖泊可以实行招标承包式开发，有条件的湖区甚至可以采取特区开发。应转变过去完全依靠湖区自身积累的爬行方式，大力放手吸引区外资金与人才，给湖区经济系统以更强大的外力推动。在水体——湖泊——湖域三个层次间，也不一定是循序渐进地逐层推移，完全可能跳跃以至依靠发达的湖域经济实力反向开发水体经济。

第四，要由传统式开发转向科技主导式开发。如果说我国整个国民经济都应转到依靠科技进步的轨道上来，那么湖区经济应该说更有条件做到这一点。因为大部分湖区处在交通比较发达、经济与文化发展较好的地带，采用新的科技的内在需求比一般地区更迫切。

总之，湖区经济的开发问题在理论上还处在探索阶段。廖丹清、陈文科等同志做了一个好的开端，我的这些想法极不成熟。但愿他们和在这方面的有志之士共同努力，经过若干年的辛勤耕耘，能推出一部更加成熟的《中国湖区经济学》来。

日本农业现状考察报告

一、日本农业概况

日本的农业是高度集约化、高度商品化和具有相当高的现代化水平的农业。

日本人口密度极高(每平方公里323人,为我国的3倍),但农产品自给有余,根据1989年日本农林水产省的统计数据,谷物为30%;肉类为76%;小麦为14%;大豆为6%;综合农产品自给率达71%(均为1987年的数据)。

全国农地总面积536万公顷(8040万亩),其中耕地6400万亩人平0.53亩(1986年的数据)。

全国农业就业人口440万人,占全国总就业人口(5861万人)的7.5%。

农业总产值7万亿日元,占国内生产总值39.1万亿日元的2.1%。如果加上农产品加工及经营收入为39.1万亿日元,占国内生产总值的11.9%(以上均为1986年的数据)。

全国农户总数1988年为424万户,平均每户经营农地1.26公顷。其中专业农户61.4万户,占15%;第一兼业户60.4万户,占14%;第二兼业户302.2万户,占71%。在专业农户中高龄农户25.7万户,占6%。据日本1987年的统计,农业就业人口中60岁以上的占当年总农业就业人口618万人的47%(其他产业60岁以上的仅占8%)。

日本农业机械化水平也很高,种植业的翻整地达100%(其中手扶拖拉机翻整占63%;轮式拖拉机翻整占47%)。机械插秧占52%;水稻联合收割占29%。畜牧业和林业机械化水平稍低一些。

日本的农民收入也高于城市。1970年到1988年,每个农户平均年总收入由160万日元增至745万日元,为城市人口(高薪阶层除外)平均收入的128.7%。

二、当前日本农业面临的三大问题

(一)国际竞争对日本农业的挑战

日本是一个工业出超大国,而农业产品则是入超的。

20世纪80年代以来,美国苦于日本工业品和资本大量涌入美国市场,先压日元升值;继则给日本施加新的压力,要求其开放国内农产品市场。日本限制进口的农产品由22种降至11种。从明年起,柑橘、牛肉都得"自由化"。这些产品多属地域性产品,影响面还不大。现在美国又要求开放大米市场,这就要波及全国。

而日本政府为了维护日本工业品对美国的出口利益,不得不牺牲农业和农民的利益,逐步在农产品自由化上向美退让。这样,工业出超虽然勉强保持了较大份额,但农产品入超则逐年增加特别是对美国更是如此(见表1)。

表1   日本外贸出入超情况的变化

年　份	1985	1986	1987	1988	1989	1989 年为 1986 年的百分比(%)
对全世界出超	46099	82748	79706	77563	64328	77.74
其中:对美国	39485	51401	52089	47597	44943	87.44
农产品入超	24176	27656	35009	44868	48632	175.85
其中:对美国	7881	8043	10531	14456	15847	197.03
农产品出口占总出口额的百分比(%)	1.2	1.1	1.0	0.9	0.9	
其中:对美国	1.0	0.9	0.7	0.6	0.5	

资料来源:农林水产省:《1989 年农林水产物输出入概况》,1990 年。

这种以牺牲农业和农民利益换取工业出口的政策,引起了日本社会的轩然大波。首先是冲击了农民利益,高成本的农产品难以同美国等国廉价的农产品竞争。

对如何看待政府这种做法以及应采取什么对策,在政府与农民之间、政府与学术界之间以及学术界内部均争论激烈。

政府与农民:政府认为从国家总体利益上看是合算的,埋怨农民不理解这一点;农民则认为工业资本家得利并不能分给农民多少好处。

政府与学术界:政府认为这属于应否坚持保护主义的问题(现实性);学术界则认为这属于农业经营模式问题(如何提高竞争力)。

目前,除农民外,各方面意见逐渐趋于一致,拟采取如下对策:

(1)促进农产品出口政策:鼓励香菇、梨、花种子、球茎菜、柑橘等出口,政府财政拨出专款 5 亿日元,用于在国外设立试销网点。

(2)扩大农户经营规模,提高农业生产率,降低农产品成本政策:财政拨款 10750 亿日元,用于平整土地,实行"方田"制;提高农户生产率以及培养接班人等。

(3)鼓励"机械利用组合"政策:"农协"资本只贷给"组合"。北海道当别町 9 个组合共 94 户,可降低农业生产机务成本 40%。但在实际推行中存在一些农民想法与政府想法的矛盾。

(4)与美国和西欧共同体协商限定农产品进口最低价,以保护国内农民利益。

(二)农业生产结构调整

1. 调整的背景

(1)日本国民食物结构的变化。日本是以食用大米为主,1985 年每人平均消费大米 74.6 公斤,仅次于蔬菜(109.9 公斤),居第二位。自 20 世纪 60 年代以来大米消费量逐年趋减,乳及乳制品、肉类、油脂类趋于上升,小麦消费量略有上升(见表2)。

表2　　　　　　　　　　日本人均消费农产品历年变化情况　　　　　　　单位：公斤

年份 农产品	1960	1965	1970	1975	1980	1985	1987
大　米	114.9	111.7	95.1	88.0	78.9	74.6	71.9
乳及乳制品	22.2	37.5	50.1	53.6	65.3	70.6	75.5
肉　类	5.2	9.2	13.4	17.9	22.5	25.2	27.3
油脂类	4.3	6.3	9.0	10.9	12.6	14.1	14.1
小　麦	25.9	29.0	30.8	31.5	32.2	31.7	31.5
人均吸收热量	2291	2459	2529	2517	2562	2592	2620

资料来源：农林水产省：《日本的农业》，1989年。

（2）国际贸易摩擦。只种水稻政府补贴多，收入却不如其他作物，在农产品国际竞争上不合算。需要改种其他可参与国际竞争的农作物。

（3）稳定农业生产的需要。提高农户的收入，改善农业劳动条件，光种水稻就不行。这也需要种植其他农作物。

2. 目标

（1）改造农田120万公顷，占全国农地的22.39%，水旱两用；四季可用；多种作物可种。减少大米生产，并给予补偿金，大米生产每年控制在1000万公斤左右。

（2）水稻区每户年平均收入达到800万~1000万日元。

（3）建立集约化农业，提高机械化效率。

（4）提高小麦自给率，扩大蔬菜、柑橘及水果出口。

(三) 农业后继乏人——农业萎缩的危险

日本农业是处在高度工业化向后工业化过渡的阶段。虽然农业现代化达到很高水平，农户收入还略高于城市职工收入。但据我们考察，城乡差别虽不断缩小但还未消失，这主要表现在三个方面：

（1）农村的生活条件。农村生活条件比城市还差一点，如空调没有普及；娱乐活动没有城市方便等。

（2）农村劳动条件。农村的劳动条件相较城市更艰苦，特别是在山区林区(爬树修枝等)以及收割水稻、饲养牲畜(脏、臭)等工作。所以，日本农村人口还在向大城市及其周围地区集中，还未出现像美国和西欧一些国家的人口倒流趋势。农业就业人口由1960年的1169万人减少到1986年的440万人，占全国总就业人数的比重由26.8%降至7.5%，2.8%的国土上集中了全国60.6%的人口。此外，农业就业人口内部结构也在变化：第二兼业户逐年增加，专业农户不断减少。专业农户由1960年的2078000户(占总农户的34%)减至1988年的614000户(占15%)；第二兼业户则由1942000户增至3022000户；第一兼业户由2036000户(占34%)减至604000户(占14%)。

（3）农民年龄结构老化。在专业农户中，年龄结构也在恶化，高龄人口增加，年轻人减少。60 岁以上的农户由 1975 年 168000 户（占总农户的 3%）增至 1988 年的 259000 户（占 6%）。与此相应，农家收入结构也发生很大变化（见表 3）：

表 3 　　　　　　　　千叶县农家收入结构的变化　　　　　单位：每户平均万日元

年份	1970	1975	1980	1985	1986	1987	1988
农业占比（%）	47.8	41.6	29.6	25.0	24.7	26.5	18.5
非农业占比（%）	52.2	58.4	70.7	75.0	75.3	73.5	81.5
合计 绝对额	140	350	464	581	569	609	639
合计 占比（%）	100	100	100	100	100	100	100

资料来源：千叶县农协、中央会：《千叶县农业、农协的现状》，第 2 页。

在此大趋势下，出现了三种社会问题：

一是农村姑娘不嫁农民。据东京都旭川市"农业者意向调查结果集计表"的问卷统计：该市被调查的 1492 户农家，姑娘愿嫁农民者 159 户，占 10.7%；愿嫁工商个体户者 74 户，占 5.0%；愿嫁职员者 927 户，占 62.1%；其他 322 户占 21.6%。青年农民难以讨到老婆。

二是中学、大学学生毕业后归农者越来越少。据农林省调查，新毕业学生回乡务农者由 1965 年的 68000 人降至 1987 年的 4000 人。34 岁以下回乡务农人数由 1965 年的 70800 人降至 1987 年的 6600 人；而 60 岁以上回乡务农者则由 1965 年的 4100 人增至 1985 年的 60000 人。就农率由 1965 年的 11.4%降至 1989 年的 1.2%。

三是农家后继无人户呈增加趋势。据农林省调查，1988 年农家后继无人户 1892000 户，占总农户 4240200 户的 44.6%，北海道则占到 55.8%。因此，不少日本学者发出警告：20 年后日本可能没有农业了，并认为这个危机比粮食自给率 30%更可怕，更深刻，"一定要把农业坚持下去，给后人留下一个生存的基础"，成了许多日本学者（包括政府官员）的一种共识。

对于这个问题，日本朝野尚无良策，而且思想认识也不尽一致。目前的对策多属治标。①鼓励城市居民到农村种菜；租借廉价土地，上班时，可找农家代管（有偿管理）；政府给予部分低息贷款；②增加投资，改善乡村文体娱乐生活条件；③拨出专款 0.4 亿日元设立城乡青年交流基金和引进外国姑娘（主要是东南亚地区），以解决农民娶不到媳妇问题；④拨款 68 亿日元作为农村老年人的利用和照顾的事业基金；⑤鼓励向农村移民，动员青年人务农等。

这个问题的深层原因还在于日本政府的"工业倾向"。工业发展过快，忽视农业利益——特别是长远利益。反映在日本学术界大多数人也不主张保护农业，认为应该自由地发展优势产业。在此种思想指导下，日本政府从 1988 年以后改农业补助为贷款，而且日益减少，认为过去对农民是"过度保护"。所以，现在日本农民的日子不如以前好过，在我们被访问的农民中就有这种反映。

以上三大问题说明日本农业蕴藏着深刻的危机：高成本、高保护的价格结构，无法应付愈来愈剧烈的国际竞争。在保护主义无法继续的时候就有崩溃的危险。日本的许多农副产品价格比其他一些发达国家高(见表4)。高度发展的工业、高度享乐的城市，大有吞噬农业的危险。农产品的自给率逐年下降，从1960年到1987年农产品的自给率由91%降到71%。其中，谷物由80%降至30%(包括饲料谷物自给率为2%)；小麦由39%降至14%；大豆由30%降至6%；肉类由91%降至76%(蔬菜目前为94%，水果为76%，乳制品为78%，鸡蛋为99%)。

表4　　　　　　　　零售价格国际比较(1987年10月，东京=100)

	东京	纽约	柏林	伦敦	巴黎
牛肉	100	40	52	71	54
鸡蛋	100	71	136	130	133
腊肠	100	94	90	93	62
食用油	100	82	87	103	59

三、日本的土地制度与耕地问题

(一)工业化与耕地问题

我之所以认为日本是处在高度工业化向后工业化过渡的阶段，就其本质来说是城乡差别还明显存在。就其标志来说则是：①人口涌向大城市的趋向还未停止；②耕地流失的趋向也未缓解；③城市人口回流还未成为社会趋向。

日本的工业高速发展是在20世纪60年代，全国大量兴建工厂，占用耕地，而土地又是私有制，工厂也是私人办。工厂到处随意占地。地价高涨促使农民都盼望自己的地能被购用。当时引起很大的混乱，造成工厂与农田相互插花，农田不便规划，工业污染也不便治理，在工业发达地区，耕地大量被占用。这一直延续到70年代。

70年代中期，国家制定了《国土利用法》《农地法》《农业地域振兴法》，划定了工业发展区和农业发展区，严控在农业发展区占地建厂，收到了一定效果，但普遍反映决策过迟，地价已很高，难以全面抑制，但势头确实削弱了。

在工厂占地高涨过去以后，逐渐又出现住宅占地高潮，城市用地不断膨胀，城市地价飞涨。原划定的城市工业区的国土不够了，政府又被迫增划一部分农业发展区给城市兴建住宅，名为"过渡区"。这样，农用地进一步减少。这在经济最发达地区最为明显，如大阪府的城市街道区加上过渡区(或"调整区")已占该地区全部国土的92.5%。

这种趋势在全日本总量统计上是不太明显的，因为当各都、府、县耕地流失的同时，北海道的耕地则在逐年被开发出来。日本的耕地面积变化情况见表5。

表5　　　　　　　日本耕地面积及其变化（包括田、地、果园、牧草）　　　　单位：万公顷

年份	1960	1970	1980	1985	1989	1989 年较 1960 年增减变化（%）
全日本总计	607.1	579	546.1	537.9	527.8	-13.06
北海道	94.8	98.7	114.0	113.5	120.7	+27.32
都府县	512.3	480.9	432.2	419.4	407.2	-20.52
其中　南关东	45.3	37.3	31.3	29.8	28.7	-36.65
东　海	49.7	43.0	35.4	34.0	22.5	-34.61
近　畿	39.8	35.0	29.7	28.6	27.6	-30.30
		2.986	2.19	1.99	1.90（1988 年的数据）	

资料来源：农林统计协会：《农业白书附属统计表》平成三年，第 120 页。

（二）方田制——土地私有制下的一种改良

在私有制下要稳住农用地不被大量吞噬是很困难的，甚至连日本的经济学家们也主张土地不能私有，应归国家所有。如日本帝国大学地域研究所所长金泽夏树教授说："日本土地是私有的。现在大家愈来愈主张土地应属全民所有才符合长远利益，应受到全民的监督。"（1990 年 7 月 4 日与中国农经考察团座谈）

政府在实行工业农业分区规划的同时，花了很多钱推行农区内的土地整理，建立方田，每片 3 公顷左右（北海道大些），片内统一品种，统一技术措施，虽然是分户经营但表面上看不出来，这是一种稳定农田的措施，也是扩大规模的措施。田间道路形成整齐的系统，便于机械化作业。

（三）租赁制——"开发公社"

日本耕地问题存在着两种趋势：在发达地区耕地大量被占用的同时，在偏远地区特别是山区耕地则被大量抛荒。山区普遍出现了"过稀山村"。据农林省农业构造部长岛本富夫提供的资料，1960—1989 年耕地由 6071000 公顷减到 5279000 公顷；利用率由 133.9%降至 103.3%；1955—1989 年累计荒废地共 1917900 公顷。其中，工厂、铁道、住宅、造林、农村道路等共占地 1825800 公顷。

日本政府一方面通过立法抑制农用地流失；另一方面通过"开发公社"这种经济组织低价将弃耕地收购或租赁过来，然后再低价租给甚至借给城市中退休或在职的居民种菜、养鸡。5 年后如承租者有兴趣就可廉价购买这片土地。此外，中央国土厅还设有"土地保有合理化协会"，专门从事推动土地的收购、转让、出租的业务和调剂插花地的工作。

（四）都市农业的提倡和兴起

在国土面积狭小，人口密集而耕地又无继续开拓潜力的严峻形势面前，日本学术界一

部分学者便积极提倡"都市农业"。这个问题我和筑波大学农学部的铃木芳夫教授进行了讨论，观点基本近似。所谓都市农业，其外延是指在"市街化区域"内充分利用域内空间所发展起来的农业生产；其内涵是充分利用工业化技术成就的高度工厂化、科学化、生态化的高集约农业生产。

以大阪府为例，市街化区域内的农地面积达 7252 公顷，占全府农地总面积的 37%（1986 年）。日本的"都市绿农区"，均由政府指令性规定（划定）。

都市农业有多种形式：①工业与住宅间隙地的"绿区"，一般种植商品性花卉、果树等；②住宅区的工厂化温室栽培；③室内乳牛业；④庭院经济。

(五) 几点启示

（1）工业化导致耕地流失，从根本上说是无法避免的，但可以控制在尽可能小的程度内。随着后工业化阶段的到来，耕地可趋于稳定。通过对日本的实地考察，我对后工业化社会有了一些明晰的概念。它反映在如下几个标志上：

第一，工业的外延扩大基本停止而转向内涵扩大，新办工厂的势头大大削弱及至消失了；第二，城市无限向农村扩展也基本停止，而转向高层发展；第三，劳动力分布结构趋于稳定，人口出现倒流趋向。这样，耕地也将趋稳定化，而不是无限制地萎缩。

（2）农村办工业，特别是村村户户办工业应是一个暂时现象。随着专业化分工的高度发展和农产品价格的理顺，农区应该以务农为主，否则耕地就无法保护，污染也难以治理。在日本，过去也曾一度支持在农村办工厂，甚至鼓励工厂去农村投资，但效果不好（缺乏配套效应），故自然停息了。现在农村没有剩余劳动力了，故也没有这方面的要求，而是相反，希望城里人下乡种田。

（3）在一部分地区耕地流失的同时，可以在另一部分地区开发新的农业区。如日本北海道，现在的农地占全国的 22.86%，而在 30 年前仅占 15.6%，不能全国各地一个要求。

（4）与其让农地自发地流向非农，不如政府有意识地开展租赁业务，把闲置或弃耕的农地引向新的农业开发领域（如"开发公社"）。

（5）在土地价格还未高涨之前，政府就应及时进行农地保护立法和工农分区规划，等到上涨之后立法只会收效甚微。

四、日本农业的规模经营问题

(一) 日本对规模经营问题的着眼点

规模经营，在日本叫"农业构造"，目前成为一大热点。日本之所以现在重视并大力推进农业的规模经营，据我们考察，其出发点为：

（1）应付国际竞争。在农产品贸易竞争日益剧烈的情况下，日本的农业规模在成本、劳动生产率和大批量生产方面都愈来愈处于劣势。目前日本全国平均每农户经营面积为 1.2 公顷，联邦德国约是它的 14 倍（16.9 公顷），欧洲约是它的 15 倍（17.4 公顷），美国约是它的 154 倍（184.5 公顷），正由于此，日本的农产品价格在世界上缺乏竞争力（参见表4）。

（2）提高农业的比较利益以稳住农业。据统计，0.5 公顷经营规模的农户平均每小时的农业纯收入只有 80 余日元；而经营规模在 2.5 公顷以上者则在 700 日元以上。在日本一些专业大农户中，人平年收入达 1000 万日元，甚至 5000 万日元的不少。

（3）改善农业内部结构提高生态效益。据北海道大学农学部七户长生教授说，北海道为了扩大经营规模，提高机械化水平，计划建立 200 公顷 1 片的方田，由 20 户经营，其中水田 100 公顷（10 户）；50 公顷菜地或花卉（5 户）；50 公顷牧场（5 户）；或其他组合方式。进行集约化经营既可提高劳动生产率，又可由畜牧业就近提供有机肥料，防止地力衰退。

（二）日本规模经营的现状

1989 年日本全国户均经营面积为 1.26 公顷，其中北海道平均为 11.31 公顷（根宝市达 48.7 公顷，钏路市达 34.5 公顷），接近欧洲水平，而全国其他都府县则平均只有 0.99 公顷。

虽然日本政府从 1960 年就开始提倡扩大规模，鼓励兼业户，特别是第二兼业户放弃土地，转给专业农户，但 30 年来收效甚微。这主要是因为：一是地价高涨，持地惜售（只愿卖给非农）；二是获得无污染的蔬菜、廉价大米和其他农产品；三是保护祖宗的遗产。但根本原因还是土地私有制。

所以，现在日本学术界把兼业农看作"万恶之源"，因为它严重阻碍了现代化的继续前进，兼业并不能过渡到规模经营。

（三）日本发展规模经营的对策

（1）确定农民的范畴。过去东日本 10 公亩，西日本 5 公亩的经营规模才能获得农民的身份，从而才能得到政府各种政策的扶持与保护，现在计划将此标准提高到 30 公亩。

（2）强化长子继承制，避免土地进一步细化。

（3）鼓励互助合作组织（日本叫"组合"）。如机械贷款只贷给"机械利用组合"，不贷给个别农户。农民为了获得贷款便成立了一批这种组合。"农机利用组合"提高了机械利用率，降低了成本（水稻机械利用组合长奈良轮一雄说，机械投资可节约 2/3；妇女不再参加劳动，年收入人平可达 700 万日元）。但农民骨子里还是想单干，貌合神离，有的甚至拿到贷款后就散了。

（4）普遍推行"租赁制"，有的通过"开发公社"；有的通过"土地占有合理化协会"。但进展十分缓慢。

（四）启示

（1）兼业问题。中国、日本可能将会十分近似，那种企望农民通过兼业而放弃土地并向种田能手集中的想法，看来已不现实。珠江三角洲已有佐证。

（2）规模经营问题。看来我们还须放开视野——立足于国际农产品竞争。这个问题要早做打算。

（3）规划问题。在私有制的条件下尚且可以实行统一规划，成片种植，分户经营，在公有制的条件下，更应该做到，而且应做得更好。

五、日本"农协"的作用与"市民生活协同组合"的竞争

(一)"农办"的组织体系

日本的行政体系为：中央政府——都道府县(47个)——市町村(3000多个)——集落——农家(500万户)。相应的农协组织层次为：中央农协——都府农协中央会——市农协——组合长——组合员。

100%的农民都参加了农协，但分为两类：正组合员，指有农民资格的组合员，享有投票权；准组合员，指未取得农民身份的本地居民，无投票权。目前，前者为550万人，后者为250万人。至于什么叫农民，由各地农协代表大会投票决定。如有的地方凡经营有0.2公顷以上土地，全年务农时间60天就可叫农民。各个地方不一样。一般每户只1人参加，故农协组合员人数大于农户数，小于农民数(按1户4~5人推算，全国农民2000万~2500万人)。

全国有3637个总合农协，同市町村数量大体相等。

农协实行逐级民主选举，理事会必须由3/4以上正组合员选出，以保证农协的农民性质。监事则不限，因为要有专门知识。由组合员选出代表大会代表，代表大会选出理事(一般20~25人)和监事(一般3~4人)，形成理事会，推出理事长。农协的其他工作人员则实行招聘制。

(二)农协的职能：总合农协与专业农协

总合农协：既管农业经营又管农民生活；经营所有的农产品；负责技术指导、信用、供应、销售、互济、卫生等。

专业农协：为提高竞争力，必须专业化，专业农协便应运而生。

一个农户可同时参加上述两个农协，成为双重组合员。

在1954年以前，只有一些分散的农民组织的"指导农业协会""农金会""农民共济会"，1954年成立全国农协中央会才统一起来。

目前农协的主要业务有三：一是生产资料供应；二是农产品销售；三是金融信贷。随着二兼户比重增加，第三项业已成为主体。通过农协供应的生产资料占总供应量的一半左右，如饲料40%由农协供应；60%由民间公司供应；通过农协销售的农产品，牛奶为95%；牛肉为70%~80%；猪肉为40%~60%；鸡肉为20%；蛋为40%~60%。其余有自售的，有直接卖给大公司的。这些多是大专业户，规模愈大，愈有脱离农协的倾向。信贷资金来源主要是农民存款。如千叶县农协16270亿日元中88.2%是农民存款，只有3.6%是股金。1988年该县可用于贷款的资金为3557亿日元，但农贷不多，剩下的10595亿日元都存到全国农协的中央金库去了。因而筹集的大量资金并未用于本市的农业组合员，而且农民本身也不想把这笔钱用于农业而转投非农业。这种现象越来越严重。

(三)农协的垄断性

农户之所以有脱离农协的倾向，与农协垄断有关。农协和官方均不承认这一点，但学术界和农民则承认此点。

农协从中央到农村形成了一个庞大的网络，有自己的金融信息体系（"信用链"）、保险体系（"价险链"）和供销体系。全国有中央批发市场，各地方也有批发市场，各市町村农协均设有各类专业性的加工厂、分类包装厂。一般的农户要买生产资料，不通过农协就没有渠道。要销售产品必须通过农协加工、分类、包装然后才能进入批发市场。这种经营，中间环节不少，生产资料价格偏高；农产品收购价又偏低，因而大专业户就感到划不来不如自己干，小农则没有此能力。

(四)"市民生活协同组合"的出现

正是在上述背景下，出现了一种新群众性经济组织——"市民生活协同组合"（以下简称生协），这是从大阪先开始的。20世纪70年代，由于不少城市常发生吃坏食品生病的事件，因而人们发起了这个保护消费者的组织。这种组织开始是由几位教授发起，一些青年农民响应而搞起来的。全国现有会员2000万人，只要交会费就可成为会员。

生协的特点是：产品生产者与消费者直接挂钩，不经过批发市场；不注意产品的外观，而强调生态效益——无污染，只要是不施化肥，不打农药的产品，外观不整齐也收（有专门化验机构）。

具体做法是由生协基层组织在街道上逐户上门登记所需农产品（也包括工业品），有专门印制的价目单，然后通过生协组织逐级落实到生协的农户组合员进行生产与供货，通过化验后售给街道的主妇。双方都是通过合同进行。目前生协已拥有自己的仓储设施、店铺和运输体系。

这种以销定购（农产品与工业品），产销直接挂钩且保证无污染的经营形式，深受居民和农民的欢迎，发展很快。有些老农协组合员又参加了生协。它不仅是经济实体，同时又是一种社会运动，可向政府直接反映其对商品生产的意见。

(五)农协与农林省的关系

农协是独立的，不受农林省制约。农协每年33亿日元经费全是由各级会员上交的，财政独立才能保证农协可以强有力地为农民争取利益（如争取米价不降）。农林省也可通过此渠道同农民打交道，所以每年也拨1亿日元给农协作经费，但只占总经费的3%。

两者立场不一，但工作是合作的，一些老大难问题相互商量，但并无固定的制度与会议，只是开一些不定期的协商会议。

(六)启示

（1）日本农协的作用。农协很大程度上类似我国的供销社、信用社。可以设想，如果我们的"二社"改革得好，完全可以发挥农协的社会化服务功能。

（2）农协之所以能在其为农户的社会化服务方面作出成绩，一是选举制；二是财政独立。

(3)随着改革的深入，农民应享有经济结社的权利。

六、日本的农业技术推广体系

(一)四级体系

国家——农业试验场：品种改良、新的机械化项目；

都府县——地方中间试验场：适应性试验及地方特色项目；

町村——农业改良普及所：每所 30 人左右；

农户——普及所的技术人员分片包到户，进行推广普及。

经费均由各级政府财政负担。

农协从中央到基层也有推广体系，也是推广中央试验场的成果。

以上人员均属国家公务人员，工资、级别、待遇和大学教师差不多(略低)。

农业改良普及所的普及员，工作都很辛苦，没有什么节假日，故得到一个绰号："不休员"；又因同时为了搞好与农民的关系，还得同农民常饮酒，故又得一绰号："不休饮"。

(二)推广体系与大学的关系

大学农学部与以上机构是相通的：(1)农学部毕业生必须到农业改良普及所工作，每人负担几十户农民，通过一些指标进行考核，合格与优秀提升，直到升为教授。(2)试验场解决不了的问题，可提请大学研究，不付费(七户长生教授认为西方叫农民付钱的办法比日本先进，不然农民不重视应用)。(3)推广系统的普及人员定期到大学培训；大学也每年把普及人员召集起来交流经验，研究问题。

(三)启示

(1)中国农业的科技体系和日本比起来，像一个倒金字塔：上重下轻。过分重视高级的研究机构，忽视基层面向农民的技术推广。20 世纪 60 年代所形成的农业技术推广体系被大大削弱及至破坏，新的又未建立起来。目前亟待恢复与加强，建立起一个从农业生产第一线到高级研究机构的有机循环机制，使下面的重大技术难题能及时反映到研究机构进行研究、试验；研究的成果又得以顺利地通过中试，推广变为现实的生产力。

(2)农业教育要改革，一毕业就当农官、教师的制度，既不利于农业生产的提高，又不利于人才的成长，大学毕业生应到基层服务，按绩提升。这也可加强推广体系的建设。

(发表于《中国农村经济》1991 年第 1 期)

关于我国反贫困问题的认识

党中央提出的"科学发展观"和"建设社会主义和谐社会",是指导我国社会主义现代化建设的根本性原则。科学发展观与和谐社会,内在是一致的:前者是战略思想,后者是价值标准;前者是后者的道路与保证,后者是前者的目标与灵魂。而这两者都有一个内在的本质问题,即减少与消除贫困。协调发展,在很大程度上就是为了消除贫富的过度悬殊,达到和谐共荣。所以,认真探讨反贫困问题,是贯彻中央战略决策的题中之义。

一、何谓贫困

什么是"贫困"? 这不是可有可无的问题。因为什么样的定义就决定什么样的对策。定义不合适,对策往往会走偏。

长期以来,贫困的标准与定义,是以新古典主义的理论为指导的,也就是以人均消费水平来划分"贫困线"。目前,国际通用的"每日 1 美元"就是按这种消费水平理论来确定的,即每人每日消费支出不足 1 美元者为贫困。在我国,目前也是按此定义,确定大约人均年收入不足 637 元人民币者为贫困人口。正如发展经济学家拉维·坎波尔所指出的,这种对贫困的定义存在明显的缺陷:它没有考虑到各个国家与地区生活成本的差异,没有区别暂时贫困与长期贫困等。例如同是 1 美元,有的自给性消费大而有的全市场化了,有的社会福利水平高而有的则很低,其贫困状况就很不一样。因此,这种定义在政策上会产生误导:只注意消费而忽视其他更深刻的贫困问题,从而单纯地制定提高消费水平的政策;而为了提高消费水平,往往就会倾向于加强市场自由化与一体化。现实证明这种政策会加剧不平等和边缘化趋向。[1]

美国学者詹姆斯·H. 米特尔曼认为,贫困就是在全球化背景下一部分人被挤到了经济的边缘,越过了这个边缘,就意味着劳动者所得低于其付出,这种"入不敷出"一贯化是形成贫困的根源。他认为,这种定义有利于在政策上引导提高贫困人群的劳动边际效益和边际报酬,排除劳动成本高于劳动报酬的政策与环境,包括国际贸易中的"双重标准"。[2] 这种定义有其独到之处,但我觉得也有其不足的地方,即不能说明一些落后的经济体,特别是还未卷入全球化的地区同样存在贫困的问题。这种"原始的贫困"属发展阶段性的贫困,并非市场化、全球化所造成,甚至是市场化落后造成的。因此,这种定义还有待完善。

---

[1] 迈耶,斯蒂格利茨:《发展经济学前沿——未来展望》,中国财政经济出版社 2003 年版,第 134 页。

[2] 詹姆斯·H. 米特尔曼:《全球化综合征》,新华出版社 2002 年版,第 96~97 页。

诺贝尔奖获得者阿玛蒂亚·森在他的《以自由看待发展》一书中，对贫困所下的定义又前进了一步。他认为，贫困是一个全方位的概念。过去人们乃至经济学教科书，都习惯于把贫困同"收入低下"等同起来，这是很片面的。这两者虽有关系，但不能画等号。因为，贫困是一个广泛而深刻的概念，是人们实现自己愿意过的那种生活的"可行能力"的短缺，即"实质自由"的短缺。这种"可行能力"的缺失包括：知识能力的贫困、民主能力的贫困、信息获得能力的贫困和不受歧视与排斥能力的贫困等。他特别强调民主能力对消除贫困的重要性，认为对于贫困国家来说，虽然过分强调民主自由可能是一种奢侈，但这两者不是非此即彼、互不相关的。因为政治民主、公共辩论和讨论，并保障辩论与讨论，可以在促进解决紧迫的经济需要(含反贫困)方面发挥重大的作用，并有助于促进经济保障。[①] 我认为，这种定义，大大拓宽了反贫困的视野，而不是仅仅在消除"收入贫困"上下功夫。诸如普及教育与培训，消除"知识能力的贫困"；推进民主改革，增强贫困群体的护权能力，消除"民主能力的贫困"；跨越式信息化普及，消除"信息获得能力的贫困"；恢复与提高贫困人群自尊、自信、自强精神，提倡社会的互爱互助精神，消除"不受歧视与排斥能力的贫困"等，都可被纳入反贫困的视野。

根据以上评析，对贫困的定义做如下概括可能比较合适：贫困是指部分人在社会中由于种种原因被排挤到经济生活的边缘，失去了过当时当地基本生活的可行能力的状态。

二、贫困的成因

贫困是一个十分复杂的社会现象，它的形成往往有多种多样的原因，只有弄清原因，才能对症下药，一般来说，主要有四个方面的原因：

1. 自然的原因

这又可以分为三种不同的情况：一是先天或后天造成的低智能或丧失劳动能力者。如湖北大山区由于近亲结婚造成的痴呆族、失去劳动能力的残疾人、老年人等。这部分人属于呆滞性贫困。据蔡昉的调查，在我国现有 2800 万赤贫人口中，约有 1500 万人属于这种类型的贫困。二是生活在自然条件十分恶劣地区的居民。这部分人由于自然资源的严重约束，其生产恒定地处于边际生产率之下——入不敷出，属资源性贫困。据上述调查，也有 700 万人属此类型。[②] 三是重大自然灾害造成的破产与失业。如 2005 年南亚海啸造成的新贫困。

2. 经济的原因

这又可以分为三种不同的情况：一是经济边缘化，在国家与国家、地区与地区、族群与族群、阶层与阶层、男性与女性之间，由于交通的闭塞、市场的垄断(或发育不足)、种族与性别的歧视、信息的阻隔等原因，一部分人的经济活动经常性地处于边际效益以下，劳动付出高于劳动所得。二是经济危机造成一部分人破产、失业或生活状况急剧恶化。三是政策失当造成就业下降，如过早地推行产业结构升级，致使劳动密集型产业收缩

---

① 阿玛蒂亚·森：《以自由看待发展》，中国人民大学出版社 2002 年版，第 85～89 页。

② 《南方周末》2004 年 7 月 29 日。

过快、过大，从而造成失业过量增加。

3. 政治的原因

国外学者在这方面有过很多的研究。前面介绍的阿玛蒂亚·森的"民主能力"与贫困关系的理论是有代表性的一种。同时，也有学者认为，非洲一些国家与地区，之所以陷入长期的贫困，多是封闭的专制制度造成的，认为政治制度对贫困具有决定性的影响。美国学者拉维·坎波尔等也有相同的观点。他们认为，贫困的人群具有一种"脆弱性"，这种脆弱性表现为极易暴露在各种冲击、压力和风险之中，而自己又缺乏充分保护自己不受打击的手段——缺乏政治权利和发言权。他们认为这是贫困的最根本的特征。[①]

这种制度困境其实也是我们国家各项扶贫政策往往受到冲击与扭曲的根本原因。例如，中央下拨的扶贫专用款在少数地方被贪污挪用，被部分下级政府"提留"用作"政绩工程"，致使出现贫困人口反弹现象。又如，广大农村进城务工人员工资被拖欠问题，一直闹到中央才得到解决。又如，各地出现的盲目开发，强征农民土地，失地农民大量增加、生活恶化，导致新的贫困。这些现象都说明，弱势群体缺乏知情权、话语权，缺乏充分保护自己正当权利的政治权利，缺乏刚性的制度来保护这种权利，以致下面一些低劣官员得以一手遮天，胡作非为。

4. 文化的原因

中外许多研究表明，"知识差距"往往是造成贫富分野的一个重要原因，特别是在今天这种信息化、知识化的时代，知识积累与创新对于脱贫致富几乎具有决定性的作用。而知识的创新取决于三大条件：知识的积累与发展；知识掌握者之间的交叉传播；良好的管理环境与法律保护。显然，这三个条件不是每个国家、每个地区、每个人都能同样具备的。例如，前两个条件，只有那些有资源、有时间进行学习、讨论、思考和试验的人、地区和国家才有此可能。而这些人是和科学家、工程师的人数相当的。据统计，美、日、德三国每 10 万人有科学家、工程师 3850 人；马来西亚、泰国、巴西则只有 121 人。前者与后者之比约为 32：1；而两者人平 GDP 之比为 3：1，知识鸿沟是收入差距的约 10 倍。从反面来说，知识的贫乏是形成贫困的不可忽视的重大原因。[②] 至于后一个条件，则取决于社会的文明程度(对知识尊重的程度)和法制水平。显然，愈是发达、开放的国家、地区，这种条件就愈好；反之就愈差。

除了知识差距之外，医疗卫生习惯与水平也是造成贫富分野的重要原因。

三、反贫困的几个误区

在讨论反贫困的对策之前，有必要澄清几个新古典主义认定的所谓脱贫"妙方"，或

---

①　布鲁斯·斯科特：《全球化能否填平贫富鸿沟——论穷国与富国的收入差距》，《国外社会科学文摘》2001 年第 6 期，第 26~30 页。

②　斯特凡尼·贝尔、兰达尔·雷：《向贫困宣传四十年》，《国外社会科学文摘》2005 年第 3 期，第 11~12 页。

者说几个误区。

一是"只要经济增长就可以减少贫困"。美国学者斯特凡尼·贝尔等对此做了很好的批评。他们指出，自 1964 年 1 月约翰逊总统宣布向贫困宣战，至今 40 年了。而现在"失业率仍然保持着上升的趋势，长期失业越来越集中到那些劳动力弱势群体中，贫困率并没有得到减低，而大多数工人的实际工资都下降了"。问题出在哪里？他认为，就出在错误的理论上，即"经济增长同供给政策能提高工人的总体福利水平，创造正确的工作动力，并足以能够减少贫困"这样的新古典命题。"事实上，证据显示，经济增长更倾向于富人，而不是穷人——这增加了不平等性——而工作机会并不是简单的滴入式的，至少在第二次世界大战后的经济水平上并不是这样的"。①

这一点，在我国也得到某种程度的证实。改革开放 20 多年来，我国的经济总量有了惊人的增长，但贫富差距也急剧拉大了，至少是相对贫困更加突出了。这说明，经济增长对反贫困只是提供了一种宏观的可能性或间接的条件，而不可能直接导致贫困的减少。要使这种可能变为现实，必须在制度上保证分配与再分配的合理与协调——使弱势群体也能从增长中相应受益。这需要有政府的合理干预，而不是像新古典主义那样主张政府不作为。

二是"全球化能填平贫富鸿沟"。新古典主义、新自由主义过分强调全球化的"均富"效应，那只是一种"理论推导"，而非现实。从理论上说，之所以认定全球化可以"均富"，是以新古典假设的两个前提为条件的，即劳动力的自由流动和资本的自由进出。因为，如果劳动力可以自由地由贫困的国家和地区流向先富起来的国家和地区，自然就可以"平抑"国与国、地区与地区之间的收入差距。如果资本与商品可以自由地在国家、地区间进进出出，自然也就可以增加贫困国家与地区的就业与经济发展。但是，理论终究是理论，而实际则是冷酷的。富裕国家与地区，一直都限制国际劳动力流入自己的市场，限制移民；在国际贸易中，实行"双重标准"，搞保护主义。而且那些赞扬自由和自由市场的国家竟然也拒绝劳动力的自由流动，实行霸权式的保护主义。在资本流动上，由于贫困国家与地区投资环境的缺陷，它们往往得不到多少外资的注入。1980—1997 年，外国直接投资增加了 70%，全球 GDP 增长从 4% 上升到 12%，但是流入穷国的资本却很少，70% 的直接投资是从富国流向富国。② 这说明，全球化并不如新古典主义所说的那么美好，如若不消除双重标准，不排除富国的保护主义，所谓的"均富"效应，只不过是新殖民主义的一块"遮羞布"而已。

三是"只要加强教育与培训就可以消除贫困"。同样是美国，约翰逊的 WOP 计划之所以成效不大，问题之一就是只为穷人提供教育与培训，提供学习"怎样工作"的机会；而没有提供可行的"公众就业项目"，没有提供"工作机会"。这就像给人以"饭碗"，而没有给他上"饭"。

① 斯特凡尼·贝尔、兰达尔·雷：《向贫困宣传四十年》，《国外社会科学文摘》2005 年第 3 期，第 11~12 页。

② 布鲁斯·斯科特：《全球化能否填平贫富鸿沟——论穷国与富国的收入差距》，《国外社会科学文摘》2001 年第 6 期，第 26~30 页。

一般地说，贫困问题在很大程度上是就业问题。而就业问题，不仅仅需要学习"怎样工作"（当然这也是必要的），更重要的是提供"公众就业项目"。在发展中国家，提供"公众就业项目"则应"两条腿走路"：既要由政府提供公众就业机会，又要放开市场，消除垄断，扶植穷人自由创业。

四、反贫困的系统工程

依据以上分析，我认为像我们这样的体制转型的发展中大国，要解决反贫困问题，不能采取单向战略，而应实施全覆盖的、针对性强的综合扶贫战略，也可以说是一项系统工程。这项工程分为两个基本方面：横向方面——因贫定策，综合治理；纵向方面——优化环境，改革制度。

1. 因贫定策，综合治理

现在，国内有一种议论，认为"救助式扶贫"已经过时了，"开发式扶贫"已经走到"尽头"了。这种看法似片面。其实，这两种扶贫模式（或称战略）并未完全过时，只不过作为一种"单向战略"难以应对综合性的贫困现象罢了。根据前面关于贫困的定义和对反贫困误区的分析，现存的贫困可以区分为五大类型，可按不同的类型分别采取不同的、有重点的综合战略。

第一类，呆滞性贫困。包括由于先天性痴呆、后天性残废和老年无依等失去劳动能力的人群。这部分人在任何时候都会有。对于其中大部分人提供任何开发项目都是难以奏效的。因此，对这种性质的贫困，还只能采取"救助式扶贫"为主，教育和开发式扶贫为辅的战略。后者主要是指像盲人这样的群体，除基本救助之外，辅以按摩技术之类的培训，提供服务业就业项目等。

第二类，边缘性贫困。包括交通、市场、信息等经济环境条件的缺失而使其经济活动经常处于边缘化（入不敷出）状况的贫困人群。这部分人往往是由于经济发展区域性滞后，其难以萌生摆脱贫困的动机与动力，也缺乏脱贫致富的条件与榜样。因此，对这种性质的贫困，宜采取"开发式扶贫"为主。发展交通、培育市场、沟通信息、树立榜样，以提供其脱贫致富的条件，强化其脱贫致富的信心与动力，同时辅以相应的教育培训措施。例如，浙江省多年来积极开放市场，大力发展民营经济；发展交通信息等基础设施，为民营经济发展提供现代化的服务，从而使千百万原来处于边缘化状态的农民走上了富裕道路。其中，"温州模式"享誉中外。其主要经验，就是省财政推行自上而下的"百乡扶贫攻坚计划"与激发和培育广大农民脱贫致富的活力相结合的政策。

第三类，制度性贫困。包括制度短缺和人民行使公民权利的能力弱小，使腐败妄为、侵犯公民权利的现象无法得到抑制，而造成的贫困人群。这部分人多是因政治改革滞后、人们的公民权利得不到保障而护权意识又很缺乏，在外界冲击之下处于政治边缘化状态。对于这种性质的贫困，就不能用单纯的经济办法，必须通过政治改革与反腐斗争，实行以"法制式扶贫"为主、辅以民主教育与经济开发等措施。例如，拖欠民工工资问题，除了政府督办之外，还要出台相应的保护民工权利的法律法规。同时，还应辅以对业主的尊重人权教育和对民工的护权教育。

第四类，知识性贫困。包括由于文盲和知识技术结构的落后，而难以就业或失去工作的贫困人群。这部分人多因世代性贫困而未受到基本教育，或在信息革命的冲击下难以适应新岗位要求而造成贫困。其中，又有两种基本情况：一种是年龄较轻有接受再教育潜力的群体；另一种是年龄偏大基本无接受再教育可能但又有相当劳动能力的群体。因此，对于前一种贫困，宜采取"教育培训式扶贫"为主、提供适当的就业项目为辅的扶贫战略；对于后一种贫困，宜采取"提供就业项目"特别是劳动密集型就业项目为主，辅以适度的培训措施。例如，浙江省从 2003 年起，实施了"科技特派员制度"。组织实施了 350 个科技扶贫项目，对农民进行了广泛的科技培训，发展了 10 多万亩特色农业示范基地，为农民增收 1000 多万元，显著减少了贫困。另外，还有的省区市，组织中年下岗女工进行培训并成立"家政服务公司"，开拓了就业脱贫的新天地。所有这些都有力地促进了反贫困事业。

第五类，资源性贫困。包括那些居住在穷山恶水、长期干旱或灾害多发地区的居民。人们由于生产与再生产必需资源的极度匮乏，无法维持正常的经济活动，甚至连简单再生产也难以为继。而且，这些地区往往是生态源头区，生态平衡非常脆弱，稍有不慎就会破坏更大系统的生态平衡，造成无法挽回的损失甚至灾难。对于这种性质的贫困，必须采取"移民式扶贫"，辅以恢复生态的工程措施。

其实，移民与劳务输出，不只是资源性贫困的解决之道，也是一切贫困的救治良方之一。最典型的例子就是墨西哥向美国移民。仅 2002 年移民们寄回家的钱就达 200 亿美元，是该国每年农产品出口价值的 2 倍，比其旅游收入还高出 1/3。[①] 在我国，像四川、湖南、安徽等劳务输出大省，每年从全国各地带回家的资金也十分可观。而且，通过劳务输出，还培训了农民，沟通了信息和营销渠道，显著促进了当地经济社会的发展。

以上"因贫定策"的分析，是为了叙述的方便，采取分项列出。在实际中，每个地区不可能只是单项的贫困，往往是多种性质的贫困共存。这就需要按其"贫困结构"的状况，采取有重点的综合扶贫战略。

2. 优化环境，改革制度

上面种种战略与措施，要能得到切实的贯彻实施，要能从根本上防止腐败，需要有一个良好的环境与机制。或者说，需要优化反贫困的社会环境。这种"环境"可以大体概括为"五化"：一是法制化。全部扶贫和社会保障工作，都要逐步进行立法，建立起一个全社会的反贫困与安全保障的法制环境，形成一种关爱与保护弱势群体的氛围与机制。在全国性的法制化条件尚不具备时，可以鼓励地方立法，让有条件的省区市率先作出榜样，摸索经验。二是社会化。反贫困，政府当然责无旁贷，但仅靠政府的资源与积极性肯定是远远不够的。应仿效发达国家的经验，通过经济杠杆（如高额遗产税）和社会鼓励政策促进社会资源进入反贫困进程。三是透明化。要做到透明化，须从三个方面努力：信息透明，实施舆论监督；把反贫困工作纳入人民代表大会的职能，人大立法，政府执行，人大检

---

① 德维尔·卡帕，约翰·麦克哈尔：《移民带来的新好处》，《国外社会科学文摘》2004 年第 3 期，第 32 页。

查、监督；保障受益对象的知情权。四是激励化。吸收西方社会民主主义政策在这方面的教训，除养老金外，一切扶贫资源的投放都必须强化激励机制，防止"懒惰效应"。首先应强化导向性，激励受益者自我奋斗、勤奋创业的精神和信心；其次应落实差别性，不吃大锅饭，按受益者的社会贡献有差别地投放；最后应注意动态性，不搞终身制。为此，反贫困工作应充分发动和依靠基层社区的积极性、责任感和规范性，并在群众代表的监督下实施。五是统一化。这里说的统一不是"横向"的概念，而是"纵向"的概念。即消除政出多门、分兵把口的现象。蔡昉提出的"两种扶贫模式被两个部门分割开，不利于扶贫事业的进展""国家应对扶贫资源进行整合"的建议，我非常赞同。

（发表于《当代财经》（南昌）2005 年第 9 期）

论南方山区开发的战略指导思想

正当全国城乡如火如荼地推进着现代化进程的时候，占国土总面积 1/3 的山区①却仍然徘徊在贫困线上。在那里，传统的观念形态、"平静"的生活方式、准中世纪的经济循环，等等，简直像宋人王琪诗句所写的那样："不受尘埃半点侵，竹篱茅舍自甘心。"尽管从中央到地方投入了大量资金，采取了许多措施，但收效并不理想。这样，山区问题便成了中国迈向现代化中的一个拖后腿的大难题。山区问题的症结何在？出路如何？笔者试图根据南方山区的情况提出一点想法。

一、贫困与富饶

就大多数山区情况来说，一贫二愚，贫困造成愚昧，愚昧又造成贫困，两者难解难分，形成恶性循环。以湖北省大别山区为例，全区在人均 200 元绝对贫困线以下的农户约占 33%，痴呆傻者占人口总数的 5%，文盲、半文盲的低能者占总人口的 38.4%。大别山区在整个南方山区中还是相对发达的都尚且如此，那其他一些山区的贫困程度就不用说了。

但在这种"一贫如洗"的背后，却暗藏着一个相反的现象：大多数山区竟然都是资源"富户"。山区占有广阔的国土资源，有着大量的宜林山地，仅南方山区就有着 5 亿亩以上的草山草坡；山区拥有丰富的矿藏，无论金属矿还是非金属矿大都居全国前列；山区有着种类繁多、潜力很大的生物资源，特别是像林特产品、药材、基因资源等，简直是非山区莫属；山区还蕴藏着十分巨大的水能资源，仅鄂西武陵山区 60 条河流就达 280 万千瓦，等等。

这种近似"捧着金饭碗讨饭"的现象，《富饶的贫困》一书的作者已写得够充分了。现在最迫切的问题是要探讨中华人民共和国成立近 40 年、党的十一届三中全会召开至今也过了 10 年，为什么山区的经济与社会发展得如此缓慢，病根何在呢？

二、非耗散结构

我们认为山区社会是中国在党的十一届三中全会以前千百年的社会缩影。它是一种"非耗散结构"。在这个社会中，人们"日出而作，日没而息"；生儿育女，繁衍生息；安于贫穷，与世无争。"一杯黄酒一盆火，除了皇帝就是我。"既有老庄的"无为"，又有孔孟的"非利"。视经商为歧途，视赚钱为耻辱，视离乡为非分，视新风为洪水。人们高度习惯于"千年一本""照经念佛"，年年如斯、代代如斯地循环下去。

---

① 不包括高原面积。

在这种非耗散结构——表象为超稳定的社会心态结构——面前，一切社会进步的冲击波，都会大大降低速率，都会减弱力度。即使产生过很大的涨落，由于其内在的强韧惯性，也会很快地恢复旧有的常态。武装革命的强大震荡，曾使许多山区成为革命根据地。这些根据地由于有大批外来革命者的进入而一度成为政治的先进地区，但随着革命向城市的推移又落后了。这是因为革命对于绝大多数农民来说(当然不包括少数先进分子)，也像历史上的农民革命那样，最初也只是祈求换一个"真命天子"，来一个"救星"，以改变他们水深火热的处境，恢复他们平静的田园牧歌式的生活，并没有也不会有城市工人阶级乃至第三阶级的那种对新的生产方式和生活方式的追求。我认为，这应该是大多数山区为何长期停滞落后的症结所在。

那么，这种非耗散结构又为什么得以如此顽强地留存呢？这是因为，支撑着这一结构的三大支柱，无论是在中华人民共和国成立前的漫长岁月中还是在中华人民共和国成立以后的几十年中，都未能受到致命的摧毁。这三大支柱就是：自然经济、宗法血缘体系和封闭隔绝。自然经济是非耗散结构的基础，宗法血缘体系则是非耗散结构的灵魂，而封闭隔绝则是维持这一结构的桎梏。

自然经济、封闭隔绝与宗法血缘体系，都是封建社会遗留下来的痕迹，是同一个问题的几个方面，是造成山区一穷二愚恶性循环结构的原因(见图1)。

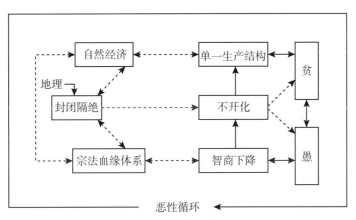

图1　恶性循环结构

这个框图说明：以自给自足的小生产为特征的自然经济，一方面由于它生产结构单一，成为山区贫困的直接根源；另一方面由于与外界交换甚少，它本身就带有封闭性，人口被固定在土地上，人们在狭小的社区范围内繁衍生息，构成十分浓厚的宗法血缘体系。一方面由于近亲繁衍，人口的智商下降，成为山区愚昧的自然根源；另一方面人口智商的退化又加强着自然经济和封闭趋向。封闭隔绝从经济上来说是自然经济的派生物，从社会上来说与宗法血缘体系有着相生相长的关系，而在山区，由于地理环境的封闭性和交通不便，其更大大地得到了强化。在这种封闭隔绝状态下，外界商品经济的洪流受到阻塞，人口流动的激发机制几乎等于零，致使宗法血缘体系较之平原地区表现得更为顽固，从而延缓着山区自然经济与宗法血缘体系的解体过程，成为其"保护伞"，是山区摆脱一穷二愚的最关键的"枷锁"。山区之所以贫愚交加，恶性循环，其"因果链"也许就在这里。

三、治本与治标

欲根本改造山区这种非耗散结构，必须彻底改变它的三大支柱：通过大力发展商品经济以加速自然经济的解体，通过商品经济的发展和鼓励人口迁徙与流动以加速宗法血缘体系的解体；与之相配合的是，逐步完善山区的交通、通信网络，全面强化山区与外界的联系以彻底改变其闭塞状态。

显然，治本绝非短期所能实现的，需要好几个五年计划才能变为现实。因此，必须治本与治标相结合，在近期采取全方位开放与放开的方针，也就是说，从打破其封闭性入手，推动山区内部激励机制的发育。

山区这种非耗散结构，用物理学的术语来说，就是一种"热力平衡"的无序结构。为什么会产生热平衡？就是因为山区系统与外界物质、能量、信息、人口交流甚少。没有这种交流任何社会系统(开放系统)都会无序化——闭塞化、停滞化。闭塞造成愚昧，停滞造成贫穷；贫穷加深愚昧，愚昧加深贫穷。治贫治愚，打破这个难解难分的循环结，就应从开放与放开入手。

所谓"开放"，就是敞开山门，欢迎"入侵"，鼓励"外流"。后进地区对于外界进来开厂办店，不应有"入侵"的偏见。外来客商虽赚了钱，但帮助本地开发了资源，增加了就业，活跃了市场，增加了本地人民的收入和政府的税收，更重要的是沟通了信息，提高了本地人的素质。这何乐而不为呢？做学生总是要付学费的。山区闭塞不会经商办厂，要向别人学习；别人如果无利可图，怎么会来呢？山区人出外打工经商，开始也总会吃点亏。不吃亏如何能学到本领？这也是付学费。

所谓"放开"，就是放开政策，采取比一般地区更为松动的政策。这些政策包括所有制政策、经营政策、税收政策、土地政策。我国目前处于社会主义初级阶段，如果说一般都应采取以公有制为主体多种所有制并存的多元化所有制结构，那么山区就更应该放开一些，允许个体经济、私营经济乃至混合经济有更多的发展。在经营形式上，应允许租赁制、股份制有更多的发展。在税收上，应给予更为优惠的政策。在土地租赁、出让，国土资源的开发性承包或租赁等方面，也应采取更为灵活的政策。山区本来就落后，如若仍按常规政策与办法行事，就永远也难以赶上一般地区。在这方面，各级决策部门应给山区以更大的自主权。为此，在行政体制上，应尽量减少层次，强化县(市)、镇、乡的自主性，弱化乃至撤销专区和县以下的区，在政治体制改革上山区也可先行一步。

在开放与放开的前提下，积极调整山区的产业结构，下大力气改变山区单一种植业的自然经济。山区产业调整的方针，应是保护生态，稳定农业，劳务与流通起步，资源开发先行，有步骤地发展以科技为支柱的商品经济。

保护生态，不仅对山区本身具有重大的、长远的意义，而且对于全国的意义也很大。我国是一个多山的国家，生态平衡、水土保持，首先要取决于广大山区生态平衡的恢复。目前，黄河为患，长江含沙量增加，北方缺水等，在很大程度上是由于山区植被的破坏。山区生态平衡的破坏，不仅会毁灭山区社会本身，而且会恶化全国经济社会的发展。

农业不仅是山区经济的基础，而且在相当长的时间内它还是山区经济的主体。山区经济要起飞，首先得解决粮食问题。从现实情况出发，由于交通不便，靠从区外运入粮食是不甚现实的。根据各地的经验，推广各种适用技术，建立山区的基本粮食生产基地，是稳定农业的可靠途径。

目前，制约山区经济发展的最重要因素，就是人才与资金的短缺。在相当长的时期内，国家尽管想尽力支援山区建设，但却不可能有较大的资金投入。社会虽也会尽力动员人才支援山区，但也不可能由外力来改变山区人才短缺的局面。山区开发，主要还只能依靠山区自身的资金积累和人才培养。要迈开这一步，最符合投资少见效快的途径就只能是劳务输出和发展流通。劳务输出有多种方式，建筑队外出包工程是一种方式，输出"保姆"也是一种方式，最近，"十万湘军下珠江"去承包广东省工业发达地区的农田又是一种方式。通过劳务输出，既可积累资金，又可提高劳动力素质和沟通信息，还可促进本区的劳动力转移和规模经营。在此基础上，就有一定的条件发展本区的商业与第三产业，并开始山区资金积蓄的过程。然后，通过政策鼓励和合股集资等方式，多渠道、多方式地通过"滚雪球"建立起自己的工业体系。我认为山区的工业化，主要应走这样一条以培育内部激励机制为主的道路。当然，这并不排斥国家可以在保证效益的前提下，安排一些工业项目，以帮助山区形成工业骨干。但由于人的素质、管理水平乃至后续资金供应跟不上，这些项目不可能很多，也不能完全改变山区的基本面貌，湖北的郧阳地区和十堰市即是一例。何况鉴于今后国家的财力与生产力布局再也难以搞第二个十堰市了。

山区的工业化，是山区开发的火车头。但山区工业应从何启动，则是一个值得很好研究的问题。现在一般山区大都是"眼睛向上"，争大项目，不管这些项目是否符合本区的条件和市场状况。因而，有不少项目在建成之后就发生原料不足、技术跟不上、市场狭窄、运费高昂等问题，处于不景气甚至濒临倒闭的困境。

这貌似实践的问题，实则是一个重大的理论问题，即对什么是"工业化"的理解问题。工业化绝不是简单地办工厂，也绝不是工业产值超过百分之几十的问题，它的含义比这些深刻得多、广阔得多。工业化的确切含义，应是指由传统的农业社会向现代的工业社会的转变。也就是说，它不是单纯的工业企业数量增加的"分子位移"现象，而是一个以工业发展为中心，社会基础结构、社会管理结构、文化教育结构、生活消费结构、社会心理与消费习惯结构等全方位"整体位移"的现象。人为地单纯增加工业项目，如果其他各方面跟不上去，那就好像把一位高能物理专家派到山区去当县长一样，是无法发挥其应有效益的。更何况工业本身还有一个行业配套问题。这也是"三线"企业目前要大量"下山"的原因。

因此，山区工业化，从主流来看，似应从本地的资源开发启动。由于原料有保证、资金投入较少（劳动密集正好发挥山区劳动力的优势）、技术与管理相对低级、市场比较有保证等条件，这比较能适应山区生产力、人口素质和信息相对不灵以及资金短缺的现状，可能性及效益相对会好得多。通过资源开发的启动，然后再根据客观条件发育的情况，逐步向加工业和其他工业行业开拓。湖北省嘉鱼县官桥8组就是一个很好的例证，该村是一个偏僻的小山村，从挖小煤窑起家，然后利用自产的煤和有限的资金就地取材办起了一个砖瓦厂，赚了钱以后又陆续办起了家具厂、沙发厂等近10个小企业，并实行"以工补农"。全村工农并茂，人均收入1400余元，家家盖了小洋楼，买了新彩电，达到了小康水平。这种"资源开发起步型"的道路不失为山区工业化的一个可供选择的样板。

四、阶段与组合

山区开发是一个复杂的系统工程。从大的方面说，经济、政治、社会、生态、科技、教育百废待兴；从具体的方面说，资金、能源、设备、人才、信息、交通、体制、观念样样贫乏，简直是千头万绪，互相牵扯，"一团乱麻"。因此，山区从无序到有序，绝不能采取"头痛医头，脚痛医脚"的手工业方式，必须进行系统运筹。

总的来说，山区开发的系统运筹，应该从山区的现状出发，分为若干个符合客观经济社会发展的战略阶段。每个阶段由低序到高序形成因果关系，前一阶段为后一阶段创造必要的条件；同时，每个战略阶段又使各种开发措施与投入要素形成一个最优组合结构，造成开发的"合力"。我认为，山区走向现代化，大体要经历四个阶段：调养阶段——起步阶段——发展阶段——成熟阶段。

(一)调养阶段

就多数山区来说，由于其发展要迟于一般发达地区整整一个历史阶段，显然，企图用一般发达地区的战略来开发山区是难以奏效的。例如，有的偏远山区一开始就上第一流的西服生产线和电子玩具厂，由于工艺与管理跟不上去，市场又相距太远，很快就停业了。一个高明的医生面对病入膏肓的病人，开处方必须首先考虑恢复体质，然后才能对症下重药。否则，由于体质太弱，承受不了重药的刺激反而会丧命。山区何尝不类似这样？因此，山区开发的第一阶段应是调养阶段。

所谓调养，就是休养生息。这一阶段的目标是基本解决温饱问题。这一阶段的政策立足点是减政轻赋、留利于民(而不是留利于政府)。这一阶段各项措施的组合结构，应以提高人的素质为中心，积极鼓励劳务输出，推广适用技术稳住农业，并在保护生态的前提下发展内力与外力相结合和出卖开发本地资源的乡镇企业。这种优化结构模式可用图 2 表示。

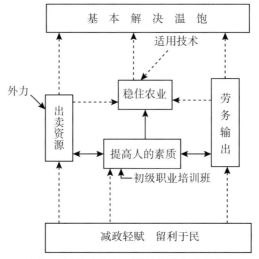

图 2　调养阶段各项措施优化组合结构

这种结构模式，当然是从主要的方面来设计的，它完全不排斥某些非主要的因素。例如，少数既符合本地条件又比较先进的工业项目的投入；个别地区由于全国性、全省性大规模项目的兴建(如大型矿山的建设、铁道干线的修筑、大型水电站的修建等)，也可能发生突发性的跃迁。但就一般待开发的山区而言，上述调养阶段是不可少的。这个阶段的发育为下一阶段准备了必要的农业基础和人才资金条件。

(二)起步阶段

起步阶段的目标是全面脱贫。这一阶段全部政策措施的立足点应是培育山区发展经济的内部激励机制——全面改变过去"有钱不想赚"的局面。因此，这阶段各项措施的组合结构，应以全面发展商品经济并提高居民商品化意识为中心，积极发展交通、流通，促进山区市场的发育；推广工业适用技术，进一步发展资源深加工、精加工的地方工业(包括乡镇企业)；大力植树造林，并发展大生态农业，与此同时，山区的教育要实行根本的改革，本着以职业教育为主、初中级为主的方针，改变目前以普通中学为主的教育结构，基本改变山区高智商人才外流的趋向。① 这种优化组合结构，可用如下框图示之(见图3)。

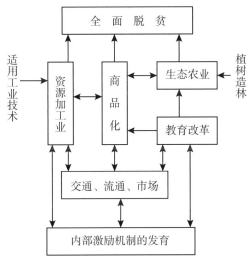

图3　起步阶段各项措施优化组合结构

起步阶段的发展为山区经济进入大发展阶段准备了符合商品经济要求的动力结构和更为充分的资金与人才条件以及必要的基础结构。显然，没有大体具备这些条件，山区经济是难以大发展的。

(三)发展阶段

山区发展阶段的目标是达到小康水平。这一阶段优化组合结构的立足点是全面提高山区的科学技术水平——彻底改变山区的愚昧状态。围绕山区工业化这个中心，实现山区政

---

① 目前山区大多数人才出超，因为高考升学率高；而大学毕业后回山区者寥寥无几。

治体制的改革,基本改变山区行政主宰经济与地域分割封锁的格局;实现农业的基地化、商品化;外力与内力结合进行工农开发性的投入,发展专科教育与大规模地引进人才。这种结构模式,也可用框图表示出来(见图4)。

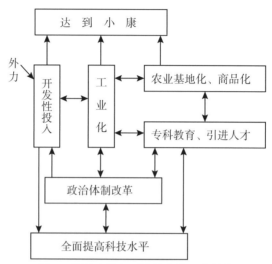

图 4　发展阶段各项措施优化组合结构

这一阶段对山区的开发与发展具有决定性的意义。它是山区经济由传统的一元结构迈向比较成熟的二元结构的阶段,是山区社会由封闭的宗法社会开始走向解体的阶段,是山区科技由低级的"能工巧匠"层次走向专家层次的阶段。

欲实现本阶段山区发展的目标,关键在政治体制改革。如果说行政壁垒和地区分割是全国社会主义商品经济发展的赘瘤的话,在山区则表现得更为严重。在这种"体制贫乏"的基础上,任何好的改革与发展方案往往都会变形,一切投入的经济与科技项目其效益往往都会大打折扣。

(四)成熟阶段

山区由发展阶段过渡到成熟阶段,是一个历史性的飞跃。这一阶段的目标是实现山区的富裕。本阶段优化组合结构的立足点是全面地提高山区社会管理水平。各项措施围绕山区现代化这个中心进行组合配套:农业实现技术革命与规模化;实现山区大生态的优化;基础设施更加完善。要实施上述战略措施,一方面有赖于山区人口的大流动和转移,另一方面还要求全国大规模地增加对山区的投入。这时,全国发达地区已率先进入了现代化阶段,完全有力量通过国民收入再分配,将发达地区的部分超额利润用来支援山区现代化。这种组合结构见图5。

山区开发只有到这个阶段,才会实现治本的目标:自然经济彻底解体,全面建立起社会主义商品经济体系,宗法血缘体系彻底解体,建立起新型的开放式的山区社区,并基本实现了由二元经济结构向工农一体化的一元经济结构的过渡,山区社会也像一般地区一样走上了经济、社会、生态、科教协调发展、良性循环的康庄大道。

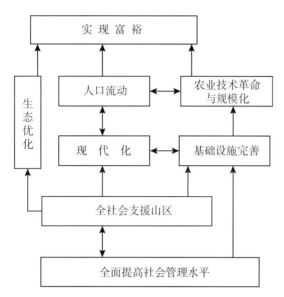

图5　成熟阶段各项措施优化组合结构

（1988 年 7 月脱稿）

（中卷）

——发展与现代化

■ 夏振坤　著

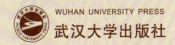

武汉大学出版社

图书在版编目(CIP)数据

夏振坤文集.中卷,发展与现代化/夏振坤著.—武汉:武汉大学出版社,
2021.12
ISBN 978-7-307-22816-0

Ⅰ.夏… Ⅱ.夏… Ⅲ.①夏振坤—文集 ②社会主义经济学—文集
Ⅳ.①C53 ②F04-53

中国版本图书馆 CIP 数据核字(2021)第 271892 号

责任编辑:陈 红   责任校对:汪欣怡 李孟潇   版式设计:马 佳

出版发行:**武汉大学出版社**   (430072 武昌 珞珈山)
        (电子邮箱:cbs22@whu.edu.cn 网址:www.wdp.com.cn)
印刷:武汉精一佳印刷有限公司
开本:787×1092 1/16 印张:27.25 字数:643 千字 插页:4
版次:2021 年 12 月第 1 版   2021 年 12 月第 1 次印刷
ISBN 978-7-307-22816-0   定价:428.00 元(全三卷)

目　　录

经济改革与发展的若干重大问题

一、经济体制改革的哲学思考

中国的经济体制改革，就其目前已经出台或即将出台的内容来看，实际上包含两个基本方面，即社会主义关系实现形式的改革和社会主义社会生产关系结构的调整。

首先，生产关系作为一个哲学范畴，并不是一个浑浊一体的东西，它的内部是有着严密而清晰的层次结构的。具体地说，包含密切联系而又相对独立的三个基本层次：内涵层、外形层和边缘层。内涵层是生产关系的核心或本质，主要是指生产资料所有制关系和建立在所有制关系上的产品分配关系。例如，是私有制还是公有制，是剩余价值剥削关系还是按劳分配关系。这个层次的变化反映生产关系的质的变化。外形层是生产关系内涵层的实现形式，它植根于内涵层但又可以在不改变内涵层本质的条件下灵活地改变表现形式。它主要是指所有制的形式、分配的形式和管理的形式。例如，私有或公有的性质通过什么产权形式来实现，剥削或按劳分配通过什么分配方式来实现等。这个层次的变化，反映生产关系的量的变化，在一定的区间内其变化不会引起内涵层的变化，相反还可加强内涵层的稳定性。边缘层是生产关系与生产力的交叉层或结合部。它既具有生产关系的属性，又具有生产力的属性，主要是指劳动组织、管理方法、劳动报酬办法等。它的变化，往往带有"中性"，即不同的生产关系都可以通用，所以一般并不会带来生产关系的变化。一般地说，生产力是最活跃的因素，生产关系的边缘层随着生产力的变化而及时变化；生产关系的外形层则随着边缘层的变化而进行微调，其变化速率小于边缘层而大于内涵层；生产关系的内涵层则具有更大的稳定性。

一种社会制度，其时间跨度是很大的，而在此漫长的时间跨度内，生产力、科学技术以及由此而引起的部分经济与社会结构却是经常地在发生着变化。一种制度，或者说一种生产关系，如果它停滞不动，那就会成为生产力发展的桎梏，因此，它必须跟着变化。而这种变化，既要使其能很好地适应变化了的全部经济社会存在而又不致根本改变其自身的本质。一种制度是否具有生命力，或生命力的强弱，正表现在这里。

其实，在历史上，任何一种社会制度都在不同程度上，在保持其主体生产关系内涵层特征的前提下，随着生产力的发展变化设法改变其生产关系的外形层（边缘层更不用说了），即进行不同深度的改革去适应变化了的生产力，以维护代表主体生产关系的阶级的根本利益。我们看一看全部的人类社会发展的历史，就不难发现：几乎没有一种生产方式是成年和幼年完全一个模式的；但我们也会发现：几乎所有的人类曾经出现过的生产方式，尽管经历了许多的变化，而它的最根本的东西——生产关系的内涵层并没有变。

——封建制度，它在中世纪登峰造极时的模样，显然同它刚从奴隶制脱胎而出时大不一样。由对农奴的人身强制到自由租佃,由实物租到货币租……封建制度下,也曾进行过许多有名的"变法运动"。但不管它怎么变法,封建制的根本——封建土地占有制和地租剥削关系则没有被触动。应该承认,这些"变法"或改革,虽无法改变封建社会最终灭亡的命运,但也确实使它维持了千年之久。

——资本主义制度,别看它今天摆出一副文质彬彬的姿态,谁能忘记百年以前它贩卖黑奴、镇压印第安人、残酷剥削工人农民、疯狂杀人越货的狰狞面目呢?资本主义制度制造出来的愈来愈社会化、国际化的生产力,使得狭窄的私人占有的生产关系容纳不下了。特别是由于20世纪30年代的大萧条和第二次世界大战后社会主义的兴起,为挽救资本主义大厦之将倾,资产阶级被迫进行了大刀阔斧的改革。罗斯福新政、社会民主主义的改良……资本主义换上了"新装"。由"血汗制"换成了"福利主义",由资本家直接管理换成了代理人管理,由"个体资本家"变成了"集团资本家",变成了"资本社会化""国家化"……我们承认,这些改良对推进生产力的发展有其积极的一面,但如果就此认为似乎今天的资本主义已经"民主化""人道化""人民化",那就不符其实了。其实,这都是变色龙的"障眼法"。它只是改变了资本主义生产关系的外形层,而牢牢地保护和强化了它的内涵层——资本主义私有制和剩余价值剥削关系。就连最福利化的瑞典,也仍然是垄断资本的天下:国有企业营业额仅占其GNP的14%(1978年),10%的股东掌握了全国私人资本的75%左右。

社会主义国家的改革,是体制(生产关系外形层)的改善,而不是制度(生产关系内涵层)的变更。为适应和促进生产力的发展,在保持社会主义生产关系内涵层相对稳定的前提下,不断通过改革生产关系的外形层使之适应变化了的客观存在,不仅不应感到奇怪,而且正是巩固与发展社会主义制度的必需。具体地说,在维护社会主义公有制和共同富裕的前提下,对公有制的实现形式(国有、集体所有、合作共有……)、经营方式(国营、承包、租赁、股份制……)、运行机制和分配方式进行必要的调整与改革,使之更有利于社会生产力的发展,不仅不是背离社会主义道路,相反正是为了使社会主义生产关系能更好地适应生产力的发展,从而达到真正坚持社会主义道路的目的。在使自己不断适应新形势这一点上,我们还是值得向资本主义学习的。

就一个特定的社会发展阶段(如封建社会、资本主义社会、社会主义社会……)来说,生产关系往往是以一种结构和体系而存在,即既存在起主导作用的生产关系,又存在某些附属的生产关系。这是由生产力的结构所决定的。生产关系决定于生产力状况的规律,我以为包括两层含义:总体决定和结构决定。以中国为例:中华人民共和国成立初期,一方面,在官僚买办资本基础上形成的现代社会化生产力虽然比重还不大,但已经可以左右整个国民经济的发展。因此,根据矛盾统一体的性质决定于矛盾的主要方面的原理,从总体决定上看,完全可能通过没收官僚买办资本形成社会主义公有制的国有经济,使中国在总体上走上公有制为主体的发展道路。另一方面,中国的生产力结构又是多层次的,既有城市的社会化大生产,又有存在于农村的汪洋大海的农民小生产;既有现代大工业生产力,又有更普遍的手工劳动的落后生产力……公有经济的生产力,虽能从总体上影响国民经济的发展方向,但却暂时无力无所不包地承担起社会经济生活一切方面的需求。因此,从结构决定上看,在以公有制为主体的条件下,应允许多种形式的非公有制作为补充,以弥补公有经济实力的不足；公有制的内部结构，也应允许在以全民所有制为主导的同时，多种由低而高的公有制具体形式(特别是合作经济)为补充。公有制内涵的提高和外延的扩大，都应视生产力的社会化发展程度而逐步推进，不能一步到位。

总之，生产关系层次论和生产力的双重决定论，对于我国的经济体制改革也许可以提供某种哲学依据。

二、经济改革的取向问题

综观早期其他社会主义国家，之所以长期以来受到效率不高、资源浪费和供给不足的困扰，其基本原因不在社会主义制度本身，甚至也不在计划经济本身，而在过分集权于中央的产品经济的计划经济模式或体制。这种模式的理论渊源是非商品经济论，认定商品经济是社会主义的异己物，否定或力图削弱市场的作用；它的决策方式是自上而下的单向封闭型决策，致使决策迟缓且失误率较高；它的运行方式更多地依赖行政命令；它的组织结构主要是金字塔式的纵向从属关系。

历史地看，这种高度集中的计划-产品经济模式，由于具有动员社会资源的巨大能力和速率，在社会主义建设初期，在极短的时间内打下了工业化的初步基础，对保障经济独立，提高国家地位，安定人民生活，有过不可磨灭的历史功绩。但是，随着经济向国际化、信息化、科技化发展，在新的形势下，这个模式愈来愈暴露出它无法适应瞬息万变的经济发展。其主要弱点在于：企业缺乏活力，经济运行呆滞，发展动力不足。这些弱点的连锁后果见图1。

从图1可以大致看到，旧有的体制(模式)排斥商品经济和市场机制，致使企业不活，运行呆滞，动力不足，从而造成供给短缺，结构劣化，劳动效率低，投资冲动大。前两者必然导致经济的粗放增长，后两者导致经济效益不高。低效益的粗放增长，则是经济效率低的直接原因。社会主义在当前之所以受到资本主义的挑战，经济方面在很大程度上是出在经济效率问题上。众所周知，由于资源的稀缺性，如何使有限的资源在更短时间获得更大的有用价值，或者说为获得相等的有用价值而消耗更少的资源，是直接关系到社会总财富积累速率的重大关键，是决定社会富裕程度和综合国力的主要途径。据世界银行1984年《中国：长期发展问题和方案》的考察报告：每美元国内生产总值所消耗的能源(公斤标煤)日本是0.51，美国是1.05，印度是1.77，中国是2.9(均为1980年的数值)。每百万美元国内生产总值所消耗的钢材(吨)，日本是63.0，美国是44.8，印度是98.4，中国是127.3(均为1981年的数值)。每美元国内生产总值所消耗的货运量(吨公里)，日本是0.41，美国是1.8，印度是1.67，中国是3.1(年度同上)。这就是说，投入同样多的资源，日本比中国多产出1~4倍的财富，美国多产出1~2倍的财富。这些数字不一定能精确地说明现实情况，一则涉及美元与本国货币的兑换比例不尽合理，二则各国的产业结构不尽相同。但即使扣除这些因素，中国的经济效率显然还是偏低的。当然，经济效率低，同我们还处在工业化的外延发展(或数量增长)阶段有关，但主要的还是如前面所阐述过的那样，是高度集中的计划-产品经济模式所造成。正由于此，我们才搞经济体制改革。改革的对象正是缺乏市场机制的旧的过分集中的计划模式。

所以，改革的取向问题本来就是十分清楚的，它绝不会是计划取向。如果是计划取

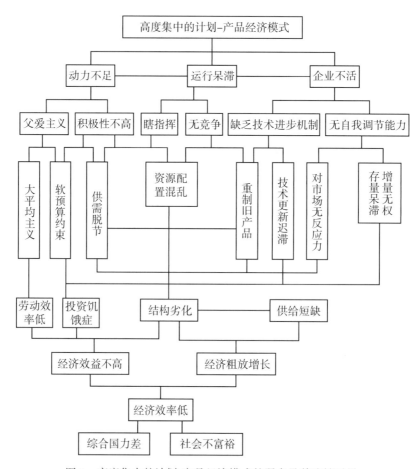

图1 高度集中的计划-产品经济模式的弱点及其连锁后果

向，那就不需要改革了。之所以要改革，正是要对旧的计划经济模式进行矫正，引入市场机制，使之富于活力。也即是将计划与市场有机地结合起来，使宏观有效调控与微观有序放活结合起来，达到社会主义经济得以持续、稳定、协调发展的目的。显然，在机制改革取向问题上，关键是要提出一套计划与市场如何结合的思路。长期以来，我国学术界和实际工作中，对计划与市场的关系问题，经历过多次争论。有"板块论"与"渗透论"之争，有"双覆盖"与"主从论"之辩。我个人认为，以上这些论见，大都是从社会主义条件下计划与市场关系的某一个侧面、某一个层次观察的结果。它们既有一定的客观性，又有明显的局限性。因此，它们既不能全面地描述计划与市场的整体关系，又不能对它们一概加以排斥。我以为计划与市场的关系，似应做如下的描述(见图2)：

图2说明：(1)计划与市场都是双覆盖的，即：计划管理，既覆盖"直接计划之内"的部分，即硬计划部分；又覆盖"直接计划之外"的部分，即软估算部分。实践证明，如果没有后一部分的软估算，就很难实现宏观经济总量的综合平衡，从而也很难确定有计划地调控市场的方针对策。市场调节，既覆盖"直接计划之外"的部分，即全面调节部分(包括生产、分配、流通、消费)；又覆盖"直接计划之内"的部分，即局部调节部分(主要是流

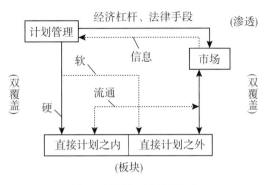

图 2 计划与市场的关系

通领域）。实践证明，如果没有后一部分的调节，国营大中型企业就不能参与市场竞争，从而就根本无法搞活。这是第一个层次。（2）计划与市场又必须是相互渗透的。即：计划管理，必须建立在市场信息的基础之上，不能盲目瞎指挥。市场调节，在总体上要受到计划（通过经济杠杆和法律手段）的调控，避免过度的自发性。这是第二个层次。（3）计划与市场，在具体的"计划工作"中实际上属于两大块，即：直接计划的"计划内"一块和直接计划的"计划外"一块。这种"板块"格局，即使到社会主义高度发达之时恐怕也不会消失。因为，社会主义经济要保证持续、稳定、协调发展，如果不对宏观经济总量及其比例关系、影响国计民生至关重要的少数部门、企业乃至产品实行"直接计划"，就难以做到。当然，随着社会主义经济实力的增强和有计划商品经济运行机制的不断成熟（特别是人们对运用经济杠杆调控市场的能力的增强），"直接计划"这一块会逐渐缩小。这是第三个层次。以上三个层次，依次是一种相互包含的关系：第一个层次包含第二、第三个层次，即"渗透"是"双覆盖"的条件，"板块"是"双覆盖"的基础。所以，我认为这三种理论并无根本抵触，而是可以相互融合的。有中国特色的社会主义商品经济的运行机制，可能就产生于这三种理论在实践中相互融合的过程。

从以上对于计划经济与市场调节相结合的模式描述中可以看出，尽管计划管理有待于完善，但改革的主攻方向还是加强和健全市场调节的体系和机能。

三、改革与发展的关系及其实施的对应性

我曾多次提出，改革不是目的本身，改革是手段，发展才是目的。改革正是为了排除发展的桎梏或障碍。改革与发展的这种本质关系要求我们在处理改革的问题时，必须注意两点：第一，改革的长远目标决定于发展的目标。一般地说，改革的单项措施或某一个短期的区间，可以就改革本身的预期来确定某种目标；但是整个改革的进程或最终的"彼岸"的目标，是无法从改革本身求得的。如果就改革论改革，那就像"运动就是一切，目的是没有的"一样。第二，改革的任何措施、计划，都必须切实从"发展"的水平（或阶段性）出发。也就是说，改革的深度和广度乃至速度，都要受到发展的程度所限制。两者在实施过程中，必须注意相互适应。

为了深入探讨这个问题，有必要就什么是发展的核心问题，发展与商品经济的关系，结构转换的模式与阶段性和改革的目标与阶段性等问题做一些说明。

1. 结构转换是发展的核心问题

如果说，人们习惯地把"增长"理解为在既有经济结构基础上"更多的产出"，那么，"发展"则意味着生产和分配所依赖的技术和体制的变革，意味着产业结构、产出结构乃至整个社会素质的改变。[①] 概括地说，发展不但包含产出的增长，而且还包含"结构的转换"。这应是发展的核心问题。

对于我们中国来说，结构转换就是由传统农业国转向现代工业国，通常简称为工业化。但是什么叫"转向现代工业国"，什么叫"工业化"，人们曾有过不同的理解。如果把"工业化"仅仅理解为工业企业的增加，工业产值超过工农业总产值的70%就叫工业化，那么这种"工业化"几乎是可以通过财政增加投资，增设工厂就可能达到的。事实上，无论是斯大林时代的苏联还是党的十一届三中全会以前的中国，大体上都是这样理解，都是这样实行，同时也都是按这种标准而宣布实现了"工业化"。而为了实现这样的工业化，便不可能不严酷地"吮吸"农业与农村以取得资金和廉价原料，致使农业发展远远落后于城市工业；农业的落后，粮食与副食品的缺乏，又不可能不用强制的手段增加农民的劳动强度，乃至动员"人人都有两只手，不在城里吃闲饭"，迫使"劳力归田"。这种"片面工业化——农业跛足——人口回归农业——工业化更加困难"的"怪圈"，一直缠绕着中国达20年之久。这种"怪圈"，西方古典经济学称之为"李嘉图陷阱"。

无论是马克思主义经济学还是现代西方经济学，从来都没有如此狭窄地界定"工业化"范畴。马克思在《资本论》中一再阐述：大工业革命，必引起整个社会一系列的革命。个别产业部门生产方式的革命，引起别的生产部门的革命；工业的革命，引起农业生产方式的革命；工业和农业的革命，引起"社会生产过程的一般条件"的革命（如交通与运输的革命）；还将引起"社会经营方式的革命"，引起"劳动新的机能及劳动过程"的革命⋯⋯张培刚教授对"工业化"的定义，接近于马克思上述原理："'工业化'可以被定义为一系列基要的'生产函数'连续发生变化的过程。这种变化可能最先发生于某一个生产单位的生产函数，然后再以一种支配的形态形成一种社会的生产函数而遍及于整个社会。"[②]据此，我个人认为工业化应该是一个国家由传统的农业国转向现代工业国的过程，这个过程绝不只是某种数量的变化，而是全社会的整体位移。它包括经济的、社会的、文化的质变——用现代工业文明取代传统农业文明。具体地说，这种结构转换意味着社会的人力资源与物质资源由农业部门向非农业部门流动，造成整个社会的产业、就业、收入、消费、贸易、文化⋯⋯诸多结构的本质变化。从产业结构上说：一次产业呈相对减少，二、三产业呈相对增加趋势，这反映为产业的非农化过程；从就业结构看，一次产业就业人口呈绝对减少，非农产业就业人口呈绝对增加趋势，这反映为人口城镇化过程；从消费结构看，居民与企业自给性消费呈绝对减少乃至接近于零，商品性消费呈上升趋势，这反映为城市与农村的

---

① 金德尔伯格等：《经济发展》，上海译文出版社1986年版，第5页。

② 张培刚：《农业与工业化》（上卷），华中工学院出版社1984年版，第70页。

专业化过程；从贸易结构看，农产品及初级产品呈相对和绝对减少，非农产品及农产品加工制成品呈相对和绝对增加趋势，这反映为社会与农村的商品化过程；从文化结构看，呈农村封闭性、独立性不断削弱，工业文明强化渗透的趋势，反映为文化的现代化、城市化过程等。总之这种转换是多维的、全方位的。

2. 结构转换有赖于商品经济的发展

如果我们这样来界定"结构转换"（或工业化），那么，接下来的问题就是：没有商品经济的高度发展（包括城乡间广泛的商品流通和资源流动）能行吗？显然是不行的。一般的政治经济学知识告诉我们，实现国家工业化的条件是很多的，但其中至关重要的有两条，第一条，就是解放农业劳动力，并使之具有日渐提高的现代文化素质。换句话说，就是在工业化的同时，必须有农业劳动的非农化和农村文化的城市化过程。否则，工业化是无法实现的。历史上，资本主义工业化，首先是通过剥夺小农以造就大量的"像鸟一样无拘无束的无产者"（马克思语）的产业后备军来实现的。中国在1949年前之所以未能实现工业化，关键的关键也就是封建土地制度使农民束缚在土地上没有人身自由。1957—1978年中国的工业化之所以步履维艰，也正在于城乡分割阻止农业劳动力的非农化。而这种劳动力的非农化，显然和商品经济的发展是绝对分不开的。至于农业劳动力的现代文化素质如果没有商品经济的充分发展，不但不可能培育出来，甚至他们连离土离乡的"勇气"也不会有。

除了这个至关重要的条件之外，工业化还需要一个重要的条件，就是农业的商业化。重工业的发展，需要粮食和农村市场，轻工业的发展除了粮食和市场之外，还需要大量的原料。如果农业处在自给自足的自然经济条件下，就不可能提供这些。工业化必须同农业商业化并进，这也是经济常识，不须在此多费笔墨了。

因此，促进社会主义有计划商品经济的高度发展，既是发展的目标，也是改革的任务。

3. 结构转换的模式与阶段性

综观世界各国的转换历史，大体有四种基本模式：

第一种，内部动员模式（封闭型模式）。即在农业内部，动员剩余劳动力和物力，形成农业内部的资本积累，以提高农业本身的产出率和收益率，从而推进农业的现代化。我国在党的十一届三中全会以前，基本属于这一模式。在人民公社体制下，劳动力不准外流，动员剩余劳动力从事农业基本建设，精耕细作（包括提高复种指数、推行密植）等。这种模式具有致命的弱点。如：（1）缺乏农业外部的"拉力"，无参照系，没有非农高收入的吸引力，动力机制非常脆弱；（2）缺乏农业内部的"推力"，工农、城乡分割，政策限制，剩余劳动力推不出去；（3）难以形成产品与劳动力需求的"弹性效应"，基本无市场机制，产品经济谈何"弹性"？所以，经济效益差，边际利润率下降；技术进步缓慢，劳动生产率低；而且由于缺乏动力机制，只能靠行政强制手段来推行。

第二种，市场引导模式（开放型模式）。即主要通过市场机制（价格、收入、工资等）引导农业的剩余劳动力与物力转到非农产业，以此推进农业的现代化和国家工业化。这一模式需要三个基本条件：(1)劳动力的人身自由和市场放开；(2)非农部门工资、利润率高于农业，并能造就大量就业机会；(3)农业的技术进步可以保证农业劳动生产率相应地提高，不出现"李嘉图陷阱"。日本前期、中国台湾地区和改革开放后大陆部分的沿海地区，基本上属于此模式。这一模式，由于是市场自发调节，在工业化超前推行的国家和地区，就容易产生"盲流"现象——"转移度"超过了非农部门和城市的承受力。

第三种，技术扩散模式(外延型模式)。即扩大农业的外延，不仅把农业看作是"资源供应部门"，而且将其看作是"资源加工部门"，将工业技术向广义农业扩散，促进广义农业与农村工业的高速增长，造就农村内部的就业机会，从而促进农业剩余劳动力与物力向农业的广度和农村非农业的转移，以实现农业与农村的现代化。这一模式需要的基本条件是：(1)城乡之间的市场通畅；(2)对农村集镇的基础设施要有必要的投资，以保证农村工业能优化结构，具有竞争力；(3)农产品价格基本放开，否则也会出现"李嘉图陷阱"，稳不住农业。印度、中国现今一般地区大体如此，这一模式可以部分截住"盲流"，但难以根本解决问题，原因在于农村与城市的反差效应太大。

第四种，有计划的市场引导模式(复合型模式)。即政府将工农业经济发展与城乡就业结合起来纳入宏观间接计划，特别是省及省以下的政府，通过经济社会发展规划、产业与就业政策以及各种经济杠杆来调控劳务市场。由市场来引导农业剩余劳动力有秩序地分层次转移，这方面还没有成熟经验。

看来，除第一种模式不可行之外，其他模式在不同地区、不同时期均有其实践价值。从长远来看，可能将是二、三种模式并用，并逐步向第四种模式过渡。

从时间序列来看，结构转换可能将经历相互交错的三个基本阶段：

第一阶段，由半自然经济向以商业为主的非农部门转换。由于商业与服务业一次性投资较小，技术要求较低，进退灵活，风险较小，利润率较高，对于广大的农民来说，可行性更大。俗话说："十年学艺，三月成贾。"同时，对于人口超饱和的中国，这就可能造就更多的就业机会。当然，这并不是说第二产业没有发展，恰恰相反，在此阶段第二产业也会有很大的发展，只不过是还没有达到发展的高潮。从社会整体来说，商业服务业是发展的"热门"。这一阶段可以为下一阶段的进一步转换，在市场的发育、资金的积蓄、人的商品经济意识和现代化素质的提高等方面创造条件，造成商业资金向产业资金转移的环境。

第二阶段，由重商阶段向以第二产业为主的非农部门转换，这实质上是泛工业化阶段。企业化、商品化、专业化、社会化和整个现代化，要在这一个阶段才能最终完成。

第三阶段，由工业化阶段向后工业化阶段转换，即广泛的第三产业大发展阶段。这也是西方发达国家正在经历的阶段。

我国目前由于缺乏明晰的指导思想和相应政策，"转移"有些超前和扭曲，应大力鼓励农村剩余劳动力和物力以向第三产业转移为主，才能适应我国的人口超饱和现状，造就更多的就业机会。从历史发展的客观情况来说，我国目前应该是处于由第一阶段向第二阶段过渡的阶段。第二阶段的到来，取决于产业投资环境的形成：使企业、农民、个体户、集体经济实体赚了钱不搞"高消费"和浪费(如迷信、大操大办乃至赌博)，而愿意投资兴办工业企业或扩大已有企业的经营规模。

4. 改革的目标与制约因素

在比较系统地阐述了我国的发展问题之后，我们就可以回到改革的目标及其制约因素这个问题上来了。

前面讲过，改革的目标取决于发展的目标。中国的经济改革，从长远来说，"彼岸"是什么？我认为是：通过改革，逐步形成富有生机活力的社会主义的有计划商品经济体制，以促进我国由传统农业国向现代工业国的顺利转换，在不长的时间内，把中国建设成为高度富强、高度民主的社会主义强国。具体地说，这个总目标包含三个相互联系的子目标：(1)坚持以社会主义公有制为主体的多种经济成分并存的所有制结构，发挥个体经济、私营经济和其他经济成分对公有经济的有益的补充作用，逐步形成一种既能保证社会主义国家的有效管理与引导，又能充分调动一切积极因素发展社会生产力的发展主体结构。(2)积极发展社会主义的有计划商品经济，逐步形成计划经济与市场调节相结合的经济运行机制，使计划的宏观有效调控和市场的微观灵活反应有机结合起来，促进国民经济持续、稳定、协调发展。(3)实行以按劳分配为主体、其他分配方式为补充的分配制度，逐步形成相对均衡、协调的利益结构，既允许一部分人（和地区）先富起来，又促使先富帮后富，最终实现社会的共同富裕。

整个的经济改革，都必须以上述目标为准绳来确定自己的目标，按照前述结构转换的阶段性来安排改革的步骤。

经济体制改革，是一个十分复杂的社会工程。在改革的指导思想上，千万要由过去单一的"一包就灵"的思路转向系统的"配套推进"的思路。企图像在20世纪80年代初期农村改革那样，以一种措施的突破来打开全局，看来是根本不行的了。这里有两点必须十分明确：第一，任何一项改革措施都同另外一些改革措施之间存在着有序的关系，即前因后果的关系。例如，前一阵在企业还处在绝对软预算约束的条件下，便对企业放权过多，造成短期行为和分配紊乱，就是颠倒了先后序列的结果。第二，任何一项改革措施的实施都会受到当时经济发展水平的限制，发展的措施如未跟上去，改革的措施就难以成功——往往出现扭曲效应。例如，社会保障体系问题，虽有改革的因素，但其本质属发展问题，在社会保障体系尚未大体生成的情况下，要实行硬预算约束，从而逼迫企业自负盈亏，事实证明是难以行得通的，这也是《破产法》颁而不行的原因之一。

根据以上思路，我企图对我国经济体制改革进行一个初步的系统分析。

我们的改革是社会主义的改革。因此，所有制结构的改革不应是改革的重心，改革的重心应是经济机制的改革。从这一立足点出发，我认为整个改革存在着三大"网结"：放开市场，搞活企业，健全宏观调控。而这三大"网结"的周围，又有着许多的改革"网点"。在网结与网结之间，网结与网点之间，网点与网点之间，都存在着复杂而有序的因果关系（见图3）。

(1)放开市场。"放开市场"不完全是一个主观的行为，它要受到两方面的客观制约：一方面是阻滞因素的制约，另一方面是发展不足的制约。

所谓"阻滞因素"，在我国主要是两个：其一是过分强大的职能部门；其二是地区间的相互封锁。薛暮桥同志讲得十分透彻，他说："过去我国从苏联引进的经济管理体制，认为多种经济活动都应纳入统一的国家计划,实行集中管理。由一个机关来统一管理当然是不可能的,重要的企业由中央统一管理,次要的企业由地方分区管理。中央统一管理的企业,也只能区分行业,委托多个业务部门去分别管理。这样的管理制度,把统一市场破坏了。这显然不利于社会化大生产(这是产生社会主义的物质基础)和生产力的迅速发展。"①实际上,旧的体制下,职能部门不仅管了许多企业,而且垄断了主要的生产要素。因而,如不先行弱化"条条专政",削弱经济职能部门过分干预企业和市场的那部分职权,市场如何能够放得开呢? 各个地区不仅在过去"统辖"了许多企业,而且在改革财政体制,实行"分灶吃饭"以后,块块的分割反而有加强的趋势。因而,不首先打破地区间的封锁,统一的市场又如何得以形成?

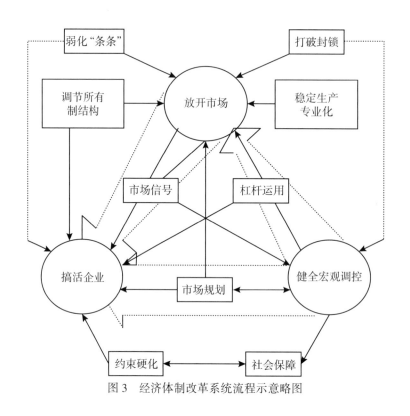

图 3　经济体制改革系统流程示意略图

所谓"发展不足",主要是指生产的专业化水平和市场信息的完善,不是单纯靠改革所能达到的,它们本身主要是发展问题,有一个"自然发育"的过程。我们前面讲过,生产的专业化是结构转换的结果,而结构的转换,主要是通过生产力的发展来实现的。生产的专业化,则是与市场的容量成正比例发展的——很难设想,一些"小而全""大而全"的企业和半自给自足的农户经营对市场会有多大的依赖性。至于市场信息(价格、利率、汇率)要真正能反映社会成本和供求关系,不仅要依赖自上而下的改革与规范,而且要依赖自下而上的市场均衡机制的生成。显然,后者是要有一个较长的发展过程的。

---

① 薛暮桥:《关于社会主义经济的若干理论问题》,《光明日报》,1991 年 2 月 9 日。

此外，由于我们是社会主义制度，不允许任由市场完全自发地进行调节，放开市场就要相应地健全宏观调控，使市场在有效地运用各种经济杠杆的条件下放开。

（2）搞活企业。同"放开市场"一样，搞活企业也不是孤立的，它也受着许多因素的制约。首先是环境制约因素。从整体上说，放开市场是搞活企业的大环境，也即是说要放手让企业在市场竞争中去"游泳"，才能真正培育出企业的内在活力。企业如不彻底摆脱"父爱主义"的荫护，是永远"活"不起来的。其次是外部直接制约因素。主要是政企分开的程度，预算约束的硬化，社会保障体系的生成，所有制结构的调整，市场规则的健全，市场信号的正常（真实）等。最后是内部机制因素。如产权的明晰，两权分离体制的成熟，等等。这主要是就国有企业而言。以上全部因素，有的是可以靠改革或主要靠改革来解决的，如政企分开，所有制结构调整，产权的明晰，等等。有的是既要靠改革同时也有发展问题，如两权分离，浅层的分离是可以通过改革来解决，但深层的分离（如股份制）就有很大的发展问题，不是一朝可及的。有的则主要靠发展才能解决的，如市场规则、市场信号、社会保障体系乃至整个的"放开市场"，都有一个生产力的发展过程和生产关系的探索过程，不是短期内所能解决的。

（3）健全宏观调控。也即是改善和健全计划管理的应有机能。这一部分，可以说是覆盖上述"放开市场"和"搞活企业"两个过程的内容。健全宏观调控，上游取决于经济杠杆部门（物价、计划、财政、税收、金融、物资……）的改革程度和计划综合部门对上述杠杆运用的熟练程度；下游则取决于对企业实行预算约束的硬化程度，社会保障体系的建设程度和市场规则的规范化程度。其中，如市场规则又包括利税分流的改革程度和经济法制的建设程度。

综上所述，可以看到"三大网结"（市场、企业、宏观调控）的系统化、成熟化，不仅要深化改革，而且更要注意发展阶段和时序。因此，在策略安排上（特别是时间顺序上）要有先有后，有主有从，总体"设计"，分段"施工"（见图4）。

图4的内容大体是：第一阶段以"放开市场"为中心，兼顾"搞活企业"；第二阶段转向以"搞活企业"（主要是国有企业）为中心，兼顾"放开市场"，在两个阶段，都要抓"健全宏观调控"。这种时序安排大致同我们前面所说的结构转换的阶段性是相适应的。第一阶段，结构转换处在"由半自然经济向以商业为主的非农部门转换"阶段，与之相对应，改革也以"放开市场"为中心；第二阶段，结构转换处在"由重商阶段向以第二产业为主的非农部门转换"阶段，与之相对应，改革则以"搞活企业"（主要是国有企业）为中心。这样安排，既符合客观需要，又符合客观发展程度，从而具有现实的可能性。

四、农村的改革与发展

在中国，农村改革是整个改革的突破口，农村发展是国民经济发展的基础。正由于此，农村的改革与发展对整个中国的改革与发展具有举足轻重的作用。

1. 农村经济发展与改革的目标模式

农村经济是国民经济的一个组成部分，农村经济的发展目标当然应服从于整个国民经济的发展与改革的总目标。关于整个国民经济改革与发展的目标，我们在前面已经做了阐

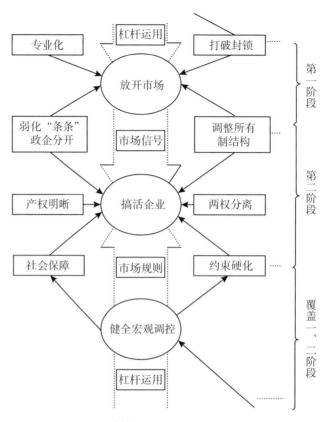

图 4　经济体制改革分段实施示意略图

述。据此,农村经济发展与改革的目标,可以做如下表述:在国家由传统农业文明向现代工业文明的结构转换过程中,逐步在农村形成社会主义有计划商品经济的新秩序,建立起以合作经济为主体的、以现代大农业为基础、三大产业协调发展的、工农互促、城乡畅通的、专业化、富裕化、现代化的社会主义新农村。

根据这一目标模式,农村发展与改革的全部战略与政策都应遵循如下的要求:

第一,要有利于推进农村经济结构的转换。看来,在中国农村,结构转换要实行三级转换,即:首先,由旧有的城乡二元经济结构向农村内部的经济二元化阶段转换。中国的城市工业化并非"自然发育"起来的,而是在外界环境逼使下超越式地发展,加上中华人民共和国成立后 30 年长期执行的重工业倾斜方针,因而城市化发育和非农业的就业机会远远赶不上愈来愈饱和的农村剩余人口,使得工业化不可能像某些老牌西方国家那样同农村劳动力转移同步进行。这样,我们就不可能实现由旧的二元经济结构直接过渡到现代一元经济结构,而必须首先经过一个过渡阶段,即农村工业化阶段。其次,是双重二元结构稳定发展的阶段。由于中国是一个人口超饱和而经济发展又极不平衡的大国,农村剩余人口一则不可能在短期内大量进入大城市,二则从未来经济发展趋势来看,集中发展大城市未必是最佳选择,而在农村工业化发展的基础上逐步形成一大批中小城市可能更适合中国的国情。因此，一方面是先进的大城市大工业与相对传统的农村相对应的二元结构，另一方面在农村中又是相对先进的农村工业(小城镇)与传统的农业相对应的二元结构，这种双重二元结构的格局将持续一个较长的历史时期。最后，才能由双重二元经济结构向现代化的一元经济结构转换，在城市与乡村全面实现结构的转换，成为现代化的工业国。

为了实现这种"三级转换"，在具体操作上，具体地说，可以设想通过微观的"以工补农"到中观的"兴工促农"，再到宏观的"强工兴农"三大步来逼近上述目标。

"以工补农"的实质是由微观(企业、合作经济组织)来部分地承担缩小在宏观领域中造成的"剪刀差"的任务；或者说由企业来部分地偿还农业对工业的贡献。所以，它绝不是所谓的"工业对农业的恩赐"，严格地讲，也不能说是"抽工业效益补农业效益"。它的确切提法似应是"返工还农(效益)"。这样，便可以在局部范围的微观领域中部分地缓解二元结构引起的农业与工业之间的比较利益问题，促进农业的进一步发展。它的前提是农村乡镇企业应有较大发展，农业剩余劳动力向集镇转移，农业的规模经营有相当的发展，农村经济基础雄厚。

"兴工促农"的实质是在中观(一个县、市或一个省)范围内，在大力发展城乡工业化的基础上，通过地方国民收入的再分配调整农产品价格和增加农业的投入，以便在较大的中观领域中缓解农村内部和城乡之间的比较利益问题，促进其二元结构向更高一级的一元结构转化。它的前提是该县、市或省的地方工业和中小城市有了相当充分的发展，工业自我积累能力基本形成，基本不需或少需农业积累的支持。与此同时，农业剩余劳动力大量跨地区开放式地转向中小城市，农业的专业化、社会化水平有显著提高。

"强工兴农"则是在全国的宏观范围内，在基本实现工业现代化的基础上，通过国民收入的再分配，全面提高农产品价格，基本消灭"剪刀差"，大幅度增加农业投资，实行农业的工业化革命。与此同时，农村剩余劳动力进一步向城市转移。这也就是发达国家在完成工业现代化以后所奉行的用大量工业积累返还农业，支持农业现代化的政策。通过这一政策的实施，整个工农之间城乡之间的二元经济结构便可以朝着新阶梯的一元化结构发展了。农村的工农之间，城乡之间的经济便可走上良性循环的康庄大道。

由"以工补农"到"强工兴农"，是由点到面、由局部到整体的渐进积累过程，必须以有利于社会生产力的发展为根本原则。

第二，要正确对待、积极扶持农村乡镇企业的发展。我始终认为，在中国如果没有乡镇企业的健康发展，就没有中国的现代化。中国由传统农业文明走向现代工业文明，不可能循着其他国家那种农业人口直接涌入大城市的老路。也就是说不可能由城乡二元经济结构直接转向新的城乡一元结构，而必须在中间嵌入一个梯级：农村二元结构——传统的农业和准现代化的农村工业(大部分的乡镇企业)。这一点，前面已经述及。之所以如此，理由有三：

(1)没有乡镇企业的健康发展，就不可能有农业剩余劳动力的大量转移，没有剩余劳动力的大量转移，就难以实现农业的规模经济；而规模经济乃是农业现代化的前提之一。

(2)中国的城市化发育迟滞，布局又极不均衡，很不适应现代经济发展对"发展极"的需要。如果全部依赖现有的大工业和国家投资去新建一批批城市，那是很难想象的，而乡镇企业的蓬勃发展，必将带动一大批小城镇的兴起，随着产业结构的调整和高级化，这些小城镇中必有相当一批将发展成为新兴的中小城市——就像在苏南已经出现的那样。这样，在中国辽阔的版图上，就将出现一个崭新的大中小城市星罗棋布、分布均衡的新局面。这些城市就将是带动整个中国走向现代化的许许多多个"发展极"。

（3）中国现有城市大工业，大多是20世纪五六十年代奠定的基础，在当今日益剧烈的国际竞争面前，都面临着一个愈来愈迫切的技术改造和产业调整的历史任务。现代资本主义国家在产业调整过程中，是将传统的劳动密集型产业向第三世界转移，利用发展中国家低廉的劳动力继续获取高额利润，而在国内则转向新兴产业，谋取更大的国际竞争力量。而我们作为一个发展中的社会主义大国，既没有力量也没有必要向更落后的国家转移，我们国内自己就有着广阔的农村和欠发达地区可以采取内循环式的转移。这种转移的对象就是大量的乡镇企业。这种内循环式的产业调整，一举两得：既推动了农村和广大落后地区的发展，又促进着大城市工业的技术改革与产业更新。

从以上三个方面就可以清楚地看到，否认乡镇企业发展的意义，贬低其存在的价值，完全是一种战略和理论上的近视，是违反中国现代化利益的。而乡镇企业如雨后春笋般在中国大地上兴起本身，也正说明它是中国现代化所呼唤出来的，是一种客观必然，是不以人们主观意愿为转移的。

当然，在乡镇企业发展过程中，也出现了一些诸如盲目发展、管理混乱和污染环境之类的问题。但这是发展中的问题，通过制定和贯彻农村产业政策和加强引导与管理，特别是因势利导地引导其与城市大工业的联系与联合，是可以逐步克服的。

第三，要有利于各种形式的合作经济的成长。这里所说的合作经济，同过去那种"统一经营、集中劳动、集体分配"的集体经济是有原则区别的。这种区别至少有如下四点：（1）合作动因的不同。旧的合作化实际上主要是为了尽快地消灭一切私有制，以实现全面的公有化，而不问经济条件是否成熟。新的合作经济，从长远来说当然也有为将来消灭私有制打基础的因素，但更主要的则是为了促进农村生产力的发展，推进农村商品经济的发展。为了发展生产力，农业经济就必须实行规模经营，规模经营就要求专业化，专业化就离不开社会化联合。商品经济→专业化规模→社会化联合→合作经济，是一个客观必然的程序。（2）合作途径的差异。旧的"公社化"，是通过带有相当大的强制性的"运动"加以实现的，违背了自愿原则，效果不佳。新的合作经济，则主要是依靠经济引导，强化社会服务体系，逐步将千家万户的农户经营凝聚到社会主义性质的产前、产中、产后服务体系周围，成为依附于社会主义大生产的"农业车间"。这种过程，完全是通过经济上的互利而自觉自愿地加以实现的。（3）合作模式的区别。旧的合作经济，只有"三级所有、队为基础"的一种模式，不问地域差异和经济发展的梯度不同，千篇一律。新的合作经济，除了双层经营的地域性合作经济之外，还允许多种模式并存。从现有情况来看，至少还会有诸如在专业化分工基础上形成的经济互补性合作；工商业与农业之间的产供销合作；农户之间的小型经济联合体；合股集资的高级股份制经济等。

从未来农业合作经济的基本模式来看，农业终究要走向社会化大生产，但农业大生产可以有多种实现形式：集体式大农场（如苏联的集体农庄）；家庭式大农场，以家庭为单位，经营规模大（如美国、加拿大）；依附式小农场（如日本）。在我国，除了部分国营农场、边疆地区的家庭大农场外，基本上应采取"依附式"的模式，即家庭小农场加社会化大服务网络。我们完全可以模拟依附式小农场制，只是换了主体，依附的经济服务体系性质不同：

$$
\left.\begin{array}{l}\text{资本主义}\\\text{社会主义}\end{array}\right\}\text{家庭小农场依附于}\left\{\begin{array}{l}\text{垄断资本主义的服务体系}\\\text{社会主义的服务体系}\end{array}\right.
$$

(4)个人与合作经济组织的关系的改变。旧的集体经济中，社员与组织存在着一种行政的隶属关系，而且每人只能加入一个合作组织，入了社还不易退社。新的合作经济中，个人与合作组织之间主要是经济契约关系，是平等的不附带人身依附的性质，一个人可以同时加入一个以上的合作组织(如同时加入机耕社、植保社、信用社等)，入社退社自由。

第四，要有区别地实行分类指导。我曾经一再主张，对农村和农业的发展应根据区位理论划分为三个基本区，并进行分类指导。这三个基本区是：

工业化农业区。一般是大中城市郊县和大型工矿企业周围的农村。这类地区作为大城市与大工业的前沿腹地，其产业结构宜本着城乡一体布局的原则，采取接收大工业扩散的产品或行业和立足本地资源的开发或加工相并重的政策，并可以有条件地发展外向型产业。

集约化农业区。一般是集中的商品农产品基地区域。这类地区是国家农业的命脉地区，保护农业生产资源应被放在优先位置予以考虑。因而，其乡镇企业的发展，绝不能照搬工业化农业区的模式，否则会动摇整个农业的基础。这类地区的产业结构，宜本着立足农业，以工促农的原则，发展农副产品的精加工深加工，发展不破坏农业资源开发的产业(如制砖以外的建材工业，目前的黄土制砖业对耕地资源破坏太大，应进行原料替代的改造)，同时还应鼓励农民向山水进军，搞开发性农业，发展农业多种经营和乡镇企业。与此同时，在以上的基础上也不排斥发展某些创汇产品。我认为，过去批判的"三就地"中，除了"就地销售"过于狭窄之外、就地取材就地加工，在这一类地区仍然是可行而必要的。

保护性农业区。一般是生态环境遭到严重破坏或其生态平衡的保护影响农业全局性发展的地区。如黄土高原、一般山区等。这类地区，除了某些重要的矿产开发外，一般应以生态效益为最高原则，以发展林果茶特和农工商一体化的开发性乡镇企业为主，尽可能地发展"无公害工业"，其剩余劳动力不必强调就地消化，可以鼓励外流，以减少生态保护区内的人口和资源压力，促进其生态环境的恢复与保持。

像我们中国这样一个人口众多的大国，不可能依赖进口农产品来养活自己，必须保留与建设好若干片"基本农业区"，或叫"集约化农业区"。在这种农业区内，可以不经过二元经济的充分发展，而依靠宏观结构的三级转换，直接由低阶一元结构进入高阶一元结构，建立起高投入、高科技、高产出、高效益的开发式的现代农业基地。

这样的政策有如下好处：

第一，可以避免或缩小乡村工业化造成的农业资源的污染和破坏，在开发区内可以有效地保护十分有限而又极为宝贵的农业资源(特别是耕地)。

第二，可在局部范围内超前实现向高阶一元化结构的转换，为全面的结构转换提供经验，集中的传统粮棉产区、国营农场以及待开发的可垦地域是这种选择的最佳对象。

第三，可为外向型经济提供高度商品化、标准化的农业原料基地，为城市农副产品供应提供可靠的永续性的生产基地和高科技农业样板。

对于这种农业区，就不能采取常规的循序渐进的建设方法，而必须率先采取"双向外生式"的大工业开发方式，从农村外部引入资金、人才、装备乃至经营方式，与此同时促进农业剩余劳动力大批地向城市大工业转移。

2. 农村改革进一步深化的途径

农村第二步改革必须转向系统的"配套推进"的思路。具体地说应从培育市场，促进分工，强化服务，调整利益，完善农业土地制度和健全宏观调控等多方面协调推进。

(1)培育市场。首先必须改变一种观念，即仅靠"放手""让权"不能有效形成市场。过去一放二让的结果也说明：商品交换是活跃了，有积极的一面；但消极现象也出现了，腐败滋生，分配不公等。正常的市场应包含四个基本要素：

第一，市场主体，必须是独立的商品生产者经营者，自主经营，自负盈亏，优胜劣汰；

第二，市场客体，必须是具有竞争机制的商品、资金、劳务、生产资料等完整的市场体系；

第三，市场规则，必须遵循等价交换原则。在市场面前人人平等原则；

第四，市场信息，必须能全面、准确、及时地反映社会成本和供求关系。

显然，在我国农村，这些要素有的还不具备或不完全具备。要达到这种成熟的市场境界，一要靠改革，二要靠发展。完全靠改革，或下一道行政命令，并不能马上就能建立起市场，市场本身有一个生长发展过程。第一、三条主要靠改革，也有发展问题；第二、四条主要靠发展，当然，也有改革问题。总之，绝不是"一改就灵"。西方资本主义国家的市场规则，是经过几百年才形成目前的规范的。当然，社会主义条件下不需要那么长的时间，但也不是在很短的时间内就能建立和健全市场体系的。

目前在变形的买方市场情况下，正是培育市场的良好时机。具体操作可以有：第一，扩大商品市场，如粮食市场，价格放开，国家建立粮食储备体系，以调控粮食储备来引导市场。棉花可实行跨省交易，多渠道流通。第二，开辟要素市场，如生产资料市场、资金市场、劳务市场和技术市场等。对一些自发性的市场(如劳务市场)应有计划地加以引导，而不是行政取缔。第三，农产品价格改革也是良好时机，重点调，全面放，双轨合一，让市场达到均衡。薛暮桥同志说：管住货币，放开价格，从而理顺价格，平整市场，以促进改革深化。我赞成这种观点。战后初期联邦德国币制改革成功也证明了只要管住货币，价格就能放开，通货膨胀也能被控制住，现在的问题是人民银行要成为真正的中央银行，而不是财政部门的出纳和附庸。

(2)促进分工。培育市场，发展农村商品经济，本身也有一个"取向"问题，是宏观取向还是微观取向？是流通取向还是生产取向？我认为应是后者。培育市场的基础在于市场主体，没有主体，市场本身就没有基础。社会分工是商品经济的基础，也是市场的基础。马克思说："一个民族的生产力发展的水平，最明显地表现在该民族分工的发展程度上。"①从理论上说，按客观规律促进社会分工的发展，是发展商品经济，培育市场的必然方向。从实

---

① 《马克思恩格斯选集》第1卷，人民出版社1995年版，第25页。

践上来说，生产的专业化是社会分工的基本标志。所以，当前一定要从微观生产领域入手，积极推动农业的专业化，特别是农业生产领域内部的专业化、微观的专业化，这样才能奠定社会主义商品经济市场的牢固基础。综观中外农业商业化的经验，可以得到这样的启示：即专业化程度决定农户需求对市场的依赖程度，决定农户产品商品率提高程度，决定农村市场容纳量，决定商品经济发展程度。

农村改革与发展牵牛鼻子的东西就是促进农业内部的分工和专业化。十年改革，农村在非农化分工方面有了进步，取得了可喜成绩，但农业内部自身的分工发展迟缓，农户经营还没有完全摆脱半自给性，还是某种程度的小而全。因此，推动农业内部的进一步分工和专业化生产，潜力还极大。

（3）强化服务。建立社会化服务体系的问题，不是一个小问题，而是一个能否坚持社会主义农业发展道路的大问题。

现在的问题是如何促进社会化服务体系的生成？社会化服务体系可分为三个层次：产前、产中、产后。促进社会化服务体系的发展，我认为应遵循以下几个原则：

第一，分流原则。即产中服务以村经济为主，联合体及个体为辅；产前、产后以国营、合作经济为主，村经济、联合体和个体经济为辅。这样做的优点在于产中服务及时，因地制宜，便于协调；产前产后服务村经济力不能及，涉及宏观经济，由国营、合作经济来作为服务主体，比较恰当。

第二，并进原则。即改旧与建新并进。现在是建新多，忘了旧的供销社和信用社改革。日本"农协"的经验很有参考价值，可以设想在现存的供销社和信用社基础上改成"中国农业服务协会"，旧体制改装新内容，可大大减少社会组织机构的改革成本，何乐而不为？当然对供销社和信用社的改革应实行民选化、经济独立化、经营商业化，业务多元化。日本"农协"为什么能起那么大的作用？主要是民办，经济独立，"农协"的理事会2/3是当过农民的，经费靠会员交纳，靠自己经营企业，国家补贴微乎其微。

第三，互动原则。服务与服务对象要互动。社会化必须以专业化为基础，两者是相生相长的关系，不可能独自发展。服务在经济上要求自负盈亏并有盈利，这就要求有足够的服务对象，而且要求对象有足够规模的专业化生产。日本的"方田制"对我们搞地域性专业化很有启发。日本目前大力推行的方田制，一般3公顷一方，大的也有30公顷一方，土地平整，由多个农户在其中经营，作到三统一：统一作物与品种，统一耕作时间，统一技术措施，以保证现代化的服务效果。日本的这种做法，与我过去提倡的推行"成片种植""成片养殖""成片加工"……在不须改变家庭经营方式的前提下推行专业片、专业村的设想不谋而合。当然不能用行政办法来推行，可以采用经济政策和市场信号来引导。例如，对成片种植的农户，生产资料供应实行批发价，而零星种植实行零售价；成片种植的农产品大批量收购实行优惠价，小批量的农产品则要扣除运费和手续费；等等。这也可同时促进农户间联合与合作的发展。

（4）调整利益。当前，迫切需要调整粮食的利益关系。要尽快改变"下面骂，中间怨，上面急"的状况。农民有一副对联曰："马去羊来以大换小，贱卖贵买以多换少"，横幅为："怎么得了"，这形象地反映了比较利益不合理。对于利益结构的不协调，应采取"分层治理"方针：①调动农民种粮的积极性，应该调整粮价，但可不实行普调，而是采取结构调价，优质优价，促进品种向优化方向转换，这里应注意压低农用生产资料价格不是办法，这会影响农用生产资料部门的生产积极性。②提高商业部门经营粮食的积极性，可实行国家贴息办法；经营单位有价格浮动权（有一个浮动幅度）。③分流，即分层负担：中央和省只收购储备粮、调剂粮；大中城市的口粮和工业用粮实行市县直接挂钩，建立城乡直接互助的合同制；市场调节用粮由国营粮食批发市场经营，实行国家贴息，鼓励居民个人贮粮。④增强消费者的承受力；减少平价粮；放开粮食市场；适当增加粮贴并纳入工资。

（5）完善农业土地制度。总的设想：三权分离，自由租赁。这种土地制度应包括如下四方面的内容：

第一，土地所有权属村社（共有）。村社可成立"村土地合作社"或"土地资产经营公司"。土地所有者，负责土地的发包、监测、奖惩以及对违法（《土地法》）经营者收回承包权。

为什么不能实行土地私有？我认为在中国应不应该实行土地私有化，必须考虑现实的三个国情：其一，中国是一个农用土地资源十分匮乏的国家，人多地少，而且由于人口膨胀，人均土地愈来愈少；其二，中国目前实行的是直系平均继承制（而不是长子继承制），即使可以在实行土地私有化的同时配合推进长子继承法，但要使这种法律真正生效还会有一个相当的过程；其三，在近中期内我国的价格体系还难以基本理顺。在这种国情背景下，如果实行土地私有化，会是一种什么样的后果呢？固然，它的积极方面将会刺激农民对土地进行某些长期性的投资，可能农业会在一定周期内有所发展，集约化水平会有所提高。但是，由于存在上述三个背景条件，私有化势必会产生三种消极机制：第一，是土地占有规模不断细化的机制。土地既是私有财产，就要派生出继承权问题，在长子继承制尚未能冲破习惯势力而普遍生效的条件下，它势必会被不断分割细化，这完全是可能的。第二，是土地非农化机制。作为私有财产的土地是可以自由出卖的，但在工农产品价格体系未能理顺的条件下，出售土地的走向，绝大部分不可能是种植大户，而会是非农买主，农用耕地将可能进一步大规模地流失。第三，是土地经营粗放化机制。在农业本身的综合比较效益还不可能达到或超过工商业之前，在许多农村工业化发达的地区，农用土地的经营还将继续粗放化，而且由于土地是私有的，政府更难以进行干预。显然，这三种机制是同我们改革与发展的要求背道而驰的，而且蕴藏着深刻的农业危机——对于像我国这样农用土地资源十分匮乏的国家，将意味着什么，是不言自明的。而且耕地这种资源一旦遭到破坏要恢复起来就要几十年甚至几百年的时间。

为什么又不能实行国有化？裴长洪提出了四点理由：其一，国家财政无力赎买；村干部归谁养；其二，全国一律化，村干部更加不关心土地的经营与管理；其三，会把农村就业压力、各种矛盾都压到政府身上；其四，将使绝对地租消失，更使国民收入再分配不利于农村。我认为这是对的。

第二，土地承包权（占有权）归承包农户，长期不变，可以继承，增人不增地，减人不减地。在法律上承认承包者的占有权（在遵守国家《土地法》的条件下）。

这样，①可解除农民的"后顾之忧"，使其放心进行土地建设性投资，减少短期行为；②可稳定土地占有关系，不必年年"调整"，且可收抑制人口增长之功效；③便于土地管理的连续性。

第三，土地使用权归实际的土地经营者，实行有偿自由租赁制。强化土地经营者的法人地位。土地的使用可以是承包者，也可以由承包者租赁给其他农户或从事农业的企业经营。这样，①可以促进土地的自动集中，形成规模经营；②可促进形成新型的农业企业制度和土地资产制度，推动公有制条件下的土地商品化；③可有效地保护土地资源，使社会爱惜土地——价值化、增值化。

第四，建立三方面的地租分配制度。①绝对地租归土地所有者，即归村社；②级差地租Ⅰ部分归村社，部分归国家——土地调节税；③级差地租Ⅱ归投资者（经营者）。其中：承包与经营一体户，自无问题；承包户投资后又租赁给他人的，则按投资有效期核算。

（6）健全宏观调控。计划与市场相结合，其中健全计划对经济运行的宏观调控是一个重要方面，在农业和农村这一领域中如何具体实施？我认为主要调控如下四个方面：

①调控主要农产品市场。国营、合作商业通过吞吐机能，实现平抑物价的功能，同时配套改革要解决贴息问题，国营、合作商业企业的职工利益要与吞吐效果挂钩，而不能单纯与营业额挂钩。要注意社会宏观经济效益。为此，应有计划地建立企业化的国营和合作的农产品批发市场。

②制订与引导执行农业与农村长远发展规划，包括长期与近期的产业政策，通过价格、信贷等经济杠杆引导其实现。

③确定农业财政投资增长率及其结构比例。财政投资主要用于农民无力承担的重大基础设施建设，如大中型水利工程、骨干仓储运输设施、农村骨干交通系统、农业科研教育事业、大型生态保护工程等。

④控制农村信贷额度及其结构比例。按农村产业政策发放，使资金投放与农村产业结构合理化趋向一致。

五、改革的基本估价和预期

1978 年开始的中国改革，已经进行 13 个年头了。10 多年来的改革，使中国在由传统农业国向现代工业国的道路上迈出了不可逆转的一步，它使中国经济出现了中华人民共和国成立以来最为繁荣的局面。回顾 10 多年来的经验，最重要的一点是什么呢？我认为是：在中国这样的发展中的社会主义大国，选择了经济改革先行，农村改革突破的改革策略，是完全成功的。这一点对整个社会主义国家的改革也具有重要的参考价值。从现有情况看来，这一改革策略之所以获得成功，其原因可能是：

第一，经济是社会的基础，人们首先必须吃、喝、住、穿，然后才能从事政治、科学、艺术、宗教等。从经济改革开始，可以使社会首先得到改革的实惠，从而提高改革的凝聚力和承受力，大大降低了改革的风险系数。

第二，对于欠发达的国家来说，农民和农业问题，始终是基本问题，革命时期如此，改革时期也如此。这不仅仅是由于农业对国民经济具有举足轻重的重要地位，更重要的是由农业国转向工业国的首要问题是，要消除旧的二元经济结构，促进农业劳动力的转移，推动非农化和城镇化。改革从农业和农村开始突破，这就有了改革的"原动力"，强有力地在全社会形成了一种势不可挡的改革大潮，把整个中国带进了改革的洪流。

第三，改革是社会主义的自我完善，是为使社会主义生产关系体系能更好地容纳与推进生产力的迅速发展。因此，改革的本质不是要自下而上地去改变制度本身，而是在稳定既有制度（特别是政权体系）的前提下自上而下地推进社会主义制度的自我改良。这样，从经济改革入手而后稳步而渐变式地推及上层建筑的改革，使之适应经济基础，使整个改革过程能保持社会的稳定，不致出现大的震荡，无疑是一种最为稳妥而有希望的选择。

中国的改革还在进行之中，对改革的前景应作如何的预期呢？我个人不成熟的看法是有条件的乐观。所谓有条件，具体地说，经济改革的最后胜利将取决于在理论与实践上正确地解决如下几个关键问题，即：公有制与竞争问题、计划与市场问题、公平与效率问题、先富与共富问题。其中，计划与市场问题，在前面已做过表述，此处不再重复。

1. 公有制与竞争问题

社会主义公有制（特别是国有制）与竞争能不能兼容？这个问题在理论上曾有过争论，在实践上也未妥善地解决。但是，客观的规律是：任何一种制度，如果缺乏优胜劣汰机制，它就难以新陈代谢，它就不会有旺盛的生命力。而这就要求竞争——平等的竞争。因此，问题不应是该不该竞争的问题，而应是能不能竞争的问题。

公有经济、国有企业能不能有效地参与竞争？在这方面，资本主义国家的国有企业给我们提供了某种有益的启示。法国的电力工业、荷兰的铁路、美国的机场、瑞典的电话、德国的工会企业……都是资本主义的国营企业或群众团体的集团所有企业。这些企业都是在汪洋大海的商品经济中参与激烈的竞争，大都经营得相当出色。根据他们的经验，关键就在于这些国家所有、市政所有、集团所有的企业，都是受到"硬预算约束"的，政府或集团坚决关闭那些不成功的企业（许多企业也仍然是由政府来委任经理）。看来，竞争与优胜劣汰，就其本质来说，并不属制度的范畴，而是体制（或模式）的范畴。即使在社会掌握了一切生产资料的条件下，社会也不能容许那些"坐吃山空"的"吃"社会的企业继续存在。这个道理是十分明显的。从现有的经验来看，社会主义公有制条件下，只要能形成公平竞争的条件，竞争不仅必需而且是可能的。这些条件主要是：（1）开放的市场；（2）合理的价格体系；（3）对企业的硬预算约束；（4）完备的社会保障体系；（5）健全的经济法规。正如薛暮桥同志所说："市场是商品流通的领域，也是竞争的场所。只有在各类商品自由流通，在价值规律调节下，保持它们价格关系合理的时候，市场才是平整的，企业才能在平整的场地上公平竞争。市场必须是开放的，让商品自由流通，让企业公平竞争，这样才能把经济搞活。"[①]显然，社会主义公有制只要转向有计划的商品经济，前面所说的5个条件是完全可能形成的，这便有可能造就一种平整的公平竞争的大环境。十几年来的经验说明，公有制和竞争从本质上说并不相悖，而是改革还未全部到位。

2. 公平与效率问题

社会主义改革的最终成功，社会主义优越性的充分展现，在相当大的程度上将取决于公平与效率的统一。

---

① 薛暮桥：《关于社会主义经济的若干理论问题》，《光明日报》，1991年2月9日。

公平与效率均属历史范畴。不存在超越一定生产力和经济发展水平的公平，也不存在脱离一定生产力基础的效率。公平与效率的内涵，只能受制于社会生产力的发展水平。脱离生产力追求公平，只能是空想社会主义；不着眼于科学技术与管理水平的提高，去追求效率，只能是蛮干。这是问题的一个方面。

另一个方面，公平与效率之间又是一个矛盾统一的关系。超越生产力的公平，必会损害效率；片面追求效率，又会损害公平，最终也会冲击效率本身。两者既矛盾又统一。处理得好，可以共同提高；处理不好，就会互相冲突。在资本主义制度下，效率是建立在两极分化的基础之上的，谈不上真正的公平，所以经济波动性很大乃至带来经济危机。在过去的社会主义实践中，公平又往往脱离生产力水平，因而损害了效率，使社会主义的经济潜能未能充分发挥出来。

从现实出发，社会主义怎样才能做到公平与效率的统一呢？看来，在社会主义初级阶段，为了大力发展社会生产力而又能在总体上维护社会公平，首先应该采取公平与效率分流的模式：宏观保障公平，微观追求效率。即是说，国家通过国民收入再分配建立起较完备的社会保障体系，真正做到幼有所教，老有所养，鳏、寡、孤、独有所照顾，失业与残疾有足够的救济；在微观（企业）的经济生活中，则实行"生存竞争，优胜劣汰"原则，以确立高效率机制。只有实行这种分流模式，才能使社会主义经济真正走上高经济效率的康庄大道。像过去那种在微观领域中把公平与效率揉在一起的做法，实际上只能是牺牲效率以保障公平。结果使整个国民经济无法实现高效率的增长，其最终结果只能是全社会的贫困，平均主义的贫困，这恰恰谈不上什么社会公平。

其次，对国有企业，还应实行等价交换与按劳分配分流的模式：在企业与国家、企业与企业之间坚持等价交换原则，不能"抽肥补瘦""鞭打快牛"；在企业内部坚持按劳分配原则。不能像过去那样，超越企业界限"吃大锅饭"。这才能鼓励先进，使大家共同努力提高经济效率。

3. 先富与共富问题

让一部分人、一部分地区通过诚实劳动与合法经营先富起来，鼓励先富起来的帮助未富起来的，以利于全体人民和各个地区逐步实现共同富裕，这是国家的既定政策。

问题的关键，在于如何形成一种先富带后富的机制？这个问题，可以从两个方面来讨论：先富的个人带后富的个人问题和先富的地区带后富的地区问题。因为这两种情况，虽有相同，但不完全一样。

对于先富个人带后富个人问题，主要是通过宏观的所得税及其再分配来实现。国家征收的个人所得税，应有较大部分用于完善社会保障体系、职业培训体系和开辟新的就业门路。通过这种国民收入的再分配来有计划、有步骤地帮助后富的人们提高就业和创业的素质与本领，以解决后富者的困难，乃至创办某些可以提供新的就业机会的企业或事业。除此之外，在社会上建立一种新的伦理观和道德观，通过鼓励和表彰制度形成"造福乡里""我为人人"的风尚，也是不可少的。

对于先富地区带后富地区的问题，相对来说比先富个人带后富个人似乎更好解决一些。这完全可以运用社会主义计划的优越性，从宏观、中观、微观三个层面上加以实现。

在宏观层面上，应实行对经济发达地区征收"资源返还税"，将其相当部分的级差收益，通过国家税收征集起来，以计划投资方式返还给资源输出地区，或对它实行某些经济优惠政策(包括适当的补贴政策)。在中观层面上，应允许地区之间的资源流动更多地采取"双边合同制"，先进地区要利用后进地区的资源，须平等地、等价地签订双边互利协议，应允许在价格上有"讨价还价"的余地，以此来保护资源输出地区的利益。在微观层面上，可鼓励地区之间企业联合，通过联合体内部合理的利益协调机制来实现先富地区带动后富地区。

总之，对于先富带后富，必须认真探讨这种"带动机制"，而且应该有相应的立法。这是问题的要害所在。不然，先富带后富就会成为一句空话。

(收录于《我的经济观——当代中国百名经济学家自述》(第2卷)，江苏人民出版社1992年版)

多维发展论纲

一、总的看法：多维发展论

1. 发展是一个特大系统工程

发展经济学，有广义与狭义之分。我倾向于建立一种介乎广义与狭义之间，较之狭义发展经济学的对象更为广泛的发展经济学。至少，在这篇文章中，将循着这种思路来讨论问题。

之所以如此，主要是半个世纪以来世界各国的发展经验，以及未来学的研究成果说明"经济发展"本身远不止是一种经济现象，也远不止是一个历史阶段性的经济现象。主要依据是：

（1）经济发展离不开制度与文化背景的约束，在不同的制度与文化背景之下，经济发展的方式和成效往往相差很大；（2）经济发展离不开机遇，而"机遇"则又是当时当地政治、经济、社会、军事、地缘等多种因素、态势交叉撞击而形成的一种耦合；（3）经济发展应该是人类社会的永恒主题，各个国家机遇各异，背景悬殊，造成发展有先有后。进入高一级发展的国家与处于低一级发展的国家，发展的任务不同，但相互之间会产生影响，甚至后者可能在局部范围内出现跳跃式的发展；前者也可能受到后者的掣肘。

从方法论的角度讲，如果我们不首先从发展的宏观整体来审视全局，而只是把经济发展看作是一种历史阶段性的"工业化"问题，我们就不可能有效地解决当今的经济发展问题。正像50多年来，西方发展经济学理论还难以找到一个像样的成功佐证一样，我认为发展经济学在方法论上必须来一次革命：不能就发展论发展，而必须把经济发展纳入整个社会进步的巨大系统之中加以审视，采用先综合后分析，先全局后局部的系统方法，从发展与环境的有机联系中来探讨经济发展问题。所以，我们说经济发展问题应作为一种系统工程来加以研究。

2. 三维发展论构想

作为一个特大系统工程，发展是一种多维空间，具体地说，发展至少应是一个"三维结构"：时间维、空间维、动因维（见图1）。

这就是说，发展作为一个特大的"过程系统"，从时间方面来看，它呈现为阶段性地反复出现的多周期现象，而不是"一次性"的暂时现象；从空间方面来看，它会呈现出纷繁多彩的多种发展模式，国与国之间，甚至地区与地区之间往往都不会照搬照套；从内涵动因来看，发展是多种要素的动态耦合，而绝不是一种偶然的现象。

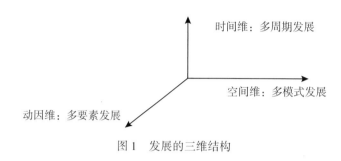

图 1　发展的三维结构

在这三维之间存在着网络状的内在联系，互为因果。发展的要素耦合状态（或水平）会影响发展的周期等级和发展的空间模式；发展的周期等级又会制约发展模式的一般形态和发展要素的进一步创新；如此等等。

二、多周期发展

1. 发展的实质与特征

什么是"发展"？现有的发展经济学教科书大都界定为：产出更多增加的同时，技术与体制变革，产出结构、部门结构改变，即工业化，由农业国转变为工业国。这样，发展问题就只是发展中国家的问题，而不属于发达国家的问题了。但是，生动的现实生活使我们愈来愈不能满足于这种界定。难道发达国家将永远没有发展问题吗？显然不会是这样。这就要求我们对"发展"这个范畴作出更加全面科学的界定。

人类对于世界的认识，有一个由局部到全面、由表面到本质的演进过程。在科学技术十分落后的古代，人类所能接触到的空间与时间都十分有限，往往把一些局部的表面的现象当作世界的整体，"以一概全"。其实那些现象虽然是事实，但却只是绝对真理长河中的一个相对真理，它蕴藏着一部分绝对真理的因素，却不能等于绝对真理。因此，随着科学技术的巨大发展，人类的视野突飞猛进地拓展了，对自然界的认识也就不断升华，出现了由"天圆地方说"到"宇宙循环说"的突破，由"牛顿定律"到爱因斯坦"相对论"的突破……今后，科学技术还会进一步发展与突破，人类今天对自然界的认识就会又一次被证明仍然是相对的。

人类对于社会的认识，同样也会存在这种否定之否定的过程。工业化，肯定属于一种发展现象，但却不能等于发展的全部内容。因此，我们不能仅仅用"工业化"来界定"发展"，虽然它是发展的一个历史阶段。

那么，什么是"发展"的实质呢？发展作为一种社会经济现象，是指社会基础由旧的结构向新的结构发生本质变化的过程。发展意味着社会整体结构由旧的有序态向新的有序态进行质的演进过程。这个过程，从生产力方面来说，意味着从旧的技术体系向新的技术体系的飞跃，即技术结构的革命；从生产关系方面来说，意味着从旧的经济体制向新的经济体制的嬗变，即基本制度的大调整乃至根本变革；从上层建筑方面来说，意味着社会、政治、文化乃至生活方式为适应新的基础而全面变化的过程。因此，发展的本质是一种新旧结构的大转换。发展阶段一般表现出如下特征：

（1）全面大规模的物质技术革新。新的技术体系取代旧的技术体系，必然意味着全面大规模的物质技术革新：传统的生产工具、物质装备、技术规范以及生产与技术的组织方式全面地被新一代的生产工具、物质装备、技术规范和组织置换，开始是从某一部门或地域起动，然后逐步扩展到国民经济的一切部门和地域。显然这种革新在本质上不同于经济周期中出现的物质技术更新。

这种大规模的物质技术革新在"工业化"阶段表现得十分突出。关于这方面，马克思在《资本论》第一卷中描述得非常生动而深刻。但是，人类社会的发展还远无尽期，像工业化阶段这种大规模的物质技术革新也决不会仅有这一次。所以，从社会发展长河的历史观来考察，这种呈质的飞跃式的物质技术革新，必将是阶段性地按螺旋上升的形式不断再现的。

（2）集中、大量的投资。大规模的物质技术革新，是一个全社会性的整体技术革命，必然要伴随集中的、大量的投资，这是毋庸置疑的。但是我们这里所说的"集中的、大量的"是泛指一个相当长的时期而不是"一次性"的，甚至也不应理解为短期内的事。罗森斯坦-罗丹提出的"大推进"理论，其合理的内核即在于此，其缺陷则在于忽视了技术革命的波浪式推进的客观事实。任何社会性的技术革命乃至产业革命往往都是从少数部门和地域开始，而后逐渐波及其他部门和地域，除了小块的"飞地"可作例外。因为这不仅有一个资本形成的过程，更重要的还有一个新技术适应特殊部门的创新过程。绝不是上帝事先就设计好一整套可适用于各部门各地域的"图纸库"。

（3）惯性的断裂。由旧的社会经济结构转向新的社会经济结构，是一场深刻的变革。原来在旧的结构下所形成的一些习惯势力，包括组织的惯性、观念的惯性、生活方式的惯性、行为方式的惯性乃至人的素质标准等，必然也要受到强烈的冲击。旧的精神支柱难以维系现实的群体，旧的是非标准难以判明新生的事物，旧的关系模式处理不了新的人际问题，一句话，旧的惯性断裂了。

这种惯性的断裂，往往造成社会精神的迷惘状态，有时甚至是很激烈而痛苦的。

（4）社会动荡的可能性加大。如上所述，由于从物质到精神的旧的有序性被打破而又未彻底消失，新的有序性也不可能很快建立起来，因此，在经济生活中波动性往往会加剧，在社会生活中容易出现紊乱，在人们心态上必会产生失衡。这种情况，如果缺乏强有力的社会制衡中枢，就很可能引发社会动荡。

2. 三阶段假说

我倾向于多次发展论。但是，人类社会的发展，如前所述是远无尽期的。那么，"多"到几次？几十次？谁也无法说明。人们只能就现有的条件和可能的趋势来判断未来。所以，我们只可能提出一个"三阶段"的假说。

从中世纪末叶的产业革命算起，到很可能预见到的将来，经济的发展——从生产方式的角度——大体经历和可能会经历三个基本阶段或称时期，即：工业化阶段、资讯化阶段和生态化阶段。

（1）工业化阶段。这个阶段，我们都是很熟悉的，西方发达国家已经完成了这个阶段的历史任务，发展中国家(包括中国)正在经历这个阶段。

工业化阶段的技术标志：机械化、电气化。传统的自然能源、工具以及与之相适应的传统技术，全面地被化石能源、机电工具以及与之相适应的现代技术所置换；建立在经验积累基础上的工艺逐步被建立在科学实验基础上的工艺所取代。

工业化阶段的社会标志：非农化、城市化。社会由农业为主体转变为工业为主体，人口大规模地向城市集中，随着城市化的兴起，城市成为社会运行的主导和中心，农村只处于附属地位。

工业化阶段的组织标志：集中化、大型化(或规模化)。由农业为主结构向工业为主结构转换，意味着同小而全的自然经济的决裂。工业化生产要求高度细密的分工与专业化，同时也就要求广泛的社会化协作。这种生产方式就必然以很快的速度推动生产的集中化与规模化(大型化)，因为只有在集中的空间进行大规模的生产(包括交换与流通)，才能获得最大的边际效益和最高的生产效率。

(2)资讯化(或信息化)阶段。这个阶段，在一些后工业化国家已经初露端倪了。

资讯化阶段的技术标志：信息化、人工智能化。工业化阶段的机电工具被电脑工具所置换，资讯技术和计算机网络全面扩展，特别是"信息高速公路"出现，电脑遍及全球，深入每个家庭，覆盖全部经济与生活领域。目前美国每10个家庭中有3家有电脑，每5部电脑中有2部已进入网络，现在正以30%的速度增加。这趋势将带来一次不亚于工业化的技术革命，将引起经营方式、经济结构、社会结构、工作方式和个人生活方式的根本性大变革。

资讯化阶段的社会标志：国际化、渗透化。在信息化的条件下，市场的距离极大地缩短了，经济与市场全面地朝国际化、全球化发展。投资的空间大大地拓展与灵活了，进口与出口的概念大大地模糊了，而且各个国家经济的相互渗透性也大大地强化了——我中有你，你中有我，"国内生产"不等于是"本国资本的产出"。以美国为例，1987年至1992年，该国在国外资产增加35%，达7760亿美元，外国在美国的投资增加1倍以上，达6920亿美元；美国公司在海外分公司的销售额比美国全部出口额多3倍。

资讯化阶段的组织标志：分散化、中小型化。在"信息高速公路"的电脑时代，由于信息传递的快速性和公开性，每个员工所掌握的信息量几乎和经理一样多，管理中"层层传递"的模式便被打破了，许多中间层的管理职能几乎没有存在的必要了，于是大公司便"消肿"了。由于许多工作可以通过信息联网而在家中进行，故出现如美国彼得·德鲁克所说的由人迁就工作岗位的时代进入工作迁就人的时代了。组织小型化适应飞快发展的市场变化与技术更新。与此相适应，社会阶层结构也将发生巨大变化。

资讯化阶段的资产标志：无形化、更新快速化。有形资源当然还是需要的，但相对来说不起决定性作用从而变得不甚重要了，而知识、科技、人才(智力资本)则处于举足轻重的地位。例如，美国通用电气照明设备公司，由于采用了高速数据传播网络来追踪生产、库存和订单，1987年以来将原有34间货仓关闭了26间，并用1个高科技顾客服务中心代替了原来的25个中心。这样，这个公司的有形资产比重缩小了，智力资产的重要性显著增加了。同时，知识、科技更新周期较之有形资产则短得多，特别是由于信息化的推动，知识与科技的更新速度急剧加快，这又必然反过来推动资产无形化的过程。

(3)生态化阶段。人类已开始感到地球似乎越来越小了，而拥挤在这个地球"大厦"中的人口简直有爆炸的危险。人类如果不能解决优化环境与持续发展问题，便会最终走向毁灭。所以，生态化必将是人类发展的第三大阶段。

生态化阶段的技术标志，可能是生物工程化。人们通过获得的高超科学技术，不仅有能力使资源再生，而且可以大大节约资源（如1985年日本制成品所包含的原料和能源在20年前的一半以下），更有能力优化人类自身的人口结构，使环境与发展回归良性循环。

生态化阶段的社会标志，可能是城乡融合。工农产业间的差别，城市与乡村的差别，在本质上消失了，从而旧有的社会分工完全被全面发展的人的自由就业所取代，故这个阶段的组织特征将会是个体化。这也许就是马克思恩格斯所憧憬的自由人的全面发展的共产主义时代。

3. 发展与增长的交错重叠

以上描述的"三大阶段"，是就其主要脉络而言的，它们之间的更替有一个由量变到质变的过程。我们在前面也讲到过发展与增长并不是截然分开的，而是说在某一阶段以发展为主（增长同时存在），另一阶段则以增长为主（发展则处在积累之中）。

根据这个前提，我们可以假设在这三大阶段之间，都会有一个以发展（结构转换）为主的时期，在结构基本转换之后又会有一个以增长为主的时期，如此交错重叠地进行下去（见图2）。

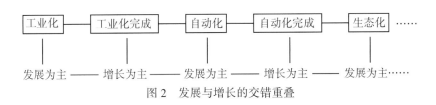

图2　发展与增长的交错重叠

任何国家（无论是当今的发达国家还是发展中国家）恐怕都概莫能外，只是在时序上有先后而已。具体地说，发展中国家正在从传统农业经济结构转向现代工业化结构中，故以发展为主；而工业化已完成的发达国家，则进入了以增长为主的时期。一部分先进的发达国家（如美国），现在正开始过渡到资讯化（信息化）阶段，人类即将进入新一轮的以新的发展为主的历史时期。随着新发展时期的到来，我们的发展经济学将面临新的机遇与挑战。这是一个方面。另一个方面，由于世界各国与地区发展的不平衡性，如前所述，有些先进国家已开始进入资讯化前期，有些不发达国家还处于工业化阶段。但这两种等级的发展并不会是互不相关地平行进行的。一般地说，前者可能利用后者的市场与资源加快产业更新，后者也可能借助前者缩短工业化阶段甚至可能跳跃此发展阶段。

三、多要素发展

1. 发展的要素是一个体系

第二次世界大战结束以来的半个世纪中，许多第三世界国家纷纷走上发展的征途。几十年过去了，成效却很不一样：有的成功了，有的失败了；有的比较顺利，有的充满起伏……有些国家，不少条件相类似，但由于几种条件的差异或者不少条件各异而只因某几个条件相似，结果有的成功了，有的则不成功。这些情况说明，经济发展是受到诸多要素约束的，而这些要素又不是均等地、个别地对发展过程起作用，往往是有主有次地、相互"耦合"地影响着发展的过程。这种要素体系，大体包含四类基本要素：制度性要素、资源性要素、科技性要素和文化性要素。

2. 制度性要素

一般指决定经济发展的宏观环境条件，主要是生产关系、政治制度及其表现形式。制度性要素，通常分为制度——体制——政策三个层次，并且不同层次的要素在经济发展中起不同的作用。就一个国家工业化发展来说，制度要素决定是否具备发展的基本前提问题，也就是反封建的彻底性问题；体制要素决定能否提供发展的机制（模式）问题，也就是市场的发育程度问题；政策要素决定发展的条件问题，也就是发展的软环境问题。

综观世界各发展中国家的经验教训，影响一个国家长远发展状况的，主要是制度和体制；影响一个国家阶段性发展状况的，则主要是体制和政策。无论哪个层次的制度性要素，都往往对于一个国家的发展起着决定性作用，例如，印度与中国比，中华人民共和国成立后比中华人民共和国成立前经济发展快，其根本原因是反封建的彻底性起了决定作用。中华人民共和国成立后对封建土地制度、封建宗法关系、封建迷信等进行了彻底的反击，这为新制度的确立和新体制的运行创造了根本的前提。相比之下，印度独立后对封建制度的反击是不彻底的，封建制度是阻碍其现代经济发展的决定因素。旧中国发展缓慢，除外来殖民掠夺外，其内在原因是长期形成的封建势力的阻碍。又如，苏联和东欧同中国比，中国党的十一届三中全会前后比，其基本制度都是一样的（社会主义制度），但中国改革开放以来经济发展业绩不仅比苏联及东欧国家显著，而且比中华人民共和国成立后前30年要大得多，其根本原因是具体的体制和政策起了决定作用。

制度性要素，往往要同阶级关系联系起来，所以它总带有集团利益的倾向性。问题在于，这种阶级利益集团是代表着发展的方向，还是相反。西方发展经济学也不回避这一点，但却极力推崇"中产阶级"的作用，认为一个强大的中产阶级的存在，才能形成有效推动经济发展的"开放的阶级结构"。这种主张，一则不具有普遍的现实意义，因为在许多发展中国家，"受教育越多，失业的可能性愈大"。斯里兰卡就有这样的调查研究。二则是这种看法更具有实质性，正反映了垄断资产阶级的愿望。因为，如果能有一个强大的中产阶级，就在垄断资产阶级同广大工农大众之间建立起一道安全的"缓冲地带"。这种缓冲地带，由于中产阶级的"保守性"，便可大大平抑来自社会底层的"反叛冲击波"。可见，所谓中产阶级优越性论，代表的是垄断资产阶级的利益。

马克思主义的发展观则认为，发展——由传统结构向现代结构转变——首先要取决于消除阻碍结构转换的社会桎梏。这种社会桎梏可能是某种已经严重束缚生产力发展的社会经济制度，也可能是某种制度所采用的不合理的表现形式（模式）。如果是前者，就应该采取革命的手段推翻这种落后的制度；如果是后者，则通过改革的途径来完善制度，建立新的发展模式。以中国为例，辛亥革命以后，孙中山虽提出了工业化的主张，但由于当时的半封建半殖民地的社会制度根本不能消除中国走向现代工业化的社会桎梏——封建土地制度，因此也就无法实现农民的解放和劳动力的非农化。所以，发展对于国民党时代的旧中国来说，完全是一种空想。在这种历史条件下，如果不采取革命手段，摧毁半封建半殖民地的社会制度，中国的发展就根本无从谈起了。这种情况并非中国独有。当今某些发展迟缓的国家，何尝又不是制度要素的障碍呢？

3. 资源性要素

一般指可以直接或间接成为财富之源泉的因素，这类要素属于"中性"要素。在相同的制度要素前提下，资源要素富有，发展可能就比较顺利，因为财富形成的速度会快些，效益会高些；资源要素贫乏，发展可能会困难一些。这是综合性的表述。其实，资源性要素包含的种类很多，这种资源的贫乏往往可以用另一种资源的富有来"交换"。因此，资源性要素，按其形态来区分，可分为有形的资源与无形的资源；按其是否可"交换"来区分，又可分为不可交换性资源与可交换性资源。

4. 科技性要素

如果说，资源性要素在工业化发展时期具有举足轻重的地位，那么科技性要素在信息化发展时期则更具有决定性的作用。20 世纪后半叶的发展状况表明：是科技进步缓解了资本主义发达国家的制度性危机，使一批后工业化国家走上了信息化的发展新阶段；是科技进步加快了不发达国家的工业化进程，一大批新兴的工业化与半工业化国家崛起了；是科技进步改变了发展要素的排列组合，使当今的发展中有形要素愈来愈被无形要素（科技、知识）所改造与支配。电脑的普及、机器人的采用、新材料新能源的出现……使发展的速度大大加快了，使发展的组织形式显著地改变了，使发展的主体相对地模糊了，甚至使发展的许多概念也发生混乱了。

由于科技迅猛革新，一些发达国家蓝领工人急剧减少，第二产业的比重大幅下降，还出现了所谓"无人工厂"。于是，马克思的劳动价值论被认为过时了，资本与机器设备也创造价值等理论相继出现。理论上的混乱，要求我们对劳动、劳动力作出新的界定，要求我们对价值量的凝结度，对剩余价值在不同经济过程的让渡与分配作出新的解释。由于这不属本文的研究范围，此处只能略加提示。其中，最重要的是三点：一是由于科技要素在发展中的突起，掌握科学技术与知识的人，将成为发展的决定性要素，脑力劳动也是劳动，同样创造价值；脑力劳动者也应属于生产力的范畴。二是在不同的科技水平下，劳动量的凝结度是有很大差异的，现代科技武装的工厂中每小时的劳动凝结量，显然要比 19 世纪工厂中每小时的劳动凝结量高出几十倍、几百倍乃至几千倍。三是科技进步与无酬劳动份额（相对剩余价值率）、超额利润是正相关的，第三产业和"无人工厂"的超额利润则是上一轮或数轮生产过程中创造出来而在本经济环节让渡的剩余价值。如果一般的第三产业真的也能创造新的价值，那么为什么会出现"泡沫化""空洞化"的危机？

5. 文化性要素

文化性要素作为一种无形的但却十分重要的发展要素，越来越被人们所感知了。它在一定的历史跨度内是不可交换的,它起着深层的、潜移默化的巨大作用。文化结构的形成,是一个民族经历了漫长的年代整合、积累、演化的结果,因此它必然具有坚韧的、深层潜伏的特质,往往不会随着上层建筑和经济关系的改变而同步、同程度地消失。价值取向、宗教信仰、伦理道德、家庭制度、生活方式、风俗习惯等,对经济发展的模式、重点、组织形式、发展进程都会产生不可忽视的影响。例如,大和民族的服从性与集团性的文化渊源,对日本经济的崛起就产生过巨大的影响,所谓"丰田精神",就包含丰富的文化因素。正在兴起的东方国家的工业化道路也是同西方迥然有异的。

西方一些政治家和理论家总喜欢用按他们的标准所界定的"民主""人权"之类的大棒来抨击东方国家。我们姑且不追究其自私的政治目的和经济目的,仅从文化层面来判别,也说明他们根本不愿意理会文化背景对经济发展的影响。西方人对东方人民主化的渐进性不理解,正如东方人对西方人的个人自由主义泛滥的不理解一样。其实,各个民族文化背景的不同,发展的模式各异,本来没有什么值得厚非的。硬欲以一种文化取向去强行统一别的文化取向,势必在政治上导致干涉内政,造成国际关系紧张,在经济上妨碍他国的发展。这实质上是新殖民主义的一种表现,是不能允许的。

以上四类要素对经济发展并不是单独地、孤立地起作用的,它们往往因时间地点的不同而分别构成形态各异的"动因集合",即以一种要素为主导,其他要素为辅佐的集合体。例如,中东石油国家的发展,是以资源产品开发带动其他要素的组合,应属"资源启动型"动因集合;中国和越南等国家,是以体制的改革带动其他要素的组合,应属"制度启动型"动因集合;西方一些发达国家走向信息化,多是由科技的革命带动其他要素的组合,应属"科技启动型"动因集合等。

四、多模式发展

1. 发展的多模式性

这既是一个客观事实,又是一种客观必然。如前所述,由于制度、资源、科技、文化诸要素结构的千差万别,几乎可以说没有一个国家的发展模式是同另一个国家完全一样的。英国和德国不同,美国和加拿大有异,中国和印度更有差别……但为了便于研究,我们选出少数带有共性的指标对众多的国家进行大体的归类,仍是可行和必要的。

以迄今为止的历史事实为依据,我们按三个基本标志,即:政治体制、经济路线和文化取向来判别,目前可以称得上"模式"的,大约只有三个:欧美模式、东亚模式和中国模式。

2. 欧美模式

欧美模式是一种原生型模式。在历史上它出现得最早,在 19 世纪到 20 世纪初,一大批欧美国家,通过这种模式完成了工业化,走上了发达之路。

这一模式的基本特征是:①政治的多元化。由于欧洲(主要是西欧)有着千年的议会制传统,国民的文化素质普遍较高,社会的自组织能力较强等原因,这些国家在发展中普遍采取了多党议会民主化同经济自由化并行的方式。②经济的自由化。西欧是资本主义的原生温床，工业化对这些国家来说，是一个"自然历史过程"，是无拘无束地通过市场这只"无形的手"而自然演进的。它们都是经过私有化的个人资本集聚，以及残酷无情的资本集中，而后逐渐整合成现代资本主义工业化国家的。③文化的个人本位。受基督教文化的浸染，西欧的发展是循着个人至上主义的道路前进的。在"主观为自己，客观为社会"基础上形成的斯密的"经济人"理论，成为欧美国家经济发展的根本指导思想。

这种模式，也可称为个人资本主义模式。它的优点在于具有较强劲的激励机制和社会监督机制；它的缺点在于个人主义自由泛滥，使社会利益与个人利益之间的整合机制十分脆弱，导致诸多社会顽疾的蔓延(如犯罪率上升、黑社会猖獗、吸毒、艾滋病……)。因此，这种模式对人类社会长期发展来说，是福是祸，已见端倪，至少可以看到它对社会发展带来的负面影响不亚于它对社会进步的贡献。只不过前者是潜伏的，后者是公开的而已。而且愈往前走，其负面影响将会愈大。

3. 东亚模式

东亚模式是一种派生型模式。20世纪，日本、韩国、新加坡等一系列东亚国家的相继崛起，形成了一种同欧美模式本质虽同但形式有别的新模式。

这一模式的基本特征是：①政治集权化。由于亚洲封建专制的传统、国民文化素质低下、小生产大量存在和社会自组织力低微等历史条件，这些国家为了有效地动员资源和维持稳定的发展环境，大都采取了经济发展与政治改革分离的路线，运用集权的政治体制来推进经济发展。历史证明这是基本成功的。②经济自由化。这一特征，与欧美模式是基本相同的。经济上是全方位开放的，以私有化为主体。但其自由化的程度则不如欧美，由于第一个特征和后面的第三个特征，政府的干预程度远大于欧美模式。③文化的群体本位。东亚国家(地区)大都长期受儒家文化的熏陶，在工业化过程中，发扬了"敬业乐群"的精神，加上前面第一个特征所形成的对个人主义的约束，其发展的文化取向多为群体主义，功利倾向是国家利益先于个人利益，组织特色多为家族人缘群体。

这种模式，也可以称为群体资本主义模式。其优点在于兼顾了个人激励机制和社会调控机制，使发展所产生的社会病少于欧美模式；其缺点是易于滋生腐败，缺乏社会监督。

4. 中国模式

中国模式是一种创新型模式。中国既是儒家文化的发源国，又是一个社会主义大国。这两个基本背景决定了中国的经济发展既不能照搬欧美，也不能照套东亚的做法，而必须走自己的特殊道路，这就是有中国特色的社会主义道路。

中国模式，还处在探索之中。由于实践尚未定型，因此理论概括也不能算是成熟的。就现有材料看来，不妨初步界定为如下特征：

①政治的主导民主化。中国的历史背景条件和东亚各国大体相似，但我们是社会主义国家，不能实行专制式的政治体制，而应采取以社会精英集团为主导的民主化模式，这也就是由中国共产党领导的多党合作和政治协商的社会主义民主制度。这种有主导的民主政治，是符合现今中国国情的，它有利于保障资源的合理流动和社会的稳定，从而有利于经济发展。②经济的多元化。由于中国的现代化起步较晚，基础薄弱，必须实行赶超战

略——用少于发达国家的时间赶上发达国家的水平。为此，必须发挥社会和政府两方面的主动性和积极性，使社会个人、集团和政府都成为推进工业化的富有活力的主体。政府既是投资的强大主体，又是调控经济发展进程的能动力量。这一点，从某种程度上与东亚模式有近似之处，但差异则在于中国是实行以社会主义公有制为主体，多种经济成分并存的社会主义市场经济模式。③文化的社会本位。中国现代化的文化取向有两大依据：一是社会主义，二是中华传统，并使两者有机融合。社会主义所追求的终极目标是实现共同富裕，中华传统的精髓是世界大同。所以中国模式的文化内涵必是社会本位。所谓社会本位，可大体界定为：以乐群为主导的自利，或者说在"我为人人"的前提下谋求"人人为我"，使个人的发展同社会的进步在最大限度内协调起来。

　　这种模式，也就是有中国特色的社会主义发展模式。应该说，这种模式还在不断探索、不断完善之中，还没有完全定型。但从其本质内涵来看，它具有无限的潜在优势和强大的生命力。在一个发展不足的东方大国，这种模式一方面将会充分地调动国内外社会各层次的发展积极性，形成强劲的激励机制；另一方面又可以有效发挥政府的协调机能，使欧美模式与东亚模式的私有化弊端得以扼制。当然，这一模式也不是完美无缺的，特别是目前它还处在未定型的状态下，将有赖于有主导的社会主义民主化的成熟，以强化社会监督机制。

（发表于《江汉论坛》1996年第9期）

多元结构论纲

我国是一个发展中的社会主义大国，由于历史的和现实的原因，在经济、政治、文化上发展很不平衡。在中华人民共和国成立后的前30年中，由于对国情体认不深，在全国范围内采取了一个模式、一个要求和"一阵风"的做法，对经济与社会的发展造成巨大的损失，这是为人们所公认的经验教训。

20世纪80年代以来，党中央拨乱反正，明确了我国仍处于"社会主义初级阶段"的基本国情，实行了改革开放的基本路线，国家在经济上逐步由公有制大一统的结构转向以公有制为主体、多种经济成分并存的多元化结构。在政治、文化生活中，也开始由"一律化"向"百花齐放"发展，呈现了比前30年更加生动活泼的局面。但是，在实际工作乃至理论研究中，企图简单地按"一元"模式解决问题的倾向仍时有发生，特别是对政治、文化生活领域中的多元化问题还不够重视，研究不够深入，往往造成对改革发展进程的干扰。究其深层原因，我认为在于我们还没有建立起一种高层次的多元化结构理论体系，用以指导包括经济发展在内的各方面的工作。

一、建立多元结构理论的依据

1. 事物的内在矛盾具有多样性，主要矛盾的主要方面决定事物的性质

世间的任何事物，就其内部结构来说，都不是"一元化"的，而是由诸多"元素"在相互矛盾又相互协同的运动中形成的。自然界是如此，社会现象就更加如此，而且更为复杂。

人类社会是多种矛盾的综合体，其矛盾的多元性和多层性，构成交叉网络状的运动。任何一种事物与社会现象，不仅存在一对矛盾而且往往存在多种矛盾；在一对矛盾中，也往往不是简单的两个对立面，有时存在着多个对立面。例如，在旧中国，最高层次的矛盾是帝国主义侵略与中华民族生存与独立的矛盾。在这组矛盾中，不仅仅是两个对立面，而是中华民族与多个帝国主义国家及其在中国的代理阶层的矛盾。这组矛盾开始是以帝国主义这一方面占主导地位，而使中国沦为半殖民地，后来矛盾双方的地位发生了转化，中华民族成为矛盾的主要方面，获得了真正的民族独立。而这种"转化"的重要因素是中华民族利用了帝国主义之间（矛盾对立面内部）的矛盾发展了自身的力量，壮大了自己，削弱了对方。在上述最高层的矛盾之下，又存在着多组矛盾：例如，中国工业化进程同封建生产关系桎梏和官僚资本腐败的矛盾；共产党与各民主党派同国民党政权的矛盾；文化现代化同中国传统文化中的糟粕的矛盾等。在这些矛盾中，还包括更低一层次的种种矛盾，例如，在第二组阶级矛盾中，共产党内有两种路线的矛盾，国民党内也有许多派系之间的矛

盾等。

这种矛盾的多样性与多层性表明,在研究经济学,建立多元结构理论时,必须至少注意以下两条:

第一,在特定的时空中,下一级矛盾必须服从上一级矛盾的解决。为此,下一级矛盾有时必须采取策略上的调和,以集中一切可以利用的力量去促成上一级矛盾的尽快解决。如抗日战争时期,中华民族同日本帝国主义之间的矛盾上升为最主要的矛盾,其他一些社会矛盾都必须服从这一矛盾,并促使这对矛盾的尽快解决。

第二,在一组矛盾中,矛盾的主要方面和非主要方面是可以能动地转换的,而转换的契机则在于该矛盾的非主要方面是否善于利用一切上下级的各种矛盾,削弱对方而壮大自己。在抗日战争中,共产党的壮大与发展,并最终战胜日本帝国主义,都与共产党正确的主张和巧妙地利用各种矛盾,有着直接的关系。

这两条对审视我国当前改革与发展中的路线有极大启迪。我国当前主要的任务是实现工业化,解决落后的生产力同人民群众日益增长的物质文化生活需求的矛盾,为此,就必须适度调和其他矛盾,促进最主要、最高层次的矛盾解决。

2. 经济基础决定上层建筑,上层建筑又反作用于经济基础,两者既对立,又统一,通过矛盾的运动而达到统一

这是两者的一般关系。但是对经济基础的决定作用和上层建筑的反作用还需结合具体情况做具体的分析。我个人认为:(1)经济基础的"决定作用"是基本的,但不是"无处不在的"。经济基础的"决定作用"主要表现在两个方面:第一,原生作用。一定的经济基础最终必定要衍生出一定的上层建筑,但时间上有长短之别,这种衍生过程有的很长而有的很短,需视具体情况而定。第二,长远作用。经济基础对上层建筑的决定作用,不是一种阶段性的暂时现象,而是一种时间跨度很大的长周期作用。除去这两条之外的时间和空间,就是上层建筑的反作用得以发挥的场所。(2)上层建筑对经济基础的反作用虽然是派生的和有限的,但却是能动有力的。这主要表现在三个方面:第一,调控作用。上层建筑通过一定的调控手段(计划、投资、政策等)来引导经济发展的规模与速度。第二,干扰作用。由于上层建筑变化的滞后性和错位性,派生出一些同经济发展不协调的现象(如权力资本、寻租行为等),影响资源的优化配置和合理分配,干扰经济发展。例如我国的上层建筑中还残存了一些封建主义的东西,这与我国封建传统影响太深,生产力水平还十分落后有很大的关系。事实上,在小生产力水平的基础上过度地强调集体、集权和公有制,有可能导致封建主义的回归。这些封建主义的残余势力必会对我国的经济发展产生严重的干扰和破坏。第三,塑模作用。由于上层建筑中的文化具有积淀性和滞后性,它往往可以跨越历史阶段来影响经济基础的变化,可以塑造经济发展的模式。例如,英国和德国在现代化过程中,由于各国不同的民族文化传统,形成了风格各异的英国模式和德国模式。

这种经济基础与上层建筑之间的辩证关系,对于我们建立多元结构理论有着重要的启迪:第一,经济的"一主多元"结构从"原生"和"长远"来说,势必导致社会、文化的"一主多元"趋向。第二,这种趋向可以不是自发进行的,而完全可能由上层建筑的核心层能动地加以引导。第三,上层建筑的非核心层部分,在整个发展过程中特别是在发展的前

期，其滞后性和摆动性更为突出，可能从"左"的或"右"的方面对发展产生干扰，因此有必要建立某种介于经济基础和上层建筑之间的社会自均衡结构。这种结构应该是超越了利益和权力，即自下而上的民主法制结构。第四，在塑造多元结构过程中，要特别注意整合多层次的文化结构，并以之缓解与融化经济基础和上层建筑相互适应过程中所产生的许多撞击与矛盾。这种多层次的文化结构包括精神文明建设乃至正当的宗教等。对于宗教的社会作用应该一分为二地分析，特别是宗教教义中所包含的伦理规范如劝人为善、忍耐宽容等在一定程度上都可以缓解社会冲突。

3. 社会经济系统是一种特殊的"耗散结构"

根据耗散结构理论，一个不与外界交换能量和分子的稳定平衡结构，是没有生机和生命力的"死"结构。只有系统不断与系统外交换能量与分子，形成"负熵流"，才能促进系统内部各子系统之间的协同作用（"促协力"）。只有在这种基础上，才能形成一种远离平衡态的动态有序结构，即耗散结构。这种结构是一种具有强劲生机与活力、永远活动着的稳定有序的"活"结构。这种系统是一个全面开放的系统，而绝不是封闭的系统。我们所要建立的社会经济系统，也应该是这样一种开放的、与外界不断交流物质与信息的、动态稳定的耗散结构。这已被近20年的改革开放所验证。封闭的稳定，已被证明是没有活力与生机的"死"结构。

但是，作为社会经济系统，同自然系统又有原则区别，即它不是由"自在"的分子所组成，而是由"人"这种"自觉"的分子所组成。人这种分子具有意识，而且由于经济地位的差异，分为不同的集团或阶层。因而，这种有意识差别的"分子集团"之间会各自按照其本集团的利益倾向，去"有意识"地反作用于系统的"协同"和"有序"的运动，使系统内乃至系统之间的有序化受到外在和内在的扰动，从而不可能"自发地"形成耗散结构。所以，在试图以耗散结构理论来指导我们建立"一主多元"的结构时，必须注意两个原则：

第一个原则，开放与节制相结合，实行有节制的开放。否则，社会经济系统便可能被外来的"正熵流"所冲击，使内在的正熵与外来的熵流之和不可能小于零，系统就会趋于混乱无序乃至崩溃，这是因为只有负熵流才能产生促进协同的力量。

第二个原则，协同与制衡相结合，实行受制衡的协同。否则，系统内"分子"的集团倾向，很可能就会造成巨大的涨落和震荡（如内战），最后才能建立起新的有序结构。但这样付出的代价太大，因此应该加以避免。

二、"多元结构论"的基本构想

根据初步构想，"多元结构论"主要包括以下四个相互关联的内容：

1. 当代中国，压倒一切的任务是实现中国的社会主义现代化

国家现代化同贫穷落后的矛盾是最高级的矛盾，其他一切矛盾都必须服从这个矛盾。若非如此，就不能实现最高矛盾的转化。因为，没有国家的现代化，就不会有民族的真正独立；没有国家的现代化，就不会有社会主义的优越性；没有国家的现代化，就不会有国家的统一。所以，国家的现代化同贫穷落后的矛盾是压倒一切的最高级别的大矛盾。

为此，其他次一级的矛盾都必须围绕是否有利于中国消灭贫穷落后，实现国家现代化这个最高目标而采取策略上的不同程度的调和——就像在抗日战争中为了抗日救国，国共两党的矛盾实行策略调和一样。所以，诸如社会主义与资本主义的矛盾，公有制与私有制的矛盾等都必须服从于现代化——以促进实现发展生产力这个大目标。因此，在经济结构上必须由单一的公有制转向以公有制为主导的多元化的所有制结构，以调动一切积极因素，促进社会生产力的发展，早日实现国家的现代化。只有这样，才能使中国实现由"贫穷落后"为主导方面向以现代化为主导方面的战略转化。

要实现上述矛盾的非主导方面向主导方面的转化，关键在于社会主义经济成分要善于最大限度地利用一切矛盾中有利于发展社会生产力的成分，壮大国家的经济实力，最后实现由农业国向工业化强国的战略转变。

2. 经济上的"多元化结构"最终必然会形成政治与文化上的多元化结构，但这是一种"有主导的"多元化结构

我们所设想的经济、政治、文化"三位一体"的"一主多元化"结构，可以用图1简略地表示：

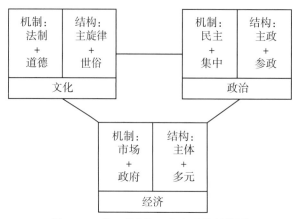

图1 "三位一体"的一主多元化结构图

下面分别做一些阐释：

(1)经济上的"一主多元化"结构。即以社会主义公有经济为主体，个体经济、私营经济和外资经济多种经济成分并存的所有制结构。与此相适应，在机制上就必须实行政府主导型的社会主义市场经济，即受政府调控的市场机制作为资源配置的基础机制。

(2)政治上的"一主多元化"结构。即共产党领导的多党合作结构，或称共产党主政与多个民主党派参政的政治结构。与此相适应，政治运行机制则应是民主集中制。

(3)文化上的"一主多元化"结构。即以爱国主义、集体主义、社会主义三位一体的文化主旋律为主导，把先进性要求同世俗的广泛性要求结合起来，发扬世俗层面的积极因素，抑制与消解其消极因素。与此相适应，文化运行机制则应是法制与道德相结合。

3.“多元化”与“主导化”的关系

这个问题对于我国的“多元结构”的发展前景，具有十分关键性的意义。“多元化”绝不是“自由化”，它是一种合目的的有机结构，即保证社会主义前景的多元结构。所以，“主导化”就显得十分重要，而且要善于把“主导化”同“多元化”有机地协调起来，建立两者的协同机制。这种协同机制总的描述应该是：有主导的多元化。具体从三个基本方面来加以分析。

（1）在经济上建立以社会主义公有制经济为主体、多种经济成分各得其所的互补关系。为此，必须：

——国家（通过国有资本经营实体）控制有关国民经济命脉的重要部门，如中央银行、能源枢纽、军事工业、棉花粮食批发、交通通信枢纽等。这些部门应从市场竞争中退出来，不能要求其自负盈亏，应由国民收入再分配予以合理的补贴，并建立科学而严格的管理制度。

——对于竞争性的基础工业行业，国家（通过国有资本经营实体）参与市场，按市场规则实行平等的控股与参股活动。对于这类部门，各种经济成分均可平等地参与竞争，自由进出，也不享受国家的特殊（政策性）扶持，基本割断“父爱主义”，自主经营，自负盈亏，自我约束，自求发展。

——对于一般性的行业，特别是轻型工业和第三产业，国家资本基本不进入，放手让多种成分（包括合作、合资、独资）依法经营。

（2）在政治上建立与健全以共产党为领导的、多个民主党派合作参政的统战关系。为此，必须：

——共产党必须真正成为国家全局利益的代表者，有正确的纲领和政策并加强和健全自身的建设，树立领导党的良好形象。

——在政府、人民代表大会、政治协商会议等组织系统中建立民主的、合理的多党派的参政结构；既保持共产党的领导地位，又充分保障人民大众当家作主的权利和发挥各民主党派的参政议政积极性。

——在共产党和各民主党派之间建立有序的相互监督、相互协商的机构与机制，进而形成有中国特色的权力约束体制。

（3）在文化上建立起以社会主义精神文明主旋律为导向，各种世俗文化百花齐放、健康发展的整合关系。为此，必须：

——立足“主旋律”，疏导世俗。我们所要建立的精神文明，不是随便一种文明，而是社会主义精神文明，因此，必须要确立“主旋律”的主导地位（就像在经济生活中必须确立公有制的主体地位一样），用它来指导、引导全社会的思想运作与文化建设。

但是，我们还处在社会主义初级阶段，经济上的多元性必然要反映为文化的多元性，加上文化的历史积淀特质，文化又具有世俗性。换句话说，精神文明是具有层次性的，即主导层面和世俗层面。两者既有密切联系，又不能画等号。一方面，不能企望用前者完全覆盖后者、代替后者，要承认后者的客观性，做到主旋律的世俗化，否则便难以在大众中生根；另一方面，又不能任后者自流地存在与发展，要力促世俗趋近于主旋律，用“主旋律"的主导作用来疏导它的积极方面，约束其消极方面。

——立足现代，整合传统。我们所要建设的精神文明，是现代中国的精神文明。而现代中国是以马克思主义为指导的中国，是走向现代化的中国。因此，一切精神文明建设必须有利于马克思主义的指导地位和现代化的实现。

但是，我们的意识形态与现代化，又不能脱离中华民族的传统文化，否则就会成为"无根之木"。马克思主义与中国实际相结合，这是中国革命取得胜利的基本经验。所以，对于传统文化必须立足于是否有利于社会主义现代化大业的实现来加以扬弃取舍。既不是"现代"的独立自生，也不是整个"传统"的复旧。

——立足本土，吸纳外来。我们所要建立的精神文明，是中国这块土地的文明。既不是外力强加的，也不是简单"舶来"的。任何外来文化，都是别的民族在它那块土地上经过历史积淀整合而成的，没有"放之四海而皆准"的某种文化模式。

但是，文化又是开放的，具有交流的属性。也可以说，现有的任何民族的文化，多少都吸纳了别的民族的某些文化因素。但这种吸纳，往往都是本土文化所能兼容的部分。或者说，这种吸纳是一种双向整合过程：在本土文化开放的基础上融合外来文化，使外来文化本土化。就现代中国而言，就是中国传统文化的现代化同外来文化的中国化的双向整合过程。所以，我主张"体用交融论"①。之所以要整合，就在于传统的文化不是每一项内容都能现代化。同理，外来文化更不是每一项内容都能中国化。如果某个外来民族欲强行"输出"其文化体系，那就势必会引起强烈的撞击，甚至引发政治与军事冲突。

三、多元结构与独立自主

前面论述了社会主义初级阶段必须建立起一种以社会主义因素为主导的多元化经济、政治、文化结构。这种结构，无疑是符合我国现实国情的，从而应该在相当长的历史时期加以维持和完善。但是，也应该看到，从长远和发展的角度来说，这种结构确实也存在一个发展(或变异)的方向问题。即是说，维持与发展这种多元化的结构，最终会是加强社会主义还是加强别的什么东西？这里就有一个在多元结构中如何保持社会主义因素的独立自主的问题。

1. 理论的威力在于它的彻底性

当前，在我国改革开放取得伟大成就的同时，之所以出现诸多负面后果，特别是党员行为准则的紊乱造成腐败，从而又引出对改革开放的非议，特别是对姓社姓资的质疑，除了体制(法制)原因之外，在理论、策略上的模糊，不能不说是重大原因。

譬如：

——我国既是社会主义国家，又要发展非社会主义的经济成分，应如何处理好"主导"与"共同发展"的界限？

——社会上搞市场经济，实行商品交换原则，政治生活中又必须实行"四个坚持"，如何处理好这个关系，使商品交换关系不致侵蚀政权基础？

---

① 关于"体用交融论"，参见拙著《发展经济学新探》一书有关章节，武汉出版社1997年版。

——共产党是无产阶级的先锋队，共产党员在市场经济中如何规范其行为？共产党员能不能拥有巨额资本？等等。

显然，这些问题如果仅仅从政策层面来解决，是解决不了的。必须首先从理论层面来澄清：在中国社会主义初级阶段，社会主义和资本主义，中国共产党与中国有产者究竟是一种什么样的关系？不搞清这种关系，两者界限模模糊糊，似是而非，即理论不彻底，是无法真正指导政策和规范行为的。因此，理论要彻底，就必须借鉴革命时期的统一战线的理论和策略。只不过是由政治领域为主转向经济领域为主罢了。

2. 经济领域的"统一战线"

多年来，我一直认为，在我国社会主义初级阶段，确实存在一个社会主义与资本主义在经济领域实行"统一战线"的问题。其要义如下：

第一，像战争时期单靠工人阶级力量无法战胜"三座大山"一样，在建设时期单靠社会主义经济成分(公有经济)也无法战胜现代化的大敌——"贫穷""愚昧"。这已被中华人民共和国成立后前30年的实践所证明。

第二，过去政治生活领域所建立的统一战线理论，完全应该和可能在当前经济生活领域中加以发展、补充和弘扬。即以社会主义经济为主，调动一切可能调动的经济积极因素与力量，最大限度地发展社会生产力，最快地"消灭"贫穷与落后这个现代化的大敌。

第三，这个统一战线，是在社会主义公有经济的主导下，以广大个体经济(主要是农民与小业主)为同盟军，团结国内私营经济成分，利用国外资本主义的积极因素，共同推进中国的工业化、现代化大业。

第四，在统一战线中，存在既团结又斗争的格局。团结是针对个体与资本主义成分中有利于发展生产力的方面，充分地加以利用；斗争是针对其破坏生产力、腐蚀上层建筑的方面，尽力加以限制。

3. 统一战线中的独立自主问题

经济领域的统一战线的最终目的，是在中国实现社会主义现代化。欲达此目的，必须从总体上保证统一战线运行的社会主义方向——有利于社会生产力的发展，有利于综合国力的增强，有利于人民的共同富裕。为此，统一战线的关键问题，就是如何确保社会主义因素——特别是共产党的组织在统一战线中的独立自主问题。否则，这个统一战线是无法保证社会主义方向的，从而也难以实现社会主义现代化的目的。

关于统一战线中的独立自主问题，毛泽东曾经有过精辟的论述，实践也证明是成功的。现在的问题是联系社会主义市场经济的实践赋予它新的内涵。这些新的内涵主要有以下几个方面：

第一，这种统一战线是积极的而不是消极的。我们现在同资本主义因素建立统一战线，是出于生产力落后的现实而对资本主义的一种让步。这种让步是为了一个积极的目的——最终实现社会主义的工业化、现代化，是"为了更好地一跃而后退"[①]。因此，这种

[①] 《列宁全集》第55卷，人民出版社1990年版，第239页。

让步绝不是消极的，把公有经济都"让掉"。在允许非公有经济共同发展的同时，必须认真有力地提高国有和公有经济的质量，包括通过改革，使它们适应市场经济的运行环境。

第二，这种统一战线是合作而不是混一。在这种经济统一战线中，社会主义因素与非社会主义因素(首先是资本主义因素)是一种联合关系，是一种在保持社会主义因素自身独立性前提下的合作关系，绝不是把两者混而为一。须知，当今这种统一战线的实质，是使社会主义与资本主义的矛盾在一定历史阶段服从于现代化与贫穷落后的矛盾，而不是取消前一对矛盾。

第三，要实行以上区分，首先，必须区分实践中可以不问姓"社"姓"资"同理论上必须探究其经济性质的界限。我们正处在一个新旧交替的变革时代，新问题、新事物层出不穷。在此特定的时代背景之下，若必先分清"姓什么"确实是不科学的。例如，"包产到户""乡镇企业"刚出现时，当时就分辨不清，是经过一段实践之后才分辨清楚的。所以，在实践中可以不必首先"定姓"，只要其有利于生产力的发展，边干边看。否则，硬欲先"正名"后行动，那就什么也干不成。但是，在理论研究上，一旦实践比较成熟了，就必须对之加以定性研究，探究其经济性质，否则实践的发展就会因理论的模糊不清而停滞不前，甚至偏离正确的方向。其次，还要区分理论上的严肃性和政策上的灵活性的界限。在学术研究上，对于那些属于资本主义性质的经济现象(如雇工剥削)，在理论上不能搞调和主义，应如实地承认它属于资本主义性质。但是，只要它属于"三个有利于"，就不妨碍我们在政策上允许其存在与发展。

第四，严重的问题是对党员的行为规范。在新的统一战线中，要确保社会主义力量的独立自主，关键的关键在于共产党员、特别是国家领导干部的行为规范问题。在当今，共产党员，特别是身居领导岗位的共产党员，既要积极地推进社会主义市场经济的发展，鼓励与适当扶持个体经济和私营经济的发展，又要保持"工人阶级先锋队"的本色，这是一个十分复杂而又严肃的要求。如果做不到这点，没有这样一条界线，共产党员，特别是领导干部都同资本主义"混一"了，都去当"百万富翁"了，那也就没有了共产党，也就没有什么统一战线了，从而也就没有什么社会主义的前景了。

(发表于《江汉论坛》1998 年第 1 期)

经济发展战略新论

经济发展战略问题，在国内20世纪80年代曾是一个十分热门的话题。从上到下，几乎层层讲战略，处处研究战略。但现在回头来看，中国(这样一个大国)似乎还没有完全形成自己的经济战略理论。这个任务迫切有待经济理论界来完成。

本文主要是作为一种尝试，企图用扬弃的态度，借鉴美国学者艾伯特·赫希曼《经济发展战略》一书的一些有用的观点，结合中国的实际，加以延伸、改装和创新，为建立有中国特色的经济发展战略学做一初步探索。

一、战略的重要性："三种瓶颈论"

1."水桶效应"：三大瓶颈理论

在研究经济发展战略时，首先要从不发达国家的国情出发。而不发达国家共同性的国情之一，就是发展不平衡。就像一个木制水桶那样，各个木板条的长短不是一样的。因而这只水桶能装多少水，不是取决于最长的那条木板的长度(高度)，而是取决于那条最短的木板的高度。这就是所谓的"水桶效应"，也可称之为"瓶颈效应"。正由于此，在不发达国家同在发达国家不一样，在后者"由于不同资本系数的各种生产项目分布较均衡，资本产出率大致可视为一种技术系数"。但在前者这种系数是十分不确定的，而且在某些部门的投资往往因受到瓶颈制约而不能充分发挥其效能。反过来，如消除了这种瓶颈，则即使不增加新的投资，原受制约的部门已投入的资本产出率也会大大提高。赫希曼的这种命题，无疑是符合不发达国家的一般实际的。但是，对于"瓶颈"(或水桶)效应本身的结构缺乏具体分析，而且仅仅限于产业瓶颈，这显然是不够的。

从中国的经验看来，我认为这种"瓶颈"，至少应包含三个基本内容：

(1)产业瓶颈：结构性约束。这种瓶颈约束，表现为短缺产业(或行业)对整个经济增长的约束，特别是能源、交通、原材料等基础性行业的滞后，使得已投入其他产业(特别是加工工业)的资本，不能充分发挥其效能。由于这种"瓶颈"是看得见、摸得着的，故又可称为"有形瓶颈"。

(2)体制瓶颈：运行性约束。这类瓶颈约束，表现为由资源转化为目标之间的"中间环节"的短缺，或称机制性约束：市场的短缺，发育不足；激励的短缺，制度与政策的刚性；企业家的短缺，人才断层；决策能力的短缺，主观与客观的素质不高等。在制定战略之前，必须充分估计到那些最短缺的机制，并确定消除这种短缺的措施与进度。如系市场短缺，就要培育市场；如系激励短缺，就要调整政策；如系企业家短缺，就应加强培训乃至引进人才……根据这种估量来确定战略目标与资源配置，才不致使战略设计变成一纸空文。由于这类瓶颈属于若隐若现的状态,故也可称之为隐形约束。

(3)心理瓶颈:社会性约束。我们的发展实践明白无误地告诉人们,发展的过程绝不只是产业变化和体制转换两个过程,与它们并行的,还有一个看不见而能感觉到的心理适应过程。这种心理瓶颈有两大特征:

第一,由于发展(与改革)过程中利益的非均衡性,因此社会对发展的心理承受能力与适应速度,在不同阶层(集团)之间,往往是不一样的。这样,心理瓶颈就存在一个"瓶颈阶层"的问题。所谓瓶颈阶层,是指那个在发展中可能受益最小或风险最大的阶层(或许有一个以上)。因此,这个阶层对发展(改革)的心理承受力最小,适应速度最低。

第二,这种心理瓶颈阶层的存在,使发展潜伏着危机。如果发展的模式与速度较大地超过了这个阶层的承受力,就有可能引发社会动乱。因而,它对于发展或增长的制约性,在某些方面可能比前两种制约还要严重。所以,在研究战略时,必须充分估量这种瓶颈阶层可能承受的能力(当然应该是动态地估量),并据此确定自己的目标和步骤。否则,过激会引发社会动荡;过缓又会贻误发展的时机。由于这类瓶颈,纯属看不见、摸不着的,故又可称之为无形瓶颈。

以上三大瓶颈对发展的制约又各有侧重:产业——有形瓶颈主要是从经济结构不平衡方面来约束发展,故称结构性约束;制度——隐形瓶颈主要是从经济机制的不成熟方面来约束发展,故称运行性约束;心理——无形瓶颈主要是从风险的社会承受力方面来约束发展,故称社会性约束。

2. 改革的功能:排除发展障碍

在前面已经讲过"水桶效应"和"三大瓶颈"。存在这些约束(障碍)因素,便使得不发达国家"吸收资金的能力往往低于它可能得到的投资基金。"[1]按赫希曼的说法,就是投资能力往往小于投资机会。而"投资能力"包括"发现投资机会的能力"。对于这种投资能力,应做具体剖析:它应该既包含主观的"发现投资机会的能力(如参与投资决策者的素质)",又应包含客观的体制障碍(如产权不明晰)和技术限制。而且体制障碍往往决定"发现投资机会的能力"——愈是体制封闭、技术落后的国家与地区,其发现投资机会的能力就愈小;反之则愈大。这就是例证。所以,"投资能力"实际应包含两个基本方面:对投资机会的价值判断能力(主观的)和实现这种判断的客观可能性(客观的)。正由于此,不发达国家在确定自己的经济发展战略时,必须集中力量研究"如何消除各种对吸收能力的妨碍",也就是把主要精力放在排除发展的障碍因素上。

然而,这些"障碍因素",有的是可以靠发展本身自然演进而消除的(如一般的技术进步问题),有的则不可能靠发展的自然演进来解决,必须靠社会改革才能得以排除(如体制性障碍)。即使是技术进步问题,如涉及大规模的技术更新、根本性的技术革命,也不是自然演进所能奏效的,它同样要求体制性的突破,要求改革为它开路。例如,在农业中如果自然经济体制不转向商品经济体制,则其技术进步是十分缓慢的,甚至是不可能的。又例如,在计划经济条件下的企业如不转向市场经济,则企业的内在技术更新改造机

---

[1] 艾伯特·赫希曼:《经济发展战略》(中译本),经济科学出版社1991年版,第32页。

能是十分脆弱的。

由此，我们可以得出如下结论：不发达国家在研究其经济发展战略时，决不能只注意资源与目标的"直线设计"，而应该用更大的注意力考虑两者的"中间通道"——由资源到目标之间的"障碍分析"，并在此基础上寻找排除障碍(限制"投资能力"的体制与素质性因素)的改革途径。不如此，即使拥有丰富的资源和明确的目标，结果也是无法实现发展的。所以，改革本是发展的应有之义。改革的基本功能，就是排除发展的障碍因素。

3. 发展、牺牲、稳定："学习模型"的启迪

(1)模型。H. A. 西蒙曾提出一个所谓"伯利兹模型"。大意是说一个人学习法语，可能有几种选择：①急于求成，每天练习的时间超过了承受力，使学习成了一件苦事和负担，结果可能半途而废；②练习时间由少而多，还不致难以承受，但也不轻松，结果可能学有所成；③一开始就注重循序渐进，严格控制练习的时间，使学习始终成为一件乐事，然后慢慢增加练习时间，直到学成。

在某种程度上，经济发展也和学语法有类似之处。赫希曼指出："一方面，一个国家在踏上发展道路时，并不了解前方任务的艰巨性，当这些困难出现时，当可以清楚地看出经济发展必须支付昂贵的代价，会使人受苦，造成社会紧张，以及被迫放弃传统行为与价值观念等，这时，'努力'可能放松，矛盾的可能有害的经济政策将被采用，发展将放慢，并可能停止。另一方面，当收入增长到某一程度，使人们感到发展的利益超过其所支付的代价时，人们会渐渐乐于加强对发展的'努力'，使发展目标得以实现。这个模型赞成控制早期发展的速度，以克服未来最顽强的阻力。"[①]

(2)启迪。这个模型和赫希曼的论述，给我们以重要的启迪。它告诉我们，在发展中有一组极其重要的变量，这些变量形成一种函数关系：

$$D = F(S, W, 1/R) \tag{1}$$

式中，D 为发展，S 为速度，W 为利益，R 为牺牲(风险)。

发展必然会有牺牲。期望没有牺牲的发展，那就只能倒退回去不搞发展。但是，这种牺牲(风险)必须是社会上多数成员(阶层)所能基本承受的，它必须满足以下条件：

$$SW > R \tag{2}$$

即速度必须以发展带来的利益大于发展带来的牺牲为前提。否则，如果风险大大超过了发展所带来的利益，社会就会出现震荡，改革可能就会刹车甚至夭折。

具体地说，"承受力"是一个动态的多维的范畴，它至少可能有三种选择：

第一，低速度，无风险，无利益，似乎平安无事。这种选择毫无意义，因为那样就等于是不发展了。

第二，中速度，小风险，利益有所增加，大部分居民基本可以承受。这是一种稳中求进的选择。这种选择一般适合于一个国家发展的前期阶段。这是由以下条件决定的：一是缺乏经验，需要一个学习过程；二是"产业瓶颈"制约较突出，结构一时调整不过来，过速会引发结构性危机；三是体制性短缺(运行性约束)，速度过快会产生"扭曲效应"，使

---

① 艾伯特·赫希曼：《经济发展战略》(中译本)，经济科学出版社 1991 年版，第 41~42 页。

发展变形乃至失败，甚至有可能产生速度——通胀——腐败的关联效应；四是人们对发展的"心理瓶颈"相对较大，有一个逐步适应的过程。

第三，高速度，大风险，利益可能大于或小于风险，一部分居民可以在矛盾中承受，另一部分居民可能承受不了。这种选择一般适合于发展的中后期阶段。这也是由以下条件所决定的：一是通过发展，积累了相当多的经验，特别是协调的经验和处理突发事件的经验；二是产业瓶颈有了缓解，特别是基础结构渐趋完善，可以承受较高的速度；三是体制转型有了明显进展，特别是市场发育更趋成熟，法制规范有了基本保障，这一点对于社会主义中国最为重要，我们毕竟不同于亚洲"四小龙"；四是通过前阶段的发展，人们对改革与发展的观念有了重大突破，对风险的预期有了显著的加强，更重要的是前面的三个条件导致发展的成效会显著提高，社会从发展中所获得的利益会巨大增长。这样，即使有更大的风险，人们也仍然可能在这种"七分赞赏，三分牢骚"的状态中承受下去。

(3)速度是关键。对于由计划主导型向市场主导型转轨的国家，像我们中国，在发展、速度、利益、风险这些变量之间，速度是关键。

正如我们在前面对"水桶效应"和"三种选择"的分析那样，不发达国家同发达国家的一个基本区别就在于，发达国家的体制框架和技术体系是相对成型的，有了资源投入的增加，一般就可能提高目标值。更何况其速度是建立在千万个企业家自主决策的基础之上的，而且这种投资是要承担个人产权风险的。所以，人为地提高速度基本上不大可能(但也不能排除投资过旺所造成的"泡沫化")。

但在由计划主导转向市场主导的不发达国家，情况就不一样了。速度几乎完全可能人为地加快，而且无效益的速度也可能持续一段时间。其根本原因就在于存在"政府的投资冲动"和无效益速度的体制基础。因此，在这种转轨国家，如在中国，严格审定上述的"三种选择"就显得更加迫切了。

由此推导，在体制转型的国家，必须严格依据两个最重要的参数来选择自己的发展模式(包括速度模式)：一是政府直接介入投资行为的程度(政企分开的进度)；二是产权主体的发育程度(投资风险个人责任制的硬度)。

(4)战略的重要性。正确的战略主要在于：

第一，它冷静而全面地诊断了本国、本地区经济发展的正面与负面的因素；

第二，它依据第一点，审慎地找到了激发正面因素、消除负面因素的途径(包括改革与发展的措施)；

第三，它以上面两点为基础，动态地确立了发展的目标(与速度)和资源配置方式；

第四，它在发展、利益和风险之间找到了一种平衡协调杠杆，因此对社会具有较强的动员力。

二、发展动因：结构诱导论

1. 误区

(1)误区之一："资本决定论"。在研究不发达国家经济起飞的动因问题上，曾经有一种相当流行的观点，即认为不发达国家经济发展的最大限制因素是资本，只要能得到足够的资本——无论是通过自行积累还是引进外资——就可以实现发展的目标。

这是一个误区，似乎一个还没有摆脱传统状态的农业国转向现代化工业国，只需要投入足够的资本兴办起工厂就可以了。这实质上还是一个如何理解"工业化"或"发展"的内涵的问题。中国在前30年就陷入了这个误区，以为只要多办工厂，使工业产值占到GNP的70%就实现了工业化。事实已否定了这个观点。许多发展中国家（以巴西为典型）也不同程度地一度陷入了这个误区，大量举借外债，造成恶性通货膨胀，并没有取得真正的发展，甚至还引起了上层的特权腐化——凭借外援而生成的超前消费阶层，最终引发了社会的震荡。这些例证说明，发展与工业化绝不是单一函数的变化，而是如张培刚所说的多种函数串联式的整体变化，是由传统农业社会向现代工业社会在经济、政治、文化各方面的整体位移。

（2）误区之二：发展先验论。在对待发展战略的问题上，还存在另一种误解，似乎一个准备走上发展道路的国家，在一开始就可以知道哪种方式可以获利更多或更少，需要付出的代价是大或是小；可以知道由起点到达目标的过程中，哪些需要改变，哪些需要排除……从而，在一开始决策层就可以在利益和代价之间进行事先的比较。显然，这是一种先验论。赫希曼认为："对发展的焦虑不是比较已知的利益和代价之间的关系，而是要考虑目标及实现目标时的无知和误解之间的关系。由此可见，只有决心是不够的，决心还必须和对要做的事情的理解力结合起来，而这种理解力又只能在发展过程中逐渐获得。"[1]

这种思维方法是符合马克思主义认识论的。中国的改革实践也可以说明这个道理：首先是要下决心改革，至于改革过程中会遇到什么问题及其利害得失，一开始并不可能有一个通盘的了解，从而也无法在开始时就搞一个"全面系统规划"，而是"摸着石头过河"，边发展，边学习，边总结，由"无知"到"理解"。

排除上述两个误区，对我们科学地研究发展动因是必要的。这样可以使我们避免片面性和主观性。

2. 机会与"传统"

赫希曼认为，发展的机会是客观存在的，但是"当经济发展机会出现时，当地的企业家或少数特殊人物能否首先发现并加以利用，这将取决于当地的社会传统价值是否有利于变革。"（第4页）这个命题不无一定道理，但值得商榷。

首先，如何才能发现机会？应该承认，传统价值确实在一定程度上对发展启动的或先或后是有影响的。但是，它并不能起主要作用。以东方儒家传统为例，它在19世纪对东方的近代化确实起过一个时期的阻碍作用。但是，后来为什么日本和"亚洲四小龙"又都先后实现了发展呢？又如中国大陆，为什么在前30年难以走上发展的快车道，而在近15年却又得到了大踏步的发展呢？这说明，还有另一层原因，这另一层原因可能是可以决定传统价值改变的那种动因。我认为这种动因就是"开放"。

只有在开放的系统中，才能清楚而准确地找到自己国家的"坐标"，才会发现比自己国家更为先进的坐标，才会承认自己的落后。只有通过比较，才能激起模仿和追赶的冲

---

① 艾伯特·赫希曼：《经济发展战略》（中译本），经济科学出版社1991年版，第9页。

动，诱导出发展的欲望。有了这种欲望，才可能回过来用新的标准(或榜样)来重新审视自己的传统价值哪些是合潮流的，哪些是需要改变的，从而就能按新的利益坐标来修正传统的价值观念。这就像水一样，只有放开让它流动，才会产生"落差效应"，落差愈大，水流愈急。

其次，发现了机会能否加以利用，这是深入一个层次的问题了。发现机会是一回事，能不能加以利用是另一回事，两者往往不是同步实现的。中国由于鸦片战争被迫打开国门之后，就已经开始发现机会，多少仁人志士想利用这个机会，"戊戌政变"时达到了高峰，但却为什么没有能利用得了呢?

传统价值固然是对上层保守派起了作用的，但不是决定性的。封建制度、体制以及建立在上面的封闭落后的政策，则是起决定作用的。制度障碍、体制障碍，对于能否利用发展的机会起着关键作用。这样改革就成为发展所绝对必要的了。

由此我们可以得出结论:如果说开放是改变传统价值、发现机会的环境(外部)动力或启蒙动因，那么，改革则是从根本上整合传统、利用机会的内部动力或主流动因。只有把这两种动因结合起来，内外配合，才能启动发展。

3. 诱导机制

我们往往发现，不发达国家或地区在考虑自己的发展时，很自然地就想到资源的约束问题，或者把发展的希望寄托在资源的优势上。这也不能说它完全不对，但是，可以说它没有抓住要害。这就好像一个人肚子饿了，赶紧去买米买菜，但却忘了家里还没有炊具。

资源、生产要素，对发展的确是不可少的东西。但它们既是"死"的，又是"活"的。说它们是死的，就是指资源(生产要素)即使再多，也不会直接引起发展，如在一些落后地区，人们"躺在金山上挨饿"即是明证。说它们是活的，则是指即使本国本地区没有某些资源，只要有某种激励机制，没有的资源也是可以从外部获得的。像日本这样一些资源匮乏的国家，不是从全世界获得了他们所需要的资源吗?可见，在研究经济发展战略时，最重要的不是去算"资源账"(虽然这是工作之一)，而是要把注意力适当地集中于发展过程中的基本动力和战略方面，要去寻找那些能把这些资源最大限度地诱发和动员起来的"压力"和"诱导机制"。

所以，研究"基本动力"，选择适当的发展战略，从而构建起符合本国国情的"诱导机制"，把国内外的资源(有形资源为主，也包括某些无形资源)最大限度地调动起来，诱发出来，为本国本地发展所用，这的确是经济的核心问题。而这种诱导机制的形成，则同我们前一节所说的"开放"与"改革"分不开。

4. 结构诱导论(或系统动因论)

根据前面的分析，我们可以肯定两点:其一，发展的核心问题是构建诱导机制;其二，这种诱导机制不是单因子的，而是一种多因子的结构——我把它称作"结构诱导"(见图1):

从上图中可以看到，这个诱导结构(或动因系统)由三组基本因子所组成，即前景坐标系、中介诱导系和内涵素质系。

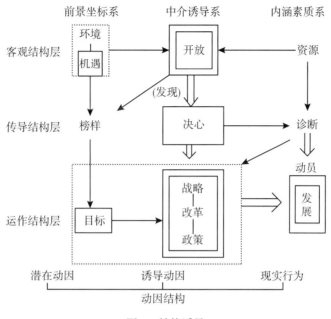

图 1　结构诱导

（1）前景坐标系。它包含环境、机遇、榜样、目标等基本要素。这是由于环境、生产力、生产关系等方面出现了新的变化或发展，给人们在客观上展示了某种新的发展坐标和诱人的前景，它使人们感到似乎有某种新的物质与精神利益有可能正在变为现实。但这只是存在着一种可能性，而不是现实性，要变成现实性则需要有诱导和排除某些障碍因素。故还只能是一种潜在的动因。

其中，环境与机遇是客观存在的。如果不经过"开放"的催化，就不会形成"榜样"。没有"榜样"，也难以确立"目标"。这就是这一组因子的内在联系。

（2）中介诱导系。它包含循序传导的开放、决心、战略、改革、政策等要素。这一组要素是人们由发现发展机会到实现发展之间的中介结构，也是"诱导机制"中的核心部分。如果没有这个中介，发展的可能性便不能形成发展的现实动力，从而可能性无法变成现实性。故又称之为诱导动因。

其中，"开放"是大前提，不开放就不能发现外界的榜样和自己的落后，从而也无法确立"榜样"与"目标"，无法下定发展的"决心"。"战略"与"改革"是关键，没有一个既适应环境机遇，又通过对环境进行科学诊断而形成的"战略"，并在战略的指导下为排除发展障碍而进行的"改革"，"资源"就无法被动员起来，从而机遇也就会丧失。"政策"则是依据战略目标和改革方向而制定的行为规范。

（3）内涵素质系。它包含静态变动态的资源、诊断、动员、发展等要素。我们在前面讲过，"资源"是死的，又是活的。不管是死还是活，它处于静态时，总是一种潜在的财富，没有变成现实的财富。只有开放以后，才可能开阔人们的视野，才可能用不断更新的眼光"发现"资源以及利用资源的更新途径，从而才会下决心去诊断资源，动员资源，以求得发展。这样，原来的静态的资源，就变成动态的资源，就通过发展转化成现实的社会财富。

因此，内涵素质系是经过客观机遇与主观诱导反复整合，从而成为现实的发展行为。

三、平衡与不平衡：发展契机论

对于一个不发达国家，在研究经济发展战略时，往往都会面临两种选择：是大推进——平衡发展？还是非平衡发展？

1. 平衡增长论的评析

主张平衡增长的代表人物，主要是罗森斯坦-罗丹、纳克斯、刘易斯等。这个理论的一个重要方面是：主张一个发展中的经济，必须保持不同部门步调一致的发展，否则，单一部门的发展由于其他部门的需求脆弱或供给不足，就无法发展乃至失败。例如，如果只开一个鞋厂，它生产的鞋子，本厂工人是买不完的，必须有其他部门同时发展，有了足够的工资——购买力，这个鞋厂才能生存并发展下去，等等。

这个理论有其合理的内核：其一，它说明了工业发展中"聚集效应"的重要性。在可能的情况下，不宜在落后地区布局那种对联系效应要求高的部门，使之单一地独进。那样，就无法发展乃至失败；其二，作为一种目标，发展的"彼岸"无疑是可以成立的。例如，在发达国家，这种平衡增长的客观要求则是存在的。

但是，对不发达国家来说，这个理论有三个致命弱点：

第一，它是静态地看待经济发展。它忽视了发展与增长的差异性和参差不齐的情况。正如赫希曼所说，一条绳子，认为它处处都一样牢固，要么在任何区段都不会被拉断，要么就在每个区段同时被拉断。所以蒙泰恩说："它的前提违背了自然。"任何事物(包括一个事物的内部结构元素)都不会是毫无差异的。事实上，一个国家的发展过程，总是某个或少数几个部门突破，而后从后向或前向逐步带动其他相关部门，有先有后、参差不齐地发展起来的。

第二，它这种"愿望"只能说是强加性的，而非自主性的。同上一点相关，那种"齐步走"的大推进，只可能由外部强加给某个特定的经济系统。赫希曼认为，这就必须把一个自成体系的工业经济强加性地叠放在也是自成体系的传统部门之上。这种嵌合式的例子也不是没有，如在殖民地(特别是第二次世界大战以前)，宗主国飞地式经营矿山和种植园，同所在国的经济几乎不发生多少联系。这种情况就同发展毫不相干了。

第三，不符合发展中国家的实际。在发达国家的萧条时期，由于就业不充分，确实个别厂商的增长行为常常是无效的，因为它不能创造足够的需求和实现"乘数"效应。到高涨期间，经济的平衡复苏的确是可能的，这是因为整个经济体系和社会生产力系统都照常存在，只是暂停运转而已。所以，平衡地恢复增长是完全可以的。但是，在不发达国家，情况就不一样了。企望社会或政府同时建立起如此庞大的经济体系和社会生产力系统，"是可望而不可即的"。

所以，赫希曼说得很对：平衡增长理论"可能是受凯恩斯学派某个变种对萧条原因分析的激励"。"这个理论最奇异的地方是以下两者的结合：它对不发达经济的能力持失败主义的态度，而同时对其创造能力却寄予完全不切实际的期望。"

2. "外在经济内在化"问题

主张平衡——大推进的学者们认为，之所以个别（或少数）部门率先发展不能推进发展，是由于个别厂商的"内在经济效益"小于"外在经济效益"，因此个别厂商对利益的预期必然偏小。据此，他们主张实行集中计划，就像在一个"托拉斯"统一组织下，各个厂商都好像在一个大企业内部从事经营，从而使外在经济效益内在化。这样就可以扩大对利益的预期了。

这种理论，如果是针对发达国家而言，可以说是无可非议的。这正是资本主义由"个体资本"向"集团资本"的必然演化过程，此其一。其二，这种做法，在过去社会主义国家也实行过，但显然是不成功的。其原因在于：

第一，不符合经济发展的阶段性。一般地说，商品经济的发展往往是由"自由的"发展逐步走向"垄断的"发展，由"个体的"（包含个别企业）发展逐步走向"集中的"发展。在不发达国家，无论是资本主义的市场经济国家还是社会主义的市场经济国家，在发展的前期，都必须有一个自由竞争的历史阶段。否则，既不能形成强劲的社会发展冲动，又难以优化结构。过早、过大的"集中"，事实证明往往会窒息发展与增长，而且会有中世纪回潮的危险。

第二，"内在化"也受到国力的限制。内在化必然要求同时实施众多项目，使之得以联合配套进行。但是，对不发达国家来说，国力的制约要远远大于效益的最大化。事实上，不可能因为"内在化"可以获得最大的利益就可能同时实施众多发展项目，往往只能选择有限的项目和适度的利益。

第三，内在化会抑制创新。赫希曼对这一点说得很中肯："一个投资决策集中化的经济，在从事某种创新方面不大可能特别富于进取心。"[①]客观实践证明，即使在发达国家，过度的内在化——垄断，也会抑制技术创新。否则，各国就不会有反垄断法。更何况在不发达国家，过早的内在化就会使原来本没有什么竞争机制的传统部门更难以向现代部门转化。技术（包括组织）创新的机制还没有分娩，就被扼死在胎里了。

第四，内在化会弱化发展的动力。实际上，绝不是越内在化，投资的诱导因素就越强。往往相反，由于集团化过分推进，激励机制在总体上会被削弱。因为影响"诱导"的，不只是"内在化"一个方面的因素，同时还有一个更大更本质的因素，即产权明晰化问题。而过度的"内在化"就会造成产权复杂化、模糊化。在不发达国家，由于市场不完善以及规则不成熟，这会更显严重。

还要看到，对于不发达国家来说，不只是增长创新问题，还有"结构转换"问题。要促使结构顺利转换，则需要多元化的发展主体由下而上地推动。如果过早过度地实施内在化，发展主体便会大大减少，发展动力就会大大弱化。这正是过去那种过度集中的计划经济模式失败的一个重要原因。

---

① 艾伯特·赫希曼：《经济发展战略》（中译本），经济科学出版社1991年版，第52页。

3. 非平衡战略

关于非平衡发展问题,我在 1987 年曾经写过一篇文章(见《地区经济发展的若干理论问题》,《江汉论坛》1987 年第 5 期),主要是结合中国的情况论述了非平衡发展战略取向的合理性。在本文中我就不想重复了,只打算补充一些新的想法。

(1)平衡是相对的,不平衡是绝对的。事物发展的一般规律是,总是在不平衡中获得短暂的相对平衡,随着事物继续向前发展,相对的平衡又会被新的不平衡所取代,而进入另一级的发展阶段。如此循环往复,生生不息。

所谓"相对",有两重意思:

第一,从时间观点来看,在发展的长河中,不平衡发展是绝对的。无论是发达国家在完成工业化以前或进入信息化以后,还是不发达国家的现阶段,都是不平衡发展的。平衡发展只是在其总体社会经济结构处于稳定态的阶段(如工业化接近完成之后),才可能实现,而且这种平衡也是有限的、暂时的(当然是从历史的角度来界定的"暂时")。

第二,从空间观点来看,在一个发展中国家,现代部门的成长绝不可能是"齐头并进"的。这不仅是资本的约束,更重要的是市场的约束、观念的约束以及人才的约束(企业家不成熟)等。所以,发展总是从主导部门开始,然后带动其他部门扩散式的增长。平衡只是一系列不平衡发展的结果,而不是开始。赫希曼称之为"跷跷板式的增长",也可称之为"荡秋千式的增长"。由主导(或先导)部门突破,逐步波及其关联的部门,向外层扩展开去。也应该肯定,在这个过程中,先进部门或地区内部,有可能实现平衡增长,发挥"聚集效应",而从社会总体上说,则是不大可能的。

(2)平衡是结果,不平衡是过程。必须首先承认一个大前提,即不发达国家在它开始起步时,各种资源要素(有形的与无形的)在各部门、各地区之间的组合状态是极不一致的(特别是大国)。这种资源分布的不平衡,在相当长的时段内势必造成现代部门发展的边际效益出现巨大的差异。按照资本流向规律,它就不可能平衡地流向每个地区和每个部门,而总是向一个或几个边际效益最大的地区或部门集中,然后由于"关联效应"的要求而逐步向边缘地区或边缘部门扩散。经过相当长时间的不平衡发展,最后才能达到相对的平衡态。在发展过程的"均衡态"上,实际上也存在一种倒"U"形(见图 2):

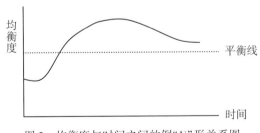

图 2 均衡度与时间之间的倒"U"形关系图

(3)夸大了非市场因素的作用。市场机制易于导致不平衡发展,这一点是很好理解的。但是,市场因素不能做到的事,是否非市场因素(如政府)就能做到呢? 平衡论者认为是可以的。但事实说明，同样也是难以做到的。这是因为：

第一，政府的平衡功能，莫大于过去苏联式的社会主义模式了。但即使在苏联，政府是由各个职能部门组成的，而各个职能部门在影响高层决策的"力度"上显然是不一样的：苏联强大的军事工业部门就可以使得资源配置通过计委之手向军工与重工业过度倾斜，把个体企业家的利益倾向变成了集团官僚的利益倾向。这就是苏联的产业结构长期恶化而不能纠正的根本原因。这足以证明非市场力量也是难以真正做到平衡发展的。

第二，政府更难以完全代替企业家的功能。企业家作为经济实体的法人代表，其主要功能是根据市场变化随时作出正确的生产经营决策，以获取较大的经济利益，而政府只能运用宏观调控手段对经济实体的经济活动进行正确的引导。实践证明，政府不能直接参与企业的生产经营活动，不能代替企业家对企业资源配置与产品营销进行决策，否则就会使企业失去活力，阻碍其发展。因此，只能顺从经济发展规律实现经济的不平衡发展，而不能由政府代替企业家的功能强行地实现经济的平衡发展。

4. 发展契机论

在全面探讨了平衡与不平衡的发展理论之后，可以提出这样一个问题，即发展的契机是什么？我的回答是：不平衡。为什么说"不平衡"是发展的契机呢？

让我们首先引用一下西托夫斯基的一段描述：在自由竞争的行业中，开始是某一个行业出现了超额利润（大多是由于技术创新），促使投资向它集中；于是，利润逐渐趋向平均化，直到该行业投资的消失；又出现新的行业的超额利润，促使投资向这个行业集中；利润又一次趋向平均化……如此不断往复。[1] 这一段描述必然使人们联想到，"不平衡"的出现是促进发展的初始动因，是发展的契机。

运用"耗散结构"理论可以得到更切实的解释："不平衡"的实质是"负熵流"。它是使经济系统运行不息，由无序走向新的有序的契机。就像水一样，有了"落差"（不平衡），水才会流动，才会产生诱导机制，有序地向低处流动；没有"落差"，在一个封闭的水塘里，水平如镜，一切就都静止了，系统也就无序了。正是由于出现了不平衡，才会发现差距，有了差距，才会有"样板"与"激励"，从而诱导机制强劲起来，于是才有发展。由此可见，有了不平衡，才会有发展；平衡固定了，发展也止息了。

所以，"我们的目的是使不平衡存在，而不是使其消失。要使经济向前发展，发展政策的任务是保持紧张、不成比例和不平衡……这就是我们艰苦努力所要寻求的一种机制，它是有助于经济发展过程的无价之宝"。[2] 发展政策的价值取向，绝不是追求"稳定"的"平衡"，而是始终巧妙地保持不平衡——激励与诱导发展——相对平衡——引发新的不平衡——激励与诱导新的发展……的循环向上的强劲机制。[3] 要长久保持住这种机制，就

---

① 艾伯特·赫希曼：《经济发展战略》（中译本），经济科学出版社1991年版，第58页。
② 艾伯特·赫希曼：《经济发展战略》（中译本），经济科学出版社1991年版，第59页。
③ 请注意：这种机制，必须是具有社会激励的，而不是主观强迫的。否则，像1958年中国"大跃进"那种强制性的"不平衡"，就不仅不能发展，而且具有极大的破坏性。

必须使经济系统始终保持一种开放的格局。

四、互补与诱导：三线聚焦论

通过上述两节，我们认识了发展的动因，并把它归结到"结构性诱导"机制；又进一步讨论了不平衡发展的合理性，并提出了诱导机制在不平衡发展中的作用。在这一节中，我们再进一步深入地探讨诱导机制与不平衡发展是如何形成以及在部门之间产生牵引作用，从而导致发展过程的展开、推进和提高的。

1. 互补与牵引

一个部门的投资可以诱导另一系列部门的投资，是不平衡发展的立论依据。而之所以可以产生诱导，则是由于投资互补作用和由此产生的牵引效应（或串联效应）。首先，总是某个先导部门发展，由此增加一种新的供给，新的供给引起新的需求，新的需求则要求增加更多供给；要增加这种逐步积累的供给，就必须提供与之相配套的上游（后向）产品与下游产品（前向），从而引起与先导部门相关联的各个部门的投资边际效益的提高，带动起一连串部门由少而多、由小而大、由近及远地发展起来。

这种牵引效应，乃是经济发展过程中的一条规律，是实实在在的对发展过程的一个科学的概括，从而为不平衡发展提供了一种理论基础。在任何大国，恐怕都不能例外。区别只是在资本主义大国，是通过对私人资本自我利益的刺激而增加连带部门的投资与生产，在社会主义大国，则往往是通过政府压力。

然而，上述牵引效应，在其内涵上究竟是如何发生的呢？在此，必须做深入一层的分析：根据边际效益原理，一个新的产品的出现一方面是它享受了以前的投资所产生的外在经济效益，另一方面它又为后续产品提供了新的外在经济效益和超额边际效益，从而刺激这些产品（部门）的发展，一直到边际效益平均化（趋向平衡）。于是，又有一种新的项目投入，又引发新一轮的牵引效应……例如，微电脑的生产，是享受了上一代计算机等方面投资所产生的外部经济效益，同时，它又为后续投资带来了新的外部效益：原来的机电产品因装上微电脑而大大扩展了市场，提高了价格，增加了收益，从而为电脑调控的洗衣机、电视机、电话机……诸多新项目的投资带来新的超额边际效益，刺激这些部门串联式地发展起来。这正是先导部门的投资，乃至每一项投资，都可能诱导出一连串新的投资，从而牵引起一系列关联部门发展的内在原因。

2. 三线聚焦论

上面我们从不平衡发展的分析到诱导性投资的部门牵引的论证，可以使我们得出一个更为具体的假设：不平衡发展，是由示范、学习、积累三个交叉的过程共同"聚焦"到诱导性投资，从而引起发展与增长，通过增长形成阶段性"均衡"态；接着又被新一轮的不均衡所打破，于是又在新的起点上开始"三线聚焦"的过程。如此循环往复，周而复始，一次又一次把经济发展推到一个新的高度（见图3）。

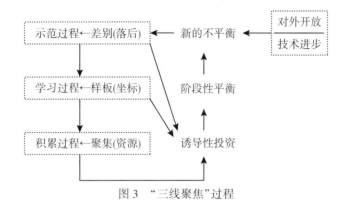

图3 "三线聚焦"过程

对图3首先需要说明一点，它是以现实的不发达国家为对象和研究起点的，不是探讨人类社会工业化的"第一次推动"。在现实的不发达国家，其外部已经存在一批发达国家，故不用重复地经历第一个工业化国家的那种自然演进过程。所以，在图3的右上角有一个"对外开放—技术进步"的元素在起作用。至于开放的作用，我们在前面"结构动因论"中已做过交代。

下面对"三线聚焦"做一具体解释。所谓"三线"是指下列三个过程。

（1）示范过程。但凡一个不发达国家，当它刚走上发展道路时，往往会先有一个"示范过程"，即现代经济相对于传统经济的示范过程。这个过程可能是自愿的，也可能是外力强加的；可以是原生的，也可以是次生的。而之所以会产生这种示范效应，乃是不平衡引起的"差别""差距"，这种差距又必引起"落后感"和诱导动因，从而才会开始示范过程。

（2）学习过程。示范过程确立之后，必然会认定某种样板，其成为发展的坐标系，并以此为目标开始学习过程，或称试验过程。不发达国家的发展，必须有一个学习过程，由传统到现代，从观念转变到经营管理，从宏观决策到微观建设，都会有一个反复"涨落"的时段，而后才能逐渐趋于成熟。中国从20世纪50年代开始"涨落"了30余年，付出了巨额的"学费"，说发展会有牺牲，主要是在这个过程之中。

（3）积累过程。这个过程，往往是和前两个过程交错发生的。只是到"学习过程"渐趋成熟时，才会大规模地进入这一过程，并使这一过程成为主流过程（示范与学习过程也继续存在）。这三个过程，前者是以解决发展的初始动机为主，中者是以解决发展的诱导机制为主，后者是以解决发展的资本积累为主。各有侧重，相互交叉，共同影响诱导性投资的力度。诱导性投资所引起的"乘数效应"，必会导致某种阶段性均衡的出现。但新的"开放"与"科学进步"（可以是开放引进的结果，也可以是内部创新的结果）又会导出新的不平衡……如此一轮一轮地不断发展。

（发表于《江汉论坛》1995年第2、6期，同年《新华文摘》第5期转载，中国人民大学复印资料《社会主义经济理论与实践》转载）

经济战略的理论与方法

一、研究经济战略的意义

1. 经济战略的含义及特征

"战略"一词，是从军事学借来的。毛泽东同志讲过"战略问题是研究战争全局的规律的东西"。① 它后来被引入经济研究领域，以研究经济全局的规律。战略问题，是指对经济发展起着重大的、全局性的、决定整体成败的筹划和对策。不是任何问题都可以成为战略问题，而是那种对一个系统的整体发展具有举足轻重、提纲挈领的作用并左右其成败的问题，才能称之为战略问题。

所谓经济战略，就是关系到特定经济系统在相当长的时期内的整体发展目标及主要资源的配置方向和配置结构的决策。

因此，经济战略应具有如下基本特征：

（1）全局性。经济战略的本质，是解决经济系统的总体最优化发展问题，是为了在千变万化的商品竞争环境中，取得全局的主动性，获得更大的发展。

主动性，是指左右全局的优势，起着"先着不败"的效果。它能使系统全局保持和提高自身生存和发展的能力。掌握了主动权，可使强而愈强或由弱变强；丧失了主动权，便会由强变弱或弱而更弱。也就是说，有了一个能掌握全局主动权的战略，落后的经济系统可以变成先进，先进的可以更先进。主动性并不决定于一时经济力量的强弱，而是取决于能否最有效地利用自身的优势去克服自身的劣势，战胜竞争对手，以求得生存和发展。第二次世界大战后，日本和联邦德国的经济起飞就是很好的例证。

要制定一种具有全局主动性的战略，必须满足如下要求：

第一，系统具有完善的适应性。这里所说的适应性，是指在千变万化的经济大环境中，特定的经济系统具有随着环境的改变而不断改变自身的经济结构和行为方式的能力，这就是俗话所说的"调头"的能力。在商品生产的条件下，如果不具备这种适应能力，显然是毫无主动性的。要造就这种适应能力，在战略目标的选择上必须符合社会需要并且资源许可；在战略步骤的安排上要同整个社会经济发展的趋势合拍；在战略措施的决策上要加强本经济系统的自组织能力，建立内部平衡机制。

第二，系统具有高度的稳定性。这里所说的稳定性，是指动态的稳定性和开放的稳定性。地区经济系统，是开放的系统，它的稳定性就表现为：在同外界进行物质与信息交换

---

① 《毛泽东选集》第 1 卷，人民出版社 1991 年版，第 175 页。

的过程中，能够不断保持旺盛的新陈代谢功能，使本系统不断由低阶的稳定态向高阶的稳定态发展。稳定性绝不意味着保持原有平衡态不变，如果那样，就会出现经济的"热力平衡"而使系统崩溃，这恰恰是在封闭性经济系统中必然要出现的危险。要形成这种动态的稳定性，在战略上就应该实行开放方针，使本系统不断地从外界吸收入才、技术、信息、物质，以不断优化自身的结构，使自身在竞争中立于不败之地。

第三，系统具有高效的增值力。也就是说，从投入产出关系来说，系统具有较高效的物质与能量的转换力，具有较高的投入产出率、能量转换率、资金生产率等。这种增值力，主要取决于系统的"经济食物链"，这就必须有一个优化的结构战略(包括产业结构、行业结构、产品结构等)。

(2)长期性。战略既是解决全局性的问题，而全局的运动周期是比较长的，特别是一个大系统的整体性发展与更新周期，不是几年就能奏效的。所以，经济发展战略，尤其是不发达国家和地区的经济发展战略(农村也属这种地区)都具有长期性的特征。

(3)层次性与相对性。战略所研究的"全局"，是有层次的。例如，对于一个国家来说，国民经济整体是一个全局，农村经济只是它的一个局部，因此作为一国的战略研究，就是整个国民经济的战略。但国民经济可分为若干层次，国民经济——农村经济——农业经济——种植业经济——粮食经济等。对于每个层次来说，也可以把其自身的小系统作为一个全局，来研究它的发展战略。这种层次性就造成了"全局"的相对性。

(4)从属性。地区经济系统，是从属于国民经济系统的。其实，在开放的条件下，一个国家的国民经济系统，也难以脱离世界经济系统。因此，任何一级经济系统的战略，都不可能孤立地加以制定。它必须：第一，明确本系统在整个大经济系统中的地位。对地区经济系统来说，必须明确本经济系统在整个国民经济系统中的特定地位。第二，根据上级系统全局性的战略考虑，明确上级系统全局性的战略对本系统功能的要求来确定本系统的战略目标。在地区战略研究中切忌"以我为中心"，必须从国家总体战略与本系统的关系中来研究自身的战略。

2. 研究经济发展战略的意义

"人无远虑，必有近忧"。在错综复杂、变化多端的经济态势下，一个经济系统如无总揽全局的长远性的谋略，就等于无舵之舟，随风飘荡，无法达到既定的彼岸，陷入一种"头痛医头、脚痛医脚"的被动局面，最终不免失败。

研究经济战略的意义在于：

第一，正确的经济战略，可以加强经济发展的稳定性，减少起伏曲折，加快发展速度。我国在20世纪50年代后期，由于不切实际地选择了"超英赶美"战略，后来又陷入没有明确的战略，政策多变，几经折腾，给城市和农村经济带来了巨大的灾难。党的十一届三中全会以后，在农村实行放开搞活，综合发展，使农村经济获得了惊人的发展，这是有目共睹的。

第二，正确的经济战略，可以使自身有限的资源得到充分利用，获得经济的最佳效益。由于有了明确的目标和重点，有限的人、财、物就可以比较集中地用在"刀刃"上，方向明确，大大减少重复投入，起到事半功倍之效。目前，我国农村乡镇企业的发展中存在着盲目投资、重复建设的现象，许多地方效益不佳，主要就是缺乏一个正确的农村经济发展战略。

第三，正确的经济发展战略，可以大大加强各项政策的系统性和协调性。没有一个明确的战略，政策缺乏一个统一的目标和准绳，就难免顾此失彼，甚至相互矛盾。战略是"纲"，它可以使各项政策互相联系、互相制约、互相补充，形成一种有机的政策体系，形成一种政策的"合力"。

二、制定经济战略的原则

1."未来型"而非"现状型"

现在不少地方研究经济战略，往往是以现状为基础进行设想与论证，这不仅不符合战略研究的要求，甚至是很危险的。因为，战略不是为了适应当前或过去的环境，而是为了有计划地适应未来的环境，使本系统在未来捉摸不定的变化中立于不败之地，并取得更大的发展。战略必然要以未来为主导，它必须是"未来型"的。

以未来为主导，就必须进行预测。对于地区经济战略来说，至少应进行如下预测：

(1)国际、国内经济社会发展总趋势的预测。从国际经济发展态势来说，"重心东移"的大势能否成立？如能成立，对本地区经济的发展将会带来什么挑战？将会带来什么机会？我们的战略应如何应付这种挑战并利用这种机会？

从国内来说，究竟是"一三跳跃"(指由沿海东部地区直接跳到开发西部地区)趋势，还是"提高东部、建设中部、有步骤地开发西部"的趋势？地区经济面临这两种不同的大趋势，将会有不同发展势态和竞争格局，就要求有不同的战略。对于中部地区的经济来说，尤其如此。

(2)工业与城市布局发展的预测。在现代社会，经济的发展在很大程度上要取决于工业的布局和城市的发展。如果不顾这一点，关着门搞经济发展战略，就等于"盲人骑瞎马"。例如，长江流域各地区经济，就和整个长江工业带的发展以及整个长江沿岸城市群的兴起息息相关。这种工业与城市的发展，将会给各地区经济提供多大的市场？什么样的市场？将会在技术、资金、装备、就业等方面为本地区经济的发展带来什么机会？将会给城乡关系、城乡的边界带来什么变化？如果对这些问题心中无数，没有大致可靠的了解，如何能制定出一个切实可行的地区经济发展战略呢？

(3)技术与产品发展的预测。新的技术革命必将引起产业结构、就业结构、产品结构以至经营方式的重大变化。在制定经济发展战略时，就必须预测这一革命对本地域的经济将会带来多大的波幅和波强？在产业结构方面，对传统工业的衰退和新兴工业的崛起做如何预测？对产品的更新换代做如何预测？等等。据此来制定本地区经济的产业战略和产品战略。

如果不进行这种预测，仍然按照传统的产业结构和"重、厚、长、大"型产品来制定城市和乡镇企业的发展战略，仍然按照传统的农业技术来制定农业的发展战略，可以断言，不到2000年，就会远远地被抛到时代的后面去了。

除此之外，像人口的增长、人才的成长等，都应有相应的预测。只有在这种科学的预测的基础上，才能真正制定出切实可行的地区经济发展战略。

2."市场型"而非"资源型"

所谓"资源型"的战略是指那种主要立足于本地资源的开发价值，来确定本地区的战略目标和产业结构以及相应的政策。研究战略，必须研究资源及其使用方向，这是毫无疑义的。但是，如果把战略主要建立在自有资源的理论开发价值上，那可以说是一种"单相思战略"。因为，我们不是生活在封闭的自然经济时代，任何战略都是要在商品竞争的环境中去实施的，从这个意义上说，经济战略实质上就是市场竞争的战略。不掌握市场态势，就无法制定正确的战略，"资源型"战略的弱点，就在于它没有充分考虑市场这个重大前提。资源的开发，只是一种可能性，或者说是潜在的优势，可能性能否变为现实性，取决于市场的需求。如果市场没有这种需求，资源也只能长眠在地下，更谈不上什么"几倍""几十倍"地增值了。为了使经济发展战略成为"市场型"的战略，应该进行如下工作：

（1）市场需求的动向监测。当今的市场处于富有戏剧性的变化之中。旧的市场，由于消费结构的变化，需求结构也在经常变化。我们不仅要了解当前的市场需求及其容量，还要了解市场的寿命周期。今年市场紧俏的商品，在若干年之后可能就没有市场了；反之，随着居民收入水平的提高，交通干线的延伸，新的工业基地的兴建等，新的市场也在不断出现。因此，在研究战略时，就必须对未来市场的种种动向有一个基本的了解，然后根据市场需求的变化趋势来确定自己的发展战略。

（2）竞争情报的收集。任何一个经济系统或经济组织，在商品竞争的环境下如果缺乏一种"竞争危机感"，不以极大的精力去关注竞争信息，不掌握环境动态的最新信息，就无法有效地制定战略，也不可能成功地实施战略，甚至有走向失败的危险。

竞争情报一般地说包括如下三个方面：

第一，一般市场竞争态势的情报。如：市场价格的变动趋势、折旧率的变化、销售条件的变化、技术规格的变化、消费心理的变化等。

第二，现有竞争者的动向。如：竞争者实力的消长、战略的变化、政策的更替等。

第三，新的竞争者情况。对其实力、优劣势、战略的估计等。

"知己知彼，百战不殆。"在社会主义条件下的竞争，当然不是"你死我活"的竞争，但为了求得"优胜"、避免"劣汰"，知己知彼仍是必要的。

竞争情报系统的任务是：第一，保证及时提供关于每一个主要竞争者的能力和战略的可靠信息；第二，判明主要竞争者的活动可能影响本系统当前和未来利益的方式；第三，经常监测和提供关于竞争环境和可能影响本系统利益的市场形势以及意外情况的信息；第四，提高情报收集、加工和传递的效率；第五，加强安全和反情报措施。

（3）扬长避短。一个地区经济系统，要在市场竞争中取胜，还必须充分发挥自己的优势，避开自己的劣势，即所谓"扬长避短"。扬长避短应包括四种意思，即：

第一，扬己之长，避己之短。竞争对手具有绝对优势的行业和产品，我们不必去赶热潮，而应发展那些别人暂时还不能同我们竞争的行业或产品。但是，如果市场容量大，而且可以保持相当长的周期，虽则对手优势大却不能满足市场需求时，仍可发展。

第二，用人之长，补己之短。在社会主义条件下，商品竞争者双方不仅有竞争的关系,而且有协作的关系。可以通过协作或联合,用别人的长处来弥补自身的不足,采取"借鸡生蛋"的战略。

第三,借人之短,扬己之长。任何一个竞争对手都不会没有弱点。有些弱点如果恰恰是我们的长处,就可采取"夹缝中取胜"的战略扬己所长,占领市场。

第四,鉴人之短,创己之长。对手的短处如果也是我们的短处,但当对方还没有察觉时,我方抢先采取措施,就可能在竞争中创造出新的优势。例如,在一些两省交界的边境地区,双方都是比较落后的。但如有一方首先采取特殊政策(如权力下放、经济优惠、建镇建市等),这一方的经济态势就会迅速压倒对方,这可以叫作"边缘战略"。

3."功能型"而非"指标型"

战略是需要借助指标作为手段的,但它仅是手段,绝不是战略本身。特别是战略任务、战略目标,虽然要用指标来说明,但指标必须服从功能。任务与目标的本质,是完成某种功能,而不是单纯的指标。这是因为,指标不能全面反映任务的本质,个别单项指标更是如此。如果仅使用单项指标来代替战略任务,往往容易造成一味追求指标的增长而忽略了任务本身,以致在竞争中失败。

中外由于战略任务的概念不确切,而失误的例子是很多的。例如西方许多电影业,把战略任务定为"多拍片子"这种指标型,一旦电视业兴起,他们就调不过头来,不能把电视作为自己的发展机会,反而当作一种威胁,结果造成电影企业的大量倒闭。如果当初把战略任务定为"提供娱乐"这种功能型,情况就会大不一样。又如长江航运战略,如果定为"百舸争流"这种指标型,那就会造成拼命造船买船的局面,但若两岸陆运不畅,货源不足,百舸千船能放空去争流吗?种植业发展的战略任务也不能是"多产粮食",这种指标型的战略任务在过去造成的问题是人所共知的,甚至造成一些地区高产劣质品种的稻米不能食用的不正常现象。如果按功能型要求把战略任务定为"提供足够的植物热量和蛋白质",情况就不一样了。因此,一个系统要使自己生存下去并获得更大的发展,就必须按照功能型的要求明确自身战略任务的概念。

4."进攻型"而非"防守型"

在当今市场开放的条件下,经济发展的总态势是,不能进攻就不能自保,必须"以攻为守",你没有拳头产品打出去,你的市场就会被别人占领,你的钱就会流入别人的腰包,更不必奢谈什么去占领别人的市场。所以,制定地区经济发展战略,必须具有进攻开拓的战略思想。

制定进攻型战略,要具备如下条件:

(1)要通观全局,高瞻远瞩,看清经济发展的大趋势。闭关自守,孤陋寡闻,是不会有进攻的胆略的。

(2)要知己知彼,选准自身的优长行业和优长产品,集中力量,形成纵深梯级,组织后备。

(3)开展跨地域的协作与联合,充实自己,并支持别人。不能"万事不求人",也不能"一毛不拔"。

(4)看准别人的薄弱环节，选好突破口。这方面更依赖灵通的信息和果断的决策以及迅速的行动。

(5)大力引进适合本地资源与人才条件并能大量创收的先进技术，组织消化、改造，变成技术出口。

5. "变通型"而非"常规型"

所谓"常规型"战略，是经济发达国家或地区的战略；"变通型"战略，则指经济不发达国家或地区的战略。这两种类型的战略，由于各自社会背景和经济起点不同，所采取的决策是不一样的。

(1)理论指导。发达国家一般地说理论体系比较成熟，无须用大力气去探索理论，只需以现成的理论去指导战略的研究。不发达国家，则面临大量的新情况、新问题，还没有形成完整的可以指导实践的理论体系。因此，必须采取"摸着石头过河"的对策，边实践、边总结，从实践中摸索出适合本国的理论体系，而不能等有了完整的理论指导再开始行动。

(2)战略目标。发达国家和地区，由于社会经济体制比较完善，经济机制比较健全，因此其战略目标大都是速度型的且追求国民生产总值的增长。不发达国家和地区由于体制和机制极不健全，投资的集中性比较小，还要取得整个社会各阶层的支持，故战略目标必须速度与效益兼顾，经济增长与社会实惠兼顾。否则，战略的实施便会缺乏动力。

(3)战略与改革。如前所述，发达国家在研究战略时，较少考虑社会改革问题。不发达国家或地区就不是这样，战略的研究与实施同社会改革往往是同步的，不进行相应的社会改革，战略往往就难以实施。这样就为战略的制定与实施带来了复杂性。

(4)资金来源。战略的实施，必须有相应的资金准备。常规战略，由于有较雄厚的资金积累，可以采取单渠道的(或少渠道的)大规模集中投资的方式。变通战略不具备那种条件，故应采取多渠道集资、多形式(包括劳务投资)投资的方式。

(5)技术战略。常规战略一般采取优先使用先进技术的技术战略，以保持经济竞争中的领先地位。变通战略面临大量的过剩人口，技术发展与劳动就业必须兼顾。因此，大多采取以实用技术为主、适当发展先进技术的技术战略。

(6)资源利用。常规战略往往是以资源的无限性为前提的，所以走的是一条"三高"路线(高投资、高耗能、高污染)，结果造成资源危机和生态危机。变通战略不能再走这种老路，应该按照经济——资源——生态的良性循环来设计自己的战略。

(7)发展方式。常规战略，由于是采取大规模集中投资，又具有较完善的社会基础设施，因此一般采取集中发展的战略，经营规模大，产业密集，形成许多大托拉斯、跨国公司、超级城市、巨型城市。变通战略则受投资与社会组织能力的限制，一般宜采取中小型的、分散的方式。

(8)城乡关系。由于常规战略一般是资本主义国家采用，又因集中投资的影响，因此存在着城乡对立的关系，先发展城市而牺牲农村的利益，农村远远落后于城市，在经历了一个漫长的痛苦历程之后，再回过来发展农村。变通战略则应在一开始就采取城乡互促、共同发展的战略。这种战略在我国被证明是行之有效的，可以大大减少社会问题，加快城乡经济的发展速度。

农村属不发达地区，故也应实行这种变通战略。这种变通战略从生产力发展的角度来讲，实质上是一种"追赶战略"。因为，经济发展远远落后于先进国家或地区，按常规的办法发展，永远摆不脱落后的局面。因而，就必须采取非常的战略，调动一切积极因素，动用一切可用资源，不拘泥于陈规陋习，才能用少于先进国家、地区的时间迎头赶上去。

三、经济战略的内容

战略方案是一个有机的结构，它包括相互制约相互衔接的六项基本内容：战略任务、战略目标、战略对策、战略步骤(阶段战略)、战略措施和资源配置。下面主要介绍前四项内容。

1. 战略任务的抉择

战略任务，就是地区经济系统在特定的历史时期内发展的基本目的，或者说在该时期内系统所要实现的基本功能，是整个战略规划的灵魂。任务概念的确定是至关重要的一步，任务确定得不合适，往往导致整个战略决策的失败。

战略任务的抉择，应遵循如下原则：

(1)任务的概念必须表述明晰，不能含糊、模棱两可。

(2)战略任务必须是本系统继续发展需要解决的主要矛盾。例如，我国经济社会继续发展的主要矛盾是生产力落后，所以提出"实现四个现代化"的战略任务。特定的地区经济系统，都面临着各自不完全相同的主要矛盾，所以，又不能千篇一律地照抄"四个现代化"。

(3)战略任务必须能激励本系统的集体创造力。要做到这一点，除了战略任务要反映大势所趋、民心所向以外，还应该在本系统进行公开的讨论，听取各方建议，使其具有广泛的民主和科学基础。这样就能为本系统提供一个团结振奋、同心同德的努力方向，把各方面的积极性与创造性汇集到这个总的旗帜之下。

(4)下级系统的任务必须服从上级系统的任务，地区经济系统的战略任务必须服从整个国民经济总的战略任务。

2. 战略目标的选定

战略任务，是战略方案总的约束，是原则性的，概括性很强。战略目标，则是任务的具体化。既有定性，又有定量，它用明确的指标集来反映战略任务的要求。

选定战略目标，是一项十分复杂的工作。要使上述战略任务的诸项原则得以体现，变成能够指挥行动的可捉摸的目标，就必须考虑如下要求：第一，投入产出的比例；第二，系统各方面利益的统一；第三，资源的合理利用与永续利用；第四，系统与环境的协调发展。同时，战略目标，是对系统行为的约束并使之合理化、有序化。这种合理行为体现在合理而有效地利用资源、满足各方面的关系、高投入产出率以及总的体现为系统持续高效的发展等方面。因此，战略目标绝不是任何单一的指标所能描述清楚的，它具有较大的综合性。一般地说，应该是一个"目标体系"或称"目标集"。

地区经济发展战略目标的选定，应该处理如下三个关系：

（1）速度与效益的关系。速度与效益有一致的一面，即没有一定的增长速度，效益出不来；但两者又有矛盾的地方，即两者不一定是同步的，甚至可能出现逆向运动。关键在于投入与产出的关系：在投入少于产出的情况下，速度与效益是一致的，投入的转换效率愈高，效益愈大；在投入等于产出或大于产出的情况下，两者就出现逆向运动。因此，速度目标必须保证在经济临界线以上的产出率的基础上予以选定，否则就会出现高速低效的经济运动。从总体来说，这种战略目标是不可取的。

（2）经济增长与社会需要的关系。社会主义条件下，发展经济的目的是满足社会日益增长的需要。从整体上说，有效益的增长同满足社会需要是一致的；但从局部上来说，也会出现满足社会需要而无效益的情况，这就需要制定相应的政府宏观政策以兼顾社会公益与经济增长的势头。所以经济增长与社会需要之间，也是既有统一的一面，又有矛盾的一面。从宏观上讲，应该把满足人民需要放在战略目标的核心地位，使经济增长服从社会需要和提高经济效益的需要。

（3）经济与生态的关系。我们是生活在一个有限的星球上，不论是工业还是农业，赖以发展的自然资源都不是无限的。而自然资源的合理利用与永续利用，则与生态系统的良性循环密不可分。所以经济的发展，要求保持一个良好的生态环境；生态环境的恶化，最终必将意味着经济发展的枯竭。地区经济发展战略目标的选定，必须考虑：第一，人口、资源与经济增长之间的关系，使人口的增长、资源的开发有所节制，以保证经济的持续增长；第二，污染与环境保护之间的关系，在一开始就应防止工业和农业生产对环境的污染；第三，林业与其他各业的比例关系，应使森林覆盖率达到应有的数值。

3. 战略对策的运筹

战略对策的运筹，是一个系统制定战略的核心。战略任务与战略目标能否实现，取决于具体战略对策是否正确。因为，它是任务与目标的具体化，它决定了为实现战略目标所必须遵循的方针和若干主攻方向及其谋略。

根据任务与目标所采取的战略对策，经济战略一般包括产业战略、行业战略、产品战略、地域战略、经营战略以及在这些战略的基础上综合概括的战略方针。

（1）产业战略。产业战略，系指农、轻、重、第三产业等的结构战略。应根据资源、市场、技术、任务的各种条件进行综合论证，确定以发展哪一类产业为主，从而带动其他产业的协调发展。一般分为如下类型：重型战略，即以发展重工业为主体的战略；轻型战略，即以发展农、轻、第三产业为主体的战略；重轻型战略，即偏于重工业并使重轻兼顾的战略；轻重型战略，即偏于轻工业或农业并使轻重兼顾的战略等。在农村经济战略中，一般采取重型战略的很少，大多数是轻型或轻重型战略。

（2）行业战略。行业战略，是产业战略下一级的行业结构战略，它服从于产业战略。行业结构战略至关重要的一点是选定"带头行业"，然后以此行业为首，形成多层次的"塔形"或"梯形"行业结构。例如，有的地方以甘蔗种植为带头行业，在甘蔗产品的基础上形成第二梯级产业：制糖业、制板业和造纸业；在这三个行业的基础上又形成第三梯级行业：饮料业、家具业、印刷业、畜牧业等。一个特定的地区经济系统，可以同时选定几个

"塔形"行业战略。

行业战略的抉择，应注意三点：第一，选择纵深开发潜力大的行业；第二，要形成"合力"，行业与行业之间要能互相促进、连锁发展；第三，要有后劲。

（3）产品战略。产品战略，虽属行业战略的下一级战略，但它却往往是行业战略的灵魂。一个经济系统的生存与发展，往往决定于它有无"名牌产品"或"名牌产品"的多少。在战略格局中，往往是一个"名牌产品"带起一个行业，一个"带头行业"带起一串辅助行业。

产品战略一般包括：现有产品开拓市场战略、新产品研制战略、改善产品形象战略、产品生命周期战略、产品推销战略等。

（4）地域战略。地域战略，是指在本系统的地域范围内，先发展哪里，后发展哪里；依靠哪个地区去开发哪个地区以及生产的地域布局战略等。地区经济系统内部，发展也是不平衡的，有先进地区与后进地区之分，各地区又各有其长短之别。作为战略，当然不可能在所有的地区不加区别地齐头并进，必须有重点，对不同的地区应规定不同的战略方针，并使之相互协调起来，形成一个有重点、有特色、有顺序的地域战略。

（5）经营战略。主要包括：经济联合战略（对象与方式）、技术引进战略（对象、内容与方式）、商品流向战略（主要为哪个市场服务）和扩大再生产战略（外延为主还是内涵为主？集约为主还是粗放为主？），等等。

4. 战略步骤

没有切实可行的行动步骤，任何美满的发展战略都会变为一纸空文，束之高阁。战略步骤，即是根据可行性论证将发展战略按时间顺序分解为若干前后衔接的行动步骤。

（1）战略步骤的划分不是随意的，而是按主观需要与客观可能相结合进行划分的。其主要依据是：

①国家、社会发展的需要；

②经济发展诸要素间的因果关系；

③资源的可能；

④技术的发展；

⑤经济效益。

①、⑤的依据是一目了然的。②的依据，是指在经济发展过程中，部门之间、要素之间客观上存在着有序关系。如能源、交通必须先发展，然后才能有其他工业部门的顺利发展；原材料部门没有发展到一定基础，加工工业便难以发展；粮食生产不具备一定基础，畜牧业就难以大量发展等。③的依据，是指资源开发的可能规模能否满足特定战略阶段发展目标的需要。④的依据，是指某战略阶段的技术发展水平，能否达到该阶段的②、③项的要求，并保证必要的经济效益。

（2）战略步骤的选定应满足的要求。每一个战略步骤的确定，应满足如下要求。

①目标的分解。应根据战略任务、战略目标按层次逐级分解。一般是循着如下顺序进行：战略任务——战略总目标——各项发展战略分目标——各战略步骤的阶段目标——各下属单位或项目的具体目标。

②可衡量性。每个步骤阶段的任务与要求应尽量具体明确，指标是可以度量和进行效益评价的。

③时间性。包括"顺时应势"时序性、阶段间的时间衔接性和各项具体目标完成的时间性。

（发表于《中国工业经济学报》1986 年第 3 期）

中国改革十年回顾与展望

一、30 年的结论

在世界性的新技术革命面前，旧有的经济体制和运行模式愈来愈显得过于僵化，造成技术停滞、效率不高和发展迟滞，致使社会主义面临着世界范围的严峻挑战。正是在这种历史背景下，绝大多数社会主义国家都程度不同、取向不一地卷入了改革的大潮。中国也不例外。

在 20 世纪 70 年代末，进入"而立"之年的社会主义中国，刚刚才结束"10 年文革"。在原先那种"闭门称尊"的年代，满以为"形势大好"。可是，打开国门一看，就像"龟兔赛跑"一样，世界已经远远地把自己丢到后面了。一种强大的民族紧迫感，迅速在神州大地上蔓延开来：再不"抓紧时机，急起直追"，中国就要挨打。中国人从上到下开始了新一轮的历史反思，出现了新的民族大觉醒。

改革，成了 20 世纪 80 年代全中国人民的共同心声，大家回顾中华人民共和国成立30 年的历程，取得了如下的共识：

第一，只有改革，才能发展社会生产力。正如江泽民同志在中华人民共和国成立四十周年大会上的讲话中所指出的，在社会主义条件下，我们的根本任务是以经济建设为中心，大力发展社会生产力。立足本国国情，总结实践经验，根据社会生产力的现实水平和进一步发展的客观要求，自觉调整生产关系中与生产力不相适应的部分，调整上层建筑中与经济基础不相适应的部分，这就是我们所说的社会主义改革。

第二，只有改革，才能充分发挥社会主义的优越性。当我们讲到社会主义必须实行改革的时候，必须明确一个大前提，那就是：社会主义制度已经显示了若干巨大的优越性，但是从发展的角度来看，现行体制的毛病严重地妨碍了社会主义优越性的充分发挥。

社会主义制度在中国土地上生长 30 年的历程，至少证明了它具有如下无可否认的优越性：

——由于公有制基础和领导的统一，国家可以比资本主义制度更为有效地集中优势资源发展国民经济的关键部门，在很短的时期内使一个原来没有多少基础工业的国家迅速地打下了工业化的初步基础，保证了整个国家的经济自主。我们知道，一些资本主义大国完成这一历史任务几乎花了近百年的时间。

——由于实行了不劳动者不得食的原则，在很短时期内就消灭了资本主义根本无法消灭的两极分化现象以及建立在这种社会不公平基础上的一系列社会病（中国的犯罪率是世界最低的，社会安全感是高的），较之资本主义实现了更大的社会公平。

——由于实行了无产阶级的民族政策，在中国历史上第一次成功地解决了民族问题，形成了一个以汉族为主体多民族和睦相处、共同发展的民族大团结的统一国家。

——由于有了以中国共产党为核心的强大民族凝聚力和经济自主性，在中国近代史上第一次实现了真正的民族独立，中国不再成为帝国主义的侵略对象和国际资本的附庸。中国人民从没有像在社会主义祖国旗帜下如此扬眉吐气，从此终结了任人宰割的历史。

以上这些对于一个遭受了100多年民族灾难和水深火热生活的中国人来说都显得太可贵了，得来太不容易了。当然，这些优越性还只是初步的，甚至可以说是一个独立的国家最起码的要求。我们从不为此而满足，因为社会主义制度的本质还有更多的优越性没有发挥出来。例如，社会主义消除了资本主义的生产社会化与生产资料私人制之间矛盾，本应可能更有效地实现资源的最优化配置从而使社会生产力得以更大地发展，但主要由于目前还没有找到计划与市场有效结合的体制，因而这种优越性就未能充分展现出来。又如，社会主义从总体上消灭了人剥削人的制度，本应可能最高限度地调动人民群众的劳动积极性，但由于现时还难以实现全方位的社会民主和社会监督，因而这种积极性一时还未能充分迸发出来等。显然，这些潜在的优越性，只有在社会发展的同时不断地进行改革和探索，才能最终变为现实的优越性。

第三，只有改革，才能确保民族的独立。在当今世界，一个民族要能独立于世界民族之林，必须拥有强大的堪与一切强国较量的综合国力，这种国力不是静态的而是动态的。显然，能否获得这种综合国力取决于全部经济社会机制能否及时有效地吸纳世界最先进的科学技术和管理方法。正如党的十三大报告所说："科学技术进步和管理水平的提高，将在根本上决定我国现代化建设的进程，是关系民族振兴的大事。"应该承认，我们目前的体制还比较缺乏这种充分依靠科学技术进步的机制，要形成这种机制，必须改革。

第四，只有改革，才能真正坚持和发展马克思主义。国际共产主义运动的经验教训说明，马克思主义能否坚持住，并不取决于少数政治家的主观愿望，而是取决于广大人民大众的人心向背。"水可载舟，亦可覆舟。"实事求是地说，马克思主义的命运，将最终取决于我们的体制能否真正有效地发展社会生产力，取决于社会主义的优越性能否充分地展现出来，取决于我国的综合国力能否大大增强，一句话，取决于我们的社会主义改革能否成功。

如果说，中国的社会主义改革较之其他社会主义国家的改革成功的可能性更大，则其重要依据之一就是中国改革的主体更为强大。由于有了30年十分丰富的正反两方面的经验，特别是10年文革把诸多弊病和谬误推到了极端，使全国上下一切有良知的人们都相当清晰地看到了旧有体制不改不行。这种深厚的社会基础，将会使任何企图扼杀改革的力量都不敢公开反对改革。

在旧的体制下，工人、农民、知识分子的政治地位和经济生活虽然较中华人民共和国成立前有了根本的变化，但确也有不尽如人意之处。工人希望通过改革能建立起有成效的当家作主的管理体制，能建立起切实的多劳多得的工资制度，克服劳动报酬上的平均主义和30年一贯制，能使经济有更大的增长以解决子弟的"就业危机"；农民希望通过改革能从"一大二公"的桎梏下解放出来获得就业自由，能从贫穷的状态中解脱出来求得温饱，能从"瞎指挥"的折腾中解救出来收回生产的自主权；知识分子希望通过改革加快民主化进程，希望形成尊重知识尊重人才的社会机制。工人、农民、知识分子都共同希望通过改革加速实现中国的现代化，以求中华之振兴。这样，在 20 世纪 80 年代初，形成了声势浩大的全民性的改革主体。

作为历史唯物主义者，一方面要看到改革的不可避免性，另一方面也要看到改革的历史局限性。作为一个特定历史时点的社会改革必定要受到该时点社会发育程度和参与改革的人们自身素质的制约。这是不以人们的意志为转移的。改革绝不是空中楼阁，它总是在特定社会经济条件下进行的活动，它总得要依赖那些在认识水平、心理状态和管理能力上受到历史局限的人们去进行。因此，对于改革的期望值不宜过高，对于改革的进程不宜求之过急。否则，欲高则不获，欲速则不达。

二、伟大的转折

中国共产党十一届三中全会上，以邓小平为核心的党中央总结了前 30 年的经验教训，集中了全国人民的意愿，恢复和发展了实事求是的思想路线，坚持实践是检验真理的唯一标准，重新确立了马克思主义的正确路线。这次具有伟大历史意义的会议决定了党的工作转到以经济建设为中心的轨道上来，确定了改革开放的国策，制定了党在新时期的基本纲领——建设有中国特色的社会主义。从此，开创了中国历史发展的新时期。

从 1979 年到 1989 年，10 年改革，神州大地发生了举世瞩目的巨大变化。改革的洪流如疾风暴雨，冲决了阻挡它前进的各种禁锢，突破了许许多多妨碍生产力发展的桎梏，从实践到理论把人们带入一个新的境界。

第一，突破了高度集中的计划-产品经济模式。10 年改革的最大突破，应该说是突破了旧的高度集中的计划-产品经济模式，第一次承认社会主义经济是有计划的商品经济。

马克思主义者由排斥商品经济到承认社会主义还必须利用商品经济，由利用商品经济到承认商品经济是社会主义经济的内涵物，经历了一个很长的复杂过程，付出了相当昂贵的代价。是中国的马克思主义者第一次勇敢地提出了"有计划的商品经济"的命题，为社会主义经济改革指明了前进的方向。

有计划的商品经济的基本构想就是把计划经济的宏观调控的优点同商品经济的市场调节的优点有机地结合起来。既避免由于宏观失控而导致周期性波动，又避免微观呆滞而导致供给短缺，形成一种长期持续稳定协调发展的良性运行，达到社会主义经济稳速高效发展的目的。这是中国经济体制改革的主题，在 10 年改革中占了很大的分量。根据这一方向，指令性计划显著缩小，市场调节有所发育。据统计 1987 年国家计委管理的工业产品指令性指标由改革前的 120 种减到 60 种左右，国家统配物资由改革前的 256 种减到 20 种；商业部计划管理的商品由 180 种减到 20 种，已经实行市场浮动价格和市场价格的农产品占 65%，工业消费品占 55%，生产资料占 40%。

第二，突破了一元化的公有制模式。中华人民共和国成立以来，学习苏联经验，在全国城乡过快过高地实现了无所不包的公有化，并实际上企望将集体所有制转变为全民所有制(如供销社的实际国有化)。由于：①投资主体单一化，国家投资只能侧重于关键经济部门，造成产业结构单一化，特别是轻工和流通部门的落后；②国民收入中，积累比例过高，人民生活得不到及时的改善；③单一化的国有经济（特别是工业领域），管理跟不上，经营机制脆弱，大多数效率低，效益差，扩大再生产的能力不强，阻碍了经济发展，造成供给短缺；④在单一公有制的条件下，就业实际上要国家包下来，加上人口失控和重工业内循环提供不了多少就业机会，使中国在20世纪70年代末出现了压力极大的"待业症"。

10年改革，首先从农村包产到户开始突破了"一大二公"的人民公社模式，逐步形成了以双层经营合作经济为主导，个体经济与私营经济占相当比重的所有制结构，而后又扩展到城市。10年来，在中国城乡已形成了以公有制经济为主体（国有经济为主导），个体、私营、混合乃至外资独营多种经济成分为辅助的"一主多元化"的公有制模式（见表1）。

表1　　　　　　　　　　中国经济所有制结构的变化（%）

	年份	全民	集体	个体及其他
全社会固定资产投资总额	1978	82.6	17.4	
	1988	61.4	15.8	22.7
全国工业总产值	1978	77.63	22.37	0
	1988	56.8	36.5	7.05
全国商品零售总额	1978	54.6	43.3	2.1
	1988	39.4	34.4	26.2

资料来源：除1978年投资总额引自《中国统计年鉴1981》外，其余均引自《奋进的四十年（1949—1989）》。

第三，突破了"大锅饭"的分配模式和"包下来"的就业模式。1978年以前，中国城镇居民的收入差距是很小的。改革以来，由于企业内部改革了全国大一统的八级工资制，实行了企业工资与效益挂钩、劳动者奖金与贡献挂钩，开始打破了过去"干好干坏一个样"的"大锅饭"，职工收入有所拉开，特别是不同行业之间、不同企业之间的收入有所拉开，平均主义有所克服。1988年全国人均月收入为93.3元，其中10%的最高户为159.5元，10%的最低户为50.5元，前者为后者的3.2倍，而在1978年前者仅为后者的2倍。据国家统计局的材料，与1983年比较，1984年工资（包括奖金福利）提高的幅度，金融业23.5%，商业22%，建筑业20.6%，工业18.9%。又据对石家庄1746个专业户的调查，1984年的纯收入种植业228元，运输业2683元。这种收入拉大的情况固然有不合理的方面，但是全国一律的"大锅饭"已开始突破则是一个事实。

同时，由于所有制结构的变化，就业门路的拓宽，国家又改革了就业政策，因此就业结构有了很大的变化，就业率有了很大的提高。全国城镇1988年就业人数较1978年增加4753万人，其中：全民增加33.99%，集体增加72.22%，个体及其他则增加50.4倍（见表2）。

537

表 2 中国城镇就业结构的变化 单位：万人

年份	全国城镇		全民		集体		个体及其他	
	绝对数	比重(%)	绝对数	比重(%)	绝对数	比重(%)	绝对数	比重(%)
1978	9514	100.0	7451	78.32	2048	21.52	15	0.16
1988	14267	100.0	9984	69.98	3527	24.72	756	5.3
1988 年比 1978 年增加(%)	49.96		33.99		72.22		5040.00	

资料来源：根据《奋进的四十年(1949—1989)》的数据换算而成。

第四，突破了"个人崇拜"的政治模式。"文化大革命"将个人崇拜的政治模式推到了极端，使人们清楚地认识到这种破坏民主集中制、将权力集中在一人之手的政治模式给国家和人民所带来的痛苦与灾难。随着改革的发展，社会主义民主和法制建设逐步发展，以宪法为基础的社会主义法律体系初步形成，人民政治生活日趋活跃，爱国统一战线空前扩大，共产党领导的多党合作和协商制度发挥了积极作用，各民族的兄弟团结更加巩固。应该说，党的十一届三中全会以来的这 10 年，是中华人民共和国民主和法制建设取得最大进展的 10 年。

第五，突破了"唯我独尊"的文化模式。"文化大革命"期间，在文化上由抵制外来文化发展到害怕外来文化、仇视外来文化，把一切外来文化都视为"封、资、修"而加以排斥，逐步形成了一种近乎国粹主义的封闭文化模式。改革开放以来的时期，突破了这种文化禁锢，是我国外来文化传入面最广、量最大的时期之一。固然也随之带来了不少糟粕，但应该承认从总体和长远来看，这确实为中华民族吸纳人类文化的精华以丰富和改造自己的传统文化提供了一次难得的机遇。

由于实现了以上各方面的重大突破，我们国家的政治与经济面貌，10 年来发生了巨大的变化。1988 年同 1978 年比较，国民生产总值增长 3.13 倍，国民收入增长 3.12 倍，社会商品零售总额增加 3.77 倍，人均国民收入由 315 元上升到 1052 元，增加 2.24 倍。10 亿人口绝大多数解决了温饱问题，部分地区开始向小康迈进。农村乡镇企业有巨大发展，有 8000 万农民转入或部分转入非农业部门，第一产业的劳动者人数由占总劳动者数的 70.7%下降到 59.5%，第二、三产业则由 29.3%上升到 40.5%，从而巨大地推进了社会分工和经济附加值的增长。市场供应大为改观，城乡市场上商品琳琅满目，一片繁荣景象。教育、科学、文化、卫生事业均取得了巨大的发展，1988 年高校在校学生比 1978 年增加 1.4 倍，这 10 年输送的毕业生超过前 30 年的总和；1988 年年底全民所有制单位中自然科学领域的科技人员是 1978 年的 2.2 倍，10 年间年均增加的人数是前 26 年年均增加人数的 3.5 倍……总之，改革开放的 10 年，是中华人民共和国成立以来国家经济实力增长最快，人民得到实惠最多，经济社会发展最好的时期。10 年改革所取得的伟大成就，就连我们的敌人也不能否认。这种成就充分证明：通过改革不适合生产力发展的体制，社会主义的优越性与生命力必将会展现出来。

中国社会主义改革由于是在一个东方大国中进行的，它的成功与失败，影响所及绝不仅仅限于960万平方公里，而必会大大超越这个有限的边界。想当年，当一切反动派们指手画脚地议论马列主义不适合中国国情的时候，以毛泽东为首的中国共产党人在血泊中站起来，走出了一条适合中国国情的新民主主义革命的道路，为马列主义在中国的胜利建立了不朽的历史功勋。今天，当一切反对共产主义的人在纷纷议论共产主义"大失败"的时候，中国共产党人仍将以大无畏的精神通过改革走出一条在不发达国家建设社会主义的新路。

三、问题与困惑

正当改革在一片凯歌声中行进之时，从1985年开始出现了新的情况和新的问题，到1989年推向了高峰。

第一，通货膨胀，险象出现。从1979年以来，政府对不合理的价格体系和价格管理体制进行了逐步的改革，这是经济改革的必经关隘。在1979年到1984年，采取"以调为主，以放为辅"的方针，较大幅度地调整了主要农副产品的收购价格，使其较1978年提高了22%。又提高了肉、蛋等八种主要副食品零售价15%～42%。同时，还提高了部分以矿产品为原料的制成品出厂价、烟酒和棉纺品零售价、运价、化肥及纯碱等商品的价格。1983年又调低了化纤织品和机械手表等的零售价。因此，1979年到1984年间全国零售物价总水平累计只上涨17.8%，平均年仅上涨2.8%，而同期全民所有制职工平均工资提高86.9%，平均每年递增11%。

1985年到1988年，价格改革采取"以放为主，以调为辅"的方针，除粮、油等部分重要商品及劳务价格外，消费品价格基本放开。1985年，全国零售物价总水平比1984年上涨8.8%。1986年国务院提出"巩固、消化、补充、完善"方针，大措施不出台，当年全国零售物价总水平只比1985年上涨6%。人民生活水平并未受到影响。1988年价格改革加快步伐，升多降少，提价过高，加上多年积累起来的总需求大于总供给，市场机制又不健全，各种官办公司及企业和单位钻价格"双轨制"的空子，趁机倒买倒卖，哄抬物价，变相涨价，致使广大居民的"货币幻觉"大大降低，一时间出现了中华人民共和国成立以来从未有过的物价暴涨和居民抢购的风潮。1988年较1987年全国零售物价总水平上涨18.5%，1985年到1988年全国零售物价总水平累计上涨46.6%，平均每年上涨10%，为中华人民共和国成立以来第三个物价上涨高峰。

第二，拜物教再现，腐败滋生。发展商品经济会带来大量的"甜瓜"，但也必然会有"苦果"。拜物教的泛滥，就是这种"苦果"之一。由于市场发育不足、法制落后和精神建设的放松，1985年以后拜物教迅速由商品交换领域向上层建筑乃至文化结构中渗透。旧社会猖獗一时的许多腐败现象和消极事物，在被消灭了几十年之后，以新的形式在部分领域再现了。它严重地腐蚀着党和国家的机体，化解着全国人民的凝聚力，破坏着党和群众的关系。虽则还是局部问题，但却会构成心腹大患。

第三，农业出现新的徘徊。中国农业在1985年以前，由于实行了以联产承包责任制为中心的改革，以它的巨大奇迹般的成就而轰动于世。但自1985年以后，在乡镇企业大发展的同时，农业特别是以粮棉为主体的种植业出现了新的徘徊。种植业的增长指数在1984年到达高峰之后就开始回落和平滑，粮食棉花的总产量在1984年到达高峰后就一直徘徊不前(棉花还呈下降趋势)。"农业问题"又开始困扰着中国。

第四，结构失衡，地方权重。应该说，改革以来国民经济重大比例关系严重失调的问题有了很大改善，特别是农轻重的比例大体是协调的。但是，自从1984年由于"过热"而发生需求膨胀之后，积累与消费之间、基础工业与加工工业之间的比例关系日渐失调，能源、交通、材料的"瓶颈"现象尤为严重。中央虽几经申令，但在地方财政包干和企业承包的牵动下，地方过热之势，屡抑不下。

第五，分配不公，反差拉大。打破分配上的"大锅饭"和就业上的"包下来"之后，就业门路拓宽了，收入差距拉开了，主流是对的。但经济生活中的规范性差，价格体系未理顺等原因，造成"机会不均等"。一般地说，收入增长的幅度，生产领域不如流通领域，国营集体不如个体，干部和知识分子不如体力劳动者，造成"拿手术刀的不如拿剃头刀的""搞导弹的不如卖鸡蛋的"之类的强烈反差，成为社会不安定的心理因素。

出现如上问题与困惑，原因是多方面和综合性的。具体分析，有体制上的原因、思想上的原因、理论上的原因和组织上的原因。

第一，体制的摩擦。改革中出现的许多问题，有相当大的部分或其原因的相当部分都可以由新旧体制转轨的效应得到说明。由于新体制还远远没有形成，旧体制又难以退出而且惯性还很大。两者纠缠在一起，不容易协调运行，往往产生摩擦乃至撞击。

例证之一：产品经济的宏观管理体制与商品经济的微观运行方式的矛盾。过去产品经济的管理体制是以权力为轴心运转的，而商品经济则要按等价原则进行。这样，就很难避免在某些意识形态薄弱的环节出现"权力运行+金钱交换=权力商品化"的公式。这个公式就会导致腐败滋生。又如，过去产品经济所形成的政经不分，财政金融一体化，又是今天商品经济条件下投资膨胀(政府发展经济的扩张冲动)和通货透支的重要原因。政府集投资者、货币发行者和市场最终裁决者于一身，在过去高度集中的计划-产品经济体制下有所约束，但在放开了商品经济条件下就极易导致投资膨胀，投资膨胀又必然导致通货过量发行，从而引发通货膨胀。又如，过去产品经济所形成的政企不分，又是今天企业存量呆滞和行为短期化的重要原因，存量不能流动，则容易加剧结构失衡和"瓶颈"现象，从而形成成本拉动型通货膨胀。

例证之二："集权与分权的矛盾"。旧的产品经济管理体制是建立在权力分配的基础之上的，通过权力——命令来纵向推动经济的运行。商品经济的管理体制虽然也有权力协调问题，但作为它的基础则是社会契约，通过效益吸引——契约联系来横向促进经济的运行。由于产品经济的观念未改，人们一开始就把改革的取向不恰当地放到了"权力下放"上，而没有把着重点放到培育市场搞活企业上。结果，权力分下去虽然提高了地方的积极性与主动性，但由于市场发育跟不上，企业活不了多少，便开始形成新的"割据"，阻碍了商品经济的发展，而且加剧了总需求的膨胀。所以，改革的思路如果只在"集权与分权"上打圈子，要么就是把"中央婆婆"变成"地方婆婆"，企业的状况改善不了多少；要么就是又把权力由中央收回来。永远摆脱不了"一放就乱，一乱就收，一收又死"的怪圈。

第二，思想的紊乱。改革以来，由于指导思想不够明确，在思想文化导向上是有缺陷的，具体表现在改革的激励机制上物质利益的倾斜度过大，造成思想上的紊乱：

——鼓励高消费，忽视艰苦创业。古往今来，没有一个国家是在"歌舞升平"的氛围中振兴的。从越王勾践的"卧薪尝胆"到祖逖的"闻鸡起舞"，从战后日本的"勒紧裤带"到新加坡的崛起……适度的消费激励是必要的(否则人民看不到实惠)，但倾斜度过大就会适得其反。超越生产水平的高消费，往往会引发"少劳多得"、投机倒把、为非作歹的社会效应；大量进口高档耐用消费品，既弱化了艰苦创业精神，又浪费了有限的资金，还打击了民族工业；消费基金的膨胀，又是造成总量膨胀的重要原因之一；更为重要的是鼓励高消费会促使人们对改革的期望值过高，脱离了现实的可能，这会降低改革风险的心理承受力，孕育着巨大的危险。

——强调"向钱看"，忽视整体利益。商品经济要讲"向钱看"，讲效益。但与此同时，却没有辅以强劲的职业道德、社会公德、社会主义伦理的教育和规范。物质文明建设与精神文明建设是可以相辅相成的，发展商品经济与加强社会主义公德建设也是可以并进的。具体地说：在经济活动中，严格遵循等价交换原则，提倡合法经营，反对非法牟利；在社会生活与人际交往中，提倡公德、伦理和奉献精神，反对尔虞我诈；职业道德、劳动纪律严格规范化；按上述原则建立淘汰机制。如果能做到如上几点，就可能把物质文明建设与精神文明建设统一起来。

——重视物的现代化，忽视人的现代化。我们的体会是，忽视人的现代化是教育失误的一个重要方面。中国现代化的最大限制因素是人，具体而言是人的科学文化素质，人的政治素质，人的现代文明素质。如果在改革大潮中力求恢复民族凝聚力和人的尊严的同时，却让"拜物教"泛滥成灾，这绝不是中国社会主义现代化所企求的。

第三，组织的削弱。中国的改革与现代化要能坚持社会主义方向，关键在于中国共产党必须是坚强的、健康的。10年改革，是中国共产党战略任务的重大转折时期，在这个转变关头，应该说党在思想、组织上的准备是不足的。在发展商品经济面前，党组织和党员如何发挥"堡垒作用"和"模范作用"？鼓励发展私营经济，是不是就要党员去带头当老板？这些问题，一个时间里，是模糊的。思想上的模糊必然导致组织上的涣散。其实，对于这个问题，20世纪50年代的经验本来就是可以借鉴的。当时，党组织和党员鼓励恢复经济，帮助民族资产阶级恢复和发展生产，而自己并没有想当老板。忽视党的建设，是10年失误中最严重的失误。发展社会主义商品经济既然是党的战略任务，共产党员当然不能置身度外。但共产党员参加发展商品经济的斗争，从主体上说是作为社会主义企业或单位的法人，并没有自身的私利，更谈不上当资本家；从客观上说应一切以发展社会生产力为原则，要有利于调动劳动者的积极性，要有利于市场的稳定，要有利于国家社会的整体利益。

第四，理论的不成熟。中国的改革和中国的革命相似，几乎都是在缺乏理论准备的情况下开始的。这也说明，中国社会发展的客观紧迫性，使得人们没有从容的时间去进行理论上的前期探索。从这个意义上说，"摸着石头过河"有其历史合理性的一面。

理论的不成熟，必然导致政策和实践的摇摆不定。

——之所以改革的目标模式长期混沌不清，之所以计划与市场的关系问题一直困扰着改革的方向，深层的原因就是社会主义的理论还不够成熟，至少还没有像毛泽东的"新民主主义论"那样成熟。邓小平同志提出了有中国特色的社会主义这个大方向，党的十三次代表大会肯定了社会主义经济是有计划的商品经济，这无疑都是伟大的突破。但作为一个完整的理论体系，显然还要继续努力。这是因为任何一个可以成为指导实践的理论，都必须具有其系统性（可以指导实践的方方面面）和准确性（最大限度地排除随意性）。例如有计划的商品经济，往往既可以强调计划而贬低商品市场，又可以反过来淡化计划而推崇市场。摇摆幅度过大，就难以实际操作。

——之所以过度推崇承包制，国有企业改革难以深化，之所以出现"利改税"的混乱，这都同社会主义产权理论不成熟有密切的关系。正是由于过去不承认社会主义的国有资产同样必须有偿使用并实行资产增值，因此才会产生在承包过程中的产权无偿让渡，才会出现认为社会主义国家向企业分利是不应该的而应改为征税这种混乱思路。本来社会主义国家作为社会的代表应征税，作为产权的代表也应分利。具有双重身份，因而也具有双重职能（征税与投资）。

——之所以在改革过程中一度过分迷信改革的功能或者忽视社会的发展程度孤立地推行某项改革措施，这与社会主义的发展理论不成熟有着密切关系。在农业问题上表现得最为明显，一个时期人们似乎认为农业上新台阶只需深化改革就可以达到，而忽视了诸如增加投资、推广技术、优化生产要素组合、农村产业政策等属于发展的问题。有些改革措施，如"优化劳动组合"等之所以发生扭曲和变形，也同超越社会发展阶段有关。

理论落后于改革的实践，当然远远不止以上几个方面。像社会主义初级阶段的价格形成理论、按劳分配理论、土地关系理论乃至社会主义的政治学、法学、伦理学等，都急待深入讨论。中国改革的成功最终还是有赖于理论的成熟。

四、正确的选择

中国乃至所有社会主义国家的改革的正反两方面的经验，集中到一点就是：我们的改革只应是社会主义制度的自我完善，而不是其他。

中国共产党确定的以经济建设为中心，坚持四项基本原则，坚持改革开放这一基本路线，为我国的社会主义改革指明了正确的方向。四项基本原则是立国之本，改革开放是强国之路，两者不可偏废。应该看到，在改革开放的问题上，实际上存在着另一种主张，即资本主义化的主张。有一些人，看到改革出现了问题与困惑，就认为根源在于社会主义公有制与发展商品经济不能相容，出路只能是实行私有化，走资本主义道路。关于这一主张的荒谬性，江泽民同志有过一段精辟的论述："如果今后不坚持社会主义，而是像有人主张的那样退回去走资本主义道路，用劳动人民的血汗去重新培植和养肥一个资产阶级，在我国人口众多，社会生产力水平很低的情况下，只能使大多数人重新陷入极其贫困的状态。这种资本主义，只能是原始的、买办式的资本主义，只能意味着中国各族人民再度沦为外国资本和本国剥削阶级的双重奴隶。"[①]之所以说是原始的资本主义，这是因为中国还没有真正经历"原始积累"的阶段，而且市场规范和社会法制均极不健全，如果像有些人所主张的那样放手去发展资本主义，必将是少数暴发户极端残酷地乃至采取超经济手段去剥削广大城乡人民，在中国再现"血与火"的历程。之所以说是买办式的资本主义，这是因为数以万计的国有资产在中国本土是无人买得起的，只有外国资本购买后雇用"买办"

---

① 江泽民：《在庆祝中华人民共和国成立四十周年大会上的讲话》，人民网，1989 年 9 月 29 日。

作其代理人，从而在中国必将形成一个新的买办资产阶级。这样，中国人民岂不就重新沦为外国资本和本国资产阶级的双重奴隶了吗？在社会主义制度下生活了40年的广大工农大众和坚持社会主义道路的知识分子，肯定不能容忍这样的选择。中国又可能重新投入动乱频仍、国家分裂的灾难之中。中国人民经历流血牺牲而换得的民族独立和国家统一必将毁于一旦。其结果，绝不是加速中国的现代化，恰恰是葬送了中国现代化的前途。印度的过去和某些国家的现在，不正好说明这一点吗？

为了坚持改革的社会主义方向，为了走出改革出现的困境，看来首要的任务是尽快确立改革的目标模式，摆脱"摸着石头过河"的状态。对于目标模式问题，必须采取辩证的、发展的态度。如此浩大的社会改革工程，绝不可能像一项水利工程那样事先把一切细节都设计好，然后按照图纸去施工。因此，改革的目标模式，只能是依据对改革进程的科学分析和社会主义制度的基本要求作出一个粗线条的规范，达到统一思想、引导方向的目的。

按照上述思路，综合党和国家的有关文献精神，中国改革的目标模式可以包括经济体制改革和政治体制改革两个部分。经济体制的目标模式应是在社会主义公有制基础上的有计划的商品经济。基本内容包括：①以社会主义公有制为主体，多种经济成分共同发展，社会主义公有制的实现形式应根据现代化的要求通过改革加以完善；②实行计划经济与市场调节相结合，建立有效的宏观调控与微观搞活的运行机制；③促进有调控的市场的发育。关于政治体制改革的目标模式，这里引用江泽民同志的一段话："要继续完善我国的人民代表大会制度和共产党领导的多党合作与政治协商制度，建立和健全民主决策、民主监督的程序和制度，扩大同群众联系、对话的渠道，提高公民参政意识，保证广大人民的意志和利益在国家生活、社会生活中得到切实的体现。"[①]

在前面我们一再指出，中国的改革只能是社会主义制度的自我完善。这是对改革的性质的总概括。这里，着重讨论一下如何在改革过程中确保改革的这一社会主义性质。根据10年来的经验教训，我们认为必须掌握好如下四条界限：

——在发展多种经济成分的同时，必须始终坚持和改善公有制的主体地位，反对国民经济私有化。

——在培植和发育市场的同时，必须始终坚持和改善计划的宏观调控机能，反对自发的市场经济。

——在加强民主和法制建设的同时，必须始终坚持和改善中国共产党的领导，反对西方多党议会民主。

——在鼓励"百花齐放，百家争鸣"的同时，要始终坚持马克思主义的指导，反对形形色色的反马克思主义的思潮。

五、曲折的路

在中国这块广袤而落后的土地上，中国共产党用了28年的时间才推翻帝国主义、封建主义和官僚资本主义的反动统治，建立中华人民共和国。中华人民共和国成立后又花了40年的时间才奠定了社会主义的初步基础，还远未达到现代化的目标。可以想象，进行

---

① 江泽民：《在庆祝中华人民共和国成立四十周年大会上的讲话》，人民网，1989年9月29日。

社会主义改革这样前无古人的事业，绝不是轻而易举、指日可成的。它将是一场"持久战"。由于国际的大气候和国内的小气候以及我们自身的不够成熟，改革也很难排除反复曲折的可能性。在这方面，估计充分一些要比估计不足将会主动得多。

排除外部因素不计，仅就国内的情况来看，有着诸多因素制约着改革的进程：

——改革不能脱离发展而孤军独进。但经济社会的发展是循序渐进的，不能企望改革所必需的社会经济条件在短短几年内就"车成马就"。例如，推行股份制的改革，绝不是下一个命令股份制经济就形成了。如果还没有形成比较普及而有效的证券市场，还没有培养出足够的经理阶层，还没有在社会上实现这方面的观念转变等，股份制的改革是绝对难以推开的，即使硬性推行，那也会"南辕北辙"。又如，推进民主化进程，如果公民的参政意识十分薄弱，如果社会组织机能还很落后等，求之过急就可能出现无政府主义和极端民主化，甚至被少数野心分子所利用。而我们上述的诸种条件，则需要有一个较长的发展过程。

——改革本身是一个十分复杂的系统工程，虽然在粗线条方面我们大体上有所了解，但在许多方面还知之不多甚至还是"必然王国"。哪项措施应先出台，哪项应后之；一项措施出台会引起什么连锁反应；这项措施应同哪几项配套以及如何配套等。这些都有一个较长的探索和认识过程，不考虑这个过程，操之过急就会"欲速则不达"。

——改革的成功最终要取决于理论的成熟。而理论的成熟，更不可能是一朝一夕的事了。

所以，我们有充分的理由把中国的社会主义改革看作一场"持久战"，决不能犯急性病。要有长期作战的思想准备，要有经受挫折甚至暂时失败的思想准备。

由于中国的改革是在强大而成熟的中国共产党的领导之下，又有一条党的十一届三中全会以来所形成的实事求是的思想路线，还有比较壮大的社会改革主体，因此，从总体和长远来说，中国的社会主义改革成功的可能性极大。

但是，中国的改革能否达到预期的目标，可能将取决于如下几个重大问题的正确解决：

——能否把坚持和改善党的领导同充分发扬社会主义民主正确地结合起来，并在信息体制、决策体制和监督体制上加以全面贯彻落实。

——能否把计划与市场调节有机地结合起来，形成一个完整而有效的社会主义经济运行机制体系。

——能否找到国有经济在市场经济条件下有效的实现形成，最终形成以公有经济为主体、多种成分共同发展的具有整体功能且可以推动生产力高度发展的社会主义经济体系。

——能否把社会公平与经济效率有效地统一起来，建立起既具有强劲的激励机制又具有健全的社会保障的社会主义分配体制和劳动组织体制。

我们相信，有着丰富经验的中国共产党和有着无穷智慧的中国人民，将会在实践中不断总结，不断提高，找到这些问题的答案，把中国的社会主义改革推向最后的胜利。

（收录于《改革·发展·希望》，湖北人民出版社 1992 年版）

计划、市场与经济发展

一

迄今为止，还没有一个国家完全地依靠国民经济计划化或完全地依赖市场成功地解决了它的经济发展问题。因此，对于计划与市场，必须做一分为二的辩证分析。

由于发展中国家市场发育水平较低而且不完整，因此不少发展经济学家倾向计划化在发展中的作用。第三世界国家的发展实际已经表明，推行国民经济计划，的确在相当程度上可以弥补市场短缺之不足，从而使资源的配置能够降低社会成本和提高社会效益。但是这只是情况的一个方面。另一方面还表明，这种国家干预的计划化是有条件的，这个条件就是还必须有相应的市场基础。否则，就会出现发达国家的"市场失效"的反面——"政府失效"或"计划失效"。也就是说，市场不完全会使政府的政策、计划在运行过程中发生扭曲、变形乃至不能实施，并由此而派生出经济秩序的混乱。在一些拉美国家和印度大量存在的"灰色市场""黑色市场"和形形色色的"寻租行为"，就是这种情况的例证。

为了解决上述问题，当今许多发展中国家已经十分重视市场对于经济发展的重要作用。这种作用主要表现在以下几个方面：

第一，加速资本形成。在发展中国家，政府的干预在促进资本形成，特别是形成规模经济方面，无疑发挥着显著的作用。但是，也应看到，如果只有单纯的政府行为，而无市场的作用，则资本形成的速度不可能很快，效果可能较差，特别是经济结构不易优化。而在市场机制的作用下，资本形成的主体会更多，可以弥补政府主体之不足；资本流动的速率会更大，可以大大提高资金的边际产出率；更为明显的是可以更多地吸引外资，并使内引大于外流。此外，在市场发育的状态下，还可以促进资本在地区间的合理流动。

第二，可以提高资源微观利用效率。在市场条件下，强烈的竞争机制和灵活的价格机制，可以有效地促进资源利用效率的提高。特别是在微观领域，可以强迫企业采用新技术，改善经营管理，从而推动资源产出率的提高和产品消耗率的下降。

第三，能够使风险分流。经济发展的过程，是充满着风险的。在市场缺乏的情况下，一切风险都得由政府承担下来，这不仅力不能及，而且影响政府的信誉。但是，在市场条件下，情况就不一样了，不仅可以减少某些风险的出现，而且可以借助市场消化某些已出现的风险。例如，中国1989年的调整，之所以没有出现1963年那种大量劳动力被动员回乡，市场物资严重匮乏，人民生活急剧下降的局面，其中一个重要的原因，就在于这次经济调整时已经存在着一个比较发达的市场。它消解了一部分失业(存在着劳务市场)，缓和了一部分工人收入下降(以第二职业的收入弥补)。这一点可能有些人还没有清楚地看到。

第四,培养人的经营素质。在千变万化、风险丛生的市场中营运,较之在一切"等、靠、要"的非市场环境中,显然更容易锻炼出符合现代化大生产所需要的经营管理人才。这是不言而喻的。

第五,有利于强化民族凝聚力。民族凝聚力的强弱,直接影响到对发展风险的社会承受力。我们观察一些发展中国家可以发现,某些国家之所以一度出现剧烈的社会震荡、政变乃至分裂,当然有严重的政治原因,但从基础方面来分析,缺乏统一的国内市场,恐怕是起了重要的作用。这是因为,统一的国内市场可以大大加强全民族在经济上的相互依存性,在此基础上便会产生一种强大的"民族认同感"。这种"民族认同感"在日本的经济发展过程中曾起过非凡作用,是人所共知的。它可以使全民忍耐住最艰难的挫折而保持住社会的稳定发展。

市场在经济发展中虽然有着重大作用,但绝不能因之就认为市场是万能的。市场机制也有其本身难以克服的重大弱点。这种弱点概括起来大体是:

第一,难以保证经济发展的社会效益。罗森斯坦-罗丹在分析市场机制不能达到资源配置最优化方面,是有其合理性的。他提出的资本不可分性、资本市场的不完全性、价格机制作用的微观性等均是符合客观实际的。特别是他指出的关于单个投资所追求的最大化的依据是"自己的净边际产品",而不是"社会的净边际产品",从而不可能保证社会效益,也不能开发"外在经济效益"①的观点是很有实际意义的。现实世界中经济社会发展的实际也充分说明,像环境污染问题,投机扰乱问题,失业所造成的社会问题等,仅仅依靠市场机制是根本无法解决的,必须通过政府干预。

第二,难以保障基础设施与公益事业的建设。基础设施要求通盘规划,而且投资大,收效迟;公益事业则有许多是没有什么经济收益的。在纯市场机制之下,显然企业既无力承担,也缺乏这种积极性,更难以进行全面规划。这方面的任务必然要落在政府身上。

第三,难以克服风险投资的障碍。风险大的新项目,特别是高科技项目,个别的企业也是无力承担或不敢承担的。在当代资本主义国家中,像这一类的投资也多是由政府出面或实行保护政策。

第四,无法解决分配上的差异悬殊趋向。市场机制自发作用的后果之一,就是分配悬殊导致的两极分化现象不断加剧。这在资本主义市场经济的条件下,是无法从根本上加以解决的。当然,垄断资产阶级为了缓和国内的阶级矛盾,力求通过政府的税收政策、工资政策和福利保障政策等进行有限的干预。

由上述可见,市场机制对于经济发展虽然具有很大作用,但是对保障经济社会的全局和长远发展来说,则有其自身不可克服的致命弱点。

同样,对于计划机制和政府干预,也应进行一分为二的分析。计划机制对于经济社会发展的积极作用方面,在绝大多数社会主义国家中都曾经显示出来了。即使在发达的资本主义国家中,政府的干预也程度不一地发挥了作用。梁小民在他的论文中②曾把政府干预

---

① 见谭崇台:《发展经济学》,上海人民出版社 1989 年版,第 536 页。

② 见梁小民:《西方国家的计划和市场经济相结合及其对我们的启发》,《经济社会体制比较》1991年第 4 期,第 28 页。

经济的作用，较客观地概括为下述几个方面：(1)国家在全社会范围内调节生产社会化与生产资料私有制之间的矛盾，因而在一定程度上能够缓解这种矛盾的激化(当然不可能根除这个矛盾)；(2)在有限的程度上纠正了市场调节的某些弊端，如自发性、盲目性与破坏性，从而使第二次世界大战后迄今尚未出现像 20 世纪 30 年代那样的大危机(这也可能与"大周期"有关)；(3)利用国家的力量，实现了科学技术的重大突破，如许多高科技企业均属国有；(4)国家通过各种政策刺激总需求，保护国内市场，为经济发展创造较好的环境等。我认为，计划机制之所以具有这些积极作用，其本质原因在于：

第一，计划机制是以社会整体利益为背景的，从而它可能超越个别企业、个别地区、个别部门的狭窄利益，比较公正地处理局部利益与全局利益、眼前需要与长远需要、微观效益与宏观效益之间的关系。

第二，计划机制是以宏观的、全面的信息为依据的，从而它可能在相当大的程度上避免市场机制的"事后调节"所造成的损失。

第三，计划机制是以政府的经济实力为保证的，因而它可能利用国有资财以及财政、税收、信贷等杠杆去推动国家目标的实现，并且在动员社会资源方面，较之市场机制有着更大的能力。

第四，计划机制是以国家的权威为后盾的，因而它的运行强度和速率显然要大于市场机制。

在这里，必须强调指出两点：首先，虽然社会主义国家与资本主义国家都可以利用计划机制，但从制度的本质来说，社会主义国家是以公有制为基础，因而在上述几个方面，较之以私有制为基础的资本主义国家具有更大的彻底性和稳定性。这也是为什么成功的社会主义国家在实现国家的重大战略发展目标、战胜自然灾害、抑制通货膨胀、消灭社会痼疾等方面比资本主义国家更具有效率的重要原因。其次，我们这里所说的计划机制，是指规范意义上的计划机制，它是不应该同"长官意志"和行政命令相提并论的。

尽管计划机制具有上述市场机制所不具有的优点，但它同样也具有自身的弱点。其主要表现是：

第一，容易束缚企业的活力。由于计划机制往往依靠自上而下的等级服从体制，而且还要采取种种保护政策，这就势必会削弱企业自主经营的权力，并且会使企业滋生对政府的依赖性，这两个方面都会大大降低企业的竞争活力。

第二，容易出现决策的随意性。计划机制下面对千变万化的市场信息，往往要通过多层的传递，这就容易造成信息的滞后和失真，加之计划决策人并非企业经营者，缺乏直接的利益关系，因而其价值判断往往并不完全符合直接生产经营者的价值判断。这样，经济决策就很可能偏离经济发展的实际而造成损失。

第三，经济运行缺乏灵敏性。在典型的计划机制下，经济的运行一般是通过金字塔式的组织体系一级一级地推动，"市场是上帝"在这里不起作用，而"上级"才是真正的"上帝"。这样，信息、决策、传达、监督、评估、校正等诸多程序是通过许多机构(而不像在市场机制下只由企业一个机构)去完成。这就必然缓慢得多，因而对于变化了的客观情况，就不容易作出及时而灵活的调整。

第四，容易滋生腐败现象。如果没有十分发达的市场机制相配合，计划机制势必要依赖权力推动。而权力如果缺乏有效的制约机制，就容易滋生以权谋私等腐败现象。这种情况，在第三世界国家中屡见不鲜。

第五，难以保障经济发展的质量与效率。单一的计划机制的上述种种弱点所产生的全部后果，就集中在容易追求产量而忽视效益，注重数量而轻视质量，控制总量而不顾花色品种，扩大投入而产出不能相应提高。

鉴于市场与计划的优缺点，所以当代中外经济学家，不论他属于那一流派或立场，大多数人倾向于两者必须结合起来，才能真正地解决经济的发展问题。

二

在中国，研究与设计计划与市场结合的具体形式，我认为应该首先考虑如下几个原则：第一，必须紧紧地从前面所述的计划与市场的全面评价出发。既不应过分推崇计划的功能，更不能迷信市场的全能作用。既该充分吸纳两者的优点，又应切实排除两者的弱点。第二，计划与市场结合的模式，必须确保社会主义公有制的主体地位。一般地说，政府干预与计划调控如果不让它流于一个空洞的原则而要成为有实际权威的机制，国家(或社会)就必须掌握基本的生产资料和相当的经济实力与组织系统。否则，那是绝对办不到的。第三，计划与市场的结合，必须是一种动态均衡式的结合。也就是说，总供给与总需求不能企望通过计划与市场的结合而达到数量上的绝对均衡。这既不现实，也可能导致计划抑制市场。因此应力求形成一种在计划与市场有机配合下对小的波动具有自动调节功能的动态均衡机制，使经济不会出现大起大落的震荡，基本上保持国民经济持续稳定协调地发展。第四，计划与市场的结合，必须是多维空间中的多层次结合，不应只是平面式的"拼合"。

循着以上基本思路，我以为有中国特色的计划与市场结合，应采取一种"立体交叉网络模式"。其总体框架见图1。

具体说明如下：

1. 立体性

计划与市场不是平面式的结合，而应是立体式的多层次结合。第一层次，即体制层。从体制的层次来说，在我国社会主义制度下，国家的宏观调控主要在如下方面发挥主导作用：(1)运行的规则与仲裁(法律的、行政的)；(2)总量的平衡(货币发行的控制、工资增长率的调控、物价的总水平、投资总增长率的确定等)；(3)长中期经济发展计划(总增长率、发展战略、产业结构及其政策、生产力总体布局)；(4)国民经济命脉的控制(直接占有式、参股式、产前产后经济调控式)；(5)国民收入的分配与再分配及其结构合理化(税收、社会保障体系、落后地区的发展与致富)；(6)企业与市场无法承担的带有全局性的战略问题(基础设施建设、高新技术开发、风险大的项目、国民教育事业、各种公益事业)；(7)涉外经济政策与宏观管理(进口替代或是出口导向、关税与保护政策、汇率政策与外汇平衡、对外引进与对外投资政策)。上述七个方面，对于社会主义国家来说，政府如果不能够实施有效的调控，并在体制上加以确立，就无法保障社会主义的发展。在这个

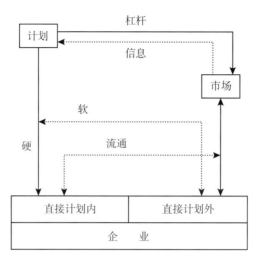

图1　计划与市场结合的模式

层次上，市场的调节作用，则主要体现在如下方面：（1）价格的形成；（2）微观的均衡（商品、劳务的供求）；（3）竞争与技术更新；（4）资源在企业与部门间的流动。

这就是说，在体制的层面上，计划承担宏观经济的速度、规模、结构、布局及总量均衡的功能。市场则调节微观经济的全面自主运作。显然，在这个层面上，计划是起主导作用的，即计划调控市场，市场引导企业。这是第一个层次。

第二个层次，即机制层次。计划一方面要对前述七个方面在宏观领域实行硬指标调控，另一方面还要运用现代计算技术对直接计划以外的部分进行软测算。并在此基础上，将软测算的结果纳入总量平衡的计划之内。实践证明，如没有这种对"计划外"部分经济活动的估算，就不可能实现总量平衡，而且还会造成"计划外冲击计划内"。同样，市场一方面充分调节直接计划以外的企业和经济活动；另一方面也主要在流通领域和计划无力控制的领域对所有的企业进行调节。实践证明，如果没有后一种市场调节，没有全面的市场竞争，国营企业是不可能真正搞活的，技术进步的机制是难以在整个国民经济中全面形成的，计划宏观调控的硬指标也是难以实现的。这就是说，在机制的层面上，计划与市场是平等的，都是双覆盖的。

第三个层次，是具体计划层次。这一层次则是比较简单而明晰的，它包括"计划内"和"计划外"两大块，两者之间也要实现相互兼顾与协调发展。"两大块"将在我国今后一个很长时期内都会存在，恐怕到将来发达的社会主义阶段也是会存在的。这有利于保证国民经济持续稳定协调发展，否则如没有直接计划这一块，则是办不到的。当然，"计划内"这一块，将随着市场发育程度的提高和人们对经济杠杆运用的成熟而逐渐缩小。

2. 交叉性

所谓交叉性，实际包含三种内容，即：相互渗透、超层次结合和阶段演进。

首先，计划与市场是相互渗透的。计划决不等于简单的命令，它是一种科学的决策，必须充分而广泛地聚集与加工市场信息，据此来确定必要与可行的国家目标，并科学而恰当地运用经济、法律和行政手段加以实施。市场也决不等于完全的自由放任，它是一种有规范的运行。也就是说，要在国家的宏观调控下，通过制定市场法规、国有商业企业的吞吐作用(特别是批发市场)以及各种经济杠杆的运用，使市场的运作大体符合国家的目标，以最大限度地缓解市场调节的消极作用。

其次，计划与市场可以超越层次交叉结合。社会主义的计划经济与市场调节相结合同资本主义的市场经济与计划调节相结合一样，都属超越层次的结合，即体制层与机制层的结合。我们在前面说的体制层中计划与市场的功能，几乎没有一项能够离开机制层和具体计划层的功能配合而可以产生良好效果的。例如，经济发展的长远规划(计划)，属体制层中的计划功能，但是，其制订本身，离不开对过去计划执行情况的分析和计划与市场机制发育状况的评估；其实施过程，便有赖于具体的年度计划和市场与计划机制的调节。价格的形成，基本属体制层中的市场功能，但是，它的稳定性和变异性均离不开机制层中计划与市场的协调调节作用，这是不言自明的。

最后，计划与市场的结合结构和结合深度，有一个发展过程，要受到时间阶段的约束。一般地说，在我国，可能会经历三个基本阶段：计划培育市场阶段；市场完善计划阶段；市场与计划有机融合阶段。

就目前来说，我国的市场处在发育初期，需要政府有计划地通过政策干预来培育，因此还是处在"计划培育市场"的阶段。在这里，应该澄清一种误解，即认为市场似乎只需要一"放"就会立即发展起来。多年的经验说明，简单地"放手"或"放开"，虽然商品交换是活跃了，但容易出现流通秩序混乱和分配不公等问题。这是因为，正常的市场应该包含四个基本要素：一是市场主体必须是独立的商品生产者和经营者，自主经营，自负盈亏，优胜劣汰；二是市场客体必须是具有竞争机制的商品、资金、劳务、信息、技术等完整的市场体系；三是市场规则必须遵循等价交换原则和在市场面前人人平等的原则；四是市场信息必须能够较全面、准确、及时地反映社会成本和供求关系。显然，这些要素的形成与完善，单纯地依靠"一放了之"是很难办到的。例如，市场主体的形成和成熟，有赖于有计划地推进企业改革。而企业改革的完成又有赖于市场客体的完善，政企分开的改革，企业预算约束的硬化以及社会保障体系的建设等。再如，市场客体的发育完善，有赖于专业化社会分工的发展，地区封锁和部门垄断的打破，市场信息和经济杠杆运用的成熟以及各种市场基础设施的建设和市场机构的建立等。特别是市场规则与市场信息的规范化，更是一个较长的发育过程，它既有赖于法制建设和标准化建设的完善，又有赖于人们价值观念的转变。在这个过程中，一方面有一个自然发育的问题，另一方面还需要政府运用计划机制和行政干预，因势利导地加强其发展并减少发展过程中的消极作用。因此，我把这个阶段称为计划培育市场阶段。

所谓市场完善计划阶段，是循着否定之否定的规律，在上阶段市场发育趋近成熟的基础上，在计划与市场的交互作用过程中使计划体制、计划方法、杠杆运用，乃至计划人员的素质得到改造与提高。当然，这个阶段与上一阶段并非截然分开，而是一个交叉重叠的发展过程，只是各个阶段的重心有所不同，前一阶段侧重于有计划地培育市场，第二阶段则侧重于利用市场机制来使计划机制科学化规范化，使两者走向衔接化。"计划"绝不是先验性的东西，从其体制、机制到具体计划方法，都有一个由不完善到完善、由不够科学到科学化、特别是由衔接性低（同市场）到衔接性高的发育过程。这个过程的完成，也绝不是计划机关坐在会议室里可以想出来的，而是要经过市场的充分发育，在市场与计划的交互作用过程中逐步成熟化的。所以，一旦市场培养到一定时限之后，便会转入市场完善计划的阶段。显然，在这个过程中，商品生产将会有更大的发展，生产的社会化程度必将大大提高，在客观上对生产管理社会化的要求也就会日益增长，加上经过前一阶段计划机制的完善化、科学化的提高，因而便会逐步进入计划有效调控市场，市场与计划有机融合的阶段。现在理论界有些意见之所以相互抵触，我觉得同把计划与市场的结合看作是一种静态的而且可以一步到位的思路有很大关系。实际上这是不可能的。

3. 网络性

所谓网络性，是指计划与市场的结合，又是一种近乎"多维空间"的结合。这是因为，计划与市场结合的结构比例、方式方法、主从关系等，在不同的部门之间、行业之间、产品之间、地域之间以及时序之间都是各有不同的。例如军工企业、能源产品、金融部门等，计划的垄断性显然大于市场竞争；而经济特区的市场调节功能显然会大于计划调节；在市场完善计划阶段，市场调节的分量必然会大于计划调节的分量等。

中国的市场发育，在历史上走的是一条曲折起伏的道路。甚至可以说，在中国，市场的发育从来没经历过一种"自然演进"的历史阶段。在中华人民共和国成立之初，中国的市场曾经有过短暂的"自然发育"瞬间。但是，由于众所周知的原因，从20世纪50年代后期开始，中国市场实际上走进了萎缩时期。直到中国共产党第十一届三中全会以后，中国市场发育才开始了一个新的发展时期。逐步开创了一条以国家政策为支撑，以农村市场为先导，"涟漪式"地向城市扩展，然后回过来又由城市率领农村的特殊的市场发育道路。

中国市场发育之所以采取了上述特殊道路，这是如下历史背景决定的：（1）中国的市场"解禁"是首先从农村开始的。由于中国经济体制改革，首先是以农村的联产承包责任制拉开序幕的，以农户为单位的经营方式势必要求市场的相应发育。这是客观推动主观政策的过程。（2）在农村实行"两权分离"之后，农业与非农业的社会分工便随之而迅速地发展起来，这种分工的速度与广度大大超过了城市。社会分工是商品经济的基础，也是市场发育的基础，从而农村市场以及以农村产品为内容的城市集贸市场便雨后春笋般地发展起来了。（3）在农村这块广阔空间，计划经济从来也没有实行过"包下来"的"父爱主义"，农户及村办工业不存在吃国家"大锅饭"的问题，因而为市场主体的自主经营、自负盈亏提供了良好的土壤。这一点较之城市国营企业就具有更大的转轨灵活性。

正是在这种历史背景下，现代中国市场的发育开创了一条不平常的道路：由农村的初级市场波及城市的农贸市场；由农民的买卖活动波及城市居民的买卖活动；由农产品的交易波及小工业品的交易；由消费品波及生产资料；由个体、集体的市场活动波及国营企业的市场活动以至由单一的商品市场向多种生产要素市场扩展……

在这一潮势推动下，中国的国内市场有了惊人的发展，不仅零售商业、饮食业、服务业、物资流通等有了迅速的发展，而且，像劳务市场、资金市场、技术市场以至信息市场等，都有不同程度的发展。与此同时，价格形成机制也有了改变，从计划定价的逐步减少转变为市场调节的逐步增加。这样，也就推动了中国市场的发育进入一个新的阶段。其主要标志是：（1）以消费品为主体的市场覆盖面已遍及城乡，基本上实现了按照市场要求安排生产（特别是在农产品方面）；（2）从而这部分商品的价格刚性已大为削弱，农产品除少数几种（粮、棉、烟叶）外，基本是随行就市，轻纺工业品基本做到了季节浮动，家用电器等耐用消费品也大体是按市场供求关系进行浮动；（3）在农村和一部分城市集体企业中，生产要素已大体可以自由流动；（4）农户经营的自给性已大为降低，而对市场的依赖性显著地加强了。农村已成为巨大的国内市场。

虽然如此，但也应看到，中国市场的发育还处于初级阶段，因此，为了适应经济的迅速发展，建立培育现代发达的社会主义市场，就成为中国当前一项重要任务。而要培育这样的现代市场，我认为，它至少应当具备如下几个主要标志：

第一，市场主体的专业化与自主化。作为市场主体的企业，是市场的微观基础。这种微观基础是否坚固有力，取决于企业之间的社会分工水平。企业专业化程度越高，它们对市场的依赖性就越大，市场的容量也就越大，市场也就越发达。反之，小而全、大而全的企业由于其尚未摆脱自给自足的自然经济桎梏，因此便成为市场发育的障碍。这一点是生产力发展的规律性所决定的，无论是资本主义还是社会主义，概莫能外。

但是，仅有这一点还不够，企业还必须具有自主经营、自负盈亏的独立性。实行"两权分离"，就可以逐步使企业成为相对独立的商品生产者与经营者，以实现自主经营、自负盈亏、优胜劣汰。

第二，市场客体的社会化与统一化。专业化与社会化是一个问题的两个方面，是不能相互分割的。一方面，企业的专业化程度愈高，则对社会化服务的要求就愈高；另一方面，社会化服务体系本身也必须是高度专业化的。细密分工的专业化生产，必然要求有一个具有竞争机制的高度社会化的商品、资金、劳务、技术、信息和生产资料等经济要素完整的市场体系为它服务，否则，生产过程就无法继续下去。

第三，市场运行的规范化与可控化。这是市场是否成熟的重要标志。市场好比"奔腾的大川"，运用得好可以造福于社会。否则，任其自由泛滥，就会祸患无穷。这就要求人们具有很强的"驾驭"能力，使市场能够在一定的规则和法律的范围内运行，并运用各种经济杠杆乃至必要的行政手段进行调控，以保证市场行为遵循等价交换与合法经营原则，保证各种市场主体在平等的条件下开展竞争，把市场调节的副作用减少到最低限度。

第四，市场信息的有序化与灵敏化。市场主体在市场客体中运作，形成市场的运行周期。这种运行周期，完全是依赖市场信息的引导周而复始地运动。市场信息有序和及时能够有效地组织市场供给与市场需求的均衡，从而使每个运行周期结束时取得更好的效益。市场信息无序和呆滞，则必然会产生较差的效益。我们所说的市场信息有序，主要是指诸如价格、利润、汇率等参数能全面、准确地反映客观的社会成本和供求关系。显然，要做到这一点，需要有一个发育的过程。在这个过程中，非经济因素干扰的减少和信息传递手段的科学化则起着决定性的作用。

如果按照上述标准来衡量我国目前市场发育的状况，就可以清楚地看到，我国的市场是很不完全的。这主要表现在以下方面：

第一，市场体系不健全，覆盖面还小。我国当前的市场体系，从专业化的角度来看，商品市场有了很大的发展。但劳务市场、技术市场、资金市场、信息市场发展还很滞后，特别是资金、信息市场尚处在起步阶段。如果从经营方式的角度来看，仍然是集中有余，多种经营方式不足，特别是专业市场和批发市场(包括期货市场)发展得更为缓慢。因而，市场覆盖的广度与深度都不够大，在落后地区和农村则更显突出。

第二，市场信息失真。这主要表现在："双轨制"的存在，使市场参数发生扭曲，特别是"计划内"的价格往往不反映价值的供求关系；利率刚性很强，一般不反映资金供求状况；工资更是平均主义化，在国营企业和事业单位基本不反映劳务供求关系，也不体现劳动生产率等。上述状况，不仅不能为企业提供及时、准确的市场信息，而且也无法正确引导产业结构的调整。

第三，市场规范性差。从表面上看，我国现阶段的市场垄断过多而竞争不足，商品价格不能很好地表现商品价值，行政手段抑制市场法制化的进程，加上前述市场信息的混乱等，使得整个市场运行离规范化、法制化还相距甚远。这种状况除了市场规范(法制)本身需要有一个发展过程之外，深层的原因则是"政企分开"的改革步履艰难，特别是在计划与市场两者关系的问题上，时而忽左，时而忽右，致使对市场的培育与建设举棋不定，因而，阻碍了市场规范化的顺利发展。

第四，市场的地区封锁与行业分割。中国的改革在前一阶段以"放权"为契机，大大提高了地方发展经济的积极性，也的确推动了商品经济的发展。这是积极的一面。但也应看到，这种改革并没有真正到位。也就是说，"权"并没有真正"放"到企业。企业只是由中央政府的"婆婆"换成了地方政府的"婆婆"。甚至许多国营企业还不敢割断与政府的依附关系，因为那样就更活不下去。在"分灶吃饭"的财政体制下，地方保护主义日益严重，地方政府增关设卡，力保自身的财政收入。加之"企业兼并"与"集团化"进程过快，这又势必强化了行业的垄断(行业分割)。显然，这种放权的取向是错位的，无论放到"块块"还是放到"条条"，都不利于企业搞活。原因何在？关键在于没有在放权的同时，把企业推向市场，并努力建立和培育完整的市场体系。只有做到这一点，企业才能彻底摆脱"婆婆"，才能真正成为具有生机活力的商品生产者与经营者，才能有效消除地区封锁和行业分割。

总之，上述市场不完全的状况，给我国经济的宏观调控带来了很大的困难。多少年来困惑着人们的"放乱收死"的怪圈，迄今也还没有消失，就是一个例证。可以设想，如果我国经济生活中存在着一个比较健全与发达的市场体系，则无论是"放"还是"收"，在政府政策与企业之间就都有一个具有"韧性"的"消力带"，市场本身就具有调整、消化融解的机能，从而，硬性的撞击就可以减到很低的程度，"乱"与"死"的经济震荡就会小得多。其实，"放乱收死"正是我们在前面讲述的"政府失效"(或"计划失效")的表现，根治的良方，就是要加速培育社会主义市场体系。如果弃此不图，很可能会造成错觉，将"放乱"归咎于市场机制。

如前所述，我国目前正处在"计划培育市场"的阶段。培育市场，就是发挥政府的主观能动性，按照客观规律有计划地促进市场的发育和全国统一市场的形成。在这方面，社会主义制度显然比资本主义制度具有更大的优越性。为此，政府需要开展以下几个方面的工作：

第一，积极推动专业化社会分工的发展，加速产业结构的调整，大力发展第三产业，以此为第一、第二产业的企业专业化创造良好的外部环境，为市场的发育提供坚实的专业化、社会化的基础。

第二，有计划地理顺市场参数，完善市场规则。这两件事应同步进行，一方面对价格等参数实行调放结合，以调引放，以放促调，使各种参数体系渐趋有序；另一方面应通过市场立法和完善市场管理制度，逐步使市场在平等的竞争条件下和严明的竞争规则中开展竞争。

第三，力争早日实现由中央对地方的"财政包干"制过渡到"分税制"和利税分流，为消除地区封锁，促进全国统一市场的形成进行"釜底抽薪"。

第四，逐步削弱政府经济职能部门直接干预企业的职权，加强经济杠杆部门宏观调控市场的机能。在推行"企业兼并"与"企业集团"时，必须按经济规律办事，千万不能形成"吃大户"效应和强化行业垄断。这一点应当引起人们的特别注意。

第五，下大力气多渠道、多层次地建立社会保障体系和劳动力调蓄体制，逐步形成多种形式的"失业——救济——培训——考核——再就业"的劳动力更新的良性循环，把消极的淘汰机制变成积极的更新机制，真正体现社会主义的优胜劣汰观。

第六，坚定地、有步骤地推进政企分开的改革，为国营大中型企业内部改革创立必要的大前提，使企业真正从政府的"庇护"下解放出来，推向竞争的大市场，自主经营、自负盈亏、优胜劣汰。

第七，有重点、分层次地进行市场的基本建设。过去长期忽视流通，致使流通领域中的物质装备十分落后，极端不适应大市场、大流通的需要。例如，现在在农村经常出现的卖粮难问题，在很大程度上是仓储设备匮乏，运输系统脆弱所致。因此，培育市场问题，不只是政策问题，还有大量的建设问题。从初级市场到批发市场，从专业市场到综合市场，既有"仓储运加"的体系建设，又有机构队伍的建设，以及网点布局与分工协作的规划与实施等。

以上七个方面是培育市场的系统工程，如果说前面五点更多地属于"政策工程"，那么后面两点则更多地属于"物质工程"。显然，以上工程的实施是要假以时日的，不可能一步而就。因而市场的发育，不仅仅是一个改革问题，同时还是一个发展问题。不能企望"一声令下"市场就自然形成了。欲速则不达。这是因为，在市场发育过程中，人们的思想观念有一个逐步更新的过程；市场参数有一个逐步到位的过程；中央、地方、行业、企业、职能部门乃至个人之间都有一个利益逐步调整的过程；各种市场规则、市场模式以及企业制度等都有一个不断探索，积累经验，反复修正，以臻完善的过程。

我相信，经过长期不懈的努力，有中国特色的社会主义市场必将在中国大地上发育成熟，有计划的商品经济在中国将会得到突飞猛进的发展。

（发表于《中国社会科学》1992 年第 4 期，《人民日报》做了部分转载。本文脱稿于1991 年 11 月）

试论生产力与生产关系的相互作用

一、生产力如何作用于生产关系

生产力与生产关系两者都有若干个层次，这些层次相互交错，使生产力与生产关系彼此紧密联成一个辩证统一的整体。生产力诸要素的系统协调属于生产力的第一个层次，即内涵层。生产关系系统中的"生产资料所有制"部分，同样属于生产关系系统的内涵层。这两个内涵层并不是直接发生关系的，也不需要直接发生关系。这正如两个细胞并不是直接由它们的细胞核发生联系，而是由"胞间连丝"沟通起来的；两台机器也并不是由它们的发动机直接连接，而是由连接装置连接起来的。我们的任务就是要揭示出这两个内涵层是通过哪些层次的相互联系来实现它们之间的物质与信息的交流。

通过对生产力和生产关系运动过程的观察，我们就会发现，在它们各自的内涵层外面都有一个外形层，而在两个外形层之间，又有一个共同的边缘层。生产力决定生产关系，就是通过这个边缘层实现的。下面，我们就来具体分析一下这种层次运动。

生产力的外形层就是生产力内涵的表现形式。我认为，生产力的内涵素质，集中表现为生产工具与劳动力的结合水平；而不同程度的这种结合水平，则又表现在劳动协作水平和劳动过程的控制水平这两个具体方面。换句话说，生产力的内涵素质，决定着生产工具与劳动力的结合水平；生产工具与劳动力的结合水平又决定着劳动协作水平和劳动控制水平。一般地说，生产力内涵素质愈高，劳动协作的程度也愈高；在协作劳动的条件下，要求各单个劳动者协调动作，协调动作又要求工效协调，而要保证工效协调，就又产生了对劳动过程实行控制的要求。人类社会从古代到现代资本主义，随着生产力内涵素质的不断质变，经历了各个生产工具与劳动力结合的阶段，各个阶段又有与那种结合水平相适应的协作水平和劳动控制水平。在古代，是铜器工具与本能劳动力相结合；与这种结合水平相适应的，是强制性协作，或作业协作；对劳动过程实行人身控制。在中世纪，是铁器工具与经验劳动力相结合；与这种结合水平相适应的，是间断性协作，或季节协作；对劳动过程实行超经济控制。在近代，是简单机械和半专业化劳动力相结合；发展到固定性协作，或全面协作；对劳动过程实行监工控制。到现代资本主义阶段，是机器系统与专业化劳动力的结合水平；发展到社会化的协作，即超部门协作；对劳动过程实行"行为控制"。这样，我们的分析就进入了边缘层的前沿。边缘层包括：劳动组织形式与生产责任制形式，劳动数量与质量的统计与监督，产品量，物质利益以及劳动者的积极性等多种要素。这些要素，既由劳动协作水平和劳动控制水平所决定，又受到生产关系的具体形式的反作用，具有生产力与生产关系的双重属性，故称边缘层。

劳动协作水平与劳动控制水平如何决定边缘层的状况呢？首先，一定的劳动协作水平决定着一定的劳动组织形式和相应的生产责任制形式,后者的水平不能超过前者的水平,否则,劳动过程的可控性便会降低。劳动的工效不易保证,劳动过程难以协调,从而引起生产下降,产品量减少,物质利益减少和劳动者积极性降低等一系列连锁反应。其次,与一定生产力内涵相适应的劳动协作水平和劳动控制水平以及与这种水平相适应的劳动组织形式,决定着劳动数量与质量的统计监督水平。劳动数量的统计监督水平,固然与文化水平有密切关系,但从根本上看,如果劳动过程可控性差,劳动组织不严密,从而劳动责任不确切可分,则对劳动数量与质量的统计监督的准确性便没有可靠的物质前提。而劳动过程的可控性和劳动组织的严密性是受生产力水平所制约的。如果劳动协作水平及由它决定的劳动组织和生产责任制形式超过了生产力的水平,就会出现劳动过程失控和劳动责任混淆不清的状况。在这种情况下,劳动数量的统计监督便带有很大的随意性,这种随意性便会通过产品分配的"折射",冲击劳动者的物质利益,降低其积极性,从而阻碍生产的发展。

以上便是生产力的外形层决定边缘层的大致情形。进一步,生产力的内涵层又如何通过边缘层决定生产关系的外形层呢?首先,由一定的协作水平所决定的劳动组织形式,要求有与它相适应的生产资料支配形式,否则劳动者与生产资料便不能实现有效的结合。从生产力发展的历史来看,在个体劳动的条件下,要求实行单个劳动者对落后的手工工具的直接支配,只有这种个体直接结合才能使生产过程有效地运转。随着生产力的发展,进入了简单机械与半专业化劳动力结合的阶段,出现了"工场手工业"式的协作。在这种条件下,由于生产力开始带有"系列性"和劳动过程的协同性,继续实行单个劳动者对生产资料的个体直接支配便会阻碍生产力的发展,于是就要求劳动者对生产资料的群体进行直接支配。由于生产资料为资本家私人占有,高度社会化协作的劳动过程与生产过程同资本家的私人占有与支配生产资料的基本矛盾便造成了周期性经济危机。资产阶级虽然竭力通过实行国有化、国家干预和企业内部的"行为科学"来缓和这个矛盾,但无法从根本上消除这个基本矛盾。要根本消除这个基本矛盾,只有实行社会主义变革,把高度社会化协作的生产力同劳动者集体直接占有与支配生产资料统一起来。其次,由一定协作水平和劳动可控水平决定的劳动数量的统计监督水平,要求与它相适应的产品分配形式,否则劳动者便不能获得与其劳动的数量质量相对应的物质利益,便会挫伤其积极性,阻碍生产的发展。如在农村,公社核算、大队核算的分配形式在一般地区行不通,而在少数大城市郊区却又行之有效,关键就在于一般地区以公社或大队为单位进行分配,不能切实保证对社员的劳动数量,特别是质量的统计监督,从而无法保证按劳分配。而在少数先进地区,由于机械化水平和生产专业化水平较高,劳动过程的组织较严密,责任较明确,从而对于劳动数量与质量的统计监督具有较好的物质基础,加上这种地区文化水平较高,管理力量较强,所以采取较大范围的统一核算和分配形式便是可行的。这样,随着生产力与生产关系的"层次序列"的推进,我们就看到了生产力的内涵层如何经过其外形层、边缘层而决定着生产关系的外形层(生产关系的具体形式)的大致情形。

二、生产关系在怎样的条件下才能促进生产力的发展

生产关系对生产力的促进作用既是有条件的,又是间断性的。为了说明这个问题,不

妨首先对比一下我国农村在实行生产责任制前后的两种情况。

在实行生产责任制以前，不少地区，不论是国营农场还是人民公社，劳动者对生产资料与生产过程都无直接的支配权，对产品的分配也无直接的决定权，他们或者按月领取等级工资，或者凭工分获得劳动报酬，而与体力的强弱、技术的高低、劳动最终成果的多少等缺乏直接的密切相关性，即与发展生产力的目的脱了节。这种情况必然限制劳动者对发展生产力的关心。同时，由于当前一般社队仍处于手工劳动状态，对于规模过大的集体劳动过程难以进行有效的控制，既不能保证必要的工效，又难以对劳动的数量与质量进行确切的统计监督，加上干部素质差和管理水平低等方面的原因，便不能切实保证工分的数量与劳动的数量和质量的一致性，从而多劳不能多得。这就必然大大压抑劳动者的积极性，从而阻碍生产力的发展。

在实行生产责任制以后，一般地说，劳动者对生产资料与生产过程有了直接的支配权，劳动成果的多少同分配收入的多少息息相关。因此，直接劳动者的经济利益同生产资料的状况、技术的高低以至整个生产力的状况紧密联系起来，生产力的发展与劳动者个人的目标便协调一致了，生产力的发展就受到生产关系的推动。同时，由于实行责任制后劳动的规模比较适应生产力的状况，劳动过程的可控性提高了，从而按照劳动的数量与质量实行分配就有了保证。劳动者的生产积极性和对生产力发展的关心程度便大大提高了。

以上情况说明：第一，生产关系不是在任何条件下都能促进生产力的发展。第二，生产关系是通过它的具体形式（"中介"形式）作用于生产力的。第三，生产关系具体形式的基本结构包括相互联系的三个部分，即劳动者对生产资料的支配形式，生产过程的管理形式和产品的分配形式。前者是基础，中者是条件，后者是关键。

那么，生产关系在怎样的条件下才能促进生产力的发展呢？总的来看，必须在生产关系形成了一个良性的"系统反馈"的条件下才能促进生产力的发展。这种良性的"系统反馈"要求：（1）生产资料的支配形式能够使直接劳动者同生产工具处于紧密的结合状态，以保证劳动者（包括脑力劳动者）对生产工具的有效使用和改进成为可能；（2）生产过程的管理形式能够使劳动者和管理者对生产与分配过程实行共同干预（从某种程度的"自主性"到管理民主化），以保证生产劳动过程和分配的合理化成为可能；（3）产品的分配形式要能保证劳动者与管理者随着生产的发展获得不断增长的物质利益，从而造成一种推动生产力发展的系统的、社会性的动力。这三个基本条件实质上反映了"权、责、利"的密切结合。总的来说，要使生产关系系统形成良性的"系统反馈"，使劳动者与管理者都关心生产工具的改进、生产技术的改善、运筹管理的合理化和劳动者本身素质的提高，从而具有发展生产的内在动力。

这里，要强调一点，生产关系对生产力的作用属于"反作用"，生产关系系统对生产力系统的输入属于"回输"（反馈）。因此，生产关系系统能否形成对生产力系统的"良性反馈"，不能从生产关系系统本身来寻找其"基因"，而必须从生产关系系统状态是否符合生产力系统要求的方面去寻找。上面说的三个条件，只有在生产关系的形式适合生产力水平的基础上才能具备。

（发表于《经济研究》1982 年第 10 期）

发展经济学新探

总　　论

第一节　多维发展论

一、总的看法

1. 发展是一个特大系统工程

发展经济学有广义与狭义之分。我倾向于建立一种介乎广义与狭义之间，较之狭义发展经济学的对象更为广泛的发展经济学。至少，在这章中将循着这种思路来讨论问题。

之所以如此，主要是综观半个世纪以来世界各国的发展经验，并借助未来学的研究成果来说明"经济发展"本身远不止是一种经济现象，也远不止是一个历史阶段性的经济现象。主要依据是：

——经济发展离不开制度与文化背景的约束，在不同的制度与文化背景之下，经济发展的方式和成效往往相差悬殊；

——经济发展离不开机遇，而"机遇"则又是与当时当地的政治、经济、社会、军事、地缘……多种因素态势交叉撞击而形成的一种耦合；

——经济发展应该是人类社会的永恒主题，各个国家机遇各异，背景悬殊，造成发展有先有后。进入高一级发展的国家与处于低一级发展的国家，发展的任务不同，但都会产生相互之间的影响，甚至后者可能在局部范围内出现跳跃式的发展；前者也可能受到后者的掣肘。

从方法论的角度讲，如果我们不首先从发展的宏观整体来审视全局，而只是把经济发展看作是一种历史阶段性的"工业化"问题，我们就不可能有效地解决当今的经济发展问题。这正像 50 多年来，西方发展经济学理论还难以找到一个像样的成功佐证一样，我认为发展经济学在方法论上必须来一次革命：不能就发展论发展，而必须把经济发展纳入整个社会进步的巨系统之中加以审视，采用先综合后分析，先全局后局部的系统方法，从发展与环境的有机联系中来探讨经济发展问题。所以，我们说经济发展问题应作为一种系统工程来加以研究。

2. 三维发展论构想

作为一个特大系统工程，发展是一种多维空间，具体地说，发展至少应是一个"三维结构"：时间维、空间维、动因维(见图1)。

图 1　发展的三维结构

这就是说，发展作为一个特大的"过程系统"，从时间方面来看，它呈现为阶段性地反复出现的多周期现象，而不是"一次性"的暂时现象；从空间方面来看，它会呈现出纷繁多彩的多种发展模式，在国与国之间，甚至地区与地区之间往往都不能照搬照套；从内涵动因来看，发展是多种要素的动态耦合，而绝不是一种偶然的现象。

在这三维之间存在着网络状的内在联系，互为因果。发展的要素耦合状态(或水平)会影响发展的周期等级和发展的空间模式；发展的周期等级又会制约发展模式的一般形态和发展要素的进一步创新；如此等等。

下面让我们分别加以阐述。

二、多周期发展

1. 发展的实质与特征

我在研究经济发展问题的过程中，常常为自己提出这样一个问题：发展就等于工业化吗？工业化完成了，发展问题就终结了吗？如果全世界多数国家实现了工业化，发展经济学就会走向消亡吗？这个问题的实质是人类社会只有"一次发展"，还是会有多次发展呢？迄今为止，我对这个问题的回答倾向于否定，倾向于后者——多次发展论，或称多周期发展论。

为阐明我的观点，得首先从发展的实质谈起。

什么是"发展"？现有的发展经济学教科书大都将其界定为：产出更多增加的同时，技术与体制的变革，产出结构、部门结构的改变，即工业化，由农业国转变为工业国。这样，发展问题就只是发展中国家的问题，而不是属于发达国家的问题了。但是，生动的现实生活使我们愈来愈不能满足于这种界定。难道发达国家将永远没有发展问题吗？显然不会是这样。这就要求我们对"发展"这个范畴作出更加全面科学的界定。

人类对于世界的认识，有一个由局部到全面、由表面到本质的演进过程。在科学技术十分落后的古代，人类所能接触到的空间与时间都十分有限，往往把一些局部的表面的现象当作世界的整体，"以一概全"。其实那些现象虽然是事实，但却只是绝对真理长河中的一个相对真理，它蕴藏着一部分绝对真理的因素，却不能等于绝对真理。因此，随着科学技术的巨大发展，人类的视野突飞猛进地拓展了，对自然界的认识也就不断升华，出现了由"天圆地方说"到"宇宙循环说"的突破，由"牛顿定律"到爱因斯坦"相对论"的突破……今后，科学技术还会进一步发展与突破，人类今天对自然界的认识就会又一次被证明仍然是十分相对的。

人类对于社会的认识，同样也会存在这种否定之否定的过程。工业化，肯定属于一种发展现象，但却不能等于发展的全部内容。因此，我们不能仅仅用"工业化"来界定"发展"，虽然它是发展的一个历史阶段。

那么，什么是"发展"的实质呢？发展作为一种社会经济现象，是指社会基础由旧的结构向新的结构发生本质变化的过程。发展意味着社会整体结构，由旧的有序态向新的有序态进行质的演进过程。这个过程，从生产力方面来说，意味着从旧的技术体系向新的技术体系的飞跃，即技术结构的革命；从生产关系方面来说，意味着从旧的经济体制向新的经济体制的嬗变，即基本制度的大调整乃至根本变革；从上层建筑方面来说，意味着社会、政治、文化乃至生活方式为适应新的基础而全面变化的过程。因此，发展的本质是一种新旧结构的大转换。在发展阶段，一般表现出如下特征：

（1）全面大规模的物质技术革新。新的技术体系取代旧的技术体系，必然意味着全面大规模的物质技术革新；传统的生产工具、物质装备、技术规范以及生产与技术的组织方式全面地被新一代的生产工具、物质装备、技术规范和组织置换，开始是从某一部门或地域启动，然后逐步扩展到国民经济的一切部门和地域。显然，这种革新在本质上不同于经济危机周期中出现的物质技术更新。

这种大规模的物质技术革新，在"工业化"阶段表现得十分突出。这方面，马克思在《资本论》第一卷中描述得非常生动而深刻。但是，人类社会的发展还远无尽期，像工业化阶段这种大规模的物质技术革新也决不会仅有这一次。所以，从社会发展长河的历史观来考察，这种呈质的飞跃式的物质技术革新，必将是阶段性地按螺旋上升的形式不断再现的。

（2）集中、大量的投资。大规模的物质技术革新，是一个全社会性的整体技术革命，必然要伴随集中的、大量的投资，这是毋庸置疑的。但我们这里所说的"集中的、大量的"是泛指一个相当长的时期而言的，而不是"一次性"的，甚至也不应理解为短期内的事。罗森斯坦-罗丹提出的"大推进"理论，其合理的内核就在于此。其缺陷则在于忽视了技术革命的波浪式推进的客观事实，任何社会性的技术革命乃至产业革命往往都是从少数部门和地域开始，而后逐渐波及其他部门和地域，除非是小块的"飞地"可作例外。因为这不仅有一个资本形成过程，更重要的是还有一个新技术适应特殊部门的创新过程。绝不是上帝事先就设计好一整套可适用于各部门各地域的"图纸库"。

（3）惯性的断裂。由旧的社会经济结构转向新的社会经济结构，是一场深刻的变革。原来在旧的结构下所形成的一些习惯势力，包括组织的惯性、观念的惯性、生活方式的惯性、行为方式的惯性乃至人的素质标准等，必然也要受到强烈的冲击。旧的精神支柱难以维系现实的群体了，旧的是非标准难以判明新生的事物了，旧的关系模式处理不了新的人际问题了，一句话，旧的惯性断裂了。这种惯性的断裂，往往造成社会精神的迷惘状态，有时甚至是很激烈而痛苦的。

(4)社会动荡的可能性加大。如上所述,由于从物质到精神的旧的有序性被打破而又未彻底消失,新的有序性则也不可能很快建立起来,因此,在经济生活中波动性往往会加剧,在社会生活中容易出现紊乱,人们在心态上必会产生失衡。这种情况,如果缺乏强有力的社会制衡中枢,就很可能引发社会动荡。

2. 三阶段假说

我倾向于多次发展论。但是,人类社会的发展,如前所述是远无尽期的。那么,"多"到几次?几十次?谁也无法说明。人们只能就现有的条件和可能的趋势来判断未来。所以,我们只可能提出一个"三阶段"的假说。

从中世纪末叶的产业革命算起,到很可能预见到的将来,经济的发展——从生产方式的角度——大体经历和可能会经历三个基本阶段,或称时期,即:工业化阶段、资讯化阶段和生态化阶段。

(1)工业化阶段。这个阶段,对我们都是很熟悉的。西方发达国家已经完成了这个阶段的历史任务,发展中国家(包括中国)正在经历这个阶段。

工业化阶段的技术标志:机械化、电气化。传统的自然能源、工具以及与之相适应的传统技术,全面地被化石能源、机电工具以及与之相适应的现代技术所置换;建立在经验积累基础上的工艺逐步被建立在科学实验基础上的工艺所取代。

工业化阶段的社会标志:非农化、城市化。社会由农业为主体转变为工业为主体,人口大规模地向城市集中,随着城市化的兴起,城市成为社会运行的主导和中心,农村只处于附属地位。

工业化阶段的组织标志:集中化、大型化(或规模化)。由农业为主的结构向工业为主的结构转换,意味着同小而全的自然经济的决裂。工业化生产一方面要求高度细密的分工与专业化,另一方面要求广泛的社会化协作。这种生产方式就必然以很快的速度推动生产的集中化与规模化(大型化),因为只有在集中的空间进行大规模的生产(包括交换与流通),才能获得最大的边际效益和最高的生产效率。

(2)资讯化(或信息化)阶段。这个阶段,在一些后工业化国家已经初露端倪了。

资讯化阶段的技术标志:信息化、人工智能化。工业化阶段的机电工具被电脑工具所置换,资讯技术和计算机网络全面扩展,特别是"信息高速公路"出现,电脑化遍及全球,深入每个家庭,覆盖全部经济与生活领域。目前美国每10个家庭中有3家有电脑,每5部电脑中有2部已进入网络,现在以30%的速度在增加,这个趋势将带来一次不亚于工业化的技术革命,引起经营方式、经济结构、社会结构、工作方式和个人生活方式的根本性变革。

资讯化阶段的社会标志:国际化、渗透化。在信息化的条件下,市场的距离极大地缩短了,经济与市场全面地朝国际化、全球化发展。投资的空间大大地拓展与灵活了,进口与出口的概念大大地模糊了,而且各个国家的经济相互渗透性大大强化了——我中有你,你中有我,"国内生产"不等于是"本国资本的产出"。以美国为例,1987年至1992年,该国的国外资产增加35%,达7760亿美元,外国在美国的投资增加1倍以上,达6920亿美元；美国公司在海外分公司的销售额比美国的全部出口额多3倍。

资讯化阶段的组织标志：分散化、中小型化。在信息"高速公路"的电脑时代，由于信息传递的快速性和公开性，每个员工所掌握的信息量几乎和经理一样多，管理中"层层传递"的模式被打破了，许多中间层的管理职能几乎没有存在的必要了，于是大公司便"消肿"了。由于许多工作可以通过信息联网而在家中进行，故出现如美国彼得·德鲁克所说的由人迁就工作岗位的时代进入工作迁就人的时代了。[①] 组织小型化以适应飞快发展的市场变化与技术更新。与此相适应，社会阶层结构也将发生巨大变化。[②]

资讯化阶段的资产标志：无形化、更新快速化。有形资源当然还是需要的，但相对来说不起决定性作用从而变得不甚重要了，而知识、科技、人才(智慧资本)则处于举足轻重的地位。例如，美国通用电气照明设备公司，由于采用了高速数据传播网络来追踪生产、库存和订单，1987年以来将原有34间货仓关闭了26间，并用1个高科技顾客服务中心代替了25个中心。这样，这个公司的有形资产比重缩小了，智慧资产的重要性显著增加了。同时，知识、科技更新周期较之有形资产则短得多，特别是由于信息化的推动，知识与科技的更新化速度急剧加快，这又必然反过来推动资产无形化的过程。

(3)生态化阶段。人类已开始感到地球似乎越来越小了，而拥挤在这个地球"大厦"中的人口简直有爆炸的危险。人类如果不能解决环境与持续发展问题，便会最终走向毁灭。所以，生态化必将是人类发展的第三大阶段。

生态化阶段的技术标志，可能是生物工程化。通过获得的高超科学技术，不仅有能力使资源再生，而且可以大大节约资源(如1985年日本制成品所包含的原料和能源只有20年前的一半以下)[③]，更有能力优化人类自身的人口结构，使环境与发展回归良性循环。

生态化阶段的社会标志，可能是城乡融合化。工农业产业间的差别，城市与乡村的差别，在本质上消失了，从而旧有的社会分工完全被全面发展的人的自由就业所取代，故这个阶段的组织特征将会是个体化。这也许就是马克思恩格斯所憧憬的自由人的全面发展的共产主义时代。

3. 发展与增长的交错重叠

以上描述的"三大阶段"，是就其主要脉络而言的，它们之间的更替有一个由量变到质变的过程。我们在前面也讲到过发展与增长并不是截然分开的，而是说在某一阶段以发展为主(增长同时存在)，另一阶段则以增长为主(发展则处在积累之中)。

根据这个前提，我们可以假设在这三大阶段之间都会有一个以发展(结构转换)为主的时期。在结构基本转换之后又会有一个以增长为主的时期，如此交错重叠地进行下去(见图2)。

---

① 彼得·德鲁克：《新现实》，中国经济出版社1989年版，第168~178页。

② 彼得·德鲁克：《新现实》，中国经济出版社1989年版，第20页。据估计，美国目前农民不足全国总人口的3%，"蓝领工人"的人数最多只占总人口的20%。

③ 彼得·德鲁克：《新现实》，中国经济出版社1989年版，第100页。

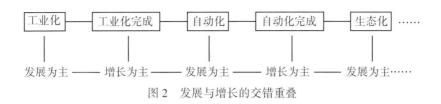

图 2　发展与增长的交错重叠

任何国家(无论是当今的发达国家还是发展中国家)恐怕概莫能外,只是在时序上有先后而已。具体地说,从传统农业经济结构转向现代工业化结构,发展中国家正在进行之中,故以发展为主;而工业化已完成的发达国家,则进入了增长为主的时期。一部分先进的发达国家(如美国),现在正开始过渡到资讯化阶段,人类即将展开新一轮的以新的发展为主的历史时期。关于这个时期的到来,已经有一批学者看到地平线上初露的桅杆。随着新发展时期的到来,我们的发展经济学将面临新的机遇与挑战。这是一个方面。

另一个方面,由于世界各国与地区发展的不平衡性,如前所述,有些先进国家已开始进入资讯化前期,有些不发达国家还处于工业化阶段。但这两种等级的发展并不会是互不相关地平行进行的。一般地说,前者可能利用后者的市场与资源加快产业更新,后者也可能借助前者缩短工业化时期甚至可能跳跃阶段。

三、多要素发展

1. 发展的要素是一个体系

第二次世界大战结束以来的半个世纪中,许多第三世界国家纷纷走上发展的征途。几十年过去了,成效却很不一样:有的成功了,有的失败了;有的比较顺利,有的充满起伏……有些国家,不少条件相似,但由于几种条件的差异或者不少条件各异而只因某几个条件相似,结果有的成功了,有的则不成功。这些情况说明,经济发展是受到诸多要素约束的,而这些要素又不是均等地、个别地对发展过程起作用,往往是有主有次地、相互"耦合"地影响着发展的过程。这种要素体系大体包含四种基本要素:制度性要素、资源性要素、科技性要素和文化性要素。

2. 制度性要素

这一般指决定经济发展的宏观环境条件,主要是生产关系、政治制度及其表现形式。制度性要素,通常分为制度——体制——政策三个层次,并且不同层次的要素在经济发展中起不同的作用。就一个国家的工业化发展来说,制度要素决定是否具备发展的基本前提问题,也就是反封建的彻底性问题;体制要素决定能否提供发展的机制(模式)问题,也就是市场的发育程度问题;政策要素决定发展的条件问题,也就是发展的软环境问题。

综观世界各发展中国家的经验教训,影响一个国家长远发展状况的主要是制度和体制;影响一个国家阶段性发展状况的则主要是体制和政策。无论哪个层次的制度性要素,都往往对一个国家的发展起着决定性作用。例如,印度与中国比,中华人民共和国成立前后比,中国经济发展比印度经济发展快,中华人民共和国成立后比成立前经济发展快,其根本原因是反封建的彻底性起了决定作用。中华人民共和国成立后对封建土地制度、封建宗法关系、封建迷信等进行了彻底的打击，它为新制度的确立和新体制的运行创造了根本的前提，相比之下，印度独立后对封建制度的打击是不彻底的，这是阻碍其现代经济发展的决定因素。旧中国发展缓慢除外来殖民掠夺外，其内在原因也是长期形成的封建势力的阻碍。又如，苏联和东欧同中国比，中国党的十一届三中全会前后比，其基本制度都一样（社会主义制度），但中国改革开放以来经济发展业绩不仅比苏联及东欧国家显著，而且比中华人民共和国成立后前30年要大得多，其根本原因是具体的体制和政策的改革起了决定作用。

制度性要素，往往要同阶级关系联系起来，所以它总带有集团利益的倾向性。问题在于，这种阶级利益集团是代表着发展的方向还是相反。西方发展经济学也不回避这一点，但却极力推崇"中产阶级"的作用，认为一个强大的中产阶级的存在，才能形成有效推动经济发展的"开放的阶级结构"。这种主张，一则不具有普遍的现实意义，因为在许多发展中国家，"受教育越多，失业的可能性愈大"。斯里兰卡就有这样的调查研究。二则是这种看法更具有实质性，正反映了垄断资产阶级的愿望。因为，如果能有一个强大的中产阶级，就在垄断资产阶级同广大工农大众之间建立起了一道安全的"缓冲地带"。这种缓冲地带，由于中产阶级的"保守性"，便可大大平抑来自社会底层的"反叛冲击波"。可见，所谓中产阶级优越性论，代表的是垄断资产阶级的利益。

马克思主义的发展观则认为，发展——由传统结构向现代结构转变——首先要取决于消除阻碍结构转换的社会桎梏。这种社会桎梏，可能是某种已经严重束缚生产力发展的社会经济制度，也可能是某种制度所采用的不合理的表现形式（模式）。如果是前者，就应该采取革命的手段推翻这种落后的制度；如果是后者，则应通过改革的途径来完善制度，建立新的发展模式。以中国为例，辛亥革命以后，孙中山虽提出了工业化的主张，但由于当时的半封建半殖民地的社会制度根本不能消除中国走向现代工业化的社会桎梏——封建土地制，因而也就无法实现农民的解放和劳动力的非农化。因此，发展对于国民党时代的旧中国来说，完全是一种空想。在这种历史条件下，如果不采取革命手段，摧毁半封建半殖民地的社会制度，中国的发展就根本无从谈起了。这种情况并非中国独有。当今某些发展迟缓的国家，何尝又不是制度要素的障碍呢？

3. 资源性要素

这一般指可以直接或间接成为财富之源泉的要素，这类要素属于"中性"要素。在相同的制度要素前提下，资源要素富有，发展可能就比较顺利，因为财富形成的速度会快些，效益会高些；资源要素贫乏，发展可能就会困难一些。这是综合性的表述。其实，资源性要素包含的种类很多，这种资源的贫乏往往可以用另一种资源的富有来"交换"。因此，资源性要素，按其形态来区分，可分为有形的资源与无形的资源；按其是否可"交换"来区分，又可分为不可交换性资源与可交换性资源。下面分项做简要叙述。

自然资源。如物产、矿物、能源、水文、土地、气候等，均属有形资源。其中，前三项则又属于可交换性资源，后三项则属于不可交换性资源。之所以把物产、矿物、能源等分到可交换性资源，不是因为这些要素不重要，而是这些资源，即使某些国家十分贫乏，却可以利用其他方面的资源优势从别的国家或地区获得,像日本、新加坡等国家,上述资源几乎等于空白,但由于这些国家利用了它们的资本、区位和人才等方面的资源优势,通过交换可以从国外源源不断地获得。在经济愈来愈开放化、国际化的今天,像这种可交换性资源,并不会成为发展的限制性要素。

资金。包括固定资产和流动资金,西方称之为物质资本和金融资本。这也属有形的资源要素。对于不发达的国家来说,发展的最大限制,从表面上看恐怕莫过于资金不足。因为这些国家不但没有像老牌资本主义国家那样经历过"原始积累"阶段,而且在历史上它们大都是发达国家"原始积累"的掠夺对象。大量事实说明,只要采取恰当的开放政策,资金也可成为可交换资源。韩国在1955—1960年平均投资率为14.2%,而其中就有9.2%是外援,国内投资仅占一小半。

劳动力属有形资源。对大多数发展中国家来说,劳动力可以说是一种最丰富的资源。这也正是刘易斯二元模型的前提条件。这里主要讨论三个问题,一是劳动力丰富对经济发展的影响,二是劳动力的异质性,三是劳动力可否成为可交换资源。关于第一个问题,首先是影响农业的发展模式,如劳动力丰裕,土地稀缺,宜采用劳动集约型农业,即高地租,低工资,低有机构成,高土地生产率;如果劳动力丰裕小于土地丰裕则宜采用资金集约型农业,即低地租,高工资,高有机构成,高劳动生产率。关于第二个问题,对于落后国家来说,劳动力的异质性是十分突出的,为了发展,就需要对"人力资本"的形成进行必要的投资,人力资本的投资,又受到资金和时间(培训期与需要的矛盾)的约束。一般宜采用"金字塔"式的培训体系——大量的岗位培训,适度的成人教育,少量的正规学校教育。关于第三个问题,劳动力在特定的条件下,也可以成为可交换资源,所谓特定的条件,主要是指资金资源十分丰裕的条件。例如中东一些石油输出国,就输入了大量的劳动力。

区位。经济地理上的特定位置,作为一种有形的发展要素,愈来愈被人们所认识。其实,在生产布局学中,从屠能的"孤立国"到韦伯的"工业区位论",再到克里斯特勒等的"中心地理论",都详细地研究过区位对生产布局的作用。但是,一则他们都是从一个企业、一个部门、一个城市的经济效益来研究布局的合理性问题,而没有着眼于整个经济的发展来研究区位的意义;二则他们大多只局限于运输费用、劳动费用、地租和集聚效益等因素来研究区位的作用,而现代经济的发展中区位在通信、信息方面的巨大差异对发展的无可比拟的意义愈来愈重要了。亚洲"四小龙"的崛起过程中,上述的区位优势发挥了重大的作用。区位作为地理现象是不可交换的,但作为经济地理的概念,则可以因为它的环境条件的改变而具有可交换性。例如,航线的开通,铁路的修筑,附近重大矿产的开采等,其区位优势便会增长。反之,由于河流与交通干线的改道,矿山的封闭等,其区位优势又会降低。

人才。这里所说的"人才"概念同劳动力是有区别的,它是指那些具有超过一般人们的能力与知识,能对经济发展作出突出贡献的人,包括各种农业科学家与技术专家、企业家、出色的管理人员,甚至杰出的经济领导人。实际上,一个国家发展战略的正确与否,经济增长与发展的效益与质量,技术进步的速率等,都同这些人才的数量与质量有着密切的关系。人才是一种有形的结构,上述各种人才不是某一种愈多愈好,而是要配套互补,形成合理的结构。如果只有大批第一流的科学家,恐怕只能"纸上谈兵";如果只有大批的技术专家,恐怕只能"盲人摸象";科学家、技术专家、企业家、管理专家、经济领导人必须配套互补,方能产生整体效应。人才是可以引进的,但引进人才同样也有"集聚效益"问题。例如,引进高级管理专家,如果没有相应的技术专家、企业家和领导人与之协同,可能也会一筹莫展。

机遇。这也是一种无形的和不可交换的发展要素。由于外部环境条件的改变或内部结构演变而出现的某种有利于发展的时机,往往也形成一种发展要素,有时甚至是突发性的要素。例如,中国在20世纪为什么选择了社会主义的发展道路而没有选择资本主义的发展道路在很大程度上与当时的历史时机分不开。众所周知,外部环境与内部阶级结构的演变,使中国不可逆转地走上了社会主义发展道路。又如,越南战争和发达国家的产业结构调整,给亚洲"四小龙"带来了突发性的发展时机。机遇这种要素同其他要素还有一个不同之处,即它的时限性很强,"稍纵即逝"。抓住它并加紧利用,便可能发展;抓不住,便可能丧失。

4. 科技性要素

此要素在经济发展中的作用愈来愈突出了。如果说,资源性要素在工业化发展时期有举足轻重的地位,那么科技性要素在信息化发展时期则具有决定性的作用。20世纪后半叶的发展表明:是科技进步缓解了资本主义发达国家的制度性危机,使一批后工业化国家走上了信息化的发展新阶段;是科技进步加快了发达国家的工业化进程,使一大批新兴的工业化与半工业化国家崛起了;是科技进步改变了发展要素的排列组合,使当今的发展中有形要素愈来愈被无形要素(科技、知识)所改造与支配。电脑的普及,机器人的采用,新材料、能源的出现……使发展的速度大大加快了,使发展的组织形式显著地改变了,使发展的主体相对地模糊了,甚至使发展的许多概念也发生混乱了。

由于科技迅猛革新的结果,在一些发达国家蓝领工人急剧减少,第二产业的比重大幅下降,还出现了所谓的"无人工厂"。于是,认为马克思的劳动价值论过时了,第三产业的劳动也创造价值,资本与机器设备也创造价值等理论相继出现。理论上的混乱,要求我们对劳动、劳动力作出新的界定,要求我们对价值量的凝结度,对剩余价值在不同经济过程中的让渡与分配作出新的解释。由于这些不属于本书的研究范围,此处只能略加提示。其中,最重要的是三点:一是科技要素在发展中的突起,掌握科学技术与知识的人,将成为发展的决定性要素,脑力劳动也是劳动,同样创造价值,脑力劳动者也应属于生产力的范畴。二是在不同的科技水平下,劳动量的凝结度是有很大差异的,现代科技武装的工厂中每小时的劳动凝结量,显然要比19世纪工厂中每小时的劳动凝结量高出几十倍、几百倍乃至几千倍。三是由于科技进步,无酬劳动份额(相对剩余价值率)、超额利润是呈正相关发展的,第三产业和"无人工厂"的超额利润则是上一轮或数轮生产过程中创造出来而在本经济环节进行让渡的剩余价值。如果第三产业真的也能创造新的价值,那么为什么会出现"泡沫化""空洞化"的危机?

5. 文化性要素

这是一种无形但却十分重要的发展要素，越来越被人们所感知了。这种作用，在一定的历史跨度内是不可交换的，它起着深层的、潜移默化的巨大作用。由于文化结构的形成，是一个民族经历了漫长的年代整合、积累、演化的结果，因此它必然具有坚韧的、深层潜化的特质，往往不会随着政治上层建筑和经济关系的改变而同步、同程度地消失。价值取向、宗教信仰、伦理道德、家庭制度、生活方式、风俗习惯等，对经济发展的模式、重点、组织形式、发展进程都会产生不可忽视的影响。例如，大和民族的服从性与集团性的文化渊源，对日本经济的崛起就产生了巨大的影响，所谓"丰田精神"，就包含丰富的文化因素。正在兴起的东方国家，其工业化走的道路也是同西方迥然有异的。

西方一些政治家和理论家总喜欢用按他们的标准所界定的"民主""人权"之类的大棒来抨击东方国家。我们姑且不追究其自私的政治目的和经济目的，就从文化层面来判别，也说明他们根本不愿意理会文化背景对经济发展的影响。西方人对东方民主化的渐进性不理解，正如东方人对西方个人自由主义泛滥的不理解一样。其实，各个民族文化背景的不同，发展的模式各异，本来没有什么值得厚非的，硬欲以一种文化取向去强行统一别的文化取向，势必在政治上导致干涉内政造成国际关系紧张，在经济上妨碍他国的发展。这实质上是新殖民主义的一种表现，是不能允许的。

以上四种要素对经济发展并不是单独地、孤立地起作用。它们往往因时间地点的不同而分别构成形态各异的"动因集合"——以一种要素为主导，其他要素为辅佐的集合体。例如，中东石油国家的发展，是以资源品开发带动其他要素的组合，应属"资源启动型"动因集合；中国和越南等国家，是以体制的改革带动其他要素的组合，应属"制度启动型"动因集合；西方一些发达国家走向信息化，多是由科技的革命带动其他要素的组合，应属"科技启动型"动因集合等。

四、多模式发展

发展的多模式性，既是一个客观事实，又是一个客观必然。如前所述，由于制度、资源、科技、文化诸要素结构的千差万别，几乎可以说没有一个国家的发展模式是同另一个国家完全一样的。英国和德国不同，美国和加拿大有异，中国和印度更有差别……但为了便于研究，我们选出少数带有共性的指标，对众多的国家进行大体的归类，仍是可行和必要的。

以迄今为止的历史事实为依据，我们按三个基本标志，即：政治体制、经济路线和文化取向来判别，目前可以称得上"模式"的，大约只有三个：欧美模式、东亚模式和中国模式。

1. 欧美模式

这是一种原发内生型模式。在历史上它出现得最早，从 19 世纪到 20 世纪初，一大批欧美国家，通过这种模式完成了工业化，走上了发达之路。

这一模式的基本特征是：

——政治的多元化。由于欧洲(主要是西欧)有着千年的议会制传统,国民的文化素质普遍较高,社会的自组织能力较强等原因,这些国家在发展中普遍地采取了多党议会民主化同经济自由化并行的方式。

——经济的自由化。西欧是资本主义的原生温床,工业化对这些国家来说,是一个"自然历史过程",是无拘无束地通过市场这只"无形的手"而自然演进的。经过私有化的个人资本集聚,到残酷无情的资本集中,而后逐渐整合成现代资本主义工业化国家。

——文化的个人本位。受基督教文化的浸染,西欧型的发展,是循着个人至上主义的道路前进的。"主观为自己,客观为社会",在此基础上形成斯密的"经济人"理论,这是欧美经济发展的根本指导思想。

这种模式,也可称之为个人资本主义模式。它的优点在于具有较强劲的激励机制和社会监督机制;它的缺点在于个人主义自由泛滥,使社会利益与个人利益之间的整合机制十分脆弱,导致诸多社会顽疾的蔓延(如犯罪率上升、黑社会猖獗、吸毒、艾滋病……)。因此,这种模式对人类社会长期发展来说,是福是祸,已见端倪,至少可以看到它对社会发展带来的负面影响不亚于它对社会进步的贡献。只不过前者是潜伏的,后者是公开的而已。而且愈往前去,其负面影响将会愈大。

2. 东亚模式

这是一种后发外生型模式。20世纪,日本、韩国、新加坡等一系列东亚国家的相继崛起,形成了一种同欧美模式本质虽同形式有别的新模式。

这一模式的基本特征是:

——政治集权化。由于亚洲封建专制的传统,国民文化素质低下,小生产大量存在和社会自组织力低微等历史条件,这些国家为了有效地动员资源和维持稳定的发展环境,大都采取了经济发展与政治改革分离的路线,运用集权的政治体制来推进经济发展。历史证明这是基本成功的。

——经济自由化。这一特征与欧美模式是基本相同的。经济上是全方位开放的,以私有为主体。但其自由化的程度则不如欧美,由于第一个特征和后面第三个特征,政府的干预程度远大于欧美模式。

——文化的群体本位。东亚国家(与地区)大都长期受儒家文化的熏陶,在工业化过程中,发扬了"敬业乐群"的精神,加上前面第一个特征所形成的对个人主义的约束,其发展的文化取向多为群体主义;功利倾向是国家利益先于个人利益;组织特色多为家族人缘群体。

这种模式,也可以称之为群体资本主义模式。其优点在于兼顾了个人激励机制和社会调控机制,使发展产生的社会病少于欧美模式;其缺点是易于滋生腐败,缺乏社会监督。

3. 中国模式

这是一种创新模式。中国既是儒家文化的发源国,又是一个社会主义大国。这两个基本背景,决定了中国经济发展既不能照搬欧美,也不能照套东亚,而必须走自己的特殊道路,这就是中国特色的社会主义道路。

中国模式还处在探索之中。由于实践尚未定型，因此理论概括也不能算是成熟的。就现有材料看来，不妨初步界定为如下特征：

——政治的主导化。中国的历史背景条件和东亚各国大体相似。但我们是社会主义国家，不能实行专制式的政治体制，而应采取以社会精英集团为主导的民主化模式。这也就是中国共产党领导的多党合作和政治协商的社会主义民主制度。这种有主导的民主政治是符合中国的国情的，它有利于保障资源的动员和社会的稳定，从而有利于经济发展。

——经济的多元化。由于中国的现代化起步较晚，基础薄弱，必须实行赶超战略——用少于发达国家的时间赶上发达国家的水平。为此，就须发挥社会和政府两方面的主动性和积极性，使社会、个人、集团和政府都成为推进工业化的富有活力的主体。政府既是投资的强大主体，又是调控经济发展进程的能动力量。这一点，在某种程度上与东亚模式有近似之处，但差异则在于中国是实行以社会主义公有制为主体，多种经济成分并存的社会主义市场经济模式。

——文化的社会本位。中国现代化的文化取向有两大依据：一是社会主义，二是中华传统，并使两者有机融合。社会主义所追求的终极目标是社会公平——共同富裕，中华传统的精髓是世界大同。所以中国模式的文化内涵必是社会本位。所谓社会本位，可大体界定为：以乐群为主导的自利，或者说在"我为人人"的前提下谋求"人人为我"，使个人的发展同社会的进步在最大限度内协调起来。

这种模式，也就是有中国特色的社会主义发展模式，应该说，这个模式还在不断探索、不断完善之中，还没有完全定型。但从其本质内涵来看，它具有无限的潜在优势和强大的生命力。在一个发展不足的东方大国，这种模式一方面将会充分地调动国内外社会各层次的发展积极性，形成强劲的激励机制；另一方面又可以有效发挥政府的协调机能，使欧美模式与东亚模式的私有化弊端得以抑制。当然，这一模式也不是完美无缺的，特别是目前它还处在未定型的状态下，将有赖于有主导的社会主义民主化的成熟，以强化社会监督机制。

第二节　若干基本概念

一、工业化阶段发展的内涵

工业化阶段，即现阶段的发展观，是就当代由传统农业国转向现代工业国的发展阶段而言的。这个阶段，欧美资本主义发达国家已于19世纪先后完成，日本在20世纪30年代也基本完成，其他的国家则是在第二次世界大战之后摆脱了殖民主义才开始了这一进程。在社会主义国家中，苏联走在前面，其他国家也都先后不一地在进行之中。

由传统的农业文明转向现代的工业文明，是一个全方面的结构转换。从经济结构转换来说，大体包括如下一系列相互联系的演进过程：

第一，产业非农化过程。一般地说，在工业化阶段，一次产业呈相对减少的趋势，二、三次产业呈相对增加的趋势，这属产业结构的转换。关于这种产业非农化的原因，西方经济学产生过许多流派，主要有四：一是"拉力"论，认为非农产业的比较利益大于农业，所以具有更大的吸引力使农业中的资源流向非农部门；二是"推力"论，认为由于土地的有限性，而农业人口增长率高于非农部门，因此，农业中的劳动力与资源势必向非农部门"推出"；三是"弹性"论，认为社会对农产品的需求弹性远远低于非农产品的需求弹性，农业发展受到社会需求的限制，这势必驱使产业向非农部门倾斜发展；四是"技术进步"论，认为以上诸因素均是表面的原因，而根本的原因是技术进步。没有技术的进步，"拉力""推力""弹性"等只能是一种潜在的可能，不会形成现实的效应。这四种理论对于研究产业结构转换的理论与政策都是有用的，它们从根本上说并不互相排斥，而是可以综合运用。"拉力"论，提示了"比较利益"的重要性，是结构转换的动力基础；"推力"论，提示了土地人口负荷的极限观念，为农业剩余人口的根本出路指明了方向(日本在这方面作出了成功的范例：每平方公里 307 人竟然实现了森林覆盖率 72%)；"弹性"论，提示了社会需求的总趋向，为制定长远产业战略提供了依据；"技术进步"论，给出了接近问题本质的观点，即以上三种效应，只有在技术发展到一定的阶段之后，才可能成为现实的、可以推动社会行动的机制。

我们在肯定这些理论的积极方面之后，也应指出其不足的地方，即它们都没有从经济发展的根本原因上去寻找答案。马克思主义认为生产力的发展是全部经济发展的原动力，社会分工则是生产力发展的集中表现。马克思在《资本论》第四篇中用了大量的篇幅论证了手工业从农业中分离出来的过程和必然性，论述了农业被大工业所"征服"以及手工业被机器大工业所取代的历史。并指出"一部分农村居民的被剥夺和被驱逐，不仅为工业资本游离出工人及其生活资料和劳动资料，同时也建立了国内市场。事实上，使小农转化为雇佣工人，使他们的生活资料和劳动资料转化为资本建立了自己的国内市场。"① 虽然马克思在这里所说的是资本主义条件下的情况，但却有普遍意义。我们可以从中得到如下启示：一是社会分工，生产力发展，是产业非农化的终极原因；二是在手工业和工业从农业中独立出去之后，它必然要求有适应其发展的、愈来愈大的劳动力来源和这种建立在农民无产化基础上的生活资料、劳动资料统一的国内市场；三是这种国内市场，在工业化初期，只能从农业的非农化过程中逐步获得；四是在资本主义条件下，这个过程通过小农的被剥夺和被驱逐来获得，而在社会主义条件下则主要通过"拉力"与"推力"来实现。

第二，人口的城镇化过程。现代工业(第二产业)以及与之相生的第三产业，是产业非农化的主体，而这些产业又以相对集中的发展更为有利("集聚效应")。因此随着产业的非农化进程，必然伴随着农业就业人口的绝对减少趋势和二、三产业绝对增加的趋势，这既是就业结构的转换过程，也是人口的城镇化过程。这里值得强调的有两点：一是人口的异质性对产业非农化的影响问题。对一个农业国来说，在人口城镇化的过程中，有一个人口素质的问题，西方经济学的增长模型往往把劳动力看作是同质的，这在发达国家从模糊的角度来说，也许有某种依据(也不绝对尽然)，但对不发达国家来说显然不能成立。人口与劳动力的异质性以及低素质的劳动力占较大比重，这种状况势必成为人口城镇化、就业非农化的重要限制因素，这种限制性必然会直接地反映在产业结构转换上，即是说，产业结构的转换也有一个结构的选择问题，这种选择必须同劳动力素质结构大体适应。二

---

① 《马克思恩格斯全集》第 23 卷，人民出版社 1972 年版，第 95 页。

是在不发达国家，非农化可能与城市化脱节的问题。非农产业的高收益与城镇生活的高水平所形成的对农业人口及其资源的"拉力"，可能会造成不发达国家少数大城市、特大城市的病态膨胀(如墨西哥城、孟买城)，从而成为经济社会发展的巨大阻力。

第三，技术的机电化过程。传统的手工技术逐步被机械化、电气化技术所置换，建立在经验积累基础上的工艺逐步被建立在科学实验基础上的工艺所取代。马克思在论及这一过程时说："产业革命由以出发的机器，是用一个机构，代替只使用一个工具的劳动者。"然后，"真正的机器体系"又"代替个个独立的机器"，进而"一个产业部门内生产方式的革命，引起别个产业部门内生产方式的革命……机器纺纱业使机器织布业成为必要；二者合起来，又在漂白业，印花业，染色业上，使力学的化学的革命成为必要……工业和农业生产方式的革命，又使社会生产过程的一般条件，那就是使交通手段和运输手段有发生革命的必要。"总之，"劳动手段在机器形态上取得的物质的存在方式，规定要用自然力代替人力，用自然科学之应用代替经验的例规"。这种技术结构的转换，在一些发达的资本主义国家早已完成了，在一些不发达的国家(包括不发达的社会主义国家)正在完成之中。

第四，生产的专业化、社会化、商业化过程。向现代结构的转换，意味着同自给自足的自然经济的彻底决裂。马克思详细分析了社会分工、专业化与社会协作的关系，认为在整个专业化、社会化的过程中，工场内部和社会内部两种进程并行着，"多种操作不再由同一个手工业者按照时间的先后顺序完成，而是分离开来，孤立起来，在空间上并列在一起，每一种操作分配给一个手工业者，全部操作由协作工人同时进行，这种偶然的分工一再重复，显示出它特有的优越性，并渐渐地固定为系统的分工。商品从一个要完成许多操作的独立手工业者的个人产品，变成了不断地只完成同一局部操作的各个手工业者的联合体的社会产品"，这样，在微观领域里，就完成了由"小而全"的小商品生产到专业化协作的大商品生产的转变。"随着劳动工具的分化，生产这些工具的行业也日益分化……一旦工场手工业的生产扩展到某种商品的一个特殊的生产阶段，该商品的各个生产阶段就变成多种独立的行业。"这样，社会内部各行各业之间的分工与专业化就发展起来了。生产的专业化、社会化、商业化之间，专业化是基础，社会化是纽带，商业化是结果，生产的专业化、社会化的发展，必然伴随着商业化进程。工场(或企业)内部的专业化与其对市场的依赖性正相关，而社会内部各行业之间的专业化要"以不同劳动部门的产品的买卖为媒介"。一般地说，专业化的水平决定企业消费对市场的依赖程度和产品的商品率，决定市场的容量，决定社会化协作的程度，决定商品经济的发展程度。

二、外延发展与内涵发展

"外延"与"内涵"，笼统地看来，是很难绝对分开的。一般说来，内涵的发展不可能没有某种外延的发展；外延的发展也往往会包含某些内涵发展的因素。外延不可能是百分之百的复制；内涵不可能丝毫不超越边界。但是，总结发展中国家的经验(包括发达国家在发展历史阶段的经验)，的确存在着以外延发展为主的阶段和以内涵发展为主的阶段。因此，把发展中国家的整个发展阶段划分为两个相互衔接的小阶段，即外延阶段和内涵阶段，这种区分是非常必要的，对于制定发展策略是有意义的。

1. 外延发展

外延发展，是处于结构转换的前期阶段。其一般表现为：

第一，结构的激剧调整(或改革)。由传统结构向现代结构转变的集中突发时期，旧结构的惯性与抵抗，新结构的脆弱性与不成熟，不仅表现在生产力与技术方面，而且表现在生产关系与上层建筑方面。由于结构的调整势必涉及利益的再分配，加上整个社会处在一种学习阶段，因此往往会出现大小不一的反复与震荡。特别是当利益反差过大而又缺乏权威的情况下，甚至会出现政治风波和社会危机。

第二，经济的数量型增长(或速度型增长)。在这个阶段，几乎可以说"现代文明"是处于从"无"到"有"的阶段，往往是在空地上盖工厂。由于工业的集聚效应尚未形成，城市化还处于低级阶段，因此在基本建设投资较大的同时，经济效益(投入-产出率)则相对较差，高储蓄、高积累、高速度，整个国民经济表现为数量型的增长与发展状态。这个时期，由于结构的过渡性(不成型)，资源动员的不平衡性，往往会出现"瓶颈"现象和周期性波动，有时甚至是剧烈的。

第三，劳动力供给的无限性。一般地说，在结构转换的前期阶段即外延发展阶段，农业中沉淀着丰富的过剩劳动力，即使是在工资水平不变的条件下，也可以源源不断地向非农部门和现代部门输送劳动后备军。刘易斯的二元模型，一般来说在这一阶段是适用的。这个阶段，由于发达地区与不发达地区、城市与乡村的收入差距，特别是在农业的"残缺状态"突出的情况下，就会出现"盲流"现象，即农村劳动力转移度大大超过城市现代部门的发育度。

第四，基础结构的短缺。由自然经济半自然经济转向现代商品经济，最大的困惑莫过于基础结构的落后，道路交通、能源供输、通信信息……这些对自然经济来说，几乎是可有可无的东西，而对于现代商品经济来说，简直就是生命线。但由于"资本形成"的有限性，既要大量投资于新建工厂，又要大量投资于基础设施，往往是难以兼顾的。一般的发展中国家，特别是大国，只能选择"平行"发展甚至是"滞后"发展的模式。

总之，外延发展是处于发展的"涨落态"或"激剧态"，即新旧转换的剧烈阶段。新旧结构的转换，必然是利益的重新调整，从而使这个阶段具有尖锐性、反复性、不确定性等显著特性。

2. 内涵发展

内涵发展，一般处于结构转换的后期阶段。发展到这个阶段的国家，西方经济学也称之为"半工业化国家"。内涵发展总的特征是，经过"外延发展"阶段的长期积累，整个结构转换由"激剧态"逐步进入"稳定态"。与"外延发展"的四个方面表现相对应，内涵发展也具体表现为以下四个方面：一是工业化接近完成，各种结构基本转到了现代化状态，结构的激剧调整时期已经过去，旧结构基本消失或处于功能丧失状态，新结构基本生成并处于不断巩固完善的阶段；二是整个国民经济由数量型增长基本转入效益型增长，即集约增长基本取代粗放增长，新建工厂与城市化的势头开始弱化，经济发展的速度可能会有所减慢，但经济的"质量"会有所提高，经济效益会稳步上升；三是劳动力供给的无限性开始消失，劳动力开始成为稀缺性资源，与之相对应的是工资水平大幅度上升，产品的劳动成本显著上升，粗放增长无利可图，产品生产开始由劳动密集型向技术密集型和资金密集型转化；四是基础结构渐趋完善。

以上外延发展和内涵发展两个阶段的四个标志（表现的四个方面），是互为因果，不能分割对待的。例如，在劳动力供给无限的条件下，劳动就业问题就十分突出，工业化的主流就必须是数量型发展为主（如果实行集约增长，就难以提供足够的就业机会）；同时，在各种结构不定型、基础设施落后的条件下，要实行全面效益型增长，也是不可能的。这对于我们制定战略和政策是有意义的。如在外延发展阶段实行较高储蓄率、适度的增长率、低工资与高就业等政策，是正确的选择，因为它是由客观发展的阶段性所决定的。超越阶段，提出"效益型""内涵发展""高工资"和忽视必要的速度等，看来是不切实际的。

三、发展与改革

关于发展与改革问题，这里主要讲以下几点：

1. 发展包含改革

从理论上讲，发展包含改革。经济发展之所以不同于经济增长，就在于前者包含结构与体制的变化。发展的核心问题是结构的转换，即由传统结构转变为现代结构。在"结构转换"中，生产力与技术结构的转换，属发展的范畴；而生产关系、经济体制、管理方式的结构转换，则属改革的范畴。这就是说，发展的内容涵盖了改革的内容，改革是发展的重要组成部分。

所以，发展既包含改革，但又不等于改革。

2. 发展是目的，改革是手段

发展与改革之间关系的本质可以表述为：发展是目的，改革是手段。改革不是目的本身，不是为改革而改革，改革只是手段，改革必须服从发展生产力，服从工业化，服从结构转换这个战略大目标，总之，改革只是实现发展目标的手段。在实际工作中，只有明确了发展是目标，发展是硬道理，才能够避免出现为改革而改革的倾向。

改革的实质是为了排除发展的障碍因素。这种障碍因素来自多层次、多方面：一是管理形式，通过改革摒除落后的管理形式，建立有利于经济发展的管理形式和管理制度；二是生产关系结构，改革掉不利于社会生产力发展的生产关系结构与制度，在工业化过程中就是要确立能调动各种力量共同促进经济发展的多元化的生产关系结构；三是生产关系实现形式，要通过改革采用能够调动生产者积极性的生产关系具体实现形式；四是上层建筑，包括排除政体实现形式、政府职能、观念、习惯等方面的阻力。

发展与改革的这种关系，决定了：第一，改革的目标必须服从于发展的目标，衡量改革的成果，最终要看是否有利于促进由传统农业国向现代工业国的结构转换。在社会主义国家，还要看是否有利于促进社会主义性质的结构转换，改革如果脱离了发展的目标，就容易产生扭曲甚至变质；第二，改革的任何措施、计划，都必须从发展的水平出发。改革的广度、深度和速度，都要受到发展的阶段性制约。发展如果跟不上，改革也可能被扭曲甚至失败。

3. 改革是特定生产方式的自我改良

改革主要涉及生产关系实现形式的改革和生产关系结构的调整两个基本方面。从系统的角度看，生产关系具有层次性，即它包含既密切联系又相对独立的三个基本层次：内涵层、外形层、边缘层。内涵层，是生产关系的核心或本质，主要指生产资料所有制关系和建立在所有制关系上的产品分配关系；外形层，是生产关系内涵层的实现形式，它根植于内涵层但又可以在不改变内涵层本质的条件下灵活地改变表现形式；边缘层，是生产关系与生产力的交叉层或结合部，既具有生产关系的性质，又具有生产力的性质，主要是指劳动组织、管理方法、劳动报酬分配办法等。三个层次的变化情况是不同的，一般地说，生产力是活跃的因素，生产关系的边缘层随着生产力的变化而及时变化，生产关系外形层则随着边缘层的变化而进行微调，其变化速度小于边缘层而大于内涵层，生产关系的内涵层则具有更大的稳定性。一种社会制度，其时间跨度是很大的，而在此漫长的时间跨度内，生产力、科学技术及由此引起的部分经济与社会结构却是经常地在发生着变化。一种制度，或者说一种生产关系，它不能停滞不动，否则就会成为生产力发展的桎梏，它必须经常地发生着变化。事实上，历史上任何一种社会制度，都在不同程度上，在保持其主体生产关系内涵层特征的前提下，随着生产力的发展设法改变其生产关系的外形层（边缘层更不用说了），即进行不同深度的改革，去适应变化了的生产力，以维护代表主体生产关系的阶级的根本利益。因此，改革不是社会主义国家独有，资本主义国家同样有改革。

在资本主义制度制造出巨大的生产力的情况下，特别是由于20世纪30年代的大萧条和第二次世界大战后社会主义的兴起，为挽救其命运，资产阶级被迫进行了大刀阔斧的改革。如社会民主主义的改良、资本主义的"国有化"浪潮、资本主义的"福利主义""资本社会化"等。在资本主义制度的众多改革中，美国的"罗斯福新政"犹如一面旗帜，它标志着资本主义自由放任时代的过去，资本主义国家干预时代的到来。我们承认，这些改良对推进生产力的发展有其积极的一面，但如果就此认为似乎今天的资本主义已经"民主化""人道化""人民化"了，那就言过其实了。其实，它只是改变了资本主义生产关系的外形层，而牢牢地保护和强化了它的内涵层——资本主义私有制和剩余价值剥削关系。

社会主义国家的改革，是体制（生产关系外形层）的改善，而不是制度（生产关系内涵层）的变更。具体地说，在维护社会主义公有制和共同富裕的前提下，对公有制的实现形式（国有、集体所有、合作共有等）、经营方式（国营、承包、租赁、股份制等）、运行机制和分配方式进行必要的调整与改革，使之更有利于生产力的发展。在使自己不断适应新形势这一点上，我们还是值得向资产阶级学习的。

第三节　社会主义大国的发展问题

一、发展主体问题

像中国、苏联等社会主义大国都是建立在社会生产力水平比较低的基础之上的，因而都面临着繁重的发展任务。发展离不开发展主体，尽管在整个社会主义时期社会经济的基本制度不变，但是在不同的发展阶段各社会主义大国的具体体制是不同的，因而发展主体及其发展结果也存在明显差异。

1. 计划经济条件下，政府是唯一主体

苏联自建立社会主义制度至戈尔巴乔夫推行改革的近 70 年时间内，中华人民共和国自 1949 年成立至 20 世纪 70 年代末的 30 年时间内，都是实行高度集中的计划经济体制。在这种体制下，政府既是经济规划、政策的制定者，又是经济规划与政策的执行者，作为经济细胞的企业只是政府的附属物，没有生产经营决策自主权，即政府既是经济活动的"运动员"，又是经济行为的"裁判员"；在经济的所有制上追求纯而又纯的公有制，不顾社会经济发展条件的限制，盲目实行"一大二公"的生产方式；在资本主义国家的封锁和威慑下，社会主义大国都力求建立"大而全"的国民经济结构体系，特别是为了赶上发达资本主义国家的经济发展水平，而优先发展作为工业和整个国民经济基础的重工业。

这样，在政府作为唯一主体的情况下，社会主义大国普遍存在发展的不足和畸形的工业化等问题。其主要表现为：一是技术更新缓慢。技术进步是经济社会发展中最活跃、最具决定性的因素，社会主义大国要有较快的发展速度，就必须以较快的技术更新和技术进步速度为基础。然而，由于计划经济体制下社会主义大国发展主体单一，公有经济实体之间没有竞争，缺乏技术更新的内在机制，因此这些国家大都技术更新缓慢，例如，德国统一后，民主德国(社会主义国家)有 2/3 的企业老化，需要淘汰与改造。二是结构恶化。如果一国经济是健康发展的，则不同产业、不同部门之间应保持一个合理的比例，经济发展的总量与结构之间是统一的。然而，在传统的社会主义国家中，由于实施赶超型的向重工业倾斜的发展战略，虽然总量达标，但结构失衡，出现了"重、轻、农"型不合理的产业部门结构顺序，以苏联为例，甲类工业与乙类工业之间的比例，1917 年为 38.1%比61.9%，1950 年为 68.8%比 31.2%，1985 年为 74.8%比 25.2%，甲类工业(重工业)比重不断上升，乙类工业(轻工业)比重不断下降，结构严重失衡。三是供给短缺。物资及技术、人才等供给短缺是计划经济体制下社会主义国家存在的普遍现象，匈牙利著名经济学家亚诺什·科尔内对此进行了较为深刻的系统研究，描述了短缺现象的各种表现，认为在现实社会主义经济中存在普遍性和长期性的供给短缺，揭示了短缺的主要原因不在于政策失误，而在于使企业预算约束软化的社会经济关系和制度条件。四是民族凝聚力单一化。传统的社会主义计划经济体制的最大弊端就是排斥市场的作用，生产与生活物品的流通主要靠计划指令的调拨，没有形成国内的统一市场，国家和民族的团结主要依靠政治的力量，因而在计划经济条件下的社会主义在大国中存在民族凝聚力单一化的问题，一旦出现政治危机，由于没有经济上的紧密联系，往往容易出现国家和民族的分裂，如苏联的解体就是例证。

2. 发展主体多元化与公有制地位问题

上述情况表明，发展主体过于单一，会使经济社会发展缺乏活力。因此，在社会主义国家中，必须通过体制的改革与完善，建立多元化的发展主体格局。

这首先有一个观念转变问题。所有制的实质既不是经济发展过程(由所有制低级形式向高级形式的过渡),又不是社会经济发展所要实现的目标,而只是实现社会经济目标的一种手段。在传统体制之所以出现公有制"一统天下"和政府是唯一发展主体的情形,其原因就是我们从思想、观念到实际运作都把公有制当作一个经济发展过程和社会经济发展目标来对待。社会形态从根本上看是目的与手段之和。不同的社会形态其目的和手段是不同的。社会主义的本质也是目的与手段的统一。即为了实现社会公平,避免两极分化,最终达到共同富裕,消灭阶级对抗与阶级差别的目的,必须采用以公有制为主体的手段。至于公有制比例的大小,内部结构如何,要视当时当地生产力状况来决定,要有利于社会生产力的发展。关于这种统一性,《中共中央关于建立社会主义市场经济体制若干问题的决定》(以下简称《决定》)中对此做了较为精辟的论述,即:坚持以公有制为主体、多种经济成分共同发展的方针,进一步转换国有企业经营机制,建立适应市场经济要求,产权清晰、权责明确、政企分开、管理科学的现代企业制度;建立全国统一开放的市场体系,实现城乡市场紧密结合,国内市场与国际市场相互衔接,促进资源的优化配置;转变政府管理经济的职能,建立以间接手段为主的完善的宏观调控体系,保证国民经济的健康运行;建立以按劳分配为主体,效率优先、兼顾公平的收入分配制度,鼓励一部分地区一部分人先富起来,走共同富裕的道路;建立多层次的社会保障制度,为城乡居民提供同我国国情相适应的社会保障,促进经济发展和社会稳定。关于社会主义的手段,应该是包括所有制、分配制、运行机制在内的多元结构手段。目的必须坚持,手段的结构可以调整。其实,任何社会形态,莫不皆然。

《决定》是我国经济体制改革中具有历史意义的纲领性文献,它有五个突破:第一,由"主体+补充"模式转变为"主体+并存"模式。关于社会主义国家中公有经济与非公有经济之间的关系和地位问题,关键是如何对待非公有经济的问题。过去我们要么视非公有经济为"异己""资本主义尾巴"而大加排斥;要么视非公有经济为公有经济的"补充""附属物"。如此对待非公有经济,并没有真正摆正公有经济和非公有经济的关系。只有党的十四届三中全会通过的《决定》才作出了公正、合理的规定,"坚持以公有制为主体、多种经济成分共同发展的方针。在积极促进国有经济和集体经济发展的同时,鼓励个体、私营、外资经济发展,并依法加强管理"。这种公有经济与非公有经济并存的关系,有利于多元化发展主体形成。第二,由"全国一律"转变为因地因部门制宜。过去我们提公有经济为主体和以按劳分配为主体,强调的是不加区别地"全国一律"式的公有制主体结构,事实上,不同地区、不同产业经济发展水平是有差别的,"全国一律"式地拉平,只能抑制部分地区、部门经济的发展。因此,《决定》中对此作出了合理的规定,"就全国来说,公有制在国民经济中应占主体地位,有的地方、有的产业可以有所差别"。第三,由实物形态转变为价值形态。公有经济的主体性,不单纯体现为有多少个"企业"是公有的,而是如《决定》所说的:"公有制的主体地位主要体现在国家和集体所有的资产在社会总资产中占优势",国有经济控制国民经济命脉及其对经济发展的主导作用等方面。实际上,在推行股份制改造后,企业这个微观层面往往是公中有私,私中有公,带有明显的混合性。所以,"主体"只能从社会总资产中所占的优势份额来体现。第四,由"两权分离"转变为产权划割。《决定》提出建立现代企业制度的任务,"国有企业实行公司制""具备条件的国有大中型企业，单一投资主体的可依法改组为独资公司，多个投资主体的可依法改组为有限责任公司或股份有限公司"，过去在企业改革中所实行的承包制、租赁制等最大的局限就是产权模糊，其后果是改革收效甚微，企业发展缺乏活力。《决定》突破了过去企业改革在所有权与经营权分离上做文章的局限，界定了"出资者所有权"与"企业法人产权"的划割模式，从而为公司法人获得企业经营中的全部资本经营产权提供了保证，为企业的独立经营提供了基础。第五，由"公有—国有"转变为公有多元多层化。过去总是把公有经济与国有经济画等号，公有制主体地位就是国有经济的主体地位，《决定》中突破了这一传统观念和做法，认为公有制经济不仅包括国有经济，还包括集体经济、合作经济等，公有经济是一个多元多层化的体系，公有制的主体地位包括国家和集体所有的资产在社会总资产中占优势。

3. 市场经济条件下，"主体"模式的再塑

在市场经济条件下，社会主义发展主体以公有制为主体，多种经济成分并存。对于公有制这个"主体"模式的再塑主要包括以下四个方面：

第一，严格控制金融资本的主导权。在市场经济中，金融资本对于调控整个国民经济具有主导作用，它通过货币和金融政策的执行调节社会总需求和总供给的基本平衡，能够起到计划、财政等其他宏观调控措施不可替代的作用。中国人民银行作为我国的中央银行，应该被牢牢掌握在中央手中，在国家领导下独立执行货币政策，运用存款准备金率、中央银行贷款利率和公开市场业务等手段，调控货币供应量，保持币值的稳定，并监管各类金融机构。对外汇市场要适度管制，建立以市场为基础的有管理的浮动汇率制度和统一规范的外汇市场。

第二，改造提高国有企业的质量。总的原则是实行出资者（政府）所有权与企业法人所有权的真正分离，企业中的国有资产所有权属于国家，企业拥有包括国家在内的出资者投资形成的全部法人财产权，成为享有民事权利、承担民事责任的法人实体。具体办法：一是对垄断性行业和涉及经济命脉的某些竞争性行业或企业来说，应由"有限责任公司"向"有限股份公司"过渡，国家实行全资经营或控股经营；二是一般的竞争性行业的企业应向"公私合营""中外合资"的股份制改革，即对这些企业进行"嫁接"；三是对于扭亏无望、无足轻重的中小国有企业，推进产权市场，采取拍卖、租赁等形式"甩掉"；四是变"债权"为"股权"，改"救济"为"以工代赈"和向第三产业转移等，让企业轻装上阵，直至彻底改变"企业办社会"局面。

第三，大力发展共有经济。事实上，公有制经济并不只有国有经济一种，集体经济、合作经济、股份合作经济等也是公有制经济的范畴。马克思在《资本论》中设想有"自由人联合体"这一公有制形式，"他们用公共的生产资料进行劳动，并且自觉地把他们许多个人劳动当作一个社会劳动力来使用……这个联合体的总产品是社会的产品。而这些产品的一部分重新用作生产资料。这一部分依旧是社会的。而另一部分则作为生活资料由联合体成员消费"。从这段论述中可以看出，"自由人联合体"是一种公有制经济，联合体应该是可大可小的，大的显然是指社会公有制经济，小的则是指不同规模的集体经济、合作经济、股份合作经济等共有经济形式。因此，大力发展我国的集体经济、合作经济等共有经

济形式是重塑社会主义发展主体的重要内容。当前，在我国农村就是要大力发展以乡镇企业为主体的农村集体合作经济，在城市就是要大力发展区街集体合作性质的企业。

第四，创建有中国特色的股份制。中国的股份制既有按照国际惯例逐步规范化的问题，又存在依据我国实际情况办出中国特色的问题。就后者而言，目前的工作一是鼓励法人相互持股，股权分散化，防止新的政企不分，少搞全资或独资企业；二是"企业股"的代表应是工会，工会应该作为"企业股"的代表参加董事会，离厂者(工会会员)享受权益(按厂龄计算)；三是"职工股"应成为个人利益与社会发展的"结合点"，把工人阶级推向改革第一线等。

二、发展途径问题

1. 发展途径的选择

在发展过程中，如何处理工业与农业、城市与乡村、加工区与资源区、发展与环境的关系问题？这实质是如何选择发展的途径问题。在这个问题上，由于不同国家和地区采取的经济社会发展战略不同，因此发展的途径和道路也不一样。

欧美等主要的发达国家所走过的是一条"先损后补型"的道路。别看这些国家今天经济社会高度发达、生态环境优雅、工农及城乡共同繁荣，其实在它所经历的一百多年的发展史中，充满着血腥味和以严重的生态环境破坏为代价。英国早期工业化过程中的羊吃人式的"圈地运动"，资本主义国家内部出现的地区间发展严重不平衡以及对国外殖民地的残酷剥夺，20世纪80年代在美国出现的"保护每一头耕牛"的口号等，都是发达国家在发展过程中曾经出现的牺牲农业、乡村发展工业、城市加工区在经济上与资源区之间的极不对等关系，以及发展带来的严重生态环境危机等问题。它们均有力证明了这种"先损后补型"发展途径由于"先损"的损失太大，因此"后补"的代价是巨大的，有的问题如对生态环境的破坏，则至今根本无法完全"补偿"好。实践表明这种道路是不可取的。

社会主义大国在发展途径上应该走出一条不同于发达国家的新路，即"携带共进型"道路：避免发达国家在发展过程中所出现的种种问题，走工业与农业、城市与乡村共同发展，兼顾加工区与资源区之间的利益，在保护生态环境前提下发展社会经济的道路。选择这样的发展途径，除了发达国家所提供的惨痛教训外，最根本的有两个原因：一是从降低发展的社会成本上看，选择携带共进型发展道路能够大大减少经济发展的社会成本支出，减少社会资本不必要的损失和浪费，增加社会主义大国有限经济资源的发展业绩；二是发展中的大国普遍存在人口众多、区域差异大、农业所占产值比重大、乡村相对落后、自然生态环境十分脆弱等问题，如果采取激进式的先损后补型道路，必然导致一些十分棘手的经济与社会问题，从而成为发展的严重障碍。

2. 中国的经验与教训

在促进工业与农业、城市与乡村之间协调发展方面，我国的成功经验主要有两条：

一是大带小。大工业扩散给乡镇企业，乡镇企业以工补农带领农民致富，即城市工业化带领农村工业化，促进农业现代化之路。在这一点上，苏南地区乡镇企业发展的成功经验尤为突出。整个苏南地区基本上处于沪、苏、锡、常、南通等大中城市圈(带)之中，因此该地区乡镇企业的大发展主要得益于城市经济技术的辐射。经过改革开放10余年的发展，苏南地区"大带小"的带动效应非常明显：农村工业化已发展到相当的规模和水平；农业现代化已步入早期阶段，土地适度规模经营和农业物质技术装备水平已大大超过全国平均水平；农村城市化速度加快，包括大、中、小城市和农村集镇在内的合理城镇结构体系开始形成；农民收入明显增加，农民吃、穿、住、行等条件显著改善，农民素质全面提高。

二是城带乡。即市带县，城乡结合式地发展。为了促进我国城市与乡村的协调稳定发展，自20世纪80年代初期开始，逐步试验和有限制地推广了市管县的新体制，即一些具有一定实力的大中规模中心城市在行政关系上领导周围一定数量的农业县，中心城市以其经济、技术辐射带动周围乡村经济社会的发展，从而达到城乡结合、共同发展的目的。一般而言，"城带乡"的带动方式可以是多种多样的：有在财政支出上给农业县和乡村更大资金投入的；有依靠城市人才、科技实力实行科技扶贫、科技支农的；有依靠城市工业带动农村乡镇企业发展，再由乡镇企业带动农业和农村全面发展的；有城市在副食品供应上与周围农业县、乡签订合同，城市在发展蔬菜副食品基地方面注入大量资金、科技、物资设备等支持的等。从实际运作效果看，城带乡在保证城市与乡村、工业与农业协调发展方面是可行的，它特别有利于区域经济特色和城市圈(带)的形成。

同时，由于发展的时间不长，我国在发展途径选择上，有些问题还没有解决好，目前来看主要有两点：一是加工区与资源区关系尚未处理好。如"北煤南运"问题中的山西之苦，"南水北调"(中线方案)问题中的湖北之难，以及沿海与内地之间的矛盾已经显露等。在我国，加工区与资源区之间的关系主要是一种经济利益关系，如何按照价值规律的要求处理好加工区与资源区之间的关系，实现各区域之间的共同发展是我们需要进一步探讨的问题。二是发展中的环境问题尚未受到重视。在我国，虽然政府早已注重生态环境的保护，如成立了各级环保机构，颁布了一批有关生态环境保护方面的法规法令，但由于人口压力大、历史包袱重、体制不健全以及一些地方和单位只顾局部和眼前利益等原因，我国目前还存在较为严重的生态环境问题，如自然资源枯竭、水土流失、环境污染、自然灾害频繁等。这一问题从客观上说，是我国农村人口压迫土地的强度太大。治本之道在于加快城市化进程，疏散农村人口，为恢复生态平衡创造条件。从主观上说，是我国的一些部门和领导没有真正认识环境问题的严重性，没有把环境摆上与发展同等重要的位置，为"政绩"片面发展经济而破坏环境的事时有发生。在我国，解决发展中的生态环境问题，使环境与经济社会同步发展的关键是使环境保护真正走上法制化的轨道，做到有法必依，执法必严。

三、发展的社会主义目标问题

在一个社会主义大国，经济发展的终极目标，显然不会是资本主义的私有化和自由化。但是，在推进发展同保证社会主义方向之间既有其根本的统一性，又有其现实的矛盾性。

众所周知，原型的社会主义理论(指科学社会主义)产生于19世纪的西欧，而现实的社会主义实践则是发生在20世纪的东方。这种时间的延后和空间的位移，给东方社会主义者带来了极大的困惑。这些困惑是：

——保障社会公平同物质财富匮乏的矛盾。

社会主义的终极目标是根除资本主义社会种种不公正的现象,实现真正的社会公平。在经典的马克思主义看来,这一目标的实现,是在资产阶级"神奇般地"把生产力呼唤出来之后才可能的。这正是科学社会主义与空想社会主义的基本分歧之一。马克思曾经讲过:"权力永远不能超出社会的经济结构以及由经济结构所制约的社会的文化发展。"他设想,在共产主义社会第一阶段,"生产者的权利是和他们提供的劳动成比例的,平等就在于以同一的尺度——劳动——来计量"。也就是我们后来理解的"按劳分配"原则。

但是,在中国,资产阶级由于封建桎梏和帝国主义的侵略没有能力完成工业化的历史使命,远远未能把生产力解放出来,在共产党开始进行社会主义建设时,处处是物质财富的极度匮乏状况。在这种贫穷的基础上,即使在全社会普遍实行"按劳分配"这种马克思并不十分满意的"资产阶级法权",也超出了社会经济结构所能允许的限度,结果是全社会一律的大平均主义造成经济发展的停滞和经济结构的恶化。

——生产资料共有同生产社会化水平低下的矛盾。

一切社会不公,都源于财产私有制。这是包括空想社会主义在内的所有社会主义者的共同观点。马克思主义同空想社会主义的分歧,则在于前者认定消灭私有制是有条件的,不是简单地向原始共产主义回归——像傅立叶等的"反工业主义"那样。这种条件最基本的就是在实现工业化的基础上所形成的社会化大生产。

然而,在亚洲的社会主义国家,小生产还是汪洋大海,工业化的任务还远未完成。在小生产的基础上实行的公有化,无疑会形成对农民的剥夺和自然经济的强化。事实上,由于苏联的"经验",几乎所有社会主义国家在转向经济建设之后,都实行了全面公有化乃至国有化政策。其结果是扼杀了商品经济的发展,极大地窒息经济发展的激励机制。这是人所共知的。

——资源配置的计划性同小生产散漫性的矛盾。

马克思主义所理解的计划性,是以社会化大生产和建立在这个基础上的全部现代化运行机制和管理艺术为前提的。当中国乃至东方国家还没能摆脱中世纪的羁绊,小生产的散漫性俯拾皆是的时候,在信息残缺、统计监督薄弱、社会自组织程度极低的条件下,实行无所不包的计划化只能是一种乌托邦。

实践已经证明,推行全面一律的公有化(而且还要升级)和高度集中的计划化,造成社会主义国家发展主体单一化、发展动力脆弱化和运行方式官僚化——"瞎指挥"盛行,导致资源配置的紊乱与浪费,以及经济结构的低劣化。

以上矛盾,集中到一点,就是实践中的社会主义过于激进的模式同社会生产力落后的矛盾。

以邓小平为代表的中国的社会主义者,从实践中吸取了正反两方面的经验,逐步认识到:在一个发展中的大国建设社会主义,不可能一步跨入目标模式,必须分阶段地确定自己有限的目标和政策结构。我们现在还处于社会主义的初级阶段。在社会主义初级阶段,不能脱离生产力发展水平去追求绝对公平,应允许先富后富、大富小富的差别,通过差别强化激励机制,最终实现共同富裕。不能实行高度集中的计划化,应充分培育和发挥市场的作用,建立有调控的市场经济体制。一句话,在共产党的领导下,最大限度地利用一切有利于发展社会生产力的因素、力量和方式，大力发展社会生产力，实现国家工业化和社会现代化。

由此，社会主义大国的经济发展问题呈现出更多的复杂性。这就要求发展的决策层既要坚持原则的严肃性，又要注意策略的灵活性。而这种严肃性与灵活性的结合点就是生产力标准。

四、发展与民族独立问题

当今许多非社会主义的不发达国家都在苦恼着一个问题：即对"核心国"的依附问题。这实质上就是国家自主与民族独立问题。不发达国家力求发展，必须同发达国家保持经济联系，取得外援与先进技术，必须实行对外开放。但是，如同任何事实都有正反两面一样，对外开放也有正负两方面的作用。发达国家不管其口头上是如何讲的，它们参与不发达国家的发展都是有其自身经济与政治目的的，即使是对资本主义不发达国家也不例外，更不用说对社会主义国家了。这种核心国对边缘国进行的经济剥削与政治干预致使一些不发达国家的经济学家主张"与中心地区脱钩"，可见问题的严重性。对此，普列维什曾有一段详论："确实，中心地区，特别是资本主义的主要中心国，只是在对自己有利的时候才关心边缘地区的发展，而且一般也没有什么长远的打算和周密的考虑。它们对边缘地区的社会发展漠不关心，也不关心寻求能使各种利益结合起来的途径。"[1]这是说得比较含蓄的。事实上，核心国之所以介入边缘国的发展，主要还是为了扩大市场(商品的、资金的市场)，并企图垄断它。为此，在必要时还要采取政治干预手段来使这种市场扩大化、固定化、合法化。当前，美国到处挥舞"人权"大棒，并把它同贸易挂起钩来，正是这种本质的写照。

因此，不发达国家，特别是不发达的社会主义大国在实行对外开放时，必须采取"两手"政策：一方面，积极地推进国际合作的资金引进，加快同国际经济的接轨；另一方面则必须守住几个底线：(1)节制外债，即外债必须与偿还能力相适应，才不会失去债务关系上的主动权；(2)努力发展本国的基础工业，才不会成为外资的"加工车间"；(3)牢牢控制国内金融市场，不为外国资金所左右；(4)不放弃必要的保护政策，特别是对本国发展有重大影响的行业与幼稚产业；(5)在涉及国家主权与民族独立的重大原则问题上决不让步，当然，这一条必须有前四条做保障，否则，"弱国无外交"。

第一章　经济发展战略

引　言

经济发展战略问题，在国内20世纪80年代曾是一个十分热闹的话题。从上到下，几乎层层讲战略，处处研究战略。但现在回头来看，中国(这样一个大国)似乎还没有完全形成自己的经济战略理论。这个任务迫切有待经济理论界来完成。

---

① 普列维什：《发展经济学的新格局》，经济科学出版社1987年版，第43页。

在这章，主要是作为一种尝试，企图用扬弃的态度借鉴美国学者艾伯特·赫希曼《经济发展战略》一书的一些有用的观点，结合中国的实际加以延伸、改造和创新，为建立有中国特色的经济发展战略学做一些探索。

一、什么是经济发展战略

"战略"一词，是从军事学借来的，是研究战争全局的规律的东西，后来被引入经济研究领域，研究经济全局的规律。战略问题，就成为经济发展的重大的、全局性的、决定整体成败的筹划和对策。不是任何问题都可以成为战略问题，而是那种对一个系统的整体发展举足轻重、提纲挈领的作用并左右其成败的问题，才能称之为战略问题。

所谓经济发展战略，就是关系到特定经济系统在相当长的时期内面对剧烈的市场竞争的态势，来谋划自身的整体发展目标及主要资源的配置方向和配置结构的决策。

因此，经济发展战略应具有如下基本特征：

1. 全局性

经济战略的本质，是解决经济系统的总体最优化发展问题，是为了在千变万化的商品竞争环境中，取得全局的主动性，获得更大的发展。

主动性是指左右全局的优势，起着"先着不败"的效果。它能使系统全局保持和提高本身生存和发展的能力。掌握了主动权，可使强而愈强或由弱变强；丧失了主动权，便会由强变弱或弱而更弱。也就是说，有了一个能掌握全局主动权的战略，落后的经济系统可以变成先进，先进的可以更先进，这一点对农村经济系统更为重要。这也就是说，主动性并不决定于一时经济力量的强弱，而是取决于能否最有效地利用自身的优势去克服自身的劣势，战胜竞争对手，以求得生存和发展。在军事上以弱胜强，在经济上战后日德的起飞都是例证。

要制定一种具有全局主动性的战略，必须满足如下要求：

第一，系统具有完善的适应性。这里所说的适应性，是指在千变万化的经济大环境中，特定的经济系统具有随着环境的改变而不断改变自身的经济结构和行为方式的能力，这就是俗话所说的"调头"的能力。在商品生产的条件下，如果不具备这种适应能力，显然是毫无主动性的。要造就这种适应能力，在战略目标的选择上必须符合社会需要并且资源许可；在战略步骤的安排上要同整个社会经济发展的趋势合拍；在战略措施的决策上要加强本经济系统的自组织能力，建立内部平衡机制。

第二，系统具有高度的稳定性。这里所说的稳定性，是指动态的稳定性和开放的稳定性。地区经济系统，是开放的系统，它的稳定性就表现为：在同外界进行物质与信息交换的过程中，能够不断保持旺盛的新陈代谢功能，使本系统不断由低阶的稳定态向高阶的稳定态发展。稳定性绝不意味着保持原有平衡态不变，如果那样，就会出现经济的"热力平衡"而使系统崩溃，这恰恰是在封闭性经济系统中必然要出现的危险。要形成这种动态的稳定性，在战略上就应该实行开放方针，使本系统不断从外界吸收入才、技术、信息、物质，以不断优化自身的结构，使自身在竞争中立于不败之地。

第三，系统具有高效的增值力。也就是说，从投入产出关系来说，系统具有较高效的物质与能量的转换力，具有较高的投入产出率、能量转换率、资金生产率等。这种增值力，主要取决于系统"经济食物链"的长短。建立这种复杂的"经济食物链"就必须有一个优化的结构战略(包括产业结构、行业结构，产品结构等)。

2. 长期性

战略既是解决全局性的问题，而全局的运动周期是比较长的，特别是一个大系统的整体性发展与更新的周期，不是几年就能奏效的。所以，经济发展战略，尤其是不发达国家和地区的经济发展战略(农村也属这种地区)都具有长期性的特征。

3. 层次性与相对性

战略所研究的"全局"，是有层次的。例如，对于一个国家来说，国民经济整体是一个全局，农村经济只是它的一个局部，因此作为一国的战略研究，就是整个国民经济的战略。但国民经济可分为若干层次，国民经济——农村经济——农业经济——种植业经济——粮食经济等。对于每个层次来说，也可以把自身的小系统作为一个全局，来研究它的发展战略。这种层次性就造成了"全局"的相对性。

4. 从属性

地区经济系统，是从属于国民经济系统的。其实，在开放的条件下，一个国家的国民经济系统，也难以脱离世界经济系统。因此，任何一级经济系统的战略，都不可能孤立地加以制定。它必须：第一，明确本系统在整个大经济系统中的地位。对地区经济系统来说，必须明确本经济系统在整个国民经济系统中的特定地位。第二，根据上级系统全局性的战略考虑，明确上级系统战略对本系统的功能要求来确定本系统的战略目标。在地区战略研究中切忌"以我为中心"，必须从国家总体战略与本系统的关系中来研究自身的战略。

二、研究经济发展战略的意义

"人无远虑，必有近忧。"在错综复杂、变化多端的经济态势下，一个经济系统如无总揽全局的长远性的谋略，就等于无舵之舟，随风飘荡，无法达到既定的彼岸，陷入一种"头痛医头、脚痛医脚"的被动局面，最终不免失败。

研究经济战略的意义在于：

(1)正确的经济战略，可以加强经济发展的稳定性，减少起伏曲折，加快发展速度。我国在20世纪50年代后期，由于不切实际地选择了"超英赶美"战略，后来又陷入没有明确的战略，政策多变，几经折腾，对城市和农村经济所带来的灾难，对农村居民带来的困苦，至今还是记忆犹新的。党的十一届三中全会以后，在农村实行放开搞活，综合发展，使农村经济获得了惊人的发展，也是人所共见的。

(2)正确的经济战略，可以使自身有限的资源得到充分利用，获得经济的最佳效益。由于有了明确的目标和重点，有限的人、财、物可以比较集中地用在"刀刃"上，方向明确，大大减少重复投入，起到事半功倍之效。目前，我国农村乡镇企业的发展中存在盲目投资重复建设，许多地方效益不佳，主要就是缺乏一个正确的农村经济发展战略。

(3)正确的经济发展战略,可以大大加强各项政策的系统性和协调性。没有一个明确的战略,政策缺乏一个统一的目标和准绳,就难免顾此失彼,甚至相互矛盾。战略是"纲",它可以使各项政策互相联系、互相制约、互相补充,形成一种有机的政策体系,形成一个政策的"合力"。

第一节　发展战略学的重要性:"三种瓶颈论"

一、增长经济学不能解决发展问题

"增长经济学",指的是西方以发达国家工业化以后历史阶段为对象的一种经济理论体系,而不是"经济增长"的同义词。之所以要说明这一点,是为了防止对前面第一章所提出的"增长——发展"交替论的误解或抵触。

增长经济学,既然是以发达国家工业化完成后的历史阶段作为对象,因此,它是把制度、体制、结构转换等作为已经解决了的"既定前提",一般不加以考虑。具体地说,是以资本主义制度与市场经济体制作为已经成型的既存事实,不需要多加讨论与阐述。这就好似一个灌溉系统,它的渠道、闸门都是现成的,只需考虑库区水位的变化和灌溉田区的调节而加以运筹就行了。正由于此,增长经济学着重研究经济过程的两个端点:GNP 增长目标的变化和资源的配置、再配置。如上例,只研究灌溉田区的变化和库容量的调节,中间的机制(渠道)是现成的。以投资理论为例,它着重研究储蓄——投资过程。因为在既定的资本主义市场经济体制下,有了储蓄,一般就可能转化为投资机会,或产生投资机会。至于从储蓄到投资的这两个端点间的"中间环节",如运行机制、决策能力、具有投资欲望与技巧的成熟的企业家等,都是现成的。

但是,在不发达国家情况就不同了。赫希曼正确指出:"在不发达国家……限制这些国家增长的因素往往不仅仅在于储蓄和投资两个端点本身,而且在于如何将这两者联系起来的困难。换句话说,发展面临的障碍,主要是不能把现有或潜在的储蓄导入可行的生产性投资机会,即缺乏制定各种发展决策以及将这些决策付诸实施的能力。"[①]在发展中国家,只研究"两个端点"不行,还必须研究如何把"渠道"修通、把涵闸建好等"中间"的问题。否则,"水"是流不到"田间"的。

从上面的分析中,可以得出两点结论:第一,西方经济学除了发展经济学理论之外,无论是宏观经济学还是微观经济学,以及它们所建立的各种模型,由于都属增长经济学的范畴,因此无助于不发达国家的发展。虽然其中有不少可作为借鉴或参考的东西,但我们千万不能照搬。其实,即使发展经济学中的许多理论、方法、模型,对一个特定的不发达国家来说,也是不可照搬的。我们必须"用自己的脚走路"。第二,不发达国家,除了要研究经济增长与资源配置之外,还必须用大量精力来研究在资源与目标之间如何寻找自己的道路(或通道),包括改革体制、调整结构、增强决策能力及至培育成熟的企业家阶层等属于"发展"领域的问题。在这些问题中,提纲挈领的问题就是战略选择问题。

---

① 艾伯特·赫希曼:《经济发展战略》(中译本),经济科学出版社 1991 年版,第 31 页。

二、"水桶效应"：三大瓶颈理论

在研究经济发展战略时，首先要从不发达国家的国情出发。而不发达国家共同性的国情之一，就是发展不平衡。就像一个木制水桶那样，各个木板条的长短不是一样齐的。因而这只水桶能装多少水，不是取决于最长的那条木板的长度（高度），而是取决于那条最短的木板的高度。这就是所谓的"水桶效应"，也可称之为"瓶颈效应"。正由于此，在不发达国家同在发达国家不一样，在后者"由于不同资本系数的各种生产项目分布较均衡，资本产出率大致可视为一种技术系数"。但在前者这种系数是十分不确定的，而且在某些部门的投资往往因受到"瓶颈"制约而不能充分发挥其效能。反过来，如消除了这种"瓶颈"，则即使不增加新的投资，原受制约部门已投入的资本产出率也会大大提高。赫希曼的这种命题，无疑是符合不发达国家的一般实际的。但是，对于"瓶颈"（或水桶）效应本身的结构，缺乏具体分析，而且仅仅限于产业瓶颈。这显然是不够的。

从中国的经验看来，我认为这种"瓶颈"，至少应包含三个基本内容：

1. 产业"瓶颈"：结构性约束

这种"瓶颈"约束，表现为短缺产业（或行业）对整个经济增长的约束，特别是能源、交通、原材料等基础性行业的滞后，使得已投入其他产业（特别是加工工业）的资本，不能充分发挥其效能。由于这种"瓶颈"是看得见、摸得着的，故又可称为"有形瓶颈"。

2. 体制"瓶颈"：运行性约束

这类"瓶颈"约束，表现为由资源转化为目标之间的"中间环节"的短缺，或称机制性约束：市场的短缺，发育不足；激励的短缺，制度与政策的刚性；企业家的短缺，人才断层；决策能力的短缺，主观与客观的素质不高等。在制定战略之前，必须充分估计到那些最短缺的机制，并确定消除这种短缺的措施与进度。如系市场短缺，就要培育市场；如系激励短缺，就要调整政策；如系企业家短缺，就应加强培训乃至引进人才……根据这种估量来确定战略目标与资源配置，才不致使战略设计变成一纸空文。由于这类"瓶颈"属于若隐若现的状态，故也可称之为"隐形瓶颈"。

3. 心理"瓶颈"：社会性约束

我们的发展实践明白无误地告诉人们，发展的过程绝不只是产业变化和体制转换两个过程，与它们并行的，还有一个看不见而能感觉到的心理适应过程。这种心理"瓶颈"有两大特征：

第一，由于发展（与改革）过程中利益的非均衡性，因此社会对发展心理承受能力与适应程度，在不同阶层（集团）之间，往往是不一样的。这样，心理"瓶颈"就存在一个"瓶颈阶层"的问题。所谓"瓶颈"阶层，是指那个在发展中可能受益最小或风险最大的阶层（或许有一个以上）。因此，这个阶层对发展（改革）的心理承受力最小，适应程度最低。

第二，这种心理"瓶颈"阶层的存在，使发展潜伏着危机。如果发展的模式与速度超过了这个阶层的承受力，就有可能引发社会动乱。因而，它对于发展或增长的制约性，在某些方面可能比前两种制约还要严重。所以，在研究战略时，必须充分估量这种"瓶颈"阶层可能承受的能力(当然应该是动态地估量)，并据此确定自己的目标和步骤。否则，过激会引发社会动荡；过缓又会贻误发展的时机。由于这类"瓶颈"，纯属看不见、摸不着的，故又可称之为"无形瓶颈"。

以上三大"瓶颈"对发展的制约又各有侧重：产业——"有形瓶颈"主要是从经济结构不平衡方面来约束发展，故称结构性约束；制度——"隐形瓶颈"主要是从经济机制的不成熟方面来约束发展，故称运行性约束；心理——"无形瓶颈"主要是从风险的社会承受力方面来约束发展，故称社会性约束。

三、改革的功能：排除发展障碍

在前面已经讲过"水桶效应"和"三大瓶颈"。存在这些约束(障碍)因素，便使得不发达国家"吸收资金的能力往往低于它可能得到的投资基金"。[①] 按赫希曼的说法，就是投资能力往往小于投资机会。而"投资能力"包括"发现投资机会的能力"。对于这种投资能力，应做具体剖析：它应该既包含主观的"发现投资机会的能力(如参与投资决策者的素质)"，又应包含客观的体制障碍(如产权不明晰)和技术限制。而且体制障碍往往决定"发现投资机会的能力"——愈是体制封闭、技术落后的国家与地区，其发现投资机会的能力就愈小；反之则愈大。这就是例证。所以，"投资能力"实际应包含两个基本方面：对投资机会的价值判断能力(主观的)和实现这种判断的客观可能性(客观的)。正由于此，不发达国家在确定自己的经济发展战略时，必须集中力量研究"如何消除各种对吸收能力的妨碍"，也就是把主要精力放在排除发展的障碍因素上。

然而，这些"障碍因素"，有的是可以靠发展本身自然演进而消除的(如一般的技术进步问题)，有的则不可能靠发展的自然演进来解决，必须靠社会改革才能得以排除(如体制性障碍)。即使是技术进步问题，如涉及大规模的技术更新、根本性的技术革命，也不是自然演进所能奏效的，它也同样要求体制性的突破，要求改革为它开路。例如，在农业中如果自然经济体制不转向商品经济体制，则其技术进步是十分缓慢的，甚至是不可能的。又例如，在计划经济条件下的企业如不转向市场经济，则企业的内在技术更新改造机能是十分脆弱的。

由此，我们可以得出如下结论：不发达国家在研究其经济发展战略时，决不能只注意资源与目标的"直线设计"，而应该用更大的注意力考虑两者的"中间通道"——由资源到目标之间的"障碍分析"，并在此基础上寻找排除障碍(限制"投资能力"的体制与素质性因素)的改革途径。不如此，即使拥有丰富的资源和明确的目标，结果也是无法实现发展的。所以，改革本是发展的应有之义。改革的基本功能，就是排除发展的障碍因素。

四、发展、牺牲、稳定："学习模型"的启迪

H·A. 西蒙曾提出一个所谓"伯利兹模型"。大意是说一个人学习法语，可能有几种选择：(1)急于求成，每天练习的时间超过了承受力，使学习成了一件苦事和负担，结果

---

① 艾伯特·赫希曼：《经济发展战略》(中译本)，经济科学出版社1991年版，第57页。

可能半途而废；（2）练习时间由少而多，还不致难以承受，但也不轻松，结果可能学有所成；（3）一开始就注重循序渐进，严格控制练习的时间，使学习始终成为一件乐事，然后慢慢增加练习时间，直到学成。

在某种程度上，经济发展也和学法语有类似之处。赫希曼指出："一方面，一个国家在踏上发展道路时，并不了解前方任务的艰巨性，当这些困难出现时，当可以清楚地看出经济发展必须支付昂贵的代价，会使人受苦，造成社会紧张，以及被迫放弃传统行为与价值观念等，这时，'努力'可能放松，矛盾的可能有害的经济政策将被采用，发展将放慢，并可能停止。另一方面，当收入增长到某一程度，使人们感到发展的利益超过其所支付的代价时，人们会渐渐乐于加强对发展的'努力'，使发展目标得以实现。这个模型赞成控制早期发展的速度，以克服未来最顽强的阻力。"[①]

1. 启迪

这个模型和赫希曼的论述，给我们以重要的启迪。它告诉我们，在发展中有一组极其重要的变量，这些变量形成一种函数关系：

$$D = F(S, W, 1/R) \tag{1}$$

式中，D 为发展，S 为速度，W 为利益，R 为牺牲（风险）。

发展必然会有牺牲。期望没有牺牲的发展，那就只能倒退回去不搞发展。但是，这种牺牲（风险）必须是社会上多数成员（阶层）所能基本承受的，它必须满足以下条件：

$$SW > R \tag{2}$$

即速度必须以发展带来的利益大于发展带来的牺牲为前提。否则，如果风险大大超过了发展所带来的利益，社会就会出现震荡，改革可能就会刹车甚至夭折。

具体地说，"承受力"是一个动态的多维的范畴，它至少可能有三种选择：

第一，低速度，无风险，无利益，似乎平安无事。这种选择毫无意义。因为那样就等于是不发展了。

第二，中速度，小风险，利益有所增加，大部分居民基本可以承受。这是一种稳中求进的选择。这种选择一般适合于一个国家发展的前期阶段。这是由以下条件决定的：一是缺乏经验，需要一个学习过程；二是"产业瓶颈"制约较突出，结构一时调整不过来，过速会引发结构性危机；三是体制性短缺（运行性约束），速度过快会产生"扭曲效应"，使发展变形乃至失败，甚至有可能产生速度——通胀——腐败的关联效应；四是人们对发展的"心理瓶颈"相对较大，有一个逐步适应的过程。

第三，高速度，大风险，利益可能大于或小于风险，一部分居民可以在矛盾中承受，另一部分居民可能承受不了。这种选择一般适合于发展的中后期阶段。这也是由以下条件所决定的：一是通过发展，积累了相当多的经验，特别是协调的经验和处理突发事件的经验；二是"产业瓶颈"有了缓解，特别是基础结构渐趋完善，可以承受较高的速度；三是体制转型有了明显进展，特别是市场发育更趋成熟，法制规范有了基本保障，这一点对于社会主义中国最为重要，我们毕竟不同于亚洲"四小龙"；四是通过前阶段的发展，人们

---

① 艾伯特·赫希曼：《经济发展战略》（中译本），经济科学出版社 1991 年版，第 41~42 页。

对改革与发展的观念有了重大突破，对风险的预期有了显著的加强，更重要的是前面三个条件导致发展的成效会显著提高，社会从发展中所获得的利益会巨大增长。这样，即使有更大的风险，人们也仍然可能在这种"七分赞赏，三分牢骚"的状态中承受下去。

2. 速度是关键

对于由计划主导型向市场主导型转轨的国家，像我们中国，在发展、速度、利益、风险这些变量之间，速度则是关键。

正如我们在前面对"水桶效应"和"三种选择"的分析那样，不发达国家同发达国家的一个基本区别就在于，发达国家的体制框架和技术体系是相对成型的，有了资源投入的增加，一般就可能提高目标值。更何况其速度是建立在千万个企业家自主决策的基础之上的，而且这种投资是要承担个人产权风险的。所以人为地提高速度，基本上不大可能(但也不能排除投资过旺所造成的"泡沫化")。

但在由计划主导转向市场主导的不发达国家，情况就不一样了。速度几乎完全可能人为地加快，而且无效益的速度也可能持续一段时间。其根本原因就在于存在"政府的投资冲动"和无效益速度的体制基础。因此，在这种转轨国家，如在中国，严格审定上述的"三种选择"就显得更加迫切了。

由此推导，在体制转型的国家，必须严格依据两个最重要的参数来选择自己的发展模式(包括速度模式)：一个是政府直接介入投资行为的程度(政企分开的进度)；二是产权主体的发育程度(投资风险个人责任制的硬度)。

3. 战略的重要性

正确的战略主要在于：

第一，它冷静而全面地诊断了本国、本地区经济发展的正面与负面的因素；

第二，它依据第一点，审慎地找到了激发正面因素、消除负面因素的途径(包括改革与发展的措施)；

第三，它以上面两点为基础，动态地确立了发展的目标(与速度)和资源配置方式；

第四，它由于在发展、利益和风险之间找到了一种平衡协调杠杆，因此对社会具有较强的动员力。

第二节　发展动因：结构诱导论

一、误区

1. 误区之一："资本决定论"

在研究不发达国家经济起飞的动因问题上，曾经有一种相当流行的观点，即认为不发达国家经济发展的最大限制因素是资本，只要能得到足够的资本——无论是通过自行积累还是引进外资——就可以实现发展的目标。

这是一个误区，似乎一个还没有摆脱传统状态的农业国转向现代化工业国，只需要投入足够的资本兴办起工厂就可以了。这实质上还是一个如何理解"工业化"或"发展"的内涵的问题。中国在前30年就陷入了这个误区，以为只要多办工厂，使工业产值占到GNP的70%就实现了工业化，事实已否定了这个观点。许多发展中国家(以巴西为典型)也不同程度地一度陷入了这个误区，大量举借外债，造成恶性通货膨胀，并没有取得真正的发展，甚至还引起了上层的特权腐化——凭借外援而生成的超前消费阶层，最终引发了社会的震荡。这些例证说明，发展与工业化绝不是单一函数的变化，而是如张培刚所说的多种函数串联式的整体变化，是由传统农业社会向现代工业社会在经济、政治、文化各方面的整体位移。

2. 误区之二：发展先验论

在对待发展战略的问题上，还存在一种误解，似乎一个准备走上发展道路的国家，在一开始就可以知道哪种方式可以获利更多或更少，需要付出的代价是大或是小，可以知道由起点到达目标的过程中，哪些需要改变，哪些需要排除……从而，一开始决策层就可以在利益和代价之间进行事先的比较。显然，这是一种先验论。赫希曼认为："对发展的焦虑就不是比较已知的利益和代价之间的关系，而是要考虑目标及实现目标时的无知和误解之间的关系。由此可见，只有决心是不够的，决心还必须和对要做的事情的理解力结合起来，而这种理解力又只能在发展过程中逐渐获得。"[1]

这种思维方法是符合马克思主义认识论的。中国的改革实践也可以说明这个道理：首先是要下决心改革，至于改革过程中会遇到什么问题及其利害得失，一开始并不可能有一个通盘的了解，从而也无法在开始时就搞一个"全面系统规划"，而是"摸着石头过河"，边发展，边学习，边总结，由"无知"到"理解"。

排除上述两个误区，对我们科学地研讨发展动因是必要的。这样可以使我们避免片面性和主观性。

二、机会与"传统"

赫希曼认为，发展的机会是客观存在的，但是"当经济发展机会出现时，当地的企业家或少数特殊人物能否首先发现并加以利用，这将取决于当地的社会传统价值是否有利于变革。"[2]这个命题不无一定道理，但值得商榷。

首先，如何才能发现机会？应该承认，传统价值确实在一定程度上对发展启动的或先或后是有影响的，正如我们在前面所阐述的观点。但是，它并不能起主要作用。以东方儒家传统为例，它在19世纪对东方的近代化确实起到了一个时期的阻碍作用。但是，后来为什么日本和亚洲"四小龙"又都先后实现了发展呢？又如中国大陆，为什么在前30年难以走上发展的快车道，而在近15年却又得到了大踏步的发展呢？这说明，还有另一层原因，这另一层原因可能是可以决定传统价值改变的那种动因。我认为这种动因就是"开

① 艾伯特·赫希曼：《经济发展战略》(中译本)，经济科学出版社1991年版，第9页。
② 艾伯特·赫希曼：《经济发展战略》(中译本)，经济科学出版社1991年版，第4页。

放"。

只有在开放的系统中才能清楚而准确地找到自己国家的"坐标",才会发现比自己国家更为先进的坐标,才会承认自己的落后。只有通过比较,才能激起模仿和追赶的冲动,诱导出发展的愿望。有了这种愿望,才可能回过来用新的标准(或榜样)来重新审视自己的传统价值哪些是合潮流的,哪些是需要改变的,从而就能按新的利益坐标来修正传统的价值观念。这就像水一样,只有放开让它流动,才会产生"落差效应",落差愈大,水流愈急。我过去曾就生产力与生产关系的关系问题,提出一种观点,即认为一旦某种新的生产力因素的出现,能带来明显而又可能摄取的物质利益时,社会的进步就会加快启动。而这种"明显而又可能摄取"性,当时我只是从国内的生产关系的变动这一方面来求得它。现在看来,还可以从另一方面,即国际比较中求得这种原动力。

其次,发现了机会能否加以利用,这是深入一个层次的问题了。发现机会是一回事,能不能加以利用则是另一回事,两者往往不是同步实现的。中国由于鸦片战争被迫打开国门之后,就已经开始发现机会,多少仁人志士想利用这个机会,"戊戌政变"时达到了高峰,但却为什么没有能利用得了呢?

传统价值固然是对上层保守派起了作用的,但不是决定性的。封建制度、体制以及建立在上面的封闭落后的政策,则是起决定作用的。制度障碍、体制障碍,对于能否利用发展的机会起着关键作用。这样改革就成为发展所绝对必要的了。

由此我们可以得出结论:如果说开放是改变传统价值,发现机会的环境(外部)动力或启蒙动因,那么,改革则是从根本上整合传统、利用机会的内部动力或主流动因。只有把这两种动因结合起来,内外配合,才能启动发展。

三、诱导机制

我们往往发现,不发达国家或地区在考虑自己的发展时,很自然地就想到资源的约束问题,或者把发展的希望寄托在资源的优势上。这也不能说它们完全不对,但是,可以说它们没有抓住要害。这就好像一个人肚子饿了,赶紧去买米买菜,但却忘了家里还没有炊具。

资源、生产要素,对发展的确是不可少的东西。但它们既是"死"的,又是"活"的。说它们是死的,就是指资源(生产要素)即使再多,也不会直接引起发展,如在一些落后地区,人们"躺在金山上挨饿"即是明证。说它们是活的,则是指即使本国本地区没有某些资源,只要有某种激励机制,没有的资源也是可以从外部获得的。像日本这样一些资源匮乏的国家,不是从全世界获得了他们所需要的资源吗?可见,在研究经济发展战略时,最重要的是不去算"资源账"(虽然这是工作之一),而是要把注意力适当地集中于发展过程中的基本动力和战略方面,要去寻找那些能把这些资源最大限度地诱发和动员起来的"压力"和"诱导机制"。

所以,研究"基本动力",选择适当的发展战略,从而构建起符合本国国情的"诱导机制",把国内外的资源(有形资源为主,也包括某些无形资源)最大限度地调动起来,诱发出来,为本国本地发展所用,这的确是经济发展的核心问题。而这种诱导机制的形成,则同我们前一节所说的"开放"与"改革"是分不开的。

四、结构诱导论(或系统动因论)

根据前面的分析,我们可以肯定两点:其一,发展的核心问题是构建诱导机制;其二,这种诱导机制不是单因子的,而是一种多因子的结构——我把它称作"结构诱导"(见图 1-1)。

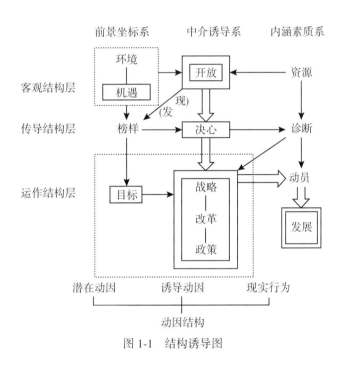

图 1-1　结构诱导图

从上图中可以看到,这个诱导结构(或动因系统)是由三组基本因子所组成,即前景坐标系、中介诱导系和内涵素质系。

1. 前景坐标系

它包含环境、机遇、榜样、目标等基本要素。这是由于环境、生产力、生产关系等方面出现了新的变化或发展,给人们在客观上展示了某种新的发展坐标和诱人的前景。它使人们感到似乎有某种新的物质与精神利益有可能正在变为现实。

但这只是存在着一种可能性,而不是现实性,要变成现实性则要有诱导和排除某些障碍因素。故还只能是一种潜在的动因。

其中,环境与机遇是客观存在的。如果不经过"开放"的催化,就不会形成"榜样"。没有"榜样",也难以确立"目标"。这就是这一组因子的内在联系。

2. 中介诱导系

它包含循序传导的开放、决心、战略、改革、政策等要素。这一组要素,是人们由发现发展机会到实现发展之间的中介结构,也是"诱导机制"中的核心部分。如果没有这个中介，发展的可能性便不能形成发展的现实动力，从而可能性无法变成现实性。故又称之为诱导动因。

其中，"开放"是大前提，不开放就不能发现外界的榜样和自己的落后，从而也无法确立"榜样"与"目标"，无法下定发展的"决心"。"战略"与"改革"是关键，没有一个既适应环境机遇，又通过对环境进行科学诊断而形成的"战略"，并在战略的指导下为排除发展障碍而进行的"改革"，"资源"就无法被动员起来，从而机遇也就会丧失。"政策"则是依据战略目标和改革方向而制定的行为规范。

3. 内涵素质系

它包含静态变动态的资源、诊断、动员、发展实践等要素。我们在前面讲过，"资源"是死的，又是活的。不管是死还是活，它处于静态时，总是一种潜在的财富，没有变成现实的财富。只有开放以后，才可能开阔人们的视野，人们才可能用不断更新的眼光"发现"资源以及利用资源的更多途径，从而才会下决心去诊断资源，动员资源，以求得发展。这样，原来静态的资源，就变成动态的资源，就通过发展转化成现实的社会财富。

因此，内涵素质系是经过客观机遇与主观诱导反复整合，从而成为现实的发展行为。

第三节　平衡与不平衡：发展契机论

对于一个不发达国家，在研究经济发展战略时，往往都会面临两种选择：是大推进——平衡发展，还是非平衡发展？

一、平衡增长论的评析

主张平衡增长的代表人物，主要是罗森斯坦-罗丹、纳克斯、刘易斯等。这个理论的一个重要方面是：主张一个发展中的经济，必须保持不同部门步调一致的发展，否则，单一部门的发展由于其他部门的需求脆弱或供给不足，就无法发展乃至失败。例如，如果只开一个鞋厂，它生产出来的鞋子，本厂工人是买不完的，必须有其他部门同时发展，有足够的工资——购买力，这个鞋厂才能生存与发展下去，等等。

这个理论有其合理的内核：其一，它说明了工业发展中"聚集效应"的重要性。在可能的情况下，不宜在落后地区布局那种对联系效应要求高的部门，使之单一独进。那样，就无法发展乃至失败。其二，作为一种目标，发展的"彼岸"无疑也是可以成立的。例如，在发达国家，这种平衡增长的客观要求则是存在的。

但是，对不发达国家来说，这个理论有三个致命弱点：

第一，它是静态地看待经济发展。它忽视了发展与增长的差异性和参差不齐的情况。正如赫希曼所说，一条绳子，认为它处处都一样牢固，要么在任何区段都不会被拉断，要么就在每个区段同时被拉断。所以蒙泰恩说，它的前提违背了自然。任何事物(包括一个事物的内部结构元素)都不会是毫无差异的。事实上，一个国家的发展过程，总是某个或少数几个部门突破，而后从后向或前向逐步带动其他相关部门，有先有后、参差不齐地发展起来的。

第二，它这种"愿望"只能说是强加性的，而非自主性的。同上一点相关，那种"齐步走"的大推进，只可能由外部强加给某个特定的经济系统。赫希曼认为，这就必须把一个自成体系的工业经济强加性地迭放在也是自成体系的传统部门之上。这种嵌合式的例子也不是没有，如在殖民地（特别是第二次世界大战以前），宗主国飞地式经营矿山和种植园，自成一体，同所在国的经济几乎不发生多少联系。这种情况就同发展毫不相干了。

第三，不符合发展中国家的实际。在发达国家的萧条时期，由于就业不充分，确实个别厂商的增长行为常常是无效的，因为它不能创造足够的需求和实现"乘数"效应。到高涨期间，经济的平衡复苏的确是可能的，这是因为整个经济体系和社会生产力系统都照常存在，只是暂停运转而已。所以，平衡地恢复增长是完全可以的。但是，在不发达国家，情况就不一样了。企望社会或政府同时建立起如此庞大的经济体系和社会生产力系统，"只是可望而不可即的"。

所以，赫希曼说得很对：平衡增长理论"可能是受凯恩斯学派某个变种对萧条原因分析的激励"。"这个理论最奇异的地方是以下两者的结合：它对不发达经济的能力持失败主义的态度，而同时对其创造能力却寄予完全不切实际的期望。"[①]

二、"外在经济内在化"问题

主张大推进——平衡的学者们认为，之所以个别（或少数）部门率先发展不能推进发展，是由于个别厂商的"内在经济效益"小于"外在经济效益"，因此个别厂商对利益的预期必然偏小。据此，他们主张实行集中计划，就像在一个"托拉斯"统一组织下，各个厂商都好像在一个大企业内部从事经营，从而使外在经济效益内在化。这样就可以扩大对利益的预期了。

这种理论，如果是针对发达国家而言，可以说是无可非议的。这正是资本主义由"个体资本"向"集团资本"的必然演化过程，此其一。其二，这种做法，在过去社会主义国家也实行过，但显然是不成功的。其原因在于：

第一，不符合经济发展的阶段性。一般地说，商品经济的发展往往是由"自由的"发展逐步走向"垄断的"发展，由"个体的"（包含个别企业）发展逐步走向"集中的"发展。在不发达国家，无论是资本主义的市场经济国家还是社会主义的市场经济国家，在发展的前期，都必须有一个自由竞争的历史阶段。否则，既不能形成强劲的社会发展冲动，又难以优化结构。过早、过大的"集中"，事实证明往往会窒息发展与增长，而且会有中世纪回潮的危险。

第二，"内在化"也受到国力的限制。内在化必然要求同时实施众多项目，使之得以联合配套进行。但是，对不发达国家来说，国力的制约要远远大于效益的最大化。事实上，不可能因为"内在化"可以获得最大的利益就可能同时实施众多发展项目，往往只能选择有限的项目和适度的利益。

第三，"内在化"会抑制创新。赫希曼对这一点说得很中肯："一个投资决策集中化的

---

① 艾伯特·赫希曼：《经济发展战略》（中译本），经济科学出版社1991年版，第45~46页。

经济,在从事某种创新方面不大可能特别富于进取心。"①客观实践证明,即使在发达国家,过度的内在化——垄断,也会抑制技术创新。否则,各国就不会有反垄断法。更何况在不发达国家,过早的内在化就会使原来本没有什么竞争机制的传统部门更难以向现代部门转化。技术(包括组织)创新的机制还没有分娩,就被扼死在胎里了。

第四,"内在化"会弱化发展的动力。实际上,绝不是越内在化,投资的诱导因素就越强。往往相反,由于集团化过分推进的结果,激励机制在总体上会被削弱。因为影响"诱导"的,不只是"内在化"一个方面的因素,同时还有一个更大更本质的因素,即产权明晰化问题。而过度的"内在化"就会造成产权复杂化、模糊化。在不发达国家,由于市场的不完善,规则的不成熟,这会更显严重。

还要看到,对于不发达国家来说,不只是增长创新问题,还有"结构转换"问题。要促使结构顺利转换,则需要多元化的发展主体由下而上地推动。如果过早过度地实施内在化,发展主体便会大大减少,发展动力就会大大弱化。这正是过去那种过度集中的计划经济模式失败的一个重要原因。

三、非平衡战略

关于非平衡发展问题,我在 1987 年曾经写过一篇文章②。主要是结合中国的情况论述了非平衡发展战略取向的合理性。在这里就不重复论述了,只打算补充一些新的想法。

1. 平衡是相对的,不平衡是绝对的

事物发展的一般规律,总是在不平衡中获得短暂的相对平衡,随着事物继续向前发展,相对的平衡又会被新的不平衡所取代,而进入另一级的发展阶段。如此循环往复,生生不息。

所谓"相对",有两重意思:

第一,从时间观点来看,在发展的长河中,不平衡发展是绝对的。无论是发达国家在完成工业化以前或进入信息化以后,还是不发达国家的现阶段,都是不平衡发展的。平衡发展只是在其总体社会经济结构处于稳定态的阶段(如工业化接近完成之后),才可能实现,而且这种平衡也是有限的、暂时的(当然是从历史的角度来界定的"暂时")。

第二,从空间观点来看,在一个发展中国家,现代部门的成长绝不可能是"齐头并进"的。这不仅是资本的约束,更重要的是市场的约束、观念的约束、人才的约束(企业家不成熟)等。所以,发展总是从主导部门开始,然后带动其他部门扩散式的增长。平衡只是一系列不平衡发展的结果,而不是开始。赫希曼称之为"跷跷板式的增长",也可称之为"荡秋千式的增长"。由主导(或先导)部门突破,逐步波及关联性的部门,向外层扩展开去。也应该肯定,在这个过程中,先进部门或地区内部,有可能实现平衡增长,发挥"聚集效应",而从社会总体上说,则是不大可能的。

① 艾伯特·赫希曼:《经济发展战略》(中译本),经济科学出版社 1991 年版,第 52 页。
② 见夏振坤:《地区经济发展的若干理论问题》,《江汉论坛》1987 年第 5 期,第 29~31 页。

2. 平衡是结果，不平衡是过程

必须首先承认一个大前提，即不发达国家在它开始起步时，各种资源要素(有形的与无形的)在各部门、各地区之间的组合状态是极不一致的(特别是大国)。这种资源分布的不平衡，在相当长的时段内势必造成现代部门发展的边际效益出现巨大的差异。按照资本流动规律，它就不可能平衡地流向每个地区和每个部门，而总是优先地向一个或几个边际效益最大的地区或部门集中，然后由于"关联效应"的要求而逐步向边缘地区或边缘部门扩散。经过相当长时间的不平衡发展，最后才能达到相对的平稳态。在发展过程的"均衡态"上，实际上也存在一种倒"U"形(见图 1-2)：

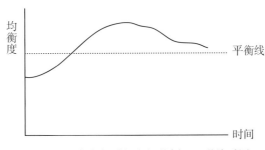

图 1-2　均衡度与时间之间的倒"U"形关系图

3. 夸大了非市场因素的作用

市场机制易于导致不平衡发展，这一点是很好理解的。但是，市场因素不能做到的事，是否非市场因素(如政府)就能做到呢？平衡论者认为是可以的。但事实说明，同样也是难以做到的。这是因为：

第一，政府的平衡功能，莫大于过去苏联式的社会主义模式了。但即使在苏联，政府是由各个职能部门组成的，而各个职能部门在影响高层决策的"力度"上显然是不一样的。苏联强大的军事工业部门就可以使得资源配置通过计委之手向军工与重工业过度倾斜，把个别企业家的利益倾向变成了集团官僚的利益倾向。这就是苏联的产业结构长期恶化而不能纠正的根本原因。这足以证明非市场力量也是难以真正做到平衡发展的。

第二，政府更难以完全代替企业家的功能。企业家作为经济实体的法人代表，其主要功能是根据市场变化随时作出正确的生产经营决策，以获取较大的经济利益，而政府只能运用宏观调控手段对经济实体的经济活动进行正确的引导。实践证明，政府不能直接参与企业的生产经营活动，不能代替企业家对企业资源配置与产品营销进行决策，否则就会使企业失去活力，阻碍其发展。因此，只能顺从经济发展规律实现经济的不平衡发展，而不能由政府代替企业家的功能强行地实现经济的平衡发展。

四、发展契机论

我们在全面地探讨了平衡与不平衡的发展理论之后，可以提出这样一个问题，即发展的契机是什么？我的回答是：不平衡。为什么说"不平衡"是发展的契机呢？

让我们首先引用一下西托夫斯基的一段描述：在自由竞争的行业中，开始是某一个行业出现了超额利润（大多是由于技术创新），促使投资向它集中，于是，利润逐渐趋向平均化，直到该行业投资的消失；又出现新的行业的超额利润，促使投资向这个行业集中，利润又一次趋向平均化……如此不断往复①。这一段描述，必然使人们联想到，"不平衡"的出现是促进发展的初始动因，是发展的契机。

运用"耗散结构"理论可以得到更切实的解释："不平衡"的实质是"负熵流"。它是使经济系统运行不息，由无序走向新的有序的契机。就像水一样，有了"落差"（不平衡），水才会流动，才会产生诱导机制，有序地向低处流动。没有"落差"，在一个封闭的水塘里，水平如镜，一切都静止了，系统也就无序了。

正是由于出现了不平衡，才会发现差距，有了差距，才会有"样板"与"激励"，从而诱导机制强劲起来，于是才有发展。由此可见，有了不平衡，才会有发展，平衡固定了，发展也止息了。

所以，"我们的目的是使不平衡存在，而不是使其消失。要使经济向前发展，发展政策的任务是保持紧张、不成比例和不平衡……这就是我们艰苦努力所要寻求的一种机制，它是有助于经济发展过程的无价之宝"。② 发展政策的价值取向，绝不是追求"稳定"的"平衡"，而是始终巧妙地保持不平衡——激励与诱导发展——相对平衡——引发新的不平衡——激励与诱导新的发展……的循环向上的强劲机制。③ 要长久保持住这种机制，就必须使本经济系统始终保持一种开放的格局。

第四节　互补与诱导：三线聚焦说

在上述两节，我们讨论了发展的动因，并把它归结到"结构性诱导"机制，进一步又讨论了不平衡发展的合理性，并提出了诱导机制在不平衡发展中的作用。在这一节中，我们再进一步深入地探讨一下诱导机制与不平衡发展是如何形成以及在部门之间产生牵引作用，从而导致发展过程的展开、逐步推进和提高的。

一、互补与牵引

一个部门的投资可以诱导另一系列部门的投资，是不平衡发展的立论依据。而之所以可以产生诱导，则是由于投资的互补作用和由此产生的牵引效应（或串联效应）。首先，总是某个先导部门发展，由此增加一种新的供给，新的供给引起新的需求，新的需求则要求增加更多供给，要增加这种逐步积累的供给，就必须提供与之相配套的上游（后向）产品与下游产品（前向），从而引起与先导部门相关联的各个部门的投资边际效益的提高，

---

① 转引自艾伯特·赫希曼：《经济发展战略》（中译本），经济科学出版社1991年版，第58页。

② 艾伯特·赫希曼：《经济发展战略》（中译本），经济科学出版社1991年版，第59页。

③ 值得注意的是，这种机制，必须是具有社会激励的，而不是主观强迫的；否则，像1958年中国"大跃进"那种强制性的"不平衡"，就不仅不能促进发展，而且具有极大的破坏性。

带动起一连串部门由少而多、由小而大、由近及远地发展起来。

这种牵引效应，乃是经济发展过程中的一条规律，是实实在在的对发展过程的一个科学的概括，从而为不平衡发展提供了一种理论基础。任何大国，恐怕都不能例外。区别只是在资本主义大国，是通过对私人资本自我利益的刺激而增加连带部门的投资与生产，在社会主义大国，则往往是通过政府压力。

然而，上述牵引效应，在其内涵上究竟是如何发生的呢？在此，必须做深入一层的分析。根据边际效益原理，一个新的产品的出现一方面是它享受了以前的投资所产生的外在经济效益，另一方面它又为后续产品提供了新的外在经济效益和超额边际效益，从而刺激这些产品（部门）的发展，一直到边际效益平均化（趋向平衡）。于是，又有一种新的项目投入，又引发新一轮的牵引效应……例如，微电脑的生产，是享受了上一代计算机等方面投资所产生的外部经济效益，同时，它又为后续投资带来了新的外部效益：原来的机电产品因装上微电脑而大大扩展了市场，提高了价格，增加了收益，从而为电脑调控的洗衣机、电视机、电话机……诸多新项目的投资带来新的超额边际效益，刺激这些部门串联式地发展起来……这正是先导部门的投资，乃至每一项投资，都可能诱导出一连串新的投资，从而牵引起一系列关联部门发展的内在原因。

二、三线聚焦论

上面我们从不平衡发展的分析到诱导性投资的部门牵引的论证，可以使我们得到一个更为具体的假设：不平衡发展，是由示范、学习、积累三个交叉的过程共同"聚焦"到诱导性投资，从而引起发展与增长，通过增长形成阶段性"均衡"态；接着又被新一轮的不均衡所打破，于是又在新的起点上开始"三线聚焦"的过程。如此循环往复，周而复始，一次比一次把经济发展推到一个新的高度（见图1-3）。

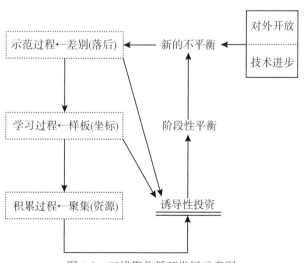

图1-3　三线聚焦循环发展示意图

对上图首先需要说明一点，它是以现实的不发达国家为对象和研究起点的，不是探讨人类社会工业化的"第一次推动"。在现实的不发达国家,其外部已经存在一批发达国家,故不用重复地经历第一个工业化国家的那种自然演进过程。所以,在图的右上角有一个"对外开放—技术进步"的元素在起作用。至于开放的作用,我们在前面"结构动因论"中已做过交代。

下面对"三线聚焦"做一具体解释。所谓"三线"是指下列三个过程:

1. 示范过程

大凡一个不发达国家,当它刚走上发展道路时,往往会先有一个"示范过程",即现代经济相对于传统经济的示范过程。这个过程可能是自愿的,也可能是外力强加的;可以是原生的,也可以是次生的。而之所以会产生这种示范效应,乃是不平衡引起的"差别""差距",这种差距又必引起"落后感"和诱导动因,从而才会开始示范过程。

2. 学习过程

示范过程确立之后,必然会认定某种样板,其成为发展的坐标系,并以此为目标开始学习过程,或称试验过程。不发达国家的发展,必须有一个学习过程,由传统到现代,从观念转变到经营管理,从宏观决策到微观建设,都会有一个反复"涨落"的时段,而后才能逐渐趋于成熟。中国从 20 世纪 50 年代开始"涨落"了 30 余年,付出了巨额的"学费",说发展会有牺牲,主要是在这个过程之中。

3. 积累过程

这个过程,往往是和前两个过程交错发生的,只是到"学习过程"渐趋成熟时,才会大规模地进入这一过程,并使这一过程成为主流过程(示范与学习过程也继续存在)。这三个过程,前者是以解决发展的初始动机为主,中者是以解决发展的诱导机制为主,后者是以解决发展的资本积累为主。它们各有侧重,相互交叉,共同影响诱导性投资的力度。诱导性投资所引起的"乘数效应",必会导致某种阶段性均衡的出现。但新的"开放"与"科学进步"(可以是开放引进的结果,也可以是内部创新的结果)又会导出新的不平衡……如此一轮又一轮地不断发展。

第五节 突破口:投资的选择

一、必要性与依据

为什么要进行投资的选择?难道不可以让"无形的手"去实现"帕累托最优"吗?在不发达国家,这是不行的。其一,是由于市场发育的不足。在不发达国家,市场残缺不全、市场规则不完善、中世纪残余大等原因,致使"私人成本与社会成本之间往往呈现某种有规则的差异"(赫希曼语)。在这种情况下,如果完全依赖市场去引导投资,就会出现信息误导、资源紧缺(乃至黑市猖獗)、非经济干扰等诸多弊端,造成盲目上项目、开工不足甚至不符合市场需求而报废等不良后果,使资源遭到大量浪费。其二,是由于资金的短缺。这一点是显而易见的。由此，就必须以市场运行为基础，以诱导理论为指导，发挥政府的理性作用，对投资的方向与重点进行适度的科学选择并进行经济的(政策的)引导。

那么，依据什么来进行选择与引导呢？总的来说，一个百废待兴的国家，要解决的问题是很多的，几乎可以说每一个项目都是需要的。但限于条件，又不可能"齐头并进"(平衡)式地来解决。因此，只能进行有限的、最优化的选择。选择的一般依据是：

第一，需要的紧迫度。首先是市场的需要。根据市场边际效益最大的原则，寻找那些由牵引效应导致的具有较大外部利益的项目和部门，即前面所述的那些既能有效享受以前投资所创造的外部经济效益，又可以为后续项目提供新的外在利益的项目和部门。这些部门实际上就是经济增长最迫切需要的部门。当然这是以价格形成机制已经成熟为前提条件的。

当然，对于不发达国家，还要考虑保障国家安全与民族独立的需要。因而，需要发展某些基础工业。但是，在这个问题上一定要处理好基础工业与"牵引"工业的关系，即前者是优化的但不是大量的，要以不影响整个经济增长的诱导机制为原则。因为基础工业一般投资量大，回收期长，积累效应较低，不利于发挥诱导牵引效应。如果由政府出面过量地发展这些部门，则会如苏联那样，造成结构的恶化，阻滞经济的发展。

第二，资源的承受度。资源是死的，又是活的；是绝对稀缺的，又是相对无限的。问题在于如何动员。所谓死的，是指资源如果没有被动员起来，就不能产生财富，就是死的，"坐在金山上讨饭"往往是落后地区的通病。所谓活的，是指如果建立了某种诱导机制，沉睡的资源便可被发掘出来变成社会财富，本国本地区没有的资源也会从境外流入。所谓绝对的稀缺，是指就人类社会总体而言，可用于经济活动的资源终究是有限的，是越用越少的，所以是稀缺的。但是，对一个特定的国家、地区而言，只要其战略正确，由于资源的可流动性，故相对该国、该地区来说，资源又可以是"无限的"。

据此，在考察资源承受评估度时，必须用动态的方法，全面评估自有资源和借用资源，现实资源和潜在资源，此其一。其二，还要区分起步资源和待动员资源。之所以如此，是因为在一个国家和地区，经济起步时，可动员的资源也是有限或稀缺的，这是现实。包括自有的、借用的、潜在的等资源中的相当大一部分，都有一个"动员过程"，需要时间才能逐步到位，故不是现实(指起步阶段的现实)的资源。所以，在评估资源承受度时，必须有阶段观念，不能把未来阶段的资源承受度当作现实的资源承受度。同样，也不能只看到现实承受度，而忽视未来承受度。否则，或者会出现冒进的偏差，或者会出现保守的毛病。

第三，产业的关联度。发展政策，必须立足于"关联效应"。众所周知，关联效应包含"后向联系效应"和"前向联系效应"。这种后向的原材料与中间产品的供给压力和前向的由新的外部效益导致的新的经济开发活力，都可以形成强劲的诱导机制。这就要求战略决策者在考虑间接资本投入或直接经济活动的投入时，必须因地因时制宜，全面衡量这两方面的关联效应，并权衡其实际有效性。

这就是说，我们不能只是从关联效应一般的理论或经济模式出发，搞"纸上谈兵"，而是要从不同国家或地区的具体结构特点出发，究竟从哪一项投资入手，才能最大限度地催化出前后关联效应，不能生搬硬套。例如，汽车工业，从理论与经验上讲，都是关联效应很大的，但并不是每一个国家或地区都可能从汽车工业突破。又如，日本从重化工入手成功了，但新加坡就不可能。所以，在评估关联效应时，切忌主观想象，要严格从实际出发。

二、结构诊断：突破口选择

结构诊断的内容包括四大结构分析：一是产业结构，包括现代部门的比重、瓶颈行业、相对优势行业等；二是资源结构，包括内生资源与外生资源(有形的、无形的、区位优势……)，自有资源与借用资源(机遇)，现实资源与潜在资源，起步资源与待动员资源等；三是社会结构，包括文化背景，人口素质，阶层状况，体制约束，政局动向等；四是环境资源，包括地缘关系，国际趋向等。

结构诊断的步骤为树形淘汰法。第一步，粗选。选出若干供选行业或项目，选择的目标是尽可能考虑各方面的需要，使选择面稍微广泛些。第二步，精选。实行两级淘汰：首先，按资源结构诊断的材料，逐一进行筛选淘汰，其间，要适当考虑境外的环境机遇资源。然后，按社会承受力的诊断结果，逐一筛选淘汰，其间，特别要考虑上层建筑改革的可能性与进程。选择的目标既不能是承受力最小的，那样风险太大；也不应是承受力最大的，那样就没有发展的动力。目标应是承受力适中。第三步，预期。即效应预期分析。在上一步筛选所剩下的几个行业(或项目)中，再进行前后关联度的预期分析(实证分析)。选择的目标应是关联度最大的行业(或项目)。第四步，定向。即确定突破口——主导行业(或项目)。这四步树形淘汰法，见图1-4。

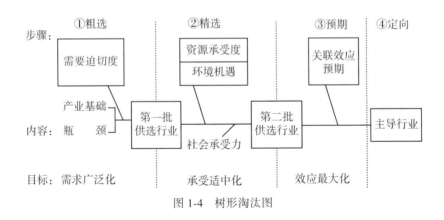

图 1-4　树形淘汰图

第六节　诱导机制的几个关系问题

一、主导行业与卫星行业

选择了突破口——主导行业，还要研究主导行业与卫星行业的关系。赫希曼提出了卫星行业的三大特征："一个卫星行业通常具有以下几个方面的特点：(1)它享有因接近主导行业而形成的牢固区域利益；(2)主导行业的主要产品或副产品，不需要经过太多的转换便可用做它的主要投入；(3)它的最小经济规模小于主导行业。虽然主导行业一经建立，卫星行业必然接踵而至，但是，它的建立也可能刺激非卫星行业的建立。在这种情况下，其刺激力是极弱的，但是其利害关系却大得多。"①

在实际过程中，这种关联效应绝不是单线式的，而是呈多向串联和梯级诱导的态势：

第一，作为主导行业来说，A 行业的出现会诱发 B 行业的建立，反过来 B 行业的建立又会促进 A 行业发展(扩大了市场需求或中间品供应)。像 A 行业这种中间的或基础性的行业，较之那种属于最终性的行业，显然应被列为优先选择的对象。

第二，这种关联效应属蛛网形梯级串联式。主导行业诱发卫星行业的建立，卫星行业的建立既促进主导行业发展，同时又因供给压力和需求效应而诱发次一级卫星行业的建立……主导行业与卫星行业的建立与发展，还会刺激非卫星行业(平行行业)的建立与发展。如此等等，呈辐射状扩展开去。

第三，主导行业(或其他行业)的前向联系诱导，经常是以后向联系为条件的。A 行业建立，造成某种"需求压力"，因而 B 行业(后向)建立，乃至 C 行业建立；B、C 等行业建立，促进 A 行业发展；A、B、C 行业的发展，扩展了现有和预期的需求，因而刺激前向联系的拓展……例如，纺织业的建立，造成对棉花、化纤原料、机械、电力等行业的需求压力，因而刺激植棉业、养羊业、化工业……建立起来，这样促进了纺织业的发展，纺织业发展到一定规模，使社会对服装、包装等有了预期需求(或扩大了原有的需求)，因而便诱发了服装业、包装业等的建立与发展。

二、外部竞争与内部激励

我们在前面用了很大的篇幅讨论了诱导机制问题。但主要的着眼点则限于部门之间、地区之间的诱导性分析，或者说是行业乃至企业外部的竞争所形成的诱导或关联效应。

但是，仅有这一方面的分析显然是不够的，不仅是不够，而且还是有害的。其原因是：

第一，仅仅由于外部诱导(竞争)把项目建成，而项目建成却不等于就能取得发展，还有一个内部激发的问题。这就是在一些不发达国家或地区许多刚刚建立甚至还在施工中的项目便宣告倒闭的实质原因。赫希曼正确地指出："企业不能完全或主要依靠与其他厂商的互补或竞争关系所施加的压力来有效改善自身的业务经营。这种压力还必须产生于企业本身。"②

第二，外部竞争的有效程度往往还要取决于内部激励的大小。我们不妨假设：当一个企业(或经济实体)完全没有内部激励机制时，那么外部竞争对它来说就不能形成任何压力，从而对它不起任何作用。这就好像一个物体自身没有包含任何金属成分，那么，吸铁石对它将不起任何作用一样。

因此，诱导效应要能真正有效，就不能停留在外部关联的研究上，而必须进一步深入

---

① 艾伯特·赫希曼：《经济发展战略》(中译本)，经济科学出版社 1991 年版，第 92 页。
② 艾伯特·赫希曼：《经济发展战略》(中译本)，经济科学出版社 1991 年版，第 123 页。

企业内部(或行业与部门内部)的激发机制的形成和强化方面。对于由计划主导型经济向市场主导型经济转轨的国家来说,这一点尤显突出。这类国家,由于市场发育不足和现代企业制度短缺,外部的不平等竞争和内部的"大锅饭"机制,致使健康的诱导机制的形成尚须待以时日。

那么,是什么原因阻碍了内部激发机制的形成,我们应从哪些方面去创立内部激发的体制基础呢?根据国内外的经验,主要应从如下几个方面进行:

(1)建立明确的产权制度。其目标是把企业的经营效果紧密地同个人责任制结合起来,形成明晰的个人利益激励和风险约束。在我国,现在是把"出资者所有权"同"企业法人产权"进行分离,企业的董事会拥有企业的全部法人产权(包括占用权、经营权、收益权、处分权),并承担民事责任。这样,政府不再承担企业的无限责任("父爱主义"),企业实行优胜劣汰。这就势必驱使企业竭尽全力去参与市场竞争,激发企业的"成长意识",使内部激励机制大大强化起来。

(2)建立企业内部富有参与和进取的人际关系。其目的是调动企业全体职工的主人翁积极性与创造性,把企业的利益与风险同每个职工的个人得失挂起钩来。这方面,根据东方的经验和中国的实际,除了推动"职工个人股"之外,最重要的是塑造一种建立在共利基础上的企业文化。在制度上保障职工能参与企业的管理决策,并根据各人的实践与贡献获得相应的表彰与利益。在这方面,应极力避免出现西方19世纪那样"冷酷无情"的企业内部的阶级对立。

(3)建立科学的管理制度。其目标是建立符合现代市场竞争要求的各项企业内部的管理体制,包括能够有利于稳定和吸引高级人才的人事工资制度,高效率的岗位责任制与相应的奖励制度,能灵活适应环境变化的公共关系制度,科学有效的咨询决策制度,严格的核算制度,有效的维修与培训制度等。

三、核心地区与边缘地区

关于诱导机制问题,我们已在部门之间的诱导、企业内部的激发等方面进行了分析。但是,这还不够。发展的实践证明,关于诱导问题,还有一个地区与国家(大地区)之间的问题。这是由于发展的不平衡性,不仅在部门之间存在而且在地域之间尤显突出。这样,不仅存在诱导机制在部门之间的传递(牵引)问题,而且存在地区之间、国家之间的传递(牵引)问题。

经济的发展,不可能在所有国家(就世界而言)或所有地区(就一个国家内部而言)齐头并进,总会是在开始时个别或少数国家与地区由于我们在前面第二节与第四节所阐述过的原因而率先发展,另外大部分国家或地区相对落后。这种率先发展起来的国家或地区,发展经济学称之为"核心国"或"核心地区",法国人最早称之为"发展极",也有人称之为"增长中心""增长点"等①。而那些相对落后的国家或地区则称之为边缘国或边缘地区。

对于"发展极"或"核心地区"出现的必然性及其在发展中的巨大作用,甚至可以说是不可少的牵引作用,在经济学界是没有什么分歧的,大都取得了共识。现在的问题在于如

---

① 艾伯特·赫希曼:《经济发展战略》(中译本),经济科学出版社1991年版,第166页。

何正确地理解和规范发展极与一般地区、核心地区与边缘地区的"联带效应"。换句话说，如何使两类地区(或国家)在传递过程中的积极作用尽可能扩大而消极作用缩小到最低限度？赫希曼把这两方面的作用称为"淋下效应"和"极化效应"。按照他的界定，前者是指发达地区(国家)的经济快速增长会给落后地区(国家)带来"走向增长的压力、拉力与强制力量"，特别是对靠近增长中心的地区。这样，发达地区可购买落后地区的资源、初级产品，从而增加其相应的投资，还会吸纳落后地区的潜在的失业人口。这样一来，便会提高不发达地区的边际劳动生产率和消费水平，促进其经济发展。而后者，是指由于起点(工业化水平)的悬殊，落后地区在同发达地区进行交换的过程中，贸易条件往往处于不利地位(发达地区的保护主义和不等价交换等)。同时，发达地区的"拉力"往往不仅吸引了剩余劳动力，而且会造成落后地区高素质的人才流失，从而使落后地区的发展条件更显得不利。正由于同时存在着这两种效应，在实际发展过程中，特别在国与国之间往往形成边缘国对核心国的依附，在一国之内更容易造成落后地区对发达地区的依附。由此，有的发展经济学家就主张不发达国家应争取分离主义的政策。

对于这种关系，要寻求最佳的而且是现实的处理方式，首先必须承认两个客观的事实：一是两种效应必定是同时存在，问题只能是孰大孰小，而不能只有一种淋下效应；二是对国与国之间来说，核心国必定是为了发展自身的利益(有时是长远利益)而向边缘国购买与投资，至少在现时代，不会有真正的"无私援助"。

在这两个前提之下，不发达国家和地区寻求发展的思路不能建立在企求核心国或核心地区的"发慈悲"之上，而必须建立在自己的独立自主性之上。对于一个国家来说，必须在坚持国家主权的原则下，既积极地实行开放方针，加强与国际市场的接轨，最大限度地发挥"淋下效应"，又灵活坚定地实施适当的保护政策。一是防止资本与技术(包括高级人才)的外流，将它们控制在最小限度；二是独立的关税体制；三是适当的货币与汇率政策。对于一个地区来说，问题就比国家要复杂得多。这主要是在一个国家内部，生产要素的流动性远大于国家之间，而且都在一国之内，不存在"主权"壁垒的障碍，即使"极化效应"强化，往往也不易引起重视。正因为如此，在一些资本主义发展大国，出现了城乡之间、地区之间严重的发展反差乃至对抗现象(如最近墨西哥的骚乱)。

在社会主义发展中大国，也不是绝对不可能出现这种现象，即由于现实的社会主义还不可能是全国一个发展主体，因此集中的计划经济也不可行。由于发展主体的分割与多元化(分割指公有经济、国有经济也要被分割为许多相对独立的利益集团)，因此核心地区与边缘地区如无中央政府宏观调控，则一样会使"极化效应"强化起来。目前，中国发达地区与落后地区的反差就已开始被急剧地拉大了。

但是，政府和社会在处理核心地区与边缘地区的关系时，第一要有历史的态度，即要承认公共投资(在社会主义国家是财政投资)不应该采取"撒胡椒粉"的方式，从边际效益最大化原则出发，应实行先倾斜后"淋下"的系统政策。即应先在资本回报率最大的地区与行业适当集中投资，形成若干发展极(城市群)，然后通过发展极的淋下效应带动一般地区的发展。实践证明，这是成效最好的选择。如我国前30年平均使用投资的方式证明难以形成强大的发展气势，后15年先向沿海倾斜则形成了全国大发展的强劲推力与拉力。又如江西省前30年采取向老少边地区倾斜的投资政策，证明越救济越穷，后10年采取向先进地区倾斜，使江西开始进入发展的快车道。所以，要有阶段性的观点，要承认有一个迂回的过程。第二要对落后地区实行更为宽松的政策，赋予其尽可能大的经济自主性。如我国前30年不放手，"依然故我"。后15年放开，特别是20世纪90年代以来边缘地区变化大。根据边缘地区梯度差较大、资源丰富、政策"自由回旋"余地大、边界两边经济联系密切等特点，应实施"边缘战略"，包括全方位开放，实行各种变通(优惠)政策，加快该地区城镇发展，形成"三级辐射网络"等，同时要处理好联合与竞争、行政边界与经济流向、先进与落后几个方面的关系，以提高边缘落后地区的对外开放与经济发展水平。

第七节　制定经济发展战略的原则

一、"未来型"而非"现状型"

现在不少地方研究经济发展战略，往往是以现状为基础进行设想与论证，这不符合战略研究的要求，甚至是危险的。因为，战略不是为了适应当前或过去的环境，而是为了有计划地适应未来的环境，使本系统在未来捉摸不定的变化中立于不败之地，并取得更大的发展。战略必然要以未来为主导，它必须是"未来型"的。

以未来为主导，就必须进行预测。对于经济发展战略来说，至少应进行如下预测：

1. 国际、国内经济社会发展总趋势的预测

从国际经济发展态势来说，"重心东移"的大势能否成立？如能成立，那么，对本地区经济发展将会带来什么挑战？将会带来什么机会？我们的战略应如何应付这种挑战并利用这种机会？

从国内来说，究竟是"一三跳跃"(指由沿海东部地区直接跳到开发西部地区)趋势，还是"调整东部、建设中部、准备开发西部"的趋势？地区经济面临这两种不同的大趋势，将会有不同发展态势和竞争格局，就要求有不同的战略。对于中部地区的经济来说，尤其如此。

2. 工业与城市布局发展的预测

在现代社会，经济的发展在很大程度上要取决于工业的布局和城市的发展。如果不顾这一点，关着门搞经济发展战略，就等于"盲人骑瞎马"。

例如，长江流域各地区经济，就和整个长江工业带的发展以及整个长江沿岸城市群的兴起息息相关。这种工业与城市的发展，将会给各地区经济提供多大的市场？什么样的市场？将会在技术、资金、装备、就业等方面为本地区经济的发展带来什么机会？将会给城乡关系、城乡的边界带来什么变化？如果对这些问题心中无数，没有大致可靠的了解，如何能制定出一个切实可行的地区经济发展战略呢？

3. 技术与产品发展的预测

新的技术革命必将引起产业结构、就业结构、产品结构以至经营方式的重大变化。在

制定经济发展战略时，就必须预测这一革命对本地域的经济将会带来多大的波幅和波强？在产业结构方面，对传统工业的衰退和新兴工业的崛起做如何预测？对产品的更新换代做如何预测？等等。据此来制定本地区经济的产业战略和产品战略。

如果不进行这种预测，仍然按照传统的产业结构和"重、厚、长、大"型产品来制定城市和乡镇企业的发展战略，仍然按照传统的农业技术来制定农业的发展战略，可以断言，不到 2000 年，就会远远地被丢到时代的后头去了。

除此之外，像人口的增长、人才的成长等，都应有相应的预测。只有在这种科学的预测的基础上，才能真正制定出切实可行的地区经济发展战略。

二、"市场型"而非"资源型"

所谓"资源型"的战略是指那种主要立足于本地资源的开发价值，以此来确定本地区的战略目标和产业结构以及相应的政策。研究战略，必须研究资源及其使用方向，这是毫无疑义的。但是，如果把战略主要建立在自有资源的理论开发价值上，那可以说是一种"单相思战略"。

因为，我们不是生活在封闭的自然经济时代，任何战略都是要在商品竞争的环境中去实施的，从这个意义上说，经济战略实质上就是市场竞争的战略。不掌握市场态势，就无法制定正确的战略。"资源型"战略的弱点，就在于它没有充分考虑市场这个重大前提。资源的开发，只是一种可能性，或者说是潜在的优势，可能性能否变为现实性，取决于市场的需求。如果市场没有这种需求，资源也只能长眠在地下，更谈不上什么"几倍""几十倍"地增值了。为了使经济发展战略成为"市场型"的战略，应该进行如下工作：

1. 市场需求的动向监测

当今的市场处于富有戏剧性的变化之中。旧有的市场，由于消费结构的变化，需求结构也在经常变化。我们不仅要了解当前的市场需求及其容量，还要了解市场的寿命周期。今年市场紧俏的商品，在若干年之后可能就没有市场了；反之，随着居民收入水平的提高、交通干线的延伸、新的工业基地的兴建等，新的市场也在不断出现。

在研究战略时，就必须对未来市场的各种动向有一个基本的了解，然后根据市场需求的变化趋势来确定自己的发展战略。

2. 竞争情报的收集

任何一个经济系统或经济组织，在商品竞争的环境下如果缺乏一种"竞争危机感"，不以极大的精力去关注竞争信息，不掌握环境动态的最新信息，就不能有效地制定战略，也不能成功地实施战略，甚至有走向失败的危险。

竞争情报一般地说包括如下三个方面：

(1)一般市场竞争态势的情报。如：市场价格的变动趋势，折旧率的变化、销售条件的变化、技术规格的变化、消费者心理的变化等。

(2)现有竞争者的动向。如：竞争者实力的消长、战略的变化、政策的更替等。

(3)新的竞争者情况。对其实力、优劣势、战略的估计等。

"知己知彼,百战不殆。"在社会主义条件下的竞争,当然不是"你死我活"的竞争,但为了求得"优胜"、避免"劣汰",知己知彼仍是必要的。

竞争情报系统的任务是:第一,保证及时提供关于每一个主要竞争者的能力和战略的可靠信息;第二,判明主要竞争者的活动可能影响本系统当前和未来利益的方式;第三,经常监测和提供关于竞争环境和可能影响本系统利益的市场形势以及意外情况的信息;第四,提高情报收集、加工和传递的效率;第五,加强安全和反情报措施。

3. 扬长避短

一个地区经济系统,要在市场竞争中取胜,还必须充分发挥自己的优势,避开自己的劣势,即所谓"扬长避短"。其实,扬长避短也应该包含四种意思,即:

(1)扬己之长,避己之短。竞争对手具有绝对优势的行业和产品,我们不必去赶热潮,而应发展那些别人暂时还不能同我们竞争的行业或产品。但是,如果市场容量大,而且可以保持相当长的周期,虽则对手优势大却不能满足市场需求时,仍可发展。

(2)用人之长,补己之短。社会主义条件下,商品竞争者双方不仅有竞争的关系,而且有协作关系。可以通过协作或联合,用别人的长处来弥补自身的不足,采取"借鸡生蛋"的战略。

(3)借人之短,扬己之长。任何一个竞争对手都不会没有弱点。有些弱点如果恰恰是我们的长处,就可采取"夹缝中取胜"的战略占领市场。

(4)鉴人之短,创己之长。对手的短处如果也是我们的短处,但当对方还没有察觉时,我方抢先采取措施,就可能在竞争中创造出新的优势。例如,在一些两省交界的边境地区,双方都是比较落后的。但如有一方首先采取特殊政策(如权力下放、经济优惠、建镇建市等),这一方的经济态势就会迅速压倒对方,这可以叫作"边缘战略"。

三、"功能型"而非"指标型"

战略是需要借助指标作为手段的,但它仅是手段,绝不是战略本身。特别是战略任务、战略目标,虽然要用指标来说明,但指标必须服从功能,任务与目标的本质,是完成某种功能,而不是单纯的指标。这是因为,指标不能全面反映任务的本质,个别单项指标更是如此。如果仅使用单项指标来代替战略任务,往往容易造成一味追求指标的增长而忽略了任务本身,以致在竞争中失败。

中外由于战略任务的概念不确切,而失误的例子是很多的。例如西方许多电影业,把战略任务定为"多拍片子"这种指标型,一旦电视业兴起,他们就调不过头,不能把电视作为自己的发展机会,反而当作一种威胁,结果造成电影企业的大量倒闭。如果当初把战略任务定为"提供娱乐"这种功能型,情况就会大不一样。又如长江航运战略,如果定为"百舸争流"这种指标型,那就会造成拼命造船买船的局面,但若两岸陆运不畅,货源不足,百舸千船能放空去争流吗?种植业发展的战略任务也不能是"多产粮食",这种指标型的战略任务在过去造成的问题是人所共知的,甚至造成一些高产劣质品种的稻米不能食用的不正常现象。如果按功能型要求把战略任务定为"提供足够的植物热量和蛋白质",情况就不一样了。

因此，一个系统要使自己生存下去并获得更大的发展，就必须按照功能型的要求明确自身战略任务的概念。

四、"进攻型"而非"防守型"

在当今市场开放的条件下，经济发展的总态势是不能进攻就不能自保，必须"以攻为守"，你没有拳头产品打出去，你的市场就会被别人占领，你的钱就会流入别人的腰包，更不必侈谈去占领别人的市场。所以，制定地区经济发展战略，必须具有进攻开拓的战略思想。

制定进攻型战略，要具备如下条件：

(1)要通观全局，高瞻远瞩，看清经济发展的大趋势，闭关自守，孤陋寡闻，是不会有进攻的胆略的。

(2)要知己知彼，选准自身的优长行业和优长产品，集中力量，形成纵深梯级，组织后备。

(3)开展跨地域的协作与联合，充实自己，并支持别人。不能"万事不求人"，也不能"一毛不拔"。

(4)看准别人的薄弱环节，选好突破口。这方面更依赖灵通的信息和果断的决策以及迅速的行动。

(5)大力引进适合本地资源与人才条件并能大量创收的先进技术，组织消化、改造，变成技术出口。

五、"变通型"而非"常规型"

所谓"常规型"战略，是经济发达国家或地区的战略，"变通型"战略，则指经济不发达国家或地区的战略。这两种类型的战略，由于各自社会背景和经济起点不同，所采取的对策是不一样的。

(1)理论指导。发达国家一般地说理论体系比较成熟，无需用大力气去探索理论，只需以现成的理论去指导战略的研究。不发达国家，则面临大量的新情况、新问题，还没有形成完整的可以指导实践的理论体系。因此，必须采取"摸着石头过河"的对策，边实践、边总结，从实践中摸索出适合本国的理论体系，而不能等有了完整的理论指导再开始行动。

(2)战略目标。发达国家和地区，由于社会经济体制比较完善，经济机制比较健全，因此其战略目标大都是速度型的且追求国民生产总值的增长。不发达国家和地区由于体制与机制极不健全，投资的集中性比较小，还要取得整个社会各阶层的支持，故战略目标必须速度与效益兼顾，经济增长与社会实惠兼顾。否则，战略的实施便缺乏动力。

(3)战略与改革。如前所述，发达国家在研究战略时，较少考虑社会改革问题。不发达国家或地区就不是这样，战略的研究与实施同社会改革往往是同步的，不进行相应的社会改革，战略往往就难以实施。这样就为战略的制定与实施带来了复杂性。

(4)资金来源。战略的实施，必须有相应的资金准备。常规战略，由于有较雄厚的资金积累，可以采取单渠道的(或少渠道的)大规模集中投资的方式。变通战略不具备那种条件,故应采取多渠道集资、多形式(包括劳务投资)投资的方式。

(5)技术战略。常规战略一般采取优先使用先进技术的技术战略,以保持经济竞争中的领先地位。变通战略面临大量的过剩人口,技术发展与劳动就业必须兼顾。因此,大多采取以实用技术为主,适当发展先进技术的技术战略。

(6)资源利用。常规战略往往是以资源的无限性为前提的,所以走的是一条"三高"路线(高投资、高能耗、高污染),结果造成资源危机和生态危机。变通战略不能再走这种老路,应该按照经济——资源——生态的良性循环来设计自己的战略。

(7)发展方式。常规战略,由于是采取大规模集中投资,又具有较完善的社会基础设施,因此一般采取集中发展的战略,经营规模大,产业密集,形成许多大托拉斯、跨国公司、超级城市、巨大城市。变通战略则受投资与社会组织能力的限制,一般宜采取中小型的、分散的方式。

(8)城乡关系。由于常规战略一般是资本主义国家采用,又因集中投资的影响,因此存在着城乡对立的关系,先发展城市而牺牲农村的利益,农村远远落后于城市,在经历了一个漫长的痛苦历程之后,再回过来发展农村。变通战略则应在一开始就采取城乡互促、共同发展的战略。这种战略在我国被证明是行之有效的,可以大大减少社会问题,加快城乡经济的发展速度。

农村属不发达地区,故也应实行这种"变通战略"。这种变通战略从生产力发展的角度来讲,实质上是一种"追赶战略"。因为,经济发展远远落后于先进国家或地区,按常规的办法发展,永远摆不脱落后的局面。因而,就必须采取非常的战略,调动一切积极因素,动员一切可用资源,不拘泥于陈规陋习,才能用少于先进国家、地区的时间迎头赶上去。

第八节　经济发展战略的内容

战略方案是一个有机的结构,它包括相互制约、相互衔接的六个基本内容:战略任务、战略目标、战略对策、战略步骤(阶段战略)、战略措施和资源配置。

一、战略任务的抉择

战略任务,就是特定经济系统在特定的历史时期内发展的基本目的,或者说在该时期内系统所要实现的基本功能,是整个战略规划的灵魂。我们在第二节已经讲到,任务概念的确定是至关重要的一步,任务确定得不合适,往往导致整个战略决策的失败。战略任务的抉择,应遵循如下原则:

(1)任务的概念必须表述明晰,不能含糊、模棱两可。这个道理,前面已经讲过了。

(2)战略任务必须是本系统继续发展需要解决的主要矛盾。例如,我国经济社会继续发展的主要矛盾是生产力落后,所以提出"实现四个现代化"的战略任务。特定的地区经济系统,都面临着各自不完全相同的主要矛盾,所以,又不能千篇一律地照抄"四个现代化"。

(3)战略任务必须能激励本系统的集体创造力。要做到这一点,除了战略任务要反映大势所趋、民心所向以外，还应该在本系统进行公开的讨论，听取各方建议，使其具有广泛的民主和科学基础。这样就能为本系统提供一个团结振奋、同心同德的努力方向，把各方面的积极性创造性汇集到这个总的旗帜之下。

(4)下级系统的任务必须服从上级系统的任务，地区经济系统的战略任务必须服从整个国民经济总的战略任务。

二、战略目标的选定

战略任务，是战略方案总的约束，是原则性的，概括性很强的。战略目标，则是任务的具体化。既有定性，又有定量，它用明确的指标集来反映战略任务的要求。

选定战略目标，是一项十分复杂的工作。要使上述战略任务的诸项原则得以体现，变成能够指挥行动的可捉摸的目标，就必须考虑如下要求：第一，投入产出的比例；第二，系统各方面利益的统一；第三，资源的合理利用与永续利用；第四，系统与环境的协调发展。这种目标模式见图1-5。

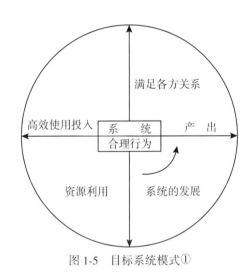

图1-5　目标系统模式①

上图说明：战略目标是对系统行为的约束并使之合理化、有序化。这种合理行为体现在合理而有效地利用资源，满足各方面的关系，高投入产出率以及总的体现为系统持续高效的发展等方面。因此，战略目标绝不是任何单一的指标所能描述清楚的，它具有较大的综合性。一般地说，应该是一个"目标体系"，或称"目标集"。

经济发展战略目标的选定，应该处理如下三个关系：

(1)速度与效益的关系。速度与效益有一致的一面，即没有一定的增长速度，效益出不来，但两者又有矛盾的一面，即两者不一定是同步的，甚至可能出现逆向运动，关键在于投入与产出的关系。在投入少于产出的情况下，速度与效益是一致的，投入的转换效率愈高，效益愈大；在投入等于产出或大于产出的情况下，两者就出现逆向运动。因此，速

---

① 参见威廉·R.金，等：《战略规划与政策》(中译本)，上海翻译出版公司1984年版。

度目标必须保证在经济临界线以上的产出率的基础上予以选定，否则就会出现高速低效的经济运动。从总体来说，这种战略目标是不可取的。

（2）经济增长与社会需要的关系。社会主义条件下，发展经济的目的是满足社会日益增长的需要。从整体上来说，有效益的增长同满足社会需要是一致的，但从局部上来说，也会出现满足社会需要而无效益的情况，这就需要制定相应的政策以保护经济增长的势头。所以经济增长与社会需要之间，也是既有统一的一面，又有矛盾的一面。从宏观上讲，应该把满足人民需要放在战略目标的核心地位，使经济增长服从社会需要和提高经济效益的需要。

（3）经济与生态的关系。我们是生活在一个有限的星球上，不论是工业还是农业，赖以发展的自然资源都不是无限的，而自然资源的合理利用与永续利用，则与生态系统的良性循环密不可分。所以经济的发展，要求保持一个良好的生态环境。生态环境的恶化，最终必将意味着经济发展的枯竭。地区经济发展战略目标的选定，必须考虑：第一，人口、资源与经济增长之间的关系，使人口的增长、资源的开发有所节制．以保证经济的持续增长；第二，污染与环境保护之间的关系，在一开始就应防止工业和农业生产对环境的污染；第三，林业与其他各业的比例关系，应使森林覆盖率达到应有的数值。

三、战略对策的运筹

战略对策的运筹，是一个系统制定战略工作的核心。战略任务与战略目标能否实现，取决于具体战略对策是否正确。因为，它是任务与目标的具体化，它决定了为实现战略目标所必须遵循的方针和若干主攻方向及其谋略。

根据任务与目标所采取战略对策，经济战略一般包括产业战略、行业战略、产品战略、地域战略、经营战略以及在这些战略的基础上综合概括的战略方针。

1. 产业战略

产业战略，系指农、轻、重、第三产业等的结构战略。应根据资源、市场、技术、任务的各种条件进行综合论证，确定以发展哪一类产业为主，从而带动其他产业的协调发展。一般分为如下类型：重型战略，即以发展重工业为主体的战略；轻型战略，即以发展农、轻、第三产业为主体的战略；重轻型战略，即偏于重工业并使重轻兼顾的战略；轻重型战略，即偏于轻工业或农业并使轻重兼顾的战略等。在农村经济战略中，一般采取重型战略的很少，大多数是轻型或轻重型战略。

2. 行业战略

行业战略，是产业战略下一级的行业结构战略，它服从于产业战略。行业结构战略至关重要的一点是选定"带头行业"，然后以此行业为首，形成多层次的"塔形"或"梯形"行业结构。例如，有的地方以甘蔗种植为带头行业，在甘蔗产品的基础上形成第二梯级产业：制糖业、制板业和造纸业；在这三个行业的基础上又形成第三梯级行业：饮料业、家具业、印刷业、畜牧业等。一个特定的地区经济系统，可以同时选定几个"塔形"行业战略。

行业战略的抉择，应注意三点：第一，选择纵深开发潜力大的行业；第二，要形成

"合力"，行业与行业之间要能互相促进、连锁发展；第三，要有后劲。

3. 产品战略

产品战略，虽属行业战略的下一级战略，但它往往是行业战略的灵魂。一个经济系统的生存与发展，往往决定于它有无"拳头产品"或拳头产品的多少。在战略格局中，往往是一个"拳头产品"带起一个行业，一个带头行业带起一串辅助行业。

产品战略一般包括：现有产品开拓市场战略、新产品研制战略、改善产品形象战略、产品生命周期战略、产品推销战略等。

4. 地域战略

地域战略，是指在本系统的地域范围内，先发展哪里，后发展哪里，依靠哪个地区去开发哪个地区以及生产的地域布局战略等。地区经济系统内部，发展也是不平衡的，有先进地区与后进地区之分，各地区又各有其长短之别。作为战略，当然不可能在所有的地区不加区别地齐头并进，必须有重点，对不同的地区应规定不同的战略方针，并使之相互协调起来，形成一个有重点、有特色、有顺序的地域战略。

5. 经营战略

经营战略主要包括：经济联合战略(对象与方式)、技术引进战略(对象、内容与方式)、商品流向战略(主要为哪个市场服务)和扩大再生产战略(外延为主还是内涵为主？集约为主还是粗放为主？)等。

四、战略步骤

没有切实可行的行动步骤，任何美妙的发展战略都会变为一纸空文，束之高阁。战略步骤，即是根据可行性论证将发展战略按时间顺序分解成若干前后衔接的行动步骤。

(1)战略步骤的划分不是随意性的，是按主观需要与客观可能相结合进行划分的。其主要依据是：①国家、社会发展的需要；②经济发展诸要素间的因果关系；③资源的可能；④技术的发展；⑤经济效益。

以上第一个依据是一目了然的。第二个依据，是指在经济发展过程中，部门之间、要素之间客观上存在着有序关系。如能源、交通必须先发展，然后才能有其他工业部门的顺利发展；原材料部门没有发展到一定基础，加工工业便难以发展；粮食生产不具备一定基础，畜牧业就难以大量发展等。第三个依据，是指资源开发的可能规模，能否满足特定战略阶段发展目标的需要。第四个依据，是指某战略阶段的技术发展水平，能否达到该阶段的第二、第三项依据的要求，并保证必要的经济效益。

每一个战略步骤的确定，应满足如下的要求。

(1)目标的分解。应根据战略任务、战略目标，按层次逐级分解。一般是循着如下顺序进行：战略任务——战略总目标——各项发展战略分目标——各战略步骤的阶段目标——各下属单位或项目的具体目标。

(2)可衡量性。每个步骤阶段的任务与要求应尽量具体明确，指标是可以度量和进行效益评价的。

（3）时间性。包括"顺时应势"时序性、阶段间的时间衔接性和各项具体目标完成的时间性。

五、战略措施与资源配置

战略措施与资源配置往往不可分开。措施之中，除了调整政策、改革体制、健全管理之外，大都属于资源配置的范畴。战略措施与资源配置，是为战略决策的实施提供必要条件。因此，这一环是制定战略的最后一个层次。它除了前述的政策、体制、组织管理外，还包括资金分配、人才培养与使用、技术的更新、信息建设等内容。

在进行资源配置时，应考虑如下几点：

（1）综合性。资源配置的方向和分量，应从战略目标、发展战略、战略步骤三方面的要求进行综合考虑。

（2）重点性。资源配置必须根据战略实施的轻重缓急，在部门之间、要素之间、时序之间进行有重点的投放。没有重点就没有战略。

（3）风险性。战略性的资源配置同经营性的资源投入最大的区别在于前者的风险性大于后者。因此，必须研究投资最佳时机（风险较小）、投资环境的不确定因素及其对策等。

以上全部内容构成为一个有机的战略方案系统。这个系统是一个宝塔形的结构（见图1-6）。

战略任务									
		T							
战略目标									
	O_1	O_2	O_4	O_3	——目标集				
	0.50	0.34	0.12	0.04	——权重				
战略抉择									
	S_1	S_3	S_4	S_2	S_5	S_6	——决策集		
	0.41	0.22	0.15	0.11	0.07	0.04	——权重		
制约因素									
	C_2	C_3	C_5	C_1	C_4	C_6	C_7	C_8	——因素集
	0.22	0.18	0.15	0.13	0.11	0.09	0.07	0.05	——权重
战略措施									
P_9	P_{10}	P_5	P_3	P_1	P_2	P_7	P_8	P_4	P_6	——措施集
0.20	0.17	0.15	0.10	0.09	0.08	0.07	0.06	0.05	0.03	——权重

图1-6　战略结构示意图（参照山西省农业总体设计模式修改而成）

图中各代号举例如下(以某省为对象):

T——战略任务,2000 年建成为全国内陆最大的农轻重综合基地、交通枢纽和文化中心。

O——战略目标,其中(按权重排列):

O_1——1998 年实现工农业总产值翻两番;

O_2——全省人平收入达到 1000 元;

O_4——全省森林覆盖率达到国土总面积的 30%;

O_3——全省粮、菜、肉、奶、蛋自给有余。

S——战略对策,其中(按权重排列):

S_1——工业实行"三改"(技术改造、行业改组、体制改革),以内涵发展为主;

S_3——利用人才优势,大力发展新兴工业;

S_4——农村积极而有计划地发展乡镇企业,并加强小城镇建设;

S_2——利用先进技术建设农牧(平原区)、渔牧(湖区)、林牧(山区)三大片农业商品化基地;

S_5——……(以下从略)。

C——制约因素,其中(按权重排列):

C_2——一次性能源短缺;

C_3——资金不足;

C_5——管理水平低;

C_1——涝渍灾害;

C_4——……(以下从略)。

P——战略措施,其中(按权重排列):

P_9——发展水电;

P_{10}——开展省际能源联合开发;

P_5——创造良好投资环境,加强引进;

P_3——……(以下从略)。

第九节　制定战略的程序

战略的制定是一个极为复杂的过程系统,必须运用系统工程的辩证程序,其中较著名的是 1969 年霍尔提出的三维结构,它对制定战略是一个较科学的程序。

霍尔的系统工程三维结构包含时间维、逻辑维和知识维。

一、时间维

制定战略的工作阶段,大致可以划分为相互联系的七个时间阶段:

(1)规划阶段,即调查研究和程序设计阶段。这一阶段应取得制定战略所需要的基础资料并进行加工分析,对系统的现状与可能趋势做到心中有数,并定出制定战略的工作程序。

(2)初步设计阶段。在调查研究的基础上提出战略的初步设想,这当然是比较粗线条的意向。

(3)研究阶段。开始制定总体性的战略任务、战略目标和战略对策等。

(4)细部研究阶段。具体拟定战略各部分的内容。

(5)综合阶段。将分别拟定的战略各部分的内容进行综合,成为一个整体性的战略文件。

(6)实施阶段。

(7)调整阶段。

二、逻辑维

上述时间维的每一个工作阶段在思考与解决问题时,都应遵循如下七个逻辑思维程序:

(1)环境辨识。制定经济发展战略,首先,要弄清这一历史阶段的战略主要解决什么问题,即这些战略要解决什么任务。其次,进一步了解与上述战略任务有关的一切因素,展开因素场。再次,建立这些因素之间的关系,并在此基础上区分可变与不可变的目标和约束条件。最后审定主要因素网。

(2)确立目标。设计系统功能指标或选定目标函数。上述每个时间阶段都应确立不同层次的目标。

(3)价值度量。战略是多目标的,而且涉及利益不同的各个社会集团与阶层,必须选定评价因素,确定评价标准,作为衡量各种备选方案优劣的尺度。

(4)系统综合。形成各种备选方案,战略方案不能只拟定一个,而应拟定多个进行选择。某一个方案往往是上策,而上策所要求的条件往往偏高,可行性较小。

(5)系统分析。建立系统模型,把多个方案与评价标准(指标)联系起来,进行逐一评价。

(6)开发求解方案。将数学模型运算所得出的数学解,结合实际情况定出可供决策人选择的方案。

(7)决策。由决策者作出最后决定。

三、知识维

在每一个时间阶段和每一个逻辑步骤上都需要多种专业知识,如制定农村经济战略,就涉及经济学、社会学、农业及工程技术学、数学等学科,必须组织多学科的专家和实际工作者协作攻关。

第二章 中国农业面向 21 世纪的发展

第一节 世纪之末中国农业面临的新形势

"三农"问题,即农民、农业、农村问题,在中国的大半个世纪中,始终是中国经济发展成败攸关的大问题。这一点任何一个领导人都不应该忘记。特别是现在，工业化大发展了，城市化兴起了，经济开始走向国际化了，是不是农业问题就不那么重要了呢？我国是不是可以像亚洲"四小龙"那样，依靠外国的农业来搞工业化呢？显然不能。对"三农"问题必须未雨绸缪，居安思危，不能掉以轻心。

当前，乃至整个 20 世纪 90 年代，我国"三农"面临着三个新的形势，或者说，在"三农"问题的决策上，必须认真考虑如下三大背景，即：由计划主导型向市场主导型的经济转轨；中国经济与国际经济的全面接轨；长江经济带的开放开发。下面分别做一简述。

一、关于向市场经济的过渡

随着我国经济由计划主导型向市场主导型转轨，农业将向市场经济过渡，并且将不可避免地要出现一系列新情况、新问题，这些问题的实质是小生产与大市场的矛盾，矛盾将会表现在六个方面：

1. 20 世纪 90 年代人口增长与城市化高潮同农产品总量平衡的矛盾

我国人口已达 12 亿，如果按 1978 年以来的人口自然增长趋势预测，2000 年我国人口将会接近 13 亿，达到 129245 万人，2010 年将会超过 14 亿，达到 144512.03 万人。[①]面对如此巨大的人口压力，谁都会提出这样的问题：谁来养活中国？

已有人进行过推算，如果只依靠世界其他国家的剩余农产品来满足中国人口和产业发展的需要是远远不够的，所以我国必须排除依靠其他国家的农业来作为我国国民经济的基础这条道路，而必须主要依靠我国农业，由我国农业来承担起支撑国民经济大厦这个艰巨的重任。这无疑会给我国的农业发展带来巨大的压力。

首先以粮食为例，1994 年我国人口人平占有粮食 372.5 公斤，这些粮食包括口粮和其他间接利用的粮食。如果到 2000 年时仍然为此人平占有量，则 12.9245 亿人必须消费 48143.762 万吨粮食。但随着人们生活水平的提高，其直接消费量将会趋于稳定而间接消费量则会不断上升，所以对粮食的消费不可能长期保持 1994 年的人均水平。如果以世界平均水平即人平占有 400 公斤粮食计算，2000 年时我国对粮食的国内需求量将会达到 51698 万吨。

再来分析对肉类的需求，如果根据 1978 年至 1992 年的人平消费猪、牛、羊肉的统计量(包括直接消费也包括间接消费)来进行预测，2000 年时人平消费猪、牛、羊肉的数量将会达到 25.42 公斤左右，[②] 这就是说 2000 年时，国内对猪、牛、羊肉的总需求将会接近 3285.41 万吨。

---

① 根据 1994 年的《中国统计年鉴》，用 1978 年以来的人口数（1994 年人口取 120000 万人）进行线性回归，得回归方程，$y = -2924161 + 1526.703x$，x 为年份数，相关系数 $r = 0.999$，置信度 $\alpha = 0.95$。

② 根据 1993 年的《中国统计年鉴》，用 1978 年至 1992 年的人平消费猪、牛、羊肉的数据进行线性回归，得回归方程，$y = -1422.38 + 0.7239x$，x 为年份数，相关系数 $r = 0.985$，置信度 $\alpha = 0.95$。

如以同样的方法来预测对水产品的需求，2000 年时人平消费水产品将会达到 9.398 公斤，[①] 对水产品的国内总需求将会接近 1214.645 万吨。

这一方面说明，我国国内农产品的需求市场是十分巨大而有潜力的，如果我国农业能够占领和控制这一市场，那将带给农业巨大的收益和发展机遇，这还不包括发展外向型农业将带给农业的出口创汇收益和发展机遇。另一方面也说明，在市场经济浪潮的冲击下，如何在新的基础上构建农业的基础地位面临着严峻的挑战。

2. 由于比较利益差距的不断扩大，农业发展潜藏着全面的资源流失和经营粗放化的危机

劳动收入的高低是引导劳动力流向的直接因素。我国城乡居民的收入差距进入 20 世纪 90 年代以后呈不断扩大之势，全国农民人均收入与城镇居民人均生活费收入之比在 1984 年为 1∶1.70，1990 年扩大为 1∶2.34，1993 年进一步扩大为 1∶2.54，如果计算实际消费水平，则 1993 年城乡人均消费性收入之比为 3.34∶1，这种巨大收入差距的存在必然会导致农村劳动力，特别是高素质劳动力的大量流失。虽然我国农业劳动力大量过剩，从中转移出部分过剩劳动力对农业更有利，但如果转移走的劳动力大部分是高素质的劳动力，而留下的却多数是因体力和智力缺陷在外寻找工作有很大困难而不得不留守本土的劳动力，那么，这种状况无疑对农业发展是不利的。据有关部门 1992 年对全国 30 个省 10345 个村组的抽样调查，在转移的劳动力中，初、高中程度的分别占 51% 和 13.7%，受过专业培训的占 27%，而文盲、半文盲只占 6%。另根据中国社科院 1993 年 12 月至 1994 年 4 月对全国 26 个省、市、自治区的 442 个县进行的抽样调查，在外出打工人员中，16 岁至 40 岁的人占 84.18%，男性占 81.85%，初中以上文化程度者占 69.2%。这些数据正好证实在转移的劳动力中，高素质劳动力占有绝对优势。这就意味着，在受教育程度普遍较低的农业劳动力中，优秀的劳动力正在流失。

在城乡差距不断扩大的同时，工农业之间的发展差距和收入差距也在不断扩大。根据历史经验，我国工农业增长比例应控制在 2.5∶1~3∶1 较为合适，但 1992 年工农业发展比例为 4.3∶1，1993 年为 5∶1，1994 年更趋失衡。而与工业的高速增长形成鲜明对照的则是农业收益率正在不断下降，农业生产的成本增长幅度大于价格上升幅度。例如 1993 年农用生产资料零售价格比上年上涨 14.1%，而农副产品的收购价格只提高 13.8%。据调查，主要的农业省份湖南省，1985 年到 1990 年期间稻谷、油菜、烤烟的成本利润率分别下降 57.4%、78.5% 和 48%，这样的产业利益分布格局必然会导致大量的农业资源非农化和农业生产的集约化程度下降。表现为：耕地面积正在不断减少。如果根据 1994 年《中国统计年鉴》的统计数据进行计算，1978 年至 1986 年耕地面积共减少 159.6 千公顷，年平均减少率为 0.5%；1986 年至 1991 年共减少 576.3 千公顷，年平均减少率为 0.1%；1991 年至 1993 年共减少 552.2 千公顷，年平均减少率为 0.3%。由于我国未开垦的耕地资源已为数甚少，如果这种耕地不断被侵蚀的趋势不被扼制的话，2000 年时，我国的耕

---

① 根据 1993 年的《中国统计年鉴》，用 1978 年至 1992 年的人平消费水产品的数据进行线性回归，得回归方程，$y = 586.102 + 0.29775x$，x 为年份数，相关系数 $r = 0.983$，置信度 $\alpha = 0.95$。

地面积将只会有 92985.4 千公顷左右，相当于 139478.1 万亩，人平只占有 1.079 亩耕地，① 这就对农业生物技术和耕作技术提出了越来越高的要求，必须大幅度提高单位面积的产量和发展土地替代型耕作方式。

而农业投入又严重不足，农业的生产设施明显老化，不仅在技术引进和革新方面显得力不从心，而且其抵御自然灾害的能力也呈下降趋势。同时，农业投入的减少不仅只表现在中央财政方面，而且地方政府、乡镇以及农户自身都全面减少了对农业的投入。例如国家财政支农支出占国家财政支出的比重 1991 年为 9.11%，1992 年为 8.75%，1993 年则只占 8.68%，农业基本建设投资占国家基建投资总额的比重也由 1991 年的 4% 分别降到 1992 年的 3.7% 和 1993 年的 2.8%。另据中央政研室和农业部对全国 312 个固定观察点的随机抽样调查，农户的借贷资金中只有 26.5% 是投向农业，投向粮食生产的只占 10.5%，并且有很多农户的借贷资金分文未投向农业。资金投入的明显不足造成了农业的生产设施老化、抗震能力减弱。据不完全统计，全国水库 1/3 以上带病运行，万亩灌区工程中基本完好的只占 30%，每年减少灌溉面积 300 多万亩，进入 20 世纪 80 年代末和 90 年代之后农田受灾面积明显上升，达到 5000 万公顷以上，而在这以前却一直只在 3000 万~4000 万公顷徘徊。与此同时，农业的生态环境却正在不断恶化，水土流失面积已占国土面积的 38.2%，沙漠化面积每年正以 2100 平方公里的速度推进，水质污染面扩大，沿海滩涂污染严重，海洋生物大量死亡。

工农业发展程度和收入差别的扩大使农业发展呈现出粗放化的迹象。这在工业发展速度最快、发展程度最高的东南部地区最为明显，而且首先是从比较收益最低的粮食生产上体现出来的。这主要是由于许多农户的主要收入已不是来自农业，甚至农户已完全脱离农业生产，而是把承包土地交由外来农民代耕，对农业生产投入的资金、时间和精力已明显减少，农业生产处于粗放化状态。例如 1984 年至 1993 年，东南部地区②的耕地面积减少了 1809.5 万亩，粮食播种面积减少 53.83 万亩，粮食单产由 1978—1984 年的每亩年增产 28.4 斤减少到 1984—1993 年的只增产 5.1 斤，导致 1984 年至 1993 年粮食共减产 79.7 亿斤，使 1984 年成为我国粮食调运方向由南粮北调改为北粮南调的一个转折年份。如果这种工农业比较利益差距进一步扩大，则农业生产的粗放化趋势极可能会由粮食生产向农业的其他领域扩散，并且随着经济发展热点由东南地区向中部和西部的转移，这种趋势就会呈现出蔓延之势。

3. 农业劳动力的大量过剩和素质偏低严重阻碍了农业劳动生产率的提高和农民收入水平的提高

农业剩余劳动力是相对于农业的劳动生产率水平而言的。劳动力过剩，是指那些创造的收益小于其工资水平甚至为零的那部分劳动力过剩。而我国农业劳动力剩余是相对于由

---

① 根据 1994 年的《中国统计年鉴》，用 1978 年至 1993 年的耕地面积数进行线性回归，得回归方程 $y = 670853.4 - 288.934x$，x 为年份数，相关系数 $r = 0.971$，当 $x = 2000$ 时，$y = 92985.4$。2000 年时的预测人口为 129245 万人。置信度 $\alpha = 0.95$。

② 东南部地区是指长江中下游和东南沿海。

较低的生产力水平决定的较低的农业劳动生产率而言的低水平过剩。

我国农业劳动力的数量在 1993 年已达到 33258.2 万人，其中小学文化程度以下的劳动力占 67%，据权威机构估计，我国农业剩余劳动力的数量大约为 1.2 亿，并且随着人口的不断增长，到 20 世纪末，即使剔除城乡发展吸收的劳动力，农村剩余劳动力至少也还有 1.4 亿人左右。

如此多的劳动力淤积在农业中而得不到转移，必然会对农业的发展造成极大的障碍。由于农民有地可种是保证农村社会安定的基本条件，而面积正日益减少的耕地载着数量正日益增加的农业劳动力，农业的经营规模就难以扩大。1993 年，我国农村居民家庭平均每人经营耕地 2.17 公顷，而人口密集的东南部地区，人平经营耕地只有 1 公顷左右。例如，浙江 0.94 公顷，江苏 1.35 公顷，湖北 1.43 公顷，广东 0.97 公顷。而且，在许多地区普遍存在分割细碎、分布零散的弊端。随着农村人口的增长，土地分割细碎的问题会进一步加剧，甚至会出现后出生的人将无地可种这种局面。这种状况已在人口大省四川省表现出来，据调查，1991 年，在该省无地可种的农民已有 700 万人，其中 60% 是贫困户。这种经营规模细小、土地分散而劳动力文化水平又偏低的状况如果不改变，就会使得先进的生产工具难以采用，农业科技的推广阻力重重。并且，既缺乏改进生产手段的条件，又缺乏改进生产手段的动力，致使农业的劳动生产率水平难以提高。

由于在农业人口压力较大的情况下扩大经营规模绝非易事，因此对经营规模的扩大就不能寄予过高的期望。即使可以通过股份合作制或其他形式重新调整经营规模，但劳动力的过剩也会使得采用劳动替代型技术缺乏动力。即使通过大量采用先进的生物技术和其他相关技术来提高土地生产率，从而相应地使得劳动生产率水平提高而缩小部分价格剪刀差，但因此而带给农民的总收入的增加额也会被巨大的农村人口基数所抵消，使得人平收入水平难以有较大的提高，从而加大了缩小工农、城乡差别的难度。并且随着劳动生产率水平的提高，又会释放出新增的剩余劳动力，在转移受阻的情况下，就会抵制农业劳动生产率水平的进一步提高。

有人认为，要实现规模经营，就需要向农业投入大量资金来改善其基础设施、生产工具和生产技术。而发达国家的农业主要是依靠政府来进行补贴和扶持，由于其农业人口只在 19% 以下，几十个人补贴 1 个人基本不成问题，而我国农业人口占绝大多数，要让 1 个城市人口来补贴 4 个农民就几乎不可能有什么效果和可行性。这有点绝对化。

如果寄希望于大幅度提高农产品价格，从而为农业劳动生产率的提高提供动力和条件，这在近期内的确是不可能的。一方面，我国农产品除了少数品种外，大部分品种的国内价格都高出国际市场的价格，在农产品贸易日益走向国际化的今天，如果再大幅度提高国内价格，不仅会进一步减弱我国农产品在国际市场上的竞争力，而且还会为外国廉价优质的农产品冲击和占领我国市场大开方便之门。另一方面，国家也不可能有如此财力来承担很高的保护价格。

所以，我国农业中大量存在的低素质剩余劳动力将会成为我国农业劳动生产率提高的主要障碍，成为农民收入水平提高的主要阻力。因而，城乡之间、工农之间的收入差距在今后的一段时间内将难以消除。

4. 我国农业生产将面临巨大的市场风险且缺乏减弱风险的机制

目前，我国农产品除了棉花等少数品种外，其余都已完全放开，由市场进行调节，而且农业生产走向国际市场已是大势所趋，加入关贸也只是时间问题。在这种形势下，农业生产者就不仅要面对国内市场的风险，而且要面对国际市场的风险。而当前我国农业对风险的承受能力又如何呢？

首先，经营者素质较差，商品观念淡薄而又缺乏商业信誉，使其承受风险的能力减弱。我国农业劳动者的文化程度较低，文盲半文盲占 22.65%，小学文化程度的占 45.35%，加上缺乏商品和市场方面的经验，所以劳动者很难十分准确地把握市场信息，并对其进行正确判断和预测。农民对生产的安排现在大多数是根据上年的市场行情和习惯，甚至是随大流。另外，据中央政研室和农业部 1993 年对全国 312 个固定观察点的随机抽样调查，我国农民的契约意识十分淡薄，样本户中只有 2.3% 的农户在生产经营中签订了购销合同，而其中 17.3% 的合同对产品的种类和数量都无规定，17.2% 的对产品质量规格无规定，31.9% 的对交货时间无规定，34.9% 的对结算方式无规定，40.7% 的对违约处理的办法无规定，并且其中有 46.5% 的合同未能履行。这样的合同和不签订合同实在区别不大，它完全不可能有约束力来规范交易者的行为和减弱交易的风险。

其次，农业生产的专业化程度较低，这严重制约了社会化服务机构的发育和成长，对农业应付市场和自然风险都极为不利。

由于我国农业经营规模小，劳动者对市场信息又把握不准，为了减少风险，多数人是采取增加生产品种的方式，因此我国农业生产中"小而全"经营和兼业经营的情况仍十分普遍。仍然是根据中央政研室和农业部 1993 年的调查，1992 年，样本户中只有 57.5% 的农户是纯农业户，其中又只有 13.2% 的农户只生产一到两种农产品，58.8% 的农户生产 5 种以上的农产品，最多的生产 10 种以上。并且，在纯农业户中，出售一种农产品的也只占 33.5%，14.6% 的农户出售三到四种农产品，16.5% 的农户出售五种以上。这种小规模、多品种的生产和交易方式就使得服务机构不得不面对服务种类繁多而业务量又小的分散的服务对象，从而使它自身的发展受到很大障碍，而无法减轻农业的生产、经营风险。我国农业生产专业化水平较低已成为制约社会化程度提高的主要障碍，而农业生产社会化程度低又反过来影响专业化水平的提高。

并且，我国农业生产者的自组织程度低，完全缺乏自我保护的能力。这和农业生产的专业化水平低、生产组织分散和商品率低有很大关系，致使我国农业的行业协会和合作社这类组织很不健全，无人来代表农民的利益在市场中讨价还价和处理各种侵权行为。农民都以分散的个人身份参与市场竞争，这根本形成不了市场地位，因而他们只能成为价格的被动接受者、假冒伪劣生产资料的受骗者、不合理行政干预的受害者。再加上我国对农产品生产和流通的宏观调控体系正在建立之中，还很不完善，这从政府借助经济手段对农产品供求进行调控很不得力，关键时候还是不得不依靠行政手段来进行调控的这一事实中可以得到证实。这就进一步增加了农民所要面对的风险因素。

5. 城市需求的及时化要求同产品运销渠道不畅的矛盾

农产品的城市需求，无论是生活需求，还是生产需求，都要求在供给时间上的及时性（如蔬菜）和均衡性（如粮食、工业原材料），然而农产品生产的季节性和市场发育程度低导致的运销渠道不畅，致使农产品在供给时间和供给均衡度上的矛盾将十分突出。看来，这个问题还不能全部靠"无形的手"来解决，如棉花市场一度全面放开，就出了问题。

6. 随着人民生活水平的提高以及食物结构的变化，农产品结构可能适应不了

这里所说的结构包含两层内容：一是指自然态农产品的结构，如人们生活水平提高后，对奶酪、水果的需求量会增加，生产可能跟不上；二是指加工态农产品的结构，如包装食品、加工食品的需求增加，生产可能更难跟上（工业化加速，人们生活节奏也将加快，对方便食品的需求必大增）。

二、中国经济与国际经济全面接轨对农业带来的冲击

"复关"问题，或加入国际经贸组织问题，实质上是更大的国际市场对我国细小的农业带来的挑战。当然，从总体与长远来说，它有利于我国加快推进农业现代化的进程，这条路是非走不可的，故也可说是机遇。但是，从近中期看来，挑战大于机遇。日本就是一个例子，美日贸易摩擦总是日对美的出超，如1989年以前，日本每年出超400亿~500亿美元。但农产品则是美对日出超，如1989年以前在农产品贸易上对日出超每年是80亿~150亿美元。日本尚且如此，中国更不在话下了。

这种挑战主要表现在四个方面：

第一，规模经济的挑战。从国际市场的角度来看，哪个国家的农业规模经济更大，它的价格竞争优势就更大，这可以从后面列举的若干数据中得到证明。日本家庭农场户平耕地1.2公顷（18亩）都根本无法同欧美抗衡，何况目前中国只有3~5亩。

第二，结构的挑战。随着20世纪90年代我国居民食物结构的变化（谷物产品需求量下降，动物产品及水果、蔬菜等需求量上升），农业生产结构正在朝大力发展"多种经营"转化，而从国际市场看，这种调整方向（多种经营）恰恰不是我们的优势，林牧副业等多种经营行业是高科技产业，目前这些行业的技术水平与国际市场的差距太大了。就湖北省而言，目前吃的是广东的饼，喝的是珠江的水，这还是中国的竞争者，如果再换上外国的竞争者，更不知是什么局面了。

第三，科技与标准化的挑战。国际市场上非常讲究品质的标准化，包括商品品质——色泽及看相、大小及整齐度、是否有缺陷，还包括生态品质，即商品有无污染，以及污染程度等。无论是农产品的商品品质，还是农产品的生态品质，都需要较高科技水平来支撑。如果农产品标准化实现不了，即使规模上去了，农民也免不了破产的命运（如澳大利亚的农民），农业也会出现萎缩（如日本的林业）。我国农产品的标准化程度十分低下，"复关"必将使农业面临挑战。

第四，国际市场供求波动的挑战。从种种迹象看来，国际粮食生产增长速度在放慢，耕地在减少，供给前景令人担忧。据联合国粮农组织发表的《迈向2010年的世界农业》报

告，今后 20 年农业产量的年增长率可能只有 1.8%（过去 20 年为 2.3%）。而随着人口增长和工业化、城市化的发展，当前世界耕地丧失的速度已超过土地生产率提高的速度。国际水稻研究所统计，过去几十年内，日本、韩国和中国台湾地区的农田分别减少 52%、42%、35%，它们的粮食消费量已主要依靠进口了（分别占 77%、64%、67%）。因此，全世界的谷物库存正在减少。这势必引起国际粮食市场的波动加剧。我国加入国际经贸组织之后，就不可能不受到这种波动的冲击。

三、长江经济带的开放开发——机遇与挑战并存

1. 中国的现代化将经历三次高潮

中国的现代化建设，如果以 1978 年党的十一届三中全会为历史起点的话，将经历三次高潮：第一次高潮——以沿海开发为主要增长点，第一个 15 年，改革开放以来至现在我国经济社会发展和现代化建设大体处于这一高潮之中；第二次高潮——以长江开发为主要增长点，第二个 15 年，我国现代化建设正在进入这一高潮（历史时期）之中，估计以沿江开发为主要增长点的第二次现代化高潮将持续到下个世纪的最初 10 年；第三次高潮——以西部开发为主要增长点，2010 年以后我国经济社会发展和现代化建设将进入这一历史时期。

长江开放开发具有十分重要的战略意义，这集中体现在下列三个方面：

一是关键的时期：长江开放开发正处于中国社会主义市场经济体制的形成时期，也处于中国经济与世界经济接轨时期。以上海浦东开放开发带动整个长江流域经济的发展是我国政府新近作出的重要战略决策之一。长江开放开发要形成一定的气候至少需要到 2000 年前后，而从现在到 2000 年前后正是我国要求基本形成社会主义市场经济体制的时期。同时，我国"复关"在即，在整个 20 世纪 90 年代我国经济的外向化步伐会加快，在世纪之交中国经济必将与世界经济基本接轨。

二是关键的地域：长江流域是中国经济的核心腹地，也是中国传统文化的母体地区之一。长江流域横跨我国华东、华中和西南三大经济区，其范围大致在北纬 30°线上下呈东西走向，是我国的内陆腹地。同时，长江流域同黄河流域一样，也是我国传统文化的母体地区之一。

三是关键的产业结构：长江流域既是我国民族工业（基础工业）集聚区，又是我国主要农业基地之一，同时还是我国交通枢纽之一。长江流域既是我国民族工业的发源地之一，又是中华人民共和国成立后国家投资的重点区域，是我国老工业基地集中区域，工业产值占全国工业总产值的 40% 左右。同时，全流域有长江三角洲平原、鄱阳湖平原、洞庭湖平原、江汉平原、成都平原等农业优势区，是我国同东北平原（东北粮仓）齐名的主要农业基地之一，粮食产量占全国的 40%。此外，长江流域兼有铁路、公路、水运、航运之便利，既可水陆联运，通江达海，又为南北交通之要道，是我国名副其实的交通枢纽之一。

2. 长江经济带开放开发模式

长江，由于上述"三个关键"，故其开放开发同珠江三角洲相比具有特殊性：

（1）从产业结构看，长江经济带开放开发同珠江三角洲有同有异，但从主流看，不能以轻加工业为主体，而应采取以能源重化工为龙头、三大产业协调发展的模式。特别是要注意保护农业基础，不能牺牲农业去搞工业化。

（2）从开放方式看，长江经济带开放开发不能以"三来一补"为主要方式，而应以合作开发、长期投资为主要方式。这也包括对农业领域的合作开发与长期投资。

（3）从社会整合看，长江经济带开放开发不能过分单一地进行经济开发，而应经济文化配套开发，更加重视中华文化传统与现代化的对接问题。在经济开发的同时，更注意文化开发。

3. 长江开放开发对农业发展的影响与机遇

长江开放开发对整个流域农业(包括湖北省所在的中游地区农业)的影响是各方面的，既有机遇，又有挑战。总的来说，是本流域将面临非农化高潮同稳住农业基础的矛盾。当前的任务就是要针对长江开放开发后农业可能出现的问题，及时寻求解决的办法。目前，需要研究和解决下列几个问题：

（1）要像保护眼珠一样，保护好我国仅存的两大片商品粮基地。前面已论述过，在20世纪90年代我国粮食总量供需矛盾将十分突出，中国人的食物主要还得靠中国自己提供，而稳定现有农业基础和重要商品粮基地是根本前提。长江流域的三湖平原(江汉湖群、洞庭湖、鄱阳湖)与东北的三江平原是我国仅存的两大片商品粮基地，随着长江开放开发向纵深发展，诸如产业比较利益拉动和新兴工业区、城镇带的兴起，必然使基本农田出现抛荒、侵蚀等现象，如果任其自由发展，必定对长江流域的三湖平原商品粮基地的存在构成威胁。因此，国家要像保护眼珠一样，采取特殊的政策来保护长江开放开发条件下的三湖平原农业区，而不能限于一般的政策。

（2）三湖平原的农业要走出常规发展，开拓"三高一外"(高科技、高产出、高效益、外向型)，率先实现农业现代化。三湖平原农业要想生存下去，迎接市场经济的冲击和"复关"后的挑战，保持其商品农产品基地的地位，必须利用长江开放开发这一历史性机遇所提供的有利条件，走出常规发展模式，不断提高农业自身素质和对外开放度，通过国家扶持和乡镇企业"补农"以及吸引外资开发农业等各种途径，推进这一地区的农业现代化进程。在建立"三高"农业基础上，利用长江水道逐步走向外向化、国际化。

（3）针对"民工潮"还会加快的形势，要及时筹划对策。随着长江进一步开放开发以及长江流域经济的不断发展，过剩农业劳动力向非农产业转移是必然趋势，农民外出做工经商所形成的"民工潮"还会加快，因此需要研究解决劳动力市场、信息疏通、创造就业机会等一系列问题，并尽早出台各项对策。

（4）加快农业产业结构调整。随着城镇化过程的推进，对农副产品的需求结构会发生变化(包括以农副产品为原料的工业原材料需求结构和食物结构两方面的变化)，因此，必须划分粮食作物结构、种植业内部粮食作物与经济作物结构、农林牧副渔结构三个层次，调整好农业产业结构，以便适应未来变化的情况。

从以上背景的分析可以看出，中国农业在20世纪90年代乃至21世纪初，将面临艰巨的改革与发展的任务。中国农业要能适应这三大环境的变化，或者说，在新形势下要巩固和发展农业的基础地位，就必须在体制与组织创新、投资战略转变和技术结构更新等方面迈出新的更大的步伐。

第二节　农业的体制与组织创新

我在 8 年前(1988 年)曾经提出中国农业的改革与发展可能要经历三个基本战略阶段：以调整生产关系为主的阶段；以合理组织生产力为主的阶段；全面技术革命阶段。第一阶段到 80 年代中后期实际已基本完成，第二阶段从 80 年代中后期已经开始。①

所谓合理组织生产力，是指在农业技术结构基本稳定的状态下，通过体制的改革和组织的创新，使农业生产力诸要素得到最佳的组合，处于最合理的配置状态。特别是在中国正式确定向社会主义市场经济接轨之后，为农业生产力的合理组织提供了更为优越的大环境。如何在农业中，通过从微观到中观再到宏观的组织创新，逐步建立起竞争加秩序的市场经济体制，使农业生产要素得以合理流动、组合与更新，发挥更大的经济效益，使农业劳动生产率在农业第一步改革的基础上实现第二次飞跃，实为当前研究农业问题的历史任务。

一、农业微观基础的改造

市场经济必须要求农业有一个符合它本质需要的成熟的微观基础——农户经营的专业化、企业化、商业化，即产业化。

现代市场经济要求的微观基础，其基本条件有四个：一是实行专业化生产的、具有高度商品率的商业性农业经营。专业化、商业化与市场发育的关系是非常密切的，即市场发育程度越高，市场经济体制越健全，就越要求农业有较高的专业化和商业化水平。例如，日本是一个典型的市场经济国家，虽然人地关系十分紧张(人口密度为中国的 3 倍)，人平耕地只有 0.53 亩(1986 年)，但由于其专业化、商品化程度较高，因此农业生产水平较高，1987 年综合农产品自给率达 71%，大米自给有余。二是具有相当经营规模的大农业。经营规模与农产品价格之间呈反向运动，如 1987 年若以日本户平经营面积为 100，则西德为 1400，欧洲为 1500，美国为 15400。农产品价格，若以东京为 100，则肉类柏林 52，巴黎 54，伦敦 71，纽约 40；鸡蛋柏林 136，巴黎 133，伦敦 130，纽约 71；食用油柏林 87，巴黎 59，伦敦 103，纽约 82；腊肠柏林 90，巴黎 62，伦敦 33，纽约 94。这充分说明，经营规模愈大，成本愈低，其价格竞争优势就愈大。所以，摆在我国面前的不是应不应该搞规模经营的问题，而是非搞不可。因为"复关"后的竞争，主要是规模竞争，美国农产品大倾销靠的就是其规模优势。三是实行企业化管理，从而具有较低成本和较高标准化。四是对市场信号具有较强的反应能力，这一点特别重要，否则如何按照市场供求关系来配置资源？我国上海郊区农业的经验，是建立"适度规模专业经营+主要农活机械化+配套的社会化服务+企业化管理模式"，劳平经营 20~25 亩，收入可略超务工者水平，为此要求实行机械化、社会化服务和企业化管理。

---

① 夏振坤：《论改革与发展》，湖北教育出版社 1989 年版，第 89 页。

在中国，这种符合现代化市场经济要求的微观基础如何才能形成呢？从现有情况来预测，我认为有三种途径(也可以相互交叉进行)：推进地域专业化、股份合作制和促进农户经营企业化。其中，第三种是基础。

1. 推行地域专业化：连片种植、养殖、加工

这个观点是我在 8 年前提出的，即在不改变家庭承包经营的前提下，用经济的办法鼓励搞专业片、专业村。在我国，"劳动力转移困难+农民对土地的眷恋"是"土地向种田能手集中"的最大困难。我们不能用封闭的观念，吊死在一棵树上，必须从多种途径寻求解决问题的可行办法。而实行连片种养、推行地域专业化就能够解决种养大户缺乏有效的社会化服务而举步维艰这一土地难以集中的主要问题。实践证明也是可行的。

以日本为例，日本是以推行"方田制"来实现地域专业化的。政府在实行工业农业分区规划的同时，花了很多钱推行农区内的土地整理，建立方田。每片方田 10 公顷左右，在方田内仍是分户经营，但片内统一品种和技术措施，田间道路形成整齐的系统，便于机械化作业，虽然是分户经营但表面上看不出来，这是一种稳定农田的措施，也是扩大规模的措施。

我国近些年来也陆续出现了这种土地联片种植的经营模式。如江苏的"丰产方"就是典型代表。江苏金坊县为了解决生产责任制下生产商品化与服务功能小农化之间的矛盾，从 1986 年起开始试行"丰产方"，其具体做法是在不改变家庭经营形式的前提下，将一家一户分散经营的田块连接成片由乡村各类服务组织为农业生产的全过程提供统一服务，如统一供种、统一管水、统一植保、统一机耕、统一肥料运输。由于这统一的社会化服务与科学种田、专业化分工、规模经营等连在一起，适应了当前的生产力发展水平，农民从"丰产方"上看到了实际成效，因此其受到农民的普遍欢迎。

2. 稳步推进股份合作制

在认识和对待中国特色问题上，不能有陈规和偏见，只要能在中国推动生产力发展的就是合理的，"联产承包"在经典经济学中也是没有的。实践证明，在我国农村中兴起的"股份合作制"能够有效地解决农业、农村中的产权组织与利益协调问题，因而不能对此妄加否定。

股份合作制，是一种集股份制与合作制某些特质于一身的经济组织形式，是中国农民继"联产承包制"之后的又一伟大创造。由于它既包含股份制合股集资、一股一票、按资分配等特质，又包含合作制劳动合作、按劳分配、集体积累等特质，因此，股份合作制具有双重性质。它既有初级股份制的性质，又有特殊合作制的性质；既有劳动人民集体共有的社会主义成分，又可兼容多种所有制于一体。这种经济组织形式的最大特色，就在于它具备了把社会主义成分的兼容性融而为一的品质。这正是中国社会主义初级阶段生产力结构的多层性同生产关系多元性相统一的内在要求。所以，它的出现与发展是一种客观的必然。

从实践方面来看，股份合作制在我国农村正在方兴未艾地发展。这种发展不是人们主观强制的。就现有情况分析，其发展动因大约有如下几个方面：

（1）农村产权主体多元化与生产资源短缺并存的现状，要求寻找一种既能充分挖掘一切资源的潜力又能协调各方利益的组织形式。股份合作制正好是这样一种形式。

应该承认，我国社会主义的初级阶段，仅仅依靠社会主义公有经济的力量，是无法促进农民的富裕和实现农业现代化的，必须动员公有制以外的个体的、私人的乃至外资的一切可能动员的资源，投入农业与农村的发展。随着改革开放政策的深入，这种可能性是越来越大了。股份合作制正好应这一客观需要而产生：它既充分确立了集体公有的产权地位，又可充分吸纳各种非公有资源，从而加速了生产要素的优化流动与组合，创造出一种新的生产力——组合效率。

（2）农村市场经济的发展，既要求加快农村生产要素商品化的进程，又要求在农村与农业中也建立起类似城市工业那样的现代企业制度。股份合作制正好是推动这种进程的有效形式。

实践说明，股份合作制可以使各种入股资源价值化（具有价格），从而为这些资源（要素）的商品化奠定了基础。同时，股份合作制也可以在乡镇企业乃至农业经济实体中逐步实现"产权明晰、权责分明、政企分开、管理科学"的要求。这对于为农村市场经济体制建立有效的微观基础无疑是十分重要的。

（3）面对当前农业小生产同社会大市场的矛盾，迫切要求农业实现专业化、规模化、社会化，即"产业化"。为此需要找到一种包容量最大的组织形式来推动这一进程。股份合作制无疑是这种组织形式之一。

根据广东省南海市的经验，由于实行了承包土地价值化，按价折股，按股分红，既稳定了产权关系，又使土地股份合作社得以集中土地，择优转包，实现土地规模化经营。这种形式给农用土地经营规模化带来了希望。根据湖北省枣阳市的经验，股份合作制可以有效推动农业生产、加工、销售一体化的进程，使原先松散的外部联合变成紧密的内部分工，极大地推动了专业化分工。由于专业化分工的发展，各种社会化服务行业也卓有成效地发展起来了。

（4）在新形势下，如何巩固与发展工农联盟？要求找到一种形式，既能充分保护和激发农民的商品生产积极性，又能保证社会主义国家在经济上的组织调控。股份合作制显然也具有这方面的功能。国家（含各级政府及公有经济实体）可以平等的身份对股份合作企业进行参股乃至控股，在其内部按股份合作制规范进行适度的调控，进而使分散的农业与农村经济成为社会主义大工业的有机辅助部分，在经济上巩固与发展工农联盟。

综合以上分析，股份合作制将可能成为农村改革新阶段的主轴，它在20世纪90年代末以前将可能成为农村市场经济微观基础的组织创新的主要形式，但是，在推行过程中，则必须采取积极稳妥的方针。一般地说，非农领域可适当放手，农业领域则应慎重行事，不能"刮风"，以防"大呼隆"再起。在农业中，开发性农业可以适当放手，农户承包性农业则宜慎重，必须坚持自愿互利原则，不能搞强制性的运动。

3. 促进农户经营企业化：家庭农场

在土地村组集体所有的基础上建立有中国特色的家庭农场，是20世纪90年代以后的一项改革任务。

根据前面所讲的微观基础的四条要求，是否能建立这样的农场呢？这是完全可能的，只不过要通过市场经济的催化，促进其发生质的蜕变(实现三个蜕变)：

(1)由纯血缘关系向契约关系蜕变。"家庭农场"，其实质还是一种企业制度，它应该严格按照现代企业原则来进行经营和管理，农场内成员之间应是雇主与被雇人之间的契约关系，而不应是单纯"家庭"意义上的宗法式的血缘关系。因此，建立企业化的家庭农场，应实现基本成员之间纯血缘关系向契约关系的蜕变，由自然身份(血缘)与经济身份的统一，走向自然身份与经济身份的分离。日本的家庭农场的建立就经过了这种蜕变。

(2)由小商品生产(半自给)向大商品生产蜕变。作为与现代市场经济相联系的家庭农场，其生产、流通、分配和消费都融入市场调节的潮流之中，具有高度的商业化与专业化，没有自给自足或半自给自足的痕迹。在我国，就是要由目前60%左右的商品率提高到100%的商品率。这一蜕变是一种自然过程，它取决于农业生产专业化与社会化发展程度以及社会生产力发展的快慢。

(3)由宗法式的管理方式向企业化管理方式蜕变。小生产农户向家庭农场的转变，必然要求由家长式、宗法式管理向现代企业管理转变，包括实行经理负责制(合作、联营式的农场则实行董事会下的经理委托责任制)、严格的会计审计制度、劳动纪律与操作规程以及成本核算等。

这种蜕变后的家庭农场，可设定为：以血缘关系为基础，以经济契约关系为纽带，以市场为导向，严格按现代企业基本原则进行经营与管理的现代家庭农场。这种"家庭经营"与目前的家庭经营在外壳上似乎差不多，但本质已发生变化。它的基础是现代市场经济；它的机制是市场竞争；它的动力是现代产权制度。

中国目前的"家庭经营"真正转到符合上述基本要求的现代农场体制，是一个逐步的、较长的发展过程。在这个过程中，必须通过改革与发展创立如下主要条件：

第一个条件：农业专业化的发展。这是现代农场制度建立的基础性条件。因为没有专业化，就不能形成不断提高劳动生产率的规模效应和扩张动力以及生产与消费完全依赖市场的机制，农业技术进步也不能真正具有经济容量。

第二个条件：农地制度的更新。这是建立现代农场体制的重要前提。目前的农地制度还是一种过渡的形式，还存在土地产权不明晰(妨碍依托土地进行扩大再生产的激励机制的生成)、土地流动的自由度太低(缺乏土地使用自动集中的机制)等弊端，在这种情况下，欲推行高生产率、高商品率、高技术更新的农场体制，显然既缺乏动力，又缺乏客观条件。为此，必须进一步推行与现代农场制度相适应的农地准商品化，即在保持土地公有的条件下，实行所有权、承包权、经营权的分离，允许自由租赁，在"经营权"范围内使土地成为商品，自由流动，承包权长期不变，承包权可以继承，所有者与承包者在租赁经营过程中可以分别获得绝对地租和部分级差地租的收益。

第三个条件：农业企业家群体的形成。即要造就一批具有市场经济意识、科学技术知识和组织管理才能的社会主义"农场主"。

二、加快农村中介组织的建设

加快农村中介组织的建设，首先需要解决三个认识问题：

第一，中介组织是市场经济的纽带，就如同机器系统中的传送带一样。现代市场经济不是无政府主义，是规范有序的经济。这其中，市场的自组织化、农民的自组织化，是市场经济成熟度的试金石。"中介组织"正是这种自组织化的载体。如各种农民专业协会、农业服务公司、仲裁组织等均具有这种功能。

第二，中介组织是农业小生产者与社会大市场联结起来的结合部。这实质上也是农业与国民经济(首先是城市大工业)构成一体的必要中间环节，特别是把种、养、加、销有效地沟通起来，做到货畅其流、产消(费)相通，真正实现由供求关系决定资源配置的绝不可少的媒介。

第三，中介组织是将分散的农民同社会主义政权联结起来，在新形势下巩固工农联盟的重要环节。在资本主义国家中，资本主义中介组织调控家庭农场，而在社会主义国家中，社会主义中介组织调控农户经营实体。因此，对于中国农村来说，中介组织的建设问题，绝非仅是"服务"问题和"经济"问题，还含有重要的巩固工农联盟的色彩。当前我国农村突出的矛盾之一是经济多元化同农村基层政权简单化的矛盾，中介组织建设要为解决这一矛盾出力。

健全的农村中介组织是一个"体系"，是一个十分庞杂的涵盖了众多功能、行业与所有制的大体系，因而也可以更准确地称之为"中介结构"(见图2-1)。

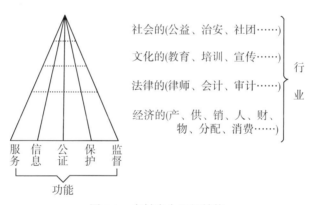

图 2-1　农村中介组织结构

对于如上所述的农村中介组织这样一个庞大的体系，仅依靠村级组织是绝对办不到的，也不能用简单的、一般的方式加以推进。就目前情况来看，应采取"三管齐下"的办法：

第一，改造供销社、信用社，使供销社、信用社真正实现民营化、多功能化、商业化。1994年，中央决定重新成立全国供销合作总社，制定了推进供销社改革的政策。这就为供销社在性质上归位、机制上转轨提供了根本条件。为实现上述供销社的"三化"目标，我们认为必须解决好如下几个问题：

——逐步卸除计划经济条件下给供销社造成的诸多历史负担，包括离退人员保险的社会化问题、政策性亏欠的补偿与债务免除问题、人员的分流问题等，使供销社得以轻装上阵。

——从下而上，推行管理民主化。基层供销社应由社员大会推举基层理事会候选人而后由社员代表大会选举理事会。理事会成员应有 2/3 以上是农民身份。监事会可协商推荐。这样从组织上保证供销社的性质。待条件成熟，再逐步推行到基层社以上的机构。与此同时，还应全面提高财政与重大决策的透明度。

——在经营方式上，推行贸工农一体化。这可参照日本农协的经验，供销社建设贮藏设施、加工企业、运输体系和城乡商业网点，直接为农民赚钱，实行利润分成返还制。

——在经济上逐步独立化。供销社的民营化、农民化，在很大程度上取决于经济上的独立化。在目前过渡阶段，省及省以上职工的工资暂由国家财政拨付是可以的，但从长远来看应逐步做到经济上基本自给。

这样，经过若干年的改革与发展，供销社便可能成为一种类似日本"综合农协"式的农村中介组织。

同时，为加强供销社的资金自给能力(特别是农产品采购)，可考虑将信用合作社并入供销社系统。

第二，支持农民发展行业性的农业协会，其目标是农民自己为自己服务。我们认为，农业协会在中国的发展可能会经历两个阶段：第一阶段，也即现阶段，可称之为"百花齐放"的阶段。即放手鼓励农民在自愿基础上自下而上地建立多种多样的以专业性为主的协会，这既可部分解决农民的自我服务问题，又可训练农民的自组织能力。第二阶段，可能到 2000 年以后，可称之为整合阶段。即随着供销社与信用社改革的成熟，逐步将基层供销社与信用社(或其联合)同农业协会融为一体，成为未来的供销社大系统中的基层组织。

第三，鼓动社会各种力量发展多元化的社会服务业。这可分三层推进：其一，基础性服务，如大的基础设施、覆盖面大的培训与技术推广体系等，这些公益性活动任何单个市场主体都无力承担或不愿承担(其"外部效益"大)，对这一层次的中介组织的建设应以政府为主；其二，流通性服务，如供、销、信息等，应以供销社、协会为主，有的工贸集团公司也可介入；其三，生产性服务，如机耕、植保、管水等纯生产领域的各项微观服务或监督功能，应以村级经济组织与专业户为主(当然不限于村一级，其他社会组织也可参与)。

三、重建新的农业宏观调控体系

旧的计划经济所沿袭下来的行政调控机制，已经同新的经济基础以及市场化的要求不协调了。农民要求完全的生产自主权和产品处置权，而在粮棉产区政府实际上仍然用行政命令的办法规定生产面积与交货数量。农民要求等价交换，"一手交钱，一手交货"，而许多地方政府却是赊账。农民要求一个效率高和税赋适度的政府，而我们仍维持计划经济时期庞大的行政机构，各种机构的"寻租"行为造成农民负担不断加重。农民要求像"鸟儿一样"自由劳动，而过去沿袭下来的户籍制度却变成了一种身份制度等。这些都说明一点，那就是现在是必须加快建立符合社会主义市场经济要求的新的宏观调控机制的时候了。

新的农业宏观调控机制应具有如下基本特征：一是间接性。以各种经济的、法律的杠杆进行间接调控为主，行政调控只起补充作用。为此，必须大力完善农业立法，加快价格改革步伐，逐步全面放开农产品价格。同时政府应建立重要农产品（如粮食）贮备体系，以增强平抑物价的实力，形成强有力的农产品吞吐机制，还应建立健全布局合理的农产品批发市场，有重点有步骤地推进农产品期货市场，以加强对农业生产的宏观导向和引导农产品流通。如日本农产品批发市场的公建、私营、公管形式，其农产品流通顺序是农户生产——农协收购、加工——城市市场批发、拍卖——零售商。农业计划应以长远的指导性为主，把催种催收方式减到最低限度。二是规范性，特别是在农民负担问题上，必须尽快规范化、法制化。农民只对土地发包者交租，对国家纳税，应消除一切超经济的征收行为。三是保护性。农业的经济效益绝不只是农民的事，它关系到国民经济持续发展的大事，因此，政府不仅要向农民征税，而且还要保护农民的权益，既要"取"，又要"予"，以"予"养"取"，如成立农业政策性银行，设立"粮食风险基金"，大力发展农村社会保险事业等。四是社会性。政府主要是通过各种社会性的中介组织沟通与农民之间的信息并引导农民的经济行为，其中，特别是农民的各种行业协会的发展与健全，应受到重视和鼓励，使之成为政府与农民之间的桥梁，成为"直通车道"。

据此，设想农业宏观调控新模式为：以政策法律为依据，以经济实力调节市场参数为导向，以各种中介组织为纽带，以党政基层组织的模范示范行动为榜样来引导农户的经济行为。这种新模式的目标是综合性的：既可保障眼前的农产品价格稳定和供求平衡，又要保障长远的农业基础地位和农业发展；既要维护农业生产者的权益，又要维护消费者的利益；既要保证农业生产的有效运行，又要保证工业生产（特别是以农产品为原料的加工业）的有效运行。它的机制是以市场为基础，以政府干预为指导的。就中国现实来说，单纯地依靠某一种理论——无论是凯恩斯主义、货币主义还是新制度学派都是难以解决问题的。为同时兼顾发展、就业、抑制通胀和社会稳定，就必须博采众长，结合中国实际，构建在政府（计划）指导下的市场调控机制。这种机制模式，既适度吸纳新自由主义"社会市场经济"理论以促进市场的发育，又吸纳新制度学派"计划主导"理论以加强市场的有序性；既有限吸纳凯恩斯主义的财政调控理论以扩展就业，又部分吸纳货币主义的货币投放理论，以抑制通货膨胀。

第三节　战略转变：由"吮吸农业"到保护农业

一、工业化与工农关系

从工业与农业关系的角度来审视一个国家的工业化，大体上要分为两个基本阶段：首先是抽吸农业剩余启动工业化的阶段，或称之为"抽农兴工"阶段，然后进入将工业积累的一部分返还农业，全面推进农业现代化的阶段，或称之为"返工护农"阶段，即由吮吸农业为主的阶段逐步过渡到大力保护农业的阶段。

对于一个农业国家来说，实现工业化首先遇到的一个问题，就是工业化的启动资本从何而来。一些老牌的工业化国家在工业化真正启动之时，就有一个"原始积累"的过程，这一点，马克思在《资本论》中做过十分精辟的论述。这种原始积累，虽然包括对殖民地的残酷掠夺，但主要的还是对农民的剥夺，是一个充满着"血与火"的过程。但是，随着工业化的发展,农业严重萎缩,出现所谓"李嘉图陷阱"。农业落后使工业化也难以前进了。这时,工业化国家被迫通过各种途径利用工业积累来支持农业的发展,推动农业的现代化,而后实现工农业的大体协调发展。从这个意义讲,工业化本身就应包含农业现代化。

统计资料表明,大多数工业化国家在其工业化的中后期曾大幅度地增加对农业的投入,由吮吸农业逐步转到保护农业。以日本为例,仅仅在战后十几年间,政府的农业预算就是按2%的速率增长,到20世纪60年代后期以后,农业预算约占到国家总预算的10%(见表2-1)。

表 2-1 　　　　　　　　　　　日本农业预算的变动与结构　　　　　　　　　单位:10 亿日元

年份		1955	1960	1965	1970	1975
农业预算总额		79	138	346	885	2000
其中	生产对策	59	85	162	376	796
	农业结构改善	1	4	20	34	77
	价格流通等	9	36	140	417	981
	农业就业福利	—	—	1	6	19
	其　他	10	13	23	52	127
以 1955 年为 100		100.0	174.7	437.9	1120.2	2531.6
环比指数(%)			1.75	2.5	2.6	2.3
农业预算在总预算中的占比(%)		7.8	7.8	9.2	10.7	9.6

资料来源:秋野正胜等:《现代农业经济学》,农业出版社 1981 年版,第 58 页。

注:作者对原统计表做了省略和换算。

社会主义国家和那些从殖民地解放出来的发展中国家不可能掠夺殖民地,主要是首先依靠农业剩余来积累工业化的资金。"剪刀差"会有意识地保持相当一个时期,这是客观的需要。但是,对这种吮吸农业的政策,农业和农民的承受力是有限度的,超过了限度,农业就会出现停滞和萎缩,破坏工业与农业间的协调发展。一般地说,在市场经济国家这种现象较之计划经济国家出现得更早些和明显些。这是因为后者有更为直接的政府干预和不存在劳动力市场,也正因为如此,后者的为害性更为深刻,其爆发力更大。所以,社会主义国家和发展中国家在工业化进行到一定的阶段,必须及时改变吮吸农业的政策,逐步过渡到保护农业的政策,以保证国民经济持续发展和工业化的完成。

二、转变时机的选择

由吮吸农业("抽农兴工")政策转变为保护农业("返工护农")政策,究竟选择什么时机?对这个问题,各个国家的情况很不一样,很难确定一个临界线。但从工业化过程中工农关系一般发展规律来考虑,似乎存在如下一些概念性界限:

（1）工业化的发展加强了产业关联效应，使得如果不从外部大量增加对农业的投入，工农业的发展比例就会出现失衡，从而危及工业乃至整个国民经济的进一步发展。

在工业化的初期，农业中自然经济的分量不小，工农业之间的产业关联度相对是较小的(主要是表现为粮食与副食品的供求关系)。但随着工业化的推进，以农产品和农业加工品为上游或中间产品的加工业大大发展起来，工农业之间的产业关联度便会逐步上升。据美国列昂惕夫教授和日本土屋圭造教授研究，这种产业关联度可具体反映在"投入系数"上(见表2-2)。

表2-2   投入系数表

	农 业	工 业	商 业
农 业	—	0.471	0.455
工 业	0.261	—	0.182
商 业	0.267	0.118	—

资料来源：土屋圭造：《农业经济学》，农业出版社1982年版，第171页。

上表说明，如果工业产品增产10亿元，农业产品必须相应增加投入4.71亿元，商业产品必须增加投入1.18亿元；如果商业产品增产10亿元时，农业产品必须增加投入4.55亿元，工业产品必须增加投入1.82亿元；如果农业产品增产10亿元时，工业产品必须增加投入2.61亿元，商业产品必须增加投入2.67亿元。

当然，各个国家的产业结构很不一样，其投入相关系数也不能照套。但有一点是共同的，即工业化发展到中期之后(含中期)，三大产业之间的相关性必然会大大加强，其投入的比例要求也就必然大大提高，否则就会影响国民经济的协调发展，出现经济波动。从中国的情况来看，进入20世纪90年代以后，工业化应该说已到了中期阶段。据有关部门计算，中国经济增长已开始进入人均GNP800~2000美元的区间。二、三产业已经在国内生产总值中占有较大比重，农业新增投入必须与国民经济增长幅度成比例地增加，而这种增加，有一部分当然是农业自我积累，但有相当大的份额是要依靠农业外部(政府直接投资和银行贷款等)投入的。即使像美国的大农场，其现金使用总额中(20世纪70年代)，每年就有1000亿美元左右是靠贷款，占总额的两个百分点以上。[①] 所以，在发达国家，"农业现代化和扩展实际上是债务不断增加的同义语"。几乎还找不到一个国家实现农业现代化不是主要依靠国家投入的。大体上估计，中国农业和工业发展的比例关系，拟应保持在1：3左右为宜。

（2）工业化使农产品生产成本大幅度提高，从而使得如果不加强对农业的补贴与保护，农业就难以维持下去。

工业化的过程，同时也是农业现代化与商业化的过程。随着农业生产对工业制品依赖性和农民生活对市场依赖性的不断提高，农业生产成本(生产资料成本与活劳动成本)必

[①] 美国经济讨论会论文集编辑组：《现代美国农业论文集》，农业出版社1980年版，第229页。

然会不断提高。这是一种必然的趋势,用简单的行政办法(包括人为抑制生产资料价格的办法)是不能根本奏效的。美国从 20 世纪 50 年代到 70 年代,农业成本提高了 2 倍,同期,美国从农业外部增加对农业的财政支持(主要是长期低息贷款)几乎增加了 10 倍。我国 20 世纪 90 年代以来,农用生产资料价格指数按 2 位数增长,而农副产品收购价格指数则是 1 位数增长。"剪刀差"不是在缩小,而是在扩大。这种情况如何能稳住农业?

(3)工业化起飞后,必然要经历一个城乡收入差距迅速拉大的阶段,当这种收入差距大到危及农业稳定的时候,如果不及时调整城乡、工农收入政策,在经济上就会损害农业的基础地位,在政治上往往会引发动乱。

最突出的例证就是"民工潮"了。对"民工潮"应七分肯定,三分讨论,这已取得社会的共识。但寓藏在这个现象背后的深层原因,则是城乡收入悬殊。在工业化前期,城乡收入上的差别可以形成农业剩余劳动力转移的"拉力",属正常现象。但是,这种差别如果扩大到不适当的程度,致使农业劳动力非农化超过了"剩余"的临界线,造成农业的抛荒和萎缩,这就不正常了。农民还要承担名目繁多的各种负担,这就使本来不多的收入进一步减少。在这种情况下,种田成为不合算的事,这正是促使农民"用脚投票"超剩余"外流打工","民工潮"过热的本质原因。这种势头,看来还在继续高涨之中,如不采取相应的政策调整,将会出现巨大的工农失衡乃至农业危机。

以上三个方面的分析,虽联系到了中国的一些实际,但主要还是从国际工业化的一般经验出发,企图以此来确定由"抽农兴工"转向"返工补农"的某些模糊的预警标志。而在中国,这些方面还有一个最大的特殊性,即中国是一个农业人口十分庞大的大国,工业化过程中在处理工农协调发展上,显然要比欧美复杂得多。这种复杂性,要求中国在选择上述战略转变的时机上,不是更迟一些,而应稍早一些。但是,中国目前的现实是非农产业投资膨胀明显地冲击了农业和科技事业。这种情况令人担忧。政府应该在抑制固定资产投资的同时,下决心宁可少上几个工业项目,也要保证农业发展必要的投资。

至于农业保护的内容与重点问题,国际经验很多,国内学术界也有不少论述,此处不赘述。

现在有一种流行的观点,认为当前不应实行农业保护,还应继续抽吸农业剩余。其理由是农业人口占多数,工业人口占少数,要少数人去补多数人是办不到的等。我认为这是混淆了概念。由"吮吸农业"到"保护农业",是一个国家战略上的转移,其本质内涵是指工业化的资金不应继续以抽吸农业剩余为主要来源,而是以工业自身的积累为主要来源,同时还应开始用一部分(开始少一点,逐步多起来)工业的积累去扶持农业的发展。这根本不是什么直观的"少数人补多数人"的问题。如果我们的工业化搞了 50 年,还要去吃母亲(农业)的奶水,岂不是太不像话了。这种工业化本身就说明其是发育不正常的畸形儿。

第四节　技术更新:全方位的审视

中国农业要迎接 21 世纪的挑战,要适应市场经济的新形势,除了前面已论述的组织创新和战略转变之外,还要进行技术更新。

"科技兴农"在中国已提出多年了,在实践中也取得了许多进展和经验。现在看来,中国农业的技术更新如欲取得应有的进展与成效，必须进行全方位的审视。具体地说，就是要在技术结构的调整、技术组织的创新以及技术队伍的强化等方面进行一系列的改革与建设。

一、技术结构的调整

1. 技术结构调整要服从技术发展模式

农业技术的运用，不能脱离具体的地点、时间和条件。"普遍适用的农业上最好的技术是不存在的。所有农业技术都必须适合当地土壤条件、气候条件，适合当地生产要素的现有状况。"[①]这无疑是正确的。正由于此，我们必须研究农业技术发展的模式问题。

技术发展模式，在农业中主要取决于"资源密集度"，即农用地与人口的比率。在人多地少地区同地多人少地区，农业技术发展的方向和侧重点是不一样的。前者技术发展主要追求劳动生产率的提高，以缓解劳动力之不足，故技术发展采取机械技术为主、生物技术为辅的模式。后者技术发展主要追求土地生产率的提高，以缓解土地资源不足，故技术发展则多采取生物技术为主、机械技术为辅的模式。

尤吉罗·海亚米和弗·W.拉坦在他们所著的《农业发展：国际展望》一书中，对于每个男性劳动者的农业产量和每公顷农地产量所做的国际比较，为我们提供了最好的说明。根据他们整理的数据，人均产量(劳动生产率)最高的依次是新西兰、澳大利亚、美国、加拿大这些地多人少的大规模机械化的国家。而每公顷产量(土地生产率)最高的则依次是中国台湾、日本、荷兰、毛里求斯这样一些人多地少的小规模机械化的国家和地区。[②]正如帕金斯等所说："两种战略的差异涉及基本上不同的技术。这些不同的技术通常称为机械系列的以及生物系列的技术。机械系列指拖拉机、联合收割机以及其他取代离开了农场到城里去的劳动力的机械。生物系列指通过使用经改良的作物品种(如杂交玉米或新谷种)去提高产量。由于一些新品种显著的增产效果，这种现象常被称为绿色革命。只要及时充足地灌溉并增施化肥，这些新品种就会提高产量。"[③]这里指出机械是一种"代替型"技术，生物技术是一种互补型技术。

中国从总体上说，是一个人多地少的国家，因而，农业技术发展宜采取生物技术为主、机械技术为辅的模式，即互补型模式。但这并不排斥在一部分地多人少的地区，例如三江平原、新疆农区，实行机械技术为主、生物技术为辅的替代型模式。

我们探讨中国农业当前的技术结构调整问题，必须在上述发展模式的前提下进行。也就是说，中国农业技术结构的优化(无论是近期还是长期目标)，应该以提高土地产出率(单位面积产量)为主，以提高劳动生产率(劳动力平均产量)为辅。如果按目前的趋势，我国人口每年约增加2000万人，耕地每年要减少600万亩，在不久的将来，中国的粮食问题将会成为世界上无法解决的问题——集中全世界的余粮也养不活中国的庞大人口。所

① 帕金斯等：《发展经济学》(中译本)，经济科学出版社1989年版，第639~640页。
② 帕金斯等：《发展经济学》(中译本)，经济科学出版社1989年版，第639~640页。
③ 帕金斯等：《发展经济学》(中译本)，经济科学出版社1989年版，第641页。

以，不断改进中国农业的技术结构，大力提高土地产出率，是我国农业战略中不可缺少的内容。

2. 当前中国农业技术结构调整的重点

根据上述模式选择，中国农业的技术更新，宜采取以"两高一优"示范区为先导、生物技术为主体、综合工程技术为辅助的路线。

政府已确定集中力量建立 500 个商品粮大县、150 个优质棉大县，并建立一批高产优质高效的"两高一优"农业示范区。这应成为农业技术更新的"火车头"。在示范区内或区外，仍然应以生物技术为主体。这是由于一方面生物技术投资少见效快，符合中国农业现阶段的财力承受度。据广东省的经验，良种研制与推广投入收效大，其投入产出比为 1：100（投入 1 元，收效 100 元），该省稻谷总产值的增长中良种的贡献占了 33%。[①] 另一方面，生物技术相对机械技术来说，对土地规模经营的要求更低，而我国农户的规模经营水平在短期内还不可能有显著改变。

综合工程技术，主要是改造中低产田地。据估计，我国耕地中大约有 2/3 的田地属中低产状态，增产潜力很大。如果我国按现有粮食播种面积（1992 年为 16 亿亩）计，每亩产量由现有的 258 公斤提高到日本 20 世纪 80 年代末的水平（378 公斤），就可增产粮食 1920 亿公斤，总产量即可达到 6000 亿公斤以上。

二、技术组织的创新

中国农业技术组织建设问题，在指导思想上需要走出一种误区：似乎农业技术组织可以全部由市场来承担，过去计划经济条件下建立起来的技术组织必须全部被抛弃。这是一种极端片面的想法。现代市场经济，已不是自由竞争时代的市场经济，它是竞争加秩序、市场加政府的市场经济。农业技术组织的建设，循着这种思路应该采取"民官结合，分工合作"的方针进行。即技术组织一部分可采取民营或民间形式，另一部分得由政府（财政）支撑，这两部分组织在专业和层次上既分工又协作。

民营与民间的农业技术组织看来以发展各种专业的农业技术协会（如棉花技术协会、花卉技术协会等）为主，是比较可行的。这是农民按行业特点自己组织起来的一种技术普及组织，通过协会交流生产经验，传播技术信息，进行小规模技术培训，开展各种有偿和义务的咨询，进而还可从事技术承包业务和供销服务业务。这种组织形式，不带有行政强制性，地缘性较强，因而有广泛的群众基础和地区特色。它形式灵活，可松可紧，技术活动涵盖面宽，可多可少，故又具有很强的生命力。

官办或民营官助的技术组织也是不可少的。不能设想，像中国这样一个农业大国，社会自组织程度又极低，而农业技术的研究、普及与推广完全靠市场力量，单一的民营系统就可以解决农业的现代化问题。像各级农业科研机构、农业技术推广站这样一些专业性很强、投资较大、队伍稳定性要求很高的组织，由于它"外部效益"很大，主要靠农民或企

[①] 袁志清：《有中国特色的农业现代化道路——学习〈邓小平文选〉，推进现代农业发展》，《农村研究》1994 年第 5 期，第 26~31 页。

业来经营，也显然是不现实的。政府必须参与。否则，整个农业技术组织就难以形成体系，农业技术协会等民营组织也难以生长起来。就目前国情而言，农业科学院设在中央和省（含大城市）两级，县设农业技术推广站。这三者之间，应实行业务双重领导（中央及省农科院与地方政府），经费分块供给（纳入财政）。县以下的技术推广与普及则主要依靠农业技术协会。

三、技术队伍的强化

基于农业生产的特点，农业技术队伍必须强调稳定性与流动性合理结合的原则。过分强调稳定性而忽视流动性，会造成人才资源配置的僵化和知识结构的老化。反过来，过分强调流动性而轻视稳定性，同样也会造成人才资源配置上的浪费和破坏农业科技活动的连续性。

为此，我国农业科技基本队伍，特别是基层科技队伍急待建立起一种基本稳定、合理流动的体制。具体地说，大学农科毕业生应按规定在基层农业技术推广站工作三年，然后通过考核按绩升或转读研究生。这样，就从制度上保证了基层科技队伍的来源稳定，交叉流动。与这一政策相配套，大学农科学生应实行全额助学金制度，以保证学生的来源。

这就要涉及农科教育体制的改革。中国改革开放以来，在农业教育方面出现一种误区，农业教育体系的封闭性加强了，开放性反而削弱了。重课堂教学，轻实践教学；重学校教育，轻实践需要。农科大学毕业生不愿到农业第一线工作，而直接进入农业科研、教育和管理部门，这必然会大大降低人才的质量。实行上述教科农一体化的体制，不仅有利于保证农业技术队伍稳定的人才来源，而且可以大大提高农业高级科技和管理人才的质量。

第三章　中国农业剩余劳动力转移问题

第一节　农业劳动力转移的理论与因素分析

一、农业劳动力转移的理论分析

经济总量增长与经济结构转移是经济发展同一过程的两个方面，总量增长的结果必然体现在结构的变化上，可以说经济发展的核心命题是经济进步性变革。经济变革集中反映在就业结构的转移上，产业结构从低级到高级的演化实际上以就业结构的变化为标志特征，农业就业份额的下降是经济发展的重要内容和结果。因而，农业劳动力的非农业部门的转移一直为经济学家们所关注。古典经济学大师配第在《政治算术》中提出收入的比较利益促使农业劳动力向非农业部门流动。亚当·斯密从城乡间不断强化的商业联系和劳动分工的角度研究劳动力转换，视之为市场扩展的自然结果。20世纪30—40年代，费希尔与克拉克从经济结构转换的需求弹性的角度对农业劳动力转移的规律进行了有影响的研究。40 年代末，发展经济学的主要创造人张培刚先生将农业劳动力转移的研究视角引向发展中国家，引发了发展经济学家对这一问题广泛、严密、系统的研究，其中最有影响的是刘易斯的二元经济理论和托代罗的"城乡人口流动模型"。

阿瑟·刘易斯是第一个在张培刚的农业国工业化理论的基础上提出发展中国家转变为工业社会的系统理论与发展模型的人。他第一次明确提出"二元经济"概念，并建立了有名的"刘易斯模型"。刘易斯认为，在发展中国家存在着明显的二元经济结构：传统的占统治地位的农业部门和现代的发达的资本部门。在工业化的过程中，农业部门的劳动力必然流向现代部门。这种劳动力的转移，既有利于推行农业现代化，又有利于工业部门的发展，并使整个社会产出大幅度增加。而劳动力的转移率，则有赖于资本部门中利润的增长率。这个过程一直继续到所有剩余劳动力转移到资本部门为止。这一理论为研究发展中国家的工业化问题，提供了更具有现实可操作性的结构理论，把张培刚的理论推进到了一个新的层面。

但是，刘易斯模型有着明显的局限性，经济学界不断有人对它提出了质疑。其不足之处主要是三个方面：其一，它具有明显的相对性。例如，"劳动力无限供给"问题，这是具有很大的时限性和空限性的。其二，它忽视了一些重要的变量。例如，农业劳动生产率、人口增长以及城镇也有剩余劳动力等。其三，有的假设并不符合实际情况。如工业工资不变等。刘易斯的二元经济理论后来经过很多发展经济学家的修正和完善，成为阐明发展中国家经济发展和劳动力转移的经典模型。

刘易斯的二元经济模型及其理论，是否真正适合发展中国家的情况，是否能有效地指导发展中国家的经济发展，中外经济学界都是有争论的，英格森特等甚至认为"刘易斯-费-拉尼斯模型的某些假设，在实践中没有得到证实。"[1]我们认为，应该进行一分为二的评价。任何一个理论都不可能囊括全部问题，更何况是一个模型。尽管这一理论模型存在着种种缺陷，发展中国家运用这一理论指导经济发展的结果差强人意，但这一模型比较准确地描绘、反映了发展中国家经济的基本结构特征，较好地解决了分析研究发展中国家经济发展的方法论问题。从二元经济结构来着手分析，是从结构方面了解一国经济的特征和一国经济变化趋势的逻辑前提。[2] 在关于发展中国家经济问题的诸多研究中，都可以发现二元经济结构模型的踪迹和影响，[3] 在农业劳动力问题上，这一模型正是理论界描述和剖析中国农业劳动力转移的可靠支点和起点。

另一种较有影响的农业劳动力转移理论，是托代罗的"城乡人口流动模型"。托代罗是二元经济模型的主要批判者，他认为二元经济模型的两部门划分过于简单化，发展中国家的经济实际是由农业部门、城市传统部门和工业部门三个部门构成。农村移民在城市就业并不能顺利实现，而是往往要等待相当长的时间才能获得稳定的工作，而这种等待必然

---

① 见加塔克，英格森特：《农业与经济发展》，华夏出版社 1987 年版，第 127 页。

② 埃德温·查理认为："对发展中国家来说，现代部门和传统部门的分类被广泛运用于经济发展的研究之中，而且当人们试图概括经济现实时，这种分类能够很好地说明所面临的诸多问题。"见埃德温·查理：《发展中国家宏观经济学》，上海社会科学院出版社 1988 年版。

③ 傅予行等：《经济发展原理》，湖南人民出版社 1991 年版。

会影响到农村移民的迁移决定和行为。托代罗模型以"预期收入"概念为媒介来分析农业劳动力转移的动因：（1）农民向城市转移的决定因素不是现行实际收入差异，而是城乡间预期收入的差异；（2）城乡间预期收入差异由城乡间实际收入差异和城市就业的可能性这两个因素决定。针对发展中国家城乡就业的实际状况，托代罗认为城市现代工业部门的扩张是不足以吸纳全部农业剩余劳动力的，不能只注重只能接受总劳动力 10%~20% 的现代工业的发展，而必须重视在经济发展中占重要地位的农业部门，因而提出了与二元经济模型不同的政策建议，如增加对农村的投入，提高农民的收入和福利，改善农村的工作条件和生活条件等，把农业剩余劳动力问题的解决与农村的发展结合起来。为了增加农村对农业劳动力的吸引力，托代罗认为增大劳动力流动成本，减少城市就业的预期收入等增加劳动力转移困难程度的措施也是必要的。这一理论无疑较之二元经济模型更适合发展中国家的国情，更具现实性。但问题是：（1）增加农业投入和发展农村工业所需的大量资金从何而来？尤其是对于人口众多、农业与非农产业的就业结构差距悬殊的发展中大国，这笔资金之巨难以想象；（2）简单增大劳动力流动成本，降低城市预期收入真的可以增大农村的吸引力？这种做法实际是扩大城乡不平等差距；（3）单纯依靠农村工业的发展能成为农业劳动力转移的长期发展模式？

　　无论是二元经济模型还是"城乡人口流动模型"，都既对农业劳动力转移有积极的理论指导作用，但又不可能提供适合中国国情的现成转移道路。是否可以这样认为：二元经济模型较为理性地阐述分析了农业劳动力转移的机制问题，其意义主要在方法论上，而托代罗的模型较为现实地说明了农业劳动力转移具体操作上应注意的问题，其意义主要是在研究问题的立场上（从发展中国家的实际情况出发）。如果从农业劳动力转移的道路选择来看，前者实际是一种城乡转移模式，后者则是一种农村就地转移模式。

二、农业劳动力转移的因素分析

1. 一般因素分析

　　农业剩余劳动力向工业部门的转移，受到多种因素的综合影响。在这些因素中，工业部门的劳动生产率、人口增长、市场发育以及政策性因素等，显然起着主要的作用。下面让我们采取静态的方法来对各个因素的作用进行相对孤立的一般性分析。

　　（1）非农部门投资增长。从一些发展中大国的一般情况来看，工业化过程中所能新提供的就业机会，对于农业剩余劳动力的转移起着决定性的作用，而在发展中国家，由于大体还处于工业化的外延型阶段，工业就业机会又取决于工业投资的增长率，因此，费-拉尼斯模型认为：由资本积累吸纳的劳动力恒等于资本积累的增长率。当然，这一模型的成立，是以如下两点为前提的：

　　① 劳动供给无限性；② 劳动供给对工资反应的弹性无穷大。在这种条件下，劳动力转移同工业投资增长，可以有如下的关系式：

$$L = C/R \qquad\qquad (1)$$

　　式中：L 为可转移的劳动力数量；

C 为新增资本量;

R 为每增 1 个就业机会所需社会平均成本。

这里又涉及 *R* 值的计算问题,这个问题是比较复杂的,有些方面甚至是无法定量的。但从主要变量来说,大体可以成立如下的关系式:

$$R = \sum [a + b + c + d + e]/L \cdots\cdots \tag{2}$$

式中:*a* 为迁移费;*b* 为安家费;*c* 为新增劳动力所需生产设备添置费;*d* 为培训费;*e* 为城市基础设施增添费。

劳动力转移与工业投资的如上关系,只是就一般总量关系而言,没有考虑结构问题。工业投资的结构不同,对劳动力转移的"拉力"及其结构也不会一样。这一点在后面再专门论述。

(2)比较利益。农业与非农业在比较利益上的差别,是发展中国家工业化前期吸引农业剩余劳动力向工业部门转移的重要因素。之所以会产生这种比较利益上的差别,主要是两个原因:工农产品"剪刀差"的存在和劳动报酬在二元经济中的差别。

在发展中国家(特别是大国),工业化前期资本(资金)的来源主要靠农业贡赋,因而"剪刀差"在相当长的时期内不仅是难免的,而且是必需的。这样就从宏观上决定了农业与非农业之间必然会产生比较利益上的差别。

这种比较利益上的差别,正是推动农业剩余劳动力向非农部门转移的强大"拉力"。至少工业化的整个阶段会是这样。

(3)工业的有机构成。一般地讲,重工业多为资金密集与技术密集型的结构,其有机构成较高,吸纳的劳动力较少。轻工业与第三产业一般有机构成较低,劳动密集型相对居多,单位投资量所吸纳的劳动力也较多。一个国家的工业化如果采取重工业倾斜或技术密集型的路线,那么,它就可能因此而出现农业发展同工业化不协调的局面。反之,如果采取由轻工业而重工业、由劳动密集而技术密集的发展路线,则更有利于农业剩余劳动力转移同工业化的同步发展。

(4)农业劳动生产率。农业劳动生产率同农业剩余劳动力转移这两个变量之间有着十分重要的联系。一般地说,农业劳动生产率的状况决定着农业剩余劳动力的规模,农业劳动生产率的提高可以创造新的劳动力剩余。

那种认为农业劳动力转移到工业部门只是由于后者较高的比较利益所吸引的观点,显然有失偏颇。农业劳动生产率的提高同样也是农业劳动力转移的一个重要的催化剂。张培刚教授在他的《农业国工业化问题初探》一书中对此做了详尽的分析。

2. 变量综合分析

以上我们对四个主要因素进行了静态分析,当然还有许多变量,例如人口的增长、农民的"闲暇满足"等,都会影响农业劳动力向工业部门的转移。由于篇幅所限,不能一一展开。这里仅就目前研究所及,对若干变量之间的相关性做一点综合分析。

(1)工业投资、农业政策与农业劳动力转移。这三个变量之间在一个农业大国中,至少存在如下三种规范性的对应关系：

第一种关系，当工业所能提供的新的就业机会小于农业剩余劳动力供给时，要特别注意对农产品价格实行必要的保护政策，使它保持在使农业收入可以缓解农业劳动力转移速度的水平。同时，还应维持某种城乡间人口流动的政策壁垒。只有这样，才能使农业劳动力的转移既不削弱农业的发展，又不至于冲击城市与工业的发展，从而使两者得以健康地进行。如果不是这样，工业与农业比较利益反差太大，在这种情况下，便会出现"盲流"现象，影响经济的协调和社会的稳定。

第二种关系，当工业所能提供的新的就业机会相当于农业剩余劳动力供给时，政策上要全面放开城乡市场和工农产品价格，平抑城乡之间的政策反差，包括弱化或取消城乡间人口流动的政策壁垒。只有这样才能使工业对补充劳动力的需求同农业对工业的劳动力供给大体均衡，使农业劳动力转移速度同工农业协调发展一致。如果不是这样，继续维持城乡间的政策壁垒，就会抑制工业和农业两方面的发展。

第三种关系，当工业所能提供的新的就业机会大于农业剩余劳动力供给时，在政策上必须大幅度增加农业投资，特别是能够提高农业有机构成——劳动生产率的投资，以避免出现"李嘉图陷阱"。这一点是十分清楚的。农业剩余劳动力的转移具有强烈的自发性，它绝不会顾及农业产出的减少而有所约束。一旦农业剩余劳动力转移速度大大超过了"零值剩余"而农业劳动生产率又未有相应的提高，则农业产出便会大幅度下降，甚至出现农业萎缩的局面。

(2)资源结构、投资结构与农业劳动力转移。这三个变量之间，大致存在如下两种基本的相关性：

第一种，在土地稀缺小于劳动力稀缺的条件下。劳动力的转移速率主要取决于农业投资增长率。在这种情况下，农业的劳动生产率水平的提高是保证劳动力转移不引起农业产出下降的关键。而农业劳动生产率的提高，则有赖于农业有机构成的提高。例如实行农业机械化就要求农业投资的增长。

第二种，在土地稀缺大于劳动力稀缺的条件下，农业劳动力的转移速率主要取决工业投资增长率。在这种情况下，农业中大体处于"劳动供给无限"的状态，劳动力的转移一般不会引起农业产出的下降，只要工业能提供新的就业机会，转移就可以实现。所以关键就在于工业的投资增长率。

(3)工资水平、生活条件与农业劳动力转移。这三个变量之间，存在着如下四种相关关系：

第一种关系，当工业工资水平(以下均指平均水平)高于农业工资水平，工业(城市)生活条件优于农业(农村)生活条件时，农业劳动力处于绝对转移阶段。也就是说，在这种条件下，农业劳动力只要有就业的机会就一定会转移到工业部门。

第二种关系，当工业工资水平低于农业工资水平，工业生活条件优于农业生活条件时，农业劳动力处于有选择的转移阶段。在这种条件下，虽然农业收入相对高于工业收入，但出于"闲暇满足"需要上的差异，不同的农业劳动者具有不同的选择取向，收入取向重于"闲暇"取向者就可能不转移，"闲暇"取向重于收入取向者，仍会转移。

第三种关系，当工业工资水平高于农业工资水平，农业生活条件优于工业生活条件时，农业劳动力也处于有选择的转移阶段。在这种条件下，情况就同上一种关系颠倒过来，"闲暇"取向重于收入取向者，就不会转移，收入取向重于"闲暇"取向者，则仍会转移。

第四种关系，当工业工资低于农业工资，农村生活条件又优于城市生活条件时，劳动力(人口)便会出现回流趋势，这种情况在不少发达国家已经出现。

三、中国农业劳动力转移的特殊背景

中国在传统农业社会就出现了农业劳动力过剩问题，在进入近代以后，他们又基本上没有机会被近代工业所吸收。中国至迟在明清社会就存在边际产品为零的隐蔽剩余劳动力，而中国近代人口的增长非常迅速，根据美国学者珀金斯的分析，从明初到1949年，中国人口增加了7至9倍。[①] 大量农业剩余劳动力的存在，使中国数百年来的农村及其农业生产都是以"过密化"为特征,[②] 也使中国的城市化进程十分缓慢。据珀金斯的分析，在1949前的近40年间，中国人口的城市化仅提高4个百分点，在一些落后省份进程更为缓慢。这种沉重的历史包袱使中华人民共和国成立之初就面临农业劳动力过剩问题。人口政策的失误、城市偏好的工业化道路以及由此而形成的城市隔离制度，使得本来就很严重的农业劳动力过剩问题进一步恶化。据穆光宗的有关研究，1952—1978年，中国农业劳动力的剩余度从31%上升到52%。[③] 改革之前的30年里，中国经济的发展偏离了二元经济发展的一般轨道，作为发展中国家一般特征的二元经济结构在中国表现出不一般的畸形特征：在工业化快速推进的同时，农业劳动力转移和城市化进程几近停滞。1952—1978年，我国农业人口和农业劳动力占总人口的份额异常稳定。近30年时间里只分别下降5.4%和0.2%，农业劳动力占社会劳动力之比仅由88.0%降为76.1%。从绝对数看，农业劳动力反而净增加1亿多。与劳动力转移呆滞相对应，这一期间我国也没有什么现代意义的城市化运动，1962—1980年近20年间，我国城镇人口比重稳定在17%~19%，城镇非农业人口占全国总人口的比重停滞在12%~14%的水平上。为了适应中央集中计划的偏重工业化模式对资本积累的需要，我国现代经济部门的扩张与农业劳动力的转移被人为分割为互不相关的两个平行过程。

党的十一届三中全会以后，农业政策赋予农民经济自由，但农村被解放的生产要素的自由流动和组合基本只能在农村内部进行，这造成乡镇企业的迅猛发展。其结果是使国民经济二元结构映射到农村，在农村内部出现二元结构，形成经济史上相当独特的现象——国民经济双重二元结构。以沉重的农业剩余劳动力包袱和特殊的制度框架为内涵的双重二元结构，构成中国农业劳动力转移的特殊背景，无论是农业劳动力供给特征、转移过程中的异样状态，还是转移过程的阶段性，无不与此有着密切而重要的关系。

---

① 珀金斯：《中国农业的发展(1368—1968)》，上海译文出版社1984年版。

② 关于"过密化"的概念及有关论述，见黄宗智：《长江三角洲小农家庭与乡村发展》，中华书局2000年版。

③ 见穆光宗：《我国剩余劳动力转移的历史考察》，《中国农村经济》1989年第3期，第40~51页。

第二节 农业劳动力供给分析

一、农业劳动力供给的理论界定

农业劳动力转移是一个人力资源开发利用的过程，这一过程具体如何顺利完成，由农业劳动力的供给和需求状况共同决定。在早期工业化国家，劳动力市场的完善和劳动力资源无障碍地自由流动是基本的事实前提，劳动力转移在市场机制作用下可以顺利实现。从有关农业劳动力的经典研究看，并不认为农业劳动力的供给与需求存在什么特殊的障碍。由于工业化的背景和动因不同，我国农业劳动力的供给和需求关系比发达国家复杂得多，不仅劳动力需求存在障碍，障碍也不只是资本不足引起的需求不足，而且供给方面也是障碍重重，农业劳动力的供给和需求行为有着许多不同于早期工业化国家的特性和特征。认识、分析这些特性、特征，对农业劳动力转移理论研究的深化和有关政策的设计制定是必要的。

农业部门和非农业部门都存在劳动力的供给与需求问题。这里我们关心的是劳动力在不同经济部门之间的供给与需求，农业部门是劳动力的供给主体，非农业部门是劳动力的需求主体。

对非农业部门来说，劳动力的需求对劳动力的性质没有质的要求，它只要求农业部门能提供它所短缺的劳动力，不管这种劳动力是农业必要的，还是剩余的，而对农业部门来说，它供给的劳动力只应是超过它本身需要的剩余劳动力。其实我们说农业劳动力转移是经济发展的重要内容，就隐含了这一假定。

农业剩余劳动力是一种资源配置非均衡概念，它是指劳动力资源相对于土地、资本供给太多，或者说相对于劳动力资源，土地、资本供给严重不足，在报酬递减规律作用下，劳动力的边际产量降到很低，甚至为零。理论上一般是以边际产量的高低来界定农业剩余劳动力。农业劳动力相对于土地、资本过剩，是多种因素造成的。概括地说，基本分为两类：或者是人口规模过大，或者是农业技术进步的结果。农业剩余劳动力是人口规模和农业技术进步的函数。

农业部门供给的劳动力应该是那部分可以从农业部门抽走，又不致影响农业总产量的"不带产量"的农业劳动力。非农业部门虽然可以牺牲农业发展抽取农业必要劳动力，但这种情况不能持久，农产品供给短缺的压力或者将抑制非农业部门的扩张规模，或者导致农业技术进步加快，减少农业对劳动力的需要量。在这个意义上，非农业部门需求的也只能是农业剩余劳动力。在边际产量为零的劳动力不存在或小于非农业部门的需求时，农业劳动力的供给只能来自农业劳动生产率的提高。

至此，我们都是假定农业向非农业部门供给劳动力是无成本的。其实，农业劳动力供给是需要支付各种社会成本和个人成本的。譬如由于非农业部门的工资水平高于农业，到非农业部门的劳动力的消费水平将提高，留在农业部门的劳动力因其平均收入水平提高和需要更努力地工作，也要增加消费，即社会对农产品的需求将随农业劳动力供给增加而增加。这意味着在其他条件既定时，农业劳动力供给要以农业的稳定增长为基础，只有这样才能保证农业就业份额的下降是经济发展的重要内容和结果。因此，农业劳动力供给是指在农业稳定增长、农业劳动生产率提高的基础上，不影响社会对农产品需求的满足程度条件下，农业部门向非农业部门提供劳动力这样一种行为或过程。

二、农业劳动力的供给状况判断

农业劳动力供给的界定不是一个单纯的理论问题，它关系到对农业劳动力供给与需求状况的判断。关于农业劳动力供给与需求的状况，目前通行且普遍接受的判断是供给过剩，需求不足。具体到底供给过剩多少有多种说法。最一般的描述是：20世纪80年代转移了1亿，剩余1亿；90年代净增1亿，可转移1亿，仍然剩余1亿。单纯从数量关系上看，这种判断是正确的。但如果从更深层次考察，中国农业劳动力供给与需求的矛盾不仅来自需求方面的障碍，劳动力供给方面也存在许多障碍，约束了农业劳动力的供给能力，造成农业劳动力供给过剩与供给过量同时存在。

农业劳动力供给过量是指现实的劳动力供给超出了农业的劳动力供给能力，超出了农业劳动力的供给范围，使得劳动力供给不是以农业稳定增长为基础，以农业劳动生产率的提高做保证，影响、降低了社会对农产品需求的满足程度。事实上这形成了边际生产力为零的农业劳动力小于非农业部门的需求那样的结果，从这个结果看，劳动力供给过量也可以说是劳动力供给不足(相对实际供给能力而言)。因此，可以认为我国目前劳动力供给与需求的起初状况是需求与供给双重不足。

受限于中国农业劳动力数量与土地、资本等资源配比状况，农业中无疑有大量劳动力是过剩的，农业劳动力供给不应有什么问题。但如果考察这些过剩的劳动力以什么形式存在，就会发现这一结论值得商榷。

在以小块土地家庭式经营为特征的传统农业中，农业剩余劳动力并不是资源的一种闲置形式，而是一种使用形式。农业本身对劳动力使用的行为规范是"供给被动型"，即根据家庭劳动力的实际数量，而不是根据劳动力的边际产量去使用劳动力，劳动力使用过量的情况十分普遍。一种资源使用过度的确会因报酬递减规律而出现边际产量为负的情况，造成总产出的减少。然而这种情况对农业家庭使用劳动力过多来说是否也适合值得怀疑。边际产量小于零的理论分析隐含着这样一个假设：新增加的每单位资源的效用或功能作用是等量不变的，对农业劳动力来说，也就是每个劳动力的劳作时间不变。事实上，随着家庭使用劳动力数量增加到一定程度，每个劳动力的工作时间不会是固定不变，而是相应减少的。劳动力过剩是采取人均工作时间很少的隐蔽失业的形式存在，边际生产力小于零的剩余劳动力只是一种理论假设。现实生活中农业劳动力过剩并不表现为一部分参与劳动的劳动力的劳动毫无效果甚至有害，而是表现为农业劳动力整体的就业不充分或"半失业"。

上述观点可以用图3-1来表示。图3-1中横轴为劳动时间，原点以上纵轴为农业总产量，原点以下纵轴表示劳动力数量，它与横轴之间连线夹角的正切给出单位劳动力的平均工作时间。令点T_1为对应总产量最大的劳动时间，在这一点上劳动力的边际产量为0，如果$\angle OL_1T_1$的正切给出的平均工作时间是正常的，则劳动力OL_1是必要劳动力，超过点L_1的劳动力都是过剩的。如果有剩余劳动力L_1L_2，它不会按正常工作时效参与劳动，造成因其边际产量小于零(连线L_1L_2与MR的交点P)而使总产量减少的结果，而是以全部劳动力的平均工作时间减少的方式参与劳动（ tg(OL_2T_1) $<$ tg(OL_1T_1) ），造成劳动力全体就业不足。

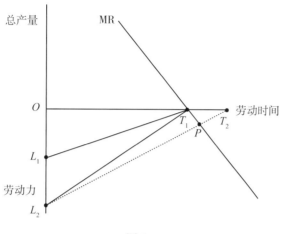

图 3-1

注：根据 A. P. 瑟尔瓦尔：《增长与发展》，中国人民大学出版社 1992 年版，第三章图 3-10 绘制。

　　剩余劳动力是以剩余时间而不是以完整的单位人的形式存在，决定即使存在剩余劳动力，但如果要向非农部门供给，就要求留下的劳动力增加劳动时间，改变劳动组合方式才能保证农业总产量不致减少。虽然相对于农业劳动力剩余量来说，目前我国农业向非农产业供给的劳动力量不大，但具体到农业基本经济单位家庭来说，转移的相对量却是相当大的。如果考虑到劳动力转移的地区、家庭不平衡，转移的实际影响就更大。除非有相应的激励因素刺激留下的劳动力更努力地工作，并且增加农业技术物资的投入以适应家庭劳动力改组和生产方式改进的要求，否则，往往很难不影响到农业的产量。然而工农产品剪刀差的扩大、农业与非农产业比较收入差距重新拉开的现实和农资供应上坑农蒙农的行为等因素，使农民缺乏增加劳动和资本投入的积极性。这就形成了农业激励因素不足，从而造成农业对非农业的劳动力供给有时过量。

　　农业劳动力供给不足与土地制度也有很大的关系。如果土地使用方式不是"均田分包"的家庭土地承包制度，土地能随着家庭劳动力数量的变化而自由流动，则家庭中农业劳动力的退出对农业生产的影响就会有很大的减弱。土地制度的不健全，形成农业劳动力供给的制度约束。户籍制度、就业用工制度等社会经济制度构成农业劳动力供给的超经济壁垒，使农业劳动力不愿也不敢放弃具有"福利"和"社会保障"功能的土地，从而强化了农业劳动力供给的制度约束。

　　农业劳动力不是均质的，劳动力供给除了量的规定性，还有质的规定性。农业劳动力进入非农业部门是其文化、生活环境和劳动技术结构的一次大的转变。如果劳动者的心理、文化素质低，不能适应新的生活方式（如职业竞争、高效率的工作环境、快节奏的生活方式），是难以现实地进入非农业部门的，这妨碍形成农业劳动力供给能力。我国 2 亿多文盲半文盲大部分在农村，农村就业人口中文盲半文盲占 35.94%，平均文化程度只

4.8 年，还不及 1907 年日本农业劳动力的文化程度。由于传统文化的作用，农业劳动力总体上看观念陈旧，思想保守，安于现状。这种低文化心理素质在短期内难以有实质性的改变，这是属于经济发展范畴的问题，它构成农业劳动力供给的素质约束。尽管农业剩余劳动力总量不小，但真正能有效供给的量却很小。土地对农业劳动力的排挤表现出"斥优性"特性，农业劳动力的供给主体事实上是高素质的农业必要劳动力，这不仅影响了农业的现实发展，更重要的是对农业的技术进步和农业现代化的实现带来长期的不利影响。这一方面是农业劳动力总体素质太低，除了高素质的劳动力外，农业其他劳动力无法供给。另一方面农业剩余劳动力的存在形式使这些高素质的劳动力在农业中无法充分发挥作用，实现自我价值。农业劳动力老年化、妇女化也可看作是农业劳动力供给能力不足的现实反映。

农业劳动力供给不足还直接表现在一些家庭和地区农业出现劳动力短缺上。由于生产力发展水平不平衡，改革以来劳动力主要需求主体乡镇企业的发展水平有高有低和家庭的劳动力结构、经营结构不同，农业剩余劳动力的分布状况很不均衡，出现家庭间、地区间的结构性劳动力短缺。作为有着浓厚传统文化色彩的经济活动单位，农村家庭斥外、封闭的经济社会特征，社会血缘、地缘关系为纽带的利益屏障以及地区间的行政、体制因素，使农业劳动力有剩余的家庭(地区)的劳动力难以去填补劳动力不足家庭(地区)的劳动力空缺。虽然不排斥劳动力的地区间迁转调剂(如代耕)和家庭雇用农业劳动力现象的存在，这在东部发达地区还较为普遍，但从总体看，农业劳动力结构性短缺是客观事实。另外，由于文化技术结构的原因，非农业部门有许多职业岗位因缺乏合适的劳动力而空缺，农业劳动力供给表现出结构性不足。农业劳动力总量上供给过剩情况下的这种局部劳动力短缺(部分家庭、地区和职业岗位)是农业劳动力供给的结构性障碍的表现。

正是基于农业劳动力供给面临激励约束、制度约束、素质约束、结构约束的障碍和农业劳动力质与量上的短缺影响了农业稳定增长的事实，我们认为我国农业劳动力现实供给能力不足。因此，尽管农业剩余劳动力压力很大，但在政策上不能一味强调加快农业劳动力的转移，应该注意劳动力的异质性，应该把握农业劳动力转移的速度和节奏，注意培养、增强农业劳动力的供给能力，保护和扶持农业，使农业劳动力转移有可靠坚实的基础。

三、农业劳动力供给的行为特征

对传统农业劳动力向非农业部门的供给来说，劳动力的参与不是无成本的。影响农业劳动力到非农业部门还有一个重要的因素，即人们对土地的依恋和对长期生活其中的乡村生活方式及社区地缘血缘亲和关系的价值评价。传统价值观念和文化素质的作用使人们有很强的土地依恋感，对乡村生活方式及社区关系的价值评价很高，这构成劳动力参与的非经济成本。到非农业部门的机会成本和转业、迁转费用构成劳动力参与的经济成本。由于传统农民对自己生活标准的预期主要来自父辈家庭和生活环境，故他们往往存在一个确定的相当低的"预期收入目标"，只有当这一收入目标在农业中不能实现时，才有到非农业部门就业的愿望，达到了这个收入目标，就会退出劳动，回到农业中。这样来描述我国农民的转移倾向也许不准确，但农村中的确长期存在安于现状，热恋"30 亩地一头牛，老婆孩子热炕头"的情况。目前仍然是越是经济发展落后的地方，农民转移的倾向越是弱，许多打工者打工的目标只是攒够置嫁妆娶媳妇盖新房的钱。上面的分析是想说明这样一个问题：在经济发展水平不高的工业化初期阶段，影响劳动力供给的主要因素是传统的生产关系和恋土观念，即非经济成本，经济收入不构成劳动力供给的主要动因。

而到了工业化高潮阶段，现代工业文明的冲击和农村经济社会的进步，使传统的生产关系和恋土观念对农业劳动力供给的阻滞作用明显减弱，农业与非农业的比较收益成为劳动力供给的主要动力。这时，农业劳动力供给快速增长，不仅剩余劳动力转向非农产业，大量必要劳动力也纷纷离开农业，进入城市。

由于特定的历史原因，我国农业劳动力供给的这两个阶段合二为一。在工业化初期，农业劳动力事实上无法向非农业部门正常供给。20世纪80年代农业劳动力可以相对自由流动时，工业化已经进入了中期阶段，在农民恋土观念仍然存在的情况下，比较收益差对农业劳动力供给有着很大的驱动力。农业劳动力的供给行为同时受着这两方面因素的作用，农业劳动力供给具有一种特殊的复合性。

劳动力供给的复合性从供给的目标看，体现为劳动力供给收入最大化及服从成本最小化。收入最大化是农业劳动力供给的经济动因，正是为了更充分地利用劳动力资源以获得更多的收入，农民家庭才实行劳动分工，在不同产业间分配劳动力，并将一部分劳动力供给非农业部门。收入最大化决定是否向非农业部门供给劳动力，供给多少劳动力。而成本最小化是在劳动力供给规模已定的情况下，具体如何供给，采取什么方式供给的问题。收入最大化与成本最小化应该是统一的，劳动力供给的实际收入是非农业部门工资与供给成本的差额，收入最大化要求减小供给成本，供给成本减小是收入最大化的条件。从我国农业劳动力供给的现实行为看，成本最小化成为首要目标，往往为了降低供给成本而放弃收入最大化，尽量避免就业转换中可能遭受的损失和减小可能承担的风险。农民往往首先选择只提供劳动而不进行资本投入和购置生产资料的劳动力供给方式，如外出打工、提供低层次劳务服务等。如果需要资本的投入，农民主要选择只投入少量资本、对技术技能要求不高(免去人力资本投资)和对生产资料要求不高、经营成本不大的供给方式。这种降低就业的产业转换成本的行为决定了农村非农产业规模小、素质低、以小型企业为主的基本特征。

现阶段我国农业劳动力供给复合性从供给行为方式看，表现为农业劳动力供给的不完全特征。供给不完全从供给的空间位置看，以就地供给为主，超出社区范围到城市和其他地区的供给少，就地供给量占已供给量的70%以上，具有明显的社区特征；从供给的性质看，以兼业供给为主，真正完全脱离农业的规范意义上的供给少，兼业农户占农户总数的60%以上，具有明显的部分供给特征；从供给的连续性看，供给在年度单位内有规律地起伏，连续平稳的供给少，具有明显的潮动特征；从供给的稳定性看，供给的劳动力主要进入的是非农产业的亚部门或非正规部门，极易受经济周期和政策变量的影响，具有明显的逆动特征。

关于当前农业劳动力不完全供给的动因、利弊、作用等各方面研究的文献汗牛充栋，有些研究结论和观点与我们的分析相悖。这里我们不拟具体讨论这些问题，只是要指出：(1)这种劳动力供给是不规范的，不是严格意义上的转移；(2)这种劳动力供给既是为了减少劳动力供给成本，也是受成本最小化制约的结果；（3）这种转移与土地保持着密切的联系，它既满足了农民对土地的依恋和对原来社区关系的感情，又满足了农民对收入增长的追求，尽管这两个方面的满足都是有限的。不完全转移的特殊社会经济根源意味着我国农业剩余劳动力问题解决的艰巨性、复杂性和长期性。

第三节　农业劳动力转移的阶段与模式

一、农业劳动力转移的阶段特征

前面在农业劳动力供给分析时我们说过，中国农业劳动力转移将是一个艰难、复杂的长期过程，从双重二元结构的角度看，这种转移过程的艰难曲折表现在：（1）农业剩余劳动力难以向城市转移，但又不能不向城市转移。农民进城难，绝不只是政策问题，而是来自国民经济旧机制的运行惯性和现实的人口压力。但如果没有向城市的转移，第一层次（城乡间）的二元结构就无法消除。（2）农民应该向乡镇企业转移，又不能只向乡镇企业转移。乡镇企业提供了农民富裕和不重蹈国外二元结构运动覆辙的机会和条件，但数量庞大的剩余劳动力，如果完全依靠乡镇企业是消纳不了也消纳不好的。因此，我国农业剩余劳动力的转移，不可能像国外那样简洁明快，转移的途径将偏离经济史所显示的轨道，会是一个沉重缓慢的过程。农民既不会大量地直接涌向城市，也不会违背城市化的一般规律滞留在农村。整个转移的过程将是一个多阶段多层次的运动过程。

农业劳动力转移的阶段划分，取决于二元经济结构转换的阶段性。根据我们已有的研究，中国双重二元结构向现代经济的转化大致要经过这样的过程：用农村二元经济结构的运转推动城乡二元结构的运转；以农村二元结构的缩小为基础来缩小城乡二元结构的差距；通过农村二元结构的分化或解体，使双重二元结构归复到一般二元结构，最后使二元结构走上现代经济的轨道。因此，中国农业劳动力转移过程可以分为以下四个阶段：

第一个阶段是由半自然经济到畸形二元经济结构的阶段，这大体是1949—1979年这30年。在这个阶段，农业与工业、城市与农村都是采取封闭式的内循环发展方式。农业劳动力几乎不可能正常转向工业和城市，反倒出现两次数千万城市人口返回农村的逆向转移。从现实意义来说，这一阶段并不构成农业劳动力转移的实际阶段，将这种农业劳动力转移作为一个阶段，是为了能较为完整地对我国农业劳动力转移全过程进行描述。

第二个阶段是双重二元结构的形成到双重二元结构分化阶段。这个阶段以改革开放为起点，看来可能要延续到21世纪初叶。这个阶段的出现和发展转化，最重要的主动力量是农村乡镇企业的崛起、发展和质的提高。对此，我们在有关文献里进行了较为充分的讨论。农业劳动力的转移在这个阶段又会经历若干小的阶段。

从转移的空间位置看，农业劳动力转移首先要经历就地转移阶段。农业剩余劳动力在一开始只能就地转移，这方面的讨论很多，无须赘述。从我们讨论问题的角度看，这主要是因为我国双重二元结构第一层次的运行尚不具备完全开通的条件。且不说城市体制、企业活力、城市基础设施、城市人口压力等因素使这一层次的二元结构运行机制启动不起来，即使启动了，城乡收益过大的差别也会使二元结构机制逆向运转。考虑可用货币衡量的福利，城市职工的收入比农民要高 3~4 倍。这样的差别必然会使农民对进城的收入期望过高，农业劳动的机会成本将大大上升。这一方面导致农民大量涌进城市，使城市就业压力加剧，冲击城市经济的发展；另一方面导致农业劳动力不足，造成农业萎缩。这不是理论上的推导，在许多发展中国家这已是令人深省的事实。同时，我国农民素质低，新职业适应能力弱，很难进行从农业直接到城市工业的"高跨度转移"，尤其是在城市也存在就业问题的情况下，职业竞争对劳动力素质的要求更高。

在这一阶段，农民的转移是波动的、不稳定的。从职业转换上看，农民在农业与非农业之间左右波动，转换不彻底；从人口的地域空间变化看，农民虽然在职业上从农业转移了出去，但空间上的迁移则滞后得多。绝大多数农民一开始都只是改变劳动场所，"早出晚归"，在家庭和工作地点之间做"钟摆式"移动。随着时间的推移和经济的发展，逐渐向"双栖型""候鸟型"发展，但这一阶段农业剩余劳动力转移的代表性特征和必然结果，是大批农村小城镇的兴起、发展。农业剩余劳动力由职业转换带来地域迁移，最终定居在小城镇，是这一阶段完成的标志。

随着经济的发展、农村工业的壮大和提高，由工业化一般规律决定的对聚集效益的追求将对人们的经济行为产生越来越重要的影响。同时随着经济体制改革的深入，约束劳动力自由地向城市转移的因素逐渐消失，农业劳动力转移必然要转向向城市转移为主的异地转移阶段。当然这一阶段向城市的转移将主要是转移到中小城市，而非大城市。

从转移的产业特征来看，农业劳动力转移首先将经历向第二产业转移为主的阶段。就全国总体情况看，20 世纪 80 年代农业劳动力主要是转向第二产业，据庾德昌等人的全国百村劳动力情况调查资料，转向工业、建筑业的劳动力占转移总劳动力的比重接近 60%。在此之后将进入主要向第三产业转移的第二个阶段。

随着城市改革与农村改革衔接的完成以及社会主义市场经济运行机制的基本形成，农村乡镇企业必将经历一个技术革命和组织创新的时期。有相当一批的乡镇企业实际上已同城市大中型企业没有多大差别，或者是进行了集团化联合，有相当一批农村集镇由于乡镇企业的升级扩大而演进成了中小城市。在这种条件下，农业劳动力转移的产业特征将淡化，有特征意义的将主要是空间位置——向中小城市转移，这也就进入从产业特征看的第三个转移的阶段。在这个过程中，很可能会出现一种跨地域、跨行业的"接力转移"的现象，即中小城市和素质较高的乡镇企业的劳动力会有一批转向大中城市的现代二、三产业，农村乡镇企业中一批素质较高的劳动力就会进入中小城市递补之，农村乡镇企业空出来的就业机会则直接会由农业剩余出来的劳动力来填补。当然，这种"接力"绝不是绝对的，也会出现交叉转移与直接进入大中城市的现象。

第三个阶段是由一般二元经济向现代经济转换阶段。这个阶段完成的标志是农村二元经济的解体，双重二元经济转化为一般二元经济，乡镇企业将失去目前特定的制度和区域含义，而只有其产业特征，且与城市中小企业没有什么差别。这大体上是从 21 世纪初叶到中国工业化实现。在上一阶段的基础上，农村工业化有了极大的发展，素质也有了很大的提高，在广阔的农村已经出现了一大批分布比较均衡的中小城市和一部分新兴的大城市。农业现代化有了实质性的进展，它同现代工业的经济差别已大大缩小，城市工业的积累机制已大大强化。农村已有大片大片的地区变成了城市，农村与城市之间的本质差别也大大缩小。这样就具备了二元经济现代化的条件。在这个阶段，国家就有可能通过国民收入再分配全面地增加农业投资，对农业现代化实行各种优惠政策，农业就进入了全面技术革命时期，最终实现农业现代化。到了这个阶段，农村劳动力就有可能大量结构式地向大中城市转移了。

第四个阶段是人口与劳动力向农村回流的阶段，这是后工业化阶段。现今世界各发达国家的历史表明，工业社会在经历了工业、就业与人口的大规模集中之后，还将会出现一个分散阶段或回流阶段。在美国和西欧正在经历这个过程。如美国村镇工业就业占全国总就业的比重由 20 世纪 50 年代末的 21% 上升到 70 年代末的 29%。但对我国来说，这将是一种比较遥远的事了。如果从规范的发展意义来讲，这个阶段应该不属于农业劳动力转移的范畴，因为这个时候农业剩余劳动力问题已经解决，作为发展中国家基本特征的二元经济结构已经消除。这时的人口与劳动力的回流，其动因和经济意义与二元经济结构阶段的劳动力流动不一样了。

二、农业劳动力转移的层次性

前面关于转移阶段性的讨论，是一种理论上的抽象认识，是就转移的主体而言的，现实的图景绝非这样简单明了。农业剩余劳动力转移在每一阶段、每一时点上，都是既在农村就地转移，又向中小城市和大城市转移，具体的转移过程是多层次全方位的，不同阶段所不同的只是转移的主流不同。

转移的第一个阶段，农业劳动力基本只能转向农业的开发领域，但仍有一定数量的农业劳动力或是通过考上大学、中专或政策性农转非转移到城市，或是通过占地招工，解决专业人员两地分居问题的方式进入城市。也有的是因拥有技术或特殊亲缘关系进入农村非农产业部门——社队企业。

转移的第二个阶段，农业劳动力转移的层次性最为鲜明。在以就地转移为主阶段，仍有相当数量的农业劳动力流入城市。虽然目前城市失业率为 2.6%，失业人数有 3000 多万，加上企业多达几千万实际是隐蔽失业的"冗员"，但城市却有大量的岗位找不到劳动力。劳动就业不仅是个就业岗位的供求问题，它还涉及谋职者的就业意愿、就业动机、职业及岗位评价与选择等就业意识问题。就业意识受历史的、文化的、政治的、经济的等多种因素的综合影响，城市谋职求职者的就业意识存在很大的差异。对就业等待倾向很低的农业劳动力来说，城市因"职业选择"造成的大量闲置就业机会，是一个不小的就业空间。今天的城市生活的方方面面，几乎都与农村进城务工人员相关，上千万提供各种劳务的进城农民实际上已经成为城市社会经济生活不可缺少的一部分。他们不仅给城市市民的生活带来方便，也带来城市建筑、商品批发、零售等行业的繁荣和发展，给城市创造了新的就业机会。几千万农村进城务工人员进城寻找就业机会的"民工潮"一再涌起，撇开其他因素不说（后面我们将专门讨论这个问题），意味着城市的确存在农民进城的空间和需要。这个阶段还有一种有意味的现象，一些较为高级的公寓逐渐建立在距城市较偏远的地带，城市的远郊有些地方被辟为度假村、高尔夫俱乐部等，这虽然还算不上是城市人口的回流，但无疑是这样一种人口运动的萌芽。

在农业劳动力向城市转移为主阶段，仍将会有一定量的农民向小城镇转移。因为小城镇本身需要发展、扩大和改善，同时，随着农村经济的发展，农村仍有产生形成新的小城镇的要求。再从农业生产特点看，生产时间与劳动时间不一致，决定我国农业剩余劳动力较大一部分是季节性剩余，即使目前有了全部剩余劳动力转移出去的可能，农民也不可能都离乡转移。季节性剩余的消除，有待农业机械化的实现，这是个受国力、农民素质和经营规模制约的较长期过程。季节性剩余决定的兼业化，限制了一部分农民转移的途径。同时，随着小城镇经济结构的改善，综合功能的增强，生活质量的提高，小城镇对农民的吸引力和消纳力都将增大。人口与劳动力向农村回流的第四个阶段与第三个阶段从现实看没有明显的分界，在劳动力向大城市转移过程中，将会有相当数量的人口向农村回流。

从农业劳动力转移的产业特征看，在每个阶段农业劳动力也是既流向第二产业又流向第三产业，但其重心变化顺序可能与前面地域迁移相反。流向第三产业的农业劳动力将是先流向大中城市，然后转向小城市和农村。城市工业部门由于几十年偏重于资金密集型，劳动力安置成本过高。改革以后，由于要素价格扭曲的局面仍然存在，工资水平受到示范效应和攀比效应的影响，呈现不断上升的趋势，更是限制了城市第二产业对农业劳动力的吸纳能力。城乡之间收入水平，消费需求结构的差异决定第三产业的需求市场首先主要是在城市。目前进城农民主要是在城市传统部门，他们主要从事各种服务业的事实是我们上述判断的有力证明。

劳动力转移的层次性，还包括农村不发达地区的剩余劳动力向发达地区转移。我国地域辽阔，各地经济发展极不平衡，农村发达地区由于兴办乡镇企业、与城市大中型企业横向联合等，不仅转移了原有的全部剩余劳动力，而且随着当地乡镇企业扩大再生产的需要，出现了劳动力短缺现象。与此同时，不发达地区由于资金短缺、劳动力文化素质低、经营管理能力低等劣势，无力就地转移剩余劳动力，城市现代部门和传统部门就业人数又有限，这样，不发达地区的农村剩余劳动力有可能从农村不发达地区流向农村发达地区。这种转移可以是流向发达地区的非农产业，但由于目前乡镇企业的社区特性，到发达地区非农产业这种垂直转移受到农村社区利益的很大排斥。农村内部异地转移的基本形式，是不发达地区农民到发达地区代营农业这种平面转移。

三、农业劳动力转移的模式

在不同的转移阶段，农业劳动力转移的社会经济环境、转移的重心、转移的内容和方向不同，因而农业劳动力转移的模式不会始终一样，将出现多种形式的转移。如理论界有人将农业劳动力可能的转移形式归纳为以下几种：

①不离土不离乡。这是就地实行的以土地为依托的农业内部就业结构变革。②离土不离乡。这是就地实行的由农业经营转向非农业经营的转移。③进厂不进城。这是离土不离乡的特定形式，特指劳动力主要转向农村工业企业。④离土也离乡。这是以城市为转移目的地的异地转移。⑤进厂也进城。这是离土也离乡的特定形式，特指劳动力转向城市工业企业。

我们认为，这种归纳只是对目前阶段出现的转移形式的描述，对转移全过程的某些可能出现的转移形式没有考虑；对现阶段已经出现的转移形式也概括不全，如到异地务农这种离乡不离土形式就被疏漏了。从中国的实际情况和农业劳动力转移的一般规律性出发，中国农业劳动力转移的可能形式可以归纳为四种模式。

1. 内部转移模式

所谓内部转移模式,即指在农村内部转移,确切地说是指在原社区的农村范围内的转移。这种模式又可以分为三种亚模式。

——不离土不离乡。农业剩余劳动力在本社区内离开了原农业部门,转移到林、牧、副、渔等多种经营部门或从事承包荒山、荒坡、荒湖等开发式的经营。

——半离土不离乡。在本社区内部分时间从事非农经济活动,部分时间仍从事农业生产或农闲从事非农经济活动,农忙从事农业生产。

——离土不离乡。即在本社区内,剩余劳动力个人完全脱离了农业部门,独立地、稳定地从事非农职业,转移到附近的农村集镇定居,从自己的家庭中分离出来了。这种情况以青年人居多。

2. 迁徙转移模式

所谓迁徙转移模式,即异地转移,指脱离了原来的社区,远距离地转移到外地去就业。这种模式又可以分为三种亚模式。

——离乡不离土。剩余劳动力个人离开原有社区到外县、外省去从事农、林、牧、渔的生产。这种情况具有某种"递补"性,即工业发达地区,由于农业劳动力的过度转移,而农业产出下降。工业欠发达地区剩余劳动力又因缺乏本地的就业机会而转移不足,这样就会出现这种跨地域的"递补"转移,从而实现劳动力供需的平衡。在中国的江苏(苏南与苏北)、珠江三角洲与湖南等省之间,目前正是这样。除了这种由农业区向工业化农区转移外,还存在由集约农区向粗放农区的转移和由人稠地区向人稀地区转移的情况。

——离乡半离土。离开原社区去从事非农经济活动,但农忙季节仍回故乡务农,这也可称为异地兼业。显然,这种离乡不可能距离太远。

——离乡又离土。作为剩余劳动力本人已经既脱离了原农村社区,又脱离了农业部门,稳定地从事非农职业。其中,有的人是进入小城镇,有的人是进大中城市。

3. 结构转移模式

所谓结构转移模式,就是从社会宏观就业结构的实质性变化来判别的一种转移。这种转移,属于既离土离乡又全家彻底转移的性质,或者称之为不留退路的转移。如果说,前面的两种模式都具有可逆性的话,那么,这种模式的转移在相当长的时限内则是不可逆的,也因此称之为"结构"性的转移。

4. 回流转移模式

人口由市中心转向市郊乡村,大中城市转向农村小城镇,劳动力由城市工业部门转向农村工业部门或乡村第三产业。处于后工业化的资本主义发达国家一般都经历了:工业化与大城市兴起,农业劳动力与乡村人口大量涌入工业部门和大城市——城市过度膨胀,农村相对衰退,城乡不平等加剧,大城市的"城市病"滋生——高新技术革命,企业小型化趋势，交通、信息与服务业的高度发达为工业分散化、人口与劳动力回流化创造了条件——人口与劳动力逆向转移等历史阶段。

以上四种模式同前述的四个阶段有一定内在的关联性（见表3-1）。

表 3-1 　　　　　　　　　　**劳动力转移模式与阶段性关系**

	内部转移	迁徙转移	结构转移	回流转移
第一阶段	—————	—————	———	
第二阶段	—————	—————————		
第三阶段				
第四阶段	———		—————————	

表3-1说明，在剩余劳动力转移的第一阶段，大量的是内部转移，部分是迁徙转移，少量的是结构转移。到第二阶段，内部转移仍继续进行，但迁徙转移将会大量出现，结构转移也会有所增加。到第三阶段，内部转移虽然还未完全停止，但主流已是迁徙转移和结构转移了，到第三阶段的后期，少量的回流转移也可能出现。到第四阶段，回流转移将会大量出现，同时还有新的条件下的内部转移。

上述模式与阶段的相关性主要是由如下的条件所决定的：人的素质、市场的发育、交通信息的发展状况、城市化的进展、工业发展的历史阶段等。劳动力转移模式与阶段性的这种关系形象完整地描述了中国农业劳动力转移的阶段性和层次性。

第四节　民工浪潮探源与对策思考

一、"民工潮"的实质与根源

由于种种原因，中国经济发展的历程总是表现出不同于一般发展轨道的奇异特征，在农业劳动力转移问题上表现得尤为突出。农业劳动力向非农部门转移和城市化是伴随工业化必然出现的现象。然而在改革前的30年里，在工业化迅速推进的同时，农业劳动力没有出现实质性的转移。改革开放后，农业劳动力向非农部门的转移迅猛异常，然而这一过程基本限于农村内部，从规范意义上讲，这种转移是不完全的。20世纪80年代末，作为不完全转移特征之一的"潮动特征"被迅速放大，成为劳动力转移最突出的一个特征。90年代以来，中国每年有5000万~8000万农业劳动力自发进城寻找就业机会，其中跨省流动者约2000万人。他们"候鸟"般季节性地往返于农村与城市之间，形成特殊的人口迁移运动。这种被新闻媒介形容为"民工潮"的人口迁移运动在我国持续出现和发展，给城市社会经济生活带来很大的冲击和影响，因而为社会各界普遍关注。人们从各自的观察角度和利益立场出发，对"民工潮"见仁见智，各有评说。有人将"民工潮"与历史上的游民等同视之，将进城农民称为"盲流"，主张用严厉的行政手段将其驱退（事实上在"民工潮"显露之初，政府的确采取了这样的对策，然而"民工潮"驱而不退，一再涌现）。有人将

"民工潮"视为冲破城乡壁垒和农民商品观念增强的进步现象,给予很高的积极的价值评价,认为"民工潮"的不利影响是必要的发展成本。

其实,"民工潮"是一种有着深刻的社会经济根源的现象。"民工潮"并不是一种偶然的社会现象,流动进城的农民也不是盲流。作为这种人口迁移过程行为主体的农民,流向城市的方向明确,目的清楚,其行为本身完全符合经济运行规律。这种"民工潮"与历史上似曾相识的游民也不是一回事。18世纪英国圈地运动形成的大批进城游民,其实质是为城市工商业的发展造就急需的雇用劳动大军,他们是被血腥的超经济强制逼进城。我国明朝末期出现的大批游民,是被战火铸成的饥饿锁链拉进城。而今天的农民进城,既不为城市工商业所急需,也不是饥饿机制驱动,而是部门间比较收益势差引导下以求致富为目的的自愿行为。但也要看到,这种人口迁移运动急剧加大了交通运输网络和城市基础设施的压力,在社会治安、计划生育等方面造成许多问题,对正常的社会生活秩序冲击很大,不仅社会为此承担了风险,支付了成本,而且农民在这种迁移过程中,个人本身也要承担较大的成本和风险(农民个体承担的成本与风险现在已引起理论界的注意,有关研究正在展开)。因此,从发展与稳定的角度看,"民工潮"不应是一种可以放任、鼓励的行为。从本质上看,"民工潮"实际是一个农村的隐蔽失业在城市公开化的过程。

农村隐蔽失业在城市公开化,是发展中国家的通病,是经济不发达的重要标志之一。发展中国家无不为大量人口流入城市及由此引起的社会问题而困扰。有关国际经济组织和发展中国家政府本身虽然在扩大城市就业方面付出了多种努力,但这种现象并没有什么有效的改善,往往是适得其反,情况愈演愈烈。问题的根源不是城市就业机会不足或就业政策不力,而应该从发展中国家特殊的社会经济结构去考察。

发展中国家的工业化大多是迫于发达国家的政治经济扩张和威胁,在社会经济条件尚不成熟的情况下提前发动的。在落后的传统经济未经改造的情况下超前工业化,决定发展中国家农业劳动力转移超出了发达国家的经验和规范经济学说的研究,其困难程度比发达国家当年大得多。发展中国家的就业负担比发达国家当年要沉重,人口过快的增长使这一问题进一步加剧。发达国家当年工业化之初,农业就业比重与农业在国民经济中的份额大致相等,而发展中国家开始工业化时的农业就业比重,则是农业在国民经济中份额的2倍以上。在工业化之前,发展中国家的人口增长就进入了"转变形态"①,现代医疗卫生科学的进步和国际卫生组织的努力,使发展中国家的人口增长率大大高于同一发展阶段发达国家的增长率。1950—1980年的30年间,发展中国家人口平均增长率比工业化时期的欧洲高出1~1.5个百分点。发达国家在工业化之初就缺少劳动力,这决定了发达国家一方面城市工商业对劳动力有着相当大的需求,另一方面,农业劳动力的转移形成农业技术进步、农业生产力提高的压力,并且社会能为之提供技术进步的物质条件。因此发达国家的工业化过程几乎无一例外地都与农业劳动力的转移同步,而发展中国家的现代工业与传统农业部门间则缺乏内在有机的联系。本来,超前工业化为农业劳动力的转移提前创造出就业机会,转移速度和规模应该加快和扩大,但发展中国家迫于建立民族工业体系的需要和

---

① 人口"转变形态"指人口死亡率下降但出生率并未随之下降,从而人口增长率提高的人口增长阶段。

尽早摆脱落后的政治经济地位的需要，工业化跳过了大量吸收低素质劳动力的工业技术初级发展阶段，而直接引进和采取发达国家现有的技术和设备。这种资本密集的技术战略虽然推进了经济增长的速度，但大大减少了对农业劳动力的需求，同时提高了对劳动力素质的要求，从量与质两个方面限制了对农业劳动力的吸纳。城市工业连城市本身的劳动力也无法完全吸纳，更不用说吸纳农村劳动力，大量新增加的劳动力只能沉积在农村。农村大量隐蔽失业的劳动力因边际生产力极低，收入甚微，有着向城市流动的内在要求，发展中国家城市工业也形成吸引农民进城的巨大拉力。这除了城乡文化差别的拉力外，最为重要的拉力是城乡之间的收入差别。在两方面的因素作用下，即使城市就业机会不大，城市本身也存在失业的情况下，大批农民仍涌向城市，从而使得农村的隐蔽失业变为城市的公开失业。虽然从剩余劳动力数量上说这不过是一个硬币的两面，并无数量的变化，但这种结构变化的社会影响则大为不同，它构成一种社会危机。舒马赫把这种社会现象称为"二元经济结构的孪生灾难"。农业劳动力转移成为发展中国家经济发展进退维谷的两难选择：农业劳动力自由流动会加剧城市原有的就业矛盾及有关社会问题，农业和农村也会因为在没有技术进步推动条件下大量劳动力及经济资源的外流而停滞、凋敝；限制农业劳动力流动，大批隐蔽失业劳动力又会使农业边际生产力不可避免地下降，农业劳动生产力低下，致使农民长期贫困，经济发展失去基础。作为发展中大国，这一本应更为严重的孪生灾难长期未在我国出现，这并不是其促成因素在我国不存在，或者有什么较为成功的措施，而是因为特殊的工业化政策使之被人为压制而潜伏下来。大批农民20世纪80年代中期已悄悄踏上城市这块陌生的土地。此间的经济过热导致的繁荣，不仅对这股暗流起着推波助澜的作用，同时也掩盖了这场大规模社会行为的信号和真实图景，使社会对此基本没有觉察。因此，以80年代末经济紧缩为导火索爆发性出现的民工浪潮，其实早已潜伏存在，只是由于特殊的经济政策和经济环境一直没有公开化而已。纵观发展中国家的经济发展过程，它不过是早就可能在我国出现的一种迟到的经济现象。

二、解决"民工潮"问题的基本对策思考

从经济发展的一般规律，以及中国农业劳动力转移长期偏离正常轨道来看，"民工潮"本身实际蕴含着这样的积极价值评价：它体现了经济发展的内在要求，标志着中国农业劳动力转移开始向正常轨道回归。的确，"民工潮"对城市隔离制度的根本改革，对市场经济的发展和成熟，对城乡关系的协调有着积极的推动作用，提供了难得的机遇。但要明确的是，"民工潮"的这种积极价值评价的客体不是"民工潮"这种劳动力特殊的流动形式本身，而是这种特殊流动形式的内容——经济人口在产业和地域间的转移流动。农业劳动力季节性地往返城乡之间，无节制地涌向城市，是一种劳动力转移的偏差行为，经济人口产业和地域间的转移流动以这种形式进行是不合理的，社会及劳动者个人为此付出了很大的成本。

前面关于"民工潮"根源的分析归结到一点，就是由于特殊的社会经济环境，农业劳动力剩余量太大，而非农产业的就业空间又有限，过大的剩余劳动力压力或农民过强的转移冲动使正常合理的转移行为采取了不正常、不合理的形式。

因此，解决"民工潮"问题必然的逻辑结论是扩大非农产业的就业空间，扩大对农业

劳动力的需求,以尽可能减轻转移压力。

将转移政策的重心放在扩大对劳动力需求上,这在农村存在大量剩余劳动力的情况下,无疑是符合经济理性的。一般认为,发展中国家的人口增长超出经济发展之外,供给方面除了在长时期内通过控制人口增长降低过快的供给增长外,能做的事很少。从多数国家的经历看,转移政策的重心几乎无例外地偏向扩大需求。然而大多数发展中国家转移不成功的事实和我国农业劳动力转移的实践说明,这种政策取向需要反思。从理论上讲,扩大就业需求,使边际生产率低的农业劳动力转向边际生产率高的非农业部门,不仅可以为非农产业的发展提供所需要的廉价劳动力,而且使农业劳动力的劳动更具生产性,资源的利用效率得到提高,为农业现代化集约化经营提供了条件。农业劳动力转移的这种经济增长的积极意义不容置疑。然而农业劳动力转移促进经济增长的社会效应并不总能顺利实现,它需要有相应的社会条件。在经济史上,真正意义的农业劳动力转移,是作为工业化推进的结果而出现的,是伴随着工业化进程的社会经济结构变化的一个重要内容。而工业化的起步和完成是以农业的发展和农业技术的进步为基础和条件的。18世纪农业革命前的半个世纪里,西方各国的农业生产率一般都增长了40%左右,无论在技术上还是在经营方式上,农业都不比工业落后,工业与农业的发展比较协调。自20世纪以来,西方国家的农业劳动生产率至今保持较高水平,R值(农业劳动力的相对生产率)多在1/2~1/3,水平较低的日本也在1/4以上,农业劳动生产率的提高与劳动力的转移同步。农业劳动力转移既不存在农业约束,也不存在就业空间不足的限制,城市工商业对劳动力有着巨大的需求,西方国家农业劳动力转移实际上是在没有剩余劳动力压力之下进行和完成的。而发展中国家的工业化超前于社会发育水平,传统农业尚未得到改造,农业劳动生产率低下。绝大多数发展中国家的R值都在1/4以下,有的甚至只有1/15到1/20。中国近20年,尤其是改革10年来农业迅速发展后,R值才从大约1/6.5提高到1/5。发展中国家在第二次世界大战后30年的发展历程清楚地显示,城市公开失业加剧总是伴随着农业发展的停滞和不景气。我国民工浪潮在近几年农业连续迟滞发展后发生,并不是偶然的。农村隐蔽失业在城市公开化是二元经济结构矛盾加深的结果和表现,从另一个角度看,也就是农业相对于城市工业部门的发展太落后而不适应的结果和表现。在一定意义上,城市公开失业加剧与其说是失业问题,不如说是农业问题。工业化缺乏农业基础的支撑,工业与农业发展失衡,大量剩余劳动力寻求就业出路冲动下的转移与城市工业的发展缺乏有机的关系,在这种情况下,农业劳动力转移不是总能保证社会整体效率提高,反而会损害社会整体效率,这已为其他发展中国家和我国的农业劳动力转移实践所证明。

农业发展迟滞,不完全是主观上对农业不重视。实际上,20世纪60年代以后,粮食危机使工业化进程严重受制于农业的事实,使发展中国家大多改变了对农业的态度。农业发展迟滞最主要的原因是缺乏对农业的地位和作用正确而深刻的认识。

至今我们对农业在经济发展中作用的认识,没有超出库兹涅茨的经典分析。库兹涅茨定义的农业"四大贡献"基本上是从如何有利于现代经济部门发展的角度去分析农业的地位和作用。事实上,二元经济结构下的农业劳动力转移,不是仅靠现代部门的扩张就可以完成的。农业在劳动力的转移中具有特殊重要的地位。二元经济结构下劳动力转移"宽流窄渠"是必然现象,拓宽转移渠道的能力十分有限,如果没有农业的开发、改造,增大对劳动力的使用容量，同时通过农业的发展减小城市对劳动力的吸引力①，巨大的剩余劳动力压力将使劳动力的转移无法摆脱目前的轨道。发展中国家劳动力转移的关键不是工业就业机会不足，而是社会经济环境发展政策使要求脱离农业的人太多，超过社会经济发展的需要和可能。

大量剩余劳动力长期滞留在农业部门，会妨碍经济发展，影响社会经济效率的提高；同样，农业劳动力转移的速度和规模超出了国民经济的需要和可能，也会给经济发展带来消极影响。农业劳动力转移的规模和速度，要依据国民经济发展的需要和可能以及农业自身的承受能力来决定。根据发达国家当年的经历，认为转移压力大就直接扩大就业需求的思路过于简单化、理性化。特殊的国情决定这条路子走不通。在转移压力过大、非农需求十分有限的条件下，扩大非农产业就业需求的努力，往往会导致转移环境的恶化和转移行为偏差的进一步扩大。农业增长的制约，就业空间的限制，构成发展中国家农业劳动力有效转移的临界点。在这点以下的转移才是正常和有效率的。这个临界点较之超出经济发展所容许的人口增长，显然太低。因而农业劳动力的转移往往超过临界点之外，造成由转移引起的一系列社会问题。要消除农业劳动力转移的社会矛盾，减少转移的社会成本，就需要或者提高农业劳动生产率，或者提高工业就业增长率，或者控制住人口的增长。发展中国家特殊的工业化背景，决定这些努力在现实生活中困难重重，短期内难以有明显的成效。现实可行的选择，是在提高转移临界点、控制人口增长的同时，着重控制农业劳动力的供给量，将一部分剩余劳动力以蓄水的方式在农业中蓄存起来，暂不参与转移过程，或者说用拉长转移过程和时限的办法来创造劳动力有效转移的条件。

人们通常只看到劳动力在产业之间的转移可以提高社会整体效率，其实这种资源重新合理配置效能在农业内部不同生产部门之间同样存在。人均耕地资源高度紧张而其他农业自然资源利用不充分的情况下，调整农业生产结构，扩大其他资源对劳动力的吸纳需求量，也有着使农业劳动力的劳动更具有生产性的积极效果。构筑剩余劳动力蓄水池，增大农业对劳动力的吸纳力，不仅可以减弱、消化剩余劳动力对社会经济发展的潜在冲击力，保证农业劳动力健康顺利地转移，同时，也为农业劳动力转移提供了可靠坚实的基础。因此，将农业劳动力转移的政策重心放在控制农业劳动力供给上，是当前我们解决"民工潮"问题的基本对策之一。

解决"民工潮"问题的基本对策之二，是要改变目前农业劳动力在农村内部转移的方式。前面说过，劳动力转移是发展中国家经济发展中进退维谷的两难选择问题。劳动力既不能转移又不能不转移的"悖理"，深刻地反映了这样一个道理：发展中国家的劳动力转移不可能是工业化的自然结果，而是工业化的前提。劳动力转移是工业化的前提的基本含义，一是指发展中国家工业化推进时所必要的社会经济条件靠劳动力的转移去创造；二是指发展中国家的劳动力转移主要不能指望现代部门就业机会的增加，而只能靠劳动力转移本身去创造，即通过有限的低层次的转移去创造进一步转移的动力。"蓄水"主要是个资源利用问题，是将不充分就业的隐蔽失业劳动力在社会无法消化的情况下先在农业中通过与农业资源的结合，实现充分就业，以便为有效率的更迅速的劳动力转移创造必要条件的

---

① 蓄水不属于农业劳动力转移范畴。

社会发育过程。构筑农业剩余劳动力的蓄水池,从根本上讲是农业劳动生产率所决定的。因此,蓄水不是让农民以"直接就业"的方式堆积在农村,传统农业的落后根源正在于此。蓄水是以竞争性就业的方式,提高农业生产效率,使劳动力由剩余状态变得更具有生产性,转化为边际生产率提高的人力资本、动力和条件。换句话说,二元经济结构下农业劳动力转移要经过一个初级的过渡阶段或低层次阶段。待农业基础稳固、现代经济部门有了相当发展即社会发育成熟后,才能进入一般的劳动力转移轨道。目前关于"民工潮"的讨论中,有人认为"民工潮"意味着农业劳动力在农村就地转移的选择是一种失误,或者认为这一转移阶段已经结束,解决"民工潮"的关键是打开城门,让农民自由进城。这种观点我们认为值得商榷。我国目前尚未进入农业劳动力主要向城市,特别是向大城市转移的阶段,尽管农业劳动力在农村内部转移存在一些问题,但从二元经济发展转化的角度看,这是一个不可逾越的必要阶段。没有农业劳动力较充分地在农村内部转移,补上工业化超前发展所欠下的社会发育不足的课,劳动力大量自发地涌向城市的转移将会给社会经济发展造成不利影响,已经进城的劳动力也不可避免地要流回农村。

但是,农村劳动力在农村内部转移的现有方式必须改变。改革以来,农业劳动力在农村向乡镇企业为主体的非农产业的转移,被局限在本乡本村的范围,"就地转移"形成以乡、村社区为单位的封闭式的转移格局。这种封闭的村乡社区转移模式有着深刻的经济、社会和文化心理因素,是转移过渡阶段的主要转移载体——乡镇企业与村乡社区千丝万缕的联系的结果。从历史上看,中国农村经济具有极强的封闭性,由千千万万个相互分隔的自然村落为单位的村乡社区"堆积"(无有机的经济联系)而成。"离土不离乡"成为这种传统封闭式社区中实现本村本乡社区目标的最好也是必然的方式。村乡社区目标以提高本村本乡范围内的人均收入水平、解决剩余劳动力的就业问题和增加生活文化福利为主要内容,因而这种社区内的乡镇企业不可能形成利用社会或社区之外劳动力的机制,劳动力的流动性因社区的福利而极差。同样,即使社区的公共资金在社区外能有比社区内更大的收益,但由于不能现实地成为社区范围内的利润或福利,就不会有社区外的投资。宁可在基础设施条件极差的乡间分散布局,而不离开社区到条件更好的地方办厂,便是一种自然的结果。

虽然这种转移模式与劳动力直接大量转移进城相比,没有带来农村社区的衰落和瓦解,而且使传统的村乡社区得到改造和发展,但村乡社区的这种发展实际是以牺牲全社会劳动力转移为代价的。在社区内部剩余劳动力转移完后,社区的这种发展并不会对社会上大量存在的剩余劳动力的转移产生多大的积极意义,社区的选择是将乡镇企业向资本密集的方向转化。

每个村乡社区的劳动力都基本由本社区来消化转移,不仅会使劳动力转移更为困难、复杂,而且对劳动力向城市的转移造成异常沉重的负担。冲破封闭的村乡社区,打破行政区划界限,实行跨地区的劳动力转移,让乡镇企业和劳动力向投资环境好的发达的村乡社区聚集和转移。较不发达的村乡社区通过劳动力的输出实现经济结构的调整和经济发展;发达的农村社区摆脱社区势力的约束和限制,得以进一步扩张和发展,成为新型的农村工业区,并逐步发展为较大区域或若干村乡社区的经济发展中心。这种较大范围内的符合经济规律的开发和发展,才可能有劳动力真正的顺利转移,这是劳动力转移过渡阶段的正确转移模式。

解决"民工潮"问题的第三个基本对策，是彻底改革户籍制度，让农民能自由地依照经济比较利益合理地向城市流动。对此理论界已经有了较为充分的讨论，这里不再讨论。但我们认为，改革户籍制度的目标，不应是完全取消、废除户籍制度，而是弱化、消除黏附在户籍制度上的种种人为因素，还户籍制度本来面目，也就是说，户籍制度的改革应该是户籍制度的功能改革。而且，户籍制度的改革也应是循序渐进的，应与城市化同步。

第五节　中国农业劳动力转移模型探讨

关于中国农业劳动力转移，无论是劳动力的供给分析，转移的阶段性特征，还是"民工潮"的根源探究，基本的结论是中国农业劳动力只能适度转移，如何把握农业劳动力转移的速度和节奏，是农业劳动力转移健康、顺利进行的关键。已有的劳动力转移模型不能满足这一点。二元经济模型把现代经济作为劳动力转移的唯一途径，它强调的是农业劳动力尽可能快地向城市工业转移；托代罗的理论模型则过分强调发展农业的必要，甚至主张用加大转移成本的手段来限制农业劳动力向城市工业的转移，忽视了工业化城市化的一般规律。如何立足于我国实际，在理论和实践结合的基础上确立中国农业劳动力转移规模和速度的适度点，是建立中国农业劳动力转移模型要解决的主要任务和目的，也是建立中国农业劳动力转移模型的基本出发点。

农业劳动力转移的阶段性特征是世界农业发展进程的阶段性特征在农业劳动力转移进程中的具体反映，而世界农业发展进程中的阶段性特征又与农业发展主导模式类型的运用程度有着紧密的联系。所谓农业发展主导模式类型，就是在相当长的时间内及相当大的范围内占主导地位的农业发展模式类型。20 世纪以来，世界农业发展进程中的主导模式类型有两种。第一种为适应型主导模式类型，这是人们在经济发展水平较低、对自然的控制能力较弱时为满足基本生活需要而采用的一类以适应自然为主、改造自然为辅的农业发展模式。第二种为增值型主导模式类型，这是人们在基本的温饱需要得到满足后而采用的一类强化资源开发促进生物生产并通过加工、贮藏等运输手段大幅度提高农业附加值与农民生活水平的农业发展模式。农业发展主导模式与世界农业劳动力转移之间的相互关系可用下面的图 3-2 来予以说明。

图 3-2(a)中分别是适应型 L_1、增值型 L_2 两个主导模式类型在发达国家的动态发展曲线模型。图 3-2(b)L_1'、L_2' 分别是适应型、增值型两个主导模式类型在发展中大国的动态发展曲线模型。图 3-2(c)中的曲线 L 为 20 世纪以来世界农业劳动力转移曲线，是根据历年的《世界发展报告》及 "patterns of development(1950—1970)" 等文献绘制的。在图 3-2(a)中，A、C 分别表示两个农业发展主导模式类型在发达国家农业发展中的最大运用范围。在图 3-2(b)中 A'、C' 分别表示两个农业发展主导模式类型在发展中大国农业发展中的最大运用范围。B、B' 分别是两个农业发展主导模式类型在图 3-2(a)与图 3-2(b)中的分界点。

图 3-2(a)大致反映了 20 世纪以来西方发达国家农业发展主导模式的演替情况。图 3-2(b)大致反映了像中国这样的人口众多的发展中大国的农业发展主导模式的演替情况。20 世纪以来，发展中大国的农业长期处于欠发达状态，以追求温饱为目的的适应型农业

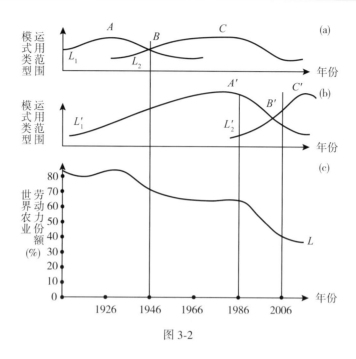

图 3-2

发展模式长期处于主导地位。第二次世界大战后,发展中大国的农业发展取得了较大的进展。尤其是近 10 年来,由于农业改革、绿色革命等积极因素的推动,发展中大国的农业发展大都通过了 A′点,进入了适应型主导模式向增值型主导模式转换的阶段。图 3-2(c)大致反映了世界农业劳动力转移的状况。从图 3-2(c)中可以看出,世界农业劳动力转移的阶段性特征与农业发展主导模式的演替有着紧密的联系。在 20 世纪 50 年代以前,农业劳动力转移主要是受适应型农业发展模式的影响。根据这一农业劳动力转移进程而提出的二元结构模型反映了当时农业劳动力转移的特征。随着时间的推移,现代农业劳动力转移进程中出现了许多二元结构模型未能考虑的情况,这使得农业劳动力的转移尤其是发展中大国的农业劳动力转移往往呈现出一种多部门交叉、多种转移模式并存的态势而不是简单地由传统农业部门转向现代工业部门。这构成托代罗模型的现实基础和实践意义。因此,在适合型主导模式转换的农业发展进程中,必须用新的农业劳动力转移模型来反映当代发展中大国农业劳动力转移的特征。根据反复测算与比较,可建立如下的多部门农业劳动力转移模型来描述当代发展中大国农业劳动力转移的进程。

$$Y = Y_0 \exp(At^B) \ (t>0) \tag{1}$$

$$B = F(M_1, M_2, \cdots, M_j, \quad N_1, N_2, \cdots, N_j) \tag{2}$$

上面两式中,Y 为农业劳动力份额,Y_0 为 Y 的初始值,A 为基准系数,t 为时间变量,B 为因素综合使用函数,M_1,M_2,$\cdots$,M_j 为 j 个模式影响因素,N_1,N_2,$\cdots$,N_j 为 j 个非模式影响因素。

对(1)式求导,并设 B 不变,则有

$$dY/dt = ABY_0 t^{B-1} \exp(At^B) \tag{3}$$

由(3)式可知,若 $A<0$,则有:当 $B=0$ 时,农业劳动力为持平转移状况;当 $0<B<1$

时，农业劳动力为负加速转移状况；当 $B=1$ 时，农业劳动力为匀速转移状况；当 $1<B<2$ 时，农业劳动力为递增加速转移状况；当 $B=2$ 时，农业劳动力为匀加速转移状况；当 $B>2$ 时，农业劳动力为超加速转移状况。

根据以上结果，对图 3-2 进行研究，可以发现，在世界农业劳动力转移进程中，20 世纪 30—50 年代为 20 世纪农业劳动力第一个递增加速转移阶段，其 B 值约为 1.1；20 世纪 80 年代至 20 世纪末将是 20 世纪农业劳动力第二个递增加速转移阶段，其 B 值为 1.4。

在前述研究结果的基础上，运用定性与定量相结合，国际比较与国情研究相结合的方法，通过反复测算可建立中国的多部门农业劳动力转移模型。

$$Y_C = Y_{C_0} \exp(A_C t_C^{BC}) \quad (t>0) \tag{3}$$

$$B_C = F_C(M_{C_1}, M_{C_2}, M_{C_3}, \quad N_{C_1}, N_{C_2}, \cdots, N_{C_j}) \tag{4}$$

上面两式中，下标 C 代表中国，M_{C_1} 为迁徙转移模式因素，M_{C_2} 为内部转移模式因素，M_{C_3} 为结构转移模式因素，其他符合的含义仍同于(1)式、(2)式。

图 3-3 为中国农业劳动力转移曲线，是根据历年的《中国统计年鉴》及《中国农村经济统计大全》等文献绘制的。图 3-3 中，b 点以前的阶段为中国农业劳动力转移的第一阶段即从半自然经济到畸形二元经济的转换阶段。在这一阶段中，M_{C_1} 占主导地位，M_{C_2} 次之，M_{C_3} 的影响小于 M_{C_1}、M_{C_2}。图 3-3 中，b 点之后中国已进入农业劳动力转移的第二阶段(多部门交叉、多模式并存的农业劳动力转移进程)。在这一阶段中，M_{C_2} 逐渐上升为主导地位，M_{C_1} 逐渐下降到次要地位，M_{C_3} 的作用与影响将日益增大。

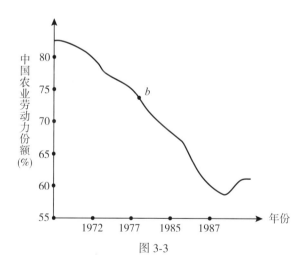

图 3-3

在畸形二元经济向多元化经济转换的过程中尤其要注意转移速度应与非农产业所提供的新的就业机会相适应，否则就很可能出现经济发展进程中的失衡现象。1977 年至 1979 年，中国农业劳动力转移处于超加速转移状况(其 B 值约为 2.8)，结果导致了明显的城市就业问题。后经数年的调整，农业劳动力转移速度变缓(其 B 值约为 1.1)，因而使城市就业问题有了一个顺利解决的基础。1983 年到 1985 年，中国农业劳动力再度处于超加速状况(其 B 值约为 3.0)，而其后几年的调整仅使得 B 值下降为 1.5，这为后来的农业劳动力大量涌入城市的"民工潮"现象的出现提供了重要的前提条件。因此，今后农业劳动力的转移速度应根据式(4)、式(5)的估算结果，使 B 值在 0.8 至 2.2 之间调整，防止再度出现失衡现象。这为中国农业劳动力转移适度点的确立提供了可信的科学依据。

可以认为，中国多部门农业劳动力转移模型既具有二元结构模型及托代罗模型所没有的优点，又能解释中国农业劳动力转移进程中的复杂现象，因而可能为研究中国农业劳动力转移问题提供了一种新的思路。

第四章　机制转换与经济发展

第一节　市场与经济发展

一、市场在发展中的作用

由于发展中国家市场发育水平较低而且不完整，因此不少发展经济学家倾向计划化在发展中的作用。迄今为止，第三世界国家的发展实际表明，推行国民经济计划化的确在相当程度上可以弥补市场短缺的不足，使资源的配置可能降低社会成本和提高社会效益，但是这只是情况的一个方面。另一方面还表明，这种国家干预的计划化则是有条件的，这个条件就是还必须有相应的市场基础。否则，就会像美国克鲁格①所指出的，出现发达国家的"市场失效"的反面——"政府失效"或"计划失效"。日本岩琦辉行总结了过去30年第三世界国家的发展情况之后得出这样一个结论：一类是不成功的，另一类则成功地增加了其世界制成品出口份额，成为新兴工业化经济。而后一类中，有些却负债累累，有一些(主要是亚洲)则获得贸易盈余。当然其原因是多方面的，但据岩琦辉行分析，最主要的还在于这些国家市场发育程度，特别是全国统一市场形成的程度不同及其与国际市场联系的情况各异。以亚洲"四小龙"为例，它们的经济起飞当然有多种原因，但其中统一市场的形成起了很大的作用。新加坡与中国香港，是区域较小的自由港，又没有封建主义的残留，所以市场发育极快而且与世界市场融为一体。韩国与中国台湾，虽然开始时市场分割、城乡差别很大，但由于及时采取了由进口替代转向出口导向的战略，也逐步使市场充分发育起来。其中，韩国与中国台湾在发展前期也是采取政府干预的做法，由于有较好的市场基础，因此基本上没出现"政府失效"。

所谓"政府失效"，是指中世纪残余的干扰和市场不完全，使政府的政策、计划在运行过程中发生扭曲、变形乃至不能实施，并由此而派生出经济秩序的混乱和腐败的滋生。在一些拉美国家和印度以至以前的一些社会主义国家，大量存在"灰色市场""黑色市场"和形形色色的"寻租行为"，官员贪污腐化，就是证明。

(1)总结各种不同体制下经济发展的经验，可以大致看出，市场对于经济发展的作用，有以下几个方面：

---

① 现任美国北卡罗来纳州杜克大学教授。

①加速资本形成。在发展中国家，政府的干预在促进资本形成，特别是规模形成方面，无疑发挥着显著的作用，但是，也应看到，如果只有单纯的政府行为，而无市场的作用，则资本形成的速度不可能很快，效果可能较差，特别是经济结构不易优化。在市场机制的作用下，资本形成的主体更多，可以弥补政府主体的不足，资本流动的速率更大，可以大大提高资金的边际产出率，更明显地是可能更多地吸引外资，并使内引大于外流。市场的不发育和分割状态，既阻碍了国内投资，又妨碍资金在地区间流动。

②提高资源微观利用效率。在市场条件下，强烈的竞争机制和灵敏的价格机制，可以有效地促进资源利用效率的提高，特别是在微观领域，可以促进企业采用新技术、改善经营管理，从而推动资源产出率的提高和产品消耗率的下降。

③风险分流。发展的过程，是充满着风险的。如果在市场缺位情况下，一切风险都得由政府承担，这不仅力不能及，而且影响政府的声誉。但是，在市场的条件下，情况就不一样了，不仅可以减少某些风险的出现，而且可以由市场消化某些已出现的风险。中国1989年的调整，之所以没有出现1963年那种大量劳动力被动员回乡、市场物资严重匮乏、人民生活急剧下降的局面，其中一个重要的原因我认为就在于1989年存在一个比1963年远为发达的市场。它消解了一部分失业(存在着劳务市场)，缓和了一部分工人的收入下降(以第二职业的收入弥补)。这一点可能有些人还没有清楚地看到。

④培养人的经营素质。在千变万化、风险丛生的市场中营运，较之在一切"等、靠、要"的非市场环境中，显然更容易锻炼出符合现代化大生产所需的经营管理人才。这是不言而喻的。

⑤强化民族凝聚力。在科学技术高度发达的今天，民族的凝聚力愈来愈不可能依靠血缘和宗教(尽管还会有一定的作用)，而必须依赖统一市场的形成。民族凝聚力的强弱则直接影响到对发展风险的社会承受力。我们观察一些发展中国家(包括社会主义国家)，之所以某些国家一度出现剧烈的社会震荡、政变乃至分裂，当然有严重的政治原因，但从基础方面来分析，缺乏统一的国内市场，恐怕是起了重要作用的。这是因为，统一国内市场可以大大加强全民族在经济上的相互依存性，在此基础上便会产生一种强大的"民族认同感"。这种"民族认同感"在日本的发展过程中曾起过非凡的作用，是人所共知的。它可以使全民族忍耐住最艰难的挫折而保持住社会的稳定发展。

(2)前面阐述了市场在经济发展中的作用，只是想说明：市场对发展是不可少的，但绝不认为市场是万能的。市场机制也有其本身难以克服的弱点，连西方许多经济学家也承认这种弱点，概括起来大体是：

①难以保证发展的社会效益。罗森斯坦-罗丹在分析市场机制不能达到资源配置最优化方面，是有其合理性的。他提出的资本的不可分性、资本市场的不完全性、价格机制的作用微观性等均符合客观实际。其中特别是他指出单个投资追求最大化的依据是"自己的净边际产品"，而不是"社会的净边际产品"，从而不可能保证社会效益，也不能开发"外在经济效益"。这是十分正确的。现实世界经济社会发展的实际充分说明，像环境污染问题、投机扰乱问题、失业所造成的社会问题等，依靠市场机制是根本无法解决的，必须实行政府干预。众所周知，这些问题都是十分重要的问题，如不能得到治理和解决，就会影响到生态的平衡、经济的运转和社会的稳定。

②难以保障基础设施建设与公益事业的建设。基础设施要求通盘规划，而且投资大，收效迟；公益事业则有许多是没有什么收益的。在纯市场机制之下，显然企业既无力承担，也缺乏这种积极性，更难以进行全面规划。这方面的任务必然要落在政府身上。

③难以克服风险投资的障碍。存在风险的新项目，特别是高科技项目，个别的企业是无力承担或不敢承担的。在现实的资本主义国家中，像这一类投资也多是由政府出面或实行保护政策。

④无法解决分配上的悬殊趋向。市场机制自发作用的结果之一，就是由分配悬殊而导致的两极分化现象。在资本主义市场经济的条件下，无法根本克服这一趋势，但垄断资产阶级为了缓和国内的阶级矛盾，也仍然通过政府的税收政策、工资政策和福利保障政策进行干预。

从上可知，市场机制对于经济发展虽然具有五大作用，但是对保障经济社会的全局和长远发展来说，则有其自身不可克服的弱点。

二、计划机制的全面观

同样，对于计划机制也应进行一分为二的分析。计划机制对于经济社会发展的积极作用方面，在绝大多数社会主义国家中都曾经一度显示出来过。即使在发达的资本主义国家中，政府的干预也程度不一地发挥了作用。梁小民同志在他的论文中①较客观地概括了这种作用。这些作用是：第一，由国家在社会范围内调节生产社会化与生产资料私有制之间的矛盾，在一定程度上确实缓和了这种矛盾（当然不可能根除这个矛盾）；第二，在有限程度上纠正了市场私有制调节的某些弊端，如自发性、盲目性与破坏性，从而使第二次世界大战后迄今尚未出现20世纪30年代那样的大危机（这也可能与"大周期"有关）；第三，利用国家的力量，实现了科学技术的重大突破，如许多高科技企业均属国有；第四，国家通过各种政策刺激了总需求，保护了国内市场，为经济发展创造了较好的环境。

尽管计划机制在保障宏观与长远发展上具有市场机制所不具有的优点，但它同样也具有自身不易克服的弱点。

1. 容易束缚企业的活力

由于计划机制往往依靠自上而下的等级服从体制，而且还要采取种种保护政策，这就势必会削弱企业自主经营的权力，并且会使企业滋长对政府的依赖性，这两个方面都会大大降低企业的竞争活力。生产凭指令性计划指标，产品由政府统购包销，企业没有任何自我发展的动力和能力，当然也就没有技术进步的内在要求。

2. 容易出现决策的随意性

计划机关想了解千变万化的市场信息，往往要通过多层的传递，这就容易造成信息的滞后和失真，加上计划决策人并非企业经营者，缺乏直接的利益关系，因而其价值判断往

---

① 梁小民：《西方国家的计划和市场相结合及其对我们的启示》，《经济社会体制比较》1991年第4期，第25~29页。

往并不符合直接生产经营者的价值判断。这样经济决策就很可能偏离经济发展的实际而造成损失。[①]

3. 经济运行缺乏灵敏性

在典型的计划机制下，经济的运行一般是通过金字塔式的组织体系一级一级地推动，"市场是上帝"在这里不起作用，"上级"才是真正的"上帝"。这样，信息、决策、传达、监督、评估、校正诸多程序是通过许多机构（而不像在市场机制下只由企业一个机构）去完成。这必然就要缓慢得多，而且会互相扯皮，耽误时机。在商品经济条件下，对于变化了的客观情况，就不容易做到及时而灵活的调整。

4. 容易滋生腐败

计划机制如果没有十分发达的市场机制相配合，则势必要依赖权力推动。而权力如果缺乏有效的制约机制，就必然会滋生腐败现象。这种情况在第三世界国家中屡见不鲜。

5. 难以保障经济发展的质量与效率

以上弱点的全部后果就集中在容易追求产量忽视效益，注意数量轻视质量，控制总量不顾花色品种，扩大投入而产出不能相应提高……

综观市场与计划的优缺点，所以当今世界的经济学家，不论属于哪一流派或立场，大多数人倾向于两者必须结合起来。正如纳夫齐格尔所说："没有一个政府完全依赖集中计划，也没有一个政府完全依赖市场。大多数欠发达国家选择了集中计划和市场两者之间广泛密切的配合。"

三、计划发展的历史经验

基本上排斥市场而主要通过计划来实现工业化现代化的国家，世界上恐怕只有唯一的一个，即苏联。

苏联是社会主义计划经济的发源地，也是高度集权的中央计划模式的创始国。就计划管理的技术而言，可以说是首屈一指的。70年来，通过行政——计划的指令性运行，苏联在结构转换上基本实现了由农业国向工业国的转变，这是不容否认的。但是，尽管苏联曾一度成为仅次于美国的超级军事大国，但在经济的整体实力上则至多只能算一个二等强国。这是由于排斥市场机制的计划经济模式，使经济的发展畸形化，像一个体重足小的虚胖子。具体地说可以归纳为如下弊端：

1. 技术更新缓慢

几十年来，苏联的资源配置、地区分工乃至企业的专业化，都是通过指令性计划加以

[①] T. V. 斯尼里瓦桑曾指出："计划经济模式在作出困难的政治社会经济选择时，不可能摆脱计划制订者价值判断的影响，忘记了这一主要事实，就可能导致十分不幸的后果。"参见中国社会科学院经济研究所发展经济研究室：《发展经济学的新格局——进步与展望》，经济科学出版社1987年版，第311页。

实施的,在"经互会"国家之间也是如此。这种体制的最大弱点就是缺乏市场竞争机制。部门内部无竞争,使企业的技术更新缺乏动力;部门之间无竞争,使资源不能在部门间流动。大家都"复制古董",而后由计划物资部门"统购包销""皇帝的女儿不愁嫁"。这正是苏联那种计划模式的重大痼疾,也是其技术更新迟缓的体制原因。这个问题,不仅在苏联国内异常严重,而且由于封闭性的指令性分工以及与国际市场隔绝,东欧社会主义国家普遍技术落后,设备老化。据说,德国统一后,原民主德国的企业,由于技术过分落后,将有 1/4 到 1/3 不得不被淘汰,有 1/3 需进行技术改造,失业人数可能达 400 万人。[1]

2. 结构恶化

苏联在总体上虽然实现了由农业国到工业国的结构转换,但长期实行军事工业倾斜的工业化路线,使重工业过重,轻工业过轻,农业相当落后。这种结构从 20 世纪 30 年代开始愈来愈重型化,直到 80 年代(见表 4-1)。

表 4-1 苏联甲乙两类工业在工业总值中的比重(%)

年 份	总 计	其中	
		甲类工业	乙类工业
1917	100	38.1	61.9
1928	100	39.5	60.5
1937	100	57.8	42.2
1945	100	74.9	25.1
1950	100	68.8	31.2
1955	100	70.5	29.5
1960	100	72.5	27.5
1965	100	74.1	25.9
1970	100	73.4	26.6
1975	100	73.7	26.3
1980	100	73.8	26.2
1981	100	73.7	26.3
1982	100	75.1	24.9
1983	100	74.9	25.1
1984	100	74.9	25.1
1985	100	74.8	25.2

资料来源:陆南泉等:《苏联国民经济发展七十年》,机械工业出版社 1988 年版。

---

[1] 江春泽:《计划与市场:若干国家实例比较——一次研讨会的成果》,《经济社会体制比较》1991 年第 2 期,第 45 页。

苏联长期推行的以军事工业为龙头的重工业倾斜结构，在强化国防，保证卫国战争的胜利方面有其不可磨灭的功绩。但是，对整个国民经济的长期发展，却带来了难以扭转的悲剧。它造成积累、生产与消费之间的严重脱节，造成市场的进一步萎缩——按斯大林的理论，生产资料不是商品，因而不能在市场上流通，重工业产品绝大部分是生产资料，自然市场也就萎缩了。

3. 供给的匮乏

由于上述产业结构的恶化，消费资料的生产远远落后于社会的需要。以军事工业扩张为特色的重工业倾斜，势必迫使政府实行高积累、低消费的政策，这又进一步不断地削弱消费资料的生产。这种恶性循环，致使苏联的市场供给长期处于短缺状态。许多日用消费品实行低价格高补贴，如肉每公斤售价 2 卢布，补贴 7 卢布，面包售价 22 戈比，小麦每公斤收购价 47 戈比，农民卖了小麦买面包喂牲口。这种忽视市场机制和价值规律的体制，不仅大大抑制了生产积极性，而且造成巨大的浪费，从而进一步加剧短缺。国家愈来愈沉重的财政补贴，也难以为继，成为经济发展的重大制约因素。

由于市场供给的匮乏，苏联居民大约有 1500 亿卢布的结余购买力(1989 年)。由于缺乏买卖双方自由交易的公开市场而进入灰色市场(黑市)。在苏联，各种"灰色市场""棕色市场""黑色市场"大约要吞噬整个国民收入的 25%。

4. 民族凝聚力单一化

苏联是一个多民族的国家，长期以来依靠布尔什维克党的威信和国家机器等政治凝聚力维系了 70 年。但是现在看来，仅靠这一条显然是远远不够的，由于长期排斥商品经济和市场机制的结果，苏联始终未能形成全国发达的统一市场，以致一旦政治凝聚力削弱之后，民族分裂主义必然不可收拾。关于统一的全国市场对强化民族凝聚力的作用，我们在本节前面已做了阐述。日本有的学者甚至把这一点看作是日本明治维新成功而中国的戊戌政变则失败的经济原因。

第二节 中国人在认识上的三次飞跃

社会主义国家，由排斥商品货币关系到承认市场经济，是一次划时代的革命。这期间，由于思想的禁锢和认识受实践的制约，在计划与市场的关系上经历过多次反复。以中国为例，随着改革实践的发展，人们在认识上逐步提高，实现了理论上的三次飞跃。

一、第一次飞跃：由"限制论"到"补充论"

由于理论和经验的限制，长期以来我们都认定计划经济是社会主义的基本特征之一，而商品与市场则是同社会主义本质不相容的。而且认为，哪里有商品经济，哪里就会滋生资本主义，由此便产生了一系列限制商品货币关系的政策。这种限制政策，在"文化大革命"中，发展到消除城乡之间买卖关系和消灭"自发势力"的根子——农民自留地的荒谬地步。

20世纪80年代开始,农村实行以家庭联产承包为中心的改革,亿万农民推动了农村商品经济的大复苏,使农业在几十年来破天荒地第一次实现了超常规的增长。这一无法否认的事实,教育了人们,使大家开始认识到商品经济确实比过去那种过度集中的计划模式具有更大的活力。于是,开始承认在社会主义条件下,还必须利用商品经济,使其作为社会主义计划经济的一种有益的补充。在这一阶段,代表性的理论就是"板块论",大的由计划管住,小的让市场调节,实行"计划经济为主,市场调节为辅"的方针。这在认识和实践上,应该算是一次飞跃,即由排斥到利用的飞跃。

二、第二次飞跃:由"补充论"到"结合论"

20世纪80年代中期,随着改革开放的深入与扩展,特别是沿海地区经济的迅猛发展,一方面,城市改革步履蹒跚难以适应经济发展和农村深化改革的需要,使人们愈来愈感到旧的"补充"模式已经过时,实践已远远超越了它;另一方面,特区和沿海地区发展的经验也充分证明,放开市场才能搞活企业,从而才能促进经济的迅速发展。于是,人们进一步认识到,在社会主义初级阶段,商品经济不仅不能逾越,而且是社会主义的本质内涵,不是外在之物,必须加以大发展,才能促进社会生产力的发展。由此,中国共产党第十三次全国代表大会上正式确立经济体制改革的目标,是建立社会主义的有计划的商品经济,实行计划与市场相结合,具体的运行模式是"国家调控市场,市场引导企业"。后来又改为"计划经济与市场调节相结合"。应该说,这是我们在理论上的又一次飞跃,即由"补充"到"结合"的飞跃。

三、第三次飞跃:由"结合论"到"基础论"

理论的力量在于它的彻底性以及给人以明确无误的指导信息。应该承认,"结合论"较之"补充论"虽是一大进步,但是不够彻底,它没有解决计划与市场谁是基础的问题,在计划与市场谁主谁从、谁多谁少的问题上,仍然似是而非。而其中的实质,则是没有正面回答"计划经济"究竟是不是社会主义的本质性问题。正是由于此,在20世纪80年代后期,人们的认识反反复复,莫衷一是。理论上的困惑,使得改革——特别是国有经济的改革步履蹒跚,一些老工业基地处境艰难,国营企业的亏损面不断扩大。而反过来,在沿海地区,一些国有经济(计划)不占优势的新兴工业区,经济发展却蒸蒸日上。这种鲜明的反差,又一次教育了人们:如果再不突破旧的"计划经济"禁锢,再不确立市场经济应有的地位,我国的改革与发展将会遇到重大的障碍,甚至有"功亏一篑"之虞。

正是在这种背景下,小平同志在总结正反两方面的经验的基础上,明确地提出了计划经济与市场经济不是社会主义与资本主义的本质区别,两者都是经济手段的科学论断。这一论断如春雷掠空,云霓消散,澄清了理论的是非,指明了改革的方向。中国共产党第十四次代表大会依据小平同志的思想,取得了一致的共识,郑重确定了社会主义市场经济作为经济体制改革的目标模式,市场在社会主义国家宏观调控下对资源配置起基础性的作用。这样,在理论与政策上完成了由"结合论"到"基础论"的伟大飞跃。认识上的这一飞跃对未来经济发展的巨大催化作用是绝对不能低估的。

从以上三次认识上的飞跃中可以清楚地看到,是一日千里的改革开放的伟大实践一次又一次地使人们不断更新观念，使认识与理论得以逐步提高和升华。

这又一次证明：实践是理论的第一源泉，实践是检验真理的唯一标准。

第三节　市场经济是商品经济的高级形式

市场经济，就其本质来说，是生产力社会化的必然产物，是商品经济发展的高级形式。

我们回顾一下商品经济的发展史，就可以看到，商品经济是一种超越社会制度的经济形态。在它的发展过程中，大体经历了三个基本阶段（或形式）：小商品经济、原型市场经济和现代市场经济。

一、商品经济的萌发阶段：小商品经济

小商品经济，或称简单商品经济的出现，可以追溯到原始社会的后期，跨越了奴隶社会和封建社会。关于这一点，马克思在《资本论》中有过精辟的论述。这种小商品经济，是以小生产自然经济为背景的一种新的萌芽形态的经济形态。当时，人们生产的目的是"自给自足"，而不是为交换而生产，只是将少量剩余的生产品个别地、偶然地拿去交换别的自己所需要的产品，马克思以"商品——货币——商品"来代表这种小商品经济的运行规律。

在小商品经济条件下，由于市场极度不发达和生产的自给自足性质，生产资源的配置显然不可能通过市场机制实现，也更谈不上通过计划机制实现，而是一种集需求信息与资源配置行为于一体的分散性、封闭性和随意性的原始配置方式。

二、商品经济的发展阶段：原型市场经济

随着资本主义生产方式的确立，资产阶级在它不到一百年的统治中，"仿佛用法术"创造了生产力飞跃发展的奇迹。它"把一切封建的、宗法的和田园诗般的关系都破坏了"。[①] 自给自足的小生产彻底被摧毁了，城市大工业兴起了，国内市场统一了，世界市场开拓了……社会分工的大发展，把生产力和专业化、社会化推进到空前的高度，实现了需求与生产的高度分离，以致使任何一个生产者（企业）依靠自身的全部智慧也无法解决生产什么、生产多少、为谁生产的问题，要解决这个问题，只能求助于市场。

这样，市场便成了一只"无形的手"，凌驾于社会之上，指挥着千千万万个企业的生产，指挥着全社会的分配、流通、消费。这就是我们所说的"原型的市场经济"，或称自由竞争时代的市场经济。这种市场经济在历史上就是由社会化的大生产所呼唤出来的。

在这种自由竞争的原型市场经济条件下，生产资源的配置完全是通过市场信号的波动和自发的（没有干预的）引导得以实现的。这种资源的配置方式在历史上起过巨大的革命作用，它使社会生产力的发展超过了"过去的一切世代创造的全部生产力"的总和。但是，它却使人类社会从此变成了自己所创造出来的市场的奴仆。

---

① 《马克思恩格斯选集》第 1 卷，人民出版社 1995 年版，第 253~256 页。

三、商品经济的高级阶段：现代市场经济

原型的市场经济把生产力奇迹般地呼唤了出来，但当时那种狭隘的自由资本主义的生产关系，却逐步无法驾驭它了。马克思、恩格斯曾经生动地描绘道："这个曾经仿佛用法术创造了如此庞大的生产资料和交换手段的现代资产阶级社会，现在像一个巫师那样不能再支配自己符咒呼唤出来的魔鬼了。"①1929 年爆发的那次震撼整个资本主义世界的大危机，就是这一矛盾的集中暴露。这次几乎使资本主义丢了性命的危机，导致资产阶级经济学的大转折，导致了由"无形的手"一统天下的自由放任的市场经济转到了以"无形的手"为基础并加进了"有形的手"(政府干预)的现代市场经济。关于这一点，刘涤源教授在他的新著《凯恩斯主义研究(上卷)：凯恩斯就业一般理论评议》中有一段很好的概括："1929—1933 年经济大危机严重地震撼了资本主义体系。这次经济大危机是资本主义经济危机史上一个重大的转折点，导致了资本主义庸俗经济学说的一次重大转化：原来占统治地位，以市场经营论为中心内容的马歇尔新古典经济学说顿行衰落，转换为政府干预为主轴的罗斯福'新政'，随之涌出的'凯恩斯革命'逐渐成为风靡西方各国的主导经济学说。"②其后，虽几经曲折起落，供给学派、现代货币主义等相继更替兴衰，但现代的资本主义市场经济已经不是过去那种完全自由放任的经济了，几乎所有的发达资本主义在维护原有市场经济基本框架的同时，都在不同程度上通过政策、规划、计划等手段实行政府对经济运行的干预。绝对的"无形的手"的市场，现代实际上是没有的。

这种现代市场经济，在以市场机制作为资源配置的基础方面，同原型的市场经济没有实质的差别，而只是在宏观方面加强了政府干预的作用，通过各种经济和政策的导向作用对市场运行和国民收入再分配施加影响。资产阶级在运用"有形的手"调节供求均衡、缓和经济危机、改良式调和过度的两极分化、保障社会稳定等方面积累了丰富的经验，的确在一定程度上弥补了"无形的手"的缺陷，延缓了资本主义的衰亡。但由于其制度本质的局限，它并不能根本消除危机和阶级对立。

从上面的分析中可以看到，市场经济是生产力社会化自然演进的结果，不过，这种小商品经济到市场经济的演进，在历史上是由资产阶级来完成的，从而在其外壳上也就难免会带有某些资产阶级的烙印。然而，我们却不能由此判定市场经济是资产阶级的"专利"，正如不能因为资产阶级在历史上开启了"机器的采用，化学在工业和农业中的应用，轮船的行驶，铁路的通行，电报的使用……"一个现代化的时代，而把上述一切都当作社会主义的异己之物一样。

第四节　市场经济与社会主义的相容性

尽管中国从 20 世纪 80 年代开始引入市场机制，直到 90 年代初提出建立社会主义市场经济，这十多年间，经济发展取得了人所共知的巨大成就，但是，有些人——特别是一

---

① 《马克思恩格斯选集》第 1 卷，人民出版社 1995 年版，第 256 页。
② 刘涤源：《凯恩斯主义研究(上卷)：凯恩斯就业一般理论评议》，经济科学出版社 1989 年版。

些西方人士对于社会主义国家能否建立起真正的市场经济体制，仍然持观望乃至怀疑态度。究其实质在于：既要坚持社会主义基本制度，又要实行市场经济，在本质上是否可以相容？或者说，能相容到什么程度？社会主义市场经济体制是一种什么样的体制？

以邓小平为代表的中国的社会主义者，从实践中吸取了正反两方面的经验，逐步认识到，在一个发展中的大国建设社会主义不可能一步跨入目标模式，必须分阶段地确定自己的有限目标和政策结构。我们现在还是处于社会主义的初级阶段。在社会主义初级阶段，不能脱离生产力发展水平去追求社会绝对的公平，应允许先富后富、大富小富的差别，通过差别强化激励机制，最终实现共同富裕；不能实行全面公有化政策，应实行以公有制为主导多种经济成分并存的政策；不能实行高度集中的计划化，应充分培育和发挥市场的作用，建立有调控的市场经济体制。一句话，在共产党的领导下，最大限度地利用一切有利于发展社会生产力的因素、力量和方式，大力发展社会生产力，实现国家工业化和社会现代化。

中国十几年改革的实践，已经展示了市场经济较之过去那种高度集中的计划经济在发展生产力方面具有明显的优点。这方面，在本章第一节已做了全面的论述。

市场经济是生产社会化的产物。在生产社会化的条件下，要求社会生产资源通过市场机制的作用来实现。美国的《现代经济词典》对市场经济是这样下的定义："Market Direted Economy，市场经济，一种经济组织方式，在这种方式下，生产什么样的商品，采用什么方法生产以及生产出来以后谁将得到它们等，都依靠供求力量来解决。"[1]

作为一个特定范畴的市场经济，是有其严格内涵和标志的。这些标志(或条件)社会主义能否满足？或者是说，在不改变社会主义基本制度的情况下，能否实现市场经济基本原则？我们的回答是肯定的。试分析如下。

一、产权主体多元化是市场经济的基础

一般地说，产权主体是指对资产具有最终的所有权或支配权的独立经济实体，其对资产的损益有直接的利益相关性并负有法律的责任。在西方市场经济条件下，产权主体多元化是通过私有化来实现的，但也有部分国有企业。对这些国有企业，采取资产委托制和参股等方式经营，政府并不参与直接经营活动。例如德国，其国有企业实行严格的政企分开，在经营管理上同私有企业一视同仁，不搞"父爱主义"，所以同样可以有效地参与市场竞争，经营得不错。在日本、法国、意大利等国，同样有这种情况。

在中国，在不动摇公有经济为主体的前提下，可以充分吸收国外的经验，推行产权主体多元化改革。总的设想是分层推进：第一，所有制的总体结构，在公有经济之外，发展非公有经济。用非公有经济催化市场的发育。我国过去十几年已经这样做了，特别是在沿海地区已大见成效。第二，在公有经济结构内部，大力发展集体经济与合作经济，从数量上说，应逐步成为公有经济的主体。在我国江苏南部地区都是这样的。实践证明，这种结构具有很强的生命力。这些企业最容易转向股份制或股份合作制，产权主体多元化便于实现。第三，对于国有经济，可以考虑"三股分流"，实现产权多元化目标，即：①少数对

① D. 格林沃尔德：《现代经济词典》(中译本)，商务印书馆 1981 年版，第 275 页。

国计民生具有重大影响的行业与企业，可实行全资国有制，通过资产管理与资产经营的彻底分离，委托-代理经营，取消不符合市场原则的优惠与负担，变成独立法人企业。其中，某些属公共事业和承担政策任务的企业，可建立规范化的补贴制度。②一般竞争性的大中型国有企业，逐步推行股份制改造，成为国家参与制企业。其中，又可分别采取中外合资、国内融资、公私合营等多种形式。视国家需要和财力可能，又可采取国家控股和国家参股两种模式。这部分企业完全可以按照西方市场经济原则进行经营管理。以上两种模式中的公有产权(最终所有权)，可以分割为中央所有、省所有(含市、县)、部门所有、群团所有(含党团工会所有)。③对一些国家不须参与的小型企业，可以通过拍卖、租赁等方式转让给集体与私人，加速国有资产存量的流动。

二、生产要素的流动性(商品化、市场化)是市场经济的命脉

通过市场供求关系实现生产资源的配置，必然要求各种资源要素是可以交换的，其所有权是可自由让渡的，即是商品，可以自由地在部门之间、企业之间、地区之间乃至国际流动。否则，就谈不上真正的市场经济。

经过十多年的改革，中国绝大多数生产要素的商品化程度已明显提高。但是，在产权商品化和劳动力商品化方面仍然滞后。

产权商品化，直接关系到资产存量的流动性。在典型的市场经济条件下，如需求大于供给，则必定同时刺激增加投资和调整结构，如为结构性失衡，则必定刺激结构调整。这是由于资产的存量可以在部门与企业间自由流动，从而能够较快地实现均衡。在我国，由于过去计划经济体制的束缚，产权不属商品，国有企业与部门无权自行让渡。因而，当需求大于供给时，无论总量还是结构都得依赖增加新的投资。这种机制势必造成三种后果：一是"长线"老长，"短线"老短，结构失衡问题不易解决；二是资金周转率低，占用量大，"投资饥饿症"屡抑不衰；三是由于上述两种后果，引发通货膨胀。所以，当中国的改革明确以社会主义市场经济为目标时，产权制度的改革就势在必行。实践将会证明，在社会主义条件下，通过股份制的改造和国有资产管理体制的改革，产权的商品化和流动性问题是可以解决的。

劳动力的商品化，消除劳动力的"部门所有"现象，是中国走向市场经济的另一个难点。不过，这个问题在中国实践上已经有了突破，随着就业制度和人事制度的改革到位，是不成问题的。问题在理论方面。即在社会主义条件下劳动力能不能成为商品？这与劳动人民的主人翁地位有无矛盾？对马克思的剩余价值论将做何解释？等等。我认为这个问题可以从两个方面来回答：从宏观方面来说，我们应回到马克思的一句名言上来，即无产阶级如果不解放全人类就不能最终解放自己。当大量小生产者没有从落后和愚昧中解放出来，当工业化与现代化还未实现，当社会财富还未大量涌流出来以前，工人阶级的主人翁地位是不可能——特别是在经济方面最终确立的。从微观方面来说，劳动力成为商品同主人翁地位并不是绝对对立的。在社会主义阶段，主人翁地位应理解为以其自觉性率领社会集中发展生产力，甚至为此不惜作出某种牺牲。"主人翁"不应简单地与管制仆人的"主人"等同起来，劳动力商品化则应同"自由选择职业的权力"联系起来。主人如果连自由选择职业与工作岗位的权力都没有，那还是什么主人呢？这样，两者就不矛盾了。剩余价值

论，是马克思为揭露资本剥削劳动力的实质而创立的一个完整的学说。至于剩余价值这个范畴本身，我认为在社会主义条件下也是存在的，只不过我们曾把它称为"剩余产品"而已。作为唯物主义者，不会回避这种名词上的忌讳，社会主义社会，如没有剩余价值，何以有积累与扩大再生产？问题在于剩余价值最终归谁占有。

三、生产与经营领域的自由进入性是市场经济的重要条件

没有自由进入，就做不到由市场配置资源，就没有真正的竞争，从而也就不会有真正的市场经济。在中国过去许多领域（如能源、交通、金融等）是由国家垄断的。这种垄断性所造成的资源浪费与结构恶化等弊端，已逐渐被人们所认识。现在，在能源与交通等方面，国家已开始放开投资限制，将允许非政府主体（包括私人和外资）有步骤地介入。今后，在其他方面也会逐步有条件地放开。这方面的困难在于"自由进入性"同"公有经济的主导地位"的矛盾。对这个问题，首先要转变观念。在市场经济条件下，除少量特殊企业之外，"主导"或"主体"不体现为全民或集体的全资企业所占有的大份额，而应体现为国有或集体所有的控股份额。这方面，意大利的"国家参与制"就是很好的例证。自由进入性，既可体现为全资经营，更多的则是自由参股。对这种企业来说，其实都是"混合"型的。其次在操作上对于少数对国计民生具有特殊意义的企业或行业（如中央银行、尖端军事工业等）仍应实行国家垄断，但其经营方式则应转变为委托授权制，实行严格的政企分开。这不仅不会影响市场经济的发育，相反地更有利于市场经济的健康运行。

四、市场信号的开放性（或灵活性）是市场经济的主要标志

价格、工资、利率、汇率等市场信号，随着社会成本和供求关系而灵活浮动，以此引导生产资源的配置和企业生产结构的调整，这是市场经济的灵魂所在。

这一条件，同我不准备展开讨论的另一个条件——市场法制化一样，与社会主义基本制度并无原则冲突。随着改革与发展的推进，这些条件都是可以逐步到位的。

总之，市场经济尽管在历史上产生于资本主义发展阶段，但究其本质而言，仍属社会化大生产的产物。社会主义也以社会化大生产为基础，所以它同市场经济是可以相容的。

第五节 有中国特色市场经济的发展与完善

一、中国市场的发育进程

中国的市场发育，在历史上走的是一条曲折起伏的道路。甚至可以说，在中国，市场的发育从来没有经历过一种"自然演进"的历史阶段。在中华人民共和国成立以前，由于中世纪的桎梏和帝国主义的入侵，中国的资本主义和商品经济未能得到顺利而充分的发展。与之相对应，市场的发育呈明显的嵌入性（限制性的商品化）、买办性、依附性（依附于国际市场）和不均衡性。中华人民共和国成立以后，特别是土地改革完成到"三大改造"全面完成以前，中国的市场曾经有过短暂的"自然发育"瞬间。但是，由于众所周知的原因，从20世纪50年代后期开始，中国市场实际上走进了萎缩时期。

党的十一届三中全会以后，中国市场发育开始了一个新的跃进时期，逐步开创了一条以国家政策为支撑、以农村市场为先导，"涟漪式"地向城市扩展，然后回过来又由城市率领农村的特殊市场发育道路。

就世界一般的市场发育规律来看，大都是经过以城市带领农村的"自然演进"道路而发育成熟的。商品经济首先是在封建基础比较薄弱的边缘城市发展起来，如欧洲的威尼斯、热亚那、米兰等，而后逐步向其他城市、乡镇和农村扩展。换句话说，西方发达国家的市场发育，在历史上走的是一条城市的社会分工促农村的社会分工、城市的商品化促农村的商品化、城市的市场化促农村的市场化的"原型"道路。这显然同中国当前市场发育的道路大异其趣。

中国市场发育之所以采取了上述特殊道路，这是由于如下历史背景：(1)中国的市场"解禁"是首先从农村开始的。由于1979年以后开始的中国经济体制改革，首先是以农村的家庭联产承包责任制拉开序幕的。(2)在农村实行"两权分离"之后，农业与非农业的社会分工便随之而迅速发展起来，这种分工的速度与广度大大超过了城市。社会分工是商品经济的基础，也是市场发育的基础，因而农村市场以及以农村产品为内容的城市集贸市场便如雨后春笋般地发展起来。(3)在农村这块广阔空间，计划经济从来也没有实行过"包下来"的"父爱主义"，农户、农村企业不存在什么吃国家的"大锅饭"问题，因而为市场主体的自主经营、自负盈亏提供了良好的土壤，这一点较之城市国营企业就具有更大的转轨灵活性。特别是农村乡镇企业，一开始就是"计划外"，客观迫使其必须面向市场，由市场调节其产、供、销活动。

正是在这种历史背景下，20世纪80年代中国市场的发育开始了一条不平常的道路：由农村的初级市场波及城市的农贸市场；由农民的贩卖活动波及城市居民的贩卖活动；由农产品的交易波及小工业品的交易；由消费品波及生产资料；由个体、集体的市场活动波及国营企业的市场活动；以至由单一的商品市场向多种生产要素市场扩展……中国农民在20世纪80年代推动中国市场发育方面又一次发挥了"主力军"的作用。

在这一潮势的推动下，中国的国内市场有了惊人的发展，全国零售商业、饮食业、服务业的机构由1978年的125.5万个增加到1989年的1138万个，增长806.8%；从业人员由607.8万人，增加到2829.4万人，增长365.5%。1989年同1979年相比，社会商品零售额由1800亿元增长到8101.4亿元，增长350.1%；1989年国营与集体零售额为5857.5亿元，占总零售额的72.3%，个体与私营零售额为2243.9亿元，占总零售额的27.7%；城市零售额为3533.9亿元，占43.6%，农村零售额为4567.5亿元，占56.4%(1979年为54%)。农户平均每人消费支出中，商品性消费由1978年的44.84元增至1989年的343.42元，增长665.9%，包括食品在内的消费品商品部分第一次超过了自给部分，占生活消费支出总额的68.67%。[①]整个商品零售总额中，消费品占87.3%，农业生产资料占12.7%。此外，像劳务市场、资金市场、技术市场以至信息市场等，都有不同程度的发展。与此同时，价格形成机制也有了改变，计划定价逐步减少，市场调节逐步增加。据国家计委一课题组调查，省级以上经济管理部门下达的指令性计划产品产值占工业总产值的

---

① 以上统计数字均引自国家统计局：《中国统计年鉴1990》，中国统计出版社1990年版。

比重仅为 16.2%，"国家统配物资品种由 256 种减为 26 种，部管物资指令性分配的由 316 种减少到 45 种"。①

从以上材料可以看到，10 年来中国市场的发育已进入一个新的阶段。其主要标志是：(1)以消费品为主体的市场覆盖面已遍及城乡，基本上实现了按照市场需求安排生产(特别是在副食品方面)；(2)这部分商品的价格刚性已大为削弱，农产品除少数几种(粮、棉、油、茶叶)外，基本是随行就市，轻纺工业品基本做到了季节浮动，家用电器等耐用消费品也大体是按市场供求关系进行浮动；(3)在农村和一部分城市集体企业中，生产要素已大体可以自由流动；(4)农户经营的自给性已大为降低，对市场的依赖性也就显著地加强了，农村已成为巨大的国内市场。

《中共中央关于建立社会主义市场经济体制若干问题的决定》通过之后，市场化趋势大大增强。资金市场、房地产市场一度超前兴旺，经过宏观调控，渐趋平稳。产权市场也开始起步。

但总的看来，中国的市场发育水平还是较低的，具体表现如下：

1. 市场体系残缺不全，覆盖面还不够大

关于市场体系，从专业化的角度来看，商品市场有了很大的发展，劳务市场、技术市场、资金市场、信息市场发展显著不足，特别是资金市场、信息市场尚处在起步阶段；从经营方式的角度来看，国营商业和合作社商业虽有老基础但有待进一步改革，集贸市场如雨后春笋般发展很快，但专业市场和批发市场(包括期货市场)发展严重不足。因而，市场覆盖的广度与深度都不够大，在落后地区和农村更显突出。农民"卖粮难"的问题，正反映了市场的短缺，特别是批发市场和专业市场的短缺。

2. 市场信息失真

"双轨制"的存在，使市场参数发生扭曲，"计划内"的价格往往不反映商品的供求关系；利率刚性很强，一般不反映资金供求状况；工资更是平均主义化，在国营企业和事业单位基本不反映劳务供求，也不体现劳动生产率……这样的信息无法正确引导产业结构调整。短线行业(如能源、交通、材料)价格往往低于价值，而且具有较大的刚性，这完全与价值规律背道而驰(短线行业的负效益，无法吸引资源，在正常的市场机制下，供不应求者价格就会上升，从而吸引更多资源投入，短线就会变长)。例如，1988 年投入每百元资金所实现的利税，由于价格体系的混乱，各行业就相差悬殊：煤炭采选业是 1.6 元，石油开采业是 3.24 元，石油加工业是 56.85 元，橡胶制品业是 38.86 元，最大的相差 35 倍以上。在这样的价格体系下，高价行业用不着费力就可获得超额利润，低价行业拼了命也难以获利，两者都不会有改进技术、发展生产的积极性。因此，在这种情况下，任何全面的产业政策都是难以实施的。

① 见李剑阁：《论走出"放乱收死"的循环》，《经济社会体制比较》1991 年第 2 期。

3. 市场规范性很差

从表面上看，其原因是我国现阶段的市场垄断过多竞争不足，宗法关系冲击等价交换，行政特权抑制市场规范(法制)。深层的原因则是"政企分开"的改革步履维艰，而更深层的原因则是在计划与市场两者关系的问题上摇摆不定，忽左忽右，致使对市场的培育与建设举棋不定，漏洞不少，大大加剧了市场的浑浊性。

4. 市场的地区封锁与行业分割

中国的改革在前一阶段以"放权"为契机，大大加强了地方发展经济的积极性，也的确推动了商品经济的发展。这是积极的一面。但也应看到，这种改革并没有真正到位。也即是说，"权"并没有真正"放"到企业，企业只是由中央的"婆婆"换成了地方的"婆婆"，本身并没有活起来。甚至许多国营企业还不敢割断与政府的依附关系，否则就活不下去。在"分灶吃饭"的财政体制下，地方保护主义日趋严重，增关设卡，力保自身的财政收入。加上过度推行"企业兼并"与"集团化"，这又势必强化行业的垄断(行业分割)。显然，这种放权的取向是错位的，无论放到"块块"还是放到"条条"，都不利于企业搞活。原因何在? 关键在于没有把放权的目标坚决地引向培育市场，只有形成了完整的市场体系，企业才能彻底摆脱"婆婆"，才能真正成为具有生机与活力的商品生产者与经营者，才能有效消除地区封锁和行业分割。

5. 市场微观基础还很脆弱

关键的一点，是我国尚未建立现代企业制度。一方面由于产权关系不明晰，企业难以形成"四自"机制。另一方面，过去长期抑制第三产业发展的政策，致使我国城市企业与城市社区同构化，"企业办社会"，大而全、小而全的经营模式全国皆然。在农村，农业与非农的分工虽有很大发展，但农业内部的分工、农户之间的专业化分工则处于初级阶段。全国农户的消费品支出中尚有31.33%属自给自足。这种情况，不能不制约着市场的发育。

综观以上的情况，市场不完全给我国经济的宏观调控带来了很大的困难。多少年来困惑我们的"放乱收死"的怪圈迄今也还没有消失，就是一个例证。可以设想，如果我国经济生活中存在着一个比较健全与发达的市场体系，则无论是"放"还是"收"，在政府政策与企业之间就有一个具有"韧性"的"消力带"，市场本身就具有调整、消化融解的机能，从而，硬性的撞击就可以减到很低的程度，"乱"与"死"的经济震荡就会小得多。其实，"放乱收死"正是我们在前面讲述的"政府失效"(或"计划失效")的表现，根治的良方只能是培育市场。如果舍此不图，很可能会造成错觉，将"放乱"归咎于市场机制。

二、中国市场发育的特点与阶段

就目前为止的情况看来，在中国建立社会主义市场经济体制很可能将会采用"政府主导型市场经济"模式。之所以如此，最重要的一个背景，就是中国还处在由"人治"向"法治"转变的过程之中。根据亚洲的经验和我国现实的状态，如果采取自由主义型的市场经济，势必会造成经济秩序的大紊乱，从而破坏社会的稳定和经济的发展。要实现这个政府主导型市场经济的目标，可能会经历三个相互交叉的阶段：政府培育市场——市场改造政府——全国统一市场形成。

所谓政府培育市场，是指政府有意识地用政策干预和投资倾斜来促进市场体系的建设、市场规范的完善、市场信息的沟通等。市场的成熟，绝不是"一放了之"所能办到的。我们在前面所阐述的市场经济四条件显然都离不开政府卓有成效的干预、引导和扶持。我们不可能像西方国家那样经历上百年的漫长时间使市场"自然地"生长发育起来。

所谓市场改造政府，是指政府的职能与运行机制由计划型转向市场型，决不只是一个主观决策的问题，在很大程度上还要依靠客观的推动和塑造。在中国，由于"社会主义市场经济"的整体模式与具体运行方式还在探索之中，因此政府的职能与机制如何转型，如何适应客观市场的需求，也同样存在一个逐步探索、明晰的过程。所以，政府职能的转变和政府运行机制的转换，有待于市场客体的发育来推动和塑造，否则就缺乏"转换"的"座标"。只有经历这样两个基本阶段之后，全国的统一市场才能最终形成。

在这方面，政府还是有很多事可以做的。

（1）积极推动社会的分工分业，大力发展第三产业，为第一、二产业的企业专业化创造良好的外部环境，为市场的发育提供坚实的专业化、社会化基础。

（2）有计划地理顺市场参数，完善市场规则，这两件事应该同步进行。一方面对价格等参数实行调放结合，以调引放，以放促调，使各种参数体系渐趋有序；另一方面应通过市场立法和完善市场管理体系，逐步使市场在平等的竞争条件和严明的竞争规则下开展竞争。

（3）尽可能早地实现由中央对地方的"财政包干"制过渡到"分税制"和利税分流。为消除地区封锁，促进全国统一市场的形成进行"釜底抽薪"。这一项改革在1994年已基本过关。

（4）逐步削弱职能部门直接干预企业的职权，加强经济杠杆部门宏观调控市场的机能。在推行"企业兼并"与"企业集团"时，必须按经济规律办事，千万不能形成"吃大户"效应和强化行业垄断。竞争是市场的生命线。尤其是在中国目前市场还很不发达，过早的垄断会扼杀市场的正常发育。

（5）坚定地、有步骤地推进政企分开的改革，为国营大中型企业内部改革创立必要的大前提，使其真正从政府的"庇护"下解放出来，推向竞争的大市场，自主经营，自负盈亏，优胜劣汰。

（6）稳妥地推进有中国特色现代企业制度的改革与建设。

（7）有重点、有层次地进行市场基本建设。我国过去长期忽视流通，致使流通领域中的物质装备欠债很多。现在在农村出现的卖难问题，在很大的程度上是仓储设备匮乏，运输系统脆弱所致。培育市场问题，不只是政策问题，还有大量的建设问题。从初级市场到批发市场再到综合市场，既有仓储运输的体系建设，又有机构队伍的建设，还有网点布局与分工协作的规划与实施。如果说前面的6点大多属培育市场的"政策工程"，那么这一点就属培育市场的"物质工程"。

显然，以上工程的实施，是要假以时日的，不可能一蹴而就。因而市场的发育，不只是一个改革问题,同时还是一个发展问题。不能企望"一声令下"市场就形成了(苏联的"五百天计划"就是出于这种天真的设想吧),欲速则不达。在市场发育过程中,人们思想观念有一个逐步更新的过程;市场参数有一个逐步到位的过程(例如,要消除国内价格与国际价格的差距,就不可能操之过急,否则国内经济就无法承受甚至会引起大的震荡);中央、地方、行业、企业、职能部门乃至个人之间有一个利益逐步调整的过程(这方面更不能操之过急);各种市场规则、市场模式以至企业制度都有一个不断探索、积累经验、反复修正、日臻完善的过程。

我们相信,经过几代人的不断努力,有中国特色的社会主义市场体系,必将在中国大地上发育成熟,有中国特色的市场经济在中国将会蓬勃发展。

三、模式:"立体交叉网络"的构想

前面讲过,中国宜实行"政府主导型市场经济"或"有计划调控的市场经济",这也可以说是有中国特色的市场经济。这里就存在一个计划(政府)与市场如何有机结合的问题。

在中国,研究与设计计划与市场结合的具体形式,我认为应该首先考虑如下几个原则:第一,必须紧紧地从前面所述的计划与市场的全面评价出发,既不应过分推崇计划的功能,也不能迷信市场的全能作用。既该充分吸纳两者的优点,又应切实排除两者的弱点。第二,计划与市场结合的模式,必须确保社会主义公有制的主体地位。一般地说,政府干预与计划调控如果不让其流于一个空洞的原则而要成为有实际权威的机制,国家(或社会)就必须掌握基本的生产资料和相当的经济实力与组织系统。否则,那是绝对办不到的。第三,计划与市场的结合必须是一种动态均衡的结合,也就是说,总供给与总需求不能企望通过计划与市场的结合而达到数量上的绝对均衡。这样既不现实,而且可能导致计划抑制市场。因此应力求形成一种在计划与市场有机配合下对小的波动具有自动调节功能的动态均衡机制,使经济不会出现大起大落的震荡,基本上保持国民经济持续稳定协调地发展。第四,计划与市场的结合,必须是多维空间中的多层次结合,不应只是平面式的"拼合"。

循着以上基本思路,我以为有中国特色的计划与市场结合,应采取一种"立体交叉网络模式"。具体说明如下:

1. 立体性

计划与市场不是平面式的结合,而应是立体式的多层次结合。第一层次,即体制层。从体制的层次来说,在我国社会主义制度下,国家的宏观调控主要在如下方面发挥主导作用:(1)运行的规则与仲裁(法律的、行政的);(2)总量的平衡(货币发行的控制、工资增长率的调控、物价的总水平、投资总增长率的确定等);(3)中长期经济发展计划(总增长率、发展战略、产业结构及其政策、生产力总体布局);(4)国民经济命脉的控制(直接占有式、参股式、产前产后经济调控式);(5)国民收入的分配与再分配及其结构合理化(税收、社会保障体系、落后地区的发展与致富);(6)企业与市场无法承担的带有全局性的战略问题(基础设施建设、高新技术开发、风险大的项目、国民教育事业、各种公益事业);(7)涉外经济政策与宏观管理(进口替代或是出口导向、关税与保护政策、汇率政策

与外汇平衡、对外引进与对外投资政策)。上述 7 个方面，对于社会主义国家来说，政府如果不能够实施有效的调控，并在体制上加以确立，就无法保障社会主义的发展。在这个层次上，市场的调节作用则主要体现在如下方面：(1)价格的形成；(2)微观的均衡(商品、劳务的供求)；(3)竞争与技术更新；(4)资源在企业与部门间的流动(配置)。

这就是说，在体制的层面上，计划承担宏观经济的速度、规模、结构、布局及总量均衡的功能。市场则调节微观经济的全面自主运作。显然，在这个层面上，政府是起主导作用的，即政府调控市场，市场引导企业。这是第一个层次。

第二个层次，即机制层。政府一方面要对前述 7 个方面在宏观领域实行硬指标调控，另一方面又要运用现代计算技术对直接计划以外的部分进行软测算。并在此基础上，将软测算的结果纳入总量平衡的计划之内。但是，从全局来看，市场调节对整个经济运行是起基础作用的，政府调控只起引导与补充作用。故市场一方面充分调节直接计划以外的绝大部分的经济活动；另一方面对"计划内"部分的调控，仍然是以市场信号为基础，并接受市场竞争的结果。这就是说，在机制的层面上市场起基础性作用。

第三个层次，即具体操作层。这一层次则是比较简单而明晰的，它包括"计划外"和"计划内"两大块，两者之间也要实现相互兼顾与协调发展。"两大块"在我国今后一个很长时期内都会存在，恐怕到将来发达的社会主义阶段也是存在的。这样有利于保证国民经济持续稳定协调发展，否则如没有直接计划这一块，则是办不到的。当然，"计划内"这一块，将随着市场发育程度的提高和人们对经济杠杆运用的成熟而逐渐缩小，"计划外"是主体部分。

2. 交叉性

所谓交叉性，实际包含两种内容，即相互渗透和阶段演进。

首先，计划与市场是相互渗透的。计划决不等于简单的命令，它是一种科学的决策，必须充分而广泛地收集与加工市场信息，据此来确定必要与可行的国家目标，并科学而恰当地运用经济、法律和行政手段加以实施。市场也不等于完全的自由放任，它是一种有规范的运行。也就是说，市场要在国家的宏观调控下，通过制定市场法规、国有商业的吞吐作用(特别是批发市场)以及各种经济杠杆的运用，使市场的运作大体符合国家的目标，以最大限度地缓解市场调节的消极作用。

其次，计划与市场的结合深度，有一个发展过程，要受到时间阶段的约束。一般地说，在我国，可能会经历相互交错的三个基本阶段：政府培育市场阶段；市场完善计划阶段；市场与计划有机融合阶段。这一点在前面已做阐述。

就目前来说，我国的市场处在发育初期，需要政府有计划地通过政策来培育，因此还是处在"政府培育市场"的阶段。在这里，应该澄清一种误解，即认为市场似乎只需要一"放"就会立即发育起来。多年的经验说明，简单地"放手"，虽然商品交换是活跃了，但随之而来的是容易出现流通秩序混乱和分配不公等问题。这是因为正常的市场应该包含四个基本要素：一是市场主体必须是独立的商品生产者和经营者，自负盈亏，优胜劣汰；二是市场客体必须是具有竞争机制的包含商品、资金、劳务、信息、技术等的完整的市场体系；三是市场规则必须遵循等价交换原则和在市场面前人人平等的原则；四是市场信息必须能够较全面、准确、及时地反映社会成本和供求关系。显然，这些要素的形成与完善单纯地依靠"一放了之"是很难办到的。例如，市场主体的形成和成熟，有赖于有计划地推进企业改革，而企业改革的完成又有赖于市场客体的完善、政企分开的改革、企业预算约束的硬化以及社会保障体系的建设等。再如，市场客体的发育完善，又有赖于专业化社会分工的发展、地区封锁和部门垄断的打破、市场信息和经济杠杆运用的成熟以及各种市场基础设施和市场机构的建立等。特别是市场规则与市场信息的规范化，更是一个较长的发育过程，它既有赖于法制建设的完善，又有赖于人们价值观念的转变。在这个过程中，一方面有一个自然发育的问题，另一方面还需要政府运用计划机制和行政干预，因势利导地加强其发展并减少发展过程中的消极作用。因此，我把这个阶段称为政府培育市场阶段。

所谓市场完善计划阶段，是循着否定之否定的规律，在上一阶段市场发育趋近成熟的基础上，在计划与市场的交互作用过程中使计划体制、计划方法、杠杆运用乃至计划人员的素质，得到改造与提高。当然，这个阶段与上一阶段并不是截然划分开的，而是一个交叉重叠的发展过程，只是各个阶段的重心有所不同，前一阶段侧重于有计划地培育市场，第二阶段则侧重于利用市场机制来使计划机制科学化，使两者走向衔接化。"计划"绝不是先验性的东西，从其体制、机制到具体计划方法，都有一个由不完善到完善、由不够科学到科学，特别是由衔接性低(同市场)到衔接性高的发育过程。这个过程的完成也绝不是计划机关坐在会议室里可以想出来的，而是要经过市场的充分发育，在市场与计划的交互作用过程中逐步成熟的。所以，一旦市场培养到一定时期之后，便会转入市场完善计划的阶段。显然，在这个过程中，商品生产将会有更大的发展，生产的社会化程度必将大大提高，在客观上对生产管理社会化的要求也就会日益增加，加上经过前一阶段计划机制的完善化、科学化的提高，因此便会逐步进入政府有效调控市场，市场与计划有机融合的阶段。现在理论界有些意见之所以相互抵触，我觉得同把计划与市场的结合看作是一种静态的而且可以一步到位的思路有很大关系。实际上这是不可能的。

3. 网络性

所谓网络性，是指计划与市场的结合，又是一种近乎"多维空间"的结合。这是因为，计划与市场结合的结构比例、方式方法、主从关系等在不同的部门之间、行业之间、产品之间、地域之间及时序之间都是各有不同的。例如军事工业、能源产品、金融部门等，计划的垄断性显然大于市场竞争；而经济特区的市场调节功能显然会大于计划调节；在市场完善计划阶段，市场调节的分量必然会大于计划调节的分量等。

四、运作：防止某些误区

由高度集中的计划经济转向社会主义市场经济，在人们的思想认识上有一个逐步更新的过程，在经济社会结构上有一个逐步改革与发展的过程，不是一步可及的。在此过程中出现某些误区和偏差是难以避免的。在当前，特别应该注意如下几个方面：

1. 防止"全民皆商"，坚持社会分工

市场经济之所以产生，是社会分工高度发达的结果。反过来，市场经济的形成又将促

进社会分工的发展。生产的社会化和专业化是同一事物的两个方面。分工越发达，生产的社会化程度越高。"一个民族的生产力发展的水平，最明显地表现在该民族分工发展程度上"。① 分工使人的生产成为单方面的而其需要则是多方面的。生产和需要的矛盾要靠市场来调节。市场鼓励人们竞争，鼓励人们在特定的领域生存和发展，鼓励专门的技艺，特别是那些新生的技艺，因而必然促进分工的发展。从这种意义上说，我们提出建立社会主义市场经济体制也是为了进一步发展社会分工。

但是，提出发展市场经济的任务以后，我国早已出现的"全民皆商"的势头却进一步强化了，"千军万马齐下海"，宣传媒介常常把"辞官经商""校园经纪人""教授卖馅饼"等现象当作观念更新的典型加以赞扬。我们认为这种状况让人感到忧虑。

在计划经济向市场经济的转变过程中，人们的社会角色将有一定程度的变更，各种行业、组织和团体的劳动者都将面临一次较大规模的优化组合。在变革的过程中，出现一些过渡性的现象是可以理解的。但是，"全民皆商""千军万马齐下海"绝不是我们的发展方向。相反，这倒是社会分工的退化。

在体制转换时期，市场机制并未完善，政府对市场经济的调控方式也并未熟悉，但是，劳动就业却已经不同程度地被纳入了市场调节。不健全的市场使经商的利益成为一种"挡不住的诱惑"，政府和机关团体又没有能力保证许多干部、专家、学者的收入水平。之结果就导致了"全民皆商""千军万马齐下海"的局面。为了促进社会分工，实现市场经济的内在要求，我们应该加快体制转换，并在转换过程中，特别要防止"裁判失位"——经济调控部门的投机倾向。否则，就会给市场经济体制的建立带来难以预计的紊乱和危险。

2. 防止"撒手不管"，坚持"职能转换"

有人认为，建立社会主义市场经济体制就可以不要计划和计划管理机构了；政府对企业可以说"我不管了"；企业对政府可以说"你不要管了"。其实，这些人把现代市场经济与古典市场经济混淆了。

在19世纪以前，尽管生产的社会化程度已经日益提高，经济运行的协调问题已经摆在人们面前，但是这时的经济仅靠市场机制就可以实现比较协调的运行。这就是古典市场经济，或叫原型市场经济。在那时，亚当·斯密的"看不见的手"曾被看作完美无缺的调节方式，让·萨伊关于"供给能够创造其自身的需求"的定律也曾流行了很长时间。可是到了19世纪以后，随着生产的社会化进一步提高，连凯恩斯等资产阶级学者也清醒地看到了经济运行中的"有效需求不足"和结构失调等问题。一次又一次的危机使人们认识到，在生产高度社会化的情况下，"看不见的手"并不是完全可靠的调节方式，经济运行的协调必须借助政府的干预。在不破坏市场机制的前提下，西方国家普遍实行了国民经济的计划化和宏观调节政策，例如法国的"经济与社会发展计划"、日本的"国民收入倍增计划"等，这就形成了现代市场经济。实践证明，用"看得见的手"去调节"看不见的手"，再通过"看不见的手"去调节整个经济，能够更好地发挥市场机制的作用，并弥补市场机制的

---

① 《马克思恩格斯选集》第1卷，人民出版社1995年版，第25页。

不足。我们所要发展的社会主义市场经济，不是古典市场经济，而是建立在高度发达的社会化大生产基础上的现代市场经济。我们决不能重走西方国家曾经走过的弯路，去通过多次危机和破坏来认识单纯市场经济机制的缺陷；不能简单地取消计划机构和计划调节，而应改革计划体制，提高计划的科学性，使计划调节与市场调节更好地结合起来。

在现实的资本主义世界，韩国和日本的市场经济模式也足以说明这一点。它们实行的基本属政府主导型的市场经济模式，前者是政府调控下的市场经济，后者是接受政府经济计划与产业政府诱导的市场经济。

3. 防止"见木不见林"，坚持配套改革

市场经济，不仅仅是一个"市场"的问题。现在有一种简单化的倾向，就是把市场经济同"市场"等同起来。在实际工作中，不少人热衷于搞市场建设而忽视市场经济的配套工程。而且，这些人对"市场"的理解，往往也是比较狭隘的，即把市场仅仅理解为商品交换的场所。他们以为，只要到处建立交换市场、批发市场、专业市场和综合市场等，就是在发展市场经济——虽然这些也是不可少的条件。

市场经济虽然以经济运行的市场调节和经济资源的市场配置为主要性，但是它的内涵绝不仅仅限于市场本身。经济运行的市场调节和经济资源的市场配置不仅仅需要有市场，而且需要有许多其他条件，其中包括市场主体的形成、要素运行的市场化、市场秩序的建立、市场竞争机制、供求机制和价格形成机制的完善等。离开这些条件，建设再多的有形市场也不能建立真正的市场经济。随着市场经济的发展，商品交换的场所无疑需要大量增加。但是，对市场经济的运行和资源配置产生调节作用的并不是商品交换的场所，而是商品供求关系和交换关系。因此，要真正建立社会主义的市场经济体制，必须着重在经济运行机制的重新构造上下功夫。而经济运行机制的重构是通过经济体制的改革完成的。拿市场主体的形成来说，就涉及整个所有制结构和企业产权制度的改革以及理顺企业与政府的关系等许多方面。所以，要发展社会主义市场经济，就必须大力推进经济体制改革的系统深化。

第七章　文化与经济发展

第一节　经济发展中一个亟待探索的层面

一、西方发展经济学的一大缺陷

创建于20世纪四五十年代的西方发展经济学，在60年代伴随着第二次世界大战后发展中国家大力发展民族经济的热潮，勃然兴起，蔚为大观。各种增长理论和经济发展模式被竞相提出，呈现出一派兴旺发达景象。然而，到了七八十年代，众多的发展中国家和地区，除了极少数的小国和地区——诸如"亚洲四小龙"，能在短短的二十几年里成功地实现经济的起飞，成为新兴的工业化国家和地区外，绝大多数国家和地区不仅没有像西方发

展经济学家所期望的那样实现工业化，反而是经济社会问题成堆，困难重重，与发达国家的差距不仅没有缩小，反而更加扩大。这种理论与现实的巨大反差，凸显西方发展经济学的重大理论缺陷，使西方发展经济学骤然跌入衰落和危机之中。

现代化是由传统的农业文明转变为现代的工业文明的一个文明过程，它不单单是经济的增长，而且是文化的各个层面的全面转换。西方发展经济学狭隘地只从经济本身来研究现代化问题，将现代化简单地等同于经济的变革即工业化，把西方现代化的经验和模式作为唯一的目标，回避或忽视了西方现代化模式的文化背景的局限性，对文化传统对现代化的制约——尤其是有着悠久历史的东方文化与西方文化模式的激烈冲突——缺乏应有的重视和研究。他们把资本主义框架作为经济发展的既定前提，似乎发展必定要求"私有化"和"资本主义化"。这是第二次世界大战后还缺乏发展成功的大国范例的深层原因，也是西方发展经济学陷入危机和困境的根本症结。因此，所谓"发展经济学的危机"，实际上应该说是"发展经济学的反文化的误区"。

二、中国现代化的困惑

中国社会从古老的封建制度解体时起，即开始了走向现代化的发展过程。

回顾中国近代史中的现代化运动，之所以陷入失败或不成功，当然有许许多多的经验教训，但其中最深刻的教训之一，我认为是经济发展没有找到适合中国国情的文化取向。

五四运动，对于让中国人打破传统的枷锁，放开视野，学习西方，的确起了巨大的历史启蒙作用。但过分地否定了传统文化——如"打倒孔家店"，把糟粕与精华全都"泼"掉了，使西方的现代化模式成为一种"嵌入"式的东西，不能同中国社会相融汇，难以被中国人民所接受。到后来，致使买办资本横行肆虐，人们忍无可忍，起而革命。

中国共产党人向西方学到了马克思主义，也由于在开始阶段照搬照套第三国际的做法，革命遭受一次又一次的危机。后来以毛泽东为首的革命者，把马克思主义同中国的实际结合起来——"三大法宝"中的"统一战线"就是同中国传统文化相结合的典范——才使中国革命取得了胜利，为中国的现代化创立了根本前提。但是，当国家的工作重心转向经济建设以后，我们似乎又一次忘记了历史的教训，特别是在20世纪50年代中期以后，不仅在经济发展上照搬苏联的模式，而且在否定传统上愈演愈烈，到"文化大革命"达到登峰造极的地步。与此同时，中国的现代化与经济发展的道路也愈走愈窄了。尤为奇特的是，在整个70年代，当我们疯狂地砸烂传统文化的同时，国家在政治、经济、社会上都向着闭关自守复归了。

70年代末，在邓小平同志的领导下我国开始"拨乱反正"，实行了改革开放的新政策。16年来中国在经济上取得了突飞猛进的发展，政治上大大提高了国际地位，中国的现代化已走上了快车道。这是举世公认的事实。但是，也必须承认，由于时间仓促，中国人在来得如此迅猛的经济发展面前，还缺乏文化准备。过去，"文化大革命"把传统美德扫进了垃圾箱；现在西方的现代化模式及其思潮又剧烈地撞击着马克思主义的思想体系……部分中国人可以说坠入了"精神断层"的迷惘空间。这种文化失衡正是现今社会诸多反文化现象的重要渊源。

只要我们留心地观察一下当今社会，就会发现确有那么一些人，既热衷于个人财富与地位的增加和提高，又热衷于追求西方生活方式的腐朽面和价值观念，已经没有什么马列主义的理想，也抛弃了中国的传统道德，甚至连做人的起码人格、国格也可以不要了。遗憾的是这种"三无之人"的队伍，不是在减少而是在增加。这真是十分令人担忧的一种深层次的文化危机。产生这种危机的深层原因，我认为是植根于西方文化背景的现代化模式同中国文化传统的不协调，经济现代化与文化现代化不同步。

这个问题的本质是：在现代中国经济的改革与发展中，怎样继承与发展中华文化传统并吸纳西方文化的精华，整合现代中华文化，以推进社会主义精神文明建设，进而保障中国现代化的成功。换句话说，就是中国现代化应该是什么样的文化取向问题，要实现一种什么样的现代化问题。这个问题，如果在中国现代化的过程中不能尽早获得解决，我国的现代化便会失去有力有效的精神支柱，很可能由于社会思想的混乱而导致社会稳定局面的破坏，最终也就无法完成中国现代化的大业。

因此，中国的现代化和改革开放，迫切要求我们以社会主义精神文明原则为指导，重塑现代中国文化，把植根于西方文化背景的现代化模式同中国优秀的文化传统对接起来，形成健康的现代化中华文化和中国现代化模式。这是中国现代化得以最后成功的保证，也是一个急需深入探讨的大课题。

第二节　经济与文化的基本关系

一、经济基础与上层建筑的关系

文化有广义与狭义之分，这里所讲的文化是狭义的精神文化。关于经济与文化的关系，马克思主义的一个基本观点是：经济基础决定上层建筑(文化)，上层建筑对经济基础具有反作用。这是一个颠扑不破的真理，是我们探讨经济与文化关系的根本出发点。同时，对上述抽象的哲学思辨尚需进一步具体界定。我认为，经济基础对上层建筑的决定作用表现在两个方面：①原生作用。一定的经济基础一定原生出一定的文化。②长远作用。经济基础对上层建筑的决定作用不是一种阶段性的，而是一种时间跨度很大的长周期作用。上层建筑对经济基础的反作用主要表现为三个方面：①调控作用。上层建筑通过某些调控手段和措施来控制经济发展的规模和速度。②干扰作用。上层建筑变化的滞后性派生出的诸如权钱交易、以权谋私等一系列腐败现象影响资源的优化配置，干扰经济的发展。③塑模作用。上层建筑(主要是文化传统)可以塑造经济发展的模式。如英国、法国、德国在现代化过程中，由于各自不同的民族文化传统，形成了风格迥异的英国模式、法国模式和德国模式。因此，经济基础与上层建筑的基本关系也可以简略地概括为：一定的经济基础原生出一定的文化模式和文化传统，一定的文化模式和文化传统塑造出一定的经济发展模式，一定的经济发展模式制约着经济的发展。于是，对经济与文化、经济基础与上层建筑基本关系的探讨，在某种意义上，就置换为对文化模式的形成和重塑的探讨了。

二、文化模式形成的背景

"文化模式"的概念，是美国文化人类学家露丝·本尼迪克特在1953年出版的《文化模式》一书中提出来的。她认为，一定的文化模式，是一个民族（种族）在历史长河中逐步积淀而成的。她通过对印第安人原始部落的长期考察发现文化模式的形成过程为：远古的生活环境造成行为偏好→逐渐自然整合而形成某种标准→标准被群体所逐渐认同→最后形成特定的文化。所以本尼迪克特说："文化或多或少都是整合行为的成功实现。"[①]本尼迪克特的观点尽管带有明显的心理学倾向，但她把生活环境作为文化模式形成的背景与唯物史观的观点不谋而合，因此，对于探讨文化模式的生成背景具有非常重要的方法论意义。我将这种由偏好到标准，由标准到认同，再由认同到文化模式的过程称为"三段论"。

人类各民族的生活环境，是自然场和社会场的整合。"自然场"指人的生存与发展所赖以依托的自然界；"社会场"是指人在生存与发展过程中结成的全部社会关系的总和，可大略分为经济和社会组织两方面。因此，一定的文化模式是一定的民族在特定的生活环境中主客体双向建构的结果，其形成背景可分为自然环境、经济环境和社会组织环境三个层次。

（1）自然环境。又称地理环境，指被人类改造、利用，为人类提供文化生活的物质资源和活动场所的自然系统。地球表面的岩石圈、水圈、大气圈，今日人类开始触及的外层空间，以及对人类生活发生久远作用的宇宙因素，共同组成了这个自然系统。

（2）社会组织环境，指人类创造出来为其活动提供协作、秩序、目标的组织条件，包括各种社会组织、机构、制度等结合而成的体系。

三、背景变迁与文化的重塑

一定的文化模式是在一定的生活环境中形成的，因此，伴随着其赖以存在的生活环境的变迁，必然产生文化的重塑。

所谓生活环境的变迁，可以大致分为四类：

（1）自然环境的变迁。主要指生态大变异，如干旱化、沙漠化等。

（2）经济地理环境的变迁。指邻国的兴衰、交通的改变等因素导致经济地理环境的优劣转变，如近代日本的强盛对中国的影响即是一个证明。

（3）经济制度环境的变迁。主要是指社会革命，如1949年中国新民主主义革命的胜利，推翻了半殖民地半封建的社会，建立起社会主义制度。

（4）科学技术环境的变迁。指技术革新和科技革命。生活环境变迁的方式，又分为突发式和渐进式两种形式。如社会革命、地震、火山等都表现为突发式，而技术的进步、交通的改变、绿洲沙漠化等则表现为渐进式。生活环境的变迁方式对文化的重塑会产生深刻的影响。

突变式的变迁，使文化的重塑呈现出"马鞍型"。其"三段论"表现为：全盘否定传统→传统的回归→辩证完型。中国就是一个例证。20世纪80年代以前的30年是第一阶段，企图用共产主义原则全面取代文化传统，到"文革"时期全面批判"封、资、修"而达到登峰造极。要全盘否定几千年的文化传统，事实证明是根本办不到的，这正像人们不能揪住自己的头发脱离地球一样。80年代以来到现在，正处在第二阶段，出现传统文化的

---

① 露丝·本尼迪克特：《文化模式》（中译本），生活·读书·新知三联书店1988年版，第49~50页。

回归，如农村迷信盛行等，这是不正常的阶段，是一种矫枉过正。2000年以后将要进入辩证完形的第三阶段，可能要延续到下世纪中叶，才能完成这个否定之否定过程。

渐进式变迁使文化的重塑呈现为"潜移型"。其"三段论"表现为：生活方式的改变→思想观念的改变→文化模式的改变。日本是一个例证。日本自明治维新之后，并未经过突发式的社会革命，而是在保留天皇制的条件下通过现代因素潜移默化地渗入社会生活而实现了传统与现代的整合。

上述两种类型都提出了一个共同的问题：文化重塑的价值取向问题，即"文化现代化模式"问题。这个问题将在最后一节阐述。

第三节　经济发展的文化制约

一、"经济人"还是"文化人"

文化结构具有滞后性、隐蔽性和超越性。所谓滞后性，有两层意思：一层意思是，文化结构作为经济基础的产物，一经形成就具有相对稳定性，直到经济基础发生根本性的改变时，文化结构才会或迟或早地发生剧烈的变化；另一层意思是，当旧的文化结构赖以存在的经济基础灭亡之后，其中的某些文化"因子"作为"遗迹"还会长期保留下去。所谓隐蔽性，是指文化深入人民大众的日常生活和无意识层面。所谓超越性，是指文化结构的某些层面具有相对独立性，可以超越特定的社会制度、社会结构和意识形态。因此，文化结构较之经济、政治结构具有更大的韧性，它潜移默化地影响人们的经济行为，包括经济价值取向。

——当一个日本人在国外往往优先购买国货而不是洋货时，他的经济人行为同美国人就明显不一样，他是受了东方"群体"文化的影响和支配；

——当东南亚华人区的商人发了财之后，仍然省吃俭用，积累资本，扩大产业，而不是像西欧商人那样尽情享乐时，他也是受了东方文化的支配；

——当东方人看到西方人父子之间明算账而不可理解时，其实是不了解西方"个人主义"的文化渊源。

上述事例都说明，"经济人"的经济行为受背后文化的支配，"经济人"说到底还是一种"文化人"。像西方经济学那样片面地强调"经济人"，把人看作"经济动物"，是不可能科学地解释经济现象的。因此，在经济学中，很有必要提出"文化人"这一概念，从文化的层面对经济现象做全面科学的阐释。

二、文化制约经济发展的三个层面

我们之所以如此强调中国经济发展中的文化取向问题，是因为文化对经济起着巨大的反作用，文化取向是否正确会决定经济发展是否健康并能否持续下去。

一般地说，一定的经济基础原生出一定文化。但由于文化的大众性、积累性和滞后性，它便会整合为一定的传统，这种传统往往不会因社会制度的更替而彻底消失，反而会跨阶段地制约与影响经济发展。现代化模式与传统文化对接较好，可以能动地加快现代化进程；反之，则会阻碍现代化进程。

我以为，文化的传统对经济发展的影响主要表现在三个基本的层面：

第一个层面：价值取向。这属于大众的层面，属于最广大的民众所认同的最高价值观与道德伦理境界。例如，西方基督文化的"个人主义"传统，表现在西方现代社会中人们普遍地认同利己和重利，把个人自由、个人利益、个人价值标准看得高于一切，"神圣不可侵犯"，社会不能干涉，否则就是"不尊重人权"。东方儒家文化的家族主义和群体主义传统，则表现在东亚社会中人们普遍地认同利他和重义，"先有国，后有家"，个人利益服从社会利益，追求个人利益时必须兼顾社会利益等。在东方，政府和人民则是把保障社会安定、经济发展、人民大众的安居乐业作为最基本的人权。张培刚先生对此打了一个十分形象的比喻：西方人写信封是先写个人，再写街道与城市，最后写国家；中国人写信封则反过来，先写国家，再写城市与街道，最后才写个人。这正是东西文化差异的一种最易于理解的表象。

第二个层面：思维方式。这属于哲学方法论的层面，是人们在思考与处理一些重大的、棘手的问题时所持的一种态度与方法。西方的思维方式，就其主流来说，基本是排他的、竞争的、非此即彼的。基督教同其他宗教是不能兼容的，《进化论》的立论基础就是"物竞天择，适者生存"。东方文化，特别是中华儒家的思维方式则是兼容的、和谐的，讲求"中庸之道"。儒家的兼容并蓄性，突出地表现在"儒、释、道"的合流上。

对于"中庸之道"，过去对其消极的一面讲得过多、过头。其实，它有其积极的科学的一面。我认为至少有三个方面对社会经济的发展具有积极的作用：第一，"中和"。特别是在人际关系上讲求"和为贵"，所谓"喜怒哀乐之未发，谓之中；发而皆中节，谓之和"。这对于经济建设时期增强社会的凝聚力，减缓社会矛盾，加强企业和单位内部的团结，无疑是大有裨益的。第二，无过无不及。这也相当于"实事求是"的含义，主要是在处事态度上要恰到好处，不过头也不无所作为。这就是说要按客观规律办事。显然，这是一种科学的思维方式，不走极端。这对于经济建设来说，更显得特别重要。第三，"择乎中庸"。这主要是在解决一些棘手问题上的"求同存异"策略，将看起来似乎是水火不能相容的一对矛盾体，择其"中"（共性）而融为一，求其统一。第一个例子是"统一战线"，将无产阶级和民族资产阶级这两个对立的阶级，通过"统一战线"而联合起来了。第二个例子是"一国两制"，把社会主义的中国大陆同资本主义的港澳乃至台湾，在"民族大义"的共性上统一起来。第三个例子是"社会主义市场经济"，把社会主义与市场经济这两个从经典意义上说本来对立的范畴，通过"生产力标准"这一中介也将它们结合起来了。显然，这三个例证只有在东方文化的"中庸"思维方式下才可能出现，在西方的思维方式下，简直是不可思议的。

第三个层面：模式选择。这属于制度的层面。西方个人主义文化，特别是英美的现代化，它们采取的是"政治多元化、经济自由化、文化个人本位"的模式。这种模式，一方面是资本主义制度所决定的，另一方面也同西欧文化传统有密切关系，不是一切国家都可以照搬照套的。特别是政治多元化，或者说"多党议会民主"的形式，是要有特定的条件的。我们排除制度性条件不计，仅是这种形式本身的实施也要有一定的前提条件：第一，必须是比较成熟的法治国家。否则，政府不断更替，政策朝令夕改，经济的发展就会陷于一片混乱。第二，是政企分开的经济体制。政府行为基本不影响企业行为的正常运营，否则也会破坏经济的发展——例如战后意大利那种像走马灯似的"政府危机"，如果在东方国家发生，早就会出现经济崩溃了。第三，公民和政治家必须具备较高的文化素质和民主素质(包含政治鉴别素质、参与素质、法律素质等)。正因为如此，即使在东亚资本主义国家，由于文化背景不同于西欧，加上上述条件发育不全，它们大多也不是照搬欧美模式，而是采用"政治集权化、经济自由化、文化群体本位"的现代化模式。这种模式，在韩国、新加坡等国，被证明是卓有成效的。有些学者称之为"儒家资本主义模式"，因为它受东方儒家文化的影响更深。

从以上三个层面，我们剖析了文化传统对经济发展的影响，其用意是说明：在我国经济现代化的过程中，决不能照搬照套，甚至是生搬硬套西方国家的价值观念、思维方式和发展模式(包括企业模式)，必须立足于中华文化这个大背景，以马克思主义为指导来创造适合于我们社会主义中国的现代化模式。

第四节　儒家文化与经济现代化

一、东亚崛起引发的重新思考

长期以来，西方学术界形成了一种思维定式：现代化等于西方文明，即将现代化看成是"基督教的派生物"。这种文化上的优越感，是目前西方干涉东方的"依据"。在中国，也有不少人被迷惑。但是，继日本之后，随着亚洲"四小龙"的崛起，东亚的现代化在文化层面反映出与西方迥然不同的区别，人们开始重新思索：

——东亚没有按"先民主化，后工业化"的西方轨迹，而是在"专制"之下实现工业化，工业化反过来促进民主化；

——没有完全按照"大鱼吃小鱼"的残酷兼并方式，而是在家庭-家族基础上发展大量的中小企业(尤其是中国台湾特别突出)；

——在微观上，也没有像西方19世纪那样雇主与雇工界限分明，尖锐对立，而是按东方的"和为贵"形成相对和谐的人际关系(如"丰田精神")。

这样，东方(特别是东亚)的现代化，在人与物的关系上是按西方价值观新建的；在人与人的关系上却保留了明显的儒家烙印。于是，东方人渐渐觉醒起来：现代化不一定就等于西方文化，东方文化不一定是现代化的障碍。伴随着重新思索和觉醒，现代新儒学在海内外蓬勃兴起。有些学者甚至大胆地提出了"儒家资本主义"和"东方式现代化"等概念。

二、四大流派

关于"儒学与现代化"的关系问题，尽管长期以来东西方的学者们歧义纷呈，聚讼不休。但归纳起来，大体可分为以下四大流派：

1. 绝对障碍论

这一派的代表人物是德国社会学家马克斯·韦伯(Max Welber)。韦伯认为，欧洲之所以走在现代化的前头，是由于由基督教所诞生的理性主义，特别是宗教改革产生的新教伦理，是西方工业资本主义产生与发展的精神因素；而中国儒家伦理的"重道轻术""重义轻利"，只能阻碍工业资本主义的产生和发展。这也是现代化首先在西方而不是在东方成功实现的主要原因。在国内，与这种观点相对应的是"全盘西化"论和"西体中用"论。

2. 绝对促进论

20世纪80年代，随着亚洲"四小龙"的成功，有些港台学者和东南亚的学者认为，"四小奇迹"是儒家文化的产物。其代表人物是凯恩(H. Kahn)等人。凯恩认为，东亚人深受儒家文化的熏陶，使其吃苦耐劳，善于组织，尊师重教，因而能够在经济上获得成功。如：儒家思想对于知识的重视，有助于日本在德川幕府时代接受西方的科学知识；儒家传统是韩国企业家精神的构成要素；重视人际关系的互补和认同阶层等级的儒家文化特质，能增加个人在企业中的自觉和协调；儒家传统是华侨东南亚经济的重要因素等。美国波士顿大学社会学教授伯尔格尔(P. Berger)进一步提出了"两型现代化"的概念，认为：西方型的现代化，其根源在基督教；东亚型的现代化，根源在儒家。在国内，与这一观点相对应的是"中体西用"论。

3. 阶段论

这一派的代表人物是马克费尔-库赫(Macfar Quhar)。他提出的"后期儒家假设"认为"如果西方的个人主义适合工业化的初期发展，儒家的群体主义或许更适合于大量工业化的时代"并承认儒家思想在后工业化时代有某些科学的内涵。其理由是：生产的高度社会化，不能过分强调个人主义。

4. 多因果阶段论

这一派的代表人物是中国台湾学者黄光国(台湾大学心理系教授)和成中英(夏威夷大学哲学系教授)等。其主导思想是：原型的儒家思想不是现代化的直接动因，但其中存在某种理性：动力因果关系——形式因果关系——目的因果关系——材料因果关系。也有的主张两阶段论，将现代化分为初级阶段和高级阶段，在现代化的初级阶段，从总体上扫除作为障碍因素的儒家权威，利用世俗的现实主义把现代化发动起来；在现代化的自力规范高级阶段，儒家思想理性化层面(材料因果)得到发扬、重塑，并与现代化整合，便可以形成一种有异于西方的决策与管理原则，成为"理性化的儒家"，从而积极转化为现代化的直接动力因素。因此，在整个现代化的过程中走的道路分为两阶段：传统儒家的现代化——现代的儒家化。

三、历史的辩证法

我认为，要准确地把握"儒学与现代化"的关系，必须坚持马克思主义的唯物史观，历史地辩证地看待文化传统与现代化的关系。具体地说，应确立如下几个层次的基本观点：

第一层次，原型文化母体与现代化的关系。这是属于"基因"与"人体"的关系，两者不是相等的关系，而是几率的关系，既密切相关，又不可能完全等同。只是西方原型文化母体(基督教)中有利于现代化成长的基因可能多些，而东方原型文化母体(儒教)中则少些。但是，"人体"成长为"人"，基因只能起一部分作用，现代化成长的步伐——现代化的快慢，还要取决于经济、社会方面的背景，而且后一方面(尤其是社会制度)往往起决定性作用。以中国为例，中国现代化成长迟滞，儒家思想保守部分(汉以后被扩大了)的束缚只是其中的原因之一，更重要的是中国特殊的封建经济——政治形态和帝国主义的压抑。

第二层次，任何一种文化母体对现代化来说，都是精华和糟粕并存，只是谁多谁少的区别。而且，其精华部分还要看历史发展的机遇是否有利于它向推进现代化方向发展，亚洲"四小龙"的崛起就是一个例证。中台湾等"四小龙"在发展中有许多有利的机遇：越南战争、世界产业转移等，是先有"机遇"，后发生文化重塑，最后才出现东方现代化模式的。

第三层次，即使是"精华"原体，也不是现代化本身，而是在新的历史条件下经过延伸、蜕变而成的一种新的文化形态。例如，西方基督教的"重利""尊术"本身并不等于现代资本主义，只是重利+剩余价值剥削＝现代资本主义。因此，如果没有"剩余价值剥削""新市场开拓"这些现代社会发展的新因素，西方文化是不可能产生出现代资本主义的。

第四层次，即使是"糟粕"，也不能全盘否定，在"精华"主体地位确定之后，将"糟粕"加以改造变形，仍可在一定范围内发挥其有利于现代化的积极作用。如：中国儒家思想中，"乐天安命"，从总体上看，无疑不利于积极进取，但在社会矛盾剧烈时，运用得体，却可缓解社会冲突，使社会保持稳定。

依据上述文化传统与现代化的历史辩证法，对儒家思想与现代化的关系也可分为如下四个层次：

第一，原型儒家思想。由于它排斥世俗的功利主义，因此它导致现代化的几率是微弱的且是间接的。中国在近代之所以现代化启动十分艰难，有内因与外因的双重掣肘。究其内因来说，自汉代以后，将儒家思想中保守的一面(混杂上道、释)加以弘扬，并使之伦理化、宗教化，特别是清代达到极点，这对中国的封闭落后起了重大作用。儒家在此阶段，实际上是现代化的文化障碍因素。因此，认为儒家本身也可以自生出中国现代化的观点，是很难成立的。

第二，儒家思想中，特别是先秦的儒家思想中，糟粕与精华并存，确有许多的理性精神，它们虽然未被封建统治阶级所弘扬，但却保持在民间。因此，对待儒家思想，虽然从总体上确定了它的障碍因素地位，但对其丰富的内涵应进行一分为二的分析，即儒家思想体系，是对立的统一、保守与进取的统一。如能发扬其进取的一面，弃置其保守的一面，对现代化仍是有积极作用的。例如：一方面倡导"轻利"，另一方面又主张"重义"。"轻利"不利于现代化的激励机制；"重义"则有利于强化现代化过程中的协调机制。一方面主张"抑私"，另一方面又讲究"乐群"。"抑私"，妨碍市民阶层的成长；"乐群"，有助于群体创业。一方面力举"忠君"，另一方面又强调"民本"。"忠君"，不利于个性解放；"民本"，有利于民主的成长。如此等等。

第三，上述儒家思想的"精华"主体或原型，究其本质来说，也不是现代化的内涵，而是如成中英先生所说是"材料因果关系"，即它们具有可能塑造出现代化的基本素质，但必须经过加工再塑之后才能成为现实。例如"勤俭美德"，必须去掉保守的"敛财"机制，加入商业进取精神，才能成为现代企业家的素质；"民本思想"，必须去掉"为民作主"的恩赐思想，加入现代的民权思想，才能真正成为能适应现代化的民主观念；等等。

第四，在儒家思想的"糟粕"本体中，也不是绝无积极因素，只要运用得当，在一定时限、一定范围内还可能发挥其积极作用。例如"轻利抑私"，在金钱拜物教盛行的情况下，提倡一下奉献精神，对恢复社会道德是有好处的。否则，基督教之类的宗教就不可能在发达国家得势。

第五节 中国现代新文化的整合问题

这个问题是一个十分复杂而困难的问题。其困难不仅在于问题本身，而且还在于它处在探索阶段。

我想分两个层次，即总体目标模式和实际整合模式来进行表述。

一、总体目标模式

上面我们探讨了欧美以基督教新教伦理的个人至上主义为核心的文化模式的不可取，也初步涉及了中国现代化的文化取向——社会本位论。那么，社会主义中国的现代化模式是什么呢？应当如何表述呢？

文化模式是一种多层次的结构体系。一般说来，大体包含三个层次和三个方面，是一种交叉网络式的结构(见图 7-1)。

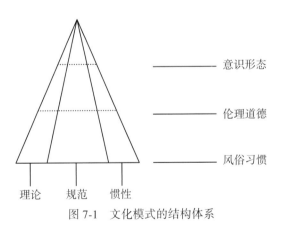

图 7-1 文化模式的结构体系

风俗习惯，属于最广泛的世俗层面，它具有明显的中性，往往不会因为社会制度的更替而消失，其滞后性最强，从而凝聚力也最大。伦理道德，属于社会规范层面，对于社会骨干来说具有深刻的约束力，由于既具有历史积淀的成分又具有时代创新的成分，这种二重性使其既有中性的内容，又有阶级的烙印，不能一概而论。意识形态，属统治阶级的文化取向，具有鲜明的党性和政治倾向性，随社会制度的更替而演变，对社会的精英层来说，具有强烈的凝聚力，但并不是对社会每个成员都具有同等约束力的。这三个方面的文化都包含其理论、规范和惯性三个基本部分。一般地说，理论部分滞后性较小，规范部分次之，惯性部分滞后性较大，稳定性最强。

根据上述对文化模式的理解，中国现代化所追求的目标模式是否可以这样表述（我个人极不成熟的看法）：以历史唯物主义为指导，批判地继承中华传统文化的精华，充分吸纳人类一切先进文化，逐步形成以爱国主义、集体主义、社会主义三位一体为核心内容的、民族的、科学的、大众的、开放的现代中华文化。

1. 关于爱国主义

我们中华民族上下五千年，从远古到现代，都是提倡"先有国，后有家""杀身成仁""舍生取义"，多少仁人志士所演出的一幕幕壮烈历史活剧，大都是围绕着爱国主义这个轴心而展开的。爱国主义的大旗是整个中华民族最具凝聚力的文化力量。

爱国主义，不是国粹主义，也不是狭隘的民族主义。虽然说爱国主义具有捍卫本民族尊严的品质，但是它绝没有"护短"和"排他"的品质。爱国主义尽管在其表象上带有感性色彩，但它的本质却是理性的、开放的。一切有利于祖国的东西，我们都学习、都吸纳、都欢迎，都为之而奋斗、献身；一切不利于祖国的东西，我们都挺而反对乃至不惜牺牲自己。在改革开放时期，我们更要提倡这种爱国主义的精神，鄙夷那些为了一己私利而出卖国格、牺牲民族利益的败类。

在现阶段的中国，爱国主义的内涵也是一个多层次的结构体系，至少可以包含相互联系的、由广到狭的三个层次：热爱中华民族——热爱中华人民共和国——热爱社会主义中国。

中华民族，源远流长。在悠久的历史与现实中所形成的优秀传统文化、大好河山和人文瑰宝，使炎黄子孙为之而倾心，凝聚为大义凛然的民族气节和最广泛的民族认同感和祖国归属感。这一层次的爱国主义，涵盖面最为广泛，不仅包含大陆和港、澳、台，而且包含散布在世界各国的华侨和华裔。

中华人民共和国，是中华民族的母体。在当今，没有中华人民共和国的独立、繁荣和昌盛，也就谈不上中华民族的兴旺发达，也就无法摆脱近百年来遭受帝国主义侵略压迫和欺凌的民族灾难。中华人民共和国成立前后的历史，就是最有力的证据。当然，在一部分境外和海外炎黄子孙中，他们虽然热爱中华民族，但由于种种原因，对中华人民共和国的认识还存在不同程度的差距，这允许有一个等待和提高的过程，我们不能不加以区别地斥之为"不爱国"。所以，"爱中华人民共和国"这个爱国主义的层次，其涵盖面小于"爱中华民族"那个层次，这是客观存在的。

社会主义中国，是中华民族的主体，是中华人民共和国的核心。"一国两制"的实现，港、澳的回归，未来台湾与大陆的统一，在中华人民共和国范畴之内将包括两大部分：大陆的社会主义和港、澳、台的资本主义。既然是"一国两制"，对港、澳、台的同胞就不能一律要求他们热爱社会主义，只要热爱中华民族，热爱祖国，维护中华人民共和国的统一，就应承认是爱国主义。热爱社会主义与爱国主义的等同，只能在大陆社会主义中国的部分才是现实的。

2. 关于集体主义

集体主义这个词，有的学者认为不属道德层面，这有一定道理。但我们这里说的集体主义是尊重习惯，科学地讲，应该叫"乐群主义"，乐群主义应该属道德伦理层面的东西。这种敬业乐群的精神在东方是源远流长的。东方传统农业所孕育的人文主义精神，就包括这种"集体主义"。在社会主义市场经济条件下，乐群主义的内涵也是多层次的：

——个人致富应促进共同富裕，鄙夷损人利己、为富不仁；

——个人行为应具有社会责任感，反对极端个人主义，弘扬睦邻利群，敬业乐群；

——个人利益应服从社会公德，反对损公肥私，提倡遵纪守法，取财有道；

——在个人利益同社会公益发生不可调和的矛盾时，宁可牺牲个人与局部利益，提倡先公后私，大公小私，见义勇为；

——大公无私，为集体与社会利益无私奉献，提倡舍生取义，杀身成仁。

以上前三种情况属大众层面，约束面最广，第四种情况次之，第五种情况则属社会精英层的道德标准。我们可以用第五种标准作为导向，但却不应用它作为对社会一切成员的道德要求与行为准则。这种道德规范，我认为不仅不会抑制个性的发展，相反（特别是在现时中国）却能更好地、健康地促进个性的发展，消除西方个性膨胀的诸多弊端。

3. 关于社会主义

社会主义文化所追求的是消灭社会不公平现象和阶级间的对立与冲突，实现一种公平与和谐的无阶级境界。但这不是"乌托邦"式的空想，而是可通过生产力的高度发展和人的素质全面提高的基本途径加以实现的。在我国现阶段，这一文化层面，显然不可能被全体社会成员所接受，它主要属于社会精英层的理念，因而，企图全面实现社会主义文化的要求显然并不现实。它应作为一种导向的意识形态而处于现代中华文化的顶端。

"民族的科学的大众的文化"[①]，是毛泽东同志在《新民主主义论》中提出来的，他的精辟论述，至今仍有现实意义。针对当今的新形势，应补充新的内容。同时，还须加上"开放的"特质。因为在改革开放的新形势下，在世界经济国际化的大潮中，任何一个民族的文化，如果不愿意衰落和灭绝，就必须不断地、及时地吸纳别的民族的先进文化以丰富与创新自己的文化。这就要求它的文化体系必须是开放型的，不是闭关自守型的。

二、实际整合模式

在实践中，究竟如何实现马克思主义、中华优秀传统文化和外国先进文化的对接融合呢？这就有一个整合方式（或模式）的问题。

1. "文化模式"与"文化整合模式"

"文化模式"与"文化整合模式"是两个不同的概念，两者之间有联系，更有区别。文化模式一般是指一个民族或国家历史上长期积淀所形成的思想和行为大体一贯的方式，是

---

① 详见《毛泽东选集》第2卷，人民出版社1991年版，第706页。

一个既定的概念，属于相对静态的范畴。所以美国文化人类学家露丝·本尼迪克特说："一种文化就像一个人的行为的一个或多或少贯一的模式。"①文化整合模式则是指一个民族或国家在走向现代化的过程中，如何规范对传统文化的改造，使之适应现代化的要求，即文化传统与现代的整合。具体到中国，即如何对中华民族传统文化进行科学扬弃，同时对现代西方文化进行合理取舍，使两者在现代化的大旗下形成一种有利于中国振兴的新的文化模式。于是，在现实中，就有了所谓的"中体西用"和"西体中用"之说。所以，文化整合模式是一个相对动态的范畴。

2. "中体西用"与"西体中用"的偏颇

历史上，我们有过所谓"中体西用"的模式，有过"西体中用"的说法，但这些都没有能行得通。之所以行不通，主要在于两者的思维方式缺少辩证法，忽视了文化系统的特质。无论是中华文化还是西方文化，都有它们产生和发展的历史环境，都是一个开放的"杂交"系统。特别是中华文化，更具有兼容并蓄的品质——中华文化在历史上就曾容纳了大量的印度文化和波斯文化，后来又吸纳了来自西方的马克思主义。各种类别的文化，都有其可作"体"的东西，也都有其可作为"用"的东西。绝对地规定一方只能为"体"，另一方只能作"用"，就犯了机械论的毛病。

从历史上看，"中体西用"这种模式，实质上是中国封建王朝在西风东渐之下，为顾全"面子"的一种说法，放不下"中华"唯我独尊的架子。事实上，学西方只能学些枝节吗？清代的维系封建王朝大统，只学洋人的"坚甲利兵"之器，证明是失败了。中国共产党人向西方学习马列主义，并使之与中国文化传统相结合，解决了反封建的历史课题，证明是成功了。如果当年一定要坚持"中体"，就不会有后来新民主主义革命的胜利。今天，仍然不应采取"中体西用"。前30年，就是坚持在体制层面，甚至管理层面都必须实行"中体"，只能学西方的"技术"层面，结果证明也是失败的。后15年，打破了"中体"，实行改革开放，证明路子走对了。

"西体中用"实际是"全盘西化"的变相词。事实上，这种模式只是一种"乌托邦"，即使在中国香港这种缺乏原生文化根基的地方也难以做到。香港人民仍然保留了大量中华文化传统，更何况有几千年文明史的中国大陆？因此，它的荒谬性是显而易见的。至于为什么不能"全盘西化"，我在第一节已有所论述，这里不再赘述。

3. "体用交融论"的提出

正是鉴于"中体西用"论和"西体中用"论各执一端的偏颇与思维缺陷的惊人一致，我提出了一个马克思主义指导下的文化"体用交融论"。"体用交融论"是在前述目标模式(或称文化模式)的框架内以如下三点作为立论的大前提的：

(1)生产力标准论。文化的整合必须以是否有利于社会生产力的发展，是否有利于中国整体经济实力的增强，是否有利于人民生活水平的提高作为基本前提。

(2)社会主义方向论。社会主义在中国大陆是既定事实，尽管走过一些曲折的路，但

---

① 露丝·本尼迪克特：《文化模式》(中译本)，生活·读书·新知三联书店1988年版，第48页。

文化的整合必须注意有利于导向社会主义精神文明的目标，特别是要注意西方文化结构中的第一部分（反映资产阶级意识形态的纯统治阶级文化的那部分）的渗透。

（3）民族凝聚论。中国是一个多民族的国家，文化的整合必须以"中华民族"凝聚力的增强为原则，有利于民族融合和民族团结，而不能是相反。

其实，中华文化现代化的整合，是两个相反相生过程的统一：中华文化的现代化和西方文化的中国化。鲁迅曾提出"外之既不后于世界之思潮，内之仍弗失固有之血脉，取今复古，别立新宗"。这也就是说，经过这种双向整合后的中华新文化，既有"取今"的，又有"复古"的，它既不同于旧有的传统文化，又有别于西方文化，而是一种崭新的"别立新宗"的文化了。

据此，我试图提出一种新的整合思路，即：在马克思主义指导下的"体用交融论"。这种模式就是在我国社会主义现代文化的目标模式的框架内，按照上述"双向整合"的思路，中西文化谁应为体，谁应为用，要因范畴而异，具体对象具体分析，不搞一律化。例如，我们要塑造新的中国式经营思想，就不应照搬西方"大鱼吃小鱼"的模式，而应将中华传统文化中的"和谐"精神去掉其中"乐天安命"的因素，加进西方的商业竞争精神，而后融合为有中国特色的既有进取又有提携的现代经营思想。又如企业文化，中国原来（指在现代以前）就很少有企业文化的传统，因而就必须以西方的企业制度为母体，去掉其中的"个人至上主义"因素，加进中华传统的"和为贵"的人际关系，而后塑造出有中国特色的"外争内和"的企业文化来。如此等等。前一例，大体上属中为体，西为用；后一例，则是西为体，中为用。

当然，这只是一种粗浅的想法，还很不完善。但是，我相信循着这种思路，可能探索出一条康庄的构建健康的现代中华新文化之路来。

第六节 社会主义经济理论的前提假设之一：人性选择

经济发展模式问题，要得到彻底的解决，往往是和文化渊源分不开的，这一点前已述及。而文化模式，特别是经济学理论，又是同一定的"人性假设"分不开的。西方的现代化模式，在很大程度上以其古典经济学为支柱，而古典经济学则是以斯密"经济人"的人性假定——人的本性是利己的为理论前提的。因此，在探讨中国文化的现代化模式时，首先应该鉴别一下斯密的"经济人"的人性假设的历史背景以及它是否适合东方、符合现代的问题。

人性问题原属哲学或伦理学的研究范畴，经济理论并不把它纳入研究的视野之内。在经济理论史中，即使曾有涉及的，也不过是把一定的人性作为假定置于前提，人性问题在经济理论中并不引人注目。但是，由于经济发展是人们在社会经济领域的实践活动，社会经济的一切联系本质上都是表现为人与人的关系，经济发展中人的地位及人性取向如何，必然影响经济运行和发展模式的选择——譬如西方现代化就植根于个人主义文化和"自利"的人性假定，而被西方标准视为阻碍因素并且在近代化过程中确曾起过阻碍作用的东方儒家群体意识在沉寂多年后却创造了"非个人主义"类型的东亚模式——这是我们研究经济发展与人性问题的最初动因。

动因之二，世界经济已跨越经济自由主义阶段进入国家干预阶段，旧有的发展模式遭到各方面批评，新的发展观悄然兴起，人类历史正处在经济文化的转型期。

200 年前，亚当·斯密对自由竞争时期的经济伦理做过研究，指出利己主义是推动资本主义发展的动力。此后，马克斯·韦伯在《新教伦理与资本主义精神》中也揭示，市场经济在西方获得发展的深层原因是新教伦理所倡导的个人至上主义文化。无疑这些是切合自由放任时期资本主义实际的。但是，第二次世界大战后，世界经济发生了转折，自动化、信息化日益广泛，生产规模日益扩大，现代化生产向广度和深度扩张同资源有限性矛盾不断尖锐，国家干预的必要性与日俱增，只用"看不见的手"实现供需平衡的传统观点彻底改变。特别是把工业化和由此产生的工业文明当作现代化以及牺牲自然换取经济增长的发展模式，带来了环境污染、资源短缺、人口膨胀，已危及人类的生存。传统的发展模式、伦理观受到严重挑战。相反，曾被马克斯·韦伯批判为发展市场经济、实现现代化的文化阻力，较"自利"更重"乐群"的中国儒家文化，却成为继日本之后儒家文化区崛起的精神之源。所有这些预示着经济文化冲突正成为世纪之交的一个兴奋点。对这种文化的冲突和人性取向的冲突，我们不能不给予关注。

动因之三，是丰富社会主义经济理论的需要。用人性来说明经济发展，历来为社会主义政治经济学所不为，一旦有人提出这方面的问题，总会被斥为对马克思主义的背离。这其实是对马克思主义的误解。资产阶级某些经济学者从抽象的人性引出经济范畴，把经济活动规律诉诸人性，其历史观、社会观是唯心主义的，恩格斯对此纠正道："新的科学不是他们那个时代的关系和需要的表现，而是永恒的理性的表现，新的科学所发现的生产和交换的规律，不是历史地规定的经济活动形式的规律，而是永恒的自然规律，它们是从人的本性中引申出来的。但是仔细观察一下，这个人就是当时正在向资产者转变的中等市民，而他的本性就是在当时的历史地规定的关系中从事工业和贸易。"[1]尽管如此，马克思主义经典作家并没因此排除对"人性"问题的研究。在谈到政治经济学所研究的人时，马克思说："……这里涉及的人，只是经济范畴的人格化，是一定的阶级关系和利益关系的承担者。"[2]在谈到资本家的本性时，马克思说："作为资本家，他只是人格化的资本。他的灵魂就是资本的灵魂。而资本只有一种生活本能，这就是增殖自身，获取剩余价值。"[3]这说明，马克思主义并不否认从一定的经济关系出发去研究人，并对人性作出合乎实际的界定。

一、"经济人"：西方自由竞争时期的人性决定

将经济活动规律诉诸人性，从人性引出经济范畴，最早并非始于斯密，而是从重商学派开始的。重商主义者对经济现象的研究深受当时人文思想的影响。人文主义是适应资本主义关系的产生和成长而出现的资产阶级意识形态。人文主义者以"人"为中心，用人性和封建的神性相对抗，用人权反对神权，用人性自由反对封建束缚。重商主义者从人文主

① 《马克思恩格斯选集》第 3 卷，人民出版社 1995 年版，第 190~191 页。
② 《马克思恩格斯全集》第 23 卷，人民出版社 1972 年版，第 12 页。
③ 《马克思恩格斯全集》第 23 卷，人民出版社 1972 年版，第 260 页。

义思想出发，抛弃了神学观察经济现象的方法，主张用人的观点，更确切地是用商人观点来观察一切事物和社会生活。自此，"人"被引入经济学研究领域。

承接重商学派经济生活中人性研究的是稍后的重农学派。重农学派以"自然秩序"来阐述他们的经济原则，认为自然和社会应当建立在"自然秩序"之上，并把"自然秩序"和"人为秩序"相对立。重农学派的所谓"自然秩序"实际上是资本主义秩序。在他们看来，这种秩序是完全合乎人类本性的，因而是自然和合理的制度。他们所谓的"人为秩序"，实际上是指封建的经济制度和政治制度，这种制度被认为是违反人性和自然，因而是不合理的。但是，重农学派还没有摆脱封建思想的影响，他们所提出的"自然秩序"还披着封建的外衣，在他们看来，这个"秩序"是先由上帝设计的，然后才独立发展。但是，重农学派毕竟看到了人类社会发展中存在不以人们意志为转移的客观规律，了解经济过程也像自然过程一样有它内在的规律性，并用"合乎人类本性"的"自然秩序"加以界定，这是他们的科学功绩。

把社会一切经济现象看成是具有个人利己主义本性的"经济人"活动的结果，并系统地运用"经济人"这个假设的第一人是英国资产阶级古典经济学家亚当·斯密。亚当·斯密的经济学说代表了正由工场手工业向大工业过渡时期的产业资产阶级的利益，反映了当时资本主义经济进一步发展的迫切要求。斯密的思路要点是：（1）每个人天然地是他自己利益的判断者，如果不受干预，他的行为可以使他达到自己的目的（最大利益）。（2）每个人出于利己主义考虑，在追求自己的私利时，又不得不考虑他人的利益，否则就难以实现自己的利益。斯密写道："别的动物，一达到壮年期，几乎全都能够独立，自然状态下，不需要其他动物的援助。但人类几乎随时随地都需要同胞的协助，要想仅仅依赖于他人的恩惠，那是一定不行的。他如果能够刺激他们的利己心，使有利于他，并告诉他们，给他做事，是对他们自己有利的，他要达到目的就容易得多了。不论是谁，如果他要与旁人做买卖，他首先就要这样提议。请给我以我所要的东西吧，同时，你也可以获得你所需的东西。这句话是交易的通义。"[1]交易根源于"人类的本性"，这种互通有无，物物交换，互相交易的倾向"为人类所共有，亦为人类所特有，在其他各种动物中是找不到的。"（3）当每个人都能自由地选择某种方式追求自己的最大利益时，"一只无形的手"会将他们对私利的追求引导到能够为公共利益作出最大贡献的途径上去。在斯密看来，每个资本家在从事投资时，他所考虑的只是个人利益，然而结果却能增进整个社会的福利。他说："各个人都不断地努力地为自己所能支配的资本找到最有利的用途。固然，他所考虑的不是社会的利益，而是他自身的利益，但他对自身利益的研究自然会或者毋宁说必然会引导他选定最有利于社会的用途。"[2]由此，斯密得出结论：人们在从事经济活动时，追求的是个人利益，通常并没有促进社会利益的动机，然而"在各事物听任其自然发展的社会"里，这种活动会促进社会利益。因为这种"一切都听其自由"的社会里，"他受着一只看不见的手的指导，去尽力达到一个并非他本意想要达到的目的。也并不因为是非出于本意，就对社会

①　亚当·斯密：《国民财富的性质和原因的研究》上卷，商务印书馆1972年版，第13页。
②　亚当·斯密：《国民财富的性质和原因的研究》下卷，商务印书馆1972年版，第25页。

有害。他追求自己的利益，往往使他能比在真正出于本意的情况下更有效地促进社会利益"。①

从上面可以得出结论，斯密不是把资本主义利己主义看作社会生产关系和社会关系的产物，而是把它看作与生俱来、一成不变的东西。这是一种唯心主义观点。令人欣慰的是这种错误并没有妨碍斯密对资本主义社会产生的经济行为和经济活动的动机作出正确的分析。斯密的理论之所以为人接受，是因为其人性假设毕竟契合了资本主义自由竞争时期的经济本质，在一定程度上反映了早期市场经济下通过物表现人的关系。由"追求私人利益"和"无形的手"这一思路，斯密引出了市场经济的一般原则，奠定了资产阶级经济理论的基础，成为一代经济学大师。

斯密的思路影响了以后几代人。不过在斯密那里，利己主义与《道德情操论》(斯密著)中的利他主义交织在一起，他在研究道德世界时抛弃的利己主义在《国富论》中又被重新拾回。斯密没有把经济与道德两个世界联系起来，解释为什么伦理学中的利他主义在经济分析中变成了相反的东西。完成这一任务的是古典学派的完成者约翰·穆勒。在1844年的《论政治经济学中若干未决问题》及1848年的《政治经济学原理及其在社会哲学上的应用》等著作中，穆勒认为应当把人的各种活动的经济方面抽象出来并作出定义，使它与政治经济学的研究对象联系起来。他说，政治经济学并不论述社会中人类的一切行为，"它所关注于人的仅仅是，作为一个人，他有占有财富的愿望，而且他赋有达到这种目的的各种可能性的能力……它将其他每一种人类情欲或动机完全抽象化……政治经济学认为人类把全部精力用于取得和消耗财富……这并不是说，有哪个政治经济学家会荒唐到这样地步，竟然认为人类生活，真正是这样组成的，而是因为这就是科学要前进必然采取的方式"。②

把"经济人"的人性作为公理并以毋庸置疑的前提在经济分析中予以舍弃，似乎是从奥地利学派、洛桑学派开始的。他们边际的及以后古典均衡的分析方法基于"完全理性的人，能计量苦乐，始终处于深思熟虑地权衡和比较他的边际产出——效用的持续过程中的人"，这样，斯密著作中尚有一点的社会历史观被丢掉了，而所谓永恒的人性被弘扬光大了。自此，有"社会"和"历史"意义的政治经济学转向为稀缺资源的有效配置，选择、替代成为经济学家喋喋不休的口头禅，优化理论尽人皆知，经济数量化成为经济分析发展的趋势，"经济分析不再集中在不断增长、不断变化的经济的最佳状态的条件，而集中在使种种最佳配合成为可能的条件"。③ 绷紧(tighting—up)代替了拓宽(widening—up)。

"经济人"被提出后，它就成为许多人讨论以及批评的对象，这里仅根据本章论题略做评议。

(1)"经济人"的人性理论从产生到成形，整个过程都笼罩在唯心史观的阴影下，他们从"人类本性"出发推演经济规律，建立理论体系，不理解资本主义生产方式的历史过渡

---

① 亚当·斯密：《国民财富的性质和原因的研究》下卷，商务印书馆1972年版，第27页。

② J. S. 穆勒：《论政治经济学中若干未决问题》(1844)，转引自埃里克·罗尔：《经济思想史》，商务印书馆1981年版，第354页。

③ 海尔伯·罗纳：《作为经济学说史一章的现代经济学》，《挑战》(英文版)1980年1~2月号。

性，把资本主义生产方式一般化。在他们看来，历史是不存在的，时间是无关的，现在和过去是等同的。这种超乎历史发展阶段，颠倒经济范畴与经济活动中的人的关系的研究方法决定了"经济人"的人性理论仅仅是"假定"而非概定。对此，我们必须给予唯物主义纠正。不是经济规律来自人的本性，而是受这种规律支配的经济关系规定了在其中活动的人的本性。只有这样才能走出"假定"，把人性问题引向深入。

（2）"经济人"关于人性假定的眼界是狭窄的。首先，"经济人"只反映了基督教所诞生的理性主义，特别是宗教改革后产生的提倡个人至上的新教伦理等西方文化，而对群体主义为主导的东方儒家文化研之不深，或熟视无睹。其次，"经济人"只涉及与经济活动有关的人性，而撇开人的其他社会特征，这是理论抽象的必要，但与经济活动有关的人性仅仅是"自利""自私"吗？不尽然！与经济活动有关的还应该包括人的"合群性"。没有合作，人类是不可能发展至今的。即使是西方个人至上的文化背景，"自私"也有限度，依赖"看不见的手"实现供需平衡、引导人们经济行为的传统观念已随自由资本主义消逝而破灭就是例证。国家干预、跨国经济共同体也已成为突破个人利己主义，要求合作的原动力。最后，"经济人"的人性假定只是对自由资本主义经济生活主宰的资产阶级要求自由竞争自由发展的概括，而对后工业社会国家干预的要求和对经济与生态协调发展反映不够。德国历史学派的先驱李斯特批评说："这个学说是以店老板的观点来考虑一切问题的。"[1]它"将国家与政权一笔抹杀，将个人利己性格抬高到一切效力的创造者地位，忽视了经济发展的生态代价"。这是中肯的。

（3）"经济人"关于人性假定包含科学内核，对此我们不能视而不见。首先，"经济人"是西方自由主义文化的反映，是对自由竞争时期资本主义的抽象。特别是马克斯·韦伯一反西方学术界将宗教与科学理性、宗教与现代化对立起来的做法，探讨文化与经济发展的关系，具有方法论意义。其次，"经济人"对于复杂的经济过程进行抽象是必要的。不在一定程度上作出或利用这个抽象，很难设想在理论上把握经济法则。再次，在有阶级的社会里，人的自私性是人性中与经济活动相关的最重要的一个方面，"经济人"关于人性假定认为人性是自私的仅及一面，还须补充、完善，从特殊走向普遍化。最后，经济分析数量化虽然付出了代价，但它终归把经济理论引向了深入，经济理论得到了充实和丰富。

二、群体主义的复兴：文化区域的比较考察

有没有区别于"经济人"的人性假定？答案是不难作出的。在东亚(包括东南亚，下同)，于"经济人"前早已存在孔孟儒家学说及不同于个人主义的群体价值观。但是，把文化与现代化联系起来并作出开拓性研究的马克斯·韦伯只认定西方个人主义文化及"自利"的人性与市场经济合拍，儒家群体主义导源不出现代化精神。这种结论给东方文化及群体价值观开出了死刑判决书。看来，随着东亚的崛起，对儒家文化和群体价值观有再研究的必要。

在近千年东西文明接触和撞击过程中，对东方文明的认识和估价是历经变迁的。从

① 李斯特：《政治经济学的国民体系》，商务印书馆1983年版，第292页。

16 世纪到 18 世纪中叶，东方文明被认为是先进的文明(从哥伦布到伏尔泰)；18 世纪后期到 20 世纪中叶，由于工业革命改变了东西方发展进程，东方文明被认为是停滞和落后的文明(从亚当·斯密到西奥多·罗斯福)。日本明治维新以来，东亚现代化运动本质上是西化或欧化运动，日本现代化的成功也被人们认为是脱亚入欧的成功。第二次世界大战后形成的现代化理论和发展理论，也莫不是全盘西化的理论。现代化等于西方文明，现代化是"基督教的派生物"，市场经济只与私有制及个体主义价值观相吻合都成为学术界很长时期的思维定式。但是，在 20 世纪 60 年代后期，东亚继日本之后，出现了 70 年代的"四小龙"、80 年代的"三小虎"、90 年代的中国经济奇迹，世界不仅在经济方面，而且在文化和文明领域受到了东亚模式的剧烈冲击，市场经济、现代化不仅有与私有制、个体主义相一致的一面，而且有与公有制、群体主义相融合的一面。这是现代社会科学的一个崭新阶段。

东亚属儒家文化区。从地缘政治看，由于政治制度不同，各国和地区经济发展水平差异很大。除日本外，整个地区都处于殖民地半殖民地和经济欠发达状态，都是在第二次世界大战之后才摆脱了殖民地半殖民地统治，走上独立发展的道路的。但是在短短的 40 年中，整个东方取得了高速发展的惊人成绩，走出了不同于西方模式的"非个人主义类型"的现代化道路。一方面，浸透着个体至上价值观念的西方社会对个人主义的过分强调，造成社会生活的无序性和对他人及社会利益的漠视、侵犯以及个体利益和社会群体利益的不协调……个人主义及以此为基础建立的发展理论、发展模式遭到挑战。尤其是 20 世纪 80 年代以来，生态危机的全球征候引发了人类对自身发展危机的严肃思考，"西方中心论"及西方现代化模式已到了改弦易张的时候了。另一方面，重视家庭与调和精神，鼓励个人与社会和谐地融为一体的东亚儒家文化圈的经济发展，对西方学术界产生了示范作用。在事实面前，西方学术界终于改变了对东方文化的看法，"在尊重个人独立性的同时寻求社会合作"作为新的价值观终于为人们认同。

至此，对"经济人"我们可以作出一些补充性论述：

(1)"经济人"的行为受背后文化的支配，"经济人"说到底是一种"文化人"。仅说"经济人""具有有意识的利己心"不够，还应包括"有意识的利人心"，乐群是经济人的又一特征。

(2)经济发展中的人性选择除受发展水平、社会制度影响外，更重要的还是文化因素。1994 年 11 月 22 日，《日本经济新闻》就亚太经合组织会议发表评论，认为美国作为一种政治模式的形象受到了损害，并说"亚太经合组织的三个基轴，一个是经济基轴(南方与北方)；一个是意识形态基轴(社会主义阵营与资本主义阵营)；一个是文明基轴(东方与西方)。其中，南北的基轴随着南方的发展正在失去意义，东西方两大阵营的基轴也随着冷战的结束而一去不复返，剩下的只有东方对西方的基轴。"[1]以东方价值观为基础的经济圈，将是"世界史上没有先例的伟大文明圈"(马哈蒂尔语)。

(3)从人类发展的历史长河来看，在远古时代，由于人单独存在无法战胜自然的伤

---

[1] 《美国遭人说"不!"，东方价值观在抬头》，《日本经济新闻》1994 年 11 月 22 日。参见《克林顿在亚洲受到东方价值观撞击》，《参考消息》1994 年 11 月 27 日。

害，因此"合群"的本性十分突出。随着生产力的发展，人类对自然的抗御力增强，私有财产出现，人"自私"的本性逐渐强化，直到自由资本主义时代，达到登峰造极的地步。但随着生产力的高度社会化、经济发展的国际化、生态危机的全球化，人类"合群"的本性必将逐步抑制"自私"的本性。

综上所述，我们认为经济发展中的人性应包含的内涵显然没为斯密的"经济人"概括完全。从纵向看，"经济人"不包括后工业社会国家干预时期的价值观；从横向说，它没有涉及具有发展前景的东方文明。"经济人"需要被"文化人"（自利+乐群）代替。这就是我们的结论。

三、社会主义市场经济下的人性选择①

如果我们把以利己主义为基础而形成的价值观称为个人本位论，将利己与乐群并存而以乐群为主的群体价值观称为社会本位论，那么，对于我国社会主义市场经济来说，应以什么样的人性作为选择呢？答案应该是后者。理由是：

（1）从文化区域看，中国是东方儒家文化的发源地，儒家文化根深蒂固，我们没有理由去照搬西方文化而粗暴地否认自己的传统文化。近年来东亚国家经济状况优于受世界经济衰退困扰的西方国家，很多人把它归功于不排斥个人利益而以乐群为主的群体价值观和东方文化。澳大利亚的两位汉学家雷吉·利特文和沃伦·里德合著的《儒家的复兴》就很具代表性。中国台湾的一份报纸也说："当世界的注意力集中在日本式管理的时候，利特文和里德提醒我们，不要忘记'日本文化是由中国文化衍生而来'的事实。东北亚的经济动力，主要来自日本，但是日本的文化、社会、经济却无可怀疑地建立在中国文化的基础上，这才是西方在经济方面无法与这些国家竞争的主要原因。"②东方"把社会置于个人之上"的群体价值观及社会本位论与西方的个人本位论的差异在政治、国际关系上也反映了出来。当美国在"人权"等问题上与亚洲经济发展迅速的国家发生争执时，他们意识到，冲突的根源在于所谓西方民主制度与"亚洲方式"的巨大差异。在第二届亚太经合组织会议上，"克林顿总统在同中国和印度尼西亚举行首脑会谈时之所以没有就人权问题强烈地紧逼对方"，是因为"以东方价值观为基础的经济圈，正是美国所最恐惧的"。既然亚洲国家的实践已经证明，社会本位价值观优于个人本位论，那么，中国作为东方儒学文化发祥地为什么要舍本逐末，削足适履？

（2）从社会生产方式看，我们要建立的是社会主义市场经济，要把社会主义制度的优越性同市场经济的灵活性结合起来。社会主义的目的就是要发展生产力，消灭剥削，消除两极分化，达到共同富裕。就此而言，社会主义必须是以社会为本位的。至于市场经济作为一种竞争经济，在竞争中某些个人被淘汰了，另一些人因竞争胜利而获益，这并不能得出结论：市场经济合乎逻辑地要求个人本位论，而与群体主义和社会本位论相斥。孤立的个人观念无疑反映了商品经济关系的特点——商品经济运动总是以生产者和经营者的自我

---

① 这里我们说"人性选择"，显然不是要摆脱经济关系、文化背景，而是针对马克斯·韦伯"儒家障碍论"而言的。

② 曾仕强：《儒家的复兴是 21 世纪的管理主流》，《经济日报》（中国台湾）1994 年 3 月 31 日。

利益为出发点和归宿，但商品经济关系还有另一特点——"毫不相干的个人之间的相互的和全面的依赖"。①

正因为市场经济是个人之间的全面依赖关系，单靠市场调节解决不了诸如总供给与总需求的平衡问题、大的产品结构调整问题、公平竞争问题、社会公正问题等。可见，在现代市场经济中，不能完全否认有个人本位的成分和因素，但若把这完全归结于个人本位则是极端错误的，市场经济与集体主义和计划因素等不是相斥，而是相互补充。既然如此，我们实行有调控的市场经济就应该选择"乐群+自利"的社会本位价值观。

(3)从人与自然协调发展看，也应倡导社会高于个人的社会本位论。在发展理论中，曾作为主流范式的发展主义主张借助增长和技术进步的强大推力，改变人们传统的价值观和行为模式，从而实现向现代社会转型的目的。它认为衡量发展程度的主要标准是人均GNP的增长率。发展的途径是通过工业增长，"去掉农业"，把农业改造成为现代工业技术装备的产业部门；通过生产过程的空间密度和物质消费的最大化，以及城市规模的急剧扩展，来消除传统产业与现代产业、城市和农村、贫穷和富裕、发达与不发达的对立结构。这种把经济发展和生态建设机械地分割开来的做法是错误的，结果必然带来资源耗竭、生态失衡和环境污染。特别是它把人类种族利益凌驾于自然之上，完全不顾生态合理性去改造自然，以牺牲生态环境为巨大代价换取短暂的经济增长，直接毁坏人类赖以生存的自然基础，威胁着地球生物圈的可居性，恶化着生物物种永续生存的自然条件，瓦解着生存了几十亿年的地球生物圈。要改变这种被动局面，就必须改变人们的观念和行为方式，确立社会高于个人的价值观，扩展人类的道德范围，以维护人和生物圈的持久生存和协同进化。

根据以上的分析，"经济人"这个范畴，有必要进行新的界定。在中国，"经济人"的概念应被"经济文化人"的概念所取代。这种"经济文化人"的内涵有待进行深入的研究。这里，我只能提出一些极不成熟的思路：(1)每个人一方面天然地是他自己利益的判断者，同时他又具有一定的社会责任心，在社会的协调下，他的行为可以相对地达到他自己的目的(合理利益)；(2)每个人虽出于利己的考虑，在追求自身私利时不能不考虑社会的承受力和照顾他人的利益，否则他就不可能实现自己的私利；(3)每个人当实现其私利时，他必须给社会一定的回报，以稳定其既得的利益和追求精神上的利益；(4)"无形的手"和"有形的手"(政府干预、法律约束、社会公约)相结合对每个人进行引导，使个人追求私利的行为同社会基本公益相协调，从而实现"我为人人，人人为我"的目标。

这种"经济文化人"的假设，就是以"利己"与"合群"融为一体作为本质内涵。在我国社会主义市场经济的前期，可能是两者兼顾的状态；到了社会主义市场经济的成熟期，则可能是以"乐群"为主导的状态。这种文化取向，我们称之为文化的社会本位论。

据此，中国的现代化模式，既有别于欧美的模式，也有别于东亚模式。至于如何表述有中国特色的社会主义现代化模式，更有待于实践的发展和理论的深化。在此，我也只能做一粗略的概括：一是政治的主导民主化。所谓"主导民主化"是为了既同西方民主相区别，又同东亚集权相区别。实际上就是中国共产党领导的多党合作与政治协商的民主形

---

① 《马克思恩格斯全集》第46卷上册，人民出版社1979年版，第103页。

式。二是经济多元化，即以社会主义公有经济为主导的多种经济成分并存与发展的模式。三是文化的社会本位。这种现代化模式，我以为最适合现今的中国国情，既有利于保持社会的稳定，又有利于集中配置资源，加快经济的发展。

第八章　社会稳定与经济发展

发展经济学要走出困境，须放开视野，研究经济发展的大环境问题——我这里指的不是仅仅限于"生态环境"那种环境，而是泛指经济系统以外的整个环境（高层系统），不仅是生态环境，还有社会环境，诸如制度环境、文化环境、政治环境等。因为诸多环境的状况，会涉及经济系统本身发展有没有一个相对稳定的客观前提问题。这个问题的重要性甚至超过了经济发展的本身。所以，我在这一章企图凭借有限的资料（这方面可供借鉴的文献不够多）和现今的发展经验，做一个初步的探索。

第一节　发展、改革、稳定的关系

总的来说，发展是目的，改革是手段、动力，稳定是前提、保障。

发展，就当今中国来说，就是实现中国的社会主义现代化，实现由农业国向工业国的转变。这是发展的本质内涵。中国一百多年来的历史说明，没有中国的现代化，便没有中华民族的未来。所以说，"发展是硬道理"。因此，它是我们一切工作的终极目的。但是，一百多年的历史也证明，在中国发展的征途中确实存在着重重障碍。这些障碍，在制度层面，1949 年已通过革命的手段获得了解决；而在体制与模式层面，直到 1979 年才开始通过改革的手段进行排除。所以说改革是手段，是排除发展障碍的手段，从而也是推进发展的动力。

在发展、改革、稳定三者之间，存在着一种相生相克的辩证关系。发展不足，人民贫困，会影响稳定；发展过快，引起经济波动，也会影响稳定；只有健康的发展，才能增强社会的风险承受力，从而可以强化稳定，促进改革。改革迟滞，妨碍发展，会影响稳定；改革过激，引起社会失衡，也会影响社会稳定和发展；只有稳健的改革，方可有效排除发展的障碍和消除导致不稳定的因素，从而加快发展。但是，在这三者中间，作为发展与改革的前提和保障的社会稳定，则是至关重要的。可以说，如果没有一个相对稳定的社会大环境，则无论是发展还是改革，都将成为不可能。中外的历史殷鉴，不胜枚举。

一、中国的历史教训

日本和中国，在 19 世纪的发展水平几乎相差无几。可是日本通过明治维新，迅速实现了工业化，一跃而成东亚强国。在战后，在战争的废墟上，从 20 世纪 60 年代开始，日本连续 9 年按 2 位数的速度增长，而成为世界第二经济强国。这其中，当然有各种各样的原因，但应该看到，日本国内高度稳定是其最重要的原因之一。而这种稳定性之所以得以长期维系，又与其民族的单一性、国民的认同性与纪律性乃至自民党的政策连贯性是分不开的。反过来看,中国近百年来,军阀混战,国共内战,抗日战争,纷争不断,战火纷飞,哪里谈得上经济发展?就是在 1949 年以后的不同历史阶段,也可以说明稳定的重要性。

1. 平稳发展阶段

这主要是 20 世纪 50 年代大部分时间内,由于政策稳定,政局平和,国泰民安,国民经济迅速恢复与发展。1950—1957 年,是中华人民共和国经济发展最好的时期之一。

2. 大起大落阶段

这主要是从 20 世纪 50 年代后期开始,以阶级斗争为纲,政治运动频繁,严重冲击了经济的发展,乃至发展到"文化大革命",使经济发展几乎处于窒息状态。仅在 60 年代,就出现过 5 次负增长(1961 年达-29.7%),5 次两位数的增长,典型的大起大落,使经济发展的质量极低,结构劣化,人民生活水平处于贫困状态。

3. 高速增长阶段

80 年代以来,由于实行了改革开放的政策,而且始终保持了政治的稳定性和政策一贯性,中国经济始终保持7%以上的增长速度,其中 5 年连续出现 2 位数的增长,被世界誉为"中国奇迹"。

二、国际的经验教训

从国际方面看,大凡社会不稳定的国家,经济发展都受到破坏和阻碍。归纳起来,大体有三种类型:

1. 俄东型

这主要是制度更替而出现政权不稳定乃至国内军事冲突,从而使经济秩序混乱,发展环境遭到破坏,导致经济大滑坡。俄罗斯和东欧各国在政治演变的同时,经济上采取了"休克疗法"式的激进改革,一度使大多数国家经济失去平衡,GNP 负增长,失业率大幅上升,人民生活水平下降。在匈牙利左派重新执政。至于南斯拉夫,国家分裂,内战频频,已经使经济发展的机遇丧失殆尽!

2. 印度型

这主要是由于在种姓制度这种封建残余未消除的基础上推行西方的多党议会民主,由于多党倾轧而政局不稳定,政策不连续,难以把握发展的机遇,导致长期的经济发展停滞不前(至少是在 20 世纪 90 年代以前)。根据统计资料,从 20 世纪 60 年代到 80 年代,印度出现过 6 次较大的波动,30 年间国内生产总值增长率低于 4.5%的占 15 年,其中负增长 3 年,3%以下的占 8 年,高于 7%的仅 4 年。①

---

① 中国国家统计局国际统计信息中心:《世界主要国家和地区社会发展比较统计资料》1990 年第 28 页。

3. 巴西型

这主要是由于经济政策的失误，举债过多，鼓励出口的政策又不得力，对国有企业保护过度，造成企业在国际市场竞争力很弱，出口额不高，从而形成恶性通货膨胀，导致经济大起大落。巴西在 20 世纪 80 年代以前，国内生产总值一度按 2 位数字增长，1965 年曾达到 23%。但由于上述经济政策的失误，80 年代以后通胀率达 3 位数，其中有 4 年高达 4 位数；而经济增长率则只有 2% 左右，出口额占 GDP 的份额只有 9% 左右(同期韩国这个高债务国由于鼓励出口的政策得力，出口额高达 38%)。[1] 一度被西方称为"巴西奇迹"的国家，陷入了困难的境地。

纵观国际国内经验，可以得到一条十分浅显而又十分重要的启迪：经济发展，必须有一个稳定的社会大环境。古今中外，概莫能外。就中国来说，中国社会主义现代化的最终实现，将取决于未来 5～10 年能否保持住一个相对稳定的国内、国际大环境。

三、社会稳定对经济发展的影响

那么，社会稳定对经济发展具有何种影响呢？社会稳定这个范畴，大体可以分作三个层次：政局政策的稳定性、社会秩序的稳定性和经济态势的稳定性。这三个层次从不同的范围和角度影响经济的发展。

首先，政局政策的稳定性影响投资的走向。一般来说，政局稳定、政策连续的国家或地区，就能吸收更多的投资(包括境内与境外)，经济发展就快一些。反之，政局不稳、政策多变的国家与地区，外资进入就较少，内资外流就较多。中国之所以近几年来吸引的外资几乎等于前 10 年之和，主要原因在此。有一些国家，尽管资源丰富，潜在市场很大，但吸引的资金甚微，也主要是由于政局动荡，投资的风险太大。

其次，社会秩序的稳定性影响投资环境。政局稳定是大局，是从宏观上影响经济的发展。但政局稳定不能代替社会秩序稳定——虽然政局不稳定就一定会造成社会秩序不稳定。所以，在一个政局稳定的国家，人们还要选择那些经济社会行为规范程度较高、犯罪率较低的地方即投资环境(软环境)好的地方进行投资。在中国，沿海与发达地区之所以吸收资金更多，而内地与中等城市以下吸收资金较少，除硬环境较差外，同投资环境也有很大关系。

最后，经济发展态势的稳定性影响经济增长。前面两种稳定，也不能代替这种稳定性。这种稳定性对经济发展与增长的影响，还不限于发展中国家，甚至发达国家也存在这个问题。经济波动、经济危机、经济滞胀，对任何国家的经济增长都会带来巨大的消极作用。最近这一次 20 世纪 80 年代后期开始的世界性的经济滞胀与萧条，使西欧、日本乃至美国都蒙受了巨大的经济损失并带来了深刻的社会危机。

综合以上分析，对于一个处于转轨阶段的国家来说，正确处理发展、改革、稳定三者的关系，实为战略中的战略。

---

[1] 纳谷城二等：《发展的难题——亚洲与拉丁美洲的比较》，上海三联书店 1992 年版，第 51，104 页。

第二节　何谓"稳定"

一、稳定的一般界说

对于"稳定"这个词，有各种各样的理解。

一种理解，把稳定视同为"衡定"，即事物衡定地保持旧有状态不变。显然这是一种静态的稳定观，是违反事物发展规律的保守观念。事物总是在发展变化的，不可能总是停留在旧有的状态，如果硬欲为之，就会窒息事物的生命力，出现倒退。

另一种理解，视稳定为平衡，即事物之间、事物内部各元素之间，保持一种均衡态的运动。这种稳定观较前一种似有进步，即认定事物还是在运动的，不是静态的。但显然也有重大的缺陷，即：认定运动只是一种既有结构不变的机械运动。这是不符合事实的。事物不仅在运动变化，而且在事物之间、事物的内部元素之间的状态(结构)也在变化。这种结构性的变化使事物的发展总是按照旧的平衡不断被打破，而后建立起新的平衡，而后新的平衡又被打破，又建立起更新的高水平的平衡这种轨迹前进的。

所以，对"稳定"这个词的科学理解，必须依据唯物辩证法的观点，把稳定定义为"有序的发展"。或者说，稳定是一种耗散结构，即远离平衡态的有序运动，就是事物在保持其基本性质的条件下，有规则地由旧的有序性过渡到新的有序性，往复无穷。过程与过程之间、事物与事物之间、事物内部各元素之间在不断地调整变化，但仍保持着相对均衡的运动秩序，没有造成总体格局崩溃或失衡。火车在奔驰，飞机在翱翔，其班次有时调整，乘客在不断地变化与流动，但它们的运行轨迹是稳定的、有序的。所以，我们界定的稳定观具有"三性"，即动态性、变异性、相对性。这是动态的稳定观、变异的稳定观、相对的稳定观。因而，它是社会进步要求的稳定观。

二、"社会稳定"辨析

根据上面对稳定一词的一般性界定，作为特定范畴的"社会稳定"应做何理解呢？

"社会"是一个特大系统，是一个非绝对平衡的开放系统。社会稳定的动态性、变异性和相对性显然比一般自然事物复杂得多。其主要原因是由于社会系统是以人的活动为主体的系统：一方面系统的活力取决于人的积极性；另一方面人又是分属不同阶级与集团的。因而，如果对这个范畴的理解出现偏差，就十分可能被既得利益集团所利用，成为维护过时的旧秩序的依据。从现有经验看来，社会稳定的"三性"表现为：

社会稳定的动态性，应表现为社会进步进程的有序性，而不是社会停滞的同义语。稳定，绝不是封闭，绝不是停滞不前(像中国在 20 世纪 50 年代以前那样)。那是一种"超稳定态"，即社会的经济、政治、文化结构基本固定化，没有新陈代谢机能，排斥科学技术的更新，社会陷于一种僵死的落后状态。所以，我们所理解的社会稳定必定要以社会进步为前提，失去了这个前提，"稳定"便会变成反动。

社会稳定的变异性，是在社会总体有序运动中的结构变化或局部量变，而不是死板一块的机械运动。社会稳定要能成为社会进步的一种范畴，就离不开变异性。但这种变异性，必须是在结构与量变的范围之内。以中国 20 世纪 80 年代以前为例，前 30 年的中国社会(主要是 20 世纪 50 年代后期以后)，特别是农村，由于城乡关系的冻结，劳动力被束缚在土地上，社会似乎是十分"稳定"，但由于结构没有变化，中国仍然还是一个以农业为主的农业国，社会并未取得质的进步，陷入一种停滞的状态之中。所以，社会稳定，决不能理解为没有结构变化的"惯性运动"——结构冻结情况下的重复运行。

社会稳定的相对性，表现为社会运行的平衡与不平衡呈有规则的交替，而不是绝对的无波动。这一点，前已述及。

依据以上分析，社会稳定，拟可定义为社会系统在保持其本质要素相对均衡条件下有序运动变化的状态。具体包含以下四个方面的标志：

第一，制度的稳定态。即基本制度的凝结态与具体体制的变异态交互并存。这里基本制度当然是指作为社会形态的根本制度，如资本主义制度、社会主义制度。在维护基本制度不变的情况下，对这种制度的存在形式、实现方式(体制)进行不断的革新与调整，这不仅是社会发展的规律，也是保证社会稳定所绝对必需的。如果具体体制也凝固不变，这个社会制度就无法适应不断变化的形势(包括生产力的发展和国际关系的变化)，从而它的生命力也会逐渐衰竭而趋向死亡。

第二，公共秩序的有序性。这主要表现为法律框架的固定性与法律内容的调整性交互并存。在当今世界，社会秩序的有序性主要依靠法律保障，而法律框架是稳定而有效的，社会公共秩序就得以维持。但是，社会在发展，特别是发展中国家，故法律与规范也必须随之而有所调整与完善，以保持法律体系的权威性与适应性，这正是保证法律的有效性从而保证社会秩序的有序性所必需的。

第三，基础阶级关系的均衡态。不管人们是否承认，任何一个特定的社会，都必有其基础性的阶级关系。资本主义社会是资本家与工人，社会主义社会是工人阶级与其他劳动人民等。基础阶级关系的均衡态，即属于社会主导性阶级关系的固定态同非主导性阶级关系(特别是经济关系)的异动态同时并存、相互补充。一方面，基础阶级关系的均衡是社会稳定的政治基础，如果这方面出现失衡，社会就会出现大的动荡；另一方面，非主导阶级关系的异动，可缓解社会的矛盾，保障主导阶级关系的稳定。西方主要国家中出现的"中产阶级"对保障其基础阶级关系的作用，便是明证。

第四，主要政策的连续性。这主要表现为总政策的稳定性同具体政策的变动性相结合。

第三节 三大关键因素

对于一个处于计划主导型经济向市场主导型经济转轨的国家来说，影响社会稳定的因素，最重要的莫过于以下三个：

一、领导——稳定的制衡力量

改革与发展，是一个千百万人的社会行为，走的是一条前无古人的新路，从破旧到立新有一个不短的"时间差"。在这种情况下，社会如果失去强有力的领导，如果失去权威，这个社会就可能陷于崩溃与混乱状态，从而使改革与发展成为不可能。这就好像是千军万马的行动，如果没有强有力的指挥系统，就可能出现人踩死人的悲剧。

我更要特别强调东方大国的特殊性：小生产还大量存在，全国统一市场还未基本形成，国民素质还比较落后，社会自组织能力还较差，仅仅这些条件就使得任何涉及全局的变革与举措，如果是在否定了旧的社会制衡中心的情况下展开，那么新的制衡中心就很难迅速形成，社会就会出现权力真空，社会的经济的政治的均衡就会被破坏，社会就可能分崩离析。这一点是西方某些政治家与理论家所不愿理解的，也是中国某些附和者们所始料不及的。

二、速度——国力能否承受

这里所指的"速度"是个综合性概念，既包含经济增长速度，也包括改革推进的速度。对于经济增长速度，由于它会受到不发达国家产业瓶颈和资源瓶颈的制约，速度如超过了这个国力的承受力，就会引发通货膨胀(往往是结构性导致总量性)，造成经济发展的大起大落现象。这点还比较易于理解。至于改革的推进速度也要受到"国力"的制约，有时会被人们所忽略。其实，改革的推进速度也要受到国力的制约，不过这种"国力"或"国情"同上面说的产业与资源瓶颈不一样，它不是"有形"瓶颈，而是一种"隐形"的和"无形"的瓶颈。转向市场经济，由于市场发育不足、市场规则不健全等原因，如推之过激，机制短缺，势必会造成极大的混乱，乃至会破坏社会的稳定，使经济无法正常发展；转向市场经济，由于社会居民在观念与心理上的滞后，如推之过激，社会心理难以承受，也会引发混乱，破坏稳定。所以，转轨型的经济，无论在发展还是改革方面，均宜采取循序渐进的策略、积累经验、改善经济社会环境，而后逐步加快速度。

三、分配——利益关系能否持衡

在经济学词条里，"分配"是一个既具有巨大魅力，又蕴藏着巨大风险的范畴。在经济转轨过程中，分配关系处理得好，可以巨大地推进改革与发展，形成强劲的动力机制；如果处理得不好，也可以引发极具破坏性的社会动荡，从而使改革与发展归于失败。

据西方学者的实证研究，但凡在一个国家经济发展进入人平 GNP 300~1200 美元的阶段，社会动荡就会加剧。这主要是国民的收入急剧地拉大而引起利益的失衡所造成的。这种利益的失衡，不仅表现为阶层与阶层之间，而且也表现为地区与地区之间(含国内各民族地区之间)、城市与乡村之间。阶层间的利益失衡会加剧国内的阶层斗争；地区间的利益失衡会导致人口盲目流动，恶化社会治安，损害农业基础。

当然，影响社会稳定的还有许多其他因素，特别是还有许多间接性因素。就直接因素来说，还有诸如大型自然灾害；就间接因素来说，诸如外力的干预、内部派别的纷争、领导层的失误等。

第四节　排除误区：反稳定的改革

苏联、东欧的变化是多种原因综合作用的结果。目前，对这种变化作出全面评价还为时尚早，但是，有一点是可以看得比较清楚的，即这些国家采取了不适当的转轨模式，我把它称为"三位一体的大误区"。即：政治上破坏了社会制衡中枢(取消了共产党的领导)；在经济上实行全面私有化；在改革策略上采用了过激的"休克疗法"。就其中多数国家来说，在迄今为止的数年时间内，已经损害了它们的社会稳定，从而大大地推迟了它们的经济发展。

我认为，之所以说这是一种误区。其一，大国不同于小国，东方不同于西方。对于东方大国来说，如前所述，由于文化传统和社会自组织机制极弱，在千军万马的转轨过程中，如果失去了一个强有力的社会制衡中枢，那简直是不可想象的。彻底的制度更替恰恰就是消灭了这种中枢，而新的中枢、新的权威在东方又不是一下子能树立起来的。社会就会出现"权威真空"时期而社会自组织力又极差，这就必然引发社会的离心力，各种野心家和不负责的分子就可以为所欲为，使社会稳定遭到彻底的破坏而陷于一片混乱之中。目前，甚至一些东欧与俄罗斯的有识之士乃至西方的学者，都认为中国改革之所以成功就在于它是在现有制度的基本原则不变的情况下进行有秩序的转轨。以中国来说，中国改革的成功，最主要原因正在于它维护了以中国共产党为领导、各民主党派协同的社会制衡中枢。不管人们是否看法相同，有一个事实是谁也无法否认的。那就是：在中国除了共产党之外，还没有任何一种力量可能承担起社会制衡中枢的责任。

其二，不能犯经验主义错误。西方某些经济学家，给俄罗斯及东欧开了一个"休克疗法"的药方，实践说明(至少到现在)并不成功，而且给这些国家的人民带来了巨大的灾难。其实他们是犯了经验主义的错误。他们忘记了东西方的差别。不可否认，"休克疗法"在西方一些国家可能是行得通的，因为那里市场是现成的，政企是分开的，成熟的企业家是众多的，法制是比较健全的。而在东方的原社会主义国家，市场是萎缩的，而且全国统一市场还未形成，政企不分，政经一体，法制落后，真正能称为企业家的人才凤毛麟角，更本质的是这里原来是以公有制为基础的。

如果在公有、计划主导型经济转向市场经济过程中，采取激进的私有化和自由化政策，由于市场短缺，法制不健全，政企不分，特别是缺乏企业家人才，势必就会引发如供求失衡、物价飞涨、恶性通胀、权钱交易、腐败滋生、企业倒闭、失业剧增、两极分化等人们难以承受的恶果，社会稳定就无法维系。诺贝尔经济学奖获得者、美国的克莱因教授说得很好："我认为，市场经济不一定要与激进的私有化联系起来，无论是过去的撒切尔夫人还是现在的俄罗斯与东欧，他们都提出除了私有化的激进措施，似乎就别无选择。其实并非如此，中国的经验就是另一种选择。"他建议俄罗斯与东欧放弃"休克疗法"，应像中国这样，在保持经济社会稳定的前提下逐步进行改革。[①] 事实证明，"休克疗法"在俄罗斯与东欧是不成功的，中国的循序渐进的策略是成功的。

其三，民主的模式不能一律化。西方的政治家们总喜欢(也许是一种癖好)把欧美的多党议会民主的模式强加给东方国家，他们恰恰忽视了一个最普通的事实：就东方大多数居民的处境来说，他们当前最迫切需要的是"面包"而不是"选票"。"通过选票不就可以得到面包吗？"果真如此吗？我认为，在现在的东方国家如果首先推行多党议会民主，是不能得到面包

① 克莱因教授的以上讲话均是1993年9月18日"市场经济与中国"国际研讨会(北京)上的发言。

的——更不用谈富裕了。之所以如此，不仅有现成的日本、韩国、新加坡的历史事实可作佐证，他们都是先解决"面包"而后逐步来解决"选票"的，更重要的是从历史的角度来看，多党议会民主是一种民主模式，但它绝不是排他性的唯一模式。我们姑且暂不讨论民主的本质这个问题，仅从表层上来讨论多党议会民主，它的有效存在（而不是无效存在）也是需要一些主要条件的：①必须是比较成熟的法治国家。多党轮流执政，政府不断更替，如果法制不健全，"一个和尚一本经"，朝令夕改，如何能保证政策的连续性？不能保证法律与政策的连续性，社会岂不会陷于混乱？②必须是政企分开的体制。政府的更替，必须不妨碍经济的正常运行。这只有在政府行为不波及企业的运转的条件下才是可能的。一些转轨中的国家，政企分开还远未到位，政府的更替势必严重影响企业的正常运行，势必造成经济运转的梗阻甚至中断，社会稳定便无从谈起。③必须是以私有制为主体的国家。这个道理和前面第二点近似。在私有制的条件下，是资本家主宰政党和政治家，政党与政治家们的角逐并不会对私有企业的经营活动产生干预作用。意大利可算是一个典型，战后以来该国政府危机起伏频繁，但并未从总体上妨碍该国的经济运转。④更为重要的是公民和政治家的素质。这种素质包含文化素质、参与素质、民主素质等。如果大多数公民是文盲半文盲，他们连报纸都看不清，还侈谈鉴别谁能当总统谁不能当？如果大多数公民在受生活所迫忙于生计（"面包"），他们能有多少热情去参与政治活动？民主素质，特别是民主规范的认同与遵守不是一日之功，上台与下台，质询与答辩，弹劾与罢免……对于这一系列的程序、规则与运作，如果政治家没有成熟的素养，那么议会就可能变成武斗场所。

我们东方就绝大多国家来说，还不具备或不完全具备这些条件，如果硬欲推行这种多党议会民主，只可能有两种结果：一是把这种民主模式变成了少数权贵们的一种政治游戏；二是少数野心家操纵无知的民众演变成内乱。在社会主义国家，根本不可能实行私有化，所以这种多党轮流执政的民主模式是行不通的，而且是有害的。

其实，民主的本质应该是人民当家作主，官员只是人民的公仆。这一点，马克思、列宁早已谈得十分透彻了。从这一本质出发，究竟采取哪一种模式，须由各国人民自行选择，选择的主要参照系则应该是确保社会稳定、经济发展。

第五节　建立社会稳定机制

由于这个问题实属政治社会学的研究范围，不应是经济学的对象，因此在此处只能大致地提出一个框架性的设想。

社会稳定机制是一个庞大的系统工程，它几乎涉及社会生活的一切方面：政治的、军事的、经济的、文化的、组织的、民族的、宗教的……各个领域。所以，要全面无遗地论述清楚，的确是很困难的。这里，只能就其主要方面简述之。社会稳定机制的总目标应是谋求整个社会在和谐健康的轨道上取得经济增长与社会进步。我们的任务，就是从多维角度来创造出一种"既有民主，又有集中，既有统一意志，又有个人心情舒畅那样一种生动活泼的政治局面"。

具体地说，社会稳定机制主要包含如下四个方面：

一、监控机制

一个社会能否稳定，首先起决定作用的是它的从宏观到微观的监控机制是否强而有效。监控机制，实际上是统治阶级是否有能力控制社会的一个重要标志。它包含一系列从属性机制，如：信息反馈机制、法律规范机制、组织调控机制、武力整肃机制等。

二、消融机制

社会的稳定，固然需要强大的监控机制，但如果仅仅从上而下地控制，那也是难以长治久安的，还必须建立起一种社会自身可以自行融解矛盾的机能与机制。这一类机制，也包含一系列从属性的机制，如：民主协商机制、转化(化消极为积极)机制、社会保障机制、文化整合机制等。

三、适应机制

既然稳定是动态的、变异的，那么社会就必须有一种适应环境与结构变化的自我调整的机能，使之在千变万化的世界中能长久保持相对稳定的局面。这一类机制，往往是一个社会制度是否有旺盛生命力的主要标志。它又包含一系列从属性机制，如：创新机制、新陈代谢机制、从下而上的监控机制、权力约束机制等。

四、缓冲机制

社会稳定与社会冲突是社会系统同时存在的对立面，是对立的统一。这对立着的两个方面，有时缓解，有时剧烈，此起彼伏，交叉前进。一个成熟的社会，往往取决于它存在着一种可以缓冲社会冲突的力量与系统。这种系统在西方许多国家是依靠宗教力量和"中产阶级"以至各种社会中介组织。这样，有些矛盾就不会表现为广大人民同统治阶级之间的直接对抗，而被中间的"消力带"所缓解了。社会主义国家，直率地说，还没有学会这一套统治方法，还缺乏这方面的保持社会稳定的经验。这是我们应该认真探讨的课题。

(选自《发展经济学新探》，武汉出版社 1997 年版)

新经济与经济学的新问题

信息革命，引发出一些新情况、新问题，使传统的经济学无法作出合理的解释。因而使得原有的经济学原理和概念陷入困境，其中，主要的有如下几个方面：

一、报酬递减律

报酬递减律，最早是托马斯·马尔萨斯在 1798 年提出的，后来在 19 世纪 70 年代杰文斯、门格尔和瓦尔拉斯三人几乎同时提出了边际效用递减原理，创立了边际效用价值论，被经济学界称为经济学史上的第二次革命，即所谓的"边际革命"。在此基础上，马歇尔集其大成，建立起了微观经济学体系。

大家都熟悉，边际价值论是以主观价值论代替了客观的劳动价值论，认为在一个竞争的市场上价格决定于边际供求关系，由于资源的稀缺性，各种产品用途的估价就会出现效用递减。

如果用马克思主义的经济理论来解释：报酬递减这个现象，客观上是存在的，但它只是一种有局限的、在特定条件下才会出现的规律性现象。这些条件主要是两个：一是技术不变；另一个是存在完全的竞争。即是说，在技术不变的条件下，一种技术在初始阶段，由于其劳动生产率高于平均劳动生产率，因此带来超额利润。但是，由于竞争（自由进入），别人也可以模仿，生产厂商多了就会带来利润的平均化——利益递减了（在农业中则是土地报酬递减）。由此，就存在两个悖论：一是如果技术进步的频率大到可以冲销利润平均化的速率，那么，递减就不会出现；二是如果某一生产领域出现垄断（竞争的不可能），则递减也会成为问题。

由于信息产业的出现，情况发生了巨大的变化，大大动摇了报酬递减的理由，出现了报酬递增的现象。报酬递增会不会取代报酬递减而成为一种"规律"？现在下结论似乎为时过早，因为它还没有在一切经济领域中出现。为什么在信息产业中会出现"递增"？现在放眼看来，有这样几个原因，即五大效应。

第一，创新效应。如果说，在工业化时代，技术的更新周期以年计算，那么，在信息时代，这种周期将以月、日来计算。技术更新的加快，使得"递减"的第一个条件（技术不变）几乎不存在。不断地出现新技术，不断地产生超额利润，从而使"递减"被冲销。

第二，成本效应。在高科技为主体的信息时代，"边际成本"已成多余的了——生产第一块芯片成本是 2.5 亿美元，而到第二片以后，成本几乎是零（几美分）。厂商的全部成本就变成了一个"固定成本"。

第三，垄断效应。高科技领域的技术创新，特别是信息产业中的技术创新，往往呈现平台式的系统创新——如微软从 Windows 95、Windows 97、Windows 98……到 Windows

XP，是在一个平台上的纵深创新（或系统创新）。这个技术平台是有知识产权的，别人不能"进入"。因而，形成一种"垄断"，我们叫它"传承垄断"。高额的超额利润不能"平均化"，故也就不是递减，而是递增了。

第四，网络效应。网络越大，影响范围越大，使用和继续加入的人就越多，人越多，市场就越大……呈一种正反馈的发展，从而使用别的网络（语言）的人就会越少。这在客观上也为垄断推波助澜。这里要特别提出"有效信息不灭定律"：$1-1=1$，$1=\infty$。即一个有效信息，一个人消费后，还可供别人消费（这与工业资源不同）。而且，消费的人越多，此信息越值钱。信息这种商品，价格则是由最后一个商品决定的，复制一条信息的成本几乎是"0"。

第五，惯性效应。人们长期使用某一种软件就会形成惯性，而不会去改用别的软件。这也增强了垄断。

总之，信息产业中，平台创新、传承垄断和边际成本的消失，使得原来形成"报酬递减"的技术周期、自由竞争（利润平均化）几乎不存在了。这就是报酬递增的内在机理。由此，建立在边际效用递减基石上的原有微观经济理论将何去何从，也引起了人们的广泛关注。

二、劳动分工理论

无论是在马克思主义经济学中，还是在西方经济学中，分工总是和专业化联系在一起的。传统经济学对劳动分工的定义，具有如下基本特质：第一，分工与专业化是一个问题的两个方面，是在专业化基础上的分工。即：生产分成若干细小的专门步骤或任务，每个人或小组只从事其中一项专门的工作。第二，劳动分工是生产力发展的基础。因为它可以提高劳动者的熟练程度，节约工序转移的时间，可以便利采用机器操作，从而提高劳动生产率。第三，分工是朝着专业化愈来愈细的方向发展的，每个人变成知识技能愈来愈狭窄的"专家"。由于信息化革命，出现了一些趋向相反的新情况：

首先，是"跨功能小组"的出现。由于在信息经济中，"生产工具"主要不再是机器，而是人的"大脑"，需要由具备不同知识和技能的人协同工作、交叉繁殖，才能产生出新的设计和产品以降低成本，提高生产率和提高客户的满意度。于是，跨功能小组就应运而生了。这种跨功能小组，现阶段只是"迁就"工业化所造成的专业化分工的现状而作为一种权宜整合而已。就其本质发展来说，应是朝着每个人的"一专多能"的方向发展。所以，这种趋向同传统经济学的专业化分工显然大异其趣。

其次，是组织结构的平面化。传统经济学的劳动分工理论，往往是和"金字塔"式的纵向组织结构理论相联系的。这也是一种分工，即组织形式上的层次分工与专业化。它认为具有不同功能的管理层次和相应控制程序，有利于生产流程的协调运作。但是，到20世纪80年代后期，随着信息化的推进，它已经愈来愈不能适应雇员、供应商和客户三者的"一体化"趋向，瞬息万变的市场使得这种金字塔式的多层次组织形式，不便于及时攫取信息、改进工作和提高雇员的首创精神。于是，组织结构由主体化向平面化的过渡便开始了。所谓平面化，即是一种"交叉复式结构"。在那里，雇员没有固定的办公桌，他们执行多种功能，没有传统的"专业分工"，取消了全部的中间管理层，由上述的跨功能小组直接向经理负责。显然，这种"交叉复式结构"，也是对传统分工理论的一种挑战，是在组织形式分工上的挑战。

最后，是商业过程的重塑。高级计算机和信息技术，使得商业过程只需用少数人就可以更快地完成商业活动中多种作业和任务的整合：一个办事员只在收银台后，用一台电脑就可以即时核对受委托接受的订单，并分配支付的款项。原来大量的票据处理工作全都没有了。原来许多烦琐的"额外活动"都取消了，多种商务活动，通过电脑和信息技术被整合了。因此，原来的商业活动过程的分工与专业化，也就被整合成一种综合性的活动了。

以上这些新的现象都无不对传统的劳动分工理论带来了挑战，说明信息化条件下的分工同工业化条件下的分工，将可能具有完全不同的特质。如果说，工业化的分工是一种分析式的分工，信息化的分工则是一种综合式的分工；工业化的分工是一种愈益专业化的分工，信息化的分工则是一种愈益多能化的分工；工业化的分工是一种人依附机器的分工，信息化的分工则是一种人创造机器以服从于人的智能发展的需要的分工；这种分工发展的结果是：工业化的分工使人愈来愈成为机器的一个"部件"，而信息化的分工则使人愈来愈得到自由而全面的发展。

三、"垄断"的新视角

反对垄断，鼓励竞争，这在传统经济学和发达经济体中，几乎是天经地义的事。各发达国家都制定了相应的反托拉斯法。但是，在新的信息经济中却出现了新的情况，使得对"垄断"的定义乃至对策似乎有重新加以界定的必要了。

信息化的推进，一方面的确大大提高了信息的透明度，使竞争更加剧烈，似乎市场更趋完全了，甚至有人提出"欢迎亚当·斯密归来"。然而，不要忽视，这只是在既有商品的流动市场上是这样的。而在新商品的创新领域则完全不是如此。在创新的领域(从点子到研发再到新产品)，信息不仅不可能透明化，而且是更加不对称——相互保密了。因为，一个好点子一旦被别人"偷"去，就不值一文了。

不仅如此，正如我们在前面关于报酬递增的机理中所说的"传承垄断"，由于知识产权的保护，由于报酬递增所形成的巨大经济实力的倾斜(有能力收购其他竞争对手的公司)，由于"用户基础"(某个产品的惯性和广泛性基础)的变化，就可能造成新的市场不完全和新形态的垄断。

新垄断与旧垄断如何区别？有待实践的发展，现在还说不太清楚。但有一点是十分清楚的，我个人认为，旧的垄断是凭借资本占有上的优势，通过资本的集中形成对市场的独占趋势；新的垄断则是凭借知识占有上的优势，通过不断创新，推出新产品而形成对市场的独占趋势。旧的垄断，由于是凭借资本优势使自己的产品独占市场份额，由于报酬递减的驱使，因此是对既有技术的一种"保护"倾向，排斥新技术取代旧技术，是阻碍创新的；新的垄断则不然，由于它受报酬递增激励，垄断则是和技术的纵深创新、不断创新相联系的。

显然，对待这种新形态的垄断，的确是个复杂的新课题。美国在处理微软垄断官司上就是最好的说明。美国是否在这个问题上犯了错误？是否用旧的垄断观和反垄断法错误地处理了新垄断问题？很值得探讨。

目前国内外对此都有不同的看法。美国 W. 布赖恩·阿瑟教授和萨尔坦科马里教授就提出了不同的看法。他们认为，由于 1994 年以来美国 GDP 持久增长，造就了 20 世纪 90 年代的经济成功，得归功于高科技产业的迅速增长，特别是软件和计算机公司爆炸式的增长。全部 GDP 增长中 30% 是这个行业所提供的。而其中，微软又是它的"火车头"。因此，阿瑟认为："反托拉斯者在控制因收益递增而获得支配地位的高科技公司时必须谨慎从事，控制这样的公司将扼杀创新。"我国《光明日报》2001 年 9 月 19 日刊发了一篇署名智以方的文章，文中也指出：1995 年，由于视窗 95 的推出，给 IT 产业带来了旺盛的增长动力，世纪末业界又寄希望于视窗 XP 的推出。但由于反垄断官司的原因，微软迟迟不敢推出视窗 XP，致使 IT 业的发展出现了"低谷"。是否因此使美国经济加快了衰退的步伐，这是很值得继续观察的。

四、供给与需求关系

在传统经济学里，需求与供给的关系是很明晰的，两者是构成价格机制的两大杠杆——需求曲线与供给曲线的交点形成市场的均衡价格；价值产生于供给方，消费者则是价值的破坏(消耗)者，等等。近几年来，由于新经济的兴起，供求问题也发生着明显的变化。

首先是由于直接商业模式出现而形成的供给与需求一体化趋势。供应商、制造商与客户之间的界限已越来越模糊了。这种一体化趋势使得传统观念中的供给与需求发生了一系列的变化：第一，供给者可以直接控制需求。例如美国的格里婴儿用品公司设计了一套"供给链"，通过进入客户的电子数据库交换销货点的交易资料与客户建立私人电子联系，开发出能对需求的变化迅速反应的系统。又如，现代的广告在促进消费(需求)方面的作用，已经远远超出了传统经济学"理性选择"的边界——如果都是理性选择，供应商何必花大量的投入去做广告？第二，制造商可以满足个性化需求。例如，在美国，运用一个多体选择和定购系统，客户就可以直接从工厂定购一部按自己意愿设计的"定制"汽车。这样，供给和需求的独立性就大大削弱了，两者的界限难以分清。第三，供给和需求的融合趋势。可以说，有什么样的潜在需求就会有什么样的供给。由潜在需求——点子——创新——供给之间的时差大大缩短，甚至看不到距离了。这些变化都是电子商务发展所带来的，人类似乎进入了"电子需求和供给"的时代。

其次是经济全球化而形成的外购使得供给和需求也变得不清晰了。

以上这些新的情况都对传统经济学的供求理论提出了质疑：谁是供给者谁是消费者？是需求决定供给，还是供给决定需求？消费者在价值创造中有没有作用？等等。

五、马歇尔的均衡论仍有效吗？

阿·马歇尔的均衡模型，在过去那个时代的农业和制造业经济中可以说是合理的，在一些传统的经济中仍然有用。传统的厂商理论是建立在企业家追求利润最大化的基础之上的。为了获得最大化的利润，边际成本必须等于边际收益，这就是厂商的均衡状态。这就好像一个球在碗的底部，当这个碗的状态是处于封闭状态时——没有能量的进入或溢出——它永远会处于碗的底部的均衡状态。这是假设碗的各个面(生产成本、消费者偏好等)的市场结构是既定的、不变的。但是在今天高科技占统治地位的经济中，迅速的技术和管理创新，却使得成本和消费者偏好瞬息万变。任何一个厂商系统都不可能是封闭的。能量和质量都在不断进入和溢出。碗底的这个球，就不可能处于一种均衡状态，不知它会滚向何方。这就是说，经济的常态已不再是静态、封闭、均衡的了，而是创新、变革和不确定的。因此，有些经济学家提出：经济不再是一个封闭的均衡系统，而是一个复杂的适应系统。这个复杂的适应系统的特征将是：第一，是开放的、动态的系统。数量和质量不断地输入和输出，永远处于一种变化的、非均衡状态；第二，是复杂而难以预见的。过去的均衡系统是仅有单一的某个系统(如垄断)，或具有多个系统，但都是相同(如完全竞争)和可以预见的。现在的非均衡系统，则具有众多的完全不同的媒介系统(既垄断又竞争，既均衡又混沌)，复杂而难以预见。第三，是一个自我组织系统。是在自下而上的动态的相互作用中产生的，而不是在自上而下的支配性计划中产生的。谁是工程师？不是某一个人，而是每一个人，创新是知识交流相互影响中创造出来的。就像硅谷中许多创新，是在酒吧间里相互聊天而形成的一样。

当然，新经济对传统经济学的挑战远不止这些方面，即使是这些方面，目前也不能作出结论，还需继续观察、研究。但是，完全按照传统经济学理论来指导我们的实践，肯定是不行的。

(发表于《经济学动态》2002年第4期)

从宏观背景看中国的现代化

一、中国近代化迟滞的原因：三因素综合论

这个问题，中外学者已有不少成果。其中，我觉得有代表性的是两种：一是文化障碍论，二是政策抑制论。前者以韦伯为代表，认为是儒家伦理阻碍了中国的近代化；后者认为是历代君王的"重农抑商"政策抑制了商品经济和资本主义的萌生。我对这两种看法都不是很满意：它们只说了问题的表层原因，没有回答为什么在中国历史上会形成"独尊儒术"的局面？为什么历代君王大都要实行"重农抑商"的国策？在此，我试图提出"三因素综合论"，即：制度—文化—地理的三因素交叉综合。

1. 制度因素：国体的选择

过去，历史学家总把中国近代化落后的原因归结为历代王朝都采取的"重农抑商"政策。笔者认为，"重农抑商"只是一个表面的、直接的原因。必须弄清，到底是什么样的因素促使历代君王无一例外地推行"重农抑商"的政策呢？

答案在于：在中国，治水的农耕社会和多民族性造就了中央封建集权的客观基础，使中国几千年来都选择了中央集权的封建国体。在这种国体下，治国的取向必然是：谋求稳定、长治久安——这同西方的开疆拓土、重商敛财就大不一样了。黄仁宇先生关于这一点曾说得很明白："这一帝国……它的宗旨，只是在于使大批人民不为饥寒所窘迫，在黎民不饥不寒的低标准下，维持长治久安。"[①]这种治国取向必然导致漫长的封建专制，使资本主义无法萌生。

(1)追求长治久安，其最佳社会基础是小农社会。因为在小农社会中，典型的是"小国寡民""鸡犬之声相闻，老死不相往来"，其封闭、愚昧、保守、分散的特征最适合"分而治之"了。这才是为什么历代君王都采取重农抑商政策的制度原因和深层次根源。"民可使由之，不可使知之""知识无用论""刁民太多，王道难行"等愚民政策，当然是其直接推论了。

(2)要保证长治久安，必须统一全国的行为规范，以礼治国。即以"一元"(礼教)来治理"多元"(社会)，地无分南北，人无分东西，一律"照章办事"，并对此进行法律化、道德化。而这个"礼"无非是：天朝律令+三纲五常+文牍主义。在这种体制及其衍生出的"尊卑有序"的等级制度下，提倡"循规蹈矩"(不越轨成为当官的要诀)，而"标新立异"则是要"得咎获罪"的，这也是理解为什么中国历史上的历次变革多以失败告终的一条线索。

---

① 黄仁宇：《万历十五年》，生活·读书·新知三联书店 1997 年版，第 60 页。

（3）维持长治久安的结果导致创新人才难出。中国历代科举取士的标准有三：一是懂礼——懂得照章办事，循规蹈矩，不给领导添乱；二是通变——巧言令色，文过饰非，善于"化解"矛盾；三是善和——会调和矛盾，能替君王"解围"，维持一团和气。这样"取士"出来的"人才"，可能有所创新吗？敢于向旧事物挑战吗？一个好的制度，可以大大推动经济发展，反之亦然。因此，中国这样一种中央集权的封建国体，是不可能为资本主义的萌芽提供适宜的土壤的，而必将大大延迟中国的资本主义近代化。历史也已证明了这一点。

2. 价值观因素：文化的反作用

中国的儒家文化，应该说有许多积极的成分，如：重视教育，"和为贵"，兼收并蓄，中庸之道……但确实也存在许多消极的东西，它们根深蒂固地束缚着国人的思维，阻碍着中国的革新与进步。其中，最突出的有两条：

（1）师古法圣。中国人注重眼睛向后看，而不是向前看。老是怀念过去，而不是热情地拥抱现在与未来。师古法圣的传统几至发展成极端：先圣、先贤们说过的话就是绝对真理，万万不可违背。似乎，古人比今人正确，死人比活人聪明。更有甚者，居然用死人来压制活人——这实际也是一种统治之术，因为死人不会说话，可任由歪曲、编造、强加嘛。试想：一个民族老是用过去来规范现在和未来，还能前进吗？

（2）"重名轻实，死要面子"。名义的东西远重于实际的内容，这与以美国为代表的实用主义正好相反。这种思维方式，至少可举出两大弊病：第一，容易陷入理想主义的陷阱。中国人无论过去还是现在，往往过分追求虚幻的"主义"境界，而忽视现实的效果。但人们不能生活在"半天云里"啊。"三年赶英超美""大办钢铁"的历史教训还不够深刻吗？第二，容易陷入调和主义的陷阱。遇事不去追求究竟，精益求精，只会搞权术、和稀泥，"你好我好大家好"，缺乏科学精神。这一点从中国人的"口号化"癖可见一斑。中国人的口号大多具有这样的特点：高度的概括性+适度的模糊性。这就使得各有各的解释，各方都可接受，既有利于"一团和气"，又给自己留下余地，当真"神乎其技"，叫人不得不"服"。试想这种思维方式能够推进现代化吗？

3. 地理因素：大国守成

中国是一个地大物博的半内陆大国，而原来的周边邻国在当时由于经济文化落后，被称为"蛮夷之邦"。中国俨然以宗主国自居，以自我为中心，形成大国守成的心态。这必然带来三大负效应：一是封闭效应——对外需求很少，缺乏向外拓展的动力。郑和下西洋之所以并未带来"哥伦布"的效应，原因就在于出洋的动机并非经济开拓，而是显示天朝大国的"神威"而已。二是保守效应——缺乏外来先进生产力的竞争与挑战，危机感很弱，自然也就缺乏技术革新的原动力了。三是自大效应——上述两点，必然导致"唯我独尊"和"夜郎自大"的心态。自诩为物华天宝、人杰地灵的"中央之国"，盲目自大，故步自封，不愿向国外学习。

以上三大因素交织逐渐便形成了一种阻碍近代化产生与发展的负面惯性，即"七重七轻"：重农抑商，重义轻利，重情轻法，重形式轻实质，重安内轻拓外，重调和轻精益和重集体轻个人。

以上看法，与法国布罗代尔的观点大体相似。布罗代尔也认为，强大的封建王权国家会阻碍资本主义的近代化，其原因：第一，封建帝国为维护其统治，能够破坏资本主义的积累过程和制度创新——重农抑商即为一例；第二，强大的封建国家会不断破坏知识积累的进程，使技术革命无法发生——技术沦为"奇技淫巧"。[①]

那么，过去百年的历史给我们到底有何启示呢？主要有三：

第一，要大力推动"个性解放"。几千年来，一整套十分完善而有力的封建上层建筑压抑了中国人的个性解放，使我们这个民族"安贫乐道"，甚至"不思进取"。既缺乏追求财富的冲动，又缺乏创新立异的激情，同现代化的基本要求背道而驰。因此，必须大力推动"个性解放"，砸碎封建礼教残余的束缚，塑造有棱有角、有血有肉、感情丰富、积极进取的人。"无欲无求"的人，不可能带来社会经济的发展；用正当手段追求财富的人才能通过主观上的"利己"达到客观上的"利他"，使现代化成为可能，亚当·斯密所谓"看不见的手"也寓意于此。个性解放有两个基本方面：一是敢于开拓创新（而不是安于现状），二是勇于追求更好的物质文化生活（而不是"知足常乐"），永不知足才是经济发展和现代化的永恒动力。

第二，要向前看。过去已成历史，无法改变，我们能把握的只有现在和将来。我们这个民族要学会向前看，勇敢地丢掉历史包袱，少一些不切实际的桎梏，多一些现实性、前瞻性的考量。

第三，坚持对外开放。几百年闭关锁国的结果是迎来了帝国主义的坚船利炮，这已经说明关起门来搞建设是不行的。各国的经济发展经验也表明，出口可以扩大一个国家的商品与劳务市场，获取稀缺的外汇，日本、韩国就是在出口导向的指导战略下实现经济起飞的。所以，必须坚持对外开放的国策，在世界范围内配置国内资源，引进国外资源，充分利用后发优势，加快现代化的进程，缩小与发达国家的差距。

二、从新经济的角度审视中国的现代化问题

知识经济、信息经济、网络经济、新经济，提法不一，内容相同。总之，一个崭新的时代，正在向我们走来。新经济，不仅赋予我国现代化以新的时代内涵，而且完全可能通过跳跃式发展加快我国现代化的进程。

1. 新经济要求对中国现代化进行全方位的战略调整

第一，现代化目标与内涵的调整。过去，现代化几乎是"工业化"的同义语，因为那时发展中国家的工业基础十分薄弱，迫切希望建立起独立而完整的工业体系，迅速增强本国国力，提升国际地位。但从现在的形势发展来看，这已远远不够了。如今的现代化目标，应是作为"工业化"高级阶段或后续阶段的"信息化""知识化"；现代化的内涵则应包括"高新技术产业化+传统产业高新技术化+文化的多元融合化"。

第二，现代化将带来社会阶层结构的重大变化。过去以工人、农民、知识分子为主的

---

① 布罗代尔：《资本主义论丛》，中央编译出版社 1997 年版，第 55 页。

"三大阶层"格局，正在发生重大变化；如今，阶层分化、重组、嬗变正在进行或即将发生。总的趋向是：以脑力劳动、知识创新为特质的阶层将上升为社会的中坚和社会进步的先锋队；以体力劳动为特质的阶层，将呈萎缩趋势。

第三，现代化的实现将愈来愈突出"以人为本"。这要从新经济的定义说起，即什么是"新经济"？它是一种以知识创新为核心——不同于旧经济的以资本积累为核心；以信息革命为先导——不同于旧经济的以产业革命为先导；以高科技产业为主体——不同于旧经济的以制造业为主体；趋向分散化、网络化、虚拟化的经济形态。

这里的核心问题是：知识经济的生命线在于"知识创新"，而知识创新主要依赖于人的灵感。要灵感不断涌现，其生命线又在于：人的心情舒畅+强劲的激励。要实现这种"舒畅与激励"，就必须营造出一种以人为本的"人才生态环境"。这种以人为本的人才生态环境要求的条件是苛刻的：（1）把"人才"当上帝，而不是"工具"；（2）一切工作都要围绕"解放个性"，发挥特长，允许多元化；（3）一切分配制度都要以"贡献"为原则，反对平均主义；（4）人才流动须做到有进有出，双向流动。要看到人才流动的积极效应：一可有利于信息交流，二可有利于知识更新，三可有利于创新放大。

2. 新经济将推动我国现代化的可持续发展

主要从以下两方面看：第一，新经济将会是一种"低能耗"的经济。高科技产业，大多是环保性的产业，能耗低、污染少，如微电子、生物工程、新能源和新材料等。这与过去号称"油老虎、电老虎"的重化工业是迥然不同的。随着新经济的发展，环境的破坏度将会趋向降低，生态系统将逐步步入良性循环。

第二，新经济还有利于抗衡国际经济危机的波动，保证经济的持续稳定增长。有一种观点认为：在东亚金融危机冲击之后，几乎所有东亚、东南亚国家和地区都受到极大的挫伤，至今还未走出危机的阴影，而唯独中国的经济却一枝独秀，继续保持7%以上的增长。究其原因，重要的一点在于：中国实行了不同的战略，即实行了传统产业与新兴产业齐头并进的战略，并且把两者结合起来，用信息化带动工业化。

这实质上就是把结构调整与常规增长正确地结合起来：用结构调整强化经济增长的后劲，用经济增长冲销结构调整的成本。因而，中国经济在整体上没有出现常规结构调整阶段的波动。所以，我们积极发展新经济，可以平缓国际波动带来的冲击波，保持经济的持续发展，并会加快现代化的进程。

3. 新经济的发展，使我们离社会主义是更近了，还是更远了

我认为，从总的大趋势看是更近了。这是因为，按照马克思的原意，未来社会主义社会可能将是这样一种社会，在那里，将重建个人所有制并在此基础上形成各种"自由人的共同体"；个人得到全面的发展，并使每个人的全面发展成为一切人全面发展的条件，从而那个社会不存在少数人垄断生产资料借以占有他人剩余劳动的条件，整个社会便得以实现协调与公平。

而工业化的生产力，是一种追求高度分工与高度集中（垄断）的生产力，这种生产力必然形成一种相互倾轧与对抗，并趋向垄断财富的生产关系；工业化的分工和倾轧必然是

使专业化愈来愈窄(非全面发展),使人变成价值观极为现实的"经济动物"。因此,传统工业化并不能提供未来社会主义社会所诉求的生产力、生产关系和一代新人。

但是,我们从信息革命的初始表现似乎可以看到马克思所预想的那种苗头——"五大苗头":(1)根据以微型计算机为基础的生产力,似乎可以看到"重建个人所有制"的某种可能;(2)根据网络化的离散或集结,似乎可以看到"自由人联合体"的某种雏形;(3)信息的网络化,使得垄断信息,从而垄断经济的困难越来越大,人的依附性越来越小;(4)以知识创新为核心,以网络化为载体的新经济,将要求人的全面发展,那种狭窄分工专业化的个人和组织越来越不适应现代经济发展的要求;(5)网络经济的重大特点之一就是其公益性。在新的网络经济中,厂商的目标,首先必须"利他",然后才能"利己",若非如此,厂商就无法生存。传统经济学中的"经济人"假定失效了。因此,不少学者认为,健康发展的生产力、协同和谐的生产关系和全面发展的复合型新人,正在信息革命过程中酝酿着。

三、经济全球化与中国的现代化战略

在经济全球化问题上,国际上存在两种截然相反的观点:全球化与反全球化。前者认为:全球化会改善资源的配置效率,促进信息与技术的传播,给一切国家带来利益,会促进人类社会的发展。后者认为:全球化在本质上是西方文明的世界化,资本主义的全球化,是新的经济殖民主义,只会加剧国际两极分化,使不发达国家陷入"边缘化"的陷阱。

我则认为,上述两者都过于偏激、片面。在全球化问题上,应该看到它的两面性或二重性:从本质看,既有以信息革命为基础的生产力大发展的一面,又有以发达国家跨国公司为依托的垄断资本主义生产关系大扩张的一面;从后果看,既有全球化成果主要流入中心发达国家的现实,又存在不发达国家因势利导借机崛起的可能。关键在于:不发达国家,包括中国,要有自己自主的战略——是被动地接受全球化的事实,还是主动地迎接全球化的挑战?答案毫无疑问是后者。

1. 国际关系上的"多极制衡"

当今的国际力量对比,仍然是"西强东弱"。以我们一国的力量,要想化解和防范整个西方社会全球化浪潮的负面影响,显然是很困难的。但是,应该看到发达国家阵营也并非"铁板一块",特别是在中近期目标方面,它们是各有打算的,甚至是互有矛盾的。所以,以我国的大国地位和区位优势,完全可以采取"多元合作,相互制衡"的策略。这有三大优点:一是积极性,乃是在充分自信的基础上积极与世界接轨,以平等的身份广交朋友,与其他国家结成千丝万缕的联系,形成共同利益,治本与治标相结合,达到富民强国,实现社会主义现代化;二是自主性,中国作为一个主权国家,必然从本国利益出发,自主地制定经济、社会发展的政策,一切最终立足于依托自己的实力自立于世界强国之林;三是全面性,既不"中本西末",也不"全盘西化",不仅学技术,还要学制度和文化,当然是要学习国外的精华而不是糟粕。

2. 经济上的"借风出航"

在经济发展上,我国如何借发达国家吹来之风(大部分不会是"顺风",最好的也只是"侧风"),使我国这艘发展之舟曲折前进,最终驶向社会主义现代化的彼岸呢?这就要求在我国这艘船的舵(政治结构)与帆(经济结构)之间,建立起一种可以灵活调整角度的机制,而且是一种可以因应外部形势进行主动式整合的机制,使两者相辅相成,互相配合,以做到"凭风借力,破浪向前"。这种机制实质上是一种开放的社会耗散结构。

3. 技术上的"学创一体"

一切先进的技术,都可以"引进—消化改进—创新"。这方面,日本做了很好的榜样。但是,只有这一条是远远不够的,特别是在知识经济时代,必须有自己"原创性"的技术。否则,将永远落于人后。以我国的电脑业为例,芯片、操作系统等核心技术几乎全掌握在外国人手中,国内具有自主知识产权的技术少之又少,使中国企业大多沦为外国公司的装配车间,只赚得一点零头。长此以往,何谈科学技术的现代化?这就需要建立一种体制,把引进性创新同原创性创新有机地结合起来,以实现两者间的信息互通、分工互动,成果互享。如何建立这种体制?个性解放是根本;研发能力是关键;基础研究是后劲。这里不再详细展开了,只想强调一下当务之急是:个人自由创业的制度安排和人才生态环境的建设。

4. 文化上的"固本兼容"

"固本兼容"的具体内容有哪些呢?我试图提出"四位一体的文化杂交"论:

第一,发扬中国宏观的综合传统,嫁接穷追到底的分析精神。中国人的思维习惯于从整体看局部,这当然很重要。"不识庐山真面目,只缘身在此山中",讲的也是要系统、综合地看待问题。但关键在于深入分析的精神。经济理论,往往是到"原则"层面就打住了;经济操作,往往是到"口号"层面就满足了。这正是"变形"与各取所需的原因。因此,要学习精益求精、深入分析的精神,加强操作层面的理论研究并制定具体的细则规范。

第二,发扬中国兼容博采的优良传统,补充百家争鸣、不搞调和、容许异端的精神。做到兼容博采不流于纳而为一;争鸣揭短,不至于全盘否定。中华民族客观上是由各民族融合发展而来的,应是具有很强的兼容性的。但历朝历代(除了春秋战国时代)都喜好追求大一统,在文化、学术领域也是如此,如"罢黜百家,独尊儒术"。而很多的思想、理论是在你来我往、针锋相对的论战中产生的。这才能繁荣学术,启迪思想,促进创新。所以,我们要以兼容博采的胸怀进行争鸣,允许多样化;以分辨优劣、去粗存精的态度对待一切与己不同的事物。

第三,发扬标新立异的创新精神,整合中国尊重传承的优良传统。中国是一个历史悠久,人口众多,发展又极不平衡的大国。在这个特殊的国度,若没有世代传承下来的一整套文化传统、社会心理的相对权威,社会便会出现混乱;但这种权威如绝对化,又会压抑创新、破坏发展。这是中国的国情。因此,须在两者间做适度的权衡:给"标新立异"以一定范围的空间,却又不致影响大局的稳定。

第四，把中国的追求永恒(理想主义)同随机应变(实用主义)结合起来。中国人喜欢搞"一劳永逸"，制定什么"千秋典范"。在大的人性论、价值观方面做一些永恒的追求，如对"真、善、美"的追求，当然是无可厚非的，但把它用在实际性的事物上面，却大可不必了。因为世界是发展的，环境是变化的，怎么能够让我们的理论、政策一成不变呢？那就成了食古不化和教条主义了。我国20世纪60—70年代所犯的错误，就在于把马克思主义教条化；而此后邓小平同志领导的改革开放之所以能成功，也就在于他根据中国的实际情况创造性地发展了马克思主义。西方尤其是美国视实用主义为其国家哲学，基本上不管价值判断，"有用即真理"，他们看重的是以个人主义为基础的短期利益，并以此决定政策的取向。凯恩斯有句名言"明天我们都要死"。当然，这种随机应变的实用主义也有其弊端，会导致长期中的短视行为。所以，应舍弃以上两者的弊端，使之有机地结合起来，既要确保长期目标符合人类的价值判断，又要因时、因地制宜解决好当前的实际问题。

四、在新形势下，社会主义如何适应现代化

马克思主义的精髓在于历史唯物主义，它从来不承认"万世不变"的公式和教义。在社会主义的问题上更是如此。恩格斯1886年就曾经说过："我所在的党并没有任何一劳永逸的现成方案。……我们对未来非资本主义社会区别于现代社会的特征的看法，是从历史事实和发展过程中得出的确切结论；不结合这些事实和过程去加以阐明，就没有任何理论价值和实际价值。"[1]因此，当前中国社会主义的发展不可能孤立于历史时代的具体发展，也不可能是一成不变的，它必须顺应新时代提出的新要求，适当地进行改革与调整，以更好地适应现代化的新形势，更快地推进中国的现代化进程。

1. 社会主义制度究竟如何定性——一个观点，三条原则

一个观点，即：社会主义社会不是从天上掉下来的，也不是在书斋里推理出来的；它不是超资本主义社会，而是后资本主义社会。因此，社会主义制度，只能是相对于资本主义制度而言的一个更为进步的社会形态；而且这种"相对优越性"更主要的是在一国范围内的比较。我们应该更多地重视这种"双重相对性"，淡化"一元绝对性"。

三个原则。既然社会主义社会是"相对"于资本主义的社会，则资本主义的最大弊端，就应是社会主义的最大长处，或者说社会主义要能成立，就必须证明它能克服资本主义制度本身所无法克服的弊端。根据马克思的分析，资本主义的最大弊端主要有三点：建立在资源巨大浪费上的高效率(无政府状态和周期性危机)；建立在不平等基础上的激励(分配不公，两极分化，阶级剥削与压迫)；建立在个性扭曲基础上的社会分工(拜物教使人沦为物的奴隶)。凯恩斯曾说："人类的政治问题是要把三种东西结合在一起：经济效率、社会公正和个人自由"。[2] 据此，可行的社会主义制度，理应符合如下原则：

第一原则：比资本主义更高的资源产出率。即相对于资本主义来说，能最大限度地缓

① 《马克思恩格斯选集》第4卷，人民出版社2012年版，第582页。
② 转引自克里斯托弗·波尔森：《新市场社会主义》，东方出版社1999年版，第105页。

解无政府状态和周期性危机，能最大限度地促进生产力发展。这里之所以用资源产出率替代劳动生产率是因为：第一，资本主义的高劳动生产率掩盖了对其他物质资源的浪费(如美国奢侈的生活方式建立在对自然资源无节制消费的基础上)；第二，资源的稀缺性恰恰体现于非劳动资源。

第二原则：比资本主义更平等的分配。即相对于资本主义来说，能最大限度地消除两极分化和阶级性剥削，能兼顾激励与公平之间的均衡。

第三原则：比资本主义更全面的个人发展。即相对于资本主义来说，能提供更广泛、更实质的民主(特别是经济民主)，能保证个人得到更全面的发展，并使每个人的全面发展不仅不妨碍他人的发展，而且成为一切人全面发展的条件。

2. 实行"市场的社会主义模式"，加快现代化进程

综合以上分析，资本主义固然因其内在矛盾无法代表现代化的历史前进方向，但即使是社会主义，若其采取计划化的模式，也将无法体现出相对于资本主义的优越性，更不可能实现社会主义的现代化。根据中国现实经济社会发展的可能，比较科学可行的模式将是"市场的社会主义模式"。这一模式应包含以下内容：

第一，人民民主的社会。包括：一党领导，多党参政。在条件成熟时，可考虑更多地发挥民主党派的参政、议政与监督作用；进一步健全与强化人民代表大会制度，特别要强化其对政府与"人民公仆"的监督作用；在信息化条件下，民主形式由传统的投票改变为电子投票等；宪法中有关公民权利与义务的规定得到切实的遵照实施；构建能适应全球化、信息化新形势的中央与地方政府。

第二，社会主义混合经济。从中国的现实看来，在社会主义初级阶段，不可能绝对地消灭资本主义私有制，社会经济将是一个以国有经济、多种"共同体"经济为主导，多种经济成分并存的新的混合经济。

第三，新社会市场经济70年的历史实践已经证明，社会主义不能没有市场，但社会主义的市场如何避免资本主义市场的消极作用？看来，现有的选择，还只能从适当地发挥政府(计划)的调控作用这方面寻找出路，并且探索出一种市场与政府(计划)相互补充、相互制约、相互改造的市场经济机制。

这种市场经济，不妨称为"协同市场经济"或"新社会市场经济"。其具体内容包括：(1)市场对资源配置起基本作用。(2)在政府、企业、劳动者之间，公营部门与私营部门之间，建立起一种透明的协同机制：协商而非对抗。尤其要在重大配置与分配问题上协商一致，使各方都成为"负责任的风险承担者"，这不是不可能的，"荷兰模式"就提供了一个范例。20世纪80年代，荷兰的主要工会与雇主方在瓦森纳(Wassenaar)缔结了一项协议，一致同意用调整工资来换取日益减少的劳动时间。结果，劳动力成本在过去10年中下降30%，而国家的经济则获得迅猛的发展，失业率低于6%。[①] (3)政府(中央)的职能在于通过长期计划，间接地指导宏观经济的发展方向；通过法律规范市场行为与政府行为(监督职能)；通过财政投资支持重大项目；通过"委托—代理"制管理影响国计民生的命

---

① 安东尼·吉金斯：《第三条道路》，北京大学出版社2000年版，第127页。

脉部门(金融、能源、交通等);组织和管理对外贸易;公共福利的安排与实施。

第四,有激励的福利制度。先做一个界定,这里说的福利制度只包括公共福利与失业保障,不包括养老保障。目前,西方社会民主党人总结出旧的福利制度的重大弊端,概括起来主要有三:一是消极的救济,造成社会惰性膨胀,"自愿失业者"增加;二是自上而下(中央、省)的福利供给方式,造成"道德公害"日益严重,欺诈的可能性上升;三是"道德公害"使申请社会救济者越来越多,财力负担难以承受。因此,他们提出应该把福利供给制度同公民社会的发展结合起来。具体内容大体是:福利供给同社会贡献挂钩,不吃大锅饭,强化福利制度中的激励机制;变政府自上而下的发放为具有自治功能的社区运营,实行民主管理,群众监督;变消极救济为积极再教育、再就业、再创业;变"死"资金为"活"投资;变单方受益为双方(包括基金来源方)互动、互利,形成一种利益"共同体"——受益者通过福利供给保障了基本生活和再就(创)业的条件,基金供给者通过福利供给保障了社会的有效购买力(市场),社会通过福利供给得到了一个稳定的环境,即为社会营造一个"共存共荣"的机制。笔者认为,上述分析为我国福利制度的进一步完善,提供了有益的思路。特别是在中国的财力极为有限,对企业与个人社保基金的征收又得不到充分保证的情况下,不应该也不可能保证绝对的平等,而是要建立有激励的福利制度。

第五,民主的家庭。家庭是社会的细胞,培养现代化的民主意识,须从家庭的民主化开始。其内涵包括:人格上的平等(夫妻、父子);共同生活中的相互权利与责任;养育子女责任由双方共同承担;子女对父母的孝敬与尊重;家庭内部的民主决策,如未成年子女也要有发言权。

第六,开放的国家。现代"耗散结构"理论认为,只有一个开放的系统,不断与外界交换分子与信息的系统,才是最有生命力的系统。因为,它可以不断吸收外界的能量(分子)更新自己陈旧的能量(分子),形成一种"负熵流",从而具有旺盛的新陈代谢机能,达到新的"远离平衡态"的有序性。这就是古人所说的"流水不腐"的道理。根据这个理论以及各国经济发展的现实,一个国家只有积极投身于世界范围内的经济竞争与合作,吸取先进的发展经验,学习先进的技术与文化,不断提升本国的综合国力,才是实现现代化的不二通途。这也就是"市场的社会主义"的开放观。

经济发展中值得研究的几个问题

发展经济学被引入我国已经 20 年了。国内经济学界通过辛勤努力，翻译了大量的国外名著，出版了许多中国人自己的教科书。同时也培养了一大批发展经济学家。发展经济学作为经济学的一个分支地位在中国已经确立。可以说是粗具规模，基础始奠。在各个大学经济专业中，它是一门颇受学生欢迎的课程；在实际部门也常应用经济发展理论指导一些问题的解决。现在的问题是，如何显现这门学科在解决中国社会主义现代化过程中诸多重大疑难问题的能力？我认为，这是发展经济学生命力之所在。回想发展经济学过去在西方曾经出现过的"危机"，我提出的这个问题，不是空穴来风。我觉得，在引进西方一门新学科时，开始阶段采取"拿来主义"是必要的。但拿来以后，要使这个学科在中国大地上生根、开花、结果，那还是一个漫长的艰苦过程。

目前，国内不少同行正在进行这方面的工作。我也想就此问题谈一点不成熟的想法。我觉得，从现在开始，中国的发展经济学家，应该把重心转向第二个战略阶段，即吸收、消化、创新的阶段。也就是说，要沉下心来，耐得住"寂寞"，深入实际，了解国情，针对中国现代化存在的重大疑难问题进行调查研究，修正引进的理论，创立能解决中国问题的理论。只有这样，发展经济学之"矢"，才可以射到中国之"的"。发展经济学才会具有强大的生命力。我认为，目前发展经济学在中国必须通过研究回答一些重大问题，例如：经济的不平衡发展问题，反贫困问题，农业问题，全球化与有效开放问题，民主化与经济发展的关系问题等。

关于不平衡发展问题。发展经济学，特别是结构主义主张不平衡发展，由不平衡到相对平衡，又出现新的不平衡，再到新的平衡，如此周而复始，螺旋上升。中国前一阶段也是这样做的。采取东、中、西部梯度发展，东部率先发展的战略，取得了惊人的实效。但时至今日也出现了问题，即地区间的差距越拉越大了。地区间差距过大，长远来说会妨碍国内统一市场的形成；眼前就直接造成"民工潮"不正常的过度集中流动，导致经济社会一系列的不安定或紧张因素的积累。特别值得注意的是，农民的盲目流动，供过于求，弄得不好，就可能形成"流民阶层"，这就会影响整个社会的稳定。再从更深层次来看，这还妨碍"人力资本"的投入和优化。因为，在发达地区的企业中，大量是流动性很大的农村进城务工人员，厂方既没有培训投资的强劲冲动，工人也没有学习专业的长期打算。这对现代化的速度和质量显然是不利的。这说明，解决我国地区间良性不平衡发展问题，已被提到战略地位上来了。

从中国的国情来看，要实现那种"周而复始""螺旋上升"的良性不平衡发展，在理论上还需要解决一个如何由不平衡到相对平衡的机制问题。我们观察到的一些具体案例说明，缪尔达尔的"回波效应"与"扩散效应"并不一定是"并存"的，更不是同时出现的。往往是发达地区通过"回波效应"吸走了不发达地区的资源与人才，越来越发达，而它的"扩散效应"却迟迟不能到来。往往出现"马太效应"。这种情况在中部地区看得十分清楚，"孔雀东南飞"了，20年还不见回头。如何解决这种由"回波"逐步转向"扩散"的问题？是通过市场的路径，还是通过政府的路径，还是两者的结合？看来，单纯通过市场是很难完全奏效的——在完全的市场中，"马太效应"往往大于均衡效应。而主要通过政府，又感力不从心。这种状况是暂时阶段的，还是长久性的呢？是不是由于中国发达地区资本集中度不够规模因而无力"扩散"，还是体制与政策未与时俱进限制了"扩散"呢？这些问题在理论上应该加以回答，从而使得在中国构建一种"良性不平衡发展"机制时有一个指导思想。

关于反贫困问题。贫困问题是发展经济学研究的老问题。我们注意到，近几年来，反贫困的理论又有了一些新的进展。美国学者詹姆斯·米特尔曼在他的《全球化综合征》一书中认为，现在一般通用的、特别是新古典主义和新自由主义关于贫困的定义是以人均消费水平来划分"贫困线"。这种定义的明显缺陷是政策上会产生误导：只注意消费，易于引导制定提高消费水平的政策，而提高消费水平之策，莫过于加强市场自由化与一体化。这在现实中会加剧不发达国家与发达国家的不平等和贫困国家的边缘化。而且，还会忽视更多的贫困现象。他主张如下定义：贫困，就是在全球化的背景下一部分人被排挤到经济的边缘，越过这个边缘，就意味着劳动者所得额低于劳动者的付出，这种"入不敷出"一贯化是形成贫困的根源。他认为这种定义有利于在政策上导向提高贫困人群工作的边际效益和边际报酬，排除劳动力成本高于劳动报酬的政策与环境，包括全球化国际贸易中的"双重标准"。而且，即使在非贫困人口中也有贫困者，如家庭妇女。诺贝尔经济学奖获得者阿玛蒂亚·森在他的《以自由看待发展》一书中，对贫困所下的定义又大大前进了一步。他认为，过去把贫困简单地看作"收入低下"是太狭窄而肤浅了，贫困应是人们实现自己愿意过的那种生活的可行能力的短缺，即"实质自由"的短缺。这种"可行能力"，还应包括民主能力的贫困、知识能力的贫困、信息能力的贫困、不受社会歧视能力的贫困等，这些能力的贫困，往往同经济上的"收入低下"有着高度的关联性。我们还注意到，不少西方学者广泛地研究了制度对贫困的决定性影响。非洲一些国家与地区之所以陷于长期的贫困，大多是封闭专制的制度造成的。在这种制度下，外援不仅不能促进其发展，相反还会延缓专制制度的生命。因为，外来援助(包括贷款)只会起着给专制的核心集团打"强心针"的作用。

我国20年来在反贫困上取得了十分巨大的成效，大量贫困人口脱贫，全国总体上达到了小康水平，贫困人口只有2000万了。但是，我们决不能满足于这个成就。其一，我们脱贫的标准还是很低的，再向前发展，标准肯定要不断提高。其二，由于过去反贫困措施过于单一，现在又出现了大量"返贫"现象。其三，随着信息化的推进，将会出现一种新的贫困，即信息贫困，那些被"排除"在信息化过程之外的人群，由于得不到信息，或不懂信息技术而贫困。

更重要的是我们反贫困的指导思想还过于狭窄，还远未提升到上述理论高度上来。如果我们进一步把贫困看作是制度短缺、环境短缺和"可行能力"的短缺，我们的反贫困视野就会大大拓宽。如，加强落后地区基础设施建设，是从环境方面消除边际效益低下的扶贫；普及教育是消除知识贫困的扶贫；推进政治改革是消除制度短缺方面的扶贫；跨越式信息化是增强信息可行能力方面的扶贫；消除对贫困人群的歧视(人身、政策、伦理上的平等)是恢复与提高贫困人群的自尊、自立、自强精神方面的扶贫等。这样，我们就不是完全依赖政府的投入来解决反贫困问题，而是立足于缓解外部不公平竞争的环境和改革内部不民主的制度的统一，把政府的适度扶持引导、宽舒的制度与环境、透明的市场路径和贫困人群的主动精神有机地结合起来，逐步形成全方位的反贫困机制。这个问题值得深入探索。

关于农业问题。我想先说说理论问题。传统的二元理论，是以完全市场化为前提的。而我国目前离完全市场化还有相当距离，还存在"政策壁垒"，特别是"城乡鸿沟"。这就是说，我国农业的现代化、市场化，还要首先解决一个中世纪的遗留问题——农民和城市居民在市场面前人人平等、自由选择的问题。无论是马克思还是西方古典经济学家，在这一点上是完全一致的：走向市场经济的大前提是农民必须成为自由人，成为从土地和人身依附关系中解放出来的"像鸟儿一样自由"的人。中国农民，表面上看，好像是自由的——走南闯北，没有限制。但是，仔细一想，则不完全是。他们没有在城市定居的自由，没有享受与城市人同等权利的自由。我认为，这个大问题不解决，中国的市场化就会步入歧途，农业现代化也就难以真正实现。而且，随着信息产业部门的出现，我国经济将不只是"二元"结构，还会是"三元"结构——传统的农业部门、现代的资本部门和新兴的知识部门并存，是一个由"三元经济"向新的"一元经济"转换的问题。同时，在城市中也存在传统部门(手工业与资本化不高的小企业)。这都是西方的经济发展理论研究得不够的、需要我们认真研究的中国特色的经济理论问题。

再从现实来看，现阶段解决"三农"问题的根本出路是什么？我同意不少学者的看法，是城市化。它可以促进农业规模化，推动农业机械化和科学化，提高农业自身的效益，也有利于政府实施对农业的贴补与扶植措施。目前推行的农业产业化经营，如果没有城市化的配合，也是缺乏动力(市场)的。不仅如此，城市化还可以解决国内市场疲软、通货紧缩和结构调整问题。但是，现在的问题是城市化又靠什么来推动呢？光靠政府号召肯定不行，有的地方大搞"农民造城"，更是荒唐。因此，中国的城市化客观上要求：第一要消除政策壁垒，实现农民的国民待遇；第二要营造城市化的动力——大力推进新型工业化，这其中，相对超前地进行基础设施建设，特别是交通、信息以及能源建设，对加快新型工业化又起着领头的作用；第三，也是关键性的，必须以大中城市为核心的城市集群作为主要目标来推进我国的城市化，才可能真正实现农业剩余劳动力的结构性转移，进而才可能全面推进农业现代化，包括农业的产业化经营——即在适度规模经营、科学种田、现代管理基础上的农业现代化。第四，实现由二元经济、三元经济过渡到新的一元经济。这里面有一系列的理论问题有待研究。诸如，在农村人口城市化的同时，如何兼顾城市的过剩人口问题？在中国会不会出现西方工业化前期那种"游民阶层"问题？在信息社会的前景下，中国城市化如何另辟蹊径的问题？如何促进农村现代化服务业的发展问题？如何用信息化来推动农村脱贫和农业现代化问题？如何解决当前中国农用土地市场化问题？等等。

关于全球化与有效开放问题。在全球化的大背景下，任何一个国家想闭关自守，不仅都会被边缘化，而且也不大可能。与其被迫开放，不如主动开放。而一个不发达的国家实行对外开放，用什么理论做指导？显然，"依附论"已经没有多少市场了，"中心-边缘"论也显得陈旧了一些，如果完全按照"新自由主义"的理论，不发达国家面临的风险那就更大了。

我认为，在中国，迫切需要有一种"有效开放"的理论。既充分利用国际市场的资源，又确保民族经济的自主性；既放开外资的进入，又保持本国的经济政治稳定；既周旋于国际大跨国集团之间，又培育出自己的跨国公司；既大胆放开国内市场，又规避各种可能的风险……不妨称这种理论为"积极的世界主义"：一方面，积极地学习世界上一切有利于我的东西，包括美国的创新机制、德国的社会市场经济、新加坡的法制精神……另一方面，尽力防止不利于我们的东西。初步来看，这种理论至少应包括三方面的基本内容：一是相互适应理论。发展中国家应自主调整过时的观念与政策，以适应新的形势；同时，又要通过斗争使国际势力对自己做出必要的让步。二是渐进变迁理论。这又包括：如何根据自己的国情确定合理的开放步骤；做好必要的开放准备；加强开放的监管（制度建设与制度创新）。三是风险保护理论。在不违背国际惯例情况下，为开放的风险提供适当的"保护伞"。这种开放理论将会对发展经济学的发展做出重大贡献。我想，由于中国人具有"兼容并蓄"的气度、"中庸之道"的文化和高超的综合求同的能力，这种理论只有中国人才能创造出来。

关于民主化与经济发展的关系问题。我始终认为，民主化是不能孤立推进的，它是经济发展与政治改革的"共生物"，是大体顺着"经济发展——社会结构变化——现代民主化"的轨迹前进的。而经济发展，则是民主化的基础：其一，只有市场经济的发展，才能造就不绝对依附于国家、具有独立人格和行使公民权利的"可行能力"的人民大众。其二，只有市场经济的发展，才能推动社会进步。其三，只有市场经济的发展，才能推动法制建设并培育出法治精神。所以，民主化的问题，绝不只是政治学研究的范畴，而经济学，无论是政治经济学还是发展经济学，都责无旁贷。以上这些重大问题，都是经济发展中面临的一些问题，它们是无法回避的，发展经济学必须通过自己的研究做出正面的回答。这正是发展经济学生命力之所在。

（发表于《经济学动态》2003 年第 12 期）

发展经济学概论

第一章 绪 论

发展经济学是一门新兴学科，特别是结合中国实际的发展经济学还没有完全形成体系。虽然现在已有一些发展经济学的教科书，但它们多半是讲西方的，没有系统地结合中国的实际，也没有结合 20 世纪 90 年代以来世界已经发展了的实际，所以新的发展经济学还在研究之中、探索之中、形成之中。我们撰写的这本《发展经济学概论》就是试图在这方面做一个探索性的努力。

第一节 发展经济学的由来及其面临的挑战

发展经济学作为一门独立的学科，产生于第二次世界大战以后的西方发达国家，其历史还不长。

当时，一大批原来的殖民地、半殖民地经过革命纷纷独立了，推翻了宗主国的统治，建立了独立国家和政权，而这些新兴的国家由于受帝国主义宗主国的侵略与剥削，大都处于落后的不发达状态。怎样使它们由不发达走向发达，由农业国变为工业国，实现工业化？这是摆在当时经济学家面前的历史性课题。然而，这些国家的经济学界如同它们的经济一样处于不发达状态。倒是一些发达国家的经济学家对此发生了浓厚的兴趣。发展经济学的主要理论体系也是这时形成的——如二元结构理论、不平衡发展理论、大推进理论、"两缺口"模型、进出口替代-导向理论、"倒 U"形理论等。这一时期主流派的发展理论被称为"结构主义"。

这些发达国家的研究发展经济学的学者的动机是很复杂的，即使他们的动机是善意的，他们毕竟生活在发达国家，对不发达国家的国情知之甚少，因而他们提出的理论、对策，对于不发达国家而言，难免有隔靴搔痒之感。正是由于这种历史、地域、阶级的局限性，到了 20 世纪 70 年代后期，西方发展经济学发生了一场"危机"，甚至像赫希曼这样知名的发展经济学家也竟然声称发展经济学已经死亡了——当然，发展经济学并没有死亡。

为什么会出现"危机"呢，其原因有二：

第一是由于第一批发展经济学家(特别是赫希曼本人)对发展经济学的界定过于片面和不正确。他们提出的一些主要对策和理论不符合实际，比方说，过于强调计划化和政府的作用，轻视甚至忽视了市场的作用和培育，所以很多国家的实践并没有取得成功。他们认为发展经济学的研究对象只是工业化、计划化、政府调控、消灭贫困等，否认市场-价格机制在经济发展中的作用。实际上，发展远不是这样狭隘的范畴，它涉及政治、经济、文化各个方面；计划化更是成效不佳，完全靠政府的推动也实现不了经济的发展，所以他们用自己下的定义把自己引进了死胡同。

第二是在当时还找不到一个像样的大国实现了发展的案例。也就是当时没有哪一个国家和地区能按照他们的理论实现了发展。当时亚洲"四小龙"还没有出现，而且它们也不能完全说明这一理论的正确，像中国香港、台湾等地区，市场的作用很大，也不完全是计划化。在经济学界，强调政府干预的凯恩斯主义已经失势并被新古典主义所替代了，而新古典主义强调的是市场这只无形的手和市场的效用。在实践中，20 世纪 70 年代以后，计划化的高潮已经开始衰退，苏联出现了经济下滑，巴西、印度等实行计划化的国家经济都遇到了困难（在第二次世界大战以后至 20 世纪 70 年代，计划化确实有一个高潮，当时以苏联为首的许多国家靠计划治疗战争的创伤、恢复经济，效果的确很好）。

当然，大多数经济学家并不认为发展经济学已经完了，而是冷静地界定发展经济学的研究对象，同时充分发挥市场-价格机制在经济发展中的作用，使发展经济学更健康地走向成熟。事情已过去了十几年，现在回过头来看，发展经济学也的确没有死亡，仍然存在，而且还在发展。根据陈宗胜的研究（1996 年），发展经济学在 20 世纪 80 年代以后确有重大的进展，从趋势来看，有两大进展：一是发展经济学出现了细分化的趋向，如劳动经济学、人力资本经济学等；二是各学派之间出现了融合的趋向，如结构主义与新马克思主义学派不同程度地承认市场的作用和经济人的主体作用；新古典主义、结构主义学派也在一定程度上承认新马克思主义关于改变制度对经济发展的重要性；新马克思主义、新古典主义学派也承认结构与制度的刚性（结构主义）对获取信息成本的约束等。

但是，总的来看，发展经济学虽然继续存在和发展，但随着国际政治、经济形势的变化（可以说是瞬息万变），的确遇到了巨大的挑战。既有的理论跟不上时代的迅猛发展；庆幸的是挑战并不是坏事，有挑战才有创新。

具体地讲，发展经济学当前正面临着来自四个方面的挑战，这就是：信息革命的兴起（一说是知识经济的来临）、东亚的经验与教训、社会主义国家的经济发展和生态危机的全球化。下面让我们就这四个方面对发展经济学的发展所提出的问题，做一简要的阐述。

1. 信息革命的兴起

旧有的发展经济学理论（特别是 20 世纪 70 年代以前形成的理论），大都是以 19 世纪发达国家传统工业化的范式为参照系来研究落后国家工业化的问题，也就是研究一个以农业社会为主体的国家如何变为以工业社会为主体的国家，即农业国的工业化问题。但是，近 20 年来，在以美国为首的发达国家——或者后工业化国家，在科学进步的基础上，逐渐出现一种崭新的大潮势——信息化。有人称之为"信息革命"，有人叫它"知识经济"，其来势之迅猛，为人们始料所不及。美国比尔·盖茨的微软公司仅仅在几年时间内，由几百美元一下发展为超大型企业，这种发展速度是惊人的。在这种情况下，我们再用 19 世纪的那种模式和理论来研究当代的发展和工业化问题已经远远不够。从现有情况看，这种信息革命或称知识经济，一开始就表现出同工业革命时期的理论和范式有很大的不同，甚至有本质的差别，它的经济结构、运行机制、组织形式、管理方式乃至价值观念都与工业化时期有很大的差别。在这种大背景下，它不可能不影响不发达国家的工业化进程。事实上，包括我国在内，已经强烈地感受到了信息化的影响。因此，当前不发达国家的经济发展出现了一个划时代的大转折，面临着一个全新的时代，这个时代的特点是：发达国家的信息化(知识化)同不发达国家的工业化交错进行、渗透发展。

这样一来，发展中国家现在所进行的工业化必然要同发达国家的信息化(知识化)进行"杂交"，它同过去传统工业化相比，从内涵到形式必然大不一样了。事实上，这一"杂交"过程早已存在，如我们的机床、电器早已使用了信息技术。在这种情况下，旧有的发展经济学理论并没有包含这些新的内容，也无法说明这种新的情况，从而也就难以指导现有的实践了。所以，我们必须立足于这种"两化交叉"的新形势，补充、调整、更新旧有发展经济学的理论，否则就难以应付这一挑战。

2. 东亚的经验与教训

东亚崛起(这是事实)的丰实的经验，并没有被旧有的发展经济学理论所概括；特别是东亚金融危机，它的深刻教训有待很好的总结；东亚的发展及东亚模式都没有被吸纳到发展经济学中来。在一些发展经济学家那里，工业化、现代化都是"西方化""美国化"的代名词。他们认为，不发达国家要搞现代化就必须按西方的模式进行。特别是新古典主义，认为不发达国家要走向发达之路就必须向西方文化范式靠拢。

但是东亚成功的经验，事实上不是按西方的模式进行的，它们大多走的是一条与西方个人自由主义迥然不同的道路，我们把它总结为权威主义工业化的道路和社会至上主义的道路。像日本、韩国、新加坡等国家都是实行社会至上主义。这条道路的的确确把东亚一大批国家推上了现代化的快车道，为其打下了良好的工业化的基础，使其出现过数十年的经济高速增长，这是不争的事实。尽管现在出现了危机，但决不能因此否认东亚崛起的历史事实，"东亚模式"并没有完结，还有旺盛的生命力，从种种迹象看，东亚地区经济的负增长可能已至谷底，2000年可能会逐步走向复苏。所以，正如不能因为西方在20世纪20年代末出现了自由放任导致的大危机而否认资本主义在大发展一样，我们也不能因东亚现在的危机而否认"东亚模式"，更何况东亚这次金融危机有着丰实的经济教训值得我们总结和吸取，并在理论上加以升华。新的发展经济学必须研究、吸纳这一事实，这不也是发展经济学面临的重大挑战吗？

3. 社会主义国家的经济发展

旧有的发展经济学，特别是西方发展经济学，实际上是把社会主义国家的经济发展问题排斥在其研究对象之外的，西方发展经济学的专著和教科书都没有这一部分。这有两方面的原因：一方面，西方发展经济学家认为社会主义不可能有工业化的胜利，特别是苏联解体后，这种论调就更高了；另一方面，社会主义国家对信息特别是统计资料采取封锁的政策，西方无法获取研究素材。

但是，社会主义国家的经济发展是一个客观存在。我们在研究发展经济学时，必须重视这一点。特别是中国的经验证明，社会主义不仅可以实现发展，而且可以更好地发展，可以避免资本主义发展过程中的许多弊端。当然这有一个大前提：即社会主义国家必须实行市场化的改革，改革苏联那种社会主义的发展模式，并且同国际经济接轨，实行对外开放政策。问题是我们如何才能做到在进行市场改革和与国际经济接轨的情况下保证社会主义的发展呢？这是一项紧迫的理论挑战，它要求我们以马克思主义为指导，充分吸纳西方发展经济学的合理成分，建立起中国的社会主义发展经济学。

4. 生态危机的全球化

生态危机的全球化已经在同旧有的工业化范式发生撞击。旧有的工业化范式过于片面地、急功近利地强调经济增长和经济发展，忽视对生态环境的保护和更新。严峻的现实已向人类敲响了警钟：在工业化带来丰实的物质文明时，人类也正在为自己"挖掘坟墓"。生态环境已经远远不只是一个经济发展的外生变量了，而且早已成为一个愈来愈重要的内生变量——资源的枯竭，环境的恶化，如何发展？如何生存？同时，生态环境问题的解决，也远远不止是一个国家、地区单独所能承担得了的，而且愈来愈需要国际密切合作才能奏效——酸雨的漂移、臭氧的减少，哪个国家能幸免于难或独自解决？不可能。因此我们必须立足于环境问题重新构建发展经济学，以实现人类社会的"可持续发展"，为我们的子孙后代留下足够的生存空间。

以上四大挑战是摆在发展经济学面前的新课题、新任务，我们是不能不作出回答的。我们所研究的发展经济学应根据这个思路来进行。现有的教材不能完全涵盖，都难以应对这四大挑战，所以发展经济学本身需要大量的理论创新，从而建立现代的、中国的发展经济学。

第二节　发展经济学研究对象的商榷

1. 确定研究对象的重要性

任何一门独立的学科要能独立存在和发展都必须先确立其研究对象，而且这种研究对象必须有别于其他学科，否则，它就没有存在的必要；而且这种定义必须精确和恰当，否则就会出现危机。

发展经济学同样如此。发展经济学的研究对象，必须有别于一般经济学(或政治经济学，陈宗胜称为"标准经济学")和部门经济学。这不仅是为了研究的分工需要，而且会影响发展经济学能否作为一门独立学科存在下去，会不会"死亡"。20世纪70年代后期发生的那场发展经济学是否已近乎死亡的争论，人们还记忆犹新。赫希曼之所以提出"死亡论"，原因之一就是把发展经济学的对象定义错了，或者说定义得太窄、太偏了。所以，为了使发展经济学能成为一门真正独立的学科，对其研究对象要认真研究，使它不仅有着区别于政治经济学和其他应用经济学科的研究对象与内容，而且能随着时代的变迁包容进新的内容，以保持其旺盛的生命力。因而首先就要认真探讨并确定其研究对象问题。

2. 在研究对象问题上的分歧

正由于发展经济学是一门新兴的学科,并不成熟,因此在研究对象问题上始终存在着分歧,直到现在也没有统一起来。大体上讲,有过或存在以下四种分歧:

(1)取代论与独立论的分歧。这主要是在西方。新古典主义学派的学者认为,发展经济学仍然是研究经济增长的,经济增长就是经济发展,用经济增长理论就可以代替经济发展理论,无须建立一门发展经济学。这是取代论的观点。但也有一些西方的经济学者和中国的经济学者(如张培刚、谭崇台)不同意这种观点,主张独立论,认为经济增长与经济发展虽有密切联系,但是有区别。他们认为,增长主要是指在既定的体制和结构不变的情况下,国民生产总值的增加;而发展则是在增长的同时伴随着经济结构和体制的变迁,而且是在结构变革基础上取得的增长。正因两者有区别,所以不能用增长经济学取代发展经济学。[①] 他们还认为经济增长理论的研究对象是发达国家的经济,但其某些理论、方法乃至政策主张对研究发展中国家的经济发展也具有一定的意义。[②]

(2)广义(一般)发展经济学与狭义(特殊)发展经济学的分歧。这两种意见在国内国外都存在。广义发展经济学认为,发展不仅是发展中国家的问题,在发达国家工业化完成之后仍然有新的更高层次的发展问题,发展是一个历史的长河,因此主张发展经济学不仅要研究发展中国家的增长与发展问题,而且也要研究发达国家的增长与对应的经济发展问题。不然,等大多数发展中国家实现了工业化,发展经济学不又要完结了吗?由工业社会转向信息社会、知识社会就是一种新的发展,其间确实存在结构的大调整和体制的大转换;与此相对的是狭义(特殊)发展经济学,它认为发展经济学应该或主要是研究发展中国家的经济增长与经济发展以及它们如何由农业社会转向工业社会的问题,由于发展中国家具有与发达国家不同的特殊性,而发展经济学本身就是随着发展中国家的出现而产生的,自然它的研究对象就是发展中国家的经济增长与发展。

(3)价值取向上的分歧。一些西方经济学家(主流派和非主流派)认为发展经济学就是研究如何在不发达国家发展资本主义的经济学。发展必定就意味着资本主义的发展,因此他们把非资本主义的发展排斥在发展经济学的研究对象之外。其中,有些人是出于思维惯性,而有些人则明显地出于维护原宗主国的利益,使政治上虽独立、经济上尚不能独立的国家继续依附于发达国家。如哈佛大学经济史学家A.苟申科说:"苏维埃政权可以说是该国经济落后的产物……20世纪重要的教训是落后国家的问题并不是落后国家自己的问题,它们同样是先进国家的问题。由于未能把俄国的农奴解放出来,并且早点实现工业化政策,支付的代价不仅是俄国,而且是整个世界。"[③]这句话虽然说明了一个事实,即俄国农奴制的滞存是俄国社会主义革命产生的重要经济原因之一。但是,从他的语气中就可以明晰地看到他是站在发达宗主国的立场上而发出的一种惋惜之情。

与此相反,西方马克思主义学派和东方社会主义国家的学者则认为,发展最终要走向

---

① 金德尔伯格等:《经济发展》,上海译文出版社1988年版,第79页。
② 谭崇台:《发展经济学》,上海人民出版社1989年版。
③ 陶文达:《发展经济学》,四川人民出版社1997年版,第29页。

社会主义，即使是发达的资本主义也要走向社会主义，因而，发展经济学应该是研究如何在不发达国家摆脱资本主义，实现非资本主义和社会主义的经济学。

（4）"发达"内涵的分歧。发展经济学是研究不发达国家如何走向发达，关于这一点，大多数学者的观点是一致的，但是，对于什么是"发达"，"发达"的标志是什么，则有不同的理解。有的学者认为，实现了工业化，由一个农业国转变成了工业国，就算发达；而另一些学者认为，现今世界已进入信息时代，工业化的旧范式已经不够了，而且工业化也离不开信息化，因此"发达"的内涵应该扩展。

3. 发展的定义

以上这些分歧，除了"取代论"以外，各方都有一定的根据，也都有可取之处，只是不够全面。之所以不全面，关键是对"发展"一词的界定各有偏差。为吸取赫希曼的教训，为使发展经济学永葆青春又有的放矢，似应将"发展"的永恒性与阶段性区分开来，相应地还要把发展经济学研究对象的广义性和阶段性区分开来，此其一；其二，应把发达国家的新发展同不发达国家的发展既区分又结合，相对应地，也要把发展经济学的研究对象定位于：以发展中国家的发展为主体，同时又要充分考虑发达国家新发展对前者发展的巨大影响，不能分割开来研究——特别是在经济国际化的背景下。

关于"发展"的界定问题，本书主编曾在《多维发展论纲》一文中做过详细的论述（见《江汉论坛》1996 年第 9 期）。在此，着重强调三点：第一，应把发展的永恒性同发展的阶段性结合起来研究，在发展永恒性的视野下来审视发展的阶段性，研究现阶段的发展问题；第二，把发展的阶段性概括为"三阶段说"（工业化—信息化—生态化），只是一种静态的划分方法，是为了剖析其本质特征，但在实际经济发展中，它们是相互交替、界线模糊的；第三，信息化阶段的组织特征不只是"中小型化"，而应是"跨国化与分散化并存"。这一点在后面再详细阐述。

（1）发展的永恒性。总的来说，有人类社会存在，就有发展，这决定了经济发展是一个永无止境的过程。在发展经济学作为一门独立的学科之前，就有了经济发展思想与经济发展理论——从亚当·斯密的古典发展思想，到马克思的经济发展理论，再到马歇尔的新古典主义发展思想和熊彼特的发展理论都是在论述发展的永恒性。事实上，即使是大多数的不发达国家实现了现代化，仍然存在"发展"的问题，否则我们就很难理解现在的工业化发达国家的发展问题。如果说发达国家只有增长问题，而无发展问题，那么不发达国家一旦实现工业化以后，发展经济学岂不又一次面临死亡吗？显然不是这样的。目前发达国家开始的信息革命，由工业经济转向知识经济，由工业社会转向信息社会，肯定是人类社会又一次（第三次）的大发展，是更高层次的新发展。知识经济——信息社会之后，还会不会有更新的发展呢？我们认为是有的，这就是发展的永恒性。

既然发展是永恒的，那么其内涵如何界定呢？

发展，作为一种社会经济现象，是社会基础由旧的结构向新的结构发生本质和整体蜕变的过程。在此过程中，也伴随着经济的大幅度增长。发展意味着社会整体结构由旧的有序向新的有序飞跃，表现在：生产力从旧的技术体系向新的技术体系飞跃；生产关系从旧的经济体制向新的经济体制嬗变；上层建筑则意味着为适应新的经济基础，原有的社会、政治、文化等价值取向与规范将发生全面变化。发展的本质是一种新旧结构的大转换。

在发展阶段,一般表现出如下特征:

第一,全面大规模的技术革新。新的技术体系取代旧的技术体系:传统的生产要素、生产装备、技术规范以及生产与技术的组织方式,无论在其质的方面还是结构组合方面,全面地被新一代的生产要素、生产装备、技术规范和组织方式所置换,开始往往是从个别部门、个别地域启动,然后随着产业的联带效应逐步扩展到国民经济的所有部门和所有地域。

第二,集中、大量的投资。大规模的技术革新,是一个全社会性的物质装备、传输系统、人力素质的大更新,必然会伴随着集中的、大规模的投资(包括人力资本的投资),这是毋庸置疑的。但是应该说明,这里所说的集中的、大规模的投资,是泛指一种相当长的时期而言的,而不是"一次性"的,甚至也不能理解为短期内的事。罗森斯坦·罗丹提出的"大推进"理论,其合理内核即在于此,而其缺陷则在于忽视了技术革命波浪式推进的规律(除非小块"飞地"可属例外)。因为这不仅有一个资本形成的过程,更重要的是有一个新技术逐步适应各个特殊部门的创新过程,还有一个管理者与劳动者逐步掌握新技术的学习过程——绝不是上帝事先就设计好一整套适用于各部门各地域的"图纸库"。

第三,惯性的失衡。由旧的社会经济结构转向新的社会经济结构是一场深刻的社会大变革。原来在旧的结构下所形成的一些惯性包括:经济运行惯性、组织的惯性、观念的惯性、生活方式的惯性、行为方式的惯性乃至人的素质标准等,必然也要受到强烈的冲击——旧的精神支柱难以维系现实的群体;旧的运行规范难以有效约束客观实践的运行;旧的是非标准难以明晰地判断新生的事物;旧的关系模式难以合理处理新的人际关系。一句话,旧的惯性失衡了。

第四,社会动荡的可能性加大。这种结构大转换的过程,实质上是处于一种"方生未死之间":旧的有序性被否定了,新的有序性还未全面建立。这必然使社会处于一种精神迷惘状态之下,有时会是很激烈而痛苦的。这种状态下,经济与社会的波动性有可能会加剧,社会生活中往往容易出现紊乱、摩擦、冲突等。这种情况,如果缺乏强力有效的社会制衡中枢,就很可能引发社会风波(包括政变、内乱、革命)。

(2)发展的阶段性。在人类社会永恒发展的长河之中,由于量变到质变的规律作用,必然会呈现出阶段性。本书主编曾提出一个"三阶段假说":从中世纪末叶的产业革命算起,到可能预见到的未来,人类社会生产方式的发展可能要经历三个基本阶段,即:工业化阶段、信息化阶段和生态化阶段。当然,这种阶段的划分是模糊性的,而且呈交叉重叠状态:我们既要坚持阶段的不可逾越性,又要承认阶段的交叉重叠性。三阶段的划分,只是用静态的方法从本质方面来判别一下它们的特质而已。

第一,工业化阶段。即由传统的农业社会转向近代工业社会,由自然经济转向商品经济的阶段。这个阶段,发达国家早已完成,发展中国家正在进行之中(或先或后地进行)。其基本特征是:

技术标志——机械化、电气化。传统的自然能源、人力畜力工具以及与之相适应的传统技术全面地被化石能源、机电工具以及与其相适应的近代技术所取代;建立在经验积累基础上的工艺被建立在科学实践基础上的工艺所置换。

社会标志——非农化、城市化。社会由中世纪的以自然经济为基础的农耕社会转向以商品经济为基础的工业社会；工业经济主导农业经济；与此相对应，人口大规模地由农业、农村转向非农业、城市；城市成为社会生活的中心，城市主导农村。

组织标志——集中化、大型化(规模化)。经济组织模式，由小而全的宗法式组织向专业化、规模化的企业转变，这是现代大工业生产的必然要求。

资产标志——资本化、物体化。生产要素中有形要素占主导地位，而其中一切要素都是资本化的载体，都决定于资本的运行。

第二，信息化阶段。即由近代的工业经济转向现代的知识经济、由工业社会转向信息社会的阶段。这个阶段，发达国家已经开始，发展中国家的工业化也受到其影响。其基本特征是：

技术标志——信息化、人工智能化。信息技术和计算机网络化的扩展以及世界性的"信息高速公路"的扩展，正在引起一场比工业化更为迅猛和深刻的革命，过去工业社会中依靠机电传输的生产过程、工艺流程和经济活动，逐步被电脑网络传输的生产过程、工艺流程和经济活动所取代；建立在物体要素基础上的资本结构，被建立在智力要素(知识要素)基础上的资本结构所置换。

社会标志——国际化、渗透化。在信息化的条件下，每个国家的经济界限变得愈来愈不清晰，政府的控制能力逐步下降，经济与市场朝着国际化、全球化的方向拓展，"我中有你，你中有我"。"国内生产"不等于"本国资本生产"；国家经济实力必须在全球范围计算。1987—1992年，美国在国外的资产增加35%达7760亿美元，外国在美投资增加1倍以上，达6920亿美元；美国公司在海外子公司的销售额比美国全部出口额多3倍。

组织标志——跨国化与分散化并存。信息化使经济的国际化竞争加剧，从而使资本积累和产业分工上国际性兼并、联合大大加剧；信息化使技术更新的速率加剧，从而使生产经营和管理方式上分散化、中小型化也大大加剧。因此，出现了两种看似相反的趋势：一方面，在资本形态上跨国化的兼并浪潮兴起；另一方面，在生产经营领域中，管理层次更加简化(中层管理退出)，生产流通实体更加中小化，就业形式也出现个体化、家庭化。

这两个方面，看似矛盾，实为互补：前者是为了适应信息竞争全球化以增强实力，后者为适应技术更新加速化而增加灵活性(工作岗位家庭化可大大降低成本)。

资产标志——知识化、无形化。物体有形资本当然还是需要的，但已不起主导作用，它不能决定一个国家、一个企业的经济实力；而知识资本、无形资本(包括科学、技术、管理的积累程度和传输速度等)则是决定经济实力的因素。

第三，生态化阶段。即由即将来临的知识经济转向未来的生态经济，由信息社会转向可持续发展社会的阶段。这个阶段，即使已开始被人们所重视、研究，但作为一个全面整体的社会出现，必须在知识经济高度发展、科学技术极大进步的前提下才是可能的。因为，人类要能够全面大规模地再生资源、创造新资源、优化世界人口结构，系统改变地球村的生态环境使之能保障人类社会的持续发展，谈何容易，如恢复臭氧层。

4. 当代发展经济学的研究对象

我们强调经济发展的永恒性、阶段性，是为了不让我们的视野受到局限，使经济发展问题的研究不陷于"就事论事"的狭隘档次。但是，这完全不等于我们要把发展经济学的研究对象扩展到"无所不包"的大而不当的地步。作为一门特定的经济学科，其主要研究对象总是有限的领域，没有这种分工，那也就没有学科分工的必要，从而也不必建立诸多门类的经济学科。而且，还应指出一点：人类社会的经济发展既然有阶段性，发展经济学的发展必然也将会有其阶段性。那是未来的事。我们这个阶段的人，只可能着重研究我们所处的历史阶段所应当而且可能研究的任务。因此，对于发展经济学的研究对象问题，应从以下三个方面来界定：

第一，我们的发展经济学，只能重点研究"现代"的经济发展问题；第二，现代的经济发展的重心，是大量不发达国家如何摆脱不发达状态，实现现代化，由落后的农业国转向现代化工业国的问题；第三，在现代，发达国家转向信息化社会和不发达国家实现工业化这两种趋势交叉并存的情况下，不发达国家的经济发展问题绝不可能"孤立"地进行，它必然要受到发达国家信息化——知识化进程的影响(积极的影响和消极的影响都有)。据此，我们对于"现代发展经济学"的对象应做如下定义：

现代发展经济学，是以人类社会发展的一般规律为指导，着重研究发展中国家由传统的农业社会转向现代工业社会的理论、战略与政策，并兼及发达国家信息化对发展中国家现代化进程的影响的经济学。

对以上定义，作如下说明：

①现代发展经济学不是一门纯理论经济学，它是介乎理论经济学与应用经济学之间的"应用理论经济学"。因为，经济发展既需要建立一定的理论框架，又要研究实现对策。经济发展(特别是对发展中国家的特殊性而言)问题，很难用理论经济学(无论是哪一派)或"增长经济学"来指导，所以需要有自己的理论体系；否则就只要理论经济学了。同时，经济发展又不能限于抽象的理论，而必须有战略与政策，否则发展经济学就没有存在的必要，有各门应用经济学就行了。

②现代发展经济学不是一门纯经济学，它是一门"边缘经济学"。因为它不应就经济论经济，就发展谈发展，必须研究经济、社会、政治、文化、生态对经济发展的影响，才可能探索出经济发展的规律性。

③现代发展经济学不是一门静态经济学，它是一门"转型经济学"。因为它必须动态地研究发展中国家如何由不发达转向发达，由计划经济转向市场经济，故是一个"过程"，即"转型"的过程。也正由于此，其理论体系也随着"过程"的进展而不断更新完善，从而也是一门最富生命力的经济学科。

④现代发展经济学，不是一门"通用"经济学，而是一门"民族经济学"。因为，从很大程度来说，它很难建立起一种对所有发展中国家都适用的理论与政策体系。各个发展中国家千差万别，发展的背景各异，即使会有某些共同的经验，但更多的则是差异。亚洲的发展不同于非洲的发展，拉美的发展不同于亚洲的发展。我们不能走 20 世纪 70 年代以前结构主义学派企望的那条路，历史已证明是走不通的。中国只能建立适用于中国自己的发展经济学。

⑤发展经济学的研究核心是农业国的工业化问题，但由于时代的发展变迁，现时代的工业化问题已大大不同于 19 世纪到 20 世纪前叶的那种工业化。当代的工业化必然会同发

达国家的知识化、信息化交叉渗透,故现今的"工业化"无论其外延还是内涵都有了巨大的变化,故"工业化"一词,最好用"现代化"或"现代工业社会"一词取代。

⑥中国的发展经济学,必须以唯物史观为指导(哲学基础),充分借用理论经济学、经济发展思想史和未来学的成果与范畴。

第三节　经济发展的多维综合启动

当我们观察许多国家的发展状况时,经常会发现这样的情况:有些国家,在某个或几个条件方面相同或相似,但结果有的国家获得了长足的发展,有的则步履蹒跚,有的甚至依然如故。例如,泰国和缅甸,在20世纪50—60年代,两者的经济基础、人文状况、人口素质等情况,可以说是大同小异,发展的国际机遇也相差无几。但几十年后,后者为什么落后许多?对于中国和印度也可以看到类似的现象。这些例子,可以说,俯拾即是。它们说明了什么呢?它们说明任何一个国家要获得真正的经济发展,绝不是一两个因子所决定的,而是一系列因子综合作用的结果。最近,俄罗斯的处境也可说明这个问题。人们原以为,只要私有化、自由化了,发展似乎就会从天而降,国际资本就会滚滚而来,人民生活就会迅速改善。但是,事实完全不是这样。

事实是,发展是多维因素在相互撞击中形成某种相互适应的均衡而综合起作用的结果。我们试图概括为"三维综合启动"。

1. 三维发展论

作为一个特大的系统工程,发展是一个多维空间。许许多多影响发展的因子,大体可以集合为一个"三维结构",即:时间维、空间维和动因维。时间维,是指特定国家或地区启动发展时所处的历史阶段,也可以说是该系统的基本现实;空间维,是指特定国家或地区发展的外部环境与内部环境和据此所应选择的发展方式与道路;动因维,是指特定国家或地区发展所具备的种种要素及其水平与改善的可能性。这三维综合运动的结果,便形成发展的立体空间(见图1-1)。

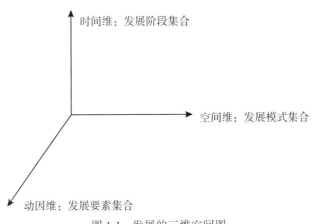

图 1-1　发展的三维空间图

这就是说，发展作为一个过程系统，从时间上看，它呈现出阶段性现象，而且这种阶段有大的周期性阶段，也有小的局部性阶段；从空间上看，它呈现出纷繁多样的发展模式，而且模式与模式之间也会有相互渗透的现象，但不存在处处可套的样板；从动因上看，发展是多种要素耦合驱动的结果，而不是偶然现象。在这三维之间存在网络状的内在联系：发展的阶段，会制约发展要素的作用度，会影响发展模式的选择；发展的模式，也会影响发展要素功能的发挥，会制约发展阶段的演进；发展的要素耦合状况，也会加速或延迟发展阶段的演进，会放大或收缩发展模式的功能。只有在三维之间形成协同的聚焦点，发展才会走上快车道。

2. 发展阶段的定位

前面已讲过，作为大周期的发展阶段可以分为三个阶段，对于每个阶段的特征，也做了简要的描述。现在要讨论的问题是两个：一是大周期的定位问题，二是工业化阶段的定位问题。

(1)关于大周期的定位问题。总的来说，人类社会正处在发达国家的信息化(知识化)同发展中国家的工业化(现代化)相互交叉发展的大周期。但是，对于特定的国家和地区来说，这种笼统的界定还难以作为战略定位的依据。因为，在发展中国家或地区，发展进程参差不齐，有的已经接近完成工业化，已开始信息化的过程；有的处于中间状态；有的还在工业化的初期，离信息化尚远。这就产生以信息化、工业化交叉并行为中点，向前和向后划分阶段的问题。据此，可以划分为前沿阶段、中间阶段和滞后阶段，从而实行"梯度战略"。

所谓前沿阶段，是指那些工业化已经完成或接近完成，信息产业与知识经济已有长足发展的国家和地区。如韩国、新加坡、中国香港和中国台湾地区，乃至深圳、上海、北京这些地区。这些国家和地区，大体上应定位为直接、全面推进信息革命和知识经济的阶段，大力发展高新技术产业，改造与淘汰传统产业。所谓中间阶段，是指那些工业化处于中期，信息革命开始启动的国家和地区。如南美多数国家、泰国、马来西亚和中国的东中部地区。这些国家和地区，重心还是工业化，但已不是传统的工业化，而是与信息技术相嫁接的工业化，故应定位为借用知识经济加速完成工业化的阶段，实行嫁接战略。所谓滞后阶段，是指那些工业化还处于启动时期，无论基础设施还是人力资本，各方面都还不具备向知识经济跨越的国家和地区。如缅甸、尼泊尔、非洲大部分地区和中国的西部边缘地区。这些国家和地区，显然应属全力启动工业化的阶段，对于知识经济，宜采取准备战略。这种时间过程的阶段划分，其实也可以用于行业发育的阶段划分，从而可以实行类似的梯度战略。总之，应分类指导，不能实行千篇一律的战略和政策。

当然，这是从总体战略来划分的，完全不排斥处于第三阶段、特别第二阶段的国家和地区的局部性超前跳跃发展。印度即一例，就工业化进程来说，它总体上应属工业化的中前期，但这并不排斥它在软件产业上的跳跃发展。

(2)关于工业化阶段的定位问题。这里说的小阶段，是特指工业化的小阶段。工业化是一个漫长的历史阶段，西方国家经历了近300年的时间，日本也经历了100年。像中国这样的大国，可能也少不了100年。而且，在一个大国之内，各地区之间的发展也是很不平衡的。从沿海发达地区到西部高原沙漠，发展的时差恐怕也不会少于百年。因此，在制定自身发展战略时，首先就应给自己定位，论证本地区属于工业化的什么阶段，这很重要。否则，在动员资源和选择模式问题上，极易陷于盲目和误区。根据中外经验，在工业化总进程中，划分为若干小阶段是有意义的，特别是发展中大国更有此必要。大体说来，可划分为四个小阶段：启动阶段、粗放发展阶段、集约发展阶段、完成阶段。

工业化启动阶段的特征是：第一，农村自然经济开始解体，农民开始外流从事非农活动，农产品自给率仍占70%以上；第二，城市商业资本活跃，第二产业开始兴起，城市化水平还不高；第三，城乡壁垒开始突破，城乡结合、工农互助的乡镇企业发展起来。就我国来说，20世纪80年代前期属这个阶段，目前我国老少边山穷地区，也大体属这类阶段。

工业化粗放发展阶段的特征是：第一，农村自然经济基本解体，农民大量外流，剩余劳力处于"无限供给"状态，第一产业在GNP中的比重已下降到30%左右，农产品商品率上升到50%以上；第二，城市商业资本迅速向工业资本转移，第二产业高速外延式扩张，城市化大发展；第三，市场繁荣与混乱并存，发展与公害同在，规则不健全，分配不公开始激化；第四，盲目追求速度与数量的增长；第五，乡镇企业开始两极分化。就我国来说，从20世纪80年代中期到90年代中期属此阶段，目前我国中部地区大体属此阶段。

工业化集约发展阶段的特征是：第一，农村自然经济全部消失，农产品商品率达到90%以上，农业中"零值"剩余劳力不复存在，农业转向以提高劳动与土地生产率为目的的技术革命，相应的，政府由"抽吸"农业转向"反哺"农业；第二，城市第三产业蓬勃发展，第二产业转向产业升级和结构调整，城市化趋缓；第三，国民经济整体转向改善结构与提高效益，大力防止污染，改善生态环境；第四，市场向规范化法制化发展；第五，乡镇企业一部分演变成城市现代企业，一部分被兼并，一部分被淘汰，"乡镇企业"这个名称逐步淡化了。就我国来说，从20世纪90年代末开始，可能一直要延续到2020年左右，才能完成这个阶段，目前，东部沿海地区已进入这个阶段。

工业化完成阶段的特征是：第一，农业现代化实现，二元结构消失，城乡差别基本消灭，农业人口非农化基本停止，而且出现城市人口回流农村的趋势；第二，城市化停止，城市规模趋于稳定；第三，国民经济向信息化、知识化过渡；第四，国民教育高度繁荣，人的素质全面发展。这个阶段在我国属未来的阶段了。

3. 要素的集合

发展的要素是一个体系。前面讲过，经济发展受到诸多要素的约束，而这些要素又不是个别地、均等地对发展过程起作用，而往往是有主有次地、相互耦合地影响着发展过程。这种要素体系，大体包含四种基本要素：制度性要素、资源性要素、知识性要素和文化性要素。

（1）制度性要素

这一般指决定经济发展的宏观环境条件，主要是生产关系、政治制度、经济体制及其表现形式。通常分为制度——体制——政策等三个层次，并且不同层次的要素在经济发展中起不同的作用。就一个国家的工业化来说，制度决定是否具备发展的基本前提，即反封建的彻底性问题。体制决定能否提供发展的机制，即市场的发育程度问题。政策决定发展的导向是否正确，即发展的软环境问题。

综观各国发展的经验，影响一国长远发展状况的主要是制度与体制；影响一国阶段性发展状况的主要是体制和政策。无论哪一个层次的制度性要素都往往对一个国家的发展起着决定性作用。例如，印度与中国，发展几乎同时起步，但由于前者反封建远不如后者彻底，因此前者的发展就显著地落后了。又如，苏联和中国都是同样的社会制度，但由于后者在20世纪80年代大踏步地放开了市场，有了发展的灵活机制，成效就大不一样了。马克思主义的发展观认为，发展首先要取决于消除阻碍发展的社会桎梏。这种社会桎梏，如果是某种已经严重束缚了生产力发展的社会经济制度，就应该采取革命的手段来改变这种落后的制度。例如中国，辛亥革命时，孙中山先生虽然提出了工业化的主张，但由于当时的半封建、半殖民地的政治制度，几乎不可能消除中国走向工业化的社会桎梏——封建土地制度，也无法实现农民的解放和自然经济的解体。因此，经济发展在旧中国是难以实现的。在这种历史条件下，如果不采取革命的手段推翻那个阻碍发展的社会政治制度，中国的发展就无从谈起了。如果是某种制度采取的不合理的表现形式，就应该通过改革来改变那个不合理的体制或模式。

（2）资源性要素

这是可以直接或间接成为财富源泉的要素，这类要素一般属于中性。在相同的制度要素和其他要素的前提下，资源要素的富有或贫乏，对发展的快慢和好坏有重要影响。但是，资源性要素的内涵很广，一种资源的贫乏，往往可以用另一种资源的富有来"交换"。因此，资源性要素，按其形态来区分，可分为有形资源和无形资源；按其是否可"交换"来区分，又可分为可交换资源和不可交换资源。

自然资源。如：物产、矿物、能源、水文、土地、气候等，均属有形资源。其中，前三项又属可交换资源，后三项则属不可交换资源。例如，日本、新加坡，前三项资源几乎是空白，但利用它们的资本、人才、技术、区位等方面的优势资源，通过交换，一样可以源源不断地从国外获得。在今天经济开放化、国际化的环境下，这种可交换资源并不会成为发展的限制。

资本。对于不发达国家来说，从表面上看，发展的最大限制要素莫过于资本缺乏。因为它们没有条件进行发达国家那样的"原始积累"。但大量事实说明，只要采取恰当的开放政策，资本也可以成为可交换资源。韩国在1955—1960年，平均投资率为14.2%，而其中9.2个百分点是外资，内资仅占小部分。

劳动力。这也属有形资源。大多数发展中国家这一资源都比较丰富，这也是刘易斯二元理论的前提条件。劳动力资源的丰富程度，对发展，特别是农业的发展模式有较大影响。如劳多地少，宜采用劳动集约型农业，即高地租、低工资、低有机构成、高土地生产率的模式。同时，劳动力还具有异质性，这在发展中国家更显突出。为了发展，必须对人力资本进行必要的投资，而这种投资又受到资本短缺和时间紧迫的限制。这就要求政府采取适合本国国情的培训方式。还要看到，劳动力这种资源在国际流动与交换的可能性较小，这正是发展中国家经济剩余流向发达国家的基础。因为，工资在中心国与边缘国之间的悬殊，不可能因劳动力的国际自由流动而趋向平缓。

区位。经济地理上的特定位置，作为一种有形要素，日益为人们所重视。过去，在生产布局学中，从屠能的"孤立国"到韦伯的"工业区位论"，再到克里斯泰勒等的"中心地理论"，都详细地研究过区位对生产布局的影响。但是，他们大都是从一个企业、一个部门、一个城市的经济效益来研究布局的合理性问题，并没有着眼于整个经济发展来研究区位的意义，而且，在方法上也只局限于运输费用、劳动费用、地租和集聚效应等因素来研究区位的作用，而现代经济发展中区位在通信、信息方面的巨大差异对发展的无可比拟的意义愈来愈突出了。亚洲"四小龙"的崛起，区位优势是一个重要的原因。区位，作为地理现象，是不可交换的，但作为经济概念，则可以随着环境条件的变化而变迁。例如，由于新航线的开通，新铁路的通车，新矿区的开发等，区位优势会由弱变强；反之，交通干线的改道和矿区的废弃，区位优势也会由强变弱。

人才。人才与劳动力在经济概念上是有区别的。前者是指那些具有超过一般人们的智慧与能力，能对经济发展作出突出贡献的人，包括各个领域的科学家、技术专家、管理专家以及杰出的经济领导人。在知识经济时代，这些人才的质量与数量对经济的发展与增长起着决定性的作用。人才是一种处于有形与无形之间的特殊要素，要在充分竞争中才能表露出来。在小生产条件下，靠"伯乐"；在现代，靠保证平等竞争的制度。人才又具有一定结构，各种类型、各个层次的人才要配套互补，形成合理的人才结构，才能产生整体效应。人才也是可以交换的，这是一种高级的"交换"行为。这要看竞争人才的双方能否提供更为优良的、让人才能充分发挥其作用的环境。

机遇。这是一种无形和不可交换的要素。由于外部环境的变迁和内部结构的演变，有时会出现某种有利于发展的时机，这也是极为重要的发展因素。例如，中国在 20 世纪中叶选择了社会主义发展道路，是与当时的外部环境和内部结构分不开的。又如，越南战争和发达国家的产业结构调整，给亚洲"四小龙"带来突发性的发展机遇。机遇，这种要素同其他要素有一个不同之处，就是它的时限性很强，稍纵即逝。抓住它并加以利用，便会得到发展；抓不住，便迅速消失。

（3）知识性要素

如果说，资源性要素在工业化时期有举足轻重的作用，那么，知识性要素在现代经济发展中，则具有决定性的地位。人才也应被包含在知识性要素之中。20 世纪后半叶的发展已经表明，是科技进步缓解了资本主义发达国家的制度性危机，是信息革命加快了发达国家的知识化进程，是经济的知识化改变了发展要素的排列顺序和排列组合。有形要素日益被无形要素所支配，物的要素日益被人的要素主导。电脑的普及，机器人的采用，新材料、新能源的开发，生物工程的进展，网络经济的出现……使发展的内涵大为改观，发展的速度大为加强，甚至使发展的一些概念也模糊起来了。

由于信息-知识革命的迅猛发展，在一些发达国家蓝领工人急剧减少，第二产业的比重大幅下降，还出现了"无人工厂"。那么，劳动价值论是否过时？服务业的劳动是否也创造新价值？资本与机器设备是否也创造价值？这些问题引起了广泛的争论。但是，有几点我们认为是值得考虑的：第一，掌握科学技术与知识的人将成为发展的决定要素，脑力劳动也是劳动，同样创造价值，脑力劳动者也属于生产力范畴；第二，在不同的科技水平下，价值量的凝聚度差异是很大的，现代科技武装的工厂中每小时的价值凝聚度显然要比

19世纪的工厂高出几十倍、几百倍、几千倍,甚至几万倍;第三,无酬劳动份额(相对剩余价值率)、超额利润与科技进步是呈正相关发展的,无人工厂的超额利润则是上一轮或数轮生产过程中创造出来而在本经济环节进行让渡的剩余价值;第四,服务业如投入了新的劳动,也应创造价值,但对有些服务行业的活动(如股票炒作、衍生金融工具的炒作等)能否创造价值,是值得怀疑的,否则为什么会发生"泡沫化""空心化"的危机?

知识性要素,大都属无形要素,也有部分属有形要素(如人才)。这一要素的最大特点是高度的可交换性,由于信息网络化,国家对知识的垄断与封锁变得越来越困难了。

(4)文化性要素

这种无形的但却非常重要的发展要素,越来越被人们所认识了。这种要素在一定历史跨度内是不可交换的,它起着深层的、潜移默化的巨大作用。文化结构的形成,是一个民族经历了漫长历史的整合、积累、演化的结果,往往不会随着上层建筑和经济关系的改变而同步、同程度地消失。价值取向、宗教信仰、伦理道德、家庭制度、生活方式、风俗习惯等,对经济发展的模式、组织形式和进程都会产生不可忽视的影响。例如,大和民族的服从性和集团性文化渊源,对日本发展模式就产生了显著的影响。正在兴起的东亚国家,工业化的道路同西方也有明显的差别。西方一些政治家总喜欢用他们的"人权""民主"标准来强加于人。我们姑且不论他们含有自私的政治与经济目的,就从文化层面来说,他们至少是不懂文化背景对经济发展的作用。西方人对东方人民主化的渐进性不理解,正如东方人对西方人的个人自由主义泛滥不理解一样。

以上四种要素往往由于时间地点的不同而分别构成形态各异的动因集合,即以一种要素为主导,其他要素相配合的集合体。例如,日本是以人才要素为主导的动因集合,中东石油国是以自然资源要素为主导的动因集合,中国、越南是以体制改革要素为主导的动因集合等。

4. 模式的选择

发展模式具有多样性,这是客观事实。由于制度、资源、知识、文化诸要素结构的千差万别,可以说,任何国家的发展模式都不可能完全一样。但为了便于研究,选择若干主要标志进行归类,还是可以的。以迄今为止的历史事实为依据,按政治体制、经济路线和文化取向三个标志来判别,目前有代表性的模式大体有三个:

(1)欧美模式

这是一种原发内生型模式。在历史上它出现得最早,从19世纪到20世纪前期,一大批西方国家通过这种模式(当然也有非原则的差别)完成了工业化,走上了发达之路。

这一模式的基本特征是:

——政治的多元化。由于西欧有着千年的议会制传统,国民的文化素质普遍较高,社会的自组织能力较强等原因,这些国家大多采取了多党议会民主制。

——经济的自由化。西欧是资本主义的原生地,工业化对这些国家来说,是一个"自然历史过程",几乎是无拘无束地通过市场这只"无形的手"而自然演进的。经过私有化的个人资本积聚,到残酷无情的资本集中,而后逐渐整合成现代资本主义工业化国家。

——文化的个人本位。受基督教文化的浸染,欧美型的发展是循着个人至上主义的取向前进的。"主观为自己，客观为大家"的斯密"经济人"理论，是欧美经济发展的根本指导思想。

这种模式也可以称为个人资本主义模式。它的优点在于具有较强劲的激励机制和社会监督机制；它的缺点在于个人自由主义泛滥，社会利益与个人利益之间的整合机制十分脆弱，导致诸多社会顽疾的蔓延(如犯罪率高，黑社会猖獗，吸毒泛滥等)。因此，这种模式虽然在发展经济上有过辉煌的历史，但从人类社会长远发展来看，它带来的负面影响几乎不亚于它的历史贡献。

(2)东亚模式

这是一种后发外生型模式。20世纪，日本、韩国、新加坡等一系列东亚国家和地区相继崛起，出现了一种同欧美模式有别的新模式。

这一模式的基本特征是：

——政治的集权化。由于亚洲封建专制的传统，国民文化素质较低，小生产大量存在和社会自组织能力低微等历史条件，而且工业化落后于西欧处于一种后发追赶状况，为了保持稳定的发展环境和有效动员资源，它们大都采取了经济发展与政治改革分离的路线，运用集权的政治体制来推进经济发展。历史证明，在工业化的前中期，这种模式是相对成功的。

——经济的自由化。这一特征与前一模式基本相同。但其自由化程度因前一特征和防御先进国家的侵蚀，显然要低一些，政府的干预程度远大于欧美模式。

——文化的群体本位。东亚属儒家文化圈。在工业化过程中，它们发扬了"敬业乐群"精神，发展的文化取向是群体主义约束个人主义，集体利益高于一切，组织特色多为家族人缘群体。这种模式也可称为群体资本主义模式。其优点是相对兼顾了个人激励同社会协调，两极分化较小。在后发型工业化国家和地区中，采取东亚模式的国家和地区显然比照抄欧美模式的拉美国家更好一些。其缺点是缺乏社会监督机制，易于滋生腐败。

(3)中国模式

这是一种后发创新模式。中国既是儒家文化的发源地，又是社会主义大国，这种情况决定了中国既不能照搬欧美，又不能照套东亚。我们必须走自己的路，即有中国特色的社会主义道路。所谓中国模式，其实还在探索之中，还没有定型与成熟。只能就现有的特色归纳如下：

——政治的主导民主化。由于中国的历史背景同东亚一些国家相似，不可能实行西方的民主化模式，而是实行社会精英集团为主导的民主化模式。也就是以中国共产党为领导的多党合作与政治协商的社会主义民主化模式。这种有主导的民主化模式，是符合现实中国国情的，它有利于国家的统一、民族的团结、社会的稳定和资源的动员，从而有利于经济的发展。

——经济的多元化。由于中国的工业化起步较晚，基础薄弱，必须实行一种追赶战略，即用更少的时间赶上发达国家。为此，就须发挥政府和民间两重积极性，调动一切发展主体——政府、集团、个人、社会来推动工业化的进程。这一点与东亚模式有某种相似之处，差别在于中国实行的是以社会主义公有制为主导、多种经济成分共同发展的市场经济模式。

——文化的社会本位。中国现代化的文化取向必须使社会主义同中华传统相结合，社会主义的目标是社会公平、共同富裕，中华传统的最高境界是世界大同。故中国模式的文化内涵应是社会本位，即在"我为人人"的前提下谋求"人人为我"，以乐群为主导的自利，使个人的发展同社会的发展最大限度地协调起来。

这种模式还在发展变化之中，但从现有实绩来看，它确实可以做到使社会稳定与经济发展相协调，使经济开放同民族独立相统一，使个人发展与社会进步兼顾。由于它尚未定型，还在完善之中，缺点与问题自然存在，这有待于社会主义民主化和法治化的推进，以进一步强化社会监督机制。

5. 三维动态耦合

以上论述的"三维"是一个动态的网络空间。一定的发展动因集、一定的发展阶段和一定的发展模式，必须找到一个能相互适应的结合点（或聚焦点），发展才能实现。如没有找到这种结合点，就会相互掣肘，矛盾重重，难以实现发展。所以，在实践中，必须寻求这种三维的动态耦合，实现多维综合启动。

根据实践经验和逻辑推理，三维动态耦合可能有三种基本选择：

（1）模式选择型耦合

即根据本国或本地区既定的发展阶段和发展动因，选择适合两者的发展模式。例如，第二次世界大战后中国香港地区，时间维处于工业化起飞阶段，动因维属于区位主导型，这两维大体是既定的，加上当时处于英国殖民地的状况，所以它选择了近似欧美的自由化模式是很自然的。其他东亚国家和地区，如韩国，就没有那种条件，如前面所述的原因，只能选择东亚模式。

（2）动因选择型耦合

即根据既定的发展阶段和发展模式，选择适合两者的发展动因。例如，20世纪80年代初的中国，时间维处于工业化的前期，空间维必须走社会主义道路，这两维是既定的了。既要加速工业化，又要坚持社会主义道路，根据前30年的教训，必须选择体制改革主导型动因，这也是众所周知的。

（3）阶段选择型耦合

即根据既定的发展动因和发展模式来认定发展阶段。这属于一种特殊的或局部的情况。但在一些发展中大国，由于地区间发展很不平衡，这种选择是十分必要的。例如，在中国，同样是社会主义体制改革，但在沿海地区和中西部地区，发展阶段上的差异就较大。如果都按全国一律的发展目标、发展政策、发展进度来运作，那肯定是不行的。

以上这些耦合的选择，绝非文字游戏，而是制定发展战略、政策与方略所不可少的理论依据。对于不同的耦合，其决策的重心是不同的。如果属发展模式选择，就必须把决策重心放在经济或政治制度的选择上；如果属动因选择，就必须把决策重心放在主导动因的选择上；如果属阶段选择，就应对不同地区确定不同的政策、目标和重点。当然，以上所述是一种标准化的假设。实际生活是很复杂和多变的。可能同时要进行两种选择甚至三种选择。这就应该具体问题具体分析了。

第四节　中国经济发展问题的若干理论假设

1. 中国经济发展问题的实质

中国是一个发展中的社会主义大国。中国的经济发展同一般发展中国家相比，既有其共性，又有其个性。我认为中国经济发展的实质可以概括为"三大转型"：结构转型、机制转型、理论转型。

（1）结构转型：由三元经济到新二元经济。由于发达国家知识经济的影响，发展中国家当前已出现一种"三元经济"的格局，即现代化过程中的传统部门、迅速发展中的资本部门和萌芽状态的知识部门。随着经济发展向前推进，传统部门由于农业与手工业的现代化而消失，从而出现了一种新的"二元经济"，即受到信息技术嫁接改造的传统资本部门和迅速兴起的知识部门。这在大多数发展中国家可能是具有共性的。在中国和印度会走得更快些。

（2）机制转型：由计划经济到市场经济。这是原来实行计划经济国家的特有实质，即由传统的计划经济向现代市场经济的转换。换句话说，即由原来的以国家计划配置资源为主向以市场配置资源为主转换。这是经济机制的转换。这种转型既包括社会主义国家，也包括某些非社会主义国家（如印度、拉美某些国家）。

（3）理论转型：由经典社会主义到有中国特色的社会主义。这是社会主义国家的特有实质，即由经典的社会主义理论向有本国特色的社会主义理论转型，在中国则是向有中国特色的社会主义理论转型。这一转型是十分深刻的，应该承认，现今的社会主义理论同马克思原来经典的社会主义，特别是斯大林的社会主义理论，已经有很大的差异了。

我们中国的经济发展，实质上就是以上三大转型的融合过程。这种融合过程较之一般非社会主义发展中国家显然更为艰巨，但确也更有创新性。正由于此，在中国的经济发展过程中，绝对不能照搬国外的发展理论与发展经验，从始至终都应本着借鉴别人有用的东西，坚持走自己的路的精神，不断地进行实践的探索和理论的创新，绝不是如有些人所企望的那样把新古典主义搬过来就行了那样简单。

2. 若干理论假设

基于以上"三大转型"的发展经济学，显然完全依靠传统马克思主义的理论假设或者是西方经济学的理论假设，是完全不够用甚至也是行不通的了，必须建立自己的理论假设。为此，特提出以下"五个假设"：

（1）不发达国家的现代化同发达国家的信息化可能交叉进行、渗透发展。由于信息的网络化、经济的国际化，不发达国家与发达国家之间的市场开放度将不断增加。这样，发达国家必然会用其知识经济（包含信息产业）的产品、技术和经营方式挤占不发达国家的市场；同时，不发达国家也必然会通过以市场换技术的方式将信息化成果嫁接于工业化过程。因此，对发达国家来说，既能加快其向知识经济过渡的进程，同时也会培养出一些新的竞争对手。对不发达国家来说，虽然在前期会造成大量的剩余流失，但却也给其带来了新的机遇：既可能加快现代化的步伐、提高工业化的质量，又可能跳跃式地发展——正如比尔·盖茨所预言的那样，印度在21世纪可能越过工业化的劣势地位一跃而成为新兴的"软件超级大国"。

（2）经济国际化同经济民族化，可以是一种矛盾统一的关系。从表层和短期来看，经济国际化同经济民族化确实存在相互矛盾的方面，普列维什的"依附论"并非空穴来风。但是，在当今瞬息万变的国际化经济大潮下，不开放市场，不同国际经济接轨，就必然会迅速落后。可以说，封闭是一切落后的总根源，开放是一切发展的原动力。关键在于要有正确的理论和政策：

——所谓正确的理论，主要是指要有新的"独立自主观"。什么才叫民族独立自主？如何才能确保独立自主？在当今的新形势下，旧的那种"画地为牢""兵来将挡"型的自主观，在今天显然行不通了，不合时宜了。因为那既会落后又不现实。新的独立自主观，应该是积极参与国际竞争，通过国际竞争不断提高自己的适应能力，最终增强自身国力，从而才能真正确保民族的独立自主。所以，在理论观念上，必须抛弃那种消极的独立自主观，树立积极的独立自主观。

——所谓正确的政策，主要是指建立一个相对集权的政府，这个政府实行一种有节制的开放政策（集权不等于专制，资产阶级革命初期，大都是靠集权的政府推进资本主义发展的，在现代也可以看到软弱的政府可能实行无节制的开放政策，结果是不同程度地依附化）。

（3）社会主义基本制度同市场经济可能相容，也必须相容。所谓可能相容，是指在中国社会主义初级阶段在保持社会主义基本制度（共产党的领导地位、社会主义公有制的主导作用）不变的条件下，可能满足市场经济存在与有效运行所必需的基本条件，诸如：市场主体的多元化、生产要素的商品化、市场客体的开放化、市场信号的市场化等。改革开放20年来的进程已经证明，以后还会继续证明，这是可能的。

所谓必须相容则是指，由于中国是一个跨越了历史阶段的社会主义国家，即由半殖民地半封建社会直接跳到了社会主义，超越了资本主义与商品经济充分发展的历史阶段。在这种特定条件下，社会主义如果不充分利用市场经济来发展生产力，它就没有生命力，就可能灭亡（苏联与东欧的历史已证明了这一点）。

（4）发展中国家同发达国家之间的"不平等交换"是一种阶段性现象，是可以改变的。新马克思主义学派提出的剩余流失论，即资本在国际流动，而劳动的不流动所造成的低工资国家的剩余流向高工资国家的不平等交换，确实是存在的。对于这个现象，我们要采取辩证的态度：首先要承认这是不可避免的，而后要看到这是可以改变的。

所谓不可避免，是因为发展中国家在启动其现代化时，面临着资本的短缺、技术的短缺、信息的短缺乃至管理的短缺等，从而必须向发达国家引进这些东西，才可能启动发展的进程，要引进就必须让人赚钱——资本家不赚钱那岂不是天方夜谭，这是经济发展必须付出的代价。

所谓可以改变，则需要引进国有正确的战略和政策（较长期的振兴民族产业的谋划，而不是"有奶就是娘"），要形成"借鸡生蛋——以蛋孵鸡——改良品种——转向出口"的机制。

（5）在社会主义中国，"理性经济人"将被"理性经济文化人"所取代。西方经济学所崇奉的"经济人"，在当代资本主义社会也不是绝对灵验的，更何况在社会主义中国。这是因为：第一，在中国存在着市场与政府双重不完全(或双重短缺)。这种双重短缺，不仅造成信息普遍不对称，而且造成信息残缺和信息失真。在这种情况下，即使其主观上追求"个人利益最大化"，在客观上也难以进行所谓的"理性选择"；有的时候，更难以"主观为自己，客观为大家"。第二，东亚文化背景，先国后家、敬业乐群的社会价值取向，难以同"个人至上主义"相融合。第三，生态危机的全球化，人类面临生存的威胁，已经证明：不仅是一个自然人，即使是一个国家，也难以做到"主观为自己，客观为大家"了——客观上是臭氧层被破坏，"大家"都会完蛋。第四，社会主义可以容忍一定程度的个人利益的追求，但却不是它的终极目标。

正由于此，在中国，"经济人"在经济操作层面，可以发挥其激励作用，有其存在的空间，不能一概否定；但是，作为经济学(包括发展经济学)的假设前提是有害且行不通的。

中国经济学必须以"经济文化人"作为前提假设：利己与利他相结合，自利与乐群相融汇，自然人的私利追求同政府的精神导向相融合，经济生活中的利益最大化必须辅以文化的规约，发挥经济伦理学的作用，最终实现"我为人人，人人为我"的人性文化。

根据以上五个假设，我们所要建立的有中国特色的发展经济学将是一种既不同于结构主义、新古典主义的发展经济学，又不同于新马克思主义的发展经济学，但又是博采了它们理论体系中的精华部分的、符合东方和中国情况的理论体系。当然，这不是哪一个人可以独立完成的，是需要有志于此的人们群策群力进行锲而不舍的长期努力的。

第二章　西方经济发展理论评析

"他山之石，可以攻玉。"在我们着重研究如何建立现代的、中国的发展经济学时，前人的研究成果应成为我们的起点之一。前面说过，发展经济学作为一门独立的学科从经济学中分离出来，是从西方经济学界开始的。所以，充分借鉴他们已经获得的有益成果是非常必要的。

在经济学界，研究发展经济学的学者人数众多，派别林立，如何进行归类并加以评析，是我们工作的第一步。对于这个分类问题，中西学界有两种不同的意见。一种是以金德尔伯格(美)教授和谭崇台教授(中)为代表，认为应分为三个流派，即：结构主义学派、新古典主义学派和激进主义学派。另一种是张培刚教授为代表，认为只应分为两个流派，即：西方主流经济学派，它包括结构主义与新古典主义学派，因为它们两者的基础理论是没有根本分歧的；另一派是西方马克思主义学派。我们开始倾向于前一种分类，以为便于阐述。但经过斟酌，我们觉得张培刚的看法似乎更合理一些。因为把西方的马克思主义发展理论同另外一些发展理论相提并论，并不恰当，后者在基础理论和世界观方面，同前两者有根本的不同。故我们就把结构主义与新古典主义的发展理论纳入"西方经济发展理论"，把西方马克思主义发展理论称为"新马克思主义发展理论"。因为马克思主义本来源于西方，故以"新"马克思主义称之更为确切，在讲授上分为两章。同时，由于结构主义与新古典主义在理论结构和机制取向上还是有些差异，故在同一章的叙述方式上，仍然各自独立阐述。

第一节　结构主义经济发展理论的评析

结构主义发展理论的经济学家号称是"发展经济学的先驱"，他们是最早研究发展中国家经济发展问题的一批经济学家，包括罗森斯坦、纳克斯、刘易斯、缪尔达尔、辛格、赫希曼、钱纳里等人。这批经济学家曾经试图从发展中国家的实际出发来研究经济发展问题，既不照搬凯恩斯主义，也批判新古典主义。正由于他们是探路者，因此并没有形成他们的理论体系，遇着什么问题就研究什么问题，特别缺乏基础理论的支撑，所以，一旦找不到能证明其理论的实践例证时，就很容易被击溃，以致发生所谓20世纪70年代以后的"发展经济学危机"。但是，现在回头看来，失败的事情不一定就没有真理，不成熟的东西往往也蕴含着合理的成分。结构主义发展观也是这样，他们的许多理论观点至今仍闪耀着智慧的光芒，对我们发展中国家仍然有启迪作用。

1. 结构主义发展理论的基本特征

结构主义发展理论的基本特征有三：

（1）强调发展中国家结构改造的重要性。他们认为，不发达国家存在市场短缺和结构刚性的缺陷，因而完全由"看不见的手"去配置资源从而实现一般均衡是不现实的，主张先通过结构性改造达到"自我均衡"或"经济宽化"，进而消除刚性，实现均衡。这一主张无疑是正确的。联系我国的情况来看，市场体系不完全，市场机制更短缺，市场信息残缺失真……在此条件下，人们很难在经济生活中作出理性的选择，甚至连这种选择的动力也很脆弱。市场的短缺（这本身就是一种刚性）必然导致结构的刚性。以产业结构的调整来说，由于产权市场短缺，资本存量在部门间的自由转移就十分困难，不是可以任由市场经济信号的指挥就可以流动的。所以，"瓶颈"现象的顽固性是转型国家的一大特征。正如赫希曼所说：发展中国家不可能像发达国家那样，只管住"两头"（投入→产出）就行了，不发达国家由于投入和产出的中间环节、运行机制等都不健全，只抓两头是难以奏效的。这里，不妨打一个比喻，就像农业灌溉那样，开闸放水有如"投入"，灌溉既定的农田有如"产出"。但由于中间的涵闸、渠道不配套，到处都是"跑、冒、滴、漏"，制度不健全，企业家缺乏，结果放的水大量流失了，甚至很可能就没有流到应灌溉的田里去。投入就不见得有相应的产出。所以，不发达国家的国情同发达国家的国情有很大差别，发达国家的那个"中间环节"：制度、机制、企业家等都比较成型，即整个市场经济这部机器从动力到传导系统再到工作系统都比较健全，而发展中国家则不是，存在市场的短缺和结构的刚性，必须进行结构的改造、改革，才可能发挥市场的配置作用。

（2）主张发展中国家不平衡发展。结构主义不赞同新古典主义的"自我均衡"理论。道理很简单：这是由第一个特征所决定的。发展中国家的结构刚性使得这些国家不具备自我均衡的机制：一般地说，谁先解决了结构的刚性问题谁就是先得到发展，反之亦然。不均衡发展是发展中国家的共性（少数像新加坡这样的小国除外），一般的国家都会程度不同地存在持续的不平衡发展：地域之间、地区之间、行业之间、企业之间乃至各个经济环节之间，结构的刚性都有差别，解决结构刚性的进程也都有差别。不仅在经济增长上不平衡，收入增长上也会不平衡。一定历史条件或阶段中，"马太效应"不仅是难免的，而且是必需的。用中国人的话来说，不鼓励部分地区和个人先富起来，就不可能启动经济发展的进程。没有样板，就没有动力。

结构主义的这个特征是基本合理的。第一，在发展中大国，特别像中国，地区间市场的发育程度和进展是不平衡的，人们对市场-价格信号的反应灵敏度也存在极大的差别；第二，传统的国营部门和非国有部门在对市场价格反应度、利润率的刺激效应方面也有很大的不同；第三，即使在不同企业之间也是不平衡的，关键在于企业家的短缺；在中国，引进先进设备的企业不等于是先进企业——因为厂长看不懂说明书，工人不会操作先进机器，管理人员不善管理的现象时常出现。国有企业之所以难以发挥市场主体作用，重要原因之一就是缺少企业家，而目前产生企业家的机制极不健全。既缺激励机制，又缺约束机制，更缺保障机制。因而，在不发达国家，特别是像中国这样的发展中大国，经济发展不可能"均衡推进"，必然是一种不平衡的发展。

必须指出的是，并非所有的结构主义经济学家都主张不平衡发展论。像罗森斯坦、纳克斯等人都是主张平衡发展的。他们主张在一个发展中国家，必须保持不同部门步调一致的发展，否则单一部门的发展由于需求不足或供给不足，就无法持续。例如，如果只开一个鞋厂，它生产的鞋子，本厂职工是买不完的，必须有其他部门的同时发展，才有足够的社会购买力，这个鞋厂才能生存与发展下去。这种理论有其合理的内核。其一，它说明了工业发展中"聚集效应"的重要性。在可能的情况下，不宜在落后地区布局那种对联系效应要求高的部门（如我国过去在山区建汽车厂）。其二，较均衡地发展作为一种追求的目标是可以的，但不能作为"起点"。不过，对一般发展中国家，特别是像中国这样的发展中大国来说，这个理论存在三个致命的弱点：首先，它忽视了经济发展的过程性，静态地看待经济发展。在一个没有实现工业化的国家中，经济发展是一个从无到有、从少到多、由弱变强的较长的历史过程——不是"红雨随心翻作浪，青山着意化为桥"那样一下子就可突击完成的。在这里，发展意味着从某一个或几个"先导部门"开始，随着它的"联带效应"，波浪式地扩散开来。其次，它忽视了经济发展的内在性。那种各部门齐步走的大推进，除了少数"飞地"之外，不可能由外力强加给某个较大的经济系统。没有系统内部各发展要素的"自然"发育，发展是不可能成功的。最后，它可能是犯了经验主义的错误。他们可能是把发达国家周期理论照搬到不发达国家的经济发展上来了，在发达国家，萧条时期由于就业不充分，确实个别厂商的增长行为不可能有效，因为在那种条件下不能创造足够的需求和实现"乘数"效应，到了复苏—繁荣阶段，经济的平衡复苏的确是可能的，这是因为整个经济体系照样存在着，只是暂停或放慢了运转而已。但是在不发达国家，情况与此大不相同，它们没有一个完整健全的市场体系，企望社会（国家）一下子同时建立起如此庞大的经济体系和社会生产力系统，只能是可望而不可即的。也正因为如此，赫希曼说，平衡增长论可能是受到凯恩斯学派某个变种对萧条原因分析的影响。

在结构主义经济学家中，主张不平衡发展的代表人物主要是缪尔达尔和赫希曼等人。其中赫希曼关于不平衡是发展动力的观点是很有见地的。尽管他在发展经济学的前途问题上有错误,但他在坚持不平衡发展问题上则是应该肯定的。他说:"我们的目的是使不平衡存在,而不是使其消失。要使经济向前发展,发展政策的任务是保持紧张、不成比例和不平衡……这就是我们艰苦努力所要寻求的一种机制,它是有益于经济发展过程的无价之宝。"①发展政策的价值取向,绝不是追求"稳定"的"平衡",而是始终巧妙地保持不平衡——激励与诱导发展——相对平衡——引发新的不平衡——再激励与诱导新的发展……循环向上的强劲机制。②

(3)十分强调计划化,强调政府的作用,对市场的作用注意不足。这在当时是有其背景的。一方面,一系列社会主义国家,特别是苏联在运用计划经济恢复战争创伤发展经济方面,的确作用比较显著,而且影响了一批非社会主义国家(如印度和部分非洲国家也实行计划化)。另一方面,在发达国家凯恩斯主义当时还是主流经济学。在此背景下,结构主义强调计划化和政府干预是比较自然的。当然,以后的事实证明,计划化即使对恢复战争破坏方面确曾起过重要作用,但也不是经济发展的有效手段。到 20 世纪 60 年代后期,结构主义发展理论陷入困境。

2. 结构主义有代表性的发展理论

(1)二元结构理论

这一理论是经过几代人的努力而形成并发展的。20 世纪 40 年代张培刚最先提出"农业的工业化"概念,指出工业化必须包括农业的工业化在内,必须使传统的农业部门转变为现代资本部门。这为"二元结构"论奠定了基础。美国经济学家刘易斯正式提出了二元结构论,后来又经过拉尼斯、费景汉的补充,与乔根森的发展。这一理论的基础点是:认为工业化过程中存在两个基本部门,传统的农业部门和现代的资本部门(主要是工业部门),而后者资本的积累和扩大的源泉,是农业剩余劳动向工业(资本)部门的转移。该理论第一次系统提出了国民经济中两个最主要部门结构变革的思路,跳出了就工业化论工业化的旧框框。这对于发展中国家的工业化具有相当大的指导意义。

(2)"中心—边缘"论

普列维什的功绩之一就是提出了"中心—边缘"理论。他认为,在世界的"经济星座"(economic costellation)中,存在着一种不均衡、不平等的国际结构,即"中心"国和"边缘"(外围)国的关系。一边是少数发达的工业国联合起来,通过种种国际组织或地区经济组织来维护其既得利益,甚至搞霸权主义;另一边是一些分散的不发达国家,只能通过出口其初级产品从发达国家获得外汇并与其发生经济联系,以谋求技术与资金。

他认为,发达国家利用它们跨国化的国际体系(如七国集团等)和先进的生产率,在不降低价格的情况下从对边缘国的贸易中获取高额的超额利润;而不发达的边缘国由于分散无集团,相互竞争杀价而使本来是低生产率的初级产品价格下落。其结果就是穷者愈穷,富者愈富,这就是所谓"贸易条件恶化"。

据此,普列维什提出了他的对策:

---

① 艾伯特·赫希曼:《经济发展战略》(中译本),经济科学出版社 1991 年版,第 59 页。
② 夏振坤:《发展经济学新探》,武汉出版社 1997 年版,第 78 页。

对策一——实行"有节制、有选择的保护政策"。这是正确的。在这种不对称的贸易条件下,边缘国无法同"中心国"进行平等的"自由贸易"。因为这种贸易的前提就是不平等的,边缘国为了保护自身的民族工业,就必须实行"有节制、有选择"的保护政策(关税、配额乃至对某些项目不进口)。否则,不仅经济上吃亏(赔本出口),更严重的是民族工业受到打击,乃至丧失独立。

对策二——实行进口替代政策,即为本国国内市场需要的工业化。他说:"我往日的中心与外围的概念仍旧是正确的,但必须引进中心的霸权主义的某些重大后果,以丰富这个概念的内容。"

这些重大的后果,我们简要地归纳如下:第一,"技术进步开始于中心,而其成果也基本留在那里",从而不断加剧国际贫富分化。他认为这是"体系运动的结果"。第二,"中心的自由贸易政策只适用外围技术落后的产品,而对于外围有竞争力的产品,中心就决不实行自由贸易政策"。这是十足的霸权主义——目前美国就是如此。第三,"跨国公司主要通过推动外围的特权消费者社会,把消费国际化"。这也是站在富国立场,为其高技术产品开拓市场——现实就是如此:非洲拉美的上层特权消费者社会已经形成,这些人同普通国民的消费结构有天壤之别,造成不稳定。第四,"这就加强了外围模仿中心的趋势,照中心的样子亦步亦趋,追随它们的观念和意识形态,并复制它们的体制"。

不仅外围国如此做,更重要的是中心国运用其一切经济的、政治的、舆论的手段诱使乃至迫使边缘国如此演变。

普列维什所阐述的这些观点,在 20 世纪 80 年代以前的许多边缘国发展的事实中得到了佐证。但其对策则不一定都是合适的,特别是他对"中心—外围"发展的悲观情绪则不可取。

第一,在当今世界经济国际化的条件下,应该实行开放有利于民族工业成长的"自由贸易",抵制不利于民族工业成长的"自由贸易",必须对特定的时段、特定的行业、特定的品种实行不同程度的保护政策。

第二,转折点:本国基础工业或支柱产业有了一定国际竞争实力。即使转向以后,对某些幼稚工业和薄弱部门也还要继续推行进口替代。

第三,引进不是越多越好,引进外资必须与本国的偿还能力保持恰当的比例。引进外资超过了本国 GDP 增长和外汇储备的可能负荷限度,就无力偿还,从而就要多发通货,引发恶性通胀。墨西哥已经爆发,印度尼西亚、菲律宾乃至韩国等也接近危险线。

其二,引进(包括直接投资、以进口设备抵贷款等)还要注意结构,首先要与本国产业政策吻合,同时要严防"导致贫困的引资",即"IFT"(immiseriging foreign investment):

——残酷掠夺式的外来投资。破坏性开发资源,恶劣劳动条件的剥削劳力等。

——蒙骗性的外来投资。输入没有国际竞争力的项目与技术,以被投资国的国内市场为对象,结果钱被赚去而本国技术并无提高。

——垄断性的外来投资。信息、技术、资金的垄断,市场的垄断等。特别是短期资本对所在国资本证券市场的控制——1994—1995 年墨西哥的金融危机就是这样造成的。

——损害性的外来投资。黄色的、与腐败势力勾结的破坏市场规则,腐蚀精神和政权的外来投资。①

其三，要采取"引进——创新——出口"的策略，这方面日本是范例。

（3）"发展极"理论

这一理论，是由法国经济学家 F. 佩鲁创立的。

"发展极"理论是指：世界、一个国家乃至一个大的地区，其经济发展并不是平衡推进的，总是首先由具有"支配地位"和"创新"特征与能力的企业或部门在某些地区或城市聚集而形成经济中心，这个中心有着多种功能的"磁场极"，能产生辐射作用和吸引作用，不仅自身能强劲地增长，而且能带动周边地区与部门的经济发展。如香港之于珠江三角洲，上海之于长江三角洲。

佩鲁运用熊彼特的创新理论，认为发展极的形成要有三个基本条件：第一，必须有一批具有创新能力的企业和企业家群体；第二，必须具有规模经济效益，即产业聚集度较高；第三，要有良好的投资环境和生产环境。

佩鲁是以批判新古典主义而闻名的。他的理论基础是两个相互联系的学说：一是非平衡发展论，二是不平等动力学说。他认为，经济的发展总是先由一个"支配单位"起主导作用的不平等的、非平衡的动态过程。这种支配单位可以是国家，也可以是集团。他不同意新古典主义所说的"经济行为者"都是在充分均等（平等）的情况下的"合作关系"，认为他们之间是一种从属关系——支配与被支配关系。

所以，"发展极"理论，既是从非平衡发展论产生的，又回过头来为非平衡发展提供了科学基础。这就是佩鲁的功绩。他为发展中国家的经济发展提供了一个可操作的理论，特别是为一些大国制定区域发展战略与政策提供了理论依据。

但不足之处是，他只强调了"发展极"（也可称为"中心地区"）对其他地区的积极作用，而忽视了其还存在消极作用。这一不足由缪尔达尔来补充完成。

（4）地理上的二元结构理论

缪尔达尔的功绩，正在于他补充了"发展极"理论的不足，并把刘易斯的二元结构理论引申到了地区之间的二元经济结构上来，创立了"地理上的二元理论"。缪尔达尔在《经济理论和不发达地区》一书中，用"扩散效应"和"回波效应"来分析处于不同发展阶段的地区和整个国家的运动，并指出发达地区（国家）的优先发展，不仅具有"扩散（积极的）效应"，同时还有"回波效应（消极的）"。

扩散效应——产业的空间关联性而引起的带动作用——诱导作用。如早期英国的毛纺业带动了整个英国的养羊业和机械业乃至运输业。

回波效应——起点不平等，促使不平等交换，造成落后地区的资源、人力、智力的"回波"（向发达地区回流）。

而这种回波效应是呈积累性的因果循环状态，使发达地区发展得更快，而相对落后的地区发展得相对更慢——差距愈来愈大。这就形成了他的"积累性因果循环论"。缪尔达尔认为，为了防止这种差距的拉大，决不应采取新古典主义的"均衡理论"，即认为可以通过生产要素在市场上的自由流动而逐步实现均衡发展，因为发达地区吸引去的不是一般

---

① 《经济日报》1996 年 9 月 16 日第 5 版。

的劳动力，而是高质量的人才和高素质的劳力；而"扩散"过来的一般不是高技术产业，而是低档次的产业。如果任其自由发展，就势必使地区的二元性不断扩大。为此，他提出，在一国之内，当发达地区发展到一定水平之后，政府不应消极地等待"扩散"来消除差距，而应采取积极的政策来刺激与推动落后地区的发展：诸如开辟新的工业区；开发新的产业(如矿业、能源)；开辟内地自由贸易区等。显然，缪尔达尔的"地理上的二元结构理论"对于发展中的大国具有特别的重要意义。

第二节　新古典主义经济发展理论的评析

前面讲过，结构主义的经济发展理论，由于它理论上的不成熟和缺乏成功的实际例证，自20世纪60年代后期开始，引起了越来越多的非议。特别是亚洲"四小龙"的崛起和以苏联为首的计划经济国家出现了经济的停滞，给了新古典主义有力的佐证。于是，新古典主义在一片批判"传统发展经济学"的浪潮中兴起了。还应指出，凯恩斯主义的衰落也是重要的背景。新古典主义的代表人物，当然首推舒尔茨，还有哈伯勒、明特、怀纳、拉尔等人。拉尔的《发展经济学的贫困》是具有代表性的。拉尔写的这一本书，是较全面反思经济发展理论和实践的力作。这本书着重讨论了四个问题，即经济统制和放任自流之争，发展中国家经济发展的外部环境，工业化战略，减轻落后国家贫困等问题。[1]

拉尔特别反对国家的过度干预，他有一句有名的话："从集中预测中获得的结果比市场经济中的大量参与者分散预测的结果要糟，因为在一个不确定的世界上，唯一的、集中的经济预测类似于把所有的鸡蛋都放在一个篮子里。"[2]

新古典主义经济发展理论的基本特点有三：一是反对国家干预，主张自由放任；二是强调经济的私有化；三是强调国际贸易的自由化。确切地说，新古典主义的经济学家，并没有他们独立的发展经济学，他们基本的倾向是用新古典主义已有的理论体系来说明经济发展问题。

尽管如此，新古典主义关于发展问题的一些主张还是有其特色的，而且也有重要参考价值。主要的有代表性的理论有三：

一、市场均衡论

新古典主义反对结构主义所主张的国家对经济生活的过度干预，十分强调市场对经济发展的作用，并认为经济完全可以通过市场这只"无形的手"实现均衡发展。

市场均衡论有三个理论支撑点：一是"经济人"，即作为决策者的个人，具有理性的"刺激—反应"机制，这种机制是"无处不在"的。它存在于任何部门、任何地区，没有自然的差异。二是市场的供给弹性、需求弹性、要素替代弹性都是较高的，只要价格信息变动，必然就会迅速地引起供给、需求乃至要素替代的相应变化。三是各种要素自由流动，相互竞争，鼓励竞争。经济发展就是在这种无干预的市场机制作用下，循着"利益最大化

---

[1]　拉尔：《发展经济学的贫困》，上海三联书店，1992年版。
[2]　拉尔：《发展经济学的贫困》，上海三联书店，1992年版。

原则",在资源的配置和利益的分配上,"自然而然"地形成"帕累托最优"状态。即使有得有失,但从总体上看,得失是相当的。

这种理论,一看就知道,它是建立在市场经济较成熟的社会基础上的,是以发达国家为背景的。因此,它的立论前提同发展中国家的历史现实存在着明显的差距:

首先,经济行为者(企业或个人)的"理性选择"机制并不成熟,特别是在我国的国有企业中,由于产权激励观念淡薄,对"价格—激励"的反应往往是近乎麻木的;其次,市场价格等信号往往受到非经济的干扰,从而失真、变形,这不但巨大地限制了"理性选择",而且难以形成实现均衡的有效导向;最后,供给的短缺、结构的短缺,形成"刚性",缺乏弹性,致使要素的自由替代缺乏物质基础和体制基础。

虽然如此,我们还应当实事求是地承认,市场均衡论还是蕴藏着合理的内核,它能给我们以启迪,为我们的改革提供了某种努力的方向。

第一,应吸取结构主义理论所导致的"政府失效"的教训。发展中国家的"市场短缺"虽然客观存在,但绝不是合理的存在,更不应是不变的存在,而是应该努力改变的不合理的东西,应该下大力气培育市场,放开竞争。

——中国20年改革的经验乃至许多发展中国家的经验(如东盟各国)都说明,政府干预和计划调节,如果没有相应市场机制的约束与导引,它们就会变成主观主义的"瞎指挥",变成"命令经济""统治经济"。在中国,必须把培育市场作为搞活企业和加强宏观调控的前提条件,这已被事实证明。

——另一个例证,就是苏联改革的失败,也在于忽视了市场培育的作用。美国马歇尔·戈德曼教授指出:"戈尔巴乔夫及其政治局的同行似乎未能掌握一些基本的经济学。他们一再坚持,在货架上没有足够的消费品之前,不应转向市场机制。他们难以理解,提高价格是达到供需平衡的最好方法,也是减少排队的最有效办法。"[①]中国的事实也证明:对于消费品,放开价格恰恰是增加供给的最有效办法。

第二,供给、需求、要素替代的刚性,也是发展中国家的客观存在,但却也不是合理的存在,也是应当加以改变的。不断提高它们的弹性,是提高资源配置效率的必然要求。为此,必须做到两点:首先是逐步放开价格,消除价格刚性,以刺激供给的增加。这一点在我国的副食品生产与供应上反映得太明显不过了。其次,是在放开价格的基础上,逐步优化产业结构,发展生产力,变"卖方"市场为"买方"市场。这一点,中国目前已基本实现了。当然,要做到这两点,不是一步可及的。它是一个过程:既是一个发展的过程,又是一个改革的过程。

第三,要素的自由流动,是市场发育程度的标志,也是优化资源配置的前提。在中国,由于市场机制的残缺,旧的计划经济惯性的掣肘,特别是国有经济改革的艰难,欲实现要素的自由流动的确障碍不少。社会主义同要素自由流动可以是不矛盾的,问题在于处理好宏观调控与市场调节的关系,特别要处理好国有企业的产权创新问题,建立产权市场。

这里还有一个转变观念的问题,拍卖国有企业,不等于国有资产的流失。只要评估恰

---

① 马歇尔·戈德曼:《失去的机会》,上海译文出版社1997年版,第19页。

当，国有资产只不过是由实物资本形态变成了货币资本形态。

第四，中国与苏联旧的计划经济的弱点之一，就是缺乏微观的"刺激—反应"机制，使得发展缺乏强劲的动力和创新精神。目前的国有企业改革问题，主要也是这个问题。所以，如何通过制度创新，培育企业决策者的"刺激—反应"机制，应是当前国有企业改革的中心课题。

二、自由贸易论

新古典主义是主张贸易自由化的。它的立论基础是"资源禀赋论"，认为国际贸易可以通过"互补"效应达到国际资源的最优配置。这是因为，各个国家出口的大多是本国低廉生产要素所生产的商品，而进口的则大都是本国高昂的生产要素才能生产的产品，因此，它认为贸易自由化"对所有国家都有利"。

拉尔的主张是很有代表性的，他认为排斥自由贸易会产生如下恶果（刘泸生归纳）：

第一，实行贸易管制和贸易保护会造成对出口的歧视，削弱出口工业的竞争力，进而减少出口收入，造成外汇缺口加剧。这又反过来限制了进口，也削弱了出口的能力，从而形成一种恶性循环。

第二，贸易保护不会矫正国内价格的扭曲，相反却会加剧这种扭曲，从而与世界市场更加脱节。

第三，贸易保护会使工业部门扩大机器设备的进口，大大提高工业部门的资本密集程度，这完全不符合发展中国家最具优势的资源是丰富的劳动力这个实际情况。

第四，贸易保护会提高工业制成品的价格，扩大工农业产品的"剪刀差"，使农民和农业更加不利，扩大工农业的矛盾。

第五，在贸易保护的总政策下，虽然也会实行有限的出口鼓励（否则就没有外汇用于进口），但都会采取各种"出口补贴"，这样就只会造成生产者追求初级产品的最大化，而不是促进出口品附加值的提高。

所以，拉尔主张实行彻底的自由贸易，认为"虽然自由贸易不是经济增长的充分条件，但它在很多情况下却是一个必要条件"，并举出"四小龙"的例证，说明高收入增长率总是和事实上的自由贸易相一致的。[①]

对于"自由贸易"我们应做一分为二的分析。

首先，"资源禀赋论"虽然仍有一定市场，但却已不是国际贸易的主流理论了。"技术竞争论""市场占有论"已占有优势。否则，很难解释当今为什么日本汽车行销美国，美国啤酒大举进军中国以及为什么发达国家之间贸易仍占各发达国家外贸总额的主要比重这些事实。

其次，适度的自由贸易，与国际市场接轨，是一个落后国家实现工业化、赶超国际经济所不可少的。过度、过长期的贸易保护（乃至进口替代）的确如拉尔所说，是恶果重重。"四小龙"、东盟和中国近20年的成就，都从正面证明了这一点；而巴西、印度等国20世纪90年代以前的挫折与停滞，则从反面证明了这一点。

---

① 拉尔：《发展经济学的贫困》，上海三联书店1992年版，第19~54页。

最后，对于任何事情，都不应推崇为绝对。不发达国家同发达国家在经济与技术的"起点"上存在巨大差异，这是不辩的事实。绝对的、不设防的自由贸易，肯定对发达国家有利。从这一点来说，普列维什的"贸易条件恶化"论，绝不是空穴来风，也是值得警惕的。

三、渐进发展论

马歇尔有一句名言："经济学家的目标应当在于经济生物学，而不是经济力学。"[①]

渐进发展论认为，发展就像达尔文对自然界的描述那样，是一个渐进的进化过程。既有纵向的"涓流效应"（赫希曼称之为"淋下效应"），又有横向的"扩散效应"，从而使经济发展的利益逐渐地"普及"所有的地区和所有的阶层，"自然而然"地形成"帕累托最优"。对于渐进发展论，我们首先不能同意其自然而然形成"帕累托最优"的观点。这是不符合实际的。如果听任"无形的手"去推进发展，其结果则是地区间发展与贫富差别的"极化"，这一点缪尔达尔已做了充分的论述。同样，在阶层之间则是两极分化，穷者愈穷，富者愈富。缪尔达尔引用了《圣经》中的一句格言："凡是已经有的，还要加给他，让他多而有余；凡是没有的，连他仅有的一点，也要夺过来。"[②]

但是，对于发展的进程，应持渐进的态度这一点是有其合理的一面的。特别是对于一个大国来说更应如此。当然，肯定渐进是主流，不等于否定"突变"，其实发展有时也会带来制度的变革。

在西方，20世纪90年代以来，美国著名经济学家斯蒂格利茨也集中地批评了新古典主义理论的错误与缺失。

首先，是对市场均衡论的批评。

其理由是：

——市场不可能如瓦尔拉斯说的那样，通过"拍卖"之后全部"出清"。现实的市场是不可能出清的。这是因为，供需之间的信息是不完全、不对称的，追求"供需平衡"是不现实的。

——资本的配置就不是按照瓦尔拉斯的"定律"运行的：不是谁出价高，资本就贷给谁。因为金融机构除了价格信息之外，还要考虑其他信息，特别是还债与信誉的信息（道德风险）。

——最典型的是知识市场，它根本不是按照市场均衡理论来运作的。因为信息/技术市场存在突出的信息不对称：某项知识产品，如果买方知道了它的全部信息，他就不会买了。所以，卖方只能提供有限的信息。这是由于知识产品具有很大的"公共品"性质。

——在许多市场中，特别是保险市场、股票市场、期货市场等，存在严重的信息不对称，使市场不完备，从而造成市场失效。斯蒂格利茨称之为"新的市场失效"。之所以叫"新的"，是由于有意识地造成信息不对称而引起的市场失效，而不是旧的诸如公共品和污染的外部性等造成的市场失效。

---

① 马歇尔：《经济学原理》上卷，商务印书馆1983年版，第18页。
② 转引自拉尔：《发展经济学的贫困》，上海三联书店1992年版，第25页。

其次，是对"价格万能"论的批评。

斯蒂格利茨认为，价格虽然在资源配置中有很重要的作用，但新古典模型过高地估计了这种作用，价格不是市场的唯一信息。其论据是：

——在市场经济中，除了"价格—市场"配置之外，还存在大量的"非价格配置"。例如，资本的配置和公共品生产的配置，就不是完全按照价格信息来配置的，甚至主要不是按照价格信息来配置的。

——商品空间的复杂性。现代经济中，一种商品会有10种以上的特性，每种特性又可能会有10种以上的变量，这就是说，一种商品会有100亿以上的信息单位。如此复杂的"商品空间"，不仅原来计划经济的定价成为不可能，而且即使是市场经济，价格也不可能全面反映这么多的信息，从而也就难以引导这千差万别的需求和供给。

——由此，生产者与消费者、供给者与需求者之间的交流，就不仅仅是"价格信号"。"生产过程更类似于'协商'过程"。(《社会主义往何处去》)除了价格信号之外，还有供货时间、产品质量、售后服务等许多其他的信号，然后进行综合的"协调"。

最后，是对科斯定理提出了质疑。

以科斯为代表的新制度学派，极其强调产权清晰的重要性和决定性，认为只要产权清晰了，人们就会自然而然地去提高效率，似乎一切问题都可迎刃而解。而产权清晰的最彻底途径，当然就是私有化了。并由此导致该学派一些人主张社会主义国有企业改革，只要实行私有化就万事大吉了。斯蒂格利茨不同意这种观点，他的看法是：

——在信息不对称的情况下："交易费用"的度量不一定都会提高效率，有时还会妨碍交易结果获得效率(如果有一方隐瞒信息，就会造成这种结果)。

——产权关系重要，但不像科斯所说的那么重要。而且有些领域，如公共品生产，产权关系并不重要，不可能通过产权来解决。

——在"委托-代理"上，即使资本主义的大企业，其所有权同样是不容易落实的，产权关系也难以"清晰"。因为，在股东(委托方)和经理(代理方)之间，存在着明显的信息不对称：经理方存在"行为黑箱"，从而必然会产生利益偏离。

——国有企业的改革，产权的私有化并不重要，重要的是激励(内部)、竞争(外部)和分权(政府)。并认为，社会主义国有企业在建立相应竞争、激励结构方面，同资本主义大企业几乎是没有什么差别的(因为都是委托-代理)。明确提出，私有化不一定能带来效率。如私有化与特权、裙带关系相结合，就不会有效率。

斯蒂格利茨还在诸如竞争、激励、创新等一系列重大范畴上，对新古典主义经济理论提出了不同的看法。他指出，完全的竞争是不存在的；激励问题必须被看作是一个信息问题；创新已不具有熊彼特所说的"垄断的暂时性"，而是出现了垄断的持续性。因而，可以认为，斯蒂格利茨的理论，是一次划时代的理论创新。

我们认为，斯蒂格利茨的理论，在很大程度上扬弃了新古典主义的非科学成分，更接近现代信息化、知识化的新现实。而且，对于我们社会主义的经济改革有重大的参考价值，对构建有中国特色的发展经济学有很大的借鉴意义。

第三节　对结构主义与新古典主义经济发展理论的总体评析

总的看法是：结构主义发展理论出现危机，不等于它没有正确的东西；新古典主义占了上风，也不等于它的一切理论都是经典。这是因为：第一，经济发展仍然是一个新事物，还在发展之中，大家都在探索，这符合认识的规律；第二，经济学家们的世界观受到其政治立场的限制——不论他本人承认与否——这是一个事实，从而不能不影响其对经济发展问题的视角；第三，真理是无穷尽的，在任何一个历史阶段，任何一个学派都不可能做到"穷极真理"，他们只能掌握真理长河中的某些相对真理——即使这些相对真理中蕴含着绝对真理的因素。

更何况，西方经济学家习惯于实证方法，他们的理论对现实的针对性很强(这也许是一种优点)，但往往不能从人类社会整体发展的趋向去审视这些"现实的问题"，故更加重了它的相对性。

1. 对结构主义的评价

作为发展经济学先驱的结构主义经济学家们，在创立发展经济学这样一门独立的经济学科上，是有其历史功绩的。这一点必须加以充分的肯定。但是，结构主义在总体上说，不能不属于一个过时的学派。在学术界乃至经济发展的实践中，它已不是指导经济发展政策的主导理论派别(而是让位给了新古典主义)。即使如此，我们却不应把娃娃和洗澡水一齐泼掉。应看到：结构主义经济发展理论，虽然还没有形成一个完整的体系，而且也缺乏理论经济学(或者如陈宗胜所说的"标准经济学")①的基础(这一点不如新古典主义发展理论)，但是它所创立的许多"个别理论"，如二元结构论、发展极论、地理二元论、"中心—边缘"论、"两缺口模型"等，的确闪耀着智慧的光辉，是一种空前的理论创新，而且对发展中国家的发展具有局部性的指导作用。这一点也是必须加以充分肯定的。

但是，不可否认，结构主义发展理论的确存在重大缺陷，这也是它出现危机的根源：

(1)首先，最致命的缺陷，就是过分强调了政府干预和计划的作用，对一个发展中的经济必须大力培育市场这一点过于轻视甚至忽视。我们认为，其理论根源在于把"计划"与"市场"对立起来了，认为"计划化"可以不必考虑市场成熟的因素就可以完善化，这是错误的。实际上，计划(无论它运用多么先进的计算机)离开了市场，是没有多少"科学"可言的：

——没有市场的信号，价格(成本)根据什么来确定？

——没有受到消费者检验的价格，计划的指标(特别是价值指标)如何确立？

——计划的综合平衡，如果只靠实物平衡，能做到吗？要用价值平衡又可靠吗？

同时，也在于过高地估计了发展中国家的政府。发展中国家由于政府成员素质问题和

---

① 现在社会上流行把发展经济学归入理论经济学，我们认为这是不恰当的，发展经济学的内容涉及众多部门经济学、应用经济乃至政治、文化、政策等，它应该属边缘经济学。

政府行为缺乏规范问题，因此"市场失效"与"政府失效"往往"并发"。

（2）过度强调了"进口替代"，对"出口导向"持悲观态度。这一点，我们在前面评析普列维什的"中心—边缘"时已经述及了。

（3）结构主义经济学家企望建立一种"放之四海而皆准"的通用理论体系，由于发展中国家的经济、社会、历史、文化背景相差太大，从而是不现实的。

2. 对新古典主义的批评

新古典主义发展理论不是十分完美的，它的弱点并不比结构主义少。就手头资料所及，我们认为至少有如下四个弱点：

（1）在反对结构主义过度"统制"的同时，又过度地推崇了"自由放任"。前已述及，新古典主义无视不发达国家的自然经济基础——市场短缺，有意无意地用发达国家的标准来审视不发达国家的问题，并据此提供"药方"。因而，不是文不对题，就是操之过急，甚至适得其反。例如，苏联解体之后，新古典经济学家给俄罗斯开了一个"休克疗法"的药方，事实证明它是失败了。连美国的凯恩斯主义者克莱因教授也对此持批评态度。

（2）在反对贸易保护的同时，又不正确地否定了"贸易条件恶化"的事实。过度的贸易保护是错误的，但是否就绝对不用保护了呢？显然不能从一个极端走到另一个极端。新古典主义至少是犯了方法论上的错误：无视发展的阶段性。不承认落后国与先进国之间存在着阶段性的差别：一个还处在工业化、市场化的起步阶段，另一个则已是成熟的工业化、市场化国家了。就像让一个小孩同一个成年人进行"自由的""平等的"赛跑一样，这公道吗？更何况有些新古典主义经济学家完全否定中心对边缘有促进"依附"的倾向，认为现行的"国际经济秩序"是好的，无须改变的（如拉尔）。这就不只是一个方法的问题了。最近出现的东南亚金融危机，是一本很好的教材。东南亚出现危机后，不少西方学者纷纷提出所谓"亚洲模式破产论"。我们倒认为这并非"模式"的破产，而是"政策"的错误。而且，在某种程度上与其说是东亚模式的破灭，倒不如说是不发达国家实行"无遮挡"的"自由化"的恶果，倒不如说是美国金融自私性扩张的后果。

（3）在反对限制进口和贸易管制的同时，却把外国（发达国家）投资的积极作用绝对化、美化了。发展中国家，由于资本的短缺，不适度地引进外资，鼓励外商投资，是不行的。

但是，这难道只有积极作用而没有消极作用吗？事实远非如此！

第一，发达国家向不发达国家输出资本与技术，其投资项目必定是有选择的。选择一般是按下述原则进行的：

——一般属二流技术甚至三流技术，不可能是尖端技术，有的甚至是为了消化库存积压；

——不会威胁本国出口的项目；

——不会出口先进的军事或有军事用途的项目。

第二，发达国家向不发达国家输出资本与技术，往往是有附带条件的。如"人权"条件、推行"西方民主模式"条件、关税优惠条件、市场开放条件等。

第三，外资在东道国设厂，其劳动条件显然差于其本国工厂，其剥削率肯定大于其国内，有的甚至回到19世纪式的"血汗制"。不发达国家这种工厂所创造的剩余，大部分或绝大部分流向发达国家。

第四，发达国家向不发达国家投资，除少数例外，往往具有短期行为性质，它不可能考虑东道国的长远利益(除非长期项目具有丰厚而可靠的投资回报率)。

第五，还有些投资项目会培养起东道国一个超前高消费的特殊阶层，一个脱离本国人民的寄生性阶层，从而造成发展的扭曲。

(4)在批判结构主义发展经济学危机的同时，却认为只需用正统的增长理论(古典与新古典)就可以指导不发达国家的经济发展，认为经济发展与经济增长没有实质的差别。这显然是站不住脚的。我们说新古典主义并没有其经济发展理论体系，也是根据这个情况来说的。

第三章　新马克思主义经济发展理论的评析

第一节　独树一帜的发展观

前面评介了两种非马克思主义的发展理论，它们虽有明显区别与分歧，但在作为指导的理论经济学上，在实现世界资源最优配置上，在实现不发达国家的资本主义发展目标上，是没有根本区别的。

新马克思主义或称激进主义的经济发展理论，则和上述两派理论有根本的不同。

这一类经济学家，主要是巴兰、弗朗克、沃勒斯坦、斯威齐、阿明、桑托斯、卡尔多索等。他们不同程度地接受和继承了马克思主义的经济理论和唯物史观。试图根据20世纪已经发展了的国家垄断资本主义的新现实，用马克思主义的基本观点来创造性地回答新的、马克思主义过去没有能回答的问题。

在他们看来，自马克思、列宁以后，马克思主义经济学的研究实际上处于停滞状态，甚至是停顿了。他们不满足于这种停滞的状况，着手对如下三个基本方面进行研究：

——第三世界国家发展落后的历史与现实社会的根源问题；

——当代世界经济格局的国际资本主义体系的形式和运行问题；

——国际剥削与不平等交换问题。

一句话：对不发达国家"依附"于世界资本主义体系的根源与出路，进行马克思主义的分析。

所以又称他们为"依附论"者。

因此，我们认真地来学习和了解这一派的发展理论，对于我们经济发展的实践乃至建立我们自己的发展经济学是十分重要的。

第二节 新马克思主义发展观的代表性理论

一、国际资本主义体系论

沃勒斯坦(Im Manual Wallerstein)认为,16世纪以后,世界已被纳入资本主义市场,前资本主义已经终结。在此以后,一个国家的发展离不开世界体系的发展,现代世界体系中只有不同的部分、层次的差别,如核心、半外围(semiperiphery)、外围这些层次,它们在世界总体系中只是功能各异而已,实际世界经济已经资本主义"一体化"了。因此,各个国家、阶级的斗争与矛盾,只应被看作是为了维护或改变自己在这个总体系中的地位所做的努力,都是为了维持或增加自己在世界经济剩余分享中的份额而已。

阿明(Samir Amin)进一步认为,在这个国际资本主义体系中,一部分(发达国家)的发展,是以另一部分(不发达国家)的不发展或说牺牲后者的发展为代价的。

巴芒(Paul Baran)和弗朗克(A. G. Frank)更明确地指出,发展与不发展如同一个铜钱的两面,两者是互为依存的。发达国家的发展是以不发达国家的不发展为前提的,从而否定了不发达国家的现代资本主义发展的可能性。他系统地阐述了两者之间的"依附性机制":

第一,作为宗主国的发达国家通过多种途径占有第三世界生产的经济剩余。如:

——对不发达国家的劳动的高额剥削;

——对不发达国家由垄断的市场结构所强加的不平等的贸易条件;

——跨国公司所强加的转移定价(不平等交换);

——宗主国金融制度支配的信贷条件(附加条件);

——宗主国从第三世界吸纳储蓄(通过在不发达国家开设分支银行等)为其自身筹集资金等。

第二,宗主国破坏第三世界国家的经济发展。如:接管或控制后者的原料基地与贸易权;掠夺后者的劳力;争夺后者的高素质人才等,乃至直接摧垮或破坏后者的工业(如印度的纺织业、墨西哥的石油业、越南的大米加工业,现在正在破坏中国的饮料工业)。

第三,发达国家占有第三世界国家的市场。如:带有开放市场条件的附加条件的贷款;前者强制后者的生产结构纳入其国际分工,造成后者对前者的绝对依附——为前者需求而生产,直至到跨国公司完全控制后者的民族工业。

第四,在绝大多数第三世界国家中,并没有复制出像发达国家那样的社会演进和阶级结构。如:不少国家还未完成工业化,还保留着地主和军事专制制度,成为发达国家的代理阶层。这在旧中国和非洲看得最清楚。

据此,弗朗克正确地指出,不发展不是由于不发达国家的特殊的社会经济结构所造成的(从主观上说),而是宗主国与不发达国家的"关系"的历史产生物。他认为整个资本主义世界存在着一种"宗主国/依附国"的"关系链"。而且认为,不发达国家的发展与否、发展快慢,取决于这种"关系链"的松紧程度。如:17世纪的西班牙的衰落;拿破仑战争;20世纪30年代的大萧条;20世纪的两次世界大战等都一度使这个"链条"放松了,从而那个时期，不发达国家中有部分就得到了发展。而一旦这些特殊事件平息后，"体系"又恢复了平衡，于是"链条"又拉紧了，发展中国家的发展又停滞了，终结了。

在这种"宗主/依附"的关系链之下，外资又是如何流入不发达国家的呢？客观存在如下的推动机制：

第一，发达国家从国内外积累了大量经济剩余(资本)，这种剩余(资本)必须寻找出路(不能作为"贮藏手段")，而国内的出路有限，必须"资本输出"，向外扩张。这是垄断资本主义和自由资本主义的区别：由商品输出到资本输出，这是最本质的动因。

第二，不发达国家的资产阶级愿意同外国资本分享有利的投资项目。一般是利用外资与技术开发本地的资源(包括廉价的劳动力)。

第三，不发达国家社会经济发展的压力很大，而本地的资源不能被充分调动起来——原因是多种的：改革滞后、过度投机、腐败等。因而，只有依赖外资的注入，而顾不上什么经济上沦为殖民地的问题了。

第四，一些参加了某个国际通货集团的发展中国家，别无选择，处于绝对的依附状态，只能引入该集团的发达国家的资本。

二、不平等交换论

不平等交换论，是新马克思主义发展观的理论基础。他们认为，"不平等交换"不是发展中国家的内生物，而是上述"国际资本主义体系"强加给不发达国家的。同时指出，发达国家之间的"不平衡"同发达国家与不发达国家之间的"不平等"是两种本质不同的现象：前者是正常的发展差异问题，后者则是不合理的"国际秩序"人为地造成的。

不平等交换论，主要由埃曼努尔(A. Emmanuel)的"不平等交换论"、弗朗克的"不发展的发展论"和阿明的"阶级斗争国际化论"构成。

1. 不平等交换论

埃曼努尔认为，由于在现代，资本已不是在一国范围内流动，而是在世界范围内流动了，马克思的价值转化为生产价格($W = c + v + m \rightarrow w = k + p$，其中：$K$ 为 $c + v$，即成本价格，p 为平均利润)、剩余价值转化为平均利润($m \rightarrow p$)，必须在世界范围内来加以审视了。

一方面，资本的国际性流动，创造"世界价值"($\sum W = \sum c + \sum v + \sum m$)；另一方面，劳动则相对不能在国际流动，因而形成了不同国家的工资率，一般都是发达国家的工资率高于不发达国家。

这种第一世界的高工资率与第三世界的低工资率，便造成第三世界的较高的剥削率和第一世界的较高的收入率。

在此情况下，世界范围的利润平均化过程，必须使大量剩余价值从不发达国家流向发达国家，从而构成了富国与穷国之间的不平等交换的基础。

(我们的补充：更确切地说，应该是所谓国际利润平均化过程，或国际生产价格主要是在发达国家之间形成的。由于不发达国家大多无力参与资本在"部门间"的国际转移，从而它像一国之内的无产者(劳动提供者)那样，无法分享利润平均化的成果。)

这一理论，使一国内的阶级间的剥削关系被推进到了世界范围内的国家间的剥削关系，即剩余价值分配国际化了。

2. 不发展的发展论

"不发展的发展论"（development of underdevelopment）是由弗朗克首先提出的。他主要的论点是：

①发达国家在历史上只经历了"未开发"（undeveloped）阶段，从未经历过"不发展"（underdeveloped）阶段。而现在的落后国家的不发展，并不是该国本身的内在原因所造成的，即不是该国国内封建体制和资本缺乏所造成的，而是由宗主国和不发达国家过去和现在的不平等的经济关系所造成的。

②资本主义世界体系包括一个硬币的两面：发展和不发展，落后国家的不发展是资本主义体系及其内在矛盾的结果。

③资本主义内在矛盾包含两个层次：在国内，是少数剥削者对大多数人生产的经济剩余的榨取与占有；在国际，是资本主义体系的中心国家对附属国家的经济剩余的剥削与占有。

④由于发达国家的发展是以不发达国的不发展为条件的，因此不打破世界资本主义体系，不发达国家的发展（真正的发展）是不可能的。

⑤经济国际化和跨国公司的发展，往往使独立了的原附属国有可能重新附属国化。这主要是由于上述推进因素（资本输出的推进因素），宗主国对不发达国家输出过时的设备与技术（这也是发达国家寻找其经济剩余的吸收对象的一种形式），既可以为其经济剩余找到出路，又不会引起对宗主国产品的竞争（技术档次不同，无法形成竞争），还可以大量就地剥削廉价劳力并扩大市场占有份额，一举三得。

所以，原宗主国对本国的出口兴趣下降，它可以在国外办厂（资本输出）赚取更多的剩余价值（美国目前的出口额同它在国外的生产总值一样多）。

这里，问题的关键在于原宗主国是否控制了资本输入国的经济？如果是，这就恢复了原宗主国与附属国的关系，独立了的原附属国又重新沦为经济上的附庸了。

如果出现这种情况，即附属国化，在这种不发达国家就会出现一方面广大劳动者由于高失业率和高剥削率而没有因发展而得到多少实惠，甚至状况更加恶化；另一方面极少数上层获得了超额的发展利益而形成一个超前消费的特殊阶层。这样在工业化过程中，市场却狭窄化，工厂开工不足，只靠少数特殊阶层的高消费来维系这种狭窄化的市场需求。发展便会陷于胶着状态甚至停滞，"不发展的发展"就出现了。

3. 阶级斗争国际化论

阿明认为，这种不平等交换和不发展的发展存在，说明阶级斗争问题在现代必须从世界范围来加以研究。剩余价值剥削的国际化必然导致阶级斗争的国际化。这是"南北问题"的根源。

在发达国家内部，似乎阶级斗争大大缓和了。但是发达国家内部阶级斗争的缓和，是剩余价值剥削国际化的结果——从不发达国家吸取剩余，用其一部分支撑发达国家内的

"福利主义"。

三、现代帝国主义论

1. 五大特征

奥坎纳(J. O'Connor),是著名的垄断资本学派的经济学家,他比较系统地论证了当代帝国主义的五大特征:

①资本的进一步积聚和集中。世界资本主义一体化为以跨国公司为基础的"大美国"结构或者一体化为集团式的大垄断企业。在这些大垄断企业的支持下,技术变革加速进行。

②自由国际市场的消失。过去在自由资本主义时代那种商品贸易的市场价格形成机制,被跨国公司的国际调整利润边界的价格形成机制所取代了,即由管理(通过国际账目表)确定价格。所以,国际价格一般总是对发达国家有利的。

③在国际投资中国家资本积极参与。国家资本积极参与、资助和保证私人投资,制定同跨国公司的全球利益相适应的全球对外政策(注:七国集团实际上就是协调这种全球对外政策的机构)。

④在跨国公司所有制关系和控制的基础上构成了巩固的"国际统治阶级"。他们通过世界银行和其他国际机构,使世界资本市场国际化。

⑤世界社会主义对世界资本主义的威胁而使所有这些趋势加剧。

这即是说,当代的帝国主义,是以资本的高度聚集与集中为基础,以经济国际化、组织跨国化为条件,以资本的全球输出为特征,以垄断国际资本市场、维护"支配—依附"的国际经济政治秩序为目的的资本主义国际体系。而且,作为这些垄断成员国的国家(政府)全面参与这一过程。当代帝国主义,仍然秉承了资本主义扩张的内在本质,只不过是形式上的差异:在原始积累时代,是靠野蛮的掠夺殖民地财富进行;在当代,则是靠不平等交换、国际资本的流动、跨国公司的经营等更巧妙的手段而已。

2. 三大阶段

阿明进一步论述了资本主义扩张的三阶段:

第一阶段,商业扩张阶段,即自由竞争时代的资本主义扩张。整个19世纪,资本主义中心国国内由于工人阶级相对贫困化而引起"消费不足",而造成消费不足,则又是为了抑制利润率下降而提高剩余价值剥削率造成的。

为了解决这个"恶性循环"的两大问题,便驱使宗主国向外扩张:一方面附属国可以购买不发达国家的廉价原料而降低不变资本的成本,购买便宜的生活资料而降低可变资本的成本,从而抑制住利润率下降的趋势。另一方面又通过输出("外溢")资本主义生产方式,破坏不发达国家的自然经济,扩大了商品市场。这样,对外扩张便成了同时可以解决"市场不足"(消费不足)和"利润率下降"两大恶性循环难题的利器。这就是那个时代资本主义扩张的直接动因。

第二阶段,帝国主义阶段,即垄断资本主义的扩张。阿明认为,到了垄断-帝国主义阶段，宗主国的对外扩张动因，仍然是由于国内利润下降。但是，是以资本输出代替了商品输出为主要特征。

——即通过在附属国直接投资，在生产领域（而不是交换领域）里不等价交换直接获取超额利润，用以弥补国内利润率下降的趋势。

——据阿明的估计，每年从外围国流向中心国的价值，约占中心国国民生产总值的15%。这样，在这个阶段，出现了两种互为因果的两极化倾向：一方面，发达国家收入提高了：劳动收入（工资）提高了，资本收入（利润率）也提高了；另一方面，不发达国家剥削率提高了，更贫困了。这一切就是殖民主义的根源。阿明称之为"资本支配的地理的扩张与征服"。

第三阶段，第二次世界大战后的资本主义扩张，即国家垄断资本主义扩张，又可称之为后帝国主义阶段。

阿明认为，在上一阶段，垄断和帝国主义是为了克服"利润率下降趋势"在制度上的反应。但是，随着这一问题因殖民主义而得到缓和，又出现了新的问题，即如何吸收"超额经济剩余"问题，或者说，如何解决过剩资本的吸收（出路）问题？

为解决这种超额剩余的吸收问题，显然单靠资产阶级的一些集团力量是不够了，于是，国家垄断资本主义应运而生。由"国家垄断资本主义组织剩余的吸收"。什么叫"国家垄断资本主义组织剩余的吸收"？这就是凯恩斯主义的国家干预：一方面，由国家出面支持与组织对外扩张，"征服"外部市场，来吸收自己的剩余资本，一些国家元首带着大批资本家到国外去兜售投资项目已司空见惯；另一方面，通过政府增加公共支出甚至是"军事支出"来消化剩余。在这方面，第二次世界大战以来，国家垄断资本主义在20世纪70年代以前，做得是比较成功的，垄断资本主义控制了大起大落的经济周期。

3. 三大扭曲

而与此同时，外围国家却因"三大扭曲"而出现持续落后的态势：阿明认为，外围同中心的本质区别在于外围经济的"外倾/非关联"的特质。所谓"外倾"，即：外围国家陷入了为适应中心国需要（附庸）的一体化的从属部分而不能自拔；所谓"非关联"，即外围国的国民经济是不成体系的畸形发展，各产业间的关联度较小。这种畸形的资本主义发展是一种变态的、被扭曲了的社会经济结构。这在一些非洲和拉美国家中处处可见：外国的"种植园"孤立地运行；"繁华"的大都市与贫瘠至极的乡村；发达的高消费工业与短缺的日用品；第三产业旺盛与基础工业近于零……阿明具体论述了"三大扭曲"：

（1）出口扭曲。由于外围国家是由前资本主义关系直接转向商品经济——不是像中心国那样通过循序渐进的市场发育来实现的，而是由外力（侵略）或内力（政府）的暴力或强制的方式构造了适合于中心国需要的社会经济结构。这势必使其成为服从中心需要的"出口导向"，这种出口导向不是正常的，是一种被扭曲了的"外倾"。其后果是不好的。

首先，外围国把资金（自有的、引进的）和人力资本导向出口部门而不顾及其他部门的协调发展，使出口部门成为支配国家经济整体的特殊部门，使整个国民经济结构服从于中心国市场的需求，而且是不等价的。这样经济上就沦为国际资本的附庸了。

其次，外围国这种出口部门的发展，肯定难以带动社会生产力的全面进步，也不可能真正改善人民大众的生活。因为，它的工业化不是从起点开始的，而是从"终点"开始的：为适应中心国和本国特权阶层的高档需求，一开始就在"出口部门"引进先进的技术，而这种先进技术是同整个国民经济技术状态脱节的，其他部门（特别是农业）依然是落后的技术甚至是传统技术。这种"非关联"性必然造成发展的停滞甚至中断。

最后，这种出口导向，一方面把劳动工资压到很低的水平；另一方面又培养了一大批寄生性的社会集团（如庄园主、富农、官僚、买办资产者等）。

阿明认为，这是一种"局部工业化"，是满足上述特殊阶层与中心国对奢侈品需求的工业化。与此同时，还培养了一批"半贵族"化的职工（高薪职工）。这不仅阻滞了民族工业（尤其是基础工业）的成长，而且使工人阶级出现分化而丧失战斗力。

（2）第三产业部门的扭曲。为了服务上述"外倾"式的出口，第三产业便有了异乎寻常的超发展。这种发展，往往同国内一般的一、二产业的发展是脱节的、不对称的，是没有国内一、二产业基础的变态发展。由于没有一、二产业的基础，便会造成政府行政支出过度——出现第三世界"永久性"的财政危机。而这方面，外国资本同时起了推波助澜的作用：因为一则是为它的"出口"的需要，二则第三产业是短期行为，投资少，收效快，而且不会制造它自己工业制品的竞争者。

（3）积累过程的扭曲。上述两个扭曲，必然导致积累过程的外倾。阿明认为这种外倾式的积累过程是按"乘数效应"加速进行的。这是因为：①在外围国投资所得利润流向中心国；②由于出口部门技术先进而工资相对低廉，从而不可能在外围国内实现生产能力和消费能力的平衡；③由于不平等的国际分工，一些基本生产部门、关键技术、高新尖的产品生产与研制部门，大都留在中心国。

这种"外倾"式的按乘数效应加速的积累即剩余外流，使得外围国家缺少投资去按乘数效应发展本国的相关产业。这样就很难出现正常的工业化过程中的那种由"诱导部门"通过乘数效应而逐层扩展到其他部门的"传导机制"。这就是过去许多外围国家产生非关联性的资金积累的原因。

阿明举了一个例子：以采矿（铁矿）为例，当法国的洛林铁矿矿石开采完了以后，由于它在此之前已经由采矿业这个"诱导部门"的乘数效应而发展起了一整套一体化的工业配套结构，虽然自己没有了铁矿石，它仍可从外国、外地购进矿石继续生产。但是，毛里塔里亚铁矿在矿石采完后，它没有"传导"出其他配套部门（只是单纯的采矿），所以该国就得沦为一片荒漠了。

总之，这种"外倾"式的扭曲实质上是一种殖民地现象。

这种帝国主义（或新殖民主义）的倾向，还有另一个严重的后果，即内在殖民化。卡尔多索认为，这种帝国主义式的依附关系的结果，必然在不发达国家造成"两极化"：形成相对先进的地区、部分和阶层与相对落后的地区、部分和阶层，而且前者往往紧密地依附于中心国家，成为中心国利益的代理人，剥削本国落后的地区、部分和阶层。这就是内在殖民化。他认为，中心目的利益集团往往和依附国的特权阶层结成政治经济联盟，造成依附国的内部分裂。所以，依附绝不只是"外部现象"，而是一种"内在现象"。因为它有深刻的国内经济基础和阶级基础。

所以，根除依附的办法，必须要改变依附国国内的结构——改革制度或基本秩序。而

"贸易自由化"不但解决不了依附问题，反而会加剧其依附性。

四、非资本主义发展论

新马克思主义的基本观点，是依附国家要能真正走上发展之路，必须要能自主地发展，要做到自主地发展，摆脱依附关系，其必备条件是革命和社会主义体系的实现。因为，实现真正资本主义的发展是不可能的。但是，在绝大多数发展中国家，或者还处在前资本主义阶段，或者还在向资本主义转变之中。如何使这样一些还没有经历资本主义发展阶段的国家，最终走上社会主义的发展之路呢？

他们的理论是要经历两个阶段：一般民主阶段，然后转变到社会主义阶段。前一阶段，是全体人民反对帝国主义的民主革命，但须绕过或缩短资本主义阶段，实现国家的政治独立。他们认为由民主阶段转向社会主义阶段，必须有四个条件：

一是这些国家的生产方式必须是前资本主义的（封建的、亚细亚的），或者是在向资本主义过渡之中的；二是政治领导权应被掌握在小资产阶级革命派手中，他们反帝反封建，也愿意支持向社会主义转变（这点近乎空想）；三是国家愿意中断同帝国主义国家的全部依附关系包括不平等的经济条约；四是必须同社会主义国家建立紧密的关系，接受社会主义国家的各种援助。

这种设想，甚至连新马克思主义学者中也有人认为是不现实的，并没有对第三世界的"过渡"产生什么影响。

第三节　对新马克思主义发展理论的评价

新马克思主义的经济学家，参差不齐地接受了马克思主义经济理论和历史唯物主义方法论。

他们的主要功绩，在于揭示了发达国家与不发达国家关系的阶级本质，在现代国家垄断资本主义时代（在某些领域）向前发展了马克思主义（例如揭示了现代帝国主义的新特点和经济上的殖民主义问题）。

一、值得肯定的方面

第一，不平等交换论，发展了马克思的剩余价值学说，把它推向国际化。综观第二次世界大战以来，为什么第三世界除了"四小龙"之外无像样的大国真正走上发展之路？为什么非洲一些国家愈来愈陷于贫困状态？为什么一些国家本来有些起色（如索马里），可一旦西方大国一插手就出现内乱？如果不从这种"不平等交换"和发达国家有意制造"依附国"的剩余剥削国际化的角度去理解，则是说不清的。又如，第二次世界大战以来，发达国家国内阶级斗争缓和了，福利提高了，钱从何来？如果不从剩余价值的国际转移的角度去理解，也是说不清的。

第二，国际资本主义体系论，比较确切解释了当代国家垄断资本主义阶段，中心国企图通过经济国际化和跨国公司垄断世界市场的野心。从中心国的主观愿望来说，这种体系化的倾向的确是存在的，是在运作之中的（当然客观上由不由得它，那是另一个问题）。

特别是在 20 世纪 90 年代以后, 由于社会主义体系的崩溃(生产关系方面)和信息化、国际化的发展(生产力的方面), 这种体系化的趋向是加强了。

因此, 我们审视一个国家的发展, 不能忽视这一国际资本主义的存在以及本质的政策倾向, 否则, 便有落入"依附"陷阱的危险。同时, 我们审视发达国家和地区之间的矛盾(如欧美矛盾)时, 也不能天真地认为谁好谁坏, 它们只不过是争夺在这种体系中如何保持或增加"世界经济剩余"的份额而已。

第三, 发展中国家的发展, 从外部来说取决于这个国际资本主义体系的松紧程度, 或曰"支配—依附"关系链的松紧程度, 这也比较能说明当代第三世界发展的波浪式现实。

比如: "四小龙"的兴起, 时机起了不可忽视的作用: 朝鲜战争、越南战争使"关系链"一度松弛了, 战争使得中心国(特别是美国)不得不加强这些国家与地区的经济实力, 也没有精力去强化"依附链"。所以, "四小龙"崛起了。又如, 日本在东亚由于历史上的原因, 难以在东亚形成以它为中心的国际体系的有力"控制器", 因此在东亚, 这个国际资本主义体系的关系链相对于拉美和非洲, 是较为松散的。这也为中国和新"四小龙"的发展提供了机遇。

第四, 关于国际资本主义体系必然要在依附国培植代理阶层, 制造"超前消费"的特殊集团, 加剧后者国内殖民化趋向的理论, 对发展中国家在发展中警惕"国际接轨"中的消极作用, 逐步消除分配不公和由此产生的地域间、部门间、阶层间的"两极分化", 从而冲击社会的稳定, 也是大有益处的。

二、新马克思主义发展观的缺陷

第一, 认为真正的发展只有通过建立世界社会主义体系的论点, 过于武断。或者说, 在国际资本主义体系下, 真正的资本主义发展绝不可能, 不符合事实。韩国、新加坡、中国台湾地区等新兴工业国和地区的出现, 说明在"松弛"条件下, 仍是可能的。问题在于这些国家和地区的资产阶级能否较彻底地消除前资本主义关系和实行相对独立的民族工业化政策。

第二, 认为第三世界"不发展", 只是由于国际资本主义体系的掣肘, 也不全面。"不发展"这个现实, 至少有四个层面的原因:

①从历史上说, 由于资本主义首先是在西欧兴起的, 那里的宗主国相当大的程度上是靠掠夺落后国家和殖民地的财富进行原始积累的。所以造成不发达国家的"先天不足", 独立后, 它们又无法进行原始积累, 从而使工业化如无外资注入, 很难启动。这一点和依附论的观点是不完全一致的。

②从现实来说, 当第三世界从殖民地、半殖民地状态解放出来之后, 又受到"不平等交换"的掣肘。这一点完全如依附论所说。

③从客观来说, 国际资本主义体系的"支配—依附"结构的确制约了相当大一批不发达国家的发展, 但确也有少数不发达国家发展起来了。

④从主观上来说, 不发达国家自身反封建的彻底程度, 限制买办势力的力度, 防止或消除对外依附阶层的力量等, 则是其能否发展的内在因素。而这又要看其资产阶级或无产阶级是否强大有力。

综合上述因素, 虽然它们都对不发达国家的发展起着重大制约作用, 但是只要在第四点上有所作为、有所突破，发展仍是可能的——中国、韩国就是例证，它们可以变"先天不足，后天失调"为"先天不足，后天弥补"。

内因的强化，可以消解或抵制前三个因素的作用。在这一点上，巴芒的观点有近似之处。他明确提出不发达国家的发展，有赖于"民族资产阶级的经济和政治力量，依赖于其领导人的素质，依赖于其他封建和买办成分从其支配地位上被驱逐的决定性因素，依赖于国际局势允许消除或显著削弱由世界帝国主义列强给予这些阶层支持的程度"。[①]

第三，"非资本主义的发展"的命题是有价值的，但对此发展所设置的前提条件（四个条件）中，第二个条件是空想的（由小资产阶级掌握政治领导权），这点俄国的民粹派在历史上证明不行；第三个条件也过于绝对化（有一个过程）；第四个条件有迁就当时的"社会主义阵营"之嫌，而这个条件的客体现在已不存在了。

第四，对"不平等交换"，肯定其主流是消极的是对的，但对不发达国家应不应该、可不可能利用这种交换，采取迂回的策略以最终取得自己真正的发展，则认识不足。

事物发展往往是辩证的：先利用自己低工资的优势引入外资，启动自己的发展，同时采取相对独立的战略把民族工业发展起来，逐步由"不平等交换"过渡到"平等交换"。关键在产业结构的升级和有机构成的提高，不能满足于"三来一补"。

而且在方法论上，也不能把"世界经济剩余"静止化，其总量是不变的，好像只这么大一块蛋糕，中心国分多了，边缘国就会分少。不完全如此，由于技术的进步，资源开发深度的提高，"蛋糕"是会越做越大的。在中心国多分的同时，边缘国也可以增加分配的份额，或者只是相对地减少而绝对地增加。此其一。

其二，这个"国际资本主义体系"绝不是铁板一块。它内部本身也是有矛盾的，有缺口的。即使"大美国"体系不松动，但某些"薄弱环节"也会松动。问题是不发达国家的政府能否看准这种矛盾，在"夹缝中求得自己的发展"。

总之，新马克思主义发展理论，比较接近于马克思主义的发展观，他们的确是想根据发展了的世界形势，在国家垄断资本主义新条件下回答不发达国家的不发展问题。这应该给予肯定。但是，他们至少犯了绝对化的毛病，缺乏历史辩证法，似乎除了建立世界性的社会主义体系，不发达国家就绝对不可能有真正的发展。这必然导致发展的悲观主义。

第四章　唯物史观与经济发展

第一节　历史唯物主义是科学的方法论

马克思主义的历史唯物论与唯物辩证法是迄今为止研究社会经济发展的最科学、最成熟的方法论。

现在社会上流行两种极端的观点，一种是主张全面恢复马克思主义经济学的大一统地

---

① 转引自杨玉生：《西方马克思主义经济发展理论研究》，辽宁大学出版社2000年版。

位，排斥一切西方经济学；另一种是放弃马克思主义而盲目崇拜西方经济学。这两种观点都是不对的。

马克思主义确实有许多西方经济学没有达到的境界，但马克思主义又确实是在19世纪的历史背景下形成的理论体系，面对新的实际，它需要发展。西方经济学也不是一无是处，对西方经济学应该从两个方面来看：一方面，西方经济学是替资本主义辩护的经济学；另一方面，它确实有一部分反映了社会化大生产的客观规律。所以对西方经济学不持批判的态度是错误的，对其全盘否定也是不科学的。但是，在基本指导思想上，或者说在世界观和方法论上，西方经济学的哲学基础——实用主义是无法和马克思主义的唯物史观相提并论的。我们说马克思的唯物史观和唯物辩证法是最科学的，这是因为：

一、它是发展的历史观

马克思主义的唯物史观，是从历史的长河中高屋建瓴地审视一切社会经济现象，认为一切人类历史发展现象都有其存在—发展—消亡的过程，这个过程只有长短之异，而无有无之别。因此，在社会经济发展的长河中，任何一种现象、过程、事物，都不会是"永恒"不变的，都只具有相对存在的性质。马克思主义者的胸怀和思想，是任何一种历史观所达不到的。资产阶级的历史观就不敢正面承认资本主义的相对性，没有一个资产阶级经济学家敢于承认资本主义消亡的历史必然性。这种发展的历史观，保证了我们审视发展的公正性和科学性，不受某种狭窄的集团利益的偏见所制约，故它具有较小的局限性。

二、它是历史的发展观

马克思主义的历史唯物论，总是用历史的眼光看待一切社会经济发展现象，认为一切在历史上乃至现实中出现的现象都不是偶然的，更不是由个别人物的行为决定的。一切现象、事物乃至阶级的出现，都有其当时、当地的历史条件，都是"历史地"出现的，都有其内在与外在的因果关系。

问题只在于，在现实世界，人们观察事物总是带着感情，有的历史因果被人们所认识、承认；有些还没有被认识、承认；有些虽然被一部分人认识，但却不被另一部分人所承认而已。

任何一个大的现象，都是历史地出现的，脱离历史背景，就会成为历史虚无主义者。坚持历史的发展观，就避免了历史虚无主义——历史不可知论。

三、它是批判的发展观

马克思主义的唯物史观，是"批判的"，而不是"辩护的"。它总是从社会生产力的发展和人类的社会进步这一根本立场出发，并以之为基本标准来判断一切社会经济发展现象的是非。

——凡是可以推动社会生产力发展和社会进步的现象、事物、人物乃至阶级，都必须予以肯定、支持；反之，则必须加以批判与扬弃。

——凡是一切已经出现的有利于推动社会生产力发展与社会进步的现象、事物、阶级等，虽然在一定历史阶段是积极的、进步的，但在一定历史阶段之后，由于它们的历史局限性，也会或迟或早地走向反面，成为生产力发展与社会进步的桎梏，从而走向消亡。这种观点是西方经济学中不曾有过的，资产阶级的观点是"存在就是合理"。

——凡是已经出现的某种现象，无论它是进步的还是反动的，都取决于当时、当地的历史条件。在某种条件下它可能是进步的、积极的；在另一种条件下则可能是反动的、消极的，反之亦然。

如"资本的剥削"，从本质上看是不合理的。但在目前我国生产力还不发达的状态下，在社会生产力的发展过程中，我们又必须引进外资，鼓励"三资"企业的发展，以此推动我国现代化建设的步伐。只要私有制形式存在，就有剥削存在，因此剥削在我国现阶段仍然是不可避免的。问题的关键是没有永远不变的"合理"存在。这就从根本上同实用主义的"有用即合理"的历史观划清了界限。

所以，马克思主义的发展观从不为任何"存在"的永恒合理性作辩护，正如它从来就为一切"历史的"存在找依据一样。

四、它是科学抽象的发展观

学术界有一种误解，即认为马克思只讲抽象分析法，不讲实证分析法，这是不对的。马克思的《资本论》中关于劳动日、工资、资本积累等方面的研究，正是最大的实证研究。但马克思并不满足于实证研究，而是借助于实证研究的成果，穷追不舍地探寻商品背后的生产关系，即人与人之间的关系，运用高超的科学抽象方法来找出资本主义商品运动的规律，进一步探寻资本主义本身的发展规律。在这方面，迄今为止的西方经济学家除了熊彼特有那么一点触及之外，还没有一位做到了这一点（当然不包括西方的马克思主义者）。

马克思的发展观，从总体上讲，是以上四大特征的统一。正由于此，我们在探讨建立新型的发展经济学时，一开始就应最大限度地发扬马克思主义创始人关于唯物史观的宝贵遗产，并使之与现时代的发展相结合，成为我们的根本方法论——世界观的指导思想。我们决不能仅仅跟着某些西方经济学家人云亦云，成为鹦鹉学舌的人，那就不会有我们自己的科学地位。

就现有研究所及，我们认为唯物史观对经济发展问题的指导作用主要体现在如下三个方面：

(1)生产关系必须适合生产力性质规律，它是宏观的，可以跨越各个历史阶段的规律，是选择发展道路与模式的重要依据；

(2)基础与上层建筑理论，它是处理经济发展与政治、文化关系的重要依据；

(3)阶级分析理论，它是选择发展主体和协调发展利益，从而保证发展成功和社会稳定的锐利武器。

第二节　生产关系必须适合生产力性质规律与经济发展

一、生产关系与生产力的层次性

笔者在 1981 年曾提出"农业中生产关系与生产力的层次运动与系统协调"理论，1982

年又将这一理论扩展到一般的"生产力与生产关系的相互作用",后来又于 1992 年把它应用到"中国经济体制改革的哲学基础"上来。① 生产力与生产关系是两个辩证统一而又具有多层次的系统,两者都具有三个基本层次,即内涵层—外形层—边缘层,前两层是分立的,后一层则是交叉重叠(共有)的。生产力对生产关系的影响(或决定作用)不是直接简单地由其内涵层(例如通常所认为的"什么工具决定什么生产方式"的生产工具)的变化就直接地、简单地决定的,而是通过生产力内涵的变化波及生产力外形层(生产要素协同水平和生产力运行调控水平,即劳动力与生产工具的结合水平与状态、生产过程的管理模式、剩余的分配形式,即生产关系的实现形式)的变化,进而再波及生产力与生产关系所"共有"的边缘层(劳动组织形式、统计监控水平、剩余产品量及劳动者的积极性等)的变化,从而开始影响生产关系。生产关系的变化也绝不是简单地由于生产工具等生产力性质的变化马上就发生本质的变化,而是首先透过"边缘层"变化而波及生产关系外形层(生产资料的支配形式)的变化,最后才启动生产关系内涵层(所有制与分配制度的性质)的彻底变化。

在这一点上,资本主义是如此,社会主义也是如此。资本主义原来是个人资本主义,现在却变成了集团资本主义和国家垄断资本主义。从原来残酷的剥削方式变成了"文明的"剥削方式,其外形层随着社会的进步、文化的发展在不断变化,但其本质,其剥削剩余价值的内涵层没有变。我国社会主义也具有类似性,其本质不变,但其外形层可以改变。我国所有制形式多样化了,分配形式多样化了,但社会主义本质——追求公平、最终消灭阶级对立乃至最后消灭剥削这个长期目标——没有变。中国的改革是社会主义的改良运动,保持了社会主义的最终目标和本质特征,改革的是外形层,为的是适应生产力的发展。说到底,任何一种生产方式,其变化的艺术性越高,灵活性越大,其生命力就越强;它的刚性越大,它的生命力就越脆弱。

根据以上对于生产力与生产关系的层次运动的分析,我们认为,生产力性质决定生产关系规律也必须分三个层面来探讨其对经济发展的作用:

(1)生产力的总体性质(发展阶段性的质的规定性)决定生产关系发展、变革的大趋向,进而决定经济发展的道路;(2)生产力的结构状态决定生产关系的结构,进而决定经济发展的主体结构;(3)生产力的存在形式决定生产关系的表现形式,进而决定经济发展的模式。

二、生产力的总体性质与经济发展

生产力的总体性质(就一个国家或地区的总体水平来讲,是属于农业小生产力、工业化生产力还是现代化大生产力?)决定生产关系发展与变革的大趋向。这是什么意思呢?关键在"大趋向"而不是"立即决定"的意思。之所以这样说,是因为生产关系的变化不是经济系统本身所能最终决定的。

---

① 分别参阅夏振坤:《论农业中生产力和生产关系的层次与系统协调》,《农业经济论丛》1981 年第 5 期;夏振坤:《试论生产力与生产关系的相互作用》,《经济研究》1982 年第 10 期;江苏人民出版社:《我的经济观:当代中国百名经济学家自述》,江苏人民出版社 1991 年版,第 2 卷。

从主观上说，它更主要的是取决于阶级关系——旧的生产关系代表阶级对这种"适应生产力发展"的变革是处于有力的阻碍状态，还是处于无力的退缩状态，代表新生产力的阶级(从新的生产力能攫取最大利益的那个阶级)是否已具备了充分的变革自觉性与组织性。

从客观上来说，它取决于新的生产力是否已经在前述各个层次上都大体成熟，从而具有全面置换旧的生产力的功能。

中国共产党在20世纪50年代中期以前的政策是完全正确的，取代了帝国主义、封建主义和买办阶级的生产关系，解放了农民，实现了新民主主义革命。中华人民共和国成立以后，胜利的喜悦以及各种因素，导致了我们认识上的偏差，想用大跃进、人民公社等办法，全面置换旧的生产力，从而完全改变生产关系，实行与现代化程度非常高的社会化大生产相一致的纯而又纯的生产关系。为了提高生产力，不但采用人海战术，甚至把城市劳动力下放到农村去支援农业生产，其结果是失败的教训。我国当今的改革，就是要遵循生产力的总体性质决定生产关系发展与变革的大趋向的规律。我们用了"大趋向"这个词，是想客观地表达这个"决定"的过程是错综复杂的。

——有的地方，虽然生产力已经成熟到了完全可以改变生产关系的程度，但由于代表旧的生产方式的阶级的强大有力的阻滞作用——包含"改良"作用，使"适应"过程推迟了，如西方发达国家。

——有的地方，虽然生产力还没有成熟到足以取代旧的生产力的状态，但由于代表新的生产力的阶级——在种种特殊条件的推动下——强大到足以改变旧的生产关系的地步，因而"提前"实现了(或"超前"实现了)生产关系的变革，然后利用变革了的生产关系反过来促进生产力的质变，如东方社会主义国家。

我们是历史唯物主义者，要承认历史的现实(而不是脱离历史已走过的轨迹去侈谈什么"如果不是这样，又会怎样?"之类的空话)。现实摆在我们中国面前，是已经成为事实的社会主义生产方式的主导地位，但又不是"大一统"的公有制，还必须允许非社会主义成分的存在和发展——这不是什么人说变就可以改变的。我国的经济发展，既必须坚持社会主义的道路，又必须承认我国还处在社会主义的初级阶段。这是历史的事实。

三、生产力的结构状态与经济发展

在前面已经讲过，生产力的结构状态决定生产关系的结构，进而决定发展主体的结构。这是什么意思呢? 历史唯物论认为，政治是经济的集中表现，一定的社会阶层，说到底它总是一定的社会生产力的代表者——旧式农民是以自然能源为主的落后生产力的代表者，资产阶级是以化石能源为主的工业生产力的代表者，工人阶级是现代社会化生产力的代表者……一定社会阶层，之所以代表一定的生产力，是因为从这种生产力的维持和发展中可以攫取他们本阶层的利益。这种利益既包括物质利益(主要的)，也包括"闲暇"利益和政治特权。例如，大山区的小农在填饱肚子之后，就愿意追求更多的"闲暇"利益，"一杯黄酒一盆火，除了皇帝就是我"——不想改变既有的生活方式，在他们那里，生活水平稍有提高，劳动力的供给曲线就开始向后弯曲。

一定时间与空间的发展(说到底是生产力的发展)，必须既不过度破坏旧的生产力，又能充分发展新的生产力,那么就必须相对维持旧生产力的代表阶层的积极性,又要充分调动新生产力的代表阶层的积极性,否则就无从发展。每一个阶层都代表一定的生产力,在改革生产力的过程中,一些决策部门一定要考虑到,既要推动新的生产力发展起来,培养代表新的生产力的阶层,使它具备替代作用;但同时必须兼顾旧的生产力阶层的利益,不要过分地使其受到破坏。如果旧的生产力受到过分破坏,对社会总体生产力来说就会受到损失。因此,决策部门就要把此事做得恰如其分。当我们面临一个生产力结构多元化的现实时(例如中国现代),为了最大限度地调动新生产力的代表阶层的发展积极性和适当稳定旧有生产力不被人为地破坏,就必须保持一种多元化的生产关系结构,以保证各阶层发展积极性的最大化。

四、生产力的存在形式与经济发展

前面讲过,生产力存在形式决定生产关系的表现形式,进而决定经济发展模式。这是什么意思呢?这是指同一种水平的生产力(例如机械化生产力),由于各个国家、各个部门的客观条件不同,它的存在形式也不会完全一样,这种不一样往往就要求采取不同的发展模式。以工业化(机械生产力)为例,在工业部门与农业部门,其存在形式就不一样。

在工业部门,生产力基本上是以集中和聚集的方式存在,协作方式逐步取代独立劳动方式。在农业部门,由于经济再生产与自然再生产的交织,土地与气象水文资源的不可集中性,农业中的机电化生产力也不可能完全像工业中那样集中与聚集,协作劳动也不能完全取代独立劳动。因此,机电化生产在工业部门表现为集中化协作化的存在形式,而在农业中却始终难以消灭家庭经营的存在形式——这就是工业和农业发展模式上的差异。

在不同的国家也有类似情形:在西欧发达国家,工业化生产力属原生型,是循着个体经济—手工作坊—现代协作的途径自然自发地成长起来的,所以它们多属于个人资本的存在形式(就典型意义来说),其经济发展也多属于个人资本主义发展模式;在东亚半工业化国家,工业化生产力属于"后发外生型",往往是由政府发动而后波及私人的途径成长起来的,所以它们多属于国家—家族资本的存在形式,其经济发展也多属于群体资本主义发展模式。

在我们社会主义中国,工业化生产力则主要属于后发创新型,主要是由政府发动适当辅以私人的途径成长起来的,所以它属于以国有为主导、以公有为主体、多种成分并存的"社会发展模式"。

五、生产力的发展阶段与经济发展

生产力的发展阶段决定经济的发展阶段,中国为什么处于"社会主义初级阶段"?说到底是社会化的生产力还没有全面形成(就全国而言),其覆盖面还仅限于少数大城市。工业化过程中如何划分"外延"发展阶段与"内涵"发展阶段的问题,也主要是看生产力的外延式发展空间是否已近极限——边际效益是否已近消失。就一个地区来讲,工业化处于什么阶段,也主要是看其生产力社会化的程度而区分为起点地区、发展地区、成长地区等。

以上就是生产关系必须适应生产力性质的规律在发展道路、发展主体、发展模式、发展阶段等方面的作用。

第三节　基础、上层建筑与经济发展

一、基本关系

唯物史观认为，一个社会的政治、文化、艺术等归根结底都是由这个社会的经济关系所决定的。前者属于上层建筑，后者属于基础。基础决定上层建筑，有什么样的基础，就有什么样的上层建筑。但是，上层建筑一经出现和巩固，它对于基础的作用也不是单纯被动的，它可以反过来促进或阻碍基础的发展或变革。

这一基本原理对经济发展有什么指导意义呢？经济发展问题肯定属于基础的范畴。在经济发展过程中，基础不可能不与上层建筑发生关系，我们的发展理论决不能撇开上层建筑的影响去构筑自己的理论与政策。经济发展与上层建筑的关系可以大致归纳如下：

第一，经济发展必须首先从现存的上层建筑中寻求某种支撑力量，否则便难以启动。这个观点是在历史的经验中归纳总结出来的。

第二，经济发展同时也必须充分估计现在上层建筑的制约作用，制定可行的目标、有限的步骤与高明的策略，否则很可能会中途梗阻乃至夭折。因为经济发展不是从无到有，而是在旧的基础上、旧的上层建筑统治下开始启动成长、壮大起来的。

第三，经济发展同时也要审慎地考虑上层建筑改革的目标与方略。一方面，上层建筑不相应改革，可能会抑制乃至破坏经济发展的成果；另一方面，上层建筑的改革又不能操之过急，否则会影响社会稳定。

二、经济发展必须有制度安排：发展与改革的关系

中国20世纪80年代以前为什么是"无发展的增长"？何谓"有增长"，即工农业产值增大；何谓"无发展"，即结构没有变化，还是农业国，农业占70%，农业人口占80%，农业中的种植业占70%~80%。出现这种现象的原因在于体制的瓶颈，体制改革没有跟上。后20年（党的十一届三中全会后）的经济发展，是因为我们正在从传统的计划经济体制逐步转向商品经济、市场经济体制。即是说，发展要有制度安排。

发展，首先一个大前提，是在什么样的制度环境下进行？20世纪80年代以后中国的加速发展，其根本动力就在于体制改革。所以，体制是发展的前提改革是体制的安排，因而改革是发展的先行官。

从中国的经验可以看出，体制对于一个国家能否走上发展的快车道起着关键作用。20年的事实已经无可怀疑地证明了这一点，这也是"生产关系要适合生产力性质规律"的体现。当然，在强调体制改革的时候，必须明确一点：改革是手段，发展才是目的。不是为改革而改革，因为改革的内涵是排除发展的障碍性因素。

如果是体制障碍，就进行制度内的改良；如果某些上层建筑因素还未成为发展的障碍，其发展生产力的动力还未用尽，就不宜乱改，不是"打倒一切"。

就我们社会主义国家来说，改革只能是社会主义制度的自我完善，是社会主义的改良

运动,如果超出了这个界限,便会引发社会动荡,在中国这块土地上便有可能出现内乱。那样一来,发展便会变成泡影。苏联的教训之一,就是改革失去了方向,把改革当成了目的,追求全方位的"西化",结果是众所周知的。

三、经济发展必须尊重文化传统

迄今为止的历史说明,由农业社会转向工业社会,这是历史的必然阶段,任何国家概莫能外。但是,这种转换采取什么途径,采用什么模式,则在很大程度上要受到各国文化渊源的影响。

根据基础与上层建筑的理论,一定的经济关系衍生出一定的文化体系,这是从本质的、最终的角度来说的。由于文化这种社会现象具有大众性、潜移性,因此在变化中表现为一种坚韧的积累性、滞后性。

——文化的积累性,形成它的跨越社会形态的某种特质,使之整合为某种"传统",变成广大人民群众的风俗、习惯、宗教、价值取向等。这种历史积淀起来的"惯性",不是来一次革命、下几道命令便可以把它改变的。而且,这种传统也不都是消极的东西,有其精华的部分,不能一概予以否定。

例如,中国传统的以"孝"为核心的家庭观念和模式,由封建时代的等级教义所熏陶出来,延续下来,经过几千年的整合而形成的一种上层建筑形态,深入整个民族的灵魂之中。它几乎跨越了各种社会形态,成为一种民族心理上的"惯性"。这一点同美国的背景就大不相同——美国人的家庭观念淡薄得多,家庭模式也显然有别。这种传统虽有其消极的一面,如束缚个性的发展等;但确也有其积极的一面,如社会凝聚力强(任何外来民族都无法同化中华民族,这已是历史的结论,即使流到外邦,也仍然保留着"华人社会"——唐人街),在现代化过程中易于保持社会稳定等。

——文化的滞后性派生于它的积累性。特定文化传统既积淀了以往各种社会形态的因子,但它又不是绝对地等于某一社会形态。所以,在历次社会制度变迁中,它并不随着制度的革命而全部"改头换面"地消失。如前面所说的以"孝"为核心的家庭观念和模式,并没有因为封建社会形态的崩溃而消失。

所以,在工业化、现代化过程中,东亚诸国几乎绝大多数都采取"家庭主义"式的资本积累方式,形成与西方有别的"东亚模式"。这是符合马克思主义唯物史观的。

四、经济发展与政治改革的关系

在经济发展过程中,正确处理好发展与政治改革的关系,是一个十分艰难而又风险很大的课题。根据基础与上层建筑的理论,在处理经济改革与政治改革的关系上,至少应注意解决好如下几个问题:

第一个问题:政治改革的时机选择问题。

在这个问题上,大体存在三种可供选择的方案:

(1)政治改革先于经济改革。这一方案的主要依据是:既然经济发展的主要桎梏是上层建筑的阻碍作用,利用旧的上层建筑来建设新的基础似乎是不可能的,因而应该先打破旧的上层建筑,然后用新的上层建筑来推动经济的改革与发展。

这种方案是形而上学的，它没有理解上层建筑的多层次性，按这种方案做的结果被证明风险太大。其风险和问题表现在以下三个方面：

其一，改革缺乏强韧的动力。改革本身是一种社会行为，这种社会行为不是靠几个政治家所能推动的，它需要广大人民群众的参与；没有广大人民群众的积极参与，这样一个大规模的改革运动，很难取得显著进展。先搞政治改革，不搞经济改革，广大人民群众并没有从改革中获得经济利益，其结果是政治改革便很可能成为少数政治野心家的权力角逐，最终易于使改革丧失人心而难以为继。

其二，改革容易造成社会制衡中心的崩溃。先政治改革，后经济改革，没有一个缓冲余地，上层建筑是个庞然大物，一下将其否定，重新建立新的网络，形成新的制衡中心则很难。因此，政治体制的改革必须在社会相对稳定的条件下进行，即在确保社会制衡中心相对权威下进行，否则整个改革(包括政治与经济的改革)与发展，乃至整个社会就可能陷入无政府状态。

其三，改革易于变质。须知，一个国家的改革不可能超脱国际势力的干扰——"中心"国的野心。如果改革一开始就过度地否定了既存"制衡中心"(上层建筑)的合法性与权威性，则整个改革进程便给外国势力的插手提供了"千载难逢"的机遇。而外力插手，便会有按照"中心"国的国家利益转向——"和平演变"的危险。

(2)政治改革与经济改革同步进行。这种选择在理论上似乎是合理的，但在实践中尚缺乏先例，并且不易操作(就整体而言)。在某种较低层面上，局部地互动，不仅可能，而且也是这样做的。如中国在推进经济改革的同时，也在完善人大、政协、推进农村基层直接选举、改革政府职能等。

(3)经济改革先于政治改革。这就是中国的改革选择，先集中力量突破经济改革，然后逐步推进政治改革。这一选择的依据是：

第一，改革必须有强劲的"动力"，首先强化经济上的激励机制，使社会从改革中得到物质利益，这样，改革即使有什么挫折和失误，由于大家都得到了利益，也能在得到纠正的前提下进行下去。因此，这是保证改革顺利推进的决定条件。

第二，利用现有的上层建筑，渐进式地推进基础改革，风险较小，可以在基本保持社会稳定的前提下进行改革，所付的成本可能是最小的。

第三，我们是社会主义制度的自我完善性质的改革，是在保证社会"制衡中心"权威的前提下的改革，更不能使改革迷失方向。中国的经验已经证明，这是社会主义国家改革的最优选择。

第二个问题：政治改革的模式选择问题。

模式选择，主要是"民主化"的模式选择，由于这个问题纯属政治学的研究范畴，因此这里我们只能就基础与上层建筑理论与经济发展的关系这个角度来进行局部探讨。

(1)民主的派生性与历史性。民主问题实质上也是一种上层建筑现象，它是经济基础发展到一定阶段的历史产物，同时它的存在形式又要受到一定经济基础的制约。

从因果关系上讲，民主化的程度、方式，往往是要受到经济基础的制约的，特别要注意它是要受到不同国家的经济发展阶段的制约的，因而它就不可能存在一种"通用"的模式——当一个国家要集中力量解决占国民大多数人口的生存的时候，它就不可能采取富裕国家的那种民主方式，它的民主化程度显然不应该、也不可能很高，它必须利用相当的集权力量推进经济发展，然后随着经济的发展而逐步推进民主化向高级阶段演进。

（2）民主模式的民族性、阶级性。前面已经讲到，世界上不可能存在一种"通用"的民主模式，因为各个国家的经济发展阶段不一样，文化背景更不一样。采用何种民主模式（或民主的实现形式），一要考虑到民众的可接受性，二要（更重要的）考虑到民主的可实现性（不被少数政治家所操纵）。这是一种负责任的态度。如果某个国家硬要别的国家推行它自己的民主模式，那就有干涉他国内政的新殖民主义的嫌疑。当前，确有一种巨大的国际势力，企图在全球推行西方发达国家的"多党议会民主"模式，其背后显然怀有不可告人的政治野心和经济霸权欲望。

第四节　阶级分析理论与经济发展

一、经济发展与阶级利益：发展动力问题

经济发展说到底是靠人去发展，人们对发展的参与程度与支持态度是决定发展成败的根本因素——这就是"人民群众创造历史"的精义所在；但人是按照其在经济生活中所处的地位和获得经济利益的方式不同而区分为若干阶级和阶层的（包括集团）。这是马克思阶级分析理论的基本观点。过去一谈阶级分析就是讲阶级斗争，实质上，马克思最初讲阶级分析，并不是从斗争出发，而是从人们在经济生活中所处的地位和获得经济利益的方式不同而出发，然后才讲到阶级斗争，后来人们把这一观点理解得变了形，好像历史唯物论就是讲阶级斗争，结果把马克思的理论片面化了。

因此，经济发展的动力，必须建立在牢靠的阶级分析的基础之上：是哪些阶级或阶层从发展中获得的利益最大？哪些又最小？必须保证大多数阶层能够从发展中得到更多的利益，这是发展成功的关键所在。如果像非洲和部分拉美国家那样，只是少数特权阶层获得了发展的利益，而大多数阶层被排斥在发展之外，发展肯定就会夭折。笔者在《经济发展战略新论》中，曾提出"三大瓶颈"论，其中关于"社会瓶颈"就是指：必须密切重视在发展中获利最小（甚或损失较大）、风险最大的阶层，并据此制定相应的政策。否则，发展就可能出现震荡。

结合中国的现状分析，我们可以得到如下启示：第一，绝大多数中国人从改革发展中都不同程度地获得了利益，其经济状况较改革前都有所改善，这是中国发展可能成功的保障。第二，各个阶层在发展中所获得的利益是很不平衡的，而且有拉大的趋势。不仅在阶层之间，而且在地域之间、行业之间都在拉大，如东、中、西的差距，城乡的差距，商界与知识界的差距等。第三，确实正在出现某种"暴发户"群落，这个群落存在着脱离群众的倾向。第四，产业工人在发展中获利极不稳定，承受的代价较大，农民阶层的利益有下降趋势，而且得不到有效的保障。

二、经济发展与利益协调：稳定发展问题

我们既要有强劲的发展动力，又要有强劲的协调机制。只有强劲动力，没有协调机制

就可能导致社会两极分化，两极分化就会导致社会不稳定，社会不稳定的结果就是破坏了发展。根据马克思主义的阶级分析观点，我们必须确立一个十分重要的命题：各阶层利益的相对均衡是社会稳定的基础。社会稳定的机制很多，说到底，最根本的还是利益的相对均衡。在中国经济发展的当前，我们应该运用阶级分析方法，正确调整好各方的利益关系。

第五章　经济发展中的文化问题

现代化是由传统的农业文明转变为现代的工业文明的一个文明发展过程，它不单单是经济的增长，而且是文化的各个层面的全面转换。西方发展经济学狭隘地只从经济本身来研究现代化问题，将现代化简单地等同于经济的变革即工业化，把西方现代化的经验和模式作为唯一的目标，回避或忽视了西方现代化模式的文化背景的局限性，对文化传统对现代化的制约——尤其是有着悠久历史的东方文化与西方文化模式的激烈冲突——缺乏应有的重视和研究。他们把资本主义框架作为经济发展的既定前提，似乎发展必定要求"私有化"和"资本主义化"。这是第二次世界大战后还缺乏发展成功的大国范例的深层原因，也是西方发展经济学陷入危机和困境的根本症结。

回顾中国现代史中的现代化运动，之所以陷入失败或不成功，当然有许许多多的经验教训，但其中最深刻的教训之一，我们认为是经济发展没有找到适合中国国情的文化取向。

五四运动，对于让中国人打破传统的枷锁，放开视野，学习西方，的确起了巨大的历史启蒙作用。但由于过分地否定了传统文化——如"打倒孔家店"，把糟粕与精华全部"泼"掉了，使西方的现代化模式成为一种"嵌入"式的东西，不能同中国社会相融汇，难以被中国人民所接受。到后来，致使买办资本横行肆虐，人们忍无可忍，起而革命。

中国共产党人向西方学到了马克思主义，也由于在开始阶段照搬照套第三国际的做法，革命遭受一次又一次的危机。后来以毛泽东为首的革命者，把马克思主义同中国的实际结合起来——"三大法宝"中的"统一战线"就是同中国传统文化相结合的典范——才使中国革命取得了胜利，为中国的现代化创立了根本前提。但是，当国家的工作重心转向经济建设以后，我们似乎又一次忘记了历史的教训，特别是在20世纪50年代中期以后，不仅在经济发展上照搬苏联的模式，而且在否定传统上愈演愈烈。

20世纪70年代末，邓小平领导了"拨乱反正"运动，实行了改革开放的新政策。20年来，中国在经济上取得了突飞猛进的发展，政治上大大提高了国际地位，中国的现代化已走上了快车道。这是举世公认的事实。但是，也必须承认，由于时间的仓促，中国人在来得如此迅猛的经济发展面前，还缺乏文化准备。

这个问题的本质是：在现代中国经济的改革与发展中，怎样继承与发展中华文化传统并吸纳西方文化的精华，整合现代中华文化，以推进社会主义精神文明建设，进而保障中国现代化的成功。换句话说，就是中国现代化应该是什么样的文化取向问题，要实现一种什么样的现代化问题。这个问题如果在中国现代化的过程中不能尽早获得解决，中国的现代化便会失去有力有效的精神支柱。那就很可能由于社会思想的混乱而导致社会稳定局面的破坏，最终也就无法完成中国现代化的大业。

因此，中国的现代化和改革开放，迫切要求我们以社会主义精神文明原则为指导，重塑现代中国文化，把植根于西方文化背景的现代化模式同中国优秀的文化传统对接起来，形成健康的现代化中华文化和中国现代化模式。这是中国现代化得以最后成功的保证。这也是一个急需深入探讨的大课题。

第一节　经济与文化的基本关系

一、经济基础与上层建筑的关系

文化有广义与狭义之分，这里所讲的文化是狭义的精神文化。关于经济与文化的关系，马克思主义的一个基本观点是：经济基础决定上层建筑(文化)，上层建筑对经济基础具有反作用。这是一个颠扑不破的真理，是我们探讨经济与文化关系的根本出发点。但同时，对上述抽象的哲学思辨尚需进一步具体界定。我们认为，经济基础对上层建筑的决定作用表现在两个方面：①原生作用。一定的经济基础一定原生出一定的文化。②长远作用。经济基础对上层建筑的决定作用不是一种阶段性的，而是一种时间跨度很大的长周期作用。上层建筑对经济基础的反作用主要表现为三个方面：①调控作用。上层建筑通过某些调控手段和措施来刺激经济的增长或控制经济发展的规模和速度。②干扰作用。上层建筑变化的滞后性派生出的诸如权钱交易、以权谋私等一系列腐败现象，影响资源的优化配置，干扰经济的发展。③塑模作用。上层建筑(主要是文化传统)可以塑造经济发展的模式。如英国、法国、德国在现代化过程中，由各自不同的民族文化传统，形成了风格迥异的英国模式、法国模式和德国模式。因此，经济基础与上层建筑的基本关系也可以简略地概括为：一定的经济基础原生出一定的文化模式和文化传统，一定的文化模式和文化传统塑造出一定的经济发展模式，一定的经济发展模式制约着经济的发展。于是，对经济与文化、经济基础与上层建筑基本关系的探讨，在某种意义上，就置换为对文化模式的形成和重塑的探讨了。

二、文化模式形成的背景

"文化模式"的概念，是美国文化人类学家露丝·本尼迪克特在1953年出版的《文化模式》一书中提出来的。她认为，一定的文化模式，是一个民族(种族)在历史长河中逐步积淀而成的。她通过对印第安人原始部落的长期考察，发现文化模式形成过程的远古的生活环境造成的行为偏好→逐渐自然整合而形成的某种标准→标准被群体所逐渐认同→最后形成特定的文化。所以本尼迪克特说："文化或多或少都是整合行为的成功的实现。"①本尼迪克特的观点尽管带有明显的心理学倾向，但她把生活环境作为文化模式形成的背景与

---

①　露丝·本尼迪克特：《文化模式》(中译本)，生活·读书·新知三联书店1988年版，第49~50页。

唯物史观的观点不谋而合，因此，这对于探讨文化模式的生成背景具有非常重要的方法论意义。我们将这种由偏好到标准，由标准到认同，再由认同到文化模式的过程称为"三段论"。

人类各民族的生活环境，是自然场和社会场的整合。"自然场"指人的生存与发展所赖以依托的自然界；"社会场"是指人在生存与发展过程中结成的全部社会关系的总和，可大略分为经济和社会组织两方面。因此，一定的文化模式是一定的民族在特定的生活环境中主客体双向建构的结果，其形成背景可分为自然环境、经济环境和社会组织环境三个层次。

①自然环境。又称地理环境，指被人类改造、利用，为人类提供文化生活的物质资源和活动场所的自然系统。地球表面的岩石圈、水圈、大气圈，今日人类开始触及的外层空间，以及对人类生活发生久远作用的宇宙因素，共同组成了这个自然系统。

②经济环境。指人类在战胜和利用自然，以获取财富方面所达到的生产力水平，以及与之相适应的经济关系。

③社会组织环境。指人类创造出来为其活动提供协作、秩序、目标的组织条件，包括各种社会组织、机构、制度等结合而成的体系。

三、背景变迁与文化的重塑

一定的文化模式是在一定的生活环境中形成的，因此，伴随着其赖以生存的生活环境的变迁，必然产生文化的重塑。

所谓生活环境的变迁，可以大致分为四类：

①自然环境的变迁。主要指生态大变异，如干旱化、沙漠化等。

②经济地理环境的变迁。指邻国的兴衰、交通的改变等因素导致经济地理环境的优劣转变，如近代日本的强盛对中国的影响即是一个证明。

③经济制度环境的变迁。主要是指社会革命。如1949年中国新民主主义革命的胜利，推翻了半殖民地半封建的社会，建立起社会主义制度。

④科学技术环境的变迁。指技术革新和科技革命。

生活环境变迁的方式，又分为突发式和渐进式两种形式。如社会革命表现为突发式，而技术的进步、交通的改变、绿洲沙漠化等则表现为渐进式。生活环境的变迁方式对文化的重塑产生深刻的影响。

突发式的变迁，使文化的重塑呈现出"马鞍型"。其"三段论"表现为：全盘否定传统→传统的回归→辩证完型。

渐进式变迁使文化的重塑呈现为"潜移型"。其"三段论"表现为：生活方式的改变→思想观念的改变→文化模式的改变。日本是一个例证。日本自明治维新之后，并未经过突发式的社会革命，而是在保留天皇制的条件下通过现代因素潜移默化地渗入社会生活而实现了传统与现代的整合。

上述两种类型都提出了一个共同的问题：文化重塑的价值取向问题，即"文化现代化模式"问题。这个问题将在后一节阐述。

第二节 文化对经济发展的制约

文化结构具有滞后性、隐蔽性和超越性。所谓滞后性，有两层意思：一层意思是，文化结构作为经济基础的产物，一经形成就具有相对稳定性，直到经济基础发生根本性的改变时，文化结构才会或迟或早地发生剧烈的变化；另一层意思是，当旧的文化结构赖以存在的经济基础灭亡之后，其中的某些文化"因子"作为"遗迹"还会长期保留下去。所谓隐蔽性，是指文化深入人民大众的日常生活和无意识层面。所谓超越性，是指文化结构的某些层面具有相对独立性，可以超越特定的社会制度、社会结构和意识形态。因此，文化结构较之经济、政治结构具有更大的韧性，它潜移默化地影响人们的经济行为，包括经济价值取向。

一般地说，一定的经济基础原生出一定文化。但由于文化的大众性、积累性和滞后性，它便会整合为一定的传统，这种传统往往不会因社会制度的更替而彻底消失，反而会跨阶段地制约与影响经济发展。如果现代化模式与传统文化对接较好，可以能动地加快现代化进程；反之，则会阻碍现代化进程。

文化的传统对经济发展的影响，主要表现在三个基本的层面：

第一个层面：价值取向。这属于大众的层面，属于最广大的民众所认同的最高价值观与道德伦理境界。例如，西方基督文化的"个人主义"传统，表现在西方现代社会中，人们普遍地认同利己和重利，把个人自由、个人利益、个人价值标准看得高于一切，"神圣不可侵犯"，社会不能干涉，否则就是"不尊重人权"。东方儒教文化的家族主义和群体主义传统，则表现在东亚社会中人们普遍地认同利他和重义，"先有国，后有家"，个人利益服从社会利益，追求个人利益时，必须兼顾社会利益等。在东方，政府和人民则是把保障社会安定、经济发展、人民大众的安居乐业作为最基本的人权。张培刚先生对此打了一个十分形象的比喻：西方人写信封是先写个人，再写街道与城市，最后写国家；中国人写信封则反过来，先写国家，再写城市与街道，最后才写个人。这正是东西文化差异的一种最易于理解的表象。

第二个层面：思维方式。这属于哲学方法论的层面，是人们在思考与处理一些重大的、棘手的问题时所持的一种态度与方法。西方的思维方式，就其主流来说，基本是排他的、竞争的、非此即彼的。基督教同其他宗教是不能兼容的，进化论的立论基础就是"物竞天择，适者生存"。东方文化，特别是中华儒教的思维方式则是兼容的、和谐的，讲求"中庸之道"。儒教的兼容并蓄性突出地表现在"儒、释、道"的合流上。

"中庸之道"，过去对其消极的一面讲得过多、过头。其实，它有其积极的科学的一面。至少有三个方面对社会经济的发展具有积极的作用：第一，"中和"。特别是在人际关系上讲求"和为贵"，所谓"喜怒哀乐之未发，谓之中；发而皆中节，谓之和"。这对于经济建设时期增强社会的凝聚力，减缓社会矛盾，加强企业和单位内部的团结，无疑是大有裨益的。第二，无过无不及，这也相当于"实事求是"的含义，主要是在处事态度上要恰到好处，不过头也不无所作为。这就是说要按客观规律办事。显然，这是一种科学的思维方式，不走极端。这对于经济建设来说，更显得特别重要。第三，"择乎中庸"。这主要是在解决一些棘手问题上的"求同存异"策略，将看起来似乎是水火不能相容的一对矛盾体，择其"中"（共性）而融为一，求其统一。第一个例子是"统一战线"，将无产阶级和民族资产阶级这两个对立的阶级通过"统一战线"而联合起来了。第二个例子是"一国两制"，把社会主义的中国大陆同资本主义的港澳乃至台湾，在"民族大义"的共性上统一起来。第三个例子是"社会主义市场经济"，把社会主义与市场经济这两个从经典意义上说本来对立的范畴，通过"生产力标准"这一中介，也把它们结合起来了。显然，这三个例证，只有在东方文化的"中庸"思维方式下才可能出现，在西方的思维方式下，简直是不可思议的。

第三个层面：模式选择。这属于制度的层面。西方个人主义文化，特别是英美的现代化，不是一切国家都可以照搬照套的。特别是政治多元化，或者说"多党议会民主"的形式，是要有特定的条件的。我们排除制度性条件不计，仅就这种形式本身的实施，也是要有一定前提条件的：第一，必须是比较成熟的法治国家。否则，政府不断更替，政策朝令夕改，经济的发展就会陷于一片混乱。第二，是政企分开的经济体制。政府行为基本不影响企业行为的正常运营，否则也会破坏经济的发展——例如战后意大利那种像走马灯似的"政府危机"，如果在东方国家发生，早就会出现经济崩溃了。第三，公民和政治家必须具备较高的文化素质和民主素质（包含政治鉴别素质、参与素质、法律素质等）。正因为如此，即使在东亚资本主义国家，由于文化背景不同于西欧，加上上述条件发育不全，它们大多也不是照搬欧美模式，有些学者，称之为"儒家资本主义模式"，因为它受东方儒家文化的影响更深。

从以上三个层面，我们剖析了文化传统对经济发展的影响，其用意是说明：在我国经济现代化的过程中，决不能照搬照套，甚至是生搬硬套西方国家的价值观念、思维方式和发展模式（包括企业模式），必须立足于中华文化这个大背景，以马克思主义为指导来创造适合于我们社会主义中国的现代化模式。

第三节　儒家文化与经济现代化

一、东亚崛起引发的重新思考

长期以来，西方学术界形成了一种思维定式：现代化＝西方文明，即将现代化看成是"基督教的派生物"。这种文化上的优越感，是目前西方干涉东方的"依据"。在中国，也有不少人被迷惑。但是，继日本之后，亚洲"四小龙"崛起，东亚的现代化在文化层面反映出与西方迥然不同的区别，开始引起人们的重新思索：

——东亚没有按"先民主化，后工业化"的西方轨迹，而是在"专制"之下实现工业化，工业化反过来促进民主化；

——没有完全按照"大鱼吃小鱼"的残酷兼并方式，而是在家庭—家族基础上发展大量的中小企业；

——在微观上，也没有像西方19世纪那样雇主与雇工界限分明，尖锐对立，而是按东方的"和为贵"形成相对和谐的人际关系（如"丰田精神"）。

这样，东方(特别是东亚)的现代化，在人与物的关系上是按西方价值观新建的；在人与人的关系上却保留着明显的儒家烙印。于是，东方人渐渐觉醒起来：现代化不一定就等于西方文化，东方文化不一定绝对是现代化障碍。伴随着重新思索和觉醒，现代新儒学在海内外蓬勃兴起。有些学者甚至大胆地提出了"儒家资本主义"和"东方式现代化"等概念。

二、四大流派

关于"儒学与现代化"的关系问题，尽管长期以来东西方的学者们歧义纷呈，聚讼不休。但归纳起来，大体可分为以下四大流派：

1. 绝对障碍论

这一派的代表人物是德国社会学家马克斯·韦伯。他认为，欧洲之所以走在现代化的前头，是由于由基督教所诞生的理性主义，特别是宗教改革产生的新教伦理，是西方工业资本主义产生与发展的精神因素；而中国儒家伦理的"重道轻术""重义轻利"，只能阻碍工业资本主义的产生和发展。这也就是为什么现代化首先在西方而不是在东方成功的主要原因。在国内，与这种观点相对应的是"全盘西化"论和"西体中用"论。

2. 绝对促进论

20世纪80年代，随着亚洲"四小龙"的成功，有些中国港台学者和东南亚的学者认为，"四小奇迹"是儒家文化的产物。其代表人物是凯恩(H. Kahn)等人。凯恩认为，东亚人深受儒家文化的熏陶，他们吃苦耐劳，善于组织，尊师重教，因而能够在经济上获得成功。如：儒家思想对于知识的重视，有助于日本在德川幕府时代接受西方的科学知识；儒家传统是韩国企业家精神的构成要素；重视人际关系的互补和认同阶层等级的儒家文化特质，能增加个人在企业中的自觉和协调；儒家传统是华侨东南亚经济的重要因素等。美国波士顿大学社会学教授伯尔格尔(P. Berger)进一步提出了"两型现代化"的概念，认为：西方型的现代化，其根源在基督教；东亚型的现代化，根源在儒教。在国内，与这一观点相对应的是"中体西用"论。

3. 阶段论

这一派的代表人物是马克费尔·库赫(Macfar Quhar)。他提出的"后期儒家假设"认为"如果西方的个人主义适合工业化的初期发展，儒家的群体主义或许更适合于大量工业化的时代"。他承认儒家思想在后工业化时代有某些科学的内涵。其理由是由于生产的高度社会化，不能过分强调个人主义。

4. 多因果阶段论

这一派的代表人物是中国台湾学者黄光国(台湾大学心理系教授)和成中英(夏威夷大学哲学系教授)等。其主导思想是：认为原型的儒家思想不是现代化的直接动因，但其中存在某种理性因素：动力因果关系——形式因果关系——目的因果关系——材料因果关系。也有的主张两阶段论，将现代化分为初级阶段和高级阶段，在现代化的初级阶段，从总体上扫除作为障碍因素的儒家权威，利用世俗的现实主义把现代化发动起来；在现代化的高级阶段，儒家思想理性化层面（材料因果）得到发扬、重塑，并与现代化整合，便可以形成一种有异于西方的决策与管理原则，成为"理性化的儒家"，从而积极转化为现代化的直接动力因素。因此，在整个现代化的过程中，走的道路分为两阶段：传统儒家的现代化—现代的儒家化。

三、历史的辩证法

我认为，要准确地把握"儒学与现代化"的关系，必须坚持马克思主义的唯物史观，历史地辩证地看待文化传统与现代化的关系。具体地说，应确立如下几个层次的基本观点：

第一层次，原型文化母体与现代化的关系。这是属于"基因"与"人体"的关系，两者不是相等的关系，而是几率的关系，既密切相关，又不可能完全等同。只是西方原型文化母体（基督教）中有利于现代化成长的基因可能多些，而东方原型文化母体（儒教）中则少些。但是，"人体"成长为"人"，基因只能起一部分作用，文化母体对现代化成长的步伐——现代化的快慢的作用，还要取决于经济、社会方面的背景，而且后一方面（尤其是社会制度）往往起决定性作用。以中国为例，中国现代化成长迟滞，儒家思想保守部分（汉以后被扩大了）的束缚只是其中的原因之一，更重要的是中国特殊的封建经济——政治形态和帝国主义的压抑。

第二层次，任何一种文化母体对现代化来说都是精华和糟粕并存，只有谁多谁少的区别。而且，其精华部分还要看历史发展的机遇是否有利于它向推进现代化方向发展，亚洲"四小龙"的崛起就是一个例证。"四小龙"在发展中有许多有利的机遇：朝鲜战争、越南战争、世界产业转移等，是先有"机遇"，然后才发生文化重塑，最后才出现东方现代化模式的。

第三层次，即使是"精华"原体，也不是现代化本身，而是在新的历史条件下经过延伸、蜕变而成的一种新的文化形态。例如，西方基督教的"重利""尊术"本身并不等于现代资本主义，只是重利＋剩余价值剥削＝现代资本主义。因此，如果没有"剩余价值剥削""新市场开拓"这些现代社会发展的新因素，西方文化是不可能产生出现代资本主义的。

第四层次，即使是"糟粕"，也不能全盘否定，在"精华"主体地位确定之后，将"糟粕"加以改造变形，仍可在一定范围内发挥其有利于现代化的积极作用。如：中国儒家思想中的"乐天安命"，从总体上看，无疑不利于积极进取，但在社会矛盾剧烈时，运用得体，却可缓解社会冲突，保持社会稳定。

依据上述文化传统与现代化的历史辩证法，儒家思想与现代化的关系也可分为如下四个层次：

第一，原型儒家思想。由于它排斥世俗的功利主义，故它导致现代化的几率是微弱且间接的。中国在近代，之所以现代化起动十分艰难，有内因与外因的双重掣肘。究其内因来说，自汉代以后，将儒家思想中保守的一面（混杂上道、释）加以弘扬，并使之伦理化、宗教化，特别是清代达到极点，这对中国的封闭落后起了重大作用。儒教在此阶段实际上是现代化的文化障碍因素。因此，认为儒教本身也可以自生出中国现代化的观点，是很难成立的。

第二，儒家思想中，特别是先秦的儒家思想中，糟粕与精华并存，确有许多理性精神，它们虽然未被封建统治阶级所弘扬，但却保持在民间。因此，对待儒家思想，虽然从总体上确定了它的障碍因素地位，但对其丰富的内涵应进行一分为二的分析，即儒家思想体系是对立的统一、保守与进取的统一，如能发扬其进取的一面，弃置其保守的一面，对现代化仍是有积极作用的。例如，一方面倡导"轻利"，另一方面又主张"重义"。"轻利"不利于现代化的激励机制；"重义"则有利于强化现代化过程中的协调机制。一方面主张"抑私"，另一方面又讲究"乐群"。"抑私"妨碍市民阶层的成长；"乐群"有助于群体创业。一方面力举"忠君"，另一方面又强调"民本"。"忠君"不利于个性解放；"民本"有利于民主的成长。如此等等。

第三，上述儒家思想的"精华"主体或原型，究其本质来说，也不是现代化的内涵，而是如成中英先生所说是"材料性因果关系"，即它们具有可能塑造出现代化的基本素质，但必须经过加工再塑之后才能成为现实。例如"勤俭美德"，必须去掉保守的"敛财"机制，加入商业进取精神，才能成为现代企业家的素质；"民本思想"，必须去掉"为民做主"的恩赐思想，加入现代的民权思想，才能真正成为能适应现代化的民主观念，等等。

第四，在儒家思想的"糟粕"本体中，也不是绝无积极因素，只要运用得当，在一定时限、一定范围内还可能发挥其积极作用。例如"轻利抑私"，在金钱拜物教盛行的情况下，提倡一下奉献精神对恢复社会道德是有好处的，否则，基督教之类的宗教就不可能在发达国家得势。

第四节　中国现代新文化的整合问题

这个问题是一个十分复杂而困难的问题。其困难不仅在于问题本身，而且还在于它处在探索阶段。

我们分两个层次，即总体目标模式和实际整合模式来进行表述。

一、总体目标模式

上面我们探讨了欧美以基督教新教伦理的个人至上主义为核心的文化模式不可取，也初步涉及中国现代化的文化取向——社会本位论，那么，社会主义中国的现代化文化模式是什么呢？应当如何表述呢？

文化模式是一种多层次的结构体系，一般说来，大体包含三个层次和三个方面，是一种交叉网络式的结构(见图5-1)。

风俗习惯，属于最广泛的世俗层面，它具有明显的中性，往往不会因为社会制度的更替而消失，其滞后性最强，从而凝聚力也最大。伦理道德，属于社会规范层面，对于社会骨干来说具有深刻的约束力，由于既具有历史积淀的成分又具有时代创新的成分，这种二重性使其既有中性的内容，又有阶级的烙印，不能一概而论。意识形态，属统治阶级的文化取向，具有鲜明的党性和政治倾向性，随社会制度的更替而演变，对社会的精英层来说，具有强烈的凝聚力，但并不是对社会每个成员都具有同等约束力。这三个方面的文化都包含理论、规范和惯性三个基本部分。一般地说，理论部分滞后性较小；规范部分次之；惯性部分滞后性较大，稳定性最强。

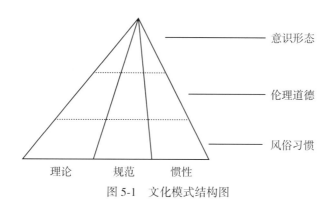

图 5-1　文化模式结构图

根据上述对文化模式的理解，中国现代化所追求的目标模式是否可以这样表述：以历史唯物主义为指导，批判地继承中华传统文化的精华，充分吸纳人类一切先进文化，逐步形成以爱国主义、集体主义、社会主义三位一体为核心内容的、民族的、科学的、大众的、开放的现代中华文化。

我们中华民族上下五千年，从远古到现代，都是提倡"先有国，后有家""皮之不存，毛将焉附？""杀身成仁""舍生取义"，多少仁人志士所演出的一幕幕壮烈历史活剧，大都是围绕着爱国主义这个轴心而展开的。爱国主义的大旗是整个中华民族最具凝聚力的文化力量。

集体主义这个词，有的学者认为不属道德层面，这有一定道理。但我们这里说的集体主义是尊重习惯，科学地讲，应该叫"乐群主义"，乐群主义应该属道德伦理层面的东西。这种敬业乐群的精神，在东方是源远流长的。东方传统农业所孕育的人文主义精神就包括这种"集体主义"。在社会主义市场经济条件下，乐群主义的内涵也是多层次的：

——个人致富应促进共同富裕，鄙夷损人利己、为富不仁；

——个人行为应具有社会责任感，反对极端个人主义，弘扬睦邻利群，敬业乐群；

——个人利益应服从社会公德，反对损公肥私，提倡遵纪守法，取财有道；

——在个人利益同社会利益发生不可调和的矛盾时，宁可牺牲个人与局部利益，提倡先公后私，大公小私，见义勇为；

——大公无私，为集体与社会利益无私奉献，提倡舍生取义，杀身成仁。

以上前三种情况属大众层面，约束面最广，第四种情况次之，第五种情况则属社会精英层的道德标准。我们可以用第五种标准作为导向，但却不应用它作为对社会一切成员的道德要求与行为准则。这种道德规范不仅不会抑制个性的发展，相反（特别是在现时中国）却能更好地、健康地促进个性的发展，消除西方个性膨胀的诸多弊端。

社会主义文化所追求的是一种消灭社会不公平现象和阶级间的对立与冲突，实现公平与和谐的无阶级境界。但这不是"乌托邦"式的空想，而是可通过生产力的高度发展和人的素质全面提高的基本途径加以实现的。在我国现阶段，这一文化层面，显然不可能被全体成员所接受，它主要属于社会精英层的理念，因而，企图全面实现社会主义文化的要求显然并不现实。它应作为一种导向的意识形态而处于现代中华文化的顶端。

"民族的科学的大众的文化"①，是毛泽东在《新民主主义论》中提出来的，他的精辟论述至今仍有现实意义。针对当今的新形势，应补充新的内容。同时，还须加上"开放的"特质。因为在改革开放的新形势下，在世界经济国际化的大潮中，任何一个民族的文化，如果不愿意衰落和灭绝，就必须不断地、及时地吸纳别的民族的先进文化以丰富与创新自己的文化。这就要求它的文化体系必须是开放型的，不是闭关自守型的。

二、实际整合模式

在实践中，究竟如何实现马克思主义、中华优秀传统文化和外国先进文化的对接融合呢？这就有一个整合方式(或模式)的问题。

1. "文化模式"与"文化整合模式"

"文化模式"与"文化整合模式"是两个不同概念，两者之间有联系，更有区别。文化模式，一般是指一个民族或国家，在历史上长期积淀和整合所形成的并得到普遍认同的思想和行为大体一贯的方式，是一个既定的概念，属于相对静态的范畴。所以美国文化人类学家露丝·本尼迪克特说："一种文化就像一个人的行为的一个或多或少贯一的模式。"②文化整合模式则是指一个民族或国家在走向现代化的过程中，如何规范对传统文化的改造，使之适应现代化的要求，即文化传统与现代整合的模式。具体到中国，即如何对中华民族传统文化进行科学扬弃，同时对现代西方文化进行合理取舍，使两者在现代化的大旗下形成一种有利于中国振兴的新的文化模式。于是，在现实中，就有了所谓的"中体西用"和"西体中用"之说。所以，文化整合模式是一个相对动态的范畴。

2. "中体西用"与"西体中用"之偏颇

历史上，我们有过所谓"中体西用"的模式，有过"西体中用"的说法，但这些都没有能行得通。之所以行不通，主要在于两者的思维方式缺少辩证法，忽视了文化系统的特质。无论是中华文化还是西方文化，它们都有产生和发展的历史环境，都是一个开放的"杂交"系统。特别是中华文化，更具有兼容并蓄的品质——中华文化在历史上就曾容纳了大量的印度文化和波斯文化，后来又吸纳了来自西方的马克思主义。各种类别的文化，都有其可作"体"的东西，也都有其可作为"用"的东西。绝对地规定一方只能为"体"，另一方只能作"用"，就犯了机械论的毛病。

从历史上看，"中体西用"这种模式，实质上是中华老大帝国在西风东渐之下，为顾全"面子"的一种说法，放不下"中华"唯我独尊的架子。事实上，学西方只能学些枝节吗？清代的维系帝国大统，只学洋人的"坚甲利兵"之器，被证明是失败了。中国共产党人向

---

① 详见《毛泽东选集》第 2 卷，人民出版社 1991 年版，第 706 页。

② 露丝·本尼迪克特：《文化模式》(中译本)，生活·读书·新知三联书店 1988 年版，第 48 页。

西方学习马列主义，并使之与中国文化传统相结合，解决了反封建的历史课题，被证明是成功了。如果当年一定要坚持"中体"，就不会有后来新民主主义革命的胜利。今天，仍然不应采取"中体西用"。改革开放前30年，就是坚持在体制层面甚至管理层面都必须实行"中体"，只能学西方的"技术"层面，结果证明也是失败的。后20年，打破了"中体"，改革开放，证明路子走对了。

"西体中用"实际是"全盘西化"的变相词。事实上，这种模式只是一种"乌托邦"，即使在香港这种缺乏原生文化根基的地方都难以做到。香港人民仍然保留大量中华文化传统，更何况中国本土这个几千年文明史的"泱泱大国"？因此，它的荒谬性是显而易见的。至于为什么不能"全盘西化"，本章第一节已有所论述，这里不再赘述。

3. "体用交融论"的提出

正是鉴于"中体西用"论和"西体中用"论各执一端的偏颇与思维缺陷的惊人一致，本书主编提出了一个马克思主义指导下的文化"体用交融论"。"体用交融论"是在前述目标模式(或称文化模式)的框架内，以如下三点作为立论的大前提的：一是生产力标准论。文化的整合必须以是否有利于社会生产力的发展，是否有利于中国整体经济实力的增强，是否有利人民生活水平的提高作为基本前提。二是社会主义方向论。社会主义在中国大陆是既定事实，尽管走过一些曲折的路，但文化的整合必须注意有利于导向社会主义精神文明的目标，特别是要注意西方文化结构中的第一部分(反映资产阶级意识形态的纯统治阶级文化的那部分)的渗透。三是民族凝聚论。中国是一个多民族的国家，文化的整合必须以"中华民族"凝聚力的增强为原则，有利于民族融合和民族团结，而不能是相反。

其实，中华文化现代化的融合，是两个相反相生过程的统一：中华文化的现代化和外来文化的中国化。鲁迅曾提出"外之既不后于世界之思潮，内之仍弗失固有之血脉，取今复古，别立新宗"。这也就是说，经过这种双向整合后的中华新文化，既有"取今"的，又有"复古"的，它既不同于旧有的传统文化，又别于西方文化，而是一种崭新的"别立新宗"的文化了。

据此，本书主编试图提出一种新的整合思路，即：在马克思主义指导下的"体用交融模式"。这种模式就是在我国社会主义现代化文化目标模式的框架内，按照上述"双向整合"的思路，中西文化谁应为体，谁应为用，要因范畴而异，具体对象具体分析，不搞一律化。例如，我们要塑造新的中国式经营思想，就不应照搬西方"大鱼吃小鱼"的模式，而应将中华传统文化中的"和谐"精神去掉其中"乐天安命"的消极因素，加进西方的商业竞争精神，而后融合为有中国特色的既有进取又有提携的现代经营思想。又如企业文化，中国原来(指在现代以前)就很少有什么企业文化的传统，因而就必须以西方的企业制度为母体，去掉其中的"个人至上主义"因素，加进中华传统的"和为贵"的人际关系，而后塑造出有中国特色的"外争内和"的企业文化来。如此等等。前一例，大体上属中为体，西为用；后一例，则是西为体，中为用。

当然，这只是一种粗浅的想法，还很不完善。但是，相信循着这种思路，可能探索出一条康庄的构建健康的现代中华新文化之路来。

第五节　东亚经济发展的文化观

东亚是"非西方文化区"。在欧美，普遍认为工业化、现代化就必须是"西化"，因为东方文化，特别是儒家文化同产业革命和资本主义无缘。这次东亚金融危机的爆发更加重了西方的这一倾向，甚至置疑"东亚模式"能否成立，至少是这个模式已终结了。果真是如此吗？东亚经济半个世纪发展的事实说明：东亚地区工业化、现代化确实取得了很大成功，而且究其成功的因素，除了实行开放政策积极学习西方之外，无可否认地表现了东方文化的特色。"东亚模式"同西欧模式具有不尽相同的特质，是不容否认的。当然，东亚文化也确实含有重大弱点，这正是为什么产业革命和资本主义在历史上未能从东方发迹，为什么爆发金融危机的原因之一。我们应如何全面看待东亚模式，应如何正确剖析东亚文化，并从中吸取应有的经验？既不能冲昏头脑，迷信东方文化"优越"论，又不能妄自菲薄，去彻底弃"东"迎"西"。

一、一个新的视角：成功的文化内涵

1. 东亚能相对成功的原因

纵观第二次世界大战以后，一大批不发达国家参差不齐地纷纷启动了工业化、现代化的进程，从拉美、非洲到亚洲，可以说是蔚为壮观。

但是，几十年之后，发展的结果都大不一样：拉美为波动和政变所困扰；非洲为内战和天灾所折磨；东欧虽有过一阵好景，却好景不长，出现社会突变；亚洲中西亚与南亚也长期停滞不前；只有东亚从 20 世纪 60 年代到 80 年代保持了相对持续的高增长，可以说是一枝独秀。

原因何在呢？众所周知，近代产业革命和资本主义是首先从西欧兴起的。为什么会首先从西欧兴起，而不是从非西欧地区兴起，有许多理论来解释这个问题。其中，最有代表性的是韦伯的命题。韦伯认为，发源于新教伦理的西方"近代合理主义"(个性解放)是产业革命和资本主义发展必然的文化基础。而东方，特别是儒教的非合理主义(压抑个性)则与产业革命和资本主义无缘。

在这里，我们还不能展开讨论韦伯的理论，暂且从事实出发：西欧确实是首先实现产业革命和资本主义的自然演进型地区，而其他非西欧地区均属"后发追赶型"地区。这些后发追赶型地区，不能说他们的政府和人民没有追赶发达西欧的愿望，应该程度不同地都有这种由不发达迅速赶上发达的愿望。但是，为什么会出现如此大的反差呢？根据各发展中国家成功与失败的经验，特别是东亚的经验，这取决于两大基本条件：一是相对稳定。只有社会相对稳定，才会有一个强力政府，才会保障政策的连续性和发展的持续性。否则，就会朝令夕改，甚至因政局动荡而使发展中断。二是相对公平。只有使全社会大多数居民能从经济发展中得到实惠(尽管程度不同)，才能解决经济发展的另外两个前提：动力和市场。少数人得益，多数人旁观，则既无强劲的动力(社会动力)，又无宽广的国内市场。而这两大条件能否具备，很重要的前提是"文化"。

先看拉美：拉美人口的主体，特别是其社会上层均属西欧移民，而且是西欧资产阶级革命前后的封建贵族及其后裔。作为西欧移民，他们具有与欧洲个人主义文化渊源的同质性；作为贵族移民，他们又具有特权文化的残余。不妨叫作"特权个人主义"文化。这种文化对拉美经济发展的影响表现为：

第一，农奴制的消灭比北美迟了一个历史阶段，从而使拉美的工业化、近代化比美国、加拿大落后了一大步。

第二，西欧的个人主义传统加特权文化，又使得拉美社会上层无抑制地追逐发达国家的超级享受，而出现十分严重的两极分化，80%以上的人口没有从发展中获益，甚至每况愈下。这势必导致社会发展动力脆弱和国内市场狭窄，难以启动强劲的发展势头。

第三，西欧个人主义文化的消费观念，使拉美社会储蓄率很低，发展的资本主要仰赖外国资本，从而导致依附和通货膨胀危机。巴西是典型。

第四，西欧的"近代合理主义"必然导致推行经济现代化与政治多党化同步进行的路线。而在这种两极分化严重、封建残余较多、人民普遍不满的社会背景下，实行多党民主模式往往就会成为少数政治野心家进行角逐的局面，从而使拉美主要国家政局经常处于动荡的状态，没有形成一个强有力的政府和持之以恒的发展政策，致使经济发展经常因政治动荡和通货膨胀危机而中断。

可见，拉美的文化，难以提供社会稳定和相对公平的条件。所以，发展老是处于大起大落的波动状态，大大影响了其实现工业化与现代化的进程。

再看非洲：非洲除埃及以外，在文化发展上大都比世界先进地区落后了一个或几个历史阶段。多数非洲国家还处于"部落等级文化"状态。这种部落等级文化对经济发展有以下影响：

第一，部落文化必然导致"山头主义"。小派别林立，一帮一派，很难形成全民族的共识。在此背景下，西方发达宗主国又硬要推行其多党民主模式，这就带来了派别之间、国家之间战乱频仍的恶果。半个世纪的事实说明：欧美在哪个国家插手，哪个国家就会爆发内乱或内战。索马里是典型。

第二，人身等级文化，必然使广大的基层民众难以参与发展进程，处于一种十分被动（半奴隶式）的状态，发展的驱动力太小。

第三，这种文化必然导致高度的两极分化：极少数特权阶层享受豪华的现代化生活，占有极大份额的发展成果；广大人民群众依然贫穷如故。这既不可能有强劲的发展动力，又不可能形成旺盛的国内市场，还可能导致社会骚乱。所以非洲除少数几个国家外，其他国家都难以形成相对稳定和相对公平的发展条件。这正是非洲工业化、现代化举步维艰，甚至难以启动的文化原因。

而相比之下，东亚大多数国家较之拉美和非洲，在文化上具有相对的优势。以儒家文化和大和文化为渊源的东亚文化，在形成相对稳定和相对公平的发展条件方面，表现出了显著的特色。这正是东亚相对成功的深层原因。

2. 东亚文化在实现崛起中的作用

东亚文化并不是浑然一体的概念，它包含中国的儒道文化、日本的大和文化、东南亚的穆斯林文化，乃至南亚印度的佛教文化也融汇其中。这些文化相互融汇，形成了某种共同的文化取向：如群体主义、节约主义、重名主义、仁义主义等。这些文化内涵虽不能产生自发型的产业革命和近代化，但在追赶型的现代化过程中，在一定历史阶段却表现出积极的能动作用。

第一，群体主义。在研究东亚现代化问题时，决不能忽视它同西欧现代化的一个基本区别：后者在个人主义奋斗发家的基础上逐步形成第三阶级，自然发育而形成产业革命的潮流，是自下而上的经济推动。前者则是在国家存亡、民族危机的逼迫下，由社会精英首先觉悟进而发动全民的现代化运动，是自上而下的政治推动。这种动因，加上既有的群体主义文化基础，便形成了一种巨大的力量。表现在：

——能够忍受个性的牺牲，接受一个集权的政府，以集中全民族的力量奋发图强。这既保证了社会的相对稳定，又可集中优势资源发展重大项目。

——能够忍受福利的牺牲，政府可能采取先发展后福利的发展政策。这有利于集中资本用于发展生产，有利于保持低劳动成本的竞争优势。例如，公司赢利的分红比例，美国是80%分给股东，日本是30%分给股东。

——先群体后个人的社会道德观，可以抑制极端个人主义的敛财欲望，促使政府采取相对公平的收入分配政策。这有利于动员更多的社会成员参与发展，有利于在利益相对均衡的基础上保持社会稳定。例如，工人与官员的工资比例，美国是1∶119，日本是1∶18。

至于为什么东亚会有群体主义文化取向，西欧会有个人主义文化取向，韦伯等人把它归之于宗教——儒教产生群体主义，新教伦理产生个人主义。我们认为这值得商榷。用马克思主义的世界观来审视，精神的东西产生于精神，并没有说明问题的本质，是唯心主义的。阿拉塔斯和长谷川启之也都认为，宗教并非资本主义精神产生的决定因素。[①]

第二，节约主义。群体主义还有一个重要的内涵，即家族主义。在农耕社会，家庭乃至家族是一种巨大的生产力。所以，在东方社会家庭是社会的细胞。家庭既是生产的组织者，又是社会福利的主要承担者。即使实现了工业化，也没有改变这一格局。这和西欧很不一样。正由于此，家庭必须"养儿防老，积谷防饥""量入为出"，积累必要的财力以应付未来的风险。而农耕生产方式对老天爷的依赖很大，东亚又是多灾害区域，因而更加重了节约的倾向。这种节约主义的文化取向，在工业化、现代化过程中，就表现出国民的储蓄率居高不下，从日本到东南亚，概莫能外。美国人是"今天用明天的钱"，亚洲人是"明天用今天的钱"(这也是金融危机之后，一些东亚国家难以启动"内需"的原因之一吧)。这在工业化前期，有利于资本的积累和减少对外资的依赖。

第三，重名主义。"重名轻实"本来在产业革命和资本主义萌芽阶段有着巨大的阻滞作用，它压抑了人们对"利"的追求。但是，应该历史地看待这个问题，把历史上的消极作用同现实的积极作用区别开来。既然东亚的现代化已经启动了，而且是自上而下(政府出头)展开的，这就不存在什么"名不正，言不顺"了。相反，响应政府的号召，完成上级的任务，这是地地道道的"名"。所以，以速度和规模为主要标志，各级官员和群体争相完成与超额完成增长指标，这在东方社会(特别是日本、韩国和中国)成为时尚。这在工

[①] 长谷川启之：《亚洲经济发展和社会类型》，文汇出版社1997年版。

业化粗放增长时期，有利于数量型发展。

综上所述，东亚社会的群体主义、节约主义和重名主义在工业化过程中表现为：权威主义工业化的道路；自敛式资本积累方式；数量型扩张冲动。这些在一定发展阶段有利于形成：稳定的社会环境；强劲的发展动力；自力的发展资源；自主的发展政策。这正是东亚崛起的文化背景。

3. 优点也会变成缺点

真理总是相对的。任何事物如果超过了它的合理界限（时间的、空间的、概念的），就会由真理变成谬误，优点就会变成缺点。导致东亚崛起的诸多文化优势也是这样：

——强力政府，在发展起始时有利于稳定和动员；可是当市场发育起来之后，过度的干预就变成了市场的"杀手"。

——节约主义，在经济短缺时期，有利于资本形成；可是到了生产过剩时却成了启动消费的顽疾。

——重名主义，虽然促进了数量增长，但是到了增长方式转变时期却成了结构调整的障碍。

二、文化的撞击：危机的深层透视

1. 撞击的必然性

东亚这次危机，也可以解释为：东西文化在相互融合过程中所发生的一次大撞击。众所周知，东亚的现代化是以欧美的现代化作为参照系的，这就会产生东西文化的融合问题。但是，由于两者现代化的文化背景实在差异太大，在融合过程中发生若干次大的撞击是情理中的事。

长谷川启之认为，近代化有两种含义，广义的包括全方位的———经济的、政治的、文化的——近代化；狭义的分割为经济发展和一般的近代化两个范畴。西方的近代化属于前者，在"近代合理主义"的前提下，自下而上全方位地推进。而东方则非如此，而是采取经济发展优先，其他近代化滞后的道路。他说："亚洲的经济发展和资本主义……并不是以西方合理主义精神为基础的。韦伯所说的那种近代合理主义精神，在亚洲还未成为前提条件。"因为亚洲"社会的产业化（或经济发展）并不是自行实现的，而总是在世界历史性扩张和外压中（政治的、经济的，有时是文化的摩擦和威胁下）才获得进展的"。因此，"各个后起国家都希望尽快地全面赶上先进国家的水平，所以……就不得不抑制乃至牺牲非经济方面的近代化。此外，为了引进并确立产业化和经济发展所必需的技术和制度因素，也必须有自上而下的改革和领导"。他认为，之所以要作出这种牺牲，是因为在亚洲社会"各方面的条件都不具备。所以，如果硬要同时推进近代化和经济发展，就会带来社会及政治的混乱。所以，人们往往会设想，应当优先实现经济的近代化，然后再达到政治和社会方面的近代化"。[①]

---

① 长谷川启之：《亚洲经济发展与社会类型》，文汇出版社 1997 年版，第 17~19 页。

正由于这种基础和出发点不同,正由于政治、社会现代化同经济现代化不同步,原来传统的文化上层建筑必然会同以西方文化为前提的现代经济基础发生冲突,这是必然的。

2. 撞击的表现

总的来说,这次文化撞击的发生,在于利用近乎传统的上层建筑自上而下地推进了现代化,但是到了一定限度,前者就难以适应后者的需要了。如果文化的整合赶不上,冲突就会发生。这种冲突包含三种基本情况:一是东亚文化中确有反现代文明的痼疾。如专制、腐败、轻利等。二是东亚文化中某些要素,虽在前一阶段发挥了积极作用,但随着现代化的向前推进,已不适应新的要求了。如过度的政府干预。三是东亚的政治家过分迷信与夸大了东亚文化的优越性,甚至达到了忘乎所以的地步。如公开鼓吹东方文化优越论,"收购美国"等。具体地说,表现在如下几个方面:

第一,在群体主义支配下,重经济发展,轻政治改革。由于一贯强调群体利益、国家至上,便形成了一种维护政府集权的惯性。这一是会延误政治改革的时机;二是助长了政府的过度干预(如日本、韩国的政、银、企"铁三角");三是滋生严重的腐败。

第二,在重名主义支配下,重速度、轻效益。东亚各国和地区(中国香港、新加坡在外)有一个通病,即重"繁荣",轻实绩;重铺摊子,轻利润率。据冯久玲女士研究,欧美公司以利润收益作为发展项目和投资的首要指标,而日本、韩国等公司则往往以市场份额为首选目标。因此,世界上利润最丰厚的公司多属美国和英国;份额最大的则有不少属日本、韩国(亚洲的新路)。这种文化取向追求速度和规模扩张,甚至不惜代价地去维持虚假繁荣——使经济泡沫化,盲目借外债等。这种文化惯性大大地推迟了一些国家的结构调整和增长方式的转变。

第三,在国内,重"信义",轻法治。东亚文化,重人际关系,"无信不立","人怕当面"。依法办事的精神,不如西欧。在日本、韩国,政、银、企之间的关系就是如此。银行系统一片混乱,感情贷款成灾。巨大的不良信贷正是这次危机的爆发点之一。

第四,在国际,往往轻信"道义",忽视规则。危机爆发后,马哈蒂尔痛骂索罗斯"不道德",索罗斯则反讯:"我完全是按游戏规则办事!"这就是最好的说明。所以,当西方人按游戏规则来进攻东方的货币时,东方人莫知所措:"还有这样卑鄙的小人?"

第五,重名轻实还派生另一个毛病,就是好掩饰问题。政府开始发现问题时,往往不是大胆揭露问题,解决问题,而是遮遮掩掩,尽量维持,只有当问题不解决就要出大事了,才去寻求办法。这往往导致坐失时机,大大增加了发展的社会成本和风险。这的确妨碍了日本等国摆脱危机的进程。

第六,重积累,轻消费。节约主义,在工业化的资本形成阶段,确实起过积极的作用。但是,在整个经济进入买方市场之后,过去的优点就变成缺点了。过于保守的消费观显然对形成一个旺盛的国内市场往往起着抑制作用。一旦出口下滑,启动内需就步履维艰。这在危机之后的日本和中国表现得十分清楚。

三、文化的启迪

从上述正反两个方面可以看出,中国的改革与发展面临着提高档次、深化层次、全面推进的新要求。为了不走或少走东亚诸国已走过的弯路，应该开始考虑如长谷川启之先生所说的，把经济现代化同其他非经济现代化逐步结合的途径。特别是掀起一个文化革新的潮流。其中，东亚的经验对我们有如下启迪。

1. 中国的改革与发展，必须把文化重塑提到日程上来

本着认真求实的精神，对我们已有的文化传统（还应包括中华人民共和国成立后新添的传统）进行全面的反思和清理：哪些是符合现代化要求的？哪些经过整合仍符合现代化要求？哪些不可能符合现代化的要求？要有一个大致的但是确实的方向，不能停滞于一般号召和原则指导。我们的目标，是构建起一个大体符合时代潮流的中华新文化体系框架。这个框架现在言之显然嫌早。但据不成熟的想法，应否本着如下原则：

第一，体用交融原则。彻底摒弃"中体西用"和"全盘西化"的范式，弘扬科学精神，既充分吸收西方"近代合理主义"中有利于激励发展的健康因素，又认真发扬东方群体主义中有利于协调制衡的积极因素，最终整合成适合东方特色的"东方合理主义"，即社会经济人或经济文化人。

在具体整合过程中，本着具体问题具体分析的态度，西方或东方的文化要素，谁为"体"，谁为"用"，要因对象而异，不搞"一刀切"。因为，文化问题十分复杂，东方、西方各有优劣，不是谁打倒谁的问题，更何况现代市场经济中的许多现象，我们就没有传统，几乎是从零开始学习。

第二，有主导的多元化原则。文化重塑，不是为重塑而重塑，重塑的目的是创造一个更加健康、稳定的社会环境，以加速实现中国的社会主义现代化。中国是一个有五千年文化传统的社会主义大国，国民素质有待提高，社会自组织力较弱。在这个背景下，自由化的多元化，在中国就会造成"天下大乱"。须知，"多元化"是一把"双刃剑"，弄得好可以促进文化的交流；弄得不好，可能造成社会的崩溃。所以，多元化必须服从社会稳定，实行在保障稳定下的"百花齐放"，遵循有主导的多元化原则，即以爱国主义、集体主义、社会主义为主旋律的多元化（世俗的、民族的、宗教的）取向，多个文化层次的共同繁荣、协调发展。

第三，因势利导，潜移默化原则。文化问题，多属思想问题。历史的经验证明，思想问题是不能用简单粗暴和形式主义的方法去解决的，必须寓文化重塑于日常生活，创造多种生动活泼、喜闻乐见的文化载体，收潜移默化的功效。而且，文化的重塑不可能"毕其功于一役"，要下长期工夫。

2. 中国的非经济现代化应及时启动

从东亚这次危机看来，非经济现代化过度滞后于经济现代化会造成严重的问题，甚至会破坏现代化的进程。诸如：政府恶性干预会扼杀市场发育；腐败蔓延而难以整治；分配不公而引起不稳定；物欲横流造成民族精神崩溃。当然，中国的民主化模式不可能也不应该照搬西方那一套。只要能够防止"公仆"异变为"主人"、强化自下而上的监督、削弱信息的垄断、增强决策的透明，采取什么形式或模式，完全可以根据中国的国情来探索。当

前，政府改革可以先行，政企分开应加快步伐，官员罢免应强化机制。

3. 整个社会应逐步转向法治

现代市场经济，特别是日益信息化、全球化的市场经济，必须主要依靠法律和规则来维系，觉悟和道德只能起补充作用。事实说明，在法制和规则不健全的地方，先进分子会变成罪犯。应该看到两大形势的变迁：一是随着时间的推移，由于人口结构的自然变化，依靠革命热情维系社会的时代已经过去，老办法解决不了新问题。二是随着经济的日益国际化，即使中国人"道义第一"，外国人还是"规则至上"。中国必须尽快走出中世纪"温情脉脉"的阴影，发展商品经济。

4. 建立起全社会的、灵敏的信息反馈机制

信息不透明、信息垄断、信息中间梗塞，是这次东亚危机中暴露出来的问题之一。"见微知著"的信息并非没有，问题出在三个方面：一是信息截流，到达不了应该到达的层次。而这又同信息不透明、封闭运行(从而为中间截流提供了可能)有关。二是信息传输的渠道过窄，反映就难以及时。三是信息反馈机制不健全，"知无不言"缺乏制度保障。建立这种信息反馈机制，要充分应用现代信息技术。全国应建立起独立的、权威的经济与社会的"安全信息网络"，在网络传输与科学检索的基础上，建立经济预警系统和社会预警系统，使其成为国家最灵敏的"神经中枢"。这对于迎接信息化与知识经济的挑战是不可或缺的。

5. 弘扬中华文化的包容性

中华文化之所以博大精深、源远流长，关键原因在于其具有宏大的包容性。古人云："泰山不让土壤，故能成其大；河海不择细流，故能就其深。"唐代盛世，乃因其包容了波斯文化、印度文化(佛教文化)，并与中原文化融为一体，所以才有其辉煌。纵观历史，任何一种文化，排他性愈强，其灭亡速度就愈快。中国从晚清伊始，也是排他性过强、自我中心的优越感太大，所以才落得个国弱民穷。这是历史的殷鉴。在这方面，要排除"左"的干扰，积极吸纳一切人类优秀文化，并使之在中华大地上兼容并蓄、别立新宗、发扬光大，从而出现又一个文化盛世。

第六章　知识经济与经济发展

随着21世纪的日益临近，世界经济正悄然由工业经济向知识经济转变。知识经济的兴起不仅改变着人类的经济结构，而且改变着人们的经济观念和经济思想，对经济学研究提出了新的课题。中国经济要想赶上世界经济发展的步伐，在经济上屹立于世界民族之林，就再也不能错过世纪之交"知识经济"这趟末班车了。

第一节　知识与知识经济

一、知识的科学内涵

所谓知识，是指人们在认识世界和改造世界的社会实践中所获得的经验与技能的总和。从知识所感知的对象属性来看，人类的知识主要包括两类，即自然科学知识和社会科学知识，前者是人们在认识自然界和自然规律方面所获得的知识，后者是人类在各种社会活动(包括经济的、科技的、文化的、教育的、医疗卫生的、国家管理的等方面)中所获得的和必须具备的知识。这是对知识的一种传统分法，两者都与经济的发展有关。

"经合组织"(经济合作与发展组织)从知识与经济相联系的角度，对知识的内涵做了新的界定，认为当代意义上的知识主要包括两大类：一大类为归类知识，具体包括两部分，一是知道是什么的知识，即关于客观事实方面的知识，二是知道为什么的知识，即关于自然规律和社会经济规律方面的知识，这两种知识都可以从书本上获得，是一种可记录、传输和复制的知识，也称显性知识；另一类为沉默知识，具体包括两部分，一是知道怎么做的知识，即关于某些特殊事物操作技能、技巧和能力方面的知识，二是知道是谁的知识，即关于谁知道和谁知道怎么做某些事情方面的知识，这两种知识往往难以从常规渠道获得，一般存在于特殊的环境之下，或存在于一些特殊人的思维和经验之中，难以归类和度量，因而需要进行特殊的保护。这种对知识的分类方法体现了知识本身的特点及知识的作用。

当然，我们这里所说的知识是指知识经济中的知识，是作为一种经济要素提出来的，它与其他经济要素比较具有下列显著特征：一是不可替代性，即在经济活动中知识要素的功能是不能用物质等要素来代替的；二是非加全性，即知识要素在经济活动中的功能与作用超出了加法原理；三是不可逆性，即知识要素一旦拥有就不易被剥夺，并且知识一旦传播出去就无法收回；四是非磨损性，即知识在使用过程中不会被消耗掉，而且可以重复使用；五是不可分割性，即知识要素具有整体性，一项技术、原理是不能分割使用的；六是可共享性，即一个厂商或居民享用某项知识不能排斥其他厂商和居民也享用这项知识；七是无限增值性，即知识会在使用过程中不断地丰富、扩充、增效。[①] 当然，我们应该正确地看待知识在经济活动中的作用，有两点是非常明确的：第一，知识在经济中的作用是有限的，它不能代替其他经济要素的作用；第二，有的知识存在一定的时效性，一项技术或专利可能会被更先进的技术或专利所代替，那么原来的技术或专利就存在其功效逐渐衰减的问题。

二、人类历史上的知识革命与产业革命

从世界范围来看，人类社会的每一次以科学革命和技术革命为核心的知识革命，必然导致社会生产方式的重大变革，尤其是社会生产力的飞跃发展，并产生相应的产业革命。

---

① 黄远志：《可持续发展战略概论》，中国地质大学出版社 1998 年版。

人类自诞生以来，已经发生了四次科学革命和技术革命：

——第一次科学革命发生在古希腊，古希腊科学家为人类留下了大量的科学遗产，为人类科学技术的发展奠定了基础；第二次科学革命是 17 世纪的牛顿时代，在文艺复兴运动的作用下，哥白尼的日心说和牛顿的力学使自然科学达到了有史以来的第一次高峰，人类近代科学基本形成；第三次科学革命发生在 19 世纪中叶至 20 世纪初，这次科学革命以电磁学、生物学、热力学、化学、地学的重大突破为起点，以爱因斯坦的相对论和海森堡等人的量子力学为标志；第四次科学革命发生在 20 世纪中叶和 70 年代前后，它以系统论、控制论和信息论为起点，它们概括了许多学科的最新成果，揭示了自然界和人类社会的若干规律。

——第一次技术革命是在取火技术的推动下进行的，取火技术的应用使人类由野蛮时代进入文明时代，人们能够用火照明、取暖、蒸煮食物，尤其是能够用火烧制陶器和冶炼金属，人类由石器时代进入铜器、铁器时代；第二次技术革命是在金属工具的广泛应用和种养技术的发展下进行的，并使人类由游牧时代进入农业时代；第三次技术革命是以机械技术为起点、以动力技术为内容的革命，使人类由小作坊式的生产进入大工业生产；第四次技术革命是以微电子和电子计算机为中心的革命，它已渗入人类生产与生活的各个方面，目前这项革命仍在进行之中。① 从产业的角度看，第二次技术革命导致了现代农业革命，第三次技术革命导致了现代工业革命，第四次技术革命导致了信息产业革命。

有人又把第四次科学革命和第四次技术革命称为信息技术革命，这场革命主要发生在知识领域，引发了知识生产、传播和应用领域的深刻变革，所以也称为知识革命，并且认为它是知识经济发展的起点，是知识经济发展的原动力。

三、知识的经济功能与经济本质

以科学技术为主体的知识作为一种社会现象，是与人类的生产与生活息息相关的。知识不仅因人类的生产与生活需要而产生与发展，而且从多方面不断地改变着人类的生产与生活方式，同时也影响着人类赖以生存的自然生态环境，尤其是与人类的经济活动关系密切。

知识具有如此重要的作用是与其本身所具有的功能分不开的。知识的基本功能是为人类认识世界和改造世界提供思想、方法、手段与技能，可以认为，没有知识的积累与传播，就没有人类社会的发展。一部人类发展史，就是知识不断积累、传播与应用、更新的历史。知识的具体功能表现为知识具有认识功能、经济功能、文化功能、生态功能、替代功能、社会变革功能等，其中经济功能是知识的主体功能，因为经济活动是人类一切活动的基础，知识的使用与丰富一刻也离不开人类生产发展和经济活动的需要。知识的经济功能主要体现在知识能够时刻改变着人类的生产方式，既促进社会生产力的发展，又促进社会生产关系的变革，最终导致社会经济形态的变化，如取火技术的推广和铜器、铁器的采用是人类进入奴隶社会的根本原因，农业生产技术的发展和农业生产效率的提高是人类进入封建社会的基本导因，机械技术和动力技术的广泛应用直接导致人类进入资本主义社会。生产力是生产中最活跃最革命的因素，劳动者是生产力中活的要素，劳动者对生产力

---

① 杨沛霆：《科学技术史》，浙江教育出版社 1986 年版。

发展作用的大小，在很大程度上取决于劳动者所掌握的科技知识、生产经验和劳动技能。

知识的经济功能是如何体现的呢？在人类社会发展的不同时期和不同发展阶段，人们对这一问题的认识和理解也是不同的。早期的人类生产活动以生产经验为主，经验中包括技能。在农业文明后期及工业文明时期，人类生产活动除了经验积累外，还会有意识地发展生产技术及其装备，科学技术在生产活动中的作用日益明显。但传统经济学认为，构成生产力的要素只有三个，即劳动力、劳动资料和劳动对象，科学技术即使在社会生产力中发挥作用，但也不是独立的要素，因而它的作用是有限的。马克思则把科学技术纳入生产力范畴来考虑，认为科学技术在知识形态上是一般生产力，是一种潜在的生产力，一旦科技进入生产过程，这种知识形态的潜在生产力便转化为现实的、直接的生产力，并且认为科学技术是一种在历史上起推动作用的、革命的力量，从而提出了"科学技术是生产力"的思想。中华人民共和国成立以来，也很重视科学技术在社会主义建设中的作用，提出了社会主义建设要依靠科学技术，科学技术也要为社会主义建设服务的方针。

邓小平继承和发展了马克思主义的科学思想，在科学技术日新月异和知识不断扩充并有力推动人类经济社会发展的今天，进一步阐述了科学技术与生产力之间的关系，提出了"科学技术是第一生产力"的论断[①]，准确地把握了科学技术及知识的经济本质，这主要体现在：第一，现代经济发展对科学技术与知识具有较大的依赖性，经济发展的形式、水平、规模等主要取决于科技及知识的发展状况，国与国、地区与地区之间经济实力的竞争其实质是科技与知识实力的竞争；第二，科技进步和知识应用与现代经济发展是相通的，两者可以直接发生作用，高新技术的产业化实践即是证明；第三，科技进步和知识应用为现代经济发展提供了强有力的支持，同时，现代经济发展也为科技进步和知识应用提供了广阔的空间和巨大的经济支撑；第四，经济发展状况是评价科技及知识发展成就的重要内容，经济增长中的科技贡献率、高新技术产业化比重、科技成果转化应用率、企业科技投资所占比重等均是衡量科技(知识)经济一体化程度的重要指标，科技与知识在经济中的重要作用十分明显。

四、知识经济的产生与发展

所谓知识经济，就是"以知识为基础的经济"，知识经济是"经合组织"于1996年在该组织的一份年度报告中首先提出来的，其基本含义是指建立在知识和信息的生产、分配和使用基础上的一种复杂的经济形态。由于它较好地概括了半个世纪以来世界经济发展的新特点和新趋势，因此得到了国际社会和许多国家政府的积极而广泛的响应。

知识经济源于20世纪40年代开始的信息技术革命，发展壮大于20世纪80年代兴起的高技术革命，服务业的迅速发展及其在发达国家经济中比重的迅速提高是其重要标志。

20世纪50年代末至60年代初，随着信息技术和信息产业的出现，就有人提出了"知识产业"和"知识社会"的概念。1973年丹尼尔·贝尔在《后工业化社会的来临》一书中指出："信息和知识将是后工业社会的关键变量。"1980年阿尔文·托夫勒在《第三次浪潮》一书中指出，人类社会在经历了农业化浪潮、工业化浪潮之后，第三次浪潮——信息化浪

---

① 《邓小平文选》第3卷，人民出版社1993年版，第274页。

潮即将到来,并且对信息革命可能给人类社会带来的巨大变化进行了预测。1982年约翰·奈斯比特在《大趋势》一书中指出:"在信息社会中,价值的增长是通过知识实现的。"1986年保罗·罗默认为,知识已成为当今世界经济活动中最重要的生产资料,是经济增长的关键。1996年"经合组织"在《以知识为基础的经济》报告中认为,知识经济时代已经到来的主要依据是该组织成员国GDP总值的50%以上是以知识为基础的。1997年美国总统克林顿在一次公开演讲中指出:"新经济是知识经济,我们迈向21世纪的知识经济,需要一种新的经济战略,而实现教育领先比任何时候更重要。"

"经合组织"(经济合作与发展组织)是发达国家集中的国际经济协调组织,现有澳大利亚、奥地利、比利时、加拿大、丹麦、芬兰、法国、德国、希腊、冰岛、爱尔兰、意大利、日本、卢森堡、荷兰、新西兰、挪威、葡萄牙、西班牙、瑞典、瑞士、土耳其、英国、美国等几十个成员国,据该组织称,在过去的10年中,其成员国的高技术产品在制造业产品中的份额翻了一番,达到20%~25%,知识密集型服务部门如教育、通信、信息等的发展十分迅猛。从世界范围看,目前信息技术正被广泛应用于经济生活,近年来在信息高速公路建设的带动下,在全球GDP中,已有2/3以上的产值与信息服务业有关。在过去的10年中,发达国家的绝大多数就业机会来自服务业,如"欧盟"服务业创造的产值已占其GDP的64%,占就业人数的66%。美国在知识经济领域处于世界领先地位,它目前出现的"新经济"或"数字经济",其实质就是知识经济。在过去的5年中,信息技术产业为美国创造了1500万个新的就业机会,美国经济增长的1/4以上归功于信息技术,网上商业活动也迅速发展起来。知识经济是以高技术产业为支柱产业的,在我国有的高新技术开发区内也已出现了知识经济的迹象,如北京中关村地区的教育产业、研究开发产业、图书出版与发行产业、传媒与娱乐业、信息与网络服务业、咨询业等知识型产业广泛兴起,已成为该地区乃至整个首都新的经济增长点。

第二节　知识经济的经济学内涵

一、生产力的大革命

具体表现在如下4个方面:

1. 生产手段的智能化

如果说,工业经济时代,生产手段的特征是能源(化学能、原子能)驱动型,用机器制造机器,用机器控制劳动力;那么,在知识经济时代,生产手段的特征将是知识(智力能)驱动型,用智力控制机器系统,用机器控制机器。机器不仅是人的"体力延伸",而且是"脑力延伸"了。人从此不再是机器的奴隶,而是机器的主人了。

2. 生产要素的无形化

生产要素由有形要素主导型向无形要素主导型转变。过去,生产力"三要素"说,显然远远不够了,信息、科技、管理,显然愈来愈成为主导型的要素了。它们是"第一生产

力"。因此，生产力结构正在由传统的物质要素为基础变为知识要素为基础。1987—1991
年，美国信息投资的收益已占到企业利润的70%；科技进步在世界汽车行业中，已占到
生产要素总和的70%～80%。今后几年内，美国1.2亿个工作岗位中的9 000多万个将会由
自动化系统代替去完成。据估计，美国到2020年，蓝领工人人数将下降到20%。智能机
置换人已成为明显的趋势。"无人工厂"已开始出现。

3. 管理智能的主导化

在这样高度自动化、智能化的生产系统中，如没有高超的、科学的管理系统，是不可
想象的。在信息——知识经济的条件下，生产过程几乎是在一个"控制中心"的指挥下运
行的，任何一个环节都无法独立调适。例如，数控机床、工业机器人、程序化的传输系统
等，离开了"脑民"的科学管理，寸步难行。

当然，这种管理是信息化的管理，它的特征是：第一，管理手段，基本不是靠人力传
递，而是高度信息化、电脑化、程序化的。第二，管理形式，是网络化、直接化的，从而
大量等级式的组织和中间管理层次便会逐步消失。第三，管理决策，是逆向化的，由生产
决策转向销售决定。第四，管理的公开化、群众化，由于信息几乎不可能由少数人垄断，
网络化使管理者与生产者都能得到相同的信息，这就提供了群众决策的可能。

4. 技术更新的高速化

据统计，目前电子产品的年更新率已达到40%，不用3年，现在柜台上的商品都将过
时。知识更新的频率更快。

二、生产方式的大跃迁

显而易见，这种新的生产力已经不是旧的生产方式所能适应的，它正在冲破旧的生产
方式，重塑适应它发展的新方式。具体表现在如下5个方面：

1. 经济全球化

信息化使时间缩短，空间变窄，地球变小。信息技术为全球化准备了技术基础；跨国
公司为全球化提供了组织基础；媒体交流为全球化构筑了文化基础。目前，世界跨国公司
年产值已相当于世界总产出的50%；占有国际贸易总额的50%；占有国际技术转让经营
总额的70%。美国1987—1992年在国外的资产增加额占全国资产总增加额的35%；美国
公司在国外子公司的销售额比美国国内全部出口额多3倍(这说明美国以所谓"贸易逆差"
来压制中国和日本是没有道理的)。西方发达国家，海外生产的增长大多超过了其国内的
增长。生产、管理、科研、融资、销售、售后服务都向本地化(市场所在国)发展了。当
今的国际分工已经开始由产业间分工向产业内部分工变化。

2. 经济活动网络化

知识经济是以信息产业为基础，以高新技术产业为支柱的经济。其各个环节之间是以
网络化的通信系统来连接的，可直接相互联动，整个再生产流转实现了光速传递。电子货

币、网上交易，使经济活动朝着非货币化发展。

3. 生产低耗化

发达国家的生产已经开始从高耗型向低耗型转变。据《经济日报》1998 年 1 月 1 日报道，20 世纪 80 年代初，石油需求占世界总产出的 7%，到 90 年代后期，这个比值就降到 1.5% 了。在发达国家，过去钢铁企业每个雇员的平均投资为 3 万~4.5 万美元，现在则只要 1.5 万~2.5 万美元了。

4. 产业轻型化

一般地说，是制造业比重下降，服务业比重显著上升。在西方国家，服务领域的劳动成本已占到总成本的 80%。预计到 2000 年，美国、西欧、日本的服务业将分别达到 82%、75%、73%。

5. 就业分散化

如果说，工业革命结束了农奴制，信息革命则将结束工资劳动制。全日制固定工将被弹性临时工所取代；由于知识产品多为智能产品，是脑力劳动者的个体劳动产品，根本用不着集中生产，集中到办公楼办公或集中到工厂上班的劳动方式将被分散的家庭劳动方式所取代。

三、发展模式的大演变

工业化以企业的规模化、聚集化为基础，人口的非农化、城市化为特征。未来的知识经济社会，由于生产方式和劳动方式的巨大变化，企业模式可能朝着资本跨国超大型化同生产高度本地分散化并行的模式发展。城市化模式，可能由于信息高速公路无所不在，工业社会那种工厂、商店、办公楼向少数地区云集的城市化趋向将大大萎缩，代之而起的将是反城市化趋势——郊外化、卫星化。

第三节 工业经济向知识经济的转化

一、工业经济向知识经济转化的必然性

从全球范围看，随着信息技术的传播和知识在经济发展中的作用日渐显现，人类社会正在经历着农业经济、工业经济之后的第三次巨变，即由工业经济向知识经济的转化。

工业经济向知识经济转化存在着客观必然性，这主要体现在：

1. 知识经济能够克服工业化所带来的弊端

自产业革命以来，工业经济在给人类带来巨大福音的同时，也给人类带来了灾难，资源衰竭、能源危机、生态破坏、环境污染等使工业经济再也无法维持下去，工业经济已经走到了它的尽头。而知识经济是以高新技术产业为支柱产业的，高新技术有希望解决工业

化所带来的种种弊端。各种新能源技术的产生与运用，为人类最终解决能源危机开辟了途径，如煤的液化、气化技术和燃煤高效联合循环技术会大大提高煤的利用效率并减轻煤使用过程中对环境的污染，核能、风能、潮汐能、地热能、生物能等新能源的开发利用为人类寻找替代能源指明了方向；新材料的开发应用，为自然资源的节约利用和有效利用提供了可能，如信息功能材料、高等陶瓷、生物材料等具有多功能化、复合化、智能化的特点，纳米材料技术能够开发出与常规材料截然不同的具有特异性能的新型人工材料，据预测，到 20 世纪末，世界人造材料品种将突破 100 万种。可以预见，随着人类材料科技的发展，一方面一些稀缺自然资源有望被取代，另一方面自然资源的利用效率会大大提高。随着环保技术的开发与绿色产业的发展，我们看到了人类彻底解决环境问题的希望，如生物污水处理技术、生物脱硫技术、生物降解污染物技术、生物病虫害防治技术等新型环保技术的开发与应用为人类解决环境污染问题提供了帮助，绿色食品、绿色工业产品等具有 ISO 国际标准的环保产品正在受到人们的青睐，在生产与生活中保护我们的环境、保护我们的家园正在成为人们的自觉行动。

2. 知识经济能够实现经济的可持续发展

传统经济模式是以稀缺自然资源为主要依托、以传统工业为支柱产业的，它所用的资源会越来越少，所带来的生态环境问题会越来越严重，因而是不可持续的。人类通过对工业文明的反思，提出了可持续发展理论，强调人类在满足当前需要的同时，应以不削弱子孙后代的生存权利为前提。知识经济这种新的经济模式能够满足这一要求，即知识经济是一种可持续发展的经济模式。这是因为：第一，知识经济发展所依赖的资源是可持续利用、可再生增值、不易衰竭、可共享的，人类所拥有的知识、智力等无形资源不仅是可直接利用的经济要素，而且可以提高现有有形资源的利用效率，创造出人类所需要的各种有形资源；第二，知识经济的发展对生态环境不会造成负面影响，因为它所采用的技术是洁净技术，所使用的能源是洁净能源，所生产和使用的产品是洁净产品，所以整个再生产过程不会对环境造成危害；第三，知识经济的发展表现出对知识型人才的强烈需求，它引导着社会对人力资本的投入和对劳动力素质的追求，重视教育与科技，因而有利于抑制人口数量的过快增长，实现人与自然之间的平衡，缓解人与自然之间的矛盾。

二、工业经济向知识经济的转化

可以认为，当今世界，如同 300 年前农业经济向工业经济转化一样，只能说出现了知识经济的萌芽，即使是美国，经济的主体仍然是工业经济和传统产业，知识经济也还没有形成。但不管知识经济何时真正到来，工业经济向知识经济的转化毕竟是一个必然的趋势。世界上不少科学家估计，到 2010 年前后，信息科学技术中的软件产业、生命科学技术、新能源和可再生能源科学技术产业、新材料科学技术产业、海洋科学技术产业和有益于环境的高新技术产业的产值将全面超过汽车、建筑、石油、钢铁、运输和纺织等传统产业，知识经济将基本形成。①

---

① 李江、颜波：《中国经济问题报告》，经济日报出版社 1998 年版。

工业经济向知识经济转化的路径是以技术创新为动力，推动经济结构的转化与升级换代，最后实现经济质量上的飞跃。

技术创新是知识经济发展的前提。作为知识经济发展推动力的技术应该包括三方面：一是信息技术，它为知识的传播和经济的网络化、全球化创造了条件；二是新材料、新能源技术和有关生命、环境、海洋、空间等的生产性高新技术，它们既为新生产方式与经济模式的运作提供了技术和物质上的保障，又使新的知识型产业的产生成为可能；三是管理技术，包括决策技术、监视技术、计算技术、生产控制技术等，它们也是知识经济成长壮大必不可少的技术要素。

经济结构的转换是知识经济发展的根本标志。工业经济向知识经济的结构性转化主要体现在以下方面：第一，资源结构的转化，即将经济发展建立在知识、智力等无形资源以及利用无形资源开发出的新材料、新能源等洁净资源基础之上，而不是建立在传统的不可再生的矿石资源和能源的基础上。知识经济所依赖的资源将具有两个显著的特征：一是可再生性，即使有的资源是不可再生的，但其利用效率是非常高的，并且可以找到可大量使用的替代资源；二是对环境的无害性，由于高新技术的运用，资源在使用过程中不会对环境造成破坏和危害。第二，产品结构的转化，即知识经济时代所生产的产品以微电子产品、绿色产品和信息服务产品为主，取代现在以煤、石油、钢铁、机械等为主的产品结构。第三，产业结构的转化，即工业经济的支柱产业是以制造业为主的第二产业，以钢铁为主的冶金业、以石油为主的能源业和以汽车为主的机械业是传统工业经济的三大主体产业，而知识经济的主要产业是知识型产业，也就是以信息技术为支撑的计算机产业、通信产业、软件产业和信息服务产业，第三产业将在经济发展中起支配作用。第四，技术结构的转化，即工业经济所依赖的技术不仅是以发掘、加工、制造等"硬"技术为主，而且这些技术是标准化和程序化的技术，生产者只能执行，在生产过程中没有创造性，而知识经济中的技术是以信息技术和高新技术等"软"技术为主的，强调生产技术的分散化和个性化，企业员工往往既是生产者，又是技术创新者。第五，消费结构的转化，即随着知识经济的兴起和社会产品结构的变化，人们的消费结构也将发生变化，对人体和环境有益和无害的安全产品消费、以信息为主的服务性消费、文化产品的消费、环境与生态产品的消费将占消费支出的较大比重，而传统的对人类和环境有害的煤、石油、机械等产品的消费将处于次要地位。第六，分配结构的转化，即在工业经济时代，生产工人不是企业的所有者，他们出卖的是自己的体力，只能以其付出的劳动量的大小按产品生产量或工作时间长短领取报酬，而在知识经济时代，企业员工以自己的智力劳动为企业开发新产品，创造新财富，他们的劳动价值量是无法用时间或产品量来计量的，未来的企业要想留住人才、充分发挥员工的工作积极性，就必须把企业的价值实现和长远发展同员工的个人利益结合起来，员工除按工作业绩付酬外，还可以得到企业的一定股份，或直接参与企业利润分成。

经济在质量上的飞跃是知识经济发展的必然结果。具体而言，通过知识经济的发展应该实现三个方面的目标：一是社会财富的增长，让人们的生活更加富裕；二是经济的持续发展，人类经济发展在高新技术的支撑下不会受到资源和能源匮乏的限制；三是人与自然之间关系的协调，包括逐步恢复自然生态平衡，减少甚至消除环境污染。

知识经济是一种有利于人类生存和发展的经济形式，人类应该以积极的姿态推进工业经济向知识经济的转化，迎接知识经济的到来。目前世界各地出现的高新技术工业园区，如同工业经济兴起时的工厂一样，是新经济的滋生地，应该以发展知识经济的要求对其进行规范，让其健康快速发展。智慧资本是知识经济发展的灵魂，它是指一个企业、地区和国家拥有的人才所具有的创新能力和这种能力的持久性，它的作用超过了资金、生产资料等物质条件，是知识经济发展的源泉，任何企业、地区和国家要想在知识经济时代有所作为，就必须注意积累智慧资本，加大智力资源开发力度。高速数据通信网是知识经济发展的基础，美国已经在这方面先行一步，有计划有组织地建设"信息高速公路"对于促进美国经济的发展起到了关键性的作用。一个国家要想发展自己的知识经济，就必须首先建立公用高速数据通信网，即通常所说的"兵马未动，粮草先行"。政府是发展知识经济的助推器，因为知识经济是"轨道"型经济，它要满足可持续发展的要求，就必须进行事先的计划与规划，然后通过政府部门有组织地实施，推动本国本地区知识经济的发展。

第四节　机遇与挑战

当今世界存在两股大潮，即发达国家的信息化、知识化和发展中国家的工业化、现代化。而这两大潮流绝不是平行发展的，将是一种"两化交叉，渗透发展"的大格局。对于发展中国家来说，基本任务还是推进工业化和现代化，但在经济全球化的背景下，不可能不受信息化、知识化的影响。这也不见得全是坏事，是机遇与挑战并存的。

一、机遇

（1）加速工业化的可能。在跨国经营的条件下，发达国家的跨国公司必定会带着信息——知识经济的产品打入发展中国家，开辟新的市场。这样就为发展中国家的工业化注入了一种新的机会：一方面，为工业化增添了新的内涵，如发展信息产业，这在过去传统工业化中是没有的；另一方面，也为传统产业提供了"嫁接技术"，如机电一体化、电脑控制、网络管理等。这样必然会大大提高工业化的效率，加速工业化的进程。

（2）科研成果的部分分享。发达国家对于他们的尖端、核心科研成果当然会采取高度保密的措施。但是，在网络国际化的条件下，一些次核心的成果，全球分享的机会无疑是大大增加了。后发性工业化国家完全可能在许多领域不必从无到有地搞大量的基础研究，可以通过网上搜索、购买、合作开发等途径获得新的技术，从而显著缩短科研开发的进程，节约大量研究开发费用。在这方面，集成电路的扩散即是一例。

（3）高科技产业本地化的扩散。发达国家为了降低成本，往往把高科技产业的某些部分转移到发展中国家去生产，而且随着知识经济的发展，知识生产国将把规模生产的环节基本转移到发展中国家。这虽然有加剧国际剥削的一面，但不发达国家通过以劳力、市场换技术，也可以少走弯路。

（4）跳跃发展。由于信息、知识革命来得如此迅猛，少数文化基础较好的国家或发展中大国的基础好的地区，很可能跳跃传统工业化的某些阶段，直接进入信息经济或知识经济阶段。例如，美国比尔·盖茨就曾说过，印度就有可能跳过传统工业化而成为21世纪世界软件大国。

二、挑战

1. 基本理论的挑战

首先，是对马克思主义的挑战。前面讲过，知识经济将引起生产力的大革命。其中，有两点涉及马克思主义的理论：一是在制造业中，智能机和机器人将不断取代劳动者，无人工厂不断增加，活劳动(V)所占比重愈来愈少，在无人工厂中几乎为零了。这样，剩余价值学说还有基础吗？二是随着知识经济的发展，体力工人(蓝领)在职工队伍中的比重愈来愈小了，而且会成为一个少数阶层。这同马克思所说的无产阶级将随着资本主义的发展而日益壮大，最终成为资产阶级的掘墓人的"无产阶级革命论"是否发生了根本抵触？

由于知识经济还在发展之中，现在要对上述问题作出最终结论为时尚早。但是，我们认为，为回答这个挑战，有三个理论思路是基本可以成立的：第一，劳动泛化论。应该说，劳动既包括体力劳动，又包括脑力劳动和管理劳动。马克思曾论述过"三大差别"的消灭，其中一个就是体力劳动与脑力劳动差别的消灭。马克思的原意，是这种差别的消灭，绝不是脑力劳动向体力劳动的回归，而只是体力劳动向脑力劳动的升华。这种差别消灭后的劳动必然是脑力劳动。所以，劳动应该包括脑力劳动，本是马克思主义应有之义，脑力劳动应属劳动范畴，那么，脑力劳动者自然应属工人阶级或无产阶级。这个"无产阶级"则必是随着资本主义和知识经济的发展而不断壮大的。莱斯特·瑟罗(Lester C. Thurow)在1998年出版的《资本主义的未来》一书中说，未来取代资产阶级的将不是工人阶级，而是"知识阶级"。我们说，这个知识阶级就是工人阶级的未来，就是"知识工人阶级"。这个知识工人阶级的劳动，自然创造价值和剩余价值。第二，价值量凝聚度论。价值量，有密度上的差异，而且这种密度是随科学技术的发展而不断提高的。马克思就认为熟练劳动力和不熟练劳动力每小时劳动量所产生的价值量是不同的。那么，现代高科技武装的工厂中，每小时劳动量所凝聚的价值量，较之19世纪的工厂每小时劳动量所凝聚的价值量要高出几十、几百、几千甚至几十万倍。所以，不能简单地用工人减少来说明剩余价值的消灭。第三，剩余价值阶段让渡论。生产的高度社会化和一体化，使得经济活动的各个阶段之间的分工与协作更加细致与紧密起来。在知识经济条件下，设计阶段是剩余价值的主要创造阶段。但是，只有设计，还是不能实现它的价值，还必须有其他生产、流通、分配、销售等阶段，自然也包括无人工厂。

其次，是对西方主流经济学的挑战。例如，瓦尔拉等人的报酬递减理论已不适应于信息生产领域了。据美国达尔·尼夫的看法，在未来的知识经济社会，将出现一种"技术经济生态系统"，在这个系统中，存在两个经济王国：一边是知识生产王国，在那里，以少量资源凝结高级知识而获得产品。这是一个追求灵感与创新的经济，其第一次创新可以为第二、第三……次创新提供递增的报酬。如微软开发第一张Windows磁盘用了50万美元的投入，而第二张以后，则只需3美元了。这就意味着，把技术的纵深升级同市场的传承垄断结合起来了，从而形成持续的报酬递增现象。而另一边，是规模生产王国，以少量知识凝结大量资源而获得产品，这就是传统的"加工世界"，是一个追求最大化规模的经济，其运行是遵循报酬递减规律的。这样，在两个王国里，经济学理论完全不一样了。

2. 渗透与反渗透的斗争

在信息经济条件下，由于网络传输的自由度大大强化了，发达国家凭借其知识与经济的积累和垄断优势，很可能使不发达国家处于更加不利的地位。应该清醒地看到，"国际互联网络"虽有加速国际合作和交流的一面，但是确有对不发达国家进行"渗透"的一面。而且，这种"渗透"是经济、政治、文化全方位的渗透。渗透与反渗透的"网上战斗"已揭开了序幕，通过国际互联网，还可以破坏对方的程序，盗窃对方的机密。在这方面，科技落后的国家可能会长期处于被动地位。

3. 国际两极分化可能加剧

由于知识经济的智力创新放大效应和串联效应，在发达和不发达之间穷者愈穷、富者愈富的"马太效应"可能加剧，并会呈现一种"因果积累循环"的趋势。据联合国开发计划署的报告，世界上358位最富有的人所拥有的财富，超过了全球半数人口的年收入总和。工业化国家和发展中国家人均收入的差距，由1960年的5700美元，增加到1993年的15400美元，扩大了近2倍。这种差距拉大的结果，一方面造成人力资本、特别是高素质人才进一步大量流向发达国家，另一方面使科技差距还会进一步加大。《1994年世界科学报告》指出，今天世界的科技活动有80%掌握在少数几个工业化国家手中，其科研经费占GNP的2.9%，教育经费占GNP的12%。

随着这种两极分化的加剧，可能会出现一种"脑""体"国际大分化的趋向。西方某些学者"预言"，未来的国际社会，一方面是少数发达国家的"脑力创新世界"；另一方面是多数不发达国家的"体力加工世界"。这种说法虽然流露了西方的优越感，但是，残酷的现实不能不引起我们的高度警惕。

第五节 中国的方略：梯度战略

一、中国面临着工业化与信息化的双重挑战

上面所说的工业经济向知识经济的转化是就全球而言的。事实上，世界经济发展是不平衡的，各个国家的社会生产力发展水平不同，因而在推进经济知识化的思路与对策方面存在差异。就我们中国来说，实际上已出现了"三元经济"，即：传统部门、资本部门和知识部门。中国知识经济发展战略的制定，必须从中国经济发展的实际情况出发。当然，我们的当前战略还是应以实现由传统到现代的转型为主，发展知识经济还不是我国的主体战略。因此，中国知识经济的发展必须立足于中国现实的经济基础。一方面，从整体上看，中国目前还处于工业化的中期阶段，工业化过程尚未完成，中国还需要加快建设更高质量的、更大规模的、更加完备的、更具市场竞争力的现代工业经济体系；另一方面，中国必须抓住这次千载难逢的机遇，大力发展知识经济，奋力追赶世界经济先进水平，在世界高科技及其产业化领域占有自己的一席之地，以使中国经济屹立于世界经济之林。这样，未来中国经济的发展将面临进一步推进工业化和大力发展知识经济的双重任务。

然而，中国无论是继续发展工业经济，还是发展知识经济，都存在一定的困难。就发展工业经济而言，技术落后、小而分散、产业同构、质量与效率低下、产品市场竞争力弱等是我国工业企业存在的普遍问题，尤其是一些企业在生产过程中产生了严重的生态环境问题，如果要这些企业不对环境造成污染，它们将面临停产的危险。再者，中国工业企业正处在经营体制改革、产业结构转换与重组过程之中，涉及各方面的利益，一些企业还有沉重的历史包袱，企业改革与改制举步艰难，加上多数工业产品的买方市场已经形成，市场竞争日趋激烈，这些说明中国工业化的进一步推进还需要克服许多困难，还有许多事要做，还有很长的路要走。就发展知识经济而言，发达国家工业化早已完成，进入知识经济阶段是顺理成章的事情，而中国是发展中国家，在经济结构中传统产业还占相当大的比重、高新技术还不多，并且高新技术的产业化还受到基础条件滞后的严重制约，知识经济发展的先导产业还很落后。如据统计，1995 年世界信息技术市场营业额已达 5000 亿美元，其中有 70% 是由世界 20 家大的信息公司提供的，在这 20 家公司中，美国有 10 家，日本有 6 家，德国、法国、意大利和英国各 1 家，亚洲新兴工业国家和地区韩国、新加坡、中国香港和中国台湾共占 1.5%。而中国 1996 年电子企业百强中前 10 家的销售额总共只有加拿大 1 家公司销售额的 1/2。[①] 中国如果不迎头赶上知识经济发展的步伐，那么前一轮落后尚未赶上，新一轮落后又开始了，而要发展知识经济，将会遇到的困难是可想而知的。因此，在 21 世纪，中国将面临工业化和知识化的双重挑战。

二、中国发展知识经济的梯度战略

由此可见，中国发展知识经济不能像发达国家那样全面地推进，而只能有计划地逐步推进，即应该实行梯度发展战略。具体而言，应该形成三个方面的发展梯度：

1. 技术梯度

即应该根据我国推进工业化和知识化的要求，形成以高新技术为先导、以先进技术为主体、以实用技术为补充的技术发展梯度。高新技术是追赶世界发展潮流、在学科前沿上的应用型技术，中国发展高新技术具有两个方面的作用，其一是高新技术产业化，形成新的知识密集型产业，其二是利用高新技术改造传统产业，使传统产业逐步现代化，如生物工程技术、新材料与新能源技术、海洋技术、空间技术等。先进技术是国内外正在大量使用、在本行业本领域中属领先水平的技术，工业、农业等传统产业的生存与发展所依靠的仍然是这些技术，如工业中的制造技术、加工技术，农业中的机械化技术、化学化技术等。实用技术是就其技术性而言可能不是先进的，但在生产实践中仍然采用的技术，这些技术之所以具有较长的使用期，主要原因是它们经济实用，尤其是其中的传统技术更具使用价值，如工业上的手工缝制技术、酿酒技术，农业上的精耕细作技术等。

2. 产业梯度

传统的以农业为基础、以工业为主导的一二三产业的发展梯度是以物质资源为依托

---

① 李江、颜波：《中国经济问题报告》，经济日报出版社 1998 年版。

的，是工业经济时代的产物。为了促进工业经济向知识经济的转化，迎接知识经济时代的到来，我们应该形成三二一的产业发展梯度，由第三产业的发展带动第二产业的发展，由第三和第二产业的发展带动第一产业的发展。首先，要大力发展第三产业，交通运输、商贸、邮电通信、金融、信息服务等均是产业经济发展的先导行业，应该大力发展，尤其是我国的信息产业比较落后，要大力发展邮电通信及信息服务等产业；其次，要大力发展第二产业，现代工业和建筑业的发展是建设现代文明的必要条件，我国工业化尚未完成，要利用高新技术大力推进我国的工业化进程；最后，要大力发展第一产业，农业不仅是国民经济的经济基础，更是国民经济的生态基础，要大力推进我国农业和农村的现代化建设，实现农业和农村的可持续发展。此外，还可以按产业所利用技术的新旧，确立优先发展高新技术产业、改造和发展传统产业的产业梯度。要积极创造各种环境与条件，促进高新技术的产业化步伐，将高新技术转化为先进的生产力，同时，要利用高新技术改造工业、农业等传统产业，使其逐步知识化。

3. 地区梯度

由于历史的和地理区位等方面的原因，我国已经形成了从东南沿海地带到中部地带再到西北地带其社会生产力水平逐步降低的地区发展不平衡格局。我国要追赶世界经济发展潮流，各个地区不能齐步走，而应该根据各地区的经济发展水平和经济发展条件，实行发达地区优先发展、发展中地区稳步发展、落后地区快步发展的地区梯度发展战略。东南沿海地区是我国改革开放的前沿阵地，经济发展水平较高，产业结构和产品结构已经实现升级换代，并且经济发展的基础条件较好，应该让这些地区优先发展知识经济，率先实现由工业经济向知识经济的转化。中部地区一般经济处于中等发展水平，传统产业占有较大比重，这些地区应该坚持发展知识经济和进一步发展传统产业"两条腿走路"的方针，一方面促进高新技术的产业化，另一方面要利用高新技术改造传统产业。落后地区一般以传统产业为主，这些地区应该以提高传统产业的素质为主要努力方向，要加大科技进步力度，尤其是要利用高新技术来改造传统产业。此外，我国还可以各种科技园区、开发区为优先发展极，率先发展知识经济，然后利用这些中心发展极对周围地区技术、人才和经济的辐射，带动其他地区的经济社会发展，形成由科技园区、开发区到周围地区的地区发展梯度。

第七章　经济发展中的市场与政府

第一节　没有终结的争论

一、经济运行的两大机制

任何一个经济系统的增长和发展，首先需要有一种推动力，而且是社会性的推动力。也就是说，要有若干具有社会影响力的群体，他们对经济的增长或发展有着旺盛的积极性和冲动，用不着别人的劝说或命令，就会自动地去投资、经营……积极性从何而来？靠激励，靠利益激励。激励机制强的经济，效率就高，生命力就旺盛；激励机制弱的经济，效率就低，生命力就衰微。但是这只是问题的一个方面。

另一个方面，一个经济系统是一个有机整体，各个部门、各个行业、各个企业之间，各个地域之间，都要求大体协调运行。否则系统就会发生混乱乃至崩溃。

所以，经济运行客观上需要两个基本机制：激励与协调。两者缺一不可。

二、争论：谁来承担

历史的事实说明，市场和政府(计划)，虽然都同时具有一定的激励和协调机能，但市场更多地倾向于激励，政府则更多地倾向于协调。那么，应由谁来承担这两大机制，或者以市场为主，或者以政府为主？在经济学家之间、社会主义者与非社会主义者之间，长期存在着争论，至今也还没有终结。

我们不想追溯得太久远，就以20世纪70年代末80年代初在西方经济学界出现的加尔布雷斯和弗里德曼的一场争论为例。加尔布雷斯大体倾向于马克思和熊彼特的传统，依据市场缺陷理论，认为市场会带来宏观经济的不稳定、微观经济的无效率和社会的不公平。因而主张反市场，认为政府的政策和干预对克服上述市场缺陷是必不可少的。这也构成了福利经济学的核心。弗里德曼则继承了亚当·斯密的"看不见的手"，主张反政府，认为市场具有促进经济发展、技术进步、配置效率增加、生活水平提高、政治自由等广泛的功能。而政府如超越了最低限度的扩张，就会削弱资源的利用效率，阻碍经济的发展和政治自由。他们的争论反映了现代经济体系所面临的基本性政策选择问题。[1]

关于这个争论，在发展经济学界也存在结构主义和新古典主义的理论分歧。这一点，我们在前面第二章已做了介绍。

在前社会主义国家中实际上也长期存在着争论。不过，这种争论不可能充分展开，而且往往被斯大林式的经济理论压下去了。苏联的F.利别尔曼，就是一例。斯大林式的经济理论，也就是机械地继承了传统社会主义反市场的理论。这个理论认为，市场经济和私有制是资本主义一切罪恶的渊源，要消灭资本主义的经济危机、资源浪费、分配不公等弊端，就必须消灭市场，实行全面的、中央政府控制的计划经济。苏联在20世纪80年代以前就是这样做的，而且在斯大林时代，几乎用尽了一切办法消灭市场以及可能滋生市场的"温床"。东欧的社会主义国家大体也是这样做的，只不过没有那样彻底罢了。其结果造成经济停滞。这些，在前面第五章也做了详尽的论述。正由于此，一些早期的社会主义经济学家，如兰格、勒纳等人，提出了"市场社会主义"理论。苏联和南斯拉夫的经济改革思路，大体也是来自这个理论。这个理论主张，政府依然占有生产资料(公有制)，但是和市场经济一样由市场价格对资源进行配置。价格形成机制取决于中央计划，并命令企业经理去追求最大利润。这个理论不同程度地在南斯拉夫和部分东欧国家实行过，成效很不理想。正如斯蒂格利茨所批评的那样，市场社会主义理论的致命错误就在于无视信息的不完全性和忽视激励的重要性。[2]中央计划制订者不可能掌握制订可行的计划所必需的全部信息；公有制企业的经理没有激励机制也不会去追求最大利润，相反往往会去追求"化公

---

① 沃尔夫：《市场或政府》，中国发展出版社1994年版，第1~3页。

② 斯蒂格利茨：《社会主义向何处去》，吉林人民出版社1998年版。

为私"。

所有这些争论都涉及相同的主题，经济究竟是怎样运行的？市场和政府(计划)究竟应该起什么作用？如何起这种作用？怎样才能把激励和协调这两大机制合理地结合起来？

三、中国人在认识上的三次飞跃

在计划与市场的问题上，中国人 20 世纪 80 年代以前的理论与实践和苏联大同小异。20 世纪 80 年代以后，以市场为取向的改革为冲破计划经济的禁锢，一波三折，险象丛生。大体经历了三个阶段：

由"限制论"到"补充论"。由于理论和经验的限制，长期以来我们都认定计划经济是社会主义的基本特征之一，哪里有市场哪里就会滋生资本主义。因此，便产生了一系列限制商品和市场的政策。这是众所周知的。20 世纪 80 年代开始，农村推行了以家庭承包为核心的改革，亿万农民推动了农业商品经济的大发展，神奇般地改变了城市副食品的排队现象。这一活生生的事实，使大家开始认识到商品经济与市场在解决农业问题上具有优越性。30 年计划经济没有解决"吃"的问题，放开市场后不到 5 年就解决了。于是，开始承认在社会主义条件下，还必须"利用"商品经济和市场，使其作为社会主义计划经济的一种"补充"。在这一阶段，代表性的理论就是"板块论"，计划经济为主，市场调节为辅。这在认识与实践上应该算是一次飞跃，即由排斥到利用的飞跃。

由"补充论"到"结合论"。20 世纪 80 年代中期，随着改革开放扩展，沿海地区社会经济得到了迅猛的发展。在那里，商品经济与市场不仅在农业上表现不凡，而且自发地冲破了非农业的禁区，在乡镇企业的发展上实现了异军突起。这使人们大开眼界，商品和市场不仅能解决农业问题，而且也能促进非农业的发展。而与此同时，非沿海开放区的城市改革却步履蹒跚，难以适应农村发展和整个经济发展的要求。于是，人们进一步认识到在社会主义初级阶段，商品经济不仅不能逾越，而且是社会主义发展的本质需要，必须大力发展。由此，中国共产党第十三次全国代表大会正式确立了经济体制改革的目标是建立社会主义的有计划的商品经济，实行国家调控市场、市场引导企业。后来，由于非经济的原因，又改为"计划经济与市场调节相结合"。但应该说这还是一个明显的进步、一次飞跃，即由"补充"到"结合"的飞跃。

由"结合论"到"基础论"。理论的力量在于它的彻底性。应该承认，"结合论"虽说是一大进步，但是并不彻底，没有解决市场与计划(政府)谁是基础的问题。两者的地位在实践中似是而非、摇摆不定。而其思想实质依然是没有彻底解决"计划经济"究竟是不是社会主义的本质特征这个问题。加上后来苏联和东欧的剧变，思想和理论上又一次有出现反复的征兆，改革又一次面临不明朗的形势。正是在这种背景下，邓小平在总结正反两方面经验的基础上，20 世纪 90 年代初明确提出计划经济与市场经济不是社会主义与资本主义的本质区别，两者都是经济手段的科学论断。这一论断如春雷掠空，霓云消散。中国共产党第十四次全国代表大会郑重宣告社会主义市场经济是中国经济改革的目标模式。市场在社会主义国家宏观调控下对资源配置起基础作用。这样就在理论与政策上完成了由"结合论"到"基础论"的飞跃，为市场化的改革奠定了基础。但是，这并不能说争论彻底结束了，只是它的范围大大地缩小了。

四、东亚危机之后的反思

20世纪90年代后期，东亚爆发了震撼世界的金融大危机。对于这场危机的基本成因，众说纷纭。新古典主义说它是政府干预过多，后凯恩斯主义说它是自由化过度。其实都是各执一端：前者对日韩比较适合，后者对东南亚更为贴切，市场与政府两方面都有问题。但在一点上大多数人比较一致，那就是在信息化和全球化的新形势下，不能任对冲基金这种"金融大鳄"横冲直撞，应该着手研究建立国际金融风险防范机制。在这一点上，反市场的倾向似乎有所抬头。

综合以上全部的争论，我们认为，不能就事论事。既不能就市场论市场、就政府论政府，也不能就某一特定现象或特定时段来讨论市场和政府的定位问题。应该从市场和政府的内在机理来全面地探讨两者的合理结合。正如斯蒂格利茨所说："不要把'市场'与'政府'对峙起来，而应该是在两者之间保持恰到好处的平衡。"①沃尔夫进一步指出："市场与政府间的选择是复杂的，而且，通常并不仅仅是这两个方面。因为这不是纯粹在市场与政府间的选择，而经常是在这两者的不同组合间的选择，以及资源配置的各种方式的不同程度上的选择。"②

第二节　功能与缺陷

一、市场在经济发展中的作用

20世纪90年代以来，世界上大多数国家是主要依靠市场来配置资源，或者由计划经济转向市场经济。这不是偶然的，市场在经济发展中的确具有不可估量的作用。

加速资本的形成。在发展中国家，发展的主要制约因素之一就是资本的短缺。而过去的计划经济国家的经验证明，单纯依靠政府筹资，固然可以在较短时期内集中兴办一些大型项目，但却难以持久。因为无法广泛动员社会的集资力量。在市场机制的作用下，资本形成的主体更多，"众人拾柴火焰高"，可以大大加快一国资本形成的过程，而且还可以大大加快资本流动的速率，提高资金的边际产出率。

大大加快信息的传输。市场可以在供给者与需求者之间，对浩若繁星的商品需求信息及消费者的癖好及其变化，及时地进行交流和调整。市场能够比政府更加灵活而快速地去适应千变万化的条件，进行主动的创新。

提高资源微观利用效率。在市场条件下，强烈的竞争机制和灵敏的价格机制，可以强迫企业改善管理，革新技术，降低成本，提高效益，从而促进资源的利用效率。

分流风险。在市场缺位的条件下，一切风险都由政府承担，这显然对政府是不利的。在市场的条件下，情况就不一样了，不仅可以减少一些风险的出现，而且可以由市场来消化一些已经出现的风险。中国1989年的调整和20世纪90年代的"下岗"，之所以没有出

①　斯蒂格利茨：《社会主义向何处去》，吉林人民出版社1998年版，第303页。
②　沃尔夫：《市场或政府》，中国发展出版社1994年版，第132页。

现大的问题，市场——特别是劳务市场和自谋职业是功不可没的。

提高国民素质。"保险柜"式的计划经济，不可能造就现代化的人才，只可能养成"等、靠、要"的懒汉。只有市场经济的大风大浪，才能陶冶出善经营、有预见、能创新、敢冒险的现代经济人才。

强化民族凝聚力。在科学技术高度发达的今天，民族凝聚力愈来愈不可能单纯地依靠血缘、宗教和集权了，而必须依靠国内统一市场的形成。苏联的解体是这方面的反面例证；日本明治维新以后的成功是这方面的正面例证。

二、市场缺陷

沃尔夫的研究提出了市场缺陷的四种类型。一是外部性与公共物品。他认为经济活动产生"外在需求"的地方，无论是受益还是受损，由生产者满足这种需求都是不恰当的。这些外部性为政府干预提供了理由。他指出科斯的理论在一些消极外部性的生产者和受害者之间是难以行得通的，因为两者是很难成交的。二是报酬递增。他认为在经济活动属于报酬递增和减少边际成本的地方，必定是以垄断为基础，垄断会削弱革新，市场（竞争）在这里就不能产生效率。他还指出，"竞争性理论"所提出的"潜在竞争者"会逼迫垄断者革新的说法，只对某些行业适宜，不具有普遍性。三是市场的不完全。他认为凡是在市场信号（价格、利率等）不能指示相对不足和机会成本的地方，在消费者没有平等的渠道得到市场信息的地方，在生产要素不能自由流动的地方，即在市场发育程度较低的地方，市场产生的结果是不会有效率的。四是分配的不平等。他认为收入分配是一种特殊的公共产品，公平的分配不可能产生于自由发挥作用的市场，因为博爱和仁慈所产生的"收益"是属外部性的。所有这些类型的市场失效都为政府干预提供了客观基础。

吉利斯和帕金斯等在他们的发展经济学教科书中，也论述了市场的七大失灵。一是市场自发运动必然导致垄断和寡头，从而导致市场无效率。二是外部经济使私人投资者缺乏积极性。三是外部不经济，如污染，市场无法控制。四是市场不能提供发展所需要的经济结构的变化，如幼稚行业的发展和保护，市场是无能为力的。五是欠发达的制度将大量人口排斥于市场之外，市场本身没有消除贫困的功能。六是市场不能提供宏观管理工具，如全国范围的劳动力市场、信贷市场、外汇市场等，市场难以实现其宏观的供需平衡。七是市场之所以需要政府干预，不仅仅是由于市场失灵，而且是由于市场无法实现某些社会目标，如扶持穷人和少数民族等。

综上所述，市场作为一种机制，不是万能的。从大的倾向来看，它擅长于微观激励而不是宏观协调；它能有力地追求近、中期的利益而不会考虑长远的发展；它可以推动经济增长而难以实现社会和生态目标。因此，过分强调市场的作用是不全面、不科学的。

三、政府在经济发展中的作用

政府干预之所以必要，一方面是由于存在市场失效，另一方面因为一个国家不仅仅只有经济的需要，还有政治的、社会的、生态的、国防的、文化的需要。在后面这些领域，如果只靠市场而无政府的作用，那简直是不可想象的。而且，后面这些领域的目标，归根到底，还是要通过经济活动才能实现。例如，政治目标要有经济绩效的基础；社会的目标

(如扶贫、社会保障)要靠经济实力;生态治理要有环保产业;国防更要依靠经济实力和军事工业等。也可以说,凡是上面列举的市场失效的地方都存在政府干预的理由。

根据发展中国家的经验,政府在经济发展中的作用表现在如下几个方面:一是工业化准备与起飞阶段,加速动员资源,对重大项目集中投资。二是在国际竞争的压力下,保护国内幼稚产业的发展。三是提供公共产品。四是建立与执行市场规制。五是扶持高风险的新兴产业。六是国民收入再分配。对社会主义国家来说,政府还应该掌握国民经济命脉。

四、政府失效

沃尔夫的研究提供了"非市场缺陷综合理论"。其要点如下:

(1)非市场需求与供给的扭曲。非市场的需求往往被人为地高估,这种高估来源于五个方面:一是市场缺陷过分地增强了人们对政府的期望。二是社会政治组织和公民参政权利的膨胀。三是立法者和政府官员的报酬过度增长。四是政治家的短期行为,为了竞选需要,夸大近期成本和效益,忽视未来成本和效益。五是负担与义务的分离,即受益者与支付者的分离:在微观上(如重大工程的投资预算)开支被夸大,不合理地增加了纳税人的负担,造成少数人剥削多数人;在宏观上(如公共福利)开支过度增长,造成多数人剥削少数人。非市场的供给也往往会出现偏差,这种偏差来源于四个方面:一是非市场的产品难以定量和评价,如教育的质量、福利项目、执照的管理等,往往是变幻不定、模模糊糊,投入和产出难以比较。二是非市场的产出容易产生垄断,从而效益与质量不易保证。三是生产技术的不确定,如教育的"技术"就不像生产汽车的技术那样明晰无误。四是非市场活动即使感到无效,也缺乏可靠的终止机制,因为涉及许多人的既得利益。这种需求与供给的扭曲就造成了政府的失效。

(2)非市场缺陷的类型。一是受益者与支付者的分离,造成过剩和成本提高的失效。二是内在性与组织目标,即政府行为不是由消费者行为和市场这些外部要素决定的,而是由一些内部目标和内部管理需要、甚至"私人"偏好来决定的,如决定工资、提升与津贴、办公设施等。三是派生的外部性,即政客的短期行为而造成的后遗症,如1973年美国禁止向日本出口大豆,后来却影响了美国在日军事基地的谈判;又如公共事业本是为了弥补市场缺陷,但由于前述的受益者与支出者的分离,造成低效益、高污染(请记住,在美国公共部门是最大的污染源)、甚至负效益地运行,形成外部负效应。四是分配不平等,公共政策本来是为了纠正分配不公,但其权力总是掌握在少数人手里,腐败和滥用职权往往难以避免。

吉利斯和帕金斯等认为,政府失效往往表现在如下方面:一是价格的扭曲,使劳动力、资源使用的效率低下。二是政府的管制刺激了寻租和贿赂,使企业花费很多资源去影响官员从而降低了工厂的效率。三是高关税带来的保护,使企业无效益地使用资源。四是政府强行赋予国有企业非经济的目标,使管理人员的利润动机大大地被政治和行政取向所取代。五是官僚统治和行政程序控制了投资、金融和工资方面的决策。六是经理人员的前途依赖于政府领导人,而很少由企业的成就来决定。

综上所述,政府干预也不是万能的。应该树立一种观点,不是任何市场缺陷都可以由政府干预来填补,因为政府干预不是在任何时候都有效。事物都有一个合理的界限,超过了界限，就会适得其反。一般地说，政府干预更适合于宏观协调而不利于微观搞活；更适合于总量控制而不适合结构调整；更适合于长期规划而不适合短期运作；更适合于干预国际竞争而不必过多地干预国内竞争。更要特别指出，在现代经济中，信息不完全、不对称愈来愈强烈地影响着经济生活。我们在考虑市场或政府地位时，必须从这一现实出发，在有些地方(如国际竞争)应加强政府的干预，而在更多的地方(如经济计划、供求结构、企业交易等)则应最大限度地减少政府干预，放手让市场去运作。因为政府的计划制订者永远不可能掌握所需要的信息，更何况他们还有个人癖好。

五、市场短缺与政府短缺

上面说的"缺陷"，一般是指发达的市场经济而言的。我们认为，应该将"缺陷"与"短缺"加以区别：前者是属发育成熟了的市场经济所不可避免的缺陷，后者是针对还未成型、处在转型中的经济而言的。不发达国家，大多存在中世纪残余甚至奴隶制残余，市场被自然经济所掣肘还远未发育成熟；由计划经济向市场经济转型的国家，还保留着大量计划经济的惯性，真正的市场也还未形成。同时，在这些地方，由于人员素质和法律规范问题，政府自身也是"残缺不全"的。因此，必然同时存在市场与政府的双重短缺。

市场短缺一般表现为：市场体系不完整；市场规章制度不健全；市场信息不通畅；市场信号人为地扭曲等。

政府短缺一般表现为：政府行为不规范甚至朝令夕改，还未脱离人治的窠臼；官吏制度不健全，"滥竽"充斥政府机关；政企不分，政府管了许多不该管的事；到处是行政性垄断，市场在许多地方不能自由进入；更重要的是政府还未学会市场经济的经济学。

所以，这些国家同发达国家还不完全一样，不仅有"缺陷"，而且存在"短缺"。发达国家的市场与政府的理论，不能照搬到不发达国家，必须结合后者的国情建立自己的理论。同时，在一般不发达国家和转型不发达国家之间也有差异：前者先有市场后有企业，政府是逐步介入市场；后者则是先有企业后有市场，政府主要是逐步退出市场(当然，也有一些新的领域还需要适度进入)。所以，转型国家在选择市场与政府的关系模式上比一般发展中国家更为复杂。

第三节 转型与选择

从上面功能与缺陷的分析中可以看到，无论是市场还是政府，都不可能绝对地排斥对方。两者不是一个相互取代的关系，而是一个相互结合的关系。新古典主义乃至市场社会主义过分强调了市场的作用，是不全面的；传统计划经济理论太迷信政府的权威，更是没有前途的。正由于此，许多前计划经济的国家纷纷转型，启动了市场取向的改革。

一、转型的条件

吉利斯和帕金斯等在他们所著的《发展经济学》(第四版)中论述了转型的条件。我们结合前计划经济国家的实际将这种条件概括如下：

第一，要有稳定的宏观经济环境。如果宏观经济不稳，预算赤字很大，通货膨胀猖獗，对外支付能力下降，在这种情况下势必导致政府对市场干预的强化，从而使转型变得十分困难。为了纠正通货膨胀和其他非均衡，稳定宏观经济，可以采取如下的办法：提高税收和削减政府开支以减少预算赤字；紧缩银根，控制贷款；外汇贬值；取消价格管制或调整官方价格；抑制工资增长。

第二，消除控制，使大多数商品和劳务转向市场交易，消除政府配给和计划分配。这就需要放开和建立商品和要素市场。

第三，保障竞争。在国内，逐步消除行政性垄断，放开企业、行业之间的竞争，形成优胜劣汰机制。在国际，创造条件逐步对外国企业放开市场进入，并最终实现同国际竞争接轨。只有这样，才能加快学习的进程，提高市场的质量。

第四，提高市场信号反应的灵敏度。为此，必须纠正价格的严重扭曲，逐步减少官定价格，建立价格的市场形成机制，特别要使价格反映稀缺；推进企业改革，割断企业与政府的脐带，迫使企业投入竞争，从而形成企业对市场信号的反应机制。为了形成这种机制，私有化不一定总是必要的，吉利斯和斯蒂格利茨等都认为，关键在于进行政府改革，无论公有还是私有，割断脐带、放开竞争，才能增强活力，反应灵敏。

第五，最重要的还是要有一个相对稳定的政府，根据俄罗斯、印度和非洲一些国家的教训，政府不稳定，转型就是一句空话。

二、选择的指导思想

由计划经济转向市场经济是一个十分复杂的过程。虽然没有不可逾越的鸿沟，但绝不是"休克疗法"的设计者所想象的那样简单。这里有三个前提因素必须考虑：第一，市场与政府本身就存在自身的缺陷，不可能依靠其中任何一个就能解决问题；第二，冰冻三尺绝非一日之寒，几十年计划经济所形成的制度、机构、规制、习惯、人际关系和既得利益不可能一阵风就吹掉；第三，整个社会有一个学习过程，须知这些计划经济国家原来都是不发达国家，没有经过真正市场经济的陶冶，官员不懂得如何管理市场经济，老百姓缺乏市场观念、不了解市场的规范。如果试图以简单的办法来解决复杂的问题，而且又操之过急，势必会造成物价飞涨、腐败猖獗、社会混乱。

根据中国的经验，应循着如下的指导思想进行选择：

第一，渐进式。分阶段，分层次，把自下而上的创新同自上而下的指导结合起来，把学习——承受力提高——改革力度的进程统一起来，一波一波地扩散。这种"摸着石头过河"的思路是一种慎重而负责任的思想。

第二，互补式。双向依靠：市场要依靠政府的调控，政府(计划)要依靠市场的基础。不是相互取代，而是相互补充、相互增进。仔细地探索两者的平衡点，把政府补充市场的缺陷同市场改造政府的缺陷合理地结合起来。

第三，分离式。至少在转型的前期，应采取经济改革与政治改革暂时分离的原则。在保持社会制衡中心稳定的前提下推进经济改革，在经济改革已奠定较稳固基础时再逐步启动政治改革。

中国转型改革 20 年的实践，初步证明是比较成功的。既保持了社会的稳定，又推进了经济的转型，同时还保持了经济的快速增长。中国转向市场经济已成不可逆转的大势。

第四节 市场经济与社会主义

一、市场经济的基本要求

在中国既要推行市场经济的改革，又要坚持社会主义的基本取向，所以确定了"社会主义市场经济"的目标模式。但是，应该承认，在国内外对此不是没有置疑。社会主义和市场经济能够融合吗？这个问题可以继续探讨。不过，我们认为至少在社会主义初级阶段，两者是可以大体融合的。这就应该从市场经济所需要的基本条件，在社会主义初级阶段能否提供开始我们的讨论。

市场经济就是以市场来配置资源为基础的经济。或者说，一个经济它生产什么，如何生产，为谁生产，如何决策，主要是通过市场来解决，而不是通过计划来解决。为此，就需要一些基本条件或要求：一是市场主体的多元化。没有交易就没有市场，交易就需要有多个独立的市场主体，这是不言自明的，一个主体不能自己同自己交易。二是生产要素流动化。只有成为商品，才能流动。产品、资本、劳动力、资源、信息等都要能在市场上买卖。不如此，市场就无法实现配置的功能。三是市场进入的开放化。生产与经营领域，大家都可以自由进入，不能独家垄断。否则，也无法实现市场配置。四是市场游戏的规则化。千千万万个市场主体都按照同一规则竞争，在规则面前人人平等，没有封建特权。五是市场信号的灵敏化。价格、汇率、利率要能即时反映供求状况，反映经济中的稀缺性，从而才能切实引导市场配置。

显然，这些条件在计划经济中是不可能具备的。在那里，市场主体是单一的，没有真正的交换，从而也不需要市场；生产要素是不能流动的，因为它们都不属于商品，只能由政府实行计划调配；市场是不能自由进入的（没有多元化主体，自然也没有人去进入），存在一元化的行政垄断；市场信号是由政府确定的，由于政治的偏好和信息不完全，往往既不反映供求，也不反映边际成本，存在严重的扭曲；没有市场，自然也就不需要游戏规则，一切按政府命令行事。

这样的计划经济如何向市场经济转变呢？在社会主义的条件下能否满足市场经济所需要的条件呢？

二、中国的初步成效

改革开放 20 年来，中国在创造市场经济上述条件方面取得了明显的成效。

首先，在多元化方面。第一步通过"体制外"的改革，使非公有制经济得到了发展，个体经济（包括农民的家庭经营）、私营经济、中外合资经济，在外围出现了多元格局；第二步随着乡镇企业的蓬勃发展，形成了公有经济多元化的局面；第三步通过公有经济多种实现形式的探讨，出现了诸如股份合作经济、联合体经济、股份制经济等经济形式，扩大了多元化的局面；第四步通过建立现代企业制度，正在促使国有企业成为相对独立的法人主体。

其次，在要素流动化方面。第一步全面地放开了商品市场；第二步逐步放开了生产资料市场；第三步经过剧烈的争论终于放开了劳动力市场；第四步正在逐步放开资本市场，包括产权市场。从主流效果来看，放一步，活一片。生产成倍增加，市场供给充裕。中国在20世纪90年代后期告别了短缺经济，大多数生活资料和生产资料出现了供过于求。这就是最好的说明。这也使我们看到，只有先放开市场才能增加供给，而不是像苏联那样以为必须先增加供给然后才能放开市场。

再次，在市场进入方面。在国内，事实上除军事工业和命脉部门外，已经没有什么障碍。在国际上，由于存在剧烈的国际不平等竞争，为保护我国幼稚工业，必须实行逐步放开的方针。这一点，资本主义国家也无一例外，与社会主义无关。

从次，在信号放开方面。我国的价格形成机制可以说基本实现了市场化。在利率和汇率方面，这次亚洲金融危机证明，不仅是社会主义国家，即使是资本主义国家，也不能盲目自由化。这方面的放开必须根据我国的经济实力和风险防范机制的健全程度循序渐进。

最后，游戏规则是一个中性的问题，不存在社会主义的障碍，只是一个发展的问题。

综上所述，在我国社会主义初级阶段，市场经济所需要的条件在实践中已经得到大部分的解决，今后还会进一步得到解决。所以，社会主义与市场经济的相容问题，在中国的实践中已经看到了解决的希望。当然，这是从实践经验来看的，在理论方面还有许多重大问题需要深入探讨。

三、国有经济的改革

在社会主义与市场经济能否相容的问题上，最大的难点是国有经济如何同市场接轨。新古典主义极力主张私有化，认为除了私有化，别无选择。难道是这样吗？不一定。从国际和国内的经验来看，不能这样绝对化。

第一，要给国有经济重新定位。我国的国有经济是在计划经济年代发展起来的。在那时，根据计划经济的理论和政策，当然是愈公愈好、国有比公有更"高"。所以，国有经济几乎覆盖了整个城市经济，甚至细小的零售店和小菜场也概莫能外。其效率之低下、供给之短缺是人所共知的。现在，我国转向了市场经济，根据市场经济的上述要求，国有经济重新定位，自然是题中应有之义。

对我国来说，定位的原则有三：一是弥补市场的缺陷；二是提供公共品；三是保障社会主义的前景。根据这些原则，社会主义市场经济条件下的国有经济主要应定位在如下几个有限的领域：(1)国民经济命脉部门。如，金融、国防、粮食批发、重要国土资源、交通干线等。(2)公共品部门。如，通信枢纽、教育、科研基地、能源枢纽、城市设计、大的公共福利设施等。(3)高风险部门。如，影响国家长远发展的重大幼稚工业、新兴产业、科技开发等。这种定位还有两点需要说明，在这些领域国有经济只占主体或主导，不是包揽一切；经营可以采取独资、控股等多种形式。

这样，原有国有经济就有一个"退出"的问题。所以，国家提出了"壮大放小"的改革方针。坚决从那些不该国营而且经营不好的行业退出来，让非公有经济和其他公有经济形式去经营，国家才有力量去搞好宏观调控和长远发展这些应该做的事情。向市场经济的转型也才能真正到位。

第二，注意两种偏向。在"退出"问题上，一种是受新古典主义的影响，主张"彻底退够"，即按照发达国家的模式，除了公共品部门之外，从一切竞争部门全部退完。这一理论主张我们不敢苟同。其一，在一般竞争部门，的确大部分是应该退，但是，的确还有一部分现在经营得很好的企业，特别是大型企业，如邯郸钢铁公司、长虹等，难道也要退出来吗？这不是在搞"一刀切"的形式主义吗？实际上，这是一种理论的误区：不是为退而退，退是为了弥补市场的缺陷和短缺。上述那一类企业，它们不仅没有造成市场的缺陷，而且大大地提高了市场的效率，有什么理由要它们退出去呢？其二，我们是一个不发达的国家，国内私人资本的积累并不强大，如果那些大型国有企业要拍卖，只有外国人才能买得起。这对我国民族工业的利弊应如何衡量？其三，我们是一个社会主义国家，如果不掌握国民经济命脉，坚持社会主义道路岂不成了一句空话？其四，我们还是一个不发达的大国，市场发育程度不高，游戏规则很不健全，如果真的实行"彻底退够"，那就会出现一股"化公为私"的高潮，又要出现一大批破坏市场经济的暴发户。这对我国经济转型究竟有什么好处？苏联解体时哄抢国有企业的前车之鉴不可不察。

在退出问题上还有另一种偏向。由于受传统社会主义理论和惯性的影响，认为国有经济就是社会主义的基本标志，把它们都卖掉，岂不是卖掉了社会主义？所以，大声疾呼："不能一卖了之。"这种初衷应该说是好的，但确实远离了现实。其一，拍卖一些过剩的、经营不好的、不应该由国家经营的企业或国有资产，是属于资产重组行为，是把死钱变活钱，可以把钱再投入更需要的领域中。这本是市场经济司空见惯的现象。没有这种重组，市场就不可能发挥它的最优配置功能。其二，国有经济不等于社会主义，它只是一种中性的资产经营形式。资本主义国家同样有大量的国有企业，据 IMF 的有关资料，20 世纪 70 年代中期，不包括美国在内的近 50 个非社会主义国家中，国有经济的生产总值占 GDP 的比重平均为 9.5%；包括美国在内的 70 个国家中，国有经济资本投资占全国固定资产形成总值的比重，平均为 16.5%（R. K. 米什勒等，1991）。当然，在拍卖中要把好三关：一是界限关，即前面所说定位的三大领域，要持慎重态度；二是资产评估关，杜绝"黑箱操作"与腐败；三是再投资关，回收的资金必须用于结构优化。

第三，产权明晰不等于私有化。新古典主义癖好私有化，似乎只有私有化才能解决转型国家的国有经济问题。事情并不是这样，俄罗斯的私有化，不就是最好的一课吗？斯蒂格利茨和吉利斯等经济学家都认为私有化并不是解决国有经济的灵丹妙药，竞争、激励、市场、分权比私有化更重要。斯蒂格利茨指出，所有权、私有化在大型企业中并不那么重要。因为，在这些大型组织里，几乎所有的成员都不是所有者。在"委托-代理"条件下，经理所得到的企业效益成果只占很小一部分。资本主义还是社会主义，姓"公"还是姓"私"，在这个问题上没有多大差别。政府应该做的是使产权分配明晰。一旦做到了这一点，经济效率就会自然提高。即使社会主义的国有企业也是这样。所以，我们的注意力应该放在产权如何被明晰地分配上。产权明晰的重心不应是私有化，而是产权分配明晰。

第四，双向战略。对于"放小"以后"剩下"的大型国有企业，可以考虑实行一种双向战略：企业外部，割断与政府的"脐带"，强化竞争机制，硬化优胜劣汰；企业内部，明晰产权的分配，在委托者、代理者、员工之间，强化各自的激励机制。并且，把内部的激励机制同外部的竞争机制紧密地结合起来，使它们互为条件，互相制约。当前，首先应集中精力探讨如何硬化委托者和代理者的激励问题。须知，在中国，"委托者"也不是最终所有者，在多级委托的情况下更是如此。如果对委托者的激励不到位、不硬化，经理们的胡作非为对他们(包括国有资产监管机关)来说往往也是无关痛痒的。对于代理者，更不用说了，他们是"用别人的钱赌博"，在他们的心里有一个"信息黑箱"，而且这个黑箱同激励的力度是成反比例的。

因此，对于董事长和经理，激励机制应包括三个部分：一是利益机制。实行与企业绩效挂钩的年薪制。二是约束机制。通过聘用契约，硬化经营目标及对应的责任制，包括经济责任、行政责任到法律责任。三是保障机制。针对"五九"现象，实行高额退休金制度，使企业家无后顾之忧，一心扑在事业上。

同时，在公司治理结构方面应逐步实现"新三会""老三会"完全并轨，彻底消除两个"司令部"。

第五节 有调控的市场经济

我们在20世纪90年代初，曾提出中国应实行政府主导型市场经济或有调控的市场经济，并具体阐述了一个"立体交叉网络"模式。后来，看了沃尔夫的《市场或政府》一书，对他所说的不是简单地在市场或政府间进行选择，而是在两者的不同组合之间进行选择这一思想很是赞赏。似乎在基本思路上，我们是不谋而合。这里，我们把1992年在《中国社会科学》发表的那篇论文中有关"立体交叉网络"模式的部分重录如下，只是把"计划"换成了"政府"，并做了非原则的修改。

一、立体性

政府与市场不是平面式结合，而应是立体式、多层次的结合。

第一层次，即体制层。总的原则是：市场主要调节微观经济，政府主要调控宏观经济。采取政府调控市场、市场引导企业的模式。具体地说，市场在价格形成，商品、要素、劳务的微观均衡，竞争与技术更新，结构调整，资源配置与重组等方面发挥基本调节作用。政府在市场规制与监控，总量平衡(货币发行量、工资增长率、物价总水平、利率汇率的调控、投资总增长率)，中长期经济社会发展计划，命脉部门的控制(独资、控股、参股)，公共品的供给，国民收入再分配，高风险部门的发展及涉外政策等方面发挥调控作用。

第二层次，即机制层。也就是在体制规范下市场运行的过程。在这一层面，政府退居"幕后"，运用宏观政策间接指导方向，而让市场机制在舞台上充分表演。即使上面说的命脉部门和公共品部门，虽然由政府直接调控，但它们的经营活动仍然要由市场机制指挥。所以，在这个层面，市场是基础的、直接的、无处不在的；政府(计划)是指导的、间接的、间歇性的。可以说，是一种市场台前、政府后台的模式。

第三层次，即操作层。在市场方面，无论是企业还是中介组织，都是按厂商理论和现代企业制度进行运作，只要不违反市场游戏规则，政府无权干预。政府则是从事信息监控及预测，制定发展规划及政策，完善游戏规则并实施，履行国有资本所有者的职能等。可以说，这是一种各自独立操作、相互照应的模式。

二、交叉性

所谓交叉性，是指政府与市场的交互作用，包含两种内容，即相互渗透和阶段演进。

首先，政府与市场是相互渗透的。政府（计划）绝不是简单的命令，而是一种科学的决策；不是封闭式的行为，而是充分且广泛地搜寻与加工市场信息，据此来确定目标和政策，并科学而艺术地运用经济、法律、行政的手段加以实施。市场也不是完全的自由放任，它基本上是按照政府的规制来运行。

其次，政府（计划）与市场的结合深度有一个发展过程，要受到时间阶段的约束。一般地说，我国可能会经历相互交错的三个基本阶段：政府培育市场阶段，市场改造政府阶段，市场与政府成熟融合阶段。目前，我国正处在第一阶段的末尾和第二阶段的开头。这时，应特别澄清一种误解，似乎政府的改革只需关起门来设计方案就行了。政府的改革绝不仅仅是政府行为，没有市场的强烈冲击，政府改革就没有真正的动力。为什么过去机构改革愈改愈大，根本原因就在市场的冲击力度还太小。同时，政府改革也不是被动地等待市场来冲击，而应该主动研究市场发展的需要，以此作为改革取向的基本依据。同样，市场的发育，也不能像 19 世纪那样放任自流，政府应该有所作为，如，市场客体的建设，政企分开的改革，企业预算约束的硬化，社会保障体系的建立等。所以，政府与市场的结合，既具有阶段性的发育问题，又有交叉运作的问题。只有通过这种交叉运作、相生相长，才能最后使市场与政府达到融合无间的境界。

三、网络性

所谓网络性，是指市场与政府的结合，又是一种近乎多维空间的结合。这是因为市场与政府结合的结构比例、组合方式等，在不同的资源配置方式之间以及不同的部门、行业、地域、产品之间，都是各有不同的。例如，在军事工业、金融部门政府的垄断性显然要大于一般竞争性部门；经济特区的市场调节功能显然要大于一般地区；在市场与政府融合阶段的市场机制显然要优于政府培育市场阶段等。

（选自《发展经济学概论》，湖北人民出版社 2000 年版）

工业化的反思

一、历史地位与历史局限

工业化乘着资本主义的战车，在过去了的 3 个世纪里，叱咤风云、所向披靡，把人类文明推到了一个从未有过的高度。它用大规模集中的工业生产方式代替了细小分散的农业生产方式，使物质财富比过去成千倍、万倍地涌流出来。伴随着生产的集中，一个浩浩荡荡的城市化大潮，不断吞噬着宁静落后的农村，使人类空前地朝着远离自然界、凌驾自然界的方向急驰。由于人口大规模地迁徙与流动，中世纪封闭性的宗法体系被商品经济的"推土机"碾得粉碎。市场的激烈竞争把科学技术创新推向一波又一波的高潮，随之而来的交通革命、通信革命、货币革命等，使得时间与空间逐步走向分离，市场交易可以不受时间(如期货)与空间(跨地域)的限制。伴随着这种时空的分离，经济活动的不确定性和风险大大增加，由此"专家系统""法律系统""中介组织"也就急剧地繁荣起来，人们的活动对这种"抽象系统"的依赖性与日俱增，由此对传统农业社会的经济与社会结构来了一个彻底的大改组：原来正锥形的产业结构和倒锥形的社会结构被纺梭形结构所取代，一个庞大的第三产业和中间阶层迅速崛起。

工业化把空间缩小了，把时间拉近了，把一个个在过去不敢想象的事情变成了现实。在这个过程中，人类的自然行为不断被"非自然行为"所矫正和取代，自信心似乎愈来愈膨胀，一个以人类为中心改造自然、改变一切的"人类中心论"自然而然地成立了。以为人是这个世界的主宰，其他一切的动物、植物、自然界都是为人类服务、任人类开发的奴仆。人类可以把自己的意志强加给它们。各种动物被驯化为适合人类需要的食物与宠物；大江大河被"驯化"为迎合人们现实需要的工具；儿童也被大人驯化为逐渐失去天性的非自然的"现代人"；弱小民族，在优势民族看来，也理应被驯化为像他们一样生活方式的民族；尤有甚者，人类还正在追求破解基因密码来自己创造自己。

通过以上对于资本主义式的工业化的历史分析，我们在充分肯定其伟大的历史功绩的同时，也要严肃看待它的痼疾。

首先，它把人与自然的关系推向了极限。工业经济，其主导发展要素是有形资源，资源开发利用的程度同发展与增长成正比。加上受"人类中心论"驱使，不是把大自然看作平等的伙伴，不尊重大自然的独立"物格"(自然规律)，势必导致疯狂地掠夺自然。现代工业主义的消费主义更是把这一趋势推向极端。当前的气候变暖、能源危机、水危机，就是大自然向人类响起的警钟。

其次，它使人与人的关系不断强化着对抗。一方面，工业经济的基本发展动力是财富最大化，这本身就具有排他性扩张的实质，为了自身的利益可"以邻为壑"地牺牲别国、别人的利益。一方面，"人类中心论"很自然地会延伸到国与国、人与人的关系上来。美国的"双重标准""单边主义"和霸权行径大大加强了这一趋势。有组织的恐怖主义的兴起正是对这一趋势的集中回应。

最后，它使灵与肉的关系趋向人性的异化。工业化的现代文明，过于推崇物质享乐主义，无止境的物欲追求，金钱拜物教的泛滥，导致道德沦丧及人性的异化。

二、后现代主义的兴起

正由于工业化的现代主义出现了上述诸多弊端，在西方，一个批判工业现代主义及其相关理论的后现代主义正在方兴未艾地兴起。美国学者小约翰·B. 科布指出："后现代"这个词语指向了对现代性的各种假定的拒斥，"致力于揭露现代假定的缺陷"。[1] 他认为，人类现代化的现实，是以共同体被破坏和环境的退化为代价的，这种如此高代价的"增长"政策，威胁到了这个星球的"可住居性，而又几乎不可能实现其支持者所作出的各种承诺"。[2] "人类文化已经超越了自然并与它处于一种巨大的张力之中。现在统治世界的经济秩序不是自然的，它正在把世界改造为一个表达了人的目的而非其自身的人造之地"。[3]

西方后现代主义、后工业主义对现代工业化及其相关理论的批判可以主要归纳为如下几个方面。

1. 对现代消费主义的批判

后现代主义首先是针对现代"超需要的消费"进行批判。

在财富最大化的驱使下，商业形态的革命和传媒信息化、网络化促销，花样翻新的各种消费手段人为地刺激消费的欲望，甚至在价格、奖励、心理和物欲上诱使乃至强制人们超过其真实需要进行购买。商业资本的利润，往往是以损害消费者的利益和浪费资源以及制造公害（现代垃圾灾害）为代价的。"快餐店"以"快"与新颖（儿童玩具）吸引顾客，兜售有害健康的"垃圾食品"；"信用卡"诱导人们超财力花费，购买本不需要的物品；"购物中心"以令人眼花缭乱的"活动"引诱人们购买可买可不买的东西；铺天盖地的"广告"诱骗人们去购买"打折"的次品。

这种超过甚至大大超过了人们真实需要的消费社会，表面看似繁荣，实际蕴藏着资源走向枯竭、人类走向退化的危险。

伴随着这种"消费至上"而来的，就是人类生活的平庸化。快餐食品消灭了个性工艺的高超烹饪技术和消费者的品尝韵味；一切消费品和服务都"规格化""程序化"，样样只需"照章行事"，顾客与服务员之间、员工之间都一律按呆板的规则行事，人与人之间的

---

① 小约翰·B. 科布：《后现代公共政策——重塑宗教、文化、教育、性、阶级、种族、政治和经济》，社会科学文献出版社 2003 年版，第 5 页。

② 小约翰·B. 科布：《后现代公共政策——重塑宗教、文化、教育、性、阶级、种族、政治和经济》，社会科学文献出版社 2003 年版，第 131 页。

③ 小约翰·B. 科布：《后现代公共政策——重塑宗教、文化、教育、性、阶级、种族、政治和经济》，社会科学文献出版社 2003 年版，第 133 页。

"人情味"被"机械关系"取代了。难怪有的美国学者说，无论你走到哪里，都是一样的快餐店，一样的超市和购物中心，一样的加油站，面貌一样，程序相同，就好像是在沙漠里那样：枯燥、单调、浅薄、乏味。

2. 对现代"增长万能论"的批判

我们在前面介绍的"人类中心论"所造成的负面影响并非无人察觉。但是，为何明知其弊却续行其道呢？问题就出在"增长万能"上。该理论认为，虽然有如此弊端，只要经济继续增长下去，一切都可以解决。正是在这种烟幕的保护下，"人类中心论"才可能不顾一切地大行其道。所以，后现代主义认为，后现代经济理论必须从破除传统的增长理论开始。

科布用了较多的篇幅，对这种增长可以解决一切的理论逐一进行了批评。

第一，经济增长不能解决人口过度增长的问题。科布认为，"有人论证说，经济增长能解决人口过度增长的问题"。他的论据是以西欧经验为基础的，即在当年欧洲，工业化达到较高水平后，人口数量会保持稳定。但是，在第三世界的发展中，大多数国家"也没有达到人们所设想的人口迁徙所必需的人均收入水平。即使在经济增长显著的地方，收入也通常集中在少数人手中，其财富对绝大多数人的生育习惯并无影响"。① 因此，这个"依据"实际上被否定了。

第二，经济增长不能解决环境问题。有一种理论认为，环境问题可以随着经济增长而自然得到解决，人类可以实现"先污染，后治理"的目标。但是，事实却不是这样的。首先，在大多数情况下，受增长冲动所形成的政策，往往是不利于环境保护的。世界上头号污染源大国至今拒签"协议"，即是一例。其次，即使发达国家迫于国内的压力，在治理污染上取得了明显的进步，但出于民族自私主义，却是实行转嫁污染的政策，把污染输入第三世界国家，从而无助于改善全球的环境保护问题。最后，在许多国家，发展的成果往往是相对地集中到了少数人手中，而大多数贫困人口仍然挣扎在生存苦境之中，他们对于环境问题的解决，无论是主观愿望还是实际能力，都是微不足道的。

第三，经济增长并不能自然而然地带来政治和谐、人权与民主。的确，历史上有少数国家由于种种原因，随着经济的增长，建立了制度性民主，改善了国内的人权状况。但是大多数发展中国家却没有出现这种进程。科布指出，像墨西哥等国，在经济明显增长的同时，却出现了针对本国人民的武力镇压或战争。即使是民主国家，当政者最为关心的还是大资本集团的利益与要求，而对最广大公民的最迫切的要求往往表现得"软弱无力"。

第四，经济增长也不是解决失业和贫困问题的唯一"灵丹妙药"。应当肯定，经济增长是解决上述问题的一个基础，但是如果没有合理的产业政策和分配制度，增长也许不仅不会增加就业和消灭贫困，而是相反。这是因为，现代增长往往是依靠高科技产业的发展，它却会带来更严重的失业。如果政府不采取有效的再分配政策，增长只会导致两极分化。世界过去50年的巨大增长，事实上并没有使地球上大多数人告别贫困即是明证。

---

① 小约翰·B.科布：《后现代公共政策——重塑宗教、文化、教育、性、阶级、种族、政治和经济》，社会科学文献出版社2003年版，第154页。

从以上的批判中可以看到，工业化所形成的过度推崇增长的理论是有重大缺陷的。经济增长固然重要，但它却不可能成为解决一切社会和生态问题的万灵丹药。可持续发展理论和"科学发展观"的提出，正是对旧的增长理论的重大修正。

3. 对"经济人"的批判

后现代主义对西方经济学的基本假设"经济人"也进行了反思与批判。他们认为，现代西方经济学片面强调了"经济人"的核心价值，基于个人主义第一性的"经济人"思想，把一切——包括个人以外的社会和自然——都看作"为人开发利用的客体"，势必导致解构"社会共同体"和大自然的政策：大规模城市化使小城镇衰落与消失，农村社会瓦解了；农民收入虽增加而生活质量却下降了（包括污染）；对自然界的疯狂掠夺，造成物种毁灭和资源枯竭（科布，2003）。这既破坏了个人与社会的共同体，又破坏了人与自然的共同体。

对于前者（个人与社会），其根本悖论在于"以个人为中心"，轻视乃至忽视个人与社会的互生性与和谐发展，即必须尊重个人与社会的"共同体价值"。对于后者（人与自然），其根本悖论在于"以人为中心"，轻视乃至不承认人类与自然的共生性与和谐发展，即不能把物、生物界和大自然仅仅看作"被人类利用的客体"，以为可以任人宰割，不承认它们也具有自身存在的"内在价值"，必须受到和人类一样的平等的尊重。因为，如果不承认这一点，最后人类也无法发展与生存，甚至会走向毁灭。这就是人类与自然共同体的要义。

正是这种以"经济人"为价值基础的现代经济理论，一方面毁坏了文化的多样性，另一方面又毁坏了生物界的多样性。追根溯源，这种"人类中心论"的理论基础，就是个人主义的人类观和人性与自然的二元论。因此，科布主张用"共同体中的人"来取代"人类中心论"。

西方经济学的一个新流派——人本主义经济学也拒绝"经济人"的假设，认为它存在两大错误倾向：一是机械化倾向。如罗宾斯的"一致经济人"，主张目的和手段是截然分明的，手段的选择同目的是一致的。事实并非如此：其一，二者是可以出现阶段性模糊的，如一些人可以先不择手段（包括损害他人）地赚钱，然后再投入慈善事业成为大慈善家。似乎他的目的是利他，可是在前一阶段他却是"害他"。其二，目的和手段是可能发生变化的，如，一个女记者抱着揭露吸毒有害的目的，以体验生活的手段深入吸毒群，不料自己也染上了毒瘾而一发不可收拾，最后自己也变成了吸毒者和妓女。在信息不对称的条件下，信息的逐步披露使初始的目的与手段发生变异乃至易位，这种情况处处可见。"经济人"的另一个错误就是绝对化倾向。"经济人"假设认为选择具有"传递性"，即三样商品，如果他选择 A 而放弃 B，选择 B 而放弃 C，那么他就会选择 A 放弃 C。简单地看，在逻辑上似乎可以成立，但是事实与逻辑往往是两回事，大多数商品都存在"多维选择"现象。

三、资本主义的新变化

1. 旧资本主义的不适应

事实上，西方资本主义的发展正在逐步地证明上述推论。

一部近 500 年的资本主义发展史,从它在 15 世纪萌生到建立起一个空前发达的工业社会经历了 400 多年。第二次世界大战之后的几十年,又达到了一个新的发展与繁荣的高峰。在近 1 个世纪里,发达国家的收入增长了十几倍,许多国家每家收入由几百美元上升到 26000 美元,而每周工作时间则从 70 小时下降到不足 40 小时。与此同时,人们的寿命则延长了一倍。①

然而,到了 20 世纪 70 年代末,情况发生了重大的变化。包括最发达的美国在内的西方资本主义国家却出现了严重的衰退,其程度"大致堪与 30 年代的'大萧条'相比"。这次衰退的特征是增长停滞与通货膨胀同时出现。即所谓的"滞胀"。在大量失业的同时,出现了两位数的通货膨胀。② 停滞-通胀,不仅使一度权威极高的凯恩斯主义失势,即使取而代之的新自由主义也挽澜乏力。

问题出在哪里?问题出在旧的资本主义体制的上层建筑无法适应正在发生深刻变化的新的信息化基础。这绝不是小修小补的"里根主义"所能根本奏效的。正如哈拉尔所说,"里根总统有点像一位现代堂吉诃德,徒劳无益地攻击不停旋转的政府风车,而真正的危险却在于我们每天与之战斗的一种陈旧的经济体制的种种实际问题"。③

问题虽然表现为工业化所形成的过时的产业结构,缺乏创新的能力,难以进一步提高效率和满足社会需要。但是,其根源则是呆滞庞大的官僚制大公司及其经营理念,已经不能适应新的技术创新的要求,这种产业结构仍然一味地追求"利润最大化"而牺牲顾客的利益。是这种"自我陶醉的文化",导致故步自封,落后于时代的变化。加上劳、资与政府之间的传统对立与冲突关系,往往使得工资增长超过了效率提高,使竞争力下降。

这种基本病灶,表现为三大矛盾与困惑:

第一,呆滞的管理与灵活创新的矛盾。在 20 世纪 80 年代以前,工厂里的主力军是没有受过多少教育的体力劳动者和流水线的机械系统,用专制式的等级制管理十分有效。可是,80 年代以后,信息革命、计算机的采用、劳动者和工作人员的知识化,处处要求独立思考。这样仍然"用 40 年代以前的机构来对付 80 年代以后的事"肯定会压抑创新。

第二,"专政"式的中观机构与社会和谐的矛盾。哈拉尔指出,"这些等级制的庞然大物基本上产生于一种权力主义的决策形式。尽管像美国这样的民主国家自诩为自由的堡垒,但是仔细考察一下,我们便不得不承认,民主的进程仅限于每四年左右举行一次的选举政府官员的象征性仪式,而深深地影响着我们生活的大多数机构——公司、学校和医院等都是被作为专政机构来管理的"。④ 这就必然导致中观和微观的民主不足。劳资之间、劳资与政府之间,难以建立起合作的关系。冲突的解决,往往是:要么不合适地提高工资以平息矛盾,要么就出现罢工。而这两者都对经济发展不利。

第三,利润挂帅与提高生活质量的矛盾。在资本主义工业化的过程中,从实践到理论都形成了一种惯性或传统,那就是把"利润最大化"当作天经地义的最高目标,变成了企

---

① W. E. 哈拉尔:《新资本主义》,社会科学出版社 1999 年版,第 3 页。
② W. E. 哈拉尔:《新资本主义》,社会科学出版社 1999 年版,第 5~6 页。
③ W. E. 哈拉尔:《新资本主义》,社会科学出版社 1999 年版,第 13 页。
④ W. E. 哈拉尔:《新资本主义》,社会科学出版社 1999 年版,第 31 页。

业一种"病理性的压迫感"，从而把顾客的利益看作只是一种手段甚或"看作干扰赚钱这个首要目标的障碍"。这样，公司就成了"游弋在金融的大洋上追逐货币的海盗"。

然而，社会的发展决不会停留在这个水平，随着疯狂追逐物质享受的工业社会令人厌烦之后，一个更加高级的社会已经出现。这个社会主要关心的是生活质量的提高：工作人员除要求得到有合适收入的工作之外，还要求全面发展、受到尊重；顾客除要求满足适合自己需要的物品之外，还要求有良好的服务和无污染的"绿色商品"。

而旧的资本主义企业的经营惯性，往往由于缺乏这种远见，难以满足这种新的需要。从而导致生产效率普遍下降，消费者抗议不断高涨，外来竞争者成功"入侵"等危机。特别是劳动者和雇员对其工作的不满，已成为生产率下降的主要原因，致使美国在80年代人均收入低于其他发达国家。哈拉尔认为："显而易见，利润将永远是必要的，但是作为经济的主要目标来说已经失去其效用，严格的实际理由是，信息时代需要合作来取得成功……明智的自我利益不在于自私自利，而在于满足广大经济社会的种种需要，公司的存在取决于这种需要。利润动机的困境是，盲目地坚持自我利益损害大家的利益——包括牟利者的利益。"[1]这就是说，信息化革命使公司的生命线主要不再是利益的追逐，而是满足经济社会的需要。

以上种种矛盾，暴露了旧的资本主义体制已经染上了一种"社会精神病"。所谓"社会精神病"是指：一如一个人如果"意识"与"下意识"出现不平衡就会造成他的精神病一样，一个社会如果出现"传统意识"与"现代生活"的不平衡，也会造成"社会精神病"。整个社会就不大正常了：官商之间的非法关系泛滥（如水门事件）；董事之间心照不宣的勾结；流言蜚语大行其道；犯罪上升；地下经济猖獗。据估计，美国犯罪金额相当于每年2000亿美元，地下经济估计占其GNP的20%~30%。[2]

所有这些情况说明：旧资本主义已经出现上层建筑与经济基础的矛盾，过时的工业化的"神话般的理想"同后工业的新现实格格不入，其全部落后于新时代的"各种无效的机构"，引起了社会能量的压抑与损耗，造成了巨大的浪费和混乱。[3]

2. 新资本主义的探索

①解放思想。西方学者认为，面对挑战的主要障碍，并不是别的东西，而是"我们被现有的观念所局限"。这其中最基本的就是要从"观念范式"固定化、宗教化的桎梏中解放出来。必须认定，任何"权威范型"都不是"不朽真理"，而只是"暂时存在的理性岛屿，是文明安置在从一个时代上升到另一个时代的进步道路上的垫脚石。如果说地球本身因为大陆块在地球上漂移而不断地在变化，那么我们的信念为什么一定要固定不变呢"？[4] 社会的"板块"同样也在不断地漂移变化，工业社会已成过去，后工业社会正在到来。从经济形态的变化中，即从劳动密集型到资本密集型再到知识密集型的变化轨迹中，可以大体看

---

① W.E. 哈拉尔：《新资本主义》，社会科学出版社1999年版，第38页。
② W.E. 哈拉尔：《新资本主义》，社会科学出版社1999年版，第41页。
③ W.E. 哈拉尔：《新资本主义》，社会科学出版社1999年版，第40页。
④ W.E. 哈拉尔：《新资本主义》，社会科学出版社1999年版，第52页。

到后工业社会发展趋向可能将是一种"超越知识社会的社会"。

对于这样一种尚未全知的新社会，西方学术界正在打破一切条条框框进行"百花齐放，百家争鸣"的探索，以求寻找某种新的资本主义体制来代替旧的资本主义体制。在这个探索过程中，政府起什么作用？总的来说，学术界主张政府不应是"先知先觉"，不应直接干预或参与创新或者自上而下地去指挥创新，而是应该将主要精力放在为自下而上的创新创造宽松有利的大环境。其中，特别强调，这种探索与创新，主要"不是来自任何传统的、铁板一块的观点，而是来自正在综合成一个更加成熟得多的整体的一系列思想和革新。而且这不是任何一个垄断真理的群体发明的，而是自发地产生于不计其数的管理人员、工人、顾客、普通老百姓、政府官员、知识分子和公司的董事们"。这种思路无疑是对的。

②旧资本主义(工业范型)与新资本主义(后工业范型)的比较。哈拉尔系统而比较确切地进行了这方面的对比。

第一，从增长的方式看，前者属"硬增长"，后者属"巧增长"。所谓硬，是指主要依靠资源投入与使用的物理技术获得高增长。但这种增长方式因为污染、能源危机和无法照顾个性而行不通了。巧增长，则偏重于依靠信息自动化、计算机革命等社会和智力技术获得高增长。由于污染少、智力资源的无限性又可体现"个性化"，故有"无限增长"的可能性。如计算机引起的网络革命，由于其使演算速率天文数地提高，对过去的"沉淀资料"(如图书馆的历史资料)的更好发掘，以及科学家们的网络合作等功能，必将引起意想不到的科技创新大爆炸。

第二，从组织结构来看，前者依靠的是"机械而庞大的等级制度"，后者则依靠"市场网络制度"。庞大的等级制度显然不利于甚至压抑创新和个性化，在后工业社会是将要被淘汰的。网络制度，现有的事实证明，它完全可以适应新时代技术与生产的分散性和创新频率加快的要求，一种平面的、灵活的、直接网络式的管理组织结构，必将取代金字塔式的等级传递管理结构。

第三，从决策权力来看，前者建立在"权力主义的指挥"基础之上，后者则是建立在"参与性领导"基础之上。权力主义的决策方式显然同时代的现实变化不对号：雇员的主体已经由体力型变成了智力型，按绩付酬、全员入股这些新情况，使自上而下的权力运作愈来愈成为一种障碍。而参与性决策则有利于尊重雇员的独立意识，发挥其积极参与的主动性与创造性，从而使民主原则贯彻到企业和微观层次之中。

第四，从主导价值观念来看，前者偏爱经济目标，赢利压倒一切。这方面的弊端，前面已做过阐述。参与性决策(雇员代表民主参与)则可从体制上保证关注多种目标，不仅生产财富，而且同样关注社会需要与福利，并认为两者是不可分割的。因为这样才能符合人们提高生活质量的要求，开拓增长的新领域，避免旧资本主义滞胀的困境。

第五，从管理的重点来看，前者偏重于业务性管理，后者则偏重于战略性管理。在工业化时代，经济秩序和技术状况相对地较少变化，比较稳定，故侧重于业务性管理是比较有效的。但是，面对经济秩序和技术创新日新月异不稳定的后工业时代，那就会变成"盲人骑瞎马"了。故后工业时代的管理重点，必须转到战略性管理上来，及时掌握环境变化的信息，进行策略调整，使企业成为与环境共生的"适应型企业"，并且还应重视全员的参与性，使战略管理具有更广泛的信息来源和责任基础。

第六，从基本企业制度来看，前者属于以追逐利润为主的大企业，其大规模、多层次、命令运行，都适合于工业化的集中式规模经营的需要。后者则属于"民主的自由企业"，适合于信息化的分散性、平面性和个性化的需要。劳资和政府之间，变对立为伙伴，变"零和竞争"为"正和比赛"——双赢。

第七，从世界基本格局来看，前者表现为资本主义与社会主义的对抗，两者水火不容。后者则可能表现为相互混合或融合。因为，在信息时代，资本主义和社会主义两者都发生了新的变化：资本主义接受了缓和阶级对立的改良，社会主义也采纳了多元化的成分，而且在全球化的大格局下，加深了彼此之间的联系、合作和了解，变得愈来愈相互依赖。可能通过混合交融，彼此都会发生我们意想不到的变异。

四、小结：变化中的两面性

西方资本主义的确正处在急剧的变化之中。

我们在前面的分析中，主要介绍了 20 世纪末到 21 世纪初的变化。那主要是随着信息化、全球化和平面化的基础性变化而引发的增长方式、组织结构的变化。这些变化可以让我们看到未来社会的一些端倪。

从积极的方面看，大体有如下几点：

第一，随着科学技术的高速更新，西方经济体正在由"掠夺式增长"向"可持续增长"努力。这应是一种进步。

第二，组织结构的平面化，是逆等级化的，也即是个体自由空间的扩展，是有利于人的自由全面发展的。

第三，价值观念的变化，即使是非本质的，也反映了雇员与大众参与性决策的兴起和基层民主的扩展，这对民主的完善与社会公平是有好处的。

第四，信息化与全球化也必会加强不同制度国家之间的相互沟通和共生性，这种趋势虽还不能肯定其最终结局，但有一点是明晰的，即不同制度国家之间"零和斗争"的分量会减少，"正和比赛"会增加。

从消极的方面来看，最主要的是经济运行的网络化、虚拟化，无货币交易的不断衍生化，"抽象系统"的无限扩展，在带来运行效率大提高的同时，经济风险也极大地提高了。在千丝万缕的中间虚拟环节中，不知哪一个环节出了问题，就会牵一发而动全身，甚至会引发整个系统的崩溃。而且，在全球化的条件下，还会波及全球，无一能够幸免。应该看到，资本主义制度过去虽然表现出了很大的生命力，但由于其追求最大利润和拜物主义的"元价值"，很难在制度内克服人与自然、人与人和灵与肉的基本矛盾。即使新资本主义对旧资本主义的一些表层矛盾有所克服，也不能消除前面列举的"三大基本矛盾"，除非新资本主义加上社会主义的理念与政策，但那又不是原旨的资本主义了。所以，随着人类社会的发展，社会制度的杂交与趋同趋势以及由此产生的模式多样性，必将成为主流趋势。

后工业社会的来临

一、如何界定"后工业社会"

1. 西方的各种观点

"后现代""后工业"在西方是被作为与"现代化"和"工业化"相对应的概念而提出的。工业化阶段或"工业社会",一般是指从西方自文艺复兴开始到主要发达国家工业化完成这一历史阶段。而后现代或"后工业社会",一般是指主要发达国家工业化完成以后的历史阶段,即 20 世纪中叶开始,这以后的时间称为"后现代"或"后工业"阶段。

后工业阶段,如果从 20 世纪中叶(1950 年)算起,在发达国家已经走过了 60 余年。这个阶段,显然具有过渡性质。有的学者认为,这是一个演化中的阶段,包括 50 年代开始的"服务社会"和尔后的"知识社会"以及未来的尚不知道的"超知识社会"。[①]

《后现代与后工业:评论性分析》一书的作者玛格丽特·A. 罗斯认为,"术语后现代主义更新近的应用形式,包含着一种作为后工业社会的当代社会的概念,或与这一概念一起被界定。在新近著作中,这一词语常被用来指一种计算机化的'信息'或'知识'概念,并包含着形形色色有后工业与工业社会关系属性的预想"。[②]

其实,"后工业主义"这个词,在这之前很早就被提出来了。1917 年,《旧世界的创新:后工业状况》一书的作者阿瑟·J. 潘迪在其《后工业主义》的序言中就说过:"后工业主义……在任何意义上,它都意指将在工业主义崩溃之后到来的社会状况,因而可以被用来含纳所有承认工业主义已告终结的推测。"不过,潘迪所指的"后工业",并非我们现在所看到的后工业社会,而是那种倒退式的"返回使劳动变得高尚的分散的、小手工业作坊式的社会"。法国社会学家阿兰·图兰尼在其《后工业社会,明天的社会历史:程序化社会中的阶级、冲突与文化》一书中也说过:"一种新型的社会正在形成。这类新的社会可以被称为后工业社会,以强调它们与先于它们的工业社会是如何不同,虽然在资本主义国家与社会主义国家它们依旧保留着某种那些较早的社会特征。""它们也可以称为技术专家社会,因为技术专家控制着它们,或许人们可以称它们为程序化社会,根据其生产方式的属性和经济结构来对它们做出界定。"布热津斯基在其 1970 年所著《两个时代之间:电子技术时代美国的作用》一书中认为后工业社会是一种"被新技术和电子学所控制的社会"。其他,如托夫勒、迈克卢汉等人也都从不同的角度使用过"后工业"的概念。

[①] W. E. 哈拉尔:《新资本主义》,社会科学出版社 1999 年版,第 48~50 页。
[②] 玛格丽特:《后现代与后工业:评论性分析》,辽宁教育出版社 2002 年版,第 25 页。

只是到了美国社会学家贝尔，才给后工业社会作出了一个比较接近现实的描述。贝尔认为，上述那些观点是不符合"后工业"的真实情况的。他在《后工业社会的来临》(1973年)一书中指出："在未来的30到50年"将看到后工业社会的出现，这将首先是一种社会结构的改变，并认为不能理解为"技术决定一切"，而是理论知识的新的、具有决定意义的作用。他还具体地提出了后工业社会的五大特征：

——产业方面：从产品经济转向服务型经济；

——职业分配：专业及技术阶层占主导地位；

——中轴原理：理论知识占中心地位，它是社会变革与制定政策的源泉；

——未来方向：控制技术，对技术进行鉴定；

——制定政策：创造新型的"智能技术"。

罗斯则认为，贝尔的这种界定仍嫌过于笼统，而且与工业社会的特征没有多大的区别。他指出，富永健一在他的《后工业社会》一文中就说过，贝尔的后工业社会应被理解为"工业社会的一种延续，而不是一个完全不同的新阶段"。他认为在后工业社会不仅从工业社会那里继承了各种各样的特征，比如"劳动分工的精密体系"和"成果目标"，而且也继承了科学和技术在后工业社会中所扮演的角色。[1] 贝尔后来也认同了富永健一的看法，并补充了一些重要的观点："如果过去一百年占主导地位的人是实业家、商人和企业经理的话，那么'新人'则是科学家、数学家、经济学家和新智能技术工程师。"他认为马克思当时还不知道控制技术发展的人是科学家而不是"熟练工人"，指出后工业社会的特征不仅是在近年来将科学、技术和经济结合起来，即现在所说的 R & D，而且后工业社会以科学为依据的计算机、电子学、光学和聚合工业不同于19世纪诞生的工业，它们首先依存于先于生产的理论工作——如果没有费利克斯·布洛赫40年前创立的稳态物理学，也就没有后来的计算机，[2] 从而印证了他的"中轴原理"——理论知识占中心地位。

贝尔的理论贡献，还在于他把现存人类社会分为三种类型：前工业社会(非洲、亚洲、南美洲)，工业社会(西欧、苏联、日本)和后工业社会(当时即20世纪70年代，只有美国)，并对这三种社会作了内涵的区分(见表1)：

表1 三种社会的区分

	前工业	工业	后工业
社会主体职业	经验型体力劳动者	产业工人与工程师	科学家与技术专家
博弈关系	人与自然界	人与改造过的自然界	人与人之间
权力来源	暴力	财富	知识与技术

贝尔认为，科学知识与技术创新的新融合，以及系统化、有组织的科技增长的潜在可能性，成为后工业社会的支柱之一。这种趋势就需要更多更好的大学以及接受大学教育的

---

[1] 玛格丽特：《后现代与后工业：评论性分析》，辽宁教育出版社2002年版，第39页。

[2] 玛格丽特：《后现代与后工业：评论性分析》，辽宁教育出版社2002年版，第40~41页。

学生，因而，大学越来越成为后工业社会的主要机构。①

由此可知，贝尔首先比较准确地预见到 30 至 50 年后将出现后工业社会，并且首先系统地归纳出在我们现在看来虽不完善但却实属于后工业的那些发展因素。瑞泽尔还认为，在后现代的标题下，贝尔还谈到了时空变迁、文化中心的缺失、视觉文化的支配地位、非理性与无理性、反智性主义、高雅文化与低俗文化之间界限的消除等。②

不过，贝尔在现代与后现代、后工业问题上，具有明显的悲观主义色彩。他认为，新教伦理倡导节约与积累的传统，由于资本主义发明了"直接信用"而被资产阶级社会所抛弃时，剩下的就只有享乐主义了，而资本主义制度也因此失去了其"超验的伦理观"。他认为"现代性的真正问题是信仰问题抑或一种精神危机……一种将我们带进享乐主义的境况"。③ 对于后工业社会，贝尔也是悲观的。他认为，后工业社会也无能力提供当代社会所需要的价值。而且技术、经济领域和现代文化之间的长期冲突，到 20 世纪 60 年代后现代主义出现时，达到了新的高峰——出现了"文化和社会结构的剧烈断裂"。整个社会，由于日新月异的商品大规模生产与销售，浪费与炫耀取代了节约和禁欲主义，传统文化理念被严重侵蚀，游乐、娱乐、展示和纵情的文化享乐主义达到了新的高峰。④

与此相反，吉登斯在这个问题上，则持比较乐观的态度。他认为，现代与后现代不会出现断裂。在他看来，后现代的社会是以后匮乏系统、不断增长的多元民主、非军事化以及技术的人性化为特征的。⑤

2. 我的初步想法

我比较同意哈拉尔的看法，即对于后工业社会这样一种充满未知的领域，不必慌忙作出概览无余的"定义"，要给今后的研究留下充足的空间。2005 年，我在《时代潮流中的中国现代化》一书中，曾经对知识经济做过不成熟的描述。⑥ 现在，又参照上面各家的合理意见，勉强做一个初步界定：

后工业社会，是一个过渡性的概念，它泛指发达国家在完成工业化以后的历史阶段，大致包含服务型社会阶段、知识(信息)型社会阶段和未来生态型社会阶段。这个新时代，在其前期(知识型阶段)大体表现为：以信息革命为先导，以知识创新为核心动力，以高科技产业为主要支撑，更加注重个人、社会与自然的协调发展，趋向轻型化、质量化、分散化、个性化和网络化的社会经济形态。这"五化"可以集中概括为"智能化"，人类随之由工业化历史阶段进入智能化历史阶段。

根据初步显露的迹象，后工业社会与工业社会比较，大致出现了如下的差别：

第一，技术基础的不同。工业社会，是以物理——机械技术为其技术基础。后工业社

① 乔治·瑞泽尔：《后现代社会理论》，华夏出版社 2004 年版，第 240~243 页。
② 乔治·瑞泽尔：《后现代社会理论》，华夏出版社 2004 年版，第 244 页。
③ 乔治·瑞泽尔：《后现代社会理论》，华夏出版社 2004 年版，第 43 页。
④ 乔治·瑞泽尔：《后现代社会理论》，华夏出版社 2004 年版，第 243 页。
⑤ 乔治·瑞泽尔：《后现代社会理论》，华夏出版社 2004 年版，第 205 页。
⑥ 夏振坤：《时代潮流中的中国现代化》，武汉出版社 2005 年版，第 89 页。

会，则主要是以社会——信息技术以及生物技术为其技术基础。这一点是很清楚的了。专家估计，20 世纪 90 年代中期，工业中创造的增加值有 3/4 是靠信息及其相关活动带来的。

第二，运行原则的不同。信息化同工业化不同，不是以集中化、规模化、标准化为运行原则，而是以分散化、小型化、个性化为运行原则。

第三，职业结构的不同。工业社会，大多数人从事工农业生产，第二产业所吸纳的劳动力占绝大比重。后工业社会，由于电脑化、自动化、机器人和无人车间的发展，从事农业和传统工业的劳动力愈来愈少，大多数人从事非农非制造业生产，而服务业与创意产业的就业比例达到 70%~90%。

第四，发展动力的不同。我们在前面讲过，工业经济是以追求物质财富最大化作为发展的基本动力。而后工业经济，特别是知识经济，则主要是追求个人价值实现的最大化。这是因为，在工业社会实现富裕之后，物质财富相对变得无足轻重了，人们对生活质量的要求和精神需要则日益提高起来。

第五，发展要素的不同。信息经济与工业经济不同，主要不是依靠有形物质资源如自然资源、能源、劳动力等的开发、占有与利用，而是依靠无形资源——知识、智能、信息的积累与创新。

二、后工业社会经济特征初窥

后工业社会，既然是一个过渡性的概念，说明它尚不成型。因此，对其特征的描绘，也只能是一种"初窥"了。从现有资料判断，大体表现为如下特点：

1. 经济发展范式趋向"收敛化"

人类在工业化阶段，无限"扩张化"的发展，导致我们在前面所说的"三大矛盾"尖锐化，敲响了危及人类生存的警钟。于是，人们开始认识到必须由追求"高增长"转向保证"可持续发展"，这是一方面。另一方面，信息化、生物技术的开拓和材料革命，为资源的节约、循环利用和新资源的开发提供了广泛的可能。具体表现在三个方面：

第一，在发展目标方面：由单一的经济目标向多重目标转变。无论是政府还是企业，单纯坚持"利润挂帅"已经行不通了（前面已详述）。经济增长、社会福利和环境保护将成为经济发展与增长的综合目标。否则，人类将无法继续生存下去。

第二，在发展手段方面：由掠夺资源型向无废物循环型转变。工业化阶段，在破坏性的"人类中心主义"的支配下，对自然资源无限制的开发与掠夺，不仅造成资源枯竭、能源危机，而且污染了人类生存的环境，使经济增长走入死胡同。一个改弦易辙的发展范式正在酝酿之中。其大方向就是资源的循环利用和无废物生产。诸如，垃圾回收、水与空气净化、可再生能源的开发等环保技术与产业，已成为尖端技术和朝阳产业，方兴未艾。

第三，在消费价值方面：由放纵浪费型消费向收敛节约型消费转变，或由数量扩张型向质量优化型转变。生产的掠夺式扩张，在很大程度上同消费价值的放纵浪费有关。随着人们认识的提高和污染危机的加深，一个"绿色消费"的价值观念正在迅速普及：生态住宅取代铺张的"豪宅"；"小汽车"取代豪华轿车；绿色食品取代污染食品……

2. 经济结构趋向"软化"

这包括产业结构的服务化，投资结构的无形化，所有制结构的多元化。产业结构中，三产业占绝大比重，一、二产业的比重大幅下降。投资重心由有形资产的投资转向人力资本和研发。企业中大量的是个体、集体和合作式的中小型企业。

过去，对服务业为何得以兴起的问题，存在诸多误解。其一，认为服务业兴起是由于第二产业经常处于波动之中，在萧条期间劳动力便大量流向第三产业，而且认为这种转移存在"棘轮效应"（不可逆），因此就愈滚愈大。这种看法显然不充分：它指的仅仅是那些在前工业社会就已存在的诸如保姆、清洁工之类的家庭服务行业，而且即使在工业经济处于繁荣时期，三、四、五产业也没有停止其迅速发展。其二，认为是由于第二产业存在经济垄断，第一产业存在自然垄断，而服务业不存在垄断，因此就很容易发展起来了。这更站不住脚：像金融、电信、新闻等服务行业同样存在垄断，而且信息行业的垄断还具有更高的性质。其三，认为服务业资本密集度低，从而劳动生产率不高，故易于快速发展。这显然是受到传统服务业陈旧观念的影响。其实，现代服务业拥有更为广泛的信息化、网络化，不仅资本密集，而且知识密集，劳动生产率更高。

那么，后工业社会的产业服务化为何发展如此迅速呢？据中国青年学者陈英的研究，他认为有"三大推动力"：[①]

第一，"个人服务规模扩大和休闲化趋势"。在工业社会后期发展起来的"消费主义"，使诸如旅游业、度假业巨大兴起，使围绕个人服务的规模急剧地膨胀起来。这在工业化时代几乎是难以想象的。如发达国家英国、法国、德国、加拿大、日本和美国，旅游、个人文化与休闲服务部门从1980年到1998年迅速增长了4.2倍，其中旅游增长3~4倍（均为平均增长数）。到1998年，旅游业在发达国家的服务业中已平均占到27.6%的比重，成为最大的服务行业之一。

第二，"商业服务的国际化、信息化"。建立在信息化基础上的全球化高潮，使人类社会的商业活动空前巨大地超越了地域界线，空间的膨胀加时间的压缩，使得中间服务（包括信息化的中间服务）的需求以几何级数迅速上升。这才是产业结构软化的最主要动力。据陈英的计算，在1980—1998年不到20年间，金融保险业在主要发达国家平均增长了58倍，其中美国、德国、法国分别增长10.9倍、14.7倍和10倍。

第三，公共品供给服务的巨大发展。第二次世界大战后，发达国家普遍实行了福利主义政策，同时又增强了政府宏观经济管理的职能。虽然后来受到新自由主义的批评，但并未基本改变。管理服务、教育事业、科研投入以及公共品管理部门的发展，都极大地催生了服务化的进程。

3. 社会主导阶层的知识化、专业化

贝尔所说的后工业社会科学家与技术专家将成为社会的主导阶层，30年后在发达国

[①] 陈英：《后工业经济：产业结构变迁与经济运行特征》，南开大学出版社2005年版，第103~104页。

家已成为现实。1990—1998 年美德日加四国就业人口的职业构成见表 2。

表 2   **1990—1998 年美德日加四国就业人口的职业构成(%)**

职业大类	美国	德国	日本	加拿大
专业白领	70.4	62.3	60.4	66.2(含经理)
产业工人	27.5	20.1	39.0	23.7(蓝领)

资料来源：陈英：《后工业经济：产业结构变迁与经济运行特征》，南开大学出版社 2005 年版，第 141 页，此处予以简化。

由于知识、特别是理论知识的创新成为经济增长的第一动力和核心要素，故科学家与技术专家成为社会的主导阶层和劳动力主体是一种历史的必然。

4. 经济增长趋向质量化、个性化

资源与环境危机以及消费档次的升级，是推动这一趋势的主要动力。在后工业社会，正在方兴未艾地出现以下四种趋势：

——由工业社会的追求规模化到追求个性化；

——由工业社会的追求生产率到追求创造新市场；

——由工业社会的追求价格优势到追求新的消费吸引力；

——由工业社会的追求高增长到追求可持续发展。

质量化的趋势，也表现在商业竞争从过去数量型的满足既有需求的竞争转向"创造需求"的竞争上：从家用电器、电脑、手机、照相机的产品创新和更新换代的频率日益加快，就可以看到这种"创造需求"威力无比。消费者简直赶不上市场的变化，人们几乎是"鬼使神差"地跟着创新跑。

5. 企业宏观范式的平面化、灵活化

工业化所形成的庞大的、等级式的官僚主义范式，已经不能适应后工业经济的运行原则，这一点在前面已做了系统的分析。在新的时代，企业面临的是日新月异、千变万化的全球化环境、技术更新与竞争态势，还有愈来愈挑剔的消费者，信息被真实而快速地传递成为企业的生命线。因此，必须砍掉累赘的中间管理层，实现平面化管理和灵活式决策。这是一场企业范式的革命。

6. 经济竞争由"零和式"转向"双赢式"

信息化与全球化，使得企业之间地区之间乃至国家之间的经济活动具有极大的相互渗透性与依赖性，你中有我，我中有你。彼此虽有竞争，但谁也不愿对方被消灭，因为那样就等于挖了自己的"墙脚"。所以，又必须合作。例如，当今的中美贸易关系，就充满了这种矛盾。正因为这样，有的学者就主张今后世界发展的方向可能是：竞争与合作并存，包括组织与环境共生、劳资与政府联合、私营与国营结伴、资本主义与社会主义混合。

三、后工业社会的社会结构变化

1. 由"菱形社会"转向"哑铃形社会"

在后工业社会中，将不再像工业社会那样是一个两头小中间大的"菱形社会"了，而是更加两极化至少也会被拉平。在美国，中产阶级正在分化之中，出现了一个庞大的下层阶级，变成两端凸起的"哑铃形"了。

之所以认为后工业社会会出现更加严重的两极分化，第一个理由是，由于高科技的发展，其"爆发性致富"的几率大大高于工业社会，而能够拥有这种"暴富能力"的人群又往往带有族群的传承性乃至垄断性——一个文盲型的家族一般很难在短期内上升到"创新族"中去。第二个理由是，从工业社会继承下来的而又未能及时调整的公共政策，也会加剧这种两极化。如，保护失业的公共政策，为维持廉价的劳动力，工业社会必须保持一定的失业率(比如不高于6%)。又如，禁毒政策使许多穷人被投到监狱中成为社会的异类，而无法改变其贫穷的状况。这些情况，特别是前者，到了后工业社会，必然导致出现愈来愈大的"临时工人阶级"。电脑与网络的普及，使得愈来愈多的人强化了"非归属"倾向——自由职业。他们对工作的挑剔性大而受约束性低，从而工作时好时坏，游离于各种组织之外，属于边缘族。企业可以根据其自身需要随时"抽取"，而又不对其承担任何责任。很自然，其中不少人最终就会落入贫穷阶层。这种人在美国目前已达到总劳动力的10%，而且还在极快地增加，形成了一个"劳工池"。这种人的生活肯定是每况愈下。

2. 知识阶层的崛起

我在拙著《时代潮流中的中国现代化》中曾经比较系统地讨论了这个问题。以知识创新为核心动力的后工业社会，作为知识载体的知识阶层应运而崛起，成为社会的主导力量，这是历史的必然。这样一个在历史上存在了几千年的群体，在新的后工业社会，则具有了新的属性。从发达国家已经出现的情况来看，大体表现了如下的趋向：

第一，由过去的社会少数群体转变为多数群体。发达国家70%的"白领阶层"，应该说大体属于知识阶层，而且随着人类受教育水平的不断提高，这个阶层必然会随着社会的发展而不断壮大。

第二，由过去的"依附群体"转变为社会的主导力量。在工业社会以及以前的社会，知识阶层主要扮演着一种统治阶级的"智囊"角色，起"技术工具"的作用，他们依附于社会主导阶层才能生活，没有多少独立性。这是由于他们对生产与经济过程没有实质的影响与控制能力。但是，在后工业社会情况发生了根本变化。可以说，他们正在成为社会经济生活领域的关键性力量。企业的成败、经济的涨落、战争的胜负、科技的创新，直至国家的兴衰，无一不与这个阶层的状况息息相关。他们正在脱去"打工崽"的工作服，穿上"老板"的"大礼服"。因为，在未来的社会里，权力的主要来源不再是财富，而是知识。

3. 新贫困

从现有全部有关后工业社会的资料中可以看出，几乎一致认为，在未来社会中，社会的不均衡、两极分化，不是更平缓，而是更严峻了。《新政府沟通——后工业社会的政治沟通》一书的作者皮帕·诺里斯认为，阶层之间和国家之间，没有出现由于互联网的发展而缩小贫富差距的情况，而是相反。据他的统计，1996—1999 年欧盟 15 国上网的人员在群落结构上是很不平衡的：其中，富裕阶层、受过良好教育者、男性和青年人远远占据高位，而穷人、低文化阶层、女性和老年人则远远落在后面。在比较发达的欧洲尚且如此，在不发达国家就更严重了。所以诺里斯认为，"贫困国家几乎被注定将落得更后"。为什么会如此？大致有如下原因：

第一，信息鸿沟会加剧分化。在网络对社会的影响上，有两种截然不同的理论。一种是"动员理论"，认为网络可以提高政治参与，普及知识和增强互动，从而促进民主和平等，有利于反贫困。另一种是"强化理论"，认为虽然网络具有上述作用，但是现实的人群由于财富、文化原来就差距很大，实际的结果必定是那些较富裕的、受教育程度高的阶层首先成为"信息富裕者"，另一些人群则成为"信息贫困者"，而且这两者具有积累放大性。

第二，在工业化阶段，拥有了庞大的白领服务部门的国家或社会，互联网的使用率和普及速度，一般比落后国家快。

第三，语言障碍。目前，网络是以英语为主导的媒体，非英语国家在这方面必然受到影响。例如法国、德国和西班牙，上网人数大大低于美国，也许有这个原因。

第四，政策原因。各国的技术政策乃至企业的工作导向，对网络的利用也有重大关系。如科研的投入、互联网的建设、图书馆与学校的联网计划、电脑培训以及通信的收费政策等，都与网络使用率及其发展速度有密切的关系。

四、后工业社会的文化趋向

1. 多元化、去中心化

后工业社会还有一个特征，即文化更加多元化，甚至"去中心化"。

由于后工业社会发展的第一推动力是知识创新(而不是工业社会的财富追求)，知识创新则需要有一个宽松的文化环境，允许各种各样不相同、甚至对立的价值观和平共处，实行真正的"百花齐放，百家争鸣"。可以说，没有多元化，就没有旺盛的科学与学术创新。《后现代社会理论》一书的作者指出："是后现代主义创造了使多元文化主义得以发展的知识氛围。反过来，多元文化主义也生成和维持了有利于后现代主义发展的社会和政治环境。"同时，多元文化主义者主张"去中心化"。所谓去中心化，即一反传统的对社会分析聚焦于"社会主流群体"，而认为应把社会的"少数群体"放在更重要的地位，给予同样的注意。[①]

之所以主张去中心化，乃因他们承认"差异"，认为"身体是差异的物理表现，那么认同就是差异的文化表现"。这就导致对差异很大的"他者"以及这个"他者"同主流之间的关系的关注。也由此，少数群体也"力求赢得对自己认同的控制，自己界定自己，而且更重

[①] 乔治·瑞泽尔：《后现代社会理论》，华夏出版社 2004 年版，第 269~270 页。

要的是，用正面色彩的词语来定位自己。黑人、同性恋者、拉丁裔美国人等，都积极地投身到这个斗争中来"。①

2. 个性化

工业化的文化趋向是规格化、普遍化。到处一样的"麦当劳"，一样的加油站，一样的火车，一样的超市。之所以如此，是因为工业化生产要求大规模、集中化，只有如此才能使成本最低化、利润最大化。而大规模集中生产，则必须要求严格的标准化、一律化，否则，就无法进行。在这种经济技术基础上所形成的生产习惯与消费习惯，必然导致文化观念上的一元化、一律化。这种一元化的文化倾向，虽然造就了现代工业的文明，但其负面作用也是明显的。它侵蚀了人们的独立性和文化的多样性，不仅使生活趋向单调乏味，而且出现精神危机，甚至会由于文化近亲繁殖而引起文化衰竭。

信息化与高科技产业的发展，为文化的"返璞归真"提供了物质技术基础。因为它不仅本身要求有个性特色，而且可能做到这一点。此外，人们在经过了物质数量丰富的阶段之后，提高生活质量的要求就与日俱进起来。而"质量"的重要内容之一，就是"个性化"——适合不同群体、不同个人的爱好。

五、对后工业社会要有合理预期

1. 没有乌托邦

人们在经历了资本主义"繁荣的痛苦"之后，很自然地会对未来的社会抱有许多不切实际的期盼与幻想。20世纪，社会主义在一些国家的失败，在相当大的程度上同这种乌托邦式的思维不无关系。这些原社会主义国家的失败，当然有各种各样的原因，但有一条是共同的，那就是原有的社会主义目标，其主要部分脱离了现实社会发展的可能条件，含有乌托邦的成分。因此，对即将到来的新时代，必须依据科学实在的评估做出实事求是的预期。

应该肯定一点：后工业社会有些方面可能比资本主义工业社会要好。如，人的自由发展，社会生活质量，人与自然的关系等。但在有些方面，可能和原来差不多。如，消费主义的倾向，人际关系的冷漠等。而在某些方面，可能比工业社会更加严重。如，两极分化。

2. "追赶战略"前景如何

有的后现代主义学者认为，发展中国家目前所实行的"赶超战略"，在工业化阶段是有效的，而在后工业社会则是行不通的。

为什么？因为，"赶超战略"的大前提，是要有一个相对集权的"强政府"。这个强政府可以牺牲较多的个人自由，集中意志和资源，在较短的时期内"抄捷径"赶超发达国家。显然，这种特性比较适合工业化的规律。工业化，要求集中化，而且以物质资源的动员为

---

① 乔治·瑞泽尔：《后现代社会理论》，华夏出版社2004年版，第270页。

主。不管人们的想法和兴趣如何，都必须按统一的、标准化的流水作业程序干活。

可是，在知识经济的条件下，情况就不一样了。前面说过，知识经济的规律，是以分散化的个人或小集体的知识创新——智力资源的激发为主要动力。而激发这种创新，必须有一个比较自由与宽松的政治与文化环境，必须减少政府与社会对个人生活和企业活动的干预。"赶超战略"那一套办法显然同这种要求南辕北辙。以日本为例，第二次世界大战后，日本凭着追赶战略，的确在20世纪80年代"赶上了美国"，曾狂妄地要"收购美国"。但是，曾几何时，90年代美国的"新经济"即知识经济一兴起，出现了10年的高增长、低通胀、高就业，日本马上就在1989年开始了10年萧条，几乎是"零增长"。

这种情况说明，知识创新型经济，无法用集中的命令或政府的权威去"动员"起来。虽然政府在其中有其不可或缺的作用，但只能是"搭台"的作用，而不是"唱戏"的作用。这同工业化时代是截然不同的。所以，对于发展中国家，在继续以"赶超战略"完成工业化的同时，必须及时调整自己的战略，逐步推进治国理念、意识形态、发展战略的更新以及政府的改革。

六、前景的预想

未来的社会，将会是怎样一种社会？特别是人与人之间、国与国之间(资本主义国家与社会主义国家之间)将会是一种什么样的基本关系？人类社会，还会是那种尔虞我诈、以邻为壑、你死我活的斗争关系吗？

从西方后现代主义和未来学的研究来看，大多数人倾向于建立一种"利益攸关的共同体"，这可能是某种趋向。这种"共同体"分国内和国际以及人与自然三种：

1. 国内共同体

后现代主义认为，"人"是由其与其肉体和更广泛的自然界、特别是和他人的内在关系构成的。除了这些关系之外，"人"根本就不存在，至少无法存在。人是在人类共同体中形成和成长的，正是在共同体中并通过共同体，人获得了真正的个性和人格。描述这种关系的最佳词汇就是"共同体中的人"。科布认为，离开了与他人的关系(包括父母兄弟)，离开了社会共同体和大自然，人还能成为人吗？

这种对于共同体的强调与苏联的集体农庄有什么区别呢？科布认为，区别就在于后者是把"共同体"与"阶级"等同起来，而且把"阶级"泛国际化了。把阶级等同于共同体，势必简单地把"人"视为当然的"阶级成员"，于是就会把"作为集体的阶级和社会的目标联系起来评价，并消灭那些阶级异己"。同时，由于把阶级视作"共同体"，便会以为"工人阶级无国界"。而事实证明这是错误的："法国无产阶级就曾在法国资产阶级领导下和德国无产阶级打仗，在绝大多数情况下，他们作为法国人的联盟超越了他们作为工人的联盟。"

而后现代主义所说的"共同体"，不是"阶级"的概念，更不是强迫的概念。"它强调的是能合作就合作，能单干就单干，个人抱负只有在不损害共同体其他成员的情况下才会得到支持……共同体有责任关心其所有成员，但那些干得最好的人能合法地从其劳动中获利。"因此，在共同体中，"个体差异、个人自由和个人首创性都应得到强调和鼓励。全部内在价值都会在个人经验中找到，所以人们追求的终极价值乃是个人的，群体最终必须根据它如何服务于它借以被构成的个人来判断。因此，启蒙运动的个人主义模式和由此而得出的政治结论大多应该得到肯定"。之所以如此，是因为在后工业主义看来，"个性"(个人)与共同体两者本质上是"二元的"，不是"一元的"，不是相悖的；是可以"共生的"，而不是"相克的"。"它们处于一种相互支持而非二元张力的关系中。"

科布还认为，社会主义过分强调了共同体，而资本主义又过分强调了个人，应该把这两者结合起来，构建一种个人与共同体和谐发展的机制：个人为了健康的共同体，应调整自己的行为；共同体为了个人的幸福应给个人留有充足的空间。对人的更为恰当的理解，是把人看作"共同体中的人"。这种共同体中的人，既强调了个人，又强调了共同体。①

哈拉尔在其《新资本主义》一书中，也提到建立一种"既合作又竞争的体制"，提倡企业、政府、劳工、消费者和社会团体等建立各种"伙伴关系"，变"零和竞争"为"正和比赛"。②

我体会，这里所说的"共同体"或"伙伴关系"，大到一个有民主基础的国家，小到一个"社团"，都应属于共同体或伙伴的范畴。宗教也应算作共同体。但后现代主义所说的共同体，决不能简单地等同于国家，因为一个专制的国家就不属于"共同体"或"伙伴"的范畴。后现代主义的共同体范畴，应具有如下基本内涵：

第一，它既不同于现代主义的"个人主义"，又不同于原社会主义的集体主义，而是两者的扬弃与重塑。

第二，个人与共同体的关系，不是对立的二元论，而是"共生的二元论"。两者是相生相克的辩证的内在关系：个人乃至人，离开了共同体就不可能存在与发展，个人所谓的"个性"离开了特定共同体的熏陶与塑造，甚至会得不到合理的解释；同理，共同体如果不尊重个人，不关注其每个成员的"个人幸福"，它就会失去存在的合法性和可能性，人们就会离开或抛弃它，去寻找别的更适合他们的共同体。

第三，强大健康、道德高尚的共同体，是造就强大健康、道德高尚的个人的前提；反之也如此。

第四，共同体运作的根本原则是反强制的，只能是合作原则。即使免不了会有局部的、非制度的强制，也是为了维系共同体的健康。而且，其极限(最后底线)必须是个人产生厌弃或离开共同体之前所能忍受的程度。它既反对"个人主权转让说"(个人通过契约把主权转让给政府)，又反对一般的"牺牲个人幸福"去维护所谓的"集体幸福"。

第五，"共同体主义乃是权利与义务的适当平衡"。它寻求的是对个人权利的关怀和共同体的幸福之间的平衡。

第六，共同体不可能也不应该走向"全球主义"，甚至在一些像美国和俄罗斯这样的大国，都难以形成全国性的共同体价值(牢固的契约和道德的声音)，往往只能在人们彼此熟悉的较小的共同体中才能形成——地方自治共同体。

第七，在共同体中也有权力，但是权力是以一种"参与的方式"行使的。共同体的所

---

① 乔治·瑞泽尔：《后现代社会理论》，华夏出版社 2004 年版，第 159~171 页。
② 乔治·瑞泽尔：《后现代社会理论》，华夏出版社 2004 年版，第 66~68 页。

有成员都对作出与自己利益有关的决定和共同体的方向，有话语权和知情权，参与程度越高，共同体就越健康。

第八，共同体是尊重"多样性"的，而且它越是容许多样性，它的生命力就越强。同此原则，共同体及其成员也必须尊重其他共同体的要求与权益。

2. 国际共同体

哈拉尔在其《新资本主义》一书中，提出后工业社会、资本主义与社会主义应该不再是一种你死我活的关系，应该建立一种相互借鉴、和平竞赛的国际秩序。因为，这两者彼此都既有优点，又有缺点。可以通过"混合经济"建立起"连接资本主义和社会主义的世界秩序。旧资本主义和旧社会主义，应该成为'过去'，'新资本主义'和'新的社会主义'可以把世界统一在一种协调而高度多样化的体制中"。[①] 这方面的研究文献比较少，还难以展开讨论。

3. 人与自然共同体

后现代主义还提出，人类共同体不能脱离更广泛的自然共同体。人类以破坏自然环境为代价的成就，严格地说，并不能算真正的进步。经济的目标应该是持续的，而且还应该是更新的。如果我们所生活的地方具有良好的生态状况，就能够不间断地为我们提供健康的个人生活和共同体生活所必需的各种物品（包括空气和水）。因此，它主张建立一种人类与自然界的共同体。

具体地说，人的个体和共同体的幸福，都要依赖于良好的自然环境，个人生活的质量归根结底要受到其所处的共同体的质量和自然环境的质量的影响。总的来说，经济增长不应该通过削弱人的关系、削弱共同体或自然环境的持续恶化来实现。他们极端地说，宁可选择甘地的"缝纫机"，也不选择尼赫鲁的"钢铁厂"。为此，人类必须寻找一种"满足所有人的现实需要并获得一种令人满意的生活（它远不是当今富人们的那种铺张浪费的生活方式）的途径"。[②]

回归自然，而不是疏离自然，追求节约型的幸福。

七、小结：最好是模糊一点

在本文中我只是对各家的看法做了一个综述和评析。老实说，我自己也是抱着"摸着石头过河"的心态来写的。原则上说，"后工业社会"只是一个模糊的名词，是找不到更确切的名称的"权宜之计"。它作为"工业化完成以后"的社会发展阶段，应该是可以成立的。但其明确无误的内涵、外延、结构等都还只见端倪，未显全貌。因为它还在演化之中，过程还未结束。

但是，这种情况，不等于无须研究，而是很有研究必要。因为"无预则不立"：不知

---

① W. E. 哈拉尔：《新资本主义》，社会科学文献出版社 1999 年版，第 68~69、369 页。

② 小约翰科布：《后现代公共政策——重塑宗教、文化、教育、性、阶级、种族、政治和经济》，社会科学文献出版社 2003 年版，第 162 页。

道人类社会将可能朝哪个方向发展，就会给今后长期的发展带来无穷的被动。

我认为，从上面那些模糊的"端倪"中，我们至少可以得到一些重要的启迪：

——既然未来社会"两极分化"还会加剧，我们的公共政策，就不仅是满足于"消除贫困"，而应该更多地考虑普及教育、强化培训和营造机会平等的社会机制。

——既然虚拟化也会加剧经济运行的风险，我们就不应过度迷信市场的自发均衡能力，而应研究和构建市场与政府协调均衡的机制。

——既然全球化使国与国之间、不同制度的经济体之间的共生性、依赖性不断地加强，我们的相关政策是否也应该进行必要的修正与调整？

——既然信息化与全球化正在使社会走向平面化，透明化，我们的一些陈旧的围墙式、堵截式的管理理念与方法是否应该改弦更张？

——既然整个世界经济增长方式正在走向收敛化、质量化，显然，"投资拉动""速度第一"是没有前途的。

创意经济：一个典型现象

近年来，随着我对现实现代化问题思索的深入，特别是信息化、全球化的挑战，使我的注意力移向后工业与后现代的具体表征问题。在前面的文章里，虽然一般地从概念上做了一些粗略的描述，但仍然存在着许多未知。于是，我就想我们从发达的工业化国家在工业化已经完成了几十年的发展历程中，应该可以看到一些"后工业"的迹象。特别是美国"创意经济"的迅速发展，使我们可能从中一窥全豹。正好，在书店里偶然发现了美国学者理查德·弗罗里达所著《创意经济》一书。这本书，结合美国的实际相当生动地介绍了创意经济作为后工业社会的一支生力军所表现出来的种种特征，并在理论上给予了适当的概括。

当然，迄今为止，创意经济这种经济现象，主要展现在文化产业、软件产业和一部分高科技产业之中，还未成为社会经济的普遍现象。但是，作为一种新事物，一种后工业阶段、特别是知识经济露出的"新芽"，它具有不可限量的生命力，从中可以得到许多重大的启示。也许我们可以隐约而无误地看到某种知识社会将会出现的新特征、新范式和新问题。所以，在讨论"后工业社会"整体问题时，把"创意经济"作为一种"典型案例"进行观察与分析，是有意义和必要的。

弗罗里达这本书的主要观点是：创意是技术创新与经济发展的源泉；创意力的大小取决于创意人才的聚集与吸引；人才的聚集与吸引又取决于一个宽容的"创意社会"的构建，使之成为创意人才的"磁石"；而"宽容"则包含这个社会对价值观多元化的包容程度和对"个人自我表达"的容忍程度；城市是这种创意社会的中心；教育必须改革：有教无类，人人创新，终生教育；大学是智慧、宽容、人才磁石的基本载体。

下面，我结合个人体会，对此做一系统的介绍。

一、美国面临的挑战与创意产业的发展

正当一些肤浅的政治家、理论家们大声疾呼"美国正面临中国和印度的挑战"的时候，一位并不十分有名的经济学家却一语惊人：美国面临的最大挑战根本不是这些东西，而是正在失去的"创新竞争优势"。他说："美国却正面临着自工业革命以来最大的经济挑战。这种挑战与企业成本的关系不大，与生产能力更是无关，最主要的竞争威胁也并不是来自中国或印度。美国这个世代以机遇和创新而闻名于世的国度，或许正濒临失去创新竞争优势的边缘"。[①] 这真是振聋发聩之言，既道出了美国优势的根本，又指出了当今国家兴衰最本质的奥秘。作者按照"宽容指数"对世界各国进行排名，结果前 10 名为：瑞典，丹

---

① 理查德·弗罗里达：《创意经济》，中国人民大学出版社 2006 年版，第 3~4 页。

麦，荷兰，挪威，日本，德国，瑞士，冰岛，芬兰，新西兰。美国排在了第 21 名。这是因为当今世界各国意识形态至上莫过于美国了。

尽管如此，由于美国既存的雄厚基础，排名落后可能影响未来，而现实的竞争力仍然是强劲的。目前，美国的产业结构已经发生了巨大变化，经济领域分成了三大部门：创意部门、制造部门和服务部门。

创意部门乃至服务部门，同制造业有一个显著的差别：后者的工作是可以外包的，所以其比重在国内呈下降趋势。而前者的工作，大部分是无法外包的。其新增加的就业岗位，大都出现在两个创意领域：专家思维和复杂沟通。这就是"创意阶层"。[①]

二、什么是"创新竞争力"？

1. 核心

所谓创新竞争力，其核心在于一个国家动员、吸引和留住创造型人才的能力。美国如今有 4000 万人属于创造型人才，超过总劳动力的 30%，[②] 而这类人才中大量是国外移民。据统计，仅 20 世纪 90 年代，就有 1100 万新移民来到美国，目前移民人口数量超过 3000 万，占总人口的 11%。

移民人才在美国经济中的作用是巨大的。这种不可估量的作用，从《财富》公布的"百强公司"的董事长和经理越来越多的是移民这一点可以得到证明：

——可口可乐：首席执行官伊斯代尔，出生于爱尔兰；

美国铝业公司：阿兰·贝尔，出生于摩洛哥，后又成为巴西公民；

辉瑞公司：汉克·麦肯尼尔，是加拿大人；

法玛西亚公司：总裁兼首席执行官菲德·哈桑，出生于巴基斯坦；

麦当劳：由澳大利亚人领导；

菲利浦、固特异、NCR、礼来等公司的首席执行官也都是非美国国籍……

2. 留住与吸引人才的关键

这里，我们讲的人才，不是一般的"人力资本"，而是具有创新意识(包括潜能)的个人与群体。而这种个人与群体，往往是挑战"传统"的，在普通人看来甚至是属于"满脑子怪招"的那种人。试想，在比尔·盖茨未成名之前，谁会想到一个大学念不下去的"赖学生"，竟会是奇才呢？在传统的"当家者"眼中，这种人还应该吸引吗？肯定会当作"垃圾"扔掉。

所以，吸引创意型人才，必须有一个大前提——宽容，即对新思维的开放性和对"怪才"的包容性。要有像我国春秋战国时期孟尝君对待冯谖的气量。过去的美国，之所以能够在一个多世纪里在全球范围内保持竞争力，靠的不仅仅是优越的自然条件和巨大的国内市场，也不仅仅是少数精英的天才与智慧，"美国的壮大依赖于一个最关键的因素——对

---

① 理查德·弗罗里达：《创意经济》，中国人民大学出版社 2006 年版，第 32 页。

② 理查德·弗罗里达：《创意经济》，中国人民大学出版社 2006 年版，第 8 页。

新思想的开放性。正是这种开放性，使得美国能调动和驾驭全国乃至全世界人才的创新能力"。① 这确是一语中的。

那么，"思想的开放性"具体指的是什么？具体是指："与众不同者"不会遭遇白眼，而会受到保护和推崇；宪法之内的个人言论自由与行动自由，会受到尊重与保障。只有这样，才能使新的科技与文化形式蓬勃发展起来。如果这样的理念深入社会人心，蔚然成风，成为一种强劲的社会环境，使一切具有创新潜力或冲动的人，感到这里是他们最理想的"淘金地"，那么，全国以至全世界的创意人才，便会大量涌入。

3."创意力"与价值观

创意力是经济发展的首要推动力。

创意力指数是根据经济增长中的科技、人才和耐受力来测算一个国家的创意性竞争力。据弗罗里达的计算，这方面前三名是瑞典、日本、芬兰，美国已退居第四，后面依次是：瑞士、丹麦、荷兰、冰岛。

作为经济发展的首要推动力的创意力与人及其价值观有着密不可分的关系。上述"人才"和"耐受力"都是受价值观支配的。因为，"伟大的进步总是来源于思想。但思想不是从天上掉下来的，它来源于人的头脑。编写软件的是人，设计产品的是人，开办企业的是人，创作音乐和绘画的是人，而当他们进行这些创造性活动的时候为他们提供工具的还是人……归根到底，这些都来自人类的聪明才智，来自那些有想法、努力寻找更好的做事方法的人们。真正推动 20 世纪 90 年代巨大繁荣的并不是贪婪，也不是充沛的资金投入或高科技创业潮，而是各种喷薄而出的人类创意"。②

必须清楚地看到，这些具有创意力的人才，往往并不是为了金钱和收益，而是追求自我实现，追求"发挥自己创造性天赋的机会"。正如理查德所说，"他们这样做很少是因为想通过股票期权一夜暴富，他们都知道这是风险很大的赌博；也很少有谁是为了更高的薪水，相反他们的工资往往还会有所降低。但他们的说法如出一辙：他们非常高兴能有机会做点'令人振奋'的工作，为某个'新事物'出把力。一句话，人们喜欢创造性的工作。这是人的天性"。③ 这一点显然同工业社会不一样。据说，目前美国这种人很多。比尔·盖茨就是实例：他赚来的财富，绝大部分都被投入慈善事业了。

三、"创意资本"：一个新范畴

1. 何谓"创意资本"

据我的理解，创意资本，既不同于工业社会的有形资本，也区别于"人力资本"，它是一种无形的、在知识与智慧发生"化学反应"的基础上喷发出来的一种巨大能量，这种能量是构建新理念、新技术、新模式、新文化乃至新产业的源泉。

---

① 理查德·弗罗里达：《创意经济》，中国人民大学出版社 2006 年版，第 5 页。
② 理查德·弗罗里达：《创意经济》，中国人民大学出版社 2006 年版，第 27 页。
③ 理查德·弗罗里达：《创意经济》，中国人民大学出版社 2006 年版，第 27 页。

它具有三大特征：第一，随机性。与人力资本的区别在于，它不仅仅是学历能决定的，学历可以解决"知识"基础，但不一定能解决"智慧"问题。"创意"往往就是"点子"，固然知识丰富可为出点子提供某种条件，但却不是点子本身。创意的迸发，带有很大的随机性、偶然性和不稳定性。大学的教科书只能提供一些工具，它完全无法解决千变万化的实际创意。创意必须依靠那些有较好文化素质和知识基础的人的创新力，这种创新力也是随机应变的能力。所以，这种创新力完全靠学校的学历是不能解决的，更不可能"有计划"地来制造创意，人们无法预测到创意将从何处产生。因此，一方面，学校教育在新时代必须改革。不仅传授知识，而且要培养学生独立思考、自主创新的素养与能力。另一方面，要培育一种兼收并蓄的文化氛围，使人们勇于表达和实现自己的创意。

第二，无限性。正因为创意力不仅是知识，而且包含智慧的元素，所以学历不高的人也不一定没有"创意力"。应该说，人人都有不同的创意力。既要重视学历，又不唯学历论，必须重视人的创意力的开发。从这一点看，创意力具有无限性。

《创意经济》一书的作者指出："我们每个人都具有可以转变为价值的潜能。如果我们真正想让国家繁荣富强，我们就不应该仅仅选择少数创意天才对他们施以厚报，而是应当充分挖掘每个人的创意才能。在我看来，我们时代的主要难题在于如何点燃每个人内心深处的创意之火。"①

第三，非继承性。创意资本同任何有形资本的区别，还在于它是不可能继承或遗传的。也因此，创意经济相对于工业经济，具有更大的起伏性和波动性。资本在社会群体之间也具有更多的流动性。它既不可能"自然垄断"，也不会"代代相传"，甚至会出现戏剧性的变迁。

2. "3T"原则：创意经济的基本要素

"3T"，是指：技术（technology）、人才（talent）、宽容（tolerance）。三者缺一不可，而"宽容"则更显重要。前两种要素，比较容易理解。为什么说宽容如此重要呢？这要从"技术"和"人才"这两大要素的秉性说起。这两种资源和传统的生产要素（土地、原材料、资本，劳动力）不大相同，不是"固定资本"，而是"流动资本"。人们并不注定属于特定的企业或地区，他们可以自由地到处流动，在信息化、全球化的条件下事实上就是如此。而且，技术和才能都是随着"人"的流动而流动的。

这种流动性就产生了一个问题：它向哪里流？中国有句俗话："水往低处流，人往高处走。"这里所说的"高"，不是财富和薪金，而是"宽容的环境"。创意型人才，必然要流向那种更适于创新的宽松环境。在那里，社会开放，容忍异见，鼓励创新，机会平等，住房易找，生活方便等。这就是宽容。

所以，那种开放度高，能容纳多种多样的人，能包容多种多样的理念，可以让人自由思想、自由试验、自由创业的宽容社会，就会极大地吸引创意人才。这种宽容社会：第一，它能大量吸纳外来移民。而移民可以保证人才的多样性；可以促进创意的杂交性；可以弥补本地人才结构的缺陷。第二，这种宽容社会，最适合后工业社会的需要。工业社

---

① 理查德·弗罗里达：《创意经济》，中国人民大学出版社2006年版，第35页。

会，属于物质经济，受"丛林法则"的支配，往往是你死我活的结果；后工业社会，属创意经济，受"共享法则"支配(一个创意往往可以共享，不完全排他)，故可能"水涨船高"。

因此，一个地区、一个国家，它的后物质主义的价值观愈强，就愈宽容，就愈能接受新观念，从而该地区、该国家的经济发展也就愈好。

四、文化的重大作用

1. 宽容与文化的关系

宽容既然具有如此举足轻重的作用，因此文化在创意经济中的地位就突出起来了。这是因为，宽容的社会环境是要靠文化来陶冶与塑造的。显然，我们前面所说的"宽容社会"的内涵几乎都离不开文化。所以，要构建宽容的社会环境，必须从培育"宽容的文化"做起。

这种宽容的文化，大体包含如下四方面的内容：
——共存共荣的价值观；
——和谐互让的社会道德；
——个人自由受到尊重；
——在以上基础上建立相应的制度。

只有在这种文化氛围中，人们的思想才能真正地解放，各种"奇思怪想"才敢于表达出来，一切潜在的创意能力才可能激发出来。因此，可以说，没有宽容的文化，就没有创意经济。

2. 城市—学校—教育

构建宽容文化，发展创意经济，城市、学校和教育是三个关键性的环节。

城市，是创新的"引擎"。几千年来，城市一直就是技术创新和经济增长的引擎，是人类文化——艺术、文学、科技、医药、政治等——进步的摇篮。在后工业时代，更需要构建一种开放的、多维度的城市体系。美国之所以目前在创意经济上暂时领先，原因之一就是它有众多的、规模不一的城市，而加拿大却只有三个真正意义上的城市——多伦多、蒙特利尔、温哥华。所以，加拿大无法和美国相比。美国的城市，不仅多而发达，而且彼此联系紧密，实现了全国范围内的创意力、发明和见解的共享。这一点十分重要。不仅要有一大批真正的城市，而且要使城市之间联系紧密，沟通流畅，资源信息共享，成为一种"多维度的体系"，能发挥联动与共震的效应。这种效应，要比各个城市单兵奋斗强百倍。

城市，由于其科技、文化乃至生活设施上的聚集效应，历来都是人才的栖息地。要成为全球经济的中心，就必须有一大批具有"多维度体系"的城市，这才能成为"全球人才的磁石"。这种人才磁石，是由于它们具有强劲的开放度和有效吸引全世界人才的能力。这种能力，除了前面说的"宽容的人文环境"这一首要条件外，据理查德的研究，还应具备如下条件：
——具有一线城市的高水准生活；

——壮观的海洋线；

——迷人的乡村风光；

——刺激的户外活动；

——廉价而舒适的住房；

——人性而周全的社会生活服务；

——便捷通畅的交通通信；

——安全、卫生、远离战争与动乱。

这样便可以吸引多种多样的移民族。而移民族的多样性，又可形成知识、价值、创意的互补效应，从而构筑起"创意的温床"。这里应特别强调一下移民多样性的意义。它对创意经济是十分重要的：多样性的移民，可以形成多种价值观，多种思维方式，不同的关注点等。这种众多的差异性，对于萌生"创意"、消除惯性和保守，是非常有效的。

大学不仅是"宽容与智慧的摇篮"，也是后工业时代集中的人才磁石。随着创意经济的兴起，大学的地位也日益突出起来。在后工业社会，大学的定位应该是：创意经济的知识中心。[1] 一般地说，大学在社会上比较超脱，较为远离政治斗争的核心，故人文环境比较宽松，而且大学的成员绝大多数是高文化阶层，学术上的需要使之具有多样性、包容性。从实际看，美国很多科学、社会、创新领域的优秀领导人出自该国的名牌大学。长时期以来，美国的大学，以其强大的魅力吸引着世界上最出色、最优秀的人才，的确是一块创意经济的"人才磁石"。而且，在美国几乎所有的重要创意地区，至少都有一所名校。可见，大学最有条件成为创意经济时代的宽容与智慧的摇篮和人才磁石。人才都愿意走向这种能够培育与激发创意的地方。一所名牌大学就是一个城市的标志。

但是，大学要能真正成为这种"中心"与"磁石"，教育就必须改革。创意经济所需要的大学毕业生与研究生必须具备至少两方面的素质：基本功扎实和创意力强。因此，教育不能只偏于一方(基本知识)，必须实行基础教育与创意教育相结合的教育方针。目前，在美国，已经有很多地方提出了新时代教育体系的改革方案。为适应新时代的要求，学校提供了更加全面、更加贴近现实的教育。盖茨基金也加快步伐，为规模较小的学校和以实验为基础的教育机构提供支持。[2] 印度在这方面比美国有一个大优势，就是许多年轻人在数学方面非常优秀。他们在电脑科学、软件编程以及市场研究与金属工具开发等方面就具有极大的就业优势。

为此，教育的理念必须更新。即：有教无类，综合教育，人人创新，终生学习。弗罗里达认为，"为了达到此目的，我们需要保证从早期开始就鼓励全体美国公民通过多种方法挖掘多方面的潜能。这样一种教育体系不仅能更加充分地提高每位成员的能力，还可以使更多的人顺利融入创意社会"。为此，"必须有更多不同种类的教育方式、职业学校、培养经验的出国留学计划、音乐实验室等，所有这些都会在创意年代发挥重要作用……我们应该确保让孩子觉得如果自己学习吹制玻璃器皿或者烹饪技术也并无不可，根本不会低

① 理查德·弗罗里达：《创意经济》，中国人民大学出版社2006年版，第144页。
② 理查德·弗罗里达：《创意经济》，中国人民大学出版社2006年版，第147页。

人一头"。① 行行都可以创新，创意在任何领域都是可能的。

教育的新目标是：培养聪明而富有创意的新一代。他们是未来真正的主宰。

五、创意社会管窥

1. 工作成为"第一乐事"

在创意经济中内在成就感、追求自我价值实现成为最大的动力。创造性的工作成为人们的第一乐事。

哈佛心理学家特里萨·阿玛尔贝通过几十年的研究，发现外部动机实际上对激发创造性起到反作用，创造性动机主要来自人的内心深处。经济学家斯科特也发现学术科学家实际上是自己花钱从事科学研究，他们平均放弃了 1/4 的利润为的是可以自由追寻自己感兴趣的问题。美国《信息周刊》对信息技术工人做过一个调查，发现绝大多数人在工作质量上重视的是"挑战"和"责任"，基本工资排在第三位，经济刺激例如奖金和股票更是排在后面，甚至还比不上人际交流距离之类的生活质量因素。②

这就是后现代、后工业的价值观，即非物质主义的价值观。

2. 人才流动加剧

创意经济的一大特点是人才的流动性加剧，打破了原来在哪里受教育就在哪里就业的状况。更不用说，人才的单位所有或地区所有完全不复存在了。在美国，人才流失正成为普遍的问题。有才干的技术人才都往更好的地方去了。只有 10% 的地区，人才流入的指数为正数，而 90% 的地区是人才"净出口"。

这种情况会带来一个副作用：造成人才生态的失衡。许多净出口地区，教育投资的积极性会下降。而净入口的地区也会认为不必自行投资教育，只要吸引别的地区的人才就行了。这就会出现一种危险：大家都过度热衷于人才进口而不是培养自己的人才，那么教育体系就会萎缩。

3. "马赛克"的大杂烩

由于创意经济要求开放、宽容与多样性，故必须防止用"大熔炉"的指导思想来规范社会的建设与发展。那是与上述三大原则背道而驰的。试想：如果都熔为"一体"，也就消灭了"差异"，也就消灭了创新的源泉。那个表面看似"团结一致"的局面，实际上是只保留了几个"脑袋"，却关闭了全国人民的"脑袋"。这种局面能跟得上一日千里的创意经济新时代吗？

我们在前面提到美国可能要落后于北欧，其论据之一就是美国的社会政策近些年来变得不如过去宽容了。例如，用宗教的观点来检验科学发现；制定不必要的签证限制；限制移民；等等。这都是违背开放、宽容和多样性三原则的。而加拿大比美国就开放得多，它

---

① 理查德·弗罗里达：《创意经济》，中国人民大学出版社 2006 年版，第 148 页。

② 理查德·弗罗里达：《创意经济》，中国人民大学出版社 2006 年版，第 62 页。

采取的是"马赛克"原则。

所谓"马赛克社会"是指:不是按特定的标准来"同化"人才,而是欢迎任何种族或国际人才,只要能为社会和多样性贡献力量。理查德认为"这是一个能让移民和各种不同的种族产生共鸣的原则,也正是其他领先国家(特别是瑞典,他们在 3T 方面胜人一筹)特别关注并努力学习的地方"。"马赛克社会对他的公民说:去放手实现你的梦想吧!——充分发挥每个人的创新力。"①

4. 恶化不平等

任何一个社会经济形态都不可能十全十美。在它表现了推动社会前进的主导方面的同时,也会暴露其存在的弱点与弊端。创意经济的弱点之一,就是不仅不能平抑不平等,甚至还会加剧不平等。以美国为例,在 20 世纪 90 年代,随着创意经济的发展,收入不平等大幅拉大。1977—1999 年,前 20%的高收入家庭财富增加了 25%,而后 20%的家庭则减少了 5%多。在 30 年前,前 100 名首席执行官的年收入是 130 万美元,是普通工人的 39 倍,2001 年他们的年收入则达到了 3750 万美元,是普通工人的 1000 倍以上。前 1%的高收入家庭占有了全国总收入的 20%,净财富的 33%。"美国是所有发达国家中最不平等的,这一比例几乎是瑞典和日本的两倍。"②

创意经济急剧地催生出两大类型的工作:一边是高收入的创意型工作;一边是低收入而又不稳定的服务型工作,包括看门人、清洁工、餐饮服务人员、低级健康护理人员、文员等。后者的平均年收入为前者的一半,约 22000 美元(前者为 50000 美元以上)。而且前者对后者有很大的依赖性,因为他们几乎没有时间去做那些生活与工作中的日常琐事。

不仅出现了阶层间的分化,而且还会出现区域间的大分化。如,美国的奥斯汀由于创意经济的发展,产业结构发生了巨大的变化,创意部门排挤出大量非创意人员,这些人便流向了创意经济欠发达的匹兹堡,同时吸纳了众多的创意人员。于是,便形成了创意区域流走了低薪工人,而增加了高薪人才;反过来,落后区域则增加了大量低薪工人,而流走了创意人才——低能低薪者向后进地区流,高能高薪者向创意地区流。

还有一个现象与工业化时代不同,中产阶层也在分化。创意的爆发性,使得财富的增长也具有暴发性和随机性。一部分人愈来愈富,一部分人则相反。这种分化,回过来会减低社会的流动性。因为这也存在知识与创意力积累的"马太效应"。如,在低层社会,晚辈能上升到比父辈更高的地位的很少;而在高层社会,许多子女超过父辈。在美国,父子收入的相关度比德国、瑞士、芬兰和加拿大都高,这说明今天的美国社会的流动性在下降。③

这种发展趋向给社会稳定与社会改革带来了新的课题。

5. 精神压力增强

上面所说的趋向,其必然的后果之一,就是加剧了人们的精神压力。今日的美国,人

---

① 理查德·弗罗里达:《创意经济》,中国人民大学出版社 2006 年版,第 156 页。
② 理查德·弗罗里达:《创意经济》,中国人民大学出版社 2006 年版,第 114~115 页。
③ 理查德·弗罗里达:《创意经济》,中国人民大学出版社 2006 年版,第 120 页。

们患有精神疾病的比例是最高的。而且，越是高创意指数的地区，这种比例就越高。

为什么会这样？大体有如下原因：

第一，竞争加剧。对于创意阶层来说，创新频率是如此之高，生活节奏是如此之快，远远高于工业经济，在竞争中稍有懈怠就会落后。而这群人都是工作狂，身体往往处于亚健康状况。

第二，知识鸿沟。对于非创意阶层来说，创新的大潮汹涌地把他们推向边缘化，不仅每况愈下，而且愈来愈难以适应新的社会体系。

第三，生活质量下降。对于所有的人来说，高不可攀的住房费用，举步维艰的交通，污染造成的衣食不安全感，都形成了巨大的压力。

六、小结：若干启迪

1. 疏导与降压：构建"创意社会"

看来，单有创意经济这个"引擎"拉着社会往前冲是不行的，它会撕裂这个社会，必须有一个"底盘"来保证引擎的平稳运行，而不致翻车。这个"底盘"就是"创意社会"。

回顾工业经济时代的前期，工业革命唤起了巨大的生产力和技术革新，大机器的引擎推着人类向前飞奔，简直是改天换地。但是同时却打乱了原来中世纪的社会机制，出现了一系列的社会经济问题与冲突，例如失业、破产、犯罪、阶级冲突、两极分化等。后来，经过长期反复的斗争、谈判、战争、研究、改革，最后终于建成了一个相对稳定的工业社会体系。这个体系支撑起庞大的工业化生产力并使生产与生活的发展进入一个黄金时期。

现在，创意经济的处境也和当年工业经济前期的状况非常类似，即经济向前冲，社会跟不上。创意经济的副产品——压力、分化、焦虑、风险带来的副作用需要有一种新型的社会机制与政策来化解与协调。这就要求一个地区或国家，具有构建经济、政治与社会协调发展的能力。这种能力包括大到开创新领域和创新产业的能力，用创新的办法解决一些新生问题(如不平等加剧问题)的能力；小到适价住房的供给能力，化解矛盾与冲突的能力，提高非创意人员的素质的能力等，从而使每个人都能不同程度地被激励起企业家的创业精神，使广泛的人口能得益于创意经济的好处。

建立这样的创意社会，据理查德的研究，必须具备如下条件：

——更广泛、更直接的民主制度；

——更合理、更有效的福利制度；

——适价而充分的住房供给；

——使70%人的安居，并对其进行培训与再教育；

——发掘每个人的创新潜力的方法；

——提高服务部门的待遇并改善其工作条件与内容。

2. 防止畸形发展：实现"三赢"

在两极分化中，最严重的是城市的两极分化，畸形发展。那种分化，不仅面大人多，而且具有极大的呆滞性。

理查德在书中提出了一个城市发展的"三赢"愿景：

——复兴老牌城市；

——减轻新兴城市的压力；

——使城市体系更加完善。

具体地说，就是：

——帮助一些被"抽空"了的老城市恢复生机，调整产业结构，提高创意环境，使其走向复兴；

——积极解决新兴创意城市的"压力"问题，使之不致走向衰败；

——更重要的是促进州与州之间的合作，地区与地区间的合作，形成一个"多维度的、良性的城市体系"。在我们中国，现行的省(市、区)之间由中央安排的"对口支援"关系，看来有巨大发展前景。只要按照创意经济的要求，适当改变一些内容和机制，包括改"省际合作"为"市际合作"，就会促进未来创意经济的发展。

3. 国际合作

创意经济，由于它的流动性、多样性和潜力巨大性，而且创新能力还具有公共性，更加需要国际合作。任何国家单打独斗，风险就会很大。现在的全球经济，较之50年前，相对更加分散了。可以说，在可能预见到的未来会更加多极化。美国的学者中有人认为，美国也不能单打独斗，必须和世界合作，这是因为未来面临的风险太大了，任何国家都无法单独承受。

为此，理查德提出，应该建立一种国际性的组织，他称之为"全球创新委员会"。"在全球化的创意经济中，由于商品、资金和人力会参与各种迅速而又复杂的活动，因此我们需要更强大的全球机构。以国家为单位将不能发挥创意经济时代生产力的全部潜力，也无法解决日益增长的社会经济问题。策略和方案的制定和执行必须放在全球联系日益紧密、世界日益多极化的全球背景之下才会有效。全世界的政治和经济领导人不仅要接纳各种艺术、教育和文化以及社会上不同收入、职业和年龄的人，而且要制定人才投资的策略，并确保全球人才能够自由迁移。"[1]我认为，他的这个想法，固然看似合理，但有过于理想化之嫌。国际合作是必要的，但由于民族利己主义的缘故，难以达到他的那种境界。不过，沟通信息，协调矛盾，规定一些可行的规则，共同解决特定的危机性问题，"全球创新委员会"还是可能承担的。

总之，创意经济时代，是一个不同于过去工业经济时代的新时代。我们的许多传统观念和思维方式必须改变，需要构建一种新的世界观与价值观。"创意资本"完全不同于过去的有形资产和资本，它不可能触摸，也不可能囤积、掠夺或继承，甚至无法买卖。它是一种"公共产品"就像"自由"和"安全"一样。它甚至是"来无影，去无踪"的，我们必须随时随地关注它，发掘它，培养它，补充它，"否则它就会溜走"。

---

① 理查德·弗罗里达：《创意经济》，中国人民大学出版社2006年版，第159页。

发展与文明

一、新的历史转折点

记得我在《发展的多维视角：反思与前瞻》一书中，曾经开宗明义地提出：资本主义的工业化在取得了历史性伟大进步的同时，也使自己陷入了难以解脱的"三大矛盾"——人与自然的矛盾、人与人的矛盾、灵与肉的矛盾——之中。这些矛盾是难以在资本主义的框架内得到真正解决的。由于当时那本书主要是反思过去，来不及仔细思考未来，因此没有展开。当今人类社会正面临着一种新的发展趋势，我把它归纳为：技术的信息化、智能化；社会的全球化、交错化；文化的多元化、个性化；组织的平面化、网络化。这种趋势已经明显地冲击着现存的"符号世界"和上层建筑，并使后者处于一种疲于应付莫知所从的尴尬局面。具体表现在如下几个方面：一是现存的资本主义越来越表明它难以使人类社会可持续发展，它的根本性机制与人类和自然的持续是相抵触的，必须改弦更张。二是原有的社会主义由于旧的模式失败而处在积极的创新与建构之中。三是西方以启蒙运动为发轫的理性主义已经失去了原先的吸引力，反而成了思想混乱的源头。四是美国霸权已经开始发生松动。下面，我分别简述之。

1. 资本主义不可能使人类社会持续发展

回想 20 年前苏联解体之后，福山先生曾高声定调"历史的终结"。曾几何时，现在连他自己也变调了。这种服从真理的态度是值得肯定的。但是，我原先说的"三大危机"，现在具体就反映在生态危机、核危机和智能非友好危机上。资本主义现有的全部机制，不仅无法抑制这些危机，而且大有推动这些危机进一步恶化的危险。

——资本主义的消费主义，是人与自然矛盾即生态危机的主要推手。众所周知，光怪陆离的广告和推销术，可以魔幻神奇地刺激人们"超需求的消费"，制造出一派经济增长与繁荣。但是，这种大大超过人们真实需求的购买，不仅是一种可怕的浪费，而且也是不可持续的。特别是随着人口的巨大增长，地球的资源禀赋是绝对承受不起的。不仅承受不起，而且还会派生出一系列水危机、空气危机、食品危机，人类已经是处在"四面楚歌"的安全危机之中了。

——资本主义市场的"马太效应"和"赢者通吃"规律，存在着撕裂社会的危险。我们承认，这种规律在发展的一定阶段可能刺激竞争，推动发展。但它绝不是万能的，必然会导致两极分化和社会撕裂，导致人与人的矛盾、民族与民族的矛盾、国家与国家的矛盾不断走向尖锐化。目前，世界上出现的南北鸿沟、恐怖肆虐、非法移民浪潮等乱象，追根溯源不能不承认大都与资本主义自由市场的负面作用分不开。

——资本主义的个人主义已经演化为"国家自私主义"，它正在腐蚀着国际合作与共存。最典型的就是个别西方强国的极端自私主义。世人皆知，个别西方强国为了维护其霸权的既得利益，可以不顾别国的利益和安危，到处制造冲突乃至挑起局部战争。甚至连其传统的盟友也不顾及。在其国力尚盛时，还可维持"敢怒不敢言"的顺从局面。一旦国力不济，骨牌效应就可能出现。

在目前条件下，我并不主张全面否定资本主义。这不仅是因为还没有合适的形态代替它，而且它本身确有一些值得保留与继承的正面遗产。我们的任务应该是对资本主义的原旨进行结构性的修正与调整，从中导出一种新的范式来。

2. 社会主义还在继续探索之中

社会主义思潮，从"科学社会主义"到中华人民共和国成立前30年，经历了一百多年的实践。其中也有过短暂的凯歌行进、风靡一时的高潮，曾经一度被人们看作是取代资本主义的必然形式。但是，它理论的超前和政策的失误，造成在苏联和东欧的失败。从此，在世界上走向低潮。因此，新的社会主义要能系统回答世人的困惑与迷思，还需要我们下一番大功夫。

——首先是苏联社会主义模式的失败。苏联由于在理论上并没有摆脱启蒙作家的乌托邦窠臼，在政策上又企图用不可持续的"革命激情"和"塑造新人"的主观能动性来"跑步进入共产主义"。其失败是不可逆转的。也因此，一个本想以此来取代资本主义的形式，在世人的心中一度陷于迷茫。

——其次是民主社会主义的式微。社会民主党在北欧数十年的民主社会主义的实践，应该说在改变资本主义的某些痼疾方面，确实取得了真实的进展。确切地说，它只是在促使资本主义比较"文明化"的层面起到了明显作用。即在相当程度上缓解了资本与劳动的对立和政府与市场的矛盾，保证了国家的稳定与发展，把几个欧洲最贫穷落后的小国变成了世界最富活力的国家。更为重要的是，使那些国家的工人阶级得到了真实的福利。但是，也应该承认这种民主社会主义，至今也还只限于几个小国，而且社会民主党人也郁于一国之内的竞选和分配，对资本主义立场暧昧，进取和革新的势头已经衰减了。特别是在当今全球化网络化的新形势下，国际竞争极大加剧，其现有政策难以应对企业间的国际竞争，政府与工会的作用大为削弱。这样一来，工人阶级与中产阶级的选票，便大大地流失了，使得许多左派政党走向式微。

——最后是中国有特色社会主义的实践，从经济的发展和社会的稳定上来看，应该可以证明它是具有巨大可信度和发展潜力的。特别是在当前人类面临"三大危机"的大背景下，中国特色社会主义的全民整合、高效决策和普惠民生的优势，不仅资本主义无法企及，而且经过修正与完善，极有可能成为较西方体制更为优良与可持续的样板。这种制度文明，对于迎接"三大挑战"，具有更大的被选择性。但是也要看到，这个模式还未完全成型，还处在继续"全面深化改革"的过程之中，还有待我们继续以创新的精神加以系统全面地在制度上革新，在理论上创新。我们必须把"全面深化改革"的任务进行到底。我认为，中国人完全有条件创新出一种既不同于苏联模式，又区别于北欧模式的、新的、可行的社会主义模式来。

3. 西方"理性主义"的没落

在西欧，文艺复兴和启蒙运动开启了世界近代科学革命、工业革命和社会革命的闸门。这在人类文明史上无疑是一个里程碑式的贡献。发轫于启蒙运动的理性主义思潮，也由此传遍了世界，敲响了中世纪封建专制主义的丧钟。我们东方人，虽是伴随着痛苦与屈辱，但也接受了这个时代的洗礼。到了20世纪中叶之后，这股潮势，便逐步形成和强化成"西方中心主义"了。特别是随着冷战的结束，由于以美国为首的一霸独大格局的形成，理性主义又穿上了新自由主义的外衣，几乎成为"国际意识形态"了。但是，物极必反，这个"铁律"对理性主义和西方中心主义也不会例外。随着美国的肆意妄为，它不仅逐渐输掉了软实力，也开始削弱了硬实力，已经显露出疲相和悖论了。它已经失去具有原先的那种吸引力和感召力了，相反却在许多地方成了社会失序和动乱的源头，成了不合理、不公正的推手。

所谓理性主义，据我的理解，其本质也可以说是一种思维范式或价值标准，即主张一丝不苟，泾渭分明，非白即黑，非此即彼这样一种思维范式。这种思维范式，在科技革命乃至工业革命中，确实发挥了非凡的创新效应和模仿功能。但是，这种思维范式如果主导了人们的经济与政治生活，并将其推崇到极端，就会驱使人们去追求"纯粹化""理想化"的境界。大凡乌托邦的思潮，几乎都与这种思维范式分不开。非对即错，非友即敌，非革命即反革命，这种思维范式的根本弱点，就在于不承认"中间状态"的大量存在，就在于过度的自信与自爱。

用历史的眼光看，这种理性主义的思维范式，过去在反宗教专制、反封建愚昧以及改造农耕文明的时代，确实起过石破天惊的作用。但是，时过境迁，人类社会已经进入了网络化、平面化、个性化的时代，这种看似精确化、彻底化地追求至善至美的思路，已经与时代诉求格格不入了。不仅不入流，而且成了诸多冲突与祸乱的精神推手。看来，人类社会确实好像走到了另一次"启蒙运动"的前夜了。

4. 美国一霸独尊的国际格局开始显疲

这方面，媒体反映出来的情况和议论实在太多了。我就不想多费笔墨。旧的格局松动了，新的格局又会是怎样的？都值得未雨绸缪地思考一番。

总而言之，这些重大的迹象都向我们预示：人类社会是否已经走到了一个新的转折点了？在这"方生未死"的黎明，我们中国人应该做些什么必要的思想与理论准备？在这里，我只是一个抛砖者，甚至连抛砖者也算不上。只是心有想法，一吐为快而已。但愿有更多的热爱我们这个国家的人能够开动脑筋，认真地思考。

二、最大公约数

历史的准则，是无情的判官。历史是由时间来写的，它总会是比较公允的。否则，人类就不可能进化到现在。我在上面说的一些问题，现在用我们的中庸思维来进行矫正也恰逢其时。

1. 发展的标准问题

20世纪80年代以后的中国，拨乱反正，开拓创新，开辟了中华民族又一次大复兴的先河。这个时代的功绩，说到底，就是排开了一切"主义"的偏见，提出了"不管白猫黑猫，抓住老鼠就是好猫"，并使其成为中国人行动的"最大公约数"。"不管白猫黑猫，抓住老鼠就是好猫"把中国人的一切分歧，在这个最大公约数上统一起来了。能够发展生产力的、能够民富国强的办法就是好办法。不争论，多实干，把经济搞上去，就是好主义。后来，就把这个主义归纳为"中国特色社会主义"。开辟了30年的太平盛世，使一个落后的中国一跃而成为世界第二大经济体。这就是实践是检验真理的最后标准。

不过，由于历史的局限性，在20世纪80年代那种情况下，视野当然不可能像现在这样开阔。对于什么是"老鼠"，这个问题，没有说得很明晰——当时也没有必要——能够打破"发财致富"这个禁区就不错了。对于如何"先富带后富"，也没有在政策上考虑"桥梁"的问题。这就在奇迹般地推动了经济大发展与国力大提升的同时，埋下了后来极少数人侵吞改革成果的问题。尽管如此，现在看来，我认为"不管白猫黑猫，抓住老鼠就是好猫"并没有绝对过时，而是要在新的条件下，补充新的解读。

首先，什么是"老鼠"？原来把它定义为"富起来"肯定是过于简单了。在今天，应该是文明的进步。用马克思的话来说，就是人类由"必然王国"向"自由王国"更前进了一步。即人性的张扬，野蛮的消退。这种进步主要表现在物质文明、精神文明、规制文明和生态文明即整个社会文明能有长足的进步。而整个文明的进步，则集中体现在人民能过上"有尊严的生活"。所谓有尊严的生活，包括人身的尊严(像人那样的物质与精神生活和人身自由)、人格的尊严(平等的权利和人格的独立)和人志的尊严(有个人实现的空间)，即生活安乐、人格独立、人权平等。

具体地说，物质文明应表现在人类在借以获取生活生存资料的工具文明上更加有效，作为改进工具文明的科学技术有了更大的发展，对自然直接依赖的程度更少。规制文明应表现在人类在约束野蛮(兽性)无序(混乱)的规约制度、法律体系、权力运用方面更趋公平和有效。精神文明应表现在人类的思想行为更趋和谐开放，文学艺术更趋繁荣，学术思潮更趋活跃。生态文明应表现在公害的减少，绿色的增加，人与自然的关系更趋平衡协调。

所有这些文明的进步，不是从天上掉下来的，而是靠人们在合适的"主义"与制度下创造的。任何主义、任何党派，任何制度都必须以这个"最大公约数"来评判其功过是非。这就是"历史的权威"。

2. 历史实践的佐证

我们不妨简略地回顾一下历史：人类自有史以来，由原始时期到近现代，经历过许多阶段。人类由野蛮状态逐步进入了文明时代。人也由半野蛮人变成了现在的人性可以控制兽性的现代人。在这个漫长的过程中，人的尊严与社会文明逐步由低而高地演化提升。

在史前时代，人还处在自然灾害与野兽的夹击之中，还谈不上什么"人的尊严"，能够采猎到足够的食物就很满足了。那时的"尊严"只是一种"生存的尊严"；那时的文明，也只是一些石器的原始工具文明和结绳记事的制度文明。由于生存环境的严峻，"弱肉强食"成为必然，"生殖崇拜"蔚为时尚。经过漫长的史前时代，有的人种因为能够创造出更好的工具，从而能够采猎到更多的食物，族群便得到更大的繁衍；在团结族人一致对外上有更好的"约定"（属于原始的制度文明），便得到了更大的发展而一直延续了下来。而一些在满足这个"最大公约数"上乏力的人种，如克里特人、希格斯人，就逐渐衰灭了。

在古代，人类开始由采猎文明进入农耕文明。几千年的历史长河中，先后出现的"六大古代文明"也好、"四大文明古国"也罢，此兴彼衰，绚丽多彩，波澜壮阔。纵而观之，依然逃不过"最大公约数"的魔咒。不过，此时的标准则显著提高了。人的尊严，要求衣食足而安居乐业；工具文明进入了冶金和冷兵器时代，制度文明进入了国家和礼乐时代。能更好地满足这个最大公约数的民族与国家，一般地就昌盛发达起来了；一些最早的古代种族或民族，由于在工具与制度创新上趋于保守，最后不免逐渐衰亡了。硕果仅存的中华古国，因其特殊的文字、庞大的人口和深邃的文化，到了近代的前夕，也仅仅保留了一个徒有其表的帝国外壳。

到了近现代，人类又进一步由农业文明进入了工业文明。仅仅几百年，人类文明取得了翻天覆地的进展。首先在西欧，先后爆发的文艺复兴和启蒙运动，开启了工业革命和政治革命，而后扩散到了全球，工业化、民主化成为近现代的主导潮流。这个潮流虽然延续了一百多年，但就全人类来说，还没有最后完成。在这个新的历史阶段，中世纪的那种标准的"最大公约数"，显然不可能满足社会的需要了。这时的"有尊严的生活"，提高到了人身自由、市场开放、人格独立；工具文明，提高到了科技创新；制度文明，提高到了法治民主。一些满足了这种最大公约数的国家，纷纷成了发达的强国。一些受中世纪历史包袱掣肘的发展中国家，由于保守利益的阻挠或抗拒、人们现代意识的觉悟偏低，还在程度不同地在艰难的征途上挣扎着、摸索着。

21世纪以来，人类文明似乎又在酝酿着新一轮的飞跃。信息化、网络化、智能化的异军突起，把人类带入了一个崭新的时代。这个时代，我把它称为智能化时代。它一开始就给我们一个准确无误的信息：它将以过去时代所不可想象的加速度翻新社会文明。原来工业化时代的最大公约数的诉求，有的还管用，有的要升级，有的已过时。对我们中国人来说，是一个叠加的历史任务：既要补足工业化时代的"欠账"，又要追上智能化的新潮。而且，更重要的是：在"补课"问题上，还不能照搬西方工业化、民主化的"老经"，因为其中有的已经过时，不尽符合新时代的诉求了。

3. 顺时者昌

中国现代文明的先行者孙中山先生有一句名言："时代潮流，浩浩荡荡。顺之者昌，逆之者亡。"我认为，这个潮流就是文明的演进，就是我们要抓的"老鼠"，就是国人为之奋斗的"最大公约数"。在今天，由于我们面临的是叠加的目标，因此既不能沿袭传统的老思路，也不能照搬外国的好经验，而应该与时俱进、兼容并蓄，走出一条属于自己的道路，确立我们自己的最大公约数。关于这个公约数，我不成熟的看法是：

有尊严的生活，其标准已不是过去"衣食足"那个低标准了，也不是"人身自由、市场开放"所能满足了。今天还应包括：第一，平等的机会与权利，而不是垄断与歧视。这一点，目前在世界诸国尤其是发展中国家，愈来愈成为一个尖锐的社会问题。第二，个人人格的尊严与发扬，而不是禁锢与压制。这也包含个人的正当爱好与合法追求的实现。这一点，尤其反映了今天这个时代同过去时代的明显差异和巨大进步。第三，公共事务的参与和决策，而不是甘当"臣民"和旁观者。这一点，更是新时代所特有的，而在过去则往往是"不成问题的问题"。

工具文明，也不是一般的"科技创新"所能概括了。新的潮流已经表现为：一方面已不再限于探索地球本身的未知，而是探索宇宙的未知，以探索与开拓更为浩瀚的空间与资源；另一方面已不再限于探索人身自然能量的外延(机械化、电气化、自动化)，而是探索人身自然器官的人工替代化和人造机械的仿人智能化，甚至通过"基因工程"来优化物种乃至人自身。当然，这方面也存在极大的风险，但其趋势是难以阻挡的。

制度文明，也不是20世纪那种"民主化"所能包含的了。由西方所首倡的"议会民主"，在一些发达国家曾经取得过历史的巨大辉煌。像任何事物一样，时间久了往往会产生变异或过时，会从制度内部衍生出保守和自残倾向。"还权于民"的合理内核，往往被既得利益者所剽窃。当今的制度文明，要求建立进一步解决代议决策与广泛协商、权力制约与施政效率、普遍选举与选贤与能、国家利益与真实民意这四大矛盾的新型的民主制度。

三、绕不开的国情

1. 国情

我一向认为，中国的现代化，是外来精华中国化和中国传统现代化这两大工程双向整合的过程。这其中，看准中国的国情是关键的关键。依我的肤浅认识，中国的特殊性有几点是必须认真对待的：

第一，几千年的"人治"包袱。这个包袱同别国还有其更加顽固之处。那就是，自古代以来，就是把人治的政治体制与社会的伦理道德甚至风俗习惯融为一体了。国家治理，寄希望于"明主清官"；社会整合，靠强权加人缘关系；解决问题，靠人情来往。上从皇帝大臣，下到平民百姓，具有高度的共识。虽然近代经过了近百年的现代洗礼，依然残根难断。这种价值观，与崇尚标准化、程序化、法治化的现代文明，是很难在短期之内实现真正的整合的。

第二，社会的结构化水平过低。历史上，中国的贵族制消亡得很早，没有组织化的宗教，在高度集权的皇权体制下又绝对禁止任何社会组织的存在。皇帝为防止地方坐大，无不以"削藩"为头等大政。整个国家的秩序和运转，主要依赖中央政权的强大有力，辅以基层的家族宗法体系。如果中央失控，这个一盘散沙的社会就会立即天下大乱起来。这种状况也同上一个问题一样，始终没有得到基本的改变。这种"家国体制"，虽然过去在农耕时代维系了中华的千年延续，但到了现代工业化、城市化大潮中，已经被冲刷得支离破碎了。这种情况正是民粹主义滋生的良好土壤。在这"方生未死"的状况下，如何在保证社会有序的条件下推进现代化分权改革，避免天下大乱，显然是十分重要的。

第三，人口众多，地区间发展极不平衡。在中国广袤的疆域里，东边的长三角和珠三角地区已进入了发达行列，而西部的山区和沙漠地带还比较落后，而且后者多属少数民族聚居区域。加上我国又是一个多灾害的国家。这种状况与现代文明的"自治化"趋势和"小政府"体制，仍然存在着相当的时间差距。我们从印度的发展中就可以看到，虽然实现了类似西方民主政治，但区域之间、阶层之间的两极化很难消除。这是因为，"民主＋市场"的现代西方体制，是由"马太效应"支配的。它先天就很难解决"差异鸿沟"的问题。北中欧之所以能够勉强缓解这个问题，主要是社会民主党的长期执政并实行了近似社会主义的分配政策。同样，我们也可以从西方文明主导世界一百年而不能解决"南北鸿沟"，而且矛盾却愈来愈尖锐的事实中得到负面教训。

仅仅这三点就足以说明，在中国推进现代文明，必须坚持"两点论"：既要虚心地学习西方的成功经验，又要坚定地从国情出发。既要海纳百川，又要因国制宜。鲁迅先生曾说："外之既不后于世界之思潮，内之仍弗失固有之血脉，取今复古，别立新宗。"这就是一条"双向扬弃"之路。这条路可以把中华传统的现代化同西方经验的中国化有效地结合起来，把中国引向伟大的复兴。

2. 需要与可行

宋代大儒苏洵曾说："事有必至，理有固然。"（《辨奸论》）一个国家在一个历史阶段往往需要解决很多问题，有的问题甚至是非常需要解决的问题。但是，那么多的问题显然不可能"毕其功于一役"。有时，即使是最需要解决的问题，也不等于就是第一件要办的问题。这个道理其实很简单，因为在诸多问题中，其相互之间有一个顺序和因果关系。我们要"过河"，可能是最重要的问题，但是如果不先解决"船"或"桥"的问题，则"过河"这个最重要的问题就无法解决。老子说"治大国若烹小鲜"，其事与理是相通的。我们所需要的东西，必须首先找到可行的途径才能得到它。

民主是个好东西，也是我们很需要的东西。但是，我们如何才能得到它呢？像我们这么大年纪的人，都不会忘记民国初年的"共和革命"。那就是把"最需要的"同"首先要做的"混搅在一起了的失败教训。回想那时，西方民主所需要的一切机构统统都建立起来了。结果还是闹出个"袁世凯称帝"的大折腾。我在前面说的"三大国情"，如果我们采取"毕其功于一役"的策略，就可能导致"颠覆性的"后果。这绝非危言耸听。我，在本书的后面章节，会做进一步的分析。

据此，我认为中国当前（10年的区间），既符合需要而又可行的而且可以为后续改革创造条件的应该是：建立一个有权威、施"善政"的中央政府。所谓"施善政"，必须包含三大要素：第一，具有高效的、能号令全国的组织能力；第二，具有保障普惠性民生的主观意愿和经济能力；第三，具有法治化的保证社会公正和民意畅达的思想理念和规制能力。我们今天要做到的，就是既要辩证继承那30年奠定的组织基础，又要矫正那时的缺点；但重要的是必须补足另两条的新血液。在中国当今社会力量中，谁才能做到这三点？平心静气地讲，只有继续坚持改革开放的中国共产党。我相信，在中国共产党的坚强领导下，我们完全能够真正做到"四个全面深化改革"，中国是大有希望的。

社会的发展，与科学实验不尽相同，偶然性很大，变异性极强。未来10年以上的前景，我是说不清楚的。不过，我们从当下的改革实践中也可以模糊地看出一些端倪：一是

"无句号的反腐"并走向制度化。这一点很得民心。二是"以市场起决定作用为目标的政府改革"。提出"全民创业，大众创新"，政府制定"放权清单"和"责任清单"。这些举措表现出了动真格的迹象，是积极的、正向的。三是"依法治国"。这也是值得欢迎的、正向的。四是"普惠性民生"。连续出台的一些惠及全民的举措，特别是"精准扶贫"和普惠社保，开了一个好头。惠风和畅，振奋人心。

3. 一个关键问题

我们可以有许多美好的憧憬和设计，但是如果缺少了一样关键性的东西——靠什么体制来实现它？没有一个合适的国家体制，一切都会是"水中月""镜中花"。国家体制就是我们的"总发动机"。

当今中国需要什么样的"发动机"？

人类社会走到今天——21世纪，无论是"工具性结构"还是"符号性结构"，都正在发生根本性的变化。或者说，处在社会跃迁的前夜。对这种变迁的前景，能否科学地预见和把握，将会是决定未来50到100年国家兴旺或是衰退的关键。要做到这一点，关键的关键，则是要有一个适合这个时代需求的国家体制。

这里，首先要看准"时代需求"。种种迹象表明，21世纪将是一个由工业文明时代向智能文明时代过渡的"大转折时代"。这个过渡阶段，实际上已经开始20多年了。现在前沿科学技术的进展表明：未来50年，将是人类文明发生飞跃性大质变的50年。它表现在：第一，以"超人工智能"为标志的科学技术，将会按"超摩尔定律"的"不可思议"的加速度向前飞奔。技术更新的速度将会以天数乃至小时数来计算。我们只要想一想，在几年前，怎么也不会想到，我们生活的"总开关"竟然会由一个小小的"智能手机"装在我们的口袋里。第二，随着人工智能的急速推进，"无人机器"取代人工劳动与工作特别是一些"中间环节"的劳动与工作的速率必将加速推进。我们从许多前沿制造业中大量机器人操作的"无人车间"和"网购"就可以看出端倪。第三，由于智能机器取代人工的加速推进，其效率与质量可能大大超过人工，物质资料的生产与供给必将极大地涌流。第四，人类由"生活的奴仆"变为"生活的主人"、非工作时间大大多于工作时间的远景，这种过去看似"乌托邦"的想法，看来并非遥不可及。人类由18世纪的"终日劳作"到20世纪的星期日休息，到21世纪初的休息两天(西欧有的国家实际休息3天)，再到21世纪后半叶休闲时间大于工作时间，已是可望可即的事了。

这种物质文明的结构性跃迁是势不可挡的。今天，摆在人类面前的是机遇与挑战并存。彼岸的远景是十分诱人的，但在我们面前横着的是一条"汹涌急湍"的大河。要顺利地渡过这条大河，人类必须认真地解决如下问题：第一，如何保证人工智能始终对人类友好的问题。否则，也就有可能意味着人类的灭亡。第二，如何公平合理地分配那"极大涌流"的物质财富的问题。否则，人类就有可能出现"社会解体"甚或倒退到某种"新奴隶社会"。第三，如何有序有效地安排巨大的"有闲人群"和"休闲时间"的问题，也就是极其巨大的"休闲人口"问题。不仅要创造新的教育方式、学习方式，还要改变生活方式。否则，人类社会就有可能陷于无政府状态或新的民粹混乱。第四，随着人口与物质生产效率的急速剧增，地球生态系统肯定会不堪重负，生态危机必将日益尖锐。仅仅依靠改变消费方式恐怕还不够，还要解决"宇宙开发"和"宇宙移民"的问题。

这一系列严峻而急迫的问题，对于近 80 亿的人口而又分隔成几百个民族与国家的人类来说，如何面对和解决？当然，首先就是要有一种能够审时度势、强势弄潮的文明趋向和国家体制。这种文明趋向与国家体制似应顺应如下时代要求：第一，面对瞬息万变的智能化高潮，需要有一种与时俱进、具有高效决策与动员能力的领导核心和迅速集中资源的机制。第二，面对人类文明处于解构与建构的混沌交错时期，需要有一种具有远见卓识可能调控长远目标并加以实现的制度能力。第三，面对人类整体性危机，需要有一种不被狭隘利益绑架、具有协调各方共同应对的价值取向和担当能力的制度性样板。第四，最关键的是需要国家政策与计划的长期持续性。试想，巨大生态工程、浩繁的社会转型，是需要很长时间坚持不懈去进行的。如果像某些国家那样新总统上台就可以否定旧总统的决定，那种体制就无法做到这一点。只有具备这种条件的文明价值和国家体制，才可能率领本国人民渡过激流走上幸福的彼岸，也才能示范人类排除危机进入大同。

但是，过去工业文明所形成的社会分工与规制文明在应对上述挑战上似乎显露出力不从心。其原因，我在本篇的前面部分已做阐述。而中国特色社会主义从其体制潜力来看，通过进一步全面深化改革，确有可能满足其中的主要需求。具体依据，我将在本书的后面篇章加以阐述。

文明：发展的终极价值

大千世界，芸芸众生，彼此都有一点"夜郎自大"的毛病，张说是发展了，李则可能说是"倒退"了。彼此争论得面红耳赤，甚至大动肝火。为何会如此？就因为彼此没有一个"最大公约数"——共同的、公认的"最高发展价值"。所谓"最高发展价值"，就是一种公认的发展标准，就像度量衡那样，两尺就应该比一尺更前进了。这个标准该怎样确定呢？

我们这一茬人类——之所以用"这一茬"，是因为根据考古学和未来学的最新成果，据说今天的人类可能并非宇宙中的第一茬有智慧的生物——从茹毛饮血到今天，经过千万年的演化与进化，从野蛮的动物态到今天人模人样，这其中总应有一个最本质、原根性的标准来衡量人类的进化与进步的状态。当今，恰恰在这个问题上，人类往往有一种盲目的偏见，这种偏见或出于认识的局限，或出于眼前的私利，各种集团、各种学派，自觉不自觉地以"一孔之见"自诩为什么"绝对真理"，甚至由此酿成杀戮与战争。这绝非危言耸听。在刚刚过去的一个世纪里，已经和正在演出着两场乌托邦的历史大活剧。尤其到了今天，人类社会已发展到了一个生死攸关的十字路口：生态危机、核灾难、机器智能化，都有可能自我毁灭。如不能达成一种普遍的共识，实现和谐共存，的确令人担忧。

我认为，这种共识，首先就是发展的最终价值问题。因为是最终价值，又需要人类共同取得共识，所以它必须立足于人类的命运来进行考量。我们从几万年的人类发展历史来审视，人类能从过去那种野蛮脆弱的状态进入今天，绝不是什么自己臆想出来和"高论"编出来的，而是实实在在的亿万人的科学思维和辛勤劳动，前赴后继所创造、所积累起来的"文明与进化"所带来的。就是说，不管你是什么国家，什么主义，你的发展的价值与实效，究其主流来说，是促进了社会与国家乃至人类的文明进步，就属于正面的、应予以肯定的；反之，如是造成了社会与国家乃至人类的文明倒退、野蛮返祖，就是负面的、应予以否定的。

一、文明的旨意

在正式讨论这个问题之前，我想先厘清两个相似的概念，即文明与文化。因为在中外学界，往往把这两个概念混为一谈。我认为这是不科学的。但也有一些学者持不同看法。

德国学者森格豪斯在他批判亨廷顿的文化冲突论时就认为，文化并不属于社会本质和基础性的东西，它是会"随着社会—经济这种基础性的东西的变化而变化的"。它不属于"第一启动元素"。这就是马克思的"经济基础与上层建筑"的观点。法国大历史学家布罗代尔也认为，文明与文化两个词存在模糊不清的混用状况。他说："文明是一个新词，出现得较晚，在 18 世纪的法国还不太引人注目。究其新意而言，一般是指与野蛮状况相对立的状态。一方面是开化的人，另一方面是原始的野蛮人或蛮族。""事实上，至少是一个双义词。它既表示道德价值又表示物质价值。因此，卡尔·马克思区分了经济基础（物质上）与上层建筑（精神上）——在他看来，后者严重地依赖于前者……马赛尔·莫斯断言：'文明是人类所达到的全部成就'……所以，文明至少包含两个层面……困难在于没有两个人在应该如何做出区分的问题上能达成共识；对此问题的回答因国家而异，在一国之内因时间而异，因作者而异……"①美国历史学家威尔·杜兰特则认为："我们曾把文明界定为'促进文化创造的社会秩序'。政治秩序是依靠习俗、道德和法律而得到的保障，经济秩序则是依靠连续的生产和交换而得到的保障。文化的创造则是由观念、文学礼仪和艺术的原创力、表达、测试和生成的自由与便利而来的。文明是错综复杂又很不稳定的人际关系网络，建立起来很艰苦，摧毁则很容易。"②我在《辞海》中也只看到文明"指人类社会进步状态，与'野蛮'相对。"③在《现代汉语词典》中也只有类似的解释。而且两者同样都将文明与文化视作"同义词"。

综合以上几家的界定来看，都有精议但都不能令人基本满意。莫斯的"人类所达到的全部成就"的界定、布罗代尔的"与野蛮状况相对立的状态"和"既表示道德价值又表示物质价值"的界定，是其精华；森格豪斯的"文化并不属于社会本质和第一启动元素"的界定，也具有重要价值。但是，他们似乎有一个共性，即有意无意、或多或少地贬低了"文明"的层次。因此，有几个问题值得讨论。

第一，文明仅仅是促进文化创新的"社会秩序"吗？我们学界政界天天都在说的"农耕文明""工业文明"等概念，难道就是指的"社会秩序"？显然不是。它还应包括物质文明、精神文明、规制文明和生态文明。这其中，"社会秩序"只应是规制文明的内涵。而且仅有社会秩序，没有相应的物质文明和精神文明，文化的创造也是无法进行的。同时也说明，文化只应是人类所取得进步中的一个部分，不是全部。社会上习惯于把经济（工具）、政治（制度）甚至生态（环境）方面的成就都归入"文化"，我认为这是一种概念混淆。不错，经济、政治、生态系统中有文化现象，就像物质创造中少不了思想因素一样，但不能将物质称呼为精神。

第二，文明与文化这两个范畴，应该允许它们继续混用吗？我持否定的态度。其一，如果文明是相对于野蛮的词，则文化这个词的内涵并不能囊括"非野蛮"现象的全部。我们在现实历史与生活中，可以得到很多佐证。如，一个有文化的人，一个文化发达的国家，完全可能做出十分野蛮的行为与国策。希特勒没有文化吗？今天的某西方国家文化不发达吗？他们怎么可能会作出那么多违反文明与野蛮的事情？这说明两者的混用是绝对有害的。一些有文化但心怀鬼胎的人或国家会"理直气壮"地做一些野蛮的事情，而且还会打着"文明"的大旗来忽悠人类。试问："推广民主"可以和"杀戮别国人民"混同吗？其二，文明与文化应如何摆法？我认为，这是两个属于不同层次的概念。文明是一种"顶

---

① 费尔南·布罗代尔：《文明史纲》，广西师范大学出版社 2003 年版，第 23~25 页。
② 威尔·杜兰特：《历史的教训》，四川人民出版社 2015 年版，第 151 页。
③ 辞海编辑委员会：《辞海》，上海辞书出版社 1979 年版，第 1534 页。

层"的概念，它应是"总括一切"的东西，而文化则是属于"子系统"层次的概念，是文明这个大系统中的一部分。

第三，文明这个范畴，是应该作为"第一启动性元素"来用，还是作为"综合评价人类社会进步的标准"来用？我认为，应该是后者。显然，把文明作为"第一启动性元素"好像提高了文明的档次，但却有点不伦不类。它本来属于一个十分综合性的东西，确切地说是一种"结果"，怎么是社会发展的第一元素或原因？这不又可能把"文明"和"经济"混同了？所以，把文明作为发展和人类进步的最高的综合性"标准"是最为合适的。

这样，我们就可以对文明这个词做一个初步的界定了。我认为，文明是相对于野蛮而言的一个概念，它综合反映人类不断由兽性进化为人性、由野蛮开化为文明、由"自在"转向"自为"的状态、程度与过程。作为一个顶级价值标准的"文明"，是一个巨系统。它下面包含五个相互联系的子系统：一是物质(以经济为主)文明——含工具、能源、科技等；它表现为人类在利用自然和自身以改善自身物质福利方面的能力及其进展的程度。二是精神(以文化为主)文明——含道德、学术、文学艺术、语言文字等；它表现为人类精神境界的提升和人文与艺术的繁荣程度。三是规制(以政治为主)文明——含约定、组织、管理、制度、法律等；它表现为人类行为有序性和可预知性的状况。四是习俗(以社会为主)文明——含风俗、习惯、社群等；它表现为社会的物质风貌、自组织程度以及社会的和谐度。五是生态文明——含人与自然的关系；它表现为人与自然和谐度的提升以及可持续发展的状况。

由此，我们可以从五个方面设置一系列现代文明指标(仅供参考)。经济物质文明发展水平：包括人均GDP，全资源生产率，城市化率，每万人专利申请数(或科技在增长中的比例)，自有知识产权的品牌数等。政治规制文明水平：包括宪法权威度，权力流动度，政令透明度，官员问责度等。社会治理文明水平：包括犯罪率，基尼系数，社会保障水平及覆盖率，社会自组织程度等。人民精神文明风貌：包括每万人大学生人数，媒体开放度，公共秩序状况，"义工"参与度，各类文化大师数量等。生态环境文明状况：包括生态公害(或衣食住行安全)的程度，森林覆盖率，生态保护区的建设等。

二、文明是发展的最大公约数

千百年来，特别是近现代，主义纷呈，学派林立，党派纷争。是是非非，莫衷一是。好像人人都想占领"真理的制高点"，都想垄断"最大话语权"。难道这就是"人的本性"？我认为，人的本性是双面的，既有偏执狂的一面，又有反思自省的一面。而且，即使人类在某个历史阶段被偏执狂所绑架，但经过痛苦的野蛮折腾之后，仍会有智者能回过头来反思自省，找到有利于文明演进的正道。我甚至认为，随着对"文明是最大公约数"的认同者愈来愈多，人类的正面共识也会愈来愈多，文明的演进也会愈来愈快。这个最大公约数体现在人类活动的各个方面。

1. 文明是判别一切社会制度与政策优劣的最高标准

现今人类社会并不止两种制度，实际上存在多种制度，包括已经定型或曾经出现的，有七八种之多：以美国为首的西方议会民主制；以北欧为代表的社会民主制；以苏联为代表的极权社会主义制度；以新加坡为代表的东亚新权威制度；以拉美一些国家为代表的民粹式民主制度；以非洲一些国家为代表的独裁专制制度等。众所周知，这些国家的当权者无不说其制度是世间"最合理"的制度，而且像美国和苏联都想把自己这种合理的制度"推而广之"。

在这一篇中，不可能全面来评析这些制度的优劣（有些在后面篇章中也有系统评析），只想从文明演进这个最高价值来集中讨论一下。

（1）欧美的议会民主制度。它的多元化利益主体、马太效应的市场经济和法治规约的权力结构以及理性主义的精神文明，使得其科学技术与工具文明长期走在世界前列，物质福利大于其他制度。由于其开放性与竞争性权力结构，在保障公民人权、社会流动性、防止专制等规制文明和精神文明方面，比其他制度具有更大的自由空间。这种制度在其发展的前中期，表现出很大的优势，从而带动了人类文明进入工业文明阶段。但是，就像任何事物一样，它也逃不脱"生长——繁荣——衰退"的铁律。由于环境的变迁、自身本来就存在的弱点以及"超越制度极限的错误"，从20世纪末至今，它开始显露出疲态并有文明衰退的兆头了。它市场自由度过大和政治被资本绑架，导致难以防止两极分化与社会撕裂；它形式主义的程序民主，导致"公民民主"有异变为"政客赌博"的苗头；它"利润最大化"的体制价值，导致无节制的超需求消费主义和扩张主义，使人与人之间、人与自然之间的矛盾不断地激化。这一切的制度短板，加上党派精英的"超越制度极限的错误"（迷信其制度的"万能"），致使其逆文明的野蛮倾向不断涌现，甚至开始威胁到人类文明的稳定和安宁。诸如：大到伪造信息发动野蛮的侵略战争，使中东北非陷入国破家亡，数十万人无谓牺牲，千百万人流离失所，社会文明一下倒退几十年。不仅造成了该地区的文明倒退，而且波及欧洲的秩序混乱，更激起极端恐怖主义的兴起，威胁到整个人类的安宁与文明。小到某西方国家内部，像"枪支公害"、种族歧视这些野蛮现象，看似文明的制度对此却显得那样软弱无力。特别是，个别国家通过武力制造别国、别地区混乱的卑劣手法来保证自身繁荣和福利的"剪羊毛"国策，以维系自身霸权的行径，与其自称文明的制度极不相称。

（2）亚洲的集权制度。由于这种制度属于经济上开放自由，政治上开明集权的东西方"杂交型的体制"，故其文明演进表现为两个极端：一方面，在物质工具文明上展现出较大的活力，运用集权的优势保障了社会的稳定和决策的迅速，使经济得以较快地增长，国力与人民物质文明得以显著提高；另一方面，由于政治文明的滞后，对公权力缺乏有效的制约，从而对精神文明的演进、特别是社会创新的活力，具有明显的压抑与阻滞。也因此，这种制度用较高的速率推进物质文明的演进，具有明显的优势，但保证文明的全面创新和持续发展则显得后劲不足。

（3）拉美的民粹式民主制度。这个地区就好像一个醒得较早而起得较迟的人。比起亚洲来，它更早穿上"民主"的外衣，但是它的文明演进步伐却总是步履蹒跚。跌跌撞撞，起起伏伏，看不出那种稳定兴起的势头。这可能既有欧洲中世纪保守文明的遗存与殖民文明所杂交出的"变态文明"的掣肘，又有身旁强大的美欧帝国文明的抽吸等多重原因。这种复杂的文明交织，使得许多国家不同形式地形成了一种特权资本主义的社会结构。那种结构是一种"四不像制度"：既有现代资本主义的外壳，又有中世纪的奴隶文明，还有残余的殖民文明和不伦不类的"社会主义"。在这种制度下，社会的两极分化相当严重，少数特权阶级掌控着国家权力，社会矛盾十分激烈。这正是民粹主义滋生的大温床。在20世纪后期，曾经反复出现过形形色色的民粹主义运动，有的还一度掌握了政权。由于民粹主义本来就难以有什么治国的大计，后来又换上了"左派上台"。还出现了所谓的"查尔斯社会主义"。从这种反反复复的"文明混战"中，我简直理不出一个清晰的脉络。但是，有一点是清楚的，即它全面妨碍了文明的健康演进，物质文明上没有完成工业化，精神文明上缺乏可圈可点的跃迁。

（4）非洲的独裁专制制度。我对非洲没有任何研究，手头也只有很少的二、三手资料。所以没有什么发言权。但是，非洲从总体上看，是目前人类文明演进较落后的地区，这应该是不会很离谱的。迄今为止，除了像博茨瓦纳个别国家有了长足的发展之外，这个非洲几乎成了人类文明的"压队兵"。就是有过繁荣古文明的埃及，也长期陷入"文明徘徊陷阱"。从表面上看，这似乎与普遍存在的独裁专制制度有密切关系。用《国家为什么会失败》一书的作者所说，那是一种"吸入式"的国家体制，在文明的演进上是必然会失败的。但是，问题还在于：那片黑色大地上为什么会使中世纪的阴魂不散呢？我的肤浅看法，其原因有三：一是"发源地滞后效应"。非洲号称人类发源地之一，自然资源比较丰厚，其中最有活力的种族纷纷迁徙出去了，留下的人们在那片广袤丰厚的土地上，环境没有大的变化，原生态的生活过得下去，没有强劲的发展压力与动力。这应该是一种深层的原因。这种"宏观慢节奏"的保守性，使得"非洲速度"总是赶不上其他地区。这种情况，在一些大山区的少数民族集聚区，也看得很清楚。二是外来的吮吸式掠夺。开始是西方强国的"黑奴掠夺"，继而是资源优先的殖民统治，后来是扶持忠于宗主国的傀儡政权。这种百年持久的资源掠夺，使得非洲总是维持着那种"资源供应国"的原始地位，帝国主义永远缺乏帮助殖民地工业化、现代化的动机。那么大一片大陆，直到20世纪中叶，才有了一条中国人帮助修建的坦桑铁路，就很能说明问题。第三才是直接原因：缺乏环境变迁压力，没有出现新兴的文明革新的阶层以及存在庞大的远离现代文明的草根大众，在这种社会背景下，怎么可能动摇独裁专制的根基？

2. 文明是判别一切"主义"优劣的最后试金石

一切主义自有它产生与存在的现实原因，我无力深究其合理与否。这里只是讨论一下主义与文明演进的关系。不管是什么主义，只要能推进文明的演进，就是好主义；反之，就值得研究。

（1）新自由主义。自由主义的派别很多，主要是两派：古典自由主义和新自由主义。前者也可称为消极自由主义，后者也可称为积极自由主义。前者认为自由就是不妨碍他人自由的自由，或不影响公共秩序以外的范围都属于个人自由的空间。故也可以说，自由以不妨碍他人自由为原则。后者认为自由就是一种最优越的生活方式，这种生活方式应该在全人类普及。我这是用最简单的方式来界定的，从这个界定中就可以看出，前者属于内敛式的自由，我只要不妨碍公共和别人的自由，我的自由（私人空间）就是神圣不可侵犯的。这种自由曾经在西方长期存在，并有利于文明的演进。因为它有利于个性的释放和创新的崛起，20世纪以前的西方工业文明的崛起，它有大半功劳。须知，像今天的"私有产权

(含知识产权)保护""公权必须保护私权"的法治原则，其源头都在这种古典自由主义。而积极的自由主义则认为，既然我这种自由主义是这么好的生活方式，就应该让别人和别的国家也来按这种方式生活。这就具有一种强烈的"扩张性"。一些具有经济与政治野心的集团(党派)就利用这种自由主义作为他们的大旗——意识形态，来干预别国的内政，甚至用武力颠覆别国的、不符合他们价值标准的政权。西方强国近十几年来的"输出民主"的野蛮行径，就是这种自由主义的可怕后果。这种后果已经铁证如山地说明，那只能是野蛮的回归，文明的蹂躏和倒退。吉登斯美其名为"文明的冲突"，实为西方扩张主义的遮羞布。什么文明的冲突?! 只要是符合我前面"文明"定义的行为，它们是不会有什么"你死我活"的"冲突"的，最多也只会出现"不适应"，那种不适应是可以用"文明的方式"来相互"融汇"的。"用强力迫人所难"，显然不是文明，而是野蛮。其实质，就是用文明的大旗掩盖经济政治侵略的勾当。当今，某些极端主义肆虐，有人就说吉登斯的"文明的冲突"来了。是吗? 我认为不是。这些文明在历史上存在了千百年，怎么没有像今天这样"冲突"? 这不是野蛮的扩张式自由主义行径逼出来的吗?

(2)新权威主义。我在20世纪90年代，曾经也主张过新权威主义。不过，那只是作为一个"中间阶段"来肯定的。当时，西方民主的缺点还没有明显地暴露出来。时至今日，客观的人类实践和信息化，逐步把西方民主存在的另一面——不足和异化的一面，开始一个一个地摆放在了我们的面前。人们的认识也就逐步地明朗起来。

我现在的认识是，从文明演进的最高标准来审视，新权威主义当然还是一个过渡的阶段，但是并不是朝美国那种"民主模式"过渡，而是朝一种新型的民主过渡。

必须认识，新权威主义只能是一种"权宜之计"。它属于那种由积弊较深的东方农耕文明向现代工业文明过渡的过程中所采取的一条变通的"渐进之路"。因为它是一种具有"两重性"的形态。从它的属性来说，一方面，既有塑造现代文明所需的"前提条件"的功能。如：强化社会的法制水平；改善国民的生活水平；优化精英的现代管理能力；普及国民的文化知识等。但是另一方面，又有某些天生的中世纪残余，使公权过大、民权过小，从而容易滋生腐败；容易束缚社会创新力；容易侵犯公民与地方的应有权利；容易由于社会监督的不足和信息来源狭隘而造成决策错误；容易弱化国家与社会的新陈代谢机能等。所以，它既有促进文明演进的一面，又有束缚文明演进的一面。这又要取决于政治家们的博弈了。其博弈前景往往是不确定的。这就是它的局限性和过渡性。

(3)社会主义。在这里，主要是讨论"主义"与"文明演进"的关系，故只涉及实践定型的社会主义。主要是苏式社会主义、民主社会主义(社会民主主义)。苏联所实行的那种社会主义同马克思所设想的社会主义，相去甚远。因为其"主义的原旨"并不是推进人类文明——人的全面发展，而是国家的强大与扩张。正因为如此，它在实现工具文明方面，将一个落后的俄罗斯变成了世界一流的工业国，在许多科学技术领域走到了世界前列。人民大众享受了普惠式的低水平物质与文化福利。这两点应该肯定。但是，由于它违背了马克思的文明原旨，在制度文明、精神文明等方面却走向了文明的反面。这也是它不可持续的重要原因。北欧的民主社会主义或社会民主主义，把一个原来贫穷落后而且是"海盗之邦"的瑞典，变成了世界一流的富足、和谐和创新的国家。这是值得肯定的。当然，应该把承认事实和能否照搬区别开来。北欧那种"穷人好过，富人为难"的模式，就是在美国也是行不通的。如果是在美国，连一个"禁枪案"都通不过，那么高的税收，资本就会大量外逃了。小国与大国，特别是人口众多的大国，文明演进的模式绝不可能一样。在小国，人口不多加上高科技，可能承受得了那种普惠式高福利。但是，在具有众多庞大的草根族的国家，可能就承受不了。更不用说，还有文化因素。

3. 文明是评价一切历史阶段与历史人物的最高标准

让我们以中国历史为例。从春秋战国开始，当时的那种万国纷争、战乱频仍、人无定所、国无定局的局面，若仅仅以物质文明的标准，可说是文明的倒退。不然，就不会出现孔夫子的"克己复礼"，企望回复到周公的文明秩序中去。但是，如若以整体文明的标准——特别以精神文明来审视，就可能恰恰相反，它应是中华民族文明奠基的最灿烂的时期。作为中华文明最耀眼的诸子百家，大多产生在那个时代。几千年来，还没有哪个朝代能出其右。秦始皇统一中国，改变了万国纷争的局面，他的残酷苛政，长期受到谴责。成为"独夫""恶政"的代名词。但是，若从文明演进的角度来看，他在规制文明上雷厉风行地实行"三同"——书同文、车同轨、度同衡，则有着"一石定乾坤"的伟大意义。它奠定了中国几千年的"大一统"文明。当然，对于大一统，史界有褒有贬。多是从近代落后的原因来说事。不过，我认为应该把历史的功绩同当代的问题区别开来。历史上几千年维系了中华民族的一统不散，保证了"四大古文明"唯一独存的硕果。而且，在西欧崛起以前，保持了世界文明领先的地位。这一点是不应该被抹杀的。但是，就像任何事物一样，谁都不可能"万世不衰"。在几千年之后，成为现代化的掣肘，这本属事物发展的正常现象，不应功过不分。到了"五胡乱华"后的南北朝时期，又似乎再现了春秋战国的局面。从表面上看，也是诸侯割据，战乱纷纷，民不聊生。但却没有出现百家争鸣，而是出现了一个"百族融合"、文明大合唱的局面。以北魏孝文帝为代表的非汉帝王，推行了"汉化改革"，不仅使一个落后的鲜卑族一下跃迁到了汉文明的高度，而且也使汉文明由于注入了新鲜血液而升华。并且，由于"北人南下"，大大加速了中国南方的开发与提升。北魏孝文帝成为中华文明发扬光大的大功臣。再后，是大乱后的大治，唐代出现了中华文明的第二次大跃迁和多民族文明大融合。这中间，出现了两个重要的历史人物，一个是唐太宗，另一个是武则天。按世俗的标准，一个是"杀弟逼父当了皇帝"，一个是"乱伦戮子篡了皇位"。但是，要按文明演进的标准，因为这两人开创了中华文明空前的盛世，无论是物质文明还是精神文明，都是前无古人，从而永垂千古。到了宋代，继承了五代十国的乱局，始终受到周边异族的侵凌困扰。国家版图也缩小了许多。但是，"以文治国"的宋代却将中华文明推到了世界的高峰。其 GDP 占到了当时世界的 80%，科学技术的发明与运用也在世界领先。特别是被史学家誉为"文士天堂"，在精神文明的进步与创新上，几乎超过了唐代。

这历史上的一桩桩一件件都说明，不管是哪个朝代、哪个人物，归根结底还是要依据是否推动了文明的演进来进行最终评价。

三、文明的层次性

"文明"这个词是一种大概括。前面虽然从系统论的角度，做了一种一般性的划分。但在具体的研究和衡量方面，还似嫌笼统。它还可以由大到小划分为时代文明的阶段、国家文明的程度、社会文明的水平和个人文明的素质等层次。由于从时代文明到个人文明，是由宏观到微观、从大系统到微系统，故文明的标准虽然都属既定，但也应逐步具体化、形象化、可操作化。

1. 时代文明的阶段

历史学界习惯地把人类历史划分为狩猎文明、农耕文明、工业文明等阶段。我补充一点，还应将20世纪70年代以后到今后这一段历史称为"智能文明"阶段（为了叙述的方便，我把前面所述的文明大系统的五个子系统，简化为三，即：工具文明，就是原物质文明；符号文明，包含精神文明、规制文明、习俗文明等；生态文明）。具体地说，划分时代文明的标准是：(1)人类在获取生存与生活资料上的能力和对自然的依赖程度；(2)人类相互间的约束能力与方法及其广度与深度；(3)人类对道德情操和美的追求程度与质量；(4)人类自省能力的提高程度和传承能力；(5)人类相互间交往和信息沟通的能力、深度与广度。

在狩猎文明阶段，工具文明表现为石器、骨器等原始工具和人自身的能量，谈不上什么科学技术。精神文明表现为结绳记事、岩画艺术、氏族约定等。生态文明还处于完全无知的状态。在这一阶段，一般地说，人类文明还处在半野蛮状态，生存与生活完全依赖自然，还没有系统的语言，更没有文字。氏族活动的范围很狭小。

农耕文明阶段，工具文明表现为手工与畜力工具并用、畜力能源为主。符号文明表现为"始作文字，乃服衣裳"，有了朴素的道德规制和少数人专制的国家制度，各种古朴的文学艺术和学说、科技开始发轫起来。生态文明还处于人类开始由完全依赖自然进入驯化动植物，以满足人口增长需要的阶段。用帝王专制的方式约束社群。用简单的书传和艺术作品记载史实和自省。由于有了自然力的车船和通信，人类的交往广度有了扩大。

工业文明阶段，人类文明进入了一个大革命时代。工具文明表现为工具的革命，用机械化电气化代替了畜力工具，用化石能源取代了畜力能源，科学技术空前繁荣，人类的生产力取得了翻天覆地的进步，物质财富神奇般地大量涌流。符号文明表现为规制文明由少数人专制的社会秩序过渡到多数人表决的民主制度；精神文明由神本世界走向人本世界，由一元化走向多元化，由禁锢性走向开放性，从而文学艺术、学术流派和道德规范都有了前所未有的大发展大繁荣。生态文明表现为人类开始由单纯的适应自然走向改造自然。在这一阶段，人类基本摆脱了原始的野蛮状态，自我规范的人性有了巨大张扬。这是积极的一面。同时，也由于刚刚摆脱野蛮的人类还不甚成熟，盲目的个人（集团）追求和放纵的自由价值，导致阶级矛盾、民族矛盾、国际倾轧急剧尖锐起来，人类中心主义导致日益严重的生态危机，使得人与人、人与自然的矛盾成了人类能否持续发展的紧迫问题。这一阶段，既是人类文明高歌猛进的时代，又是人类忘乎所以造成野蛮（兽性）局部返祖的阶段。

随着人类完成或接近完成工业化的人口愈来愈多，一些主要的国家开始进入或接近进入后工业时代。我把它暂且称为"智能化阶段"。这个阶段的文明，由于它还处于刚开始的时期，许多特征尚不甚明显与定型，因此还难以准确地进行描述。初步迹象看来，其工具文明表现为由机械化电气化转变为信息化网络化，由化石能源向可再生能源转化，科学技术日新月异地突飞猛进，使得人类既有可能由单纯使用机器转向机器的智能化人性化，又有可能使人体器官人造化(机械化)。其符号文明,由于上层建筑发育的滞后性,还没有从工业文明的胎胞中完全分娩出来,故还难以明晰地描述,只是初露出一些新旧较量方生未死的迹象。如,道德标准的混乱、民主规制的变性以及由此而生的民粹化趋向、社会习俗在工业文明的多样化开放化的基础上似乎在向社群化个性化甚至封闭化的趋向发展。生态文明则比较明晰地表现为扭转"人类中心论"的趋向,开始朝着恢复人与自然的动态平衡努力。但是,在这新旧更替的混沌过程中,确有一些绝不能掉以轻心的问题。包括核灾难问题、生态-生存危机问题、基因工程与机器人性化的管控问题等。这也是衡量人类文明程度的最重要的试金石。

2. 国家文明的程度

国际社会习惯把国家区分为"发达国家"和"发展中国家"。一般地说,前者属于工业化已经完成了的国家,后者属于工业化尚未完成的国家。本人不成熟的想法,后一类国家实在差别太悬殊,还可以再细分成两类:发展新兴国家和发展中国家。这样就成为三类国家:发展先行国家、发展新兴国家和发展中国家。我这是用"文明"的尺度来区别的。之所以把"发达国家"换成"发展先行国家"有两个依据,一是那些国家的发展并没有"登峰造极",它们还在向"后工业"(或智能化)发展;二是以文明的尺度来衡量,它们还有明显的短板与"老化"的迹象。故以"先行"来概括似乎更恰当。这样也可以使那些国家减少"骄傲自满",以为它们已经走到"历史的终结"了。所谓发展新兴国家,是指那些工业化(工具文明)已接近完成,而符号文明还在进行中的国家。而所谓发展中国家,则是工业化(工具文明)尚在前期或中期,符号文明还基本没有脱离中世纪窠臼的国家。具体地说,在今天这个划分可以依据如下标准:(1)以工业化为主要标志的现代物质文明(工具文明)结构的状况;(2)以权力结构为主要标志的由少数人专制的中世纪权力结构向现代法治民主的权力结构转化的规制文明状况;(3)以创新旺盛思想活跃为主要标志的学术、文学与艺术的多元化、健康化的精神文明繁荣程度;(4)以人与自然关系为主要标志的"绿色化"的生态文明程度;(5)以"和平、平等、合作、共赢"为主要标志的国际关系的文明程度。

一是发展先行国家。这主要是指那些老牌工业化国家。其工具文明,表现早已经完成了工业革命,并从20世纪后期开始,先后不一地进入了信息化、网络化乃至智能化的阶段。它们的科学技术一般都走在世界前列。其经济结构目前大致都处在高科技产业和金融等现代服务业顶端。但是,"产业空洞化"的问题,已开始导致经济的寄生化和过度的军事化。由于在几百年工业文明阶段积累起来的老底子和近代前半期相对于中世纪文明的先进优点,在这些国家逐渐形成了一种"西方中心论",在其他国家则形成了一种"盲目崇西癖"。在这两种倾向的基础上,加上那些国家工具文明的病态发展,使其走向"不劳而食"、霸统天下的腐朽化邪路,成为当今世界矛盾的发源地。因此,对于那些先行国家的符号文明,应该持以"一分为二"的态度。既要肯定其对于农耕文明的先进性,又要看到其由于本身的老化、异化和不适应新的基础(工具文明)而出现的过时和不足。

二是发展新兴国家。这主要是指那些近半个多世纪以来,迎头赶上的一些"准工业化国家"。其工具文明,表现为工业革命接近完成,科学技术开始进入现代行列。由于后发优势,信息化、网络化乃至智能化也都有长足的进展。其符号文明相对滞后,还处在传统与现代之间选择与较量的过程之中。故这一类国家，大都程度不同地表现为传统与现代交错并存，保守与革新激烈较量的复杂状态。也由于此，其工具文明已经接近甚或局部超过了发展先行国家，而符号文明还不够成型，不够稳定，有待发展。

三是发展中国家。这主要是指那些迄今为止中世纪(农耕)文明还大量存在，工业革命还处在启动或尚未启动的国家。

3. 社会文明的水平

我们每到一个城市或乡村，第一印象往往是文明水平：文明的公共设施如何，社会秩序怎样，清洁卫生如何等。这里面，既有工具文明，又有符号文明。我们武汉市在以前曾经有过"大县城"的绰号。其实，指的就是既差物质文明设施，又差精神文明风貌，各种城市管理往往不是很到位。近几年，经过硬件和软件的大力发展，文明在总体上有了突飞猛进的跃进，被国际上评为"最有潜力城市"之一，就很能说明这个问题。所以，对社会文明的评价，似应侧重如下文明指标：(1)现代文明设施的物质水平；(2)社会管理的规范水平；(3)生态文明如卫生状况、空气与水的环境指标；(4)社会和谐度，如社会治安与人际关系的礼仪水平和商业诚信度等。

4. 个人文明的素质

需要首先说明一点，一般地说，个人文明虽然离不开宏观文明和物质文明的大背景，但由于个人文明更多地是建立在个人的道德修养和文化素养的基础上的，故在不同的人群之间会表现出巨大的差异。特别是在物质文明和精神文明之间，往往会出现巨大的反差。一位住着豪华别墅、开着高级轿车的人，不一定其精神文明就是很高尚的。而且在现实生活中，那些"土豪"式的人物几乎处处可见。所以，对于个人文明的评价，更多地要看其在精神文明、规制文明和生态文明方面的表现。由于本书是专门探讨宏观发展问题的，故对个人文明的标准问题不做更多的讨论。在这里，只想着重讨论一下家庭在文明演进中的作用问题。

从现有的历史经验中可以看出：一个有着稳定的家庭的社会制度，对于一个民族或国家的文明进步是十分重要的。大凡家庭稳定的民族与国家，其文明的稳定性与持续发展便会大一些。反之，该种文明就容易衰落或消失。为什么？因为家庭在保持和繁衍文明上有着不可替代的作用。第一，家庭是文明延续的基础单位。中华文明之所以千年未衰，与我们的家庭——宗法传承分不开(我在这里不是肯定宗法的长期合理性，而是说明它在历史上把古老文明传下来了，这其中自然既有金玉又有糟粕)。如果没有它，可能就像已经消失了的文明那样，不仅糟粕而且金玉也没有了。而文明衰落或消失，与家庭制度不稳定有很大关系。第二，家庭稳定是社会稳定的必要条件。在现实生活中，为什么"单亲家庭"的犯罪率比正常家庭高许多？高犯罪率肯定不是文明的表现。第三，家庭教育是文明进步的第一课堂。这个道理可以说是人人皆知。自古以来，为什么会大量出现"书香世家"和"文明乡里"？其中，虽然有某种"权利垄断"的原因，但家庭教育与熏陶是基础性原因是不可否认的。

四、人类文明与"生物学定律"

我看了一些国外历史学文献,有一些学者倾向单纯地用生物学、特别是进化论来解释文明或历史。这是一个很值得澄清问题。

1. "西方优越论"及其变种

文明岂有种乎?达尔文的进化论绑架了西方学术界几百年。由这个理论导出的人类社会也会像生物界一样,优胜劣汰,由"优秀种族"消灭"劣等种族"的观念,在过去曾经驱使纳粹妄图消灭犹太民族,日本武士道妄图灭亡中华民族。现今的西方霸权主义妄图以武力和阴谋用西方文明征服东方文明。上面这些例子,只是其极端化的表现。其实,在西方学界,即使是反对希特勒与日本军国主义的血统论的学者,在文明与自然规律的关系这个问题上,依然还有许多糊涂观念,致使西方某些强国依然或多或少难以摆脱"文明种族优越感"。这一切都说明,那种血统论的文明观,必须受到彻底的批判。那些在文明问题上的模糊观念也应该被给予善意的矫正。

持西方优越论的人,往往忘记了历史的辩证法。他们忘记了在人类有史的几千年里,有一大部分时间西方还是"野蛮民族"。古代的"四大文明"、特别是伊斯兰文明和中华文明,都曾经辉煌千秋。各种文明,你方唱罢我登场,各领风骚数百年。18世纪以后,才轮到西欧。这三百多年来,我们承认西欧文明对人类文明的演进作出了巨大的甚至可以说是"翻天覆地"的革命性贡献。但是,不要忘了人类文明史,绝不是按"血统论"来演进的,而是按"交替论"来演进的。文明是一种"天道"。它不会偏袒任何"血统宠儿",它必然是以人类繁衍与持续发展为最高价值,顺其者昌,逆其者亡。可以预言,西方文明虽有巨大的历史贡献,但它并非"神物",它的文明自大、民族自私和种族歧视,将捆绑它逐步走向没落。目前,这种本着丛林法则不择手段地妄图改变别国文明的野蛮冲动,正在搅乱世界的文明秩序,造成极端主义和民粹主义的乱局,已经开始表明西方文明的衰落迹象了。

2. 人不是动物

人类与生物,虽然在生物基本属性上有着形式上的相似性,这是人类历史的"限制"。但是,不要忘了,除了那些"生物学极限"难以逾越之外,人类则有两种"能量"可以超越非人生物:一是按人的意志利用生物学规律,在某种程度上改变事物,使之适合自己的需要。二是人可以"超越"死亡的个人极限,把前代的意志有计划地"遗传"给后代(传承),并使之不间断地进行下去。而且,这种传承是通过不断的"自省"(反思)来矫正人类过去的行为。正因为如此,人类的历史是文明不断积累的历史,是"社会性的历史发展",它完全不同于"生物性的历史发展"。只要看一看,一个无人迹的原始森林,几千年几万年的历史,除了更为粗壮之外,不会有多大的改观。而人类社会,不要说几千年,就是几年几十年就会发生巨大的变化。其原因,就在于人类有文明的自觉积累,非人生物不可能有。所以,简单地把人类历史归纳为"只是生物学历史的一部分"是不恰当的。

3. 人类能否摆脱"丛林法则"

我总觉得，过去一些强国强人，把"丛林法则"宣扬得过了头。人类文明难道就不能超越这个法则吗？不错，"竞争"同属人类和生物的一个共性，但是人类的竞争是"文明的竞争"，生物的竞争是"野蛮的竞争"，这是不能等同的。当然，在过去人类还处于文明的初中级阶段时，确有过激烈的"你死我活"的野蛮的丛林搏斗。但是，随着人类文明的进步，现在已经有可能避免"零和决斗"实现"共赢博弈"了。其实，即使是生物界，也并非"丛林法则"宣扬者所认为的那样绝对化。狮虎吃羊也是很有限度的，它还保持了食物链的生态平衡；"大树底下无杂草"也不是绝对的，还会有许多耐阴的植物在生长。作为有文明的人类，无论从物质文明还是精神文明来看，都有条件超越丛林法则，实现博弈共赢。中国的"中庸"，早就主张"万物并育而不相害，道并行而不相悖。小德川流，大德敦化。此天地之所以为大也"。几千年前的古人，都能有此文明的胸襟，我们今人能不汗颜？

对于"竞争"问题，人类社会的竞争性是有历史阶段性的。总的说来，应该是竞争与合作并存互补。只是在不同的阶段和不同的层面其位置和方式不同罢了。显然，愈接近远古时代，人类竞争的丛林法则愈明显，但是在种族与部落内部与外部又有不同。内部的合作必然大于部落之间的合作，而且内部愈是合作则其对部落之间的竞争就会愈加占有优势。反之，愈是接近于现代，丛林法则必然会愈加淡化乃至为"共赢法则"取代。这是因为，人类究竟不是动物，它具有文明自省的"人性"。随着物质文明中"三通文明"（交通、流通、网通）的日新月异和精神文明中"约束文明"（规制、道德、法制）的日渐成熟，兽性会日衰，人性会大张。特别是在今天，人类正面临"三大危机"（核危机、环境危机、智能化危机），不大张合作就可能导致毁灭，我坚信合作共赢必会成为人类文明的主流，迷信丛林法则的残渣余孽必会被人类所唾弃。

4. 文明的选择问题

在西方，有一种理论认为人是生来就不平等的，因为不同的人受制于遗传因素和所在群体的传统与习俗，故其体能、心智和性格生来就是千差万别的。而且，这种自然和天生的不平等还会随着文明的复杂化而增长。因此，只需要将30%的精华人群联合起来，就足以与其余的人的能力相等了。这种理论，虽然对卢梭的"人生而平等"是一个矫正，肯定了精英人群的作用，但是要命的是其"30%相等论"，尽管不一定出于论者本意。这种立论不仅倒向了乌托邦的另一个极端，把自然选择作为文明演进的主因，而且可能就为文明的"自然选择论"者提供了依据：主要保持人类30%的"精英种族"就可以了。那么，问题就来了，第一，谁属这30%的"精英民族"？按西方的立场那不就是他们吗？第二，其余的70%的人群呢？是可以忽略不计任其自生自灭还是促使其消失？我愈来愈感到，以某些西方国家为首的自私的霸权主义，这些年来胡作非为，在后进国家草菅人命，确有着这种暗藏的倾向。不然的话，为何他们对白种人的命视若黄金，而对黑人和落后国家人民的命却视如草芥呢？

我认为，文明的选择的两个极端都是错误的。之所以错误，就是它们都会从相反的方向干扰和破坏人类文明的演进，甚至造成灾难。过去"人生而平等"的乌托邦所导致的罗伯斯庇尔暴政，已经证明了这点；现今"生而不平等"的乌托邦所导致的"民主输出潮"，还会继续证明这一点。这还是进化论用于人类社会的后果。"生而不平等"只会在非人的生物界导致自然选择式的"弱肉强食，优胜劣汰"。人类愈往前走，愈有可能通过社会的和国际的互助合作，不断强化文明的流动和溢出，最后达到"共进大同"。因为，不平等的形成，不只是自然造成的，而且更主要的是社会造成的。大量事实说明，一个国家，如能实行平等的民族政策，公正的教育与就业制度，开放民主的权力结构和普惠的社会保障体系，持续地假以时日，便可能大大缩短 30% 与 70% 之间的差距，就可能强化精英与草根之间的交流和换位，也就弱化了 30% 的固定化和遗传化趋势。

这里，我要着重强调的是那种"自然选择论者"，往往偏执于所谓"自由与平等是不共戴天的敌人"，认为一方取胜另一方即会死亡。是这样的吗？值得好好地探究一下。之所以要探究，是因为这个命题，完全可以作为当今坚持"丛林法则"和"弱肉强食"的一种理论支撑。他们认为，你要平等，就会像苏联那样失去自由和人权；要自由发展和享受人的权利，就得尊重"自然选择"实行自由市场。这就把问题绝对化了。我始终认为，任何事物或概念，如果将它绝对化地理解，都会变成荒谬。自由与平等也一样，世界上绝对没有"绝对的自由"也没有"绝对的平等"，那都只能是一种不切实际的"乌托邦"。自由与平等，都只能在相对的历史与文明大环境下，才可能得到正确的理解和实践。今天，如果我们把自由理解为不伤害社会和他人自由的文明行为，把公平理解为在法定机会、公民权利和人的尊严上一视同仁消除垄断与歧视的文明政策，这两者就不仅不会"你死我活"，而且可能和谐共存。须知，只有这种符合"中庸"的自由与平等，才可能共存，因为它符合"中庸之道"，只有中庸之道的自由与平等，才是人类文明发展的可取之途。

五、文明作为发展的终极价值的意义

从以上的全部分析中可以看出，将"文明"作为"发展"的终极价值(最高标准)，是有重大的理论意义和现实意义的。

首先是封杀西方打着文明旗号推行"优势选择"的野蛮倒行逆施。目前世界的这种情况，让人愈来愈感到某些西方国家由于百年来的胜利，开始冲昏头脑。他们内心确实自觉不自觉地隐藏着根深蒂固的"文明优越感"。这种优越感在其国势兴隆的烘托下，使其忘乎所以，以为可以一手遮天地傲视天下、主宰人类了。新自由主义的信条，就是"必须将自己认为最自由的秩序推广到全人类"。他们以为，自己的行为是在"替天行道"。但是在旁观者看来，简直就像在"痴人说梦"。不然的话，一个如此珍爱自己种族生命的人，怎么会视黑人与落后国家人民的生命与权利为草芥呢？可以设想，如果他们有像珍惜自己生命一样地珍惜后者的生命的文明观(己所不欲，勿施于人)，还会做出那种违反人类文明的举动吗？

在这里，我还要奉劝那种自奉"文明领袖"的人们，对自己要有一个恰当的估量，要有自知之明。你们的文明，在历史上虽曾经走在人类发展的前列，但是并非尽善尽美。第一，西方文明在"起家"时，还是有"原罪"的。你们祖先的海盗行为、屠杀土著、殖民主义、不义战争，你们至今"造乱剪羊毛"的不劳而富的不文明行径，都是一种反文明的野

蛮。第二，你们造就的工业文明，虽然比农耕文明大为前进了一步，但还是很不完善的。诸如过分看重物质、个人和市场的作用，过分夸大了"非此即彼"的理性思维、过分迷信"丛林法则"等，都是导致你们不断犯错误的"非文明根源"。第三，你们的某些文明成果，随着人类文明的进步，已经有些衰老的表现了。例如西方的民主模式，不仅有些"走样"而且也不尽适应当今信息化、平面化和大众化的新潮流了。

其次，是保证新兴与后发国家的改革沿着文明的道路健康发展。就我们中国而言，前一段的改革取得了前无古人、绝世无双的成就。这是毋庸否认的。但是，由于没有经验和其他非经济原因，过分突出了物质文明、特别是 GDP 的增长，其他文明特别是规制文明没有适时跟上，以致出现了一些负面问题。为避免"病急乱投医"，我认为首先应该在"文明是发展的最大公约数"这一点上取得全民共识。中央提出"四个全面"，我认为符合"文明"的标准，但急需进一步具体化并加强全民讨论学习，以使其深入人心。在这里，我也要对真心实意推行改革的人们提一点建议。首先要坚持改革的信心。反腐以来所揭发出来的案例，触目惊心，致使有些人对前一轮改革产生了极端情绪。我并不苟同这种极端情绪。我们从农耕文明转向工业文明，从"原始积累"到基本工业化，这样浩大复杂的社会工程只用了西方 1/10 的时间。这一切空前的飞跃，都有赖于 20 世纪 80 年代启动的改革。真正的改革者，要有革命时期那种"擦干身上血迹，继续冲锋向前"的气概。要有坚定不移地为现代化社会主义中国的改革继续高歌猛进的信心。因为那是走向人类文明的伟大事业。

最后，是指引人类的发展朝着马克思的"人的全面发展"的远大目标前进。马克思主义的现代化，是一项浩大而艰苦的事业。我以为，马克思主义最精华、最可能同现代化、特别是智能化时代对接的，就是他的"人的自由全面发展"的理想。他的"使每个人的自由全面发展成为一切人自由全面发展的条件"的命题，我们已经从今天的信息网络化、智能化的新兴大潮中，看到了黎明的曙光。

第一，马克思所说的"自由全面发展"，在今天可以理解为"难以垄断的"和"全面文明的"发展。而今天的信息化的文明（技术）创新，已经开始表现出来了那种"无法垄断"的趋向和"全面文明"的全方位发展的巨大可能。

第二，马克思所说的"每个人的自由发展是一切人的自由发展的条件"已经正在被"网络化普及"所证实了。当今的网络化发展，已经可以说明，信息与智能网络化的普及与创新，基本不是什么人可以垄断与独占的了。每个人都有可能参与其中，每个人都可能"自由全面"地创造，其成果又可能通过网络启发任何人的创新。而且其推进的速度是过去不敢想象的。文明从智能手机普及与升级以及"大众创新"浪潮，就可以"一孔窥豹"了。一位穷乡僻壤的农民上网以后，他的文明更新与创新的广度和新度，可能已经把"远离网络"的教授甩到后面去了。

六、文明演进的机制

人类文明由原始的茹毛饮血到今天的智能化时代，大到整个人类，小到一个种族，大都是受到了某种动力的推动，经历了一系列由因到果甚至是叠加的"程序"演进的。

首先，环境的变迁是演进的动力来源。人类在远古时期，主要是自然环境的变迁（如到了冰河期）；尔后，是自然环境与社会环境的交叉变迁；到了近代，则主要是社会环境的变迁和生态环境的恶化。环境的变迁使原来在旧环境下形成的文明结构已经不能适应和生存下去了，逼迫人们思考改变生存方式与结构。这就是客观的变迁，形成了对主观的演进压力。为了生存与发展，人们不能不"义无反顾"地集中思考如何改变或调整已经过时的文明结构。接着，就会有各种各样的主张出现，形成一种"文明内部的冲突"过程。这应是正常的现象。经过内部冲突与争论，就可能达成某种"社会共识"。这时的政府最要紧的是，不要压制这种争论或冲突，更不要鲁莽地去"简单裁定"，而是要积极引导。

以中华文明与西欧文明为例。这两种文明的差异及其演进速率的快慢，就与两者的环境状况及变迁有密切的关系。在东方，神州大地的优良自然环境孕育了最早的农耕文明，最早地脱离了狩猎文明。这种文明使得其维系原旨的稳定性具有最大的必要性与可能性。其中包括安土重迁；祖宗崇拜；皇权至上；无须宗教权威等。这种"超稳定结构"使得"求变"的压力与动力十分微弱，最多也只是"换个朝代""变个皇帝"，就可以平息众怨了。而在西欧，那些滨海小国，那种严峻的自然环境，使得其狩猎文明和海盗文明难以顺利地向农耕文明过渡，也难以保持其原有文明的稳定性。"穷则思变"，为了更好地生存，更容易从内部滋生改变现状的工业文明的萌芽。而在中国，向工业文明的过渡基本属于外来压力，是社会环境变迁的推动，不改变就可能"亡国灭种"。这只是以宏观文明为例。

以微观个人为例也可以得到说明。例如，某些人在乡下的时候，"随地丢垃圾""高声呼喊"这些行为，可能算不了什么。可是当他们搬到城里居住后，这些行为可能就会成为"不文明"的典型，他们就面临"生活危机"了。环境变了文明就必须升级。

其次，精英人物的创新是文明演进的精神基础。这一点其实属于常识范畴。我们只要回顾一下历史就明白了。如：西方的工业文明，如果没有像卢梭、孟德斯鸠等这些思想精英的理论创新，可以想象吗？中华传统文明，如果删去了周公、孔子、老子等这些先贤的智慧，能够形成吗？在任何一个社会里，总会有一批"先知先觉"的人。是他们站在时代的前沿，以其智慧引领大众前进的。这是不可怀疑的历史事实。当权者的作用，不可能代替思想家的作用。因为，前者忙于千头万绪的政务，并没有足够的精力去周密思考。

思想精英，之所以有这种"智慧"，主要并不是什么天生的"基因"——当然，智慧也有基因的成分，但不是主要的——而是取决于三大要素：一是对社会发展的高度责任感，不受自身权利取舍的局限，具有高尚的超脱性；二是对人类文明进程的系统了解与掌握和深厚的知识积累；三是要有充足而较长期的能够自我掌控的时间。这三点缺一不可。

再次，工具文明的演进是整个文明演进的物质基础。这是由工具文明的三大作用决定的。第一，普及性作用。工具文明由于它的中性，不受意识形态和价值传统的约束，因之较符号文明的普及性大得多。同时，一种新的工具文明取代旧的工具文明，必然要符合一个铁的定律，即使用新工具所消耗的劳动必定小于使用旧工具所消耗的劳动。这就是其经济的必然性。第二，强制性作用。人是依赖工具而生活的。人类创造了工具，反过来工具又约束住了人。自由散漫的农耕文明遇到高速规范的工业工具文明就一筹莫展了。人们必须被强制地服从工业文明的要求，否则，就无法生存下去。第三，是稳定性作用。这当然是指相对的稳定性。一种工具文明的演替，一般其周期是比较长的。在周期之内，必须保持那种文明的定式，习惯成自然，这就形成了一种具有相对稳定性的文明态。

当然，这种工具文明的演进是有空间与时间的差异性的。而且又由于工具文明是整个文明形态演进的物质基础或"第一推动力"，故它的差异性必然会造成不同国家与地区、一个国家与地区在不同时期文明整体的差异性。例如，在农耕文明时期，简单的工具与家畜动力只能维系依靠土地的简单再生产。这时，家长和男性劳动力就成为这种文明得以维系的决定性因素。为了固化这种因素，保证家长权威与劳动力的稳固，诸如"百德孝为先""父母在不远游""安土重迁""安贫乐道""奉公守法"种种精神文明的标准，就随之而生了。但是，到了工业文明时代，由于工业的工具文明不受土地的约束，又对效率与成本的要求极高，上述农耕文明的价值显然成了桎梏。于是，一种适合工业工具文明需要的新的精神文明就应运而生。"开拓创新""勇闯天下""标新立异"等就成了新文明的佼佼者。

最后，国家规约与倡导是文明成长定型的不可少的推手。从历史发展的进程来看，文明的成长虽然是以社会性的"自然演进"为基轴，但作为上层建筑的国家，它的因势利导，采取有利于文明成长与稳定的政策和制度则有着巨大的、全方位的促进与定型的作用。诸如教育的教化、法制的规引、宗教的扶持、道德的提倡等。特别要指出，一个国家（民族）的这种作用是造成正能量还是负能量，是顺应时代还是开倒车，关键还在于它实行的是开放的国策，还是闭关锁国。

也正因为如此，以上所述的文明演进的重要机理，或者说是"四大源泉"，在我看来，还属于"支流"，其真正的"主流"，则是"开放+融汇"。文明的演进与否，归根结底取决于那个文明体是否处于一种"耗散结构"的状态，是否能够使系统保持"外部有源头活水"和"内部能良性消化"的动态平衡，从而使系统可能长期保有"新城代谢"的生命活力。为说明这一点，我们不妨倒过来追索一下上述四大源泉是如何滋生的。

先说环境的压力。从客观过程来看，对于一个特定的"文明体"，由客观的"环境的变迁"到主观的"感受到压力"，中间并不是必然畅通的。其间需要一种"媒介"。这种媒介就是"开放的国策+融汇的思想"。以我们中国为例，在20世纪80年代以前，虽然外界环境早已发生了翻天覆地的变迁，我们也没有感到压力。没有压力自然就没有动力。可是，80年代以后，国家实行了改革开放的国策，国门打开了，看到了自己同国际的巨大差异，远远落在后面了，又加上文明的自信，压力与动力都形成了。这才可能有以后的文明的巨大提升。

再说精英与工具的创新。精英与工具的创新，不是从天上掉下来的。一个即使天生十分聪慧的人，如果长期生活在一种与世隔绝的环境中，他也无法有什么超越式的创新。一般创新萌发的机理，首先是出现内部的"现状危机"，不能照原样生活下去了，有了"压力"。其次是要有改进的外部"参照系"。这种条件在一个封闭而保守的"旧环境"中是不可能产生的。大到中国在鸦片战争以前的千百年，为何就没有制度的创新，老是"改朝换代"地平面循环？小到那些大山区里的原始种族，为什么几千年都是"刀耕火种"？这些都可以充分证明，一个封闭的国家或地域，没有"外来活水"的"冲击"与"融汇"，像"一潭死水"那样，就会"细菌滋生""污秽堆积"，成为腐朽的废水。何谈什么"精英创新"和"技术革命"？

至于政府的导引问题，更是与"开放"密不可分。我们可以看一看世界版图，对一个国家来说，开放与文明演进是成正比的，封闭必然与保守结缘而与革新则是成反向发展的。那些最专制、最保守的国家，一般都是最封闭的国家，它们不仅不可能成为文明演进的强力推手，往往是压制革新、复辟旧制的源头。

从上面文明演进的机理中，我们也可以从反面得到启示：封闭与排外必然会导致文明的衰退。就以"四大古文明"为例，前三个都灭绝了。其原因当然是很复杂的，有的还没有定论。但一般地说，封闭和排外是主要原因。伊斯兰文明，虽在中世纪盛极一时，而到近代为何离现代文明渐行渐远？史学界有一种看法，认为这与它在精神文明上的自闭性和排他性(如"啊夏日学派")有很大的关系。

(发表于《社会科学动态》2017 年第 5 期)

文明的挑战与应战

一、文明标准的宏观视野

这个问题，我想从两个层面来讨论，即特定文明优劣的历史相对性和文明的同一性不等于统一性。

1. 文明优劣的历史相对性

人类的历史，据考证至少已有 30 万年之久。而人类进入"文明"阶段，至今也只有区区的几千年时间。而且未来还有说不清的演进时间。故对于某个特定的文明体的优与劣的评判，都应本着相对性的态度。不应"以偏概全"，更不能"一叶障目"，而应立足于我们现有的客观依据所可能判别的能力，要留有足够的回旋余地。汤因比曾告诫我们："在我们审视诸文明社会当中，我们已发现没有一个超过了三代传承的例子。这一事实表明，这个品种按照它自己的时间标准来衡量，还是很年轻的……产生文明的时间远不能与人类历史相提并论，仅仅是整个人类历史的 2%，人类生存时间的 1/50。可见，我们的文明对我们的研究而言，可以有把握地说，是彼此同时代的。"①在这个大视野下，今日我们来评价诸文明品种，谁绝对优，谁绝对劣，还是很难做到准确无误的，是具有很大的相对性的。如果不以这种谦虚的态度，就可能以偏概全，甚至走火入魔，以为自己的文明已经是"历史的终结"了。我这样说，绝非无的放矢。只要回想一下，当年"柏林墙"倒塌之时，不就有人说过此言吗？其实，在西方，在此之前，早就有了"西方中心论"。新自由主义就是建立在"西方文明优越论"的基础之上的。并且他们认为，应该用自己这种最优越的生活方式去取代其他的生活方式。显然，这充分暴露了他们对文明标准的一种错觉和傲慢。西方确实有一些学者，长期以来坚定地以为西方文明是"最先进的文明"，是"符合人类天性的一致性的"，进而主张全人类的文明"都将走向统一"。他们不仅是说说而已，而且是真刀真枪通过"颜色革命"在逐步实施。

这种"欧洲中心论"的文化观，显然是对人类文明史的无知和亵渎。这种以偏概全自我陶醉的错觉，除了其本身天生的优越感之外，我以为还有三大源头：

一是血统世袭观。似乎文明都会像血统遗传那样，永恒不变地"善者恒善，恶者恒恶"式地直线重复运动。以为西方文明会永恒地"先进"，东方文明会永恒地"野蛮"。而人类文明发展史告诉我们，绝对不是这样。文明往往是在不同的聚集区间交替演进的。先进

---

① 汤因比：《历史研究（缩略本）》（上册），上海世纪出版集团 2005 年版，第 45、93、203、188 页。

的文明群落，往往是在原来落后的状态下通过不断融合别的文明活水演化而来的。但经过它的极盛巅峰，又会因其客观的"病灶"加主观的保守而走向衰败。人类文明史本来就是这样交替式地演进的。在欧洲，就曾发生过雅典文明被日耳曼文明和伊斯兰文明取代或赶超。

二是文明自恋症。西方一些人对自己文明的"先进性"有着忘乎所以的盲目自恋情结，很少虚心想想自己文明有无局限性这个问题。对这个问题，一方面我们始终承认，现代的西方工业文明的确为人类文明的进程作出过伟大的贡献。但是，另一方面我们也认为就像一个人那样，他还是要老死的。而且，他会生病，也有重大缺陷。西方文明，既有野蛮发家的"原罪"，又有难以克服的"病灶"：它的物质文明与"科学技术"，可能因其难以节制的开发与创新而导致生态危机甚至人类的自毁。它的精神文明，特别是过度的个人自由，可能会导致决策迟缓和规制危机。它的制度文明，已经导致了恶性的"政党战争"，政府失位和社会分裂。这些"根深蒂固"的病灶，在"如日中天"的阶段，并没有明显地暴露出来。但是，到了今天信息化全球化时代，工业文明那部旧机器，其"自我调控能力"已经衰老了，面对如此复杂的现实和如此严重的危机，已开始显露出力不从心，漏洞百出了。

三是"文明可强加论"。汤因比曾严厉地批评了西方中心论的狂妄，认为那种以为可以通过"西方模式＋社会运动＋政权更替"的公式，将西方文明强加给非西方文明的做法，简直就是一种对历史的无知和狂妄。他们以为，整个文明会像工具文明那样"所向披靡"。机械化、电气化、超市、麦当劳……忘记了物质文明和非物质文明的演进规律是有很大差异的。物质（工具）文明，是直观的、浅层的、适用的、中性的、可及时更换的；而非物质文明，则是隐含的、深邃的、习惯的，有强烈民族性、阶级性和地域性的，因而是"入骨三分"难以简单改变的，绝对不可能像用汽车替换马车那样简单和便捷。近半个世纪以来，西方屡次发动的"颜色革命"，其糟糕的结局，其对文明的破坏，不已经反复证明了多次吗？

人类迄今为止，现存的文明群落，可以说，几乎没有一个是真正的"纯种文明"。就像吴淞口的长江水那样，哪是三江源的水？哪是金沙江的水？哪是汉江的水？能分得清楚吗？而且有这个必要吗？就是今天的中华文明，甚至汉文明，几千年来不知吸收了多少外来文明，现在就是一种"混血文明"。因此，"西方文明终极论"本身就是一个伪命题。企图用强制的办法去"推广"西方文明，则更是一种乌托邦。按汤因比的说法，人类文明不管是哪一个文明，统统都是刚刚开始，还"处在初生代"。过去已经经过了几千年的融汇，今后还要继续融汇下去。文明的演进，更多的属生物学过程，而不是物理学过程。这一点十分重要。

2. 文明的"同一性"不等于"统一性"

西方中心论的根本错误，在于混淆了"同一性"与"统一性"这两个不同的概念。文明的同一性，是指人性客观的本能趋向而言的；文明的统一性，则是指表现形式的一律化而言的。前者属文明的价值取向；后者属主观要求。将那些依据本能价值趋向"因地制宜"而采取不同形式的文明形式也加以一律化，我认为，这其中显然有"醉翁之意不在酒"的嫌疑：如果没有夹带特殊的经济或政治利益，有这个必要吗？

什么是"文明的同一性"？

人类之所以为"类"，就是因为他们不管属于哪个文明，都具有大致相同的"人性"，且这种人性能够压倒与控制住"兽性"。这个"人性"，我认为就是一种"趋优性"。人与动物的根本区别，就在于他具有"系统思维能力"。他不是凭直觉的"条件反射"来思维，而是具有比较思维、积累思维、预想思维等全方位的思维能力。因而，人类从不满足于现状，总想明天过得比今天更好，总不愿意每况愈下。这种趋优性，正是文明演进的根本动力。我认为，这种趋优性具体包括五个方面：一是趋群性。人天生就是合群的动物。人类如果不依靠群体的力量，也许就不可能生存繁衍到现在。这是众所周知的。群聚的社会，必然会派生趋序性。任何个体必须让渡一定的个人自由以换取"社会秩序"这种公共产品。否则，任何个体都无法生存。任何文明只要它可能保证在维系个体自由和保证群体秩序之间做到更和谐的均衡，就可能立于不败之地。二是趋效性。人性与兽性的根本差异，就在于人性永不满足于现状而且具有改变现状的预想能力。当然，这种特性的生成有一半源于人口繁衍对生存资源的压力，即改变现状的动力，但如果没有后一种"预想能力"，像动物那样也是不可能实现"增效"的。在人口的压力下，人类总是会不断地追求以更少的劳动获取更多的资源，以更少的付出得到更多的报酬。三是趋安性。其实，这一特性动物也有。但动物只有被动式的适应性，不可能具有人的主动营造式的求安性。动物为了生存与繁衍会本能地寻觅安全洞穴和环境。而作为有思想的人类，则可以创造条件以保证安全。四是趋美性。这个"美"不仅包含感观美丽，还应包括认识完美（真）和处事完美（善）。这正是人类得以进入科学、道德和艺术宫殿的"基因"。五是趋久性。人的生命是短暂的，但人绝对是期望长寿甚或永生的。过去的人，研究养生学，书写历史，营造博物馆，无非是企望自己的存在能够一代代异体继承下去。现代人研究"基因组合"，开发"人造器官"，探索"换脑技术"，不都是为了长寿？

正是这种文明的同一性，在不同的文明中参差不齐地促进着人性的增长，推动着整个人类文明的演进。

正确看待与对待文明的差异性。

上述同一性蕴含在一切文明之中。但由于自然环境的变迁，战争的破坏，病疫导致的死亡，交通的封闭等各种各样的原因，各个初始文明演进的方式、速率、效果必然会千差万别。历史学家和人类学家对此都有汗牛充栋的论述。比如趋群性，由于血缘、地缘、事缘、志趣以及面对困难与危机的不同，不同文明群落之间必然会有差别。又如趋效性，在自然环境优越和环境恶劣的地区，其紧迫感与速率显然不会一样，等等。这种文明质量与演进阶段的差异性，是千万年来不同文明群落为适应自然与社会环境所演化形成的，有其客观的合理性。

现在的问题是如何正确地"对待"这种差异性？我认为，首先应区别三种差异：纵向的差异性、横向的差异性和激活能力的差异性。前者属先进与落后的差异：就像走在前面与落在后面那样。中者属功能不同的差异：就像某种文明长于创新，某种文明长于协调，某种文明优于进攻，某种文明优于守成。这种互补性的差异性是很宝贵的，应该加以保护，是可以互学的。后者属"新陈代谢力"的差异性。这种差异性更加难得。对于这三种差异性是必须加以区别对待的。对于第一种差别，应该按我前面所说的"生物学方式"，使后进赶上先进，先进带动后进。对于第二种差别，应该采取"取长补短"相互融合的方式彼此加以优化。下面，我想着重探讨一下第三种差别问题。

文性与野性。

历史上可以经常看到一种"过山车"现象：某些文明当它发育成熟走过巅峰之后，便会开始走下坡，有的从此一蹶不振，最终被原来比它"后进"的文明取代而退出历史舞台；而有的却经过重新建构而获得新生。前者，如希腊文明、两河文明、印度文明等。后者，如中华文明。为何会有两种不同的结果呢？我认为，这是文明演进中的"文明激活力"的差异所致。所谓文明激活力，是指该文明的新陈代谢的能力。新陈代谢力强者生，弱者灭，这是生物界的铁律。而这种新陈代谢力又从何而来呢？我认为，归根结底取决于一个文明系统的"对外开放与对内包容"的素质如何。大凡一种强势文明，当它走过巅峰之后，其进取的锐气(创新性)就会递减，其保守性(自满性)就会叠加。自傲鄙外、自满自足的惰性就膨胀起来。此时，该文明就可能开始坠入衰败的泥坑。这说明，任何一种文明，如果它满足于既有的"文性"，对异己文明采取封闭排斥甚至消灭的态度，其结果必定是自取灭亡。古代的"四大文明"中的三个都已消亡，其直接原因各种各样，而深层原因大都与自满封闭，无更新之策有关。但是，如果该文明能采取开放包容的态度，吸收异文明中的"野性"(外来活水)，使自己强化新陈代谢的机能，建构出一种传统与野性相融合的新形态的文明，则该文明不仅不会走向衰败，而且可能重新焕发出更旺盛的生机。这种现象我把它称为"文明复壮"。

写到这里，我想用遗传学中的一些概念来更为形象地说明上述现象。我们知道，世间的任何种子(品种)，反复种植多年以后就会退化。此时，技术人员便会进行"复壮"工作。所谓复壮，就是当某个"品种"出现退化迹象时，人们就会到该品种同科的野生亚种中寻找合适的植株，将其与老品种进行"杂交"(或嫁接)。这样，那个老品种就可以终止退化，重新焕发生机。这个过程在遗传学上就叫作"复壮"。这不很像原生文明出现退化时，主动或被动地引入"野性"——异文明或非体制文明中的积极成分进行杂交融合，强化自身的新陈代谢力，从而又获得新生吗？这里说的"野性"，其实就蕴含在异文明的"差异性"之中。所以，我们不仅不应消灭文明的差异性，而且还应像保护野生物种那样，珍惜和保护文明的差异性。否则，将来就会像找不到"野生品种"那样，无法进行"文明复壮"了。

古代四大文明有三个已经消失，其原因在很大程度上，可以从上面的分析中得到解释。而中华文明之所以能够屹立至今，也是与它在历史上曾经出现过"文明大复壮"有密切关系(当然还有其他关系)。经过反复的大杂交、大复壮，融和了大量的"野性"。原旨的汉文明，已经是一个高度杂交的文明，使它具有充沛的生命力。虽然后来受到明清两代的封闭与内耗以及外来文明的残酷挑战，依然没有消亡。

文明的人为统一意味着文明的衰亡。

依据以上的全部分析，我们就可能得出如下的结论：那种企图用"西方文明"统一全球的想法，是一种非常愚昧而危险的想法。如果真的实现了那种想法——当然是不可能的——那就会毁灭整个人类的文明。因为任何单一的文明，它本身就隐藏有致命的弱点(病灶)，一旦病灶暴发，由于没有了别的"野性"可选择作为"文明复壮"的活水，那就无药可医了。

二、文明挑战的形式及其后果

前面第一章我们讨论了基于西方文明优越论的种种误解和错觉。强调了文明标准的相对性、发展性和融汇性。人世间既不存在所谓绝对优越的文明，更不用说什么文明的终结了。但是，人类的认识，由于会受到其"心智结构"和历史环境的限制，往往会犯以一概全和盲目自恋的毛病，加上经济与政治野心和排他主义的价值取向，总想一劳永逸地把一切异质文明改变成自己的文明。这在新自由主义的理论与实践中表现得最为突出。正是这些导致世界的纷争与战争。有些战争，甚至造成局部的文明倒退。这里，就提出了一个问题：如何全面认识、看待和对待文明的挑战？

1. 文明挑战是不可避免的

挑战并不是一个可怕的名词。文明像任何事物一样，事物之间必有差异，有差异，在交流过程中，就会有比较。有比较，就可分优劣。对优势的一方，是"挑战"；对劣势的一方，是"应战"。这就可以催生相互学习的动机，促进文明共同发展。挑战应是文明演进的动力。我在前面第一章认为人性有"五大趋向"，那是属于共性。由于环境封闭上的差异，在实现那些共性时，必然会形成各种不同的差异性。而随着工具文明特别是交通文明的发展，原来封闭独处的不同文明，必然会存在人员、商业和信息的交流，不同的文明形式必然会产生互不适应。这种不适应就是一种文明的冲撞。所谓冲撞，不就是挑战与应战吗？可以说，如果没有文明的挑战，就不可能有文明的演进。历史已经一再证明，任何一个文明，如果它长期处于"没有挑战"的状态——或者是绝对的封闭，或者是绝对的无对手——它必定会走向停滞衰败。这是因为，文明并非天生，它是一系列的"人造结构"。这种人造结构一经形成，虽然其主流是正面地推动了文明的进步，但同时也会派生出两种"惰性"效应：少数上层会形成既得利益的保守性；一般大众会形成"循规蹈矩"的习惯性。在没有外来危机性的挑战时，这种惰性就会"无回路"地扩张，以致变成盲目的自恋。我们中华文明，在明代以后，大体就是这样。以致发展到清代的乾隆，干脆把国门关起来"对着镜子作揖"，自我陶醉，才有后来的文明大危机。汤因比曾告诫我们："安逸对于文明来说是有害的。"①

2. 应区分两种性质不同的文明挑战

从总体上说，文明遭遇的挑战，不外来自自然环境的变迁和人类社会不同文明间的冲撞两大方面。我在这里只讨论后一方面。不同文明之间的挑战有两种不同的性质，即正常的挑战和过度的挑战。正常的挑战，是指不同文明之间，大体循着我前述的"五大趋向"，按"生物学方式"，通过人口、文化、经济的正常交流，渐进式地取长补短、潜移默化，最后演化为一种融合式的、有活力的新文明形态。这是一种理想的状态。过度的挑战，是指强势文明企图依托其经济、政治特别是军事实力，违背文明演化规律，企图加速征服与

---

① 汤因比：《历史研究（缩略本）》（上册），上海世纪出版集团 2005 年版，第 45、93、203、188 页。

取代异文明。这种挑战形式，特别是军事扩张，由于它迎合了少数精英层的自恋癖与野心狂，在历史上可以说是多如牛毛。其结局，大多是适得其反，或者是造成被挑战文明的毁灭(如罗马文明毁灭了古埃及文明)，或者是导致了被侵略方原有文明的巨大破坏和倒退。

这种"挑战过度"之所以会适得其反，笼统地说是由于它违背了文明演进的客观规律。具体地说，这种粗暴的野蛮性挑战，首先在应战方可能造成两种负面的反应：一种是过度的应战。如盲目排外和全面复古，导致狭隘民族主义大逆转。另一种是丧失应战信心，导致应战方的内部崩盘，社会失序，甚至分裂和内战。这两种情况，我们中国在清末民初都出现过。袁世凯称帝，军阀大混战，一桩桩，一件件，不都是记忆犹新吗？其次在挑战方可能在形式上实现"全盘西化"，但是"全盘西化"肯定会不服水土。挑战者也没有办法把其文明"复制"到应战方的土地上。民国初期就是很好的例子。当时，从服饰到称号，从议员到机构，几乎全数照搬西方模式。结果却出现了张勋复辟和袁世凯称帝的闹剧。这充分说明，文明，特别是制度文明，是不可能简单复制的。企图用军事力量，强行置换别人的文明，是一种狂妄和无知。

3. 文明应战的不同效果

古往今来，历史的狂潮，大浪淘沙，多少文明消失了，多少文明又兴起了，有的文明则又传承下来了。这种全然不同的效果，除了上述"挑战过度"的原因之外，应战方的环境、基础和主观条件往往是起决定作用的。因为所有这些条件往往决定着应战的能力。我认为，"应战能力"包含两个基本方面：一是消除"梗阻"的能力；二是制定"应战方略"的能力。

(1)消除梗阻的能力。所谓"梗阻"，是指妨碍有效应战的各种力量，包括：传统文明中的保守势力；外来挑战文明的干预程度与方式；进步文明的普及不足；社会精英层的整合度偏低与实力不足等。

我之所以用"梗阻"一词，是借用了梁漱溟前辈的说法。梁老在其《东西文化及其哲学》艺术中，谈到了清末民初，中国人对西方文明的挑战拿不出一个有效的办法，是因为当时社会不断出现了"梗阻现象"：先是清室的假"立宪运动"，后是军国主义的捣乱；又出现袁世凯想做皇帝；等等。这些，"不能不算作一种梗阻……其正面原因，在于中国一般国民始终不能克服这种梗阻，而之所以不能克服这种梗阻，是因为中国人民在此种西方文化政治制度之下，仍旧保持在东方化的制度底下所抱的态度。"[1]

我以为，梁老正确地提出了问题，不过原因还没有说透。其实，当时的那些梗阻未能阻止其发生，人民大众的现代性觉悟不高，固然是其重要原因之一，但并非关键原因。任何包括改革、革命在内的文明演进，在它还未形成压倒优势之前，大众的觉悟大都是不可能"高涨"的。如欲成压倒大势，必须满足三个基本条件，即：一是国家社会的精英层必先取得基本(大多数)的共识。领头的人群都各执一词，如何能叫大众"赢粮景从"呢？二是代表文明进步的集团必须拥有足够的实力，包括军事力量、经济力量和理论力量，特别是硬实力。三是国家不能分裂，特别是不能受外力操纵。看看当时的情况，可以说是一个

① 梁漱溟：《东西文化及其哲学》，商务印书馆 1999 年版，第 17 页。

条件也不具备。在当时那种"一团乱麻"的局面下,什么梗阻都可能出来表演一番,而任何梗阻也成不了气候。只能如鲁迅所说的"城头变换大王旗"了。所以,在那种中枢溃烂、山头林立、外力又多元介入的局面下,中华文明已经接近丧失应战能力,遑论阻止梗阻呢?我们这一代人,一想起那段历史,真有"往事不堪回首"之痛。

(2)制定应战方略的能力。人类的文明发展史不断证明,一个文明,它的成败兴衰,往往关键并不取决于外部挑战如何,而是取决于内部的应战能力、特别是采取应战方略的能力。汤因比正确地指出:"文明生长的标准,不能从对外部环境的征服中寻找……成功的应战也不是采取克服外部障碍的形式或者战胜了内部敌手,而是表现为内部的自我表达和自决。"①这种"自我表达和自决",我认为就是建立在自我觉悟基础上的制定应战方略的能力。

为什么在历史上面对同样的外部挑战,不同的文明群体有的应战成功了、文明演进了,而有的却失败、衰落甚至消亡了?在19世纪,中国和日本就出现过这样的场面。这是我们都熟悉的例子。所以,我认为遭遇挑战并不可怕,可怕的是自己不能正确地"自我表达"和"自决",即应战的方略。依我不成熟的看法,要做到这一点必须满足如下两大条件:

第一个条件:要确立本文明可能"羽化更新"的自信心。

这是基础性的条件。这种自信心不是盲目的,而是建立在切实的自我审视和自我表达的基础之上的,从而,既不是复古主义那种抱守残缺的保守排外,当然更不是那种脱离实际的"制造新人",而是建立在科学分析基础上的"融汇信心"。如果没有这个信心,则一切应战都会偏离正轨而走向失败。

这里,我想还是以苏联为例,先为此做一个铺垫。汤因比曾经将苏联的应战模式概括为"美国装备式+俄国灵魂式=新社会"。我觉得,这种概括似嫌欠缺,是否用"西式物质文明+俄式制度文明+革命精神文明=共产主义新社会"更合适些?当然,不论如何去概括,今天它已失败了。但前事不忘后事之师,现在来认真回顾那段历史,还是有重大现实意义的。我不成熟的看法,汤因比认为,苏联崇尚的"共产主义文明"与"伊斯兰文明"不同,它不属于"异文明",它同"西方文明"本是同根同源的。共产主义和资本主义,都是在"西方文明母体"上产生的文明价值,它追求的依然是工业化、城市化、高消费等。所以,即使那个文明模式胜利了,也不等于西方文明的失败。而且由于两个是同源文明,新的(共产主义)必然比不上旧的(资本主义)根基深厚和手段有效。同时,一旦广大人民离开了农耕文明的物质环境,看到了西方文明生活方式,必然就会产生反差。而苏联却采取过于激进、粗暴的手段,甚至"把彼得大帝的伟业都遮蔽了"。② 汤因比在其原书中,本来是用了很大的篇幅来预见苏联必将失败的原因,我在此只是简要概括了他的重要意思,从中可以得到一些重要的启示和联想。首先,说明文明是一个混元的整体。其工具文明、制

① 汤因比:《历史研究(缩略本)》(上册),上海世纪出版集团 2005 年版,第 45、93、203、188 页。

② 汤因比:《历史研究(缩略本)》(上册),上海世纪出版集团 2005 年版,第 45、93、203、188 页。

度文明、精神文明之间有着密不可分的因果关系。只照搬工具文明而排斥其他，甚至要用旧传统的精神文明或制度文明来调控新的外来工具文明，那注定不会成功。而如果全面照搬外来文明，那又等于是宣告自身的灭亡。我认为出路就在于：不能用"积木式思维"来机械地"拼凑新文明"，只能用"融合式思维"来生长式地"催生新文明"。这就是说，即使是物质文明，也不应该"照搬复制"，特别是生活方式、消费价值这些物质文明，也不能照搬。只应全面地按照文明演进的标准取长补短，全面地相互"嫁接"。否则，就会像苏联那样，原旨的西方物质文明，必然会同根深蒂固的传统文明发生剧烈的冲突，而且这种冲突必会延伸到阶层、阶级之间，从而导致国家的解体。老实说，有关苏联的解体，起重要作用的是西方物质文明对人们的诱惑。而苏联的工业化与城市化却是"照搬"了"美国模式"。一方面，经济建设是照搬西方的，按照"基础决定上层建筑"的定律，苏联人民自然就会产生追恋西方生活方式和制度模式的上层建筑。另一方面苏联的领导层存在严重的"自信过度"。他们过度自信"共产主义文明"可以速胜和过度相信"西方文明"已经"腐朽没落"。也就是说，它那种自信，一是认定通过若干个"五年计划"就可能"建成共产主义"，并且在党的代表大会上公开发表了声明。二是认定"共产主义思想"必定要取代一切旧的思想，包括传统道德和宗教。这既违背了经济社会发展规律(经济基础并没有超越西方)，又违背了思想发展的规律(思想不可能从脑袋中设计出来)。当然，其预期结果绝对不可能出现，铁的事实已经摆在那里。今天，我们从苏联的失败中应吸收什么教训呢？

第一，文明自信必须首先建立在对文明挑战与文明应战双方优势与劣势的切实科学判断的基础上。我们从苏联应战失败的历史中就可以看出，他们对于挑战与应战双方的判断，既不切实，也不科学。不切实，我在上一段已简述。那确实是属于"无知的误判"。不科学，主要表现在两个问题上：一是对挑战方(西方工业文明)缺乏"两点论"的科学态度，以致"一边倒"地强调"打倒"，否定继承。特别是其对西方"竞争文明"的否定，对于其"新文明"的加速保守化、腐朽化，起到了决定性作用。二是把西方工业文明的"万恶之源"都归咎于"私有制"，这是严重的"误判"。正是这一误判才会导致一系列的"兴公灭私"的政策。全面地、强制地推行公有化乃至国有化，最后，必然就要"消灭市场"。这种由于误判而导致的"灭私"，必然就根本上扼杀了经济以致文明演进的动力。由此可知，文明自信必须是切实地"知己知彼"，才能"百战不殆"。

第二，文明自信，必须有对文明演进的"融汇本质"的深刻认识。苏联文明应战的失败，很大程度上，就是把文明的应战看作是"堆积木"，认为把旧木块换成新的就可以了。误以为"新文明"是可以在"旧文明"的"废墟"上迅速建立起来的，无视文明的融合特质。历史已经说明，那种企图凭借强力压制的挑战与应战方式，结果大多是失败的。要么是文明的倒退(如复古)，要么是文明的整体消亡。而文明融汇则是全方位的，不会是谁本谁末那样可以被"机械划分"的。因为，"融汇"是一个"社会性选择"的过程，甚至不是人们的主观意志所能决定的。社会是会按照我在前面说的"人性五大趋向"去选择的。在挑战方，其文明中符合人性趋向的要素，就可能"被选择"；其文明中不符合人性趋向的要素，就会被拒绝。在应战方，其不符合人性趋向的要素，就会被淘汰；而可能与现实人性新趋向对接的，就可能"旧枝更新"。我认为，文明融汇就是一个"双向筛选"的"自然过程"。

第三，文明自信必须有长期、反复打"持久战"的思想准备。正是因为文明自信是以"文明融汇"为认识前提，而融汇则是不可能速成的。这方面，我在后面章节中，会有专门的讨论，故此处不赘述。

第二个条件：文明的内部必须有相对宽松的文化空间。

一般地说，任何文明体遭遇外来文明的挑战，往往都带有难以预见的性质。面对这种新问题、新危机，不可能"胸有成竹"立即就备有成熟的对策。而且在相当长的时段中，一般都会不同程度地引起内部的分歧与冲突。这本来是属于任何事物发展特别是思想认识的正常规律。重要的是，那些分歧与冲突所代表的认识，有的属于一目了然可以分辨出正确或错误的；而有些则不然，那是需要经过挑战方或应战方的客观实践来印证和人们开放式的争辩与探讨，才能趋于一致定论的。这都需要一个比较宽松的文化空间。历史已经证明，如果出现一种匆忙强制的"压制式一致"，往往就会事与愿违，欲速不达，甚至可能引起文明的倒退，让社会付出不必要的代价。

对于如何营造一个相对宽松的文化空间，我个人不成熟的看法，宜采取"有领导的分层试错"的渐进方针。所谓有领导，当然不是"一言堂"式的专断，但也绝不能采取"自由市场"的办法。须知，今日的世界，根本不可能是"关起门来开会"那样简单了。民国初年那种"自由市场"的乱象说明，不仅社会上奇论纷呈谁也说服不了谁，没有真正的权威仲裁，结果是枪杆子说了算。更要命的是，虎视眈眈的外力必定会"乘虚而入"，把某些"依洋自重"的力量变成其代理人，把文明应战异变成了"半殖民地灾难"。因此，如何构建一种比较"有序的应战秩序"，形成既有"畅所欲言"又有开明的导引，既有民主又有集中的应战机制，是营造那种"相对宽松的文化空间"的首要内涵。这就是说，整个文明融汇工程，必须具有"有权威的中枢力量"。所谓分层，是指在文明融汇的整体工程中，可以采取"分层推进"的办法。例如，"百家争鸣"宜稳放结合、分层开放、先内后外、先点后面，以保证整个社会不致失序，国外势力也无隙可乘。所谓试错，是指"摸着石头过河"。整个文明应战的全过程，都应本着对国家、民族和中华文明高度负责的态度，仔细、认真地边融汇边修正。尽量避免盲目冲撞，把"大胆设想"与"小心求证"科学地结合起来。

三、知己知彼　百战不殆

1. 全面的优劣势评估是文明应战的决胜之本

汤因比在其巨著《历史研究》中曾经告诫过我们，对于文明应战方，全面评估挑应战双方的优势与劣势，是采取正确应战方略的科学基础。过高估计了挑战方的优势，必然就会失去文明应战的自信，丧失应战的能力。过高估计了自身的文明优势，又会盲目轻敌，以致采取不切实际的过度应战方略，必然会以失败告终。他以苏联为例，预见其不会成功。这一点，我在前面已经做了介绍。今天，我们面临新一轮文明的挑战与应战，同样也面临这个问题。

我现在已经年老体衰，信息不灵，很怕犯"无的放矢"的错误。但是，看得见听得到的各种信息似乎又让我感到在中国的知识精英中，确实既存在对挑战方文明估计过低、对自身既有文明估计过高的问题；也存在对挑战方文明估计过高、对自身文明估计过低的问题。这两种倾向，虽然不占主流，但却颇具影响。由此，就算我"多此一举"，浪费笔墨，还是让我来"试论"一下吧。

2. 西方文明的优势与劣势

在开始讨论这个问题之前，让我们先厘清两个问题：何谓"西方文明"和用什么标准来判别优劣。我在这里所指的"西方文明"，是一个"专指性"的概念，是指：以美英为代表的、具有原创性的强势扩张的资本主义工业文明。我采取的评判标准是我在前面所述的"人性的趋优性"，包括它内涵的趋群性、趋效性、趋安性、趋美性和趋久性。同时，由于任何一个文明其"源根文明态"对它以后的演进的巨大影响，在我下面的分析中都尽可能地考虑这个因素。

第一看其趋群性。从西欧一些"小国寡民"演化过来的西方文明，由于其原生态的生存环境资源匮乏、变换频繁、居无定所，多从事商业、游牧、渔业甚至海盗的生存方式，因此其对趋群性的追求，往往是以"个人"（和小群体）为中心，去谋求"群体"的保护和维系。通过个人——契约——规制——法治的途径形成民族与国家。其中，日耳曼人最为典型，直到近代前夕才由众多的小公国和部落组成为一个统一的民族国家。所以，西方文明的趋群性虽然也属于趋群，但其表现形式是个人权利（自由）至上，群体与国家是为维护个人的权利而生，也才因此具有"合法性"。

西方文明在趋群性方面的弱点主要有二：一是自由过多，对"私权"的约束过宽。由于"民主"过于势强，"官主"纠正无力，往往造成重大民生问题或国策问题，议而不决，决而难行，贻误战略时机。这在瞬息万变的信息化时代，愈来愈成为一个国家要命的问题。二是"选票决定一切"没有预设的回路。既无选前"信息真实性"的铺垫，又无选后"责任核实性"的法律追究。任何政党都可以在选前"漫天许诺"、当选后"赖账不还"。这势必导致政党之间互相造假、恶性竞争乃至党派战争超越国家利益，造成被误导的选民"投票率"和政党声誉乃至"民主公信力"每况愈下。更有甚者，那些靠制造假信息而当选的总统，事后尽管有言之凿凿的造假证据，也没有什么"终身追究"的法律责任。

第二看其趋效性。如果说中国在历史上重农主义延续的时间最长，那么西方则是重商主义延续的时间最长，加上严峻的生存环境和开放的自由主义，使得西方文明一开始就倾向于重竞争少调和，重外拓轻内修。重竞争，则讲理性、求精益，才能使自己立于不败之地，故科学精神与理性思维便发展成为其文明的长处。这便是西方之所以能在文艺复兴和启蒙运动之后，爆发科技创新与工业革命的根基。重外拓，大则重开发自然和宇宙，外则拓展边疆侵占别人的资源和市场，内则重消费主义以不断开发国内市场。

应该说，西方文明在趋效性方面，在过去300年间的表现是不错的。它的工业化、城市化、规模化、标准化，无疑在推进人类文明的档次上是"史无前例"的。在今后还会继续发挥重要的作用。当然，也存在重大的缺陷。如果我们把其趋效性分为三个历史阶段，即粗放阶段、完善阶段和下行阶段，就会发现：在粗放阶段，它多半是以数量扩张、外掠为主、不计文明的手段去实现的，包括残酷剥削、海盗行为、黑奴贸易、殖民主义以致侵略战争等，也就是马克思所说的通过"血与火"野蛮行径去"增效"的。这在今天看来，显然是与文明相悖的。或者说，是以不文明的手段奠定了文明演进的物质基础。也因此，许多反资本主义的学说、集团、政党多是在这个历史阶段出现的。在其完善阶段，工人运动的压力和苏联的出现，国际民族解放运动的兴起，当然也应包括人类良知的觉醒，迫使西方文明进行了重大的改良。朝着"福利主义"和"去殖民化"进行了有限的改良，使资本主义变得"文明化"了许多。但其"深层价值"，在许多人的"习惯意识"中，可能并无根本的改变。特别要指出的是在资本主义利润最大化的驱使下，西方文明在经济社会生活中不可避免地会充满着各种投机取巧、以邻为壑、损人利己的不文明现象，其无节制的消费主义也愈来愈加重了生态危机。这种现象，在现代信息化网络化的新背景下，变得更加隐蔽、猖獗和野蛮。到了下行阶段，人类正面临一个"三大毁灭性威胁"的十字路口。无论是核灾难、生态危机还是智能化挑战失控，我认为在原旨西方文明趋效性的框架内，都是难已真正解决的。这次美国竟然退出《巴黎协定》，这就是一个可怕的信号。这些不能不说是西方文明趋效性的一大弱势。

第三看趋安性。由于其文明原旨中根深蒂固的个人利己性和外拓性，在趋安性方面，西方文明往往趋向于"将自己的安全建立在别人不安全"的基础上，而且倾向于"拉帮结伙"以恃强凌弱。不然，就很难解释为什么美国总是把自己的"安全线"画到几千里以外别国的海岸线边。更有甚者，西方一些精英的内心老是幻想着：只有当一切非西方文明都"臣服"于西方文明时，才是真正的安全。显然，这种"主排他，求零和"的趋安观，正是西方文明的重大劣势。可以说，不改变这种缺乏包容性的趋安心态，东西方之间的关系很难达到合作共赢的境界。

第四看趋美性。关于"美"，我以为应该理解为"完美"。它似应包含三个界面，即对现象认识与表达的"真美"；对事务处置的"善美"；对艺术追求的"优美"。由于长期重商主义的熏陶和剧烈竞争的导引，西方文明重精准、善分析；重直观、讲实效。在追求真善美方面，具有一种一丝不苟、黑白分明甚至非此即彼的癖好。我认为，这种癖好，在优势上表现为精益求精、尽善尽美。这也是其得以推动人类"文明跃进"的巨大动力。可以说，这是它近300年来成为主要文明演进的领头者的重要原因。但是，也像其他方面那样，"优势过了头便会成为劣势"。一丝不苟、非此即彼，如果超出了工具文明的界限，就会走极端，忽视其他文明领域中大量存在的中间态、模糊性、调和性、意向性和共生性。就会在政治文明、精神文明领域造成矛盾激化、非友即敌乃至各种乌托邦主义、民粹主义以及本可避免的杀戮与战争。

第五看趋久性。追求长久存在，自人类出现以来，可以说是"生来有之"。只不过在不同的历史阶段，其目标与手段的高低有所不同而已。在古代，人类追求的主要是"个体长生不老"。在中世纪，专制王朝所追求的是"社稷万岁"。在近现代，追求的是"资本永续"。在今天，应该是"人类永存"。而且，这种不同层次的追求又有一定的传承性。由于有了这些本性的追求，才产生了永续不断的文明演进的动力。

根据以上分析，西方文明的主要优势是法治追求、科学精神、分析方法和竞争路径。这些文明要素，是具有重要意义的，是可能同其他非西方文明相融汇的。其劣势是自由化过度、绝对化追求、综合力欠缺和排他性癖好。这些劣势是与文明相悖的，不能照搬。

3. 中华文明的优势与劣势

中华文明，由于其过早而且持久的农耕文明影响和地理环境的相对封闭(东南临海，西靠山，北面沙)，在工业化以前的时代，虽然曾把农耕文明推进到世界文明巅峰的水平，但由于缺乏外来更先进文明的严峻挑战，加上"地大物博"，不像西欧那样面临严峻的地理环境，故其文明演进容易趋向于自我完善，追求稳定，倾向保守，注意传承。下面分述之。

第一看趋群性。农耕文明的"日出而作，日落而息""半年辛苦半年闲"的慢节奏循环和过早的大一统集权规制，使得中华文明在趋群性方面，走的是一条与西方文明截然相反的路径。似乎是"先有国，后有家""先有群体，后有个人""先有皇帝，后有臣民"。似乎这种倒装性的假象，几千年来积累成了中国人根深蒂固的"潜意识"。同时，农耕文明最为害怕的是天灾人祸与兵荒马乱，恰恰在神州这片地域上又是多灾多难。灾害与战乱便驱使人们祈求出现"英皇明相"来挽救这些细小而分散的小农。这种历史背景与地理环境，便使中华文明的趋群性表现为家国情怀、人治理念、等级认同、和谐共处。家国情怀，重集体轻个人，重忠孝轻自由，重公权轻私权；人治理念，重教化轻法制，重关系轻规约；等级认同，重集中轻民主，重地位轻平等；和谐共处，重包容轻对立，重化解轻激化。而且，与西方不同，这些理念与价值早在几千年前就已经陆续被诸子百家用系统的理论著作进行了阐述，被史家反复地写进了历史著作，并且成为历代统治者通过科举制度教化万民的"传统"。这些文明趋向，在今天看来虽然不尽合拍，但是，在工业化以前的时代，可是了不起的伟大创造。就是它，营造出了一个世界性登峰造极的中世纪文明；就是它，保证了中华文明几千年长存不灭。

这种趋群性选择，有其历史上的辉煌，属于农耕文明的上乘产物，处于一种自满自足、故步自封的保守状态。故在近代，在一个陌生的新起的西方工业文明排山倒海的冲击下，加上一个文明衰落期的无能政权，就像还没有睡醒的人一样，竟被冲得失去了应战能力，几乎丢掉了应战信心。然而，过了几十年，当西方文明的"程咬金三斧头"过后，中国人才从"蒙头转向"中清醒了过来：原来你也不是"常胜将军"，我也不是"窝囊废"，咱们"各有千秋"。我们的传统文明，在表层上看，的确有许多不合现代潮流的价值，或者说虽适合农耕文明却不适合工业文明的东西，如人治思想和等级趋向等。但仔细深入探索，却也有其符合人性追求的部分，而且其中也蕴含着与现代文明对接的优势或元素。故，我认为，中华文明趋群性的优势应区分为三类：顶层优势、待补优势和嫁接优势。顶层优势，是指具有"原创价值"的文明元素，如和谐共处。这不仅完全符合人类文明演进的本质趋向，而且在当今"三大危机"(见前述)面前，更具有强烈的现实意义。待补优势，是指其主干符合文明趋向，但具有明显陈腐内涵。如忠君愚孝、个人崇拜、公权无限必须割弃，补现代爱国主义、家庭关系和尊重人权。嫁接优势，是指其主干不尽符合现代文明趋向，但其枝叶却可能同新的文明进行"嫁接"，而成为一种新的文明形态。如人治思想和等级认同。这两种文明元素，显然其主干是与现代文明价值相悖的，属于劣势范畴。但是，也无须全盘否定，可以在大树依法治国权威的同时，补西方文明轻教化、淡人际亲和的不足，扬中华文明重教化、讲邻里亲和互助的长处等。这样，中华文明在趋群性方面的优势与劣势，就比较清楚了。

第二看趋效性。长期的农耕文明对中华文明的影响，在趋效性方面更显突出。由于农耕文明的分散性和脆弱性，其价值往往倾向于内敛、守旧、单纯。诸如重稳定轻创新（"标新立异"在旧时中国曾经被视为叛逆表现），重节俭轻开发（鼓励"安贫乐道"，视经商为"五业之末"），重人体内向增效轻工具革新的外向增效等。而且，其趋群性倾向于集权专制，导致利益一元化（"普天之下莫非王土"），更使趋效革新大大减少了动力。由于趋效的利益-经济动力薄弱，故中国人的趋效积极性，大多发挥到武术和手工艺上去了。所以，我认为中华文明的趋效方面，显然不如西方文明，处于劣势，相比起来属于短板。但也不是乏善可陈。

第三看趋安性。我认为中华文明的优势，可能会更多地表现在趋安方面。翻开中华几千年历史，就可以看到，其最大的特点就在于"共存性"，而非"侵略性"。它的最高追求不是"世界独霸"而是"世界大同"。即使在历史上中华最兴盛的朝代，也只是以"中央之国"自居，要求"万邦朝觐"一下而已。几乎没有凭借武力掠夺他国土地、抢劫异邦财产、奴役非华人民的记录。像海盗经济、贩卖黑奴、侵略战争、殖民主义乃至"金融殖民"，以及各种以邻为壑的非文明行为，基本上都是写在西方文明的历史中。

中华文明在趋安性方面，求的是：以自强求共处，以实力保和平。这是中华文明对安全的基本价值，也是几千年一贯（元朝只是一个特别的例外，它不能代表中华文明的本质）的趋向。

第四看趋美性。重农与重商在文明演进的趋向上是有很大区别的。中华文明，在这方面与西方文明相比，也存在明显的差异。如，在求真方面重综合（顾大局）不拘细节，甚至也可以"大而化之"不求精益，往往满足于"知其然"而不计较其"所以然"。在趋善方面，重人情轻规矩，重"面子"轻实际，甚至"潜规则"大于明规约。在索美方面，重意向不拘泥实相，有的学者认为是"科学艺术化"。这种重人文、富想象、讲综合的趋向，对于西方文明的重科学、富实相、讲分析，恰恰是一个很好的补充。

第五看趋久性。这方面与西方文明的差异在：个体长寿重整体调养、适应自然，而不是西方的就病医病、改变自然；国家长治重政通人和、一元追求，而不是西方的宪法权威、多元博弈；人类绵延重多子多孙、长生不老，西方则既求长生不老又重宇宙移民。这方面，中华文明的优势在适应自然、政通高效，劣势在理论薄弱、一元追求。在这方面，中西文明有很大的互补性。

4. 总体评议

从以上对中西文明的优劣分析中，我认为可以得出几点评议：

第一，不应笼统归一地看待中西文明的冲突。我认为，中国人和西方人都是"人"，是人就有其共性。这个共性，就是我所说的趋优性，包括趋群、趋效、趋安、趋美和趋久五个方面。由于各个文明体在产生与发展的过程中，所处的环境条件以及由此而产生的生产生活方式的差异，虽然都是从同样的文明趋向出发，但差异的环境条件使得其在如何实现趋向的矢向与范式的选择上，必然会各不相同的。这里，我们绝不应只看到其差异的反面，而忽视其相同的"出发点"。应该本着一种科学的态度：人性趋优的"共性"决定了不同文明之间存在可能融合的"基因"；文明范式的差异必须区别对待。对其良性差异，应属可能互补与融合的内容；对其恶性差异，才应作为唾弃内容。应抱着"他山之石，可以攻玉"的态度，不能把婴儿同洗澡水一起泼掉。

第二，不应被动自馁地看待中西文明冲突。我认为，那些过度夸大西方文明的优势过分估计中华文明劣势的看法，大多属于两个极端：要么是缺乏历史的整体观，要么属于落后于现实。一个文明在300年前能够绵延几千年不灭，如果它是那样"不值一提"，合适吗？在当今人类面临整体挑战的新现实下，中华文明面临"浴火新生"大机遇，难道没有看见吗？我们应该抱有充足的"历史底气"和敏锐的"未来洞察力"，满怀信心主动出击地来迎接挑战。中华文明是一种充满包容与可塑能力的文明。

第三，不应停滞不变地看待中西文明冲突。事实上，中西文明的冲突中有一些从历史的纵向看并非同层次的矛盾，而属前后阶段的差异(如重人文轻科学与重科学轻人文)。随着我国工业化的完成，这个差异必然会大大缩小甚至可能反超。目前，已经开始看到了这个苗头。

第四，既应满怀信心又要沉着冷静地应对中西文明挑战。所以，对于这种文明的冲突，我们既不要惊慌失措妄自菲薄，又不应盲目排外故步自封。一要看准时代的大势，正需要我们的文明进行补充与矫正；二要看到中国目前已经具有补充世界文明不足的实力了；三要相信西方文明中也有"自我反思"的能力。

四、中道：应战合理区间的商榷

1. 清末民初那场"体用之争"的辩证回顾

(1)历史的不可重复性与可重复性。那场应战大争论，已经过去百年了。当时，流派纷呈，莫衷一是的热闹场面，似乎像明日黄花，渐渐在中国人的心中淡去了，好像是现实的历史书卷已经"翻过了"那一页。其实，大为不然。今天，仔细审视一下现实，不好像又听到了类似的"旋律"？只不过外面的包装明显不同罢了："全盘西化"变成了"复制美国"，"折中主义"变成了"中道应战"。

这涉及一个重大问题：历史难道真的会重演吗？我认为，历史是一个非常复杂的过程。既有不可重复的内容，又有可能重复的问题。不能一概而论。否则，就没有"总结历史经验"的必要，也用不着"前事不忘，后事之师"的教诲了。进一步地说，历史现象愈是具体、愈是个性化，就愈不可能重复。但愈是概括化、抽象化，则愈可能重复出现。如文明兴衰和政权更替的原因，则往往具有很大的相似性甚或规律性。原因何在？归根到底，是人性使然。人是一种合群的动物或社会的动物。个体与群体之间的关系，存在着两面性：一方面，个体离不开群体(社会)，他必须舍弃一部分私利(自由)以维护公益(法规)，否则私利就无法实现；另一方面，个体又不可能完全融入群体(像蚂蚁那样)，完全舍弃私利，甚至还企望从群体中争取更大的个人空间。这种两面性就可以解释，历史的不可重复性表现为：事件的时间、地点、参与人物、直接动因、直接后果等。历史的可重复性表现为：历史事件的宏观背景、发生的深层原因、参与人物与社会(群体)的关系、事件的长远后果等。我们研究历史，并不是为了防止那些具体、个性的东西，而是要穷极其抽象的、本质的因果关系与规律，从中吸取经验教训，以为后事之师。

我之所以重提清末民初的"体用之争"，并附之以"辩证回顾"，就是为区分这"不可能重复的"和"可能重复的"内涵，并对其可能重复的内涵加以辩证的分析与发展。

(2)前事不忘，后事之师。前人在那时提出的一些设想，不仅复古和全盘西化不可行，即使是折中的设想，我认为，在当时确实也是不现实的。我在前面说的那种中枢腐朽、社会莫衷一是、只有"枪杆子+革命"能说话的大背景下，不武装革命能行吗？虽然梁启超先生讲了那番"后遗症"的话，而且以后的事实也证明他说得对，但是实事求是地讲，在当时为什么他的"君主立宪"就没有人听呢？因为那时候中国人群情激奋，都"昏了头"？我认为不尽然如此。虽然明知走英国君主立宪之路，可能避免尔后的军阀混战与国家分裂，但你这个"君主"非英国的君主。中国人不可能买他的账。在那时，"反清复汉"的民族主义可以说是"民心所向"。历史就是历史，是不可能"假如"的。我以为，民国初年那场大混乱，也许就是中华文明朽而复生、凤凰涅槃的复杂过程中所必须付出的代价。但是，中国人反反复复走到了今天，忽然天开了。过去的阴霾困惑，过去的枷锁掣肘，好像都消失了。改革开放，把中国的历史大环境翻了一个个儿。历史前进了，文明演进的大环境变了。中国不再是"腐朽的中枢"，不再是"山头林立"，不再是"愚昧的病夫"了。中国已经是一个统一、强大、有智慧的独立的文明体。它完全有能力在文明挑战的面前，审时度势、明明白白地拿出自己的应战方略。

上述中国的"华丽转身"说明：历史往往是悄悄地前进着、变化着，而人们却没有明显地发觉。实际上，中华文明的正式应战，早在20世纪80年代就已经开始了。中国共产党在自我反省的基础上，提出"改革开放""摸着石头过河"，就是这场新应战的号角。后来又补充"不走老路，也不走邪路，走中国自己的道路"。不就是这30多年来，反反复复、筚路蓝缕、披荆斩棘、流血牺牲，通过多次试错而做出的"初步概括"吗？在这种崭新的历史大背景下，我们再来回顾那时的"体用之争"，我觉得就可能发掘出一些可供今日借鉴的珠玑，来进一步补充和完善中国人的"应战方略"，来进一步形成炎黄子孙的"应战共识"，正恰当其时。

我认为，在历史的长卷中，往往有些主意、方案在过去不可行，而当时代和历史环境变了，它却又可行了。当我反复读了陈序经先生的《东西文化观》①一书之后，在其第二篇中确有不少斩获。首先，是当时的"折中主张"中确有一些"合理的内核"。折中主张，虽有六个分枝(道器派、体用派、动静派、人物派、动物植物派、精神物质派)，但它们却有两个共同点，即：一是都不同意复古主义和全盘西化。二是主张"兼而有之""中西融合"。这个大方向，我认为必须肯定。其次，是当时的折中派的思维方式不合适。所有的折中派几乎都犯了"绝对一分法"的错误，即认为"新的就是好的，旧的就是坏的""西方是新的，中方是旧的"。其中，有的是由于利害掣肘和惯性驱使对旧的难以割舍(主要是体制内的文人)，有的是由于确知传统中也有精华但犯了中国人"重概括轻分析"的老毛病，笼统化排列(主要是知识分子)。于是，就形成了各种各样的支离破碎的折中思想。我以为，那时的折中派们虽有"合理的内核"，也有一些零星的"真知灼见"，但由于那时挑应

---

① 陈序经：《东西文化观》，中国人民大学出版社2004年版，第81~156页。

战双方的历史演进都表现得不充分和人们主观思维方法粗糙的两大历史局限性，加上如前所说，又在那种大环境下，必然是"理难服众"了。

那一页历史已经翻过去了。今天，无论国际大环境、国内小环境以及人们的认识都发生了翻天覆地的大变化。首先，西方文明经过百年凯歌行进的高峰，其保守惰性已开始显露，其原来隐藏的病灶因文明冲力的减速也就逐步地暴露出来。今天的人们已经不像百年前那样了，对西方文明的新鲜感与崇敬心开始变成观望态与怀疑心了。"全盘西化"的市场，至少在中国，已经大大地萎缩了。其次，人类文明又一次走到了一个新的十字路口。"核危机""生态危机""智能化挑战"，使人类面临生死存亡的大决策。在这个"存亡关头"，一方面，西方文明中的那种"绝对排他""丛林法则"只会把人类迅速推向灭亡。那种"零和文明"已经愈来愈显得不合时宜了。另一方面，中华传统文明中的"包容文明""中庸之道"，则凸显出了"挽救人类"的新的生命力。最后，在中国，中华文明经过百年的凤凰涅槃，已经开始显露出某种浴火重生的迹象了。在这种崭新的时代背景下，我觉得应该吸取苏联"积木式应战"的教训，改变清末民初折中派的思维方式，用新的视野和方法来研究确立中华文明在 21 世纪的应战方略。

2. 21 世纪中华文明的中道应战方略

我认为，这个应战方略总体上可否本着开放的胸怀、双向融汇的路径和取长补短的方法，按照外拓与内敛兼顾、科学与人文互补、综合与分析共用、自由与秩序并重、法治与协商结合、竞争与忠恕融合的原则，采取"整体融汇，择优去劣，学防并用，分层推进"的方针。由于"学防并用，分层推进"我在本章前面已有阐述，故此处从略，只重点阐述一下前面两点：

(1)整体融汇。苏联和清末民初的折中派，都是犯了相同的毛病，即"积木式应战"的毛病。好像"文明"就如"积木"那样，可以用"堆积木"的办法，把西方的"物质文明"照样搬到俄国与中国来，换掉东正文明或中华文明中的物质文明那块"积木"就可以了。以为只要那样机械地换一下，俄国人和中国人依然可以"照旧生活"。须知，文明乃是一个"浑圆的整体"，西方文明，包括其物质文明、精神文明、制度文明，相互之间都有着千丝万缕的"因果联系"。它的物质文明既是它的制度文明、精神文明的催生者，又是它的制度文明与精神文明的延伸者。所以，汤因比就曾预言：当苏联工人在美国式的工厂工作，在美国式城市里生活，必然也会追求美国式的生活方式和消费方式，甚至生活与消费的价值取向等。到那时，东正教式的精神与思想，就不可能统领那个搬过来的"西方物质文明"了，并认为苏联的应战模式必会失败。不幸，历史的进程证实了汤因比的预言。这个历史的教训深刻地告诫我们：文明的融会，必须整体思维，必须是包括物质文明在内全方位地大融合。即使是物质文明中的工业化模式、城市化模式、生活方式、消费方式、企业文化、科研价值取向等，都必须在中西之间取长补短、取优去劣，融合为既有中华文明的血脉又取西方文明的优长的新文明。只有这样，才可能使我们的应战立于不败之地。

(2)择优去劣。就中华文明来说，它是人类几个"古文明"中唯一仅存的古文明，而且在历史上曾经有过长期引领人类文明的辉煌。只是在近代，由于封闭保守和西方文明的异军突起，而相对落后了。这个事实，就足以说明在中华传统文明中，必有其非凡的韧性和生命力、创造力；也说明了它存在致命的弱点，以致在环境大变迁时难以跟上而落后了。就西方文明来说，它在人类几千年的文明史中，曾经有大部分时间是处在落后的状态。而到了近代，经过文艺复兴、启蒙运动、工业革命，突飞猛进地实现了文明的崛起，并以雷霆万钧之势波及全世界，又经过两次世界大战和苏联的解体，确立了其主导地位，使以美国为首的西方文明，如日东升，达到了巅峰状态。也正是到了此时，产生了一种幻觉，认为西方文明应该是人类"最好的生活方式"，必须把它"普及全人类"。由此，世界就难以安宁了。对于西方文明这种"过山车"现象，我们也应该做一分为二的认识。西方文明能够在 300 年的时间——即相当中华文明的十分之一的时间里，实现如此巨大的跃迁，必有它惊人的爆发力和普及力。但西方文明却又在并不很长的历史时段，就开始显露出它的弱点与病灶，这又需要我们清醒地看准其劣势所在。所以，在整个文明融汇的过程中，必须双向梳理，挖掘与明辨各自的优势与劣势，不能笼统地取材。

由此，在确立应战方略时，第一要务就是要准确地分清挑战应战双方各自的优势与劣势。这个任务，我在前面已经依据所有文明(人性所趋)共同的五大趋向进行逐个的梳理，从而做了必要的基础准备。在这里，重要是探讨如何"择优去劣"。我认为，总体上说，应该双向地扬彼此之长弃彼此之短，形成一种如鲁迅所言"外之既不后于世界之思潮，内之仍弗失固有之血脉"的中华新文明。具体可以包括如下方向：

第一，物质文明宜扬西方文明重外拓、促竞争、求精益的长处，避其嗜损人、好极化的缺陷，补中华文明讲内修、求兼顾的优点。

如，工业化应该避免西方那种过度集中化、财阀化以致导致两极分化、社会分裂和大资本干政的弱点。导引企业的大中小、公私合的合理结构，把工业文明的推进建立在全民富裕政通人和的基础上。导引商业竞争与义利精神相结合，避免西方那种以邻为壑、零和倾轧的恶性竞争。企业文化应加强内部利益和谐、平等协商机制，避免西方那种过分的等级森严、利害对立的文化，确立我们中国式的"新型工业化"。

又如，城市化也应避免西方那种过度城市化、乡村边缘化，实行大中小城市协调发展，控制特大城市的规模。把中国的新农村发展成为生产规模化科学化、生活休闲化、环境生态化的"三位一体乐园"。像中国这样一个人口特大国，保留一个"进城人口"的适当"退路"，在危机时刻是有其必要性的。既可以缓解大城市病，又保留了一些"内陆湖泊"那样的经济与生态"调蓄区"。

再如，用消费促生产不应照搬西方的"消费主义"，以致造成"超消费"导致有限资源的"超浪费"，大大加重了生态危机。美国的消费模式，是完全不可能、不应该复制的。应该适当弘扬中华文明的"简约美德"，还要约束广告业的无序宣扬和商业的虚假炒作，逐步建立起中国的"绿色消费模式"。

再如，科学技术的发展一方面要学习西方那种永不满足、精益求精、一丝不苟的精神，另一方面还应发扬中华文明中为国献身、团队协同、攻坚克难的品格。

第二，制度文明宜扬西方文明重法治的优点，避其独尊选票、党派倾轧、分权过度的弱点，补充中华文明的多层协商、适度集中的优势。

如，民主选举应该既发扬其新陈代谢、选贤与能的本质优势，又避免其"选票决定一切"、党派虚假承诺与恶性竞争以及决策迟缓的问题，补充以中国式的多层协商机制。逐步建立起竞选与协商互补、选票与信息对称、选纲与施政一致的、走出人治阴影的民主协商制度。

又如，依法治国应发扬西方的宪法权威、依法行政、平等守法的优点，避其种族歧视、机械执法和仲裁权威不足的弱点，特别要舍弃中华文明中"权大于法"的积弊。逐步建立起有中国特色的法治权威与释法权威相配合的法治国家。

再如，分权制衡应发扬西方公权私权界线分明、尊重个人权利的优点，避免其"三权分立"的分家甚至对立倾向和私权冲击公权的缺点，补以中华文明中统筹兼顾的优点，逐步建立起分权不分家、制衡不拆墙、公私权限明确的分集互补的分权制度。

第三，精神文明宜发扬中华文明崇忠孝、讲信义、重亲和、求共处的美德，避其轻个人、好模糊、易苟安的糟粕；吸收西方讲平等、崇自由、主多元的优点，避其嗜零和、好排他、走极端的缺点。

如，个人与集体的关系，既要大力发扬中华文明"己所不欲，勿施于人"的忠恕美德、"与人为善"的共生精神和"顾大局，识大体"的全局思维，又要唾弃其束缚个性、强制共性的糟粕，还要吸收西方文明尊重他人、独立自强的精神。

又如，自由与秩序的关系，既要承认"自由是精神发展的根基"（霍布豪斯）、保障"宪法人权"，又要明确自由不得损害"宪法秩序"；既要追求个人的合法自由，又要"推己及人"尊重他人的合法自由；既要维护个人的自由权利，又提倡为国家与社会的公利牺牲必要的个人自由。

再如，创新与教化的关系，一方面应学习西方不迷信过时权威与不安于现状，优而更优、精益求精、永不满足的求新创新精神，又翻新中华的教化传统，并将教化局限在"幼年启蒙"和"社会导引"的范围之内；另一方面应切实消除束缚个性、盲目追求一元化的传统积习。营造出一种社会性的、自下而上的既有蓬勃持续的创新激励与动力，又有适度有效的自上而下教化机制的创新与教化合理互补的局面。

再如，政治与人格的关系，应该大力发扬中华文明的"富贵不能淫，贫贱不能移，威武不能屈"的人格操守，塑造出一种高尚的、清洁的、引领的政风文明氛围。

第四，社会文明既应吸收西方社会自治的经验，又要防止其过度自由而引起社会分裂的危险；既应发扬中华文明亲和互助、邻里结缘的优良传统，又应弃其拉帮结派、黑道营私的糟粕。形成一种社会和谐、社群自治、邻里共和、互爱互帮、经济活跃的社会共同体，使其成为国家稳固的基石、社群文化的摇篮、纠纷调解的一线、社会治安的助手和经济增长的动力。

如，社会保障，做到学有所教、居有其屋、病有所医、老残有所养、危难有所济。

又如，社会自治，做到组织有序、民主协商（成为法定的基层民主协商机制）、服务全面、安全确保、政令到位。

再如，社群组织，做到自主自律、个性弘扬、劝善扬法，使其成为基层的百花齐放的"社会文化中心"。

再如，社区服务经济，面向家庭、行业多样、服务便捷、就业方便，使其成为繁星式的适合居家与养老的乐园。

第五，生态文明应弘扬中华文明的"天人合一"价值、瞻前顾后理念和统筹兼顾的方法。学习西方外向开拓的锐气与科学求新的精神，并避免其以邻为壑、民族自私的糟粕。

五、文明挑战与应战是一个持续的过程

1. 中华文明百年来的内外夹击

我愈来愈感到，有一个重大问题值得我们认真地研究：为什么百年来中国人反反复复的"文明应战"都没有见到明显的成效，而改革开放这 30 多年、特别是近 10 年，就像"大梦猛醒"一样，突然发现自己竟然一下"变"成"胸有成竹"了？面对这一段翻天覆地的历史，我们绝不应限于"激动与感慨"，而应该仔细地研究一下其中所蕴藏的宝贵经验。这其中，当然与西方文明始现疲态有关，但本质的原因应该还是我们自身吸取了历史的经验找到了正确的应战方略。下面，我们不妨简略地回顾一下历史。

首先，是过去百年文明应战的回顾。

从鸦片战争开始，西方文明打响了挑战的第一炮。从此，拉开了中西文明较量的漫长历史。在这一百多年的时间里，这种挑战与应战，我认为可以划分为四个阶段，即：清朝末年阶段；民国阶段；中华人民共和国成立后前 30 年阶段；改革开放阶段。

清朝末年阶段。也可以说是闭关锁国、惊慌失措阶段。那时的中国，正值被明清两代的高压奴化文明驯化了几百年之后，中华传统文明已被阉割得奄奄一息，处于极度衰弱的状态。国家的上层腐朽无能，而且还"夜郎自大"地封闭自恋。一旦遇到西方文明雷霆万钧的恶性挑战，立即就陷于措手不及、顿失方寸的慌乱状态。甚至企图用"义和团"那种荒唐而原始的农耕文明去对抗洋枪大炮的工业文明。在节节颓败、割地赔款、丧权辱国之余，又在"中体西用"的败招下闹腾了一阵，甚至建起了一支号称"亚洲第一"的北洋水师。可是那支看似"坚甲利兵""西用"至极的北洋水师，在"中体"的指挥下却一败涂地。整个国家陷入了"众虎争食"的险境，中华文明遭遇到前所未有的灭顶之灾。

这一阶段的最大教训就是：一个长期封闭的文明体是根本无力抗拒外来更先进文明的挑战的。这个"无力"虽然也包含有形的无力，更重要的是"无知"而导致的无力。当我们关着门"对镜自摄"时，外面的世界已经演变得"眼花缭乱"莫知所从了。既无法判别应战的方向，也不知如何去组织自己应战的力量。结果不是乱战一场，就是缴械投降。另一个教训，就是企图以陈旧之"本"（主要是规制文明）来驾驭工业文明之"用"是根本行不通的。北洋水师的覆灭，并非前线将士不英勇，而是清廷中央腐败无能指挥错误。试想，一个以农耕文明为皈依的老太婆，怎么可能指挥一场现代化的战争呢？

民国（大陆）阶段。也可说是由企望"全盘西化"而演变为半殖民地、半复古阶段。民国初年，以国民党人为首的革命派，企望在中国一步实现西方的"议会多党民主制"。想当年，从国体到建制，从官衔到服饰，无不以欧美为师。可是，没想到以"宋教仁血案"为转折点，风云突变，把那场"共和梦"彻底粉碎了。根深蒂固的中世纪势力，一下子把神州退回到"你方唱罢我登场""城头变幻大王旗"的军阀割据、国家分裂、内战频仍的大乱局。后来，虽然经过国共合作，北伐"成功"，成立了国民党的南京中央政府。但这个"中央"并没有真正统一中国。有许多地方依然存在割据性的军阀统治，只不过名义上"承认中央权威"而已。更糟糕的是国民党内的复旧势力得势，通过"剿共"和消灭其内部革命

派而迅速反动化,导致了民族内部彻底的文明分裂。

这种内部文明分裂,表现在三种文明交叉并立、明争暗斗的局面。一种是以国民党为代表,以多个外侵宗主国为背景,以城市为依托的"买办文明"。一种是以多个地方军阀为代表,以封建宗法体制为基础,以农村为依托的"中世纪文明"。一种则是以共产党为代表,以武装割据为基础,以多片红色根据地为依托的"革命文明"。前两种文明,由于其政统归一,国民党又实行"双向妥协"的应战方略,既对殖民文明妥协,又对中世纪文明妥协,故双方保持着一种"明统暗争"的局面。但以共产党为代表的"革命文明",则是高举反帝反封建反独裁旗帜,实行平等与均产的政策,与前两者形成了鲜明的对照,从而赢得了国内外的赞誉与向往。这三种文明,由于多少保有中华文明的"始根"中的家国文明,故在日寇入侵、民族存亡、文明毁灭的生死关头,却又能形成统一战线,共赴国难。由于内部的坚持和外部的援助,终于取得了抗日战争的最后胜利,避免了一次试图毁灭中华文明的危机。但国民党在抗日胜利后,却倒行逆施,破坏政治协商,挑起新的内战。不仅失去了一次联合起来共兴中华文明的机会,而且也由于其逆文明潮流而丧尽民心走向失败。

这一阶段,留给我们的经验与教训是十分丰富的。首先,民国初年那场"全盘西化"的民主立宪告诫我们:在中华这片广袤的土地上照搬西方文明,特别是规制文明,是行不通的。不仅"现代民主化"需要有"工业化"的前提,而且一个千百年依附帝王的"臣民"要他一下变成能独立思考、自主选择的"公民",谁也没有那个"魔力"。在一个农耕文明为主体、社会自组织力极低、交通信息十分阻塞、文化传媒又十分落后的背景下,照搬西方民主文明,其结果可能就会是"分权"变"分家","民"主变"枪"主,统一变分裂。整个国家社会就可能陷入无权威、无标准、无制衡的乱局。其次,国民党的"双向妥协"应战方略,对内向地主文明妥协,根本无法解决工业文明的前提——土地制度改革以解放工业化所需的"自由劳动力",根本没有由"农耕文明"转向"工业文明"的初始条件。对外向西方文明妥协,失去了独立自主的"应战能力",沦为西方文明的附庸。这样的状况,岂有不丧失政权之理?最后,共产党的伟大胜利,正是在国民党那种反面衬托下,高举民族独立、平等自由、清正廉洁的大旗,土地改革又极大地释放了农民革命的积极性,使中国人在对国民党失望之余,看到了民族复兴的光明希望。那种"赢粮景从"的支前高潮,那种"万民空巷"地迎接解放,在中国历史上可以说是空前绝后。

中华人民共和国成立后前三十年阶段。也可说是应战过度,艰难探索的阶段。在神州大地上,这场史无前例的解放战争,来得如此之迅猛,胜利如此之神速,这对中国人来说简直是"出乎意料"的。过去,虽有过根据地和解放区的局部经验,但面对如此巨大的一个国家,又面对西方封锁的严峻形势,"一边倒"地学习苏联,也是可以理解的一种"应战方略",是一种"出于无奈"的选择。但是,中国人也并不是"一心一意"的。从中国的合作化到《论十大关系》,也可看出端倪。中国人还是想探索中国式的发展道路。特别是在20世纪60年代以后,中苏交恶,一面倒地学习苏联,戛然而止。

至此,中国的文明应战,似乎"失去了"方向。既不能学西方,又不应学苏联,只有关起门来"探索"自己的路了。但是,由于在封闭环境下受"心智结构"的局限,"打倒封资修""高举三面红旗"就出来了。那实际上,就是一种"农业社会主义"的思路。企望以人民公社为中心依托，实现工农商学兵一体、城乡共荣、人人"大公无私"没有社会分工的"共产主义天堂"。"文化大革命"，只是其恶性大暴露而已。那显然是一种幻觉性的"应战过度"。它企图割断中华文明几千年的血脉，封堵与西方文明正常融合之路，从"头脑"里"创造"出一个理想的、无法实现的"大同文明"。在那里，人人"大公无私"，个个"亦工亦农"。"新人"出现了，分工消失了，"跑步进入共产主义"了。其结果是中国人尽知的。

这一阶段，其教训也是十分深刻的。首先，关起门来导致"井蛙效应"，使文明的应战陷入"盲人摸象"状态，不是"过度盲动"，就是"过度幻觉"。其次，历史是不能割裂的，文明也不会"抽刀断水"。维系本文明的血脉，只能走开放国门、双向融汇之路。要走出一条"中国特色"的文明应战之路，如果不继承中华文明之精华，不吸收外来文明之珠玑，就只能"从头脑中"臆想出一个"乌托邦"来。最后，作为文明载体的"人"，是不可能按照主观设计的图纸来"制造"的。从卢梭到罗伯斯庇尔不能实现的东西，任何人也不可能实现。

改革开放阶段。也可以说是摸索新路，趋近正途的阶段。中国共产党领导全国人民经过几十年的奋斗与摸索，不断地试错，终于得出了"不走老路，也不走邪路，走中国自己的路"的结论。这即是"中国特色的社会主义"之路。我体会，"不走老路"应该包括不走复古主义之路和"文化大革命之路"。"不走邪路"应该是指"不走复制西方"和"不走学习苏联"之路。"走中国自己的路"，应该是融中华文明精华、西方文明优长和社会主义珠玑为一体的中华新文明之路。这个应战方略，经过了几十年的反复试错、印证，正在由点到面、由浅入深、由淡到明地展开。中国人终于经过百年的风风雨雨，在 21 世纪初叶看到了文明跃迁的希望，充满了民族复兴的自信。

中国人仅仅用了不到半个世纪的时间，就大体走完了西方 300 年的路程。这种史无前例的文明跃迁，在人类文明史中是绝无仅有的奇迹。中国人可不能一叶障目，可不能由过去那种"盲目自恋"一下又跳到"妄自菲薄"。物质文明取得了举世瞩目的大跃迁。用短短的几十年就实现了西方几百年才完成的工业化，而且信息化也走在了世界的前列，智能化也在迎头赶上。特别是在科技文明方面，其"厚积薄发"的追赶速度，令世界侧目。规制文明方面，虽有些滞后——这也是客观的必然。但根据他国的经验，无论哪种民主模式，必先打好"法治"的基础。而从法治的视野来看，改革开放以来"依法治国"的步伐还是在逐步提速的。如，领导人的任期制和退休制、司法制度的改革、民法总则的颁布等，都是掷地有声收效明显的。特别是"中国特色的民主"的提出，具有巨大的可期待性。精神文明方面，我们最大的进展就是开始恢复了中国人的"文化自信"。那种自"五四"以来就流传的一种妄自菲薄、自贬自残的文化歪风，大大地收敛了。社会文明方面，由于人们文化程度的提高和政府自上而下的倡导与相应立法，近些年来见义勇为、志愿义工的社会风气明显上扬。特别是雷霆万钧的反腐运动，一改过去"跑部钱进"的官场歪风，在吏治文明上，可以说是一次"文明的革命"。生态文明方面，过去欠债很多，但通过"供给侧"改革，以"壮士断臂"的勇气大力去掉重污染的产能，大力创新可再生能源，中国已经变成了《巴黎协定》的重要倡始国，成为许多"绿色发展"的领头羊。特别是"一带一路"倡议，充分体现了中国人的智慧和中华文明的复兴，得到了世界性的赞许与响应。当然，这种转变还是初步的，但是国策既定，前景是大有希望的。

总而言之,改革开放,应战文明挑战,这是一个前无古人的伟大事业,没有现成的经验可资借鉴。尽管其间经历了曲曲折折的道路,全国上下摸着石头过河,终于蹚过了一个个险滩恶水。从初步结果来看,应该说中国人开始找到了文明应战的方向,摸到了光明正途的"入口"。中国人的文明自信,从来没有像今天这样有底气。

其次,是文明新跃迁的原因。依据我的个人经历感受,中国改革开放的30多年,真可以说是"天翻地覆"。中国人摸着石头过河,竟然"摸"出了一片新天地。这种让世人侧目的大变迁,从何而来?这正是我们应该正视而且必须认真总结的问题。

我想换一种方法来思考——从结果来反推其原因。即从现实开始,如此高速度如何能够形成?一般地说,社会变革的速率主要取决于三个要素:一是高层决策力,二是社会动员力,三是外部影响力。

高层决策力,包括现实的因势利导的决断能力和长期的预判计划的坚持能力。这一点,改革开放后所形成的具有新陈代谢机能的"开明权威"体制,应该是起了决定性的作用。它既克服了过去"一言堂"的"闭目塞听"与"积重难返",又避免了西方议会民主的"议而难决""决而难行"和多党"轮流翻烧饼"的弊端。不仅能够务实而高效率地决策,而且可以持之以恒地长期不间断地推行下去。这一点,我认为,相对西方来说,其"速率"是他们远远跟不上的。这也就为我们赢得了宝贵的时间。

社会动员力,包括社会响应力与行政组织力。前者,也就是"民心所向"的程度。对中国人来说,近百年来的国耻与国难,在国人心中所积累起来的"奋发图强"的梦想,就像一大堆绵延千里的"干柴"。正是党中央的"以经济建设为中心""不争论""实事求是"的正确决策,把这堆潜在的"干柴"迅速点燃成遍及神州大地的熊熊烈火,迅速形成了全民共识。真是"万民空巷,赢粮而景从"。试想,几亿农村进城务工人员背井离乡、千里迢迢,为的不就是实现其被压抑多年的"脱贫致富"追求幸福的梦想?几千万的各级干部,他们一个劲地招商引资,发展经济,改变面貌,其主流不也是为了相同的梦想而响应党中央的号召、力争上游?

特别值得大书特书的是,对于中国20世纪80年代以来出现的"农村进城务工人员现象",我们应该提高到"改变历史的伟大史诗"的高度来大歌大颂,就像20世纪四五十年代的"农民参军支前高潮"一样来大歌大颂。这是中国现代人民群众创造历史、改变历史的可歌可泣的伟大史诗。可惜,至今还没有看到我们的作家写出了这部惊天地泣鬼神的伟大史诗。

后者,主要是指政府动员和运筹整个国家资源,并能迅速有效完成既定任务的能力。这方面,可以说西方文明主要是规制文明,是无法同我们竞赛的。我们这个经过几十年逐步修正而开始形成的既有广泛的多层协商又有"一盘棋式"的集中的民主集中机制——"在民主的基础上的集中,在集中的指导下的民主"——虽然还不够完善,但是确有其值得自信的优点。它既有民主,又有集中;既有长远计划,又有有序行动;既有市场动力,又有政府调控的"中国特色"的社会主义体制。特别是作为"追赶型国家",为什么只有中国走上了"崛起的正途"?我们这种体制是有巨大功绩的。

外部影响力,包括正能量的支持力和负能量的干预力。可以说,整个改革开放时期,前者是主要的,后者是可控的。这又得归因于我们的"高层决策力"。由于我们采取的是融入既存的国际秩序、而不是挑战它的应战方略,又切实而鲜明地高举"合作共赢"的旗帜，使我们赢得了众多朋友，减少了对抗，消除了怀疑，从而可以避免"修昔底德陷阱"，实现"和平崛起"。

2. "持续的自决能力"是文明持久战的基础

历史证明，赢得了一次挑战，不见得就必定会赢得第二次、第三次。因为不同文明之间博弈（或交流），是一个反复持续的漫长历史过程，甚至可以说是一个"没有句号"的永恒课题，必须有打"持久战"的思想准备。就以我们东西文明的较量来说，也已经经历了100多年的时间了。这100多年，始终没有停止过，只不过是各个时期的内容不同而已。就以当今阶段来说，虽然中华文明历经反复的失败、反思、调整、变革，终于开始领悟到开放融汇、双向梳理、取长补短、立足特色的"自决"思路。开始集小成为大成，展现出了光明的前景。但是，是否就是"毕其功于一役"了？是否就"大功告成"了？显然不是。我们要走的路，还很长很长。因为，一方面，西方文明那边，显然远没有走到"一蹶不振""穷途末路"的地步。它不过是"策略上的失误"——很大程度上属于"新自由主义"的失误。这种失误，在很大程度上又是某西方国家因"胜利冲昏头脑"而滋生出来的"霸权野心"和"文明终结"（"西方文明已登峰造极论"）的保守主义所造成的。他们中的精英们也是会反思的。在反思的基础上，西方也会做出战略调整。这是毫无疑义的。我们千万不应误判。另一方面，我们的胜利，中华文明的苏醒更新，虽然实际上属于"初步的觉醒"，但也很可能会导致局部的自满自傲，保守主义必然会趁机而起。所以，这内外两方面的"新变化"，都决定了文明的挑战与应战，必然是一个持久的演化与较量过程。这就要求我们始终保持"持续的自决能力"。

"持续的自决能力"，是汤因比提出的。按照他的原意，持续的自决能力就是一个文明体能够长期保持住它的"生命的冲动"。他说："文明似乎就是这样，通过生命冲动不断生长，生命冲动推动挑战通过应战而达到另一个挑战。这种生长表现在内在的两个方面：宏观上，生长本身呈现出一个逐步控制外部环境的进步过程，微观上则是一个逐步自决和自我表达的进步过程。无论在何等意义上，我们都可以为生命冲动的进步确定一个可能的标准。"[1]

那么，"生命冲动"又从何而来呢？根据汤氏的研究，来自两个方面：一是，现实提出了严峻的"需求"——不改变现状本文明就可能毁灭（包括自然的灾难和人为的灾祸，如战争）。但是，仅有这一点还不行，还要有主观的"奋起"。如中国20世纪30年代的"救亡图存"和80年代的"改革开放"。故，作者认为，前者是产生生命冲动的"母亲"，后者是产生生命冲动的"父亲"。两者缺一不可。如果挑战不足，就不可能形成前者；如果挑战过度，则又可能使人们丧失应战的"执着"。只有在"挑战适度"（适中）时，才可能真正形成"生命的冲动"。我认为，中国目前正好处在这种环境之下，这也是"上天"佑我中华。中华文明的伟大更新就在我们的面前。

（发表于《社会科学动态》2018年第1期）

---

[1] 汤因比：《历史研究（缩略本）》（上册），上海世纪出版集团2005年版，第45、93、203、188页。

（下卷）

——发展与未来

■ 夏振坤　著

武汉大学出版社

图书在版编目（CIP）数据

夏振坤文集.下卷,发展与未来/夏振坤著.—武汉：武汉大学出版社，
2021.12
ISBN 978-7-307-22816-0

Ⅰ.夏…　Ⅱ.夏…　Ⅲ.①夏振坤—文集　②社会主义经济学—文集
③科学技术—文集　Ⅳ.①C53　②F04-53　③G301-53

中国版本图书馆 CIP 数据核字（2021）第 271890 号

责任编辑:陈　红　　责任校对:汪欣怡　李孟潇　　版式设计:马　佳

出版发行：**武汉大学出版社**　（430072　武昌　珞珈山）
（电子邮箱：cbs22@whu.edu.cn　网址：www.wdp.com.cn）
印刷：武汉精一佳印刷有限公司
开本：787×1092　1/16　印张:26　字数:613 千字　插页:4
版次:2021 年 12 月第 1 版　　2021 年 12 月第 1 次印刷
ISBN 978-7-307-22816-0　　定价:428.00(全三卷)

目　　录

新世纪新挑战

一、历史的过渡阶段：由工业社会到智能社会

1. 人类社会发展的阶段划分问题

长期以来，我们习惯于以"阶级"与"生产方式"来划分人类社会的发展阶段。如原始社会（无阶级）、奴隶社会（奴隶主与奴隶的阶级对立）、封建社会（封建主与农奴的阶级对立）、资本主义社会（资本家与工人阶级的对立）等。现在看来，这种划分，虽有其价值，但似乎不尽完善。如，中国历史上就说不清奴隶社会的断代问题，美国也没有封建社会。在一些后发性国家，封建主义、资本主义甚至社会主义共存交织，也说不清楚。故，我有一个很不成熟的想法，可否用"文明"这个标志来划分人类社会的发展阶段？因为，"文明"这个标志更具有普适性、可划割性，从而更具有标志性：文明可以概括人类一切的思想与活动；文明也是人类进化水平的"最大公约数"；文明是永恒的，从混沌初开一直到人类毁灭，都有其不同的文明形态。

正因为如此，我在《发展的多维视角》一书中就曾提出，人类社会文明的发展，在历史上经历了和将要经历四个大阶段：采猎社会（神主文明）、农耕社会（君主文明）、工业社会（民主文明）和智能社会（智主文明）。在那本书中，因为我是在讨论政治改革问题，故用了神主、君主、民主等概念来表达。看来，这还是有些局限，似乎应该用采猎文明、农耕文明、工业文明和智能文明这四个阶段来划分。

采猎文明——蒙昧人——神巫治理。

混沌初开，人类虽有了初步的人性和动物式的自由，但基本上还未摆脱对大自然的绝对依赖，处于一种"自然依附物"或蒙昧人的状态。其自由也属于原始的自由或"乞丐式自由"。

此时，由于人类的愚昧无知，把一切自然现象和洪水猛兽都归于"天意"。天不可达，沟通天与人的"巫"应运而生。整个社会就只能依靠"神巫机制"来治理。

农耕文明——奴仆人——专制治理。

随着人口的增加，生产工具的改进，人口对生产率的压力增大，社会由采猎文明进入农耕文明。与采猎文明不同，农耕需要人口相对固定，人口的固定又需要权力的约束，一切权力都集中地管住农民，使其依附于土地。作为人的农民从此就失去了"乞丐式自由"而被固定在土地上了，成为奴仆式的人。

此时，由于土地是固定地存在于广袤的范围之中，十分分散，而人们的联系手段又极其匮乏，甚至"老死不相往来"（要传递信息，集会讨论几乎不可能），但又要保证人口的

稳定性，对于这种既分散又愚昧的农民进行管理，只能依靠半人半神的威权和专制集权的治理机制，才可能做到。

工业文明——半自由人——民主治理。

工业化的发展需要三个基本的外在条件，即劳动力市场、商品市场和交通发展。农耕文明的后期，在一些交通发达的区域，工业文明首先发轫，然后在世界各处普及。工业的发展首先要求把农民从土地上解放出来，成为"无拘无束"的"自由劳动大军"。同时要求市场开放，消除封建垄断。这才可能保障雇佣劳动力的充分供应和商品的自由竞争。作为农耕文明的"奴仆人"，农民变成了工人，获得了人身自由，但仍然不能免于受雇于资本，故是一种"半自由人"。

此时，原来的专制治理，已经不能适应新的要求了。首先，就是无法真正消除封建垄断。这种从权力到资源的封建分割式垄断，不仅难以顺利地形成劳动力市场和商品市场，而且由于权力不可能受到有效监督，造成权力侵蚀市场的腐败，严重地阻碍了工业化的进程。故在西欧就相继发生了反封建的民主革命，建立起了形式不同的现代代议制民主治理制度。

2. 由工业社会过渡到智能社会

原来，多数未来学家认为，发达国家在完成了工业化之后，便进入了"后工业社会"。我认为，这个概括只有时间的界定，看不出特定的内涵。故改用"智能社会"似乎更确切一些。在这个社会阶段，从经济基础到上层建筑，从生活方式到思维方式，都会发生质的变化。这种变化也会像物理化学的过程那样，通过解构——失序——有序——建构的演化过程，实现社会的跃迁。我们今天的人类社会，可能正在经历"解构——失序"的初期。

21世纪至今已过去十几年了。回想在21世纪到来之初，人们对即将到来的新的一百年，既抱有许多美好的愿景和设想，也藏着不少忧郁与恐惧。现在不妨回过头来看看，这十几年的开场锣鼓究竟打得怎样？

原来大多数人对全球化、信息化在21世纪的进展，抱有非常正面的期待。事实上的确出现了意想不到的奇迹：在"工具领域"，3G、4G迅猛更新，网络金融出现，机器智能化，网络商业与快递一日千里……过去常态的商业、出版业、通信业、运输业甚至军事手段，几乎都有被颠覆的趋势，给社会带来了前所未有的便利、自由和财富。大有改变人类生活方式乃至国家治理模式的势头。这十几年的成就，可以说已经超过了过去工业化的几百年。但是，伴随着伟大革新而来的并非全是佳音。一些过去想也想不到的困惑与"灾难"也层出不穷地一个一个冒了出来：网络犯罪正在无孔不入地入侵人们的私生活，高科技使假冒伪劣空前猖獗，监控技术使人们的隐私受到威胁……

原来有些人以为21世纪必会是民主政治凯歌行进的时代。特别是以美国为首的西方大国，满以为可以借全球化、信息化和天下无对手的大好时机，一鼓作气把"美国模式"推广到全世界。从中东到北非、从格鲁吉亚到乌克兰。风起云涌，不可一世。可是，现在回头看看，没有一个搞成功的，相反使得当事国天下大乱、人民遭殃。即使是老牌民主国家，原有的代议制民主模式也开始显出老态和异化苗头，运转起来也不尽如人意了。

原来以为，21世纪必定会比过去更文明、更和平、更和谐。这种愿景当然肯定不能说会落空。但一些苗头却使人萌生忧虑。从"9·11"开始，恐怖事件不仅没有因美国的"反恐战争"而式微，反而大有扩张之势。第二次世界大战以后的国际秩序，不仅没有因"冷战"的结束而更加巩固，反而因日本的急剧右倾和乌克兰剧变，中东和北非的乱局，朝鲜半岛危机等事件而火药味愈来愈浓。

为什么会这样呢？我认为，这些相悖的现象，究其渊源来说，本就是客观世界发展的应有之义，是由于我们主观认识上出了偏差，对策上鲁莽行事，而促进、加剧和扩大了它们的出现罢了。科学技术的发展，基本只能推动"工具世界"的跃迁，它同"符号世界"的发展不仅不会同步，甚至会反向而行。正如一些历史学家早就告诫过我们的，人类社会正走在一个"十字路口"，面临着一个十分严峻的矛盾："工具世界"的迅速趋同和"符号世界"的深刻分离。或者说，物质领域的趋同和精神领域的趋异。我体会，之所以会出现这种相异的趋向，主要是因为全球化、信息化的超高速发展，打破了原来工业化时代还可能维持的物质更新与精神跟进之间大体相安无事的平衡。而当今一日千里的技术——物质翻新及其释放的无比"一律化"颠覆能量，使得人们的思想、习惯、传统、族群偏好乃至道德情操和法律规制等"符号世界"非常难以适应。这必然就会使得人们产生对现状的逆反心理和投机冲动，从而催生群体分离化的趋向。在这种大趋向下，一种莫名其妙的心理躁动和民粹倾向便在社会上蔓延开来，如遇某种"机遇"便会出现或爆发这样或那样的犯罪、侵权、广场运动、国家分裂等花样翻新的事件。在这种大势之下，人们应该冷静地自省反思了。

首先是那些领头大国的政治精英们。他们满以为可以凭借自己的"工具优势"（全球化、信息化），利用异己国家的心理躁动进行投机，来实现消灭一切异己的"符号世界"，使天下"归于一"。于是，"凯歌行进"，到处插手，"老子包打天下"。辛辛苦苦，付出了那么大的代价，牺牲和杀死了那么多的可贵而无辜的生命，结果呢？有哪一件成功了？他们可是犯了极大的认识错误：以为他们的制度模式会像"互联网""麦当劳""沃尔玛"等"工具"优势那样，畅通无阻地推广到世界的任何角落。可他们却忘了自己的学者早就告诫的道理："工具世界"的趋同，不仅不能同步促进"符号世界"的皈依，甚至会加剧后者的分离。他们的制度，属"符号"领域，它不是"工具"。更有甚者，他们这种投机的盲动大大削弱了自身的元气，由于这种自伤，也开始破坏了第二次世界大战以后所奠定的国际秩序，从而也加剧了当前的纷乱局面。现在是他们改弦易辙的时候了。

其次是"追赶国家"的精英们。这部分人撇除那些贪腐得利的代言人之外，主要是两种人，一是倾向西方民主的自由派，二是倾向秩序主义的特色派。这两种人由于其"心智结构"（文化传统、经历经验、知识积累）的巨大差异而各执一端。但也应该看到，他们兴国济民的目标则是大体相似的，故不应排除他们是有可能走到一起的。如果双方能相向而行，寻求既能符合"世界潮流"又可行得通的"妥协点"，这不就取得共识了吗。而要能做到这一点，大家都必须进行自省与反思。

第三种人是不满现状的普罗大众。千万要明白：痛快地颠覆现有秩序，绝非百姓之福。过去的历史和今天的现实已经看得清清楚楚，"天下大乱"只是为政治野心家们创造了"出头之日"，而留给大众的则是无穷的灾难。只有通过文明的斗争，才能有效地争取到自己的权益。在这方面，政府与社会应该通过教育、媒体和影视普及合法争权的知识和好处。与此同时，更应该建立与完善下情上达的畅通渠道和社会矛盾的合法博弈平台。

二、新的经济基础挑战旧的上层建筑

1. 新旧不适应

我们所说的"新的经济基础"，是指信息化、数字化、网络化、全球化和智能化。"旧的上层建筑"，包括专制主义、权威主义，也包括开始出故障的民主主义。旧的上层建筑（含国家治理）的思维方式是，胡萝卜加大棒，软硬兼施。其行为方式包括管控、镇压、教化、施恩。但是"五化"的新基础，则表现为：

——权威的社群化、分散化。近20年来，世界的社会运动出现了一系列新的变化。大多已不是过去的阶级斗争和民族独立的性质，而是诸如绿党运动、同性恋运动、女权运动、"茉莉花革命""阿拉伯之春"等，带有社群倾向、宗教倾向和反世俗独裁倾向的运动。为什么会如此？这是全球化和信息化的结果。飞跃发展的"工具世界"的急骤性和强迫性，使得人们特别是青年人"符号世界"的感情、思想、道德、习惯难以适应。一种充满压抑和躁动的反现实心理便升腾起来。其机理表现为三个方面：一是全球化冲击着人们的国家与社会的归属感，使人们对自己的身份认同模糊起来。特别是一些跨国工作的人们，说他是"公民"他却是在异国工作，说他是劳动者却又没有当地雇员的权利与义务。但是，他是男人（女人）、是俄罗斯人、是基督教徒这种"族群"的身份则是淡忘不了的。慢慢地，在人们心中族群的观念上升，国家社会的概念会模糊起来。二是全球化夹带着的"大众文化"排山倒海地冲击着原有的"个性文化"——你不那样生活，就无法立足。这必然使得人们（特别是弱势群体）会走向"孤独"（如"宅男""宅女"）并产生巨大的"逆反心理"（反现状）。一遇某种契机，便会失去理性地爆发出来。三是网络化给迷惘烦躁的人们提供了更大的独立性和"网络结群性"。这三个方面结合起来，国家社会责任淡薄、浮躁逆反的心态和社群集结的巨大空间和极短时间，就造成了当今世界权威分散、社群兴起、纷乱频仍的局面。

——个人的独立化、个性化。当今大凡进入了生活前沿的人，都会感到现在已经不仅是"秀才不出门能知天下事"，而是"凡夫不动脚能购天下物"了，一个定位系统就把天下地图尽收掌中。网络化、虚拟化、快递化、GPS……人们对集体和关系的依赖，愈来愈少了。"一个按钮通天下"，必然导致人们更加独立化和个性化。在这种情况下，旧的治理思路如果仍然采用那种"威权"禁锢思想与行为的做法，势必无功而息，甚至会激起民愤。

——信息的平面化、透明化。在信息载体平面化、信息传递网络化、信息内涵透明化的情况下，如果仍然沿用旧的治理思路，凭借信息的层次性垄断，实行信息封锁，显然是力不从心的了。如硬欲为之，公信力必然会每况愈下。苏联为这种"说假话"所付出的代价，应成为我们的前车之鉴。

2. 辩证关系

为了从"顶层认知"来说明问题，上面说的新的经济基础与上层建筑的矛盾，我们可以用一个"三角辩证法"的新视野来做一个通用性的解释。任何一个社会，都是由经济、文化、政治这三大基本领域构成的。就像一个"金字塔"那样，其底边是经济，右边为文化，左边为政治；按各自动向，经济是趋向合理性的，文化是趋向族群性（个体性）的，政治是趋向调适性的。在这三者的关系中，作为社会基础的经济一般属于"自变量"，而文化和政治则属于"因变量"。但这并不是单项反馈关系，而是"双向网络"的反馈关系。当经济技术的发展方式发生质变时，首先就影响到文化方式的相应变化。经济文化的变化，必然就会逐渐明显地冲击既存的政治规范。这种运动的表象，就是三角的顶端是政治的调适性，它具有抑制或促进经济与文化发展的功能；三角的左角为经济合理化的起点，它一直演变到整个底边，侵入文化领域，同时由另一个边冲击既存的政治规范；三角的右角为文化演化的起点，通过量变积累而影响政治规范。社会大都是循着这种"三角运动"在不断地演化着。大量时间是处在"量变"之中，一旦运动超越了客观的"阈值"，社会就会发生政治形态的突变。

我们不妨回顾一下历史。在前工业时代，小生产的分散性和文化的个体性是浑然一体没有分离的，至少是表面不彰显的。因而，金字塔顶端的君主专制的政治完全可能把整个社会调适起来，而且由于缺乏社会联通的技术与组织，也只能靠权力极度集中的（一言九鼎）君权体制，才可能将千差万别的经济与文化调适起来，形成强制性的"共识"。只有在这种共识下才可能有效地进行一个国家的集体行动——治安、战争、分配等。

在工业革命时代，技术上的分工导致了经济上的合理化、统一化大趋势，从而一方面不断侵蚀文化上的独立性、个体性，这就引起原来的独立、分散和封闭的多元文化抗拒；另一方面，专制政治又无法容纳新的经济技术所派生的新的文化，社会矛盾也就激烈起来。在这种形势下，旧的专制政治由于其信息封闭、智能狭窄、权力又过于集中，无法在这种重重矛盾中起到调适的作用。相反，往往起着激化矛盾的负面作用。这样，整个社会的经济、文化和政治就难以整合而形成共识。一个新的民主化政治诉求就应运而生了。在整个工业革命时代，由于民主政治相对于专制政治，具有更大的信息来源、智能资源和权力（决策）分散等优势，以及和平博弈，一百多年来起过较好的调适作用。

到了后工业（智能）时代，不以人们意志为转移的经济合理化进程不断向前推进到了信息化、网络化、全球化的境界。技术上的一元化合理性，强烈地冲击着文化的多元化，原来在工业化阶段尚可能保留的个性化文化，愈来愈被物质技术上的高节奏、快更新、模式化的大潮压得喘不过气来了。人们在精神上感到愈来愈不适应、愈来愈重的压力，患抑郁症者、自闭症者愈来愈多了，"愤青"愈来愈多了。于是，一种烦躁、逆反的情绪在社会的各个角落里萌动开来。这就是当前世界各地动乱频仍的根源所在。各种"稀奇古怪"的运动不断出现。各种"颜色革命"，只要外力稍加拨动就会不可收拾，这都反映了现存的政治模式已经难以调适早已发生巨大变化的经济与文化了。美国政治"衰落"，老实说多是其"自作自受"：如果它丢掉那过时的"全球美国化"幻觉，改变总是习惯于用过去那种"强力平衡法"来保障"美国安全"的做法，这个世界本来就很安静。世界之所以到处不安宁，正是美国的旧调适格式不能调适新现实的表象。人类社会正处在一个政治新变革的开端。

这里，还必须指出，在一些采取主要通过路径依赖的渠道实现现代更替的国家，普遍存在一个致命的问题：用陈旧的控制方式来解决 21 世纪出现的新问题。其本质，则是企图在保持既得特权的条件下不触动旧有利益格局来实现国家的振兴。这是很危险的。因为，第一，这种新瓶装旧酒的体制，势必会进一步恶化社会不平等和社会分裂。试想，一方面是与现代市场接轨而财源更加滚滚涌现，另一方面是不易受到监督的巨大权力，这会出现什么冲动？腐败无法抑制，其根子就在这里。第二，极易形成反抗与镇压的恶性循环。在全球化开放的大背景下，这种两极分化、社会不公的情况是无法掩盖的。人们对现状的不满，势必造成社会的撕裂与反抗，当政者手中拿的并不是现代民主工具，而是传统的强力机器，很容易就会顺手举起镇压或变相镇压的大棒。这就会更进一步撕裂这个社会。第三，在开放的信息化大环境下，任何一个国家内部的违反人权的事件都是不可能被掩盖住的，这势必会引起国际的谴责乃至制裁。那种制裁又必然会伤害国内的经济与民生。这又会加剧国内人民的不满。整个社会就会陷入恶性循环。

三、国家治理的挑战

最近几年，国际风云变幻莫测，重大事件层出不穷、出人意料。即使是美国也有穷于应付、顾此失彼的窘态了。至于一些因循守旧、水平不高的统治者们，更是惊慌失措、莫知所措地丢失了政权。其实，从某种角度看，这多是世界性的"基础"发生了巨变，而人们的"上层建筑"却反应迟钝的结果。"世界治理"如此，"国家治理"更是如此。

1."三化"引起了政治生态的大变化

信息化、网络化、智能化的"工具领域"的革命，可以说是形成了对"国家治理"领域的颠覆性挑战。首先是引起了社会政治生态的质的变化。这种变化主要表现在四个方面：

第一，人民群众由"懵懂大众"到"智慧大众"的变化。信息的平面化、无界限化，知识与技术的网络传播，使亿万网民们的视野大开、知识激增。而"社交网络"又"无接缝"地加强了彼此的交流与相互学习。这就像大水的"平溢效应"那样，原来"懵懂"的低洼群体，很快就"进水"了。今天的"草根"可不是几十年前的那种"懵懂大众"了，要想忽悠他们，那只能降低自己的"公信度"。

第二，社会事件由"可预见性"到近乎偶然的"突发性"的变化。往往是无征兆或小征兆，突然演发成大动乱。这是因为社交网络的炒作和"群发"功能，急剧地扩大和加速了事态的演进。加上网络的共振效应，其强度更是难以预料。

第三，重大社会问题由"单纯内部性"到"内外呼应"的变化。在全球化与信息化的大背景下，任何一国的社会问题，几乎不可能简单地按"国内政策"来处置，必须考虑国际因素和国际反应，否则就会陷入被动局面。

第四，政治信息由可以"封锁垄断"到"路人皆知"的变化。在过去信息封闭的时代，执政者可以通过垄断型的"保密"来挡住人民的视觉。现在可不行了，网上有什么不可能"搜索"出来？国内可以"隔离"一阵，还有国外网站。旧的网站"封了"，新的网站又出来了。信息封锁者往往处于"水里按葫芦"的局面。

2.政治生态变化挑战旧的治理理念

第一，"绝对权威"偏好遇上了"权威社会化"的局面。这在国际上已经明朗化了，普京的"克里米亚回马枪"已经正式拉开了以行动挑战美国霸主权威的序幕。在国内，埃及的总统反复更替就是一个说明。可以说，在今天网络智能化时代，旧的那种追求领袖的"至高无上权威"的理念完全是很困难了。因为，首先，任何一个人，即使是非常杰出的精英，也不会没有缺点与问题，而缺点与问题是可以通过"人肉搜索"曝之于众的；想用旧的"造神技术"来造出一个"新神"几乎是不可能的。其次，信息的平面化必然会带来"机会预期"的普遍化，这是值得提防的。最后，在社会平面化的时代，过度集中的权威必然造成决策的信息基础过于狭窄和迟缓，这对千变万化的政务是十分不利的。

第二，垄断信息的传统遇上了信息分享化的大潮。垄断信息，历来都是旧的统治者确保政权的高招。但是，在今天，这个"法宝"已经不那么灵验了。因为实际的可能性缩水了。

第三，意识形态的一统化惯性遇上了"思想个性化"潮流。思想的个性化，虽是人类的本性，但只有在信息网络化的时代，才具有实现的可能。为什么今天的家长都在抱怨年轻人"难调教"，其实就是客观环境已经不是过去那种封闭迷信的时代了。"人人可以成圣贤"，在今天才有现实意义。

3. 坚持传统执政理念可能犯错误

第一，误判民意的错误。在利益和渠道已经多元化的今天，现实的下级已不是被绑在一条船上的"螺丝钉"，现实的百姓也不是懵懵懂懂的。这就很容易造成执政者（或集团）的误判。

第二，临乱失态的错误。如果一味迷信思想控制与信息垄断的功效，没有改弦易辙建立可靠的"信息反馈循环机制"，而现实的社会矛盾或国际形势却是以偶然性和突发性机制爆发，执政者可能就会陷入临乱无策的窘境，其后果就不可设想。

第三，延误改革时机的错误。显然，传统的一套国家治理理念，愈来愈不能适应当今社会基础的变化了。如果坚持不改，必然会阻碍"基础"的发展和上层建筑的改革。这是大家都很明白的事实。更为现实的是坚持旧的治国理念，难以真正解决现实存在的腐败重来和两极分化问题。

四、"三三治国理念"讨论

1. 兴国在"三自"

我以为，现代国家的治理，已经有了许多可资借鉴的经验。我把它归纳为"三自活力"。

首先是经济发展的自由生长力。过去的历史已经充分证明，一切主要依靠政府自上而下推动的经济发展，而社会参与不足的国家，即使能够取得一时的辉煌成就，甚至称霸一方，也是不能持续的。不是内部崩溃就是走入歧途被人剿灭。战前的日本与德国，后来的苏联，就是例证。现代化，就是要构建那种使经济增长与技术进步能够大体不受垄断与阻滞，社会力量可以自由参与的强劲动力。这是保证大众的充分参与从而中产阶层发展壮大的必然要求。这是保证社会稳定健康而富有活力，经济得以持续发展的必然之道。

其次是人才流动的自然选择力。社会的流动性，特别是上层与基层之间的流动性，是一个国家能否持续稳定、健康发展的重要指标。古今中外，一切祸乱之源，大都出于"机会的垄断"。特别是青年知识层"进身无门"。须知，任何祸乱都是人造起来的。人们为什么要造反？就是因为改善生活状况的机会被少数上层所垄断世袭了。造反的为什么又多是青年人？就是因为青年(特别是青年知识层)对流动性的期望值最高而现实的落差又最大。以美国为例，它之所以在20世纪繁荣富强，一个重要的原因，就是较长期地保持了社会的流动性。而现在又为什么国内纷扰不断、经济低迷？在很大程度上，也是由于流动性的滞缓少数大资本集团与家族的流动性强化与固化了。从其总统选举，就可以看出，选来选去，老是离不开那几个大家族。社会上众多的人才与精英，难以挤进那层"天花板"。为促进人才的自由流动，最重要的是要普遍提供各种"自我表现的大众舞台"(如，各种群众性的比赛、竞技、论坛、辩论会等)，使得各种"潜在的人才"能够就近自发地表现出来。这，在学校、特别是在大学，应成为"素质教育"的重要一环。这种"人才发现机制"，可能比那种"带病提拔"的机制更可靠、更普及、更有效。

三是社会冲突的自动消解力。任何一个国家，不可能不出冲突。问题在于，前现代化国家无法做到自动消解，只能依靠强力机器压制或镇压。因而，往往导致官逼民反。这就是难以长治久安的关键所在。而现代化的法治国家则建立了某种保障弱势群体的机制。在知情权、表达权、影响上层决策的能力、构建矛盾双方合法博弈、寻求妥协的平台等方面，有程序化的沟通与协调机制，从而使矛盾与冲突，一般不需动用强力机构，只需通过合法的和平的消解而自动解决和平息。

2. 源头在"三容"

以上的"三大活力"，并不是制定一种政策马上就可以出现的。它是一种文化更新与积累的产物。这种文化的积累表现在三个指向上。

一是文化的宽容。这是经济创新、人才流动、冲突化解的精神前提，或者说属于价值取向问题。前现代化的国家往往是思想一元化，甚或文化专制，很难做到文化思想的宽容。因为信息经济、创意经济乃至整个后工业经济已经不再是"规模制胜"，而是"点子制胜"了。如果一个经济体不容许"奇谈怪论""胡思乱想"的多元思维，还在坚持"一元化思维"，就不可能在智能化时代走在文明创新的前列。

二是政治的包容。这是社会稳定的关键。要能够提供一种宪法范围内各种利益群体、各种政治派别相互对话相互妥协的合法机制，或者说程序化机制。必须防止"多数专政"。这是构建长治久安、特别是社会冲突和平而文明解决即"自动消解力"的必要文化前提。政治的绝对排斥性文化，是一种落后的文明残余，在这种文化的基础上，是不可能产生这种包容精神的。现代南非对待原白人统治者的政治宽容经验值得我们学习。

三是经济的兼容。这是上述两点得以产生的基础。让一切有利于生产力发展的主体混合发展，得以人尽其才，物尽其用，货畅其流。必须防止"分利集团"的形成与垄断(奥尔森)。而以上的全部条件，则又取决于是否有一个开放的、民主的、能自动纠错的政治体制和一个高智商的、有战略眼光的领导集团(保罗·肯尼迪)。

3. 实现在"三韬"

在当今的世界，任何一个国家要想实现文明的发展目标，绝对不可能避开国际博弈。

没有一个相对稳定的地缘性和平大环境，是谈不上持续发展的。而且即使我们愿意和平发展，当我们的发展被别国认为是"妨碍了"它的利益时，我们就很难"一厢情愿"了。故要比较顺利地推进自身的发展，国家必须有高超的韬略。

一是把握时代机遇的韬略。当今世界，风云变幻，一日千里。在信息化、全球化的大潮中，一个国家的兴衰与持续发展，往往要取决于它能否看准和把握住时代的机遇。这又要取决于国家精英层的智商与执行力的高低强弱。而这种智商的敏锐度，则又取决于社会的流动性畅通与否。如果一个国家，不能把自己最优秀的人才推举到决策层去，如果它同时又采取信息封闭的政策，拒绝外来文明，那么这个国家必然会走向衰落。

二是创造相对实力的韬略。在信息化、全球化(区域化)的背景下，一个国家(主要是大国)的盛衰与持续发展，一般并不取决于它与主要强国的对等实力——那往往也不大可能——完全有可能通过不对称的博弈与斗争，加强自己的实力并取得与相关强国的相对均势。这是因为，相关强国的"实力施用面"，必然大于自己的实力施用面。后者只需要确能自保就可以了，无须顾及其他。这种相对实力，还应包括国内的普遍动员能力、消解内耗(包括外力制造的内耗)的能力以及国际纵横捭阖的策略和文化亲和的能力。

三是掌控国际话语权的韬略。经验证明，哪个国家掌握了国际话语权，它就拥有了巨大的软实力——合法性与正义性，从而有利于扩展自己在国际上的发展空间，并且反过来还会强化国内的稳定与发展。

当前，正值西方"理性主义思维"的式微，传统强国的一些过头做法已经暴露出许多恶劣后果。我认为，对这些西方文化中显示出来的颓势与问题，不能等闲视之。这是人类主导文明历史性更替的一种"先兆"。因为人类正面临极大的"毁灭危机"——现实的核灾难；普遍的科学公害化危机；潜在的机器智能化危险；等等。我非常担心，这些件件都可能让人类毁灭的危机用西方的"理性主义思维"是绝对无法制止和消解的。只有我们中华文化中的一些可以同现代嫁接的内涵，可以作为培养一种文化"新坯胎"的元素。

中国传统文化中许多优秀的"元素"，如：中庸思维(合作共赢)、忠恕之道(己所不欲，勿施于人)、新大同(人类命运共同体)等，正好是医治西方理性主义"极端病"的神药良方。在这一个问题上，我总觉得中国的知识精英，特别是那些有国学功底的先生们，应该觉醒起来，承担起这个中华文化"凤凰涅槃"的伟大历史重任。这个"最大的话语权"中国人千万不能丢失。

4. 转变观念

上面这些看法，可能不尽完善或者过于理想。但我觉得，其方向是合适的。它符合人类文明发展的总轨迹。恕我直言，要认同这些设想，还存在一个观念的转变问题。我以为，在这个问题上，第一要有"痛定思痛"的精神，对苏联 70 年和我们过去的经验教训，采取开放的态度认真加以总结。千万要防止过度的"路径依赖"。第二要有"他山之石，可以攻玉"的宽广胸怀和"沙里淘金"的精神并学习外国有用的经验。

(选自《发展与文明》，湖北人民出版社 2018 年版)

时代潮流中的中国现代化

导　　论

在当代中国，什么是我们的最高利益？什么是评判一切是非的最高标准？我认为就是实现中国的现代化。一切阶层，一切政党，一切社会力量，一切理论派别，都必须按照它来确定自己的位置和使命。这是因为在当代，没有现代先进生产力的基础，没有与这种物质文明相适应并能推动其继续发展的政治文明与精神文明，就没有民族的独立，就没有国家的强盛，就没有人民的幸福，中华民族就难以自立于世界民族之林。社会主义现代化，正是集中体现了所有这些时代的要求。正是这个庄严而神圣的目标，驱使多少仁人志士，抛头颅，洒热血，前赴后继；激励着以中国共产党为代表的中华儿女，呕心沥血，孜孜以求。值得庆幸的是，中国人经过反复选择，付出了惨重的代价，今天终于走上了现代化的康庄大道。在这凯歌行进的洪流中，伏案沉思：往者还有何处之可鉴，来者尚存何物之可追？做些拾遗补阙之微思，求我振兴伟业之大成，期尽匹夫之天职。

第一节　困惑与反思

一、百年不懈的追求

中国人开始萌生现代化的想法，是西方列强用洋枪大炮来提醒的。但是，封闭太久的中国人过惯了"中央帝国"唯我独尊的生活，对"现代化"的理解和接受方式，很难避免地经历了一个漫长而反复的痛苦过程。从 19 世纪中叶第一次鸦片战争开始，经历了太平天国、第二次鸦片战争、洋务运动、中日战争、中法战争、戊戌变法、义和团运动、八国联军入侵、立宪运动、辛亥革命成功、袁世凯称帝、张勋复辟、五四运动、北伐战争、十四年抗战直到中华人民共和国成立，一百多年来，反反复复，前赴后继，为了中国的繁荣富强，中国人民进行了可歌可泣、悲壮勇武的不懈追求。

二、三大基本阶段

从洋务运动到改革开放，大体上经历了三个基本阶段：保皇维新阶段、暴力革命阶段和改革开放阶段。

第一阶段，基本特征是一种"保本求末"的现代化思路，即在维护大清帝国法统的前提下，有选择地学习西方的"物器"，而且是出于一种被迫无奈的选择。虽在大厦将倾的威胁下，搞过一阵"立宪"的闹剧，那也不过是"挂羊头，卖狗肉"，企图蒙混过关，保住皇室既得利益而已。结果是以腐败的制度来操纵先进的"物器"，不仅效率低微，而且引发更深的腐败，致使清廷走向灭亡。

第二阶段，应分为两个亚阶段——国民革命阶段和新民主主义革命阶段。

在前一阶段，孙中山全面引入西方"民主共和"的现代国家制度，希望以此彻底消除清朝封建官僚的腐败制度，从此启动中国的现代化进程。用心不可谓不苦。但是，在一个封建根基尚未触动、市场经济十分渺小、大众依附状态依旧未变、市民社会还来不及发展的国土上，急欲推行现代民主，只能是事与愿违。中国出现了一个地方割据、军阀轮流执政、"城头变换大王旗"的混乱局面；还夹杂着"称帝""复辟"的插曲。国民党大权旁落，不得不进行"二次革命"。后来，几经曲折，在"国共合作"进行北伐之后，算是打垮了北洋军阀，建立了南京政府。但随着孙中山先生逝世，蒋介石掌权，国民党从此异变，形成了一个表面一统、实则割据的半封建、半殖民地的国家，出现了买办资产阶级、官僚资产阶级和地主阶级共生的局面。中国共产党被迫进行土地革命，转入武装斗争。国民党在此情势下，联合封建、帝国主义势力全力对付共产党。不仅完全丧失了革命性，也没有了启动现代化的兴趣，而且对日本的狼子野心采取绥靖主义的路线。这样就引来了日本的大举入侵，爆发了十四年抗战。蒋介石政权既不可能也无心事去进行什么现代化建设；全国人民在水深火热中挣扎，还敢有什么现代化的奢望？直到南京政府的垮台。对于这一段历史，费正清先生得出了如下的结论："牵制现代经济起飞并且最终妨碍资产阶级发展的并非官僚化，而是中国作为一个国家太软弱了。由于缺少政治革命和社会革命，资产阶级与官僚共生纵然使得国民党政权富于都市情趣，却不可能为真正的经济现代化开辟道路。"①

后一个阶段，中国共产党取得了政权。第一代领导集体充满了实现中国现代化的雄心壮志。但由于主观上的因素以及客观上国际环境的突变（朝鲜战争在前，中苏关系恶化在后），前30年走的是一条狭义现代化（集中力量发展工业）的道路，而且是封闭进行的。30年在工业发展上的确奠定了从无到有、从支离破碎到初具体系的基础。而且卫星上了天，核弹具有了实在的威胁力。但是，由于片面现代化的思路，加上经济政治化的倾向，几乎是重复着苏联的老路：社会现代化受到排斥，实际上是畸形工业化。这种状况下虽然国力有了显著增强，而人民没有得到多少实惠，短缺经济愈演愈烈；GDP 有了很大的增长，经济社会结构却没有什么发展，仍旧是一个农业国。国内潜在的矛盾，此起彼伏，运动频仍，导致"阶级斗争"不断升级。个人完全依附于国家；经济服从政治。

第三阶段 20 世纪 70 年代末 80 年代初，党的第二代集体以石破天惊的勇气拨乱反正，认真反思了中国现代化的正反经验与教训，开辟了一个改革开放的崭新的现代化道路。从80 年代至今，中国朝着广义现代化和融入国际社会的方向前进着。对此，全国人民充满了希望。

---

① 费正清：《剑桥中华民国史》，章建刚，等，译，上海人民出版社 1991 年版，第 878 页。

三、我们学到了什么

这三个历史阶段，中国人付出了如此高昂的代价，应该学到一些有益的东西。我们学到了什么？我认为：

第一，中国的现代化不能照搬西方模式。在中国这块土地上，鱼和熊掌是不可能同时获得的，必须分步走：首先整合各种政治力量和经济资源，然后在一个稳定的大环境中，才能真正开创全面现代化的局面。孙中山先生民国初期的教训是值得我们深深回味的。

第二，中国的现代化又不能不向西方学习。只学"末""器"，不学治理现代社会的制度，不学指导现代生活的思想观念，是绝对实现不了现代化的。清朝失败了，苏联也没有真正成功。"不入虎穴，焉得虎子"，不与国际接轨，岂能学到真经？应有高度的民族自信心，中国是不可能"全盘西化"的。

第三，必须弄清楚什么是现代化。这绝不是一个可有可无的问题。现代化不等于工业化，工业化也不等于工业产值占大头，更不等于多建工厂。现代化是整个社会的全面更新、位移。

第二节　标准与价值

一、目标与结构

对于现代化这个词，众说纷纭，似乎还没有一个统一的、权威的界定。这不仅是因为现代化的理论研究滞后于现代化的进程，而且由于"现代化"是一个不断更新、没有终点的运动。就像"今天"那样，永远都有"今天"。发展中国家有发展中国家的现代化，发达国家如果按现在发展中国家的标准，早就完成现代化了，但它们还要向前发展。随着信息革命与知识经济的出现，又出现了"后现代化""第二次现代化"的理论。

对于像我们中国这样的发展中大国，如果把现代化仍然界定为由农业社会转向工业社会，似乎显得落后于时代；如果把现代化界定为"后工业"，肯定又超前了。我们的现代化目标是什么？要抵达的"彼岸"在哪里？

我们认为，中国的现代化，中国特色社会主义的现代化，是"三位一体"的目标集：其一，是结构的现代化。由传统农业社会向现代(符合社会主义价值取向的)工业社会、信息社会转变，这是基础性的目标。其二，是体制的现代化，由计划体制向市场体制转变，这是关键性的目标。其三，是路径的现代化。由封闭的现代化向开放式的现代化路径转变，这是环境性的目标。这三者缺一不可，互为因果，相生相长，只有目的，没有体制、路径的保证，只是一纸空文；只有体制，没有目的，可能滑向资本主义；只有路径，盲目开放，就会沦为国际资本的附庸。

照这样的目标，现代化应该是一个全方位、多元化的结构，包括：第一，经济现代化，即工业化、信息化；第二，社会现代化，即人口城市化、家庭核心化、阶层橄榄化、社会自组织化，直至制度化社会的形成；第三，政治现代化，即民主化、法治化；第四，文化现代化，即交流开放化、多元融合化、主体重塑化、教育普及化、传播信息化；第五，环境现代化，即生态优美化、人口—资源—发展良性循环化。

二、价值观评析

在我们对现代化这个范畴作出了界定(可能是不成熟的)之后，还有一个问题必须讨论，那就是现代化所追求的是什么价值取向呢？

过去，曾有过三种价值标准，即：以边沁为代表的功利主义，以罗尔斯为代表的公平主义和以诺齐克为代表的自由至上主义。阿玛蒂亚·森对这三种价值标准做了很好的评析。他认为，功利主义的优点是它着眼于社会机制的后果，即人的福利，而不是什么"货币收入"之类的标准；它的弱点是只重总量，不计分配结构，忽视权利与自由。公平主义的优点是突出了个人自由权的地位，缺点是过分强调了自由权的优先性，因为"自由"只是个人权益的一部分，而且一个人自己的好恶有时并不能代表社会的自由权状况。至于自由至上主义，他认为其优点是强调了自由的全面性(政治自由、经济自由、其他自由)和法治性，缺点是只讲自由，不问这种自由的后果有多么糟糕，不能挨着饥饿来享受"自由"。①

以上三种现代价值观，我认为其实是"后果公平"与"程序公平"的两个极端：传统的功利主义只重视后果与效用，忽视政治权利与经济自由等程序公平；公平主义与自由至上主义则只重视程序上的自由公平，而不计效用与后果(哪怕是饥荒与死亡)。这几种价值观都会产生误导：前者，完全可以出现个人失去了任何公民权利、处于人身依附下的"效用最大化"，如俾斯麦时代的个人，也可以出现总量效用很高条件下的两极化不平等，如在某些高 GDP 的石油国家存在的情况。更何况功利主义用唯心主义的"主观感知"来评价"幸福"与"满足"。这种心理测度，往往由于信息被垄断以及"愚昧无知""井底观天"而受到扭曲，就像美国在解放奴隶前的黑人奴隶也感到自己满足一样。后者，完全可以出现享有程序性民主自由条件下的贫困、饥荒、战争、死亡与民族歧视。如当今美国民主下的有色美国人和美国刺刀下的弱小国家。

正因为如此，森提出了一个重大问题：把发展(或现代化)仅仅看作是 GDP 增长、人均收入提高、工业化、技术进步等，这种"狭隘的发展观"看来是远远不够的，必须建立一个"以人为本"的发展观。这种发展观，森认为是"实质自由"。他主张自由不是泛指的，而是在"实质的"(substantive)意义上定义的。所谓实质的是指，人们能够过自己愿意过的那种生活的"可行能力"(capability)。在这个意义上，"能力"就是一种自由。自由，既是发展的主要目的，又是发展的主要手段。这里，森比自由至上主义前进了一大步：过去，无边无际地谈论"自由"，不讲"可行能力"的自由，往往成为"镜花水月"。而受教育、知信息、经济自立、享有公民权利等，都是能够过自己愿意过的生活的"可行能力"。有了这个能力，才有自由，才能发展。用森的话来说，就是"有自由实现的自由"。我也认为，这种价值观也不是没有其不足之处——尽管这种不足并不妨碍他的思想光亮。即他多少有些忽视历史的信息。在对待东亚权威主义问题上，他可能忘记了自由与权利，在有的地方

---

① 阿玛蒂亚·森：《以自由看待发展》，任颐等，译，中国人民大学出版社 2002 年版，第 51~71 页。

与历史阶段，并不是一开始就能够实现的。因为在那里受到了历史条件的限制（这些限制我将在后面第三章详述）。如果一开始不先实行权威主义，而是采用西方民主，就不可能实现发展——现代化。

三、马克思主义的现代价值观

马克思主义创始人在生前虽然没有构建正面的、系统的现代价值标准，但他们在肯定资本主义的历史进步性、批判资本主义的局限性和设想未来更先进的社会，确实留下了十分重要而深刻的现代（包括未来）价值观。我把它归纳为三点：

第一，由必然王国到自由王国。马克思认为，这是人类社会发展的总趋势。人类由原始、愚昧到现代的发展，再到未来的高度发达，就是一个由被动的"必然"状态向主动的"自由"状态不断前进的漫长过程。资本主义在消除中世纪的野蛮和愚昧方面有伟大的历史功绩，但它并不是历史的终结。资本主义制度本身，仍然受到"拜物教"异化的困惑而使人往往处于不得已的"必然"境界，自由的实现带有很大的局限性，必将由更高级的社会来替代它去真正实现由必然王国到自由王国的转变。

第二，人的自由而全面的发展。自由王国的核心是人的自由而全面的发展。人不再受到国家的限制、财产的限制、劳动分工的限制，得以充分发展自己的聪明才智，充分自由地实现"自我"；没有人可能垄断资源而妨碍他人的发展。因而，每个人的自由发展将成为一切人自由发展的条件。

第三，全面而彻底的民主。实现自由王国的保证，就是民主，真正而彻底的民主并在民主全面发展的基础上，逐步使国家消亡。这其中，防止"人民公仆"异变为"人民主人"，是过渡到未来社会的根本保证。

四、我们应有的现代价值观

综合以上各种价值观，我国的现代化，既要讲功利，又要讲程序；既要讲民主，又要讲自由；既要讲当前的发展，又要讲长远的方向。应该在马克思的现代价值观的指导下，既包容又批判地吸收功利主义、公正主义、自由至上主义、实质自由主义的一切合理的内涵，集福利、公平、民主、自由、和谐之大成。特别要依据马克思"人的自由而全面发展"的长远方向，充分吸纳"实质自由"中的有益精神，探索一种既符合人类社会发展大方向，在发达国家的实践中证明合理又在中国现实中可行的价值取向。

这种现代价值观，我暂时称之为"人的全面解放"。其一，这符合社会发展的总趋势和马克思的设想；其二，它可以兼容现有各种现代价值观的合理成分；其三，这是一个动态过程，可以囊括历史和未来，具有传承性：人类各个历史阶段所取得的进步，实际上都是朝着这个大方向前进的。

人的全面解放，主要包括五项内容：

从依附中解放，实现社会民主化。对于中国现代化，这是一项基础性的内容。清除一切中世纪残余，把一切经济的、政治的、文化的人身依附关系消除掉，把人从各种依附关系中解放出来，实现经济、政治、文化的民主。这是实现自由发展的必备"可行能力"。

从贫困中解放，实现经济富裕化。由于中国人口众多，"全面建成小康社会"应是基本目标，是中国人拥有现代经济条件的初步要求。在这方面，教育、社会保障、自由交易应得到有效而普遍的保证，这是脱贫致富不可少的"可行能力"或"实质自由"。

从愚昧中解放，实现文化科学化。要用开放与科学的态度对待传统与现代、本土与外来的关系。要有开放的胸怀，从善如流；要有科学的精神，去莠存良。在一个开放与和谐的氛围中进行传统与现代的重塑、本土与外来的融会。

从冲突中解放，实现全民和谐化。冲突、压迫、剥夺、倾轧直至其最高形式战争，都是自由的敌人。由于阶层的对立、利益集团的斗争及其在国际上的延伸，这种从冲突到战争的无序变异，往往会导致自由不同程度地被剥夺。我们中国，在国内应该建立起"社会和谐化机制"。可分两步走：首先，建立阶层协商、协同机制；然后，在将来逐步消除阶层差别。这里的关键是建立全民利益共享机制，防止两极分化。

从污染中解放，实现环境生态化。应该尽力避免过去现代化的破坏性后果，解决好开发与保护、经济与法治的关系。

以上五个方面的内容，不是孤立的，是相生相克的关系，共同形成一种促使人的全面解放的有机结构：第一点是现代化的前提。试想，如果没有人身自由，没有在市场、法律面前人人平等的机制，没有对国家权力的制衡，现代化就可能走入歧途。第二点是现代化的动力，这也是发展的福利，使中国人在全世界面前"不带羞耻"地、自尊而自信地生活。第三点是现代化的灵魂。整个现代化是靠人来推动的，而人是由思想、观念、意识、理论来指导的。没有现代思想、观念、意识和理论的人，如何能实现现代化？第四点是现代化的环境，即稳定的大环境。试想，一个经常被阶层冲突、纠纷、倾轧、争斗所困扰的社会，如何能够进行现代化建设？最后一点是现代化得以持续发展所必不可少的。由此可见，前提、动力、灵魂、环境、可持续发展，一环扣一环，都是现代化不可分割的环节。任何一个环节，既不能过分地落后，也不能过分地超前。所以说是相生相克的关系，必须从整体上来把握它。

五、合群与自利的辩证统一

我们讨论现代价值观，是为了提供一种群体的导向，使参与现代化的每一个人的行为都受到这种价值取向的约束。按照被滥用了的"经济人"概念，这可能吗？

阿玛蒂亚·森在《以自由看待发展》一书中问道：人类是坚定的自利者吗？他回答道："自利当然是一个极端重要的动机，而且许多经济和社会工作由于对这个基本动机的重视不足而受挫。但是我们每日每时都看到，人们的一些行动反映了明显具有社会成分的价值观，那些价值观使我们远远超出纯粹自私行为的狭隘界限。社会规范的出现，可以由交往式理性思考和进化性行为模式来解释。"

"社会价值观对确保多种形式的社会组织的成功，可以发挥而且一直发挥重要作用，这些社会组织包括市场机制、民主政治、基本公民权利和政治权利、基本公共物品的提供，以及公共行动和抗议的机构与制度。"森认为，之所以能如此，是因为"关于正义的那些基本思想对于社会性生物的人类绝不陌生，人们关切自身利益，但也能想到家庭成员、邻居、同胞以及世界上其他人们。"①森的"社会性生物"的观念，显然大大高超于新自由主义者。

我始终认为，人性是两重的。正由于这种两重性，才表现为既有"个人价值观"，又有"社会价值观"，而且前者一般要受到后者的约束。我过去只从历史阶段的变异来解释这"两重性"此消彼长的变化：在原始社会合群性大于自利性，私有制社会则反之等。看来是远远不够的。在森的启发下，我认为即使在资本主义私有制条件下，这种"两重性"也是高度统一的。统一在：任何个人的理性选择，只能是在一定的制度背景下的选择，而这种制度(含规范、契约等)正是人类为了共同生活(合群)而约束自利性的"社会价值观"的体现，说到底，制度、机构、规范、契约正是人类"合群性"的产物。没有这些，人类就根本不可能形成社会。

第三节　思路与方法

一、兼容并蓄　别立新宗

应该如何来研究中国的现代化问题？回顾我们已经走过的峥嵘岁月，在中国人民奔向现代化的过程中，有成功的经验，也有失败的教训。这些经验与教训集中到一点，我以为就是缺乏"兼容并蓄"的精神，过分执着于一端。温故知新，在中国现代化已全面启动的今天，应更加开放我们的视野，充分吸收世界各国现代化之长，尽力避免其短，而且还要把中国的现代化纳入整个国际宏观大背景的变化之中加以审视。据此，我试图提出一个"多元化、全方位、本土化"的研究思路。

多元化。广纳百家，为我所用。即根据"实践是检验真理的唯一标准"，以马克思主义为指导，纵观世界各国现代化的历史。凡属于成功的东西，应认真研究，是否可用之于中国；凡属不成功的东西，也应仔细推敲，我们会不会重蹈覆辙，该如何避免。不搞"一边倒"的现代化，要搞"兼容并蓄"的现代化。

全方位。"三个文明"一起抓。经济的、政治的、文化的、社会的现代化四个基本方面，作为一个共生共荣的整体，推动社会主义的物质文明、政治文明、精神文明的全面发展与繁荣。既要吸取历史的教训，又要探索现实的对策，还应预测发展的前景。也就是说，我所理解的现代化是属于广义的现代化，不仅包含由传统的农业社会向现代工业社会转变的内容，而且包含社会各个基本方面，如政治的、文化教育的、人民生活的、生态环境的现代性，还包含向信息社会的过渡。

本土化。我们必须学习世界各国的现代化经验，但是世界不可能为中国现代化提供一条现成的现代化方略。中国的现代化，既不是资本主义的，也不会是传统社会主义的，而是有中国特色社会主义的；既不是传统的工业化，也不可能直接进入信息化，而应以信息化带动工业化，用工业化保证信息化；既不能关起门来搞现代化，又要确保独立自主发

---

① 阿玛蒂亚·森：《以自由看待发展》，任颐，等，译. 中国人民大学出版社 2002 年版，第 260~261 页。

展，必须实行积极的开放。必须密切结合中国的国情，创造性地"别立新宗"，走出一条适合中国的社会主义现代化的新路。

二、从三个比喻说起

别立新宗，道路只能是从中国实际出发。如何理解"中国实际"？为了节约篇幅，这里只能突出若干最有特色的东西。让我们从三个比喻说起：

第一个比喻，车与路。如果说，西方的市场经济，好比一辆豪华的"奔驰"轿车，行驶在高速公路上。车子零部件耦合度高，马力足，密封性强，防震性能好；路况宽敞平整，风险标志完善……所以，司机的"自由度"就很大，安全性相对也较高，可以跑极高的速度。而我们呢？则好比一辆组装的"伏尔加"车，行驶在乡间的碎石路上。车子的零部件耦合度低，密封度差，没有防震设施；路面又坑坑洼洼，行驶起来噪声震耳，颠颠簸簸；如果车速太快，就会"散架"甚至翻车。你们看，是不是这样？车况，就是我们的市场主体；企业、政府……路况，就是我们的市场客体（环境）；规则、信息、社会观念……所以，在中国，做任何事（包括经济举措），不能一味求快贪速，"欲速则不达"。要会打"太极拳"，不能打"猴拳"。太极拳的要义就是"顺乎自然""借力打力"。等待也是一种工作方法。老子的"无为而治"，并非要人们不做事，主要是说给统治者听的。《道德经》是一种治国经，"无为而治"是要当政者不要对老百姓的生活方式、生产方式干预过多，要顺乎实情。这应是世界上最古老的"无形之手"论，据说西方的魁奈就受了老子思想的影响。中国这个民族最大的优点，我认为是凝聚力大、自生力强。就像一个人的再生力那样，有了创伤、跌打损伤，他自己会慢慢地恢复或再生，用土方子也可以痊愈。所以，只要有一个相对宽松的社会环境，稳定的政治与经济政策，少出些扰民的花点子，特别是避免那些形式主义的"水分指标"的追逐，中国的经济就会自然而然地增长起来，社会也会自然而然地向前迈进。

从世界的发展经验看，过分的增长倾斜必会损害发展。经济发展是一个系统，不仅需要部门的协调，也需要社会的平衡。以高增长为目标的经济政策的侧重点放在增长上，结果不仅导致经济部门之间的严重失衡，也使社会发生结构倾斜。这其中最危险的是两点：一是由于部门间缺乏良性循环的积聚效应，那些"优先部门"必然过分依赖政府。一旦政府支撑出现问题，就可能爆发危机。二是部分高增长部门往往出现一个高收入阶层。这个高收入阶层同一般部门（特别是农村和落后地区）的收入差距，会急速拉大。此趋势如不及时调整，就会出现两极分化，从而导致社会危机。

第二个比喻病与药。生病，总是要吃药的，吃药就得请医生开药方。药方能否治好病，就看是否"对症下药"。经济机体又何尝不是这样？西方发达国家由于其经济社会发展比较健全、完善，就像人一样，身体素质（经济实力）较好，五脏六腑健康，有时生病往往用某一种药就可以把病治好。如用凯恩斯的"药"，就治好了"需求不足"的大危机；用弗里德曼的"药"，就缓解了"滞胀"的病，使美国经济在克林顿时期得到了少有的大增长。有了过热的苗头，马上提息；有下滑的征兆，马上降息。这些在他们那里似乎天经地义，十分见效。

而中国呢？就不一样了。由于中国经济社会发展比较落后，市场经济还只是刚开始，体制还很不健全、完善，身体素质较弱，五脏六腑总有或大或小的毛病，害的是慢性的"综合征"。既有"市场短缺"症，又有"政府短缺"症；还有许多非经济的病：封建残余病、小生产惯性病、迷信愚昧病，等等。所以，用一种药单项治理，往往治不好病，甚至事与愿违。如 20 世纪末叶，治市场疲软的病，开始就是循照西方的办法，搞"单项治理"，十八般武艺可以说都用过了，结果成效不佳："虎引不出来。"

以降息为例。中央连降息 8 次，却未调动投资与消费的高涨。为什么？一是"大款结构"。人们收入差距拉大，导致消费萎缩。要投资，许多领域原来私企又不能进入，而中国的中产阶层尚未形成。由于缺少中产阶层，难以推动消费。二是"结构调整"：如国企改革的"减员增效"，大量工人下岗，造成社会有效需求下降。三是"未来支出预期"：因社会保障体系的改革、生病、上学、失业等，居民形成未来风险增加的预期，能大把花钱吗？四是"金融市场落后"：民间投资存在机制障碍，金融市场发育的迟滞，导致储蓄太多。在储蓄倾向过大、投资倾向过小时，西方往往仅用降息的办法就可扭转储蓄倾向，刺激经济繁荣。如里根采用这种政策，就为克林顿时期的繁荣打下了基础。但在中国，仅仅采用降息办法就难以奏效。因为中国民间投资主体"解禁不足"的政策，导致投资动力不足；加之上述风险预期等因素，所以一边是 8 次降息，一边是储蓄仍在大幅增长。随着我国 1996 年 5 月以来多次降低存贷利率，而城乡居民的储蓄倾向却节节上升。由 1996 年的 0.87573 上升为 1998 年的 1.49084。[①]

在外国十分奏效的"药方"怎么在中国就不大灵？原因可能是多方面的，但最本质的原因还是中国害的是慢性综合征。既不能大泻，也不能大补，只能下温性的综合调理药方。最近几年，中国人确实学会了许多东西，逐步出台了一些综合性的政策，已见初步成效。所以，2000 年下半年以来，国内有效需求开始有回升的兆头。

第三个比喻，玻璃杯与瓦罐。一个玻璃杯，里面装的是什么，外面看得清楚，因它是透明的。里面是三条金鱼，外面看也是三条金鱼，一般差别不大。瓦罐就不一样了，外面画得好看，里面装的是什么？难说了。可能外面画的是三条金鱼，由于它不透明，里面装的是金鱼还是别的什么，那就没有把握了。这就是信息不对称、信息垄断问题。

在西方成熟的市场经济条件下，由于经济透明度高，信息公开度较大，垄断的空间相对较小，社会监督机制较成熟，因此规章制度的硬度较大，政令的畅通度较好，政府规定的是什么，下面一般实行的也大致是什么；政府、企业与个人公开说的是什么，实际做的也大体是什么(最近揭露的美国几个大公司作弊案，说明发达国家也存在信誉风险，但不是普遍现象)。我国是在实现全面的民主政治之前和公共资源控制权高度集中的条件下，进行民营化和市场化改革的，这是人类经济史尤其是经济转型史上十分罕见的个案。目前大大小小的"经济割据"还存在(地方的、行业的、部门的⋯⋯)，信息垄断时有发生，社会监督机制十分脆弱。因此，经济透明度较差：不仅是信息不对称，而是存在"黑箱操作"。在此情况下，中央的政令、政府的规制在实施过程可能会发生扭曲变形。

---

① 此系按国家统计局数据换算出来的数字。

三、国情概括

以上三个形象的比喻，可以概括为三点：

第一，中国经济是一个尚不成型的经济体。整个社会处于一个大转变、大过渡的历史阶段转型。这种转变，绝不只是改革的一面，还有发展的一面。改革为"除旧"，发展乃"布新"。改革不是万能的。新的生产力、新的机制、新的观念，有一个发育生长的过程。所以，考虑中国问题，解决中国问题，必须采取"兼顾"原则：做到使主观追求同客观发展相适应；必要时，还可以采取"等待"的方法。

第二，中国是一个非经济因素干扰极大的国家。在中国，就经济问题去解决经济问题是行不通的。单纯靠经济学家解决不了中国的问题。一个看似经济的问题，却往往同政治倾向、人事纠葛、文化观念、社会冲突、封建迷信乃至民族偏好等非经济因素混在一起，难解难分，就像水里按葫芦，按下去这个，那个又浮起来了。中国的经济问题，往往带有鲜明的综合性，必须用综合的方法才能解决。

第三，中国社会还是一个法治有待完善的社会。在中国宗法人情对法治社会建设造成了壁垒，人们进行经济活动所遵循的市场规则还需要更加完善的法治保障。

因此，一个标准的原理、定律、模型，拿到中国来，必须结合上述这些现实，加以修正和创新。

第四节　学风问题

一、防止浮躁倾向

当今中国社会科学界、经济学界，从主流来看学风基本是端正的，确有一批仁人志士围绕着中国的现代化、改革与发展、西方经济学的中国化等方向，做出了重大贡献。但也确有一些值得注意的浮躁倾向——急于求成。

我国正处在急剧转型的历史阶段。其特点表现为：方生未死。旧的主流、权威弱化乃至崩溃了，新的主流、权威又未真正建立。而急剧转型的现实生活对经济理论的需求是那样急迫。这样必然导致一种学术上的"淘金热"。对于这种"淘金热"，应一分为二：有的人，确实是想淘出真金，想认真研究新事物，进行科学的理论创新，应予肯定；却也有人，想鱼目混珠，乱开处方，进行投机，想当学术界的暴发户。我把后者看成是一种社会转变时期的精神浮躁现象。这种浮躁倾向大体可归纳为三种类型：

第一种是"假洋鬼子"。这类人同认真学习、借鉴西方知识与经验的学者不同，他们是拉"洋皮"作大旗，吓唬别人，抬高自己。西方什么时髦，就大肆鼓吹什么。正如鲁迅所说的"假洋鬼子"。例如，20世纪80年代新古典主义时髦，就有一批人，跟着外国新古典主义学派的调子，大吹"无形的手"，鼓吹我国应实行新古典主义。当时以此为理论依据，实行以"放"为中心的价格改革，险些出了问题。90年代新制度主义学派时兴，一批追随者又鼓吹只有制度改革才可解决中国的问题，并跟着大吹"产权私有化"。近几年科斯定理十分走俏。该定理的中心是：权利的初始分配无关紧要，只要交易成本为零，交易充分自由，经济效率就可达到最优。其特点是，只关注交易成本，不考虑交易权利。这绝非因为交易权利问题不重要，而是由于在西方交易权利已经解决，制度经济学无须为公正问题担心。西方也曾倡导国有企业民营化，但与我国不同，它们的民营化不涉及产权的初始配置及其合法性问题，也无"历史欠账""还资于民"等社会道德考虑。有些人认为，处于市场经济初期的中国，也应绕开交易权利而讲交易成本，一度曾出现"反腐败不利于经济发展""公共资产的看守者关起门来监守自盗，是一种交易成本最小的民营化方式""民营私有化不如权贵私有化，官僚资本、权力资本有利于减少制度变迁的成本"等论调。其结果是，权力资本恶性膨胀，设租寻租出现，社会贫富差距加大。我们知道，一个社会中，富人与穷人是对立统一的关系，社会贫困累积到一定程度也会危及富人，使富人的产品卖不动，最终导致社会消费萎缩，出现经济停滞。从理论上说，市场经济本身即是一种效率经济，政府的主旨在于维护社会公平。无须政府的"鼓励"和"支持"，市场经济的竞争规律、优胜劣汰机制自然会使一部分地区和一部分人先富（当然，20 世纪 80 年代平均主义盛行时，鼓励、支持一部分地区和一部分人先富有较大现实意义）。政府当然也无须倡导一切服从效率或效率优先。市场经济下政府最大的经济任务，就是倡导和维护社会公平。但我们确有一些学者追风逐浪，跟着外国思潮跑，好像自己没有脑袋，不认真结合中国的实际，这是十分有害的。一些很有名的经济学家甚至主张将西方的东西搬过来就行了。事实是，马克思的经典理论搬过来，苏联模式搬过来，当其未结合中国实际的历史阶段所造成的失败，早已给我们留下了惨痛教训。

第二种是"炒股家"。炒股本是一种经济上的投机行为，几个大户在低位吸足筹码，然后散布各种利好消息，将股价不断往上拉抬，以吸引众人迅速跟进。通过人为炒作，使股价在短期内翻番。这样一种投机行为，目前却侵入学术行为中来了，成为学术界的一种时尚。不少人互相吹捧，借助媒体大肆炒作自己。我们可形象地称之为"三合一模式"：惊人之论+哥儿们吹捧应和+媒体炒作。于是，几年间便实现了"三级跳"，使自己在短期内由"经济学者"变为"经济学家"，然后是"著名经济学家"，再然后是"经济学权威"，最后变成了"著名权威"。权威哪有著名之说？有些人毕业走出校园不到几年，就成了大名人，这真是有些不可思议。做学问也太容易了。如某些"大家"，看了其宏论与文章，实在是不敢恭维：有的是标榜"极端真理"来树权威（就像"人总是要死的"客观规律一样），如"取消外汇管制，资金自然就会来了"。但实际操作的风险应不应该规避呢？上次亚洲金融危机的教训难道还不深刻吗？有的是哗众取宠，投人所好，可以不负任何社会责任，有的是标新立异，自诩高明……这样的学风和学术空气，是极不利于经济学的发展的。社会科学与自然科学相比，更需要时间的积累。社会科学是一个长期积累的过程。一定要耐得住十年寒窗苦，才能学有所成。"十年冷板凳"对有些人恐怕是想都不敢想下去的。

第三种是"代言人"。当前，随着经济的多元化，多种经济利益集团都在寻求其经济理论的代言人。如某些大公司为自己的形象，找某个有点名气的经济学家，请吃送股票，以帮其捧场。这样的一些经济学家们的一言一行，就有很强的集团倾向性了。上述这些倾向的共同特征是：短期功利化，急于成名，急于得利，急于进身。这就是浮躁。而浮躁是科学的死敌。这也正是我担心学风问题的原因。这些学风上的问题不端正，中国如何能出大学者？

二、核心是科学良心

科学良心，是科学工作者职业道德的根基，它体现为对历史、社会、民族的高度责任感。他从事学习与研究，论述与宣传，都是出于这种责任感。这种责任感不是空中楼阁，他讲的、写的，都要对历史、国家负责任。因此，就不能信口开河，必须言之有物，有的放矢。这就要求理论与实际的密切结合。为什么要理论联系实际？不外乎两个原因。

首先，我们学理论、研究理论、教授理论，是为了推动历史的前进、社会的进步和民族的振兴。一句话，学习就是为了用，学以致用。要用，就要从实际出发。要解决现实问题，就必须理论联系实际，从实际的国情、省情、具体情况出发，才能有的放矢，解决问题。这是不言自明的道理。学生今后出去，不外乎三条基本道路：从学、从商、从政。无论哪一条，都离不开理论联系实际。若教书治学，那么是当教书匠还是当"学家"？要当学家，就要有理论创新。而创新的最大源泉在实践。理论总是灰色的，生活之树常青。为什么许多人教了一辈子书，学术上却无成就？只会背书不会理论联系实际是不行的。1951年我在人民大学读研究生，苏联专家按教材一字不差地念。这样照本宣科，是为了"政治上保险"。搞经济学研究的人，不能搞成书呆子。经济学是实践性很强的学科，不关心实际经济发展是不行的。治学必须创新，不创新只是教书匠。若下海经商，这就更不用说了。经商更要"用"，要用以赚钱，不会用就赚不到钱。往往经济学教科书上说的，同现实经济运作中做的相去很远。若安邦治国，那学问、责任就更大了，可不能"纸上谈兵"，做马谡"痛失街亭"。《三国演义》中有个"舌战群儒"的故事。诸葛亮嘲笑群儒是"学富五车，但胸无一策"。当然，"知识库"型的专家也是需要的，但不要太多。

其次，当今世界似乎正在孕育着一场极为巨大的变革。在这样的知识经济时代，新理论、新观点层出不穷。例如，信息革命带来的"虚拟化"问题：虚拟银行、虚拟经济、虚拟战争、虚拟家庭等，各种新思想、新理论、新观点层出不穷。真可谓光怪陆离、五光十色、眼花缭乱。如果我们对生活的实际了解不多，对中国的实际知之甚少，根基不深，就很可能莫知所从，那么就会觉得什么理论都新鲜，都正确，都可用，而无法鉴别，甚至乱开药方，害己害人。

三、如何理论联系实际

首先要明确一个观点：理论联系实际是一个过程，是一生的事。理论联系实际是一个渐进的过程，需要学习—实践—再学习—再实践，循环往复。

理论联系实际要分步走：第一步，先解决"what"的问题。要弄清楚这个理论是什么，它的来龙去脉，产生的历史背景，其精华内涵，与其他理论的区别等。不要慌忙去"联系"。要学懂它，首先还是要拿来主义。若一知半解、东鳞西爪，就想用其解决实际问题，必定会犯盲人摸象的错误。第二步，再研究解决"why"的问题。研究为什么解决这个问题需要用这个理论；一种理论用来解决某个现实问题，需要什么条件，现在具不具备这种条件；等等。如弗里德曼来到中国时曾经按货币主义政策提出建议：只需控制货币，市场可全部放开。而实际上，货币主义政策要想正常发挥作用，必须有成熟的市场、健全的法制，没有这两条是不行的。中国20世纪80年代中期，市场正在发育，法制还在完善之中，放开市场的结果是引发了流通领域的许多问题。理论转化为政策，需要条件。俄罗斯"休克疗法"的失败，也是如此。俄罗斯从来都是庄园经济。庄园经济是自然经济的一种典型的形式，不相信市场。苏联斯大林搞了40多年计划经济，消灭了一切市场的东西，市场经济难以死灰复燃，所以它的疗法失败了。第三步，再解决定位"where"的问题，即要考虑这种理论在什么地方可用，在什么问题上不可用，而且用到什么程度最合适，等等。

四、所谓"科学化"的经济学

经济学应该不断科学化，这是学科发展的方向。但是，仅仅只要将伦理问题排除出去、把数学加进来就科学化了吗？经济与道德能够"一刀两断"吗？将数学模型充斥经济学论著，就一定使后者"更科学"吗？无论弗里德曼还是萨缪尔森，都不敢这样讲。弗里德曼曾说，经济学家不仅是经济学家，他们同时也是人，所以他们自己的价值观念毫无疑问会影响他们的经济学。"无价值"经济学只是一种理想。萨缪尔森也说过，经济学家多半带着利益、偏见、特殊的价值观等构成的有色眼镜观察世界。

不仅经济与道德有着千丝万缕的联系，不可能截然分开，而且同政治、文化、社会本来就是一个整体。出于社会分工，一部分学者专门研究经济领域的学问是一回事；而经济学者如果不会联系政治因素、文化因素和社会因素来思考经济问题，只是就经济研究经济，显然那又是另一回事了。因此，经济学的科学化，应该是让它更符合客观经济生活的实际，而不应是把它拉得离现实愈来愈远。同样，对经济学中数学工具的使用，也应这样看。经济学应用数学模型，是为了更精确地说明经济理论，它不可能喧宾夺主。要防止"数字不会说谎，但说谎者在使用数字"。

第五节　学习西方

借鉴西方理论与观念的基本态度，据我的体会，可概括为如下16个字：一分为二，取精去莠，有的放矢，综合应用。

一、一分为二

西方的社会科学，既有维护资本主义制度的一面，也有研究大生产规律和人类共同问题的一面。如只讲价格不讲价值，丢掉李嘉图的价值论；只讲资本主义的先进性、永恒性，很少揭露资本主义的腐败性；主流派的反社会主义倾向等。但其中也有大量的对现代社会大生产的运行规律和理论、对策的研究，一些研究涉及人类面临的共同问题，如：贫困问题、人口问题、信息革命问题、社会公平问题、公共政策问题、犯罪问题、可持续发展问题等。这些对我们都是很有用处的。所以，我们不能一概否定，既要防止其不科学的一面，又要充分吸收其科学的一面。

二、取精去莠

什么是"精"？主要包括三个方面：(1)现代市场经济的运行规律方面。(2)现代人类社会面临的共同问题方面。(3)方法与工具方面。例如,各种成功的模型(倒 U 模型、二元模型等)、多种测量工具(基尼系数、恩格尔系数等),以及在部门经济学领域的实务层面的原理与规则等。那么,什么是"莠"呢?着重在两方面:一是属于世界观方面,如将人性问题绝对化,认为人类是绝对自私的等。二是属于维护发达国家利益的方面。一个观点,一个理论,我们不能指望其放之四海而皆准。如果那样,那将是荒谬的。西方经济学维护"中心国"利益的理论观点,我们要高度注意:绝对自由化的理论有利于中心国,如中国的汽车工业完全放开,会受到严重的冲击甚至倒闭。发展中国家要逐步自由化,要符合自己的利益。认为贸易自由化对所有国家都绝对有利,认为外国人对发展中国家的投资都会促进发展等理论,对此我们要仔细考虑。实际上,外资企业的绝大部分利润流入中心国了。通过出口资源,通过市场换技术、管理,只是发展中国家发展过程中的一个阶段,千万不可绝对化、永续化。全球化有益无害论,更值得推敲。

三、有的放矢

"的"即"靶子",有空间和时间的区分。从时间上看,在不同的发展阶段,用不同的理论。如在我国处于改革前期、市场培育的阶段,应该更多地借鉴新古典主义的市场理论、拉尔的外贸有益论、适当鼓励"经济人"行为等。在目前处于规范市场的阶段,则应更注意适当借鉴新凯恩斯主义和新制度主义的理论。从空间上看,应对不同的对象、领域分别注意借鉴不同的理论。如:反腐败可以借鉴寻租理论,从制度上解决腐败的根源;企业集团化可以借鉴交易费用理论,弄清企业集团的规模以多大为益,合理的界限是什么;国企改革可以借鉴产权理论、厂商理论,产权明晰也是需要付出交易费用的;反通胀可以借鉴货币主义的理论,治通缩可以综合借鉴凯恩斯主义、货币主义、新凯恩斯主义、新马克思主义的理论;反依附(外资垄断)可以借鉴新马克思主义的理论;地区发展可以借鉴不平衡发展理论、发展极理论、地理上的二元经济结构理论等。目前,发展极理论确实可指导西部大开发。大开发不是撒胡椒面,要建立发展极,形成强有力的辐射中心,"大推进"理论不符合西部地区的实际。缪尔达尔的地理上的二元经济结构理论,比较符合发展中国家或地区的实际。在其发展过程中,一般首先是回波效应,然后是扩散效应。发展中地区的人才、资源往发达地区流,是回波效应;发达地区只有在实现结构调整升级之后,才会逐步产生扩散效应。在地区经济发展中,不可能一开始就是扩散效应。深圳也是最近几年才有扩散效应的。又如,在京九铁路经过的革命老区,有人认为"火车一响,黄金万两",老区马上就可以脱贫了。实际往往不是这样,开始时必然是回波,然后才是扩散。对此,要有思想准备。我们要做的工作是缩短回波效应的时间,加速扩散效应的到来。针对不同的对象,用不同的理论,再加上调查、了解实际情况,这样才能有的放矢。

四、综合运用

在任何阶段(时间)、任何对象上运用西方理论与观念,都必须注意:第一,要切合中国实际创造性地运用,不能照搬。第二,正如我们在前面所说,中国经济往往害的是慢性综合征,所以在治理时就不能仅仅只限于一个流派的理论,并把它推崇为绝对化。西方各流派的理论都是针对西方发达国家历史上曾经出现过的主流性经济问题而产生的,在西方也许是阶段性地、比较个别地出现的。而西方在不同历史阶段出现的问题，在中国有时则是综合性出现的，所以必须综合运用。如建立企业制度用产权理论，就不能绝对化，否则就会走向不加选择的"私有化"。治理市场疲软也是如此。中医治病开药方，讲究的就是很多药草的配合。第三，中国的问题，只能用中国学派的理论来解决，任何西方经济学流派，都不可能也不应当成为中国的主流经济学派。西方经济理论要中国化，要经过我们的改造，进行理论的嫁接。

第一章　历史的殷鉴

温故而知新。我们的先人，早在一百多年前就有过现代化的梦想。然而，现代化之神对我们中国人为什么这样苛刻？我们走过了多么曲折的道路，付出了多么惊人的代价，直到一百多年后的今天，才真正看到了现代化的曙光，走上了现代化的征途。抚今追昔，感慨万千。今天，当我们中华儿女整装待发、向现代化目标冲刺之时，为了让中国社会主义现代化能更加健康地推进，我认为还有必要再仔细检查一下，在我们身上积存的历史包袱是否都清除干净了？能不能真正做到轻装前进？因此，让我们再来回顾一下历史，复习一下真正的历史殷鉴，避免不自觉地重陷"历史陷阱"，确实很有必要。

一、质疑马克斯·韦伯

自马克斯·韦伯的《新教伦理与资本主义精神》一书问世以来，西方学术主流就一直认为：资本主义与现代化，必然是基督教新教的理性主义的产物，东方儒教文化乃至伊斯兰文化，同资本主义无缘，并据此认为，东方要实现现代化，就必须走西方化的道路。

这种理论与观念，长期以来虽几经起伏，却始终在西方主流学派中根深蒂固，以美国的表现最为典型。美国前众议长金里奇说："世界上只有美国代表正义、民主和自由，要让一切佛教、儒教、伊斯兰教……在舆论上没有立足之地！"美国的媒体也确实存在某种"妖魔化"一切非基督教的国家(包括中国)的倾向：凡是基督教的国家，就是"自由民主"世界，就是天使，坏的也是好的；不是基督教的国家，即使其奉行的是资本主义，也是"异端"，是"妖魔"。

法国的著名历史学家费尔南·布罗代尔是质疑韦伯理论的有代表性的学者。布罗代尔说："所有的历史学家全都反对这个精巧的论断，虽然他们无法彻底抛弃它；它不断地改头换面地重现在他们面前。然而，这个论断毕竟是错误的。"[1]布罗代尔认为：资本主义是否得到发展，同封建国家的强弱关系极大。他说："如果进行历史追溯，人们就会发现，凡在国家势力太强的地方，资本主义就不能得到充分的发展。"他举出了法国、中国和日本的例子。[2]

强大的封建国家(王权)如何阻碍资本主义发展？布罗代尔认为主要是两大方面：

① 费尔南·布罗代尔：《资本主义论丛》，顾良，等，译，中央编译出版社1997年版，第95页。
② 费尔南·布罗代尔：《资本主义论丛》，顾良，等，译，中央编译出版社1997年版，第55页。

第一，强大的封建国家会不断破坏资本的积累过程和新制度创新。道理很简单：为了维护王权独尊，封建国家只要它有能力的话，就不能容忍新兴阶层的崛起和新制度创新的出现打破社会等级结构。

布罗代尔还针对中国的情况指出："在中国，国家却不断阻挠资本主义的繁荣，每当资本主义利用机遇有所发展时，总是要被极权国家拉回原地（这里的极权没有贬义）。真正的中国资本主义仅在中国之外立足，例如南洋群岛，那里的中国商人可以自由行动，自由发展。"①钱穆和黄仁宇两位学者，也有类似论述。

第二，强大的封建国家不断破坏和中断知识积累的进程，使发展资本主义的技术进步和技术革命无法形成。道理也很简单，在王权强大的地方，技术只是封建帝王和贵族们所垄断的一种"奢侈品"，技术专家也只是他们豢养的"工匠"而已。这种对技术与技术专家的垄断，使技术进步没有强劲的社会动力。

如果认真分析一下历史，不难看出，即使是基督教对促进资本主义近代化起过某种作用，即使资本主义是在西欧若干个基督教国家率先发展起来，也不能说明它是一个放之四海而皆准的规律，因为这个结果带有很大的历史偶然性和特殊性。我们在下节会详细分析。

其实，韦伯提出的新教伦理必然导致资本主义发展的命题，即使在欧洲也不是很灵验的。例如，在"三十年战争"结束以前的德国，新教的旗帜，不仅没有成为统一民族国家、发展资本主义的动力，相反，却成了千百个封建诸侯抗拒统一、维护"容克"庄园封建专制制度的旗帜，致使德国资本主义的发展推迟了 200 年。这个例子说明，新教伦理这种文化要素只是一种可能的催化剂，在封建专制制度相对弱小的地方它可以催生出资本主义，在封建专制制度强大的地方就很难说了。所以，不能认为新教伦理是资本主义发展的基本原因。我们否定文化决定论，并不等于否定文化在资本主义发展中的重要作用，它可以促进或阻碍资本主义的发展。

第二节　西方资本主义近代化并非普遍规律

西欧的资本主义近代化，是一种特殊的历史文化条件的产物，并非放之四海而皆准的必然规律。论据有三：

一、历史的偶然

发源于西亚以色列的基督教（特别是新教），在历史上是向西欧扩展，而不是向东亚扩展。

中国历史学家傅斯年先生早在 1926 年就指出：假如耶稣教东来到中国，而佛教西传至欧洲，则后来的历史就大不一样了。他认为，并非没有这个可能。因为佛教发源于印度，印度属于日耳曼血统，佛教则是日耳曼人的精神产品，而基督教（希伯来）文化则具

---

① 费尔南·布罗代尔：《资本主义论丛》，顾良，等，译，中央编译出版社 1997 年版，第 98 页。

有某种东方的宗教思想渊源①。由于此,基督教在西欧开花结果,而基督教新教伦理便成了资本主义近代化的渊源之一。这不是一种宏观上的"偶然性"吗?

二、神权制约王权

西欧资本主义首先发轫的国家,大多是源于游牧民族。游牧民族迁移不定,生活环境变化莫测。这种生活方式造成的文化结果:一方面,命运难以掌握(包括帝王),便使宗教势力很早就强大到足以制约王权,甚至有时可以驾驭王权。另一方面,养成好动、爱变、好奇的心理特质,不愿墨守成规。这种个性便很容易同基督教的个人主义结合起来。后一种文化倾向是导致资本主义的温床,易于被人理解,而前一种倾向同资本主义发展有何关系呢?

要知道:王权的价值取向是国家统一,社会稳定,开疆拓土的大一统。神权的价值取向则是意识形态的大一统,世界观、人生观的大一统。加上,西欧各国大都是多个部族的国家,包括英国都是由许多个民族联合而成的,法国更是如此。所以,到了封建社会以后,西欧大都是实行"分权的封建制"(而不是东方的集权封建制)。分权,则有利于个性的解放,有利于民主社会的产生。西欧各国,的确有点像我们中国春秋战国的格局,西欧也不是没有出现像秦始皇那样的人物,如拿破仑、俾斯麦……但由于宗教的掣肘,神权的干预,他们都未当成秦始皇。

三、岛国与小国

资本主义兴起最早的国家,都是一些岛国、小国、半岛海洋国家。如:英国、葡萄牙、西班牙、荷兰。作为"小国",资源不足,市场太小;作为"岛国"交通便利,信息开放。这两个方面,便从主观和客观上导致了向外拓展的需求与条件。而向外拓展的最佳途径,就是经商。所以,重商主义在西欧首先兴起来。我们都知道:经商是资本主义的前奏曲。经商必须讲交易规则——导致法制社会;经商必须追逐财富——导致利润机制;经商必须提高效率——导致技术创新。

这里有个问题:日本也是个岛国、小国,为什么当时没有发展资本主义(日本的资本主义是移植的)?这也许就是上层建筑对经济基础的反作用了:一是由于日本很早以前就是农耕社会,故实行的是最集权的封建制;二是由于日本很早就接受了中国儒家文化的影响,"重义轻利"。所以,直到明治维新前,日本也没有走向资本主义。而在西欧,基督教教义认为:个人发财,追逐财富,是上天的恩赐,是为上帝争光。所以,没有任何精神束缚,反而有强劲的动力。

由此可见,资本主义近代化,为什么首先从西欧而不是从东亚兴起,是有其特定的历史文化背景的,其他地区不可能完全具备这些历史文化条件。一定的模式、范式,都是一定的历史文化、社会条件的产物。我们无法复制这些十分复杂的历史文化的社会背景,我们也无法"克隆"某种特定的模式,也不应该设想去"克隆"它。

---

① 《傅斯年全集》第 1 册,湖南教育出版社 2003 年版,第 479~486 页。

四、还有一种说法

秘鲁学者埃尔南多·德索托在其《资本的奥秘：为什么资本主义在西方获胜而在别处失败》一书中，根据布罗代尔的"制度阻滞论"思想，提出了又一个观点，认为：资本主义之所以在西欧胜利而在别的地方（包括拉美）不那么成功，关键在于前者形成了一整套规范的法定财产制度，而在世界的其他地方，大部分没有形成这种制度，或此制度不完善。

为什么法定财产制度对资本主义的发展如此重要？究其根本原因，乃是由资本的属性决定的。资本的属性，在于它能带来剩余价值的价值——能生钱的钱才是资本。怎样才能促使整个社会都热衷于用钱赚钱？这就需要有一种十分强大的推动力。这个推动力主要就是"法定财产制度"。这种制度对促使"用钱生钱"机制深入人心具有如下重要作用：

第一，促使观念的根本改变。同样是钱，是财产，是资源，若没有这种制度，它们将是"死"的，是储蓄，不会增值；只有在这种制度下，它们才是活的，是投资，可以不断发展壮大。

第二，可做到财产信息的标准化、系统化、网络化。在法定财产制度下，一切财产都按统一的标准整合为一个信息系统，地无分东西，人无分南北，处处都可利用它来开发价值增值的途径。若不存在此制度，则标准不能统一，信息难以计量，经济的生产、交换活动受到极大的制约，如历史上中国货币以"两"计量的种种弊端。

第三，可以有效保护财产交换。在法定财产制度下，公共机构有职责对所有的财产交易进行跟踪并提供法律保护，为财产增值提供安全保障，建立消除人们的后顾之忧的风险防范机制。

第四，可以强化业主的责任心，使财产交易趋于规范化。法定财产制度的确立，使业主丧失了匿名权利，任何违规都会受到惩罚（如银行降低其信用等级）。

在历史上，这种制度首先产生于西欧，而中国在历史上为什么没有能够产生和确立这种"法定财产制度"？这同中国自秦始皇以后直至清代近2000年延续下来的高度集权的封建国家制度和由此衍生的世俗层面的宗法制度有着密切的关系。

第三节　19 世纪中国近代化迟滞的原因

经过以上的讨论，我们就可以从正面来说明，19 世纪中国的近代化、现代化为什么那样艰难了。关于这个问题，中外学者已有不少研究成果。其中，我认为有代表性的是两种：一是文化障碍论，二是政策抑制论。前者以韦伯为代表，认为是儒家伦理阻碍了中国的近代化；后者则认为是历代君王实行的"重农抑商"政策，抑制了商品经济和资本主义的萌生（韦伯同时也是"重农抑商"论者）。

我对这两种看法都不是很满意：它们只说了问题的表层原因，没有回答为什么在中国历史上会形成"独尊儒术"的局面，为什么历代君王大都要实行"重农抑商"的国策，其深层根源何在？在此，我试图提出"三因素综合论"，即：制度—文化—地理的三因素交叉综合（附带说一下，在提出此论之时，我还未曾拜读布罗代尔的《资本主义论丛》一书，后来看了此书，更令我觉得自己的观点是可以成立的。）

在前人研究的基础上，我试图提出一个"三因素综合影响"新说，即：制度—价值观—地理三因素。

1. 制度因素：国体的选择

国体属上层建筑。决定社会发展的根本因素本应是经济基础，但不能机械地看。在一定经济基础上形成的上层建筑，一经确立，往往可以坚韧地反作用于基础，促进或者阻碍它。

中国是一个大陆国家。根据历史实证，大陆国家一般都较早地进入农耕社会。农耕社会要求治理水旱灾害，兴修水利。这就要求有一个全流域、超流域的社会中枢权威来统一筹划。这是一方面。在中国的版图之内，生活着众多的民族。在形成近代统一的中华民族的民族国家之前，民族矛盾、民族冲突乃至战争，往往危及国运和民生。这也在客观上证明了一个高度集权的专制制度是不可少的。

这正是"东方专制主义"——中央封建集权的客观基础，就是马克思说的"亚细亚生产方式"。治水的农耕社会，加上又是一个多民族的大国，这就使中国在几千年前就选择了中央集权的封建制国体。

我认为，这种国体的历史选择，或制度选择，是以后长期重农抑商，资本主义难以生存的决定性原因。过去，许多历史学家、经济学家把中国资本主义难以生存的原因，简单地归结为历代王朝都采取"重农抑商"的政策。我则认为，重农抑商只是一个直接的、表面的原因。但为什么历代君王，特别是宋代以后都采取这样的国策呢？又是什么原因促使他们都一致采取这样的国策呢？这些历史学家、经济学家，包括黄仁宇先生都没有说清楚。中央集权的封建国体选择，为什么是决定性原因？试想：治理这样一个多灾害、多民族的农业大帝国，其治国的主导取向是什么？必然是磨合稳定，维持静态的长治久安。这和西方的开疆拓土、重商敛财，就大不一样了。黄仁宇先生关于这一点也说了："这一帝国既无崇尚武功的趋向，也没有改造社会、提高生活稳定的宏愿，它的宗旨，只是在于使大批人民不为饥寒所窘迫，在黎民不饥不寒的低标准下维持长治久安。"下面我想从四个主要方面来分析这种国体。这种治国取向必然导致漫长的封建专制，使新的生产力难以发端，使资本主义无法萌生。

追求静态的"长治久安"必然导致维护"小农社会"。维护这种低标准的长治久安最好的办法是什么？就是使"小农社会"不要发生根本的动摇。因为，小农的农耕社会，封闭、愚昧、分散、脆弱，最适合于"分而治之"。老子所追求的"小国寡民""鸡犬之声相闻，老死不相往来"，其实就是为了统治得以长治久安。我认为，这才是为什么历代君王都采取重农抑商的制度原因和深层次根源。"民可使由之，不可使知之。"这才便于统治，才可长治久安。

为了维持静态的长治久安，要求建立一种全国一律的行为规范来以礼治国。即以"一元"来统治"多元"。地无分南北，人无分东西，一律"按章办事"。加以法律化、道德化。所谓"礼"，无非是天朝律令+道德规章(如三纲五常)+文牍主义。

显然，在这种体制下，"不越轨"高于一切。只要循规蹈矩，即使效率低下，政绩平平，照常升官，至少无过。如果有"越轨"行为，即使效率高，绩效大，也要得咎。"标新立异"在那时是贬义词。试想：人们如何敢创新？如何敢革新？这种"礼教"是维持封建帝国"尊卑有序"的等级制度的，大大扼杀了人民的个性。所以，五四运动喊出了"礼教杀人"。

一个美国传教士明恩溥，在18世纪写了一本《中国人的素质》。在100多年后的今天看来，仍有很强的现实性："西方人难以欣赏中国人的礼节，是因为我们在心底里肯定这样的定义：礼节是用友好的方式表达的友好。但是中国的礼节却不是这样。这是一种演示专门技术的仪式，像所有的技术一样，虽然意义重大，却并非发自内心，而只是一个复杂整体的单个部分。多种等称的全部理论和实践，对西方人来说，即使不发疯，也会疑惑不解。这只是因为这些表达方式时常让人想到尊卑关系，中国人认为这是社会秩序的基础。""上有其下，下有其上，上下有序，万事大吉。"①

为了维持静态的长治久安，派生出"面子问题"。维持这样一个大一统的帝国，其内部又矛盾重重，并不能彻底解决。为了保持一个"天下一统"的形象，于是，面子问题就必然派生出来了。

所谓"面子"，即用某种巧妙的形式或漂亮的语言来修饰矛盾，使大家都"过得去""下得了台阶"，而不管其实际上是怎样的或会怎样的。例如，保姆偷了主人的戒指，主人心里明白，保姆也知道主人发现了，怎样下台？主人说："阿姨，你到我卧室床下去找找，看是否我不小心戒指滚到床底下去了？"保姆心领神会，马上就"找"出来了。这种例子，在政治界多的是。《阿Q正传》不就是对这种文过饰非、掩耳盗铃的"国癖"最淋漓尽致的鞭挞吗？中国人要面子，世界闻名。外国人说：面子问题是了解中国人的一把钥匙。

姑且不讲外国人为何利用我们这个"国癖"来搞我们的小动作，它就是对我们自身的发展，也十分不利。首先，面子问题必然导致重名轻实。讳疾忌医，不敢面对现实，不敢公开承认错误。这对科技发展、经济改革，显然是巨大的阻力。其次，面子问题必然导致另一个结果：调和主义。不像西欧那样穷追究竟，精益求精。中国的纲领、口号确实是十分艺术、十分高超：高度的概括性+适度的模糊性。留有余地，以保持立于"不败之地"。可以这样解释，也可以那样解释——"断句学"，真是奥妙无比。

维持静态的长治久安导致革新式的人才难出。治理上述这样矛盾重重而又要追求形式上天下一统的大帝国，需要的人才，绝不是"爱多事""管闲事"的干部，而只能是：

第一，懂"礼"，即懂得如何恰当地"按章办事"，不越轨，不给领导添"乱子"。

第二，通"变"，会写文章，巧言令色，精通权术，可以为皇帝"文过饰非"、化解矛盾。

第三，善"和"，会调和矛盾，会和稀泥，以维持一团和气的局面。

大家看，这不正是历代科举的选才标准吗？凡是这种懂礼会文的人才，官运亨通；凡是"标新立异"、多棱角的真正人才，往往不得重用，甚至潦倒一生。试想：在这种政治极端矮化经济、权力极端压抑个性的机制下，中国的近代化可能萌生吗？

由此可见，中国这样一种中央集权的封建国体，是不可能为资本主义的萌芽提供适宜的土壤的，而必将大大延迟中国的资本主义近代化。历史业已证明了这一点。

---

① 明恩溥：《中国人的素质》，京华出版社2002年版，第24~29页。

2. 价值观因素：文化的反作用

中国的儒家文化，特别是先秦的儒家，应该说有许多（也许是主流）积极的成分，如：重视教育，"和为贵"，兼收并蓄，中庸之道……但确实也存在许多消极的东西。特别是汉武帝"独尊儒术"之后，根深蒂固，束缚着国人的思维，阻碍着中国的革新与进步。其中，最突出的有两条：

一是师古法圣。中国人习惯于眼睛向后看，而不是向前看。老是怀念过去，而不是热情地拥抱现在与未来。二是重名轻实。名义的东西远重于实际的内容。例如，中国人讲究"名不正言不顺"，只有正了名，才有了面子，就好号令一切。名从何来？找书，找祖宗。这种思维方式，至少可举出两大弊病：第一，容易陷入理想主义的陷阱。第二，容易陷入调和主义的陷阱。

3. 地理因素：大国守成

中国是一个地大物博的半内陆国家，而原来的周边邻国，在当时由于经济文化落后，被称为"蛮夷之邦"。中国俨然以宗主国自居，以自我为中心，形成大国守成的心态。这必然带来三大负效应：

封闭效应。对外需求很少，缺乏向外拓展的动力。郑和下西洋之所以并未带来"哥伦布"的效应，原因就在于出洋的动机并非经济开拓，而是显示天朝大国的"神威"而已。

保守效应。缺乏外来先进生产力的竞争与挑战，危机感很弱，自然也就缺乏技术革新的原动力了。

自大效应。上述两点必然导致"唯我独尊"和"夜郎自大"的心态。自诩为物华天宝、人杰地灵的"中央之国"，盲目自大，故步自封，不愿向国外学习。

以上这三大因素交织作用的结果，便是逐渐形成了一种阻碍近代化产生与发展的负面惯性，即"七重七轻"：重农抑商，重义轻利，重情轻法，重形式轻实质，重安内轻拓外，重调和轻精益，重集体轻个人。

我们对照一下 19 世纪的日本，就可以更清晰地看到这种历史重负对中国的影响。当时，同样面对列强的侵略，日本和中国不同，没有采取锁国的政策，而是承认落后，开门学习，迎头赶上。之所以如此，虽有种种原因，而日本没有历史包袱乃是主要原因。中国的历史优越感，形成根深蒂固的排异性；半内陆大国，极易滋生锁国心理。这两者形成一种可怕的民族惯性。显然，这种惯性是近代化的莫大障碍，是过去 100 年中国未能实现近代化的内在原因（外在原因是列强的干扰）。

第四节　历史的殷鉴

前面，我们简单回顾了 19 世纪的中国落后的原因。以史为鉴，可以知兴替，明得失。我们都在讲要牢记历史的殷鉴，那么，这种殷鉴到底是什么呢？

一、要大力推动"个性解放"

古今中外的历史都证明，民族的兴旺，归根结底要依赖人民的创新力；民主政治，归根结底要依赖人民的自主性。而这两者都同个性解放分不开。试想：一切唯集体之命是从的人，如何创新？而几千年来，一整套十分完善而有力的封建上层建筑，恰恰压抑了中国人的个性解放，使我们这个民族"安贫乐道"，"循规蹈矩"，甚至"不思进取"。既缺乏追求财富的冲动，又缺乏创新立异的激情，同现代化的基本要求背道而驰。因此，必须大力推动"个性解放"，砸碎封建礼教残余的束缚，塑造有棱有角，有血有肉，感情丰富，积极进取的人。"无欲无求"的人，不可能带来社会经济的发展；用正当手段追求财富的人，才能通过主观上的"利己"达到客观上的"利他"，使现代化成为可能。亚当·斯密所谓"看不见的手"也意寓于此，其历史意义也在于此。个性解放有两个基本方面：一是敢于开拓创新（而不是安于现状），二是勇于追求更好的物质文化生活（而不是"知足常乐"），永不知足才是经济发展和现代化的永恒动力。我们的政策取向，应该是尊重个性，鼓励创新，促进人的全面发展。这样我们中华民族的未来才有希望。

二、要向前看

过去已成历史，无法改变，我们能把握的只有现在和将来。我们这个民族要学会向前看，勇敢丢掉历史包袱，少一些不切实际的执着，多一些现实性、前瞻性的考量。过去，我们吃了"向后看"的大亏，现在的问题是，如何扭转这个惯性？我先不讲什么大道理，只需对比一下现实生活中的人群就一目了然了。为什么沿海开放地区的人向后看者少，向前看者多？为什么内地不发达地区的人向后看者多，向前看者少？为什么身在一线拼搏的人向后看者少，向前看者多？为什么远离一线的人向后看者多，向前看者少？道理十分简单，沿海地区、身在一线的人们，是处在一种开放的竞争环境之中，有对比，有压力，有危机，逆水行舟，不进则退。只有一个劲地去学新、布新、革新，方能求得自己的存在与发展。也没有精力和兴致去留恋过去的辉煌，去幻想理想中的"肉饼"来充饥。这就是真理：身处急流之中，只有拼命向前。所以，造就一个开放的、持续竞争的大环境，自然就会培养出一代又一代向前奋进的精英。

三、坚持对外开放

几百年闭关锁国的结果，是迎来了帝国主义的坚船利炮。这已然说明关起门来搞建设是不行的。开放，是改革与发展的动力。历史经验和世界经验都说明，封闭是一切经济落后、政治专制、文化停滞的总根源。先进的生产力，先进的文化，先进的政治，只有在开放的环境中不断吸收全人类的新的文明成果才能实现。

第二章 国际的经验

我在导论中讲了我研究中国现代化问题的方法论。其中一点，就是多元化的思维方法。即中国现代化应吸取历史上"一边倒"的思维教训，应采取"博采众长，兼容并蓄"的思维方法。

其实，纵观世界各国所走过的现代化道路，可以说是丰富多彩。无论哪个国家，都是精华与糟粕共存，成功与失败并有，只不过孰多孰少罢了。精华与成功固然值得学习，糟粕与失败也未尝不可以作为前车之鉴。我国的现代化，应该在广泛吸收这些人类宝贵财富的基础上，密切结合中国的实际，进行创造性的"别立新宗"，走出一条有中国特色的社会主义现代化的新路。

第一节　殊途同归的原生型道路

一、主要国家

欧洲，主要是西欧，是资本主义现代化的发源地。在那里，现代化不是外力强加的，也不是模仿别人的，而是一种通过经济发展——文化积累——阶层分化——政治嬗变——制度变迁的自发过程来实现的。由于它是自发的，因此前后经历了数百年的时间。其间，由于历史文化背景的不同，有的国家早一些，有的国家迟一些，参差不齐、模式多样，但都殊途同归，实现了现代化。其中，具有代表性的是英国、法国和德国。

英国可以说是人类现代化的先锋。由于英国最早实现了人类第一次工业革命，资本主义商品经济得到了巨大的发展。在此基础上，"市民阶层"壮大起来，知识阶层也逐渐形成一种独立的力量，加之英国有较早的议会制传统。这些因素使当时的英国社会各种政治势力的冲突，有了一种中间缓冲的"润滑剂"，使阶级矛盾得到调和，各派政治力量易于达成某种妥协，从而促使英国的现代化体制得以用进化的(渐进的、非暴力的)方式确立起来，并通过君主立宪实现了现代化。

法国的情况和英国有所不同。法国资本主义发展较迟，基础较弱，未完全形成像英国那样强大的"中间力量"。因此，社会上各种极端政治势力难以调和，遂出现了旷日持久的革命与反革命的大反复。从一个极端跳到另一个极端，反反复复。从专制制度到君主立宪，又到极左的雅各宾专政，直到拿破仑帝国的独裁……其间，不断发生破坏性的历史巨变——波旁王朝复辟，1830年革命，路易·波拿巴政变，普法战争……这些都可以看作是法国人对现代化道路的一次又一次的选择与尝试。甚至有的学者认为，法国就资产阶级现代化模式(特别是民主体制)达成整体共识与协议，直到1981年才最后完成。

德国在资本主义发展上曾经比法国还要落后。以"容克"封建庄园为基础的农业经济长期占主导地位，国家分裂为几百上千个拥有很大独立性的诸侯小国。由于资本主义商品经济发展不足，未能冲破这种顽固的自然经济。因而，在西欧高举新教伦理大旗发展资本主义现代化之时，德国的大小诸侯却在"挂羊头卖狗肉"——祭起新教之旗，抗拒民族国家的统一，强化领地内的专制制度，致使德国现代化的启动较英国推迟了大约200年。直到俾斯麦才真正扭转这一反动趋势。俾斯麦运用专制王朝的权威，在不改变容克地主统治地位的前提下，迫使他们进行现代化改造：建立统一的市场、统一的关税、统一的货币与司法制度，在经济上推行自由资本主义。从此，德国才真正走上了现代化之路。对于俾斯麦的现代化，我国学者钱乘旦等有如下评论："容克在俾斯麦的领导下创造了一个神话帝国。它在资产者眼中是自由主义的，在工人眼中是社会主义的，在许多德国人眼中是民族主义和立宪主义的，但实际上它只是容克地主的军国主义国家，专制是它的本质。"[①]由于这种现代化，德国日后走上法西斯的道路，就是毫不奇怪的事了。

二、正面经验

以上几个国家的现代化经历，虽然模式不一，道路各殊，甚至走过曲折的歧路，但总的来说最终都成功地实现了现代化。它们的经验和教训，值得我们借鉴和参考。其中，正面的经验，我认为如下几点对我们很有启迪：

第一，形成民族国家，是启动现代化的先决条件。德国之所以落后于英国，基本原因就在其国内封建割据、分崩离析，迟迟未能形成统一的民族国家。中国未能像日本那样启动现代化，重要原因之一也是由于日本是一个单一民族的民族国家。

我们知道，现代化的启动，必须有一个稳定的社会环境和全国统一的市场，而这些都只有在形成了民族国家的基础上才是可能的。形成民族国家，有两种可能的途径：一种是像英国那样，在商品经济自由发展的基础上，形成统一的国内市场，市民阶层不断壮大，而后成为民族国家。另一种就像德国那样，用强大的专制王权强制实现统一的市场、统一的货币等，进而形成统一的民族国家。历史已经证明，前一种基础更好，后劲更足；后一种虽在速度上有某种优势，但极易异变为专制独裁乃至法西斯主义。

第二，市场经济的充分发展，是奠定现代化诸条件的经济基础。前面说的民族国家的形成，需要商品经济与市场的充分发展。此外，现代化的另一个基础性条件即制度化的公民社会，没有商品与市场的充分发展，也是不可能的。试想，人民大众如果除了仰赖国家之外，别无谋生之路，民主政治能产生吗？只有在市场经济充分发展的条件下，人民有了多元化的实现自我的机会，才有可能形成对国家的民主制衡。历史上德国走上法西斯道路而英国没有，原因之一也在此。

第三，一个相对强大而独立的知识分子阶层的形成，并使知识精英与决策精英联合互动，是现代化成功的决定性因素。法国现代化之所以落后于英国，除经济发展方面的原因之外，法国当时知识分子力量还不够强大，而且与政治精英脱节，也是原因之一（托克维尔，1996）。历史经验证明，这种"双英联盟"，不仅有利于现代化决策减少失误，而且可以消除知识分子的离心力和反制度倾向，从而强化现代化的领导实力。

三、负面教训

欧洲的现代化，是在"史无前例"的状况下摸索前进的。因此，不可能只有正面的东西，必然会有许多过失与失败之处。其中，我认为最具教益的是如下几点：

第一，在现代化的过程中，必须十分注意分配问题：通过政府的适度干预缓解两极分化的趋势。英国的现代化是成功的，但最突出的问题是在现代化过程中，由于受自由放任理论的支配，忽视了分配问题，以致到工业革命完成的 1867 年，占人口 2%的富人拥有国

---

① 钱乘旦等：《环球透视：现代化的迷途》，浙江人民出版社 1999 年版，第 63 页。

民收入的 40%，而广大劳动人民只占 39%。当时的英国社会出现了严重的两极分化：贵族与中产阶级垄断了大部分社会财富，占人口绝大多数的无产阶级和其他劳动者，成了富裕社会的贫困大军。当年马克思所描述的无产阶级贫困化，主要就是针对英国而说的。两极分化带来的第一个不良后果，就是社会经常处在剧烈的冲突之中，贫困阶层的个体犯罪和集体反抗，层出不穷。19 世纪上半叶，是英国犯罪记录最高的年代，被史学家称为"盗匪肆虐的黄金时代"。两极分化的另一个不良后果，就是无产阶级和劳动人民的相对与绝对贫困化。这不仅导致国内市场的萎缩，而且造成国民素质的下降，使国家深受其害。富裕的英国当时居然征集不到足够的合格士兵。有的城市，自愿参军者中竟有 70% 不合格。直到 20 世纪初，英国才认识到"自由放任"造成的恶果，逐步加强了在财富分配领域中的国家干预。

第二，在现代化过程中，必须高度重视现代化的领导权问题。一个国家的现代化领导权掌握在哪个社会势力手中，往往决定这个国家现代化的发展方向。如果是由具有现代化要求的新兴力量来领导，现代化就可能步入健康的轨道；如果领导权落入封建保守势力之手，就可能将现代化引入歧途。德国就是很好的例子。

第三，在现代化过程中应及时注意营造社会和谐机制，避免犯罪恶性化。在现代化过程中，犯罪率上升有其客观必然性。但是，只要政府注意调节公平与效率的关系，犯罪问题是可以缓解的。这方面，北欧各国做出了正面的榜样；而美国的教训，值得我们吸取。

毫无疑问，美国是迄今为止现代化最成功的国家。我之所以没有专门介绍美国的经验，是由于三个原因：一是美国是一个以撒克逊为主体的移民国家，是个人主义自由发展的极好温床；二是美国立国很迟，历史上没有经过封建社会；三是美国得天独厚，资源十分丰富。在这些基本条件下形成的现代化模式，离我们似乎过于遥远。虽然如此，美国的经验值得学习的仍然很多，将在后面各章分别论述。这里，我们要指出的是，最成功的国家不等于没有严重的问题。恶性犯罪居高不下，就是美国的一颗毒瘤。这个毒瘤的形成不是偶然的。从文化上看，美国人个人自由的国癖，虽有其积极的一面，但也产生了许多消极的东西。如，个人持枪自由等。持枪自由使凶杀案件无法控制。从政治上看，种族歧视和司法不公，都会激发犯罪。从经济上看，美国自 20 世纪 50 年代开始了城市化的新阶段——郊外化。富人都搬到郊区或小城镇去了，城市的中心区衰落了。这些空白地区，逐渐由大量的穷人和失业者填补。他们往往企图用暴力来发泄不满，遂造成美国城市犯罪率大大高于农村（钱乘旦等，1999）。

第二节　后熟型的封闭式道路

一、畸形工业化

苏联继承的是比德国还要落后的沙皇俄国。在那个国度中，农奴制根深蒂固；人民十分贫困，严重的两极分化；中间力量微弱无力；国内民主的政治文化缺乏；沙皇统治者本身也非常脆弱。既缺乏调和矛盾的中间势力，又没有可以主宰大局的统治阶级。在此背景之下，经过布尔什维克的奋斗，工农大众迅速加入革命进程之中。十分明显，在这种情况下，俄国既难以接受英国式的渐进道路，也不可能像法国那样反复拉锯，而是天生地倾向于激进的全面革命，试图把共产主义的抽象模式（没有剥削，没有商品，一律平等）迅速变为现实：彻底砸烂旧的国家机器，全面消灭私有制，全面改变旧的社会秩序和生活习惯等，而新的制度与规范又不可能一下子设计出来。在此阶段，社会就无章可行了。经济生活、社会秩序陷入极度的混乱，各种矛盾空前尖锐起来。我们知道，社会的无序程度，是同民主化进程反相关的，而同极权化成长正相关的。在此情况下，一个像斯大林时期那样的制度的出现，是一点也不奇怪的。苏联的现代化就是在那种高度集权的、通过国家计划化来快速推进的，而且是在近乎与外界隔绝的封闭环境中进行的。

对于这种现代化的道路，固然不能说是绝对的失败，但确实难以说是真正的成功。所谓不是绝对的失败，主要是指苏联的工业化，还是取得了巨大的进展，特别是军事工业，成为能和美国抗衡的唯一国家，从而为后来反法西斯战争的胜利打下了决定性的物质基础，也为俄罗斯今后的发展提供了必要条件。但是，从现代化的全面含义来说，苏联的现代化则是不成功的。因为，它实现的并不是科学意义上的现代化，至多只能叫作"畸形的工业化"。具体表现在如下四个方面：

产业结构畸形化。苏联虽然表面上实现了由农业国向工业国的结构转换，但脱离市场需求的计划倾向和长期实行"优先发展生产资料部门"的战略，造成经济畸形发展，产业结构恶化，像个头重脚轻的虚胖子。在三次产业结构中，二次产业过重，三次产业严重滞后，一次产业十分落后；在二次产业结构中，一部类过重，二部类停滞不前；在一部类结构中，军事工业孤军独进，其他行类相对不足。这种状况，基本上可以说几十年没有什么改变。据统计，苏联1984年第一产业占19.8%，第二产业占56.7%，第三产业占23.5%。这和20世纪60年代的水平几乎一样。而同一时期的日本，三次产业的比重分别由1960年的13%，45%，42%，改变到1984年的3%，41%，56%。显然，这样一种结构，除了可以暂时维持一个军事大国的地位之外，由于资源配置的过度军事倾斜，势必削弱乃至破坏了现代化其他目标的实现。

技术发展片面化。与上述产业政策有关，苏联的技术发展，重心是围绕军事工业，片面发展核技术和航天技术，而其他领域的技术特别是轻工业领域的技术，相当落后。对外封闭，对内排斥市场，是技术落后的制度性原因。在这种制度下，竞争的消失必然造成技术更新机制的萎缩。在一般国民经济领域，技术陈旧，经营粗放，效率低下，比例失调，供给短缺，遂成为当时社会主义国家的通病。

社会发展趋向倒退。历史证明，任何一个拒绝开放的封闭国家，就像一切封闭的系统那样，由于缺乏外界"负熵"流的引入，新陈代谢机制必然萎缩，极易走上中世纪回归的旧路，离制度化和现代性愈来愈远。苏联也不例外。这方面我们将在以后有关章节细述。

人民生活的现代化难以实现。重工业倾斜，军备竞赛，造成轻工业及农业落后，消费品及服务业遂成为"短缺经济"中最短缺的部分。人民生活并没有随着工业化而得到应有的提高，卖方市场持续了几十年。据统计，苏联居民的恩格尔系数1970年为0.401，到1988年也只降到0.322。同期，美国为0.13，日本为0.16。1988年，苏联的水平只相当于埃塞俄比亚的水平。这样现代化就失去了根本原动力。

二、恰达耶夫的悲观：制度障碍①

俄国(含苏联)的现代化之所以如此曲折艰难，是有其历史和社会原因的。这里介绍一下恰达耶夫的观点也许是有意义的。早在19世纪，当时的俄国哲学家恰达耶夫对俄国的前途持悲观态度。他认为，俄国的现代化"没有希望"。他的依据有四：

第一，俄国同西欧最主要的区别，就在于存在奴隶制及奴隶制的各种畸形表现。他问道："在每天都能把整村自由人变成奴隶的权力的支配下，公正、权利、法制的最基本的概念怎么能够产生呢？""请你看一看俄国的自由人！他和农奴之间没有任何明显的差别。"由此，产生一种消极的国民心理：对自己的命运由无可奈何到麻木不仁，有条件的就逃避现实到外国去，致使精英大量流失。

第二，俄国不是制度化的公民社会。沙皇是国家的绝对化身，国家吞噬一切，而不是被置于公民的监督之下。在此情况下，国家、社会、个人一体化了——实际上就是社会与个人没有任何独立性了。

第三，文化上的自我封闭。他认为，看不清俄国文化的特性。似乎既不属于欧洲，又不属于亚洲。他认为，这正是俄国历史的虚假性。

第四，自由的个人和制度化公民社会的缺失，使官僚这个大怪物能将所有的权力都集中到自己手中。而国家官僚所关心的只是维持现状，社会丧失了任何前进的动力。

恰达耶夫认为，以上所述的结果就是：贵族移植与借用外来文化与制度，只是为了他们个人的需要，而不是为了人民和社会，而且还堵塞了人民了解这种文化与制度的精神本身的道路，使人民的愚昧无知原封未动。他认为，这势必造成一种十分不利的状况：文化上的两极分化。一边是垄断西方文化的少数上层，一边是精神与社会生活仍处于"莫斯科维亚"时代的愚昧大众，界限分明。

恰达耶夫所描绘的这种封建专制的国家，便成了俄国走向现代化的主要制度性障碍。这在18—19世纪的俄国，的确如此。由此，要使得国家不成为社会前进的障碍，当然只有限制国家的作用，发挥社会自组织的作用，乃至最终让国家消亡。这的确是马克思、恩格斯的设想。但是，后来的共产党人，并没有全面理解这一命题的真谛，而是往往把国家的消亡当作"自然的过程"，似乎不需要什么条件。更有甚者把"为了国家的消亡，必先更加强化国家的作用"作为座右铭。

的确，马克思、恩格斯是国家消亡论者，但他们是历史唯物论者，他们是紧密地从当时的英国实际出发的。其核心是：自由人已经制度化的公民社会将逐步取代国家。具体地说，在政治领域，即国家活动的领域，随着社会自组织的公民社会不断发展，国家的活动领域将逐步萎缩，直到非政治的、制度化的公民社会实现完全的自我管理，国家就会消亡。而人的自由而全面的发展，既是这个过程的基本条件，又是它的最终归宿。

但是，十月革命不是发生在英国，而是在俄国。在那里，既没有自由人，也不存在独立于国家的制度化的公民社会。在这种情况下，没有别的力量，只有国家才有能力进行社

---

① 安德兰尼克·米格拉尼扬：《俄罗斯现代化之路——为何如此曲折》，新华出版社2002年版，第3页。

会经济变革。这样，在俄国新政治体制建立之初，国家与社会的功能就发生了倒置。国家开始吞噬个人，也逐渐消灭了公民社会的萌芽——这里说的"萌芽"，是指初期的"苏维埃"。根据米格拉尼扬的看法，开始的苏维埃，作为直接的民主机关，确有某种卢梭在《社会契约论》中所描述的雏形。但当时俄国的自由人和公民社会的力量，还不足以抑制国家权力的膨胀。这样，在"用红色恐怖反击白色恐怖"的口号下，逐步地、全面地、自上而下地限制（管制）了社会与个人的一切活动范围，苏维埃也就逐渐褪去了最初的光环（米格拉尼扬，2002）。

列宁虽然最早察觉到了这一点，但他估计不足，他认为这种现实与马克思原理的偏离，在革命胜利初期是不得已的，不可避免的，但是是暂时的。他预想这种革命胜利初期产生的"畸形官僚国家"，在完成自己解放个人和社会的职能之后，就会开始消亡。这里，列宁也犯了自然消亡论的错误。历史进程表明，与列宁的预想相反，事与愿违，苏联政治体制往后的发展，却是不断强化国家和国家的当然代表领袖，全面扼杀了个人自由和公民社会的发展。

三、能不能避免：米格拉尼扬的看法[①]

这种逆转是不可避免的吗？当然，现实的历史进程是不可能推倒重来的。对这个问题只能做一些理论的推测，以便从中为后来者提供某种借鉴。

在现今总结苏联失败的原因时，有的学者认为革命胜利初期在白色恐怖下形成的极权体制固定化、永续化，是苏联失败的制度原因。这里，就有一个问题：是谁把它固定化的？又要依靠谁来使它朝着列宁的预想发展呢？这就是"不变"与"变"的"主体"问题，或社会力量问题。如果企望依靠单一的国家意志来改变这种"畸形国家"，那是不可能的。须知，不受约束的国家权力会培养出一个既得利益集团（或阶层），他们在各个领域的权力延伸，就会形成一个巨大的甚至是不可抗拒的对现代化、民主化的阻碍机制。权力欲望比起利润追逐，往往会使人更加疯狂。作为一种历史的总结，当年如果能更正确地进行一些决策，情况可能会好一些。这些事后的反思，大体有如下几点：

分两步走。俄国学者米格拉尼扬认为，现代化的最大危险，是脱离人民大众的觉悟（指对现代化的觉悟），推进激进的变革。因为这会导致"前遇劲敌，后无援军"的危险境地。一方面，是社会阶级力量急剧两极化、对立化、尖锐化；另一方面，广大群众还来不及消化现代化的新事物，处于一种盲目状态，极易受到反面势力的挑动。这就十分容易破坏社会的稳定。其结果是发展的进程可能会适得其反：出现一个比原先更坏的统治。道理很简单，要治理一个失控的国家，往往必须借助于高度集中的暴力。"用红色恐怖对付白色恐怖"即一例。这与现代化的初衷背道而驰。

据此，他提出，由极权专制体制走向现代化民主体制宜分两步走：第一步，由专制体制先过渡到权威体制；第二步，再过渡到现代体制。他认为，在一个中间力量尚不强大的国家（如苏联），不宜直接跳到现代民主体制，更不宜去追求"乌托邦"式的理想主义体制，

---

① 安德兰尼克·米格拉尼扬：《俄罗斯现代化之路——为何如此曲折》，新华出版社2002年版，第34~56页。

而应经过一个"权威主义"的中间阶段。这样，既不会导致矛盾的激化使社会失控，从而为新的极权主义提供机会，又可为现代理念和民主意识生长壮大让出空间和时间。而且他认为，在权威主义阶段，还可由相对专制的权威向相对开明的权威过渡。事实上，我认为这种过渡大多是由生命周期来决定的。在开放的条件下，后一代人总比前一代人离封建专制价值观要远一些。

一元到多元。现代化的领导力量应努力使社会由一元化过渡到多元化，要使得人民大众除了国家之外，还有各种渠道去实现自我。这才能保障公民的人身和人格的独立性。而这种独立性，是现代民主制度得以落实的基础与前提。历史证明，在一个封建的废墟上，实行一元化的路线，只会导致封建专制的死灰复燃。

封闭到开放。革命胜利的最初阶段，由于同西方的敌对状态，暂时的封闭是难免的。但是，在新的统治站稳脚跟之后，应该努力创造条件实行开放路线。杂交有利于种群的优化与繁衍，近亲繁殖必然退化。社会又何尝不是如此？纵观当今世界，凡是封闭的国家，有几个不是强化着极权专制。

四、极权主义与权威主义的区别

米格拉尼扬关于不发达国家现代化分两步走的主张，我认为是有道理的。这不仅有其内在机理方面的科学分析，而且也被有关国家现代化的实践演变所佐证。我本人在1997年也曾论及东亚"权威主义工业化"道路的必然性。那么，极权主义同权威主义有何区别呢？我认为，其区别可能表现在以下七个方面：

第一，极权主义是国家吞噬一切，人民丧失了任何公民权利；权威主义则是国家虽然拥有决定性的权威，但人民仍享有相当的公民权利。

第二，极权主义是国家垄断了全部资源，人民实际上是一无所有；权威主义则是国家只控制公共资源，人民有较多的自我实现的机会，包括私有经济的发展。

第三，极权主义追求"舆论一律"，欣赏"万马齐喑"；权威主义虽也实行舆论管制，但容许私下自由评议与建言，有一定的舆论监督。

第四，在极权主义体制下，保守腐败的官僚阶层主宰一切，既无公正，也无效率；权威主义实行的是精英治国，趋近于韦伯所说的"理性官僚制"。

第五，极权主义总是努力把控制权扩展到所有方面，力图包揽一切直至每个人，把一切"个性"通通融化进没有个性的"集体"之中；权威主义的国家专制，则是为了保护改革的成果并推向纵深，允许不妨害整体利益的个性存在与发展，甚至为其创造条件。

第六，极权主义信奉政治第一，经济发展服从于政治需要，以至不关心经济发展；权威主义则信奉经济优先，政治保障经济发展。

第七，最终在治国目标上，极权主义顽固维护统治者的既得利益，反对一切真正的改革与进步；权威主义则是维护社会稳定，以便发展经济并逐步向公民社会靠拢，因此，可能与民间的革新要求取得某种默契。

可见，权威主义对于一些不发达国家，很可能是一种走向现代化的第一步选择。

第三节　步履蹒跚的拉美道路

拉丁美洲在 150 多年前独立时，还是一个农业社会。政治方面继承着宗主国的专制传统，社会方面沿袭着宗主国的等级结构，大地产和庄园是殖民地社会的经济基础，俨然是欧洲封建社会的一个翻版。独立战争没有改变这种状况。独立后的 100 多年，走的是一条步履维艰的现代化道路。其最大特点就是军人干政与军事独裁。据统计，在 150 年间，拉丁美洲总共发生过 550 次以上的军事政变。

军人干政，虽然初期在强力促进民族国家形成、推动地区融合和阶层流动等方面起过一些积极的作用，但其本质是保守的、反对社会变革的。而且，由于军人缺乏共同的理论指导，派系林立，造成经济乏策，内乱不断，社会经常处在不稳定状态，致使现代化进程反反复复，成效不佳。

原因何在呢？拉丁美洲之所以出现这种军人干政、暴力横行的局面，据钱乘旦等的研究，大约有三个方面的原因：

一、文化传统

伊比利亚半岛人(指西班牙和葡萄牙)在历史上经过 700 年的战争，才把阿拉伯人赶出去。因而，军人在社会上具有崇高的威望与地位，形成了西班牙人的"尚武精神"。而拉美国家大都是西班牙移民的后代，很自然地会继承这种文化，军人至上，崇尚武力。

二、人种与地理的复杂结构

拉美各国人种复杂，既有居统治地位的来自西班牙、葡萄牙的白种人，又有低一等的土生白人，往下是欧印、黑白混血人，最底层是印第安人和黑人。这样复杂的人种结构导致文化难以融合，裂痕十分巨大。加上拉美南部地形复杂，安第斯山脉隔断南北，亚马孙河、热带雨林和沙漠把居民点分散包围在许许多多的山谷盆地之中，分裂成大大小小的群落，形成以封建庄园为中心的封闭性的经济体。这种人口与地理的封闭分割性，便是拉美各国难以形成统一的政治权威的重大原因。要么是独裁，要么是混乱(徐文渊，1993)。

三、过于轻率地抛弃旧权威

拉美的独立运动，开始并没有什么共同理想和战略指导，因而在独立之后，一方面过于轻率地抛弃了旧的权威和秩序，而另一方面由于没有有力的统一指挥，新的权威和秩序建立不起来。国家权力就出现了真空，天下大乱。独立是靠军队打出来的，这样就很自然地由军队来维系国家了。而军队中则是派系林立，相互倾轧，争权夺利，社会经常处于混乱之中。军事独裁就这样自然产生了[①]。

前面说过，拉美的军人干政，本质上是保守的、反进步的。在军事独裁体制之下，不仅现代民主政治步履蹒跚，而且在经济上难以动员(或者说是忽视)国内发展力量，而过

---

① 钱乘旦等：《环球透视：现代化的迷途》，浙江人民出版社 1999 年版，第 67~87 页。

度依赖外向(外资、外债、出口),造成反复出现债务危机和恶性通胀。多年来,特别是近几十年来,拉美国家在现代化进程中,虽然取得了不少进展,前后还出现过"巴西奇迹""阿根廷奇迹",但由于缺乏有力的政治权威和有效的经济方略,始终未找到适合他们自己的现代化模式。因此,在外人看来,拉美各国的发展,时好时坏,忽左忽右,似乎还没有走上正途,成效并不显著。从这点看来,对于现代化来说,政治权威实在太重要了。对于后发型现代化的国家,一定要防止权威真空。可以说,没有权威就等于没有现代化。从经济上看,要防止外向依赖。这两点也许就是拉美现代化所给予我们的宝贵启迪吧。

第四节 "之"字形的日本道路

日本现代化,走的是一条曲折之路。既有英国的标记,又有德国的内涵,也有美国的范式,还保留了不少东方的特质。具体地说,经历了三个历史阶段:从脱亚入欧到仿效德国,又在第二次世界大战后被迫学习美国。

一、脱亚入欧,曲线救国

日本的现代化,不属原生的,而是外力推动的。19世纪中叶开始,欧美列强凭借其坚船利炮,远征全球,强迫各非西方国家开埠通商、割地赔款以至直接进行殖民统治。南亚、东亚诸国纷纷沦为它们的殖民地或半殖民地。其中,只有一个例外,就是日本。只有日本人逃脱了被征服的命运(斯塔夫里亚诺斯,1993)。日本何以能如此?归纳起来有四个方面的原因:一是当时日本采取了"卧薪尝胆"曲线救国的策略。承认自己不如西方,忍辱接受不平等条约。同时,全国上下一心学习西方,强兵富国,脱亚入欧,以求最后赶上西方以至战胜西方。二是日本的文化特质。日本当时之所以能采取这样的策略,同它的文化特质有很大关系。日本是一个缺乏自己主导文化传统的民族,对异质文化的抗性不大,从来就是善于模仿,较少创造。外来文化,有用的就学,先是全面学习中国,后是全面学习欧美。三是日本是个小岛国,环境使之易于与外界交流,想锁国也很困难。四是地缘政治。日本学者依田憙家在其《中日近代化比较研究》一书中,认为当时欧美列强主要征服对象是集中在印度和中国,日本处于边缘,所受压力较小。他认为日本是在印度和中国做出了牺牲的前提下实现独立和近代化的。[①]

二、仿效德国,步入歧途

脱亚入欧,以谁为榜样?经过比较,日本人似乎看到了一个落后赶先进并跻身强国的榜样——德国。于是,便全面学习德国。虽然实现了工业化,成为东亚强国,但却成了一个极权的军国主义法西斯国家。最后,在第二次世界大战中一败涂地。

日本走上法西斯侵略之路,并不奇怪,这是一系列特殊条件所决定的。首先,当然是德国的巨大诱惑力;其次,是日本民族严峻的生存环境,使之由民族危机感演变为一种变态的、狭隘的、建立在自卑基础上的自大狂——就像一个长期受人藐视的人,强

---

① 依田憙家:《中日近代化比较研究》,上海三联书店1988年版,第19页。

烈期望有朝一日也骑到别人头上去一样；最后，是在单一民族基础上形成的"武士道"文化。

三、民主补课，唯美是瞻

众所周知，日本的全面现代化，乃是战败之后在美国的强压之下推开的。当然，这种现代化特别是民主化，根基是否牢固，还有待观察。正由于以上情况，日本的现代化是一个特例。从总体上看，别的国家难以学习，也不必借鉴。虽然如此，我们能否从中品味出一些具有启迪性的东西呢？我认为是有的。

正面的东西有两点：一是奋发图强的民族精神。日本的现代化，虽然在历史上一度给周边国家带来了灾难，但从该国在追赶先进的过程中全民一心奋力拼搏的民族精神来说，还是有值得学习之处的。正是这种精神，帮助日本人克服了战后重建的艰难困苦，迅速崛起为世界第二大经济体。二是虚心学习的老实态度。在日本明治维新伊始，虽然也出现过"和体西用"之类的思潮，但很快就被全面学习的主流所淹没。日本人学习西方，没有包袱，对己有用就虚心学习。不像中国人有包袱，有架子，老在"体"与"用"的问题上纠缠不清。其实，日本人全面学习，也并没有丢掉其民族传统中的一些好东西。如，团队精神、刻苦精神等。日本人的毛笔字，至今仍比我国普及。

负面的东西也有两点：一是要防止民族狭隘心理。一个民族，具有忧患意识和危机感，如果用来鞭策自己克服困难、闯过难关，求得民族振兴，这本来应属积极的东西。但是，如果把这种忧患和危机过分夸大，特别是把自身的危机与"外部压力"作为因果关系联系起来，好像自己变成了纯粹的受害者，这就很危险了。当前，日本兴起的"日本衰落论"，就有此过分之嫌。回想第二次世界大战之前，日本也兴起过"生存危机论"，夸大来自外部的压力，假想自己是受害者，进而以自己的生存为借口，不顾他国的生存，遂酿成军国主义上台，走上侵略之路。这段历史值得回忆与思索。这种民族狭隘的变态心理，如果用来指导一国的现代化，不仅有日本的前车之鉴，而且极易滋生民族猜忌心理，造成国家间不必要的不信任感，妨害正常的国际交往，会失去许多有利的发展机会。这一点对于一些过去受过侵略和压迫的国家（包括我们中国）来说，有着十分现实的警戒意义。二是日本为什么缺乏创新？其直接原因，似乎像一些学者所说，是由于日本过于重视应用科学，不重视基础科学。其实，这只是表面现象。我认为，日本这个民族的武士道等级服从的团队主义，有其积极的方面，也有其消极的方面。后者，就在于它极大地束缚了人的个性，这是这个民族缺乏创新精神的总根源。从这里，如果可以学到一些东西的话，那就是在现代化过程中，要提倡团队精神与集体主义。但要注意它的两重性：在一定限度内它是好东西，有利于国家统一、社会稳定和经济发展；如推崇过分，挤压了个性发展的空间，那就会适得其反，阻碍民族的创新精神与生命活力的舒展。

世界各国的现代化经验，有如过江之鲫，盛春之花。在这有限的篇幅里，不可能全面论及。尽管如此，在这有限的陈述中，我认为对我们中国的现代化，具有明显的针对性和深刻的启迪。

第五节 给我们的启示

以上诸国,历史背景不同,时代阶段各异,它们所走过的道路,无论是成功的还是不成功的,都有其逻辑的必然性。对于别的国家来说,不应该照搬。但是,绝对真理往往蕴藏于相对真理之中。从它们走过的道路之中,能否提炼出若干带有普遍性的现代化逻辑呢?我想,应该是可能的。

一、现代化的路径选择问题

一个国家在启动其现代化进程时,选择什么路径——政府推动型,还是市场推动型?这往往决定现代化的成效与后果。从现有经验看来,一般地说,过分依赖政府自上而下推动的国家,多半表现为前期速度较快,后期则负面影响较多。由于其社会自觉响应度、参与度不高,故现代化的综合成效较差,畸形发展的可能性较大,甚至还会出现专制极权主义的恶性膨胀。第二次世界大战前的德国和苏联就是这样的。而主要依靠市场自下而上推动的国家,虽然前期有时会有起伏,但从长期来看,综合成效较好。由于其社会参与度高,在形成民族国家和全国统一市场方面,在推动社会多元化和民主化方面,在培养现代化管理人才方面,无论其幅度还是质量,都高于前一类国家。当然,这是从理论上说的。在实际上,选择政府或市场,是受到客观条件限制的。特别是转型的大国,在开始阶段难免要运用政府的权威来启动。但是,一定要积极创造条件,瞄准时机,及时向市场推动型过渡。

二、现代化与权威问题

现代化是千百万人的社会运动,没有权威,一盘散沙,无政府状态,是不可想象的。权威,有旧的权威和新的权威,极权型的权威和民主型的权威。现代化,就是要由旧的权威过渡到新的权威,由极权型的权威过渡到民主型的权威。但这个过渡不是一步可及的,有一个较长的改革过程、发展过程和创新过程,还有广大人民学习和适应的过程。在这"方生未死"之间,即新的权威有待创新、有待发展,尚未树立;旧的权威还有余威,还有影响,尚未退出,现代化的最大忌讳就是匆忙丢掉旧的权威,而不是利用旧权威去培育新权威。其十分糟糕的后果就是出现"权威真空""权力真空"。在这种真空状况下,无政府主义、胡作非为就会泛滥成灾,最终必会毁掉现代化的进程。这在历史上已有过拉丁美洲各国的教训,现今又加上了戈尔巴乔夫改革失败的教训。

三、现代化与民主化问题

纵观前述各国,为什么有的国家这两个问题衔接得较好,而有的国家就南辕北辙呢?总结它们的经验,我认为就在于:不能把民主化仅仅看作是政治改革的范畴。民主化必定是政治改革与经济发展的共生物。为什么?建立民主政治,就是让人民当家作主,成为国家的主宰力量。那么,这首先就要求人民是具有独立地位和独立人格的主体。如果人民大众除了仰赖政府之外,别无自我实现的出路,他们还能有独立于政府来行使当家之权的力量与勇气吗？而要解决这个独立人格问题，在现阶段舍经济多元化发展，别无他途。其次要求人民大众是具有较高自组织能力的群体。一盘散沙、山头林立、任人煽动的大众，是无法行使真正的民主权利的。而这种自组织能力，则必经过市场经济的广泛实践，特别是各种群众性中介组织的实践，才能培养出来的。最后，单纯的民主化(单边的政治改革)没有成功的经济改革与发展的基础，便缺乏动力。这是容易明白的。正由于此，脱离经济发展的民主化改革，往往就得不到人民大众的积极而广泛的支持与响应，而成为少数政客们追逐其个人野心和小集团利益的一种危险的游戏。

第三章　东亚的启迪

东亚的现代化，除日本而外，总体上比我国先行半步。由于东亚主要国家在经济发展阶段上有很大的相似性，在文化上又有许多相同的渊源，它们的经验与教训，较之西欧，对我国有着更为实际的借鉴意义。

第一节　何谓"东亚模式"

一、众说纷纭

在现有讨论东亚模式的文献中，可以说大部分并没有一个统一认同的"对象"。什么是"东亚模式"的本质内涵，几乎是各执一端。

"出口导向论"者认为，东亚模式主要就是过度的外向依赖，特别是实行"两头在外"的加工转口贸易，与之相适应的是"技术模仿"路线，缺乏创新。

"粗放经营论"者认为，东亚模式主要就是经济增长靠拼劳力、拼资源、拼时间，即所谓"汗水理论"，认为这样的经营方式粗放落后，必出问题，不如欧美科技创新的经营方式先进和有效率。

"政府干预论"者认为，东亚模式主要就是"排斥市场"，政府干预太多，造成资源配置低效率、浪费大，腐败滋生。

"权威主义论"者认为，东亚模式就是"国家主义"，极权专制，压制人民的权利与自由。

二、全面的概括

以上这些对于东亚模式的界定，似乎都是有根据的，但都是不全面的。用"盲人摸象"的方法，难以说清东亚模式的全貌，从而也就做不出公正全面的评价。

我们认为，必须用系统思想，从经济、政治、文化各个维度进行综合的界定。其基本特质应包含如下四个方面：

其一，权威主义工业化道路。第二次世界大战以后，一些不发达国家现代化的历史，有两种鲜明的对照：一些推行西方民主模式的国家，经济发展或者是大起大落，成效不显；或者是政局动荡，难以启动经济发展的进程。也有另一些国家，主要在东亚，没有继续推行西方民主，改行权威主义，用"强政府"来推动工业化与市场化。实践证明，大多数国家基本实现了工业化或者取得了卓有成效的进展。然后，在工业化的基础上，不同程度地开始了民主化的进程。这种道路具有如下表征：

政府主导。政府在资源配置上起着主导性作用。为了发挥这种作用，政府甚至直接介入投资、金融等领域，国有经济比重较大。

权威政治。先工业化后民主化。在前期，公民的权利与自由受到国家较多的限制与监管；到工业化后期再逐步转向民主化进程，而且这种民主化较之西方多党议会民主又带有不少东方色彩。

自主发展。由于是在一个"强政府"领导下进行经济发展，因此具有鲜明的自主色彩。大多没有非洲和南美一些国家那种"依附"现象。这是因为第二次世界大战以后，西欧衰落，美国力不从心，加上社会主义国家的掣肘和华人圈的作用，使得发达国家虽想为而不能为。

其二，群体主义的价值观。由于东亚国家(不包括日本)，原来大多是殖民地、半殖民地，在历史上没有经历原始积累阶段，加上东方乐群的文化传统，因此在现代化过程中，一般都是采用"先国家后个人""先发展后福利""先积累后消费"的政策。有时为了国家的发展而牺牲局部的利益，为了社会的稳定而限制个人的自由。

其三，家族主义的经营方式。在东亚，由于受儒家思想的影响，企业内部，讲亲缘，重和谐，论资历，倡秩序；企业之间，讲人缘，论关系，重信誉；企业发展，大多靠人缘关系，串联式扩张。提倡"团队精神"，主张"和为贵"。在企业与政府之间、企业家与政治家之间，讲亲善，重人情，不习惯"依法办事"。

其四，出口导向的发展战略。东亚各国在工业化前期虽然不同程度地实行过进口替代战略，但时间不长，很快就转向了出口导向战略。其中，采取了"两头在外""三来一补"等多种方式。实际上，就是以廉价劳力与资源换取资本与技术。这对贫穷落后的国家来说也是一种迫不得已的选择。

第二节　争论的焦点

在东亚危机爆发之前，对东亚模式虽也不乏争论，但不是主流。世界银行出版了《东亚奇迹》专辑，这本身就说明世界主流舆论是肯定东亚模式的。当时，尽管美国著名学者克鲁格曼对东亚模式提出了尖锐的批评和预言，但也没有太大地影响人们对这个模式的称赞。

但是，在危机爆发之后，几乎一夜之间，风云突变，由普遍赞扬变为一派"讨伐"。诸如，"东亚模式终结"论，"自由主义胜利"论等，纷纷上场。说来也奇怪，这时候的克鲁格曼倒是相当冷静，并未"火上加油"，而是说这不是他所说的长周期问题，只是一种暂时的挫折。我从这点认识了他的科学态度。现在回过头来归纳一下那时争论的焦点，大体是如下几个方面：

一、政府与市场问题

我把它概括为"机制之争"。

关于东亚金融危机，新自由主义的学者们把它看作是新古典自由主义主张的大胜利。当时，从太平洋彼岸吹来飓风，几乎以雷霆万钧之势成为舆论主流。在他们看来，危机证明了政府必须退出市场，只要政府不干预，一切问题都会"自动实现均衡"，"看不见的手"万岁。新凯恩斯主义的学者们则反驳说，恰恰相反，危机主要证明了自由市场主义的破产，认为资本无调控地在全球自由泛滥，盲目自由化，正是东亚金融危机的祸根。只有建立起全球性的超政府宏观调控，才能解决这个问题(斯蒂格利茨，2001)①。新儒家也反驳道："现在看来，不仅需要国家的宏观调控，而且全球化的宏观调控变得有燃眉之急，即政府之间的协调，乃至超政府的更大协调，而不是靠市场经济本身的运作。"并指出，韩国之所以走出危机，不是靠开的药方，恰恰是依靠政府动员全民的力量，激励起"共赴国难"的民族精神，认为"这样的方式和心态，还是亚洲模式的体现"。(杜维明，2001)②

二、面包与自由问题

我把它概括为"价值之争"。

西方主流派认为，东亚模式的根本缺陷就是"极权专制""权威主义"，压制了人民的权利与自由，认为这不利于发展。因为民主和自由可以使人民获得更多的利益，从而提高发展的质量。甚至像在印度那样，人民宁可选择政治自由而忍受贫困。而东方新儒家则反驳说，在发展中国家，穷人有理由放弃政治民主以换取经济利益，生存与发展较之于人权与民主，是属于首先要解决的问题。所以，权威主义是正确的选择。至于印度之所以能如此，是因为他们是"来世主义者"，而东亚多是儒家的"今生主义者"。他们不可能把生活建立到虚幻的天国去。

三、汗水与效率问题

我把它概括为"方式之争"。

东亚模式消亡论的另一个论据，即这种模式的增长完全是靠拼劳动、拼资源取得的，即所谓"汗水理论"，认为这种模式是一种落后的生产方式，远不如西方欧美的创新式生产方式先进和有效率，必将被淘汰。

四、外向与结构问题

我把它概括为"战略之争"。

东亚模式消亡论还有一个依据，即这种模式过分依赖出口，而且是一种"两头在外"的加工结构。这种结构没有后劲，无法应付国际市场的风险。以上这些争论，双方不是都

① 转引自本杰明·弗里德曼、顾信文：《斯蒂格利茨眼中的全球化——评〈全球化及其不满者〉》，《国外社会科学文摘》2002年第10期，第69页。

② 杜维明：《东亚价值观与多元现代性》，中国社会科学出版社2001年版，第75页。

没有一定道理。就是否定方，如果孤立地看，按西方标准看，也不全然是"无端责难"；特别是后面两点，显然是东亚模式的重大弱点。这里不在于"问题"的本身，而在于如何看待"问题"出现的原因——客观必然性、局限性以及发展趋势。这就有一个思想方法问题，或分析范式问题。

第三节　马克思主义的范式

新自由主义的分析范式，已经表明它不能全面、正确评价东亚模式。其弱点在于脱离历史与实际情况，孤立而静止地看待东亚模式。我们认为，马克思的唯物史观和唯物辩证法，依然是观察一切社会现象的科学方法。运用这个分析工具来研究社会现象，是依据如下观点：

一、辩证观

任何一种在社会上已经出现并得以存在的社会现象，总是一组矛盾的统一、合二而一与一分为二的统一。既有其正面的矛盾方面，又有其负面的矛盾方面，两者相互依存，只是在不同条件下表现为哪一个方面成为主导方面而已。而且这种主导与非主导，会因环境与内部结构的变化而相互转换。经济模式这种社会现象也是如此。世界上从来没有尽善尽美的、永远先进的经济模式。科学研究的任务，就是要揭示这种模式的内部结构、正面与负面及两者赖以存在的条件，以及随着条件的变化将会引起结构变化的可能趋向。

二、历史观

任何一种社会现象，往往总是和一定的历史背景存在着因果关系，应历史地看待一定的历史现象，此其一；其二，任何一个历史现象都必然是"历史的"，即具有特定的历史阶段性与局限性。因此，不能用已经向前发展了的历史标准，去评判尚未发展到这个阶段的社会现象；同样，也不能把一种社会现象固定化、不变化，因为它存在向前嬗变的可能。具体地说，发达国家以其向前发展了的历史标准来评判尚未发展到这个阶段的国家的是非，是不科学的；同样，在发达国家看来是不合理的社会现象，而在发展中国家，按其发展阶段的历史标准，却可能是合理的。这即是说，标准是具有历史性的。例如，"汗水经营方式"，在不发达国家的发展阶段是可以理解的，是现代化初级阶段的必经方式，不可能由一张白纸一下跳到美国的创新阶段去。但是，在将来则完全可能发展到那个高级阶段。

三、制度观

人是社会的动物，社会则是按一定的制度建立和维系的。所以，排除人类洪荒时代不计，任何一种社会现象的出现都与当时、当地的制度环境分不开，而且现今的制度又与历史上的"制度惯性"(历史沿革中的制度影响)分不开。可以说，一切社会现象都是一定制度下的现象。因此，在观察某经济现象时，如果脱离了这种现象得以产生的制度环境，就会成为不可知的东西。此其一。其二，也因此，不能把某种自认为是"先进的"制度，人为地强加给别的国家。因为它是脱离了"制度惯性"的外来"异物"，终会产生强烈的排斥性就像当今美国所做的那样，注定是行不通的。即使在日本，现在看来似乎可行，恕我直言，如果排除了美国的军事、政治、经济在日本的强大存在，会不会"可行"，还须拭目以待。

四、联系观

经济现象绝不是孤立的，它必与政治、社会、技术、文化各个方面有着千丝万缕的联系。西方发达国家的自由市场模式，是与它们相当成熟的民主政治、十分健全的公民社会以及创新机制比较旺盛的科学技术等条件分不开的。东亚国家的现实与上述条件显然尚有相当大的距离。缺乏这种联系观，就无法理解东亚模式。

第四节　辩证的评价

如果我们切实运用辩证唯物的分析范式来审视东亚模式，我们面前所展示的图景就会大不一样了。

一、成就与问题

按照"一分为二"的辩证观来评价东亚模式，则这个模式绝不像有些人所说的那样不可理解，甚至要寿终正寝了。第二次世界大战之后至今的半个多世纪以来，特别是20世纪的70—90年代前期，曾是东亚的辉煌时代。

高速增长。东亚曾是全球经济增长最快的地区。用 GDP 增长率计算，1974—1990 年间，美国、日本、拉美、南部非洲分别是：2.6%、4.0%、2.7%、2.2%，东亚是 7.1%。1991—1993 年，上述 4 个国家和地区分别是：1.7%、1.8%、3.2%、0.6%，东亚则是8.7%。1994 年上述 4 个国家和地区分别是：4.0%、0.8%、3.9%、2.2%，东亚则是9.4%[①]。在当时世界经济增长乏力的情况下，东亚曾经是一个强劲的"动力"，对世界经济的稳定发展是有过贡献的。

工业化。在这一个时期，东亚国家(除日本外)先后不一地推进了工业化的进程。以日本为领头雁的"雁行模式"在当时曾是卓有成效的。先是"四小龙"实现了工业化，进入了准发达行列；后是"四小虎"进入了快速工业化阶段；再是中国、接着越南也开始起飞……这一波的经济发展，其规模之大，地域之广，不亚于西欧，较之北美、中北欧(含日本)那几波，甚至有过之。

消除贫困。在经济发展的同时，东亚地区大范围消除了贫困，程度不同地提高了人民的生活水平，增加了人民的寿命。如，印度尼西亚的绝对贫困人口比例由 1960 年的 58%降低到 1990 年的 17%；马来西亚同期也从 37%降低到 5%以下。日本、泰国、马来西亚、印度尼西亚等国和"四小龙"的人均寿命，由 1960 年的 56 岁上升到 1990 年的 71 岁。

走向民主。东亚各主要国家在工业化基本实现前后，程度不同地推进了民主化的进

---

① 世界银行数据库，转引自《经济日报》1996 年 9 月 11 日第 4 版。

程。这方面,韩国的进展应该说是最好的。

在看到东亚模式所取得成就的同时,也应该看到这个模式绝不是尽善尽美的——那也不符合逻辑。应该说,原来的东亚模式,比较适合于工业化,比较适合于后进经济体追赶发达经济体,比较适合于粗放增长阶段。当历史向前发展,进入信息化时代,这些国家先后进入了工业化中后期,原来模式中的一些负面因素便逐渐暴露出来了。

首先是结构落后。长期的加工型出口结构,曾带来发展与繁荣,但却造成人们麻痹自满的情绪,没有及时进行结构调整与升级。面对突如其来的冲击,缺乏应有的准备,致使出口的竞争力骤然下降。这其中也有差别。如,新加坡由于在高新技术产业的升级上较其他国家进展较好,在危机中受到的损失相对较轻。

其次是干预过度。政府主导,在工业化的大部分阶段是发挥了巨大作用的,否则不可能只用30年时间就赶上了西方用200年时间才达到的发展状态。正如任何真理一样,它的有效性(或真理性)是有设定前提的。逾越了界限,就会发生相反的作用。政府干预既然成了体制,就不可能做到恰到好处。所以,干预过度在实践中也可以说是难以避免的。

再次是创新不足。以追赶为动力、以模仿为核心的经济技术路线在工业化时代和经济起飞阶段是起作用的。但到了信息化时代和工业化后期,特别是全球化急剧推进的新格局下,就显得乏力了。缺乏原创性技术以及激励这种创新的机制日益成为东亚各国难以迅速摆脱危机阴影的顽症。日本10年徘徊,除了美国压日元升值的因素外,缺乏创新则是其深层原因。

最后是政策不当。特别是东南亚诸国,不顾本国国情,盲目推行新自由主义的自由化政策,产生了很大的破坏作用。诸如,金融自由化操之过急,脱离了本国金融安全监管机制严重不足的实际;对外举债陷入盲目,没有切实考虑还债能力,特别是短期债务过多;本币汇率人为高估,调整不及时,特别是与美元挂钩的汇率制度当时恰逢美元升值等。这些都为国际货币投机提供了十分难得的机会。

以上这些负面的东西,除了政府干预过度与模式有直接因果关系、创新不足有阶段性关系外,其他如结构升级滞后和政策失当等与模式本身并无内在因果联系。须知,任何发展中国家采取的任何模式,在发展前期,几乎都难免要经历这个过程,会碰到类似这样的问题。更何况政策不当中,大部分恰恰是听信了新自由主义的主张,是政府干预不足,该干预的没有干预。

二、调整与前景

根据以上分析,东亚模式并不是一个"消亡"与否的问题,而是一个需要保持其积极内涵并作出必要调整,以继续适应变化了的时代的问题。关于调整的方向,我们在前面的负面作用的论述中实际上已经表明了看法。主要是:第一,在保持政府适度干预的同时,积极推行市场化改革,使政府与市场取得相对均衡与互补,在此过程中注意培植市民社会的发展与成熟。第二,在保持社会稳定的前提下,有步骤地推进符合东方人文背景的民主化改革与建设。第三,在文化政策方面,应注意鼓励群体主义与个性解放相结合的价值观,积极建立创新的激励机制。在此基础上,从模仿型技术路线过渡到创新型技术路线。第四,在经济战略方面,应逐步由过度外向转向内外并重的战略,大力推动结构升级。这方面，"东盟+3"自由贸易区的实现将是一个重大的契机。第五，制定国家创新战略，大力营造创新环境，包括强化知识产权保护的法律建设和鼓励中小企业的发展等。我们相信，经过类似这种调整，加上原来几十年形成的基础、人文背景和市场发展的巨大潜力，未来东亚仍会有几十年的快速发展。

第五节　如何看待权威主义

一、不是万岁

我们不是权威主义的永恒论者，只是把它看作在东亚一定时期内的阶段性现象或者说，是一种难以避免、难以超越的现实。

正如我在本书导言中所陈述的，人类社会发展的远景，必将是真正的民主和自由，必将是人的全面解放。但是，"千里之行，始于足下"。远景是一回事，现实往往是另一回事：由现实到远景，不可能坐"直升机"去飞越。只能按历史发展的客观阶段性，循序渐进，朝着那个方向前进。我们不是乌托邦式的理想主义者。

二、事出有因

东亚各主要国家，都是走的一条形式不同的权威主义现代化的道路。这绝非偶然。一些习惯于"西方优越"思维方式的人，往往难以理解：东方人为何可以牺牲自由去迁就面包？总认为，"不自由毋宁死"本来就应该是人类的天性嘛；特别是在自由惯了的美国，对东亚这个权威主义的"怪物"，表现出极大的不理解。

权威政治，不是从天上掉下来的，也不是人们的异想天开。《亚洲现代化透视》一书的作者对此做了很好的解释。该书说："权威政治的出现不是偶然的，它是在东亚国家移植西方民主试验失败的背景下出现的，是这些国家基于自身社会历史条件和现代化需要而作出的第二次政治发展的大抉择。"①

其实，不少东亚国家，战后都曾进行过西方议会民主制的移植（第一次大抉择）。结果并不美妙：造成严重的社会动荡和政治混乱。在印度尼西亚，政党纷起，势均力敌，政变频频，内阁不断更换，不可能提供现代化所需的稳定环境。泰国、韩国也都经历过类似情况，韩国还爆发过革命。这说明，不是东方人不愿实行，而是在东方还不可行。所以，从 20 世纪 50 年代末 60 年代初到 80 年代中期，各国纷纷改行权威政治。之所以如此，主要有下列原因：

首先是面临中世纪遗留问题。对于独立不久的民族国家，首要任务是保证社会稳定。没有一个相对稳定的社会环境，一切都无从谈起。而在一个资本主义很不发达、中世纪残余大量存在的国度里，各种政治势力没有整合，许多矛盾急需解决，国家权力机构有待建立与巩固，社会法制秩序从无到有。所有这些都是前资本主义的遗留问题。这些问题不解决，现代的民主制度根本无法推行。这只有依靠权威政治来扫清道路，为启动现代化开创

---

① 张蕴岭：《亚洲现代化透视》，社会科学文献出版社 2001 年版，第 231 页。

基本的条件。

其次是市场不发达。众所周知,现代民主政治所赖以成立的根基是:具有独立人格的"自由人",具有自组织能力的公民社会,健全的现代法制。而这三条也不是从天上掉下来的。从客观方面看,是要靠市场经济的充分发展才能生长出来的。这一点,我在后面还要详细阐述。

再次是"追赶战略"的需要。除日本外,东亚各国在 20 世纪前中期都面临着在短期内追赶发达国家的历史任务。试想,以 30 年的时间去追赶别人用了 200 年才达到的目标,如无政府自上而下的推动,光靠市场自发演进,如无人们付出牺牲一定自由的代价,全靠"自由自在"发展,那简直可以说是天方夜谭。

最后是地缘政治与国际关系的影响。在 20 世纪冷战时代,东亚一些较小的国家与地区大都面临比较复杂的地缘政治与国际环境,存在着潜在或公开的生存危机。

从以上分析中可以看到,东亚权威政治的出现不是不可理解的,西方民主制未经采纳也不是人为的,就好像适用于电气化的操作规程难以适应手工作业一样。

三、权威主义存在的风险

我们用唯物史观的范式剖析了东亚权威主义产生的原因,是为了说明:这种现象的出现有其历史必然的方面,是可知的,不是不可理解的。但并不是说这是一个"尽善尽美"的制度。因为它的确存在着风险。这种风险,不只是现实的一些弊端——如前面在分析东亚模式的缺陷中所述,更为严重的是,这种体制虽可利用于一时,如任其自发发展,就有走向极权专制的危险。

我们认为,权威主义是一种"两面可塑"的体制,是介乎极权专制与现代民主之间的一种过渡性制度选择。它既可能向前进过渡到现代民主,也可能向后退复辟到极权专制。关于权威主义与极权主义的区别,我在前面第二章(国际的经验)中已做了论述。

从东亚的经验看来,权威主义倒退到极权专制,需要具备如下条件:

第一,长期抑制市场经济的发展,或者使市场经济异变为官僚资本主义。在那种条件下,具有独立意识与调和倾向的中产阶层无从成长,具有社会自组织能力的非政府组织也难以发展和成熟,这就使得向现代民主过渡缺乏社会基础。

第二,腐败得不到有效治理,以至滋生出一个完全脱离人民的特权精英阶层。这个阶层势必会拥戴一个至高无上的专制型领袖,以维护他们的既得利益。

第三,长期保持对舆论媒体的严厉管制,信息垄断不透明。在此条件下,公民没有知情权,也逐渐适应了。这必然导致人民大众远离政治生活,对国家大事冷漠乃至麻木。人民大众的愚昧与麻木正是专制复辟的最好温床。

第六节　由权威主义向现代民主过渡

一、政治现代化的条件

由权威过渡到民主的条件,可分为间接与直接两种。

间接条件，也可以说是环境性条件，即必须具备这样的环境，才可能使"直接条件"产生、发展起来。这种条件主要是两个：

一是开放的国家。"过渡"的决定性条件，就是国家必须是对外开放的。经验从反面向我们证明了这一点：凡是对外封闭的国家，几乎都是专制独裁的。因为在当今世界，只有开放才能促使观念更新，才能推进市场的发育，才能提供国内制度改革的样板，才能对国内专制回潮倾向形成有效的压力和制约。

二是市场经济充分发展。市场是民主政治的催化剂。从东亚几十年社会演进的过程中可以看到，凡是国家开放、市场经济发展良好的国家，民主化的进程就比较顺利，成效也较好，如韩国、泰国等；凡是国家封闭或官僚资本化的国家，就比较专制或民主化进程起伏不定，如缅甸、印度尼西亚等。

直接条件，也就是结构性条件，即民主社会必须具备的内在结构。这种条件主要有4个：

一是人民大众是"自由人"。这里自由是相对于依附而言的。人民不处于任何的依附状态——无论是对土地的依附、权力的依附还是种族的依附。只有这样，他们才可能具有阿玛蒂亚·森所说的"可行能力"，才可能"自由地"参与政治生活。

二是市民社会初步形成。众所周知，民主是相对于国家而言的。两者在职能划分上，是此消彼长的：国家愈膨胀，民主就愈少；民主愈发达，国家就愈萎缩。这里民主就意味着"市民社会"（或"公民社会"）的自组织、自我管理职能逐步取代国家的职能。而市民社会的管理能力，则来源于非政府组织（群众团体、协会、中介组织等）的发展与成熟。可以想象，如果人民群众是一盘散沙，那就既无法全面真实地表达"民意"，又极易被野心家所挑动和利用。

三是现代政治精英。这种精英集团必须具有权威性、先进性和亲民性。三者缺一不可：如果只有权威性而无后两者，就可能走向专制极权；如只有先进性而无另两者，就可能使民主化失败；如只有亲民性而无另两者，就可能做群众的尾巴，使"民主化"变质。只有三者同时具备，才能形成一个对现代化既有强烈愿望、又有高超能力的现代化领导力量。

四是较成熟的法制基础。民主与法制，可以说是一对孪生兄弟。只有当一切重大决策（包括对政治异见的处理）均严格按"宪制程序"进行时，而不是少数领袖人物可以"翻手为云，覆手为雨"时，民主政治才可能运作。

二、经济现代化促政治民主化

东亚现代化的经验表明，政治民主化必须在经济现代化的基础上逐步推进。这是因为：

第一，经济现代化催生了一个中产阶层的崛起。这层人大都受过良好的教育与训练，拥有知识与技术，有强烈的民主意识与现代化愿望，大都从事现代化中比较好的职业。如，科学家、教师、工程师、律师、医生、艺术家、高级技工以及政府和企业的行政与管理人员。

第二，经济现代化推进市民社会的形成。以市场经济为基础的经济现代化，必然促进社会分工的发展。社会分工的深化,在经济上必然推动独立于政府之外的经济实体发展壮大。这在组织上就会使各种非政府组织发展成熟起来,从而在政治上有利于形成一种既能为政府分劳、又可监督政府的社会自组织力量。

第三,经济现代化大大提高人民的文化与政治素质。受教育的人群数量增多,程度提高,必然会大大提高现代意识和行使民主权利的能力与质量。

第四,经济现代化必将提高全民的民主政治观念。市场的等价交换、公平竞争、自由贸易、依法经营等经济行为,可以说是民主政治的"社会大学",它可以陶冶现代政治所要求的各种观念和规范。

三、中间阶层的作用

从东亚民主化进程的正反两方面的经验来看,政治现代化能否成功,在很大程度上取决于"中间阶层"是否壮大有力。有的国家民主化成效显著,有的则不显著,关键就在这里。

中间阶层(或称"中产阶级")在现代化中的作用,表现在:

第一,这一层人,由于受过现代教育的熏陶,具有实现现代民主政治的自觉意愿和行使政治权力的能力。这在前面已经讲过了。

第二,这一层人,处在政治精英与人民大众之间,具有协调沟通与承上启下的不可替代的作用。世界上许多国家的历史证明,凡是缺乏中产阶级填充的国家,社会就难以保持稳定,易于发生混乱与冲突,往往导致极权专制或现代化的大反复。我们在前面第二章关于英国和法国的两个例子,正好说明这个问题。中间阶层正是社会大变动时期的"润滑剂"。

第三,这一层人,又是一种双向节制力量和社会"稳定器"。即既可以节制政治精英的"专制倾向",又可以节制大众阶层的"无政府倾向"。这与他们的经济社会地位分不开:他们既没有像政治精英那样掌握国家权力,也没有像产业精英那样拥有资本财富;他们所拥有的是知识、信誉、技术、管理能力、信息和智慧。不管谁来领导国家,都离不开他们。因此,他们的特性是奉公守法、害怕动乱,最需要的是一个宽松、稳定而自由的大环境。

第四,这一层人,是实施现代化战略的骨干力量。由于他们拥有的能力和从事的职业大多是现代化得以实现的主导产业和部门的中坚岗位与关键业务,离开了他们的自觉努力,现代化无法实现。

第五,这一层人,还是一个巨大的市场。世界各国的情况大体是:中高档耐用消费品的最大市场都是中产阶级。

纵观东亚现代化,之所以由权威过渡到民主的进程比较缓慢和参差不齐,主要原因乃是中间阶层人数与实力的增长速度低于经济增长速度。这其中,知识分子的增长速度更低。这也是不少东亚国家国内市场狭小、原创技术不多、结构升级困难、危机难以完全摆脱的深层根源。

看来,东亚的现代民主化进程,一般会经历由传统政治到权威政治,再由权威政治到现代民主的"三级跳",是一种先经济现代化后政治现代化、在经济发展的基础上推进政治民主化的渐进过程。在创造经济奇迹的阶段，权威主义立过功劳；社会向前发展，它又存在风险。尽管有些政治家们处心积虑想使它永恒化（实为倒退化），但是大势所趋，人心所向，现代民主政治的洪流是阻挡不住的。

第四章 时代的新页

我国的现代化正处在一个知识经济兴起的新时代。这个新的时代对我国的现代化意味着什么？它带来什么机遇与挑战？它对我国现代化提出了什么新的课题？这些都是我们必须面对的问题。

第一节 知识经济辨析

一、定义

"信息经济""知识经济""新经济"……几乎只在短短的两年多时间，一个名词发生如此频繁的更换，这在过去却是少见的。这也说明两个问题：一是这个现象实在太新了，二是变化太快了。我的本意认为："新"不合适，因它是个动态概念。10 年之后，就不新了。还是叫"知识经济"为好。

知识经济是一种什么样的经济呢？学术界有各种各样的定义。我的定义是：知识经济，是以知识创新为核心，以信息革命为先导，以信息、生物、新材料等高科技为支撑，趋向分散化、网络化、虚拟化的经济。下面分别做一阐述。

1. 以知识创新为核心

知识创新是知识经济发展的第一推动力。美国保尔·罗默（Paul Romer）曾提出："点子加技术发明等于经济发展的推动力。"知识、技术、经济正在走向一体化。软件产品即一例。知识创新包括五个方面：（1）知识直接转化为新产品：如 Windows 95，Windows 98……（2）知识直接转化为新的生产方式：如电子商务、网上购物……（3）知识直接开创新市场：如硬软件开发更新直接创造新的市场……（4）知识直接创造新材料：如硅片、纳米技术……（5）知识创新创造新的组织方式。

在工业经济时代，价值一般取决于有形财富，如：土地，资本，工厂，汽车等。在知识经济时代，就不一样了，价值往往取决于无形财富，如：一个点子，一个标识语句，一个电脑代码等，也就是说，取决于知识。

2. 以信息革命为先导

信息革命为知识创新的加速提供了可能。因特网使得知识的传播与更新，比过去工业经济时代要快几十、几百、几万倍。一些高新技术的发明与发现，同超高功能的电子计算机的手段是分不开的。所以，信息革命是整个高科技革命的先导。

3. 以信息、生物、新材料等高科技产业为支撑

信息产业、生物工程产业、新材料产业(如纳米)是新经济的主要载体,这是人所共知的。

4. 分散化、网络化、虚拟化

从分散化看,"家庭就业"正在西方发达国家兴起,美国已有多公司正在实行"电子通信上班"制;从网络化看,它的发展使得家庭、企业、银行、学校、医院以及各种服务部门直接且便捷地连成了一体:网上购物、网上结算、网上学校、网上就医等正在日新月异地发展。从虚拟化看,虚拟货币、虚拟银行、虚拟经济、虚拟战争,乃至虚拟国家,已经或将成为可能。

二、前景

我在好多年前曾提出过"多维发展"观,认为发展的阶段维可能会经历三个大阶段,即:工业化阶段—信息化阶段—生态化阶段。现在,似乎历史的进程在提前随着生物工程的进展加速,特别是基因密码的破译。有的学者认为,人类马上又要进入另一个新的阶段,即"生物社会"了。是这样吗? 我仍持保留态度。我的基本看法是:"信息社会"(或知识社会、新经济)还要持续一个较长的历史时代,因为它还未完全"占领"一切经济社会领域,还是刚刚开始。此其一。其二,生态社会,或生物经济,还远未到来。我认为,要称得起"生物经济"或"生态社会",必须达到那种境界,即:人类可能"克隆"一切自然资源和生物,而且是大规模地再生这些东西。显然,这种境界现在还渺茫得很。

新经济在美国前9年的表现确实十分诱人。但自纳斯达克股市受挫后,各种理论甚嚣尘上。认为新经济前程辉煌者有之,认为新经济繁荣过后是崩溃者也有之,认为牛市是金融泡沫从而会导致风暴者有之;还有人认为,牛市不是泡沫而是新经济的本质,"信息革命不过又是一个投机泡沫"。我们不妨把他们分为"乐观派"和"悲观派"。在乐观派那里:(1)美国新经济具有强劲的接受严重打击的能力;(2)新的技术创新正在酝酿之中,从而将会带动新一轮的风险投资高潮和增长;(3)目前的牛市不是泡沫,投资者会明智地降低股份。在悲观派那里:(1)美国经济具有其脆弱性的一面,即过分依赖外国资本(占23%),一旦回报率下降,就可能撤离;(2)新经济的核心是技术周期,而技术周期是依靠低通胀、高投资来支撑的,一旦创新减速,就会引发通胀,美元疲软,外资就会逃走,技术周期不可避免地会中断;(3)美联储也不是绝对不会犯错,前一阵,提高利率似乎做过了头,后来降息又没有一步到位。总的来说,这两者都有其合理的部分,也有走极端之嫌。

我不成熟的看法是,对新经济前景的正确判断,似乎应该是这样的:

(1)知识经济,确实是一个新事物,它具有内在强劲的生命力。从长远来看,方兴未艾,必将取代工业经济而成为一个新的里程碑式的经济发展阶段。

(2)正由于是新事物,人们在适应它的规律方面,必会有一个由相对盲目性到相对自觉性的学习过程——包括趋之若鹜的股市泡沫和宏观决策的失误。所以,在发展过程中出

现震荡起伏，应属意料中的事。

（3）对于纳斯达克股市泡沫的破裂，不应看作是知识经济的"昙花一现"。工业经济不也是经常发生泡沫破灭吗？但工业经济并未因此而幻灭。可以说，在市场经济条件下，只要社会总供给与总需求不会"自然而然"地达到均衡（实际上这种均衡是不存在的），任何经济形态都难免会出现泡沫现象，有泡沫必然会有破裂的时候。知识经济也不例外，虽然它在微观领域中表现出某种供给与需求的融合化趋向，但在宏观领域，仍然存在总供给与总需求的对立。由于边际递增与巨额利润的刺激，也由于缺乏经验，盲目投机是情理中的事。

就美国新经济而言，有的经济学家认为，目前正处在泡沫破裂后的恢复期，这是有道理的。我觉得，这不仅仅是经济的恢复，而且还包括理论的修正和政策的调整。后者是因，前者是果。小布什的"战争经济"是一场豪赌。此处无意全面评价这场赌博的结局，只想就新经济摆脱萧条而言，有可能赢，也可能输。所谓赢，是大量国防预算的投入，通过军事高科技研发，会否出现一个新的创新蜂聚期？就像 20 世纪 80 年代的"三大发明"（以太网、图形用户接口、激光打印机）和 20 世纪 90 年代的"四大应用创新"（电子邮件、因特网浏览器、搜索引擎、电子聊天）那样，为新经济的复苏提供有力的技术基础。至于输，是美国鹰派的一意孤行，可能使美国陷入世界性的反美浪潮之中；特别是阿拉伯世界的强烈反弹，恐怖主义进一步升级，就有可能"偷鸡不着蚀把米"了。

第二节　展现的特质

知识经济这场革命，就其规模与深度而言，几乎不亚于 19 世纪的工业革命。它不仅改变着人们的生产方式、生活方式、思维方式，而且引发出许多新情况、新问题，传统的经济学无法作出合理的解释。也就是说，站在经济学的高度，知识经济同传统的工业经济在本质上是有区别的。这些区别有的比较清晰，有的也初露端倪。

一、商品特质

知识经济的核心商品信息，具有工业经济的商品不同的品质。在工业经济中，商品在实体上具有对立性、在占有上具有排他性。正是这种特性，才会有商品交换，才会有商品经济。你用着的手机，我就不能用；我穿着的衣服，你就不能穿等。在知识经济中，信息这种商品则不然，我使用这条信息，完全不排斥你也可以用；你使用这种软件，我也可以同时用它，不存在什么排他性问题。这样，知识经济的商品交换乃至整个经济运行，也就会表现出一系列的差异。

二、劳动泛化

在高科技产业中，由于：

——劳动者结构发生了基本变化，智力劳动者（专科以上）已占到绝大比重。如美国，在泰勒时代，体力劳动者占90%，智力劳动者占10%；到 20 世纪 90 年代，体力劳动者下降到20%，智力劳动者上升为80%。在信息产业中，后者的比重更大。

——科技创新在经济增长中的贡献占有主导地位。在发达国家，产品价值中的科技含量已达到70%以上。

——在高科技产业特别是信息产业中，知识创新已成为经济增长的核心因素，知识成为主导性生产要素。如软件业中知识可以直接转化为产品(如"视窗"软件)。

——高科技产业的重要特质之一，就是知识创新者、价值创造者、资本所有者一体化了。而且要素的组合效益与资本的运营效益已大大超过了诸要素个别价值之和。因而，这些劳动加入了价值创造的行列。

这样，"劳动"已经远远超出了"体力劳动"的范围。如果仍然沿用只有体力劳动才是价值源泉的命题，就无法解释高科技产业中的"超超额利润"了。我有一个不成熟的看法，即认为在高科技产业中，从原料到最终消费品，需经过四个层面的劳动：变形性劳动、变异性劳动、组合性劳动和运筹性劳动。

第一，变形性劳动。这是体力层次的劳动。即原料加工成传统产品的劳动，实现资源与劳动的整合。如将沙矿淘选成硅，在既定设计图纸下的焊接、组装、包装上箱等。

第二，变异性劳动。这是科技层次的劳动。即通过高科技的投入，使原有资源不只改变形状和位置，而且改变性质(理化的或生物的变化)，实现资源、劳动与科技的整合，形成一种新的物质(产品)，如硅变成芯片、实用软件等。

第三，组合性劳动。这是管理层次的劳动。即通过管理工程的注入，使各种要素与半成品高效率地形成最佳组合性产品，实现多要素的定向整合，成为最具竞争力的商品。其价值又会叠加。如合理的企业组织与科学的工艺流程，将研发出来的软件成果变成美观、实用、价格合理的软件商品。

第四，运筹性劳动。时至今日，经济活动已经远远超过了传统商品生产的范畴，信息化、全球化使资本的运营、市场的选择、风险的防范等活动，在企业的兴衰成败中起着举足轻重的作用。这种运筹层次的劳动，实际上覆盖了以上三个层次以及后续阶段，是通过资本所有者与经理层的合作，实现资本、劳动、科技、商品与市场的大整合，最终实现价值的创造过程和价值的实现过程。

应该说，这四种劳动都不同程度地创造新价值。上述四个层次的劳动，从第一层次到第四层次，其创造的价值量和承担的风险都是依次递增的。如果说，变形性劳动创造一般商品的价值，则变异性劳动创造精品价值，组合性劳动创造品牌价值，运筹性劳动创造名牌价值。显然，一般商品的价值是不能和精品商品相比的，精品商品的价值是不能和品牌商品相比的，品牌商品的价值也是不能和名牌商品相比的。

与此相对应，在高科技产业中，体力劳动者主要创造了一般商品的新价值，智力劳动者主要创造了精品商品的新价值，管理劳动者主要创造了品牌商品的新价值，资本所有者和高层管理者主要创造了名牌商品的新价值和企业无形资产的新价值。

这里，我想有必要讨论一下关于资本所有者的剥削问题。有的学者为证明资本所有者高收入的合理性，甚至否定剥削的存在，又回到了"三要素论"，这是不可取的。问题在于，在信息化、全球化的今天，当年马克思所说的管理与指挥的"劳动二重性"中那"一点"属于"工资"的东西，现在在高科技产业中已不是"一点"，而是一个很大的份额了。过去那种资本所有者的收入完全等同于剥削收入已经很不确切了。排除完全靠食利的资本所有者，在当今的高科技产业中，资本所有者的收入结构已经复杂化了。其收入至少包括五个部分：一是"死要素"的租金、利息收入，这是对一切公民都通用的；二是扩大再生产基金，这是社会必要的；三是"运筹性劳动"的报酬，这在全球化大竞争中有举足轻重的意义；四是技术与管理创新的劳动回报；五是纯剥削收入。

因此，在剩余价值的分配中，上述四个方面都应有权参与，而且应该按各方面在新创造价值中的贡献率进行分配。

三、报酬递增

报酬递减律，最早是由托马斯·马尔萨斯提出的。19 世纪 70 年代，英国的杰文斯、奥地利的门格尔和法国的瓦尔拉斯，几乎同时提出了边际效用递减原理，创立了边际效用价值论，被经济学界称为经济学说史上的第二次革命，即所谓"边际革命"。在此基础上，马歇尔集其大成，建立起微观经济学体系。

大家都熟悉，边际价值论是以主观价值论代替了客观的劳动价值论，认为在一个竞争的市场中，价格决定于边际供求关系，由于资源的稀缺性，各种产品用途的估价就会出现效用递减。如果用马克思主义的经济理论来解释报酬递减律，则是这样的：报酬递减这个现象客观上是存在的，但它只是一种很有局限的、在特定条件下才会出现的规律性现象。这些条件主要是两个：一是技术不变，二是存在完全竞争。即是说，在技术不变的条件下，一种技术在初始阶段，由于其劳动生产率高于社会平均劳动生产率，因此能带来超额利润。但由于完全、自由的竞争（自由进入），别人也可以模仿。生产者多了，就会带来利润的平均化收益递减（在农业中则是土地报酬递减）。由此，就存在两个悖论：（1）如果技术进步的频率大到可以冲销利润平均化的速率，那么递减就不会出现；（2）如果出现某一生产领域的垄断（竞争不可能），则递减也成问题。

信息产业的出现使情况发生了巨大的变化，大大动摇了报酬递减的理由，甚至出现了报酬递增的现象。报酬递增会不会取代报酬递减而成为一种"规律"呢？现在下结论还为时尚早，因为这种现象还没有在一切经济领域中出现。为什么在信息产业中会出现"报酬递增"呢？现在初步看来，是源自下面的"五大效应"：

第一，创新效应。如果说工业时代技术更新的周期以年为单位计算，那么在信息时代，这种周期将是以月、日来计算的。技术更新的加快，使得"报酬递减"的第一个条件（技术不变）几乎不存在了。不断出现新技术，不断产生超额利润，从而冲销了"递减"的趋势。

第二，成本效应。在以高科技为主体的信息时代，"边际成本"似乎已成多余的了——生产第一块芯片的成本是 2.5 亿美元，而到第二片之后，成本几乎为零（几美分）。厂商的全部成本就变成了一个"固定成本"。边际成本的下降，有利于获取超额利润，进一步弱化了"递减"的趋势。

第三，垄断效应。高科技领域的技术创新，特别是信息产业中的技术创新，往往呈现出"平台式"的特点，如微软的 Windows 从 95，97，98 到 XP，都是在一个平台上的纵深创新（或系统创新），而这个平台是有知识产权的，别人不能进入。这样就形成一种"传承垄断"。高额的超额利润不能"平均化"，也就不是"递减"，而是"递增"了。

第四，网络效应。网络越大，影响的范围越广，使用和继续加入的人就越多。人越多，市场就越大，经济因而呈现一种正反馈式的发展。须特别提到"有效信息不灭定律"：$1-1=1$，$1=\infty$，即一条有效信息，一个人消费后，并不妨碍别人消费（这与工业资源不同）。而且，消费的人越多，此信息就越值钱。这样，"赢者通吃"的网上规则使得用其他网络（语言）的人就会越来越少。这也在客观上为垄断推波助澜。

第五，惯性效应。比如，当人们长期使用某一种软件后，就会形成惯性而很难改用其他软件。这也从客观上促使了垄断程度的加深。

总之，在信息产业中，平台创新、传承垄断和边际成本的消失，使得原来形成"报酬递减"的技术周期、自由竞争（利润平均化）几乎不存在了。这也就是出现"报酬递增"现象的内在机理。由此，建立在"边际效用递减"基础上的传统微观经济学将何去何从？目前，这个问题已引起了人们的广泛关注。

四、分工变化

无论是在马克思主义经济学中，还是在西方经济学中，分工总是和专业化联系在一起的。在经济学词典中，对"分工（division of labor）"是这样定义的："每一个人专门从事生产过程中的某一方面或某一阶段工作的一种生产方法。分工是现代工业经济所特有的，它能增进一国的生产率。"对"专业化"（specialization）是这样定义的："对不同的个人、产业部门和地区之间的不同的生产活动的划分。专业化即分工可以存在于生产某一种商品所必需的多个不同的操作中……专业化存在的基础是互相依存……因此，专业化是各行各业的基础……"[1]可见，传统经济学对劳动分工的定义具有如下基本特质：

第一，分工与专业化是一个问题的两个方面，是在专业化基础上的分工。即生产分成若干细小的专门步骤或任务，每个人或小组从事其中一项专门的工作。

第二，劳动分工是生产力发展的基础。因为它可以提高劳动者的熟练程度，节约工序转移的时间，可以便利采用机器操作，从而提高劳动生产率。

第三，分工是朝着专业化愈来愈细的方向发展的，每个人变成知识与技能愈来愈狭窄的"专家"。

由于信息化革命，出现了一些趋向相反的新情况：

首先，是"跨功能小组"的出现。由于信息经济中"生产工具"主要不再是机器，而是人的"大脑"，需要由具备不同知识和技能的人协同工作、交叉繁殖，才能产生新的设计和产品以降低成本，提高生产率和提高客户的满意度。于是，跨功能小组就应运而生。这种跨功能小组，现阶段只是"迁就"工业化所造成的专业化分工的现状而做的一种权宜融合而已。就其本质发展来说，应是朝着每个人的"一专多能"的方向发展。所以，这种趋向，同传统经济学的专业化分工显然大异其趣。

其次，是组织结构的平面化。旧的经济学的劳动分工理论，往往是和"金字塔"式的纵向组织结构理论相联系的。这也是一种分工，即组织形式上的层次分工与专业化。它认定具有不同功能的管理层次和相应控制程序，有利于生产流程的协调动作。但是，到20

---

① 格林沃尔德：《现代经济词典》，商务印书馆1981年版，第141、414页。

世纪80年代后期，随着信息化的推进，它已经愈来愈不能适应雇员行为、供应商和客户三者的"一体化"趋向。瞬息万变的市场，使得这种金字塔式多层次组织形式不便于及时提供信息、改进工作和提高雇员的首创精神。于是，组织结构由主体化向平面化的过渡便开始了。所谓平面化，即一种"交叉复式结构"。在那里，雇员没有固定的办公桌，他们执行多种功能，没有传统的"专业分工"，取消了全部的中间管理层，由上述的跨功能小组直接向经理负责。显然，这种"交叉复式结构"也是对传统分工理论的一种挑战，是在组织形式分工上的挑战。

最后，是商业过程的重塑。随着高级计算机和信息技术的推广、普及，在商业过程中只需用少数人就可以更快地完成商业活动中多种作业和任务的整合：一个办事员坐在收款台后，用一台电脑就可以即时核对受委托接受的订单，并分配支付的款项。原来大量的票据处理工作，全都没有了，原来许多烦琐的"额外活动"都被取消了，多种商务活动通过电脑和信息技术被整合了。因此，商业活动过程中原来的分工与专业化，也就被整合成一种综合性的活动了。

以上这些新的现象无不对传统的劳动分工理论提出了挑战，说明信息化条件下的分工同工业化条件下的分工将可能具有完全不同的特质。如果说工业化的分工是一种分析式的分工，信息化的分工则是一种综合式的分工；工业化的分工是一种愈益专业化的分工，信息化的分工则是愈益多能化的分工；工业化的分工是一种人依附机器的分工，信息化的分工则是人创造机器、使之服从于人的智能发展需要的分工。

这种分工发展的结果是：工业化的分工使人愈来愈成为机器的一个"部件"，信息化的分工使人愈来愈得到自由而全面的发展。

五、垄断新意

反对垄断，鼓励竞争，这在传统经济学和发达经济体中几乎是天经地义的事。多数发达国家制定了相关的反托拉斯法。但是，在新的信息经济中却出现了新的情况，使得"垄断"的定义乃至对策似乎有被重新加以界定的必要了。

信息化的推进的确大大提高了信息的透明度，使竞争更加激烈，似乎市场更趋完善了。甚至有人提出"欢迎亚当·斯密归来"。然而，不要忽视，只是在既有商品的流动市场上是这样的，而在新商品的创新领域则完全不是如此。在创新的领域（从点子到研发再到新产品），信息的不对称现象不仅不可能透明化，反而是更加不对称——相互保密了。因为，一个好点子一说出去就给别人"偷"去了，不值一文了。不仅如此，正如我们在前面关于报酬递增的机理中所讲的"传承垄断"，由于知识产权的保护，由于报酬递增所形成的巨大经济实力的倾斜（有能力收购其他竞争对手的公司），由于"用户基础"的变化（使用某个产品的惯性和广泛性的基础），因此可能"锁定"市场，造成新的市场不完全和新形态的垄断。

新垄断与旧垄断如何区别，有待实践的发展，现在还说不太清楚。但我个人认为，有两点是十分清楚的：(1)旧的垄断，是凭借资本占有上的优势，通过资本的集中而形成的对市场的独占趋势；新的垄断，则是凭借知识占有上的优势，通过不断创新、推出新产品而形成的对市场的独占趋势。(2)旧的垄断，由于是凭借资本优势使自己的产品独占市场份额，由于报酬递减的驱使，因此是对既有技术的一种"保护"倾向，排斥新技术取代旧有技术，是阻碍创新的；新的垄断则不然，由于它的报酬递增激励，垄断则是和技术的不断纵深创新相联系的。

显然，对待这种新形态的垄断，的确是个复杂的新课题。美国是否在这个问题上犯了错误，是否用旧的垄断观和反垄断法错误处理了新垄断问题，很值得探讨。目前，国内外对此都有不同的看法：

——美国萨尔坦·科马里教授就提出了不同的看法。他指出，1994 年以来美国 GDP 持久增长，造就 90 年代的经济成功，应归功于高科技产业的迅速增长，特别是软件和计算机公司爆炸性的增长。全部 GDP 增长中 30% 是这个行业所提供的，而其中微软又是它的"火车头"。因此，他认为："反托拉斯者在控制因收益递增而获得支配地位的高科技公司时必须谨慎从事。控制这样的公司将扼杀创新。"①

六、供求关系

在传统经济学那里，需求与供给的关系是很明晰的，它们两者是构成价格机制的两大杠杆——需求曲线与供给曲线的交点形成市场的均衡价格；价值产生于供给方，消费者则是价值的破坏(消耗)者等。近年来，由于新经济的兴起，供求问题也发生了明显的变化。

首先，是由于直接商业模式出现而形成的供给与需求一体化趋势。供应商、制造商与客户之间的界限已越来越模糊了。这种一体化趋势，使得传统观念中的供给与需求发生了一系列的变化：

第一，供给者可以直接控制需求。例如，美国的格里婴儿用品公司设计了一套"供给链"，通过进入客户的电子数据库交换销货点的交易资料和与客户建立私人电子联系，开发出能对需求的变化迅速作出反应的系统。又如，现代的广告在促进消费(需求)方面的作用已经远远超出了传统经济学的"理性选择"的边界——如果都是理性选择，供应商何必花大量的投入去做广告。

第二，制造商可以满足个性需求。例如，在美国，运用一个多体选择和订购系统，客户就可以直接从工厂订购一部按自己意愿设计"定制"的汽车。这样，供给和需求的独立性就大大削弱了，两者的界限难以分清了。

第三，供给与需求的融合趋势。可以说，有什么潜在的需求，就会有什么供给。由潜在需求→点子→创新→供给之间的时差大大缩短，甚至看不到距离了。这些变化都是电子商务发展所带来的，人类似乎进入了"电子需求与供给"的时代。

其次，是由于经济全球化而形成的"外购"，使得供给与需求也变得不清晰了。

以上这些新的情况对传统经济学的供求理论提出了质疑：

——谁是供给者？谁是消费者？

——是需求决定供给，还是供给决定需求？

——价格还是效用的指示器吗？

——消费者在价值创造中有没有作用？等等。

---

① 萨尔坦·科马里：《信息时代的经济学》，江苏人民出版社 2000 年版，第 141~143 页。

如上所述，新经济（知识经济）与旧经济（传统工业经济）显然是有差别的，但是它又不能离开旧经济的基础，因为前者是由后者发展而来的。所以，在实践中，新经济一方面表现出它的独特性，另一方面又表现出它对旧经济的依附性、传承性。

七、独特性

前面从经济学的层面初步描述了新旧经济的区别。这些区别，必然会在经济过程中表现为一系列的独特性。我在《发展经济学概论》一书的第七章中，曾经列举了知识经济在生产力和生产方式方面的九大特征：生产手段的智能化、生产要素的无形化、管理的信息化、技术更新的高速化、经济全球化、经济活动网络化、生产低耗化、产业转型化和就业分散化。这些特征在各种文献中都有了相当详细的论述，故在此不赘述。此外，我还想从宏观经济的角度，综合分析一下新经济与旧经济在宏观调控上应注意的差别：

美国《商业周刊》的迈克尔·曼德尔在最近出版的《即将到来的因特网大萧条》一书中讲道：旧经济好像一列汽车，新经济好像一架飞机。汽车在出事时，司机就会立即踩刹车，提高利率，降温。而新经济则不能这样"刹车"，反而应该采取"反直觉的降息"，使飞机维持一定速度飞行。因为新经济在很大程度上依赖高风险创新投资的迅速增长，如果像旧经济那样也"刹车"，飞机就会减速而坠毁。所以，他预言，如果美国政府，特别是美联储，采取了错误的刹车办法，美国经济就可能出现大滑坡[1]。

这种由于主观判断的错误而采取了不当的宏观调控措施，以致造成巨大危机的事，在历史上有过多次：第一次，20世纪30年代的那次大萧条，开始本来只是一次普通的股市崩溃，但美联储采取了错误的货币紧缩政策，从而导致了一场全面的大危机。第二次，1990—1991年日本的经济衰退，据说也是日本银行犯了一系列错误，致使股市下跌，演变成了衰退。第三次，是大家都知道的，东南亚金融危机爆发后，由于采取错误的对策，硬压有关国家提高利率，而不是降低利率，致使危机更加恶化。[2]

八、依附性

知识经济与传统经济既有差别又有联系，前者是后者的基础。有人讲，知识经济是"寄生性"经济。我不同意这种观点。为什么不是"寄生性"？一因知识经济并不是绝对离不开传统经济，有些知识经济如电脑产业、通信产业和生物工程产业，仍是可以独自发展的。二因新经济与旧经济并不是一个新部门取代一个旧部门的问题，而是包含用高新技术改造旧部门，使之在高新技术基础上焕发出新生命力的问题。例如，在农业经济时代、工业经济时代、知识经济时代都是生产小麦，但使用的技术和生产方式就大不一样。部门没有变，技术基础却变了。其他一些传统的工业产品，又何尝不是如此？

但是，不可否认，知识经济中的不少领域，如"网络经济"中的有形商品流转部分，就必须依附于传统经济，以传统经济作为其载体。从这点来看，似乎带有某种"寄生性"。此其一。其二，新经济仍然离不开传统金融制度的支持。从美国的情况来看，没有高风险

---

① 迈克尔·曼德尔：《即将到来的互联网大萧条》，光明日报出版社2001年版。

② 保罗·克鲁格曼：《萧条经济学的回归》，中国人民大学出版社1999年版，第9~13页。

投资体制的支持，新经济就发展不起来，也支撑不下去。而且，对这种投资的支持，它显得特别敏感，比传统经济更敏感。美国新经济之所以能爆发性地发展，重要原因就是其在创业前期得到了国家财政和风险资本的大力资助，并且能通过利用更广阔的股市迅速扩展。

这种对投资的高依附性，必然带来一个严重的问题，即起伏性。起伏性，源于投机性。我们知道，新经济的高风险投资，是因为有高回报率：1美元风险资本所产生的专利权，比普通1美元公司研发支出所产生的专利权高出3~5倍。而这种高回报，则是由新经济的高技术创新、高频率的技术周期带来的。这里，就隐藏着危险：一旦技术周期转向下降趋势(不可能总是直线上升)，风险资本就可能同样迅速地撤退。面对风险资本，具有高度依附性的新经济就可能出现大起大落的局面。在美国，这种情况已经出现了：随着其股市泡沫的破裂、资本的大量撤离，技术周期明显趋缓，进而美国新经济也就出现了疲软。由于美国经济高度依赖于外资——外资受到美国新经济高回报率的吸引——一旦技术增长减速，外资便会迅速外逃。

第三节　中国现代化的新视角

一、全方位的战略调整

知识经济、信息经济、网络经济、新经济，提法不一，内容相同。总之，一个崭新的时代正在向我们走来。新经济不仅赋予我国现代化以新的时代内涵，而且完全可能通过跳跃式发展加快我国现代化的进程。

现代化目标与内涵的调整。过去，现代化几乎是"工业化"的同义语，因为那时发展中国家的工业基础十分薄弱，迫切希望建立起独立而完整的工业体系，迅速增强本国国力，提升国际地位。但从现在的形势发展来看，这已远远不够了。如今的现代化目标，应是作为"工业化"高级阶段或后续阶段的"信息化""知识化"。除了我在前面导论中提及的那些广泛内容之外，现代化的技术内涵则应包括高新技术产业化和传统产业高新技术化。

社会阶层结构的重大变化。过去以工人、农民、知识分子为主的"三大阶层"格局，正在发生重大变化。如今，阶层分化、重组、嬗变正在进行或即将发生。总的趋向是：以脑力劳动、知识创新为特质的阶层，将上升为社会的中坚和社会进步的领先群体；以体力劳动为特质的阶层，将呈萎缩趋势。这种趋向给我们的传统思维带来了很大冲击。这方面后面有专门论述。

以人为本。现代化的推进将愈来愈突出"以人为本"。这里的核心问题是：知识经济的生命线在于"知识创新"，而知识创新主要依赖于人的灵感。要灵感不断涌现，其生命线又在于：人的心情舒畅+强劲的激励。要实现这种"舒畅与激励"，就必须营造出一种以人为本的"人才生态环境"。这种以人为本的人才生态环境要求的条件是苛刻的：第一，要把"人才"当上帝，而不是"工具"；第二，一切工作都要围绕"解放个性"，发挥特长，允许多元化；第三，一切分配制度都要以"贡献"为原则，反对平均主义；第四，人才流动须做到有进有出，双向流动。要看到人才流动的积极效应：一有利于信息交流，二有利于知识更新，三有利于创新放大。

二、新型工业化的提出

什么叫新型工业化？党的十六大报告的定义是："坚持以信息化带动工业化，以工业化促进现代化，走出一条科技含量高、经济效益好、资源消耗低、环境污染少、人力资源优势得到充分发挥的新型工业化路子。"这个定义我认为是迄今为止最全面的表述。

当今的现代化，已经不是传统意义上的工业化了。对于发达国家来说，现代化意味着由后工业化社会进入信息化社会；对于发展中国家来说，则意味着用信息技术和其他高新技术改造传统产业的工业化。是增加了新技术革命内涵的工业化，而不是19世纪的工业化；是现代化的工业化，而不是旧的工业化的翻版。实践证明，由于用信息技术重新武装了农业、工业、服务业，大大提高了工业化的质量，加快了工业化的速度，降低了工业化的成本，增加了工业化的效益，增强了经济的竞争力。不如此，就会大大落后于世界，在全球化的大潮中就可能被边缘化。

当今的信息化本来是工业化的后续阶段（从原生意义上讲），而我国传统工业化尚未完成。在资金积累、市场开发、技术发展、人才培养等各个方面，还不可能全面合理地满足信息化的要求，还有赖于传统产业的发展，有赖于城市化、民主化的成熟为其提供物质、政治、精神文明的基础。一句话，要用工业化为信息化创造条件。

因此，在当代中国，撇开信息化搞工业化，必然是"复制古董"，少、慢、差、废。企望等工业化"完成了"再开始信息化，那种工业化是不可能完成的，即使"完成"了也会是一堆废物。同样，脱离工业化来搞信息化，必然是盲目冒进，欲速则不达。正确的选择，只能两手抓，两手都要硬，把两者有机结合起来，互生互促，水涨船高。

知识经济将会是低能耗的经济，高科技产业大多是环保性产业。如微电子、生物工程、新能源和新材料等，能耗低，污染少。这与过去号称"油老虎""电老虎"的重化工是迥然不同的。如果用高新技术改造重化工，老虎也会变成绵羊。因此，实行用信息化带动工业化、用工业化促进信息化的新型工业化路线，必然是一条可持续发展之路。

在大力发展高新技术和用高新技术改造传统产业的同时，还要特别注意发挥我国人力资源充裕的巨大优势，发展劳动密集型产业（特别是在中西部地区）。这既可以加快工业化的速度，又可为信息化创造更多、更好的条件，还可为社会稳定、市场繁荣提供更多的就业机会和有效购买力。

第四节　知识阶层的崛起

一、老名称新本质

知识经济或新经济的大发展，出现了一系列的新现象、新问题。其中，最重要的一个是：知识分子（或掌握、垄断了知识资源的人）的社会地位和历史作用，从未如此空前地突出，而且是朝着社会主导力量发展。对于这一事实，有人洞察到了，有人认识还很模糊；有人欢迎，有人忧心忡忡。但不管承认与否，这是一大历史潮流。应该看到，我国新型工业化的成功,在很大程度上,将取决于这个群体的成长及其历史作用的充分发挥。

甚至可以这样说:承不承认这一点,承认的深度如何,将是一切政治力量、政治家前途命运所系,以至成为经济学、政治学、社会学、历史学能否适应时代需要的分水岭。这个阶层具体包括五种人:(1)信息及高新技术的研发者、传授者;(2)信息及高新技术产业的经营者、管理者;(3)以上产品的设计者、生产者;(4)以上技术与工具的实施者、操作者;(5)社会科学家、教师、文学家、艺术家及记者等。

二、崛起的条件

我把它分为历史性的条件和现实性的条件。

历史性的条件,即量变积累的条件。在封建社会和资本主义的前期,知识分子只是一个具有很强"依附性"的群体,往往以"军师""师爷""参谋""教授"等身份出现,没有多少独立性,其本身也没有什么独立的意识——自认为是主导阶级的"打工族"。随着资本主义和现代社会文化教育社会化的推进,特别是科学技术的发展,增强了知识分子的独立意识,使他们有可能摆脱对主导阶级的依附意识,摆脱"主人"的监督和人身依附。如:

——由于生产的社会化,出现了许许多多新行业,如各种工业行业、商业行业、社会服务行业……这些行业中,技术人员、管理人员、咨询人员大量增长,队伍不断壮大。这些人员在相当程度上远离了"主导阶级",由过去的"御用文人"向"世俗文人"嬗变。这种世俗化的过程,随着语言的多样化而加速了。

——社会化的进程,同时也需要强化公共教育制度,以培养那些行业所需要的人才,而公共教育的日趋多元化、独立化,使得培养出来的学生逐步摆脱了过去那种"一元化"的褊狭价值观,以更为宽广的视野去观察事物。教师、学生往往倾向于"忧国忧民",对全社会负责,姑且不论这种具体的内涵是否正确,但"不唯上""不唯书"的倾向,肯定是走向独立性的一步。

——社会化的进程,同时也推动着由以父权为中心的传统大家庭向核心家庭转变。"父权衰落,母权壮大,子女争取自主的要求更难压制"①。受教育权的普及与加速,也必然加快知识分子独立意识的形成。

——现代传媒,随社会化的进程而日益对社会生活起着不容忽视的作用。"无冕之王"的相对独立性自不待言。

——但所有这些在知识分子形成自身独立的阶层意识的进程中都只能是起着"量变"的作用。因为它还没有形成一个阶层得以真正独立的生产方式或经济基础。

现实性的条件,即质变突破的条件。信息化的技术革命,为知识分子成为一个独立的阶层群体,提供了必要的物质条件和经济基础。

——以个人电脑为基础的生产工具和网络化的生产力系统,为知识分子无拘无束、独立谋生,成为不依附于权力与金钱的主导者,提供了广阔的可能性;

——信息网络化,使少数人靠垄断信息而主宰他人成为不可能,同时也就使广大知识分子独立思考、自主生活的意识得到升华;

---

① 阿尔文古尔德纳:《新阶级与知识分子的未来》,人民文学出版社2001年版,第1~5页。

——信息时代知识经济对知识创新的高度依赖，在客观上必然产生鼓励知识分子自主创新的趋向。这就为知识阶层逐步取得主导阶层地位，提供了道义和伦理的基础。

三、新的属性

目前，由于这个阶层还处于萌芽之中，不完全成型。人们也只看到了某些带有本质性的生长点，因此对于其阶层属性的界定，现在做最后定论实属不智，也不可能。因而，此时的界定只能是一种模糊的描述而已。下面根据阿尔文的分析简述如下：

目前看来，这个群体具有明显的两面性：他们既与旧的工人阶级有相似之处，又有别于旧的工人阶级；既与旧的资产阶级有相似之处，又有别于旧的资产阶级。具体地说，一方面，他们像旧的工人阶级一样，靠智力劳动维持生计，大多数人是"工薪阶层"，也创造"剩余价值"，而且在高新技术产业中是剩余价值的主要创造者；但不同的是，他们不再是像旧的工人阶级那样从事"机器控制人"的异化劳动的无产者，而是一群追求个人自由发展，能够自主工作，实现"人控制机器""人创造机器"的新型知识精英。另一方面，他们像旧的资产阶级那样，靠将历史和集体创造的文化变成资本，据为己有并从中渔利，在创造财富的同时也想获取更多的个人利益；他们绝不是牺牲自我、服务他人的道德精英。但不同的是，他们掌握了多种文化、语言和科学技术，他们比旧的资产阶级更有知识，更懂得社会发展和工作环境的重要性，因而不像旧资产阶级那样贪得无厌、贩卖灵魂、不择手段。

因此，当他们反对旧资产阶级的特权的时候，他们崇尚平等，赞成限制或剥夺凭借金钱、土地而占有利润、利息、地租的特权。当他们追求自身的经济与政治利益时，又会反对平均主义，主张"各尽所能，按劳分配"（因为他们的"能"是最高的）。可见，其主张是有差异的。

所以，对于这样一个具有两面性的群体，说他们是"知识工人阶级"也可以，说他们是"知识资产阶级"似乎也有些相像。具体地说，这个阶层的特征是：（1）自由性：相对独立的人身，来去自由，依附性小；（2）游离性：就业上的游离状态，变动性大；（3）个体性：可"打工"也可"个体经营"；（4）暴发性：由于"递增"机制，一夜暴富；（5）亲和性：要求协同、交流；（6）交叉性（复合性）：前述"四种人"，是按性质分，如果落实到一个人，可能一人兼有数重身份：特别是研发者与经营者之间，操纵者与研发者之间交叉性更大[1]。

四、拨乱反正

根据以上分析，对于这样一个新的群体，似乎过去一些旧的观念和思维定式有重新加以审视的必要：

"皮毛论"。"皮之不存，毛将焉附？"过去总是把主导阶级看作是"皮"，是社会的根本，而这些手无缚鸡之力的穷书生，只是附着在皮上的毛，是寄生阶层，"你离开了我，就活不成"，现在就不是这样了。

---

[1]　阿尔文古尔德：《新阶级与知识分子的未来》，人民文学出版社 2001 年版，第 15~17 页。

——经理阶层,决定着企业的兴衰;

——网络专家,可以推动经济的发展;

——软件专家,可能决定战争的胜负;

……

理论的悖论。人们一方面是那么不遗余力地强调理论的重要性,另一方面却又那样不信任甚至压抑理论的创造者——知识分子。列宁也看到:马克思主义是由受过良好教育的知识分子所创造的(从马克思到列宁本人),并提出自发的工人运动是不能走向社会主义彼岸的(至多是工团主义),而必须由受过良好教育的知识分子创造出革命理论,且通过先锋队的党派输送到工人运动中去,才可能产生革命的运动。即使如此,上述那种理论的悖论,却很难解开。

革命胜利的决定论。过去政权革命的胜利,主要是决定于是否充分发动了工农大众,知识分子起着先锋和参谋的作用。现代知识革命的胜利,则历史地落在知识阶层的身上了。当然,这个过程必然包括工农分子的知识化。

第五节　发展的必要条件

20世纪90年代以来,美国实现了战后持续时间最长的经济增长,同时成功地使失业率和通货膨胀率保持在低水平,解决了长期困扰资本主义世界的"滞胀"难题。这种良好运行、健康发展的经济状态,引起了社会各界的广泛关注与探讨,"新经济"也成为大众耳熟能详的高频词汇。笔者认为,不同于以资本积累为核心、以工业革命为先导、以传统制造业为主体,趋向集中化、等级化、实体化的"旧经济","新经济"实质上是一种以知识创新为核心、以信息革命为先导、以高科技产业为主体,趋向分散化、网络化、虚拟化的经济类型。较之"旧经济",它具有更广阔的发展前景、更强劲的发展动力和更深远的社会、经济影响。

前几年,受美国国民经济得益于新经济而高速增长的启迪,世界各国深切感受到发展知识经济的紧迫性与必要性,纷纷拟定相关政策与措施,大力发展高新技术产业,推动知识经济的发展。如欧盟在1997年发表的《2000年议程》中,明确"将知识化放在最优先地位";日本将其立国方针由"技术立国"转为"科技创新立国";等等。在我国,从中央到地方的各级政府,也纷纷将知识及其相关产业提到战略高度予以重视,并业已在各地兴建了为数不少的高新技术产业园区。

众所周知,任何新生事物的产生与发展都离不开一定的条件。有"因"方有"果"。我们不仅要看到知识经济发展的喜人成果,更要弄清到底在什么样的条件下,知识经济才得以破土而出,蓬勃发展。这对于知识经济发展的成败,有着至关重要的意义。而目前在我国有些地区,对知识经济发展的必要条件的理解过于片面和简单,陷入一种误区,以为只要由政府出面确定一个"基地",联合几所大学,划出一片土地,投入一些资金,就可以形成一个新型产业中心了,知识经济就能得到发展了。知识、土地、资金,当然都是必需的要素,但这只是一些最起码的条件。换句话说,都是些表面性而非本质性的条件。本节力图根据国外特别是美国的经验,总结归纳出发展新经济最本质的条件。大体有五条:

一、战略启动与自由创新之间的高度融合

国家宏观上的战略启动与个人分散的自由创新之间的高度融合是新经济发展的基本驱动力。这是因为：国家宏大的战略计划（注意：是必须付诸实用的计划），第一，可以提供"无止境的巨大市场"，国家庞大的政府开支和产业发展的倾向，将创造对高科技产品的巨大需求；第二，可以为新经济的发展提供巨大的政策支持与财力支撑。而个人分散的自由创新，则是信息技术发展的特殊规律：更多地依靠个人的灵感。例如软件的设计。两者间的关系为：市场需求→初始资本→强劲激励→创新频率。国家的战略计划（政策导向与支持）形成对高科技产业的巨大需求；要满足需求，必然要有相应的投入，形成初始资本；初始资本的形成，为人才的创新和创业既提供了物质基础，又提供了动力机制，形成对人才的强劲激励；最终导致创新频率的加快，创新成果的增多。

总之，国家宏观上的战略启动与个人分散的自由创新之间有着密切的内在联系。光有前者，新经济的发展会丧失其微观基础，计划就会落空；光有后者，新经济发展的速度、规模都会受到局限，不能形成气候，也无法持久，必须使两者有机融合在一起。

美国的信息革命，就是这样驱动起来的。曼纽尔·卡斯特[1]认为，美国之所以成为全世界信息革命的领导者，绝非偶然。他认为，20世纪40—70年代美国的军事合约与太空计划，是其信息技术革命的决定性因素。当时，一为了超过苏联的军事技术优势（当时苏联的加加宁已从太空成功返回），二为了超过日本的经济竞争实力，国防部就以国家安全为由，启动了太空计划，大力资助高技术公司开发信息技术，并且保护市场。1989年国防预算达3700亿美元的历史最高，相关的R&D投资1985年和1990年分别为430亿美元、428亿美元，从而有力地推动了国防科技创新。可以设想，在当时，若不是国家的这种战略启动和强力推行，那些公司是很难生存、更谈不上发展的。同时，这种宏观的推动，在美国马上就得到了微观（企业和个人）的响应，因为其自由创新的社会环境确实比别的国家更为优越。苏联解体，冷战结束，美国国防预算下降到2600亿美元，国防产业随之解雇人员，大量科学家、工程师便向民用工业转移。同时，政府对国防技术转让的限制也大大放松。所有这一切共同促进了20世纪90年代美国新经济的大发展。目前，美国的新经济进入了一个萧条期。要走出萧条，有的美国学者主张仍然要依靠政府的公共政策，认为"美国经济要想恢复到20世纪90年代高速发展时期，就有必要采取明智的货币政策和合理的财政政策，加速新技术的开发。这些公共政策，将会在美国经济长期和短期发展中起到举足轻重的作用"。

二、具有发挥"合能效果"（synergy）的能力

所谓"合能效果"是指：科学教育、技术创新、工业生产、商业应用等环节，形成一种一体化的"直通车"效应。围绕信息技术革命，这四大方面的能量能密切地变分力为合力，使创新可以迅速而直接转化为商业价值[2]。发挥"合能效果"的能力，则是整合所有能

---

[1] 曼纽尔·卡斯特：《网络社会的崛起》，社会科学文献出版社2001年版，第80~82页。

[2] 曼纽尔·卡斯特：《网络社会的崛起》，社会科学文献出版社2001年版，第80页。

力的能力，是包括企业、地区、国家在内的经济主体的核心竞争力。

要发挥"合能效果"，一般而言，要求大学、科研机构、高科技工业企业、商业与服务业具有较大的聚集度，而且这些单位市场化水平都很高，创新力都较强。因为只有具有较高的聚集度，才可以方便地进行人才、物资、信息的交流，才有利于促进横向或纵向的一体化，才可以充分发挥规模经济效果。总之，能使形成合力的成本较低。例如，世界上信息革命较先行的国家(美国除外)，其信息革命几乎都是从一些聚集度很高的大都会地区发轫的，例如法国的巴黎，英国的伦敦，德国的慕尼黑，日本的东京、横滨，俄罗斯的莫斯科、圣彼得堡，中国的北京、上海。但也有美国这个例外。在美国，由于其商业性创新多由大学或科研院所直接进行，故其信息产业中心也就位于大学附近。硅谷就紧邻斯坦福大学。之所以如此，关键是出了斯坦福大学这样一个"另类大学"——它实际上是把教学、科研创新、生产、商业一体化了。美国出现这种现象，有其特殊原因：一是美国的工业企业集中度大，而这些超大型的传统企业在开始时是抵制信息革命的，二是美国的经济在全国范围内是比较平衡的，即使像旧金山这样一个并不是很大的城市，也仍然具有相当高的现代化水平。

三、适宜的制度安排

现代经济增长理论和制度经济学认为，在解释经济增长时除了劳动、资本和技术因素外，还要引入制度变量。制度对社会变迁和经济发展的影响是巨大的。在对美国新经济的研究中，我们也注意到，正是其适宜的制度安排在很大程度上决定了是美国而不是条件相近的欧洲和日本，充当了新经济时代"领头羊"的角色。

那么，究竟是哪些制度安排能促进知识经济的健康发展呢？笔者认为，主要有以下四项：

自由创业的制度环境。前面讲过，政府战略启动和个人自由创新是知识经济发展的两大驱动力。而个人自由创新，首要取决于自由创业的制度。硅谷的灵魂正在于此。这种自由创业制度具有三大效应：一是激励效应：使个人有创新的冲动或原动力；二是发展效应：产业发展迅速，创业成本低；三是人才效应：人才竞争力强，留得住，引得来。正是由于以上三个效应，知识经济才得以源源不断向前发展。当然，自由创业制度乃是一个大的制度前提，它的形成有赖于多项具体、细致的制度安排。如：

——低门槛的注册制度；

——自由的进入、退出机制：任何公司都可以随时开门，也可随时关门；

——分散决策制度：政府干预最少；

——宽松的人事管理制度：带走(个人发明)专利不追究；

——公司法人新陈代谢制度：创业者也可出局(如斯科公司，创业者由于不善经营而被炒)；

——以私有为主的产权制度(制度安排的核心部分)。等等。

健全的载体：高新技术产业区。一提到知识经济，人们自然而然会想到美国的硅谷。硅谷已不仅成为美国高新技术产业密集程度最高的地区，并且业已成为全球新经济发展的旗帜或者说导航灯。它既是知识经济的物质载体(地理意义)，也是精神载体(象征意义)。

若没有硅谷这个载体，或许知识经济还不至于在人们的脑海里留下如此深刻的印象。其他各国或地区新经济的发展，也都离不开高新技术产业区这个载体，如英国有剑桥，日本有筑波，我国的北京中关村和台湾的新竹，等等。

大体上讲，作为新知识经济发展载体的高新技术产业区具有如下功能：提供完善的基础设施，吸引并提供优秀的人力资源，形成信息、技术和人才的集散地，形成自由创新与自由创业的社会氛围，发挥对周边地区乃至全国的辐射作用，充当各种新政策、新制度、新技术的拓荒地与试验田。当然，高新技术产业区并不是越多越好。美国经济能量如此巨大，全国也只有硅谷、波士顿128公路、北卡州"三角"三个主要的高新技术产业区。

要建设合理、高效的高新园区，应从以下方面入手：

(1)科学规划，合理布局。切不可贪多求快，贪大求洋，要集中有限的资源打"歼灭战"。

(2)在发展初期，给予区内企业适度的财税优惠。因为高科技产业的创业是有较大风险的，而且当园区形成规模后，后入企业会享受原有企业所形成的网络效应(人、财、物、信息、关系等)即外部性，因此应当对初期入园企业给予适当优惠。

(3)政府要有所为，有所不为。"为"，是搞好基础设施及相关配套设施的建设，并构建廉洁、透明、高效的监管机制。而在其他领域，则由市场机制发挥作用。

(4)促进园区内外的信息、技术与人才的交流。提倡各种正式或非正式的沙龙、论坛。

完善的知识产权保护制度。知识经济的基础在于知识生产、传播、分配和使用。而知识的生产、传播、分配和使用，其前提又在于知识产权是能够界定的，并且能得到有效的保护。而知识本身具有非竞争性和非排他性的特点，如巨大的初始成本使创始异常艰难，而近乎零的边际成本使复制与传播极为容易。因此，知识产权若得不到切实有效的保护，将极大挫伤知识创造者的积极性和主观能动性。正像经典经济学教科书中分析的那样，知识将很难得到充分供给。这就从根本上动摇了新经济赖以生存的基础。

在美国，知识产权的保护是受到高度重视并得到切实履行的。美国有一整套完备的法律、法规，且依据实际情况的发展不断有修正案出台，确保法制体系能适应新经济发展的要求；同时，美国对相关法律法规的执行力度也是较大的。如前几年，闹得沸沸扬扬的时代华纳、SONY等娱乐公司起诉某一网站在互联网上免费传播MP3音乐一案，法院最终裁定该网站侵权成立，并要求其立即停止侵害行为。

因为美国属于英美法系，注重"案例成法"。上述这一案例，如今已成为保护知识产权的有力武器。

如何建立、健全有效的知识产权保护体系？首先要重视知识产权的立法与执法，并在法院内部设立常设的知识产权审判庭；其次，要大力宣传知识产权的重要意义，营造全社会尊重并保护知识产权的良好氛围；最后，要加强与各国司法界、工商界、理论界的交流，学习国外的先进经验与做法，注重与国际惯例接轨。

强劲的激励制度。人类社会从工业经济时代飞跃到知识经济时代，传统的以物质资源、机器装备为主的竞争，也逐渐转向以智力资源、创新能力为主的人才竞争。人才短缺、创新力不足的国家，必定在知识经济的新一轮洗牌过程中陷入边缘化的境地。而人才的竞争，除了跟教育制度休戚相关外，在很大程度上也取决于激励制度的有效与否。

美国发展新经济的成功经验之一，就是高新技术企业纷纷采取了灵活而有效的激励机制，其中股票期权就是一个非常成功的例子。欧洲一些经济学家分析说，美国鼓励吸收外国高科技人才的政策和股票期权机制，使得美国高新技术企业所需的高水平科技人才得到源源不断的补充，这是欧洲所无法比的，也是欧洲新经济发展大大落后于美国的主要原因之一。

此外，根据现代经济学中激励理论，特别是阿尔钦、德姆塞茨、哈特等人所做的杰出理论贡献，剩余索取权在解决企业激励问题上具有决定性的意义和作用。而股票期权机制（允许持有者在一定时期内以约定价格购买所在公司的股票）的实质，就是承认持有者对公司盈余的剩余所有权。因此，对高科技人才给予一定数量的股票期权，其行为本身已超出金融工具创新的范畴。在更高层次上讲，乃是对知识作为生产要素的肯定，对人才作为稀缺资源的珍视。这就会对人才产生根本性的激励。

同时，股票期权能将个人发展与公司命运紧紧绑在一起，双方形成一个利益共同体，同呼吸共命运，进而大大增强个人的事业心、责任感以及对企业的忠诚度。在创业之初，因为有股票期权，即使工资低一点，人才也留得住。在企业发展壮大之后，个人所得到的财富呈几何级的增长，同时对社会既有物质贡献又产生示范效应。微软公司员工中产生上百个百万富翁，即为一例。因此，实行股票期权的激励机制，将使个人、企业、社会三方都获益，实现"多赢"局面。我国在发展知识经济的过程中应以此为借鉴。

四、有效的金融支撑

硅谷的成功当然有很多原因，如毗邻斯坦福大学从而拥有丰富的智力资源，行业、企业、高校间发达的信息与关系网络，开放、自由的社会心理氛围等。但是，我们不能忽视，有效的金融支撑乃是高科技产业发展的一个前提性条件。硅谷所在地旧金山，本身就拥有美国第二大金融市场。

有效的金融支撑，其内涵是较广的，包括完善的交易、支付、结算体系，良好的信用制度，稳定的金融秩序，发达的股票、债券市场等。但就美国的实践经验看，对新经济发展最重要的金融支持，莫过于风险投资。

美国的微软公司、苹果公司、国际数字公司等高科技公司，都是在风险投资的支持与推动下得以超常规发展的。世界上 2000 多家孵化器，80% 是风险投资。近年来美国风险投资的数量规模迅速扩大：年投资额由 1993 年的 40 亿美元骤升至 1999 年的 400 亿美元，公司或基金的数量也增至 4000 多家。另据有关资料分析，1998 年美国每个创新企业平均获得的风险投资为 470 万美元，而欧盟国家则只有 110 万美元。欧洲的风险资金体系大大落后于美国，这从另一方面解释了欧洲新经济发展滞后于美国的原因。

为什么新经济的发展特别依赖风险投资呢？笔者认为，这个问题可以从"投资—人才—创新"的内在联系中得到解释。

创新，不论技术创新、产品创新、理论创新抑或制度创新，其主体都是人，因而创新的基础在人才，特别是知识功底扎实、创新意识强烈的人才。而人才的吸引与挽留，离不开资本的介入，也就离不开投资。因为人才要施展其才华，没有舞台是不行的。而投资正好为其提供了这个舞台即知识创新的物质平台。特别是在人才频繁流动的当今社会，没有资本的投入，人才马上就会离开。对企业来说是这样，对地区、国家而言同样如此。为什么人才东南飞飞？原因就在这里：没有投资如何创业？无法创业干脆走人；人才一走，创新就停，创新一停，新经济的根基也就动摇了。因此，投资，尤其是风险投资，通过"投资—人才—创新"的内在联系，直接作用于新经济的产生与发展，成为不可或缺的金融支撑。

为了促进风险投资业的发展，美国在财税、金融等政策上给予许多优惠措施：如1971 年设置纳斯达克市场；1978 年和 1981 年两次下调资本增值税率，使之由 49.5% 降低到 20%；1979 年允许养老基金进入风险资本市场，等等。这些都具有一定的借鉴价值。这里，笔者想特别强调一下培养复合型风险投资家——"金融伯乐"的重要性。古语有云："天下不患无臣，患无君以使之。"现在也存在类似的情况。的确有许多好成果、好发明，苦于缺乏"懂行识货"的投资者，无法通过产业化使其转化为商业价值，社会因此蒙受了巨大的损失。这就要求有一批能够"慧眼识珠"的"金融伯乐"。其应具有如下特点：（1）具有广博的社会知识和精深的专业知识(技术背景，商业运作经验等)；（2）具有超强的敏感性，善于发掘与捕捉机会；（3）具有良好的预见力与判断力，这是提高项目成功率的基础；（4）既有敢冒风险的精神，又有分散风险的能力；（5）秉承不急于求成与容忍失败的投资理念。

五、良好的人才生态环境

从国内外的实践经验来看，新经济的产生与发展还需要有一个良好的人才生态环境。这里重点讲两个方面：

"栖息地"的人才内涵。建设良好的人才生态环境，其目标就是要使之成为一切有志于创新者的水草丰满的栖息地。在一个生物意义上的栖息地里，决不会规定哪种飞禽准来，哪种不准来；也不会限定来了就不准走，更不会规定什么时候能来（或能走），来了可以待多长时间，如此等等。人才的栖息地也应是这样。

要形成这样一种人才栖息地，必须确保实现以下四点[①]：

——来去自由。要树立这样一个观点：知识经济特别要求人才的自由流动。须知，人才的流动必然伴随着信息的交流、知识的更新与创新的放大。只有加快流动，人才方能"日日新，又日新"。若搞就业终身制，个人将难求发展，单位也会毫无生气。"问渠哪得清如许，为有源头活水来。"这也是目前"末位淘汰制"大行其道的原因。

——不拘一格。不拘学历，不拘年龄，不拘身份，有好的点子，好的成果，就给你贷款。当然，就如前面讲到的，这需要有一个独具慧眼的"金融伯乐"。

——无拘无束。知识与技术的创新，有赖于活跃的思想，开放的氛围。硅谷的山景地区有个"步行者马车轮酒吧餐厅"（Walker's Wagon Wheel Bar and Grill）的聊天场所。据卡斯特说，那里所促成的技术创新与扩散比斯坦福大学的研讨会所促成的还要多。

——允许失败。每一次的失败都预示着离成功又近了一步，技术正是在无数次的失败

---

① 钱颖一等：《经济学家论说硅谷模式》，中国经济出版社 2000 年版，第 5~7 页。

中不断进步的(诺贝尔甚至冒着生命危险于千百次的爆炸试验中发明炸药)。再以风险投资为例,风险投资家一般会将其资金分布于多个不同的项目。当然,其中大多数失败了,但只要有一两个成功,就会带来巨额的回报。风险投资的魅力亦在于此。

"以人为本"的新理念。"以人为本"的新理念是高新技术产业发展的内在要求。因为,高新技术产业发展的灵魂在于知识创新,知识创新的灵魂在于"灵感"的不断涌现;灵感产生的灵魂,在于"心情舒畅+强劲激励";"心情舒畅+强劲激励"的灵魂,又在于一切以人为本,把人当上帝,而不是"工具"。

这方面,上海微软全球技术中心提供了一个很好的范例。在这个中心里面,员工无固定的办公室甚至办公桌,只要个人有需要,什么都可以自由使用;公司也不规定严格的考勤制度,能及时达成工作目标即可;更没有规程式的作业程序与方法,一切着眼于最大限度发挥员工的自主性和创造性。正是在这种"以人为本"理念的指导下,该中心取得了迅猛的发展,成为全球行业内最具创新精神与实力的研发机构之一。

第六节 我国发展的对策

一、基本国情

我国是知识经济的后来者。虽然目前信息化来势较猛,速度很快,但是应该清醒地看到,我们的基础还是很弱的:

信息化建设相对落后。信息化建设水平,主要体现在四个指标上:(1)电脑普及率。截至 2000 年中,美国电脑拥有量为 1.641 亿台,占世界电脑总拥有量的 28.32%,平均每万人拥有近 5000 台。我国同期拥有量是 1590 万台,占世界总量的 2.73%,平均每万人88 台。(2)网络普及率。2000 年美国上网人数达 1.37 亿人,我国为 1000 万人。(3)国民经济信息化投入。1999 年美国是我国的约 45 倍。(4)社会信息化指数。根据相关数据计算,2000 年我国社会信息化程度,大约还处在美国 20 世纪 60 年代的水平。2000 年以后,我国肯定又有长足的发展。由于难以取得系统的资料,故只用了 20 世纪的资料。但是,我们在前进,美国也在发展,这种基本差距在短期内是无法改变的。

科技竞争力不强。据洛桑管理学院发表的 2000 年度《国际竞争力报告》,在世界 47个国家和地区的科技竞争力排序中,我国排名为 28。比上年下降 3 位,而且还在下降之中(见表 4-1)。

表 4-1 我国历年科技竞争力排名

年 份	1995	1996	1997	1998	1999	2000
科技竞争力排名	27	28	20	13	25	28

科技投入不足。科技投入是影响科技水平与科技创新能力的物质基础。与发达国家相比,我国这方面的差距很大。特别是研究与开发(R&D)经费投入严重不足,1999—2000

年，绝对量只相当于发达国家的 11%，占 GDP 的比重不到 1%（见表 4-2）。

表 4-2   **1999—2000 年 R&D 经费国际比较**   单位：亿美元

	中国	美国	日本	德国	法国	韩国
研发费用	82	2470	1303	501	327	91
占 GDP 比重(%)	0.83	2.79	2.83	2.33	2.23	2.83

资料来源：中国科技网。

高科技人才缺乏。发展高新技术，必须有大批高科技人才，特别是能够出产原发性创新成果的尖端人才。这方面，我国不仅缺乏，而且流失严重。据估计，我国出国留学生累计有 40 多万人，学成回国的仅占 1/3。近两年，情况有好转，"海归派"在逐步增加。但尖端人才不足的局面，并非短期内能够改变的。

风险投资发展缓慢。前面已述及，风险投资不到位，是知识经济发展的重大制约因素。我国在这方面起步较晚，主要原因是：市场不完善，风险投资人才匮乏，资金来源太窄，政策不到位，管理不规范等。

经济发展极不平衡。我国是一个发展中的大国，地区之间发展极不平衡。有工业化已经接近完成的发达地区，有工业化进入中期阶段的次发达地区，还有工业化尚在起步的落后地区。上述条件薄弱的情况，是就全国一般情况而言的，而在发达地区则有发展知识经济的充分条件。

二、发展对策

总的来说，根据"新型工业化"路线，在我国发展知识经济应采取"梯度战略"，即按照国内发达地区、次发达地区、落后地区分别实行有差别的发展方针。在发达地区，应集中力量优先发展以信息产业为龙头的知识经济，使其成为全国带动工业化的火车头；在次发达地区，重心应放在用信息技术改造传统产业上；在后进地区，则宜在推进工业化的同时，积极进行信息化的基本建设和人才培养，为信息化创造条件。具体对策见图 4-1。

宏观政策引导。美国的经验表明，政府宏观政策的引导对知识经济的发展具有举足轻重的作用。我国在 21 世纪前 10 年内可考虑如下政策：

——制定宏观战略。把知识经济的发展作为带动产业结构调整与升级的重要动力。按照产业调整与转移的一般规律，在国内也可采取"雁形"带动模式，以发达地区为"领头雁"，将发展知识产业与转移传统产业循序而有效地结合起来，波浪式地向次发达、不发达地区逐步推进。这样既充分利用了我国劳动力充裕的优势，又可保证经济的持续发展。

——政府启动若干重大信息工程。如扶持国内信息高速公路之类的大建设项目。这可"创造"信息产业发展的巨大市场。

——完善和推出促进知识经济发展的政策保障体系，包括科技、金融、产权、财政税收等政策。

发展信息产业。发展信息产业本身应按照"梯度战略"的要求，根据不同的地区采取

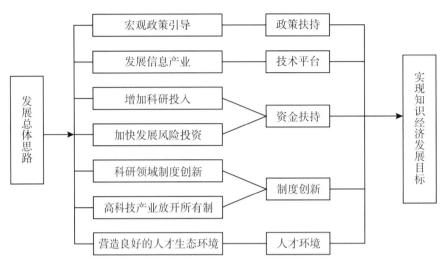

图 4-1　我国知识经济发展总体思路图

不同的方针。一般地说,"合能效果"强的地区,宜集中研发创新,培养龙头企业,形成聚集优势。制造业基础好的地区,可发展信息产品的规模性生产。其他地区则应积极推进与普及信息基本建设。不要一哄而上。这方面还须注意如下问题:一是立足两个市场,既要增强国际竞争力,又要满足国内需求。二是制定与完善适合我国国情的信息法律、法规,使信息产业的发展步入法制化轨道。三是加强信息市场建设,强化竞争机制,完善约束机制。四是普及全民信息教育,大力培养信息化人才。

增加科研投入。加大信息化的科研投入,重点应从两方面努力。一是进一步增加政府对知识经济和旨在进行知识创新的科技开发的财政投入,委托非政府组织的自然科学与社会科学基金管理委员会对国内外公开招标竞争。将政府用于技改投资额部分转化为技术创新基金,打破地域和行业界限,允许各类企业、科研单位公开竞争或联合竞争。二是运用政策鼓励社会投入,使企业成为技术创新的主体;同时,还可实行一些辅助性措施。如,适当提高不同行业的折旧率,企业科技开发的投入可作为所得税抵扣项目,对企业进口高新技术设备实行减免税,政策性金融机构设立"新技术产业化贷款",为中小高新企业的技术创新提供低息贷款。

营造良好的人才生态环境。除了前面第四节所列目标之外,我国当务之急是推进人事制度的改革,实施国家的人才战略。把科研人员和教师彻底从"单位所有制"中解放出来,变"国家干部"为"自由职业者",逐步推行聘用制。取消不合理的赔偿制度和追究制度。与此同时,建立与健全专门人才库和人才网络,设立青年研究基金,逐步实行知识股份化,以及构筑适宜人才自我发展的企业文化。还要积极利用加入 WTO 的机遇,重视人才引进,促进国际交流与合作。

加快发展风险投资。风险投资不足是我国高科技产业发展的瓶颈。这方面的思路是:一是拓展风险资本的来源渠道。除政府拨款、银行间接融资外,可吸收大量民间资本,引进外资,允许一定比例的基金进入风险投资领域,以解决当前资金不足的困难。二是完善产权交易市场。尽快建立我国二板市场，为风险资本功成身退提供最佳机制。三是培育风险投资家。积极创造条件，让一批批具有创新思维和风险意识的风险投资家得以脱颖而出。四是完善管理。借鉴发达国家经验，引进其规范化、科学化的风险投资运行机制。五是构筑政府支撑体系。如尽快制定和完善风险投资的相关法规，制定优惠的税收政策，建立风险投资种子基金，为高科技中小企业的长期贷款提供信贷担保等。

高科技产业放开所有制。以信息产业为首的高科技产业，其重要特色是瞬息万变。要适应这种变化，主要依靠"人"的智慧和主创精神。显然，这种要求，国有企业和大型企业比较难以适应。不仅我国如此，国外也是一样。国际经验表明，非公有中小企业乃是技术创新的主要源泉。这就要求放开高科技产业的所有制，鼓励与支持私人创业，并营造一个有利于中小企业快速成长的良好环境。

制度创新。宽松的制度环境是知识经济成功的决定性前提。首先是自由创业的制度创新。建立"高科技产业特区"，在其中逐步通过改革与创新，形成前面所说的那种"栖息地"。不如此难以冲破现有的制度障碍。其次是强劲激励的制度创新。激励机制脆弱，曾经是我国知识精英大量外流的重要根源。这方面，当前应解决四个问题：一是在股份制企业中，建立专利权持股制度；二是在任何单位，都允许科技人员自由创业的制度；三是打破人才"单位所有制"；四是行政管理的制度创新。目前，主要是两个方面：一是决策管理的制度创新。在高科技领域，应由目前的集中决策体制逐步过渡到分散决策为主、集中决策为辅的体制。要最大限度发扬基层的首创精神，否则难以适应日新月异的高科技发展形势，会坐失良机。二是科研管理的制度创新。目前千篇一律的项目管理模式完全不能适应高科技发展的要求。

三、机制创新

知识经济带来的最大挑战，莫过于改造那些只适合于传统经济而不适合于知识经济的旧机制，建立新机制。这方面，工程是十分浩大的，而且还有待于实践的成熟。下面着重探讨两个基本方面的机制问题。

反垄断机制问题。根据前面叙述的"垄断新义"，首先应该在理论上由过去的"垄断有害论"转变为"垄断二分论"。即在新经济领域，要承认垄断具有有利于技术创新的一面，不能用传统的反垄断理论与政策来治理新经济中的垄断现象；同时又要看到，过度的垄断会妨碍下一代的创新。

这样，我们在政策目标上，既要通过对知识产权的保护，鼓励企业的发展与创新(动力)；又要通过定价管理，促使前一代的垄断者不会阻碍后一代的革新。为此，就必须制定合理的保护知识产权垄断的政策、合适的边际成本价格定位政策和有利于第二代技术创新的市场准入政策与技术转让政策。

技术创新机制问题。首先在思想上必须明确，知识经济的生命力就在于创新。它要求保持一种周而复始的技术创新大循环。因此，在政策目标上，要做到一个"技术群落"开始进入"中年期"，就会有下一个新的"技术群落"跟上。不会出现创新周期的"断裂"。为此，除了上述"新反垄断机制"外，还要制定有利于后续技术创新的公共政策，如货币政策、财政政策与金融政策如何适时加速新技术的开发等。

第五章　全球化的格局

中国的现代化，还面临一个全球化的大格局。在势不可挡的全球化浪潮冲击下，机遇与挑战并存，成功与风险同在。开放了的中国，不可能关起门来搞现代化，必须勇敢地迎着全球化的浪潮，趋其利，避其害，运筹帷幄，出奇制胜。

第一节　福兮　祸兮

当前，经济全球化成了一个十分时髦的议题，政治家、经济学家、社会学家、新闻媒体，甚至连普通民众，几乎天天都在讲。但是，各人的立场却是大不相同的。乐观论者有之，悲观论者有之，怀疑论者有之，"9·11"事件后"终结论"者也有之。

一、乐观论的基本观点

英国著名社会学家安东尼·吉登斯是其最有影响的人物。他认为，全球化不仅仅是一种经济现象，而是政治的、技术的、文化的、经济的全球化。他指出，我们正在经历一个历史变迁的重要时期。全球化使风险急剧增加，似乎不受我们控制，"成了一个失控的世界"，但是风险与革新则紧密联系在一起，推动经济的发展；全球化使社会变得非传统化，正在出现全球社会，强调世界主义价值观；全球化将要求接受文化的多样性和民主，民主的扩张是全球化的结果；全球化还会影响人们的日常生活，在性、人与人的关系、婚姻家庭方面都将发生变化①。在实践中，经济全球化也确有不可逆转之势，商品、资本、劳务、技术和信息等生产要素大量跨越国界、洲界流动，在全球范围内寻求最优配置。尤其是 20 世纪 90 年代以来，跨国公司的国际并购浪潮将经济全球化推向了一个小高潮，企业的活动范围由国内市场扩展到全球市场，跨国公司海外直接投资逐渐取代了传统的国际贸易方式而成为国际经济交往的主要方式，许多发展中国家也逐渐融入全球市场，经济开放度不断提高。不可否认，经济全球化给发达国家带来巨大利益的同时，也在一定程度上促进了一部分发展中国家的经济增长。正如马来西亚前副总理阿卜杜拉·艾哈迈德巴达维所说："从 20 世纪 80 年代中期开始，外国直接投资大量涌入开放的国际贸易环境，使我们的出口得以增长，结果是东亚国家迅速实现工业化和现代化，这是前所未有的。"但是，正如有些学者所指出的，虽然吉登斯用乐观的视野展望了一个更安全、更能动的社会有可能出现，但在现有的国际结构和秩序下，全球化更有可能成为一个中心垄断下的扩散化过程，而不是多中心共存共荣的过程。中国学者杨雪冬认为，吉登斯的理论正在向意识形态转化，似乎为霸权主义的国际乃至全球行为提供了表面上更合理的依据②。

---

① 安东尼·吉登斯：《失控的世界·引言》，江西人民出版社 2001 年版。
② 杨雪东：《全球化：西方理论前沿》，社会科学文献出版社 2002 年版，第 256~260 页。

二、怀疑论的基本观点

同样是英国的著名学者阿兰·M. 鲁格曼，在他的《全球化的终结》①一书中认为，迄今为止，被人们近乎滥用的"全球化"概念并无实在意义。所谓的"全球化"，不过是由目前最为强大的"三极集团"即美国、欧盟、日本三大经济巨人主导下的超级跨国公司的全球化经营。他不同意吉登斯把全球化漫无边际扩张到政治的、技术的、文化的、经济的领域。在他看来，人们对"全球化"在认识上存在三个失误。第一个失误，是误解或曲解了"全球化"概念本身。鲁格曼认为，现今所理解的全球化概念，不是太狭隘，而是太宽泛了。他给全球化下的定义是：全球化是跨国公司跨越国界从事外国直接投资和建立商业网络来创造价值的活动。显然，他把全球化仅仅限制在少数跨国公司的单纯的商业活动的范围之内。第二个失误，是对跨国公司职能和作用的误解。他反对将跨国公司的经济行为泛化为全能的社会行为，认为其作用无论有多大，也只能是经济的，而非社会政治的和文化的。第三个失误，是把跨国公司的创新生产和密集的全球营销与全球文化同一化的发展等同起来。他告诫人们，千万别臆想性地将跨国公司当作某种跨国政府或跨国文化大使之类的超级集团。他认为，全球化实际上只是"区域化"。他的结论是："思维地域化，行动本地化，忘掉全球化。"这种观点对于将全球化炒得太热的人们来说，可以起到某种清醒剂的作用；特别是为那些把跨国公司的能量估计过高、进而产生过分乐观或过分悲观的人们提供了一些冷静的思考。但是，现实的进程也可以说明，他的一些观点也不是无懈可击的。例如，发达国家跨国公司的行为，往往同其政府的政治文化取向存在着或明或暗的、直接或间接的联系，而且在当今经济利益同政治文化影响难以分开；至于用区域化来取代全球化，事实表明是不能成立的，恰恰相反，两者是共生物。

三、悲观论的基本观点

美国著名经济学家、诺贝尔奖获得者约瑟夫·斯蒂格利茨在他的《全球化及其不满者》②一书中认为，在信息不完整、市场不完善的条件下，市场经济之手所起的作用是十分不完善的，尤其是在发展中国家，这种情况将始终存在。因此，用新自由主义的一套政策推行全球化，势必是有利于少数发达国家特别是美国的利益，而不利于发展中国家特别是非洲国家。在书中，他集中批评了 IMF 的一系列倾向发达国家的错误政策，诸如财政政策、高利率政策、贸易自由化、开放资本市场、私有化等，而且往往采用"双重标准"。他指出这种虚伪不仅伤害了发展中国家，也伤害了美国的纳税人。德国学者格拉德·博克斯贝格等在《全球化的十大谎言》③一书中，也持大体相同的观点，列举了大量事实，批驳那些过分美化全球化的一系列观点。他们认为，全球化加剧了发达世界与不发达世界的两极分化，加剧了全球生态的恶化。这种情况，我们从客观世界的动向中也可以看得出来。

---

① 阿兰·M. 鲁格曼：《全球化的终结》，生活·读书·新知三联书店 2001 年版，第 5~22 页。

② 本杰明·弗里德曼，顾信文：《斯蒂格利茨眼中的全球化——评〈全球化及其不满者〉》，《国外社会科学文摘》2002 第 10 期，第 69 页。

③ 格拉德·博克斯贝格等：《全球化的十大谎言》，新华出版社 2000 年版。

此动向，就是在全球化迅猛推进的同时，"反经济全球化"浪潮也是一浪高过一浪，呈现出"全球化"之势。马来西亚前总理马哈蒂尔在一次高级公务员会议上说，全球化使得发展中国家更加贫穷，发达国家更加富裕，他们的目的就是利用全球化和技术发展将全世界变成殖民地。墨西哥《至上报》曾发表了一篇题为《新帝国主义》的文章，把资本的世界权力叫作"新帝国主义"，国际货币基金组织和世界银行是它的两只手，新帝国主义要为各跨国公司组成一个国际大商会，全世界都要被置于它的控制和统治之下。2000年1月在瑞士达沃斯召开的世界经济年会、2月在泰国曼谷召开的联合国贸发会议、9月在捷克布拉格召开的世界银行和国际货币基金组织年会、10月在韩国召开的第三次亚欧会议，都遭遇了反经济全球化者的游行示威。这些反经济全球化者的论点涉及方方面面，但归纳起来不外乎利益分配问题和生态环境问题。他们认为，在经济全球化过程中，发达国家攫取了巨大的利益，而发展中国家只获得了很小的一部分利益；并且发达国家将生态环境危机、金融危机等问题转嫁给发展中国家，使其可持续发展受到了严峻的挑战。在激烈的国际竞争中，一些最不发达国家正在陷入"边缘化"困境，国内弱势群体的边缘化趋势逐渐增强。正如美国海外发展委员会主席西威尔所说："全球化是一个严酷的现实。全球化在展现大量新的促进经济和社会进步的同时，也带来了成本，这些成本包括不稳定，就像我们在亚洲金融危机中所看到的，以及尚不具备利用全球化机会的条件的国家和地区的边缘化。"①21世纪之初美国发生的惨绝人寰的"9·11"事件，不少有识之士都认为与全球化的负面影响有很大关系。甚至有人认为，这个事件之后全球化必将"终结"。

以上这些观点，仁者见仁，智者见智。我们如何吸纳它们合理的东西，去掉不合理的东西，站在我们中国的立场上，确立我们自己正确的认识，进而如何正确融入经济全球化的大潮，成功推进中国的现代化，这是我们不得不研究的课题。

第二节 经济全球化的概念

关于经济全球化，许多经济学家从不同的角度进行理解和阐述，如前所述，真是"仁者见仁，智者见智"，至今仍没有一个被普遍接受的定义。究竟什么是经济全球化呢？

一、一个新概念

与过去的"经济国际化"相比，主要"新"在三点：一是"新"在信息革命。过去的经济国际化是建立在"工业技术"的基础之上的，而现在的经济全球化是建立在"信息技术"的基础之上的。20世纪90年代，电子计算机技术、互联网技术和现代通信技术取得了革命性的发展。这些技术的运用大大缩小了时空的距离，并导致统一的商品市场、金融市场和劳动力市场的形成，整个世界变得日益狭小。甚至有人提出了"地球村"的概念。在这种情况下，人们获取信息的方式发生了根本性的改变，获取信息的速度也大大加快，以至于信息成为取得市场竞争优势的决定性因素，信息产业也因此出现并成为经济增长的"火车

---

① 丹尼·罗德瑞克：《让开放发挥作用——新的全球经济与发展中国家》，中国发展出版社2000年版。

头"。这是工业技术时代所无法比拟的，而这正是经济全球化的第一推动力。二是"新"在发达国家跨国公司的全球性垄断。过去的经济国际化下垄断全球只是一种设想，而现在的经济全球化下垄断全球已是一个接近现实的现实了。据此，我在三年前就提出资本主义发展四阶段论。即：自由资本主义—垄断资本主义—国家垄断资本主义—国际垄断资本主义。资本的触角已经超越了国界，并且正在力图打破一切国界。"国家消亡论"也正是反映了资本主义新发展的这一新企求。三是"新"在政府与跨国公司的公开联手。如果说，过去的政府还保持某种相对的"清高"的话，现在则撕去了一切外衣，公开四处为跨国公司开拓市场了。一些总统、总理带着一大批的企业家"访问"外国，现在不是一种司空见惯的新时尚吗？

二、四大表征

一是国际贸易量超高速增加。据统计，1995 年全球贸易额超过 6 万亿美元，此后年递增率达 7%~8%。世界商贸正以高于世界生产总值的 1.5~2 倍的超高速增加着，而且绝大多数是发达国家之间的。据估计，今后 5 年，国际贸易年均增长率将为 6%，而世界国内生产总值年均增长率可能只有 3.3%。其中，美日欧三方在世界贸易中所占的份额将高达以上 50%。另外，货物出口的增长率加拿大将达到 16.6%，美国将达到 21.7%，欧盟将达到 19.4%，日本将达到 18.3%。国际贸易的迅速增长使得统一的全球商品市场逐渐形成。

二是资本的流动以前所未有的速度与规模在全球范围内进行。1996 年发展中国家吸引外资达到 2850 亿美元，同时其对外直接投资达到 510 亿美元，世界对外投资总额则达到了 4000 亿美元。1995 年世界远期合约总额（期权）达到 41 万亿美元，是全球 GDP 的 2 倍，其中 99% 是纯投机。目前，国际金融市场上流动的短期银行存款和其他短期证券约为 7.2 万亿至 10 万亿美元，寻找短期套利机会的衍生金融产品大约有 100 万亿美元。资本的全球流动越来越频繁，世界金融市场也越来越统一。

三是发达国家的跨国公司成了超越国界的"经济帝国"。1999 年全世界有 4.4 万家母公司，27 万家海外子公司，其中发达国家有 3.6 万家，大约占总数的 82%。其经济实力几乎有左右全球经济之势：它们控制了世界生产总量的 40% 以上，世界贸易总量的 60% 以上，国际投资总量的 90% 以上，国际技术转让的 60% 以上，科研与开发的 80% 以上；其中 100 家最大的跨国公司控制了全球 1/3 的对外直接投资。这些跨国公司就是经济全球化的第一推动主体，它们在国际市场上获取资本、技术、信息等生产要素，并将其生产的新产品推向国际市场。

四是"利用全球资源"已成为新的企业经营理念。随着全球市场的形成和跨国公司的全球扩张，企业经营理念开始发生变化，它们不得不面向全球市场尤其是全球资源市场。既然每个国家或地区的资源（包括有形资源和无形资源）都可以超越国家或地区界限而在全球市场寻求最有效配置，为国内外企业共享，那么，企业当然应该利用全球资源市场寻找最便宜的资源，以使其利润最大化。

三、定义

经济全球化是以信息革命为技术基础，以发达国家的跨国公司无国界的垄断为组织基础，在全球范围内实现资源有效配置的一种经济发展大趋势。对这个定义，做三点说明：第一，经济全球化是生产力与生产关系相统一的进程。从生产力方面来看，全球高新技术特别是信息技术的发展，大大提高了世界生产力；从生产关系方面来看，发达国家垄断资本主义生产关系在全球范围内急剧扩张，大有垄断全球经济之势。我们不能只看到一面。第二，在现今，全球化的第一推动主体是发达国家的跨国公司，特别是美国的跨国公司。它们在经济全球化的过程中制定有利于自己的国际经济规则，建立有利于自己的国际经济新秩序，从而成为最大的受益者；而广大的发展中国家在经济全球化的过程中处于弱势地位，在国际竞争中处于被动地位，受益较小。第三，由于这种原因，我们必须全面评价经济全球化：既要肯定其促进生产力发展的机遇，又要警惕其加剧两极分化和边缘化的挑战。

第三节　经济全球化的误区

根据上述定义和形势分析，结合前面那些众说纷纭的见解，显然存在不少对全球化的某些误解和理解不够确切之处。这些误解和不确切有待于澄清。归纳起来，大概有如下几个方面：

一、全球化与经济增长

第一个误区：认为全球化一定会带来经济的全面增长，会使人人受益。我们说：经济总量的增长不等于广大人民都受益。先从发达国家内部来看，经济总量确实急剧增长了，但广大雇员阶层获益不多，甚至下降了。原因在于：国际竞争愈演愈烈，跨国公司借口提高国际竞争力，竞相削减工资，压缩福利，不断裁员。据统计，发达国家目前 20%的富人的收入是穷人收入的 150 倍，基尼系数近十年迅速上升。再从发达国家与发展中国家之间的比较来看，国际 GDP 近十年的确是巨幅增加，但绝大多数流向了发达国家。富国愈富，穷国愈穷。据统计，世界上 20%的富人消费着 86%的世界产品，80%的人生活在贫困之中，13 亿人口每天仅靠 1 美元生活。最富的 7 国是最穷的 7 国的人均收入的 40 倍（1995 年），世界上 3 个最富有的人的财富，超过了 60 个穷国国民生产总值之和。所以，经济总量的增长不等于广大人民都受益。

二、全球化与就业

第二个误区：认为全球化会促进经济增长，经济增长了，就业也会增加，人民生活就会改善。我们说：经济增长不等于就业增加。大量事实证明，经济全球化确实在某些领域会增加一些就业，但就业人数远少于因全球化而造成的失业。因为全球化从三个基本方面抑制就业的增长：第一个方面，技术进步频率加快，劳动生产率的提高远快于新生产部门的开发，就从根本上决定了失业人数必定大于新就业人数。第二个方面，"股东价值"的强化势必冲击就业。经济全球化必然进一步推进股份化，但股东的价值取向不是社会福利、就业人数的增加，而是股票的增值。这就要求企业提高效率，包括裁员。否则，"用脚投票"。这会导致失业增加。第三个方面，资本外逃的威胁也大大冲击就业。要增加就业和福利，就会降低企业效率，资本就要外逃。须知，现在是网络时代，一按键钮，说走就走。资本外逃必定会减少就业。所以，经济增长不等于就业增加。

三、全球化与互补

第三个误区：认为经济全球化在发达国家与不发达国家之间是"互补"的，可以共同得益，都是赢家。我们说：交换互补不等于结构共优。李嘉图的布匹换葡萄酒的"互补"学说，今天早已过时了。英国和葡萄牙的历史说明：一个先进结构的经济同一个落后结构的经济两者长期的"互补"交换，必然会使后者掉进"专业化陷阱"。因为那是不平等的专业化分工，落后的经济结构无法得到优化和升级。现在的国际分工，已经由传统的产业之间的分工发展到产业内部分工；现在的国际竞争，已经由产业之间的竞争发展到"产业内部竞争"了。跨国公司全球扩张的结果，导致同一产品的不同生产环节在全世界分布。跨国公司的全球生产体系在一定程度上决定了各国的国际分工格局，从而决定了各国的国际竞争格局。一个国家要想取得国际竞争力，不仅要优化产业之间的结构，更要优化产业内部的结构。否则，日本的汽车为什么要打入汽车大国美国？美国的大米为什么要打进大米之邦日本？中国人为什么要喝美国人的"百威"？所以，我们说交换互补不等于结构共优[①]。

四、全球化与贫困

现在一般认为，一些国家和人群之所以陷入极度贫困，完全是全球化引起的。这种观点，至少是不全面的。因为贫困的产生，有内部的和外部的、经济学的和政治学的两个基本方面的根源。从前一个原因看，显然是同经济全球化密切相关的；但从后一个原因看，则与该国的政治制度息息相关了。试分析如下。

(一) 经济学的原因

美国学者詹姆斯·H. 米特尔曼在他的《全球化综合征》一书中认为，现代一般通用的、特别是新古典主义与新自由主义的定义，是以消费水平为基础的，即以人平消费水平划分"贫困线"。在此线以下的属贫困人群。他认为，这种定义虽便于计算，但有明显缺点：第一，从政策导向来看，由于它只注意了消费，便易于引导制定提高消费水平的政策，而提高消费水平之策莫过于加强市场自由化与一体化。这在现实中往往会在全球化中加剧不发达国家的不平等与边缘化。第二，它没有从"贫困"的本源去定义贫困，不能说明为什么"消费水平低下"。第三，这种定义将贫困看作是一个静态的地域或阶层的范畴，忽视了更多的贫困现象。他主张"需要将贫困作为全球化、生产过程中的边缘化和性别社

---

① 以三个误区的分析参照了格拉德·博克斯贝格等著《全球化的十大谎言》一书中的相关内容。

会关系之间的相互作用的一个结果来加以探讨。"①据此,他将贫困定义为:贫困,就是在全球化的背景下,一部分人被排挤到经济的边缘,越过这个边缘,就意味着劳动所得低于劳动中的付出。当人们生活在这种边缘化状态时,他们入不敷出,从而形成贫困。

这种定义有如下优点:第一,从本源上概括了贫困的经济学根源。第二,在政策导向上,易于引向消除贫困的正确方向,即提高贫困人群工作的边际效益与边际报酬,或排除劳动成本高于劳动报酬的政策与环境,包括全球化的国际贸易中的"双重标准"。第三,这种"贫困"是跨国的、跨地域的、跨阶层的概念。这就是说,除了贫困的国家、地域、阶层之外,即使在不贫困的国家、地域和阶层,都可能有贫困的、边缘化的人。在一个家庭中,妇女往往是边缘化的人群;而在所有贫困人口中,农村的妇女农民,又是最贫困的人群。

(二) 政治学的原因

对于一个国家来说,之所以陷入贫困,确有全球化的因素,但这绝不是全部因素。我们应该看到,有些国家从全球化出现以前就一直穷到现在。在全球化的今天,为什么有的逐步由贫困与不发达走向了初步发达,而另一些却依然贫困如故?不能不承认,这里有一个内部的制度问题。只要我们稍微留意观察一下,就会发现迄今为止凡是贫穷落后的国家,几乎都保留着专制独裁制度。这个腐败的制度之所以得以存在,有两方面的原因:从内部来说,有一个"核心利益集团"。这个集团是这个制度的最大获益者,从而也是这个制度的最坚决的支持者。这个集团是一切经济改革的死硬反对派,它们拒绝接受明智的经济理念。只要自己荣华富贵,不管人民贫困和国家衰败。从外部来说,外来的援助延缓了这个制度的生命。据西方学者研究,外援实际上是给上述"核心集团"输血、打"强心针"。有人计算过,没有外援的领导人中,有 25% 的任期只有 5 年,而获得外援的则延长到 7年。因为这些总量尽管不太大的援助,对于少数上层人物来说,确是一笔巨大的财富,完全可以帮助他们维系自己的统治。非洲是最好的说明:非洲是获得外援最多的地区之一,但是它是专制独裁保存最多的地方,也是贫困人口最多的地方②。

根据以上分析,我们毫无疑问应该防止全球化促进两极化的负面影响;但是那种简单地把贫困化全部归咎于全球化,至少也是不全面的。那样会忽视穷国自身内部改革的努力。

第四节 一分为二的策略

一、认识问题

的确,在世界经济生活中,经济全球化已呈不可逆转之势,反经济全球化也呈全球化

---

① 詹姆斯·H. 米特尔曼:《全球化综合征》,新华出版社 2003 年版,第 96~97 页。
② 本杰明·弗里德曼,顾信文:《斯蒂格利茨眼中的全球化——评〈全球化及其不满者〉》,《国外社会科学文摘》2002 第 10 期,第 69~73 页。

之势。面对这种现实，我们必须采取"一分为二"的观点来认识和评价经济全球化，既要看到积极的一面，又要看到消极的一面；既要看到潜在的机遇，又要看到现实的挑战。

经济全球化的本质。从本质上看，经济全球化是一把"双刃剑"：既是生产力的大发展，又是垄断资本主义生产关系的大扩张；既会带来人类文明的大进步，又会使发达国家跨国公司的触角无孔不入，使世界成为它们"一统天下"的"地球村"。在经济全球化的过程中，发展中国家从发达国家引进资本、先进技术、先进管理经验、进口资本品和中间品等，可以获得所谓的"溢出效应"；还可以通过引进先进经济制度、先进文化和思想观念等来培育国内竞争机制。这些都有利于减少生产成本，增加产出，提高劳动生产率，提高生产力水平，传播和发展现代文明。同时，发达国家跨国公司也利用发展中国家廉价的劳动力和丰富的自然资源，发展劳动密集型企业和资源密集型企业，结果使得发展中国家的产业结构畸形发展，并最终导致发达国家对发展中国家的垄断和控制；或者说发展中国家对发达国家的依赖和依附，形成"中心-外围"结构。这实质上是垄断资本主义生产关系在世界经济范围内扩张的一种表现。

经济全球化的后果。它既会带来经济效率的提高，经济总量的增长，财富总量的增加，又必定带来更大的不公平，更大的两极分化；既可以促进人类社会经济与文化的交流、合作与健康的融合，又完全可能破坏人类社会的可持续发展，导致市场萎缩、危机加剧、生态破坏……全球化促进了各国经济、文化、政治等各方面的交流与合作，尤其是全球性市场经济的形成与发展，提高了全球市场竞争效率，这无疑促进了世界经济的发展。但可怕的是，这种发展的背后隐藏着巨大的不平等，发达国家受益很多，受冲击很小（如美国利用了全球净储蓄的72%，并曾经出现过繁荣长达10年的新经济），而发展中国家受益很小，受冲击很大。1999年联合国开发计划署发表的《人文发展报告》认为，市场竞争可能是效率的最大保证，但不一定是平等的最大保证。以自由市场经济为准绳的全球化规则导致穷国更穷，富国更富。因为全球化的规则是由国际货币基金组织、世界贸易组织、世界银行等重要的世界性经济组织制定的，而它们只不过是发达国家推行其价值观念、经济模式和政治模式的"代理人"而已。谁出了钱，谁就有权决定游戏规则，所以这些规则是以发达国家的利益最大化为目标、以自由市场经济为准则的，当然会产生利益分配的不平等，导致更大的两极分化，甚至会出现"三极分化"（发达国家、发展中国家、"边缘化"国家）。在这个过程中，发达国家的受益相当大的部分是建立在发展中国家受损的基础之上的。过度开放的金融市场，将发达国家的金融危机转嫁给发展中国家；发达国家的跨国公司在发展中国家掠夺式地开发自然资源，导致后者的自然环境严重破坏，生态危机加剧。这使得发展中国家的可持续发展受到了严峻的挑战。

经济全球化的前景。我们说经济全球化是一把"双刃剑"，究竟哪一面会在未来的世界经济中占据主导地位呢？关键在于用什么理论来指导全球化进程，用什么制度来推进全球化进程。如果是用新自由主义的理论来指导，用现有经济秩序来推进，则消极的一面就会成为主流。但目前这种危险确实是存在的。最近，我看了一本书《从休克到治疗》，是前波兰总理科勒德克写的。书中写道：苏联与东欧各国的改革，在开始的时候，并不是企图复辟资本主义，而应该属于改良社会主义，即"市场社会主义""社会主义市场经济""人道的社会主义"。为什么后来急转直下，走上资本主义复归的道路呢？据他说，一个十分重要的原因是对于经济全球化的误读。他们误以为经济全球化就等于经济自由化。一是党政领导干部的误解。他们以为市场经济的改革，必须无条件融入经济全球化的进程，因而采取盲目强化市场自由竞争，弱化政府宏观管理的自由化政策措施。即不是采取转换政府角色以适应全球化，而是采取了政府全面退出经济活动的自由化政策措施。由于这种退出政策，经济生活失控——部分私有化迅速失控变成全面私有化。在私有化过程中，腐败滋生，政治精英乃至理论精英从私有化中得到巨大利益——又进一步加强鼓吹私有化——到最后巴不得赶快"变天"，以便使既得利益合法化。这就是"私—腐—变"效应。二是广大老百姓的误解。他们以为经济全球化会带来经济的自由，外资会大量投入，就业机会大量增加，生活会迅速改善。在此过程中，新闻媒体也是陷入误区，起了推波助澜的作用①。这是如此重大的变化，全国竟然听不见一声反对的原因吧。1997年东南亚金融危机也是用自由化理论指导经济全球化的恶果。前车之覆，后车之鉴。罗德瑞克认为："如果全球市场这只看不见的手经常可以带来令人满意的结果，这并不必然是一件坏事。实际上远远不是这么回事。"②

二、策略问题

正确认识经济全球化的正面作用和负面影响后，最重要的不是简单赞成或反对经济全球化，而是如何采取积极有效的政策措施，最大限度的发挥它的积极作用，遏制它的消极影响。我认为应该采取以下对策：

在全球化范围内重建国际经济新秩序。发展中国家要想成功参与经济全球化，就必须认真研究如何参与。国际经济规则和秩序，是发展中国家和发达国家博弈的结果。随着各国综合国力及其国际地位的不断变化，国际经济规则和秩序也在不断变化。因此，发展中国家参与经济全球化应该分为两阶段进行：第一阶段是研究和遵守游戏规则的时期；第二阶段是修改和制定游戏规则、重建国际经济新秩序的时期。在这一阶段，广大的发展中国家应该联合起来为重建国际经济新秩序而努力。在全球范围内构建新的保障全球化健康发展的制度体系：推进国际多元化，防止一元化；改组世界银行、世界贸易组织和国际货币基金组织等重要国际经济组织；坚持主权独立，反对"人权大于主权"；建立国际性扶贫体制和债务减免机制。

在全球范围内征收货币交易税，也就是对全世界一切货币交易强制征收1%的税。这种税收不会对长期投资效益造成影响，但能够有效防止过度的短期外汇投机，降低金融风险的潜在威胁，为世界经济提供良好的运行环境。据估计，征收的货币交易税，每年可筹集7200亿美元。这笔巨大的资金可用于国际扶贫基金。

促进技术进步的权益分享的国际立法。在经济全球化的过程中，为了避免最不发达国家和部分弱势群体陷入"边缘化"的困境，除了建立公平的国际经济新秩序之外，应该加强国际立法，建立发达国家与不发达国家之间、穷人与富人之间合理的利益分配机制。在

---

① 格泽戈尔兹·W. 科勒德克：《从休克到治疗》，远东出版社2000年版，第2~8页。

② 丹尼·罗德瑞克：《让开放发挥作用——新的全球经济与发展中国家》，中国发展出版社2000年版，第17页。

穷国和富国之间，在富国得到合法收益的同时，通过国际立法反对市场垄断，反对市场权力的滥用，允许穷国进行适当的贸易保护，允许发展中国家逐渐开放国内市场尤其是金融市场，限制自然资源的过度开发，保护生态环境等，让广大穷国也能受益。在穷人与富人之间，在资本获取合法收益的同时，通过国际立法或政府干预，缩短雇员的工作时间（如实行 30 小时工作制），提高福利，扩大就业，加强培训等，使广大雇员也能从经济全球化增长中得到应有的利益。

利用自己的优势。中国应利用政治优势，充分利用全球化有利于生产力发展的一面，加快经济结构的优化和升级，加强国内制度建设；同时，又尽最大限度防止跨国集团对我国民族工业的侵蚀与控制。经济学家丹尼·罗德瑞克指出："发展中国家的政策制定者必须避免追求时尚，对全球化要进行深入的透视，并且集中精力于国内制度建设。他们应该对他们自己和国内制度建设抱有更大的信心，并且更少地依赖全球经济以及源于全球经济的想象中的美好蓝图。在缺乏有效的国内发展战略介入的情况下，开放将不起作用。它需要一系列互补性的国内政策和体制。"自 1994 年以来，中国政府管理宏观经济的能力不断提高。1997 年排名世界第六，而美国位居第七。中国应该利用这一优势，积极参与经济全球化。特别是要制定合理的产业政策，通过引进国外直接投资来调整我国经济结构，包括产业结构、技术结构、市场需求结构和市场供给结构等，淘汰落后产业，优先发展信息技术、生物工程技术、航天技术、海洋技术等高新技术产业，并对传统产业加以改造，增加技术含量，提高国际竞争力。日本的经验表明，产业结构的升级换代与国外直接投资类型具有一致性，国外直接投资是产业结构优化的重要推动力；同时，在引进国外直接投资的过程中，一定要走"吸收模仿消化创新"之路。如果仅仅只停留在"吸收模仿"的层次上，一国经济就难免被国外跨国公司垄断和控制；只有上升到"消化创新"的高度，才能形成属于自己的独立的民族技术、民族工业和经济制度，才能摆脱依附地位并与国外跨国公司展开竞争。

推动区域化。有条件地推动亚洲——首先是东亚——经济共同市场。在这方面，欧盟的经验值得借鉴。它们从建立经济共同市场发展到欧洲货币联盟，从而在世界政治经济格局中成为能够与美国抗衡的最重要的一极。近年来，东亚地区已经成立了由东盟十国和中、日、韩三国组成的次地区性经济协商机制，并确立了一系列合作意向。它们不仅就建立地区资本流动监控机制问题达成了共识，而且建立了双边货币互换合作机制。中国应该积极参与和倡导这一经济合作组织，并不失时机地有条件地推动亚洲——首先是东亚——经济共同市场。这不仅有利于亚洲国家的经济全球化进程，而且有利于建立多极化或多元化的国际经济新秩序。"博鳌亚洲论坛"，以及中国同东盟建立自由市场的谈判，是一个良好的开端。

第五节　在夹缝中奋斗

一、既反对关门主义又反对新自由主义

在我们中国，时至今日，"关门主义"已没有什么市场了，所以无须多费笔墨。新自

由主义思潮，倒是要引起重视。

新自由主义的基本要义包含如下内容：一是反对政府干预经济：市场万能论，政府绝对不干预，解除各种管制，金融自由化，全面私有化。二是美化经济全球化：以美国价值观推进全球化，顺者昌，逆者亡；全球化是市场自由化必然结果论；一切国家获益论。三是鼓吹民族国家消亡论：认为这是全球化的必然结果；鼓吹市场全球化论：市场不再属于某个国家，而属于"全球"；鼓吹人权大于主权论：主权不再重要，人权高于主权。四是在国内削弱福利主义，反对混合经济和中间道路。福利有损效率；强调跨国公司主导化，取消终身雇佣制等；反对"中间道路"，鼓吹"资本主义万岁"。

以美国为主要背景、以全球化为主要载体的新自由主义思潮，来势很猛。发展中国家在这个大潮冲击下如何趋利避害，实属发展经济学必须研究的一个重大现实问题。当然，如米特尔曼所说，"实事求是地讲，不存在一种最好的用于适应和管理全球化的世界性战略"。不过，根据各个国家的不同背景与条件，探讨某种努力方向和政策取向，则是可能的。这些努力方向大体是：

第一，寻找一种可以代替新自由主义全球化的范式。单靠新自由主义的全球市场一体化，是不能解决世界不平等问题的。自由化、私有化、消除管制这种范式，对绝大多数不发达经济体是不适合的，更何况发达国家，尤其是美国，往往用"双重标准"来操作这一范式。然而，要实现这种替代，绝非一日之功。因此，眼前必须寻找变通之道。

第二，区域主义。它是一种工具，美国可以用它来作为维护霸权的手段，其他国家也可以用它来强化自身的竞争力和缓和以美国为主流的全球化的冲击。东亚及东南亚区域共同体应是努力方向。

第三，多元化。贸易伙伴、引资、外汇储备等，必须多元化，不能把所有的鸡蛋放在一个篮子里。这既可分散风险，又可防止被殖民化。

第四，开拓国内市场。特别是大国，不能过分依赖出口。东亚金融危机的经验说明，凡是注意开发国内市场的国家，经济恢复就快一些。

第五，参与并争取改造国际经济组织。例如，IMF(国际货币基金组织)，其政策措施往往具有发达国家倾向。本杰明·弗里德曼认为，如果没有国际货币基金组织，就不会有20世纪90年代的亚洲经济危机①。

二、四大策略

总的精神是：主动接轨，自主开放，迂回前进，以柔克刚。具体地讲，分四个方面：

国际关系上的"多极制衡"。当今的国际力量对比，仍然是"西强东弱"。以我们一国的力量，要想化解和防范整个西方社会全球化浪潮的负面影响，显然是很困难的。但是，应该看到发达国家阵营也并非"铁板一块"，特别是在中近期目标方面，它们是各有打算的，甚至是互有矛盾的。所以，以我国的大国地位和区位优势，完全可以采取"多元合作，相互制衡"的策略。我们这里讲的"多极制衡"与清末提出的"以夷治夷"是迥然不同

---

① 本杰明·弗里德曼，顾信文：《斯蒂格利茨眼中的全球化——评〈全球化及其不满者〉》，《国外社会科学文摘》2002第10期，第69~73页。

的。前者有三大缺陷：一是消极性，它是一个被动挨打者的"捞稻草"行为，只治标，不治本，没有根本打算；二是依赖性，只寄希望于某个强国，幻想借其力量去抗衡另一个强国，难免落得在"一丘之貉"的西方列强面前沦为半殖民地的下场；三是枝节性，"中学为体，西学为用"，只学技术，不涉及制度与思想的转变，这本身就行不通。

"多极制衡"则能克服以上缺陷。它有三大优点：一是积极性，乃是在充分自信的基础上积极与世界接轨，以平等之身份广交朋友，与其他国家结成千丝万缕的联系，形成共同利益，治本与治标相结合，达到富民强国，实现社会主义现代化；二是自主性，中国作为一个主权国家，必须从本国利益出发，自主制定经济、社会发展的政策，一切最终立足于自己的实力，自立于世界强国之林；三是全面性，既不"中本西末"，也不"全盘西化"，而是立足于自我发展的外的精华而不是糟粕。

经济发展上的"借风出航"。中国民间有一句谚语："船行八面风。"顶头风也可以前进，何况其他方向的风。其关键在"角度"，即船身迎风角度的预设，而这个"迎风角度"又取决于帆和舵的角度设计。当然，不可能走直线，而是走曲线："之"字形前进。

在经济发展上，我国如何借发达国家吹来之风（大部分不会是"顺风"，最好的也只是"侧风"），使我国这艘发展之舟曲折前进，最终驶向社会主义现代化的彼岸呢？这就要求在我国这艘船的舵（政治结构）与帆（经济结构）之间，建立起一种可以灵活调整角度的机制，而且是一种可以因应外部形势进行主动式整合的机制，使两者相辅相成，互相配合，以做到"凭风借力，破浪向前"。这种机制实质上是一种开放的社会耗散结构。

技术发展上的"学创一体"。一切先进的技术都可以"引进—消化—改进—创新"。这方面，日本做了很好的榜样。但是，只有这一条是远远不够的，特别是在知识经济时代，必须有自己"原创性"的技术。否则，将永远落于人后。以我国的电脑业为例，芯片、操作系统等核心技术几乎全掌握在外国人手中，国内具有自主知识产权的技术少之又少，使中国企业大多沦为外国公司的装配车间，只赚得一点零头。长此以往，何谈科学技术的现代化？这就需要建立一种体制，把引进性创新同原创性创新有机结合起来，以实现两者间的信息互通、分工互动，成果互享。如何建立这种体制？个性解放是根本，研发能力是关键，基础研究是后劲。这里不再详细展开了，只想强调一下当务之急是：个人自由创业的制度安排和人才生态环境的建设。

文化发展上的"固本兼容"。固本，即维护中华民族优秀文化传统（特性）；兼容：即融合世界一切优秀文化精华（共性）。要使两者结合起来，不可偏废。文化上的"固本兼容"，取决于这样一种"结构整合"，即在文化的空间结构上，一方面，使基本价值观、主体风俗规范化、法制化；另一方面，在其他领域，则放开限制，自由选择——融其所长，去其所短。在文化的时间结构上，一方面，在公民的基础教育阶段，可保持新国学的教育优势；另一方面，在其他阶段，则可学贯中西，广采他山之玉。

第六章　开放的国家

中国的现代化走过了漫长的道路。如果以 1978 年作为分界线，在这以前，走的是一条封闭式的现代化道路：有选择地引进外界技术，立足于"自力更生"和国内市场的"自给自足"，出口是为换取外汇以保证"有选择的进口"的需要。在这以后，改行了开放国策，转变为全方位的对外开放：全面学习、引进外界的资本和先进的技术、管理、制度以至人才；出口导向与进口替代密切结合，积极开拓国际市场；加入 WTO 以后，正加速与国际经济全面接轨，有调控地融入世界经济体系。实践证明，后一条道路的成效是十分显著的，20 余年大大超过了以前的总和。但是，开放式的发展绝不是免费的午餐，所有的成效都会是有代价的。在成效与代价之间，如何权衡因应，趋利避害，使我国开放的现代化迈上康庄大道，实有探讨的必要。

第一节　开放的现代化

现代化是一种相对的、动态的概念：是不发达国家为改变自己落后的状态，力求赶上发达国家，从而进入现代先进国家行列的过程。严酷的现实告诉我们，世界上不存在什么"无私的国际主义"秩序。无论什么"主义"，其核心本质依然摆不脱民族主义的阴魂。一个国家只有使自己强盛起来，才能摆脱边缘化、依附化和被压制的命运。而要能赶上发达国家，在当今信息化的世界，关起门来"埋头苦干"已经远远行不通了。发达国家不是坐在那里等你来赶上他，它们也在超高速地前进着。如果追赶者不"亲临前线"，是根本无法了解别人的进展和自身的差距的。更何况任何国家的现代化都必须借助外力。所以，现代化必须与开放紧密连接起来，实行开放的现代化。具体地说，有如下理由：

一、历史的教训

我在本书第一章中总结历史的殷鉴，其中第三条就是再也不能闭关锁国，必须坚持对外开放的国策。那结论仅是从民国以前的历史教训中导出的。其实，中华人民共和国成立后的前 30 年，由于客观与主观的原因，也是被迫处于一种封闭的状态。回顾那一段历史，前期虽然由于苏联的支持和自身的奋斗，打下了工业化的初步基础，"两弹"上了天。但是，应如实地承认，那只能说是在现代化的"硬件"上迈出了重要的一步。这也难怪，在封闭的环境中，即使最伟大的英雄，由于没有外界给予的新陈代谢的动力，也会出现"逆水行舟，不进则退"，这也是规律吧。

二、现实的挑战

时至今日，世界大势较之 50 年前大不一样了。如果说，前 50 年技术更新周期以 10 年、20 年计，那么，今天则是以一月、一周，甚至一日来计了。在知识经济条件下，技术更新在很大程度上取决于观念更新和制度创新。显然，在此新的形势下，一个国家如果不想沦为三等弱国，就必须及时紧跟全球发展的步伐，从观念上、制度上、技术上学习世界上一切先进的东西。而且还要看到，即使当年苏联通过封闭道路能够做到的事，今天也做不到了。因为，当时是以重工业为主导的工业时代，而重工业是可能通过集权政府和计划经济来优先发展的。现在，以信息业为主导的知识经济时代肯定是不行了。

三、他国的佐证

纵览世界各国，大凡实行对外封闭的国家，或处于封闭隔绝状态的国家，其结果不外乎三种：一种是边缘化。由于与外界交流甚少，信息闭塞，观念陈旧，社会发展缺乏动力，仍然处在一种落后停滞的状态，几乎难以接近世界主流。如尼泊尔、老挝等。另一种是极权化。由于外界现代民主之风很少吹进，国内社会的中世纪沉渣泛起。不少例证都说明，极权专制的回潮与滋生，大都是对外封闭的国家。还有一种是徘徊反复。典型的是印度。在人民党当政以前，印度奉行的是一种准社会主义的封闭式国策，严格限制外资进入，不鼓励出口，致使经济发展与国力同中国的差距不断拉大。20世纪90年代人民党执政后，开始扭转封闭国策，实行对外开放。10年间，情况就有了明显的改变。

第二节　开放的效益

美国经济学家丹尼·罗德瑞克在《让开放发挥作用——新的全球经济与发展中国家》一书中较全面地论述了在新的全球经济中，发展中国家扩大开放所能够带来的收益和能做到的事①。我结合中国的经验加以补充，开放带来的效益大体有如下几种。

一、引入发展动力

我认为，开放的最大效益就是提供了不发达国家经济发展的原动力——国际比较与竞争。中国有一个"夜郎自大"的寓言，说的是古时有个夜郎国，由于邻近地区以夜郎这个国家最大，从没离开过国家的夜郎国王就以为自己是至高无上的"大国"而自我陶醉。之所以如此盲目自大，就是因为它没有比较，不知天外有天、人上有人。而在一个开放的环境中，就不可能出现这种"山上无老虎，猴子称霸王"的现象了。以中国为例，20世纪80年代初为何能启动改革的进程？主要是打开了国门，忽然发现自己已经远远地落在世界的后面了，完全不是原来想象的"世界革命中心"那回事了。这才激励全国上下，拨乱反正，奋起直追。我们在前面讲到，一个人只有置身于激烈的竞争环境之中，才可能义无反顾、拼命向前。一个国家又何尝不是如此？只有在不活即死的状态下，才会释放出巨大的潜能。这就叫"置之死地而后生"。

二、引进新的思想

新的思想观念对经济发展的促进作用是不可估量的。"解放思想"在很大程度上，特别在起始阶段，有赖于"引进新思想"：改革开放以来，我国每前进一步都是和解放思想密切相关的，而每次解放思想又同引进新的理论、思想、观念是分不开的。从大的方面讲，由于引入了市场经济理论，才冲破了计划经济的陈旧观念，推动了经济转型的改革；

---

①　丹尼·罗德瑞克：《让开放发挥作用——新的全球经济与发展中国家》，中国发展出版社2000年版。

学习了出口导向的经验,才扭转了长期自力更生、自成一体的封闭战略,实现了经济外向化的转变;"三次产业"的理论,改变了我们工农业平行发展的格局,出现了各业协调、市场繁荣的新局面等。

日常生活中对民间影响很大的观念转变,例子就更多了。其中,如消费促生产的观念:长期以来,社会主义国家有一种理论与思维定式,即机械地认定生产决定消费,从而生产资料的生产必须优先于消费资料的生产。只是到开放以后,才知道必须刺激消费,才能扩大市场,生产才有动力,经济才能步入良性循环的轨道。20世纪80年代以来,几次增长高潮,都是耐用消费品的消费热潮带动的:从"老三件"(自行车、手表、收音机)到"新三件"(电视机、洗衣机、空调),从"新三件"到"新新三件"(电脑、汽车、住房),到"假日经济"——旅游业的大发展,这不都是引进新观念的伟大成果吗?又如"顾客是上帝"的观念:长期卖方市场,供给短缺,"皇帝的女儿不愁嫁",导致消费者对供给者的依附。这种倒装的依附关系,使消费者处处仰赖供给者的鼻息,没有任何选择的余地。这不仅大大抑制了需求,同时也大大抑制了生产和创新。改革开放以后,发达国家以市场为导向、以顾客为依归的经营理念,使人耳目一新,使生产厂家、商业企业经营目标发生了根本变化。像这样的例子可以说不胜枚举。

当然,单纯靠引进观念是不够的,必须由"使用外国新思想"过渡到"生产自己的新思想"。

三、引进资本

引进资本的作用不言自明。主要有三:

第一,促进投资和经济增长。发展中国家在发展中最短缺的资源首推资本。为了缓解国内资本积累的瓶颈,适度引入外资是完全必要的。过去东亚"四小龙"的崛起和当今中国的发展,都无不证明了这一点。

第二,填补"缺口",烫平消费。发展中国家一般由于储蓄不足和外汇短缺(出口不足),出现"两缺口"现象。适当地引进外资,正可以填补这种缺口。同时,发展中国家经常发生农业减产、自然灾害或阶段性的贸易条件恶化,从而迫使其抑制消费以保证投资。这往往会压制国内市场,不利于发展。而引进必要的外资,正好可以"烫平消费"(减少抑制消费的程度)。

第三,投资多元化,分散风险。特别是对于外国直接投资者来说,分散风险的效应是十分明显的。

当然,引进资本不仅只有正面效应,同时也存在负面效应:一是引进外资,如果处置失当,很可能会"挤出"(取代)国内投资,从而影响民族经济的成长。二是信息不对称和隐含的风险,导致道德风险和过度借贷。一般按《马斯特里赫特条约》的安全警戒线,债务水平不应超过GDP的60%,否则就会引发债务危机。拉美国家曾多次出现过这类问题。三是短期债务与长期资产比例失调,一有风吹草动(如投入国外汇储备大减等),投资者即国际放贷人便会出现"牧羊人"行为,不问青红皂白,迅速撤资。所以,过度的短期举债往往以金融危机而告终。上次东南亚金融危机就是最好的证明。丹尼·罗德瑞克举了一个例子:两个国家,外债水平同样是GDP的40%,但由于结构不同,后果大不一样。一个短期债务占总债务的 80%，另一个的比率则是 20%。一旦外资撤出，前者当年就要拿出 GDP 的 32% 来还债，肯定承受不了，一定会出现财政危机；后者则只需用 8%，无关大局①。四是由于资产价值由对未来回报的预期而定，资产价格的浮动会是很大的，特别是在高新技术领域，从而会引发泡沫的破灭。正因为如此，发展中国家在引进资本时，一定要把好"三关"：一是举债总量关，总量不宜超过警戒线；二是债务结构关，直接投资和长期债务要占主体；三是宏观规制关，政府必须在建立健全宏观调控与规制管理的基础上开放金融市场。

四、引进商品与服务

这方面可能带来的效益是人所共知的。一般的商品与服务不讲了，重点讲讲资本货物和中间产品的引进问题。发展中国家，由于工业化水平不高在资本（生产资料）货物上缺乏比较优势，其国内产品价格大都高于国际价格。所以，如果限制这方面的贸易，就会导致生产成本的上扬，并且会降低国内储蓄所能实现的实际投资水平。

例如，A、B 两个国家有着相同的储蓄率，如占 GDP 的 15%。假定：A 国对资本货物进口不加限制，B 国对资本货物进口则进行限制。显然，B 国内的资本货物的价格会高于国际价格，比方说高 20%。则 B 国所能投入的资本只占比例的 12.5%（0.15/1.20）；A 国则是 15%。这就是说：在 A 国，一分钱当一分钱在用；在 B 国，"一分钱只能当 0.8 分钱用"。例如阿根廷，其资本设备的成本就是美国的 2~3 倍②。这势必延缓了发展的速度，降低了发展的效益。

至于中间产品，大都是专业化水平较高的产品，不仅要求较高的投入，而且要求较高的技术力量。为了弥补这方面的劣势，节约投入，在一定阶段引进中间产品是合算的。而且在全球化的今天，也没有必要使中间产品全部国产化。国际采购有时比自己生产便宜许多。

五、引进制度

丹尼·罗德瑞克讲道："在货物、服务及资本方面的国际贸易遵从差价套利原则，随着全球经济一体化的发展，各国市场间的差价将逐步消失，但国际贸易还时常遵从另一种因各国制度不同而产生的套利。这种套利更微妙，因而较少引起人们的注意，但确实存在。"

所谓制度套利，也称制度趋同，指某个国家有意识地采取一定政策，使它的制度同其贸易伙伴国相协调，从中获取利益。

——以 WTO 为例，该组织就要求各成员接受一套通行的制度规范，诸如：互不歧视，贸易法规公开出版，进行版权与知识产权的保护等。丹尼·罗德瑞克指出，发展中国

---

① 丹尼·罗德瑞克：《让开放发挥作用——新的全球经济与发展中国家》，中国发展出版社 2000 年版，第 23 页。

② 丹尼·罗德瑞克：《让开放发挥作用——新的全球经济与发展中国家》，中国发展出版社 2000 年版，第 20 页、23 页。

家要从制度套利中获益，其方法之一，就是要通过利用制度趋同来增强(改革)国内制度的有效性和可信度。也就是吸收他国的经验来改进自己的制度，克服传统制度中的弱点，提高制度在国内的有效程度和国际的可信程度。

但是，也应该看到，引进制度并不是绝对有利的。由于发展中国家和发达国家之间文化背景的差异和经济社会发展阶段相去甚远，有些制度在发达国家可行或"天经地义"，但拿到不发达国家来，可能就难以实行或负面后果太大。例如：

——发达国家要求发展中国家接受的劳动标准(提高最低工资标准等)，在发展中国家就难以实行，对其也不利。

——WTO 所要求的专利限制对发展中国家来说也至多是利弊参半。印度、中国的落后生产即一例。

——"人权"的标准更是相去甚远。这当中有制度缺陷的原因，也有发展不足的原因。

所以，在引进制度方面，要采取慎重态度。我认为：第一，分层次推进。即将制度分为三个基本层次：操作层次——市场的游戏规则等；体制层次——宏观管理与运行；根本层次——社会制度。第一层次，可以尽可能放开，但也要结合中国的实际，设置若干自我保护的护栏；第二层次，可结合国情逐步放开，但仍要最大限度地维护自主权；第三层次，只应在不改变基本原则的前提下做若干适应性的微调。第二，先规制后放开。即先稳定后接轨。特别是在金融领域：必先大体解决国内不良资产问题、宏观规制问题、监管机制及调控手段问题，然后才能向国际开放市场。第三，要有底线。对于中国，引进制度，制度趋同，只能是一种有选择的引进，有限度的趋同。这里，就有一个"底线"问题。底线是什么？底线，应该是发展的，是有阶段性的。在现阶段，我认为引进制度的底线应该是三条：凡是会破坏我国社会稳定的制度，不能引进；凡是不利于我国民族独立和多民族团结的制度，不能引进；凡是不利于我国富民强国的制度，不能引进。

我认为，开放的收益，还不止以上五点，应该还有：引进科技，引进管理，引进信息。而且随着信息化和知识经济的发展，这后三个方面的收益越来越大，越来越重要。

2001 年，我国加入了 WTO，这对进一步促进改革开放意义重大。不仅一举解决了像中美一年一度的"最惠国待遇"这样的现实问题，更重要的是在国内可能极大地消除改革的诸多障碍(思想阻力、地方保护主义等)，在国际可以直接参与制定规则，变被动为主动。

总之，最有生命力的系统必然是一个开放的系统，是一个能和系统之外不断交换分子的系统，因此，它必然具有旺盛的新陈代谢机能，在不停顿的运动中实现远离平衡态的超越。一个小系统是这样，一个国家也是这样。"流水不腐，户枢不蠹"，古有明训。

第三节　开放的误区

一、认识的偏颇

由于上述思想负担，有时就会在涉外问题上出现许多认识误区。综合起来，大约有如下几种：

入侵与独立。在开放的条件下，国际公司纷纷"抢滩登陆"，合作的，持股的，独资的，各种形式应有尽有。外资进入的领域，也是由点到面，以至开始进入原来某些国家垄断的部门。如果按照旧中国的标准看，这简直就是西方"大举入侵"了；如果按照过去"左"的观念看，这也是对"帝国主义"开绿灯了。这两种认识都是有一种担心：会不会丧失独立。这种"担心"其动机绝对是无可挑剔的，但事实是大可不必。在当今全球化的大局之下，资源配置愈来愈呈现国际化趋势，这个潮流是难以阻挡的。即使是美国，其国内资本中也有外资，美国还利用了全世界的储蓄。可是，美国并没有丧失其独立性，也没有丝毫动摇其经济霸主的地位。其原因就在于：使进入的外国资本服从本国的法律与规制。而要做到这一点，则要保持民族资本的主导地位。这显然同殖民地时代那种"丧权辱国"的外资入侵有本质区别。

更重要的是，对于不发达国家来说，外国公司的进入对于促进本国经济发展有着多重积极作用：首先，引入"零距离竞争"，有利于激活企业改革与创新的动力，使其从外国公司近距离的样板中学习先进的技术、管理、制度以及营销艺术。其次，外国公司的进入，必会带进更多、更前沿的经济与市场信息，对本国企业了解国际市场动向大有帮助；一些合作、合资、合股的企业，更可利用外国公司现成而通便的国际销售网络迅速扩展国际市场。最后，外资的进入，也有利于消解本国的投资缺口、外汇缺口和财政赤字。

剥削与双赢。外国资本绝不是慈善捐款，它们的首要目标绝对是为了赚钱。这一点，不应有任何含糊，买卖双方都是自愿按游戏规则进行交易。外资要赚钱，就免不了剥削。剥削也可以视为引资国必须付出的代价。但是，付出了这种代价之后，引资国一可以解决就业问题，从而可激发国内的需求，扩大国内市场；二可以培训劳动力和管理人才，节约本国人力资本的投入；三可以增加税收。加上我们前面所说的那些积极作用，如果掌握得好，应该是一个双赢的结局。

歧视与规范。在涉外活动中，往往会发生外方对我方的指责、批评、调查乃至制裁。这些对我方看似不利的现象，如果以旧的习惯思维审视，肯定会认为是对我方的"歧视"。当然，不能绝对排除歧视，如美国经常惯用的双重标准。但是，从大多数情况看来，还有下列几个原因：一是我们不太熟悉国际惯例。其实这些负面举措，也不是仅仅针对我国的，而是一种普适性的，谁违反游戏规则就制裁谁。二是发难方并非出于歧视，而是出于贸易保护主义。这是没有意识形态标记的，只是国家利益。有时我们也会如此对待别人。三是我们本身确有违规或未能达到标准化要求的地方。因此，除了那种双重标准外，对于这些批评或制裁，应采取平常的心态和就事论事的方式处理。

渗透与交流。在信息化、全球化的条件下，外界各种文化的进入频率急剧增加，其影响不断扩大，可以说是到了"防不胜防"的状态。如果处于抱残守缺、死保传统的心态，那必会惊呼：文化侵略！对于有野心的发达国家来说，以文化的形式行影响他国价值观之实的行为，从来也没有停止过。这是事实，而且是一种常识，一个不可能消除的现实。问题在于，第一，这些进入的文化，往往是瑜瑕掺杂的，并非全部于我无用，甚至有许多积极有用的东西。第二，即使是那些属于糟粕的东西，我们也无须害怕，可以用自己的积极文化消解之、抵御之、批驳之，是有来有往的。不应消极防御，而应积极进攻。第三，在网络化的今天，文化上的消极防堵政策已经不灵了，必须适应新的形势，在积极培育全民鉴别能力的基础上，建立起健康而豁达的文化交流机制。第四，也是最重要的，则是不能把异质文化的进入看作是一种消极的东西，而应看作是一种积极的机会。任何一个民族的文化，如果拒绝吸收异质文化的积极"材料"来丰富和改造自己，这种文化终必走向衰落。

二、两个极端

在开放与外向的问题上，存在着两种截然相反的理论与政策倾向：另一个是"出口万能论"，一个是"出口悲观论"。这两种观念，虽是出自国外，但往往会同上述的思想误区结合起来发挥作用：一般是开始时抵制外向，借重"悲观论"；到抵制不了时，又走到另一极端，放任自流，借重"万能论"。

出口万能论。在20世纪最后20年中，大多数经济高速增长的国家，其出口占GDP的比重不断上升，大都增长达10个百分点，甚至更高。这的确说明，出口导向对这些国家的经济增长起了明显的作用。由此，人们都过分夸大了出口导向和外国直接投资的作用，把它说成"发展的救世主"。支持这一观点的理论认为，出口和外商直接投资具有广泛的积极的"溢出效应"。在世界银行的报告中，上述论点比比皆是。但是，不少学者的研究表明，上述这种"溢出效应"显然是被夸大了，甚至是一般化了。事实是：一方面，的确有些国家在推进外向经济过程中不同程度受益于上述溢出效应，如韩国、新加坡等。另一方面，确也有不少甚至多数国家(发展中国家)在出口增长的同时并没有实现经济的同步增长，溢出效应在那里并不显著。像一些非洲国家和拉美国家就是这样。例如，在1975—1994年间，特立尼达和多巴哥、加蓬、喀麦隆、科特迪瓦等国，在出口增长的同时，人均GDP的增长却是负数。这说明要做到有效开放，还有一些其他问题需要配套解决。

出口悲观论。第二次世界大战以后的经济发展理论，特别是结构主义理论认为，发展中国家的出口相对于发达国家(中心国)来说，处于一种不平等的地位(如初级产品附加值低，对价格的反应迟钝)，贸易条件不断恶化。因而，不鼓励出口，应采取进口替代的政策。尤其是依附论者，他们在正确地批评了"万能论"的同时，却又把开放的前景估计得十分悲观，似乎只有脱离资本主义的世界体系，才可能保住自己的独立。事实上并不完全如此。应该说，那种沦为依附国的例子不是没有，如前面举的那几个非洲国家。但这也不能以一概全。我们同样可以举出许多通过出口导向而取得发展的国家和地区，如东亚的韩国、新加坡和我国的台湾地区以及拉美的智利等。

这恰恰说明：事在人为。外因要通过内因才能起作用，关键在国内有无相应的制度和政策基础与"引进"互相配合。美国海外发展委员会主席约翰·西威尔一语中的："缺乏对外部自由化战略起补充作用的制度，开放将不会有多少收益。在最坏的情况下，它将导致扩大不平等和社会冲突这样的不稳定。换言之，在缺乏有效的国内发展战略介入的情况下，开放将不起作用。它需要一系列互补性的国内政策和体制。"[①]

[①] 丹尼·罗德瑞克：《让开放发挥作用——新的全球经济与发展中国家》，中国发展出版社2000年版。

第四节　开放的险区

上面我们充分肯定了开放的效益，剖析了开放的误区，确立了开放的积极意义。但这不表明开放没有风险。像任何新事物一样，总是机遇与挑战并存的。问题在于如何认识它，规避它。根据已有的经验，一个不发达国家在开放过程中最为忌讳的大体有如下几种情况：

一、过度的外向依赖

借用外力发展自己是有一个边界的。在边界之内，可以积极促进自身的发展；超越了边界，就可能适得其反。这种边界大体有如下几种。

外债不能超过偿还能力。一般的经验数据是外债总额不能超过 GDP 的 60%。但这只是一般的界定，各个国家情况不一，当时面临的环境也不一样，故须根据具体情况确定临界线。外债超量，最大的不利后果，就是使不发达国家有限的国民收入与外汇大量用于还本付息，削弱了自身的投资能力和防御金融风险的储备。拉丁美洲一些国家，过去反复出现债务危机，很大程度上是这个原因。如果其中短期债务比重过大，那更会立即引发支付危机乃至金融危机。如 20 世纪 90 年代东南亚金融风暴的导火线就是如此。中国吸取了这种教训，采取以吸引直接投资为主、外债为辅，长期投资为主、尽量少举短债的策略，被证明是风险较小的选择。

外资不能形成喧宾夺主之势。引进外资，并非愈多愈好。缺乏管理与节制的引进外资，不但容易出现反客为主、左右国家政策，从而出现依附化的新殖民局面，而且极易造成国内经济混乱。因此，不仅要控制总量，而且要引导结构，使之有利于本国的结构优化，形成自主性的经济实力。

对国际市场的依赖不能孤注一掷。忽视国内市场的开拓，过度依赖出口，首先一个风险，就是在国际市场出现波动时无法自拔。由于国内市场狭小，出口萎缩时没有多少回旋余地，同时，也难以及时调整结构，使自己陷于长期的萧条而走不出低谷。在这次东亚危机之后，日本之所以 10 年徘徊，原因之一也在此。

二、盲目的金融自由化

新自由主义者极力鼓吹金融自由化，甚至提出只要金融管制一取消，全世界的资金就会滚滚而来。我认为，这至少是一种对发展中国家不负责任的说法。上次东南亚几个国家几遭灭顶之灾，就是吃了这个亏。

在信息化、全球化的今天，几千、上万亿美元的游资，只需按一下鼠标就可形成纵横万里的潮势。一个没有任何堤防的经济体，就可能瞬息之间被洪水吞噬得无影无踪，其金融安全等于零。我们并不是绝对不赞成金融自由化，而是主张有步骤地推进自由化。这其中，金融安全的建设则是头等重要的。《亚洲现代化透视》一书的作者如下一段话无疑是正确的："亚洲金融危机之所以发生，不是由于经济开放，而是出在疏于管理和能力建设的不足上。一方面大多数国家对短期资本的流入缺乏有效的监督和管理……另一方面许多国家的金融体制和管理也不健全，急忙开放市场。市场一放开，大量金融机构涌现。他们缺乏有效的监督和管理，致使其经营混乱，结果，形成大量金融坏账。"①

三、伙伴的单一化

经济开放必须寻找贸易与合作伙伴。如果伙伴过于单一，也存在极大风险。因为单一的伙伴，容易受制于人，没有退路。不仅如此，严重的还可能形成依附关系。在拉丁美洲，许多国家是美国的"后院"，这是因为它们的经济过度向美国倾斜。如果选择多元化的伙伴，则本国的自主性和回旋余地就可大大加强。

四、文化的两极化

一个发展中国家，当它走上开放道路时，首先接触的外界人群，往往是上层官员、有背景的知识分子和有实力的企业界人士。这些人在其优越的条件与特权的支持下，很快就学会西方的文化与经济生活方式，并逐渐习惯了乃至偏爱上了这种生活方式。如果让这种趋向固定化、制度化，成为一种新特权，而把广大民众隔离在这个过程之外，那就势必会出现文化上的两极分化现象。一如我们在前面第二章所描述的沙皇俄国时代曾出现过的那种状况：一面是少数以垄断西方文化为生活基础的"上流社会"，一面是精神与社会生活仍旧停留在传统时代的愚昧大众。

这种文化两极化会带来重重恶果：首先是西方文化无法本土化，无法成为"杂交"本土文化的新材料，从而难以推进本土文化现代化的过程。其次必然会加剧那些特权化人群的保守性与腐朽性。他们把学习西方不是当作振兴民族的进取性行为，而是当作自私的享乐型行为。最后，这样下去，势必出现新的阶级对立，导致社会稳定的破坏。这种情况在拉美和非洲可以说俯拾即是。

要防止这种倾向，出路就在将开放的"机会"全民化。实行在市场(国内外)面前人人平等，包括机会平等、规则平等。把千百万大众吸引到对外开放的主流中来，而不是对民间涉外设置重重障碍。

第五节　有效的开放

一、开放的条件

让我们回到约翰·西威尔的忠告上来：对外开放需要一系列互补性的国内政策和体制相配合，否则它将不仅不起作用，而且还可能破坏稳定。对外开放，事实上就像一股巨大的洪流，对于那些堤防完整又善驾驭的人来说，就可以灌溉千顷良田，胜利航行到目的地。但对于那些堤防残缺、不善驾驭的人们，则可能造成灾难。

根据已有的经验与教训，一个不发达的经济体，在对外开放问题上，需要积累如下条件——这里说的"积累"，不是说要等条件都具备了再开放的意思，而是边开放边积累的

---

① 张蕴岭：《亚洲现代化透视》，社会科学文献出版社 2001 年版，第 44 页。

意思。

首先是认识的条件。开放意味着什么？开放，对于落后经济来说，意味着吸取外界先进的文明来改造自己，通过学习、交流、改革与发展，实现自己的现代化，达到可以同世界先进国家平等交换与交流的目的。不是为开放而开放，必须把开放效果放在首要位置。如何才能有效？在认识上首先要明白，要把别人在一个十分成熟了的、制度化了的环境中成长起来的技术、文化、制度等，搬到我们这个不成熟的、还未完全制度化的环境中来，是十分艰巨的，不是一步可及、"立竿见影"的。这就像在一个文盲区引进院士那样，一步是无法登天的，必须积极创造条件，循序渐进。

其次是市场的条件。既然国外的硬件与软件都是发达市场经济的产物，要使它们被引进后发挥效能，我们就必须尽快推动全国统一市场的建立。消除地方割据，完善区际分工，实现政企分开，统一游戏规则，降低交易成本，防止价格扭曲，发展各种要素市场和中介组织等。

再次是政策的条件。主要的是要有一个先进而可行的产业政策以及与之相配套的引资政策。吸引外资进入，决不能"有奶便是娘""来者不拒"，必须根据自己的产业发展需要，有选择地引进。特别是要根据发展的阶段，使产业政策与时俱进，不断升级。

最后是制度的条件。丹尼·罗德瑞克提出了一个非常有意义的建议：建立"冲突管理制度"。他指出自20世纪70年代以来，有不少国家经济发展的绩效不佳，甚至发生急剧下滑和混乱。究其原因，最主要的只能通过"缺乏保持宏观经济稳定的能力"得到解释。它们缺乏调和不同社会群体之间冲突的制度保障，属于冲突管理制度脆弱的社会。印度尼西亚的政治动乱，菲律宾的社会骚乱，说明个人独裁和弱政府是动乱的根源；相反，韩国、泰国的民主制度提供了言论表达与调和矛盾的机制，使矛盾不致激化。他认为，在经济全球化这种动荡的外部条件下，保持宏观经济稳定的能力是十分重要的(这从东南亚金融危机中已经充分地证明了)。而要保障这种稳定的能力，就必须建立起"冲突管理制度"。这种制度是一种宏观的大制度，它包含：①民主制度，使不同的利益矛盾有发泄的正常渠道和解决的可能；②独立而有效的司法制度，社会规制能力强；③有诚信的官僚系统，政府有有效的调控能力；④制度化的社会保障制度，不致民不聊生。

这种管理由外部动荡引发的国内社会冲突的能力，就是冲突管理制度的核心。这种制度设计思路对我国是很有启发的。我觉得，在我国要能建立类似制度，还必须从如下三方面努力：第一个方面，自新的领导结构。通过有中国特色的民主形式，达到社会领导结构始终能适应变化的形势，保持新陈代谢的机能，避免权力的垄断。第二个方面，自治的基层结构。包括村与社区的自治制度，健全有效的社会中介系统，合理透明的舆论监督。第三个方面，自强的中坚结构。应培植起一个经济小康、政治稳定、文化开明的社会中坚群体。

二、渐进的开放

根据上面全部的论证，我们的开放必须是渐进的开放。总的来说，开放度取决于内部政策与制度的准备程度。当然，这两个方面不是截然分开的，而是一个分阶段的相生相长、互为因果的辩证发展过程。这种渐进性具体包含三个主要的内容：一是步骤的阶段性。一般地说，先少后多，先点后面；先短缺领域后成熟领域，先竞争部门后非竞争部门；先民营经济后国有经济，先一般部门后命脉部门；先沿海较发达地区后内陆较不发达地区等。二是准备的周密性。即按照上述步骤做相应超前的准备，其关键在于以自控能力（含政府调控能力和社会消化机制）为核心的一系列体制与机制建设。三是管理的积累性。主要是涉外的管理机构、管理规制与管理人才的建设与培训。

三、开放的策略

第二次世界大战后的半个世纪，确有一系列国家和地区通过开放获得了长足的发展，有的基本实现了工业化。它们提供了不少宝贵的经验。

及时调整结构。任何一种产业结构都只具有阶段性的意义。随着国际市场的产业饱和度的变化与消费的升级，必须提前进行产业的调整与升级。否则，在开放的条件下，一个经济体就会有被边缘化的危险。这方面，我国台湾地区是有较好成效的。我国台湾地区于20世纪50年代后期采纳了经济学家的意见，采取货币贬值和利用廉价劳动力发展加工出口产品，实现了由进口替代到出口导向的战略转变。从此，经济得到了巨大发展。后来，在东亚金融危机前后，他们又比较及时地进行了产业升级，在发展高新技术产业方面取得了较好进展。因此，在危机中遭受的损失较小。

不把全部鸡蛋放在一个篮子里。这即是分散风险的意思。这方面，智利曾经做得较好。他们主要是实行了出口多元化。在20世纪70年代，智利出口结构过于单一，77%的出口产品是铜，属资源型的初级产品，效益不佳。1985年以后，借着实际汇率下降的时机，他们积极调整出口结构，推行多元化出口，降低铜的比重，提高了农产品（水果）、林业产品（半加工品）和渔业产品的出口。出口由原来占GDP的14%（1970年）上升到29%（1985年），后又进一步上升到39%（1995年）。多元化的出口取得了成功。

内外结合。如毛里求斯实行的"双轨"战略。所谓双轨制，就是把出口加工特区同受到保护的国内经济部门有机结合起来，使两者相互促进。其内在机理，就是主要依靠国内投资，把国内储蓄引向出口加工特区，以获得丰厚的回报。这样既保护了民族工业，又使国内储蓄有了有利可图的投资环境，促进了出口。政府就是这样将新增加收益不断转入多元化的投资中，从而形成一个良性循环。

制定正确的产业政策。这方面韩国的经验是值得学习的。韩国在朴正熙时代，实行经济增长重于一切的路线。政府制定产业优先发展顺序。按此顺序进行，投资者保证其丰厚的回报，否则就受到严厉的惩罚。对于投资性的银行贷款，往往是负利率。企业家对政府鼓励的部门进行投资，如果往后因经济环境的变化而影响其利润率时，政府将保证帮助他摆脱困境。这样，韩国一些大财团在发展外向型经济部门上取得了迅猛的发展。

为我所用。新加坡在发展出口经济时，主要是依靠外资。国内优化投资环境，搞好"四通一平"，采取优惠政策（如免税），大量吸引国外资本，同时也对国内投资实行贷款补贴，对国内外资本实行一视同仁的待遇。

第七章　农业的革命

中国，作为一个五千年文明古国，农业生产是它的物质根基，农业文明是它的精神渊薮。这既是我们的财富，又是我们的负担。在走向现代化的进程中，现代与传统的撞击，基本上就是现代工业文明与传统农业文明的剧烈冲突。可以说，要使中国由不发达走向发达，其中一系列重大问题几乎无一不与农业、农村和农民的现代化息息相关。诸如，要营造国内统一大市场，最大的"自然经济"在农村；要实现国民经济一元化，最主要的"二元经济"基础是农业要消灭贫困，最大的贫困人群在农民之中；要实现文化现代化，最深厚的"中世纪意识"堡垒在乡村。离开了"三农"的现代化，难以想象会有可能真正实现中国的现代化。所以，中国的现代化在很大程度上要取决于"三农"基础的农业现代化的成效。也因此，农业现代化，远不止是农业经济的现代化，还应包括农村社会的现代化，农民素质的现代化，乃至农民的"工人化"。由农业文明转向工业-信息文明，人口大量由农村转入城市，这是我们探讨中国现代化问题的起点。

第一节　对　象　问　题

一、问题的重要性

现代化是一种社会改造运动。改造的对象是什么，它有什么特质，要改变它的什么东西，用什么东西来代替它那些不合时宜的东西？这些都是必先弄清的问题。在我们探讨中国农业现代化的方略之前，同样必须弄清中国传统农业的特质以及需要改变的是什么东西，才能做到有的放矢。

我们在前面第一章中，曾经探讨了中国封建社会长期顽固延续的原因之一，就是中央集权的封建国家对小农社会的极力维护。这种以小农自然经济为基础的经济体制，正是中国封建社会得以长期延续的根基，也是中国资本主义难以顺利发轫的巨大障碍。在历史上确是如此。但在完成了土地改革至今已有半个世纪的今天，是否还有必要来研究这个问题呢？我认为仍有必要。

任何一次革命，哪怕是最彻底的革命，也不可能全部、干净、彻底地消除旧社会的一切遗害与弊端。更何况，中国的反封建并不是很彻底的。而时至今日，由于城市化的滞后，中国有大量人口仍然滞留在传统农业之中。这样，中国的现代化，特别是农业的现代化，就必须认真来研究这个现代化的主要"对象"，是一种什么样的根底和现状了。

二、坚韧的惯性结构

农业现代化是一场革命。就其广义的内涵来说，是一场深刻的革命。这个革命之所以深刻，是因为它面对的是一个十分顽固的对象——坚韧的惯性结构。我在拙著《绿色革命之路——大国农业发展的理论与模式》一书中，曾做过如下的论述：

"在旧中国，农村社会是整个中国社会的基础和缩影。农村社会几千年来表现为一种十分坚韧的惯性结构：对内，顽强地沿袭着几乎是千年一贯的'祖宗章法'……对外，极力地抵制几乎所有的'异己文化'……这种惯性结构，之所以如此坚韧难摧，我以为支撑着它的是三大支柱，即：建立在传统技术和零细小农基础上的自然经济；以'万世师表'的儒家伦理教义为灵魂的宗法血缘体系；雄踞'中央'唯我独尊的封闭状态。自然经济，是这种惯性结构的基础；宗法体系，是这种结构的灵魂；封闭状态，则是这种结构得以长久维系的桎梏。"①这三大支柱，在现实生活中盘根错节，形成了一种相互助长、互为因果的机制。在这个基础上，派生出自给自足的经济惯性、等级依附的社会惯性和愚昧保守的心理惯性。这三种惯性交织，正是中国历史上封建惯性结构如此坚韧的原因。

三、大染缸

这种千年传承下来的惯性结构，可不能等闲视之。我曾经形象地将它比喻为一个"大染缸"，一个封建大染缸。如果不从根本上去掉那"三大支柱"，任何政党、任何人物，进入这个大染缸，就会在其潜移默化下，不能自拔地被染上封建的色彩。历史上国民党的蜕变就是佐证。我认为，农业与农村的现代化，绝对不能忽视或绕开这个关系我们民族未来的基本问题。否则，我们的现代化可能还会走弯路。

我们要避免这种历史的曲折，确保现代化不走弯路，必须全面、彻底地摧毁这个"大染缸"。用"三大天敌"来消灭"三大支柱"：用市场经济来消解自然经济，用开放国门来消除封闭状态，用民主政治来消除宗法体系。而鼓励大规模的农村人口自由流动与迁徙，则是推动上述三大变迁的"启动闸"。

第二节　50　年　回　顾

回顾50年来所走过的道路，我们对中国农业传统本质的认识是逐步明晰的，因而在政策上是几经起落而渐趋明朗的。大体上说，可分为四个阶段。

一、土地改革与农业恢复阶段（1949—1955年）

中华人民共和国成立后，在恢复国民经济的同时，便开展了全国范围的土地改革运动。在此之前，1947年9月已经颁布了《中国土地法大纲》，在拥有1.2亿人口的解放区完成了土地改革。从1950年6月颁布《中华人民共和国土地改革法》到1952年底，仅用了两年多一点的时间，便在全国范围内彻底摧毁了封建制度的根基——地主土地所有制，解放了中国农民这支世界上最大的劳动大军。与此同时，人民政府在城市中没收了帝国主义与官僚资本主义的财产，建立起了国有经济，并扶持民族资本主义的健康发展。这样，城乡配合，上下一心，在短短的三年时间里，就基本上医治好了战争创伤，胜利完成了实现国家财经状况基本好转的历史任务，开始了第一个五年计划。这一阶段，是我国经济社会

①　夏振坤：《绿色革命之路——大国农业发展的理论与模式》，湖北人民出版社1994年版，第2～4页。

发展最好的时期之一，是新民主主义显露光芒的黄金时期。由于在农村中极大地调动了农民发家致富的积极性，在城市里实行了正确的工商政策，以国有经济为主导，民族资本主义经济、个体经济(含农民的家庭个体经济)协调发展的局面初步形成。整个社会欣欣向荣，物资丰富，物价稳定，市场繁荣。工农业生产达到和超过历史上的最好水平，人民生活日益改善。被军阀混战、帝国主义侵略摧残得千孔百疮的中国经济，在历史上第一次出现了真正的复苏。

首先，是农村商品经济的萌发和自然经济的弱化。农产品商品率由中华人民共和国成立前的20%左右，提高到1952年的30.54%，1957年又进一步提高到40.52%。农业劳动者占全社会劳动者的比重，由1949年的91.5%下降到1957年的81.2%。农业总产值占工农业总产值的比重，也由1949年的70%下降到1956年的48.7%[①]。

其次，宗法血缘体系开始松动。宗法血缘体系的崩溃，靠人口的流动，特别是以城市化为主体的人口流动。1949年前后，由于大量农民参加解放战争，大批农村干部进城接管，大批知识分子支援边疆建设，中国出现了历史上又一次人口迁徙高潮。加上农村商品经济的发展、分工分业的启动，不少能工巧匠、活跃分子纷纷进城务工经商，城市人口一度出现了迅速增长的趋势。

最后，农村的封闭性开始打破。封闭性同商品交换、交通发展负相关。在三年恢复与第一个五年计划期间，由于城乡商品经济的发展和交通建设的推进，在比较发达和交通干线附近的农村地区，开放度有了明显的提高。

总之，在这一阶段，中国农村曾一度出现了现代化的曙光。如果当时能按既定的"两步走"方针，把新民主主义体制稳定几十年，我们可能会少走很多弯路。但由于"一边倒"地学习苏联和自身缺乏理论准备与实际经验，在"左"的思路支配下，过于严重地估计了资本主义萌发的程度与危险，过于忽视了反封建的长期性与艰巨性，因此不恰当地用反资本主义取代了反封建主义。没有在土地改革基础上把上层建筑的反封建继续下去，从而在中国也没有出现一个像西方那样的"文艺复兴"。这不能不是一种历史的遗憾。这种情况，必然导致在政策上把农村社会主义改造的任务过早地提上了议事日程，为以后20年的左倾路线埋下了伏笔。

二、农业社会主义改造阶段(1956—1977年)

在1955年批"小脚女人"以前，农村已经开展了较广泛的互助合作运动。当时，比较强调自愿互利原则，注意在组织上由低而高、循序渐进——临时互助组、常年互助组、初级合作社。应该说，这是符合实际的，有成效的，对农业经济的恢复与发展起了积极作用。批"小脚女人"成为分水岭，1955年夏季以后，在"左"的思想指导下，一个"农业社会主义改造高潮"逐步自上而下推动起来，而且经济工作政治化的火药味愈来愈浓。特别是1958年，在宏观政治斗争的大背景下，"三面红旗"出台，农村政治狂热达到极点，"人民公社化"简直像"百万雄师过大江"，席卷全国。同时，大办食堂、大办新村、大办

[①] 夏振坤：《绿色革命之路——大国农业发展的理论与模式》，湖北人民出版社1994年版，第14页。

钢铁，风起云涌，几乎好像共产主义一夜之间就在眼前了。当时有一个遍及城乡的口号："共产主义是天堂，人民公社是桥梁"，可以充分反映那时的"左派幼稚病"。那种政策必然导致彻底剥夺农民，与马克思、恩格斯的思想背道而驰。破坏了工农联盟，严重挫伤了农民生产的积极性。特别是在文革期间"割资本主义尾巴"运动，企图彻底消灭商品经济。

这种粗糙的集体化运动严重破坏了农业生产力，推迟了农村的社会分工进程，加剧了农村的封闭性。其后果是：

首先是农村自然经济的回归。由于禁止农民经商，人为地堵塞了人口非农化的一切通道。20年来，农业人口始终占总人口的80%以上，农业劳动力始终占总劳动力的70%以上。1978年与1952年相比，商业机构(不含批发)减少424.5万个，减少77.2%；从业人员减少345.1万人，减少36.2%。其中，主要是减少集体、合作和个体的部分，而这部分则是集中在农村。主要农产品商品率多年没有提高，甚至下降：1978年较1952年，收购量占总产量的百分比，粮食由24.6%下降到20%，棉花由86.5%微升至94.3%，食油由78.8%下降到55.9%，肉与水产品大体持平。农村自然经济的回归，还表现在农村集镇的衰落上。土改后，曾经一度复苏的农村集镇，由于过激地推行农业和手工业的社会主义改造，后来又强制性地实行"劳力归田"，提倡"人人都有两只手，不在城里吃闲饭"，农村集镇便迅速地萎缩了。据统计，1973年全国小城镇非农业人口由1952年的3952万人减到3663万人，占全国总人口的比重由5.98%下降到4.1%。据湖南省统计局统计，该省建制镇由1957年的241个减少到1975年的204个，减少15.36%；建制镇人口，由1957年的138.65万人下降到1962年的87.75万人。据广东省统计，该省农村非农业人口，由1957年的70.7万人下降到1975年的62.9万人。

其次是农民未能摆脱贫困。直到1978年，农民年家庭人平纯收入仅133.57元，比1957年略有微增。较国际贫困线，还差之很远。而且，其中绝大部分属实物收入，货币收入微乎其微。甚至在一些中等发达地区，农民连买盐的钱都十分困难。这主要是在人民公社自然经济体制下，没有多少商品性生产，而家庭副业又被禁止的结果。所以，反映农民综合消费水平的恩格尔系数，多年间不仅没有下降，反而上升了：由1957年的0.6575上升到1978年的0.6771。

再次是农业生产徘徊不前。主要反映在20多年来，农村与农业的生产结构基本没有什么变化：在农村社会总产值中，农村非农产业趋向萎缩，农业产值始终占70%以上(1978年仍为68.6%)；农业总产值中，多种经营徘徊萎缩，作物栽培业始终占70%以上(1952年为83.1%，1978年仍为76.7%)；作物栽培中，其他作物与水果等徘徊萎缩，粮食始终占70%以上。想当年，全民动员"大办粮食"，粮食总产量也只由1952年的19505万吨增加到1975年的28452万吨，只增长了46%。由于同期人口增长更多，粮食供应始终非常吃紧。搞了20多年的工业化，仍然是一个低水平的农业国。

最后是社会供给短缺化。在那20多年间，中国社会可以说是：样样凭票证，处处排长队，是一个典型的短缺经济。据统计，从1957年到1978年，全国人口增加34606万人，增长56.13%。而粮食供应(总量)仅增长27.5%，植物油反下降15.1%，猪肉仅增长9.7%，水产品及棉布也增长不多。20世纪50年代那种市场繁荣、购销两旺的景象，完全看不见了。人民生活水平普遍大幅下降。

三、家庭承包阶段(1978 年至 20 世纪末)

家庭承包，实际是土改后经过集体化反复的一次"再革命"，是一次重大的制度创新。家庭承包的积极作用表现在四个方面：第一，再一次解放了农民。可以说，没有这个"再解放"，就没有后来乡镇工业的发展和城市工业化的发展。第二，还权于民，极大地调动了农民的生产积极性。农民又一次有了生产的自主权和扩大生产的积极性。其典型的例证就是粮食问题，全民办粮，围湖垦山，却难以自给，需要粮票限量供应。而承包后，政府不管，种粮面积缩小，却实现了全面自给。第三，大大促进了农村社会分工和城乡商品经济的大发展。农业内部出现了分工，多种经营齐发展，农业外部也出现了分工，农村工业化，乡镇企业兴起。第四，弱化了集权，促进了分权。

当然，家庭承包也有其制度缺陷，我在 10 年前就指出了这个问题①。第一，土地制度的缺陷。"村级公有，分户承包"的土地制度，存在如下问题：(1)产权主体不明晰。村委会承担行政发包任务，却缺乏经营增值机制。而承包者由于受到承包期制约，缺乏长期投资冲动。(2)级差地租合理分配不到位。承包者追加的投资所产生的级差地租，往往由于人口变动而频繁转包，原承包者没有得到应有的补偿，从而影响长期投资的积极性。第二，规模经营机制脆弱。由于村委会大都没有把土地作为一种生产资源来进行经营——资本化，除沿海少数发达地区实行承包权股份化外，土地的二级市场和自由租赁制度都很不发达，大部分农村，土地都是作为一种"福利"或"社会保险"来进行平均分配。第三，管理体制的短缺。村级经济没有实力，管理不强；"双层经营"在大部分农村形同虚设；农村中介组织十分短缺；农民的生产、流通、消费、信息没有形成固定的机制运行——一盘散沙。党支部是基层政权的核心，但党支部是党的组织，不是公司，不能形成土地合理经营的机制。有人认为，中国农村的出路在于土地私有化。这可行吗？实行土地私有化，在现实中会遇到三大问题：政策问题——过去富农的土地退还吗？操作问题——学大寨以后，地块全部打乱了，如果农民要他原来的地块，怎么操作呢？长远问题——会出现兼并农业的问题，既会抑制适度规模化，又造成土地的浪费。这也是日本的教训。

2000 年以后，应该作为后家庭承包阶段，由于在以后的几节中将详细讨论 21 世纪的中国农业发展问题，故在本节就不重复了。

四、几点体会

现在，我们回过头看看，农业所走过的那一段曲折的道路：由发展到挫折，又由挫折到快速发展，这正反两方面的事实，应该给我们什么启示呢？

首先，那一段历史表明，中国农业的现代化，绝不可能在传统的"惯性结构——三大支柱"未受到根本触动的条件下得到真正的启动。这是因为，社会发展有其铁定的阶段演进规律。土地改革，只是摧毁了地主土地所有制，但并没有消除自然经济，也没有摧毁作为上层建筑的农村封建宗法体系的根基，尤其是残留在人们头脑里的封建观念与习惯。要

---

① 夏振坤：《农村改革十年回顾与前瞻》，何康等：《中国农村改革十年》，中国人民大学出版社 1990 年版，第 3 页。

改变这种格局，必须靠推动市场经济的发展，鼓励家庭发家致富。否则，无法动摇其根基。而我们还没有等到商品经济发展起来，就过早、过急、过粗地扼杀了这个过程，启动了社会主义改造。而社会主义的集体生产与计划经济移植到这个"惯性结构"上来，恰恰不仅不能消除这个结构，而是变相地强化了它：长期城乡隔绝的公社体制，使农业与农村变成了更大范围的、封闭的自然经济；集体生产与计划经济更大大地加强了新的等级服从和官僚主义与宗法统治。

其次，农业现代化绝不仅仅是一个技术改造的问题，它首先是一个经济改革与社会变迁的过程。特别是一个市场经济充分发展的过程。只有在商品-市场经济充分启动了，才能真正启动技术改造，也才能保证技术改革符合自然规律而不是自上而下地主观强制。而商品-市场经济要能真正启动，在中国农业中又必须依靠家庭经营的微观基础。这也是不以人们意志为转移的"产权效应"。

最后，在农业生产乃至一切生产中，切忌政治化的倾向。绝不能把经济发展与生产增长作为政治指标来评判是非。这是两个基本不同的领域：政治完全是人类的社会活动；经济与生产则是人类求索于大自然的活动。前者，服从于社会规律；后者，则要服从于不以人类意志为转移的自然规律。迄今为止，人类还没有能力来改变自然规律。因此，妄图"人有多大胆，地有多高产"地去强使自然服从人类的主观狂想，碰得头破血流的，绝不会是大自然，而只能是人类自己。正是这种违背历史与自然规律的做法，导致中国农业虽然经历了20年的"改造"，却难以接近现代化。20世纪80年代以后，则是顺应了历史与自然规律，中国农业才开始真正走上现代化的大道。

第三节　新阶段　新问题

一、世纪末的新形势

20世纪末，国际、国内形势都发生了巨大变化。首先是经济全球化的加速。发达国家的跨国公司，凭借其现代化的大规模、高效率、高科技、标准化的农业的巨大实力，到处开拓市场。我国加入WTO以后，农产品市场的逐步开放，已是大势所趋。这对我国小规模、低科技、低成本、非标准化农业来说，既有某些机遇，又有更多的挑战。同时，国际市场的一些变化，往往会波及农业。一个明显的例子是北美自由贸易区的成立，就曾对我国农业造成很大的冲击。在它成立以前，"大中华圈"在北美纺织品市场所占份额始终在50%左右。贸易区成立以后，墨西哥便迅速取代了我们，1998年份额急剧下降到28%，致使我国乡镇企业出口锐减，农村经济发展停滞，劳动力转移放慢，农民收入下降。其次是国内市场化的进一步深化。这既意味着城市乃至乡村居民消费结构与消费方式正在发生极其巨大的变化，对农产品商品的供应结构与供应方式必将提出新的要求；又意味着农村社会正在发生巨大的变迁，过去人民公社和计划经济所遗留下来的一套自上而下的组织系统与管理规范，已经难以适应现在这种自下而上、分散自由的市场经济新格局了。再次是收入差异化的凸现。其实，在20世纪90年代开始，城乡之间、工农之间、地域之间，人们的收入差距就已经急剧拉大了。全国的基尼系数目前实际早已超过了0.4的警戒线。这对农业和农村的稳定必然带来急剧的冲击，特别是对农业人力资源与社会治安的冲击。最后是农村生态的恶化。实质是水的挑战，如北方农业的水资源危机，南方农业的洪涝灾害。

二、面临的新挑战

第一是落后细小的农业经营愈来愈难以适应日益扩展的大市场。这不仅表现在国内市场上，也突出表现在国际市场上，而且国内市场必然还要受到国际市场的冲击。

就国内市场来说，主要是结构问题。结构问题表现在四个方面：第一是生产结构问题。有的学者认为，我国农产品是在总量过剩基础上的结构矛盾加剧[①]。我认为值得商榷。我们在做这种全面评估时，一定要看到目前农村消费不足的现实和城市化的前景。持上述观点的学者，可能有两个依据：一是粮食自给率已达到95%；二是粮、棉、油、果、肉、禽蛋、水产品产量已居世界首位，人均占有量达到或超过世界平均水平。对于前者，只能是低水平的静态平衡，要看到未来的四大压力：全国每年要增长1000万人口的压力，即将开始的城市化、非农化压力，农产品结构调整的压力，生态保护(退耕还林、还水)的压力。对于后者，与世界平均水平相比是不合适的。大量贫穷国家的食不果腹的数字显然压低了那个平均水平，应该以发达国家的平均水平为坐标系才合理。所以，我觉得应该是总量不足下的结构过剩与结构矛盾并存。以粮食来说，从我国十几亿人口的必要消费来看，不能说总量已经过剩了。而是结构过剩(次质米过多)与结构矛盾(精质米不足)并存。至于像奶品、水果等，更是如此。第二是食品形态结构问题。即粗包装与精包装等在结构上过剩与矛盾的并存。这个问题，随着居民消费水平的提高，将会越来越突出。第三是食品安全结构问题，集中表现在绿色食品严重短缺上。这个问题，随着人民文化水平的提高和对外开放的扩展，也必将日益尖锐起来。第四是食品供给结构问题。随着经济发展的加速，人们的生活节奏也会大大加快起来。方便、省事、省时的要求，会愈来愈高。旧的农产品贸易体制、经营方式、商业业态将难以适应新的形势。

就国际市场来说，主要是规模与科技问题。我国农业目前面临的主要是自己细小、粗放、技术落后的半传统农业经营方式与国外大规模、产业化、高科技的现代农业经营方式的矛盾。从总体上看，由于规模细小、技术落后和经营方式原始，我们在价格、效益与标准化方面，都不具有优势。特别是发达国家，凭借其科技与营销网络的巨大优势，势必会以标准化来围堵我国的农产品出口。"反倾销"的武器经常会悬在我们头上。不仅如此，外国农产品势必还要大举抢滩中国，挤占我国农产品的国内市场，挑战我们的品质、价格、服务和营销方式。这种形势是我国现在的农业现状所无法承担的。

第二是扭曲的工农、城乡关系成为农业进一步发展的宏观障碍。根据发达国家工业化的经验，在原始积累和工业化前期，通过"剪刀差"吸取农业剩余促进工业中的资本形成，属正常的必经阶段。而到了工业化中期，往往出现"李嘉图陷阱"——农业发展迟滞拖了工业化的后腿。于是进入一个新阶段，工业资本、国家财政"下乡"，农业人口"进城"，出现城市化高潮和大量补贴，乃至保护农业。而我国，由于计划经济时代的错误政策，一

[①] 林善浪等：《中国农业发展问题报告》，中国发展出版社2003年版，第12页。

方面严禁农村人口外流，另一方面将吮吸农业的政策几乎固定化了。在此基础上，必然导致整个政策取向的"城市倾斜"。这种不合理倾向，即使到了20世纪80年代以后，仍然"潜移默化"地难以被高层察觉。据统计，1952—1990年通过税收、剪刀差和储蓄，从农业中获取的资金共11639.6亿元，扣除国家对农业的投入，净流出近1万亿元。1990—1998年农村资金仍然净流出19222.5亿元。"九五"期间，国家财政用于农业的支出占财政总支出的比重则是逐年下降的：1996年为8.82%，1997年为8.30%，1998年为10.69%（该年特大水灾），1999年为8.23%，2000年为7.75%[1]。这种情况必然既导致农业发展的资本短缺和农民负担的急剧增加，又大大遏制了城市化进程和工业市场的开拓。实际上，中国已经开始出现"李嘉图陷阱"。据国家计委调查，1997年，农村人均消费支出仅为城镇居民水平的1/3，占人口总量73.4%的农村居民占全国消费品市场份额不到40%。估计：如果农村的家电用品达到1997年城市居民的水平，则全国需增加彩电1.6亿台，冰箱1.4亿台，洗衣机1.4亿台，分别为该三项产品实际产量的5.8倍、13.7倍、11.2倍。农业落后造成农村市场狭小，从而制约了工业化的发展。由此可见一斑。

第三是人口与工业的增长侵蚀和破坏农业资源。一方面，由于不断增加的剩余人口积淀在狭小的耕地上，有限的农业资源不堪重负，必然导致乱垦滥伐，遂造成农村生态的破坏，水土流失日益加剧，水旱灾害频率显著加快，回过来又进一步恶化农用资源，形成恶性循环。一方面，限制剩余人口进入大中城市，盲目发展乡镇工业，导致污染大搬家，严重破坏着农村的水源、耕地和环境。另一方面，由于城市工业化的急剧推进，城乡、工农间收入差距也急剧拉大。在交通便利的地区，农业中的人力资源大量流失，有些地区土地抛荒和"三老农业"已经出现。

第四是传统落后的农业技术使农产品竞争力不强。前面已经述及，在经济全球化的形势下，农产品标准化将成为国际竞争的重要武器。发达国家凭借其科技优势，用提高标准、特别是食品环保标准的办法来实行变相的贸易保护主义。而这种标准化的农业生产，则是我们现在这种分散、细小、技术落后的农业经营方式所难以承担的。

三、阶段的定性

总体来说，这个新阶段可以定义为：二元经济向新的一元经济加速过渡的调整阶段，或农业滞后制约了工业化进程的阶段。这种制约大体表现在如下几个方面：首先是制约了工业市场的进一步开拓。现今一些家电市场上的恶性价格竞争，主要就是农村市场化的滞后使国内市场狭小造成的。而农村市场化滞后，则又是农业现代化过于落后于工业现代化的结果。这不仅仅是一个农民收入与负担的问题，而是一个全方位地把农业纳入现代化的进程中来的问题。这种状态，如不尽可能早地改变，一旦国际竞争进一步加剧（如反倾销高潮）或遭遇新的经济危机，就会出现十分危险的局面。其次是制约了工业中人力资本的投入和效果。由于现在这种扭曲的城乡关系大大限制了企业对人力资本的投入，反过来又加剧了一些企业对"绝对剩余价值"的追求。这一方面会阻碍劳动者熟练程度和劳动生产率的提高，从而降低国际竞争力；另一方面，还会造成劳资关系紧张，妨碍社会稳定。这

---

① 林善浪等：《中国农业发展问题报告》，中国发展出版社2003年版，第24~25页。

一切都是会制约工业化进程的。最后是制约了工业化宏观环境的稳定。当今社会犯罪的主要群体，毋庸讳言，是无稳定职业的群体。农村市场开拓的滞后制约工业的发展，是造成城市就业不足的原因之一。城市失业率增长，同样也是社会稳定的重大隐患。二元社会彼此并不是相互隔绝的，落后的农村社会必然会通过千丝万缕的渠道来冲销城市现代化的成果。

第四节　宏观：改弦易辙

以上分析说明我国农业的现代化已开始进入关键性时期。这要求我们在观念上必须转换立场，在战略上必须转变路向，在措施上必须大胆创新。总的来说，我们必须由安于"二元"现状向积极消除"二元"转变，由工业城市倾斜向工农城乡协调发展转变，由吮吸农业向保护农业转变，由粗放投入（劳动力、土地、政策）向集约投入（资本、科技、制度）转变，由追求短期效益向可持续发展转变。当然，这是一个漫长的渐进过程，必须坚持依次逐步推进的方针。当前，最重要的是转变观念调整政策。配合全国建立统一市场的需要，必须依据"市场面前人人平等"的原则，给农民以平等的身份权、就业权、创业权、迁徙权、居住权。随着全国社会主义民主建设的推进给农民以平等的知情权、话语权。

一、积极推进城市化　逐步消除二元结构

应该清醒地看到，城市化滞后，已经全面制约了我国现代化的进程。可以说，目前我们面临的一系列棘手问题，诸如启动内需乏力问题，工业结构调整问题，过渡到保护问题，农业规模化、标准化问题等，几乎无不与城市化滞后有密切关系。以启动内需、调整工业结构为例，当大量人口还在过着半自给生活时，国内市场岂不是少了一大块？反过来，如果有一半的农村人口转入城镇，由半消费者变为全消费者，国内市场岂不要大大扩展？家电产业乃至农产业，就会有第二个春天。又如过渡到保护问题，如果城市化没有达到较高程度，那也是不现实的。因为，一方面，在农村人口高于城市的情况下，财力会有困难；另一方面，也是更重要的，涉及我们是补什么样的农业问题：在目前，农业还处在一个传统、低效、宗法式经营的状态。我们是希望农民尽可能多地非农化以打破这种状态，此时如过分保护，必会延缓非农化转移的过程，显然与我们的长远目标是背道而驰的。又如农业的现代化问题，如果没有城市化，那就几乎是难以实现的。因为，在农业中劳动力多得不值钱的时候，要推广机械化、科学化、规模化，也是不现实的。只有当农村人口大量转入城镇，劳动力比机器设备更贵，上述"三化"才会有真正的动力。农村生态问题实质上是城市化问题。试想，那样多的人口挤在狭小的耕地上，为了吃和烧，怎么可能不乱伐滥垦？日本人口密度比我国高两倍，却能实现70%的绿色覆盖率，就因为它将70%以上的人口转移到城市去了。

在我们从总体上强调城市化与消除二元经济的重要性的同时，也必须注意贯彻"依次逐步推进"的方针。须知，一个历史地存在的现象，当它发展生产力的潜力还未用尽时，是不会退出历史舞台的。现有的二元结构，按其本质来说是阻碍现代化的；但从现阶段来说，它可以保证低廉劳动力的"无限供给"，有利于商品竞争和吸引外资。因此，消除二

元的步伐要和我国科技与资本竞争力的提高保持同步。

这里，迈克尔·佩罗曼在《资本主义的诞生——对古典政治经济学的一种诠释》一书中提出的一个中心观点，对深化我们的认识也许是有帮助的。他认为，古典政治经济学的创始人做了一件自相矛盾的事。他们都强调是"无形的手"导致资本主义的起源和成长，但他们回避了一个问题，即资本主义的成功必须以农民放弃其自然经济为前提。按市场自发的逻辑，农民是不愿放弃的，而且还在这方面具有"特别可恶的韧性"。这只能求助于政府干预。而这又与斯密、李嘉图他们的一贯逻辑相冲突。于是，迈克尔·佩罗曼认为，是古典政治经济学创始人故意模糊了对劳动力转移进行政府干预的性质，用意就在于把农民从土地上赶到工厂去①。这说明，即使是资本主义，城市化，农业劳动力的转移，消除二元经济，都不可能完全由市场自发地实现，必须有政府的适度干预。

至于城市化的方针问题，有一阵，"小城镇优越论"曾热闹一时。我始终认为，这是一厢情愿。第一，城市化是要靠农民去实践的，他们愿意吗？如果愿意，为什么要"千军万马下珠江"？留在小城镇不是转移成本最低吗？那是站在社会和理论的立场看问题，农民还不会有那种"觉悟"。第二，在目前，县域经济大都处于困境的背景下，小城镇发展靠什么做产业基础？没有足够的产业基础，城市化岂不是"社区搬家"？叫农民在城里如何生活？他们还不是要下珠江吗？第三，在现今的体制与干部水平下，大搞小城镇效果不会很好，而且产生了许多副作用：耕地破坏，污染搬家，给农村的长远发展造成无穷后患。据《中国青年报》2002年12月1日报道，10多年来，盲目发展小城镇的负面作用始料不及。到1996年年末，全国1.4万多个建制镇，平均人口4520人，其中非农业人口只有2072人；在乡镇务工经商的农业人口，总共不足3000万人。而且，盲目发展使基层财政背上了沉重的包袱。

二、逐步由"农养工"过渡到"工补农"

就全国而言，在城市化率还未超过50%以前，可采取由点到面、重点推进的方针。先在发达地区试行。一般地区，实行教育扶农、信息支农、工程强农的政策。待城市化与工业化进入后期以后，再全面铺开。

"工补农"是一个笼统的概念，我这里说的不是乡镇企业"以工补农"，而是政府在宏观上用工业剩余扶植农业、保护农业。首先是逐步增加政府对农业的投资。在发达国家，这方面的投资是随着国民经济的增长而增长的。以日本为例，在20世纪50年代，政府对农业的投资就已占到总投资的20%，至今则增长到了40%以上。当然，有国情的不同。发达国家是成熟的市场经济，政府一般不承担工业的投资(那是私人资本的事)。我国政府则应该通过深化改革，逐步从工业投资主体中解脱出来；与此同时，逐步增加对农业的扶持。这应该作为一个方向。农业的大型基本建设、农村的规模性教育投资、重点生态工程等，主要从这个渠道解决。

其次是逐步增加对农业的优惠贷款。优惠的程度，可视政府财力而定。主要用于农业

---

① 迈克尔·佩罗曼：《资本主义的诞生——对古典政治经济学的一种诠释》，广西师范大学出版社2001年版，第2~14页。

机械化、设施化和农业结构调整。据我在日本的考察，日本农民基本上都是负债农户，政府给予大量低息长期贷款，用于购置成套的农用机械与现代化设施。

再次是对农业实行补贴政策。这在发达国家，早已是行之有效的措施，也是国际惯例所允许的。我国目前，开始由过去的间接暗补改为直接明补，由"黄箱"变"绿箱"，无疑是一大进步。这大大有利于农民，并且堵塞了腐败。

最后是建立农业与农村社会保障制度。这当然是十分困难的工程，特别是在目前农业人口还未大量进入城市的情况下，只能有重点地进行试验与探索。中央决议中也明确提出"探索建立政策性农业保险制度"。

三、转变政府职能

在计划经济时代，由于农民没有生产主导权，事事被动听命于生产队。由此，政府在农事季节必须派出大量工作组，催耕、催种、催收、催缴。这成了政府的中心任务。实行包产到户以后，一度又走到了另一个极端，撒手不管。似乎只需每年发一个"一号文件"，农业和农民的问题就无须政府操心了。直到 20 世纪 90 年代，由于乡镇企业的萧条和农民负担加重，农村矛盾激化，才逐步引起了高层的重视。但在相当长的时间里，还没有摆脱头痛医头、脚痛医脚的状态，使人感到并无长远打算和治本之策。客观地讲，在转轨时期，百废待兴，千头万绪，领导方法也有一个逐步调整的过程。但这确也反映了一个重大的问题，即市场经济条件下，政府究竟该怎样来管理农业和农民？管多了不行，不管也不行，政府的职能是什么？

这方面，发达国家过去积累了许多有益的经验。其中，法国与日本都是由小农经济走上现代化的国家，对我国有着更为现实的参考价值。法国在实行了土地改革之后，一直是个小农经济的国家。虽然也曾出现过一阵农业增长的时期，但不久就因地少人多，无法推进现代化措施而使农业徘徊不前。恩格斯的《法德农民问题》一文，写的就是那种小农。直到 20 世纪 50 年代，迫于工农业不协调，法国政府出台了一系列措施，大力推进农业的现代化。首先是通过城市化促进土地的集中经营。采取先"减"后"加"的办法：一方面，采取各种政策措施鼓励农民离农务工，甚至不惜对中年以上者发放"离农终身补贴"；对留下来的青壮年农民，由政府出钱培训，使其成为"合格农民"。与此同时，提供低息贷款进行土地整理，鼓励农民联合经营。这样一来，农业劳动力占总劳力的比重由 20 世纪 50 年代初的 40% 降到了 2.2%，每个农户平均经营耕地达到 10 公顷以上。在规模经营的基础上，政府便在几个五年计划中大力推行农业机械化。农民购买机械，只需出一半的钱，另一半是政府给予的补贴和长期低息贷款。而且，机器使用与能源实行免税。同时，鼓励建立各种享有政府特许权的销售与服务网络，建立一流的售后服务。仅仅用了 15 年，法国就实现了农业机械化。后来，为应对国际竞争，政府由单纯补贴转移到推进农业产业化经营。在政府政策引导下，全国出现了几万个农业服务合作社、农业供销合作社和信贷合作社。农民在自主经营自己的农场的同时，可以自愿加入几个合作社。合作社与农民每年签约，全部产前、产中、产后的服务，农民都不必操心。而且，农民还享有合作社的分红与承担风险的权利与义务。农民成了一种独立生产而又联合经营的新型劳动者。为了更有效地配置资源，政府又推行农业分区专业化。统一规划，因地制宜，合理布局。一般一个农场只生产一种产品。农业的效率大大提高，农民的收入迅速达到城市中等工资水平。仅仅用了20年的时间，法国农业在政府与市场的有效配合下全面实现了现代化，由过去分散落后的小农经济，变成了世界第二大农产品出口国。20世纪90年代中期，农产品进出口顺差就达到240亿法郎。

日本更是一个人多地少的国家，全国人平耕地仅0.53亩。人口高度密集，每平方公里平均人口负荷高达323人，比我国高出2倍。经过日本政府的持续努力，日本农业也早在20世纪中叶全面实现了现代化。日本的农业现代化中在以工养农、扶持农业机械化、推动产业化经营等方面和法国有相似之处，此处就不重复了。而在保护耕地、推进规模化和稳定农业方面，则有其独到的经验。日本耕地的短缺，在世界上是少有的。在20世纪60年代，日本全国大兴工业，占用耕地。在土地私有的条件下，农民都希望自己的土地被征用以获得高价。一度引起很大混乱，造成工厂与农地到处插花，农田不便规划，污染无法治理。70年代中期，政府制定了《国土利用法》《农地法》《农业地域振兴法》，规划工业发展区和农业发展区，严格控制在农业区占地建厂。另外，在边缘地区特别是山区，由于城市化与非农化，大量耕地被抛荒，或因交通与房地产建设而被废弃。政府为阻止这一趋势，支持组建"开发公社"，即一种土地租赁企业。由"公社"将废弃的土地租赁过来，稍加整理，转租给城里有兴趣种花、种菜、养鸡的居民。5年后，还可以购买归己。日本由于地少人多，农业过于细小，在国际市场上缺乏竞争力，也不利于机械化。为此，政府在大力推进城市化的同时，把农业规模化与优化生态环境一并解决。通过城市化，使居民集中到了只占国土面积2.6%的大中城市，使广大农村变成了"稀疏的乡村"，从而一方面促进了规模化和机械化，另一方面把森林覆盖率提高到70%以上，大大改善了全国的生态环境。每家农户平均经营面积达到1.25公顷，其中北海道达到11.31公顷，有的市还达到34~38公顷，接近欧洲水平。为使规模经营稳定化，政府还制定政策，根据不同地区土地资源禀赋，规定每户经营面积不得少于5~10公顷，或30公顷，否则不能成为"法定农民"，因而就不能享受政府的各种优惠与保护。同时，为使土地不继续细分，强化长子继承制。在北海道，还推行"方田制"。在方田之内的各家农户，实行统一作物，统一技术措施，从而大大提高了区域专业化、规模化和机械化水平。80年代后期以来，日本农业人口过度流失，造成"三老农业"和农业后继无人。许多青年农民讨不到老婆。日本政府为了稳住农业，采取了一系列措施。如继续推进机械化、设施化，既为了缓解农业劳动力不足，又为了改善农业劳动条件，使人们不再畏惧农业劳动的艰苦。政府还增加投资，改善农村的生活环境与文化娱乐设施，尽量使农村居民能大体享受到城市文明。还设置专项基金，引进外国妇女，以解决农村青年的成家问题。此外，还鼓励城市居民向农村移民或做季节性务农活动等。为了解决农业基层技术人员不足问题，政府规定农科大学毕业生必须在基层农技推广站服务两年，合格后才能另谋职业。

我们从上述两个国家的经验中可以看出，农业现代化，政府既不能包办代替，又不能无所作为。相反，政府在这个过程中，是大有可为的。问题是，政府的作为必须与市场互动。政府在宏观上引导，市场在微观上运作；政府在财政上扶持，市场在利益上驱动；政府在典型上示范，市场在面上推广。更重要的是，政府必须有长远战略目标和阶段推进策略，先后有序，予以推进。例如，先城市化、非农化，再规模化、机械化、产业化。以工补农，先为非农化、规模化服务，后为机械化、设施化服务，再为产业化、科学化服务，而不是齐头并进。政府的一切政策与投入，都是紧密地为政府某个阶段在农业上的中心目标服务的。

第五节 微观：制度创新

一、创新的目标

制度创新，同样也存在一个目标问题，即为什么而创新的问题。总的来说，现阶段我国农业中的微观制度创新，是为结构性改造服务的，为顺利过渡到新的一元结构服务的。之所以要过渡，是因为旧的二元或三元经济，缺乏工业化、信息化所要求的活力和能量。故创新的目标，也可以说是由低能量的农业转变为高能量的农业。在这个总目标之下，具体分解为如下几个子目标：

第一，使农民由被动务农到积极务农，强化农民务农的利益冲动。这种利益冲动不是常规的冲动，而是一种机制的根本改变。即：由过去的产品扩张机制，转变为资本扩张机制。在自然经济或半商品经济的条件下，农民的生产经营，一般是循着"商品—货币—商品"的机制活动的。他们经济活动的最终目标，无非是盖新房，娶媳妇，不知用钱去"生"更多的钱。因为，他们是受着半自给自足的机制所指挥。我们的制度创新，就是要大力促进农业的市场化，消除自然经济，把农民变成一个个"资本家"，让他们的眼睛不再是盯着死的生产要素和产量，而是盯着资本——把一切生产要素都看作资本。他们的一切经济行为，都是服从于"货币—商品—货币"的机制。这样的农民就不会再是胸无大志、小富即安了。这是构筑高能量农业的根本。

第二，使农民由掠夺土地变为经营土地，消除使用土地的短期行为。土地特别是可耕地，是一个国家农业的命脉。而保持土地的持续肥力，则是命脉的命脉。这里，关键在土地制度。确切地说，在土地的产权制度。一块无主的公用草地，由于它不存在交易费用，必然导致众人过度放牧而变成不可再农用的废地。如果扩大到一个国家，没有建立起产权明晰的土地制度，那问题就严重了，会导致普遍的掠夺性使用土地。在短期甚至中期内，也许不易察觉，但一旦察觉就难以挽回了。它可能造成土地的大面积沙化。这对于一个国家来说，是毁灭性的灾难。我国目前这种"村有户用"的土地承包制，在过去曾大大地调动了农民的生产积极性，把农业生产推上了一个新的台阶。但是，到了20世纪90年代，就开始暴露出它的弊端：承包期的有限性和村政府无土地经营机制两方面的原因，导致土地利用上的短期行为。靠大量的化学肥料投入来追求短期的高额产量，有机肥料普遍急剧减少甚至零投入。农业经济学界的许多研究表明，我国的土地报酬早已呈递减趋势。如再不进行可提供追求土地经营长远利益机制的制度创新，若干年后，至少在干旱、半干旱农区，可能会出现大面积沙化与水土流失现象。

第三，使整个农业由低效高耗转向中效低耗与可持续发展。据庄卫民研究，美国的高耗高效无机农业模式，不值得我国仿效。不仅巨大的矿石能源消耗是我国乃至世界所无法承担的，而且会造成严重的环境污染、土壤衰竭和生物遗传的单一化①。从人类长远利益考虑，那是一种危险的农业模式。我们必须构建一种有机与无机有效结合、生态与人工合理融会的技术体制。

总之，农业中的制度创新，最终要能有效促进我国农业的市场化、规模化、集约化、科技化与可持续发展的目标。

二、创新的主流

农业产业化经营问题，往往被人们理解得过于狭窄。其实，它应该包括相互联系的五个方面：布局专业化、服务社会化、经营企业化、技术现代化和农民职业化。

1. 布局专业化

发达市场经济国家的农业，大都实行了地域专业化的布局。以美国、法国最为典型。因为这种因地制宜的区域专业化，有利于规模经营，有利于社会化服务，有利于降低交易成本，有利于推进机械化，有利于农业基本建设。例如法国，全国被划分为 22 个大农业区，巴黎盆地土地肥沃，形成优质小麦生产带；地中海沿岸，形成集中的葡萄园带；西部山区草场丰富，形成畜牧生产带；北部气温低，形成甜菜种植带等。大部分农场是专业化经营，小农户也只生产少量一两种非专业化产品。所以，农户的收入都很高。

根据我国农业部提出的分区意见，可将全国农区划分为四大类：一是沿海和经济发达区。此区农业面向中国港澳台、东亚、东南亚、欧美及俄罗斯市场，发展外向型农业、标准化农业，积极推进设施农业、工厂化农业、高附加值农业的发展，率先实现农业与农村的现代化。以高度市场化为动力，国家在政策上充分放开。二是粮棉主产区或基本农业区。此区面向国内市场为主，兼顾出口。稳妥推进适度规模化农业、加工型农业、有机型农业。积极实现品种优质化、经营产业化、区域专业化、农民小康化。三是大城市郊区或城市化预备区。面向城市市场，发挥示范作用。积极推进科技型农业、设施型农业，逐步实现产品绿色化、经营企业化、农工商一体化、经济高效化和农民富裕化。四是生态脆弱区或环境源头区。此区以恢复与优化宏观生态平衡为主要目标，发展服从于保护。坚持发展无公害产业、生态农业、特色农业。在国家财政重点扶持下，大力推行人口转移，退耕还林，整治水土流失，实行粮食与能源的境外补给。这是第一层次的分区布局。在此总体布局之下，每个大区还要因地制宜，按产品的专业化再细分为若干二级农区。

2. 服务社会化

服务社会化的载体，是各种类型的非政府中介组织。大体包括两类：一类是为农业与农民服务的组织，如各种为农业产前、产中、产后服务的企业，农村咨询信息服务企业，乡村社区组织等；另一类是农民的自助组织，如各种协会、各种合作社以及农会等。

这些中介组织的发展与成熟，是农业现代化乃至整个现代化不可分割的一个重要部分。因为，第一，它可以把农业生产与整个国民经济的市场运行紧密结合起来，防止工农、城乡

---

① 庄卫民：《试论农业现代化的发展趋势》，《农业经济问题》2001 年第 6 期，第 53~58 页。

的脱节，可大大提高国民经济宏观效率；第二，它可以使农民从繁杂而难以琢磨的商业环节中解脱出来，一心一意从事生产，大大提高农业微观效率；第三，农民的自助组织，使他们的知情权、语言权有了可靠渠道，大大提高农民权益的保障度；第四，它可以增强农民与政府之间的正常沟通，大大提高上层决策的科学性与可行性。总之，这是推进农业现代化和提高农民自组织能力的必经之途，是推进农村社会主义民主建设的必由之路。

我国农村中介组织的建设，可采取双轨并进的办法：一是另起炉灶，如专业协会、专业合作社、民办共同体、经纪人等，这应成为主导形式。二是改旧变新，利用旧网络，创立新机制。如现有的供销社、信用社等，可在卸装（分流历史包袱）的基础上，通过改变经营业态（如超市化）、股份化（农民成为大股东）、拍卖（民营化、合作化）等多种形式，进行市场化的改造。对于"七所八站"，有的如农业技术推广站，仍应通过企业化改造成为国家（地方政府）农业技术体系中的基层组织，以确保技术路线的畅通；有的如农业机械站等，可实行转制性改革；有的如种子站等，可在精简机构的基础上与农业技术推广站合并。

农业社会化服务体系，还有一个如何生成的问题。我在《绿色革命之路——大国农业发展的理论与模式》一书中就曾对此做过比较详细的讨论。大意如下：农业服务业之所以鼓吹很多而发展极慢，是由于客观存在一个"怪圈"，一方面农业专业化的生产离不开社会化的服务，另一方面社会化服务业的发展又必须以相当规模的农业专业化生产为前提（分散而小规模的农业生产，使服务业无钱可赚）。这岂不是陷入两难的境地吗？其实不然，在实践中，我们可以设想把推进农业专业化与社会化的总过程大体分为两个基本阶段。前一阶段，以地域专业化促进服务社会化为主。在不改变现存家庭经营方式的基础上，推行"联片种植""联片养殖""联片加工"，形成地域专业化。这样，必然就会逐步形成社会服务业的规模化市场，服务业也就有了生长发展的土壤。在这个过程中，就会孕育出一些"专业大户"来。通过他们的示范，就会进入第二阶段，由社会化服务促进土地兼并与集中以及农户专业化的大发展[①]。

3. 经营企业化

随着农户生产专业化的发展，家庭经营必将经历一个由宗法式经营向现代企业化经营的嬗变，家庭成员将经历一个由纯血缘关系向契约关系的转变过程。这是农业生产专业化与社会化发展的必然要求和客观趋势。这个过程，在日本农业中已经完成了。我在十几年前考察日本农业时，就发现一个个家庭农场，看似中国的一家人，其实父子之间都是按契约劳动拿工资、按章程奖惩，执行经济核算与生产计划。只有到了这个境界，农业才彻底摆脱了中世纪宗法体制的阴影，而与整个国民经济的现代化大生产全面接轨，由二元或多元经济完全过渡到了新的一元经济。在我国，建立这种以血缘关系为基础、以经济契约关系为纽带、以市场为导向、严格按现代企业原则经营管理的现代家庭农场，当然还有一个较长的发展过程。这是一个随着农业市场化、专业化不断向纵深发展而派生的过程，决不

---

① 夏振坤：《绿色革命之路——大国农业发展的理论与模式》，湖北人民出版 1994 年版，第 276~278 页。

能像过去那样由上而下主观强制推动它。

4. 技术现代化

我国农业现代化的技术路线，从总体上说，不能照搬美国式大规模机械化无机技术的替代型路线，而必须采取生物有机技术为主、机械无机技术为辅的互补型路线。这方面，国内同行和我个人过去都曾有过充分的论述，这里就不重复了。

我国农业技术现代化的目标是：为提高动植物的能量转换率，提供更为有效的人工调控手段；为适应现代经济需求，优化动植物的生物学特性；为更合理利用与开发自然资源，提供先进有效的物质技术手段；为提高农产品附加值，提供先进有利的工业技术；为保障人类健康，提供可行的绿色技术；为保护物种及改善环境，提供有效的生物生态技术。以上各个方面都要逐步适应一个基本目标：为农业技术的合理性与提高国际竞争力，提供科学可行的标准化技术。

技术现代化的主要内容是：第一，品种优质化。选育与推广高营养、多口味、便于加工利用的品种，将随着人们生活水平的提高而日益突出起来。第二，生产绿色化。在生产与栽培过程中，应积极研发高效的生物有机技术，逐步将有害的无机技术减少到安全线以下。第三，产品增值化。我国目前的工业加工食品仅占食品总量的20%左右，大大低于发达国家70%的水平，这方面的潜力是十分巨大的。第四，利用循环化。即由传统的"生产—消费—废弃"的浪费型利用模式，逐步转变为未来的"生产—消费—废弃—再生"的生态循环型利用模式。第五，手段信息化。这包括经营网络化、风险预警化、管理电脑化、知识普及化。

5. 农民职业化

提高农民的素质，将是农业现代化中的一个基础性内容。在未来，一个农民如果不懂电脑，不懂市场经营，不懂基本的农业技术知识，根本无法经营他的农场；如果不懂一些起码的外语，他就无法及时了解国际市场的信息或者看不懂进口设备的说明书。更不要说上面那些技术现代化的内容，样样都离不开农民的具体实施。发达国家几乎都在现代化过程中把农民的职业化提上议事日程。我国在10年之后，也就是城市化高潮过后，这个问题必然也将成为现实。农民的培训制度、考核制度、奖励制度等，也有待创新。

三、创新的保障

1. 土地制度的创新

迄今为止，农业生产仍然离不开土地这个基本生产资料。一切农业体制的优劣，归根到底要取决于土地制度是否有利于生产力的发展；我们上述的一切创新，也在很大程度上取决于土地制度的创新。土地制度的创新可以说是一切农业制度创新的保障。

我国20世纪80年代确立的"村有户营"土地承包制，在90年代中期以前，的确发挥了巨大的推动生产力发展的历史作用。但在此后，逐步暴露出那种土地制度的弊端，诸如掠夺性使用土地，妨碍土地的规模经营等。这方面，我在前面已经表述过了。为什么会产生这些弊端呢？归根到底是产权问题。原有的土地承包制，较人民公社的集体制，它部分地明晰了产权——产品的产权。这对于原来毫无产权的社员来说，无疑是巨大的解放。所以，它才能释放出前 15 年的发展生产力的能量。但是，很明显，那种产品产权的效应，是十分有限的。从本质上说，由于土地的产权不到位，它不可能促进对农业的长远性投资，也不可能推动土地的自由流动。一句话，它不可能提供农业扩大再生产的内在冲动（激励）。这正是过去土地利用上的短期行为和专业化、规模化难以推进的制度原因。后来，政府颁布了新的规定，如延长承包期到 50 年和允许承包权有偿让渡等，这是一大进步。但也可以说，并非治本之策，它的效应仍然是有限的。相对于我国新型工业化的巨大推进、城市化高潮即将来临和面临与国际市场的全面接轨这些新形势的迫切要求，依然显得很不对称。我国经济发展的新阶段已经向我们提出了土地制度必须以产权制度为核心进一步创新的时代要求。

我在 10 年前曾提出我国土地制度的改革，有三种可供选择的方案，即国有户营、私有私营和维持现状并认为前两种不可行，建议在维持村有户营基础上，实行三权分离（所有权即田底权，承包权即田面权，使用权即经营权），自由租赁，联片种植，股份合作的改革①。现在看来，这种主张 10 年前也许是可以的，而今天则显得有些落后了。我在日本考察时就发现，日本农民的兼业户甚至二兼户占有很大比重。这些农户即使已经搬到城里居住了，主要收入早已不是农业了，但他们却仍然不愿放弃土地，因为不能负丢弃祖业的历史责任，从而造成大量耕地闲置或经营粗放化。日本经济学界把土地私有制看作"农业的癌症"。日本实行的是长子继承制，还不致不断细化。我国则是平均继承制，那比日本可能会更严重。所以，我国稳妥的办法，似乎还是以"永佃制"并配合改行长子继承制为宜。不过，实行永佃制，是一个努力的方向，不是马上可行的，必须视条件成熟而逐步推行之。其主要条件是：第一，农村人口非农化高潮已过，城市化接近后期。只能在此之后不能在此之前。因为，过早实行永佃制，必会阻碍非农化的过程。第二，农业适度规模化已有相当基础。只能在此之后，不能在此之前。否则，也会阻碍规模化的进程。

2. 保护制度的创新

国家对农业的支持与保护，应成为一项基本国策。在不违背 WTO 游戏规则的前提下，农业保护的目标应是为农业的发展创造良好的法律环境、金融环境、经营环境与生活环境。

首先是法律环境。"依法护农"，应成为我们保护农业的第一口号。在日益与依法办事的国际市场接轨的今天，这个问题愈益显得迫切起来。我国需要根据国际规则，结合自己的国情，有顺序地建立保护农业的法律体系。诸如：保证负担合理的农业税法，保护农民生产利益的绿箱农业补贴法，农业灾害救助法，失地农民补偿法等；应对国际竞争的农产品反倾销法，农产品技术安全标准等；保护农村生态环境的农业资源保护法；在条件许可时，还应制定农业保险法，农民失业、伤残、养老的相关法律体系。为了真正减轻农民

---

① 夏振坤：《绿色革命之路——大国农业发展的理论与模式》，湖北人民出版 1994 年版，第 146 页。

负担，确保行政效率，还应该制定农村基层党政机构设置与人员编制的法律，并使其具有信息透明性和民主监督性。

其次是金融环境。金融扶农，应该被提上议事日程了。不仅因为农业生产中劳动力投入的边际生产率早已显著下降，主要靠资金与科技的投入提高产量，而且随着国际竞争的加剧，农业对金融支持的迫切性也日益增强。而我们现实的情况却相差很远。据统计，我国贷款总额中，农业与乡镇企业贷款占的比重大约只有10%，加上粮棉收购转贷款，农业所占比重也不过20%。目前我国上市企业中，农业板块还不足4%。这说明，金融对农业的支持还处在一种边缘状态。建立金融扶农的制度体系，其目标是：形成以农民个体投资为基础，政府财政支持为导向，银行信贷为强大支撑，资本市场与外资为有力辅助的多元化农业投融资体制。这项创新，我觉得重点应放在如下几个方面：一是进一步改革农业银行的经营机制，提高其支农的内在激励。二是彻底改造农村信用社，用市场兼并等办法，逐步与自发的基金组织合流，形成农民自主互利、民主管理的非政府金融合作组织。三是通过政策与资本市场，推动城市资本、境外资本进入农业的开发领域。四是运用信贷与税收等经济杠杆，促进大型农业经营集团的形成，使之成为金融支农的强大载体。

再次是经营环境。构建农业经营环境的目标是：使农业的经营处在一种公平、通畅、安全、有利的环境之中。为此，这方面的制度创新，主要包括如下三个方面。一是建立良好的农业基础设施体系及其运行机制。如企业化运营的水利、信息、交通体制，社会化的产供销一体化的营销体制等。二是建立健全公平有序的市场结构。如有调控的市场供求与物价平抑机制，粮食与其他战略农产品的国家储备及吞吐机制，农业经营市场规则体系与执法系统，保护农民经营权益的咨询、支援系统，农产品经营市场准入制度等。三是建立与完善降低农业风险的防险、抗险机制。如完善的气象、灾害预测预报、咨询指导体制，农业与农村救灾体制，农产品市场风险预测预报制度以及农产品期货市场的完善等。

最后是生活环境。为广大农民创造一个安适、安全、方便、卫生的生活环境，使农民也能像工人一样享受到现代文明，这是稳定农业、发展农业决不可少的条件。根据发达国家的经验，对于青年一代的农民这更显迫切。这方面要做的事实在太多了。从农村合作医疗体制到农村自来水的体制，从农村道路系统到农村供电系统，从农村娱乐设施到农村治安体制，无不需要进行大量的制度创新。

3. 研发与推广制度的创新

由计划经济到社会主义市场经济转型过程中，农业的技术研发，特别是推广系统的改革相当滞后。计划经济条件下那一套全部由国家包下来的无偿服务网络，在市场经济的利益机制冲击下，简直溃不成军。其后虽做了一些修补，但并未解决根本问题。首先，政府与社会向工业城市倾斜，使农业投资机制不断弱化，农业科技投入，特别是基层推广的投入更显不足。如欲进行重大农业技术的研发、中试与推广，往往是捉襟见肘。其次，专业性的农业科研与推广机构普遍设备老化，难以承担像样的研究项目。再次，也是最严重的，基层科研人员由于待遇低、工作条件差，加上外界利益机制的吸引，人才大量流失，甚至后继无人。最后，体制"青黄不接"，渠道不畅，上层农业大学、科研院所与实际农业部门、广大基层农民之间，缺乏"直通车"。信息阻塞，前者缺创新之"源"，后者缺引路之"灯"。

我国农业研发与推广的制度创新，总的来说，应该把它纳入整个农业产业化经营的框架内予以审视。这是因为农业产业化绝不是"复制古董"，它要求为社会不断提供日新月异的新商品，否则就会丧失竞争力。因此，创新的目标就应该是建立一种研发与推广的新体制，它能够不断适应市场的新需求，提供新品质、新形态、低成本、高效率的品种、耕作方式、生产手段、加工工艺与营销技术；能够及时有效地解决农业生产与经营中出现的各种技术难题。要做到这一点，新体制应具有如下机能：一是整个体制要形成一个既按市场规律运行又可有序协作的竞争性网络。通过此网络，可以在高层教学科研、中层普及推广、基层农业生产之间，信息畅通，责权明晰，利益分享。二是整个体系特别是基层科研人员队伍的稳定及新陈代谢，有强劲的激励机制。三是形成政府与社会相结合的、良性运行的财政与投资机制，能提供以上改革与发展的财力保障。

为此，建议推行如下创新项目：(1)农业银行开展专业性的农业科技风险投资业务，最好能建立专门机构。(2)政府的农业科技投入，确定一个占 GDP 的比例，随 GDP 的增长而增长，以确保骨干科研推广机构的正常运转。(3)国家科研基金项目中农业必须占有较多的比重。(4)建立农业院校、科研院所与基层推广站和重点农户之间的热线联系制度(包括定期论坛、信息网站、合作组织、专业协会、定点培训等)。(5)大力改善基层科研机构的硬件建设和人员的待遇，放开经营机制。(6)学习日本的经验，农科大学毕业生必先定期下基层推广站服务二年，及格后方能考研或转做其他工作。

第八章　文化的重塑

可以说，一个国家的现代化能否成功推进，就要看能否正确处理传统与现代的文化整合问题；或者说能否在扬弃本国文化传统的基础上，塑造出适合自己的现代文化模式。同样，也可以说，一个国家的现代化是否最终完成，就要看它的文化是否也实现了现代化。这是因为，一方面经济与政治的现代化会促进文化的现代化，另一方面文化的现代化又可以能动地反促经济与政治现代化的发展并巩固前者的成果。这两个方面不是截然分开的，而是相生相长的。因此，文化的现代化问题是整个现代化问题总课题中不可分割的重要部分。

第一节　21 世纪的文化冲突

一、从两个人的争论说起

在 20 世纪末，一个美国人和一个德国人进行了一场关于文化问题的争论。首先是美国当代著名政治学家、思想家塞缪尔·亨廷顿在 1996 年出版了《文明的冲突与世界秩序的重建》一书。书中提出了一个尖锐的问题：世界秩序归根结底将会是三大基本文化之间的较量。这三大文化，即：基督教文化、大中华文化和伊斯兰文化。此书一出，立刻在世界范围内引起轰动,许多国家的领导人对它进行了认真的研究。这也从一个侧面反映了文化问题已愈来愈引起了人们的关注。特别是在"9·11"事件之后,西方出现了一片恐慌,有些人甚至鼓捣起"这是西方基督教文明同伊斯兰文明的冲突",甚至美国政府都一度表露出对阿拉伯世界的警惕。当然,事后他们在外交和策略上都作出了相应的调整,但这不能说明它们在观念上已根本改变了。这是否就印证了亨廷顿的"预言"呢?

时隔两年,1998年,德国著名政治理论家、评论家哈拉尔德·米勒把在1996年同亨廷顿公开辩论的讲稿整理成书,名为《文明的共存——对塞缪尔·亨廷顿"文明冲突论"的批判》。哈拉尔德·米勒以淋漓尽致的论点与论据批驳了亨廷顿的"文化决定论",令人有"顿开茅塞"之感。其实,正如《常青藤丛书》的编者和译者所言,这两位作者在为维护西方文化价值的目标上,本质是一致的,只是两人在为达到目的的方式与策略上存在分歧而已。但是,从积极的方面说,两人从两个都很重要的侧面——冲突与共存——进行了"互补"性的审视。事实上文明冲突与文明共存,都是客观存在的两个基本方面,缺一不可。前者是文明发展的动力,后者是文明更新的依据。"文明共存中必有文明冲突,文明冲突中包含着文明的共存与融合。"①两者推动着世界文明的变迁、演进和多元化。在交融碰撞中,各种不同文明将逐渐走向融合。

二、让位于文化分歧

我并不怀疑塞缪尔·亨廷顿的自我表白,他说他是想唤起人们对文明冲突危险性的注意,将有助于促进整个世界上"文明的对话"。这也确实是有益的。尽管如此,学者的观点往往可能被政治家所利用,服务于特定的集团与国家利益。这也是司空见惯的事情。他的观点,对于处心积虑想用枪杆子推广"美国民主"的人们来说,无疑是一个极好的理论工具。也正由于此,我在这里将重点讨论其理论虚假的一面,特别是对美国单边主义的霸权欲望的不良后果。对于美国这样一个国家来说,没有"敌人"是最大的危险。哈拉尔德·米勒正确道破了天机,他说:"寻找一个敌人,或是寻找一个替罪羊,成为某种需求,而这种需求则目标明确地针对那些所谓的'外人'。敌对势力是可怕的威胁,但是它们背后隐藏着一种同样可怕的东西,即对敌人的渴望,尤其是当世道不好的时候。"②"文化冲突论"以及对此的炒作,正是在这样的"需求"中应运而生的。

在冷战结束以前,是存在一个"共产主义的威胁"才使欧美联合起来,并压制一些资本主义的小国、弱国,组成各种"联盟""公约"。这实质上是发达国家之间借这种"意识形态"上的"敌人"加强其自身的团结,并以此来驾驭广大的中小国家,以扩大它们的政治与经济利益。冷战结束后,原来那个"敌人"似乎不存在了,以美国为首的发达国家今后将如何来维持一致并继续驾驭整个世界呢?显然,在冷战结束后的今天,继续打着"反共"意识形态的大旗,已经没有其合法性,也无此必要了。

---

① 哈拉尔德·米勒:《文明的共存——对塞缪尔·亨廷顿"文明冲突论"的批判》,新华出版社2002年版,编者序言。

② 哈拉尔德·米勒:《文明的共存——对塞缪尔·亨廷顿"文明冲突论"的批判》,新华出版社2002年版,第3页。

那么，究竟什么力量能够从长远、深层地形成对美国"大战略"的阻碍力量呢？不少学者，包括美国的学者认为，这种力量在新兴的亚洲，特别是东亚。他们认为东亚政府主导型资本主义模式对新自由主义全球化具有相当大的抗拒力。而这种模式的根基，则是有别于西方文化的东亚文化。为了消除这个"心病"，"改造亚洲文化"不失为"釜底抽薪"之策。我们从近几年来，特别是亚洲金融危机爆发以来，美国政府与主流舆论的种种迹象，确可窥测到一些蛛丝马迹。例如，贬低亚洲文化的"汗水理论"的宣扬，对危机国所开的"药方"，妖魔化我国的"中国威胁论"等。其中，对危机国所开的"药方"，其本质用意，并非帮助这些国家迅速摆脱危机，而是制造一种"痛苦"，促其进行所谓"结构改革"，即：否定东亚的文化基础，完全接受新自由主义的文化取向，从而抛弃"管理式资本主义"，彻底消除美国贸易与资本大举进入的障碍。"9·11"以后，这种战略走向表面有所调整，"反恐"上升到了第一位。为了结成国际反恐联合，其他"对象"暂时后放了。但是，从本质和长远看问题，可以设想到的是，今后以文化为招牌的斗争，以"推广美式民主"为旗号的斗争，必会更加频繁起来。文化渗透将会成为国际较量的主要手段，成为强国征服弱国的重型武器。一个民族能否自立不衰或衰而复兴，将在于它有无在融汇世界先进文化的基础上形成独具特色的自有文化。在一定程度上，甚至可以说：军事失败了，还可以再胜；国家被征服了，还可以复国；如果自有文化消失了，这个民族就难逃灭亡的命运。

三、世界秩序归根结底不决定于文化

然而，文化领域中较量的升级，并不等于文化决定论。文化招牌的后面大都隐藏着深刻的经济原因。

按照塞缪尔·亨廷顿的理论，他在书中推论：中国和日本属于"大中华文化圈"，在未来会联合起来反对美国和俄国；俄罗斯和欧美属于一个文化圈，因而会联合起来反对中国和日本。真会是这样吗？

让我们先看历史："三大文化"在历史上已存在了数千年，如果说有冲突的话，那在历史上也必会有所表现。但事实上呢？"十字军东征"实质上是打着宗教（文化）的旗帜，实现财富掠夺的目标。反法西斯战争，并不是文化的冲突，而恰恰是文化不同的中、美、英、法、苏联合起来，反对同属于西方文化体系的德国和属于大中华文化圈的日本。在英国，同属于西欧基督教文化的北爱尔兰，一直令英联邦如骨鲠在喉。巴以冲突愈演愈烈，这难道是文化冲突吗？再看现实：恰恰不是塞缪尔·亨廷顿说的那种格局。即使到未来，也实在很难使人相信中国会同日本联合起来反对美国。

"9·11"事件，开始似乎有那么一点反映了基督教文化与伊斯兰文化的矛盾，但经过这一年多的历史演进，人们仔细一想，就会觉得不是那么回事。恐怖主义，我们在任何时候、任何地方都是绝对反对的。但恐怖主义的悲剧既然发生了，除了反对、消灭之外，显然还应冷静思考：它为什么会发生？我认为，从本质上看，这是经济全球化以来，世界性的"两极分化"急剧加剧的恶果之一。试想：如果没有一边极端富裕、优越，另一边却极端贫困、苦难；如果没有美国这个大富豪在世界范围内刚愎自用和单边独行，从而积累起越来越多的仇恨，能够募集到那么多的亡命之徒吗？又能使得那么多落后国家对暴徒们处心积虑的活动采取"睁一只眼，闭一只眼"的态度吗？特别是能使得那本是发达国家的公民，抛弃自己的优越生活去同恐怖分子并肩战斗吗？

老实说，"9·11"现象并没有画句号，伊拉克问题也还未画句号。如果美国单纯依赖军事打击，而不从经济、政治上去反思，调整自己的政策，很可能会造成人类更大的悲剧。这绝不是危言耸听。

四、文化的反作用

我们强调文化不是决定世界秩序的根本因素，绝不是说文化对经济、政治不起作用。事实上，文化对经济、政治仍有巨大的反作用。具体地说，文化对经济的发展至少有五种作用[①]：

影响经济发展的价值取向。西方基督教文化的个人主义传统，普遍认同利己与重利，把个人发财致富看作一种光荣和对上帝的贡献。因而，在经济发展中，鼓励个人致富，并把个人价值的实现当作社会价值实现的基础。

东方儒家文化的群体主义传统，则普遍认同利他与重义，把家族兴旺看作一种光荣。因而，在经济发展中，鼓励先有国后有家，先有家族兴旺而后才有个人荣誉。过去一个口号很有代表性："大河有水小河满，大河无水小河干。"即把群体利益作为个人利益的前提。这种价值取向必然会压抑个人发展经济的欲望。

影响发展经济的思维方式。就其主流来说，西方文化的思维方式是排他的，非此即彼。基督教同其他教(甚至基督教各教派之间)都不能够相容。"物竞天择，适者生存"。因此，在经济发展中，各种流派是不能兼容的。新古典学派把市场说成万能，轻视政府的作用；新凯恩斯学派则反过来。

东方的思维方式是比较兼容的，讲求"中庸之道"。所谓"中庸"，我认为其积极内容有三：一是"中和"，讲"和为贵"。古语云："喜怒哀乐之未发，谓之中；发而皆中节，谓之和。"二是"无过无不及"，这有某种实事求是、恰到好处的意思，不走极端。三是"择乎中庸"，通过"求同存异"，把看似矛盾的两件事调和乃至统一起来。这种思维方式，虽然有其不求精益的毛病，但对增强凝聚力，缓和紧张局面，处理棘手矛盾，的确有意想不到的功效。

影响经济发展模式的选择。经济发展模式，很大程度上取决于各国的文化与历史背景。同是发展资本主义或社会主义，但各国的样式(形式)往往并不相同。美国的自由市场经济模式同德国的社会市场经济模式就大不一样，同东亚的日韩模式、新加坡模式更是有差别。

影响经济发展的信誉。信誉在经济发展中具有举足轻重的作用，这已被无数事实所证明。如何对待信誉？文化价值观则起着决定作用。不顾信誉的"一锤子买卖"与培植信誉的"放长线钓大鱼"，正是落后的小农文化价值观与现代工业文化价值观的区别。

影响经济发展的创新。讲求综合的思想方法与讲求分析的思想方法，也是东方文化与西方文化的一种差别。这种差别使火药在中国长期用于"冲天炮"的烟花，而在西方则使

---

① 此处参考了露丝·本尼迪克特：《文化模式》，生活·读书·新知三联书店1998年版；塞缪尔·亨廷顿等：《文化的重要作用》，新华出版社2002年版。

冲天炮变成了"火箭"和"导弹"。这种对科技创新力的影响，至今还造成东方的原创性知识产权少于西方。

上面，我们从塞缪尔·亨廷顿的"文化冲突论"说起，比较客观、冷静地探讨了这个问题的方方面面。一方面肯定指出，21世纪文化领域的渗透与反渗透，将会取代过去意识形态领域的较量；另一方面阐明了，文化冲突绝不是世界秩序的决定因素，但文化的确会对社会经济生活产生巨大的影响。而且，我们还应指出，随着社会危机和生态危机的加剧，人类将被迫坐下来谈判，21世纪不一定是文化冲突尖锐化的世纪，更不是一种文明征服另一种文明的世纪，当然也不会是东方文明复归的世纪。相反，可能会是各种文化，特别是东西方文化重新整合、加速融合的世纪。这是符合马克思主义的历史唯物论的。

第二节　模式与文化

东亚金融风暴发生以后，这个问题在西方学者中的争论就越来越大了。一些西方学者不仅认为"东亚模式"已经结束，甚至否认有什么"东亚模式"。

反对存在"东亚模式"的理由，现在来说，当然已经不是不承认东亚出现过"崛起"，也不是不承认这些崛起过的国家和地区曾经有过一些不同于西方的方法。这毕竟是既存的事实了，无法否认。而现在的理由则是认为"你那套特殊的做法，证明是行不通的，到头来还得照西方的办法做"。有的学者甚至认为亚洲的兴盛已经终结了。连日本至今都摆脱不了萧条，东南亚也仍然未看到复苏、繁荣……也即说东亚模式已完结了。究竟有没有"东亚模式"呢？或者说，今后还会不会有"东亚模式"呢？

一、文化差异与模式差别

只要存在文化背景的不同，就必然会出现发展模式的差异。这几乎是历史-社会的规律，是我始终坚持的观点。即使在西欧这一不大的地区，也出现了不同的发展模式：英国和美国文化接近，构成了英美模式；法国、奥地利、北欧文化接近，构成法国模式；还有自成一体的德国模式。至于全世界差异就更大了。拉美与北美的差异难道还不大吗？

在现代化（甚至资本主义化）的形式上，东亚有几点可以说在很长时间内都不可能同欧美一样。在家庭亲情与个人关系上，东亚不可能实现欧美的那种"个人主义"。有些侨民在美国生活时，可能受到相反的同化，但一回到母国，就不行了——社会氛围不一样。在市场与政府的关系上，东方政府的作用肯定要比英美政府大。这是一个社会自组织能力的问题。政府的作用绝对不可忽视。在法治与人治的问题上，东方法治化肯定会不断进步，但在相当长的历史时期内，要想东方完全达到西方那种"法治化"的程度，恐怕很难。因为东方历史积淀深厚，其法治化必然是一个漫长的历程。在思维方式上，东西方确实存在很大的不同（关于这一点第三节有专门论述）。

正由于存在上述短期内难以消除的"洲情"，所以说，在现阶段东亚模式还有存在的必要和可能。

二、如何理解李光耀的变化

前几年，李光耀先生在瑞士的达沃斯世界经济论坛上提出"儒家价值观已经过时了"。我认为：

第一，不应一概而论。本来就不应把儒家价值观当作东亚模式的等价物，而应把儒家价值中的某些积极因素，经过与西方积极文化的整合，形成一种新形态的现代价值观。如：家庭与个人，删去"三从四德"的等级压抑，形成亲情关怀同个性发展相互融合的新形态，这不比西方的极端个人奋斗要好吗？忠孝仁爱，剔除"三纲五常"的等级服从，形成"爱国奉献""尊老爱幼"的新形态，这不可以增强社会与国家的凝聚力吗？在信息化条件下，这些价值观我看也不会过时吧。

第二，要有发展的眼光。有一些儒家价值观，在信息化条件下，不仅不过时，而且具有新价值。如，和为贵，协同。在信息化、全球化、生态危机的新时代，意义重大。历次经济、金融"危机"，充分暴露了西方"个人主义"的负面影响。我国在危机中，充分体现了"和为贵"这一点，保持人民币不贬值，作出了牺牲。在信息化、全球化的时代，要求协同发展。若按基督教精神去发展，就会导致两极分化加剧，引发冲突；如果按儒家中庸之道的精神去发展，可能就会好得多。

第三，有一点是正确的。更重要的是，李先生提出了一个重大的时代课题，即：信息化对东方、西方的传统文化都带来了巨大的冲击：一方面，从技术创新的层面来看，创新的频率将大大加快，特别是个人创新的可能性将大大增加。这方面要求发扬西方精益求精的精神，这一点是对东方的挑战。另一方面，从经济稳定的角度，特别是国际稳定的角度来看，国际投机的风险将大大加剧，甚至可能导致全球经济的崩溃。这方面要求发扬东方的集体主义协调求同的精神。这对西方的个人主义又是极大的挑战。从生存方式上看，分散的个人劳动方式将强化。这对东方文化形成冲击。从社会治安的角度看，个人犯罪的频率也可能增大。这又对西方文化提出了质疑。因此，存在一个双重矛盾的"怪圈"！

人类何去何从？唯有加强东西方文化的融合。所以，我认为：新的世纪必将是东西方文化相互学习，取长补短，加快人类文化融会的新世纪。东亚模式仍然存在，但须有新文化的重塑。

三、东亚金融危机并非东亚模式的危机

这可以从三个方面来解释。

第一，什么是东亚模式的本质特征？我在前面第三章已阐述了这个问题，简单地概括为一句话，就是：通过一个有权威的强政府自上而下的推动和具有群体主义的企业和民间自下而上的配合，两者相结合共同来推进工业化、现代化的模式。这种模式具有"政府主导"和"家族主义"的特征。杜维明先生(美籍)在他的近作《东亚价值与多元现代性》一书中也认为东亚模式的本质是：政府宏观调控与企业、民间团队精神的协调。两者基本相似。东亚金融危机的根本原因并不是出在这里。危机之后，无论东方还是西方的经济学界，可以说绝大多数人都认为，危机表明：不是要"消灭"政府干预，相反是要求国家的

宏观调控，而且"全球性的宏观调控变得有燃眉之急，即政府与政府之间的协调，乃至超政府的更大协调，而不是完全靠市场经济本身的运作"①。

第二，危机是出在运行机制上。为什么说危机不是出在"模式"上，而是出在"机制"上？新加坡和马来西亚、泰国、印度尼西亚，同是东亚模式，为什么前者的表现比后者要好，损失比后者小？杜维明先生认为，同是政府干预，问题在"如何干预"——这是机制问题。新加坡的干预，在政府、银行、企业之间是一种"良性循环"的机制，因此在这次危机中发挥了积极的作用。马来西亚、泰国、印度尼西亚的干预，形成了一种"朋党式"的联手谋私的干预，导致腐败滋生的"恶性循环"，因此一败涂地。韩国在其发展前期，政府干预的确加速了工业化进程；但到后期，由于保护过度，银行呆、坏账急剧增加，才造成危机。这说明，政府干预必须是一种理性的干预，东亚模式也并不是不能提供这种理性的干预——新加坡即是佐证。

第三，韩国的经验说明：解决东亚危机到头来还是要依靠东亚模式。在开始，国际货币基金组织(IMF)迫使韩国采用它们纯市场机制的措施，结果使情况更加恶化了。后来，韩国政府改变策略，利用政府力量调动全国资源。全民"共赴国难"，捐献自有资产来充实国库，于是经济开始走向复苏。这不依然是"东亚模式"的精神吗？更何况，克鲁格曼并没有回答一个重要的问题，即危机之前，东亚各国为何能保持长时间的繁荣？其动力何在？

当然，我们肯定存在东亚模式是一回事，而东亚模式并非没有缺点与问题则是另一回事。的确，过去一个阶段东亚的崛起，主要是靠低劳动成本和拼命工作而获得的，缺乏创新，这都是事实。这一方面提醒东亚各国必须实行结构升级，不能满足于这种粗放发展机制；另一方面也应看到，任何一个后发外生型的经济体，学习与模仿乃是必经的历史阶段，不会永远处于这个阶段。应该从发展的观点来看待东亚模式，不应将其阶段性的问题固定化并由此进行"盖棺定论"。

第三节　差异与出路

一、两点说明

一是讨论这个问题，对研究中国现代化有什么关系？我认为有很大的关系。我国的现代化，必须充分吸收国际的经验，特别是西方发达国家的经验。而西方现代化的理论与经验，则是西方学者和政治家创造的，他们则是按西方人的思维方式观察、思考问题并进行概括的。这种理论与经验，在西方即使行之有效(也不完全如此)，如果要拿到中国来，就有一个"入乡随俗"的问题：中国人是按中国的思维方式生活的(即使可能变化，但作为大多数人来说，不是短期的事)，如果生搬硬套，能否被多数人所接受？即使被上层接受，在广大社会的惯性运行方式下能否行得通？是否反而会造成麻烦？所以，必须研究这种思维方式的异同，以求找到某种结合点或"调和点"或加以"中国化"的改造。二是讨论

---

① 杜维明：《东亚价值与多元现代性》，中国社会科学出版社 2001 年版，第 74~76 页。

这个问题，不存在什么褒贬问题。各种文化、思维方式，都是各自特定的历史渊源所造成的，精华与糟粕均有之，讨论的目的是取精去粗，知己知彼，更好地学习西方现代化的理论与经验，使之更好地为我所用。

二、主要差异

总的来说，从其渊源进行考察，中国人的思维方式是经过几千年小农农耕社会和儒、释、道文化的熏陶而历史地形成的；西方人的思维方式是从游牧社会发端并经基督教文化熏陶而来的。随着现代化的进程，双方的这种历史的积淀，也不是绝对不变的，双方会有个融会过程。但即使如此，历史的烙印则不是经过一两个历史阶段就可以消失的。下面就东西方思维方式的差异，举几个有代表性的例子来加以说明：

综合与分析。中国人做学问，喜欢从"究天人之际，穷古今之变"开始，看问题喜欢从环境与具体事物之间的关系入手，先综合后分析。西方人则习惯从具体事物的分析开始，甚至不大考虑环境背景，更多地依赖逻辑推理，先分析后综合。例如教科书的写法：中国人习惯于从历史背景讲到大原则，然后讲到具体实务，甚至以前者为重点。而西方教科书，则往往是从一个十分具体的经济现象讲起，而后归纳成为某些结论：马克思的《资本论》从"商品"开始；斯蒂格利茨的《经济学》从"汽车"开始……又如写信封上的地址：中国人始终是从国家开始，然后城市—街道—个人；外国人则是反过来的。中国人的综合思维与"一统"思维，优点在于通观全局，统筹兼顾。

中庸与极端。中国人看问题，想办法，喜欢或善于"调和矛盾"，"择其中端而从之"。西方人则往往是"非此即彼"，不善调和，穷追究竟。

例如学派之争：中国不是绝无"学派"，但相互间尚能"和平共处"，"观点不同情义在"。西方各学派之间则水火不容，各走极端。主张新古典的，把市场说得完美无瑕，把政府干预贬得体无完肤；主张新凯恩斯的，则又反过来利用信息问题、菜单成本等回击"市场持续出清"的新古典主义观点；现在颇为流行的新制度主义，则又把"自由契约"当作一切制度的根源，是解决一切问题的钥匙。

面子与实惠。中国人讲面子简直到了无以复加的地步。面子几乎成了中国人的"自我价值实现"（社会承认）的一个十分重要的指标，以至外国人把它当作同中国人交往的一把钥匙。西方人则不那么顾全面子，而是注重实际利害关系，乃至为了利益而对面子问题不屑一顾。

求同与求异。前面讲过，中国这样一个大国，为了维持"大一统"，处处讲调和，加上中庸思想的熏陶，所以总是"和为贵""求同存异"。好的方面是可以维持团结安定，取各家之长加以综合；坏处则是追究真理不彻底。西方人则更注意"标新立异"。

含蓄与暴露。封建礼教的千年熏陶，使中国人的"个性"受到极大的扭曲，不易把自己的真情坦率地暴露，但又要达到表露的目的，只有用各种比喻、典故（借古喻今）把自己的真实想法既包装起来，又隐隐约约地显露一点——只有很聪明的、精明的人才意会得出来。中国有《梁山伯与祝英台》，西方有《罗密欧与朱丽叶》，两者的结局都是悲剧，但过程大异，前者到死也没有直接传递信息。西方人看了就很纳闷：为什么不说一声："I love you!"十八里相送，看得太累人了。

还有许多人认为，东西方文化有个"人情"与"法理"的差别。西方人有事喜欢找律师，中国人有事喜欢找关系，走路子。我在这里没有把它列出来，因为我认为这是"农耕文明"与"工业文明"的差别。

三、三点启迪

讲了这么多差异，那么对学习与运用西方现代化理论与经验有何启迪呢？

第一，在学习与应用西方理论与经验的过程中，要十分注意其"走极端"的思维方式。经济生活中一些重大现象，其成因是十分复杂的，是一种多维的因素系统，特别是一些客观的问题和深层的问题，绝不是"非此即彼"那么简单。因而，解决这些问题也就不可能只有这个办法而不能用那个办法。这方面，西方经济学流派纷呈，各执一端，相互排斥。我们可不必陷入他们那些派别之争。中国的思维方式更接近辩证思维，兼容并蓄，为我所用。

第二，在学习和应用过程中，西方人重分析、求精益的思维方式很值得吸收。这对克服中国经济理论乃至传统的社会主义经济学中的原则化、空泛化倾向大有裨益。

第三，社会科学，特别是经济学，是日新月异的科学，西方标新立异的思维方式有利于社会科学的发展。

同样，西方人也应抱着相同的态度对待东方文化。美国学者马克·丹尼尔说得好："几千年历史的丰富和深厚积淀以及积累的经验，形成了对各种事物的不同态度。""西方国家需要认真与中国交往才能更深刻地理解中国人强烈的自信心和忧患交织的心理，才能与中国一起在和平共处的道路上前进。"[①]

第四节　现代与传统

抱残守缺没有前途。历史已经证明，原型的传统文化难以导致现代化。不加改变的儒家文化，由于它那强韧的非功利性和保守性的一面，曾经阻碍了中国的近代化，这已成定论。目前更面临着网络时代的大冲击。因特网的普及，"零距离之争"，形成了一股十分巨大的冲击波，它是无法阻挡的。虽然网上的交流并非绝对消极，但对传统文化的冲击则是空前的。这些情况下，一方面，一些有价值的新文化可能加速"输入"；另一方面，一些有利于西方的人文理性、目标价值、生活方式、行为准则也会加速传播。因此，现代化迫切要求重塑中华新文化。

一、现代化、传统与稳定

世界各国现代化的经验说明，现代化如果同传统背离过远、排斥性过大，就会危及稳定，使现代化的进程遭遇挫折。伊朗就是一个例子。巴列维王朝的覆灭，就在于它所推行的现代化模式与强度和伊斯兰传统离得太远。尽管其工业化卓有成效，但难以逃脱失败的命运。

---

① 龙志安：《中国的世纪——下一个经济强国的崛起》，五洲传播出版社2001年版，第105页。

日本则又提供了另一种经验。开始，日本注意从固有传统中寻求与现代化的结合点。如家庭小企业与现代大工业并举，西洋技术与东洋精神共存，将家族利益同国家利益结合等，的确保证了社会稳定和顺利推进了现代化的进程。但是日本在利用传统上也有选择不当之处，如利用传统的神道教与武士道精神推进资本主义向外扩张，国内维护天皇而压制自由民主。其结果导致军国主义的崛起，走向法西斯道路。这是不可取的。

再说中国，晚清至民国初年，知识界启动现代化的领袖们，则对传统，特别是"孔家店"，持绝对的批判态度，务求打倒而后快。现在看来，这种把现代化与传统绝对对立起来的倾向，并没有能够把现代化引向真正的成功。

现代与传统的交会，还有另一个经验，即文化现代化过程中，社会能否保持稳定，还要取决于国家上层有无能力整合外来文化与人民盲目之间的碰撞问题。对于外来文化，人民大众不可能都具有理性。往往是青年人易于盲目仿效，而年长者受惯性支配易于滋生排外情绪。如果此时的国家上层处于一种强有力的状况，经过国家的整合，稳定就能保持。如果上层处于软弱无力的状况，就会导致大乱。

这些历史案例说明，现代与传统的结合，首先有一个项目选择的问题，必须分清哪些结合点是有利于稳定推进现代化的，哪些则不是。否则，就会引起社会不稳定，从而破坏现代化的进程。其次还有一个防止盲目排外与合理整合的问题。这两方面的经验对稳定推进传统与现代的整合至关重要。

二、儒家文化与现代化

在对待传统的问题上，首先是如何对待儒家文化。我们要进行现代与传统的整合，主要的是要解决儒家伦理的现代化改造问题。这方面，国内外的论述实在太多了，对其研究又不是我的本行，只能补充一点不成熟的看法。

在对待儒家文化与现代化的关系上首先要进行科学的区分。

区分的原则是：

第一，要把先秦的儒家思想同汉代董仲舒以后的"儒家伦理"区分开来。前者的思想中属于理性的东西，显然大于后者忠君轻利的东西。

第二，要把上层的儒家文化同民间的儒家思想、习俗区分开来。我在1997年曾经提出，儒家文化中"确有许多理性精神，它们虽然未被封建统治阶级所弘扬，但却保持在民间"。

第三，要把儒家文化在现代化启动阶段的阻碍作用同现代化成长阶段的某些积极作用区分开来。当现代化已经走上轨道后，像敬业乐群、无信不立等价值观，确是具有积极作用的。

儒家文化确有不少同现代化不矛盾且有补益的东西。

当然，在支流上的积极作用或因素，为了确切起见，不妨将它们进行一个分类。

第一类，属于在现代社会中完全具有积极作用的。如，勤俭节约，敬业乐群，无信不立等，对于现代创业、职业道德、商业规范都是很有好处的。如亲缘主义、尊长爱幼、仁者爱人、己所不欲，勿施于人等，在现代社会也有利于社会稳定和群体协调。如求同存异、和为贵等，有利于化解矛盾，增进团结。如尊师重教、见义勇为等，有利于社会进步和伸张正义。

第二类，属于经过融入新的内容，仍可发挥积极作用。如忠，孝，仁，义等。忠，去掉"君为臣纲"的封建内涵，提倡忠于祖国，忠于人民，忠于家庭。孝，去掉"父为子纲"的封建孝道，提倡孝敬父母，赡养老人的美德和家族团队进取精神。仁，提倡爱真理，爱同胞，与人为善，扶困济危，积极参与现代社会公益活动。义，提倡讲信誉，伸张正义，见义勇为。

第三类，属于在未来社会必将发挥巨大作用的东西。这是指儒家世界观上的包容、和谐精神，这是一种最高境界的理性主义。西方的理性主义，愈来愈暴露其对社会与自然的"宰割"，造成愈来愈深重的社会危机和生态危机。可以预言，儒家的包容与和谐精神，可能将会成为未来拯救人类的精神力量。

三、罗素的建议

在我们探讨重塑中国新文化问题的时候，不能忘记一个人，他就是科学大师罗素。早在 20 世纪 20 年代，罗素曾来中国游学，做了一系列学术演讲，在当时的中国掀起了一场又一场的争论热潮。以下，我根据冯崇义先生《罗素与中国——西方思想在中国的一次经历》一书中所介绍的精彩资料①，归纳如下：

1. 罗素论中国传统文化的三大特征

罗素认为，中国传统文化是"瑕瑜互见，利弊杂陈"，有三个特征。第一，是使用表意文字而未过渡到拼音文字。表意文字，音、形、义合一，具有稳定性，比起流动多变的拼音文字，有利于中国文明延续和在广阔国土上的交流。这是好的方面。但汉字太古奥而具有贵族倾向，不利于普及教育和实行民主政治。第二，是儒家伦理作为宗教的替代品而统治了中国士大夫的心灵。罗素认为，孔子不倾向于诡秘的神教，而是依靠世俗伦理来敦促教化，避免了其他文明中的宗教迷狂。但是儒家伦理的孝道和倡导家庭至上，严重地破坏了国民的公共精神和创新精神，阻碍了中国的进步。第三，是科举取士而非贵族世袭。科举制使不公正的贵族制度在中国及早消亡，使世俗文化成为民族精神生活的中心，使学问与学者受到广泛的尊重。但是科举制的考试内容只靠几部陈腐的古书，注重八股的形式主义，完全窒息了知识分子的创造性。

2. 对中国革新文化的建议

罗素认为，中国传统文明并不瑰丽，西方现代文明也未病入膏肓。中国人应将中西两种文明的优秀成分有机地结合起来，即将中国人高超的人生意境与西方人高超的科学精神完美地结合起来，创造出一种灿烂的新文化。这里要说明，罗素并不是"中体西用"论者，他所说的"中国人高超的人生意境"绝不是"国粹"的代名词，而是指老子的"生而不有，为而不持，长而不宰"即"鼓吹创造的冲动，减少占有的冲动"。他所说的科学方法，绝不是"末""用"的代名词，而是泛指科学，包含现代科学、现代教育和现代工业化大生产等，

---

① 冯崇义：《罗素与中国——西方思想在中国的一次经历》，上海三联书店 1998 年版。

即全方位地吸收西方现代化的精华。

罗素认为，中国传统文明之所以停滞衰微，并不是因为中华民族的退化，而是因为中国在很长时间内没有同优秀的异族文化接触（封闭），从而缺乏丰富和代谢本土文化的新材料。这一点非常重要，它既说明了任何一种文化，如果它自我封闭，对异族文化采取拒绝的态度，必会自行衰亡；而要能发扬光大，必须"开放"，吸收异族文化之长，获得本土文化新陈代谢、不断丰富与发展的"新材料"。

罗素认为，应该学习西方，认为"任何新学术，苟无较多的德谟克拉西精神，断不能有益于中国"。其中，又特别强调个人自由。他曾呼吁中国人以助长每个社会个体的自由创造为社会改造的最高原则。主张"教育之方针既不是教人学会压制，又不是教人学会服从""最高者，在乎教人学会自由，能学会自由后不复以压制施诸他人"。他认为，最好的社会制度绝不是黑格尔之流所设计的那种严密得水泄不通的制度，而是能满足各社会个体在不妨碍别人享受同种权利的条件下自由发展的社会制度。他这个论述，简直惊人地和马克思所憧憬的那种每个人的自由发展是一切人的自由发展的条件达到了"异曲同工"之妙。

罗素还规劝中国人，不要迷信"万古不变的定理"，对未经证实的东西，要有怀疑的态度；要抛弃"以古书旧说来断定是非曲直"的腐朽作风和盲从恶习；要提倡科学精神，并用科学的方法来解决问题。

总而言之，罗素的这些建议，是一个外国人明哲客观而公正地看待中国传统文化的卓见，他曾寄希望于中国创造一种适合于全人类需要的新文明。这的确是我们在塑造中华现代新文化时的宝贵遗产和重要提示。

第五节　路径与重塑

一、纳新的路径

文化这个东西，是一个非常复杂而奥妙的系统。就像吴淞口的长江水那样，你能分得清哪是通天河的水、哪是金沙江的水、哪是汉江的水吗？可以说，现存一切民族的文化，都不是该民族从始至终、百分之百"土生土长"的。现存文化，大都是经过漫长岁月融会了许许多多外来文化因素，将其嫁接到本民族"原根"文化母株上而形成的。而且，这个过程是没完没了的，是"日新又日新"的。长期以来，我们反对"全盘西化"，这在理论上或精神上设置一种导向，是无不可的。但在实际上，是不可能的。以日本为例，自明治维新以来，脱亚入欧，至今也还没有丢掉它民族文化的特色。我常对学生讲，要注意西方有的国家是有那种"文化渗透"的意图，但同时也不要把"西化"看得那么可怕。你看，你从头到脚，有哪一样不是从"西方"学来的——头上，梳的西装头，戴的礼帽；身上，汗衫、衬衫、领带、西服、皮带；脚上，丝光袜、皮鞋。这不是"彻头彻尾"地"西化"了？这方面的西化，有什么不好。西方好的东西，我们要积极地"化"；西方不好的东西，我们就应该"设防"。完全没有必要"草木皆兵"。

但是，在吸纳与融会外来积极文化的路径上，由于这是一个"自然的"积累过程，一定要注意方式方法。应采取主动消化的方式，营造一个自然而宽松的环境，实行诱导的方法，而不应采取强制的方式。所谓强制，是指外部势力或本国上层，硬性地把某种外来的价值观、制度强加给本民族，而与广大人民世俗深处的东西格格不入。这就会造成一种逆反心理、抗拒情绪，或是民族自卑感。其共同的结果，就是导致文化的封闭化、边缘化。这与现代化的目标是背道而驰的。

二、走积极融会之路

积极融会，依据如下原则：

第一，发扬中国宏观审视的综合传统，补充西方穷追到底的科学精神。只讲综合，不讲分析，不好；反过来只讲分析，不讲综合也不正确。先综合后分析，先整体后局部，把任何范畴和经济社会现象，都放到特定的"环境"中去审视，"历史地分析历史现象""具体地分析具体的问题"。苏东坡的诗："横看成岭侧成峰，远近高低各不同。不识庐山真面目，只缘身在此山中。"这正是一种系统思维。我们应该接受罗素的建议，把中国人高超的"人生意境"与西方人高超的"科学精神"结合起来。

第二，发扬中国兼容并蓄、博采众长的传统，补充西方不搞调和的特点。要做到"兼容""博采"而不致"纳而为一"，"争鸣""揭短"而不致"全盘否定"。要在分辨精劣的基础上兼容并蓄(留精去劣)。各种理论流派，总有其"合理"的一面，应综合运用；各种理论流派，总有其"不合理"的一面，不能过分推崇。

第三，发扬西方标新立异的创新精神，保留中国尊重权威的稳定思想。在中国这个特殊的国度，没有相对的权威，会出现混乱；但权威如绝对化，又会压抑创新。问题在于：给"标新立异"以一定范围的空间——不致影响大局的"讲坛"，使科学决策法制化。

第四，把中国的尊重传统同西方的随机应变正确结合起来。尊重传统，才使得中华民族得以绵延几千年；但过度尊重传统，又使我们抱残守缺，不能与时俱进，因而近代以来跟不上世界发展日新月异的步伐，落后了。随机应变(实用主义)，使西方近代以来科学与社会得以突飞猛进地发展；但过度的实用主义，又会使人类与自然、局部与整体的矛盾发展到不可收拾的地步。所以，应该按照罗素所说，把两种文明的优秀成分结合起来。

如果按照上述设想的"原则"，未来中华新文化模式的设想，其具体有三大内涵：尊重个性的乐群文化、独立自主的开放文化和继承传统的创新文化。

尊重个性的乐群文化，包括：在维护国家利益与整体利益的前提下，最大限度个人化，目的是补个性解放的课；个人的全面发展要成为一切人全面发展的基础，而不是障碍，要确实使个人发展不成为少数人的垄断品；"个人化"是一种伦理与政策取向，即伦理与政策都要为个人的全面发展(个性的健康发展)开路，而不是为维系集体和家庭的过度权威而施压。其目标是保证社会与个人得以协调发展，使尊重个性的群体主义同遵守秩序的个人主义结合起来。个人在遵守法规、契约、公德的框架内追求利益的最大化；社会在尊重个性发展与个人创新的前提下追求秩序的最优化。

独立自主的开放文化，包括：一切开放必须是在民族文化自主的轴心周围展开，一切开放必须是在民族平等的前提下展开，一切有利于民族振兴的，都敞开胸怀学习。其目标是保证民族昌盛与融入国际的双赢结果，使尊重国际规则的民族主义同遵守本国法规的世界主义结合起来。本国文化，在尊重时代精神的框架内，求得更新发展；外来文化，在遵守我国法规与公德的前提下，进行交流嫁接。

继承传统的创新文化，即在发扬中华包容、和谐、讲求秩序和"高超的人生意境"的基础上，甩掉陈腐的清规戒律，与时俱进，积极创新，并成为一种新的民族风范。其目标是保证传统精粹与现代精华的相生相长，使尊重我国优秀传统的现代主义同尊重现代标准的本土主义结合起来。传统，在服从时代要求的框架内求得新生；现代，在适应本国土壤的前提下获得创新。

(选自《时代潮流中的中国现代化》，武汉出版社 2004 年版)

"中部崛起战略"相关思考与研究

中部崛起还是"山间盆地"
——1987 年 5 月 27 日在湖北省委常委扩大会议战略座谈会上的发言

5 月 27 日下午，夏振坤同志就湖北经济发展的外部竞争态势、经济发展战略转变中的指导思想、结构调整以及地域布局等四个方面的问题，谈了他的看法。他认为：确定湖北经济的发展战略，应把湖北放到华中、全国乃至世界经济的大系统中，洞察省内外、国内外经济竞争发展的态势，运用系统的和动态的观点去分析湖北经济发展的现状与趋势。研究战略，就是为了对付竞争，迎接挑战。

在谈到湖北面临的竞争态势时，他认为，我省虽然是"承东联西、南北对流"的结合部，但却面临着"东西夹击、南北离异"的严重挑战，即东部有上海经济区的强大吸引和辐射力；西部以其占全国基建 26% 的投资，10 万个大中企业和三线企业改造速度为基础，正在积极研究战略，企图挥戈东下；南边，以广州为中心的珠江三角洲正在崛起，湖南省表现了"弃鄂投粤"的动向；北边，以山西为中心的能源重化工基地将兴起正吸引河南北靠。论经济实力，我省不及东边；论劲头，我省不如西边；论开放，我省不如南边；论投资，我省不及北边。在这种情况下，如果我省不采取超常规的对策，就有可能成为全国经济发展中的"山间盆地"。因此，他认为，我省要借东部的实力，学西部的劲头，步南方的开放，争北方的能源，凭借我省优于西、南、北三方的实力，采取东引西进、南联北合的策略，形成中部崛起的新态势，使我省形成四极辐射的腹地经济中心。

在谈到实现战略指导思想的转变时，夏振坤同志着重谈了四个方面的转变：

一是从被动的内向开发转变为主动的外向开拓。他认为，现代商品经济，没有"进攻"，就无法"防守"。没有向外开拓的冲动，就没有内部开发的目标。为此，他提出了"三层开拓，三级辐射"的战略思想。"三层开拓"，即第一圈层——占领大西南、湘北、赣西北、皖西南、豫南、陕东南的传统工业商品市场；第二圈层——挤入华东、华北、华南乃至大西北的汽车、原材料和某些轻纺商品的市场；第三圈层——打入国际纺织、服装、传统工艺、劳务、农副土特产品市场。"三级辐射"，即第一级辐射——以武汉的技术、金融实力和新兴工业、传统工业的综合优势，以面向二、三层开拓为主，向外辐射；第二级辐射——以各具特点的中等城市为次中心，凭借各自的优势，以第一、二圈层为主，向外辐射；第三级辐射——以各边境城镇为地区性的小中心，推行"边缘战略"。

二是从均衡式发展向倾斜式发展的转变。具体在行业上，要看准优势行业，提出梯队，重点投资，抢先发展，在区域布局上，不宜齐头并进，撒胡椒面，突出以城市为中心的经济布局，讲求聚集效应。

三是从外延型发展向内涵与外延相结合并以内涵发展为主的方向转变。他认为我省第一个翻番的实现，基本上是以外延型发展为主的。去年，省委、省政府提出大力发展"小集轻"，这是正确的，但我省现有的"大、全、重"优势也需要发挥，"大全重"应以内涵为主，"小集轻"目前还是外延为主。前者省里多抓，后者地市县多抓。并且把"大全重"与"小集轻"的发展结合起来，城乡一体，大小联合，交融发展。

四是从低技术循环向高技术导向的转变。他认为，我省之所以缺乏"拳头"产品，主要是在低技术的基础上进行循环，如湖北的食品工业，还是麻烘糕、京果，广东的食品为什么能占领湖北市场，主要是他们有高加工技术。电子工业、生物工程、光纤通信本来就是我省的优势，但没有形成产业。这表明我省还没有摆脱在低技术水平上循环的局面。为了实现由低技术循环向高技术导向的转变，他建议制定一套人才和技术导向的优化政策，鼓励科技人员到生产第一线去，鼓励科研与生产联合。

在谈到产业结构调整与对策时，夏振坤同志认为，我省应以新兴产业为先导，以冶金、机械、纺织、化工、食品工业为支柱，以能源、交通、农业为基础，形成自己的产业梯队。从市场发展的趋势看，他认为在未来20年中，我省应看准通信事业大发展，交通运输新的革命进程，以及生活高档化的发展趋势，确定先导产业的发展。

关于地域经济布局问题，夏振坤同志按照地域经济布局的四个原则提出了"一线五点"的设想。"一线"，即沿江工业带、城市带，他认为，这一带是我省的精华地带，发展潜力极大；"五点"，即以武汉、黄石、襄樊、沙市、宜昌为中心的五个城市群（带）作为五个支撑点的经济布局。武汉市以新兴产业、技术密集产业为龙头，发挥多功能和全省乃至华中地区经济中心的作用；以黄石市为中心，包括鄂州、咸宁、九江、麻城在内的鄂东城市群，以原材料工业为龙头，向东南全方位辐射；以襄樊市为中心，包括十堰、老河口、随州、南阳等在内的城市带，以汽车工业为龙头，向西北全方位辐射；以沙市为中心的包括荆门、荆州、仙桃、岳阳在内的城市带，以轻纺食品、石化工业为龙头，向南全方位辐射；以宜昌为中心的包括恩施、万县、巴东在内的城市带，以电力工业、磷化工为龙头，全方位向鄂西南、川东、湘西北辐射。总的概括是："优先一线，依托五点，逐步向四周展开"。

（发表于《中共湖北省委常委扩大会议战略座谈会情况反映(3)》）

2004年10月8日

华中"合纵战略"刍议

豫鄂湘三省，地处全国中部之中。陇海、汉渝、湘黔、浙赣、焦柳、京广等纵横铁路，经纬其间，形成五大十字交汇；我国最大的河流长江、黄河，横贯西东。水陆四通八达，车船之利，出海之便，为内陆诸省之首。域内农业发达，有中州、江汉、洞庭等广大平原，粮、棉、麻、茶、水产品均居全国前列，为我国较发达的重点商品农业区。30 多年来，已形成了以武汉、郑州、长沙为中心，一大批新兴中等城市为网络的工业城市群落，钢铁、机械、电力、煤炭、化工、有色金属加工、轻纺、电子、建材、食品等工业行业比较齐全，实力雄厚，成为全国内陆最大的工业密集带和资源密集带。随着京广、沪渝两条现代化通信线路的铺设，武汉又将成为全国的通信枢纽。总之，无论从地理位置、交通条件、工农业基础，特别是资源潜力哪一方面来看，华中地区在全国经济中都具有举足轻重的地位。

可以说，要走活全国经济这盘棋，要使我国经济发展具有很大的后劲，要使东部地区能够打向太平洋，要使西部地区得以顺利开发，如果没有一个具有高经济质量、具有强大的内聚力和外张力的华中经济群团，都是难以实现的。

因此，正确确定华中地区经济社会发展的总体战略，不仅是三省的必需，更是全国经济发展的必需，而且还应该站在全国总战略的高度来制定这个战略。

一、两种选择

华中各省的战略选择有两个："连横"还是"合纵"？

所谓"连横"，就是各省分别靠向外围的具有更大吸引力的经济区，以缓解对方的挑战，争取某些市场和投资。在有计划商品经济的条件下，超越行政边界实行横向经济联系，是一种必然的趋势，特别是在省际边缘地区更是如此。但是，在华中这个特定的地区，如果把这个作为一个省的战略方针，我认为有三点值得考虑：第一，在我们中国这样一个行政区划往往起决定作用的国家，一个欠发达的省靠拢别的先进经济区，对方难免会有亲疏之分。欠发达省多为出卖资源和原料，难以取得实质性的投资，眼前纵能增加一些产值，却摆脱不了"殖民地"式的地位。因而，这种方针并不能从根本上改变各省的经济地位。第二，从全国总的战略格局上看，华中地区要起东西联结、南北对流的作用，但如果只靠湖北一省一市，是根本办不到的。湖北需要豫湘，豫湘也需要湖北。第三，豫鄂湘三省，甚至包括皖、赣、川毗邻地区，在历史上就有传统的联系，经济上互促、资源上互补本来就是三省关系的基础格局，是各省与外省关系中的主流关系，还有许多急待共同开发而别的经济区又难以共同开发的项目。这些项目的开发是可达到互利的。如若实行"连横"战略，势必妨碍大家共同发展和开发的积极性。

所谓"合纵"，就是以三省联合为依托，北接京津，南下粤桂，东引江浙，西进大西北大西南，形成以合纵为基轴的八面逢源、中间崛起的态势。这种合纵格局一旦形成，我认为有三大好处：第一，以华中三省为基线，将会形成东西两大扇面：向东的扇面，利用我们的农业与资源优势，向东部地区扩散农产品加工制品和能源矿产及其制品，保证东部地区的发展；向西的扇面，利用我们的工业、农业、科技、信息等优势，支援广大西部地区的经济开发。这样，全国提高东部、建设中部、逐步开发西部的战略部署就能成为现实。第二，各省更有利于扬长避短，加速开发。例如，河南北靠则煤的优势不及山西，南联则可独居魁首；湖南南靠则多为输出农副产品，广东重工业不及湖北，缺乏大规模开发矿产的能力，而北联则可发挥有色金属的优势等。三省联合起来，以河南的能源、机械，湖南的有色金属和化工，湖北的冶金、汽车和加工工业，加上三省共有的农业、建材、交通的优势，相互补充，平等协作，定可演奏出一首威武雄壮的经济进军曲。第三，有了一个内在有序、经济强大的华中地区，全国东西结合、南北对流才可能保持畅通稳定，否则就会形成"中间梗塞"的局面。因此，合纵战略，是华中地区经济社会发展的上策。

二、多中心，全方位

华中地区各省需要联合，但怎样联合，采取什么样的模式，是值得研究的。

应该实事求是地承认，华中地区由于地理"围墙"不显著，经济发展的集中化程度还不高，所以"内聚力"还不强，"离心力"较大。这是客观事实，无可非议的。在这种态势下，采取一个中心、单极辐射的模式，似不现实。最好以武汉、郑州、长沙为中心，以武—襄—沙、郑—洛—平、长—株—潭三大三角城市群为网络，建立一种多中心、全方位，纵横交错的松散联盟。

这种经济联盟，是建立在互补互利的基础之上的。经济发展所必需的能源、交通、技术、人才、资金、资源等条件，在华中三省之间，如能相互补充，就可发挥巨大的优势，取得共同的发展；如果分散发展，各省都难以全面具备，势必各有短腿。可以说，三省联则共进，离则互伤。如河南的能源可补鄂湘之缺，湖北的冶金、机械和教育科技可助豫湘发展，湖南有色金属、农业和麻纺技术等对其他两省也极有补益……这样，各省互相取人之长补己之短，相互需要，相得益彰，便可形成牢固的经济联合群团。

三、三大圈层，犬牙交错

华中各省的联合态势，在不同的圈层，其稀密程度是有所不同的。一般说，可以分为三个圈层(当然这只是用模糊概念来说的，实际上是犬牙交错的)：第一圈层，大体包括湖北全部、河南南部、湖南北部。这一圈层内，目前已有较密切的经济联系，今后应进一步开展一系列实质性的、固定性的联合与协作。第二圈层，由第一圈层向外延伸，包括豫北、湘南、赣西北、皖西南、陕东南。这一圈层内，既可进行实质性、长期的联合与协作，也可进行非实质性的、短期的联合与协作；同时完全不妨碍这类区域同外围其他经济区的联合与协作，自由度是比较大的。第三圈层则要看华中经济群团的经济扩散力的增长，并无固定和明显的边界。

四、经济伙伴，比翼齐飞

华中各省是平等的伙伴关系，不应表现为"老子"与"儿子"的关系，更不能是"被保证"与"保证"的关系。

在这种前提下，应该建立一系列相互有利的联合开发事业。例如，能源综合开发供输体系、汽车拖拉机联营体系、水陆联运及出海系统、科技信息网络、棉麻丝的混纺系列、有色金属综合开发加工体系、洞庭湖水系综合治理与利用系统、杂交水稻研究推广联合体等。有的可以设立联合投资公司，有的可签订合同，不拘一格。这样，就可以做到互利互促，比翼齐飞。

(发表于《江汉论坛》1986年第3期)

关于区域发展与中部战略问题

——1998 年"面向 21 世纪的中部发展战略"全国研讨会上的发言

一、关于我国区域发展的指导思想问题

这个问题我主要是向中央的建议。总的来说，我国实行的是不平衡发展战略，我们搞沿海倾斜，带动全国取得了显著的进展，现在我们又在继续保持沿海的发展的同时，向中西部内陆转移，这无疑是正确的。但有一个问题就是首先主要是向中部转移，还是主要向西部转移？作为一个大国，发展必须遵循区域上的整体梯度推进，同产业上的局部跳跃相结合的规律。依据有三：第一，工业化是讲究聚集效应的，因为聚集效应可以相互利用外部效应，可以节约投资，可有效地降低交易成本，从而加快积累和提高效益。当然这并不排斥一部分产业关联度要求较低的产业和行业可以实行地区的跳跃，"产业的局部跳跃"是可行的，但在整体上必须是梯度推进。第二，聚集效应从何而来？我认为主要是靠地缘涟漪效应产生，就像水塘里的水波，是一波接一波地传递的。因为我们所说的聚集效应是一个集合的概念，它包括产业的聚集效应，基础结构聚集效应(特别是交通信息)，还包括人才的聚集效应，国民素质的聚集效应，市场聚集效应乃至价值观、政策等的聚集效应。显然这种聚集效应的总和是整个社会的整体发展，不可能靠跳跃来解决，要靠地缘涟漪，一波接一波地向外推进。第三，历史上我们也曾搞过三线建设，三线建设飞地式的发展已经证明是不成功的，集中到一点就是聚集效应太低，这个历史教训我们不能忘记。所以我主张中央应实行中部全面推进，西部产业跳跃相结合的方针，这是中国当前面向 21 世纪的战略性选择，也是我们现代化得以多、快、好、省的实现的一个最佳途径。

二、关于中部的发展战略问题

我主张实行结团跳跃，直接与国际经济接轨，使华中成为第四个经济增长区。这一战略有四点依据：

第一，经济的全球化与区域化，已经成为世界性的潮流。国际经济、国际贸易已远远超过了资源互补、产业分工的旧模式，一些先进国家巨型的企业集团凭借自身的经济实力在产业内部而非产业外部进行抢占市场的激烈竞争。在这种剧烈的国际竞争面前，单靠一个企业乃至一个国家更不用说一个省了，都是无力抗衡的，波音、麦道为何合并，不就是为面对欧洲的空中客车吗？所以经济的区域化、集团化是为了联合抗衡。我们中部五省必须有这种紧迫感，靠任何一个省孤立作战都应付不了未来的这种激烈的竞争。我们为什么不可以联合起来共同迎接国内国外大竞争的挑战呢？

第二，中部五省形成区域性的共同市场有比较成熟的条件。首先中部五省在经济社会发展的阶段上具有很大的相似性，基本属于同一个层次，可以做到平等联合。其次中部诸省在经济社会联系上有长远的历史渊源，而且目前还面临着许多需要联手开发的重大项目，比方说，大别山的扶贫开发，淮河的综合治理，洞庭湖水系治理都需要共同开发，有

共同的语言。中部五省在资源禀赋和市场上都有很大的互补性和依赖性。最后也是最重要的，在日益激烈的各类竞争面前我们如果仍然各自为政，势必难以形成竞争优势，也难以形成强大的中部声音。

第三，中部向国际市场直接跳跃是否可能呢？我认为也是可能的。首先，现代经济发展是在信息化的大背景下进行的，国际信息网络已经不可能允许什么信息垄断或信息漏失的可能，只要中部诸省抓紧信息产业的发展，无论是推销产品还是招商引资都可以做到不出门而知天下事，所以有人说"信息网络上存在着无限的商机"。问题在于我们能不能迅速地把信息产业发展起来。其次，随着东部沿海地区的廉价劳力或资源优势的弱化，产业升级转移也必然是国内的大趋势，那么先进地区的产业向次先进地区的转移的最佳的对象应该是中部地区，所以中部地区成为下一轮第四个投资热点的机遇是完全存在的，中部地区的基础设施、产业配套、人力资本等聚集效应具有相当的优势。

第四，中央鼓励区域集团发展。1996 年中央远景目标纲要中已经把我们的国家分成了七个经济区，我们中部五省被列入华中经济区，已经在国家的心目中被拴在一起了，当然，我们这个经济区不是封闭的，我们是在国家统一市场的指导之下西靠东进，南联北合。

三、五省大联合要排除几个思想疑虑

第一，五省联合是平等的伙伴关系，不存在谁当船老大的问题。经济中心不是自封的，而是市场机制自然形成，所以我们联合就是政府搭台，企业唱戏。具体地讲，在经济上互利互惠，平等协商，按契约办事；在产业上谁优谁当龙头，比如说，家电产品，安徽就具有很大优势；在组织上轮流做庄，在哪一个省开会，由哪一个省当主席，我认为这是一个平等的伙伴关系，是圆桌会议。

第二，跨省联合与具体业绩的统计可以是不矛盾的，可以采取经济运行的一体化同统计按行政区划相分离的办法，在哪个省范围内由哪个省统计，这不影响政绩。其实这个问题随着今后政企分开、改革的深入也会逐渐淡化。

第三，在经济的联合上，不搞一哄而起。我建议采取以项目为纽带，以资本联合为核心，成熟一个搞一个，由点到面，由少到多按市场原则办事。循着这样的思路，华中五省就很可能在未来五年左右的时间内逐步形成一个经济区的雏形，形成一个共同市场雏形，这样就为我们全国的经济发展包括我们华中五省的发展开辟了个良好的坦途。

(选自《面向 21 世纪的中部发展战略》，中国言实出版社 1998 年版)

实现华中崛起的建议报告
——1988 年 3 月四省市发展研究中心长沙会议

党的十三大以后，全国进一步出现了改革的新潮流、开放的新格局、竞争的新态势。海南全面对外开放，实行社会主义的市场经济；广东、福建两省被批准为全面对外开放的超前改革试验区；江苏、浙江、辽宁也正在力求全省对外开放；江西则在赣南山区实行

"亚广东"政策。享受改革开放的先发性效益最大的珠江三角洲、长江三角洲和闽南三角区，又率先走向国际大循环。这一新的形势对于地处中国腹地又与沿海省份近邻的湖南、河南、湖北三省及武汉市来说，既是良好的机遇，又是严峻的挑战。三省一市如果能迎接挑战，抓住有利时机，以改革求出路，以开放促开发，以联合求改革，充分发挥我们的优势，完全有条件、有可能实现华中新的崛起，如果坐失良机，犹豫彷徨，就有可能沦为"华中谷地"。

一、经济发展现状与选择

20 世纪 70 年代以来，随着乡镇企业的大发展，尤其是对外开放对内搞活政策的实施，由于种种原因华中地区失了两次经济快速发展的机会。在此期间，广东、山东、江苏、浙江在全国的经济地位逐年上升，由于居民收入水平、社会经济环境的差异以及价格体系的不合理，华中地区人才、资金、技术、紧缺原材料大量流向沿海地区，目前这种情况还在持续发展，华中地区与沿海省份经济发展的差距出现进一步拉大的趋势。与此同时，国家对西部少数民族和边远地区，采取了特殊优惠政策，加快了其发展步伐。如果我们处置不当，不仅三省可能沦为经济发展的"谷地"，而且还将拖住全国发展的后腿。这与华中地区的经济发展水平和自身的潜在优势是极不相称的。

豫、湘、鄂三省位于祖国腹地，人口 1.85 亿，面积 56.48 万平方公里，可耕地面积达 2.08 亿亩，是我国最重要的农业基地之一。粮食、棉花、油料、烟叶、苎麻及红黄麻产量和畜禽饲养量均居全国前列。三省农业的稳定发展对于全国经济的稳定发展有着极为重要的作用。

三省交通发达，京广、焦柳、湘桂铁路纵穿南北，陇海、襄渝、汉丹、武大、大沙、湘黔、浙赣铁路横穿东西，长江及内河航运比较发达，航空和公路四通八达，交通有着很大的优势。

丰富的矿藏资源，更是三省的特有优势，大多数矿藏量具有品位高、藏量大、易开发、运输方便等特点。其中磷、钛、铝土、石榴石、水泥灰岩、锑、铋、独居石、高岭土、钨、钼、天然碱、蓝石棉、岩盐、锰等储量居全国第一位，12 种矿藏居全国第二位，特别是河南的煤炭资源，湖南、湖北的水能资源，为华中乃至全国经济的长远发展提供着可靠的能源保证。

中华人民共和国成立 30 多年来，国家在华中地区巨额投资的固定资产原值超过千亿元，约占全国的 1/7，建成了武钢、二汽、葛洲坝电厂、姚孟火电厂、中原油田、平顶山和鹤壁煤矿、洛阳拖拉机厂、长岭炼油厂、岳阳化工总厂、株洲冶炼厂、湘潭电机厂等一批全国一流的大型骨干企业。同时在三省大小三线建设了 187 个大中型军工企业。

处于华中地区的武汉市，是我国内地的特大中心城市，处于长江与京广铁路的交汇点，工业基础较好，科技力量雄厚，过去曾是我国最先开放的城市之一。

豫、湘、鄂三省虽然在全国有着重要的地位，但由于改革滞后，潜在优势终未能转化为现实优势。目前，摆在三省四方面前的出路只有两条，或是沦为"谷地"，或是实现"华中崛起"。我们一定要把握机遇，实现华中崛起，有效的途径之一是实施经济联合，而历史悠久的经济联系，经济结构的互补是实施联合的基础，共同面临沦为"谷地"的危险则是实施联合的内在动力。失去的机遇不会再来，但新到来的时机万不可轻易错过。机不可失，时不我待，如果三省四方能在沿海参加国际大循环的严峻挑战面前，联合发展，优势互补，挤进国际大循环的行列，并按照自身的优势和特点实施国际、国内双向大循环策略就有可能实现华中崛起，达到这一目标最根本的保证之一是共同寻求具有特色的"华中政策"。

二、急需解决的几项政策

在当前乃至今后相当长时期内，国家宏观经济政策是制约地区经济发展至关重要的因素之一。国家在对东部实施开放政策，对西部给予优惠政策的同时，应给予华中地区内陆率先开放、稳定农业基础、搞活大中型企业以及地方财政包干等方面的政策。

1. 实行华中地区在内陆率先开放

全方位开放武汉三镇。武汉市在历史上就是我国率先对外开放的城市之一，在我国经济发展的现阶段，应进一步开放武汉市，实现直接通海，享受经济特区的优惠政策。这样，有利于我国开放格局由沿海向内陆延伸，也有利于促进我国东部、中部、西部地区经济协调发展。

建立内陆开放型经济区。主要是湖北省的武汉、荆(州)沙(市)、宜昌、黄石沿江开放带，湖南省的岳阳、湘南及长株潭地区，河南省的郑州、洛阳、新乡、焦作地区，这几个地区交通方便，发展商品经济有一定基础。人员素质比较好，有条件建成内陆率先开放区。如能享受与沿海14个开放城市同等的优惠政策，以内陆特有的技术装备、能源、原材料、矿产资源的优势和比沿海地区更为廉价的劳动力，运用引进外资、合资、独资、"三来一补"等多种形式积极参加国际经济大循环并引进国外先进技术和管理经验，则可以加快大中型企业的技术改造步伐，搞活现有资产存量，提高经济效益，更好地支持沿海地区进一步开放，带动本区经济更快发展。

2. 增加农业投入

豫、湘、鄂三省是全国重要的农业基地，为保证三省农业的稳定发展，希望中央加强对三省农业的投入，兴建大型水利工程；加快支农工业的发展；理顺农产品价格。

加快开发湘南的水利工程，鄂北岗地抗旱工程建设，疏通淮河干流；根治江汉平原、豫南、洞庭湖区水涝灾害；加快实施南水北调中线方案。

在三省原料、能源等条件都比较优越的地区，建议国家考虑每省各建一座年产48万吨尿素的化肥厂。

按价值规律办事，调整现行农产品价格，解决小麦、稻谷等农副产品订购价格过低问题，通过补贴等形式弥补三省农副产品大量调出的利益转移，调动农民务农积极性，以稳定三省的农业生产。

3. 进一步搞活大中型企业

三省的大中型企业潜力很大，进一步搞活这些大中型企业，是三省经济振兴的关键之一。在改革的现阶段，建议中央继续下放包括石油化工、冶金、有色金属、机械等行业在内的国营大中型企业，允许地方政府参与对这些企业的宏观管理和调控，包括由地方承包这些企业；通过国内外招标选择这些企业的经营管理人员；对国外中标担任管理人员的企业，允许按国际惯例进行管理。减少电力工业的管理层次，各省市的电力公司独立核算，改由所在省市领导，原国家分配调度的电量由省市电力公司承包，华中三省之间的电量调度，改为长期供电合同形式管理。

为了进一步发挥三省生产烟叶和卷烟的优势，建议对烟草企业、卷烟产量、品种以及烟叶的种植、收购和调拨由地方协同中央有关部门管理，为了稳定烟叶的产量和不断改良品种，建议返回部分烟草税收，由产区用于扶植烟叶生产。

4. 进一步改进外贸管理办法

外贸体制已经实行了地方承包的改革，建议中央对华中地区实行优惠政策，在三省条件成熟的地方各新辟一些直接对外贸易口岸；放宽各省进出口审批权限；改进出口计划安排的办法。国家出口计划应按出口商品的生产地进行安排，对卷烟、烟叶、煤炭、棉花、棉纱、有色金属等15种中央统一经营产品的出口，实行中央和地方联合经营，利润分成。

5. 实行地方财政包干

9年改革的经验，集中到一个"包"字。随着财政体制改革的深入，为了增强经济发展的后劲，建议中央把华中三省作为财政包干的试点，要求以上届政府任期五年内上交财政（或补贴）的年平均数，作为三省地方政府向中央进行财政承包的基数一定五年不变。

6. 进一步扶持老、少、边、穷、库地区经济的发展

目前三省还有1000多万人口温饱问题仍然没有解决，建议中央除继续保证已定的对三省贫困地区的投入扶持外，适当增加新的投入，通过"输血"进一步增强贫困地区的造血功能，尽快改变这些地区的面貌。

三、联合发展经济的内容

三省要密切配合，寻找共同点，向中央争取"中部政策"，是把握机遇、实现华中崛起的当务之急。但从长远看，通过联合发展经济，实现经济区域优化配置，有着广阔的前景，特别是在市场、交通、能源、科技、旅游等领域有着联合发展的现实可能性。因此，只要各方按照有计划商品经济的客观要求，采取"审时度势、深化改革、加快开放、优势互补、联合开发、华中崛起"的方针，就一定能实现党的十三大提出的加快中部地区开放步伐的设想。

（1）相互开放，建立区域市场体系。三省历史上交往密切，现实中经济各有所长，为区域市场体系的发育提供了先决条件。三省应在发展消费品市场和生产资料、劳务、资金、科技、信息等生产要素市场上相互配合，加快以武汉、郑州、长沙为枢纽，东拓西进的区域流通网络形成。每年轮流坐庄举行一次或几次生产要素交流会，使三省的生产要素得以取长补短，优化配置，各方在场所、交通、服务等方面为他方举行行业性展销会提供

方便,以省市的经济研究、信息研究部门为主相互通报经济信息,建立定期发布信息、分析信息的制度。

(2)变交通优势为流通优势。通过协调三省的交通发展,共同治理荆江和洞庭湖,整治汉江和湘江;在实施南水北调方案中密切合作;协同规划,管理地方铁路和晋煤外运公路等,逐步形成包括水、陆、空、管道在内的交通网络和直接对外的通商口岸,挟华中经济实力向海外拓展市场,以扩大出口创汇能力。在三省交会的中心武汉市,设立各方参加的交通联营公司,组织调配货源,通报货源信息,发挥三省四方交通运输的综合优势。

(3)能源开发及供给的配合。三省虽同为国家能源基地,但均有不足,应扬长避短,优势互补,协调能源的开发及供给,如豫西煤资源丰富,两湖则煤资源储量小,质量差,开发成本高。三省宜建立较长期的煤炭供给协作关系;湘鄂两省无煤资源的地区,可考虑合作开发豫西煤资源。在大三峡水电与河南火电的配套建设方面应通力合作。

(4)组建跨行政区域的企业集团,共同发展各种不同所有制形式并存的企业集团或股份制企业。充分利用各方现有企业的基础,开展横向联合,改变各自"大而全""小而全"的企业组织结构。当前,应在机械、纺织、食品、能源、原材料深度加工的系列产品等方面组建跨省企业集团,谋求共同利益,配合产业结构调整、改造,在资产存量重组、资源合理配置、企业产权有偿转让等方面也存在广泛的合作前景。

(5)联合开发华中旅游片。三省旅游资源丰富,长江三峡、三国遗址、武陵源、中原旅游区、楚文化闻名全国,名扬四海,各方制订旅游规划时,应打破行政地城的界限,从旅游线路到实施方案尽可能顾及三省历史、地理的内在联系,摒弃自成线路、自我循环的封闭式旅游开发模式,走共同开发、旅游点相互串通的发展道路。

(6)协同科技研究,提高装备利用率。三省在巨型电子计算机、光纤通信、激光材料工业、农业技术、能源、农业机械、军工等领域科研力量雄厚,特别是武汉东湖智力密集区大专院校、科研机构林立,人才云集。长沙、郑州、洛阳的大专院校和科研设计院所也各有特色。可组织力量联合进行实用性研究或技术难题攻关;互相转让所引进技术的消化吸收成果;通盘考虑拟引进的项目,避免重复。在智力开发、人才培训、科技产业化等方面取长补短,加强合作。从三省的军工企业和大中型企业的设备闲置与装备不足并存入手,在挖潜、改造、革新、配套诸方面协作,采取军转民、闲置设备有偿转让、来料加工等方式,提高技术装备的利用率,形成开发新产品或新产业的生长点。此外,综合三省的机械优势,通过机电一体化等途径,协同提高装备的技术水平。

(7)合作开展软科学的研究。在软科学研究特别是发展战略的研究中,将三省四方视为一个整体,制定出兼顾各方利益的合理分工战略,还要在产业政策及国土规划等方面加强配合,每年召开一次软科学研究的联席会议,向国家联合申报并研究与四方有关的课题等。

为了实现三省四方经济联合协作,共同发展,缩小同沿海地区的差距,建议三省一市的领导尽快直接对话,统一认识,协调各自的立场,共同探讨振兴华中地区经济的大政方针,就联合协作的有关问题达成原则协议,然后交由三省四方有关职能部门研究联合的具体方法、内容和步骤并选择适当时机上报中央和国务院,尽早取得中央的支持,使我们的设想尽快变成现实,实现华中崛起的宏图。

社会主义国家的发展问题

第一节 广义的"发展中国家"

迄今为止，西方发展经济学一般都是以第二次世界大战结束之后摆脱殖民制度走上了资本主义发展道路的落后国家的工业化作为其研究对象，把这些国家称为"发展中国家"。之所以如此，既有客观原因，也有主观原因。就客观原因来说，主要是受冷战关系的影响，取材困难。就主观原因来说，大多数发展经济学家，特别是在 20 世纪四五十年代，受其世界观的支配，把资本主义作为落后国家实现发展的目标模式，而贬低甚至否定社会主义工业化的合理性。

正如张培刚教授所说："过去 30 多年来的'发展经济学'没有或很少涉及社会主义的发展中国家，从而也就没有或很少触及这方面的问题。"[①]其实，在社会主义国家中，有相当一部分也应属于发展中国家。像中国、越南、朝鲜、蒙古这些国家，虽然走上了社会主义的发展道路，但其社会经济的发展还远远没有完成由传统农业国(牧业国)向现代工业国的结构转换。直到 20 世纪 70 年代，这些国家的工业化水平、农业现代化水平仍然是很低的，产业结构与社会分工仍然还没有基本摆脱农业国的状态，甚至还不如某些类似的发展中国家。一些国家人平主要工业品产量及相关指标见表 1，劳动力产业分布结构见表 2。

表 1 　　　　　　　　　　人平主要工业品产量及相关指标(1970 年)

	单位	法国	印度	中国	越南	朝鲜	蒙古
钢铁	吨	0.468	0.012	0.021		0.16	
发电量	度	2777.3	114.4	189.6	52.2	118.6	416.0
铁路货运量	吨	5.12	0.37	0.82			3.78
进出口贸易额	美元	728.9	7.76	5.53	8.41		164.8
万亩平均拖拉机拥有量	台	46.0	0.2	4.0	0.5	7.0	5.0

资料来源：根据《中国统计年鉴 1987》《国外经济统计资料 1943—1976》的统计数字换算而成。

[①] 张培刚：《建立新型发展经济学刍议》，《经济研究》1989 年第 6 期，第 14~27 页。

表2 　　　　　　　　　　　劳动力产业分布结构(1987年)

	农业	工业	商业等
美　国	2	32	66
日　本	13	38	49
苏　联	15	44	41
巴　西	40	22	38
墨西哥	36	26	38
中　国	71	17	12
印　度	71	11	18

资料来源：马宇平、黄裕冲：《中国昨天与今天：1840—1987年国情手册》，解放军出版社1989年版。

从上面的表中可以看到，中国等社会主义国家，除蒙古人民共和国因人口稀少而指标值稍高外，其工业化程度和印度这样的发展中国家相当，而社会分工与结构转换的程度则还逊于巴西和墨西哥。在这些社会主义国家中，产业非农化、人口城市化的过程远未完成，工业特别是农业的技术革命还是刚刚开始，生产的专业化、社会化、商业化都还处于发育之中。因此，这些社会主义国家理应属于发展中国家。

第二节　社会主义国家经济发展的本质特征

不可否认，社会主义国家与非社会主义国家在经济发展问题上有许多共同之处。这主要是在生产力的发展及其组织方面。其实，我们在论及发展的一般理论与方法时，大体是从生产力发展的视角来展开的。

但是，一个国家的经济发展问题，不可能只是生产力的"自然"发展。生产力的发展，不可能离开生产关系而独立存在与发展，它总要受到生产关系的促进或阻碍、规范或干扰。

资本主义国家，在经济发展上受着资本主义生产关系的引导与制约，是十分明显的。例证之一就是所谓"中心—边缘"矛盾所反映的资本主义剥削关系的国际化。著名的经济学家普雷维什描述道："中心地区的发展已经把边缘地区留在工业发展的边线上，发挥其作为初级产品生产者和出口者的特殊作用。一系列的技术进步在中心地区带来的生产力增长，因产品价格下降并没有遍及整个世界，而是反映在中心地区本身的收入增长，由此导致的附加收入被转移到中心地区，以交换制成品。"因而，有的倾向进步的发展经济学者指出："中心地区较高的生活水平基本上是因边缘地区收入向中心地区转移和边缘地区初级产品贸易条件恶化而受到中心地区的剥削。"[1]这种资本主义世界中的核心国以其所固有的剩余价值法则来"推动"边缘国的发展，从而造成愈来愈尖锐的"南北问题"，正是资本

---

① 中国社会科学院经济研究所发展经济学研究室：《发展经济学的新格局——进步与展望》，经济科学出版社1987年版。

主义生产关系影响并制约发展中国家经济发展的最明显不过的证明。例证之二是一些发展中的大国(以印度最为典型),由于资产阶级革命的局限性和脆弱性,而无法彻底消除发展的制度性障碍——中世纪的桎梏。印度与中国,都属于发展中的东方大国,印度的人口比中国少3亿多,耕地比中国多10亿亩。但自20世纪50年代以来,主要由于选择的道路不同,发展的成效明显拉大(见表3)。

表3   **中国与印度30年发展变化**

	1950 年		1980 年	
	印度	中国	印度	中国
人均收入(美元)	60	50	240	290
钢(万吨)	146	60.6	925.5	3712
煤(万吨)	3283	4292	11365	62000
原油(万吨)	25	20.2	939.7	10595
发电量(亿度)	71	45.4	1163.32	3006
水电(亿度)	266	141	1780.3	7986
粮食(万吨)	5270	1247	14015.3	32056
棉花(万吨)	59	69.29	130	270.7
茶叶(万吨)	28	6.5	57.7	30.4
进口贸易额(亿美元)	11.73	5.8	143.41	291.4
出口贸易额(亿美元)	11.78	5.5	82.42	272.4

资料来源:马宇平、黄裕冲:《中国昨天与今天:1840—1987国情手册》,解放军出版社1989年版,第612页。

30年前,绝大多数指标,印度高于中国。30年后,则反过来了,除了茶叶之外,中国远远高于印度。即使用人均指标来比较,也是如此(见表4)。

表4   **1985 年中印主要产品人均产量比较**

	单位	中国	印度	印度为中国的百分比
钢总产量	万吨	4679	1100.4	23.52%
人均	公斤	45	15	33.33%
发电总量	亿度	4107	1662	40.47%
人均	度	389	224	57.58%
原油总产量	万吨	12500	2988	23.9%
人均	公斤	119	40	33.61%
粮食总产量	万吨	37911	16617	43.83%
人均	公斤	382	224	58.64%

资料来源:马宇平、黄裕冲:《中国昨天与今天:1984—1987国情手册》,解放军出版社1989年版,第612页。

印度和中国，在生产力要素方面差别并不是很大，而印度在接受资本主义世界的援助方面则较中国多。因此，之所以会在30多年间产生较大差距，基本上不应从生产力方面寻求原因，而主要只能从生产关系与社会制度方面寻求原因。

社会主义制度下，经济发展较之资本主义制度具有其本质的差异与特征。

一、关于发展主体

发展主体对于经济发展的重要性，是众所周知的。

社会主义由于它的基础是生产资料的社会主义公有制，在中国实行的是以公有制为主体其他经济成分为补充的所有制结构，所以不可能像资本主义发展中国家那样以私人企业家作为主要的发展主体，实际上是一种以政府为主多种主体为辅的发展主体结构。社会主义70年实践的经验表明，单一的政府主体会窒息经济的发展，否定与取消政府主体则会导致资本主义化。

我们在研究发展主体问题时，必须像张培刚教授所说的那样，"从发展中国家的国情出发"。对于一个落后的国家，在发展起步阶段遇到的困惑，首先是"资本形成"问题。这些国家，由于历史的原因，大都没有也不可能经历"原始积累"的阶段。那么，在"资本"的形成上，是依靠政府这个主体还是依靠千万分散的私人主体能更好地实现"资本产品"的规模化呢？这是一个值得认真考虑与选择的问题。

就我们中国来说，如果是选择后者，那会是一种什么结果呢？从可以预见到的情况来看，至少会发生两方面的后果：其一，由于我们市场发育水平还很低，居民现代化素质还不高，必然会出现西方在17—18世纪曾出现过的那种弱肉强食、充满血腥味的倾轧与兼并的资本积累与集中的过程。这是不以人们主观意志为转移的。伴随着这个过程的，必将是十分痛苦的两极分化和十分尖锐的阶级斗争甚至社会动荡；其二，在已经存在万亿元以上的国有资产的条件下，如实行发展主体由政府到私人的大转变，不仅会引发巨大的原则性混乱，而且会带来复杂的操作性困难。首先，资产易主势必造成国际资本控制国民经济的局面，民族独立便会失去基础。其次，在这一转变过程中，势必会出现私人非规范地侵吞国有财产的混乱局面（这在目前的东欧已是屡见不鲜的），这又必会推动社会的混乱与骚乱。在中国甚至可能会出现一个新的官僚买办资产阶级。最后，如果像有些人所主张的那样，实行国有资产"平分化"，分给谁，分多少，会不会引起更大纷争与动乱？在操作上简直是不可行的。以上两方面的情况都会造成整个国民经济运行秩序的断裂，经济生活混乱，物价飞涨，失业剧增……一旦到了社会无法继续承受之时，就可能引发破坏性的社会动乱。这种描述，并非臆想，在有些原来的社会主义国家已经是事实了。显然，这种选择，对于社会主义国家特别是社会主义大国，是完全不可取的。

对于政府作为发展的主要主体问题，应该做辩证的分析。在市场发育（特别是资金和劳动市场的发育）水平很低，没有经历"原始积累"，而客观环境（特别是资本主义的包围）又要求高速发展的情况下，显然选择政府作为"资本形成"的主要主体，较之选择私人主体，具有更大的可行性和优越性。首先，是时效快。如果说，私人主体的"资本形成"是一种缓慢的"自然发展"过程的话，政府主体的"资本形成"则是一种加速度的"能动发展"

过程，它可以减去许多私人主体之间的倾轧而造成的逆向反作用。其次，是集中度大。社会主义国家的政府，以其特有的经济管理职能，可以通过诸如低工资、低农产品价格，鼓励高储蓄等手段(这些手段，许多是资本主义政府实施不了的)，进行自我集资来推动资本形成，筹集大量的发展资金并进行统一的投资分配。覆盖面宽，集中度大。再次，是波动性小。由社会中枢——政府来行使"资本形成"的职能，可以大大避免前述的私人主体之间相互抵消发展力量的弊端，以及由此而引起的社会震荡。政府可以在眼前利益与长远利益之间、局部利益与全局利益之间处于比较超脱的地位，从而相对地可能更好地做到瞻前顾后，统筹兼顾。例如，在处理发展中某些要牺牲局部利益以维护全局利益、牺牲眼前利益以保存长远利益的问题时，在私人主体的条件下就往往无法顶住国内反对力量的压力，而在政府主体的条件下，就基本不存在这种压力。

正是由于政府主体具有这些优越性，社会主义国家在发展期大都取得了显著的成效，这是无可否认的事实。就连一些东方的非社会主义发展中国家(如韩国、新加坡等)，也在一定程度上采取了以政府主体为主的发展模式，也都收到了良好的效果。

但是，对于政府主体的优点，绝不应过分夸大。政府主体的优点，只能在其作为"主要的"主体，而不是"唯一的"主体且在起步阶段的限度内才能发挥出来，超越了这一限度，优点就会变成缺点。如果政府主体排斥了一切社会主体，在一个"百废待兴"的发展中国家，它是无力"包揽一切"地承担起全部发展任务的。这方面，中国在党的十一届三中全会前与后的发展效果可以说明：党的十一届三中全会以后，由于采取了"政府主体为主，社会主体为辅"的发展主体模式，经济获得了党的十一届三中全会以前无可比拟的大发展。

二、关于发展目的

从表面上看，无论是资本主义的发展中国家还是社会主义的发展中国家，都是为了实现国家的工业化和现代化，这一点似乎没有什么异议。但是，如果从发展的终极目的来看，则是有着本质的差别的。

资本主义的发展中国家，严格地说，国家工业化与现代化是一种手段，是一种动员资源的旗帜，而新兴的资本主义从中攫取越来越多的财富，贪得无厌地吞食一切现代化的成果才是其最终的目的。这一类国家，由于其发展主体是依靠私人企业主，尽管这种发展主体如有些人所说的那样，具有极大的"发展冲动"，但他们终究是为了自身的发财致富，为了追逐高额剩余价值，他们是可以发狂的，是可以置社会利益和民族利益于不顾的。在这类国家中，可以清楚地看到，随着经济的发展，社会的两极分化也日益明显。一端是十分现代化的豪华享乐阶层，另一端则是依旧贫困落后的贫民窟和民不聊生的中世纪的农村。普雷维什公正地指出，在有些拉丁美洲国家，在发展过程中，一方面"在易获得技术进步成果的社会阶层中，就会出现一个特权消费集团"，另一方面"我们拉美国家正在经历一场危机。危机的后果是显而易见的。除了处于社会最低层、收入没有保障的广大群众的问题外，我们必须再加上失业和分配方面的斗争。这不可避免会导致通货膨胀，有时是恶性膨胀。新一代的生活范围在缩小，他们生机勃勃的一面使他们感到自己受到严重压抑。这里孕育着仇恨和反抗。"①这一分析是十分深刻和切中要害的。资本主义条件下的发展，无论它采取什么形式，都必须服从资产阶级追求剩余价值最大化的目的，为了这种目的，如果需要的话，甚至可以牺牲发展的利益。社会主义的发展中国家，就其本质来说，国家工业化与现代化则是目的本身，鼓励一部分人先富起来只是调动全社会发展积极性的手段，其最终目的是达到全民的共同富裕。在这一类国家，由于不存在一个追求个人财富最大化的占统治地位的资产阶级，所以剩余价值规律并不成为社会经济活动的普遍规律，只是在局部的范围和某一特定阶段发生作用。在这类国家中，发展过程并不必然伴随着两极分化，工业化与现代化的成果一般地说并不被少数资产者所占有，而是相对均衡地分配给全体社会成员。

三、关于发展途径

我们可以看到，由于发展主体和发展目的上的不同，资本主义发展中国家同社会主义发展中国家在实现工业化与现代化的途径方面，也是有着明显的差异的。概括起来说，前者一般是采取损害型的途径，后者一般采取携带型的途径。

所谓损害型途径，主要指通过工业损害农业，城市损害乡村，加工地区损害资源地区而取得发展。尽管一些先进工业化国家和半工业化国家后来大都回过来采取了补偿措施以弥补农业、乡村、资源地区的落后状态，但从本质上说这多是由于失衡危机的威胁，而非出于资产阶级的自觉自愿。从必然性来说，资本主义式的发展，在前期几乎必然会经历这种剥削的过程，这是剩余价值规律所决定的。例如，当一个工业资本家还处在刚刚发家之时，我们不能设想使他照顾农产品出售者而不去追求掠夺式的不等价交换。我们也很难设想，宏观控制很不成熟的资产阶级政府，会主动考虑和有能力将加工地区的利润返还一部分给资源地区。

所谓携带型途径，主要指通过工业携带农业、城市携带乡村、加工业地区携带资源地区求得共同的发展。社会主义由于不存在狭隘的资产阶级利益，无论是工业还是农业、城市还是乡村，加工地区还是资源地区，都属政府全覆盖的利益所在，这就为"携带"提供了基础。当然，这只是一种基础，一种可能性，不等于它会"自然而然"地就成为现实。在一些现实的社会主义国家，由于缺乏经验和对社会主义发展本质的理论认识，在一定时期内和一定程度上过分倾斜于工业、城市和加工地区的发展，损害了农业、乡村和资源地区的利益。这种情况在中国自党的十一届三中全会以来已经得到纠正，取得了良好的效果，出现了工农并进、城乡共荣的新局面，这是人所共知的。但是，这个问题在有些社会主义国家并未得到正确的认识，以致成为今天社会动荡的根源之一。

第三节　社会主义国家发展面临的问题

我们这里所说的社会主义国家，主要是指亚洲的社会主义国家，并以中国为重点的研

---

① 中国社会科学院经济研究所发展经济学研究室：《发展经济学的新格局——进步与展望》，经济科学出版社 1987 年版，第 44~52 页。

究对象。这一则是出于资料的匮乏，二则是出于国际环境的变迁。亚洲的社会主义国家，几乎全部是从殖民地、半殖民地、半封建的桎梏中解放出来的。这些国家有许多共同之处，在发展起点上似乎可以说是处于同一个发展阶段。因而，在发展上面临的问题大体相似或相近。

一、计划与市场问题

由农业国转变为工业国，实现结构的转换，有赖于商品经济的高度发展和全国统一市场的形成。但是，社会主义国家在改革前几乎都是实行那种高度集权的计划-产品经济模式，像害怕魔鬼一样地害怕商品经济和市场。苏联是社会主义计划经济的发源地，在20世纪60年代其计划机关就装备了全国自动化管理系统工程，计划工作中运用了相当高深的数学模型和电脑控制系统，他们的计量经济学家更因此获诺贝尔奖。但无论如何计划总是不能符合客观的实际，无从尊重价值规律，从而难以对社会经济和结构转换起到平衡协调的作用。苏联虽然也实现了工业化，但那种工业化是在低效率运行中严重牺牲了农业、轻工业和人民生活的情况下取得的。直到1989年苏联的1200种消费品中1050种是短缺的，即市场上有近90%的商品不能满足需要。这正成为苏联社会不稳定的经济原因。所以，单纯凭借计划而排斥市场作用的工业化，由于它很难实现资源的最佳配置和经济结构转换的协调推进，因而效果是不成功的，经验是不可取的。

此外，完全按照自由资本主义国家那种放任的经济和市场去实现结构转换，又会如我们所描述的那样，剥夺农民，剥削农业与乡村。这又会破坏工农联盟，引起阶级斗争的激化，乃至破坏社会主义的基本阵地。因此，对社会主义国家来说，单纯地凭借市场的作用去实现工业化和结构转换，也是不可取的。

显然，摆在我们面前的唯一选择，只能是设法把计划与市场结合起来，在科学计划的指导下充分发挥市场的作用，逐步形成计划引导的全国统一市场。既要发挥计划机制宏观调控的优点，又要扬弃其微观反应迟钝的弱点；既要扬弃市场机制冲击宏观协调的缺点，又要吸纳其微观反应灵敏的优点，建立起有调控的市场经济体制。这正是社会主义国家在发展过程中必须首先要解决的大课题。

二、公有制与竞争问题

社会主义公有制（特别是国有制）与竞争能不能兼容？这个问题在理论上曾有过争论，在实践上也未完善地解决。但是，客观的规律是：任何一种制度，如果缺乏优胜劣汰机制，它就难以新陈代谢，就不会有旺盛的生命力，从而发展就会受到抑制。而这就要求竞争——平等的竞争。因此，问题不应是该不该竞争的问题，而应是能不能竞争的问题。

公有经济、国有企业能不能有效地参与竞争？在这方面，资本主义国家的国有企业给我们提供了某种有益的启示。法国的电力工业、荷兰的铁路、美国的机场、瑞典的电话、德国的工会企业……都是资本主义的国营企业或群众团体的集团所有企业。这些企业都是在汪洋大海的商品经济中参与激烈的竞争，大都经营得相当出色。根据他们的经验，关键就在于这些国家所有、市政所有、集团所有的企业都是政企分开的，都是受到"硬预算的约束"的，政府或集团坚决关闭那些不成功的企业（许多企业也仍然是由政府来委任经理)。看来,竞争与优胜劣汰,就其本质来说,并不属制度的范畴,而是体制(或模式)的范畴。即使在社会掌有了一切生产资料的条件下,社会也不能容许那些"坐吃山空"的"吃"社会的企业继续存在。这个道理是十分明显的。从现有的经验来看,社会主义公有制条件下,只要能形成公平竞争的条件,竞争不仅必需而且是可能的。这些条件主要是:①开放的市场;②合理的价格体系;③对企业的硬预算约束;④完备的社会保障体系;⑤健全的经济法规。正如薛暮桥同志所说:"市场是商品流通的领域,也是竞争的场所。只有在各类商品自由流通,在价值规律调节下,保持它们价格关系合理的时候,市场才是平整的,企业才能在平整的场地上公平竞争。市场必须是开放的,让商品自由流通,让企业公平竞争,这样才能把经济搞活。"显然,社会主义公有制只要转向有调控的市场经济,前面所说的五个条件是完全可能形成的,这便有可能造就一种平整的公平竞争的大环境。中国改革十几年来的经验也可以说明,公有制和竞争从本质上说并不相悖,而是我们的改革还未全部到位。

三、公平与效率问题

社会主义改革的最终成功,社会主义经济发展的顺利推进,在相当大的程度上,将取决于公平与效率的统一。

公平与效率均属历史范畴。不存在超越一定生产力和经济发展水平的公平,也不存在脱离一定生产力基础的效率。公平与效率的内涵,只能受制于社会生产力的发展水平。脱离生产力追求公平,只能是空想社会主义;不着眼于科学技术与管理水平的提高,去追求效率,只能是蛮干。这是问题的一个方面。

另一方面,公平与效率又是一个矛盾统一的关系。超越生产力的公平,必会损害效率;片面追求效率,又会损害公平,最终也会冲击效率本身。既矛盾,又统一。处理得好,可以共同提高;处理不好,就会互相冲突。在资本主义制度下,效率是建立在两极分化的基础之上的,谈不上真正的公平,所以经济波动性很大乃至带来经济危机。在过去的社会主义实践中,公平又往往脱离生产力水平,因而损害了效率,使社会主义的经济潜能未能充分发挥出来。

从现实出发,社会主义怎样才能做到公平与效率的统一呢?看来,在社会主义初级阶段,为了大力发展社会生产力而又能在总体上维护社会公平,应该首先采取公平与效率分流的模式:宏观保障公平,微观追求效率。即是说,国家通过国民收入再分配建立起较完备的社会保障体系,真正做到幼有所教,老有所养,鳏、寡、孤、独有所照顾,失业与残疾有足够的救济;在微观(企业)的经济生活中,则实行"生存竞争,优胜劣汰"原则,以确立高效率机制。只有实行这种分流模式,才能使社会主义经济真正走上高经济效率的康庄大道。像过去那种在微观领域中把公平与效率糅在一起的做法,实际上只能是牺牲效率以保障公平。结果使整个国民经济无法实现高效率的增长,最终只能是全社会的贫困,平均主义的贫困,这恰恰谈不上什么社会公平。

其次,对国有企业,还应实行等价交换与按劳分配分离的模式;在企业与国家、企业与企业之间坚持等价交换原则,不能"抽肥补瘦""鞭打快牛";在企业内部坚持按劳分配原则。不能像过去那样,超越企业界限"吃大锅饭"。这样才能鼓励先进,共同努力提高经济效率。

四、先富与后富问题

让一部分人，一部分地区通过诚实劳动与合法经营先富起来，鼓励先富起来的帮助未富起来的，以利于全体人民和各个地区逐步实现共同富裕，这是国家的既定政策，是社会主义发展的终极目的。

问题的关键，在于如何形成一种先富带后富的机制。这个问题，可以从两个方面来讨论：先富的个人带后富的个人问题和先富的地区带后富的地区问题。因为这两种情况虽有相同，但不完全一样。

对于先富个人带后富个人的问题，主要是通过宏观的所得税及其再分配来实现。国家征收的个人所得税，应有较大部分用于完善社会保障体系、职业培训体系和开辟新的就业门路。通过这种国民收入的再分配来有计划、有步骤地帮助后富的人们提高就业和创业的素质与本领，来解决后富者的困难，乃至创办某些可以提供新的就业机会的企业或事业。除此之外，在社会上建立一种新的伦理观和道德观，通过鼓励和表彰制度，形成"造福乡里""我为人人"的风尚，也是不可少的。

对于先富地区带后富地区的问题，相对来说比先富个人带后富个人的问题似乎更好解决一些。这完全可以运用社会主义计划的优越性，从宏观、中观、微观三个层面上加以实现。在宏观层面上，应实行对经济发达地区征收"资源返还税"，将其相当部分的级差收益，通过国家税收征集起来，以计划投资方式返还给资源输出地区，或给它们实行某些经济优惠政策（包括适当的补贴政策）。在中观层面上，应允许地区之间的资源流动更多地采取"双边合同制"，先进地区要利用后进地区的资源，须平等、等价地签订双边互利协议，应允许在价格上有"讨价还价"的余地，以此来保护资源输出地区的利益。在微观层面上，可鼓励地区之间企业联合，通过联合体内部合理的利益协调机制来实现先富地区带动后进地区。

总之，先富带后富，必须认真探讨这种"带动机制"，而且应该有相应的立法。这是问题的要害所在。不然，先富带后富就会成为一句空话。

五、开放与独立问题

迄今为止的非社会主义国家，不同程度地都在担心对所谓"核心国"的"依附"问题。这实际上也就是国家自主和民族独立问题。发展中国家，欲求得自身的发展，必须同发达国家保持经济联系，取得外援，即是对外开放问题。但是发达国家不管其口头上讲得如何天花乱坠，它们协助发展中国家发展，进行经济交往，毕竟是有其自私的经济与政治目的的。这一点，即使是对资本主义的发展中国家也毫不含糊，更不用说对社会主义国家了。这种核心国对边缘国进行经济剥削和政治的干预，以致使一些发展中国家的经济学家主张"与中心地区脱钩"，就可以充分说明问题的严重程度了。正如普列维什所说："确实，中心地区，特别是资本主义的主要中心国只是在对自己有利的时候才关心边缘地区的发展，而且一般也没有什么长远的打算或周密的考虑。它们对边缘地区社会的发展漠不关心，也不关心寻求能使各种利益结合起来的途径。"这还是说得比较含蓄和客气的。至于对待社会主义国家，还加上了一层意识形态的斗争，其严峻性就更加突出了。

那么，是不是就不应和发达的资本主义国家打交道呢？是不是就不必对外开放呢？显然不是。明智的选择当然是利用同发达资本主义国家的联系以获得自己的发展，同时又要摆脱"依附精神"独立自主地采取相应的政策，使双方形成积极的相互依存、互不侵犯的状态，也就是既要坚持对外开放，又要防止经济依附，并把两者巧妙地结合起来。

第四节　发展经济学的新领域

如前所述，社会主义国家的发展问题，客观上存在着诸多独有特质，因而建立一门适应于社会主义经济发展的新发展经济学就很有必要了。在这方面，事业还是刚刚开始，有待于我们不断地进行探索。

一、批判地继承

发展经济学，究其渊源来说，是西方经济学的一个分支，它以战后一些不发达国家的经济社会发展问题为其研究对象。这一学科被广泛地介绍到我国以后，仁者见仁，智者见智。全盘肯定者有之，全盘否定者亦有之。我对发展经济学的文献涉猎不全，仅就所及，觉得对此学科似应采取一分为二的态度才比较符合实际。

诚然，就发展经济学的早期学者来说，他们大多没有摆脱宗主国的立场，在理论上又一脉相承于西方经济学说，因而不能不使得发展经济学的基本理论带有庸俗经济学的烙印和脱离发展中国家国情的倾向。但是，发展经济学却不能等同于庸俗经济学，它有不少符合科学的内涵。我以为至少有如下几个方面是值得肯定的：

第一，发展经济学对众多发展中国家进行了大量的实证研究，积累了相当丰富的经验教训和资料。

第二，发展经济学跳出了传统西方经济学的经济增长理论，从不发达国家由传统经济形态向现代化经济形态转变的宏观视野来研究其经济发展的规律性，从经济、社会、上层建筑的多角度来研究影响经济发展的诸因素。从城市化与农村发展的相互关系来研究经济现代化的进程。在这些创造性的研究过程中，创立了"二元结构转换""发展极""循环发展""中心—边缘"等理论。这些理论或命题在很大程度上对发展中国家乃至对社会主义国家的经济发展，都是有重要参考价值和指导意义的。

第三，发展经济学不仅研究一般的经济发展规律问题，而且在实证的基础上系统地研究人口、就业、贸易、金融、财政、教育等各种经济社会政策对经济发展的影响，提出了许多有益和可操作的政策建议。特别值得提出的是普雷维什，他提出的关于高消费对边缘国会产生恶果、机会失衡和分配不公造成新一代生活范围缩小从而酿成危机的主张，不愧为真知灼见。又如 R. I. 麦金农提出的金融自由化会成为不发达国家通货膨胀下的陷阱，G. 拉尼斯提出的宽松的货币政策会在一定时滞之后出现更大的通胀并诱发政治冲突而紧缩银根又需要以放开市场为条件等见解，石川滋提出的农业资源的过度净流出会出现"李嘉图增长陷阱"命题，H. 钱纳里提出的人口政策应由堵截模式向疏导模式转变的建议等，无疑都具有很大的现实意义和实用价值。

综上所述，我们不能照搬发展经济学的理论和模式，但更不应拒绝吸纳其许多在经验分析基础上归纳起来的合理命题与指导思想。特别是在发展经济学发展的过程中，后来又有不少发展中国家的经济学家参加进来，他们站在落后国家的立场上为维护发展中国家的利益而进行了卓有成效的工作。对这一部分人类的智慧结晶，在我们建立新发展经济学的过程中，都应有分析地吸收、融化和创新。

二、新的构思

新发展经济学，顾名思义，它应和旧的发展经济学有原则的区别。这种区别是什么？我个人不成熟的看法是：

第一，与旧发展经济学企望寻求一切发展中国家经济发展的"通用模式"不同，新发展经济学则应立足于特定国家的具体国情，寻求其发展的"特殊模式"（对我们来说首先就应是寻求中国式的发展模式）。在此基础上，通过逐步积累，导出某种一般规律性的东西。现存的不发达国家和地区，横跨亚、非、拉美的广袤地域，纵历诸多的社会历史发展阶段。经济发展的历史文化背景不同，发展的起点各异，发展的机遇又参差不一，国家疆域更是大小悬殊，加上社会制度与体制又不尽相同。显然，企望一下就能找到一种通用的发展理论和发展模式是不现实的。如硬欲为之，势必徒劳而无功。这正是旧发展经济学出现所谓危机的症结之一。新发展经济学则应改弦更张，循着由特殊到一般的轨迹，使学科走出一条新路来。

第二，与旧发展经济学以西方经济学为理论指导不同，新发展经济学则是以马克思主义经济理论为指导，并借鉴西方经济学某些合理的命题与方法。马克思主义关于生产力与生产关系、经济基础与上层建筑的原理，特别是生产关系与上层建筑反作用的原理，关于三大差别的原理……都应成为新发展经济学的思想渊源和理论支柱。我们应该从生产力、生产关系、上层建筑的相互关系中来研究一个国家的经济发展问题，既要研究其促进作用，又要研究其阻碍因素；应该以推进社会分工为出发点，以最终实现三大差别的消失为归宿来研究经济发展，应该以阶级观点来研究经济发展中的阶级结构和阶级动力；应该用历史的动态的观点来研究经济发展的阶段性和阶段局限性；应该以资源的合理分配与利用从而保证经济得以持续稳定协调发展作为经济发展的目标函数等。

第三，与旧发展经济学以非社会主义的欠发达国家为研究对象不同，新发展经济学则主要以不发达的社会主义国家为研究对象，当然也应旁及有关的非社会主义发展中国家。由于众所周知的原因，绝大多数社会主义国家未经充分发展的历史阶段，而直接进入了社会主义发展时期。因此，这些社会主义国家同样属于发展中国家，同样面临一个严峻的发展问题。不仅有着一般的欠发达国家的发展问题，而且还有经济体制改革、体制转轨等特殊的发展问题。这样，在客观上就开拓了发展经济学研究的新领域和新课题。

第四，与旧发展经济学以市场-价格机制为统一的"自然发展"的新古典主义不同，新发展经济学则是以计划与市场的合理结合作为经济发展的实现机制。新古典主义所期望的均衡和谐发展，实际上早已被近40年欠发达国家的发展现实所击破。即使在典型的资本主义制度下，发展中国家也不能走自由放任的老路，让社会贫困、分配不公以及不平等竞争等放任自流地发展，更何况在社会主义国家？！因此，社会主义国家，而且只有社会主义国家,才能将计划机制的宏观合理调控同市场机制的灵活反应有机结合起来,形成资源配置和经济发展的最佳调节机制。这样,就可能避免单一计划机制造成微观反应迟钝与经济发展迟滞和单一市场机制造成宏观失控与经济危机的弊端。

第五,也是最本质的,与旧发展经济学的宗主国偏好不同,新发展经济学不是站在发展国家之上来研究其经济发展问题,而是站在发展中国家之中来研究自己的发展问题。

三、持之以恒的努力

新发展经济学的学科建设是一个庞大的系统工程。我们不能期望一夜之间就会出现奇迹。在科学的道路上是没有平坦的路可走的,它需要许许多多的有志之士进行创造性的劳动。

首先,我们应该老老实实地、不厌其烦地开展基础性的资料研究工作。发展经济学必须建立在浩繁而细致的实证研究的基础上,而系统、全面、可靠的资料则是实证研究必不可少的条件。胜利后的中国却也由于种种原因忽视了忠实地积累资料,致使我们在从事中国经济发展的实证研究时感到资料不足。为此,我们必须进行艰苦的努力,去搜集、发掘、整理、校正失散、被遗忘乃至搞乱了资料,去从事国情、省情、地情调查,并努力实现信息系统现代化。

其次,在以上研究的基础上进行多视野、多方面的由点到面、由局部到全国(视资料的可能而定)的实证分析。能建立某些数学模型固然很好,运用经验数据进行常规的数理分析可能更具有现实意义。从实证分析中,应该求出我国最适当的系列经济参数与系数。

最后,通过大量的实证分析,才能逐步形成我们有中国特色的发展理论,包括经济增长理论、人口理论、货币理论、投资理论、农业发展理论、城市化理论、就业理论和周期理论等,以及它们相应的发展模式并以此为指导逐步形成有效可行的人口、工业、农业、财金、贸易、货币、教育等政策及相应的发展战略。没有进行足够的实证分析,是不可能产生立于不败之地的理论概括的。

(选自《改革:大国通向发展之路》,湖北人民出版社 1994 年版)

社会主义与改革的理论探索

第一节　社会主义道路的选择及其发展模式

自从社会主义实践在人类历史上出现并展开以来，从来都有两种非难的"理论"。一是认为人类历史的发展不会导致社会主义这个历史阶段，所谓社会主义运动的出现，是人类历史发展的"回流"和"悲剧"。这种诅咒的论调来自资产阶级的理论家。马克思主义创始人在世的时候，就同这些"理论家"们进行过不妥协的理论交锋，而历史发展的结果却使社会主义从一个徘徊在欧洲大陆上的幽灵，终于成为活生生的现实。自从社会主义运动在 20 世纪 80 年代出现曲折以来，西方一些社会历史理论家又活跃起来，老调重弹。他们的所谓论据，就是"共产主义与发达的资本主义国家无缘"，而在落后的国家建设社会主义又"不符合马克思的原意"。因而，他们鼓吹，在 20 世纪末，人类将埋葬社会主义，历史将实现走向资本主义的复归。另一种论调，来自无产阶级内部那些自称是马克思主义的理论继承人，这些人认为，无产阶级在落后国家取得政权后，不能直接进入社会主义，而应该走资本主义即西欧历史发展的道路。在社会主义运动历次出现失误，经历曲折的时候，总有人把社会主义实践的不足，归咎于它没有经过资本主义阶段。社会主义要走向"大失败"吗？社会主义真的与发达的资本主义国家"无缘"吗？只要我们重温马克思主义的社会历史理论，并对人类历史发展的实情做一番认真研究，就不难弄清理论上的是非真伪。

一、社会主义是"自然历史过程"的一个环节

自从资产阶级革命取得胜利，资本主义社会稳定地发展起来后，资产阶级理论家便竭力论证资本主义是人类历史发展的顶点，是人类历史走向的统一模式。[①] 在他们看来，人类自有史以来，便是有私有制和阶级的，阶级和国家是永恒的，是合理的历史存在；资本主义大工业的产生，为阶级社会创造了最高的物质文明和社会优越性，这个社会历史阶段是人类最为美妙的天堂。以黑格尔为代表，从历史唯心主义出发，设计了一个"古代东方——希腊、罗马——现代资本主义"的历史模式，把资本主义作为人类历史发展的终极。

科学社会主义的创始人马克思、恩格斯批判地吸收了资产阶级人类学家的研究成果，

[①] 据《马克思恩格斯全集》第 23 卷，人民出版社 1972 年版，第 16 页。马克思说，资产阶级政治经济学"把资本主义制度不是看作历史上过渡的发展阶段，而是看作社会生产的绝对的最后的形式"。

独立地探索了人类的上古时期，揭开了人类在上古时期的历史之谜。他们认为，阶级和国家并不是从来就有的，是人类发展到原始公社末期的产物，"阶级的存在仅仅同生产发展的一定历史阶段相联系"①。既然阶级是社会生产发展到一定历史阶段的产物，而不是从来就有的，因此，它必将在一定的历史阶段上消亡。这就是说，人类原始的公有制阶段开始后，经历漫长的演进，必将完成走向更高阶段上的公有制的复归。马克思主义创始人对人类社会最初阶段卓有成就的研究，抽掉了资产阶级理论家关于"人与人之间的不平等、权利与义务相分离是自古以来就存在"的历史观的立论基础。这样，推翻资产阶级关于人类历史发展的解说，就有了历史的依据。

与资产阶级理论家研究人类历史发展及其走向的方法不同，马克思和恩格斯是从人类的物质生产发展着眼的，研究并反映了人类物质生产的社会关系和社会历史形态。他们所依据的基本原理是："每一个时代主要的经济生产方式与交换方式以及必然由此产生的社会结构，是该时代政治的和精神的历史所赖以确立的基础，并且只有从这一基础出发，这一历史才能得到说明。"②依据这一原理，马克思在《1844年经济学哲学手稿》中弄清了人类社会存在的基础，社会关系的起源和结构。马克思指出，社会的物质关系反映的是人与人的关系，因而社会起源于物质生产劳动。"人在积极实现自己本质的过程中创造、生产人的社会联系。"③这就是说，人们以自然为生产对象，在生产人-自然关系的同时，也创造了生产主体以物质利益为联系纽带的人与人之间的关系。人类的物质生产活动和社会关系是辩证统一的。一方面，社会关系起源于物质生产活动；另一方面，社会关系又是连缀人类的物质生产活动的最直接因而是最必要的社会形态。物质生产活动，是人类社会赖以存在和发展的基础，"一切人类生存的第一个前提也就是一切历史的第一个前提，这个前提就是：人们为了能够'创造历史'，必须能够生活。但是为了生活，首先就需要衣、食、住以及其他东西。因此第一个历史活动就是生产满足这些需要的资料，即生产物质生活本身。同时，这也是人们仅仅为了能够生活就必须每日每时都要进行的(现在也和几千年前一样)一种历史活动，即一切历史的一种基本条件"④；而人们在物质生产中所发生的关系(生产关系)则把人的实践活动——物质生产劳动，变成了广阔而深刻的历史实践。马克思在《雇佣劳动与资本》中指出，生产者借"这些社会关系""以互相交换其活动和参与共同生产的条件"⑤。这样，社会历史实践活动就永远表现为一个具体的历史过程，人类的社会历史就是人类在一定的社会关系中从事生产实践的基础上生产自我并具有内在规律的辩证运动过程。"整个所谓世界历史不外是人通过人的劳动而诞生的过程，是自然界对人来说的生成过程。"⑥因此在这个意义上说，"历史本身是自然史"⑦。此后，马克思又在《资本论》第1卷第1版的序言中明确申明："我的观点是：经济社会形态的发展是一种自然

① 《马克思恩格斯选集》第4卷，人民出版社1972年版，第332页。
② 《马克思恩格斯选集》第1卷，人民出版社1972年版，第237页。
③ 《马克思恩格斯全集》第42卷，人民出版社1979年版，第24页。
④ 《马克思恩格斯全集》第3卷，人民出版社1960年版，第31页。
⑤ 《马克思恩格斯选集》第1卷，人民出版社1972年版，第362页。
⑥ 《马克思恩格斯全集》第42卷，人民出版社1979年版，第128页。
⑦ 《马克思恩格斯全集》第42卷，人民出版社1979年版，128页。

历史过程。"①

马克思主义经典作家十分重视他们关于人类历史的发展是一种自然历史过程的观点。除上所述外，马克思还在为《资本论》第 1 卷第 2 版所作的《跋》，恩格斯在《致约·布洛赫》以及《反杜林论》等许多重要著作中反复申述这一思想。列宁在《什么是"人民之友"以及他们如何攻击社会民主主义者?》中更是系统地发挥了这一思想。他说："马克思……第一次……确定了作为一定生产关系总和的社会经济形态的概念，确定了这种形态的发展是自然历史过程。"②"只有把社会关系归结于生产关系，把生产关系归结于生产力的高度，才能有可靠的根据把社会形态的发展看作自然历史过程。不言而喻，没有这种观点，也就不会有社会科学。"③既然人类历史发展是一个自然历史过程，那么它的历史脚步，就绝不会终止于资本主义社会这一历史阶段；既然它是从无阶级无国家的原始公有制发展而来的，那么，蕴藏于社会运动之中的基本矛盾与历史发展的规律，最后必将使阶级、国家及其私有制一并消亡，而回归到高级的公有制社会。马克思主义关于人类社会的发展是一个自然历史过程的理论，是对资产阶级历史理论的有力批驳，为社会主义这种经济形态在人类历史上产生、发展奠定了第一个理论逻辑。

马克思主义在阐明了人类历史发展是一个自然过程的原理后，又揭示了包孕于这个自然历史过程之中的铁的历史规律。由于人类社会生产从一开始就体现着人们之间的物质联系，而这种物质联系又是由生产力的总和所决定的，"它的历史和人的历史一样长久；这种联系不断采取新的形式"④，因此，人们的这种物质联系(社会关系)就随着生产力的发展而不断改变其存在形式，"总之，各个人借以进行生产的社会关系，即社会生产关系，是随着物质生产资料、生产力的变化和发展而变化和改变的"⑤。但是，这种存在形式的改变，与生产力的发展总不是相同步的：既有相同步的时候，又有不同步的时候：要么超前，要么滞后。在人类的物质生产实践活动中形成的，又将与它伴随到底的生产力与生产关系的矛盾此消彼长，不断行进，由此推进了人类社会发展这个自然历史过程中每一个发展阶段由低级向高级形式的递进。马克思发现了在人类社会发展之自然历史过程中的生产力与生产关系的矛盾规律，也就可以从历史逻辑出发，抽象出蕴藏在这个过程中的人类历史发展的规律及其阶段性特征。他在《〈政治经济学批判〉序言》中阐释道：人们在自己生活的社会生产中发生一定的、必然的，不以他们的意志为转移的关系，即同他们的物质生产力的一定发展阶段相适应的生产关系。这些生产关系的总和构成社会的经济结构，即有法律的和政治的上层建筑竖立其上并有一定的社会意识形式与它相适应的现实基础。物质生活的生产方式制约着整个社会生活、政治生活和精神生活的过程。不是人们的意识决定人们的存在，相反，是人们的社会存在决定人们的意识。社会的物质生产力发展到一定阶段，便同它们一起在其中活动的现存生产关系或财产关系(这只是生产关系的法律用语)

---

① 《马克思恩格斯全集》第 23 卷，人民出版社 1972 年版，第 12 页。

② 《列宁选集》第 1 卷，人民出版社 1972 年版，第 10 页。

③ 《列宁选集》第 1 卷，人民出版社 1972 年版，第 8 页。

④ 《马克思恩格斯全集》第 3 卷，人民出版社 1960 年版，第 33 页。

⑤ 《马克思恩格斯选集》第 1 卷，人民出版社 1972 年版，第 363 页。

发生矛盾。于是这些关系便由生产力的发展形式变成生产力的桎梏。那时社会革命的时代就到来了。随着经济基础的变更,全部庞大的上层建筑也或慢或快地发生变革。在考察这些变革时,必须时刻把下面这两者区别开来:一种是生产的经济条件方面所发生的物质的、可以用自然科学的精确性指明的变革,一种是人们借以意识到这个冲突并力求把它克服的那些法律的、政治的、宗教的、艺术的或哲学的,简言之,意识形态的形式。我们判断一个人不能以他对自己的看法为依据,相反,这个意识必须从物质生活的矛盾中,从社会生产力和生产关系之间的现实冲突中去解释。无论哪一个社会形态,在它们所能容纳的全部生产力发挥出来以前,是决不会灭亡的;而新的更高的生产关系,在它存在的物质条件在旧社会的胎胞里成熟以前,是决不会出现的。所以人类始终只提出自己能够解决的任务,因为只要仔细考察就可以发现,任务本身,只有在解决它的物质条件已经存在或者至少是在形成过程中的时候,才会产生。大体说来,亚细亚的、古代的、封建的和现代资产阶级的生产方式可以看作是社会经济形态演进的几个时代。资产阶级的生产关系是社会生产过程的最后一个对抗形式,这里所说的对抗,不是指个人的对抗,而是指从个人的社会生活条件中生长出来的对抗;但是,在资产阶级社会的胎胞里发展的生产力,同时又创造着解决这种对抗的物质条件。因此,人类社会的史前时期就以这种社会形态而告终①。

在资本主义时代,"资本的垄断成了与这种垄断一起并在这种垄断之下繁盛起来的生产方式的桎梏。生产资料的集中和劳动的社会化,达到了同它们的资本主义外壳不能相容的地步。这个外壳要炸毁了。资本主义私有制的丧钟就要响了。剥夺者就要被剥夺了"②。这时,社会主义就要出现了,资本主义的历史地位就要让渡给社会主义了。

马克思主义从包孕在人类社会发展之自然历史过程内部的生产方式的历史发展角度考察,指出人类社会经历了"亚细亚的、古代的、封建的和现代资产阶级的"以及未来共产主义(包括社会主义)的几个历史阶段。从生产关系的总和即社会关系的演变角度来说,人类历史则经历了"古代社会、封建社会和资产阶级社会"以及共产主义社会(包括社会主义)。马克思指出:"生产关系总和起来就构成为所谓社会关系,构成为所谓社会,并且是构成为一个处于一定历史发展阶段上的社会,具有独特的特征的社会。古典古代社会、封建社会和资产阶级社会都是这样的生产关系的总和,而其中每一个生产关系的总和同时又标志着人类历史发展中的一个特殊阶段"③。从社会生产关系中生产资料的所有制嬗变的角度考察,体现于人类历史发展长河中的所有制形态可以归并为以下几种类型:部落的、古代的、封建的、资产阶级的和共产主义的④。无论是从社会生产方式,乃至社会关系,进而是生产资料的所有制角度来考察作为一个自然历史过程的人类社会发展,都是对历史活动主体的分侧面研究,是为了对历史活动主体——人类的演进做总体考察。因此,从总体上说,"人"的发展和完善,在这个自然历史的进程中经历了以下三个阶段:人的依赖关系(直接的社会关系)、人对物的依赖关系(物化的社会关系)、个人的全面发展(自

① 参见《马克思恩格斯选集》第2卷,人民出版社1972年版,第82~83页。
② 《马克思恩格斯全集》第23卷,人民出版社1972年版,第831~832页。
③ 《马克思恩格斯选集》第1卷,人民出版社1972年版,第363页。
④ 《马克思恩格斯全集》第3卷,人民出版社1960年版,第9页。

由人的联合体）。马克思指出："人的依赖关系（起初完全是自然发生的），是最初的社会形态，在这种形态下，人的生产能力只是在狭窄的范围内和孤立的地点上发展着。以物的依赖性为基础的人的独立性，是第二大形态，在这种形态下，才能形成普遍的社会物质变换、全面的关系，多方面的需求以及全面的能力的体系。建立在个人全面发展和他们共同的社会生产能力成为他们的社会财富这一基础上的自由个性，是第三阶段。第二阶段为第三阶段创造条件。"①马克思所说的人的自由个性全面发展的阶段，相当于他所说的共产主义社会，因为只有在这个历史阶段，人的自由个性才能得到全面发展。

综上，马克思对活动于自然历史过程中的主体——人类发展所做的多侧面考察和总体研究，就为人类一定由原始公社时代演进到社会主义社会，奠定了第二个理论逻辑。这样，人类社会必然到达共产主义这个历史阶段，社会主义是人类社会发展之自然历史过程的一个必然的环节，就得到了充分的理论说明和缜密的逻辑论证。因此，马克思主义关于人类社会发展是一个自然历史过程的学说，包含着对丰富的人类历史发展轨迹的科学勾勒，包含着对人类历史发展过程的终极目标的说明。由此看来，人类历史发展的统一性将表现为：其一，社会历史的发展始终受到生产关系一定要适合生产力状况的规律和上层建筑一定要适合经济基础发展的规律支配；其二，人类历史的发展是不以任何人的意志为转移的一个自然行进的历史过程；其三，这个历史过程是活动于其中的主体之主观能动性与历史环境之客观限定性的统一体，因而它绝不是漫无目的的；其四，任何民族，任何国家，有人类生存的任何地区，其历史发展都表现为一个过程，无论其过程多么漫长曲折，其发展阶段多么不同，也无论其过程所表现的发展模式有多么大的差异性，它们终将终结于共产主义社会（包括社会主义）这个历史阶段，诚如恩格斯所指出的："社会革命将以共产主义原则的实现而告终，别的可能性是不会有的。"②人类历史发展的统一性之最根本、最本质的表现，就在于终归于共产主义发展之一途。

二、历史发展的常规性、变异性与社会主义

马克思主义关于人类社会的发展是一个自然历史过程的理论，不仅论证了社会主义是人类历史发展进程中的必经环节，而且揭示了人类历史发展的统一性和常规性，这样，人类历史发展的本质力量、根本特性和最终归宿就得到了完满的说明。

首先，马克思从社会生活中分离出经济领域，从一切社会关系中划分出经济关系，从而在历史发展的纵向方面，把经济看成是历史演进的决定性力量，是各个历史时代发展的基础。

经济的范畴，从广义上说，是指物质生活的生产方式，包括生产力和生产关系的总和；从狭义上说，可指与上层建筑相对应的经济基础。人类历史发展，不过是历史主体有目的的活动而已。人们的衣、食、住、行等活动以及精神生活在社会生产中产生一定的、必然的物质关系，这种关系成为人们其他一切关系的条件和前提。产生于人们物质资料生产实践活动中的生产关系，其发展，又始终决定于生产力发展的程度和水平。因此，无论

---

① 《马克思恩格斯全集》第46卷（上），人民出版社1979年版，第104页。
② 《马克思恩格斯全集》第2卷，人民出版社1957年版，第625页。

是在狭义的经济范畴中，还是在广义的经济范畴中，生产力都是起决定作用的因素。因此，马克思指出："物质生活的生产方式制约着整个社会生活，政治生活和精神生活的过程。"①恩格斯指出："以往的全部历史……都是自己时代的经济关系的产物；因而每一个时代的社会经济结构形成现实基础，每一个历史时期由法律设施和政治设施以及宗教、哲学和其他的观点所构成的全部上层建筑，归根到底都是应由这个基础来说明的。"②这就是说，生产力的发展，经济生活的演进，总是无情地、毫无例外地即必然地为自己的存在和行进开辟道路，正是从这个意义上说，"历史是人类的真正的自然史"③。历史是从不以个人的意志为转移而随着经济的发展之自然的产物。经济对社会的发展归根到底起决定作用，人类历史的发展最基本的就是由经济起决定作用的社会经济形态的演进。"马克思究竟怎样得出这个基本思想呢？他所用的方法就是从社会生活的各种领域中划分出经济领域来，从一切社会关系中划分出生产关系来，并把它当作决定其余一切关系的基本的原始的关系"④。

其次，马克思主义认为，人们在自己生活的社会生产中发生一定的、必然的、不以他们的意志为转移的关系，即同他们的物质生产力的一定发展阶段相适合的生产关系。生产关系是社会构成和设施的基础，是判定社会性质的根本标准。只要客观地分析社会生产关系，就可以发现社会现象以及历史发展的常规性和重复性，而把相同生产关系的国家、民族集合于同一基本概念——社会经济形态下，从而找到与社会历史发展相通的规律（本质的历史关系）。因此，从社会历史发展的横向上考察，包容在这个自然历史进程之中的历史发展的统一性就表现为，任何不同的民族、国家和地区，只要本质上具有相同或相近的生产关系，就具有本质上相同或相似的上层建筑与历史发展规律。

总之，从唯物史观的基本原理来看，建立在一定生产力水平上的物质的社会关系（经济结构），是各民族、各国家、各地区的历史发展之重复性与常规性的客观基础。不论是处在同一历史时期的民族、国家，还是处于不同历史阶段的不同民族、不同国家和不同地区，只要具有本质上相同或相近的生产关系，就会具有本质上相同或相近的社会制度、阶级结构、上层建筑及其社会意识形态，就会有本质上相同或相通的历史规律，这就是说，它们处于相同的社会经济形态，并可以跨时空地把它们划分在相同的社会历史发展阶段。正因为如此，可以在 20 世纪 50 年代，在我国西南少数民族地区找到不仅与中国古代曾经存在过的奴隶制发展相通的本质关系，而且找到了与古代希腊、罗马奴隶制发展共同的历史规律⑤；只要解剖现代任何一个国家或地区的资本主义，就可以发现它们共同的历史联系和本质特征，无论是 19 世纪的资本主义，还是 20 世纪的资本主义，也不论是欧洲的资本主义，还是美洲、亚洲的资本主义。

因而我们才有理由从总体上把人类历史发展这个自然历史过程，看成是一个从低级向

---

① 《马克思恩格斯选集》第 2 卷，人民出版社 1972 年版，第 32 页。

② 《马克思恩格斯选集》第 3 卷，人民出版社 1972 年版，第 432 页。

③ 《1844 年经济学哲学手稿》，人民出版社 1979 年版，第 134 页。

④ 《列宁选集》第 1 卷，人民出版社 1972 年版，第 6 页。

⑤ 参见胡庆钧、周用宜：《奴隶占有制是人类社会历史发展的必然》，《史学理论》1989 年第 4 期。

高级发展阶段必然交替的历史过程。人们的历史活动，是基于一定时代的经济关系和生产力状况的，既不能自由选择，也不能随心所欲地进行历史活动，因此，历史阶段的递进，总是取决于既定的因素：他们受到从前一代人那里所继承的生产力，以及由它所决定的社会关系、社会意识形态的制约，这是他们从事历史创造活动——发挥主体作用的基点和前提。这就如马克思所指出的："历史不外是各个世代的依次交替，每一代都利用以前各代遗留下来的材料、资金和生产力；由于这个缘故，每一代一方面在完全改变了的条件下继续从事先辈的活动，另一方面又通过完全改变了的活动来改变旧的条件。"①因此，每一阶段的历史，每一种社会经济形态，都既是人类在既定条件下进行历史创造的结果，又是进行新的历史活动的条件和起点，并成为一种新的历史联系，各种历史阶段间的历史联系，各社会经济形态间的历史联系，都是在生产力发展的连续性中得以实现的。马克思指出："单是由于后来的每一代人所得到的生产力都是前一代人已经取得而被他们当做原料来为新生产服务这一事实，就形成人们的历史中的联系，就形成人类的历史：这个历史随着人们的生产力以及人们的社会关系的愈益发展而愈益成为人类的历史。"②马克思主义创始人从研究西欧历史发展的实情入手，从历史哲学的高度出发，以一种历史发展模式的理论形态抽象地阐明了人类社会历史发展过程中的统一性、常规性：依部落的、古代的、封建的、现代资产阶级的和共产主义的几种社会经济形态依次递进，从而指出了人类历史发展的总趋势和总归宿。

马克思主义经典作家以西欧历史发展为实例，以一种历史哲学形态揭示了历史发展的几种社会经济形态，并揭示了它们依次交替的根本力量。是否可以把这个理论模式普遍地运用于人类社会发展之中，据此认为人类历史过程中的任何民族、国家和地区无一例外地都要经历这几种社会经济形态相交替的几个历史阶段呢？马克思主义经典作家是持否定态度的。因为，五种社会经济形态依次交替的历史发展理论只是一种历史哲学形态的理论模式，既然是一种理论模式，它便不能完整地代表历史过程本身。作为一种理论模式。它对历史过程的"反映是经过修正的""是按照现实的历史过程本身的规律修正的"③，因而它始终只是作为一种总趋势，以"极其错综复杂和近似的方式，作为从不断波动中得出的，但永远不能确定的平均情况来发生作用"④，历史理论模式所揭示的总趋势、平均情况，是对历史实际中最基本的、普遍的、典型的东西的科学描述，是对历史实际的科学化、理论化，绝不等同于历史发展过程本身。历史发展的过程不是平坦笔直的，也不是纯粹而单一的，它远比理论模式要复杂得多。历史发展的必然性不是以一种纯粹的形式表现出来的，而是通过偶然性表现出来并为历史提供契机，它拥有无穷无尽和多姿多彩的表现形式。

马克思还根据晚年对人类学和古代东方社会的研究，明确指出他以往的历史理论模式所具体适用的范围仅仅局限于西欧。马克思指出："我在关于原始积累的那一章中只不过

① 《马克思恩格斯选集》第3卷，人民出版社1972年版，第51页。
② 《马克思恩格斯选集》第4卷，人民出版社1972年版，第321页。
③ 《马克思恩格斯全集》第13卷，人民出版社1962年版，第532页。
④ 《马克思恩格斯全集》第25卷，人民出版社1974年版，第181页。

想描述西欧的资本主义经济制度从封建主义经济制度内部产生出来的途径。因此，这一章叙述了使生产者同他们的生产资料分离，从而把他们变成雇佣工人（现代意义上的无产者）而把生产资料占有者变成资本家的历史运动"①，"可见，这一运动的'历史必然性'明确地局限于西欧各国"②。针对有人超越具体历史条件将马克思的历史理论模式机械地加以运用，马克思将它指斥为荒谬的"一般历史哲学"③，他说："他一定要把我关于西欧资本主义起源的历史概述彻底变成一般发展道路的历史哲学理论，一切民族，不管他们所处的历史环境如何，都注定要走这条道路，——以便最后达到在保证社会劳动生产力极高度发展的同时又保证人类最全面的发展这一种经济形态。但是，我要请他原谅。这样做，会给我过多的荣誉，同时也会给我过多的侮辱。"④显然，马克思不赞成将历史发展的理论模式——几种经济形态的交替当成历史发展过程本身这种简单的做法。虽然查考人类各支系，各国发展阶段，依照社会发展水平与程度由低级向高级的发展这一标准，可以抽象出部落的——古代的——封建的——现代资本主义的——未来共产主义的依次交替，而且也有西欧历史发展给予证实，但是，反过来将它验诸世界各民族、各地区和各个国家，则不能对应。从顽强的历史事实出发，各民族、各国家的历史发展，可能经历这一理论模式中的某一阶段而不经过另一些阶段；或者经历其中的大部分阶段而越过某一阶段；或者经历某些阶段，而这些阶段中又有某个阶段不具有典型形式，如此等等。从理论上说，前者属历史发展的常规形式，如西欧历史发展，几种社会经济形态依次交替，其历史发展则在常规道路上行进；后者则属历史发展常规性形式下的变异，是一种变异形式。如除西欧以外的世界上许多民族和国家。这就是说，人类社会的发展，既可以循着常规性道路行进，也可以沿着变异性道路行进。它们的起点是原始公有制，终点是共产主义公有制，而后者已在沿着变异性历史发展道路的民族和国家中产生。

世界上任何民族、任何国家的发展，是选择常规性的发展道路，还是选取变异性的发展道路，以及它们在各历史阶段上的发展模式如何——如按照常规历史发展道路的西欧，尚未出现社会主义，而在东方则较早地产生了社会主义，但这些社会主义国家的发展模式又各不相同——这些均取决于该民族、该国家所处的具体历史环境。这就是说，由于任何国家，任何民族的社会发展，都受到具体历史环境的影响，因此，蕴藏于这些各个不同的具体历史环境中的选择机制就使它们选择了各不相同的发展道路和模式。总之，各民族、各国家所处的具体历史环境创造了历史发展的选择机制，这些选择机制又导致了各不相同的历史发展轨迹，使之按照某种发展道路、模式发展。马克思指出，在古代会出现亚细亚的、古代的(希腊罗马的)、日耳曼的几种发展模式(生产方式)"部分地取决于部落在怎样的经济条件下实际上以所有者的资格对待土地，就是说，用劳动来获取土地的果实；而这一点本身又取决于气候、土壤的物质性质，受物理条件决定的土壤开发方式，同敌对部落

---

① 《马克思恩格斯全集》第19卷，人民出版社1963年版，第129页。
② 《马克思恩格斯全集》第19卷，人民出版社1963年版，第126页。
③ 《马克思恩格斯全集》第19卷，人民出版社1963年版，第130页。
④ 《马克思恩格斯全集》第19卷，人民出版社1963年版，第129页。

或四邻的关系，以及引起迁移、引起历史事件等等的变动"①。正因为它们各自所处的历史条件不同，所以在西方的奴隶制和农奴制就改变了"部落的一切形式"，而古代东方则相反，基于其特有的经济结构和所处的历史环境，"所能改变的最少"②。在近代社会，由于文化传播的广泛性和文化模式冲突的剧烈性，各民族、各国家在选择历史发展道路时愈益受到相互间的影响，而成为一部生动活泼、多姿多彩的世界史，"各个相互影响的活动范围在这个发展进程中愈来愈扩大，各民族的原始闭关自守状态则由于日益完善的生产方式、交往以及因此自发地发展起来的各民族之间的分工而消灭得愈来愈彻底，历史就在愈来愈扩大的程度上成为全世界的历史"③。例如，近代中国和印度，由于资本主义的入侵和资本主义文化模式的影响，就改变了原有的社会发展道路，由封建制和农村公社进入半封建半殖民地和殖民地社会。这样，便跨越了社会经济形态前后依次交替的环节，没有走常规性历史发展道路。

由此看来，人类社会的发展，除受常规性发展道路的引导外，在很大程度上受变异性发展道路的引导④；而变异性发展道路与常规性发展道路始终平行，共同贯穿于历史发展全过程，绝不是忽有忽无的。这就是说，变异性发展道路与常规性发展道路共同孕育于原始公有制之中，在它解体时人类进入文明时代就开始了。马克思指出："奴隶制、农奴制等等总是派生形式，而决不是原始的形式"，又说："所以奴隶制和农奴制只是这种以部落体形式为基础的财产的继续发展。它们必然改变部落体的一切形式"⑤。从原始公社解体后，人类历史发展常规性道路与变异性道路就具体地、活生生地展开了：前者是继原始公社而来的奴隶制，如古代希腊、罗马；后者是继原始公社而来的农奴制（封建制），如日耳曼人（欧洲中世纪社会）。

自从人类社会发展的变异性道路在原始公社解体时开辟以来，便一往无前地经历了古代社会、近代社会，造成了当代人类社会的崭新格局；如沿历史常规性道路发展而来的资本主义社会与沿历史发展变异性道路产生的社会主义社会的共处、对抗、竞赛。人类社会的变异性发展道路能不能最终产生社会主义的结局，这种历史产儿有没有生命力，正是马克思主义经典作家在阐述人类历史发展的变异道路时所非常重视的问题。

19世纪七八十年代，马克思参与并指导了关于俄国农村公社与社会发展前途的讨论，发表了俄国历史发展可以超越资本主义的卡夫丁峡谷而直接进入社会主义的著名论断。根据他给《祖国纪事》杂志编辑部和查苏利奇的信，可以概述其主要内容：（1）俄国农村公社有两种发展前途，俄国可以走不同于西欧历史发展的模式，即由农奴制和村社制社会直接进入社会主义，而超越资本主义发展这一历史阶段。马克思认为，农村公社具有两重性：一方面公有制以及由公有制所造成的各种社会关系使公社的基础稳固下来；另一方面，房

① 《马克思恩格斯全集》第48卷，人民出版社1985年版，第484页。
② 《马克思恩格斯全集》第48卷，人民出版社1985年版，第492页。
③ 《马克思恩格斯全集》第3卷，人民出版社1960年版，第51~52页。
④ 关于历史发展的几种变异性形式，余树声在《历史哲学》（陕西人民出版社1988年出版）第三章中甚有论述，可参阅。
⑤ 《马克思恩格斯全集》第19卷，人民出版社1963年版，第43页。

屋的公有、耕地的小块耕种和产品的私人占有又使个人获得发展，而这种个人发展和较古的公社的条件是不相容的。在公社中发展的这种矛盾性，可成为它解体的根源："农村公社的构成形式只能是下面两种情况之一，或者是它所包含的私有制因素战胜集体所有制因素，或者是后者战胜前者。一切都取决于它所处的历史环境。"①(2)这种历史环境一方面是指国情："在俄国，由于各种情况的特殊凑合，至今还在全国范围内存在着农村公社能够逐步摆脱其原始特征，并直接作为集体生产的因素在全国发展起来"。这是说，俄国本身保存着广泛的古代原始公有制的因素，同社会主义的所有制有某种同一性。如果它在一定的世界环境里避免瓦解为资本主义，在得到改造后就可直接进入社会主义。另一方面就是指世界历史环境："'农村公社'的这种发展是符合我们时代历史发展的方向的，对这点的最好证明，是资本主义生产在它最发达的欧美各国中所遭到的致命危机，而这种危机将随着资本主义的消灭，随着现代社会的回复到古代类型的最高形式，回复到集体生产和集体占有而结束"。因此，俄国及其古代遗存至今的农村公社有可能获得新生或复兴，"它有可能不通过资本主义制度的卡夫丁峡谷"②。(3)前资本主义国家直接进入社会主义，还在于这些国家能够利用和借鉴资本主义时代所创造的优秀成果。马克思十分肯定地指出，前资本主义国家跨越资本主义阶段直接进入社会主义的一个重要的先决条件是，善于利用"和它同时并存的资本主义生产在给它提供集体劳动的一切条件……而享用资本主义制度的一切肯定成果"③。恩格斯在1885年给查苏利奇的信中，也一改以前关于能否跳跃性地发展的不明确态度，肯定地认为，从前资本主义国家通过社会革命进入社会主义阶段，是由该国的政治和经济条件决定的；此外，他还认为，前资本主义国家直接进入社会主义，不只局限于俄国，而且适用于处在前资本主义时代的一切落后国家。他说："马克思主义的历史理论是任何坚定不移和始终一贯的革命策略的基本条件；为了找到这种策略，需要的只是把这一理论应用于本国的经济条件和政治条件"④；"只有当落后国家""看到怎样把现代化工业的生产力作为社会财产来为整个社会服务的时候——只有到那个时候，这些落后国家才能走上这种缩短的发展过程的道路。然而那时它们的成功则是有保证的。这不仅适用于俄国，而且适用于处在资本主义以前的发展阶段的一切国家"⑤。

由上看来，人类社会的跳跃性变异发展道路，既从原始公社瓦解时得以开辟，又贯穿于人类历史发展的全过程，而终结于人类历史发展的最后一个经济形态——共产主义社会。这一理论观点不仅在古代社会中得到了验证，而且在十月革命胜利和第二次世界大战后得到了更加雄辩的证明。在人类历史发展中，马克思主义关于人类历史发展的跳跃性变异发展的理论观点，不仅有宝贵的理论价值，更有强大的生命力。关于人类历史发展存在着跳跃性变异道路的理论观点，并非马克思主义的一时的思想闪光，而是它所一贯坚持的

① 《马克思恩格斯全集》第19卷，人民出版社1985年版，第435页。

② 《马克思恩格斯全集》第19卷，人民出版社1985年版，第438页。

③ 《马克思恩格斯全集》第l9卷，人民出版社1985年版，第438页。

④ 《马克思恩格斯选集》第4卷，人民出版社1972年版，第450页。

⑤ 《马克思恩格斯全集》第22卷，人民出版社1965年版，第502~503页。

思想，是贯穿于形成社会历史发展理论全过程的思想，是它关于社会历史发展理论的有机组成部分。

总之，由于马克思主义创始人对人类历史发展所做的深入的实证研究和精深的哲理分析，揭示了贯穿其中的社会基本矛盾规律，从而发现了人类社会发展由低级阶段向高级阶段依次交替的社会历史现象，并揭示了人类社会发展的常规性道路；由于马克思主义创始人坚持从顽强的历史事实出发的理论原则，具体问题具体分析，重视并解说了影响社会历史发展的诸多因素，确切地说明了它导致历史发展选择机制产生作用的意义，从而发现了人类社会前进的另一种道路——跳跃性变异发展模式。无论是人类社会发展的常规性道路，还是跳跃性变异道路，都将最后导致共产主义这一历史阶段。

依照马克思主义创始人关于人类社会发展两种道路的学说，其发展状况由低级向高级阶段的演进过程如下：

（1）常规性发展道路：原始公社制——古代奴隶制——中世纪封建（农奴）制——现代资本主义——未来共产主义；

（2）跳跃性变异发展道路：原始公社制——农奴（封建）制——社会主义（共产主义）。

在第一种发展道路中，历史过程呈现着发展程度、水平的高低起伏与时间延续上的长短起伏现象，如发达繁荣漫长的奴隶制社会后，继之而起的是落后的不发达的和较短暂的中世纪农奴社会。随之而来的是较发达看来也将持续较长时间发展的现代资本主义社会。在第二种发展道路中，同样存在着发展程度与时间长短上的起伏现象，如在世界历史的东方，经历了不发达较短暂的奴隶社会（甚至不经过），但随之经历了漫长而发达的封建社会，一旦进入现代社会后，就跳跃了资本主义发展阶段，直驱社会主义这个历史时期。依照马克思主义关于常规性道路在资本主义阶段产生的社会主义理论，可以知道继之而起的将是一个发达繁荣、漫长悠远的社会主义历史时期；依照马克思主义关于历史发展的变异性道路的论述和跳跃性变异发展过程中发展水平与时间延续上的起伏性规律可以预测，已经直接走上社会主义发展道路的民族、国家，将经历一个漫长而发达的社会主义历史阶段。人类社会发展的两条道路最初裂变于原始公有制中，最后也统一于共产主义公有制时代。由此可见，所谓的社会主义与发达资本主义国家无缘论，抹杀了历史发展的客观规律，并不是什么新鲜理论，而是19世纪资产阶级理论家所谓资本主义是人类社会发展顶点的老调重弹。

三、斯大林的社会形态学说与科学社会主义理论

如上所述，马克思主义创始人关于社会历史发展是一个内容丰富、逻辑严谨的理论体系，充满了辩证法则。它既论述了人类社会依常规性发展道路，在社会经济形态的发展阶段上依次交替是历史发展阶段性与连续性的统一；又论述了人类社会发展的变异道路。至于任何国家、任何民族、任何地区选择哪种阶段性发展模式，沿着哪种发展道路行进，则由具体的历史环境决定，由该民族、国家、地区历史发展的选择机制决定。人类社会由原始公有制发展而来，最后走向更高级形态的共产主义公有制。马克思主义关于社会历史发展理论、理论模式、历史观和方法论。

但是，在斯大林时代，对马克思主义的社会历史发展理论做了教条化、公式化的理

解。在斯大林看来，马克思主义创始人所讲的部落的、古代的、封建的、资本主义的几种社会经济形态，是向共产主义发展的几种社会形态阶梯；五种社会形态是沿着直线性方向按先后次序演进的，其中每一个后来的社会形态相对于被取代的前一个社会形态来说，是质变，是递进，是带有根本性质的突破；世界上每一个国家、每一个地区的每一个民族，都要依次经历这五种社会。这是一个普遍适用的铁的历史规律。

斯大林的社会形态学说，从本意上虽则是为了论证任何国家、地区和民族的发展，必然会行进到社会主义，但它阉割了丰富多彩的历史内容，排斥了历史发展统一性中的多样性，结果是他的社会主义理论陷于僵化，给社会主义实践带来了危害。

第一，从理论上说，斯大林割裂了马克思主义关于社会历史发展的辩证法核心，用历史发展的常规性排斥了历史发展的变异性，用历史发展的普遍性排斥了历史发展的特殊性，用历史发展的直线性排斥了历史发展的曲折性，用历史发展的单线性、统一性排斥了历史发展的多线性、多样性。因而它是一种教条主义历史观、唯心主义的历史观。

在马克思主义创始人看来，人类社会发展是一个自然历史过程，这个过程是历史发展的常规性与变异性的统一。列宁指出："世界历史发展的一般规律，不仅丝毫不排斥个别发展阶段在发展形式或顺序上表现出特殊性，反而是以此为前提的……这些特殊性固然并不越出世界发展的共同路线。"①马克思主义创始人所论证的人类社会发展过程，是历史发展的普遍性与特殊性的统一。"在人类从今天的帝国主义走向明天的社会主义革命的道路上，同样表现出这种多样性，一切民族都将走向社会主义，这是不可避免的，但是一切民族的走法却不完全一样……每个民族都会有自己的特点。"②马克思主义所说的人类社会发展是一个自然历史过程，是历史发展直线性和曲折性的统一。恩格斯指出："历史常常是跳跃性和曲折性地前进的。"③马克思主义所说的人类社会发展是一个自然历史过程，是单线性、统一性发展与多线性、多样性发展的统一。既然如同马克思在研究人类文化学时所指出的，任何一个民族的社会发展道路都将由各民族所处的具体历史环境决定，那么，各民族的发展有的可能依次经历五种社会经济形态的交替，有的可能只经过某些发展阶段而不经历一些发展阶段，最后也会走向共产主义。人类社会发展表现为一个自然的历史过程，但各民族、各国家、各地区之具体的历史发展进程又是各不相同的。马克思主义创始人既论证了人类历史发展必将终结于共产主义这个历史阶段，但又阐述了表现这个总的历史过程的极为丰富多彩的具体历史状况。

第二，对社会主义运动的实践来说，斯大林的社会形态学说，使活生生地存在于现实生活中的社会主义运动丧失了历史理论基础。这样，斯大林使马克思主义科学的社会历史理论走向了反面。

既然人类历史发展中的任何国家、任何民族都必然地——经由每一种"社会形态"——走向共产主义，那么，跨越了资本主义发展阶段直接进入社会主义的俄国就违背

---

① 《列宁选集》第4卷，人民出版社1972年版，第690页。
② 《列宁全集》第23卷，人民出版社1990年版，第64页。
③ 《马克思恩格斯选集》第2卷，人民出版社1972年版，第122页。

了社会历史发展的规律，不能存活，只得回头去走资本主义道路。俄国十月革命所开辟的社会主义道路，是前资本主义国家跨越资本主义发展阶段直接进入社会主义的道路。在十月革命前的俄国社会性质不是资本主义的，当时俄国有 16570 万人口，其中仅有产业工人 320 万，1600 万农户中富农所占比例为 15%[①]，此外，还有大量的古代村社遗留。显然，当时的俄国还只是处在 1861 年农奴制改革后向资本主义发展的历史阶段。依斯大林的社会形态理论，俄国及中国等一大批由落后国家直接走向社会主义是错误的。这样，就给"社会主义不能存活论""社会主义失败论""资本主义补课论"提供了理论注脚，因此，斯大林的理论与现实的社会主义运动发生了矛盾，也与他的理论出发点相违背。斯大林的理论悲剧，就产生在他教条地、僵化地对待马克思主义社会发展理论上。其实，早在十月革命之前，列宁针对有人僵化地对待马克思主义社会发展理论的错误，就提出过严厉的批评："从来也没有一个马克思主义者在什么地方论证过：俄国'应当有'资本主义；'因为'西方有了资本主义等等。从来也没有一个马克思主义者把马克思的理论当做什么普遍遵行的哲学历史公式，当做一种超过对某种社会经济形态的说明以外的东西……从来也没有一个马克思主义者不是根据理论符合一定的即俄国的社会经济关系的现实和历史……因为'马克思主义'的创始人马克思自己就十分明确地说过对理论的这种要求，并且以此作为全部学说的基础。"[②]可见，斯大林的社会形态学说违背了马克思主义所一贯强调并坚持的理论原则，对落后国家产生的社会主义实践是极其有害的。

第三，斯大林的社会形态理论，是马克思早已批判过的"一般历史哲学理论"，不能科学地说明人类历史发展过程和客观规律，不能给人们科学地研究世界历史以指导；当它用来论证社会主义的发展前途时，这种社会主义只是宿命论历史观的产物了，它不符合科学社会主义学说。

马克思晚年曾经严厉批评过那些自称是马克思主义学生的错误做法，即把马克思主义关于西欧历史发展的理论模式僵化地当成一切民族、国家历史发展的模式，认为它是一种"超历史的""一般历史哲学理论"。马克思批评道，"使用一般历史哲学理论这一把万能钥匙，那是永远达不到这种目的"[③]；科学地解释丰富多彩、纷繁复杂的人类历史现象；这种"一般历史哲学理论"，违背了任何民族历史发展必须有相应的历史条件这个基本前提，因而这种僵化的历史理论"离开了现实就没有任何价值"[④]；这种"一般历史哲学理论"抹杀了历史活动中的主体作用，将人类社会发展看作一部没有历史目的、没有社会目标的历史机器。这种"一般历史哲学理论"的荒谬性就表现在：将人类社会丰富多彩、纷繁复杂、互不相同的历史现象、事件、发展过程，"事情被思辨地颠倒成这样：好像后一个时期的历史乃是前一个时期历史的目的"[⑤]。因此，在"一般历史哲学理论"推导下的社会主义是不能赢得人们信服的，对于人们坚定科学社会主义信念起了破坏作用。斯大林社会形态学

---

① 雷颐：《十月革命的启示》，《史学理论》1989 年第 2 期。
② 《列宁选集》第 1 卷，人民出版社 1960 年版，第 57~58 页。
③ 《马克思恩格斯全集》第 19 卷，人民出版社 1963 年版，第 131 页。
④ 《马克思恩格斯全集》第 19 卷，人民出版社 1963 年版，第 131，131 页。
⑤ 《马克思恩格斯全集》第 3 卷，人民出版社 1960 年版，第 51 页。

说是被马克思在 19 世纪 70 年代所痛斥过的"一般历史哲学理论"在时隔半个世纪后的沉渣泛起。

总之，斯大林的社会形态学说违背了马克思主义关于人类历史发展的科学理论，他关于社会主义历史必然性的解说，走向了历史唯心主义的渊薮，违背了科学社会主义，因而在理论上是错误的，在社会主义实践中是有害的。因此，认真学习马克思主义人类社会发展理论，应该与斯大林的社会主义理论划清界限。

根据以上论述，可以归纳出几点基本思想：（1）马克思主义以人类社会发展是一个自然历史过程而表述出来的关于人类社会历史理论，是一个内容丰富而思维缜密的思想体系，既阐述了历史发展道路的常规性，又解说了历史发展道路的变异性；（2）无论是社会历史发展的常规性道路还是变异性道路的终点，都将导致社会主义（共产主义）社会的持续繁荣的发展；（3）首先由落后国家超越资本主义阶段而产生的社会主义，只要善于利用和借鉴资本主义的优秀成果，就可以经历漫长而发达社会主义历史时期；（4）社会主义道路的开辟与各国社会主义发展模式的选择，是由具体历史条件所决定的，这种历史的选择机制深蕴于历史发展本身；（5）虽然人类历史发展表现为一个总过程，但是不存在一种超历史的"一般历史哲学理论"。

（写于 1991 年 5 月）

第二节　科学社会主义实践的历史业绩

一、凯歌行进的 20 世纪

20 世纪将作为以马克思主义为指导的科学社会主义运动凯歌行进的世纪而被载入史册。

1847 年当马克思、恩格斯写《共产党宣言》的时候，共产主义还只是"一个幽灵""在欧洲徘徊"着。尽管当时形形色色的旧制度辩护士们使用了一切可能的词汇来攻击它、贬损它、诅咒它……但是，他们中间谁也没有料到，当人类的史册从 19 世纪的最后一页翻过去之后，一个划时代的新世纪——无产阶级革命和民族解放运动的世纪风靡一时地到来了！就连西方某些政治家也不能不承认："确实，当时的名人谁也没有预料到，一个流亡的德籍犹太图书管理员精心阐述的，在 19 与 20 世纪交替之时被一个默默无闻的俄国政治小册子的作者热情采纳的观点，会成为本世纪盛行一时的学说。美国和欧洲都没有想到这一学说可能对现存制度的本质提出任何严重的意识形态方面的挑战。"

的确不假，由马克思等新创立的学说，正由于它向资本主义制度的本质提出了意识形态上的严重挑战，因此首先赢得了一大批先进的知识分子和工农分子，并通过他们进一步赢得了俄国广大的工人阶级和劳动人民，从而爆发了伟大的十月革命——这不仅是意识形态而且是实实在在的制度大挑战。尽管国际资本主义联合俄国国内的白匪竭尽全力地进行围剿——用丘吉尔先生的话来说——企图将新生的苏维埃共和国"扼杀在摇篮之中"。但是，千百万工农大众，竟然在没有面包、没有足够的武器，更没有援军的惊人困境中挺了过来，赢得了国内战争，巩固了苏维埃政权，并在短短的 20 年间建立起一个新兴的工业化强国。这都是有血有肉、有失败有胜利的一段不短的历史。难道是可以用"满足知识分子求知欲"和"迎合民众感情"这种浅薄的理由所能够解释的吗?

苏联的崛起,特别是反法西斯战争的胜利,大大鼓舞了全世界人民反帝国主义、反殖民主义和争取进步的斗争。在战后,苏联人民在没有外来援助的情况下,顺利地完成了第四个五年计划,到1950年国民总收入超过了战前64%,它向全世界显示了社会主义制度的优越性。

在苏联取得革命胜利的过程中,中国人民在共产党的领导下推翻了"三座大山",取得了新民主主义革命的胜利,建立了中华人民共和国。在此前后,东欧和亚洲一系列国家也相继走上了社会主义发展的道路。这些国家,有的是推翻了君主帝国,有的是消灭了半殖民地、半封建的统治,有的是改变了原有的不成熟的资产阶级政权,都建立起了人民民主国家,结束了民族被奴役、人民受剥削的历史。

社会主义阵营的出现,在当时根本改变了世界的力量均势。社会主义国家在极短的时间内恢复了战争的创伤,摆脱了帝国主义的压迫,人民安居乐业,社会稳定,欣欣向荣。这一切给全世界被压迫民族和落后国家提供了具有巨大吸引力的榜样。全世界殖民地反宗主国的斗争和资本主义国家工人阶级反资产阶级的斗争得到了极大的鼓舞。第三世界的民族解放运动和宗主国(特别是战败国)的工人运动,如火如荼地在五大洲特别是亚、非、拉美兴起。

从20世纪40年代中叶开始,一直延续到整个60年代,社会主义成了全世界劳动人民和被压迫民族心目中的一面光辉的旗帜,成了世界政治风云的中心,同时也就成了对国际资本的极大威胁和制约力量。不是吗? 请看:

——由于社会主义国家的相继出现,战败国的衰落和战胜国的削弱,在这十几年间,全世界绝大多数的殖民地、半殖民地纷纷地独立了。

——从英吉利到美利坚,从地中海到富士山,工人阶级在共产党的领导下开展了轰轰烈烈的争生存、争民主的斗争,震撼着整个资本主义世界。

——在国际科学社会主义运动、民族解放运动和国内工人运动三股洪流的强大压力之下,资产阶级为了维持统治,被迫在国际上对殖民地节节让步,改变殖民方式,变赤裸裸的政治压迫与经济掠夺为隐蔽的经济控制,变直接统治为代理人统治;在国内则实行大规模的改良主义,变资本主义初期的残酷榨取为貌似文明的福利主义式的剥削,变政治高压为经济怀柔。

——社会主义的胜利使得形形色色的那些本不属于社会主义范畴的政党和国家也都纷纷贴上"社会主义"的招牌,应该承认,它们之中有些是善意的,有些则是伪装的。尽管如此,这也证明在当时社会主义具有多么大的诱惑力!

以上这些事实足以证明:在20世纪的大部分时期内,不正是科学社会主义凯歌行进的时代么?!

二、社会主义的产生是偶然还是必然

资本主义的辩护士们,抓住社会主义国家当前出现的问题与挫折想大做文章,但却又无法抹杀20世纪社会主义兴起的事实。因而,只能无可奈何地把这种无法抹杀的事实称为"最反常的政治和理性畸形物"。换句话说，社会主义国家的兴起完全是一种历史的偶然现象。

真的是这样吗？任何一个严谨负责任的历史学家或者政治家，在评价某种普遍出现而又延续较长时间的社会现象时，绝不能简单地诉诸"不可知论"，而应该寻求其经济、社会根源。否则，就会沦为庸俗和诡辩。

社会主义在20世纪的兴起，绝不是一两个理论家的鼓吹就可以煽起如此熊熊大火的！在这里，我们不可能详细地回顾马克思列宁主义理论形成的科学渊源，而只能侧重于这个既成的"主义"为什么就能够"迎合"亿万人民群众使其为它所揭示的目标"揭竿而起"，为什么就能够"满足"千百万优秀知识分子并使其为之而倾倒献身。

理论从来就是时代的号角。当然，这里所说的理论绝不是诡辩术，而是植根于社会发展实践之中而又代表着时代前进的呼声的那种理论，即能准确回答时代困惑并为之指明出路的那种理论。

在19世纪中叶以后以至到20世纪，人类社会实践面临着什么问题呢？主要是三大问题：

——两次世界大战，人类为帝国主义的战争和反法西斯的战争付出了极其惨重的代价。死亡了几千万人，毁灭了巨大的物质财富，造成亿万人无家可归，颠沛流离，使整个人类濒临几乎毁灭的灾祸，特别是核毁灭威胁的出现使得争取世界持久和平，成了20世纪人类的共同呼声。

——从17世纪荷兰东印度公司成立以来的300多年间，西方资产阶级凭借其坚船利炮，疯狂地向亚洲、非洲、拉丁美洲进行殖民掠夺。从强行开辟商品市场到武力霸占原料产地，从勒索赔款到血腥的贩卖"黑奴"，从经济的掠夺到惨无人道的政治镇压和民族灭绝……资本主义发家的历史中对不发达国家和地区所造成的灾难，简直是罄竹难书！资本主义的兴旺发达，从历史上看，正是以第三世界的贫困化和屈辱为代价的。发达国家与不发达国家的两极分化始终存在。正是由于此，为争取民族独立、反对殖民制度的斗争，在亚、非、拉美风起云涌，势不可挡。

——20世纪初叶，正当欧美一些老牌资本主义国家由自由资本主义阶段走向帝国主义阶段之时，以俄国、中国为代表的一些国家却无法摆脱中世纪的羁绊，步履蹒跚，迟迟难以实现真正的资本主义变革。在这些国家里，星星点点的现代工业与汪洋大海的小生产同在，脆弱的民族资产阶级受着盘根错节的封建地主的钳制。整个社会停滞不前，迈向近代简直比登天还难。

这样，世界和平、民族独立、社会进步就成为20世纪初摆在全人类面前的三大主题。

在中国，许多仁人志士，抛头颅，洒热血，前赴后继，试图为解决这三大问题不断探寻着道路。他们之中，大多是向西方资本主义求教，企图用资本主义的方式来解决这些问题。但是历史证明，这条路没有走通。正如毛泽东所总结的那样："自从1840年鸦片战争失败那时起，先进的中国人经过千辛万苦，向西方国家寻找真理。""帝国主义的侵略打破了中国人学西方的迷梦。很奇怪，为什么先生老是侵略学生呢？中国人向西方学得很少，但是行不通，理想总是不能实现。多次奋斗，包括辛亥革命那样全国规模的运动，都失败了。国家的情况一天比一天坏，环境迫使人们活不下去。怀疑产生了，增长了，发展了。"①

资本主义为什么在当时解决不了这三大历史主题呢？其实这个道理也很简单，前两个问题是资本主义制度的必然派生物，后一个问题则为资本主义所形成的大气候所掣肘。

帝国主义是世界性战争的根源。两次世界大战的史实说明，如果没有帝国主义之间瓜分势力范围的失衡，也就不会有爆发大战的动因。当然第二次世界大战到后来演变为反法西斯的战争，具有进步意义。但是挑起战火的祸首仍然不能与资本主义制度脱离关系。即使是法西斯主义的专制，也只能是资本主义与封建主义所生下的一个怪胎，即资本主义的扩张野心和封建主义的专制方式的复合物。西方某先生企图在法西斯主义和列宁主义之间画上等号，这显然是犯了形式主义的错误。他恰恰忽略了（或是回避了）法西斯主义最主要的本质乃是不择手段地去实现其资本扩张的狼子野心。这同列宁主义有什么共同之处呢？因此，企望依靠资本主义去消除战争根源、实现世界持久和平，岂不是一种天真的幻想？

殖民制度这个给世界人民带来深重灾难的东西，既不是封建主义的产物，更谈不上是社会主义的产物，恰恰是资本主义的必然产物。可以说，没有殖民制度就没有资本主义的原始积累，就没有日后的资本主义的大发展。在我们用历史的态度肯定资本主义历史进步性的同时，可不应忽视这种进步是以血与火为代价的，并不是像有些人所说的那样"光明""美妙"的！既然如此，企望依靠资本主义来反对殖民主义和求得民族独立，可能吗？

社会进步问题，实质上就是工业化与近代化问题。为什么在 20 世纪初一批国家的近代化进程举步维艰？当然各有其不尽相同的内在原因。但是，有一点则是共同的，那就是已经发展到相当强大的国际先进的资本主义国家，为了掠夺资源和霸占市场，逐渐同较落后国家的封建势力勾结起来，以维护其既得利益并削弱其竞争者——各国的民族资产阶级。这一点，在中国的 20 世纪前半叶是看得太清楚不过的了。辛亥革命的失败，军阀战争的兴起，国民党的变质……这一切的一切，无不可以从这里找到答案。在这种历史时机下，想依靠脆弱的民族资产阶级，用资本主义的发展来实现国家近代化已经是十分困难了，其同日本明治维新的时期已经不大相同了。中国如此，俄国也如此，其他一大批不发达的大国又何尝不是如此？在这些国家中，可以说民族资产阶级已经历史地丧失了它的发展时机。

由上可见，19 世纪末 20 世纪初，人类社会存在的三大困惑资本主义（其思想体系尤其是其制度体系）是无法根本解决的。不仅不能解决，而且还是解决这些问题的莫大障碍。

那么，从哪里去寻求答案呢？马克思列宁主义为解决这三大历史课题提供了巨大希望，苏联等社会主义国家的建立与工业化的发展，为和平、独立与进步提供了活的样板。这正是 20 世纪所发生的事实。在第一次世界大战尚未结束时，列宁就提出了"工人无祖国"，不应为帝国主义的国家去参加战争。社会主义国家的建立，彻底摧毁了封建基础，走上了工业化的道路。社会主义不需要对外扩张和掠夺，因而也不需要发动战争和殖民。而且恰恰相反，社会主义国家的无产阶级如果没有殖民地的解放和独立，也就不能使自己

---

① 《毛泽东选集》第 4 卷，人民出版社 1991 年版，第 1470 页。

获得最终的解放。只有社会主义国家才是殖民地解放运动的最忠实的盟友，这已被几十年来铁一般的史实所证明。绝大多数从资本主义宗主国获得独立的殖民地与半殖民地，当然根本是靠他们本国人民不屈不挠的斗争，但也不能不承认，他们这种斗争往往都是同社会主义国家的支持和援助分不开的。

从以上的分析中，我们可以清楚地看到，科学社会主义之所以会在 20 世纪兴起，这绝不是什么"反常"的"异变"，而恰恰正是人类社会发展的历史必然。甚至也可以说，社会主义兴起正好是资本主义的倒行逆施制造出来的。

三、科学社会主义 70 年实践的基本估价

当社会主义的实践在人类历史上走过 70 年后的今天，一个原来生气勃勃的事业，忽然遭到了"非议"，在一些国家出现了反复和危机。某些本来对社会主义就抱有敌意的先生们，于是就开始议论起"声名狼藉的共产主义失败"了，社会主义的 70 年没有做一件好事。

这种武断的议论，实在太不高明。他们越是这样武断，就越是增加人们对其动机的怀疑。

如果我们抱着稍微公正的、科学的态度来回顾一下社会主义 70 年的实践，就不难发现，尽管这种制度还有着许多不完善、不理想的地方，但不能不承认，它虽只诞生了一个很短的时间，却较之初生的资本主义具有更大的革命彻底性和社会进步性。这可以从如下五个主要方面来说明。

(1)毫不留情地摧毁了封建主义的经济基础。在一批东方国家中，特别是像俄国、中国等东方大国，封建的土地制度以及建立在它上面的全部上层建筑遗留，长期阻碍着这些国家的近代化进程。在这些国家，脆弱的民族资产阶级无力解除这种社会桎梏，这已被 19 世纪的全部历史所证明。但是，无产阶级革命在这些国家取得了胜利，封建土地占有作为一种制度，地主阶级作为一个阶级，便毫不留情地首先被彻底摧毁了。

(2)巨大地推动了本国生产力的发展。现存社会主义国家生产力落后于发达的资本主义国家，这已是事实。但是，形成这种事实的原因应是多方面的，其中最重要的一点就是资本主义已有 300 多年的发展历史，而社会主义仅仅 70 年！就大多数社会主义国家来说，革命后同革命前比较，应该承认生产力确实有了巨大的发展，这是抹杀不了的事实。下面以苏联和中国两个社会主义大国为例(见表 1 和表 2)。

表1　　　　　　　　　　　**苏联主要工农业产品年产量**

名　　称	计量单位	1917 年	1940 年	1980 年	1980 年为 1917 年的%	1940 年为 1917 年的%
钢	万吨	310.0	1830.0	14800.0	4774.19	590.32
原煤	万吨	3130.0	16600.0	71600.0	2287.54	530.35
原油	万吨	880.0	3110.0	60300.0	6852.27	353.41
发电量	亿千瓦小时	22.0	486.0	12950.0	58863.64	2209.09

续表

名　称	计量单位	1917 年	1940 年	1980 年	1980 年为 1917 年的%	1940 年为 1917 年的%
金属切削机床	万吨	0.02	5.84	23.0	115000	29200
水泥	万吨	1.0	5.8	125.0	12500	580
植物油	万吨	421.0	804.0	2600.0	617.58	190.97
粮食	万吨	8600.0①	9560.0	18920.0	220	111.16
纺织品	万吨	1.2	3.3	10.7	891.67	275.0

注：①为 1913 年数字。

资料来源：金挥等：《论苏联经济：管理体制与主要政策》，辽宁人民出版社 1982 年版，第 586 页。

表 2　　　　　　　　　　　　　**中国主要工农业产品年产量**

名　称	计量单位	1949 年前最 高产量	1979 年	1988 年	1988 年为 1949 年前的%	1979 年为 1949 年前的%
钢	万吨	92.3	3448.0	5943.0	6488.79	3635.94
原煤	万吨	6198.0	63500.0	98000.0	1583.71	1026.18
原油	万吨	32.0	10615.9	13705.0	42828.12	33171.87
发电量	亿千瓦小时	60	2820.0	5452.0	9086.67	4700.0
金属切削机床	万吨	0.539	13.96	19.17	3550.00	2589.9
纱	万吨	44.5	263.5	485.7	1046.52	592.13
布	万吨	27.6	121.5	187.9	673.48	435.48
粮食	万吨	1.5	3.3212	3.9408	262.72	221.41

资料来源：中国国家统计局：《奋进的四十年（1949—1979）》，中国统计出版社 1989 年版。

以上表 1、表 2 中中苏两国的数字，充分显示了革命后生产力的发展突飞猛进，是革命前远不可比拟的。旧中国从 19 世纪末开始搞了 50 年的工业化，其主要产品的年产量还不及 1949 年后 40 年的年产量的几十分之一。

（3）真正实现了国家的统一和民族的独立。饱受混乱与凌辱之苦的中国人民，最懂得统一与独立之可贵。当 1949 年毛泽东庄严宣布"中国人民从此站起来了"的时候，亿万炎黄子孙为之激动得热泪盈眶。这种梦寐以求的统一与独立，只有在共产党领导的社会主义制度下才可能获得，这是谁也不能否认的。像中国、俄国这样一些落后的大国，从历史上看，统一与独立是相辅相成的。没有国家的统一，就可能分崩离析，甚至被列强瓜分，就根本谈不上真正的民族独立，从而也就谈不上什么现代化建设了。而在这样一些民族与种族众多，发展又极不平衡的大国中，如果没有一个组织性极强，凝聚力巨大的政治力量，欲求得国家统一则是办不到的。在中国国民党没有能做到。历史证明，这种政治力量在这些国家中只有共产党才具有。谁不懂得这一点，谁就会犯历史性的错误。

（4）劳动人民社会地位的空前提高。工农大众是社会上人数最多的直接生产者，是决定社会发展的主体力量。即使在最发达的资本主义社会，尽管他们的物质条件有了改善，但仍旧是社会的最底层，根本不可能摆脱剥削，更谈不上成为社会的主宰了。是社会主义制度第一次把他们从社会的最底层提到了社会主人的地位上来，并且通过宪法加以保障。这是任何资本主义国家都绝对不能容许，也是办不到的。当然，在这方面，还存在不少不尽如人意的地方。一方面，社会主义民主体制还有待完善，另一方面，工农大众也有一个由"自在"到"自为"的提高过程。但是，不能不承认，在确立工农大众的主人翁地位这一点上，社会主义的确是开创了人类社会空前的光辉先例。

（5）妇女的解放。"妇女解放"的口号本来是资产阶级最先提出来的。但是，那不过是这个阶级还处在革命时期为了争取群众和获取更廉价的劳动力的一种手段罢了。以后的事实说明，在资本主义制度下，妇女从总体上是很难同男子平起平坐的，经济上也往往不能独立，甚至成为"香炉""花瓶"乃至男子的玩物。社会主义真正实现了妇女和男子在经济、政治、文化上的全面平等，在学习、婚姻、就业和从事社会领导活动各方面，妇女享有与男子同等的权利，基本消除了歧视妇女的社会现象。

70 年在人类历史的长河中是短暂的一瞬。如果我们企图用尽善尽美的标准来要求一个新生的制度，那是非常不公正的。但就在这短短的 70 年间，社会主义确确实实做到了一些资本主义所不能做到的事情，开创了一个社会进步的新纪元。

在上面的论述中，我们列举了社会主义 70 年实践的主要业绩。如果把这全部业绩归结到一点，那就是社会主义在一批中世纪桎梏极大的国家中，由无产阶级解决了资产阶级所无力解决的历史性突破问题。

前面述及在 19 世纪末 20 世纪初，当资本主义的近代化运动在许多西方国家凯歌行进之时，有相当一批国家却被中世纪的桎梏所缠绕，在近代化的道路上步履蹒跚。究其原因，根本在于国际资本与这些国家的封建势力相互勾结，从而无法彻底解决近代化所需的主要前提条件，即解放农民的问题。这种情况在中国表现得最为典型。

从鸦片战争到 1949 年，外国资本主义的入侵，虽然也带来了铁道、轮船、邮政等现代文明的成果，尽管在客观上也刺激了中国民族资本主义的某种发展，但这并不是帝国主义所愿。他们的真实目的是便于商品倾销和掠夺资源，正是由于此，帝国主义便很快与中国封建势力勾结起来，以维护和扩大其侵华利益。清同治六年（1867 年）李鸿章在一奏文中说，外国对中国的做法是"欲胁各官以制百姓，胁朝廷以制官民"[1]，说的正是这个道理。清王朝覆灭后，从各帝国主义纷纷支持不同的军阀到国民党政权的封建买办化，无不都是这个道理。正是由于此，封建主义的根基——地主土地所有制，始终没有触动。1784年湖南巡抚杨锡绂说"近日田之归于富户者十之五六"[2]，如加上皇室、贵族的土地，那就更多了。到 1934 年占户数 4% 的地主，仍占有全部土地的 50%，占户数 6% 的富农，也占有土地 18%，两者相加共占 68%。直到中华人民共和国成立前夕的 1947 年，这种状况仍然没有改变。封建土地制度是资本主义近代化的死敌，这是经济学的常识。而在中国这样

---

①　转引自胡绳：《从鸦片战争到五四运动》上册，人民出版社 1981 年版，第 299 页。

②　转引自胡绳：《从鸦片战争到五四运动》上册，人民出版社 1981 年版，第 3 页。

一些国家中，外国资产阶级为了自身的利益不愿意彻底摧毁它，而本国的民族资产阶级又无力消灭它。这就是这些国家发展迟滞的症结所在。

在中国，国民党政权初期，虽也曾提出"平均地权"的口号，但后来外迫于帝国主义的压力，内胁于同封建势力千丝万缕的联系（国民党内就有大量的地主豪绅党员），不仅不能向封建土地制度开刀，相反还成为这一反动制度的保护者。

在印度，殖民地时期，实际上是英帝国主义、地主和高利贷者的政治经济联盟的统治，租佃地主的旧封建关系被原封不动地保存下来。独立以后，资产阶级虽然做过许多资本主义式的改良，但始终仍未能消灭农村的封建残余。

一个是半殖民地半封建社会的中国，一个是殖民地半封建的印度，在独立后，一个彻底摧毁了封建主义的根基——地主土地所有制，从而为工业化、现代化开辟了广阔的前景，而另一个则仍旧受着中世纪桎梏的困扰（当然还有种姓制度和宗教问题），从而在经济社会发展上相对较差。其原因很明显就在于前者走的是社会主义道路。

因此，作为一种公正而科学的评价，我们姑且抛开科学社会主义的其他成就不说，仅仅论及它最起码的一点，即它解决了一些受中世纪桎梏困扰的大国的历史性突破——消灭封建残余，为现代化开辟道路——的问题，从而把整个人类的历史向前推进了一大步，也是资本主义所望尘莫及的。

这一页历史是任何人也无法抹杀的。

（写于1991年）

第三节　社会主义市场经济：中国改革的目标模式

中国共产党第十四次全国代表大会正式提出了我国经济体制改革的目标是建立社会主义市场经济体制。这在理论上是一个重大的突破。它标志着中国的经济体制改革和经济发展进入了一个崭新的阶段。对于社会主义市场经济问题，应该说，我们现在还只是处在确定了方向，明确了主要任务，有了初步基础，还须大力深入探索的阶段。由计划主导型的经济转到社会主义市场经济，由提出社会主义市场经济到真正建立社会主义市场经济体制将会是一个相当长的过程。在理论、政策上以及具体实践中，必将会出现许许多多新的情况、新的问题，要求我们不断地再学习，再探索。

一、政治经济学认识上的三次飞跃

社会主义国家，由排斥商品货币关系到承认市场经济，是一次划时代的革命。这期间，由于思想的禁锢和认识受实践的制约，在计划与市场的关系上经历过多次反复。随着我国改革实践的发展，人们在认识上逐步提高，终于实现了理论上的三次飞跃。

1. 第一次飞跃：由"限制论"到"补充论"

由于理论和经验的限制，长期以来我们都认定计划经济是社会主义的基本特征之一，而商品与市场则是同社会主义的本质不相容的。认为哪里有商品经济，哪里就会滋生资本主义。由此，便产生了一系列限制商品货币关系的政策。这种限制政策，在"文化大革命"中，发展到消除城乡之间的买卖关系和消灭"自发势力"的根子——农民自留地的荒谬地步。

20世纪80年代开始，随着农村以家庭联产承包为中心的改革，亿万农民推动了农村商品经济的大复苏，使农业在几十年来破天荒第一次实现了超常规的增长。这一无法否认的事实教育了人们，使大家开始认识到商品经济确实比过去那种过度集中的计划经济模式具有更大的活力。于是，开始承认在社会主义条件下，还必须利用商品经济，使其作为社会主义计划经济的一种有益的补充。在这一阶段，代表性的理论就是"板块论"，大的由计划管住，小的让市场调节，实行"计划经济为主，市场调节为辅"的方针。这在认识上和实践上应该算是一次飞跃，即由排斥到利用的飞跃。

2. 第二次飞跃：由"补充论"到"结合论"

80年代中期，随着改革开放的深入与扩展，特别是沿海地区经济的迅猛发展，一方面，城市改革步履蹒跚，难以适应经济发展和农村深化改革的需要，使人们愈来愈感到旧的"补充"模式已经过时，实践已远远超越它；另一方面，特区和沿海地区发展的经验也充分证明，放开市场才能搞活企业，从而才能促进经济的迅速发展。于是，人们进一步认识到，在社会主义初级阶段，商品经济不仅不能逾越，而且是社会主义的本质内涵，不是外在之物，必须加以大发展，才能促进社会生产力的发展。由此，在中国共产党第十三次全国代表大会上，正式确立经济体制改革的目标，是建立社会主义的有计划的商品经济，实行计划与市场相结合。具体的运行模式是"国家调控市场，市场引导企业"。后来又改为"计划经济与市场调节相结合"。应该说，这是我们在理论上的又一次飞跃，即由"补充"到"结合"的飞跃。

3. 第三次飞跃：由"结合论"到"基础论"

理论的力量在于它的彻底性，它给了人们明确无误的指导信息。应该承认，"结合论"较之"补充论"确是一大进步，但却是不够彻底的。它没有能解决计划与市场谁是基础的问题，在计划与市场谁主谁从，谁多谁少的问题上，仍然是似是而非，可是可非。而其中的实质，则是没有正面回答"计划经济"究竟是不是社会主义的本质特征问题。正是由于此，在80年代后期，人们的认识反反复复，莫衷一是。理论上的困惑，使得改革——特别是国有经济的改革步履蹒跚，一些老工业基地处境艰难，国营企业的亏损面不断扩大。而反过来，在沿海地区，在一些国有经济(计划经济)不占优势的新兴工业区，经济发展却蒸蒸日上。这种鲜明的反差又一次教育人们：如果再不突破旧的"计划经济"的禁锢，再不确立市场经济的应有地位，我国的改革与发展将会遇到重大的障碍，甚至有"功亏一篑"之虞。

正是在这种背景下，邓小平同志在总结正反两方面经验的基础上明确地提出了计划经济与市场经济不是社会主义与资本主义的本质区别，两者都是经济手段的科学论断。这一论断，如春雷掠空，云霓消散，澄清了理论的是非，指明了改革的方向。中国共产党第十四次代表大会，依据邓小平同志的思想，取得了一致的共识，郑重确定了社会主义市场经济作为经济体制改革的目标模式，让市场在社会主义国家宏观调控下对资源配置起基础性的作用。这样在理论与政策上完成了由"结合论"到"基础论"的伟大飞跃。这一认识上的飞跃对未来经济发展的巨大催化作用，是绝对不能低估的。

二、市场经济是商品经济的高级形式

市场经济，就其本质来说，是生产力社会化的必然产物，是商品经济发展的高级形式。

我们回顾一下商品经济的发展史，就可以看到，商品经济是一种超越社会制度的经济形态。在它的发展过程中，大体经历了三个基本阶段(或形式)：小商品经济、原型市场经济和现代市场经济。

1. 商品经济的萌发阶段：小商品经济

小商品经济，或简单商品经济的出现，可以远溯到原始社会的后期，跨越了奴隶社会和封建社会。这一点，马克思在《资本论》中有过精辟的论述。这种小商品经济，是以小生产的自然经济为背景的一种新的萌芽状态的经济形态。当时，人们生产的目的是"自给自足"，而不是为交换而生产，只是将少量剩余的产品个别地、偶然地拿去交换别的自己所需要的产品。马克思以"商品——货币——商品"来代表这种小商品经济的运行规律。

在小商品经济条件下，由于市场极度不发达和生产的自给自足性质，生产资源的配置显然不可能通过市场机制实现，也更谈不上通过计划机制实现，而是一种集需求信息与资源配置行为于一体的分散性、封闭性和随意性的原始配置方式。

2. 商品经济的发展阶段：原型市场经济

资本主义生产方式的确立使资产阶级在它不到 100 年的统治中，"仿佛用法术"创造了生产力飞跃发展的奇迹。它"把一切封建的、宗法的和田园诗般的关系都破坏了"[①]。自给自足的小生产彻底被摧毁了，城市大工业兴起了，国内市场统一了，世界市场开拓了……社会分工的大发展，把生产力的专业化、社会化推进到空前的高度，实现了需求与生产的高度分离，以致使任何一个生产者(企业)依靠自身的全部智慧也无法解决生产什么，生产多少，为谁生产的问题。要解决这个问题，只能求助于市场。

这样，市场便成了一只"无形的手"，凌驾于社会之上指挥着千千万万个企业的生产，指挥着全社会的分配、流通、消费。这就是我们所说的"原型的市场经济"，或称自由竞争时代的市场经济。这种市场经济在历史上就是由社会化的大生产所呼唤出来的。

在这种自由竞争的原型市场经济条件下，生产资源的配置完全是通过市场信号的波动，自发地(没有干预地)引导加以实现的。这种资源配置方式，在历史上起过十分巨大的革命作用，它使社会生产力的发展超过了"过去一切世代创造的全部生产力"的总和。但是它却使人类社会从此变成了自己所创造出来的市场的奴仆。

---

① 《马克思恩格斯选集》第 1 卷，人民出版社 1972 年版，第 255 页。

3. 商品经济的高级阶段：现代市场经济

原型的市场经济把生产力奇迹般地呼唤了出来，但当时那种狭隘的自由资本主义的生产关系，却逐渐无法驾驭它了。马克思、恩格斯曾经生动地描绘道："这个曾经仿佛用法术创造了如此庞大的生产资料和交换手段的现代资产阶级社会，现在象一个巫师那样不能再支配自己用符咒呼唤出来的魔鬼了。"①1929 年爆发的那次震撼了整个资本主义世界的大危机，就是这一矛盾的集中暴露。这次几乎使资本主义丢了性命的危机，导致了资产阶级经济学的大转折，导致了由"无形的手"一统天下的自由放任的市场经济转到了以"无形的手"为基础并加进了"有形的手"（政府干预）的现代市场经济。关于这一点，刘涤源教授在他的新著《凯恩斯主义研究（上卷）：凯恩斯就业一般理论评议》中有一段很好的概括："1929—1933 年经济大危机严重地震撼了资本主义体系。这次经济大危机是资本主义经济危机史上一个重大的转折点，导致了资产阶级庸俗经济学说的一次重大转化：原来占统治地位，以市场经营论为中心内容的马歇尔新古典经济学说顿行衰落，转换为以政府干预为主轴的罗斯福'新政'，随之涌出'凯恩斯革命'，逐渐成为风靡西方各国的主导经济学说。"②其后，虽几经曲折起落，供给学派、现代货币主义等相继更替兴衰，但现代的资本主义市场经济已经不是过去那种完全自由放任的经济了，几乎所有的发达资本主义国家都在不同程度上通过政策、规划、计划等手段实行政府对经济运动的干预。绝对的"无形的手"的市场经济现代实际上是没有的。

这种现代市场经济，在以市场机制作为资源配置的基础方面同原型的市场经济没有实质上的差别，而只是在宏观方面加强了政府干预的作用，通过各种经济和政策的导向作用对市场运行和国民收入再分配施加影响。资产阶级在运用"有形的手"调节供求均衡，缓和经济危机，改良式地调和过度的两极分化，保障社会稳定等方面，积累了丰富的经验，的确在一定程度上弥补了"无形的手"的缺陷，延缓了资本主义的衰亡。但由于其制度本质的局限，并不能根本消除危机和阶级对立。

从上面的分析中可以看到，市场经济是生产力社会化"自然演进"的结果。不过，这种由小商品经济到市场经济的演进在历史上是由资产阶级来完成的，从而在其外壳上也就难免会带有某些资产阶级的烙印。然而，我们却不能由此判定市场经济是资产阶级的"专利"。正如不能因为资产阶级在历史上开创了一个"机器的采用，化学在工业和农业中的应用，轮船的行驶，铁路的通行，电报的使用……"的现代化时代，而把上述一切都当作社会主义的异己之物一样。

三、市场经济选择的必然性

经济学的基本问题，就是研究如何更有效地利用有限的（或稀缺的）资源生产出更多的物质财富，以满足社会需求。资源产出率高者，谓之经济效率高；反之，则是经济效率

---

① 《马克思恩格斯选集》第 1 卷，人民出版社 1972 年版，第 256 页。

② 刘涤源：《凯恩斯主义研究（上卷）：凯恩斯就业一般理论评议》，经济科学出版社 1989 年版，第 3~4 页。

低。这是一个社会是否繁荣昌盛的基础。而资源产出率，则要取决于资源配置的方式与方法。

排除中世纪不论，迄今为止资源配置的基本方式不外乎两种：市场的配置与计划的配置。

1. 计划经济下的资源配置

社会主义国家过去70年的实践表明，那种排斥市场机制的典型的计划经济，为求得总供给与总需求的均衡，不能不依赖中央的高度集权，通过带有命令性的经济计划，用行政手段一级一级地配给资源，确定生产任务和调配最终产品。这种资源配置方式，显然要遇到一系列的麻烦：计划决策者的主观偏好，信息的迟滞与失真，计算上的困难以及机构的臃肿。这一切都是滋生官僚主义的温床，使生产往往与社会需求脱节。在具体经济生活中则表现为：

——比较有利于宏观调控，而不利于微观搞活；

——政府扩张意识强烈，而社会激励机制萎缩；

——容易实现单一的目标，难以保证多目标的协调发展；

——易于实现总量均衡，而较难实现结构均衡；

——适用于简单的经济系统，很难适应复杂的经济系统。

正是这种资源配置方式，造成动力机制萎缩和经济运行呆滞，致使过去的社会主义国家资源浪费严重，生产结构失调，经济效率不高，社会主义的优越性未能充分显示出来。实践证明，过去这种高度集中的计划经济模式，在资源配置上基本上是失效的，社会主义国家必须寻求新的模式。这正是20世纪80年代经济体制改革的基本历史背景。

2. 市场经济下的资源配置

市场经济是通过市场信号的波动，自下而上地引导资源的流动与配置，引导生产、分配、流通及消费的运行，自动实现供给与需求的均衡（总量的与结构的）。这种资源配置方式，需要具备如下前提：

——市场主体的多元性；

——生产要素的全面流动性（商品化）；

——生产与经营领域的自由进入性（非垄断性）；

——市场信号的非干扰性（非刚性）。

由于市场经济的这种特质，它较之计划经济，社会激励机制（动力）远为强劲，资本形成速率高，而且速度与效益比较容易统一；在市场导向下，需求引导生产，较计划经济能更好地实现供给与需求在结构上的均衡；在市场条件下，强烈的竞争机制和灵敏价格机制，可以有效地促进资源利用效率的提高，特别是在微观领域，可以促使企业采用新技术，改善经营管理，从而推动资源产出率的提高和产品消耗率的下降。这就是市场经济具有更高的经济效率的原因。当然，市场经济由于它本身所具有的无政府状态，必然会在分配上造成两极分化，在经济发展上会造成周期性的危机。这些都是市场经济的共性。

3. 社会主义市场经济的选择

前面说过，市场经济就其本质来说是社会化大生产的产物。社会主义和资本主义都是建立在社会化大生产的基础之上的。因此，社会主义国家实行市场经济，本来是应有之义。

首先，市场经济所要求的前提条件，在社会主义社会也是可以满足的。

——市场主体的多元性，可以通过公有制为主体，其他经济成分为补充，公有制企业实行两权分离，成为相对独立的经济实体的方式解决。

——生产要素的流动性，完全可以通过各种生产要素的商品化解决。劳动力这一生产要素，如果承认马克思所说的"重建个人所有制"包含消费资料的个人所有和劳动力的个人所有，则也是可以成为商品的，只不过在社会主义社会这种特殊的商品和其他商品不完全一样，它具有交换价值和人的尊严这两重属性。

——生产与经营领域的自由进入性，就绝大多数的产业与行业来说，在社会主义社会也是不成问题的，特别是当国有企业的改革到位以后，这个问题更不是问题了。

——市场信号的非干扰性，不是绝对的，即使在资本主义条件下也不是绝对的。所谓非干扰性主要是指消除市场信号的"刚性"，包括国家的宏观调控，也必须以市场供求关系为基础。显然，这也正是社会主义价格体制改革的目标模式。

其次，在社会主义的实践中，凡是市场机制大于计划机制、市场为主计划为辅的国家、地区和企业，都比那些旧的计划经济模式改变不多的国家、地区和企业经济发展要快得多，效果要好得多。沿海比内地市场机制更强劲，沿海欣欣向荣，内地发展迟缓；乡镇企业与国营企业相比，前者是市场调节，后者是计划调节；一个生机勃勃，一个亏损面不断扩大。

再次，在社会主义条件和资本主义条件下，市场经济的共性基本上是相同的。一方面，在社会主义条件下，市场经济在资源配置方面的一切优点都会表现出来，社会主义国家的经济效率必将会大幅度提高。另一方面，分配上的差距拉大在一定时期内是不可避免的；周期性的经济危机在一定程度上也是可能出现的。这就给我们的宏观调控提出了更高的要求。由于社会主义国家有共产党的统一领导和公有制经济的主导地位，在克服市场经济的弱点方面，显然比资本主义国家更有优势。

最后，社会主义条件下的市场经济同资本主义条件下的市场经济，也有其本质区别。这种本质区别，主要是两个：

——市场主体结构的不同。

资本主义的市场主体结构，是资产阶级私有制企业占绝对统治地位，其他经济形式的企业(如合作社、国有企业等)则处于从属地位。社会主义的市场主体结构，则是社会主义公有制企业占主体地位，其他经济成分的企业(个体、私有、外资等)则处于补充地位。

社会主义公有制不能与市场经济相容是资产阶级经济学的偏见，似乎市场经济只能建立在私有制的基础上。这是不对的。其实，市场经济所要求解决的不是"属谁所有"的问题，而是要求解决"自主经营"的问题。而社会主义条件下，对公有企业实行所有权与经营权的分离，是完全可以做到自主经营的。股份制的实施，将为"两权分离"提供最好的形式。在股份经济的条件下，公有经济的主体地位将不体现为有百分之几十的企业属公有企业，而将体现在公有经济控制了百分之几十的股份。

——市场运作最终结果的不同。

资本主义市场运作的终极结果，是少数个人(寡头)的财富大积累。社会主义市场运作的最终结果，则是人民大众的共同富裕。由于这种目标上的本质差异，在资本主义市场经济条件下，往往是牺牲公平去追求效率，而且也只能在不妨碍效率或为了提高效率的前提下，改良式地照顾公平。而在社会主义市场经济条件下，则要求兼顾公平与效率。

公平与效率能否兼得？长期以来，社会主义国家也没有能找到一种使两者得以兼顾的模式，往往是牺牲效率去追求公平，造成平均主义与低效率。问题的症结就在于企望将公平与效率都放在微观领域中加以解决的错误思路。正确可行的模式，应该是一种"分离模式"，即宏观解决公平，微观追求效率。具体地说，就是国家通过国民收入的再分配(税收、社会保障、公益事业)解决"有限公平"；企业内部则应严格实行优胜劣汰。社会主义国家在这方面应该比资本主义国家具有根本性的优越性。

四、社会主义市场经济体制的建立是一个历史过程

社会主义市场经济，由提出到真正建立，将是一个不短的过程，不是一步可以跨越的。笔者在《计划、市场与经济发展》一文[①]中曾提出，成熟的市场经济具有如下标志：(1)市场主体的专业化、自主化；(2)市场客体的社会化与统一化；(3)市场运行的规范化与可控化；(4)市场信息的有序化与灵敏化。显然，我国目前的市场发育状况，离这些标志还相距很远。建立成熟的社会主义市场经济体制，既是一个庞大复杂的社会工程，又是一个经济社会"自然发育"的结果。既有改革的任务，又有发展的任务。在这个过程中，改革与发展将围绕下列相互联系的问题进行：

1. 市场体系的全面建立

现代市场经济，必然要求市场涵蓄经济生活的各个领域，这在社会主义条件下也不能例外。市场体系包括两层内容：第一，我们必须使商品、资金、生产资料、劳务、技术、信息等市场普遍地发育起来，并形成从批发(期货)到零售的体系，以便完全有能力承担生产者与消费者的需求。第二，在国内打破地区贸易壁垒，基本形成全国的统一市场。

市场体系是一项政策工程与物质工程相结合的产物。仅仅靠"政策放开"是远远不够的，还必须依靠各级政府乃至各种经济实体在场所设施、运输系统、仓储体系、信息设备、人才培训等诸多方面进行系列化物质建设，没有后一种物质工程的保障，政策便会落空。目前农村"买难卖难"、结构调整迟滞，在很大程度上是上述"物质工程"不到位，致使信息不灵、渠道不通、运输乏力，这个问题当引起特别的注意，否则将会极大地挫伤农民的生产积极性，甚至会引起一些农产品(特别是粮食)生产的大滑坡。

市场体系的培养，既然隶属社会工程，就应该放手让全社会来参与，国家、地方、企业、个人(特别是农民)"四个轮子"一起转，这样可以收到事半功倍的效果。

---

① 见夏振坤：《计划、市场与经济发展》，《中国社会科学》1992年第4期。

2. 政府职能的完全转变

我们现在所形成的一套以等级服从机制为灵魂的"金字塔"式的政府体系及其职能，是过去那种高度集权的中央计划经济体制的派生物。笔者曾在 1984 年撰文称之为"权力分配型"体制，它的基本职能就是"一级管住一级"，一直管到企业①。那种"无所不包"的计划经济，必然要求从生产指标的确定，到生产要素的配给，到产、供的衔接，到产出品的调配，到人民生活生老病死衣食住行的安排……都要有相应的机构管起来，而且管的刚性很大。否则，偌大的经济计划，如果有一个环节自由行动，其他环节就会产生混乱。

20 世纪 80 年代开始了改革，经济基础在不断地朝市场方向变化，但作为上层建筑的政府机构及其职能都迟滞难动。特别是那些分管生产要素的职能部门(所谓"条条")改革步履蹒跚。人们为什么会那样固执地迷恋着那种"力不从心"的管理职能呢？当然首先与富余人员难以安排有关系，但也不能不承认：这里面有一个利益再分配问题。

社会主义市场经济所要求的是"小政府，大社会"，政府对经济生活由直接命令职能转变为间接导向职能，由"管家"职能转变为服务职能，彻底割断政府与企业之间的"脐带"，把指挥权交给市场。由此可见，市场的发育同政府职能的转变是息息相关的。

3. 企业制度的全面更新

构建社会主义市场经济的企业制度，根本的问题是国有企业产权关系的实际确立，以解决目前产权模糊的状况。确立社会主义企业的产权关系包含两方面的内容：一是要确定全民所有财产的具体代管机构，这种机构不应是政府，而应是人民代表大会下的经济法人实体。二是这种经济法人实体必须具有财产增值的经营机能，而不只是"看守所"。只有这样，才能从根本上塑造出企业"自求发展，自我约束"的动力机制。

搞活企业是经济体制改革的中心问题。但是要真正能成为一种具有勃勃生机的"自主经营、自负盈亏、自我约束、自求发展"的符合社会主义市场经济要求的企业，除了前面所说的界定产权之外，还需要有一系列的外部环境条件。这些条件包括社会保障体制的建立，企业预算约束的硬化，市场体系的形成，城乡社会化服务体系(第三产业)的充分发展等。显然，如没有基本的社会保障，就无法"破三铁"，实行优胜劣汰；如预算约束仍然是"负盈不负亏"，企业也就没有自我约束的压力；如没有足够的市场体系，企业就不可能与政府割断"脐带"；如没有发达的第三产业，企业仍然"办社会"，企业也就没有余力去自求发展。

4. 市场规范的真正确立

市场经济，从宏观上看，似乎是无政府状态的；但从微观上看，则确是井井有条的，它具有严格的规范性。市场规范的基本原则是等价交换，平等竞争，在市场面前人人平等。为此，要形成一系列诸如契约制度、经营法规、产权保障、标准监督、价格监测乃至商业道德等社会规范。这种规范有的需要通过政府立法，有的则是由商业惯例形成。无论

---

① 夏振坤：《论改革与发展》，湖北教育出版社 1990 年版，第 68 页。

是立法还是惯例，都有一个守法习惯的培育过程，绝不是一立即行的。所以，市场规范不仅仅是一个改革的问题，而且是一个发展的问题。这方面既要求形成环境氛围，又需要转变观念，难以操之过急。

总之，由计划主导型经济转向社会主义市场经济，是一个十分复杂的过程。就其本体来说，当然是一种机制的转变，是一种资源配置方式的改变；但却不仅仅是这点，它势将交织着利益与权力的纷扰，有时甚至是比较尖锐的。因而，某种阵痛也是难以避免的。正是由于此，国家的宏观调控，不是可以放松，相反都是要求加强。当然，这种"加强"不是回到过去那种行政命令式的干预，而是要学会利用各种经济的、法律的杠杆，有计划地引导这种过渡的进程，规范人们的经济行为。这就好像积蓄已久的大水库，一朝放水，决不能把闸门一下子全部抽掉，而必须有步骤地逐渐抽开，否则，下游就会泛滥成灾。

五、走出思想观念的误区，掌握市场经济的真谛

1. 市场经济是高度发达的商品经济

社会主义市场经济的概念被提出以后，越来越多的人喜欢强调市场经济与商品经济的一致性而否认它们之间的区别，认为"市场经济和商品经济作为同质的东西都是逐步发展起来的"，"不能把商品经济与市场经济分割开来并把市场经济看作是商品经济发达以后才有的产物"。

实际上，市场经济和商品经济既有联系又有区别。市场经济是以经济运行方式和资源配置方式为主要标志的经济范畴。这种经济的运行主要靠市场调节，各种资源主要由市场机制来配置。商品经济是以产品的社会形态为主要标志的经济范畴，这种经济中的劳动产品表现为商品，它们是为交换而生产的。由于标志的角度不同，因此两个范畴在有些情况下指的可能是同一事物。"哪里有商品生产和商品交换，哪里就有市场。"从这个意义讲，市场经济和商品经济是紧密相连的。但是，市场经济和商品经济毕竟不是同一范畴。劳动产品的社会形态问题基本上在资本主义以前的简单商品经济阶段就已经被提出来了。而经济运行方式和资源配置方式问题的提出则是生产社会化日益发展，经济生活日益复杂的结果。它包含着生产要素的全面商品化、充分的竞争、较强的流动性以及平均利润率的形成等。在商品经济发展的初期，即简单商品经济时期，现实生活可以提出产品的社会形态问题，但不一定会提出经济运行方式问题。只有在商品关系普遍化、体系化的历史条件下，才可能提出通过市场机制配置资源和实现运行的问题。因此，商品经济的范畴要比市场经济范畴产生得早。马克思的著作中已经有了"商品生产"和"劳动的自然形式"等区分，但在那时，人们还没有关于市场经济的明确提法。只有在马克思主义经济学深刻批判了资本主义经济运行，并且推进了社会主义计划经济的初步实践后，西方经济学才提出了与计划经济相对应的市场经济范畴。所以，市场经济的内涵要比商品经济丰富得多。前些年，有人可以接受商品经济提法但坚决抵制市场经济，他们强调两者的区别而抹杀两者的联系。这曾经给市场取向的改革造成很大障碍。在新的形势下，如果我们强调两者的联系而抹杀两者的区别，好像我们多年都在发展商品经济，因而也就是在发展市场经济，甚至认为我国或某一地区"已经是市场经济"，那也会忽视今后改革的艰巨任务，淡化人们的创新精

神，因而也是十分有害的。

2. 社会主义市场经济要以高度发达的社会分工为基础

市场经济是社会分工高度发达的结果。反过来，市场经济的形成又将促进社会分工的发展。生产的社会化和专业化是同一事物的两个方面。分工越发达，生产的社会化程度越高。分工使人的生产成为单方面的而其需要则是多方面的。生产和需要的矛盾要靠市场来调节，市场鼓励人们的竞争，鼓励人们在特定的领域生存和发展，鼓励人们发展专门的技艺、特别是那些新生的技艺，因而必然促进分工的发展，从这种意义上说，我们提出建立社会主义市场经济体制，也是为了进一步发展社会分工。

但是，提出发展市场经济的任务以后，我国早已出现的"全民皆商"的势头却进一步强化了，千军万马纷纷"下海"，宣传媒介常常把"辞官经商""校园经纪人""教授卖馅饼"等现象当作观念更新的典型加以赞扬，我们认为这种状况值得思考。

在计划经济向市场经济的转变过程中，人们的社会角度将有一定程度的变更，各个行业组织和团体的劳动者都将面临一次较大规模的优化组合。在变革的过程中，出现一些过渡性的兼业现象是可以理解的。但是，"全民皆商""千军万马齐下海"绝不是我们的发展方向。相反，这倒是社会分工的退化。

在体制转换时期，市场机制并未完善，政府对市场经济的调控方式也并未熟悉，但是，劳动就业却已经被不同程度地纳入了市场调节。不健全的市场使经商的利益成为一种"挡不住的诱惑"，政府和机关团体又没有能力提高干部、专家、学者的收入水平。其结果，就导致了"全民皆商""千军万马齐下海"的局面。为了促进社会分工，实现市场经济的内在要求，我们应该加快体制转换，并在转换的过程中，注意强化政府的新型调控能力，注意调整分配政策。

3. 市场经济不仅仅是个"市场"问题

现在有一种简单化的倾向，就是把市场经济与"市场"等同起来。在实际工作中，不少人热衷于搞市场建设而忽视市场经济的配套工程，而且这些人对"市场"的理解，往往也是比较狭隘的，即把市场仅仅理解为商品交换的场所。他们认为，到处建立交易市场、批发市场、专业市场和综合市场等，就是在发展市场经济。

市场经济虽然以经济运行的市场调节和经济资源的市场配置为主要特征，但是它的内涵绝不仅限于市场本身。经济运行的市场调节和经济资源的市场配置不仅仅需要有市场，而且需要有许多其他条件，其中包括市场主体的形成、要素运行的市场化、市场秩序的建立、市场竞争机制、供求机制和价格形成机制的完善等。离开这些条件，建设再多的市场也不能建立真正的市场经济。随着市场经济的发展，商品交换的场所无疑需要大量增加。但是，作为市场经济核心的市场不仅是商品交换的场所，而且是商品供求关系和商品交换关系的总和；对市场经济的运行和资源配置产生调节作用的，并不是商品交换的场所，而是商品供求关系和交换关系。因此，要真正建立社会主义的市场经济体制，必须着重在经济运行机制的重新构造上下功夫，而经济运行机制的重构是通过经济体制的改革完成的。拿市场主体的形成来说，就涉及整个所有制结构的改革、企业产权制度的改革以及企业与政府关系的改革等许多方面。所以，要发展社会主义市场经济，就必须大力推进经济体制改革的系统深化。

4. 社会主义市场经济是市场与计划充分结合的经济

有人以为，建立社会主义市场经济体制就可以不要计划和计划管理机构了，政府对企业可以说"我不管了"，企业对政府可以说"你不要管了"。其实，这些人把现代市场经济和古典市场经济混淆了。

在 19 世纪以前，尽管生产的社会化程度已经日益提高，经济运行的协调问题已经摆在人们面前，但是这时的经济仅靠市场机制就可以实现比较协调的运行，这就是古典市场经济，或者叫原型市场经济。在那时，亚当·斯密的"看不见的手"曾被看作完美无缺的调节方式，让·萨伊关于"供给能够创造其本身的需求"的定律，也曾流行了很长时间，可是到了 19 世纪以后，当生产的社会化进一步提高以后，连凯恩斯等资产阶级学者也清醒地看到了经济运行中的"有效需求不足"和结构失调等问题。一次又一次的危机使人们认识到，在生产高度社会化的情况下，"看不见的手"并不是完全可靠的调节方式，经济运行的协调必须借助政府的干预。在不破坏市场机制的前提下，西方国家普遍实行了国民经济的计划化和宏观调节政策，例如，法国的"经济与社会发展计划"、日本的"国民收入倍增计划"等，这就形成了现代市场经济。实践证明，用"看得见的手"去调节"看不见的手"，再通过"看不见的手"去调节整个经济，能够更好地发挥市场机制的作用，并弥补市场机制的不足，我们所要发展的社会主义市场经济不是古典市场经济而是建立在高度发达的社会化大生产基础上的现代市场经济。我们绝不能重走西方国家曾经走过的弯路，去通过多次的危机和破坏来认识单纯的市场机制的缺陷，不是简单地取消计划机构和计划调节，而应改革计划体制，提高计划的科学性，使计划调节与市场调节更好地结合起来。

5. 建立社会主义市场经济体制不仅仅是经济问题

到目前为止，中国改革大潮所冲击的对象主要是经济制度。社会主义市场经济被提出以来，人们的着眼点也还是主要放在经济活动和经济制度上面，而对其他方面则注意不够。但是其他方面改革的滞后必然会阻碍社会主义市场经济的发展。

马克思曾说："随着经济基础的变更，全部庞大的上层建筑也或慢或快地发生变革。"[1]这是一条众所周知的普遍规律。毫无疑问，我们原有的整个上层建筑基本上都是与传统的计划经济相适应的。现在要发展社会主义市场经济，经济基础的这种变革必然呼唤政治、法律和人们思想观念的相应变革。

如前所述，企业作为市场主体地位的形成必须经历政企关系的变革。而要实现这种变革，政府的机构设置、职能分工、人事制度和行为方式等，都将经历一场深刻的革命。即使在政企分开以后，政府也必然拥有对经济生活进行控制、协调和监督等的权力。如果没有一定的制约方式，不能禁止权力成为政府官员谋利手段的现象，社会主义市场经济的运行秩序就不可能得到保证。所以，市场经济的发展还要求加快经济法治化、政治民主化的

---

① 《马克思恩格斯选集》第 2 卷，人民出版社 1995 年版，第 33 页。

进程。从传统计划经济到社会主义市场经济的变革必然导致人们利益的再分配，而这种再分配可能带来一定的冲突。为了保证社会主义市场经济发展所需要的利益分配格局，我们必须借助一定的法律形式来调整人们之间的关系。这就要求加快法制改革。社会存在的改变也要求人们意识的改变，因此，社会主义市场经济需要的道德准则和行为规范又必须在新的实践基础上进行重构。

总之，建立社会主义市场经济体制，是一个十分复杂的社会系统工程，绝不是指日可待的。在思想上必须有"持久战"的准备，在工作上要有长期的、艰苦细致的配套改革与发展措施。美玉不是直接从矿山里挖出来的，而是经过人们辛苦而精心的加工雕琢才会光彩夺目。

（写于 1992 年 12 月）

第四节　改革潮流中的理论思考

中国共产党十一届三中全会以来，中国社会主义现代化建设开辟了崭新的宏大局面。中共中央集中全党和全国各族人民的智慧，形成了社会主义初级阶段的理论以及党在社会主义初级阶段的总路线。在一整套正确的路线、方针、政策的指引下，社会主义道路越走越宽阔，中国改革开放事业生气蓬勃。改革实践的拓展和深化，引起了全民族理论观点的巨大变化。新问题不断激起理论工作者的理论兴趣。在目前，以下几个问题是学术理论界最为关心的问题。

一、坚持党的领导与发展民主政治

社会主义是一个在政治、经济、文化生活诸领域里比资本主义更加民主的新型社会。这一点，马克思主义经典作家们在《共产党宣言》中以他们敏锐的观察力，做了科学的揭示。早在 1980 年 8 月，邓小平同志即代表党中央宣布："为了适应社会主义现代化建设的需要，为了适应党和国家政治生活民主化的需要，为了兴利除弊，党和国家的领导制度以及其他制度，需要改革的很多。"①这里，便首先提出了建立"民主政治"的科学概念。

建立社会主义民主政治，就是真正实现人民群众当家作主。列宁把它称作为"群众自己用一切可能的办法来建设国家和管理国家"②。人民群众能够参政议政，对国家的重大方针、政策发表意见和建议；能够有效地行使选举权和被选举权。党和政府将重大的政治生活让人民知道和了解，实行公开化原则。建立和发展社会主义民主政治，是体现社会主义制度优越性的根本内容。这是列宁等社会主义事业的伟大开拓者所一贯坚持的思想。因此，邓小平在中国社会主义改革中反复强调"扩大社会主义民主，把人民群众和基层组织的积极性调动起来"③，"我们所有的改革最终能不能成功，还是决定于政治体制的改

---

①　《邓小平文选》(1975—1982 年)，人民出版社 1983 年版，第 282 页。

②　《列宁选集》第 3 卷，人民出版社 1972 年版，第 634 页。

③　邓小平：《建设有中国特色的社会主义》(增订本)，人民出版社 1987 年版，第 133 页。

革"①。这是对社会主义民主政治理论的坚持和发展。

坚持党的领导与发展社会主义民主政治并不是对立的。而在发展社会主义民主政治的过程中强调党的领导，是因为：其一，新民主主义革命和社会主义建设的实践证明，共产党是社会集团中的先进集体，能够领导社会主义继续向前进。况且，"在中国这样的大国，要把几亿人口的思想和力量统一起来建设社会主义，没有一个由具有高度觉悟性、纪律性和自我牺牲精神的党员组成的能够真正代表和团结人民群众的党，没有这样一个党的统一领导，是不可能设想的"②。其二，建立和发展社会主义民主政治是改革的根本内容，而改革的全部任务和所有内容、理论依据、战略策略，正是中国共产党提出和筹划的。其三，中国共产党倡导在改善党的领导中坚持党的领导，从而使党的领导科学化。这是共产党人的根本立场。因此邓小平同志指出"问题是党要善于领导；要不断地改善领导，才能加强领导"③。

改善党的领导，第一，就是通过改革清除在党和政府工作人员中所出现的腐败现象。第二，在领导体制上进行系统的、彻底的改革，如实行党政分开，党要管党。第三，党内政治生活要充分体现出党员的平等地位、批评与自我批评、互相监督、民主选举、民主决策，使之成为全社会民主化建设的表率和榜样。诚如党的十三大政治报告《沿着有中国特色的社会主义道路前进》中所揭示的："以党内民主来逐步推动人民民主，是发挥社会主义民主政治的一条切实可行，易于见效的途径。"④总之，中国共产党对全社会的领导是政治领导、方向领导、战略领导；而中国共产党在坚持民主的原则过程中实现自我改造，是发展社会主义民主政治的组成部分之一。

以上分析说明：坚持共产党的领导与发展社会主义民主既不是对立的，也不是一回事。共产党实行民主领导，坚持科学领导的原则，不仅不会妨碍全社会发展民主政治，而且能够起到推动作用；而发展社会主义民主政治，不但不会动摇共产党的领导，而且更加有利于共产党的自身改革、自身建设。可见，坚持党的领导与发展社会主义民主政治是相容的、协调发展的关系。

二、社会主义同资本主义的和平共处与资本主义的发展

按照经典的社会主义理论，在19世纪末20世纪初，资本主义进入帝国主义阶段之后，就"腐朽""垂死"了，到了无产阶级革命的前夜了⑤。可是，到20世纪60年代，出现了对这一思想片面理解的"社会主义理论"，它认为资本主义的末日已经迫在眉睫了，资本主义的发展处在被社会主义取代的关头了。然而，当代资本主义发展的结果表明，这种理解有较大的空想成分。

其实，列宁是在谈到资本主义如何向社会主义过渡时，才讲到资本主义在它发展的第

---

① 邓小平：《建设有中国特色的社会主义》（增订本），人民出版社1987年版，第136页。
② 《邓小平文选》（1975—1982年），人民出版社1983年版，第301页。
③ 《邓小平文选》（1975—1982年），人民出版社1983年版，第301页。
④ 《中国共产党第十三次全国代表大会文件汇编》，人民出版社1987年版，第52页。
⑤ 参见《列宁选集》第2卷，人民出版社1972年版，第883页。

二阶段即将发生全面危机，它是资本主义发展的最后阶段。但他并不认为资本主义在这一阶段的发展是极为短暂的，并不认为在这一阶段无产阶级社会主义革命马上就要到来。恰恰相反，他认为这样一个历史阶段是较为漫长的。他似乎意料到后人对他的思想会有所误解，于是便提醒道："如果以为这一腐朽趋势排除了资本主义的迅速发展，那就错了……整个说来，资本主义的发展比从前要快得多。"①第二次世界大战以后，资本主义突飞猛进的发展证明列宁的认识是清醒的。20 年来，主要资本主义国家的经济增长率年平均在4%~6%，这是较为可观的。科学文化事业取得了更为壮观的成就，宇宙飞船上天，核能的利用，超导研究的进展，计算机的发明等，显示出资本主义制度还有相当的发展潜力。因此，早在 20 世纪初，列宁就批判了对资本主义片面认识的错误，批判了对资本主义世界发动无产阶级革命的操之过急的办法。他认为社会主义革命"是在历史发展过程中逐渐成熟起来，是在许多内部原因和外部原因凑在一起的时候爆发的"，他把"按订货"搞革命，"排出次序"和事先规定革命日期的一切做法都斥为"招摇撞骗"②。在恩格斯晚年，他面对资本主义经济危机后的社会发展潜力做了科学的估计，批评了试图在短时期把全世界变成社会主义的做法，他警告道："胜利了的无产阶级不能强迫任何异族人民接受任何替他们造福的办法，否则就会断送自己的胜利。"③可以看出，经典作家们对资本主义的最后发展阶段与无产阶级革命的估计是十分清醒的，也是科学的。

固然经典社会主义理论基于对资本主义社会的基本矛盾与主要矛盾的分析，基于对资本主义世界发展不平衡的分析，认为无产阶级将在资本主义发展的第二阶段起来进行社会主义革命，从而人类社会必然由社会主义代替资本主义。但是，他们也认识到了资本主义即使在它的最后阶段也有一个相当漫长的发展时期，社会主义只能在其薄弱部位首先取得胜利，从而社会主义取代资本主义，是一个相当缓慢的过程，是一个长期的历史时期。因此，人类社会有一段较长时间是社会主义与资本主义并存与共同发展的历史阶段。

根据资本主义在当代的发展与共产主义运动在当代的实践，中国共产党人对此进行了科学分析和重新认识。早在真理标准讨论后不久，中国共产党人就对这一重大理论问题做了初步回答。邓小平同志就说过："各国的事情，一定要尊重各国的党、各国的人民，由他们自己去寻找道路、去探索，去解决问题，不能有别的党充当老子党，去发号施令。"④他又提出，和平共处原则，是解决世界多边关系的好办法，"具有强大的生命力"⑤。这些都深化了马克思主义对当代资本主义和社会主义的认识，是当代马克思主义对这一问题看法的最高水平。

因此，可以毫不犹豫地说，在今后相当长的历史阶段，是社会主义与资本主义和平共处的时期，在这样一个历史时期，一方面，是社会主义国家通过改革，建立合乎本国国情的经济体制，合理的社会秩序，建立和发展社会主义民主政治，大力发展社会生产力，充

① 《列宁选集》第 2 卷，人民出版社 1972 年版，第 842 页。
② 《列宁全集》第 17 卷，人民出版社 1959 年版，第 514 页。
③ 《马克思恩格斯全集》第 35 卷，人民出版社 1971 年版，第 353 页。
④ 《邓小平文选》(1975—1982 年)，人民出版社 1983 年版，第 279 页。
⑤ 邓小平：《建设有中国特色的社会主义》(增订本)，人民出版社 1987 年版，第 83 页。

分开掘社会主义制度的优越性，最后通过制度的力量战胜资本主义。另一方面，资本主义世界的人民强烈要求和平，反对战争威胁。资产阶级政府为了摆脱政治危机，也日益朝着这一方向努力，这样，资本主义国家不断改进自己的经济体制，大大发掘了资本主义生产关系下生产的伸张能力，使资本主义的经济危机周期变长，国内政治经济局势趋于稳定，国内劳资间的斗争也趋于缓和。在资本主义世界民主力量的长期积累下，很可能通过和平的方式缓慢地走上社会主义道路。

之所以认为资本主义有可能和平地走上社会主义道路，是因为在当代新技术革命、工业化的充分发展和居民日益富裕化的前提下，资本主义社会在当代的发展出现了如下新动向：

第一，在生产资料方面，资本主义科学技术的进步和生产的发展使股份所有制盛行，股份所有制又使生产资料日益分散化和财产日益居民化。20世纪70年代末，美国数以千万的工人拥有企业股票，成为企业股东。20世纪50年代以后，主要资本主义国家的国有企业在物质财富的再生产中占有相当大的比例，如美国占13%，法国占42%，加拿大占15%，荷兰占18%，联邦德国占20%，日本占22%，澳大利亚占30%，国有化与财产居民化使资本主义所有制发生着新的量变。

第二，在生产领域，资本主义国家对经济的调节作用加强，形成了资本主义经济的新模式。

第三，在分配与消费领域，在当代资本主义国家，工人的工资是按劳动量来决定的，股息是按资本付给的。这样，贫者财富在增加，富者财富增长速度减慢。在消费上，消费者进入市场后，由他们最终消费产品，从而保证生产的顺利进行。在一定程度上，他们购买商品的意向、数量直接决定着生产。正因为这样，经济发展的原动力就是个人的物质利益和由此产生的个人主动性、积极性。这在现代社会任何一种形态里都是适用的。

从上述新动向可以看出，资本主义在其后期，在社会生活的各个领域，已经孕育了社会主义的因素。如果说，在列宁时代只是初步地看到了这些新情况的端倪："社会主义现在已经在现代资本主义的一切窗口中出现，在这个最新资本主义的基础上前进一步的每项重大措施中，社会主义已经直接地、实际地显现出来了。"①那么，在现时代，资本主义内部孕育着的社会主义因素已经更加明显地表现出来了。因此，由资本主义到社会主义，有可能通过和平的方式、由量变到质变的方式以及社会改革的方式来实现。

三、在社会主义条件下能否存在和发展某些资本主义经济成分

随着经济体制改革的深入，我国社会主义初级阶段的所有制结构和分配制度出现了新格局，除了以全民所有制为主体外，还存在个体私有、中外合资以及各种形式的经济联合体等资本主义、半资本主义经济成分；在经营管理方面，出现了承包、租赁、雇工、股票、债券等方式；在分配领域，出现了利润分成、管理收入、风险收入等半按劳分配、非按劳分配等方式。这里拟就存在和发展某些资本主义经济成分问题谈一些看法。

第一，社会主义条件下能否存在资本主义的经济成分？答案是肯定的。固然，马克思

---

① 转引自童大林等：《当代资本主义问题引论》，科学出版社1988年版，前言。

主义经典作家认为社会主义必然要代替资本主义，在经济上的表现形式就是：社会主义继承了发达的资本主义社会的生产力和科学文化，采取高度集中的社会化大生产，实行公有化、计划化，实行按劳分配制度，没有剥削，在社会主义劳动中，确立了平等互助的同志式的新型关系。当然，这是社会主义社会应该遵循的一般原理。既然它只是原理，那就不能被视为教条，而应把它和社会主义在当代的实践结合起来。其实，马克思主义经典作家们在设计未来社会的发展时就一再声明："我们不打算把什么最终规律强加给人类"①；未来社会的发展"完全取决于人们不得不在其中活动的那个特定的历史环境"②。列宁则根据他在俄国所进行的社会主义建设经验，明确指出："世界发展的一般规律，不仅丝毫不排斥个别发展阶段在发展形式或顺序上表现出特殊性，反而以此为前提。"③他还预言："在东方那些人口无比众多，社会情况无比复杂的国家里，今后革命无疑比俄国革命带有更多的特色。"④事实证明这些具有方法论意义的思想是十分正确的。马克思主义的经典社会主义理论是从发达的资本主义生产力出发的，而我国的社会主义却不具备这一先天条件：生产力发展不平衡，具有多层次，从总体上说不发达，科学文化较为落后，全民族的文化素质不高。总之，在经济、道德和精神诸方面首先带有浓重的封建主义残余，其次还有一些资本主义的残余。这就是说，我国社会主义所面临的是不发达的生产力，社会主义改造的任务要比发达的资本主义国家革命胜利后的改造任务繁重得多。因此，建设社会主义在方略上较之经典理论，就应该有相应的变化，按照经典的说法就是："必须从最顽强的事实出发。"⑤这样，在作为特殊历史阶段的社会主义初级阶段采用社会主义一般发展阶段的理论（或谓之经典社会主义理论）必然会带来严重的失误。

其实，早在新民主主义革命取得最后胜利的前夕，毛泽东同志即对中国国情做过深入的研究。他指出："拿资本主义的某种发展去代替外国帝国主义和本国封建主义的压迫，不但是一个进步，而且是一个不可避免的过程。它不但有利于资产阶级，同时也有利于无产阶级，或者说更有利于无产阶级。""除了国家自己的经济，劳动人民的个体经济和合作经济之外，一定要让私人资本主义经济在不能操纵国民生计的范围内获得发展的便利，才能有益于社会的向前发展。"⑥这是合乎中国社会主义建设的实情的。在社会主义的初级阶段，允许和发展一些资本主义的经济成分与经营管理方式，不但可以促进社会生产力的发展，而且还有利于克服封建主义的残余势力。

因此，完全有理由认为，在社会主义初级阶段，应该允许存在和发展资本主义经济成分。我们从事社会主义建设，不能从抽象的原则出发，只能从具体的实践出发。

第二，在社会主义初级阶段，发展资本主义经济成分会不会改变国家的社会主义性质？答案是否定的。这是因为，在取得新民主主义革命的胜利后，我们经过对资本主义所

① 《马克思恩格斯全集》第22卷，人民出版社1965年版，第628页。
② 《马克思恩格斯全集》第35卷，人民出版社1971年版，第154页。
③ 《列宁选集》第4卷，人民出版社1972年版，第690页。
④ 《列宁选集》第4卷，人民出版社1972年版，第632页。
⑤ 《马克思恩格斯选集》第2卷，人民出版社1972年版，第122页。
⑥ 《毛泽东选集》第2卷，人民出版社1952年版，第961~962页。

有制的改造，走上了社会主义道路，确定了社会主义经济、政治、文化在社会中的主导地位，国家机器也是为社会主义服务的。实践已经证明，我们有足够的能力在社会主义的道路上继续前进。党的十一届三中全会以来，我们确定了社会主义初级阶段的基本路线，在经济领域，在允许有利于社会生产力发展，对社会主义经济进行补充的资本主义经济成分的存在和适当发展的同时，大力发展占主导地位的社会主义经济。还在国家大政方针上确立了坚持社会主义道路，并以法制力量保持了社会发展的社会主义方向。更何况资本主义经济成分要接受社会主义的经济杠杆——银行、信贷、税务、财政的调节，接受社会主义法律体系的监督。因此，它不可能充分发展到足以取代社会主义之质变的临界点。一句话，它只是在社会主义范围内从事对社会生产力发展有利的经济事务。在没有经历充分发展的社会生产力、科学文化的资本主义阶段的国度里搞社会主义，不可能完全摆脱私有经济的历史命脉。列宁在《论粮食税》的名篇中就尖锐地批评过抽象地把社会主义公有制与资本主义私有制对立起来的错误："既然我们还不能实现从小生产到社会主义的直接过渡，所以作为小生产和交换的自发产物的资本主义，在一定程度上是不可避免的，所以我们应该利用资本主义（特别是把它纳入国家资本主义轨道）作为小生产和社会主义之间的中间环节，作为提高生产力的手段、途径、方法。"①显然，在列宁看来，为了由不够格的社会主义过渡到够格的社会主义，不妨利用资本主义来发展生产力，把它作为由小生产向社会主义大生产过渡的中间环节。而在我国实行改革开放政策以前，社会主义经济建设的实践证明，抽象地批判资本主义所有制全面实行一大二公和高度计划化，只能导致社会生产力的衰败。可见，在社会主义初级阶段，在大力发展社会主义经济的同时，在一定范围、一定程度上，允许资本主义经济成分的存在和适当发展，是社会生产力发展的需要，也是社会主义社会本身发展的需要。

四、社会主义初级阶段的分配制度与接劳分配原则

随着经济体制改革的深入和商品经济的发展，在分配领域出现了新变化和新格局。除了在企业中正在推行的与效益挂钩的工资外，越来越广泛地出现了经营收入、雇工收入、管理收入、利润分成、股票债券风险收入等半按劳分配与非按劳分配的分配方式。这些分配方式正在逐步形成社会主义初级阶段的分配体系，从不同侧面调动了生产者、承包者、租赁者、经营者的主动性、积极性和创造性。但是，在一些人看来，改革中形成的新的分配格局，不符合"各尽所能，按劳分配"的社会主义原则，因而招致责难或非议。这种思想对于深化经济体制改革，建立社会主义商品经济新秩序是有害的，因此，有必要在理论上予以澄清。

马克思主义创始人在设计社会主义的发展轨道时，规范了这种未来社会的分配制度，即我们现在所理解的按劳分配原则。但是，这一原则经过斯大林在联共（布）十七大上的中央工作总结报告的阐释，注入了更多的空想内容②。他们认为，按劳分配的对象是社会总产品中经过各项社会扣除后所剩下的个人消费资料；按劳分配的尺度是劳动量。即用

---

① 《列宁全集》第 41 卷，人民出版社 1958 年版，第 217~218 页。
② 参见《斯大林全集》第 13 卷，人民出版社 1956 年版，第 314 页。

"自然的、相当的、绝对的尺度——时间来表现的劳动量"①，或者说是流动形态的劳动；按劳分配的主体是社会中心，即国家；按劳分配的媒介是劳动券，即一张证明劳动者向社会提供了多少个劳动单位的证书，而劳动者则"凭这张证书从社会储存中领得和他们所提供的劳动量相当的一份消费资料"；按劳分配原则是等量劳动相交换，"即一种形式的一定量的劳动可以和另一种形式的同量劳动相交换"，与这种经典意义上的按劳分配原则相对应，按劳分配实现的条件也有相对应的界定，这些条件是：第一，社会直接占有全部生产资料，实行单一的全民所有制（公有制）。社会有如一个大工厂，生产由社会中心直接统一组织和指挥。第二，"每一个人的劳动，无论其特殊用途是如何的不同，从一开始就成为直接的社会劳动"②。第三，直接的社会生产以及直接的分配排除一切商品交换，因而也排除产品向商品的转化和随之而来的产品向价值的转化，即完全消灭了商品体系和货币关系。概言之，经典作家们设计的社会主义分配制度的总的社会前提是：在社会主义制度取代了资本主义以后，完成了商品经济向产品经济的复归，全社会的高度公有化、计划性生产与分配直接挂钩。由于没有了商品关系，因此也不存在间接劳动与间接分配形式。社会主义确立以后，随之而来的是成熟的、发达的公有制生产关系，确立了共同的社会责任感和劳动觉悟，也是向"各尽所能，按需分配"的共产主义过渡的准备阶段。

但是，国际共产主义运动的实践出乎意料，在马克思主义经典作家的理论指导下产生的社会主义比经典的社会主义模式低出几个层次，尤其是处在社会主义初级阶段上更是如此。因此，就不能套用经典社会主义的分配理论于初级阶段的社会主义。这是因为：

第一，在社会主义初级阶段，存在多种所有制经济成分和经营方式：除了全民所有制经济和集体所有制经济外，还大量存在个体经济、中外合资经济、外资经济，以及各种形式的经济联合体等，存在经营上的所有权与经营权的分离、承包、租赁、雇工、股票、证券等各种各样与生产力水平相适应的经营形式与经济管理方式。这种复杂的所有制结构和经营管理体制决定了我国社会主义初级阶段分配制度的多样化。

第二，由于社会主义初级阶段的社会历史条件复杂性更突出，如中国社会主义是由半殖民地半封建社会脱胎而来，生产力不发达，生产力布局不平衡，呈现多层次多阶梯状况。按照生产关系一定要适合生产力发展状况的规律，在这种生产力条件下不仅会有私有制时代的私有关系的遗留，而且反映在分配关系上，一定会存在对社会生产力发展有利的剥削现象。这种剥削，按照历史唯物主义的观点，恩格斯把它称为"合理的剥削"。

第三，由于在社会主义初级阶段继承了前一社会形态的商品经济，并将商品经济的发展作为这一历史阶段的主要任务，因此，它将存在商品关系、货币关系、价值规律，也就必然地存在间接生产和间接分配。建立在产品经济基础上的按劳分配形式不适应多种分配形式的经济状态。

第四，由于社会主义初级阶段的生产力状况呈现出多层次、多阶梯状态，在这个阶段还不具备全国统一核算的能力，因而各种经营形式下的劳动的质与量也就没有一个统一的客观标准，所以，这个阶段的分配形式不能使用单一的按劳分配形式，而只能是多种分配

---

① 《马克思恩格斯选集》第3卷，人民出版社1972年版，第348页。
② 《马克思恩格斯选集》第3卷，人民出版社1972年版，第348页。

形式并存。

第五，在社会主义初级阶段，由于科学文化不发达，全民族的文化素养还不高，在社会主义劳动中还没有形成普遍的社会责任感和劳动觉悟，因此需要用经济奖励和惩罚的办法作为刺激劳动者积极性的杠杆，这在客观上既表明不可能在劳动中各尽所能，又表明在劳动报酬上实行按劳分配没有必要的基础。如果在这样的条件下强行用高层次的分配原则来贯彻执行，必然会造成干多干少、干好干坏一个样的平均主义、大锅饭，造成劳动者的积极性不高，经济效益不高。

以上分析表明，在社会主义初级阶段用按劳分配原则衡量实践中的劳动报酬，既在理论上说不通，又在生产力发展实践中有害。

"消费资料的任何一种分配，都不过是生产条件本身分配的结果。"①按照马克思分析问题的方法看待社会主义初级阶段的分配制度，可以明确，多种分配形式适合这一阶段的生产力状况与生产关系的结构，而"各尽所能、按劳分配"的原则却只能普遍适用于超越了初级阶段社会主义的历史阶段。

总之，在社会主义初级阶段，建立商品经济新秩序，进行工资制度的全面改革，必须更有利于探索出适合这一特殊的社会历史阶段的分配制度，在理论上做出更科学的总结。

五、不能用抽象的原则看待改革的具体实践

随着经济体制改革的深入，我国社会主义初级阶段的所有制结构和分配制度出现了新格局；除了以全民所有制和集体所有制为主导外，还大量地存在个体私有、中外合资、外资以及各种形式的经济联合体等经济形式；在经营管理方面，相应出现了承包、租赁、拍卖、兼并、雇工、股票、债券等方式；在分配领域，相应出现了利润分成、管理收入、风险收入等半按劳分配和非按劳分配。按照建立社会主义初级阶段商品经济新秩序的要求。在经济体制改革中将迈开更大步子以充分满足生产力发展的内在要求，基本解决先进的生产关系与落后的生产力之间的矛盾，譬如充分发挥市场机制和价值规律的作用，改革现行的工资制度和劳务制度，允许存在失业，放开收入差距等。对待深化改革中出现的一些问题，有一些人陷入思想困惑。他们害怕这样会背离社会主义方向。其实，深化改革，对于巩固和发展社会主义有利，当然也会伴生出一些社会问题，然而改革机制可以妥善解决。这种顾虑对于深化改革是不利的，在思想方法上也是错误的。

第一，这种思想顾虑没有现实基础。中华人民共和国成立后，经过对资本主义所有制的改造，我们已经走上了社会主义道路，并初步探索了一些建设中国社会主义的规律和方法；特别是在中国共产党十一届三中全会以后，我们重新认清了中国社会主义建设的国情，提出了社会主义初级阶段的基本路线和社会主义建设的总方针，在它指导下所产生的一切策略、方法、具体政策，都只会对社会主义建设有利，而不会导致资本主义；都只会对深化改革，打破贫穷，实现共同富裕有利，而不会动摇社会主义。

产生这种顾虑，还源于一种习惯性的思维定式。在中国共产党十一届三中全会以前，我们党突出阶级斗争理论，使人们形成了一种单向思维定式；对于新出现的理论、新的实

---

① 《马克思恩格斯选集》第3卷，人民出版社1972年版，第13页。

践问题，习惯于用"姓资"或"姓社"的标准评判。然而，在以发展社会生产力为中心，进行改革开放的现时代，应该改革这种思维惰性，树立新的评判标准：是否有利于发展社会生产力，是否有利于开掘社会主义制度的优越性。

第二，这种顾虑对社会主义初级阶段的国情缺乏正确、清醒的认识。虽然我们已经走上了社会主义道路，社会性质变化了，但是，由于它是从半殖民地半封建社会脱胎而来，社会生产力不发达，科学技术落后，加上我们在建设社会主义实践中犯了严重的"左"的错误和"空想"色彩很重的错误，因而我们还不能摆脱贫穷。由于客观上存在的生产力布局的多层次性和发展的不平衡性，生产关系中表现出多重所有制经济成分，商品经济贯穿社会主义初级阶段的全过程，商品关系、货币关系、价值规律还有绝对的社会作用。按照生产关系一定要适合生产力状况的规律，在落后的生产力状况下不能使用过于先进的生产关系，因此，生产关系应当主动地进行调整，适当退步，以保护和促进生产力的发展。而引进一些适合我国现阶段生产力状况的资本主义先进的管理方式和科学技术，以及在经济领域进行相应的改革，是符合这一要求的。

第三，社会主义的理想蓝图不完全适用于今天的社会主义实践，而资本主义的许多先进的管理方式和科学技术对社会主义并不具备排他性。一些人头脑中所谓"姓社"的社会主义，实际上是带有许多空想色彩、与具体实践不相符合的社会主义概念，是书本上的社会主义。反思 40 年的社会主义建设，可以知道，在现实生活中从一百多年前所设计的经典社会主义理论出发，搞高度公有化和计划化，"一大、二公、三纯、四均"，结果不是使社会主义事业大踏步前进，而是使社会主义受到损害。中国共产党十一届三中全会以来，社会主义的崭新实践说明，建设社会主义，不能简单地从经典、书本、概念出发，不能抽象地从原则出发。由于在社会主义这个历史形态出现以前的社会主义理论只是对未来社会的一种科学设计和规范。难免会带有空想或不切实际的内容，因此，有必要在社会主义建设的具体过程中重新认识社会主义的理论、原则，解放思想，探索创新。这诚如马克思主义经典作家们从一开始就声明的那样：社会主义不是束缚人们实践的教条，而只是为人类探索提供一种方法论的指导。

特别值得注意的是，在没有经历资本主义充分发展阶段而进入社会主义的国家，一定要十分重视吸收资本主义时代造就的先进管理知识和科学技术。不能简单地把资本主义先进科学技术和管理知识当成资本主义制度的专利，而应该认识到它具有超社会历史形态的特性。虽然它是资本主义时代产生的文化成就，但到社会主义这个历史阶段，仍然有继承的价值。列宁在谈到苏维埃建设社会主义的问题时，精辟地论述了继承的问题。他说："应当明确地认识到，只有确切地了解人类全部发展过程所创造的文化，只有对这种文化加以改造，才能建设无产阶级的文化，没有这样的认识，我们就不能完成这项任务。"[1]他还进一步具体地指出，社会主义应当继承资本主义必然给社会主义留下的遗产，如科学、工艺、管理以及那个社会所教育、训练和培养出的"全面发展的、受到全面训练的人，即会做一切工作的人"[2]。可见，不能抽象地从原则出发把资本主义创造的先进文化当成社

---

① 《列宁选集》第 4 卷，人民出版社 1972 年版，第 348 页。
② 《列宁选集》第 4 卷，人民出版社 1972 年版，第 205 页。

会主义的敌人而拒之门外，而"必须下大决心用大力气，把当代世界各国包括资本主义发达国家的先进的科学技术、具有普遍适用性的经济行政管理经验和其他有益文化学到手，并在实践中加以检验和发展。不这样做就是愚昧，就不能实现现代化"①。

　　总之，不能用抽象的原则取代具体的实践，而应该使一切理论和原则接受活生生的具体的实践的检验。对待经济体制改革以及其他改革措施的正确的思想方法应该是，具体问题具体分析，一切以时间地点条件为转移，用实践的观点、发展的观点、创造的观点，把理论探讨推向前进。只有社会主义的伟大实践才是社会主义的强大生命力之源，任何从抽象的原则出发、从本本出发的做法，只能导致思想僵化，只能给改革造成阻力。这是应予坚决反对的。

（写于 1988 年 5 月）

---

① 《中共中央关于社会主义精神文明建设指导方针的决议》，人民出版社 1986 年版，第 7 页。

生态社会主义的探索

在探索后工业挑战的对策中，"生态社会主义"是一支不可忽视的理论生力军。研究生态社会主义看问题的方法和解决问题的原则，对开阔我们的视野，调整我们的思路，乃至丰富"有中国特色的社会主义"的理论，无疑都是有莫大帮助的。

一、应运而生

我们在前面第一章，详细地论述了工业化的成就与弊端，提出了人类继续生存的问题。传统的工业化与城市化，虽则取得了有史以来的大发展，把人类文明推上了一个空前的高峰，但它却有一个致命的弱点，即其生产方式与生活方式是反生态的，是破坏环境的，它与人类的可持续发展背道而驰。也由于此，各种技术生态学、人文生态学、环境经济学纷纷出现。不过，这些生态学往往是就事论事，就生态论生态并没有"通过重新思考我们与周围自然世界的关系特别是人类作为其中一部分而不是主宰者所应担当的适当角色，来重新构建一种可以使人类长久地在地球上生存的经济、政治、社会与文化。"（郇庆治，2004）

正是在这种背景下，生态社会主义，应运而生。

生态社会主义的理论前提，据《生态社会主义：从深生态学到社会正义》一书的作者戴维·佩珀的看法，认为当今世界"阶级斗争已经被由工业化和现代化引起的环境与其他风险分配的争论所代替。这些风险的特征是，它们平等地影响所有的阶级。我们可以从东欧和其他的'社会主义'国家所犯的错误中，看到社会主义与自然关系的实践后果——大规模的污染和环境破坏。"[1]他认为，由于这种原因，社会主义与共产主义理论与实践"变得比以前任何时候都更需要"。所以，在西方，有一批学者正在努力"使马克思主义的分析（它总是动态的并随着历史进程而发展）适应一个21世纪全球化世界的环境与条件，包括承认现实世界中物质环境的极端重要性。"这是因为传统的资本主义无法从根本上解决这个问题。[2]

他们的基本主张是：真正基层性的广泛民主；生产资料的共同所有（共同体成员所有，而不一定是国家所有）；面向社会需要的生产，而主要不是为了市场交换和利润；面向地方需要的地方化生产；结果的平等；社会与环境公正；相互支持的社会-自然关系。

---

① 戴维·佩珀：《生态社会主义：从深生态学到社会正义》，山东大学出版社2005年版，中译本前言。

② 戴维·佩珀：《生态社会主义：从深生态学到社会正义》，山东大学出版社2005年版，中译本前言。

二、生态社会主义与后现代主义、绿色无政府主义

生态社会主义与后现代主义以及绿色无政府主义，在保护环境、实现可持续发展的目标上，有许多共同之处。但是，它同这三个理论派别是原则不同的，即路径与策略是有重大区别的。

1. 关于人类与自然的关系

前面说过，后现代主义以及绿色团体，他们是绝对地反对"人类中心论"的。认为人类只能是"自然界的一员"，自然界的其他万物，和人类应该享有平等的"人格"与权利。显然，这种理论是受到"伦理学情绪"所支配，不仅不可行，而且近乎荒谬。试想，如果赋予各种动物以等同人类的"人权"（兽权），狮子老虎等就会要求人类退回到原始社会去！因为你掠夺了它们广阔的"家园"。

生态社会主义，则认为不能一般地反对"人类中心论"，认为应该把"中心论"区分为两种：统治式的中心论和管理式的中心论。前者，暗含着征服与破坏，人类是以"绝对主宰者"自居，高高在上地让大自然任人类"宰割"。而管理则没有这种含义，马克思也只是讲"支配"，它只是意味着"人类对他们与自然关系的有意识的控制"并认为真正的人类自由可能只存在于"第二自然"中即受到人类合理管理与控制的自然。

这就是说，不能走极端：由无情的破坏与掠夺一下跳到回归原始。那既不可能，也等于要走向人类的自我萎缩。而且，"绿色行动"本身就是人类行动，它不可能单纯依赖"自然中心地位"去自发地实现的，只能依靠"人类中心地位"去"实现"。之所以加引号，是因为即使按人类中心去做，也不可能实现。现实可行之途，只能改变人类的行为：抑制破坏，强化共存。

2. 关于国家、市场与货币

后现代主义和绿色主义，主要是绿色主义，是反对国家、市场与货币的。

生态社会主义认为国家是必要的，它可以被无产阶级用来建造共产主义，但是，也认为国家最后还是必将消失的，即必将被"自治的生产者网络"所代替。所以，生态社会主义是支持地方自治的。这一点同马克思主义基本是一致的。但生态社会主义并不赞成自给自足和消灭市场，认为差别和个体主义应允许存在，因为过度的自给自足可能会滋长狭隘的地方主义。不过，市场虽然还存在，但它是被约束的，不能成为凌驾于人类之上的"社会规范者"。既然不能消灭市场，自然货币也必须保留。

3. 关于民主

绿色主义并不十分推崇民主而且将它简单化，认为它会导致"多数专政"；而绿色无政府主义则又主张极端民主，绝对地反对国家。

生态社会主义主张必须创建民主，建立大众参与制度和建立与地方状况相匹配的合作性机构。反对精英特权，主张民主决策。

4. 关于乌托邦

绿色无政府主义的许多主张,是带有乌托邦色彩的。他们推崇"第三意大利"(在该国欠发达地区的一种小范围自给自足的合作性手工业群体),追求那种拥有生活在小规模共同体中的受教育的劳动者、克服了个人主义、坚持整体主义和利用合作代替竞争。绿色无政府主义将会绕过国家,提供"一个走出作为社会民主主义遗产的、功能紊乱的社会现实道路。"显然,这不是什么"现实道路",而是虚无缥缈的乌托邦。①

生态社会主义不同意绿色主义这种乌托邦的生态主义,反对这种地方水平上的选择性经济制度、地方自治主义、小规模的选择性商业和其他的反文化主义等幻想以及其他不切实际的主张并认为,"任何基于互助和自愿主义的乌托邦设想的国家政策,都是导致经济灾难的一个处方,终将带来混乱"。②

三、生态社会主义的"纲领"

1. 目标

生态社会主义所追求的目标,既不同于绿色主义,又不同于绿色无政府主义,也有别于传统马克思主义。它与前两者的区别,在上一节我们已做了概要的介绍。而与传统马克思主义的区别,简单地说,主要就在于:不主张阶级斗争决定一切,而认为当今是环境风险大于阶级风险;不主张消灭市场与货币,而认为市场与货币还是不可少的,认为马克思关于这方面的理论"太唯心","成千上万'联合起来的生产者'通过先进计划来集体地控制一种先进经济而不诉诸任何通过价格实现的任何市场规范的想法,是一个'奇异的梦想'。"③除此之外,生态社会主义还更加注重推进民主。

同时,生态社会主义同上述三方面又有共同的东西。这反映在它的总目标上,即:社会主义加生态健康。最终实现社会公平,生态平衡。用他们的话来说,就是在工联主义同布尔什维主义之间,找到一种"折中点"。

2. 机制

实现上述目标,生态社会主义选择市场与计划的混合。认为"通过计划和市场的混合来解决。尽管承认市场在使供应满足人们真正的需要方面的低效性,他们看不到一个完全的计划经济而并非低效和专横的前景。因此,已经体现为大多数现代西方社会特征的混合经济版本是他们不可避免的结论。"④

---

① 戴维·佩珀:《生态社会主义:从深生态学到社会正义》,山东大学出版社 2005 年版,第 348 页。
② 戴维·佩珀:《生态社会主义:从深生态学到社会正义》,山东大学出版社 2005 年版,第 350 页。
③ 戴维·佩珀:《生态社会主义:从深生态学到社会正义》,山东大学出版社 2005 年版,第 350 页。
④ 戴维·佩珀:《生态社会主义:从深生态学到社会正义》,山东大学出版社 2005 年版,第 352 页。

他们的立意是，认为这样既可以避免市场脱离真正需要的缺陷，又可以消除计划导致专制的危险；既可以使利润激发动力（效率），又可以让计划平衡供求，达到一种既有竞争，又有协调的局面。

这里，就有一个问题，利润会转化为"资本"，而且它还会无限地扩大。这不又有可能回归到资本主义去了？生态社会主义开了一个"药方"："利益获取者不需要把他们的利润转化为资本，这是一个关键的区分。工人所有者不需要使用他们的利润来雇佣工资劳动者从而成为资本家，所以，为了获取利润的生产不需要成为资本主义的。"①这段话，虽然"自圆其说"，但是似乎还缺乏"说服力"。第一，既然是混合经济，就不可能只有一种"工人"所有者；第二，即使是工人所有者，在混合经济的条件下，他们如何"不需要"将利润转化为资本？

3. 理念与政策

第一，建设性的人类中心主义。前面所说的"统治型人类中心论"，就是破坏性的人类中心主义；"管理型人类中心论"，就是建设性人类中心主义。生态社会主义认为，破坏自然是资本主义的原罪，而非人类的原罪。生态社会主义将积极地支配人与自然的关系，使之不超越自然的极限与规律。

下面一段话可以表明他们的理念："生态社会主义是人类中心论的（尽管不是在资本主义——技术中心论的意义上说）和人本主义的。它拒绝生物道德和自然神秘化以及这些可能产生的任何反人本主义，尽管它重视人类精神及其部分地由与自然其他方面的非物质相互作用满足的需要。但是，人类不是一种污染物质，也不'犯有'傲慢、贪婪、挑衅、过分竞争的罪行或其他暴行……人类不像其他动物，但也不是外在于社会的非人自然。我们所观察到的自然，是社会的被观察到的和产生的。另外，人所做的一切都是自然的。""因此，自然的异化是与我们自己的那部分的分离。通过生产资料共同所有制实现的重新占有对我们与自然关系的集体控制，异化可以被克服：因为生产是我们与自然关系的中心，即使它不是那种关系的全部内容。我们不应该在试图超越自然限制和规律的意义上支配或剥削自然，但是，为了集体的利益，我们应该集体地支配（即计划和控制）我们与自然的关系。"②

第二，改变需求以维持生态平衡。生态社会主义认为之所以自然生态遭到破坏，主要是人类社会生产了过多并不属于真正需要的东西，从而对自然资源造成了巨大的浪费与破坏。因此，要扭转这种趋势，必须釜底抽薪，改变社会的需求。即，除满足社会的"真正需要"外，必须消除那些属于奢侈浪费和纯粹商业炒作的"需求"。

如何改变需求呢？他们认为必须从改变生产方式着手。"改造生产方式意味着改变许多需求，因而改变供应它们的资源以及必须解决的一系列生态难题。生态社会主义将改变

---

① 戴维·佩珀：《生态社会主义：从深生态学到社会正义》，山东大学出版社 2005 年版，第 352 页。

② 戴维·佩珀：《生态社会主义：从深生态学到社会正义》，山东大学出版社 2005 年版，第 354～355 页。

需求，遵循威廉·莫里斯的多样化路线重新界定财富，而这也包括一个所有人都拥有合理的物质富裕生活的'底线'。"①

第三，工业与技术发展的目标限制。生态社会主义认为，在生态社会主义社会，工业与技术还是必要的。但，它不会被异化，是解放性的。生产与技术的发展，不应破坏自然，不能成为异化人类与自然关系的工具，而应是适应自然与人类的积极手段，并能提高人类的控制能力。

这种"目标限制"在逻辑上无疑是合理的，但是如何能做到这一点，还是令人存疑的。

第四，按需要而不是按利润开发与配置资源。这是生态社会主义最关键的政策企求。它认为，在生态社会主义社会，"生产不再建立在工资奴隶制基础上而是建立在自愿劳动的基础上，大多人将希望充分发挥他们的才能并与他人相处。因此，个人愿望将在很大程度上与强烈的共同体精神相一致，因此，像拥有土地那样的一些现存'自由'将会丧失，而且人们可能会感到巨大的压力而不想成为自由的搭便车者。"②

这一点与后工业主义的理念大体是相似的。在后工业社会，人们的生产动力不再是物质主义的，而是后物质主义的。不过，企图用"压力"来消除人们追求自由的想法，蕴藏着一种危险，即压制自由的危险。

第五，国家计划与民主参与相结合。上述理念与政策，可能生态社会主义者是寄希望于计划与民主并用的办法来解决。适度的国家管理和充分的民主参与，如果结合得恰当，也许可以探索出一条路来。但是，也令人担忧的是，历史的经验告诉我们，在国家与民主之间，往往前者占有很大的优势。连当今的美国也不能例外。这样，如果没有强劲的约束机制，很可能重蹈苏联的覆辙。

4. 路径

生态社会主义选择的是一条改良道路。它企图以渐进的积累方式，通过由少到多的、不同规模的、地方的共同体或合作社，"对资本主义的灾难性社会和环境后果"，作出"建设性回应"，经过反复"与现存秩序的斗争将产生一个新的社会主义综合。"③它认为，生态社会主义应该同绿色主义联合起来，建立"红-绿联盟"。有组织的工人阶级和工会，以及以共同体或合作社为组织形式的"共同所有制"，在这方面应该发挥主导作用。还应该积极地把中间阶层吸引到运动中来，而且这是决定成败的关键。

四、小结：问题讨论

生态社会主义在克服"破坏型人类中心主义"的弊端方面的确提出了许多有意义的理

---

① 戴维·佩珀：《生态社会主义：从深生态学到社会正义》，山东大学出版社2005年版，第355页。

② 戴维·佩珀：《生态社会主义：从深生态学到社会正义》，山东大学出版社2005年版，第356页。

③ 戴维·佩珀：《生态社会主义：从深生态学到社会正义》，山东大学出版社2005年版，第359页。

念和对策,是具有重要参考价值的。特别是"建设型人类中心论"的提出,"改变需求"的愿景,市场与计划结合的混合经济的设想,自治性共同体的构想等,不仅符合人类发展的大方向,而且也符合马克思主义的方法论。也因此,我认为生态社会主义也可以作为未来社会主义新的理论的来源之一。

不过,由于这个理论派别仍然处于不成熟的摸索阶段,自然会有一些理念和主张有待继续深入探讨,有的主张难以实行,有的甚至可能沦为乌托邦。

比如,把克服破坏生态的希望,过分寄托在阶级力量和共同体的组织形式以及发展民主上,是不完全确切的。它有可能落空。因为没有哪一个阶级是天生的环境保护主义者。工人阶级不是,工人阶级建立的"公有制"也不会自觉自动地走"建设型人类中心主义"之路。这在过去所有的社会主义国家的实践中,已经看得很清楚了。资产阶级,也不见得是死心塌地的环境破坏主义者,发达国家当前的环境治理,就比不发达的社会主义国家更先进。其实,他们这种想法,同他们的理论总出发点——生态矛盾大于阶级矛盾——是不一致的。应该说,破坏生态问题,主要与人类的文化和文明程度有极大的关系。发展民主,如果大众毫无科学知识,其"民主决策"的议案,完全可能是为了提高收入而不惜牺牲环境。所以,不能把一切问题的解决,都归结到政治力量和所有制上面去。这还是犯了传统的思维范式的错误。

又如,如何按需要开发与配置资源?固然,其方向是对的,但如何达到"彼岸"?这里,有一系列具体问题须待解决:第一,什么是人类"真正的需要"?如何划定"真正的"和"非真正的"的界限?第二,人的需要是发展着的,今天看来是"非真正的需要",明天可能就不是了。第三,人类的需要是千差万别的,如何能够做到"按需要"?用计划的办法,历史已经证明不行;只能靠市场,而靠市场就很难保证其开发与配置完全不"越轨"。他们认为"共同所有制"就可以做到"改变需要",似乎也很模糊。"合作社"就能等于"保护环境"吗?这好像很牵强。

再如,使"利润"不会转化为"资本"而它又能成为刺激生产的动力,这也令人费解。在这一点上,应该说,生态社会主义者落后于后现代主义者:后现代主义和后工业主义都认为,在后工业时代,"追逐利润"已不再是经济发展的重要动力了,它将被"追求自我价值的实现"这个动力取代。这一点,我在前面几章里都作过介绍。退一步说,即使在共同体中,就一定能保证不出现这种"转化"?而且未来的共同体不见得都是"工人所有者"。更重要的是,"资本"并不能等同于"资本家"。"带来剩余价值的价值"(资本),我认为在任何社会都是必需的,否则就不可能有"扩大再生产",就不可能有社会发展。问题在于剩余价值归谁所有。

最后,至于说到社会主义的"核心价值"——实现社会公平,生态社会主义者关注得不多,所以,他们的社会主义似乎并不"完全"。

(选自《发展的多维视角——反思与前瞻》,华中科技大学出版社2014年版)

东欧后社会主义转轨的启迪

一、概论

东欧原社会主义国家，无论是改变前的社会主义改良，还是后社会主义的转轨，都有许多成功的经验和失败的教训，值得我们借鉴和吸取。甚至有不少和我们几乎相同的问题，值得我们参考。

我们这里讲的"转轨"，主要是指由计划经济向市场经济的过渡。

根据东欧与苏联的经验，有几点是共同的：

第一，老模式的优点在于能在短时间内集中资源，突击式地办大工程、大改革，故在工业化的粗放扩张阶段，表现出惊人的速度和绩效。但是，原有的斯大林式的社会主义模式存在极大的局限性。那种模式存在三大致命的弱点：①反市场，从而效率低下；②全面公有，从而缺乏动力；③抑制个性，从而创新乏力。因此，这种模式比较适合于工业化前期的粗放式外延扩张阶段。但是到了工业化的内涵创新阶段，就显得十分乏力了。至于今天的知识创新时代，更是落后了。

第二，改革与改良应采取渐进策略，即改革与演进(发展)相结合的策略。

"市场经济"不像"政权名称"，下个命令，搞一次革命就可以出现。它是一个发展、演化的过程，是一个有机发展的过程，用中国人的话说，是"摸着石头过河"的"试错"过程。

比如：市场的客观条件、硬件、交通、法规、网络乃至人们的思想习惯等，绝不是说改就改得过来的，有的需要建设，有的需要摸索积累，有的需要时间陶冶。

有一种议论认为波兰就是激进改革成功的样板，这是不对的。

波兰转轨分两个阶段，第一阶段，即团结工会瓦文萨当总统的阶段，采用休克疗法，几乎出现了经济危机。如果成功了，为何他会下台？后来，转入第二阶段，采取了渐进的转轨，才出现转机，取得了发展。当时主持改革的波兰总理科勒德克在其所著《从休克到治疗——后社会主义转轨的政治经济》一书中做了最好的回答，他说："波兰的成功来自抛弃了休克疗法，而非相反。毫无疑问，休克疗法这一政策失败了，而且，依据休克疗法的方式进行思维与行动，导致了生产的大幅滑坡，休克疗法应当对如此悲惨的后果承当责任。"

第三，经济转轨与制度创新有密切关系。

真正的"市场经济"，即排除"原始市场经济""权贵市场经济"，是需要相应的制度支撑的，只在经济领域中放开价格和市场，而无相应制度的规范与约束，就会变成"弱肉强食"的野蛮社会。苏联解体后"黑帮经济"的出现即一例。制度包括法律制度、民主制度、社会保障制度、金融财政制度、审计监督制度等。

第四，雅诺什·科尔奈的看法。他认为：

①没有必要对国有财产实行全面私有化，但是必须有相当规范的私有部门。否则，市场经济无法形成。

②没有必要实行全面的市场准入，但是必须有足够的自由进入国有部门供给不足的领域。否则，短缺经济无法全部消失。

③没有必要实行全面进口自由化，但必须有足够的进口自由，以保证国内供给。

④即使预算约束没有全部硬化，但是必须硬化到使国有企业消除"安全感"，"有后顾之忧"，使之到市场上去拼搏。

⑤经济环境的变化不图一时彻底，但必须足以压制投资饥渴症。

⑥价格放开也不追求一刀切，但必须使放开的比例足以达到由市场调节实现的供求均衡。①

二、转轨的七大趋势

根据雅诺什·科尔奈列举的七大趋势，我结合中国的情况进行了补充：

1. 市场化

衡量市场化，主要是看 GDP 中自由定价进行交易的商品与服务是否占主导地位和绝对优势。一般地说，达到这个标准的，应属市场经济国家。这其中关键是政府的作用必须相应缩小，从"运动员"领域退出来，当好"裁判员"和"服务员"。

我国在价格决定方面已经达到，但政府的作用方面，似乎还没有找准自己的位置，特别是还在相当大的领域充当"运动员"，政府的钱主要还是用在"投资"上，"公共品"的供给存在不足。这方面地方政府尤其严重。

有些国家至今不承认我国是"市场经济"国家，除了政治原因外，我们政府改革还不到位，也是给人以口实。

2. 私营部门的发展

现在有些人一般地反对"私有化"，却又赞成市场经济。这真是大笑话！不管是资本主义还是社会主义，要搞市场经济，没有相当大的私有部门比例，市场根本是无法运转的。须知，市场经济的本质特征是：市场主体(参与人)必须是自主的自愿签约人；市场主体必须是自负盈亏的硬预算约束者。无论是市场自由定价还是消除软预算约束和投资饥渴症，没有 50% 以上的私有部门，都是无法根本解决的。

我国这一点的进程虽已启动，但速度与规模尚不理想，原因除了意识形态的束缚外，与旧的计划经济惯性和国企转制中出现的腐败都有关系。当前中国经济存在的几大病灶都与此有关：

——经济过热。外人称为"不正常的繁荣"与投资饥渴症在地方政府一级仍较严重，

---

① 雅诺什·科尔奈：《后社会主义转轨的思索》，吉林人民出版社 2003 年版，第108~109页。

而这个病灶又与政府直接参与的国有部门较多有关。如是私有部门，则决不会盲目投资。

——银行不良资产太大。这方面存在极大风险。

——公共品供给不足。不是政府没有钱，问题是钱花到别的地方去了：一是花到"投资"竞争性产业中去了(运动员)，二是花到"政府消费"上去了。

在我国，国有部门起主导作用，非国有部门(含私有、共有)占主体，应是今后的努力方向。

3. 宏观失衡

所谓宏观失衡，是指那些转轨国家，在初期一度出现的商品供给不足，通货膨胀居高不下，财政出现大量赤字，外债负担加重等。凡是实行了"休克疗法"的国家，这个现象愈严重。不过，后来大都受到了抑制，有基本的好转。

我国在这一点上，不像东欧和俄罗斯。因为：

第一，我们没有改变根本制度，经济与社会的可控度较大，两次"软着陆"成功即一例。

第二，我们是采取渐进的改革，使"改革、发展、稳定"很好地结合起来了。特别是"体制外"的发展先行——在原有"公有制"之外，先发展农民的私有经济、乡镇企业和城市的"个体经济"等，这样减少了震荡，保证了供给，并赢得了时间。

第三，我们及时由"进口替代"转向了"出口导向"的策略，加大了开放的力度，特别是采取"直接引资为主、借债为辅"的方针。这样既增加了国内市场的供给，又减少了外债风险，还增加了外汇储备，使通胀防范能力大为增强。

4. 法制的完善

市场经济，是信誉加法制的经济。如果没有一个强大而健全的法律基础结构，是不可想象的。

这方面包含三大层次的建设和发展：

第一层，立法。法律体系的完善是一个漫长的过程，首先是立法机构(议员、人大代表)的成员本身作为立法者，必须懂法，需积累与学习。

第二层，执法。这一层更为艰难，包含法院、律师、检察官、事务所(公司)和法律顾问等，有一个培养与实践的过程。

第三层，公民守法、执法、护法意识的提高。这更需要一两代人的培育和习惯化。

我国在这方面概括地说是：立法较多，执法不力，公民法律意识有待加强。"有法不依"的现象时有出现，与我们的执法机构不健全，执法监督不到位，执法人员素质不高有很大关系。而公民的守法、护法意识淡薄又大大加重了执法的难度。

5. 民主制度的发展

市场经济必然都是民主政体吗？至少有两种回答，一种认为所有的议会民主政体都是以私有制为基础的市场经济体。另一种认为未必如此，像希特勒的法西斯政体，也是市场经济，拉丁美洲过去的军事独裁政体也都是市场经济，早期的韩国在李承晚等独裁专制时期也是市场经济。东欧与俄罗斯在转轨过程中，也发展了民主制度，但还不成熟，并且也存在"走回头路"的可能性。

我国在这方面正在探索和完善。

6. 民族团体的变化

在欧洲，存在着两大相反的趋向：一方面是老欧洲走向联合，成立了欧盟，统一了货币，甚至还起草了共同的宪法（虽未全面通过）。另一方面是原社会主义国家，则走向了民族分裂，分裂成更多的国家。原因何在？

第一个原因，如雅诺什·科尔奈所说，分裂的趋向是由于原来的一些社会主义多民族国家，不是自愿联合的，而是外力强加的（主导民族强加的）。

第二个原因，我认为之所以一个是自愿，一个是强加，乃在于一个更深层的原因，即是否形成了"统一市场"？原社会主义多民族国家（如苏联），是靠共产党的统一领导权威，是靠集中的计划经济。而由于排斥市场，故根本无法形成各国内民族的统一市场。反之，欧盟各国，则是在战后几十年中，逐步形成了大体统一的共同市场。

我国目前的民族凝聚力还是不错的，特别是西部大开发战略的启动，对于形成统一的国内市场将会发挥重大的作用。但是，千万不能忽视一个问题：中国共产党的坚强领导发挥了关键作用。

7. 福利提高中的不公平

东欧和俄罗斯在福利问题上经历了极大的反差：在社会主义计划经济时代，享受的是低水平的福利和高水平的平等——人人一个样的不富裕；在资本主义市场经济时代，享受的是高水平的福利和低水平的平等——福利两极化。从总体上看，社会福利水平大为提高，人人几乎都较过去有了改善，但从不同的群体来看，差距却在不断拉大，"马太效应"显著。这种情况滋长着不稳定。

三、转轨中的若干重大问题

东欧和俄罗斯在转轨过程中，遇到并处置过一系列的重大问题，积累了有关的经验和教训，这对我们是有极大参考价值的。主要谈三个方面的问题。

1. 防止国有资产的流失问题

首先，要澄清一些认识上的问题。

第一个认识方面的问题：国有经济是否等于社会主义？维护了国有经济是否等于维护了社会主义？消灭了国有经济是否就等于消灭了社会主义？

原则上说，国有经济不等于社会主义。

资本主义国家也有大量的国有（公营）经济，韩国、日本至今仍有不少，英国和北欧过去也很多，只是到撒切尔上台搞"私有化"才减少。这些国家主要是出于公共品供给的需要。原社会主义国家更不用说，国有比重很大，但它是否就体现了社会主义的目标呢？如果真的体现了，为什么后来却纷纷转向资本主义？

应该说,国有经济的性质不是"自变量",而是"因变量",只看"国家"的性质,国家属社会主义性质,它就有社会主义的意义,国家属资本主义性质,它就是资本主义的经济形式。

死保国有经济是否等于维护了社会主义?我们不妨问一下:当国有企业在软预算约束下不断吞噬国有商业银行的贷款,造成社会主义国家的金融财政基础不断被削弱,风险日益增大,甚至会出现金融与财政危机,这是维护社会主义,还是掏空社会主义?当国有经济覆盖面太大,产权虚设,管理难到位,内部人蚕食侵吞,不断化公为私,最后留下一个空壳和一堆债务需要国家埋单,这是维护社会主义吗?当大量的国有企业,由于激励不强,效率不高,对市场需求的反应迟钝,无法有效保障供给,造成人民不满,这难道也是维护社会主义吗?

第二个认识方面的问题:按照马克思经济基础决定上层建筑的原理,是否只要把经济基础都私有化了就等于整个上层建筑就必然"资本主义"化了呢?是否只要把产权变了,一切就会随之而变呢?

这是一种庸俗化的倾向!

产权、经济基础私有化了,不等于就会导致真正的市场经济或资本主义。斯蒂格利茨在《社会主义何处去》一书中讲得很清楚:产权与经济基础完全可能变到"小舅子"的手里去,变到达官贵人手里去,变到黑帮头子手里去。那是什么"市场经济"?是什么"资本主义"?那是"黑帮经济","权贵资本主义",甚至"腐败主义"。俄罗斯在普京以前,就是这种"资本主义"。当时,在东欧与俄罗斯,就曾出现一种"最后一次机会论":即趁最高决策者尚未弄清是非之前,加快私有化步伐,造成既成事实,这对我国有很大的借鉴意义。

其次,防止国有资产流失是问题的关键。

不是转不转的问题,前面已经讲了。而是要转得有利于国家和人民大众,防止变相侵吞。这方面,东欧,特别是匈牙利的主要经验是:

①只卖给合格的外部人。为防止"内部人"控制操作,故应卖给"外部人"。"合格"的标准:一是支付合理的价值;二是承诺向企业投资。

②要有"核心所有者"。"一人一股"既无激励,又无约束。利益与风险的集中度同激励与约束的力度成正比。

③硬化预算约束。不要以为只要"私有"了,软预算约束就消失了,如果没有有效的破产、清算机制,私有者也可以通过拉关系,行贿赂获得"父爱"。那样的"转制"无法收到发展市场经济的效果。

④操作透明化。防止暗箱操作。

正如雅诺什·科尔奈所说:"私有化、自由化和稳定化的'三位一体',并不能完全保证转轨的成功——硬化预算约束具有同等重要性。"[1]

在捷克、俄罗斯,采取的"认股权方案"就存在上述弱点。

——缺乏"核心所有者",对每个职工来说几千几万卢布的股份,所得(分红)不多,

---

[1]　雅诺什·科尔奈:《后社会主义转轨的思索》,吉林人民出版社2003年版,第5页。

丢了也不大可惜。

——仍是软约束，与国家并未割断"脐带"，政府为防止失业，还会继续"救济"。

——由于广大"持股人"并不珍惜这份财产，大多想脱手，这就使少数个别的"黑"方人物或达官贵人有机可乘，以贱价集中到自己手中，成为"黑帮经济"的基础。

2. 投资饥渴症的消除问题

旧的以国有为主体的计划经济的另一个重大弊端，就是"投资饥渴症"。这一病症的机理，就好比是用别人的钱赌博，赢了可以显示自己的能力（政绩），输了反正钱不是自己的——风险由别人（国家）承担。这样好的事，何乐而不为？这正是"投资饥渴"的根源。

这种投资饥渴症，是计划经济的产物，因为上述机理，只有在计划经济的条件下才可能产生。在计划经济时期，由于经济体本身较简单，经济也较封闭，故除造成国内的波动之外，影响与后果都在可控范围之内。但在转轨之后，处在市场经济条件下，这种投资饥渴症仍在一段时间内存在，这就不像在计划经济时期了，它会引起经济"泡沫"，产能的严重过剩，如不及时"软着陆"，就会导致恶性通胀乃至经济危机。

从各转轨国家的情况来看，凡在下列三方面的改革能及早到位的，饥渴症就消失得早一些；凡在这三方面改革不到位者，问题就多一些，甚至引起经济的波动：

一是国有企业断奶。通过建立健全合格的、有效的"委托-代理"机制和企业治理结构，国有企业成为真正的"自负盈亏"的独立经济体。通过健全严格的破产清算法律体系与执法程序，使国有企业明确无误地丢掉"依靠政府救助"的幻想，成为真正的市场主体。

二是私有企业的较大增加。这里说的私有企业，是指真正的私有企业，而非"裙带私有"。这种真正的私有企业，才是天生的硬预算约束。没有这种结构上的变化，要建立起宏观的硬约束，是很难的。

三是政府改革。这是最关键，也是最难的一步。其核心内容，就是把政府从"投资者"的身份中解脱出来，成为到位的市场经济"仲裁者"和"服务者"。这也是一种制度转型，将"全能政府"变为"有限政府"；将"宗法政府"变为"契约政府"。只有走到这一步，投资饥渴症才在制度层面消除了它的根基。没有走到这一步，其他一切的努力都难以彻底奏效，甚至会死灰复燃。

3. 软预算约束的消除问题

上述"投资饥渴症"与软预算约束有密切关系。所以在叙述这个问题时，难免会有相互交叉重叠之处。这是首先要说明的。

①何谓"软预算约束"？"软预算约束"是指：国有企业既不负赢，也不负亏，这无破产风险；政府与企业间存在一种"父爱"关系，对企业不断地实施救助，使之即使在亏损与资不抵债的情况下，仍能继续生存下去。

②"软"的表现或手段。根据雅诺什·科尔奈的归纳：

第一，财政补贴。国家（政府）对于一些效益不好的国有企业，在其有困难时，不断地发放财政补贴。例如：有关国家对企业的预算补贴占 GDP 的百分比见表 1：

表1 有关国家对企业的预算补贴占 GDP 的百分比

国家	年份	对企业的预算补贴占 GDP 的百分比
俄罗斯	1992	10.4%
白俄罗斯	1993	15%
保加利亚	1989	15.5%
格鲁吉亚	1993	25.7%

资料来源：雅诺什·科尔奈：《后社会主义转轨的思索》，吉林人民出版社 2003 年版，第 168 页。

第二，软税收。政府偏好的企业可以享受税收优惠，这在原社会主义国家是司空见惯的。合法的或不公开的免税只需领导一句话。有的企业虽未获得减免，但拖着不交也屡见不鲜。如俄罗斯 1996 年欠税占到了 GDP 的 10%。[1]

第三，软银行信贷。这是最普遍的一种形式。在严重的国家中，银行信贷成了企业解困的最好手段，借了可以不还。这是银行不良资产的主要来源。各有关国家不良贷款占总贷款的百分比见表2。

表2 有关国家不良贷款占总贷款的百分比

国家	年份	不良贷款占总贷款的百分比
罗马尼亚	1997	57%
吉尔吉斯斯坦	1994	92%
阿尔巴尼亚	1997	49%
格鲁吉亚	1995	41%
斯洛伐克	1995	41%

资料来源：雅诺什·科尔奈：《后社会主义转轨的思索》，吉林人民出版社 2003 年版，第 171 页。

第四，软商业信用。这是指企业之间普遍超合同期限付款，甚至不付或拖欠。中国也存在"三角债"。

第五，工资拖欠。企业赔本，用拖欠职工工资的办法弥补亏空和缓解财务危机。

③软预算约束的危害。第一，社会的信任危机。成为一种"不支付社会"。雅诺什·科尔奈指出：软预算约束"的一个严重后果是，国家与公民以及一级市场行为人之间的相互信任受到了损害。卖方不信任买方，债权人不信任债务人，税务机关不信任纳税人，雇员不信任雇主"。[2]

---

① 雅诺什·科尔奈：《后社会主义转轨的思索》，吉林人民出版社 2003 年版，第 170 页。
② 雅诺什·科尔奈：《后社会主义转轨的思索》，吉林人民出版社 2003 年版，第 183 页。

这种信任危机还会导致社会对国家货币的信任被破坏或削弱。

第二，破坏市场的优胜劣汰机制。市场经济的优越性之一就是竞争，通过竞争实现优胜劣汰，使优质企业推动整个经济健康增长。但软预算约束显然就破坏了这种机制。因此，没有消除软约束的国家，不应成为合格的市场经济国家。

第三，银行信用危机。这种无约束的借贷势必会导致金融泡沫。泡沫一破就会出现信用危机。

第四，也可能导致国家的财政状况恶化。当一个国家补贴和软税收占到很大比重时，这种财政危机就可能出现。

④由软约束过渡到硬约束的条件。由于这个问题和前面的投资饥渴症有密切关系，因此解决这个问题的方法与条件与其有许多相同的因素。如前面说的"私有经济的发展""政府改革"和"国企断奶"等都是过渡到硬预算约束的必要条件。除此之外，还有其特有的条件：

第一，进行激进的税收改革和建立健全严格的税收征管体系。

第二，改革金融体系，使银行(商行)企业化，成为自我负责的市场主体。

第三，也是最重要的，是实行民主政治。其中，最关键的是：把政府与银行的预算与决算列入议会(代表大会)的监督范围，必须通过民主程序来约束财政与金融。

四、东欧转轨与中国改革的相似经验

东欧与俄罗斯的转轨和中国的改革，虽然在性质上不同，一个是根本制度的转轨，一个是在保留根本制度下的经济体制的转轨——由传统的计划经济转向中国特色的市场经济。但由于在体制层面，两者有相似的内容，故他们和我们都遇到了几乎相同的问题，有着相同的体验。这方面进行一下探讨对我国的改革会有借鉴作用。

根据雅诺什·科尔奈对东欧与俄罗斯的总结，结合我对中国改革实践的理解，归纳起来，大约有以下五个方面值得研讨：

1. 转轨与改革的心态风险问题

在雅诺什·科尔奈归纳为四种心态风险的基础上，引申如下：

第一，福利的心态风险。在转轨与改革中，除少数精英群体之外，大部分人是"欢乐与痛苦交织"，还有少数人境况比以前可能更差。两头小，中间大。在此情况下，必然会产生一种对"福利"的矛盾心态：在计划经济条件下，福利标准的平等掩盖了福利实惠的贫乏；在市场经济条件下，则反过来是福利标准的不平等掩盖了福利实惠的改善。

就多数人来说(不包括少数绝对下降的)，这种由于"不平等"的反差日益拉大，心态失去平衡，而往往就忽视了生活福利比转轨与改革前的改善。这种心态加上有人加以渲染和鼓动，很可能将大众推向民粹主义的盲目行动。

第二，安全感的心态风险。在计划经济条件下，生活虽贫困，但价格、工资、就业、子女上学、医疗等是稳定供给的，不用操很大的心。

在市场经济条件下，生活水平虽不同程度也提高了，但在就业、上学、医疗乃至价格等等方面则是没有了"铁饭碗"。

对于长期吃惯了低水平的"太平饭"的人们，这种反差也必会形成心态失衡。

第三，政府权威的心态风险。转轨与改革的重要成果之一，就是人们的自由与权利增加了，而盲从与纪律则减少了。老百姓由过去的唯命是从变成评头论足；官员由过去循规蹈矩变成了胆大妄为。

这种情况，一方面使高层官员心态失衡，处处感到"不顺手"，甚至烦躁冲动；另一方面使老百姓对政府权威的认同度也大幅下降。这种双面性的心态风险，如果当政者放任烦躁心态，采取非理智的举措，便极易激起民愤，造成不可收拾的局面。

第四，经济增长的心态风险。在计划经济条件下，需求大于供给，似乎存在一个"无限的需求"，"皇帝的女儿不愁嫁"，有一个增长"无极限"的幻觉，从事供给一方的人工作很好做，而且地位也高，处处有人求。在市场经济条件下，则是供给大于需求，往往是"丑姑娘嫁不出去"，增长有了极限，从事供给一方的工作不好做，地位似乎反过来了——"顾客是上帝"。

这种情况使经济领域的从业者，心态一度失衡，难以适应，造成一个时期中的衰退现象——这在国有经济中最为突出。国有企业之所以经营不善，生产下滑，效益很差，与企业领导层的这种心态风险有很大关系。

以上四个方面的心态风险，正是否定改革的人们所秉持的"依据"。这种人中有的是患了健忘症，忘记了在短缺经济时期的困乏生活；有的是在改革与转轨中未受益者，出于自身的失利因而萌生非理性言论；有的则是年幼无知，没有经历过困难时期。

2. 私有化是必要条件但非充分条件问题

从东欧的经验来看，波兰、匈牙利、捷克三国的私有化程度相当，20世纪90年代后半期三国私有部门产出占社会中产出的3/4。但由于前两国私有化是通过整体出售和建立新企业来完成的，与国家切断了关系，而且有"主导所有者"，故很快就形成了硬预算约束，激发了企业的内部活力，绩效好，增长快。

而捷克(包括俄罗斯)则是通过分散的认股权方案实现私有化，然后由国有银行发起投资基金而集中起来，这样与国家的关系仍旧藕断丝连，变相的软约束依然故我。企业缺乏活力，绩效较差。①

以此，可以肯定，私有化只是一方面的条件，不是全部的条件，更非万能，必须结合前面所述的治理软预算约束和投资饥渴症的系统改革，才能真正形成市场经济。

3. 权力介入市场、官僚干预为何不断产生问题

苏联社会主义改革失败还有一个原因，就是幻想"政府干预与市场调节"可以共生互补。但实际的结果，却是官僚干预不断强化而市场调节则不断受到干扰和抑制。

明显的例证，就是政府机构，越精简越多。机构越多，官员越众，对市场的侵蚀也越强。为什么会如此？

第一，政府改革目标错位。政府改革，改什么是本质的？是"釜底抽薪"的？

① 雅诺什·科尔奈：《后社会主义转轨的思索》，吉林人民出版社2003年版，第181页。

只精简机构，裁减人员，这是"治标"；结果必定是：人员少了，机构没有，但管的事不仅没有少，而且还多了，谁来完成？于是又设立新的机构，扩充新的人员……没完没了。

"治本"必须是改变政府的职能，把政府从不该管的事中解放出来，变"全能政府"为"有限政府"——"恺撒的事由恺撒去做，上帝的事让上帝去管"，把应该由企业和非政府组织去做的事交出去。

第二，党政不分。党的机构之所以膨胀，也是由于党管了许多本应由政府去管的事。加强党的领导，决不等于让党的机构处处直接插手具体的政务。非如此，也无法终止官僚干预的势头。

第三，国有部门不积极。对国有部门，特别是经济领域里的管理部门，政府改革对它们是"有得有失，失大于得"，侵犯了他们的"既得权益"。很明显，精简机构，裁减人员，首当其冲的就是要削减这群人的权力和利益。于是他们利用其现有的权力与信息，想方设法保存现有机构或变换花样"死灰复燃"。国有企业的职工也不会积极：改革虽增加了其自由，却使他们失去了"保护"。

4. 一个没有解答的解答

雅诺什·科尔奈总结东欧转轨经验时提出了一个重大问题：在历史上，有过三种社会组织形式：

"国有——行政协调"式；"私有——市场协调"式；"合作——联合协调"式。

但历史演进的结果，往往是前两种形式非常硬，非常到位。第一种，可以通过人为的强制而确立起来，第二种可以通过自发演化而强化起来，唯独第三种形式，社会响应冷漠，总是无法确立。

他说难以做出解答。

我则认为可以得到解答：这是因为我们的眼光还是局限于"工业社会"。

工业社会，是大生产、大规模、标准化的经济活动。前两种形式都可以适应工业社会的要求，虽然效果有差异，但运行无问题。但"合作——联合协调"式则不适合工业社会的客观要求，它无法满足大规模、高效率的要求。只有到了"后工业社会"，第三种形式才能成为有源之水，有土之木。

详细解说，我在前面已提供了基本内容，此处从略。

5. 转轨能否成功取决于什么

雅诺什·科尔奈认为取决于以下五大要素：

第一，政府是明智还是愚蠢？是高效还是低能？它能否经得起权力、野心、贪婪、谄媚或愤怒等的刺激与诱惑？

第二，反抗力量是强还是弱？特别是反对力量的破坏性、民粹主义倾向是强还是弱？

第三，人民大众的秩序性和忍耐性是强还是弱？转轨与改革本身是"前无古人"的，是不断"试错"的反复过程，不是免费的午餐，要承受痛苦——就像开刀一样。

这样，人民大众是否纪律性强、忍受力大，往往起决定性作用。

——法国还不是转轨，只是减少一点学生就业的特权，就闹得不可开交。

第四，外部的影响是积极的还是消极的？这一点不可忽视。

第五，政治体制改革是否到位？需要解决三大问题：权力的监督；决策的民主；弱者的保护。

最后讲讲转轨与改革的前景会是什么样的？

我们不能用乌托邦的思维方式去预期前景，那是绝对会失望的。不可能从天上掉下一个理想的新社会。只可能是一个有好有坏、相对过去更好一些的社会。

雅诺什·科尔奈说得比较实际："就长期而言，我无疑是个乐观主义者。最终形成的制度可能不是一个'好社会'。它会充满缺陷，还会表现出一些令人厌恶的特征，但在物质条件和对人权的保护方面，它仍会好于先前的制度。"[1]

五、小结：它山之石

原东欧国家的转轨，同我国的改革具有原则上的区别。但是，在经济体制的层面，则有共同之处：都属由计划经济转向市场经济。因此，它们的某些经验，仍可做我们攻玉的它山之石。

——总的看来，由计划经济转向市场经济，虽然中间会有许多阵痛，但还是可以平安到达彼岸。如波兰、匈牙利、捷克等国，经济发展都超过了转轨以前的水平。而且这些国家的市场经济改革说明，它也不一定就会带来腐败与社会矛盾的激化。问题还在于各国原来社会民主的基础和政治体制改革的进展不一样。

——转向自由资本主义，并非最优选择。东欧的经验也证明，私有经济不可少，但私有化绝非良药。新自由主义鼓吹的那一套，属于极端性思维，必须慎之又慎。

——由集权式计划经济转向市场经济，最难以克服的风险看来是"权力寻租"，这在俄罗斯的改革中最为典型。故在改革的过程中，始终要抓住权力结构与吏治的改革不放。哪个国家的党政分开、政企分开的改革到位，哪个国家的腐败就少，反之就多。这应成为东欧转轨给予我们的最大启示。它证明：转轨不一定就会带来腐败的猖獗。关键在于政治体制改革必须跟上去。既然过去许多弊端是出自权力过于集中，那么就没有理由给改革设置借口。

——在改革进入利益大调整阶段，要特别关注人民大众中的"心态风险"问题。要重视处理好绝对福利与相对福利的关系，在计划经济时是福利标准的相对平等掩盖了福利实惠的贫乏，而市场经济下则是标准的不平等掩盖了福利的提高。不能用原来的"期望值"来估量今天的期望值，那会出大问题。一种在繁花似锦、灯红酒绿时期生活的人们的期望，怎么可能与那种在对私有财产和个人享受毫无指望时期的期望相比呢？既吃肉又骂娘，对于大众是正常的，问题是领导的思维滞后了。

（选自《发展的多维视角——反思与前瞻》，华中科技大学出版社2014年版）

---

[1] 雅诺什·科尔奈：《后社会主义转轨的思索》，吉林人民出版社2003年版，第71页。

民主社会主义的衰微与应变

——欧洲社会民主党的理论动向

民主社会主义，也可称为社会民主主义，是西欧社会主义思潮的一个分支。过去，在取得了政权的社会主义国家，是不承认这种社会主义的，把它贬作"修正主义""工人阶级叛徒"。但它则长期自认为是马克思主义社会主义的一个流派——与革命的社会主义并存的"改良的社会主义"。

其实，早在马克思在欧洲之时，并没有这种分裂。从第一国际到第二国际，都是在马克思主义旗帜下的"社会民主党"，都主张通过工人阶级革命，改变资本主义不合理的制度，建立一个理想的新社会。

只是，到了列宁时代，以列宁为首的一批社会民主党激进人物，认为革命时机已经成熟，在一国之内可以建设社会主义，不必等待资本主义自然地腐烂，应率先举行革命。而当时，以考茨基为首的第三国际不同意列宁的看法，认为资本主义还没有腐朽到可以取而代之的程度，仍坚持马克思的"多国胜利论"。加上布尔什维克在立宪会议问题上的民粹主义行为，受到了第二国际的严厉批评，于是出现了分裂，列宁成立了"第三国际"。从此，两者分道扬镳。

现在，回过头来看看已经过去的半个多世纪的实践：布尔什维克的胜利，虽曾有过辉煌，但70年过去，终难以在经济与社会发展上超越资本主义。而西欧的社会民主党人，的确也犯过不少的错误，甚至有过背叛的行为，如支持过第一次世界大战和参与第二次世界大战后的冷战。但是他们在议会斗争的道路上，也曾多次掌握政权，并利用手中的权力在资本主义基本制度的框架内，推行了一系列有利于社会进步与工人福祉的政策，且取得了明显的成效。

历史上看，社会民主主义，一百多年来，经历了由弱到兴，由兴到衰，又由衰到振起的复杂过程。回顾这个过程，仔细品味其中的哲理，对我们发展有中国特色的社会主义必会有重要的启迪。

一、三大挑战

社会民主主义，在第二次世界大战以后的几十年间，在西欧、北欧曾盛极一时，当时除了少数几个国家外，几乎所有的社会民主党都通过议会斗争成为执政党。公有化、福利国家、政府干预，成为一种潮流，社会公平在欧洲曾达到令人羡慕的程度。特别是在北欧的瑞典，乃至英国出现了"从婴儿到坟墓"的社会保障体系，简直使"名正言顺"的社会主义国家也望尘莫及。

但是，到了20世纪80年代以后，这种局面开始改变，社会民主党纷纷落马，失去了执政的地位，至今连德国这个社会民主主义的发源地，社会民主党也黯然收兵。

为什么会出现由兴而衰？

社会民主党的理论家们进行了认真的总结，结论是面临"三大挑战"。

1. 新自由主义的挑战

20 世纪 70 年代来，老派社会民主主义的一些陈旧落后的理念与政策，导致社会弊端显现，新自由主义开始得势，以撒切尔主义为代表极力批判社会民主主义的理论与政策。

首先是批判福利国家的"大政府"主义。超福利国家必导致"大政府"。

新自由主义认为："国家过分扩张会变成自由和自主的敌人。"柏克指出福利主义大政府，具有以下弊端：

第一，非经济性。由大政府操作的福利国家，必然会弱化市场的规范和激励机制，削弱经济增长的动力——欧洲人变懒了，自愿失业率剧增。

第二，非生产性。庞大的福利体系造成非生产性的"公共官僚"大增，从而使生产领域中的资源强制进入非生产领域——财政负担过重。

第三，无效率。由国家垄断福利供给，必会形成特权性的工会组织，这种工会往往愈来愈不代表工人，福利供给缺乏效率，反而助长了特权。

第四，无功效。尽管社会投入了大量的资源给福利事业，但在消除贫困和剥削方面的成效不大。

其次是批判过度国有化的弊端。

传统的社会民主主义在推崇公有制、反对私有制上，和共产主义理念相当接近。所以，在社会民主主义执政的国家，国有化(公营化)的比重一般都比较高(30%以上)。

但是，国有比重过大，监控难以到位。而且其本身的机制就很难适应市场的需求变化。所以，同样也存在运转不灵，效率不高以及亏损等问题，这不仅影响了经济增长，同时也制约了供给，而且削弱了创新。

再次是批判平等主义。

社会民主主义的基本价值观是平等与公平。福利主义的思想基础也在此。

新自由主义认为，社会只能提供的是"起点的公平"，即"机会平等"，而平等主义会导致过度的"劫富济贫"，会扼杀"强者"的积极性，从而破坏增长。新自由主义主张不管结果是否公平，那是市场主宰的事，人们不必去干预。

从次是批判限制市场的作用。

政府过大，必然对市场的干预就多，使市场这个"永动机"难以充分发挥促进经济增长的作用。传统的社会民主主义纲领，就包括"限制市场的作用"。这在实践中，确也显露弊端，使增长和创新受到抑制。

最后是批判大政府破坏了公民社会。

新自由主义认为，社会民主党的大国家主义对公民社会具有破坏作用。因为福利由国家包办，政府加特权工会的垄断性，使公民社会的机制受到排斥与削弱，从而大大冲击了公民的自由。

以上这些批评，大部分是中肯的。由于它们是针对社会民主主义政策的负面效应提出的，故有极大的杀伤力。社会民主主义开始受到愈来愈大的质疑，也因此出现了危机，走向衰退。

2. 东欧与苏联相继变异的挑战

这种挑战包含两大方面：直接的与间接的。

首先，是直接的挑战社会民主主义与共产主义是两个有巨大差异的社会主义派别，但在许多方面，特别是"目标"理念方面，仍有相近或相似之处——如价值观上的公平，大众福利，国家干预，轻视市场等。所以，东欧和苏联的失败，对于传统的社会民主主义来说，也势必造成冲击。

其次，是间接的挑战。所谓间接的挑战，是指"鸟尽弓藏"式的挑战。在冷战时代，西方为对应"社会主义阵营"的威胁，是软硬两手兼施：硬的是军事对峙和种种政治、文化渗透与颠覆。软的则是化解资本主义阵营内部的反体制倾向，其中，向左翼作出让步，允许进行福利主义的改良，则是重中之重。

可是，冷战结束后，"社会主义威胁"不存在了，似乎没有必要继续粉饰太平。新自由主义之所以迅速抬头，这是其中重要的背景之一。

3. 后工业社会的挑战

以信息化、全球化为基本内涵的后工业社会的萌动，从三个方面形成对共产主义乃至社会民主主义的挑战。

第一，阶级结构的变化引起政治基础的削弱。随着第二产业的高度自动化、智能化，核心工人——蓝领无产者绝对地减少：美国1950—1970年，制造业蓝领工人减少了一半；整个体力工人数占总劳动力的比重由1950年的40%减少到1980年的1/3不到；英国体力工人数所占比重由20世纪前的3/4，降到1981年的1/2。在欧洲，这势必影响选举的票数。

第二，价值观的变化引起工人阶级的分化与分裂。随着后工业化的扩展，"物质主义"逐步让位于后物质主义，追求个人价值的实现和自由发展，使得"集体主义"精神(大工业的协作性)也逐渐淡化，个人主义显著滋长，工人阶级中也出现了由"集体主义"向"个人自由"的转化。这对于强调集体主义的社会主义来说，无疑构成了价值观的重大挑战。它使得工人阶级内部出现了松弛和分化。在工会与工会之间的矛盾加剧，冲突增加；退会、退党的人数增加。全日制工人与边缘化工人之间出现分裂。

第三，政治势力划分的标准变化，影响"左"与"右"的鉴别。在过去，工业社会的划分，主要是三大标准：市场——推崇者为右，限制者为左；个人自由——推崇者为右，限制者为左；国家干预——推崇者为左，反对者为右。

在后工业的条件下，这些标准变得模糊了；特别是20世纪80年代以后，客观生活发生了很大的变化，市场与国家干预都走向了折中；个人自由的重要性左派也不能忽视了。

谁叫左，谁叫右，似乎难以说清楚。

以上三大变化与挑战，特别是第一个挑战，使得社会民主党的得票率大大下降。即使在社会民主主义最成功的瑞典，社会民主党的得票率也由1967年的53%下降到1985年的

34%。这是一个生存危机。

二、社会民主党对社会主义的反思

在欧洲,一个政党的纲领如果不能紧扣时代的脉搏,僵化不变,等待它的就是灭亡。社会民主党在上述危机面前不能不对过去传统的理论与纲领进行彻底的反思。

1. 关于反思的起点问题

反思的起点必须准确,否则反思必会误入歧途,无功而废。他们认为,起点是三个:

第一个起点:社会主义革命的三大前提目前不存在。三大前提是:资本主义处于腐朽没落阶段,即将崩溃;阶级矛盾已经充分激化了;一个革命的无产阶级已经出现。

但今天的现实是:资本主义没有崩溃的迹象;阶级矛盾也没有增强;革命的无产阶级也没有出现。

第二个起点:不能再搞理想主义的承诺。今天失败的重要原因之一在于过去对社会主义社会的承诺太高、太理想化——甚至乌托邦化了。由于它忽视了现实的可能,可在一时鼓动起大众的革命积极性,但大众一看不能实现,就会很快冷却并产生怨恨与反对。

特别是,不能把一切罪过都归于资本主义,把一切美好都寄托于社会主义。

"摆脱乌托邦"!"社会主义者应该被看作知道他们在现实世界上的道路,而不应该被看作他们居住在一个完全由他们自己构造的世界中。"不应是理论家认为的社会主义,而应是人民自愿想要的社会主义。"明天的社会主义者,希望再不要犯这种错误了。"

第三个起点:紧密思考后工业社会的前景。人类社会正在经历一个划时代的转折——由工业社会进入后工业社会。

这种时代的变迁,必会对社会的经济结构、政治生活乃至文化意识产生巨大的影响并使之改变,一个政党最大的忌讳是:当时代正在发生巨大的急剧的变迁时,它却处于一种"智力丧失"的状态。它不能理解大势的变化,仍然抱守残缺,死守成规,成了一个"无舵之党"。

2. 关于逻辑理论的反思

①社会主义与民主:相容还是不相容?传统的社会民主主义认为是不相容的。乔治·利希海姆的话最具有代表性:"一个人可以要没有社会主义的民主,也可以要没有民主的社会主义。两者能否有效地结合在一起,是我们这个时代的头等大事。"[1]缺乏民主正是社会主义乃至社会民主主义在欧洲民主宪政发达国家衰微的重要原因之一。

这也就是说,社会主义者如果不在社会主义与民主的关系问题上进行深刻的反思,并在此基础上找到两者互融、互促的道路,社会主义事业就失去了时代的"生命活水",必会走向消亡。

②社会主义与个人主义:排斥还是修饰?传统的社会主义乃至社会民主主义,都是崇尚集体主义而排斥个人主义的。因而,个人主义的旗帜一直被资本主义高高举起。

---

[1] 托尼·赖特:《新旧社会主义》,新华出版社 2000 年版,第 24 页。

但是，在根深蒂固地崇尚个人主义的欧美，社会主义的集体主义得不到多少支持与响应；后工业社会，创新的决定性作用也使个人主义有了新温床。

在此情况下，社会民主主义的理念和现实社会的趋向，愈来愈显得渐行渐远了。

因此，社会民主党的理论家们在这个问题上也进行了深刻的反思：如何把集体主义和个人主义结合起来？能否双方都进行必要的"修饰"，使之成为"互补关系"？

③社会主义与自由主义：拒绝还是融合？传统社会主义，无论是理论还是实践，几乎都对自由、自由主义抱着拒绝的态度。

其重要的原因是"绝对化"的思维范式：把它当作资本主义的意识形态，资本主义拥护的社会主义就要反对。此外，还存在许多对自由、自由主义的误解与混淆，如把自由主义同无政府主义混同；把自由主义理解为个人想怎样就怎样，认为自由主义同社会秩序是根本对立的。

但是，马克思并未否定自由的价值，他是追求"人的自由发展"的。社会主义实践同马克思的设想存在极大的差距与背离。

社会民主党的理论家们提出：自由主义究竟应作为资本主义意识形态的产物而受到拒绝还是应作为启蒙运动的自由传统而融入社会主义？

④社会主义事业：是一个阶级的还是全人类的？换句话说：应该把社会主义事业作为无产阶级来做的事业还是人类共同的事业？传统的社会主义乃至社会民主主义，都是把社会主义事业看成是一个阶级——工人阶级的事业，认为：只有工人阶级、无产阶级才是"天生地"拥护社会主义，愿意而且能够为社会主义事业而奋斗，从而也只有依靠工人阶级才能实现社会主义。并且认为，只有无产阶级才具有博大的胸怀，把自己的解放同全人类的解放统一起来，"无产阶级只有解放全人类才能最后解放自己"。这就可能导致把无产阶级的胜利看得高于一切，使其成为其他阶级解放的前提——没有无产阶级的胜利，全人类都将在黑暗之中。

这样，其他所有的阶级必须受无产阶级的领导与控制，并为未来的解放做出牺牲。

这种观点便导致实践中的恶果：其他阶级的损失、痛苦、压抑都是必要的，因为那是为了无产阶级的胜利和全人类的解放必须付出的代价。否则，人类就无法获得解放。

社会民主主义认为，社会主义事业不应被看作只是无产阶级的事业，无产阶级也并无解放全人类的胸襟，而应把它看作是全人类共同的事业。"显示出社会主义不是一个阶级的事业，而是理性人类共同的事业。这使得社会主义能够吸引那些对这项事业有职业兴趣的团体与成员。"[①]

⑤价值观：自由与平等是否根本对立？公平（福利）与效率是否绝对矛盾？这也是社会民主主义没有解决的弱点。传统社会主义把平等看得高于一切，为了保障平等不惜牺牲自由，甚至扼杀自由。实践证明，没有自由的平等，只能是在集权专制下的"人人一个样"——强制的平均主义。这种"平等"具有很大的负面作用：

第一，虽能满足社会底层与弱势群体低水平的期望，但却无法满足社会精英阶层与强势群体的要求，使社会出现分裂与不稳定。

---

① 托尼·赖特：《新旧社会主义》，新华出版社2000年版，第33页。

第二,更重要的是整个社会缺乏动力,效率低下:强势群体不能干,弱势群体不想干——变懒了。

其实,自由与平等存在着辩证的因果关系:平等是以自由为基础的——没有自由的平等就不是真正的平等,那只能是专制压抑的"平均";自由是以平等为依归的——没有平等的自由就不是社会的自由,那只能是少数人的特权自由——如西欧中世纪的贵族自由。这两个方面都对社会进步与经济发展起着阻碍的作用。依此类推,福利与效率也不是绝对矛盾的。如果推崇一方,压制另一方,就会出现矛盾;把两者结合起来,掌握一个合适的"度"——建立起"促进效率的福利主义",就可以统一起来。

⑥社会主义:是必然的还是偶然的? 社会主义是一种历史的必然吗? 是符合历史发展规律必然会取代资本主义的社会形态吗? 传统的社会主义,特别是马克思主义的正统派,持绝对肯定态度。但西欧社会民主主义者中持怀疑态度的人正在增加:

——存在"历史规律"吗?

——为什么资本主义熟透了的国家,至今没有出现社会主义?

——即使资本主义消亡了,取代它的未必是社会主义:后工业社会的种种迹象,特别是两极分化,似乎离社会主义公平公正的标准不是更近,而是更远了。

3. 关于战略与策略的反思

①过分强调了无产阶级的历史地位与领导作用。传统的社会主义,包括社会民主主义,都过分强调了无产阶级的历史地位、阶级品质和领导作用。

但现实的斗争表明,相距甚远:

第一,无产阶级本身并非天生的社会主义者。按照列宁的学说,无产阶级的自发运动,最多只能走向工团主义,而不可能走向社会主义(更不用说共产主义了)。因为它不掌握知识,也不掌握社会主义理论,而要靠"有知识的人"通过"党"来"灌输"给它。这就是说,社会主义、共产主义并非无产阶级"内生的",而是"外生的"东西。这种"外生性",就极容易出现领导权的旁落。

实践充分证明:无产阶级在它的党的领导下,往往处于被动响应号召的状态,领导层并不是它。事实上真正无产阶级分子往往也不具备领导能力。

所以,造成"党代替了阶级,领袖取代了党"的局面。

这就可能出现党与领袖偏离甚至背离无产阶级意愿和利益的倾向。

第二,无产阶级出现危机。自20世纪70年代以来,在发达世界,作为核心的工人阶级人数在绝对地减少。这是由于后工业社会的来临使产业结构和技术结构发生了质的变化。

"由于蓝领工人数急剧地减少,以往一直作为投票和政治关系基础的阶级关系已经发生了戏剧性的变化。女性大规模进入劳动力行列这一现象进一步动摇了以阶级为基础的政治支持模式,数量可观的少数派群体不再参加投票,而且基本上游离于政治过程之外"。①

---

① 安东尼·吉登斯:《第三条道路:社会民主主义的复兴》,北京大学出版社2000年版,第21页。

而且，这个无产阶级愈来愈不想掘资本主义之"墓"。社会民主党的理论家们认为，对于社会理想来说，目前在发达国家中"工人阶级已经成为障碍，而不再是源泉"。而且处于分化之中——多数上升为中产阶级，其余沦为底层阶级，实际被排除在"全资格的公民"之外。所以，他们的结论是：

第一，那种有绝大多数体力工人可以动员起来支持向社会主义转变的历史条件，几乎根本就没有存在过；

第二，在所有发达的工业社会，体力工人的数量在减少，实际上他们一直是劳动人口的少数；

第三，工会成员人数确实从20世纪70年代高峰期降下来了。[1]

在此情况下，自然就出现了一个新的问题：在新的阶级结构下，究竟谁是社会主义的代理人？

换句话说，谁是实现社会主义的政治力量？社会主义政党今后如何寻求新的支持者？这是否应成为今后社会主义政治学的中心课题？

[2]"政治干预"的异化。社会据此长期卷入这种具有弊病的"现代工程"之中，目标就是按照"合理的社会程序"所揭示的要求对整个社会进行"改造"。

但是，这种愿望善良的"现代工程"，在实践过程中，往往变成了主观主义，"创造革命"，改造人等的托词，甚至导致极权主义。"无论社会主义者实行政治干预的意图是多么善良，他们根据世界理性的规则改造社会的目的经常导致极权主义的出现。社会主义对现代性的假设应用得越是积极和彻底，后果就将被证明是越具压迫性和令人反感。"[2]

[3]以阶级性取代道德性。社会主义犯的一个重大的错误（特别是取得了政权的社会主义），就是把"工人阶级的高贵品质"绝对化，把"马克思主义的教化张力"无边化，进而认为用这种阶级性和教化性可以取代道德基础乃至宗教。

社会主义需不需要一种独立的道德基础？

但事实证明，阶级性不能取代道德。

因为：第一，道德是人类社会"人性"共性中经过长久历史冶炼积累起来的精神财富，虽然其中也有阶级性的成分，但不是主体。例如：人道主义、尊老爱幼、尊师重教、爱国敬业，这些东西能用阶级性代替吗？

第二，只强调阶级性贬低道德，就会导致社会的凝聚力下降，大大削弱社会的稳定性和发展能力。

第三，用阶级性取代道德，很容易被少数掌权的人即自命为"阶级代表"的人，独揽权威，推行极权主义。

[4]经济决定一切。传统社会主义"基础与上层建筑"的学说绝对化，甚至机械化了：似乎有什么样的基础必定社会出现什么样的上层建筑。只要经济基础实现了"生产社会

---

[1] 克里斯托弗·皮尔森：《新市场社会主义：对社会主义命运和前途的探索》，东方出版社1999年版，第18页。

[2] 克里斯托弗·皮尔森：《新市场社会主义：对社会主义命运和前途的探索》，东方出版社1999年版，第722页。

化",生产关系的革命和社会主义革命就必然会到来。

而事实上根本不是这样:在发达资本主义国家,基础愈社会化却愈不革命。为何西欧无革命?这并不是社会民主党人的错误,而是客观存在的制度存在着某种"本质上的合理性"——它现在并未成为生产力与社会进步的桎梏。为什么大多数社会民主党人甚至共产党人纷纷由"共产主义者"变成了社会民主主义者?左派都倾向于"管理资本主义",而不是"改变资本主义"?

这种"现实"与实践的反差,不是用"修正主义"的帽子就可以让人信服的。

4. 关于方法论的反思

马克思主义的活的灵魂,是他的方法论,而不是那些教条。这无疑是非常正确的。但是,后人在他的方法论中不断地"附加"上许多东西,这些东西同马克思的原意并不相符。正是这些"附加"淹灭了马克思原意的光华,造成了对马克思主义的削弱和危机。

后马克思主义者认为,由于经典的马克思主义中掺杂着许多几乎难以成立的认识论假说,从而削弱了马克思主义。他们提出,只有把这些"附加"的东西从经典马克思主义中清除出去,才能拯救马克思主义传统中仍旧有益的东西。①

这些"附加"的东西,大体有如下四个方面。

①历史决定论。马克思创立的历史唯物论,本是一种研究历史现象的方法,一种可供借鉴的方法。但后人不断地加以拔高提升,变成了一种超历史的"万能钥匙":似乎人类的过去、今天和未来必会按照马克思所规定的"模式"("五阶段论"),在一切地方都会如此地演进,认为这是历史发展的"铁的规律"。封建主义必被资本主义取代,资本主义必被社会主义取代。这完全是一种强加给马克思主义的"附加"。这与马克思、恩格斯的原意差之千里。

马克思、恩格斯都反复强调,他们的理论"只是方法","不是教条","是个指出一般条件的'引线',而不是决定性的铁律"②。

现实情况,乃至人类社会的整个历史,也无法证明这个"铁律"的存在。

——在许多国家并没有看出什么"五个阶段",美国就没有"封建社会"……

——熟透了的资本主义国家反而没有爆发社会主义革命的迹象。

——资本主义是否就会由"社会主义"来代替,也还是渺茫的。

正是这种"铁律化"的附加,坑害了马克思主义的历史唯物论,造成了危机。

②意识形态化。马克思、恩格斯从来没有想把自己的学说当作"教义"让人们去顶礼膜拜,成为一种不得违反与怀疑的"圣经"。

但是,后来的人为了提高他们自身的"权威"并压抑他们的反对派,却把马克思主义绝对化、意识形态化,成为他们提高自己和打击、排斥"异己"的工具。更有甚者,把马克思主义的一些设想与假定,推崇为至高无上、"唯一真理"的宗教教义。

这种做法,其害有三:

① 托尼·赖特:《新旧社会主义》,新华出版社 2000 年版,第 68 页。
② 托尼·赖特:《新旧社会主义》,新华出版社 2000 年版,第 47 页。

第一，助长了社会主义运动中的"极权倾向"，大大压抑了自由与民主；

第二，阻碍了马克思主义的创新与发展，自断生路；

第三，最终造成了今日马克思主义的危机。

③轻视偶然性与多元性。上述倾向必会导致"唯规律论"（忽视偶然性）和"唯我独革"的关门主义。传统的社会主义运动，特别是革命社会主义的运动，排他性和封闭性特强。

这不仅禁锢了自己，丧失了自生力，而且不能团结一切可以团结的力量，孤立了自己。

④彻底决裂论。由于以上两点，也就必然会导致"与资本主义彻底决裂"的倾向。

其实，究其思想渊源来讲，这种绝对的思维范式，应源自卢梭的乌托邦式的理想主义。似乎新社会与旧制度是"泾渭分明"的，社会主义与资本主义是互不相容、势不两立的；资本主义的弊端社会主义决不应也不会有。

这样，社会主义的政党势必会对社会主义的承诺太高，也使人民对未来社会的期望大大超越了实际的可能。

马克思、恩格斯甚至列宁从没把社会主义社会当作"天堂"，是天上掉下来的"伊甸园"。他们反复强调社会主义社会只能是在资本主义的全部文明基础上发展出来的社会，强调了继承性的一面。

显然，后人的这种"附加"，把人民对社会主义的预期吊得太高，一旦发现不是那回事，而且不可能是那回事，在"希望太高，失望必大"机制的作用下，必然就会大大地失望，乃至以为自己"上当受骗"了。

这不是自己给自己套上的绳索吗？

社会主义者决不应对未来承诺太多，这也是历史的教训吧。

三、马克思主义的"空白"

应该实事求是地承认，除了后人的"附加"之外，马克思主义理论体系中，确也有薄弱环节。承认这一点，正是马克思主义认识论的必然。马克思、恩格斯是人，不是神。他们有限的生命和能力，不可能穷极无限的客观世界——任何大学问家、大哲人都具有历史局限性，都会留下"空白点"。

西方社会民主主义者冷静地探索了（或分析了）马克思主义理论体系中存在的不少来不及研究或研究不充分、不准确的内容。正是留下的这些"空白"，造成后人的误读或"胆大妄想"。他们认为，就马克思、恩格斯的本意来看，他们是从批判"空想社会主义"的乌托邦来开始其理论创新历程的。也正因此，他们主观上极力想使自己的学说避免重蹈乌托邦的覆辙。

最明显的表现，就是他们把自己的全部理论活动，侧重在批判资本主义，而不是设想未来的社会主义。对未来社会，大都是在对诸如杜林之类的理论家们提出的一些他们认为不正确的描述进行批判时，附带提出的有限的原则设想，而不是正面或系统的描述。

正因为如此，在马克思主义整个理论体系中，对未来社会的研讨相对地薄弱，留下了许多空白区，或"真空地带"。"马克思的思想使自己的科学社会主义与乌托邦主义疏远。众所周知，马克思一直不愿理会那些对于一个社会主义社会的未来组织结构提出问题的人，认为那样做就像是写'未来餐馆的食谱'一样打发时光。未来社会的组织必就是由那些身处其中的人来创造的。"①

①真空之一："人的自由而全面的发展"的命题，只有远景目标，而无对应的"组织结构原则"。马克思提出人类未来社会的远景，是一种人的自由发展的境界。这一推测，不是乌托邦的狂想，而是有科学依据的预见：马克思是在深刻剖析了资本主义拜物教导致人的异化，使人难以自由发展之后所得出的一种合理的推论。这正是马克思的伟大之处，也是未来社会可能的发展远景——由"必然王国"走向"自由王国"。

但是，如何走向这个目标呢？依靠什么样的经济与组织结构呢？马克思没有细说，只是在另外的讨论中提出"消灭私有制"，实行生产资料的"公有"。但这些形式，其实并不是直接针对"人"的自由发展这个远景目标而提出的。

这中间的模糊空白，就为后人的牵强附会提供了可能，他们把它强行解释为：通过消灭私有制、全面建立社会主义所有制，特别是国有制来走向"人的自由发展的"境界。到后来，甚至连"人的自由发展"也被丢弃了，只留下了所谓的组织结构形式——公有制、国有化就等于社会主义了。这可以说是对马克思原意的一种强奸或阉割。

但是，70年的社会主义实践说明：

第一，仅仅只有组织结构而无与其社会主义本质相应的远景目标，体现不了社会主义的本质；

第二，通过单一的所有制，不仅达不到"自由发展"，相反却大大抑制了人的自由发展。

什么叫"人的自由发展"？

马克思本人就曾形象地做了如下描述：

"对于我来说，可以今天做这件事而明天做另一件事，上午去打猎，下午去捕鱼，晚上去养牛，餐后发一番批评，然而我却不是猎人、渔夫、养牛人或批评家，只是因为我想这么做。"②

显然，这种自由状态是人类文明高度发展和社会分工已经消失的结果。但是，在现实的社会主义实践中，我们还看不到这种苗头和趋势，而是人变成了"螺丝钉"。

②真空之二："自由联合的人类生产……按照固定的计划有意识地进行控制"的命题，是一种模糊的预想，没有指明"计划""意识"与"控制"的结构原则。

正是这种模糊性或空白，使得后人可以"各取所需"。

——把"自由联合"变成了"强制联合"；把"计划"变成了"法律"；把"有意识"变成了少数领袖人物的"意志"；把"控制"变成了强迫命令乃至"一言堂"。

正是循着这种对"空白区"的随意解读，使国家的权力愈来愈膨胀，走向极权主义。

后人之所以如此解读，乃是受到习惯势力的惯性作用，加上不能排除个人权力的欲望，但理论本身的模糊则是基本根源。

正如托尼·赖特所说，"对于自由联合，有意识的规则，固定的计划这些术语是否能

---

① 托尼·赖特：《新旧社会主义》，新华出版社2000年版，第90页。
② 托尼·赖特：《新旧社会主义》，新华出版社2000年版，第91页。

与一个可行的、非强制的社会主义经济相协调，并没有更深刻的思考。"所以就出现"一个集中的社会主义经济如何运行以及由谁来运行的问题"便成了一个"空白"。①

这个"空白"，在后来就导致了"中央集权专制"。因为一个集中的经济（单一所有制的公有经济）很自然地会使后人联想到只有"集权专制"才能运行，而且也只有国家来行使这种运行的职能。所以，这也不违背马克思的意思。马克思并没有说"不能如此"。也由于此，"民主"的问题也就渐渐被忽视了。

③真空之三：无产阶级专政是"暂时的过渡"。但"暂时"有多久？何谓"过渡"？"专政"的组织形式与运行方式是什么？这也是"空白"。

托尼·赖特认为："马克思没有在任何地方对于无产阶级专政组织这个关键问题给出答案，比如中央政治权力将在何种意义上与一个非中央集权化的公社结构相联系，以及巴枯宁所提出的问题：在何种意义上无产阶级可以作为一个整体在政府里行动。"②这个空白点，就留给了后人极大的"灵活空间"。加上前面说的第二个空白点，计划经济必然就要求集中权力，加上"资本主义包围"，就为无产阶级专政的硬化、持久化提供了"依据"，而公有的"非中央集权化"与"自治性"也就被排挤到角落里去了。

④最大的真空："社会主义政治体制"的缺失。可以说，马克思集毕生之精力，在哲学、政治经济学和科学社会主义三大领域取得了辉煌的成就。但是，在社会主义政治体制方面却涉猎很少。"更加看重的是经典马克思主义没有在任何地方有一种关于社会主义政治体制的展开性论述，而这是任何政治体制都要被迫回答的基本问题。这些问题涉及人民代表性、信任性、政治竞争和对手的组织，解决冲突的方法和政治自由的形式。"

为什么会如此？据赖特分析，其原因源于政治在马克思主义传统中的"派生地位"。之所以是派生地位，又是由于认定国家乃至国家机器均属阶级矛盾的表现（认为国家是阶级斗争的工具），当社会主义消灭了资本主义国家机器之后，阶级矛盾也就消亡了，"将不再有所谓的政治权力了"，在这个没有阶级、统一的社会里也就不需要什么（在分裂的社会中所必需的）政治机器了。③

这是一种预设前提的失误：社会主义即使消灭了资本主义，阶级矛盾仍旧存在，社会也远未统一，更重要的是国家远不止是"阶级斗争的工具"。这一真空，可能就是以后的社会主义实践轻视政治改革，特别是民主化进程，恪守专政思想的渊源吧。

以上分析的四大方面的"空白"正好说明：马克思主义绝不是一个"无所不包"的绝对体系。

"坚持马克思主义"在这些空白区是没有对象的，在这里有的是"发展马克思主义"的空间。

而过去却在一片坚持声中，把这些发展的空间封锁起来了。

当前马克思主义的危机，也就不能把责任完全推到马克思的头上，后人应负很大的责任。

① 托尼·赖特：《新旧社会主义》，新华出版社2000年版，第91页。
② 托尼·赖特：《新旧社会主义》，新华出版社2000年版，第95页。
③ 托尼·赖特：《新旧社会主义》，新华出版社2000年版，第95页。

四、矫正与纲领

1. 理念的转变与调整

总的来说，社会民主主义理论家们认为，必须接受过去老社会民主主义的教训，把社会主义与自由主义结合起来，走中间偏左的路线。这即是说吸收社会主义与新自由主义的合理内涵，避免两者不合理的东西。

具体表现在如下几个方面：

①由斗争的、单一的阶级哲学转到和谐的、公共的人道哲学。由过分地依靠工人阶级和工会转到争取各个阶层的合作，对工会逐渐疏远；社会民主党由"工人阶级的政党"转变为"全民的党"。

②新个人主义：弱化集体主义。德国社民党的《基本纲领》写道："富裕的大多数"的观点已经不再体现集体主义和团结的社会民主精神；个人成就和经济竞争力越来越受到重视。

"新个人主义"指的是什么？

第一，现在并非"道德沦丧"的年代，而是"道德变迁"的年代；

第二，个人主义不是利己主义。它是一种制度安排：制度与政策是为"个人权益"而设计，不是为"集体原则"而设计，是一种价值取向问题：是以保护"个人"为主，不是以"维护集体"为主。

第三，福利制度有利于"个人"：可以大大降低个人对官僚体系的依赖性、依附性——找社会可以解决问题。福利国家中许多权利和对权利的授予都是为个人而非为家庭设置的。

因此，这种新个人主义是"制度化的个人主义"，不能等同于"利己主义"，也因此，它对社会团结所造成的威胁会小得多。

③公平与效率兼顾。由过去的过分强调公平轻视效率转到两者兼顾，但"社会正义公平"仍是核心价值观。

由过去的过分抑制私有化转向接受撒切尔主义的私有化，但在分配上强化社会公平。

——布莱尔全盘接受撒切尔的市场化和民营化政策，同时又采取机会均等策略逐步消除社会上的不平等现象，推行强化教育(让50%的劳动年龄者上大学)和税收等再分配政策。所以他的执政理念，既不同于老工党又不同于撒切尔夫人。

在改进福利政策方面，强调"无责任即无权利"，福利供给要考虑本人就业的努力程度。

④由重政府轻市场到两者互补。传统的社会主义比较重视政府的干预作用，信奉凯恩斯主义，而轻视市场化的作用。新自由主义的抬头，使社民党认识到撒切尔主义的市场化政策有其积极意义，是得民心的政策，因此，新社会民主主义接纳了自由主义市场化的理念与政策。

但是，与老社民党和新自由主义不同之处在于：它把新自由主义的市场化同老社民党的政府再分配以保证公平的政策有效地结合了起来，产生了积极的效果。

市场(民营)增效率+政府(再分配)保公平。

⑤重视"亚政治"的新形势。随着信息化、全球化的发展,社会运动、"分离资金"、非政府组织等日益壮大与活跃,并介入经济与政治事务的解决。这已是一股"大势"。

据估计,1996年单是本部设在美国的"机构投资者"就掌握了11.1万亿美元的资产,其基本部分属"私有化养老基金"或为此发行的债券,而这一大块资金属"分离资金",即不由国家和银行进行管理。另据统计,全世界资金流动中,贸易等正常资金流动只占5%,而国际性金融投机的资金流动则占95%。

与此相适应,非政府的各类组织以至公民社会成长壮大起来,形成一股强大的政治力量。

新社民党看到了这一趋势,吉登斯便提出了"亚政治"的概念,并促使社民党必须重视和争取这一股力量。

⑥生态政治的出现。"生态政治"是超出了"绿色社会运动"或"绿党"范围的一个概念。只是以后者为基础。整个20世纪80年代,各种新思维、新政治、新战略以及新生活方式等,大都是从绿党及其周围发端而来的。它已进入欧洲左派社会运动之中。吉登斯认为,"社会民主主义者通过被迫面对生态保护运动而获得了新的活力"[1],认为对各种环境危机抱乐观态度,这本身就是一种极其危险的战略。

"可持续发展",是生态现代化的核心内容。社民党在理念上必须用可持续发展代替"确定性增长",预防重于补救,污染等同于"无效率",环境规治与经济增长为互补关系等,都应成为新的"价值取向"。

为此,必须建立一种新型的合作关系:政府、工商企业、温和派环保主义者以及科学家们"在沿着更具有环保说服力的思路对资本主义政治经济进行重建的过程中相互进行合作"。

2."第三条道路"纲领概览

总的来说,社会正义仍旧是纲领的核心关注点。立足于平等的自由观,立足于责任的权利观,立足于民主的权威观,以及世界性的多元化,是其价值体系。

①新型的民主国家。第一,现代国家的局限性。吉登斯认为,现代国家是在战争的严酷考验中逐渐形成的,而且战争和战争准备影响国家制度的许多方面。为国家设立的公民权和福利项目等,其主要目的"就是拉拢人民并获得人民的支持",这种现象在冷战期间一直持续着。他认为许多社会民主主义思想家忽视了这一点,过高估计了自由民主制度和福利国家发展过程中的"自主(self-contained)"成分。

即是说,目前国家所赋予人民的权利,大都是出于外在压力而不是自主地给予人民的,是为了拉拢人民支持他的结果,而非其内在自生的机制形成的。这也即是说,如果外在压力(包括战争)减少了或没有了,这种"拉拢"的动力就会减退。这就是现代国家的局限性。

---

[1] 安东尼·吉登斯:《第三条道路:社会民主主义的复兴》,北京大学出版社2000年版,第57页。

第二，通过双向民主重塑国家权威。上述国家的合法性或权威，显然也是在战争这类外来压力之下，由传统习惯维系的。因此，在今天再也难以维系下去，必须在一种积极的基础上得到重构与重塑。

新社民党主张，通过"双向民主"来重塑国家的权威，认为在新的条件下，民主主义须是一种向下与向上的"双方演进"过程：向下下放权力，非中心化；向上移交权力，重构协调机制。如只有向下，会有分裂的危险；如只有向上，会使专制主义复辟。

只有完整地通过这种"双向"演进过程，才可能重塑国家的权威，即"民主的权威"。

这有点近似"民主集中制"的表象，不过现行的民主集中制被曲解：只强调"集中指导下的民主"，而阉割了"民主基础上的集中"。

第三，用透明化更新公共领域。公共领域里，国家不可能再用垄断信息的办法来维系权威了。这是一个全新的情况：由于信息的网络化，政府已不大可能垄断信息了。政府与公民现在越来越明显地生活在一个一体化的信息环境之中。[①] 这意味着：国家必须朝更大透明度和开放度进行改革，并建立防治腐败的新措施。否则，国家的权威性与合法性就会迅速受到质疑与挑战。

第四，提高行政管理效率。在信息化、全球化时代，无论是企业还是国家，效率都是生命线。政府失信于民，往往是由于手续烦琐，企业由于效率低下也会大大降低竞争力。

彻底改造政府，既意味着采取以市场为基础的方案；又意味着强化政府对市场调控的有效性。前者——如把一部分职能推向市场，实行小政府；后者——如提高政府间接调控市场的能力，两者缺一不可。

第五，直接的民主形式。虽然还不可能全面实行直接民主，但可以增加一些直接民主的形式：地方直选、电子投票、陪审团等，以此来重建政府与公民之间的直接联系。如瑞典政府曾直接吸收7万人参加各种能源问题培训班，参加者可以在能源问题上直接向政府建议。

第六，强化国家管理风险的能力。在"无敌人"的新形势下，国家的合法性越来越取决于它管理风险的能力。

风险是多方面的，其中包括科学技术所导致的风险。这不只是专家的任务，需要有公众参与。

②新型的混合经济。新型的混合经济就是使政府、企业和劳动者三方都成为市场中"负责任的风险承担者"。在任何条件下，平等与个人自由都不能保证不会产生冲突，而且平等、多元主义与经济活力之间也并不是和谐一致的。为使矛盾与冲突不致激化并能协调解决，不致发生对抗，就必须建立起三方在协调经济平衡上的协商机制。

——"荷兰模式"：16年前荷兰的多个主要工会在瓦森纳缔结了一项协议，一致同意调整工资来换取日渐减少的劳动时间。结果，劳力成本10年间下降了1/3，而国家经济获得了迅猛发展，且失业率低于6%。

③以"新平等观"促"包容性社会"。第一，两极分化需要包容精神。大规模的向下流

---

① 安东尼·吉登斯：《第三条道路：社会民主主义的复兴》，北京大学出版社2000年版，第77页。

动，对社会凝聚力造成巨大威胁。完全的精英统治，往往会使这种向下流动演变成它的极端形态——一个与上层社会(主流社会)格格不入并心怀敌对的阶层。因此，除调整利益之外，还需要建立起一种包容的精神，以缓解对抗性。

第二，包容的平等观。"包容性"意味着：公民资格的平等；所有成员在形式与实际上拥有公民权利与义务；机会平等等。

新平等观包含：平等地拥有公民权利与义务；平等地遵守法律与规章；平等地享有就业机会；平等地受教育培训机会。

第三，有限的精英统治。无限的精英统治会造成急剧的两极分化。在美国，1980—1990 年有 60% 的收入集中到仅占总人口 1% 的少数人手中，而占总人口 25% 的最贫困的人口收入在 30 年中几乎无变化。在英国，不如美国严重，20 年间大多数劳动人民生活则有新改善，但最贫穷的 20% 的人生活水平则下降了。长期处于新自由主义政府统治下的国家比其他国家，两极化更为严重，经济不平等加剧，典型的是美国、新西兰，也包括英国。因此，限制精英统治，可缓解自愿排斥，有利于在社会底层建造一个更具包容性的社会，这是十分重要的。

④积极的福利政策。第一，认识必须更新。不应把福利制度的改革简单地理解成为穷人营造"安全大网"，而是为全社会(包括精英阶层)营造一种"共存共荣"的机制：强者与弱者各得其所，相安共存。

也不应把福利制度看作单纯的"救济"，而应看作一种积极的再教育—再就业工程。

更不应把福利仅仅看作一种"权利"，而应强调"无责任即无权利"，把福利与激励结合起来，鼓励人们具有良好的职业道德和就业的责任心与积极性，否则就会鼓励懒惰与欺骗。

还不应把福利制度看作仅仅是政府的事，而应由社会共建，社会参与，社会监督。

这正如贝弗里奇所说的"五变"："变匮乏为自主，变疾病为积极的健康，变无知为一生中不断持续的教育，变悲惨为幸福，变懒惰为创造。"

第二，废除强制退休。逐步废除强制性的"退休年龄"：要把老年人看作一种资源而不是负担。他们可以选择提前退休，也可以选择延长工作年限。"一个社会如果把老年人归入退休群体，从而把他们同社会中的大多数人隔离开来，那么它就不是一个包容性社会。"①

第三，改革福利金分配办法。自上而下分配福利资金的办法应当让位于更加地方化的分配体制。从更一般的意义讲，应该认识到，福利供给的重组应当与积极发展公民社会结合起来。

这样，福利制度就不会产生抑制公民社会发展的弊端——旧的福利供给主要由工会自上而下分配，造成工会膨胀，公民社会萎缩。

譬如，分配交给社区来运营，在社区建立一种"利益共同体"：既有正面的支援机制，又有反面的监督机制(面对大众)。这比由上而下的"申请—发放"能更好地、直接地实现

---

① 安东尼·吉登斯：《第三条道路：社会民主主义的复兴》，北京大学出版社 2000 年版，第 125 页。

鼓励与监督。

⑤民主的家庭。第一,"民主家庭"的标准。民主家庭意味着平等、相互尊重、独立自主、通过协商来作出决策,以及不受暴力侵犯的自由。

第二,"民主家庭"的内涵包括:感情平等与性平等;在共同生活关系中的权利与责任;共同承担养育子女的权利与义务;终身的家长契约;对子女有商量余地的权威;子女对父母的义务;社会整合性家庭。①

⑥世界性国家。第一,变"边界"为"边疆"。在全球化的条件下,"边界"不像大前沿一(日本学者)所说的那样成为"虚构",但确是较以前模糊了,而"边疆"仍是主权的象征。"边界"与"边疆"的区别为何?前者,更具有绝对的不可逾越性,未履行入境官方手续(为护照),跨过边界就是非法和入侵。后者,在欧盟各国就是典型,人们超越国界的交往日益频繁,只是跨界后必须遵守跨入国的法律。

同时,由于人口临时流动的频繁(如侨民与涉外人员),本国公民在国外的安全问题经常发生,政府有时要管到境外去。再则,一些犯罪问题,现在愈来愈国际化,打击投机、贩毒、贪污、洗钱以及缉拿案犯等,都需要跨国合作。因此,"如果过去主权一直是要么全有要么全无的东西的话,现在它已不再是如此……但是民族国家尚未消亡;并且从总体上说,政府的活动范围与其说是随着全球化的不断推进而缩小,倒不如说是变得扩大了"。②

第二,没有绝对的"纯种民族"。"所有的民族都毫无例外地是'混血民族'。"故"民族认同并不具有高于其他文化主张的优先权。实际上,民族认同经常被认为是来历不明和人为构建的,并且服务于统治集团的利益"。③

第三,世界性国家必须推进文化多元主义。其实,民族与文化都没有"纯种",都是"混血"的。故世界性国家必须要求文化多元化,便有更大的开放性与反思性。因此,移民可以增进文化的多元性。而且,"文化的差异对整个社会有一种激励作用"。④ 故"世界大同主义和文化多元主义围绕着移民问题而产生了融合"。

⑦世界性民主。"世界性民族,意味着在全球化的层面上进行运作和世界性民主。"⑤"在一个信息时代里,地域对民族—国家的意义已经不像过去那样重要了。知识和竞争能力比自然资源更具有价值,并且主权也逐渐变得更加模糊,或者变得多样化。民主正在变得更为广泛,并且在关于民主并不会与战争同行的观念中,确实隐含着真理。"因此,"在

---

① 安东尼·吉登斯:《第三条道路:社会民主主义的复兴》,北京大学出版社 2000 年版,第 97~99 页。

② 安东尼·吉登斯:《第三条道路:社会民主主义的复兴》,北京大学出版社 2000 年版,第 35 页。

③ 安东尼·吉登斯:《第三条道路:社会民主主义的复兴》,北京大学出版社 2000 年版,第 135~137 页。

④ 安东尼·吉登斯:《第三条道路:社会民主主义的复兴》,北京大学出版社 2000 年版,第 141 页。

⑤ 安东尼·吉登斯:《第三条道路:社会民主主义的复兴》,北京大学出版社 2000 年版,第 143~144 页。

这样的背景之下，将国内问题与全球统理相联系就不再是乌托邦了，因为两者已经在实践中紧密地联系起来"。①

在此情况下，"全球化进程使权力从各个国家转移到了非政治化的全球领域"。因而制定全球性法律、宪法，设立全球议会，组织国际法院都将成为可能。②

五、小结：简短评论

英国以吉登斯为代表的工党理论家们在著作中所阐述的新社会民主主义的主张，是一种期望"与时俱进"、适应新时代的新思维，是一种立足于西欧社会民主主义生死攸关的立场以求得复兴之道的有力探索。这也反映了社会民主主义者所具有的时代敏感性和适应性。尽管有一些观点值得继续探讨或不能苟同，但从创新这一点上来看，他们值得大家学习。

特别是他们对后工业社会(尽管书中没有用这个词，但内涵是一致的)的经济、政治、文化的变迁做了精辟的分析与预测，很有洞见。

他们依据这个新时代的来临，社会民主主义遇到的挑战以及社会民主党在理念、价值取向和政策上所做的反思和必须进行的修正与调整，是有针对性的。其中，在改造、平等的新意、积极的福利政策，民主的家庭以及文化的多元化等问题上的见解，对我们中国的改革也有重要的启迪意义。

不过，从总体上看来，社会民主党虽然还举着社会主义的旗帜，但其改变现实的锐气似乎正在下降，由"改变资本主义"逐步滑向适应现状。在"世界性的国家""世界性的民主"的问题上，他们虽然作出了有前瞻性的预测，也可能具有方向性的意义，但对今天现实条件下如何评估这些做法与主张的可行性，会遇到一些什么困难与危险，则完全缺乏分析与估量。因此，虽然不能肯定它是"乌托邦"，但仍不免使人有"乌托邦"的感觉。

也许他们太乐观了：全球化的趋势会一帆风顺？全球利益整合会那么简单？"全球统理""全球议会""全球法院"会在不远的将来成为现实？如何协调美国与多国的利益？特别是在后工业社会，两极分化还会加剧的条件下，如何协调富国与穷国、强国与弱国之间的深刻矛盾？这都存在着太多的未知数！尤其是社会民主主义所憧憬的"大同之世"与后工业社会的两极化趋势如何统一？

如果找不到统一协调之道，可能又会成为一个"新的乌托邦"！

(选自《发展的多维视角——反思与前瞻》，华中科技大学出版社 2014 年版)

---

① 安东尼·吉登斯：《第三条道路：社会民主主义的复兴》，北京大学出版社 2000 年版，第 146页。

② 安东尼·吉登斯：《第三条道路：社会民主主义的复兴》，北京大学出版社 2000 年版，第 147~154 页。

后工业时代与社会主义

前面的内容向我们大致地介绍了时代变化的基本脉络和西方主要的理论应对动向，也初步而零星地加入了我个人的看法。所有这些内容，无非是为我们寻找社会主义得以适应新时代的新思路，提供一点背景材料并在此基础上，完善中国特色社会主义的理论内涵。本章的任务，就是想集中探讨一下在后工业时代所发生的新变化，主要是客观世界的变化，将可能对传统的社会主义价值产生什么冲击；与之对应，新时代的发展中将出现的问题，可能会对未来的"更加完美的社会"提出什么诉求。当然，这只能是一些十分肤浅的推测与猜想。

一、时代决定"主义"：而非相反

社会主义，或者别的"未来社会"的设想，它的生命力是否强劲，首先要取决于它能否从 19 世纪"启蒙主义"的理性乌托邦中解脱出来，老老实实地承认：是时代决定"主义"，而不是"主义"创造时代。在这里，我们既不是实用主义，也不是历史尾巴主义，而是历史促进主义。所谓历史促进主义，就是人们主观对历史前进的设想、纲领与计划，必须切实顺应历史发展的趋势，而对这种趋势的估量必须是客观（有依据）的，不能添加激情与幻觉，更不能画蛇添足。我把这种理念，姑且称为"超前一步的猜想"。也因此，新的社会主义的目标，必定是有限的、可捉摸的，决不应是乌托邦。

甚至为了防止重蹈覆辙，在我们的"主义"演进过程中，如果遇到因过于超前而发生"顶牛"的状况，还可以借用霍奇逊的"滞留发生原则"。霍奇逊在其《经济学为何忘记历史》一书中，提出了"滞留发生—躲避死路"理论，认为在社会演化过程中，有时也会发生生物学所说的"顶牛"现象。为了避免社会不必要的震荡与损失，这时就应该把目标降到更低一个层次上去。这样就可以避免死路，继续前进。我认为，在我们探讨社会主义的改良时，也必须充分考虑到这一点。

那么，这"超前一步"的依据从何而来呢？我认为，必须深入探究后工业时代的发展特征与趋势：一方面它将会对传统社会主义的理念（价值）有什么冲击，或者说，传统社会主义价值中有哪些已不适合新的现实需要修正；另一方面后工业时代将会对未来社会提出什么新的诉求。只有在这种求实的基础上，才可能切实地找到未来社会主义立于不败之地的理念、价值和纲领。

也因此，我们的主义，必须从"改造社会"的思维方式，转到"适应—改良社会"的思维方式。应该承认，过去的社会主义者同自由主义者一样，在这个问题上，大家曾经都犯过类似的错误：那就是"人类中心论"，认为人类有能力改造自然、改造社会、改造人！历史已经证明，这是狂妄的幻觉。

1130

二、新时代的冲击：认识已短是成功的一半

我在前面对后工业时代的大致趋势做了一个初步的分析。可以看到，那些趋势已经或将要对传统的社会主义理论和价值产生不同程度的冲击和挑战。这里，我将其主要的内容归纳为五个方面：

1. 经济发展方式的变化，冲击传统的阶级斗争理论

当代资本主义的发展方式，正在发生重大的变化。这些变化使我们原有的关于阶级、阶级分析和阶级斗争的理论已经不能确切地反映现实了。主要表现在以下几个方面：

第一，经济虚拟化，冲击阶级分析理论。这方面我在前面已做了比较系统的分析。这里，只就本节的内容做一点补充。过去，我们批判西方的"人民资本主义"是谎言。而今天，整个经济走向虚拟化，使得人们确切的"经济地位""社会关系"既隐蔽又错综复杂。除了赤贫者之外，一般人的经济状况几乎难以判断了。

第二，知识已成为新兴产业的主要"资本"，冲击阶级斗争理论。在信息与生物产业中，知识所有者、资本所有者和劳动者这三者之间雇用与被雇用之间的界线，变得愈来愈模糊。哪个"阶级"对哪个"阶级"进行斗争呢？交错难辨！新的情况也说明，不同经济身份与社会地位的人们之间，不仅有"斗争"，而且有合作，彼此犬牙交错，谁也离不开谁。

第三，职业极不稳定，流动性急剧加快，挑战阶级归属性。新的技术革命把技术更新的频率几十、几百倍地提高了。新的职业不断出现，旧的职业不断被淘汰。人们的技能极易瞬息落伍。在此情况下，今天是"白领"，明天可能就赤贫；今天是"知识精英"，可能过几天就落伍了。这样一来，"阶级"就极不稳定了。至少无法统计。当然，阶级与"阶级分子"不是一个概念。但如若这种变动性普遍化、急剧化就有问题了。一个阶级，如没有足够的、稳定的"分子"，还能成为"阶级"吗？

2. 阶级结构的变化，挑战无产阶级革命论

传统的无产阶级革命论，主要包含四个方面的内容：一是无产阶级是天生的社会主义革命的拥护者和领导阶级；二是无产阶级必然随着资本主义的发展而不断壮大；三是无产阶级革命必然导致无产阶级专政；四是无产阶级无祖国。

但是，无论从历史实践的结果还是后工业发展的趋向来看，以上这些都受到了严重的挑战。

关于第一个命题：产业无产阶级看来并非天生的社会主义者。早期列宁也承认，自发的工人运动至多也只能达到工团主义的水平，社会主义思想必须由革命知识分子灌输到工人群众中去。这即是说，社会主义思想只能是"外来的"，而并非"天生的"。到后来，特别是东方的社会主义运动，则把无产阶级神化了。事实上，在西方发达国家，无产阶级不仅不是社会主义者，而且也没有革命的愿望。而波兰的团结工会现象，更令人匪夷所思了。

至于说到无产阶级是社会主义运动的领导阶级，则更是有点虚构了。按列宁的意思，

无产阶级是由党来领导的，党是由少数杰出的人物领导的，而这个领导集团又是受一位伟大的领袖来指挥的。显然，这个命题就被置换了主体。

关于第二个命题：在新技术革命的演化过程中，传统的无产阶级已是一个式微的阶级了。的确，它是与传统的工业制造业共命运的。但随着新兴高科技产业的兴起与发展和制造业的智能化，不仅阶级界限模糊了，而且工人不断被机器人所置换，导致产业无产阶级的人数绝对地减少了。我在前面对此已列举了实证材料。

关于第三个命题：既然无产阶级都式微了，还侈谈什么"专政"呢？同时，从苏联与东欧典型的"无产阶级专政"来看，它也是一个"伪命题"。

关于第四个命题：更是虚构的。两次世界大战，都没有看到"工人无祖国"的现象。看到的倒是德国的工人大量加入党卫军，参与了对别国阶级兄弟的法西斯暴行。在后工业时代，产业无产阶级的主体——制造业的工人，由于产业的国际流动影响国内就业，恰恰成了跨国化的坚决反对者。

3. 国家开放化新格局，挑战社会民主

即使是民主社会主义的社会公平化政策，在全球化、开放的资本国际流动的新形势下，也受到了巨大的冲击。众所周知，北欧的社会民主政策，曾使社会相对公平、稳定达数十年之久。可以说，社会主义的某些价值，在那里得到了实现。可是，这种政策是以资本相对固定在本国为前提的。而在全球化的条件下，一国的高福利所赖以支撑的高税收，却难以为继了。因为资本的国际迅速流动，高税率国家的资本会大量地流向低税率的国家。这样，即使是改良的社会主义政策，也遇到了新的挑战。这一点，约翰·格雷在他的《伪黎明：全球资本主义的幻象》一书中做了详尽的介绍和出色的分析。

4. 国家的新功能，挑战国家消亡论

传统的社会主义理论，也包括国家消亡论，认为国家只是阶级斗争的工具，是一个阶级压迫另一个阶级的机器。阶级由于社会分工的消失而走向衰亡，国家自然也就消亡了。社会就成为一个由市民社会自治的"共同体"。

这个论断，至今也看不出什么端倪。姑不论原社会主义国家在执政过程中从来没有理会过这一理论，而是相反不断强化"专政机器"、削弱与消灭公民社会，实行的是与国家消亡论相反的"大国家主义"。就是在西方一些实行自由放任主义的发达国家，由于后工业经济的不稳定和社会分裂的加剧，国家在调控市场的破坏性方面，都明显地加强了。美国的次贷危机迫使其政府一反传统的小政府路线，大大强化了对经济生活的干预，就是明证。

这两方面的情况都充分说明，国家——至少在人类可预见的未来——是不可能消亡的。后工业时代，如果无法消灭社会分化，就不可能没有国家；如果不可能没有市场，也不可能没有政府；如果不可能消除世界上的南北差异与不平等，同样也不可能没有民族国家。

5. 全球化与环境危机挑战国际零和斗争论

传统社会主义是国际化的政治运动。这个运动的立足点，就是认为在国际上是社会主

义与资本主义的殊死斗争，"不是东风压倒西风，就是西风压倒东风"。在社会主义国家与资本主义国家之间，是根本性的对立，不可能调和的。

在全球化的推进与生态环境危机的压力下，上述命题已暴露出明显的缺陷。在当今，无论什么国家，大都是"我中有你，你中有我"的错综复杂的格局，跨国经营已是一个普遍存在的事实。加上环境危机没有国界，某国所造成的臭氧层破坏会危及全人类。因此，资本主义国家垮台，完全不等于社会主义国家会受益，社会主义国家同样也会遭殃。反之亦然。

这样，在当今的国际上"零和斗争"显得不合时宜了。"双赢竞争"和"合作共存"，才是生存之道。

三、后工业时代呼唤社会主义精神

1. 何谓社会主义精神

如果我们把社会主义作为一种进步思潮、主义，而不是作为一种"当代的惯称"或"现存的制度"，更不是作为某个国家的"法定意识形态"，则社会主义的含义本来是十分简单明了的。现在搞得如此的复杂，其实大都是由于在"社会主义国家"中，社会主义受到种种人为的偏离、干扰、压制，甚至"挂羊头卖狗肉"（如波尔布特政权），人人都说自己是社会主义的"正宗"，问题就复杂起来了。

150多年来，千千万万前赴后继的社会主义者们，尽管有着各种分歧与流派，但有一点是共同的，即他们都是追求一种能够消除资本主义弊端——社会不公、两极分化、人的异化、生态破坏等——的新的社会制度。由此，追求社会公正、人的自由发展、保护生态环境，就成为社会主义的目标。而公平、自由、民主与可持续发展，理应成为社会主义的核心价值，即是我们所指的"社会主义精神"。这是社会主义的目标层次。

接下来，第二层次的问题，是资本主义产生上述弊端的原因是什么的问题。历来的社会主义者大都认为，其根本的原因是资本主义私有制度：生产资料占有上的差别，遂造成社会的分化，富者愈富，穷者愈穷；也由于这种狭隘的生产关系（不能使全体社会成员享有经济成果）容纳不了生产力的巨大发展，遂产生像经济危机那样的对生产力的严重破坏；还由于这种追求最大利润的生产方式，"金钱拜物教"大行其道，人就成了商品与资本的奴隶，失去了自由发展的能力。由此推论，消灭资本主义私有制、实行全面公有化，进行有计划的生产，保证分配的公平，就自然地成为达到上述目标的途径。这应属于手段的层次。

可是，随着时间的推移，有一批社会主义者，不知不觉地，渐渐突出"手段"，而把目标淡化了。于是，就有了以手段取代目标的那种"社会主义"的定义：社会主义必定是以消灭私有制建立公有制、实行计划经济和按劳分配为标志，否则就不是社会主义。这种倒置的定义，统治了社会主义运动100年。这样就把原有目标中的民主、自由甚至公平都抛到脑后了，更有甚者还要将它斥为"异端"而加以挞伐。但是，这样被理解的社会主义，经过大半个世纪的实践并没有走通。

殊不知，我们不仅错误地把手段当成了目标，而且在手段层面也犯了严重的片面性错误。我想大胆地提出一个问题：人类社会存在的社会不公、贫富悬殊、人的异化等，难道仅仅（或主要）只是资本主义私有制这种制度造成的吗？就没有别的原因吗？第一，在资本主义以前的社会制度下，就没有社会不公和人的异化吗？究竟是奴隶制和封建制下更不公、更悬殊，还是资本主义？奴隶制下的奴隶与封建制下的农奴，较之资本主义下的工人，谁更不是"人"？第二，在资本主义统治的一两百年间，这种不公、悬殊和异化，的确始终都存在，但是，为什么今天同150多年前比较，会有很大改善？

我在这里，完全不是为资本主义辩护。我始终承认，资本主义这个制度不能基本解决这些弊端，只能有所改良。我提出这个问题，是为了说明一个人们往往忽略了的现象：现存的诸多苦难，除了资本主义、封建主义、奴隶主义这些制度性原因之外，还有一个重要的（甚至是基本的）原因，那就是经济、技术发展的时代局限和文化教育程度的历史限制。在资本主义私有制的企业中，信息自动化技术的发明，工人的劳动，立即由过去的笨重体力劳动变成了"按按钮"式的轻松"游戏"了！工人每周的工作时间，由150多年前的70多小时变成现在的40小时以下了。社会福利和文化教育的普及程度，更不是150多年前所能比拟的了。而经济、技术的发展和文化教育的普及，则是一个漫长的跨制度的历史积累过程，并不是只要消灭私有制就可以解决的。

我再把我上面说的这段话的本意归纳为两点：一是社会主义者不能指望只要仅仅消灭私有制、建立公有制，就可以得到公平与合理。更重要的是促进经济、技术的巨大发展。二是不能指望只要消灭了"万恶的"资本主义，就会是一个理想的"社会主义社会"。人类社会的经济、技术发展和文化普及，还远远没有达到消除一切不平等和社会差别的境界。我们能够预见到的任何社会制度——也包括社会主义制度——都不可能达到那种理想的天堂。

2. 新矛盾与新诉求

所以，在我们讨论后工业呼唤社会主义精神这个问题之前，必须把"社会主义精神"廓划清楚。那就是：比资本主义更进步、更自由、更公正、更能持续发展的目标和更有利于上述目标实现的和谐社会关系与科学技术发展的制度。社会主义精神所代表的是：人类共富精神、社会合作精神、和谐共存精神、人民民主精神、自由发展精神、男女平等精神和生态保护精神。我们认为，这种概括，不是逻辑演绎的结果，而是从现实的后工业经济初步发展所遇到的问题中提出来的：

——后工业经济所遇到的社会不公和分化加剧，迫切呼唤着新的社会公正机制即和谐共存精神；

——创新在未来经济中的特殊作用，呼唤着人的更加自由发展的精神；

——贫困女性化，呼唤着新的男女平等精神；

——核灾难，经济跨国化，恐怖主义肆虐呼唤着国际合作与世界和谐精神；

——环境危机，呼唤着生态保护和国际互动精神；

——全球化加剧了南北的国际分化，呼唤着新的人类共富精神；

——虚拟世界的出现，网络犯罪的猖獗，呼唤着新的人文教育精神；

——新自由主义的保守化趋向，呼唤着人民民主和国际民主精神。

最后，也是最重要的，高科技的迅猛发展与更新，如果是在现有资本主义框架内进行，将可能产生危及人类生存的巨大危险。如转基因的生物产品的扩散，基因人工合成领域的无限扩展，太空争夺的激化，如果听任追求最大利润法则的支配，就会出现非人道化、破坏人类食物链乃至危及地球生存的大灾难。这就需要一种新的社会制度和国际秩序来取代原有的资本主义。

所有这一切，都是社会主义的温床。这些桎梏只要一天不消除，社会主义就有不容怀疑的社会需要。问题在于，社会主义者必须从旧的藩篱中解脱出来，建立起自己旗帜鲜明的、符合时代呼唤的理论、纲领和政策。

后工业时代所呼唤的社会主义的核心价值，我不成熟的看法，似应归纳为：发展、公平、人本、环保、合作。未来的社会主义将会高举社会进步、和谐共富、环境保护、自由民主、世界和平的大旗。分述如下：

第一，持续发展。后工业时代，经济社会的发展已经显示，资本主义，无论是什么类型的，都难以保持可持续发展。这是因为，追逐利润最大化和消费至上主义，是资本主义制度的本质属性。如果仅仅依靠资本主义——而不加入社会主义政策的话——是无法根本改变浪费型消费和掠夺性开发所造成的环境危机的，也无法根本解决分配不公所造成的社会危机。看来，后工业所呼唤的社会主义，必须改变"人类中心论"，实现人类与自然和谐共存；改变分配不公，实现人类社会的合作发展。最后，在此基础上，才能实现经济社会的可持续发展。

第二，社会公平。社会公平，始终是社会主义的核心价值。可以说，持续发展和社会公平是保持与增强社会凝聚力的两大支柱。社会公平是一个历史范畴。人类社会在不同的历史阶段，有不同的公平诉求。在后工业时代，知识的爆炸性和经济分化的迸发性，使"数字、网络鸿沟"成为新的社会不公的策源地。这一点，在前面第四章已有详细分析。

所以，在后工业时代，不是像有些人所想象的那样，社会公平问题不是平抑了，而是更加尖锐。什么"主义"能找到解决这个问题的出路，它就能领导这个新世界。从现有情况看来，解决网络不平等的重点突破口，可能是保障教育的公平、机会的平等、信息基础设施的国民待遇和分配的公正。

第三，人本主义。传统资本主义的一切弊端，追根溯源，我认为大都是源于"拜物教"——物质至上主义。商品拜物教、金钱拜物教、资本拜物教、物质享乐主义……而把本来属于社会主体的"人"边缘化、从属化了。人成了物的奴仆。

而传统的社会主义，也抛弃了马克思的人本思想，一味追求物的增长，忽视了人的权利、尊严、发展和需要。从某种程度上来说，苏联的解体，其深层根源也在此。

在后工业时代，由于知识、创新的决定性作用，客观上要求由工业时代的物本主义回归人本主义。尤其应该强调的是，社会主义者如果不从过去那种压制人的权利、尊严和自由发展的恶习中脱胎换骨，就不可能找到新的出路。

人本主义的核心，是要求尊重和保障人的自由、权利、发展和幸福，使一切物的发展真正为人服务。

第四，合作共存。由于国内发展模式的变化所引起的阶级关系的变化和全球化引起的国与国相互依存的新态势，原社会主义者的斗争哲学已难以适应新的形势了。在国内，必须探索经济发展与不同利益集团之间共存共荣的理论与策略。在国际上必须探索国家之间合作双赢的理论与策略。既团结又斗争，既协同又存异；斗争为团结，存异为协同；以实力求合作，用妥协求双赢。

（选自《发展的多维视角——反思与前瞻》，华中科技大学出版社 2014 年版）

制度的选择(上)

资本主义的现代化,把人类带入了一个全新的文明阶段。关于资本主义的进步性,马克思和恩格斯在《共产党宣言》中已经作出了没有比那更为全面而高度的概括。[①] 但是,任何社会制度都有其历史局限性,资本主义也不会例外。它得到充分发展之后,便逐步暴露出对人类社会文明发展趋向的巨大掣肘。人们发现,在消除了封建的桎梏之后,又出现了资本的桎梏:对资本的依附代替了对土地的依附,财富对人性的扭曲代替了专制对人性的扭曲,两极分化代替了绝对贫穷,金钱拜物教代替了权力拜物教。资本主义还是难以真正解决社会公平和人的自由发展问题。于是,先进的人们,在这个困惑的昭示下,纷纷起来探索一种新的理想,用一种更先进的制度来代替或改良资本主义制度。从空想社会主义到革命的马克思主义,人们奋斗了两百多年。直到列宁发现一国胜利的可能并建立了一个具有高度纪律性的布尔什维克党,终于在俄国突破了资本主义的防线,建立了人类有史以来的第一个社会主义国家。在开始,人们几乎把一切美好的理想与希望,企图在这个"自由的"国度里加以实现。但是,问题并不是那么简单:外部干扰,内部倾轧,反反复复,既有凯歌行进,也有新的痛苦,搞了70年。到20世纪末,不知为什么,苏联人却自动抛弃了社会主义这个制度选择。这对全人类——更不用说对社会主义者了——无疑是一个天大的问号。问题既然已经发生了,代价既然已经付出了,我们应从中懂得一些什么?这对我国社会主义现代化又昭示了一些什么?

第一节 由经典到现实

一、成就与危机

从十月革命胜利的狂欢,到戈尔巴乔夫宣布苏联解体的悲戚,70多年的历史翻过去了。我们究竟如何来评价这不长又不短的一页?

20世纪,应该作为人类探索前进道路的伟大试验的世纪而载入史册,是非资本主义现代化制度选择的第一次尝试。既然是一个"试验",最重要的不是它的失败或成功,而是从试验中得到了什么有用的信息和参数,可用以矫正和补充原先的设计方案。更何况这70多年虽然结局不好,但却不乏成功之处。

我们评价一种历史现象,不能只看结局,还应仔细观察这个现象出现并得以持续存在的原因。一般地说,既然能够存在这么长的时间,那它一定是局部地或阶段性地解决了事

---

① 《马克思恩格斯选集》第1卷,人民出版社1977年版,第250页。

实存在的某种痼疾。只因为没有能根本解决问题，所以才被社会淘汰。研究历史的责任，不仅是要从完全成功的现象中吸取精华，而且也要从部分成功和失败的现象中搜寻有益的启示。我们对待苏联现象，也应采取这种科学态度。

苏联作为一个堂堂正正的超级大国，在世界上存在了近70年。在这近70年中，由于它的存在，的确给资本主义世界带来了巨大的冲击，对人类社会的进步起到了明显的推动作用。第一，在苏联胜利的鼓舞下，全世界社会主义运动和民族解放运动风起云涌，出现了一大批社会主义国家和民族独立国家。特别是一大批原殖民地国家，之所以能纷纷独立，除了第二次世界大战削弱了宗主国的力量之外，更重要的是受到社会主义国家的鼓舞和支持。第二，为落后大国的统一，找到了一条可行的道路。在俄国，是共产党的政治凝聚力，使得多民族的离散局面统一成为一个横跨欧亚的苏维埃联盟。第三，摧毁了落后大国的封建土地所有制这个阻碍发展的顽疾，为现代化准备了良好的前提。在俄国，如不是社会主义革命，是难以消灭困扰几百年的封建庄园农奴制的。第四，在一个长期发展滞后的大国，找到了一种集中有限资源、用较短时间实现追赶战略和启动工业化进程的方式。第五，在国内实现了男女平等，普及了教育，提供了基本福利——尽管是低水平的。第六，社会主义国家的出现，逼使发达资本主义国家实行了有利于社会进步的改良运动。应该看到，如没有"革命"的威胁，发达国家内部不会大力推行福利主义，在国际上也难以出现像"四小龙"这样的新兴国家和地区。

以上这些成就，不能不说是伟大而深远的。它在很大的程度上改变了整个世界。对于这些成就，我们必须肯定，而且不能忘记。因为，这是我们改革与前进的起点。但是，在今天的形势下，我们不能不老实地承认一个事实：这些成就尽管伟大，而同苏联已经解体这一残酷现实相比，终究属于第二位的。它说明，原来那个社会主义的"苏联模式"在总体上是不可行的。

二、预想与现实

为什么不可行？这得从社会主义的预想脱离了当今的现实说起。一个美好的愿望，如果它所需要的实现条件不具备，或者是它原先的预想所依据的条件已发生很大的变化，这种愿望也就只能是一种乌托邦了。前70年的社会主义实践中这两种情况都有：原有的社会主义预想，有的是马克思的原意，有的是斯大林补充和强加的。前者多属于条件发生了变化；后者则多属于想象超出了现实。大体上，可以归纳为三个基本方面。

空间上的错位。马克思是根据西欧(主要是英国)的社会发展背景和阶段来创立社会主义学说的。当时的英国：

——生产力已经高度社会化，经济危机已经出现。表面看来，资本主义的生产关系似乎容纳不了生产力的进一步发展，"基本矛盾"尖锐化了。

——社会已分化为两大阵营：资产阶级与无产阶级，中间阶层(小农，小手工业者)基本上不存在了。因而，无产者是社会的绝大多数，"剥夺剥夺者"就比较简单了。

正是基于这些条件，马克思才提出社会主义革命胜利后，要实行"剥夺剥夺者"，建立公有制经济等设想——仅仅是设想，马克思从来没有对未来社会做过系统的、十分明晰的论述。这是一种科学的态度。但是，马克思主义并没有在英国取得胜利，而是在东方，像俄国这种资本主义不发达的国家和中国这种半封建、半殖民地国家取得了胜利。东方这些落后的国家在社会发展阶段上，较之英国，可以说差了一个世纪。

这种空间的错位，并没有被当时的共产党人所认识，他们被一种天真的革命热情所支配，盲目地把马克思对先进社会发展的设想，机械地搬到落后的社会所推行的变革中来，并附加了一些马克思原本就没有明确讲过的内容，如计划化、终身制等。列宁在军事共产主义失败后，开始意识到这一点，并据此提出了"新经济政策"。

为什么社会主义不能建立在小生产的基础上？我认为，在小生产基础上建立社会主义至少有三大致命的弊端：

第一，在小生产基础上实行全面公有化（集体化），必然导致农民重新被束缚在土地上，从而阻碍商品经济的发展，并导致自然经济的复归。只不过这种自然经济是由小农的自然经济变为合作社、集体农庄的自然经济（自给自足）而已。

第二，在小生产基础上实行无所不包的计划化，必然导致官僚主义盛行、阶级斗争升级和封建专制的回潮。为什么会如此？因为在信息残缺、计划本身的局限、计划人员的局限、社会的小生产散漫性的条件下搞计划经济，必然就是瞎指挥，是一种"命令经济"。但是，人民群众并不都是混沌无知的，特别是知识分子和干部，总会有不同的声音出现。为了使计划得以贯彻，于是就要压制不同意见。

第三，在小生产基础上实行全国一律的"按劳分配"，实际就成了一个大平均主义。这一点，将在后面阐述。

时间上的变化。马克思关于未来社会的一些设想，是在19世纪末形成的。那时整个西欧处于资本主义蓬勃发展的时代，工业化还是一种新生事物。资本主义一方面大大地解放了生产力，推动了社会进步；另一方面又暴露出其内在的不可克服的矛盾，特别是资本主义粗放发展阶段，残酷剥削导致劳动者的绝对贫困和人身摧残。据此，马克思认定资本主义的生产关系已经不能容纳生产力的巨大发展，资本主义制度开始走向腐朽与没落，认为大工业的发展，正在培育愈来愈多的资本主义自己的掘墓人——无产阶级。因此，资本主义的丧钟已经敲响，社会主义必将取代资本主义。

应该说，马克思的这个预言，从人类社会发展的大趋势来看，基本上没有原则错误。问题是把这个进程看得过于简单，过于急速，没有估计到因素变化的交错性和社会发展的反复性。马克思逝世后的100年，人类社会发展出现了许多马克思当年没有预料到的新情况：

第一，资本主义非但没有腐朽没落，反而呈现出新的生命力。究其原因有二：其一是外延开拓。资本主义通过殖民扩张和资本外溢，在殖民地和不发达国家攫取了大量的超额利润，从而有可能在国内推行改良主义的福利政策，大大缓和了国内阶级矛盾——资产阶级似乎比以前更文明了，无产阶级也不那么革命了；其二是内涵发展。20世纪70年代以来，西方科学技术迅速发展，推动了生产力的革新，使得经济危机的频率趋缓，破坏性大大降低，甚至出现了像美国在20世纪90年代那样连续9年的高增长、高就业、低通胀局面。正是这种外延的开拓和内涵的发展，极大地增强了资本主义制度的自我调适能力，从而使其呈现出新的生命力。这是马克思当年没有想到的。

第二，劳动无产阶级并没有如马克思当年所预言的那样随着资本主义的发展而不断壮大。发达国家的发展表明，由于高科技的发展，特别是信息革命的出现，在全体就业人员中蓝领工人正在相对和绝对地减少，白领职员却在不断壮大。在制造业中，由于机器人的采用与推广，出现了"无人车间""无人工厂"。在此情况下，无产阶级能成为资本主义的"掘墓人"吗？

美国的莱斯特·瑟罗和彼得·德鲁克在他们所著的《资本主义的未来》和《后资本主义社会》中认为现在的社会正在进入"后资本主义社会"。这个社会的阶级结构将发生重大变化，不是马克思所说的由无产阶级取代资产阶级，而可能是由"知识阶级"取代资产阶级。这种观点，可以讨论，但也反映了一个事实，即体力劳动工人阶级不一定会随着资本主义的发展而不断壮大①。

中间阶层不是消失了，而是壮大了。近 20 年现代资本主义发展表明，社会结构变化趋向，并不是像马克思当年所说的"一边是资产阶级，一边是无产阶级"那样"两极化"，而是随着第三产业的膨胀而"橄榄化"，出现了一个不断壮大的"中产阶级"，即两头小，中间大。

第三，生态危机全球化。马克思生活在工业化兴盛时期，当时的生态环境问题尚未凸显（传统工业化的增长方式必然会造成生态破坏），马克思没有看到生态环境遭受破坏的严重性，所以对工业化生产方式本身的缺点没有给予过多的关注。虽然恩格斯在《自然辩证法》中讲到过美索不达米亚的悲剧，说过大自然要惩罚人类的警句，但这并非他关注的主流。

第四，社会主义出现了重大挫折，这也是马克思、恩格斯所没有预见到的。

第五，经济的发展进入信息时代，经济系统的复杂性越来越大。

内涵有空想成分。剔去空间维和时间维的变化不论，就是关于社会主义社会的一些构想的内涵本身，也存在一些不切实际的空想成分：

第一，反市场的观点。70 年社会主义实践证实，社会主义阶段不能没有市场、商品、货币……企望"个别劳动"直接实现为"社会劳动"，是一种天真的"乌托邦"。更何况，资源的稀缺性要得到缓解，科技进步不可或缺，但科技进步缓解资源稀缺的前提条件是有利可图。这样，商品价格就永远不可少——没有商品，没有价格，如何指望某种科技能获利？"经济学就是和资源稀缺作斗争的学问"。

第二，按劳分配的观点。经济系统愈来愈浩繁，"个别劳动"直接表现为"社会劳动"根本不可能，因而，按"劳"分配也就是不可能的（就全社会而言）。"劳"用什么尺度来衡量？——"劳动时间"？经济系统日益复杂，劳动岗位千差万别，如何计算？信息化的发展，劳动的智能化，知识创新的无形化，供求信息的千变万化，使得任何先进的计算机也无法包容如此巨量多变的信息，使得任何先进的计量标准也无法衡量每个人的"劳动质量与数量"。

实践证明，在社会宏观范围内，"按劳分配"是一种空想。硬欲施行，就只能是全国一律的"八级工资制"。这实际上就是一个大平均主义。它没有考虑到劳动在阶层之间、

---

① 莱斯特·瑟罗：《资本主义的未来》，中国社会科学出版社 1988 年版；彼得·德鲁克：《后资本主义社会》，上海译文出版社 1998 年版。

地域之间、行业之间的巨大差异。实事求是地讲，只能在一个企业内部实行"多劳多得，少劳少得，不劳动者不得食"的原则；企业之间、行业之间以及地域之间，必须坚持"等价交换"，在等价交换的前提下，实行个别企业内的"按劳分配"。

第三，财富可以满足社会一切成员的需要，从而实现"各取所需"。由于马克思当年没有足够考虑到人口资源问题，没有考虑到人口的爆炸和生态的破坏，要实现"各取所需"的愿望，即使在遥远的未来都是难以想象的。也许有人会说，未来生产力的发展是不可预料的。但我也可以说，未来的"需要"更是不能用现在的标准来估量的。

"各取所需"必须具备两个前提：一是资源的无限性；二是人口的可控性。现实说明，这两个前提都成问题：技术再进步，不可能根本消除稀缺，特别是技术进步不可能消除不可再生资源的稀缺；人口也不可能绝对控制，只能相对控制。更何况，只要是人就有其"个性"。个性是无法消灭的，从而对"按需分配"而言，同样存在一个"标准"问题无法解决。

通过以上空间、时间、内涵三维的分析可以看出，经典的社会主义理论中，确有许多"不可行"的东西，造成了理论与现实的脱节。更何况在苏联的社会主义建设过程中所附加的一些东西，如终身制、铁饭碗、等级制、个人崇拜等，不仅是脱离实际的问题，而且是一种倒退倾向了。

三、误解与曲解

圣人绝非万能，他们不可能完全预卜身后之事。马克思、恩格斯关于资本主义与社会主义发展前景的预言，绝非空穴来风。他们所描述的人类发展未来，特别是关于"从必然王国进入自由王国"和国家消亡的远景，无疑是科学的。而且，更重要的是，马克思、恩格斯关于社会主义社会某些具体的设想，都是与上述人类发展前景密切联系在一起的。例如：马克思、恩格斯关于无产阶级取得政权之后实行全面公有化、国有化的设想，就是与阶级消灭、国家消亡这个大前提联系在一起的，而不是与国家主义联系在一起的。恩格斯在《反杜林论》中是这样说的："无产阶级将取得国家政权，并且首先把生产资料变为国家财产。但是，这样一来它就消灭了作为无产阶级的自身，消灭了一切阶级差别和阶级对立，也消灭了作为国家的国家。那时，国家政权对社会关系的干预将先后在各个领域中成为多余的事情而自行停止下来。那时，对人的统治将由对物的管理和对生产过程的领导所代替。国家不是'被废除'的，它是自行消亡的。"①这就是说，社会已发展到这样的阶段：一旦实行了国有化，阶级差别与对立就立即消失了，国家也消亡了。那么，这个阶段离我们的现实有多远？太远了！列宁在军事共产主义失败后，曾提出要利用资本主义来发展社会主义。我想，列宁想的是立即实行社会主义的政策在当时是不可行的，要首先为社会主义创造必要的条件。

又如，消灭商品生产实行计划生产，马克思、恩格斯是把它与人的彻底解放——从必然王国进入自由王国——联系在一起的，而不是与强化国家专政联系在一起的。恩格斯说："一旦社会占有了生产资料，商品生产就将被消除，而产品对生产者的统治也将随之

---

① 《马克思恩格斯选集》第 3 卷，人民出版社 1977 年版，第 320 页。

消除。社会生产内部的无政府状态将为有计划的自觉的组织所代替。于是……人们第一次成为自然界的自觉的和真正的主人，因为他们已经成为自己的社会结合的主人了……只是从这时起，人们才完全自觉地自己创造自己的历史……这是人类从必然王国进入自由王国的飞跃。"①这就是说，消灭商品生产，实行计划生产，几乎是与人彻底摆脱自然界和历史的束缚成为"自由人"，从而进入自由王国的历史目标同时实现的。我们现实的发展阶段显然离这个"阶段"相距太远了！

从这两点可以看出，前面所述"经典的"社会主义中不切实际的东西，好多是后人的误解与曲解。他们把马克思、恩格斯所设想的政策原则与提出这些原则所依据的大前提割裂开来了，从而导致脱离了发展阶段超前推行公有化与计划化。也可以说，马克思、恩格斯的预想是符合科学的，但是后人误解或曲解了他们的原意。

四、愿望与结果

总结百年共运的历程，我认为我们的确犯了一个思想方法上的错误。我们太多地强调了社会主义"应该是"怎样，而且把"应该是"怎样同资本主义绝对地对立起来。例如：资本主义有市场，社会主义就不应该有；资本主义是私有制，社会主义就应该是公有制；资本主义有失业，社会主义就应该全面就业；资本主义有经济危机，社会主义生产就应该有计划、按比例；资本主义存在两极分化，社会主义就应该实行平均分配。

正是在这种思想方法的指导下，逐步形成了20世纪80年代以前的那种经典的社会主义模式：一律公有化，全面消灭私有制；统一计划化，最大限度排斥市场；全面按劳分配，不允许其他分配形式；干部终身制，工人铁饭碗。

近70年的社会主义实践证明，过于理想化的社会主义模式，由于超越了现实的社会经济基础而难以行得通。愿望与结果出现了巨大的反差：其一是全面公有化、消灭私有制扼杀了经济发展的动力。现时代，即使在发达资本主义国家，在发展生产力方面，私有制仍表现出巨大的生命力。绝大多数人对私有制不仅不"深恶痛绝"，反而"含情脉脉"。这说明，资本主义私有制还没有发展到那种必须全面消灭的阶段。其二是统一计划性、消灭市场，大大压制了需求，造成"短缺经济"。近70年的计划化证明：计划机关无法掌握所需的信息，特别是千差万别的需求信息；计划制订者是人，有其偏好，甚至有其利益倾向（如苏联的计划受军事集团利益的掣肘），即使在其主观上，也不可能忠实地按社会需求去制订计划。经济运行成本太高，高到后来无法承受，没有市场的自动调节机制，一切靠政府的计划与调拨，耗费大量人力物力财力，而且效率不高。其三是依照按劳分配原则，全国实行统一的工资等级制，实质是一个大平均主义。

至于干部终身制、工人铁饭碗的用人制度，更是弊端丛生。首先，这种制度把人送进了"保险箱"，使得人们惰性大膨胀，人们的危机感、进取精神出现滑坡；其次，这种制度是官僚化、腐败化、苏联的特权化——"老人政治"的温床。

---

① 《马克思恩格斯选集》第3卷，人民出版社1977年版，第323页。

第二节　苏联的失败

上面我们从一般的、理论的角度，讨论了社会主义会出现问题的必然性。下面让我们再具体地剖析苏联失败的原因。

一、是社会主义国家吗

俄国经济学家 F. 克尼亚泽夫不理解，西方研究苏联问题的学者不知为什么老是把苏联和其他社会主义国家称为共产主义国家。他认为这些国家无论从形式到本质，离科学理解的共产主义都相距甚远。

大卫·科兹等似乎要缓和一些。他们认为像苏联这样一些国家，有社会主义因素，也有非社会主义因素，而后者是带根本性的。所谓的社会主义因素是：在所有制方面，任何人都不能仅仅凭借财产权就获得收入，经济的计划性，充分就业，广泛的公共福利等。而非社会主义因素是：少数党国精英垄断国家权力；公民无法摆脱像过去农奴对庄园主那样的依附关系，甚至连迁徙的自由都没有；在企业中的个人全权管理制度，没有经济民主；精英们享有物质特权等。他们的结论是："苏联所具备的，确实有社会主义的某些重要特征，而它所缺乏的却是最根本的、人民对国家的统治权。在政治和经济生活中，人民成了消极的受动者，而不是积极的参与者，这是它最为重要的非社会主义特征。"[1]

以上两种看法，我比较倾向于后者。如果像 F. 克尼亚泽夫所言"毫无共同之处"，则苏联就不可能存在多年。正是那种似是而非，又像又不像，使人们需要时间来反复观察、反复等待、反复鉴别，最后才不得已而抛弃它。

二、什么是苏联体制

大卫·科兹等认为，苏联体制的精髓就是"国家社会主义"。他们说："理解苏联体制的最好方式，是把它理解为一种混合的制度，它具有许多社会主义因素，但也有许多非社会主义因素。'国家社会主义'一词，也许最能概括其精髓，因为国家的角色和本质代表了苏联体制最重要的非社会主义特征。"[2]在这种国家社会主义体制下，人民实际并不是这个体制的主宰，权力滞留在党国制度的最高层。从制订计划，到收入分配，再到个人生活方式，人民都无权决策。

这种体制的形成，从历史上看，源于布尔什维克原则。大卫·科兹等认为，该党胜利的重要条件，是用军事原则——民主集中制所建成的党组织。一旦掌握国家政权，必然就倾向于在新的国家中建立一种自上而下的权力结构。政策由上层领导制定，下面不折不扣地执行，从执政党一直扩展到整个社会。在农村，则用党的组织代替社会基础，使上层政令得以畅通无阻。这也是"以党代政"的渊源。

这种体制具有重大缺点：其一，这种由特权精英阶层主宰的体制，与"工人阶级国

---

① 大卫·科兹等：《来自上层的革命》，中国人民大学出版社 2002 年版，第 34 页。

② 大卫·科兹等：《来自上层的革命》，中国人民大学出版社 2002 年版，第 30 页。

家"相悖。其二,这种体制,由于人民大众参与度很低,本身必然会逐步失去弹性、效率和生命力。其三,这种体制必然导致国家的无限膨胀,逐步吞噬公民的权利和人民的自由,走向专制。

三、原因的集合

苏联解体之后,社会各界对其解体原因的议论有很多,诸如:外因论(和平演变)、内因论,包括"民族-人口结构"论、"改革错位"论(经济改革不力)和"个人叛变"论(戈尔巴乔夫对社会主义失望)等。我在前面的分析中已经初步谈到了一些原因。这里,我想把它们归纳为一个"原因集合"。它是经济、政治、体制、文化、社会多维原因综合作用的结果。

经济的原因(基础性原因)。斯大林模式,也可说是反市场的模式。其集中性的恶果就是阻碍了统一的国内市场的形成。一个民族、一个国家,特别是多民族的大国,归根到底是靠什么维系?靠的就是统一的国内市场。放眼当今世界,可发现两大相反的趋向:一是单个国家分裂为若干个更小的民族国家(如苏联、南斯拉夫),二是众多国家走向联盟和统一(如欧盟)。这种现象如何解释呢?看来只能在市场"统一化"或"分割化"上寻求答案。苏联虽然在形式上是一个国家,但由于其实行的是过分集中的计划经济体制,因此没有形成一个统一的国内市场,在政治风波狂飙之际,国家必然走向分裂,因为大家并没有共同利益嘛。而西欧诸国,由于较早就建立起统一的区域性大市场,在经济上有着千丝万缕的联系,因此在政治上走向联合就是顺理成章的事情了。

这里,还有一个计划经济的有效性问题。一般地说,在现代化的初期或战争恢复期,计划经济和纪律性是有效的。所以,在20世纪70年代以前,苏联GDP的增长一直高于美国;但1975年、特别是1980年以后,就大大下降而明显低于美国了。这是由于人民生活达到中等水平之后,消费档次提升了,品种要求更复杂了,质量要求更严格了,中央计划指标根本解决不了这些问题。而且,随着革命热情的减退,劳动者自主性的增强,对计划的服从性也必然淡薄下来。

政治的原因(关键性原因)。在苏联,旧的等级制度(如贵族、农奴)虽被打破,但由于盲目的个人崇拜(领袖崇拜)和主人意识的自我膨胀(领导阶层),又形成了新的甚至是更森严的等级制度:极权主义。在这种制度下,领导阶层为了维护制度的合法性,就像所有脱离人民的独裁者一样,用穷兵黩武、炫耀国威来提高自己在人民中的威信。同美国进行超出自身经济实力的军备竞赛,在很大程度上就是出于这种动机。而这种不堪重负的军备竞赛,既剥夺了改善人民福利的资源,又伤耗了国力。

体制的原因(决定性原因)。作为单一的执政党,由于缺乏经验和理论的偏差,误认"党的领导作用"为"党管理一切"。其实,"领导"与"管理"是两个不同的范畴(如"董事长"与"经理"的职能不同一样)。这种认识上的偏差,加上"权力"的诱导,遂逐步形成了苏联那种"党政不分"直至"以党代政"的政治经济体制。这种体制,从四个基本方面导致了苏共衰亡的恶果:

第一,苏共"核心"作用的逐步丧失。党的核心作用在于:指明现代化的正确方向,包括及时提出每个阶段性的方向,不断排除现代化的阻力,创造现代化的条件,正确解决现代化过程中各种疑难的理论与思想问题，发动与组织党的组织和党员在上述各个方面发挥先锋模范作用。这一切都需要党处于一种"运筹帷幄"的权威而又超脱的境界。但是，在党政不分的体制下，党经常处于管理第一线，日理万机，无法超脱。首先是造成"党不管党"，党组织的战斗力弱化乃至丧失；其次是削弱了党对重大问题的注意与研究以及正确决策。

第二，党的官僚主义化。党要防止官僚主义化，必须在党内确立三大机制，即党始终不代替国家权力的机制、党内民主机制和党与群众密切联系的机制。这三大机制都是可以强化自下而上的监督，防止党的机体滋生腐败的制度保证。然而，在以党代政的体制下，党的领导机关，特别是党的领导人，成了至高无上的"绝对权威"，成了没有约束的权力巅峰。而且"往往把出现的矛盾看成是实行党的领导与国家机关中的官僚不愿服从党的领导之间的矛盾。所以，越是出现官僚化，就越要强化党对国家机关事务的干预"。后来，苏共又在党内实行一种实际由党委书记控制的干部"任用制"，并把它在国家机关和一切事业单位普及。显然，这种机制与上述三大机制是背道而驰的；这种"权力"必然为社会世俗中一切腐朽的诱惑向党的机体侵蚀在制度上大开方便之门。正如有的学者所说："官僚主义来自权力本身。没有权力，就不可能有官僚主义这种现象。所以，官僚主义实际上是国家权力发生异化的一种表现。"①

第三，党成为国家一切风险的主要直接承担者。苏共把党推到"主管一切"的地位，固然国家的一切成绩都会归功于党；但反过来，国家（政府）的一切过错也就必然要归咎于党了。甚至连买不到鞋子，也都要骂党。这使党经常处于没有回旋余地的尴尬处境。在凯歌行进的时候，容易使党陶醉；在多事之秋，党就难以处于公正超脱的仲裁地位；如果国家生活出了巨大问题，党就可能成为最集中的"众矢之的"。苏共衰亡的过程不就是这样的吗？

第四，党的创新力削弱与消失。上述三个方面集中到一点就是党的新陈代谢机能萎缩了，党"老化"了，它不再具有革命时期那种朝气蓬勃、锐意创新的活力，已经没有能力领导人民了。即使没有戈尔巴乔夫的失策，苏共也必然灭亡，苏联也必然解体。

文化的原因（深层性原因）。苏联实行文化上的封闭愚民主义，一天到晚宣传：资本主义世界的一切都是腐朽的，社会主义什么都好，导致民众对真实的世界情况不甚了解，缺乏必要的比较、鉴别能力。须知，社会主义社会乃是后资本主义社会，而绝非超资本主义社会。不借鉴资本主义的精华，如何能体现社会主义较之于它的优越性？从事后来看，这种封闭愚民主义也导致了民众对怀有恶意的外来文化渗透缺乏免疫力。在解体之初，许多人误以为"一变就富"，对西方抱有不切实际的幻想。

社会的原因（结构性原因）。苏联社会中存在着明显的民族沙文主义：大沙文主义和狭隘的沙文主义。两种沙文主义的后果是共同的：分离。对于大沙文主义来说，可以丢掉包袱，使俄罗斯生活得"更好"，可以改变人口结构不利于俄罗斯的趋势。对于小沙文主义来说，可以消除不平等交换，并保护自身的资源。

---

① 王长江：《苏共：一个大党的衰落》，河南人民出版社2002年版，第42、44页。

四、如何评判戈尔巴乔夫

在讨论苏联失败的原因时，有一种观点认为，主要应归咎于戈尔巴乔夫的背叛。我认为，这种观点难以成立。我的看法是：第一，苏共的失败，其根本原因早在戈尔巴乔夫以前就已形成——以党代政，个人专断，压制民主，消灭市场等。戈尔巴乔夫的责任是在拯救苏共的过程中，由于无能和错误的认识，丧失了时机，加速了毁灭的过程。第二，戈尔巴乔夫的政治改革，错误主要不在改革纲领本身，而在政治改革与经济改革的错位，使政治改革没有动力和标准。第三，戈尔巴乔夫政改的"民主化""公开性"本身，并无原则错误，错误在民主化失去了目的性，为改而改，致使国家出现"权力真空"，党内出现"权威真空"，从而无政府主义泛滥，一发而不可收。第四，戈尔巴乔夫在吸收社会民主党思潮时，完全忘记了结合一个已经执政的大党的实际，盲目硬搬，以至把自己也变成了一个地道的实用主义者。第五，戈尔巴乔夫还犯了"速成论"的错误，不懂"冰冻三尺，非一日之寒"，不懂得改革的"积累机制"和"改革成本"，验证了"欲速则不达"。第六，还要看到，戈尔巴乔夫本人也是苏联长期僵化、封闭体制所造成的人才(特别是政治人才)素质下降、缺乏鉴别免疫力和应变力的产物。

第三节　休克疗法的命运

一、内容与效果

1992年1月2日开始在俄罗斯实施的"休克疗法"，是那些信奉新自由主义的经济学家为演变后的俄罗斯开出的一副济世药方。其核心指导思想就是：只要国家撒手不管，市场经济就会自然而然地产生。发明者是杰弗里·萨克斯，在俄罗斯的执行者是叶戈尔·盖达尔。重要内容是：①价格自由化，摆脱国家对价格的控制，全面由市场供求关系来决定，汇率自由浮动，以此刺激供给增加。②紧缩财政与银根，削减所有公共支出项目的财政预算，控制货币与信贷的增长，以此稳定宏观经济。③私有化。④消除计划残余，让市场立即成为唯一的调节机制。⑤贸易自由化，内外资进出放开，卢布可自由兑换，以此吸引大量外资进入。

杰弗里·萨克斯这剂"灵丹妙药"，据说在玻利维亚是很成功的。但是，在俄罗斯实施的结果却非常糟糕。这说明任何一种理论和办法，都不会是放之四海而皆准的。就好像葡萄糖打到一般病人身上有作用，如果打到糖尿病人身上就会丢命一样。因为不同的国家在改革前的制度背景上大不一样。下面就其主要内容分别做一简单的剖析：

价格自由化的后果。放开价格，在俄罗斯并没有产生"供给效应"。相反，却引发了恶性通货膨胀：1992年1月2日全国解除了80%的批发价格、90%的零售价格的国家管制。1个月内零售价上涨了3.5倍，出厂价上涨了5倍。抢购囤积之风顿起，工厂也大量增加原材料库存，于是进一步加剧了市场的短缺和混乱。生产成本飙升，投资减少，生产大幅下降：1991—1995年间GDP下降42%，农业生产总值下降32%，工业下降46%，投资下降60%。从此，经历了四年的严重衰退。

为什么会出现这样的后果？对我们中国人来说，这个道理似乎十分简单：转型经济同西方发达资本主义经济最基本的不同之处，就在于微观基础远没有市场化，企业产权不明，对价格信号反应迟钝；在于流通领域，特别是生产要素的流通领域，甚至还没有什么市场主体，那就更谈不上按市场信号来提供货源了。在这种背景下实行过激的价格自由化，不仅不能增加供给，相反会导致物价飞涨、市场混乱、成本增加、生产下滑。

紧缩政策的后果。紧缩公共支出的财政政策和紧缩银根的货币政策，对于一个健全的经济体，无疑有利于治理通货膨胀，保持经济的宏观稳定。但是，对于像俄罗斯这样一个经济体就不对了。当时的俄罗斯，企业虽然启动了私有化，但却远远没有市场化。而且由于设备老化、技术陈旧，无法与大量进口的外来商品竞争。整个经济体系还刚刚开始转型，极其缺乏有效的市场网络与营销系统。老百姓在物价飞涨下，生活水平急剧下降。在此背景下，采取激进的"双紧"，必然：第一，使本应得到更多技改投资的企业，反而得不到多少资金，雪上加霜，使生产进一步萎缩。第二，由计划调配到市场营销，迫切需要建立有效的营销体系。但由于公共支出紧缩和贷款减少，无法进行。这就进一步加剧了企业的困难。第三，公共支出的紧缩，导致福利的下降，人民不满进一步加剧。第四，教育费用紧缩，劳动力素质下降。

私有化的效果。私有化在工业和商业领域形式上是成功的，但并没有带来预期的效果。道理也很简单，对于几十年在社会主义计划经济中培养出来的企业及其经营者来说，绝不可能一宣布私有化就能迅速适应市场。完全不是那回事。这同撒切尔夫人的私有化几乎是南辕北辙。这是因为，第一，私有化是一个复杂的过程，它涉及观念的转变、产权的明晰、规制的健全诸多问题。在本来是全面公有化的背景下，简单地宣布私有化，而具体归谁所有并不明晰。这就会造成投资主体失位——今天投资，不知明天该谁收益。在此情况下，市场信号有什么作用呢？第二，私有化需要有购买者。而长期公有化一统天下的社会，谁能买得起。没有合法的富有阶层，匆忙私有化，必然出现官僚资本化——公有财产大量转移到原上层居于有利地位的官僚手中。实际上，这些人与那些制定私有化政策的人有着密切的关系。第三，私有化必须在市场规范化的条件下进行才是有效的。在市场不规范、信息不透明、机会被垄断的情况下，私有化必然会导致国有财产大量流失，产生暗箱操作，出现"黑帮经济"。

仅这三条就足以导致休克疗法的失败。俄罗斯当时不仅经济衰退、政治混乱，而且人口锐减，寿命下降。到 1994 年，人口减少近 6%，相当于一场大战争的灾难。同期男性人口的寿命从 65.5 岁下降到 57.3 岁。所以，科兹等总结说：没有证据表明，采取休克疗法使俄罗斯经济变成了有效的、技术上进步的、以消费者为导向的、繁荣的资本主义市场体系。其近期的效果却是生产大幅回落、高速的通货膨胀、大部分人的贫穷、日益增长的不平等、公共福利的下降、犯罪与腐败的猖獗和人口的减少。从长期来看，俄罗斯正处于非工业化的危险之中，正在变为一个依靠进口获得制成品的原材料出口国[①]。这一点被不幸言中。

---

① 大卫·科兹，等：《来自上层的革命》，中国人民大学出版社 2002 年版，第 246 页。

二、几点结论

其一，支持休克疗法的三大论点难以成立。论点之一，"旧体制与新体制不能同时运行"。事实相反，混合经济恰恰是当今增长率最快的经济。在资本主义国家，其实也存在混合经济，包括大量的非营利机构、合作组织和家庭经济实体，它们并非纯资本主义企业。论点之二，"历史表明渐进式改革行不通"。这就更武断了。我们中国的例子，正好反驳它。论点之三，"防止旧体制倒退必须迅速转型"。但俄罗斯的结局却是从反面来证明了它。

其二，由一元国有经济直接跳到自由化是非常危险的。这不仅会造成经济上的毁灭性灾难，而且也到不了资本主义的彼岸。广大人民会为此付出沉重的代价。

其三，不能忽视单个企业和经济体制的共生关系。原来社会主义国家的国有企业是同计划经济的供销体系共生的，它依赖计划调拨式的产前、产后服务，而不是社会中介服务，是"企业办社会"，而不是"社会办企业"。在物流市场体系尚未培育起来时，就急忙消灭"计划残余"，岂非置企业于死地？

第四节　世纪的教训

苏联作为一种社会主义实践的模式，在历史上消失了。如果我们需要追究历史的责任，那么是谁毁灭了苏联呢？我们认为，是四种人：一是"党国精英"。专制体制-特权机制造就了一代代完全庸俗化、脱离人民的党国精英。如大卫·科兹等所说，他们入党是为了向上爬，一看到西方官员的"榜样"，就产生"资本主义的利益预期"。是他们最想"变天"。二是反体制的"知识精英"。长期的文化与思想的压制机制，造就了大批对体制具有逆反心理的知识精英。他们因个性的压抑而向往自由，在苏联体制中不可得，于是必然趋向资本主义。三是"沉默的民众"。长期的信息垄断，造就了千百万对政治冷漠的人民大众。他们远离政治生活，不关心谁来当"皇帝"，对自己的命运漠然处之，也无力去阻止野心家们的胡作非为。四是"当政的庸人"。呆板、单向的组织机制和军事纪律培养了整层的只知服从的无能官僚。他们除了"等因奉此"、巴结上司和会搞花架子之外，缺乏领导艺术，害怕群众，没有应付突发事变的能力。试想，整个社会中，这四种人占有主导地位和决定性影响，这个体制岂有不崩溃之理？

为了吸取这世纪性的教训，把社会主义运动更加健康地推向前进，以下的认识是重要的：

一、关于社会主义的目标

一个成功的社会主义制度，不能只追求经济上的平等，同时要保障人民的政治权利和精神自由。没有后者，前者也不可能真正实现。苏联的整个过程表明，如果忽视、贬低乃至抵制政治与文化的社会主义目标，在革命阶段所形成的（不可避免的）军事极权与等级体制，就会蔓延到整个社会与国家，进而吞噬人民的政治权利和公民自由。而公民的这种权利与自由，正是获取经济平等和预防特权化的"可行能力"。

要避免这种目标上的偏离，看来必须引进市场力量。竞争性的市场经济，就其本身来说，是一种中性的经济体制，不属价值观范畴。社会主义与资本主义的本质区别，不在经济体制，而在价值观。我认为，作为一种路径，市场经济是走向社会主义民主与自由的必经之途。

二、关于民主化的基础

戈尔巴乔夫的民主化改革，我在前面讲过，错误不在改革内容，而在改革时机。世界的经验证明，在没有形成市民社会(或公民社会)的条件下，超前推进民主化改革，随时都可能异变为政客们的"危险游戏"①。所谓市民社会，其标志主要包括：中产阶层的壮大，非政府组织的成熟，政治行为的程序化。所有这些都与市场经济的充分发展分不开。

据大卫·科兹等在《来自上层的革命》一书中提供的材料，苏联1991年5月做过一次民意测验，采访了1123人。其中，赞成过去社会主义的占10%，赞成更加民主的社会主义的占10%，赞成瑞典式资本主义变形的占23%，赞成美国、德国那种资本主义自由市场的占17%，另有14%的人无所谓。1991年3月，苏联除3个波罗的海共和国之外的1.47亿人的全民公决中76.4%的票数赞成保留苏联。说明广大民意并不赞成资本主义与解体。但是，那些逆民意而动的政客们，为什么就能成功呢？这只能有一个解释，那就是：在决定国家命运的问题上，人民是无能为力的。其中，苏联长期的信息垄断，使人民没有积极参与国家政治生活的习惯与勇气；在极权体制下，非政府组织萎缩或官化了；信息垄断与扭曲制度化，人民无法判断真伪，莫知所从，且易受挑动。而关键性的原因则是中产阶层不够强大。对于"中产阶层"，我们可以理解为：在人民大众中，占人口比例较大、收入在中等以上的那一层人。这就是说，只有经济发展使人民中的较多数人的收入大大提高之后，而不是"之前"，全面民主化才有基础。

三、关于改革的策略

苏联在戈尔巴乔夫时期的改革，就其出发点和目标，开始和中国确有某种相似之处。如，克服计划经济的弱点，建立市场经济等。但两者的结果，为何南辕北辙呢？重要的原因在于中国的改革一开始就有一种稳妥的策略——"摸着石头过河"。我的理解，就是建立一种"节制闸"。而苏联则是采取了自由放任的路线。这种节制策略，我认为包括如下内容：

第一，权威的维系。戈尔巴乔夫在改革之初就逐步削弱了党的领导作用和党组织的权威，特别是在他担任总统之后，企图丢掉党的系统而另立"总统权威"系统。这使旧的权威过早消失，而新的权威又难以一下子建立起来，以致最后被亲资本主义集团夺取了权力。这一点，中国不一样，始终是在党的领导的框架内推进改革并在改革过程中逐步启动党自身的改革。

第二，时机的控制。市场化改革不仅是一个改革问题，而且是一个发展问题。不是说一宣布改革方案，市场经济就出现了。市场主体、市场体系和市场规则，都有一个逐步生

---

① 夏振坤：《现代化国际经验述评》，《江汉论坛》2003年第4期。

长发育的过程，是需要假以时日的。因此，市场化改革的出台、速度和规模，都必须与市场主客体的发展水平相适应。不考虑市场发展的改革，往往会导致危机：其一，由于国有企业市场化不是一日之功，又没有非国有的生产者来填补市场供给的空白，就会爆发供给危机；其二，国有企业改革过程中，必然会减少税收来源，弄得不好会出现财政危机；其三，国企改革中出现的投资转收入和投资主体不到位会导致投资危机；其四，由于市场规范难以一时到位，必然会引发腐败与经济黑化。

第三，改革的配套。改革是一个系统工程。例如，在经济改革方面，收入放开的改革与价格放开的改革，需要同步进行。苏联的改革在价格还未放开的情况下，率先放开了对企业收入的控制，居民的货币收入大幅增加，人民手中大量持币，有钱买不到东西，从而诱发恶性通货膨胀。苏联改革的不配套，远不止这些。诸如：政治改革缺乏经济改革的基础，民主改革脱离党内改革，企业市场化离开市场体系的培育而孤军独进等。这些都是改革失败的重要原因。

第四，主体的防变。党政干部和接触经济决策与掌管经济资源的人们，在新的市场规范尚未建立、旧的体制仍在运行的情况下，十分可能发生"身份"的异变——通过化公为私(侵蚀国有资产)，由"社会主义的领导人"变为新的、腐朽的有产阶层。苏联的改革就是在这一领域没有设置"节制闸"，由此一个与戈尔巴乔夫改革完全同床异梦的"亲资本主义联盟"出现了，并成为苏联的掘墓人。

第五，防止民族分裂。在苏联改革过程中，由于戈尔巴乔夫放松了对"民族自治"的节制，叶利钦首先带头宣布俄罗斯共和国自治，导致全国各民族的自治潮(实为独立)。在高度集权的计划经济下形成的一体化经济，经自治潮冲击，岂有不分崩离析之理？

四、关于知识分子

毋庸讳言，知识分子在苏联的演变中，实际成为"民族资本主义"的重要力量。其实，在苏联知识分子的物质待遇，比起工农大众来说，还是不错的。那为什么他们还要反体制呢？主要是三个原因：

第一，逆反心理。苏联党和国家对知识分子长期实行严格监督与粗暴管理的政策，同知识分子独立思考与自由表达的本质特性相违背。呆板的意识形态管制大大束缚了知识分子的写作、创作和研究。稍有不一致，轻则得咎，重则挨批判和受迫害，造成了一种潜在的、积累性的逆反心理。这种逆反心理，如果没有被缓冲与调整，而是加速积累，那就可能形成一种失去理智的反体制冲动。

第二，激进的本性。综观历史，大凡在社会剧烈变动的时期，知识分子特别是青年知识精英，总是最激进的人群。这是由于：①其生产方式是思维先于实践，往往不大考虑现实的可行性，而只注重逻辑的推理；②其信息的来源，多于一般民众，敏感度较大；③其社会地位受百姓尊重，而且清高超脱。

第三，新自由主义的影响。苏联的经济学家，其主流派多信奉新自由主义——主张自由市场与私有化。这些人在其他知识分子中有较大影响。

苏联的教训说明一个重要的问题，对知识界与舆论界，应采取正确的引导与疏导政策，而不是粗暴高压；吸引他们到社会主义改良运动中来是转轨中的一项大政策。其中，首先，要用实际的政策向知识界证明，社会主义的改良是可能实现他们的价值的，不能让他们绝望；其次，要正确介绍西方理论，使知识界明白，即使在西方资本主义国家，新自由主义也是不可行的，也是有许多人反对的；最后，要有意识地建立与密切知识精英与决策精英的交流、合作与联盟，使他们中的代表人物进入主流社会，参与决策，了解国家的实际情况，强化其责任感。

五、关于党的建设

大卫·科兹等认为，苏共党的行为决定了其执政后入党和掌权的，大部分不可能是真正的社会主义者，从而也不能指望依靠他们来挽救社会主义。这种实用主义者占主导地位的高层党员结构，使党严重脱离人民，不仅不能力挽狂澜，而且对其想象的"资本主义"（实际不是真正的资本主义）会趋之若鹜。

综合以上五个方面，对于一个执政党来说，最根本的一点是：民心向背，决定兴亡。水可载舟，亦可覆舟，千古明训。上帝授予人民的这把"达摩克利斯之剑"，永远是悬在一切当政者头上的。当人民感到彻底失望的时候，这把"宝剑"就会轰然落下。只不过人民有时是以"起义"的公开反抗方式来表达其失望；有时则是以"沉默"的无声反抗方式来表达其失望而已。苏联近70年，这两种情况不都历历在目吗？

制度的选择（下）

中国的现代化是社会主义的现代化。苏联的失败只能是一种社会主义模式的失败，而不是制度选择上的错误。中国近20余年的实践也证明了这一点。今天摆在中国人面前的问题是：如何从苏联失败的教训中领悟出社会主义的真谛，找出一种既符合社会主义实质的方向，又在现实生活中可行的模式。这需要有非凡的勇气、智慧和胆略来进行探索与创新。

第一节　双重超越

在理解马克思、恩格斯关于未来社会主义社会的本质构想方面，如下一段论述是必须认真加以琢磨的："代替那存在着阶级与阶级对立的资产阶级旧社会的，将是这样一个联合体，在那里，每个人的自由发展是一切人的自由发展的条件。"[①]

一、国家的超越

这即是说，这种"自由人联合体"得以成立的条件是：由于阶级、国家都不存在了，束缚着"人的全面解放"的各种"阶级法权"都逐步退出了历史舞台，每个人都得以自由而全面地发展，并且不可能有人因自身的自由发展而妨碍他人的发展，相反却可以促进一切人的自由发展。

显然，马克思、恩格斯在这里预想的社会主义（共产主义）社会，同我们现今存在的"社会主义制度"，存在着极大的差异。这种差异就在于对国家与公有制的理解。现实的社会主义模式（以苏联为典型），实质是国家以"全民"的名义，对个人与经济社会生活的全面控制乃至"吞噬"。而马克思的设想则是"社会"——因为国家消亡了——对全部社会生活（包括经济生活和个人生活）的管理。即社会自己组织起来，自己管理自己。当然，消灭国家，谈何容易。这是一个长远的"自我消亡"的过程。在这以前，我们不能盲目冒进。国家的作用仍是不可少的，不能走反国家的道路。但是，作为马克思主义者领导的国家必须想到，马克思主义者决不能是"国家主义者"。不能容许国家职能的无限膨胀，由此去吞噬社会和个人的一切。相反，应该有意识地去扶持"非国家"（非政府）的健康力量，使之逐步成熟壮大，逐步取代国家的职能。所以，正确理解马克思所设想的社会主义，首先要在认识上实现"国家的超越"。

---

① 《马克思恩格斯选集》第一卷，人民出版社1977年版，第273页。

二、公有制的超越

马克思所设想的社会主义"联合体"，是不是我们现在所理解与实行的"公有制"，这也是十分值得置疑的。因为，现在这种公有制，很难想象会成为"每个人的自由发展是一切人的自由发展的条件"的经济基础。按照马克思的原意推理，那种境界的联合体公有制，必须是：任何人都能拥有"财产"从而保证他的自由发展，同时又要在不脱离这种财产的条件下，使这种财产不可能成为被少数人垄断的共有财产。因为"垄断"就会妨碍他人的自由发展。须知，在工业经济的条件下，一切有形的"财产"都是社会化了的资源。对这种财产实行公有化，70年的实践证明，既难以实现"每个人的自由发展"，更难以做到"每个人的自由发展是一切人的自由发展的条件"。这是一个不可逾越的事实：对于系统化的生产力，只可能有两种占有方式，或者为某一个人所有，他就会进行"垄断"从而妨碍他人的自由发展；或者为国家或"集体"所有，国家与"集体"又只能用"委托-代理"的方式行使其所有权。这样就出现两个问题：一是每个个人不可能直接"占有"，从而也就没有实现其自由发展的"可行能力"；二是"代理者"完全可能发生异化——成为"财产"实际的"垄断者"——他就会妨碍他人的自由发展。

俄国学者 IO. 克尼亚泽夫和 B. 梅茹耶夫为走出这个疑团，提供了一种新的思路。他们认为，马克思说的那种联合体的公有制，并不是大家共同拥有全部财产的公有制，而是每个人既拥有全部财产同时也拥有全部财产的每个部分的那种所有制。只有这样的公有制，才能做到既排除了对财产的瓜分，又排除了任何人对财产的异化与垄断，从而实现人们彼此间的真正平等，做到每个人的自由发展是一切人的自由发展的条件。他们认为，向这种公有制过渡的核心原则是改变所有制的客体，那种"财产客体"，既可以属于"大家"也同时属于"个人"。显然，只有"科学知识"这种"财产"才具有这种秉性。因此，未来的社会主义社会，是既摆脱了所有制的私有形式，又摆脱了所有制的"公有制"形式的。社会是"公有制的超越"①。

看来，我们必须实现以上的"双重超越"，才可能为探讨未来社会主义的模式找到一种有效的思路。科学知识，既是自己的，又是公共的；每个人在知识创新中，既可以个人自由发展，也不妨碍他人的自由发展，而且在知识的积累上还是一切人的自由发展的条件。信息化的发展，知识社会的来临，不正展示着这一前景吗？

第二节 几 点 反 思

现实社会主义体制之所以钟情于国家主义，除有其客观的局限性之外，主观观念上的误区乃是主要根源。这种误区归纳起来有四个方面值得我们反思。

一、绝对矛盾论

把社会主义与资本主义的区别性同两者的对立性混为一谈并使之绝对化。按照马克思

---

① 转引自上海《国外社会科学》，2003(2)。

的原意，社会主义本来是资本主义以后的社会。它是在资本主义所积累起来的全部经济（工业化、城市化）、政治（民主化、法治化）、社会和文化（科学、技术、观念）的现代文明的基础上，加以改造、扬弃而建立起来的社会，而不是全盘否定资本主义的一种"天上掉下来"的社会。这种绝对对立的观念，究其理论根源，是与斯大林的"平地建设社会主义论"分不开的。斯大林在《联共（布）党史》中"权威式"地提出一个命题：社会主义与以前一切社会形态根本不同，以前的社会形态是一种私有制代替另一种私有制，而社会主义则是以公有制取代私有制。因此，必须消灭旧社会的一切，从平地上开始建设社会主义。这一理论流毒极深，几乎影响了原来的所有社会主义国家。

二、绝对一致论

把社会主义的人民性与社会主义的民主化混为一谈并使之绝对化。社会主义就是最高的民主。这对于任何一个读过马克思、恩格斯、列宁著作的人，都是很清楚的。但是，为何经过70年的实践，社会主义民主化的进程却是那样的步履蹒跚？除了经济与政治的既得利益掣肘之外，在观念上也确实存在"天生民主"的误区。把社会主义理论上的"人民性"，同社会主义实践中的民主建设混为一谈。似乎不用建设，社会主义社会就是"真正的民主"，就是"本质的民主"了。是这样吗？从理论上看，社会主义本质上具有人民性，但在实践中，绝不意味着它天生就是民主的。因为实践是要靠"人"去进行的，而实践社会主义的"人"可不是天生的社会主义者，甚至也不是天生的民主主义者。这种"社会主义本质民主论"使得过去的一些社会主义国家放松甚至放弃了民主化的努力，也使得像苏联那些既得利益集团阻挠民主化有了"名正言顺"的"依据"。70年的历史已经证明，离开了民主的"社会主义"绝不是社会主义。

三、神话先验论

把共产党历史使命的神圣性与共产党人的世俗性混为一谈并绝对化。这又同斯大林的"特殊材料论"有密切关系。他认为，共产党人不是凡人，而是一种"特殊材料"制成的。这种先验论从根本上助长了共产党人的"天生"优越感，放松了体制的约束和个人的自我改造。特别是共产党的领导人，极易走上个人专断、个人迷信乃至专制主义的道路。其严重的后果就是为国家主义提供了合法性。因为，既然党员都是"特殊材料"做成的，那么党的领袖们自然更是"无所不知""无所不能"的"全能领导"了，自然是一切真理是非的权威裁判了。既然如此，那还要民主干什么？

四、功能混淆论

把党的领导作用与党管理一切混为一谈并使之绝对化。国家吞噬一切，造成严重侵害公民权利，其思想根源与组织根源就在于这种以管理代替领导的混淆。好像只要让党去直接管理，一切矛盾都可"迎刃而解"了。事实恰恰相反。这一点，前面关于苏联失败的体制原因中已经做了较详细的阐述。

第三节　什么是社会主义

一、一个观点，三条原则

所谓一个观点，即社会主义社会不是从天上掉下来的，也不是在书斋里推理出来的；它不是超资本主义社会，而是后资本主义社会。因此，社会主义制度，只能是相对于资本主义制度而言的一个更为进步的社会形态；而且，这种"相对优越性"更主要的是在一国范围内的比较。我们应该更多地重视这种"双重相对性"，淡化"一元绝对性"。所谓三条原则，即：既然社会主义社会是"相对"于资本主义的社会，就必须证明它能克服资本主义制度本身所无法克服的弊端。根据马克思的分析，资本主义的最大弊端主要有三点：建立在资源巨大浪费上的高效率（无政府状态和周期性危机），建立在不平等基础上的激励（分配不公、两极分化、阶级剥削与压迫），建立在个性扭曲基础上的社会分工（拜物教使人沦为物的奴隶）。凯恩斯曾说："人类的政治问题是要把三种东西结合在一起：经济效率、社会公正和个人自由。"[①]据此，可行的社会主义制度理应符合如下原则：

第一原则：比资本主义更高的资源产出率。即相对于资本主义来说，能最大限度地消除无政府状态和周期性危机，能最大限度地促进生产力发展。这里之所以用资源产出率替代劳动生产率，是因为：第一，资本主义的高劳动生产率掩盖了对其他物质资源的浪费（如美国奢侈的生活方式建立在对自然资源无节制消费的基础上）；第二，资源的稀缺性恰恰体现于非劳动资源。

第二原则，比资本主义更平等的分配。即相对于资本主义来说，能最大限度地消除两极分化和阶级剥削，能兼顾激励与公平之间的均衡。

第三原则，比资本主义更全面的个人发展。即相对于资本主义来说，能提供更广泛、更实质的民主（特别是经济民主），能保证个人得到更全面的发展，并使每个人的全面发展不仅不妨碍他人的发展，而且成为一切人全面发展的条件。

社会主义制度如果做不到这些，就根本无法战胜资本主义制度，那么社会主义也就没有必要了。苏联、东欧社会主义事业的失败也正在于这一点。

二、制度的本质

从上述思想与原则出发，作为一种社会制度的社会主义，能否给出一个大概的界说呢？我认为，直到现在，我们还只能提出一组比较模糊而粗线条的概念。

第一，社会主义社会，是人类社会一种崇高的理想。这种理想，源于过去的一切社会形态都未能解决社会本体——"人"的自由发展与全面解放问题。资本主义，虽然较奴隶主义、封建主义在"人"的个性解放与发展上取得了重大的突破，但随着资本对社会资源、财富垄断的扩展与加深，不可避免地也把这种垄断扩展到了对人的发展的垄断，人变成了资本的附属物（拜物教）。因此，只有在资本主义所取得的一切积极成果的基础上去追求

---

① 克里斯托弗·皮尔森：《新市场社会主义》，东方出版社1999年版，第105页。

更新的、更能激发"人的自由发展"的社会形态，才能使社会的本体——"人"获得彻底的解放。

第二，这种社会制度的成立是有条件的。这个条件最本质的是：能使"每个人的自由发展成为一切人的自由发展的条件"。如何才能做到这一点呢？至少要具备两个基础：其一是任何人都无法"垄断"发展的资源（包括"机会"）；其二是社会民主，彻底消除人身依附和信息垄断。显然，要达到这两点，必须出现一种新的生产力、生产关系和民主范式。这种生产力必须是能保证每个人既不会依附于他人，更不会依附于机器；这种生产关系，必须是能激励人们更多地追求精神与知识，而不是成为物质财富的奴隶；这种民主范式，必须是能够保证人人都不受财产、地位和信息的限制，得以行使自己的民主权利。

第三，这样的社会主义社会，绝不是一蹴而就的。它将是人类漫长发展与斗争的过程。这个过程可能分为若干阶段，如：发轫阶段、初级阶段、成长阶段、成熟阶段等。在没有达到成熟阶段之前，可能会与资本主义因素长期并存，相互交错、竞争、扬弃、融合，最终通过自然的洗练选择形成一个崭新的社会主义社会形态。

第四节　何谓"中国特色"

历史的经验已经证明，社会主义决不能追求"普适性"的模式，必须与各国具体情况相结合，创造性地寻求自己的道路。根据 20 余年来的成功实践和理论积累，中国在相当长的历史时期内，还不能实行上述本质的社会主义，只能实行"有中国特色的社会主义"。这种社会主义的"中国特色"可能大体上包括如下三个基本方面：

一、初级阶段

这方面，朝野已经做了大量的研究，发表了浩如繁星的论文和著作。故此，不想做过多的重复。我只想着重讲一下"初级阶段"的基本特色。这个基本特色，如果用最简单的文字来概括，那就是：一主多元性。即在保证有利于社会主义前景的因素起主导作用的前提下，让一切可以推动生产力发展和社会进步的因素各得其所，协调发展，以促进我国的物质文明、政治文明、精神文明更快、更好地发展与繁荣。经济上，公有经济为主导多种经济形态并存与发展；政治上，共产党领导多个民主党派参政；文化上，"主旋律"主导多种文化形态百花齐放。这其中最实质的一个方面，就是如列宁所说"利用资本主义发展社会主义"。之所以称之为"初级阶段"，就是因为还是一个"不合格的社会主义"。之所以"不合格"，就是因为我们没有经历资本主义充分发展的历史阶段。本来应该由资本主义完成的工业化、城市化、民主化，却后移到了本是社会主义建设的阶段来了。这样，我们这个"社会主义"，还必先补上资本主义历史阶段所应完成的"功课"。否则，真正社会主义建设所需要的经济、政治、文化、社会、人才各种必备条件就无从谈起。正由于此，在整个社会主义初级阶段，资本主义因素（包括利用国外的）不仅存在，而且会有较大的发展。

二、文化烙印

历史上，佛教是由印度传入中国的。但时至今日，它在中国香火旺盛，而在印度却衰微了。之所以如此，乃是原版佛教传入中国后，融入了大量的中国文化，成了地地道道的"中国化"的佛教了。因此，它才具有强韧的生命力。虽然社会主义与佛教不能相提并论，但却能给我们以很大的启迪。社会主义要能够在中国生根、开花，结出硕果，就必须将中国文化融入其中。这方面，我认为还是才开始，难以系统陈述。就现在认识所及，我不成熟的看法，有两个内容值得考虑。一个是中国人讲究"和为贵"的美德，少一点"斗争"，多一点团结。一个是中国人具有"兼容"的美德，少一点"非此即彼"，多一点求同存异。也就是我国古今明哲所倡导的"和而不同"。这样的社会主义肯定会受到更多中国人的欢迎。

三、权威主义

关于"权威主义"的内涵与外延，我已做过较详尽的阐述。由于我国还是一个不发达社会，还缺乏西方那种经过工业化大生产所洗练出来的文明，还缺乏社会化生产方式所培育出来的社会自组织。为了保证我国的社会主义现代化能有一个稳定的、有序的国内大环境，权威主义——确切地说，是开明的权威主义，还是必需的。当然，权威主义绝不是永恒的，它只是向现代民主发展的一个过渡形式。如何促进这种过渡，如何防止由权威向极权倒退，我总结东亚经验中所述对我国也有现实意义。

第五节　模式的设想

综合以上分析，资本主义固然因其内在矛盾无法代表现代化的历史前进方向，就是社会主义，若其采取计划化的模式，也将无法体现出相对于资本主义的优越性，更不可能实现社会主义的现代化。根据中国现实经济社会发展的可能，比较科学可行的模式将是"市场的社会主义模式"。这一模式包含以下内容：

一、社会主义混合经济

现实世界经济发展的实绩表明，混合经济是一种最具活力的经济形态。著名经济学家、诺贝尔经济学奖获得者保罗·萨缪尔森在他的《中间道路经济学》这本自选集的中译本的序言中坦率而中肯地讲了如下一段话："拥有 12 亿人口的中国，正在从一种命令式的计划经济发展成为一种混合市场经济。为什么我不说'中国正在从共产主义转向资本主义'？这是因为，纯而又纯的资本主义，只是在本世纪 20 年代的美国才能看到，我就是在这种制度下长大的；现在，它成了一个已经灭绝的物种；在即将到来的 21 世纪里，无论哪里也找不到它了。左派和右派的思想家们喜欢用极端对立的方式思考问题。这不是我作为一个经济学家的作风。认真研究经济史的经验，加上 50 年来学习和发展错综复杂的经济理论，都迫使我不得不成为一个折中主义者：在个人的创造性与最优社会规则之间，寻求一条中庸之道。可以肯定地说，完全自由的放任主义，不仅会导致个人之间的不平等发展到完全不必要的程度，而且会带来不可避免的宏观经济不稳定——通货膨胀与通货紧缩、经济衰退与经济不景气，还有投资性金融泡沫与狂躁的价格暴跌危机。"①

过去的世界历史也证明，不仅纯而又纯的资本主义私有经济成效糟糕，纯而又纯的社会主义公有经济也行不通。从中国的现实看来，在社会主义初级阶段，不可能绝对消灭资本主义私有制，社会经济将是一个以国有经济、多种"共同体"经济为主导，多种经济成分并存的新的混合经济。20多年的改革成效已经向我们表明，这种尚不成熟的混合经济，较之过去"纯粹的"社会主义公有经济，却能使 GDP 增加约 14 倍(1980 年为 4517.8 亿元，1996 年为 67559.7 亿元)。未来更加成熟的社会主义混合经济必会日益繁荣。其实，当今的现实已经是：在资本主义国家，是以资本主义私有制为主导的混合经济；在社会主义国家，是以社会主义公有制为主导的混合经济。

二、新社会市场经济

70 年的历史实践已经证明，社会主义不能没有市场。但社会主义的市场又如何避免资本主义市场的消极作用？看来，现有的选择还只能从适当发挥政府(计划)的调控作用这方面寻找出路，并且探索出一种市场与政府(计划)相互补充、相互制约、相互改造的市场经济机制。

这种市场经济，不妨称为"协同市场经济"或"新社会市场经济"。其具体内容包括：

——市场对资源配置起基本作用。

——在政府、企业、劳动者之间，公营部门与私营部门之间，建立起一种透明的协同机制：协商而非对抗。尤其要在重大配置与分配问题上协商一致，使各方都成为"负责任的风险承担者"。这不是不可能的，"荷兰模式"就提供了一个范例。20 世纪 80 年代，荷兰的主要工会与雇主方在瓦森纳(Wassenaar)缔结了一项协议，一致同意用调整工资来换取日益减少的劳动时间。结果，劳动力成本在过去 10 年中下降 30%，而国家的经济则获得迅猛的发展，失业率低于 6%②。

——政府(中央)的职能在于：通过长期计划，间接指导宏观经济的发展方向；通过法律规范市场行为与政府行为(监管职能)；通过制定与实施经过"人大"或由其授权批准的政策，间接引导经济发展；通过财政投资，支持公共部门的重大项目；通过"委托-代理"制，管理影响国计民生的命脉部门(金融、能源、交通等)；组织和管理对外贸易和公共福利的安排与实施。

三、有激励的福利制度

先作一个界定。这里说的福利制度，只包括公共福利与失业保障，不包括养老保障。目前，西方社会民主党人总结出旧的福利制度的重大弊端，概括起来，主要有三：一是消极的救济，造成社会惰性膨胀，"自愿失业者"增加；二是自上而下(中央、省)的福利供

---

① 保罗·萨缪尔森：《中间道路经济学》中译本序言，首都经贸大学出版社 2000 年版。

② 安东尼·吉登斯：《第三条道路——社会民主主义的复兴》，北京大学出版社 2000 年版，第 127 页。

给方式，造成"道德公害"日益严重，欺诈的可能性上升；三是"道德公害"使申请社会救济者越来越多，财力负担难以承受。

因此，他们提出：福利供给同社会贡献挂钩，不吃大锅饭，强化福利制度中的激励机制；变政府自上而下的发放为具有自治功能的社区运营，实行民主管理，群众监督；变消极救济为积极再教育、再就业、再创业；变"死"资金为"活"投资；变单方受益为双方(包括基金来源方)互动、互利，形成一种利益"共同体"——受益者通过福利供给保障了基本生活和再就(创)业的条件，基金供给者通过福利供给保障了社会的有效购买力(市场)，社会通过福利供给得到了一个稳定的环境。即为社会营造一个"共存共荣"的机制。

笔者认为，上述分析也是贴近我国现实的，其为我国福利制度的进一步完善提供了有益的思路。特别是在中国的财力极为有限、对企业与个人社保基金的征收又得不到充分保证的情况下，不应该也不可能保证绝对的平等，而要建立有激励的福利制度。"市场的社会主义"的平等观应该是：平等拥有公民的权利与义务，且使两者对称；平等遵守法律与社会公德；平等享有就业机会；平等享受教育与再教育。绝不是追求某项物质利益或经济利益的绝对平等。

四、民主的家庭

家庭是社会的细胞，培养现代化的民主意识，须从家庭的民主化开始。其内涵包括：人格上的平等(夫妻、父子)，共同生活中的相互权利与责任，养育子女责任的双方共同承担，子女对父母的孝敬与尊重，家庭内部的民主决策，如未成年子女也要有发言权。

五、开放的国家

"耗散结构"理论认为，只有一个开放的系统，不断与外界交换分子与信息的系统，才是最有生命力的系统。因为，它可以不断吸收外界的能量(分子)，更新自己陈旧的能量(分子)，形成一种"负熵流"，从而具有旺盛的新陈代谢机能，达到新的"远离平衡态"的有序性。这就是古人所说的"流水不腐"的道理。根据这个理论以及各国经济发展的现实，一个国家只有积极投身于世界范围内的经济竞争与合作，吸取先进的发展经验，学习先进的技术与文化，不断提升本国的综合国力，才是实现现代化的不二通途。这也就是"市场的社会主义"的开放观。

第六节　光明的前景

前面，我们谈到了社会主义的本质问题。在讨论社会主义前景时，还必须首先回到这个出发点上来。马克思关于社会主义本质的设想，应该做如下解读：社会主义的终极目标是使人获得彻底的解放，由"必然王国"进入"自由王国"。为此，必须"重建个人所有制"，因为人如果一无所有，就根本不会有自由。这种"个人所有制"，是以"自由人共同体"的形式存在，是一种平等而自由的联合。在这种联合体中，每个人都将得到自由而全面的发展，并且使每个人的自由发展成为一切人的自由发展的条件。这最后一句是最重要的。它说明马克思并不是笼统地、肤浅地反对资本主义私有制和剥削。他反对私有制与剥削的根本目的或立足点，是为了人的自由发展，并使每个人的自由发展成为一切人的自由发展的条件。因为，在那里，就不会有少数人得以垄断财富与机会，从而妨碍他人发展的条件。所以，我们说，马克思并非一般地反对私有制与剥削，他主张的是通向自由王国之路，而不是通向奴役之路。

如果我们这样来理解社会主义，那么，随着信息革命的推进，这个未来的社会不是离我们愈来愈远了，而是愈来愈近了。从知识经济的初步表现来看，上面说的社会主义所需要的新的生产力、生产关系和人，似乎都模模糊糊地感觉到了它们正在胎胞中孕育着。试看：

——以个人电脑为基础的生产力，似乎可以看到"重建个人所有制"的可能；

——网络化的集结或离散，似乎看到了"自由人共同体"的某种雏形；

——因特网的普及使得垄断信息，从而垄断经济和人身的困难愈来愈大，人的依附性愈来愈小，人的自由度愈来愈大；

——以知识创新为核心的新经济，将要求人自由而全面地发展，那种工业化造就的狭窄分工与专业化的个人与组织越来越不适应未来经济的发展了。

——最重要的是我所阐述过的，信息社会的核心"财产"——知识及其扩展，将为那种"每个人的自由发展是一切人的自由发展的条件"的新型社会，开创无限光明的前景。"知识"这种"财产"，它具有使"个人所有"与"公共所有"得以统一，使"个人自由发展"成为"一切人的自由发展的条件"的内在秉性。

是不是这样？让我们拭目以待吧。

(选自《时代潮流中的中国现代化》，武汉出版社 2005 年版)

社会主义的再探索

引言

社会主义这个词，是从西方文明的词汇中演化出来的。按照西方学者的原意，它和资本主义在文明根源上是"同根"的，由于是同根故很难从根本上取代资本主义（汤因比）。我则认为，不应笼统地说是同根，而应该说是在西方文明胎胞中孕育出来的一种希图矫正资本主义弱点的新思潮，而这种思潮有可能改进资本主义文明的弊端而生长成为另一种新的文明。经过一百多年，人类通过从空想社会主义到科学社会主义，从民主社会主义到社会民主主义，从苏联式社会主义到中国特色社会主义，反反复复，不断试错，直到 21 世纪的今天，才算看到了一线东方黎明。特别是信息化、网络化、智能化的创新与发展，看来将会在不久的明天，为真正科学的社会主义乃至"科学的共产主义"奠定物质基础。

一、为什么要坚持社会主义道路

1. 是构建文明的国际秩序的需要

国际社会如果没有对等的多元力量，是很难建立平等的民主秩序的。冷战结束后的世界说明，没有有效制约的"单极世界"，对维系国际的民主与和谐，并无多大好处。以美国独大的西方，容易冲昏头脑，萌生了"一统天下"的野心。"积极自由主义"的乌托邦，竟然企图大张旗鼓地输出"美式民主"。他们完全不顾别人的国情（特别是阿拉伯的国情），无视造成的后果，采取各种非理性的盲动行为，包括军事入侵，闹得天下鸡犬不宁。结果如何？世人皆知。不仅没有达到他们的目的，而且使许多国家的人民陷入水深火热之中。为什么会这样？我认为主要就是我们这个地球村一国独霸，权力没有制约。

2. 社会主义本身确有促进人类文明进步的原旨价值

社会主义的原旨价值，是公平、共富、人的全面发展。它本来就是针对资本主义的负面——社会不公、两极分化、拜物教——而产生的一种社会思潮。可是，由于人类的认识局限和当时的发展局限，我们的先贤们在寻找实现这个目标的路径与方法上，没有找准方向。那种"公有化加计划经济"的模式，让我们走了弯路。但是，今天我们不能在泼掉那个"模式"的脏水时，把"原旨价值"这个婴儿也泼掉了！一定要寻找到一种既符合世界潮流，又适合中国人的口味，能够在公平、共富、人的全面发展这个原旨的前提下，把市场、民主和社会主义原旨融合起来的社会主义新模式。这种模式或许就是以民为本、人类共荣的社会主义。这是人类社会赋予中国人的历史使命。

3. 社会主义也是中国所必需的

中国这个社会,和美国那个社会,其来龙去脉实在差异太大了。有人会说,美国民主在日本不是成功了吗?可是不要忘记,那是美国人以战胜国的强势、用枪杆子代写的宪法。而且也不要忽视,一旦美军全部撤离,日本会出现什么变化,还是一个大问号呢。其实,即使是现在,它那个民主也和西方不一样。

大家都在讨论"中国特色",究竟什么才是中国特色?中国特色不是随心所欲的东西,它是由中国特殊的国情所决定的。在讨论社会主义模式这个问题时,中国主要的特殊国情是三个:第一,中国是一个发展很不平衡的多民族大国,而且又是一个多灾害的国家。同时,由于历史的原因,社会发育又十分滞后(社会自治力十分脆弱)。这就要求我们的政府不可能像西方那样"小",而且不仅要大一些,还要强一些。特别是中央要适度集权一些。否则,这个国家就会分崩离析、一盘散沙。当然,这种适度集权的有效中央政府,必须以不妨碍社会活力和地方创造性为底线。第二,中国几千年的小农社会孕育出了根深蒂固的平均主义价值。又加上了几十年的平均主义教育和实践,社会(特别是草根大众)对两极分化的承受力较低。如果我们按照美国那种资本主义的"马太效应"来分配,中国人可能就受不了。第三,中国人受儒家的熏陶,习惯于"中庸之道",不习惯走极端。所以,无论是原旨资本主义文明还是原旨共产主义文明,硬欲在中国照搬照套,就会大大破坏中国社会中庸和谐的道德结构,造成社会混乱的局面。所以,"特色的"社会主义,必须在资本主义的效率主义和社会主义的公平正义之间,用中国传统的中庸之道进行"中和",塑造出一种兼美的社会主义来。

4. 现存资本主义确有重大缺陷

马克思主义的历史观,就是承认世界上的万事万物都是历史长河中出现的阶段性现象。在各个历史阶段交替更新的过程中,各种文明体都有产生—发展—消亡的阶段,没有永恒不变的东西,没有什么"历史的终结"。资本主义这种生产方式也不会例外。笔者在《发展的多维视角:反思与前瞻》一书中说过,资本主义的战车,曾经高歌猛进地把社会生产力和工业文明推进到史无前例的高度。但越过一定阶段,由于其本身内在的痼疾,使得人与自然、人与人、灵与肉的三大矛盾日益尖锐起来。而在原旨资本主义的框架内,是无法解决的。特别是面对当今一日千里的科学与技术的发展,人类社会又一次面临社会变革落后于技术变革,又一次呼唤着新的社会制度的诞生。资本主义由于其追逐资本最大化的本质,造成社会分裂、党派意志对选民意志的强奸、个性的过度扩张等,难以适应社会平面化、合作化、妥协化的要求。就社会主义而言,苏联式的社会主义也由于其权力过于集中,国家过于庞大,思想过于约束,同样也无法满足时代的要求。人类需要探索出一种新的既有旺盛的发展动力、又有和谐的制衡能力的社会制度。

二、苏联解体的教训

(一)以什么视角审视苏联的解体

苏联的社会主义经历了近 70 年的执政实践，虽有过辉煌，但未能持续。以至在 20 世纪末出现了苏联解体、东欧剧变的结果。这样一种巨大的历史性变迁，必定有其深刻的原因。国内国际在这方面的研究成果，可以说是汗牛充栋，不胜枚举。我不想去重复别人的看法，只想集中探讨一个问题：从这一事件中，我们究竟可以吸收哪些有益的教训？

国内，在这方面有多种说法，甚至有一些说法大相径庭，针锋相对。认为是戈尔巴乔夫主观错误者有之；认为是外力和平演变者有之；认为是同美国军备竞赛耗尽国力者有之等。不过，主流方面认为以上几个原因虽然也有，但绝非主要，主要的还是要从苏联制度本身的缺陷中吸取教训。这一点有很大的共识，但也仍然存在分歧，主要是三个方面：一是对苏联解体的基本态度：好，坏，不好不坏；二是苏联的社会主义制度是否一开始就不行，是否斯大林篡改了列宁的原旨；三是苏联的社会主义制度应否原则上加以否定，其政治制度特别是党的制度(包含"民主集中制")我们是否还要继承。

对这个问题，有一个"视野"问题。即我们是仅仅站在一个"一般政党"的立场上看问题，还是站在代表国家兴衰、人民幸福和人类进步的巅峰上审视一个特定的历史事件的问题。我们是以狭隘的经验主义和功利主义的视野看问题，还是以宽阔的历史主义和文明演化主义的视野看问题。如果我们站在后一种视野，那么对第一个问题的答案应该是：苏联解体，应该说既不是好事，也不是坏事，而是一个正常的"试验失败"，失败了可以再来。以科学的态度处之，不应夹带一些非理性的情绪。否则，我们就不可能冷静地探究失败的真正原因，也就不可能从中得到有益的教训和改进的办法。对第二个问题的答案应该是：从文明应战的角度看，苏联的社会主义制度在其基本设计思想上一开始就是超越了历史的发展阶段，在目标、路径和意识形态上脱离了俄国的实际，而且彼此矛盾、相互脱节。不用说"军事共产主义"，就是"新经济政策"也是列宁的权宜之计。后来实行的消灭市场、全面国有、向共产主义进军，才是他们的目标。由于目标超越了经济基础和人民的思想预期，必然就会出现"斯大林现象"。历史就是历史，个别英雄人物，他只有在顺应历史发展的情况下，才可能创造历史。如果他企图超越历史，即使他可能运用手中的威权强行一时，等待他的必然也是失败。而在路径上，它却是循着资本主义工业化、城市化、生活方式和消费方式的路径推进的。这种路径与目标之间的矛盾，就决定了以后的失败。这一点，笔者在《发展与文明》一书第二篇已有详述。对于第三个问题的答案应该是：我们在审视一种制度的优劣与可行时，千万不能忘记历史。苏联的那种政治制度，对于保证卫国战争的胜利，列宁党的民主集中制对于保证革命的胜利，的确都发挥了关键性的作用。但是，在特定历史条件下行之有效的办法，不可能在任何历史条件下都具优越性。战争与和平、革命与建设、杀敌与富民、救灾与生产、危机与繁荣，都是两种性质不同的历史状态。前者属历史的非常态，后者属历史的常态。我们评价一种制度，应该以常态下的表现为基本依据，而决不能相反。而且，正是苏联的那种政治与党的制度造成了其衰败。

(二) 原因的具体分析

1. 直接导因

应该承认，苏联既不是垮在西方的武力打压上——当时的苏联武装到了牙齿，是世界上第二号军事强国，也主要不是垮在美国情报局的阴谋颠覆上，而是自行解体的。不管承认与否，这是基本的事实。作为一个存在了近70年的经济军事大国，美国情报局没有那么大的能耐。那么，究竟是垮在什么问题上呢？我认为主要垮在四个致命的问题上。

(1)民心的丧失。在20世纪末，苏联可说是处于一种"众叛亲离"的状况。最发人深思的是，当宣布苏联解散时，全国竟然鸦雀无声，一片冷漠！这说明什么？它无疑说明这个政权已经完全异化了！在人民的心目中，它存在或灭亡跟自己没有多大关系了。古人云，"水可载舟，亦可覆舟"。人民可以用激烈的暴动来覆舟，也可以用可怕的沉默来覆舟。

近70年的社会主义建设，为何到了这个地步？其一，由于排斥市场经济，呆滞而僵死的命令经济无法跨越由粗放型增长过渡到创新型增长这一发展转折的大关。这是20世纪70年代以后，苏联经济下滑乃至停滞的根本原因。经济停滞，人民生活自然就得不到改善，远远落后于周边的西方国家。而且，由于前面所说的"路径与目标相左"的效应，由此在人民大众乃至国家干部中滋长起羡慕西方生活之情。其二，由于排斥民主，苏联官僚统治阶层当官做老爷，严重地异化为"人民的主人"，完全脱离群众。造成人民与政府之间的冷漠与对立关系，这个政权的兴衰对他们而言无关痛痒。其三，由于忽视人权，长期的新闻专制，官方媒体一片假信息，使大众对它以至政府产生严重的不信任，甚至是逆反情绪。久加诺夫总结的"三大垄断"：权力垄断、利益垄断、真理垄断，是正确的。它使人民被边缘化了。

(2)民族离心。苏联是一个多民族的大国，由于长期的民族政策阶级化、沙文化，俄罗斯民族与其他少数民族同床异梦。少数民族不满俄罗斯的大民族沙文主义，萌生强烈的分离倾向。甚至，连俄罗斯这个主导民族都因对其他民族的沉重财政负担而心怀异志。一旦叶利钦代表俄罗斯登高一呼，宣布独立，整个苏联的各个民族就像多米诺骨牌一样纷纷倒下，分崩离析了。

经营了近70年的"民族大家庭"，为何会散得如此迅速？原因固然很多，但致命的一点是反市场的结构。须知，多民族国家的形成与巩固，最最重要的条件应该是国内统一市场的形成。我们从欧洲的联合趋向就可以看到这一点。这是经济学的常识。可是，苏联的"民族大家庭"完全不是靠市场联合起来的，相反是在消灭市场的情况下，依靠三个脆弱的机制维系的：一是党的强权统一领导的政治机制；二是计划统一调拨的行政机制；三是大民族沙文主义文化同化的文化机制。而说到底，三种机制实际是靠一个机制，即党的绝对权威来维系的。显然，一旦苏联共产党不存在了，一切维系这个庞大多民族大帝国的绳索，必然就全部断裂了。这个大家庭是物理型的堆积物，而不是化学型的融合物。而融合的动力，就是市场和文化，甚至包括人口流动与婚姻。

(3)国力衰竭。苏联尽管实现了工业化，但就其经济结构而言，其基础是十分脆弱的。它过分倚重能源(石油)的输出和军事工业。其整体经济结构的自我循环能力太差。加上长期同美国进行军备竞赛，耗损了巨大的本可用于改善结构、提高人们生活的财力和资源，导致国力严重衰竭，甚至出现财政危机，威胁到国家正常的运转。

(4)统治集团低能。上面三个致命的病灶已是病入膏肓了。但是，统治中枢能够和衷共济、力挽狂澜，未尝没有一线止覆车于将坠的希望。可是，苏共中央一些要员不少早已异化为挂着红牌子的"特权资产者"了。他们是心猿意马、心怀变天，变非法为合法。加上戈尔巴乔夫等人缺乏应对突发事变的能力。在此情况下，这种局面还有可能扭转吗？其实，扭转与否，只是一种研究问题的设想，并无实际意义。因为，不仅事实就是未能扭转，而且退一步说，这个结局对于结束斯大林模式的社会主义、开辟另一种社会主义模式，未尝没有积极意义。

2. 深层原因

我们探究到这里，似乎还只是几个直接的原因。而这些直接的原因实际是一种结果，其背后还有更深层的原因。这也是我们需要吸取的教训。

(1)对社会主义社会的许诺太高。许诺太高，超过了实现的可能，必导致两种结果：一方面，执政者为"达到"那种高标准，势必出现主观强制政策，导致专制主义。另一方面，人民大众期望过高，一旦与现实对照，便会失望更大。过去的社会主义国家，大都犯了这个毛病。向人民许诺：建成一个没有剥削、没有压迫、高度公平、清除资本主义一切弊端的新社会。而且，在理论上又受到极端一元论的支配，认为一切坏东西都以私有制为祸根；一切好东西都会在社会主义社会出现。于是，在政策上必然导致极左的倾向：不问条件全面消灭私有制，实行全面公有化、国有化；在分配上消灭"差别"搞平均主义；在苏联出现农业集体化的灾难；在有的国家与地区(如柬埔寨)竟然企图消灭城市，把城市人口赶到农村。这些做法既严重侵犯了广大人民的切身利益，造成大量的非正常死亡；更重要的是它扼杀了经济发展的动力。于是，只能靠强制性的纪律、压制与"阶级斗争"才能保证经济社会的运转。可想而知，这种经济社会体系是难以同发达资本主义国家竞赛的。人民大众有了高许诺的参照，开始可能激动一时，绝对持续不了。当面对现实的巨大差距，加上官员阶层的特权腐败，反差太大时，自然就会产生疏远与对立情绪，会感到这个政权并不代表他们的利益。

我们应该冷静地看到，在当今的条件下，任何高明的主义所能给予人民的公平正义都是很有限的。我们不能拔苗助长、劫富济贫地去实现所谓的"公平"(那是反动的平均主义)，只能依靠促进生产力的高度发展去实现它。而后者是不可能被主观制造出来的，是要在现有生产方式和社会机制的基础上靠科学技术的创新而演化出来的。这将是一个很长的历史过程，不可能靠"主观能动性"去创造奇迹。更为现实的是，今天科学技术发展的端倪，应该使我们的头脑更加清醒：信息化、网络化和智能化这种新的生产力发展趋势，它带来的不仅是社会财富更大的涌流、文化生活的更加丰富，但同时也会带来更为复杂的社会分化。这不能不给未来的社会主义目标以更大的约束。

(2)不承认异化。马克思是承认异化的，列宁在某种程度上也是承认异化的。列宁在《国家与革命》一书中，就多次提到在社会主义条件下，要防止"人民公仆"变成"人民主人"。但是,斯大林及其以后执政的苏联共产党,却一致否定异化,认为社会主义社会不可能出现异化并在意识形态上把异化理论列为异端邪说加以挞伐。这为执政的苏联共产党官僚主义化和腐败变质提供了根本的理论屏障。也由于主观上认定"共产党的特殊本质",它可以"自我批评",可以自己纠正自己的错误。既如此,自然也就不需要别人来监督了,党内民主、社会民主自然也可有可无了。这就为官僚主义和腐败、为阻挠民主进程,直至导致整个政权走向异化,提供了组织屏障。

《苏联经济体制改革史论》一书的作者陆南泉指出:"长期以来,苏联理论界否定在社会主义社会存在异化,异化作为一个哲学概念几乎没有合法存在的权利……而实际上,苏联在高度集中的指令性计划体制下,生产活动中的异化处处都存在:例如,劳动者只按行政指令从事生产活动,实际只能充当'螺丝钉'的作用,并未感到自己是劳动的主人,广大劳动者并没有感到劳动成为'自己的'自由的劳动,他们没有参加管理生产的权力,即在经济上没有民主管理权。"①

苏联的教训表明,不承认异化必然导致排斥民主法治,自我封闭,加上高度集中的计划—命令经济体制,一切权力必然也高度集中到党和国家的最高层。一个如此集中而强大的权力,却又没有自下而上的有效监督与约束,岂有不腐败、不脱离人民、不走向专制集权之理?! 久而久之,这个党和政权同人民大众的关系,自然也就会发生异化。前者,变成了"社会的主人",是人民的"衣食父母",是"恩施者",是凌驾于公民之上的主宰了。而人民大众则由主人变成了奴仆和被驱使的"羊群",失去了掌握自己命运的必要权利。政权与大众之间,已经失去了起码的利益联系纽带。试想,如果到了这个地步,这个党和政权还能存在多久? 现在,我们可以回到开始的那个问题:为什么苏联宣布解散而广大人民群众却普遍保持惊人的沉默呢? 回答:这就是异化的可怕后果。

从苏联的演化中我们可以清晰地看到,没有民主的社会主义必然会异化为人民的对立物。

(3)社会主义速成论。为什么在国际共运中长期存在护左斥右的倾向? 因为,人们企望尽快实现共产主义。从这点看,社会主义思潮中确也夹杂有乌托邦的东西。这种急性病,不仅导致自不量力地"超英赶美",同美国进行旷日持久的军备竞赛,而且导致在国内追求高速度,从而违反客观经济规律、强迫命令成风,以至经济建设政治化。这又必导致强化集中(排斥民主),以至整个社会运行专制化。在这种趋势之下,便产生了三个非常有害的后果:一是出现被神化的、至高无上的独裁者;二是出现舆论专制,压制不同政见,制造虚假繁荣,剥夺了公民的知情权和语言权,甚至"万马齐喑";三是官员庸俗化、平庸化,缺乏创新和应对复杂局面的能力。这一点也是非常致命的原因。

(4)排斥市场。哈耶克说,计划经济是"走向奴役之路",似乎有点危言耸听。但也不能否认,排斥市场,强化计划,必然会演化为强迫命令——计划就是法律——这是苏联社会主义演化为专制集权主义的经济根源之一。人类迄今的历史表明,市场是经济持续增长、科技不断创新、国家凝聚力增强和政治民主化不可或缺的元因素。而苏联经济下滑、产品质量不高、人民生活水平提高缓慢、民族分崩离析等,无不与排斥市

---

① 陆南泉:《苏联经济体制改革史论》,人民出版社 2007 年版,第 86 页。

场密切相关。

总之，苏联近70年的历程，是一项伟大的社会改革试验。其中，包含着十分丰富的正面与反面的素材。这些宝贵的历史材料，有待我们仔细、认真地去发掘，从中一定可以发现我们未来要走的道路。

(三)历史遗产是什么

对于苏联的社会主义模式，我们中国近40年的改革开放历程，已经吸收了很多的教训。诸如，社会主义不能没有市场，社会主义不能关起门建设，等等。这里就不想重复了，只打算补充几个还说得不够的教训。

1. 社会主义必须不断适应时代前进的要求

斯大林的社会主义模式，客观地说，在20世纪60年代以前曾有过一度辉煌。不然，当时国际上就不会掀起一股社会主义热潮。可是，到70年代以后，便开始停滞而式微。这说明那种社会主义模式比较适应后发国家由农业社会转向工业社会这种历史阶段。在那种历史背景下，要想超常规地赶上发达国家，只有满足如下几个条件，才是可能的：第一，要能够迅速有效地集中全国资源建设起关键性项目；第二，要能够使全国为工业化做出必要的牺牲(包括物质待遇)；第三，重要的是，要能够果断地做出决策和规划并付诸实施；第四，更重要的是，要有一个全国统一的权威。只有这样，才能在一个贫穷落后的国度集中有限的资源、集中有限的资金(勒紧裤带)、集中共识。显然，斯大林的社会主义模式大体可以满足这些要求。几十年来，世界许多落后的大国为什么做不到，而在苏联和中国做到了，我想道理就在这里。

不过，对那种社会主义模式的肯定，也只是到此为止。因为它只是一个历史的过渡现象，有着天生的局限性。当工业化实现了，特别是进入信息化时代，经济必须从数量速度型转向质量人文型时，当发展要依靠国际合作与创新时，当人们已不满足于物质需求而提高到个人实现时，那个模式就捉襟见肘了。

那种模式最基础性的不适应，就是否定市场。"计划经济"小鸟笼，哪怕计委有成千上万的专家，造球场大的"投入产出平衡表"，也无法包揽千头万绪、瞬息万变的经济运行。苏联经济到后来，几乎无法满足人们的需求了，其轻工业的落后至今还未能解决。

那种模式最关键性的不适应，就是在全面公有化基础上国家治理的专政体制。虽然美其名为"多数人对少数人的专政"，实际上是少数人对权力的垄断。这种垄断，实际包揽了一切，从经济到政治到思想甚至个人生活，都是一元化的。可以想象，一个多数人被政治生活局外化、经济生活边缘化、文化生活公式化，而且时时担心"犯错误"受处分的社会，怎么可能深度调动人们参与国家建设的积极性？一个只能依靠自上而下的政府推动而无社会自下而上的响应参与的现代化必定是畸形的，必定会制造出一个脱离人民的特权阶级，从而其发展也是不可持续的。

那种模式最根本的不适应，就是忽视人的价值。把人当作"螺丝钉"，实行"灭智主义"，期望人们盲目到可以任凭摆布。雅科夫列夫认为，"斯大林模式的最坏政策，就是绝对一元化的文化专制。这种文化思想专制，实质就是'灭智主义'"。①一切都听上面指挥，老百姓可以不用思考了！

当今人类社会发展的大趋势，已由工业文明的物本主义进化为智能文明的人本主义。因为经济社会发展的核心竞争力已不再是"拼资本"而是"拼创新"了。而创新的源泉，说到底是人的自由思想和人的价值的充分实现。在那种社会主义体制下，是绝对做不到的。

2. 社会主义必须告别乌托邦

苏联之所以失去民心，除了领袖人物的个人素质外，基本的原因还是采取了一系列超越现实的"左"政策。而之所以会不断实施违背文明的政策，归根到底，是受到超前实现"乌托邦"的指导。诸如，彻底消灭私有制和市场，集体农庄向国有农场过渡，消灭"异己思想"等，不都是为了加速向"天堂"过渡吗？直到他们党的十八大，还在振振有词地宣布"苏联已经进入共产主义社会"！而这种乌托邦，其思想根源则在救世论。我们只要回顾一下历史，从卢梭的思想到雅各宾主义再到布尔什维主义，就会发现，形形色色的乌托邦和它们的初始倡导者们，几乎都是程度不同地患上了一种看似"高尚"的病：自命为救世主。可以想象，在救世的大旗之下，还有什么真理之可言？还有什么"异类"存在的必要？一切"阻挡"救世的东西都可以被"不择手段"地予以消灭。这样，一个"红色恐怖"的局面就会来临。一如罗伯斯庇尔所说，"恐怖不是别的，它是迅速、严厉和果断的公正；因此，它就是美德的表现"。

3. 社会主义必须在秩序与自由之间找到合理的结合点

卢梭的名言："人生而自由，但无时不在枷锁之中。"这句话，虽不尽科学，但道出了人性的感叹。追求自由，确属人之本性。只不过在人类发展的不同阶段，其追求的力度不同罢了。一般地说，在人们生存问题大于一切的阶段，是可以牺牲自由以求苟安的。但一到生存不成为问题的阶段，自由问题必然会突出起来。有的人，可能就根本不懂或不承认自由对于人之可贵，更不懂一旦人们认清了自由的价值时，"不自由毋宁死"将会产生的可怕威力。这种威力有时甚至是非理性的！苏联社会主义模式的愚昧就在这里。因为，他们心中根本没有"人的价值"，尽管口头上高喊"群众万岁"。

关于正确的社会主义的秩序与自由的关系，笔者在《发展的多维视角：反思与前瞻》一书中已做过详细的阐述，此处不赘。

4. 不要再做"自写历史"的笨事了

本来，作为"彻底的唯物主义者，是无所畏惧的"。可是，也不知为什么我们许多"唯物主义者"，却是那样地害怕"真相"，害怕"信息公开"，害怕"还原历史"！这方面，可能是苏联做了十分不好的榜样。苏共的政治局常委雅科夫列夫认为，"整个苏维埃体制，

---

① 亚历山大·雅科夫列夫·雾霭：《俄罗斯百年忧思录》，社会科学文献出版社2013年版，第20页。

就是一个说谎话的体制，以谎言毒化了社会生活"。① "假话浸透了整个体制"也可能是过于"心虚"，以为"文过饰非"就可以掩天下人之耳目了。

一个政权惯说假话，实为一种"饮鸩止渴"的行为。这样的政权虽然可以蒙混人们于一时，但谎言必然会制它于死地！因为它会产生三大甚于癌症的效应：第一是失智效应。长期处在一派"正面信息"熏陶之下的人们，特别是国家干部，其对事物的判别能力必然会逐步退化。一波一波地积累起来，整个社会的抗逆能力乃至民族的智力，便会出现大衰退。雅科夫列夫就认为，苏联后期"就是百姓顺民化，知识精英犬儒化，政治官僚化，最终是民族精神衰退化"。在这种情况下，一遇突发事件，国家便会立即土崩瓦解。第二是腐败效应。一个国家领导带头说假话，必然上行下效，层层效尤，到处都是说假话、做假事，引发整个社会道德滑坡，腐败猖獗。第三是分家效应。久而久之，老百姓就会明晰地感到，这个政权完全不可信了，你是成是败、是死是活，与我没有什么关系了。国家与国民之间的"信誉纽带"彻底断裂了。正是这三种效应的综合结果，才会出现苏联解体时那种"全国无声"的可悲局面。

三、"民主社会主义"的借鉴

瑞典社民党几十年所推行的"民主社会主义"，在我们这里依然存在着争议。主流派认为，瑞典85%的商业、94%的制造业是私有的，怎么不是资本主义呢？而知识界多数人则认为，它的工人阶级享受的福利和幸福，比社会主义国家还社会主义，怎么能说它没有社会主义的东西呢？

为什么分歧会这样大？这既有传统的斯大林社会主义理论的束缚（三大件：公有化、计划化、按劳分配），又有思想方法问题。民主社会主义或称社会民主主义的实践，至少可以为我们研究克服资本主义弊端提供一些佐证。下面从五个方面来阐述一些看法。

1. 目的与手段

社会主义的本质，究竟应该从其"目的"方面来界定，还是从其"手段"方面来界定？

长期以来，受苏联的影响，我们总是把社会主义界定为：公有制加计划化加按劳分配。那么，瑞典85%的商业、94%的制造业是私有的，100%都是市场经济，那还能叫社会主义吗？在这种先入为主的烟雾下，有些人就看不见在北欧的那一隅，工人阶级过上了有尊严的生活，社会用平等对话代替了无情斗争。这难道不是社会主义所追求的重要目标吗？我们姑且不论其是否算社会主义，至少在那里确实具有很多的"社会主义因素"。

问题的实质还在于：社会主义究竟应该主要以"目的"来界定，还是主要以"手段"来界定？我们姑且不论那"三大要素"是否合适，按马克思的原意，社会主义也是包含目的与手段两个部分。社会主义的目的，是"人的全面发展"，使每个人的自由全面发展成为一切人自由全面发展的条件。而这个目标，由于资本主义野蛮的私有制和对工人的原始剥削，难以实现。必须以"消灭资本主义私有制""有计划地安排生产"和"按劳分配"的"手

---

① 亚历山大·雅科夫列夫·雾霭：《俄罗斯百年忧思录》，社会科学文献出版社2013年版，第3页。

段"来实现之，等等。重要的是，马克思这种"三大要素"是被作为"手段"来提出的。而这种手段，是受到当时"原始资本主义阶段"的历史背景所限的。而且，马克思当时对私有制的市场经济的自我矫正和自动平衡能力，也是远远估计不足的。更何况，我们判别什么属于"目的"、什么属于"手段"，根本的指标应该是看其有无"价值取向"的标识。显然，"三要素"并无直接的价值内涵。所以，我们今人要坚持的是"目的"，"手段"则必须与时俱进，进行修正。

为达到社会主义的目的，手段是可以多样化而且应该与时俱进的。手段，究其本质来说，只是一种路径，一种方法。它不可能包含物质或精神上的价值目的。如，公有制、计划化、按劳分配，它们本身能吃吗？能提供物质或文化的价值吗？显然不能！社会主义如果只是直接去追求这些东西，那就玄之又玄了。苏联之所以失败，这也是其根源之一。我们可以回忆一下，那时为了追求公有化的水平，苏联可以消灭富农，所以，从逻辑上说，手段如果超越目的或撇开目的，往往就会走向邪恶。如果让工农大众来选择：究竟是喜爱瑞典那种并非公有制和计划化的有尊严的小康生活，还是喜欢有公有制和计划化的受压制的贫困生活呢？

2. 人的价值与"指标价值"

以人的价值最大化或者说以文明进步为最高价值，应是社会主义的核心价值。这就可以与资本主义以利润最大化为最高价值区别开来。人的权利、人的尊严、人的全面发展，应成为社会主义的最高追求。苏联在"三大标志"（公有化、计划化、按劳分配）方面虽然达到了"很高的"指标，但"人的价值"的实现方面却乏善可陈。

3. 工人阶级与资产阶级

让我们以平静的、客观的心态来观察现实社会：工人阶级与资产阶级这两个群体，难道就一定是"你死我活"吗？它们既然可以共存，为什么不能合作？其实，近百年的共运实践已经说明，消灭了资产阶级的"工人阶级"，由于其文化素质和缺乏对现有经济运行的经验，并不能把国家管理得更好。瑞典的经验证明，资产阶级与工人阶级，在一定的条件下，是有可能合作的。

4. 政府与市场

这个问题，拙作《发展的多维视角：反思与前瞻》中已做过比较详细的论述①。政府与市场并非绝对对立，在一定条件下，是可以互补互动的。过去的社会主义和新自由主义的理论，都从相反的角度把问题推向了绝对化。在社会主义这方面，由于过度强调"消灭私有制"的意义，认为它是"一切丑恶之源"，而市场必定要容许私有制的存在与发展，因此必须消灭市场。在新自由主义这方面，则认为市场是"万能"的，一切"美好的制度"都可以"通过市场的自由演化产生出来"。因而，政府只能当"守夜人"，绝对不应干预市场。这两者都是走了极端。瑞典的经验说明，这两者是可能互动互补的。一方面，让市场以资

---

① 夏振坤：《发展的多维视角：反思与前瞻》，华中科技大学出版社 2014 年版，第 168 页。

本主义方式运作，以提高效率，增加财富；另一方面，用政府的社会主义政策(主要是分配)，通过再分配实现社会公平。两全其美：资产阶级得到合理的利润，工人阶级得到必需的福利和有尊严的生活。整个社会保持了长期的和谐稳定。

5. 国内政策与国际政策

国内的社会主义政策与国际的资本主义秩序，也并非绝对矛盾，绝对互不相容。瑞典的做法说明，两者是可能并存互生的。关键问题在于：无须去追求"老大"，不去"挑战"国际资本主义秩序，走"我行我素"的中间路线。

当然，瑞典所走过的道路，也是前无古人的，肯定也会有许多缺陷与问题。一是"改造资本主义"的问题。一种意见认为，近些年来，社民党不再提改造资本主义的纲领了。认为其"革命性消退"了。这个问题可以这样来看待：首先，社民党在资本主义的体制下实行带有社会主义色彩的政策，虽然没有改变资本主义的体制，但却是一种对资本主义的修正；其次，改造资本主义不等于彻底"消灭"资本主义，当资本主义发展生产力的潜力尚未用尽时，为什么不可以让其有利于生产力发展的方面在受限制的范围内继续存在与发展呢？当然，在西方社会，社民党是处在资本主义的国体之下，它必须服从"选票决定"的宪法。这就从根本上决定了它只能是一种枝节性的改良。也由于此，它也不可能跳出"选票"的魔咒，从而走向式微。

总之，北欧社民党的民主社会主义的实践，虽然取得了某些有益的经验和实效，但几十年来的表现也反映出一些问题和不足。首先，它更适合一些较小或单一民族的国家，而在一些大的或多民族的国家似乎难以推行。主要可能是因为诸如市场与政府、劳动与资本的协调与合作这些棘手的问题，在取得共识方面难易程度大不一样。这些问题都是结构性的根本问题，面对的分利集团和民族的矛盾程度与广度是大不一样的。这在大国和多民族的国家，显然难度比小国和单民族的国家要复杂得多。其次，也可能与上面的原因有关，就是民主社会主义的感召力或影响力似乎在世界上还不够。这也许与他们重国内的实际效用，并不重视改变资本主义的本质弊端有关。最后，社民党基本没有跳出基于启蒙运动的西方民主格式，染上了资产阶级政党的毛病，把"选票崇拜"看得高于一切了。这种情况在欧洲的土壤上更容易立足和生长。

四、"特色社会主义"的实践

1. 艰难的探索：四个阶段

特色社会主义的探索，应该说包含中华人民共和国60多年的时间。大体经历了四个阶段：新民主主义阶段、初期探索阶段、改革开放阶段和全面深化改革阶段。

(1)新民主主义阶段(1949—1956年)

中国共产党在接管了政权之后，面对的是一个经济凋敝、人民困苦、社会无序的百废待兴的国家。加上在国际上面临着除苏联之外的孤立无援的局面。在这种特殊困难的背景下，为了团结与调动一切有利于经济恢复、社会建序、国家统一的力量，不可能也不应该直接开始社会主义变革。这一点，开始时取得了全党全国的高度共识。在这个阶段的前期，基本实行的是新民主主义政策。虽然其间有过一些"左"的插曲，但总的来说，是一个政通人和、百废俱兴的时期。仅用了三年的时间，就实现了国民经济的恢复，并开始了第一个"五年计划"。

现在看来，在这一阶段，总的说来党内国内的政治生活，大体是有序的。国家还是朝着欣欣向荣的方向前行。

(2)初期探索阶段(1957—1977年)

这一阶段，最大的进展与功绩，在于保住了可以独立自主选择道路的国家实力。包括：中国共产党的独立自主性和初步建立了基础性工业体系，特别是依靠党的统一力量维护了国家的高度统一。前者，使我们有可能既没有走西方道路，又没有照搬苏联道路。这为我们尔后得以放开手脚探索"中国特色"提供了自由的空间。中者，使我们即使在当时"资本主义包围"的环境下，依然有能力不依附任何外部势力。后者，使我们得以经受住"三年困难"和"文革混乱"的非常时期，保证了国家的安全。但在当时的形势下，也难免由于国际"共运"和苏联"速胜论"的影响以及过于乐观地估计形势等因素的作用，党和国家陷入了严重的非正常状态。

(3)改革开放阶段(1978—2012年)

"文革"结束后，党中央把发展经济、安定社会作为首要目标。为此，在几十年思想禁锢的环境下，必先解放思想，拨乱反正，打开国门，破除过去一些错误的清规戒律，选择一条改革开放的新路。全党全国改变"以阶级斗争为纲"的错误路线，实行以经济建设为中心，允许一部分人"先富起来"，掀起了以发展生产力为标准的高潮，并将此名之为"有中国特色的社会主义"。也就是在中国共产党领导下的、与国际接轨的、市场经济的社会主义。

这在当时，不失为拯救中国危局的一剂良方。国民经济不仅取得了迅速的恢复，而且不断创造出发展的奇迹。不到40年，GDP就翻了几十倍，国力得到了极大的增强，人民生活得到了前所未有的改善，平均收入进入了"中等收入国家"水平，成为经济总量世界第二的国家。在一个13亿多人口的落后大国，不到40年完成了发达国家过去100多年才完成的进程。这不能不说是一个巨大的奇迹，不能不说是对人类文明的一大贡献。

现在看来，这个阶段的前期是一个在共产党领导下的"资本原始积累"阶段。这个阶段，在西方资本主义那里，是一个"血与火"的阶段，用一切不择手段的办法，包括侵略、殖民、海盗等手段，积累资本，发展经济。但是，我们现在不可能也不会。在当时，由于缺乏必要的理论与政策准备，一阵风地发展经济，忽视了党纪，放松了法制与道德的规范与建设。这样，在中国逐步新生出来一股贪赃枉法、官商勾结的势力。这股势力逐步部分地控制了大型国有企业和经济命脉，成了一个阻碍改革深化和国家进步的保守力量。

(4)全面深化改革阶段(2013年至今)

党的十八大之后，新的中央以"中国梦"为精神号召，重振精神、凝聚人心，全力开展反腐败斗争，推行依法治国，几年来，国家确实发生了非同寻常的大变化。

2. 特色社会主义的历史评价

特色社会主义，实质上是指改革开放以来，一种对于苏联那种社会主义模式的矫正：

在经济领域，对内打破了"三大要素"的禁锢，鼓励私有经济与国有经济共同发展；打破了国家绝对统包的计划经济，实行有调控的市场经济；抛弃了对资本的禁锢，采取按多种资源分配的制度。对外全面开放，融入国际资本主义经济体系；而在政治与文化领域，则基本保留原社会主义体制，实行"共产党领导下的多党合作"。用习惯的说法就是：在经济领域，以国有经济为主导多种成分共同发展，在政府有效调控下让市场发挥决定性作用，按劳分配为主多种分配方式并用；在政治领域，实行有中国特色的协商民主；在文化领域，实行主旋律为指导的多样性；在国际上推进互利合作维护和平，倡导"人类命运共同体"。

用历史的观点看问题，这种"特色社会主义"，在近 40 年中国的发展上，已经证明它完全符合中国国情，而且正在不断受到国际上的欢迎。在 20 世纪 70 年代末期，中国共产党提出"摸着石头过河""发展、改革与稳定兼顾""开放与坚持并重"的方针，并经过多年的摸索，逐步形成了"特色社会主义"的道路框架。显然，这个框架是比较适合当时的历史背景的。今天，经过几代人的摸索与创新，通过"三个代表"重要思想、科学发展观，特别是中国共产党十八大之后的一系列创造性发展，这个"中国特色的社会主义"在理论与政策上愈来愈接近完善与成熟。更重要的是它已经在中国的实践中创造出了一个又一个的奇迹，把中国推上了社会主义现代化强国的康庄大道！

回顾过去，中国之所以能在短短的近 40 年实现了西方 300 年的业绩，崛起为一个接近实现现代化的国家，首先就是这个特色体制保障了改革与发展所必需的基本前提：

(1) 保证了国家与社会的长期稳定。众所周知，经济发展的大前提，就是要有一个稳定的大环境，否则就失去了投资与交换的预期，还侈谈什么发展？但在当时的中国，面临的现实是：整个社会发育不足，包括社会自组织能力很低、"文革"使国民的理性水平极低、法制又极不健全等。在这种状况下，如何才能保障稳定？应该实事求是地承认，如果没有共产党的领导和一个较强的政府，是不可能的。特色模式正是保证了这种稳定。

(2) 保证了对外开放的独立自主。第二次世界大战的胜利虽然结束了帝国主义——殖民主义时代，可是千万不要忘记，帝国主义虽然"偃旗息鼓"了，但是国际市场经济的"弱肉强食"依然存在！一些发展中国家，之所以至今尚乏成功范例，主要就在于无调控地开放市场，致使本国经济完全受制于国际跨国资本，成为变相的殖民经济。而要能做到独立自主地开放，如果没有一个全国统一的有权威的政治力量，没有一个有能力调控全国的政府，能行吗？特色模式正是保证了开放的主体性，既充分利用外力又保护民族利益，而不致任人摆布、沦为边缘国家。

(3) 保证了发展资源在全国范围内的集中统一调配。在一个半农业社会，除了劳动力和土地之外，资金、技术、管理、信息都十分匮乏和分散。如若按新自由主义的主张，任市场自发地调节，就完全不可能在短时期内形成自己的产业优势。而正是这个特色体制，保障了集中有限资源，迅速形成了自己的主导产业体系，并在此基础上得以有效地在全国范围内合理调动与配置资源，充分发掘了劳动力和土地的巨大潜力，以惊人的速度与规模把经济总量推到了世界高峰。这其中，有两件大事明显是其他制度根本做不到的。一是"农民工"现象。中国的农民大军立下了千秋功业！就以农民工何以能起到如此巨大作用来说，如果没有这个特色体制，在任何国家都是不可能的。试想，在春运期间，短短的一两个星期，几亿农民工要千里迢迢往返于故乡与工业基地之间，如果没有一个可能统筹全国各地区、各行业的强政府，那简直不可想象！二是"东西跨省扶贫"。这在西方"私有加自由市场"的体制下是绝不可能的。

（4）保证了在低福利的条件下，经济与社会还能平稳运转。这是在西方制度下绝对办不到的。这一点为民族经济提供了"低价格"的国际竞争优势，也为外资的进入提供了最优惠的投资环境——利润率最高。而这一点，如果没有一个可规制市场失灵的、又能号令全国的权威政府，则是不可想象的。虽然这一条是有历史局限性的，但是这肯定是帮助中国闯过了经济起飞阶段那一段"历史难关"。

正是在这些前提之下，这个特色体制把我们潜藏了千百年的能量呼唤了出来，赢得了近40年宝贵的机遇期。这是在中国历史上必须大书特书的。现在回过头来看看，这种制度设计的功效，主要表现在三大效应上：一是开放国策释放出"外资淘金效应"；二是市场化释放出"社会求富效应"；三是吏治改革释放出"官员求绩效应"。正是这三大主体的发展冲动，把原来在计划经济的鸟笼里沉睡的巨大的劳动力资源、土地和自然资源与经营智慧资源释放出来了。

但是，像任何事物一样，政治体制（或发展模式）也是特定历史条件下的产物。它也有其历史局限性。它的兴盛是因为它适应特定历史背景的需要，在那种背景下，社会因其优点大于缺点，可以容忍其局限性。而随着历史向前推进，各种背景就会发生变化。原有体制与模式的优点就会效益递减，而其局限性就会凸显出来。历史是不讲"人情"的，不会因为你过去有大功而让你"万岁"。任何体制与模式，如若不能及时进行修正或改革，就会被历史所淘汰。所以，党中央一再提醒"改革永远在路上"，还需要"全面深化改革"。

五、对未来"大同社会"的粗略猜想

1. 共产主义的核心内涵

对于社会主义的问题，我们还必须放眼于人类社会发展的远景进行思索。从目前科学技术以超"摩尔定律"的超速度发展的趋势来看，马克思所设想的共产主义——我们中国人憧憬的大同世界，其本质价值确有可能会逐步地展现在我们面前。

马克思主义是19世纪出现的伟大学说。当然也会有其时代烙印，会有某些在今天看来不适合的内容，但那是属于枝节性的东西。作为一位伟大的思想家，马克思的伟大就在于在一百多年前，他就预见到了人类社会文明必将达到的境界。他所预见的境界是：一是人的自由而全面的发展，而且任何个人的发展都会成为一切人发展的条件。人将由"自在的人"变为"自为的人"。二是在物质生活资料生产极大丰富的基础上，实现"各尽所能，按需分配"。三是过去工业文明所形成的社会分工会消失，人将成为多面手的智人，生活方式与工作将成为个人兴趣和社会需要之间的一种选项。到那时，阶级与国家也将消亡。

许多人没有想到，今天网络化、智能化超乎寻常的超高速发展，第四次工业革命的汹涌来势，已经让我们看到马克思的上述伟大预见，似乎已如东方喷薄欲出的朝阳了。

（1）互联网的发展与急速普及。网上查询、学习、教育、交流，使任何人都可以在网上自由学习、讨论交流，已有的文明成果在网上随时可以查询。几乎可以说是"一键万事通"了！一个小小的智能手机，快要成为"万能大师"了。据科学家说，再过 5～10 年，那种自由学习、自由交流的空间会更广、时间会更短，完全是可以预期的。这不就是马克思所预期的"自由全面的发展"和"每个人的自由全面发展成为一切人的自由全面发展的条件"吗？

（2）人工智能的超高速创新普及。随着机器人智能化的超高速发展，智能机器人取代人工劳动的广度与速度正在一日千里地推进，可以预期在不远的将来（有的科学家预言 50 年之内），人类现有的工作和劳动可能绝大部分将被人工智能取代，效率可能比人工高几十倍，而且其成本、质量比人工更优。到那时，物质财富将"极大地涌流"。人类也就可能从为生活而工作的桎梏中解放出来了。政府可能发放足够"有尊严生活"的"全民基本收入"了，那时的社会公共产品可能已经成为社会财富分配的主要部分了。那时的"共有经济"已经远远不是现在这种样式，而是社会的主体经济。这种情况不就是近似马克思所憧憬的"按需分配"吗？

（3）由于人工智能大量不断地取代人的劳动与工作，许多目前一、二、三产业的工作与劳动，大都被机器所取代，人必将由"生活的奴仆"变成为"生活的主人"，由"劳碌之人"变成"休闲之人"。这种远景绝非空想。只要回想一下：在 18—19 世纪，人类大多数是终日劳苦，哪有多少休闲时间？20 世纪全世界星期日都休息了。到 21 世纪，已经普遍休息 2 天了，许多发达国家实际上平均每周只工作 4 天了。如果到了高度智能化的阶段，可想而知，除了极少的时间（或人）用于"调控按钮"外，都可以成为"自由之人"，成为"自我实现"的人。他可以去旅游，去从事科学研究、文艺创作等。那时的"工作"已经是个人兴趣与文明演进需要之间权衡利弊的一种选项。我们从近些年的"旅游热急剧升温"，也可以"一窥全豹"了。

依据以上分析，从乐观的方面看，共产主义社会并非原来苏联推行的那种通过全盘消灭私有制和市场的途径去"实现"的。"共产"绝不是内平式的"劫富济贫"，而是外拓式的扩张"公共产品"，使之成为国民总财富的主体。而且，也不必通过暴力，可以通过科技与经济的高速发展使雄厚的"基础"自然而然地推动"上层建筑"演化而成。

但是，也存在悲观的可能。那就是人类现存的"制度悖论"。也就是既存的、作为"此岸"的制度，能否过渡到"彼岸"，或哪一种制度有可能、哪一种制度会出现"梗阻"和危机的问题。现存的资本主义制度，特别是新自由主义统治的资本主义国家，似乎存在着某种"二律背反"：它在科技创新方面有着巨大的潜力，但在创新成果的拥有方面却难以公平；特别是它在防止"人工智能不友好"的危机方面，由于"零和游戏"的惯性，很可能出现国家之间的"管控失灵"。如果是那样，人类的悲剧就可能出现。不过，也无须太悲观。因为中国的"特色社会主义"制度，虽然目前尚不完善，但其基本价值"人类命运共同体"的趋向，如得到进一步的完善、示范，很可能成为抑制人类危机的福音。

2. 共产主义与大同社会

以上这些猜想在不小程度上与我们中国人的"大同"理想有着相似之处，或者说不谋而合的"接口"。《礼记·礼运》篇是这样说的："大道之行也，天下为公。选贤与能，讲信修睦。故人不独亲其亲，不独子其子，故老有所终，壮有所用，幼有所长，鳏寡孤独废疾者皆有所养；男有分，女有归。货恶其弃于地也，不必藏于己；力恶其不出于身也，不必为己。是故谋闭而不兴，盗窃乱贼而不作，故外户而不闭，是谓大同。"这虽是中国古贤按照原始社会的价值所憧憬的理想，但确实反映了人性原旨的价值追求。

如，"天下为公"，原来虽是指人类初期没有私有财产时的"公"，但到了未来社会，社会财富多得"极大涌流"，公共产品(包括"全民基本收入""共享经济")占到了国民收入的绝大部分，比方说占到了90%，到那时原来私有者所拥有的那点财产，也就用不着搞什么去私有化运动了。这种历史现象，也可以说是文明演进长河中的"否定之否定"，即螺旋上升式的运动。由"一无所有"的"公"上升到"财富涌流"的"公"。前者，被私有制所否定；而私有制又被更高级的后者的"公"，即"公共产品制"所否定。这之间的红线，就是生产力的高度发展，使社会财富极大地增加，把"饼子"越做越大，使原来那些私有者的"饼子"相形见绌。这如果用过去的眼光看，几乎是不可思议。但是，到今天站在物联网、大数据、人工智能、纳米技术、3D打印、生物技术等前沿科技的高台上看，已经是地平线上的帆影了。

又如，"选贤与能，讲信修睦"，这虽是反映了人类初期文明的规制性诉求，却也是代表了人性的本质趋向。其实，"民主"作为一种文明表象，不也是追求以和平程序化的方式把贤能的人选出来治理国家吗？但工业文明派生出来的西方民主模式，这些年来却愈来愈远离"选贤与能，讲信修睦"，而被"程序民主"所绑架，向形式主义异化了。这也向我们提出了一个问题：未来的社会——无论称之为共产主义还是大同社会——那种崭新的文明格局，绝对不是资本主义议会民主那种"制度文明"所能治理的，必须探索出一种能够真正把贤能者按"讲信修睦"的原则遴选出来的更高级、更文明的民主模式。这不就是让古老的大同思想焕发出新时代的生机吗？

又如，"不独亲其亲，不独子其子，使老有所终，壮有所用，幼有所长，鳏寡孤独废疾者，皆有所养；男有分，女有归。货恶其弃于地也，不必藏于己；力恶其不出于身也，不必为己"。这种古代社会可望而不可即的理想，在今天则成为可望而又可即的事了。其中，"壮有所用""男有分，女有归""力恶其不出于身"，不就和今天所说的"各尽所能"近似吗？"老有所终，幼有所长，鳏寡孤独废疾者，皆有所养"，这些在今天不就是社会保障等"公共产品"和共产主义的"各取所需"吗？

当我做完上述对比分析之后，不禁感慨系之。我们的祖先竟然早在几千年前就悟到了几千年后的西方人才悟到的东西，这不仅说明我们中华文明的早熟性，也说明人类文明虽然流变纷呈，但其人性的原旨是存在共性的，是有可能在一定条件下相互融会的。

(选自《发展与文明》，湖北人民出版社2018年版)

社会主义初级阶段及其经济特征初探

一、社会主义的规范性与阶段性

社会主义作为一种客观的社会制度，并不是什么"善良愿望"或"最高理性"，它是经济关系发展到特定阶段的产物，是后资本主义的发展阶段。马克思、恩格斯把社会主义由空想变为科学，就在于他们摒弃了空想社会主义者的唯心史观，发现和运用了唯物史观，创立了剩余价值学说，并以此为基础科学地论证了社会主义取代资本主义的必然性以及取得胜利的途径。

马克思当时勾画的社会主义规范，是以无产阶级革命首先在资本主义最发达的一系列国家取得胜利为大前提的。在那些国家中，高度社会化的生产力同生产资料私人占有的资本主义生产关系矛盾日益尖锐；被资本呼唤出来的巨大生产力，使物质资料的生产达到了相当丰富的程度；资本主义的分配关系造成两极分化，社会分裂为资产阶级与无产阶级两大阵营。[1] 在这种历史条件下，比资本主义更为先进的、能够使生产力从资本主义桎梏下解放出来的社会主义生产方式，自然应该以生产资料社会化、高度计划化和由按劳分配逐步过渡到按需分配作为它的基本规范。这种规范，除了把计划化和商品经济对立起来这一点具有空想因素之外，大体上都是符合当时的历史条件的。它从人类社会发展的宏观高度最本质地概括了社会主义作为后资本主义的历史阶段的特征，是社会主义同资本主义的本质区别。如果不认定这种区别，就等于否定社会主义取代资本主义的必要性了。

但是，历史的进程并没有完全按照马克思的预测发展，而是在一些欠发达的东方国家相继取得了无产阶级革命的胜利。这些国家，原来或者是资本主义欠发达，其基本矛盾还未充分尖锐化（如俄国等），或者是还处于半封建状态（如中国等）。在这种经济基础上，如何开始建设社会主义呢？虽然列宁批判了第二国际和孟什维克关于放弃夺取政权和发展资本主义的机会主义，提出了利用无产阶级掌握的政权加速发展生产力以创造社会主义物质基础的天才思想，但是，究竟如何既不违背马克思关于社会主义的规范，又能结合本国的具体国情，选择有效的社会主义发展模式和道路，这个问题在马列主义经典作家那里没有现成的答案，在以往的实践中也没有得到很好的解决。

过去的大半个世纪，从苏联到中国，几乎都没有考虑本国生产力的发展阶段，就照搬马克思建立在高度社会化生产力基础上的社会主义规范模式。全力推行公有化和计划化，限制乃至排斥商品经济，实行大统大包的经济管理体制。实践证明，这种做法，从某种角度来说，对于一个落后的国家，虽在工业化初期有利于集中资金和社会安定，但越往前发

---

① 参阅恩格斯：《共产主义原理》一书。

展，就越显示出其经济效率不高，限制和阻碍了生产力的发展，使社会主义的优越性不能充分地发挥和显示出来。

这里，就给一切真正的社会主义者提出了历史性的课题：如何把社会主义的规范性同社会主义的阶段性正确地结合起来？如何把目标与起点区别开来？列宁曾指出过："我们决不把马克思的理论看做某种一成不变和神圣不可侵犯的东西；恰恰相反，我们深信，它只是给一种科学奠定了基础，社会主义者如果不愿落后于实际生活，就应当在各方面把这门科学向前推进。"①邓小平同志在党的十一届三中全会以后提出了建设有中国特色的社会主义。党的十二次代表大会又进一步明确规定我国正处在社会主义的初级阶段。这都为我们探索与解决上述问题敞开了大门，指明了方向。

我们知道，资本主义从16世纪资产阶级革命算起，经历了数百年时间，由不成熟到成熟，在这整个过程中，大体经历了三个基本阶段：自由资本主义、垄断资本主义和国家垄断资本主义。而在它的前期，无论政治上还是经济上都有过许多反复和起落，才逐渐趋向稳定。而社会主义这个崭新的社会制度，诞生还只有70年，在中国还只有40年。它也必然会经历由不成熟到成熟，由不够稳定到稳定发展的若干阶段，必然也会出现某些震荡和起伏。现在看来，我们不妨估计，整个社会主义的发展，也会经历三个基本阶段：初级阶段、成长阶段和成熟阶段。对于东方社会主义国家来说，进入成长阶段的时间可能要长得多。

二、中国国情及其制约性

旧中国是一个半殖民地半封建的国家。革命胜利后，建设社会主义所面临的社会经济条件，较之马克思当年创立科学社会主义所依据的社会经济背景，在发展阶段上有着很大的差距。

1. 生产社会化水平很低

中华人民共和国成立初期，我国还是一个小农经济像汪洋大海而且地区间的发展又极不平衡的国家。在绝大部分地区，农业生产还停留在中世纪的手工劳动状态，在少数落后地区，甚至还没有脱离原始的"刀耕火种"。由于长期受到封建主义和帝国主义相勾结所形成的巨大桎梏，农业中的社会分工处于一种呆滞状态，手工业与商业有相当大的部分仍然与农业胶合在一起，以农户为载体，未能完全分离出来。整个农业基本上处于资本主义以前的发展阶段。据统计，1949年我国的农业人口占全国总人口的82.6%，农业产值占工农业总产值的70%，农业生产资料购买额仅占社会商品零售额的4.8%，农村购买消费品额则占社会消费品零售额的58%以上；在农业内部结构上，种植业占82.5%，林牧副渔仅占17.5%，而种植业中，按产值计粮食作物又占绝大比重，经济作物分量较小。这些数字说明，中华人民共和国成立初期我国还是一个农业国，农业商品化程度很低，农业内部的分工都还没有得到较大的发展，工业和城市也还处于欠发达的阶段。

---

① 《列宁选集》第1卷，人民出版社1972年版，第203页。

2. 物质资料的生产水平不高

不仅在农业中，而且整个国民经济的生产水平并不高，到处都是绝对短缺的现象。1949 年按农业劳动力平均的农产品产量都很低，粮食仅 1369 斤，直到 1977 年也仅有1932 斤，其他畜产品则更少（见表 1）。

表 1　　　　　　　　　　**按农业劳动力平均的农产品产量比较（斤/人）**

国家	粮食	肉类	蛋类	牛奶
中国	1932	50	14	7
苏联	18749	1038	237	6902
罗马尼亚	6849	468	89	1437
墨西哥	5281	386	121	1133
日本	5719	631	604	1752
法国	31745	3767	635	25139
美国	174675	13607	3032	43275

注：中国为 1977 年的数字，其他国家均为 1976 年的数字。
资料来源：农业部政策研究室：《中国农业基本情况》，农业出版社 1979 年版。

由于农业劳动生产率不高，我国平均每人占有的农产品数量，在 1978 年以前连温饱水平也难以保证。如 1949 年全国人均占有粮食 418 斤，棉花 1.6 斤，油料 9.6 斤，生猪0.11 头；直到 1975 年上述四项农产品人均占有量也仅达到 619 斤、5.2 斤、9.8 斤、0.3头（以上统计数字大部分来自《中国农业基本情况》），人平工业产品更少。

3. 社会阶层远未分化为两大阵营，中间阶层大量存在

1949 年全国 18082 万劳动者中，城市职工 809 万人，占 4.47%，城镇个体劳动者 724万人，占 4%；农村个体劳动者 16549 万人，占 91.52%，后两者共占 95.52%。[1] 在农村人口中，土改前地主与富农不到 10%，而各阶层的个体农民则占 90% 以上。这说明，无论是农村还是城市，当时的中间阶层都大量存在，占有绝对优势。

在中华人民共和国即将诞生前夕的七届二中全会上，毛泽东十分清晰地看到了这些特殊的国情，指出："中国的工业和农业在国民经济中的比重，就全国范围来说，在抗日战争以前，大约是现代性的工业占百分之十左右，农业和手工业占百分之九十左右……这也是在中国革命的时期内和在革命胜利以后一个相当长的时期内一切问题的基本出发点。"[2]并据此制定了正确的新民主主义政策，即没收帝国主义及其走狗的官僚资本，使国营经济掌握国民经济命脉，成为领导成分；在相当长的时期内允许个体经济存在与发展；允许有利于国民经济的城乡资本主义成分的存在和发展，实行"节制资本"政策。从 1949 年到

---

① 国家统计局：《中国统计年鉴1981》，中国统计出版社 1982 年版。
② 《毛泽东著作选读》下册，人民出版社 1986 年版，第 657~658 页。

1953 年，国民经济迅速地得到了恢复，证明新民主主义政策是完全符合我国国情的。后来制定的党在过渡时期的总路线，提出工业化和两个"改造"(对资本主义工商业的改造和对农业、手工业的改造)，预计完成的时间也是很长的。

但是，由于我国当时面临的国际环境，一方面有帝国主义的封锁以至入侵的危险，迫使我们不得不优先从政治上、军事上考虑问题；另一方面，又只有苏联那种社会主义模式可供借鉴；同时也由于胜利使头脑开始发热，对国情制约性的考虑逐渐淡化了。于是，造成后来过早过急地彻底消灭了私有制，实行无所不在的公有化，实行大统大包无所不管的计划化，限制商品经济的发展。在农村中，从 1956 年开始，过早、过急、过于粗糙地推行了农业高级合作化，以至公社化；在生产关系上，搞一刀切的集体化模式；在经济形态上，排斥商品经济，推行产品经济；在农业管理上，大搞行政命令瞎指挥。这样，在土改基础上一度萌动的社会分工和商品经济，又遭到抑制，后来到"文革"10 年，更进一步被扼杀，致使我国的农业经济直到党的十一届三中全会以前，仍旧处于一种畸形的落后状态。粮食、棉花虽产量有所增加，但多种经营却有萎缩的趋势；农业机械虽然人为地增加了，但农民受益不大，反而增加了经济负担；农村的商品生产与商品流通基本上萎缩了，土改后刚刚复苏不久的农村集镇也随之衰败，个别地方甚至消失了。

总之，我国的农业由于在小生产的基础上，急于推行集体化、公社化，便不得不变成一种在"大生产"外壳下的半自给自足的自然经济。

从统计资料中便可以看到，从 1949 年到 1975 年，中间经过了 26 年，虽然粮棉产量和农田基本建设有较大提高与改善，但是农村经济的社会分工并无多大的改变，产业结构调整缓慢，农业劳动生产率仍然不高，农业商品化进程迟缓，一句话，农业生产力处于一种胶着性停滞不前的状况(见表 2)。

表 2　　　　　　　　　**1949—1976 年社会分工和农业生产力发展情况**

年份	农业人口数量(万人)	占总人口的比重(%)	农业劳力数量(万人)	占总劳力的比重(%)	城市职工数量(万人)	占总劳力的比重(%)	农业产值占工农总产值的比重(%)	种植业产值占农业总产值的比重(%)	农业生产资料零售额占社会商品零售总额的比重(%)
1949	44726	82.6	16549	91.52	809	4.47	70.0	82.5	4.8
1952	49191	85.6	17317	83.5	1603	7.73	58.5	83.1	5.1
1957	54035	83.6	19310	81.2	3101	13.04	43.5	80.6	6.9
1962	56024	83.3	21278	82.1	4321	16.68	33.6	78.9	10.0
1965	60416	83.3	23398	81.6	4965	17.32	29.8	75.8	12.2
1970	69694	84.5	27814	80.8	6216	18.05	22.8	74.4	15.4
1975	78142	85.0	29414	78.1	8198	4.47	28.5	69.3[*]	18.0

注：* 为 1976 年的数字。

资料来源：《中国统计年鉴 1981》和《中国农业基本情况》中的统计资料。

由上表可见，农业人口、农业劳动力从农业中转移出去的比重甚小，城镇职工主要是自然增长。据估计，城市人口增长额中只有1/3为机械增长。农业内部的分工也处于胶着状态，农业中有机构成提高缓慢，对工业的依赖不大，仍处于一种半自给状况之中。党的十一届三中全会以来，虽有了很大的发展，但总的来说，我国的农业还处在由传统农业向现代农业转化、由半自然经济向商品经济转化的阶段。

这种情况说明，在小生产的基础上过急、过高地实行高度公有化、计划化的发展模式，不仅不能迅速推动社会生产力的发展，相反会成为它发展的桎梏。

走过了30年的路，还必须绕回来进行反思：为什么会出现这种曲折？其深层原因何在？这个问题，其实列宁早在1921年就明确地指出了，他说：“没有建筑在现代科学最新成就上的大资本主义技术，没有一个使千百万人在产品的生产和分配中最严格遵守统一标准的有计划的国家组织，社会主义就无从设想”。① 又说：“为了使‘我们’能顺利地解决我国直接向社会主义过渡的任务，就必须懂得，需要经过哪些中间途径、方法、手段和补助办法，才能将资本主义以前的各种关系过渡到社会主义，全部的关键就在这里”。② 这就是说，在一个经济落后的国家，无产阶级革命胜利后虽然在政治上翻了身，有了自己的政权，但在经济上还面临着一个严峻的课题：如何能将资本主义以前的小生产过渡到社会主义大生产的阶段去？列宁认为，小生产是不能直接过渡到社会主义大生产的。

社会主义必须建立在社会化的大生产基础之上。而社会化大生产所需要的基本条件，则是自然经济所无法提供的。这些条件是：

（1）相当完备的基础设施和社会服务体系。建立在高度社会分工基础上的大生产，与“小而全”“大而全”的经营方式是毫不相容的，对能源供输、交通系统、通信设备、供排水等基础设施要求很高，对产前、产中、产后，金融、信息、财贸、生活等社会服务体系依赖极大，在这种条件还不具备的情况下，人为地拔高“一大二公”的“大生产”，只会得不偿失，效益低下，而且难以为继。

（2）较严密的社会统计监督系统和较高的标准化水平。大生产是一种社会性的高度协作，一环扣一环，任何一环的脱节都会造成社会性的失调乃至危机。因此，如果没有统一的标准化和以此为基础的“最严格遵守”的社会统计监督系统，大生产就无法正常运转，社会主义大生产要求更高，不仅在生产领域，而且要在分配领域中切实保障按劳分配，保障不受“寄生虫的危害”，也需要标准化与统计监督。而这种标准化与统计监督，正是列宁所说的“建筑在现代科学最新成就上的大资本主义技术”的重要组成部分。

（3）要有各种层次的具有现代素质的人。这种现代素质，不仅包含现代科学技术与技能素质，而且包含现代商品经济意识的素质，还包含组织管理与协调现代大生产的能力的素质。具有这种素质的人，包括从普通劳动者直至国家高层领导人。否则，社会化的现代大生产这部庞大的机器，就会处于缺乏合格的操纵者、管理者以至指挥者的状态，其效果是可想而知的。

除此之外，当然像资金积蓄、技术装备等都是十分重要的条件。

---

① 《列宁选集》第4卷，人民出版社1972年版，第508页。
② 《列宁选集》第4卷，人民出版社1972年版，第524页。

显然，上述这些条件在我国社会主义建设的起步阶段从总体上说基本不具备，从而形成对"直接过渡"的巨大约束，而要基本形成这些条件，不是一蹴而就的，是需要经过商品经济大发展的整个历史阶段才能办到的。那么，我们是退回去"补资本主义的课"，还是依照列宁所说利用掌握的政权，采取灵活的"中间途径、方法、手段和补助办法"，大力发展社会生产力，为社会主义大生产逐步创造出必要的物质基础呢？毫无疑问，我们必须走后一条道路，即有中国特色的社会主义道路。

中国不能退回去补资本主义的课，而必须实行有中国特色的社会主义，这并不是人们臆想出来的，因而也不是谁可以随意加以否定的。这是因为：第一，在中华人民共和国成立之前的100多年间，中国就有许多人曾试图在中国建立资本主义制度，但都没有成功，这是历史的定论，因为国际环境已发展到了帝国主义阶段，在一个半殖民地半封建的大国，想要在帝国主义包围蚕食的环境中演变为真正独立的资本主义国家已是十分困难了，正如现代猿猴不再可能演变为人类一样，它失去了演进的大环境。所谓"亚洲四小龙"的发展，一则地域极小，二则它们并无真正的独立，只不过是国际资本的附庸而已。我国能走这样的路吗？第二，中国要振兴，要富强，如果没有国家的统一，社会的安定，一切都是空谈。历史已经证明，除了中国共产党没有任何一个党能做到这一点，从孙中山到蒋介石，中国从来没有真正的统一和安定。如果走资本主义道路，必然会导致取消中国共产党的领导，国家又会陷于混乱之中，那还侈谈什么经济大发展？所以，结论只能是：既无条件直接实行社会主义的规范模式，又不能退回去走资本主义道路，只能在共产党的领导下，根据本国的国情，走有中国特色的社会主义道路，即由初级的社会主义逐步过渡到成熟的社会主义的道路。

三、社会主义初级阶段及其经济特征

如前所述，在东方社会主义国家，由于"资本主义以前的各种关系"(包括经济关系、政治关系、宗法关系、心理关系等)还大量遗存，大生产所需的基本条件还不够具备，因此目前还处于社会主义的初级阶段或初级社会主义阶段。

初级社会主义阶段，首先具有明显的过渡性。新生的社会主义形态，其体制与机制还未发育成熟，甚至还没有成型；旧的前社会主义的各种形态，其体制与机制也还未完全消失；过去30年形成的旧的体制与机制，更是大量存在，甚至还在发展。因而，这个阶段的经济、社会乃至文化生活展现出一种复杂纷繁的格局，某种新旧之间的摩擦及至"撞车"的现象，从某种意义上说也是难以完全避免的。初级社会主义阶段，也是一种奠基阶段。在这个阶段，社会主义通过利用一切可能利用的因素(包括非社会主义因素)来发展社会生产力，加快社会分工的进程，尽快地创造出社会主义大生产所需要的物质、技术、文化和心理基础，在摩擦与斗争中使自己成长壮大起来，最后取代前社会主义的各种关系而进入社会主义的成长阶段。

因此，社会主义初级阶段，经济上就具有如下特征：

(1)在所有制上以社会主义公有制为主导，多种经济成分并存。生产资料实行社会公有，是社会主义制度与资本主义制度的根本区别，是我们所追求的长远目标，但是，公有化绝不是一种行政措施，它是一个经济发展的过程，马克思提出公有化，是以资本主义的

生产力高度社会化与生产资料私人占有的基本矛盾为前提的。列宁指出："只有把社会关系归结于生产关系，把生产关系归结于生产力的高度，才能有可靠的根据把社会形态的发展看做自然历史过程。不言而喻，没有这种观点，也就不会有社会科学。"①正是基于这一点，列宁认定国家垄断资本主义是无须中间阶段地过渡到社会主义的最好条件。因为国家垄断资本主义代表的是高度集中的社会化生产力，只需在生产关系上实行公有化就可以了。所以，从本质上说，是生产力的社会化水平决定生产关系的公有化水平，不能脱离生产力社会化程度去盲目追求公有化的水平。具体地说，哪个社会主义国家的社会化程度高一些，其公有化水平就可能高一些，哪个地区社会化程度高一些，其公有化水平也可能高一些，哪个部门、行业以至企业社会化程度高一些，其公有化水平也可能高一些；反之，社会化程度低的国家、地区、行业乃至企业，其公有化水平就宜低一些。此其一。其二，即使到了社会主义的成熟阶段也很难设想会是清一色的公有制。社会主义初级阶段与社会主义成熟阶段相比，在所有制结构上的特征可能是：第一，非社会主义成分在数量上更多一些，特别是对私人经济的政策更宽一些。第二，社会主义公有制在质量上还欠成熟，特别是合作经济、集体经济的联合性可能不如成熟阶段紧密与完善，各种全民所有制经济的集中程度较低一些；公有制经济中的私有制因素相对更多一些等。总之，初级阶段表现为：以公有制为主导，允许多种所有制形式并存，即允许个体经济和私人经济在较长时期内存在，在一定限度内发展，在不同的地区、行业和企业中，视其社会化程度，在结构比例上可以有所不同。

社会主义公有制的主导作用，首先是从国民经济的整体来看的。在全国企业总资产中，公有性质的资产占主体地位，能源、金融、邮电通信、交通等经济命脉掌握在国家手中。这样，就可为国民经济在总体上沿着社会主义轨道运行提供物质基础。个别地区、少数部门和企业，即使因生产社会化水平低而实行非公有制占主要比重的模式，但由于它们一方面不能影响国民经济的大局，另一方面在金融能源等重大要素上对公有经济的依赖性，从而只能作为社会主义经济体系中的补充部分，在大的方面按照社会主义经济规律运行。即使在局部和短期内有"越轨"行为，公有经济也有能力加以调控。社会主义公有制的主导地位，其次还表现为公有制本身是多形式、多层次的，不局限于传统的两种形式。在农村，不仅是双层经营的地域性合作经济，而且包括专业化合作的联合体，劳动人民合股集资的合作经济或集体经济以及各种以公有制经济为主体的横向经济联合企业等。而且各种公有制形式的企业，也不是纯而又纯的，往往是夹杂着不同程度的私有制因素，例如，劳动力的私人所有，部分生产资料的个人所有以及分配中在不同隶属关系、不同企业之间存在着差别等。

在多种所有制形式并存的格局下，农村个体经济和私人经济将会长期存在。国家要发展，农民要富裕，靠单一的种植业把劳动力都陷在田里，是办不到的，农村产业和农业劳动力都必须向非农业化转移。而这一转移，如仅仅依靠国家和集体的力量，也是办不到的，必须实行国家、集体、个体一齐上。既然存在着个体经济，而个体经济则是"十字路口"的经济，它发展到一定程度，要进一步扩大规模，便会有两种选择：合作或雇工。实

① 《列宁选集》第 1 卷，人民出版社 1972 年版，第 8 页。

际上是两者并存的。故允许个体经济长期存在，私人经济的出现，就是难以避免的，问题在于我们如何正确地认识和处理这个问题。我认为，必须把理论问题与政策问题区别开来：对于雇佣几十人甚至百人以上的"大户"，在理论上应如实地承认它属私人经济，有剥削，不能阉割马克思的剩余价值学说，而要维护理论的严肃性；在政策上则可以允许它在一定范围内存在与发展。这有利于促进农村生产力的发展。对于私人经济的违法行为，则要加强管理，甚至进行必要的法律制裁。在规模发展到有可能左右市场时，就应及时进行控制和引导，在将来逐步将其引向合作经济。

(2)在经营方式上实行所有权与经营权的分离，允许多种经营方式并用。各种所有制经济都可以实行所有权与经营权的分离，采取承包经营、租赁经营、挂户经营。也可以实行各种所有制之间的合伙经营和股份制经营。

在所有制不变的情况下，采取多种灵活的经营方式，这并不是社会主义的创造，在封建主义制度下，就曾经实行过这种分离，即维护封建土地私有制，同时又实行庄园式或租佃式等多种经营方式，资本主义制度更是如此，尽管有家庭经营、租赁经营、联合经营、股份制经营等多种多样的经营方式，但资本主义私有制却并未丝毫动摇。在社会主义条件下，也完全可以而且应该这样做。只是在社会主义初级阶段，对个人承包、租赁经营放得更开一些。至于股份经营则是大生产的一种最佳经营方式，与社会主义不是对立的。

(3)在分配形式上实行以按劳分配为主，多种分配原则并行。在社会主义初级阶段，既然存在多种所有制和多种经营方式，自然也就不可避免地存在多种分配原则。大量的是按劳分配(因为以公有制为主导)，同时也存在按资金、技能、生产资料、资源进行分配的原则。而且在一个企业中，也允许同时存在几种分配形式，例如在合股企业中，既主要按劳分配，也允许按股分红(当然不允许不恰当地增加分红的比例，以变相地扩大消费基金)。

在这种情况下，必然会出现劳动者个人收入差别的扩大。但是，这是先富后富、大富小富的差别，大家或先或后、或大或小地、参差不齐地共同走向富裕之路。当然，在社会主义的初级阶段，居民经济收入上的差异会比成熟阶段更大，而且少数人由于对生产资料的个人占有而形成的高额收入会比后者更显著一些。但是，从社会总体上看，这与资本主义条件下那种穷者愈穷以至成为无产者，富者愈富个别成为亿万豪富的两极分化，是有根本区别的。但共同富裕也决不等于同步富裕或同等富裕。30年来的经验说明，欲追求同步或同等富裕，实际上大家都不能富裕。

(4)在宏观调节上实行以间接调控为主、直接调控为辅。我们在前面曾讲过，高度计划化的经济管理模式是高度社会化的生产力所要求的，而不是小生产所要求的，计划化绝不是一种随心所欲的东西，它必须在公有化和社会化的两个基础上才能真正建立起来。

因此，现阶段，我们还只能实行以宏观间接调控为主的有计划的商品经济。有计划的商品经济模式，可以概括为：除了少数影响国计民生的大中企业实行直接计划之外，一般是计划调控市场，市场调节企业，即国家通过经济与法律手段调控市场的运行，而让企业在计划调控的市场中自由活动。当然，要做到这一点，必须通过改革创造各种必需的条件，诸如理顺价格关系，建立统一的市场体系，完善企业的内部机制等。

总之，马克思主义关于社会主义的规范模式是我们为之奋斗的长期目标。当无产阶级政党处在一个落后的国家开始建设社会主义的时候，必须从自己的国情出发，遵循历史唯物主义，立足于发展社会生产力，在现实与目标之间，扎扎实实地建立起一个个前进的据点，采取一系列中间的社会主义过渡模式，以期最后达到目标模式。

（发表于《江汉论坛》1987 年第 9 期）

社会主义市场经济初析

中国共产党第十四次全国代表大会正式提出了我国经济体制改革的目标，是建立社会主义市场经济体制。这在理论上是一个重大的突破。它标志着中国的经济体制改革和经济发展将进入一个崭新的阶段。对于社会主义市场经济问题，应该说，我们现在还是处在确定了方向，明确了主要任务，有了初步基础，还须大力深入探索的阶段。由计划主导型的经济转到社会主义市场经济，由提出社会主义市场经济到真正建立社会主义市场经济体制将会是一个相当长的过程，在理论、政策上乃至具体实践中，必将会出现许许多多新的情况，新的问题，要求我们不断地再学习、再探索。本文只可能就一些目前可以看得见的问题做一个初步的探析。

一、认识上的三次飞跃

社会主义国家，由排斥商品货币关系到承认市场经济，是一次划时代的革命。这期间，由于思想的禁锢和认识受实践的制约，在计划与市场的关系上经历过多次反复。随着我国改革实践的发展，人们在认识上逐步提高，终于实现了理论上的三次飞跃。

1. 第一次飞跃：由"限制论"到"补充论"

由于理论和经验的限制，长期以来我们都认定计划经济是社会主义的基本特征之一，而商品与市场则是同社会主义的本质不相容的。认为哪里有商品经济，哪里就会滋生资本主义。由此，便产生了一系列限制商品货币关系的政策。这种限制政策在"文化大革命"中发展到消除城乡之间的买卖关系和消灭"自发势力"的根子——农民自留地的荒谬地步。

20世纪80年代，农村开始了以家庭联产承包为中心的改革，亿万农民推动了农村商品经济的大复苏，使农业在几十年来破天荒第一次实现了超常规的增长。这一无法否认的事实，教育了人们，使大家开始认识到商品经济确实比过去那种过度集中的计划经济模式具有更大的活力。于是，开始承认在社会主义条件下，还必须利用商品经济，使其作为社会主义计划经济的一种有益的补充。在这一阶段，代表性的理论就是"板块论"，大的由计划管住，小的让市场调节，实行"计划经济为主，市场调节为辅"的方针。这在认识上和实践上，应该算是一次飞跃，即由排斥到利用的飞跃。

2. 第二次飞跃：由"补充论"到"结合论"

20世纪80年代中期，随着改革开放的深入与扩展，特别是沿海地区经济的迅猛发展，一方面，城市改革步履蹒跚，难以适应经济发展和农村深化改革的需要，使人们愈来愈感到旧的"补充"模式已经过时，实践已远远超越了它；另一方面，特区和沿海地区发展的经验也充分证明，放开市场才能搞活企业，从而才能促进经济的迅速发展。于是，人们进一步认识到，在社会主义初级阶段，商品经济不仅不能逾越，而且是社会主义的本质内涵，不是外在之物，必须加以大发展，才能促进社会生产力的发展。由此，在中国共产党第十三次全国代表大会上正式确立经济体制改革的目标，是建立社会主义的有计划的商品经济，实行计划与市场相结合，具体的运行模式是"国家调控市场，市场引导企业"。后来又改为"计划经济与市场调节相结合"。应该说，这是我们在理论上的又一次飞跃，即由"补充"到"结合"的飞跃。

3. 第三次飞跃：由"结合论"到"基础论"

理论的力量在于它的彻底性，给人们明确无误的指导信息。应该承认，"结合论"较之"补充论"的确是一大进步，但却是不够彻底的。它没能解决计划与市场谁是基础的问题，在计划与市场谁主谁从，谁多谁少的问题上，仍然似是而非，可是可非。而其中的实质，则是没有正面回答"计划经济"究竟是不是社会主义的本质特征问题。正由于此，在20世纪80年代后期，人们的认识反反复复，莫衷一是。理论上的困惑，使得改革特别是国有经济的改革步履蹒跚，一些老工业基地处境艰难，国营企业的亏损面不断扩大。而反过来，在沿海地区，在一些国有经济（计划经济）不占优势的新兴工业区，经济发展却蒸蒸日上。这种鲜明的反差又一次教育了人们：如果再不突破旧的"计划经济"的禁锢，再不确立市场经济的应有地位，我国的改革与发展将会遇到重大的障碍，甚至有"功亏一篑"之虞。

正是在这种背景下，邓小平同志在总结正反两方面的经验的基础上，明确地提出了计划经济与市场经济不是社会主义与资本主义的本质区别，两者都是经济手段的科学论断。这一论断，如春雷掠空，云霓消散，澄清了理论的是非，指明了改革的方向。中国共产党第十四次代表大会，依据邓小平同志的思想，取得了一致的共识，郑重确定了社会主义市场经济作为经济体制改革的目标模式，让市场在社会主义国家宏观调控下对资源配置起基础性的作用。这样，在理论上与政策上完成了由"结合论"到"基础论"的伟大飞跃。这一认识上的飞跃对未来经济发展的巨大催化作用，是绝对不能低估的。

二、市场经济是商品经济的高级形式

市场经济就其本质来说是生产力社会化的必然产物，是商品经济发展的高级形式。

我们回顾一下商品经济的发展史，就可以看到，商品经济是一种超越社会制度的经济形态。在它的发展过程中，大体经历了三个基本阶段（或形式）：小商品经济、原型市场经济和现代市场经济。

1. 商品经济的萌发阶段：小商品经济

小商品经济，或简单商品经济的出现，可以追溯到原始社会的后期，跨越了奴隶社会和封建社会。这一点，马克思在《资本论》中有过精辟的论述。这种小商品经济，是以小生产的自然经济为背景的一种新的萌芽状态的经济形态。当时，人们生产的目的是"自给自足"，而不是为交换而生产，只是将少量剩余的产品个别地、偶然地拿去交换别的自己所需要的产品。马克思以"商品——货币——商品"来代表这种小商品经济的运行规律。

在小商品经济条件下，由于市场极度不发达和生产的自给自足性质，生产资源的配置显然不可能通过市场机制实现，也更谈不上通过计划机制实现，而是一种集需求信息与资源配置行为于一体的分散性、封闭性和随意性的原始配置方式。

2. 商品经济的发展阶段：原型市场经济

资本主义生产方式的确立，使资产阶级在它不到一百年的统治中，"仿佛用法术"创造了生产力飞跃发展的奇迹。它"把一切封建的、宗法的和田园诗般的关系都破坏了。"①自给自足的小生产彻底被摧毁了，城市大工业兴起了，国内市场统一了，世界市场开拓了……社会分工的大发展，把生产力的专业化、社会化推进到空前的高度，实现了需求与生产的高度分离，以致使任何一个生产者(企业)依靠自身的全部智慧都无法解决生产什么，生产多少，为谁生产的问题。要解决这个问题，只能求助于市场。

这样，市场便成了一支"无形的手"，凌驾于社会之上指挥着千千万万个企业的生产，指挥着全社会的分配、流通、消费。这就是我们所说的"原型的市场经济"，或称自由竞争时代的市场经济。这种市场经济，在历史上就是由社会化的大生产所呼唤出来的。

在这种自由竞争的原型市场经济条件下，生产资源的配置完全是通过市场信号的波动，自发地(没有干预地)引导加以实现的。这种资源配置方式，在历史上起过十分巨大的革命作用，它使社会生产力的发展超过了"过去一切世代创造的全部生产力"的总和。但是，它却使人类社会从此变成了自己所创造出来的市场的奴仆。

3. 商品经济的高级阶段：现代市场经济

原型的市场经济把生产力奇迹般地呼唤了出来，但当时那种狭隘的自由资本主义的生产关系，却逐渐无法驾驭它了。马克思、恩格斯曾经生动地描绘道："这个曾经仿佛用法术创造了如此庞大的生产资料和交换手段的现代资产阶级社会，现在像一个巫师那样不能再支配自己用符咒呼唤出来的魔鬼了。"②1929 年爆发的那次震撼了整个资本主义世界的大危机，就是这一矛盾的集中暴露。这次几乎使资本主义丢了性命的危机，导致了资产阶级经济学的大转折，导致了由"无形的手"一统天下的自由放任的市场经济转到了以"无形的手"为基础并加进了"有形的手"(政府干预)的现代市场经济。关于这一点，刘涤源教授在他的新著《凯恩斯主义研究(上卷)：凯恩斯就业一般理论评议》中有一段很好的概括："1929—1933 经济大危机严重地震撼了资本主义体系。这次经济大危机是资本主义经济危机史上一个重大的转折点，导致了资产阶级庸俗经济学说的一次重大转化：原来占统治地位，以市场经营论为中心内容的马歇尔新古典经济学说顿时衰落，转换为以政府干预为主轴的罗斯福'新政'，随之涌出'凯恩斯革命'，逐渐成为风靡西方各国的主导经济学

---

① 《马克思恩格斯选集》，第 1 卷，人民出版社 1972 年版，第 253 页。
② 《马克思恩格斯选集》，第 1 卷，人民出版社 1972 年版，第 256 页。

说。"①其后，虽几经曲折起落，供给学派、现代货币主义等相继更替兴衰，但现代的资本主义市场经济已经不是过去那种完全自由放任的经济了，几乎所有的发达资本主义国家都在不同程度上通过政策、规划、计划等手段实行政府对经济运动的干预。绝对的"无形的手"的市场经济，现代实际上是没有的。

这种现代市场经济，在以市场机制作为资源配置的基础方面，同原型的市场经济没有实质上的差别，而只是在宏观方面加强了政府干预的作用，通过各种经济的和政策的导向作用对市场运行和国民收入再分配施加影响。资产阶级在运用"有形的手"调节供求均衡、缓和经济危机，改良式地调和过度的两极分化，保障社会稳定等方面，积累了丰富的经验，的确在一定程度上弥补了"无形的手"的缺陷，延缓了资本主义的衰亡。但由于其制度本质的局限，并不能根本消除危机和阶级对立。

从上面的分析中可以看到，市场经济是生产力社会化"自然演进"的结果。不过，这种由小商品经济到市场经济的演进，在历史上是由资产阶级来完成的，从而在其外壳上也就难免会带有某些资产阶级的烙印。然而，我们却不能由此判定市场经济是资产阶级的"专利"。正如不能因为资产阶级在历史上开创了"机器的采用，化学在工业和农业中的应用，轮船的行驶，铁路的通行，电报的使用……"这样一个现代化的时代，而把上述一切都当作社会主义的异己之物一样。

三、市场经济选择的必然性

经济学的基本问题，就是研究如何更有效地利用有限的（或稀缺的）资源生产出更多的物质财富，以满足社会需求。资源产出率高者，谓之经济效率高；反之，则是经济效率低。这是一个社会是否繁荣昌盛的基础。而资源产出率，则要取决于资源配置的方式与方法。

排除中世纪不论，迄今为止资源配置的基本方式，不外两种：市场的配置与计划的配置。

1. 计划经济下的资源配置

社会主义国家过去 70 年的实践表明，那种排斥市场机制的典型的计划经济，为求得总供给与总需求的均衡，不能不依赖中央的高度集权，通过带有命令性的经济计划，用行政手段一级一级地配给资源，确定生产任务和调配最终产品。这种资源配置方式，显然要遇到一系列的麻烦：计划决策者的主观偏好，信息的迟滞与失真，计算上的困难以及机构的臃肿。这一切都是滋生官僚主义的温床，使生产往往与社会需求脱节。在具体经济生活中则表现为：

——比较有利于宏观调控，而不利于微观搞活；

——政府扩张意识强烈，而社会激励机制萎缩；

——容易实现单一的目标，难以保证多目标的协调发展；

——易于实现总量均衡，而较难实现结构均衡；

---

① 刘涤源：《凯恩斯主义研究（上卷）：凯恩斯就业一般理论评析》，经济科学出版社 1989 年版，第 3~4 页。

——适用于简单的经济系统，很难适应复杂的经济系统。

正是这种资源配置方式，造成动力机制萎缩和经济运行呆滞，致使过去的社会主义国家资源浪费严重，生产结构失调，经济效率不高，社会主义的优越性未能充分显示出来。实践证明，过去这种高度集中的计划经济模式，在资源配置上基本上是失效的，社会主义国家必须寻求新的模式。这正是 20 世纪 80 年代经济体制改革的基本历史背景。

2. 市场经济下的资源配置

市场经济，是通过市场信号的波动，自下而上地引导资源的流动与配置，引导生产、分配、流通到消费的运行，自动实现供给与需求的均衡(总量的与结构的)。这种资源配置方式，需要具备如下前提：

——市场主体的多元性；

——生产要素的全面流动性(商品化)；

——生产与经营领域的自由进入性(非垄断性)；

——市场信号的非干扰性(非刚性)。

由于市场经济的这种特质，它较之计划经济，社会激励机制(动力)远为强劲，资本形成速率高，而且速度与效益比较容易统一；在市场导向下，需求引导生产，较计划经济能更好地实现供给与需求在结构上的均衡；在市场条件下，由于强烈的竞争机制和灵敏价格机制，可以有效地促进资源利用效率的提高，特别是在微观领域，可以强迫企业采用新技术，改善经营管理，从而推动资源产出率的提高和产品消耗率的下降。这就是市场经济具有更高的经济效率的原因。当然，市场经济由于它本身所具有的无政府状态，也必然会在分配上造成两极分化，在经济发展上会造成周期性的危机。这些都是市场经济的共性。

3. 社会主义市场经济的选择

前面说过，市场经济就其本质来说是社会化大生产的产物。社会主义和资本主义一样，都是建立在社会化大生产的基础之上。因此，社会主义国家实行市场经济，本来是应有之义。

(1)市场经济所要求的前提条件，在社会主义社会也是可以满足的。

第一，市场主体的多元性，可以通过公有制为主体，其他经济成分为补充，公有制企业实行两权分离、成为相对独立的经济实体的方式解决。

第二，生产要素的流动性，完全可以通过各种生产要素的商品化解决。劳动力这一生产要素，如果承认马克思所说的"重建个人所有制"包含消费资料的个人所有和劳动力的个人所有，则也是可以成为商品的，只不过在社会主义社会这种特殊的商品和其他商品不完全一样，它具有交换价值和人的尊严这两重属性。

第三，生产与经营领域的自由进入性，就绝大多数的产业与行业来说，在社会主义社会也是不成问题的，特别当国有企业的改革到位以后，这个问题更不是问题了。

第四，市场信号的非干扰性，不是绝对的，即使在资本主义条件下也不是绝对的。所谓非干扰性主要是指消除市场信号的"刚性"，包括国家的宏观调控，也必须以市场供求关系为基础。显然，这也正是社会主义价格体制改革的目标模式。

（2）在社会主义的实践中，凡是市场机制大于计划机制、市场为主计划为辅的国家、地区和企业，都比那些旧的计划经济模式改变不多的国家、地区和企业经济发展要快得多，效果要好得多。沿海比内地市场机制更强劲，沿海欣欣向荣，内地发展迟缓；乡镇企业相比国有企业，前者是市场调节，后者是计划调节，一个生机勃勃，一个亏损面不断扩大。

（3）在社会主义条件下，市场经济的共性，同在资本主义条件下一样基本上是相同的。一方面，在社会主义条件下，市场经济在资源配置方面的一切优点都会表现出来，社会主义国家的经济效率必将会大幅度提高。另一方面，分配上的差距拉大在一定时期内是不可避免的；周期性的经济危机在一定程度上也是可能出现的。这就给我们的宏观调控提出了更高的要求。由于社会主义国家有共产党的统一领导和公有制经济的主导地位，在克服市场经济的弱点方面，显然比资本主义国家更有优势。

（4）社会主义条件下的市场经济同资本主义条件下的市场经济，也有其本质区别。这种本质区别，主要是两个：

第一，市场主体结构的不同。资本主义主体结构，是资产阶级私有制企业占绝对统治地位，其他经济形式的企业（如合作社、国有企业等）则是从属地位。社会主义市场主体结构，则是社会主义公有制企业占主体地位，其他经济成分的企业（个体、私有、外资等）则属补充地位。

社会主义公有制能否与市场经济相容呢？这是资产阶级经济学的偏见，似乎市场经济只能建立在私有制的基础上。这是不对的。其实，市场经济所要求解决的条件不是"属谁所有"的问题，而是要求解决"自主经营"的问题。而社会主义条件下，对公有企业实行所有权与经营权的分离，是完全可以做到自主经营的。股份制的实施，将为"两权分离"提供最好的形式。在股份经济的条件下，公有经济的主体地位将不体现为有百分之几十的企业属公有企业，而将体现在公有经济控制了百分之几十的股份。

第二，市场运作最终结果的不同。资本主义市场运作的终极结果，是少数个人（寡头）的财富大积累。社会主义市场运作的最终结果，则是人民大众的共同富裕。由于这种目标上的本质差异，在资本主义市场经济条件下，往往是牺牲公平去追求效率，而且也只能在不妨碍效率或为了提高效率的前提下，改良式地照顾公平。而在社会主义市场经济条件下，则要求兼顾公平与效率。

公平与效率能否得兼？长期以来，社会主义国家也没能找到一种使两者得以兼顾的模式，往往是牺牲效率去追求公平，造成平均主义与低效率。问题的症结，我认为就在于企望将公平与效率都放在微观领域中加以解决的错误思路。正确可行的模式，应该是一种"分离模式"，即：宏观解决公平，微观追求效率。具体地说，就是国家通过国民收入的再分配（税收、社会保障、公益事业）解决"有限公平"；企业内部则应严格实行优胜劣汰。之所以叫"有限公平"，是因为马克思曾经说过：平等不能脱离当时的经济文化发展水平。社会主义国家在这方面应该比资本主义国家具有根本性的优越性。

四、社会主义市场经济体制的建立是一个历史过程

社会主义市场经济由提出到真正建立将是一个不短的过程，不是一步可以跨越的。我在《计划、市场与经济发展》一文中曾提出，成熟的市场经济具有如下标志：①市场主体

的专业化、自主化；②市场客体的社会化与统一化；③市场运行的规范化与可控化；④市场信息的有序化与灵敏化。显然，我国目前的市场发育状况，离这些标志还相距很远。建立成熟的社会主义市场经济体制，既是一个庞大复杂的社会工程，又是一个经济社会"自然发育"的结果。既有改革的任务，又有发展的任务。在这个过程中改革与发展将围绕下列相互联系的问题进行：

1. 市场体系的全面建立

现代市场经济，必然要求市场涵盖经济生活的各个领域，这在社会主义条件下也不能例外。市场体系包括两层内容；第一，我们必须使商品、资金、生产资料、劳务、技术、信息等市场普遍地发育起来，形成从批发(期货)到零售的体系，并完全有能力满足生产者与消费者的需求。第二，在国内打破地区贸易壁垒，基本形成全国统一的市场。

市场体系是一项政策工程与物质工程相结合的产物。仅仅靠"政策放开"是远远不够的，还必须依靠各级政府乃至各种经济实体在场所设施、运输系统、仓储体系、信息设备人才培训等诸多方面进行系列化物质建设。没有后一种物质工程的保障，政策便会落空！目前农村"买难卖难"、结构调整迟滞，在很大程度上是上述"物质工程"不到位，致使信息不灵、渠道不通、运输乏力，这个问题当引起特别的注意，否则将会极大地挫伤农民的生产积极性，甚至会引起一些农产品(特别是粮食)生产的大滑坡。

市场体系的培养，既然隶属社会工程，就应该放手让全社会来参与，国家、地方、企业、个人(特别是农民)"四个轮子"一起转，这可收事半功倍的效果。

2. 政府职能的完全转变

我们现在所形成的一套以等级服从机制为灵魂的"金字塔"式的政府体系及其职能，是过去那种高度集权的中央计划经济体制的派生物。我在1984年写的一篇文章中，曾称之为"权力分配型"体制，它的基本职能就是"一级管住一级"，一直管到企业。那种"无所不包"的计划经济，必然要求从生产指标的确定，到生产要素的配给，到产、供、销的衔接，到产出品的调配，到人民生活生老病死、衣食住行的安排……都要有相应的机构管起来，而且管的刚性很大。否则，偌大的经济计划，如果有一个环节自由行动，其他环节就会产生混乱。

20世纪80年代开始了改革，经济基础在不断地朝市场方向变化了，但作为上层建筑的政府机构及其职能都迟滞难动。特别是那些分管生产要素的职能部门(所谓"条条")改革步履蹒跚。人们为什么会那样固执地迷恋着那种"力不从心"的管理职能呢？当然首先与富余人员难以安排有关，但也不能不承认：这里面有一个利益再分配问题。

社会主义市场经济所要求的是"小政府、大社会"，政府对经济生活由直接命令职能转变为间接导向职能，由"管家"职能转变为服务职能，彻底割断政府与企业之间的"脐带"，把指挥权交给市场。由此可见，市场的发育同政府职能的转变是息息相关的。

3. 企业制度的全面更新

构建社会主义市场经济的企业制度，根本的问题是国有企业产权关系的实际确立，解决目前产权模糊的状况。确立社会主义企业的产权关系包含两方面的内容：一是要确定全民所有财产的具体代管机构，这种机构不应是政府，而应是人民代表大会下的经济法人实体。二是这种经济法人实体，必须具有财产增值的经营机能，而不只是"看守所"。只有这样，才能从根本上塑造出企业"自求发展、自我约束"的动力机制。

搞活企业，是经济体制改革的中心问题。但是要真正能成为一种具有勃勃生机的"自主经营、自负盈亏、自我约束、自求发展"的符合社会主义市场经济要求的企业，除了前面所说的界定产权之外，还需要有一系列的外部环境条件。这些条件包括社会保障体制的建立，企业预算约束的硬化，市场体系的形成，城乡社会化服务体系（第三产业）的充分发展等。显然，如没有基本的社会保障，就无法"破三铁"、实行优胜劣汰；如预算约束仍然是"负盈不负亏"，企业也就没有自我约束的压力；如没有足够的市场体系，企业就不可能与政府割断"脐带"；如没有发达的第三产业，企业仍然"办社会"，它也就没有余力去自求发展。

4. 市场规范的真正确立

市场经济，从宏观上看，似乎是无政府状态的；但从微观上看，则是井井有条的，它具有严格的规范性。市场规范的基本原则是等价交换，平等竞争，在市场面前人人平等。为此，要形成一系列诸如契约制度、经营法规、产权保障、标准监督、价格监测乃至商业道德等的社会规范。这种规范有的是通过政府立法形成，有的则是由商业惯例形成。无论是立法或是惯例，都有一个守法习惯的培育过程，绝不是一立即行的。所以，市场规范不仅仅是一个改革的问题，而且是一个发展的问题。这方面，既要求形成环境氛围，又需要转变观念，避免操之过急。

总之，由计划主导型经济转向社会主义市场经济，是一个十分复杂的过程。就其本体来说，当然是一种机制的转变，是一种资源配置方式的改变。但却不仅仅是这点，它必将交织着利益与权力的纷扰，有时甚至是比较尖锐的。因而，某种阵痛也是难以避免的。正由于此，国家的宏观调控，不是可以放松，相反却是要求加强。当然，这种"加强"不是回到过去那种行政命令式的干预，而是要学会利用各种经济的、法律的杠杆，有计划地引导这种过渡的进程，规范人们的经济行为。这就好像积蓄已久的大水库，一朝放水，决不能把闸门一下子全部抽掉，而必须有步骤地逐渐抽开，否则，下游就会泛滥成灾！

（发表于《江汉论坛》1992 年第 12 期，《新华文摘》1993 年第 3 期全文转载）

中国转向市场经济体制的释疑

——兼论市场经济与社会主义的相容性

中国这个社会主义大国，由过去排斥与限制商品经济到现今承认市场经济，无疑是一次划时代的革命。长期以来，由于思想的禁锢和实践的不足，在计划与市场的关系上，经历了数十年的反复曲折过程。我们付出了很大的代价，但我们终于突破了"天堑"，向前迈进了！

尽管中国在 20 世纪 80 年代开始引入市场机制，直到 90 年代初提出建立社会主义市场经济这十多年间，经济发展取得了人所共知的巨大成就，但是有些人——特别是一些西方人士——对于社会主义国家能否建立起真正的市场经济体制，仍然持观望乃至怀疑态度。究其实质，在于：既要坚持社会主义基本制度，又要实行市场经济，在本质上是否可以相容？或者说，能相容到什么程度？社会主义市场经济体制是一种什么样的体制？

本文试图对这些问题做一初步的探讨。

一、理论：有中国特色的社会主义

社会主义是一个发展中的概念。

我们只要系统地回顾一下历史就可以看到：从马克思提出"科学社会主义"的理论框架到今天实践中的社会主义，这一百多年来，人们对社会主义内涵的认识发生了多么大的变化！经典的马克思主义产生于 19 世纪的西欧，而社会主义的实践却是发生在 20 世纪的东方。这种时间的延后和空间的位移给东方社会主义者带来了极大的困惑。这种困惑主要表现在如下方面：

1. 保障社会公平同物质财富匮乏的矛盾

社会主义的终极目标是根除资本主义社会种种不公正的现象，实现真正的社会公平。在经典的马克思主义看来，这一目标的实现，是在资产阶级"神奇般地"把生产力呼唤出来之后才有可能的。这正是科学社会主义与空想社会主义的基本分歧之一。马克思曾经讲过："权力永远不能超出社会的经济结构以及由经济结构所制约的社会的文化发展。"①他设想，在共产主义社会第一阶段，"生产者的权利是和他们提供的劳动成比例的，平等就在于以同一的尺度——劳动——来计量。"也就是我们后来所理解的"按劳分配"原则。

但是，在中国，资产阶级由于封建桎梏和帝国主义的侵略没有能力完成工业化的历史使命，远远未能把生产力解放出来。在共产党开始进行社会主义建设时，处处是物质财富

---

① 《马克思恩格斯选集》第 3 卷，人民出版社 1972 年版，第 12 页。

的极度匮乏状况。在这种贫穷的基础上，即使在全社会普遍实行"按劳分配"这种马克思并不十分满意的"资产阶级法权"，也超出了社会经济结构所能允许的限度，结果是全社会一律的大平均主义造成经济发展的停滞和经济结构的恶化。

2. 生产资料共有同生产社会化水平低下的矛盾

一切社会不公都源于财产私有制。这是包括空想社会主义在内的所有社会主义者的共同观点。马克思主义同空想社会主义的分歧，则在于前者认定消灭私有制是有条件的，不是简单地向原始共产主义回归。像傅立叶等的"反工业主义"那样，这种条件最基本的就是在实现工业化的基础上所形成的社会化大生产。

然而，在亚洲的社会主义国家，小生产还是汪洋大海，工业化的任务远未完成。在小生产的基础上实行的公有化，无疑会形成对农民的剥夺和对自然经济的强化。事实上，由于借鉴苏联的"经验"，几乎所有社会主义国家在转向经济建设之后，都实行了全面公有化乃至国有化政策。其结果是扼杀了商品经济的发展，极大地窒息了经济发展的激励机制。这是人所共知的。

3. 资源配置的计划性同小生产散漫性的矛盾

马克思主义所理解的计划性，是以社会化大生产和建立在这个基础上的全部现代化运行机制和管理艺术为前提的。当中国乃至东方国家还没能摆脱中世纪的羁绊，小生产的散漫性俯拾皆是的时候，在信息残缺、统计监督薄弱、社会自组织程度极低的条件下实行无所不包的计划化只能是一种乌托邦。

实践已经证明，推行全面一律的公有化（而且还要升级）和高度集中的计划化，造成社会主义国家发展主体单一化、发展动力脆弱化和运行方式官僚化——"瞎指挥"盛行，导致资源配置的紊乱与浪费，经济结构的低劣化。

以上矛盾集中到一点，就是实践中的社会主义过于激进的模式同社会生产力落后的矛盾。

以邓小平为代表的中国的社会主义者，从实践中吸取了正反两方面的经验教训，逐步认识到：在一个发展中的大国建设社会主义不可能一步跨入目标模式，必须分阶段地确定自己有限的目标和政策结构，我们现在还是处于社会主义的初级阶段。在社会主义初级阶段，不能脱离生产力发展水平去追求社会绝对的公平，应允许先富后富、大富小富的差别，通过差别强化激励机制，最终实现共同富裕；不能实行全面公有化政策，应实行以公有制为主导多种经济成分并存的政策；不能实行高度集中的计划化，应充分培育和发挥市场的作用，建立有调控的市场经济体制。一句话，在共产党的领导下，最大限度地利用一切有利于发展社会生产力的因素、力量和方式，大力发展社会生产力，实现国家工业化和社会现代化。

中国十几年改革的实践，已经展示了市场经济较之过去那种高度集中的计划经济在发展生产力方面具有明显的优点：

第一，发展主体更多，资本形成更快；

第二，发展动力更强，激励机制旺盛；

第三，发展风险分散，政府更加主动；

第四，经济效率更高，优胜劣汰推动技术更新。

二、现实：条件的可满足性

市场经济是生产社会化的产物。在生产社会化的条件下，要求社会生产资源通过市场机制的作用来实现。美国的《现代经济词典》对市场经济是这样下的定义："市场经济，一种经济组织方式，在这种方式下，生产什么样的商品，采用什么方法生产以及生产出来以后谁将得到它们等问题，都依靠供求力量来解决"。[①]

作为一个特定范畴的市场经济，是有其严格内涵和标志的。这些标志(或条件)，社会主义能否满足？或者说，在不改变社会主义基本制度的情况下，能否实现市场经济的基本原则？我们的回答是肯定的。试分析如下：

1. 产权主体多元化是市场经济的基础

一般地说，产权主体是指对资产具有最终所有权或支配权的独立经济实体，对资产的损益有直接的利益相关性并负有法律的责任。在西方市场经济条件下，产权主体多元化是通过私有化来实现的，但也有部分国有企业参与。对这些国有企业，采取资产委托制和参股等方式经营，政府并不参与直接经营活动。例如德国，其国有企业实行了严格的政企分开，在经营管理上同私有企业一视同仁，经营得不错。在日本、法国、意大利等国同样有这种情况。

在中国，在不动摇公有经济为主体的前提下，可以充分吸收国外的经验，推行产权主体多元化的改革。总的设想是分层推进：①所有制的总体结构，在公有经济之外，发展非公有经济，用非公有经济催化市场的发育。我国过去十几年已经这样做了，特别是在沿海地区，已大见成效。②在公有经济结构内部，大力发展集体经济与合作经济，从数量上说，应逐步成为公有经济的主体。在我国江苏南部地区就是这样做的。实践证明，这种结构具有很大的生命力。这些企业最容易转向股份制或股份合作制，产权主体多元化便于实现。③对于国有经济，可以考虑"三股分流"实现产权多元化目标，即：第一，少数对国计民生具有重大影响的行业与企业，可实行全资国有制，通过资产管理与资产经营的彻底分离、委托经营，取消不符合市场原则的优惠与负担，变成独立法人企业。其中，某些属公共事业和承担政策任务的企业，可建立规范化的补贴制度。第二，一般竞争性的大中型国有企业，逐步推行股份制改造，成为国家参与制企业。其中，又可分别采取中外合资、国内融资、公私合营等多种形式。视国家之需要和财力之可能，又可采取国家控股和国家参股两种模式。这部分企业，完全可以按照西方市场经济原则进行经营管理。以上两种模式中的公有产权(最终所有权)，可以分割为中央所有，省所有(含市、县)，部门所有，群团所有(含党团工会所有)。第三，对一些国家可以不须参与的小型企业，可以通过拍卖租赁等方式，转让给集体与私人，加速国有资产存量的流动。

---

① D. 格林沃尔德：《现代经济词典》，中译本，第275页。

2. 生产要素的流动性(商品化、市场化)是市场经济的命脉

通过市场供求关系实现生产资源的配置,必然要求各种资源要素是可以交换的,其所有权是可以自由让渡的,即是商品,可以自由在部门之间、企业之间、地区之间乃至国际间流动。否则,就谈不上真正的市场经济。

经过十多年的改革,中国绝大多数生产要素的商品化程度已明显提高,但是在产权商品化和劳动力商品化方面仍然滞后。

产权商品化直接关系到资产存量的流动性。在典型的市场经济条件下,如需求大于供给,则必同时刺激增加投资和调整结构,如为结构性失衡,则必刺激结构调整。这是由于资产的存量可以在部门与企业间自由流动,从而能够较快地实现均衡。在中国,由于过去计划经济体制的束缚,产权不属商品,国有企业与部门无权自行让渡。因而,当需求大于供给时,无论总量或结构,都得依赖增加新的投资。这种机制势必造成三种后果:一是"长线"老长,"短线"老短,结构失衡问题不易解决;二是资金周转率低,占用量大,"投资饥饿症"累抑不衰;三是由于上述两种后果,引发通货膨胀。所以,当中国的改革明确以社会主义市场经济为目标时,产权制度的改革就势在必行。实践将会证明,在社会主义条件下,通过股份制的改造和国有资产管理体制的改革,产权的商品化和流动性问题是可以解决的。

劳动力的商品化,消除劳动力的"部门所有"现象,是中国走向市场经济的另一个难点。不过,这个问题,实践上已经有了突破,随着就业制度和人事制度的改革到位,是不成问题的。问题在理论方面,即在社会主义条件下劳动力能不能成为商品?这与劳动人民的主人翁地位有无矛盾?对马克思的剩余价值论将做如何解释?等等。我认为这个问题可以从两个方面来回答:从宏观方面来说,我们应回到马克思的一句名言上来,即无产阶级如果不解放全人类就不能最终地解放自己。当大量小生产者还没有从落后和愚昧中解放出来,当工业化与现代化还未实现,当社会财富还未大量涌流出来以前,工人阶级的主人翁地位是不可能——特别是在经济方面——最终确立的。从微观方面来说,劳动力成为商品同主人翁地位并不是绝对对立的。在社会主义阶段,主人翁地位应理解为以其自觉性率领社会集中发展生产力,甚至为此不惜作出某种牺牲。"主人翁"不应粗浅地与管制仆人的"主人"等同起来;"劳动力商品化"则应同"自由选择职业的权力"联系起来。主人如果连自由选择职业与工作岗位的权力都没有,那还是什么主人呢?这样,两者就不矛盾了。剩余价值论是马克思为揭露资本剥削劳动力的实质而创立的一个完整的学说。至于剩余价值这个范畴本身,我认为在社会主义条件下也是存在的,只不过我们曾把它称为"剩余产品"而已。作为唯物主义者,不应回避这种名词上的忌讳。社会主义社会如没有剩余价值,何以有积累与扩大再生产?问题在于剩余价值最终归谁所有。

3. 生产与经营领域的自由进入性是市场经济的重要条件

没有自由进入,就做不到由市场配置资源,就没有真正的竞争,从而也就不会有真正的市场经济。在中国过去在许多领域(如能源、交通、金融等)都是由国家垄断的。这种垄断性所造成的资源浪费与结构恶化等弊端,已逐渐被人们所认识。现在,在能源与交通

等方面，已开始放开投资限制，将允许非政府主体(包括私人和外资)有步骤地介入。今后，在其他方面也会逐步有条件地放开。在这方面的困难在于"自由进入性"同"公有经济的主导地位"的矛盾。对这个问题，首先要转变观念：在市场经济条件下，除少量特殊企业之外，"主导"或"主体"不体现为全民或集体的全资企业所占有的大份额，而应体现为国有或集体所有的控股份额。这方面，意大利的"国家参与制"就是很好的例证。自由进入性，既可体现为全资经营，更大量的则是自由参股。对这种企业来说，其实都是"混合"型的。其次在操作上对于少数对国计民生具有特殊意义的企业或行业(如中央银行、尖端军事工业等)，仍应实行国家垄断，但其经营方式则应转变为委托授权制，实行严格的政企分开、财经分开。这不仅不会影响市场经济的发育，相反还更有利于市场经济的健康运行。

4. 市场信号的开放性(或灵活性)是市场经济的主要标志

价格、工资、利率、汇率等市场信号，随着社会成本和供求关系而灵活浮动，以此引导生产资源的配置和企业生产结构的调整，这是市场经济的灵魂所在。

这一条件同我不准备展开讨论的另一个条件——市场法制化一样，与社会主义的基本制度并无原则冲突。随着改革与发展的推进，这些条件都是可以逐步到位的。

总之，市场经济尽管在历史上产生于资本主义发展阶段，但究其本质而言，仍属社会化大生产的产物。社会主义也是以社会化大生产为基础，所以它同市场经济是可以相容的。

三、运作：防止某些误区

由高度集中的计划经济转向社会主义市场经济，在人们的思想认识上有一个逐步更新的过程，在经济社会结构上有一个逐步改革与发展的过程，不是一步可及的。在此过程中出现某些误区和偏差是难以避免的。在当前，特别应该注意如下几个方面：

1. 防止"全民皆商"，坚持社会分工

市场经济是社会分工高度发达的结果。反过来，市场经济的形成又将促进社会分工的发展。生产的社会化和专业化是同一事物的两个方面。分工越发达，生产的社会化程度越高。"一个民族的生产力发展的水平，最明显地表现在该民族分工发展程度上。"[1]

在由计划主导型经济向市场经济转变的过程中，一部分人的社会分工会有调整与变更，这是正常的，出现某些合法的兼业现象也是允许的。但是，"全民皆商"、各业各行齐"下海"，绝不是改革的方向，恰恰是社会分工的倒退。特别值得忧虑的是"裁判失位"现象：经济调控部门的投机倾向。这种倒退与混乱会导致三大恶果：一是会损害国家与民族的长远利益，其中尤为严重的是"教育危机"——师资流失与新"读书无用论"；二是国有资产的流失；一些"翻牌公司"变国有为集体，进一步变集体为私有；三是个人之间、地区之间收入不公的趋向急剧加快，这将危及我们的社会和稳定，搞市场经济，绝不是自

---

① 《马克思恩格斯选集》第1卷，人民出版社1972年版，第25页。

由放任，"无法无天"。我们是在 20 世纪的中国推行社会主义市场经济的改革，不是在 19 世纪的欧洲。

从历史上看，市场经济是生产社会化的产物，而生产社会化则是社会分工的结果。"全民皆商"实际上属分工同构化，是向自然经济的回归。所以，我国向市场经济转变的过程中必须坚持有秩序推进的方针。要及时进行市场立法，要重新调整各行业、各阶层的收入分配政策。只有这样，才能使市场经济的发展有利于社会生产力的发展和稳定，有利于民族的长远利益。

2. 防止"撒手不管"，坚持"职能转换"

有人以为，建立社会主义市场经济体制就可以不要计划和计划管理机构了；政府对企业可以说："我不管了"；企业对政府可以说："你不要管了"。其实，这些人把现代市场经济与古典市场经济混淆了。

完全自由放任的市场经济，那是过去自由资本主义阶段的市场经济。让"看不见的手"主宰一切。但是，当资本主义世界经历一次次的经济危机，特别是 20 世纪 20 年代末的那次震撼了整个资本主义制度的大危机之后，即使是资本主义国家也认识到单纯的市场调节不仅不能有效保证均衡发展，而且会造成资源的巨大破坏和社会的不稳定。凯恩斯主义的出现，正是在这种背景下的资本主义一场大改革的客观要求。在当代，几乎可以说没有一个资本主义国家的市场经济是没有政府干预的。欧洲固不用说，即使是美国这个号称反对计划化的国家，它的政府对农业的干预，一点也不逊于其他任何实行计划调控的资本主义国家。这正是现代市场经济的特征。

我国社会主义市场经济体制的改革目标，是现代市场经济，即由"看不见的手"与"看得见的手"共同调节，以前者为基础，以后者为引导，用"看得见的手"引导市场的游戏规则和信息走向，即调控"看不见的手"；由"看不见的手"调节企业的活动和整个经济的运行。这也可以称为政府主导型的市场经济。

我们决不能重走西方国家曾经走过的弯路，去通过多次危机和破坏来认识单纯市场经济机制的缺陷；不是简单地取消计划机构和计划调节，而应改革计划体制，提高计划的科学性，使市场调节与计划调节更好地结合起来。在现实的资本主义世界，韩国和日本的市场经济模式也足以说明这一点。两者实行的基本属政府主导型的市场经济模式，前者是政府调控下的市场经济，后者是接受政府经济计划与产业政策诱导的市场经济。

3. 防止"见木不见林"，坚持配套改革

市场经济，不仅仅是一个"市场"的问题。

现在有一种简单化的倾向，就是把市场经济与"市场"等同起来。在实际工作中，不少人热衷于搞市场建设而忽视市场经济的配套工程。而且这些人对"市场"的理解，往往也是比较狭隘的，即把市场仅仅理解为商品交换的场所。他们以为，只要到处建交换市场、批发市场、专业市场和综合市场等，就是在发展市场经济——虽然这些也是不可少的条件。

市场经济虽然以经济运行的市场调节和经济资源的市场配置为主要特征，但是它的内

涵绝不仅仅限于市场本身。经济运行的市场调节和经济资源的市场配置不仅仅需要有市场，而且需要有许多其他条件，其中包括市场主体的形成，要素运行的市场化，市场秩序的建立，市场竞争机制、供求机制和价格形成机制的完善等。离开这些条件，建设再多的有形市场也不能建立真正的市场经济。随着市场经济的发展，商品交换的场所无疑需要大量增加。但是，对市场经济的运行和资源配置产生调节作用的，并不是商品交换的场所，而是商品供求关系和交换关系。因此，要真正建立社会主义的市场经济体制，必须着重在经济运行机制的重新构造上下功夫。而经济运行机制的重构是通过经济体制的改革完成的。拿市场主体的形成来说，就涉及整个所有制结构和企业产权制度的改革，以及理顺企业与政府的关系等许多方面。所以，要发展社会主义市场经济，就必须大力推进经济体制改革的系统深化。

到目前为止，中国改革大潮所冲击的对象主要是经济体制。"社会主义市场经济"被提出以来，人们的着眼点也还是主要地放在经济活动和经济制度上面，面对其他方面则注意不够。而其他方面改革的滞后必然会阻碍社会主义市场经济的发展。

马克思曾说：随着经济基础的变更，全部庞大的上层建筑也或慢或快地发生变革。这是一条众所周知的普遍规律。毫无疑问，我们原有的整个上层建筑基本上都是与传统的计划经济相适应的。现在要发展社会主义市场经济，经济基础的这种变革必然呼唤政治、法律和人们思想观念的相应变革。

如前所述，企业作为市场主体地位的形成必须经历政企关系的变革。而要实现这种变革，政府机构设置、职能分工、人事制度和行为方式等，都将经历一场深刻的革命。即使在政企分开以后，政府也必然拥有对经济生活进行控制、协调和监督的很多权力。如果没有一定的制约方式，如果不能阻止权力商品化成为政府官员谋利手段的现象，社会主义市场经济的运行秩序就不可能得到保证。所以，市场经济的发展还要求加快经济法制化、政治民主化的进程。从传统计划经济到社会主义市场经济的变革必然导致人们利益的再分配，而这种再分配可能带来一定的政治冲突。为了保证社会主义市场经济发展所需要的利益分配格局，我们必须借助一定的法律形式来调整人们之间的关系。这就要求加快法制改革，社会存在的改变也要求人们意识的改革。那么，社会主义市场经济需要的道德准则和行为规范又是什么呢？这都是值得深入探讨的课题。

总之，建立社会主义市场经济体制是一个十分复杂的社会工程，在思想上必须有"持久战"的准备，在工作上要有细致的配套改革与发展措施。我们坚信，经过几代人前赴后继的努力，一个崭新的社会主义市场经济体制必将在中国大地上实现。

(发表于《江汉论坛》1993年第10期，系"市场经济与中国国际研讨会"宣读论文，获中宣部"五个一工程"一篇好文章奖)

社会主义与经济发展

长期以来，西方发展经济学的各个流派都没有把社会主义国家的经济发展纳入它们的研究对象。实事求是地讲，这有两方面的原因：一方面，不少西方学者出于一种意识形态的偏见，把社会主义国家的出现看作是一种"历史的偶然"现象，认为发展必定就是资本主义的发展，社会主义的发展是不可能成功的。当然，也有不少西方学者习惯于传统的西方经济学理论体系，对社会主义国家经济发展的实践与政策不能理解，从而也难以作出系统的研究。另一方面，原来的社会主义国家（指 20 世纪 80 年代以前的社会主义国家），实行信息封锁政策并对西方发展经济学采取一概排斥的态度，这也造成国际社会对社会主义国家的经济发展隔膜无知，从而也难以进行真正的科学研究。只有少数学者对中国的发展做过简略的叙述。而社会主义国家自身却又长期受斯大林的政治经济学体系的禁锢，视发展经济学为"异端"。所以到 20 世纪 80 年代以后，才开始知道有所谓发展经济学一说。这方面，我国著名经济学家谭崇台教授起了播种作用。正因为如此，发展经济学在中国起步很晚，在社会主义经济发展问题上，几乎可以说是发展经济学的一片"待开垦的处女地"。

20 世纪 80 年代中期，我国著名经济学家张培刚教授发表了《发展经济学往何处去——建立新型发展经济学刍议》一文，在全国引起了热烈的反响，把发展经济学在中国的研究推向了高潮。张培刚先生在文中正式提出了发展经济学必须研究社会主义大国的发展问题，并对中国社会主义工业化和现代化的问题作出了精辟的概括，提出了研究的方向与方法。①

第一节 苏联经济发展的历史经验

现在苏联已经不存在了。但是，作为一个历史阶段，苏联毕竟存在了近 70 年。在这近 70 年中，它确实实现了工业化，曾有过击败法西斯德国的经济、军事实力，成为战后仅次于美国的"超级大国"。仅就这一事实，在研究发展经济学时，就不能遗漏这一部分；在研究社会主义经济发展时，更不能缺乏这一部分。

1. 美国人的看法

一个如此强大而庞大的苏联，竟然在那样短的时间分崩离析了。这一点，不仅戈尔巴乔夫没有思想准备，世界也没有思想准备，甚至连美国人也感到震惊……"事态发展之迅

---

① 张培刚：《农业国工业化问题》，湖南出版社 1991 年版，第 1~6 页。

速实属罕见""变化显然是令人震惊的"。以致美国的布什都感到有些突然。这些话都是美国著名苏俄专家马歇尔·戈德曼教授说的。①

苏联的解体引起了世人的浓厚兴趣。各种著作纷纷问世,众说纷纭,莫衷一是。其中,美国出了两本具有权威性的著作,一本是彼得·德鲁克写的《新现实——走向 21 世纪》,一本是马歇尔·戈德曼写的《失去的机会——俄罗斯的经济改革为什么失败》。德鲁克探讨 21 世纪世界新格局的涉猎广泛的著作,只是从世界新的宏观变化趋向的角度,研究了苏联衰落将要对世界大局产生的影响,并探讨了苏联衰落的原因。也许是由于德鲁克这本书,主要是从生态社会学的视野来研究"未来的世纪",所以,他对苏联的解体,更侧重于人口、民族问题方面的原因。

据他的看法,苏联这样一个多民族的国家,而且存在欧洲人口和亚洲人口两大群落差异,加上在民族政策上的问题,致使"富裕不仅未抚慰那些少数民族,反而使它们的民族主义更强烈"。即使戈尔巴乔夫的改革"试图通过经济增长和发展来锻造一条新的联合纽带",也是不会起作用的。② 这是在少数民族方面久已存在的分离倾向。一旦中央政治统治(确切地说是俄罗斯的控制力)削弱,这种民族分离主义的倾向就白热化而不可阻挡了。而在俄罗斯民族方面同样也存在分离的倾向,这种倾向甚至不亚于少数民族那样的强烈。这又是为什么呢?据德鲁克的分析,这不仅有一个俄罗斯对各少数民族加盟共和国的经济负担问题(特别是经济方面),更重要的是人口结构的变化——少数民族人口愈来愈多,而且在中央领导层的比重愈来愈大——威胁到了俄罗斯民族的主导地位!所以,德鲁克断言,不管是不是戈尔巴乔夫,任何人都阻挡不了这一重大趋向,只是时间问题。他说:"苏俄的欧洲部分的任何政府都会屈服于人民的压力,把摆脱亚洲人的统治放在议事日程首位。"③

笔者作为一个经济学家,不完全认同德鲁克的上述看法。他的确从社会学的角度,讲到了苏联解体的一个重要原因,甚至也可以说是深层次的一个原因,但却不是根本原因。否则,就很难解释当代与苏联解体同时出现的另一股潮流——欧洲联合的潮流。倒是戈德曼的解释更接近于实质。

戈德曼说:"最终导致戈尔巴乔夫走下台的是,他未能有效地处理国家的经济问题,而且他所推行的改革带来的离心力导致了苏维埃帝国的分裂。"又说:"每况愈下的经济状况早已在政治上为对莫斯科心怀不满的各种民族主义集团提供了有利机会,坚定了他们脱离莫斯科的决心。由于他们的民族怨恨很深,即使经济改革取得了巨大成功,他们仍有可能坚持脱离。不过,如果经济确是繁荣起来,那么他们就不大会使关系的断绝来得如此迅猛,而且在某些方面不会如此彻底决裂。"④

---

① 马歇尔·戈德曼:《失去的机会——俄罗斯的经济改革为什么失败》,上海译文出版社 1997 年版。
② 彼得·德鲁克:《新现实——走向 21 世纪》,第 28~29 页。
③ 彼得·德鲁克:《新现实——走向 21 世纪》,第 31 页。
④ 马歇尔·戈德曼:《失去的机会——俄罗斯的经济改革为什么失败》,上海译文出版社 1997 年版,第 7 页。

那么，人们一定会问：戈尔巴乔夫为什么不首先推行经济体制改革，而却先搞那个导致离心力膨胀的政治改革呢？戈德曼认为，尽管戈尔巴乔夫及其同僚们的确对经济学，特别是市场经济的知识一窍不通，但是，不能首先在经济改革上有所作为的主要责任，并不在于戈尔巴乔夫本人，甚至也不在于其同僚们。这个原因是比较复杂的。归纳起来，有三个主要原因：

首先，俄国"跟英国、法国和德国不同，市场和商业在俄国起的作用要小得多。19世纪的俄国有不少农村公社，这在西方或中国是少见的……即使在20世纪初，俄国市场经济达到顶峰的时候……公众对这类交易活动的态度也常常是批判性的，是肯定不予支持的。新经济政策时期的商人和富农一般都被看作是卑劣的投机分子……这些投机分子似乎又较多地来自少数民族或斯拉夫人中的低层阶层"。"这种对商业的情绪又由于马克思列宁主义正面抨击市场和私人企业而得到加强。俄国人对私人企业的传统态度似乎经常与马克思主义思想相一致。"①

其次，也许就是在这种历史积累的基础上，形成了后来斯大林对待市场、商业、私人经济等一系列的理论和政策。②戈德曼认为，在斯大林时代，苏联用尽一切办法消除资本主义，并且铲除了"一切"可能导致动摇计划经济和恢复市场经济与私人企业的阶级、体制和组织基础。"所有这些都确保，一旦苏联试图脱离计划经济，它将会处于十分不利的境地"。这样，花了几十年时间建立的计划经济秩序，企图在短时间内加以改革，不仅在体制上不是一蹴而就的，更可怕的是人们，特别是上层社会的思想观念也会形成巨大的阻力。

最后，正因为如此，以致戈尔巴乔夫及其同僚们在启动苏联的改革时，如果从经济上动手，特别是从所有制上动手，领导层(反对派)和社会上的反对势力是十分可畏的！正如后来戈尔巴乔夫对戈德曼所说："如果我……从一开始就说：'我认为我们必须拥有的是私有财产。党应该转入幕后等'，不出三天，我就会被人赶下台。"③何况戈尔巴乔夫本人当时也存在许多思想禁锢，并不是一个坚决的改革者。

正是在这种特定的历史条件下，苏联的改革在历史的掣肘下，未能从经济改革入手④，不得不首先用政治改革去企图排除反对改革的政治势力。但是，其结果适得其反：改革既没有使人民得以改善生活，反而打乱了苏联体制的联系，带来了经济的一片混乱，而政治上又推动了强大的控制力，从而加速了苏联的崩溃。

笔者认为，戈德曼教授对苏联改革失败原因的分析，确实接触到了问题的实质，具有较大的说服力。但是，他只是讨论了改革为什么失败的问题，而没有涉及苏联为什么要改革的问题。苏联既然已经实现了工业化，成为第二号超级大国，为什么要改革呢？这就涉

① 马歇尔·戈德曼：《失去的机会——俄罗斯的经济改革为什么失败》，上海译文出版社1997年版，第16页。
② 在此有必要把斯大林的做法同马克思主义的精神相区别：后者是强调历史条件的。
③ 马歇尔·戈德曼：《失去的机会——俄罗斯的经济改革为什么失败》，上海译文出版社1997年版，第188页。
④ 后来戈尔巴乔夫也后悔没有像中国那样从农业土地制度改革入手。

及我们所要研究的发展经济学的核心问题：用计划经济能够在一个落后国家实现成功的发展吗？

2. 历史的经验

苏联确实是在计划经济条件下实现了工业化的大国。它是社会主义计划经济的创始国与发源地。甚至在计划管理的技术上，可说是首屈一指的。几十年来，通过行政、计划的指令性运行，苏联在产业结构上基本实现了由农业主体到工业主体的转变。正是这种工业实力，使其成为战胜德日法西斯的决定力量之一，也是第二次世界大战以后至 20 世纪 70 年代以前获得举世瞩目的高增长的国家。但是，到了 20 世纪 70 年代中期以后，苏联经济开始出现了停滞，国民收入增长率由 20 世纪 60 年代至 70 年代初的 8% 左右降低到 4% 左右，到 20 世纪 80 年代中期以后更进一步降到 2% 左右(见表 1)。

表 1   **苏联国民收入历年增长率(%)**

年份	增长率(比上年)	年份	增长率(比上年)
1962	5.7	1976	5.9
1963	4.0	1977	4.5
1964	9.3	1978	5.1
1965	6.9	1979	2.2
1966	8.1	1980	3.9
1967	8.6	1981	3.3
1968	8.3	1982	4.0
1969	4.8	1983	4.2
1970	9.0	1984	2.9
1971	5.6	1985	1.6
1972	3.9	1986	2.3
1973	8.9	1987	1.6
1974	5.4	1988	4.4
1975	4.5	1989	2.4

资料来源：国家统计局国际统计信息中心：《世界主要国家和地区社会发展比较统计资料 1990》，中国统计出版社 1991 年版，第 28 页。

为什么会出现停滞？现在回过头来看，是有其深刻的体制原因的。那种体制，我们把它叫作"畸形的三位一体的增长机制"，即高度集中的计划经济+官僚主义+掠夺性的石油输出。

在这个"三位一体"中，前两者是大家都熟知的；第三个则是我们受戈德曼的启示而加进去的。戈德罗在书中说："石油和天然气是苏联经济和军事实力真正的奥秘所在……

它总能够利用它的石油和天然气出口购买进口食物、消费品和机器，因而计划工作者在其国内生产计划中总是不重视后面的这些物资的生产。""石油出口在苏联非军事物资出口中一般占60%以上的份额。"后来，这种掠夺性的开采和浪费使石油难以为继，石油出口急剧下降，用来进口的硬通货也越来越少，进口也随之减少了，经济于是出现停滞。"苏联经济更像一个经过矫饰的门面，但从20世纪60年代以来，为维持这个门面耗用了大量的石油美元。"[①]这种机制，应该说，在短期内，特别是在战争时期，战后恢复时期或者治理自然灾害时期，确有其巨大的能量。因为它可以在人民高涨的热情的支持下，凭借严格的纪律和领袖人物的权威，迅速地动员资源集中投入一些国民经济的关键部门与必保项目。但是，就经济学的意义来说，上述支撑这种增长机制的因素都是"非经济因素"：

——人民的革命热情，如无不断增长的物质利益，是绝对难以持久的；

——严格的纪律，如无不断健全的法制，也是不可能继续有效的；

——有权威的领袖人物，不是"万寿无疆"的。

所以，一旦这些支撑的条件发生了变化，特别是转入长期的和平发展时期，这种增长机制就不那么灵验了。因为这种机制存在着致命的弱点。总的来说，就是排斥了市场的活力和抑制了人的积极性。具体表现在以下六个方面：

(1)技术更新机制萎缩。当代经济的首要竞争力就在于技术更新。几十年来，苏联的资源配置、地区分工乃至企业的专业化，都是通过指令性计划加以实施的(后来，甚至扩大到了"经互会")。这种完全排斥市场的计划机制，最大的弱点就是没有竞争机制：部门内部无竞争——企业缺乏技术更新的动力：为什么需要更新？"统购包销""皇帝的女儿不愁嫁"！部门之间无竞争——存量呆滞，资本产出率低下，扩大生产规模开辟新部门，完全靠新增投资。结果：短缺经济、"投资饥渴"成为社会主义国家的通病！这种痼疾，势必造成技术落后，粗放经营，经济效率低下，在市场上缺乏竞争力(国际市场)。苏联"恋大成癖"，靠增加人力而不是技术更新，1000人以上的工厂占总厂数的73.3%，而美国只占26%(还算多的!)。[②]据估计，东西德统一后，原民主德国的企业，普遍技术落后，设备老化，有1/4~1/3不得不淘汰，有1/3要进行大规模的技术改造。[③]

(2)产业结构恶化。苏联虽然表面上实现了由农业国向工业国的结构转换，但由于脱离市场需求的计划倾向和长期实行"优先发展生产资料部门"(一部类)的战略，造成经济畸形发展，产业结构恶化，像个头重脚轻的"虚胖子"：在三次产业的结构上二次产业过重，三次产业严重滞后，一次产业落后；在二次产业中，一部类过重，二部类停滞不前；在一部类中，军事工业特重，其他又相对发展不足。这种状况基本上可以说几十年没有得到什么改变。据统计：苏联1984年第一产业占19.8%，第二产业占56.7%，第三产业占23.5%，这和20世纪整个60年代的水平几乎一样。而同时期的日本，三次产业比重分别

---

① 马歇尔·戈德曼：《失去的机会——俄罗斯的经济改革为什么失败》，上海译文出版社，1997年版，第17~19页。

② 马歇尔·戈德曼：《失去的机会——俄罗斯的经济改革为什么失败》，上海译文出版社1997年版，第12页。

③ 《经济社会体制比较》1991年第2期，第45页。

由：1960 年的 13％，45％，42％改变到 1984 年的 3％，41％，56％。① 苏联在第二产业中 1985 年甲类工业（第一部类）的比重占工业总产值的 74.8％，乙类工业（第二部类）占 25.2％，这与 20 世纪 40 年代相差不大。

（3）供给匮乏，人民生活改善缓慢。上述两方面的结果必然逼使政府实行高积累、低消费的政策，消费资料的生产远远落后于社会的需要，造成消费品的严重短缺，物资供应始终处于紧张状态——卖方市场，排队现象处处可见。

据统计，苏联居民支出的恩格尔系数，1970 年为 0.401，到 1988 年还有 0.322；而同期美国为 0.13，日本为 0.16，苏联只相当于埃塞俄比亚和埃及的水平。② 到 1970 年以后，苏联已成了一个粮食纯进口大国了。③

在短缺经济条件下，由于排斥市场，又要保障人民必需品的基本供给，价格形成必然不可能反映成本和供求关系，是由计划机关主观设定的。这样就进一步抑制了企业的主动性与积极性，恶性循环地加剧短缺，甚至造成很大的浪费。例如，有一种面包，在列宁时代定价为 13 戈比一公斤，直到苏联解体前一直没有变。而小麦收购价每公斤却高达 47 戈比。农民便卖了小麦买面包，面包不是人吃，而是喂牲口！

（4）社会活力萎缩，惰性强化。在这种计划经济体制下，计划的制订者与决策者就存在一个致命的甚至无法消除的弱点，那就是：信息残缺。不管有多么先进的信息收集与传输工具——何况还没有——也不可能较全面真实地提供千头万绪、瞬息万变的需求信息！

问题就出来了：依靠不完全（甚至不准确）的信息制订出来的计划，肯定与实际情况有出入，又要下级按计划执行，这就势必产生"计划"与"反计划"的矛盾。于是，便只有靠军事的等级服从体制来解决了。这种"下级服从上级"的绝对服从，就会导致社会民主的萎缩，生动活泼局面的消失，这必回过来进一步造成上级计划机关的信息残缺，往往还会因"投上级所好"造成信息的失真，从而又进一步造成计划的主观随意性，形成一种恶性循环。在这种恶性循环下，人们只习惯于"眼睛向上""唯马首是瞻"，不用考虑变化了的情况。主动性、创造性大大受到抑制，因循守旧、懒惰成风。这正是官僚主义的最大温床。

（5）民族凝聚力的脆弱化。苏联是一个多民族国家。长期以来，这种发展水平参差不齐，文化风俗各不相同的民族，主要是靠单一的政治凝聚力——共产党的统一领导来维系。但是，一旦这个党不存在或削弱了，国家的统一就难以维系。

我们始终认为，形成全国统一的发达的国内市场，是维系一个多民族大国的基础性条件。然而，在过去那种高度集中的计划经济条件下，一切通过指令调拨与配给，处处排斥市场，就无法形成这种统一的国内市场。一旦政治中心崩溃，各种调拨机构与渠道也就随之而瓦解，首先就是流通的渠道断裂了，从而全国也就成了一盘散沙，整个国民经济陷于

---

① 国家统计局国际统计信息中心：《世界主要国家和地区社会发展比较统计资料 1990》，中国统计出版社 1991 年版，第 38 页。

② 国家统计局国际统计信息中心：《世界主要国家和地区社会发展比较统计资料 1990》，中国统计出版社 1991 年版，第 74，70 页。

③ 金挥等：《论苏联经济：管理体制与主要政策》，辽宁人民出版社 1982 年版，第 602 页。

瘫痪。这正是民族分裂主义的最好时机，一发而不可收了。

（6）综合国力的下降。根据国内外有关国力论的研究[1]，大体上认为，国家的综合国力，主要由若干重要的指标构成。这些指标是：①资源力。主要是人力资源和自然资源。②经济力。是全部国民经济的整体实力。③政治力。包括政治制度的有效性、权威性，政府的决策能力。④军事力。武装力量的数与质，国防工业的先进性，军民关系。⑤科技力。不仅包括科技队伍的数与质，而且包括科技投入的多少。⑥文教力。教育制度的合理性、普及性，教师队伍，教育投入。⑦外交力。国际关系的转变是否对本国有利。⑧民族认同感。对多民族国家来说，这一点也十分重要。

这些指标并不是平列的。经济力是基础，其他如军事力、文教力、外交力都是要有强大的经济力做支撑的——如苏联强大的舰队却因养不起而处于萎缩状态。政治力是前提，如没有统一而和谐的政治局面，其他一切"力"都无法维系和发展。科技力是后劲，是综合国力永葆不衰的保证。

那么，从这种综合国力指标来衡量，苏联由于经济力衰退，政治力松弛，加上一个多民族国家的民族认同感大大削弱了，这样，即使拥有举世数一数二的军事力，可以送人上天的科技力，也难以避免解体的厄运。这不是沉重的历史教训吗？这也是苏联乃至后来的俄罗斯要推行改革的深层原因。

3. 要重新理清我们的思路

苏联瓦解了，但这并不意味着社会主义经济发展的终结，它只是一种错误的社会主义发展模式的失败。

在研究中国社会主义经济发展的时候，首先必须理清我们的发展思路，认真从苏联近70年的社会主义实践中总结出必要的经验教训。只有如此，我们才能在新的起点上更加顺利地前进。

那么，我们应该吸收哪些经验教训呢？对于一个社会主义大国，推进经济发展，必须十分注意如下一些重大问题：

第一，决不能排斥市场。相反还应大力培育市场，充分发挥市场在资源配置中的基础作用，并使之同政府的宏观调控正确地结合起来，逐步形成发达的、多民族共存共荣的国内统一大市场。

第二，决不能过度"集中"。不能单纯靠自上而下的"集中"意志、统一思想这种机制去推动国家运转，而必须更多地注意自下而上地发扬"民主"，强化监督这种机制并使两者有机结合起来。否则，长期依靠"集中"机制，势必导致个人迷信盛行，腐败滋生，政治向心力脆弱化。

第三，决不能迷信"教条"。不断解放思想，根据变化了的实践调整自己的理论和政策，包括社会主义的理论和原则。

---

[1] 主要参考费硕风：《综合国力论》，中国社会科学出版社1992年版。

第二节　社会主义经济发展的理论前提

前面讲了，苏联重要的教训之一就是迷信"教条"，即把社会主义某些理论与政策教条化、僵化了。因此，在构建社会主义经济发展理论框架之前，我们必须把"社会主义"范畴在理论上廓划清楚。当然，实践还在发展，现在的认识也不一定是完善的，但我们总应该根据已有的实践和预测作出必要的补充与发展。

1. 社会主义由空想到科学不可能一次完成

社会主义的实践，在世界范围内，已经80年了。在这80年的正反经验中，可以看到一条重要的启迪："社会主义"事业的兴衰，在很大程度上，与人们对社会主义本质理解的科学程度有很密切的关系。反过来说，是同社会主义理论中的空想成分的多少有密切关系。

不是早就有定论：马克思、恩格斯已经把社会主义由"空想"变成"科学"了吗？看来，应该实事求是地承认，这句话不能用绝对化的态度去理解它。我们认为，社会主义由空想变成科学不可能一次完成。这既不符合马克思主义的认识论，也不符合客观的社会主义实践。迄今为止，社会主义由空想走向科学，至少已经历了四次飞跃或四个阶段。即：马克思、恩格斯的奠基阶段，列宁的实践阶段，毛泽东的创新阶段和邓小平的再创新阶段。80年来的社会主义实践说明，社会主义每前进一步，都是同我们消除其中的空想成分息息相关的。我们现在也不能说，对社会主义的认识已经没有任何空想成分了。这不仅是由于100年前的人不可能对100年后的事全部"未卜先知"，而且是由于社会还在迅猛地发展，新事物层出不穷，甚至过去认为是真理的东西可能现在已成谬误了。对市场的认识，不就是这样的吗？

2. 由经典社会主义到现实社会主义

我们研究社会主义国家的发展问题，也必须持上述态度。即不能把社会主义当作一种可以脱离具体历史条件的"绝对理性"，而应把它作为现实生活中的具体的历史进程来"具体地分析"。少讲些"应该是怎样"，多考虑一些"只可能是怎样"。

按照这种方法论，我们就会发现现实的社会主义同经典的社会主义是有很大差别的。下面分四个层次来阐述：

（1）经典社会主义的历史前提。马克思、恩格斯当年设想的社会主义社会，是以资本主义高度发展、工业化已经由资产阶级完成作为大前提的。在此大前提之下，他们对未来社会主义社会的一些理论与原则的初步设想，是以如下三点作为出发点的：

第一，生产力已经高度社会化，以致资本主义私有制这种窄狭的生产关系已经不能容纳，变成它继续发展的障碍了。这就是所谓生产力社会化同生产资料私人占有之间的矛盾，它是资本主义社会的"基本矛盾"。

从逻辑上说，这个矛盾的解决，自然只要把生产关系由资本主义私人占有转变为社会占有就可以了。自然而然，在生产力社会化生产关系也社会化的这种"协调"的条件下，只需由社会"统一"按计划来配置社会劳动和其他经济资源，也就是后来的"计划化"就可以了。

第二，物质财富大量涌流。既可满足社会全体成员的需要，又有剩余去增加社会投资以扩大再生产。① 这样，社会就有可能通过"劳动票"来分配财富，实行"多劳多得""按劳分配"，彻底消灭资本主义分配不公、两极分化的弊端了。

第三，社会已分化成两大阵营：一边是资产阶级，另一边是无产阶级，中间阶级(小农、小生产者)已基本消失了。这样，剥夺剥夺者就比较简单了。

我们坚持马克思主义，必须全面地理解马克思关于社会主义社会的设想的依据，必须首先要弄清楚这三个立足点。否则，就会犯教条主义的错误！更何况，马克思对未来社会的设想都是很谨慎的、模糊的，只是在批判资本主义和社会主义运动的错误倾向时，顺带揭示出来的，不是系统的，更没有给社会主义规定不可逾越的规范条文。这一点是十分重要的。

(2)现实社会主义的客观条件。众所周知，现实历史进程超出了马克思、恩格斯当年的预想：社会主义革命并不是在发达的资本主义国家取得胜利，而是在一些不发达的资本主义国家(如俄国)和半殖民地半封建国家(如中国)首先取得了胜利。在这些国家远远没有达到上述三个立足点的那种水平，这些国家由于历史的原因，民族资产阶级并没有完成国家的工业化，甚至还没有启动工业化的过程。

就我们中国来说，对照上述三大条件，可以说还差整整一个历史阶段。我们面临的现实是：

第一，我们生产力社会化的程度还很低，小生产的半自然经济还像"汪洋大海"，在某些落后地区人们甚至还没有从中世纪的生产方式、生活方式中解脱出来。

第二，物质财富还相当匮乏，远远没有达到可以满足全体人民需要的那种丰裕程度，发展经济的资金更为短缺。

第三，社会也远远没有分化到两个极端，中间阶层(农民和城市小生产者)还大量存在。有人说，我国现在已经达到了英国19世纪末的水平了。不能这样说，就某些生产指标可能达到了，但从整个社会发展水平来说，还差之甚远：1850年前后，英国的状况是，人口分布城市52%，乡村48%；劳力分布一产业14%，二、三产业86%。这两项指标是工业化和社会发育程度的主要指标。

中国目前城市人口还只占18%左右；二、三产业的劳力只占40%左右，说明我国城市化、工业化还处于中期，还没有基本摆脱"农业国"的状态。

(3)现实与经典的错位，产生三大困惑。正是由于以上这种经典社会主义所依据的历史条件和我国社会发育阶段的错位，中国共产党人在前30年的社会主义建设中遇到了三大困惑和矛盾：

---

① 恩格斯原话，参见《共产主义原理》一文。《马克思恩格斯选集》第1卷，人民出版社1972年版，第218页。

第一个困惑：全面公有化同社会化大生产基础脆弱的矛盾。社会主义绝不是原始共产主义。因为后者是以生产力十分落后为基础的。社会主义绝不是前资本主义，而是后资本主义社会。因为它必须建立在工业化完成的基础上，即社会化大生产的基础，而不能建立在前资本主义的小生产基础上。这一点，列宁说得十分清楚：社会主义不能建立在小生产基础上。那是农业社会主义、小资产阶级社会主义。为什么？

其一，在小生产基础上实行全面公有化，意味着对同盟军——小农的剥夺。恩格斯在《法德农民问题》一文中说得很清楚，对农民的剥夺，不仅政治上削弱了同盟军，而且更重要的是扼杀了亿万农民发展经济的积极性！

从党的十一届三中全会前后的对比中就可以看出：农民发展经济的积极性何等重要，农民发展经济的力量何等巨大！

其二，在小生产基础上全面公有化会导致中世纪的回归：一是加强专制集权；二是排斥市场，强化自然经济(追求大而全)。

第二个困惑：分配的公平化同社会财富匮乏的矛盾。邓小平讲："贫穷不是社会主义。"为什么？因为社会主义是讲社会公平的，而生产力落后就无法提供社会公平的物质基础。如果在"贫穷"的基础采取"杀富济贫"的平均主义办法能搞社会主义，那么中国历代的农民革命岂不都是社会主义？在生产力低下的小生产基础上搞社会主义，只能是平均主义。但是，平均主义绝不是社会主义。

平均主义只能导致干好干坏一个样，扼杀了"拼搏向上"的创新精神。这种绝对平均主义只能是最大的不公平。"按劳分配"除了"计件工资"外，能在全社会推行吗？标准化、统计监督都极不完善。我们只能实行"等价交换"前提下的"按劳分配"，按劳分配只能在企业内部实行。

第三个困惑：集中的计划化同小生产散漫性的矛盾。计划作为一种机制，需要一些基本的条件：法制、规则必须健全；统计信息必须准确、及时；监督系统必须强有力；计划人员必须有较高的素质……而这些都是要在社会化大生产中才能形成的。在我们过去存在人情大于法；信息残缺不全，甚至"干部出数字，数字出干部"；监督软弱无力，不如"条子"。在这种小生产散漫成灾的基础上搞无所不包的"计划经济"，只能叫作"命令经济"——"瞎指挥"。

现在看来"计划经济"很值得商榷：那种计划经济的社会主义模式，其后果不仅在经济方面，而且在政治上阻碍了民主化的进程：计划化——中央集权——官僚政治——等级服从——特权阶层——民主式微。"计划经济"即使到了共产主义也不可行。①

苏联、东欧，搞了几十年的社会主义，由于无法克服以上三大矛盾，产生三大恶果：①发展主体单一化：经济上不去谁着急？只有政府！②发展动力萎缩化：谁敢发财？③运行机制官僚化：效率为何低？

总之，积80年的经验可知，经典的社会主义原则同现实的社会条件相差太大，我们的政策超越了历史阶段，脱离了基本国情，证明此路不通。对照前述三个立足点，我们中国还只是"社会主义的初级阶段"，必须从"冒进"中退回来。

---

① A. 诺夫：《可行的社会主义经济学》，华夏出版社1991年版，第117页。

(4)社会主义初级阶段的确立及其特性。关于社会主义初级阶段的经济特征，中央有关文献做过详细权威的界定。这里我们只想从哲学的高度试图把"初级阶段"的特性加以概括：

第一，过渡性。马克思曾预言，在无产阶级取得政权之后有一个"过渡时期"，即从资本主义向共产主义的过渡时期。他并没有规定这个时期的时间。俄国十月革命胜利后，由于"速胜论"影响，这个"过渡时间"大大缩短了。中国则把"三大改造"完成，就认为"过渡"结束了。现在看来，这个过渡时期将是很长的。我们要彻底抛弃"速胜论""急性病"。

第二，多元性。要完成这样一个艰巨而复杂的"过渡"单纯靠哪一种经济成分，靠哪一种方式或手段，都是办不到的。必须动员社会一切积极力量，调动一切积极因素，群策群力，才可能完成。所以，在"初级阶段"，就经济领域来说，必然呈现：多种经济成分、多种实现形式、多种组织方式共存共荣、互为补充的局面。

第三，混沌性。因为，处于"过渡"阶段，走的又是一条前无古人的新道路，所以，新事物、新现象，层出不穷。不能用既有的条文去生硬框套现实生活，相反，应该从丰富多彩的现实生活中提升出新的理论。

似是而非、非驴非马……比比皆是！要多观察，多研究，多交换，少争论，不扣帽子！

总之，复兴社会主义的历史重任，落到了我们中国共产党人的肩上。我们相信，在邓小平理论的指引下，中国共产党人一定能够胜利地完成它。

我们面临的问题，还不只是"不够格"的问题，还有对社会主义的正确理解问题——排除空想成分的问题。那么，就现有的实践来看，本质的或真正的社会主义是什么样的社会主义呢？

第三节　社会主义的真正本质是什么

上面讲了社会主义初级阶段的发展特质，是一种过渡经济——由"不够格的社会主义"向成熟的社会主义过渡，由"现实"向"目标"发展。那么，目标的社会主义应该是一种什么样的社会主义呢？根据马克思主义与新时代实际相结合的原则，目标的社会主义或成熟的社会主义应具有如下三大实质：

1. 大生产的社会主义

而不是小生产的社会主义。我们在前面已经阐述了一个重要的观点：马克思恩格斯设想的社会主义是后工业化、后资本主义的社会经济形态。

这是在设定工业化已经由资产阶级全面完成的前提下的一种构想。在那种情况下，胜利的无产阶级只需要对资本主义基本矛盾做一个历史的扬弃就行了：一方面继承资本主义所创造出来的大生产基础；另一方面否定资本主义的私有制就行了。

这一设定是科学的：科学社会主义不是原始共产主义。它必须建立在大生产的基础之上。

我们的任务，就是要在"过渡时期"由无产阶级来完成中国民族资产阶级没有完成的工业化历史任务，从而为合格的社会主义奠定社会化的大生产基础。

2. 市场的社会主义

而不是计划的社会主义。这一点，是邓小平对马克思经典社会主义的一个发展。看来，即使到了成熟的社会主义阶段，市场也不能否定。所谓"市场的社会主义"是指：

第一，社会主义应当而且可以和市场联系在一起。依据是：70年社会主义的实践已经做了基本的证明；经济愈发达，计划愈无法解决供需平衡问题，马克思当初的设想过于简单，社会主义是发达的经济，市场仍是不可少的；社会主义可能满足市场机制所需的基本条件：主体多样化，要素流动化，参数浮动化，管理法制化等。

第二，社会主义市场经济同资本主义市场经济的区别不在于市场机制本身，而在于市场的主体结构和市场运行的后果。主体结构：资本主义——以私有制为主导的多元化结构；社会主义——以公有制为主导的多元化结构。运行后果：资本主义——两极分化，财富集中到极少数人手中；社会主义——先富带后富，最终实现共同富裕。

第三，市场的社会主义也不同于工党的"市场社会主义"。英国工党的"市场社会主义"，是"通过市场来实现社会主义的目标"，即让市场来实现社会公平。其模式是：市场—政府—公平，即市场主体基本上是私有化的；政府通过国民收入再分配实现社会公平。

这里就有两个问题得不到解决：

一是政府的价值取向问题——全面私有化的经济基础能产生社会价值取向的上层建筑吗？

二是政策的稳定性问题——政权不掌握在社会手中，而是掌握在资产者手中，工党能保持其政策的持续性吗？英国的例证：保守党一上台就大砍工党的政策，更何况工党的政策也并不是真正社会主义的政策。

所以，我们所说的"市场的"社会主义绝不是简单地"通过市场"去实现社会公平，那是不切实际的。而是：在社会主义政权(通过政府)的积极干预下，以市场为基础配置经济资源，稳定地实现社会公平。

其模式是：市场$\xrightarrow{政府}$公平，即有调控的市场模式。

3. 民主的社会主义

首先，马克思、恩格斯、列宁所设想的社会主义，是民主的社会主义，而绝不是专制的社会主义，而且认为，只有实现了彻底的民主，才能最终建成社会主义。恩格斯在总结巴黎公社经验时曾讲："为了防止国家和国家机关由社会公仆变为社会主宰……公社采取了两个正确的办法。第一，它把行政、司法和国民教育方面的一切职位交给由普选选出的人担任，而且规定选举者可以随时撤换被选举者。第二，它对所有公职人员，不论职位高低，都只付给跟其他工人同样的工资。"①列宁接着说："恩格斯在这里接触到了一个有趣的界限，在这个界限上，彻底的民主变成了社会主义，同时也要求实行社会主义。"并指出："彻底发展民主，找出彻底发展的种种形式，用实践来检验这些形式等等，这一切都是为社会主义革命进行斗争的基本任务之一。"②

所谓"彻底的民主"，就是人民共同占有生产资料，共同分配财富，共同管理国家。所以，社会主义究其本质来说，同官僚主义、专制主义是根本不相容的。

这种民主的社会主义如何产生呢？就现实的社会主义实践经验来说，高度集中的计划经济不可能产生：小生产基础上的计划化→只能依靠强力来维护计划的实施→存在封建专制回潮的危险。这一点，前已述及。

其次，社会主义市场经济能推进民主化进程。市场从三个方面推进民主：买卖自由，推进民主意识："顾客是上帝"；择业自由，推进民主选举：没有"铁饭碗"终身制；言论自由，推进民主监督：自下而上的监督。这也是市场与民主的内在联系。③

再次，民主的社会主义也不同于"社会民主主义"。根本的区别在于社会民主主义主张在不改变资本主义政权——国家机器的条件下，通过资本主义的民主程序——如议会选举实现资本主义向社会主义的"过渡"。这种过渡，在西方不少国家似乎早已试验过了：社会民主党、工党通过大选上台执政，结果如何？还不是纷纷下来了？在执政期间，又能实行多少"社会主义原则"？

而我们所说的"民主的"社会主义，则是在打破了旧的国家机器的基础上，由社会主义的全部上层建筑自上而下地推进同社会主义市场经济自下而上的响应这种双向整合的机制实现真正的民主化。

从次，只有民主的社会主义，才有真正实现马克思恩格斯关于"每个人的自由发展成为一切人的自由发展的条件"这种"人的全面发展"的社会主义最高境界。

最后，社会主义的最终目的，是在生产高度社会化的基础上最终消灭阶级的两极分化，实现共同富裕和人的全面发展。

第四节　社会主义初级阶段经济发展中应处理好的三大关系

1. 公平与效率问题：发展的价值取向

社会主义追求的目标，是一个没有人剥削人的公平社会。但是这种社会公平不是举手可得的，它必须建立在高度发达的经济基础之上，而这种高度发达的经济基础，则是要依靠高效率的生产才能实现的。

过去的社会主义者，习惯于脱离经济基础去追求社会公平，在实践中就造成牺牲效率

---

① 《马克思恩格斯全集》第22卷，人民出版社1972年版，第228页。
② 《列宁全集》第31卷，人民出版社1985年版，第74~75页。
③ 参考索尔·埃斯特林等：《市场社会主义》，经济日报出版社1993年版，第4页。

讲公平，这种公平只能是平均主义——贫穷的公平。所以，在社会主义国家普遍是效率不高，经济发展滞缓，人民不富裕。这种公平没有多大的吸引力。那么，在社会主义大国的发展中，如何正确对待公平和效率的矛盾呢？下面讲四个观点：

(1)公平与效率都是历史范畴。不存在脱离一定生产力和经济发展水平的公平，也不会有超越生产力状况的效率。公平与效率，都要以一定的生产力发展水平为基础，都要服从于一定的经济基础。不能绝对化，也没有"济公和尚"。两者既矛盾，又统一，是一个历史的发展过程。作为社会主义所追求的统一，是要有两大条件的：一是在高度发达经济基础上物质十分丰富；二是人们高度的劳动自觉性，劳动成为"乐生第一要素"。只有在这种条件下，才能实现两者的高度统一。但这种条件只能靠提高效率才能逐步获得。所以，我们只能把公平与效率的高度统一，作为长远的努力目标，而不能作为现实政策。

(2)在社会主义初级阶段，只能在保证效率的前提下，实现有限的公平。也就是说，为了达到未来的社会公平，社会还必须通过提高效率，促进经济的快速发展和人们劳动自觉性的提高，逐步提高社会公平的程度。须知，公平与效率是两把"双刃剑"：适度的公平，可以保障社会稳定，促进经济发展；过度的公平(由于劳动还未成为乐生第一要素)就会滋长懒惰，从而损害效率，阻碍经济发展。适度注意效率，可以促进经济发展，提高对公平的保证力量；过分强调效率，则会导致弱肉强食，助长两极分化，从而造成社会不公平，动摇社会稳定的基础。所以，我们还只能通过适度地鼓励效率，保障有限的公平，在稳定的社会环境下促进经济发展，以逐步获取更多的社会公平。

(3)现实的社会主义公平观：机会均等。公平分"起点"的公平和"终点"的公平，即经济活动出发点的平等和经济活动最终结果的平等。在物质财富匮乏，劳动自觉性不高的历史条件下，如果过分强调"终点"(分配)的公平，就会挫伤人们的积极竞争精神——如同赛跑一样，如果强调"同时到达"那种公平，就不会有赛跑这种竞赛了。

所以，应该首先强调"起点"的公平，即在机会均等的"起跑线"上开始竞赛，尽力排斥掉"不平等的竞争"(如依靠权势、亲缘关系、大宗遗产等)，实行以"起点"公平为主，适当照顾"终点"公平的原则，才能促进经济的健康发展。

(4)宏观与微观分离操作模式。不能把公平与效率都交给微观去解决，那样必然造成牺牲效率、迁就公平，使经济效率普遍低下，阻碍经济发展。可行的模式是：微观(企业、单位)以保证效率为主，严格优胜劣汰、奖勤罚懒，在不妨碍效率的条件下照顾公平；宏观(政府、社会)以保障公平为主，主要通过国民收入再分配和社会公益事业，解决公平问题。但也要有度，否则会鼓励"失业"。

这样，就可达到既有很高的经济效率，又有很高的财富产出来保障政府实施更多的社会公平，从而就社会整体来说，做到了公平与效率两不误，良性循环。

2. 公有与私有问题：发展的主体结构

前面我们已经阐述了按照经典社会主义采取的全面公有化造成的弊端，现实的社会主义必须采取公有制为主导、多种所有制共同发展的主体结构。在这个问题上，要防止两种错误的倾向：既不能因循传统的公有化观念，对发展私有经济顾虑重重；又不能迷信私有化，把它看成万灵丹药。下面分三个方面来讲。

(1)公有化无法包打天下。上一节，我们已经讨论了全面公有化同社会化大生产基础脆弱的矛盾，我国前30年的实践也可以证明，全面公有化由于缺乏激励，没有竞争，不能解决经济的全面、协调发展问题，甚至不能解决大多数人的贫困问题。这里，问题的关键是如何历史地看待私有制。从理论逻辑上说，私有制是社会主义的异己之物，是一切社会不公的渊源。但在社会主义的实践中，我们绝不是无条件地一概排斥私有制。首先，马克思在《共产党宣言》中曾高度评价了资本主义私有制的历史功绩。列宁在《论粮食税》中进一步指明，较之中世纪的小生产来说资本主义私有制不仅不是"祸害"，而是"幸福"。其次，消灭资本主义私有制是有条件的。马克思说过，一种生产方式当它发展生产力的潜力用尽以前，是不会退出历史舞台的。恩格斯更明确地说，工人取得政权之后还不能立即消灭私有制，只有当社会财富"既可满足社会全体成员的需要，又有剩余去增加社会资本和进一步发展生产力"(《共产主义原理》)的时候，才有条件废除私有制。恩格斯所说的这个条件是非常高的。

(2)私有化也不是万能的。我们不能从一个极端跳到另一个极端。新古典主义十分推崇私有化，似乎社会主义的市场化，只要把公有经济私有化就万事大吉了。这是莫大的误区。J. E. 斯蒂格利茨在《社会主义向何处去》一书中阐明了他的观点："某些自由市场主义者认为，迈向成功的第一步是国有企业的私有化。我不知道他们是否正确，但我可以肯定他们的结论没有科学依据。我认为竞争比私有化重要得多。"又说："缺乏私有产权关系不是问题的症结所在，人们甚至可以清楚地看到实行私有化和政府直接控制企业可以同样有效地实现其目标。"他认为，私有的企业如果是给了某部长的亲戚，它同样是无效率的。"市场经济成功的核心是：竞争、市场和分权。在政府起重要作用的经济社会中仍然可能具备这三个要素"。他认为，产权私有化不能解决公共品的问题，也就是说公共部门还是应该由政府控制。我们认为，这个观点对社会主义市场经济的改革有重大启迪。

所以，在我国，市场化改革采取国有经济为主导，公有经济为主体，多种经济成分共同发展路线，是一个正确的选择。

(3)关于公有制的实现形式问题。讨论我国公有制的实现形式，首先要明确三大立足点或出发点：第一个立足点是马克思关于公有制的命题。他曾说过：设想有一个自由人联合体，他们用公共的生产资料进行劳动并且自觉地把他们许多个人劳动当成一个社会劳动力来使用。① 又说："代替那存在着阶级和阶级对立的资产阶级旧社会的，将是这样一个联合体，在那里，每个人的自由发展是一切人的自由发展的条件。"②

在这两段话中，剔除像个人劳动直接表现为社会劳动这样否定商品货币关系的空想成分不论，至少有如下四点是可以作为我们探讨社会主义公有制的重要依据：其一是社会主义公有制应该是一种"联合体"。所谓联合，就不是强制、合并，就是一种没有等级依附的平等关系，其内涵必须是多元化的，不是独家垄断的。因为只有多个经济主体(个人与

---

① 参见《马克思恩格斯全集》第23卷，人民出版社1972年版，第95页。

② 《共产党宣言》。见《马克思恩格斯选集》第1卷，人民出版社1972年版。

集团)通过平等互利的、权利与义务对等的契约联合，才能称为"联合体"。其二是这种"联合体"是"自由人"的联合体。所谓自由人，起码应该是获得了人身解放的、有自由选择就业权利的独立的人，有进出自由的人。其三是在这种"联合体"中，联合起来的各个成员都是使用"公共的生产资料"进行经济活动，不应有任何成员可以垄断"共有"的生产资料去占有别人的剩余劳动；反过来说，联合体的成员，不论其进入时是什么身份(包括资产者)，只要进入以后共同占有生产资料、共同进行经济活动，又共同按权利与义务对等的契约关系进行剩余劳动分配的，都应属于社会主义的联合体。其四是"每个人的自由发展是一切人的自由发展的条件"这句话，应做两层理解：首先，马克思这里所说，本是指社会主义高级阶段，旧社会造成的不合理的社会分工已经消失了的、已经得到全面发展了的高素质的人。其次，这里也体现了他们一个明晰的思路，即共产主义者所追求的是通过每个人的全面发展去求得一切人(社会)全面发展——是在个人全面发展基础上的社会发展，在民主基础上的集中，而不是相反。换句话说，社会主义决不允许任何个人的发展成为妨碍每个人全面发展的障碍因素。因此，任何产生特权、腐败的体制与形式，都不应属于社会主义的范畴。

第二个立足点是社会主义初级阶段。这一点，前面进行过较系统的论述。在初级阶段，不仅公有与私有要并存，而且公有制本身也应允许多样化，要有利于调动多种社会投资主体的积极性，不能一刀切。

第三个立足点是公有制实现形式必须紧密地同社会主义市场经济接轨。市场经济要求市场主体的多元化、开放化，公有制的实现形式也必须多样化、主体化(具有相对独立自主性)和社会化(不搞"小而全""大而全")。

根据以上分析，在我国社会主义初级阶段，关于公有制的实现形式，可以进一步解放思想：首先，国有制除一部分必须独资经营的企业之外，一般应大力进行股份制改造。国有制≠社会主义：资本主义国家也有！股份制≠资本主义：社会主义的资本运营形式。其次，公有制涵盖面很大：除社会主义国有经济外，集体经济(乡镇企业)、股份公司中的公有股、合作经济(供销社)、股份合作经济都是公有经济。

以公有制为主体的"主体"应做何解释？

第一，主体应体现在公有资本额在社会总资本中所占的控制优势。因为，在推行股份制的情况下，有一大批企业是公中有私，私中有公，相互参股，是"混合经济"，无法按企业的个数划分属性。这方面，将来金融资本与产业资本的融合，可以帮助社会主义国有金融资本更好地调控产业资本，掌握主动权。

第二，体现为国有资本在国民经济命脉部门处于绝对控制地位(独资经营或控股经营)。这样，就可能主导国民经济的发展方向。这种控制的幅度随着经济的成熟度不同，可以有相当的伸缩性。

第三，应允许一些特殊的地区与部门、行业在结构上有差别。中国是一个发展极不平衡的大国，不能搞一刀切，特别是对于"特区"、落后地区，就很难，也不应该照搬"主体"或"主导"，有的地区根本没有什么国有经济，那岂不窒息了该地区的发展？

3. 开放与独立问题

(1) 开放是发展的原动力。纵观历史，在落后的国家中，有的发展成功了，有的获得了发展，有的依然落后；在发展中的大国中，有的地区获得了较大的发展，有的地区则依然落后……究其原因，当然可以列举出很多，但我们认为最根本的东西则是：开放是一切发展的原动力；封闭是一切落后的根源。中国有一个典故，叫作"夜郎自大"。为什么一个小小的夜郎会自高自大？因为它封闭，没有见过世面，不知"天外有天，人上有人"。没有比较，没有参照系。

我们中国改革开放前与改革开放后的历史事实也可以充分说明这一点：20世纪80年代以前，基本上是"闭关锁国"（当然也有外部原因），总觉得"形势大好"，总想当"世界领袖"，自我感觉太良好，没有什么需要改革或改变了；20世纪80年代以后，打开国门一看：原来天下有这样大，世界进步有这样快。自己不仅不是"天下第一"，而且远远落在时代的后面了！于是才下决心，要改革，要发展，要急起直追……这个问题，用"耗散结构"理论来解释，是最恰当不过的了。耗散结构理论认为，只有一个开放的系统，不断与外界交换分子与信息的系统，才是最有生命力的系统。因为，它可以不断吸收外界的能量（分子）更新自己陈旧的能量（分子），形成一种"负熵流"，从而具有旺盛的新陈代谢机能，达到新的"远离平衡态"的有序性。这就是古人所说的"流水不腐"的道理。

(2) 要树立新的"民族独立自主"观。在当今经济国际化、信息网络化的新的历史条件下，如何才能保障民族的独立自主？这是一个崭新的问题。显然，像过去那种"兵来将挡，水来土掩"的"画地为牢"的办法，是不能真正实现民族独立自主的。因为那样就会使自己落后，落后就必定挨打。而且在事实上也很难做到，因为国际经济、信息的渗透性，可说是无孔不入的。在经济国际化的大背景下，一个国家要保障民族独立自主，只能是在开放国门的前提下，做到知己知彼，学人之长，克己之弱，不断加强自身的综合实力，在竞争中赶上对手、超过对手，立于不败之地。过去的日本是这样做的，现在的韩国和新加坡也是这样做的。这就是我们应该树立的新独立自主观。

(3) 要形成自主性的引进机制。落后国要实现经济发展的目标，由于资金与技术的短缺，必须向发达国家引进资本和科学技术。但是，这种引进，就像吃"河豚"那样，处理得好，可饱尝美味；处理得不好，便可能丧生！

为什么非洲、拉美有些国家在经济与技术上曾经加剧了对发达国家的依附性？

为什么东南亚有些国家（如泰国、印度尼西亚等）在这次金融危机中成了国际金融投机的牺牲品？

为什么新加坡乃至韩国等国家能在强大的国际竞争中取得真正的发展，且在经济上保持了自己的独立自主？

究其原因，在于是否构建起了自主性的开放机制：在引资上，要有自主的产业政策，不是"有奶就是娘"，不是"饥不择食"，要按照有利于建立自己的民族工业、基础产业的原则引资，注意引资的结构，绝不是越多越好。

在引技上，要有自己独立的科研与开发体系，有"引进——消化——改造——创新——出口"的一整套机制，绝不是一味依赖发达国家的技术输出，自己不动脑筋！这方面，日本的经验是可取的。

(4)要有一个有权威的政府。以上三条由谁来实施？如果没有一个有权威的"强"政府，一切都是空谈！为什么？

其一，当今世界早已形成一个强大的发达国家垄断发展的国际体系。这个体系中虽然各国也有矛盾，但在使不发达国家成为它们的"势力范围"，成为有利于它们的"市场"方面则是没有什么差别的。

其二，东亚崛起的经验已经证明，有一个相对稳定的强政府，较之一个没有权威的政府，更有利于防范发达国家的渗透与打击，更有利于动员国内资源，更有利于实施独立自主的产业政策和科技政策，不致沦为经济附庸。

其三，就中国而言，我们还是一个多灾害的大国，在抗击自然灾害方面，没有一个有权威的强政府，是不可想象的。过去马克思讲过亚细亚兴修水利，所以才会产生集权式的国家；现在历次洪涝灾害的实际也充分说明了这一点。当然，强政府不等于集权主义或专制主义。

新科技革命与社会变迁

引　言

人类社会正面临着又一次历史性的"文明空间大挪移"，即由工业文明进化到智能文明。这种挪移，像历史上前几次一样，首先是从"工具文明"发轫的。这次发轫或启动从 20 世纪末期就开始了。走在最前面的，就是第四次科技革命。

以网络化、数字化、基因工程、人工智能、3G 打印、纳米技术等为代表的第四次科技革命，来势汹涌，光怪陆离，以意想不到的"超摩尔"速度和"集群态势"纷纷"涌现"！这次科技革命，之所以来得如此之迅猛而壮观，是由于摆脱了旧的"经典科学"的过了时的机械思维方法，在新热力学——耗散结构理论与方法的导引下推进的。也因此，它的进展与后效，是无法估量的！完全有一种可能，随着工具文明的推进，整个人类在不远的将来就会进入一个崭新的更加文明的新社会。

对于这种可能的前景，我本人是抱着十分审慎的态度。因为它是光明与危险并存的。由于本人缺乏科技知识的素养，对于眼前的这幅伟大的"图景"，只有"隔雾看花"之能，毫无系统梳理之力。就只能以这种"读书琐记"的方式来表达个人的"零打碎敲"的想法和意见。也算是一个"地球人"对这个伟大时代尽了一份应尽的责任吧。

读书琐记(一)

前　言

普里戈金与斯唐热合著的《从混沌到有序——人与自然的新对话》一书，早在 2005 年我就买回并拜读了。当时，它对我启发很大。特别是关于"耗散结构"的论述给我印象很深。我也曾多次应用这个理论解释过一些社会科学中的问题，包括我在后面《读书琐记(二)》中的有关小文里也用过。但是，随着近年来有关第四次科技革命的新书被大量翻译出版，我愈来愈感到，这次新的科技革命与这本书有重要的关联，至少在"科学方法论"方面开启了革命的先河。我原来对这本书的理解还远远不够。于是，又拿出来，重新再习读一遍。果然，又有了不少新的体会。这几篇文章就是我学习几本书的一点琐碎的心得。总的来说，我似乎觉得，《从混沌到有序——人与自然的新对话》这本书，或许就是目前

"第四次科技革命的哲学基础"。

我之所以要写这个琐记，完全是出于个人的"兴趣惯性"和"求真追求"而做的"记录"而已。因为我一不是科技专家，二无充沛的精力。很可能就是"隔靴搔痒"甚至"张冠李戴"式的劣作。这也无所谓，尽心尽意，也就可以了。

西方思维逻辑的惯性

著名未来学家托夫勒在为此书所作的前言中认为："当代西方文明中得到最高发展的技巧之一，就是拆零，即把问题分解成可能细小的部分。我们擅长此技，以致我们竟时常忘记把这些细部重新装到一起。"①这个概括非常到位。这就是说，西方的"科学方法"(思维范式)重分析(拆零)、轻综合(整合)。因而，在思考与处理问题时，易于偏向单向思维(绝对化)，忽视统筹兼顾(融汇化)。非白即黑、非此即彼、非死即生、非敌即友等。这种思维范式多少受到19—20世纪欧洲第二次科技工业革命那种封闭的、线性的、平面的、静态的"科学方法"的影响。

自然科学当时还处在工业革命初期，那时的"经典科学"的方法，就是在问题"拆零"之后，就"假设其他条件都相同""这样一来，我们的问题与宇宙其余部分之间的复杂的相互作用，就可以不去过问了"。② 这就是问题的实质。

在那个时代背景下，由于科学的探索还是处于一种封闭的(局限于地球系统内部)、线性的、静态的状态，还没有放眼宇宙。所以，牛顿的经典物理学一度"风靡一时"。直到放眼宇宙的爱因斯坦把地球放到宇宙这个开放的大系统中来研究，才发现了"经典物理学"的极大"局限性"，创立了"相对论"。

从这一点看，西方的"理性主义"的确已经到了"改弦更张"的时候了。

2019. 3. 6

科学的动力源泉

19—20世纪西方的科技与工业革命，在人类文明史上，写下了浓墨重彩的篇章。但是，在那种历史环境下形成的"文明惯性"，虽然在过去部分区域(主要在欧洲和欧洲移民地区)管用，但在其他地区就失灵甚至不可行。这是历史的事实。现在到了21世纪，情况有了新的变化，那种以西方传统"经典科学"理论为依据的科学活动，即使在西方也开始显得不灵了。问题何在？

据普里戈金和托夫勒的看法，问题归根结底出在"科学动力"上，即科学靠什么源泉来"推动"？在21世纪以前，是以"牛顿物理学"为代表的"经典科学"统治的时代。经典

① 伊·普里戈金，伊·斯唐热:《从混沌到有序——人与自然的新对话》，上海译文出版社2005年版，前言第1页。

② 伊·普里戈金，伊·斯唐热:《从混沌到有序——人与自然的新对话》，上海译文出版社2005年版，前言第1页。

科学的"权威理论"认为科学是靠"科学自身逻辑"来推动的，故科学的动力源泉就只是"自身逻辑的推演"一个源泉。这在那时主要限于地球系统内部的科学探索，还是在有限的程度中，可以大体循着封闭性、线性、可预知性、无时间性的思路与方法进行。但是，到了20世纪中后期以后，人类科学探索的视线已经突破了"地球系统"转向"宇宙开拓"了。科学的对象已不是那种可以不计时间的封闭系统了。牛顿的"经典物理学"对许多问题(如光弯曲)就难以解释了。于是，就有了爱因斯坦相对论的诞生。由此，普里戈金认为，科学的"动力源泉"应该有两个：科学自身逻辑和环境变迁。缺一不可，而且到今天，由于科研手段的急剧更新，后者愈来愈重要了。其实，这道理也很明显，科学是人的主观对客观环境(科学研究的对象)的"规律性认识"。只有当这两者"同步"时，才会有真正的科学和科学进步。但是，这种"同步状态"，往往是"间歇性"的。因为人的"主体认识"往往总是小于或滞后于"客体环境"。一旦由于"工具的改进"扩大了人的"视野"或客体环境的发展变化(这是必然的)，则那种"沉淀于过去"的认识必然就会成为阻碍科学进步的"认识局限"。牛顿的经典物理学之所以不能解释爱因斯坦揭示的问题，道理就在这里。今天，据科学界说，由于"第四次革命"，人类"开拓宇宙"的广度与深度正在迅速地展开，可能爱因斯坦也要"落后了"了。所以，普里戈金认为，那种静止的、封闭的、线性的、没有时间因素的、可预知的"经典科学"的科学理论与方法，虽在有限的范围内还有用，但是必将被动态的、开放的、多维的、时间不可逆的、难以预知的以"耗散结构理论"为标志的"新热力学"取代。因为今天科学的主要对象已经突破了地球，向浩渺的"多宇宙"进军了。我们面对的是远离平衡态的、时间不可逆的、空间边界尚不可预知的"超大系统"。因此，科学的"动力源泉"必须将"科学自身逻辑"同"科学对象环境"密切结合起来，缺一不可。我认为，《从混沌到有序——人与自然的新对话》一书对科学界具有划时代的意义。

2019.3.8

耗散结构理论的要义

托夫勒在为《从混沌到有序——人与自然的新对话》一书所作的前言中，有几段话大体概括了耗散结构理论的大意：

"概括地讲，他们(指过去的西方科学界——作者注)主张当宇宙的某些部分可以像机器那样运转时，这部分就是封闭的系统，而封闭的系统至多只能组成物质宇宙的一个很小的部分。事实上，我们所感兴趣的绝大多数现象是开放的系统，它们和它们的环境交换着能量和物质(人们还会加上信息)。生物系统和社会系统肯定是开放的系统，就是说，企图用机器论的方法去认识它们，是注定要失败的。"

"这一点还说明，现在世界的绝大部分不是有序的、稳定的和平衡的，而是充满变化、无序和过程的沸腾的世界。"

"用普里戈金的术语来说，一切系统都含有不断'起伏'着的子系统。有时候，一个起伏或一组起伏可能由于正反馈而变得相当大，使它破坏了原有的组织。在这个革命的瞬间——作者把它称作'奇异的时刻'或'分叉点'，根本不可能事先确定变化将往哪个方向发生；系统究竟是分解'混沌'状态，还是跃进到一个新的更加细分的'有序'状态或组织的高级阶段上去呢？他们把这个高级阶段称作'耗散结构'，因为比起简单的结构来，这些物理结构或化学结构要求有更多的能量来维持它们。"

"有序和组织可通过一个'自组织'的过程真的从无序到有序从混沌中'自发地'产生出来。"

"一个远离平衡态而且这时占统治地位的是一些非线性的关系。在这种状态下，系统就完全两样了，它们将变得对外部影响特别敏感，小的输入能产生巨大而惊人的效果，整个系统可能以我们觉得异乎寻常的方式重新组织自己。"[1]

"我们现在知道，在远离平衡态的地方，一些新型的结构可能自发地出现。在远离平衡态的条件下，我们可能得到从无序、热力混沌到有序的转变。可能产生一些物质的新力学态，反映了给定系统与其周围环境相互作用的态。我们把这些新的结构叫作耗散结构，以强调耗散过程在这些结构的形成中所起的建设性的作用。"[2]

从以上几段话中，可以概括如下要点：

(1)在这个世界(含宇宙)上，绝大多数都属于"远离平衡态"的系统。因为在系统中必然会有一个或一组子系统是处于某种"起伏不定"的状态，而且其运动是具有"时间矢向"的，非线性的，故是"不可逆"的，即不可"重复"的，也是难以预知的。

(2)这种系统，又是"开放的系统"。它与外在环境进行着能量与信息的"交换"。从外部环境吸纳"负熵流"以自动地"对冲"系统内部的"熵增加"，防止"热力平衡"。这实质上是一种"新陈代谢"的过程。这个过程通过系统内"自组织"——往往会出现剧烈的"涨落"——而实现系统由"混沌"进入"有序"。[3]

(3)这种"新的有序"就是耗散结构。也就是一种新的更有活力的"有序结构"。对社会科学来说，就是一种具有旺盛新陈代谢机能的系统。所谓"熵"，就是"保守趋向"。所谓"负熵流"，就是系统外环境中的"新事物"，属于"创新趋向"。

(4)这种新陈代谢的过程，就是"负熵增加"和"熵"减少的过程。也可以说是"热力平衡"的消除。往往是系统中的一个或几个子系统开始出现，呈现出一种"涨落"(分叉)现象，而后逐步波及整个系统。

(5)如何理解这种"耗散过程"的作用？据我目前的理解，这个耗散过程，总体上说，是一个"旧的"解构与"新的"建构同时交错进行的过程，在这个过程中，伴随着系统诸子系统的或涨或落，"负熵流"(新鲜活力)与"熵增加"(热力平衡)对冲性地交换，或学习性的修正，形成一种不同于原结构的新结构，即"耗散结构"。

概括地讲，耗散过程的形态即是有进有出；耗散过程的结果就是新陈代谢。如果是

---

[1]　伊·普里戈金，伊·斯唐热：《从混沌到有序——人与自然的新对话》，上海译文出版社 2005年版。

[2]　伊·普里戈金，伊·斯唐热：《从混沌到有序——人与自然的新对话》，上海译文出版社 2005年版，第13~14页。

[3]　后来约翰·霍兰又补充：通过涨落，"涌现"出一种崭新的结构来。霍兰认为：这种涌现就是"整体大于其各部分之和"。(《涌现》)

"有进无出"，系统就可能"爆炸"（如气球）。如果是"有出无进"，系统就会"干涸"（如干塘）。

2019.3.9

一个新的方法论：热力学与机械论的分野

19世纪的"经典科学"，是一种"机械论"的方法：封闭的、线性的、可逆的、可预知的方法。这种方法，由于是在一种封闭的、低级系统的、不受时间限制的小系统中进行，范围小，层次低，可控度大，故是有效的——至今在传统的小系统中仍是有效的。但对于宇宙和更复杂的系统，这种方法就难以奏效了。因为在大的、更复杂的系统中，"时间"是决定因素，时间是有"矢向"的。过去了的，就不可能再重复回来，不可能"重复试验"。因此，是随机的、不可逆的，也是难以预知的。这种研究对象，用机械论的老方法，是根本无法得出可信的"证明"的。由此，以普里戈金"耗散结构理论"为代表的新热力学方法应运而生。其特征就是：开放的、非平衡的、不可逆的、强调自组织（内因）的、不可预知的。

普里戈金指出："我们对自然的看法正在经历着一个根本性的转变，即转向多重性、暂时性和复杂性。长期以来，西方科学被一种机器论的世界观统治着，按照这种观点，世界就像是一台庞大的自动机……但是，也有许多不可逆的过程，它们涉及时间的方向性。假如你把两种液体（例如水和酒精）掺在一起……会混合起来。我们从未见过这个过程的逆过程。即这种混合物能自发地分离成纯水和纯酒精。因而，这个过程是一个不可逆的过程。全部化学所研究的就是这样一些不可逆的过程。"①

世间万事万物，有可逆的与不可逆的。但人类发现哪属可逆、哪属不可逆，这既有人类主观的认识过程，又有客体本身的演化过程。这两方面都存在一个不断发现与认识的过程。而人的认识或发现程度，就主观条件来说，必然还受制于"工具手段"和"世界观"，而且往往是前者率先推动后者。

这种世界观与科学方法论的分野，据普里戈金等的研究，主要体现在两大基本问题上。他说："我们的科学遗产包括两个至今尚未得到答案的基本问题。第一个问题是无序与有序的关系……第二个问题甚至是更为基本的问题即可逆与不可逆的关系。"②

经典科学认为"熵增加定律把世界描绘成从有序到无序的演变。然而生物和社会的进化向我们表明的都是从简单中出现的复杂性。这怎么可能呢？结构怎能从无序中得出呢？在这个问题的解决上已经取得了巨大的进展，现在我们知道，非平衡（物质和能量的流）

---

① 伊·普里戈金，伊·斯唐热：《从混沌到有序——人与自然的新对话》，上海译文出版社2005年版，序第1页。

② 伊·普里戈金，伊·斯唐热：《从混沌到有序——人与自然的新对话》，上海译文出版社2005年版，序第3页。

可能成为有序的源泉"。①

这就是说,过去的经典科学所认为的"有序"(更为复杂的结构)是从"无序"中产生出来的。这太勉强,缺乏"中间环节"。从"无序"的本身是不可能产生出有序(新的更加复杂的结构)来的。但是,随着热力学的进展,得出了新的解释:只能在一个开放的系统中,系统与外界环境不断进行能量与信息的交流,使外来的负熵不断流入,来对冲熵增加,经过自组织的涨落而形成一种新的有序来。这种以负熵流"抵消"热力平衡的趋势——所谓"热力平衡",在社会科学中就是"保守化趋势"——就是其所以系统能够从无序到有序、由混沌到新的更为复杂结构的全面而可解释的真实过程,也就是弥补了过去机械论方法的缺陷。

经典科学机械论方法之所以过时,就在于它认为自然界万事万物之间只是一种"线性关系",没有考虑"时间因素",从而简单地以为都是可逆的、可重复的、此因对此果的,也因此是可以预知的。但是,无论是自然界还是社会,大多数情况下都并非如此。特别是复杂的大系统都是有"时间矢向"的,是不可逆的。

这样就把人类的认识推到了一个崭新的阶段,把科学方法推到了开放性、随机性、不可逆性和难预知性的新台阶上了。也就是由"动力学"推到了"热力学"、由机械论推到了耗散结构论。这种"科学观"的演进正是"第四次科技革命"的哲学基础之一。

2019. 3. 10

经典物理学与热力学

普里戈金如下两段话,对经典物理学同热力学的区别的分析,具有权威性:

"经典物理学所考虑的模型只是在一些有限的场合发生,有些场合我们能够人为地造出来,例如把物质放入一个盒子里,然后等待其达到平衡态。"

"人为的过程可以是决定论的和可逆的。自然的过程包含随机性和不可逆性的基本要素。这就导致了一种新的物理观,在其中,物质不再是机器论世界观中所描述的那种被动的实体,而是与自发的活性想联系的。这种转变是如此深远,所以我们在序言中指出,我们真的能够说到人与自然的新对话。"②这种新的对话就是热力学的诞生。

"热学的两个后代,即能量转换的学说和热机的学说,产生了第一个'非典型'的科学——热力学。热力学最初始的贡献就是著名的第二定律。它在物理学中引入了时间之矢。这个引入是更全面的知识进步的一部分……至于热力学,它的产生正是基于对两种过程的区分:与时间的方向无关的可逆性过程和与时间的方向有关的不可逆过程……正是为了区分不利于人类文明进步的这两种过程才引入了熵的概念,因为熵的增加仅仅是由于不

① 伊·普里戈金,伊·斯唐热:《从混沌到有序——人与自然的新对话》,上海译文出版社2005年版,序第3页。
② 伊·普里戈金,伊·斯唐热:《从混沌到有序——人与自然的新对话》,上海译文出版社2005年版,第11页。

可逆过程。"①

"熵"这个字，在字典中的解释是："为了衡量热力体系中不能利用的热能，用温度除热能所得的商。"显然，这就是"无效热能"。在社会科学中，就相当于无利于人类文明进步的保守化趋向。在一个长期封闭的系统中，就像一个无源头无出口的水函一样，既没有源头活水的流入，又没有排泄的出口。时间久了，腐败滋生（熵增加），就会变成一潭死水（热力平衡）。

2019. 3. 11

自然科学与社会科学不等同

普里戈金在《从混沌到有序——人与自然的新对话》一书中用了一定的篇幅，讨论西方科学界曾经一度出现的将自然科学社会化、道德化的问题。诸如，遗传学阶级化（李森科）；把"引力"作为社会"凝聚"与社会活动的"根源"等②，认为这是绝对有害而荒唐的。不仅如此，在西方有些人还长期坚持用达尔文的进化论来解释与处理社会问题。

由此看来，厘清自然科学与社会科学的"同"与"异"，还不是一个"不成问题的问题"！

作为科学，两者都属"人造结构"，都是人类对客观世界（含自然和社会）的系统认识成果。这种共同性也因此更集中地反映在哲学思维和人类学的范畴中。因此，在自然哲学与社会哲学之间，在许多原理与范畴甚至在部分科学方法上有着共同的或相似逻辑，如耗散结构论就是一例。

但是，由于这两类科学的"对象"（自然与社会），其本质"属性"存在巨大差异，故自然科学与社会科学之间，特别是"形而上"和"科学目标"方面，难以等同。这种"巨大差异"就是：自然是有运动无意识；社会则是"受意识引导的运动"。这种区分，在没有证明有"上帝"存在之前，应该是成立的。由此，就派生出诸多差异性：

首先，是科学目标方面的差异。自然周而复始的运动，是物理化学现象，是没有目的的。因而，自然科学只能顺应物理化学的客观规律，利用其资源为人类服务。不可能要求它也像社会那样政治化与道德化，即使在"科学假设"上也是如此。社会的起伏更替运动，是受到有意识的人群支配和干预的。而且，这种支配与干预，由于人的"主观利益"（目的）的多元化，又会因"利益集团"之间的矛盾而显得其"涨落"的频率比起自然更急促更剧烈。因而，社会科学也不可能像自然科学那样超脱化与机器化。

其次，是科学方法方面的差异。由于自然与社会这两个"对象"的本质区别，自然科学比起社会科学，可以采用更加"分解"的方法和依赖科学工具与实验的方法。而社会科学，由于对象是有意识且存在"利益冲突"的更加复杂又不稳定的"系统群"，故须更多地

---

① 伊·普里戈金，伊·斯唐热：《从混沌到有序——人与自然的新对话》，上海译文出版社2005年版，第11页。

② 伊·普里戈金，伊·斯唐热：《从混沌到有序——人与自然的新对话》，上海译文出版社2005年版，第33~34、56页。

采用"综合"的方法、历史的方法和社会调查的方法。即使有了大数据技术，也难以像自然科学那样数学化、公式化以及实验室化。

再次，是人对过程的可控性方面的差异。自然科学虽然在高程系统与复杂系统(具有时间矢向的系统)方面也具有不可逆性与不可预知性，但在低级系统与简单系统(即可重复的系统)方面则比社会科学具有更大的可控性。

最后，是科学成果认定方面的差异。由于两者的"对象"与人类文化上的差异，作为以物质成果为主体的自然科学成果，显然在认定的时间与空间上，都比社会科学成果要快得多宽得多。这从西方文明的"东渐"，物质文明大大快于精神文明中就可以看出来。

以上列举的四点差异，不一定全面，甚至可能遗漏了更本质的差异。但仅此几个方面已经可以说明：自然科学与社会科学，虽然有许多可能"共用"的原理与方法，但决不可"等同"，要具体问题具体分析。

我之所以要在这个问题上"费笔墨"，实乃针对西方中心主义者那些"分析主义的惯性"和企图以"进化论原则"照套"社会演进"的野心，有感而发的！

2019. 3. 15

新科技革命与过去的分野

第四次科技革命与19—20世纪的"经典科学"的分野，据普里戈金的研究，主要体现在两大基本问题上：

"我们的科学遗产包括两个至今尚未得到答案的基本问题。一个问题是无序与有序的关系……第二个问题，甚至是更为基本的问题即可逆性与不可逆性的关系。"[1]

经典科学认为，"熵增加定律把世界描绘成从有序到无序的演变。然而生物或社会的进化向我们表明的却是从简单中出现的复杂性。'结构'怎能从无序中得出呢？现在，这个问题的解决已经取得了巨大进展。现在我们知道，非平衡(物质与能量的流)可能成为有序的源泉"。[2]

这就是说，过去的经典科学所认为的"有序"(更为复杂的系统)是从"无序"(相对简单的系统)产生出来的说法，过于"笼统"不清，太勉强，缺乏"中间过程"。从无序的本身，是不可能一下"跳到"有序的"更为复杂的系统"的。但是，热力学的新进展，得出了新的解释：只能在一个远离平衡态的、开放的系统中，由于该系统与外界环境能不断进行能量与信息的交流，使外界的"负熵"不断流入，对冲系统内的"熵增加"使熵随之而"耗散出去"，改变系统内的"热力平衡"(一潭死水)，从而使系统通过这种涨落的"自组织"过程，"涌现出"一种新的、有活力的更为复杂的结构来。这种新的更复杂的结构，就是"耗散结构"。这样，耗散热力学的新进展，就基本解决了上述第一个问题。

---

① 伊·普里戈金，伊·斯唐热：《从混沌到有序——人与自然的新对话》，上海译文出版社2005年版，序第3页。

② 伊·普里戈金，伊·斯唐热：《从混沌到有序——人与自然的新对话》，上海译文出版社2005年版，序第3页。

原来的经典科学认为，自然界事物之间是线性关系，没有考虑"时间"因素，从而是可逆的。即可以照样重复出现，此因对此果。由此，故又是可预知的。但是，无论自然界还是社会的进程，大多数情况都并非如此。特别是复杂的大系统，明显的都是有"时间矢向"的。第一次是那样，第二次就不可能重复是那样，是"不可逆"的。

这样，就把人类的认识推到了一个新的阶段，把科学推到了随机性、开放性、不可逆性和不可预知性的新台阶上来了。这就是由动力学提升到了热力学，由机器论推进到了耗散结构论。

我认为，这就为第四次科技革命提供了哲学基础。

2019. 3. 17

生命来自何处

普里戈金说："可以肯定，生命和玻尔兹曼的有序性原理是不相容的，但和在远离平衡态的条件下可能出现的那种状态并不是不相容的。

"经典热力学导出了'平衡结构'的概念，例如晶体。贝纳德格子也是结构，但具有完全不同的性质。这就是为什么我们要引入'耗散结构'概念的原因。我们为的是强调在这样情形中，一方面是结构和有序，另一方面是耗散或消费，这两者之间存在着看上去是悖理的密切联系。我们已在第四章中看到，在经典热力学中，热的传输被认为是一个浪费的源泉。但在贝纳德格子中，热的传输变成了一个有序的源泉。

"这样看来，一个系统与外部世界的相互作用，它的嵌入非平衡条件之中，可能成为形成物质的新动力学态——耗散结构的起点。耗散结构实际上相当于一种超分子组织的形式。"[1]

"在很长的时期中，湍流被视为无序或噪音。今天我们知道并非如此。事实上，湍流运动在客观上看是无规则或混沌的，但在微观上看相反是高度有组织的。湍流中所涉及的多重空间和时间尺度对应着亿万分子的相关行为。这样看来，从片流到湍流的过渡是一种自组织的过程。在片流中属于分子热运动的那部分系统能量逐渐被传递给宏观有组织的运动。"[2]

上述几段话说明什么？

第一，"玻尔兹曼的有序"（经典热力学）所说的"结构平衡"，是无生命的结构（如晶体）；耗散结构则是有生命的结构。这是人类认识的一大进步。

第二，这两种不同的结构，其不同就在于前者局限于"平衡"，后者则发现了"非平衡"。前者从平衡态去理解结构，以为热力"只增不减"；后者由于发现了远离平衡态，"负熵流入，熵耗散"即"有进有出"。前者是"死系统"；后者是"活系统"。

---

[1] 伊·普里戈金，伊·斯唐热：《从混沌到有序——人与自然的新对话》，上海译文出版社 2005 年版，第 144 页。

[2] 伊·普里戈金，伊·斯唐热：《从混沌到有序——人与自然的新对话》，上海译文出版社 2005 年版，第 142 页。

第三，热力学也有一个发展阶段问题。由经典热力学到耗散热力学，由线性热力学到非线性热力学。

第四，最后那一句，是否就是说生命的来源？说明生命并非经典热力学所认定的那种"有序性"，而是像"湍流"那样的"涨落态"的"自组织"的耗散过程，最后"涌现出"生命？下面一段话可能就是一个印证："在远离平衡态的条件下……有关生命起源的古老问题，就以一种不同景象表现出来。"①什么是"不同的景象"？不就是耗散过程中的"涨落自组织"景象吗？

（本篇尚未发表）

读书琐记(二)

前　言

人类历史的洪流，似乎又一次流到了一个新的螺旋弯道上来了！

看来，21 世纪是一个迥然有别于 20 世纪的崭新世纪。其最本质的差异，就在于人类社会正在酝酿又一次新的科技大革命。其来势之猛、颠覆之深、对人类社会结构改变之大，可能将远远超过 18 世纪的科技与工业革命。

《机器之心》一书的作者雷·库兹韦尔指出："21 世纪将与以往有所不同，人类将携手其创造的计算机技术共同解决由来已久的需求问题，并且能改变后生物时代未来的死亡率。"②

按"智能"的标准看，现今的计算机智能，还只有人类智能的很小一部分。但到 21 世纪初，差距越来越小了。计算机的速度，由每 3 年增加 1 倍加速到每 2 年增加 1 倍。据作者估计，"这种趋势将一直延续到 2020 年，届时，计算机的容量和计算速度便可与人脑一较高低"。不过，即使如此，计算机在灵活性、价值判断能力和幽默感等方面，仍然是不能和人脑相比的。

虽然如此，计算机还是有其巨大的优势：其信息储存量、查询与计算速度及其准确性，则是人脑的几万倍，而且"逆向工程法"——扫描人脑并复制大脑的神经电路——的推进，使计算机也能具有人脑的类似功能，也不是遥不可及的。

一旦计算机的智能与人类相当，以其容量、精确、速度的巨大优势，可以想象，那就可能有达到超过人类智慧的一天。作者预言，如果真的达到了那种程度，"那么这台机器一定所向披靡"。

所以，加上人工智能、纳米技术、3D 打印、生物技术等的颠覆性革命，21 世纪将是科技大革命的世纪，又是人类文明大跃迁的世纪，更是一个决定人类未来命运的、非同寻

① 伊·普里戈金，伊·斯唐热：《从混沌到有序——人与自然的新对话》，上海译文出版社 2005 年版，第 143～144 页。

② 雷·库兹韦尔：《机器之心》，中信出版社 2016 年版，前言第 XIV 页。

常的新世纪。如何准确估计这次新的科技革命的后效，当然为时尚早，但是有一点是可以肯定的：这场来势凶猛的新科技革命必将颠覆现存的工业革命所形成的科技结构，使人类社会的"基础"发生根本性的跃迁。"基础"的跃迁也必然会对"上层建筑"产生影响。人类社会必将进入一个由"有序"到"无序"又到"新序"的新一轮螺旋上升的"智能"时代。更新的上层建筑(秩序)将会在这个过程中"选择"出来。

我出于"好奇"，近年来读了一些权威性的新科技革命的书，增长了不少新知识。也激发出来一些想象。特别是"新基础将会如何改变旧的上层建筑，又会呼唤什么样的新上层建筑"这个问题引起我极大的兴趣。我的侧重点主要是探索一下旧的18世纪西方工业技术革命(基础)所形成的"西方上层建筑"，也即西方工业文明所构建起来的制度文明，将如何"解构"，而新的适合于"智能化基础"的上层建筑，又将会有什么新的"祈求"？我想，走在这种"探索式的路"上，可能会给我带来较多的快乐。便动手来写这个"琐记"了。之所以选择琐记这种体裁，不搞长篇大论，实乃我已年届90高龄，剩时不多，精力难济。这样的写法，估计效率就会高了许多。

由于这是一种随意杂谈的体裁，而且是旷日持久地写到哪里算到哪里，故很难定出一个明晰的提纲。这也算是我(主观上以为的)对社会尽一点点小责任吧！

2018.6.10 于武昌东湖

不能输的大挑战

生活在今天的世界，人们简直就像看万花筒那样，五光十色，瞬息万变。即使在5年前，人们也不敢想象，出远门几乎可以什么都不带，只需带一个小小的手机。这新一轮的科技革命，来势之猛，速度之快，史无前例，变幻莫测！

按"网络信息"飞跃发展的科技革命，正在一日千里地冲刷着旧有的秩序，给人类带来日新月异的便利和福祉，完全可能将人类文明推到一个不敢想象的巅峰。但是，一如过去一切科技革命那样，人类文明前进的步伐，往往都会福与祸、机与危同时相伴而生。既会带来劳作的减少与财富的增加，又会带来挑战与灾难的翻新。不过，每一次都是人类的良知战胜了感觉，虽然都曾付出过程度不同的代价，但都"转危为机"地推进了人类文明的向前发展。

今天，我们面临挑战，虽然应该相信人类依然会一如既往，但这次挑战的确同以往的挑战大有不同。

其一，它的来势急促和难以琢磨与预测，大大超乎寻常，甚至可能超越"信息革命"。这就可能使各种"误判"的几率大大增加，甚至超出人类的"预见智能"。

其二，其范围的全面性与颠覆性，也大大超过以往。甚至可能改变人体的本身——由"遗传人"到"人机融合"？这极可能加剧人类本身的更大分化。

其三，机器智能化，如若不迅速确定一个国际统一的价值标准，一旦"机器智能"或"人机融合体的智能"达到"奇点"(超过传统人类的智能)，就很可能会出现"智能机器不友好"的大危机，特别是"智能自主武器"。那必将是一场"人类的噩梦"——毁灭！

《人类2.0：在硅谷探索科技未来》一书的作者斯加鲁菲等认为："人工智能在给人类

带来巨大好处的同时，也伴随着可怕的风险；我们应该密切关注正在发生的变化，并采取适当的策略，以便促使最好的结果。最终结果也许很糟糕，也许很好，一切皆有可能，而且很难预料。导致这些结果的原因，部分在于它们内在的逻辑，还有一部分，则在于全社会各阶层都能接受的应时策略。"①

由上可知，这一轮新的以智能化为中心的科技大革命，是一场"不能输"的挑战。要么是绚丽的未来，要么是人类被迫沦落为从属地位等我们不愿看到的结果出现。我们不能因为悲观而却步，更不能盲目乐观而放任自流。人类必须"未雨绸缪"，早商应对之策。我相信，作为"万物之灵"的人类，良知必会战胜短视，最终的结果应该是人类文明的大跃迁。

2018.6.12

混沌与有序的辩证法

《机器之心》一书的作者在开篇运用了耗散结构理论，说明大到宇宙的扩张，小到科技的进步，都与"混沌"与"有序"的状态密不可分。一般地说，目前人类的进化是在加速，而宇宙的扩张似乎正在相对减速。这是因为人类文明由混沌到有序的速率在提高，而宇宙的混沌状则仍存。

我在这里想补充三点：一是什么是"混沌"和"有序"？二是"有序"从何而来？三是这在人类科技演进中是如何表现的？下面，我结合读书心得谈一点个人不成熟的看法。

关于第一个问题。我的理解是，所谓"由混沌到有序"，是指一个开放的系统，由原来的比较封闭的旧结构，通过"新陈代谢"，即经常保持有源源不断的"活水"（负熵）流入和"死水"（熵）的排出（"耗散"），使系统保有旺盛的活力，成为一种更为复杂的新结构的过程。这种机能可以促进系统增强"负熵流"，克服"热力均衡"的静态停滞。因而，当系统在新的有序的状态下，其去旧更新的创新机制就强，从而系统的演进速度必然就会加速。当系统处于封闭状态时，由于缺乏系统之外的源头活水进入，其"熵"就会逐渐膨胀起来，这就是所谓的"熵增定律"。系统就会变成"一潭死水"。其保守与腐朽的机能，就会大大强化，新陈代谢的机能就会急剧削弱，系统就会陷入一种停滞状态。显然，在那种封闭系统中，由于创新与更新乏力，就从源头上阻断了系统演进的冲力，其速度自然就减下来了，系统就会停滞、衰退甚至消亡。

这里，要着重说明，所谓"有序"是一个动态的概念，即"有序"有新旧之分、简单与复杂之分。任何有序，都有一个从新结构的活力到旧结构的衰老的演化过程。在此过程中，有活力的新结构是"暂时"的，由于"熵增定律""保守趋向增加"，时间一久系统的封闭性随之增加，负熵的流入就会减少，以致出现"热力平衡"，成为失去活力的新的"混沌无序"，于是就会开始另一轮的由旧的有序到更新的有序的新过程。所以，"混沌"与"有序"是两个客观的过程，不存在谁优谁劣的问题。这也是"平衡是暂时的，不平衡是永恒的"道理。

---

① 皮埃罗·斯加鲁菲等：《人类2.0：在硅谷探索科技未来》，中信出版集团2017年版，前言。

关于第二个问题。一个系统如何能从混沌（无序）到有序呢？这个问题，我在上一篇《读书琐记》中有详细介绍，故此处只做简述。

大千世界，从宇宙到小镇，都是一种系统。但这些大大小小的系统是有层次的，并不都是平列的。同样，同一层次的系统，又会有许多平列的"同级系统"。这个道理是很明显的。而且，无论是不同层次的系统还是同一层次的子系统，在同一时段，并不都是同时一起进入"有序"或"混沌"状态的。一般地说，可能是循着由低级系统向高一级系统、由混沌到有序、逐层整合、逐层提升的。之所以有这种差别顺序，关键在于"开放"的程度，在不同系统之间，其先后是参差不齐的。这样，某一个处于混沌的系统，它既可以从上一级处于总体混沌但局部有序的系统中选择与捕捉"负熵流"或从平级处于有序的系统中乃至本系统中率先有序的子系统中吸取"负熵流"，来加速自身的"有序化"。这种参差不齐的较量与学习，就是一种"涨落"与"自组织"的过程。

不过，其前提是系统必须是开放的。只有在开放即"远离平衡态"的条件下，不同系统之间的"竞争"，才可能是直接而紧迫的。开放是走向有序的前提，竞争是新陈代谢的动力。这一点十分重要。

所以，"有序"和"混沌"并不是"有你无我"绝对排斥的：两者具有离散式的"相生相克"关系。也正因如此，世间的万事万物才会呈现出"混沌——有序——再混沌——再有序……"这种"螺旋往复上升"的现象。

这两种状态及其变异在宇宙中是一种"自然选择"的演进过程。而在人类社会，则可能加入"人为选择"的加速度。其中的关键是"人为"的"选择能力"。这就是同样是开放的系统，有的能实现"由混沌到有序"的跃迁，而有的依然如故的原因。这也是"外因要通过内因才能起作用"的道理。"自组织"就包含"内因的作用"。

再说第三个问题。就以人类的物质文明——科技的创新与演进来说，之所以21世纪以来科技革命来势如此之猛烈，虽然同过去几个世纪的文明积累有关，但决定性因素，则是经济发展的"全球化+网络化"。全球化与网络化的触角伸入地球的广袤角落，这就大大推进了"开放"的广度与深度。许多原来处于封闭的系统（国家与地区），也加入全球竞争的大格局中来了。由于开放的广度与深度如此之大之深，竞争也就必然十分惨烈。其后效几乎涉及一个国家、一个民族、一种文明的兴衰与存亡。正是在这种历史背景下，又加上人类知识的积累已达到了质变的临界，所以，才会出现近30年来，科学技术以"摩尔定律"的超速度更新的现实。如果用我们中国神奇般的崛起为例，就可以更为生动地看清这种由混沌到有序的演化过程，也可以从中吸取有益的经验。在这里，由于大家都熟悉近40年改革开放的历史过程，用不着我来重复笔墨了。

2018.6.13

人工智能不友好吗

当然，这只是多种可能性中的一个，也可能会有好的结果，但也不能不提早防止。因为那个"不友好的后果"实在太可怕了。

从现有的信息来看，最直接、最迫切的危险，可能还不是智能机器杀人，而在人类自身！因为，目前的人类并非和谐一致。如果人类之间发生误判，那就太危险了！至少，人类的一部分会灭绝另一部分。从现有的情况看，哪一群人最有可能干出这种野蛮的事呢？我以为，首先可能是两种人：一种是恐怖主义者，另一种或许是西方右翼中那些信奉"优生主义"的人们。而现有的资本主义制度，由于它过度的放任自由，是没有办法从根本上规约住这些人的。西方有的国家正在向右转，有的纳粹幽灵还不时会出来表演一番，这些都在昭示我们：它会不会有"鲤鱼翻身"的可能?！这一切都在告诫我们：人类的社会制度是否需要来一次调整了？

这种调整绝不是一种小调小整，而是面对人类"不能输的挑战"，而做出的"挽救人类"的大调整。我个人不成熟的看法，其调整的方向应否是：第一，在价值观上的大调整。必须从西方的"丛林法则"的价值观调整过来，建立"人类命运共同体"的根本价值观。第二，在国际关系准则上的大调整。在这方面，既要有"联合国立法"的一般性规约，如引导与构建"合作共赢"的新型国际关系，反对"恃强凌弱""损人利己"的国际行为，又要有对"常任理事国"的特殊规约，如国不分大小强弱一律平等，不得单边对他国行使制裁与军事入侵等。第三，在进一步树立联合国的法治与道义权威上的大调整。由于我在国际问题方面欠缺知识，提不出什么可行的意见。但是，面对整个人类的大危机，只有强化联合国这样的机构的实力和公正机制。当务之急就是由联合国制定"人工智能研发与使用规则"，也许可能真正全面而有力地防止"人工智能不友好"的大危机变成现实。

在防止"不友好"方面，《人类2.0：在硅谷探索科技未来》一书的作者斯加鲁菲等还提出了另一种设想，他说："我更感兴趣的是，如果灾难真的发生了，我们如何利用技术迅速将伤害清除或降到最小。"①这就是说，为了防止"智能不友好"，技术方面的对策应该是"以盾制矛"。

"以盾制矛"，这在人类文明史上是有悠久传统的。矛与盾，火灾与消防车，导弹与反导系统……不都是这样走过来的吗？人类的种种"应变"传统，其实是与科学技术的"初心"分不开的。所谓"初心"，就是人类生来的"本性"，就是"求安性"与"求效性"。求效，就会推动人类不断更新技术，以期获得更多的利益；求安，就会推动人类不断改进武器，以期防止对手的伤害。这种情况，往往在竞争最激烈特别是战争中，表现得最为突出。

《人类2.0：在硅谷探索科技未来》一书的作者以欧洲为例：欧洲在近代历史上，是科技革新的领头雁。一方面，欧洲是资本主义发轫之地，开放而残酷的商业竞争使人的"求效性"本能被极大地释放出来(这与当时封闭保守的东方大不相同)，从而科学技术创新层出不穷。与此同时，残酷的竞争由经济而政治、由政治而军事，使那时的欧洲又是一个长期处于战争频仍的地域。为了保护自身的安全，相互研发致命的武器和制衡致命武器的武器。像计算机、互联网等这些先进的技术，几乎都是在这种剧烈交锋中研发出来的。

所以，如果出现了"人工智能不友好"的危机，可以相信，人类也会同样研发出制服机器不友好的机器。目前，我们从世界的"核均衡"中也可以看出这种可能性。

《人工智能革命：超级智能时代的人类命运》一书的作者卡鲁姆·蔡斯还提出了另一种思路：对于"超级人工智能"的研发是一个不可阻止的潮流。现在的问题在于：如何使

---

① 皮埃罗·斯加鲁菲等：《人类2.0：在硅谷探索科技未来》，中信出版集团2017年版，第41页。

之"与人类友好"？这个过程，从头到尾，人类都能绝对控制吗？特别是，不会因为人类自身的分裂而导致利用人工智能来灭绝对方吗？能够永远杜绝不会再出现希特勒吗？作者对前面的问题给予了极大的关注。他提出，这个问题，首先要区分"终极目标"与"阶段目标"。即人类在"终极目标"上应该是可控的或可设计的，使人工智能最终成为人类的朋友或"命运共同体"。但是，这是一个漫长的过程。其中间有许许多多过程。如智能体自我学习的过程，由智能体的"按程操作"到"有意识地自我设计"等这些中间的变换过程。在这些中间过程中，则是要靠智能机器的"自我学习"。这是人类较不易控制的过程。在此过程中，人工智能可能要自我设计某些"过渡目标"——比方说，机器为了使自己更多能、更强大、数量更多，能克服面前的诸多"梗阻"。而这种机能与数量的"合适度"，往往是人类不易调控的，万一出现了"失控"，就可能使人类"无可奈何"了。①

同时，作者也提到，"人工智能也并非绝对划一的整体"。它们之间会不会出现分歧与冲突，而引起"殃及池鱼"（人类）的灾祸呢？还有一种情况，我认为作者似乎关注得不够，即人类自身的分歧还会引起"机器人的代理战争"。这种可能性可能是最大的。

对于上述顾虑如何消除呢？作者提出了种种设想，但每种设想，我觉得都不是无懈可击的。例如，对"人工智能体"设置某种"总开关"，出了问题就可以"一关了事"。但作者又反问：这个开关如果不能"一关了事"，甚至没有开关怎么办？例如今天的互联网，它的"开关"在哪里？这真是一个大问题。②

我不是技术专家，也没有什么真正的"发言权"。只是想从原则上对这个危机问题提两点意见：一是要从人类本身"固本"，即要把"人类命运共同体"作为国际价值观的"最大公约数"，据此设定相关的制度安排。二是要从科技研发的方向上"清源"，即要使人工智能也具有人的价值判断。

2018. 6. 15

数字化颠覆

什么是"大数据"？大数据就是在数据的海洋里寻找"相关关系"。但相关关系不等于"因果关系"。前者，只从"表象层"说明两种现象可能同时出现的几率大小，而不能说明其原因，说明"其然"而不能说明"其所以然"。例如，一个超市和一家保险公司分享数据库，发现白天（购物）的男人出意外事故的风险较低，而深夜（购物）的男人则风险较高。这里找不到什么因果关系，但是保险公司却可以考虑减低前一种人的保费。③

《人类2.0：在硅谷探索科技未来》一书的作者认为，"'数据'的功能远大于'石油'。"

---

① 卡鲁姆·蔡斯：《人工智能革命：超级智能时代的人类命运》，机械工业出版社2017年版，第133~135页。

② 卡鲁姆·蔡斯：《人工智能革命：超级智能时代的人类命运》，机械工业出版社2017年版，第155页。

③ 卡鲁姆·蔡斯：《人工智能革命：超级智能时代的人类命运》，机械工业出版社2017年版，第23页。

他指出:"权威机构预测,到 2020 年将存在 200 亿~300 亿个网络连接装置,这意味着我们每年都会产生比之前 20 万年还多的数据。在硅谷,人们将数据称为新的'石油'。石油可以产生汽油和电力,而'数据石油'一旦被提炼出来(并与实体经济结合),将会很快找到'雾霾源头''恐怖分子''追捕的逃犯''被拐卖的儿童'等。石油和数据之间的不同在于,石油的产品无法再生产更多的石油,而数据的产品(无人驾驶汽车、无人机和可穿戴设备等)能产生出更多的数据。"[1]

随着大数据技术深度开发与普及,数据世界可能将是"机器人的天下"?他认为,因为机器擅长数据与统计,像大数据这样的统计,也只有机器能够完成。故人类必将愈来愈依赖机器人。"未来,数据的主要读者将是机器人,大数据世界的真实图景是:机器产生数据,机器阅读数据,并构造一个以机器为中心的数据世界。这也是为什么迄今为止大数据唯一有用的应用是数据分析,因为机器最擅长数据和统计,却不擅长理解人类世界。不过到现在,我们还没有大数据领域真正伟大的'杀手级'应用,正因为是机器,而非人类在阅读这些数据。"[2]目前大数据技术的主要弱点或致命弱点,就是它"只能"机器地厘清数据之间的"相关性",并不能说明其"用果关系"。还只能停留在"知其然",而不知其"所以然"。

但是,大数据技术必将推动人类之间的合作。因为大数据技术,不仅需要大面积的合作,其预见的后果及其预防,更需要更为广泛包括国际的大合作才能见效。故大数据本身就是一个推动"人类大合作"的"催化剂"。它势必会促进人类的合作。

2018.6.16

科学乌托邦吗

《人工智能革命:超级智能时代的人类命运》一书的作者预言:到了 2045 年人类将实现"技术奇点"。到那时,人类将通过"人的全能化"和"机器智能化"的双向整合,可能具有解决一切诸如个人问题、人际问题、社会问题、政治问题、经济问题等的能力。一切人都达到全面发展,可以充分发挥自己的潜能,而且人也可能长寿。到那时,"超级智能会把人类带入某种乌托邦社会,尽管这种想法经常被奚落,但它并不荒谬。我们将会看到,生活将变得美轮美奂。在那样的世界里,人们肯定也会有他们自己的挑战,但是从 21 世纪人的角度看,他们就是神一样的存在。这里所说的神,不是基督教或者伊斯兰教中那种无所不知、无所不能、无处不在的最高神灵,不是古希腊、古罗马神话中的众神","在一个乌托邦的场系中,我们将会把自己的思想与我们创造的超级智能结合起来,从而获得……宇宙天赋,一种超级强大的混合智能。我们将会永远活下去,或者说想活多久就活多久,我们将在永远幸福的状态中探索宇宙"[3]。

---

① 皮埃罗·斯加鲁菲等:《人类 2.0:在硅谷探索科技未来》,中信出版集团 2017 年版,第 15 页。
② 皮埃罗·斯加鲁菲等:《人类 2.0:在硅谷探索科技未来》,中信出版集团 2017 年版,第 16 页。
③ 卡鲁姆·蔡斯:《人工智能革命:超级智能时代的人类命运》,机械工业出版社 2017 年版,第 123 页。

这种境界可能吗?

首先,极大地延长寿命是有可能的。

——通过定期更换病变的旧器官,这在 3D 打印技术基础上再延伸是完全可能的;

——更换细胞,通过纳米技术的深化开发,也不是绝对不可能;

——扩展人的思维意识,通过把人的思维意识"植入计算机",也许就有可能把寿命延长几十年,或好几代在互联网里欢聚一堂。

其次,超级人工智能有可信的思路。

——"混合智能",通过人的智能"植入优化"(植入芯片)同人工智能"引导优化"(引入人类目的与伦理),看来有可能形成一种"混合"的"超级智能";

——强化规约,通过"智能化法院"或"智能化技术监控机制"或许也可能控制人工智能朝着"友好型"发展与运作。

最后,"人口"将不会成为问题。

——控制人口生育率的技术将完全不能同日而语;

——外星移民也将成为现实。

综上所述,未来的人类可能已经不是"现在的人类"了,姑且称之为"后人类"吧!

2018.6.16

仿真人类大脑可能吗

人类的大脑,有 850 亿~1000 亿个神经元(大脑细胞)。每个神经元与其他神经元之间,可能有上千个"链接"。这么复杂的系统,可能用人工来仿真吗?《人类 2.0:在硅谷探索科技未来》一书的作者斯加鲁菲等认为,回答只有两个:一是,如果人类大脑的"意识"如宗教所说,有"神赐灵魂"的作用,那就是永远不可能的。二是,如果人类大脑完全是"纯物质"结构的作用,没有所谓的"灵魂",那么,从理论上说,应该是有可能的。问题在于我们现今的"研究工具(手段)"还没有发明出来!"从原理上来说,只要大脑是个纯粹的物质实体,而且我们的意识不是由科学仪器能力之外的精神力量所产生的,我们就没有理由做不到。"[1]

如何做到呢?从理论上说可以分三个步骤:第一步,扫描。类似"核磁共振仪"那样的解剖式扫描。但核磁共振的扫描,还太粗糙,只能达到毫米级。需要与"纳米级"的、分辨率比核磁共振仪高 1000 倍的仪器。而这种仪器,随着纳米技术的发展,未见得不可能出现。第二步,提高计算能力。人脑的计算速度据说高达每秒百亿亿次浮点运算,写成阿拉伯数字即是"1"后面加上 18 个"0"。"制造人脑模型,需要的不仅仅是百亿亿次级别的运算,它还需要气候建模、天文学、弹道分析、工程设计和很多其他科技、军事、商业方面的经验。将在 10 年之内建成百亿亿次级的巨型计算机。"[2]第三步,制造模型。作者认为,这最后一步是非常困难的。如果没有足够精确的、没有时间序列的数据,运行起来

---

① 皮埃罗·斯加鲁菲等:《人类 2.0:在硅谷探索科技未来》,中信出版集团 2017 年版,第 71 页。
② 皮埃罗·斯加鲁菲等:《人类 2.0:在硅谷探索科技未来》,中信出版集团 2017 年版,第 73 页。

"就会出问题：失之毫厘可能谬以千里，甚至产生误导和负面效果。""它会产生一个不同的人的思维。也许，基于非常不准确的数据制造人脑模型，它会产生莫名其妙的想法，或者做出反人性的行为。"①

所以，广义人工智能是一件相当遥远未来的事，据作者估计，"广义人工智能在2022年之前实现的概率是10%，2040年实现的概率是50%，2075年实现的概率是90%"。②

但是科技界也有另一种看法，认为用机器取代人的大脑可能性极小。《人类2.0：在硅谷探索科技未来》一书的作者认为，人的大脑是难以复制的。"我们的大脑有成千上万的神经元，要建立和模拟那样巨大的神经网络，几乎是不可能的任务。"因为，问题在于：机器可以接收与处理"信息"，但它不可能具有人的大脑那样广泛的"知识"。信息与知识是不同的，信息系统里，"一定有一个包含问题答案的数据库。比如，当有人问：'谁是美国总统?'或'罗马在哪里?'这个系统会从数据库里查找出'奥巴马'和'意大利'。但是，如果有人问：'你认为下一届总统会是谁?'或'亚特兰蒂斯在哪里?'基于信息的系统就无法运转了。此时，就需要基于知识的系统来'思考'，这个系统需要利用所有已有的知识来'猜'出问题的可能答案，就好像我们人类那样。"③

我体会，这就是说，汇聚在人类大脑中的自我意识(自主、自谋、自省)、联想意识(由此及彼，系统思维)、预想意识(推理、设想、计划、理想)、同情意识等，是人类在几十亿年的自然演进中逐步积累进化而形成的。人工智能目前还看不出能够具有这一系统性的意识。目前，"机器还根本意识不到自己做了什么"。更谈不上让机器具有人类敏锐的"洞察力"。

《机器之心》一书的作者还有另一种"合作网站"的设想：现有的互联网上的计算机，大部分处于"未使用"的状况，或未被充分使用的状况(使用率大约只有1%)。如果能发明一种通用软件，把所有的计算机连接起来，组成一个庞大的"合作网站"，即"大型虚拟并行计算机"，连接到一台或多台超级计算机上，则其计算能力的总和就已超过了人脑。

2018.6.16

3D打印技术的颠覆性

《人类2.0：在硅谷探索科技未来》一书的作者认为，3D打印是"一场真正的制造革命"，而且这场革命是从多方面造成"颠覆性"的改变：

第一，会在未来几年内成为"主流行业"。麦肯锡预测，2025年3D打印产品的市场会达到5500亿美元。即不包括3D打印机，而是它打印出来的产品的价值。其颠覆性不仅在于市场份额，更重要的是"生产方式"：它可以将一个"数字文件"转换成一个三维"物

---

① 皮埃罗·斯加鲁菲等：《人类2.0：在硅谷探索科技未来》，中信出版集团2017年版，第79~80页。

② 皮埃罗·斯加鲁菲等：《人类2.0：在硅谷探索科技未来》，中信出版集团2017年版，第97页。

③ 皮埃罗·斯加鲁菲等：《人类2.0：在硅谷探索科技未来》，中信出版集团2017年版，第30~31页。

体"。这样，"数据世界"和"实体世界"由此就联通起来了！

第二，生产方式也会由"公司集体"转向到"个人"。因为数据的计算与设计，主要是个人，或者说是可以由个人来完成的。这就是一种真正的颠覆或革命。它会改变现有制造业的生产方式。

第三，"创客"的天下：回到"工匠时代"。由于上述生产方式的变化，"个人创新"会推动社会由工业文明时代的"集中化""标准化"向"个体化""个性化"发展。由此，"工厂"的概念也将改变。

第四，生产周期大大缩短。由于生产组织的简化，技术转让的"一体化"，行政与技术上的"门槛"几近于零，故生产一种产品的周期必然大大缩短了。

第五，物流业也必然会改变。不再需要仓库，也会大大减少运输流程。社会可能会改变为"需求决定生产"。即消费者的需求→创客的个人设计→工匠家庭生产出产品→网络送货到家。①

由此，作者认为，一切都在变化：参与者、设计者、投资者、生产过程、销售过程……我认为，这种由需求到生产、到流通、到消费，几乎是经济的全过程的解构，对现行工业文明、资本主义的上层建筑，是一种"全方位"的挑战，必将引起其全面地改变。

2018.6.17

"人"：面临"四化"挑战
——"人工智能化"的方向问题

《人类2.0：在硅谷探索科技未来》一书的作者认为，随着新科技革命特别是人工智能化的发展，人类必将面临体能的退化、智能的虚化、伦理的异化、社会的散化等四个方面的挑战。这种反效应，是伴随着正效应——也可能有一定的滞后期——一起出现的。我不成熟的看法，这"四化"中，除智能的虚化外，其他三方面都可能通过新的"人造结构"加以重新建构。最大的问题是人类智能的退化。

由于愈来愈方便简单的人工智能可以帮助人类做许多事，大大节省了人工的劳作，久而久之，就可能产生"机器依赖症"。作者指出："人类经常为了得到自动化的机器支持，已经习惯了像个机器一样说话，大多数时间人们连话也不用说，只要敲击键盘就可以了。"这种情况愈多，人就变得要服从机器操作的规则，而不是相反。由于这种依赖性，人类的智能就会慢慢地退化。"变得更蠢而不是更聪敏。"②所以，人类智能的退化才值得忧虑。

但是，我认为也不必悲观。前面篇章中，也有另一种预测，即应该相信人工智能不可能完全取代人的大脑，只是"协助"大脑去完成更复杂的任务。只要人类大脑不是"全盘机器化"，即使用机器来置换人的一些"部件"，人类的"原生智能"不仅不会退化，而且由于

---

① 皮埃罗·斯加鲁菲等：《人类2.0：在硅谷探索科技未来》，中信出版集团2017年版，第217~218页。

② 皮埃罗·斯加鲁菲等：《人类2.0：在硅谷探索科技未来》，中信出版集团2017年版，第43页。

有了人工智能的"协助"，反而会更加聪敏。

当然，也还存在另一个问题：人的"自我量化"会否真的改变人的性质？斯加鲁菲等提出了这个问题："凯文·凯利曾提出了'量化自我运动'，即通过穿戴设备或内置传感器，实现对人体数据的自我追踪和监测，这可以称为未来大数据能让普通群众受益的例子。""更可怕的是，我们的身体是这一过程的最终对象，所有这些机器确实会使我们变得更不像人类。"[①]

这是一个大问题。以我这个外行看来，当然希望是上述那种乐观的预测，即只要没有改变人类原生的大脑，一切都会是平安的。但是，也不能不从坏处着想。万一中间出了意想不到的事故，那就不可收拾！由此，人类必须"未雨绸缪"，在研发人工智能问题上，要及早制定出具有约束性的"国际公约"，明确"研发的方向"。

总的来说，人工智能的研发，必须推进人性的进化，而不能造成野蛮的回归。下面，我想按上述几个方面说一点外行话。

第一，关于人的智能会否退化。生物界的退化现象一般是在什么条件发生的呢？一般都是在系统封闭、失去新陈代谢机能的条件下发生的。由于封闭，系统内部没有外界能量的冲击(竞争)，即缺乏内外的信息交流，就会出现"熵增加"(热力均衡)，"太平无事"，系统的生命力就会逐渐萎缩，"抗逆力"就会渐渐丧失，以致退化和消亡。作为人类的智能应该也是这样。作为一个特定的系统而言，只要人类社会继续保持和加强"全球化"的大秩序——而不是像特朗普那样"逆向而行"——由于各国的发展进度参差不一，在开放的大局之下，"负熵流"就可能在不同进度的系统之间保持一种"交流不息"、生动活泼的竞争态势，先进更先进、智能更智能，是没有止境的。应该说，人类近20年，科技革命能如此飞跃更新，完全与"全球化"开放化有密切关系。在那种开放竞争的大势之下，我认为，人类的智能很可能会在更高的层次上"羽化翻新"，而不是"智能退化"。更何况，随着"太空探索"的进展，地球可能还会引来"外星"的挑战，会开启宇宙这个特大系统的"由混沌走向有序"的过程。在那个过程中，人类的智能大大地"不够用"了，还奢谈什么"退化"呢？

第二，关于社会凝聚力会否解构。随着物联网的普及，人与人之间的直接联系必会愈来愈少甚至家庭成员间也可以减少直接交往了。手机既然可以让大家时时"见面"聊天，何必千里迢迢直接来往呢？久而久之，这个社会、这个家庭也就会"虚拟化"了。人与人之间还会有真的感情纽带吗？这个社会将如何得以维系呢？《人类2.0：在硅谷探索科技未来》一书的作者的下面一段话很值得我们深思："我担心的是在一个完全自动化的世界里，我们的人性又会何去何从？……我担心的是，由于愈来愈多的机器取代了人的工作，人与人之间的互动会日益减少。如今，谁给你现金？自动取款机！谁递给你火车票？自动售票机！……这背后隐藏的一个重要的也容易被忽略的信息是，每一次我们周边的人被一台机器取代，意味着我们跟人类的互动机会就减少一次。"最后，"家庭支持也会变得越来

---

① 皮埃罗·斯加鲁菲等：《人类2.0：在硅谷探索科技未来》，中信出版集团2017年版，第24~25页。

越不重要了"！① 那么，这个社会还存在吗？家庭还存在吗？人性的"合群性"还存在吗？

我的看法是，这个问题和上面"智能退化"问题一样，在地球上人类社会还没有达到"热力平衡"之前，不用担心这个问题。因为还存在差异和竞争，更何况大家都面临着要命的"三大矛盾"（核灾难、生态危机、人工智能不友好），这都是单靠"个人"乃至"个别国家"的力量和智慧不能解决的！恰恰相反，在 21 世纪以后，新时代更需要人类在更大范围、更高层次上强化"合群性"！所以，"人类社会"在总体上是趋向"合作"的，是趋向"凝聚"的。但那种合作与凝聚，可能不是"低级（日常）"和"形式（实体）"的，而是高级（实质）和"虚拟"（网上）的。拿我个人的体验来说，自从有了智能手机，我和孩子们的联系比过去不是更少了，而是更多、更全面了——几乎涉及生活的方方面面。这其中也可能与一个民族的文化传统有关。

第三，关于伦理的异化问题。一般地说，伦理主要是一个"人造结构"。它是一个多性质、多层次、多结构的"大系统"。所谓多性质，包括长效性伦理与专属性伦理。前者如涉及遗传优化性的伦理、民族存亡性的伦理。后者如奴隶社会伦理、封建社会伦理、现代社会伦理。前者，属于长期稳定性的，变化的周期漫长。后者，属于历史阶段性的，变化的周期较短。所谓多层次，是指同一性质的伦理问题，还具有高低大小不同的层次。如专属性伦理，包括：国际层次、家国层次、人际层次等。所谓多结构，是指：即使是同一层次的伦理问题，也不是浑然一体的，是多元共存的。如中国封建伦理道德的"家国伦理"中，就是"爱国"与"忠君"两种结构共存互生的。又如现代工业伦理，也是"协作""竞争""法治""信用"多结构共生的。

所以，在伦理"异化"问题上，不能一概而论。我认为，是否应从两大视野来预判。首先，是时间序列的视野。其次，是文明传承的视野。先说时间视野。新科技革命对伦理道德的异化作用，在时间上，可能首先是从"专属性伦理"方面开始，然后逐步涉及长效性伦理。在伦理层次上，可能首先是从"人际伦理"方面开始，然后向上级层次扩散。在伦理结构上，可能是从"分工协作"的环节上开始，然后逐步向周边结构扩散。再说文明传承的视野。我认为只要人脑没有"全盘机器化"，人类的"文明选择与继承"本性是不会"异化"的。奴隶与封建伦理，由于过去科学技术（基础）的颠覆，已经在整体上解构了，人类建构起了以资本为主色的现代工业伦理。但这个工业化伦理虽大体符合"工业文明"的需要，但还是"继承了"一部分奴隶与封建时代的符合"人性进化"趋向的"部件"。同理，面对今天的新科技革命，也应该相信人类文明的"良知"，不会"把人异化为机器"。"罗素认为，机器人未来发展的关键是，人类要将是与非、好与坏的常识和价值判断标准教给机器人……比如，它要知道主人的猫是不能用来做晚饭的。"② 总之，新科技革命必将形成新的"基础"，至于那个"新基础"将会导致什么样的伦理，现在谁也说不清楚。我相信，人类必将建构起新的"智能化伦理"。但是，是否就会是"异化"，我以为整体上不会异化，人还是人，不会变成"魔鬼"。但在"枝节上"必然会有颠覆与置换，就像封建时代的"三年守孝"伦理在工业化时代完全没有必要一样。这是否就是"异化"呢？

---

① 皮埃罗·斯加鲁菲等：《人类 2.0：在硅谷探索科技未来》，中信出版集团 2017 年版，第 64 页。
② 皮埃罗·斯加鲁菲等：《人类 2.0：在硅谷探索科技未来》，中信出版集团 2017 年版，第 64 页。

第四，关于人的体能弱化问题。这里，何谓"退化"，有个标准问题。如若以寿命为标准，人将会更加长寿，那当然不是退化而是进化了。若以"大力士"为标准，那就可能因"过度依赖智能"而体能衰退。不过，这也无须多虑：不干"体力活"，可以开展各种体育活动嘛！

2018.6.20

机器制造机器

纳米技术的出现，是新科技革命的又一个领域。纳米技术的优势，是可以使其"产品"愈来愈小，愈来愈轻，愈来愈坚固。现在的智能手机比早期的电脑小了很多。纳米这种"小东西"，既灵巧又轻便，可以被嵌入任何东西中。由此，人类就可能通过"纳米机器人"实现"分子制造"。"分子可以自动地组装，它们会自然而然地组合到正确的位置上去，然后我们就能得到一种新的物质。目前的希望是大规模的'分子制造'(研究制造分子级极小电路和机器设备)将是可行的。"①

"纳米机器人"的出现，使得用机器自己设计制造机器的可能性大大增加了。《机器之心》一书的作者认为："在原子层面上建立起的自我复制机器，可改变我们生活的世界。它们能制造成本低廉的太阳能电池代替麻烦重重的化石能源……我们可以把它送上太空轨道，让它们将能量传递回地球。""纳米机器人进入人体血液后能强化原有的免疫系统，找到并摧毁病原体、癌细胞、动脉斑块和其他病源因子……患病器官可以被重建。我们可以从分子层面部分或全部重建人体的器官和系统。"②甚至可以让"纳米材料大规模取代原有的大脑与身体"。③

但是，到那时，伴随着福音的危险也来了。"如果软件中一个无心的失误，导致(纳米机器人)自我复制无法终结，会发生什么？复制出的纳米机器人会远远超过我们的需要，而且它们会吞噬任何以碳为基础的东西。要想追踪邪恶的纳米智能体，就像大海捞针，根本无迹可寻……我们难以想象亿万个纳米机器人同时与抗体对抗时会产生何种毁灭性的结果。"④

该书作者还预言，随着纳米智能开发的推进，纳米机器人进入人的"神经网络系统"也是可能的。到了那个阶段，无论是纳米神经网络进入人类大脑还是人脑的"机器化"，反正都是机器与人脑的高度融合，人机融合化了。无论是哪一种情况，大脑都可以进一步强化其视听的感知、理解、记忆和逻辑能力。速度会大大地加快。但是，由于是"避开了人脑特定的神经区域"——视觉模式识别和长期、多维记忆与判断等——这些"盲区"都蕴藏着极大的风险。

---

① 皮埃罗·斯加鲁菲等：《人类2.0：在硅谷探索科技未来》，中信出版集团2017年版，第121页。

② 雷·库兹韦尔：《机器之心》，中信出版社2016年版，第130~131页。

③ 雷·库兹韦尔：《机器之心》，中信出版社2016年版，第181页。

④ 雷·库兹韦尔：《机器之心》，中信出版社2016年版，第182页。

福兮祸兮？都是并存的！展现在人类面前的既是灿烂的大幸福，又是捉摸不定的大危险。这就呼唤着人类的良知。而人类良知又如何达成"共识"？又如何防止"害群之马"和"轻率失误"？这些都需要有明确而有效的国际制度安排。

2018.6.22

物联网的兴起

我们目前的互联网，大体上属于"人"的信息互联，而"物"本身的信息基本上还没有上"网"。据我的理解，物联网就是把一切"物"都装上"传感器"，它所处位置、状态、变化等全面的信息都进入互联网，都在人的（通过网上信息）监控和调度之下。

目前，在新科技革命中，正在发生一场"传感器革命"。原来的互联网是把人与人联起来。而物联网则是"把活的人同死的物也联起来了。"《人类2.0：在硅谷探索科技未来》一书的作者认为，当前还有拦路虎。"有三个主要原因是物联网发展的'拦路虎'。第一，我们没有一个占据绝对优势的行业标准，大的玩家还在明争暗斗。第二，已有的电池的持续时间不够长……物联网需要的24小时在线智能装置也是非常耗电的。第三，当我们将百万级的物体全部连接起来后，我们还会遇到新层面的安全物体。如何保证没有其他人可以对我的家门、车门发出行动指令？又如何保证我的车和车库之间的对话没有被非法装备劫持？"①

上面说的，基本属于技术需要继续创新的问题。所以，物联网的推开，还是处于开始阶段，需假以时日。不过，即使这些问题都陆续得到了解决，物联网全面普及了，在那个环境下的人类社会必将发生"翻天覆地"的大变化。以我这个孤陋寡闻的老朽，也会觉得，至少可能会发生如下的"颠覆"与变化：首先，是大量中间环节的劳动（工作）将会消失。人类可以通过"网上遥控"加上"无人机器"，控制与调度物体。其次，是大大节约了时间。最后，是强化了社会安全，包括防灾、减灾。当然，有福必有祸。例如，传统的盗窃可能没有了，而高级网络"自动化盗窃"可能就会花样百出了。

2018.6.24

高度网络化的文明效应

今日的网络化，其特点有三：信息传递方式的虚拟化、平溢化；信息传递速度的瞬息化、同步化；信息传递广度群落化、超地域化。这些高度开放、高度平等、高度感应的特征，在推进人类文明演进的作用上是空前的，而且是难以预料的。

——网络化的最大效应是为经济全球化奠定了物质技术基础。由于其具有无坚不摧的"信息突破力"，使得原来国与国、地区与地区、城与乡的隔膜与壁垒被迅速打破，开放度空前提高，使资源的跨国、跨地域配置，产品与服务跨国与跨地域地流动，成为势不可挡之势。这也是经济的全球化、自由化不可逆转的基本依据。

---

① 皮埃罗·斯加鲁菲等：《人类2.0：在硅谷探索科技未来》，中信出版集团2017年版，第85页。

——网络化的另一个明显的效应，就是科学技术超"摩尔定律"地更新突破。我在《混沌与有序的辩证法》一文中曾提到，当今世界之所以新的科技革命得以如此神速，与全球化密不可分。而全球化与网络化又密不可分。其根本道理就在于"开放化"。只有在开放的大环境中，新陈代谢的竞争才可能加剧，信息的交换与流动才可能加速。竞争加剧，是科技革命加速的动力；信息流动与加速，是科技革命加速的条件。这两者缺一不可。

——网络化的第三大效应是大大缩短了需求与消费之间的时间流程，甚至可能达到由消费直接决定生产的境界。这不仅大大减少了中间环节提高了社会生产率，而且必会明显地促进商业与运输业的"业态革命"。我们从今日"网购"日新月异的大发展中就可以看到这种势不可挡的大潮势了。

——网络化的第四大效应是促进了原来难以均衡配置的稀缺资源得以普遍享用。例如由于网上传播与网上操作，在边远地区也可能享受到良好的教育与医疗服务。这必然会有力地提高全民健康水平和文化素质，从而强化社会公平。

如果从社会文明演进的视野来衡量，高度的网络化，据我所知，就像任何科技一样，它既有推进文明跃升的一面，也必然会有为野蛮"反祖"提供更为"先进"的手段的一面。诸如：在物质文明方面——它既有巨大地推动科学技术迅猛革新、生产方式加速由工业文明的集中化标准化的模式向分散化个性化演变的积极效应；同时也必然会有各种各样的有违现行标准的"山寨"式的消极效应。在精神文明方面——它既有更广阔更公平地提高社会文明素质甚至可能实现"人的自由而全面发展"的一面；同时，也会为"逆文明人群"提供"千奇百怪"的"网络犯罪"的一面。在制度文明方面——它既有不可逆转地促进工业文明的制度安排(解构)向新的适合智能文明所需制度演变(建构)的一面；也必然会使保守的"既得利益势力"利用网络来阻挠与破坏文明的演进等。

2018.8.3

如何看待"失业"

人工智能的发展趋势，必定是不断取代人的工作。这样，"失业问题"似乎就会"尖锐"起来，如果每一项工作(指现有的工作)都自动化了，那是否就意味着全面永久地"失业"了？

我从《人类2.0：在硅谷探索科技未来》等书中列举的各种回答中，归纳出如下几种看法：

第一种认为"就业""失业"是工业文明阶段产生的名词或概念。在此之前的文明阶段是没有这些概念的。故不应该把此类概念与范畴固定化或永久化。因为它可能会随着工业文明的解构和智能文明的建构而改变。

第二种认为人工智能，即使到了"广义人工智能"阶段，可能也不会彻底消灭人类"应有的工作"，只不过到那时，可能不再称呼为"就业"，因为现在之所以叫"就业"与"失业"，是因为工业文明存在"雇佣关系"或"聘用关系"，得到了"雇佣合同"或"聘书"就算就业了，没有得到就是失业了。但是，到了智能社会就不一样了。种种迹象表明，新的科技革命已经催生了大量的"个体工作者"和"在家工作模式"。那些"夫妻公司""家庭工厂"

完全是"独立法人"，根本不存在什么"雇佣关系"，但他们的确都是整个经济链条中不可或缺的一环，都是在"工作"。你能说他们是"失业"吗？这种现象，在未来智能社会将会成为一种大量普遍的社会分工范式，只不过不再称为"就业"而已。更何况，在科技研发和创业领域，还会有许多法权平等的"研发团队"和"合伙人公司"。

我认为未来社会，"就业""失业"这些概念或范畴，可能会逐步淡出，而以"从业"与"工作"代之，而且会是多种多样的形式：一是少量的政府公务员、大企业的主管与网络操控人员。二是公共产品与设施的操控调度专家。三是独立或合伙的科技研发、教育和从事文学艺术的社会精英人员。四是大量的自由独立的、通过网络运转的"家庭工匠""家庭公司"和"新型自由职业者"即间歇性的、有节奏的、自主地安排自己的工作、爱好和休闲的人们。到那时，就会出现许多新的业态，如"创客派对""艺术俱乐部""奇想设计""旅游驴友"以及各种稀奇古怪的具有鲜明个性的"共同体"。

我们还要看到，新科技革命不仅会"消灭"许多旧的"中间性职业"，而且还会创造许多新的职业。回顾19世纪以来，工业革命不也消灭了许多农耕社会的旧职业吗？一如"手工作坊"被"机器化大工厂"取代一样，今天这种人员、设备、管理高度集中的工厂，虽然表象是被无人自动化的"机器人工厂"取代了，但是由高度网络化密切联系起来的人财物、产供销的联通化直接化该要创造出多少新的说不清的"职业形态"？！现在还说不清楚。在几年以前，谁会想到有这么多的"骑手满街跑"呢？

不过，《人类2.0：在硅谷探索科技未来》一书的作者提醒企业家："非中间化"趋势是大势所趋，作为企业家必须未雨绸缪，"自己来颠覆自己"。要看到"柯达公司的前车之鉴"。

2018. 8. 10

新科技革命：首要战略是人才战略

以智能化为核心的第四次科技革命，归根结底其原动力是人的"奇想"。在西方，称之为"另类思维"。而这种具有奇想的人，则不是"平平之辈"。"人才"是多种多样的。有的人才长于模仿，这属"匠型"人才；单靠这种人才，在"赶超阶段"可以在已有科技领域赶上先进，甚或"弯道超车"。有的人才则善于"打破常规，另辟蹊径"，不善于"循规蹈矩"，总有"奇思怪想"涌出。新的智能化革命，正需要这种人才。这种人才，学界称之为"异型人才"。很显然，今天这种一日千里、"超摩尔定律"翻新的、具有"颠覆性"的科技革命，如果缺乏大量的这种"异型人才"，光靠大量的资源投入，也是永远无法在"核心"与"原创"领域取得突破的。须知，在今天这种"科技实力决定一切"的全球化时代，一个不掌握"核心科技"的国家，就会永远受制于人。也由于此，当今一些跨国大公司对虚拟公司的收购，也都是看重他们的"研发团队"。

但是，作为一个国家，特别是大国，仅仅靠这种"临渴挖井"之策，是无法扭转逆势的。更何况科技垄断大国，必然会阻止这种"收购"。治本之道，还是要通过改革营造起一个政治开明、文化宽松的社会大环境，彻底改掉"只会刻舟求剑，不敢异想天开"的思维定式。马克思主义的原理昭示，凡是推动生产力向前发展的生产方式必定会胜利，凡是阻碍生产力发展的生产方式必定会被历史淘汰。真的是应该认真对待，绝不是"儿戏之言"。

异型人才，还有个结构问题。根据世界科技发展的经验，当今知识、科技发展的大势，正在经历一个"由分到合"的大潮。新的前沿科技创新与发展，愈来愈依赖于多学科的配合。特别是在人工智能、大数据、物联网等领域，过于单一的"狭隘专家"是很难承担的。这就需要"通才"，需要熟谙多学科知识与技能的通家。否则，研究与实用就会遇到无法逾越的"知识障碍"。

而凑巧，在这方面中国人正好具有较大的"潜力优势"。我之所以称之为"潜力"优势，是因为它还不能属于现实优势。表现在：中国传统文化，自古就"重通轻专"，作为"士"，就必须是"通才"：必须具有"治国平天下"的才能。不仅能治理一方国土，而且要"琴棋书画、诗词歌赋"八艺俱全。但是，显然这只是一种"价值趋向"上的优势，而不是"结构内涵"上的优势。那个"八艺"，可不是当今的"多学科"。虽然如此，但对于中国人由"专"转"通"，必定可能在思想与习惯上，在教育改革上，减少许多阻力。我记得胡适先生曾经说过一句话："为学要如金字塔，要能广大要能高。"这句话正可以作为我们今后教育改革与人才培养的一个重要参照。

西方有些学者对此也是肯定的，并寄予希望。以大数据为例，如《人类2.0：在硅谷探索科技未来》一书的作者就认为：中国有潜力创造全新的大数据思维。因为中华文化长于综合，优于通才，善于跨学科方法。而这些正是大数据技术的本质特征所需要的。因为，数据有着多种多样的来源，任何一个专家(无论是人类还是机器)都不可能吸收所有的数据，这就要求跨学科的方法。"为了能用大数据解决大问题，我们需要一种跨学科的方法。""由社会学家、经济学家、物理学家、律师、心理学家等组成的研究团队(你可以从网站上看到他们目前的阵容组成)。""实际上，用大数据解决大问题有更早的例子，即古代中国。我认为当今中国也最有潜力创造全新的大数据思维模型，因为中国人几百年前就已经发明并使用这种思维。""我认为，中国唐宋时期的思维方法毫不过时，如今中国在'大数据时代'寻求一种全新的'大数据思维'时，不妨回顾历史，重新发现自己独有的处理复杂社会问题的方法。"①

2018.8.11

自下而上的"创客精神"

在科技创新方面，中国的优势体现在"自上而下"的发动与鼓励：由问题带任务，由任务带政策，由政策带组织与动员。这一套"轻车熟路"，行之有效，"两弹一星"、航空母舰、大飞机等，成果丰硕，历史空前，甚至包括今后"通才"的培养与组合，这些都是指日可待的。这种创新道路，在我们的"赶超阶段"的确发挥了非凡的历史作用，应该大书特书。但是，应该清醒地承认，如果仅仅依靠这一种道路，我们的科技创新可能会永远

① 皮埃罗·斯加鲁菲等：《人类2.0：在硅谷探索科技未来》，中信出版集团2017年版，第21~22页。

处于被动的"追赶状态"。因为它存在三大局限：

第一，广度局限。显然，"任务—责任"的自上而下驱动，其涉及的对象一般只是少数科学家和高级工匠，而且这些人还必须具有较高的政治觉悟。有时还必须"秘密进行"。一般的"老百姓"无从发力。

第二，时差局限。更要命的是，"任务"的前提是要"发现问题"。可是，当你发现别人走到你前面的时候（"问题"），就已经出现"时间差"了。当你忙于别的事的时候，别人想到了一个新东西，而且开始动手了，才被你发觉，这本身就慢了一步。我们为什么不能比别人先想到呢？因为我们只限于少数人在想，别人则是"全民皆可想"。

第三，几率局限。很明显，一个脑袋创新不如十个脑袋创新，几千个精英创新也不如全民创新。其出现的几率，是不能用常规倍数来衡量的。而且全社会自发的创新，绝对不是单靠自上而下的"号召"甚至政策所能真正奏效的。要形成一种社会性的由"个人兴趣"驱动的创新，而不仅仅是"上级任务"驱动一条腿，西方是经过"文艺复兴"的文化大洗礼才出现的。没有一个政治开明、文化宽松的大环境，要使得人人（包括科技精英）都敢于创新、乐于创新，形成一种社会性的"创客精神"，使创新成为一种乐此不疲的社会兴趣与风气，是不可能的。

何谓"创客精神"？《人类2.0：在硅谷探索科技未来》一书的回答是："真正的创客精神应该是不断尝试新事物并享受其中，最好纯粹出于'好玩'去做事情，直到发现真正能让自己快乐的事情。因为，人们只有对喜欢的事情才会充满激情，才会觉得特别有意义。"这种创客精神，当它还是单独存在的时候，其能量爆发力是微小的，如果有一个"平台"，能把那些个体存在的创客精神"集聚起来"，使他们相互交流，各种想法构思相互碰撞补充，就可能产生意想不到的"创新突破"。凡是从事过科研的人都会有这种体会："兴趣动力"远大于"任务动力"；当然，如果能将两者结合，那就会出现奇迹。

例如，爱因斯坦就通过"通信圈子"在创新上取得了非凡的突破。《人类2.0：在硅谷探索科技未来》的作者从爱因斯坦大发现的追踪调研中，发现他之所以获得如此伟大的发现，在不小程度上得益于他和"朋友间密切交流并向朋友学习"。为什么？作者认为："广义相对论严格地说是爱因斯坦和他的朋友们组成的社区的成果，而不是一个人的。最让人吃惊的是这8000份文档发生在第一次世界大战的中期，竟然没有一份信件提及战争。这些科学家们生活在10余万人丧生的可怕的大屠杀期间，但他们全然专注于理解宇宙，而不是疯狂的人类。"[①]西方正是在此启发下，社会提倡"新兴社交"或"后社交时代"，使它成为"创客精神的孵化器"，从而大大推动了创客精神的发扬，由此使他们的科技创新领先于世界。

正如斯加鲁菲等所说："中国的创客在创新中的主要阻碍因素来自文化，中国现在已经有很好的基础设施、资金和人才等，但中国有非常悠久的历史，很多观念和传统不可能很快改变。如果有一部分人对生活做出了不同寻常的改变，哪怕是很小的改变，可能也要顶着周围亲朋好友'你疯了吗'的压力去冒险，而且当他们的尝试失败后，通常会觉得很

---

① 皮埃罗·斯加鲁菲等：《人类2.0：在硅谷探索科技未来》，中信出版集团2017年版，第206~207页。

'丢脸',整个社会对人们按一个'预设的正常路线'走的期待还是很大。创客空间在中国尤其重要,因为它可以得到一种集体的支持。"而"在硅谷,人们不断地创造出新的东西,很少有什么条条框框,人们就是不断地发明创造,然后原本零碎的东西就聚集在一起,就会发生一系列令人惊叹的事情。中国必然也会发生这样的事情。"①

2018. 8. 16

科技进步的最大危险

大家都在担忧,人工智能会否导致毁灭性的危机。这个问题,仁者见仁,智者见智,说法不一。

《人类 2.0:在硅谷探索科技未来》一书的作者认为:"我其实并不害怕人工智能和机器人,我害怕的是技术服务于人类还是人类服务于技术。对此,我现在的感觉是:机器很少表现得像人类,人类为了跟周边的机器互动,却必须经常表现得像个机器。"②

这就是说,人类反而变得愈来愈依赖机器并"服从"机器的操作规则。这种倾向是与日俱增、加速积累的。这种人对机器的依赖与服从性,我认为必会导致三大效应:一是人的智能退化效应。如现在许多青年人不会写字了,将来必然也会有更多人不会开车、不会购物、不会识别真伪、不会克服困难等。而且可能还会在某些人类基本生存的智能方面,一代不如一代。二是人与机器关系的倒置效应。人创造了智能机器,然后又得服从机器的操作规程与倾向。这就易于造成人机倒置。人得听机器的。久而久之,人就可能被机器认为"人类只是制造它的一个工具"。主与从的关系可能就被倒置了。三是人类之间的不平衡效应。不同人群(国家)之间在科技开发上绝非"齐头并进"的,而且先进的人群(国家)很可能会有意识地阻滞后进人群(国家)的高科技开发进程。这正如作者所言,"这才是最值得担忧的"!

以上三种效应都是客观存在的。第一种效应是普遍性的,可能会使人类弱智化。但还是有药可医的。如一方面随着人类体力劳动的减少,可以大力发展各种体育运动。同时,随着智能活动的简单化、虚拟化,也可以在其他智力活动领域——如艺术、文艺创作、科技创新等领域加强新的"替代智力活动"。

问题在第二、三效应。这两种效应有可能导致"人工智能不友好"(如机器杀人)和"人机战争"。这才是智能化可能出现的危机。对于前一种危机,我认为应该相信人类究竟还是人类,人类的良知会加以控制的,即不会设计出与自己作对的人工智能。但最大的危险还是人类自身的"失衡"。特别是西方传统的"丛林法则"与"零和游戏"价值观,很有可能会导致"机器人代理战争"。那个结局就很难控制了!所以,我认为,说到底还是"上层建筑"问题或制度问题,即用什么制度来规范人工智能的研发和使用的问题。

随着人工智能化的急速推进,如果当整个社会变得普遍的网络化、虚拟化、无人化的

---

① 皮埃罗·斯加鲁菲等:《人类 2.0:在硅谷探索科技未来》,中信出版集团 2017 年版,第 216 页。

② 皮埃罗·斯加鲁菲等:《人类 2.0:在硅谷探索科技未来》,中信出版集团 2017 年版,第 8 页。

时候，万一出现了局部的失衡或误判，必然会造成"全盘混乱"的局面。其造成的损失与灾难，是不可估量甚至是毁灭性的。这就需要建立一种极为明晰而严格的"责任代理人"制度。《机器之心》一书的作者指出："即使人类的交易与决策中机器智能全权操作执行，但在法律上仍需要一个人类的责任代理人；没有机器智能的参与，没有机器智能提供的意见，人类也几乎做不了任何决策。"最后，还必须由人类做出"最后决策"，这是最要紧的一步。否则，人工智能的颠覆性危险就很可能出现——暴力、战争、人类毁灭。而且这种"责任人立法"，不仅应在国家层面进行，而且还应在国际上进行。

2018.8.20

经济奇点：是否"共产主义"

《人工智能革命：超级智能时代的人类命运》一书的作者指出："自动化可导致一个经济奇点。'奇点'一词，源于数学和物理学：达到奇点状态时，一般规律将不再实用。经济奇点的出现，可能会导致一种反乌托邦的专制政体，那里的精英人物掌控生产方法，压迫其他人。但它也可能"会导致物质经济的极大丰富，届时人们将不再需要为谋生而工作，我们将拥有完全的自由去追求乐趣，去拓展我们的思维，提升我们的技巧。"届时死亡将成为一种选项，我们将可以享受永远的幸福，永远快乐地生活。但是，如果我们误入歧途，也可能招致灭顶之灾。"①

这一段话，我认为，除了是否会导致"专制"值得在后面来讨论外，其他都具有很大的可能性与诱惑力。我认为，那种可能性，在相当大的程度上特别是在价值取向上，同马克思当年所期盼的"共产主义"，具有极大的"近似性"。马克思是一位伟大的思想家，在人类历史上具有无可替代的崇高地位。我认为，他的伟大在于，早在200年前他就预见到人类文明必将到达的远景。那就是：人类必将由"自在"达到"自为"，实现自由而全面的发展；由于生产力的高度发展，物质财富必将"大量涌流"，从而可能实现"按需分配"；由此，工业文明的社会分工必将解构而实现人类生活的"自由选择"。对于这三大预见，我们不妨对照今日人类文明的发展状况与趋势做一粗略的对照。

首先看第一点，人的全面解放，成为自由而全面发展的人，而且每个人的发展成为一切人发展的条件，从而由"自在之人"变为"自为之人"。今天，随着互联网的出现及其进一步的发展，人的自由而全面发展的空间已经开始展现在我们面前了。而且，每个"网民"的发展成果都可以自由地"嗮"到网上，成为"一切网民"发展的"条件"。过去工业文明所形成的教育、医疗、就业的"垄断模式"正在解构之中，网络使得这些资源可以普及与共享了。一个山沟里的农民，可以通过手机上网把自己的产品推向四面八方了。不懂的知识，点击"百度"，就明白了。如果"物联网"再发展起来，有一天，可能一个"5G手机"就能决定一个人的命运。加上新科技革命的全面推进，人很有可能成为"自为之人"。在10年前，这都是"不敢想象"的事，今天，因为由"摩尔定律"推动的"指数级"科技翻新，我

---

① 卡鲁姆·蔡斯：《人工智能革命：超级智能时代的人类命运》，机械工业出版社2017年版，前言。

们"不敢相信"的事都会突然涌现出来。

其次看第二点,在物质生活资料生产极大丰富的基础上,实现"按需分配"。我认为,按需分配可以做两种解释:一是"各取所需",需要什么就分配什么,而不是按资源和劳动分配。这是直白的解释。还可以有另一种解释,即由需求决定分配,而不是由分配决定需求。此话怎讲?这也可以从两方面来解释:一方面,由于现在物质生活资料的生产还不够丰富,只能按投入的资源和劳动进行实体货币的分配,然后有多少货币就买多少生活需要的商品。这里,需求是由分配决定的。但是,随着科技——生产力飞跃的发展,特别是人工智能化——科学家们都在预言,可能机器人全面取代人的工作,在十几年后就要实现了——到那时,高质量的社会财富必将"大量涌流",社会可以提供的(我们现在所说的"公共产品"与"社会福利")也必会"大量涌流"出来,甚至可能大大超过正规的"个人所得"。而这种公共产品和社会福利,绝对是"按需提供"的。另一方面,由于不再"为谋生而工作","休闲化"的时间不断扩充,必然趋向"个性化"。由此,社会必然会由过去的批量性的"生产决定需要"演变为个性化的"需要决定生产"(由用户向生产方提出需要,然后进行个性化设计与生产)。有的学者还提出,政府还可能设立"全民基本收入"的公共产品。

《人工智能革命:超级智能时代的人类命运》一书的作者就认为,由于人工智能的普遍化、高级化和广义智能化,人类原来进行的物质生产甚或诸多管理过程,都可以由智能体系所取代,社会的物质生活资料必将极大地丰富起来,甚至完全可以不用人类去从事工作了。"如果经济奇点真的来临,我们或许就将建立一种全民基本收入制度。在这种制度下,所有国民都将得到一份基本收入,足以保证每个人的生活水准都能赶上如今美国的中产阶级。在乐观的想象场景中,人工智能驱动机器人完成所有工作,创造出彼得·戴曼迪斯所谓的极大丰富的物资,人类就可以随心所欲地去追求自我实现,去读书、交谈、运动、冒险或者在沉浸式虚拟现实中无休止地打游戏。"[①]到那时,人类真正就从"为生活而工作"中解放出来了,成为真正自由的人!但这种局面或远景,则是现行资本主义制度无法实现的,即使表面实现也无法治理。因为,其一,愈来愈庞大的"全民基本收入制",必然要加大——不是一般的加大,而是颠覆性的易位——政府与工会的权力,这与现行资本主义制度是根本不符的。其二,如何确保这种庞大的"福利开支"得以从生产领域进入再分配领域,这在现行资本主义制度下是很难想象的。其三,既然是资本主义,就必然是少数人垄断最大的社会财富。要改变这种垄断,那就不是资本主义,而是另一种能保障社会公正的新制度了。

再次看第三点。传统社会分工的消失,工作与休闲成为自由选项。一方面,由于人的全面发展和物质的极大丰富,工业文明所形成的那种专业狭隘而一生固定的社会分工,也就会解构;人类将从为生活而劳作的桎梏中解放出来,"工作"将成为一种兴趣与爱好,而且可以自由地进行多种选择。另一方面,人工智能必将普遍地取代人类的劳作,休闲时间必会大大增加——我们从今天科技昌盛、发达、文化先进的国家和地区就可以看到,在

---

① 卡鲁姆·蔡斯:《人工智能革命:超级智能时代的人类命运》,机械工业出版社 2017 年版,第 57 页。

那里人们每周工作的时间就比相对落后的国家与地区少很多。今后，这种差距还会急速地拉大。这种社会分工结构性的演变已经开始了。马克思原来那些极具诱惑性的预言，已经是海平线远处遥遥可见的风帆了。

但是，正如他所创立的唯物史观所言，对一切历史现象和历史人物，必须用历史的视野进行评价，即既有其历史功绩，又有其历史局限。这是天经地义的。马克思也不能例外。他在"实现共产主义的途径"方面表现出了历史局限性。这种局限性主要有"阶级斗争决定历史""私有制是万恶之源"和"无产阶级的历史地位"等。这方面，过去的历史已有基本共识，我只想着重说一点，即要历史地对待私有制。

所谓"历史地对待"，包括两层内涵：一是私有制是人类社会文明演进过程中的一个"必经"的阶段性制度形式，在人类文明演进的长河中，它曾经是文明演进的原生性动力（特别是在资本主义阶段）；一如一切事物一样，总会是正反共存的，私有制也不能例外，当其发展到"社会垄断性私有制"之后，它的"反效应"就会暴露并增长起来。二是私有制的消亡必是一个历史自然演进的过程。人类不可能用"强力砍伐"或"拔苗助长"的办法去"消灭它"。即使能"消灭一时"，它依然会"春风吹又生"。过去的历史已经一再证明了这一点。我说的"历史的自然演进"，是指人类文明（特别是物质文明）中"公共财富"（现在的公共产品和社会福利就属于"初级的公共财富"）大大地多于和优于"私有财富"的那种历史阶段时，"私有"已经"相形见绌了"。到那时，"生产资料私有制"必然就会自动地"退出历史"。显然，在过去的整个历史阶段都不可能。即使对资本主义的"本质"批判得再彻底，在实践上也做不到。

但是，到今天，如我前述，随着新的科技革命的超速发展，到了"经济奇点"时，这种"高级的社会公共财富"完全可能会逐步地展现在人类面前！到那时，人类几乎就可以不用"强力消灭"，私有制（当然是指生产资料私有制）就会像今天的"虚拟货币"取代"实体钞票"一样，逐渐自动退位和消失。

2018.8.23

广义智能化能实现吗

进化，是自然而漫长的历史过程；科学，是自为而高速的创新过程。进化，没有目的性；科学，则有目的性。从理论上讲，通过科学的有目的、有计划的超速开发，自为的科学有可能提前实现"自发进化"的结果。这不是我的妄言，而是科学界大多数人的看法。因为科学的高效率不是一般的高效率，而是比过去速率要快几万倍、几十万倍甚至亿万倍的速率的"计算工具"才能做到的。过去，人的大脑已经够复杂了，一般的计算工具是望尘莫及的。但今天，像"天河一号"这样的超级计算机的出现，给人们带来了巨大希望，一如《人工智能革命：超级智能时代的人类命运》一书的作者所言："我们自身大脑的存在，为全世界70多亿人创造了丰富的精神生活，就证明意识可以从物质体中产生。除非你信奉肉体与灵魂分离的二元论，或者其他的类似理论，那另当别论。生物进化尽管强大，但它缓慢而低效，相比之下，科学则快速、高效得多。所以，从原理上来说，我们应该能造出大脑。"①就是著名的人工智能专家，西雅图艾伦大脑科学研究院首席科学家克里斯托弗·科赫虽曾一直怀疑广义人工智能不会很快出现，但他也同意"如果你能建造一台计算机，其电路和大脑一模一样，这台计算机也就能产生意识。"最近，他还说，广义人工智能可能会在未来50年内问世。②

目前，出现了一个新的学科，叫作"合成生物学"。这就是说，"生命设计"也有可能了。《人类2.0：在硅谷探索科技未来》一书的作者介绍："合成生物学在创造一个新的'生物'(有机组织)时使用的方法，仍是对基因的'剪切和粘贴'，随着合成DNA成本的不断下降，有一天更有效的方式可能是直接设计和打印一个新的DNA，而不是去编辑一个既有的。"③如果真的能做到那样，一如作者所说，"人类将扮演'生命设计师'的角色"。

到那时，人类就不是现在的"人"了。你可以叫他为"后人类"，也可以称之为"半人马"("大脑-计算机接口")，或许就是"神"了。所以这些，我是说不清楚，也没有办法去研究。不过，作为一种"哲学思维"，对这种"远景"，并不是没有意义的。

(本篇尚未发表)

读书琐记(三)

前　　言

年初，听友人说，又出了一本好书——《失控：全人类的最终命运和结局》的中译本。出于求知和好奇，我立即网购了一本。乍一看，将近5厘米厚700多页，把我一下镇住了。这要读多长时间？就把它冷在书架上将近一个月，赶别的任务去了。后来，大孩子来电话说，这本书如何如何值得看，引起了我的注意，便开始读了起来。可这一开始，就不能收场了。一口气就连续读了二十几天，把我紧紧地吸住了，并写出了这篇《读书琐记(三)》。

我十分佩服凯文·凯利。他知识面之广、洞察力之深、想象力之锐和语言力之妙，可以说是"绝非等闲"。也许是我孤陋寡闻，或者是自然科学知识太少，有一部分内容似懂非懂，也有少数不敢苟同。但是，总体来说，使我大开眼界，受益良多。特别是在"从混沌到有序"的中间过程、"涌现"还有负面效应、科学方法的革命、生态系统的治理、达尔文进化论的过时以及有活力复杂系统的构建等一系列重大问题上，或者是茅塞顿开，或者是认识深华，或者是启迪新思，或者是举一反三，一句话，这一个月收获满满。

---

① 卡鲁姆·蔡斯：《人工智能革命：超级智能时代的人类命运》，机械工业出版社2017年版，第90页。

② 卡鲁姆·蔡斯：《人工智能革命：超级智能时代的人类命运》，机械工业出版社2017年版，第90页。

③ 皮埃罗·斯加鲁菲等：《人类2.0：在硅谷探索科技未来》，中信出版集团2017年版，第335页。

"新生物文明"

作者开宗明义地指出："人造与天生的联姻，正是本书的主题……从某种意义上说，是现有技术的局限性迫使生命与机器联姻，为我们提供有益的帮助。由于我们自己创造的这世界变得过于复杂，我们不得不求助于自然世界以了解管理它的方法。这也就意味着，要想保证一切正常运转，我们最终制造出来的环境越机器化，可能越需要生物化……我们的技术所引导的未来，朝向的正是一种新生物文明。"①

何谓"新生物文明"？我理解，新生物文明既不是那种"灰色冷冰冰的钢铁世界"的机器文明，又不是原来的"自然选择"迟缓而不足的生物文明，而是这两者"双向杂交"的新形态文明。通过"生命与机器联姻"，即生命的机器化和机器的生命化，形成充满生命活力的"鲜活文明"。因此，新生物文明，是一种与工业文明时代的"机器文明"性质不同的、智能文明时代的新文明。

今天，这种文明已经在我们生活中开始崭露头角了。如，器官的机器置换，机器人的使用，3D打印心脏等。这些都还是"起步"，离真正的新生物文明应该说还远得很。但已经让我们感到：未来的发展前景是我们今天的人们难以想象的！

2019.4.10

定向人工进化：基因工程的作用

作者指出："生物工程的原动因，就是希望充分控制有机体，以便对其改进。被驯化的动植物，便正是将技术逻辑应用于生命的范例。野生胡萝卜芳香的根，经由草本植物采集者一代代的精心选培，才最终成为菜园里甜美的胡萝卜；野生牛的乳房也是通过'非自然'的方式进行了选择性增大，以满足人类而不是小牛的需求。所以说，奶牛与胡萝卜跟蒸汽机与火药一样，都是人类的发明。只不过奶牛和胡萝卜更像人类在未来所要发明的东西；它们是生长出来的东西，而非被制造出来的。""现代的基因工程师们却可以利用定向人工进化，通过目标明确的设计而大大加快了物种改进的过程。""机器与生命体之间的重叠在一年年增加……有两种具体的趋势正在发生：（1）人造物表现得越来越像生命体；（2）生命变得越来越工程化……因两者都具备生命属性，我将这些人造或天然的系统统统称为活系统。"②

这几段话说明：

第一，"定向人工进化"，愈来愈明显地表现出"进化的动因"不仅仅只是"自然的选择"。人类的——凭借基因工程——"定向进化"愈来愈成为另一种进化的推力。这一点说明达尔文进化论的"物竞天择，适者生存"，已经不是绝对真理了。即使在过去，"共生进化"（基因互换）也是相当普遍的现象，甚至在不远的将来，自然进化也不是主要的进化动

① 凯文·凯利：《失控：全人类的最终命运和结局》，电子工业出版社2016年版，第3页。
② 凯文·凯利：《失控：全人类的最终命运和结局》，电子工业出版社2016年版，第5页。

因了。"人工定向进化"可能会成为主要的进化动因。

第二，这种人类的定向进化，凯文·凯利认为，存在两种趋势：机器的生命化；生命的机器化。而且这两种进化，"都不能简单地说它是什么，两者都属生命系统"。例如，你不能说被置换了多种器官的人是机器。同样，在不久的将来，可能你也不能说高级的机器人没有生命。其实，照作者所言，应该还有第三种趋势，即生命的工程化或最优化。如前述的胡萝卜和奶牛的人工定向进化。

第三，这三种定向进化的区别在于：机器的生命化，全属被人制造出来的；生命的工程化，乃属生命自己生长出来的；而生命的机器化，则是两者的"融合"。

第四，这三者的共同点都是离不开"基因工程"的作用。

2019.4.11

人造与天生将最终统一：如何理解"失控"

凯文·凯利认为，"当人造与天生最终完全统一的时候，那些由我们制造出来的东西，将会具备学习、适应、自我治愈，甚至是进化的能力。这是一种我们还很难想象的力量。数以百万计的生物机器汇集在一起的智能，也许某一天可以与人类自己的创新能力相匹敌。人类的创造力，也许是属于那种华丽绚烂的类型，但还有另外一种类型的创造力值得一提——一种由无数默默无闻的'零件'通过永不停歇的工作而形成的宽广而缓慢的创造力。""在将生命的力量释放到我们所创造的机器中的同时，我们就丧失了对它们的控制……人造世界就像天然世界一样，很快就会具有自治力、适应力以及创造力，也随之而失去我们的控制。但，在我看来，这却是个最美好的结局。"[1]

为什么说那是一个"最美好的结局"呢？

我以为：

第一，这里说的"失控"的"控"，不是指那种狭隘的管理层面的"管控"，而是以进化视野对那种具有"热力平衡"趋势的、不符合进化要求的东西的控制力。显然，摆脱了这种不符合进化要求的控制应该是一种最美好的结局。

第二，更重要的是，人工进化与天然进化融为一体，意味着人类的"进化科技"的大飞跃。整个自然与社会必然会出现一个我们今天想象不到的大繁荣！

2019.4.12

涌现：蜜蜂与小鸟的"群飞"现象

我们有时候会看到，几千几万只蜜蜂或小鸟集群而飞，是那样的密集而整齐，忽上忽下，忽左忽右，是那样的整齐划一，简直是不可思议！（其实，在海洋中的鱼群也有这种类似的现象）为何会如此？为何能够如此？其原动力是什么？它们有一个"指挥中心"吗？这种现象该如何解释？

---

[1]　凯文·凯利：《失控：全人类的最终命运和结局》，电子工业出版社 2016 年版，第 7 页。

看来，都不是！

凯文·凯利指出，这是一种特别的"涌现"。他认为，"'群态'正是从这样一群完全罔顾其群体形状、大小或队列的生物中涌现出来的……它具有'涌现'的特征……'涌现'是一种非常普遍的自然现象……是一种与众不同的因果关系……尽管看上去多少有点跃进（跳跃）——最佳解释是，它是事件发展过程中方向上的质变，是关键的转折点。"[1]

凯文·凯利认为，"'蜂群思维'的神奇在于，没有一只蜂在控制它，但是有一只看不见的手，一支从大量愚钝的成员中涌现出来的手控制着整个蜂群。它的神奇还在于，量变引起了质变。要想从单个虫子的肌体中过渡到集群肌体，只需要增加虫子的数量，使大量的虫子聚集到一起，使它们能够相互交流。当复杂度达到某一阶段，"集群"就会从虫子中涌现出来。虫子的固有属性就蕴涵了这种神奇……蜜蜂体内还蕴藏着什么别的东西是我们还没有见到过的？……就此而言，又有什么潜在人类个体中没有涌现出来……在这种类似于蜂群的仿生超级思维中，一定蕴藏着某种最出人意料的东西。"[2]

以上几段话中有几个问题值得讨论：

第一，"蜂群现象"是如何形成的？作者认为是一种人类还解释不清的"涌现"行为。这不错，量变引起质变。数量愈多，涌现愈大。

但是，为什么数量与涌现成正比呢？个体或很少数时就不可能出现呢？我以为，生物体应该还有"第六感觉"——势觉（不是视觉）。"势"，是通过"电流"来感觉的。当虫子或小鸟，在个体或少数时，形不成电流，故表现为"乱飞"。但达到够大的数量后，电流就形成了。而且群愈大，"电流感应"就愈强烈。

为什么会出现那种整齐一致上下左右的"方向性"呢？我曾经观察过，那种"聚群转向"，特别是在遇上前面有"障碍物"时——如大鸟、建筑、大树等——表现得最为明显。这其中，是不是领头和外沿"小群"或许起着"带头"的作用？因为它们最先出现（或感触到）"电流感应"。

我之所以有上述想法，是因为我曾经有过三种亲历的体会。

——第一种：在1949年前参加学生游行示威。当示威人数多得数不清的时候，不知怎么自己的"个性"忽然没有了，取而代之的是"高涨的群性"——随着"大流""一致性"的呼喊行动。

——第二种：在学生时代，我是篮球代表队队员。我发现，每次赢球，几乎都是"打起了风"的那次。什么是"起风"？就是队友之间莫名其妙地出现了一种"配合默契"，不管什么姿态都"有投必进"！这是否也是一种"涌现"？回想在那"起风"的时候，个人几乎是"无意识"状态，随着"风"跑！（这种风，是不是就是"电流"？）

——第三种：思维活动的"梦中涌现"。我个人有过几次这样的经历，研究一个问题，读了许多相关图书和资料，做过多种设想与推论，但仍未得要领。可是，在梦中忽然找到了答案！这几乎不属于"有意识"的产物！这是否也属一种"大脑活动的涌现"？

以上三点"胡思乱想"，如果归纳起来，是否可以得出这样的想法？世界上的万事万

---

[1] 凯文·凯利：《失控：全人类的最终命运和结局》，电子工业出版社2016年版，第20页。

[2] 凯文·凯利：《失控：全人类的最终命运和结局》，电子工业出版社2016年版，第21~22页。

物，无论是有生命还是无生命，归根到底，都是由许许多多的"元素"，按照千奇百怪的"序列"排列组合而成。无生命的，大多以元素的原貌或机器式混合呈现。有生命的，在一定条件下(如焚烧)也会还原为元素(如氮、磷、钾)。这些元素和序列，包括其进化，有一些人类已知，有一些甚至是更多，人类还处于无知或半知。特别是那些"牵一发动全身"的、"点一滴而变大局"的东西及其在系统中的关键作用，有许多人类的认识还远远不及。像"涌现"这种现象，应该说，就是一种"结果"，其真实的原因，大部分我们尚属无知。包括"大脑"这个有意识"元素组合"，是不是会在"无意识"的状态下(如梦中)也会出现"纯机器性"的"涌现"(判断)呢？

2019.4.13

"涌现"与"势"

我在前面一文中所说的"势"，愈来愈觉得似乎有一点道理。如凯文·凯利所说，"漩涡是一种涌现的事物——如同群一样，它的能量及结构蕴涵于群体而非单个水分子的能量和特性之中。不论你多么确切地了解 H_2O 的化学分子特征，它都不会告诉你任何有关漩涡的特征……事物的涌现大都依赖于一定数量的个体，一个群体、一个集体、一个团伙，或更多……科学界早就认为大量个体和少量个体的行为存在重大差异。群聚的个体孕育出必要的复杂性，足以产生涌现的事物……量变引起质变"。[1]

这几段话说明一个过程：

群聚——复杂性——碰撞与耦合(涨落)——自组织——新结构——涌现

这个过程，我以为在生命界与非生命界是有差异的：

在生命界(有感觉意识的群体)，可能是"势觉"支配着"涌现"的过程，这个过程我在前面一文中已述及。而在非生命界，如群聚的机器系统，它可没有"觉"，只有"力"。故应是"势力"支配着"涌现"的过程。

作为"人"，是否具有双重性：社会性与自然性？这是否也会影响到涌现成因的双重性？——即既有因"觉"而产生的涌现，又有因"力"而产生的涌现。如人的"意识自组织"(自耦合)。我以为，像我梦中得解，也许可以证明大脑诸部件"非意识的自组织"。

2019.4.14

涌现：应该也有两重性——正向与负向

我从普里戈金《从混沌到有序——人与自然的新对话》一书的论述中受益匪浅，但也有一点感到不足，即是否"涌现"只有正面效应，而对其也有负面效应的问题没有明确的讨论。《失控：全人类的最终命运和结局》这本书则作出了明确的回答："群系统的明显缺陷：非最优——因为冗余，又没有中央控制与应急机制……如青蛙产卵绝大多数都浪费了……自由市场经济……抑制效率……不可控——没有一个绝对的权威……经济不可从外

---

[1] 凯文·凯利：《失控：全人类的最终命运和结局》，电子工业出版社 2016 年版，第 32~33 页。

部控制，只能从内部一点一点地调整……不可预测——……会影响系统的发展……空中交通控制系统中如果出现涌现的新情况，就可能导致进入全国紧急状态……不可知——……非即刻——……"①

这些就够了。说明涌现的现象，不能说都是正面的。就像任何事物一样，有正有负。只是谁多谁少而已。而"涌现"这种现象，总体来说，正面效应是主要的。凯文·凯利也说了："'群'系统的好处：可适应——……对于曾出现的激励信号做出响应……可进化——只有群系统才可能将局部构件经历的时间演变而获得的适应性，从一个构件传达到另一个构件……非群系统不能实现进化。弹性——……小浪花……小故障……得以被抑制。无限性——……新颖性——……其中蕴藏着无数新颖的可能性。"②

凯文·凯利的功劳还不止于此。他还明确地提出："'涌现'既然有正也有负，故对于必须绝对控制的系统(工作)，仍然采用可靠的老式钟控系统。在需要终极适应性的地方，你所需要的是失控的群性。"正是针对涌现的两重性，他提出了"兼顾"的思路，认为"多数任务都在控制与适应性中间寻找一个平衡点，因此，最有利于工作的设备将是由部分钟控装置和部分群系统组成的生控体系统的混血儿"。③

这种看法无疑是正确的。但在实践中要区分哪属钟控、哪属群性，则有很大的差别。这种差别，又往往同"心智结构"的差别有密切的关系。区分不当往往会造成更大的混沌与反弹。

2019.4.15

"网络文明"：需要有战略考量

凯文·凯利指出："网络的图标是没有中心的——它是一大群彼此相连的小圈点，是由一堆彼此指向、相互纠缠的箭头组成的网。不安分的图像消退在不确定的边界。网络是原型——总是同样的画面——代表了所有的电路，所有的智慧，所有的相互依存，所有经济的、社会的和生物的东西，所有的通信、所有的民主制度、所有的群体、所有的大规模系统。这个图标很具有迷惑性，看着它，你很容易陷入自相矛盾的困境：没有开始，没有结束，也没有中心；或者反之，到处都是开始，到处都是结束，到处都是中心。真相暗藏于明显的凌乱之下，要想解开它，需要很大的勇气。""暗藏于网络之中的，是神秘的看不见的手——一种没有权威存在的控制……网络在哪里出现，哪里就会出现对抗人类控制的反叛者。网络符号象征着心智的迷茫，生命的纠结，以及追求个性的群氓。""正是它容纳错误而非杜绝错误的能力，使分布式存在成为学习、适应和进化的沃土。""网络是唯一有能力、无偏见地发展或无引导地学习的组织形式。""群的拓扑结构多种多样，但是唯有庞大的网状结构，才能包容形态的真正多样性。"④

---

① 凯文·凯利：《失控：全人类的最终命运和结局》，电子工业出版社2016年版，第36~38页。
② 凯文·凯利：《失控：全人类的最终命运和结局》，电子工业出版社2016年版，第35~36页。
③ 凯文·凯利：《失控：全人类的最终命运和结局》，电子工业出版社2016年版，第38页。
④ 凯文·凯利：《失控：全人类的最终命运和结局》，电子工业出版社2016年版，第40~41页。

这几段话说明：当今的网络化和过去的工业化一样，是一个新时代的开启，不能等闲视之。下面我想就网络的结构特征谈一点极不成熟的看法：

第一，网络是没有中心的。但我认为，无中心与"权威"并非绝对矛盾，无中心不等于无权威。"权威"这个范畴，是具有丰富的历史内涵的。人类在任何历史阶段都必会有与该历史阶段相适应的"权威"。否则，人类有一天必会因"失控"而灭亡。这一点，我可能与作者存在某种不尽相同的看法。但是，我们也必须平心静气地承认，在一个以网络为"基础"的社会，它的"权威形成机制和运行特征"，则应该与农耕文明和工业文明有本质的区别。任何一个系统的生命线，在于能否形成一种有别于过去"专制权威"和"选票权威"的、新型的"网式权威"。这种网式权威，在今天我还没有条件把它说清楚。但模糊的方向是不是：分布式与集中式相结合，多层次地在分布的基础上集中(规制性)，在集中的指导下分布(引导性)？形成一种具有高度"进化力"和生命活力的网式权威。要害在于给"分布"留下足够的"创新与试错"的空间与时间。须知，在一个"网络一切"的基础上，任何系统的进化(发展)源头都是"分布网点"的"多元式创新"，而创新如果排斥了"试错"，就如同"截断了源头"。

不过，凯文·凯利关于"网式系统"与"钟式系统"应该因事而设的"混血儿"构想，却也是弥补"分布式"不足的又一种补充，这是必须肯定的。

下面，我想冒昧地将三次文明的"权威"特征做一个概括的描述：

权威性质——农耕文明属专制权威；工业文明属选票权威；智能文明属网络权威。权威决定——农耕文明是个人偶像；工业文明是党派运作；智能文明是智商选定。权威形式——农耕文明是封闭塔式；工业文明是半分布半塔式；智能文明是网状交流。权威运作——农耕文明是单向决定；工业文明是多数决定；智能文明是交互决定。权威后效——农耕文明是因人而异；工业文明是因党而异；智能文明是因智而异。

第二，网络是没有边界的。所谓无边界，就是完全开放的一个平台，"正面的""负面的"都可自由进入，难以形成垄断。这种情况则具有两重性。从主要方面看，其包容性(容许试错)很大，创新力极强，学习社会化空前，最重要的是人类的进化力必将大大加速。但由于人性也具有双重性，即文明性与野蛮性，无边界难垄断，"野蛮"同样也可以乘虚而入，容易造成失控，如网络犯罪。故对这种双重性，必须有"双重战略"。以"智控"代替"垄断"。

第三，网络是没有始终的。由于分布性与开放式，似乎处处似始处处似终，处处无始又无终。找不到其始，也看不到其终。这种无头无尾，到处似头又似尾的网络系统，其最大的优势，是开启了人类"自由而全面发展"的进化大门。各种束缚进化的"法权"统统都褪色了。它大大增加了社会选择的几率。当然，它也会出现混沌和噪声。但是，对于这种"无头无尾"的复杂系统，简单地用"钟式控制"显然是文不对题的。看来，出路是否在于"群控创新"：按照"分布开放"的方向，引导网络形成"网络正义"：各抒所见，以理服人，优胜劣汰，正义选择？

2019.4.26

活结构与死结构

何谓"活结构"与"死结构"？从字面看，活结构，就是一种有生命活力的结构；死结构，就是指无生命活力走向衰败的结构。那么，为什么会"活"又为什么会"死"呢？这个问题，我在前面《读书琐记（一）》中已大体上说明。现在《失控：全人类的最终命运和结局》一书又做了另一种补充。

凯文·凯利认为，一个系统、特别是大系统，是死是活——依我的理解，在极大程度上，取决于系统结构本身的"有机性"的高低。一般地说，有机性愈高其生命活力就愈大；反之就愈小，甚至会导致系统的衰亡。而所谓有机性的高低，则取决于两条：其一，是选择"中心相对"还是"中心万能"？凯文·凯利认为，中心只能控制高层重大的行为方向，不能包办一切。例如大脑，你说它是中心，它并不管"五脏六腑"的本位功能，手脚瘫痪了大脑就不管，它只管一个人的"整体行为方向"。其二，是选择中心与部件关系的"有机化"还是"同构化"？这里说的有机与同构的根本差异，就在于在中心与部件之间有无"能量"与"信息"畅通的"双向交流与反馈"的结构机制。肚子饿了，立即就会反馈到大脑：要去吃饭了。脚受伤了，立即反馈到大脑：这条路不能走了。特别是那种可以调节系统整体极限的"回路"。例如，抽水马桶，如果没有那个"空心球"（首尾相克）的"回路"，就会"水漫金山"。

其实，这些哲学原理，不仅对自然系统而且对社会系统，同样具有十分重要的启迪。

2019. 5. 4

"心智社会"：自发的合作

凯文·凯利认为，"彼此各异的思智们，吵闹着，共同形成了我们所认为的'统一的智慧'。马文·明斯基把这称为'心智社会'。他将之简单地形容为'你可以通过许多微小的反应建立知觉意识，每种反应自己却都是无知无觉的。'想象一下，有很多独立的专业机构关心各自的重要目标（或本能），诸如觅食、饮水、寻找庇护所、繁殖或自卫，这些机构共同组成了基本的大脑。拆开来看，每个机构都只有低能儿的水平，但通过错综复杂的层累控制，以许多不同的搭配组合有机结合起来，就能创造高难度的思维活动。明斯基着重强调'没有心智社会，就没有智能。智能从愚笨中来。'""如果没有进化与学习的压力的话，头脑中的心智社会就会流于官僚主义。然而……一个复杂组织里愚钝的个体之间总是为了获得组织资源和组织认同而相互竞争又共存合作……智能活动产生于'几乎各自离散的个体，为了几乎各自独立的目的而结合的松散的联盟'。胜者留存，败者随时间而消失。从这层意义上来看，头脑并非垄断独裁，而是一个无情而冷酷的生态系统，在这里，竞争孕育出自发的合作。"①

这是否就是说，心智社会就是一种"自发的生态系统"，它虽是一种由相对独立的、

---

① 凯文·凯利：《失控：全人类的最终命运和结局》，电子工业出版社2016年版，第67页。

目标(功能)单一的"专业机构"组合起来，而通过错综复杂的"层累控制"与"搭配组合"而形成了一种"耦合效应"——集"决策功能"与"专业功能""耦合效应"与"层叠效应"于一体，产生了"心智的涌现"——思维的飞跃?！这也许是一种"心智系统"的"活结构"：既有分工又有合作；既有竞争又有统筹；既有正反馈又有负反馈的一种"多回路"的活结构。显然，构建这种活结构，固然要有相当质量的"个体"，但最重要的还是(在一定的场合、一定的时段)放开信息与知识的交流，使之生态化而非人工化。须知，这个由混沌到有序的过程，如果没有一个中间的"涨落"阶段，是根本完不成的。

2019.5.4

"世上本无我，庸人自设之"吗

凯文·凯利从"分布式特性"推导出"无我"的结论。他说："人类并不多见的多重人格综合征，在某种程度上，源于人类意识的分散化和分布式特性……而我们不都是这样的吗？在生活的不同时期，在不同的心境下，我们也变换着自己的性格……'我'是文明内心世界的一个笼统的外延，我们以此来区分自己和他人。一旦'我'失去了'我'，就会忙不迭地创设一个'我'。明斯基说'我们正是这样做的'。世上本无我，不过是庸人自设之。"①

这段话，我以为，有一半(或大半)是对的，但有一半(或一小半)值得讨论。不能笼统地下此结论。"我"作为一个主体，或主体自识，是有层次的。它是一个"活结构"，具有由神经沟通的三个层次：表层结构——中层结构——深层结构。

表层。见诸言，查诸色，甚至见诸行，以表达"自己"对外界的反应。它可以依据不同的外界环境和"我"的不同的"心智结构"而有不同的方式与程度的表现。有点像"变色龙"又不尽等同。这一层就大体类似凯文·凯利所说的"无我"。而且，这一层并非"人人一样"，至少我在中国看到的绝非一样。在许多时候，它代表的往往是一种"假象"，并不是真实的"我"。

中层。属于一种"调适层"。随着环境的变化，采取不同的调适策略。一般地说，两个"极端群"——达人群与渣滓群——其"调适"的幅度最小。而广大的"草根群"则较大。

深层。属于一个人的"禀性"。"江山易改，本性难移"，说明它是很"顽强"的。不过，这种"顽强"程度对于不同的"我"，其差异则是大相径庭的！有的"我"可以深藏不露，有的"我"可以穿一层薄纱，有的"我"则会"我行我素"。这种深层的"我"，在一些"信仰追从者"身上，表现得更是登峰造极：古往今来多少"慷慨悲歌"之士，他们在任何环境之下也不会"变色"。

所以，我认为，"有我"或"无我"，以及对待"我"的价值取舍，在不同的"人群"之间是有很大差异的，不能一概而论。

2019.5.5

---

① 凯文·凯利：《失控：全人类的最终命运和结局》，电子工业出版社2016年版，第68页。

"专制式控制"与"分布式控制"都有致命伤
——"嵌入式控制"

凯文·凯利认为，那种"认为是时候抛弃那些等级森严的网络了。他们的说法既对又错。虽然那种专制的'自上而下'的层次结构会趋消亡，但是若离开了'自下而上控制'的嵌套式层级，分布式系统也不会长久。当同层的个体之间相互影响之时，它们自然而然地聚合在一起，形成完整的细胞器官，并成为规模更大但行动更迟缓的网络的基础单元。随着时间的推移，就形成了一种基于由下而上渗透控制的多层级组织：底层的活动较快，上层的活动较慢"。①

这就是说，不能简单地否定一个而肯定一个：专制式控制之所以会消亡，是因为它"天生地"无法真正建立起"自下而上"的嵌入式控制层；而新生的"分布式控制"如果没有形成一个新层次——自下而上的控制层——也不会长久。我认为，其原因就在于这个系统"没有回路"。如我在前面所说的，如果没有像"抽水马桶"那样的回路，即使建立了另外的不属"自下而上的回路"的"控制层"，由于它们和"进水口"天生同向，如何能起到"节制作用"呢？

但是，如何理解这种"自下而上的控制"的生成机制呢？我不成熟的理解是：

第一，不能以为建立起一种分布式控制的"个体群"就万事大吉了。这还远远不够。因为任何单纯的"分布式控制"具有天生的弱点，其一是由于过于"分散"，在系统处于"由涨落到涌现"阶段，极易导致"失控"，以致出现过多的"负涌现"，甚至是"负涌现大于正涌现"。这在社会人工系统中更为严重。我们在今天西方的"党派战争"中就可以"一窥全豹"了。其二是由于过于开放，系统运行极易受到不利于系统进化的"斜力"干扰。这在社会人工系统中也是司空见惯的事了。这都说明，仅有"分布式控制"最终必然还会导致"单矢向的控制"，即"自上而下的控制"。这对于一种系统特别是复杂的大系统是远远不够的。因为"单矢向"必会使系统极易出现那种"无回路"的即"正反馈失控"的危险。

第二，"自下而上的控制"实质上就是像抽水马桶"以尾控首"的那种"临界控制"。也就是当系统运行到有可能危及系统进化的临界线时，就会自动出现"矫正机能"的那种"节制机制"。在机器系统中，这种机制已经很多了。但是，在社会人工系统中特别是在复杂大系统中，人类几乎还在探索之中(也可能，我这种估计属于"孤陋寡闻")。

第三，工业文明所带来的"多党民主制"，实际上也属于一种"分布式控制"。这种分布式控制，较之中世纪农耕文明的专制式控制，无疑是一种进化，向着"自下而上的控制"前进了一步。其进化的内涵就是由"一人专制控制"进入"集团(政党)轮流控制"。但是，经过几百年的演变，愈来愈明显地看到，距离凯文·凯利所说的"自下而上嵌入式控制"，还相差甚远！否则，就很难解释，在近百年为什么会不断出现像希特勒上台，人造难民灾难，个人持枪顽疾等一系列重大失控的问题。这说明，"多党民主制"仍然容易演变成"自上而下"的控制，"自下而上"难以到位，"选举"很容易异化为形式主义的东西。当然，也应该承认，

① 凯文·凯利：《失控：全人类的最终命运和结局》，电子工业出版社2016年版，第70页。

在北欧有些国家有相当进化，但易于间断。这种缺陷说明，那种"分布式"还极易被"利益寡头——党派战争"这种"自上而下的祖宗"所绑架！这也说明，凯文·凯利所说的即使是分布式控制，如若没有强硬度的"自下而上嵌入式控制"，也必然"不会长久"。

第四，至于如何建立如凯文·凯利所说的那种自下而上的、自动矫正的、首尾互控的"嵌入式控制"，的确是一项十分复杂而艰难的系统工程。不过，我相信，随着大数据技术、人工智能乃至基因等第四次科技革命的快速推进，这个问题是很有希望得到解决的。就目前实际而言，我觉得，是不是可以采取倒推式的思路，即：为使得那种"嵌入式控制"能真正具有必要"硬度"，采取"以头制尾，并达到最后由尾制头"的思路？如，抽水马桶，只需"打开开关"，而当水流到"临界点"时，就会"涌现出""截止头"的机制，即那个"空心球"就会上升而导致"截流"。这个问题，我还没有想具体。依我看，凯文·凯利可能也没有具体的想法。

2019.5.7

生态系统的恢复问题
——一议农村扶贫问题

凯文·凯利说，"随机的生态系统绝对没有稳定方面的麻烦。它们最共同的特征就是它们都能达到某种恒定的状态，而且通常每个系统有其独有的恒定状态。""我们从混沌理论中得知，许多确定系统都对初始条件极其敏感——小小的不同就会造成它们的混乱。而这种生态系统的稳定性与混沌理论相对立。"[1]

因此，"要得到一块湿地，不能只是灌入大量的水就指望万事大吉了……你所面对的是一个已经经历了千万年的系统，仅仅开列一份丰厚多样的物种清单也是不够的。你还必须有组合指南。"[2]

这就是说：

第一，任何一个随机的生态系统，它的形成与存在，是经过千万年长期自然演进而形成的。它之所以能稳定下来并存在着，是因为它所特有的"生态综合要素"经过漫长时期的"磨合"(含涨落与涌现)而得以恒定下来(由混沌到有序)的。这是对待生态系统最基本的、不可或缺的"认识前提"。

第二，由此，任何一个随机的生态系统，对它的"初始条件"即组成该系统诸元素的"综合组合态"是十分"敏感的"。即所有的"元素"，哪怕是很小的元素，都必须进行全面综合考虑。必须作为一项长期的系统工程。不能采取"兵来将挡，水来土掩"的简单的短期的办法。否则，任何"治理"都是不可持续的。

这对于农村的治理无疑是一个重要的提醒，要求我们必须立足于"资源——人口——发展"的综合平衡，进行长周期的"接力治理"，绝不是几年就可"一次见效"的。

2019.5.8

---

① 凯文·凯利：《失控：全人类的最终命运和结局》，电子工业出版社2016年版，第98~99页。
② 凯文·凯利：《失控：全人类的最终命运和结局》，电子工业出版社2016年版，第99页。

"猜想"：假设从何而来

科学技术的创新，其"初始动力源"往往是某种"猜想"。是那种猜想，引发出一种"假设"来。但这种猜想与假设，绝非"胡思乱想"，而是具有一定依据的"更高的可信目标"。依据《失控：全人类的最终命运和结局》一书的观点和我个人的体会，这种"可信的目标"应该满足如下要求：一是属于更复杂的系统；二是它的假设立足于现有系统的短板；三是其根本价值是人的自由解放；四是其路径属于放开系统，容许"混沌"，分步到达。之所以要强调分步到达，克服"一步到达"，是于人类对客观世界的认识是循序渐进的，"涌现"是由长期的量变到"随机的质变"的过程。不能迷信"主观能动性"。

凯文·凯利指出，"创造一个生态系统，往往要经过数百万年……别指望通过一次华丽的组装就能完成整个工作正常的机器系统。你必须首先制作一个可运行的系统，再以此作为平台，研制你真正想完成的系统……" "制造极其复杂的机器，如未来时代的机器人或软件程序，就像还原大草原或热带岛屿一样，需要时间的推移才能完成，这是确保它们能够完全正常运转的唯一途径。"[1]

上面这几段话，好像说的是人造机器系统问题，其实他是接着生态系统的恢复而言的。也就是指：复杂的系统不能用简单的办法。扶贫，在很大程度上也可以说是一项"生态修复工程"。贫穷，一般地说，也是原先那个"生态经济系统"经过漫长岁月的演变，其"人口——资源——发展"的结构已经出现了严重失衡，陷入了混沌的状态。要治理(反贫困)这种系统，除了行政措施外，更要伴以科研考量。

第一，要把较大一点的扶贫项目作为一种科学研究来进行，决不应只当成"行政任务"去"短平快"地完成。如果不在修复与优化"生态系统"上下足功夫，其"扶贫成果"是不可能持续的。

第二，在科研方面，首先对它的"假设"，要立足于现有系统的"短板"进行逆向(追根溯源式的)系统分析，绝不可能"立竿见影"。在系统分析的基础上按照前面所举的四个原则确定"可信的目标"。

第三，"扶贫工程"绝不是"毕其功于一役"的事情，必须有"分步到达"的规划。之所以要有分步骤的安排，是因为"生态系统的恢复"不是用"人工"可以"赶任务"的。它在很大程度上要依赖"自然力"的"修复周期"，而"自然的修复"是离不开"生命周期"的。许多"物种"的生长又是有"程序依赖"的，如先要有足够的 A，而后才能生长出 B。所以，一些大型的"扶贫工程"，必须有"多期规划"。

2019.5.9

"镜子里的变色龙"说明什么

凯文·凯利说"在为写这本书进行采访的时候，我不时地向被访者提出变色龙之谜。

---

[1] 凯文·凯利：《失控：全人类的最终命运和结局》，电子工业出版社 2016 年版，第 105 页。

科学家们将它看作是自适应反馈的典型案例……这一切都取决于其情绪状态……颜色则会随着它的情绪而变化。"①"镜子上的变色龙也可能仅仅会处于持续的恐惧状态——它本身的陌生感被放大并充斥着其所在的周身环境……如果有人能改变变色龙身上的这些参数，就可以演示前文所述镜子上的变色龙变色的种种可能。其实，工程师们正是这样设计控制电路以引导宇宙飞船或控制机器人手臂的。通过调整滞后的长短、信息的敏感度以及衰减率等参数，他们可以调整一个系统使之达到一个广域的平衡态(比如将温度保持在 68~70℃)。"②

"中世纪的生活是极端抹杀个性的。普通人对自己的形象，只有模糊的概念。他们对独立人格和社会身份的认知是通过参与宗教仪式和遵循传统而达成的，而非通过行为反射。与此相反，当今世界是一个充满了镜像的世界。我们有无处不在的摄像机，每天都在进行民主调查……帮助我们建立了个人的身份标识，不远的将来，普及的数字化必将为我们提供更清晰、更快捷、更无所不在的镜子。每个消费者都将成为反射镜像与反射体，既是因，也是果……希腊哲学家痴迷于链式因果关系……即线性逻辑。而……镜子系统展示的是一种完全不同的逻辑——一种网状的因果循环……由一系列业因如奇趣屋般地反射、弯曲、彼此互映所致。与其说是业因和控制是从其源头直接发散，倒不如说它是水平扩展，如同涌动的潮水，曲折、弥散地释放这影响力。浅水喧闹，深水无波：仿佛万物彼此间的关联颠覆了时空的概念。"③

我在这里不厌其烦地抄录了大段的原文，实因其对于理解在今天网络化的大环境下如何翻新"认识论"——"知己"与"知彼"的"视觉背景"太重要了！

(1)过去的"线性逻辑"已经过时了。过去中世纪时的"业因"(被反射体)与"控制"(镜像与反射体)之间是一种单向的、直接的因果关系。没有像现在这样的"多线反复反射"。

(2)现在是"网状逻辑"。由于环境的变化，"业因"与"控制"已经不是单线的反射，而是多维交叉反复的因果关系，属于"串联反射"的逻辑了。说不清谁是"因"谁是"果"了——因为反射体又被反射，控制者也成了反射体。这种"双重身份"就说不清楚了——在网络数字化时代，"串联反复的反射"处处皆是，故万物彼此间的关联颠覆了时空的概念。

(3)这为"共同进化"——而非"物竞天择"——进而为人类的"主体失控"埋下了伏笔。

2019. 5. 12

生命与矿物

生命是不断更新的矿物；矿物是节奏迟缓的生命。

凯文·凯利说，"两种奇思怪论组合成一个美丽且对称的体系。生命是不断更新的矿

---

① 凯文·凯利：《失控：全人类的最终命运和结局》，电子工业出版社 2016 年版，第 110 页。
② 凯文·凯利：《失控：全人类的最终命运和结局》，电子工业出版社 2016 年版，第 111~112 页。
③ 凯文·凯利：《失控：全人类的最终命运和结局》，电子工业出版社 2016 年版，第 112 页。

物质，矿物质是节奏迟缓的生命。它们构成了一枚硬币的正反两面。等式的两端并不能精确地开解：它们同属一个系统……有机体是环境，而环境也即是有机体……物理环境塑造了生物，生物也塑造了其所处的环境。如果从长远来看，环境就是生物，而生物就是环境。早期的理论生物学家阿尔弗雷德·洛特卡于1925年写道：'进化的不只是生物或物种，而是物种加环境的整个系统。两者是不可分割的。'进化的生命和星球构成了一个共同进化的整体系统，一如变色龙的镜上舞。"①

凯文·凯利举例说，像"云层雨水"好像是一种与生命无关的环境现象，其实不然。海洋浮游生物释放的一种气体(二甲基硫)经氧化后产生亚微观的硫酸盐气雾，形成云中水滴凝聚的凝结核。"如此说来，甚至云层雨水也是由生物的活动产生的……某些研究暗示，大多数雪晶的核也许是腐朽的植物、细菌或菌类孢子；因此，也许雪大都是由生命触发的。"

这些有依据的"迹象"表明，生命与环境的确存在着密不可分的内在因果关系。只不过，有的我们看见了，有更多的我们还没有看见而已。随着科学技术的高速发展，这种不可思议的"谜底"一定会展现出来。

这种情况对人类具有巨大而深远的意义。

第一，迄今为止，人类社会的主要聚焦点，还是在于"经济再生产"，而忽视环境特别是宏观环境的再生产。至少是对大环境破坏的国家行为缺乏国际规约。长此下去，由于资源的枯竭，战争毁灭环境、破坏环境系统的自有规律等原因，人类会充满危机。

第二，我们国内的"五年规划"，应该包括"环境再生规划"，并将其与经济规划结合起来进行论证与检察。

第三，中小学教育应该加强自然课程。

2019.5.12

均衡即死亡

凯文·凯利说，"均衡即死亡……正是紊乱和多变真正给自然赋予了丰富的色彩……而在当今这个时代，生态学(还有经济学)上的理解发生巨大改变并不是偶然的，因为用廉价的计算机就能轻而易举地为非平衡和非线性方程求解。在个人电脑上为一个混沌的共同进化的生态系统建立模型，突然不再是难题了……"那种认为大自然和经济活动都必须收敛到平衡稳态的旧观念必须改变。"流动即常态这个新观点重新阐述了历史数据。"②"如果说自然是建立在恒久流变的基础之上，那么不稳定性可能就是引起自然界生物类型丰富多彩的原因。不稳定的自然力量是多样性产生的根源……""与简单的系统相比，复杂的系统更有可能不稳定。"③

"虽然均衡性也能产生多样性，但不一致产生的效果会更好……在一个持久不变的环

① 凯文·凯利：《失控：全人类的最终命运和结局》，电子工业出版社2016年版，第126页。
② 凯文·凯利：《失控：全人类的最终命运和结局》，电子工业出版社2016年版，第144~145页。
③ 凯文·凯利：《失控：全人类的最终命运和结局》，电子工业出版社2016年版，第147页。

境里，所有的变异和多样性必须由内力驱动产生。其他共同进化的生命将是作用于生命的唯一限制。"①

以上论述，归纳起来说明：

总体上说，这一部分论述，是讨论了生命与环境的辩证关系。环境孕育着生命，生命也可能改变环境。但说到底，生命离不开环境，即使生命由于改善了环境而孕育出更多的生命，也不能改变这一点。

生命的活力在其多样性。因为多样性才能保持生命系统的"动态均衡"，避免"热力均衡"。那种均衡意味着死亡。所谓"动态均衡"即"若巅若稳"的"悬危"态。只有多样性，才能保证选择性，才有"系统的回路"，避免系统的"危机"。因为只有在那种"悬危"态下，才可能激发出系统"看不见的潜力"，从而在加剧"涨落"的过程中，"涌现"出"最佳选择"来。

而生命的多样性，只能(基本的)从恶劣的环境中获得。环境的恶劣程度大多数与生命"变异"的复杂性成正比；而环境的稳定性程度则与生命的进化快慢成反比。

故生命系统——包括自然界与社会——必须与环境保持开放态。封闭的系统虽也能在一定程度上出现某种变异的多样性，但其数量上较微，质量上也缺乏竞争力，难以持久且不能最优。

2019. 5. 12

什么是"生命"

"生命是一种连接成网的东西——是分布式的存在。它是在时空中延续的单一有机体。没有单独的生命。哪里也看不到单个有机体的独奏。生命总是复数形式(在变成复数以后——复制着繁殖着自己——生命才能成其为生命)……""生命像一个极端分子，运行起来时狂热而不加节制，它到处渗透，充塞大气，覆盖地表，还巧妙地进入了石床的缝隙，谁也无法拒绝它。"②"生命一旦出世，它就是不朽的。一旦发动，它就是不能根除的。""在地球历史的太古期，气候条件形成了一个恰好适合生命诞生的机遇窗口，生命获得了自我创生的短暂时期。如果，它当初失败，也就没有未来的整个生命系统了。""之所以无法令生命止步，是因为生命动力的复杂性已经超过了所有已知破坏力的复杂性……避免破损解体是复杂系统主要的属性。"③

上面几段话，可以归纳如下：

(1)生命是最复杂的系统。之所以"部件会死，但整体永存"，是因为它的复杂性超过了一切破坏它的力量的复杂性。

(2)生命存在的特征是：网状、复数、自我复制(遗传繁殖)，对环境的反应与调适力。

---

① 凯文·凯利：《失控：全人类的最终命运和结局》，电子工业出版社 2016 年版，第 157~158 页。
② 凯文·凯利：《失控：全人类的最终命运和结局》，电子工业出版社 2016 年版，第 161 页。
③ 凯文·凯利：《失控：全人类的最终命运和结局》，电子工业出版社 2016 年版，第 162~163 页。

（3）生命的扩张无处不在，无法拒绝——铺天盖地，无孔不入。

（4）这些生命的特征从何而来呢？这得回到"耗散结构"理论：如果不是一个远离平衡态的开放系统，这些都不可能持续。"部件会死，整体永存"，如果不是一种开放的并与环境进行能量与信息交流的系统，实现"新陈代谢"则是不可能的。自我复制，如果长期"近亲繁殖"，没有外界"负熵"进入，也是会退化而衰灭的。

2019. 5. 13

"负熵"——生命的活力

我们这个宇宙在生命出现以前是没有复杂的物质的。到处是盐、水及其他元素，乏味至极。当有了生命之后，才有了复杂物质。据天体物理学家说，在生命之外的宇宙中，我们还无法找到复杂分子团。凯文·凯利指出，"为何从太空看到的地球不是郁郁葱葱？为何生命尚未遍及海洋并充满天空？我想假使由它自生自灭，地球总会有一天绿成一体。生物体对天空的侵入是相对较近的事件……但最终，生命将凌驾一切，海洋会变为绿色……将来有一天，银河系也可能变为绿色。现在不利于生命的那些行星不会永远如此。生命会进化到别的形式，在目前看来并不适宜的环境里繁盛起来。"①

为什么生命会有如此强大无比的活力呢？20世纪50年代，物理学家欧文·薛定谔将生命活力称为"负熵"，即与热力学中的"熵增"呈相反的方向。我体会，"负熵"可否认为就是生命的源泉？

首先，负熵是从"无生命"到"有生命"的"始作俑者"。凯文·凯利认为，"我认为，生命是某种非灵性的、接近于数学的特性，可以从对物质的网络组织中涌现。""碰巧，这一自然法则支配的过程给生命披上了一件貌似灵性的外衣。第一，按照自然法则，这种组织必定产生无法预知的、新奇的东西。第二，组织的结果导致其必须寻找各种机会复制自身，这让它有一丝急迫感和欲望。第三，其结果能轻易环接起来保护自身存在，并因此获得一种自然发生的流程。综合起来，这些原则也许可以称为生命的'涌现性'原理。"②上面这些话，概括起来，是否就是：我们这个宇宙开始并没有生命，之所以后来出现了生命，是因为出现了一种偶然的机会——窗口，许多"无机"的元素（如氮、磷、钾等）"网络状地"组织到了一起，由其"平衡势"（熵）与"非平衡势"（负熵）的相互碰撞涨落，经过那种极为漫长全开放的岁月，"碰巧"地突然"涌现"出一种崭新的结构——生命系统？就是凯文·凯利所说的"从对物质的网络组织中涌现"出来生命。显然，在这个过程中，"负熵"（非平衡趋势）由于它属于新的、更为复杂的"系统能量"，在"新陈代谢"自然规律下——复杂系统优于简单系统——必然起着"始作俑者"的作用。

其次，"负熵"也是"生命活力"的源泉。在前面《生命与矿物》一文中，所说的"生命是不断更新的矿物"，就包含这个意思。如何才能"不断更新"？只能是那种远离平衡态的开放系统，始终保持与环境的能量与信息的交换——让"负熵流"得以源源不断地"对冲熵

① 凯文·凯利：《失控：全人类的最终命运和结局》，电子工业出版社2016年版，第166~168页。
② 凯文·凯利：《失控：全人类的最终命运和结局》，电子工业出版社2016年版，第170~171页。

增加"，使自己保持着旺盛的"新陈代谢"的机能——只有这种系统，才可能保持其生命活力。

2019. 5. 14

自我控制的"回路"

"维纳的书（指《控制论》）所产生的效果，就是使反馈的观念几乎渗透到了技术文化的各个方面……就在《控制论》出版的一两年间，电子控制电路就掀起了工业领域的一次革命。""凭着这样一个简单的单回路，就理顺了整个过程。因为所有的因素都是相互关联的，所以只要你控制住其中一个对产品的厚度直接起作用的因素，那么你就等于间接地控制住了所有的因素。"[1]"但由于这种回路具有连续性和几乎瞬间响应的特性，因此仍然可以把这些因素间的那个深不可测的关系网络引向一个稳定的目标，即稳定的厚度。"[2]

这就是说，自我控制的回路，就是那种利用事物间的"相克机制"建立一种"循环制约"或"首尾相接的回路"，如抽水马桶和响尾蛇咬自己的尾巴那样的"自反馈"。

这个问题对社会管理也是一个很好的启示。任何一个有机的系统，要能保持其新陈代谢的活力，关键的一环就是要建立一种"首尾相接的回路"，即自我控制的自动反馈机制。在这里，我们不妨以"民营经济"为例。在"特色社会主义"这个漫长的历史阶段，"公私混营"的体制格局下，如何既能最大限度地发挥其发展生产力的潜力，又能节制其盲目发展呢？如何既要"资本盈利之水"长流，又要避免"财阀资本化"呢？就像如何既要抽水马桶常用常流，又要有一种"自动回路"，使"资本"之水在其"流涨的同时"就"积累式地涌现"出一种防止水漫金山的"节制的回路"呢？这也可能是我的"书生之见"吧！

2019. 5. 14

自然界演化：不可预知的"涌现"
——高梅兹自动珊瑚礁（项目）的启示

"大家都没有料到，在所有能进这块玩具礁石的生物里面，大约有90%的生物是偷偷进来的，也就是说，最初的那锅培养液里没有它们的影子。其实，当初那培养液里就有着少量的且完全不可见的微生物，只不过直到5年之后，等到这块礁石已经做好了融合的准备，才具备了这些微生物参与融合发展的条件，而在此之前，它们一直隐匿而耐性地飘浮着……与此同时，某些在初始阶段主宰这块礁石的物种消失了……生物接连死去……事实证明我什么也没有做错。这只不过是群落的循环而已。这个群落被启动之时需要大量的微藻类。之后的10个月内微藻消失了。接着，某些开始时很旺盛的海绵消失，另一种海绵却突然冒出来。就在最近，一种黑色海绵开始在礁石里扎下根。而我却完全不知道它是从

---

[1] 凯文·凯利：《失控：全人类的最终命运和结局》，电子工业出版社2016年版，第190~191页。

[2] 凯文·凯利：《失控：全人类的最终命运和结局》，电子工业出版社2016年版，第192页。

哪里来的。"①

从这个"项目"的试验中，凯文·凯利得出了一个结论："任何一个稳定的封闭生态系统的基础，基本上都是某种微生物。任何一个生态系统里，微生物都起着'闭合生物元素之环'的作用，使大气与养分能够循环流动。""是微生物——这种细小细胞构成的微型生命，而不是红杉、蟋蟀或者猩猩——进行了最大量的呼吸，产生了空气，最终供养了地球上无穷的可见生物。隐形的微生物基质引导着生命整体的发展过程，并将各种各样的养分环融合在一起。"②

这一小节，我完全是抄录作者的原话。因为他讲得太清楚了，用不着我多言了。

2019.5.14

发展也需要"涨落"
——负向"涌现"的正效应

生命的延续与发展，并非一个劲地正向增长，而且有的时候正向增长或扩张(发展)，恰恰是以负向涌现为前提的。请看："森林需要破坏力极大的飓风来吹倒老树，以便腾出空间让新树生长。大草原上的流火，可以释放必须经过火烧才能摆脱硬壳束缚的物质。没有闪电或火焰的世界会变得僵硬。海洋既有在短期内形成海底暖流的激情，也有在长期的地质运动中挤压大陆板块和海床的激情。瞬间的压力，火山的作用，闪电，风力以及海浪都能够让物质世界焕然一新。"③

凯文·凯利这一段话，提醒我们，"涨落"与"涌现"这种现象，是一个值得我们深入观察与研究的问题。这其中还蕴涵着很多"未知的道理"。如果我们依然按照"线性思维"的惯性去观察，可能就会"失之交臂"。上面的举例都是自然界的现象，在社会生活中有没有这些现象？例如，"危机"变成"机遇""灾难"转为"发展"多的是。这都需要用"网状思维"和"中庸思维"才可能"恍然大悟"。问题还在于如何切实地"利用危机与灾难排除朽树与硬壳"。

2019.5.15

建构"玻璃球方舟"——没有"扰动"不行

美国新墨西哥州圣达菲的一个牧场，现自称为"太空生物圈企业SBV"，在20世纪80年代中期构建了一个透明球体太空船。企图在密封玻璃球内尽可能多地添置生物系统，然后依靠初始系统的自我稳定倾向自行产生生物圈的大气。以为那样，生物群落就可以"自己制造自己"而永远地生存下去了，从而就可能支持人类的"外星移民"了。这个"八人方舟"的工程于1988年正式动工，耗费了3年时间。但是，这个工程有重大缺陷：没有耗散

① 凯文·凯利：《失控：全人类的最终命运和结局》，电子工业出版社2016年版，第206页。
② 凯文·凯利：《失控：全人类的最终命运和结局》，电子工业出版社2016年版，第109页。
③ 凯文·凯利：《失控：全人类的最终命运和结局》，电子工业出版社2016年版，第213页。

理论所说的"扰动"(涨落),也不可能出现扰动。因为如果那个密封的玻璃建筑要能存在一个很长的时间,就必须通过自组织的涨落扰动而涌现出一种新的能够使"人与环境"取得平衡的更高的结构。而在一个"密封的"玻璃球内,如果出现"火烧草原",那8个活人还可能活下去吗?①

这说明"扰动"(涨落)是生命循环的源泉或催化剂。凯文·凯利指出,"文明从自然中获得的施与是难以置信的,这是参与生物圈二号的自然科学家们一次又一次发出的信息。生物圈二号最缺少的生态施与就是扰动,如突如其来不合时宜的大雨、风、闪电、突然倒下的大树,出乎意料的事件等。正如同在那个迷你的玻璃球中一样,不论是温和也好还是粗暴也好,自然都需要一些变化。扰动对养分循环来说至关重要。突如其来的一场大火可以催生出一片大草原或者一片森林。彼得·沃肖尔说,生物圈二号中的一切都是受控的,但大自然需要狂野,需要一点点混乱。用人工来产生扰动是一件很昂贵的事情……扰动是生态的必要的催化剂"。②

从这一点看,人造生态系统在某种意义上说,目前还只能维持短时间的效应,还不可能代替自然。也因此,那种认为"机器会消灭人类"的预想还用不着太当心。

2019.5.15

"边缘生物"群落:具有最强的适应基因

上述"生物圈二号"即那个美国牧场人工制造的玻璃球(3英亩),最后打开时,除了8个人之外,就只有一些"边缘生物",如野草、老鼠,还有世上没有了的弯喙矢嘲鸫,这种鸟已绝迹,故政府没有"饲养合格证",属于"方舟"的"偷渡客"。

这说明什么?如果没有人为的干预,大自然中只有那些在人类看来是"边缘生物"的群落,才最具有"适者生存"的能力(基因)。故如果没有人的干预,任何"方舟"其最终结局,都会是"一步步瓦解了生物圈人想要成为'关键捕食者'的目标"。

这也许就是凯文·凯利所要回答的"基本问题"的答案。

2019.5.15

网络经济的特点

(1)"分布式核心"——公司边界变得模糊。变成了一个个由所有权和地理位置都分散的"工作中心"所组成的社会。

(2)"适应性技术"——如果你达不到"适时"的要求,你就完蛋了。

(3)"灵活制造"——需要量更少的商品可以利用更小的机器在更短的周期内生产出来。常规库存消失了。模块化的设备、计算机辅助设计,使得产品研发周期从几年缩短到几周。

---

① 凯文·凯利:《失控:全人类的最终命运和结局》,电子工业出版社2016年版,第237页。
② 凯文·凯利:《失控:全人类的最终命运和结局》,电子工业出版社2016年版,第243页。

（4）"批量化的定制"——流水线上生产的都是个性化定制的产品。所有产品都是按照个人特定的需求生产的，但也都是按照大批量生产的价格来销售。

（5）"工业生态学"——闭合回路，无废料，零污染的制造业。可拆解回收的产品，向生物兼容技术的逐步过渡。

（6）"全球会计"——即使是小公司，也在某种程度上具有全球性。零和游戏变成了正和游戏。结盟、伙伴关系、协作——哪怕是暂时的甚至是矛盾的，将成为行业的根本规范。

（7）"共同进化的消费者"——在网络文化中，产品变成了可改进的连锁店，它随着消费者的使用而得到不断的改进与进化。公司成为共同进化的消费者的俱乐部或用户群。

（8）"以知识为基础"——联网的数据会让所有的工作都能更快、更好和更容易地完成。你的优势不再体现在如何完成上而是在做什么工作中。知识会帮助你完成工作，将知识运用到数据上才是最高明的。

（9）"免费带宽"——接入是免费的，但是接入与不接入的选择却是很昂贵的。

（10）"收入递增"——拥有者得之，给予者、分享者得之。先到者得之。一个网络其价格增长的速度要超过其用户增长的速度，比如电话公司增加 10% 的客户可以为收入带来 20% 的增长。因为新老客户之间的对话是按照指数增长的。

（11）"数字货币"——日常使用的货币取代了成沓成捆的纸币。所有的账户都是适时更新的。

（12）"隐性经济"——创造性的前沿和边缘区域将得到发展，不过现在以一种不可见的方式连接到加密的网络中。分布式核心和电子货币是驱动这种隐性经济的力量。其负面结果是，不规范的经济活动四处萌芽。

总之，凯文·凯利认为："在网络经济中，消费者会享受越来越快的速度和越来越多的选择，同时作为消费者，也承担起越来越大的责任。而供应商的所有功能将越来越分散化，他们与消费者之间的共生关系也会越来越紧密。在一个由无限信息构成的无序网络中，找到合适的消费者成为网络经济时代的新游戏。"[1]

2019.5.15

网络联通一切时，共同进化就出现了

凯文·凯利认为，"在这个来临的时代里，最核心的行为就是把所有的东西都连接在一起。所有的东西，无论大小，都会在多个层面上被接入庞大的网络中。缺少了这些巨大的网络，就没有生命，没有智能，也没有进化，而有了这些网络，这些东西就会存在，而且还会出现更多的东西。"[2]他说，这就是新生物文明的新的灵魂。"那些大胆的科学家们已经迈出了第一步——把所有的事物、所有的事件都连接到一张复杂的巨型网络之中。随着这张庞大的网络渗透到人造世界的各个角落，我们瞥见了一些端倪：从这些网络机器中

---

① 凯文·凯利：《失控：全人类的最终命运和结局》，电子工业出版社 2016 年版，第 115～116 页。

② 凯文·凯利：《失控：全人类的最终命运和结局》，电子工业出版社 2016 年版，第 316 页。

1269

冒出来的东西活了起来，变得聪明起来，而且可以进化——我们看到了新生物文明。""我有一种感觉，从网络文化中，还会涌现出一种全球意识。这种全球意识是计算机与自然的统一体——是电话、大脑还有更多的东西的统一体。这是一种有巨大复杂性的东西，它是无形的，掌握它的只有它自己那只看不见的手。我们人类将无从得知这种全球意识在想什么。这并不是因为我们不聪明，而是因为意识本身就不容许它的部分能够理解整体。全球意识的独特思想以及其后的行为，将脱离我们的控制，并超出我们的理解能力。因此，网络经济所抚育的将是一种新的灵魂。"①

这些，也就是说，网络经济在联通一切时，可能将会脱离人类的控制——失控！那种失控，也会包括人类自身的意识与灵魂。

这不是很可怕吗？也可怕也不可怕。因为，那时的人类的"新的灵魂"，应该比今天的人类具有更高的、更文明的追求，而绝不会是文明的倒退——须知，"控制"是有正有负的。我们今天这样"肤浅的文明"所理解的控制，绝对不会比未来人类的"新生物文明"的控制更先进、更文明。

2019.5.16

网络：有阴有阳

"到今天为止，加密技术已经衍生出以下成果：数字签名、盲证书……匿名电子邮件以及电子货币。这些隔断技术，将会随着网络的兴盛而兴盛起来。""加密胜出，因为它是必要的反作用力，防止互联网不加节制地联结。任由互联网自行发展，它就把所有人、所有东西都联结在一起。互联网说'联结'；密码则相反，说'断开'。如果没有一些隔断的力量，整个世界冻结成一团超载的、由没有私密性的联结和没有过滤的信息组成的乱麻。""加密技术使网络系统产生的铺天盖地的知识和数据变得文明一些。没有这种驯服精神，互联网络就会变成扼住自身生命之网，它会因自身无限增多的联结扼杀自己。网络是阳，密码分子就是阴，一种微小隐蔽的力量，能够驯服去中心、分布式的系统引发的爆炸性的相互联结。"②

我们从这段"网络有阴阳两面"的表述中，可以看到，阴阳共出，矛盾共生，可能是人类本性的一种重要内涵。人类既然今天这个文明水平都可能做到以"隔断"制"联结"，那么到了许多年之后的新人类，还会"害怕"互联网的"失控"吗？

2019.5.16

进化的加速：学习与进化的联姻

人们在最近几年才开始研究学习、行为、适应与进化之间的那令人兴奋的联系。凯文·凯利认为，"生物所进行的探索式学习，实质上是一个对确定问题的随机搜索算法

---

① 凯文·凯利：《失控：全人类的最终命运和结局》，电子工业出版社 2016 年版，第 317 页。
② 凯文·凯利：《失控：全人类的最终命运和结局》，电子工业出版社 2016 年版，第 334~335 页。

(搜索种种可能的适应性)……由生物群自行选择任务的自导向学习具有最佳的学习效率，生物的适应性也由此得到了加强。他们大胆断言，行为和学习都是遗传进化的动因之一。"[1]

这就是说：

第一，进化，可以不是绝对的自然(自发)过程。这一点，可能是矫正了达尔文遗传学的不足。这方面，我在后面还会专门叙述。

第二，学习，即生物群自行选择任务的"自导向学习"，也是一种进化的动因。这种"自导向学习"，我理解，既是生物自身的适应性学习，也包括人类有意识的选择性学习。如前面小节里说的胡萝卜和奶牛的例子。

第三，这种自导向学习——包括上面说的两个方面——可以克服纯自然演化中的"野性干扰"，从而加快进化的进程。特别是后一个方面。

第四，我还要补充一点，即这种"自导向学习"依然还是以生物体自身的有机生命循环为基础的(只是基因组合的调整)，与"人工制造"(如换器官)是两回事。

2019.5.16

人类进入"进化的进化时代"

凯文·凯利认为，过去人类的进化经历了五个阶段(或系列)：即"系统自发"——"复制"——"遗传控制"——"肉体可塑性"——"弥母文化"。现在，开始进入"自导性进化"时代。

"学习加快了下一个步骤，那就是人脑这台复杂的符号学习机的进化。人类的思考进化出弥母型(观念)进化。进化也因而能通过新的庞大的可能形式之库，以自觉和更聪明的方式加快自身的进化速度。这就是我们现在所处的历史阶段……人类所缔造的人工进化是否会成为下一个舞台？显而易见的是，进化迟早会触及自我导向这个进程。在自我导向下，自行选择向哪里进化。这已经不是生物学家所讨论的范畴了。""进化的工作，就是通过创造所有可能的可能性借以栖身的空间来创造所有可能的可能性。"[2]

这就是说，"进化的进化时代"，就是较之以往的那种"自然的进化时代"大大向前推进了一步，即由自然进化推进到"人类定向进化"。把自然进化时代的"野性干扰"尽可能地"排除"了！因而，它必定会加速进化的进程。比如，过去的进化，由于一些野性——像战争——造成的破坏与倒退，延迟或干扰了进化。现在估计这些倒退会更少了。

2019.5.17

"进化"：人类存在的最高价值

凯文·凯利对"进化"的最高标准问题，也用了较短的篇幅做了比较"模糊"的回答。

---

① 凯文·凯利：《失控：全人类的最终命运和结局》，电子工业出版社2016年版，第555~556页。
② 凯文·凯利：《失控：全人类的最终命运和结局》，电子工业出版社2016年版，第560~562页。

他指出，过去谈到进化问题，往往带有宗教的阴影。他并不苟同，但只是用"不管它从何而来，往哪里去——在塑造着我们的未来。"做了模糊的回答。①

我则想冒昧地说，"进化，应该是以文明为最高标准"。因为，这个标准，代表着人类存在的最高价值。它代表着：脱离野蛮，建构理性；脱离混乱，建构秩序；脱离毁灭，争取永存。

2019.5.17

"达尔文进化论"的是与非

用历史的眼光看，达尔文进化论无疑是人类认识自然方面的一次划时代的巨大进步。在打破中世纪封建迷信桎梏上，起到了石破天惊的作用。这在人类进化史中应有其重要地位。但是，"历史局限性"，对于达尔文，也不能例外。

凯文·凯利指出："生命所包含的东西，不仅仅是达尔文所说的那些东西。他们并不排斥达尔文所贡献的理论；他们想做的，只是要超越达尔文已经做过的东西……他们的异议中针对的是这样一种现实：达尔文的论证具有一种横扫一切、不容其他的本性。结果是到最后它根本解释不了什么东西；事实上，已经有证据表明，仅凭达尔文学说来解释我们所见种种已然不敷应用。后达尔文主义者提出的重大课题是：自然选择的适用极限何在？什么是进化所不能完成的以及如果自然界这位盲眼钟表匠放任的自然选择确有极限，那么，在我们所能理解的进化之中，还有什么别的力量发生着作用？"

这说明：

(1)达尔文在"自然选择"，即"物竞天择，适者生存"上有其正确的一部分；但绝不是全部。还有"非自然选择"的东西，如人工学习的进化。

(2)达尔文进化论，具有学术垄断性，不容其他。这对科学的发展是有害的。关于这一点，更不用说有些人还想利用这种片面的非科学的"物竞天择"来推行其"西方种族主义"了。

(3)新的研究表明，在进化中，达尔文只看到了"竞争"的一面，而忽略了还有"互促"的一面——如共生进化，而且这种"共生进化"无论在自然界还是社会中都是大量存在的。

(4)不管是达尔文还是达尔文主义，以至今天的新达尔文主义者，其实都还缺乏科学的实证。凯文·凯利指出，迄今为止都还没有能为任何一个单独生物体或任何一个单独器官组织的适应性进化提供出一种具体的、实实在在的因果解释。② 这也充分说明，"自组织的复杂性"远未可知。

2019.5.17

---

① 凯文·凯利：《失控：全人类的最终命运和结局》，电子工业出版社 2016 年版，第 564 页。
② 凯文·凯利：《失控：全人类的最终命运和结局》，电子工业出版社 2016 年版，第 572 页。

"共生进化"是否生物进化的"基本行为"

凯文·凯利认为，"人们曾经认为，共生现象(两个有机体合二为一)只会发生在类似地衣这种比较孤立的奇特生物身上。自从林恩·马格丽丝提出'细胞共生是祖细胞形成的核心事件'这个假设之后，生物学家们忽然发现，在微生物世界中共生现象比比皆是。由于微生物生命是(而且一直是)地球上所有生命形式中的主要部分，而且是盖亚假说的首要主力。因而广泛分布的微生物共生使共生无论是在过去还是现在，都是一种基本行为。"[1]

由此，凯文·凯利认为，这就发现了一种新的进化路线：共生——基因转移——形成新生命。循着这种路线，"在某些情况下，共生伴侣的基因株(碱基片段)会融合在一起……细胞间的基因转移。在野生环境的细菌之间，这种转移发生频率极高……新的细菌学认为，世界上所有的细菌就是一个单一的、在基因方面相互作用的超有机体，它在其成员之中以极快的速度吸收并且传播基因的革新成果。另外，物种间的基因转移也同样会(速度未知)在包括人类的较为复杂的物种之间发生。每种类型的物种都是在持续地交换基因，通常由裸露病毒担任信使。"[2]

上面这些议论是与达尔文主义相悖的。

第一，重大的进化改变，减少了给个体生物的直接好处——因为个体消失了——而达尔文主义则以为是个体进化了。

第二，进化的改变，不是由细微渐进的差异积累而成的，而是通过涨落而出现的一种"涌现"。这一点，达尔文还没有充分认识。

第三，充分说明，有的进化不用亿万年，而是涌现；有许多进化也不是"竞争"的结果，而是"共生"的结果，而且是主要的。"共生行为"可以只利用"合作"，而不是"竞争"的力量。[3]

第四，有机体还会"自编自导"出突变，以适应环境的变化。"这种定向突变的强势看法，在实验室里获得的证据，比弱化的非随机看法更多更过硬。"[4]

2019.5.18

能否培育有进化力的大型复杂系统

凯文·凯利提出了如下原则(可供参考)：

(1)在观念上要明确：进化是"无中生有"，即"总体大于各部分之和"。这多出来的部分，不是"集中在总部"，而是"分布在"各个"部分"之中。

---

[1] 凯文·凯利：《失控：全人类的最终命运和结局》，电子工业出版社2016年版，第575页。
[2] 凯文·凯利：《失控：全人类的最终命运和结局》，电子工业出版社2016年版，第576页。
[3] 凯文·凯利：《失控：全人类的最终命运和结局》，电子工业出版社2016年版，第576页。
[4] 凯文·凯利：《失控：全人类的最终命运和结局》，电子工业出版社2016年版，第581页。

（2）要弄清何谓"全面控制"？它不是源于"集中在总部的中央指令"，而是着眼于"最底层"的相互联结——包括底层的"首尾回路"即"反馈"——无回路反馈的系统会失控。

（3）要建立一种"递增机制"：信心递增信心；秩序递增秩序；生命递增生命……

（4）先从"模块"开始，逐步与其他分布系统"磨合"。

（5）重视"边缘"——未扰动的边缘地带往往是创新与进化的源泉。

（6）进化是一种系统化的"错误管理机制"——"试错"往往是创新的"必经道口"。

（7）不求最优，但求多目标——与其费劲地将任一个功能最优化，不如使多数功能"足够好"。

（8）尽可能使系统保持在"动态平衡态"，即"悬崖边的稳定"，"在流动的临界点上安家落户。"

（9）争取构建"心智社会"：一种集决策功能、专业功能、耦合功能和层累功能于一体的，既有分工（包括层级分工与平列分工）又有合作，既有争议又有合议，既有正反馈又有负反馈（回路）的"活结构"。

总之，如凯文·凯利所言，那种活结构——"有进化力的结构"，"则是关于改变个体的规则如何随着时间而变化的学说。要做到从无中生有，你就必须有能自我变化的规则。"①

（本篇尚未发表）

读书琐记（四）

前　　言

凯文·凯利写了三本书，《必然》是其中一本。他认为"科学在本质上有所偏好，使得它朝往某种特定方向。在其他条件都相同的前提下，决定科技发展动态的物理原理和数学原理会青睐某些特定的行为。这些偏好仅存在于塑造科技大轮廓的合力中，并不会主宰那些具体而微的实例。"这些偏好是什么？他认为"我们对 12 种必然的科技力量加以阐述，而它们将会塑造未来的 30 年"。② 这 12 种偏好"必然是"：形成；知化；流动；屏读；使用；共享；过滤；重混；互动；追踪；提问；开始。

他在书中所列的 12 种偏好，都属于动词，他认为它们都属于一种"必然的趋向"。它们包含着十分丰富的新时代创意的"必然趋势"，从而预示着未来 30 年，人类世界将会发生的"变化方向"。这具有很大的启示作用。他认为，必然会由一个目前的"静态名词世界"走入"动态名词世界"。

由于这 12 种趋向，有不少是涉及微观技术领域的，我的知识与精力显然不足。故只

---

①　凯文·凯利：《失控：全人类的最终命运和结局》，电子工业出版社 2016 年版，第 725 页。

②　凯文·凯利：《必然》，电子工业出版社 2016 年版，序。

可能对其中与宏观——社会关系更密切的问题记录了一些想法和提示。精力不足，只有如此了。

"适应"与"机遇"成反比

凯文·凯利认为："没有不稳定的世界会停滞不前；某些地方过于公平的世界，也会在其他方面上不公平得可怕。乌托邦中没有问题和烦恼，但乌托邦也因此没有机遇存在……因为这种悖论，乌托邦永远都不会奏效……每一种乌托邦的构想，其中都存在使其自我崩溃的严重瑕疵。"①

为什么说"全稳定"等于停滞？

凯文·凯利为什么用"没有不适应"和"没有不稳定"这样的表述？我觉得这可能是为了更准确地提出问题。因为，从热力学的观点来看，它是指一种"热力平衡"的状态。在那种状态下，系统就会"熵增加"，新陈代谢就会终止。同时，也可能是为了突出"不适应"和"不稳定"的重要性一句话，就是说明：任何一个系统，"太平日子"过久了，一切"惰性""保守性"就会滋生蔓延起来。系统的"求新性"与"抗逆性"就会急剧消退。其实，在任何时候，"不适应""不稳定"往往都属"双重性"的事态。既有"挑战"，又有"机遇"。而对于一个开始腐败了的系统，"不适应""不稳定"，意味着灾难与毁灭。即使来了机遇，或者是看不见，或者是被"机遇"吓倒。而对于一个新兴的系统来说，则是意味着机遇与发展。

为什么"乌托邦"必会崩溃？因为乌托邦最根本的问题，不是某些具体的政策问题，而是它的根本价值趋向的问题：它追求的是"尽善尽美"。这就出现两大问题，一是什么才算"尽善尽美"？"善"与"美"，本来就属一种"无限大"的发展概念，人们对它的"确切认识"，可以说永远处在"在路上"的相对性阶段，是没有止境的。故从认识论的观念看，那种善与美的定位本身就存在极大的"虚幻性"。二是世界上万事万物可以区分为两大类："现实的世界"和"理想的世界"。人们大都容易不满足现实世界，而去追求理想世界。而什么是"理想的世界"？"如何能达到那个理想世界"？"真正的革命者"与"乌托邦主义者"就分道扬镳了。前者必然属于那种遵从"现实革新可能性"来定位"理想"并筹谋"可行的方略"的人群。而乌托邦主义者则属于那种迷醉于"善良愿望"，不顾客观可能或陶醉于局部的胜利而不顾"最后结果"的人群。须知，由现实到未来"新社会"，绝对不是简单地凭"主观拼命"就会"实现"的。社会的"跃迁"，属于一种系统工程。如果用"耗散结构"理论来解释是可以"一目了然"的。以我们中国为例，改革开放40多年的历程就可以说明：第一，开放系统（如加入WTO）；第二，矫正"理想"；第三，放开"涨落"（如国际与国内的竞争）；第四，系统选择（如培植各种"特区"）。

---

① 凯文·凯利：《必然》，电子工业出版社2016年版，第7页。

"人工智能"：是"群势"的产物而不是"个体"的产物

凯文·凯利指出："事实上，真正的人工智能不太可能诞生在独立的超级电脑上。它会出现在网络这个由数十亿电脑芯片组成的超级组织中……任何与这个网络人工智能的接触都是对其智能的分享和贡献。这种人工智能连接了70亿人的大脑，数万兆联网的晶体管、数百艾字节(EB)的现实生活数据以及整个文明的自我修正反馈循环……因此网络本身将会知化为一种完善速度惊人的事物。"①他的这一提醒是很重要的。特别是对于研发的主持者，对人工智能的研发路径，更为重要。

第一，人工智能的研发是一种极为前沿的方向：不可预知，不可封闭，必须进行"人类合作"。众所周知的原因，没有"人类合作"，就有可能导致人类毁灭，更不用说科研的进展了。

第二，人工智能是一项多学科广领域的研究方向。其研究本身就不可能单科独进，它本身就需要有最广泛的合作——多学科、多品种的碰撞，才可能出现"意想不到的涌现"。"个体"是绝对无法完成这个极端复杂又十分难以预料的过程的——"个体"不可能出现"扰动"(涨落)，从而出现不了"涌现"。

应"先重新定义人类"而后才能"重新定义人工智能"

我认为这是关键的关键。

凯文·凯利指出："但是我们不仅在重新定义人工智能，也在重新定义人类。过去40年里，机械过程复制了我们过去认为的人类独有的行为和能力，我们还没有改变关于人和机器之间的差别的看法。当我们发明了更多种类的人工智能后，会在'什么是人类独有的'这个问题上，做出更大的让步。我们将在未来30年，甚至一个世纪里陷入一种旷日持久的身份危机，不断扪心自问人类的意义。最大的讽刺是，日常生活中那些实用的人工智能带给我们最大的益处，将不在于产能的提高，富足的经济或新的科研方式……人工智能时代的到来最大的益处在于，各种人工智能将帮助我们定义人性。我们需要人工智能告诉我们——我们是谁？"②

这一段话，凯文·凯利虽未显著地表白出来，但其意义对于保障人工智能的"无害性"，则是显而易见的，而且也是十分重要的。

人类的不断"让步"必须是有底线的：不能在还没有弄清楚"底线"的时候，就盲目地开发那些会危及人类的底线技术，否则到时候就没法收拾了。

那么，人类是什么？或什么是人类必须"自保"而不能"他保"的？

这个问题，在技术上我说不清楚。但在人类学的范围内，我以为：确保人类的生存与进化是最高原则。凡是可能危害人类的存在与进化的人工智能是绝对不能开发的。

---

① 凯文·凯利：《必然》，电子工业出版社2016年版，第30页。
② 凯文·凯利：《必然》，电子工业出版社2016年版，第49~50页。

这就要回答"必先重新定义人类"这个问题：

第一，总的原则是绝对保证人工智能对人类的友好素质。

第二，不能让人工智能在不经人类同意的情况下"自我复制"。

第三，人类必须对人工智能"留一手"——禁止开发的"总闸门"。

再议"失业"问题

凯文·凯利认为，"机器人取代人工是必然的。一切只是时间问题"。[①]

凯文·凯利把人类和机器人的关系分为四大类：

一是人类能从事但机器表现更佳的工作。这类工作绝大部分可能将被机器人所取代。但如果人类可借此类工作获得人类需要的"非经济"的效益，如锻炼身体、陶冶情操以及日常生活的惯性等，则在例外。

二是人类不能从事但机器能从事的工作，这方面显然会被机器人全面取代。

三是人类想要从事却还不知道是什么的工作。这方面目前尚难说清。但其方向可能是人类和机器人之间形成一种共生关系（或合作关系）。如给机器人安排任务，也是人类的工作。

四是现在只有人类能从事的工作。这多属于"人工智能"的开发"极限"方面的工作。这类工作（或行为）有很大一部分属于人类"自保"的底线，既包括人工智能的"自我复制"（繁殖），也包括那些新开发出来的、属机器人不应干的、可以不用它们干的以及现在还说不清的新工作。

以上说的是人工智能必将取代人类工作的大格局。在此大格局之下，人类如何看待"失业"问题呢？

我以为：

第一，不必太担心。在历史上，人类生活方式的大颠覆并非第一次。如：在农耕文明时代，90%以上的人口在土地之上日出而作，日没而息。那时的人类，好像离开了土地就无法活命了。可是，到了工业文明时代，就发生了第一次生活方式的大颠覆。90%以上的人口得离开土地、集中到工厂中（城里）去。结果呢？人类离开了土地还不是照样生活，且生活得更好。所以，这一次大颠覆，无须太担心。新工作会被大量创造出来的。

第二，应相信人类的智慧和科技的开拓力。就目前的趋势来看，大体的方向可能是四个：一是人工智能的管理调配与控制方面，人工智能还不能达到人的大脑功能的那部分，必须由人工来完成；二是保证人工智能不越"底线"的控制工作；三是人工可以轻轻松松完成的工作，它往往是工作与兴趣双收的工作；四是目前尚难以看明白的全新的工作，这方面肯定是大量的。

第三，人的存在与发展，并非"为工作而工作"，工作往往是一种手段，是为了满足"人"的需要。而"人的需要"是多维的。生存的需要——发展的需要——趣味的需要——进化的需要……而且这些需要，一般是历史地、循序地、由低而高地演进着。大体上说，

---

① 凯文·凯利：《必然》，电子工业出版社 2016 年版，第 50 页。

工业文明阶段的需要大都侧重在生存与发展。进入智能文明阶段之后，开始要转向"趣味需要"与"进化需要"了。在不久的将来，有许多工作可能会是一种趣味与进化兼收的"工作"。你称之为"工作"也好，或名之为"趣味"也好，都是可以的。如科学家的发明创造就多属这种类型。画家、诗人等也都会是这种类型。

第四，毋庸讳言，愈往后来，"休闲"可能将是人类生活的一个不可少而且占时多的部分。这从目前世界的"工作日"与"上班时间"的不断减少就可以看出这种趋势。其实，这种"休闲时间"并非全是"耗费"（就主流而言）。它既可为"生产"积累精力与灵感，而且它本身也可以通过"群体的扰动"而迸发出不可预料的新的"涌现"。故其本身也可能成为工作的一部分。

其实，"休闲"并非"什么都不干"。可以去旅游，可以去体育锻炼，可以去参加各种"派对"，可以从事各种自己感兴趣或喜爱的文化、艺术、科学研究活动等。旅游，不仅是"玩玩"，更多的是"长见识""冶情操"，这本身就是"提高人的素质"，从而也会提高人的工作能力与质量。体育锻炼，更可以提高人的体能，强化人的工作耐力。"派对活动"，除了那些低级违法的，应该多是"有文明内涵的"群体交流，也可以增加人的知识。至于群体的"科研活动"，那就可能产生许多"意想不到"的"创新涌现"出来。

我们将进入一个"流动化的世界"

凯文·凯利认为："数字经济就是这样运转在自由流动的复制品河流中的。"[1]

所谓流动化，包括"复印"。这种数字化以及相应的传输技术，必会涌现出许多"比免费更好"的流动化载体。这些载体，凯文·凯利认为有八大特征：①即时性；②个性化；③解释性；④可靠性；⑤获取性；⑥实体化；⑦可赞助；⑧可寻性。这些特性可不能低估。它们必然会加速人类整体进化的进程。因为它们具有极大的效应。因为这种流动性是"速度"与"广度"催化剂。它必大大增强网络的"群聚趋势"，从而必然也会大大增强"涌现"的出现和级别。

由此，我将凯文·凯利有关流动性的效应，归纳为如下几点：

第一，流动性会带来新力量。这与过去对比，至少避开了过去"电台主持人的暴政"（指政治审批），进入了选稿的网络化时代——"网络选稿时代"。由此必然就使得过去由于电台主持人的好恶而被"剔除"的新力量涌现出来。

第二，流动性进一步释放了创造力。这与上一点有关系，有些创新在萌发初期的形式表现，往往与现状中的保守性标志相悖而被剔除。而流动性则绕开了这一"关"，从而必会有一些真正的"创新苗头"得以露出头角。

第三，数字化比特具有超导属性。如它可以"成为释放音乐未知选项的润滑剂"。如"艺术的民主化"，催生出"不以音乐家身份做音乐了。"[2]

第四，流动性必然加快、加宽"群聚性"。而群聚性在扩大的过程中，必然可能出现

---

① 凯文·凯利：《必然》，电子工业出版社 2016 年版，第 63 页。
② 凯文·凯利：《必然》，电子工业出版社 2016 年版，第 77~84 页。

更多更好的"涌现"——创新多半是"涌现"的产物。

由"书籍文化"到"屏读文化"

这的确是一个活生生的现实。试看现在的青年人很少买纸质书读了，但他们可以一天读几本书——屏读。

我过去的习惯是一年读十几本书，一本一本地"啃"。年轻人不解："您老何必费那个劲！我一天就屏读几本书！"这的确是事实。从速度看，如此。从扩充知识面来说，也是可以的。但也非全对：就要看读书的直接目的是什么了。如是仅仅为了消遣或"猎取知识"，是很有效的；但如是为了"研究问题"，这种读书法也不尽合适。很显然，一天读几本书，那是没有时间进行"琢磨""推敲"和"反思"的，更没有时间进行"批判"。作为一个研究工作者，我并不提倡完全靠屏读做学问。屏读一般适合收集特定资料(复印)，而不合适于研究。

但是，屏读可以"普及知识"、传递信息、搜集资料等，对整个社会来说，无疑是有极大的功效：

第一，屏读文化容量特大。可以说是个"万能图书馆""万能知识库"。

第二，携带方便，传递迅速。

第三，阅读方便且体积很小，不必"铺摊子"。

第四，保存性强。这一点是"纸质书籍"或图书馆远远不能及的。可以防止历史性的"失传"。

第五，复制方便。会大大加快、加宽文化普及的速度和范围，从而大大加快人类的进化。

第六，便于及时交流讨论，十分有利于创新交流。

由"占有欲"到"使用欲"
——颠覆人类的价值取向

随着网络化、虚拟化的发展，"网上服务"必将渗透到人们生活的多个方面。可以说，只要是人类生活的地方，"使用"的服务就会渗透到那个地方。"使用价值"也会随之而在那个地方取代"占有价值"的地位。试想：只要按一下电钮，要什么东西(包括物质与各种服务)就可以立即提供到你面前。在那种情况下，可以设想："占有"那些东西还有什么意义呢?! 逐渐地，随着"服务"的全能化，"占有欲"被"使用欲"置换的这种"价值观的易位"，就是必然的了，就如同中世纪末那种"奴役欲"被"雇佣欲"所置换一样。这个过程，应是人类文明的一大进化：这可以减去很多因为"占有"而耗去的大量人力、财力、物力以至宝贵的生命。

由此，凯文·凯利认为："使用"将成为未来的"流动世界"的主要现象之一，将导致人类"效用价值"的改变。这些改变，包括：①减物质化——由占有物质到使用物质；②增服务化——各种类型、无所不包的服务；③按需分配使用化——提高物质的利用，有利于环保；④空前的即时性——不仅即时，而且全面；⑤去中心化——以"服务"为主导，就要求分布式；⑥云端——建立"互联云"。①

凯文·凯利认为，"在未来30年里，减物质化、去中心化、即时性、平台协同和云端的发展将持续强势发展。只要科技进步使得通信成本、计算成本继续下降，这些趋势都是必然。这是通信网络扩张到全球的每一个角落所带来的结果。而随着网络化的加深，智能逐渐代替了物质。无论这些趋势在何处发展(美国、中国或是其他)，这种巨大的转变都是确定无疑的……使用权将逐步取代所有权……对事物的使用将会胜过对其拥有。"②

"共享"——接近社会主义的价值

凯文·凯利说："我们必须承认，'社会主义'这个词会使很多读者感到不适。它背负着巨大的文化包袱，与之类似的词语也有着同样的处境。譬如，'公有的''公有制的'和'集体的'。而我之所以用'社会主义'这个词，是因为从技术的角度看，它最能恰如其分地指代那些依靠社交互动来发挥作用的技术。'社会化媒体'(社交媒体)之所以被称为'社会化的'也是基于同样的原因：它是一种社会化活动。宽泛地说，社会化活动是网站和移动应用在处理来自庞大的消费者(或称为参与者/用户/受众)网络的输入时所产生的……两类社会主义的相同之处就是共享这个动词。"③

克莱·舍基在《未来是湿的：无组织的组织力量》一书中提出了一套划分新兴社会组织形式的架构。随着人们协同程度的增加，群体从只需最低程度协同的共享地步，而后进步到合作，再然后是协作，最终则到达集体主义。每一步发展都需要进一步的协同。只要纵览一下我们的在线领土就会发现大量的相关证据。④

凯文·凯利认为，这种协作本身并不新鲜，过去也有过。但是，今天的这种"在线协作"则具有新的内涵；因为，"这些在线协作工具为公有生产形式提供了支撑，使人们可以摆脱对资本主义投资者的依赖，将成果的所有权保留在生产者(同时也是消费者)的手中。"⑤

从这两段论述中，我体会到一个重大的理论思路：真正的社会主义并不是由"理论家"创造的，而是由科技发展创新而"衍生"(或"涌现")出来的。这也符合马克思"基础决定上层建筑"原理——"在那里没有财产所有权的概念，政治体制由技术架构来决定"。⑥

当生产力的社会化发展到那种高度的社会化、"协作"和共享化的时候，真正的社会主义社会就会出现。不过，不一定是现代人们所理解的"社会主义"，而是那种真正符合"社会主义本质"要求的社会主义。

---

① 凯文·凯利：《必然》，电子工业出版社2016年版，第123~146页。
② 凯文·凯利：《必然》，电子工业出版社2016年版，第146~147页。
③ 凯文·凯利：《必然》，电子工业出版社2016年版，第155~156页。
④ 凯文·凯利：《必然》，电子工业出版社2016年版，第157页。
⑤ 凯文·凯利：《必然》，电子工业出版社2016年版，第160页。
⑥ 凯文·凯利：《必然》，电子工业出版社2016年版，第156页。

"混合体制"：有巨大优越性

凯文·凯利写道："现实中大多数政治组织会将一些资源社会化，将另一些资源个体化。大多数走自由市场道路的国家经济体已经将教育和治安进行了社会化，而即便是当今最社会主义的社会也允许一些私人财产的存在。这两者的混合体制在世界各地都有所不同……与其将技术社会主义视为自由市场个人主义和中央集权这一对零和博弈的某种妥协，不如将技术共享视为一新的、能同时提升个人和群体价值的政治操作系统。共享技术其未曾明言的但又不言而喻的目标是同时最大化个体自主性和群体协同力量。因此，数字共享可以视为第三条道路。"①

"将市场机制与非市场机制融合的混合系统也不是什么新鲜事。数十年来，学者们对意大利北部和西班牙巴斯的去中心的社会化生产方式做了大量的研究。在这些地区，企业员工就是企业的所有者，他们自己选择管理层和利润分配方式，独立于国家控制。"②

凯文·凯利的这些看法，也许就是"人性"中那种"求中和"的元素在起作用。特别是在今日，更显现出了它的生命力。

"技术与使用的社会化"
——是否为一种"社会主义因素"的积累

凯文·凯利提出了两个新概念："技术社会主义"和"数字社会主义"，并认为："将数字社会主义应用于不断增长的愿望清单——偶尔也用于自由市场无法解决的问题——并观察其是否有效。到此为止，结果是令人惊奇的。我们已经成功地利用协作技术将医疗服务带到了最贫困的地区，开发了免费的高校教材，并且资助罕见疾病的药物研究。几乎每一次尝试、共享、合作、协作、开放、免费、透明所发挥出的力量都要比我们这些资本主义者所预期的更为实用有效。每次尝试时，我们都会发现共享的力量比我们想象的要强大得多。"③他这个数字社会主义（或技术社会主义）的现象正好印证了一个真理：新的生产方式往往是从旧的生产方式中孕育出来的。原来的"教条"曾认为这种旧的孕育新的，只可能是在"私有制的范围之内"——如封建私有制孕育了资本私有制——可以成立，而认为私有制不可能孕育公有制。现在看来，可能并非如此。

问题出在哪里？出在对"孕育"（或涌现）的机理（推动力或生长点）的片面设定和错位。一是认为人类社会推动生产方式的动力只有"趋利"（指"个人利益"）一种，故"私"不可能孕育出"公"来；二是认为"孕育"只能"平面"地进行，即旧"生产方式"孕育新"生产方式"。这显然是大大的误解。这两点都犯了片面与错位的毛病。

其一，以平面的视野，"公共意识"绝不是由"私有意识"孕育出来的。其二，新生产

---

① 凯文·凯利：《必然》，电子工业出版社 2016 年版，第 161 页。
② 凯文·凯利：《必然》，电子工业出版社 2016 年版，第 161 页。
③ 凯文·凯利：《必然》，电子工业出版社 2016 年版，第 165 页。

方式也不是笼统地由旧生产方式孕育出来的。那么，是如何孕育出来的呢？用系统论的"立体层次"方法来研究这个问题就很明晰了：任何一种生产方式都是一个大系统，它由生产力与生产关系这两个二级系统构成；而生产力又是由劳动力与生产工具这两个三级系统构成；生产关系则是由利益关系与意识形态两个三级系统构成。但在这种复杂的结构关系中，彼此并非平列的对等关系，而是具有"相生相克"的关系：一般地说，生产力是自生系统，生产关系是派生系统；在生产力中，生产工具(含科技)又是自生系统，劳动力又是派生系统；在生产关系中，利益关系是自生系统，意识形态又是派生系统。而经济这个特大系统发挥"孕育"作用的基础则是生产力的演进。故归根结底，一种旧的生产方式之所以会孕育出新的生产方式，或"涌现"出新的生产方式，不能那样平面而错位地去理解。应该是：新的生产工具(科学技术)孕育出新的劳动力，形成新的生产力；新的生产力必然会改变旧的利益关系，利益关系必会改变意识形态，进而改变旧的生产关系乃至生产方式，生产关系进而逐渐改变整个生产方式。随着生产方式的改变，利益关系、意识形态也会随之而改变。这就是"旧的生产方式会孕育出新的生产方式"这个命题，只有用"系统分析"才能说清楚的机理分析。

这里，就会出现一个问题：为什么说"新"与"旧"的演化是从"生产工具"(科学技术)启动或"萌发"而(一般地)不是或可能从其他层次"始作俑"呢？

这又得用科学的思维方法——热力学来解释：上述的"孕育"生成机理的分析，是为了简明扼要，只说了"正作用"的一面；而没有说明各级系统之间还存在"反作用"，即"生成机理"的对立面"抑制机制"。我们前面讲过，新"生产方式"的"涌现"，归根结底是由于新生产工具的涌现。为何是生产工具"始作俑"？因为在工具(科技)这个系统层面，"上层系统"(包括生产关系、利益系统、意识形态等)对其施加的"抑制机能"较小，而且与"人的需要"这个"无意识倾向"的关系最密。而"涌现"的前提则是"开放"(无抑制)，只有在高度开放的环境下，才可能出现"多元涨落"，只有经过"多元涨落"，才有可能通过"开放性竞争选择""涌现"出最有生命力的新形态或新结构来。

所以，技术及其使用的"社会化"，正是处于这个系统层面。也由此，估计它的发展很可能就是新的生产方式的"起步"。

自下而上与自上而下的"混合体"

作者在《失控：全人类的最终命运和结局》一书中，主张社会"控制"应采取"混血儿"的方式。在《必然》一书中他又一次重复了"混合并用"的中和思想。

他说："为了达成最好的结果，我们还需要一些自上而下的智慧。既然社会化技术和共享应用在当下已经十分流行，那就有必要再重复一遍：单纯的底层力量并不足以实现我们想要的结果。我们需要一点点自上而下的干预。每一个有影响力的自下而上的组织得以存在超过数年的原因，正在于它把自己变成了一个自下而上和一定程度上自上而下结合的混合体。"①

---

① 凯文·凯利：《　然》，电子工业出版社 2016 年版，第 167 页。

"过滤信息"：无限大的选择性

"过滤"，这也是当下时代的一种重要的社会行为。

所谓"信息过滤"，是指对"信息"的真伪、优劣，作出一种选择取舍。凯文·凯利对这种过滤的工具（各种有选择能力的"对象人"和设施与工具）列举了八种：守门人（可把关的人）、媒介、管理人、机构、朋友以及自己等。

他认为，"在互联网云里的几百万台服务器上运行着数亿行代码，它们在不停地过滤、过滤、过滤，帮助我们提取自身的独特点，优化我们的个性，人们担心技术会使我们越来越一致化，越来越商品化。但是这种担心是不正确的。实际上，我们进行的个性化定制越多，对于过滤器而言处理起来越简单。我们会变得越来越独特。"①

这，即是说，通过无限的过滤，人不是越来越一律化，而是相反，会越来越个性化。

这个判断对吗？我以为是对的。在网络化、虚拟化的时代，作为一个网民，其独立独行的空间（可能性）不是越来越小，而是越来越大。

当传感器不断变得更智能时，追踪技术将大行其道。这是一种怎样的文化趋势？"加里指出，当我们依赖数字而不是文字时，将构建出一个'量化自我'。"②

他还介绍了他们曾举行了一次"量化自我"的见面会议，让许多进行过自我量化的自我试验的爱好者到一个地方交流。来了一大群各色各样的志愿者。从这种活动中，我感到这确是一种科学研究的好方式。但这种方式得以"随便地举行"，是有条件的。一是要有群性，有那么多的"有闲者"；二是这些有闲者不是下里巴人，而是有"自我研究"能力的人；三是能够"随便地"召开这样的研讨会，这也是有条件的。

"识别标准"的又一次大飞跃

长期以来——可以说是从有人类到最近——人类的活动，都只是按人类的"识别标准"来判断行为的取与舍。

但是，在今天不同了。由于人工智能的崛起，完全可能出现另一类标准："人工智能识别标准"。即在升华人工智能的过程中，人类很可能"失控"，即忽略了"人类的底线"，而无原则地向"人工智能开发"让步，以致超越了"保人"的底线，致使后者成了"压制人类"的"自觉者"。

由此，研制那种"人工智能识别标准"实乃当务之急。

凯文·凯利指出："今天大部分可用信息，都是按照人类能理解的方式编排的……但是我们到达了极限。人类不可能触摸，更别说处理'无限多极'数量的比特。为了发掘我们正在获得或创造的'无限多极'字节级别数据的全部潜能，需要把比特按照机器和人工智能都能够理解的方式编排。当自我追踪得到的数据能被机智化时，它们将为我们提供全

---

① 凯文·凯利：《必然》，电子工业出版社 2016 年版，第 220 页。
② 凯文·凯利：《必然》，电子工业出版社 2016 年版，第 280 页。

新、新奇、先进的了解自身的方式。几年后,当人工智能可以理解电影时,我们就能用全新的方式赋予'无限多极'的视觉信息不同的目的。"①

这后面一段话,我知识不足,理解有限。但我觉得很重要,故记录了下来,以后慢慢地理解吧。

"软奇点":30年后的世界
——由固态化到液态化

何谓"软奇点"?

凯文·凯利是一位乐观派。他认为,"30年后的世界,人类可能达到一个'软奇点',并认为更有可能成为现实:人工智能不会像聪明的"坏人"那样,试图奴役人类。人工智能、机器人、过滤技术、追踪技术,以及我们书中列出的其他一切技术,将会联合在一起,并和人类结合,形成一种复杂的依存关系。在这个层级中,许多现象发生的等级将高于现存的生命以及我们的感知水平。而这就是'奇点'出现的标志。这是一种新的系统,在其中,我们创造的东西让自己成为更好的人,同时我们也离不开自己的发明。如果把我们今天的生活比作固态的,那么这种生活就是液态的,是一种新的相态。"②

如何理解这种"液态"的生活?他没有细说。下面是我的体会:

总的来说,我以为"固态"应是指"恒定性","液态"应是指"流动性"。过去,之所以说是"固态的生活",是由于许多东西——物与方式,都是不能或较难"流动"的,如:各种"物",各种生活岗位、环境乃至方式等,是相对恒定、不易流动(或移动)的。那是信息闭塞、交通落后、各种垄断、阻隔等造成的。但是,信息化、数据化、网络化,特别是"物联网"的普及,使一切的"固态"都可以变成"可流动"的了。不仅是"可流动",而且使"流动"成了"常态"。

首先说"物"的方面。由于物联网的出现和普及,过去那种"物"(含财产)大都是(在不同程度上)处于"固态":物有定所,有归属。今后,这种格局必将大步化。首先是可能"无定所"倾向成为主流,即"物"的"所"不再是固定的,而是随着网络的"召唤"而处在经常的"流动"之中。而且,会随着智能化(无人驾驭化)而强化起来。然后是"无定属"。随着共享经济的发展,一切"物"独自占有与使用的分量必会不断减少,随之而来的"使用价值"必会逐步取代"占有价值"(或所有权价值)。——与其独自占有要耗费大量的设备费、保养费等开支,不如享受"招之即来"且服务周全的"共有物"。这两个方面必都会大大强化"物"(资产)的流动性,即"液态化"。

其次说"人"的方面。在过去,一个人终身从事一种行业的工作,这是常态。但那种"固态化"形态,即将变为过去。随之而来的又将会是"多面手+多职业"。人的全面发展,就表示不仅是德智体的全面发展,而且包括知识与技能的全面发展。未来也不会没有出类拔萃的人物,但很少能出现过去那种由于知识垄断、信息垄断甚至权力垄断而塑造出的

---

① 凯文·凯利:《必然》,电子工业出版社2016年版,第306~307页。

② 凯文·凯利:《必然》,电子工业出版社2016年版,第338页。

"大师""大家"了。由于信息化、网络化和智能化，"人"必将有可能真正排开一切垄断与法权，全方位地获得信息、知识、机会和权益，从而得到"全面而自由的发展"。由于是"多面""多能"，故人也无须一生固定在一个岗位上，其流动性(液态化)必将大大强化起来。

再次说"人的关系"方面。上面"物"和"人"两个方面，实际上都是冲着"生产力"的变化而运动的——"物"有很大部分是"生产工具(技术)"，"人"多数都处于"劳动力"的状态。由于"生产力"由"固态"变为"液态"，由"恒定性"(相对)变为"流动性"(绝对)，那么，生产关系与生产方式也必然会产生"联动效应"。首先是生产关系，由于生产力的流动性加速(包括科技翻新的加速)，即生产工具与劳动力素质的"流动性"(含量的位移和质的提高)加速，过去那种"固态化"的劳资关系可能就会解体。这种解体包括两个方面："身份固定化"的解体，即谁是"雇者"，谁是"佣者"的身份固定化的解体，两者换位的几率必大大提升；"性质固定化"的解体：即由不平等的主从关系转变为平等的"伙伴关系"，也就是"合伙人"关系。由于这种生产关系的质变，生产方式也必然会发生质的变化：那就不是什么"资本主义生产方式"了。

从次说"社会生活"方面。由于"流动性"成为常态，社会各种形态的实体的"恒定性"也必会受到冲击。首先是阶级关系，必将"淡化"——作为特定人的"阶级身份"也会流动，今天是这个，明天可能就会变成那个，这样所谓"阶级烙印"的东西，就变得不成其为具有"恒定性"的标识了。"阶级"这个概念，也就会逐渐从社会上"淡出"，也就是马克思所说的"阶级消亡"。人性中确有"结团"的品质，但未来的结团(群性)很可能主要趋向不是"经济利益"，而是"个性的爱好"。整个社会生活、阶级斗争、党派倾轧会逐渐淡化，而智能竞争、生活能力的比赛与选拔可能会逐渐高扬。

最后说"人类进化"方面。"流动性"的基础是"选择性"增强。在这个过程中人类进化也必将大大加速。

(本篇尚未发表)

读书琐记(五)

前　言

英国著名学者彼得·B. 斯科特-摩根，号称"世界的解码者"，致力于研究人类社会复杂的运转机制，毕生致力于系统动力学组织战略学的研究。

他在《2040大预言：高科技引擎与社会新秩序》一书中，对数字化、网络化、微型化、仿真化等四大领域高科技及其必将引起人类社会史无前例的巨大变革、大进化进行了独具一格的研究、判断与预言。有不少发人深省的意见。我购得此书是在两年前，读到一半就搁置下来了，直到2019年才把它读完。所以，在《读书琐记》中，把它排到了第五。之所以如此，是由于我觉得他的一些高见带有"总括"性。

例如，关于纳米技术的研究问题，他认为中国的投入远远不够，很可能以后会被"拒之门外"。因为"微型化"是一个超投入、超人才、超产权的特殊领域，极可能形成高垄断的"围墙"。书中对中国寄予了很大的期望。我觉得，并非"迎合之词"，因为他的分析是科学而中肯的。

也正因为这些，我把它作为《读书琐记》的压舱之篇。

人类社会文明的进化"根本动力"是什么

该书译者在《译者序》中说，《2001：太空漫游》一书描绘了人类初始，即猿人，无意之间拿起一根骨头敲另一堆骨头，敲打碎了。于是，学会了用一种物件用力敲打别的东西，会产生比人手更大的动力的办法。这正是"人力+工具"必定大于人力发轫的一刻。从此，几百万年到几千年到几百年，人类的发展过程，似乎一直处在不断地加速过程中，很多人试图探究这背后的推动力，往往由于所处的领域的局限而与正确答案失之交臂。科学家们认为技术进步是社会发展的根本动力，社会学家坚持合理的社会体系才是文明进步的力量源泉，而那些个人英雄主义者则信仰是历史长河中为数不多的天才，在引领人类发展的历程……缺乏综合考虑的认知如盲人摸象般妄自揣度着社会发展的自然规律，于是终究不得其解。译者认为，"未来的时代更迭，不会以几十年甚至几年计。社会发展的动力来自何方？未来究竟是早已注定还是可以改变？本书的作者摩根……描绘了一幅未来30年人类社会伟大复兴的美好画面，并阐述了实现这种复兴的方法以及背后存在的风险。如果人类文明的进步是只'飞船'，那么高科技则是其运载火箭的引擎，它由五级推动力组成——数字化、网络化、微型化、仿真以及一个前所未有的强大力量……"这种强大的力量，"决定其结果的，不是科技天才，不是豪商巨贾，也不是精神领袖——而是我们每一个人，未来30年的社会新秩序，将由我们来创造！"

摩根的这个回答肯定是正确的。这就像历史唯物论常说的："人民群众创造历史。"在这里，我想"就题发挥"，做一点补充。

不错，人类的每一次颠覆性的进化，都是由于人民群众的"良知"空前觉醒，以排山倒海之势去旧更新的。不过，这"良知的觉醒"如何才能"涌现"？是完全自发的过程？还是可以加入人为的导动？或是两者兼而有之？我认为，应该是兼而有之。

所谓"完全自发"，是指完全靠社会需求，自发地推动社会的改革与进化。这在人类的前期大都是这样进行的。但是，这个过程是愈往前愈漫长。如，由蒙昧无产时代进入开化私产时代(含奴隶、封建、资本三个亚时代)。据说经过了几十万、几万年。而开化私产时代，至今还只有几千年。这几千年，就更替了三个亚时代。而且，这三个亚时代的更替期，是愈往后愈短。这本身也可以说明，愈往后，人类的智能进化愈快，从而自己"人为导动"进化的能力也就会强化起来。

今天，人类已开始走进了新的智能化时代。这个新时代的一个"基本特征"，就是"客观"与"主观"之间的"隔膜"愈来愈"薄"了。数字化、网络化、微型化、仿真化……使得工具文明的创新与进化以超摩尔定律的速度翻新。这不能不使得"客观过程"与"主观认知"之间的隔膜薄得不能再薄了。甚至，据科学界说，人的"机器化"和机器的"人智化"很快就会开始了。

在那种"逃逸速度"下，人类社会进化就有可能在更大的程度上"超越"自发——进化的自发性只是"依据"，而人为干预性则是"条件"。所以，从今往后，人类社会进化的原动力，即"人类良知的涌现"，必将是客观自发与主观导动"兼而有之"，也可能后者的分量会愈来愈大。

写到这里，我为我下面要展开的内容，就做好了必要的铺垫。

前面讲的人民大众"良知的涌现"，是一种"结果"。在这之前，往往是处于一种"混沌的潜在状态"。如果是"自发进化"，要使得千百万大众都获得"良知的共识"，那是要经过漫长的历史过程的。中间，还可能要付出许多可以不必付出的"代价"（如，倒退、失败、倾轧、战争等）。但是，在今天，当工具文明的威力完全可能毁灭对方乃至自己很多次的新条件下，那些"代价"条条都可以意味着毁灭的灾难：倒退与失败，就意味着文明的衰亡；倾轧，意味着两败俱伤；战争就更不必说了。我认为，人类在今天应该是到了"最危险的时候"了，是到了"良知警醒"的时刻了。很可惜，世界的现实远不是这样。

怎么办？

我在《发展与文明》一书的第二章第三节中，曾系统论及"人性的趋优性"（含趋群性、趋效性、趋安性、趋美性、趋久性）。并且按此标准，对西方文明与中华文明进行了系统分析。我认为，这种"趋优性"，其实也可以说是"人的良知"的深层标准与行为动力。故也可以说是人类文明原动力即"良知涌现"的深层"诱因"。但是，作为群体性的"人"，当然不可能在同一时间按这种标准来"启动良知的闸门"。必然是由少到多、由浅入深、有先有后、由个别到综合、由分歧到共识，要经过长期反复的比较、鉴别、争论甚至较量，才可能形成"大势"，涌现为"不可抗拒"的力量。

这个过程说明两个问题：第一，社会性的"良知涌现"，必先经过一个长短不一的"混沌"过程。第二，在这个混沌过程中，特别是今天，我们依据趋优的标准，能否在中国首先通过创新来营建一种适合趋优人性和时代潮流的新文明样板，从而来顺势加速世界"良知涌现"的过程呢？我认为是很可能的，因为我深信人性总会是"趋优"的。

对于这种"样板"，必须强调"顺势而为"：第一，这种"样板"宜定位为"催化剂"。只是"以行为范"，只有"启发良知"的功能。第二，低姿态，多做少说，严禁强力输出。第三，应设专门的研究机构，可作为一项"世纪工程"。

2019.10.20

文明较量的赢家：作者对中国的期望

摩根认为："中国对世界的未来至关重要，但这其中的原因并不像多数人想象的那样简单。这并不是因为中国现在如此强大，也不是因为人口众多。实际上，论强大，中国（至少在一段时间内）尚不及美国，而论人口，也注定将会被印度赶超。除此之外，就像中国的文化愈来愈多地受到西方观念与时尚潮流影响一样，中国在高科技方面也正受到来自世界其他地方的各种直接或间接的影响，而这些影响将会对中国的未来发展起到决定作用。尽管如此，中国依然正毋庸置疑地成为对世界未来的发展影响最大的国家。其中的原因是什么？我曾经提及的大浪潮——不论是高科技还是西方文明——在很大程度上都已经行驶在固定的航线上，我们能够大体预测它们的共同影响，却丝毫没有办法控制它们的前进方向，它们始终在自己的方向上踏浪前行。但是，中国的发展却不同。尽管困难重重，但是中国却重新焕发了活力。其他的主要文明都重蹈了古埃及和大英帝国的覆辙，而中国却没有……这些只伤及其毫发的混乱却重新唤醒了这条沉睡的巨龙。这就是中国如此重要的原因。她广袤而又强大，而在她重新复兴的过程中却又表现出了独特的适应能力。在以后的数十年中，她能够自身调整，在全球发展趋势中最大化机遇、最小化风险，这是其他强大的国家从来难以企及的事情。我们都将会逐渐加入一个高度互联的全球系统中，如果中国能成功，那么所有的人都将会受益。"①

他的这一番话是经过了深思熟虑的，并非那种应时之言。我想补充的就是中国为什么会"不一样"？我不成熟的看法，至少有三方面的原因。

首先，基础性原因。所谓"基础性"，是指在漫长的几千年中，发生过的若干重大事件，不仅当时起到了正面或负面的作用，而且对以后整个民族产生了长周期的"铸造效应"，在民族特性上起到了叠加的"添砖加瓦"作用。回顾中华民族的历史，至少有以下几方面先后不一且熔铸一体地起到了这种作用。

第一，秦汉的"大一统"开启了治国理念的先河。我认为，在"大一统"问题上，应该把秦与汉联系起来审视，应该是"秦打天下，汉坐天下"。没有秦的"统一"，就难说会有汉的几百年大治。秦始皇的"三统一"——书同文、车同轨、度同衡——在中华民族几千年"分久必合"观念的形成、政治家们把"治国平天下"作为最高追求上，起到了"一剑定天下"的伟大作用。特别是统一文字，几乎与世界诸国的拼音文字完全不同：重"形意"不重"发音"且使之艺术化，"书画一体"，这对众多的"发音"不同的种族与少数民族，显然大大强化了融合与认同的作用，从而也成为一种"聚而不散"的"黏合剂"。相比之下，西方的拼音文字就没有这种功能。秦代的"三统一"，在汉代发扬光大，经过500年的完善，形成了可以说是根深蒂固的"民族基础设施"。这个大统一的国家是历史长河铸就的。

第二，"地方史志"的建制，使中国成为有文字历史最久远的国家。从汉代开始，县级以上的政府就必须设立"地方志"机构。这个规制，虽然几经战乱和国家分裂，但由于县一级基本未动，所以历史的文脉仍存。在汉以前有太史公的《史记》和《汉书》；在汉以后，有不同朝代的"编年史"和地方志。浩浩荡荡几千年都有文字历史可查。这是其他民族与国家所没有的。历史证明，中华民族虽然几经战乱和分裂，但是合长分短，而且"分久必合"，中国本来就是一个应该统一的大国，形成了一种"大众的共识"，少数人是无法扭转的。

第三，"儒""道"教化，构建了中国人刻骨的精神文明。如"家国情怀""进退自如""辩证思维"，特别是对于中国的精英群落，可以说就是他们的价值观和方法论。在国家面临危难时，家国情怀很自然地会使他们"同仇敌忾"。进则成功立业，退则修身自保，运筹自如，具有极大的"民族韧性"。既可开创新天地，又可隐而不发，具有不可想象的"民族适应性"。辩证思维，更是西方的短项。中国人习惯于道家的"福兮祸所伏，祸兮福

---

① 彼得·B. 斯科特-摩根：《2040大预言：高科技引擎与社会新秩序》，机械工业出版社2017年版，序言。

所倚"的"转化思维"。彼得·B. 斯科特-摩根所说的"把机遇最大化，把风险最小化"，就是这种"辩证思维"的结果。

第四，中国没有"宗教排他性"。有人说，中国是一个"没有宗教的国家"。此言非也。其一，中国是一个"多宗教的国家"，世界上有的宗教，大多数中国都有，甚至基督教的各种门派都有。其二，没有西方那种强烈的排他性。大家都能和谐共处，互不干扰。为什么会是这样？因为，首先中国的宗教除少数朝代外大多属于"民间信仰"，"政教混一"的时间较少且属间歇性的。形不成气候。其次中国历史上是"以儒代教"，而儒家是主张"仁爱兼容"的。这种价值观在中国长期占有主导地位。这种理念实际上在中国已经成为一种"民族特性"：愿意"相安无事"忌讳"鸡犬不宁"。当然，这是否与中国几千年的"小农文明"——"鸡犬之声相闻，老死不相往来"——有关系？

第五，中国的多次"民族大融合"，培养了中国不同民族之间互容、互学、互助的"民族大气度"。在漫长的几千年中，春秋战国、唐代和五代十国，中国依次经历了三次多民族大融合。今天的汉族，其实在历史上是多民族长期融合的大结晶。中华民族更是一个"民族大熔炉"。中国人没有西方那种排他的"丛林法则"，而是大气度、大包容的"平等融合法则"。这也是今天新时代中国具有更高"世界期望值"的原因。

其次，外力倒逼的原因。中国可以说是一个多灾多难的国家。例如频发的自然灾害，不断的外族入侵，特别是100多年来的帝国主义侵略使中国人险遭亡国之祸。中国人民长期反复经历了家破人亡、水深火热的痛苦煎熬。但是，"天佑中华"，多灾多难的煎熬，使坏事变好事，倒逼出了一个"钢铁民族"，练出了一身"绝顶功夫"：

一是勤劳勇敢。中国人的吃大苦耐大劳精神在世界上是数一数二的。中国人的古训就是"吃得苦中苦，方为人上人"。只要想一想，在那种严苛的国际封锁下，中国的精英竟然能自力更生造出原子弹来！这种吃惊人之苦、耐亡命之劳的勇敢气概，可称"惊天地，泣鬼神"。

二是不信邪。中国人在历史上有过多次由败而胜、转危为安的亲身经历。"变不可能为可能"，在中国人心中总有那么一种"挥之不去"的拙劲。虽然有时候会被"乌托邦"所用，但是在正常引导下的确可以创造出"人间奇迹"。

三是坚韧不拔。这是一个"时间概念"：只有经得起长周期灾难考验者，才能称得上"坚韧不拔"。不说过去的几千年，就说面对近代的大灾难、大危险，正如摩根所说，中国竟然绝处复兴了。这是别的文明做不到的！

孟子说："天将降大任于斯人也，必先苦其心智，劳其筋骨，饿其体肤，空乏其身，行拂乱其所为，所以动心忍性，增益其所不能。"我觉得这句话，也适合于一个国家，特别适合于我们中国。上面这些"人所难为"的品格，没有经过长期痛苦磨炼的个人和民族，是绝对难以想象和具备的。

第三，体制的原因。上面所说的两大原因，都与历史有关，或者说大多是早已存在的。那么为什么在几十上百年前，似乎没有充分显示其"现实力量"呢？这就是体制原因。因为在这以前的国家体制——我这里指的是中华人民共和国成立之前的晚清和民国的国家体制——极端缺乏认知、动员和组织的能力。由于它们只代表极少数既得利益集团，压制与排斥社会进化的广大有生力量，故既切断了对民族危机的正确认知，也不可能具有有效的动员与组织人民大众的力量。中国人上述的巨大优势，只可能是一种"潜在的能量"分散在神州大地的山川田野之间。只有在中华人民共和国成立之后，中国共产党代表社会进化的有生力量和全体中国人民，经过百折不回的努力，在"中国特色社会主义"的目标下，摸索出了一套真正适合中国国情和世界潮流的国家体制。这才为启动"中国潜力"的闸门提供了充分的条件。

这种"特色体制"，比旧的"专制体制"和西方"民主体制"具有明显的优势。它在唤醒大众良知上，具有"一呼万应"的效果，因为它广泛联系群众。它在动员全国力量上，具有严密的直通全国而且可以"雷厉风行"的组织体系，因为，这个体系是按民主集中制组织起来的。它在组织全国持续为一个目标奋斗上，具有"咬定青山不放松"的坚韧性。因为这个党是一个"开放的组织"，具有新陈代谢的持续机能。

2019. 10. 31

未来需要：决定人类未来

人性总是趋优的。这一点，我在前面的文章中已做了详细的阐述。趋优，无论是趋效、趋利、趋安、趋美或是趋久，就必然会产生"需要"。这各种各样的需要，就是人类进化的主观动力。一些眼前的、普通人由知觉感应到的需要，推动这零打碎敲的改进，创新出一些微观的、单项性的进步。而对于某些复杂的、宏观性的、综合性的，而且一般要有高深的知识、高级的设备与条件的需要，则由科学家、政治家们来解决。这些也都是好理解的。但是，有些问题或需要，一则一般人不易发觉，不易感悟到；二则即使有所发觉，但却缺乏条件——人、财、物、政策等。如，大范围的资源危机、生态危机、外星攻击、人类毁灭等方面的问题，则往往只有洞察全面信息而又掌握较为全面科技知识的人才和超精密的仪器工具才可能发觉，且那种问题的解决往往是要动员全国之力的。其时延性也是极长的。

所以，"需要"有近期、中期和远期乃至未来之分。就摩根的看法，当今最大、最普遍的问题，恰恰是对未来的需求，这是人类普遍的短板。即使是科技界也如此。如摩根所说，"专家们只擅长自己专业领域的知识，这实际上已经出乎意料地成为一个普遍的问题。无论一个人在其涉足的领域中多么知识渊博，如果他对整个社会的复杂性以及往往深藏不露的内部运转方式认识不足的话，即使是专家，也会分不清他所在领域哪些增长速度是稳定的话，即使是专家也分不清在其所在领域有什么'未来需求'？"

这种严峻的情况说明，"高度分工"那种工业文明的工作方式已经"力不从心"了，必须大力补上"高度综合"这一课。把这两者有机地结合起来。因为当今人类最为迫切的问题或需要，是要弄清"未来需要"究竟是什么，而这个问题或需要，是紧密地与人类伟大命运连在一起的。

（本篇尚未发表）

社会主义与未来

引言

马克思主义的社会主义、共产主义运动，已经历了一百多年的革命实践。应该说，既有失败的教训，也有成功的经验。但总体上说来，"革命尚未成功，同志仍需努力"。时代还在前进，思想并未熄灭，现在正是我们认真按照实践的检验，坐下来实事求是地、仔细地鉴别梳理、以求革故鼎新，在新的基础上继续前进的"理论调整间歇时期"。

一、历史的简短回顾

1. 社会主义与共产主义的由来

近代的社会主义思潮，大致起源于 16 世纪 20 年代。运用"社会主义"一词，最早在 18 世纪 50 年代。到 19 世纪初，首先在英、法两国知识界流传。"共产主义"一词，最先在 19 世纪 30 年代出现，尔后逐渐发展成为反映无产阶级要求的政治派别。那时社会主义一词是资产阶级的思想家为了消除社会病痛而不伤及资本与利润的代名词，而那些主张根本改造社会的人则把自己叫作共产主义者。恩格斯说："在 1847 年，社会主义是资产阶级的运动，而共产主义工人阶级的运动……既然我们自始就认定'工人阶级的解放只能是工人阶级自己的事情'，所以我们也就丝毫没有怀疑究竟应该在这两个名称中选定哪一个名称。而且后来我们也根本没有想到要把这个名称抛弃。"① 到了 1872、1873 年，恩格斯在《论住宅问题》一文中又第一次使用"科学社会主义"这一概念。② 过了两年，马克思在《巴枯宁〈国家制度和无政府状态〉一书摘要》中解释说，他们使用科学社会主义这一概念是"为了与空想社会主义相对立。"19 世纪 70—90 年代，科学社会主义与科学共产主义是同义语。1875 年马克思在《哥达纲领批判》中提出了共产主义两个发展阶段的理论，但并没有把共产主义的低级阶段称为社会主义。而是到了 1916 年 7 月，列宁在《关于自决问题的争论总结》一文中第一次指出社会主义是共产主义发展的一个阶段。1917 年 8—9 月，他在《国家与革命》一书中又明确地指出：社会主义是共产主义的第一阶段。这样，社会主义与共产主义这两个概念，才有了明晰的区分和关系。③

---

① 《马克思恩格斯选集》第 1 卷，人民出版社 1972 年版，第 237 页。

② 《马克思恩格斯选集》第 2 卷，人民出版社 1972 年版，第 527，633 页。

③ 戴清亮等：《社会主义学说史》，人民出版社 1987 年版。

2. 莫尔的遗产

人的认识的有限性与相对性。

人类现有的科学实践证明，在浩瀚无边的大宇宙中，"人类"实在是太渺小了。同理，人类主观对客观的认识，也必然具有有限性和相对性的禀性。在物理学中，由"牛顿定律"到"爱因斯坦相对论"的飞跃就是一例。随着科学技术的发展，现知的宇宙——现在认识可及的客观世界——之外，还会有更大的宇宙。科学界已经有人提出：爱因斯坦的相对论也不能做出合适的解释了。由此，我们过去历史上曾成定论的科研成果与理论范式，必须与时俱进，进行"辩证的继承"。即：正者易其不足，负者拾其珠玑。因为，正者虽应主流继承，但其中必有不符时代发展趋向之不足(历史局限性)；负者虽应总体舍弃，但其中也必有某种非主流之(符合人类长周期客观实际的)珠玑。这就是"辩证的继承"，就是客观科学的态度。

3. 莫尔的《乌托邦》

莫尔，是批判资本主义、主张"空想社会主义"的第一人。对于莫尔，我们也应抱着上述态度，即"负者拾其珠玑"。莫尔是资本主义原始积累的见证人。他痛斥了剥夺农民土地的"圈地运动"，指出了当时出现的"羊吃人"的怪现象。但是在当时的历史条件下，他还不可能进一步分析到，这会成为后来资本主义生产方式得以建立与繁荣的历史前提。因而，他建立在"否定资本主义"基础上的对未来"合理社会"的想象，必然就是一种"乌有之乡"了。

但是，时至今日，我们再重读此书，却也有一些有益的启迪：

第一，关于"财产公有"问题。这是莫尔所主张的乌托邦的主要价值。他认为，私有制是万恶之源，在私有制的基础上，不可能实现社会公正与平等以及消除不安与战争。这一点，后来就成了一切社会主义者的主要价值取向，影响极为深远。

但是，经过近百年的社会主义国家的具体实践，特别是近20年的科技创新，现在回过头再看看，对于这个理论命题，我认为的确值得我们着重地、认真地进行反思。

过去，一切社会主义者——包括空想社会主义者和后来的社会主义者——之所以认定"社会主义=公有化"是由于历史上一切的私有制特别是资本原始积累时期血腥贪婪的史实的局限，忽视了马克思恩格斯另一个同样具有"基础性"的理论命题，即：一种生产方式，当其发展生产力的潜力尚未用尽以前，是不可能退出历史舞台的。特别是马克思以后直到今天的社会主义者，已经看到了资本主义私有制在发展生产力上仍然具有很大的潜力。既然看到了，却又依旧坚持推进"全面公有化"乃至"全面国有化"，原因何在？理论上的原因，就是"过分夸大了主观能动性"。以为人类——特别是"自觉组织起来的人"，可以在条件很不具备时，"创造一切条件"。问题就在于这个"创造"：这个"创造"后来就"异化"为利用国家强力"消灭私有制"了。这种利用强力消灭私有制的后效和认定"私有制是万恶之源"的片面性，在今天，已是人所共知的了。

第二，莫尔认为，未来的社会主义应该是"财富公有，按需分配"。其必要的前提是"产品非常丰富"。后来的共产主义者，补充为"产品极大地涌流"。这从字面上来说，或从未来社会的理论预期来说，都是可以成立的。但是，如果作为"行动纲领"，见诸行动，就会立即碰到一个大问题：社会生产力达到一个什么样的水平，才称得上是"产品极大地涌流""非常丰富"呢？应该说，在评估这个问题上，也是存在历史"局限性"的。由于理论创始人当时没有——也不可能有——可比较的参照系，特别是横向参照系，难以明晰地说明"极大"的具体"矢向"。同时，又受到当时那种"历史爆发期"的"错觉效应"的影响——如，1865 年时，西欧最富有的英国，其资本从 1750 年的 5 亿英镑一下增长到 60 亿英镑。[①] 这在当时，简直不得了——必然会大大低估了达到"非常丰富"与"产品极大地涌流"的历史过程。

第三，莫尔主张要解决"贫困的根源"，而不是无条件地反对富裕。这一点，有其合理的内核。不过在当时，他只看到私有制造成两极分化的方面，而没有想到"穷"的根源除了私有制之外，还有另一个根源，甚至是主要根源即生产力落后。而且更为要命的是，消灭私有制不仅不能促进生产力的发展，相反还会延缓其发展。具体地说，消灭私有制虽能在"存量"上暂时实现了社会公平，"平溢"了贫富；但却难以在"增量"上扩大社会公平，实现"全民富裕"。因为资本主义生产资料私有制下的"市场竞争"机制是一个巨大的促进科技与生产力革新与发展的"原动机"。这种论述，可以从近代发达国家的经济发展实效得到说明。而这种生产力发展，是增量的扩张，不像存量的平溢可以"毕其功于一役"，是要假以划时代的时日的。

第四，莫尔十分重视"人的发展"问题。这在当时是难能可贵的。我估计，后来马克思"人的自由而全面的发展"的伟大思想，可能就是在此基础上发扬光大的。此外，莫尔还主张城市化应该有节制。这对今天的"大城市病"与农村衰落，无疑也是十分有益的启迪。

4. 苏联的社会主义实践

这方面的问题，我在过去已经写过多篇论文。现在回过头来看，那些文章多是针对不同的主题而写的，并没有集中从社会主义核心价值的实现来进行评估。在这里，我想集中就社会主义核心价值实现的这个标准，来试图探讨一下苏联在这方面的得与失。而且，在评估其得与失时，主要不是讨论当事者的责任问题，而是探讨"真正社会主义"的理论是非问题。这是因为，许许多多的"实践问题"，大多归根结底往往是受到理论指导的。不在理论上厘清，就很难分清真正的是非。当然，这里说的"社会主义核心价值"，只是我个人的理解，一家之言，可以讨论。我并不认为自己是"绝对正确"的。

一般地说，理论虽来源于实践，但已经形成的理论一旦掌握了大众，便可反过来成为实践的指南，在一定时期内决定实践的走向。在苏联时期，功功过过，有功有过。但最终是失败了。这说明还是过大于功。这个过，首先是理论上的"过"。也就是对于"消灭私有制"问题的错误理解与执行。由于没有全面、深刻地理解马克思、恩格斯在《共产主义原理》与《共产党宣言》中关于消灭私有制的条件的警示和他们晚年的嘱咐，苏联过早地结束

[①] 斯塔夫里阿诺斯：《全球通史：从史前史到 21 世纪》下册，北京大学出版社 2001 年版，第 498 页。

了列宁的"新经济政策"，粗暴地推行全面消灭私有制——农业的集体农庄化，工业的国有化——消灭市场经济，推行全盘高度集中的计划经济。在全国范围内实行"消灭市场"（微量的集体农庄市场除外）的政策，以国家命令的形式实行"无所不包"的计划分配与调度的制度。我认为，这是苏联必败的——根据马克思主义"经济基础决定上层建筑"原理——基本性原因。我在这里之所以称其为"基本性"原因，是因为导致苏联解体的诸多"内因"，可以说，大多是源于这个"基本原因"而产生的。

第一，缺乏市场竞争机制成为苏联经济转型的致命伤。应该肯定，苏联经济，在前半段是表现得很不错的。几个"五年计划"下来，一个在欧洲比较落后的经济体基本实现了以重工业为主体的工业化。并以此为基础，战胜了法西斯纳粹，取得了"第二次世界大战"的辉煌胜利。而且，以此为基础，经济上也实施了初步的"全民福利"。这方面，应该属于它的功劳。但是，平心静气地说，那种高度集中的"全民体制"，一般在"外延型工业化"阶段——模仿性工业化阶段——的确具有巨大的优越性。但是，由于没有市场的"多元竞争机制"，它的"创新生成机制"，或者说"原创型创新"也就随之而大大被抑制了。它的"路径依赖"性的保守趋势，必然就会惯性地、不断地膨胀起来。须知，没有社会多元性的创新——只靠单一的"国有经济"——要想由"外延型工业化"过渡到"内涵型工业化"，由"数量型增长"跳跃到"质量型增长"，是根本不可能的。试想，一个没有市场、没有多元经济主体的高度一元化的经济，它就从根本上失去了社会竞争的"原动机"，没有了"置之死地而后生"的原动力。同时，这种单一而集中的计划经济，也是造成苏联产业结构单一化——直到今天，俄罗斯依然如此——的弊病的主要原因。在今日世界，一个大国，如没有产业比较齐全的制造业和实体经济，它就难以保障其独立性，更不用说强大的国力了。所以，我认为，苏联失败的首要的原因，就是由于其经济体制无法跳跃这个增长方式大飞跃的"陷阱"，从而在国家实力上难以与西方发达国家竞争，在社会福利上更无法与周边富裕国家比美。

第二，高度集中的计划经济，也必然呼唤高度集权的政治专制。在当时，幅员辽阔、民族众多、发展又很不平衡的苏联，那个庞大的经济体，由于没有了"市场"这个"自动润滑剂"，又要贯彻"计划就是法律"，经济的运行就面临严重的挑战。出路只有两个：一个是恢复市场，这在当时的时代背景下，肯定属于"离经叛道"，想都不会去想。那么，必然就是大力强化"党国体制"：通过党的组织机制，将计划作为政治任务，层层落实；通过政府的行政机制，将计划作为法律规定，层层调拨，保证完成。这就是经济基础决定上层建筑，经济体制（生产方式）决定政治体制（上层建筑）。历史地看，这种体制在那时的数量型增长阶段，在追赶式发展阶段，起到了集中有限资源，发展优先项目的巨大作用，甚至在市场经济自发配置的条件下也"望尘莫及"。但是，这种体制的最大弱点，就是偏离客观需要和机制的单一化、机器化、固定化。由于缺乏"市场"这个客观自发的多样化的"矫正机制"，就极易趋向保守化，乃至回归中世纪的专制主义。所以，到了苏联的后期，病态就日趋显现，与人民的需要、时代的呼唤和国际竞争的要求渐行渐远。

第三，在那种大一统的体制下，造成了社会精英的犬儒化、弱智化。长期在一个封闭的、严酷的、一元化的环境中工作、生存的政治精英，智能必然就会一代一代地退化、弱智化。知识精英，必然就会趋向"玩世不恭"、是非不露，大多数就犬儒化了。这种弱智化与犬儒化，对于一个国家来说，是要命的大问题：政治精英的弱智化，对内无法治理好国家和社会；对外难以应对复杂的国际斗争。一遇到突发事变，必然束手无策！这我们从苏联解体前后，其领导层慌乱失策的窘态中，可以看得明明白白。知识精英的犬儒化，必然会使一个民族失去灵魂与脊梁，其衰败更是极其可怕的。当戈尔巴乔夫宣布解散苏联共产党时，全国竟然"鸦雀无声"，这种"沉默"太可怕了！

综上所述，以上三点就足以说明苏联的解体是历史的必然。固然有许多内部与外部的政策与策略方面的原因，但是归根结底，我认为是错误地或教条地理解与粗暴地推行了"社会主义＝消灭私有制"这个理论所造成的。不解决这个理论上的问题，社会主义的实践在今后还会出问题。

其实，我们今天如果仔细地来研读马克思恩格斯的《共产党宣言》和《共产主义原理》以及他们晚年的遗言，就能领悟到他们并没有把话说死。特别是在《共产主义原理》中，恩格斯一再提出私有制是不能"立即消灭"的，是要达到资本主义私有制发展生产力的潜力已经"用尽"的条件时，才会"退出历史舞台"。而且他们也没有明确地指明如何消灭私有制的方式方法。这，我认为，应该是给后人留下了巨大的继续灵活探索与创新的空间。在这里，我只是一个"事后诸葛亮"：有限度的国有经济，能够有外部对等的非公有经济的竞争，也是可能激发起竞争机制的。如果苏联当时在共产党领导下，能继续长期地实行"新经济政策"，以后的局面可能就会不一样。当然，历史就是历史。

5. 中国的宝贵经验

从以上苏联的教训中，就可以看出，中国改革开放 40 多年的经验是十分宝贵的。也可以说，中国 40 多年改革开放的伟大成功，正是矫正了苏联在社会主义理论与政策上的误解——至少是经济体制上的错误而取得的。

第一，在经济领域纠正了社会主义必须立即消灭私有制的理论与政策，在理论上进行了"社会主义初级阶段"的创新，在政策上实行了"以公有制为主导，多种经济成分共同发展"的混合经济模式。

首先是在推广了安徽一个生产队的"包产到户"的经验的基础上，在农村改行了联产承包的家庭责任制，解除了大集体公有制的人民公社。同时，在全国范围内放开了农产品市场，容许自由贩运。这不仅极大地提高了 10 亿农民的生产积极性，也完全符合经济学的普遍规律：把农民从"土地樊笼"中解放出来，成为"自由劳动力"，为市场经济的发展提供了必不可少的前提条件。回想当时，城市的街道上，一夜之间，由原来的冷冷清清变成了一片片"鱼山""肉山"。简直就如马克思所说，生产力"神奇般地迸发"出来了。后来，又将这种政策趋向扩大到城市。城市中的小商小贩、"服装市场"也如"雨后春笋"，日新月异地发展了起来。

这一切都充分证明了马克思恩格斯所说的私有制在它发展生产力的潜力未用尽之前不能消灭。也证明了列宁所说的应该利用资本主义发展社会主义。事实还说明，这一"解放农民"之举，正是顺应了经济社会发展的规律，打破了对社会主义教条式理解的禁锢，从而为中国共产党人改行"中国特色的社会主义"——首先从"经济基础"上由"盲目追求大一统的公有制"退到更符合马克思恩格斯原意的"混合型经济"——奠定了坚实的依据。这是社会主义运动史上的"石破天惊"之举,是对马克思恩格斯社会主义理论前无古人的伟大创新!它开启了可行的社会主义的先河,从而为我们中国后来改革开放40多年的一系列改革及其辉煌成就提供了前提与基础。因为基础是决定上层建筑的。我认为,中国这个非常适合"社会主义初级阶段"的"经济基础",在相当长的历史时间内,是不能改变也不应改变的,否则,我们就会动摇发展社会生产力乃至整个社会和国家继续向前发展的根基。

第二,为了适应改变了的经济基础,显然原来那种只适合高度单一而集中的"计划经济"基础的上层建筑,首先是高度集权于一身而且终身制的政治体制就成为经济发展的桎梏,而改变为党集体领导的有限任期的推荐选举制。

这一带根本性的政治体制的改变,适合于"有市场的多元化"的经济基础的客观要求,避免信息封闭化而造成的决策失误。我认为,如果我们认真地回想一下,40多年改革开放成果是如何取得的,就应该承认并坚守这一点。其中重要的一点,还在于为党和国家,留下了一个不可少的"调整空间与时间"。我认为,苏联那个过于集中统一而且呆板的政治体制,之所以长期难以改变而不可自拔,与它那个没有市场基础的政治体制是完全分不开的。它没有了调整(改革)的动力,没有了调整的空间与时间。这一点十分重要。我们在今后的继续改革过程中,千万不能忽略这一点!值得庆幸的是,虽然中间有过这样那样的摇摆,但作为目标的"市场取向"的改革并未动摇。

第三,这种经济基础与政治体制,就其未来渐趋成熟的状况来估量,在保持政策长期稳定性、动员资源的广泛性和有效性以及解决社会某些"陈年老疾"的果断性等方面,虽然还存在着这样那样的问题,但也确实显露出既优于苏联体制又优于西方体制的潜力。这可能对于发展阶段滞后、社会发育不平衡的大国比较合适。

如,西方学者认为的中国"官方一心为民,世界罕见",这是以他们的多党代议民主制为坐标来评价的。在西方,竞选时漫天许诺,执政后"赖账不还",下台后不了了之,成了司空见惯的事。而中国的特色体制决定了责无旁贷,无可推卸;同时,又有"多党监督"(协商机制),它必须掂量"民情冷暖"(包括"用脚投票")。最后,还有党内任期协商选举制,它至少可能在党的范围内优胜劣汰。而且,这种机制较难随机应变,具有较强的稳定性。

又如,西方学者认为的"有罕见的宏观调控能力",而且"把问题想到几十年后"。这也是事实。老实说,这一点西方的政治体制是很难做到的,因为它是"短命政府"又是"小政府"。当然,究竟什么是短与长、小与大的合理区间?这是我们继续改革探索使趋完善的任务,而且在不同的历史阶段,也会有不同的度量标准。

再如,西方一些"社会顽疾"问题,长期无法解决。如禁枪问题、贫民窟问题、种族歧视问题等,看上去几乎难以解决。因为他们那个体制存在着利益集团的控制,有着两极分化的机制,有着白人优越感的积习,而又是一个崇拜高度个人自由的价值文明。可以不用夸张地说,如果是在今天的中国体制中,有的就能轻而易举地解决,有的是假以时日就可以解决,有的是可以通过教育得到解决的。因为我们是强有力的政府,我们基本不存在成型的利益集团,我们是可掌控的自由,我们是无歧视的中华民族。

第四,最重要的,是我们这个体制,虽然还在探索之中,还未定型(特别是在国内),还处在"初级阶段",但是从发展的视野看(特别是在国际),它确是在走向共同发展和真正自由解放的"最大公约数"方面显示了一线希望。

这一点，由于我将在本文后面展开阐述，故在此不赘了。

二、新的"时代潮流"

1. 问题的提出

我始终认为，马克思关于"经济基础与上层建筑"的伟大学说，是打开人类社会宏观现象"魔盒"的一把金钥匙。尽管在局部或微观领域，会有这样那样的偏离或特例，但是在人类整体进程中和"中位数"以上的领域，确实是我们揭开谜团的不可或缺的理论武器！可惜，我们世人往往在难解难分的复杂局面前容易把它忘记。

近10年来，科学技术按"摩尔定律"的超速革新与发展，简直是光怪陆离、目不暇接。人类似乎又一次走到了历史的里程碑时刻。而且比前三次更迅速、更猛烈、更全面、更具有颠覆性。以大数据、云计算、物联网、人工智能、纳米技术为代表的人类第四次科技革命，正在以排山倒海之势走上历史舞台。所到之处，无不迅速地改变甚至颠覆原有工业文明所形成的劳动方式、生产方式、运营模式乃至各种各样的上层建筑和思维方式。甚至有些科学家还预言，人类本身也将改变自己，并逐步"神化"了。

在这瞬息万变、难以琢磨的历史时刻，一切有人类责任感的人们，都应该认真地来思索：我们应该有什么思想准备。

2. 上一轮人类社会变迁的简单回顾

我们不妨先从上次几百年前的农耕文明转向工业文明的历史时期说起。那时，以蒸汽机发明为标志的工业革命正式登上了历史舞台。回想当时的科技与工业革命所追求的价值，大体是：①开拓财富增长的空间，摆脱农耕文明对土地与自然动力的依赖，用人造动力与机器取代人力与畜力；②提高财富生产的效率，摆脱农耕文明受季节、土地与人身自然力的限制，在同等时间生产更多的财富并不受季节与土地的限制；③要做到这两点，就必须有充足的劳动力并将其集中到大工厂中生产，为此就要求打破中世纪的土地制度，把农民变成"无拘无束"的自由劳动者，建立起资本主义自由雇佣的生产关系；④生产关系的变革，使生产出来的产品，已经远远超过了本厂本地"使用价值"概念的需求，必须有广阔需求的市场，以实现资本在全国范围的"价值的增值"，这就成为整个国家上层建筑革命的基本催化剂，出现了欧洲近代的资产阶级革命。⑤欧洲的资产阶级革命，极大地解放了生产力，生产出来的产品，本国也消费不了了，而在资本主义工厂里，生产已不再是为了"使用价值"，而是为了"资本的永恒增值"，于是就出现了帝国主义，用武力征服殖民地，开拓市场；后来又演变为较文明的国际协调组织（如今天的WTO），通过规则与标准来沟通国际范围的供求关系，规约国际贸易的秩序等。

由资本主义这种基础与上层建筑主导的人类社会，已经经历了300年。资本主义这种基础与上层建筑，在过去把人类文明较中世纪向前推进了一大步，在今后应该还有相当的余力。但是也应该看到，它已经是"过山车"了。种种迹象表明，西方世界的资本主义体系（上层建筑）开始显露出它的上层建筑已经有些容纳不下生产力级数式发展的张力了！

以美国为代表制造的"贸易摩擦"只是一个信号,而它所出的"招数",简直就是同生产力(科学技术)发展的客观要求"对着干"的!不是吗?不要小看了今天美国的"技术封锁",它是一个划时代的"大信号"。它标志着工业文明这个时代已经显露出"保守化"的疲态了。

3. 第四次科技革命的价值趋向

上面,我们简要地回顾了人类上一轮"基础与上层建筑"演进逻辑的客观过程,这是为了依此来寻找今天第四轮新的生产力(以科技革命为先导)革命,将会对其与生产关系和上层建筑相适应的价值在客观上提出什么要求,并依此来探讨我们的社会主义在理论上应该注意的"矢向"。

在这里,我有自知之明,我的知识结构远不能胜任这项巨大的工程。我只是限于"趋向"或"矢向",即属一种大致模糊的"猜想"。是本着一种学习的态度,在第四次科技革命尚未到达高峰时的"仰望星空",不可能做出什么确切的定论。总的来说,我隐约地感到,这一次的科技革命与以往的三次相比,具有极大的差异。首先,是具有更大的爆发性。其来势之迅猛,令人瞠目。人类的科技发明,可能到了集中迸发的阶段,显示出明显的"串联效应",而不是像过去那样的"单项突破"。其次,是"技术更新周期"极大地缩短了。"摩尔定律"是12个月,现在已大有突破之势。以智能手机的升级换代为例,就可以感受到其频率之快了。最后,以上两大趋势,对于社会管理层的挑战,肯定就会愈来愈全面、愈来愈强烈、愈来愈紧迫。在这种千年一遇的历史大转变关头,政治精英与知识精英一定要牢记"基础决定上层建筑"的历史逻辑,有责任审时度势、虚怀慎断,判明人类继续前进的大方向、大趋势。要更多地"向前看",而不是"留恋既得",更不应"复制过去"。

作为一种"隔雾看花"的视觉,我隐约地觉得,这次新的科技革命,对于我们人类的社会影响,可能具有如下的价值趋向:

第一,推动人的自由而全面发展。在高度网络化的条件下,"信息"必将成为最普遍、最重要的生产资料。而这种生产资料是很难被垄断的。因为它是通过无所不在的网络来传输的。尽管会有这样那样的不当"管控",但是反管控的技术也会与时共进的。这种平溢性与共有性,虽然也会出现一些负面的效应,但其推动经济与社会的爆发性进步必然是其主要的功能。最重要的是,它为文明的普及与提升,为科技与思想的进化,提供了人类历史上从未有过的、跃迁的大平台。它使马克思所预想的"人的全面而自由的发展"和"每个人的自由发展是一切人的自由发展的条件"成为可预期的现实。

第二,要求权威的集体化知识化。在这种信息平溢与共有的条件下,首先"愚民"是很难的,其次压制更具有很大的风险,更重要的是任何少数决策者(更不用说是独裁者),哪怕他们是杰出的天才,在如此千变万化又繁杂纷呈的时势中,也不可能具有那样复杂多样的知识结构和判断能力。这就是说,这种时代必将是"独裁专制"走向式微,集体决策走上舞台的时代。"先民主议事(取得共识),后集中执行",不可逆转地促进权威的集体化与知识化。

第三,管理的数字化催生广泛合作。大数据技术的普及运用,革命性地解决了过去不可能解决的从海量数据中找出其"相关关系"的问题。这种"数据石油",必将加速推进管理的精准化革命。大到国家治理,小到案件侦破,必将颠覆性地提高其功效。但是这种大数据技术，不仅需要大面积的合作与搜集，而且更需要社会的包括国际的大合作才可能见效。故科学家预言：大数据本身就是一个"推动人类大合作的催化剂"。

第四，推动社会的离散化开放化。看来，整个新的科技革命，可能会带来人类在"虚拟空间"更加紧密化，在"实体空间"则趋向离散化，而总体上会趋向开放化。在这种时代大趋向下，任何逆流而为者想"掩天下耳目"，最终必会是徒劳的。

第五，大飞跃与大危机并存。可以说，迄今为止的人类科技发明，往往都是机会与危险并生的。不同的是，今天的第四次科技革命，在其颠覆性与不可预知性方面，在要求预防的国际合作的紧迫性上，则是空前的！这已为世人所共知。

问题在于人类现行的上层建筑，是多种多样的。其中，主要是资本主义与社会主义，而且这两者在过去近百年曾经水火难容，相互追求全球"一元化"。目前，虽然以中国为代表的社会主义一方做了某些重大调整，但以美国为首的资本主义一方依然"我行我素"。"丛林法则"的幽灵，依然在深处支配着他们的政治家们的行为。这就蕴含着极大的危险！人类，是实现飞跃，还是走向毁灭？这个问题正愈来愈清晰地摆在我们面前！

三、人类社会正面临大改革的现实

1. 总的想法

人类社会在浩瀚无际的大宇宙中，实在太渺小了。对于宇宙乃至宇宙外的多宇宙，我们的认识还只是刚刚开始！我现在愈来愈感到，人类社会的变异，在冥冥之中，依然会遵从大宇宙的演进法则。而比较接近那个法则的理论，可能就是"耗散论"；由混沌走向有序，由小系统的"混沌——开放——交流——融汇——有序"上升到大系统的同样过程，由一个国家的"由混沌走向有序"到地球人类的"由混沌走向有序"……

由此，就我们地球人类而言，在"冷战"结束以前是处于混沌（无序）状态。从20世纪80年代开始，随着大大小小的国家逐步"开放"，"交流"就活跃起来。通过交流，资本主义系统与社会主义系统便开始逐步"融汇"开来。这种融汇的先发性效果，就是属于"基础"的科学技术出现了从未有过的级数式创新。如果今后不出现"逆潮流的大干扰"，人类社会这个大系统走向"有序"不是不可能的，而且有可能由"基础的跃迁"进入上层建筑的跃迁。而那种跃迁，并不是"谁吃掉谁"，应该是"取长补短"式地"融汇"，成为一种"新的社会形态"。人类社会也就进入了"有序"。由此，我们在讨论未来人类社会变革时，不应该在指导思想上犯"惯性错误"。

此外，我之所以认为今天的人类，上层建筑的跃迁应该走"融汇"之路，主要是考虑到今天第四轮的科技革命，较之以前三次的科技革命，远远不是在一个量级了。如果说，过去的三次大都是属于延伸、改进人类对自然和社会的控制与利用，以扩大自身的生存空间，那么这一次就大不相同了，它除了这方面之外，已经开始在突破这个极限，大有危及人类能否继续存在的巨大风险！全世界的科学界，都在关注人工智能与人的基因工程的研究，霍金临终还在呼吁要防止"超级机器人"毁灭人类。但是，如果人类要进行一场"谁吃掉谁"的大战，霍金的可怕预言就可能发生。所以，文明必须走"相互融汇"之路。而且以今天人类的"文明素质"，也是有可能的。

在这个大背景之下，人类社会在今后的大改革、大适应中不是"谁吃掉谁"的问题，而是能否"共生共荣"的问题、"共赴挑战"的问题。为此，资本主义与社会主义都必须按照时代的大趋向进行修正与改革。这也是一种创新，而且是一种前无古人的伟大创新！

2. 资本主义必须大力修正

资本主义从 18 世纪发轫至今已有 300 年了。看来，它发展生产力的潜力似乎还没有用尽，还有相当的"剩余潜力"。特别是在一些后发型的国家，为了"唤醒"那些长期"沉睡"的"追求利润"的狂热，它似乎是一剂"不可或缺的兴奋剂"。所以，我对于资本主义的总体评审，是抱着一种"历史辩证"的态度。因为，历史的演进是有着"基本条件约束"的。企图整体性地从中世纪形态一下"跳跃"到后资本形态，往往是力不能及的！苏联近 70 年的经验就充分说明了这一点。企图"绕过资本主义"一下跳到未来社会形态的彼岸，历史证明是走不通、跳不过去的。

资本主义的历史功绩，就在于它从灵魂到体制"颠覆"了一切中世纪的"半奴隶"型的"安于现状"的思维价值、社会惯性和一切陈规陋习，把人性中沉积千年的"追逐财富"的冲动充分地释放出来了。而这种"迸发出来"的社会冲动，正是资本主义后来的科技进步、文艺复兴、工业革命、社会改革的"原动力"，并由此大大地将人类由农耕文明提升到工业文明。人类就此从对自然界的依赖中大踏步地向前跨越了一个大台阶。

不过，在历史地认定资本主义所确立的工业文明的进步性的同时，千万不要以为这种文明就已经"登峰造极"了。现有的科学成果已经向我们说明，目前这些进步，如果拿到浩瀚的大宇宙中去，那还只能算是"文明的起步"啊！（注：这话不是我说的，而是大历史学家汤因比说的。）由西方资本主义所发轫的现代工业文明，在摆脱中世纪的野蛮的同时，无可避免地必然也会留存许多"兽性的野蛮"，而且那些野蛮利用新的科技和文化武装起来，似乎变成"用文明伪装的野蛮"了，变成"更可怕的野蛮"了。

因此，西方的工业文明明显存在大力修正的必要性。

第一，规制文明存在很大"漏洞"。西方工业文明的"市场+民主"的制度模式，过去曾经一度"响彻云霄"，在欧洲大部分地方普及了资本主义制度。但是，在欧洲（主要是西欧）行得通的事拿到别的地方，就不那么灵了。在拉丁美洲就变了样，充其量也只能是一种"穿着"资本外衣的"四不像"——既不像公认的资本主义，也不是一贯的民粹主义，又不像原来的社会主义，当然还谈不上是专制主义。在俄罗斯，苏联解体后西方也曾经幻想用"休克疗法"把它一下变成西方的模样，结果失败了，但至今仍不死心。后来，更变本加厉制造各种借口甚至谎言，在阿拉伯世界大搞"颜色革命"乃至军事入侵，造成那些地方的文明大破坏大倒退，也伤了自己的元气。也许，人们会说：日本不是"像模像样"的资本主义吗？须知，那是美国的枪杆子代写的"宪法"啊！如果日本真的成为一个"正式的国家"，未来的"可能性"是谁也难以预料的。

这充分说明，资本主义的制度取向确有诸多偏颇：首先，市场绝非"万能"。现实全部的事实都可以说明，无规导的市场绝不可能"自然而然"地生长出合理的制度。因为市场是按照"利益最大化"的规律来运作的，"马太效应"无处不在。市场完全自由运作的结果，只能是"两极分化"，富者愈富，贫者愈贫。西方资本主义搞了几百年，不仅非洲依然贫穷落后如故，就是发达的资本主义国家本身，同样也是两极分化。这里，有一个不能明说的资本主义"铁律"：资本主义的制度本身，就必然要求70%的人口永远处于"贫困求生"的边缘，让他们永远成为为那30%的富有人口打工的"草根族"。在他们国内如此，在国际更是如此。这种不可明说的本质"心计"，往往会用许多看似"华丽"的"人权""博爱"的外衣掩饰起来。上面这些"偏颇"，显然就是一种十足的"文明垄断"的霸凌主义，是完全违背人类社会发展规律的。

第二，新自由主义是一大败笔。资本主义"输出民主"也是一个"历史的败笔"。迄今为止，西方舆论中即使是开明的见解，也只是认为，美国的衰退只是近期"三位总统痴迷于输出民主"。殊不知，这哪只是"三位总统"的个人行为？！我认为，这本来是资本主义制度本身原有的"属性"。因为作为原旨的"资本"，它就包含了"无限扩张"的禀性和"优胜劣汰"的片面性"。由此，处于"霸权地位"的国家，必然习惯地总想按照"丛林法则"用"恶性竞争"（包括不义战争）把"属于劣势人类"的民族和国家"稳定在"70%低级人类的范围之中，以为那样就可以"永保30%的优势人类的霸权"了。但是，在客观上，现存的人类，在制度文明方面却存在诸多"难啃的骨头"！于是，就有了"输出民主"的"新自由主义狂想曲"。这里，我不想讨论这种"输出民主"是如何丢掉了他们"人道""人权"的遮羞布，如何造成了被害国的文明倒退和人民灾难，我在其他的著作中已经详细地阐述过了。这里只想专门探讨一下从资本主义的"不良禀性"所导致的有悖人类文明的负面后果。为什么说，他们会以为"输出民主"就可以"确保"资本的霸权呢？因为现行的西方民主文明虽有其符合文明的一面，但是，必须看到，也存在重大缺陷的一面。那种缺陷集中到一点就是：容易被外力颠覆！特别是在一些发展中国家，由于社会发育不足，它所倡导的"个人自由主义"和"小政府"，根基浮浅，不伦不类。处于一种"混沌态"，存在的"漏洞"多多：使得由外力谋划的"颜色革命"，既有了社会基础，又有了一个无力控制的薄弱的上层建筑。这样，通过"颜色革命"，造成一个"虚弱政权"，实现"资本国际控制"。这或许也是资本主义的又一个"潜在的铁律"吧？！

第三，"市场万能"的悖论。我认为，按照社会发展的规律，上层建筑规模的大小不可能有一个铁定的"标准"，而要取决于当时当地那个国家的文明发展程度。具体地说，要看其工具文明对上层建筑的"文明调控"能力、社会文明的结构化程度和精神文明的发育高低，是不可能"一刀切"的！如，用美国的标准去要求那些兵荒马乱、灾害频仍的国家，显然是不现实的。即使在美国，最近一次的加州山火，也充分暴露出其"小政府"的重大弱点。我斗胆地说，那个山火如果在中国，一不大可能发生，二即使发生也不会拖延那么久。

以上陈述的三点充分说明：资本主义尽管有其可取的优点（我始终认为，至今为止资本主义在有些方面仍然有其值得保留的优点，在拙著《发展与文明》一书中已有细述），但是确实存在很大的缺点，有的缺点甚至是"致命的"。这些缺点之所以出现，而且有的表现得十分顽固，这与盎格鲁-撒克逊人的价值观有很大的关系。那种价值观，有两大特点，一是极端性，二是扩张性。且这两个价值取向结合起来，就成了排他性的价值标准。这种价值标准，往往就成为符号领域的诸如极端个人主义、片面自由民主、小政府主义、新自由主义甚至优生民族主义等的"源头"；成为在实际领域诸如"丛林法则""零和游戏""以邻为壑"以及海盗行为、侵略战争、贩卖黑奴、屠杀印第安人、"颜色革命"等的"精神依据"。当然,这种情况,从源头上说,与西欧的地理环境有较大关系。但是,人类已走到今天的"文明共生时代",对于历史上形成的文明糟粕,绝不应"抱残守缺",继续自恋下去。

3. 社会主义必须继续创新

社会主义,在中国改革开放以前,我认为,还没有成功的例子。我认为,其原因有二:一是先天的误读,二是后天的误判。

所谓先天的误读,是指苏联的开国者们对马克思恩格斯思想的误读。由于那种误读,当然也有"毫无经验可循"的因素,苏联在建立新社会上层建筑上,犯了超越现存基础的而且是十分粗暴和野蛮的错误。这我在前面已述。而在当时,全世界的共产党都是"以苏联马首是瞻",无疑就成了全世界对"社会主义""共产主义"的经典解读——"社会主义 = 全面公有化(剥夺私有制)+计划经济+按劳分配"。历史事实证明,"苏联社会主义"没能走通——我在前面第一节中对苏联的失败已做了分析——所以,照苏联模式走的其他国家也不可能成功。

所谓后天的误判,是指取得了政权的社会主义国家,由于过低估计了资本主义发展生产力的潜力,过高估计了"革命的主观能动性",也缺乏对"文明演进标准"的必要知识,对"消灭资本私有制"的糟糕后果,对"资本私有制"发展生产力尚有的潜力估计得过于不足,对"财富极大涌流"的标准又制定得实在太低,对"人民需求"的满意度又漫不经心等原因,把"向共产主义过渡"看得太简单。在苏联,早在 20 世纪末就宣布"实现了共产主义",这都属"众所周知"的事实。

众所周知,马克思恩格斯对自己确定的任务,主要是对资本主义的批判。对未来社会,只是做了一些思所能及的预想,完全没有展开的意趣。这也说明,马克思恩格斯不仅是伟大的思想家,也是伟大的科学家。他们是忠实地遵守自己创立的历史唯物主义,用科学的态度对待资本主义和未来的共产主义。我本着"吃一堑长一智"的态度,认为应该将《共产党宣言》《哥达纲领批判》和《共产主义原理》与马克思恩格斯晚年的通信结合起来,站在人类文明演进的最高视野上进行辩证式的综合研读。由于我年事已高,没有精力做全面深入的研判,只能就有限的文献和我所知的社会主义实践以及新的科技革命,结合中国40 多年的经验,谈一点想法。

第一,关于"消灭私有制"问题。关于消灭私有制的严重后果,我在前面关于苏联失败的原因中,已经做了阐述。但那种政策的源头则在于误读了马克思恩格斯的原意。恩格斯在《共产主义原理》中明确地说了:"能不能一下子就把私有制废除呢?答:不,不能,正象不能一下子就把现有的生产力扩大到为建立公有经济所必要的程度一样。因此,征象显著即将来临的无产阶级革命,只能逐步改造现社会,并且只有在废除私有制所必需的大量生产资料创造出来之后才能废除私有制。"①这里有三个问题值得推敲:第一个问题,"废除"可能有多种途径,可以是强力的"消灭",可以是文明的"退出",也可能是自然的

---

① 《马克思恩格斯选集》第 1 卷,人民出版社 1972 年版,第 219 页。

"消亡"。苏联是用的第一种途径，中国前 30 年是用的第二种，未来我认为极有可能会是第三种。第二个问题，在什么条件下才可能"废除"呢？是"只有在废除私有制所必需的大量生产资料创造出来之后"。这"只有"和"之后"是十分明确的，问题在于如何评估"大量"？"大"到什么程度才属"必需的"？这就是问题的要害所在。100 多年前，最富的英国的 GDP 达到几亿英镑，那时就以为不得了了。直到今天，几万亿美元也还远远没有达到那个"大量"！因此，我认为这个"大量"应该理解为"公共产品的财富大大超过私有制的财富"。只有到那种条件下，"资本私有制"相形见绌，用不着搞什么"消灭私有制"就可能"自行消亡"了。第三个问题，如何理解"只能逐步改造现社会"？这"逐步改造"四个字，存在极大探究的"空间"。具体地说，就是要能够使人类的社会制度可能无阻碍（或少阻碍）地促进生产力的健康而高速发展。显然，这种对上层建筑的需求，不仅现存的资本主义制度如果不大力修正，则根本办不到。就是现存的社会主义制度，也必须进一步创新（包括剔除某些中世纪的残留）。这种"创新"既是自然科学的进一步激发科技创新的机制创新，又是社会科学的大胆开启上层建筑的体制创新。如没有这两方面的创新，要做到"生产力健康而高速的发展"，也是不可能的，持续"健康而高速"的发展更是不可能的。

第二，关于"专政"与"民主"问题。关于"无产阶级专政问题"，过去主要都是依据《哥达纲领批判》中的这句话："在资本主义社会和共产主义社会之间，有一个从前者变为后者的革命转变时期。同这个时期相适应的也有一个政治上的过渡时期，这个时期的国家只能是无产阶级的革命专政。"[1]马克思虽然提出了"无产阶级专政"这个命题，但是没有对这个"专政"的内涵进行展开。即使在《共产党宣言》中说的"十条"和恩格斯《共产主义原理》中的"十二条"，几乎都是经济与文化教育方面的措施，并无政治方面的"专政"内容。如果把后人的某些"非文明"的"暴政"，也算到马克思恩格斯的账上，这似乎并不恰当。既然是后人的"发展"，就更有值得依据实践后果进行究探的空间了。

关于民主的问题。这方面，马克思恩格斯对社会主义和共产主义的民主问题，正面看法不多（这也是尊重历史），也许是我读书太少。恩格斯在《共产主义原理》中说过："首先无产阶级将建立民主政治，从而直接或间接地建立无产阶级的政治统治。"[2]马克思在《哥达纲领批判》中说："这一切美丽的东西都建立在承认所谓人民主权的基础上，所以它们只有在民主共和国内才是适宜的。"[3]这两句话，也许是我"断章取义"，但是至少仍可说明：马克思恩格斯并没有把民主和新的社会制度对立起来！苏联近 70 年的实践说明：社会主义如果没有民主，就极有可能变成"可怕的暴政"。经过近 70 年的实践，社会主义必须切实认真地思考如何建立"社会主义民主"的问题。我以为，这个问题是关系社会主义能否可持续地存在并走向共产主义的大问题。因为，如果没有一个适合社会主义价值的民主，没有那个可以有力制约"中世纪专制回归"的强大机制，在任何国家都难以真正避免"老的路径依赖"而走回头路。

第三，关于资本主义与社会主义能否共存的问题。这里指的是经过修正的资本主义与

① 《马克思恩格斯选集》第 3 卷，人民出版社 1972 年版，第 21 页。
② 《马克思恩格斯选集》第 1 卷，人民出版社 1972 年版，第 219 页。
③ 《马克思恩格斯选集》第 3 卷，人民出版社 1972 年版，第 21 页。

经过进一步创新的社会主义能否在一国之内共存的问题。从我国40多年改革开放的成功经验来看是存在很大可能的。问题是这种格局，应延续多久？我认为，应该是整个社会主义的历史阶段，这个历史阶段也就是达到了"私有制自行消亡"的那种"生产力大量涌流"、公共产品可以"按需配置"的时候。显然，要达到那种水平，没有一个漫长的历史阶段，是绝对做不到的。也就是说，当"资本私有制"发展生产力的潜力还没有"用尽"以前，这种共存的格局是不能改变的。

第四，关于共产主义"速胜论"问题。由社会主义阶段过渡到共产主义阶段，这个问题，是在苏联立国以后才浮出水面的。马克思恩格斯有时是把两者"笼统"地进行表述的，而且一再表明达到共产主义是有明确"条件"的，其条件现在看来应该是"极其苛刻"的！——试想，"按需分配"至今即使是生产力最发达的国家也远远做不到！这一点，我在前面已述。

但是，过去100年，人类在社会主义的实践中却错误地估计了由社会主义过渡到共产主义的"时间制约"，犯了"速成论"错误。总想"在自己手上"来"实现"。我现在估计，"社会主义阶段"，很可能是一个漫长的历史阶段，也许需要十几代人的工夫。而且，那个"社会主义"，还不应该是原先(未经过创新)的那种社会主义，而是经过不断与时俱进的创新了的社会主义。故也可以说，社会主义，不管是什么模式的社会主义，应该都属"由资本主义到共产主义的一个绕不过的中间准备的历史阶段"，这个阶段是很长很长的。在这个漫长的历史阶段中，我们最基本的政策，应该是"修正了的资本主义与创新式的社会主义"长期共存，用资本主义补充社会主义创新之不足；用社会主义规范资本主义不文明的短项。只有这样，人类才可能平安地到达大同的彼岸。

四、"文明空间"的拓展

我在前面对"新的时代潮流"的走向，做了一点粗放的描述。在这里，我还想再补充一些想法。来势凶猛的第四次科技革命，看来绝不是一种局部性的技术革新，而是一次新的划时代的"文明大挪移"的起步，由工业文明上升到智能文明。因此，我们在思考社会主义乃至未来社会形态时，必须首先考虑到新的"生产力"对其"生产关系"、新的"基础"对其"上层建筑"的"呼唤"，否则就可能由于缺乏思想准备而陷于被动。在这里我想分三个层次来阐述。

1. "文明空间"及其前三次挪移的回顾

关于人类文明的演进，我在《发展与文明》一书中做过比较系统的阐述。在此，不必要重复了。现在，我想换一个角度，用"文明空间"的概念再来探索一下文明开拓的"矢向"，可能更为形象一点。

(1)采猎文明也可以说是"一维文明空间"。所谓"一维文明空间"即人本身的文明进化。由野蛮蒙昧空间开始进入人的初始文明空间，也可以说是"点线文明空间"，实现了由"混沌初开"到采猎文明的大挪移。之所以能实现这次大挪移，主要是学会了使用石器和火。由于利用人身的能量(人身能源)加上石器的延伸，在自然界占有了优势，可以采猎到更多的果实与野兽，"生存空间"大为扩展，从而使人类的繁殖快于野兽。人类就此在自然界占据了数量优势。由于使用火，既更加有利于防御野兽和抗御寒冷，更重要的是人类从此进入了"熟食空间"。熟食，就大大"节省"了消化能量的消耗，节省下来的能量就大大促进了大脑的发育，从而使"思维空间"突破式地拓展起来。人类就此在自然界也占据了质量优势，就此不可逆地开启了走向文明的步伐。

在一维文明空间的阶段，由于人口对资源的压力，在总体上可以忽略不计；还谈不上什么社会分工，后来的所谓"生产关系""上层建筑"还处于氏族的"胎胞孕育"阶段。故人类除了应对大自然（如大气候的变化）和野兽的挑战之外，其他的挑战较少。那时的人类，也确实有点"伊甸园"的味道。但是，也正因为如此，客观的"文明挑战"力度很小，"文明演进推力"就不大、不迫切。所以，一维文明延续的时间就很长很长，经历了千万年漫长的历史。

（2）农耕文明也可以说是"二维文明空间"。所谓二维文明空间，就是指除了人本身的文明进化这点线一维之外，加上了农业资源（以土地为主）这横向开拓的一维。长乘宽便成为"平面文明空间"，实现了由采猎文明向农耕文明的大挪移。之所以得以实现这第二次文明空间的大挪移，基础性条件就是工具文明的空间由"石器文明"上升到了"铁器文明"，"熟食文明"上升到了"火药文明"。在此基础上，其他规制文明、精神文明、社会文明的空间都有了新一轮的开拓与提升。如，采猎时代的随机性、碎片性、不稳定性，逐渐被农耕时代的必然性、区域性、稳定性所取代，规制文明便由"氏族文明"上升到了"君主等级文明"，精神文明就由"神鬼文明"上升到了"封建专制文明"等。

（3）工业文明也可以说是"三维文明空间"。所谓三维文明空间，就是在长乘宽的平面式的基础上再加上"高"的第三维，故可以说是"立体文明空间"或"地球文明空间"。在这个阶段，人类由于蒸汽机的发明而导致的机器化、电气化，把工具（含能源）文明推进到一个全新的阶段。人类有了在"平面文明产品"的基础上向纵深开发的能力，各种加工业、矿冶业、制造业、运输业、金融业相继开创出来。立体的工业文明与平面的农业文明不同，它在"基础"领域，趋向集中而不是分散，趋向分工而不是全能，趋向扩张（不受地点时间的限制）而不是收敛。于是，工业化极大地推动了人类的社会大分工，城市化、农业现代化、阶层分化、社会职业化急速地膨胀起来。这种趋向，在生产关系与"上层建筑"领域，由于经济利益的多极化、多变化，精神文明则是趋向多元化，规制文明趋向民主化，社会文明趋向程序化。经过300年的时间，工业文明的空间，从横向看几乎占领了大部分地球，从纵向看则主要是物质文明大有渗透到人类生活的各个层次之势。但制度文明、精神文明由于受到发展阶段、历史传统、人文素质乃至地缘政治等主客观的限制，则表现为形形色色、参差不齐甚至形成对抗。但是从总体看来，人类由中世纪的农耕文明空间进入近现代的工业文明空间，是人类文明的一次巨大的飞跃。人类离原始的野蛮更远了，距未来的"全面文明"更近了。

2. 前三次文明空间大挪移的一些启迪

"前事不忘，后事之师"。上述三次文明空间的大挪移，是一个非常复杂的演化过程。我在这里只是简要地做个"概说"。重点想探讨一下，这三次大挪移说明了什么，我们可以从中得到什么启迪。

第一，说明人类文明的演进，是与"人的发展"息息相关的；而人的发展，则与由"自在之人"向"自为之人"的演进程度密不可分。具体地说，当人完全处于"自在"状态时（如在采猎文明前期），人类的"能量"完全消耗在"求生存"上，几乎没有"剩余能量"——或者说，大脑还没有发育——用在"提高文明素质"上。只有当火与石器的发明与发现，才使大脑发育起来，使人类有了更多的"思维能量"用于提高人类的文明素质。以此类推，在西方奴隶制时代，之所以出了一批杰出的思想家、文学家、诗人等文明的建树者，而且那些建树者几乎都是奴隶主或与奴隶制有牵连的人物，是因为在当时，只有他们能做到从"劳苦谋生"中解放出来，有充裕的能量用于"提高文明素质"上来。到了工业文明阶段，人类有了真正的社会分工，出现了现代知识分子阶层，自然科学与社会科学成了专业性的职业。这些专业性的知识分子，可能摆脱"为生存而劳作"的"能量消耗"，可能集中能量来用于"文明的开拓"。由此，人类的文明特别是工具文明才第一次有了突飞猛进的提高。也可以预料，到了"四维文明空间"时代，由于人工智能更大广度与深度地取代人力，人类的能量必将以不可预期的幅度与速度被更加集中地投入"文明创新"的洪流。近5年新科技的超"摩尔定律"的迸发就是一个明确的信号。人类文明必将进入超速演进的新时期。

第二，说明文明的演进在宏观上大体是沿着工具文明的创新——生产关系的跟进——上层建筑的改革这种基本轨迹演化的。只不过是跟进与演化的方式不同而已（自发的或革命的）。具体内容，我曾经多次述及，就不必重复了。这里要补充的是，过去三次大挪移，无论是自发还是革命，大都具有渐进性（由局部发轫逐渐推及其他）、可控性（可预知后续）和非毁灭性，能给人类留下预设的时间与空间。

第三，说明每次大挪移往往并非人类天生自觉的"必然而然"的，而是各种"客观的"大挑战与大危机（如，生存空间的恶劣、气候的区域性大改变、战争、地缘政治的严峻挑战、大灾荒等）"逼使"的，是那种"生死存亡"的极致性危机逼出来的！这也就可以说明人类有的民族会率先挪移，而有的却长期滞后不前，有的经过曲折而实现挪移的一种原因。之所以说是"一种"，因为它不是"全部"。我们可以西欧、非洲、中国为例：

西欧，在文艺复兴以前，原是一个生存环境十分恶劣的区域。但仅仅是生存环境恶劣，并不足以说明它必定实现挪移。否则，就无法解释我国一些大山区为何长期落后。也不是后来欧洲中心论者所鼓吹的"人种优越"，而主要是三大原因促进了西欧的文明大挪移。一是海洋与大山的分割造成人类的上层建筑很难形成稳定持久的"专制大帝国"，促使各民族与公国之间的竞争性特别激烈。中间虽然有过几次靠武力建立的大帝国，但都成了"历史的过客"。二是海路的方便（而农业的滞后）促使流通与商业的早发。人口的交流与商业的交换，天生就不是一个"封闭"的系统。按照"耗散结构"的原理，必然就会拥有较为旺盛的"新陈代谢"的机能。三是奴隶制，使一部分"上流社会"有了可能集中能量从事"符号文明"领域的研究与创作，在此前就出现了一大批思想家、哲学家、大作家、大诗人、发明家等这些"文明的开拓者"。如果没有这些"领军人物"的文明成果以及前面两个原因，"文艺复兴""启蒙运动"就不可能会在西欧出现，也就不可能由西欧来牵头引领人类的"工业文明大挪移"了！当然，这一切，都属客观历史的"安排"，不以人类主观意愿为转移。

而在非洲，历史进程又是另一种情况。就"生存环境"来说，比起西欧就好很多很多了。在近代以前，就像"伊甸园"那样。不然，就不可能成为人类初始发源的"根据地"之一。生存环境太好，又缺乏竞争者。一无挑战，二乏竞争，三少"文明积累"。一个条件都不具备。加上，后来的帝国主义的殖民化。这应该是非洲文明演进滞后的重要原因。

在中国，近百年来文明空间的挪移，走的是一条曲折的道路，即"觉醒——反复——再觉醒"的曲线。从20世纪初到40年代末，是第一次觉醒。那一时期，由于国民党的迅速保守化，对内实行怀柔落后文明压制先进文明，对外实行放任的开放，既无力"挪动"国内的封建农耕文明的根基，又无力抵御外来帝国主义的瓜分，酿成日寇入侵险些亡国灭种之大祸！血与火的事实，使中国人民逐步觉醒起来，高度一致地团结在中国共产党的周围，高举"反帝反封建"大旗，摧毁了以国民党为代表的"半封建、半殖民"文明的上层建筑，建立了中华人民共和国。为中华文明的挪移，带来了一次重大的历史机遇。在20世纪50年代的前中期，全国一片莺歌燕舞，对中华文明的新生与现代化充满着无限的期望。但是，由于众所周知的原因，从50年代后期开始，这种期望逐渐逐渐地远去了，同时，由于国际的封锁，国家几乎成了一个封闭的系统，更大大加重了那种"井底效应"。最后，导致了文化大革命，使本来可能到手的"文明挪移"之果，失之交臂。中华民族险些错过了一次走向现代文明的重大历史机遇。中国共产党人和全国人民一道，在痛苦反思的基础上，通过党的十一届三中全会，作出了"拨乱反正"，实行改革开放的划时代伟大决定。中国人终于迎来了再一次的大觉醒！可以毫不夸张地说，如果没有那次"再觉醒"，今天的文明挪移的"大奇迹"是绝对不可能的。

第四，说明文明演进的速率成效与当时当地不同文明间的竞争与挑战的剧烈程度有很大的相关性。人性具有两重性，惰性与奋性。当过于"太平无事，一切顺利"时，惰性就会滋长起来。惰性与保守是"孪生兄弟"，必然就会"安于现状，不求进取"。这从中国过去的历史就可以得到说明。而竞争的激烈程度，又与挑战双方实力的大小密切相关。如果一方实力过小，就可能被另一方的文明取代；如果双方实力各有千秋，就有可能"逼出"一种新的文明来！

第五，说明文明的演进是带有偶然性的，不可能照人们的主观设计"按部就班"地进行。人们可以阶段性地"循势施策"，不可能"规定"目的地。

3. "四维文明空间"的猜想

由于第四次科技革命速度之急猛、态势之复杂变幻难测，我绝对没有把握说出一个"所以然"来。在这里，我们只可能根据前面的分析，依据马克思"基础与上层建筑"的原理，做一个"力不能及"的猜想而已。

所谓"四维文明空间"，是指在三维文明(或地球文明)的基础上，向"宇宙"纵深开拓的"文明空间"。其实，这第四次文明空间的开拓，自人类开启"太空探索"那一刻起，这个空间实在太浩瀚缥缈了。我们还只可能从目前第四次科技革命的"趋势"来粗略估计一下大致的"走向"罢了，而且这种"走向"重点放在我们"地球人类"的上层建筑"进一步改革"的"模糊方向"上。

第一，关于生产关系的演进方面。由于经济运行物质基础(工具文明)的网络化(特别是物联网的普及)、虚拟化、平面化和劳动力素质的高智化，在其传递与管理层面，就可能省略大量的"中间环节"和层次。工业文明所依托的"等级关系"和"集中趋向"可能就会为"合作关系"与"分散(平面)趋向"逐渐取代。企业结构,可能也会是大量的中小企业、家庭企业与更少更加多能的特大型、外包合作企业协调并存的结构。而且那种外包与合作,可能会逐渐退去雇佣或买卖关系,蜕变为一种新型的、平等的"合伙关系",或技术高度专业化与组装高度全能化互补的"契约关系"。而且这种关系完全可能不受地域、国家、制度等限制。也因此,在未来,可能"全球性多元合作"的生产关系会愈来愈占有更为重要的地位。这或许可以做一种"估计",未来的生产关系可能是:由一种灵活的"共同体"关系代替工业文明的稳定的"雇佣"关系:由"机器化石油+集中雇佣"的经济基础向"智能化核能+离散共同体"的经济基础挪移。当然,这可能只是模糊的想象而已。

第二,关于制度文明演进方面。在上述物质文明的基础上,国家的职能可能就会发生巨大的变化。就国际来说,原来工业文明时代的"国家垄断""以邻为壑"的功能可能会愈来愈困难。任何企图"封闭国界""独善其身"或凭借实力"霸道阻挠"几乎都是不大可能的了。人类只能走向愈来愈"多边合作共赢"的制度文明。就国内来说,不仅"二维文明空间"的专制服从文明没有市场,就是三维文明空间的那种"多党民主文明"也变得愈来愈"捉襟见肘"了。像我前面第一点所述,面对那种高度分散化、平面化、虚拟化、共生型多元化(而不是"排斥型多元化")的经济基础,如果没有一个更加包容、更加法治、更加协同以及更长期的行为,一句话更加智能的规制文明,可以说几乎是"不可想象"的。总之,"专制文明""人治文明""民主文明"都将成为"过去式"。新的物质文明,开始在呼唤一种新的"智主文明"——或许是一种运用"大数据"技术设计的,用"智力选票"取代"人头选票"的既有广泛"协商民意"基础又有合法"程序集中"机能、既有随机应变(非机会主义)的活力又有长远持续(非专制回归)的定力的新式民主。

第三,关于精神文明演进方面。作为上层建筑顶端的精神文明,是最难预料的。因为人的"大脑"是最不容易预测的。但是,不妨以人与人、人与物的"常情"来"臆判"一下,会不会是这样?在核心价值方面。原来西方工业文明所倡导的自由与人权,在历史上对摧毁中世纪农耕文明的专制主义(禁锢)、个人崇拜(愚民)、安土重迁(封闭)起到了"摧枯拉朽"的划时代作用。但是,历史的辩证法是永不停息奔腾向前的。随着新的智能文明的开启——虽远未成形,却已经看出那种"自由"与"人权"已经显露出明显的不足了!例如,在一个社会经济基础日益趋向平面化、分散化、虚拟化的大势下,无论是过度的自由(特别是难调适的个人自由)还是过度的集权(特别是缺乏民主基础的专断);无论是过度偏狭的人权(特别是忽视生存权的人权)还是以邻为壑的暴力都已经成为人类文明的大问题了!前者,如在美国"禁枪法案"就无法通过,造成大量人口成为"持枪自由"的无辜牺牲品;后者,在中东血流成河,"难民潮"成了当今世界一大灾难,成为西方"人权至上"的莫大讽刺!由此看来,未来社会的核心价值,必须来一次重大的矫正。如何矫正?我不成熟的想法是:人的自由而全面的发展。这个问题,因为我在后面将有展开论述,故不赘。

在思想方法方面。原来西方工业文明所遵循的"理性主义",在历史上也曾起过了不起的巨大作用。特别是在科技与工业革命上起到了"石破天惊"划时代作用。不过,到了今天,人类面临如此复杂、如此"难以琢磨"而且如此危险——人类可能毁灭——的新时代,如果还要继续因循旧的思维定式,"非此即彼""非友即敌""非胜即败""非生即死"的零和思维，不承认"中间状态"、不考虑"辩证换位"，我可以肯定地说人类必定会十分危险。当然，人类并非"全属愚妄"。必有那"力排妄议"的集团、民族、国家乃至国家联盟，会扭转危机，构建起"和谐共生"的思想方法，提倡统筹兼顾、合作共赢、实现"命运共同体"。

第四，关于社会文明演进方面。如果说，人类前三次的社会文明分别是氏族(血缘)文明、宗法(多缘)文明和法治(有形程序)文明，那么第四次即将到来的也许可能是网络程序文明。因为人是"社会动物"和整个社会最基本的"凝聚力"，在未来，不仅那种"血缘""多缘"的纽带基本上被"虚拟化"冲淡了，就是"有形法治"也被千奇百怪、吊诡莫测的网络犯罪所扭曲。即使在现在，许多"案件"几乎离不开移动网络程序。以此类推，未来社会的基本凝聚力可能离不开"网络程序"，它必将渗透到社会的一切方面，离开了它，社会就可能解体，至少也会出现巨大的社会混乱。

五、充满憧憬的未来

1. 从"特色社会主义"看到的希望

中国特色社会主义的历史坐标。中国共产党人一代接一代接力所创立的中国特色社会主义，虽然还在继续改革完善之中，但其在历史上的重大意义，正在愈来愈清晰地显露出来。既是拨乱反正；也是对苏联"向共产主义急行军"的重大矫正；还是对东方文明走向现代文明乃至为未来社会奠定基础的一个伟大的创新；而且它的外延也给整个人类文明的演进"辐射"出积极的价值。

以上四个方面的历史地位，前两个我在前面已经做了阐述。这里就后两个做一个补充。

(1)特色社会主义的"未来价值"。目前的"特色社会主义"，应该说还没有完全定型，还有着繁重的深化改革的任务。至少，在制度文明和精神文明方面，还处于"观察阶段"和"启动阶段"。但是，即使如此，已经可以初步看到一些"有希望的苗头"。这些苗头，如果人们培植得当，也许就可能苗壮成长，既可能克服西方工业文明的许多缺陷，又可以弥补原来社会主义的瑕疵，还有希望适合未来社会的诉求，最后定型为未来新文明的参天大树。

首先，是"公私混合"的经济基础，对于保证生产力的持续稳定发展具有长远的巨大的潜力。它是保证我们得以走向未来"彼岸"的决定性根基，也是防止"灭私狂热症"，并由此造成经济社会倒退的"生命屏障"。因为这种经济基础是一个"双保险"的"永动机"：它有机地将"私保自发创新"同"公保平衡稳定"巧妙地结合起来了！它具有防止西方工业文明两极分化、社会失衡的机能。最近几次世界性的经济危机，在西方一片狼藉声中，中国却能"安然无恙"就是明证。而且，其优点还不止如此。这种"公私混合"基础，很有希望"渐进式"地塑造为在遥远的未来的"公私融合"的——不必通过"消灭私有制"——"社会共有制"。有平等产权的"混合股份制"，有可能如马克思所预言的成为这种载体。

其次，特色社会主义的协商民主，有可能演化为一种新型的制度文明。目前，这种体制在一些方面确实显露出可塑的生命力。如：可以避免西方民主的"党派战争"；可以提高"决策效能";可以保障政策与规划的一惯性和长期性;更重要的是具有"统筹各方,合力应对"的权能。如果能进一步强化党内民主、硬化任期制、优化代表结构、增加协商的决策权能,并使其程序化、稳定化,很有希望会形成一种可以适应新时代的新型民主制度,既具有坚实民意基础又具有高效集中能力,从而在应对突发事件的动员能力和防止潜在危机的持续耐力上,具有更大的潜力。

再次,特色社会主义的"政府与市场"结构,通过"深化改革"有可能形成一种更有效的"互补关系"。西方工业文明所形成的政府与市场结构,虽然在保障自由、减轻负担、社会活力、防止专制方面有明显的优点,但在解决"政府缺位"(面对重大灾害和危机,由于政府过小而难以应对)或"市场失灵"(经济危机)这些致命的大问题上,则显得软弱乏力,难以奏效,使社会遭受了许多可能避免的损失。往往也是社会安全的致命伤。目前的特色社会主义,如果政府能克服过大(剔除那些政府应该不管的事),市场能克服无序(进一步完善法治),逐步建构起"有权威的适强政府"和"有活力的法治市场",特色社会主义就能够有效地解决上述西方那种"政府过小"和"市场过滥"的问题,并成为迎接第四次工业革命的有力杠杆。

最后,也是最重要的,特色社会主义的"和谐共生"基本价值,必将是拯救人类、迎接未来的"治世良方"。和谐共生,本是中国传统文明中最本质的价值。它包含"和为贵""达己达人""民本"等诸多价值取向。特色社会主义,结合当今国内国际的实际,主张"先富带后富实现共同富裕""求同存异""协商民主",在国际关系上倡导"人类命运共同体""包容式发展"等。不仅见诸文字,而且也正在逐步付诸实施。例如,国内的扶贫,特别是跨地域的扶贫,只有社会主义才可能做到;国际的"人类命运共同体",也愈来愈得到广泛的响应。

(2)特色社会主义将是一个漫长的历史过程。看来,特色社会主义在中国,将是一个漫长的历史阶段。这个历史阶段,应该包括目前的"继续深化改革"阶段和未来的"稳定发展阶段"。因此,它必将是一个漫长的过程,是要经过几代人才可能完成的伟大事业。这个"漫长",长到什么时候就算完成呢?这当然不可能定出一个"时间表",只能做一点模糊的"猜测"而已。

我之所以特别强调"漫长",是因为特色社会主义的"成熟远景",绝不是"破私立公"或"兴无灭资"那么简单快速,而是"公私融合"(互补)"无资一体"(共同体)。这就要进行社会主义的"大改革"和资本主义的"大修正",是"完善的社会主义"和"修正的资本主义"的融合。中国特色社会主义实践,可以初步看到,在一定的国家体制、一定的政策体系下,是存在这种可能的。只是,这需要很长很长的时间。它不仅涉及利益关系的大调整,还要涉及国家体制的大创新,更会涉及精神文明(价值观念与人性演化)的大提升。更为根本的是,在上述调整与创新的基础上,社会财富必将呈几何级数的"涌流"。这些隐隐约约的前提条件,都是需要时间的,一点也性急不得。在这个历史阶段,即使可能会出现这样那样的曲折,我相信智慧的中国人,终究会走上那条"文明康庄大道"。

2. 刍议共产主义的时代化

第一,这个问题的现实性与关键性。一般以为,共产主义是遥远未来的"理想",谁也看不见，似乎用不着关注。但实际上却"大为不然"！请看，为什么有些民营企业家会向国外转移资产？为什么有的高级人士会主张"国进民退"？而且要命的是，这些"噪音"和"担忧"有一阵明显地冲击了经济的增长。为什么会这样？说到底，其实都与"共产主义"有密切关系。作为"噪音"的"国进民退"，显然与其对共产主义的"传统理解"有关，以为国营是方向，民营可有可无。作为"担忧"的"却步不前"，是对共产主义就是"消灭私有制"，心存远虑。因为，"共产党人是为共产主义奋斗"（入党誓词）的。我认为，这些误读和误会"可以休矣"。关键在于我们要对共产主义的时代化、中国化，在理论上做出与时俱进的"方向可信"的说明。

第二，要从理论上解除"后顾之忧"。当然，对未来社会的演进，并没有起码的依据可以描绘其"蓝图"，也无法说明其"日程表"。我们必须从过去"共运急性病"的藩篱中解脱出来。立足于"近70年实践"的经验教训，并结合第四次工业革命的大势，从中导出"可行性方向"。我在这里只是"抛砖引玉"提几点极不成熟的看法：

首先，对未来社会的界定必须以其"目标"来界定，而不应以其"手段"来界定。什么是未来社会的目标呢？过去，习惯把共产主义与全面国有、按需分配、计划经济画等号。实践证明是行不通的。因为所有制形式与分配方式都属于"手段"，绝非"目标"。它们都无法标明新社会的实质。

我认为，任何一个新制度一定要比旧制度更能发展生产力、更能提高社会生活水平、更能提高人的文明素质、更能保障人类文明的持续演进发展。否则，它就不可能得到人民大众和整个社会的接受。（显然，只是"所有制形式"与"分配方式"，无法满足上述要求。）我以为，马克思恩格斯在其著作中，对这个问题，都有过原则的表述，我以为，主要是三点：

（1）人的自由而全面的发展，而且每个人的自由发展是一切人的自由发展的条件。何谓"自由的发展"？就是人类社会文明发展到那个阶段，过去各种法权的阶层限制、社会财富分配的各种垄断、知识信息的特权等，经过漫长的不断改革与创新，特别是经济基础的"平面化"（非等级化）、"网络化"（非封闭化）与"伙伴化"（非雇佣化），历史上各种阻碍人的自由发展的桎梏必将解除。人必将成为有可能自由发展的"自为之人"。

何谓"全面的发展"？"自由发展"是途径，"全面发展"是结果。随着"无人车间"的逐步普及，机器人取代人的劳作，使广大的劳动者从体力劳动中解放出来了。人们由为生活而劳作变得有大量的休闲时间了。又由于"公共产品的充分保障"，必然就可以按自己的爱好学习多种知识与技能，成为"多面手"，可以从事多种多样的工作与活动了。

何谓"每个人的自由发展是一切人的自由发展的条件"？这种事，如果是在网络化以前，是不可想象的。但是，随着网络化的普及，特别是物联网的普及，以及各种"网络管理"的正常化合理化，可以看出，"网上查询""网上学习""网上交流""网上讨论"，这种"人人为我，我为人人"就有了完全的可能。

（2）在生产力超高速发展、物质财富极大地涌流的基础上，实行"各取所需"。一是如何估判"极大涌流"？这个问题，我在本文前面已做过初步的回答。这里再补充一点，就是达到那种境界，即：一方面随着社会存在的生产关系中平等式"股份制合伙关系"已经远远大于落后了的主客式"劳资制雇佣关系"，多数人都拥有"平等的资本"，从而生产积极性与创造性极大地"奔放";二是社会的"公共产品"已经可能保障大多数人"衣食无忧"。

二是如何理解"各取所需"?我以为,过去翻译界将此词改译成"按需分配"似有不妥。因为"各取所需"不是分配问题,它可能有两重含义:一方面"公共产品"属"供给问题",另一方面随着"小批次大批量"的生产个性化,"需要决定生产"的规律可能就会改变旧的"生产决定需要"。

(3)由于人的全面发展,社会分工的狭隘专业化将被"多面手的人"的"自由工作"取代。我在前面已经讲了人的全面发展及其条件,在那种条件下工业文明所造成的建立在"雇佣关系"基础上的"就业"与"失业"那组概念,就会被"伙伴关系"基础上的"工作"与"休闲"这组概念所取代。而且"工作"的内涵,也将由单一专业的"固定职业"变成多种专业的"自由职业"了。

当然,也可能有另一种情况,"休闲多了"会否出现众多的"懒汉"?我想,到了那时,更加聪敏的人类也会发明出"激励向上"的新机制的。

其次,到了"共产主义",对生产资料私有制不是"消灭",而是"自动消亡"。由于有了"人的自由而全面的发展",人的素质必会随着兴趣与爱好而"多能化""高级化",各种有不同知识与爱好的人,就会"平等自愿"地组成各种股份制的"合伙企业"或"跨国公司"。这很可能成为那时的主要"生产关系"。这种生产关系已不是建立在资本与劳动分离的基础上,而是建立在劳资一体、技能互补的基础上了。大家都是平等的"伙伴关系",都是"资本所有者",而且这种关系的流动性(身份的换位)极大,也就不存在过去的那种相对稳定的"阶级"了。加上那时的"公共产品"必会"大量涌流",所以,到那种情况下,就用不着用强力去"消灭私有制",它是会"自行消亡"的。

其实,即使在今天,我们也可以看到,有的民营企业而且是大型的跨国公司,已经是全公司"人人持股"了,而且经营得很好,生命力旺盛。这就可以说明:上述的推论是有一定可能性的。

最后,由于"人的全面发展",人类将由"自在"型文明进入"自为"型文明。近几年来,科学技术的发展几乎要突破"摩尔定律"了。它在演化着整个人类文明的变化甚至"整体结构"。现在,可以说,没有谁能明确地说清楚。至于我,更远远没有这个能力了。但是,作为一种模模糊糊的想象,可能是人类的自在性必将大大地缩小,自为性必将极大地膨胀起来!随着机器的智能化和人体器官的机器化"双向拓展"、大数据技术的急速翻新和基因工程的进展,那时的"人"可能已不是现在的人了。当然,据科学界的看法,有两种可能:如果"人的大脑"不可复制,由于其他器官可置换,人的寿命必将巨大地延长,人也由于"全面的发展"而成为"智人",人类也将进入智能文明的新时代。如果人工智能也可能具有"复制的人的大脑",人类就会面临危险!

不过,多数科学家持前一种看法。我也相信,人类的理智必会战胜愚昧,"构建命运共同体"必会战胜"丛林法则"。人类必将通过创新各种规制,约束"新野蛮",进入一个崭新的"自为之人"的"智人文明"新时代,甚至如科学家所说,成为"后人类"。

结语

上面这篇论文，纯属"探路之作"。我已经过了鲐背之年，别无所求。只是"历史责任"和"个人兴趣"老使我无法放下。特别令我不安的是，如果我们中国，不能在文明地消除"野蛮对抗""共建命运共同体"上做出"可能共信"的样板，也许人类的危机就可能成为现实。而要能做出这样的样板，在国内，就必须有"长期坚持特色社会主义"的耐性，长期保证"公私混合"的经济基础，才有可能使我们的"综合国力"持续超越。由此之故，趁剩下这点余年，说了这点"悬念"。仅此而已，是对是错，留给后人评说吧！

2019. 2. 4 脱稿

（发表于《社会科学动态》2019 年第 5、6 期）